R 1330

1665-1673

Boulay, E. du

Historia universitatis parisiensis

5

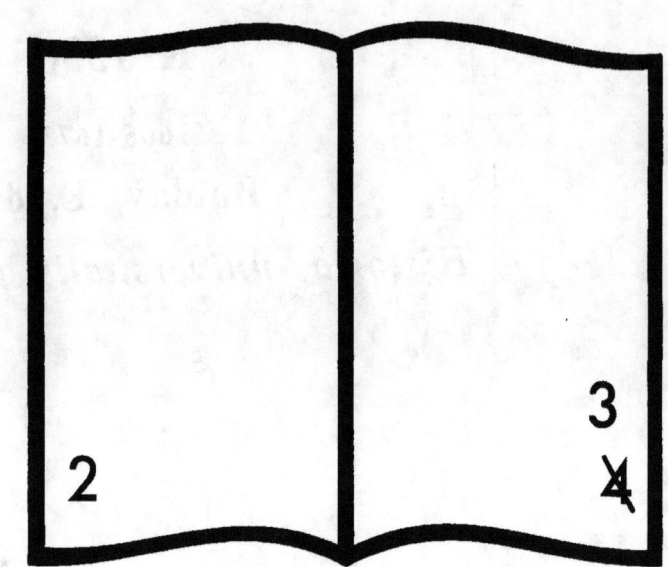

HISTORIA VNIVERSITATIS PARISIENSIS.

PLVRIMORVM COLLEGIORVM FVNDATIONES, STATVTA, Priuilegia, Reformationes, aliarum Vniuersitatum quæ ex eadem communi Matre prodierunt, erectiones: Legationes plurimas ad Reges, & ad alias Vniuersitates. Eiusdem in reducenda pace Regni & Ecclesiæ Catholicæ, in extinguendo Schismate diuturno curas & labores, pro tuendis Regis, Regni & Ecclesiæ Gallicanæ Iuribus, Sanctione-Pragmatica & libertatibus pugnas, in negotijs Fidei Censuras multiplices, aliaque id genus ex Autographis desumpta plusquam mille, Tabularij Academici, Manuscriptis Codicibus & membranis complectens.

Autore CÆSARE EGASSIO BVLÆO, *Eloquentiæ emerito Professore, antiquo Rectore & Scriba ejusdem Vniuersitatis.*

TOMVS QVINTVS.

Ab Anno 1400. ad an. 1500.

PARISIIS,

Apud PETRVM DE BRESCHE, Typographum Reginæ ordinarium, & Bibliopolam juratum Vniuersitatis Parisiensis;
ET
IACOBVM DE LAIZE-DE-BRESCHE, viâ Iacobæâ è regione Sancti Benedicti.

M. DC. LXX.
CVM PRIVILEGIO REGIS.

PRÆFATIO
AD LECTOREM.

ABES tandem, Amice Lector, Historiæ nostræ volumen quintum, in quo tanquam in speculo cernes Vniuersitatem Parisiensem variorum negotiorum mole impeditissimam, in tuendis Ecclesiæ & Regni iuribus æque firmam atque inconcussam, omnibus Ecclesiæ Synodis, omnibus Regni Consilijs præsentem, in extirpandis prauis dogmatis & hæresibus fortissimam, in extinguendo Schismate constantissimam. Cernes quoque in fortunæ ludis, factionum torrentibus licet abreptam cum cæteris Franciæ Ordinibus & incertam aliquandiu, semper tamen paci studentem, semper ad concordiam animorum & voce & scripto excitantem & adhortantem Partium Capita, Fautoresque ac Populares; vno verbo semper æqui bonique consulentem, & tandiu, tamque constanter, vt postremò Pacem publicam procurarit quam petebat. Quo facto Fortuna quasi indignata se, quæ ludum insolentem ludere amat, fuisse ipsius firmitate & constantia superatam, omne genus malorum ei visa est voluisse vndequaque comparare. Cum Redemptoribus vectigalium de Priuilegiorum suorum incolumitate, hoc est de salute sua decertat, cum nonnullis Academicis nouorum priuilegiorum subreptione Ordinem Hierarchicum turbantibus in proprio veluti sinu bellum gerit, pro tuenda Sanctione-Pragmatica, non secus ac pro fatali Clypeo Regni fortiter dimicat, contra quoscunque Oppugnatores Regni Iura libertatesque intrepidè tuetur & propugnat. Vno verbo (vt omittam leuia certamina) nullum est genus bellorum in quo eam fortuna non exercuerit. Habes argumentum voluminis & operis : in quo si quid à me peccatum est, habes promptum facilemque confiteri & emendare. Neque enim animus est aut vnquam fuit tueri malè dicta sicut nec malè facta. Et quia visus sum nonnullis retulisse paulò obscurius Autorum testimonia, nec satis clarè mentem expressisse, aut non attribuendo laudem, cum laudem merentur, aut non affigendo crimen cum culpabiles sunt (quod quidem Ego hactenus Historici munus esse non putaueram) Vt vt sit, quia videri possum occasionem dedisse dubitandi, quod scriptum à me sit quidquam contra veritatem sacræ Historiæ, contra sanam doctrinam, contra Canones & disciplinam Ecclesiasticam, & contra jus & di-

ã ij

PRÆFATIO.

gnitatem Regis ac Regni, ne quid in opere sit, quod cuiusquam oculos aut animum offendat, quæ visa sunt obscuriora, hoc qui sequitur modo, illustrata & emendata accipe.

Tom. quidem 1. p. 16. vbi de Nauigatione Phocensium, ita repone in Parenthesi (*quibus circiter temporibus capta est à Nabuchodonosore Ierosolyma, & translatum ad Persas Imperium.*)

Pag. 112. post verba Iordani, adde ista. *Caue inde suspiceris præstitum vnquam tale obsequium Regnumque Gallicanum Imperio fuisse obnoxium, aut illi quicquam debere.*

Pag. 306. vbi sic scribo. *Propter quasdam vrbes Ditionis Veromanduæ à Proditoribus Regi traditas.* Lege, *à Præfectis Comitis.*

Pag. 348. post illa verba. *Vnde ortam aiunt Disciplinam illam quæ Scholastica nuncupatur.* Adde, *quæ licet per se laudabilis sit & sanè vtilis, postquam tamen Sophisticè deprauata est à nonnullis, non immerito comparari potest cum famosâ illâ Scyllâ,* &c.

Pag. 400. vbi de Dauide Rege & Sacerdote. aut tolle Parenthesim, aut ita lege. *Dauid enim Rex erat, & Sacerdos etiam à nonnullis dictus est.*

Tom. 2. p. 68. vbi de Abaelardi condemnatione. Sic lege. *Durum id multis visum fuisse scribit Abaelardus.*

Pag. 111. vbi de Innocentij II. electione sic repone. *Non tam attenta Electionis ratione, vt monet Sugerius, quàm,* &c.

Pag. 200. post verba Gualteri adde Parenthesim (*quod quidem de Lombardo nimis acerbè dictum.*

Pag. 665. post illa verba. *Nempe lege sacra seu Canonica & iure Diuino.* Adde, *vt tum loquebantur & existimabant Iuris Pontificij Doctores.*

Pag. 684. vbi dico de Theol. Scholastica, quod tandem abijt in varias hæreses, adde *quas quidam contentiosi homines eius abusi subtilitate induxerunt.*

Pag. 774. vbi dico Rupertum vindicari perperam ab Hæreticis circa mysterium Eucharistiæ. Adde, *ab Hæreticis postremi seculi.*

Tom. 3. p. 185. vbi refero verba Mathæi Parisiensis de Papa in Francia, adde, *quod pro ridiculo commento apud doctos habetur.*

SEPTIMVM SECVLVM VNIVERSITATIS PARISIENSIS

AB ANNO 1400. AD ANNVM 1500.

D annum 1400 legimus indictam à Bonifacio Papa Romano plenariam, vt vocant, peccatorum remissionem, quam vulgò Iubilæum appellamus. Rex verò Francorum veritus, ne multi è suis subditis tam Ecclesiastici quàm laici, alij spe lucrandarum Indulgentiarum, alij forte rerum mouendarum desiderio Romam proficiscerentur, publicis litteris interdixit, ne vllus eò se conferret: sic enim pauperius factum iri Regnum, ablatis ad peregrinandum pecunijs, & causam Bonifacij in contentione de Papatu visum iri meliorem, sicque ad pacis conditiones illum futurum duriorem; si eius in proponendis Indulgentijs authoritas & potestas à populo Christiano passim agnosceretur.

1400.

Wenceslaus verò Rex Bohemorum & Caroli IV. Imperatoris filius à Bonifacio impetrauit vt pari authoritate celebrari Iubilæum Pragæ permitteret, ijsdemque propositis indulgentijs, quas Romæ Peregrinantibus proposuerat: idque Imperator impetrauit, sed ad exitium subuersionemque suæ Pragensis Vniuersitatis, hac occasione. Forte temporibus illis terebatur Curiosorum manibus liber **Wicleffi Hæresiarchæ Angli**, cui pro titulo est *Alethia*; & cum initio Magistri Pragenses eum damnosum & hæreticum esse sanxissent, solus contradixit Ioannes Hussius, eodem anno Sacerdos factus: imò contra Decreta Vniuersitatis, publicè Discipulis suis prælegit, sicque multorum offensionem incurrit. Cum autem Concionatores Indulgentiarum merita prædicare cœperunt, ille cum suis sequacibus earundem vanitatem apud Populum publicè demonstrare aggressus est. Hinc æstus animorum & discordia Ciuium Pragensium. Vniuersitas consulitur, sed propter Nationum, ex quibus constabat, dissidia, quæ ipse Ioannes excitauerat, aduersùs eum decernere non potest. Quippe ille prælatum sibi fuisse dolens Magistrum quendam Germanum exteræ Nationis, in petitione cuiusdam Sacerdotij, quæstionem mouerat de numero suffragiorum à Nationibus ferendorum. Erant autem istæ quatuor, *Bohemica, Polonica, Saxonica & Bauarica*, è Magistris omnium Professionum Disciplinarumque constantes: contendebat verò Bohemicam Pragæ in proprio fundo potiorem esse debere suffragiis, cæteras tres ad vnum redigendas. Hæc Quæstio; & tale Quæstionis fundamentum.

ORIGO RVINÆ PRAGENSIS ACADEMIÆ.

Tom. V.   A

1400.
Lis de numero suffragiorum.

Duo pro tribus Nationibus exteris pugnabant, institutio, seu fundatio ipsius Vniuersitatis, & vsus. Quippe Carolus IV. Imperator Wenceslai pater, qui in Scholis Parisiensibus educatus fuerat, reuersus in Patriam, & Imperator electus instituerat Pragæ Vniuersitatem, eamque instar Parisiensis ex 4. Nationibus composuerat, cum pari numero suffragiorum in Comitiis & deliberationibus: quem numerum hactenus seruauerant singulæ absque vlla contentione, lite aut dissidio. Ad hoc Bohemi duo respondebant. 1. Institutam à Carolo Vniuersitatem Pragensem, eo tempore, quo pauci erant admodùm in Bohemia litterati: ac proinde plura exteris Nationibus suffragia concessisse, quàm Bohemicæ: nunc verò cùm Natio Bohemica numero Suppositorum abundaret, vertendas esse vices, eique tria suffragia attribuenda; cæteras ad vnum redigendas. Alterum respondebat Hussius magis subtiliter; nempe Carolum in Diplomate fundationis cauisse, vt qui *mos Gymnasij Parisiensis erat*, idem Pragæ seruaretur: at verò in Academia Parisiensi è quatuor Nationibus, tres esse Gallicanas seu Gallicanæ Ditionis, nimirum ipsam Gallicanam, Picardicam & Normanicam; quæ tria suffragia haberent; quartam vnum tantùm, nempe Anglicanam. Quà de re breuiter sic habetur lib. 23 Histor. Bohemicæ.

„ Sic videlicet *Carolus ab Institutione Pragensis Gymnasij constituerat*, vt in fe-
„ rendis *suffragijs Germani tres voces, Bohemi quartam haberent*: quoniam pau-
„ cissimi Bohemorum tunc operam litteris nauabant: postremo tamen di-
„ plomate sic conclusit, vt *mos Parisiensis Gymnasij, Pragæ item seruaretur*.
„ Exclamat Hus morem hunc in Gallia retineri, vt externi suffragio sim-
„ plici, Domestici autem triplici perfungantur. Ad Regem prouocant
„ Germani. Atque vtraque interim pars Iudicem muneribus corrumpere
„ non cessat: adeo vt Rex sibi dicere permiserit. Vnde mihi hic tam bea-
„ tus Anser natus, qui tot subinde aurea argenteaque oua mihi excludit?
„ Hus enim lingua Bohemica latinè *anserem* sonat. Verùm ignauum Princi-
„ pem vltio condigna secuta est. Ei ab Electoribus admonito pluries &
„ frustra, Imperium abrogatur. Rupertus Boiorum dux & Præfectus Prætorio Rheni, rebus imponitur.

In quodam MS. Herouuallij quod in dorso hæc verba præse fert, *Extraits des Arrests & Ordonnances*, fol. 89. recto. legitur interdictum fuisse Rectori Vniuersitatis vocare in ius ad Tribunal Academicum, Prætorij vrbani, seu vt vocant, Castelleti Procuratorem Regium.

„ L'an 1400. le Samedy 15 iour de Decembre la Cour fit defenses à
„ grans peines au Recteur de l'Vniuersité de Paris & à plusieurs Maistres
„ estans auec luy qu'ils cessassent de poursuir deuant eux en l'Vniuersité le
„ Procureur du Roy en Chastelet qui estoit Maistre és Arts. Pour ce que
„ à cause de son Office il poursuiuoit le droit du Roy par certains.....
„ dont auoit esté debat en Chastelet entre Sanguin & Pierre Chaussée Li-
„ braire de l'Vniuersité, dont le Recteur vouloit auoir la connoissance,
„ comme ce est enregistré ou liure du Conseil de Parlement, au Greffe
„ Ciuil, & auoit fait citer deuant luy ledit Recteur, ledit Procureur plu-
„ sieurs fois & le vouloient priuer de l'Vniuersité ceux de l'Vniuersité,
„ comme ce est escript és Registres de ladite Cour & aussi au Liure blanc,
„ estant en la Chambre du Procureur du Roy en Chastelet

Eodem anno Palæologus Constantinopolitanus Imperator suppetias quærens contra Tamerlanem, Lutetiæ, iubente Carolo Rege ab omnibus ordinibus vrbis honorificè exceptus est & salutatus. Verùm verbis tantum & promissis adiutus in Angliam transfretauit. Ex ista autem Imperij Constantinopolitani subuersione commodum ceperunt Musæ nostræ, quod extorres Græci suas nostris litteras coniunxerint: quos inter præcipui Emanuel Chrysoloras Byfantinus, Theodorus Gaza Thessalonicensis & Georgius Trapezuntius, viri supra omnem laudem.

Eodem anno iam absoluta Cracouiensis Academia, cuius iacta fuerant an. 1364. fundamenta, ludum aperit; & Petrus Episcopus Cracouiensis

Iuris Canonici lectionem auspicatur mense Iulio.

Ad annum 1401. referre licet Tractatum quendam Episcopi Sarlatensis pro exemptione Cleri Matisconensis. Causa in Senatu Parisiensi versabatur inter Episcopum Clerumque Matisconensem & Ciues prædictæ vrbis: eratque quæstio huiusmodi. Rex edixerat vt ad refectionem murorum contribuerent Exempti & non Exempti. Ciues Matisconenses Episcopum & Clerum communi legi ad communem quippe defensionem latæ subijcere voluerunt. Isti se subijci non posse contestati sunt. Pro vtraque parte Legum Doctores varij varia ediderunt. M. Raimundus de Britonos, seu Bretenous è nobili stirpe de Castelnau de Bretenous Legum Doctor & Episcopus Sarlatensis factus an. 1397. (qui an 1407. defunctus est) rationes quasdam iuris pro libertate Ecclesiarum & personarum Ecclesiasticarum edidit, quæ habentur in MS. San-Victorino, notato hisce characteribus BF. 31. fol. 233.

1401.

CAVSA MATISCONENSIS.

Sic autem Tractatum suum incipit. *In Causa Matisconensi*, quamuis per alios fuerit plenè allegatum, tamen aliqua adduco quæ videntur mihi facere ad propositum.

Et 1. inquit, videtur quod non sit dubium quin de iure Ecclesiæ & " Ecclesiasticæ personæ, bona & familia eorum libera sint de iure Diuino, " Canonico & Ciuili, & iure Gentium; & iure Naturali. Quia Deus, à prima " creatione rexit mundum per se; deinde per Patriarchas, pòst per Iudices " & Reges: & pòst, quando Christus natus est, omnia fuerunt sibi subiecta; " & deinde per consequens Vicario suo Petro. Et pòst Vicarij Christi " post longum tempus ordinauerunt, vt omnia prædicta essent libera; nec " contribuere tenerentur Clerici, nec Ecclesiæ in aliqua necessitate Lai- " corum, nisi quando bona Laicorum non sufficiunt. Et tunc Episcopi nec " alij non possunt de voluntate eorum facere, sed debent hoc facere au- " toritate Papæ: quia Clerici nec Episcopi, non sunt nisi Administratores; " & non possunt submittere Ecclesias, nisi speciali mandato Papæ & bonis " Laicorum deficientibus. Vt in Iuribus communibus est satis clarum, vt " habetur in C. *Aduersus*, & c. *Non minus*. Extra. de Immunit. Eccl. Quia " Papa qui est Vicarius Dei, non fecit in dictis Capitulis nisi declarare le- " gem antiquam Dei qui volebat Ecclesias & personas Ecclesiasticas esse " liberas. Quod declarat Papa, quod tempore necessitatis quando bona " Laicorum non sufficiunt, eo consilio, qui est distributor bonorum Eccle- " siæ, eis succurrit. Item quia maiori securitate & libertate debent gau- " dere nunc Ecclesiæ, quàm tempore Infidelium, vt Pharaonis, sub quo Ec- " clesia & bona Sacerdotum & Leuitarum habuerunt libertatem. Item " maiorem libertatem debent habere nunc quàm tempore Imperatorum; " quia nunc perfectè Christus cognoscitur, cuius seruitores sunt Clerici " & Ecclesiæ Christi sunt: Nam in primis temporibus aliqui Imperatores " erant Fideles, & alij Infideles. Et sic diuerso turbine turbabatur Ec- " clesia. "

Materiam istam fusè tractat, sententiamque suam 40. & amplius rationibus confirmat, quas hîc referre non est nostri propositi.

Eodem anno lis intercedebat in Curia Parif. inter Matthæum du Vasser Baccalaureum in Decretis actu studentem, Procuratorem Generalem, & Vniuersitatem Actores ex vna parte; & Reginam Hierosolymorum & Siciliæ, Andium Ducissam tam proprio quàm Pupillorum suorum nomine, Falconem de Rupe Priorem de Line, Philippum Aurillot Priorem de Raillon, Ioannem Beauregard & alios Defensores & Reos ex altera. Materia litis hæc erat. Supra nominati iubente Regina & edicente litteris simplici sigillo munitis, manum iniecerant in libros, pecuniam, syngraphas, gregem, vini modios & alia ad ipsum Vasserium pertinentia, eaque diuiserant inter sese. Quamobrem ille ad Curiam querelas suas detulerat: Illa verò Decreto suo 17. Iunij an. 1401. reos multipliciter multauit erga Vasserium, Vniuersitatem & Regem, Impensarumque restitutione damnauit. Habetur illud Decretum in Tabulario Aca-

Septimum seculum

demico notatum hisce Characteribus A. 10. E.

1041. Die 16. Decemb. eiusdem anni electus est in Rectorem M. Radulphus de Thalia, quo Rectore 5. Ian. habitis Comitijs Vniuersitatis facta est Conclusio, quæ legitur inserta in Decreto Senatus lato 23. Sept. 1402. *Magnæ circumspectionis & scientiæ vir* M. Radulphus de Thalia, *Vniuersitatis Rector, habita prius concordi deliberatione* FACVLTATVM THEOLOGIÆ, DECRETORVM ET MEDICINÆ, AC PROCVRATORVM 4. Nationum eiusdem Vniuersitatis, nomine prælibatæ Vniuersitatis conclusit, &c.

1402. STATVTVM DE IVRIBVS BEDELLORVM. Ad annum 1402. legimus conditum à Facultate Medecinæ statutum quoddam de Iuribus suorum Bedellorum sic scribente eiusdem Decano M. Henrico Doigny diœcesis Paris.

„ In isto Decanatu die 1. April. 1402. Sabbati post Missam in S. Mathu-
„ rino, Facultate solemniter congregata & conuocata per scedulam in Ca-
„ pitulo S. Mathurini ad ordinandum de iuribus quæ recipiunt Bedelli
„ Facultatum, scilicet Theologiæ & Artium in dicta nostra Facultate,
„ quia etiam Bedelli Facultatis nostræ iura multa in illis percipiunt: quia
„ quidam noui Magistri illa nolebant dictis Bedellis Facultatum prædi-
„ ctarum persoluere, & sic nostri suo etiam iure in illis priuati fuissent,
„ *fuit declaratum & conclusum concorditer quod magni Bedelli principales ante-*
„ *dicti scilicet Theologiæ & 4. Nationum haberent de cætero & habere debebunt*
„ *& debuerunt à quolibet Magistro nouiter in Medicinæ Facultate incipiente, qui-*
„ *libet biretum & Chirothecas duplices. Et sic sunt 5. bireta & 5. Paria Chirothe-*
„ *carum duplicium. Subbedelli autem Theologiæ & Subbedelli 4. Nationum ha-*
„ *berent similiter quilibet Chirothecas simplices. Et sic sunt 5. Paria Chirotheca-*
„ *rum simplicium.*

Eodem anno rursus mota est Quæstio de substractione obedientiæ, quæ Benedicto facta fuerat. Rex Aragonum & Vniuersitas Tolosana Legatos ad Regem pro restitutione obedientiæ miserunt: quibus se Dux Aurelianus adiunxit; Bituricensis verò & Burgundus cum Vniuersitate Parisiensi negabant restituendam. Factam quippe substractionem legitimè, obseruandamque quandiu Schisma duraret. E Doctoribus Theologis vnus inter concionandum dixit publicè substractionem esse fuisseque iustam, contraque sentientes, Schismatis fautores appellauit. Molestè id tulit Aurelianus, accersitoque Rectore, petijt num id mandasset publicè dici: negante verò illo imperatum à se quidquam tale, Concionatorem illum apud Regem accusauit. Verùm Collegæ sui causam M. Ioannes Breuis-coxæ Doctor quoque Theologus fortiter defendit, substractionem propugnauit, Benedictum periurum, Schismaticum indignumque esse Papatu demonstrauit.

Vniuersitas Tolosana Regi porrexit Epistolam contra substractionem, rationesque multiplices rationibus Vniuers. Parisiensis opposuit, quibus ostendere conabatur iniuriosè & contumeliosè factum hactenus erga Benedictum. Epistola talis est ex MS. San-Victorino.

Epistola Vniuersitatis Tholosanæ ad Regem.

„ ORthodoxe ac Inuictissime Pugil fidei, brachium inclytum dextrum
„ Ecclesiæ ac Principum Christianissime Princeps ! Vineæ Domini
„ Sabaoth, cuius ipse Vos præcipuum custodem constituit & deputauit
„ præ cæteris mundi Principibus defensorem, quamque vestra Majestas
„ Regia indesinenter exactâ diligentiâ fructuosis ampliauit palmitibus, &
„ vestri ab olim prædecessores fidelissimi coluêre, ac in qua vitis illa quàm
„ fertilis, quàm potens, quàm fructifera videlicet Francorum Regia po-
„ tentibus referta Principibus, strenuis repleta proceribus, & pugilum
„ numerositate suffulta, suas virentes, densas ac immarcessibiles frondes
„ propaginum dilatauit. Dolet suspirat & plangit veræ vitis palmes veris-
„ simus, quem fluxu roris irrigante cœlestis ad vmbram floris candidissimi

Vniuersitatis Parisiensis.

Liliorum intra muros vrbis vestræ Regiæ Tolosanæ, Vos diebus vestris "
& præteritis seculis progenitores vestri acceptabiles Deo totíque Orbi " 1401.
spectabiles nutriuêre, vt esset Regni & Regiæ coronæ speculum, fideli- "
bus subditis haustus veritatis saluificæ, morum exemplar idoneum, & ad "
perfectionem vehiculum & auriga, videlicet *vestra humilima filia Vniuer-* "
sitas STVDII TOLOSANI, varijsque singultibus ingemiscit, & multipli- "
cantur in ea lachrymosi carminis tragediæ, dum vtriusque hominis lu- "
mine conspicit clariori quod exterminat eam Aper de silua, quod vul- "
pes suis fallacijs demolitur, quod iam spinis, vepribus & tribulis occu- "
pat; & quod dolenter referimus, pene degenerat in labruscam. Sic "
frumenta in lolium, sic in oleastros oliuæ, sic aurum in storiam, & sic "
oleum conuertitur in amurcam. Vnde factus est planctus in Israël, & "
ora veris Elegi fletibus irrigantur, dum immaculata columba, non ru- "
gâ turpis, nec maculâ despicabilis sancta nostra Ierusalem & sponsa Ca- "
rissima Saluatoris suo in exteriori tegmine, quod modò malignorum di- "
ris aculeis pungitur, tunsionibus varijs quatitur & quasi quibusdam tru- "
culentis sicarijs sauciatur; dum quæ libera semper extitit, in seruitutem "
redigitur, quæ vitam promittebat, ferè in mortem duci quæ tympano & "
psalterio exaltabat, horridis cornu & tubâ quasi deliquerit, eluditur: "
quæ pacem procurabat, à suis etiam filijs, germanis & collateralibus "
affligitur; & quamuis vna Diuisionem non patitur nec norit, quantum "
est in homine crebras in partes diuiditur, & cruento pugione secatur. "
Sic iuxta. *Vetus Oriens inter se populorum rixantium furore collisus indiscissam* "
tunicam Domini & desuper charitate contextam minutatim per frusta discerpit; "
heu sectio deploranda! heu inaudita scissura! iam artus corporis videmus "
acephalos, iam membra substrahunt necessaria capiti, & iam latera scien- "
ter & vltro salutis propriæ prodiga morbum pleuresis incurrunt. Quis "
ergo, quis, Serenissime Princeps! Religionis Christianæ professor, hoc "
flebile detrimentum Ecclesiæ non lugebit? quis Orthodoxæ fidei verus "
Cultor in tanta subuersione Domus Domini lamenta & gemitus conti- "
nebit? quis nominis Christiani zelator, qui nauis Petri suo modo patia- "
tur naufragium, non dolebit? quis ipsius Nauis nautam vnicum, capti- "
uatum nefandis obsidionibus non lugebit? Proh dolor! quia gloria pa- "
storis corruit, & non est qui adiuuet, & non est qui vtatur baculo pasto- "
rali, quo lupos ab ouili cohibeat, quo debiles oues sustentet, quo lapsas "
erigat, quo erraticas in Dominicum ouile reducat. Confossa doloris acu- "
leis præfata vestra filia, quæ vsque ad hæc tempora tacuit, modò quasi "
parturiens loquitur, se verbis conferens Isaiæ. Nec miretur vestra Ma- "
jestas Regia quod huc vsque siluerit, & nunc post longum tractum tem- "
poris in verba, quasi dormierit, euigilata prorumpat. Tacuit enim post "
substractionis communiter non acceptæ conceptum facta velut attoni- "
ta, afflictionem nedum sentiens, quasi prægnans verba sub sigillo silen- "
tij retinere voluit, ex substractione vnionem pro partu promissam sus- "
pirijs inanibus multiplicatis expectans. Sed quid iam videmus, quod vel "
ista substractio vnionem non conceperat optatam in vtero, vel ad ope- "
ram partus veniens, non prosperè succedens puerperium abortiuit. "
Porro ad clamoris strepitum non prosilijt, quia licet post substractio- "
nem publicantium blandimentis illecta, nutabunda tamen titubauit vs- "
que ad hæc tempora. Vtrum per substractionis abrupta veniri posset ad "
finem optatum seu terminum vnionis? O vtinam lux micasset ex tene- "
bris! vtinam rosa processisset ex spinis! vtinam solaris claritas radiasset "
ex fumo! & vtinam mellis dulcedine leonina ferox bellua cruento con- "
cepisset in ore. Præterea quid loqui præfatæ filiæ vestræ profuisset cum "
à principio penitus audientiâ à contrarium opinantibus turbaretur: Abs- "
que eo quod quidam ex illis qui per vos fuere ad Concilium Parisiense "
euocati, & qui habentes respectum ad Deum, bonum Ecclesiæ, hono- "
rem vestrum & Regni, & qui vestræ majestati Regiæ secundum con- "
scientiam & justitiam consulebant, non esse substrahendam obedientiam "

A iij

"vero Papæ, Parisius esse non poterant, nec adhuc esse possent forsitan
1402. "sine eorum maximo timore personarum & periculo. Quia quidam ex
"Episcopis etiam in præsentia vestra, vestri Concilij, inter pressuras, quo-
"rundam positi, nisi fuisset Serenissimorum Patruorum vestrorum & fra-
"tris præsidentia, per eos quasi opprimebantur letaliter; vt sic qui iure,
"ratione & veritate vincere non poterant, saltem impiâ & sacrilegâ pu-
"gnorum pugnâ & insultuosis clamoribus obtinerent. Profecto etiam
"cum propter tractatus habitos cum Papa frequentius, ex quibus spera-
"bat verisimiliter tantæ cladi de opportuno remedio prouideri; tum quia
"egebat tempore vt aliquid maturius ageretur, tum quia non videbat
"posse proficere bono modo, vsque ad tempus tacuit opportunum, se-
"quens consilium sapientis. Christus contra quem clamabatur inconsul-
"tius, *Crucifige*, velut Agnus coram tondente tacuisse legitur, quia quod
"vsquequaque posset proficere ad nutum Patris altissimi, non videbat:
"quippe cum teste Gregorio quasi quoddam nutrimentum verbi sit Cen-
"sura silentij, veritas prius tacendo discitur & postea loquendo docetur. *Ille*
"*nempe scit ordinatè dicere, qui nouit ordinatè tacere*: imò secundum Senecam
"*loqui nescit qui ad tempus tacere non nouit*. Cæterum linguam cohibere de-
"creuimus cotidie quod timor Domini & remorsus conscientiæ emenda-
"rent delinquentes in materiâ de qua loquimur, quia multi facilius à se-
"ipsis quàm ab alijs, præsertim in criminibus notorijs corriguntur. Quid
"plura? requisita per eandem Majestatem Regiam, quod ad Parisiense
"Concilium certos nuncios destinaret, quod & fecit volens, vestris tan-
"quam obedientiæ filia posse tenùs obtemperare præceptis, quid à dictis
"nuncijs quærendum esset, penitus ignorans. Ad quæstionem sibi non
"patefactam, quam tamen sibi notam fieri diebus singulis cogitabat, vt
"quid sentiret, in præjacenti materia responderet, prout nomine dictæ
"filiæ oblatum extitit in Concilio memorato, vsque modo distulit & me-
"ritò. Cum adhuc se non auderet ingerere, suum vestræ majestati Regiæ
"non petitum propalare conceptum, instar Samuelis qui dormiens in ta-
"bernaculo ostensam sibi visionem non indicauit Hely præcipuo Pontifici,
"donec fuit interrogatus & adiuratus ab illo. Nunc verò quia cognito
"dispendiosæ substractionis velut facto notorio, malo partu: ac vsqueque-
"que oriuntur ex illa scandala, animarum periculis & errorum sentibus,
"contra quos sarculum prouidentiæ iam fore necessarium reputamus si
"taceret vlterius iuxta verbum Iob, *os suum condemnaret eam*, cum iuxta
"Cyprianum, *aliquando nimia taciturnitas stultitiæ adscribatur; sicut verbo-*
"*rum nimietas ad furorem*. Et iuxta Canonem: *non est nobis licitum dissimu-*
"*lare, nec est tacere libertas*; quibus inter cæteras Vniuersitates notabiles
"Regni vestri zelus Christianæ Religionis incumbit. Et sic væ sibi forsi-
"tan si taceret: væ si obmutesceret, & væ si à bonis in tanta Ecclesiæ
"subuersione sileret, quia exigua est virtus **præstare** silentia rebus, vo-
"lens tacenda referre, vel reticere referenda; igne Spiritus sancti vt ve-
"risimiliter præsupponitur, & zelo charitatis accensa, doloris tamen acu-
"leis in intimis cordis sauciata visceribus quasi parturiens loquitur tam
"mœrens, tam plena singultibus, tam afflicta. Nonne animal brutum
"& mutum: imo inter bruta ineptius doloris calcaribus stimulatum in
"verba prorumpens insidentem Balaam reprehendit? Nonne mutos
"etiam apud Valerium vehementi dolore confossos legimus in vocales
"prorupisse sermones, primum, cui victoria tollebatur, concedens præ-
"mium, & secundum quia Patrem videbat crudeliter opprimi & inaniter
"perniciosis manibus contrectari; quod oppressor nouum assumens in mi-
"raculum, Patrem ipsum liberè proprio suo motu dimittens, ne immeri-
"tus affligeretur per amplius; & vt sic mortem euaderet commina tam
"ad muti clamores & voces quantocyus relaxauit impune. Hic autem,
"nedum potest, sed Pater Patrum & summi Patris Vicarius, non ab ex-
"traneis, sed à propinquis etiam per eum enutritis & exaltatis opprimi-
"tur, cluditur & vexatur. Qualis autem condemnatio eis immineat qui

in Patres peccant, Scriptura docet diuina; si enim Cham quia Patris verenda non operuit, maledictus est, multo ampliori condemnatione digni sunt qui Patribus legatione Dei fungentibus inferre contumelias non verentur. Non mirum igitur, de præfata filia si loquatur, quia persæpe aperuit sapientia os mutorum, facitque sæpe surdos audire, & mutos loqui: Signanter cum propter tantum & tale dedecus summi Pontificis Romanæ Ecclesiæ sacrosanctæ vestræ Majestati Regiæ & etiam Regni vestri plena sit quasi parturiens doloribus, mœroribus & lamentis, plorans plorauit in nocte, & lachrymæ illius in maxillis eius, quia non est qui consoletur Ecclesiam Romanam sacrosanctam, eiusque sponsum Christi Vicarium ex omnibus charis eius. Heu Domine Iesu Christe; quis adeo crudelitatis licentiauit habenas? quis sic frenum inobedientiæ audaciæ effrenauit? quis appetitum noxium sic laxauit? & quis sic lorum compassionis, obedientiæ & reuerentiæ religauit? vt contra Papam tuum locum tenentem in terris oriretur nostris seculis tanta & talis inuisa persecutio etiam vsque ad effusionem sanguinis perniciose defensa? Nunquid abrogata est lex Dominica? lex immutabilis, lex tam sancta, quæ inobedientes Principi morte meritâ condemnabat, quæ meliorem obedientiam quàm victimam prædicabat & quæ nolle acquiescere inter ariolandi species computabat: absit. Obedientiâ quippe, prudentum testimonio, domatur ferocitas animorum, ostenditur mentis humilitas, comprimuntur vitia, exhilarantur virtutes, ordo seruatur in cunctis & redditur Iustitiæ gladius otiosus. Hinc Regna florent, ampliantur vrbes & mentium tranquillitas conseruatur. Legis igitur diuinitus promulgatæ præcepta se sequentes se discant subesse subditi, sicque doceantur subiacere subiecti, vt bonum obedientiæ celebrent, decorem reuerentiæ colant, quod disposuit aliàs disponant, Prælationis officium, colla subiectionis capiant, innocentiæ laudem non deserant, malo nulli consentiant, & lucrum quæsiti meriti non amittant; edictum Euangelicum inobedientis contemptus non deleat, legis præcepta simulata deuotio non deserat, & constitutiones Canonum, legesque approbatas Principum lingua sacrilega & pertinax non offendat.

Sed heu, proh dolor! Ecclesiastici & literati nonnulli os superbius erigentes in cœlum, legem Diuinam falsis interpretationibus diripiunt, canones non recipiunt, Constitutionesque approbatas Principum reijciunt, & suæ prudentiæ innitentes intentionis propriæ mendacia fulcire fucatis sophismatibus moliuntur. Tales lanceis armantur & gladijs, nouaculam complectuntur, vt vel impugnent quod tueri conuenerat, vel deleant quod redegisse decuerat. In scripturis colores & figmenta venantur Sophisticos, inueniunt rationes vt ponant in rectis actionibus maculas, sententijs irrogent sanis iniurias, & iustis ordinationibus prouisionem inordinationis adducant; non reformant sed deformant, non corrigunt, sed corrumpunt; non illuminant sed obnubilant; non dirigunt sed peruertunt, non expediunt sed impediunt; non discutiunt sed incutiunt, non examinant sed confundunt, illaudabilia laudibus resonant & quæ sunt habenda despectui, per tubas exultationis exaltant. Sic vitatis Iustitiæ & bonæ conscientiæ motiuis suffultos vocant, Magnatum in aspectibus vnitatis concordiæ & pacis aduersarios, fauoreque damnato, seu peruersa ambitione corruptos. Sic quam plures aures præbentes eisdem ad illicita prouocant. Sic vaniloquijs & seductionibus veritatis lucernam fumo falsitatis suffocant, sic virtutis & Iustitiæ Senatores velut nefarios & sceleratos, exquisitis opinionibus & extortis intellectibus etiam Donati regulis, argumentis propositum non inferentibus & Sophistarum deliramento condemnatis. O damnata præsumptio mater vitiorum, peccati ianua, pestis publica & vitanda Caribdis vbi de hæresi, schismate, vnione Ecclesiæ & substrahenda vel priuanda obedientia superioribus agitur, cessat Grammaticorum simplicium imbecillitas, Sophistarum duplicitas, & loquacitas Logicorum. Hic

1401.

1402 „ igitur tractent fabrilia fabri, quærantur Theologorum suffragia, Ca-
„ nonum ordinata compendia & Iuris consilia consultorum.
„ Vt autem non fore substrahendam obedientiam summo Pontifici &
„ substractam eidem debere restitui fiat luculentius manifestum, fas est
„ fundamentum materiæ sub quodam diuino & humano iuribus fulcito
„ compendio recenseri, videlicet perscrutemur. Quis potuit citra Papam
„ super hoc Parisiense Concilium congregare? si ipso congregato, per
„ ipsum potuit aliquid concernens statum Generalem Ecclesiæ ordinari.
„ Et si ordinata ibidem roboris obtinent firmitatem, vtrum licuerit sub-
„ strahere obedientiam vero Papæ etiam vt vnio in Dei Ecclesia seque-
„ retur. Et supposito pro veroquod non, an sit restitutio obedientiæ fa-
„ cienda
„ Cum autem authoritatem congregandorum Conciliorum genera-
„ lium & aliorum, vbi de statu vniuersalis Ecclesiæ agitur & summi Pon-
„ tificis eius sponsi manifestum sit tantùm ad Romanum Pontificem per-
„ tinere, quis sanæ mentis pertinaciter affirmabit quidquam sine autho-
„ ritate sedis Apostolicæ cui in solidum præest Papa, ad examinandam
„ potissimè causam Criminalem ipsius Romani Præsulis posse generalem
„ aut particularem synodum congregare? Nullum enim generale aut par-
„ ticulare Concilium circa præmissa vel aliquod præmissorum celebratum
„ ratum est, aut erit vnquam, quod non fuerit sedis Apostolicæ, cuius
„ caput est Papa, à quo in solidum talia receperunt potestatem Concilia,
„ Iudicio & authoritate fulcitum. Quod cum fuerit dictæ sedi Christi ius-
„ sione & venerandorum Conciliorum declaratione concessum in soli-
„ dum, nullus quantacunque authoritate præfulgeat, hoc sibi poterit
„ vsurpare. Multis denique Apostolicis, Canonicis & Ecclesiasticis regu-
„ lis edocemur non debere absque authoritate & consensu Romani Pon-
„ tificis Generalia Concilia celebrari: quod si aliter factum extiterit, non
„ Concilium, sed Conuenticulum seu Conciliabulum dicetur; & quid-
„ quid in ipso actum fuerit, irritum erit & vacuum: & contra facientes
„ sedis Apostolicæ communione carebunt. Nec legitur præter Aposto-
„ lici apicis sanctionem aliquid fuisse constitutum super causis maioribus,
„ sed tantum præfatæ sedis arbitrio terminatum. Hinc etiam cum au-
„ thoritas Theodorici Regis ex diuersis Prouincijs ad vrbem Romam
„ Sacerdotes conuenire iussisset, vt sanctum Concilium indiceret, de
„ hijs quæ venerabili Symmacho præsuli sedis Apostolicæ ab aduersarijs
„ ipsius dicebantur impingi, suggesserunt Episcopi præsentes in Conci-
„ lio ipsum qui dicebatur impetitus, debere Synodum conuocare: Scien-
„ tes quia eius sedis primum Petri Apostoli meritum, deinde Domini
„ secuta iussione Conciliorum authoritas specialem in Ecclesijs tradidit
„ potestatem; nec ante vel post nisi se humilitate submitteret à quo-
„ quam legitur dictæ sedis iudicatus antistes. Cui sententiæ Rex incly-
„ tus annuens confessus est nihil ad se præter reuerentiam de negotijs
„ Ecclesiasticis pertinere. Episcopi vero in Synodo residentes causam
„ dicti Pontificis qui etiam dicebatur hæreticus, Dei, cuius erat causa,
„ iudicio reseruarunt. Quid plura? Marcellius Episcopus vrbis Romæ,
„ nihilominus martyr insignis templum Paganorum ingressus compulsus
„ super prunas imposuit grana thuris, propter quod contra eum vniuer-
„ sorum Episcoporum Concilio congregato, quia prima sedes non Iudi-
„ catur à quoquam, non audentes in eum proferre sententiam, ipsum
„ oris sui judicio commiserunt. Pariter Sixtum contra quem insurrexe-
„ rat malus rumor, non iudicauit Concilium cui intererat Valentinianus
„ Augustus, cum nullius reperiretur Iurisdictioni subiectus Acephalum
„ enim liquet esse Concilium vbi de tanta persona agitur & Minorum
„ sententia expectatur. Cur igitur gloriatur securis contra eum qui secat,
„ in ea, aut exaltatur serra contra eum qui trahit eam? Sole clarius jam
„ apparet non posse quemquam qui minoris authoritatis est, cum qui ma-
„ ioris est potestatis, judicijs suis addicere, aut proprijs definitionibus
sub-

Vniuersitatis Parisiensis.

subiugare; ideoque licet aliorum hominum causas Deus voluerit per homines terminare, sedis tamen Apostolicæ præsulem sine quæstione suo in solidum arbitrio reseruauit. Huius causas istic redarguere præsumit mortalium nullus, quia cunctos ipse iudicaturus à nemine iudicandus est, nisi deuiaret à fide. Etsi Dominus noster Papa hæreticus aut Schismaticus falsè æmulis vociferetur; à multis, SERENISSIME PRINCEPS hoc cognoscere non est vestrum, non particularis Concilij Regni vestri, sed authoritate sua coaceruati generalis Concilij obedientiæ partis nostræ, vel ad fortius supposito quamuis falso, quod in casu hæresis aut schismatis potuerit per Parisiense Concilium iudicari viâ iuridica; tamen quia contra ipsum processum extitit, ignoratur, quia nec per modum accusationis, cum accusator non comparuerit, qui se talionis obligaret ad pœnam; nec denunciationis, quia Euangelica monitio non præcessit; vel quamuis præcessisset, nihilominus tamen ipsum denunciari oportuit, non partiali præsumpto, sed authoritate Apostolica conuocato Concilio generali; nec inquisitionis, cum fama ortum habens Canonicum ipsum fore hæreticum Schismaticum, non nisi per maleuolos diuulgatur.

Sed dicunt quod penès eos, quamuis per Nos vehementer præsumitur, contra eum. Quid est hoc? etiamsi ita esset ex vehementi præsumptione, secundum Constitutiones Canonicas non posset, (cùm propositiones luce clariores crimina postulent) legitimè tanquam hæreticus aut schismaticus condemnari. Estne hic igitur ordo iuris seruatus? Iam contra Papam non citatum, non confessum, non conuictum, at etiam à Iurisdictionem in eum non habentibus & turbato ordine condemnatur. Estne hîc iuris ordo seruatus, quod Iustitia concessa simplici Rustico fuerit Christi Vicario denegata? Estne hîc Iuris ordo seruatus, quod contra Canones Schismaticus nuncius & Domesticus Antipapæ receptus gratanter sit & admissus, & Legatus de latere veri Papæ prohibitus fuit, ne veniret quoquomodo ad Parisiense Concilium? Ecce defensor Papæ denegatus extitit qui non negaretur homicidæ, proditori, hæretico vel latroni. Ecce quam æquâ lance Papæ Iustitia librabatur. Ecce stateram in qua Ius Christi Vicarij & Ecclesiæ Catholicæ Capitis est appensum. Sic ex ijs quæ inordinatè acta sunt, inordinata profertur sententia contra Constitutiones Canonicas & Ciuiles. Volunt iura partem audiri, & quod ordo seruetur in talibus, & quod Inferior superiorem non iudicet: & vbi de statu Papæ & vniuersalis Ecclesiæ agitur, nullus præter Romani Pontificis authoritatem audeat Concilium, quantacunque præfulgeat authoritate, conuocare. Congruit ne rationi quod super hijs vnum Regnum, vna Prouincia vel Diœcesis quicquam per se statuat, & aliud Regnum & alia Prouincia vel Diœcesis contrarium statuendum fore decernat? Heu quam instabilis esset status Ecclesiasticus & sub quanto lubrico nutaret? Iam velut in turri fabricanda Babel vnus reliquum non intelligeret, alter alterius constitutiones non reciperet; sed in tot vnica grandis multitudo diuideretur partes, quot idiomatum in se varietates haberet.

Licet autem ex istis clarè posset inferri Parisiense Concilium non potuisse de iure decernere fore substrahendam obedientiam etiam pro facienda vnione in Ecclesia Dei, vero Papæ; id tamen in medium suffragio suffulti Altissimi iuxtà nostrum modulum ingenij luculentius & probabilius deducemus. Cum enim teste Gregorio integerrimam semper in omnibus ei quem Diuina nobis gratia prætulit, præbere obedientiam teneamur, quia conscientia substrahetur vero Papæ, qui est Christi Vicarius & qui præest in spiritualibus vniuerso. Sic profecto instabiliter nutaret status Apostoli quem Deus supra Petram solidam stabilitum Principem instituit; & cuius Principatus constanter minus confortatus est super terram. Et si enim status cæteri velut in loco ruinoso, terreno & arenoso iactati inconstantes sint & momentanei, huius tamen fundamentum nec ferrum conterens, nec delens aqua, nec terra vorans,

"nec labens tempus, nec ignis rei productæ consumptor à Petræ stabili-
1402. "tate deijcient, quia nec deficiet in æternum. Decetne ita vacillare sta-
"tum illius qui tam solido fundamento innititur, & de quo dicitur à Ber-
"nardo, *quod est Sacerdos Magnus summus Pontifex, Princeps Episcoporum,*
"*hæres Apostolorum qui est Principatu Abel, Gubernatu Noë, Patriarchatu*
"*Abraham, Ordine Melchisedech, dignitate Aaron, authoritate Moyses, ju-*
"*dicatu Samuel, potentia Petrus, vnctione Christus.* Cui claues traditæ &
"oues *creditæ omnes fuerunt indistincte: vt esset non modò omnium; sed & Pasto-*
"*rum omnium vnus Pastor:* cui rogo non dico Episcoporū, sed etiam Apo-
"stolorum sic absolutè totæ Oues fuerunt à Christo commissæ? Soli dictum
"est Petro: *si me amas, pasce oues meas, nedum eas sed meas,* inquit. Sunt
"quidam & alij cœli Ianitores Gregumque Pastores, sed hoc tantò glo-
"riosiùs tantóque pleniùs quantò differentius vtrumque, scilicet Pasto-
"ris & Ianitoris præ cæteris nomen accepit. Habent illi sibi assignatos
"greges, singuli singulos; isti vniuersi greges crediti vni, vnius ergo se-
"cundum Canones: alij in partem sollicitudinis, hic vocatus est in ple-
"nitudinem potestatis; aliorum potestas certis limitibus arctatur, sua ex-
"tenditur in ipsos, etiam qui potestatem super alios acceperunt, sicque
"Prælati cæteri quanticunque, sub ipso velut sub oneraria quasi paruæ
"nauiculæ delitescunt. Hic enim ex causa Episcopos tradit Sathanæ; hic
"Episcopis cœlum claudit; hic solus Episcopum ab Episcopatu deponit.
"quid plura? Petrus instar Domini gradiens super aquas & vnicum se esse
"Christi Vicarium ac etiam in labilibus stabilem designauit. Constanti-
"nus nihilominus professus est post baptismum quod maior reuerentia
"Romanæ Ecclesiæ quàm terreno debebatur imperio, decernens vt
"Principatum perpetuum sedes teneret Apostolica super Ecclesias vni-
"uersas. Sancta etiam Romana Ecclesia, cuius Papa tradente Domino
"Principatum accepit, teste Hieronymo firma & immobilis omni tem-
"pore permanebit. Ita quod Dominus mysterij diuini Officium ad om-
"nes Apostolos pertinere voluit, vt in Beatissimo Petro omni Apostolo-
"rum summo principaliter collocaret; vt ab ipso quasi quodam capite do-
"na sua velut in corpus omne diffunderet, & extorrem se ministerij intel-
"ligeret esse Diuini qui ausu temerario recedere à Petri soliditate tenta-
"ret. Hunc enim in consortium indiuiduæ vnitatis assumptum, id quod
"ipse erat Dominus voluit nominari, dicens *tu es Petrus*, dictus à Petra
"Christo, *& super hanc Petram ædificabo Ecclesiam meam:* vt videlicet æter-
"ni templi ædificatio mirabili Dei munere in Petri & successorum suo-
"rum stabilitate consistat; hanc etiam Ecclesiam sua firmitate corrobo-
"rans, vt illam nec humana temeritas posset appetere, nec contra illam
"portæ inferi præualerent. Verum hanc sacratissimam firmitatem Deo
"vt diximus ædificante constructam nimis impia vult præsumptione vio-
"lare quisquis eius potestatem tentat infringere, suis fauendo cupiditati-
"bus, & id quod acceperit à veteribus, non sequendo. Non decet igi-
"tur statum tanti Patris & præcipui præsulis Ecclesiæ sacrosanctæ Christo
"dictante firmiter stabilitum vacillare per substractionem obedientiæ;
"cum hoc secularis potestas non modicum etiam in minimis potestati-
"bus non sic solidis abhorreret. Quidam Angeli alijs præsunt, nec inter se
"superbiam emancipationis admittunt, propter quod de Angelo factus
"Diabolus hodie per similem substractionem obedientiæ multorum proh
"dolor, præcipitia machinatur. Maneamus igitur iuxta S. Cyrillum Pa-
"triarcham Alexandrinum, vt membra in capite nostro Apostolico thro-
"no Pontificum Romanorum à quò nostrum est quærere, quid credere &
"quid tenere debeamus, ipsum venerantes, ipsum rogantes pro omnibus,
"quoniam ipsius solius est reprehendere, corrigere, statuere, disponere,
"soluere & ligare loco illius qui ipsum ædificauit, & nulli alij dedit quod
"suum est plenum, sed ipsi soli dedit cui omnes iure diuino caput incli-
"nant & primates mundi tanquam obediunt Iesu Christo?
" Quæ est igitur hæc forma Iustitiæ, aut qualiter est Iuri communi con-

forme, prohibere ne Catholici Papæ obediant, ne discipuli magistro "
consentiant, ne filij honorent Patrem, ne milites sequantur Principem " 1401.
& ne serui Domino sint subiecti. Et quæ est hæc rationis authoritas Chri- "
stianum coërcere ad obedientiæ substractionem ? cum Iudæum cogere "
non possit ad fidem ? Heu sic violenter caput Ecclesiæ à suis membris, vt "
in eis non influat nec eorum actus dirigat, amputatur ! Sic artus diui- "
duntur à corpore, sic ab inuicem membra Ecclesiæ lacerantur; sic Pa- "
stor à suis ouibus luporum morsibus expositis segregatur. Sic iuxta il- "
lud, *percutiam Pastorem & dispergentur oues gregis*, velut erratici disper- "
guntur, quia omne Regnum in se ipsum diuisum desolabitur, & domus "
supra domum cadet; nostra S. Ierusalem deducitur quantum est in hoc, "
procurantibus in ruinam: sic nouum schisma generatur in Dei Ecclesia: "
& sic communiter vnionem facere non poterunt secundum Canones, "
substrahendo pertinaciter obedientiam summo Pontifici, quia in schi- "
smatis crimine simili corruerunt, quia in libertate corripere Schismati- "
cum non potest, cum tacitus ipse sibi respondeat id peccatum schismatis "
quod corripit, commisisse. Quod quantâ pœnâ dignum sit testatur Hiero- "
nymus ita dicens, *Est*, inquit, *Idolum fabricatum Propheticus liber Regis* con- "
temptoris incensus & Scisma rentatum; idolatria gladio punita est, "
exustio libri bellica cæde & peregrina captiuitate; Schisma verò hiatu "
terræ sepultis authoribus viuis & cæteris cœlesti igne consumptis. Igitur "
grauius est commissum, quod est seuerius vindicatum; Leges etiam Ca- "
nonica & Ciuilis eum non reputant fore Catholicum, qui Papæ obedire "
contemnit, & quòd alij non obediant, violenter impellit, hic tantum "
Deus offenditur, Respublica læditur, proximus ad malum inducitur, "
materia delinquendi tribuitur, mens vtriusque peruertitur; obediens qui "
præmio remunerandus esset, opprimitur & punitur, inobediens verò "
qui pœna deberet affici, de sua cogitata malitia gloriatur. Præterea si "
secundum Augustin. quod Dominus iubet aut vetat facere, omninò non "
licet, & contraire Dei præceptis est peccare mortaliter, & omne pec- "
catum illicitum, quomodo contra Legem Moysi, contra legem Christi "
& contra Legem Apostoli non possumus sana conscientia summo non "
obedire Prælato? In lege scriptum est *Prophetam suscitabo eis de medio fra-* "
trum suorum & ponam verba mea in ore eius. Qui autem quæ loquetur in "
nomine meo, audire noluerit, ego, inquit Omnipotens, vltor existam. "
Hinc filij Israël quia inobedientes Moysi contra mandatum eius bellum "
intulerant, multi vincuntur à paucis. Quando autem ex obedientia "
pugnatum extitit, pauci plurimos deuicerunt: Hinc quia transgressus "
est Achas mandatum Iosue, populus in prælio seruari meruit, propter "
quod populus ipsum lapidauit. Hinc Saül holocaustum contra manda- "
tum offerens Samuelis, propter hanc inobedientiam fuit à Domino re- "
probatus. In Euangelio etiam malis Prælatis, quanto fortius bonis Chri- "
stus obediendum fore præcipiens, ita inquit: Super cathedram Moysi se- "
derunt Scribæ & Pharisæi: omnia ergo quæcunque vobis dixerint, ser- "
uate & facite: quod autem faciunt, facere nolite. Apostolus nihilomi- "
nùs nobis exemplum obedientiæ in saluatore nostro proponens, dicit "
quod factus est obediens vsque ad mortem, fructum obedientiæ nobis insi- "
nuans, cum subdit, propter *quod Deus exaltauit illum, & dedit illi nomen* "
quod est super omne nomen. Et ad Romanos, *omnis anima sublimioribus po-* "
testatibus subdita sit, non tantum bonis & modestis, sed etiam dyscolis, Aposto- "
rum Principe protestante. Et ad Hebræos, *obedite præpositis vestris & sub-* "
iacete eis, ipsi enim vigilant quasi sint pro vobis rationem in districto Iudicio red- "
dituri. Nec mirum quia teste Blesensi, *quidquid asperum nunc videtur, obe-* "
dientia sibi conuertit ad lucrum: expedit enim tolerari dura, ne veniant duriora. "
Quod si quis murmurauerit, si detrectauerit *obedientiæ iugum, in vano* "
accepit animam suam, maximè quia durum est, nec inobedientia nec murmura- "
tione molestet. Si quis pro regno cœlorum nunc sustinet grauia, sciat grauiora "
fuisse quæ pro quæstu transitorio non sine animæ discrimine sustinebit. Quia "

B ij

" igitur testimonio B. Petri filij obedientiæ castificant corda sua, vincan-
" tur per obedientiam bestialium motus affectuum. Quoniam iuxta Salo-
" monem, vir obediens loquetur victorias, vincens scilicet mundum, Dia-
" bolum & seipsum. Igitur obedientia quæ Dei Filium decuit, cuiquam
" non sit dedecori. Et hoc quis in se sentiat quod in Christo Iesu, qui cum
" in forma Dei esset, formam serui accipiens vsque ad Crucis pœnam &
" ignominiam cursum obedientiæ limitauit.

" Cum igitur constet Ecclesiam ideo vnam sanctorum & approbatorum
" Doctorum testimonio, quia in vniuersali Ecclesia est vnum caput supre-
" mum cui omnes tenentur merito obedire, hoc illo statuente per quem
" Reges regnant & legum conditores iusta decernunt, vt esset ecclesia
" militans instar Ecclesiæ triumphantis habentis Deum Principem cui obe-
" diunt, etiam si durè præcipiat vniuersa, esse luculenter apparet contra
" rationem naturalem quâ inferiora à superioribus disponuntur, & con-
" tra voluntatis Diuinæ sententiam, qui voluit vniuersa pecora sua esse
" vnico subiecta Pastori, quod substrahatur obedientia Generali omnium
" Præposito & vero Vicario Iesu Christi, teste Bernardo. *Seductori dat ma-*
" *num qui dare dissimulat Præceptori.* Quomodo igitur se esse confidunt in
" Ecclesia extra quam non est salus, hij qui obstinatè Cathedram Petri su-
" pra quam Ecclesia est fundata, deserunt & contemnunt, qui Vicarij
" Christi reijciunt potestatem ligandi atque soluendi, quam in Papa Epis-
" coporum omnium summo Christus ipse principaliter collocauit; qui
" tanquam à Petri societate præcisi, nec vinculis peccatorum absolui, nec
" ianuam possunt ingredi Paradisi, qui caput Ecclesiæ deserentes artus
" Acephali & deuiantes à tramite fidei nuncupantur, qui ex defectu Pa-
" storum præcipui, caeteruatim Luporum dentibus laniantur, qui eo quod
" priuilegium Romanæ Ecclesiæ indultum ab ipso Ecclesiæ capite auferre
" satagunt, damnatam in hæresim delabuntur: qui profectò aduersus il-
" lam quæ est mater fidei moliuntur. Auertant tales oculos suos & statuant
" eos declinare in terram: & cùm nihil sit aliud substractio obedientiæ,
" quàm substractio Iustitiæ, substractio autem Iustitiæ nihil aliud quàm
" substractio reuerentiæ, amicitiæ & disciplinæ (est enim Iustitia, teste
" Bernardo *virtus vnicuique quod suum est tribuens*, Superiori obedientiam &
" reuerentiam, æquali consilium & auxilium, inferiori custodiam & dis-
" ciplinam. *Semotà verò Iustitia*, secundum Augustinum, *quid aliud sunt*
" *Regna quàm latrocinia, quam facinora, quamque scelera infinita?* Notorium
" est forti mundo quod hinc hæreses pullulant, hinc crebrescunt scismata,
" hinc via patenter aperitur vt multæ inobedientiæ etiam aduersus mun-
" danos Principes generentur. Audax erit profectò Auditus subditus vt
" subducat obedientiam cæteris, cum sine rubore illius Vicario qui super
" omnes est, substrahitur. Hanc viam velut in subditos aduersus superio-
res damnandam exempli perniciem generantem debet Præsidens quili-
" bet, quantum status sui incolumitatem desideret, abhorrere. Hanc de-
" berent non immeritò Reges, Duces & Principes in se ipsos non modi-
" cum, si futurorum prouidentiam habeant, formidare. Eorum quidem
" res agitur cum incendio familiarum vicinus paries inflammatur. Res,
" inquit enim Sapiens quidam, nimium singularis est homo, quia minores
" despicimus, dissentimus ab æqualibus & maioribus inuidemus. Hinc re-
" belliones: hinc violentiæ: hinc intrusiones in Beneficijs: hinc symoniæ:
" hinc vsuræ: hinc adulteria: hinc sacrilegia: hinc homicidia impune à per-
" uersis & Deum non timentibus hominibus committuntur: hinc grauan-
" tur subditi, non valentes appellationibus se tueri: hinc afficiuntur maxi-
" mè Clerici, quibus sedis Apostolicæ aditus est præclusus; quibus gratia-
" rum Apostolicarum & indulgentiarum est multipliciter prohibitus & sub
" pœnis varijs interdictus seu mutilatus obtentus. Hinc læditur Iustitia,
" angustiatur munificentia & infinita animarum pericula procreantur. Quis
" rogo à sententijs Papæ tantùm reseruatis absoluet? quis cœlum crimi-
" nosis aperiet? quorum absolutio non potest ab alio recipi quàm à Papa?

quis maiores causas reseruatas sedi Apostolicæ in solidum terminabit? Iam experientia manifestat quod irruit ventus à regione deserti, si forte inueniantur paleæ, quas ad ludibrium suum rapiendo, disgregationem Catholicam transfert in theatrum, Populum acquisitionis in fabulam, & scholam innocentiæ in derisum. Cæterum terrorem deberent potissimè incutere Iuris sententiæ contra illos qui realiter offendunt etiam inferioris gradus præsules promulgare, viris præsertim Ecclesiasticis & vassallis summi Pontificis, qui non contenti substractionis obedientiæ crimine, Papam & quosdam ex Cardinalibus feriunt iniurijs quàm enormibus, realibus & verbalibus persecuti. Sententiarum verò animæ contra tales promulgatarum est tenor, vt ipsi, eorum Socij, mandantes, rectum habentes Consilium, præbentes vel fauorem, receptantes vel scienter defensantes eosdem pro tanto sacrilegio sicut rei criminis læsæ majestatis sicut infames diffidati nihilominus & banniti sint, intestabiles & testamenti liberam non habeant factionem, nec ad alicuius bona ex testamento, vel ab intestato vocentur, quatinus ab omni successione repulsi, priuataque repulsa confusi minus inueniant suæ malitiæ successores, *fiant habitationes eorum desertæ; & non sit qui eas inhabitet:* dentur contra eorum ędificia in ruinam; & vt perpetuæ notam infamiæ perpetua ruina testetur, nullo tempore reperiantur: nullus eis debita reddere, nullus respondere in Iudicio teneatur: quidquid etiam in bonis reperitur, ipsorum fisci, vel reipub. dominio applicetur, vt ex illis nil transmittant in posteros, sed potius cum ipsis, quodammodo damnentur & sua. Si qua verò feuda, locationes, officium, beneficium spirituale vel temporale ab aliquibus Ecclesijs obtinent, sint eis ipso iure priuati: quæ sic liberè ad Ecclesias reuertantur, quod Ecclesiarum Rectores de ipsis pro sua voluntate disponant. Quod si quis prædictorum filium vel filios habeat, nepotem vel nepotes per rectam lineam descendentes, beneficiatum vel beneficiatos quouis beneficio etiamsi Pontificalem adeptus vel adepti fuerint dignitatem, sint eis ipso iure priuati, non alicuius aperiatur ianua dignitatis aut honoris Ecclesiastici vel mundani, seu sit ad alicuius loci regimen adscensus, sit eis postulandi negata facultas, sit notoriè iudicatus, & quodlibet aliud beneficium, officium seu ministerium publicum interdictum. In Iudicijs assertio contra quenquam nihil fidei vel credulitatis inueniant, & ad testimonium prorsus reddantur indigni; sit eis ad ordines adscensus inhibitus: sit ad Beneficium vel Ecclesiasticum Officium negatus accessus. Et vt magis famosa sit eorum infamia, ad actus legitimos nullus eis pateat aditus, nulla porta pandatur eisdem super aliquo præmissorum; sed incurrant Excommunicationis sententiam ipso iure: sint loca, vbi talia attentata fuerint, nihilominus **interdicta & per consequens celebrantes**, irregulares, & celebrantibus authoritatem præstantes, sint eligendi authoritate priuati, ipsi videant quia si casus occurrerit, multos hoc firmiter asserentes procul dubio reperirent: tanto nempe maius est sacrilegium, quanto maior quæ patitur, est persona. Dauid manum non extendit in Saülem reprobatum à Domino, licet ipsum capitali prosequeretur odio: imò ex hoc percussit cor suum grauiter quod dicto Saüli oram clamydis abscidisset. Quia murmurauit multitudo Populi & seditionem fecit contra Moysem, percussi sunt 14. millia hominum & decem absque hijs quos ex eadem causa in seditione Chore terra viuos absorbuit & vorax flamma cœlesti ordinatione consumpsit.

Sed licuit-ne substrahere obedientiam vero Papæ, vt inde vnio in Ecclesia Dei sequeretur, quippe cum hoc sit prorsùs illicitum & dignum pœnâ non modicâ, sed seuerâ? nequit licitum fieri propter finem intentum & contrarium opinantius, nec impunibile, vt satis deducitur ex pręmissis. Nempe hoc esset plus diligere proximum quàm seipsum, facere peccatum proprium ad impediendum alienum, facere certum malum ad obtinendum bonum dubium, facere crimen pręsens ad impediendum

,, crimen sequens, contra regulas indubias, Augustin. *nec licet facere mala*
1402. ,, *secundum Apostolum vt eueniant bona:* nec abundare in delicto, vt gra-
,, tia superabundet, teste Ambrosio: Si non potest alteri subueniri nisi alter
,, lædatur, neutrum iuuari est commodius quàm alterutrum grauari. Quis
,, autem nisi fatuus occidet sanos, vt curet aut sanet ægrotos? Quis ami-
,, cos abijciet vt reconciliet inimicos? quis damnabit bonos, vt iustificet
,, criminosos? Quis schismaticorum coget Catholicos, vt infideles Schis-
,, matici vel hæretici conuertantur ad fidem? sensu pro vero indiget qui
,, eradicat plantas proprias vt plantet vites alienas? indubieque turpius
,, eijcitur quàm non admittitur hospes. Multo plus peccant qui ab obe-
,, dientia Papæ recedunt quàm Romani Schismatici qui eidem obedire
,, contemnunt, & minus malum est eis, teste Apostolorum Principe, viam
,, non agnoscere Iustitiæ quàm post agnitam contumaciter retroire. Heu
,, quàm laudabilis in talibus est reperta constantia, vt ante crederent
,, quàm pugnarent; antequam aggrederentur, desisterent; ante vinceren-
,, tur quàm prædonum vincerentur armis, & prius soluerent militiæ cin-
,, gulum quàm cederet aduersitas præliorum! Profecto tales veniunt à
,, latere inimici domestici se amicum fictitiè simulantes. SERENISSIME
,, PRINCEPS, res est magni periculi, imo periculosi plena discriminis,
,, vbi familiaris se conuertit in hostem & in aduersarium adiutor armatur,
,, persequitur qui persequi debuit, & impellit qui repellere tenebatur.
,, Hæc est pestis omni peste deterior & ad nocendum venena diffundit,
,, dum per arguti doli versutias se subitam offert in agone militiam &
,, perniciosam præuaricatricem fidelis propositi quod assumpsit sub huius
,, præuaricationis genere moliuntur perfidiam inconstantiæ & machinas
,, fallacis amici confingunt proditionis offendicula familiares pestiferi fa-
,, bricant; & miles infidus sub vexillo concordiæ pugnandi constantiam
,, perniciosè mentitur. Quippe ad destruendas Behemoth versutias cum
,, mens inter maiora & minora peccata constringitur, si omnino nullus
,, euadendi aditus patet, minora semper eligantur; qui murorum vndique
,, ambitu ne fugiat, clauditur; ibi se in fugam præcipitat, vbi breuior mu-
,, rus ingeritur, prout Gregorius in moralibus attestatur. Nullus certè nisi
,, demens sibi erueret oculum ad medicandum articulum; nullus sibi am-
,, putaret dexteram ad curandum sinistram; cum grauius sit priuari dex-
,, terà quàm sinistrà. Hinc Cæsar Augustus aiebat non esse piscandum cum
,, hamo aureo, quia maius damnum in hami perditione quàm vtilitatem in
,, piscatura verisimiliter formidaret. Qua ergo phantasia ad tollendum mi-
,, nora crimina quis maiora procreat? Certe cum nemini liceat in aliquo
,, casu peccare, multorum iudicio non sunt committenda minora, vt me-
,, dela maioribus præbeatur. Verè & si leuius foret peccatum nostrum
,, obedientiæ substractionis quàm peccatùm originalis Schismatis Roma-
,, norum, plus tamen nocet nobis nostrum peccatum proprium leue quàm
,, licet grauius alienum Tenemur ne lucrifacere animas Romanorum
,, cum maximo detrimento nostrarum? Non vult Deus tale damnum, ta-
,, lis lucri pretio compensari, quia nihil prodest homini si vniuersum mun-
,, dum lucretur, animæ verò suæ detrimentum patiatur. Heu qualis est
,, ista prudentia? egredi domum Papam, vt extranei inducantur, se nu-
,, dare vt alij etiam nobis ignoti penitus vestiantur, se damnare vt cæteri
,, redimantur, se diuidere vt alij vniantur, se interficere vt alij salutis opta-
,, tæ compendium consequantur. Similes volumus esse faci quæ alios il-
,, luminat, & se ipsam consumit, destruit & deuastat; & lixiuio, quod im-
,, munda purgat & lauat & seipsum inquinat, vilificat & deturpat. Si igi-
,, tur non fuit licitum substrahere obedientiam propter obedientiam
,, vniendam, quomodo substrahere licuit, vt inde plura Schismatum ge-
,, nera sequerentur, vt inde pars schisma faciens fortificaretur aduersa,
,, vt inde pars Catholica subdiuisa nostris demeritis redderetur infirma:
,, vt inde vecordes Catholici comminationibus perterriti non auderent
,, se fateri Catholicos, & Schismatici fore se fidelissimos iactarent? Vident

Vniuersitatis Parisiensis.

& intelligunt nisi cæci partem veridicam subdiuisam: Et quod pars schismatica per amplius ab Ecclesiæ vnione facta pertinacior elongauerit. Hinc pars fidelissima se dolet pene euulsam radicibus, & pars erronea se plaudit solidiùs radicatam. Hinc hyems plantatas arbores in horto Domini suis ornatibus denudauit & malas quamuis in Eremo vero carentes humore & infertiles quamplurimum phalerauit. Sic paries fœtore plenus à putredine dealbatur: Sic decor muri persolidi fœtidis immundisque colorum fucaminibus denigratur.

Ex hijs moti aduersariorum quamplurimi etiam Intruso obedientiam substrahere noluerunt. Alij partis nostræ substractam Rom. Pontifici iam restituere decreuerunt. Illorum etiam regni nostri perplures & Hispanorum quamplurimi substractionem nullatenus & meritò gratam quidam expressè, quidam tacitè, clam quidam, & quidam publicè velut procuratam inciuiliter condemnarunt. O Pater mendacij! quot nugis & fallacijs, qualibus seductionibus & malicijs, ac quantis simulationibus & mendacijs istiusmodi substractionis dispendiosum exitium procurasti! Substraxerunt-ne Intruso obedientiam Reges Romanorum, Anglorum, Hungarorum & cæteri obedientiæ suæ cum suis Ducibus, Principibus, Proceribus & Prælatis? vt non sine offensione piarum aurium Serenissimorum Regni vestri quàm Catholici & suorum fidelium auunculorum fratris, & cæterorum sui generis nullis trahendorum falsitatum ludibrijs clamabatur? Substraxerunt-ne Vniversitates Italiæ & tam clara fronte, ac si esset purissima veritas, vt in publico Concilio rubore postposito dicebatur? Tacemus Principes cæteros obedientiæ Partis nostræ totiens super hoc oratos & tantopere fatigatos & singulares quamplurimos qui velut fideles & Catholici obedientiam substrahere vero summo Pontifici nullis seducti peruersis adulationibus & dololositatibus recusarunt. O si damnantes substractionem huius signum portarent in vertice vel in fronte? Serenissime Princeps! quot signatos in copiosa multitudine videretis? E contrario verò nonnulli ex malitia, nonnulli ex ignorantia, nonnulli ex ambitione & auaritia, nonnulli maiore metu & sæuitia obedientiam substraxerunt; & in sua reproba & dispendiosa inobedientia perdurarunt. Hinc procurante authore schismatis, seminante pro viribus indefesse in agro Dominico zizania, adeo videmus Schismatum tribulos pullulare, quòd non est Regnum, non Prouincia, non Diœcesis, non Territorium, non Capitulum, non Collegium, vel Conuentus, imò nec vix domus, quod peius est, quin sint ratione huiusmodi substractionis nouum schisma facientes inter se pertinaciter subdiuisi. Nempe substractionem obedientiæ admittunt illi, isti repellunt: illi recipiunt, isti reijciunt; & illi approbant, isti damnant. Heu quàm præceps, heu quàm subdola **Leuiathan versuti hostis versutia! qui post bina schisma**ta tractata principaliter in capite, scissuram inter caput & membra & tandem inter artus singulos quasi sit inter eos propositi difformitas, procurauit. Nos qui loquimur, sumus testes quod Inferiores prælatis suis si aliquid faciant quod eis non placeat, alij substrahant, alij obedientiam substrahere volentes, hic exemplum trahere comminantur. Sunt præterea quidam qui etsi orandum fore pro hæreticis, Iudæis, Paganis & schismaticis fateantur, proh dolor! tamen orandum non esse pro Papa, rubore affirmant postposito. Sed quo judicio? non videmus. Alij ad Deum & Ecclesiam suum dirigentes intuitum, orandum censent pro summo Pontifice, more solito, præcipuè cum persecutionem propter Iustitiam patitur, contemnitur, quatitur & cribratur. Sic dum Petrus seruaretur in carcere, pro eo fiebat in Ecclesia oratio sine intermissione pijssimum apud Deum. Etiam pro inimicis orandum verbo Christus docuit & exemplo. Stephanus plenus gratia opera suæ passionis tempore expleuit. Quidam Christi Vicarium quem quasi animæ parentem honorare tenentur, inhonorant pro viribus, realiterque & verbaliter dedecorant. Tales Christi non sequuntur exemplum qui testimonio

" 1401,

1402.
" Cypriani quamuis esset Rex & Iudex verus, vsque ad passionis suæ diem
" Sacerdotes etiam sacrilegos honorauit ; nos suis actibus instruens ve-
" ros Pontifices legitimè & plenè honorari debere, dum talis extiterit cir-
" ca falsos & sacrilegos Sacerdotes. Quidam etiam vassalli summi Ponti-
" ficis qui sunt iuramento fidelitatis adstricti, ipsum impugnant & per-
" sequuntur assiduè, non verentes quod clamantur proditores notorij,
" infideles, & perjuri manifestissimi, & quod crimen læsæ majestatis in-
" currunt. Quid de Patriarchis, Archiepiscopis, Episcopis, Abbatibus
" & alijs qui sibi iuxta iuris formam iuramentum solenne fidelitatis & obe-
" dientiæ præstiterunt, & ei non obediunt, nec obediendum fore dogma-
" tisant seu dogmatisare præsumunt ? Audemus dicere quod hanc doctri-
" nam ignorarunt authores Canonum, & ipsarum legum singularum con-
" ditores ; & inter suorum membranas Codicum etiam non posuere Gen-
" tiles. O Magistri Canonum & custodes ! ô Legis periti & Doctores, vn-
" de vobis quod sic infideliter & proteruè & contra legem animatam in
" terris, contra iusiurandum & contra fidem per nos præstitam, & aduer-
" sus leges & Canones attentatis ? Estne secundum legem & secundum
" fidem ? est secundum Iuramentum & Canones quod per Iudicium iniurijs
" aditus pateat quem Iuris obseruantia non admittit, quod inde nascan-
" tur injuriæ, vnde iura procedere debuerunt ? vel Dei estis obliti, vel
" eius sententias non videtis. Proh dolor ! sic è manibus Sacerdo-
" tum perit lex : sic iuxta Prophetam recedit visio de Propheta, vnde
" continet iuxtà sententiam August. *quod vestrum puniretur aduersione pecca-*
" *tum, vt qui dum viuebatis Dei non fuistis taliter recordati, morientes obliuisca-*
" *mini vestri.* Considerate igitur nouissima, & in æternum aduersus Chri-
" stum Deum non peccetis, sed sicut vultis vobis præstari obedientiam à
" subditis, & vos Papæ subditi vestro post Christum supremo Capiti o-
" bedientiam vestris seculis non negetis, quia teste Gregorio, *sola est quæ*
" *meritum fidei possidet obedientia, sine qua infidelis quisque esse conuincitur;*
" *etiamsi fidelis esse videatur.* Obuiat etiam profectò Iuris naturalis princi-
" pijs, non facere alteri quod sibi fieri non postulat, & alijs facere quod sibi
" factum ab alijs non placeret. Nunquid in naturalibus omnia membra
" vnanimiter vnum caput, & in cœlesti Hierarchia omnes vnum princi-
" pium recognoscunt ? Nunquid est in apibus vnus Princeps, & omnes
" grues vnam sequuntur ordine literato ? Si igitur animalia ratione caren-
" tia suum vnicum Principem cui obediunt, recognoscunt, quid tu dices,
" homuncio ! qui iure virtutum, discretione rationis & Iudicio præ cæte-
" ris animalibus es dotatus ? Nunquid bonum tibi videtur tuum caput,
" tuum Principem tuique conditoris vnicum Vicarium potissimum non
" sectari ? Errant apes, gruesque turbantur, si Ducatum sui Principis re-
" linquunt : formidabilius errant homines, perniciosiusque turbantur, si
" illum qui super ipsos intendit, deserant, vel sibi etiam si dura præcipiat,
" obedientiam præstare perniciosè contemnunt.
" Quâ temeritate igitur viri periti & literati audent pertinaciter affir-
" mare quod veri obedientes sunt, Schismatis fautores pariter & satores ?
" cùm illud à multis eisdem qui obedientiam substraxerunt & Papæ non
" obediunt, legis peritis adscribatur. Quo ausu non fore obediendum
" summo Pontifici prædicare præ tentant, cum Papæ non obediens & non
" esse obediendum pertinaciter asserens plurimorum sententià non tam
" Schismaticus quàm hæreticus reputetur ? Si substrahens se à fratris au-
" xilio magis secundum Canones reputatur Schismaticus quàm Sacerdos,
" quid de illo dicemus qui Patri auxilium non veretur denegare ? Absa-
" lon Dei sententiâ, vitâ priuatur & regno, quia tanquam filius contumax
" quod Populus Dauid Patri suo proprio substraheret obedientiam, vt
" se patre expulso regno ingereret, procurauit. Cham maledictionem ac-
" cepit in filio suo, qui patrem derisit etiam ebrium ; & in perpetua re-
" dactus est cum suis sequacibus seruitute. Mala est igitur obedientiæ
" facta substractio, & facit per consequens malos fructus. Hinc enim
Pastoris

Pastoris persecutio, hinc canum periculosa dispersio, hinc gregis multiformis diuisio: Hinc luporum vlulantium congressio & inuasio truculenta. Ecce carcer Episcoporum ι Ecce infamia Clericorum ι Ecce murmura Laïcorum ι Ecce strages animarum & corporum generantur: Nunc Absalon insurgit in patrem; nunc Chain mactat & interficit filium Nunc fratres Ioseph persequuntur, & nunc Matrem frustratim lacerant voraces Catuli furibundi. SERENISSIME PRINCEPS, mala arbor malos fructus facit, vnde pœnis quas incurrunt, ipso iure neglectis in contemptum clauium & Ecclesiæ Sacrosanctæ Cardinales temerariè capiuntur, & se ac si essent capti à Barbaris redimere quod in cœlestis ostij cardine inauditum est & detestabile, compelluntur. Huius ad exemplum Sectio forsitan est Imperij præconcepta & contra vestrum Consanguineum Charissimum, è Regno Siciliæ, proh dolor ι expulsio procurata. Sunt in diuersis Orbis Climatibus bellorum & guerrarum dispendia inconsultius attentata, & forsitan, vt opinantur nonnulli, Dei digna sententia fuerunt mortes subsecutæ lamentabiles casus horribiles, & magnatum plures nihilominùs interitus machinati. Tacemus de Ecclesiarum & Clericorum libertatibus & immunitatibus temerarijs, de iuribus & Iurisdictionibus occupatis, de grauaminibus per Superiores, cum ad Papam habere non possunt recursum, illatisue angarijs & pædagijs Clericis & cæteris personis Ecclesiasticis impositis & in posterum verisimiliter imponendis. Quis nostrum propter hæc non erubescat aduersariorum propter scissuras nostras, cachinnationes & plausus? Quis audire poterit patienter, quòd abeis hæretici nuncupamur, quòd ab eis apostatæ reputamur? & quòd schismatici propter istam dispendiosam substractionem obedientiæ, etiam ab æmulis & aduersarijs criminamur ι Sed quid miri? quia velut filij à Patre, velut à Sole radij, velut ab arbore rami, velut à fonte riuuli, velut corpus à capite, velut membra à corpore separamur. Quomodo enim, teste Cypriano, *multi sunt radij Solis; sed vnum lumen: & rami arboris multi sunt, sed robur vnum tenaci radice fundatum.* Et quomodo de fonte vno *plurimi riui defluunt, sed vnitas in origine conseruatur;* sic & Ecclesia Dei luce profusa per totum orbem radios suos porrigit. Vnum tamen est quod vbique diffunditur, nec vnitas corporis separatur. Ramos suos per vniuersam terram copia vbertatis extendit perfluentes largè riuos, vnum tamen caput & vna origo & vna mater fœcunditatis existat. Sed iuxta verbum Petri Rauennatis, *auelle à sole radium, tunc non lucet radius, riuum à fonte & arescit, ramum ab arbore & siccatur, membrum à corpore & putrescit, separa filium à paterna deuotione, & iam non est filius, sed frater & collega illorum de quibus dicitur.* Vos ex patre Diabolo estis, quod est ex parte Cypriani: exquo sequitur quod illi qui vero Vicario Iesu Christi non esse obediendum tenent pertinaciter, non sunt in Ecclesia quæ est in Papa. Et teste Hieronymo contra Orientales ad Papam, *qui cum Papa non colligit, spargit; quisquis extra eum agnum comederit, profanus est. Si quis in Noë arca non fuerit diluuio durante, peribit.* Et Gregorius, *Ecclesia sola est quæ intra se positos valida compage Charitatis custodit.* Vnde & aqua diluuij arcam quidem ad sublimiora substulit, omnes autem quos extra eam inuenit, extinxit; ideóque secundùm Hieronymum quicunque culpare voluerit quod fuerit Papæ iudicio comprobatum, se imperitum aut maliuolum vel etiam non Catholicum, sed hæreticum comprobabit. Quo igitur iudicio fuit substracta obedientia, non intelligimus, nec etiam, vt credimus, intelligunt qui fecerunt, nisi ipsam vel ignorantia quæ non excusat in materia de qua loquimur, vel excogitata malitia, vel ambitionis ignominia, vel auaritia, vel inimicitia procurauit. Si dicatur quod pro vnione in Dei Ecclesiâ facienda, malè iudicarunt, quia non vnitur, sed subdiuiditur isto modo Ecclesia, vt dicimus, & magistra rerum experientia manifestat; dum enim ansa solui creditur, nodus fortius taliter religatus cum maiori difficultate soluetur. Rex inclyte ι nec mala arbor facit fructum bonum, nec quisquam, nisi casum petat, per

1401

"abrupta quærit adscensum, nec bono peraguntur exitu quæ malo fue-
"runt principio inchoata. Supplicamus igitur Serenissimè ac Inuictissi-
"me Princeps, quatinus cum omnes poenè Amici Ecclesiæ Romanæ spre-
"uerint eam & facti sint ei inimici, si non Majestas vestra Regia in eius
"auxilium contra rebelles aduersarios, suorum progenitorum sectando
"vestigia, pro viribus se opponat, Dei intuitu, zelo fidei & Ecclesiæ sacro-
"sanctæ, quæ longè plusquam à principio Schismatis tam inueterati, ve-
"stræ indiget protectionis auxilio, exurgatis ad vtriusque Schismatis in-
"teritum & contra Schismaticos & non obedientes suo capiti cultrum ar-
"ripiatis tam prouidum tamque necessarium, bisacutum. Hic nempe gla-
"dius si debitum exercitium non agnoscat, si aduersarijs Sacrosanctæ Ec-
"clesiæ non minetur, aut si nimium se torpere sentiat, in vagina rubigine
"consumitur, consumptus rumpitur, & ruptus ab aduersarijs non time-
"tur. Ideoque dissipentur, Rex inclytissime, vestrâ frameâ inimici Eccle-
"siæ & inobedientes summo Pontifici Vicario Christi, successori Petri &
"Patrum Patri D. Benedicto XIII. si non in Ouile Dominicum, si non in
"caulas fidei, & si non ad præfati D. Benedicti obedientiam reuertantur
"debitam, cum teste Hieronymo *sola Gallia monstra non habeat*, à vestro
"Regno hanc monstruosam substractionem ab radice pellite & fugate,
"obedientiam Papæ restituite, & restituendo Ecclesiam illibatam à tur-
"pi quo jacet volutabro, subleuate. In vestro nempe præsidio potissimam
"suæ salutis anchoram Nauicula B. Petri constituit, etiam cum à principio
"inter schismaticæ persecutionis fluctus periculosiùs æstuaret. Misereatur
"Dominus vineæ suæ vt exurgat eo inspirante aliquis ex filijs excussorum
"qui auulsas propagines eius in sanguine studeat replantare. Positus es,
"Regum illustrissime, inter Principes populorum præcipuus, quibus dati
"sunt gladij in manibus eorum ad faciendam vindictam in Nationibus &
"increpationes eorum in populis. Exurge, homo Dei, igitur ex aduerso,
"succurre Plagæ Ecclesiæ ad opus fortitudinis te accingens, sume, arma
"potentiam tuam, & tunc arripe gladium ad conuincendam omnem in-
"obedientiam & captiuandum omnem intellectum ad obsequium Vicarij
"I. C. nempe non sine causa gladius hic vobis traditus est; ipsum assum-
"psisse procul dubio teneatis, vt ipso viriliter defendatis Ecclesiam quæ
"est in Papa & Papam in ipsa; & de qua ipsius sponso Ierusalem ac circum-
"spectissimo Patri habetis reddere in stricto iudicio rationem. Heu tre-
"mendum Consistorium & tribunal pauescendum, ac metuendum exa-
"men; quo reus conuincetur eodem teste quo Iudice; vbi allegationis non
"habet subsidium, nec prætextu exceptionis testem à testimonio Iudicem
"à Iudicio, vel aduersarium ab accusatione repellet. Tunc videbitur & sen-
"tient qui Papæ substrahendam obedientiam & non fore restituendam
"prædicant pertinaciter & affirmant, quale est, membra à capite disce-
"dere, filium Patrem non agnoscere & frondes absque discretionis & Iu-
"dicij securi, vomere à stipitis soliditate diuelli firmiter radicatas; tunc
"ipsorum plausus in planctum, risus in gemitum, & cachinnus in lachry-
"mas conuertentur, tunc flebunt se super se qui tam excogitatam mali-
"tiam fuco veritatis Sophisticæ procurarunt; hij profectò errorem Græ-
"corum approbare videntur cautè, imò forsan per expressum, qui maxi-
"mum schisma facientes in Dei Ecclesia ab obedientiâ Vicarij Christi Ro-
"mani Pontificis tam noxiè quàm temerariè recesserunt. Exaltant vo-
"cem suam Regni vestri & Regiæ vestræ Majestatis æmuli quod Præfata
"substractio procurata per Patriarcham Constantinopolitanum Romani
"Pontificatus ambientem vestigia fecit inueteratum schisma Græcorum
"& moderna substractio obedientiæ à Papa procurata per quosdam alios
"adhoc quamplurimum anhelantes fecit hoc nouum regni vestri Schisma
"Francorum. PRINCEPS CHRISTIANISSIME, in tantum hanc præsum-
"ptionem SS. Patres sunt apud Chalcedonem detestati, vt propter hoc
"Dioscorum Alexandrinum Patriarcham seu Antistitem ponentem in
"cœlum os suum lingua eius transeunte super terram, sine vlla restitutione

damnarent. Exhortamur igitur Nos vestri & Regni fidelissimi zelatores vestræ Regiæ majestatis clementiam, quatinus cesset fomentum tantæ maculæ, & desinat materia tantæ labis. Scimus ac etiam certi sumus cum Gregorio, *quod Domus illibata Franciæ nullo legitur maculata Schismate, ex quo fuit sacrosancto baptismate delinita.* Scimus ac firmiter credimus, quod nec eadem majestas Regia, nec aliqui qui ex generosissimo sanguine Francorum ducunt originem, substractionem obedientiæ pertinaciter sustinent vel à principio, teste Cœlorum Principe, procurarunt. Scimus & indubiè profitemur, quod Iuris diuini & humani Legisperitorum interpretatio contra legis dispositionem extorta, multiplicique Sophismatum colorata fucamine, hanc introducit & nutrit maculam. Quam Rex noster quàm Catholicus & cæteri qui ex Francorum prosapia ducunt originem, vt speramus, purgabunt, eruent, ac etiam procul pellent. Horum enim proprium est labem tergere tantæ infamiæ & pallio inconsutilis vestimenti Dominici ipsumque purpureo inuolutum in bysso protegere, ne sordidatum tetris labibus maculetur. Horum proprium est venenum congruis pellere antidotis, ne compages totius fidelis mystici corporis velut toxicata marcescat. Horum proprium est celebri Christianorum ab area plantam infertilem securi resecare Iustitiæ, ne suæ frondes vmbram noxiam, vbi sol erat necessarius, facientes, quod subter frugiferum sperabatur nasciturum, extinguat. Horum proprium est quæ superfluunt in vinea Domini falce putare prudentiæ, & in ignem mittere corrosiuum, vt tandem fructuum propagines centuplum suo producant in tempore, quem aliàs dispendiosiùs inutilia fermenta sorberent. Restituatur igitur Obedientia Papæ Christi Vicario, quem semel vos & omnes Incolæ Regni vestri in summum Pontificem, prout facere debebatis, Rex Christianissimè recepistis. Iuris enim humani illibata non patitur sanctio, vt quem semel quis benè comprobauit deliberato Consilio ipsum tam arduis in necessitatibus deserat, varijs in tribulationibus non recipiat, & in persecutionibus Inuidorum suggestioni relinquat. Hanc varietatem Canonum puritas non recipit: Hanc inconstantiam Diuinæ legis authoritas non admisit aut admittit. Sic hospes qui lætus suis meritis ingreditur, turpius eijcitur, quantum est in rebellibus, sine culpa. Ergo restituendus est, cum sit verus altissimi Vicarius, & sic Christi res agitur: & per consequens cum nemo mittens manum ad aratrum & retro aspiciens aptus sit Regno Dei, formidabilius nisi sequatur restitutio, pauescet. Nonne in offensam sibi adscriberet satis grauem etiam minor Princeps, si suas gerentes vices videret opprimi & in sibi commissi officij demandata executione turbari? Quid putat igitur de potentissimo Principe & Dominorum Domino eadem majestas Regia? Quis exultat etiam cum videt à simplicibus suum Vicarium appeti sagittis, lignorum incendijs concuti, atrocibus iniurijs affici, prælium armatorum hostili inuasione contra eum niti & inauditis machinarum & arietum moliminibus impugnari? Cum conspicit Palatium Apostolicum rumpi, penetrari seu terebrari, simul valuas opilari, saxis & rupibus, seris firmari, fortibus & antemurali ne aditus vel exitus pateat, per gyrum immaniter conuolui, concernit clarius Christum suum priuari necessarijs & affectibus suis priuari aut frustrari debitis & prouentibus & quibusdam antrosis carceribus mancipari. CHRISTIANISSIME PRINCEPS! qua fronte inuehit Christianus contra Paganum tenentem Petrum in carcere qui Gentili crudelior, eius successorem & Christi Vicarium diris reclusit pressionum repagulis? qui sibi ad victum subducit necessaria, & qui in eius mortem pro viribus machinatur? Potest meritò criminari suâ immanitate Paganus, sed tanto plus is, quanto crudelius suum in spiritualibus & temporalibus Superiorem inuasit. Illius quidem proteruia non in amicum, non in Dominum; sed in extraneum, sed in aduersarium debacchatur & sua in caput suum, in sui Creatoris Vicarium & in parentem proprium iniustè inardescit. O Progenies viperarum! parentes

1402

C ij

" proprios perimens ! ô semen nequam ingratissimi Cuculi, qui cum vires
1402. " acceperit, largitricem nutriculam suam necat ! O grauis euentus & pe-
" stis vnica ! iam seruit qui cæteros libertate donabat; jam mendicat qui
" dudum bonis proprijs abundabat, jam exulat qui primus in aula sedebat
" & pœnas immanes patitur qui manens secundus à Christo inter Fideles
" & Catholicos exultabat. Restituatur igitur Rex benignissime ! perora-
" mus, obedientia summo Pontifici & cessent talia, Iam etiam per vestram
" majestatem Regiam condemnata. In lege scriptum est, quod bestia quæ
" montem tetigerit lapidata mortis supplicia suis demeritis non euadet.
" Auferre obedientiam peccatum reputatur immane. Quomodo igitur
" remittetur peccatum, nisi restituatur ablatum? Contra illos qui arbores
" Ecclesiæ furtiuè per substractionem obedientiæ subripuerunt, Christus
" jure humano si vti voluit nisi cum parte concordent, triplicem diri-
" gere poterit actionem: nempe vel Interdictum, *quod si aliquid clam,* vel
" actionem legis Aquiliæ, vel *Arborum furtim cæsarum*, vel si Iure suo vti
" placuerit, vtramque vel aliam intentabit. Periculosissimum tamen non
" modicum reputamus contra tam inuincibiles aduersarios litigare. Vnde
" melius tutius, quia firmiter credimus quod substractum restituatur, &
" demum cum illo cui est iniuria irrogata satisfactione præmissa decens
" pacis concordia subsequatur. Sic Symmachus dignitate suâ spoliatus
" contra Iustitiam in Rom. Synodo in qua fuit congregatus maximus nu-
" merus Sacerdotum, prius statui suo pristino reddi decernitur, vt & tunc
" veniret ad causam, & si ita rectè videretur, accusantium propositionibus
" responderet. De Clericis verò memorati Papæ qui ab Episcopo suo
" ante tempus contra Regulas discesserunt & scisma fecerant, disceden-
" do, decreuit Concilium vt ei satisfacientes Officijs Ecclesiasticis se gau-
" derent restitui, & ab Episcopo suo de speciali gratia cum propter hoc
" forent deponendi, misericordiam obtinerent. Ecce qualiter secundum
" Concilium juris ordinem in Papæ Restitutione seruauit. Nullus enim te-
" netur suis aduersarijs, etiamsi prædo fuerit, respondere, donec fuerit
" restitutus plenariè, quia nec nudi contendere, nec inermes inimicis op-
" ponere nos debemus. Ideoque reintegranda sunt omnia Episcopis spo-
" liatis, quod priusquam factum extiterit, semper accusationem spolia-
" tionis exceptione repellet. Præterea cum substracta fuerit obedientia
" summo Pontifici præfato, præcipuè donec viam Cessionis duceret acce-
" ptandam, SERENISSIME PRINCEPS ! admiramur non modicum , cur
" nunc obedientia sibi non restituatur prædicto modo substracta, cum jam
" viam Cessionis, licet nunquam ad tollenda præterita schismata in for-
" ma qua prosequitur, practicatam nec sacris Canonibus comprobatam,
" nec Conciliorum authoritate fulcitam; nec SS. Patrum vel Doctorum
" testimonio roboratam: imò teste Cypriano , forsitan per quandam S.
" **Synodum condemnatam acceptet**, & iam diu est, gratam habuerit ac
" etiam acceptauerit. Animaduertat vestra majestas Regia, supplicamus,
" quàm dispendiosa est tam longa Restitutionis dilatio, cum per ipsam
" vnio vehementius concupita in totius Cleri exitium & vniuersalis Oui-
" lis domestici subuersionem & ludibrium proteletur. Tollite igitur mo-
" ras in restituenda obedientia Christi Vicario, CLEMENTISSIME
" PRINCEPS, quia multum nocet differre paratis, & mora nimia cuilibet
" regulariter est nociua. Teste Bernardo, verus obediens nescit moram,
" nec mandata procrastinat, sed aures parat auditui, oculos visui, manus
" operi, pedes itineri: & sic se totum interiùs colligit, vt imperantis ex-
" teriùs adimpleat voluntatem. Dum morbus recens est, noua præpare-
" tis antidota ; quia si ipsum inueterari contingat cum difficultate non
" modica fomentum optatum recipiet medicinæ. Sic flamma recens fa-
" ciliter tollitur aqua sparsa permodica quæ tractu temporis conuersa in
" incendium cum aqua, perplurima etiam post multum dispendium vix
" posset extingui. Sic ramusculos faciliter quis euellit dum pullulant,
" sed induratos post longum temporis spatium, cum difficultate secabit.

Sic tantò grauiora sunt peccata quantò diutius detinent infelicem animam alligatam.

Sed aiunt qui Restitutioni huiusmodi pertinaciter se opponunt, meritò fuisse substractam obedientiam summo Pontifici, eamque sibi non debere restitui tanquam fautori Schismatis & fotori, ex hoc quod tepidus extitit & remissus in procuranda in Dei Ecclesia vnione. Et quia viam Cessionis vtinam aliter practicatam, acceptare postposuit & viam Iustitiæ non refutandam, vt credimus, præelegit, SERENISSIME PRINCEPS cum S. memoriæ D. Clemens Papæ VII pæcisè ad hanc viam Cessionis hortatus non fuerit, sed reuolutis 15 aut 16. annorum circulis sibi fuerint oblatæ tres viæ, vt pote Concilij Generalis, vel Compromissi, vel Cessionis, vel alia accommoda ad vnionem Ecclesiæ quam cum suo sacro Collegio duceret eligendam: Cum omnis via perquam bona atque vnanimis Ecclesiæ concordia posset verisimiliter obtineri, offerentibus foret accepta, mirantur turmæ etiam Bubulcorum cur D. noster modernus duntaxat ad viam Cessionis rejectis vijs, cæteris etiam accommodis Deo placibilibus aliàs practicatis in similibus & faciliter vnionem concludentibus coarctatur. (Vox est publica inter multos, quod hoc ideo quia Gallicum quærimus seu Regnicolam in Papam prouehi, non alterius Regni vel Climatis, quamuis dum tam laudabiliter Officium suum exequatur, non sit quærenda suæ notio nationis. Hoc tamen procul fuit in dubio à vestro animo generoso & indolis vestræ moribus, cum non expediat vt tanta macula tam infamis, tam tetra & inexpiabilis labes ponatur in vestri Regni gloria & mundo Liliorum candore Saphiris, sed suggestione quorundam Ecclesiasticorum, qui substractionem huiusmodi procurarunt quàm temere vt sic suam rabiem, suos motus damnabiles viperinos & suum processum reprobum sub vestræ majestatis Regiæ immaculato defensarent pallio. Et non sine Vestri infamia suam infamiam cooperirent. Si enim quæratur ab eis, quis Papæ substrahendam obedientiam procurauit? Non nos, inquient, sed Rex fecit. Quis suis iuribus spoliat sedem Petri? Non nos, inquient, sed Rex facit. Quis Christi Vicarium persequitur tam acerbè? Non nos, inquient, sed Rex fecit. Quis potestatem à Papa tentatur subducere & baculum Pastoralem? Non nos, inquient, sed Rex facit.

CHRISTIANISSIME PRINCEPS! quod informe, quod improbum, quod damnabile seu perfidum processu sequatur ex isto vobis & vestris in solidum non auctoribus tantæ cladis tantique dispendij imputabitur. Sed ipsi in vos & in illos generis vestri super hijs quæ circa istud gesta sunt, non culpandos suam reprehensam satagent retorquere malitiam, nisi celeriter substractio exstirpetur ab area, & velut mala, damnosa & inutilis arbor pro tam grandi facto in vinea Domini, cuius estis custos præcipuus, exterminio radicitùs præscindatur. Rex inclyte! nihil laudabilius in Principe reperitur, quàm per Cultoris prouidi sarculum damnosa succidere, extirpare vitia, virtutes inferere, corrigere excessus & mores in melius reformare.

Præterea in non modicum stuporem incidimus, quòd præfato D. nostro summo Pontifici segnities procurandæ vnionis in Dei Ecclesia, sed credimus quod ab æmulis & inuidis, impingitur: qui statim ipso promoto posita manu ad aratrum pro vnione, pace & tranquillitate in Dei Ecclesia seminandis, non respiciens retro, sed indefessè labores subiens & expensas, Reges sollicitauit & Principes, quatinus sibi darent super hoc auxilium, consilium & fauorem. Qui vestram majestatem Regiam non post sexdecim annos, sed infra 4. menses à die promotionis suæ per duas solennes Ambassiatas interpellauit frequentiùs, quod sibi aliquot Nobiles destinaret cum quibus tractare posset commode de vijs & modis procurandæ Ecclesiæ vnionis. Qui tandem per eandem majestatem Regiam destinatis SERENISSIMIS Principibus DD. Auunculis vestris & fratre obtulit sub vestri fide & secura tuitione ac protectione,

,, vt sic & meritò nos præ cæteris honoraret, viam Conuentionis perso-
,, nalis in loco ad hoc eligendo idoneo & securo. Qui voluit, consensit &
,, concessit quod facta conuentione cum aduersario obligarentur hinc in-
,, de certæ personæ, timentes Deum & bonum zelum habentes ad Eccle-
,, siæ vnionem, qui secundùm suam practicam priùs præstito iuramento
,, super sancta Dei Euangelia de bene, fideliter & diligenter procedendo
,, in negotio huiusmodi ad solum Deum & Ecclesiam habentes respectum,
,, amore, odio & timore cessantibus quibuscunque auditis & examinatis
,, facti & Iuris vtriusque Partis rationibus, eisque rectâ intentione discus-
,, sis, prout qualitas negotij patitur & requirit, declaretur quis ipsorum
,, duorum jus habeat in Papatu, vel remanere debeat: cum certa & suffi-
,, cienti submissione de tenendo & obseruando quidquid per dictas per-
,, sonas, vel eorum majorem partem secundùm practicam; licet de duabus
,, partibus in responsione facta DD. Ducibus diceretur, declaratum fuis-
,, set seu etiam diffinitum. Qui vltra hoc instante D. Rege Arragonum
,, acceptauit; Quod si ambiguitas, difficultas seu etiam diuersitas aliqua
,, oriretur, seu etiam occurreret, prædicti Electi, vel eorum major pars
,, prouiderent ad cautelam Ecclesiæ Romanæ. De altero istorum duorum
,, per viam prouisionis, etiam quoad seruandas conscientias, tollendas ver-
,, sutias & occasiones hominum peruersorum; quoad illum contra quem
,, pronuntiatum fuisset seu etiam per viam Prouisionis ordinatum. Hæc
,, pronuntiatio seu renuntiatio haberet vim renunciationis spontaneæ le-
,, gitimè factæ, & perinde quoad eum censebatur sedes Apostolica vaca-
,, re, ac si sponte cessisset. Et insuper ad cautelam renunciaret ibidem: Et
,, illi de quo declarassent, seu etiam per viam prouisionis ordinassent, quod
,, deberet remanere in Papatu vt supra præmittitur, Ius plenum etiam de
,, nouo ad cautelam acquireretur per declarationem seu ordinationem
,, huiusmodi, ac si sede Apostolica verè vacante Canonicè electus fuisset
,, in Papam de nouo, & per eos ad quos aliàs electio pertineret, & etiam
,, ad cautelam ibidem incontinenti per dictos Deputatos ad pronuntiatio-
,, nem seu prouisionem huiusmodi eligeretur in Papam. Et de hijs fierent
,, ordinationes Apostolicæ etiam de consensu eorum, ad quos pertinet in
,, forma quæ sufficeret ad Consilium peritorum. Et quod adderetur pro
,, majori securitate præmissorum consensus eorum qui essent ibi pro Præ-
,, latis & Principibus vtriusque obedientiæ, qui haberent ad hoc potesta-
,, tem, vt sic etiam quasi vim generalis Concilij videretur habere. Qui
,, vltra hoc promisit dictas vias prosequi toto posse, prout eidem incum-
,, bebat ex debito sibi commissi Officij taliter, quod toti Christianitati
,, posset luculenter apparere, quod per eum non stabat nec stetit quomi-
,, nus Dei Ecclesia consequeretur vnionem optatam; qui per anteacta de-
,, clarauit se velle Cedulam communem factam in Conclaui, sine sui ef-
,, fectus immutatione qualibet simpliciter obseruare. Nullus nostrum
,, hæsitat SERENISSIME PRINCEPS! quin vix vt præmittitur, sic oblatæ
,, per Papam cum sua practica ad viam Iustitiæ data quam præ cæteris
,, acceptauit tanquam magis æquam & justam, Deo acceptam, Ecclesiæ
,, vtiliorem, nullam malam exempli perniciem generantem & pro nunc
,, saltem breuiorem, vt credidimus, etiam duplicem Cessionem vltro-
,, neam tacitam videlicet & expressam: imò & viam quasi Concilij Gene-
,, ralis vel necessariò secuturam Ecclesiæ importet. VIAM Cessionis vo-
,, luntariæ, PRINCEPS INCLYTE! vtriusque contendentium approbare-
,, mus, dum tamen legitimè practicatam, sed ipsam violenter extortam
,, per modos quos teneri totus mundus percipit contra Papam, nec lau-
,, damus, nec sequimur; imò potius vt perniciosissimam reprobamus Si
,, enim electio celebrata violenta impressione non valet prout Iuridicè
,, per partem nostram asseritur & tenetur, Quo necessariò valeret violenter
,, extorta Cessio, maximè à vero Papa tantum modo, non intelligunt etiam
,, æmuli, nec nos percipimus, nec intelligimus, nec videmus: O Deus na-
,, turæ! si accepta fuisset via Iustitiæ cum sua practica supradicta, quàm

breuiter, vt creditur, habuissemus cum Christi adjutorio, cuius est hoc negotium, vnionem. Mirum est quod Iustitia, quam summum bonum est colere, & quæ vnicuique tribuit quod suum est, impugnetur à Iurispe- ritis Christianis, quæ fouetur, practicatur & defenditur à Paganis. In- terponite igitur, Rex potentissime: partes vestras vt fiat restitutio obe- dientiæ ablata summo Pontifici, vt tandem viam per ipsum oblatam cum sua practica memorata, vel aliam sufficientem & Iuridicam, si reperiatur magis accommoda, efficaci executioni mandetis. Non videmus enim, nec vident etiam nostri majores quo rationis iudicio hæc via cum sua practica de qua superius diximus, refutata fuerit. Et creditur à multis quod non habent illi viri Ecclesiastici ad Deum & sine sponsæ suæ cha- rissimæ tranquillitate & pace, qui ipsam non recipiunt, qui refutant. Per ipsam quidem Ecclesiæ vniuersalis vnio feruentius concupita ad eam faciliter vniendam remedia adhibentur competentia, & quæ ipsam tur- bare possunt machinationes, calumniæ, malitiæ, versutiæ & impedi- menta tolluntur. O si durante substractionis hoc morbo, moreretur, quod absit, summus Pontifex qui propter hoc tenetur sacrilegè quibus- dam mancipatus carceribus, & tentatur à quibusdam vt dicitur toxicari, quàm temerè: quot & quantæ insurgerent nouiter damnatæ Scissuræ, quæ iurgantium rixæ perperàm exquisitæ, quantam duritiam contraherent vetera Schismata, & quot jam præuisa dubia mouerentur super Ele- ctione futuri summi Pontifici celebrandâ, PRINCEPS SERENISSIME, cogitate & futuris casibus occurrite celeriter, ne deteriora contingant testante experientia & narrante Poëta. *Eunt anni more fluentis aquæ*, nec quæ præterit hora, redire potest. Ideo vtendum est ætate, *quia citius pede labitur ætas, nec bona tam sequitur quàm bona prima fuit.* Asserunt Pa- pæ obedientes quamplures ac etiam Antipapæ quamplurimi, quòd Car- dinales non eligerent tanquam eligendi potestate priuati: ex hoc quod vero Christi Vicario obedientiam substraxerunt & substractionem fa- ctam per alios, & vt creditur per eorum aliquos procuratam laudarunt, approbarunt & Catholicam reputauerunt. Teste nempe Cypriano, *tales nihil retinent in Dei Ecclesia circa ea quæ Iurisdictionis sunt, potestatis aut Iu- ris*. Quomodo igitur eligerent, cum eligere non ordinis, sed alterius mo- di potestatis existat? Vel supposito adhuc quod eligendi habeant pote- statem, profecto tamen eis nec eorum electio crederetur à multis. Ecce quomodo nouum Schisma conficitur: Ecce qualiter Ecclesia de nouo subdiuiditur: Ecce quemadmodum in vestimento Domini noua sectio procuratur: Nec præbendæ sunt aures multorum vocibus obloquentium, quorum quidam niterentur ad impediendum Restitutionem obedien- tiæ, vt omnimodam habeant in suis Diœcesibus potestatem, vt subditi ab eis appellare formident, vt liberè etiam de **Beneficijs reseruatis tam** constitutionibus Rom. Curiæ quàm de Iure præcisè suis seruitoribus prouidendo pro sua libertate disponant. Quidam quia Papam capitali odio prosequuntur. Quidam, quia quod habeant suorum scelerum cor- rectorem, abhorrent. Quidam, quia subuersionem desiderant Ecclesiæ, inuidiosa moti perfidia, & gaudent quod Ecclesia sacrosancta procello- sis turbinibus agitetur. O Miseremini aduersus sacrosanctam Ecclesiam superbè talia cogitantes: Si benè sapitis, tumorem deponite, & vestrum consilium seu conceptum in omni humilitate firmate. Hanc enim nulla potest procella euellere: Hanc nullus valet sæuientis Spiritus turbo prosternere. Adeo enim Diuinitati cura est, vt inter tempestatum motus, assiduas & confragosas & reciprocas inter se dissidentium fluctuum illi- siones floridior & victrix consueuerit semper emergere, & quoscunque turbines superare. *Proprium est*, teste Hilario, *vt tunc vincat cum læditur, tunc intelligat cum arguitur, & tunc secura sit cum superatur*: Archa enim per quam Ecclesia Dei designatur, inundationibus concussa eleuata est in sublime: quare confidimus quod ille qui post nubilum dat serenum, maximè ma- jestatis vestræ Regiæ interuentu, inclytam sponsam suam succedentibus

1401.

" turbationum fluctibus agitatam, oculo clementiori ex alto respiciet
" non ferens eam in sui nominis iniuriam diutius conculcari. Hinc Ioan-
" nes Os aureum, ita inquit; *non cessat impugnari Ecclesia, non cessat insidias*
" *pati, sed in nomine Christi semper superat, semper vincit; & quantum alij in-*
" *sidiantur, tantùm ista dilatatur: & fluctus quidam illudunt: sed fundatum quod*
" *supra petram est, non cassatur. Qui Ecclesiam impugnat, seipsum dissoluit & fati-*
" *gat, ipsam autem fortiorem ostendit.*

 Hæc sunt, SERENISSIME PRINCEPS, quæ vobis licet prolixè aliquantulum propter arduitatem materiæ, negotij exigentiam & cordis abundantiam ad vestri profectò exaltationem & regni, cæterorum, qui ex vestra Francorum Regia ducunt originem, scribimus, vt videatis clara inspectione præsentium, quid tenemus in præjacenti materia, quid asserimus, quid sentimus. Et quamuis ista vernantis eloquij purpuramento non floreant, & fulgurantis sententiæ sidere non clarescant, tamen confidenter rudi stylo scribimus attento quam maximè quod in fragili calami tenuitate nulla potest suauitas inueniri, & arescentis riuuli modicitate sitis ariditas temperari. Veruntamen quod hîc per nos tenetur & asseritur, licet non tam dignum vt deceret tanti Principis dignis aspectibus præsentari, tanquam verum, Sanctum & Catholicum salua determinatione Ecclesiæ sacrosanctæ, Romani Pontificis, vel authoritate suâ conuocati Concilij Generalis. Nos asserimus diuino & humano Iuribus assignato nobis loco congruo, securo & idoneo, & coram Præsidente non suspecto per Majestatem vestram Regiam deprecando, qui vtriusque Partis allegata percipiat, & qui Deum præ oculis habeat, & qui rectè secundùm propositum referat vel judicet, contra quoslibet legis peritos opinantes oppositum viriliter defensuros. Quapropter sæpè fatam Majestatem Regiam flagitamus, quatinus ad Deum & Ecclesiam sine ruga & sine macula sponsam suam dirigentes intuitum, & pensatis infamijs, scandalis & animarum periculis, quæ sequuntur ex præfatæ substractionis abysso, vel ad executionem contentorum in hac litterula celeriter aspirantes non differat dicta Majestas Regia obedientiam Papæ restituere, vel nobis vestris deuotis Oratoribus ad intrandum Conflictum disputationum cum tenentibus oppositum diem & locum competentes & congruos per Portatorem Præsentium referendos præfigere, & Præsidentem idoneum ad audiendum conflictum Partium deputare, quia Dei suffulti præsidio & auxilio non erimus, nec reputabimur, vel saltem reputari non debebimus contumaces. Detis igitur, REGVM ILLVSTRISSIME! efficacem operam ac celerem tanto bono in hoc retribuentes Domino pro omnibus quæ retribuit vobis. Sic enim non modicùm Regum Regi complacebitis, sic grandem procurabitis Christi sponsæ lætitiam, sic Christiana Religio materiam iucunditatis inueniet. **Sic Clerus cantabit nouum Canticum Domino** & laudis hymnum suo resonabit altissimo Creatori. Sic plebs psallet & plaudet & complosis manibus exultabit. Sic non sine merito Pastori Ecclesiæ præcipuo suum de facto & indebitè auulsum restituetis baculum Pastoralem: quo lupos arceat & oues errantes congregare valeat tam dispersas. Sicque cum Princeps Pastorum apparuerit, vestro diademate temporali disposito immarcessibilem coronam gloriæ percipiatis finaliter sempiternam. Amen.

 Ego Majestati Regiæ filia humillima & deuota Vniuersitas studij Tolosani.

 Vniuersitas Parisiensis contra prædictam Epistolam Responsionem edidit, quæ legitur apud M. Ioannem de Gersonio in trilogo, estque eiusmodi.

Vniuersitatis Parisiensis Responsio 1. *ad Epistolam Tolosanam.* 1402.

Postulatâ in primis, Rex Christianissime! Majestatis tuæ licentiâ, conuertit se humilis filia tua respondere Tolosanis quibusdam per Epistolam, tali sobrietate, qualem te decet audire, & nos loqui, contextam non qualiter meruerant hi qui maledictis improbis, qui execrandis execrationibus infamare Regiam dignitatem cum generali Concilio suo conati sunt, rupto de repente diutino silentio. Loquimur ergo sic ad eos, Rex serenissime! te audiente, te Iudice.

Eia Fratres super quibus accusamur à vobis, si talia erant qualia exaggerando declamat, imò Satyricâ dicacitate mordet Charitatiua illa Epistola vestra, nisi canina potius appellanda erat, profectò vestrum vos accusat quadriennale silentium. Cur enim tunc confestim, vt nunc, serò neque arguistis, neque statuistis contra faciem nostram, Nos Fratres vestros, qui tam manifestâ & sacrilegâ impietate, vestris Iudicijs, errabamus? Sed pertinaces nos ac desperatè errantes linquebatis; quo pacto igitur nunc frustra Nos impetitis, si tales iudicamur à vobis, aut si ad Regem vestrum & nostrum duntaxat sermo vester est, quâ ratione ipsum & omnes de generoso sanguine suo non protinus ab errore reuocastis? quos iuratis vos scire, vos firmiter credere, nequaquam pertinaces esse in substractione per eos effectâ, & sic palam effectâ, vt nulla possit tergiuersatione negari. Testis es eorum, ô Rex! quæ dicimus. Quâ igitur vel infidelitate, vel inertiâ non monuistis eos continuò, si tam certo & probroso schismatis anathematisque vinculo, vestris judicijs, nisi resipiscerent, ligabantur? Atqui stupidos forte vos & elingues effecerat timor: Quis timor? timor cadens in viros constantes: vnde ortus? inde ortus, quod sicut scribitis, vir quidam Legatus ex vestris ferè necatus est in Concilio Parisius celebrato. O quàm prouidè *trepidastis! nam tua res agitur, paries cum proximus ardet.* Poterat vnicuique vestrum, si obmutire præsumpsisset, simile contigisse: nondum verò ita desipitis, Fratres! vt hæc dicatis: & si ita loquimur, alioquin quo animo certare vos pollicemini vsque ad mortem pro Iustitia, qui nondum vsque ad sanguinem restitistis? Si vos plus triennio pauor puerilis exterruisset, *trepidantes timore, vbi non erat timor.* Nam qualis timori locus seruabitur, vbi tam promptos defensores & propulsores iniuriæ Episcopus ille mox inuenit Dominos Duces, sicut testamini? Quid si cerebrosus, si capitosus, si præsumptuosè loquitur, aut minax erit ille vester Episcopus, non est nostrum definire: sed neque est vsquequaque incredibile: Cum si talis erat, dum in turbam alacrium, ingenióque viuacium Iuuenum incautus impegit; quod exagitatus ab eis secundùm meritum suum & exsibilatus extitit. Sed ad silentium vestrum regredimur.

Respondere postulamus, vbi tunc erat dolor ille ingens, qui sicut ex historijs trahitis, mutos etiam ex natura loqui cogit, dum recentior erat iniuria, dum plaga noua, curationi proximior, dolor iste vester, quo nunc æstuare vos jactatis, quorsùm abierat? aut vnde nunc subitus emergit? denique dolor iste dum ab initio erat quasi mustum nouum absque spiraculo, nonne in strepitus vastos fortius erumpere, nonne clamores horridiores extorquere debuerat?

At verò scandalum vobis erat formidini: quale scandalum? passiuum an actiuum, datum scilicet an acceptum? & rumorem qualemcunque paueritis, damnat Gregorius qui tradit, *non esse deserendum propter scandalum veritatem vitæ, doctrinæ, Iustitiæ, qualem hic asseritis.* Sed exitum substractionis, aut sicut sermo vester loquitur, partum infelicem præstolabamini: quid ita, quæsumus? nunquid ab euentu negociorum metiri jam actorum bonitatem congruum vel necessarium iudicatis! videte ne fallamini. Quanta sunt optimo initiata principio! quanta in quibus nihil virtuosæ & moralis prudentiæ defuit, quæ tamen successu prospero vel

Tom. V. D

„ intento caruerunt? ad quod potest traduci illud *careat successibus opto,*
„ *Quisquis ab euentu facta notanda putat.* Nostrum est plantare, nostrum est
„ rigare secundùm prudentiam à Deo nobis insitam; hæc verò nihil sunt
„ omnia, sed qui incrementi consummationem dat, Christus est. Narrat
„ Iudicum liber, filios Israël pugnantes Domini monitu bis magnâ strage
„ corruisse, quis tamen dixerit eos ab aggressu pugnæ propter hoc cul-
„ pandos?
„ At forte prolixus sermo Epistolæ vestræ talem temporis tractum, vt
„ elaboraretur, exigebat, atque eo aceruaretur interim grandis congeries
„ maledicorum in nos verborum, vt interim grandiloquam Tragædiam
„ contumeliarum, vt sales asperos Satyricæ improbæque reprobationis
„ respueret in nos Paterna illa vestra dilectio. Sed profectò si fuisset ini-
„ quitas nostra vt talia audire meruisset, quod libera voce refellimus,
„ certè tamen vestra amicitia ex similitudine quadam studiorum nobis ob-
„ noxia, vestraque prudentia & grauitas, qualis deceret studiosos, digna
„ apparebat quæ pulcriori & non illoto obscœnoque sermone vteretur:
„ dignum erat illud speculum quale vos esse gloriamini, quod radijs pu-
„ rioribus rutilaret; digna denique vinea vestra, quæ non in has maledi-
„ ctorum labruscas degeneraret. Poëticum est inuolucrum, Musas agres-
„ tes ideo in picas conuersas esse & quosdam agrestes in ranas & alios in Si-
„ mias, Arachnen in araneam, Niobem in silicem, & alios in alia, quia lin-
„ guis abusi sunt eas in maledicta laxantes. Præclarè demum ab Aristote-
„ le dictum est *honorem esse* in honorante, ita proculdubio illiberalis & con-
„ tumeliosa vituperatio sordidat exprobantem: Nam qualis vnusquisque
„ est, talia dicit, sicut qui de terra est, de terra loquitur.
„ Sed vituperare nos, sicut tamen Epistolæ facies ostendit, vestra
„ nullatenus erat intentio. Qualis ergo? nimium laudare obedientiam
„ & inobedientiæ scelus detestari, causam præterea defendere Papæ
„ & Ecclesiæ; denique à deuio nos infaustæ substractionis auertere?
„ Estne igitur vestra, fratres! prudentia tam oblita sui vt arroget sibi
„ docendi nos officium in re præsertim notissima, quod obedientia bo-
„ na est, inobedientia mala, grauiterque plectenda? Quis hoc ignorare
„ præsumi potest? Maximè apud nos, quorum studium antiquius solenniuf-
„ que tam numero quàm merito & autoritate semper extitisse, nec ipsi ne-
„ gaueritis. Nam & inimici nostri sunt Iudices, quod tantum supereminet
„ cæteris Vniuersitas nostra, quantum inter virgulta cupressi. Amplius verò
„ pro inobendientia, si necesse fuerit, nos edocenda erat, nec dispendio-
„ sissimus sermo trahendus per autoritates emendicatas ingestasque sine
„ ordine, per pueriles periodos, assiduè similes & plus æquo sonoras; per
„ fastidiosam nugacis repetitionis eiusdem sinistreitatem: denique irascen-
„ do, dentibus frendendo & tabescendo in nos; quasi belluina feritate mox
„ **conculcandi, lacerandi, deuorandique videremur.** Poteratis, fratres!
„ poteratis aliter vestram jactare eloquentiam, aliter vestrum officium vel
„ docendi, vel monendi, vel corrigendi ventilare. Nimis elapsum esse à
„ memoria vestra monstratis illud Ciceronis documentum, cui scriptura
„ sæpe concordat, *sit monitio sine contumelia vel exprobatione:* Nam & Mi-
„ chaël disputans cum diabolo de corpore Moysi, &c. Rursus Fratres,
„ Elocutionis vestræ accurato vel deserenda erat penitus, vel accuratius
„ incorruptiusque seruanda. Quod dictandi vitium non magnopere cul-
„ paremus, si non vitiosissimo & prorsus intolerabili genere confutationis
„ vteretur illa elegans eloquentia vestra. Quæ enim vitiosior Confutatio
„ seu argumentatio adduci poterat quàm quæ ad vtrumque flecti potest?
„ Quem defectum si per totum hunc terminum oculis videre nequiuit so-
„ lertia vestra tot literis erudita, quo vsu nos in obscurioribus commone-
„ re præsumpserit, consideret. Hoc itaque quod dicimus, monstrabimus
„ digito: tantummodò oculos aperire non pudeat. Si obedientia laudan-
„ da est, vt toties inculcatis, quasi non idem sentiremus; si hæc sit gla-
„ dius vester acutissimus, quo nos iugulare, imò cruentissimis vulneribus

confodere satagitis, attendite quàm facili retorsione gladium vestrum
in jugulum vestrum conuertimus, obedire siquidem magis oportet Deo
quàm hominibus, non hæc inficiabimini. Oportebat ergo, vt Deo jubenti recedere à consortio vel Hæretici, vel Schismatici, vel in talibus
vehementer notorie diffamati, aut in nocumentum Ecclesiæ præsidentis vos ipsos præstaretis obedientes, quod quia non fecistis, habemus
fas ex consequenti more vestro concludere quod inobedientia hæc vestra plecti debet pœna tali, imò majori quàm nostra facta, vt fieri dicitis eius Vicario: nam contemnenda est hæc potestas vt altera superiori
honoretur. Scimus his auditis quid agitis, quid obstrepitis, quid rugatis
faciebus stomachantes acclamatis? Nos certè nullum fouemus in hac
parte Schismaticum, nullum Hæreticum, nullum depopulatorem Ecclesiæ, nullum de his vehementer & notorie diffamatum. Ita excusatis vos
fratres! Nos è contra proponimus, accusamus, suademus, purgantes
nos similiter per negationem eorum quæ nobis imponitis. Erat idcirco
radix hæc difficultatis & controuersiæ ad quam euellendam totis eloquentiæ illius vestræ Tullianæ neruis, incumbere debuerat Charitas vestra. quæ radix? Probare videlicet D. Benedictum non esse Schismaticum, non Hæreticum, non aduersantem Ecclesiasticæ vnitati, aut non
de his meritò vehementer infamatum, aut esse talem qui non conuertit
obedientiæ suæ honorem in instrumentum destructionis Ecclesiæ, hoc
est quod in contentione versari, quod vnicum confutari conueniebat,
non de obedientiæ præconijs & inobedientiæ supplicijs, imò de partialibus maledictis membranam occupare. Et istud tamen cur modò & non
antea citius effecerit vestra fraternitas, nondum perspicua ratio inuenta est, nisi forte vti voluerimus suspicionibus in vos, qualiter abutimini
in nos. Diceret enim forsan suspiciosus aliquis, quod liuida æmulatio
vestra, ob præclarissimam studij nostri famam aut aliunde malè parta
nunc tandem tracta opportunitate egesta est, quasi si aperiatur sepulchrum patens, intus spurcidum & olidum. Suspicabitur alius non inuidiam, non odium, non rancorem, sed vel adulationem, vel ambitionem
suæ promotionis auidam rupisse hoc vestrum silentium, dum spes arrisit
nouarum Prouisionum habendarum, si noua restitutio fieret, præsertim
vobis petentibus & altercantibus, & vsque ad periculum capitis decertare pollicentibus: longe verò sint à nobis Interpretationes huiusmodi
maleuolæ & incertæ, Fratres Charissimi; nunquam id agere nos contingat, quod in Nos fieri rationabiliter inculpamus: Ista quidem est rixatio vel fœminea, vel canina, seu puerilis dentibus & vnguibus injuriarum causam ducere; ista pugna Goliath à contumelioso contemptu certamen inire. Esto tamen fuerit in nobis aut nostrum nonnullis intentionis corruptio; quoniam quis potest gloriari se mundum habere cor, cum
non sit homo super terram justus qui non peccet? Nihilominus quale
super hac corruptela adducitis efficax argumentum, vt tam certe, tam
absolute, tam in generali vos feriatis judicio, quasi vocis illius immemores intonantis, nolite totiès iudicare & non judicabimini. Esto sint inter nos
aliqui ambitiosi ad Beneficia, aliqui leues ad Iudicia, aliqui odiosi ad D.
Benedictum, vnde tamen constat substractionem per tales emersisse?
Omittamus, Nos respondere quomodo talia fingere habet vestra discretio de Rege nostro & vestro, de DD. Ducibus consanguineis suis, de
Baronibus Regni, præterea de Consilio Regis, de Prælatis & toto Clero Franciæ; postremò de toto Regno Hispaniæ. Exclamabitis hîc primò,
vt jam exclamastis, quòd per nos seducti sunt, excœcati sunt, alienati
sunt; mirum verò si vos soli & absentes & pauci apertos habetis oculos
in eorum regimine, si vobis solis sua illuminatio, suaque directio habeatur, attendite ne intolerabiliter nimis arrogetis. Scitis & creditis firmiter quod Rex & Domini de suo sanguine generoso non adhærent substractioni pertinaciter; hoc est vestrum verbum: certè neque nos pertinaciter adhæremus, tamen sicut & ipsi, donec interim nobis, paratis

D ij

„ corrigi si erramus, clarius aliquid commodiusque pro Ecclesia diluces-
„ cat. Aut igitur eos omnes pari nobiscum crimine parique reatu conuol-
„ uite quia substraxerunt se sicut nos; sed non vultis quia non audetis;
„ aut nos sicut ipsos, habetote excusatos, quoniam pertinaces esse non
„ volumus; quod tamen omnino facere refugitis.

„ Sed dicetis, si non estis pertinaces, cur à damnatæ substractionis con-
„ tinuatione non cessatis? interrogetis similiter, cur ab eadem Rex non
„ abscedit? Quod si perurgetis quærentes rationem, nostra est communis
„ responsio; quoniam nostram interim conscientiam sequimur: nam quan-
„ tum licet dubitare de D. Benedicto, an perdiderit jus in Papatu, aut
„ quod ad ipsum obedientia est Ecclesiæ pestifera, tantundem est ab
„ eius obedientia secedere: Neque enim negabitis, quoniam pro culpa
„ hæresis aut schismatis Papa fieret inferior quolibet Christiano, jura sunt
„ ad hoc plenissima. Neque præterea latet vos potestatem Papalem datam
„ esse in ædificationem Ecclesiæ, non in destructionem; quo abusu in de-
„ structionem Ecclesiæ notorio existente, nonne exemplo Pauli resistere
„ in facie gerenti se pro Papa liceret? nonne sibi dici posset, cur ita facis?
„ Athanasius summus olim Pontifex & alij nonnulli sunt super hoc in
„ exemplum. Et ô Deus arbiter æquissime! & quo pacto mirantur istud
„ quidam hominum, quasi non intelligibilis sit hæc absurditas? cum in re-
„ bus longè minoribus id licere fieri magno assensu concederent. Si enim
„ Palatium suum, siue Ciuitatem suam Papa facibus accensis pro sua libi-
„ dine quæreret concremare; si Paganos armatos, si depopulatores agro-
„ rum moliretur apud Christianos intromittere, etiam vbi nihil fidei præ-
„ dicaretur aduersum, si virgines ingenuas aut matronas honorabiles vio-
„ lare satageret; quis tam indulgentissimus vnquam aut blandus adulator
„ ad Papam fuit, qui negaret his ausibus obuiandum esse, qui Papam ipsum,
„ si verba non sufficerent, diceret non debere factis arceri? Iure naturali
„ conceditur vim vi repellere: ideoque conceditur personæ singulari fas
„ esse Papam aut Regem, vel ligare, vel carceri mancipare (eis injustè
„ persequentibus hanc personam) si sibi non aliunde pateret propriæ mor-
„ tis aut impudicæ violationis effugium. Si hoc in damnis corporalibus
„ tam liquidum est, quid de spiritualibus incommodis longè grauiori-
„ bus relinquitur æstimandum? Iungamus hanc rationem ad rem quæ
„ agitur. Si substracti habuerunt probabiles vehementesque conjecturas,
„ aut certas rationes exhis quæ facta sunt quod D. Benedictus aduersaba-
„ tur Ecclesiasticæ vnitati, nunquid non bono fine & intentione poterat
„ hæc fieri substractio? quæritis quo pacto? Sic quippe, vt non assumeret
„ obedientiam sibi factam in velamen aliquod nequitiæ aut protelationis
„ Schismaticæ prauitatis; idque mille medijs aut continuando honores
„ suos sine procuratione vnionis, aut promouendo sibi fauentes in hac li-
„ **bidine dominandi, aut nunc apertè, nunc occultè non fauentes** sibi per-
„ sequendo. Videtis clare si quid videtis, quòd nullis hoc loco vtimur
„ Sophismatibus, imò ne Sophismatum paralogismi vos decipiant, sicut
„ fefellisse videntur, Nos ipsam ad nudum difficultatem reuelamus; cum
„ proprium sit Sophistarum se celare & positiones suas vel inuoluere, vel
„ transferre. Nullas præterea legum interpretationes subdolas aut fictas
„ adducimus, solis innitimur regulis juris diuini & naturalis, quas pro vo-
„ bis assumitis, quasque immutabili veritate subsistere, nequaquàm igno-
„ ratis. Hæ sunt Regulæ, quas summus Ecclesiæ Prælatus propter Ec-
„ clesiæ vtilitatem stabiliuit: Quod Papæ, si apostatet à fide, resistendum
„ est in facie; & si non rectè ambulet ad veritatem Euangelij, & quod vim
„ vi licet repellere; quod Deo magis est obediendum quàm hominibus;
„ quod bonum publicum præferendum est bono particulari, quod ad pu-
„ blicum ordinatum est: istis inquam innitimur, non vt falsò criminamini
„ talibus, quod facienda sunt mala vt bona eueniant, quod persequendus
„ est Papa verus, vt schismaticus solus detur; nondum ita vestri similes
„ sumus vt ita desipiamus. Quid ergo multos turpiter planè inuoluunt

Sophismata, dum nimis fugiuntur? quia enim videre nequeunt, quomodo Papa verus aut pro tali habitus desinere possit esse Papa, aut non habendus est pro tali; ipsi non capiunt quâ ratione substractio possit imò & debeat in casu justissima reputari, hoc est, inquiunt, inobedientem esse, hoc est persecutorem capitis existere, cum tamen nulla secessio à capite dici debeat inobedientia; neque persecutio nisi legi diuinæ fuerit contraria. Est autem diuina lex jubens recedere à tabernaculis impiorum, jubens fratrem postquam audire noluerit Ecclesiam, habendum esse sicut Ethnicum & publicanum; jubens præterea oculum aut membrum aliquod eruendum esse, ne totum corpus sua contagione deprauet; quæ diuina jussio qualiter ad rem quæ tractatur, adaptari debeat, insinuatum est. Scimus tamen quid ad hæc respondetis; negatis in hoc negotio causas tales in facto. Hoc verò est quod in disceptatione nostra versatur, hoc probare quod negamus, aut improbare quod æstimamus, debuerat Charitatis vestræ prudentia, aut non notissima ingerere, non nos mille conuicijs infectari, non verberare latratibus auras, non nos priusquam intelligeretis, arguere. Et quoniam id ipsum non peroratis & res longiori disputatione eget, quàm vt sub Epistolæ breuitate possit coarctari; quia denique jam pluries tam scripturis quàm viuis vocibus declarauimus rationabilitatem nostræ substractionis, si non potius Epistola vestra libellus difamatorius appellari meruit. Nec latet nos, quàm multa alia posuistis, quæ si in rigidum examen intrarent, illa de errore in fide, de crimine in bonis moribus, de inobedientia læsæ majestatis Regiæ & alijs pluribus damnanda paterent: quæ omnia ostendere sicut & principalem causam nostram justificare paratos nos offerimus, quantum & quemadmodum tu, Rex sapientissime, jusseris qui hactenus Nos indiuiduos Coadjutores tuos assumere dignatus es: neque enim diuersorum à te quicquam agere fas putat discretio nostra. Etsi improbè prouocati ad certamē impar minore numero & virtute sufferre molestum sit, potuerant ista sufficere, si non vicissitudinem referre vellemus reddentes pro malo bonum & benedictionem monitoriam pro exprobratione maledica cum illo qui cum glorificandis ait, maledicimur & benedicimus. Itaque petimus rationem, Fratres, quo fructu quáve vtilitate complacuerit sejungi à communi Regis & Regni Consilio? Periret quippe omnis Politicus ordo, si ea quæ communi sunt assensu conclusa, quilibet pro suo motu capitis vel inculpare, vel ad nouam censuram reuocare contenderet. Vbi enim fuit vnquam tam aperta, tam concors sententia quæ non aduersis calumniantium linguis carpi posset? alijs amore, alijs ignorantia, alijs sola contrariandi proteruia aut pruritu nouas res moliendi vexatis. Sed neque Concilijs Generalibus præstitus est olim assensus vnanimis taliter, vt non ex aliqua parte Contradictores inuenirentur. Æquum est idcirco legibusque & consuetudine sancitum, vt in ore majoris Partis stet omne Communitatis judicium. Alioquin si cuilibet assiduè fas esset obniti, nihiloplus ageretur, quàm si inter naucleros eiusdem nauis odiosum continuaretur jurgium, illis velum tendere, istis laxare, alijs dextrorsum, alijs sinistrorsum ex aduerso conari implacabili animositate tentantibus: deliberatione enim majoris Partis acceptatá, nonne consultius est ei vos opem ferre, vel nequaquam pertinaciter aduersari & ita portum qualemlibet attingere quàm sub dubiâ spe melioris portus confundere interim omnia seditione certissima? Multa proinde tolerari debent jam facta, quorum inceptis contradicere dignum erat. Esto vobis appareant, vel forte sint saniora Consilia, nihilominus apud Communitatem cujus estis Pars parua, ambulantem in opposita sententia quid prodest tractus vester pertinax aliorum; imò quid aliud operatur, quàm contentiones, scandala, animositates & disturbia ad rem omnem, quæ agitur salubrius finiendam. Negotium aliquod grande priusquam certa conclusione firmetur, opus habet consultatione, in qua sit animus in consulendo liber. Porro acceptatá

" conclusione tunc est tempus faciendi non dijudicandi. Quod si oppo-
1402. " sueritis praeceptum Domini vt non peccet aliquis sequendo multitudi-
" nem, hoc de criminibus quae bene fieri nequeunt, intelligi necesse est;
" non enim talia vnquam licere faciet quantuslibet numerus peccantium
" & stultorum quorum infinitus est numerus. At verò secus est in eis quae
" fieri bene possunt, in quibus conscientiam propriam ad aliorum forma-
" re judicium quandoque licitum, quandoque debitum est, qualiter esse
" dicimus in proposito, vbi ea quae rite facta sunt, non quae fidem imme-
" diatè respiciunt, ventilantur. Obijcietis fortassis, quòd non sinceris
" animis, non medijs vsquequaque juridicis, non per personas omni vi-
" tio carentes Conclusio substractionis excepta est: quasi ita possit fingi
" in omni negocio publico, quasi praeterea per solos bonos beneplacitum
" suum operetur Deus? operatur & per malos, quales etiam inter vos ali-
" qui sunt: etsi confirmatos vos Pharisaïcè jactatis prae caeteris hominibus
" & exceptos ab illa Regula, si dixerimus quia peccatum non habemus, &c.
" Quot Principes infideles, quot tyrannos iniquos legimus & vidimus, à
" quibus aequissimas leges & Edicta quis nesciat emanasse? quà in re per-
" spicuum esse debet, quod negocij qualitatem magis attendere conue-
" niet, si justo fine, si pia intentione fieri potuerit, quàm suspicionibus du-
" ci ex agentium hac vel illa voluntate. Praeterea, Fratres, cessent con-
" tumeliae, abeant sinistrae de nobis suspiciones, quales habere de vobis
" nec vultis, nec volumus. Credite, Fratres, nos bene conscij nobis su-
" mus de processu hoc ad pacem Ecclesiae; qui vtinam tam prosperum suc-
" cessum caperet quàm piè semper optamus; optare autem hoc magis no-
" strum est quàm illud exhibere. Tandem quia res, vt arbitramini, discus-
" sionem exigit ampliorem (non enim propter aliud nos ad certamen pro-
" uocare debetis) Obsecramus te, Rex Serenissimè, sicut jam obsecrauj-
" mus pro Concilio totius obedientiae celebrando, in quo conueniant Se-
" niores, videre de factis & de jure quod ex factis exoritur, examinatis-
" simam veritatem quam semper amplecti paratos nos offerimus: In No-
" mine eius qui est veritas, in quo bene valere, & sobria modestia sapere
omnes optamus Fratres nostros in eodem Domino Charissimos.

Altera Responsio ad Epistolam Tolosanam, nomine Vniuersitatis Parisiensis.

AD CA- " **N**Ihil vtilius aptiúsve quàm impugnatio pro veritatis elucidatione
ROLVM. " videtur, saepeque contingit vt quo acrius pluriumque connexione
VI.   " colorum patentius inuestitur, tanto detectâ superficie profunditas eius
" limpidius agnoscatur. Naturale siquidem est vt alterius oppositorum ad
" reliquum juxta positum ipsum in sua qualitate faciat elucescere: Fitque
" per antiperistasin, vt in contrariorum approximatione mutua vtrum-
" **libet in se fortius habeatur, licet quantumlibet falsitate fulcita, ve-**
" ritatem tamen super omnia vincere sacra tradit authoritas. Hinc etenim
" ad ipsius enucleationem modis varijs Deus omnipotens hanc interdum
" promittit menti, contraque pugnantium deprauatum affectum ex hijs
" & falsitatis interitum simulque victoriam veritatis ad humani generis
" vtilitatem non modicam regulariter dignatur elicere. Sit fortis in ag-
" gressu terribilium, temperatus in voluptatum sensualium abdicatione,
" justus alieno circundatus ore in proprij retentione caeterisque quae sua
" sunt voluntaria distributione: prudens in praedictorum secundum exi-
" gentiam debitam, singula singulis adaptando, congruâ deuotione: & ge-
" neraliter in vnaquaque virtute: studiosus non sine pugna valida com-
" probatur. Vt sic secundum Philosophum, circa difficile, ac in infirmi-
" tate secundum Apostolum, ipsa virtus exhibeatur perfecta. Cui siqui-
" dem & ob hoc stimulus carnis datus est, & in Iob justissimum ipsemet
" Sathan, vsque corporis etiam percussionem horribilem potestatem exer-
" cere permissus est. Sanè, REGVM POTENTISSIME, quod dolentes refe-
" rimus nem....... ipsius Iob temporibus arbitrio nostro inter eos qui

Dei deberent esse filij, adstitisse creditur nuper & ipse Sathan, in quorum " ——
ore Spiritus mendax extitit, vbi Spiritus veritatis habitare deberet. A " 1401.
Dæmonio quippe quodam meridiano, vt accepimus, vsque Regiæ vestræ "
præsentiam Celsitudinis, Austro flante, peruenit Epistola, imò veriùs li- "
bellus grauis, diffamatorius ac detractorius in scriptura, opere grandis, "
in sententijs tenuis, in dictorum numerositate superfluus, in veritatis "
apertione materiæ diminutus, in verbis gratis deficiens, in conuicijs mul- "
tiplicatis excrescens, à dictorum præcisione vacuus, & in eorundem re- "
petitione nugatorius, in veritate parcus, in mendaciorum cumulatione "
prodigus. In quo siquidem Edictum Imperiale contemnitur, Patrum sen- "
tentia respuitur, & dicta Sapientum pro inficiatis habentur. Sic in cœlo "
militantis scilicet Ecclesiæ à tantis jam temporibus durissimo sauciatæ vul- "
nere curatione perfecta commissum censetur esse prælium, ac si Michaël "
& Angeli eius cum Dracone pugnam recenter ineant. Eo tamen juuante "
qui fortium manus ad prælia docet, cuius scutum & arma, Princeps "
invictissime ! præ cæteris in terris geritis, Michaël vincet, & Draco suc- "
cumbet, qui ad sui confutationem hanc molitus est seditionem in populo "
suscitare ; dum Schisma grande, in quo præ cæteris complacere non ambi- "
gitur, prorogare satagens, Regiæ majestatis cæterisque Regnicolis vir- "
tutis adhibet materiam, per quam si Domino placuerit quod tam consultè "
prouidéque principiatum est, turbinibus ex aduerso flantibus potenter "
expulsis constanter continuabitur & ad finem prius cœptum feliciter per- "
ducetur. Sed mentes nostras haud facile, quidquid asseratur, aduersùm, "
insideret à Scholasticorum Collegio inscitiæ tantæ paginam pullulasse, "
cuius Editores Solem facibus adiuuare, Mineruam docere, & eam in do- "
ctrinâ damnabiliter defecisse præsumptuosè contendunt. Verùm potius "
cætus hic à quo tot plena conuicijs homelia rudis & inhonesta mana- "
uit, turbam Rusticorum effigiat ; Qui olim limpidam aquam vnde dea "
Latona sitim sedare suam curabat, eos ducente proteruia, inuerecundè "
turbarunt. Rusticalis nempe mos notus sæpius extat. Vt quod per cla- "
rissimos viros etiam pro totius Reipub. profectu cum digestione consul- "
tum est, eorundem garritu sua vilitate contemptibili quantum in eis "
est, exprobretur. Nec offendentes ipsa dea tantis affecta contumelijs "
illæsos sanxit abire quos ob hoc in ranas transformatos Ouidium descri- "
psisse legimus. Quibus humana pro voce coaxandi virtus cum præcisione "
relicta, & pro antea variorum prolatione verborum mentis conceptus "
aperire valentibus, vocem vnicam in delicti pœnam formare permissum "
est. Quibus profecto si gestorum in prosecutionis vnionis Ecclesiasticæ "
materia recordatio memoriter teneatur, Scribentes hi multipliciter ap- "
proximant ; dum quidquid sententiæ vel ficti coloris in annotato libello "
repertum est, sub eisdem fere verbis in primo & secundo Galliarum Ec- "
clesiæ Concilijs, & per forsitan huius ædificij ruinosi principales arti- "
fices longè melius & apparentius quàm hic inseratur, in scripto voce te- "
nus referatum extitit. Sicut igitur nec ranæ semel, bis, ter, sed deinceps "
eundem sonum repetere contentantur, sic nec istis ter, sed quater & "
vltra nunc disputando, nunc proponendo, nunc deliberando eandem "
prorsus sententiam, per quam nihilominus prælibatorum Conciliorum "
neutrum motum extitit, repetere sufficit, si non etiam ex abundanti su- "
pererogando pro ipsius elegantia verbi ex eodem iterum aërem verbe- "
rent, Curiæ vestræ Senatum impediant, aures Clementiæ Regis concu- "
tiant, & quod pluris est, vt memoria commendatorum habeatur in libri "
forma, quam Epistolarum pati non deberet angustia, Regiæ vestræ ma- "
jestati directi stulto labore consumpti redigerent circulo. Cuius scriptis "
in prælibatis detestantur ingratitudinem; saltem in vnius totiensque repeti- "
tione sermonis merito comparabiles. Qui vt facilius gratiusque quod "
supplicant, obtineant ; Serenitatis vestræ captando gratiam artis ora- "
toriæ tantæ regulas practicantes, authoritatem vestram in eo quod ju- "
re sibi conuenit, diminuunt, Schismatis & hæresis hanc cum alijs qui "

„ Conclusionem denegatione obedientiæ D. Benedicto dederunt, operam
1402. „ incidisse crimen asserunt, Græcisque propter antiquam ab Ecclesia Rom.
„ diuisionem ac Romanis ipsis propter eam quam ad Intrusum habent ad-
„ hæsionem, deteriores existere cum alijs multiplicatis iniurijs notoriè
„ prædicantes, nisi pro quanto sua de gratia, laude multiplici propter hoc
„ attollenda, Majestatem vestram, Principumque Clarissimorum domus
„ vestræ à tanto nefas eisdem placuit propter ignorantiam excusare. O
„ Magistri Canonum: vt dicta vestra in modico saltim sint vobis accom-
„ moda, qui Iuris conditores & Legislatores propter ignorantiam juris
„ secundum vos necdum à tanto sed totaliter excusetis, & quàm contra
„ eos inuincibilem erga subjectos crassam & supinam ignorantiam fore
„ contendatis. O felix tempus in quo tantæ thesaurum sapientiæ huc vs-
„ que latitantem in abditis aperiri concessum est; quem sic à fine vsque
„ ad finem fortiter nititur attingere, vt quidquid in Dei causa de S. Vnio-
„ nis Ecclesiasticæ procurandæ prosecutione, quæ per vos ac incolas Re-
„ gni laboriosè quæritur: quâ nihil in terris fructuosius inueniri posse cre-
„ ditur, hactenus salubriter actum extitit, errore multiplici qui per eos-
„ dem asseritur, sceleris multimodi damnare præsumunt; dum viam Ces-
„ sionis in primo Ecclesiæ Regni vestri Concilio concorditer electam & in
„ Orbe toto præsentis Schismatis inspectâ naturâ multipliciter commen-
„ datam, tanquam perniciosissimam obedientiæque denegationem Bene-
„ dicto in secundo conclusam Concilio. In quo Sacrosanctæ Rom. Eccle-
„ siæ Reuerendissimorum Patrum, DD. Cardinalium Collegium, nec non
„ Castellæ & Legionis Regnorum Concilium celeberrimum; & aliæ plu-
„ rificatæ Prouinciæ vobiscum coincidunt, velut tenebrosam, spinosam,
„ seditiosam & boni totius expertem repudient. Et sic omnia norunt suaui-
„ ter disponere, vt nullus Christianæ Religionis impune status transeat,
„ quem contumeliâ multiplici pro viribus non afficiant, sic ori custodiam
„ apposuisse curantes, vt nec parcè laudent, nec parcè vituperent; sed
„ nouo genere prudentiæ freti in propriæ laudis ac alienæ culpæ secun-
„ dum eos detectione patulâ intolerabiliter sint effusi. Qui etsi speculum
„ & exemplar morum, vt in sui tractatus exordio se jactitant, lapsis fue-
„ rint temporibus, non tamen speculum sine macula Dei majestatis & ima-
„ go bonitatis illius; quod sapientiæ veræ proprium est, quæ juxtà Scriptu-
„ ram sacram non improperat, nec apud Morales talium morum exem-
„ pla reperisse meminimus, vt spretis superiorum Edictis, seniorum sen-
„ tentijs, & in diuina humanaque scientia peritorum digestè consultis suæ
„ quisquam sapientiæ singulariter initiatur. Et vt eorum pro parte verbis
„ non ad suum, sed ad nostrum vtamur intentum, congruit·ne rationi, vt
„ vnum Regnum, vna Prouincia, vna Diœcesis quicquam per se statuat,
„ & aliud Regnum, alia Prouincia vel Diœcesis contrarium statuendum
„ decernat? Heu quàm instabilis esset status Ecclesiæ, sub quanto laby-
„ rintho nutaret! Iam velut in turri Babel fabricanda vnus reliquum non
„ intelligeret; alter alterius Constitutiones non reciperet, sed in tot vni-
„ ca grandis multitudo diuideretur partes, quot idiomatum in se varieta-
„ tes haberet. Hæc de dictis eorum huic inseruimus opusculo, vt ex da-
„ tis luculenter appareat rationi non congruere, quod non per Re-
„ gnum, sed Regna, non Prouinciam, sed multiplicatas Prouincias, non
„ in clandestino vel priuato, sed pluribus ipsorum Regnorum genera-
„ libus Concilijs & præsertim Sacro Reuerendissimorum Patrum DD.
„ Cardinalium approbante Collegio concorditer est habitum, non per
„ vnum Regnum, non Prouinciam, non Diœcesim, sed per vnum tenue
„ satis studentium Collegium, in quo vt fertur, Doctiores & meritò dis-
„ crepant, quod quidem etiam inuitum ordinationi Regni Concilijque
„ prælibati Iure subiectum est, Rebellionis notoriæ crimen perperam in-
„ cidendo contumaciter impugnetur. Quàm instabilis foret Policiæ sta-
„ tus, vos ipsi videte, particularibusque Regni Concilijs perfacile dabi-
„ bitur oppositio, si per generalia conclusa paucis subditis reprobandi

facultas

facultas liberè permittatur. Deponite sceptra Principes, pileos Cardinales, virgas Pastorum Pontifices, & cathedra cedite cæterarum Vniuersitatum Doctores : labor videtur non tam inanis quàm immanis, non tam tolerandus quàm damnandus; non tam captandus quàm execrandus, non tam prudentiæ quàm dementiæ, non tam vitæ quàm mortis nuntius per Nouellos istos impudenter asseritur. Æstimamus quidem nunc redisse Piratas, qui Æsculapio barbam & Apollini Pallium quo tegitur, violenter auferre moliantur. Hic etenim inspicitur luna luminis nisi solis per medium inscia soli quasi senio tabesceret & in deliramentum verteretur, ne vlterius in orbem radiet, prohibere; ac si tantummodo non expediat dies & noctes vicissim secundum institutionem primæuam vlterius experiri quàm sublime regimen in nocte continuè residere. Iam redit tempus, in quo Phaëton iuuenis & inexpertus currum Patris præsumit ducere & qui etiam minimum equorum non nouerit, auriga cupit effici. Et qui dogma Phœbi respuunt, dum loris frui moderatè nesciunt, calcaribus nimium emungendo, sanguinem crudeliter eliciunt. Quibus pro excusatione de tanto silentio Magnus labor adest, quorum tamen os maledictione plenum est, & aduersùm se testimonium est locutum, qui tacendo forsitan, falsè licet Philosophorum nomen sibi vindicassent: quo rite per indiscretionem vti in perpetuum priuati sunt, quando siquidem fatuus tacet, sapere sibi vulgariter adscribitur; satiusque fuisset equidem continuasse soporem, in quo Schismatici ab initio permanserant, quam quòd recenter expergefacti continuè vigilantes vt sponsum cum aduenerit, de cuius aduentus hora nescitur, cum gaudio recipiant, cum fatuis dormitare compellant. Legimus in historijs illos sanctæ memoriæ septem nominis zelatores lapso trecentorum annorum spatio surrexisse de somno, vt resurrectionis generalis articulus circa quem tunc nouus error inciderat, eorum suscitatione recenti cordibus insereretur hominum. Isti verò vtinam vsque ad prædescriptum terminum lethargiam passi aut aliter indormiti; nunc proh dolor! surgunt vt resurrectionem in hoc miserabili Schismate Dei per gratiam solito plus de propinquo speratam, iterum ad mortem abducant : vt vbi spes aliqua figebatur, spei loco desperationem accipiat; sicque gratis excusationes de diutina dormitatione porrigunt, quorum dormitationem priuatiuè bonum, vigilare verò simpliciter noxium est. Cautiusque fuisset eis Neronis exemplo fœtum ex veneni comestione sæpius acta in eorum vtero prius cœptum infra propriæ muros vrbis in abysso cumulasse, quàm ipsum sic horridè Ciuitatis Regiæ inficientis aërem Regis ipsius conspectui improuidè præsentasse. Hij lætè steterunt præstita, lachrymas fundunt ablata, & risum magnum se pollicentur emittere, obedientiâ restitutâ. Nobis autem qui Schismatis ab initio scissuram **tantam incessanter deflemus, nunc tamen paulisper ad gaudium in spe** saltim prouocati, per hoc effecti dissimiles, dum contrariorum admodum vtriusque risus & lætitiæ mutuò se censeantur expellere. Eis igitur hanc generationem similabimus de quibus scriptum est, *Cantauimus & non saltastis, lamentauimus & non plorastis*. Hij primùm consulta Grammaticorum imbecillitati, Logicorum loquacitati & Sophistarum adscribunt duplicitati. In hoc Artium facultatem, quæ cæterarum scientiarum velint nolint, mater est & origo, sub verborum phaleris posse tenus aspernantes, *nunquam tamen, vt ait Seneca, in tantum conualescet nequitia, nunquam sic contra virtutes coniurabitur, vt non Artium liberalium & Philosophiæ nomen sacrum & venerabile permaneat*. Nonne legistis Artium liberalium, illive tales æmuli, quibus quoniam inhærentes inimicamini, sub Mazentio Cæsare Rhetores & Grammaticos totius quasi Doctores Imperij pro disceptatione contra gloriosissimam Virginem conuocatos conflictum, quanquam salubriter succubuerint, iniuisse. Apudque Græcos Cardinum & Ægyptios Isidem in literarum tam adinuentione quàm artificiali diuisione quod artis Grammaticæ non dubiè

"regulas aspicit, gloriam, famam, imò deificationem post decessum in iam
1402. " designatis promeruisse populis. Nec certè, non dicimus, Grammaticus
" sed Ruricola fidelis simplex vbi de Schismate aut vniuersalis Ecclesiæ
" vnione res agitur, repulsam pati, sed cum alijs ad opus commune mere-
" tur ingredi; in cuius siquidem incolumitate subsistimus, prosperitate
" conualescimus, languore tabescimus, & in cuius morte, si possibile fo-
" ret, generaliter periremus. Cuius propensius nos omnes salutem ex-
" optare conuenit, quo propriam ex eiusdem stabilitate pendere profite-
" mur. Nullis igitur vtcumque Pusillis, aut infantibus ab hac actione quæ
" nullum excipit silentium, imponatis. An nescitis quod Angeli eorum
" semper vident faciem Patris qui in cœlis est, Doctrinæque communis
" existere in vnico præcisè etiam de ordinata lege fidei veritatem posse
" subsistere? Ex ore siquidem infantium & lactentium, duce Domino, laus
" perficitur vt generalis inimicus Ecclesiæ destruatur. Ieremias ad ple-
" bem erudiendam puer transmittitur. Dauid de postfœtantes ad Regni
" fastigium sublimatur. Daniel infans senes falsum tulisse testimonium
" damnat. Ioannes septennis in deserto prædicat; & lapis modicus sine
" manibus de monte præcisus statuam grandem altitudinis 50. cubitorum
" percutiens incinerat. Cui profectò statuæ hanc Epistolæ molem in quam
" meritò fidelis inuehit, comparamus, cui forsan initium siue caput auri
" per impluuium à Ioue suo virginis in gremium pòst corruptæ distillatum
" præfigitur: Brachia ferrea per potestatem Dæmonis astutia procuratum
" subnectuntur: vbi non tam resonantia quàm dissonantia pectus æneum
" inseritur; sed quia super pedes fictiles & luteos fabricatur, facile Domi-
" no concedente, quidquid in ea satum est, in cinerem redigetur. Nec ab
" hoc Philistinorum exercitu Golias spurius abfuit, Israël castra pro viribus
" explorans, eosque prouocans ad singulare certamen, omnipotentis tamen
" gratia præcedente in VNIVERSITATIS STVDII vestri Paris. fluuio qui
" canalem proprium nunquam exiens ad modum fluminis de Paradiso ma-
" nantis in 4. diuiditur partes, quique sub Imperiali & paterno Majestatis
" vestræ regimine, protectione & directione terram alias aridam aquâ Sa-
" pientiæ salutaris hactenus irrigare meruit. Nobis in hoc non tam laudis
" propriæ, quàm Apostolicæ sententiæ in Rescriptis antiquis testimonium
" perhibentibus, lapides adhuc reperientur limpidi, quibus si Dominus
" annuerit, quia etiam illic signari postulant, aduersantes in fronte per-
" cussi prosternentur ad ima. Quod vt fructuosiùs compendiosiúsque va-
" leat effici, denegationem obedientiæ Benedicto Iustè factam ostendere,
" Deo duce, tentabimus. Quod si fundatum fuerit, corollariè vel quasi le-
" uiter inferetur intentionis eorum oppositum. Et per consequens pro
" nulla sui particula eorundem propositum admittendum; quod teste li-
" terâ quinque Puncta principaliter continet: Primum nulli citra Papam
" de iure spectat Ecclesiæ Gallicanæ Concilium congregare. Secundum,
" in tali Concilio sic congregato nihil potuit ordinari statum continens
" vniuersalis Ecclesiæ. Tertium, sic ordinata non subsistunt aliquo iure.
" Quartum, non licuit etiam, vt vnio in Dei proueniret Ecclesiam, obe-
" dientiam Benedicto denegare. Quintum facienda est restitutio obe-
" dientiæ.
" Ad punctum igitur principale scilicet denegationis obedientiæ D. Be-
" nedicto fundamento ponendo, ex cuius positione, Domino cooperante,
" ac sermonem confirmante, sui totius propositi clarè patebit dissolutio,
" Redeuntes humiliter supplicamus, vt sicubi os in cœlum ponere, mon-
" tem tangere aut altiora Nobis quærere fortassis dijudicemur, erga eos
" si placeat pro Nobis gratiam impetrent, fauorem pariant, & excusatio-
" nes pro quanto materia exigit, obtineant: zelus ad legem, honor ad Re-
" gem, Pietas ad Gregem nostrum, excusatio, famæ conseruatio, falsita-
" tisque velatæ detectio, quibus vnâ cum pluribus alijs quæ breuitatis cau-
" sâ subticemus, ad arduitatis opus aggrediendum præsentialiter excita-
" tamur. Prælibatam ergo denegationis obedientiæ Conclusionem ex

duplici radice deducere Deo præuio conabimur. Prima ex Schifmatis nunc vigentis quoad naturam modumque proprios attenta confideratione. 1401. Secunda ex perfonæ ipfius à cuius obedientia receffimus, reprobanda, proh dolor! conditionum proprietate.

Huius itaque primam ingrediendo particulam, nefandiffimi ac horridiffimi Schifmatis malitiam fufficienter deferibere vox non fufficit, mens ftupefcit, oculus flebiliter afpicit, & diffonantia foni fidelium aures attonitas efficit. Quippe inconfutilis tunica Domini diuiditur, nauicula Petri fluctibus expofita per medium ferè fcinditur, Archa teftamenti à Philiftæis ignominiosè tenetur, & quæ nefciens thorum in delicto plerunque refpuit connubium, à duobus violenter rapitur: quâ de re tantùm in Chriftiana Religione in animarum excidium ineffabile exortum effe fcandalum dignofcitur; quod amplius in dies protelatur vt Gregis Dominici fic diuifi pars vna reliquam labis ream vocet, & apoftaticus, Schifmaticus, intrufus, excommunicatus & anathematizatus habeatur. Et fic fub tanto labyrintho Schifmatis ab exordio nutat vniuerfalis Ecclefiæ ftatus: quod tamen ac fi recenter per denegationem obedientiæ Benedicto pullulant ifti qui morbum non refoluunt ad initium, nec vulnus tangere curant in profundum lamentari lachrymabiliter fe perhibent; vt iam velut in turri Babel fabricanda, vnus reliquum non intelligat, alter alterius Conftitutiones non recipiat; quod per vnam partem abfoluitur, per aliam damnatur: quod per hanc conftruitur, per aliam deftruitur; cui per hanc benedicitur, per aliam maledicitur. Cui igitur iftius occafione Schifmatis, REX CHRISTIANISSIME, fumus vniuerfaliter expofiti periculo; quanto falutem propriam procurare ac diligere tenemini, fi placeat, attendite. Non enim de iftius aut alterius iure, quamquam partem iftius hactenus tenuerimus, & quam opinamur arbitrio noftro Iuftitiæ veritatem habere, facta eft reuelatio: nec per tantos ac tales pro alterius iure partium lata eft determinata fententia, quæ penitùs omnem dubietatis auferat materiam; fed potius notorium eft circa hoc tot Regum, Principum, Prælatorum, Nobilium, Doctorum, Scholafticorum, Burgenfium, Mercatorum, Popularium, & generaliter hominum omnium ftatuum opiniones & affenfus contrariari, vt non fit audientia dignus afferens de iftius vel alterius iure nullum effe dubium, quafi diceret: Nobis qui adhæremus, non dubitamus de noftro, repugnantefque non de contrario. Quod celeberrimæ memoriæ D. Rex Karolus V. pater vefter in extremis conftitutus profundè confiderans, Generalis Concilij fuper hoc celebrandi ac vniuerfalis Ecclefiæ fententijs humiliter fe fuppofuit, inftrumentum publicum vnum vel plura fuper hoc cum inftantia debita tunc requirens. Si igitur, quod abfit, circa hoc aliquid erroneè fentiremus, quod quin fit, vfquequaque certitudinem non obtinet, in quanto ftaremus perniciofo difcrimine, fufficienter oftendere nemo fufficeret. Quia fi Ius noftrum **per reuelationem** aut aliàs foret notorium, nihilominus ex debito Charitatis tantæ Chriftiani nominis expresfè profeffæ multitudini vifceraliter compati teneremur: adeo etiam quod mortem corpoream, vt à tanto cafu refurgeret, præfertim fecundum Auguftinum de Ordine diligendorum in quo proximum corpori præfert proprio, vltimò fufcipere deberemus; quod etiam in Cafibus improportionaliter minoribus fub lege naturæ degentes folum quoque rationibus moralibus innitentes corporibus in proprijs executioni demandaffe legimus. Nec certè, fub clarius videntium correctione loquimur, vulneris fundum, fed duntaxat eligendo tangunt orificium in hoc artis Sophifticæ quam fcripto reprobant, cautelas recipientes, qui cafus iftius confiderata natura, ius partis quam tenent, reputantes notorium, Ex ipfo fic fuppofito ac fi de Iure Petri, Conclufiones Corolarias eliciunt, quoniam ex hoc dubio tanquam ex principio per fe noto procedunt, in hoc palam in petitionis principij fallaciam, incidentes. Videatur itaque fi placeat, miferabilis ftatus fub quo de præfenti notoriè languet corpus Ecclefiæ ex vna,

"Conclusionesque ad quas seorsum & diuisim ab incepto Schismate huc-
"vsque pars quælibet aspirauit, ex altera; vt ex hoc elici valeat an conti-
"nuanda sit ipsius Corporis Ecclesiæ tanta miseria vt alterius partium
"prætensum bonum, quo casu pars reliqua succumberet, eueniat. Ecce
"quoad primum, corpus Ecclesiæ, cuius vnionem ex fide professa summo-
"pere conseruare & ablatæ restitutionem pro viribus procurare tenemur,
"notorie scissum est. Id autem ad quod quælibet Pars nititur, pro quanto
"secernitur à reliqua, constat esse quod quàm ad nostram attinet partem
"declaretur DD. Cardinales in D. Clementis electione Canonicè pro-
"cessisse, ipsumque Dominum sic electum in Papatu illius electionis me-
"dio ius verum obtinuisse. Alijs diuisis à nobis oppositum verum esse
"prætendentibus: sed potius Electionem Bartholomæi Canonicam exti-
"tisse; ipsumque per eam ius verum in dignitate Papali quæsiuisse, perti-
"naciter asserentibus. Diuisio in Ecclesia Christi mentalis est notoria.
"Istius autem aut alterius Iustitia notoriè & experimentaliter est dubia:
" Quod Ecclesia debeat esse vnica, tenemur ex fide credere. Quod au-
" tem iste aut ille Papa sit, non tenemur ex fide credere; cum hoc dunta-
"xat ex factis dubijs & Canonico dependeat iure. Quod Ecclesia diuisa
"maneat, est malum commune: quod autem iste vel ille Papa sit, bonum
"est priuatum & personale. Quod Ecclesia sit diuisa, est per se malum: quod
"autem iste vel ille Papa sit, bonum est per accidens. Quod Ecclesia sit
"diuisa, malum est bonum vnionis impediens ex institutionis suæ natura
"perpetuum: quod autem iste vel ille Papa sit, bonum est temporale &
"transitorium & caducum. Iudicet ergo Regiæ dignitatis Clementia, cu-
"ius thronus tantâ sapientiâ stabilitur, an liceat per se malum certum ex-
"pressè contra fidem, contra commune bonum politiæ ac ex sui natura
"perpetuum committere, vt bonum dubium fidei non pertinens, priua-
"tum, personale, per accidens, transitorium & fere momentaneum eue-
"niat. Hic patenter locum & veritatem assumit Apostolica sententia per
"aduersarios pro suo confirmando proposito falsè, quanquam laboriosè
"deducta, *non sunt facienda mala, vt bona eueniant*: alludit ad hoc dictum
"Cæsaris per eosdem ad id applicatum propositum, *Non est*, inquit, *pis-
"candum cum hamo aureo, cum maius damnum in hami perditione quàm vtilitas
"in piscatura verisimiliter proueniret*. Non enim ambigendum est maius in-
"comparabiliter esse damnum in huius diuisionis continuatione, quàm
"vtilitatis quæ ex istius vel alterius ad Papatum assumptione aut pacifica
"per eorundem alterum Papatus assecutione verisimiliter proueniret. Hic
"heu hamus aureus est deperditus? Charitas scilicet perfecta, quo quidem
"hamo Piscatores hominum sagena missa in mare, in Ecclesia primitiua
"bonos pisces malis rejectis foras in vnum aggregauerunt; quo tempore
"multitudinis credentium cor vnum & animam vnam fuisse sacra testatur
"historia. Applicent Tolosani rationes quibus contra Nos inuehunt, &
"videant an sit facere peccatum proprium vt procuretur alterius tempo-
"rale bonum, facere certum malum ad obtinendum bonum dubium, fa-
"cere crimen præsens vt procuretur bonum, dubiè tamen subsequens.
"Quod si forsan impingatur ex datis contra adhæsionem huic parti, per
"Nos præstitam rationem varietatis tunc & nunc meritò propinabit, quod
"tunc in exordio, tum excessuum in Electione præfati Bartholomæi per-
"petratorum notorietate; tum ex DD. Cardinalium etiam Italicorum
"qui per experientiam, facta, intentionesque tunc per eosdem habitas,
"ex quibus oritur Ius præ cæteris vnientibus cognouerunt, in hanc par-
"tem concordi conuentione merito sperabamus alios qui sic scandalosè,
"& vtinam de propinquo reparabiliter defecerant, citissimè prædictorum
"Patrum opinionem consecuturos fore, adeóque morbus inualuit & am-
"plius in dies aggrauatur, vt apud peritos & vigilantius attendentes de
"eorundem reductione nulla spes immineat. Quid igitur nunc agendum
"est, vt vel ab isto recedamus, consideratis præsertim per se circum-
"stantijs inferius declarandis, vt quod in nobis est facientibus, alios ad

Vniuersitatis Parisiensis. 37

reintegrationem pro viribus reuocemus, aut obedientiam continuando, " ⎯⎯
in contrarietate quæ maxima est oppositio, per adhæsionem extremis " 1401.
contrarijs hinc inde præstitam, diutius maneamus. Sentiunt plures vbi "
Papæ met indubitato non posset obedientia, nisi per Ecclesiæ patentem "
diuisionem communicari, fore laudabilius ab obedientia resilire, vt Ec- "
clesiæ corpus integrum remaneret, quanquam obedientia talis diuisio- "
nem ipsius notoriè procuraret. Expressius siquidem ad vnionem seruan- "
dam quàm ad summi Pontificis obedientiam Iura diuina nos obligant. "
Nec obstat quoad nos si conformiter ad suum non se habeant alij, per "
hoc procul dubio obstinationem suam & pertinaciam ostendentes. No- "
bis autem qui de possibilibus quod melius est, facimus, à reatu Schisma- "
tis, si Domino placuerit, penitus excusatis. Sic enim agendo Pacis Ec- "
clesiæ notoriè turbatores, quantum in nobis est, abscindantur, quod "
fieri petit Apostolus; Vtinam, inquit, abscindantur qui vos contur- "
bant: Lex imperialis Canonizata, certa quam nullus aptior quam de "
præsenti materia casus iudicio nostro poterit adaptari, in Practicam "
deducitur, & Euangelica sententia sic agere comprobatur. Sic equidem "
in Ecclesiæ corpore pes aut oculus totum corpus scandalizans, caput, "
cuius scandalum perniciosius & longè deterius esse constat, abscindi "
præcipitur. Melius enim est sine tali membro ad vitam ingredi, quàm "
per adhæsionem ad ipsum in gehennæ flamma perpetuò cruciari. Nihil "
etiam æquius quàm vt Schisma quod per adhæsionem & non aliàs intro- "
ductum esse dignoscitur, per non adhæsionem extirpetur: ac duæ par- "
tes diuisæ per conjunctionem cum extremis in quibus patet vitium per "
abnegationem eorum ad punctum medium in quo consistit virtus, re- "
sarciantur in vnum. *Nec est timendum,* secundum Bernardum, *contra ve- "
ritatem esse, si vnius scandalum multorum compensaueris pace*; melius est enim "
vt vnus pereat quàm vnitas. Adhæsionemque Prælatis in Schismate di- "
uisis, super psalmum Augustinus reprobat, *Nonne,* inquit, *Episcopi fuerunt "
Actores Schismatum & Hæresum?* Et sequitur ad propositum. *Porro,* in- "
quit, *si plebes ipsæ non diuiderentur, erubescerent illi in diuisionibus suis & ad "
compagem remearent.* "
  Nunc autem ad secundam prætactam diuisionis ingredientes particu- "
lam specialiter protestamur, non animo, nouit Dominus, iniuriandi cui- "
cunque, præcipuè D. Benedicto in Papam vltimò assumpto infra dicen- "
da scripturos, à quo fatemur suæ tempore legationis ad Franciam hono- "
res & fauores multiplices excepisse. Mirum siquidem esset, vt ex odio "
præconcepto in eum excitaremur, quem in hac quam continuamus, du- "
ce Domino, materia propitium, adiutorem pariter & conductorem tunc "
temporis reperimus. Sed post causis, placeret Deo, nunquam obortis, "
supra generaliter, inferius tamen specialius designandis aliquantulum "
iuxta modulum intelligentiæ nostræ id agere compellimur. Non enim "
iuxta Canonem per eosdem inductum, licitum nobis est dissimulare, nec "
est tacere libertas. Multa proh dolor! notoriè de eo referuntur, quibus "
eius participatio quamplurimùm periculosa ac etiam fugienda meritò "
reputatur, quoniam & in fide de errore multiplici & de Schismate apud "
graues & probos vehementer suspectus habetur. Et nonne pauca de mul- "
tis referendo, *notorium est ipsum sub Bulla plumbea declarasse nemini licere "
à Romano Pontifice appellare vel prouocare.* Item in eadem Bulla senten- "
tialiter inserit, *quod ab eodem appellare est facere contra plenitudinem pote- "
statis B. Petro, ac suis successoribus in persona ipsius à Christo collata*; & loqui- "
tur generaliter in omni casu, nihil excipiendo, per hoc vt videtur vni- "
uersalis Ecclesiæ ad D. Papam superioritatem in omni casu diffitens, "
quam si recognosceret, ab eo saltim in aliquo casu ad ipsam vniuersalem "
Ecclesiam appellationem indici posse non denegaret. Constat enim, " ECCLESIA
SERENISSIME PRINCEPS, & ex Scripturis sacris euidens est, Ecclesiam " SVPRA
vniuersalem peccare aut in fide deuiare non posse, Papamque ordinatum " PAPAM.
in Ecclesiam tanquam in finem immediatum, non Ecclesiam in Papam; "

„ Ipsumque etiam vt Papam ipsius esse membrum Ecclesiæ. Quo ergo iure
„ pars non subijcietur toti? peccator impeccabili? fallibilis infallibili? mem-
„ brum corpori? & ordinatum in finem suo fini? *Nec iura diuina vidisse me-*
„ *minimus, quæ ab vniuersalis Ecclesiæ superioritate summum eximant Pontifi-*
„ *cem:* Aristotelis etiam totiusque Græciæ Philosophorum, veterum quo-
„ que Romanorum qui de Potentijs earumque regiminibus varia tractaue-
„ runt, concors tradit authoritas politiam totam, vbi bene regitur, soli
„ Principi auctoritatiuè præesse, nec Principis ipsius in solidum contrarium
„ dictis nisi pro quanto iuris diuini, aut ipsius totius Communitatis ab autho-
„ ritate penderet, Particularibus sententijs foret fortassis, quoad hoc ad-
„ hibenda credulitas; imò potius illud sibi dirigi posset Euangelicum. Tu de
„ te ipso testimonium *perhibes, testimonium tuum non est verum.* Nec dubium D.
„ Papā in fidei materia per Ecclesiam esse reprehensibilem, quare si contin-
„ geret eundem quanquam erroneè in fide condemnare, non videtur quin
„ per appellationem ad vniuersalem Ecclesiam ab illato posset appellari
„ grauamine? cuius si sententijs non subesset, nulla veritas sibi foret arti-
„ culus. Euangelio secundum Augustinum per authoritatem Ecclesiæ, nec
„ aliàs creditur. Solerter igitur sapientes aspiciunt, an dicere in nullo ca-
„ su licitum esse appellare à Papa sit error, dicereque appellari ab eo sic
„ contra plenitudinem potestatis à Christo Petro concessæ sit error, quo-
„ rum vtrumque per expressum in Bulla decreuit; quódque fortius est,
„ suum continuando propositum, per aliam bullam eos quos in futurum
„ sine casus exceptione à Papa contingeret appellare, sententiæ excom-
„ municationis vinculo ipso facto ligauit, cuius absolutionem Papæ præ-
„ cisè, præterquam in mortis duntaxat articulo reseruauit: Per hoc decer-
„ nens peccatum esse mortale, quicunque casus subeat, ab eodem appel-
„ lare, cum non nisi propter mortale sententia Excommunicationis feren-
„ da sit. An igitur dicere de actu interdum licito, quod pro semper mor-
„ tale sit, errori subjaceat, vos ipsi videte, non sic D. noster Philippus
„ Rex Pulcher censuit, cuius temporibus de totius Regni consensu & con-
„ silio contra D. Bonifacium tunc Papam indubitatum appellatum extitit.
„ Sic nec plures sententiæ scientiæ claritate præditi, quorum consilijs à
„ D. summo Pontifice certis de causis appellationes interdum reperiuntur
„ emisisse; quos tamen in hoc quod in certis casibus appellare licitum as-
„ serunt, aut D Benedictum, qui vt præmissum est in nullo casu: ac sic
„ agere contra plenitudinem potestatis à Christo Petro collatæ, imò pec-
„ catum esse mortale decreuit in eis quæ fidei sunt, errare necesse est. An-
„ tiqua præterea tradit historia summum Pontificem etiam extra mate-
„ riam fidei propter scandalum ex proprijs actibus proueniens, fuisse de-
„ positum, licet inuitum, quod non plus venationi sicut tunc quam adul-
„ terio, homicidio, furto, & si quæ sunt similia, foret deditus, ex iure, vel
„ ratione quacunque coloris cuiusquam depingitur fucamine, cum longè
„ **grauius in se, ac scandalosius quoad Ecclesiam sit in Ecclesiastica per-**
„ sona furari, adulterari & homicidium ex proposito committere, quàm
„ feris ad voluptatis exercitium venandis insistere. In quo parens vide-
„ tur Ecclesiæ totius ad Dominum Papam solum etiam in omni genere pec-
„ cati superioritas. Varietatis etiam exigitur ratio. Si toti subsit Ecclesiæ
„ quoad fidem quia non potest errare; cur non idem in omni morum subij-
„ cietur genere, quæ non potest culpabiliter deficere? Istius tamen pro
„ præsenti Scholasticorum ampliori dimissa discussione materiæ aliam in-
„ troducimus. Constat siquidem in duobus prælibatis Ecclesiæ Gallicanæ
„ Concilijs ab eis qui D. Benedicti partem fouebant, publicè proposi-
„ tam, quod omnibus mandatis Papæ quæ non sunt contra ius diuinum
„ vel naturale, tenemur obedire. Et hoc de iure diuino debere præten-
„ debant; Iura diuina pro suo proposito multipliciter inducentes, quo pa-
„ tenter & euidenter habetur, vbi Regiæ vestræ Majestati, exempli gra-
„ tia loquimur, summus Pontifex præciperet vt à Rege Angliæ Regnum
„ vestrum etiam per homagium & fidem recognosceretis; imò quod totum

Regnum vestrum eidem liberè promitteretis, quod Filiam vestram, aut "
simplici viro, aut garcioni daretis in coniugem, & sic de similibus innu- " 1401.
meris; cum sic agere non esset contra Ius diuinum aut naturale, vos sub "
poena peccati id agere etiam de Iure diuino teneri: quo quid absurdius, "
ineptius ac totius fidei moralísque doctrinae principijs repugnantius quis "
audeat asserere! Quod tamen esto quod à D. Benedicto per expressum "
non audiuerimus, de eius mente nihilominus prouenisse, tuncque pro- "
positum extitisse vehementer suspicamur. Cum à suo Commensali ac "
Intimo propositum illud bina vice fuerit, cuius non ambigimus dicta "
priusquam apud nos aperirentur, in voce praedicti domini suorumque spe- "
cialium examine multiplici fuisse comprobata. Ex qua tamen proposi- "
tione tanquam ex Principio suum Principale propositum inferebat: quod "
quia patenter falsum & erroneum est, sic & quidquid in eo fundatum "
esse dignoscitur. Non enim vt inquiunt, bono operabuntur exitu, quae "
malo inchoata sunt principio. Praeter cedere, sic contendere volentes "
ab omnibus piae sub Christiana lege viuentibus laudis praecipuae meriti- "
que praecellentis assertum, vt pote per quem actum vnio concupita su- "
blatis conscientiarum scrupulis, partium diuersarum scandalis definitum "
tam facti quàm iuris insolubilibus, nedum prolixioribus ac dispendijs, "
innumeris laboribus & expensis quamplurimum sumptuosis in Ecclesiam "
Dei proueniret indubiè; cum per alterius cuiuscunque viae quae nobis "
occurrat, deductionem in practicam facile concordare deberetis, dis- "
cordes ab inuicem secederent, vt sanis oculis intuentibus liquet, sicque "
nouissimus error priore peior existeret, esse peccatum mortale repetitis "
vicibus & variatis per annos temporibus asserere non veritus est. Ad "
quam tamen viam, alio sic volente, Schismatis praesentis inspecta natura "
sub poena peccati mortalis Euangelicis videtur adstringi sententijs; quod "
deducitur; notorium siquidem est Ecclesiam totam in Celsitudinis ac "
dignitatis Papalis ab istis duobus Contendentibus occupatione damno- "
sà grauissimè scandalizatam existere; quod indubiè scandalum per eos- "
dem in Ecclesia Dei continuatur actiuè, cum vbi cederent ac eis diuisio- "
ne nulli succederent, ablata foret de medio totius scandali materia. "

Cum igitur secundum sacrae scripturae Regulas ad omnia relinquenda "
obligemur, pro sublatione scandali cuius est occasio passiuè vel actiuè, "
salua triplici veritate, Fidei scilicet, Iustitiae & Doctrinae, quarum nul- "
lam aut eas simul in amborum Cessione minimam, vel laesionem suscipere "
nullus ambigit, ad Cessionem eosdem obligatos Euangelica lege resta- "
bit. Sic necdum cedere peccatum asserendo mortale: quin etiam non "
adstrictum ad hoc alio cedere prompto se tenendo alium errorem super- "
inducit, quid plus addidit, quod plus meretur in vna die nolendo Ces- "
sionis actum modo iam tacto recipere, quàm per mensem vbi ad ipsum "
condescenderet, mereretur. Cum igitur ad velle cedere ex posito mo- "
do teneatur, nolle cedere quod eidem contrariatur, sibi peccatum est, "
ac per hoc errorem tertium aggregat, cum asserat in sic agendo mereri. "
Dicere siquidem quod per actum malum mereatur quisquam, error est. "
Ex praedictis etiam patet liquidè Cessionis actum de quo praemissum est, "
cum vsquequaque laudum praeconijs refulgeat licitissimè sub iuramen- "
to, imò etiam sub voto cadere posse. Ad quem etiam actum sub certis "
modis subeundum ex deliberatione communi Dei, Cardinalium, quorum "
Collega tunc erat, ipsorum dominorum quilibet iuramento medio se "
ligauit quod tamen vbi seruaret, peccatum mortale ac grauissimum Dei "
offensiuum asseruit, in hoc etiam nouos errores adijciens, quod talis "
actus sub iuramento licito non prouenit, secundum quod vbi iurasset, "
nihilominus minimè teneretur. Amplius iuramentum licitum ex Sancto- "
rum regulis secundum sensum ab eis, quibus probatur acceptum, & "
quem verba ex suae communi modo significationis innuunt recipiendum "
& adimplendum est: quare dicere quod Cessionem ex vi iuramenti li- "
cet non admittere, vbi DD. Cardinalium qui tunc erant, maior pars "

"deliberatè diceret quod contra prædictorum DD. intelligentiam, qui-
1402. "bus præstitum fuerat planum verborum sensum præueniri, alius etiam
"error. Præterea in via quam Iustitiæ dicens pro sedatione Schismatis ob-
"tulit secundum quam intrusus de Schismate & hæresi per Ecclesiam dam-
"natus & ab eo talis reputatus impœnitens & irreconciliatus in Papam
"assumi posset, plurium Iudicio sapientum multiplex error includitur.
"Vnus quod via talis via sit Iustitiæ. Item quod possibile sit Hæreticum &
"Schismaticum, impœnitentem, per Ecclesiam damnatum & non recon-
"ciliatum esse Papam. Item quod tali Religio Christiana teneretur obe-
"dire. Item quod à tali tanquam à Principali Hierarcha dona spiritualia
"in Ecclesiæ membra deriuari valerent, vnà cum pluribus alijs clarè con-
"sideranti patentibus. Quod vbi fortassis quisquam diceret illum de Ro-
"ma talem non existere, saltim contra hominem de quo loquimur, ratio
"militabit. Proponatur namque sibi de illo qui Romæ residet, an sit Schis-
"maticus vel hæreticus, sic vel non, diuisione sufficienti respondere tene-
"bitur. Si non, cum per Curiæ cui se præsidere dicit, latam sententiam ta-
"lis esse pronunciatus est, in hijs quæ fidei sunt, errasse, Curiam ipsam in
"per eum tunc prolatis asseret. Si sic, cum per viam quam aperit secun-
"dum eum Papatum obtinere valeat, haberetur ex datis hominem de hæ-
"resi & Schismate per Ecclesiam damnatum, impœnitentem & non recon-
"ciliatum in Papam esse promouibilem. Iudicet ergo fidelis an dicere ta-
"lem sicut prædescriptum est, in Papam eligi posse, in sensu composito
"loquuntur. Si tamen æmuli modulum Artis Logicæ dignentur recipere,
"sit error, quæ si sapiat Cessionis viam solam, per ambos Contendentes
"aut eorum alterum licitè posse recipi vel offerri demonstrare videtur.
"Item quæcunque per D. Benedictum via proponatur, vel offeratur alia,
"iter aperit secundum quod Aduersarius Contendens ad Papatum pro-
"moueri valeat: & sic de Aduersario ipsius respectu D. Benedicti confor-
"miter deduci poterit. Præterea sentiunt Doctores concorditer Schisma
"propter nimiam vetustatem in hæresim verti vel incidere. Quod si vni
"quam de aliquo, de præsenti quod iam sine remissione vel attenuatione,
"quam talibus, sed potius intentione ingenti, ac obduratione terribili
"amplius in dies robur assumens 24. annorum spatio protelatum extitit,
"maximè veritatem assumet. Quare in qua proportione D. Benedictus
"hoc Schismate, in eadem, de hæresi meritò reputabitur infectus. Quid
"plura? Fratrem quendam nomine Vincentium ordinis Prædicatorum
"per Inquisitorem hæreticæ prauitatis in Arragoniæ Regno de hæresi per
"processum iuridicè conuictum contra quem solum sententiam pronun-
"tiare restabat, in Confessorem & familiarem specialem retinuit, Pro-
"cessumque dictum per eundem iam Papam ab Inquisitore præfato sus-
"ceptum igne combussit, nolens prædictum Fratrem de suis esse corre-
"ctum erroribus, sed eum quoad hoc penitus impunitum remanere. Item
"etiam cum aduersario Contendente per eum, vt præmissum est, hæretico
"reputato, licet non in Papa, medijs tamen multis, vt infra patebit,
"communicauit. Quendam insuper alium Iacobitam Anglicum nomine
"Haton, qui propter seditionem ab Intrusi fugiens obedientia iampri-
"dem ad Curiam aduenerat, de pluribus tamen erroribus perniciosis &
"quamplurimùm scandalosis, vt ex scriptis proprijs euidens, delatum &
"grauiter diffamatum fauorabiliter, curialiter & familiariter tractare &
"muneribus allicere solitus est, in antea dictis hæreticum & eorum fauto-
"rem se patenter exhibens, ac saltim vehementer suspectum se quoad
"hoc multiplici medio præbens.
" Sed quid diutius in eis quæ fidei sunt, immoramur? quibus vtinam
"materiam secundum quam inceptum continuare possemus propositum,
"abesset; cum tamen longè aliter se res habeat, abundantia quippe circa
"hoc fere nos reddit inopes: quare de præcedentibus factis breuitati quò
"possumus innitentes, pro præsenti contenti pauca de pluribus quibus,
"proh dolor! in eum de Schismate vehemens orta sit præsumptio, quantùm
compendiosiùs

compendiosiùs valebimus, recitare curabimus.

Ad quod peragendum si non acerbolia Mathematicæ, aliudve medium demonstratiuum quia id materia non patitur, adducantur, adeo tamen apparentia in recitandis lucebit, vt cuique modesto pugnare nolenti merito pro propositi nostri conuictione ad ipsum sufficiant, Et heu diligenter fidelis aduertat quorsum in eodē tot varietates, imò potius Contrarietates locum acceperint. Vt ante D. Clementis obitum per Cessionem & non aliàs Schismati finem imponendum asserat, eo promoto Cessionem damnat, & obedientia denegata iterum eandem per acceptationem, vbi redderetur obedientia, laudat & approbat? Cur hoc, nisi quia cedente Clemente per ambitionem & hypocrisim diuina pelle coopertam ad Papatum aspirat? quo possesso ipsius ouis pelle rejectâ latentem priùs lupum se patenter insinuat? Cadaueribus hæret, ab eisque dedignatur auelli, obedientia verò denegata pellem rursus Ouis induit; vt qui prius istam dignitatem sibi quæsiuerat, eodem medio reducat & ablatam. Quidquid exigitur, se facere pollicetur, in hoc clarius præbens indicia, se duntaxat quæ sua sunt non quæ Iesu Christi, quærere, ac de diuisione Matris incurium, dum tamen partem in qua sui valeat ingluuiem satiare, pacificè valeat possidere. Quod patenter innuitur, dum cedere sicut promissum vt adipiscatur approbat; adeptum, ne perdat, reprobat; ac vt sublatum iterum possideat, libenter se suscepturum dissimulat. Æstimabile quidem est, vt alter velut Theophilus citius se maligno deuoueret spiritui quàm isto vice-dominio vltrò se priuari permitteret. Vileque non parum arbitrio nostro censendum est scribentes istos, quorum fallacibus argumentis infrà, si Dominus annuerit, respondebimus, per medium Cessionis spontaneæ nunc per eundem oblatæ, quam tamen perniciosissimam viam asserunt, ad restitutionem obedientiæ Regiam Majestatem inducere. Cum tam perniciosum damnatumque sit cedere secundum eos, modo quo per totum mundum, vt aiunt à D. Benedicto percipitur exigi, minimè faciendum est, vt bonum quod in Restitutione obedientiæ percipiunt, veniat: quoniam vt diffusè deducunt, *non sunt facienda mala vt bona eueniant*. Alia subsunt istius hominis voluntaria Iudicia, quibus affectio quam ad vnionem gerit, detegitur, quæ ex Collusione patula per eundem cum aduersario contendente sæpius acta clarescit; dum ad eum Episcopum tunc Tyrasonensem Legatum transmittit, & quem Idolum publicè reputat, reuerentiam Papalem Idolatriæ non expers exhiberi præcipit. Dum amborum ipsorum Contendentium Ambassiatoribus Franciæ, Hispaniæ & Angliæ Regum quasi ex vno ore par, imò eadem pro vnione Ecclesiæ responsio successiuè prouenit, & etiam dum vterque processus aliàs per præcedentes in alterutrum huc vsque continuatos suspendit.

Succedunt alia **quibus plurium Iudicio de Schismate conuincitur**. Cuiuscunque potestati subest, Ecclesiam diuisam modo quo per totum mundum experimentaliter percipitur, tamen medijs licitis ipsam in vnum reducere & pertinaciter recusat; ille Schismaticus est, & maximè Papa; quæ sic claræ veritatis est propositio, vt probatione non egeat. Si autem de isto Domino non altero, de totius obedientiæ suæ consensu cedere prompto, vt etiam, isto sic habente certius concorditer in Papam assumeretur: sub quo non dubiè pax vniuersalis Ecclesiæ restituta foret, hic cum pertinacia cedere recusauit, vt per experientiam constat. Et sic vbi ad hoc totum deuenisset negotium, vt solum in eo staret, quod pacem non haberet Ecclesia, adhuc cedere, quod tamen ex prius datis licitum est, pertinaciter renueret; quare Schismaticus est.

Quod confirmatur, quoniam publicè dixit quod vbi intrusus, ambo Collegia & generaliter tota Christianitas conuenirent, quod per Cessionem amborum assumpto tertio vnico & indubitato pax daretur Ecclesiæ quo casu in eo solo staret, quominus Ecclesia Pacem non haberet feruentiùs concupitam, adhuc cedere numquam vellet, sed potius excoriari se

" permitteret. Nec eidem suffecit hoc ore tenus exprimere, nisi etiam
" per prædictum Confessorem suum hoc mandaret publicè prædicari; li-
" benter enim ab aduersantibus sentiremus, quibus apparentibus medijs
" in exteriori foro valeat quispiam de Schismate conuinci. Addidit zelum
" quem ad Ecclesiam gerit exhibens, quod vbi DD. Cardinales, aut alij
" eundem ad cedendum cogere conarentur, Ecclesiæ toti tale vulnus infli-
" geret quod in perpetuum non sanaretur; in hoc non Christi Vicarium non
" Pastorem animarum se perhibens. Cui etiam ex proprijs actibus eligibilius
" foret Ecclesiam irreparabiliter sauciare, quàm per spontaneam cessionem
" ipsam indubiè de suo languore curare. Præterea cum de cuiuslibet Con-
" tendentium iure sit dubium, vt præmissum est, ac illum qui ius non ha-
" bet, esse Schismaticum constet, saltim de quolibet eorum rite, ne sit
" Schismaticus, dubietas remanebit; quæ contra hunc de quo loquimur,
" amplius inualescit, quò per alterius totalem obedientiam quæ maxima
" numero Christianitatis pars existit, talis asseritur; ac pro istius multò
" maiorem, & vt credimus saniorem esse talis cum apparentia vehementi
" meritò suspicetur.
"   Tacemus de Magistro Palatij, quem quia ad Cessionem in sermone suo
" exhortatus fuerat, suspendit ab officio, ac sic suspensum ab Auinione re-
" cedere fere per Biennium in miseria multa prohibuit: ac ex tunc nullus
" in eius præsentia de vnione Ecclesiæ ausus fuerit prædicare, qualiter DD.
" Cardinalibus vt hanc Cessionis viam licitissimam; imò sic stantibus rebus
" pro vnione Ecclesiæ solam penitus abnegantes, viam suam sicut præmis-
" sum est, erroneam amplecterentur sub grauium pœnarum intimatione
" præcepit. Et igitur per præmissa quæ lucis ad tenebras, Christi ad Be-
" lial, Fidelium ad hunc adhæsio censebitur? cui cum præmissis præstabit
" suffragium qui in Iuramento quod Deo in salutem Ecclesiæ spoponde-
" rat, notoriè denegauit. Quo igitur iure ei qui Deo & Ecclesiæ pro sa-
" lute fidei soluit vinculum, cui duntaxat propter Deum & Ecclesiam ip-
" sam obedientiam præstare tenemur, vlteriùs obedire tenebimur? Anti-
" quum quidem dictum est prouerbium: Frangenti fidem fides frangatur
" eidem. Cæterum cum obedientia eidem exhibita gladius ei foret quo in
" Ecclesiam Dei sæuiret, fautores suos ad maximas quasque dignitates
" indebitè promouendo, cæteris quantalibet morum ac scientiæ venusta-
" te pollentibus, ac cor sincerum ad vnionem Ecclesiæ indefessè gerenti-
" bus in eius conspectu prorsus abiectis, inque sui status ac personarum
" periculis non mediocriter constitutis, sæuissima sic iniustitia ferens arma
" de remedio sceleri non exspectato Iudice fuit opus, ne fortaßis procra-
" stinando equo sublato serò nimis serratum foret. Sic furioso gladium
" proprium tollere, in fame grauiter constitutum alterius panem violenter
" rapere, Domum alienam ne patriæ communis hostes in Reipubl. perni-
" ciem ibidem habeant diutius pernoctare, non habito Principis mandato
" **funditus euertere moralis ratio dictat.** Non enim in terris cui contra
" eum de prædictis, aut alijs multis querelas possemus deponere, tunc lo-
" cus Iudici patuit; quare ne deteriora contingerent, de possibilibus quod
" melius aut mitius apparuit, eligentes, nullam sibi vim penitus inferen-
" do, ab eius obedientia recessimus in hoc, & alijs vniuersalis Ecclesiæ, ac
" omnium quibus de iure competit iudicium humiliter exspectantes. Quod
" tamen difficile, vel nunquam, obedientiâ continuatâ contingeret, cum
" Ecclesiam obedientiæ suæ congregari pluribus DD. Cardinalibus in hoc
" instanter petentibus expressè denegauerit. SAPIENTVM itaque relin-
" quimus sententiæ si in iam dictis quæ sunt notoria tanta recessus ab ob-
" dientia iusta causa reluceat, quanta Clericis Romanis qui præcisè ob
" participationem Anastasij Papæ cum Achatio qui Fotino Episcopo com-
" municauerat, iustè sacro probante Canone ab eius obedientia se penitus
" abegerunt.
"   Quod si hæc summatim practicata minimè sufficerent, Authoritas ta-
" men sacri Concilij, contra cuius Conclusiones hos vecordes obliqui nulla

permittit ratio, quemlibet temperatum in conscientia plenè sedare deberet, quod æquiualenter profundè videnti istius obedientiæ Generale Concilium censendum est. In qua siquidem, vbi in vnum per modum generalis Concilij conuenirent, illi qui in hac obedientiæ denegatione coincidunt, duplo maiorem ac etiam sanioremConcilij partem efficerent: nisi forsitan isti dicunt in solo Pampilionensi apud sacrum Collegium, aut alijs paucis comparatiuè ad obedientiæ totius residuum spiritum veritatis quieuisse; quod asserere præsumptuosum foret, ac ex circunstantijs quamplurimis clarè reprehensibile. Quæ profectò congregatio in suis deliberatis multiplici commendatione digna refulget. Tum ex deliberantium authoritate & multitudine, concordi conuentione, deponendi libertate, super Crucem diuinam adiuratione, & materiæ totius præuia profundissima discussione; quæ temporibus nostris in Concilijs alijs super obedientia danda, vel aliàs super hac materia Ecclesiæ celebratis practicata fuisse non recolimus. Nec procul dubio rationes omnes, aut principales aperire sufficimus, quibus sacrum ad idem agendum Concilium excitatum est. Piè tantùm credimus in hijs actis ipsum à Spiritu S. dirigente fuisse deductum; cum æquè facilè cætera Concilia non omnino generalia, quorum sententias & decreta Generalis Ecclesia veneranter amplectitur, à maligniloquis calumniam paterentur. Hoc igitur venerandum Concilium non nubes interposita, lingua detractoria, aspiratio praua, cor infidum, tumens ingenium, fœdus seditiosum, munus corrumpens, comminatio terrens, potestas ambiens eclipsabit! *Reprobat*, enim, teste Scripturâ, Dominus *cogitationes malignantium: Consilium autem Domini manet in æternum*. Quare si dubietati non vsquequaque ratio particularium occurrat, authoritas tamen Concilij pro ratione sibi debet abundanter sufficere.

Nec obstant per aduersantes superficialibus verbis potius quàm profundis sententijs inhiantes obiecta. Primùm siquidem falsè & in Regiæ Majestatis offensam assertum est *quod vobis*, REX INVICTISSIME! *Ecclesiam Regni vestri congregare non conuenit*, vt vobis ac toti Regno in eis quæ ad bonum commune pertinent, salubriter consulatis. Aperite nobis hoc proponentes quonam medio ad obedientiam D. Clementis peruenimus? aut cum consilio, aut inconsultè; quòd si inconsultè, imprudenter & fatuè sic nos egisse restabit: Si verò consultè, cùm super hoc nullum Generale Concilium celebratum extiterit, huiusmodi determinationem per aliud quàm per Generale Concilium habuimus, & sic ad minus quàm ad Generale Concilium de statu vniuersalis Ecclesiæ concernentibus deliberare spectabit, cùm non minus pertineat ad vniuersalis statum Ecclesiæ obedientiæ præstatio quàm ablatio. Adducite nobis rursus ad memoriam aliquod Concilium Prouinciale vel Synodale, quod pro obedientia præstanda celebratum extiterit: **quod si nullum occurrit**, ad Concilium Ecclesiæ Gallicanæ per D. Karolum V. tunc Parisius conuocatum, necessitate compulsi recursum habebitis. Quare fateri etiam vos inuitos necesse est, aut ad D. Regem Ecclesiæ Gallicanæ super hijs etiam quæ vniuersalis statum concernunt Ecclesiæ, Concilium conuocare spectare; cuius contrarium forsitan non aduertentes asseritis, aut sine Concilio penitùs adhæsisse. Sic in Castella, Arragonia, Scotia, & Nauarra alijsque Prouincijs huius obedientiæ partem tenentibus per Concilia de mandato Principum conuocata adhæsiones huic parti sunt habitæ.

Nec est nouum Concilia de fidem ac consequenter vniuersalis Ecclesiæ statu concernentibus Concilia per Principes Seculares conuocata fuisse. Quod etiam ex litteris Carthaginensis Concilij ab Ecclesia tota cum honore recepti, vt de multis vnum saltem quod sufficere debeat, inducimus, euidentissimè liquet; in cuius exordio sic legitur. *In nomine S. Trinitatis, collectis in vnum Carthaginis Prouinciæ Sacerdotibus in Toletana vrbe, anno 4. excellentissimi ac gloriosissimi Wambani Principis, &c*. Et sequitur infrà. *Cum tandem Nos diuina Clementia ex alto respiciens, tempori ætatis nostræ*

1401.

PRINCIPES CONCILIA CONVOCANT.

" se occursuram præbuit & saluti præparans nostris seculis Religiosi Principis
1402. " mentem deuotam pariter & instructam; cuius proinde solicitudinis voto & lux
" Conciliorum renouata resplenduit, &c. Et sequitur. Nos igitur per tot annos
" curuo nostri ordinis persistente statu in eo quod nulla nos Conciliorum definitio iun-
" geret, &c. Et sequitur. Tandem diuinæ voluntatis imperio & Religiosi Prin-
" cipis iussu euocati, in Toletanam vrbem conuenimus, qui cum in Ecclesia B. Vir-
" ginis Mariæ debitis in sedibus locaremur, inter cætera quæ subtilius discreto ca-
" pitulorum ordine sunt digesta, non aliunde primum cæpimus habere sermonem, nisi
" de fidei puritate. Hæc ibi.
" Ecce quod sanctum illud Concilium Regis iussu congregatum legitur,
" in quo fidei materia primariè pertractatur; & sic ad secularem Principem
" Concilium Ecclesiæ Regni sui congregare spectabit, in quo de fide & per
" consequens de totius vniuersalis Ecclesiæ statum concernentibus delibe-
" rare licebit. Nec contra militant historiæ de Symmacho, aut Marcellino,
" cum quia non per Papam ipsa fuerunt conuocata Concilia, tum quia vni-
" uersalis Ecclesiæ generalia fuerunt, hoc autem de quo loquimur, vnius
" duntaxat Regni Concilium partiale extitit. Esto siquidem quod Eccle-
" siâ in vnione manente, ad solum Papam ipsius Generale Concilium con-
" uocare pertineat, non ob hoc Regnorum particularium Principes à con-
" uocatione Prælatorum eidem ex fidelitate præstita subiectorum, repe-
" riuntur prohibiti. Nec ratio percipitur secundùm quam Ecclesia tota,
" sede vacante, in vnione debita se conseruans à conuentione in vnum per
" modum Concilij Generalis ex certis causis emergentibus arceatur; licet
" forsitan nulli personæ singulari aut Collegio particulari ex authoritate,
" vel superioritate sede vacante id facere conueniat; sed ex charitate mu-
" tua & societate, ex Dei voluntate non dissolubili se congregare poterunt,
" quo nullius particularis authoritatiua potestas tunc temporis adimplere
" sufficeret, iuraque particularia, si forsan superficie tenus incollecta sona-
" rent, ad hunc sensum, si Iudaizare non velint, resoluenda sunt.
" Nec videtur etiam quod aiunt contra Papam non vocatum, conuictum
" aut confessum & à Iurisdictionem in eundem non habentibus latum esse
" decretum. Falsum quidem in hoc assumitur, quod in eum per hoc Con-
" cilium lata fuerit per modum decreti sententia.
" Dicite nobis æmuli, an per adhæsionem D. Clementi ab Ecclesia Fran-
" ciæ sententialiter decretum fuerit hunc in Papatu verum ius habuisse, aut
" Bartholomæum sedem Petri per intrusionem occupare? quod si sic, contra
" non vocatum, confessum aut conuictum, à Iurisdictionem in eum non ha-
" bentibus de re ad Ecclesiæ Gallicanæ solius iudicium Decretum non
" spectante, ac proinde secundum vos prorsùs inualidè id actum est. Si verò
" partem negatiuam prout & debetis, sumpseritis, apparentia rationis ve-
" stra Sophistica vim coloris amittit: quoniam sicut non per Decretum,
" non per sententiam aliquam, cum nostrâ non interesset, Domino Cle-
" menti in Dei timore per obedientiam adhæsimus, ab alio prorsus recessi-
" mus, vniuersalis Ecclesiæ aut eorum quibus de iure spectat, sententijs &
" decretis nos humiliter supponentes. Sic & nobis vt animabus nostris ac
" Ecclesiæ matris dissolutioni salubriter consulamus, in vnum de nostri
" mandato Principis congregatis, non per modum sententiæ, vel Decreti
" Deum solum habentes præoculis, ab huius hominis obedientia, cum
" quo dictantibus conscientijs sine contumelia Creatoris per amplius com-
" municare nequibamus, totaliter recedere deliberauimus, vniuersalis Ec-
" clesiæ & eorum quibus de iure conuenit, sententiam quoad hoc, humili-
" ter exspectantes; sicut etiam tunc non vocatis D. Clemente, vel Bartho-
" lomæo: cum Regi, vel Ecclesiæ Gallicanæ, vt pote non de gremio Regni,
" sed extranei, minime subfuerint, Ex deliberatione Concilij, relicto Bar-
" tholomæo D. Clementi tunc adhæsimus. Sic etiam non vocato vel cita-
" to, cum Regi vel Ecclesiæ Gallicanæ non subsit, ex Concilij deliberatio-
" ne concordi ab eius obedientia recessimus.
" Inaniter igitur, qualiter iuridicè, an videlicet per accusationem,

denunciationem vel inquisitionem contra eum processum fuerit, inqui-
ritis, cum ibi per præmissa iudiciale processum nequaquam extiterit; "1402.
falsum etiam patenter assumitur, cum audientiam Legatis D. Benedicti
denegatam asserueritis, cum per D. S. Pontij Episcopum, ac alios Doctores pro parte ipsius in præsentia totius Concilij variatis diebus cum
replicatione, duplicatis aut triplicatis, quicquid & quantum voluerunt
propositum extiterit. Quod si D. Pampillonensis aduentus ad Concilium Dominis gratus non fuerit, non mirandum; tum quia non de Regno & per consequens in Regni Concilio non fuit eius præsentia necessaria; tum quia partialis & sensui proprio innitens, quem multæ literæ
fortassis insanire faciunt, Spiritum rectum, in quem obstinatio peccatum
est, à se crediderit expulisse. Quare ipsius præsentia Sanctum Concilium
facile turbare valuisset. Et apertum, in conspectu Regis cum humilitate
& tanti reuerentia Principis loquimur, inscitum est mendacium; vbi
præfatos pro parte Benedicti loquentes oppressos à maliuolis nisi Principum clementia protexisset, extitisse recitatur. Cum notorium sit eosdem
tunc & nunc, ac temporibus medijs Parisius permansisse. Quod autem
additur, illius de Roma Legatos hîc apud Nos gratanter fuisse receptos,
quoad hoc quid loquantur, nescimus. Notorium tamen est illius Legatos in Palatio Papali à D. Benedicto iocundè fuisse susceptos, hilarique
facie tunc inibi pertractatos; ac ab eodem recessisse loco abundanter
encœniatos. Si sic igitur, vt imponunt, quod non credimus, hoc peractum foret, sic agentibus exemplum dedisset; vt quemadmodum ipse fecerat, sic & Christiani per imitationem facerent.

Patet igitur ex præmissis quod sicut in adhæsione D. Clementi tunc
facta, aliquid vniuersalis Ecclesiæ statum concernens potuit ordinari, sic
& nunc & per hoc ad secundum diuisionis Aduersantium membrum patet responsio: quod si minime ordinatum, nullo nec etiam tunc iuxta tertium eorum membrum iure subsistit. Et si tunc ordinata, Regnicolæ
ex subiectione ad Principem & Prælatos, ac ex membrorum ad corpus,
ac partis ad totum habitudinis illæsa seruare tenentur. Sic conformiter
ad ea quæ nunc ex Ecclesiæ Gallicanæ deliberatione concordi processerunt, integre seruanda ligantur. Nec iure quoquam ad ordinatorum
illæsam custodiam compelli poterunt, quod ad ea de quibus præsentialiter loquimur pari forma tenenda, eosdem æqua si non maiori ratione
compellat, quod consequenter vlterius in 4. diuisionis membro per veritatis æmulos assumitur. Quod etiam vt vnio in Dei proueniret Ecclesiam, non est obedientia D. Benedicto deneganda, non prorsus erroris
suspicione carere visum est: quoniam obedientia Domino sicut in antea
dictis patet, per accidens bonum existit, interdumque potest malum effici. Vnio verò per se bonum est, nec secundum se rationem malitiæ
potest inducere. Quare sic vniuersaliter concludere obedientiam non de-
negari debere, vt tantum bonum eueniat, non sanè dictum credimus. In
cuius tamen deductione dispendiosa isti tanti Sophistæ palam petunt
principium; cum quibus coincidimus non esse facienda mala, vt eueniant bona; quod tamen superfluè ac sine causa deducunt; sed quod ab
obedientia D. B. recedere malum fuerit, quod tamen probari cum ne-
getur, deposcimus, tanquam principium præsupponunt. Nolite ergo
Charissimi! in probatione concessi tot verba gratis inserere, sed in suppositi quod negatur, probatione valida rationes vestras quas nondum
aperuistis, si facultas suppetat, viriliter applicare.

Quintum verò suæ Diuisionis membrum quantum attinet, *Restitutio-*
nem obedientiæ esse faciendam, cuius oppositum vicibus iteratis instantius postulant, præmissa si bene teneantur, veritatis causa nunc repetitâ
satis innuunt; saltim quod consensu eorumque vocatione speciali
quorum maturis digestissimisque consilijs id ipsum actum est, executioni
mandetur, nulla ratio permitteret. Sic enim esset locum dare maligno
spiritui qui plerunque viam facti consulit, conciliabulisque clandestinis

„ solitus est interesse, & Spiritum S. Concilijs Ecclesiæ, quibus vt piè cre-
„ ditur, sacraque Scriptura testatur, vt cominus assistentem à se repellere,
„ inconstans Regnum ignominiose reddere, ipsum ludibrijs ac alienige-
„ narum fabulis exponere, ora Sapientum ac proborum in vnionis sanctæ
„ prosecutione in æternum obstruere, ac sic ipsam vnionem optatum in
„ exilium perpetuò relegare, malignantium hiatus, clamoresque detra-
„ ctorios etiam vsque ad cœlos horribiliter aperire, lupum agnos suppli-
„ cio innoxios & dominio pessimo deputare. Et quid, flagitamus, aliud fo-
„ ret præcipitanter & absque graui consilio obedientiam restituere, ces-
„ sioneque rejecta aliam viam pro vnione Ecclesiæ per præmissos oblatam
„ intentare, quam Ecclesiam Gallicanam in istius toto progressu materiæ
„ apertissimè delirasse, ipsamque cui nulla propter ignominiam suffragatur
„ excusatio, Schismatis ream clarissimè condemnare. Et est mirum istos
„ obedientiam denegantes inconstantiæ multipliciter arguere, cum tamen
„ ad obedientiæ restitutionem, vnde detestabilem ostenderent inconstan-
„ tiam, suis persuasionibus vanis eos quò valent amplius, satagant induce-
„ re. Non enim detestabilius partis istius Iustitiam quam tenuimus peni-
„ tus abnegare, quàm sic in facto proprio quod absit absque grandi con-
„ silio contrauenire sentimus. Quod verò denegationem obedientiæ re-
„ probant, eo quod per eam vnio concupita non peruenerit aduersa pars
„ fortificata, propriaque debilitata fuerit; quoad primum à vobis expro-
„ brantibus exigimus nunquid & obedientiam Domino Clementi, ac suc-
„ cessori suo damnare contenditis: quoniam per totum tempus obedien-
„ tiæ quoad vnionem vniuersalis Ecclesiæ nihil penitus profecimus. Si igi-
„ tur substractionem damnatis ex eo quod in 4. annorum spatio vnionem
„ non obtinuerimus, cur non etiam obedientiam damnatis sub qua per 20.
„ annos vlteriusque degentes quantum ad vnionem nihil omnino fructuo-
„ sum collegimus? Audemus dicere quod in istis annis 4. Principes & Præ-
„ lati, cæterique minores plus in sanatione matris quàm toto præcedenti
„ tempore ab exordio Schismatis fuerint solliciti: Quod si nondum finis
„ optatus aduenerit, rebellio & impugnatio vestra in promptu se causam
„ obijciunt: tempus enim quod in vlteriori prosecutione deberet exponi,
„ in defensione veritatis contra insidias, astutias & machinationes vestras
„ subdolas inaniter detinetur. Ab Ægypto siquidem exeuntes per deser-
„ tum transijmus in terram promissionis pro viribus anhelantes, quos ta-
„ men à recta via deuiare effœminati viri prætendunt: quibus in memo-
„ riam redeunt ollæ carnium & fercula delicata, quibus in Ægypto super-
„ fluè vescebantur. Nec desunt inter eos qui seditionem in Moysem &
„ Aaron cæterosque Principes Ecclesiasticos & seculares concitent, quos
„ vtinam os suum aperiens terra viuos deglutiret aut vorax flamma con-
„ sumeret. Ad quid etiam fortificatio partis aduersæ debilitatioque pro-
„ pria deplangitur? An nescitur quod in fortitudine partium Schisma for-
„ tius & in debilitatione debilius habeatur: quodque si in debilitatione
„ partis nostræ Schisma debilitetur, pro quanto partem nostram forsitan
„ non cum tanta pertinacia vel obstinatione prosequeremur; pars tamen
„ alia ad quam nullus à nobis accessus sperandus est, inde fortior nullate-
„ nùs habebitur, ac veritatem non habet partem aduersam inde fortiorem
„ esse redditam, cuius obedientiæ nos substrahendo magna pars substra-
„ cta est, maiorque multò si non obstent æmuli, ab eius adhæsione de pro-
„ ximo speratur auelli. Per hanc etiam conclusionem D. Benedictus viam
„ solam Schismatis terminatiuam acceptare se voluntarium exhibet: in
„ quo tamen per antea inexorabilem se præbuerat. Nosque qui adhæren-
„ do 20 annis continuis in morbi curatione nihil profuimus, aliam viam, of-
„ ferente se causa iusta, intentare curamus per hoc aduersantibus, quo-
„ rum licitis medijs vnionem affectamus, propinquiores effecti; qui si no-
„ strum vellent quoad suum imitari vestigia, relictis duobus de quorum
„ iure personali, quoad vnum beneficium temporale, heu quandiu certa-
„ mus! sine strepitu figuraque Iudicij facile conueniremus in vnum. Quod

etsi prius in sententia tetigerimus, repetere tamen non piget, quia sic expedire censemus, fecimus quod in nobis est, vtinam gratiam alijs de breui Deus dignetur infundere secundum quod nobiscum quoad hoc conformari velint & valeant. Quod si pertinaciter renuant, testes coelum & terram inuocamus quod in nobis non est quominus vnio sancta concupita præ cæteris in Dei proueniat Ecclesiam, saltimque cunctis pueris etiam enitebit, quod huic Schismati vitæ prorogationem Franci quantum in eis est, adimunt, cuius fortassis oppositum gloriæ Francorum mundi retroactis temporibus in oris varijs seminarunt. Non ergo isti Semiuerbij in iniurijs, non sententijs plusquam deceat prorumpentes hanc denegationem tenebris, fumo vel spinis assimilent, nisi forsitan vetulæ coecitatem vltro velint induere quæ iuxta Senecam dum ducebatur ad lucem, in tenebris se deijci deplangebat. Qui si faci nos comparent, non pro tanto se consumit, aut lasciuiæ, non in eo quod se polluit, comparationem admittimus, sed vtinam cum sanctis Apostolis facem portrare secundum quam patriam illuminare, gentibusque pacem dare, & sordidatis in luto per eius ablutionem Lixiuij mundare meruerimus. Vnde tamen in illam deuenerunt insaniam, quod viam Cessionis modo quo per totum mundum vt aiunt, percipitur exigi, perniciosam & damnatam asseruit, intueri non valemus. Quid enim ab eodem circa hoc huc vsque perceptum est exigi, nisi vt alio cedere volente, hic consimiliter cedere non recuset? Quod si perniciosum & damnatum sic agere sentiant, id erroneum esse sub melius sapientium correctione sentimus. Dicere siquidem quod perniciosum damnatumque sit altero cedere volente hunc similiter velle cedere, vt sic pax in Ecclesia conformetur, detestabilis error est. Miramur etiam quod eam non Iuridicam reputant, cum etiam indubitatus Papa vniuersaliterque talis habitus, vt in iure per expressum cautum est, cedere possit. Non enim melioris quoad non posse cedere in Schismate Papa quam in vnione conditionis existit, practicataque fuit in Clemente I. Eugenio II. Ac iuxta legem Imperatoris Honorij per Henricum II. duo tunc de Papatu mutuo contendentes eiecti sunt. Nec etiam sequela valet, si aliàs non fuerit, quod ob hoc nunc in practicam deduci non valeat; authoritatibusque Canonum vt expressè per Decretalem suam Bonifacius determinat, ac Sanctorum, vt præmissum est, authoritatibus comprobatur. Fructuosior, inquit Augustinus, est cathedra si gregem deposita congregat, quàm si retenta dispergat. Et in suo Polic. Multa certa homo bene grata recitat ad quæ breuitatis causa studentes remittimus. Taceant ergo & de suis erroribus erubescentes se corrigant maledici, Nos quia plurimum Ecclesiæ Romanæ concessum, vt ferunt, auferre satagimus in hæresim cecidisse damnatam mendaciter asserentes; licet siquidem Papæ vnico & indubitato de iure **dominio communi, non vt aiunt, ex priuilegio speciali plebs fidelis obe**dire debeat quod vt adimpleri valeat, tota mente deposcimus, & ad hoc indefessis laboribus insudamus, Priuilegium tamen Ecclesiæ Romanæ per quod Benedicto, vel Petro de Luna obedire teneamur, vidisse non credimus nec recolimus. A quo de prædictis criminibus grauiter, notoriè, vehementerque suspecto in cuius obedientia Schisma radices solidaret, licitè recedere valuimus; quod & facere rebus vt nunc stantibus, animis tenebamur. Nec inde peioris rationis efficiuntur, qui si conformiter se haberent, vineam de Ægypto translatam, cuius materiæ mirabiliter dirimuntur, pariter nobiscum in vnum compaginarent. Nec à veritate prius agnita quod nobis impingitur, recedimus, cum partem hanc Iustitiæ in Schismatis præsentis materia fouisse dicamus. Sed quia partibus ambabus in adhæsione primaria manentibus nunquam Schisma finem sumeret, eligibilius esse Schisma quantum in nobis est extirpando non obedire, quàm obedientiam stabilire, imò verius quantum in nobis esset, perpetuare censuimus, & maximè personæ à cuius obedientia recessimus, qualitate pensata. Nec errorem Græcorum vt erroneè sentiunt,

"approbare volumus, qui necdum Benedicto, vel Bonifacio, sed neque
1402. " Pontifici Romano quantumlibet canonicè posito, ac vniuersaliter tento
" ab eis, obediendum esse pertinaciter asserunt; in hoc non tam Schisma-
" tis quam hæresis perfidæ reatum damnabiliter incurrentes. Cur igitur
" in virtutis obedientiæ laude folia replentes, ac sanctorum Originalia
" conculcantes diutinè imò verius fastidiosè, Charissimi ! persistitis,
" quam vbi debitè tantùm impenditur, pro viribus attollimus & ad
" quam vnico summo Pontifici generaliter & indubitanter sic habito hu-
" militer exhibendam posse tenus aspiramus, qui nihilominus cessante de-
" bitarum circunstantiarum altera, facile laberetur in vitium. An non
" percipitis partiales obedientias ex quarum cum pertinacia cæco cursu
" sic mirabiliter ipsius corpus Ecclesiæ contra ius omne vulneratur, re-
" scindi consuli, vt tandem ad vnius ab omnibus Christicolis vniuersalem
" obedientiam iocundè perueniatur, vt sic vnitatem spiritus in vinculo
" pacis tenentibus in nobis fiat præcepto Dei conformiter vnum Ouile &
" vnus Pastor. Non igitur status Papalis, aut Ecclesiæ Romanæ depres-
" sionem, vt falsò imponitur, exoptamus, cuius desolationem ab incœpto
" Schismate continuè deflemus, cuius in pristinum & debitum statum de
" breui reductione nisibus totis incessanter perquirimus; Nobis in hoc
" dissimiles qui ante denegationem obedientiæ matris ægritudinem vt po-
" te non obedientes percipientes minime deplanxistis, cuiusque sanita-
" tem omnimodam in restitutione facienda præstare instantius peroratis;
" dum per hanc lætitiam grandem Ecclesiæ prouenire, Christianæ Reli-
" gioni Iocunditatis materiam redire, Clerum nouum Canticum & laudis
" Hymnum Altissimo rependere, plebem psallere & complosis manibus
" exultare longa peroratione firmatis.
"   Transimus ad inconuenientia secundum eos ex substractione sequen-
" tia. Hinc, inquiunt, rebelliones: hinc violentiæ: hinc intrusiones in
" beneficijs: hinc Symoniæ, &c. quæ recitare prolixum foret. Ac si talia
" nunquam sub obedientia contigissent, Damnate Fratres ! obedientiæ
" statum sub quo talia sæpius contigerunt; aut hijs medijs à denegationis
" huiusmodi reprobatione desistite. Sicut enim in & sub obedientia, sed
" non ex obedientia interdum talia pullularunt, quoniam per Majestatis
" vestræ SERENISSIME PRINCEPS! cæterorumque Principum gloriosissime,
" Domus vestræ ac Regni Prælatorum præpotentem authoritatem etiam
" denegatione continuata, talia sic vbi subriperent, dirimerentur de fa-
" cili; nec occurrit ab eo tunc præterquam ab istis Scribentibus, intro-
" ducta rebellio qui in contumeliam publicam, in Regis ac Regni totius
" inauditam offensam ausu temerario prorumpunt. Quod autem hinc ma-
" ximè Clericos pœnis affici quibus secundum eos sedis Apostolicæ præ-
" clusus est aditus, commemorant, in affectionis ac intentionis nostræ
" sinceritatem recipimus: quoniam cum cæteris de Clero ipsius munifi-
" centiam sedis & gratiæ liberalitatem abundanter participare retroactis
" seculis assueuimus, longéque nobis nec ob hoc immutatis sub obedien-
" tia quam in eius denegatione, in gratiarum receptione melius fuerit,
" cum Prælati carnaliter, aut seruiliter beneficia conferre, contra Iuris dis-
" positionem, quandoque non vereantur, ac etiam interdum partibus ar-
" matis Principum ad hoc ex ambitiosæ importunitate familiæ deducto-
" rum; quod intuitu pietatis liberaliter damni metu conferre, si tamen di-
" ci collatio mereatur, iniustè sæpius coartantur. O quàm laudabile me-
" moriaque celebri dignum foret, si hoc viduitatis tempore Principes
" seculi sese cohiberent! Principesque Cleri secundum Iuris dispositio-
" nem conferrent ✝ ac vbi defectus immineret iuris, pœnæ per executionis
" vigorem sic deficiens subiaceret; Summopere quippe Prælati cæteri-
" que Collatores quibus de iure antiquo conferre spectabat, propter eo-
" rum tamen abusum per longa tempora prohibiti; nunc ad possessiones
" pristinas ex insperato reduci, cauere deberent, nec propter abusum
" continuatum, aut fortasse incensum, authoritatem talem in eisdem
                                                                vlterius

vlteriùs residere Iustitia pro futuro vetaret. Hinc quomodo inquiunt, grauantur subditi appellationibus se tueri non valentes? Rex inclyte! Imperij vestri multæ Prouinciæ priuilegio gratiæque magnæ patriæ totius adscribunt causas seculares tam in realibus quàm in personalibus coràm Præside Prouinciæ sine debito terminari, absque hoc quod appellationi etiam ad personam propriam, aut vestram supremam Curiam locus quisquam pateat. Cur igitur causæ spirituales vt plurimum difficultatis minoris coram Metropolitano qui tunc Prouinciæ toti spiritualiter præsidet, saltim vsque ad tempus sine læsione Iustitiæ finem debitum assequi non valeant? à nonnullis etiam Curiæ Rom. superioritatem humiliter per omnia profitentibus, graue minus accipitur in omni materia quantumlibet modica ad Romanam Curiam, in quolibet causæ puncto, etiam omisso medio, per appellationem posse interdici. Huiusmodi causas eorum coràm Ordinarijs nunquam remitti, sed à primo pede illic audiri causam, ac si de ea coram inferiore Iudice in antea nequaquam sermo fuisset; per hoc siquidem aiunt mediorum Iudicum Iurisdictiones enumerari, partem ius habentem iniustè sæpius opprimi quæ fortassis, aut corporis ob impotentiam, aut census aliunde amplius multo mallet principale perire quàm pro eius conquestu ad trecentas si non plures, leucas vt in casu contingeret & solo natali distantes se transferre. Quare vi huiusmodi appellationum & vel breui tempore ad Rom. Curiam suspensione non sic Reipub. communis læditur Iustitia, vt ab aduertentibus ad pauca facile posset asseri. Quis, præterea tangunt, absoluet à peccatis solius Papæ reseruatis iudicio? Quis aperiet cœlum criminosis, &c. an non credunt per verba tonantia sic simplicibus illudentes, in sola Contritione cum proposito tamen, cùm opportunitas aderit, confitendi peccatum, deleri & gratiam prorsus infundi, & consequenter pòst Criminoso cœlum aperiri? quodque Sacerdos inferior de casibus reseruatis pœnitentiæ Sacramento potest valide absoluere, de aditu Superioris eidem cum discretione præfigens terminum; quodque etiam nunquam Domini Papæ fuit intentionis, vbi per magna tempora sedes Romana sine Pastore vacaret, Fideles talium criminum reos ab absolutione Sacramentali priuare. Quare videtur obiectio tali casu in eis quibus ante reseruationem huiusmodi de iure conueniebat quoad huiusmodi crimina, potestatem absolutoriam remanere; cum nunquam Legislatoris iusta fuerit intentio, eosdem ab actibus illis, stante casu, priuare. Sic fortassis possibile censebitur potestatem dispensandi, in qua forte nimium Petri sæpius extenditur, in eis quæ solius Papæ authoritati reseruata sunt, cum id non diuino, naturali, sed humano iure præcisè sibi soli conueniat, in eis in quibus esset, in quibus reseruatio huiusmodi nunquam facta foret pensato, quo de præsenti degimus statu, manere. Sic de confirmationibus Archepiscoporum, conuentibus exemptorum, & si qua sunt similia, dicamus. Quis Ambrosij ad Mediolanensem, Martini ad Turonensem & sic de alijs innumeris electionem confirmauit? Certè non D. Papa, vt clarè testantur historiæ. Et nunc quàm consentaneum rationi sit tot Ecclesias ab Ordinariorum Iurisdictione eisdem inuitis penitus exemisse, in quo à 60. annis vel circiter per antea ab Ecclesiæ nascentis exordio processum extitit, experientia manifestat. Vbi si fas sit dicere, & si aliunde iustè acceptio personarum patenter commissa est, hac exempta, alia penitus rationis eiusdem sub obedientia derelicta; sed fortassis vtrumque commissum est, & iustitia in exemptione, & acceptio personarum in huiusmodi acceptione, & alterius non disparis dissimilitudine, parique modo omnium inferiorum Iurisdictio, cum nulla sit hîc, quàm ibi maior ratio, eisdem inuitis ad D. Papam auctoritate propria reseruari valeret, quod satis videtur difficulter conceptibile. Ecclesiasticus, inquit Canon, ordo confunditur si sua vnicuique Iurisdictio non seruatur. Quod si prætacta scrupulosis istis minimè sufficiant, eos qui ab orto Schismate in indifferentia, & bene secundùm multorum opinionem manserunt, consulant; quos

„ isti casus ex æquo nobiscum quotidie concernant; Nonnullis etiam be-
„ ne prudentibus non parum videtur expediens expedientia multa huius oc-
„ casione Schismatis inconuenientia sæpius exoriri, vt nobis sic vndique
„ pulsis manum ad aratrum viriliter apponamus, vt ab hoc malorum pu-
„ teo Dei per gratiam de breui resurgere valeamus; quælibet inconue-
„ nientia sub obedientia bispertita concurrerent à cœcis & obduratis ocu-
„ lis eo tunc percipiebantur, minime nobis quidquid à parte nostra alijs-
„ que quiddam à sua parte tenentibus.
„ Cæterum Concilia Prouincialia secundum Iuris dispositionem, in quo
„ non parua à denegationis obedientiæ tempore negligentia commissa est,
„ celebrare consulimus: quorum authoritate, si Dominus annuerit, rebel-
„ les ad obedientiam reducentur; promotiones Symoniacæ aut aliàs in-
„ dignæ tollentur; iniustè oppressi releuabuntur: Clericis prouidebi-
„ tur; & de morbis istis spiritualibus in quos substractionis occasione in-
„ cidisse grauiter se conquerentur, medela conueniens adhibebitur.
„ Hanc præterea, inquiunt, viam deberent, nec immerito Reges, Duces
„ & Principes, si futurorum prouidentiam habeant, formidare; ac si Re-
„ giæ dignitatis profunda sapientia spiritualis & temporalis authoritatum
„ quoad hoc, latissimam esse differentiam non percipiat; dum in hac per
„ electionem voluntariam, in hac autem per successionem hereditariam
„ ius acquiritur. In hac nullum vobis Gregis commissi dominium: in
„ alia verò quoad hoc profitemur. *Reges enim Gentium, dominantur eorum;*
„ *vos autem non sic.* Et Bernardus ad Eugenium, *Confidens,* inquit, *te non Do-*
„ *minum Episcoporum, sed vnum ex ipsis.* Sub Principe præterea seculari, esto
„ quod iustè principatum non possideat, policiæ pax Ciuilis potest obser-
„ uari, & iustitia quantum ad temporalia spectat, vnicuique distribui. Sed
„ à Schismatico quoad Ecclesiam, aut omnino in sua dignitate ius non ha-
„ bente pacem spiritualem obseruari, beneficia, Sacramenta, Benedictio-
„ nes, Indulgentias, aut aliquod munus spirituale rite conferri posse nega-
„ mus. Princeps etiam secularis proprietarius & non possidens occupan-
„ tes iniustè quod suum est, excommunicare, aut spiritualiter maledicere
„ non sufficit; quod vtique per Principem Ecclesiasticum. Verum esto
„ quod non possideat, potest effici, quod in hoc casu: Si tamen de materia
„ sit dubietas qualis ex parte pauendum est, in tot etiam alijs quæ dispen-
„ diosum foret his inserere, cuicunque sciolo quoad hoc, clare lucet. Vt
„ ridiculum & irrisione dignum ducimus Regiam Majestatem hoc medio
„ ad Restitutionem faciendam inducere; vnde etiam quid ad propositum,
„ Salisberiensis sentiat, audiamus. *Esto,* inquit, *quod hijs liceat qui Carnales*
„ *sint de primatu contendere, viris Ecclesiasticis hoc vsquequaque arbitror esse il-*
„ *licitum.* Carnalium tamen, inquit, *exemplo obrepit impietas; & iam non modò*
„ *contenditur pro Sacerdotio, sed pugnatur,* multáque subiungit grata, quæ
„ breuitati studentes remittimus.
„ Tangunt præterea de hijs etiam Ecclesiæ vasallis, qui viâ facti in Do-
„ minum prælibatum hostiliter processerunt, iuris pœnas quas eo ipso se-
„ cundùm eos incurrerunt, laboriosè narrantes. Qui tamen articulus cum
„ super hoc in prælibato Franciæ Concilio minimè deliberatum extitit,
„ Regnicolas non aspicit. Fertur tamen communiter viam facti à Palati-
„ nis exordium assumpsisse: quare cæteris prius inuasis, iure naturali vt
„ aiunt, vim repellere licuit, conuenientiorque locus Palatio præfato D.
„ plurium iudicio non videtur: à quo si forsitan stante casu liber eidem
„ patuisset egressus, secutum esset scandalum difficulter recuperabile. Mi-
„ rantur etiam cur hic Dominus sic repentinæ viam Cessionis solam acce-
„ ptare quæsitus est, cum aliàs indifferenter D. Clementi via triplex, aut
„ alia in eius optione relicta lapso nihilominus ab electione sua 16. annorum
„ spatio præsentata fuerit, ac si tempus illud istum ad latus D. prælibati
„ eo tunc assistentem continuè ex quo non comprehenderet, dignumque
„ suis opinionibus foret ipsius summationem vsque decimum sextum à sua
„ creatione computandum annum alterius exemplo distulisse. Sicque

fortassis præfixi temporis terminum eiusdem patris obitus præueniret, aut in termino concurreret perindeque, cum futuro tanta deberet haberi dilatio, & sic in infinitum abire; quem processum naturalis ratio non admittit. Nec reprehensione dignum est quod ab exordio triplex, nunc verò sola duntaxat oblata via fuerit. In hoc enim naturæ processus enidet qui à generalibus, ac vniuersalibus exordiens ad singularia terminatur. Taceant ergo sua confusione stupidi, Gallos hunc quia gallicus non fuerit, persequi; Cum D. Clemens-met Gallicus origine non fuerit. Et hic etiam ad hunc statum à Gallicis principaliter electus extiterit, à cuius obedientia sine persecutione qualibet prælibatis de causis recessimus. Nihil aliud quoad hoc quàm Ecclesiæ vnionem sub vnico summo Pontifice vniuersaliter sic habito vndecunque duxerit originem, affectantes.

Cuius insuper restitutionem exigunt, quia spoliatus, etiam si prædo debet restitui. Quod tamen argumentum in intrusi fauorem sæpius introductum dissolui deposcimus: quo peracto ad hoc interiectum, duce Domino, facilè respondebimus. Vestram etiam Regiam Majestatem totumque Regni vestri prælibatum Concilium sub verborum siccis coloribus falsè, quanquam curiosè, de infamia per expressum notare non timuerunt, inter cætera de ipso Concilio post multiplicatas graues iniurias sic scribentes. *Et non*, inquiunt, *sine vestra infamia suam infamiam cooperirent. Si enim*, inquiunt, *quæratur ab eis quis Papæ substrahendam obedientiam procurauit? Non nos*, inquiunt, *sed Rex fecit. Quis Christi Vicarium persequitur tam acerbè? Nos nos*, inquiunt, *sed Rex*, &c. O quàm reijcienda peroratio, irritanda delirantium exhortatio! Elatorum vindicanda præsumptio & sententiarum imperitis sermonibus meritò despicabilis inuolutio, vbi sic ab istius hominis obedientia recessus fatuè deplangitur, quasi Christianitas tota per antea sub eius obedientia quietè permansisset: in eo nulla macula vitij-ve labes patuisset: in sic agendo præcipitanter & inconsultè penitus processum extitisset, & breuiter sub vnico verbo eorum propositum concludendo, ac si B. Petro Apostolo rursum summum Pontificium gubernante Ecclesia Gall. obedientiam denegasset. Absit, Rex inuictissime! à Regno vestro Christianissimo & Ecclesiæ Rom. hactenus, & in futurum Dei per gratiam fidelissimo tantum facinus, vt persequi D. Papam acerbè, suis iuribus Petri sedem spoliare, claues Petri contemnere, potestatem à Papà baculumque Pastoralem à dicta sede tentare subducere, Sacrilegi summi Pontificis etiam de ipsius Regni Concilio congregato, vt ipsi falsè ac proditoriè læsæ Majestatis multipliciter incidendo crimen imponunt, Iurisdictionem eneruare ipsa Majestas vnquam intenderit. Pro cuius salute sedis releuatione, ac exaltatione debita præ cæteris audemus dicere, mundi principibus spiritus anxietatis, corporis pœnas graues, à proprijs damnosas distractiones, ac expensas inerrarabiles à longinquis pertransitis temporibus; à quibus tamen scribentes hij vos potius supersedisse curassent. Ægritudinem totam vniuersalis Ecclesiæ sicut præmissum est, inobedientiæ denegatione, ac salutem omnimodam in eius Restitutione concipientes sub qua per antea incrassati, impinguati ac dilatati, quamplurimum contra Regiæ Majestatis famulum, cuius nondum experti sunt aculeum, contumeliosè sic recalcitrant. Et vnde sic inuidi liberè etiam præscriptum eisdem facultas tanta concessa fuerit, admiramur; qui etiam vbi nostrum alter remissè satis eos qui ad Restitutionem adspirant, de peccato mortali notare generaliter contenderit, æquanimiter pati non norunt; sed sic proferente, vt per experientiam constat dictum huiusmodi tanquam erroneum, ac insipidum in fide reuocare, nisibus totis laborarunt. Aduertat tantum Deus omnipotens ne serpentis astutia rursum Adæ violet integritatem, fraus Dalilæ Samsonis fortitudinem, & fallax pulchritudo Pharaonis filiæ Salomonis sapientiam, idolum patris iterum damnabiliter adorare compellat, ac à suo sancto proposito muliebris mollities blesis sermonibus verecundè deducat: néue & Iuuenum

1401

"& inexpertorum instinctu Regia grauitas alter vt Roboam senum Consilium in suæ confusionem authoritatis contemnat. Nemo siquidem manum mittens ad aratrum & respiciens retrò, aptus est Regno Dei. Israël quippe filij Ægyptum quam exiuerant, ex vitiosa mollitie recolentes in deserto mortui sunt quorum tres in solidum promissionis terram pedibus calcare meruerunt. Loth vxor ciuitates euersas prohibita retro respiciens in salis statuam conuertitur. Apudque Poëtas vxor Orphei Ditis mandatum transgressa vnde egrediebatur infernum intuens, illuc ex conditione sumpta reuertitur. Nec sermonum allusionibus improprijsque transsumptionibus seducamur; cum in huius obedientiæ denegatione riuulus à fonte, ramus ab arbore & radius à sole separari per eosdem asseritur; qui vtinam fons esset, in quem condescendens post istius motionem aquæ sanus efficeretur ab hac saltim infirmitate communi, & non iam fons Marath amarissimus, de quo populus sitiens bibere non valeat. Vtinam arbor esset quæ ex bonitate fructus cognita & non quæ propter sterilitatem exscindi & in ignem mitti Euangelica sententia comminatur. Et rursus vtinam facies eius lucidis meditationibus, operibus sicut sol splenderet in meridie. Etiam non ille sol perhiberetur de quo scriptum est quod factus sit niger vt saccus alienus. Quod autem istius Regni Prælatos huius prætextu denegationis obedientiæ, ac libertatis pristinæ restitutæ circa prosecutionem vnionis tepidos, remissos ac incurios penitus in futurum contemnere videntur, ipsis Dominis quos sic lepidè ad gratias eisdem impertiendas prouocatas, soluendum pro præsenti relinquimus quos suæ salutis esse non credimus immemores, parique modo in iacientes iaculum retorqueri valeret. Obedientiam siquidem restitui similis ratio prohiberet, ne forsitan Dominus cui fieret, in ea voluptuosè quiescens de vlteriori vnionis ipsius prosecutione factus incurius, tepidus & remissus omnino supersederet.

Profunda igitur attentione Regiæ mentis oculus puncta principalia libelli prædicti cautius indagare dignetur, vt quo aspectu ducantur, quod medium pro vnione per eosdem consulitur, ac finis per eosdem intentus cum digestione maturaque circumspectione pensetur. Vt sic an Patre qui in cœlis est, aut carne & sanguine reuelantibus locuti sunt non sancti Dei homines cum discretione bona probetur; horum siquidem terram naturaliter aridam puteus altus aquas limpidas etiam à totius orbis circunferentijs gurgite sugens ex eisdem nimia præ multitudine super excrescentibus distantiæ propter propinquitatem præ cæteris irrigare solebat. Cuiusque meatus solito plus præsentialiter obstruuntur; inundationes assuetas, in quibus propter exuberantiam tunc voluptuosè natabant sensibiliter nunc non percipiunt, arctationem moleste ferunt; ergo vt verisimiliter creditur, ad supradicta promenda, nunc sic acriter impelluntur. Qua propter nec immerito eorundem consilium non bene solidum censendum est, quod in via pro vnione matris oblata sicut prætactum est, multiplicem claudit errorem; de qua tamen alias hic, ac per Hispanos disertissimè, ac punctualiter reprobata leuiter nunc pertransimus. Vnum tamen scimus quod quidquid à Compromissarijs inibi tactis sententialiter definiri contingeret, fidelium Conscientias ad plenum non serenaret; homines enim eóque fallibiles & sic erroneè pronunciare valerent: nisi pro quanto forsitan ab Ecclesia tota vis eligendi in eosdem translata foret; Parsque contra quam pronunciari contingeret, illico cedere teneretur: quæ tamen electionis potestas in eosdem non in cideret. Cum ex ipsius tenore alterum DD. duorum contendentium artarentur assumere, quam tamen ad certos limitationem Electionis viæ sinceritas velut damnatam abijcit.

Hæc prædicta, Princeps Christianissime; simplici ac rudi stylo, etsi non per omnia fortassis aduersantium tenuerimus respondendo ordinem, aut quam breuiter curassemus, exorata plura siquidem quam objectum exigit circumloqui satisfaciens responsio Majestatis vestræ genibus

flexis porrigimus, per cuius iustitiam malè acta, dictaque reparari, vt cæteris in exemplum cedat, dupliciter exoramus, & per cuius inuictissimam
fortitudinem sanctum propositum continuari & ad finem vsque desideratissimam videlicet vnionem gloriosè perduci, Domino cooperante speramus. Nec prædicta scripserimus vt claritate solari Regis in solio perspicuè refulgenti quantulum luminis, si vel modicum in nobis existat, su-
peraddere præsumamus. Sed attendentes ipsum etiam Omnipotentem
vnico intuitu cuncta generaliter prospicientem orationibus seruorum ac
Fidelium suorum sæpius velle palpari, in quibus etiam ineffabilis laus sua
& miseria nostra continua seriatim, ac si ab eius per impossibile pertran-
sissent memoria, salubriter enarrantur. Prædicta Serenitati vestræ, quanquam meliùs incomparabiliter agnouerit, rescribendi resumentes vires
ausum pro nunc assumpsimus. Habenas tantùm in tam arduis vltra quam
deceat, laxare meritò formidantes, quicquid hic scriptum inseritur, Sacrosanctæ Rom. Ecclesiæ, ac vniuersalis Ecclesiæ, nec non Majestatis vestræ
totiusque Franciæ Domus gloriosissimæ omniumque prælegere volentium correctioni, ac omnimodæ determinationi, per omnia humiliter supponimus, nihil ex eis nisi quanto rationabiliter affirmandum foret, asserendo, ab aduersantibus quicquid in annotato libello scripserint, per
expressum asserentibus, etiam in hoc discrepantes. Vestri ergo authoritate prouidissima, Princeps inclytissime! approbetur quod hic verum est;
suggilletur quod falsum est, & declaretur quod dubium est. Quod vt securius executioni valeat demandari, per Majestatis sæpius dictæ prouidentiam huius obedientiæ generale Concilium congregari consulimus &
instanter supplicamus. Illic siquidem præfatus Dominus actionem contra non obedientes; alterum interdictorum curiosè per hos scribentes
designatorum eliciendo poterit intentare, qui vtinam sic se tunc super
iam obiectis, aut obijciendis purgaret, vt in eo lapis quem reprobaue-
runt ædificantes in caput anguli, mereretur effici. In quo Parietis diuisa latera compaginarentur in vnum. In quo patet nos cæteris ne pro eo preces effundant, vt falsò imponitur, minimè prohibere; qui etiam quo ad
hoc vices nostras pro viribus interponimus, an autem vt pro Papa pro
eodem sit deprecandum, nunc intactum, & ex causa pro præsenti relinquimus. Istud itaque Rex Clementissime! Concilium à vobis Principibus in
hoc conuenientibus facile congregabile, omnia dubia istam concernentia materiam, duce Domino, solidè poterit terminare; ad gloriam Dei
totiusque cœlestis Curiæ, vnionem militantis Ecclesiæ, ad exaltationem
domus vestræ Regiæ, cæterorumque Principum ad id manus adiutrices
viriliter porrigere curantium, totiusque salutem & quietem militiæ Christianæ, quam Deus dignetur nobis hic concedere per gratiam, & in futuro per gloriam. *Amen.*

Contra eandem Epistolam editus est doctissimus **Tractatus à M. Guill.**
Ronacensi Præposito ad Philippum Regis filium, Burgundionum Ducem
ac Flandriæ & Arthesij Comitem; in quo Vniuersitatem Parif. matrem
suam non modò ab omni probro vindicat, sed omni laude cumulandam
esse contendit pro suis in extirpando Schismate laboribus; fusè verò de
substractione agit, deque restitutione obedientiæ, an expediret fieri.
Huius Tractatûs duas partes facit. In priore agit de materia Scriptorum
ante secundam substractionem quam in octo capita diuidit. Primum est
de causis scribendorum & de causa declinandi ad dictamen Vniuersitatis
Parif. Secundum de partibus Schismatis, de fundatione neutralitatis,
& de fundatione status suspensiui. Tertium de intellectu viarum ab Vniuersitate Parif. positarum. Nonnulla de via Cessionis, & de via Compromissi. Quartum de qualitate status Papalis & electionis Papalis. Quintum
de substractione prima quare Ecclesia Gallicana substractioni primæ adhæserit: & quare Ecclesia Italica dissenserit. Sextum de substractione
non necessariò melius eligendi, nec semper animam pro Ouibus ponendam. Septimum cedere non esse absolutè bonum; Prælatum ad cedendum

non teneri: & aliquot media quod Cessio non Iuridica censeatur. Septimum de restitutione circa statum Papalem, Restitutionem admittendo: & præterea alium dicendi modum profert non admittendo Restitutionem.

In posteriore parte, quæ est de substractione obedientiæ in speciali, sunt etiam octo Capitula. Primum de differentia inter Schisma & hæresim. Tres distinctiones de acceptione Schismatis & Schismatici, de hæresi seu hoc termino hæresis; de pertinacia, & quomodo Contendens de Papatu Schisinaticus intelligatur. Secundum, considerationes aliquot circa materiam substractionis. Conclusio substractionis; aliqua certa & aliqua dubia circa substractionem. Tertium, quomodo substractioni non obsunt iura positiua. Quod substractio ratione & Canonum authoritatibus fundatur. Quartum quod non obstat possessio substractioni. Hæreticum non esse Papam. In duobus aut tribus contendentem de Papatu hæreticum esse. De Papatu contendentem nunquam fuisse Papam. Quintum de dubietate circa statum superiorum; de dubietate status, contendentis de Papatu. Summo Pontifici potius quam Domino temporali obedientiam denegandam; de conditione requisita pro debita generalis Ecclesiæ Reformatione. Sextum, secundum veræ dictamen intelligentiæ fore impossibilem restitutionem; quod Restitutio foret scandalosa, quod irrationabilis foret restitutio. Septimum de intentione Vniuersitatis Parisi de Præterito Concilio Parisi de Concilio futuro, seu quod futurum dicebatur. Octauum quod nullo intuitu Parisiense Concilium fuit irrationabile; quod substractio non fuit irrationabilis, quod ex ratione causæ cessantis non debet cessare effectus substractionis fieri restitutio. Hæc capita fusè tractata leguntur in MS. Bibliothecæ Vict. Not. hisce Characteribus 686. In eodem MS. leguntur eiusdem Vniuersitatis Parisi quædam rationes facti contra restitutionem obedientiæ; quas infra referemus.

CONFIRMATIO PRIVILEGIORVM.

Eodem anno obtinuit Vniuersitas Priuilegiorum suorum confirmationem quæ infringebantur à nonnullis temerè & maliciosè. Rex ergo sic edixit, ex membrana Herouuallij.

„ CHARLES PAR LA GRACE DE DIEV, ROY DE FRANCE, à Nos
„ Amez & Feaux, les Gens qui tiennent & tiendront nostre Parlement
„ à Paris, & tous les Seneschaux, Baillifs, Preuosts, & Vicomtes, Gardes
„ des Portes & des Passages, Receueurs & autres nos Officiers de quelle
„ condition & estat qu'ils soient ausquels ces lettres seront montrées ou
„ leurs Lieutenans, Salut & dilection. Nos Amez les Recteur & Deputez,
„ de par nostre chere & Amée fille l'Vniuersité de l'Estude de Paris, Nous
„ ont fait exposer en complaignant que jaçoit ce que ladite Vniuersité &
„ les Maistres, Docteurs, Bacheliers, Escholiers & Supposts d'icelle soient
„ en nostre sauue garde & protection & qu'ils ayent plusieurs libertez,
„ franchises & Priuileges à eux octroyez, tant par Nous que par nos Predecesseurs. Desquels priuileges, libertez & franchises, ils ont iouy
„ d'ancienneté. Et pour raison desquels ladite Vniuersité a esté multipliée & augmentée de moult grand nombre de Supposts, par lesquels
„ Nous & nos Predecesseurs auons esté conseillez & seruis, Nostre Royaume & plusieurs autres Pays & Nations honorez & enluminez des Sciences & bonnes Doctrines. Neantmoins depuis peu de temps en ça aucuns
„ des Supposts de ladite Vniuersité ont esté moult greuez, troublez &
„ empeschez en leursdits priuileges, libertez & franchises, tant par aucuns de nostre Royaume que par autres. Parquoy iceux Supposts ont
„ esté distraits de leur Estude & le pourroient par ce plus estre, ou temps
„ auenir, ou grand dommage & preiudice de Nous & de la Chose publique de nostre Royaume, & en grande diminution dudit Estude, si par
„ Nous à ce n'estoit remedié, si comme ils dient, Suppliant que gratieusement leur veillons faire pouruoir. C'est pourquoy considerans l'affection

Vniuersitatis Parisiensis.

que nosdits Predecesseurs ont eu de tous temps passez à ladite Vniuersité, en quoy nous les auons tousiours voulu & voulons ensuir, & que aucunement ne voudrions la diminution d'icelle auenir en nos temps, ne pour les occasions dessusdites, lesdits Supposts de l'Vniuersité dessusdite se distraississent de ladite Estude, ne aussi que les autres des Estranges Nations delaissassent par ce à y venir ainsi comme ils ont accoustumé és temps passez. Euë consideration aux choses dessusdites, Voulons & vous mandons & estroitement enjoignons & à chacun de vous, si comme à luy appartiendra, que les Maistres Docteurs, Bacheliers, Escholiers & vrais Supposts de ladite Vniuersité, & ceux qui sont & doiuent estre compris ou corps & Colleges d'icelle, vous faites, souffriez & laissiez iouïr paisiblement de leurs priuileges, libertez & franchises dessusdites sans les empescher, ne faire ou souffrir estre empeschez par aucuns nos subjets, au contraire par telle maniere qu'ils n'en ayent cause d'en venir doresnauant plaintifs par deuers nous. Car ainsi le voulons-nous estre fait & à nostredite fille l'Vniuersité & aux Supposts d'icelle qui sont ou seront pour le temps à venir, l'auons octroyé & octroyons de grace especial, se metier est, par ces presentes nonobstant quelconques Ordonnances, Mandemens ou defenses & lettres subrepticesimpetrées ou à impetrer à ce contraires. Donné à Paris le dernier iour de Mars l'an de grace 1401. & le 20. de nostre Regne. Ainsi signé par le Roy à la relation de son grand Conseil où vous Messieurs les Ducs de Berry, & Bourgoingne & d'Orleans, le Connestable, vous le Grand.Maistre d'Hostel estiez. I. D'Essantis.

1401.

Eodem anno legitur facta quædam Declaratio à Cardinale Ambianensi M. Ioanne de Grangia, quam hîc dabimus extractam ex ipsius Testamento quod integrum refert Dionysius Godefroy, in Additionibus ad Annotationes Historiæ Caroli VI. pag. 764.

CVm Ego, inquit, ductus bona intentione ac iusto & sancto proposito ab obitu felicis recordationis D. Gregorij Papæ XI. plura dixerim, fecerim, procurauerim & tractauerim fieri in facto Ecclesiæ, sicuti mihi videbatur fore expediens ipsius vnioni, & prout mihi mea conscientia dictabat & dictat, ne quod absit, per aliquos æmulos vel alios mihi in posterum impingatur quod malâ intentione hoc fecerim, sentiens me adeo debilem & graui infirmitate detentum, quod nisi Deus aliter disposuerit, ab ipsa euadere non potero; quinimo mortem potius inde quàm conualescentiam exspecto, de hora in horam circa factum huiusmodi, & illa quæ in ipso per me, vt dictum est, dicta & facta sunt ac fieri procurata, mentem meam & illud quod super hoc habeo in conscientia mea declarans sub periculo animæ meæ attestor & iuro bona fide quod illa quæ in facto prædicto dixi, feci, tractaui & procuraui fieri, non dixi, feci, tractaui vel procuraui fieri odio, machinatione, dolo, inuidia vel rancore alicuius personæ, seu aliâ malâ intentione, vel voluntate quacunque, sed solum & duntaxat ad delendum & sedandum istud pestiferum Schisma; & vt citius vnicus Romanus & indubitatus Pontifex in Ecclesia haberetur, protestans quod paratus sum obedire illi cui Ecclesia Catholica & sacrum Collegium fore decreuerit obediendum; & omnia quæ in hoc facto dixi, feci, tractaui & fieri procuraui, submitto determinationi & correctioni Sacrosanctæ Rom. Ecclesiæ in cuius fide & vnitate tanquam verus Catholicus volo viuere & mori, ac Deo spiritum reddere, sicuti quilibet bonus Christianus de necessitate salutis facere tenetur & debet. Hæc autem mea suprema voluntas quam valere volo & tenere iure testamenti, & si non valeat iure testamenti, valeat & teneat, & eam valere & tenere volo iure Codicillorum seu cuiusuibet alterius vltimæ voluntatis.... Acta fuerunt hæc Auenione in domo habitationis dicti D. Cardinalis & in Camera sua, sub anno, Indict. *die, mense, & Electionis anno quibus supra*, id. an. 1402. Indict. 10. 12. mensis Aprilis, ab Electione

" D. Benedicti vltimo in Papam Elect. an 8.

1402.   Interim Benedictus qui in Arce Auenionensi detinebatur, operâ cuiusdam Robineti de Braquemont Normani Nobilis, delusis custodibus aufugit 12. Martij, & primùm ad Castellum Reginaldi, deinde Massiliam peruenit tribus tantùm familiaribus comitatus, nihilque secum auferens praeter pixidem in qua corpus Dominicum continebatur, & litteras Caroli Regis quibus fides fiebat nunquam substractioni consensisse Regem. Mox igitur ad Regem, ad Duces & ad Vniuersitatem dat litteras suae libertatis Indices, polliceturque per se non staturum, quominùs Ecclesiae pax tranquillitasque perfecta restituatur. Ad eum Cardinales, qui desciuerant, obtentâ veniâ redeunt, ad eiusque fatum plurimorum Principum animi, voluntatesque conuertuntur.

1403.   Statim ergo fugâ istâ intellectâ, Populus Parisiensis, quasi praesagiens futuram obedientiae restitutionem, Cereis Paschalibus an. 1403. annos Benedicti veluti summi & legitimi Pontificis appingit, Tabellasque Benedictum Papam exprimentes in Basilicis reponit. At illae statim per satellites, ab ijs quibus res ista displicebat, missos de Templis sublatae; Hinc factiones duae. Altera Aureliani Ducis cui se adiunxerunt Episcopus Cameracensis, & Vniuersitatum Aurelianensis, Andegauensis, Monpessulanae & Tolosanae Legati obedientiam restitui volentes. Altera Ducum Biturix & Burgundiae, quibus similiter fauebant Cardinalis de Tureyo, Simon Cramaudus Patriarcha Alexandrinus & Vniuersitas Parisiensis: Et isti Benedicto omnem obedientiam derogabant. Nec mora promulgantur rationes contra restitutionem, quae tales sunt in MS. Victorino.

Rationes facti contra Restitutionem obedientiae.

" Circa materiam restituendae vel non restituendae obedientiae praesup-
" ponenda sunt plura, quae sunt facti.
" Et 1. quod quaelibet pars est obstinata sine spe reductionis, licet multum & per plures annos sit tentatum & sine spe alicuius diffinitionis, vel
" declarationis iuris alterutrius: quia non est Iudex, & facta sunt contraria, & testes, & instrumenta suspecta, & opiniones variae & diuisae firmatae
" ab vtraque parte iam à 22. annis & vltra.
" Item praesupponenda est bonitas viae Cessionis; vide ad hoc Epistolam
" Cessionis à Parisiensi Vniuersitate.
" Item quod dictus Benedictus viam Cessionis commendabat Parisius an-
" te Papatum & in Curia, tempore Clementis; dicto Clementi, D. Burgun-
" diae & alijs DD. Cardinalibus; imò voluit tempore Clementis de Curia
" recedere &, ire Arragoniam quia D. Clemens non acceptabat illam viam.
" Item & post aliquos tractatus inter DD. Cardinales de periculis Schis-
" matis semper viam Cessionis approbantes & specialiter Benedictus, com-
" posuerunt Cedulam vbi de ea sit mentio, quam omnes & singuli iuraue-
" runt & subscripserunt.
" Item quod DD. Cardinales sperantes de B. quod dictam viam seque-
" retur prout iurauerat, & inter eos actum fuerat, vt per Cessionem plenè
" vnio haberetur secundum communem inter eos deliberationem & iura-
" mentum, dictum B. elegerunt illâ intentione, aliàs non facturi; cum etiam
" ante suam assumptionem dictam viam commendauerat, vt dictum est.
" Item statim eo intronizato per Cardinales eadem die iterans dictum
" iuramentum adhuc existens in cathedra asseruit eisdem Cardinalibus
" quod eandem viam vniendi Ecclesiam per Cessionem prosequeretur di-
" ligenter. Iterum quod DD. Cardinales magis haberent causam repri-
" mendi quàm accelerandi.
" Item multis asseruit se cathedram ea mente assumpsisse vt eam dimit-
" teret pro bono Ecclesiae, cum opus esset; hoc significauit D. Mediolanen-
" si, per Episcopum tunc Vrbeuetanum; nunc Archiepiscopum Aquensem;

Idem

Idem Florentiæ & Bononiæ & alijs locis Italiæ per Episcopum Assisinum & per quendam Bethulinum.

1403.

Item notificauit Regi Franciæ, quod si apud eum mitteret nuncios, cum quibus posset concludere de aliquo modo, &c. ipse nullam viam recusaret, per quam vnio sequi posset; vide Bullam.

Item ante aduentum Nuntiorum Regis Cardinales plures congregati cum B. deliberauerunt de via mutuæ Cessionis, tanquam magis sedatiua, & ei consuluerunt, & tunc fuerit purificata conditio iuramenti Conclauis, de quo suprà.

Item Ducibus à Rege missis dictus B. aperuit viam conuentionis & demum viàm Compromissi: & Duces obtulerunt viam Cessionis, offerentes laborare erga Intrusum pro eadem acceptanda. Et pro hoc instantissimè supplicauerunt cum pluribus rationibus & motiuis, in casu quo aduersarius similiter faceret, & quod ex hoc haberetur vnio, nec aliàs petebatur.

Item pro responsione Bullam *Cum dudum*, &c. in qua reprobat Cessionem, quam ante laudauerat & viam suam corroborat; vide eam.

Item omnes & singuli DD. Cardinales, exceptis duobus, quorum vnus erat absens & infirmus à ducibus existentibus apud Villam-nouam interrogati de via Cessionis, responderunt in Conscientijs suis quod videbatur esse expeditior pro vnione Ecclesiæ, eamque consulebant prosequendam.

Item iterum omnes Cardinales & dicti DD. Duces simul & sigillatim instanter supplicauerunt B. pro hac via quam sibi consulebant, ostendentes ei quod virtute iuramenti tenebatur, ipse tamen recusauit.

Item iterum infra triduum omnes Cardinales & dicti etiam DD. Duces pro eadem via ad quam tenebatur, supplicarunt; sed renuit, imò statim fecit legi Bullam quæ incipit, *Cum ad Nostrum*, per quam monet DD. Cardinales ad prosequendum præcisè viam suam, additâ protestatione si aliud accordarent, haberetur pro infecto.

Item pòst dicti DD. Duces supplicauerunt pro audientia publica in hac materia, sed recusauit. Idem etiam recusauit Nuntijs Parisiensis Vniuersitatis, quod non est solitum, præcipuè in tanta materia.

Item quod ferè per duos annos erga dictum B. per Cardinales & Regem facta est continua diligentia de eum inducendo adhanc viam, sed semper recusauit.

Item Rex Castellæ misit similiter ad eum pro via per eum aduisata quæ tendit ad viam Cessionis, sed etiam recusauit.

Item DD. Cardinales videntes eius duritiam, supplicauerunt sibi vt saltem offerret viam simplicis Conuentionis cum aduersario, sub spe alicuius boni exitus, sed etiam recusauit.

Item notetur quod in Responsione *Cum dudum*, facta DD. Ducibus pro explicatione viæ suæ, ponebatur clausula, quod antequam Compromissarij haberent discedere ab inuicem sine fructu, ipse offerret vias, vel oblatas reciperet cum effectu tales per quas esset finis Schismatis. Hanc clausulam remouet in via quam misit Regi per Episcopum Zabulensem per quod reddit se suspectum de non quærendo vnionem; quia illa clausula videbatur dare spem.

Item notetur quod in illa Bulla *Cum dudum*, dicebat se cum Fratribus eligere certas personas, &c. Sed in via seu practica per dictum Episcopum missa non ponitur illud verbum *de consilio fratrum*.

Item in eadem Bulla ponitur de tenendo quidquid fuerit deliberatum per personas Electas vel earum duas partes & in dicta practica dicitur, *per personas Electas in Maiorem partem*, quod non caret suspicione, attenta clausula sequenti in dicta practica, *Item vt optata vnio*, &c. quam clausulam callidè fecit apponi sub nomine Regis Arragonum, qui Rex etiam pro via Cessionis supplicauit; sed nihil profuit, &c.

Item iterum Cardinales claris rationibus ostendentes illam viam, aut

Tom. V.

" practicam vltimò missam non expedire, B. supplicauerunt de via simpli-
" cis Conuentionis sub specie pacis, & quod iurarent sibi assistere & fauere
" totis viribus, ita tamen quod si non proficerent, quod Cessionem acce-
" ptaret, sed recusauit.
"   Item illud idem obtulerunt dicti Legati Burgundiæ & Bituriæ, excepto
" iuramento per Priorem S. Martini, & similiter recusauit.
"   Item pluries etiam publicè dixit quod scedula Conclauis non poterat
" eum obligare : & quod si tota Christianitas concluderet Cessionem, non
" acceptaret, etiamsi deberet comburi.
"   Item cum D. Cameracensis & alter Episcopus pro Rege Romanorum
" coràm eo proponerent viam Cessionis, respondit quod si acceptaret, etiam
" cedente aduersario, peccaret mortaliter : quod aliàs pluries dixit.
"   Item vltro hoc dixit, quod si minis vrgeretur ipse in despectu, Eccle-
" siam in tali statu poneret, quod post mortem suam reparari non posset:
" quod non videtur sine scrupulo hæresis.
"   Item Cardinalibus & alijs tenentibus viam Cessionis, aduersatus est
" etiam minas inferendo : imò etiam Magistrum Palatij, quia die Parasceue
" in sermone viam Cessionis commendauerat, incarcerari fecit & teneri per
" biennium, nullo postea audente coram eo de vnione prædicare : imò sem-
" per ante prædicationem per suum Confessarium, aut alium inhibebatur
" prædicare volens ne de facto vnionis mentionem faceret.
"   Item quod Rege mittente ad Principes pro hac via, B. mittebat ad con-
" trariumibidem, vt factum fuit in Castella, in Aragonia, Scotia, & Alma-
" nia & alibi fouendo Schisma & contra iuramentum.
"   Item summatus iterum per Legatos Franciæ & Castellæ de dando pa-
" cem per viam mutuæ Cessionis, vel aliter quomodocunque intra certum
" terminum, hoc facere recusauit per os D. Bonifacij quem post fecit Car-
" dinalem, viam suam iustificando : & licet dixerit se notificare intentio-
" nem suam dictis Regibus, tamen nihil fecit.
"   Item quod dictos Legatos Franciæ, Castellæ & Angliæ Romæ euntes
" pro eadem causa ad Intrusum, callidè retinuit in verbis : & hoc penden-
" te, misit ad eundem Intrusum ad impediendum factum eorum vt aduersa-
" retur de responsione danda : quæ omnino fuit similis illi quam fecerat di-
" ctus B. ex quo præsumitur Collusio, prout etiam miserat Intrusus ad B.
" quendam vocatum Thomam Despina quem secretè audiuit & remisit en-
" ceniatum valde, antequam Duces Franciæ, de quibus supra, ad dictum B.
" venirent. Misit etiam B. ad Intrusum Italicum & quendam nomine Bethu-
" linum etiam secretè. Postmodum Intrusus misit ad eum D. Philippum
" Brancarij militem de Neapoli qui fuit in Palatio hospitatus : & inhibitum
" fuit ei ne cum aliquo Cardinale loqueretur, nisi cum vno de parentela sua;
" finaliter appunctuatum fuit per B. cum dicto milite quod ei reuerentiam
" Papalem exhiberet, & sui similiter Intruso facerent : sic confugens duos
" summos Pontifices. Quod B. cum dicto milite iterum misit ad Intrusum,
" Episcopum Tirasonensem cum alijs supra, qui dixit quod reuerentiam Pa-
" palem exhiberet Intruso, & ita factum est. Quæ Colloquia secreta sine
" scitu Cardinalium, an dent causam suspicionis quod velint tenere Eccle-
" siam sic diuisam, notetur : Cum etiam dimiserint processus contra alteru-
" trum fieri solitos cum Clausula de qua supra.
"   Item exoptata vnio, &c. quam etiam misit Intruso & per quam Intrusus
" de hæresi suspectus, pertinax Schismaticus, impœnitens posset esse Papa
" de facili, notetur an incidit in Casu C. Anastasius 19. dist.
"   Item fecit muniri Palatium victualibus & armis inuasiuis aptis ad ædi-
" ficia destruenda & hominibus armorum, eos ostendendo Cardinalibus in-
" tra Palatium existentibus, & clausis portis Palatij, vt à sua opinione desi-
" sterent & sibi adhærerent.
"   Item anno 1398. in Martio, omnes Cardinales conuocauit, quibus impe-
" tuosè inhibuit ne de via Cessionis amplius tractaretur, sed teneretur via
" sua; nec de melioritate viæ Cessionis & viæ suæ tractaretur amplius; sed

cum difficultate confenfit quod tres pro parte fua & tres pro parte Cardinalium eligerentur ad difcutiendum de via fua præcisè, exclufa via Ceffionis penitùs, qui videns confutationem viæ fuæ, noluit nifi femel, aut bis teneri verbum adhuc in via fua perfeuerans.

Item Magifter N. Ameryci Ordinis Prædicatorum, Inquifitor in Arragonia fecerat proceffum contra quendam Vincentium eiufdem Ordinis; & reftabat concludere in caufa; & communiter tenebatur Conuictus de hærefi; dixerat enim quod ludas habuerit veram pœnitentiam falutarem, qui vnice cum confugit ad domum & feruitium B. tunc Cardinalis in Arragonia exiftentis, ab eo fuit receptus & factus Confeffor fuus: qui factus Papa mandauit pro proceffu & illum comburi fecit; nec inde videri potuit veritas de illa hærefi. Notetur an inciderit in C. *Anaftafius* allegato.

Item poft per iftum Confefforem Vincentium fecit pluries publicè confutari viam Ceffionis; dixit quod eam profequentes & recedentes ab obedientia, erant Schifmatici & viam B. plurimùm commendabat.

Item quod propter tales obftinationes an. 1398. in menfe Iulij per Regna Franciæ, Caftellæ, Patriam Prouinciæ, Delphinatum, Comitatum Veneyffinum ab eius obedientia facta eft fubftractio: imò etiam DD. Cardinales ab eius communione recefferunt.

Item audita fubftractione B. mandauit congregari populum Auenionenfem in domo prædicta: ibi per dictum Vincentium tria fecit proponi. 1. reprobationem mutuæ Ceffionis pro vnione Ecclefiæ. 2. iuftificationem viæ fuæ erroneæ. 3. quod propter quemcunque cafum etiam fi fruftatim deberet incîdi, nunquam acceptaret dictam viam, ne à fuo propofito defifteret, requirens omnefquod affifterent viæ fuæ.

Item quod iterùm ad tentandum fi poffet emolliri, fuit ex parte Collegij Cardinalium per 4. Cardinales requifitus de acceptando viam Ceffionis ad bonum vnionis & fcandalis obuiandum; fed totum recufauit expreffè: cum tamen per acceptionem huius viæ fcilicet mutuæ Ceffionis, oftendiffet fe verum Paftorem dolentem de diuifione matris Ecclefiæ, fcilicet mater volens diuifionem filij euitare, de quo in Capitulo afferte 1. habuiffet Cardinales, Reges, Clerum & populum in adiutorium, fcandalis obuiaffet, iuramentum feruaffet, & dediffet humiliter exemplum, & aduerfarium coëgiffet ad id faciendum; aut eo nolente alios prouocaffet ad cum deijciendum; ex hoc pax Ecclefiæ extitiffet; nec veniffet contra illud quod publice laudauerat per hoc dans occafionem multis variandi & temerandi iuramentum.

Item patet qualiter à fe abjecit confilium Cardinalium quorum confideratio agere debet in arduis, confilium Regum, Principum ac Cleri Majoris partis obedientiæ fuæ, qui poterant iuuare ad vnionem, per hoc formans Schifma & reddens aduerfarium obftinatum.

Item videns receffum prædictorum ab obedientia dictus B. muniuit turrim magnam fupra Pontem Auenionenfem Gentibus & armis, & portam claudi fecit, vt non pateret ingreffus vel egreffus ex parte Regni Franciæ, & Pontem ligneum comburi fecit, & ex caftro in quo erat contra Ciues per modum infultus fecit proijci lapides viritones & ignem: ex quibus multi funt interfecti; domus combuftæ, fpecialiter Ecclefia Cathedralis S. Mariæ, propter quæ oportuit Ciues vi capere dictam turrim & palatium reftinguere.

Item per medium quorundam Ambaffiatorum Regis Arragonum qui illis temporibus ad dictum B. mittebantur & facri Collegij fuit inter dictum B & inter ciues accordatum quod ceffaret via facti. Et dum Cardinales & Ciues crederent effe pacificè; dictus B. fecit Pillardos & Gentes armorum intrare comitatum Venayffini: deprædauerunt, homines occiderunt, infinita mala fecerunt, & per flumen Rhodani fimiliter in galeis fecit intrare homines armorum qui impediti ventis & tempeftaribus Dei mifericordia propofitum non impleuerunt. Et ad eandem obftinationem

1403.

H ij

„ declarandam videtur satis seruire illa dilatio grandis comæ atque barbæ
1403. „ quæque à SS. Patribus in diuersis Concilijs est prohibita, quam ipse B.
„ continuè detulit ab ipso tempore.
„   Item prædictis non obstantibus, periurijs, dilationibus, obstinationibus
„ est & in eisdem perseuerans, nihilominus celebrat non dijudicans Corpus
„ Domini ex quo Ecclesiam scandalizat, credens videlicet aut demon-
„ strans non esse peccatum in tali statu celebrare: ex quo suspicio de hære-
„ si multiplex insurgit.
„   Quibus visis notandum quod lex diuina talibus comminatur Zach. 11.
„ Ecce ego visitabo Pastorem qui delicta non visitabit, dispersum non quæ-
„ ret, contritum non sanabit, & quod stat non enutriet, & carnes pinguium
„ comedet, & vngulas eorum dissoluet. O Pastor & Idolum derelinquens
„ gregem! gladium super brachia eius, & super oculum dextrum eius; bra-
„ chium eius ariditate fucabitur & oculus dextræ eius tenebrescens obscura-
„ bitur; ad quod concordat Ezech. 34. Ex quibus patet quod talis Pastor etiã
„ Papa adstrictus lege diuinâ dejectionem meretur, &c. Quia ergo Schis-
„ maticos ad vnitatem Ecclesiæ non reducit, sed in Schismate fouet & fir-
„ mat, nec suos nutrit, sed dissipat & diuidit contra legem Euangelicam
„ Io. 17. vbi præcipitur, vt vnum simus, & Apostoli, seruare vnitatem spi-
„ ritus in vinculo pacis, meretur dejectionem à sua dignitate ex legis diui-
„ næ dispositione. Et hoc sit 1. Conclusio. 2. Conclusio; Recusando Cessio-
„ nem & alias vias oblatas pro vnione in Ecclesia Dei procuranda, incurrit
„ B. pœnam periurij, quod tam graue & enorme esse deprehenditur, quan-
„ tum ex hoc euidentius sequitur animarum periculum quasi irreparabile:
„ & sic visis circunstantijs enormius crimen infidelitatis & idololatriæ, 24.
„ quæst. 1. non auferamus quod notorium reputatur, &c.
„   3. Conclusio est quia B. recusauit Cessionem & alia supradicta, Schis-
„ ma nutrit & firmat, obedientiam diuidendo: firmat Schisma & facit non
„ solum negligendo, sed cooperando & authoritatem præstando & con-
„ tra Religionem multa faciendo, prædicando & pertinaciter asserendo,
„ faciens Christianos discedere ab Euangelij veritate, quo præcipitur vni-
„ tas in Christo, & seruare vnitatem spiritus in vinculo pacis, vt dictum est
„ omnes quoad se attinet, venire facit, contra Artic. VNAM SANCTAM, &c.
„ contra quam peccant Schismatici qui inueterati & firmati hæretici cen-
„ sentur, &c.
„   4. Conclusio quia D. B. turbat & peruertit generalem Ecclesiæ sta-
„ tum, secundùm quem debemus esse sub vno capite quem repræsentat ve-
„ rus Papa, etiam eius vicem gerit secundum iura vulgata: etiamsi ex hoc
„ contra fidem non peccaret verus Papa, si sit in hoc pertinax, à Concilio ac-
„ cusari potest, & fortius vbi statum Ecclesiæ peruertendo Fideles facit à
„ fide, aut Euangelij veritate discedere, vt in casu nostro; quia in talibus
„ Concilio Ecclesiæ subesse facit dictum Gregorij 16. dist. &c.
„   5. Conclusio quia Benedictus non obstantibus responsionibus & ra-
„ tionibus supra tactis quibus nullo modo acquiescere voluit, viam tenuit,
„ prædicauit, tenet & asserit pertinaciter à qua corrigi, aut auelli non po-
„ test, per quam Intrusus, de Schismate & hæresi damnatus, ab Ecclesia præ-
„ cisus & impœnitens non reconciliatus in Papam assumi poterat, eidem-
„ que Intruso sine Ecclesiæ & Cardinalium Concilio communicauit, & re-
„ uerentiam Papalem exhiberi voluit errori & operibus suis malis com-
„ municando, &c.
„   6. Conclusio quia B. processum prædictum contra suum Confesso-
„ rem Vincentium comburi fecit, nec pati fecit vt veritas videretur, &
„ ministraretur Iustitia, ipsumque vt prius tenuit & tenet in sua familia-
„ ritate, fautor & defensor hæreticæ prauitatis existit: quod quantum cri-
„ men sit & quæ præsumptio insurgat, colligitur in C. Excommunicamus
„ §. Credentes de hæreticis, &c. Pertinacia autem sua euidenter videtur
„ deprehendi. 1. quia licet fuerint factæ monitiones per Cardinales, pluri-
„ bus præsentibus & ostensæ rationes de inutilitate viæ practicæ suæ ad

vnionem habendam, de periculis, dilationibus, erroribus in fide si ad effectum deducerentur, ac per suos modo, Schisma nutriebatur & nouum 1403.
inducebatur, errores oriebantur & scandala; in Ecclesiæ status & animarum subuersionem, pertinacius tamen opinionem suam tenuit, &
errores tactos pertinaciter defendit & omnes vias oblatas refutauit, &c.

Nunc respondetur ad aliqua quæ videntur eum excusare. 1. quia B.
obtulit viam Iustitiæ vt videatur veritas quæ vincit & præualet: & sic
non est in culpa C. consuetudo. 8. dist. licet Cessionem recuset, quia debet esse vltima, scilicet cum aliter scandalum Schismatis sedari non potest. Etsi Cardinalis, aut Rex scandalizatur, quia Cessionem offerunt
& se substrahunt, cùm hoc scandalum oriatur ex malitia quia veritatem
nolunt amplecti, & ex quadam auctoritate hoc defendunt, non est veritatis persecutio; propter hoc omittenda, vt dicit S. Thom. 2. 2. q. 97.
art. 1. Sed ista ratio non obstat 1. quia pro veritate habenda amplius
10. annis laboratum est, & constat quod non profuit, ex quo cum alijs
multis necessitas Cessionis per Cardinales & alios conclusa fuit, iuxta §.
pro graui, &c. cum aliter debitè Schisma sedari non possit, &c. Præterea illa via non excusat, quia est plena erroribus, vt est deductum, cum
non per Concilium vniuersale quod semper refutauit, sed per Compromissum per quod Ius non habenti constitui non potest, nec illo titulus
dari, nec vitium purgari. Et quod vno contradicente cuius intersit provt de multis constat, effectum habere non potest, obtulerit veritatis prosecutio cum certis pactis & modis à Iure reprobatis, &c. Præterea etsi
scandalum ex eorum malitia proueniret & se substraherent, vel ex malitia in diuisione permanerent, adhuc Cessio locum haberet, per C. *Nisi*
cum pridem §. *propter malitiam*, & §. *pro graui*. Et si dicatur, non habet locum quando malitia defenditur ex authoritate velut licitè vt in C. final.
de Pe. dist. 5. Hìc dicitur dupliciter quod veritas, vel rigor iuris non ob-
mittitur, quando malitia, &c. Nec multitudini est standum: hoc verum,
quando non est periculum standi iustitiæ, aut veritatem prosequi & illâ
vti. Et sic procedit objectio. Vbi verò veritas Iustitiæ, vel rigor iuris, si ob-
seruarentur, inducerent maius periculum, aut scandalum, etiam licet malitia authoritate defendatur, relinquitur veritas Iustitiæ, vel rigor iuris;
Probatur 4. dist. denique 13. d. cap. 1. & 2. No. glos. 6. dist. cap. 1. super
verbo Rescindendo. Modò ita est quod per viam B. quam dicit Iustitiæ
quæ plena est erroribus, & per quam non potest dari pax, vt dictum est,
sequerentur & animarum pericula & scandala inaudita & perpetuatio
Schismatis. Ideo posito quod hoc esset malitia quæ ex authoritate etiam
defenditur vt licita, omittendus est rigor Iustitiæ & veniendum ad Cessionem in qua nullum peccatum, aut scandalum, sed summum bonum
consistit, teste Paulo Orosio vbi supra. Et quod pro periculo Schismatis
vitando obmittatur, veritas Iustitiæ, est authoritas Hieronymi quam inducit S. Thomas 2. 2. quæst. 41. artic. penult. 1. art. facit C. ponderet in
fin. l. dist vt constitueretur.

Puta sic. 2. solutio. ad veritatem & iustitiam pertinet quod illa vtamur
inquantum per illam proficere possumus, peccata corrigere & errantes
emendare: cum ad illum finem veritas iustitiæ dirigatur 4. dist. *factæ sunt*
leges. 23. qu. 5. *prodest*. Vbi ergo prosecutio Iustitiæ non potest præmissa
complecti, sed potius executio maiora mala induceret, omittenda est,
etiam si malitia defendatur 4. dist. *denique*. Et B. Thom. vbi supra. Ita
quod in tali casu sincera charitas subueniet, rigor iustitiæ prodesse non
potest. C. *ponderet*, &c. Quæ charitas in dicto B. fuisset si Cessionem obtulisset, quando videbat prosecutionem Iustitiæ prodesse non posse, sed
potius obesse.

Per præmissa soluitur quod allegatur pro via D. B. quod de titulo Be-
neficiali potest fieri Compromissum per modum amicabilis compositio-
nis iuxta C. super eo de transact. Quod autem allegatur quòd aliàs de
Schismate fuit Compromissum in Regem..... Non obstat quia ibi vtraque

pars consensit. Hic dissentit aduersarius & multi alij quorum interest. Præterea ibi interuenit Concilium Prælatorum propter hoc conuocatorum: hoc autem Concilium refutatur per B. & ita de illo casu ad præsens argui non potest: & sic nec dicta via, nec eius oblatio iuuat B. permaximè cum Collegium Cardinalium contradicat illi viæ ex iustis & rationabilibus causis supra tactis, sine quorum consensu talem submissionem facere non potest, &c.

Nec obstat quod allegatur, aut allegari potest per B quod ex quo ipse offert viam Iustitiæ, licet viam Cessionis non acceptet, contumax, periurus vel pertinax dici non potest, donec hoc fuerit determinatum per Concilium iuxtà Glos. C. si duo 79. dist. Quia cum euidens sit, quod via sua est erronea & nullo modo procedit, maximè contradicente aduersario & alijs quorum interest, maximè etiam quia maior pars fidelium illam non complectitur: Et quod B. in hoc se submisit arbitrio Cardinalium, de hoc referre non potest quæstionem; cum viam Cessionis medio iuramento acceptauerit, si DD. Cardinalibus, vel maiori parti expedire videretur, quibus ita visum est; & ideo contradicere, vel recurrere ad alterius cognitionem non potest, &c.

Nec excusant B. protestationes per eum factæ quod generaliter tenet, quod prædicat & tenet Ecclesia Catholica & quod semper est paratus veritati acquiescere; quia per factum contrarium sublata est ista protestatio; nam frequenter monitus, quod recederet à prædictis erroribus: & sibi ostensum est publicè & secretè per claras rationes; sed respondere noluit, aut acquiescere obstinatâ mente & pertinaciâ; & sic non excusat potestatio propter factum protestatum contrarium, De Leg. Institutis *Cum Martinus*, cum nostro. 24. q. 3. dicit Apostolus. Quod autem posset allegari pro sententia Papæ præfertur sententiæ Ecclesiæ iuxta Glos. C. *quodcunque* 24. qu. 1. & sic via D. B. debeat præferri viæ Cardinalium & aliorum quoruncunque. Nec obstat quod B. hanc prærogatiuam à se abdicauit, submittendo arbitrio DD. Cardinalium expressè de Cessione cum iuramento; ideo contra hoc venire non potest, &c.

Adhuc dicunt aliqui quod iurauit renuntiare, si Cardinalibus videretur expediens: sed non iurauit offerre, nec alias vias de quibus supra tactum est, & sic non potest notari de periurio. Dic quod tenetur per tenorem scedulæ iurare, per quam patet quomodo iurauit prosequi per omnes vias rationabiles sine impedimento & dilatione vsque ad Cessionem inclusiuè. Et ideo vias præmissas refutando, & etiam Cessionem & impedimenta præstando contra iuramentum à se præstitum temerè venit; & ita de hoc restat iudicandum, attento tenore scedulæ: quo attento non periurium, sed plura periuria commisit, iuxta C. *sicut, de Testibus*.

Non obstat ad præmissa, si dicatur quod B. non tenetur nisi alio cedere volente, & cum aduersarius Cessionem recuset, B. non tenetur Cessionem offerre: quia talis oblatio non prodest iuxta C. cum Contingat de Off. deleg. &c. quia scedula iurata hoc non habet. Et potest esse quod alio non cedente seu Cessionem non acceptante, Cardinales possent dicere quod B. cedat pro bono vnionis. Et si propter pertinaciam suam, vel aliter se inutilem redderet ad vnionem habendam: quo casu ipse cedere tenetur & illud possunt dicere DD. Cardinales fore expediens pro bono vnionis, & ipso remoto, alius vtilis ad hoc substitueretur facit *C. nisi pridem §. propter malitiam*, & §. *pro graui*, &c Et sic cum denegando Cessionem seu obligationem Cessionis diuiserit à se Collegium, ac principales suæ obedientiæ Reges, sine quibus viriliter ad vnionem intendere non potest, de iure & per iuramentum prædictum, si DD. Cardinalibus videatur expedire, prout dicunt, renunciare tenetur. Aliter dicitur, quod etiam aduersario recusante facere Cessionem, ipse B. tenebatur eam offerre; cum per hoc colligasset sibi Collegium suum, Reges & Principes obedientiæ suæ, & sic fortiorem se reddidisset, & aduersarium debilitasset, & ad vnionem Ecclesiæ procurandam bonum exordium dediſſet, ac etiam ſcandalum ſuæ obedientiæ euitaſſet & diuiſionem ; cum ad omnia vtilia vnionis per iuramentum obligatus exiſtat, qui ſi pro præ- miſsis aſſequendis & euitandis tenebatur ſe morti exponere, multò for- tiùs Ceſsioni.

Nec obſtat quod dicit Gloſ. in ſumma 24. quæſt. 1. *Didicimus* quod Schiſma non cadit in Rom. Pontificem, vt ex hoc dicatur hæreticus, nec propriè in Schiſma cadit: quia eo reſpectu quo quis ſe diuidens à Capite Schiſmaticus dicitur, Papa Schiſmaticus dici non poteſt, cum à ſe ipſo vt eſt Caput Eccleſiæ, vel vice capitis gerens diuidi non poſſet; ſed eo reſ- pectu quo facit, vel patitur quod membra à ſua recedant obedientia, & inter ſubditos inualeſcat diuiſio, vel iam diuiſos fouet in Schiſmate, vnio- ni impedimenta præſtando, & extirpationem Schiſmatis negligendo, tunc Schiſmaticus dicitur & Schiſma fouere cenſetur, & erga Eccleſiam fidem non obſeruare, vt dicit textus 24. q. 1. &c. Non obſtat quod alle- gatur quod Roboam cuius culpâ decem tribus diuiſæ ſunt à Regno, ta- men Schiſmaticus non dicitur; ſed ipſæ decem tribus ſe diuidentes, vt 7. q. 1. Denique, quia culpa Roboam non fuit cauſa immediata illius di- uiſionis, ſed potius culpa patris ſui idola adorantis, vt patet in eadem hiſtoria. Sed culpa B. eſt cauſa proxima & immediata diuiſionis nouiter exortæ & durationis antiquæ. Et ideo Schiſmaticus dicitur, & Schiſma fo- uere cenſetur: ita ſoluitur contrarium quod formatur circa finem C. *cum in cunctis de Electione.* C. *Quia Diuerſitatem & Conceſſ. præb.* Præterea eſt opinio Innocentij C. *Inquiſition.* de ſentent. excomm. quod ſi Papa præ- cipiat aliquid quod ſapiat hæreſin: vel ex quo timeatur ſtatus Eccleſiæ perturbari, vel multa mala ſequi, ei non eſt obediendum; ſed ſi conſide- rentur ea quæ ſupra præmiſſa ſunt; ex hijs quæ fecit & facit B. dixit & aſſeruit ac paſſus eſt, notatur ne dum de hæreſi, imò & clarè de Schiſma- te, ac turbatur ſtatus vniuerſalis, & mala quæ enumerari non poſſunt, ſequuntur, & ideo ab eius communione recedi potuit; ad hoc ne pluſ- quam oporteat ſint ſubditi, quia ſic compellerentur eius vitia venerari.

Et licet prædicta ſupradicta in facto veritatem contineant, tamen opor- tet quod de prædictis B. audiatur & conuincatur, quod fieri non poteſt ſine Concilio ſuæ obedientiæ, quod eſt iudex competens iuxta No. art. 1. in fidei de hæret. in 6. cum alleg. per quod patet quod eſt neceſſe quod Concilium declaret vtrum Papa eſſe deſierit, vel à Papatu veniat deij- ciendus, vel non; aliter enim ſi ex prædictis cauſis Papa eſſe deſierit an- te declarationem, alius loco eius eligendus non eſt: Cum nihil aliud eſſet quàm nouum Schiſma in Eccleſia inducere in magnum Eccleſiæ & fidei ſcandalum, vt docet experientia ex principio iſtius Schiſmatis; licet ante dictam declarationem ſcientes veritatem præmiſſorum potuerint à ſuo conſortio, ſeu communione recedere, vt ſupra eſt tactum.

Rex Aureliano ſuadente Concilium conuocat Prælatorum ad diem 18. Maij, quorum prætentatis animis, Aurelianus fautores ſuæ Partis con- uocat die 28. abſente Rege, abſentibuſque Biturigum & Burgundorum Ducibus, & intellectâ vnanimi omnium voluntate Regem quoque fa- cile adducit ad reſtituendam obedientiam. Ergo eadem die hora 3. poſt meridiem, abſentibus Prælatis Rex pro ſe & ſubditis Regni reddit obe- dientiam plenariam D. Benedicto, vt legitur in vetere MS Victorino, præſentibus Cardinalibus, Preneſtino qui Pictauienſis dicebatur, & Salvciarvm ob hanc rem à Benedicto ad Regem miſsis. Cumque die 30. conueniſſent Prælati & alij Clerici, Franciæ Cancellarius expoſuit & declarauit factam à Rege determinationem prædictam ſuper reſtitutio- ne obedientiæ, *quodque, vt legitur in illo MS. D. Dux Aurelianenſis ſe fe- cerat fortem de habendo Bullas D. Benedicti ſuper aliquibus contentis in ſcedu- la, cuius tenor ſtatim ſequetur; propter quod petebatur ab eiſdem Archiepiſco- pis & Epiſcopis præſentibus, ſi videretur eis aliquid dictæ ſcedulæ addendum, di- minuendum, aut corrigendum, aliquibus dicentibus ſe velle obedire in omnibus prædicti Regis ordinationi: alijs petentibus deliberationem ſe habere de prædictis* cum suis Episcopis Prouinciæ. Cumque sic haberentur negotia, repente ex parte Regis mandatum est pro dictis DD. Ducibus ibidem præsentibus, quatinus ad eum accederent apud S. Paulum, omnibus omissis. Erat autem tunc hora vndecima; & iam erat Rex promptus equum ascendere pro eundo ad Ecclesiam B. Mariæ Cathedralem Paris. Ecclesiam, ad quam statim iuit, & dicti Domini Duces cum eo: ac magna multitudo Prælatorum & Cleri: & ibidem in dicta Ecclesia dictus Dominus Cardinalis Prenestinus Missam celebrauit de S. Spiritu, & M. Petrus de Alliaco Episcopus Cameracensis fecit sermonem ad Populum; in quo publicauit dictam Regis determinationem de restitutione, ac etiam tenorem scedulæ, de qua supra mentio & cuius tenor sequitur.

S'ensuit la copie de la Cedule faite de la voulenté & consentement de Monseigneur le Duc d'Orleans & publiée par le Roy, si comme il est dit cy-deuant, en l'Eglise Nostre-Dame de Paris.

„ LA determination & declaration faite par le Roy nostre Sire, le 28.
„ iour de May 1403. sauue & demourant en sa vertu & le serment par
„ luy fait, presens, &c. le Roy estant à Nostre-Dame le plus solennelle-
„ ment que faire se pourra, fera publier son intention & declaration des-
„ susdites, presens Nosseigneurs les Ducs.
„ 1. Item Monseigneur le Duc d'Orleans se fait fort d'auoir Bulles de
„ nostre S. Pere, de l'acceptation de la voye de Cession en trois cas, sça-
„ uoir, *Aduersario cedente, decedente, vel ejecto*; cas contenus en l'instrument
„ que Mondit Seigneur d'Orleans a sur ce.
„ 2. Item que mondit Seigneur d'Orleans se fait fort, comme dessus,
„ d'auoir Bulles de nostre S. Pere, par lesquelles il reuoquera toutes pro-
„ testations, si aucuns en a faites, contre la voye de Cession; & reuoquera
„ & annulera tous procés, si aucuns en a faits, ou fait faire par occasion
„ de ladite substraction & qu'il ne fera faire doresenauant.
„ 3. Item que des aucuns articles contenus ou Traitté des Cardinaux
„ entant qu'ils regardent le Roy & son Royaume, Mondit Seigneur d'Or-
„ leans se fait fort d'auoir Bulles, comme dessus, afin que le Roy & autres
„ de son Royaume s'en puissent aider.
„ 4. Item que nulle discussion ne sera iamais faite de la soubstraction en
„ Concile general, ne autre part, & toutes iniures qui ont esté faictes ou
„ dictes à cause d'icelle & empeschemens donnez d'vne part & d'autre
„ soient annullez & pardonnez: & Mondit Seigneur d'Orleans se fait fort
„ d'auoir Bulles, comme dessus.
„ 5. Item que le Roy nostre Sire, suppliera à nostre S. Pere qu'il veille
„ moderer les charges qui sont sur l'Eglise de France: & nosdits Seigneurs
„ les Ducs, par le commandement du Roy, feront diligence de se poursuir
„ **par deuers nostre S. Pere.**
„ 6. Item le Roy, ne l'Eglise de France n'entendent point que aucune
„ chose soit innouée és Collations & promotions faites par les Ordinaires
„ pendant la substraction. Toutesfois si aucunes desdites Collations & Pro-
„ motions estoient alleguées, estre nulles, ou non valables, ou annullées par
„ Symonie ou autre cause raisonable selon droit, non touchant la substra-
„ ction, le Pape en fera ou pourra faire ce qu'il appartient de droit, Iustice
„ & raison. Et aussi il pourra confirmer lesdites promotions ou aucunes
„ d'icelles, au profit & faueur de ceux qui les ont euës par lesdites Ordi-
„ naires. Toutes voyes aucun empeschement ny sera mis pour quelscon-
„ ques Reseruations, ne vacation en Cour de Benefices qui ont vaqué du-
„ rant la substraction.
„ 7. Item le Pape celebrera vn Concile general de son obeyssance de-
„ dans vn an selon forme de Droit, le plustost que faire se pourra, ou quel
„ sera traitté & appointé de la poursuite de l'vnion dessusdite & des Re-
„ formations & libertez de l'Eglise, & des subsides & charges quelsconques

qui sont par la Cour de Rome sur l'Eglise de France. Et le Pape mettra à execution ce qui sera appointé & ordonné audit Concile.

8. Item pour auiser aucuns expediens sur ladite nomination & sur la poursuite de l'vnion, Réformation & bon regime de l'Eglise, seront par le Roy & l'Eglise de France en cette assemblée commises aucunes bonnes personnes de grande Science & de bonne Conscience, afin que la matiere qui pourroit estre traittée oudit Concile, soit aucunement par eux aduisée & disposée. Signé, CHARLES, IEAN, LOYS, PIERRE.

Interim tamen incerta Vniuersitas quam in partem se verteret, plura Comitia celebrauit, nec facile consensus haberi potuit: Theologica enim Facultas, Natio Gallicana & Picardica restitui volebant obedientiam, Facultates verò Decretorum & Medecinæ cum Natione Normanica refragari videbantur, conabanturque in suas partes Anglicanam adducere. At illa 23. Maij congregata conclusit neutrius se partis futuram, vt habetur in actis illius diei, ita scribente Procuratore Nation. Anglic. *Factæ fuerunt congregationes Facultatis Theologiæ, Nationis Franciæ, ac etiam Picardiæ super materia Ecclesiæ quando ventilabatur restitutio: quas Congregationes adiuerunt Decanus Facultatis Decretorum, ac etiam Procurator Nationis Normaniæ: fui requisitus ab omnibus adire cum prædictis Decano & Procuratore Congregationes illas ad supplicandum ex parte Nationis, quatenus starent in aliàs deliberatis per Regem & Vniuersitatem, nec attentaretur aliquid in oppositum. Quia verò nesciui intentionem Nationis super istâ materiâ, feci congregationem Nationis die memoratâ ad sciendum qualiter Natio vellet me debere facere in materia istâ, &c. Natio deliberauit super istâ materiâ, quod nequaquam deberem me facere partem pro restitutione facienda, vel pro laborantibus pro restitutione, nec etiam deberem me facere partem cum laborantibus ad oppositum: & voluit natio pacificé se gerere in ista materia: & fui requisitus à pluribus in Natione, quatenùs Ego non adirem aliquem Principem cum Rectore ad supplicandum in prædicto negotio: nec essem in particularibus Congregationibus siue Conuocationibus factis per Rectorem, vnde quouis modo oriri posset suspicio: sed Natio dixit se velle deliberare quando in Generalibus Congregationibus, aut Facultatis, aut Vniuersitatis haberet dicere rationem suam.*

Natio ista Anglicana constantissima semper fuit, & licet cæteræ Facultates & Nationes initio Schismatis Clementi VII. obedientiam præstandam esse censuissent, illa, licet non spretis Clementis beneficijs & fauore quem pollicebatur, nunquam adduci potuit vt comprobaret eius electionem, hocque à Rege impetrauit, ne cogeretur id facere, itaque cum Rex 30. Maij an. prædicti 1403. litteras suas ad Facultatem Artium & ad Vniuersitatem direxisset, vt secum restitutionem Benedicto facerent, illa sola Bonifacio constantissimè obedientiam præstitit: vt legitur in Actis illius diei. *Anno 1403. die verò 30. Maij, &c. Rex misit quasdam litteras Facultati Artium, ac etiam Vniuersitati, facientes mentionem de restitutione obedientiæ, quia Rex restituit eam, quòd etiam Vniuersitas restitueret. Natio super hoc deliberauit sic, quod ipsa priuilegiata mansit Parisius de gratia D. Regis sub obedientia alia, scilicet D. Bonifacij, in immunitate sua dixit se velle stare sub obedientia eius, sicut ante stetit & semper de particularibus respicientibus istam obedientiam Benedicti, Natio se non intromisit, quia Rex & Regnicolæ, qui obediunt illi, sciunt quid habent agere.*

Post multas tandem altercationes Vniuersitas, vnâ illâ exceptâ Natione, Regi suffragata est, ea lege, vt Benedictus promissis staret. Ergo die 30. Maij restituitur obedientia Benedicto, in eamque rem conficiuntur litteræ Regiæ, quæ non fuerunt tamen in Acta Curiæ relatæ ante mensem Iunium anni sequentis; tales autem sunt.

1403. *Restitutio obedientiæ facta Benedicto XIII. an.*1403.

„KAROLVS DEI GRATIA FRANCORVM REX. Summus omnium bo-
„norum dispositor & Creator qui sua miseratione nos ad Regni fasti-
„gium sublimare dignatus est, cuiusque Imperio cuncta creata subiecta
„sunt, sicut sibi placitum est, de his quæ inter mortales agitantur, ordi-
„nat; itaque quæ per sapientiam huius mundi concluduntur, interdum
„mutari disponit, hominum quoque mentes ad hæc aptat, vt prudentiæ
„virtutem insequentes, prout rerum ac temporum varietas exigit, sic se
„temporibus accommodent. Sane satis & meritò meminimus, nostræque
„mentis acies continua lugubrique meditatione reuoluit quæ & quanta,
„quàm dura, quámque nefanda pestis huius virulenti Schismatis, proh
„dolor! nunc & ab inueteratis diebus in Ecclesia sancta Dei discrimina
„parturijt, quot etiam per illud periculorum labyrinthis Orthodoxorum
„animæ subactæ sunt. Pro cuius extirpatione feruenti desiderio charita-
„teque succensi quibuscunque modis & vijs possibilibus, nullis parcendo
„laboribus aut expensis, pluribus congregationibus, frequentatisque con-
„sultationibus Prælatorum, Magnatum, Cleri & procerum Regni Del-
„phinatusque nostrorum super hoc habitis; nec non Ambaxiaris solemni-
„bus quamplurimis apud Reges multos & Principes Christianitatis ob
„hoc factis, totis nisibus curauimus laborare; & tandem vsque ad hoc de-
„uentum est, quod dictis Prælatis & Clero dicti Regni & Delphinatus
„nostrorum Pontifici Papæ Benedicto XIII. obedientiam sibi iam exhi-
„bitam debere substrahi quia viam Cessionis non acceperat sibi oblatam
„sub illa spe quod pro hoc vnio ipsius Ecclesiæ velocius sequeretur. Qua
„quidem Conclusione ad effectum deducta, etsi ad eam inducendam mul-
„tæ causæ & rationes appeterent; tamen fructus optatus, ac exinde spe-
„ratus minimè secutus est, intrususque; cuius pertinacia propter hoc per
„substractionem suorum sequacium flecti credebatur, nedum in aliquo
„depressus est, sed in sua duritia pertinaciùs, vt asseritur perseuerat, dicti-
„que sui sequaces non modò se à sua obedientia minimè substraxerunt,
„verum in sua obstinatione magis, ac magis roborantur. Quamobrem ijs
„in interiore nostra meditatione pensatis fructum illum à dicta substractio-
„ne speratum subsequi non videntes: attendentes etiam quod prout ad
„nostras aures per instrumenta publica & Charissimorum amicorum no-
„strorum Prænestini & Saluciarum Cardinalium, aliorumque fide dignorum
„relatus iam deuenit, præfatus summus Pontifex viam Cessionis ab eo re-
„quisitam acceptauit, ad finem quod per hoc vera vnio in Christi Ec-
„clesia subsequatur. Quam quidem viam Cessionis Intrusus super hoc plu-
„ries cum Instantia maxima requisitus acceptare pertinaciter recusauit:
„quanquam Sacrum Collegium sanctæ Rom. Ecclesiæ Cardinalium quos
„inter cæteros intrinseca huius rei penetratio mentalis accuratius punge-
„re videtur, præcedentibus maturis, consultisque deliberationibus, prout
„tantorum virorum discretorum interest & opus est, tanto facto inter ip-
„sum summum Pontificem & eos, & agitatis & conclusis à substractione
„per eos dudum facta omnimodè desistentes Præfato summo Pontifici suam
„plenam obedientiam restituere decreuerunt, firmissimè confidentes, vt
„asserunt, quòd per hoc ad dictam vnionem citius poterit deueniri. Qua-
„propter præmissis permotus noster animus quem semper ad ea quæ dictæ
„vnionis proficua viderentur promptissimum habuimus & habemus, vesti-
„gia Progenitorum nostrorum imitantes, qui nunquam in factis vniuer-
„salis Ecclesiæ defuisse leguntur, sed semper in hijs adesse veritati; Notum
„facimus vniuersis præsentibus & futuris quod Nos in Domino cuius cau-
„sa agitur, spem ponentes quod per restitutionem obedientiæ per Nos
„dicto summo Pontifici faciendam amœna pacis Ecclesiæ sanctæ Dei sola-
„tia, nobis cæterisque Principibus huius obedientiæ inuicem in veræ fidei
„charitate vnitis, poterunt facilius & citius procurari; de consilio & assensu

Chariſsimorum Patruorum noſtrorum Ducum Bituriæ & Burgundiæ, Germaniqué noſtri Ducis Aurelianenſis & auunculi noſtri Ducis Borboniÿ, de conſilio præterea Prælatorum, *Vniuerſitatum Pariſienſis, Toloſanæ, Angedauenſ. & Monſpeſſul.* Procerum ac Nobilium plurimorum Regni noſtri ſuper hoc ex intentione à nobis euocatorum, in ipſius Dei nomine quem ſolum habemus præ oculis, ipſam ſubſtractionem in dictis Regno & Delphinatu noſtris de cætero ceſſare & nullius roboris in futurum eſſe decernentes, veram obedientiam Præfato ſummo Pontifici Benedicto Papæ XIII. pro nobis toto Regno & Delphinatu prædictis ſubditiſque noſtris quibuſque & cuiuſque ſtatus & conditionis exiſtant, de noſtrâ certâ ſcientiâ, maturâque deliberatione habitâ cum prædictis reſtituimus; eidemque ſummo Pontifici tanquam Papæ & vero Vicario D. noſtri Ieſu Chriſti deinceps per ipſos ſubditos noſtros obediri volumus, declaramus; ſancimus, præcipimus & mandamus; ſicut anteactis temporibus ſummis Pontificibus S. Rom. Eccleſiæ per eoſdem extitit obeditum; diſtrictius inhibentes cunctis ſubditis noſtris iam dictis, quatenus Sanctionem & declarationem noſtras preſentes nullatenus infringere præſumpſerint; ne indignationem noſtram cum graui animaduerſione ſe ſenſerint incurſuros. Mandamus inſuper & expreſſius iniungimus vniuerſis Iuſtitiariÿs noſtris & eorum cuilibet, prout ad eum pertinuerit, quatinus reſtitutionem huiuſmodi & omnia ſupraſcripta in cunctis locis famoſis & notabilibus Iuriſdictionum ſuarum, vt ad omnium notitiam deducantur, faciant ſolemniter ac etiam celeriter publicare, & quos contra facere repererint, grauiter ſic puniant, quod cæteris cedat in exemplum. Quod vt perpetuæ ſoliditatis robur obtineat, noſtrum præſentibus fecimus apponi ſigillum. Datum Pariſius, die penult. Maÿ an. Domini 1403. & Regni noſtri 23. Sic ſignatum per Regem, DD. Ducibus Bituriæ, & Burgundiæ, Aurelian. & Borboniÿ vobiſque & quamplurimis aliÿs de Magno Conſilio præſentibus. P. FERRON. lecta & publicata in Curia 19. Iun. 1404. Sign BAYE.

" 1403.

Hoc modo Reſtituta eſt Benedicto Obedientia: & quia ſubſtractionis tempore Ordinariÿ plurima Beneficia contulerant, Rex aliÿs literis notum eſſe voluit, eiuſmodi Collationes pro eo tempore factas valituras, deinceps verò Benedictum ſuo iure vſurum.

CHARLES PAR LA GRACE DE DIEV ROY DE FRANCE. A tous ceux qui ces preſentes lettres verront, Salut. Sçauoir faiſons que comme à grande & meure deliberation, & par le Conſeil des Seigneurs de noſtre Sang & lignage, des Gens de noſtre grand Conſeil, les Prelats de S. Egliſe, Vniuerſitez & Clergié de noſtre Royaume, pour le bien & auancement de l'vnion de S. Egliſe & autres Cauſes iuſtes & raiſonables qui à ce nous meuuent. Nous & l'Egliſe de noſtre Royaume & du Dauphiné, nous feuſſions pieça ſouſtraits de l'obeïſſance de noſtre S. Pere le Pape Benedict & euſſions ordonné queau Pape, à ſes Collecteurs, Procureurs & Officiers quelconques de quelque eſtat qu'ils feuſſent, ne ſeroit rien payé de Finances, prouffits, emolumens & charges quels qu'ils feuſſent & qu'ils ſouloient prendre & leuer parauant. Et que quand les Prelatures, Dignitez & Benefices Electifs ſeroient vacans, il y ſeroit pourueu par ceux auſquels l'élection en appartiendroit de droit & de couſtume. Et que les autres Benefices ſeroient conferez par les Ordinaires auſquels la collation en appartenoit, ſi comme il appert par nos lettres faites & publiées ſur ladite ſubſtraction. Et depuis pour pluſieurs cauſes & raiſons qui ſont ſuruenuës, & principalement en eſperance d'auancer le fait de l'vnion de l'Egliſe: Nous pour noſtredit Royaume & Dauphiné ayant rendu l'obeyſſance à noſtredit S. Pere pour le temps lors aduenir. Et faiſant ladite Reſtitution pour tenir les Egliſes & perſonnes Eccleſiaſtiques en paix & tranquillité, fut noſtre intention & ordonnaſmes entre autres prouiſions & ſeuretez que tout ce qui auoit eſté fait durant

I ij

le temps de ladite subſtraction tant de promotions comme de prouiſions
» de Benefices & autrement ſelon la forme & teneur de noſdites lettres,
» demouraſt en ſa force & vertu, & ce nonobſtant quelconques Reſerua-
» tions de Cour de Rome qui puiſſent eſtre au contraire. Et ainſi le fiſmes
» publier en plein Sermon en l'Egliſe Noſtre-Dame de Paris, le iour que
» ladite Reſtitution d'obeyſſance fut publiée. Et il ſoit ainſi qu'il ſoit ve-
» nu à noſtre Cognoiſſance que noſtredit S. Pere, par importunité de re-
» querans ou autremēt s'efforce ou veut s'efforcer d'empeſcher les Arche-
» ueſques, Eueſques, Abbés, Prieurs, Chanoines & autres Gens d'Egliſe
» qu'aucuns d'icelles és Prelatures, Dignitez & Benefices auſquels ils ont
» eſté pourueus & qui leur ſont conferez par les Ordinaires durant le temps
» de ladite ſubſtraction par vertu de noſdites Lettres & Ordonnances, &
» entend de debouter leſdits Prelats, Beneficiers & perſonnes d'Egliſe ou
» aucuns d'eux de leurs Prelatures, Dignitez & Benefices par voyes de
» Priuations, de Tranſlations, de Suſpenſions ou autrement & les confe-
» rer à autres perſonnes à ſon plaiſir, ſous ombre deſdites reſeruations ou
» autrement: Et outre il a enuoyé Collecteurs & Commiſſaires par les
» Prouinces & Dioceſe de noſdits Royaume & Dauphiné, leſquels pour &
» ou nom de luy & de ſa Chambre, veulent exiger les ſeruices ou vacans des
» Prelatures, contreindre & ont commencé à contreindre les perſonnes
» d'Egliſe, tant Prelats comme autres par monitions, excommunications
» & autrement indeuëment à payer tres-grandes & exceſſiues ſommes de
» deniers pour les reſtes des vacans ou ſeruices du temps paſſé depuis 40.
» ans ou plus, & auſſi pour les reſtes des Procurations & dixieſmes qu'il
» demande pour le temps deſſuſdit, & par eſpecial veult exiger les ſer-
» uices ou vacans des Prelatures, Dignitez & autres Benefices qui ont
» vaqué & ont eſté conferez par les Ordinaires, comme dit eſt, le temps de
» ladite ſubſtraction durant: & venant directement contre la forme & te-
» neur de noſdites lettres de ſubſtraction d'obeyſſance, & auſſi contre les
» Prouiſions & ſeuretez par nous ordonnées & declarées quand nous auons
» rendu ladite obeyſſance à noſtredit S. Pere, qui ſeroit contre toute rai-
» ſon & contre l'honneur de nous, de ceux de noſtre lignage & de noſtre
» Conſeil, & du Conſeil de noſtre Royaume & Dauphiné à tous ceux qui
» ont eſté conſentans de ladite ſubſtraction, & ſeroit ſemer debats, diui-
» ſions & haines entre nos ſubjects, tant Clers comme Laïs; & auſſi par tel-
» les Exactions ſeroient vuidées les finances de noſdits Royaume & Dau-
» phiné, & les perſonnes d'Egliſe miſes à telle pauureté & confuſion par
» Sentence d'excommuniement & autrement, qu'il faudroit que le diuin
» ſeruice ceſſaſt & ſeroit tout empeſché le fait deſſuſdit de l'vnion de l'E-
» gliſe & s'en pourroient enſuiuir pluſieurs autres inconueniens. Pourquoy
» nous ces choſes conſiderées, & que nous ſommes Gardien & Protecteur
» des Egliſes de noſdits Royaume & Dauphiné, voulant obuier aux incon-
» ueniens deſſuſdits & garder les libertez, droits & franchiſes des Egliſes
» comme tenus y ſommes; par grande & meure deliberation auons ordon-
» né & ordonnons par ces Preſentes que tous ceux qui ont eſté pourueus
» à Prelatures ou autres Dignitez & auſquels aucuns Benefices ont eſté
» conferez par les Ordinaires, comme dit eſt, ladite ſubſtraction durant,
» ſuppoſé que leſdites Prelatures, Dignitez ou Benefices feuſſent aupa-
» uant reſeruées, demeurent pareillement en poſſeſſion & ſaiſine de leurs
» Prelatures, Dignitez & Benefices & qu'ils en iouyſſent ſans empeſche-
» ment quelconque, & qu'ils ne ſoient contrains à payer au Pape ou à ſes
» Collecteurs ou Commis ou autre quelconque; aucune finance pour occa-
» ſion de vacans, de ſeruices, de procurations, dixiemes ou autres redeuance
» de quelconque temps que ce ſoit. Et en outre que toutes autres Gens d'E-
» gliſe de quelconque eſtat qu'ils ſoient, qui ont eſté promeus à Prelatu-
» res, Dignitez ou autres Benefices quelconques auant le temps de ladi-
» te ſubſtraction, & auſſi ceux qui ont eſté promeus depuis le temps que
» nous auons rendu l'obeyſſance à noſtredit S. Pere, ne ſoient tenus payer

aucuns arrerages pour vacans, seruices, procurations, dixiesmes ou autres charges quelsconques aux Collecteurs, Commis ou autres Officiers de Cour de Rome, de tout le temps pendant ladite restitution d'obeyssance & qu'ils en demeurent quittes & paisibles. Et se és poincts dessusdits ou aucuns d'iceux le Pape, son Chambellan, ses Commissaires, Iuges deleguez, ses Collecteurs ou autres Officiers quelsconques de Cour de Rome du Pape, ou d'autre vouloient faire le contraire, nous ne voulons que aucunement y soit obey en nosdits Royaume & Dauphiné : & commandons & defendons estroittement à tous Archeuesques, Euesques, Abbez, Prieurs, Chapitres, Conuens & autres personnes Ecclesiastiques ayans dignitez ou autres Benefices, qu'ils n'obeyssent en aucune maniere à ceux qui voudroient aucune chose attenter, deroger ou preiudicier à nos presentes Ordonnances. Si donnons en mandement, &c. Donné à Paris le 19. iour de Decembre, l'an de grace 1403.

Entiere & pleine Restitution d'obeyssance au Pape Benoist XIII.

CHARLES PAR LA GRACE DE DIEV ROY DE FRANCE. A tous Ceux qui ces presentes verront, Salut. Comme aprés ce que par grande & meure deliberation de nostre Conseil & en entention que plustost, plus aisément, plus conuenablement feussent & soient trouuées voyes conuenables par lesquelles nostre mere S. Eglise qui longuement a esté diuisée, donc c'est grand douleur, peust estre reduite à vnion, nous eusmes rendu & restitué à nostre S. Pere le Pape Benoist XIII. pleine & entiere obeyssance par tout nostre Royaume & en nostre Dauphiné, esquels par aucuns temps parauant en esperance que par ladite vnion se deust plustost ensuir, elle luy auoit esté soubstraicte : nous eussions ordené que nostre tres-cher & tres-amé frere le Duc d'Orleans allast de par nous deuers nostredit S. Pere pour luy requerir qu'il luy pleust octroyer ses Bulles sur aucuns articles contenus entre les autres en vne certaine scedule, laquelle fut leuë en plein Sermon, quand nous fismes publier ladite Restitution d'obeyssance, desquelles octroyer par nostredit S. Pere, nostredit frere s'estoit fait fort, & aussi pour luy requerir qu'il luy pleust condescendre à certains autres articles declarez & specifiez en ladite scedule lesquels auoient esté aduisez pour le bien de l'Eglise vniuerselle en faisant ladite restitution. Comme aussi pendant le temps que nostredit frere a esté deuers nostredit S. Pere & assez tost aprés son partement, pour ce que par aucuns fut dit & diuulgué que nostredit S. Pere n'auoit mie intention de octroyer lesdites Bulles ne de condescendre ausdits Articles, & ainçois que l'on ne sçeust, ne peust sçauoir ce que nostredit frere en auoit besongné deuers nostredit S. Pere, certaines lettres en nostre nom & passées en nostre Conseil ayent esté publiées en nostre Parlement à Paris & ailleurs en plusieurs lieux en nostre Royaume par lesquelles peut sembler a aucuns estre aucunement derogé à ladite Restitution d'obeyssance par nous renduë & faite à nostredit S. Pere comme dit est : desquelles lettres l'en dit la teneur estre telle. CHARLES PAR LA GRACE DE DIEV, &c. C'est la precedente du 19. Decembre 1403. Et depuis assez grand temps ladite publication desdites lettres nostredit frere soit retourné deuers nous de deuers nostredit S. Pere ; Et aprés qu'il Nous a fait sa relation en nostre Conseil, où estoient lors nostre tres-cher & tres-amé Cousin Loys Roy de Ierusalem & de Sicile ; Nos tres-chers & tres-amez Oncles, Freres & Cousins, les Ducs de Berry, d'Orleans & de Bourbon, les Comtes de la Marche d'Armagnac, le Sire d'Albret Connestable de France, plusieurs Prelats, Barons, Cheualiers & autres Notables personnes de nostredit Conseil. *Le Recteur & plusieurs Maistres & autres Supposts de nostre Chere & amée fille l'Vniuersité de l'Estude de nostre ville de Paris* & plusieurs autres en moult grand nombre, de ce que il a besongné vers nostredit S. Pere : en laquelle

" relation faisant il nous a dit & signifié la bonne & entiere volonté que
" nostredit S. Pere a de poursuir à son pouuoir par toutes bonnes voyes &
" manieres qui pourront estre aduisées, ladite vnion de nostredite mere
" S. Eglise, & le plus briefuement que faire se pourra ; & nous a monstré les
" Bulles de nostredit S. Pere faictes sur les articles contenus en ladite sce-
" dule, desquelles auoir il se estoit fait fort de nostredit S. Pere comme
" dessus est dit, & aussi certaines autres tant sur aucuns des autres articles
" de ladite scedule, comme sur autres choses faisans au grand bien, & à la
" reparation de ladite Eglise vniuerselle : lesquelles Bulles ont esté leues
" publiquement en nostredit Conseil & presens les dessusdits. Et auec ce
" Nous a dit & recité que nostredit S. Pere à nostre Requeste se est con-
" descendu à moderer les Charges de l'Eglise de nostredit Royaume &
" Dauphiné, tant pour le temps passé comme pour le temps auenir, &
" desia a pour ce ordené & deputé certaines notables personnes, auec
" plusieurs autres grandes & notables paroles à luy dites par nostredit S.
" Pere touchant ces faits desquelles mettre à effet, Nostredit S. Pere est
" en tres-bon & ferme propos & volonté, si comme nostredit frere nous a
" relaté publiquement en nostredit Conseil. Sçauoir faisons que après ce
" que sur la Relation de nostredit frere nous auons eu meure & grande de-
" liberation, auec plusieurs grands, sages & notables, tant des plus prou-
" chains de nostre Sang, comme de nostredit Conseil, considerans ladite
" affection que nostredit S. Pere a, & les voyes qu'il offre pour venir le
" plus briefuement que faire se pourra à ladite vnion, la diligence qu'il y
" met & se offre à y mettre, & les bonnes manieres qu'il y veut estre tenuës,
" comme nostredit Frere nous a relaté, auquel nous adioustons en ce
" pleine foy & plusieurs autres choses qui à ce sont à considerer; en en-
" suiuant la voye par nous prise de ladite Restitution d'obeyssance, faicte &
" renduë à nostredit S. Pere, & en la confortant & corroborant, auons ren-
" du & rendons graces à Dieu du bon propos auquel est nostredit S. Pere,
" comme estre le doit ou fait dessusdit & auons acceptables tant les res-
" ponses qu'il a faites à nostredit frere, comme tout ce que nostredit fre-
" re a besongné és faits touchant ladite Eglise pour lesquels nous le auions
" enuoyé deuers luy & en remercions nostredit S. Pere de bon cuer. Et
" lesdites Bulles apportées par nostredit frere auons fait prendre & rete-
" nir pour nous & en nostre nom, par nostre amé & feal Chancelier pour
" icelles estre mises & gardées en nostre thresor ; & auons ordené, vou-
" lons & mandons que nos lettres faites sur ladite Restitution soient pu-
" bliées par tout nostre Royaume & en nostre Dauphiné, se elles ne l'ont
" esté, & quelles soient tenuës & gardées selon leur forme & teneur. Et
" pour ce que nosdites lettres dessus transcriptes derogent aucunement,
" comme il peut sembler à ladite Restitution d'obeyssance par nous faite
" à nostredit S. Pere, Nous par la deliberation de nostredit Conseil les
" **auons reuoquées, cassées & rappellées, & par ces presentes les reuo-**
" quons, cassons & rappellons ; Et voulons que les choses & besongnes
" soient & demeurent en tel estre comme elles estoient auant le date des-
" dites lettres dessus transscriptes & la Concession, ou Confection d'icelles;
" Et en outre voulons & mandons que nonobstant icelles soit obey par-
" tout nosdits Royaume & Dauphiné & par tous nos subjets, à nostredit
" S. Pere & à ses Officiers, Collecteurs & autres, ainsi & par la forme
" maniere que es temps passez parauant ladite substraction, y a esté à luy
" & à ses predecesseurs qui ont esté pour le temps. Si donnons en man-
" dement, &c. Donné à Paris le 9. iour de Iuin, l'an de grace 1404 & le
" 24. de nostre Regne.

Plurimi Historici accusant Consilium Regium leuitatis & imprudentiæ, quod Restitutionem obedientiæ conclusisset inconsideratius : cum in eo nihil cautum esset de Confirmatione Electionum, Consecrationum, Collationum quæ tempore substractionis ab Ordinarijs factæ fuerant. Nam cum in eam rem missi fuissent ad Benedictum Legati Regij &

Vniuersitatis, ille in suâ ferociâ perseuerans, confirmationem quam petebant, omnino denegauit. Princeps Legationis Vniuersitatis fuit M. Io. Gerson Cancellarius; cuius ad Benedictum Orationem subijcimus.

Oratio Legatorum Vniuersitatis ad Benedictum XIII.

BEnedic hereditati tuæ, SANCTISSIME PATER BENEDICTE! Benedic, obsecramus, vt secundum nomen tuum sit, & laus & operatio tua det benedictionem. Benedictus quoniam absque benedictione præuia eloquium nostrum prorsus esset inualidum, eloquium, inquam, quod ego seruus tuus pro parte & nomine hereditatis tuæ peculiaris quæ est VNIVERSITAS PARISIENSIS Præclarissima absque dubitatione & Primogenita studiorum habiturus sum cum istis Legatis suis præclarissimis & probatissimis certè viris Sanctitati tuæ fidelissimis, quibus associatus sum immeritus & dux verbi factus; & hoc te propitio PATER BEATISSIME, te benedicente, te benigno. Alioquin nisi tu Dominus dederis benignitatem, terra nostra quæ est hereditas tua, quo pacto dabit fructum suum? Nisi benedictionem dederit Legislator, subditi quibus passibus ibunt de virtute in virtutem? Denique nisi tu Dominus iusseris benedicere, quo ausu auderet Paruitas mea coràm summa tuæ Beatitudinis Celsitudine in conspectu huius celebris Conuentus indignum os aperire. IGITVR BENEDICTE PATER SANCTE! benedic tu mihi, benedic & hæreditati tuæ. Hanc ergo benedictionis gratiam reportare sperans à Beneuolentissimo & Serenissimo Sanctitatis tuæ Spiritu, aperio rursus fidenter os meum vtens compellatione singulari, non quidem pro indignitate, procul nefas tale, sed pro singulari dignitate, sicut tua singularis est dignitas, ne quis indignè ferat morem istum loquendi ad Deum & priscam SS. Patrum & Oratorum consuetudinem, & obsecrans dico Propheticâ imprecatione, *Benedic hereditati tuæ*. Hereditas hæc tua cuius benedictionem expetimus duplex inuenitur, Vniuersalis & Partialis, iuxta quod Orationem nostram in duos secernimus Articulos sicut ad duo principaliter missi sumus. Primum & hoc præcipuum est quærere pacem super Israël hoc est super Ecclesiam quæ est Vniuersalis hereditas tua. Hereditas mea Israël, ait ille, cuius Vicarius es in terris, & à quo tu Pastor illi, tu colonus & agricola supremus Prælatus es. Propterea sanè cum B. Martino cuius instat Celebritas felicem hanc virtutum suarum consummationem existimare debes, si pacem Ecclesiæ integram reliqueris. Alter proinde nostræ legationis articulus est benedictionem Gratiarum postulare pro altera hereditate tua quodammodo peculiari & quæ est Ecclesiasticæ hereditatis pars quædam florentissima & præclarissima & Electa, pace aliarum dixerim, de quo gloriari potes Prophetica exultatione, etenim *hereditas mea præclara est mihi*, hæc est humilis & deuota SANCTITATI TVÆ FILIA PARISISIENSIS VNIVERSITAS quæ cum Iacob non dimittet te nisi benedixeris ei, consurgente aurora benignitatis tuæ & serenitatis tuæ. Eget nimium vtraque hæreditas ista benedictione tua, ne aperiente manum tuam, manum tuæ benedictionis omnia impleantur bonitate, & Domini sit salus, & super populum tuum benedictio tua.

Inuasit itaque hæreditatem Ecclesiæ aper de sylua & singularis ferus depastus est eam. Oues quoque & cæteros armentorum greges hoc est populos simplices & omnes conditiones hominis miserando more & execranda penitùs diuisione disperserunt & hereditatem tuam vexauerunt; quam ego olim cladem Iuuenis Pastoriq carmine deplorans Etheus inquam.

1403.

Heu gregis impacata lues nimis! Heu graue ruris
Exitium experta! Heu pecoris pars altera semper
Aut perit externo insultu, suffert vel acerbos
Hærentésque cuti morbos, vicináve damna,
Qualia mysteria nunc patitur pecus, omnia postquam
Fato versa malo tempus tulit, & fuit error
Rixáque Pastorum sub quem me & innocuus grex
Ductorem trepidat, fugiunt pars altera Tibrim
Pars Rhodanum, nullo incerto pars altera sistit.

„ Tuum verò est, Pater Beatissime, talibus hereditatis tuæ calamitati-
„ bus obuiare, suæ desolationi opem ferre; suum quoque maledictionis
„ Schismaticæ opprobrium in Benedictionem pacis decoram & fortunam
„ immutare. Oues in hac hæreditate tua dispersæ sunt, tu eas collige; con-
„ fractæ sunt, tu alliga: sauciæ sunt, tu sana; errantes sunt, tu reuoca, per-
„ ditæ sunt, tu eas quæsitas & inuentas proprijs humeris & beatis benignus
„ imponens gregi suo consocia. Quod si aliquæ fortassis miserabili vicis-
„ situdine mutatæ sunt in lupos & belluas feroces & sæuas, vt de socijs
„ Vlyssis per Circen Poëtica & moralis est narratio, tu eas non enecare,
„ non perdere volueris. Bonis quidem & discholis debitor es, sapientibus
„ & insipientibus; sed potenti virtute benedictionis tuæ in misericordia &
„ mansuetudine tales rursus in Ouium simplicitatem transformare stude:
„ Si versa est pars hæreditatis tuæ in amaritudinem & salsuginem, ob pesti-
„ ferum Schisma, in similitudinem horrendi deserti & vastæ solitudinis, si-
„ cubi pro vuis labruscæ, pro frugibus infelix lolium & steriles dominan-
„ tur auenæ, vt Poëta loquitur: & vt scriptura ait, sicubi terra maledicta
„ spinas & tribulos germinat: Flabit Domine! spiritus tuus bonus & suauis,
„ fluent aquæ gratiarum, pinguescent speciosa deserti & tuæ benedictionis
„ irroratione renouabitur facies terræ, facies vniuersalis hæreditatis tuæ.
„ Nam & matrem humoris Philosophi Lunam vocant. At dices, magna
„ sunt ista nimis. Magna sunt, nec inficior, Pater Beatissime! imò maxima,
„ sed virtus Dei cui inniti te conuenit, immensa est. Omnia possum, inquit
„ Apostolus, in eo qui me confortat Christus. Sed maledictus qui confi-
„ dit in homine & ponit carnem brachium suum. Magna sunt propterea,
„ magno egent studio, cura, solicitudine, vigilijs & labore. Nam vbi in-
„ tenderis ingenium, valet, ait Iulius Cæsar apud Salustium Magna sunt,
„ propterea deserenda sunt exigua, & dispertienda linquendaque mino-
„ ribus. In hoc opus vnum præcellentissimum figendi sunt considerationis
„ oculi, mittenda est manus ad fortia, tempus quoque res omnium rerum
„ pretiosissima, in alijs non nisi parcissima raritate dispensandum, alioquin
„ tale aliquid fieret quasi quis piscaretur hamo aureo; iuxta verbum vnius
„ è Cæsaribus, aut quasi vile aliquid quæreretur in tenebris cum cereo 100.
„ aureorum; alioquin præterea rediret illa inculpatio Hierro ad Moysen,
„ stulto labore consumeris. Sic Petrus Clementem, sic Bernardus Euge-
„ nium, imò sic Apostolus Discipulum suum charissimum monuerunt. *Ne-*
„ *mo militans,* &c. *Secularia Iudicia,* &c. Et in Actibus Apost. *non est æquum,*
„ &c. Notiora sunt hæc quàm vt allegationibus indigeant. Magna deni-
„ que sunt ista pacis vniuersalis opera, quamobrem ea tecum à multis quæ-
„ rere conuenit: Nam vulgato prouerbio quod à pluribus quæritur, citius
„ inuenitur; & vbi duo vel tres congregati sunt in nomine meo, &c. in-
„ quit Christus, &c. Et quis est, ô Deus æquissime! quis est ex Christianis
„ Ecclesiæ filijs, qui non inniti debeat pro sua portione & vocatione tan-
„ tis opitulari miserijs? Quis tam luctuosæ desolationi? quis labefactioni
„ tantæ hereditatis tuæ non condolebit & condolens quis pro viribus non
„ obuiabit? Sed neque hoc prohibere quisquam nisi mentis inops volue-
„ rit, vt in communi periculo commune sit auxilium. Quod si parum pros-
„ perè successit hactenus labor plurimorum, non ideo desperandum, non

succen-

Vniuersitatis Parisiensis. 73

succensendum eis, non spernendæ prorsus operæ. *Non est in medico semper reluctetur vt æger. Nec semper feriet quodcunque minabitur arcus.* Neque enim qui plantat, neque qui rigat est aliquid, sed qui incrementum dat Christus. Et non mentiebatur qui dixit: *Timidæ sunt & incertæ prouidentiæ nostræ.* Si post primum naufragium Nauta nauem, & post prima vulnera miles aciem, & post vnam sterilitatem Rusticus agrum desereret, adscriberetur hoc non cautelæ, sed ignauiæ; & qui sic consuleret, ageret insulsè. Benjamitæ iussu Domini bis descenderunt in prælium, bis victi sunt, vt primum purgati, humiliati & eruditi victoriam tertio prælio sortirentur. Super omnia post opitulationem diuinam si pacem vniuersalem quærimus, non inefficaciter perquiramus, quæratur necesse est concors vnio huius obedientiæ tecum Pater Beatissime & secum, hoc est in capite & membris præsertim in præclarissimo, potentissimo, Christianissimo Franciæ Regno, cuius laudes quia per se celebres sunt, non enumero. Pax malè per Schisma & contentiones quæritur: Nam vbi diuisio perseuerat, audiatur quod omne Regnum intra se diuisum desolabitur, & quia *conueniet nulli qui secum dissidet ipse*. Absint igitur procul omnes animositates odiosæ. Non fiat aspectus retrorsùm in quibus periculis & procellis Nauis Ecclesiæ hactenus iactata sit, sed docti ab Apostolo extendentes nos & velum in anteriora, portum pacis optatum concordi laboris annisu petamus. Docent nos historiæ Gentilium præsertim Romanorum Consulum qui licet aliunde dissiderent hostiliter, mox in amicitiam conueniebant, dum Reipub. pax & vtilitas quæreretur. Hoc T. Liuius, hoc Valerius exemplis docent, & vetere Græcorum instituto Charistia seu communis Gratia fiebat pro communi vtilitate, non prorsus dissimiliter ab anno Iubilæo Iudæorum. Quod si filij Israel animo pacifico ibant ad prælium, filij Ecclesiæ quibus animis debent quærere pacis bonum? Si Herodes & Pilatus facti sunt amici ad persequendum Christum, qualis debet esse pax ad eundem adorandum? His exemplis cum certa ratione permota humilis & deuota S. T. filia quamprimum vniuit se in se reuocans omnes perditos à suo consortio vel gremio quomodolibet alienatos, & ad honores pristinos restituens, monens insuper & maternaliter iubens vt iniuriarum præteritarum nemo sit memor amplius; sed honori matris & vtilitati pacis omnia condonentur. Recedant vetera, noua sint omnia, quatenus liberioribus animis eò pax vniuersalis quæratur, quò nulla particularis obstiterit discordia. *Concordiâ,* inquit Salustius, *paruæ res crescunt, discordiâ maximæ dilabuntur.* Quid quod Concordiam Fratrum Prædicatorum antea ferè desperatam operata est, commemorans & literis suis inserens zelum grandem quem pro eadem concordia dudum Parisijs ostenderas, studens in hoc & sperans filia tua tuæ Sanctitati non mediocriter complacere. **Habes igitur,** Pater Beatissime filiam Pacificam & Euangelicæ Beatitudinis participem, dignam insuper quæ ad pacem vniuersalis hæreditatis tuæ quærendam admittatur vt dicat ex sententia; facta sunt coram eo quasi pacem reperiens. Scit ipsa quoniam tale est pacis bonum, vt multa propter eam tolerare, multa indulgere, dissimulare plurima, quæ vel corrigi, vel ad regulam duci nequeunt oportet. Hoc SS. Patres scriptis suis, hoc exemplis docuerunt. Habentur in promptu dicta eorum in Decretis & alibi copiosè. Sed eorum dicta nunc allegare quotando, coram scientibus legem loquor, & vbi res in se perspicua est, superfluum, ne dicamus curiosum iudicamus & à SS. Patrum vestigijs alienum, quia & ostentationem redolet, & cicatricosam fluidamque reddit orationem. Oritur ex præmissis consequenter intellectus dicti illius saluberrimi & verissimi, si sanè capiatur, quod communis error facit ius, hoc est quod Prælatus dominante opinione, etiam erronea, in subditis, multa vel agere, vel omittere tenetur, qualia si faceret, aut dissimularet, opinione huiusmodi non extante, ipse graui delicto teneretur obnoxius. Quæ doctrina præsenti negotio accommodatissima est, si

1403.

"iam eam dilatare liceret, sed oratio nostra certis coarctanda est limitibus
1403. " & ad alia deproperat. Attamen prætergredi vllo modo neque possum,
" neque debeo, dum ad concordem huius obedientiæ vnitatem exhor-
" tor suadens iniuriarum quarumlibet obliuisci ; quin summam tuæ
" mansuetudinis & mititatis laudem admiror quæ exemplum mansuetu-
" dinum Dauid insecuta, caput ad maledictionem inclinauit, vt à Do-
" mino benedictionem pro maledictione reportaret, & benedictione he-
" reditatem possideret. Et cum Iuda Machabæo esset memoria tua in
" æternum, in benedictione. Ecce Sathan accepta à Deo licentia (alio-
" quin quid ipse potuisset) percussit te plagis multis tribulationum &
" angustiarum, iustissimè quidem in ordine ad prouidentissimam Dei dis-
" positionem, quoniam iustus est in omnibus vijs suis & sanctus in om-
" nibus operibus suis. Per cuius Prouidentiam fit vt diligentibus Deum
" omnia cooperentur in bonum: Et qui secundum merita plebium dispo-
" nit vitam Rectorum, vt ait Gregorius: qui etiam proprio Filio non pe-
" percit, quin eum saturaret opprobrijs. Demum nihilominus has com-
" motiones peruersissimo intentionis fine mihi suscitasse videtur. Ad quid?
" Nimirum vt essent pedibus tuis laqueus, & offensiones, & scandalum.
" Quo pacto sic? Vt animus tuus generosus in indignationem & de indi-
" gnatione in impatientiam, & de hoc in odium & diffidentiam, & suspi-
" ciones anxias & trepidas quæ multos supplantarunt, laberetur, & in vin-
" dicandi libidinem excandesceret, & vt tandem abiectâ mansuetudine
" dimisso omni consilio, ad postremum omni studio prosecutionis Eccle-
" siasticæ pacis spiritus tuus natura mitis & suauis ad solam vindictæ carni-
" ficinam sub zeli iusti specie caperetur, lactaretque oues proprias, prote-
" reret, abijceret, dissiparet, & propter suspiciones & insidias & turbidas
" res omnes timidè, gelidéque ministraret, quali arte venatores apros in
" propriam irritant necem, & lepusculos per vanam pennæ volitantis for-
" midinem in verum tradant periculum & laqueum. At Benedictus Domi-
" nus & benedictus tu, quoniam laqueus iste desiderij vindictæ contritus
" est. Tua quippe mansuetudo non solum, non sublata est à SANCTITATE
" TVA his fraudibus; sed mira quadam effulgentia magis & magis emicuit
" vsque ad quendam intuentium stuporem, vsque ad pias lachrymas au-
" dientium & ad exemplum memoriale & verè Christianum apud omnes
" generationes posterorum. Quæ exempla omnia si referre voluero, nitar
" incassum, priùs tempus & lingua deficient. Vnum tamen ex innumeris
" quod fidelissimâ relatione didici; commemoretur exemplum quod dum
" Parisijs in sermone publico Restitutionis pro parte Regis Feria 2. post
" Pentecost. coram populosissima & celeberrima vtriusque Status fre-
" quentia retulissem illud suis suspirijs altis & subditis tacentes approba-
" runt, & non pauci ad pias vsque lachrymas, nec mirandum, compuncti
" **sunt. Postquam sæuientibus vndique intumescentibusque procellis cir-**
" ca nauem Ecclesiæ tu mysticus Ionas proiectus es in mare, hoc est in ama-
" ritudinem tribulationis, non deseruit te Deus, sed mirabiliter in ventre
" sacri Palatij velut in ventre cœti conseruatum eduxit ad littus liber-
" tatis & facta est tranquillitas maior. Tota quippe obedientia ista à tumul-
" tu siluit, ex tunc venit ad verendam tuæ Celsitudinis præsentiam homo
" quidam non infimæ fortunæ qui vltro confessus est te patrem & Domi-
" num suum, imò nostrum omnium te Christum Domini nedum impiè
" tangere, sed crudeli inauditoque parricidio interficere semel & iterum
" voluisse. Expauerunt, opinor, qui aderant quâ fronte vir tanti sacrile-
" legij, vir tam nefarij facinoris conscius non solum hoc facere, sed vel
" comparere præsumpsisset. Multi cœperunt toruos in eum oculos flecte-
" re, dentibus fremere, vix manus continere, nisi quod tuam exspectabant
" sententiam, & qualem exspectabant nisi vt diceres, Tollatur impius,
" exturbetur sacrilegus, ligatis pedibus & manibus trahatur ad carce-
" rem vt tradatur in mortem. At vero tu nihil horum dixisti PATER
" CLEMENTISSIME! sed misericordiæ & mansuetudinis signum aperiens

& Clementiæ virgam extendens præoccupasti confitentem reum, priuſ-
quàm verba orationis complesset: Serenissimo quoque vultu, & verbis
suauibus plenam præconcepti huius flagitij veniam indulsisti, vincens in
bono malum & cuius esset spiritus, cuius insuper Vicarius, facto certiſ-
simo palam docens. Hoc egisse nonne satis erat ad misericordiam? Addita est assecuratio trepidare vetans Iureiurando firmata. Nam sit cui
multum dimittitur, multum ingratus si de dimissione hæsitauerit. Dixit namque spiritus tuus bonus & suauis: Hoc faciat mihi Dominus &
hoc addat, si vllas vnquam aduersum te odij, vel vindictæ reliquias apud
me seruauero; imò si quam pœnam in te posterius exercere voluero,
illa in caput meum prior cadat. Ne indulgentiam tantummodo ego præſ-
to, si deinceps bene te habueris, sed & tibi tuisque similibus omnibus
beneuolentiam polliceor ampliorem. O dignissimam summo Pontifice
vocem! ô Responsum diuino viro conuenientissimum! ô factum miſericordiæ singularis quod Patrem & Pastorem Euangelicum repræsentat.
Qui post persecutiones Paulum, post trinam negationem Petrum, &
post portionem hæreditatis luxuriosæ consumptam, iuniorem filium plus
amauit. O Diuinum factum! quod vtinam omnes Populi, omnes qua-
quauersùm Nationes audirent, tum pro exemplo & imitatione, tum
pro arguendo mendacij eos qui te rigidum & austerum, aut iræ memorem criminari moliuntur. Hæc est planè victoria Christiana iniurias &
iras non iniurijs & irâ, sed misericordiâ & mansuetudine vincere, & imitari eum qui etiam in Cruce positus dixit: Pater ignosce illis, &c. Sic
Beatissimus Martinus cùm vrgeretur vt Briccium sibi contumeliosum abijceret; si, inquit, Christus Iudam, Martinus cur non Briccium tolera-
bit? Sileant nunc historiæ Gentilium quæ suorum quondam Principum
mansuetudinem amplissimis verbis extulerunt, vt Seneca Neronem
in 2. voluminibus, Cicero Iulium Cæs. in Orationibus, Suetonius Octa-
uianum Augustum in historijs, & alij alios comparantes eos vel asylo Ro-
muli, vel Ciuitatibus Refugij, vel Templo misericordiæ, quale describi-
bit Statius Theba. Siquidem incomparabilis est istorum laus ad tuam
Gloriam sicut vmbra ad serenam lucem, fumus obscurus ad paruum
ignem, palea volatilis ad solidum granum, imò sicut vitium ad virtutem. Ipsi enim talium mansuetudo non pro diuino honore & auctoritate quam spernebant, & tu colis vnicam; sed inanem iactantiam
quam tu calcasti, anhelabant. Collaudabunt alij cruentas bellorum victorias, ambitiosos ex his triumphos mirabuntur; plus apud me valeat
assertio sapientis, quod melior est sapiens viro forti, & qui dominatur
animo suo, expugnatore vrbium; quam sententiam alijs verbis Lyricus
explicat.

Latius regnes auidum domando,
Spiritum, quam si Lydiam remotis
Gadibus iungas, & vterque Pœnus,
   Seruiat vni.

Quamobrem agnosce Pater Beatissime! cum quanta Conscientiæ securitate, cum quali serenitate cordis habet dicere Religiosissima deuotio
tua, dum crebrò vel orat, vel Missam celebrat. Pater! *dimitte mihi debita*
mea, sicut & ego dimitto debitoribus meis. Et rursus cum Propheta, *Domi-*
ne Deus meus si feci istud, si est iniquitas in manibus meis, &c. Ita Pater
Beatissime! imitaris Christum qui cum malediceretur non maledicebat,
qui tentatus est per omnia vt misericors fieret, quem videmus propter
passionem gloria & honore coronatum. Tantummodo non eripiat tibi
blanda prosperitas misericordiam illam, illam patientiam pænè diuinam
quam sæuiens aduersitas & seruauit & reddidit clariorem. Da veniam si
scrupulosior sim in hac parte: Nam sit aliquando suadente pacis inimico, nunc per se, nunc per adulatores, qui sunt arma sua & sagittæ, vt
homo qui calamitate pressus æquanimiter omnia nedum tolerauerat, sed

1403. „indulserat, postmodum succedentibus prosperis, repetit omnia à debi-
„toribus suis cum rigore & fœnore, vt appareat indulgentiam priorem
„non ex virtute, sed vindicandi impossibilitate natam, nec dimisisse ex
„corde, sed in tempus more simiarum distulisse. Non cadat in hanc expro-
„brationem vera & perfecta dilectionis tuæ mansuetudo, neque fallat eam
„simulacrum fictum Iustitiæ quasi non melius sit vicisse mala per indul-
„gentiam quàm seueritatem, quasi rursus non sit præclarissima Iustitia in-
„dulsisse simplicibus, subditis pepercisse. Sic misericordiam & gratiam in-
„uenias in conspectu tremendi Iudicij Dei, qui sub Bullis patentibus pro-
„misit misericordiam misericordibus, qui semel dimissa non repetit, qui
„iussit non esse memorem iniuriæ Ciuium suorum. Sic in oratione tuâ con-
„fitens Domino exaudiaris, & non audias horrendum illud improperium
„Domini irascentis. *Serue nequam! nonne omne debitum dimisi tibi, &c.* Sic
„præterea cum Dauid consequaris sedem Regni in misericordia & miti-
„tate, possideas terram, & delecteris in multitudine pacis super eam. Tan-
„dem propter mititatem doceat te Dominus vias suas, vt absque offendi-
„culo ad impatientiæ lapidem, dirigat pedes tuos in viam pacis. Quam à te
„pacem petimus PATER BEATISSIME dicentes, Benedic hæreditati tuæ.
„Non quasi humana virtus quælibet hanc pacem præbere non sufficiens
„sit & infirma, nisi maior agat Deus vt apud Virgilium est, præsertim in
„tam desperato & radicato Schismate, quod est quasi cancer egrescens
„medendo & ingressibilis Dædali labyrinthus & caput hydræ fabulosæ
„suâ rescissione fœcundius, ita vt perisse videatur Consilium à sapienti-
„bus, & dicere conueniat cum Iosaphat Rege, Cum ignoramus quid age-
„re debemus hoc solum habemus residui vt oculos nostros ad te dioriga-
„mus. Scimus nihilominus te post Deum cuius Vicarius es decere; scimus
„ad te Hierarcham supremum spectare benedictionem huiusmodi hæ-
„reditatis Ecclesiasticæ, vt fiat pax in diebus nostris, & tu maximè inter
„montes suscipias pacem populo. Quod si perficis, benedictus eris in om-
„nes generationes, & memoriam æternam his qui post te futuri sunt, re-
„linquis. Sin autem non perfeceris, inchoaueris tamen & elaboraueris
„bonâ & antiquâ fide, diligenti studio, piâ & humili voluntate per te, si
„tuos (tui quippe sunt omnes, non perdetur merces tua, non laus, non
„gloria, res ipsa condemnabit mendacij eos qui vel ignorantiâ, vel liuore
„criminantur summam Tuæ Sanctitatis dignitatem, tuam vigilantiam,
„tuam charitatem. Facis hoc sedulò. Ita enim facere & me sentire æquum
„est. Sed quò amplius stimularis ad agendum, adscende frequenter su-
„blimem mentis tuæ lucem, leuando te super te, vbi despectis è sursum
„terris, verseris iugiter & acriter ante mentis oculos in lumine fidei, in su-
„blimitate spei, in latitudine Charitatis, cum illo qui ait, *Cogitaui dies an-
„tiquos,* &c. Videas, inquam acutè, quam nihil sit omne illud quod mun-
„dus affert gloriæ, iocunditatis, **potentiæ, quàm vana, quàm** lubrica &
„vento somnioque simillima, imò quàm anxia, & amaritudinibus resper-
„sa, tristissima sint omnia. Ecce omnes morimur, & quasi aquæ fluentes
„dilabimur super terram, hodie Rex, cras Papa moritur. *Eheu fuga-
„ces Posthume! labuntur anni;* deflet Horatius. Et Tragicus. Properat
„cursu vita citato. Et Naso vocat irreparabile tempus, & nihil est annis
„velocius. Et est omnium horribilissimum quod dicitur quia in puncto
„ad inferna descendunt. Et, Ite, maledicti in ignem æternum. Cæterum
„quid, quæso, vsquam est tam altum, aut pretiosum pro quo vel adipiscen-
„do, vel retinendo generosus animus & diuinorum conscius se perdere
„& alios turbare dignum ducat. Viderat hoc ex alto qui tam sapienter
„exclamauit, *Vanitas Vanitatum & omnia vanitas.* Quam sententiam si
„saperent, imò vt saperent, deberent omnes in potestatibus constituti,
„secundum Chrysostomi consilium scriptum habere in ianuis suis, in pene-
„tralibus, in frontibus & maximè in cordibus suis. Amplius si filij huius
„seculi tam auidâ solicitudine curant peritura, adeo vt cum eis perire non
„formident, obsurdescentes ad illam increpationem Propheticam, *filij*

hominum vsquequo graui corde, &c. Filios igitur lucis, imò te patrem huiusmodi filiorum quantam apponere decet curam, quot labores, quas
vigilias, vbi de rebus eternis agitur, vbi verum & vnice expauescendum
pro animabus tractatur damnationis periculum. Non est ista lis de paupere Regno, vt apud Statium ponitur; neque de lanâ caprinâ, vt Satyri-
cus ait, de vitâ & morte perpetuis res versatur, agitatur & quæritur.
Quod si Pastoralis præsidentiæ delectet aliquem honor volatilis & nomen inane, terreat eum districtum Iudicis examen in reddenda de Ouium
salute & numero ratione. Agnoscat quoniam positus est non in destructionem, sed in ędificationem; non ad ocium, sed laborem, & vt per eum,
iuxta verbum maximi Regis Artaxerxis, secluso ab vsu potentiæ, subditi
optatâ cunctis mortalibus pace perfruantur, quoniam hic est finis omnis
potentatus tam secularis quàm spiritualis. Sed ad te conuertor, Pater
sancte ! Fige precor in ipsâ sublimitate meditationis tuæ sponsam Ecclesiam talibus vtentem querulis plangoribus. Eheu quis consolabitur
anxiam? Et quis desolatæ, quis plaga crudeli percussæ medebitur? Inter has angustias quæ me circunuallarunt vndique, quale dabitur effugium? quis mei miserebitur? Ego illa sponsa Regis ęterni quam olim
vidit vnus ex filijs meis nouam descendentem de cœlo quasi sponsam ornatam viro suo. Ego lota in sanguine Agni immaculati, ego tot sudoribus & sanguinibus martyrum innumerabilium stabilita, violis Confes-
sorum, lilijs Virginum coronata. Ego tanta deuotione Principum vsque
ad inuidiam dotata, ornata, diues facta. Nunc heu! velut misella & an-
cilla deijcior, premor, despicior; Filios enutriui & exaltaui, ipsi autem
spreuerunt me, & facti sunt hostes in capite. Pacem insuper iocundissi-
mum in cœlo & in terra bonum, qua me dotauerat Sponsus meus nas-
cens, prædicans, monens, resurgens, & regnans conuerterunt in Schisma perniciosissimum, quod iam quinque lustris me per omnes artus miseris modis depascitur & absumit. Pro mea olim defensione certamen erat
vsque ad mortem, & modò nihil aliud agi vel quæri videtur à multis
quàm vt corruam, & miserabili labefactione deficiam, & hostibus meis
ludibrium fiam. Ecce versa sunt omnia ferè in contrarium prioris meæ
institutionis disciplinæ & decoris ornata ornamenta, dum pro corona
humilitatis puluis, fœdus vanitatis & pro croceis spiritualitatis stercora
sola temporalitatis amplexantur, & erigitur super me sapientia animalis, & terrena, & diabolica, repudiata ea quæ desursum est pacifica & quie-
ta. Si his tecum Ecclesia planctibus loqueretur Pater Beatissime ! noui miserationem animi tui, quæ ab vtero egressa est tecum, continere non posses quin erumperent lachrymæ ab oculis tuis, quin ad suc-
currendum inflammaretur totus zelus tuus iam succensus & diceret ex
intimo cordis suspirio. *Domine super hac desolatione ante te omne desiderium meum! & gemitus meus à te non est absconditus.* Succurre,
fer opem, vt quid natus sum videre mala gentis meæ? *Rapidos Rector
comprime fluctus, & quo cœlum regis immensum, firma stabiles fœdere
terras, & dispersiones Israel congrega.* Sed quid ego? Quorsum rapior?
Quid Mineruam; vt dicitur, impudens doceo? præmeditata sunt namque apud tuam considerationem assiduè & acriter talia salutis monita:
Nihilominus patere Pater Beatissime! patere obsecro, commune
facere te & orare pro parte deuotissimæ filiæ tuæ vt facias quod facis.
Nam Equum etiam sponte velocem calcar adiuuat; fac vt calcata seculi
pompa & iniquis adulationibus eius, vt nullis retrahentibus vncis vi-
tiosarum passionum, non irâ, non odio, non spe, non gaudio fallacibus
(melioribus namque hospitibus digna est Sanctitas tua, abiectâ rursus adulatorum peste, omnia ad gratiam nihil veritatem loquentium &
claudentium ianuam veritati, ac scrupulos varios, vt soli diligere videantur, ingerentium, de quorum vno dixit Comicus, *Hic profectò
ex stultis insanos facit*. Et qui sunt stulti? vtique vanè gloriosi prudentes in oculis suis prudentiæ suæ innitentes. His, inquam, procul pulsis,

1403.

"tu totus cum pacificis qui non oderunt pacem cogites, ea quæ ad pacem,
"cogites ea quæ ad pacem sunt Hierusalem, totus inuigiles implere
"id quod pro matre Ecclesia petit à te FILIA vtriusque velut altera Co-
"lumba Noë ferens ramum paciferæ oliuæ per nos humiles Nuncios cla-
"mitans piâ solicitudine, BENEDIC HÆREDITATI TVÆ vt nobis con-
"tingat illud Prophetæ, DOMINVS BENEDICET POPVLO SVO IN PACE.
"Sed quomodo & quibus vijs benedices populo tuo in pace? Si pergat
"aliquis particularius inquirere, iubet hic Humilis & deuota SANCTI-
"TATI TVÆ FILIA quiescere ne suos Patres, te videlicet & Regem
"Franciæ Christianissimum, aut Legatos ab eodem præuenire arrogan-
"tius videatur. Simul quia publicam & celebrem audientiam super hac
"pacis materia, si ei dum tempus fuerit, beneplaciti tui supplicat & spe-
"rat obtinere exhortatura latius & forte particularius vt benedicas Ec-
"clesiasticæ hæreditati tuæ. Et tantundem dictum sit de primo legationis
"nostræ articulo.

DE VNI-   "Superest & Postremus nostræ Legationis articulus, cuius ideo longè
VERSITA-   "breuior erit expeditio quàm prioris, quia licet necessarius existat, eum
TE.
"tamen nequaquam tantæ dignitatis neque pacis difficultatis existimo. Hic
"supplicamus vt benedicas hæreditati partiali & quodammodo peculiari,
"segregando pluuiam voluntariâ huic hæreditati tuæ. Et quoniam infirma-
"ta est præ tenuitate & multis incommodis, tu perfice eam, quam tua tuo-
"rumque Prædecessorum dextera plantauit. Præuenisti Nos PATER
"BEATISSIME! in benedictionibus dulcedinis, heri in osculo pacis, pridem
"in odore bonæ famæ mansuetudinis & liberalitatis tuæ, vt hanc à te bene-
"dictionem petere, hanc spe certâ præsumere auderemus. Denique iam
"præuentos subsequeris, dum aures tuæ sanctitatis tam beneuolas orationi
"nostræ præbet tua pastoralis solicitudo, recogitans vt arbitror, quoniam
"filia tua Primogenita est Studiorum Vniuersitas cuius primogenituræ
"ratione competit benedictio de rore cœli desuper & de pinguedine ter-
"ræ hoc est in spirituali & temporali prouisione. Rursus quia exemplo,
"AXÆ FILIÆ CALEPH suspirat sedens super asinam, calcans scilicet om-
"nem brutalitatem, petens benedictionem à te Patre suo, vis eam à libe-
"ralitate paternitatis tuæ irriguum inferius & irriguum superius exspecta-
"re? Dic igitur verbum Booz ad Ruth. Benedicta es filia à Domino, quid-
"quid dixeris mihi, hoc faciam tibi. Et ita fac PATER BEATISSIME vt
"sit ante te odor filiæ suæ sicut odor agri pleni cui benedixit Dominus.
"Et bene ager plenus est filia tua Parisiensis Vniuersitas, imò nihil erra-
"uero si eam appellauero Paradisum voluptatis, in quo est lignum scien-
"tiæ boni & mali, & fons scientiæ in 4. Facultatum flumina condiuisus ir-
"rigans vniuersam superficiem terræ. Tu huius possessor es, tu Pastor &
"cultor vt opereris & custodias illam tanquam agriculturam viuam vt
"Aristot. loquitur in Polit. Vbi sub mysterio nihil deest eorum quæ egre-
"gius Poëta Virgilius in Georg. & Palladius in de Agricult. de hæredita-
"te agraria conscripserunt, distinguentes agrum quadruplicem qualem
"figuraliter in hæreditate tua secundum quadruplicem facultatem repe-
4. AGRI   "rimus. Vnus ager est apricus & florifer pro apibus figurans sub quadam
IN VNI-   "appropriatione Facultatem Theologiæ. Alius est pascualis pro Ouibus
VERSITA-
TE.   "& domesticis animantibus figurans Facultatem Decretorum. Alter fru-
"gifer pro hominum cura figurans Facultatem Medicinæ. Quartus vi-
"tifer & pomifer in omni genere suo figurans typice ARTIVM FACVL-
"TATEM. Tuum igitur hæreditatem tuam hanc benedicere, colere & au-
"gere vt fructum suum det in tempore suo. Ecce ipsi Theologi velut apes
"intellectuales peruolitant in hæreditate tuâ, flores sacrorum eloquio-
"rum de rore cœli roscido compingunt mel in cellulas & fauos, vt sit
"cera in illuminationem intelligentiæ & mel in oblectationem affectiuæ.
"Hanc hæreditatis tuæ portionem spectans dicere habes ex sententia illud
"Eccles. hæreditas mea super mel & fauum Nam eloquia Domini dulciora
"super mel & fauum. Et præceptum Domini lucidum illuminans oculos,

in intellectu. Venerat in mentem laudes huiusmodi tum augere, tum suomodo deducere, de reliquis hereditatis tuæ partibus hoc est Facultatibus quo magis animaretur S.T. sibi benedicere, sed negligentius istud ago breuitati studens, & sciens nihil laudum harum te latere. Dicam verò te concedente id quod nuper in meditatione mea dum solus offert & non solus, solus quidem corpore, non solus cogitatione versabatur. Itaque posita erat ante mentis oculos sedes tua præclarissima & thronus sicut sol & luna perfecta, astitit Regina illa virtutum dilectio à dextris tuis in vestitu sapientiæ deaurato, circundata varietate virtutum. Nam ita iussit Rex optimus & maximus Christus, vt sedem Papalem dilectio stabiliret, dum ait Petro interrogato ter, & ter respondente quod diligeret eum, pasce oues meas, pasce agnos meos. Quæ dilectio vna est in quadam Trinitate virtutum, in misericordia & veritate quæ custodiunt Regem omnem duabus manibus hinc & inde portantes thronum eius, & in præclarissima virtutum Iustitia, & neque Hesperus, neque Lucifer ita admirabilis. Has sub compendio numerauit Propheta Reginas, eas paci consocians. Misericordia, inquit, & veritas obuiauerunt sibi, Iustitia & pax osculatæ sunt. Quarum officium alibi descripsit. Propter veritatem (inquit de Christo cuius Vicarius es) & mansuetudinem & Iustitiam, & deducet te mirabiliter dextera tua. Hæc præclara dilectio seu Charitas vna in hac Trinitate virtutum, sicut Apostolus insinuauit ad Corinth. scribens parabat orare pro filia tua Parisiensi Vniuersitate, vt ei modo quo dicimus benediceres, tanquam hæreditati tuæ. Nam vbi adesset vel quando rogaret dilectio si inter patrem deest & filiam? Nihilominus affuit & Sathan à sinistris, ita mihi monstrabat meditatio mea. Aderat & infelix proles sua æmulatio liuida per quam mors intrat in orbem terrarum, monstrum heu horrendum, informe, ingens. Cui, quot in sunt in dilectione virtutes, tot insunt vitia, crudelitas, falsitas, iniquitas: Crudelitas contra misericordiam, contra veritatem falsitas & iniquitas contra Iustitiam. Agnoui ex descriptione Nasonis quænam illa esset. *Pallor in ore sedet, macies in corpore toto*, &c.

Dum ecce terrifico boatu rabida ora laxans & dentibus frendens. Eheus PATER SANCTE, caue benedixeris hæreditati huic tuæ, quæ facta est tibi sicut Leo in Silua, odi propterea eam & maledic. Caue benedixeris ei in collatione Gratiarum. Nam & tardè venerunt & in multis à tua sententia defecerunt. Abijce eos potius à calcibus, protere & impera vt discedant maledicti. Ita parabat portentum hoc horrificum magno conatu contumeliosa nefandaque mendacia contra filiam tuam delatrare, dum tu PATER BEATISSIME hoc indignabundè ferens totuum è latere vultum paulisper in hanc æmulationem impiam, mendacem & nequam visus es declinare, & vt confestim abscederet, imperare. Abi hinc in malam horam & in crucem tuam pestis horrida, satrix discordiæ, mater nequitiæ! Vide ne vltra mutire vel apparere præsumpseris. Attende ne filiam criminari studueris apud Patrem, cui etiam pro magno peccato satis esset modicum supplicij. Falleris si te recipi, vel audiri existimas vbi in conspectu meo paterna dilectio, verax & iusta pro eis decreuit orationem assumere. Dic tu, dilectio hac increpatione deterita, æmulatio tristis abscessit & dilectio sic orsa est. Facis PATER SANCTISSIME! id quod te decet, te patrem erga filiam & talem filiam, te Vicarium illius, qui accusatorem fratrum deturbauit in stagnum ignis ardentis, qui iussit Pontificem agere in spiritu lenitatis, quoniam & ipse circundatus est infirmitate, qui postremò propter decem Iustos toti Pentapoli peccatrici pepercisset. Præterea me dilectionem iussit assistere à dextris tuis quæ naturà patiens sum, benigna sum, non æmulor, non ago perperam. Age igitur PATER BEATISSIME! Age quod agis, ne vlla te vnquam accusatrix æmulatio à meo consortio diuulserit. Non audiatur, precor, aduersum me crudelis hæc & maligna æmulatio. Absit vt ponat hanc maculam in gloria tua spreuisse hereditatem tuam, abiecisse à te & pedibus

" tuis supplices tuos Cultores quoque in vinea Domini Sabaoth & Coad-
" iutores tuos vacuos absque vtili prouisione, ingloriosque remisisse, vbi
" tanta est tenuitas de bonis Ecclesiasticis, vt vix pauci ex Doctoribus &
" Magistris etiam in Theologia sine aliquo quæstu valeant habere alimen-
" ta & quibus tegantur, & hic 17. annus agitur. *Hæc est hereditas tua pecu-*
" *liaris & electa, & præclarissima studiorum velit nolit æmulatio, vbi generatio*
" *præterit & generatio aduenit, sed ipsa terra tua in æternum stat.*

" Tu supremus Pastor & custos inopiæ suæ prouidere, irrigare arida,
" ruinosa reparare, non conquassare positus es, hoc misericordia petit
" titulo filiationis, hoc veritas titulo studij veritatis: hoc Iustitia titulo mi-
" litiæ & laboris. Porro Tarditas huiusmodi postulationis Benedictionis
" tuæ per Rotuli præsentationem nunc & non antea non tarditatem me-
" retur exauditionis, vt accusat æmulatio, sed celeritatem; quatinus sint
" nouissimi primi, quia bono intentionis fine fiebat dilatio, magno sicut
" arbitrabantur zelo prosecutionis vnionis Ecclesiasticæ mouebantur, nec
" soli mouebantur, Reges & regna cum suo Clero pariter sentiebant.
" Nunc post experimenta plurima quid inculpandum si mutatis rebus mu-
" tauerunt sententiam. Esto rursus fuisset in aliquibus dissidens eorum sen-
" tentia à tua, Nonne potuit hoc fieri sine mei læsione? quia sine obsti-
" natione. Nonne Paulus & Barnabas tales viri sic contenderunt vt disce-
" derent ab inuicem? Et Paulus Petro restitit in facie? Et Princeps Per-
" sarum bonus secundum Gregorium, restitit Michaëli, & vtrobique illæ-
" sa me matre omnium Charitate?

De Ro-
tvlo.
" Aduenit ecce supplex & humilis deuota filia tua Pater Beatissime
" absque vlla difficultate præcellentissima Studiorum, & suo nunc aduen-
" tu dat palàm intelligi quod nulla diffidentia iuris tui vt aduersarij fal-
" so fingebant, nullâ indignatione peruersâ suum differebat accessum ad
" petendum sibi benedici per præsentationem Rotvli more solito, qua-
" liter nunc præsentat, reuerenter approbationem Iustitiæ tuæ, & in
" egregiam laudem mansuetudinis tuæ. Nequé enim peteret benedictio-
" nem gratiarum ab eo quem non crederet iuridicum largitorem, neque
" ab eo quem benignum exauditorem non speraret. Vnde in Capite Ro-
" tuli scriptum est. Fidvciam accepit Beatissime Pater nunc Rotu-
" lum istum supplicationum generalium & specialium prę sentando apud
" S. V. Celsitvdinem humilis & deuota Sanctitati V. Filia Parisien-
" sis Vniuersitas plus in paterna beneuolentissimæ liberalitatis vestræ gra-
" tia quàm in meritis proprijs post Deum spem reponens, plus insuper stu-
" dens ex hoc Rotulo inseruire commodis Ecclesiæ quàm auaræ cupidi-
" tati, vt denique obedientiam sinceram ac filialem dicta filia erga S. V.
" sublimitatem non tantummodò verborum aut literarum assertione, sed
" factorum soliditate monstraret. Hæc ibi.

" Nunc igitur, Pater sancte, per me Dilectionem Matrem omnium
" bene viuentium exoratus perge per virtutes meas inclytas misericor-
" diam, veritatem & justitiam, propter quam deducere habet te mirabili-
" ter dextera sua; & si per quid vnquam de te bene meruimus apud Deum,
" apud homines iustificando te, exaltando, liberando te, & per spem fu-
" turi præmij si nobis perseueranter inhæseris, oramus, petimus, obse-
" cramus vt benedicas huic hereditati tuæ, huic filiæ tuæ alumnæ nostræ,
" concedendo talem in Gratijs suis signationem, aut certè vberiorem qua-
" lem petunt & ab initio dedisses anno 1. Nam hic est annus benignitatis
" tuæ annus houenarius, ternario ter in se ducto coronatus. Benedices
" huic coronæ anni, huic anno coronato benignitatis tuæ, & campi tui
" replebuntur vbertate. Hanc de te tuaque affluentissima libertate spem
" conceperunt, hanc conceptam multis postmodum & magnis indicijs
" roboratam auctamque senserunt etiam heri. Tu autem spem nunc in
" rem ipsam conuertito; tui quippe sunt, sed tu eos maiori tibi vin-
" culo constrinxeris, tu postremo non mediocriter illustraueris gloriam
" tuam & famam tuam; quæ sicut non est ambitiosè quærenda, ita non est
negli-

negligenda crudeliter. Et vbinam gentium potest famæ celebritas vel scriptis, vel viuis vocibus ampliori dilatione vulgari, quàm vbi confluunt & refluunt ex omni fere natione quæ sub coelo est, viri literis omnibus & studijs eruditi, ita vt in obscuro esse nequeat, si gratè, si benignè res. ponderis, si benedixeris huic hereditati tuæ quemadmodum tu benedices, speramus & obsecramus, fiat, fiat.

Animaduertis PATER BEATISSIME, redeo enim & ad tuam Sanctitatem & ad meam paruitatem : animaduertis qualiter transfiguraui sub nomine Paternalis dilectionis supplicationem pro humili & deuota S. T. filia. Et id quidem aptissimâ videor fecisse ratione. Suam quippe sedem vbi collocaret dilectio, vbi peroraret, si inter Patrem & filiam sacratissima dilectionis nomina apud ipsos etiam Barbaros honoranda defuerit. At verò neque volo, neque æquum iudico quicquam adijcere, quanquam aliqua dicenda supersint. Vereor enim iam multiloquium nostrum minus sit fauoris habiturum dum occupationes Tuæ Celsitudinis aliorsùm te vocant & trahunt. Quia postremo super isto & priore articulo audientias aliquas obtinere clam & palam supplicamus & speramus, vt non frustra spem hanc conceperimus de benignissimæ S. T. spiritu, PATER SANCTISSIME! Sic benedicat te Dominus ex Sion vt sis re & nomine Benedictus. Sic videas bona Hierusalem militantis sponsæ tuæ & triumphantis illius quæ desursum est Mater nostra, omnibus diebus vitæ nostræ præsentis & futuræ. Sic præterea videas filios filiorum tuorum in spirituali propagine. Et tandem quod est omne bonum & benedictionis consummatio & consummationis finis, videas pacem super Israël & Nos tecum hîc inchoatiuè per gratiam & beato complemento per gloriam in futuro; præstante eo qui est benedictus in secula seculorum. Amen.

Eodem anno (more Gallicano) in die Circuncisionis idem Cancellarius sermonem habuit Tarascone coram Papa, multaque de Pace & via Pacis fortiter dixit: nihilominus tamen apud Regem & Vniuersitatem accusatus est multa subticuisse, aut aliter dixisse quam debuisset. Qua de re purgauit se apud Ducem Aurelianum, hoc modo.

SERENISSIMO PRINCIPI MILITI REGIS POLI D. AVRELIANENSI suus Ioannes Cancellarius Ecclesiæ Paris. indignus, obsequium humile, pacisque præsentis cum æterna donum feliciter adipisci. Multa hactenùs scripsi, Strenuissime Domine, plurima dixi quæ ad Ecclesiasticam pacem vtilia videbantur, prosequens pacem exulantem latratu quo potui, ego de genere Catulus offerens insuper pro virili portione ad opus tabernaculi Dei cum hominibus, ea quæ de manu sua videbar suscepisse. Nec ignoro posse ea à tot capitibus in varias facile traduci sententias & forsan aduersas; quæ tamen omnia si cum distinctione temporum, circunstantiarum quoque se offerentium multiplicitate pensare dignati fuerint, arbitror ea inuenturos nexu concordi veritatis inter se iuncta esse, vt pote quæ circa idem centrum in eundemque cardinem pij desiderij voluebantur. Viam itaque Cessionis bene practicatam ego breuissimam & optimam censui, iudicans ad eius receptionem secundum præparationem animi ambos contendentes de Papatu iure diuino constrictos. Nec erat quod allegarent coactionem; Vellent itaque, cogebat nemo. Porro in Conclusione substractionis non affui, quam tamen conclusam impugnare pertinaci animositate non præsumpsi. Sed postquam Dominus noster Benedictus viam Cessionis & alia quæ petebant accommoda pro pace & reformatione Ecclesiæ dictus est acceptasse, opponit se paruitas mea cum odijs & discriminibus non modicis, vt ipsi neque Papatum de facto irreuersibilem amisisse, neque hæreticus, aut Schismaticus iudicando esse causaretur. Placuit quoque Restitutio quam & prædicaui coram celeberrimo coetu Apostolorum. Per hanc itaque ab ea nostra secum vnita portum pacis generalis attingere facilius sperabatur. Denique non tam missus quàm coactus legatus ad Dominum nostrum

1493.

AD D. AVRELIANVM.

,, super hac materia. *Pro parte Vniuersitatis præclarissimæ studiorum, cui ego*
1403. ,, *filius negare potui nihil, proposui primò Massiliæ, de hinc Tarascone, sermo-*
,, *nem hunc quem decorus præsentiæ vestræ nobilissimæ fulgor illustrauit.* Hunc
,, sermonem sicut & præsentem propositionem postulare dignata est Cel-
,, situdo vestra ab exiguitate mea: qualis autem ego sum, vt vel hoc, vel
,, aliud quippiam denegare præsumpserim? Accipe itaque sermonem qua-
,, liscunque ille est, vbi aliqua, sed pauca ex dictatis in margine posita
,, sunt, quæ breuitas præceps eripuit, ne proferrem. Bene valeat præclara
,, Dominatio vestra ad communem pacem & propriam salutem consequen-
,, dam. Scriptum Tarascone an. D. 1403. in Vigilia Epiphaniæ.

Idem quoque scripsit in eandem rem ad M. Petrum de Alliaco Magistrum olim suum, tunc Episcopum Cameracensem.

DOMINI-
CANORVM
REINTE-
GRATIO.

,, Porro ex Oratione ad Benedictum patet Dominicanos hoc anno tan-
,, tum fuisse Vniuersitati reconciliatos: ab anno quippe 1387. ob opinio-
,, nem Montesonianam resecati manserant. Extat in Tabulario Academi-
,, co huiusce reconciliationis Instrumentum 21. Aug. 1403. notatum hisce
,, Characteribus B. 7. K. sigillis munitum Dominicanorum & Facultatis
,, Theologicæ. Et in MS. San. Victorino legimus Dominicanos hoc anno
,, in Prouincia Carnotensi Capitulum vt vocant, celebrantes è suis non-
,, nullos ad Vniuersitatem delegasse, qui restitutionem in integrum hu-
,, millimè deprecarentur, quodque postulabant, obtinuisse. *In Capitulo Prædicatorum in Carnoto Prouincia Franciæ fuerunt dati Commissarij
per Prouinciam ad componendum cum Vniuersitate super Schismate Ordinis
& Vniuersitatis, quod iam per 17. annos durauerat. Commissarij verò taliter
laborauerunt, potissimè F. Martinus Porrée pro tunc Confessor D. Comitis Niuernensis, quod infra mensem post Capitulum Ordo fuit cum Vniuersitate refor-
matus, & pax totaliter & concorditer facta, nihil penitùs immutato de his quæ
Ordo per prius ante disturbium habuerat.*

M. Io. Gersonius causam turbationis & scissuræ quæ erat in Vniuersitate præsertim verò in Theologica Facultate confert in resecationem
Dominicanorum qui plures annos Academiam vexarunt & graui vulne-
re afflixerunt.

PRO RE-
CONCI-
LIATIONE
DOMINI-
CANORVM

,, *Cogor, inquit*, tum ex hoc, tum ex alijs quibusdam illam deflere scis-
,, suram miserabilem & mutilationem luctuosam partis non modicæ Vni-
,, uersitatis Paris. præsertim à sacra Theologica Facultate, cuius scissuræ
,, causam præbuerunt illius de Montesono erroneæ, temerariæ & impiæ
,, assertiones. Nolo putet aliquis me hoc loco iustificationem seu defen-
,, sionem partis illius quæ depulsa, vel auulsa est, suscepisse. Fratres Præ-
,, dicatores loquor: viderint ipsi quid egerunt: ego enim fidenter & con-
,, stanter affirmo condemnationem errorum Præfati de Montesono ratio-
,, nabiliter & Catholicè factam, quæ dum referretur in Romana Curia,
,, **Ego ipse Bacalarius Cursor tunc existens cum cœteris præcellentissimis**
,, atque sapientissimis viris ab Vniuersitate legatis præsens interfui. Sed
,, nunquid qui ceciderunt non adijcient vt resurgant? quin etiam pia ma-
,, ter Vniuersitas hæc quæ hactenus filijs irata est, nunquid tandem mise-
,, ricordiæ recordabitur, aut continebit in ira sua misericordias suas? Nun-
,, quid tot oues pascuæ suæ si deliquerint aut errauerint, æternaliter abij-
,, ciet? imò etsi redire contemnerent, Exemplum Christi pij Pastoris imi-
,, tandum erat vt quærerentur vt piâ quadam violentiâ ad ouile proprium
,, obnitentes traherentur, quantò amplius dum id totis vt dicitur affecti-
,, bus & votis expostulant & precantur? At videre mihi videor quosdam
,, non secundum scientiam zelum habentes, qui mox obijcient. *Parati*,
,, *inquiunt, sumus eos suscipere, pacem reformare; sed integritas fidei, sed Vni-
,, uersitatis honor, sed ipsius demum indemnitas à latoribus & expensis præter-
,, mitti nequaquam possunt.* At verò non sic loquor vt talia iudicem negli-
,, genda; nego tamen illâ tantâ seueritatis animositate requiri debere &
,, ad ouium, vt dicitur, vulnus secari, quod in illo de Syllana victoria di-
,, ctum est, *Excessit Medicina modum.* Christiani sumus & in Schola Charitatis

quotidie versamur sub illo qui ait, *Discite à me quia mitis sum & humilis corde. Et Nisi remiseritis peccata*, &c. Ceterum memoriter teneo, cur & qualiter primitus ab Vniuersitatis consortio via quadam indirectâ segregati sunt fratres prædicti. Statutum enim & conclusum erat vt omnis Gradus & Honoris in Vniuersitate expers fieret quisquis non iuraret tenere condemnationem super erroribus prædictis ab Vniuersitate prius, deinde ab Episcopo Paris. factam. Distulerunt hoc agere Bacalaurij è fratribus prædictis tunc excipiendi, causantes à Superioribus suis licentiam ad huiusmodi præstationem iuramenti necdum petijsse vel habuisse. Ex hac origine neque Gradus, neque Cathedram, neque Sermones posterius adepti sunt. Audiui tamen ex post, aut omnes, aut plurimos eorum ad præfatæ conditionis adimpletionem præsto fuisse. Quod si etiam nunc vellent, non viderentur penitùs non admittendi.

Attenderent ò vtinam omnes & benigna recogitatione secum tractarent quanta qualisue jactura spiritualis est & fuit, tot hactenus sermones, tot lectiones, tot salubres instructiones in Vniuersitate & alibi exinde cessasse. Quin etiam naturalis pietas exigit vt mater filio aberranti & corpus membro ægrotanti compassione moueatur. Deinde considera damnum proprium in Sermonibus, in proportionibus & alijs, tum audi monitionem metro comprehensam. *Si non vis alijs parcere, Parce tibi*. Nec loquar vexationes, opprobria & carceres ab illis quos loquimur perlatas, quæ tamen mansuetos & benignos existimatores ad misericordiam velocius impendendam deflecterent. Passa est ex aduerso, fateor, Vniuersitas laborum & expensarum damna plurima; ipsa tamen meo iudicio leuiter obliuiscenda, aut contemnenda sunt pro commercio pacis, pro fraterna reconciliatione, pro reintegratione tantæ partis abruptæ; tantummodò fidei suæ integritas & Vniuersitati suus honor permaneant, vel fallor, vel satis est, &c. Pereant qui de matris, aut mystici corporis fœda mutilatione gloriantur, qui non sanationi student, sed medelam quærentibus crudeliter irascuntur, & qui ad diuisionem magis quàm pulcherrimam vnionem Dæmoniaca impietate pelluntur; quorum persecutio, si pergunt in pacificos vnitatis amatores furere, spernenda est, & generosæ virtutis pede calcanda; hoc prouiso, ne damnosius inde nascatur in Vniuersitate, vel Rep. scandalum.

Eodem anno 15. Kal. Iunias habuit Vniuersitas Pragensis Comitia frequentissima, in quibus 45. articuli Wicleffiani damnati sunt tanquam hæretici, publicoque Rectoris Edicto vetitum propositâ pœnâ capitis, illos docere. Sed heu quàm parum illa constans fuit! Anno enim sequenti Hussius, illâ obmutescente, eosdem spargere ausus est, vt suo loco referemus.

Legimus quoque eodem anno M. Ioannem Breuis-coxæ Doctorem Theologum **Orationem habuisse ad Regem**, Vniuersitatis & Ciuium Parisiensium nomine, vt leges à se nuper latas diligenter seruari curaret. Quam orationem nondum credo typis mandatam mihi benignè concessit ex MS. M. Iacobus Mentelius Doctor Medicus; & ita se habet.

1403.

Quædam Propositio & exhortatio facta in præsentia Regis Karoli VI. Pro Parte Vniuersitatis, ac Præpositi & Ciuium Parisiensium, vt certæ ordinationes tunc nouiter factæ seruarentur. Per M. Ioan. Breuis-Coxæ Doctorem Theol. & Oratorem Vniuersitatis.

TRes-hault & tres-puissant Roy, mon tres-redouté & souuerain Seigneur: Vostre tres-humble fille, Messeigneurs le Recteur & Maîtres de l'Vniuersité, les Preuost des Marchands & Escheuins de vostre bonne Ville de Paris vos tres-humbles & loyaux subjets m'ont chargé de vous exposer aucunes choses lesquelles, s'il vous plaist, de vostre benigne grace & pour contemplation de eux moy oyr, ie les diray assez

"briefement & le moins mal que ie pourray; Et en verité s'il leur euſt
1403. "pleu moy deſcharger de ce, ils m'euſſent fait vne grant grace, meſmement
"que ie fais grant doute, que par mon non ſens ie preiudicie à la cauſe
"pour laquelle ie dois parler, parce qu'autre l'euſt trop mielx ſçeu
"faire que moy; mais puiſque ainſi leur plaiſt & que en ſi vertueuſe vou-
"lenté qu'ils ont à l'onneur de vous & au profit de voſtre Royaulme nul
"preud'homme leur deuroit faillir, toutes excuſations oſtées que ie ne
"teigne temps en vain pour deſcendre au fait, ou ie veil venir, ie prens la
"parole du Prophete qui dit ainſi. *Bonum mihi lex oris tui ſuper millia auri*
"*& argenti.* Pſal. 106.

"Ie voudrois ſur toutes choſes ſe faire ſe pouoit, Mon tres-redouté &
"ſouuerain Seigneur, que vn chaſcun natif de voſtre Royaulme euſt telle
"amour & telle attention à accroiſtre & garder le prouffit commun & la
"choſe publique d'iceluy, comme il a à ſon priué & particulier proufit,
"tous viurions en paix, en amour & en grant & plantureuſe habondance
"de tous biens temporels & autres que l'en peut & doit ſouhaitier en ce
"monde. Et certainement ſe vn chacun peſoit bien comment ſon prouffit
"particulier, ſon bien & ſon ſalut ſont comprins & contenus ou prouffit
"commun & que pareillement le grand detriment & la grant leſion d'ice-
"luy redunde & deſcent ou dommage de vn chacun, ie ne cuide mie que
"auiourdhuy on trouuaſt tant de Gens qui detrahiſſent du bien commun
"& publique, pour accroiſtre & eſleuer le particulier eſtat, comme l'en
"fait, car à peines trouueroit-on aulcun, ſe aueugle n'eſtoit, qui ne aimaſt
"mielx vn moyen eſtat en ſeurté qu'vn bien grant, en peril & en doubte
"dechoite & de ruine. Se vn chacun pille, prent & trait à ſoy à tort & à
"trauers ſans moderation, ſans meſure du bien commun de ce qu'il peut,
"que demourra il à la choſe publique? Riens. De quoy ſe ſouſtenra elle?
"quant riens ne luy eſt demouré? Il conuient finablement ſi ne luy eſt
"eſt pourueu par autres que elle chée, & que en celle ruine elle tire plu-
"ſieurs à ſoy & le plus ſouuent ceux qui en ce peril l'ont miſe. Mais les
"Sages du temps paſſé n'ont mie ſans cauſe appellée conuoitiſe aueu-
"gle, Car quant elle accueuſt fort aulcun, elle luy eſtaint les yeulx &
"ſon entendement qu'il ne voye les perils qui ſont aſſez prés & deuant
"luy, comme Flaccus qu'on appelle vulgairement Horace, le mon-
"ſtre par exemple de celuy qui met des gluons en vn arbre, pour pren-
"dre des oyſillons, s'aucuns ſaſſyent deſſus, il cuert haſtiuement l'œil
"tendu à l'arbre, ſans regarder à ſes piés, en ſon chemin ſi il treuue
"vne groſſe pierre ou vne foſſe il chet; ainſi eſt.il, dit Orace, de ceulx
"qui trop ardemment conuoitent accroiſtre leur eſtat & auoir des
"biens de ce monde plus que à eulx n'appartient. Mais cette tres de-
"raiſonnable & deſordonnée voulenté que pluſieurs ont à leur prouf-
"**fit particulier mis & bouté arriere, le prouffit commun, n'eſt pas de**
"nouuel, mais de tres long-temps, ne ſeulement en ce Royaulme, com-
"bien que aucuns anciens Hiſtoriographes notent ſinguliérement les
"François de conuoitiſe, neantmoins elle eſt és autres Païs & Nations,
"comme cy, & pour cette cauſe les Sages & preuds hommes du temps
"paſſé furent meuz d'inſtituer & ordenner aucun ou aucuns qui auroient
"la cure & le ſoing de la choſe publique, c'eſt à dire du prouffit commun,
"comme dit Iuſtin, que quant les Lacedemoniens par la Victoire qu'ils
"eurent des Atheniens, orent la Seignorie deuers eulx, ils ordunerent
"30. ſages hommes qui adminiſtreroient leur choſe publique. Romulus
"comme dit Tite-Liue en la 1. Dec. pour ſemblable cauſe orduna cent Se-
"nateurs, quels gens? *quibus Corpus annis infirmum*, dit Saluſte, *ingenium*
"*ſapientia validum erat*, gens foibles de corps pour l'age qu'ils auoient,
"mais forts & vertueux d'engin par leur prudence & grant experience:
"aux autres fut aduis que mielx valloit obeyr à vn ſeul que à pluſieurs
"& pourtant eſleurent aucuns & inſtituerent Roy ſur eulx, auquel vou-
"lontairement ils obeyroient, comme les habitans de Sichem prindrent

Abimalech, & les enfans d'Israël requirent à Samuel qu'il leur instituast vn Roy 1. Reg 8. Non mie que ie veille dire que tous les Roys ayent esté esleuz & instituez par le Peuple, mais ont esté plusieurs Roys de leur droit, comme dit *Arist. 5. Pol.* ou pource qu'ils ont esté autheurs & commencement d'icelles Seignories, comme Romulus dont i'ay dessus parlé, fut premier aucteur de la Seignorie de Rome, ou pource qu'ils preseruoient ou deliuroient le Peuple de seruitute, comme Codrus & Tirus, ou que par puissance ramenoient les Citez & Païs voisins à l'obeïssance d'vne Seignorie, comme fit Meronée premier Roy de France & plusieurs autres, qui seroient longs à reciter. Et entre les administrations de la chose publique la Seignorie Royale est la souueraine, la plus benigne & la plus durable. Einsy ledit Arist. *Harum Communicationum optima est Regnum.* Et rend tantost la cause, *quia patris ad filios communicatio Regni habet figuram,* telle doit estre la Seignorie du Roy à son peuple, comme du pere à son fils. Et pourtant Homerus appelloit Iupiter premier & appelloit Agamemnon Pasteur du Peuple, parce qu'il auoit principalement regart au prouffit de son Peuple plusque à son prouffit, qui est Seignorie Royal: le Tyran tout au contraire tent plus à son prouffit que au bien de son Peuple. Ainsi ledit Aristote & tous les Sages qui ont parlé de cette matiere s'y accordent. Et à ce propos dit Salluste des 100. Senateurs esleuz pour l'administration de la chose publique de Rome. *Curæ similitudine Patres appellabantur.*

Cette Seignorie Royal ne peut longuement durer ne permanoir si non par certaines Loix, Statuts ou Ordenances qui teignent les subjets en vnité, en seureté & en tranquillité, comme dit Tite-Liue ou 1. l. de la 1. Dec. que Romulus appelle à Conseil grant multitude de Gens qui autrement, dit-il, ne se pouuoient ioindre, ne croistre en vn corps & en vn Peuple, leur donna Loix & Ordenances selon lesquelles ils deuroient viure. Les Loix en vne Police sont comme les nerfs en vn corps d'homme ou de beste qui tiennent & lient les membres ensemble: Les Loix diuines nous conioignent & concilient à Dieu, comme declaire Ciceron ou 1. *de Legibus.* Les Loix de nature ne suffisent pas à nous conioindre & vnir ensemble, pource qu'elles sont en partie esteintes en nous par enuie, conuoitise & autres affections charnelles & corrompues, si non par l'ayde des Loix & Statuts que les Roys & autres Princes, par le Conseil des sages hommes ont fait le temps passé. Les Loix diuines sont tousiours vnes; on n'y peut rien adiouster ne diminuer. Et la raison est bonne, car celuy les a faites qui voit les choses aduenir comme les presentes, voit au cuer de vn chacun, comme en la face. Les Loix humaines sont variables & se changent maintesfois ou cuer de l'homme à tant de clotes & tant de mussettes que humaine prudence ne sçait pouruoir à toutes les malices, engins & soutiuetez, qui par l'homme se peuuent trouuer à l'encontre des Ordenances que l'en veut faire, pourquoy il est necessaire souuentesfois de les reformer en mielx.

Qui eust bien tenu les belles Ordenances que les bons Roys de France vos Predecesseurs & vous mesme mon tres-redouté & souuerain Seigneur auez faites, ce Royaulme ne fust mie cheu en tel inconuenient & telle poureté qu'il est de present. Veez le plat-pays comment il est pillé & rungé de gens-d'armes qui les deussent garder de gens de Iustice, comme Sergens, Preuosts, Baillifs, Promoteurs, Officiaulx & plusieurs autres, & tous par faute de Iustice. Les finances de vostre Royaulme comment ont elles esté gouuernées iusques icy ? Qui plus en a peu piller c'estoit le plus honoré & le plus vaillant homme, & tant en a l'en prins, puis de vn costé, puis d'autre, puis deça, puis de là que souuentefois est aduenu & aduient que s'il faut trois ou quatre mil francs pour quelque necessité que ce soit, il les conuient prendre sur vostre despense ou emprunter à vsure ou par vne autre marchandise qui auiourd'huy curt, qui ne vault pas moins que vsure, vn grain de mille tres-

1403.

L iij

"Benoist Dieu de si grant & si ample Domaine, de tant d'aides, tant d'em-
"prunts, tailles, dixiesmes, de forfaitures & autres plusieurs manieres
"dont vous sont venuës finances, vous est si peu demouré, que disie, mais
"ne vous est riens demouré. Ie aucunefoys pensé par moy se le Roy Char-
"les vostre pere que Diex absoille, reuenoit maintenant en vie, com se-
"roit il esmerueillé & esbahy de veoir la tres-miserable face & la grant
"immutation qui est ou Royaulme, de veoir la grant distraction & dissipa-
"tion des biens & des richesses qu'il vous laissa? que pourroit-il dire? Il
"m'est aduis que ie l'oye parler & garmenter.
"Diex qu'est-ce-cy? Charles, Charles, qui est deuenu l'honneur & la
"maiesté de ce Royaulme, où sont ces habits Royaulx? où est celle belle
"& riche Couronne que à si grant peine i'ay assemblé, où sont ces grants
"thresors que par si long-temps i'ay espergné? qui a ces riches images &
"autres ioyaux d'or & d'argent macis en si grant nombre que iay lessé? pen-
"sés-vous que ie les gardasse pour moy? non, non, ie les assemblé & gar-
"dé affin que à tousiours mais demourassent & fussent en honneur & ma-
"gnificence de la Couronne & du Royaume les Thresors? pour secourir
"aux affaires & necessitez qui pouoient suruenir. Ie pouoye longuement
"traire & continuer cette exclamation & déplorer en la personne dudit
"Roy Charles, particulierement en chacun degré & estat le petit gou-
"uernement qui est auiourdhuy, mais pource que on en a plusieurs fois
"parlé & assez freschement, & mesmement que ou rolle que vous ont
"presenté VOSTRE TRES-HVMBLE FILLE L'VNIVERSITÉ & ses tres-
"deuots & loyaux subjets le Preuost Escheuins & habitans de vostre bon-
"ne ville de Paris, Toutes ces choses sont assez particulierement escri-
"tes & contenuës, mon entention n'est pas d'en plus parler de present,
"mais seulement comme trespassant en ay voulu aucunement toucher
"pour descendre à la fin où ie veil venir.
"VOSTRE TRES-HVMBLE FILLE L'VNIVERSITÉ & les bons & loyaulx
"subjets le Preuost & habitans dessusdits veans & considerans les grants
"inconueniens qui par le petit gouuernement du Royaulme pouoient
"aduenir, ne cuydoient mie acquitter leur loyalté qu'ils ont & doiuent
"auoir enuers vous leur souuerain Seigneur, s'ils ne vous exposoient les
"choses qu'ils sentoient en cette matiere & que poursuiuoient diligem-
"ment qu'il vous pleust y pouruoir de remede conuenable, & selon mon
"petit iugement ils ne se pouoient lauer ne excuser que eux-mesmes
"n'eussent esté en coulpe des choses qui vray semblablement fussent ad-
"uenuës. Se ainsi ne l'eussent fait, l'escripture dit par semblable. Eccl. 34.
"*Qui defraudat in sudore parem, quasi qui proximum occidit.* Et S. Augustin à
"ce mesme propos, *Esurientem si non pauisti, occidisti.* L'Escripture & S.
"Augustin dit ainsy. Ie voy vn poure familleux qui me demande du pain,
"se ie luy denie & i'ay l'aisement, ie le tuë & peche mortellement, par ce
"ie ne veil mie dire que à chacun poure qui me demande l'aumosne, ja-
"çoit ce qu'il soit indigent que ie peche mortellement se ie luy denie,
"mais l'Escripture se doit einsy entendre, que se ie voy vn poure famil-
"leux & cognois son indigence & sa necessité si extreme comme de mort,
"& ie pense en moy que vray semblablement n'y a autre qui luy veille
"ou puisse subuenir, se ie le trespasse sans luy donner, & i'ay l'aisement de
"le faire, ie peche mortellement & suis cause de sa mort. Par semblable
"ie argüe en nostre cas VOSTRE FILLE L'VNIVERSITÉ & vos bons sub-
"jets les Preuost & Citoyens de vostre bonne ville de Paris, voyans le
"grant peril qui imminoit en vostre Royaume par faute de bon gouuer-
"nement en auoient plusieurs fois acointé, vous mon tres-redouté Sei-
"gneur, M. de Guyenne & Messeigneurs de vostre Sang, s'ils ne veoient
"pas que vray semblablement autre voulsist entreprendre cette poursui-
"te, ie dy qu'il semble qu'ils ne se peussent estre excusez souffisamment,
"ne n'eussent assez acquitté leur Foy & leur Loyauté qu'ils doiuent auoir
"enuers vous, s'ils ne l'eussent poursuye ou entreprise. Et en verité il

m'est aduis que tous ceux qui a cette entention, c'est assauoir pour le
bon gouuernement du Royaulme & conseruation de vostre Seignorie
ont ce entrepris & veulent conduire par voyes deües & raisonnables,
sont grandement à loüer, & que c'est chose de grant vertu & digne de
grant memoire: entreprendre en si grand fait, si enuieux, si haineux, con-
temner toute enuie, toute haine & tout peril pour le bien commun est
chose de belle memoire. Et ce souffise pour le premier point ou article
de cette proposition ou quel i'auoye entention de monstrer la necessité
de pouruoir au gouuernement du Royaulme, & que à cette fin deuoient tendre tous vos bons & loyaux subjets, mesmement l'Vniuersité
& vostre bonne ville de Paris.

Restent encore deux articles principaulx. Le premier qui est second
en ordre, contendra principallement vne requeste moult fauorable que
vous pensent à faire vostre dite Fille & vos bon subjets. L'aultre mon-
strera que aucun ne se doit doloir, ne porter griefuement ces ordenances nouuellement faites, iurées & publiées si notablement. Iaçoit ce
qu'il y cuide auoir aucun interest ou diminution de son Estat.

Ouye la Requeste, mon tres redouté & souuerain Seigneur de l'V-
niuersité vostre fille, Preuosts & habitans de vostre ville de Paris, sur la
prouision du gouuernement de vostre Royaulme. Oye aussi consideration és causes qui à ce les mouuoient & deuoient mouuoir, il a pleu à
vostre Royale Majesté ordonner certains Commis en bon & notable
nombre & gens de grand Estat, comme Prelats, Cheualiers & autres
de vostre Conseil qui auoient aduis & meure deliberation sur les poincts
& articles contenus audit Roolle & generalement sur toutes autres choses qu'ils cuideroient estre bonnes & prouffitables pour le Royaulme. A
la relation desquels après longue & meure deliberation vous auez fait
publier moult solemnellement certains Statuts & Ordenances lesquelles
semblent à vostredite fille & à vos bons Citoyens si iustes, si raisonnables, si prouffitables & si honnorables à vous & à vostre dit Royaulme,
qu'il n'est or, ne argent qu'ils voulsissent auoir pour elles. Pourtant ie
qui parle en leur personne disoye à l'encommencement. *Bonum mihi lex*
oris tui super millia auri & argenti. Mielx vault la Loy que donnes à ta
Gent que mils miliers d'or ne d'argent. Et de ce, mon tres-redouté &
souuerain Seigneur, ils vous remercient de si grant cuer & de si tres-
humble courage qu'ils peuuent, tous les auez de la grant tristesse où ils
estoient, releuez & resiouys & donné esperance de viure desormais, non
mie eulx seulement, mais leurs enfans après eulx en paix & en seure &
grant abondance de tous biens. Mesmement s'il vous plaist le me
octroyer vne requeste moult fauorable, comme ie disoye dessus, laquelle en grant confiance de vostre benignité & de vostre Iustice ils vous
font. C'est assauoir qu'il vous plaise faire tenir & garder inuiolablement
vosdites Ordenances, ainsi qu'elles ont esté publiées, iurées par Mes-
Seigneurs de vostre Sang & plusieurs autres & en vostre main. A ce vous
doiuent mouuoir 1. en ce qu'elles sont iustes & raisonnables, ce qu'elles
estoient necessaires pour escheuer greigneur inconuenient, ce qu'elles
sont honorables & prouffitables à vous & à vostre Royaulme. 1. Elles
sont iustes & raisonnables, car elles n'ostent ne detrahient à autruy chose qui soit sienne, mais rendent, ou commandent à rendre à vous & à la
chose publique ce qui estoit vostre & sien & qu'on detenoit à tort & sans
raison. Mais posé qu'elles ne touchassent, se non le bien commun de
vostre peuple, se ne les deuriez-vous pour rien fraffer ne enfraindre.
Lycurgus, comme dit Iustin, quant il alla donner certaines Loix aux Lacedemoniens pource qu'elles leur sembloient bonnes & prouffitables, il
fit iurer tous les Nobles & autres gens d'Estat qu'ils ne immueroient ne
changeroient rien en icelles, mais les tendroient inuiolablement iusqu'à
son retour & feignoit qu'il alloit au temple d'Apollon pour auoir reuelation de luy se aucune chose y falloit immuer, diminuer ou adiouster.

"Aprés ce qu'ils eurent tous iuré, il se partit & tantost voüa que iamais
" ne retourneroit, affin que tousiours fussent astreincts de tenir icelles loix
" & obseruer. Et quant il mourut, il commanda que ses os fussent ars &
" la poudre iettée au vent, affin qu'on ne les peust reporter en son pays, &
" que pour ce ne voulsissent pretendre qu'ils fussent absoulx de leur ser-
" ment: & pour cette cause est auiourdhuy & sera tant que sera le monde
" le nom de luy en glorieuse memoire. Puisque la Loy est vne fois mise &
" & elle est raisonnable, le Prince ne la peult, ne doit par raison rompre
" ne venir à l'encontre; car comme dit Arist. 5. Polit. LES PRINCES SONT
" SEIGNEVRS des choses qui ne sont point determinées par les Loix, mais
" des Loix non. *Leges recte positas oportet esse dominas*, il conuient que les
" Loix soient Dames, puisqu'elles sont raisonables, non ne les princes,
" ainsy le dit Tulle ou 3. l. *de leg. ut Magistratibus leges, ita populo præsunt*
" *Magistratus*. Parquoy il appert clerement que puis que lesdites Ordenan-
" ces sont iustes & raisonables, vous ne les deuez ne pouez par raison rom-
" pre ne venir à l'encontre. Aucun me dira. Le Roy ne peut-il pardonner
" vn crime? ou donner du sien à qu'il luy plaist? il appartient à vn Prince,
" ce dient les Sages estre misericors, estre piteable & liberal. Ie responds
" comme fait le bon Caton M. Porcius à Iules Cesar. Nous auons ia pieça,
" dit-il, perdu la vraye signification de nos mots qui appellons liberalité
" donner les biens qui ne sont pas nostres, prendre de l'vn pour donner à
" l'autre. Nous appellons misericorde, pardonner la mort d'vn mal-fai-
" cteur & mettre cent ou mil preud'hommes en peril de mort; gardons
" que quand nous cuiderons estre piteux enuers vn seul, nous ne soyons
" crueux contre plusieurs. Zaleucus qui fut Seigneur d'vne cité qui se ap-
" pelloit Locrense, fit vne Loy, comme dit Valere, que qui commettroit
" adultere, il perdroit les deux yeux, son fils fut le premier qui commit en
" la Loy; tous les Nobles se assemblerent, luy prierent qu'il pardonnast
" à son fils & que pour ce il ne les espergnast en rien ne à eulx, ne à leurs
" enfans s'ils encheoyent en la Loy, luy ramenteuoyent, comme c'estoit
" son fils & que plustost luy deuoit pardonner qu'à vn autre, finablement à
" peine & aprés moult de prieres il fit creuer vn œil à son fils & à luy l'au-
" tre, auquel iugement il se montra & vray pere & vray iuge. Vray pere
" qui pour son fils donna vn œil, & vray iuge qui à la Loy en paya deux.
" Les Ordenances dont ie parle, ne demandent ne œil, ne pié, ne main,
" elles sont seulement Ciuiles: se nous ne les pouuons garder, comment
" garderons-nous les autres qui sont dures & criminelles? Y n'y a point
" de difference, ce dit Aristot. 1. Rhet. n'auoir point de Loy & non vser
" de celle qu'on a: si nous ne gardions ces Ordenances nous serions com-
" me parauant, mais quant ie y pense, pis assez que parauant, car iaçoit ce
" que plusieurs preuoyent & du vostre & du peuple à tort & à trauers,
" neantmoins auoient-ils aucunesfoys quelque doubte & scrupule qu'ils
" n'en fussent ou du temps aduenir repris & corrigez, ils ont maintenant
" veu & sçeu cette grant & notable poursuite qui a esté contre eulx: ces
" Ordenances sont si notablement iurées & publiées, s'ils voyent qu'on
" n'en tiegne riens, ils seront plus aspres & plus hardis qu'onque-mais; &
" sans frein & sans mesure prendront & rapineront par tout où ils pour-
" ront.
" Considerez, Sire, s'il vous plaist l'estat où nous estions nagaires. Vos
" ennemis estoient forts en Guyenne, se ce debat & descort qu'on dit
" estre en Angleterre ne fust suruenu & qu'ils fussent passez à Calais en
" puissance, où eust-on pris de l'argent à mettre gens-d'armes sus qui leur
" peussent resister? ou plat Pays n'a rien demouré, que prendront les Gen-
" tilshommes sur leurs hommes qui n'ont riens? Que payera-il au Bour-
" geois qui n'a pain à mangier pour soy ne pour ses enfans? Ainsi détruit
" le plat Pays, s'ensuyt la pauureté de tous les Estats du Royaulme. Se
" vostre Peuple est pauure dequoy vous aidera-il? Puis donc que nous
" veons la mercy Dieu, que nous sommes hors de ce peril, & que par ces

Ordenances

Vniuersitatis Parisiensis. 89

Ordenances est souffisamment pourueu à tels & semblables cas, s'ils suruenoyent, faites les soigneusement obseruer & garder & ne espergnez personne qui se efforce de venir à l'encontre. Se vn vaissel estoit sur mer & y sourdoit vne forte & cruele tempeste, tant que le voile fendist, l'arbre rompist, les costez du vaissel se ouurissent & eux par grant diligence recousoient le voile, relioient l'arbre, estoupoient les treuz du vaissel, se vn peu après pour ce que le vent leur sembleroit peut-estre vn petit acoisié, ils despeçoient tout ce qu'ils auroient refait, qui est celuy qui les deust plaindre, se soudainement nouuelle tempeste les surprenoit & les perdoit, je croy que nul ; semblablement consideré le peril & le dangier où nous auons esté, se nous despecions nous Ordenances, par lesquelles il est suffisamment pourueu pour le temps aduenir, nul ne nous en deuroit plaindre, s'il nous en mesaduenoit.

Ie dis tiercement que lesdites Ordenances sont honorables & proufitables à vous & à vostre Royaulme. A vous, car s'elles sont gardées & tenuës, fiefs & aumosnes seront payez qui ne le sont pas maintenant, en grant charge de vostre conscience. Vostre despense se payera contant & vous viuez par emprunt. Vous contenterez les poures Marchands qui aucunefois sont deserés par ce que vous leur deuez & ne les pouez payer. Vos Chasteaulx seront bien reparez qui sont en ruine, vous aurez couronnes, images & autres joyaulx d'or & d'argent, tels & en si grant nombre qu'il vous plaira & qui sera aduisé pour la magnificence de l'Hostel-Royal & la gloire de tout le Royaulme, dont vous n'auez rien maintenant se peu non. Vous aurez dedans brief temps en espergne & par maniere de thresor grants sommes de deniers & de finances pour secourir aux affaires du Royaulme qui peuuent suruenir dont vous n'auez qu'vn denier de present, lesquelles choses pareillement tournent en l'honneur & au proufit de vostre peuple. Ie entens de tous les Estats de vostre Royaulme, combien que le peuple à proprement parler signifie les gens de petit Estat tant seulement ; mais ie dy qu'elles sont à l'honneur & au proufit de tout le Royaulme, car se vous estes riche & plantureux, tant en joyaulx, finances comme autrement, c'est l'honneur de vos subjets ne y ne sera ja besoing de faire tailles, emprunts, ne autres nouueaux imposts sur vostre peuple. Parquoy il appert clairement qui n'aimeroit pas le bien de vous, ne de vostre Royaulme qui vous conseilleroit de rompre lesdites Ordenances, & se aujourdhuy en estaignez vne, si ferez vous demain, ou après demain l'autre, & après l'autre, ainsi s'en ira tout à val l'eauë & recherrons en tel & pire inconuenient, que nous n'estions parauant, que Dieu ne veille.

Consideré donc la grant necessité qui estoit de pourueoir au petit gouuernement du Royaulme & que maintenant y est bien pourueu par bonnes **Ordenances iustes & raisonables**, il ne m'est pas aduis que homme natif de ce Royaulme doye contrarier, ne grieuement porter ce qui est fait, & si aucun y a qui pour son interest particulier dolentement le porte, ait l'vne des 3. considerations que ie diray & il se pourra ou deura legerement appaiser.

La 1. consideration cy est, que lesdites Ordenances ne font à ame tort, elles ne iniurient aucun, ne blessent la fame, ne la renommée d'aucun, elles ne tollent aucuns biens qui fust sien, mais tendent au Roy & à la Chose publique ce qui estoit leur. Te voulois-tu enrichir du commun domage, se tu occupois ce qui n'estoit pas bien, ne cuydoies tu que ceux ou celuy à qui il estoit, ne le te peust ou temps aduenir demander? Entendois-tu s'il le te demandoit, luy denier & contre droit & sa voulonté le retenir? en faisois-tu ton propre heritage? tu deuois estre tout aduisé que en quelque heure que il le demanderoit, y le conuiendroit rendre. Se quelque fortune tournoit contre toy, comme elle est tousiours variable & perilleuse, comment la porterois-tu patiemment, se tu ne te pues appaiser de ce qu'on te fait rendre, ce qui n'estoit pas tien ? & toutesfois

" dient les Sages que tendis que vn homme est en prosperité, deslors doit
" il penser comment il porteroit fortune aduerse, prison, peril, exil, do-
" mages & autres infortunes; chose qui luy puist suruenir ne luy doit estre
" nouuelle, quanque il luy aduient mielx qu'il ne pense, il le doit tout
" reputer à gain & à grace. Terent. in Phorm. par plus forte raison hom-
" me qui ait entendement ne doit griefuement porter si on luy deman-
" de ou fait rendre ce qui n'estoit sien, y vault trop mielx, ainsi le faire
" qu'à cause de luy on toullust cent ou deux cens poures laboureux.
"   La 2. consideration qu'il doit auoir cy est que nature est contente de
" peu, aussi bien ou mielx garde de froid vn gros drap que fait vne escar-
" late: aussi bien est nature repeuë d'vne piece de bœuf ou de mouton,
" comme de faizans, behorreaux & estranges viandes; pour ce dit Sene-
" que trop bien *si ad naturam viuas, nunquam eris pauper; si ad opinionem, nun-*
" *quam diues*. Se tu veulx viure par opinion, comme hé tel à vn tel coursier,
" i'en veil auoir vn plus bel; celuy a vne belle robe de soye, i'en veil auoir
" vne d'or: iamais ne seras content; se tu regardes que requiert nature, ia-
" mais ne seras poure, car comme i'ay dit, nature est contente de peu. Le-
" quel vit plus à son aise d'vn bon Laboureur qui a sa femme & ses enfans,
" 3. ou 4. journaux de terre & 2. bœufs ou jumens pour les labourer & est
" content de ce, ou un grand Cheualier ou Baron qui quand il deust pren-
" dre son somme, il commence à penser comment il pourra estre ou grand
" Bouteiller ou grand Panetier de France, ou grand Maistre des eaux &
" des forests, ou venir à quelque grand Office: la responfe est legiere à
" faire. Valere ou 7. liu. recite à ce propos que Giges Roy des Lydes, le
" plus riche & le plus puissant qui fust pour le temps, soy en confiant en ses
" richesses, alla au Temple d'Apollon & luy demanda se au monde auoit
" vn plus heureux que luy, vne voix respondit qui luy dist que Aglaus So-
" phidius le plus poure laboureur qui fust és parties d'Arcade, & qui on-
" ques n'estoit yssu les termes de son labourage, estoit plus heureux que
" luy: mielx vault rire & estre en seureté en vn petit buron, que estre tri-
" ste en Sale Royal, en peril & en doute de perdre ou descendre de son
" Estat. Peut-estre que tu me diras, i'ay longuement & loyaument seruy
" le Roy, le Roy Charles son pere: si ay-je le Roy Iean, cette Pension
" m'estoit bien deüe; tu as bien seruy, mais aussi en as-tu esté bien remune-
" ré; ie ne cuidoye pas qu'on me la deust oster, tu deuois penser comme
" i'ay desia dit, que le Roy la pourroit reprendre pour les affaires de soy
" & de son Royaulme.
"   La 3. consideration que doit auoir celuy qui lesdites Ordenances por-
" te griefuement cy est, qu'il compare son interest particulier au prouffit
" commun, si large & si ample qui s'estent par tout le Royaulme, son en-
" nuy au resiouïssement du peuple, se en si grant ioye, en si commune lies-
" se de tous, il ne se peut conforter & resiouïr, ie ne tiens pas qu'il soit
" homme qui ait point d'inclination à bien: se il se dit Gentilhomme, com-
" ment exposeroit-il volontairement, comme il doit faire, son corps & sa
" vie pour la chose publique, quant si griefuement porte, comme il dit vn
" peu de domage pour elle. S'elle requiert son sang & sa vie, il ne luy peut
" dénier, & il luy denie restituer vn peu du sien quant elle le demande;
" Preigne exemple au bon frere Philenes entre les Carthaginiens. En vne
" Cité de Grece qu'on appelloit Cyrene eust grant guerre pour cause des
" metes de leur Seigneurie, aprés plusieurs grants & dures iournées, tant à
" vne partie comme à autres traitterent & furent d'accord que à certain
" iour & heure qui fut dite, chescune Cité enuoyeroit deux ieunes hom-
" mes & en quelque lieu les 4. se entre-recontreroient se feroit les metes
" de l'vn peuple & de l'autre; les deux Philenes de Carthage auancerent
" fort leur chemin & gaignerent le plus de Pays, les autres qui vindrent
" plus tard, veans que la chose tournoit contre eulx blasmerent les Car-
" thaginiens qu'ils estoient partis plustost qu'ils ne deuoient & trouble-
" rent la chose à leur escient, finablement doubtans, que se ils retornoient

à l'Hostel ils ne fussent capitalement punis, donnerent aux Carthaginiens le choix, ou que au lieu qu'ils demandoient ils fussent enfouys tous vifs, ou que par tel condition ils les lessassent aller tant auant qu'ils voudroient. Les deux Philenes voyans que par la condition ils pouuoient obtenir tout ce qui estoit dauire eux & accroistre les metes de leur Païs, prindrent le choix & volontairement se laisserent enfouïr tous vifs, dont leur nom est encore en glorieuse memoire & sera tousiours-mais. Si ie vouloye & sauoye raconter tous ceux qui volontairement ont donné ou voüé leur vie pour la chose publique, le iour me faudroit, ainçois que les exemples. Et nous redoutons porter vn peu de domage pour vn si grant prouffit & si commun & dont vn chacun est participant ; car si tu as moindre estat que tu n'auoies, si l'as-tu plus seur & à moins d'enuie que parauant : Pourquoy vous tous qui estes natifs du Royaulme qui aimez & deuez aimer l'honneur & le prouffit du Roy & de la chose publique vous somme, vous requiers par vos loyautez, par le salut des bons, de vos femmes, de vos enfans & par quanque vous auez chier en ce monde, vous ne mettez, pourchassez ne souffrez mettre aucun empeschement contre lesdites Ordenances, mais vous adioignez auec celle sainte & belle Compagnie de l'Vniuersité, les tres-loyaulx & tres-vertueux Citoyens, le Preuost des Marchands & Escheuins de Paris, supplians d'vn cœur & d'vne voix au Roy, comme souuerain Seigneur & à tous mes tres-redoubtez Seigneurs de son sang que inuiolablement, comme ils ont iuré, ils tiegnent & fassent tenir & garder lesdites Ordenances, &c.

1403.

De Medicis Regentibus vxoratis & Presbyteris.

EOdem anno M. Ioannes de Marla Doctor Medicus, eiusdemque Facultatis paulò antè Decanus obtinuit à Benedicto vt licet Presbyter, in Medicina publicè legere posset: Nam istis temporibus, nec vxoratis, nec Presbyteris licebat absque dispensatione Medicinam publicè profiteri. Anno quidem 1395. in Comitijs die 13. Feb. habitis, tum Decano M. Petro de Vallibus Diœcesis Bituricensis, quæstio agitata est de Vxoratis, hoc modo, vt scribit prædictus Decanus.

Dominica quæ fuit 13. Feb. quia die Sabbati præcedenti nullam habueram conclusionem, fuit Facultas congregata in S. Mathurino super 2. art. Primus fuit ad Ordinandum de Baccalarijs ad examen pro licentia admittendis. Fuerunt 13. Baccalarij ad examen admissi, videlicet Ioan. Swardi, Io. Belardi, Steph. Garneri, Gerardus de Lingone, Io. Fusoris, Marcus de Mediolano in Artibus Magistri Gallici, Ægidius Herbaudi, Ioan. Cociueal Picardi. Io. de Roda, Robertus de S. Germano, Philippus Herpin, Robertus Veteris Normani. M. Ioan. de Pisis Gallicus. Et est notandum quod fuit **controuersia de prædicto M. Io. de Pisis eo quod**, vt dicebatur, *vxoratus est*. Tamen perlectis statutis quæ iurare debent Baccalarij antequam Cancellario præsententur, & quibusdam alijs, scilicet illo *quod iuratur à Baccalarijs ad lecturam suorum Cursuum admissis, videlicet quod non sunt vxorati, neque Chirurgici manualiter operantes.* Item alio quod continetur inter Statuta tangentia Magistros, Baccalarios & Scholares; videlicet, *quod Nullus Vxoratus durante Matrimonio, admittatur ad legendum;* Visum fuit maiori parti Magistrorum præsentium, quod ex quo dum fuit Bachelarius & perlegit suos Cursus & frequentauit per 2. annos disputationes, & illo toto tempore non fuit Vxoratus, licet modò esset, non propter hoc minus debet ad examen cum alijs admitti & Cancellario præsentari. Attento etiam quod non sunt aliqua Statuta quæ habeant iurare Bachelarij, antequam Cancellario præsententur. Ad contrarium aliqui tamen contradicebant dicentes, quod ex illis duobus Statutis supradictis sequitur satis clarè quod non potest admitti. Et ideo quantum erat in eis, interimebant. Et fuerunt præsentes huic Congregationi MM. Thomas de S. Petro, G. Boucherij,

— ,, Io. de Bellomonte, Radulphus Delphini, Io. Voignon, Ioan. Richar-
1403. ,, di, Ioan. Comitis, Bonifacius de Sauuenieres, Georgius de Castro, Io.
,, Leporis, Honoratus de Puteo Villari & Henricus Pelati, Io. de Marla,
,, Io. de Fontanis, Io. du Martroy, Radulphus Blanche.

Triennio pòst Decano M. Ioan. de Marla die 19. Sept. an. 1398. supplicauit Guillelmus de Camera *dispensari de regentia, quia coniugatus erat, quam in rem consultis viris grauibus, Facultas dispensauit; & ita ille effectus est Regens.*

Anno verò 1403. idem M. Ioannes de Marla obtinuit à Benedicto Bullam de qua suprà sic scribente M. Petro Doigny Decano. *Anno Domini 1403. die Sabbati ante Natiuitatem Dom. post Missam Facultatis, ipsâ Facultate solenniter vocatâ in Capitulo s. Mathurini, vt moris est, super 3. art. 1. fuit super facto M. Ioan. de Marla..... quoad 1. art. dictus M. Io. de Marla fecerat se fortem de ostendendo Bullam qualiter poterat esse Regens, non obstante eo quod ipse sit Presbyter. Ipse tunc praesentauit Bullas suas & fuit Facultas bene contenta de eo. Item fuit tunc conclusum quod amodo Bullae tales inscriberentur in ista Papyro.* Copia Bullae.

,, Benedictus Episc. S. S. D. Dilecto filio Ioanni Clementis de Marla
,, Presbytero Laudunensis Dioecesis in Artibus & in Medicina Magistro
,, Sal. & Apost. bened. Litterarum scientia, vitae ac morum honestas alia-
,, que probitatis & virtutum merita, super quibus apud nos fide digno com-
,, mendaris testimonio, Nos inducunt vt te fauore & gratia speciali pro-
,, sequamur. Cum itaque sicut pro parte tua Nobis exhibita petitio conti-
,, nebat, tu Artem Medicinae in studio Parisiensi legere & ibidem in ea re-
,, gere cupias, & etiam practicare, *Nos tuis in hac parte supplicationibus in-
,, clinati vt Artem ipsam in Studio praedicto legere & ibidem in ea regere & pra-
,, cticare liberè & licitè valeas*, non obstante Fel. record. Honorij Papae III.
,, Praedecessoris nostri, & quibuscunque alijs Constitutionibus & Ordina-
,, tionibus Apostolicis in contrarium editis, tibi autoritate Apostolica de
,, speciali gratia indulgemus. Nulli ergo omnino hominum liceat hanc pa-
,, ginam nostrae Indultionis infringere, vel ei ausu temerario contraire. Si
,, quis autem, &c. Datum apud Pontem Sorgiae Auenion. Dioecesis II. Idus
,, Iulij Pontif. nostri an. 9.

Eandem licentiam obtinuit an. 1408. M. Ioannes Gray Presbyter Medicus vt scribit M. Ioannes Casson Decanus. *Die Sabb.* quae fuit 9 mensis Feb. 1408. fuit facta Congregatio Facultatis post Missam apud S. Math. vt moris est super 2. art. 1. art.... *supplicauit M. Ioannes Gray cum ipse esset Presbyter, & haberet à Petro de Luna quem aliàs Papam reputauimus, Bullas quibus cum dicto M. Ioanne dispensabat legere Parisius, aut in alio Studio Generali Medicinam, datas ante datam quarundam litterarum Regiae Maiestatis Offensiuarum, quatenus ipse posset legere, regere & alios Actus exercere.*
,, Et quia Facultas difficultauit Bullas illas recipere ob causam & consti-
,, tutionem in Concilio Ecclesiae Gall. institutas, Facultas decreuit consi-
,, lium quaeri à peritis. Quapropter Ego cum quibusdam alijs Magistris,
,, scilicet M. Ioanne de Pisis, Guill. Fabri, Ioan. Beraudi adiuimus D. Epis-
,, copum Constantiensem, qui nobis dixit dictum M. Ioannem à Facultate
,, debere recipi & ad actus alios admitti. Quare Facultas dictum Magi-
,, strum ad legendum, disputandum, &c. siue continuè, siue interruptè,
,, vt dictis Bullis quarum tenor subsequitur, plenius continetur, admisit.

,, Benedictus Episc. S. S. D. Dilecto filio Ioanni Gray Rectori Parochia-
,, lis Ecclesiae Kirkander Candidae Casae Dioec. Magistro in Artibus Sal. &
,, Apost. bened. Litterarum scientia ac morum honestas aliaque probitatis
,, & virtutum merita, super quibus apud Nos fide dignorum commenda-
,, ris testimonio, Nos inducunt vt te fauore specialis gratiae prosequamur.
,, Cum itaque sicut pro parte tua fuerit propositum coram Nobis, Tu qui vt
,, asseris in Facultate Medicinae Licentiatus existis, in eadem Facultate
,, amplius proficere & Magisterij gradum acquirere cupias & affectes,
,, Nos tuis supplicationibus in hac parte inclinati tibi qui in Presbyteratus

Ordine constitutus existis; ac Parochialem Ecclesiam de Kirxander Candidæ casæ Diœcesis obtines, vt in loco in quo Studium vigeat generale, per triennium coniunctim vel diuisim Medicinam huiusmodi audire, legere, necnon Actus Scholasticos in eadem Facultate exercere ac Magisterij Gradum suscipere, felicis record. Honorij Papæ III. prædecessoris nostri & quibuscunque alijs Constitutionibus Apostolicis contrarijs nequaquam obstantibus, liberè & licitè valeas, autoritate præsentium & speciali gratia indulgemus; prouiso quod dicta Parochialis Ecclesia debitis interim obsequijs non fraudetur & animarum cura in ea nullatenus negligatur. Nulli ergo omnino hominum, &c. Datum Saonæ 15. Kal. Iunij, Pontif. nostri an. 12.

1403.

Anno 1404. die 22. Iunij Vniuersitas solennem sententiam tulit contra quædam Bursarium Collegij Boissiaci, quæ continetur in Instrumento notato B. I. V. estque huiusmodi.

1404.

Sententia Vniuersitatis aduersus Bursarium Collegij Boissiaci.

VNiuersis præsentes litteras inspecturis Rector & Vniuersitas Magistrorum Parisius studentium Sal. in Dom. sempiternam. Cum nobis referentibus Procuratore & nonnullis Deputatis seu Commissarijs Nationis Franciæ, ac etiam voce & fama publica didicerimus quod inter Scholares Collegij de Boissiaco Parisius fundati, de gremio nostræ Vniuersitatis prædictæ existentis, orta esset dissensionis & Controuersiæ materia, ibique in scientia & moribus debitum exercitium non extaret, dictis Procuratore & Deputatis seu Commissarijs dictæ Nat. Franciæ in Congregatione nostra Generali Magistrorum & Doctorum Regentium & non Regentium *singularum Facultatum & Nationum*, Nobis supplicantibus pro remedio opportuno per Nos apponendo: Nos igitur eorum Requestam iustam & rationabilem attendentes circa Præmissa Nostros Rectorem & Deputatos seu Commissarios *solennes ac speciales singularum Facultatum & Nationum* dedimus & ordinauimus in magno numero, videlicet ad corrigendum defectus, sedandum seu pacificandum lites, dissensiones & controuersias in dicto Collegio, & etiam dictum Collegium in se & in suis membris in melius reformandum, prout eisdem Deputatis seu Commissarijs nostris videretur faciendum. Qui prout ex eorum fideli relatione audiuimus, modo qui sequitur processerunt. Videlicet pluries congregati fuerunt super huiuscemodi materia, Magistrum, Capellanum, Scholares & habitantes dicti Collegij sæpius coram eis citauerunt. Qui omnes & singuli dictorum Deputatorum Ordinationi nostræ se simpliciter submiserunt (saluo tamen quod Quidam eorum Michaël Artault dixit quod in omnibus Ordinationi Vniuersitatis tanquam bonus Scholaris pareret, præterquam super quodam processu quem habebat in Requestis Palatij contra M. Nicolaum Gouju) & iuramento à singulis eorum de veritate dicenda percepto, singulos examinauerunt, audiuerunt publicè & ad partem, ac sigillatim de defectibus in dicto Collegio, necnon de vita & moribus singulorum inquisiuerunt, fundationem dicti Collegij, testes & probationes viderunt, examinauerunt & audiuerunt. Et ex præmissis diligentijs specialiter repererunt, quod dictus M. Artault se dicens Scholarem dicti Collegij, solitus erat die & nocte ire extra Collegium sine licentia Magistri contra obseruantias dicti Collegij & venire de nocte satis tardè sine claritate, & quandoque cum aliquibus socijs enses magnos gerentibus & premere contra ostium cum grossis lapidibus. Et quod multum enormiter & terribiliter est in scandalo vicinorum super præmissis conquerentium, quodque erat duri ingenij ac rudis intellectus, non idoneus, nec habilis ad proficiendum, seu scientiam acquirendum, habuerat plures rixas cum eisdem Scholaribus, & vnum eorum verberauerat sine causa rationabili, & ob hoc excommunicationis vinculo exititerat innodatus, nec reconciliari voluerat, licet

1404. " per processum emendam super hoc fecisset in Curia Archidiaconi de Io-
" saÿo Ecclesiæ Parisi. Sic quod innodatus pluries diuinum seruitium im-
" pediuerat, quia à Capella Collegij exire recusauerat, plures excessus,
" rixas & delicta perpetrauerat, inter quæ repererunt, quod ipse plures
" turbationes dictis Scholaribus fecerat, adeo quod oportuerat eos scho-
" las communes dicti Collegij relinquere, & dictis Scholaribus in prandio
" existentibus plancherium desuper cum grossis lapidibus percutiebat,
" pulueres super eorum cibaria cadere faciebat & tumultus magnos infe-
" rebat. Et quadam die dum Scholares in Capella Collegij Missam vellent
" audire, à qua propter excommunicationem eum expulerant, accesserat
" ad suam Cameram & ibidem ignem posuerat, vnde Collegium fuit in pe-
" riculo & commotione non modica, adeo quod oportuit cessare à diuino
" seruitio. Et iam ignis fere lectum dicti Michaëlis incenderat; commise-
" ratque dictus Michaël plures enormitates & delicta in quibus per infor-
" mationem eum Deputati culpabilem inuenerant. Et dum propter præ-
" missa fuisset citatus vnà cum alijs Scholaribus ad S. *Bernardum coram di-*
" *ctis Rectore & Deputatis nostris*, ad impediendum processum huiusmodi ad-
" duxit secum quendam fratrem suum & octo aut decem homines simili li-
" brata vestitos, magnis ensibus & alijs armis inuasiuis munitos, eos seque-
" tes, quos conducebat quidam inuenis nuncupatus Ioan. Picardi de do-
" mo Amitæ dictæ Michaëlis, & intrauerunt in Monasterium dicti S. Ber-
" nardi in societate fratris dicti Michaëlis, ibique per aliquod tempus stete-
" runt, & inde à dicto Monasterio excuntibus ostendit dictus Picardi
" vnum Scholarem dicti Collegij, cui Scholari petiuerunt an esset de Col-
" legio de Boissiaco, qui vehementer territus respondit quod non, post-
" modùm venerunt ante domum Rectoris & ibi plures deambulantes res-
" piciebant altè & bassè, & postea venerunt ad conum Quadruuij S. Ni-
" colai de Carduneto, & ibi tenentes enses suos, steterunt quatuor ab vna
" parte vici & alij 4. ab alia parte, alijs deambulantibus ad S. Bernardum,
" vbi erant dictus Michaël & frater suus. Et tunc propter periculum &
" scandalum euitandum non comparuerunt dictus Rector & Deputati in
" S. Bernardo, sed alia hora coràm eis eum citari fecerunt apud S. Mathu-
" rinum & ibi comparuit, & ordinationi dictorum Deputatorum se sub-
" misit vt præmittitur, ipsumque super præmissis casibus examinauerunt,
" & tam per confessionem quàm per probationes legitimas culpabilem in
" præmissis inuenientes, eumque in litteratura & scientia examinauerunt
" & inhabilem ad proficiendum reperientes, & considerantes omnia &
" singula & ea quæ circa huiusmodi reformationem considerare potue-
" runt, & eorum conscientias mouere debuerunt, dixerunt concorditer
" & deliberauerunt, quòd dictus Michaël erat omnino priuandus & ex-
" pellendus à dicto Collegio suis exigentibus demeritis, & quod nobis in
" nostra Congregatione Generali totum suum processum articulatim re-
" ferrent, vt ordinaremus de dicto Michaële quod nobis videretur ordi-
" nandum. *Postmodum verò an. Dom. 1404. indict. 12. Pontificatus Sanctiss. in*
" *Christo Patris*, ac D. nostri D. Benedicti diuina prouidentia Papæ XIII.
" an. 10. *die verò* 22. Iunij in Congregatione nostra Generali, scilicet Ma-
" gistrorum, Doctorum, Regentium & non Regentium Facultatum Theo-
" logiæ, Decretorum, Medicinæ & Artium per iuramentum suum con-
" uocatorum super hoc celebrata apud S. Math. hora quasi 10. ante pran-
" dium, fuit facta plena relatio huiusmodi processus dictorum nostrorum
" Deputatorum; quâ factâ & habitâ longâ & maturâ deliberatione *in sin-*
" *gulis Facultatibus & Nationibus, votisque & deliberationibus singularum*
" *Facultatum & Nationum relatis in communi more nostro solito fuit concorditer*
" & nemine contradicente conclusum præmissis omnibus & singulis quæ
" animum singulorum mouere debuerunt attentis, quod ipsum Michaë-
" lem Artault à dicto Collegio priuare ac expellere debebamus, & ex nunc
" à dicto Collegio ab omnibus Iuribus & emolumentis & pertinentijs eius-
" dem priuabamus; quodque volebamus huiusmodi nostram Conclusionem

Vniuerſitatis Pariſienſis. 95

executioni debitæ mandari. Quare ipſam noſtram Concluſionem, ſeu "
ſententiam per *Rectorem ſedentem pro Tribunali ſibi aſſiſtentibus Decanis Fa-* " 1404.
cultatum Theologiæ, Decretorum & Medicinæ, ac etiam Procuratoribus Na- "
tionum Franciæ, Picardiæ, Normaniæ & Angliæ etiam ſedentibus in præſen- "
tia Magiſtri, Capellani, Michaëlis Artault & aliorum Scholarium ipſius "
Collegij ad hoc ſpecialiter citatorum, in ſcriptis in dicta noſtra Congre- "
gatione & præſentia fieri fecimus in hunc modum. Nos RECTOR ET "
VNIVERSITAS STVDII PARISIENSIS, *auditis informatione ſuper vita & in-* "
habilitate Michaëlis Artault Burſas Collegij de Boiſſiaco Pariſius fundati oc- "
cupantis & relatione Deputatorum ſuper Reformatione dicti Collegij per nos "
alias datorum, & conſideratis his quæ in talibus ſunt conſideranda, maturaque "
deliberatione ſuper hoc inter Nos habita, ipſum Michaëlem Artault à "
loco & burſis quas in dicto Collegio de Boiſſiaco occupabat, priuauimus "
& per præſentes priuamus in his ſcriptis inhibentes Magiſtro & Procu- "
ratori eiuſdem Collegij ne dicto Michaëli amplius adminiſtrent burſas, "
ſeu bona dicti Collegij, præcipientes eidem Michaëli ſub pœna priua- "
tionis & reſecationis à ſtudio & conſortio dictæ noſtræ Vniuerſitatis "
quatinus à dicto Collegio infra 4. dies à die Prolationis præſentis ſen- "
tentiæ computandos omnino recedat. In quorum omnium & ſingulo- "
rum teſtimonium præſentes noſtras litteras, ſeu noſtram ſententiam fe- "
cimus noſtri Magni ſigilli appenſione muniri vna cum Signis & ſubſcri- "
ptionibus Notariorum infra ſcriptorum. Datum anno & die quibus ſu- "
pra in Capitulo Eccleſiæ B. Mathurini in noſtra Congregatione Gene- "
rali Dilectis noſtris diſcretis viris MM. Nicol. de Goneſſia ſacræ Theol. "
Profeſſore, Iacobo Parui Decretorum Doctore, Petro Biteri in Medici- "
na, Petro de Grangijs Natio. Franciæ Procuratore, Guill. de Broſſis, "
Thoma Mareſcalli, Philippo de Medalia, Io. Tributi & Pontio Darpi "
Magiſtris in Artibus cum pluribus alijs præſentibus & teſtibus ad præ- "
miſſa vocatis. "

Anno eodem cum pro extinctione Schiſmatis & Regis ſalute ad ędem
S. Catharinæ de Valle-Scholarium ſolemniter ſupplicatura procederet
Vniuerſitas, in Scholares ipſius factus eſt à familia Caroli Sauoiſij Cam-
bellani Regis impetus vehemens, ex ijſque multi vulnerati ſunt & occi-
ſi; dies erat 14. Iulij. Rem ſic narrat Monſtreletius.

EN ce temps l'Vniuerſité de Paris faiſant Proceſſion Generale en " *CASVS*
allant à S. Catherine du Val des Eſcholiers, ſe meut diſſenſion en- " *SAVOI-*
tre aucuns de ladite Vniuerſité & les Gens de Meſſire Charles de Sa- " *SIANVS.*
uoiſy Chambellan du Roy de France, qui menoient leurs Cheuaux boi- "
re à la riuiere de Seine : & fut la cauſe de ladite mutation, pour ce que "
les deſſuſdits cheuaucherent roidement parmy ladite Proceſſion & tant "
qu'ils bleſſerent aucuns deſdits Eſcholiers là eſtans : leſquels de ce non "
contens, ruerent des pierres aprés eux, & bouterent les aucuns aſſez "
rudement jus de leurs cheuaux. Aprés laquelle enuahie ſe partirent "
de-là retournans en l'Hoſtel dudit de Sauoiſy : auquel lieu ils s'armerent "
& prinrent Arcs & Sagettes, & auec aucuns de leurs autres Gens qu'ils "
auoient aſſemblez audit Hoſtel, allerent derechief enuahir les deſſuſ- "
dits Eſcholiers : & de fait tirerent ſur eux & en bleſſerent aucuns dudit "
trait & d'autres baſtons, meſmement dans ladite Egliſe. Si commença "
entr'eux vn grand hutin, mais finablement par la multitude d'iceux "
Eſcholiers qui eſtoient ſi grand nombre, furent les deſſuſdits reboutez "
aprés ce que les pluſieurs eurent eſté batus & nauréz vilainement. Et "
qui plus eſt, aprés la Proceſſion retraicte, allerent grand'partie de ceux "
de l'Vniuerſité deuers le Roy faire plainte de l'offenſe qui faite leur "
auoit eſté : requerans inſtamment au Roy *deſſuſdit par la bouche du Recteur,* "
que amendiſe leur en fuſt faite ſelon le cas. Diſans que pour vray s'ainſi "
ne faiſoit, ſe partiroient tous de la Ville de Paris & iroient demou- "
rer ailleurs où ils ſeroient tenus ſeurement. A laquelle Requeſte fut "

" respondu par la bouche du Roy que si bonne prouision leur seroit faite
" qu'ils deuroient estre contens. Finablement aprés que par plusieurs
" iournées ils eurent tres-diligemment poursuiuy cette besongne tant en-
" uers le Roy, les Seigneurs de son Sang, comme son grand Conseil, en
" la fin fut ordonné de par le Roy pour les appaiser, que le dessusdit
" MESSIRE CHARLES de Sauoisy pour l'amendise de ladite offense faite
" par ses Gens, comme dit est, seroit banny & bouté hors de l'Hostel du
" Roy & aussi de tous ceux de son Sang; & auec ce qu'il seroit priué de
" tous Offices Royaux. Et si fut sa maison démolie & abatuë de fonds en
" comble, & auec ce fut condamné à fonder deux Chapelles de 100. liures
" de rente; lesquelles furent à la donation de ladite Vniuersité. Aprés
" laquelle Sentence ainsi faite & accomplie, iceluy MESSIRE CHARLES
" s'en alla demourer hors du Royaume de France en estrange Païs, assez
" desolé & en grand' déplaisance: mais depuis se conduisit & gouuerna si
" doucement & honorablement que certaine espace de temps aprés
" par le moyen principalement de la Royne de France & autres grands
" Seigneurs, il r'eut sa paix & retourna en l'Hostel du Roy, & à la grace
" de ceux de la dessusdite Vniuersité.

Eandem Historiam Robertus Gaguinus breuius complectitur his verbis. *Auinionem ad Benedictum venit* (Dux Aurelianus) *laturus opem Pontifici quem* SCHOLA PARISIENSIS *dignitate amouendum magnopere contendebat. Magni siquidem nominis atque autoritatis per id tempus Schola ipsa*
" *habebatur, itaut Scholasticum offendisse piaculum esset*. Inter itaque multas
" simultates cum res tota Francorum ad Ciuilem discordiam inclinaret,
" nemo non fere studebat Scholæ fauorem atque beneuolentiam sibi com-
" parare, eo melior æstimandus, quo Litteratorum maiore autoritate iu-
" uaretur. Erat ergo per eos dies PARISIANIS SCHOLASTICIS plurimum
" nominis atque æstimationis. Enimvero dum ad D. Catharinam quæ
" SCHOLASTICORVM appellatur, supplicationem haberent, Quidam ex
" familia Caroli Sauosij Aurati Equitis equo per lutum vectus vnum ex
" SCHOLASTICIS luto inquinauit. Quem protinus irâ feruens SCHOLASTI-
" CVS pugno percussit. Ad vociferantem seruum cum reliqua Sauosij fa-
" milia armis instructa procurreret, SCHOLASTICOS insectans cum ad
" Ecclesiæ vestibulum successisset, nescio quis sagittam temere ad maio-
" rem vsque aram, dum ad rem diuinam se Sacerdos parat, emittit. *Quam*
" SCHOLASTICI *iniuriam vlcisci properantes, ita apud Iudices agunt, vt Sa-*
" *uosij ædes vnde familia prodierat, solo tenus diruerentur, ipse verò exularet.*

Igitur conquestum it Vniuersitas ad Curiam Parisiensem. Et sic
præsente Rectore, Decanis & Procuratoribus M. Ioannes Gersonius
Vniuersitatis Cancellarius linguâ vernacula perorauit.

Plainte de l'Vniuersité au Parlement, contre M. Charles Sauoisy.

" **P**Our exposer à vous, Messeigneurs, la piteuse & tres-miserable
" Complainte de la fille du Roy ma mere l'Vniuersité de Paris, ie
" commenceray par l'vn dict de la Sainte-Escriture, comme il affiert à
" t'elle proposition, & diray. *Estote Misericordes*. Messeigneurs soyez mi-
" sericords, c'est le commandement de nostre Roy, de nostre Empereur,
" de nostre foy. Aucuns parauenture tourneront incontinent à merueille
" cette maniere de commencer, ceux en especial qui sçauent ja assez la
" cause & la matiere tres-enorme & de non pareille iniquité pour laquelle
" *la fille du Roy, la fontaine de Science, la lumiere de nostre Foy, la beauté, le*
" *parement, l'honnesteté de France, voir de tout le monde, l'Vniuersité de Paris*
" enuoye de present Monsieur le Recteur & ses Deputez par deuers vous
" Messeigneurs, par deuers cette tres-honorable, haute & Royale Cour
" de Iustice. Comment dient eux, que veult ce estre? que celuy-cy vient
" demander misericorde, vient enhorter à Messeigneurs que ils soient
" Misericords, en vn tel fait si horrible de non pareille mauuaistié,
d'execrable

d'execrable sacrilege, de tres-crueuse peruersité, qui n'agueres feut perpetré encontre ladite Vniuersité-prés, mais dedans l'Eglise de sainte Catherine veans icy. Mais aussi que peut-ce estre que vn de la Profession de Theologie inexpert des Loix s'auance & se entremet de parler & proposer en cette haute Cour pour & ou fait de Iustice, en vsurpant, ce semble, l'Office des Saiges Orateurs & Aduocats de tres singuliere & claire eloquence que icy sont, auxquels trop mieulx appartient parler en cette matiere, alleguer & conclurre: c'est leur métier, leur coustume, leur Art, leur institution, science & profession. Et vecy qu'il en aduient, car contre l'Art de Plaidoyrie ce Theologien met auant Misericorde, quand il doit esmouuoir à Iustice: il prend les parties de son aduersaire: car son aduersaire que peut-il autre chose demander icy à Messeigneurs, fors grace, & dire à Messeigneurs *soyez Misericords*, puisque le fait est tant cler & notoire en toute iniquité, sans le pouuoir nier ou en rien iustifier, que chacun en huche vengeance, non pas de Paris seulement, non pas en vne Cité ou icy; mais par tout le Royaume de France, voir ja hors le Royaume, en estranges contrées, voir certes le Ciel & la terre en font complainte à Dieu. Or pleust à Dieu, Mes-Seigneurs, & à sa benigne Misericorde, que la tres Noble personne du Roy nostre Sire feust en tel estat & prosperité corporelle, comme nous tous le desirons, cette question cesseroit, pourquoy vn Professeur de Theologie plus que vn Aduocat parle en cette matiere; car l'humble & deuote Fille du Roy, par Royalle adoption l'Vniuersité de Paris en sa piteuse querelle, en sa tres-juste complainte se feust tournée sans moyen à sa Royalle persone par la maniere accoustumée, mais qui est telle que vn Theologien propose pour auoir expedition, briefue, sommierement & de plain. Et c'est bien à sçauoir que le Roy ne luy eust point refusée, & on en a ja veu des signes plusieurs. Or est autrement par la secrette Ordonnance de Nostre Seigneur. La Fille du Roy ne peut de present auoir accez à sa Royalle personne, elle est comme Orpheline & sueffre violence incredible & crueuse: si fault quelle praigne son recours, sa defense & refuge à son hault thrône de Iustice où sied & se repose son authorité Royale. Et qui est ce thrône de Iustice, n'est ja besoing que ie le die, chacun le sçet, c'est par excellence cette Cour tres-honorable de Parlement, ce Senat des Peres Conscripts, le thrône mystique que deuisa le Saige Roy Salomon, qui feust moult precieux, noble & merueilleux, auquel on montoit par six degrez desquels chacun auoit deux lions entaillez & figurez, si estoient 12. en nombre, & le Siege estoit soustenu de deux mains l'vne à dextre, l'autre à senestre. Bien estoit ce thrône la figure du Thrône de Iustice, duquel ie parle qui y vaurroit estudier ou arrester. Ensuit les six degrez fors les Vertus qui sont necessaires pour venir incontinent à Iustice, Prudence, Attrempance, & Force, Foy, Esperance & Charité. Les 12. lions sont en figure les 12. Pairs, les deux mains sont l'vne Clergié, l'autre Cheualerie. Mais passons outre, car grand besoing nous tire ailleurs, & disons comme ja est commencé, que la Fille du Roy, puisqu'elle n'a la presence de son Pere en personne, prend son recours à son thrône, où repose sans muer ou défaillir, sa Royale authorité. Et ce elle fait sommairement & de plain sans moyens d'Orateurs ou Aduocats selon sa coustume & dignité. Sy ay respondu pourquoy vn Theologien icy parle en demonstrant aussi & protestant que la Fille du Roy vient icy, non pas comme deuant Iuges ordinaires, mais comme deuant ceulx qui representent le Roy, Et se non quant à personne au moins quant à authorité. Mais encore demeure la seconde demande, pourquoy & comment i'ay tellement commancié en suppliant, *Estote Misericordes*, Mes. Seigneurs soyez misericords. 1. Se les Roys d'Israël, les Roys de France sont misericors, *Reges Israël clementes sunt*, telle doit estre sa Cour, & tel Seigneur, telle Cour. En aprés l'Escole de Theologie instituée par nostre Souuerain

1404.

"Docteur & Maistre Iesvs-Christ apprend singulierement misericor-
"de, *Discite*, inquit, *à me quia mitis sum & humilis corde*, apprenez de moy
"dit Iesvs-Christ à ses Escoliers. Qui dit apprenez, il ne dit mie puissan-
"ce & faire miracle, il ne die mie vanjance rigoureuse, mais apprenez que
"ie suis doulx, debonaire & humble de cuer. Si doit doncques vn Theo-
"logien ensuir la Doctrine de son Maistre, & doit tousiours tendre & en-
"horter à misericorde. Car en bonne foy, Messeigneurs, creez-moy, ie
"trouue ici bien matiere de misericorde, & se ne feust misericorde qui
"me contraint, Iamais ie n'eusse entrepris la parole en si haute & dange-
"reuse matiere, deuant Seigneurs de telle prudence, authorité & elo-
"quence, en si petit de temps comme sçauent plusieurs, & conscience de
"tant petite institution que ie sens en moy. Mais quant i'ay voulu refuser
"ce fait & m'en excuser, i'ay trouué dedans le secret plainement de mon
"cuer, de toutes parts plaintes & requestes qui pourroient esmouuoir
"meismement pierres à misericorde & à compassion, comme il appaira
"cy-aprés. Et se la puissance & science n'est en moy telle, que ie puisse &
"sache proprement, viuement & à bon droit exposer les causes de cette
"misericorde: Car certes Demosthenes ou Tulles & S. Iean Bouche d'or
"& S. Augustin, s'ils reuenoient, pourroient bien faillir, tant grande est
"l'indignité de cette besongne. Neantmoins la voulenté y est en moy,
"autre chose ne peut-on demander ici fors bonne voulenté, i'aime
"mieulx voir que aucun reproche ou honte soit sur moy de ignorance ou
"de temerité ou insoufisance, que la chose demourast en tel estat que les
"Aduersaires ou maluaillans de la fille du Roy, de la mere qui entre les au-
"tres ma nourry dés mon enfance peussent reproucher que pour elle & en
"son affliction on ne trouue en ses fils aucun qui en ait pitié & miseri-
"corde & qui en vueille, ou sache, ou ose parler. Ia Dieu ne vueille souffrir
"ce reprouche miserable aduenir. Ie ne desire ja tant viure que ie voye
"vn tel meschief. Puis doncques, Messeigneurs, que ie vous ay exposé la
"cause pour laquelle vn Theologien au moins de nom & de Profession
"porte la parole, ie veux plus à plain declarer pourquoy i'ay au commen-
"cement prise telle parole, tel theme. *Estote Misericordes*, Messeigneurs
"soyez misericors, esleuez ie vous supplie les yeux de vostre pansée & les
"tournez à parfundement considerer & aduiser comment, en la cause que
"i'entreprends, on vous demande & doit demander de toutes parts mise-
"ricorde. Premierement la Fille du Roy & toute Clergie vous huchent
"misericorde en leur desolation. Le Roy & toute Cheualerie vous re-
"quierent misericorde en doubte de perdition. Le Peuple & toute Bour-
"geoisie vous crient misericorde en leur paour & affliction. Mais aussi vous
"deuez auoir misericorde de sainte Eglise & de sa liberté, misericorde
"des Maus-faicteurs & de leur damnation ou infelicité, Misericorde à la
"**parfin de vous-meismes & de vostre Cour qui est Cour de Iustice & de**
"equité. Et jasoice, Messeigneurs, que ja les plusieurs conçoiuent assez
"ce que ie vueil dire & plus par auanture que ie ne soray exposer ou ex-
"pliquer; neantmoins seuffrez, ie vous prie, que ie arreste ma parole sur
"chacun de ces six points, lesquels i'ay mis en ordre pour les mieulx en-
"tendre & retenir. La Fille du Roy en especial & toute Clergie en gene-
"ral huchent à present misericorde en leur desolation. Elle crie *vim Pa-*
"*tior* ie sueffre force, dit la Fille du Roy, & violance, non mie en vne de
"mes parties & de mes membres, mais en tout & par tout mon corps. Et
"chacun ja cecy sçet, le fait detestable estant notoire, que se ie le vou-
"lois celer ou dissimuler, ce ne pourroit estre. Helas ie suis celle qui en
"Adam fus premierement inspirée en sa nouuelle creation. Ie suis celle
"qui depuis par successions feu fondée & renouuellée en Egypte par
"Abraham & autres fils de Noë, puis feus transpoisée à Athenes & nom-
"mée Pallas ou Minerue, puis vins à Rome quand la Cheualerie y Sci-
"gnorisoit: Puis par Charle-Magne le Grand feus plantée à grands la-
"beurs en France, en la Cité de Paris. Et tant amée & chier tenuë que

les tres-Nobles Roys de France ont voulu que ie foye nommée fille du Roy par Ciuile adoption.

1404.

Et à moy telle, helas! n'agueres ha esté faite vne violence, vne impreſſion, non pas vne, mais pluſieurs comme chacun sçet, j'auoye entrepris par amour filiale & loyale au Roy mon Pere, & par Deuote Religion en ma bonne ſimpleſſe que ie iroye ſolemnellement en Proceſſion ordonnée iuſques à l'Egliſe de la glorieuſe Vierge & Martyre de Dieu Ste. Catherine veant tout le peuple pour le plus eſmouuoir à Deuotion. Quelle autre œuure pourroit eſtre plus meritoire & plus digne de loüange & Religion? Auſſi alloy-je en ma ſimpleſſe, en l'innocence de mes Suppoſts, en tres-bel arroy & en merueilleux nombre à ladite Egliſe de Ste. Catherine. Vinrent aucuns de la maignie de l'ennemy qui par mauuaitié exquiſite, rompoient cette Proceſſion en paſſant & chaſſant les Cheuaux ſur les Enfans en les marchant & trébuchant à terre & en la boë. Ceſt outrage deuoit bien & trop ſuffir; mais ne mis vn mal entre telles gens ne fine pas où il commance, touſiours s'accroit; ne demoura gueres que ceux reuindrent & ſans ſauoir ou demander qui eſtoit l'vn ou l'autre, battoient, rompoient, chaſſoient, tresbuchoient indifferemment tous mes fils les Eſcoliers. Grant bruit, grant cris & grant clameur ſe va eſleuer: n'eſtoit pas de merueille. Petits & febles Enfans n'auoient autre maniere de ſe reuangier, fors crier aide & miſericorde, & ceux qui euſſent peu rebouter force, eurent cette attrempance, qu'ils ne vaurent pas prendre à ſoy la vanjance, mais la laiſſiez au Roy & à Iuſtice. Les petits Enfans donques crioient mercy à eux. Helas ils ſauoient mal à quels gens ils auoient à faire; car en leur cueur n'auoit quelconque pitié ou doulceur, ou compaſſion, ainçois de plus en plus accroiſſoit leur felonnie peruerſe, entant que ils allerent querir glaiues, arcs, ſayettes, eſpées, piles de Flandre & autres armes inuaſiues, comme s'ils ſe deuſſent combattre contre les ennemis du Roy & du Royaume, ie ne ſçai s'ils euſſent eſté tant hardis contre eulx, puis trayoient ſayettes à la volée, feroient à tort & à trauers par tout & çà & là, tellement qu'il n'y auoit point de Refuge & de ſeureté.

Bien eſt ici Meſſeigneurs, matiere de pitié & de compaſſion; que vous en ſemble? Eſt-ce ſans cauſe que ie vous dis, ſoyez miſericors; à qui Miſericors? à celle qui ainſi vous peut dire, à la Fille du Roy en ſon oppreſſion. Mais encore y a pis, car iuſques à l'Egliſe vint cette fureur: & la fait feut du lieu de ſeureté, lieu de bataille & de cruauté. Et vrayement paroles me faillent à declairer à ſon droit l'indignité de cette beſongne. Aidez moy, panſez par vous meiſmes quelle horreur c'eſtoit & quelle confuſion veoit tel nombre de jolis Eſcoliers, comme agneaux innocens fuir & trébucher deuant les Leus rauiſſables. Et ne ſauoient où ſe cachier, ils s'en alloient à l'Egliſe comme à lieu de refuge & de ſeurté, comme les Pouſſins fuyent deſſous les aiſles de leur mere: Mais riens ny valoit, car en ſurmontant la Cruauté des Meſcreans & des Vandres qui prindrent Rome, ils n'eſpargnoient de riens ceulx qui eſtoient en l'Egliſe, ainçois traihoient à eulx comme beſtes entant que pluſieurs y furent naurez, & conuient que ceulx qui eſtoient en l'Egliſe, s'enfouiſſent çà & là où chacun pouoit le mieulx. En tant que la Meſſe qui eſtoit commanciée ſolemnellement, ceſſa pour les Chantres qui s'en partirent & ſe finit à grand paine & à grand paour à baſſe vois, & le Sermon ceſſa, & les bonnes Dames qui y eſtoient venuës, cachoient les Enfans deſſous leurs manteaux. Mais encore ne pouuoient eulx auoir ſeurté; C'eſtoit droitement vne perſeqution telle, comme vous regardez en ces paintures, quand Herode fait occire les Innocens. Vng Eſcolier fut nauré d'vne Sayette en la mamelle aſſez prés de l'autre, l'autre au col, l'autre ot ſa robe parcée. Et briefuement quant fu des Perſequteurs qui tiroient à la volée n'y auoit quelconque ſans peril de mort, fuſt Maiſtre ou Eſcholier, fuſt Noble, comme eſtoient les pluſieurs, fuſt non noble,

1464.
» fucent de vos enfans Meſſeigneurs, fucent autres 30. navrez. En bonne
» foy ici ha matiere trop grande de miſericorde & de compaſſion. Et ſe ie
» vouloie curieuſement faire deduction ſelon l'enſeignement de Tulle en
» ſa Rhetorique, ſelon l'art de Craton ſeculier, ie trouueroye tous les
» lieux qui ſont à miſericorde, eſtre icy diſtinctement compris. Mais tour-
» nons vn peu noſtre parole à monſtrer l'indignité de ce fourfait. Aucuns
» ſoullent ſoy abſtenir de mal-faire pour crainte des Gens & d'eſtre con-
» gneus; ce meſfait a eſté fait, tant en appert que plus ne peut de plain
» iour & veant tout le monde. Que fera-on en tenebres? Qui en ſera dore-
» nauant ſeure en ſon hoſtel. Aucuns ſe tiennent de meſfait & refrainent
» pour doubte du Roy ou de Iuſtice. Ce meſfait a eſté fait prés de l'Hoſtel
» du Roy, prés de la Fontaine de Iuſtice Royale de Parlement & de Cha-
» ſtelet, & en la principale Cité de toute France : Que fera-on ailleurs au
» bout du Royaume ? Aucuns reſoignent faire mal pour l'innocence &
» joſne aage des Enfans; icy ont eſté principalement perſequtez petits
» enfans. Et quelle aage ſera à ſeureté d'orennauant ? Multitude refraint
» aucuns, car on deuroit meiſmes eſpargner à vne multitude ou commu-
» nauté ſelle excedoit. Icy a eſté punie toute l'Vniuerſité tres-ſolemnel-
» lement aſſemblée; Que feront deux Eſcoliers s'ils ſont à part ou trois?
» Aucuns ont reuerance à l'Egliſe & au diuin Seruice & aux habits Sacer-
» dotaux, meiſmes entre Payens & Sarrazins. Il apparut des Wandres à
» Rome & de Alexandre au Preſtre de la Loy; vous voyez que ce forfait
» a principalement eſté perpetré en l'Egliſe à l'heure de la grant Meſſe
» & du Sermon, où ſeront à ſeureté d'oreſnauant les Nocens en l'Egliſe,
» quant les Innocens y ſont perſequtez ? Quel point de noſtre Religion
» ſera gardé, ſe le S. Sacrement eſt violé ? Que profiteront Sermons ſe les
» Preſcheurs ſont perſequtez & deboutez ? Aucuns prennent garde à leur
» Nobleſſe ou ceux de leurs Maiſtres ou de leurs Parens. Vous oyez par
» quelles gens eſt faite vn tel vilain outrage; ſe Cheualerie perſequte Cler-
» gié, qui la défendra ? où ſera ſauue-garde Royale gardée ſe la fille du
» Roy eſt villenée & violée ? Aucuns ont compaſſion des autres qui s'hu-
» milient & crient merci, comme on dit du Lion, & nous le voyons entre
» les Chiens; icy ont eſté perſequtez ceux qui plus ont eſté humiliez, en
» eſpecial le Bedel tenant ſa verge & ſoy agenoüillant & criant pour Dieu
» mercy & tendant à la paix, la feut batus & defrapez. Mais à la parfin ſe
» Chreſtiens perſequtent Chreſtiens, & les François François, & les Pari-
» ſiens ceulx de Paris, que nous deuront faire les non-Chreſtiens ou Eſtran-
» giers ? Qui eſt le Royaume tant ferme, tant Riche & poiſſant que s'il eſt
» tellement diuiſé, ne trébuche briefuement en ſa perdition ? Que ſera du
» Royaume de France fors vne rapine & larronnerie, ſe Iuſtice en eſt tel-
» lement deboutée ? *Nam ſemota Iuſtitia quid ſunt Regna, niſi magna Latro-*
» *cinia ? inquit Auguſtinus.* Quelle ſeureté ? quelle foy ? quelle loyauté
» pourra auoir le Roy & les Seigneurs en tels ſeruiteurs larrons, meiſme-
» ment comme dit Tulle & le recite S. Auguſtin pour auoir ſeurté enſem-
» ble gardant juſtice entre eux. *Eſtote ergo miſericordes.* Soyez doncques
» miſericors Meſſeigneurs, non pas ſeulement enuers la fille du Roy &
» ſon affliction, mais enuers le Roy meſmement & toute ſa Seigneurie;
» car comme l'honneur de la Fille tourne à l'honneur du Pere : Pareille-
» ment la Fille ne peut-eſtre deshonorée ſans deshonneur du Pere, *De-*
» *decus Patris, Filius ſine honore.* Doncques toute cette deſolation rechiet
» ſur le Roy & ſon honneur, car dit le S. Roy & Prophete Dauid, Que
» l'honneur du Roy aime Iuſtice, *Honor Regis Iudicium diligit.* Si eſt cer-
» tain que quiconque bleſſe Iuſtice, il bleſſe l'honneur du Roy qui eſt la
» plus belle pierre de ſa Couronne. Mais auſſi que dit le Saige & expe-
» rience le monſtre, *Regnum de gente in gentem transferetur propter iniuſti-*
» *tiam & varios dolos.* Royaulme ſe tranſporte de gent à autre par iniu-
» ſtices, quant elles y ſont faites. Et quelle pourroit eſtre plus euidente
» Iniuſtice ou Royaulme de France, qu'eſt celle de laquelle nous parlons.

Persequter sa Fille en son corps & en ses membres, de cler iour, veans tous & n'est vn secourant, en lieu saint & sacré, en Office diuin, en priant ensemble pour sa bonne prosperité, par gens du Roy & de sa Cour, par ceulx qui la deuoient aidier, defendre & secourir selon le serment de Gentilesse ou de Noblesse. Que dira le Roy quant il saura de telle desolation & iniustice qu'on n'en tient conte, nul n'en à misericorde? Que diront les Subjets & non pas eux seulement, mais ses Aduersaires quant ils oiront & verront que on trouueroit plus grand seureté en vn bois & vn desert qu'on ne fait en la plus noble & ferme & grande Cité de tout le Royaulme de France? Pour Dieu, Messeigneurs, entendez icy & & par la foi & loyauté que vous auez & deuez auoir au Roy & à son honneur, & à la conseruation de son Royaulme & de toute sa Signorie. Soyez misericors à sa Noble personne, Aidez-lai, secourez-lai. Et pour ce qui est dit, vous veez que ce n'est pas de merueille se tout le Peuple generalement & toute Bourgeoisie vous demande Misericorde pour eulx aider & secourir, quant ils ont veu leurs propres enfans, lesquels Dieu vueille garder & defendre de telle oppression; les Bestes meismement nous monstrent ceci, car elles exposent leur propre corps à feu & à flamme & à glaiue & à toute maniere de mort pour leurs faons. Et se le Peuple voit & non pas seulement le Peuple, mais plusieurs Nobles & Seigneurs desquels les enfans ont accoustumé conuerser à l'estude que il n'y aist autre seurté, c'est bien assauoir que iamais n'enuoyeront leurs enfans pour encourir tels perils de mort; si perira l'estude & demourra France cōme non sachante & aueuglée par ignorance & defaut de science & de vraye Clergé. Et quant Clergé y faudra, bonne Cheualerie ni durera pas grandement. Pensez, Messeigneurs, Messieurs, que si la chose eust vn peu plus durée, & que la large discretion & attrempance de Monsieur le Recteur, & autres Maistres n'y eust pourueu diligemment que la turbation & confusion irreparable estoit taillée de s'ensuir, non pas seulement par les Escholiers, mais par leurs Parēs & leurs Amis qui eussent voulu aller par voye de fait. Et n'est pas doute que se remede n'est ici mis par Iustice, vne autrefois on vsera de voye de faict. N'est celui auquel ses iniures semblent petites, *Estote ergo Misericordes, &c.* Mais aussi ja pieça que l'Eglise se monstre aux yeulx de ma pensée & complaint sa violation, & que le lieu de liberté, de franchise & de seurté ha esté fait vn lieu de perseqution & de tres-enorme cruauté, *Domus mea!* ô Vierge tres-glorieuse, Madame sainte Catherine, vous estes digne en verité que on portast autre honneur & reuerence à vostre Eglise & à vos Reliques & au sainct Sacrement de l'Autel qui dedans vostre Eglise se celebroit; la belle representation de la Natiuité de Nostre-Seigneur & de son saint Sepulcre glorieux qui est en vostre Eglise desueroient estre autrement honnourez. Doncques, Messeigneurs, par icelle Religion Chrestienne qui est en vous, par la misericorde que vous attendez des Saincts & Sainctes, par l'honneur & reuerence que vous auez à nostre Mere sainte Eglise qui vous ha regenerée en vie espirituelle, Soyez icy misericors en telle profanation & desolation de sa liberté, franchise & seurté, & que la deshonneur qui a esté faite au S. Sacrement de l'Autel & à tous Saincts & Sainctes, & en especial à la Vierge tres-digne Madame sainte Catherine soit reparée souffisamment & tost & patemment.

Puisque i'ay demonstré la misericorde & compassion que vous Messeigneurs deuez auoir des trois Estats, c'est à dire de Clergié, de Signorie & de Bourgeoisie & de S. Eglise, car tout a esté par ce fait detestable Villé, corrompu, des-honoré, se remede n'y est mis, ie descendray s'il vous plaist à declairer aucunement comment vous deuez auoir misericorde des Maufaiteurs qui sont en ce fait coupables, & à la parfin de vous-mesmes. Mais il nous conuient ici entrer és termes de Theologie & de haulte Philosophie, en supposant premierement, que la misere de l'ame est trop plus grande & pire que celle du corps; de tant que

„ l'ame vaut trop mieulx que le corps, comme chose espirituelle & im-
„ mortelle.

1404.

„ Supposons en surplus que la maladie qui ne vient à garison, nuit trop
„ plus que celle à laquelle on baille medicine pour venir à santé. Suppo-
„ sons en aprés que la garison de la maladie spirituelle se faict par repen-
„ tence & satisfaction, c'est à dire par souffisante punition & reparation
„ du mal fait. Si veez incontinent que de ces choses qui sont cleres à tout
„ entendement de raison, & par especial selon nostre foy & toute Theo-
„ logie & bonne Philosophie, s'ensuit que on doit auoir misericorde &
„ compassion des Malfaicteurs, comme de ceulx qui sont plus griefuement
„ malades que les malades corporellement. Ainsi le conclut Boëce, *vis*
„ *ergo meritis vicem rependere, dilige iure bonos & miserere malis*. Mais com-
„ ment s'entent cette misericorde? Nous le concluons par ce qui est dit,
„ c'est par tourner telles maladies & tels malades à gairison. Et cette gai-
„ rison, comment se donne-elle? par souffisante satisfaction & punition des
„ méfaits, *quia dedecus culpæ non est sine decore pœnæ & Iustitiæ*. Si veez que
„ vous ne pouez faire ou monstrer plus grande cruauté enuers les mal-
„ faicteurs que de les laissier sans punition & sans ce que ils satisfassent à
„ ceulx qui ont esté blessiez, & iniuriez & iniustifiez. Pour Dieu donc-
„ ques Messeigneurs, ayez ici misericorde, corrigez les mal-faits & amen-
„ dez. Mais aucun me dira, que les Malfaicteurs n'ont cure de telle mise-
„ ricorde, ils aiment trop mieulx demourer sans punition, & que tout soit
„ pardonné ou dissimulé; peut ainsi estre. Neantmoins vous Messeigneurs,
„ qui estes leurs Peres, leurs Medecins, leurs Curateurs, pourtant ne de-
„ uez-vous substraire vostre misericorde. Autrement vous feriez comme
„ la mere qui laisse sa fille tineuse pource qu'elle est trop piteuse; c'est
„ vne crueuse pitié; ou comme le Medecin ou Chirurgien qui laisse mou-
„ rir son malade pour doute qu'il ne soit blessié & qu'il ne se plaigne; ou
„ comme le Pere qui laisse perdre son enfant, & le Maistre son Escolier
„ par defaut de bâture ou de correction. C'est ici comme vne amoureuse
„ haïne ou amour haïneuse: Mais montons encore plus hault selon les ter-
„ mes de Theologie & la verité de nostre Foy, car ie parle à Chrestiens &
„ entre Chrestiens & pour Chrestiens, se Dieu plaist quelques pecheurs
„ que soient les Malfaicteurs en autre chose. Or disons doncques, que le
„ méfait qui n'est ici puni & corrigé en cette presente Vie où regne &
„ tient son thrône, la Iustice de Dieu piteuse & misericorde, sera puni
„ plus asprement sans comparaison aprés cette vie en l'vn des deux lieux,
„ ou en Purgatoire qui est lieu & Cour de Iustice aucunement rigoureuse,
„ où en effet on punit & condamne & domine Iustice de Dieu horrible
„ & tres-crueuse: ainsi le dit l'Apostre, *Horrendum est incidere in manus, in*
„ *manus Dei omnipotentis viuentis*. Pourtant le S. Prophete demandoit à
„ Dieu qu'il ne feust point corrigé ou condamné selon la fureur de Dieu
„ ou selon son ire, mais par misericorde, c'est à dire en cette vie. *Domine*
„ *ne in furore tuo arguas*. Concluons doncques, Messeigneurs, que vous ne
„ pouez monstrer plus belle misericorde aux Malfaicteurs que de les iuger
„ & corriger en cette presente vie; pour escheuer l'horrible mort & dam-
„ nation de l'autre. Ainsi le deprioit à Dieu S. Augustin. *Hic vre, hic seca.*
„ Et Paralipom. 6. *Etenim multo tempore non sinere peccatoribus ex sententia*
„ *agere, sed statim vltiones adhibere Magni Beneficij est Iudicium*, & vauroye
„ bien que ceulx Malfaicteurs outrageux desquels ie parle qui sont coul-
„ pables de ce enorme méfait fussent tous ici presens; i'ay cette fiance que
„ bonne verité les contraindroit confesser & demander & instamment re-
„ querir tout ce que ie demande, s'ils ne sont en maulx obstinez. N'est
„ point dobte que par leurs méfaits & outraiges publiques ils ont peché
„ mortellement, c'est à dire que ils ont deseruis à mort pardurable au gibet
„ d'Enfer. C'est certain. En aprés que par estre punis en ce monde, ils
„ peuuent escheuer cette mort perdurable. Or est vray que la punition
„ de ce monde au regart de condemnation perdurable est moins que vne

petite bapteure d'vn finglon de verges n'eſt enuers la plus crueuſe mort corporelle que on puiſſe ſouſtenir. Qui eſt doncques la perſonne ayant tant ſoit peu iugement de raiſon nez vn petit enfant qui n'amaſt tres-bien eſtre batus d'vn finglon de verges pour eſcheuer la mort? Qui eſt l'enfant qui en tel cas, en telle election ne preſentaſt voulentiers la verge pour eſtre batus, ſe par ce il veoit qu'il eſchaperoit la mort à laquelle il ſeroit adiugé & condamné; mais à toutes ces raiſons aucuns me diront par auanture qu'il ſouffit qu'ils s'en repentent en Confeſſion, voire dia, & où ſera ſatisfaction & reſtitution des choſes oſtées & du domaige fait à autruy? *Non dimittitur peccatum, niſi reſtituatur ablatum.* En nom, Dieu, c'eſt de neceſſité ſatisfaire à partie & reparer tout le méfait entant qu'il ſe peut faire par eſpecial, quant il eſt tant notoire & enorme & plain de mal exemple. I'ay leu d'vn grant Pillart qui auoit fait moult de maux. Aduint qu'il feuſt condamné à mort contre ſa voulenté, mais quant il approcha de gibet, il commança à faire de neceſſité vertus, regracia à Dieu de tout ſon cueur, quant il luy donnoit cette mort & cette peine en ce monde pour eſcheuer l'autre; demanda en outre au Boureau que chacun de ſes membres feuſt copé & detaillé, affin qu'il en fiſt penitence & ſatisfaction par la douleur qu'il ſentiroit. I'ay n'agueres ouy dire d'vne femme qui feuſt arſe à Paris, que tantoſt après la Sentence de ſa mort, elle joignit ſes mains en hault & leua les yeulx au Ciel, en regraciant Dieu de cette Sentence, car elle auoit propos par auant que iamais n'euſt fait penitence ou repentance de ſon méfait, ſe neceſſité ne l'euſt à ce menée. Peut-eſtre qu'aucuns icy ſe moqueront & diront que ce ſont dits de Theologiens. Ie le confeſſe; pourtant ſont ce dis veritables plus que des fols mondains qui ne penſent qu'au monde, qui ne croient fors ce qu'ils voient, deſquels dit le Prouerbe, fol ne croit iuſques il prent. Creez moy, non pas moy, mais verité. Vous ne pouez, Meſſeigneurs, monſtrer plus belle miſericorde aux Malfaicteurs deſquels nous parlons que par les mener à ce que leur iniure ſoit reparée, & ſe non voulentiers, au moins enuis & par contrainte N'eſt plus male ſeruitute que franchiſſe ou puiſſance de mal-faire. Vn homme eſt malheureux quant il veult mal-faire & le peut enſemble. Autrement Dieu n'auroit pas ſouueraine franchiſe qui ne peult mal-faire, qui eſt plus grande cruaulté que de veoir vne perſonne qui ſe veult ferir d'vne epée par le corps, ou qui ſe veult trébuchier en la mer & de le ſouffrir, tant s'efforce: au contraire n'eſt point doubte que c'eſt grande & deubée miſericorde de l'en retraire, vueille ou non, *non ſinere malos.* Iugiez icy pareillement en la maladie de l'ame quant le Pecheur ne veult venir à gariſon par amendement de ſon méfait, c'eſt miſericorde de luy contre dire à ce, & ſuppoſé encores qu'il n'en acquiſt point ſa ſaluation pour ce que ce ſeroit maulgré luy, ſi en auroit-ils mains de damnation, comme Dieu fait grace aux mauuais peruers qui ne ſe veulent repentir, quant il les fait mourir pluſtoſt, ſans ce qu'ils accroiſſent touſiours leur damnation. Il apparut ou Deluge & en Sodome. Prenez garde à ceſt exemple, vne perſone ira par male-voye de pis en pis, c'eſt miſericorde de la retraire du pis où elle aura vne playe fort enracinée qui touſiours ira en empirant & pourriſſant, c'eſt miſericorde de la retranchier, *vt corpus rediens, &c.* Et icy ie prendray trois doctrines par maniere d'inſtruction ou de conſideration. La premiere doctrine, les maufaicteurs & coupables doiuent amer tous ceulx qui proſſuiuent cette iniure & la reparation, comme ceulx qui aiment leur ſalut & qui ont d'eulx miſericorde & compaſſion & qui les aiment plus que eux-meſmes ne font. *Ariſtoteles 5. Conueniens nulli.* Ainſi le diſoit & deſiroit le S. Prophete. *Increpabit me Iuſtus in miſericordia.* Car outre ce qui eſt dit, vous veez que ſe dés pieça on euſt repris & puny leur méfait, iamais ne feuſſent cheus en cettui-cy tant enorme & publique & deteſtable. *Nemo repente fit peſſimus, ſicut nec ſummus,* mais par auenture ils diront icy, ou aucuns pour eulx que on leur

1404.
" feroit plus grant grace & amour & misericorde, se on leur pardonnoit
" tout le méfait. Ie dy que non, car on ne doit mie aimer plus son prou-
" chain ou son ennemy que soy-meismes, il souffist que on l'aime autant
" que soy, & i'ay monstré que chacun par droit & par raison doit vouloir
" que Iustice se fasse, quant autrement ne se peut le méfait reparer com-
" me est icy ; Car se vous Messeigneurs, ou le Roy, ou l'Vniuersité, ou les
" blessiez laissoient ainsi aller cette besoingne sans aultre reparation, que
" seroit-ce que se en ensuiuroit de maulx & de méchief pour tous ceulx &
" contre ceulx qui sont aduenir: car la licence & la folle hardiesse de mé-
" faire tousiours demourroit ou cueur des plusieurs. *Facultas veniæ incen-*
" *tiuum tribuit delinquendi.* Mais aussi il doit bien souffrir que on soit autant
" misericors comme Dieu & non pas plus, ce seroit folle misericorde.
" Pourtant dit nostre Seigneur, aprés les Paraboles proposées, *Sicut Pater*
" *vester cœlestis misericors est.* Et vous sçauez que Dieu n'est point tant mi-
" sericors qu'il ne soit iuste, *omnes viæ Domini misericordia & veritas.* Per-
" sones singulieres ne peuuent donner ou pardonner les iniures publiques
" & celles de Dieu & du Seigneur. Voire, mais dira aucun qu'il n'est hom-
" me qui vousist estre punis ou afflitté, si ne doit faire à aultrui ce qu'il ne
" vouldroit point que on luy fist. Ie respons que ce qui est icy proposé, est
" faulx, plusieurs sont saiges & bons Chrestiens qui souffrent voulentiers
" punition en ce monde pour eschuer la damnation de l'autre. Et qui sont
" amende de tout leur pouoir enuers ceulx lesqueulx ils ont iniuriez. Vous
" sçauez aussi que on ne parle mie en ce commandement de Dieu de ce
" que aucuns font ; mais de ce que on doit faire selon raison. Or veult rai-
" son que Iustice se fasse des maufaicteurs.
" La seconde doctrine ; les Coupables de ce fourfait doibuent de leur
" bon gré, entant qu'ils aiment leur saluation poyer l'amende à Iustice &
" soy offrir à l'amendié. Aultrement ie ne voy point comment eulx puis-
" sent estre en l'estat de salut, & comment Prestre quelconque les pour-
" roit absoudre, veu la circonstance du cas. Et non pas seulement doiuent
" cecy faire pour leurs personnes, mais doiuent à ce mettre diligence que
" tous leurs Complices soient seruiteurs ou aultres, fassent semblable-
" ment. Creez moy, venra le temps ou tost, ou tart, en ce siecle ou en
" l'autre que eulx tous iugeront mes paroles estre veritables, sainctes &
" profitables, ou en saluation s'ils les reçoiuent en gré, ou s'ils les mépri-
" sent sans repentir, à leur horrible damnation.
" La tierce doctrine ; les Coulpables se doiuent mieulx raporter au iu-
" gement du Roy & de son Conseil ou de sa Cour de Parlement que à eulx
" meismes ; la cause est clere, car ils ne pourroient si bien veoir la maniere
" de reparer ce qui est mal-fait, comme aultres plus saiges & qui ne sont
" point de ceulx par trop grant amour d'eulx, ne aueuglez en ce fait. En
" **bonne foy ie ne propose icy chose que ie ne voulsisse faire en pareil mé-**
" fait, s'il m'estoit aduenu, selon l'affection que i'ay de present. A la
" fin ie proposoye que vous, Messeigneurs, deuez en ce cas auoir miseri-
" corde de vous meismes & de vostre Royalle Cour qui est Cour de Iustice
" & d'équité. Vous sçauez que l'Estat & la vie Ciuile de cette Cour gist
" & se maintient par Iustice, comme le corps est viuifié par l'ame. Entant
" donc que Iustice est blessiée ou violée, en tant deffault cette Royalle
" Cour, s'elle n'est reparée. Vous deuez donc garder Iustice comme vo-
" stre vie, car à ce estes vous ordonnez. Et s'aucun de vous disoit que sou-
" uent ne peut pour paour iuste, ou pour faueur, respond le Saige. *Noli*
" *velle fieri Iudex nisi virtute valeas irrumpere iniquitates. Fili vsque ad mor-*
" *tem certa pro Iustitia.* Et Apostolus. *Nondum vsque ad sanguinem restitistis.*
" De quibus Boëtius. *Tu quoque si vis.* Se tu ne peux resister aux 4. Tyrans
" qui veulent corrompre Iustice ; Tu ne dois pas seoir en son thrône. Ces
" tyrans sont les 4. passions, ioye & douleur, esperance & pœur, desquel-
" les on pourroit faire vn grand Sermon, mais plusieurs. Auisez, Messei-
" gneurs, se vous laissiez vn tel fourfait sans punition, quelle playe mortelle

sera

fera à Iustice par tout le Royaulme ? quelle iustice se pourra faire ailleurs & en moindre fourfait; se icy à Paris vous veans & sachans, iniustice regne & domine & opprime Iustice ; *Magna fenestra nequitiæ*, Regardez que vous ne soyez causes de mil & mil maulx, de meurtres, de rapi-
nes, de trahisons, de larrecins, de sacrileges, de ravissemens de femmes
par tout le Royaulme, si vous ne cloiez bien tost & diligemment la voye
à iniustice qui ja tant est ouuerte. Et ne pourez dire que vous n'en auez
coulpe. On seult dire en la ruë de Févre que *absentia nautæ vel negli-*
gentia est causa subuersionis Nauis. Vn Marignier plonge la nef quant il la
laisse perir pour l'heure qu'il la doit gouuerner & sauuer. I'ay ouy reciter d'vn saige fol qui estoit en la presence du Roy quant on lui demandoit grace pour vn homme qui auoit tué vn aultre. Le Roy respondit,
que ja par plusieurs fois il auoit fait semblable grace à cest homme &
que plus ne la feroit, lors le fol dit au Roy, Sire, vrayement vous pouez
bien faire grace à cest homme-cy, car il n'a pas tué l'autre, pourquoy dit
le Roy ? Et qui ha ce fait donques ? Ie le vous diroye respondit le fol, se
vous n'en deuez estre courroucié. Nenny dit le Roy. Et ie vous dy, Sire,
que cestes-vous qui l'auez tué, car si vous eussiez ença fait Iustice de cest
homme icy, l'autre ne fust point mort. Vous entendez bien, Messeigneurs, à qui va cette narration. Se Iustice eust esté bien executée ou
temps passé, pais feust maintenant auant-elle & la vaisist, *quia fructus*
Iustitiæ, pax, & Iustitia & pax osculatæ sunt. Qui habet aures audiendi au-
diat, qui capit capiat ; A ce propos ie porroye amener l'exemple que recite l'Aucteur du Liure qui se nomme *De Disciplina Scholarium*, du fils
qui mordit le nez à son pere quant on le menoit pendre, en disant, *Pere*
vous estes celuy qui me pendez. Gardez bien, Messeigneurs, que les subjets du Royaulme ne vous puissent imputer leur empirement en ce monde, & leur damnation en l'aultre par défault de les mettre en Iustice &
à correction. C'est la Misericorde que vous deuez à vous meismes. Et
cette Misericorde vous deuez à cette Cour & à son honneur. Pensez que
on dira par tout, se tel méfait remaine impunis, on dira que cette Cour
ne punit que les poures, & les petis méfais, ou ceulx qui n'ont amis ou qui
ne procedent par voye de fait, comme gens d'Eglise, Prelats & autres,
ils vous compareront à l'espouuental de Cheneuiere qui ne se remuë
point, & lors les oiseaux quant ils apperçoiuent cecy, ne tiennent conte
& font leur fiente sur eulx. Ils ameneront à leur propos, le dit d'vn Phi-
losophe nommé Anarazes, que les Droits & les Lois sont comme la toile de l'araigne qui retient les petites mouchettes, mais les grosses passent
tout. Ie pouroye icy m'arrester longuement à loüer Iustice & condem-
ner iniustice par les exemples des Romains & des Grecs & de ses sains
qui n'espargnoient nez à leurs enfans propres, comme Brutus & aultres.
Remembrez deuant vos yeulx le jugement que fist Trajanus l'Empereur
à la poure femme, pour laquelle chose il en a esté sauué, selon ce que on
lit en la vie de S. Gregoire. Cest Empereur alloit en bataille & ja estoit
sur son Cheual, vne poure femme vint au deuant & luy demandoit Iustice. Bonne femme, dit-il, tu vois mon empeschement, Sire, dit-elle, ie
ne vous demande fors ce que vous me deuez. Bonne femme ie te feray
Iustice au retour, voire Sire, & se vous ne retournez, mon Successeur,
dit Trajanus, te fera droit. Et la femme luy demanda, quel merite il en
auoit se vn aultre lui faisoit bien ; la Iustice d'aultruy, dit elle, ne te
sauuera point, *Semiramis, Seuleucus oculum alter gloria circundas*.
En lieu de Conclusions ie prendray trois considerations pour respondre à ce que on me pourroit opposer que ie ne nomme les Malfaicteurs & ne dis point quelle amende ie requiers. La 1. consideration ; ce
throsne de la Iustice Royalle où repose son authorité, ce Senat des Peres
Conscripts doit de son Office faire enqueste diligemment & constamment sans fléchir & sans riens espargner pour attaindre tout ce fait au
vif de la verité, supposé que tous aultres s'en teussent ou dissimulassent

Tom. V.   O

" leurs iniures fuſt par paour ou par negligence, fuſt par faueur ou corru-
1404. " ption. Et cecy ie puis bien dire quelque terme il paraiſt ſans peril de ir-
" regularité. Ce n'eſt à dire fors que vous faites voſtre deuoir & ſecou-
" rez à la choſe publique. Ie ne tens point icy à la douleur ou affliction des
" colpables pour ce qu'elle plaiſe, mais pour eſcheuer pis & que les In-
" nocens viuent en ſeurté. Et ſe l'enqueſte doit-eſtre faite des iniuſtices,
" ie adiouſte ce puiſque ce fait tant nonpareil des aultres demonſtre que
" il n'eſt pas ſeul, ou que ce n'eſt pas le premier. Car ce ſeroit trop mal
" ſemblable que ſoudainement aucuns ſe donnaſſent à tel fourfait, ie m'en
" rapporte à vos haultes diſcretions. Et par cette reſpons pourquoy ie n'ay
" nommé quelconque perſonne en particulier : car les Informations bien
" faites vous en pourront donner plus plainiere cognoiſſance : Et deſcen-
" dre à cette particularité appartient plus à aultres que à vn Theolo-
" gien.
" La 2. Conſideration. Ce Thrône de Iuſtice doit par ſoy-meiſmes
" trouuer & dicter, ordonner & conclurre les manieres de reparer tous
" les fourfais deſſus touchiez en general ; puiſqu'on les aura attains en
" particulier & par noms eſpeciaulx & les faire executer : Car ſans exe-
" qution, peu ou neant vauroit tout le demourant ; mais pourroit gran-
" dement nuire & en ſeroit l'entrepriſe plus perilleuſe & dommaigeable
" & honteuſe. Et par ce ie me paſſe de fourmer les Concluſions, ie m'en
" attens à ceux qui ſçeuent les Drois, car ie tiens icy plus le lieu de Pre-
" cheur que d'Aduocat ou Orateur.
" La 3. Conſideration. Cette Cour & Thrône de Iuſtice doit faire
" briefue expedition & exeqution de cette beſongne pour le peril & do-
" maige trop grant qui eſt en la demeure. Penſez quantes ames deman-
" dent le pain de Doctrine & de Predication, & nuls ne leur amniniſtrent.
" Ie pourrois demonſtrer comment ce tourne au preiudice, non pas ſeu-
" lement des vifs, mais de tous les morts, combien qu'en ſoit moins mal
" ceſſer par aucuns temps pour ſeurté & cheoir tantoſt à totale perdi-
" tion. Penſez auſſi que touſiours vole la renommée de ce Mesfait. Sy doit
" enſemble courrir la renommée de ſa reparation, ou aultrement le des-
" honneur eſt ſans honneur. Par ce appert que diligence n'en ha eſté fai-
" te & que les Mal-faicteurs qui doiuent eſtre teſmoins, ſont fuitifs prés
" du Royaulme & ont eſtez veuz depuis.

*EXTRAICT DES REGISTRES DV PARLEMENT
du Samedy 19. Iuillet 1404.*

" Aviourd'huy auant que l'on prononçaſt les Arreſts ſur ce que le 14.
" iour de ce mois l'Vniuerſité de Paris en allant à ſainte Catherine
" du Val des Eſcholiers en Proceſſion & Pelerinage par maniere d'Vniuer-
" ſité, pour la Paix de l'Egliſe, du Royaume & de la ſanté du Roy, auoit
" eſté moult enormement ruinée en pluſieurs de ſes Suppoſts en ladite
" Egliſe, *dum Miſſa celebratur*, & dehors en la ruë S. Antoine & deuant l'E-
" gliſe dudit S. Antoine en la ruë où eſtoit la maiſon de Meſſire Charles de
" Sauoiſy Cheualier, & en ſadite Maiſon par aucuns ſes Valets & autres
" qui auroient battu d'eſpées & traict d'arcs & ſayettes pluſieurs Eſcho-
" liers de ladite Vniuerſité impourueůment & dont ne ſe donnoient de
" garde ; & auoit eſté cet outrage à l'occaſion d'aucuns Pages qui prés la-
" dite Egliſe ſainte Catherine, en genetant leurs Cheuaux, *ſuâ conſuetâ inſo-
" lentiâ*, empeſchoient leſdits Eſcholiers à entrer dans ladite Egliſe, pour-
" quoy les enfans Eſcholiers leurs ietterent pierretes pour les faire arre-
" ſter & ſoy tenir en paix, dont leſdits Pages s'enfuirent, comme l'on dit
" audit Hoſtel aucuns & eſmeurent leſdits Malfaicteurs qui vindrent en
" grand fureur & firent leſdits Excez. Icelle Vniuerſité auiourdhuy a re-
" quis en ladite Cour, pour ce qu'au grand Conſeil eſtoit appointé que
" ladite Cour feroit Iuſtice deſdits Excés, il luy pleuſt d'arreſter priſonnier

ledit Cheualier. Si A Ordonné ladite Cour, que ledit Cheualier sera arresté & luy sera fait défense à peine de confiscation de tous ses biens & d'estre atteint de tous ces malefices ledit iour perpetrez, que la Ville de Paris ne se parte, iusques à ce qu'icelle Cour en aura autrement ordonné.

Du Samedy 23. Aoust 1404.

CEdit iour Messieurs de la Cour de Parlement furent au Conseil assemblez, où cedit iour le Greffier de la Cour a receu la scedule de certaine Ordenance ou condamnation faite par le Roy en son grand Conseil, pour & au profit de l'Vniuersité de Paris à l'encontre de Messire Charles de Sauoisy, Cheualier & Chambellan du Roy, & aucuns ses Valets & familiers & autres Criminaux sur le propos d'icelle Vniuersité d'vne part, & dudit Sauoisy de l'autre; des Plaidoyeries de l'an 1404. & du 19. Iuillet au Liure du Conseil audit an. Et combien que la Cour de ceans, pour ce que au temps du crime par les dessusdits Sauoisy & Valets criminaux perpetré, le Roy estoit......... si n'y pouuoit pouruoir en sa personne eust esté ordonné & chargé au grand Conseil de pouruoir à ladite Vniuersité, qui ja par prés de six sepmaines auoit cessé de Sermons & faits Scholastiques, toute voyes pour ce que ce propos & entention de l'Vniuersité tendoit à fin & maniere non accoustumée ceans, pour ce qu'elle protestoit qu'elle ne se faisoit, ne se vouloit faire parties, mais requeroit *ex nobis officio Curiæ*, estre satisfaite & reparée desdits crimes & malefices & que l'en a ceans accoustumé en fait de Iustice fort proceder és causes où il a demandeur & defenseur. Si Roy retourne en santé. En son grand Conseil, considerant lesdits malefices aux propos dessusdits & ce qu'il y failloit considerer, a ordonné estre fait & dit ce qui s'ensuit par vne scedule baillée audit Greffier pour estre enregistrée. Il sera dit que le Roy ordonne que la maison de Messire Charles de Sauoisy sera demolie & abatuë au cousts & dépens de la matiere d'icelle Maison & le residu d'icelle matiere sera baillée à l'Eglise de sainte Catherine du Val des Escholiers, en laquelle Eglise partie des offenses & malefices proposez par l'Vniuersité, furent faits. Et se commencera la demolition Mardy prochain, qui sera faite par les Officiers du Roy & par Iustice. Auecque ce le Roy condamne ledit Messire Charles de Sauoisy en cent liures Parisis de rente admortie, qui sera assise à l'Ordennance de la Cour de Parlement pour fondation de Chapelles. Et aussi le condamne en mille liures Parisis pour satisfaire aux blessez de ladite Vniuersité par l'Ordennance d'icelle Vniuersité, & en autres mille liures tournois au profit de l'Vniuersité & deliure le Roy ledit Messire Charles de l'Arrest ou main-mise en la personne dudit Messire Charles, & de tout procés contre ladite Vniuersité. Et n'est mie l'entention du Roy, que les Seruiteurs, familiers n'y autres quelconques coupables des crimes & malefices commis contre ladite Vniuersité soient en rien compris en cette Ordennance ou Condamnation. Veult le Roy qu'ils soient tres-bien punis selon leurs demerites; & Enjoint les gens de Parlement, au Preuost de Paris & à tous autres Iusticiers qu'ils preignent & fassent prendre où ils pourront estre trouuez & en fassent telle Iustice qu'il en soit memoire & exemple par tout.

Ce que dessus est dit, a esté prononcé en la presence du Roy en la grand'salle de son Hostel lez S. Paul à Paris, par le premier President du Parlement le Vendredy 22. de ce present mois: Presens le Roy de Nauarre, les Ducs de Berry & de Bourbon Oncles du Roy, l'Vniuersité de Paris, plusieurs Comtes, Barons, Cheualiers & Escuyers, plusieurs du grand Conseil & de la Cour de Parlement & plusieurs aultres. *Et qui vidit & audiuit, testimonium perhibet de his*, present auprés du Roy ledit Greffier. *Præsens Arrestum per quamplurimos Scholares Vniuersitatis quoad dicta domus demolitionem executatum fuit in promptu & quasi dicto citius.*

Testis est Ioan. Iuuenalis, quod Sauoisius Clericus esset, mulctam infamem, seu vt vocant honorariam non præstitisse, at præstitisse è famulis tres nudos, Camisijs indutos solummodò, tædasque ardentes gestasse ad S. Genouefam, ad Compitum S. Seuerini & ad S. Catharinam de Valle, ibi virgis cæsos & per compita, & ad extremum exules factos. Quod autem ad summam attinet centum librarum annui & perpetui reditus, quam Sauoisius duarum Capellaniarum fundationi & dotationi addicere iussus fuerat, eam mense Augusto sequente caducariâ lege exemit & soluit; atque in eam rem tales confectæ sunt litteræ, quas habeo ab Herouvallio.

Lettres d' Amortissement des 100. l. de rente fondées par Sauoisy.

„ Karolus D. G. Fr. Rex Dominorum Domino famulamen acceptum
„ impendere arbitrantes, dum & quotiens pro ipsius potissimè reue-
„ rentia & honore ad ea quæ sui cultus augmenta concernunt, nostros di-
„ rigimus meditatus pijs laudandisque actibus intendentes, vt demum as-
„ sequi valeamus brauium retributionis æternæ atque recordationis in Cel-
„ lula reuoluentes grandes & notabiles famulatus, quos dilectus & fidelis
„ Consiliarius & Cambellanus noster Carolus de Sauoiseyo miles suique
„ Progenitores longis temporibus nobis & nostris effectualiter plerisque
„ modis præbuere, vti Carolus ipse continuare non cessat. Vnde atque
„ nonnullis alijs considerationibus non immeritò excitamur annuere fa-
„ uore benigno Nobis per eundem supplicationi porrectæ continenti, *Vt*
„ *cum pro certi pactione & sedatione debati coram Nobis de nouo inter dilectam*
„ *filiam nostram Paris. Vniuersitatem ex vna parte & militem iam dictum ex al-*
„ *tera moti occasione certorum excessuum delictorumque perpetratorum prout dicta*
„ *nostra filia prætendebat aduersus nonnullos eiusdem Scholares, seu Supposita*
„ *per quosdam qui supradicti militis familiares dicebantur, aut se in domo*
„ *sua retraxisse,* Nos dixerimus inter cætera ordinandum quod sæpe di-
„ ctus miles præfatæ Vniuersitati 100. libras paris. annui & perpetui redi-
„ tus admortizati traderet & realiter assignaret in & pro quinque Capel-
„ larum, seu Capellaniarum fundatione & dotatione perpetuis conuer-
„ tendas, eosdem reditus ad opus eiusmodi, admortizare dignaremur,
„ Notum facimus vniuersis præsentibus ac futuris, quod Nos quæ inse-
„ runtur superius recensentes, prælibatas 100. libras Pariss. annui & per-
„ petui reditus periam dictum Consiliarium & Cambellanum nostrum vbi-
„ libet in Regno nostro in feodo & cum alta, media vel bassa Iustitia, vel
„ aliter acquisitas, seu acquirendas ad opus & vsus prætactos ex nostris
„ certâ scientiâ, gratiâ speciali authoritateque ac plenitudine Regiæ po-
„ testatis admortisauimus & admortisamus præsentium serie litterarum.
„ Nihilominus concedendo quod præfatus Cambellanus noster dictas 100.
„ libras annui & perpetui reditus ad & per expressos vsus & opera dimit-
„ tere, assignare & assidere valeat siue possit, atque dicta nostra filia nec-
„ non Capellani præsentes & posteri & eorum quilibet, prout ipsum tan-
„ get, quibus ipsa nostra filia dictas quinque Capellas, seu Capellanias pro
„ diuino seruitio in eisdem fiendo & celebrando conferre duxerit siue fe-
„ cerit, aut consenserit de eis Canonicè prouideri ac eorum successores,
„ easdem 100. libras tanquam admortisatas in manuque nostra existentes,
„ ac sacro deditas vsui, habere, tenere, leuare & percipere valeant, per
„ eam vel eos & eorum quemlibet, prout ad eundem pertinuerit, perpe-
„ tuis temporibus quietè, ac pacificè possidendas, absque eo quod ipsas
„ aliquidve ex eis vendere, alienare, distrahere, aut extra manus suas po-
„ nere sine Nobis, aut successoribus nostris causamque à nobis & ipsis no-
„ stris successoribus habentibus, vel habituris exinde qualemcunque fi-
„ nanciam pro nunc vel in posterum præstare, soluere, assignare nobis, vel
„ Domanio nostro in reditibus perpetuis summam..... ad quam adscendit
„ tertia pars prædictarum 100. lib. Parisiens. vt cauetur in Ordinationibus

super his factis, teneantur siue adhoc valeant æqualiter coërceri. Ean- "
dem quippe financiam seu tertiam partem propter hoc debitam, vel de- " 1404.
bendam seu assignandam, Nos ex vberiori gratiæ nostræ dono ex dictis "
certa scientia, speciali gratia & Regia autoritate ipsi Cambellano nostro "
ex nunc litteris præsentibus donauimus, remittimus penitus & quitta- "
mus dilectis & fidelibus Gentibus Compotorum nostrorum, ac Thesau- "
rarijs Parisiensibus ceterisque Iusticiarijs & Officiarijs nostris, aut eo- "
rum loca tenentibus, præsentibus & posteris & ipsorum cuilibet, prout "
spectauerit ad eundem dantes tenore præsentium in mandatis quatinus "
antedictos filiam & Cambellanum nostros, ac etiam Capellanos prędictos "
præsentes & posteros & singulos eorundem, in quantum ipsos tanget seu "
tangere poterit quomodolibet in futurum dictis centum libris Parisiens. "
annui & perpetui reditus nostrisque præsentibus concessione, admortisa- "
tione & gratia vti & gaudere faciant & liberè patiantur, non faciendo "
aut sinendo, vt contra præsentium continentiam eis, aut eorum alicui "
fiat siue detur compulsio, impedimentum, perturbatio, aut aliquod "
aliud molestamen, non obstantibus dictis Ordinationibus & alijs quibus- "
cunque. Et vt hæc omnia stabilitate perpetuâ solidentur, nostrum his "
præsentibus fecimus apponi sigillum : Nostro in reliquis & alieno in "
omnibus iure saluo. Datum Parisius mense Augusto an. 1404. Regnique "
nostri 24. Et plus bas sur le reply est escrit, Per Regem in suo Magno "
Consilio in quo Rex Nauarræ, DD. Duces Bituriæ, Aureliæ & Burgun- "
diæ, DD. Petrus Nauarræ, Episcopi Atrebatensis & Carnotensis, Ma- "
gnus Magister Hospitij, D. Guillel. Martelli, D. Oliuerius de Mauny & "
nonnulli alij erant. Et à costé visa. Contentor N. FRERON.

Circa hæc tempora à Benedicto XIII. Ludouicus Aurelianus Dux
Bullas ad Regem retulit, quibus se omnibus modis, etiam viâ cessionis
si necesse esset, Ecclesiæ pacem procuraturum pollicebatur : in eamque
rem ad Bonifacium Legatos missurum Romam, vti de suo certo consilio
eum facerent certiorem, atque ad idem propositum, si possent, adduce-
rent. Lectæ sunt litteræ Benedicti in Sanctiore Consilio ; adfuit Vniuersitas, hinceque labores suos non inanes futuros augurata est.

Benedictus Massiliæ tunc sedens, vt exsolueret aliquo modo fidem,
Legatos misit Petrum Rabanum Episcopum S. Pontij Tomeriensis, &
Petrum Zagarrigam Ecclesiæ Ilerdensis Electum ad Bonifacium de vnione Ecclesiæ & extinctione Schismatis. Illi Romam adueniunt 10. Kal.
Octob. sed Bonifacius Kalendis Octobris obijt. In cuius locum suffectus
Innocentius VII. 16. Kal. Nouemb. vir cunctis maximi & optimi Pontificis dotibus ornatus, vitæ integritate, egregijs moribus, humanitate,
doctrina, pietate & liberalitate præstantissimus. Ante Promotionem
Cosmas Melioratus Sulmonensis dicebatur. Nuncij autem Benedicti in
arce S. Angeli à Præfecto Consanguineo Bonifacij inclusi, nec nisi solutis 5000. florenorum auri dimissi. Cardinales autem absentibus 4. numero octo Conclaue ingressi, ante omnia hoc se iuramento astrinxerunt
vt quisquis ipsorum Pontifex eligeretur, Pontificatu se abdicaret, quoties Benedictus idem facere vellet, Schismatis abolendi causâ.

Vniuersitas autem Parisiensis, auditâ creatione Innocentij X. ijs quæ
in creatione acciderant, binas ad eum & ad Cardinales dedit litteras,
quibus eos ad Schisma extinguendum cohortabatur, deinde conquere-
batur de captiuitate Nunciorum Benedicti. Quibus respondens Innocentius Bullâ datâ Romæ 13. Kal. Martij asserebat se toto animo Schisma
detestari, seque ad illud extinguendum paratissimum esse : quod verò ad
Nuncios Benedicti attinet, eos nullam aliam viam extinguendi Schismatis obtulisse, quàm vt duo contendentes conuenirent ; cumque morbis
grauatus obijsset Bonifacius, Cardinales ab ijsdem Nuncijs sciscitantes,
num mandatum haberent ad cedendum ex parte Benedicti, quoniam ab
ijs decretum fuerat, si id habuissent, non procedere ad aliam electionem, quousque super extinctione Schismatis prouisum foret, audisse à

1404.

Nuncijs se mandatum eiusmodi non habere: ac proinde ipsos, ne Ecclesia Dei Rectore careret, processisse ad Electionem Pontificis. Quod verò ad Captiuitatem Legatorum Benedicti attinet, illos eam sibi imputare debere, qui mortuo Bonifacio noluissent in vrbe manere, incidisse autem in manus Præfecti, ex quibus nec ipse, nec Cardinales propter tumultus vrbis, potuissent eos eripere. Eadem paulo post an. scilicet 1405. 9. Kal. Maij, scripsit ad Ducem Bituricensem Regis Patruum.

Anno eodem Guido Cardinalis Pictauiensis plurium aliorum Cardinalium exemplo declarationem edidit publicam in fauorem Clementis VII. legiturque in Codice membranaceo ex quo Fr. Bonauentura Bauduisius sibi à Claudio Chantelou communicato transcripsit quæ sequuntur, mihique copiam fecit.

„ Vniuersis Christi fidelibus ad quos præsentes litteræ peruenerint,
„ Guido miseratione diuina Episcopus Prenestinus S. Rom. Eccles.
„ Cardinalis dictus vulgariter Pictauiensis salutem in omnium Saluatore &
„ fidem præsentibus adhibere. Cum vnigenitus Dei Filius in mundum se
„ venisse testetur vt perhiberet testimonium veritati, ipsi qui veritas est,
„ nos conformare obsequiumque præstare credimus dum ea quæ scimus &
„ vidimus & præsertim quæ tangunt vnitatem Ecclesiæ & animarum salu-
„ tem, fideliter attestamur; ad quod etiam in casu præsentis Schismatis
„ quod, proh dolor! annis pluribus viguit prout viget in Ecclesia sancta Dei,
„ specialiter ex debito Officij ac nostræ dignitatis nos reputamus adstri-
„ ctos. Ne igitur nobis qui tempore felicis recordationis D. Gregorij
„ Papæ XI. eramus in vrbe cum alijs DD. Cardinalibus qui tunc erant
„ ibidem, obesse valeat apud Deum taciturnitas nostra, Vniuersitati ve-
„ stræ tenore præsentium significamus asserimusque firmiter & fideliter
„ attestamur in conscientia nostra quod illa quæ post obitum dicti felicis
„ recordationis D. Gregorij in dicta vrbe nobis & alijs DD. Cardinalibus
„ prædictis præsentibus facta fuere de damnatæ memoriæ Bartholomæo
„ de Perienhano tunc Barrensi Archiepiscopo fuerunt facta per metum
„ iustissimum, comminationes, violentias & oppressiones notorias quem
„ & quas nobis fecerunt & intulerunt Romani; quodque per ea nullum
„ ius fuit eidem Bartholomæo attributum in Papatu; nec ipse qui se Vrba-
„ num fecit nominari, fuit Papa, imò in sede Apostolica per potentiam
„ & violentiam dictorum Romanorum, intrusus contra Deum, ac sacro-
„ rum Canonum sanctiones, & sic stetit ac remansit damnabiliter vsque ad
„ mortem suam non Apostolicus, sed Apostaticus, Schismaticus & Intru-
„ sus, prout & quemadmodum in alijs litteris patentibus dictorum DD.
„ Cardinalium numero vndecim atque nostro sigillis sigillatis & manibus
„ nostrum omnium subscriptis ad quas nos referimus in hac parte & à qui-
„ bus deuiare non intendimus quoquo modo, sed ipsas per præsentes po-
„ tius confirmare, præmissa latius continentur. Et subsequenter fuit in
„ dicta sede Apostolica intrusus Perrinus de Thomacellis qui eidem Bar-
„ tholomæo successit damnabiliter, & se fecit Bonifacium nominari. Te-
„ nemusque, asserimus & affirmamus certissimè electionem felicis recor-
„ dationis D. Clementis Papæ VII. factam Fundis per nos & alios DD.
„ Cardinales, ad quos huiusmodi spectabat electio, tunc extra locum me-
„ tus positos & plena libertate potitos fuisse ritè, iustè, liberè, ac canonicè
„ celebratam, & ipsum D. Clementem ex tunc dum vixit fuisse verum S.
„ Romanæ, ac vniuersalis Ecclesiæ summum Pontificem & Pastorem. Et
„ post eius obitum sanctissimum D. nostrum, D. Benedictum Papam XIII.
„ per nos & alios DD. Cardinales tunc venientes ad quos Electio perti-
„ nebat, fuisse ritè, iustè, liberè & Canonicè electum, eumque ex tunc
„ fuisse & esse verum Papam, ac dictæ Rom. & vniuersalis Ecclesiæ sum-
„ mum Pontificem & Pastorem. Quapropter in ipsorum deuotione & obe-
„ dientia viximus & viuimus, & in hac fide & certitudine quando placue-
„ rit Altissimo, finire volumus dies nostros. Et in huius fidelis assertionis,

& atteſtationis noſtræ teſtimonium & certitudinem præſentes litteras inde de mandato noſtro confectas ſigilli noſtri fecimus appenſione muniri, quas etiam ſubſcriptione noſtræ manus propriæ ad præſentium certitudinem & futurorum memoriam duximus roborandas. Datum Auinioni in domo habitationis noſtræ, die penultima menſis Octob. anno à Natiuitate Dom. 1404. Pontificatus dicti D. noſtri Papæ Benedicti anno 11. Et Ego Guido Epiſcopus Preneſtinus S. Rom. Ecl Cardinalis hic manu propria me ſubſcripſi. P. Gregorii.

" ―――
" 1464.
"
"
"
"
"
"
"

Sigillum erat appenſum cum cordono rubeo cerâ rubeâ, cerâ albâ circunquaque circundata, & in ſigillo prædicto patenter erant deſcripta talia verba. S. Gvidonis Dei G. Episcopi Prenestini S. Rom. Eccl. Cardinalis. in medio verò dicti ſigilli erat ſculpta imago Crucifixi, & à parte dextra ipſius imaginis eſt ſculpta imago B. Mariæ Virginis. Et à parte ſiniſtra imago S. Ioannis Euangeliſtæ. Subtùs verò pedem Crucis eſt ſculpta quædam imago ad effigiem vnius Epiſcopi portantis mitram ſtantis flexis genibus & iunctis manibus; & ab vtraque parte ipſius imaginis ſunt ſculpta arma ipſius D. Cardinalis; videtur quædam effigies Leonis cum tribus ſtellis de ſuper.

Legitur & alia Declaratio Cardinalis Petri Epiſcopi Portuenſis dicti Florentini in fauorem Clementis eodem anno facta, eſtque talis.

IN nomine Dom. Amen. Serie & tenore huius veri & publici Inſtrumenti, ſeu harum præſentium litterarum cunctis ſit notum quod nos Ramundus de Albigeſio Licentiatus in Legibus, Canonicus Rutenenſis D. noſtri Papæ Capellanus, ipſiuſque & eius Camerarij, ac Curiæ Cameræ Apoſtolicæ Generalis Auditor die datæ præſentium vidimus, tenuimus, palpauimus, legimus & diligenter inſpeximus quaſdam patentes litteras à Reuerendiſſimo in Chriſto Patre & D. D. Petro miſeratione diuina Epiſcopo Portuenſi & S. Rufinæ, S. Rom. Eccl. Cardinali Florentino vulgariter nuncupato emanatas, ac ſuo magno ſigillo impendente cum cordono rubro ab extra in cera rubra ſigillatas (in quo quidem ſigillo videlicet in cera rubra circumcirca in litteris formata & legibili ſcripta ſunt hæc verba, ſcilicet *S. Petri de Florentia Portuenſis & S. Rufinæ Epiſcopi Cardinalis*. Et in parte ſuperiori eiuſdem ſigilli eſt ſculpta imago Virginis Mariæ tenentis imaginem filij ſui; & in medio ſunt tres imagines, quarum prima in ordine eſt imago S. Ioannis tenentis in manu Agnum Dei, 2. videtur eſſe imago S. Laurentij tenentis craticulam in manu, & 3. videtur eſſe imago S. Rufinæ, & ſubtus tres dictas imagines, eſt imago vnius hominis ſtantis iunctis manibus, induti caſulâ tenentis in capite vnam mitram, & in quolibet latere ipſius hominis ſunt ſculpta arma ipſius Domini Cardinalis ſub anno à Natiuitate D. 1404. die 8. menſis Septemb. Pontificatus D. noſtri, D. Benedicti Papæ XIII. anno 11. at in plica dictarum litterarum ab extra eſt ſcriptum hoc verbum, *Diethelmus*) ſanas & integras, non vitiatas, non cancellatas, nec in aliqua ſui parte ſuſpectas, ſed omni prorſus vitio & ſuſpicione carentes, quarum tenor ſequitur in hæc verba.

Vniuerſis Chriſti fidelibus ad quos præſentes litteræ peruenerint, Petrus miſeratione diuina Epiſcopus Portuenſis & S. Rufinæ, S. Rom. Eccleſiæ Cardinalis vulgariter dictus Florentinus ſalutem in omnium Saluatore & fidem præſentibus adhibere. Cum vnigenitus Dei Filius in mundum ſe veniſſe teſtetur vt perhiberet teſtimonium veritati, ipſi qui veritus eſt nos conformare obſequium, præſtare credimus dum ſuper his quæ vidimus & in noſtra præſentia & Populi Rom. & per ipſum Populum Rom. notoriè facta & geſta fuerunt, fideliter atteſtamur. Ad quod etiam caſu præſentis Schiſmatis, quod proh dolor! annis plurimis viguit, prout viget in Eccleſia S. Dei, ſpecialiter ex debiti Officij noſtræ dignitatis nos reputamus aſtrictos. Ne igitur, &c. vt ſupra, vſque ad illa verba, *duximus roborandas*. poſtquæ verba, ſequuntur iſta. Datum

" Auinione in Domo habitationis nostræ die 8. mensis Sept. an. à Natiui-
1404. " tate Dom. 1404. Pontificatus dicti D. nostri Benedicti an. 11. Et nos Pe-
" trus Portuensis Episcopus S. Rom. Eccl. Cardinalis prænominatus pro-
" pria manu subscripsimus, *Diethelmus*. Post quarum quidem litterarum
" visionem lectionem & inspectionem Nos Auditor præfatus ad instantiam
" & requisitionem venerabilis viri D. Iuliani de Loba Canonici Tirasonen-
" sis Baccalaurei in Decretis, præfati D. nostri Papæ & Cameræ Aposto-
" licæ Procuratoris, huiusmodi Instrumentum publicum transscribi & per
" Ioannem Iauelle Clericum nostrum & dictæ Curiæ Cameræ Apostolicæ
" Notarium infrascriptum publicari, & in hanc formam publicam redigi
" mandauimus, confecimus, & huic visioni, lectioni, inspectioni, trans-
" sumpto, aliisque præmissis etiam, omnibus & singulis nostrum & dictæ
" Curiæ Cameræ Apostolicæ authoritatem ordinariam interposuimus &
" per præsentes interponimus pariter & Decretum, volentes & decernen-
" tes authoritate prædicta huiusmodi Transscripto seu Transsumpto publi-
" co tantam fidem vbique terrarum & locorum in iudicio & extra adhibe-
" ri, quanta adhiberetur Originalibus litteris, seu adhiberi posset & debe-
" ret, si ipsæ Originales litteræ exhiberentur. In quorum omnium & singu-
" lorum fidem & testimonium præsentes litteras, seu præsens publicum
" Instrumentum per eundem Ioannem Iauelle Notarium fieri & subscribi
" mandauimus, sigilliq́ue nostri & dictæ Curiæ Cameræ Apostolicæ feci-
" mus appensione muniri. Datum & Actum Ianuæ vbi Romana Curia re-
" sidebat in Magno Tinallo FF. Minorum, præsentibus Bernardono de Au-
" rayca Domicello Hostiario D. nostri Papæ & Petro Foyssacij Clerico
" Nemausensis Diœcesis Notario publico testibus ad præmissa vocatis
" specialiter & rogatis, sub anno à Natiuitate Dom. 1404. indictione 13. &
" die 26. mensis Iunij Pontificatus eiusdem D. nostri Benedicti Papæ XIII.
" anno 11.
" Et Ego Ioannes Iauelle Clericus Pictauiensis Diœcesis publicus Apo-
" stolica & Imperiali autoritate, ac dictæ Curiæ Cameræ Apostoli-
" cæ Notarius qui visioni, lectioni & inspectioni litterarum præinser-
" tarum; ac omnibus alijs, & singulis præmissis dum sic agerentur & fie-
" rent, vnà cum prænominatis Testibus præsens fui, eaque sic fieri vidi &
" audiui, in notam recepi & publicaui, de qua hoc præsens publicum In-
" strumentum, seu præsentes litteras Transsumptum siue Transscriptum
" litterarum prædictarum in se continentes, seu continens per alium à me
" alijs negotijs occupato extrahi, scribi, grossari, & in hanc formam pu-
" blicam redigi feci; sicque me subscripsi, ac signo meo solito vnà cum ap-
" pensione sigilli dictæ Curiæ Cameræ Apostolicæ signaui rogatus & re-
" quisitus in fidem & testimonium præmissorum.

DI HVS-
SITIS. Hoc anno vires resumpsit Hussitarum doctrina accedentibus ex **Anglia Pragam duobus Magistris, quorum alter nomine Iacobus in Theologia** Baccalaureus erat; alter Conradus Cantuariensis, qui inter Alumnos & Professores Academiæ Pragensis cooptati multas Quæstiones in
medium protulerunt, quarum hæ duæ fuerunt præcipuæ.

1. *An Papa* major sit potestas quàm alterius Sacerdotis?
2. *An Panis* Eucharisticus, aut sumptum Corpus Domini in Papæ quàm
in alterius Sacerdotis Missa efficacior sit. Has & similes quæstiones ef-
fundebant: interrogatique quamobrem? id se fidei suæ firmandæ causâ
facere responderunt: sed cum id sæpius & dedita operâ facerent, M. Leonardus Duha Rector sic eos compellauit, vt habetur in lib. de Hussij
Doctrina & rebus Gestis. *Filij mei cuiates estis?* Angli inquiunt, *studiorum
causâ huc venimus. Quibus ille. Quoniam inde estis, vbi multos est reperire hæreticos, metuimus ne eiusdem farinæ homines sitis, id quod argumenta vestra
satis superque probant. Ideoque pro authoritate publica, quà in præsentia fun-
gor, vobis seuerè præcipio vt de eiusmodi erroribus in Auditorio nostro taceatis.
Quod nisi feceritis, scitote cunctos hæreticos docentes, aut credentes ex Caroli IV. F. M. Constitutione etiam Studiosos exuri posse.* Illi quanquam inuiti
silentium

silentium spondent; sed clam nonnullis accedentibus Magistris, & viribus atque animis resumptis, programma, seu Decretum Vniuersitatis Oxoniensis de laudibus Wicleffi protulerunt; erat autem huiusmodi.

1404.

OXoniensis Academiæ Cancellarius cum omnibus Liberalium Artium Magistris, omnibus & singulis S. Christianæ Ecclesiæ fidelibus filijs felicitatem & salutem. Quoniam res rectæ atque laudabiles vltra decus meritumque bonorum, commemorationem assiduam merentur, nec silentio obruendæ; sed tum testimonio tanquam exempla rerum verè gestarum multis etiam longissimè à nobis dissitis significanda & indicanda sunt, tum naturâ quam nemo vnquam satis perscrutari valuit, singulari studio scripta hæc testimonia acerrimis Calumniatorum honestam bonorum famam crudeliter sæpè lædentium, telis clypeum opponendum effinxit, quo nos viuis testibus destitutos protegamus: hac promoti ratione, singuli fauore, quo huius Academiæ nostræ hactenus filium Ioannem Wicleffum Sacrosanctarum litterarum Professorem prosequimur, talem eum esse corde, ore scriptoque fatemur, faterique cogimur, id quod honesta ipsius constansque vita postulat, quod & ipsa veritas rei testatur, volumusque vt suauissimi ipsius mores, ars subtilissima, nominisque celebritas eò citius omnibus Christianis magis magisque innotescant, ipsius labores studiumque ad Dei opt. Max. laudem proximique salutem vltra incrementum propagationemque Christianæ Religionis vergere passim constet. Omnibus itaque publicum hoc scriptum nostrum inspecturis Notum facimus Ioannis Wicleffi memoriam vitamque à primis annis vsque ad vitæ suæ finem honestissimè sanctissimèque actam esse, quæ nec vlli vllius criminis quodcunque quis dixerit, suspicioni locum dederit: verum tum in Prælectionibus, Responsionibus, Concionibusque & syllogismis siue ratiocinationibus ita prudens, sedulus, doctusque & acutus fuit, vt ceu impiger orthodoxæ fidei propugnator, omnes eos qui voluntaria paupertate puram Christi doctrinam calumniarentur, Diuini verbi testimonijs expugnaret & euerteret. Nec verò vnquam Clarissimus hic Doctor vllius hæreseos conuictus, nedum sepulchro effossus aut Religiosorum Procerum iussu exustus est. Absit ei longè Gentium, vt ita sanctus probatusque vir à nostris sacrorum Antistibus hæreseos damnatus fuerit, qui Dialectica, Philosophica, Theologica vt & Ethica ita scribens tradiderit, vt nullus, quod nos quidem arbitramur, ipsi par inueniri; nedum haberi queat. Quæ omnia ijs quibus hoc testimonium nostrum obtigerat, summo studio summaque cupiditate cupimus innotescant, vt ita clarissimi simul carissimique nobis Domini Doctoris bona existimatio vindicetur & gloria amplificetur. Oxonij 3. non Octob. an. 1403.

OXONIENSIS ACADEMIA DI VVICLEFFO TESTIMONIO.

Hoc perlecto diplomate cœpit maiori in commendatione esse Wicleffus. Hussius & Hieronymus Pragensis addunt se Anglis socios, palam laudant Wicleffum: renituntur tamen multi Magistri & in Hussium tanquam Wicleffo deteriorem inuehuntur: apud Imperatorem de eo conqueruntur. Sed ille ignauus hoc tantum dixit, *Vah! sinite ipsum. auream aser iste mihi oua pariet*; quo audito Hussius maiores animos sumit, & è suis sectatoribus quosdam ad alias Academias mittit, Heidelbergensem, Coloniensem & Parisiensem. Hieronymus Lutetiam venit & Wicleffi doctrina imbutus multos è Sorbonicis expugnasse dicitur; quanquam neminem, quod sciam, notat historia istius temporis, qui ei adhæserit.

Anno 1405. duo mala turbarunt Ecclesiæ qualemcunque pacem & Regni. Atque vt à Regni turbis incipiamus, Ioannes Burgundionum Dux Philippi *Boni Ducis* anno superiore defuncti filius & heres nonnihil intestinæ simultatis fouens cum Aureliano Regis fratre secedit in Flandriam, hereditatis paternæ partem illam aditurus, vbi festiuè exceptus & exultantibus subditorum animis, postquam eos sibi Sacramento adegit, Tributi onere quod paulo ante Regis Edicto dato Parisijs

1405.

Tom. V.   P

impositum fuerat, eos immunes esse voluit. Quæ res Aurelianum offendit, cuius erant in Regni administratione supremæ partes. Nec parcit forte verbis durioribus. Hinc suadent Burgundioni familiares redire in Franciam, ne in Consilio Regis res suæ fiant deteriores; redit multis comitantibus. Quo comperto Aurelianus Reginam & Delphinum Melodunum educit, vt eorum autoritate fultus (Rege quippe non sano) Regni habenas moliretur. Vix exierant, ecce Burgundio aduenit eosque sine mora assecutus Corbolio Parisios reducit; hinc iam non obscura inter Burgundionem & Aurelianum odia, quorum erit funestus exitus.

Aliunde Benedictus toto animo videri volens ad pacem propensus, Genuam contendit, vt per Internuncios cum Innocentio tunc Viterbij commorante facilius agat. Interim Ecclesiasticis Bonis Decimam imponit, exigique iubet geminam pensionem, ferijs nempe Paschalibus & Remigialibus. Et id onus fuit multis graue, visumque ferri non debere. Rector Vniuersitatis magno comitatu Regni Rectores adit, sed irrito conatu. Ergo ad Benedictum Legatos destinat, eximique postulat, atque in eam rem Collectam facit bis mille aureorum teste Iuuenale de Vrsinis.

Die autem 21. Aprilis cum haberentur Vniuersitatis Comitia apud Bernardinos, traditæ sunt Rectori M. Dominico Chaillon geminæ litteræ, à M. Petro de Bruxella, qui Romam cum Legatis Regijs missus fuerat, vt Cardinales à substituendo in locum Bonifacij Pontifice dimouerent. Retulit ergo ille responsorias litteras Innocentij & Cardinalium, quas priusquam aperiret Rector, eas iussit Decanis & Procuratoribus singulis porrigi inspiciendas, num sanæ essent & integræ? idque factum Notarijs præsentibus, vt patet ex hoc Instrumento.

Anno Dom. 1405. die verò 21. April. in Congregatione Generali Almæ Matris Vniuersitatis Studij Paris. videlicet Magistrorum, Doctorum 4. Facultatum, scilicet Theologiæ, Decretorum, Medicinæ & Artium, Regentium & non Regentium præfatam Vniuersitatem constituentium & in ipsorum personis repræsentantium nobis Notarijs & testibus infra scriptis præsentibus, fuerunt quædam Pergameneæ litteræ clausæ tribus rubeis sigillis sigillatæ venerandæ circumspectionis viro M. Dominico Chaillon præfatæ Vniuersitatis Rectori *per M. Petrum de Bruxella Magistrum in Artibus & Baccalarium in Theologia*, de Roma, vt dicebat, venientem publicè præsentatæ: & antequam de illis fieret apertio, *cuilibet Decano & Procuratori singularum Facultatum & Nationum* exhibitæ ad videndum & examinandum, si dictæ litteræ essent sanæ & integræ atque clausæ. Qui Decani & Procuratores illas sanas esse & integras retulerunt, quæ postmodum apertæ palam & publicè fuerunt atque lectæ, hæc verba continentes.

INNOCENTIVS Ep. S. S. D. Dilectis filijs Rectori, ac Vniuersitati Studij Parisiensis Sal. & Apost. bened. Duas vestras litteras nuper, primam 9. secundam 26. diebus mensis Nouemb. proximè præteriti datas Parisius vidimus per legentes, quas per dilectum filium *Petrum de Bruxella* in Artibus Magistrum & sacræ Theologiæ Baccalaureum pro parte vestra præsentare fecistis. Ac intelleximus gratâ mente per ipsum Petrum pro eadem parte elegantissimè nobis, ac fratribus nostris illum eundem finem inferentia circa remotionem pestiferi horrendique Schismatis nostro & eorundem Fratrum nostrorum cordibus insidentem exactissimè reserata, cui quæ ad pacem & vnionem decerent vt nostis, intimauimus. Et quia veritatis alumnos anterior ætas vos gloriosissimè & dignissimè prædicat, pro veritate constantissimè satagere & exponere vos decet. Nam & de Tobia in præconium scriptum, *Viam veritatis non deseruit, quoniam magna est veritas & præualet*, vt alibi scriptum est, ad quam vos exhortamur ex visceribus Charitatis, & ad detestabile Schisma, quod proh dolor! tantis retrolapsis temporibus in Christianorum Ecclesia damnabiliter perdurauit & durat) vijs & modis debitis, congruentibus & iustis

autoritate Domini extirpandum: ad illud etiam submouendum, dum "
eramus in minoribus constituti, summis desiderijs aspirabamus, nuncque " 1405.
vt tam fructuosissimum in præfata Ecclesia bonum fiat, dirigimus & ex- "
tendimus curas nostras. "

Et vt eò efficacius atque consultius illo de throno suæ ineffabilis cle- "
mentiæ, inspirante cuius res agitur, sicut in desiderijs gerimus nostri "
cordis, hoc fieri valeat, iampridem per Nuncios vestros & litteras circa "
extirpationem tam detestabilis Schismatis, incommutabile mentis no- "
stræ, ac præfatorum Fratrum nostrorum propositum tam Regibus, Præ- "
latis, quàm Principibus & Vniuersitatibus, Populisque nobis & Ecclesiæ "
Rom. deuotis, quos & præsens tangit negotium, declarare prouidimus "
exhortantes, ac etiam requirentes totis affectibus huc vsque ad festum "
omnium Sanctorum proximè futurum ad præsentiam nostram venire, "
vel solemnes eorum Oratores dirigere vellent ad consulendum super "
vijs & modis huiusmodi debitè & iustè circa remotionem præfati Schis- "
matis autore Altissimo per nos soluendam, ad quod (nouit scrutator al- "
mus cordium) finalis intentio nostra tendit. Veruntamen non intendi- "
mus obliterare silentio, quod Oratores qui ad præsentiam fel. record. "
Bonifacij Papæ IX. prædecessoris nostri circa extirpationem huiusmo- "
di Schismatis, vt asserebant, modico interiecto spatio ante Domini Præ- "
decessoris obitum fuerant de Auinione, siue aliunde transmissi, viam "
conuentionis ad certum locum personaliter Prædecessori nostro omnes "
alias vias interclusuram, nullamque eorum iudicio inclusuram principa- "
liter obtulerunt, asserentes quod ratione habitâ super viâ Conuentio- "
nis huiusmodi ad aliqua particularia deuenirent eidem Prædecessori "
gratissima. Quam quidem Conuentionis viam post plures exactos dies "
idem Prædecessor noster multiplicium ægritudinum acerbissimarumque "
stimulis quibus per longa priùs tempora etiam fuerat, plusquàm exprimi "
valeat, anxiatus, ipsumque ad extrema trahentibus: nam die 3. tunc suæ "
debitum mortalitatis exsoluit, moribundâ grauitate depressus adimple- "
re non posse concernens, respondendo eisdem & declarans ex sui infirmi- "
tate impossibile, postulauit obnixè vt ad alia particularia, iuxtà oblata "
per eos, descenderent, qui nihilominus dictæ viæ Conuentionis inniten- "
tes nihil effectualiter inferebant. "

Postea verò eodem Prædecessore ab huiusmodi vita mortalitatis sub- "
stracto, antequam sacrum Collegium Cardinalium, de quorum numero "
tunc eramus, pro futuri electione Pontificis in Conclaui iuxta morem "
intraret, Oratores præfatos quorum etiam in casu mortis antedicti Pon- "
tificis, specialia ad idem Collegium habere vnus asserebat, fecit euocari, "
quamuis nihil noui obtulerit; Nam vnum erat in omnium nostrûm inten- "
tione propositum, vt si mandatum haberent sufficiens ad resignandum "
& credendum, accederent illius nomine qui eos, vt dicebant, transmi- "
serat, simili electione futuri Pontificis non procedere cessione peracta, "
sed exspectare quo vsque diuinâ superillucescente Clementia super emo- "
tione præfati Schismatis in forma debita & salubri, Domino adiuuante qui "
iustas semper prosequitur actiones, prouisio facta foret, vt inconsutilis "
Christi tunica (quam dolentes referimus) hactenus descissa lateribus, per "
Spiritus sancti gratiam redintegrationem susciperet exoptatam. Et "
quoniam Oratores ipsi se expresserunt ad id mandatum ab eorum Do- "
mino non habere, obtulimus affectione sincera requirentes obnixè vt "
aliqui ex eis ad præfatum eorum Dominum pro consecutione Mandati "
huiusmodi remearent, reliquis hîc manentibus, vt tam salutaris Conclu- "
sio sequeretur. Ad quod responderunt quod eundem arbitrabantur "
viam Cessionis nullatenus concessurum, cum via huiusmodi secundùm "
eorum iudicium iuri, ac æquitati consona non extaret. Ob hocque, ne "
præfata mater Ecclesia in terris Christi maneret Vicario destituta, Con- "
claue huiusmodi omnes Cardinales præfati intrauerunt in nomine om- "
nium Saluatoris. Tandemque effectum est post multos & exquisitos super "

1405.
„ huiusmodi futuri creatione Pontificis tractatus habitos, vt ijdem Cardi-
„ nales ad humilitatem nostram respicientes de communi concordia, Spi-
„ ritus sancti gratia assistente propitia, nos in patrem elegerunt & Pastorem.
„ Postremo plurimorum auditu percepimus eosdem Oratores fuisse in
„ Alma vrbe per Castellanum S. Angeli detentos & ad redemptionem gra-
„ uissimam coarctatos. Quod si vera, vt credimus, profiteri voluerint, de-
„ bent equidem id eorum diffidentiæ ascribere, nec indignè; nam flu-
„ ctuantibus pestiferis motibus in ipsa vrbe post præfati Prædecessoris obi-
„ tum, & ipsis à Collegio huiusmodi Cardinalium licentiam ab eadem vr-
„ be recedendi poscentibus, cum absque vitæ vel rerum discrimine ab vr-
„ be ipsa, forensi maximè tutus non pateret abscessus, ipsis persuasum ex-
„ titit, vt nulla ratione discederent, sed cum plena (quæ tunc eis oblata
„ fuit & seruata fuisset indubiè) securitate manerent, qui eos....... præ-
„ buerunt; de quo doluimus & dolemus. Nam in illius manus eorum mo-
„ tus perduxit eos, de quo post huiusmodi Prædecessoris obitum nec Col-
„ legium ipsum, aut nos potuimus, aut possumus quomodolibet disponere,
„ aut aliter ordinare. Et antequam Conclaue ipsum intraremus, pro illo-
„ rum liberatione ad Castrum ipsi cum nonnullis alijs Cardinalibus acces-
„ simus, sed incassum. De quo tamen præfati Castellani conditione pen-
„ satum certissimi fuimus, quod semper ita contingeret, vt emersit; ita-
„ que ipsis illud venit procul dubio imputandum. Super quo tam nos
„ quàm Collegium ipsum possumus rationabiliter excusare: & hæc omnia
„ cupimus tam ad vestram quàm aliorum quorumlibet notitiam perueni-
„ re. Rex autem pacificus qui præfatam Ecclesiam suo pretiosissimo fun-
„ datam sanguine inseparabili fœdere copulauit, sua miseratione corda fi-
„ delium sic viuificet & illustret & illustrata conseruet, vt depulsis erro-
„ ribus in eadem Ecclesia per sanctissimæ vnionis huiusmodi mysterium in
„ Angelico corde & opere canatur, *Gloria in excelsis Deo, & in terra Pax*
„ *hominibus bonæ voluntatis*; prout humanæ fragilitatis conditio indiget,
„ animarum salus & corporum iuxta diuinæ beneplacitum voluntatis, cui
„ nos & reliquos decet & expedit in omnibus conformare. Datum Romæ
„ apud S. Petrum 13. Kal. Martij Pontif. nostri an. 1.

Cardinales similiter suas ad eandem Vniuersitatem dederunt litteras,
quarum hæc erat superscriptio: *Venerabilibus viris & dilectis nobis in Christo Rectori & Vniuersitati studij Paris.* initium verò tale. *Miseratione diuina Episcopi, Presbyteri at Diaconi sacrosanctæ Rom. Ecclesiæ Cardinales Venerabilibus viris & dilectis nobis in Christo Rectori & Vniuersitati studij Paris.
Sal. in Do.*

Hæ litteræ porrectæ sunt Biturigum Duci; & ille protinus alios Legatos ad Innocentium mittit; atque ex ijs & ex multiplicibus litteris
agnoscitur Benedictum non satis sincerè processisse; quippe pollicitum
statim post recuperatam libertatem, se missurum Romam Legatos, qui
viam ipsam Cessionis proponerent; illis non aliud mandasse, nisi vt cum
Bonifacio de loco Conuentus agerent: qua in re ludificari videbatur.
Ergo res ipsius in Francia incipiunt esse deteriores. Quod vt intelligit,
ad Ducem Biturigum legat Cardinalem de Challanto Sabaudum, man-
datque ne propositis ab vniuersitate vijs nimis insistat; ipsam enim varijs studijs distrahi; & quod semel animo concepit & conclusit, seu bene,
seu malè, velle pertinaciter tueri. Non tulit Dux talia dicentem Legatum, nec desistit vniuersitas, habens animum semper intentum ijs quæ
ab vtroque Pontifice agebantur, apud Regem instare, donec iterum
obedientiæ substractio facta, vt ad annum sequentem dicetur.

Porro cum Innocentius videretur bono animo ad pacem tendere, varij à varijs compositi & oblati sunt Tractatus de modis sedandi Schismatis; inter alios Petrus Anchoranus Iuris vtriusque Doctor Bononiensis
Epistolam cuidam Cardinali direxit, multas vias complectentem: Pro-
babat verò potissimum *Cessionis viam* ab Vniuersitate Parisiensi propositam.

Vniuersitas ad istius negotij prosecutionem Legatos Romam destinat, hisque litteris eos indemnes esse cupit, quæ habentur in Tabulario Academico sub hisce Characteribus A. 1. 1. " 1405.

Vniuersis præsentes litteras inspecturis, *Rector & Vniuersitas Magistrorum & Scholarium Parisiis studentium*, Sal. in Dom. Notum facimus quod Nos attendentes, quæ circa Legationem quam ad præsens ad vrbem pro facto vnionis S. Matris Ecclesiæ destinamus, videnda sunt vt Legati nostri ibidem pro facto illo progressuri securiores sint, & pericula quæ eminere in congressu possunt, audacius subire & rem sibi commissam perficere valeant, sicut & quemadmodum alias & maxime tempore Rectoriæ Vener. Viri M. Poncij Simoneti conclusum fuerat, nunc ex integro tenore præsentium concludimus quod si dictos Legatos videlicet MM. Petrum Plau sacræ Theol. Professorem, Io. Guioti Decretorum Doctorem, Henricum Doigny Magistrum in Medicina, Guill. Pulchri-Nepotis & Arnoldum Wtwit Magistros in Artibus & Baccalarios formatos in Theologia, aut eorum aliquem, seu alterius eorum familiarem in corpore, aut bonis capi per quoscunque contingat, incarcerari, aut arrestari, illorum & cuiuslibet eorundem liberationem & expeditionem diligenter prosequi, & eos & eorum quemlibet, indemnes reddere volumus & promittimus, etiam si eis, aut eorum alicui quæcunque tam terra quàm mari inferantur iniuriæ, illas Nobis factas & illatas reputamus, quas quantum poterimus, omnibus vijs atque modis contra quoscunque prosequemur & ex nunc, prout ex tunc, causam nostram facimus & constituimus. Quæ omnia & singula præmissa exequi, agere & perficere pro dictis Legatis & eorum quolibet, ac cuiuslibet eorundem familiari tam coniunctim quàm diuisim promittimus sub omnium & singulorum hypotheca & obligatione dictæ Vniuersitatis bonorum præsentium & futurorum, quæ dictis Legatis & eorum cuilibet hypothecamus per præsentes & obligamus. In cuius rei testimonium præsentes litteras sigilli nostri magni vnà cum Notarij nostri, seu Scribæ infra scripti & Notarij publici subscriptione iussimus roborari. Datum Parisius in nostra congregatione Generali apud S. Math. celebrata die 20. mensis Septemb. præsentibus venerandis viris MM. Io. Luquet, Petro Wart. Magistris in Theologia, Decanis Facultatum Decretorum & Medecinæ cum pluribus Magistris in Artibus & alijs ad præmissa vocatis & rogatis an. Dom. 1405.

Et Ego Ioannes de Rinello Clericus Tullensis Diœcesis publicus autoritate Apostolica & Imperiali, *& Vniuersitatis Parisiensis Notarius & Scriba*, quia præmissa omnia & singula dum vt supra scribuntur, agerentur & fierent, vnà cum præfatis testibus fieri vidi & audiui, idcirco de mandato dicti D. Rectoris præsentes litteras magno sigillo Vniuersitatis Paris. sigillatas signo meo publico signaui hic me subscribens in testimonium veritatis præmissorum. Sig. I. DE RINELLO.

Eodem anno M. Ioannes Gersonius Cancellarius Ecclesiæ & Vniuersitatis Parisiensis, & Parochus, seu Curio S. Ioannis de Grauia Sermonem habuit ad Regem Carolum accepto Themate *Viuat Rex*, nomine Vniuersitatis de Regimine Regni, quæ oratio Gallicis verbis conscripta prodijt in lucem Parisijs an. 1561. apud Vincentium Sertenas, cum Priuilegio Regis dato die 25. Ian. an. 1560. sic autem incipit.

VIVAT REX, VIVAT REX, VIVAT REX. 3. Reg. 1. *Viue le Roy, viue le Roy, viue le Roy. Viue Corporellement, viue Spirituellement & Ciuilement. Viue spirituelement, perdurablement & raisonnablement. Cy offre & propose cette belle salutation,* LA FILLE DV ROY, LA MERE DES ESTVDES, LE BEAV CLAIR SOLEIL DE FRANCE, VOIRE DE TOVTE LA CHRESTIENTE' L'VNIVERSITE' DE PARIS, *de par laquelle nous sommes icy enuoyez en la presence tres-honorable de vous, Tres-nobles Excellens Rois, Princes, & vous tous Messeigneurs & tres-sage Conseil, où est representée la dignité, magnificence & Majesté Royale, &c.*

Non tulit hoc æquo animo Aurelianus, qui tunc cum Regina Meliduni morabatur; licet enim teste Monstreletio missis ad ipsam Vniuersitatem litteris & Nuncijs, rogasset æquis sententijs discuti & examinari dissidium quod sibi cum Burgundione intercedebat; atque adeo constituisset illam arbitram & Iudicem, putauit tamen factam sibi iniuriam, quod illa de Regni regimine ad Regem perorasset: itaque cum ad ipsum Ducem suos destinasset Legatos. 1. Vt delati honoris gratias ageret. 2. Vt palam faceret, sibi periucundam esse Regni reformationem. 3. Denique vt se omnem suam operam impensuram polliceretur, quò dissidium omne inter Duces extingueretur, non abstinuit tamen Aurelianus verbis durioribus & reprehensione, quod Burgundioni paulo magis fauere videretur, multaque ab eo contra se dicta malè non confutasset: Non enim 1. ignorare Vniuersitatem, quin cum ipse filius fraterque Regis sit, ad se quoque Regni regimen pertineat, Rege non sano, impubere Delphino. 2. Cum ipsa ex omnigenis suppositis constet, non debere de Regni moderamine iudicium ferre, sed eam curam solicitudinemque Principibus consanguineis relinquere. 3. Nec sibi placere, vt de pace cum Burgundione agat, sibi enim cum eo nullam simultatem esse, aut discordiam.

Dissimulare sic voluit; paucis tamen post diebus ipse & Regina multis militibus comitati Meliduno Parisios rursus tendunt. Hinc tumultus in vrbe: non ingrediuntur tamen: sed inter eos pactum conuentumque per Internuncios, vt Reges Siciliæ & Nauarræ; item Borbonius & Biturix Duces dissidij causas examinent & dijudicent; quò tandem composito, Aurelianus Parisios redijt, & cum Burgundione animum coniungere visus est.

Anno 1406. rursum insurrexit aduersus Benedictum Vniuersitas ob tergiuersationes & ludificationes: nam cum Antonius de Chalanto Cardinalis Diaconus à Benedicto missus ad Regem, suum Papam nimis extolleret, in aduersarium Innocentium multa congereret, nec parceret ijs qui substractionem obedientiæ ante moliti fuerant ipsumque Benedictum ad cedendum adducere imò compellere voluerant, Vniuersitas non passa fieri sibi, Regno & Ecclesiæ Gallicanæ talem iniuriam, repressit hominem superbientem, collusionemque & ludificationem Pontificum oculis omnium subiecit.

Petijt ergo audiri Cardinalis, & auditus est statim à Paschate; Latinis verbis perorauit præsentibus Ducibus, Rectore & selectis Vniuersitatis; petijt quoque audiri Vniuersitas & obtinuit, quanquam non sine reluctamine. Die autem 13. Maij, M. Ioannes Parui Normanus Doctor Theologus eius nomine dixit fortiter contra tricas & ludificationes Benedicti, rationesque à Cardinale prolatas apertissimè confutauit: & tandem conclusit non posse ipsum aliter adigi ad cedendum, quam si nunc, vt ante, substrahatur ei obedientia: simulque postulauit Academiæ Tolosanæ Epistolam lacerari & flammis mandari, Regi, Regno, Ecclesiæ Gallicanæ, omnibus bonis iniuriosam. Variæ dicuntur sententiæ. Demum placuit litis discussionem ad Curiam Parisiensem remitti.

Huiusce causæ duæ fuerunt partes, vna aduersus Vniuersitatem Tolosanam; altera aduersus Benedictum. die 17. Maij concessa audientiâ M. Petrus Plaoul Doctor Sorbonicus Vniuersitatis Paris. nomine priorem partem aggressus est. M. Ioannes Parui alteram, nempe contra Benedictum & pro substractione instauranda, & ea die nihil actum præterea.

Postridie Ioannes Iuuenalis de Vrsinis Aduocatus Regius vehementer probauit quæ ab Vniuersitate dicta fuerant tam contra Epistolam prædictam, quàm contra Benedictum; demumque Epistolam igni addixit, eiusque Autores grauibus pœnis quod in Regem, in Concilium, in Ecclesiam Gallicanam à quibus substractio conclusa fuerat, audacter nimis dixissent & scripsissent. Substractionem quoque promulgari voluit, quòd Benedictus promissis non stetisset, quòd ludificaretur & vt imperitia, ac sermonis imbecillitate, more maiorum factorum & egregiorum Patrum Moysis & Ieremiæ, putà & illius Eloquentiæ Principis Ciceronis excusatio præsupposita fuerat, extitit propositum, sub tamen protestationibus & confidentiæ tutamine & solamine perspicuè intelligentium, coram quibus erat causam acturus, & causæ ipsius aduersus Ecclesiæ oppugnantis pia fœdera, pacis vnionemque potentiæ & authoritatis, cuius erat paci imponere morem, *parcere subiectis & debellare superbos*, pacis ipsius subsidium ab eadem nostra Curia verbis illius S. Prophetæ Ieremiæ. *Quærite pacem Ciuitatis & orate pro ea efflagitando atque obsecrando*, Quippe cum eadem Curia nostra Majestatem nostram Regiam supradictam repræsentans esset in eadem, vt dicebat Filia nostra, & vigeret potentia ac scientia, & Iustitia seu clementia, per tres illos prospiciebat Liliorum flores, subintellectæ & designatæ in nostro Regno etiam ab antiquis & Domini Saluatoris nostri Iesu Christi Incarnationem antecedentibus, præsertim Iulij Cæsaris temporibus, ac dudum excelsæ in Gallica gente & Iustitiæ exercendæ tunc in Regno nostro propositæ sunt inuicem concomitantes & pernecessariæ ad pacem quærendam, inueniendam atque seruandam, vt ex Philosophorum, Prophetarum & Apostolorum liquebat authoritate. *Hi enim tres virtutum præclarissimi, ac nitidissimi flores erant, qui Regnum nostrum in sublime prouectum gratâ sibi tranquillitate per felicia secula custodirent*, à non parua imò grandissima, ac excellentissima diuinæ Prouidentiæ vicissitudine quæ nunquam de cæteris & externis, non etiam de illis 4. maximis Regnis à Daniele commemoratis legebatur Ciuitatem, aut cuius pro pace & vnitate, tranquillitate in verbis Ieremiæ præmissis interueniebat, eadem Filia nostra Sacrosanctam matrem nostram Ecclesiam prætendebat tanquam spiritualem Ciuitatem Dei & Electorum, cuius fundamentum dicebat amorem Dei vsque ad contemptum sui, quemadmodum ab auerso spiritualis Diaboli & Reproborum ab amore sui vsque ad contemptum Dei à Beato fundabatur Augustino. Cuius quidem Ciuitatis spiritualis sicut & materialis Ierusalem quam figurabat, 4. figurabat status in monte Sion, id est omnium fidelium in Charitate existentium congregationem inexpugnabilem, quia portæ inferi non præualebunt aduersus eam, pro qua D. noster I. C. ipsius Ecclesiæ causa efficiens ad Patrem ante suam benedictam Passionem orauerat, quod Fideles essent vnum, sicut Pater, & Filius, & Spiritus sanctus vnum erant & sunt, cum dicebat, *Pater sancte, serua eos quos dedisti mihi, vt sint vnum sicut Nos vnum sumus*: ex quo apparere poterat quàm pretiosum quid esset Ecclesia prædicta, ad cuius augmentum & conseruationem requirebatur & requiritur Spiritus sanctus, & consequenter Ministros Ecclesiæ qui Ecclesiam repræsentabant ad ministrandum & debitè seruiendum Ecclesiæ, quo loco ponebatur Iurisdictionis ordo, cuius supremum tenebat summus **Pontifex locum. Demum vltimam** partem Ciuitatis bona temporalia, quæ sunt in Ecclesia fæces, repræsentantia. Vnde videbatur quis in præmissis ordo tenendus erat, quia licet omnia prædicta valerent ad Ecclesiæ conseruationem, potestas tamen Iurisdictionis valebat, & erat ad conseruandum Ecclesiam & sibi seruiendum, in qua nihil esse debebat, neque debet esse turbatiuum pacis, aliàs excederet suum debitum finem: quia omnis actus ad pacem requisitus cadit sub præcepto Officij Papalis & Sedis Apostolicæ; & omnis actus turbans pacem sub prohibitione, inde subijciebat eadem Filia nostra quod præsidentia Papalis Ecclesiam lædebat, si oppositum pacis & vnionis Ecclesiasticæ prædictæ exercebat, sicut proficiebat, sicut benè erat, si ad debitum ipsius vnionis Ecclesiæ attendebat finem. Quare cum Præsidentia Papalis iam dicta quæ ad vnitatem Ecclesiæ seruandam erat ordinata, si eâ Papa abutebatur, Ecclesiam lædebat, non erat eidem per consequens acquiescendum; constabat autem non tantum Ordinis, sed Iurisdictionis ipsius Ecclesiæ esse potestatem, sed & ipsi Ecclesiæ Præfectum, seu Præsidentem, quin etiam bona ipsius Præsidentis.

Tom. V. Q

„ Quid enim aliud prætendebant duo illi M. Æmilius Lepidus bis Consul
„ & Pontifex Max. Siluius Max. & Siluius Flaccus (de quibus Valerius Max)
„ ante inimici, occisores facti inter se priuatis inimicitijs certantes, cum
„ iam sui non essent, vt asserebant, sed Reipub. Quidve aliud prædicti Au-
„ gustini sententia in libro Gestorum, dicentis fructuositatem esse Pasto-
„ ralem dignitatem si. . . . . . . quàm si retenta dispergat, *quia Præpositi su-*
mus ad id quod vtilitas publica requirit, inquit alibi. Ex quibus dicebat se-
„ qui liquidè eadem nostra filia, quod Cessio, seu Renuntiatio sub regulis
„ Iuris diuini cadebat, imò qualis fidelis & strictiori ratione Ecclesiæ præ-
„ sidens vitam propriam exponere pro dictæ nostræ S. Matris Ecclesiæ de-
„ bebat vnione, consequenter inferendo quod contendentes de Papatu,
„ ac suas retinentes Præsidentias, Ecclesiamque scindentes, ac diuiden-
„ tes officio suo in fidelium periculum atque præiudicium abutebantur,
„ nec eis tanquam veris Pontificibus obediendum erat. Duo enim diuinæ
„ legis tangebantur præcepta Euangelica ex quibus tota lex pendebat, ac
„ pendent & Prophetæ Dei, videlicet *dilectio*, quod est primum; & secun-
„ dum post primum & maximum præcipuumque, *dilectio proximi*, quibus
„ Papalis obedientia subordinabatur, & in quantum erat possibile, se ab
„ eisdem conformari tenebatur. Nam si præceptum Papæ secundo præ-
„ cepto discreparet prædicto, quod ad pacem & vnitatem tendebat, eidem
„ obediendum tanquam animali homini non esset. Idcirco duobus con-
„ tendentibus, vnde dilectio inter fideles spectabatur, nunquam esset
„ obediendum. Suppositis itaque habitudinibus duabus, vnâ Officij, al-
„ tera personæ cum supradictis, quia subtrahens obedientiam Papæ verè
„ esset obediens Apostolicæ Sedi & eius Officio, nec esset obediens eidem
„ Sedi, qui ipsi Papæ obtemperaret aut obediret, erat sanè & rectè intelli-
„ genti conferendum. Ex his, aut alijs nos adducti rationibus & Regiæ
„ nostræ Majestatis debito adstricti, eiusdemque iniunctæ nobis, ac sacra-
" tæ allecti, dignitate alligati, puta Iurisiurandi nostræ Coronationis vin-
„ culo & consummatim omnium rerum naturaliter nobis iuxta B. Grego-
„ rium in quadam Homilia, insita lege, quâ res omnis non tam in regimine
„ naturali, quàm Politico & spirituali ad concordiam & pacem, discor-
„ diam atque Schisma horrens & diffugiendum tendit, & eam prosequitur,
„ inducti; abhorrentes insuper imminentem inueterati Schismatis ruinam,
„ ac ipsius cruentam perniciem execrantes; excitati inter cætera à Boni-
„ facio tunc Antipapa Rege Romanorum, ac Electoribus Rom. Imperij;
„ sed & admoniti à Benedicto Papa supradicto, ad quem ipsius hortatu &
„ instantia post eius coronationem charissimos nostros Patruos, & Germa-
„ num Bituriæ, Burgundiæ & Aurelian. Duces cum ingenti copia & exer-
„ citu Procerum, Baronum, militum & aliorum strenuorum & illustrium
„ virorum, Consiliariorum nostrorum & Nunciorum Auinionem transmi-
„ seramus, qui ibi longè exacto, certo & consumpto tempore, supplicibus
„ precibus, ac supplicationibus humillimis sæpè & multum eidem Bene-
„ dicto exhibitis, & quibus humiliores vix erat possibile Deo fieri, vsque-
„ quaque resumptis, vt ad viam Cessionis per nos electam, viam vtique
„ faciliorem, expeditiorem & apertiorem atque toti Christianitati ac-
„ ceptabiliorem condescenderet, ac eam acceptare vellet, nihil gratio-
„ sum, nihil dulce, nihil acceptum, nihil, inquam, præter tædia & im-
„ pensas legationum, graues labores, dispendia, molestias, vexationes,
„ fastidia, angarias, curas, aliarumque incommoditatum varia confecti
„ retulerant genera. Tandem verò requisiti cum instantia non quærentes
„ quæ nostra erant, sed quæ Iesu Christi, & capiti proprio, aut singulari
„ prudentiæ non innitentes; quin magis habito sacri Cardinalium Collegij
„ tunc Auinioni existentium consilio, deliberatione & assensu, *Prælatos,*
„ *Vniuersitates, viros deuotos, Principes,* insuper *Duces, Barones, milites, &*
„ *cætera* dictorum *nostrorum Regni & Delphinatus* vtriusque brachij suppo-
„ *sita* accitos *ad Concilium conuocari & congregare feceramus;* in quo discussio-
„ ne & disceptatione rationum hinc inde per summos nostri & alienorum

Regnorum Doctores communiter habita pro substractione Benedicto Præfato facta, substractioni 310. concorditer de numero 347. congregatorum assentientibus, vnaquaque Vniuersitate studentium pro vno supposito accepta & computata, conclusum demum fuerat: communiter & sancte, pie fideliter & iuste pensatis & attentis charitate quam tanquam filij ad matrem habere compellimur, & fidelitate quam nos Antecessoresque nostri ad eandem S. matrem Ecclesiam semper coluimus & colimus: vnde prodierat illud SALICÆ legis, quod Regnum hoc ab omni hæresi liberum semper & mundum fuerat, adstruente B. Hieronymo *solum Galliam monstra non habere*, vulneris insuper atrocis sanie & tabe cruenta Schismaticæ scissuræ eiusdem S. Matris Ecclesiæ quæ iam proh dolor! per 28. annorum curricula durauerat & inualuerat: Nam si Ecclesia prædicta persecutiones in Abel, in Israëlitico populo, in Christo proprij corporis suspendium & mortem vt suum mysticum viueret, proferente in martyribus & ab hæreticis sustinuerat. Hoc perfectum & augmentum ipsius S. Matris successerat Ecclesiæ, at verò persecutio Schismaticorum quantò maior, tantò erat deterior; ducenti enim & quinquaginta cum Dathan, Core & Abiron, aliquo etiam tempore & Apostoli, quorum vnus ego sum Pauli, dicebat, alius ego sum Apollo; sed non tot erant quot nunc, vt etsi S. Mater Ecclesia dicere hactenus potuerat: *Sæpè me expugnauerunt à iuuentute mea; etenim non potuerunt mihi.* Nunc etiam enim potuerunt, mihi erat dicere necesse. Quibus causis, rationibus & occasione supradictis cum affectu animi & conscientiæ sinceritate, & ad finem tanti tamque necessarij vnioni S. Matris Ecclesiæ boni, licet nos ac Regnum nostrum supra tactis modis ab obedientia dicti Benedicti Papæ subtraxissemus: nonnulli nihilominus, vt sibi præsumpta temeritate in magnis ambulantes & seipsos efferentes in mirabilibus super se, falsis suffulti ratiunculis, ignorantiæ tenebris suffocati & expertes lucis intelligentiæ diuinæ & humanæ rationis, vt videntes non viderent, & intelligentes non intelligerent, adulatione seducti mendosa, & sua pertinacia exasperati opus bonum quod tanto labore, tanta diligentia, tempore tanto, tam præclaris & inclitis artificibus struxeramus, in momento diruere machinati fuerant; materiam ignominiæ in nos, nostram Regiam Majestatem, Proceres nostræ Regalis prosapiæ, ac Vniuersalitatis Præfatæ filiæ nostræ, Prælatorum & totius Regni, ac Delphinatus nostrorum Clerum, relinquere molientes, scripturam quandam diffamatoriam supradictam, quam Epistolam dicebant nobis & Curiæ nostræ præmissæ pluribusque alijs obtulerant & tradiderant eam per diuersas Regni nostri, imò & Orbis partes & climata propalantes & publicantes: in qua asserere & alias disseminare non erubescebant, vt pauca de quam pluribus coaceruatis perstringeret & persequeretur. Eadem filia nostra, eorum opprobrijs calumniosis, *dictam substractionem scandalosam & tenebrosam, spinosam, leoninam, ferocem, cruentam, mali causam, erroneam, periculosam, dispendiosam, irrationabilem, fallacem, perfidam, præuaricatricem, sophisticam, perniciosissimam, violentam, rabidam, viperinam, iniustam, monstruosam, maculosam, inuisam, persecutricem, Ecclesiastici subuersiuam status, Schismatis & hæresis genitiuam, à Patre mendacij procuratam, exortam ex processu reprobo, substractiuam Iustitiæ Legis diuinæ obligatiuam; & ipsius ipsius authores infames, ipsusque Procuratores crudeles, perniciosos, Schismaticos, notoriè criminosos, maliciosos, ignorantes, ambitiosos, ignominiosos, furibundos, dogmatisantes, auaros, pusillanimes, viperarum progeniem, semen cuculi, à fide deuiantes hæreticos, parricidas, & per eam legem superbiùs os in cœlum erigentes falsis suis interpretationibus decipientes, non recipientes Canones, constitutiones reijcientes approbatas Principum, ex substractioneque prædicta viam nobis & alijs Principibus inobediendi aperiri subiectis: & vt fundamentum ipsius tam solenniter celebratæ substractionis confunderent, nullum Concilium id, in quo prædicta conclusa fuerat substractio, aut Conuenticulum seu Conciliabulum fuisse, summo Pontifice nequaquam id*

1406.

Q ij

"approbante, cùm ad nos non pertineret, aiebant & supposito quod Concilium dici potuisset, audientia tamen contrarium opinantibus turbabatur. Et ex illis qui per nos ad Concilium conuocati fuerant, & Papæ non esse subtrahendum consulebant, Parisius non sine personarum discrimine esse non poterant, quia quidam etiam ex Episcopis inter pressuras quorundam positi, nisi *fuisset ipsorum Patruorum & Germani nostrorum præsidentia* per eos qui opprimebantur letaliter, vt qui iure, ratione & veritate vincere non poterant, saltem in impiâ & sacrilegâ pugnorum pugna & insultuosis clamoribus obtinuerunt. Sed & Legatus à latere à præfato Papa Bened. missus repulsus, ab Antipapa gratanter admissus nuncius, prout idem Epistolantes dicebant, fuerat. Quorum calumniam & mendacium cunctis notum, non magis rationibus, cùm facti essent quàm experientiæ oculatâ veritate tantorum & tot, ac tam excellentium testium, qui dicto Concilio aderant, refellere leuissimum esse dicebat filia nostra. Nos verò Antipapæ Nuncium gratanter admisisse cùm etiam apud Ethnicos sanctum, inuiolatum & ab omni iniuria imminutum, dignum muneribus & gratia semper fuisset legatorum genus, laus potius sequebatur quàm culpa adijciebatur. Iterum in eadem Epistolari scriptura, prout eadem proponebat Filia nostra, quod pertinaciùs, ac extremæ, ac verius hæreticæ dementiæ existere compertum videbatur, quod etiamsi ex dicta substractione vnio in S. Matre Ecclesia sequutura esset, substractionem tamen ipsam non esse faciendam, quinimo eam facientes dignos esse pœna seuerâ. Ad quorum confutationem cùm superius dictis ipsa nostra filia supponebat omnem rem mundi inclinationem & tendentiam naturalem habere ad vnionem & pacem, & ad hoc omnem legem tendere, ordinem tamen esse inter leges: Nam omnium prima lex omni Creaturæ data est, vt Deo vniretur & coniungeretur: at doctrina Boëtij clarum erat; & hanc legem habebat, homo quilibet omni rei communicabat. Nam etiam per primum legis præceptum, per amorem ipsi Deo, quam legem communem ipse Boëtius appellabat, coniungi & vniri debebat. Deinde res adeo inter se vnitatem & amorem habere debebant in ordine ad Deum, & ad eum tanquam ad finem tendentiam; ex quibus conficiebatur Ecclesia. Vnde sequi dicebat eadem filia nostra iniunctam esse & præceptam omni lege & omni præcepto, & præsertim duobus primis præceptis, ipsam Ecclesiæ sanctæ vnitatem & pacem; ex quibus tanquam ex duabus radicibus omnia alia præcepta ortum habebant. Ex quo apparet, inferebat; quod nullum iuramentum, nulla promissio, nulla obligatio, nulla conuentio, & per consequens nulla constitutio, statutum vel ordinatio, quarum obseruantia erat pacis turbatio, valida dici debebant, hisque vti vel obtemperare erat abuti, & non obedire mandatis. Quo tamen modo Constitutiones & iura scripta carnalem & bestialem & non spiritualem sectantes intellectum & illud quod in ministerium datum erat à Domino, attribuentes allegabant hij qui dubiam scripturam Epistolarem ediderant; supponebant enim quod vnitas Ecclesiæ supradicta stabat in habitudine ad summum Vicarium; quod non esse dicebat eadem Filia nostra, imò in habitudine ad Christum, qui viuificat Ecclesiam S. suam per charitatem Spiritus sancti. Staret autem quod Papa non esset caput Ecclesiæ per peccatum. Et eos nimium deficere dicebat, quia quod proprium est Deo, creaturæ attribuentes, ipsi Deo non reddebant quæ Dei, & Cæsari quæ Cæsaris erant; Ipsam etiam S. Ecclesiam in diuitijs, honoribus & potentia dicebat ipsos concipere, ipsam introducendo quemadmodum temporalem potestatem, super eo quòd ipsi Epistolantes subiungebant nobis & alijs Principibus ad nostri cautionem in exemplum fieri, ne à nobis subditis obedientia substraheretur, errore seductis; quam aliam esse nostri ad subditos nobis habitudinem & aliam summi Pontificis ad eandem S. Ecclesiam minime dubitandum esset: hinc illud Christi ad Apostolos & Discipulos suos, *Omnes autem vos Fratres estis & Patrem nolite vocare super terram: vnus est enim* *vester Pater, qui in cœlis est.* Et paulò post. *Qui maior est vestrum, erit minister vester.* Ex quibus innuebat Christus Papalem dignitatem, quamuis maior esset, ministerialem esse. Nec diuisio Regnorum quæ principaliter corporalia & temporalia concernebat, tanti discriminis erat quanti quæ animas & spiritualia Ecclesiæ supradictæ horrendum Schisma, ad quod sedandum longè præstantius erat Deo quàm hominibus, sedi Apostolicæ quàm summo Pontifici Rei & paci publicæ quàm Patri obedire. Nam crudelior erat qui Rempub. lædebat quàm qui non obediebat Patri, authore Cicerone contra Catilinam. In cuius rei & pacis, seu vnionis publicæ Ecclesiasticæ fauorem, Consilium ac Processum supra positum feceramus, provt rationabiliter & authoritatibus SS. Patrum & exemplis facere poteramus, Imperatoris Constantini, qui Nicenum congregauerat super summis fidei nostræ articulis Concilium in quo multi discordauerant; Theodorici qui Symmachum in sede S. Romana reposuerat; & Honorij qui duos expulerat de Papatu contendentes. Sicque de pluribus. Et vt saltem memoratorum Epistolantium, qui lucem tenebras, & tenebras lucem dicebant, bonum malum, & malum bonum, necquicquam vibrata tot calumniarum suarum iacula solo ictu reijceret, & scuto bonæ voluntatis & rectæ Intelligentiæ eadem Filia nostra confunderet suas quas tam dispendiosè in medium ijdem Epistolantes iactitabant, Constitutiones, ac Decreta Patrum, Principum leges & statuta, ac Iustitiæ, aut subdolè emitti & allegari per eos tanquam vnicus summus Pontifex nullo alio contendente esset, quod verum non erat. Proponebat prædicta filia nostra cum supradictis Filio & Patruo nostro, nec non generali nostro Procuratore prædictas rationes intentioni ac proposito adaptantibus & dicentibus neminem de ratione contra Consilium, aut deliberationem Generalem, per Principem, seu Ciuitatem, Municipium vel villam, corpus & communiam habentes, de consensu omnium, seu duarum partium, aut mediæ partis in qualitate, communisve boni * & præstantioris factum, seu factam venire, cum pars à suo toto discrepare non debeat, neque à parte, nec occultè tragœdias, seu Epistolas diffamatorias contra Principem, vel Iustitiæ ministros facere, neque Principi siue Consilio suo iniuriari, siue conuiciari, aut contumelias irrogare: Nam qui talia agebant digni erant morte.

Ex Præmissis omnibus non tam humanis quàm diuinis & plusquam Philosophicis, & alijs pluribus & elegantibus abstractis sibi rationibus dicti nostri, ac Prædictorum Patrui & filij nostrorum Procuratores concludebant, quatinus dicta Epistola per eandem nostram Curiam hæretica, peruersa, falsa & mala, & similes Parisius, supra Pontem Auinionensem, Tolosæ, Montispessulani, Carcassonæ & pluribus alijs locis cremarentur. Quam si non haberent conclusionem, dicta saltim Epistola tanquam peruersa, mala, & infidelis Parisius, & copia ipsius, seu aliæ similes alibi publicè lacerarentur; fierentque Cridæ, ac proclamationes ad sonum tubæ, & publicè sub magnis & maximis pœnis, quatinus quicunque copiam ipsius Epistolæ haberet, penès eandem Curiam nostram afferret, vel mitteret lacerandam; & vbique in Regno nostro huiusmodi condemnatio ad perpetuam rei memoriam & *locis incutiendam regratiaretur, ac inscriberetur, aliasque sibi fierent tales quales ipsæ nostræ Curiæ de iure & ratione adiudicando viderentur Conclusiones; protestantes de prosequendo contra Compositores dictæ Epistolæ & alios Iniuriatores iuxta informationes super hijs factas, provt sibi rationabiliter & secundum casus exigentiam videretur. Tandem auditis ad plenum partibus adiunctis in omnibus quæ circa præmissa dicere, perorare ac proponere publicè & per dierum interualla voluerunt, & ad ponendum penès eandem Curiam nostram in scriptis, sicque sua proposita concernentia & pertinentia haberent, & in Consilio & Arresto appunctatum, requisitoque postmodum à Procuratore supradicti Consanguinei nostri Burgundiæ Ducis, qui supradicta tanquam per eum proposita & conclusa

" 1406.

" supponebat, eaque intentioni adaptando, quatinus in partem cum præ-
" fatis Procuratore nostro, Filia, & Patruo admitteretur: & ipso in par-
" tem prædictam admisso.
" Visis igitur per eandem nostram Parlamenti Curiam solemniter tam
" ex pluribus Regni nostri Prælatis quàm alijs de nostro magno Consilio,
" & varijs ac pluribus diebus congregatam diligenter & maturè, lectis, in-
" spectis & reuolutis supradictis, Epistola seu Epistolari scriptura, literis
" nostris Regijs, alijs quibuscunque actis & munimentis agitatis, insuper
" & discussis diuersis, ac multifarijs rationibus præmissis, an expediret aut
" oporteret prius dictæ Epistolaris scripturæ Compositores se dicentes in
" eadem Curia nostra aduocari & audire, quàm adiudicandum super præ-
" missis procedere. Consideratis etiam curiosè omnibus circa præmissa
" considerandis, & attendentes ea quæ eandem Curiam nostram in hac
" parte mouere poterant & debebant, per Arrestum dictæ Curiæ dictum
" fuit & determinatum, *quod dicta Scriptura per modum Epistolæ facta, quæ ad
" nos & eandem Curiam nostram per Guigonem Flandrin se Vniuersitatis Tolosa-
" næ dicentem Nuncium, allata erat, est distinanda,* & nostri illorumque de no-
" stra Regali prosapia & illorum de Consilio nostro, nec non Cleri Regni
" nostri & præfatæ filiæ Vniuersitatis Paris. iniuriosa ac difamatoria, & vt
" talis Parisius in eadem Curia nostra & vna de similibus Tolosæ, & alia su-
" pra Pontem Auinionensem publicè & frustatim lacerabuntur, fieretque
" præceptum sub Crida & publicatione ad sonum tubæ per primum Curiæ
" nostræ Ostiarium in omnibus Bailliuijs, seu Præposituris, Seneschalijs
" & Iudicaturis Regijs Regni nostri, quod quique cuiuscunque conditio-
" nis sit vel fuerit, copiam vel transcriptum dictæ scripturæ habuerit, eam
" intra trium mensium spatium à die dictæ publicationis sub pœna centum
" argenti marcarum nobis applicandarum & dictæ nostræ Regiæ Majesta-
" tis indignationem incurrendi, penes eandem Curiam nostram afferat,
" seu mittat vel afferri faciat. Et per idem Arrestum eadem nostra Curia
" supradictis Procuratori nostro Generali, *Filiæ nostræ Vniuersitati Pari-
" siensi* & Patruo & Consanguineo nostris de prosequendo contra eiusdem
" scripturæ per modum Epistolæ factæ Confectores & Compositores &
" alios quoscunque, & eisdem Compositoribus & alijs in contrarium suas
" defensiones reseruauit & reseruat. In cuius rei testimonium Præsenti-
" bus litteris nostrum iussimus apponi sigillum. Datum Parisius in Parla-
" mento nostro, die 17. mensis Iulij, anno Dom. 1406. & Regni nostri 26.
" Per Arrestum Curiæ, signatum BAYE.

Neque his contenta Vniuersitas institit substractioni, quoad pecuniarum subuentionem, Decimarum exactionem & Gratiarum Expectatiuarum concessionem. Quod vt intellexit Cardinalis qui à Benedicto
venerat, ad Benedictum redijt. Rex verò, ne toties importunis querelis
vexaretur, statuit quod supersedeat, exequendum eidem Curiæ demandare. Mandatum attulit Carolus Sauoisius probè sigillatum, & hoc pacto
Vniuersitatis gratiam recuperauit: Volebat autem Rex primùm agi de
substractione partiali de qua supra; ad agitandum verò substractionem
omnimodam & generalem, Ecclesiæ Gall. Comitia voluit haberi. Actum
ergo tantùm de Partiali in Curia, de qua auditus est M. Ioannes Parui
Doctor Theologus. Et de ea re sic habetur in Actis.

" Du Lundy 6. Septemb. 1406. Cedit iour a esté proposé par le Roy,
" le Duc de Berry, l'Vniuersité de Paris, par vn Maistre en Theologie ap-
" pellé M. Iean Petit, & puis par le Procureur du Roy & par son Aduocat,
" contre le Pape Benedict present, afin de soubstraction des finances que
" ledit Benedict exige & leue en ce Royaume, presens les deux Chambres,
" plusieurs Prelats de ce Royaume, comme l'Archeuesque de Tours, l'E-
" uesque de Paris, &c. l'Vniuersité de Paris & plusieurs autres publique-
" ment en la grand' Chambre de Parlement, par vertu d'vn certain Man-
" dement Royal, comme appert en especial au Registre des plaidoyeries
" de ce present iour.

Le Mercredy 8. Sept. 1406. furent au Conseil Messieurs le Chancelier, Messire P. Boschet, &c. & Messieurs du Parlement à conseiller la requeste le Procureur du Roy & Duc de Berry, & de l'Vniuersité de Paris d'vne part, & le Pape Benedict & ses Officiers d'autre part, sur le propos par les parties du 6. de ce mois. *Non est conclusum.* Mais ont esté leuz par le Greffier les propos seulement.

L'onze Sept. 1406. furent au Conseil assemblez Messire P. Boschet, &c. & Messieurs de Parlement à conseiller l'arrest d'entre le Procureur du Roy, du Duc de Berry & de l'Vniuersité de Paris d'vne part, & les Officiers du Pape, de la Chambre Apostolique & les Cardinaux sur le proposé par les parties du 6. de ce mois. Et tout Consideré, il sera dit en obtemperant aux lettres Royaux obtenuës par ladite Vniuersité, que BENEDICT Pape dessusdit & ses Officiers cesseront au Royaume & Dauphiné d'exiger les premieres années des fruits & emolumens de Prelatures & autres Benefices quelconques vacans, ou qui ont vaqué ou vaqueront, tant pour les premieres années que aussi des fruits & emolumens que du temps de soubstraction autrefois faite audit Benedict & de la vacation des Prelatures, Dignitez & autres Benefices qui sont escheuz ou escheïent en aucune maniere. Et aussi cesseront les Exactions des Procurations qui sont deuës pour les visitations & des arrerages quelconques deuës pour raison des choses dessusdites ou d'autres Exactions & pourront prendre les Prelats, Archidiacres & autres Ordinaires icelles Procurations quand ils visiteront. Et cesseront aussi les Cardinaux & Chambelan de perceuoir prendre & exiger ce qu'ils prenoient & exigeoient deuant ce present Arrest pour cause des premieres années & des arrerages quelconques deuz pour l'occasion deuant dite en quelque maniere que ce soit. Et se aucune chose de ce qui estoit leué pour occasion des choses dessusdites est deuers les Collecteurs ou Sous-Collecteurs ou autres quelconques, sera arresté sous la main du Roy & leur sera defendu audit Benedict ne à quelque autre n'en baillent ou deliurent aucune chose. Et aussi sera defendu à ceux qui doiuent audit Benedict ou à la Chambre Apostolique ou aux Cardinaux dessusdits qu'ils ne payent ou baillent aucune chose. Et ordonne la Cour que ceux qui pour l'occasion dessusdite sont excommuniez, seront relaschez iusques à ce que autrement en sera ordonné.

Sequitur in hanc rem Regis Edictum, quo Curiæ Decretum confirmatur, legiturque in MS. Victorino & in 2. vol. Libertatum Ecclesiæ Gall. fol. 571.

Priuatio Prouisionis Beneficiorum & Annatarum.

KAROLVS Dei gratia Francorum Rex, Vniuersis præsentes litteras inspecturis salutem. Notum facimus quod cum nuper pro parte quamplurimorum numero grandi Regni nostri Prælatorum Parisius tunc existentium, necnon *Filiæ nostræ dilectæ Vniuersitatis studij Parisi.* nobis querulosè fuisset expositum, quod Ecclesiæ nostrorum Prædicti Regni & Delphinatus Viennensis præ magnitudine grauium exactionum & onerum eisdem Ecclesijs tam per Benedictum Papam XIII. quàm suos Antecessores contra communis dispositionem Iuris impositarum oppressæ, atque grauatæ in tantum hactenus fuerant & erant, quod eosdem in magnam pauperiem & ruinam corruebant, & in desolationem vndequaque vergebant, nisi per nos de remedio subleuarentur. Financiæ etiam supra eisdem Ecclesijs exactæ de eodem Regno nostro in magnum & irreparabile Reipub. Regni eiusdem nostri præiudicium exportabantur. A nobis quibus Ecclesiam præsertim supradictorum Regni ac Delphinatus nostrorum ab omni oppressione præseruare incumbebat, & vnde specialiter adstricti & obligati Deo Creatori nostro rationem eramus reddituri, humiliter supplicando, quatenus Ecclesijs memoratis super

"præmissis exactionibus & grauaminibus, eas cessare faciendo, prouidere
"dignaremur, vt Ministri & aliæ Ecclesiasticæ personæ Diuinis insistentes
"& famulantes Ecclesias sibi commissas regere, earum ędificia in bono &
"decenti statu tenere, aliosque actus suam professionem & fundatorum
"suorum dispositionem concernentes exercere valerent. Et ob hoc non-
"nulli & plures de nostro magno Consilio ad videndum & deliberandum
"super his & alijs Ecclesiam prædictam tangentibus, quid rationabiliter
"fieri posset deberetque, dudum commissi ac deputati aliqua nobis super
"dictis exactionibus referenda vidissent & aduisassent seu deliberassent.
"Quia tamen Prælatis & Filiæ nostræ præfatis videbatur dictam delibera-
"tionem largius declarandam fore, ijdem Prælati & Filia nostra aliquas
"declarationes & additiones cum deliberatione & aduisamento supra-
"dictorum nostrorum Consiliariorum fecissent, easque nostræ Parlamen-
"ti Curiæ cum nominibus dictorum nostrorum Consiliariorum, qui dictæ
"deliberationi præsentes affuerant, in quadam scedula sub nostro contra-
"sigillo misissemus, & per litteras nostras Patentes eidem Curiæ nostræ
"mandassemus, & eidem potestatem & authoritatem impartiendo expres-
"sè iniunxissemus, quatinus ad eandem Curiam aduocatis & accersitis de
"nostro magno Consilio & Requestis Hospitij nostri tot & talibus prout
"eidem Curiæ nostræ bonum videtur, ipsa nostra Curia Ecclesiæ prædi-
"ctorum Regni ac Delphinatus nostrorum super contentis in dicta sce du-
"la prouideret, secundum quod nobis esse faciendum consuleret, prout
"hæc & alia latius & luculentius ex ipsarum nostrarum serie ac tenore li-
"terarum liquebant. Constitutis propter hoc in eadem nostra Curia Pro-
"curatoribus nostro Generali, necnon charissimi nostri patrui Ducis Bitu-
"ricensis, *Et ipsa filia nostra Vniuersitate Paris.* pro parte eiusdem filiæ nostræ
"sub his Apostolicis verbis, *Subtrahatis vos ab omni fratre ambulante inordi-
"natè,* propositum fuit quod sancta Mater nostra Ecclesia Entium adinstar
"naturalium & policiarum, macrocosmi videlicet & microcosmi, qui sunt
"maior & minor mundus, in pondere, numero & mensura à summo om-
"nium Creatore, Philosophis attestantibus conditorum, dirigi debebat
"atque regi. In ordine quorum elementis 4. primam distribuerat mate-
"riam idem Creator omnium in suam grandem naturæ portionem eorum
"cuilibet totali conferendo, quantum alteri; Et ijsdem ex se inuicem
"vicissitudinem sui alimenti, ac sustentamenti referendo, adeo vt quod
"vnum ipsorum sub Æquinoctiali, vel polis per alterius conuersionem
"deperdidisset, de alio recipere & sibi restaurare ipsius Naturæ mu-
"nere & instinctu, & increatæ sapientiæ prouidentia dignoscitur; sic
"Regalis, sic Aristocrachiæ, sic & Thymocrachiæ Politiarum, nullius qua-
"rum Rectorem, nutrimentum seu ipsius maiorem partem omnium sub-
"iectorum, aut inferiorum absorbere vllus vsque sufferret, quemadmo-
"dum in Microcosmo, si ad expressum alterum membrorum alimoniam
"cæteris egentibus sumeret, vnde corpus ipsum in languorem & exina-
"nitionem vergere contingeret medio quodam substractiuo, seu restricti-
"uo huiusmodi superabundanti membro esset occurrendum.
" Sed Benedictus supradictus neque modum, neque pondus, neque men-
"suram in Ecclesia & Ecclesiæ subiectis obseruare consueuerat: quin ma-
"gis ipsos iugis ac seruitutibus importabilibus à nonnullis defunctorum
"successoribus spolia auferendo; ab alijs Prælaturarum & Beneficiorum
"Ecclesiasticorum vacantias extorquendo, à quibusdam exigendo arre-
"ragia tanquam debita præteritorum & incognitorum temporum: à Be-
"neficiatis suorum quæ de nouo obtinebant Beneficiorum primam expe-
"tendo & præcipiendo Annatam. Ab his qui tempore substractionis obe-
"dientiæ dudum sibi per nos & Clerum, Regni ac Delphinatus nostro-
"rum prædictorum factæ ad Prælaturas, seu Dignitates, aut alia Ecclesia-
"stica Beneficia promoti fuerant, fructus quos dictæ substractionis tem-
"pore male fuisse perceptos dicebat, recipere enitendo & procurationes
"capiendo Prælatis, Archidiaconis & alijs Ordinarijs pro visitatione
debitas,

Vniuersitatis Parisiensis. 129

1406.

debitas, alijsque exactionibus, ac extorsionibus indebitis adegerat, affecerat, & contorserat, adigebat & contorquebat contra iura non tam Christicolarum quàm Ethnicorum quorumcumque, apud quos & ab omni tempore, Clerum ab omni munere & seruitute fuisse liberum, compertum erat. Eos enim non ancillæ filios, sed liberæ, quâ libertate Christus eos liberauit teste Apostolo, ipsosque sub his adhortante verbis, *State & nolite iterum iugo seruitutis contineri.* Nam vt eadem filia nostra dicebat, in politia seculari quis non Principem tam à nobili quàm ignobili annatas primas omnium hereditagiorum, in aliquem quoquo titulo translatorum excipere & extorquere satagentem, non tyrannum aut suæ policiæ euersorem censeret, & talem rectorem sustinere valeret? quanto minus erat idem Benedictus, qui minister & non Dominus Ecclesiæ ab Euangelica veritate asserebatur, primarum Annatarum fructus sibi tyrannicè approprians beneficiorum, tolerandus? illud parui pendens Samuelis in Regum libro populum alloquentis & dicentis: *Loquimini de me coram Domino & coram Christo eius, vtrum bouem alicuius tulerim aut asinum, si quempiam calumniatus sum, si oppressi aliquem, si de manu cuiusquam munus accepi, & dixerunt: Non es calumniatus, neque oppressisti nos, neque tulisti de manu alicuius quidquam.* Exemplo tamen cuius instrui & terminis rationabilibus contentari, non exactioni & concussioni pecuniarum tyrannicè inclinare debebat, Euangelio exhortante neminem concutere, neque calumniam facere, & contentum esse debere stipendijs suis ipsius Apostoli exemplo in Apostolorum Actibus dicentis, *Argentum & aurum nullius cupiui, sicut ipsi scitis, quoniam ad ea quæ mihi opus erant, & his qui mecum sunt, ministrarunt manus istæ:* Ego, inquit Apostolus, *scio quoniam post discessum meum intrabunt ad vos Lupi rapaces in vos non parcentes gregi.* Quam rapacitatem spiritu Prophetico clarè prænunciasse proponebat ipsa filia nostra Prophetam Ezechielem suis sub his verbis, *Facti sunt greges mei in rapinam & oues meæ in deuorationem, eo quod non erat Pastor. Neque enim quæsierunt Pastores gregem meum, sed pascebant Pastores semetipsos & greges meos non pascebant; Propterea,* inquit Propheta, *cessare faciam & vltra non pascent gregem meum & liberabo gregem meum de ore eorum, & non erit eis vltra in escam.* Ex qua clarum erat Prophetiâ Benedicto supradicto qui tanta confusione & inordinatione cupiditatis debacchabatur substractionem nedum financiarum supradictam sibi fieri debere, sed plenariam quamuis ipsam aliter & dudum sibi factam, & iure & facto durare ac tenere censeret, & in eadem se permanere profitebatur.

Eadem nostra filia ex eo præsertim quod restitutionem obedientiæ per nos eidem Benedicto factam, nullam esse, quia sub conditione non impletâ & sub causâ cuius nullus subsequebatur effectus, factam, prout per scedulas quasdam in ipsâ restitutione contentas, apparere dicebat. **Ecclesiæ etiam Regni ac Delphinatus nostrorum supra-**dictorum autoritate dictam restitutionem minimè factam; & per consequens ipsam substractionem durare, seu ipsam aut saltem dictarum pecuniarum & financiarum eidem Benedicto fieri debere, cum idem Benedictus ad destruendum Ecclesiam potestatem non habens Apostolo teste contra sanctæ Synodi definientis nullum Episcopum expetere debere aurum & argentum à Patribus, vel Clericis, vel Monachis qui sub eo sunt, nec non Gregorij, Bernardi & aliorum SS. Doctorum, imò Euangelij authoritatem, dictas Financias in Ecclesiæ prædictæ subuersionem & exitium extorqueret. Eandem autem substractionem per eandem nostram Curiam & Prælatorum, & dictæ filiæ nostræ consilio faciendam esse dicebat ipsa Filia nostra exemplo Regis Ioas qui consilio Ioiadæ Sacerdotis, pecunijs ad templi reparationem destinatis, quibus Sacerdotes sui temporis abutebantur, manum apposuerat, & earum partem, ad necessitatem Diuinis famulantium, partem ad mercedem lathomorum, partem ad Architectorum salarium partiebatur. Vnde dictum in ipsius laudem prodierat, quod Rex Ioas rectum fecerat coram Domino omnibus

Tom. V. R

" diebus, quibus eum docuerat Ioiada Sacerdos: per quem eadem Filia
" nostra summos Doctores intelligi dicebat, & quod eiusdem Ecclesiæ op-
" pressioni prouidere nobis, aut eidem Curiæ nostræ incumberet, & au-
" thoritate & naturali ratione, & proprij iurisiurandi debito & Anteces-
" sorum nostrorum exemplo apparere.
" Eadem nostra filia ostendebat autoritate Ambrosij in libro de Patriar-
" chis necessitatem defensionis Ecclesiarum Regi pertinere asserentis.
" Recto præterea rationis dictamine quo Gentes etiam quæ legem non
" habent eidem Benedicto dictarum financiarum exactionem esse subtra-
" hendam definirent, ad quod proprij vinculum Iuramenti nostræ Coro-
" nationis, in qua vnicuique de Prælatis & Ecclesijs sibi commissis Cano-
" nicum priuilegium & Iustitiam seruare & defensionem pro posse contra
" oppressores adhibere promiseramus, nos adigebat ac specialiter ad-
" stringebat. In exemplum erant Rex Ioas prædictus, Prædecessoresque
" nostri temporibus Bonifacij, Clementis, Gregorij & aliorum quorum-
" dam summorum Pontificum. Per huiusmodi enim iniustas exactiones piæ
" fundatorum Beneficiorum fraudabantur intentiones, & à sua salute &
" gloria defunctorum animæ morabantur captiuæ. Quod si earum hostes &
" veritatis suppressores hanc persecutionem & inobedientiam esse præ-
" tenderent, cum Deo magis quàm hominibus esset obediendum, hæc ho-
" minum vaniloquia Papa Pelagio asserente, nos nequaquam retardare de-
" bebant. *Errant*, inquit, *huiusmodi rumoris fabulatores, non persequitur, qui
" *malum iam factum punit, aut prohibet ne fiat, sed diligit.* Ex quibus confor-
" miter ad sui thematis verba, eadem Filia nostra requirendo conclude-
" bat, quatinus substractio fieret eidem Benedicto obedientiæ, aut saltem
" dictarum financiarum & pecuniarum exactionis, quæ quidem pecuniæ
" in manibus Collectorum, aut Subcollectorum existentes, in nostra ar-
" restarentur manu, & his quibus eidem Benedicto occasione prædicto-
" rum debere im ponebatur, ne soluerent, inhiberetur. Procuratores Ge-
" neralis noster, ac dicti nostri Patrui sub excusatione protestantes se non
" affectionis inordinatæ libidine aliquid dicere velle, & si quid notæ, aut
" reprehensionis dignum duceretur, debitæ correctioni submittentes; ac
" vlterius proponentes *quod Ecclesiæ fuerant & erant per Principes temporales
" *fundatæ ac dotatæ, quarum dos seu Patrimonium Prælatorum autoritate capi
" *nequibat neque debebat.*
" Licet enim Constantinus Ecclesiæ Rom. secundùm pręeminentiam,
" quam sibi dari Constantinopolitana Alexandrinaque & aliæ nonnullæ
" Ecclesiæ contendebant, tribuisset, ratioque suaderet & vellet, vt Præ-
" lati qui fidem publicarent, diuinis insisterent, Ecclesiastica frequentarent
" officia, & Sacramenta ministrarent, necessaria referrent sui status & vitæ,
" non tamen ipsi exactiones imponerent, nulla præsertim vrgente neces-
" sitate. *Nam & Archiepiscopos*, quo nomine Romanæ Vrbis Episcopum
" scripta ratio nuncupabat, super suis suffraganeis, seu eorum subiectis
" exactiones imponere iura vetabant.
" Quod si Ecclesia Rom. cæterarum caput & principalis existens, vt
" sunt seculi varietates & vicissitudines temporum, & mentium & animo-
" rum malitia, in aut à suo quod maius & auctius Regno nostro possidebat
" patrimonio, forte aliqua disturbabatur, quamuis ipso liberè vteretur,
" ceteras monere debebat Ecclesias, excitare, adhortari & requirere de
" subsidio Charitatiuo, quod eidem Rom. Ecclesiæ annui posset ac debe-
" ret, cum tamen consilio, moderamine, iusta causa, absque præiudicio,
" culpâ non pręcedente, durante necessitate, ac de consensu & benigni-
" tate Principum, Patronorum & aliorum Pręlatorum, & non cum gra-
" uamine assiduo & indistincto ceterarum Ecclesiarum quas vtique & pre-
" sertim horum nostrorum Regni & Delphinatus supradictus Benedictus
" passim & Pharisęorum more qui decimas indifferenter de plantulis, her-
" bis, baccis & omnis generis fructibus extorquebant, cum graui compul-
" sione subsidijs & exactionibus insolitis & contra libertates Ecclesiæ

exagitabat & premebat. Quibus cum secularis Iustitia Ecclesiasticæ subsidio & iuuamini semper fuisset, alterum enim alterius semper egebat 1406.
auxilio, necessitas occursandum impellebat, suadebat æquitas, exigebat
ratio, ac totius clamor populi incutiebat, interesseque præterea nostrum huic ruinæ impendens nos stimulabat, ne venerabilium huius nostri Regni Ecclesiarum tanto charitatis ardore extructarum, & quarum
fundatores & authores dicebamur, tam misera, tam flebilis & tam neglecta destructio surreperet, Exemplisque instrueremur egregijs Theodosij, Honorij, Constantini, Caroli Magni, aliorumque Antecessorum
nostrorum qui corruptelis contra Ecclesiam ipsam quandoque attentatis solerter obuiauerant & succurrerant liberaliter. Subsidium autem
quod Ecclesiæ eidem conferre poteramus & debebamus, erat eidem Benedicto in eiusmodi abusionibus non obedire, obedientiamque subtra-
here. In quo nullatenus iuxta B. Thomæ de Aquino & aliorum Ecclesiæ
Doctorum authoritaté peccabamus. Ex quibus & alijs pluribus astructis
rationibus concludebant, ac requirebant quatenùs eadem nostra Curia
iuxta nostras Mandatarias litteras inhibendo dicti Benedicti Officiarijs,
ne quas ratione præmissorum exigerent in dictis Regno, ac Delphinatu
nostris, pecunias, ac exactas & penès eosdem Officiarios existentes arrestari vsque ad Prælatorum Congregationem faciendo prouideret.

Pro Parte ipsius Benedicti & suæ Cameræ Officiariorum ab aduerso
extitit requirendo propositum quod cum materia præagitata grandis &
alta, Iura sedis Romanæ, cuius erat ipse Benedictus caput, suamque Cameram & antiqua Deueria sua ac Cardinales concerneret & tangeret,
ijdemque Benedictus & Cardinales nullo in eadem nostra Curia Procuratore fulcirentur, quo causa præsens deduci, foueri posset, aut defen-
sari, & Prælati Regni nostri ad proximum festum omnium SS. congregandi dicerentur, In cuius temporis interstitio nullum vertebatur periculum, Eadem nostra Curia supersedere vellet prout tenebatur, Præfata
Filia nostra in contrarium proponente ac dicente quod Radix pro parte
ipsius Benedicti propositorum inualida censeri debebat, eo quod eadem
Filia nostra processum subire ordinarium non intendebat, sed sibi ab
ipsa nostra Curia prouisionem fieri, quam absque mora referre debebat.
Nam quantuscunque esset Papa seu Prælatus, non erat suus; sed & omnis eius pietas siue dignitas, & alius cuiuslibet, magis Ecclesiæ quàm personæ. De Iure igitur Benedicti, seu Ecclesiæ Rom. faciendum erat quod
ad profectum pertinere videbatur Ecclesiæ, & non in ipsius præiudicium
teste Apostolo Ecclesia supposita sub his appellante verbis, *Templum
Dei estis vos, & Spiritus sancti habitat in vobis, & si quis illud violauerit, dis-
perdet illum Dominus.* Subdit, *Non glorietur quis in hominibus, omnia enim
vestra sunt, siue Cephas, siue Paulus, siue Apollo.* Pecuniæ autem seu Financiæ, quas idem Benedictus exigebat, non ad Ecclesiæ profectum, sed ad
ipsius, **& animarum tendebant interitum**, cuius interitus & præsentis
horridi Schismatis erant medium & fomes. Quare à nobis & eadem nostra Curia quibus Iustitiam ministrare erat necesse huiusmodi pestiferæ
pestilentiæ non tam reijciendæ quàm penitùs & absque morâ tollendæ,
erant: Cum & vnumquemque iure Gentium gladium de manu Interfe-
ctoris confestim eruere & vim vi repellendo interficere liceret. Ex his
prout supra requirendo dictis nostro & Patrui nostri Procuratoribus
suam requestam fieri requirentibus, attento quod per notorias exactiones sæpè dictas Respublica ex defectu Prædicationum & subiectorum Vi-
sitationum & correctionum & aliàs vt supra multipliciter contra Sacrorum Canonum sanctiones grauabatur, quodque querelas suas non processum inituri, sed remedio, aut prouisioni innitentes intentatæ, nec erat
qui contrarium opponeret, ad hoc & vt supra concludentibus Officiarijs ipsius Benedicti in contrarium contendentibus, & vt negotium absque præcipitatione protelaretur, quando pro absentibus supplicari fas
erat, prout supra instantibus, & ne quicquam innouaretur, requirendo

" concludentibus; Tandem auditis hinc inde ad plenum Partibus antedi-
" &tis in omnibus quæ dicere ac proponere circa præmissa voluerunt & in
" Arresto appunctatis.

1406.

" Congregatis igitur eiusdem nostræ Parlamenti Curiæ Cameris, con-
" uocatisque & adstantibus in magno numero de Gentibus nostri Magni
" Consilij, ac visis supradictis literis & scedula, Consideratis insuper & at-
" tentis diligenter & cum maturâ & longâ deliberatione omnibus circa hæc
" attendendis & considerandis, & quæ eandem nostram Curiam in hac par-
" te poterant & debebant mouere. Per Præfatæ Curiæ nostræ arrestum
" prædictis obtemperando literis *Per eandem Filiam nostram*, à nobis obten-
" tis, Dictum fuit quod dictus Benedictus & Officiarij sui cessabunt in no-
" stris Regno & Delphinatu ab exactionibus Annatarum, Primitiarum, fru-
" ctum & emolumentorum, Prælaturarum & aliorum Beneficiorum quo-
" rumcumque vacantium; seu quæ vacauerint, tam pro primis annatis,
" quam etiam fructuum & emolumentorū, qui tempore substractionis aliàs
" eidem Benedicto factæ, & vacationis Prælaturarum, Dignitatum & alio-
" rum Beneficiorum obuenerunt, seu obuenerint qualitercunque, nec-
" non Procurationum pro visitationibus debitarum & arreragiorum quo-
" rumcumque ratione præmissorum, vel aliarum exactionum debitorum,
" ipsasque procurationes poterunt Prælati, Archidiaconi & alij Ordinarij,
" quando ipsos suos subiectos visitare contigerit, capere & lacerare. Ces-
" sabunt etiam Cardinales & Camerarius Collegij à perceptione illius par-
" tis quam in vacationibus Prælaturarum pro primis Annatis, vel aliàs an-
" te præsens arrestum percipiebant; & arreragiorum quorumcumque oc-
" casione præmissa quomodolibet debitorum. Et si aliquid ex his exacta
" seu leuata fuerunt occasione prædictorum apud Collectores, seu Suc-
" collectores, aut alios quoscunque existit seu remanet, sub manu nostra
" arrestabitur. Et id arrestauit & arrestat ipsa Curia nostra, ipsísque ne
" aliquid eidem Benedicto, seu cuicunque alteri tradant, seu deliberent,
" Et illis qui Benedicto, seu Cameræ Apostolicæ, vel Cardinalibus præ-
" dictis debere reperientur, ne eis quicquam tradant seu soluant, inhibebi-
" tur & inhibet eadem Curia nostra. Et per idem Arrestum eadem Curia
" nostra ordinauit & ordinat quod Excommunicationis sententiâ præmis-
" sorum occasione illigati relexabuntur. Et hæc quousque aliàs per ean-
" dem Curiam nostram extiterit super præmissis ordinatum. In cuius rei
" testimonium præsentibus litteris nostrum apponi iussimus Sigillum. Da-
" tum Parisius in Parlamento nostro 11. die Sept. an. Domini 1406. Et Re-
" gni nostri 27.

Restabat è tribus capitibus ab Vniuersitate propositis tertium, quod erat de substractione omnimoda, qualis antè conclusa fuerat. Sed hæc materia, quia difficilior & periculosior, Ecclesiæ Gallicanæ Conuentui propediem celebrando relicta est, vt infra dicetur. Interim moritur Innocentius, scilicet 8. idus Nouemb. eiusdem anni, cui Cardinales Romani numero 14. pactis conditionibus de via Cessionis substituerunt M. Angelum Corarium Venetum Patricium, Doctorem Theologum; is Gregorij XII. nomen assumpsit; qui antequam infulas Pontificias acciperet, scripsit ad Benedictum Lunensem de vnione, hoc titulo; Gregorius Episcopus seruus seruorum Dei, Petro de Luna quem nonnullæ Gentes in hoc miserabili Schismate Benedictum XIII. appellant, pacis & vnionis affectum, &c. Scripsit quoque ad Vniuersitatē Parisiensem de Electione sua, spemque fecit reconciliationis. Interim conueniunt Lutetiam Prælati Ecclesiæ Gallicanæ ad Concilium, prout Rex edixerat, nempe 64. tam Archiepiscopi quàm Episcopi, Abbates quamplurimi, Nuncij Vniuersitatum complures. Et cum alij Benedicto substrahendam esse obedientiam totalem & omnimodam contenderent, alij contrà, electi sunt è toto numero 12. ex vtraque parte Doctores, quorum sex vnam partem, sex alij alteram propugnarent. Sub finem mensis Nouembris aperta est Synodus; & factæ duæ propositiones seu conciones, prima à

GREGO-
RIVS XII.
PAPA.

SYNODVS
GALLICA-
NA.

M. Petro ad Boues Francifcano Parifino qui pro Themate affumpfit hæc verba. *Adeftis omnes filij Ifraël, decernite quid facere debeatis.* Altera à M. Ioanne Parui Doctore Theologo, qui affumpfit hoc Thema. *Recedite à tabernaculis Impiorum hominum & nolite tangere ea quæ ad eos pertinent, ne inuoluamini in peccatis eorum.* Illi verò plurimis rationibus & exemplis demonstrarunt non modò licitam esse nonnunquam obedientiæ substractionem, sed & expedire quandoque, Vt impij & indigni Pontifices de Papatu deijciantur. Die Sabbati 1. Aduentus Petrus Cramaudus Patriarcha Alexandrinus similiter contra Benedictum perorauit, assumpto hoc Themate, *Congregati sunt filij Ifraël & Iuda, vt ponant sibi caput vnum.* Deinde admonuit Cancellarius Regni, vt qui pro Benedicto futuri erant, die Lunæ proxima dicere parati accederent; qui moram vnius mensis postulantes, bidui tantùm obtinuerunt.

1406.

Ergo die Mercurij pro Papa dixit Guillelmus Fillastre Legista, Decanus Ecclesiæ Remensis cum hoc Themate, *Manete in dilectione*; orauitque præsente Rege, præsentibus Bituricensi & Borbonio Ducibus & Petro Nauarræo. Die Sabbati Amelius de Brolio Archiepiscopus Turonensis dixit similiter pro Benedicto, *Principes Populorum congregati sunt cum Deo Abraham, quemadmodum dij fortes vehementer eleuati sunt.* His accessit 11. Decemb. Petrus de Alliaco Episcopus Cameracensis, *Pax Dei quæ exuperat omnem sensum, custodiat corda vestra & intelligentias vestras.* Horum vterque orauit vehementissimè; Fillaster quidem extollendo Pontificiam autoritatem Regiamque deprimendo; qui deinde temerè dictorum veniam petijt: Alliacensis verò contra Vniuersitatem, cuius consilia conatusque coarguit, vt pote quæ causa esset nouæ istius de Substractione deliberationis; quamobrem aduersus eum postridie decreuit Vniuersitas tanquam in membrum corpori suo non cohærens; Queritur ille, seque audiri petijt in Consilio Regis, & Ioannes Parui Vniuersitatis nomine postulatis illius libenter acquieuit; qua de re sic legitur in MS. Puteanorum.

Cambray. i'ay entendu qu'il fut hier Congregation de l'Vniuersité pour proceder contre moy & fut deputé M. Iean Petit pour parler encontre mon estat. Mes Compagnons deputez pour cette partie (du Pape) n'oseront plus parler. Ils ont deliberé de moy poursuiure. Ie vous prie que vous leur defendiez qu'ils ne procedent encontre moy, sinon deuant le Roy, & en cas qu'ils voudront proceder ailleurs, ie fais protestation d'appeller. Or se leue M. Iean Petit pour l'Vniuersité & dist qu'il estoit vray de l'Assemblée de l'Vniuersité, pource que son honneur auoit esté touché & qu'il la falloit iustifier & pria, de l'ouïr en sa iustification & a dit, Voire Mr. de Cambray, qu'il en soit cogneu deuant le Roy, l'Vniuersité ne demande pas autre chose. Cambray respond. Si ainsi est, i'en suis content.

Die 14. eiusdem mensis Petrus Regis Abbas S. Michaëlis pro Vniuersitate & substractione Thema sumpsit istud. *Da nobis Domine auxilium de tribulatione; quia vana salus hominis.* multa dixit pro Concilijs Generalibus, quibus Papam subiecit; contra Exactiones Pontificias & alia id genus.

Excepit Simon Cramaudus Patriarcha Alexandrinus responditque ad ea quæ Fillaster & Amelius Turonensis contra Vniuersitatem dixerant.

Die 15. M. Petrus Plaoul Doctor Theologus & Socius Sorbonicus item pro Vniuersitate dixit sumpto hoc Themate. *Conuertantur retrorsum omnes qui oderunt Sion*; dixit verò Papam errare posse; Ecclesiam non posse. Diœcesim Romanam non aliter esse Diœcesim quàm Parisiensem & eum qui Episcopatum obtinet Romanum, toti Ecclesiæ præsidere; Postridie diluit Aduersariorum Obiecta, probauitque fusissimè & clarissimè Regem posse Concilia conuocare in negotijs etiam fidei; potestatem Papæ ministerialem esse tantummodò, Regiam autoritatiuam & potestatiuam; multaque alia eiusmodi.

Rursus auditi Fillaster & Archiepiscopus Turonensis, negaruntque Regem posse Concilia celebrare, in quibus ageretur de negotio fidei;

solius Papæ esse ea conuocare, aut conuocandorum potestatem facere. Auditi quoque Patriarcha Alexandrinus Ecclesiæque Gallicanæ libertates Regiamque autoritatem & iura extulit: & Ioannes Parui pro Vniuersitate.

1406.

Die 10. Decemb. Auditus Ioannes Iuuenalis de Vrsinis Aduocatus Generalis pro Regia autoritate dixit, proque sententia Vniuersitatis conclusit Regis esse conuocare Synodos, ijs præsidere & ex sententia Synodali concludere; sequuntur ipsissima eius verba.

" *Le Chancelier de France dist, Lundy parleront les Aduocatts & Procureur du Roy, par la bouche de M. Iean Iuuenal des Vrsins premier Aduocat du Roy, lequel à la iournée montra deux choses.* L'vne la Puissance du Roy de France, qui est le bras dextre de l'Eglise & qu'il luy loist & doit Assembler les personnes Ecclesiastiques de son Royaume, touchant le fait de l'Eglise pour auoir conseil, & en iceluy presider, comme Chef, quand il en est requis, & sans aucune requeste de personne, si bon luy sembloit, *comme au cas qui suffioit où il auoit esté requis par l'Vniuersité & aucuns Prelats & personnes Ecclesiastiques. Et que sans supplication de personne quand il verroit estre expedient, le pouuoit faire & en iceluy* conclurre & faire executer ce qui seroit conclu & aduisé en iceluy Conseil.

His actis dictæ sunt tandem sententiæ de duobus Capitibus. In primo quidem conformes, scilicet ad obtinendam Ecclesiæ pacem opus esse Concilio Generali. In altero discordes; conclusam tamen Substractionem esse promulgandam; Beneficiorum Ecclesiasticorum collationes & dispositiones penès Prælatos remansuras vt ante, dum prior substractio vigebat.

Post Prælatam Conclusionem aduenerunt Legati Gregorij & Cardinalium Romanorum exposueruntque Innocentij obitum, Gregorij promotionem certis legibus, nimirum præcauisse Cardinales vt *electus qui foret, procuratione potius ad deponendum Pontificatum munitum, quàm Pontificem se factum intelligere posset;* demum electam vnanimiter *viam Cessionis.* Placuit hoc Regi Regisque Consilio. Lectæ litteræ plurimæ ad Regem, ad Ducem Biturigum, ad Vniuersitatem quadruplices. Gregorij cum hac superscriptione. *Dilectis filijs Vniuersitatis Studij Pariensis.* Cardinalis Aquilegiensis cum hac, *Venerabilibus & egregijs viris Rectori, Magistris, Doctoribus, Baccalaureis & alijs Studentibus sacræ Vniuersitatis Paris.* Cardinalis Leodiensis. *Venerabilibus & Egregijs viri Rectori & Vniuersitati Studij Paris. Amicis sincerè dilectis.* Denique Cardinalis de Thureyo cum hac superscriptione, *Venerabilibus & Egregijs viris Rectori & Vniuersitati Studij Paris. Socijs & Fratribus nostris Carissimis.* Litterarum Gregorij legitur apud Monstreletium versio, dura & incompta quæ consulatur, si lubet.

Ne autem Ecclesiæ Gallicanæ sanctio de via Concilij Generalis deque Substratione foret irrita, iussa est Vniuersitas suas Propositiones & Conclusiones **Concilio tradere: & tradidit die 3. Ianuar.** cum his ad Regem litteris.

" CHristianissimo & Orthodoxæ Religionis zelantissimo Principi Carolo Dei gratia Regi Francorum illustrissimo, *Deuota suæ Regiæ Majestati filia Vniuersitas studij Paris.* Deuotum in Beneplacitis obsequium atque filialis obedientiæ sinceritatem. Sperabamus sincerissime & illustrissime Princeps; nostri luctus, ac diuisionis Ecclesiæ finem proximum factum. Cum olim diuina gratia via pacis procurandæ sanctissima Christianis illuxerit, iam respirasse homines videbantur, nondum re, sed spe pacis recuperandæ, cum viam Cessionis apertam ac velut à Spiritu sancto reuelatam intelligerent, nec cadebat in mentem hominum quod viam sanctissimam, viam Spiritus S. conscientiarum omnium sedatiuam Dominus Benedictus, qui primus ad hanc causam obligatur, collaudare, probare & accipere quouismodo differret. Oblata est hæc via per DD. Cardinales, per Principes, Prælatos & alios suæ obedientiæ, oblatam

Vniuersitatis Parisiensis.

non tantùm refutauit, sed tanquam perniciosam repulit atque scandalosam, inducens quosdam qui eam pro viribus confutarent.

1406.

Nihilominùs Christianissime Princeps: quamuis concepto dolore multo sibi persuadere, ipsum excitare vt saltem viam aliquam Schismatis sedatiuam aperiret, non cessauistis; ad ipsum etiam sæpenumero fecit præscripta filia vestra zelo Christianæ Religionis accensa, & nonnunquam vestris precibus inducta. Cumque varia subterfugia quæreret, & reprobatas Conuentiones atque malefidas inire cum suo contendente suspicaretur, nec videretur in viâ pacis & veritatis ambulare, congregatis Principibus, Prælatis, Clericis ac probis viris Regni vestri, reuolutis legibus Decretis & sacris fidei scriptionibus, vt credimus, Vos ac cæteros diuinus Spiritus induxit, obedientiam quam sibi prius exhibebatis, tanquam à Schismatico substrahere, sic enim in vestra litterâ de ambobus Contendentibus concluditur. *Quoniam perperam & notorie Schisma faciunt, & quantum in eis est, causam perpetuationis præbent crimen Schismatis incurrentes, &c.* in hanc sententiam, Cumque in illa substractione stetissemus aliquantulo tempore, iam prope erat, vt inde fructum aliquem Ecclesia susciperet. Quod non ignorans D. Benedictus, nonnullos donis impulit, alios fraude, alios precibus subornauit. Vos autem, inclyte Rex ac Principes vestri sanguinis verbis atque pollicitis alliciebat & tandem ita mouit, vt ad obedientiam pristinam intercurrentibus 4. conditionibus, rediretis; quarum 1. in qua maximè D. Benedicti sinistrum propositum fuit, & sæpissimè deprehensum erat, vt altero contendente mortuo, cedente, vel deiecto, explosâ quacunque verborum captiositate, Papatui renunciando se se Papam ostenderet, alio verò etiam ad desideratam pacem tenderet; Has autem conditiones & prædicari piè fecistis, & sub his in restitutionem obedientiæ cum aliquibus Prælatis consensistis. O incertam hominum prouidentiam! si in priori statu mansissemus, fortassis non longè abfuisset quin altero Contendente mortuo, pacem habuissemus: sed proh dolor! illo tempore de proposito destitimus, cum permaximè fuisset continuandum. Si nostrum fuisset futura clarè prospicere, ac D. Benedicti tanta pollicentis latebrosæ mentis intentionem penetrare; quid ita? quia illa causa ex quo fuerat substractio profecta, permanebat; cur tunc restitutio? quia apparentis boni propositi D. Benedicti tam litteris quam hominibus grandia testimonia tunc afferebantur, diuinumque fuisset in tantâ Religione versutam perpendere malignantium calliditatem. Exspectauimus postea vt aliàs pollicita adimpleret ac iuramentorum suorum memoraretur; sed iuramenta frangens, pollicita contemnens, rapiens Ecclesiarum temporalia, spirituale negligens hactenus quærentibus pacem inhibens obstinatâ fronte reluctatur. Patent hæc omnia atque vocibus hominum celebrantur. Et tamen audent quidam suorum ad erroris sui defensionem assurgere; audent, imò confidenter proferunt rationi veritatique dissona; Et quod periculosius, inducunt Doctrinarum Principia quibus statim omnis politia labefactaretur. O mores! ô tempora, quæ tandiu parent Ecclesiæ quandiu fortunæ poscit libido; ruit Orbis perenniter, aut Religio Christiana concutitur. Vident hæc Principes, tacent Prælati & interim Contendentium perniciosissimi satellites flagitant & moliuntur quotidie fraudes astutiarum ad explendas suorum dominorum cupiditates. Hæc & alia maiora suis locis & temporibus explicanda, Christianissime Princeps! animaduertens *humilis Filia vestra conuocatis omnibus suis suppositis*, post multa scripta, multas etiam disceptationes grauiter & maturè ad honorem Dei & Ecclesiæ, ac totius Regni vestri deliberauit & quantum in se erat, conclusit D. Benedictum non amplius summandum; & sicut aliàs eum reputauerat Schismaticum & de hæresi vehementer suspectum, sic adhuc reputauit & reputat. Nam si quandoque D. Benedictus Schismaticus fuit rationabiliter reputatus, prospicientes ea quæ gessit ex illo tempore, non reuocamus in dubium quin in ea obduratus

"sententia, & de hæresi maximè sit suspectus. In hoc etiam omnes Faculta-
" tes atque Nationes iuramentis requisitæ, vt sicut conscientiæ dictarent,
" ad laudem Dei, bonum Ecclesiæ & honorem Christianæ Religionis deli-
" berarent, consenserunt atque concorditer dixerunt suis pollicitis, Bul-
" lis vel & Ambaxiatis nullam fidem adhiberi debere, quin potius quæ-
" cunque pro suis excusationibus gereret, pro suspectis haberi. Nam qui
" nos totiens fefellit in materia fidei & Ecclesiæ, quonam modo fides illi
" adhibebitur? qui monitus & informatus vnitati Ecclesiæ, ac suæ saluti
" non consulit; quomodo est apud alios fidem habiturus? non potest ve-
" nire nobis in mentem vt is diabolicam obstinantiam non subierit, ac sus-
" picione graui sit hæreseos inculpandus, qui dum Ecclesiæ vulneribus me-
" deri potest, non tantùm negligit, sed etiam dolo vias aperit, quibus le-
" thifer morbus serpat altius. Cum igitur hæc sit nata lex hominibus vt
" salute publica in periculum adducta quisque propriæ memor institutio-
" nis potius vitæ suæ discrimen subeat, quàm patriæ desit proximè peritu-
" ræ, liberos interimat, rem familiarem perdat, ac mortem acerbissi-
" mam potius oppetat, quàm ipso inspectante communis salus periclitetur,
" quæ tanta Christianos amentia tenebit, vt aliorum salute iam tempesta-
" tibus actâ ac prope ad summum periculum ducta, Rectorum negligentiâ
" imò conniuentiâ obstinatam perniciem ferant? Non sumus Christianissi-
" me Princeps? non sumus talibus rationibus instituti, vt in hac totius Ec-
" clesiæ causa ex qua salus tot Gentium pendet, naturæ legibus, ac Reli-
" gioni nostræ non pareamus, quibus edocemur illis obsistere qui dum te-
" nent Ecclesiarum gubernacula, negligentiâ, ambitione, Schismate, hæ-
" resi sunt penè omnibus miserabilem pestem allaturi. Itaque quoniam
" D. Benedictus in hac materia de veritate pertinaciter renuit informari,
" & sufficienter informatus eam impugnauit & impugnari fecit: cum etiam
" non tantùm VOS CHRISTIANISSIME PRINCEPS, sed vobiscum tota Ec-
" clesia Gallicana, quoniam perperam & notoriè Schisma faciebat, &
" quantùm in ipso erat, crimen Schismatis incurrens causam diuisionis
" perpetuam præbebat, obedientiam ab eo substraxit: Cùm denique non
" solum in negligentia, sed cum hoc periurijs debilitatus, & fraudulentis
" pollicitis irretitus ex nulla parte purgatus in sua perseuerauit pertinacia,
" hæresis non modicam suspicionem incurrens, non possumus sibi obedire
" & Christo seruire. Ideo quantum in nobis est, ab eo nos substrahimus ne
" Schismatis eadem maculâ contaminemur. Et quia luce clarius intelligi-
" mus tali Schismatico neminem sufficienter informatum licitè posse obe-
" dire, vobis ex nostrarum conscientiarum sinceritate consulimus, Chri-
" stianissime Princeps! vt omnem obedientiam ab eo substrahatis, nec per-
" mittatis, quantum in vobis erit, aliquem Regni vestri hoc euidens Schis-
" matis scelus incurrere; periculosum enim putamus & magnopere per-
" timescendum, ne quod absit, si Schismatico & de hæresi vehementer
" suspecto faueatis, illibata gloria vestra maculam consequatur. Assurgite
" ergo Rex inclyte! & nomen illud gloriosum Christianissimi Principis
" quod iam habetis ex vestris Progenitoribus partum, per vosmetipsum
" procuretis. Conuocastis Concilium Ecclesiæ Gallicanæ ad succurren-
" dum desolationi Matris fidelium, videte ne Medecina iam propius
" admota paucorum versipellis astutia speratam sanitatem impediat. Iam
" graues labores pro pace militantis Ierusalem suscepistis, cauete ne dum
" vos vocat maior temporis opportunitas remissionem animi gerere vi-
" deamini. Discedite igitur Christianissime Princeps, discedite ab his ho-
" minibus qui charissimam Christi sponsam tam crudeliter & impiè diui-
" dunt & lacerant, & affectæ Matri filiorum poscenti auxilium manum
" porrigite. Non enim substrahendum est, vt semper sine capite manea-
" mus; sed à viro pestifero recedere oportet ne coinquinemur, & vt etiam
" adepta vnitate vero capiti adhæreamus; Subtractâ verò obedientia, viæ
" salubres procurandæ pacis aperientur quas siue metu, siue periculis suis
" exclusis corruptionibus Sycophantarum captiositatibus exequerentur
Pacis amatores.

Vniuersitatis Parisiensis.

In hoc denique, serenissime Princeps, filia vestra de vestro, ac Regni vestri honore sollicita vos hortatur in Christo vt cum in hac re vniuersa Christianitas ad Consilium vestrum oculos admoueat, taliter in eo concludatis, vt finem nullum vestræ celebritatis sit habiturum. Summa Trinitas pedes vestros in viam pacis dirigere dignetur SERENISSIME ATQVE ILLVSTRISSIME PRINCEPS. Datum in Congregatione nostra generali apud S. Bernardum Paris. solemnissimè celebrata die.

1406.

Conclusiones autem eiusmodi oblatæ fuerunt Concilio Gallicano aduersus Benedictum XIII.

1. Conclusio. quod quicunque Prælatus etiam Papa, etiamsi non jurauerit cedere, pro vnione tamen Ecclesiæ & pro tam graui scandalo vitando sicut est Schisma præsens, nec aliàs sedari potest, tenetur cedere etiam inuitus.

2. Conclusio, quod Papa qui iurauit pro vnione Ecclesiæ cedere quotiescunque videtur Collegio DD. Cardinalium vel maiori parti eorum, obligatus est Deo propter iusiurandum, quia istud iuramentum dirigitur in Deum principaliter, & Deo Principaliter obligatur & Ecclesiæ militanti, in cuius fauorem vnio fienda est. Nec tale iuramentum per hominem est remissibile; sicque Ecclesia aliam viam admittere non tenetur, cum per præmissa sit ius in Papam & Christo & Ecclesiæ.

3. Concl. quod Papa qui iurauit cedere pro vnione Ecclesiæ, quotiescunque videtur Collegio DD. Cardinalium vel maiori parti, hoc viso & deliberato per eosdem Cardinales, tenetur cedere & expresse recusans periurus est, & infidelis Deo & hominibus, & malè sentiens de fide, & tanquam de fide suspectus potest de hæresi accusari, & nisi cedat recusans pertinaciter tanquam hæreticus per Concilium Prælatorum declarandus.

4. Concl. quod electus in Papam eâ intentione quod cedet quandocunque, & sine quo non aliàs fuisset electus, de quâ intentione apparet per iuramentum ipsorum Cardinalium; si ex post pertinaciter contradicit, cedere requisitus solemniter, ex tunc talis non est reputandus Papa, sed ab eius obedientiâ liberè recedi potest etiam sine declaratione.

5. Concl. quod Papa notoriè faciens contra iuramentum suum proprium, est notoriè criminosus crimine pessimo, & per consequens contumax & rebellis; sicque quia contumacia notoria super crimine tam notorio est hæresis, est tanquam hæreticus habendus & persequendus.

6. Concl. quod quia periurium respicit directè Dei irreuerentiam quæ propriè est Christianæ religioni contraria, principes seculares qui periuria punire possunt, consurgentes contra Papam, vt præmissum est, notoriè delinquentem, aut cogentes eum cedere, merentur apud Deum, & sunt duntaxat iurium executores, ac iuramenti violati prosecutores; nec resistit personæ qualitas cum per præmissa reddiderit se indignum priuilegio Clericali & dignitate Papali.

Quid autem statutum fuerit in illo Concilio iuxta propositiones & Conclusiones prædictas patebit ex sequenti instrumento, in quo continetur Decretum Ecclesiæ Gallicanæ eiusque Confirmatio per literas Regias aduersus eos qui Viam Cessionis ad Schisma tollendum inefficacem esse dicebant, substractionemque obedientiæ criminabantur.

Decretum Ecclesiæ Gallicanæ pro via Cessionis & substractione Obedientiæ.
7. *Ian.* 1406.

CAROLVS Dei gratia Francorum Rex, Vniuersis præsentes Literas inspecturis, salutem. Notum facimus quod nos supplicationem dilectorum & fidelium nostrorum Archiepiscoporum, Metropolitanorum, Episcoporum, Abbatum, Exemptorum & non Exemptorum Vniuersitatum studiorum, Capitulorum Ecclesiarum Cathedralium, Priorum, Collegiatarum Ecclesiarum & quamplurimarum Notabilium

Tom. V.   S

" personarum Ecclesiarum Regni & Delphinatus Viennensis nostrorum,
1406. " in Concilio Parisius nuper de mandato nostro celebrato conuocatorum
" Ecclesiam Gallicanam dictorum Regni & Delphinatus merito repræsen-
" tantium super facto vnionis Ecclesiæ congregatorum recepimus conti-
" nentes: Quod quamuis nuper super facto vnionis Ecclesiæ in sancta Dei
" Ecclesia habendæ cum matura deliberatione plures ordinationes & de-
" clarationes per nos & Ecclesiam Gallicanam, Clerum Regni nostri &
" Delphinatus factæ fuerint, prout in literis substractionis obedientiæ ha-
" ctenus factæ Benedicto XIII. & in literis Declarationum, Ordinationum
" ex post subsecutarum & publicatarum plenius continetur: Nihilominus
" tamen præfatum Concilium, seu Ecclesia prædicta Gallicana Regni &
" Delphinatus perpetuo conseruanda, & vt obuietur periculis & scan-
" dalis quamplurimis, occasione ordinatorum, tempore substractionis
" obedientiæ dicto Benedicto hactenus factæ orituris & iam ortis de fa-
" cto, prout multorum querimonia manifestauit & manifestat: Propter-
" rea conantes viam Cessionis, seu renunciationis de Papatu per tot Reges
" & Principes, stationes & specialiter per nos & Regnum nostrum pro
" vnione in sancta vniuersali Ecclesia habenda, electam, approbatam, col-
" laudatam & per dictum Benedictum dum fungebatur Officio Legationis
" in partibus Franciæ summis laudibus exaltatum impugnare aut damnare,
" necnon conantes contra substractionem obedientiæ eidem factæ hacte-
" nus dogmatisare, volentes de facto irritare, annullare & destruere facta,
" acta & ordinata eiusdem substractionis tempore secundum formam lite-
" rarum eiusdem valeant & teneant inuiolabiliter; & quod facta in contra-
" rium quomodocumque reparentur, & reducantur omnia ad statum pristi-
" num & debitum prout in quodam instrumento, cuius tenor sequitur,
" plenius continetur.

"
" IN NOMINE DOMINI, Amen. Vniuersis & singulis præsens pu-
" cum Instrumentum inspecturis pateat euidenter & sit notum; quòd
" anno eiusdem Domini 1406. Indictione 15. more Gallicano, die ve-
" rò mensis Ianuarij 7. Pontificatus D. Papæ Benedicti XIII. anno 13.
" In Concilio Reuerendissimorum Patrum DD. Archiepiscoporum,
" Episcoporum, Abbatum, Priorum Conuentualium, Deputatorum Vni-
" uersitatum studiorum Parisien. Aurelian. Andegauen. & Montispessul.
" Procuratorum aliquorum Prælatorum, & aliorum virorum Ecclesiasti-
" sticorum absentium, Capitulorum Metropolitanorum & Cathedralium
" Ecclesiarum Regni Franciæ & Delphinatus Viennens. per serenissimum
" & Christianiss. Principem D. nostrum Karolum Dei gratia Francorum
" Regem super facto & materia vnionis S. Matris Ecclesiæ, bono statu &
" regimine Ecclesiastico dictorum Regni & Delphinatus, merito vt dice-
" batur, facientium & repræsentantium in aula alta supra Sequanam Rega-
" lis Palatij conuenientium & solenniter congregatorum celebrato retulit
" Reuerendissimus in Christo Pater D. Simon miseratione diuina Patriar-
" cha Alexandrinus, Administratorque Ecclesiæ Carcassonensis perpetuus,
" quod sedente nuper præsenti Concilio vnanimiter fuit per Prælatos &
" alios in eodem Concilio existentes, matura deliberatione præhabita, de-
" liberatum & conclusum quod tam pro pace inter Ecclesiasticos huius-
" modi Regni & Delphinatus perpetuo conseruanda, quàm pro prouiden-
" do periculis & scandalis quamplurimis, occasione ordinatorum, tempore
" substractionis obedientiæ eidem D. Benedicto quondam factæ orituris &
" iam ortis de facto, prout multorum querimonia manifestat, Rex Domi-
" nus noster præfatus ex parte dictorum Prælatorum cum instantia requi-
" rendus est, vt omnibus suis tam in Regno quàm in Delphinatu subditis
" inhibeat, & sub magnis & grauibus pœnis per suas Patentes literas so-
" lemniter faciat inhiberi pariter & proclamari, promulgari & publicari,
" nec dignissimam Cessionis viam per tot Reges & Principes, Nationes &
" Populos, & specialiter per hoc Regnum & alia huius obedientiæ Regna,

prædictam, laudatam & approbatam dicto D. Benedicto per plures & "
Principes, per DD. nostros Cardinales præsentatam & oblatam, & per " 1406.
ipsummet, dum Cardinalis de Luna vulgariter nuncupatus ad Partes "
Franciæ legationis fungeretur officio, collaudatam & summis ad cœlum "
laudibus exaltatam ; postea ipso ad Papalem dignitatem assumpto per "
aliquot annos tribus casibus, scilicet Aduersario mortuo, cedente, vel "
ejecto..... ipsam sua manuali testante scriptura iuratam & promissam "
quisque mortalium in Regno & Delphinatu Prædictis impugnare præsu- "
meret aut damnare, nec contra ipsam viam & dictam substractionem cum "
tanta deliberatione factas & conclusas dogmatisare auderet directè, vel "
indirectè quouismodo. Quodque ordinata & facta eiusdem substractio- "
nis tempore secundum formam literarum eiusdem & ordinationum ac "
declarationum subsecutarum valerent, tenerent & inuiolabiliter serua- "
rentur, & omnia in contrarium quouis modo facta repararentur, & ad "
pristinum statum & debitum reducerentur. Et quia de hac Conclusione "
alias vt præfertur, concorditer in dicto Concilio habita, authenticum "
Notariorum publicorum absentia causante, non habetur documentum, "
necessarium multis, & expediens videbatur vt iterum super præmissis in "
Notariorum publicorum præsentia deliberaretur, vt inde per ipsos pu- "
blica instrumenta confici possent atque dari: Et vt res clarior & securior "
appareret, idem D. Patriarcha Conclusionem prædictam alias factam "
per modum scedulæ in scriptis redegit cum quodam articulo de *restitu-* "
tione obedientiæ factæ dicto D. Benedicto mentionem faciente per quos- "
dam Prælatos dictæ scedulæ adhibito & adiuncto : cuius quidem scedulæ "
Conclusionem & articulum prædictum continentis tenor sequitur in hæc "
verba. "

Deliberatum est per omnes quod supplicetur Regi quod ipse pro- "
hibeat & faciat prohiberi omnibus Regnicolis & subditis suis in Delphi- "
natu, quod nullus audeat impugnare, aut damnare VIAM CESSIONIS, "
vel dogmatisare contra eam, nec etiam contra substractionem alias factam "
directè vel indirectè, & quod facta & ordinata tempore substractionis "
prædictæ secundum formam literarum eiusdem valeant & teneant inuio- "
labiliter: & supplicetur etiam Regi quod facta quomodocunque in con- "
trarium reparentur, & reducantur omnino ad statum pristinum & debi- "
tum. Item & quod Ecclesia Gallicana & Delphinatus per hoc non est "
intentionis quin facta à tempore restitutionis citra, dum tamen facta non "
sint contra Ordinata tempore substractionis, & deliberata tempore re- "
stitutionis prædictæ, valeant & nullo modo violentur. Et ad hoc se deter- "
minat prædicta Regni & Delphinatus Ecclesia, supplicando Regi pro exe- "
cutione præmissorum. "

Qua quidem scedula lecta publicè & audita, omnes vnanimiter vno "
tantum excepto, requisitione votorum per eundem D. Patriarcham "
prius publicè facta, deliberauerunt ; & eidem scedulæ consenserunt, ac "
modo & forma in eadem scedula contentis concluserunt & se determi- "
nauerunt. De & super quibus omnibus singulis & præmissis præfatus D. "
Patriarcha & quamplures alij petierunt à nobis Notarijs publicis infra- "
scriptis publicum fieri instrumentum vnum vel plura. Acta fuerunt Pari- "
sius sub anno, Indictione, mense, die & Pontificatu, ac loco prædictis, "
præsentibus Reuerendissimis in Christo Patribus DD. Archiepiscopis "
Rhemensi, Turonens. Bituric. & Tholos. Syluanect. Beluacens Catalau. "
Antissiodor. Abrincensi. Aurelian. Electens. Xanton. Meldens. Lodouen. "
Sagien. Niuern. Laudun. & Tornacensi Episcopis. S. Michaëlis in peri- "
culo maris, S. Petri in Valleya, Carnoten. de Serizeto, de Bessayo, S Ve- "
dasti Atrebatens. S. Leonardi Monasteriorum Abbatibus, Gauando de "
Pompedorio & Raymundo de Perucia Regis Consiliarijs, & quam plu- "
rimis alijs testibus ad præmissa vocatis specialiter & rogatis. "

Et Ego Ioan. Bourilleti Presbyter Eduensis Diœcesis, Magister in "
Artibus & Licentiatus in Decretis publicusque Apostolica & Imperiali "

" authoritatibus Notarius, præmissis omnibus & singulis, dum sic vt præ-
" præmittitur, dicerentur, agerentur, concluderentur, determinarentur
" & fierent, præsens fui vnâ cum prænominatis testibus, & ideo præsenti
" publico instrumento alterius manu fideliter scripto signum meum ma-
" nuale solitum apposui, me etiam propriâ manu subscribendo vnâ cum
" Iacobo de Bertherijs, & Io. de Rinello Notarijs publicis subscriptis in
" testimonium requisitus & rogatus.
"   Et Ego Io. de Rinello Clericus Tullensis Diœcesis publicus authori-
" tate Apostolica & Imperiali & *Vniuersitatis Parisiens. Notarius & Scriba*,
" quia præmissis omnibus & singulis dum sic vt præmittitur, dicerentur,
" agerentur & fierent, vnâ cum prænominatis testibus & Notarijs infra-
" scriptis præsens fui, eaque sic fieri vidi & audiui, idcirco præsens publi-
" cum instrumentum alia manu me aliorum legitimè occupato scriptum, si-
" gno meo publico signaui, hîc me propriâ manu subscribendo requisitus
" in testimonium veritatis omnium & singulorum præmissorum. Ego vero
" Ioan. Iacobus de Bertherijs Presbyter Eduensis Diœces. publicus Apo-
" stolica, &c.
"   Supplicantes nobis quatenùs omnia & singula deliberata, conclusa &
" contenta in dicto instrumento per dictam Ecclesiam Gallicanam Regni
" & Delphinatus nostrorum prædictorum & omnes Promotos & Benefi-
" ciatos tam in Prælaturis quam in Beneficijs iuxta formam & tenorem li-
" terarum substractionis declarationum & ordinationum subsecutarum in
" præmissis omnibus & connexis, ac annexis & dependentibus manu te-
" neremus & defenderemus. Nos igitur optantes vtilitatem & commo-
" dum Ecclesiarum Regni nostri & Delphinatus, & cupientes fouere pacem
" & quietem inter Regnicolas & subditos nostros, volentes amputare om-
" nem disceptationem, ambiguitatem & materiam Quæstionis, desiderantes
" obuiare periculis & scandalis, quæ exinde verisimiliter euenire possent, de-
" siderantes fomenta Schismatis, proh dolor, vigentis in Dei Ecclesia, ex-
" pellere, omnia & singula contenta in prædictâ Requestâ, seu Instrumento
" superiùs inserto & determinatione Præfati Concilij Ecclesiæ Gallicanæ
" Regni nostri & Delphinatus tanquam iuri consona & rationabilia lauda-
" uimus & approbauimus: ac de nostris certâ scientiâ, gratiâ speciali &
" plenitudine nostræ potestatis Regiæ laudamus & approbamus: & pro-
" hibemus omnibus & singulis subditis nostris, ac Incolis Regni & Delphi-
" natus prædictorum tam Ecclesiasticis quàm secularibus quacunque
" etiam Pontificiali dignitate, vel quouis alio titulo, seu nomine censean-
" tur; & eorum cuilibet, ne viam Cessionis, seu renuntiationis de Papatu
" audeant impugnare aut damnare, vel dogmatisare contra eam, nec etiam
" contra substractionem obedientiæ aliàs factam dicto Benedicto directè,
" vel indirectè; quæcunque facta & ordinata tempore substractionis præ-
" dictæ secundum formam literarum eiusdem, volumus inuiolabiliter teneri
" & obseruari, inhibentes insuper ne præfato Benedicto, seu suis Commissa-
" rijs, processibus, fulminationibus sententiarum, suspensionum Excom-
" municationum & interdicti latis & concessis sub quacunque forma ver-
" borum, aut in posterum ferendis & concedendis contra quoscunque pro-
" motos & Beneficiatos tempore substractionis in præiudicum & contra te-
" norem & effectum literarum dictæ substractionis, Ordinationum & De-
" clarationum subsecutarum aliquatenùs obediatur in prædictis Regno &
" Delphinatu nostris.
"   Nec aliquis in contrarium attentare præsumat quomodolibet, sed
" pœnas graues nostra authoritate & Concilij præfatæ Ecclesiæ Gall. Re-
" gni nostri & Delphinatus cupit nobis subire. Et insuper mandamus & in-
" iungimus earundem præsentium authoritate vniuersis & singulis Iusti-
" tiarijs & Officiarijs nostris infra limites prædictos constitutis, vel eorum
" loca tenentibus, ac eorum cuilibet, quatenus tenore præsentium ser-
" uato, prout ad eorum quemlibet pertinebit, præmissa omnia & singula
" inuiolabiliter obseruent, obseruarique faciant & publicari: quemcunque

verò his deprehenderint, aut nouerint aliqualiter contraire, taliter puniant quod cedat cæteris in exemplum, dictosque Prælatos, Promotos & cæteros Beneficiatos, durante dicta substractione modo & forma in literis dictæ substractionis, & declarationum & Ordinationum subsecutarum contentis, authoritate nostra manuteneant & defendant in eorum Prælaturis & Beneficijs, iuribus & possessionibus: quos authoritate præsentium manutenemus & defendimus, &c. Datum Parisius die 14. Ian. anno Domini 1406. & Regni nostri 27. sic signatum per Regem, D. Iacobo de Borbonio, &c. Lectæ & publicatæ fuerunt in Curia literæ præscriptæ 23. die Martij an. Dom. 1406. BAYE.

" 1406.

Porro Rex, vt tam sanctum tamque necessarium vrgeret negotium, quanquam iuxta prædictum Ecclesiæ Gallicanæ Decretum substractionem publicare constituisset, supersedendum tamen aliquandiu ratus, vt vtriusque Pontificis mentem iam toties tentatam, postremo tandem quæ de vnione Ecclesiæ foret, experiretur, solemnem ad vtrumque Legationem destinat. Princeps Legationis fuit Simon Cramaudus Patriarcha Alexandrinus. Et Theologis nostris MM. Dominicus Partu, Ioannes Breuis-coxæ, Ioan. Gersonius, Petrus Plaoul, Io. Parui. E Decretistis MM. Godefridus de Pompadour, Radulphus de Refugio, Io. Guiot, Robertus de Quesneio. è Medicis MM. Ioan. Voignon olim Facultatis Decanus nempe an. 1394. & Henricus Doigny annis 1400. & 1401. eiusdem quoque Facultatis Decanus. Ex Artistis MM. Petrus Cauchon, Eustachius de Fauquemberg in Iure Canonico Licentiati, Guill. Pulcrinepotis, Iacobus de Nouiano, Io. Francisci, aliàs Bourilleti.

Edictum autem de substractione, dat Rex 18. Feb. legatisque tradit ea mente, vt qui Benedicti animum prætentaturi erant, illud comprimerent, si viderent eum ad viam Cessionis paratum, si tergiuersari comperiretur, denunciarent; est autem tale.

CAROLVS DEI GRATIA FRANCORVM REX, Vniuersis Christi Fidelibus salutem integerrimam & ex Schismatis nefandi tenebris in splendorem veræ pacis celerem regressum. Quoties propensiori studio Progenitorum nostrorum egregia facta recolimus, & illos singulari quadam curâ publicis vtilitatibus Ecclesiæ Sacrosanctæ priuatas semper posthabuisse perspicimus, adeo vt non tantùm eam pressuris, aduersitatibus, ærumnis, discordijsque liberauerint, verum etiam Infidelium ceruice confractâ multos mortales suauissimo Christi iugo subegerint, miro quodam ardore gloriosis illorum vestigijs inhærendo, Schisma pestiferum quod in Christiana Gente iam nimis inueterauit, quantum in Nobis fuit, penitus sepelire & afflictis Ecclesiæ lapsisque rebus maturè succurrere deflagramus, sicuti semper sincero corde flagrauimus, nihil prius aut antiquius habentes, quàm vt concessam Nobis diuinitus potestatem in Ecclesiæ suæ salutem conferamus. Vnde norunt Christiani penè omnes, quantos labores, quàm graues impensas, quantas solicitudines adhibuerimus, vt in Conuocationibus varijs Ecclesiæ Regni nostri, ac Principum de nostro sanguine causâ quærendæ viæ, quâ Schismatis ac temporum qualitate pensatâ salubrius, celerius ac facilius ad pacem veniretur. Et postea, quod satis exploratè perspectum est, viam Cessionis Amborum contendentium ad ius verum vel prætensum in Papatu longè cæteris omnibus transmissis, vt huius viæ facilitate breuitateque cognitâ, per eam Vniuersi pacem peterent concorditer. Postremâ verò hieme, quia Nos tam sancto labore desistere Charitas non sinebat, conuocari rursum iussimus Concilium Ecclesiæ Regni nostri, vt quoniam superioribus laboribus obsistente temporum malicia minus promouisse videbamur, etiam atque etiam scrutaremur, quâ ratione impedimenta nostri laboris & fomenta Schismaticæ prauitatis amputare valeremus. In hoc autem Concilio dum humana tarditas in Expedientium inuentione laboraret, dum variatis sententijs alius aliud negotio conuenire iudicaret; dum

1406.
"Conclusioni tractu temporis adiungeretur, præter spem humanam noua lux sicut... affulsit, incredibilique celeritate diuina sapientia superuenturæ mox vnionis fundamenta collocauit. Nam & Papa Benedictus & Angelus Romæ nuper pro defuncto substitutus, vno nisi fallimur, S. Spiritus afflatu tacti prædictam viam Cessionis, in cuius prosecutione tanto tempore desudauimus, litteris suis acceptarunt, obtulerunt atque præsentarunt, & se inuicem ad accelerationem Executionis eius vehementer hortati sunt. Quibus rebus certiùs cognitis, exultanti alacritate ingentes gratias Patri luminum retulimus, quod nunc tandem rigore Iustitiæ temperato misericordi oculo Ecclesiæ suæ calamitosis acerbissimisque languoribus medelam idoneam incipiat adhibere, nobisque viam aperiat, quam vlterius prosequi debeamus. Quare ne si Deum iter monstrantem minus sequimur, ingrati reperiamur, & nostro tempore tantâ misericordia digni fiamus, **ex tempore consilium capientes concordi omnium & Concilij consensu præhabito decreuimus ad Papam Benedictum & illum qui se Romæ Papam appellat**, solemnesque nostros & Ecclesiæ Regni nostri Ambassiatores confestim mittere, qui ambos collaudent magnificè, quod in hanc viam Cessionis à nobis tanto ardore procuratam, Ecclesiæ verò ipsi fructuosissimam descenderent. Papam verò Benedictum omni precum instantia requirunt, vt ex abundantia ad declarationem suæ intentionis planè & clarè viam Cessionis, semotis ambagibus & conditionibus acceptet, & eam exequi omni viâ aliâ & omnibus alijs vijs postpositis promittat, Bullasque intra terminum inferiùs præfigendum decem scilicet dierum à summatione sua super his tradat. Et nihilominus ambos adhortentur, obsecrent & obtestentur, quatinus ad euitandam difficultatem itinerum, pericula personarum, querelas litium, tractatus præparationum, occasiones aliarum viarum tractandarum & alia pleraque discrimina formidanda quæ pacem odiosè possent differre, velint absentes cedere, vtque in loco suo aut in manibus suorum Collegiorum, aut per literas exhibitas aut Procuratores constitutos, prouisionibus tamen congruis ita prudenter exhibitis vt alteri de altero nullus metus fraudis insit. Qui si preces has exaudierint, mox ambo Collegia ruptis moris, summa celeritate in locū vnum conuolent, & vnici Rom. Pontificis electionem celebrent. Quia verò Ambasiatores Præfati Papam Ben. primò sunt adituri, ne forte occasionem quærendo dicat, non antea certum responsum se daturum quàm illius Romani animum perspexerint, per eos instanter requiretur vt propter accelerationem negotij moras non admitteret in casu quo Romanus ille sine Conuentione personali vellet cedere pari formâ nisi expectando se ex tunc cessurum offerat. Quod si amborum voluntates à nobis in hac parte dissenserint, noluerintque nisi in Conuentione personali cedere, hoc eorum propositum nullatenus impediendum, sed potius adiuuandum duximus **sperantes eundem Saluatorem qui iam eorum mentibus tam salubrem** sententiam inspirauit, horum Conuentionem ad pacem faciendam afflaturum. Sed si Papa Benedictus, quod prohibeat Deus, subterfugia quæsierit, viam aut vias alias Cessioni prætulerit, negocium quouis modo trahere, ac protelare conatus fuerit, aut illo Romano, cuius literæ conuentionis personalis nullam faciunt mentionem in absentia locoque suo, aut per Procuratores cedere volente obfirmata sententia extra Conuentionem personalem cedere nullo pacto voluerit, ex nunc prout ex tunc conformiter ad Concilij Ecclesiæ Regni nostri sententiam *& charissimarum filiarum nostrarum Vniuersitatum Parisiensis, Aurelianensis & Andegauensis deliberationem*, nisi ante finem decem dierum ab eius summatione computandorum, de via Cessionis sine ambiguitatibus petita concesserit, & ante finem decem aliorum dierum proximè succedentium de circunstantijs eiusdem viæ executionem respicientibus Ambassiatoribus præfatis satisfecerit, ab eo veluti à Schismatico & ab Ecclesia præciso recedimus, nec ei obedientiam vlterius præstandam censemus, vt pote in quo

steterit quominus Schismate diuulso pax desideratissima lugenti Ecclesiæ reddita sit; simile quoque pœnè si qui ex suo Collegio in tam duro proposito & Ecclesiæ supra modum inimico sibi fauerint, apud Nos subiacebant. Deinde Cardinales qui nobiscum in veritate perstiterint apud quos potestas eligendi integra permanserit cum altero Collegio ad vnici Romani Pontificis electionem faciendam conuenirent. Si vero tabes miserabilis per Cardinales omnes, quod Deus auertat, prorepserit, nostri Ambasiatores nostrâ Ecclesiæque Regni potestate fruentes cum altera parte procedent ad vnionem Ecclesiæ tractandam & faciendam his modis, ac legibus quas latius in suis instructionibus à nobis comprobatis exprimi volumus, prout in deliberationibus postremi *Concilij Ecclesiæ Regni nostri, ac Charissimarum filiarum Vniuersitatum* præscriptarum super quibus instrumenta publica confecta sunt, extitit ordinatum. In quorum omnium & singulorum testimonium, robur ac fidem, sigillum nostrum his præsentibus duximus apponendum. Datum Paris. die 18. Feb. an. Domini 1406. & Regni nostri 27.

1406.

Et quia Benedictus Beneficiorum dispositionem sibi arrogabat, turpemque eorum nundinationem exercebat, Rex Edicto solenni de annatis & grauaminibus per Papam impositis cauit eadem die & anno quibus supra, binasque litteras dedit; quarum prior incipit, *si dotare vel dotari nouas Ecclesias*. Altera. *Notum faciens, &c.* quæ leguntur in Libert. Eccl. Gall.

Anno 1407. conueniunt Massiliam ad Benedictum Legati Gregoriani & nostri. Nostrorum Princeps Patriarcha Alexandrinus sermonem habet die 10. Maij ad Benedictum frequentissimo Populi concursu apud S. Victorem; sed dubia fert responsa. Consecutis diebus sæpè cum eo de via Cessionis agunt; asserit eam se quoque accipere. Bullam ab eo postulant in eam rem; negat se daturum vt planè inutilem, quod de ea cum Gregorio conuenisset. Conferunt se nostri Aquas-Sextias; vbi alij denunciandam substractionem putant; propterea quod moras nectere & ludificari videbatur Benedictus. Alij malunt differre, donec à Gregorio reditum fuerit. Ergo pars Romam contendunt; pars Lutetiam redeunt: Pauci cum Benedicto Massiliæ commorantur, vt occasione data, Regem faciant certiorem. Agitur per Legatos de loco Conuentus, quo vterque Pontifex commodè & securè possit se conferre. Interim Benedictus, quia audit de substractione mussitari, Bullam fulminatricem edit 19. Maij in Authores qui forent facinoris. Et est talis in MS. San-Victorino, nuper edita in 6. Tomo Spicilegij Dacheriani.

1407.

BENEDICTVS Episcopus seruus seruorum Dei. Ad perpetuam rei memoriam. In dierum successu crescente malitia sic videmus mundum in deteriora iugiter prolabi, sic hominum mentes assuetâ deprauante nequitiâ malis passim cumulum superaddi, vt & boni qui aliàs odirent virtutis amore delinquere, interdum cum peruersis admixti, eorum inficiantur malicia & errore. Est igitur compescenda Præsumptorum audacia, vt saltem pœnæ formidine retrahantur à noxijs: sic quod boni sectando virtutes, meliores effecti non inducantur perire cum illis. Ad nostrum siquidem auditum fama publica notorietatis peruenit, quòd nonnulli Prædictorum filij tam Ecclesiastici quàm seculares dum altiora se petunt, dum præposteris & turbatis gradibus citius ruituri in magnis & mirabilibus super se ambulare conantur, illius delusi fallacijs, qui se vt alios decipiat in lucis Angelum transfigurat, sibi ruinam, infirmioribus scandalum, solidioribus autem vexationis materiam parauerunt, pro viribus satagentes Catholicam Ecclesiam iteratis Schismatibus nouiter lacerando impedire eius sacratissimam vnionem: Nam licet post assumptionem nostram ad apicem summi Apostolatus, & etiam ante dum nos minor status haberet ad extirpationem huius horrendi Schismatis in Dei Ecclesia à 30. ferè annis, proh dolor! nunc vigentis, & procurandam

"pacem in Ecclesia ipsa tantò accuratius & ardentius quantò rem ipsam
"ad nos peculiariùs spectare cognoscimus, debitam, Deo ac conscientia
"testibus operam adhibuerimus & intendamus indefessis studijs adhibere.
"Et post varios tantosque labores & incassum peccatis exigentibus quan-
"doque deductos, post oblatam per nos Angelo Corario in Sede Aposto-
"lica intruso, qui adhærentibus sibi in hoc pernicioso Schismate se facit
"Gregorium nominari, viam renunciationis per nos faciendam purè, li-
"berè & simpliciter, prout in literis nostris Apostolicis datis Massiliæ 3 Kal.
"Feb. Pontific. nostri anno infrascripto plenius continetur. Ad executio-
"nem eorum quæ pro præmissis gerendis restant fienda de loco Conuen-
"tionis personalis nostræ, scilicet & dicti Angeli, & tempore ac numero
"personarum ab vtraque parte ad Conuentionem huiusmodi ducenda-
"rum, ac de alijs circunstantijs ad rem pertinentibus inter nos & venerabi-
"les fratres nostros S. Romanæ Ecclesiæ Cardinales cum Nuncijs dicti An-
"geli & sui prætensi Collegij eorum scilicet, qui apud partem suam Car-
"dinales nuncupantur, sic facta & conclusa concordia in certo termino
"præstante Domino execranda prout in publicis instrumentis plenius
"continetur: Tamen præfati iniquitatis filij nos & dictos fratres nostros
"nituntur totis conatibus, modisque exquisitis & illicitis, ac quibusdam
"fraudibus, ac fuscatis coloribus in hac salubri prosecutione & executio-
"tione dictæ vnionis impedire. Et sub quodam vnionis simulato zelo Ec-
"clesiastica vincula contemnentes non absque temeritatis audacia stabi-
"lem firmamque fidei Christianæ compaginem rescindere moliuntur, ac
"se à nostra & Ecclesiæ Rom. obedientia temere subtrahendo à nobis,
"& quod de iure non licet, de facto ad defensionem sui erroris appella-
"tiones varias interponunt. Nos autem licet aliquandiu cum patientia to-
"lerando præmissa dissimulauerimus, vt saltem timor Dei & pœnæ iam
"contra tales à nobis & sacris Canonibus inflictæ eos ad pœnitentiam pro-
"uocaret & faceret ad sinum piæ matris redire, videmus tamen eos adhuc
"in maioris præsumptionis audaciam prosilire. Quamobrem zelus fidei &
"fauor compassionis animarum merito nos inducunt, vt contra istorum
"audaciam quasi contra publicam pestem per Apostolicæ prouisionis
"remedium occurramus. Idcirco habita super his deliberatione matu-
"rà, hac constitutione perpetuò duratura in omnes & singulos qui præ-
"fatam Ecclesiæ vnionem scienter & personam nostram & personas di-
"ctorum venerabilium fratrum nostrorum S. Romanæ Ecclesiæ Cardi-
"nalium in executione præmissorum. Per nos oblatorum & Concorda-
"torum cum dicto Angelo & suis nuncijs impediuerint, aut turbauerint
"à nobis, seu à successoribus nostris Romanis Pontificibus Canonicè de-
"terminantibus appellare præsumpserint, seu à nostra & ipsorum succes-
"sorum nostrorum Romanorum Pontificum Canonicè Intrantium obe-
"dientia recesserint, aut se substraxerint, vel in præmissis substractione,
"**aut appellatione perseuerauerint, seu perseuerent,** vel eis in præmissis
"impedimentis, appellationibus, substractionibus & prouocationibus
"scienter per se vel alium, seu alios quauis occasione, seu colore quæsito
"dederint auxilium, consilium & fauorem, & qui pertinaciter asseruerint
"illos qui præmissa committunt per nostras sententias non ligari cuius-
"cunque status, gradus, dignitatis & conditionis existant, etiamsi Cardi-
"nalatus, Patriarchali, Archiepiscopali, Episcopali, Imperiali, Regali
"aut alia quacunque Ecclesiastica, vel mundana præfulgeant dignitate,
"ex nunc authoritate Apostolica Excommunicationis sententiam pro-
"mulgamus à qua nullus præterquam à Romano Pontifice nisi duntaxat
"in mortis articulo possit absolutionis beneficium obtinere. Et si forsan
"eorum aliquem in dicto articulo à dicta Excommunicationis sententia ab-
"solui contigerit, volumus & authoritate prædicta duximus declarandum,
"Quod toraliter absolutus si quàm citò commodè poterit post resumptam
"conualescentiam se coram Apostolica Sede obmiserit præsentare, man-
"datum ipsius super præmissis humiliter recepturus & satisfacturus, prout

Iustitia

Iustitia suadebit, in eandem Excommunicationis sententiam reincidat eo ipso. Quam quidem sententiam superiùs per nos latam si per 20 dies sustinuerit animo indurato, si Laïcus quicunque & cuiuscunque status gradus, conditionis & dignitatis, etiamsi de superiùs nominatis Princeps & alia secularis persona fuerit, terras, villas, Ciuitates & Castra, ac loca quæcunque quæ obtinet & obtinebit, Ecclesiastico supponimus interdicto. Si verò Vniuersitas fuerit, simili subiaceat interdicto. Et quia meritò Beneficia plerunque propter Ingratitudinem reuocantur, supradictos omnes & quemlibet ex eis tam Clericos quàm Laïcos, seu ipsis, seu præmissis quomodolibet adhærentes, aut præstantes auxilium, consilium & fauorem, vt præfertur, si per dies dictos 20. immediatè sequentes sententias sustinuerint antedictas, eosdem omnibus priuilegijs, gratijs, indulgentijs, libertatibus & immunitatibus realibus & personalibus ipsis communiter & diuisim sub quacunque formâ & expressione verborum ab Apostolica sede concessis, dictosque Clericos omnibus Beneficijs Ecclesiasticis, dignitatibus, personatibus & officijs cum Cura, & sine Cura, etiamsi Episcopalis, Archiepiscopalis, Patriarchalis, Cardinalatus, seu quæuis alia dignitas forsan extiterit, ex tunc Apostolica duximus authoritate priuandos, & de plenitudine potestatis ipso facto & ex certa scientia priuamus, & priuatos esse decernimus. Prædictorum omnium tam Ecclesiasticorum quam secularium & cuiuslibet ipsorum vassallos & homines à Iuramento & fidelitate & alia quacunque obligatione quibus eis tenetur, seu tenebitur, quomodolibet absoluentes. Feuda quoque, iura, honores, officia & alia bona immobilia eorundem quæ vbilibet à dicta Romana tenentur Curia, confiscamus: alijs verò feudis, iuribus, honoribus, officijs & alijs immobilibus bonis quæ à quibusuis alijs habent & habebunt Ecclesijs, sint ipso iure priuati, quæ sic liberè ad easdem reuertantur Ecclesias quæ de illis & earum Rectores pro sua valeant disponere voluntate, nec causa quæcunque ad eorum & alterius ipsorum, aut aliàs præmissorum scelerum patratorum audientiam perferatur, nec ipsorum valeat sententia & processus & iustitia confecta per illos. Ex eis qui Tabellionatus obtinebunt officium nullam habeant roboris firmitatem. Et insuper omnes & singulos qui cum prædictis, aut eorum aliquo, ipsorum contumacia perdurante, confœderationem, societatem, colligationem, seu ligam fecerit, & ipsos iuuerit, aut qui dederint auxilium, consilium & fauorem directè, vel indirectè, publicè, vel occultè in rebellione & alijs prædictis, si personæ singulares fuerint, etiamsi Episcopali, Patriarchali & Cardinalatus, Imperiali, Regali, seu quauis alia fulgeant, vt præmittitur, dignitate Ecclesiastica & mundana, anathematisamus. Si verò Ciuitas, Castrum, locus aut villa, Vniuersitas Ecclesiastica mundana & Communitas aut Collegium fuerit, quibuscunque priuilegijs, aut gratijs à nobis & Prædecessoribus nostris concessis sint ipso facto priuati, & nihilominus Ecclesiastici subiaceant Interdicti sententijs; à quibus nullus præterquam ab eodem Rom. Pontifice absolutionem, seu relaxationem possit, nisi duntaxat in eodem mortis articulo ab eadem Anathematis, seu Excommunicationis sententia, sicut in Casibus exprimitur antedictis, obtinere; prædictas & quasuis alias Confœderationes, societates, colligationes & Ligas quascunque inter prædictos huiusmodi excessuum patratores & quasuis alias singulares personas quacunque dignitate fulgentes, seu Communitates & Vniuersitates sub quauis forma verborum factas & quas in posterum fieri continget, etiamsi fuerint iuramentis, promissionibus, obligationibus, pœnarum adauctionibus & alia quacunque firmitate vallatæ, annullamus, cassamus, irritamus, & vacuas viribus nunciamus & nullam habere decernimus roboris firmitatem, pœnis alijs contra tales à nobis & Prædecessoribus nostris quandolibet inflictis in suo robore duraturis; Non obstantibus quibusuis Constitutionibus, Ordinationibus, priuilegijs, libertatibus, gratijs, indulgentijs & immunitatibus Apostolicis à nobis & Prædecessoribus nostris Romanis

Tom. V. T

1407.
"Pontificibus editis & concessis quibuscunque & qualitercunque, & sub
" quacunque forma verborum, etiamsi de illis & toto eorum tenore, de ver-
" bo ad verbum specialis & expressa esset mentio facienda, & qualemcun-
" que clausulam derogatoriam contineat: quam & quas de certa scientia
" & plenitudine potestatis, tenore præsentium, reuocamus in quantum pos-
" sent prædictorum effectum suspendere, impedire & sibi in aliquo dero-
" gare, seu si aliquibus à Sede Apostolica sit indultum quod excommuni-
" cari, suspendi & interdici nequeant per literas Apostolicas non facien-
" tes plenam & expressam de verbo ad verbum de indulto prædicto, ac
" eorum personis & locis, nominibus proprijs, Ordinibus & dignitatibus
" mentionem, & alijs quibuscunque contrarijs. Nulli ergo hominum liceat
" hanc paginam nostræ promulgationis, priuationis, confiscationis, de-
" clarationis, suppositionis, annullationis, cassationis, irritationis, nun-
" ciationis, Constitutionis & voluntatis infringere, & ei ausu temerario
" contraire. Si quis autem hoc attentare præsumpserit, indignationem
" omnipotentis Dei & BB. Petri & Pauli Apostolorum eius se nouerit in-
" cursum. Datum Massiliæ apud S. Victorem 14. Kal. Iunij Pontificatus
" nostri anno 13.

Bullam hanc exemplo Caroli nostri non statim emittit Benedictus, sed
manu tenet ad terrorem, ne fiat substractio, aut ne pacem prior turbas-
se videatur. Interim negotiantur nostri Romæ; alij redeunt ad Regem,
referuntque à Benedicto promissa fidemque, non Bullam de via Cessionis; quæ res Vniuersitatem commouit aduersus Nuncios suos, quod versipelli homini fidem adhibuissent toties aliàs delusi: Venissetque ad cessationem à Sermonibus & Scholis, nisi Rex impetum cohibuisset factâ
spe felicis negotiationis ac prope peroptati successus, quem ipsi quoque
Gregoriani Legati qui cum nostris Regem conuenerant, pollicentur.
Reuera eorum Legatione auditâ Rex Gregorium per litteras hortatur,
vt constans sit in prosecutione vnionis; similiterque Collegium Cardinalium illius Obedientiæ, quæ litteræ extant in 6. Tomo spicilegij Dacheriani fol. 175. Quo pacto aliquandiu satis pacatè fluunt res Ecclesiasticæ.

Verùm dum exspectatur negotiationis successus, ecce duplex malum
Vniuersitatem & Regnum turbat. Vniuersitatem quidem grauis iniuria
à Præposito Parisiensi illata, qui duos Scholares mense Septembri, vt
scribit Gillius, quod hominem occidissent, præcipitanter & de nocte,
patibulo damnatos affigi iussit, nullâ habitâ ratione appellationis ad
Episcopum Parisiensem & ad Conseruatorem Priuilegiorum Apostolicorum. Ergo læsam se dolens Vniuersitas Præposito litem intentat apud
Curiam, adeóque prosequitur, vt ipse tandem Senatus Decreto iussus
fuerit affixos refigere, osculari & Episcopo Paris. ac Vniuersitati restituere.

Hanc Historiam breuiter describit Meyerus l. 14. sed eam malè refert
ad an. 1403. Eandem sic Gaguinus; *Quo tempore duos ex Schola Parisiaca Scholasticos propter cædem à se factam cum Guill. Tignonvillus Parisianus Præses
ad patibulum noctu appensos strangulare iussisset, ne si segnius fecisset, homicidæ
liberarentur, coactus est* (SCHOLA, *apud Iudices suam ignominiam persequen-
te*) *Scholasticos Patibulo depositos osculo mortuis exhibito & lecticâ impositos
Ecclesiæ restituere; aurigante Carnifice, qui equo insidens lineam instar Sacerdotis
vestem induerat. Eorum Scholasticorum etiam nunc Sepulchrum in porticu D.
Mathurini cum Epigrammate visitur.* In quodam Reg. quod est *de Temporalitatibus* ita legitur fol. 28.

" MEssire Guillaume de Tignonville Cheualier Preuost de Paris,
" fit pendre au Gibet de Paris, Ligier du Moncel & Oliuier Bour-
" geois Escholiers à Paris, Clercs non mariez par procez qu'il fit contre
" eux & qu'ils estoient expieurs de chemins. L'Euesque de Paris à la re-
" queste de son Promoteur & du Procureur de l'Vniuersité de Paris, fit

admonester ledit Preuost & le mit en procez en la Cour auec autres Conseillers & Officiers du Roy. Et pour ce par mandement du Roy, son Temporel fut saisy par vn Huissier de la Cour de Parlement, celuy de l'Official, Promoteur & autres ses Commissaires qui furent Commissaires ordonnez à le gouuerner. Toutefois parties oyes au grand Conseil du Roy, fut ordonné par le Roy, que le Temporel dudit Euesque & de ses Officiers leur seroit recreu. Et aussi que les procez commencez en ladite Cour de l'Euesque pource cesseroient, iusques à ce qu'autrement en fust ordonné, comme il appert par lettres enregistrées entre les lettres du Parlement le 10. de Nouemb. 1407.

Monstreletius rem sic narrat. Guillaume de Tigouville Preuost de Paris fit executer deux des Clercs de l'Vniuersité. Est à sçauoir vn nommé Legier de Montilhier qui estoit Normant & l'autre nommé Oliuier Bourgeois qui estoit Breton, lesquels estoient chargez d'auoir commis plusieurs larcins en diuers cas. Et pour cette cause nonobstant qu'ils feussent Clercs & qu'en les menant à la Iustice criassent haut & clair, CLERGIE, afin d'estre recoux, neantmoins furent executez & mis au gibet: & depuis par le pourchas de l'Vniuersité, fut iceluy Preuost priué de tout Office Royal. Et auec ce fut condamné de faire faire vne Croix de pierre de taille grande & éleuée assez prés du gibet, sur le chemin de Paris où estoient les images d'iceux deux Clercs entaillées. Et outre les fit dependre d'iceluy gibet & mettre sur vne Charette couuerte de noir drap: & ainsi accompagné de ses Sergens & autres Gens portans torches de cire allumées, furent menez à S. Mathurin & là rendus par le Preuost au Recteur de l'Vniuersité, qui les fit enterrer honorablement au Cloistre de ladite Eglise: Et là fut derechief fait vn Epitacle à leur semblant pour perpetuelle memoire.

Epitaphium autem tale est.
Hic subtus iacent Leodegarius du Moussel de Normania & Oliuerius Bourgeois de Britania oriundi, Clerici Scholares quondam ducti ad Iustitiam secularem, vbi obierunt, Restituti honorificé & hic sepulti anno Domini 1408. die 17. mensis Maij. Respicias nostrum Epitaphium vt ores pro nobis Deum.

Ad parietem verò affixa est lamina ærea, cui insculpta legitur causa mortis & sepulturæ his verbis.

Cy-dessous gisent Legier du Moussel & Oliuier Bourgeois, iadis Clercs Escholiers estudians en l'Vniuersité de Paris, executez à la Iustice du Roy, nostre Sire, par le Preuost de Paris l'an 1406. le 26. iour d'Octobre, pour certains cas à eux imposez, lesquels à la poursuite de l'Vniuersité furent restituez & amenez au Paruis de Nostre-Dame & rendus à l'Euesque de Paris, comme Clercs & au Recteur & aux Deputez de l'Vniuersité, comme Supposts d'icelle, à tres-grande solemnité. Et de là en ce lieu-cy furent amenez pour estre mis en Sepulture l'an 1408. le 17. iour de May. Et furent lesdits Preuost & son Lieutenant démis de leurs Offices à ladite poursuite, comme plus à plain appert par lettres Patentes & instrumens sur ce cas. Priez Dieu qu'il leur pardonne leurs pechez. Amen.

Hoc eodem anno, mense Nouembri Ioannes Burgundio Philippi Audacis filius Ludouicum Aureliæ Ducem Regis fratrem immissis 18. sicarijs, quorum Dux erat Rauletus quidam Octonvillæus Normanus à Ludouico depositus olim de publico munere quod obtinuerat, nefariè & sceleratè interfici curat. Postridie Corpus eius in Cœlestinorum ædem elatum; & ipse Burgundio funeri interest mœsto similis, ne parricidij reus habeatur, cuius adhuc Autor ignorabatur. At cum cœpissent Principes inquirere in Autores criminis, prodidit sese, fassusque est ingenuè & causas prætexuit. Fugâ nihilominus saluti consuluit & in Flandriam secessit; vnde post aliquot menses mali maioris metu in Aulam reuocatus in spem impunitatis, ita procurante Duce Biturigum, ne peior malo vltio foret, si sumeretur.

MORS DVCIS AVRELIAN.

Redijt ergo & 8. Martij præsentibus Delphino, Rege Siculo,

Cardinale Barrensi, Biturigum, Britanniæ, Lotharingiæ Ducibus alijsque Regni Proceribus, Prælatis plurimis & Deputatis Vniuersitatis crimen purgare aggressus est, conducto ad eam rem M. Ioanne Parui Doctore Theologo, magni quidem nominis viro & eloquenti, sed ventoso, vænali & fumi captatore.

Dicebat verò Aurelianum à Pontifice Benedicto contendisse, vt ius Regni abiudicaretur Regi fratri, quod is non magis Regno dignus foret quàm Childericus fuisset, à quo ius regnandi, Zacharia Pontifice Autore, ad Pipinum translatum fuisse dicebat; aiebat quoque mentem Regis ab eo magiâ tentatam. Veneficij quoque Valentinam ipsius vxorem, ipsum tyrannidis incusabat; hæc & plura Æmylius. Addidit Ioannes Parui octo rationes quibus intendebat probare licere tyrannum occidere: quæ leguntur apud Monstreletium. Exitus causæ talis fuit. Non placuit cædes, Reo tamen remissa culpa, & ad securitatis certitudinem expeditæ litteræ sigillo Regio munitæ; quibus acceptis in Flandriam reuersus est. Non placuit quoque Vniuersitati sermo Ioannis Parui; optabat illa quidem ignosci Burgundioni ne malo grauior foret vltio, sed rationes à Doctore prolatas non probauit, vt infra dicetur.

Iam ad res Ecclesiæ redeamus. Auditum est à Legatis nostris Gregorium nihilo minus ludificari quàm Benedictum, de loco Conuentus nolle cum Aduersario conuenire, varias semper subinde rationes moræ proferre; cæterum ad cessionem non videri valde inclinatum; immò videri ambos colludere & Regem & Vniuersitatem cæterosque qui Pacem optabant, deludere: sed quod malo remedium? præit Vniuersitas, pluribusque in Comitijs rem agitat, tandem decernit sibi videri promulgandam ab vtroque substractionem neutrique Parti fauendum. In eam rem litteras, vt vocant, Circulares, probante Regis Consilio, conscribit cum rationibus multiplicibus, quibus neutri parendum esse suadet; conficitur ea res Rectore M. Pontio Simoneti, 16. Decemb. electo. verum non sine controuersia & difficultate, cum muniendæ fuerunt sigillis litteræ.

Optabat Vniuersitas Decretum istud singularum Facultatum Nationumque vnanimi consensu factum videri; atque idcirco litteris suis appendi voluit cum magno sigillo omnium illarum sigilla, vt factum fuerat an. 1398. proindeque illarum exemplaria singulis tradi voluit, vt illas priuatim examinarent. Placuerunt omnibus; nec vlla Facultas aut Natio præter Anglicanam, sigillum suum appendere detrectauit. Anglicana habitis apud Mathurinenses die 26. Decemb. Comitijs *Ad audiendam Minutam cuiusdam litteræ quam Vniuersitas alias conclusit debere sigillari sigillo Vniuersitatis, ac etiam sigillis singularum Facultatum & Nationum*, animaduertens vtrumque Pontificem Schismatis insimulari, illudque consultò fouere, sigillo suo munire detrectauit, nisi verba illa corrigerentur, Schismatisque crimen in vnum Benedictum, non verò in Gregorium Innocentij successorem conijceretur, quippe Gregorium Papam, Benedictum Antipapam agnoscebat. Et quia præcipitanter tantùm prædictam Minutam legerat, in posterum diem Comitia remisit.

Ergo postridiè, quæ dies erat 27. eiusdem mensis, iterum conuenit. Rector pluribus aliarum Facultatum & Nationum Proceribus comitatus ad ea Comitia venit, *ostendens Nationi quandam litteram* sigillis singularum Facultatum ac Nationum *præfatæ Vniuersitatis (sigillo tamen Nationis Anglicanæ prædictæ secluso seu dempto) sigillatam*. Eam rogat Rector suo quoque muniri; in ea quippe nihil contineri quod suis votis aduersetur; nec eam cogi ad deserendum eum quem pro Papa agnoscebat. His dictis, recedente Rectore Procurator eiusdem Nationis rem suis exponit, & tandem à maiori numero concludit Nationem suum quoque sigillum appositurum; quo hoc pacto litteræ Academicæ fuerunt omni parte munitæ.

Rex cum Ecclesia sua Gallicana eidem proposito insistendum ratus vtrique Pontifici dat litteras 10. Ianu. ad seruandum de via Cessionis Iuramentum exhortatorias: secus admonet se ab vtroque discessurum.

Extant in 6. tomo spicilegij Dacheriani ad Gregorium, in quarum fine hæc verba leguntur. *Vestra promissa, immò iuramenta, immò vota, facta, scripta & publicata cum omni integritate celeriter obseruate; quatenus redeat nobis pax & vobis salus & gloria conferatur. Alioquin decreuimus nos & etiam Regni & Delphinatus nostrorum in ea conclusione Neutralitatis ita persistere, sicut ex causis rationabilibus & motiuis in alijs Patentibus litteris nostris poteritis, si libeat, latius intueri; ad eam similiter eligendam & assumendam cæteros Principes & fideles vtriusque obedientiæ totis vicibus inducere & hortari.*

1407.

Ne ergo inconstantiæ argueretur, quod primùm Clementi, deinde Benedicto obedientiam præstitisset: tum substraxisset, postea restituisset; postremo vtrique Papæ substrahere constituisset, publicis litteris causas edidit substractionis & restitutæ obedientiæ, denique & Neutralitatis quam obseruare intendebat; tales sunt apud Gersonem.

Epistola Christianissimi Regis Franciæ iustificatiua substractionum factarum à Petro de Luna, non obstante obedientia suo Prædecessori & sibi quandoque præstita.

Carolvs Dei gratia Francorvm Rex, Vniuersis Christi fidelibus salutem in Domino, & ad eam quam summopere desideramus, Ecclesiasticam vnionem vnanimiter aspirare. Pax Ecclesiastica quæ sub vnico & certo Christi Vicario coniungere debet vniuersa membra populi Christiani, secundùm ipsius Christi & Apostoli sui documentum, dum olim post mortem felicis recordationis Gregorij Papæ XI. conturbari cœpisset, dumque Schisma perniciosum, monstrum horrendum, ingens in eadem Ecclesia suboriri cerneretur ex causis toto orbe notissimis, Christianissimus tunc ac præclarissimæ memoriæ progenitor noster Carolus V. suasus multis vehementibusque rationibus deliberauit adhærere & obedientiam præstare illi quem Collegium Cardinalium iureiurando asseruit in vità & in morte atque publicauit se Canonicè in summum Pontificem & verum Christi Vicarium sponte & concorditer elegisse. Arbitrabatur namque verisimiliter idem Progenitor noster vt erat totus feruens in zelo Domus Dei & ex sua fide pià alios dijudicans, quod cæteri Principes ac Prælati cum vniuerso clero & Populo protinus obedirent, consimiliter dum Electionem eiusmodi per Collegium præfatum Cardinalium sufficienter eis innotesceret, rite fuisse celebratam; sed aliter euenisse dudum iam deploramus: neque enim potuerunt vsque hodie dicti Cardinales hoc ipsum. Nos idcirco cernentes, experientià temporeque docentibus quod hæc obedientia præstita inualida erat ad tollendum funditùs Schisma pestiferum quod in exilium grauissimum pacem desideratissimam & optimam detruserat, deliberamus eandem pacem ad proprium cubile suum quod est Ecclesia, velut ad suam regionem per alias vias totis conatuum viribus reducere; hinc Concilia crebra: hinc Legationes laboriosissimæ ac sumptuosissimæ per omnes penè Christianitatis Regiones frequentatæ, tandem adspirante Deo via Cessionis vtrique Contendentium pro reuersione Pacis turpiter exulantis inuenta est compendiosior & absque vlla dubitatione expeditior iudicata. Hanc proinde viam cum omni solemnitate præsentari fecimus successori illius cui progenitor noster, sicut diximus, obedientiam præstiterat: quam obedientiam ideò postmodum maximè ab eodem successore pro tempore substraximus quia non satis apertè per viæ Cessionis compendium videbatur velle pacem reducere, postpositis disceptationum interminabilium anfractibus & inegressibilibus aliarũ viarum labirinthis. At vbi visus est nobis ad salubriora se conuertisse consilia, rursus absque omni mutabilitatis culpabilis notà obediuimus eidem, ita tamen animo nostro gerentes, si & quandiu hæc obedientia nostra non obstaret Ecclesiasticæ vnioni, quemadmodum in Concilio vltimo Ecclesiæ Regni

„ nostri meminimus, satis datur intelligi. Neque enim voluimus vnquam
„ scienter, neque fas esse credimus, obedientiam præstare cuiquam mor-
„ talium in pacis vniuersalis præiudicium, in Schismatis fomitem, in dis-
„ cordiæ instrumentum. Et ô salutifer Christe Princeps Pacis quandiu
„ iam quæsiuimus pacem & non venit! Exspectauimus tempus medelæ,
„ tempus, scilicet iuratæ conuentionis vtriusque contendentium pro Ces-
„ sione celebrandâ, & ecce turbatio. Animaduertite hæc DD. Principes
„ Christiani quibus est dolor talis, tantæque matris dissipatio; attendite in-
„ super vobis & vniuerso populo Christiano vos sacri Pontifices in quo po-
„ suit vos Spiritus sanctus Episcopos regere Ecclesiam Dei quam acquisi-
„ uit sanguine suo. Attendite quæsumus, nolite dissimulanter agere, vbi
„ depopulatur gregem Christi miseris modis tempestas hæc grauissima hor-
„ rendaque vorago. Exurgat in vnum populus vniuersus tollere de medio
„ sui deformissimum hoc portentum, vnde fit in opprobrium hostibus in-
„ credulis proprijsque animabus damnationis æternæ discrimen apertum.
„ Decidat vel inuitus vnus aut alter, imò vtrique Contendentium ab oc-
„ cupata sede Petri potius quàm vnitas eorum contentione depereat. Nam
„ dum neutri populus obediet, neuter amplius de primatu, vel frustra
„ contendet, neque audietur vltra vox illa crudelissimæ fœminæ, nec mi-
„ hi, nec tibi, sed diuidatur; sed istius piæ Matris, date illi infantem viuum.
„ Nos verò qui nihil ita post animæ salutem desideramus quàm videre se-
„ renissimam Pacis faciem nostris effulgere temporibus, iudicamus ex
„ præmissorum & similium consideratione nullum ad præsens patere vali-
„ dius in tam desperato malo remedium quàm quod neuter contenden-
„ tium, aut sibi forte successorum, prestetur deinceps obedientia à Populo
„ Christiano. Deficiente siquidem fomento, tantus ignis iste infernalis
„ in se tandem deficiens dante Deo, collabetur. Qua propter præceden-
„ tibus & habitis super hoc vicibus repetitis, magnis & maturis delibera-
„ tionum Concilijs cum sapientibus, peritis & deuotis hominibus & eo-
„ rum salutem gerentibus præ oculis; Nos vt Ecclesia Regni nostri, ac
„ Delphinatus Viennensis pro nobis & subditis nostris eorundem Regni &
„ Delphinatus decreuimus talem amplecti Neutralitatem in festo Ascen-
„ sionis proximè venturo, nisi interea nobis Pax vltro aduenerit, proces-
„ suri nihilominus vlterius assidua solicitudine cum alijs Principibus & Ca-
„ tholicis omnibus, donec euulso Schismate Pax plantetur. Quod si mi-
„ rabuntur forsan aliqui ex aliter affectatis vnde nobis ista licent, atten-
„ dant potius quod hanc nobis legem facit ipsa quæ legem nescit dura
„ necessitas, imò & filialis Pietas quæ per medios etiam ignes & gladios
„ matrem talem ita collaborantem eripere conaretur. Ecce morbus in-
„ ueteratus & putridus qui ex fomentis leuioribus in deteriora quotidie
„ velut Cancer serpit, si ergo ferramentum cauterizans adhibeatur, nullus
„ rectè culpauerit. Demum cum pro hac neutralitate in vnum tractanda
„ Principes ac magnates vtriusque obedientiæ commodâ celeritate con-
„ gregari non possent, nullus suo quæsumus contemptui deputet ius par-
„ tis nostræ quam probabilissimâ ratione Prælibatus Progenitor noster &
„ nos hactenus fuimus insecuti; in hac Neutralitate condemnatum vel de-
„ pressum, cum nunc non de iure huius vel illius, sed de cedendo iuri vero
„ vel prætenso pro vnione consequenda res agatur. Quamobrem vos om-
„ nes & similes hortamur in Christo, per eam quam de immaculatæ spon-
„ sæ suæ Ecclesiæ laceratione fœda compassionem geritis, obtestamur, ar-
„ ripite nobiscum validum hoc & efficax, sicut exspectamus in Dei virtute,
„ pestis huius exterminium, vt denegatio hæc obedientiæ vtrique Con-
„ tendentium afferat nobis tandem perpetuam vnanimemque obedien-
„ tiam sub vno & certo Christi Vicario quatenus seruiamus Deo in pul-
„ chritudine pacis & requie opulenta. In quorum omnium fidem & testi-
„ monium præsentes literas nostri sigilli fecimus munimine roborari. Da-
„ tum Parisius die 12. Ian. an. 1407. & Regni nostri 28.

„ Sequuntur aliæ litteræ quibus Rex neutrarum Partium se fore declarat.

CHARLES PAR LA GRACE DE DIEV ROY DE FRANCE : A tous 1407.
Ceux qui ces presentes lettres verront, Salut. Comme depuis qu'il
a pleu à Dieu, de sa tres-benigne grace, nous appeller à la Couronne &
au gouuernement de nostre Royaume pour la tres-grande compassion,
tristesse, douleur & deplaisir que nous auons tousiours eu & auons au
cueur de la diuision & tres-douloureux & pernicieux Schisme qui est &
si longuement a esté en l'Eglise de Dieu par le debat des Contendans à
la dignité du Papat en grand escandale de toute la Chrestienté, mesmement des Roys & des Princes ausquels appartient plus de y trauailler, &
à l'esiouyssement des Ennemis de la Foy Catholique, auons ensuiuant nos predecesseurs Roys de France tres-Chrestiens qui plusieurs
fois ont secouru à l'Eglise en cas semblables & autres, tres-diligemment
& continuellement vaqué, entendu & labouré aprés plusieurs Roys,
Princes & autres deuots Chrestiens à trouuer voyes & manieres conuenables pour oster & extirper du tout ledit Schisme, si que nous puissions
voir à nos iours paix & vnion en nostre Mere sainte Eglise, & pour y proceder plus meurement & seurement auons par plusieurs & diuerses années & grands interualles fait assembler par deuers nous en nostre ville
de Paris, les Prelats & le Clergié, & plusieurs des Princes de nostre Sang,
Barons, Vniuersitez des Estudes & autres Sages & preud'hommes de
nostre Royaume en tres grand nombre, pour auoir sur ce leur aduis &
Conseil & fait faire Legations & Ambassades tres-notables & solennelles
tant deuers lesdits Contendans du Papat & chacun d'eux, comme deuers plusieurs Roys & Princes de l'vne & l'autre des deux obeyssances,
en les exhortant de labourer & de faire chacun en son endroit, tant &
en telle maniere que nous puissions briefuement auoir ladite paix &
vnion, si comme ces choses sont assez notoires en plusieurs Royaumes
de la Chrestienté. Sçauoir faisons que Nous les choses dessusdites considerées & autres plusieurs qui sont sur ce à considerer, veans & connoissans euidemment que pour les prouffits, plaisirs temporels & honneurs que lesdits Contendans y ont eus par l'obeyssance, qui depuis le
commencement dudit Schisme a esté & est donnée, faite & prestée ausdits Contendans, ils ont esté & sont remis & negligens à reuenir à ladite
vnion, & pourroient encore estre plus à l'aduenir, se pourueu n'y estoit
en grand' desolation de nostredite mere sainte Eglise & de toute la Chrestienté, voulans y obuier de nostre part, auons par tres-grand' & meure
deliberation de Conseil de plusieurs de nostre Sang & lignage, Prelats,
Barons, Docteurs, & autres sages & preud'hommes de nostre Royaume
à ce appellez par deuers nous, ayans Dieu seulement & leur salut deuant
les yeux, conclud & determiné, & par la teneur de ces presentes de nostre certaine science concluons & determinons qu'ou cas que dedans le
iour de la feste de l'Ascension de nostre Seigneur prochain venant,
n'auons vnion & nostredite Mere sainte Eglise, & vn seul vray & sans
doute Pape & Pasteur de l'Eglise vniuerselle : Nous le Clergié & autres
Gens de nostredit Royaume & aussi de nostredit Dauphiné de Viennois
serons Neutres, ne ferons, presterons ou donnerons, ne souffrirons par
aucuns de nos Subjets, estre donné deslors en auant aucune obeyssance
à l'vn ne à l'autre d'iceux Contendans, qui tiegne ou occupe ledit Estat
iusques à ce qu'il y aye vn seul, vray & sans doute Pape & Pasteur de l'E-
glise vniuerselle, comme dit est, & ainsi l'entendons faire signifier &
sçauoir par nos autres Patentes ausdits Contendans & à leursdits Colleges, & à plusieurs Roys, Princes, Prelats, Barons & communitez de
l'vne & de l'autre desdites obeyssances. Si donnons en mandement par
ces presentes à nos Amez & Feaux les Gens de nostre Parlement à Paris
& à tous nos autres Iusticies & Officiers, à leurs Lieutenans & à chacun
d'eux qui sur ce sera requis, que cette presente Conclusion & determination, publient & facent publier incontinent ces lettres veües, & icelles

" tenir & garder selon leur forme & teneur, par tous nos subiets de nos-
1407. " dits Royaumes & Dauphiné, tant d'Eglise, comme Seculiers de quel-
" que authorité qu'ils vsent en punissant les Transgresseurs: & si par telle
" maniere que ce soit exemple à tous autres. Donné à Paris le 12. Ianu.
" l'an 1407. de nostre Regne le 28. &c.
" Lecta in Curia, & publicata, die 26. Ian. an. 1407. item lecta & publi-
" cata in Curia die 25. Maij, an. 1408. Crastina festi Ascensionis Domini.
Præter superiores literas dat Rex alias 18. Feb. quibus protestatur se
recessurum ab vtriusque Papæ obedientia, nisi intra tempus præfinitum
viam Cessionis ineant, de qua toties interpellati fuerant; videantur si
lubet in lib. Libertat. Eccles. Gall.

1408. Anno 1408. cum vterque Pontifex procurandæ vnionis extinguendi-
que Schismatis specie, alter Lucam, alter Portum Veneris appulissent
sub finem Ianuarij, vt de loco commodo conuenirent, propiusque de
pace Ecclesiæ agerent, Cardinales Gregorij irati, quod ille contra fidem
promissi nouos Cardinales creasset, ab eo defecerunt: quorum intellecto
Consilio Gregorius primùm vetuit, ne sine licentiâ, vel Lucâ abirent vel
inter se conuenirent; deinde ne cum alterius obedientiæ, vel Regis Francorum, vel Vniuersitatis Parisiensis Oratoribus quoquomodo agerent.
At illi captatâ occasione, Pisas secedunt & primus omnium 11. Maij Ioannes Ægidius Natione Normanus, Diaconus Cardinalis SS. Cosmæ &
Damiani, Leodiensis vulgò dictus à præpositura eius Ecclesiæ, quam
olim gesserat; cæteri, vt potuerunt fugere, secuti: exceptis 4. nouæ creationis, qui cum Gregorio remanserunt. Tum minis eos Gregorius terret;
& illi aduersus quascunque comminationes & processus appellationem
interponunt datam Pisis die Dominicâ 13. Maj. Ita irritus fuit Pontificum congressus.

 Quod verò ad Benedictum attinet, cum esset apud Portum Veneris in
ditione Genuensi, redditæ sunt ei litteræ Regiæ datæ Paris. 12. Ian. quibus
bus Rex Carolus significabat, nisi vnio ad diem Ascensionis quæ tunc
incidebat in 24. Maij, facta esset, se cum Regno suo neutralitatem am-
plexurum. Quibus acceptis, Benedictus dat Bullam 14. Kal. Maij, quâ
queritur, quod cum per se non staret, quominus vnio fieret, essent tamen
men qui se impiè calumniarentur: deinde Regem rogat ab incepto desistere: postremò, ni faciat declarat, se sententias excommunicationis
promulgaturum. Quæ Bulla sic incipit. *Vtinam, fili charissime.*

 Dedit ijsdem Cursoribus suis alias litteras, quibus sub anathemate pro-
hibebat promulgationem substractionis; dans eis in mandatis, vt non simul, sed diuerso tempore eas traderent; illis verò traditis, velociter se
substraherent. Quod cum illi fideliter præstitissent 14. mensis Maij,
post multas consultationes in Consilio Regis, in Parlamento, & in Vniuersitate habitas, tandem præsente Rege, Principibus, Antistitibus,
Deputatis Vniuersitatis, perorante eximio Doctore Theologo M. Ioanne Curtacoxa Normano, & conclusiones Vniuersitatis porrigente, decretum est, litteras Benedicti iniquas & iniustas esse, easque lacerandas
& comburendas; quod statim factum est. Præterea Duo Nuncij, aut
Agentes in rebus Benedicti in carcerem compacti, omni postea contu-
meliæ genere affecti sunt; sed præstat rem, ordine quo gesta est, authoritate scriptorum istius temporis confirmare.

 Bullæ igitur Benedicti duæ simul Regi traduntur, vna data superiori
anno 14. Kal Iunij, quam supra retulimus; altera hoc anno data apud Portum Veneris 18. April. quæ talis est.

" **B**ENEDICTVS Episcopus seruus seruorum Dei, Charissimo in Christo
" filio Carolo Regi Franciæ illustri, Sal & Apost. ben. vtinam Fili cha-
" rissime: ad plenum tibi pateret nostræ ad tuam magnificentiam sinceri-
" tatis affectus. Vtinam plenè intelligeres nostri erga te animi puritatem.
" Etenim profectò cognosceres, Nos tanquam Patrem beneuolum more
paterno

paterno de tam chari filij gaudere profectibus, & de sinistris euentibus
condolere. Inde processus nostros sinceræ dilectionis interpretes ca-
lumnioso non admisso susurro, filiali beneuolentia extimares, & ob-
struerentur ora apud se loquentium iniqua, locus amplus detractioni non
esset; detractoribus clauderetur aditus, nec præstaretur auditus: sed in
Regno tuo aduersus S. Ecclesiam matrem tuam prosecutionum turbines
iam cessarent: nosti enim, inclyte Princeps, & fama publica operibus
comprobata ad tuam notitiam sæpe deduxit quantos labores simus per-
pessi, quanta sollicitudine, quantaue instantia per nos pax Ecclesiæ fuerit procurata. Institimus vtique diligenter apud illos qui Sedem Apostolicam vitio intrusionis temere occupantes, plurimos iam per annos
Schisma pestiferum nutrierunt, & præsertim apud Angelum Corario qui
se Gregorium appellat, qui modernis temporibus in hac parte aduersa-
tur Ecclesiæ & qui post ablatam ab vtroque viam cessionis & concordiam
habitam de Conuentione in Ciuitate Saonæ & post oblationes alias de
conueniendo in locis etiam suæ obedientiæ, nihil eorum deducere voluit ad effectum, sed per frustratorias dilationes negotium Dei duxit &
ducit, vt manifeste cernitur, cautelose. Et quanquam adeo notorium sit
quod nulla potest tergiuersatione celari, quod per nos non stetit, nec
stat quin Schismate depulso, vera vnio in Dei Ecclesia celeriter habeatur,
ecce non desinunt, vt audiuimus, qui apud Excellentiam tuam contra nos
sine causa, non tamen sine malitia, submurmurent famæ nostræ puritatem maledicis lacerare conuicijs satagentes, non desunt qui tuam & aliorum Principum de sanguine tuo deuotionem turbare studentes, actus
nostros calumniantur iniuste asserentes licet minus vere quod circa con-
sequendam Ecclesiasticam vnitatem quam ipsi exquisitis modis turbare
nituntur, diligentiam solitam non præstamus. Verum etsi talibus veritas
ipsa pro nobis respondeat, & ipsius euidentia tales falsitatum figulos &
ipsorum figmenta manifeste confringat, ipsis, vt existimamus, suggerentibus Actum est quod cum per tuam Magnificentiam à cuius Progenitoribus memoriæ recolendæ præsertim circa sedanda Schismata Ecclesiæ,
magnifice adiuta in suis necessitatibus respirauit, crederemur inter angustias huius temporis releuari; vnde præstolabamur quod speratæ quietis nobis serenitas arrideret inde in oppressorum inquietos anfractus
mergimur. Et ne de iuribus nostræ causæ ad prosecutionem præfatæ vnitatis & vitæ nostræ sustentationem necessarijs nobis respondeatur, à tua
Curia emanauit Edictum, cuius prætextu, biennio iam exacto Iura sunt
nobis ipsa substracta: prouisionibus de nonnullis Ecclesijs in dicto Regno
Canonice per nos factis non paretur, nec permittunt earum Prælati ipsarum possessione gaudere; quanquam nonnulli Catholicæ veritatis æmuli
qui contra Romanam Ecclesiam rebellionis calcaneum erigere præsum-
pserunt, à nobis quod est **contra Canonicas Sanctiones, appellationes**
interponere non verentes, multa etiam in tua præsentia contra veritatem Catholicæ partis & nostræ publice dogmatizant, varios errores contra sinceritate fidei effundentes, permittuntur Conclusiones nefarias falsa intermiscendo pro veris, procaciter sustinere. Sed adhuc quod referimus displicenter, venerunt in hac villa ad nostram præsentiam dilecti
filij nobiles viri Ioannes de Castro-Morandi & Ioan. de Toyseyo Ambasiatores tui qui Nobis pro parte tua quasdam literas tuo sigillo munitas
præsentarunt per quas in effectu nobis significas quod nisi vsque ad festum Ascensionis Domini proxime futurum præfata sit vnitas subsequu-
ta, & vnus verus solus & indubitatus Papa & Pastor Ecclesiæ Vniuersalis
habeatur, tu Clerus & aliæ Gentes Regni tui, & etiam Delphinatus
Viennensis, vt tuis verbis vtamur, eritis neutrales, & non facies, præsta-
bis, aut exhibebis per alios de tuis subditis à tunc in antea nobis, nec
alicui qui teneat statum nostrum, obedientiam aliquam exhiberi. Ex
quibus, fili charissime si nostra commota sint viscera, si iustus nos dolor affligat, considera. Sunt ne ista Indicia, Care fili, veræ dilectionis

Tom. V.   V

"ad Patrem; Ex his namque vltrà alia multa, inconuenientia hæc sequun-
"tur: Nam qui tibi & alijs Principibus de sanguine tuo venenata consilia
"præbent, conantur te & alios cum eis in præcipitium trahere; fama in-
"clytæ domus tuæ non sine graui macula læditur, omnipotentiæ diuinæ
"detrahitur cum eius numine qui certis regulis à præfinitionibus tempo-
"rum non artatur, cum præfigitur, vnio de directo impeditur & duratio
"Schismatis procuratur, cum aduersarios & sequaces sui ex his in super-
"biam eleuati ad Concordiam flecti non possint, sed duriores efficiantur,
"sperantes nobis de proximo & parti nostræ continuatâ substractione obe-
"dientiæ & subdiuisionis scandala prouentura, quibus nostræ partis Ca-
"tholicæ veritas offuscata deprimitur, & suæ tyranicæ intrusionis vio-
"lentia quæ viribus iam ferè nudata languebat, nostris oppressionibus
"roboratur. Verum, dilectissime fili: nos cui Dominici gregis custodia com-
"missa est talia quæ in diuinæ Majestatis offensam & animarum periculum
"& præfatæ vnitatis turbationem, ac tui & inclytæ domus tuæ læsionem
"famæ redundare videntur, amplius sustinere æquanimiter non valentes,
"Serenitatem tuam quam per varias suggestiones decipi grauiter dolere-
"mus, rogamus & hortamur in Domino te in eius vero salutari requiren-
"tes quatenus aures Regias non accommodes maleuolis qui forte quærunt
"in nostra & Ecclesiæ, ac tuâ & tuorum turbatione in alienis dispendijs
"sua lucra venari. Sed nostrorum processuum de quibus per ea quæ tibi
"per nos scripta sunt, plenè constat causas & ordinem, ac pura procede-
"re intentione, tuo prouidenti Consilio & spiritu tuo discutias, & inde re-
"ctum sequendo iudicium omnis turbationis malitia submotâ prædicta &
"alia nobis & Ecclesiæ in Regno & terris tuis illata grauamina & attenta-
"ta in præiudicium Ecclesiæ libertatis reuoces & annulles, ac reducas &
"reduci facias ad statum debitum & primæuum. Et insuper ad ea quæ scri-
"bas, nullatenus procedas cum non expediat tuæ excellentiæ & honori;
"si enim in hoc paternis acquieueris monitis, vltra humanæ laudis præ-
"conium æternæ retributionis tibi præmium accresces & Apostolicæ Sedis
"& nostram beneuolentiam ad tua beneplacita inclinabis. Nec te aliquis,
"amantissime fili: vano errore decipiat: scire enim te volumus vltra pœnas
"& sententias à iure prolatas & homine, alias per quandam Constitutio-
"nem à nobis dudum editam promulgatas quam sub Bulla nostra tibi cum
"præsentibus mittimus, te & alios talia committentes, quod absit, incur-
"suros. Quod ideo fecisse fatemur & tibi voluisse præsentibus intimare,
"vt erga te & cæteros Catholicos Principes & Christi populum tibi com-
"missum paternæ dilectionis & Curæ Pastoralis debitum persoluentes, &
"te ac cæteros Catholicos Principes & cæteros Fideles à tam graui diuinæ
"Majestatis offensa quantum in nobis est, præseruemus, & ne in extremo
"Iudicio prædictarum animarum sanguis, si talia dissimulando conniuen-
"tibus oculis transiremus de nostris manibus requiratur. Datum apud
"Portum Veneris Ianuens. Dicit. 13. Kal. Maij Pontific. nostri an. 14.

Delatus ad Vniuersitatem M. Nicolaus Clemangius qui tunc erat Benedicto à secretis, quod Bullam illam conscripsisset. Ille verò sequentibus litteris ad Matrem suam missis se vt potuit excusatum optauit.

*Nicolai de Clemangijs ad Collegium studij Paris. Purgatio super literis
Excommunicationis in Regem Franciæ, Regnumque editis.*

"NOvum quidem, Patres, ac Magistri venerabiles, & ante hanc diem
"mihi omnino inexpertum nunc agere compellor, neque enim vn-
"quam me memini, ex quo vitales cœpi auras in lucem editus haurire, vt
"de obiectis publicè criminibus responderem, in causam iudiciumque vo-
"cari; sed vna me res maximè consolatur, meritóque debet consolari quod
"apud vos meam sum defensurus innocentiam, cum quibus à puero vixi,
"maioremque meæ ætatis portionem peregi, quos etiamsi apud alienos
"accusarer, meæ vitæ, meæ conuersationis, meorum morum ac studiorum

possem certissimos testes magis quàm cæteros mortales adhibere. Nam "
quando primùm ad vrbem illam præclarissimam atque à laribus patrijs ad " 1408.
illud vestrum inclytum perueni studium, "

Alter ab vndecimo nondum me ceperat annus.

me tenellum mater illa græmio excepit, sinu souit, vlnis gestauit, sua- "
uissimis denique aluit vberibus. Me primà præterea penè docuit Ele- "
menta me ad honorem illum quem amplissimum habet, inuitum licet ac "
renitentem extulit, me denique ex illo tempore vsque ad hanc propè "
ætatem doctrinâ simul ac moribus erudijt. Et si parum exinde cupi fru- "
ctus aut eruditionis, meæ vtique aut culpa fuit negligentiæ, aut forte "
etiam tarditas intelligentiæ. Illud tamen, quantulumcunque est, si quid "
tamen est, quod in vestro didici consortio, in vestris potissimùm Ecclesiæ- "
que negotijs, aut seruitijs rectè quidem iustissiméque hactenus impensum "
est. Quò enim illa commodiùs refundere poteram quàm ad Ecclesiæ sub- "
uentionem de qua agitabatur. Extant apud vos mei illius obsequij, ac "
seruitij crebra monimenta, nec apud vos solos extant, sed quacunque "
Christiana Religio per orbem diffunditur, non ad vestri honoris atte- "
nuationem disseminata sunt. Meo itaque iure videor à vobis exigere pos- "
se, & non immeritò imperare debere, vt meum stylum quem vestris ob- "
sequijs voluptatibusque seruientem læti sæpius gaudentesque audistis, "
nunc pauca pro se apud vos dicturum æquis at propitijs auribus audire "
velitis. Arguor à nonnullis apud vos, sicut accepi, aut confecisse lite- "
ras illas in Regem, ac Regnum Franciæ anathema ferentes, aut non in- "
scius saltem illarum fuisse, sed antequam producerentur in medium, "
aliquid inde præsensisse. Super diluendo crimine confectionis non ne- "
cesse est me diutius immorari: multa sunt quæ eo crimine me apertissi- "
mè liberant, signum, nomen, manus, litera, stylus auctoris. Quod si di- "
uersa ac aliena sunt, quid ibi relinquitur quod meum dici possit, aut "
quod meæ fabricæ argumentum proferatur ? Notum est satis signum "
meum, nota manus, noti characteres apicum, notus stylus vel dictatus, "
apud vos quidem præcipuè vbi tam vulgata sunt ipsius styli vestigia, vt "
non facile quis illic, nisi ignarus, possit in illo errare aut falli. Imò si alie- "
ni in illo fallerentur, vt meum esse contenderent qui meus non esset, "
vel meum esse negarent qui meus esset, nullos scirem testes cerrio- "
res pro illius approbatione adducere, quàm de vestro Collegio. Si qui "
igitur sunt inter vos in talibus dignoscendis minus edocti qui super hoc "
hæsitent, aut aliquo dubietatis scrupulo pulsentur; neque enim omnes "
idonei sunt de stylis iudicare, Cœtum illi vestrum consulant doctissimum "
qui aptissimus fidelissimusque Iudex erit, & quo nullum alium magis ipse "
vellem eligere quemque huius rei definitorem, quantum quidem ad me "
spectat, constituo. Sed forte aliqui æmulatores dicturi sunt styli formam "
consuetam me consultò mutasse, aliamque styli speciem quæ mea esse "
non agnosceretur, illic tenuisse. Quasi in arbitrio vel potestate hominis "
sit stylum suum more Protei in quas voluerit formas conuertere, proque "
placito quoties volet, variare, alienumque ita imitari vt pro suo agnos- "
ci non possit. Qui ita posse fieri credunt, de re iudicant, cuius naturam "
non intelligunt, quare suæ non magna fides est habenda sententiæ. Sicut "
enim alienum morem, alium animum, ingenium homo inducere non po- "
test, ita nec profectò alienum stylum. Denique quis impressum longo "
vsu & consuetudine penitus habitum possit suo nutu repente exuere, "
nonnunquam assumere; cum de natura habitus sit & tardè acquiri & dif- "
ficile moueri. Qui autem longo vsu atque exercitio certum sibi aliquem "
stylum comparauit, nonne certum & constantem & quasi indelebilem "
habitum sibi acquisiuit, in quo nec alter possit ipsum imitando assequi, "
nec ipse alterum. Vultus est, vt ita dicam, stylus animi; & sicut exte- "
rior homo facie agnoscitur, ita quantum ad conceptiones animi homo "
interior stylo. Quemadmodum non est reperire duas effigies hominum, "

"ita similes, quin acutus Iudex magnam in illis inueniat distantiam; ita nec
1408. "duos ita pares stylos, si solidi sunt, quin peritus examinator multum in-
"ter illos agnoscat interesse. Sentiat quisque de meo stylo & de illo alte-
"ro quod voluerit, meum ipse non debeo stylum extollere: sed hoc sine
"arrogantia mihi licet dicere, si meus ille fuisset, profectò alius fuisset
"tanquam apud me impossibile fuit illo stylo quàm illi qui eum effudit,
"meo vti; sed nimis diu in re aperta lucéque clariori tempus terimus. Ad
"reliquam respondeamus accusationem quæ me literarum illarum cons-
"cium fuisse criminatur. Pars autem ista accusationis soli innititur suspi-
"cioni, ex qua fallax & minus fundata sæpe solet accusatio prouenire.
"Sed concedamus vt ex sola suspicione quenquam accusare liceat, & vi-
"deamus quàm solidis ex radicibus ista de me possit oriri suspicio. Ex al-
"tera autem nisi fallor duarum rerum illam proficisci oportet; aut ex per-
"sonæ meæ moribus & vita anteacta, aut ex titulo Officij ac familiarita-
"tis; non enim video ex qua alia possit radice consurgere. Primam ergo
"discutiamus originem; solet in illos leui ex causa criminum atque flagi-
"tiorum insurgere suspicio, qui aut sæpè sunt de similibus notati, aut in
"illis etiam deprehensi; facile quippe ad consueta relabi pronus est ani-
"mus, & cito aliquem suspicamur ab illo non abhorrere quod frequenter
"gessit. Quamuis autem homini liceat dum accusatur ibidem ad criminum
"depulsionem atque purgationem suas laudes commemorare, & si qua
"egregia habet, in medium proferre, ne tamen mea odiosa sit ingrataque
"oratio, si quid laudabile habeo, non multum volo de mea laude loqui,
"quæ solet in ore proprio plerumque sordescere, imò ad vos totam par-
"tem reijcio, qui me, vt supra dixi, à paruulo nostis. Considerate itaque
"vobiscum vtrum ex vita anteriori temporibusque tam diuturnis vobis-
"cum per me exactis talem me existimare debeatis qui Patriæ, Reipub.
"Regiæ Majestatis violator fieri vellem. Vestra enim, si verum audiui,
"sententia est illos omnes Regni indigenas tuis criminibus implicari qui
"de literis illis aliquid exploratum habuerunt, nec patefecerint. Repetite
"ab exordio atque à prima origine, vitam meam percurrite, vniuersa acta
"illos interrogate cum quibus sum versatus, mores meos, verba, opera
"perquirite: si quid vnquam me tale egisse; si quid molitum esse simile re-
"pereritis, nullum supplicium recuso. Si autem ab his nefandis crimini-
"bus semper innocentem, integrum, insontem fuisse deprehenderitis, est-
"ne obsecro verisimile ita me nunc alienatum, dissimilemque à me ipso
"effectum, ita conuersum in arcum prauum, imò datum in reprobum sen-
"sum, vt talia mecum ipse cogitare, aggredi, moliri atque perpetrare
"non exhorruerim? Non talem me natura genuit, non his artibus paren-
"tes imbuerunt, non vestra educatio atque disciplina talia docuerunt.
"Non postremo vsque adeo me gratia Dei, vt arbitror vnquam deseret,
"aut ita inimici sæuitiam in me præualere permittet, vt ad talia non dico
"agenda, sed cogitanda me pertrahat. Itane amorem patriæ, barbaris
"etiam mentibus à natura ingenitum, itane parentis patriæ, optimi Re-
"gis mei charitatem, quà semper maximè flagraui, exuisse atque abiecisse
"credendus sum vt tali me parricidio commaculare voluerim? Non sinat
"Deus vitam vsque ad illa produci tempora quibus hæc tractem.

Sed mihi vel tellus optem prius ima dehiscat,
Vel pater omnipotens adigat me fulmine ad vmbras,
Palantes vmbras Erebi noctemque profundam
Ante pati, quàm te violem, aut tua iura resoluam.

"
" Non puto ita me gessisse vobiscum vt facile talis de me opinio vestros
" deberet animos subire, nec proculdubio vestræ grauitatis est, si aliqui
" obtrectatores inuidiæ facibus agitati talia aduersum me ficta dissemi-
" nant, illis aurem præbere, aut fidem commodare, præsertim cum

Vniuersitatis Parisiensis. 157

nullum valeant probabilis coniecturæ indicium demonstrare. Nam quod "
pro radice altera suspicionis affertur, quod familiaris eram ac Secretarius, " 1408.
confiteor Secretarium me fuisse, sed ita Secretarium vt à maioribus es- "
sem Secretis sequestratus. Mihi in parte ista credi non postulo, à fidis "
grauibusque personis verùm ne an falsum dico, licet exquirere. Si igitur "
à multis & magnis secretis tum ego, tum alij Galli arcebamur, quis ad "
illud artissimum secretum nos admissos esse crediderit, quæ intra cellu- "
las clausis diligenter ostijs, ne aliqua posset ratione ad nos vsque perue- "
nire, inter paucissimos arbitros Secreti illius participes agitabatur, non "
sine maxima vt puto formidine, ne foràs efferretur. Quid quod dome- "
stici & Compatriotæ aderant Secretarij, quibus talia committebantur. "
Quidquod etiam Itali aderant, quibus, si externis essent committenda, "
longe potiùs committerentur quàm Gallis contra quos fiebant. Sane po- "
tiùs crediderim à rubro mari, aut extremis Indiæ finibus petendum fuis- "
se Secretarium, si de alia propinquiori Natione inueniri non posset, quàm "
talia in Gallos Edicta Gallo alicui Secretario mandarentur. Atque vt "
apertius agnoscatis quam aduersùs me in hac re suspicionem habere de- "
beatis, audite necdum decurso anno quid contigit. Mandauerunt mihi "
viuo organo duo ex Cardinalibus Pontificis, vt aiebant, ex mandato, vt "
in quadam controuersia quæ diu fuerat in Regio Parlamenti Prætorio "
ventilata in fauorem illius literas conficerem qui in dicto fuerat Præto- "
rio condemnatus. Cœpi multa onus refugiendo, obtendere, quod Fran- "
cus erat, & Regni indigena, quod Regem Regiamque Curiam offen- "
dere non vellem, quod externi abinde suppetebant Secretarij qui hoc "
possent facere. Rogaui itaque vt non meis, sed illorum potius ceruici- "
bus onus imponerent. Cumque alter Cardinalium satis acquiesceret, & "
æqua postulare me diceret, alter ad onus suscipiendum me pertinaciter "
vrgeret, nequaquam me facturum planissimè respondi: Et cum adhuc il- "
le addidisset per Papam mihi præcipiendum; si, inquam, ille præcipiat, "
scio quid acturus sim, suo vtique potius renunciabo seruitio quàm man- "
datum exequar. In hoc verbo illi abierunt, nec postmodùm super re illa "
verbum mihi fecerunt. Huius rei testes mihi tunc ambo Cardinales "
etiam nunc superstites. Si igitur in paruâ & personali causâ quia Curiam "
Franciæ tangebat, tam pertinaciter onus subire mandatumque exequi "
recusaui, quis viri simile possit credere in totius Regni Anathemate, aut "
me Scribam quæsitum esse, aut tam graue onus amplecti voluisse? Et "
quoniam nihil maius est quo meam apud vos valeam fidem adstruere, "
Deum testor & Sanctos omnes, & quicquid eternæ salutis à Deo exspe- "
cto, sicque Deum propitium in extremo examine experiar, quod nun- "
quam visu, nunquam auditu, nunquam verbo, aut vllo scripto, fama vel "
rumore aliquo, aliove quolibet notitiæ signo, quicquam de literis illis "
antea præsenti, quam per literas à vestris profectas illas in Franciam "
prolatas esse, in publicumque prolatas accepi: nec famæ quamuis vulga- "
tissimæ passimque per ora omnium volitanti ante temere credendum pu- "
taui, quàm de illarum apud vos publicatione per talium literas certior "
sim factus, de quorum fide dubitare non poteram, hoc apud vos pro meæ "
innocentiæ patrocinio esse credidi, quam si apud extraneos agerem mei "
moris ignaros, pluribus possem verbis defendere. Cæterum in calce "
orationis vestras Dominationes obtestor, vt si quid de vestro cœtu bene "
vnquam merui, mea apud vos innocentia, quam satis ex superioribus per- "
spicere potestis, præsidium non opprobrium inueniat, nec pro merito- "
rum mercede, gratis & sine causa calumniam reporter atque ignomi- "
niam, quatenùs in me cæteri discant qui pro vestris sunt vigilaturi ho- "
noribus quid ipsi à vobis debeant exspectare. Dominationes vestras "
feliciter valere lætoque florere successu semper opto. Datum Aui- "
nione.

Scripsit etiam ad amicos literas complures quibus diluere conabatur
quæ sibi ab aduersarijs obijci audiebat. Rex verò prædictis Benedicti

V iij

Bullis offensus consilium habet cum Regni Proceribus, cui & nonnulli ab Vniuersitate intersunt; placuit rem istam accuratè examinari, imprimis verò in eos inquiri qui Bullas illas attulerant, rem, quo modo gesta sit, habemus ex veteri Codice.

Processus factus contra Bullam Benedicti per R. Franciæ & Dominos de sanguine suo & Consilio.

ANno Domini 1408. die 14. mensis Maij de mane, Parisius captatâ horâ, qua nullus ex Dominis de sanguine Regio essent cum domino Franciæ Rege, fuit præsentata domino Regi quædam bulla clausa per Sanctium Lupi, ex parte domini Benedicti, quæ quidem dirigebatur domino Regi, & omnibus Dominis de sanguine & Consilio. Quâ præsentatâ dixit Dominus Rex dicto Sanctio, quod de præsenti non erant ibi illi, quibus dirigebatur dicta Bulla, sed ipse vocaret eos, & aperirent Bullam & in crastinum sibi facerent responsum. Tandem coadunatis Dominis in præsentia Regis, videlicet Rege Ludouico, Ducibus Biturico, & Burgundiæ, Petro fratre Regis Nauarræ, Comite Niuernensi, fratre Ducis Burgundiæ; & fratre Reginæ, aperta dicta in effectu ista Continens erat.

1. Quod dominus Benedictus excommunicabat omnes illos, cuiuscunque conditionis existerent, siue esset Imperator, siue Rex, seu Princeps, seu Comes, aut Vniuersitas, qui viam conuentionis impugnarent, damnarent.
2. Illos omnes, qui viam cessionis approbarent, & commendarent.
3. Illos omnes, qui essent de opinione contraria.
4. Omnes illos qui eidem substraherent obedientiam, & pecunias, & collationem beneficiorum citra sui voluntatem.
5. Quod in casu quod contrarium per alium attemptaretur, nisi infra 20. dies ad pristinum statum iuxta contenta in tenore Bullæ ipse reduceret, ponebat interdictum generale, & omnes Beneficiatos suspendebat, & omnes de homagio dicti domini Regis, & aliorum Principum & Prælatorum oppositum attemptantium, à fidelitate & legalitate, & Iuramento ipsorum absoluebat.

Quibus perlectis 21. die mensis Maij, in Palatio magno Regali Parisius, & in prato viridarij eiusdem iuxta sequanam fuerunt factæ quamplures *Cadefauz.* In altiori stabat dominus Rex sedens pro Tribunali. In secundo non ita alto, & à parte dextra sedebat Rex Ludouicus. In tertio minus alto ab eadem parte sedebant Duces Bituriæ, & Burgundiæ, Comes Niuernensis, dominus Petrus de Nauarra, & frater dominæ Reginæ. In quarto minus alto, & ab eadem parte stabat Cancellarius Franciæ cum Magistris de Parlamento, & Requestarum.

In quinto vero, & à parte sinistra Regis, erant Episcopus Parisiensis, & alij Prælati, *Rector & Vniuersitas Parisiensis.* In medio verò ipsorum, & coram domino Rege, erat vna cathedra alta, in qua stabat pedes M. *Ioannes Curtacoxa magister in Theologia seculari*, & in pede cathedræ circumquaque innumerabilis Populi multitudo, tam Ecclesiasticorum, quàm secularium. *Quiquidem M. Iohannes in sua propositione recepit pro Themate: Conuertetur dolor eius, in caput eius, & in verticem ipsius iniquitas eius descendet: concepit dolorem, & peperit iniquitatem,* Petrus de Luna nominatus Benedictus.

Demum post dictus M. Iohannes posuit sequentes quæstiones nomine suæ Vniuersitatis Parisiensis, quas probauit prolixè per ius diuinum pariter & positiuum. Prima constat notoriè, quod Rex, nec Domini de sanguine in negotio & processu vnionis sanctæ matris Ecclesiæ procurandæ absque consilio & determinatione Prælatorum, & aliorum Ecclesiasticorum atque Vniuersitatum sui regni Delphinatus, nunquam processerunt. Imò quidquid fecerunt in dicto negotio, & consilio, & ordinatione prædictorum fecerunt. 2. Ex gestis & peractis per dictum Petrum de Luna manifestè apparet, ipsum conuenisse cum suo aduersario, ne via cessionis exequeretur & teneretur. 3. Ex tenore scedulæ juramenti per dictum Petrum in conclaui præstiti, & ex gestis per ipsum constat euidenter, ipsum in materia fidei deierasse pertinaciter. 4. Ex tenore verborum publicè per dictum Petrum de Luna in Consistorio coram DD. Cardinalibus, & alijs Prælatis, videlicet quod credebat peccare mortaliter, si pro vnione fienda in Dei Ecclesia Papatui cederet, notoriè constat dictum Petrum hæresim expressam pertinaciter dogmatizasse. 5. Ex processibus gestis, & actis per Petrum de Luna notoriè apparet ipsum proposse, prosequi illos, qui bono corde, & bona intentione euidenter laborarunt pro vnione fienda in dicta Ecclesia, & viam cessionis insecuti sunt. 6. Ex gestis & peractis per D. de Luna apparet euidenter, viam Cessionis approbasse, & commendasse, & tanquam Ecclesiæ vtilem, & sanctam prædicasse. 7. Ex gestis & peractis per dictum Petrum de Luna apparet euidenter, quod ipse, & sui fautores conantur ponere nouum Schisma in Dei Ecclesia. 8. Ex omnibus supra dictis, & alijs loco & tempore, vbi de iure oportebit, explicandis, euidenter apparet Petrum de Luna fore Schismaticum pertinacem, & non solum Schismaticum, sed hæreticum & persecutorem & perturbatorem pacis & vnionis Ecclesiæ. 9. Petrus de Luna non est nominandus Benedictus, nec Papa, nec Cardinalis, nec nomine alterius cuiuscuam dignitatis, nec sibi est obediendum tanquam Pastori Ecclesiæ, sub pœna fautorij Schismatis. 10. Collationes, dicta, & facta & prouisiones siue processus à tempore dictæ litteræ quæ fuit tertio die mensis Maij anni elapsi, ad modum Bullæ factæ, & quæcumque per eum temporales & spirituales, explicitè vel implicitè in dicta littera contentæ, nullæ sunt. 11. Dicto Petro, nec suis litteris, aut mandatis nullus potest, nec debet obedire, imò tenetur non obedire sub pœna fautoriæ hæresis & Schismatis. 12. In fautores, Receptores & defensores dicti Petri suorumque & suarum litterarum est procedendum sicut & contra dictum Petrum. 13. Quicumque fauorem, consilium, & auxilium in Regno Franciæ & Delphinatu, & dominio Franciæ, dicto Petro præstauerint, euidenter crimen incurrunt læsæ Majestatis.

Quibus peroratis, surrexit magister vnus, & fecit sequentes Requestas Regi, & Consilio pro bono vnionis Ecclesiæ, & conseruatione vnitatis regni & coronæ honore. Prima fiat informatio diligenter: circà istam litteram, capiantur & detineantur omnes reperti suggestores, & Receptores dicti Petri suorumque, & litterarum eiusdem, pro puniendo & corrigendo iuxta exigentiam causæ, de quorum numero plures sunt in isto regno, quos Vniuersitas loco & tempore, nominabit Regi. 2. Quod Rex nullam litteram recipiat à dicto Petro de Luna. 3. Præcipiatur Parisiensi Vniuersitati, vt prædicet per totum regnum in isto facto. 4. Reuocentur Episcopus sancti Flori, Decanus S. Germani Altisiodorensis & etiam Lupi, de Courcella, & puniantur iuxta tangens. 5. Declaretur prædicta littera iniuriosa, seditiosa, & Regis Majestatis offensiua, cum protestatione, ad maiora procedendi, & explicandi coram illis, quibus de iure, loco, & tempore oportebit.

Quibus requestis, ibidem factis, illico fuit captus dictus Decanus, & iterum præsentata dicta littera ad modum Bullæ facta, Domino Regi per vnum militem; quo facto ibidem Dominus Rex misit eam Cancellario suo, præcipiendo quod faceret illud quod iuris erat. Demum post idem Cancellarius prædicto militi, vt eam diuideret in duas partes. Quo facto, dictus Dominus Cancellarius in præsentia omnium ibidem vnam partem tradidit D. Regi Ludouico & DD. de Sanguine & Consilio qui erant à parte dextra Regis & aliam Partem tradidit DD. Prælatis, *Rectori & Vniuersitati Parisiensi*, qui erant à Parte sinistra Regis eis dicendo; faciatis quod iuris est. Quo audito dicti DD. Partes dictæ literæ in frusta minutatim diuiserunt.

1408. " Demum post aliquod tempus seu aliquos dies Collegium Dominorum
" Cardinalium scripsit Regi, & Dominis quod ipsi non consenserant in di-
" cta Bulla, nec factum auoabant, imò desauoabant & quantum in eis erat,
" contradicebant. Demùm post fuit ordinatum per Regem & Consilium
" quod prima die Iulij immediatè futuri fiat & celebretur Parisius Conci-
" lium Generale Prælatorum, Vniuersitatum & Principum totius Regni &
" Delphinatus.

Prædicta igitur Bulla die 14. Maij porrecta, die 16. in Parlamento lecta, sic enim legitur in Regestis.

Le Mercredy 16. May 1408. furent ceans publiées & leuës trois Lettres Royaux, par lesquelles le Roy veut tenir & maintenir les Eglises & Prelatures de son Royaume en leurs franchises & libertez, eu recours au liure des Ordonnances. Et à l'occasion desdites lettres a esté presenté au Roy vne Bulle par laquelle le Pape Benedic qui est l'vn des Contendans du Papat excommunia le Roy & Messieurs ses Parens & adherens. Et le 21. ont esté assemblés entre la salle du Palais.

Die nempe 21. mensis Maij eiusdem anni Vniuersitas obtulit Curiæ suas Conclusiones per M. Ioan. de Curta-coxa Doctorem Theologum, vt patet ex instrumento sequenti è Curiæ Regestis extracto.

Du 21. May 1408.

" CE iour ont esté assemblez entre la Salle du Palais & la Chambre du
" Parlement & les grandes Galeries par bas ou grand Preau-parterre,
" le Roy de Secile, Duc de Berry, Duc de Bourgongne & plusieurs autres
" Seigneurs, Ducs, Comtes, Barons, Cheualiers, Escuyers, Bourgeois,
" Archeuesques, Euesques, Abbés, Prelats, Religieux & Clergé & par
" especial L'VNIVERSITE' DE PARIS; & proposa M. Iean Courte-cuisse
" Maistre en Theologie publiquement en prenant pour Theme contre le
" Pape Benedic qui auoit enuoyé vne mauuaise Bulle par laquelle il ex-
" communioit le Roy, son Clergé & son Conseil, qui auoient peine & pei-
" noient & poursuiuoient l'vnion de l'Eglise, tant par substraction d'o-
" beïssance que de pecunes & de n'obeïr à luy ne à l'autre des Conten-
" dans, *Conuertetur dolor eius in Caput eius.* Et aprés que ledit Maistre eut
" proposé 12. raisons de la negligence dudit Benedic à l'vnion poursuir &
" auoir, & du mal & vice desdites Bulles excommunicatoires, en mettant
" consequemment six Conclusions, a esté requis par l'Vniuersité que les-
" dites Bulles fussent déchirées. Et à ladite Requeste a esté pris & empri-
" sonné Messire Guillaume de Gaudiac Docteur, Conseiller du Roy ceans
" & le Doyen de saint Germain de l'Auxerrois.

Conclusiones Vniuersitatis studij Parisiensis præsentatæ per Magistros in Theologiâ.

1. PEtrum de Luna fore non tantùm Schismaticum pertinacemque habendum, verum etiam hæreticum, perturbatorem pacis & sanctæ vnionis Ecclesiæ.

2. Petrus de Luna non est nominandus Benedictus, nec Papa, nec Cardinalis, nec nomine cuiuscunque Dignitatis, nec sibi obediendum est tanquam Pastori, sub poenis fautorum Schismatis.

3. Facta, dicta, Conclusiones, prouisiones siue processu à tempore datæ litteræ ad modum Bullæ confectæ, insuper poenæ quæcunque spirituales, vel temporales explicitè, vel implicitè in dicta littera contentæ nullæ sunt.

4. Dicto Petro, aut suis litteris, aut Mandatis nullus potest obedire, imò tenetur sibi non obedire, sub poena fautorum Schismatis.

5. Dicta littera est de se iniqua, seditiosa & dolosa, fraudulenta, turbatiua pacis & offensiua Regiæ Majestatis.

6. Contra Fautores & Receptores dicti Petri & suorum suarumque,
litterarum

litterarum procedendum est, sicut & contra dictum Petrum.

Sequuntur requestæ.

1. Quod laceretur & frangatur dicta littera ad modum Bullæ confecta, tanquam iniuriosa, seditiosa, fraudulenta, ac Regiæ Majestatis offensiua, cum protestatione ad maiora procedendi fidem tangentia, ad explicandum prædicta coram quibus oportebit, loco & tempore.

2. Fiat informatio circa istam litteram; capiantur & detineantur omnes Suggestores, Fautores, Receptores, pro puniendo, corrigendo secundum Canones; de quorum numero plures sunt in isto Regno quos Vniuersitas nominabit loco & tempore.

3. Quod à Rege precipiatur Vniuersitati filiæ suæ vt veritatem prædicet in isto facto per totum Regnum.

4. Reuocetur Episcopus S. Flori à legatione & detineatur: insuper detineatur M. Petrus de Courcella, Sancius Lupi & Decanus S. Germani Antissiodorensis, & puniantur iuxta demerita. *Sigillatum sigillo Vniuersitatis prædictæ.*

Bullæ autem prædictæ traditæ sunt Rectori & ab ipso laceratæ: Continuoque captus Decanus S. Germani & carceribus mancipatus. Capti quoque Abbas San-Dionysianus & alij nonnulli. Guido de Roya Archiepiscopus Remensis, Petrus Alliacensis Episcopus Cameracensis & alij Doctores iussi venire Lutetiam, venire non ausi sunt timore periculi, metuque carceris. Scilicet ijs omnibus impingebatur crimen hoc, quod Benedicti mentem agnouissent de Excommunicando Rege, nec Regem admonuissent.

Inter suspectos non legitur fuisse Gersonius Cancellarius Vniuersitatis Parisiensis, quanquam ipse palàm improbasse videatur, Facultatis Theologicæ Decretum supra relatum, in eo præsertim quod Benedictum Schismaticum & hereticum vocet; vnde ille solemniter declarauit se prædictæ Facultati non adhærere, quò pertinere videtur sequens eius declaratio.

IN NOMINE S. & indiuiduæ Trinitatis, Ego IOANNES CANCELLARIVS indignus Ecclesiæ Parisiensis, compellente me scientia mea absque singularitatis præsumptione temeraria, sed ex præuisione periculorum verisimiliter futurorum in fide & Christiana Religione, si fierent aliqua de quibus est fama & formido probabilis; Dico & protestor coràm hac sacra Theologiæ Facultate ea quæ sequuntur.

1. Quod volo procedere ad vnionem Ecclesiæ in vniuersali & particulari tanquam filius eiusdem Ecclesiæ licet nouissimus. Et hoc non innitendo propriæ prudentiæ, sed insequendo Consilium Regis & Regni pro mea facultate & vocatione, ac etiam deliberationem Generalis Concilij huius obedientiæ finaliter exspectando.

2. Quod nolo reuocare in dubium, vel disputationem ea quæ hactenùs facta sunt maturo Consilio Regis & Regni, tam super adhæsione ad D. Clementem, & consequenter ad D. Benedictum, sicut inobedientes & Neutrales faciunt etiam in hac Vniuersitate, quàm super electione viæ Cessionis & super substractione, an bene, vel male fuerit instituta.

3. Quia fama publica est quod aliqui *volunt deducere materiam præsentem ad hæresim, vel Schisma,* imponendo talia crimina D. Benedicto, & tendendo his medijs ad eius depositionem & forte consequenter ad persecutionem omnium sibi adhærentium & adhæsurorum. Ego coactus conscientiâ significo quod istud nunc & aliàs apparuit mihi non necessarium, sed penitùs inexpediens. Nam per hoc secundum videre meum & sub correctione illius, vel illorum ad quos spectat autoritas, Schisma præsens multiplicaretur & irremediabiliter, vt Schisma Græcorum atque Latinorum radicaretur; diuisio crudelissima & perniciosissima in hoc Regno inter se & contra alios verisimiliter oriretur. Periculum mutationis Regni & aliarum Dominationum suscitaretur, substractio cum

" multis quæ hactenus factæ sunt per Regem & Regnum in periculum ex-
1408. " probrationis saltem de facto reduceretur. Accusatio multiplex odiosis-
" sima, turpissima & infamis per Accusatos contra Accusatores saltem fa-
" cto reuerteretur. Et hæc latius offero me deducturum.
" 4. Si fiat Accusatio prædicta nomine Vniuersitatis, vel Facultatis
" Theologiæ, Ego minimus inter eos, sed fidelis filius & zelator sui hono-
" noris, quia obligor ex officio prouidere ne Errores in Vniuersitate pul-
" lulent, protestor quod hoc neque fuit, neque est de consensu meo; quia
" etiam nunquam fui præsens vbi hæc materia præ Facultate tractaretur,
" cum tamen deberet, vel non proponi, vel ante propositionem cum sum-
" ma maturatione & diuturna deliberatione ventilari, multo amplius quàm
" approbatio, vel reprobatio vnius dicti Scholastici; pro cuius tamen dif-
" cussione apponitur quandoque tractus anni vel biennij, quandoque to-
" tum dimittitur indiscussum. Attento denique quod dicitur pluries fuisse
" ex parte Regis inhibita talis discussio per Facultatem facienda, & si op-
" positum fuerit, quod auertat Deus, Ego pro liberatione animæ meæ in
" in hoc seculo & in futuro apud Deum & homines, pro me & meis adhæ-
" rentibus, & ad obuiandum prætactis inconuenientibus, quantum fas ha-
" beo, protestor de opponendo me tempore & loco & medijs opportunis.

Factâ Neutralitatis promulgatione Rex vtriusque obedientiæ Cardinales suis litteris rogat, vt locum eligant diuturno Schismati finem im-
posituri. Tales autem sunt litteræ datæ 22. Maij.

" CAROLVS DEI GRATIA FRANCORVM REX. Egregiarum Circun-
" spectionum viris & amicis nostris Charissimis Cardinalibus se in Roma
" gerentibus salutem & miserandæ lachrimantique Matri omnium Eccle-
" siæ condolere. Cognoscitis abunde, si non fallimur, Dilecti & fideles
" Amici Charissimi, quod in grauibus doloribus & anxietatibus ob duo-
" rum nefandam ambitionem, qui diu de Papatu contenderunt, sacro-
" sancta Ecclesia in dies magis affligitur, magis laceratur & concutitur. Vi-
" dentes nunc miserabilem ac horrendam, atque ex alto, nisi Deus perspe-
" xerit, subuersionem, inde gemebundi & anxij viscere tenus commoue-
" mur, eius desolationi piè condolentes, & eo magis quo ad consolatio-
" nem eius procurandam magis ex debito obligamur: ad quam rem per-
" agendam quantos labores, quantas solicitudines in Concilijs celebran-
" dis & Legationibus per Christianum Orbem transmittendis postea ab
" ineunte adolescentia Deo & vobis testibus adhibuimus, satis & sæpè po-
" tuistis attendere. Vt igitur vetera vobis notissima omittamus & nouis-
" sima capiamus, post multos variosque labores circa viam mutuæ Cessio-
" nis tentatos, post obitum illius qui apud vos Innocentius dicebatur, An-
" gelum Corarium quem nunc Gregorium appellatis, in vestrum Papam
" sub votis & juramentis de renunciando & cedendo Papatui elegistis; quo
" electo ab eodem litteras accepimus continentes quod Petro de Luna, cui
" tunc Papæ obediuimus, mortuo vel cedente, erat pro vnitate Christia-
" norum paratus iuri suo peruerso renunciare & dictum Petrum de Luna,
" vt similiter ageret, per similes literas hortatus est, cui super hoc suas Bul-
" las misit. Tunc profectò magno & ineffabili gaudio exsultauimus quan-
" do ambos de Papatu contendentes in eandem sententiam in viam Ces-
" sionis conuenire; & totum mundum inde gaudere, & in nostra prosecu-
" tione esse vnanimem videbamus. Et vt à nobis consolarentur, solemnis-
" simos nostros & Ecclesiæ & Regni nostri Ambassiatores in magno nume-
" ro & notabili de nostra intentione & voluntate ad plenum edoctos, pri-
" mò ad dictum Petrum de Luna; deinde ad dictum Angelum transmisi-
" mus. Et quanquam apud eosdem Contendentes per magna tempora
" vnionem nostro nomine prosequentes permanserint, nihil tamen quod
" Deo gratum, quodque mundo vtile esset, reportarunt ab eisdem: sed
" annum & plusquam annum in legationibus vnionis ad alterum destinan-
" dis, in locis difficultandis, in coloribus, quibus pro sua parte ad sui

excusationem quærendis consumpserunt, nec in orbe toto locum inuenire valuerunt, vbi sua vota suaque iuramenta adimplerent, vbi lugenti & desolatæ Ecclesiæ pacem darent. Quis autem eorum malitiam, fraudem, & iniquitatem clare non videat? Quis eosdem turbatores pacis & impeditores vnionis non accipiat? Quis talibus de cætero obediret? Violauerunt fidem, fregerunt votum, promissum non tenuerunt, & sponsam Christi ante pedes eorum videntes prostratam, eidem manus eleuatrices quas faciliter exhibere poterant, denegarunt. O magnum & scelestum facinus! ô nefanda temeritas! ô talibus viris ad pacem Ecclesiæ dandam inter mortales obligatis indigna macula nunquam eorum delenda de frontibus, qui dum opportunitatem assequendæ pacis prospexerunt quasi pauidi, & vt existimamus, suorum scelerum conscij, se mutuò in præsentiâ suorum Collegiorum videre ausi non sunt: verentes forsitan ne voluntas Altissimi quæ mentes hominum scrutatur & cuius majestati manifesta sunt omnia, eorum fraudes & collusiones, & errores longis incognitos temporibus in eorum pertinacia clarescere faceret. Hæc & alia maiora vos scire arbitramur, & quantum zelum ad pacem Ecclesiæ habuerint, qualiterve processerint, vnde elicere potuistis. Etenim ambo obstinati sunt & dura sententia obfirmati vt Ecclesiæ pacem dare recusent. Vos quibus spes obtinendæ pacis ob defectum & vitium eorundem relicta est, cogitamus, & cum instantia per Deum verum & immortalem, per eius appersionem sanguinis, per eius si qua est vobis, fidei & Christianæ Religionis integritatem & ad matrem Ecclesiam, misericordiam & pietatem requirimus & hortamur, vt dimisso dicto Angelo, vos in vnum locum conferatis & conuentionem cum nostris Cardinalibus procuretis. Nam si locum in vnum conuenietis, non dubitamus quin in ipsorum contendentium contumacia & absentia, attentâ rei necessitate, quæ in quantum subest legibus & Decretis Ecclesiæ prouisum sit, nec Decretis tantum & legibus, imò miserandum necessitatis oculum habeatis. Quoniam cunctis casibus futuris, & maximè tanto casu inopinato insperatoque non valuerunt Decreta, si opus esset, prouidere. Nec existiment aliqui quod propter longas dilationes & diras fatigationes resilire ac à nostro proposito desistere debeamus; qua in re perficienda eò feruentiores efficimur, quò magis res eadem in longas moras & dilationes protrahitur. Si verò huiusmodi nostræ rogationi pariter & requisitioni adquieueritis, nostrum auxilium, consilium, nostras opes, nostrum Regnum, nostraque omnia vobis non denegabimus: imò vos omnes & vos singulos omni honore gratiæ & fauore & Ecclesiam Sacrosanctam obsequio, adiutorio & honore amplectemur. De ceteris verò quæ circa hæc gerenda ad casum vestræ conuentionis & nostram voluntatem atque affectionem continent, Dilectos & fideles Consiliarios & Ambasiatores nostros, **Patriarcham Alexandrinum & alios Collegas** suos, nunc apud vos gratia persequendæ pacis Ecclesiæ existentes, instrui ad plenum volumus, quorum dictis fidem veliris indubiam adhibere, & requestis per eos vobis pro parte nostra faciendis totis conatibus attendere. Datum Parisijs an. Domini 1408. die 22. Maij.

Ad idem Collegium scripsit etiam Vniuersitas Paris. vt patet ex litteris sequentibus.

Litteræ Vniuersitatis directa Collegio Cardinalium.

REVERENDISSIMIS Patribus se pro cœtu Cardinalium gerentibus salutē. Cum iam prope esset, Reuerendissimi Domini, vt ex miserrima calamitate Ecclesia mater emergeret, ab ipsis de Papatu contendentibus orta sunt, vel difficultatis, vel impossibilitatis obstacula, & in homines aut veros, aut fictos mox irrupit fœda defectio. Vnde tam graues rumores excitati sunt vt iam nihil veri, nihil sancti, nullus Dei metus, nullum Iusiurandum, nulla Religio inesse contendentibus de Papatu

,, prædicaretur. Conclusiones etiam inter se mutuò habitæ clamant, quod
1408. ,, siue pro tanto scelere sit satis compertum, siue adhuc aliqui hæsitent,
,, nullus tamen apud Nos in dubium reuocat, quin ambo contendentes
,, peruersa & ambitiosa mente diuisionem hanc pestiferam hactenus pro-
,, duxerunt. Idcirco ad vos hoc modo tota causa redit vt conuenientibus
,, Collegijs relictisque Contendentibus vnum summum Pontificem toti
,, mundo cum optata pace donetis: super quo sacro Collegio Cardinalium
,, Partis nostræ modo sequenti scripsimus. Quod fuit optandum maximè,
,, Reuerendissimi Patres! & quod vnum ad Schisma pestiferum & Ecclesiæ
,, desertionem sedandam maximè pertinebat, id non humano consilio, sed
,, propè diuinitùs datum & oblatum nuper fideli populo oblatum videba-
,, tur: tum propter vota Angeli Corrarij, iuramenta, promissaque, tum
,, quod ea nobis vrgentibus, Petrus de Luna recusare posse non videretur.
,, Itaque iam dies pacis & lætitiæ dicebatur affulsisse: audiebamus labores
,, vestros & diligentias, & pacem animis complecti iam apparebant. Sed
,, dilationibus, verbis, & disceptationibus suis duo de Papatu contenden-
,, tes, vt non ab ambitioso potentatu discederent, huc vsque diuisionem
,, S. Matris Ecclesiæ & ignominiosam desolationem produxerunt, vt du-
,, bium esse non arbitrentur Petri Cathedram prope Ecclesiam, non Ec-
,, clesiam propter ipsius principandi rationem diuinitùs ordinatam. Ne-
,, que adducere volumus in disceptationem quod districta ratione pro qua-
,, litate temporis sic contendentes ad pacem dandam viâ Renunciationis
,, obligati videantur; sed potius quomodo diuini Iudicij seueritatem pote-
,, runt effugere, qui neque naturalis, neque humani, neque diuini Iuris
,, rationi obtemperarunt, sed pro votis proprijs, iuramentis & palliationi-
,, bus toti requirenti mundo & poscenti Ecclesiæ satisfacere noluerunt.
,, Eos itaque de vnitate militantis Ecclesiæ malè sentire iudicabit posteri-
,, tas. Hìc Reuerendissimi Patres, superfluum putaremus referre
,, quoties requisitæ fuerunt dilationes, refutationes & illusiones quibus
,, iam orbem fatigauerunt, quod vos ibi ea cognouistis. Nullus in Europa
,, locus aptus, nullaque dies anni conueniens ipsius visa est ad pacem Ec-
,, clesiæ dandam. O vehementem pertinaciam! ô fidem, ne dicatur debi-
,, litatem, sed tandiu deperditam! membra se dicunt Ecclesiæ, vel capita
,, quam hostili gladio persequuntur. Absit vt hostes Ecclesiæ dicantur pars
,, Ecclesiæ, inimicus Christi dicatur Vicarius Christi. Credimus neminem
,, tam improbum, tam proditum, tamquam eorum similem inueniri posse
,, qui post hoc eos defendendos arbitraretur, nisi forsitan is fuerit quem
,, eadem infausti Schismatis cogitatio in damnatam hæresim demerserit.
,, Idcirco Reuerendissimi Patres, Ecclesia tota clamitans suis querelis
,, emissis vos hortari videtur, esse vestrarum Institutionum memores, nunc
,, magno & constanti animo viam sumere ad amborum Collegiorum con-
,, uentionem: vos rogat etiam viros illos dimittere, qui nedum ipsam di-
,, miserunt, sed plagam sibi super plagam apposuerunt. Alterius Collegij
,, Domini persuasi sunt conuenire vobiscum, nolite recusare S. Matri,
,, quia salus vestra clauditur. Hunc extremum laborem exhibere non seue-
,, rè, non acerbè petit Ecclesia quod petere posset. Nam videte quibus
,, dicit Ecclesia, vos enim pacem ademistis, pacem reddite: in diuisionibus
,, me lacerastis, & crescit in dies singulos dolor meus: reducite vnitatem
,, & consolationem & eritis alumni: si filij vultis appellari, præbete sub-
,, sidium alumnorum & filiorum obsequium; nec sceleratissimos hostes
,, sectamini, quoniam qui eos secuti sunt, aduersarij mei sunt effecti. Ama-
,, ra est hæc precatio, sed certè pro morbo & veritate non incongrua:
,, multò tamen mitius Reuerendissimas Paternitates obsecrat & obtestatur
,, pia mater: supplex enim pandit morbum, panditque vulnera sua: rogat
,, tam tetram tamque horribilem, ac tam sibi infestam pestem derelinqui
,, & expelli, atque eius fautores protinus euerti: obtestatur vos per asper-
,, sionem Sanguinis Christi Iesu, sui misereri, & indilatè succurrere. Nos
,, verò in easdem preces mittentes vota nostra, qui nihil intentatum

relinquere debemus quod causæ Dei suffragari credimus, vestras Reuerendissimas Paternitates hortamur & hortando supplicamus, vt relicto Petro de Luna cum DD. alterius Collegij conueniatis, pacem & vnum summum Pontificem fideli populo daturi & Contendentium indignitatem, duritiem & pertinaciam declaraturi: ferte nunc opem qui spem dedistis: & pensetis quanti pondus Negotij super vos descendit. Nam spes omnis pacis abunde in vobis posita est: agite igitur vt à vobis primum decus exeat: non exspectetis donec alterius Collegij Domini gloriosissimis meritis vos prævueniant: non enim est obscurum quoniam in tanta re vos prædicet & sequatur vniuersus orbis: nec ex hoc deerunt vobis auxilia, dum tamen assit animi curæ diligentia. In hoc etiam pollicemur graues & assiduos labores nostros, in quo Legatos nostros pro nobis audire dignemini. Denique media ex medijs inueniemus quibus pernicies Schismaticorum poterit coërceri, & per vos composita pace, vel præsto priscum laborem resumere possit Ecclesia. Beatæ Pacis auctor dirigat Reuerendissimas Paternitates vestras. Cum igitur vestris laboribus Pax Ecclesiæ plurimum prouecta sit, vltimò causâ præmij vos hortamur obtestantes per fidem Christianam vt relictis contendentibus qui huic rei super animi corporisque vires adesse deberent cum DD. Cardinalibus nostræ partis celeriter conueniatis ad vnum summum Pontificem populo concorditer eligendum: super quo legatos nostros etiam pro nobis audire dignemini quæ asseuerauerint, aut pollicitauerint, in dubium non reuocantes. Altissimas Paternitates vestras dirigere dignetur in viam pacis. Scripta Parisius in Congregatione nostra Generali apud S. Mathurinum super hoc specialiter congregata die 29. Maij, anno Domini 1408.

Vester Rector & Vniuersitas
studij Parisiensis.

Præterea Rex neutralitatem quam anno superiori diximus fuisse conclusam, patentibus litteris confirmauit, quæ tales sunt.

CHARLES PAR LA GRACE DE DIEV ROY, &c. A tous Ceux, &c. Comme par Nos autres lettres desquelles la teneur s'ensuit, Charles, &c. Comme depuis qu'il a pleu à Dieu, &c. vt suprà. Nous voyans & connoissans euidemment que pour les grands proufits, plaisirs & honneurs temporels que les deux Contendans du Papat & leurs Predecesseurs, & dont en nosdites precedentes lettres est fait mention, ont eu par l'obeyssance qui depuis le commencement du Schisme a esté donnée, faite & prestée ausdits contendans, ils ont esté & sont remis & negligens de mettre Paix & vnion en nostre Mere S. Eglise, ainsi que faire le deuoient pour le bien de la Chrestienté. Et Voulans à ce obuier de nostre part cussions par tres-grand' & meure deliberation de conseil de plusieurs de nostre sang & lignage, Prelats, Barons, Docteurs & autres sages & prud'hommes de nostre Royaume à ce appellez par deuers Nous, ayans Dieu seulement & le salut de leurs Ames deuant les yeux, conclud & determiné que ou cas que dedans le iour de l'Ascension de nostre Seigneur derrain passée, n'auons vnion en nostredite Mere sainte Eglise, & vn seul, vray, & sans doute, Pape & Pasteur de l'Eglise vniuerselle, Nous, le Clergié & autres Grands & Subjets de nostre Royaume, & aussi de nostre Dauphiné de Viennois, serions Neutres & ne serions, presterions & donnerions, ne souffririons par aucuns de nos subiets estre donnée dés-lors en auant aucune obeyssance à l'vn ne à l'autre d'iceux deux Contendans qui tiegnent & occupent ledit Estat, iusques à ce qu'il y ait vn seul vray & sans doute Pape & Pasteur de l'Eglise vniuerselle, comme dit est. Et soit ainsi que ladite feste soit passée, sans ce que nous ayons ladite vnion en nostredite Mere sainte Eglise. Sçauoir faisons que nous considerans les choses dessusdites & autres plusieurs causes & considerations qui sur ce sont à considerer, & voulans & desirans sur toutes

1408.

NEVTRALITAS PROMVLGATA.

"choses comme vn vray Catholique & bon Chrestien le doit faire, l'auan-
" cement & abregement de ladite vnion, & oster, à nostre pouuoir, les em-
" peschemens continuels. Euë sur ce tres grande & meure deliberation
" de Conseil auec plusieurs de nostre Sang & lignage & Sages & Notables
" personnes, tant de nostre grand Conseil comme autres, & tant Clercs,
" comme Laïs: Et en approuuant & corroborant nosdites autres lettres cy-
" dessus transcriptes, & toutes & chacunes les choses en icelles contenuës:
" Auons auiourd'hui cõclud & determiné, & par la teneur de ces presentes,
" de nostre certaine science & pleine puissance, concluons & determinons
" que Nous & tout nostre Peuple & subiets de nosdits Royaume & Dau-
" phiné estre neutres & que doresnauant ne ferons ou donnerons, ne souf-
" frirons par aucun de nosdits Subiets estre fait ou donné ores ne ou temps
" aduenir aucune obeyssance à l'vn ne à l'autre desdits deux Contendans,
" ne autre de leurs Successeurs qui riegne ou occupe ledit Estat, iusqu'à
" ce qu'il y ait vn seul, vray & sans doute Pape & Pasteur de l'Eglise vni-
" uerselle, comme dit est. Si donnons en mandement par ces presentes:
" A nos Amez & Feaux les Gens tenans Parlement à Paris, & qui tien-
" dront ceux auenir, & tous nos Baillifs, Seneschaux, Vigniers, Iuges,
" Preuosts & autres Iusticiers & Officiers ou à leurs Lieutenans & à cha-
" cun d'eux qui sur ce sera requis, que nos presentes Conclusion & Deter-
" mination publient ou fassent publier incontinent ces lettres veuës, par
" tous leurs Sieges & Auditoires & ailleurs par toutes les Villes & lieux
" notables de nosdits Royaume & Daulphiné où l'on a accoustumé és
" temps passez faire publications & cris solemnels, & ce à voix de Trom-
" pe & autrement en la meilleure forme & maniere que faire se pourra:
" & tellement que de ce nul ne doye ou puisse pretendre ignorance. Et
" icelle Conclusion & Determination fassent tenir & garder de point en
" point selon leur forme & teneur sans infraction aucune par tous nos
" subiets & autres demourans en nosdits Royaume & Daulphiné, de quel-
" que estat & condition qu'ils soient, & tant d'Eglise que Seculiers. Et
" les Transgresseurs ou venans à l'encontre directement ou indirectement
" en quelque maniere que ce soit ou puist-estre, punissent ou fassent punir
" en corps & en biens ou autrement selon exigence des Cas, & tellement
" que nostre honneur y soit gardé & que tous autres y preignent exemple.
" De ce faire vous donnons pouuoir, authorité & mandement especial,
" Mandons & commandons à tous nos Subiets tant d'Eglise, comme Se-
" culiers demourans ou Beneficiez en nostredit Royaume & Daulphiné,
" sur peine de corps & de biens & de bannissement de nosdits Royaume &
" Daulphiné, que à nosdits Officiers & à chacun d'eux & à leurs Commis
" & Deputez és choses dessusdites, circonstances & dependances d'icelles,
" obeyssent & entendent diligemment comme à nous & donnent conseil,
" confort & aide se métier est & requis en sont: Car ainsi le voulons & nous
" plaist estre fait, nonobstant quelconques oppositions ou appellations
" faites ou à faire, lettres impetrées ou à impetrer à ce contraires. En
" tesmoin de ce auons fait mettre nostre séel à ces presentes. Donné à
" Paris le 25. iour de May, l'an 1408. Et le 28. de nostre Regne, ainsi signé
" par le Roy, &c.

Et quia Benedictus aduersus Vniuersitatem Parisi. Bullas nonnullas
emiserat, quibus falsò eam criminabatur, seditionisque accusabat, Rex
eam ab omni probro & contumeliâ literis patentibus vindicauit, palam-
que significatum voluit, suo iussu omnia præstitisse Vniuersitatem quæcunque in præsentem materiam deliberasset. Sequuntur igitur litteræ.

" CHARLES PAR LA GRACE DE DIEV ROY DE FRANCE. A nos
" Amez & Feaux Conseillers, les Gens tenans nostre present Parle-
" ment & qui pour le temps auenir le tiendront, Salut & dilection. Com-
" me pour cause & occasion de la poursuite que Nous de tout Nostre
" pouuoir faisons & entendons faire pour l'vnion de nostre Mere sainte

Vniuersitatis Parisiensis. 167

Eglise qui tant longuement a esté & demoure en Schisme & diuision. Pierre de Lune derreinement éleu en Pape eust enuoyé & fait n'agueres presenter à Nous & à aucuns de nostre Sang & lignage aucunes fausses & iniurieuses & damnables Escritures en maniere de Bulle par lesquelles il s'estoit efforcé & enhortoit de fulminer Sentences d'excommuniement & autrement à l'encontre de Nous, de ceux de nostre Sang & lignage & de nostre Royaume. En soy efforçant de nous, nos deuant dir Sang, lignage & Royaume iniurier, vituperer & deshonorer; Et pour icelles fausses iniurieuses & damnables Escritures reprimer & annuller *Nostre tres-chere & amée Fille l'Vniuersité de Paris*, eust fait publiquement proposer en la presence de Nous & de nos tres chers & tres-amez oncles & cousins le Roy de Sicile & Ducs de Berry & de Bourgogne, les Comtes de Mortaing & de Neuers & plusieurs autres de nostre Sang & lignage, Prelats, Barrons, Cheualiers & autres Gens notables, plusieurs grandes Conclusions concernant & regardant le bien & honneur de nostredite Mere sainte Eglise, de Nous & de nostredit Royaume. Entre lesquelles eust esté dit & montré, que Nous & Ceux de nostredit Royaume & Dauphiné, ne deuions ne ne pouuions obeïr aucunement à quelconques Bulles ou lettres que ledit Pierre de Lune eust faites ou fait faire pour dons de Prelatures, Dignitez, Benefices ou autrement depuis la date desdites fausses iniurieuses & damnables Escritures qui auoient esté données le 19. May 1407. si comme l'on dit. Et lesquelles choses eussent esté aduisées & encores nous aient esté & soient remonstrées & conseillées par plusieurs de nostredit Sang & lignage & de nostre Conseil que ainsi faire le deuons. Sçauoir vous faisons, que Nous voulans du tout escheuer à nostre pouuoir les maux, esclandres & inconueniens qui pource pourroient ensuir en faisant le contraire des choses dessusdites, mais icelles tenir & garder entierement: Vous mandons, commandons & expressément enioignons que à quelconques Bulles ou lettres données depuis la date desdites fausses, iniurieuses & damnables Escritures, qui doresnauant vous soient presentées & enuoyées, Vous ne obtemperez ou obeyssiez ne ne les receuiez; soit pour Prelatures, Dignitez, Benefices ou autrement, ne ne souffrez estre obey ou obtemperé en aucune maniere: Mais cette presente nostre ordenance voulenté & mandement faites obseruer & garder sans enfraindre. Et s'il y a aucuns qui se ingerent ou veulent ingerer de presenter ou vouloir presenter aucunes Bulles ou lettres d'iceluy Pierre de Lune pour les vouloir mettre aucunement à execution contre nostre presente voulenté que en ce cas incontinent vous dechiriez icelles Bulles ou lettres qui vous soient presentées, en vous tenant saisis des personnes de Ceux qui icelles Bulles ou lettres vous auroient presentées. Et en les punissant tellement que ce soit exemple à tous autres. **Donné à Paris le 6. iour de Iuin**, l'an de grace 1408. & de nostre regne le 28.

" 1408.

Et Quia Busicaldo Gubernatori Genuæ mandatum à Rege fuerat, vt si commodè posset, Benedictum comprehenderet, nec alio se conferre permitteret, ille his auditis clam & inexpectatâ fugâ è Portu Veneris vbi commorabatur ad Illiberitanum Catalauniæ appulit, & relictâ Galliâ deinceps in Hispania sedit; antequam verò abiret, Gregorium mense Iunio monuit per litteras, se quanquam recederet, inque locum tutiorem sese recipere cogeretur, nihilominus semper fore paratum ad vnionem perficiendam. Gregorius, his litteris acceptis, 10. Iunij alias quoque excusationes publicauit. Quas vtriusque Pontificis fugas & collusiones cum viderent Cardinales vtriusque partis, inter se inuicem per litteras collocuti constituunt celebrare Concilium & vtrumque deponere. Itaque Gregoriani Cardinales Liburni in Etruriâ tunc commorantes excitati litteris Regis & Vniuersitatis datis mense Maio, quas supra retulimus, suas ad vniuersos Christi fideles dant 1. die Iulij, significantque suum de celebrando Concilio consilium. Cardinales Benedictini eodem loci conueniunt, & omnes communicato Consilio edicunt publicis litteris datis 14. Iulij Concilium celebrandum Pisis ad festum Annunciationis B. Virginis, scilicet 25. Martij an. 1409. inuitantque ad illud omnes Prælatos, & Doctores, Reges quoque ac Principes. Quarum litterarum inscriptio hæc erat.

"Miseratione diuina Episcopi, Presbyteri & Diaconi S. R. E. Cardinales nunc in loco Liburni Pisanæ Diœcesis commorantes, vnà cum Collegio Reuerendissimorū in Christo Patrum in parte alia Cardinalium Nominatorum, pro Nobis & alijs Reuerendissimis in Christo Patribus DD. Cardinalibus pro nunc absentibus Nobis adhærentibus, & adhærere volentibus in hac parte, Venerabili Patri, &c. vel Serenissimo Regi. vel *Vniuersitati studij Paris.* Salutem & promptum habere affectum ad pacem & Ecclesiæ Vnitatem procurandam, &c. Similiter ad vtrumque Pontificem scripserunt, hortatique sunt vt vel ipsimet se sisterent, vel suos Procuratores ad Concilium mitterent.

Tales vero sunt ad Vniuersitatem litteræ.

"Miseratione diuina Episcopi, Presbyteri & Diaconi P. S. Rom. Ecclesiæ vtriusque Collegij Cardinales venerabilibus & Doctissimis viris *Rectori cæterisque Magistris sacræ Vniuersitatis studij Parisiensis*, salutem. Super statu atque conditionibus præsentium rerum & spe iam iam infirma parte reposita Reipub. reformandæ tollendique dissidij de medio Campo Orthodoxæ fidei, Scribimus quantum pro nunc velocitas rerum patitur, Christianissimo D. Regi Francorum in hæc verba.

"Christianissimo ac Serenissimo Principi D. Carolo Francorum Regi, vestri Episcopi, Presbyteri & Diaconi S. Romanæ Ecclesiæ vtriusque Collegij Cardinales salutem in eo per quem Reges regnant & dispersiones Israëlis congregare. Certi sumus deuotionem vestram non latere progressum amborum Dominorum Contendentium de Papatu, neque ignorare ex vestris accuratissimis studijs, quibus ostensionibus, palliationibus, quibusve operibus aut affectibus, & ad quem exitum causa vnionis Ecclesiæ sanctæ Dei ab eisdem Contendentibus finaliter sit perducta, imò quod non sine dolore reuoluimus, nisi de medio occurratur, nunquam magis prope in exitium coarctata. Nos itaque quorum ex vtraque parte præ cæteris maximè in hac rerum vertigine & supremo animarum periculo interest rebus tam grauibus obuiare, vtrinque decreuimus Spiritu sancto dictante in vno loco pro summo remedio conuenire, vt sicut iam mutua nostrorum vota in vnum aspirabant, illud palàm cum expressione operis atque pro viribus demonstraremus. Eo igitur Spiritu sancto agente, annuit Deus pijssimis votis nostris, vt quod mente conceperamus, repente cum multorum admiratione impleremus; venimus namque ad hanc terram Celsitudinis vestræ, & in summa pauculis diebus intermissis, ita in omni agendorum materia dictæ vnionis attingendæ conuenimus, ita concordes tanquam ex vna mente per omnia ad rem ipsam perficiendam percussi, vt diuinum potius quàm humanum fuerimus arbitrati. Rebus autem, Serenissime Princeps, sic stantibus vt præfertur, litteras vestras Regales cuilibet nostrum Collegio directas accepimus gaudenter; tum quia ex illis cognouimus circa cœpta vestram laudabilem perseuerantiam huic sancto operi non deesse, tum etiam potissimè quia noster affectus cum vestro non discrepat. Et quod Regia Majestas nobis per suas litteras suadebat, iam fere opere compleuisse, prout per ea quæ D. Patriarcha Alexandrinus Consiliarius vester, qui abhinc infra breue recedet, particularius explicabit, vestra Regia Majestas agnoscet quam ille conseruare dignetur, cuius, &c.

"Et quia ex præmissis licet pauculis pro præsenti attendere poteritis, quantum materiæ de qua agitur, ad summum eius diuinis potius quàm
humanis

humanis consilijs dirigatur, & per dictum D. Patriarcham aliosque Collegas redeuntes ad propria ob eandem causam poteritis informari. Nihilominus quia interea possunt multa ad opus dictæ materiæ vobis sollicitantibus procurari, hortamur igitur vos, quatenus circa illa velitis pro viribus insistere, iuxta quod per litteras Ambassiatorum Regiorum hic existentium eritis medullitus informati. Datum in villa de Liburno Pisanæ Diœcesis, sub sigillis nostrum sex vtriusque Collegij Priorij, vltima die mensis Iunij an. Domini 1408.

Accepit quoque Vniuersitas circa id temporis litteras à Rege Hungaro, quarum exemplar Gallicè versum legitur apud Monstreletium his verbis.

A Venerables, Saiges & Prudens hommes le Recteur & Vniuersité de l'Estude de Paris, nos Deuots & Amez, Nobles hommes & tres-renommez en Sciences, &c.

Interim Cardinales qui à Gregorio defecerant, litteris ad vniuersos Christi fideles datis certum faciunt se neutrius partis deinceps fore, donec vterque Pontifex cesserit. Idem præstant Cardinales Benedictini, suis litteris patentibus datis similiter 1. Iulij. Postea vtrumque Collegium sigillatim ad suum Pontificem scripsit die 14. eiusdem mensis, & ad Concilium Pisanum vocauit. Item dant ad suæ obedientiæ Prælatos litteras, vt similiter Pisas se conferant Concilium celebraturi & de vnione Ecclesiæ simul acturi. Id vero factum, dum Legati Regij & Vniuersitatis Liburni adhuc commorabantur; sic enim Collegium Cardinalium Benedictinorum in fine litterarum scribit. *Datum & Actum in loco Liburnij supradicto, in Claustro Ecclesiæ dicti loci, præsentibus R.R. in Christo Patribus DD. Dei gratia Simone Patriarcha Alexandrino, Administratore perpetuo Ecclesiæ Carcassonensis, Petro Episcopo Meldensi, ac venerabilibus & circunspectis viris MM. Roberto de Quesneyo Doctore, Ioanne Francisci Licentiato in Decretis, & Ioanne Petri Magistro in Medicina testibus ad præmissa vocatis specialiter & rogatis.*

Fulminat vterque Pontifex. Benedictus auditis ijs quæ in Francia gesta fuerant & gerebantur, Perpinianum se confert cum pauculis suorum. Rex protinus dat ad Regem Arragonum litteras, rogatque ne patiatur prædictum Benedictum vllibi in Regno suo Concilium celebrare: quæ litteræ leguntur in 6. tom. Spicilegij Dacheriani.

Porro cum idem Rex substractionem promulgari paulò antè curasset, conuocauit deinde Prælatos Ecclesiæ Gallicanæ ad Concilium, cum ijs acturus de modo disponendarum & administrandarum Ecclesiæ rerum, pendente & durante neutralitate. Conueniunt ergo ex omni Regni parte Prælati Lutetiam & ab 11. Augusti ad 5. Nouembris variæ rationes agitantur. **Huic Concilio præsedit Ioannes de Montagu Archiepiscopus Senonensis.** Missam celebrauit Archiepiscopus Tolosanus, vt scribit Monstreletius. Quâ celebrata, concionem habuit, seu sacrum sermonem M. Ioannes Breuis-coxa Doctor Theologus, assumpto hoc Themate. *Quæ pacis sunt sectemur, & quæ ædificationis sunt, inuicem custodiamus.* Ad Rom. 4.

Die 20. Augusti Sanctius Lupi & Nuncius Benedicti qui Bullas Regi Regnoque iniuriosas attulerant, quique in carceribus Luparæis detinebantur, adducti sunt ad Palatium Forense, ingenti nominis sui infamiâ; rem sic narrat Monstreletius.

Entre temps que ces choses estoient dites & faites M. Saussien & le Messagier de Pierre de la Lune qui auoit apporté les Lettres dessusdites au Roy, tous deux Arragonois, mitrez & vétuz d'habillemens où estoient figurées les Armes d'iceluy Pierre de la Lune reuersées, furent amenez moult honteusement & deshonnestement sur un bannel du Louvre en la Cour du Palais; & prestement emprés le marbre au pied des degrez fut un Eschauffaudis leué, sur lequel tous deux furent mis & montrez moult longuement à tous ceux qui veoir les vouloient, & auoit escrit esdites mitres CEVX SONT DESLOYAVX A L'EGLISE ET AV ROY,

1408.

& aprés furent ramenez au Louure fur ledit Bannel comme deſſus. Et le lendemain r'aſſembla le Conſeil au Palais où eſtoit preſent, ou lieu du Roy, le Chancelier de France. Auquel lieu M. Vrſin Tailleuande natif de Normandie Docteur en Theologie tres-renommée propoſa pour l'Vniuerſité de Paris & prit ſon Theme du 100. Pſalme, Fiat pax in virtute tua. In Actis Curiæ ſic quoque legitur ad diem Lunæ 10. Aug.

Aviourd'huy entre dix & onze heures, les Prelats & Clergé de France aſſemblez au Palais ſur le fait de l'Egliſe, ont eſté amenez Maiſtres Sance-Loup né du pays d'Arragon, & vn cheuaucheur du Pape Benedic, qui fut né de Caſtille, en deux Tombereaux, chacun d'eux veſtus d'une Tunique de toile peinte, où eſtoit en bref effigiée la maniere de la preſentation des mauuaiſes Bulles, dont eſt mention le 21. May cy-deſſus, & les armes dudit Benedic renuerſées, & autres choſes, mitrez de Papier en leur teſte, où auoit eſcritures du fait, depuis le Louure, où eſtoient Priſonniers, auec pluſieurs autres Prelats de ce Royaume, & autres gens d'Egliſe, qui auoient fauoriſé auſdites Bulles, comme l'on dit, iuſques en la Cour du Palais, en moult grande Compagnie de gens à trompes: & là ont eſté eſchaffaudez publiquement, & puis ramenez audit Louure par la maniere deſſuſdite.

Sed tota hæc hiſtoria fuſius deſcribitur in ſequenti Excerpto ex Hiſtoria quadam ſpeciali quam Monachus San-Dionyſianus de vita Caroli VI. compoſuit, quique huic ſpectaculo præſens interfuit.

„ IN Regali Conſilio cum de Regio ſanguine procreati triduo delibe-
„ raſſent ſuper oblatis literis, ex Vniuerſitate Pariſ. affuerunt nonnulli Do-
„ ctores excellentes & Magiſtri, qui latores, conſultores & Conditores ipſa-
„ rum dignum ducentes perquiri, vt noxij læſæ Majeſtatis Regiæ, eas re-
„ putauerunt iniquas & reprobandas, poſcentes vt id rationibus publicè
„ demonſtrarent in diem ſequentem Lunæ audientia conceſſa ad Came-
„ ram Minorem Regalis Palatij, cum Cleri innumerabili ferè multitudine,
„ ſicut Condictum fuerat, conuenirent, & in præſentia Regum Franciæ,
„ & Siciliæ, & Bituriæ, Burgundiæ, & Borbonij Ducum, Comitum ac
„ Baronum in dextra, ac Prælatorum in Læua Conſidentium, cum Rector
„ in Eminenti Pulpito in medio Curiæ, & ante faciem Regis Conſtitutus Magi-
„ ſtrum Ioannem Breuis-coxæ euocaſſet, ſibi inſtantis negotij commiſit
„ propoſitum. Qui contra Petrum de Luna ætherej Cithariſta verbum ſumens.
„ Conuertetur dolor eius in caput eius, & in verticem ipſius iniquitas eius deſcen-
„ det, Bullas eius iniquas & damnabiles vocans, inualidas quoque, nec ali-
„ cuius roboris, imò condemnatione, & laceratione dignas, multis me-
„ dijs probauit. Et ſi per ipſas delere & ſpoliare nomen & authoritatem
„ Regis atque Regni nitebatur, & perpetuare Schiſma, vt hac vſque im-
„ pediat ſanctam proſecutionem vnionis Eccleſiæ ſanctæ Dei, non Paſtor,
„ ſed diſſipator eiuſdem & inimicus totius Chriſtianitatis poterat reputa-
„ ri. Addidit pluries Petrum de Luna dixiſſe, quod ſi mentem mutaret,
„ nec ipſam acceptaret, & ſi inde ſubſtractio ſuæ obedientiæ ſequeretur,
„ tantum taleque ſcandalum Regno Franciæ inferret, quod in centum an-
„ nis non repararetur. Nec reticuit Proponens ipſius Petri apices regibus
„ Caſtellæ, & Bohemiæ directos ſeſe vidiſſe in quibus notabat primo, nec
„ ipſos, neque Hiſpanos Regem Franciæ colere, niſi quantum eorum au-
„ xilio indigebat. Alteri verò ſcribebat dictum Regem ad Imperium, quod
„ ſibi iure ſpectabat, modis omnibus aſpirare, vt ſic eis Regem redderet
„ exoſum, & in viam Ceſſionis quam elegerant, penitus declinarent. Ipſi
„ etiam Petro Regem dixit obedientiam alias reſtituiſſe, ſub certis con-
„ ditionibus per Iuramentum firmatis, quæ tamen præmiſſa, & iuramenta
„ parui pendens poſt modum renuit adimplere ſemper impediendo ſanctæ
„ Matris vnionem. Hic, inquit, Schiſmaticus, & hæreticus eſt cenſendus vni-
„ uerſis Chriſticolis, cum eidem adhærentibus vniuerſis, & non modo à Pa-
„ patu, ſed omni ſtatu Eccleſiaſtico meritò eſt priuandus, attento quod

Vniuersitatis Parisiensis. 171

notorium est, cum ipse sit causa principalis huius deflendi Schismatis, quod etiam cum mortuis eius duobus aduersarijs renuit pertinaciter terminare.

1408.

Et si votum emiserit Sacramentis vallatum, & litteris vbique diuulgatum de via Cessionis procuranda, nihilominus sperandum quod hoc efficaciter debeat implere, & tempus terens in vanum, cùm iam trium mensium spatio aduersarium suum habuerit in vicino, ad quem legationes frustratorias mittit, quæ omisso Principali, cum eo disceptent solùm de loco conuentionis amborum, ad continuationem, inquit, nefandissimi Schismatis, tam dignum perfugium quærens de malignorum consilio, seu obstinatione indurata, velut vnicus in Sede Petri præsidens, totum Imperium statuit sub obedientia sua coactè retinere, timore Bullarum suarum transmissarum. Quas tamen, vt superius dictum est, nullius vigoris, sed falsas & iniquas duximus reputandas, nec à quocumque viro magni pendendas Catholico, tumquod Vniuersitas ab ipso appellauit, quod licitè fecisset cum Vicario Christi, si contradixisset Ecclesiasticæ vnioni: tumquod scripto illo iniquo intendit Regnicolas lædere, ac Majestatem Regiam, qui meritò parui pendentes possunt dicere de ipso quod priùs allegatum est. *Conuertetur dolor eius & in verticem, &c.*

Quod peroratum Rex & sibi coassistentes Principes gratis auribus audierunt. Vnanimi quoque horum omnium consensu per Cancellarium Franciæ, qui quod in eundem Petrum atque Bullas prolatum fuerat, dixit eos gratum, & ratum habere; quas cum idem Cancellarius iniquas & condemnandas authoritate Regia reputasset, mox Secretarij Regij ipsas altè eleuatas, duplicatas & cùm cultello incisas *Rectori* proiecerunt, qui tunc eas inuerecundè in frusta dilacerauit minuta. Post hoc quod veraciter, membris meis & multorum tunc assistentium fremorem attulit & horrorem; Iubente iterum Cancellario, Decanum sancti Germani Autissiodorensis, virum vtique notabilem, & iam vergentem in senium, qui post Prælatos sedebat, Ministri regij turpiter apprehenderunt & eum ignominiosè ad Palatium Regale, incarcerandum duxerunt, condolentibus inde Dom. Cameræ Regij Parlamenti, cùm de Collegio eorum existeret. Sic soluto Regali Consistorio, luce adueniente proxima, & quatuor successiuis, Rex *ad Vniuersitatis instantiam*, vel vt verius fatear, fide mea, *quorundam Doctorum & Magistrorum* de gremio eius, quorum consilio in præsenti negotio vti statuerat, multa scribenda decreuit. Primo namque gubernatori Ianuæ D. Io. le Maingre aliàs Boussicaudo, litteris sub celeritate iussit, vt si possibile esset, Petrum de Luna quem infractorem vnionis Ecclesiæ ducendum & reducendum susceperat, donec tractasset de Pace cum aduersario suo, apprehensum sollicitè custodiret, ne vltra dominationem suam se transferret: Episcopum etiam S. Flori in vtroque iure Doctorem conspicuum, eloquentiâ clarum, memoriâ in repetendis argumentis singularem, quem ad Regem Hispaniæ miserat, vt sibi persuaderet neutralitatem amborum contendentium, reuocauit. Et quia scripsisse sciebant Consiliarij, quod contrarium intendebat, ipsi Regi litteris intimare studuit, ne ipsi Episcopo aliqualiter assentiret. iterum Archiepiscopum Remensem, Episcopum Cameracensem, Dom. Petrum de Alliaco, pluresque alios circunspectos & eminentis scientiæ viros, quos prænominati Consiliarij asserebant Petro de Luna adhæsisse, euocauit; qui forsitan carcerem metuentes minimè comparuerunt: Sicque ex eis qui euocati fuerant, venerabilis Episcopus de Gap, & Abbas sancti Dionysij cum quibusdam Canonicis Parisiens. & alijs notabilibus viris similiter apprehensi, contra quos iure ordinis non seruato, nec litis contestatione vel informatione, primo in Palatio Regali, & inde Castro Luparæ diu incarceratos tenuerunt. Abhinc culpam incarceratorum aggrauando, ac vbique Exosos eos reddiderunt: disseminabatur ipsos fautores Schismatis crimen Majestatis Regiæ incurrisse, cum non Regi reuelassent litteras à Petro de Luna mittendas. Attendentes

Y ij

"iterùm Regem & Duces Franciæ iam in ergastulis detentorum & ad-
1408. "huc capiendorum, etiamsi familiares eorum existerent crimen commi-
"sisse, obtinuerant, *Vniuersitate mediante*, vt expertis canalibus in æquali
"numero cum deputatis ab ea iungerentur, sed reuera, vt liberiùs laxa-
"rent habenas sæuitiæ in iam captos, cum pars & iudices essent. *Huius*
"*concionis maior pars erant Theologi & Artista in disputationibus, magis quàm*
"*in Processibus examinandis experti, qui sic fulti authoritate Regia inde plures*
"*incarcerauerunt*, quos post modum Innocentes ab ire permiserunt. Vnde
"inter eos pluries orta fuit verbalis discordia Commissionis tempore per-
"durante, diu etiam distulerunt in captorum iudicio causæ procedere, &
"tempus terentes in vanum, nec monitis Cancellarij Franciæ, nec præce-
"ceptis, consentire voluerunt eorum liberationi; semper addentes in suis
"oppositionibus quod crimen læsæ Majestatis commiserant consulendo,
"offerendo, aut reticendo litteras Petri de Luna, cum criminis iam dicti
"Magister Sanctio Lupi, & prædictus equitator soli noxij sint reperti. Su-
"per his quæ sibi obijci poterant, iudicio curiæ Parlamenti, & Episcopi
"Paris. pluries se submiserunt, quod Regi, & Ducibus Regni iustissimum
"videbatur: & id penitus renuerunt, cupientes vt affecti tædio diuturnæ
"incarcerationis, sententiæ ipsorum penitus sese submitterent, & sine co-
"gnitione causæ, & hoc euidentissimum signum fuit, quod tantus vindi-
"ctæ appetitus ex odio inexpiabili procedebat. Vt autem fidem facerent
"vniuersis, quod hoc de quo id cunctis summæ authoritatis Principibus
"Christianis significare intendebat, paginam inde editam suo sigillo robo-
"ratam, quam tunc in manu tenebat, intelligibiliter legit, hunc tenorem
"continentem.

"CAROLVS DEI GRATIA FRANCORVM REX, Vniuersis Christi fi-
"delibus salutem in Domino, & ad eam quam summopere desideramus,
"Ecclesiasticam vnionem vnanimiter aspirare. Pax Ecclesiastica, quæ sub
"vnico Christi Vicario coniungere debet vniuersa membra Populi Chri-
"stiani secundum ipsum Christi & Apostoli sui documentum, dum olim
"post mortem felicis recordationis Gregorij Papæ XI. deficere cœpisset,
"dumque Schisma perniciosissimum, monstrum horrendum, ingens in ea-
"dem Ecclesia cerneretur suboriri, ex causis toto orbe notissimis Chri-
"stianissimus tunc præclarissimæ memoriæ progenitor noster Carolus V.
"suasus vehementibus rationibus adhærere deliberauit, obedientiamque
"præstare illi quem Collegium Cardinalium iureiurando asseruit in vita &
"in morte, atque publicauit se canonicè summum Pontificem, & verum
"Christi Vicarium sponte & concorditer elegisse. Arbitrabatur namque
"verisimiliter idem progenitor noster, vt erat totus feruens in zelo domus
"Dei, & ex sua fide pia alios dijudicans, quod cæteri Principes ac Præla-
"ti, cum vniuerso clero & Populo protinus obedirent consimiliter, dum
"per Collegium eiusmodi præfatum Cardinalium sufficienter eis innotes-
"ceret fuisse celebratam. Sed aliter euenisse dudum iam deploramus: ne-
"que enim potuerunt vsque hodie isti Cardinales persuadere parti Chri-
"stianitatis, quod volebant, quodque memorato progenitori nostro per-
"suaserant. Nos idcirco cernentes experientia temporeque docentibus,
"quod hæc obedientia præstita inualida erat ad tollendum penitus Schis-
"ma pestiferum, quod in exitium grauissimum pacem desideratissimam &
"optimam detruserat; deliberauimus eandem ad proprium cubile suum,
"quod est Ecclesia, velut ad suam regionem per alias totis conatuum vi-
"ribus reducere: Hinc Consilia crebra, hinc legationes laboriosissimæ ac
"sumptuosissimæ per omnes pene Christianitatis regiones frequentatæ.
"Tandem aspirante Deo, via Cessionis vtriusque Contendentium pro re-
"uersione pacis turpiter exulantis, inuenta est compendiosior, & absque
"vlla dubitatione expeditior iudicata. Hanc proinde viam cum omni
"solemnitate præsentari fecimus successori illius, cui progenitor noster,
"sicut prædiximus, obedientiam præstiterat: quam ideo maximè post
"modum ab eodem successore pro eodem tempore substraximus, quod

non satis apertè per viæ Cessionis Compendium videbatur velle pacem reducere. Postpositis disceptationum inextricabilium anfractibus, & ingressibilibus aliarum viarum labyrinthis. At vbi visus est nobis ad salubriora se conuertisse consilia, rursus absque omni mutabilitatis culpabili nota, obediuimus eidem, ita tamen animo nostro gerentes, si & quamdiu obedientia nostra non obstaret Ecclesiasticæ vnioni, quemadmodum in Concilio vltimo regni nostri meminimus satis datum intelligi. Neque enim voluimus vnquam scienter, neque fecisse credidimus, obedientiam præstare cuicumque mortalium in pacis vniuersalis præiudicium, in Schismatis fomitem, in discordiæ nutrimentum. Et, ô salutifer Christe, Princeps pacis; quandiu quæsiuimus pacem, & non venit? expectauimus medelæ tempus, scilicet Iuratæ Conuentionis vtriusque Contendentium pro cessione celebrandæ, & ecce turbatio. Animaduertite hoc, Principes Christiani, quibus est dolori talis tantaque matris Ecclesiæ turbatio, attendite quæsumus, & nolite dissimulanter agere, vbi depopulatur legem Christi miseris modis tempestas hæc sæuissima, horrendaque vorago. Exurgat in vnum Populus vniuersus tollere de medio sui hoc portentum deformissimum, vnde sit in opprobrium hostibus incredulis, proprijsque animabus in damnationis æternæ discrimen apertum, decidat vel inuitus vnus, aut alter, imò vterque Contendentium, ab occupata Sede Petri, potius quam vnitas, eorum contentione, depereat. Nam dum neutri Populus obedierit, neuter amplius de primatu, vel frustrà contendet, neque audietur vltra vox illa crudelissima fœminæ, *nec mihi, nec tibi, sed diuidatur*, sed illa piæ matris, *date illi infantem viuum*. Nos verò qui nihil ita post animæ salutem desideramus, quàm videre serenissimam pacis faciem nostris effulgere temporibus, judicamus ex præmissorum & similium consideratione, nullum ad præsens patere validius in tam desperato malo remedium, quàm quod neutri Contendentium, ac sibi forte successuris, præstetur deinceps obedientia à Populo Christiano; deficiente siquidem fomite ignis iste Infernalis donante Deo collabetur. Quapropter præcedentibus & vicibus repetitis, maturis deliberationum Consilijs cum sapientibus, peritis & deuotis hominibus Deum & eorum salutem gerentibus præ oculis, Nos & Ecclesia regni nostri & Delphinatus Viennensis pro nobis & subditis nostris eorundem regni, & Delphinatus decreuimus talem amplecti neutralitatem in festo Ascensionis proximè venturo, nisi interea nobis publica pax aduenerit, & prædicta fiat vnio, processuri nihilominus assiduà sollicitudine cum alijs Principibus & Catholicis omnibus, donec euulso Schismate, pax plantetur. Quod si mirabuntur forsan aliqui ex aliter affectatis, vnde nobis ista licet, attendant potius quod hanc nobis legem facit ipsa, quæ legem nescit, dura necessitas: immò & filialis pietas, quæ per medios ignes & gladios matrem laborantem eripere conaretur. Ecce morbus inueteratus & putridus, qui ex fomentis leuioribus in deteriora quotidie velut cancer serpit. Demum cùm pro hac neutralitate in vnum tractanda, Principes ac Magnates vtriusque obedientiæ commoda celeritate Congregari non possent, nullus suo, quæsumus, contemptui deputet, si conuentionem, neque expectauimus, neque attentauimus: neque insuper existimet ius partis nostræ, quam probabilissima ratione prælibatus progenitor noster, & nos hactenus fuimus insecuti, ex hac neutralitate. Condemnatum vel depressum, cum nunc non de iure huius vel illius, sed de cedendo Iuri vero, vel prætenso, pro vnione Consequenda res agatur. Quamobrem vos omnes & singulos hortamur in Christo, & per eam, quam de immaculatæ sponsæ suæ Ecclesiæ laceratione, fœda compressione geritis obtestamur: arripite nobiscum validum & hoc efficax, sicut expectamus in Dei virtute, pestis huius remedium, vt denegatio obedientiæ vtrique obedientiam sub vno & certo Christi Vicario, quatinus seruiamus Deo in pulchritudine pacis, & requie opulenta; in quorum omnium fidem & testimonium præsentes litteras nostri

Y iij

„ sigilli fecimus munimine roborari. Datum Parisius die 12. Ianuarij anno
1408. „ Domini 1407. & regni nostri 28. per Regem in suo Consilio, Dominis
„ Rege Siciliæ, Ducibus Bituriæ, Borbonij & Bauariæ, Comitibus Mon-
„ tonensi & Vindocinensi, nec non Connestabulario, vobis ac superiore
„ Magistro hospitij alijsque præsentibus.
„ Quod igitur huc vsque Rex distulerat, ad summæ authoritatis Princi-
„ pes Christianos nuntios destinauit, qui ex parte sua hanc Compendio-
„ sam semitam ad vnionem tendentem declararunt: qui post mensem 3.
„ redeuntes retulerunt Allemanos, Hungaros & Bohemos neutralita-
„ tem accepisse cum Gallicis, donec vnicus summus Pastor electus ritè &
„ canonicè fuisset.

 Non defuerunt eo tempore qui Processum contra Bullam Papæ factum omnino damnarent: & inter cæteros Petrus de Alliaco, quem
Vniuersitas vt peruicacem comprehendi curasset, nisi ille Regem appellasset, vt patet ex hoc fragmento Historiæ Caroli VI. nondum editæ.

„ **H**æc & multa alia statuerunt (loquitur de Concilij Paris. statutis
„ durante neutralitate) non sine quorundam circunspectorum scan-
„ dalo, qui ea velut temeraria reprobabant. Quod etiam solus Archiepi-
„ scopus Rhemensis D. Guido de Roya calumniari ausus est. Eisdem nam-
„ que rescripsit Neutralitatem quam promulgauerant, ineptam, prote-
„ stando quod illam non acceptabat, nec credebat aliquid firmitatis ha-
„ bere quod Concilium statuebat, quòd non esset authoritate Romanæ
„ Ecclesiæ inchoatum; monebatque vt euntes ad Perpiniacum in Conci-
„ lio quod ibi Petrus de Luna constituerat celebrare, comparerent. Apices
„ Archiepiscopales qui congregati fuerant, impatienter audierunt: &
„ quamuis Paris. Vniuersitas obtinuisset erga Regem vt arcesseretur pro-
„ perè, venire contempsit, allegans se Parem Franciæ, Pariumque Ec-
„ clesiasticorum Decanum, nec in quocunque delicto tangente personam
„ suam Superiorem non cognoscebat nisi Regem. Obtinuerat etiam Vni-
„ uersitas erga Regem vt Episcopus Cameracensis D. Petrus de Alliaco
„ qui Petro semper fauerat, per Comitem S. Pauli caperetur & adducere-
„ tur Parisius: quam tamen præuenire studuit prius saluo conductu à Rege
„ impetrato; & si sibi aliquid imponeretur, cognitio huius causæ deuolue-
„ retur ad Palatium Regale.
„ Magister Sanctio-Lupi, & Equitator Papalis altius memorati, qui
„ soli reperti fuerant sententias excommunicationis in Regem & Regnum
„ à Petro de Luna latas reticuisse & occultasse scienter, antequam ipsas
„ Regi & Bituriæ Duci obtulissent, per Commissarios Regales mensis
„ Aug. die 20. adiudicati sunt hanc pœnam pro culpa subire. Ad maiorem
„ eorum ignominiam primò mitris papyreis coronati, nigris Dalmaticis
„ lineis, militaribus signis Petri Characteribus, scripturis quoque varijs,
„ quæ ipsos falsarios, proditores & à proditore missos designabant, indu-
„ cuntur. Inde in vehiculis quibus lutum & sordes efferebantur ex vrbe,
„ impositi ad Curiam Regalis Palatij perducuntur, dum tunc secularis,
„ vel Ecclesiasticus præco defuit qui promulgaret à quibus, vel qua de
„ causa tam ignominiosa multa procedebat. Sequenti autem die Domini-
„ ca cum de se spectaculum Populo in paruisio nostræ Dominæ præbuis-
„ sent; vnus ex Commissarijs Ordinis S. Trinitatis Magister in Theologia
„ collationem iniurijs & contumelijs plenam contra Petrum de Luna &
„ reos præsentes faciens, inter cætera verba recitatione indigna, & quæ
„ vilissimi hominum abhorruissent; cumque famam ipsius multis oppro-
„ brijs denigrasset, ipsum crimen læsæ Maiestatis hæresis atque Schismatis
„ irretitum publicè diuulgauit, & omnes fautores suos quotquot in erga-
„ stulis tenebantur, obque huiusmodi crimina reos tunc præsentes dixit
„ condemnatos, & primùm ad carceres perpetuos: Equitatorem verò ad
„ Triennium Commissariorum memoratorum iudicio. Hoc autem vlti-
„ mum contra reliquos detentos agere nequiuerunt: nam cum trium

menſium ſpatio à Rege Lilia defendentibus à Cancellario moniti, recu- "
ſaſſent ad expeditionem eorum procedere, & ſuper hoc antedicti plu- " 1408.
ries conqueſti eſſent ; tandem Regina & Dux Guiennæ vera relatione "
ſcientes quod tarditas ex malitia & odio quorundam procedebat, iſta die "
antequam Caſtrum Luparæ intrarent, eos Epiſcopo Pariſ. iuſſerunt re- "
ſtitui, commiſſionem prædictorum friuolam reputantes & cognitionem "
Schiſmatis dicto Epiſcopo relinquentes, cognitionem criminis leſæ Ma- "
jeſtatis quod dicebantur incurriſſe, commiſerunt Iudicio Curiæ Parla- "
menti. Sub cuſtodia Epiſcopi per menſem integrum remanſerunt: quo "
ſpatio qui erant de Collegio Eccleſiæ Pariſ. liberantur. Regina verò, "
Dux Guiennæ, Duces Bituriæ & de Borbonio videntes quod aliqui de "
Vniuerſitate liberationi ſe opponebant Abbatis & Epiſcopi, nec aliud "
ad propoſitum allegabant, per D. Cardinalem Barrenſem eoſdem euo- "
cauerunt, & abire liberos permiſerunt. "
 Porro ad faciliorem eorum determinationem quæ ad Beneficiorum "
diſpoſitionem ſpectabant, Conſulta quædam à ſelectis viris Concilio tra- "
dita ſunt, quibus in MS. San-Victorino hic titulus præfigitur; "

Aduiſamenta Eccleſiæ Pariſius facta ſuper Prouiſione Beneficiorum:

1. AD Epiſcopatum & ſupra eligantur & aſſumantur Doctores in Theologia, iure Canonico vel Ciuili, aut in alterâ ſcientiarum prædictarum cum rigore examinis in ſtudio generali Licentiati, & nulli alij niſi eſſent de Regali, aut Ducali progenie, antiquorúmve Baronum filius, frater aut Nepos, in quibus ſcientia competens requiratur.

2. Ad Abbatiales autem Dignitates capita Ordinum facientes, videlicet Cluniacenſis, Ciſtercienſis, Præmonſtratenſis, Grand-montis & S. Antonij aſſumantur, qui vt præmittitur, Graduati fuerint & nulli alij.

3. Similiter ad Exemptas Abbatiales Monachorum nigrorum, S. Benedicti & Regularium S. Auguſtini aſſumantur, qui vt præmittitur fuerint Graduati & non alij, niſi eſſent de genere militari cum competenti ſcientia.

4. Ad cæteras verò Abbatias & Prioratus Conuentuales electiuos diſponant illi ad quos pertinet de perſonis idoneis & in Regula ſufficienter inſtructis & ſecundum ſtatuta & obſeruantias ſuorum Ordinum.

5. Item ad Dignitates maiores poſt Pontificales in Cathedralibus & Principales in Eccleſijs Collegiatis admittantur in Iure Canonico vel Ciuili Licentiati & in Theolog. Baccalarij formati & non alij, niſi eſſent de antiquo militari genere filij Fratres & Nepotes in quibus ſcientia requiratur.

6. Ad alias autem dignitates, perſonatus & Officia Eccleſiaſtica, quæ Canonicis duntaxat aſſignari conſueuerunt, in Cathedralibus aſſumantur Licentiati in Iure Canonico vel Ciuili, vel etiam in Medicina & in Theolog. Bacalarij, & nulli alij niſi eſſent de nobili genere cum ſcientia competenti.

7. In Eccleſijs verò Collegiatis ad alias Dignitates, Perſonatus & Officia Eccleſiaſtica conſueta Canonicis aſſignari, aſſumantur qui vt præmittitur, graduati fuerint, *aut Magiſtri in Artibus, qui per quinquennium in ſtudio generali in aliqua prædictarum Facultatum poſt Magiſterium ſtuduerint, vel in Artium Facultate per triennium rexerint,* & non alij.

8. Item ad Præbendas Cathedrales admittantur in Theol. Iure Canonico vel Ciuili Magiſtri & etiam in Medicina Bacalarij *& Magiſtri in Artibus qui per triennium in aliquo ſtudio generali poſt Magiſterium ſtuduerint,* & non alij.

9. Ad Præbendas verò Collegiatas excedentes in valore annuo ſupra locum ſummam 50. lib. Turon. admittantur duntaxat qui, vt præmittitur, graduati fuerint & Magiſtri in Artibus indifferenter, & non alij niſi de nobili genere nati in quibus aliqua ſcientia requiratur.

10. In cæteris autem prębendis Collegiatarum Ecclesiarum non excedentibus dictam summam, admitti poterunt non Graduati, videlicet nutriti in ipsis Ecclesijs in cantu & seruitio instructi.

11. Item ad Ecclesias Parochiales cæteraque Beneficia Curata vbicunque fuerint valoris in portatis 100. libr. Turon. & vltra: & in Ciuitatibus & locis insignibus valoris 60. libr. in portatis, & ad Capellanias vbicunque fuerint, cęteraque Beneficia simplicia sine Cura extra Ecclesias Cathedrales & Collegiatas valoris 50. libr. in portatis admittantur duntaxat Doctores Magistri & Licentiati in Theol. Iure Canonico vel Ciuili, & etiam in Medicina cum rigore examinis *& Magistri in Artibus qui per quinquennium post Magisterium in aliquo studio generali studuerint, vel per triennium in dicta Artium Facultate rexerint*, & non alij.

12. Ad Parochiales autem Ecclesias valoris 40. libr. & vltra vsque ad summam 60. libr. Parisi. & ad Capellanias vbicunque fuerint, cæteraque Beneficia simplicia sine cura extra Ecclesias Cathedrales & Collegiatas valoris 20. lib. & vltra vsque ad summam 40. lib. exclusiuè in portatis, admittantur qui vt præmittitur, graduati fuerint & Magistri in Artibus indifferenter & etiam in altera 4. superiorum Facultatum Prædictarum Baccalarij & non alij.

13. Ad alias verò Parochiales & Capellanias vbicunque fuerint cæteraque Beneficia simplicia sine cura extra Ecclesias Cathedrales & Collegiatas admitti poterunt graduati & non graduati aliàs idonei prout inferiùs dicetur.

14. Visum fuit Deputatis datis ad aduisandum quod Concilium Ecclesiæ Gallicanæ statuere potest quod Beneficia cæterarum qualitatum & cæterorum valorum assignentur per Ordinarios personis Graduatis nobilibus & alijs, prout in præcedentibus articulis in melius, prout opus erit, reformandis & modificandis continetur, & non alijs, & decernere prouisionem aliter, seu alteri attentatam contra præmissa, inualidam & nullam, & quod ita statui poterat iuridice.

15. Item & quia præmissa pro debita & conuenienti distributione Beneficiorum non videntur adhuc sufficere, aduisabitur per dictos Deputatos quod de Beneficijs vacantibus & vacaturis, certis duntaxat exceptis prout in sequentibus declarabitur alternatiuè *tertia pars esset pro suppositis studiorum Generalium huius Regni secundum obseruantiam & limitationem Articulorum prædictorum, alia tertia esset pro Officiarijs familiaribus & seruitoribus Regis & Reginæ D. Delphini & aliorum Principum de genere Regali, etiam secundum limitationem & obseruantiam præmissorum articulorum.* Et altera tertia pars vna cum Beneficijs quæ sub alijs tertijs non debet comprehendi prout infra dicetur, esset pro Ordinarijs ad prouidendum suis & D. Papæ & Cardinalium familiaribus huius Regni, obseruando tamen in omnibus limitationem præcedentium articulorum.

16. Item quod in primis Turnus alternatiuè esset pro ipsis Ordinarijs, 2. prædictis Officiarijs, familiaribus & seruitoribus Regis, &c. *Et 3. pro Vniuersitatibus studiorum huius Regni. Et quod inter dictas Vniuersitates quoad hoc inter se seruaretur iste ordo, quod Parisius primo, Aurelianis 2. Andegauensi 3. Tholosæ 4. & Montis pessulani 5. prouideretur.*

17. Item aduisabitur quod per Concilium Ecclesiæ Gallicanæ deputarentur probi viri, scientes & experti qui prout viderent in conscientijs, ordine & loco debitis nominarent & collocarent Graduatos nobiles & alios idoneos Beneficiandos de domibus Regis, Reginæ, &c. *Et de studijs generalibus* ad singulas Collocationes & præsentationes Regni & Delphinatus, quibus sic nominatis & collocatis & secundum ordinem suarum Collocationum & obseruantiam Regularum supra & infra positis Ordinarij prouidere tenerentur.

18. Item etsi Beneficium vacans in Turno nominatorum primo nominatus nolit, aut non possit habere; 2. si velit habere, poterit; & si non velit, aut possit, tertius succedet: & si tertius nolit, quartus veniet & sic deinceps.

deinceps. Et si nullus nominatorum illius tertiæ, in cuius turno Beneficium vacauit, nolit habere, transibit facultas habendi ad nominandos sequentis tertiæ per ordinem, vt supra tangitur, tenebunturque omnes &
singuli nominati ad Collationem, seu præsentationem in qua Beneficium
vacauit, declarare infra 40. dies à tempore notæ vacationis in loco Beneficij computandos, se velle Beneficium huiusmodi vacans in Turno
nominatorum habere. Et poterit fieri declaratio huiusmodi per primò
Nominatum purè, & per sequentes conditionaliter. Si verò nullus Nominatorum huiusmodi Beneficium habere voluerit, aut se habere velle
infra dictos 40. dies non declarauerit, Ordinarius suo arbitrio conferet
cui volet, seu ad verum præsentabit, absque consumptione sui Turni &
sine præiudicio Nominatorum in Beneficijs vacaturis. Fiet autem huiusmodi declaratio ad personam, seu personas illius vel illorum, ad quem
vel ad quos de iure, aut consuetudine talis Beneficij collatio pleno iure,
seu præsentatio spectat, scilicet si præsentes sint in loco, seu locis principalibus suarum dignitatum, aut Beneficiorum, ratione quarum, seu
quorum ad eos spectat dicta Collatio pleno iure, seu etiam præsentatio
& in eorum absentia ad personas suorum Vicariorum, aut Procuratorum
principalium si quos habent præsentes in locis prædictis, & eorum copia
haberi possit. Sin autem in Ecclesijs, aut in domibus Principalibus dictarum Dignitatum & Beneficiorum, & ad quemcunque fiat declaratio prædicta, semper fieri debebit in præsentia Notarij publici, & palam.

19. Item quod si in Turno Ordinarij Beneficia vacent curata valoris
20. libr. Turon. tantùm in portatis & infra, & non Curata decem libr.
Turon. tantùm in portatis & infra, non facient sibi turnum; quin imò
absque consumptione turni sui poterit illa conferre quibus volet, seu
ad eadem præsentare arbitrio suo.

20. Item Beneficia cuiuscunque qualitatis & valoris fuerint, facient
adinuicem turnum; dùm tamen talia sint pro quibus turni consumi debeant secundùm Ordinationem præmissorum articulorum & de quibus
nominati, vel aliqui eorum se contentare velint, prout in præcedentibus exprimitur.

21. Item quod Beneficia vacantia ex causa permutationis, vel per simplicem resignationem in fauorem certæ personæ factam non facient
turnum.

22. Item si nominatus ad Collationem, vel præsentationem alicuius
in turno sui Collatoris vel Patroni beneficium obtinuerit, poterit postea nihilominus in turno suæ nominationis beneficium vacans virtute
eiusdem obtinere, sed si Ordinarius prouisionem nominati ad suam Collationem vel præsentationem accelerare tantùm desiderans Beneficium
vacans in turno suo, scilicet Collatoris, vel Patroni ipsi nominato conferre **velit, vel præsentare, ita vt** Beneficium in turno dicti nominati
postea vacaturum suo arbitrio cui voluerit, conferre possit, hoc fieri
poterit, si consentiat nominatus.

23. Item satis videbatur præmittendum, quod quis duabus nominationibus si eas obtinere meruerit, non tamen in eadem quota, seu tertia
gaudere possit & vtriusque fructum assequi, dum tamen per hoc non assequantur Beneficia vltra valorem & pluralitatem limitatam per articulos infra positos.

24. Item & similiter quod Officiarij & familiares Regis, de quibus
visum fuerit quod nominationes habere debeant, possint loco sui substituere, & quod eorum substitutus prouideatur, attentis gradibus & qualitatibus eorum, obseruando ordinationes præsentium articulorum.

25. Item quod extranei Regni ad Beneficia Regni non admittantur,
nisi sint oriundi de Regnis aut terris nobis confœderatis, & sint in Theologia, altero Iurium vel Medicina licentiati in aliquo studio Generali
huius Regni, & in eodem studio per decennium manserint: Prouiso etiam
quod ad dignitates Archiepiscopales, Episcopales, Abbatiales & ad

maiores in Cathedralibus Ecclesijs post Pontificales, & ad principales in Collegiatis, & ad alia Beneficia de quibus contingere posset periculum, puta quæ habeant administrationem & regimen populi, non admittantur.

26. Item quod habentes in Beneficijs 300. libr. Turon. in portatis, non nominentur nisi sint de genere Regali, Ducali, aut Comitum, vel antiquorum Baronum filius, frater aut nepos, aut Licentiati in Iure Canonico vel Ciuili, vel in Theol. Bacalarij formati, aut Magistri in Medicina, qui tamen omnes & singuli in exceptione contenti si nominentur & habeant 500. libr. Par. in portatis assequi non poterunt Beneficia virtute suarum nominationum, nisi prius habita, vel de prius habitis & pacifice possessis æquiualens Beneficium illi quod virtute suarum nominationum assequentur, purè & simpliciter dimittant, beneficium autem eo casu equiualens intelligitur respectu valoris in portatis, & in eadem qualitate Beneficiorum. Dimissionem verò prædictam declarare tenebuntur in acceptationibus virtute suarum nominationum faciendis, & ad personam Collatorum, vel Patroni ad quem talis Beneficij dimissi Collatio pertinebit, scilicet infra 40. dies à tempore dictarum acceptationum, ipsamque declarationem mox ad effectum perducere, postquam fuerint Beneficiorum virtute nominationis acceptatorum possessionem adepti pacificam; ita tamen quod si post ea dicta Beneficia virtute nominationum accepta euincerentur, eo casu ad Beneficia dimissa libere reuocentur; ad prædictam tamen dimissionem faciendam minimè adstringendi videntur de genere Regali, Ducali, aut Comitum existentes.

27. Item habentes 4. prebendas Cathedrales, non nominabantur, nisi sic quod per assecutionem alicuius Beneficij virtute suarum nominationum, alteram de dictis præbendis dimittere teneantur, secundùm modum dimissionis in articulo præcedenti declaratum.

28. Item quod in Requestis tradendis pro Nominationibus obtinendis fiat mentio per ipsos nominandos de Beneficijs quæ obtinent, de qualitate & valore eorundem & de defectu Natalium & alio quocunque, aliàs nominatio concessa sit nulla.

29. Item quod de triennio in triennium fient nominationes & quod nominati in 2. nominatione non præiudicent nominatis in primâ nominatione, seu quoad primam nominationem de qua adhuc non fuerint prouisi.

30. Item visum fuit dictis Deputatis datis ad aduisandum, quòd Concilium Ecclesiæ Gallicanæ potest validè statuere Collationem & præsentationem alteri, seu aliter factam quàm secundum Collationum Ordinem inualidam fore & nullam, & vna cum hoc potest & debet vniuersos Collatores & Patronos Iuramento astringere, quod sic facient & obseruabunt. Et insuper creare Commissarios siue Executores Parisius quibus per Concilium prædictum detur potestas, attentata de Sacramento, contra tenorem præsentium articulorum per quoscunque Collatores, siue Patronos reparandi & ea reparando cognitione summaria præmissâ Collationem & Præsentationem nominatis & Collocatis secundum Ordinem suarum Ordinationum & Collationum faciendi.

31. Item vt præmissa magis & sine vllâ violatione teneantur, videtur quod Concilium prædictum potest & debet consentire quod Rex cunctos Patronos & Collatores per captionem suarum temporalitatum ad obseruationem præmissorum arceantur, ac mandet Curiæ Parlamenti cæterisque suis Iudicibus quòd secundum obseruantiam præsentium articulorum, casus Beneficiales decidant & terminent. Et ipsos articulos faciant suis Curijs & Registris registrari.

32. Item & vt celeriùs valeant præmissa fieri & ad effectum perduci, videbatur necessarium quòd quantocyus posset commodè, D. noster Rex conuocaret Parisius Prælatos & Capitula huius Regni ad Concilium Ecclesiæ celebrandum. Et videbatur quod congregari posset intra duos

menses à tempore pacis firmatæ, vt præmissi articuli modificati & additionati prout dicto Concilio videretur, concludantur.

33. Item & quia interim plura poterunt vacare Beneficia de quibus secundùm tenorem præsentium articulorum esset prouisio personis Graduatis, Nobilibus & alijs idoneis facienda; aduisabatur quod ex nunc Rex satis posset maximè ad rogatum *Vniuersitatis Parisiensis*, Episcoporum & Cleri Paris. existentium mandare vniuersis Collatoribus & Patronis quod Beneficia interim vacantia conferrent dictis Nobilibus Graduatis & alijs, obseruando tenorem dictorum articulorum, de quibus eis copia mittetur, significando, quod si sic fiat, complacebunt; sin autem, displicebunt, & prouidebit taliter contra venientes in contrarium quòd cæteris cedet in exemplum, ne sint occasio recuperatam perdendi libertatem. Videbatur etiam aliquibus quod si contra tenorem præsentium articulorum etiam interim antequam per Concilium essent moderati, approbati & conclusi, quod Rex posset & deberet Temporale Contrauenientis tam Patroni, seu Collatoris, quàm etiam illius qui contra præmissa acciperet Beneficium, ad manum suam ponere, inhabilitando illos ad quæcunque Beneficia in Regno suo & Delphinatu, quousque Beneficium resignasset, & secundum tenorem articulorum Collatum extitisset, & quod eo ipso quod Beneficium aliter conferretur, statim poneretur ad manum Regiam, & ad eius regimen committeretur per modum prouisionis aliquis talis prout conferri debebat, qui Commissarius errore correcto teneretur reddere compotum & reliqua illi cum Collatio fieret secundum regulas præmissas.

34. Item vt omnis vitetur scrupulus & magis appareat de humili obedientia erga D. nostrum Papam, aduisabitur quod in Concilio Ecclesiæ Gallicanæ ad præmissa concludenda congregato ordinaretur solennis Ambaxiata ad D. nostrum prædictum tam ex parte dicti Concilij quàm ex parte Regis pro confirmatione præmissorum articulorum, sic vt præmittitur pro necessitate & vtilitate huius Regni per Concilium Ecclesiæ Gallicanæ sub confidentia approbationis & confirmationis dicti D nostri Papæ aduisatorum.

Iam verò sequuntur articuli in eam rem à Concilio conditi, in MS. San-Victorino notato P. 9. 685.

Articuli Communes super Prouisionibus quoad modum assignandis.

PRimus articulus. In omnibus & singulis assignationibus intelligatur ad Collationem, prouisionem, præsentationem, nominationem & quamuis aliam dispositionem vbique habeant conferre, præsentare, nominare, seu quouis modo disponere etiamsi communiter vel diuisim, nisi per assignationes factas sit aliter prouisum. *Placet omnibus.*

Item quod in singulis assignationibus ad Præbendas & Dignitates Ecclesiæ Cathedralis etiam comprehendantur Personatus, Administratio, Præpositura vel Officium, & cætera huiusmodi quocunque nomine nuncupentur, acsi simul, vel successiuè vacauerint, nisi vt supra. *Placet omnibus.*

Item & consimiliter intelligatur de assignationibus ad Præbendas & Dignitates Ecclesiarum Collegiatarum. *Placet omnibus.*

Item omnes & singuli qui assignati sunt ad Collationem Archiepiscoporum, vel Episcoporum sine præbenda & dignitate Ecclesiæ Cathedralis habeant, etiam si in Ecclesia Cathedrali existat. Et idem intelligatur de assignatis ad Collationem Decani & Capituli singulorumque Canonicorum saluis specialibus & particularibus assignationibus quæ generalibus debeant præferri. *Placet omnibus.*

Item omnes assignati generaliter ad Collationem, &c. sine Præbenda & Dignitate Ecclesiæ Cathedralis habeant etiamsi Præbenda extra Ecclesiam Cathedralem, Administratio, Vicariatus, Archiepiscopatus,

" vel Officium consuetum Clericis secularibus assignari; & consimiliter
" de illis qui assignati sunt ad Collationem Decani & Capituli singulorum-
" que Canonicorum eiusdem Ecclesiæ Cathedralis, vel alicuius alterius
" Ecclesiæ Collegiatæ, ac Abbatum, Abbatissarum, Priorum, Priorissa-
" rum, Officiariorum & cæterorum quorumcunque: quodque sub tali
" concessione generali cadant alia Beneficia, hoc tamen saluo quod Con-
" cessio specialiter facta de Præbendis & Beneficijs alicuius Ecclesiæ singu-
" laris debeat derogare concessioni Generali, quantum ad ea quæ cadunt
" sub concessione speciali, nisi ex certa scientia fuerit aliter ordinatum.
" *Placet omnibus.*

" Item & quod huiusmodi assignati ad Collationes Decanorum & Capi-
" tulorum, singulorumque Canonicorum, Abbatum & Conuentuum,
" Episcoporum, &c. habeant clausam, etiamsi ratione dignitatis, Præben-
" dæ, Administrationis, Præpositurae, Personatus vel Officij dicta Bene-
" ficia conferre, præsentare, nominare, aut de ipsis quoquo modo dispo-
" nere. *Placet omnibus.*

" Item qui primo loco assignatus fuerit, si Beneficium vbi assignatus est,
" dum vacauerit, recipere vel acceptare noluerit, secundus illud sine præ-
" iudicio primi assignati acceptare possit. Et si etiam secundus illud acce-
" ptare noluerit, tertius qui illud idem voluerit, sine præiudicio primi &
" secundi illud idem accipere possit. Et sic consequenter de omnibus. *Placet*
" *omnibus.*

" Item quandocunque aliqui assignati ad Collationem Archiepiscopi,
" Episcopi, Decani & Capituli, vel alterius eorum ius habentis Præbendam
" conferre cum hac Clausa, *etiamsi Præbenda* ad eandem Ecclesiam sine
" Præbenda qui assignati per hanc formam *etiamsi Præbenda*, si Benefi-
" cium aliud quàm Præbendam recipere voluerint, quoad hoc præferan-
" tur signatis siue Præbendis, quotacunque loci assignatione non obstante,
" nisi ex certa scientia aliud fuerit ordinatum. *Placet omnibus.*

" Item Alternatiua incipit currere à die Natiuitatis Domini anni præ-
" sentis. *Placet omnibus.*

" Item quod sine præiudicio alicuius collocati possit in posterum re-
" formari assignatio de aliquibus facta, puta si alicui sua assignatio videa-
" tur inutilis propter pluralitatem assignatorum, possit alibi collocari
" ad aliquam collocationem, ad quam nullus sit assignatus, aut etiamsi
" sint aliqui iam assignati possint dictam collationem assignare per DD.
" Commissarios, aut aliquos ab eis substitutos etiam post Rotuli ple-
" nam expeditionem. *Placet omnibus & quod hoc fiat infra mensem compu-*
" *tandum.*

" Item quod nullus nisi fuerit Neutralis, gaudeat præsentis Rotuli as-
" signatione. *Placet omnibus.*

" Item primus Turnus, vel prima Pars Alternatiuæ primum concer-
" **nens Beneficium vacaturum post Natale nouissimè præteritum** ad libe-
" ram pertineat dispositionem Prælati. Secunda personæ quam eligere vo-
" luerit. 2. Verò Pars alternatiuæ Prouisionum quoad 2. Beneficium va-
" caturum obseruetur pro Collocatis secundum Ordinem eis per DD.
" Commissarios intimandum, seu ordinandum & sub pœna Decreti. *Placet*
" *omnibus.* Ita tamen, quod si Prælatus vel Patronus contulit, vel præsen-
" tauit ad plura Beneficia citra Natalem Domini ante intimationem sibi
" factam de assignatione vel Collocatione, omnia illa Beneficia habeantur
" pro vnico; ita quod necesse habeant prouidere de proximo vacante.
" *Placet omnibus.*

" Item isti turni alternatiuæ præfatæ Prælatorum ad Collocatos debent
" seruari in quinque statibus Beneficiorum sequentium, scilicet in Præben-
" dis Cathedralibus, in Dignitatibus, in singulis Ecclesijs Collegiatis, Præ-
" bendis, in Curis & in alijs simplicibus Beneficijs: dum tamen Beneficia
" illa simplicia valeant 15. libras Paris. in portatis. Ita quod primam Præ-
" bendam Cathedralem vacaturam, primam etiam dignitatem, primam

etiam Præbendam Collegiatam, primam Curam & primum Beneficium simplex vt pręfertur, habeat conferre Prælatus ad libitum. 2. verò Præbenda vacatura, 2. Dignitas, 2. Præbenda Collegiata, 2. Cura & 2. Beneficium simplex applicetur pro Collocatis. *Placet omnibus.*

Item 1. 2. vel 3. Collocatus, & si deinceps Beneficium cadens in turno suo noluerit acceptare, per hoc sibi non præiudicatur, quoad alia Beneficia. *Placet omnibus.*

Item Prælatus & Collocati purmutare possint de Turnis suis, saluo Turno Prælati sequente, &c. etiam saluo iure præcedentium Collocatorum. *Placet omnibus.*

Item nullus collocetur pro præsenti prouisione qui habeat 400. libras Parisienses in Portatis, cuiuscunque fuerit status, conditionis, gradus, Et si collocatus fuerit, non gaudeat, nisi ex certis causis & considerationibus pro aliquibus personis singularibus aliter duxerint concedendum, de quo in ipsorum litteris fiat mentio specialis. *Placet omnibus.*

Item nulli assignetur Beneficium quod cum iam habito illam excedat summam. *Placet omnibus.*

Item Magistri in Theologia, Doctores in Iure, Domini de Parlamento, Magistri Requestarum Ordinarij, Dominorum Regis Siciliæ & Ducum Confessor & Eleemosynarius, primusque Medicus, Domini insuper Cameræ Computorum singulariter pro ipsis possint vsque ad dictam summam habere prouisionem. *Placet omnibus.*

Item Magistri in Medicina, Baccalarij formati in Theologia, legentes sententias, Licentiati in Iure aliàs non titulati habentes 300. libras Paris. in portatis non assignentur, nec eis vltra illam summam prouideatur: quod si factum fuerit, non gaudeant. *Placet omnibus.*

Item *Magistri in Artibus & Baccalarij simplices in alijs Facultatibus habentes* 200. libras Paris. in portatis non assignentur, nec eis vltra illam summam prouideatur. Idem de Capellanis etiam Dominis continuè seruientibus. *Placet omnibus.*

Item Magistri in Theologia, Doctores in Iure, Domini de Parlamento, Licentiati in Theologia & in vtroque Iure, ac Officiarij prædicti Dominorum pro se ipsis habendas ad Dignitates & Præbendas: ita tamen quod vnico contententur illorum, nisi specialiter aliter fuerit ordinatum. Et *idem de Magistris in Artibus, qui sunt Baccalarij formati in Theologia vel Licentiati in altero Iurium.* Placet omnibus.

Item Ordinatum est quod collocatis, seu assignatis ad Dignitates quascunque vel personatus, non possit opponi ad impediendum collationem dignitatum dictarum, &c. exceptio defectus Canonicatus, sed quod reputentur adhoc habiles & idonei, statuto, consuetudine, vel priuilegio cuiuscunque Ecclesiæ non obstante. *Placet omnibus.*

Item si in turno Prælati occurrat aliquod **Beneficium Curatum**, vel non Curatum, cuiuscunque sit valoris computandum, & illud simpliciter non offerendo, ipsum nominatis, seu Collocatis conferat, prout voluerit, debebit computari in turno suo, sic quod proximâ vice veniant Collocati seu assignati. Quod si forsan propter aliquam causam motus ipsum præsentauerit, & obtulerit dictis Collocatis, & nullus ipsorum ipsum acceptare voluerit Prælatus vel Patronus, poterit de ipso liberè disponere cui voluerit absque præiudicio turni sui, cum hoc habeat necesse facere; ex quo nullus prædictorum ipsum vult acceptare. *Placet omnibus.*

Item ad amputandum difficultates quæ possent esse in prædictis, præsentatione, oblatione seu inthronisatione, Prælatus vel Patronus necesse ipsam intimationem, seu oblationem habebit facere solemniter bis in Ecclesia vel Beneficio de quo agitur, sic quod verisimiliter possit deuenire ad notitiam dictorum Collocatorum, & habebit differre prouisionem dicti Beneficij per mensem post huiusmodi publicationem infra quem collocatus poterit dictum Beneficium acceptare, & hoc Prælato, vel Patrono tenebitur infra idem tempus intimare. *Placet omnibus.*

1408.

" Item quod præmissæ Regulæ, siuè Ordinationes, collocationes & as-
1408. " signationes, & alia quæcunque facta & ordinata circa materiam præsen-
" tem sic intelliguntur, quod pro istâ vice valeant, & per hoc nullum
" præiudicium fiat pro tempore futuro Vniuersitatibus, Monasterijs, Ec-
" clesijs Collegiatis, seu Communitatibus quibuscunque, quoad eorum
" libertates, statuta, & Priuilegia, vel Indulta, Prærogatiuam & hono-
" res. *Placet omnibus.*
" Item quod vbi *supposita Vniuersitatis Parisiensis concurrent cum suppositis*
" *aliarum Vniuersitatum, supposita Vniuersitatis Paris. præferentur suppositis*
" *aliarum Vniuersitatum, cæteris paribus.* Et Vniuersitatis Aurelianensis supposita præferentur Andegauensi, nisi ex certa scientia aliud fuerit specialiter ordinatum.

Iuxta articulos prædictos qui Concilio Ecclesiæ Gallicanæ hoc anno
1408. habito Parisijs præsentati fuerunt, confectum est Instrumentum
Publicum, super eadem Prouisione beneficiorum, quod similiter legitur
in eodem MS. post hunc titulum. *Instrumentum Prouisionis Beneficiorum
quoad potestatem Commissariorum.* Est autem huiusmodi.

" IN NOMINE DOMINI, Amen. Nouerint vniuersi præsens publicum
" Instrumentum inspecturi quod anno Domini 1408. Indictione 1. die 1.
" mensis Octob. ab Electione Petri de Luna, qui dudum Benedictus XIII.
" appellabatur anno 15. cum in sacro Concilio Generali, seu Congrega-
" tione Reuerendissimorum Patrum DD. Patriarchæ Alexandrini, Ar-
" chiepiscoporum, Episcoporum, Abbatum, ac per Vniuersitates, Metro-
" politanas & Cathedrales Ecclesias Regni Franciæ & Delphinatus Vien-
" nensis Deputatorum per Dominum nostrum Regem mandatorum ad
" interessendum personaliter Parisius die 1. mensis Augusti anni præsentis
" Concilium Ecclesiarum Gallicanæ & Delphinatus celebraturum & ten-
" turum super vlteriori prosecutione vnionis S. Matris Ecclesiæ & regi-
" mine dictarum Ecclesiarum pendente neutralitate pro nunc in dictis Re-
" gno & Delphinatu currente, cum continuatione dierum, vsquequò in
" deliberatione proponendis receptæ & factæ essent certæ & finales Con-
" clusiones, prout de vocatione & ordinatione nobis Notarijs infra scriptis
" fuit facta fides per organum Magnifici & Potentis Domini D. Arnoldi de
" Corbeia Militis & Cancellarij Franciæ, qui pluribus diebus præsedit in
" Concilio supradicto, præsidente tamen pro nunc Reuerendissimo in
" Christo Patre D. Simone miseratione diuina Patriarcha Alexandrino
" Administratore perpetuo Ecclesiæ Carcassonensis per ordinationem di-
" cti Domini nostri Regis, vt per litteras Patentes sigillo suo in cera alba
" sigillatas nobis Notarijs infra scriptis apparuit ipsis Archiepiscopis,
" Episcopis, Abbatibus, Vniuersitatibus & alijs Deputatis, qui tunc ad-
" erant & interesse volebant Concilium Ecclesiæ Gallicanæ & Delphina-
" tus Viennensis celebrantibus & ipsas Ecclesias facientibus & meritò re-
" præsentantibus fuerit tam ex parte D. nostri Regis, D. Reginæ eius Con-
" sortis, Illustrissimi Principis D. Ludouici Aquitaniæ Ducis eius Primo-
" geniti, aliorum DD. Ducum de sanguine Regali & DD. Parlamenti,
" quàm Matris VNIVERSITATIS STVDII PARISIENSIS & aliarum Vniuer-
" sitatum & studiorum Regni Franciæ expeditum, dictum & narratum at-
" que supplicatum, quod prænominati Archiepiscopi, Episcopi, Abbates
" & alij dictum sacrum Concilium celebrantes vellent, & saltem isto Neu-
" tralitatis tempore pendente, aduisare, statuere & ordinare, modum per
" quem proiuderetur conuenienter de Beneficijs Ecclesiasticis VIRIS
" GRADVATIS ET LITTERATIS, ac notabilibus de Domibus Regis, Re-
" ginæ, Ducum & dictorum Dominorum, de Vniuersitatibus Regni, ne
" propter defectus prouisionis in præiudicium vniuersalis Ecclesiæ & fidei
" Orthodoxæ potissimè huius Regni contingeret studia dissipari. Qua ma-
" teria pluribus vicibus, ac diebus in dicto Concilio discussa & appara-
" ta hinc inde, ac solemniter examinata tandem die datæ huius publici

Vniuerſitatis Pariſienſis. 183

inſtrumenti, votis & opinionibus per dictum Præſidentem perſcrutatis &
petitis, ipſum ſacrum Concilium deliberauit, concluſit, voluit, conceſſit & ordinauit quod viri litterati de Domibus dictorum Regis, Reginæ
& Ducum familiarium continuè ſeruientium, Domini Officiarij, Conſi-
liarij Regis in ſuo Parlamento volentes beneficiari ac Vniuerſitates Pariſienſis, Andegauenſis, Aurelianenſis, Toloſana & Montiſpeſſulana ſuas
ſupplicationes more ſolito fieri ad Rom. Pontificem inrotulentur cum
expreſſione ſuorum Ordinum, Graduum ac Prærogatiuarum, ac cum
numero & valore ſuorum Beneficiorum, & Rotulos eiuſmodi tradent
& præſentabunt Reuerendiſſimis Patribus & DD. Patriarchæ Alexandrino, Turonenſi, Toloſano & Senonenſi Archiepiſcopis, Pariſienſi, Lexouienſi, Albienſi, Beluacenſi, Appamiarum, Tornacenſi,
Anicienſi, Ambronenſi, Lodouenſi, Nemauſenſi, Mirapicenſi, Tre-
cenſi, Ebroicenſi & Conſtantienſi Epiſcopis, S. Ægidij & S. Michaëlis
in periculo maris Abbatibus & Priori S. Martini Pariſienſis; quibus ſeptem, aut quinque ex eis, alijs tamen non excluſis, cum intereſſe voluerint
& poterunt, dictum ſacrum Concilium longa materia & concordi deliberatione ſuper hoc habita, dedit poteſtatem, authoritatem, & mandatum dictos Rotulos viſitandi, & dictos ſeruitores & Graduatos Vniuerſitatum in eis inrotulatos, ſuis Ordinibus, Gradibus, laboribus, meritis
& prærogatiuis, ac Facultatibus & valore Beneficiorum cæteriſque cir-
cunſtantijs ponderatis eos præſentatoribus & Collatoribus Beneficiorum in Regno Franciæ & Delphinatu nominandi, aſſignandi & collo-
candi, modo quo eorum conſcientiæ videbitur faciendum; qui Præſen-
tatores & Collatores Beneficiorum cuiuſcunque ſtatus, Gradus, aut Ordinis exiſtant, tenebuntur ſecundum Ordinem nominationis & collocationis huiuſmodi de Beneficijs vacantibus ad ipſorum præſentationem,
vel collationem, ſeu quamuis aliam diſpoſitionem ſpectantibus, diſponere, præſentare, conferre & prouidere. Eiſdem dedit etiam Concilium
prænominatum poteſtatem aduiſandi & ordinandi ſecuritates iuridicas,
ſeu poſſibiles reperiri de iure ad hoc vt præmiſſa omnia inuiolabiliter
obſeruentur. Demum verò præfati Reuerendiſſimi Patres & Domini
Patriarchæ Alexandrinus, Archiepiſcopi, Epiſcopi, Abbates & alij
modo præmiſſo ad dictum Concilium tenendum die 9. dicti menſis
Congregati nolentes præmiſſam ordinationem eſſe illuſoriam, dubiam,
vel incertam remanere ſicut nec decet, ſed effectum habere efficacem,
materia ſolemniter, ac longa & matura deliberatione, diſcuſſâ & examinata, concluſerunt, ſtatuerunt & ordinauerunt, ac tenore præſentis
publici Inſtrumenti ſtatuunt, conſtituunt & ordinant, quod præſenta-
tiones & collationes, ſeu quæuis aliæ diſpoſitiones Beneficiorum quæ
fierent in futurum, quod abſit, contra Ordinem & aliter quàm ſic nominatis, **collocatis & aſſignatis in præiudicium dictæ nominationis & aſ-**
ſignationis, ſeu collocationis, in rotulatorum gratiam reputentur & ſint
irritæ, caſſæ & nullæ ipſo facto. Quas etiam authoritate huius ſacri Concilij caſſant & annullant tenore præſentium & per præfatos Dominos
Deputatos, ſeu Commiſſarios quibus ſuas vices commiſerunt circa præmiſſa & ea tangentia conuenerunt, irritas & caſſas atque nullas, ſeu nullius
valoris declarari voluerunt atque volunt.

Poſtmodum autem die 16. dicti menſis Octobris prædicti ad Concilium celebrandum congregati ad tollendum difficultates quæ poſſent
haberi in congregando prænominatos Prælatos Deputatos, vt præmittitur, per ipſum Concilium ad collocandum Inrotulatores, ſeu Inrotulandos Reuerendiſſimi Patres D. Archiepiſcopus Narbonenſis, vel M. Ioannes de Teſta eius Vicarius, Epiſcopi Nemauſenſis, Appamiarum, Mira-
picenſis & Anicienſis, in quantum tangit Suppoſita ſtudiorum Toloſani
& Montiſpeſſulani, videlicet pro quolibet ſtudio tres vel duo ex tribus:
ac ad euitandum vexationes tam ipſorum Prælatorum quàm Inrotulandorum, voluerunt, concluſerunt & ordinarunt quod Reuerendiſſimi

1408.

1408. "Patres Simon Patriarcha Alexandrinus, Parisiensis, Tornacensis, Ebroicensis Episcopi, & Montis S. Michaëlis in periculo maris Abbas authoritate dicti Concilij præmissi considerantes huiusmodi Inrotulandos collocent, nominent & assignent Præsentatoribus & Collatoribus, seu quamuis aliam dispositionem habentibus modo & ordine quibus eorum quilibet eorum conscientiæ videbitur faciendum, & omnia & singula præmissa executioni debitæ demandent, alijs tamen prænominatis qui interesse voluerint & poterunt, non exclusis. Insuper vt huiusmodi concessio & ordinatio inuiolabiliter ad effectum deducatur. Die 19 dicti mensis iterùm modo simili congregati statuerunt & ordinauerunt quod prænominati quinque Prælati vel duo ex ipsis facient nominationes, præsentationes & collocationes prædictas secundum Decreti prædicti seriem, ac modum, etiam ordinem ipsorum inuiolabiliter obseruari. Si verò, quod absit, contra tenorem huiusmodi Ordinationis, nominationis, assignationis & collocationis contingeret attentari, & inter nominatos ex vna & Collatores, seu Patronos parte ex altera quæstionem oriri, præfati quinque Deputati, aut duo ex ipsis attentata reparabunt, & omnes & singulas querelas & quæstiones audient, decident & terminabunt. Et si præsentatores & collocatores attentata contra præmissa moniti charitatiuè & summariè noluerint, neglexerint, aut plus debito distulerint reparare, ipsi quinque, aut duo ex ipsis, quidquid fuerit in contrarium factum, seu attentatum reparabunt, & Beneficium de quo fuerit contentio authoritate huius sacri Concilij ipsi collato, nominato seu assignato conferent & assignabunt, & in possessionem recipi, ac eidem de fructibus integraliter responderi facient cum effectu, Contradictores quoscunque authoritate huius sacri Concilij censurâ Ecclesiastica compescendo, & auxilium brachij secularis, si sit opus, inuocando. De & super quibus videlicet singulis præmissis præfatus Reuerendissimus Pater & plures alij petiuerunt à nobis Notarijs & quolibet nostrum sibi fieri publicum Instrumentum, seu publica Instrumenta, vnum vel plura. *Acta fuerunt hæc Parisius in Aula Regalis Palatij super Sequanam anno, Indictione, diebus & mense & locis prædictis, præsentibus venerabilibus & circunspectis viris DD. & MM. Ioanne Breuis-coxæ, Henrico de Bragella sacræ Theol. Professore, Petro Cauchon, Ioan. Warini Magistris in Artibus & Licentiatis in Decretis, Berengario de Alpagione, Præposito Ecclesiæ Bellimontis, Ioanne de Testa Vicario Narbonensi Io. de Mornayo, cum Archiepiscopis, Episcopis & Abbatibus & alijs plurimis testibus ad præmissa vocatis specialiter & rogatis.*

Extant alia quædam Capita deliberationis & constitutionum eiusdem Concilij in eodem libro sub hoc titulo. *Aduisamenta super regimine Ecclesiæ Gallicanæ, durante neutralitate & conclusa Parisius per Concilium Ecclesiæ prælibatæ 5. Nouemb. an. Dom. 1408.* quorum vnum est *de dispensationibus;* alterum *de Ministratione Iustitiæ;* tertium *de Appellationibus,* quartum *de Prouisione Beneficiorum, seu circa modum prouidendi in Beneficijs & circa distributionem eorundem.*

Edixit quoque Rex aduersus Fautores Benedicti die 13. Octob. Item & circa Exemptos die 15. quæ instrumenta leguntur in libert. Eccles. Gall. similiter & istud 20. eiusdem mensis datum, quo constat Vniuersitatem in Concilio Parisiensi conquestam fuisse, quod Fautoribus Benedicti liceret impune vagari in vrbe, postulasseque vti nominatim excommunicarentur. Est autem illud tale.

"IN NOMINE DOMINI, Amen. Tenore præsentis publici instrumenti cunctis pateat euidenter, quod anno eiusdem Domini 1408. Indict. 2. mens. Octob. die 20. horâ 10. antemeridiem, ab electione Petri de Luna vltimò in Papam electi qui dudum Benedictus 13. nuncupabatur anno 15. In Concilio siue Congregatione Reuerendissimorum in Christo Patrum DD. Archiepiscoporum, Episcoporum, Abbatum, ac piæ Vniuersitates, Metropolitanus,

Metropolitanas, & Cathedrales Ecclesias Regni Franciæ & Delphinatus Viennensis Deputatorum per D. nostrum Regem mandatorum ad interessendum personaliter Parisius die 1. mensis Aug. anni præsentis & Concilium Ecclesiæ Gallicanæ & Delphinatus celebrandum & tenendum super vlteriori prosecutione vnionis S. Matris Ecclesiæ, ac Regimine dictarum Ecclesiarum pendente neutralitate pro nunc in dictis Regno & Delphinatu currente cum continuatione dierum, vsque quò super omnibus in deliberatione proponendis receptæ & factæ essent certæ & finales Conclusiones, prout de vocatione & ordinatione nobis Notarijs infrascriptis fuit facta fides per organum magnifici & potentis D. D. Arnaldi de Corbeya militis *& Cancellarij Franciæ qui pluribus diebus præsedit in Concilio supradicto; præsidente tamen pro nunc Reuerendissimo in Christo* Patre D. Symone miseratione diuina Patriarcha Alexandrino, administratore perpetuo Ecclesiæ Carcassonæ per Ordinationem dicti D. nostri Regis Francorum, prout nobis Notarijs publicis infrascriptis per litteras patentes sigillo suo in Cera alba sigillatas constabat, ipsis DD. Archiepiscopis, Episcopis, Abbatibus, Vniuersitatibus & alijs Deputatis qui tunc aderant & interesse volebant Concilium Ecclesiarum Gallicanæ & Delphinatus Viennensis celebrantibus & ipsas Ecclesias facientibus & merito repræsentantibus, vt dicebatur: & Præfatus Reuerendissimus in Christo Pater D. Symon Patriarcha Alexandrinus ad dictam D. *Rectoris, Deputatorum Vniuersitatis Parisiensis* requisitionem instantem pluribus ante diebus in præsentia totius Concilij iteratis vicibus repetitam & vt aduersus credentes, fautores, participes & defensores manifeste notorij expressis & explicatis nominibus dici debeant & vocari. Et quia in præsentia & conspectu præfati Concilij, Ecclesiæ Gallicanæ & Delphinatus per eundem D. Rectorem quædam patens scedula lecta fuit quæ continebat nomina & cognomina omnium illorum quos dicta venerabilis Vniuersitas studij Parisiens. super hoc solemniter congregata in dicta Congregatione generali eiusdem repræsentauit indicijs euidentioribus, & tunc repræsentabat veros Credentes, fautores, participes, defensoresque notorios & manifestos ipsius Petri de Luna, quæ etiam pluribus ante diebus fuerat repetita. Idem Reuerendissimus Pater volens singulorum super hoc exquirere singulariter votum, opinionem & mentem, in deliberatione & opinionum interrogatione posuit & sigillatim expressit petens qui de nominatis & cognominatis prædictis in eadem scedula & scriptura pro manifesté notorijs, credentibus, fautoribus, participibus, adhærentibus & defensoribus sæpè dicti Petri de Luna Schismatici & hæretici tenendi sint, ex tunc & legitimé reputarentur. Quorum omnium intentione, opinionibusque discussis, Ioannes qui se fecit Archiepiscopum Auxitanum nominari, Petrus qui se S. Poncij Episcopum fecit appellari, Ioannes quondam Cabilonensis Episcopus, nunc dictus Aginnatensis, Abbas S. Saturnini Tolosani dictus Condomensis, Bertrandus de Dyaumont nuper Vaurensis dictus Biterrensis, Guigo Flandrini lator & in parte Compositor damnati libelli sub nomine Epistolæ Tolosanæ præsentati Parisius, Cardinales quondam Auxitanus, de Flischo, de Chalanto, Generales Prædicatorum & Minorum in Præfata scedula & deliberatione *Vniuersitatis Parisiensis* annotati suis exigentibus demeritis & culpis vrgentibus, actibusque perperàm præfatis criminibus perseuerantiæ longioris, à præfato Ecclesiæ Gallicanæ Concilio reputati sunt ipsius Petri de Luna Schismatici & hæretici, Credentes, fautores, participes, & defensores notorij manifesti & pro talibus habiti atque tenti, ab ipsoque Concilio & Domino Patriarcha collectis opinionibus omnium declarati. De & super omnibus & singulis præmissis præfatus D. Patriarcha & alij complures à nobis Notarijs publicis infra scriptis sibi fieri petierunt publicum instrumentum, vnum vel plura. Acta fuerunt hæc in aulâ altâ super Sequanam Regalis Palatij Parif. sub hora, mense, &c. prædictis; præsentibus venerabilibus & discretis viris MM.

1408.

" Guillelmo Benedicti Nic. de Mornayo, Gaufrido de Perusia, Guill. de
1408. " Brossio, Nic. Gehe, Nicol. de sancto Elario & Guill. Rousselli, tam Do-
" ctoribus in Iure quàm Magistris in Artibus, cumque pluribus alijs testibus
" ad præmissa vocatis specialiter & rogatis.

 Et Ego Ioan. Bourilleti Presbyter Eduensis publicus authoritate
Apostolica Notarius, &c.

 Et Ego Amisius Gouberti publicus authorit. &c.

 Et Ego Io. Beausamis publicus, &c.

 Cum autem in Concilio Parisiensi prædicto statutum fuisset inter cætera, vt sublatis omnibus Gratijs expectatiuis veri Collatores deinceps
conferrent Beneficia præsertim viris doctis & litteratis atque in celebri
Vniuersitate Graduatis, Vniuersitas Parisiensis, in cuius gratiam maximè statutum eiusmodi factum fuerat, supplicauit Regi per illustrissimos
Duces Bituriæ, Burgundiæ, Aureliæ & Borbonij, vt id autoritate suâ
sanciret. Igitur publicis literis ad Archiepiscopos, Episcopos, Abbates,
aliosque Collatores datis, significauit eam esse mentem suam, mandauit-
que id sine fraude fieri, vt patet ex hocce diplomate.

" Charles par la Grace de Dieu Roy de France. A tous
" nos Amez & Feaux les Archeuesques, Euesques, Abbez & autres
" Collateurs Eccles. de Benefices, &c. Salut, &c.

 " Nous auons entendu par la complainte *de nostre Amée fille l'Vniuersité
" de l'Estude de nostre ville de Paris*, que jaçoit ce que vous ne puissiez & ne
" doyiez ignorer que au Conseil assemblé & tenu par nostre Ordonnance
" en nostredite Ville, des Prelats, Gens d'Eglise & autres notables per-
" sonnes du Clergé de nostre Royaume & de nostre Dauphiné, pour auoir
" & prendre aduis & deliberation pour plustost venir à aucune bonne
" Conclusion sur le fait de l'vnion de nostre Mere S. Eglise. Aprés ce que
" pour les causes, qui lors furent deliberées & aduisées, Conclusion fut
" prise de faire soubstraction d'obeïssance à Benedic dernierement éleu
" en Pape, Nous pour Nous, lesdits Prelats & ceux à qui appartiennent
" les Collations & presentations desdits Benefices de nostredit Royaume
" & Dauphiné fusmes requis tres-instamment par nos Tres-chiers & Tres-
" Amez Oncles & Frere les Ducs de Berry, de Bourgogne, d'Orleans &
" de Bourbon, *que aux Supposts de nostredite fille l'Vniuersité, qui pour la gran-
" de feruueur qu'ils auoient de poursuiure le fait de ladite vnion, n'auoient voulu
" demander ou requerir aucunes Graces dudit Benedic à sa creation*, quand il fut
" premierement éleu en Pape ne aprés, afin que par ce n'eussent occasion
" de estre moins émeus à poursuiure ledit fait, pourueissent des Benefices
" appartenans à leurs Collations ou presentations, & que par vous & les
" autres Prelats & personnes dudit Clergié, lors assemblez audit Conseil,
" fust deliberé qu'il seroit pourueu ausdits Supposts de nostredite fille ius-
" ques au nombre de mille Benefices. Iaçoit ce ausi que quatre desdits
" Prelats qui furent ordonnez pour distribuer ledit nombre desdits Bene-
" fices à mille Supposts de nostredite Fille par les presentations & Colla-
" tions, selon leur distinction, les ayent distribuez & ordonnez & escrit par
" leurs lettres à chacun desdits Prelats & autres Collateurs ou Presenta-
" teurs en certaine somme lors ordonnée sur ce, Et que Nous mesmes
" ayons semblablement escrit à plusieurs d'eux pour aucuns des Supposts
" dessusdits de nostredite Fille : Neantmoins combien qu'il ait vaqué de-
" puis plusieurs Benefices en plusieurs Dioceses de nostredit Royaume &
" Dauphiné, toutes voys la deliberation lors prinse audit Conseil n'a mie
" sorty en plusieurs lieux son effet ; aincois par les Collateurs desdits Be-
" nefices ou ceux qui ont droit de presenter à iceux, a esté pourueu d'au-
" cun desdits Benefices à plusieurs personnes moins idoines & suffisantes
" & qui ne leur estoient mie nommées par lesdits quatre Prelats, reiettez
" & mis arriere lesdits Supposts de nostredite Fille qui auoient esté collo-
" quez par iceulx quatre Prelats ausdites Collations ou Presentations.

Et pour ce nostredite Fille voyant la grande faute & negligence desdits Prelats & autres Collateurs & Presentateurs ausdits Benefices & qu'ils n'obtemperoient point à la deliberation prinse audit Conseil, ne aux lettres à eux enuoyées par les quatre Prelats dessusdits, ne aux moins que pour aucuns desdits Supposts ayant pource escrit comme dit est, par plusieurs fois enuoyé deuers Nous les Deputez pour requerir que ce sur ce leur fust faite aucune prouision, *Et pource que encore n'y estoit pourueu, a cessé de leçons & Sermons & de tous faits d'Estude, dont plusieurs escandales se sont desia ensuis & se pourroient encore ensuir plus grands à l'Eglise vniuerselle, & à toute Chrestienté, se remede n'y estoit mis,* pourquoy Nous voulans obuier ausdits inconueniens eu sur ce grande & meure deliberation auec nosdits Oncles & Frere & plusieurs de nostre grand Conseil, auons voulu faire voir & visiter *le Roule fait & ordonné* PAR NOSTRE FILLE L'VNIVERSITE' *& presenté ausdits quatre Prelats, & la Collocation par eux faite desdits mille Supposts d'icelle nostredite Fille pour estre pourueus desdits mille Benefices comme dessus est dit, pour sçauoir comme iceluy Roule a esté mis à execution.* Et pour qu'il a esté trouué par nostredit Conseil que à moult grande quantité desdits Supposts n'a mie esté encore pourueu, si comme par la deliberation euë audit Conseil desdits Prelats a esté aduisé, dont tres-fort nous deplaist & non sans cause. Mesme que les Benefices doiuent estre donnez & distribuez à ceux qui en sont dignes & non à autres: Nous par l'auis de nos Oncles & Frere & autres dessusdits, auons ordonné requerant encore chacun des Prelats & autres Collateurs & Presentateurs de nosdits Royaume & Dauphiné qui n'ont obtemperé à ladite deliberation que entant comme en eux est, ils accomplissent ce que ainsi vnanimement & saintement fut deliberé en ladite Assemblée en pourueant de Benefices appartenans à leurs Collations ou Presentations quand ils escherront, à ceux qui ont esté colloquez à icelles par les quatre Prelats dessusdits. Toutes-foys, pource que nous auons aucuns nos Conseillers, Chappellains & autres Officiers, & aussi en ont nostre tres-chere & tres-amée Compagne la Roine, nostre tres-chier & tres-amé fils le Daulphin & nosdits Oncles & Frere pour lesquels nous & eux auons escrit ausdits Collateurs & Presentateurs & que pour ce pourroit en ce fait interuenir dissensions, Nous pour pouruoir à ce, auons ordonné par la deliberation de nostredit Conseil, & voulons que les dessusdits & lesdits Supposts nommez par lesdits quatre Prelats soient pourueus l'vn aprés l'autre, & aussi l'vns de Conseillers Chappellains ou autres Officiers de Nous, de nostredite Compagne, de nostredit Fils & de nosdits Oncles & Frere, pour lesquels par Nous, ou par eux aura esté escrit, le premier pour la premiere fois, & l'vn desdits Supposts de nostredite Fille le second : Et pour la seconde fois par ordre ainsi que les Benefices escherront, par telle maniere toutes-voys que se aucuns desdits Conseillers, Chappellains & autres Officiers de Nous, de nostre Compagne, de nostre Fils, de nosdits Oncles & Frere, pour lesquels eux ou Nous auons escrit, comme dit est, a esté pourueu d'aucun Benefice appartenant à la Collation ou Presentation des aucuns desdits Collateurs, ou Presentateurs, le Suppost de nostredite Fille soit pourueu le premier du Benefice qui aprés premierement escherra, & ainsi par ordre iusques à ce que les Supposts d'icelle nostre Fille, ainsi colloquez par lesdits quatre Prelats soient pourueuz selon l'ordre contenu és lettres des quatre Prelats dessusdits.

Laquelle deliberation ainsi meurement prinse en nostredit Conseil & laquelle nous voulons sortir son effet, Nous voulons, notifions par ces presentes & vous requerons tres-instamment que consideré que ladite premiere deliberation de pouruoir ainsi ausdits Supposts de nostredite Fille qui tant ont trauaillé pour l'effet de ladite vnion, fut faite par tout ledit Conseil des Prelats & Clergié, ainsi notablement assemblez comme dit est & qu'elle fust fondée sur grande raison, Vous les accomplissiez

" par la maniere dessusdite, entrant comme en vous est, sans nulle contradi-
" ction, en quoy vous nous ferez tres grand plaisir Sçachans certainement
" que ou cas que vous ne le accomplissiez affectueusement sans faire aucu-
" ne enqueste, en tant comme touche lesdits Supposts de nostredite Fille,
" Nous y prendrons tres grand déplaisir, & en ce cas ne entendons vous
" faire, ne Nous vous ferons doresnauant aucunes graces de vous donner
" dilations, ainsi comme de nostre liberalité auons fait au temps passé,
" tant de bailler vostre denombrement des graces que vous tenez de Nous
" comme de tenir les terres, rentes & reuenus que vous tenez non amor-
" ties, ne obtiendrez aucunes autres de Nous de ce dont vous nous
" auez à requerir, & autrement y pouruoiront par toutes voyes deuës &
" raisonables, comme nous voirons qu'il sera à faire. Si en faites tant à cet-
" te fois que nostredite Fille n'ait plus cause de s'en complaindre & que
" nous y doyons prendre plaisir & de la reception de ces presentes & aussi
" de ce que faire en vouldriez. Nous Certifions à plain par le Porteur d'i-
" celles. Et en outre afin que cette Nostre ordonnance soit plus ferme-
" ment tenuë & gardée: Nous auons voulu que d'icelle soient faites nos
" lettres Patentes qui sont demeurées deuers nostre Amé & Feal Chance-
" lier, afin que elles soient excutées contre ceux qui ne le accompliront,
" & qui aucunement feront au contraire. Donné à Paris le 20. iour de
" Mars l'an 1408.

Eodem anno mense Octobri Ducissa Aureliana vidua cum filio Lutetiam venit & apud Regem Regnique Proceres conquesta est de impia
cæde Ludouici coniugis sui. Aderant Regis Consilio apud Luparam inter alios Rector & Deputati Vniuersitatis. Tum Abbas S. Fiacri ipsius
Ducissæ & filij nomine libellum porrexit, in quo omnia argumenta quæ
pro se Burgundus attulerat, confutata legebantur. Sic autem incipiebat
teste Monstreletio.

R<small>OY TRES-CHRESTIEN, PRINCE TRES-NOBLE, SOVVERAIN
SEIGNEVR ET CHEF DE IVSTICE</small>: *A toy sont mes paroles addressées,
car à toy compete de monstrer Iustice à tous les subjets du Royaume de France,
auquel non mie tant seulement les Païs & Regions voisines, mais aussi les Estranges Nations, ou Gens prennent exemple & tiennent la droite sentence de ta Iustice, à laquelle partie de Toy & ton renommé Conseil, comme à la fontaine de raison & verité, ie vueil addresser mes paroles en la personne de ma tres-honorée &
tres-noble Dame, Madame la Duchesse d'Orleans & de Messeigneurs ses Enfans,
qui tous desconfortez presentent leur plainte en lamentations & larmes veans eux
aprés Dieu nul recours auoir fors en ta pitié & compassion.*

Et quia M. Ioannes Parui Doctor Theologus occisi Ducis memoriam
onerauerat inter cætera quod fautor fuisset Schismatis, Benedictumque
contumacem semper defendisset, ad hoc ita responsum.

*Et afin que ie monstre euidemment l'affection de Monseigneur d'Orleans, auoit
resté sur toutes choses à l'vnion de l'Eglise, ie vueil raconter vne chose par luy
offerte à l'Vniuersité de Paris trois sepmaines deuant son Trespas. C'est à sçauoir
comment Monseigneur d'Orleans voyant qu'icelui Romain ne vouloit pas venir à Genes ne à Sauoye, & ne vouloit pas receuoir pour hostaige ceux que luy
auoit presentez le Mareschal Boucicault, & qu'autre chose n'empeschoit l'vnion
de l'Eglise, comme Pierre de la Lune fust prés d'aller esdits lieux, adonc dist les
paroles ensuiuantes.* O R<small>ECTEVR ET VOVS TOVS MES BONS AMYS</small>,
*voyez que bien briefuement par la grace de Dieu nous aurons l'vnion de l'Eglise,
mais que nous puissions asseurer icelui Romain, afin qu'il vienne au territoire de
Genes. I'ay proposé à luy faire offrir vn de mes Fils pour hostage, lequel qu'il
voudra eslire & suis prest de l'enuoyer à mes despens à Venise ou ailleurs. Sur ce
faites telles lettres qu'il vous plaira & ie les signeray. Dites ce à l'Vniuersité en
rapportant à moy leur opinion. Adonques les Seigneurs de l'Vniuersité le regra-
cierent de ce tant qu'ils peurent, disans que plus ne pouuoit offrir; & en ce il
demonstroit sa bonne affection, & viuent encore ceux qu'il auoit ordonnez à cette*

besongne à aller personnellement demonstrer aux Romains & aux Venitiens icelle presentation.

Tunc aberat Burgundus & Leodienses oppugnabat; nec dubitatum quin Francia in nouas calamitates relapsura esset; præuidit hoc Vniuersitas: Et quanquam Ioannis Parui malè consultum Sermonem, nec tunc probaret, nec ante probauisset, existimauit tamen è re publica esse, Pacem fouere qualemcunque: itaque per M. Ioannem Gersonium ad Proceres orationem habuit, assumpto hoc Themate *Veniat Pax*, Esaiæ 55. " deinde subiungit. *Veniat Pax*, dicit & precatur cum S. Propheta Esaia, *Filia Regis, veritatis doctrix, Mater & fons omnium studiorum, pulcrum lumen & clarum Nobilissimi & Christianissimi Franciæ Regni à tota laudatum Christianitate. Veniat pax*, inquit ipsa, *& iure quidem petit pacem, desiderat pacem, vocat pacem, spiritualem scilicet pacem & temporalem; pacem quidem spiritualem in sancta Ecclesia contra Schisma & diuisionem. Et pacem temporalem nobili Regno Franciæ veluti timens afflictionem. Nullus admirari debet hoc. Officium enim huius ad istud eam compellit*, &c. Habuit & aliam orationem eodem nomine & anno de iustitia; cuius hoc fuit Thema. *Diligite Iustitiam*, &c.

Idem eodem anno, cum Vniuersitas Oxoniensis Legatos suos ad proximè celebrandum Concilium Pisanum delegasset, ad eos Parisijs transeuntes Orationem habuit Vniuersitatis Paris. nomine cuius hoc fuit exordium. *Congratulatur vestræ Dilectioni, vestro zelo feruenti, vestræ laboriosissimæ, sed laudabilissimæ legationi. Congratulatur & applaudit ò Reuerendissimi & præclarissimi Patres, ò doctissimi & sapientes viri, Fratres in dilectione Christi carissimi! Congratulatur, inquam, & congaudet amatrix & admiratrix & cultrix bonorum omnium Parisiensis Vniuersitas.*

Circa idem tempus redierunt ex Italia Legati Regij & Academici, Simon Cramaudus & Petrus Plaoul, eorumque reditus Ecclesiæ Gall. Prælatis tunc congregatis gratissimus acceptissimusque fuit, vt narrat Monstreletius. *Desquels grandement desiroient la venuë les Prelats assembles au Conseil dessusdit, afin qu'ils fussent plus Saiges par iceulx d'aucunes besongnes qu'ils auoient à faire. Lequel M. Pierre Plaoul Docteur en Theologie cheuauchoit tres-souuent en habit de Docteur auec ledit Cardinal parmy Paris, tout d'vn costé, comme cheuauchent les Nobles femmes. Deuant lequel Cardinal & Docteur dessusdit l'Abbé de Gaudebech de l'Ordre de Cisteaux Docteur en Theologie proposa de par l'Vniuersité pour l'vnion de l'Eglise, & aussi feit l'Abbé de S. Denys, & vn autre Docteur en Theologie proposant de par l'Vniuersité pour l'vnion de l'Eglise vniuerselle. Et aprés iceluy Cardinal, luy partant de Paris par Boulongne sur la Mer, s'en alla à Calais, & lors l'Abbé de S. Denys & vn autre Docteur en Theologie qui estoient en prison au Louure par le commandement du Roy, furent mis dehors à la requeste du Cardinal de Bar, & furent du tout deliurez contre la voulenté de l'Vniuersité de Paris, & pareillement M. Pierre d'Ailly excellent Docteur en Theologie Euesque de Cambray, lequel estoit arresté à l'instance de ladite Vniuersité, pourtant qu'il n'estoit pas à elle fauorable, fut aussi deliuré par le pourchas du Comte Waleran de S. Pol & du grand Conseil du Roy.*

Eadem Vniuersitas per Facultatem Theologicam damnauit quasdam Propositiones & dogmata M. Ioannis de Gorello Minoritæ: qua de re confectum est sequens Instrumentum.

IN NOMINE DOMINI, Amen. Vniuersis præsens publicum Instrumentum inspecturis pateat euidenter quod anno eiusdem Domini 1408. more Gallicano, Indictione 1. mensis Ianuarij die 2. ab Electione Petri de Luna vltimo in Papam Electi qui dudum Benedictus XIII. nuncupatus, an. 15. in Congregatione venerabilium & circunspectorum virorum DD. & MM. sacræ Facultatis Theologiæ studij Parisiensis in Aula Theologorum Collegij de Nauarra multùm solemniter congregatorum, & more solito dictæ Facultatis Theologicæ Congregationem ibidem celebrantium,

ERRORES M. IOANNIS DE GORELLO DAMNATI.

1408. "de mandato Reuerendi Patris D. Cancellarij Parisiensis, tam Regen-
" tium quàm non Regentium & Religiosorum, ac secularium ad infra-
" scripta ibidem vocatorum, specialiter propter hoc personaliter consti-
" tutus præfatus Cancellarius Parisiensis dicens & proponens quod M.
" Ioannes de Gorello Ordinis FF. Minorum Licentiatus in Theologia post
" Vesperas suas fuerat delatus apud ipsum & consequenter apud dictam
" Facultatem Theologicam, tanquam dixisset ea quæ sequuntur sicut
" etiam scripta sua exhibita de propria manu sonare videbantur, formam
" quæ sequitur, continentia.
" 1. Quod Sacramentum Pœnitentiæ nihil agit in habente gratiam vir-
" tute Sacramenti ; fundatur, quia Sacramentum Pœnitentiæ non respicit
" principaliter nisi expulsionem culpæ.
" 2. Quod debitè confessus non possit obligari, vt iterum confiteatur
" eadem peccata. Et hoc ex radice præcedentis dicti.
" 3. Curatis non competit, vt tales sunt, prædicare, confessare, extre-
" mam vnctionem dare, sepulturas dare, decimam recipere ; Fundatur in
" hoc quod Curati non sint de institutione Christi & Ecclesiæ primariâ, sed
" per Dionysium Papam fuerunt ordinati. Item quia stat Curatos esse qui
" non sunt Sacerdotes. Item quia locus Parochialis non est ille quem ele-
" git Dominus & cæteri secundum figuram antiquæ legis, alioquin debe-
" ret illic comedi.
" 4. Fratribus competit principaliùs, vel essentialiùs prædicare &
" Confessiones audire quàm Curatis. Fundatur, quia Fratribus competit
" ex Regula. Et hoc est principalius, vel essentialius quàm ex statuto Dio-
" nysij. Item quia stat quod non sint Sacerdotes. Item quia hæc autori-
" tas: *Agnosce vultum Pecoris tui*, non intelligitur de Confessione.
" 5. Curatis habentibus sufficienter aliunde non licet recipere Deci-
" mas ad vsum proprium ; imò sacrilegium committerent.
" Quæ Propositiones, seu dicta pluries per Deputatos eiusdem Facul-
" tatis diligenter examinata iudicabuntur esse reparanda, *præsertim cum D.*
" *Rector & multi de Vniuersitate talem reparationem requisissent in præsentia di-*
" *ctæ Facultatis.* Tandem præfatus D. Cancellarius ex matura, diligenti
" ac concordi deliberatione Magistrorum dictæ Facultatis, tam Regen-
" tium quàm non Regentium, & tam secularium quàm Religiosorum præ-
" habita, conclusit quod prædictus Frater Ioan. de Gorelle Ord. Fratrum
" Minorum, qui tunc & aliàs auditus fuit ad longum, & cuius intentio
" scita fuerat, qui etiam submiserat se dictæ Facultati Theol. diceret in die
" Aulæ suæ ante receptionem Bireti sub hac forma.
" Ex Vesperijs meis quidam fuerunt scandalizati sicut mihi significatum
" est per matrem meam Facultatem Theologicam, tanquam intellexerint
" quod voluerim inter alia detrahere statui DD. Curatorum, & quorun-
" dam aliorum Ecclesiasticorum, propterea volens quantum in me est,
" **tollere omne scandalum & esse filius obedientiæ & pacis**, & assertor ve-
" ritatis, dico nunc ex ordinatione eiusdem matris meæ & vltronea volun-
" tate, veritates quæ sequuntur.
" 1. DD. Curati sunt in Ecclesia minores Prælati & Hierarchæ ex pri-
" mâ institutione Christi, quibus competit ex statu ius prædicandi, ius
" Confessiones audiendi, ius Sacramenta Ecclesiastica secundum exigen-
" tiam sui status Parochianorum ministrandi, ius sepulturas dandi, ius in-
" super decimas, & alia iura parochialia recipiendi.
" 2. Item quod ius prædicandi & confessandi competit Prælatis & Cu-
" ratis principaliter & essentialiter ; & Mendicantibus per accidens ex pri-
" uilegio : quoniam sunt introducti, vel admissi ex concessione & bene-
" placito DD. Prælatorum.
" 3. Item quod eadem peccata possunt licitè & meritoriè pluries confi-
" teri in multis casibus ; & quod virtute S. Sacramenti poterit eis prodesse
" quælibet talis reiterata confessio.
" 4. Item quod ista authoritas, Agnosce vultum Pecoris tui, benè &

aptè intelligitur de cognitione in foro pœnitentiæ.

5. Quod locus Parochialis est congruus & ordinarius, vt Sacramenta Ecclesiastica recipiantur in eo.

6. Dum posui quod Curatis habentibus sufficienter vnde viuerent aliunde quàm de Decimis, non licet recipere Decimas ad vsum proprium ; imò Sacrilegium committerem, nolui per hoc dare occasionem Laïcis, vel alijs quominùs Decimas soluerent : sed volui condemnari abusus, & non iuri DD. Curatorum detrahere super receptione & vsu licito Decimarum, sicut arbitror SS. Doctores quos allegaui, intelligere voluisse. Denique si aliqua protulerim, vel scripserim quæ videantur prædictis contraria, vel quæ aliter accepta sint, nolo in eis stare, sed volo & supplico haberi pro non dictis vel scriptis, & alia quæcunque quæ viderentur præbere occasionem scandali vel erroris. De & super qua Conclusione per electum D. Cancellarium facta, & per dictum F. Ioannem de Gorello licentiatum acceptata, idem D. Cancellarius petijt à me Notario publico suscripto sibi fieri & confici publicum instrumentum, vnum aut plura, præsentibus ad hæc venerabilibus, & circunspectis viris DD. & MM. Petro Vbart, Gaufrido Lattache, Guill. de Beuilla, Ioan. d'Acheri, Io. Mathee, Matheo Rœdor, Iordano Moria, & Io. de Vasmesnillo ; nec non venerabilibus & Religiosis viris DD. & MM. Amelfo de Fonte Ordinis FF. Minorum, ac Guillelmo de Sanctis Ordinis FF. Eremitarum S. Augustini & Iacobo de Liffodio eiusdem Ordinis, omnibus Sacræ Theologiæ Professoribus testibus, ad præmissa vocatis specialiter & rogatis.

Et Ego Ioannes Mancyon Parisiensis publicus authoritate Apostolica Notarius, principalisque Bedellus Facultatis Theologiæ studij Parisiensis. Quia præmissæ Conclusioni sic per Reuerendum Patrem. D. Cancellarium Parisiensem factæ, ac omnibus alijs & singulis, dum vt supra scribuntur, agerentur & fierent, vnà cum prænominatis testibus præsentibus interfui, eaque sic fieri vidi & audiui. Idcirco huic præsenti publico Instrumento manu mea scripto signum meum solitum, apposui in testimonium veritatis præmissorum requisitus.

Hisce diebus sæpius actum est de Legatione ad Concilium Pisanum destinanda. Hi autem è nostris selecti , è Theologorum Ordine MM. Dominicus Parui, Petrus Plaoul, è Decretistis MM. Robertus de Quesneyo & Petrus de Pruuino. E saluberrima Facultate M. Ioannes Petri ; ex Artistis MM. Eustachius de Focquembergue in Artibus Magister & Licentiatus in Decretis, Poncius Simoneti in Artibus Magister & Licentiatus in Theologia. Guillel. Carpentarij in Artibus Magister & Baccal. formatus in Theol. Arnoldus Wintwit, in Artibus Magister & Licentiatus in Theol. Ioannes Bourilleti aliàs Francisci in Artibus Magister & Licentiatus in Decretis.

Legatio ad Concilium Pisanum.

Porrò vt Legatio ista foret augustior, ipsius Rector institutus est M. Poncius Simoneti vir Rectorius, eique suæ dignitatis hæ litteræ traditæ, quæ seruantur in Tabulario publico sub hisce characteribus A a. P.

NOuerint Vniuersi nos Ioannem Warini Rectorem Vniuersitatis Parisiensis institutisse die 21. Feb. an. 1408. M. Poncium Simoneti Magistrum in Artibus & Licentiatum in Theologia Nuncium Vniuersitatis ad Concilium Pisanum in Rectorem Ambassiatæ dictæ Vniuersitatis ad dictum Concilium, & recepisse iuramentum suum in plena Vniuersitate propter hoc specialiter celebrata de fideliter exercendo ibidem Officium dictæ Rectoriæ & Instructiones suas pro posse, tenendo & adimplendo. In cuius rei testimonium sigillum Rectoriæ Vniuersitatis præfatæ præsenti scedulæ duximus apponendum an. Domini 1408. die 16. mensis Febr.

Extant quoque eiusdem Vniuersitatis litteræ ad Legatos aliarum octo Vniuersitatum qui sacro Concilio erant interfuturi, vt suos pro veris Legatis & Nuncijs haberent.

1408.
"Rector & Vniuersitas Magistrorum studij Paris. Clarissimis & discre-
"tissimis Oratoribus & Legatis studiorum S. amicitiam & sinceram
"dilectionem. Quanquam viri Clarissimi, propensa ratio quærendæ pacis
"Ecclesiasticæ nos coniunxit, tamen vnum habemus propinquitatis vin-
"culum singulare. Nam cum nobis sanctorum studiorum veritas quâ nihil
"in terris clarius, vnam professionem dederit, non tamen humanæ socie-
"tatis fœdus, sed quasi diuini nexus glutinum sortiamur, necesse est: Ita
"vt proprium illud nobis veritatis studio vindicemus; vnde vestra cum
"nostris sincerior debebit esse communicatio. Mittimus ad hoc ad sacrum
"Generale Concilium solennes & probatos viros MM. Dominicum Parui,
"Petrum Plaoul sacræ Theol. Professores, Robertum de Quesneyo, Pe-
"trum de Pruuino Decretorum Doctores, Henricum Doigny in Medi-
"cina, Pontium Simoneti, Eustachium de Foquembergue, Guill. Car-
"pentarij & Arnoldum Witwith in Artibus Magistros; quos optamus ani-
"mis vestris his & alijs de causis esse acceptos. Idcirco vos rogamus, viri
"doctissimi: eis in dicendis pro parte nostra fidem adhibere & in omnibus
"fauorem præbere atque directionem. Tueatur vos summa Trinitas & pe-
"des vestros in viam deducat veritatis. Datum Parisius sub sigillo nostro
"in Congregatione nostra Generali, apud S. Math. propter hoc speciali-
"ter celebrata die .

Vestri Rector & Vniuersitas
studij Paris.

Die autem 25. Martij celebrata est Concilij prima sessio. Et die 24.
Aprilis anni sequentis 1409. Simon Cramaudus Patriarcha Alexandrinus Legationis Gallicanæ Princeps & Nuncij Academici Pisas subierunt; quo die celebrata est Sessio IV. Cæterum quid aduersus hæc scripserit Clemangius si scire vis, consulo disputationem quam cum quodam Scholastico Parisiensi instituit ea de re.

1409.
CONCI-
LIVM PI-
SANVM.

Porro rerum in eo Concilio gestarum seriem perscripserunt Vniuersitati Legati sui datis litteris 29. Maij: quas quia non habeo Latinè conscriptas, Gallicè versas referam ex Monstreletio, tales autem sunt.

Reverends Peres, Seignevrs et Maistres, *honorables, hum-*
ble recommendation premise. Plaise vous sçauoir que nous escriuons par
deuers vous les faits & copies des Traittez faits au Concile General assis par 13.
fois ou quel en effet ont esté faites les choses qui s'ensuiuent.

Les deux Contendans à la Papalité attenduz par plusieurs iours furent decla-
rez contumax & en fait de Schisme & de la Foy. En leur contumace furent don-
nées plusieurs articles contr'eux contenans grands Escritures & le Libelle de la
contumace. Si furent donnez Commissaires à examiner les tesmoins contre lesdits
Contendans.

Item par ledit Concile General fut approuué l'vnion des Colleges des Cardi-
naux, la citation desdits Contendans & Commotion dudit Concile par les Car-
dinaux comme en temps & en lieu conuenable, seurs & afferrmans. Et que ledit
Concile estoit Iuge souuerain en terre à connoistre sur lesdits Articles
proposez sur lesdits Contendans, il fut ainsi prononcé, par le saint Senne,
qu'à ce auoit esté chose licite de se departir de l'obeyssance d'iceux depuis le temps
qu'ils auoient promis d'eux demettre de la Papalité & que les procés, Constitu-
tions & Sentences faites par lesdits Contendans, contre ceux qui se sont soubstraits
de leur obeyssance, sont de nulle valeur.

Aprés furent les Attestations publiées & la Sentence Interlocutoire fut louée
par le saint Concile sur les notoires pechez desdits Contendans. Et auiourdhuy
M. Pierre Plaoul en plein Concile dist tres-somnellement vostre opinion & prit
son Theme, Congregabuntur filij Iuda & filij Israël & facient sibimet
Caput vnum. C'est à dire que les Enfans de Iudée & d'Israël s'assembleront &
feront à eux-mesmes vn Chef. Ce sont ceux proprement assemblez, venuz & aussi
ceux à venir à ce S. Concile qui feront vn seul & vray Pape. Et pardeuant auoit
aussi

aussi parle tres-solemnellement M. Dominique le Petit, en la presence de tous les Cardinaux, & fut son Theme, Principes Populorum congregati sunt cum Deo Abraham. Les Cardinaux & Prelats de sainte Eglise, sont appellez les Princes des Peuples.

1409.

Auiourdhuy pareillement les Theologiens ont dit leur opinion, qui sont en nombre 123. desquels les 80. sont vos Supposts & soubmis.

Item aniourdhuy a esté ordonné que les deux Contendans soient citez aux portes des Eglises au Mercredy 5. iour de Iuillet, à oüir Sentence definitiue.

Errens a enuoyé vne Bulle aux Anglois en leur priant qu'ils vueillent estre de leur party, auec Rupert Roy des Romains 2. élue pour muer le lieu du Concile, & qu'il leur plaise à estre à son Concile, mais il labeure en vain. Car les Anglois, Allemans, Bohemiens, ceux de Poulemie, de France, de Cypre, de Rhode, d'Italie sont si solemnellement concordables, excepté Rupert: duquel les Ambassadeurs sont partis.

Peu de Prelats sont venus de la Seigneurie & domination de Laudislas Roy de Hongrie, lequel a escrit qu'il a entention d'estre audit Concile, mais il a eu grand occupation pour maintenir la guerre contre les Mescreans: Pierre Mastin, dit de la Lune a enuoyé vne Bulle moult terrible, par laquelle il admoneste les Cardinaux qu'ils retournassent par deuers luy, & s'ils ne veulent retourner, il leur defend à traitter d'élection, & ou cas qu'ils n'obeyront, il les excommunie, & prononce moult d'autres choses contre lesdits Cardinaux & leurs consentans.

Reverends Peres, Seigneurs et Maistres redoutez, autre chose pour le present ne vous escriuons, fors que toutes Nations tendent à la Reformation de l'Eglise à laquelle sera obligé & tenu de reformer le nouuel Pape, qui au plaisir de Dieu sera élu: s'il vous plaist aucune chose mander, prests & appareillez sommes d'obeyr selon nostre pouuoir comme tenus y sommes. En vous suppliant tres-humblement qu'en toutes nos besongnes il vous plaise nous auoir pour recommandés. Le Tres-souuerain vous ait en sa garde. Escrit à Pise le 29. iour de May. L'infrascription. Dominic le Petit, Pierre Plaoul, de Quesnoy, Iean le Pere, Ponce, Vincent, Eustache de Fauquemberge, Arnoul Vibrant, Iean Bourlet dit François. M. Pierre de Poigny & M. Guill. le Charpentier ne sont point cy-dessous escripts, parce qu'ils sont absens.

Die 1. Iunij habita est 14. Sessio & auditi testes. Die 5. præsidente Simone Cramaudo Patriarcha Alexandrino, vocati duo Contendentes, & conuicti Criminum quæ eis obeijciebantur, declarati Schismatici & Antiquati Schismatis Nutritores & fautores, hæretici & à fide deuij, & ob hoc ab Ecclesia præcisi, deiectique proinde ab omni honore Papali. Præterea Decretum, Processus per eos factos, aut eorum alterum contra aliquos Cardinales, Sententias, Censuras, aut Priuationes esse irritas & inanes, creationem Cardinalium à 15. Iunij & 3. Maij anno 1408. nullam.

His & alijs multis peractis, die 15. Iunij Conclaue subierunt Cardinales, & 26. elegerunt in Pontificem M. Petrum de Candia, Cardinalem Mediolanensem dictum, Professione Minoritam, Doctorem Theologum Parisiensem. Ille autem statim post electionem soluit à Censuris Ecclesiasticis per Antipapas promulgatis quascunque personas, Communitates, Vniuersitates & Collegia, & nomen Alexandri V. assumpsit.

Quod vt intellectum est Parisijs, indictæ sunt supplicationes solemnes ad B. Genouesæ, vt ex Actis Curiæ patet.

Le Ieudy 11. Iuillet 1409. s'est leuée la Cour à 9. heures & est allée aux Processions generales à S. Geneuiéue sur ce que aprés le Schisme qui a duré 30. ou 31. an entre deux Contendans du Papat, l'un par delà les Monts, l'autre par deça, & qui longuement & par especial puis la creation de Pierre de la Lune derrainement esleu en Pape par deça les Monts, appellé Benedict XIII. eussent laboure le Roy, les Seigneurs de son Sang, l'Vniuersité de Paris & le Clergé de France à l'union de l'Eglise à ce que lesdits Contendans voulsissent prendre la *voye de Cession. Et pour ce que ledit Benedict ne vouloit entendre, & luy eust esté fait soubstration, & puis luy eust esté restituée l'obeyssance, & après eust accepté le Pape de Rome la Cession par sa Bulle, laquelle n'eust voulu accepter ledit Benedict, puis celuy de Rome par maniere de Collusion qu'il eust fait auec ledit Benedict, eust nié qu'il eust pris ladite voye de Cession, au moins ne l'eust voulu poursuiure, & se fussent ses Cardinaux soubstraicts, & le Roy & son Clergé se fussent renduz neutres, dudit Benedict, & s'en fust allé à Arragon ; & sur ces choses eust esté celebré Concile General des deux obeyssances, les Clergez, Princes temporels ou les Commis d'eux le 26. Iuin dernier a esté éleu en Pape, après que les deux Contendans ont esté declarez notoires Schismatiques, Heretiques & ayans esté priuez de toute dignité Papale & autre quelconque en ait esté ordonné de executer la Sentence contr'eux selonce cas, M. Pierre de Candia Maistre en Theologie de l'Ordre des Freres Mineurs, qui parauant auoit esté Cardinal à Milan, dont les nouuelles vindrent Lundy à Paris par toute la Ville.*

Rescripserunt quoque ad Vniuersitatem Legati sui, & die 7. August. Comitia habita sunt *ad visitandum Articulos missos de Pisis*, vt legitur in Actis Nat. Gall. Item die 17. eiusdem mensis, vt ibidem legitur, *facta fuit Congregatio Vniuersitatis in S. Bernardo super facto Rotuli. Et ibi conclusum fuit Rotulus concorditer per omnes Nationes & Facultates mittendus D. nostro Papæ.* Ibidemque legitur prædictam Nationem Gallic. die 20. eiusdem mensis conuenisse apud S. Mathurinum *ad taxandum summam Nuncij deferentis Rotulum & summam Decanorum recipientium supplicationes Magistrorum.* Ibidem taxatam summam Inrotulandorum præsentium 4. assibus, Absentium 8. Decanis attributos pro singulis præsentibus 8. denarios, 16. pro absentibus.

Non fuerunt tamen tam citò expediti & missi Rotuli. Orta est in prædicta Natione Gall. controuersia inter MM. Geruasium Clerici & Ioan. de Castellione contendentes de iure deferendi Rotuli, quæ in Comitijs 26. Aug & 7. Septemb. agitata est, sed tandem decisa per Vniuersitatem 7. Septemb. in gratiam M. Geruasij.

Neque verò in Natione Gall. duntaxat interuenit discordia ob Rotulum, verum & in Facultate Medicinæ inter Regentes & non Regentes. Nam ad electionem Nuncij contendebant Regentes nullum ius, nullumque suffragium habere non Regentes : isti verò contra. Vicerunt tandem Regentes, vt patet ex hac ipsius Facultatis Conclusione.

" Die Mercurij quæ fuit 4. Septemb. an. 1409. fuit facta Congregatio
" Facultatis ad eligendum Nuncium summo Pontifici suum Rotulum cum
" alijs Nuncijs Vniuersitatis laturum. Et quia non Regentes ad istam Con-
" gregationem vocati non fuerant, ipsi antea congregati, vt retulit M.
" Oliuerius Gambelin pro tunc non Regens, protestati fuerunt de appel-
" lando in casu quo ad electionem Nuncij Rotulum Facultatis laturi non
" vocarentur. Ea propter Facultas Nuncij electionem vsque ad diem Sab-
" bati sequentis distulit, me Decanum requirens vt illo die solos Regentes
" vocarem, vtrum non Regentes in dicti Nuncij electione vocem habere
" deberent, deliberaturos ; & ad dicti Nuncij electionem, si opus fuerit,
" processuros. Die verò Sabbati quæ fuit 7. eiusdem mensis instantibus
" Magistris Regentibus vocatis vt prius, deliberatum fuit & fuit conclusum
" non Regentes, non debere habere vocem in Nuncij electione & elege-
" runt dicti Regentes M. Henricum Doigny in Nuncium Rotulum latu-
" rum. Agebantur hæc anno, diebus quibus supra præsentibus MM. Tho-
" ma de S. Petro, Guill. Boucherij, Io. de Bellomonte Comitis, Petro de
" Ausonia, Petro Miotte & pluribus alijs.

Paulo post nempe 9. Nouembr. fuit electus Nuncius, seu Portitor Rotuli M. Petrus Cardonelli actu Regens in eadem Facultate. In confectione verò Rotuli interuenit alia controuersia. Quippe confectores de Regentibus verba facientes, scripserant, vt illi *non Regentibus* præferrentur, *cæteris paribus* ; nolebant autem Regentes hanc clausulam *cæteris paribus* apponi ; & in hanc rem bina habuit Comitia Facultas prædicta.

Vniuersitatis Parisiensis.

Die Sabb. quæ fuit vltima dies Nouemb. fuit facta Congregatio Facultatis in Capitulo S. Mathurini post Missam, vt moris est, super 3. art. 1. super controuersia illius art. *Regentes non Regentibus præferantur, cæteris paribus.* 2. Ad refundendum. 3. Super supplic. & iniurijs ; de primo fuit habita talis Conclusio, quod iterum vocaretur Facultas solemniter circa secundam horam post prandium in eodem loco & eodem die super eodem art. 2. fuit ibi concordia pro illa hora, quod irent solemnes Magistri Deputati ex parte Facultatis ad D. Rectorem, ad supplicandum sibi quòd nihil vellet innouare circa illum art. & ad explicandum sibi quod illa Clausula *Cæteris paribus*, erat noua & addita per Petrum de Luna. Et ideo volebat Facultas quod illa Clausula remoueretur; & ita factum est per Organum M. Guill. Pelliparij, præsentibus MM. Ioanne Deens, Petro Mioti, Guill. Fabri, Ioan. de Pisis, Guill. de Gauda & Decano. Contra fuit celebrata Congregatio Facultatis post prandium super eadem materia, vt præfertur, vbi habita fuit iterum talis Conclusio, scilicet quod facultas nolebat quod illa Clausula *Cæteris paribus* maneret in articulo ; immò opponebat se Facultas clausioni Rotuli, nisi illa Clausula remoueretur, & ad dandum istam Conclusionem D. Rectori in illo loco, illa horâ superuenienti fuerunt dati Deputati ex parte Facultatis : & fuit data per M. Ioan. Comitis, præsentibus pluribus Magistris Facultatis. Et respondit D. Rector quod ipse nihil vellet innouare, & quod vocaret Deputatos super ista materia. Et in istis Congregationibus fuerunt bene 18. Magistri vel 20. qualibet vice ; sed totus articulus postea per Vniuersitatem fuit remotus.

"1409.

Die 23. Decemb. tum Rectore M. Hugone Fabri, Natio Gallicana virgam suam argenteam ad Curiam Rom. deferendam concessit Vniuersitati; Vniuersitas verò eam se redditurum obligauit publico Instrumento per Ioan. Testard minorem eiusdem Nationis Apparitorem & Notarium confecto. Præterea idem Rector, Decani & Procuratores Vniuersitatis nomine suum Nuncium Procuratoremque specialem constituerunt M. Guill. Guignon apud Alexandrum Pontificem ; quam in rem extat hocce Procuratorium Instrumentum in Tabulario Vniuersitatis notatum hisce Characteribus. A a 9.

VNIVERSIS præsentes litteris inspecturis, Nos Hugo Fabri Rector Vniuersitatis studij Paris. Nicolaus Cap.   Theologiæ, Io. Gi. Decanus Facultatis Decretorum, Iuo Leuis, Decanus Facult. Med. Gaufridus de S. Cirico Franciæ, T. Picardiæ, Radulphus Magni Normaniæ, Io. Haras *Angliæ Nationum Procuratores, tam nomine Facultatum quàm Nationum prædictarum*, per Nos Rectorem dictæ Vniuersitatis Paris. in Congregatione Generali ipsius Vniuersitatis in S. Math. pro certis negotijs prædictam Vniuersitatem tangentibus pertractandis **per iuramentum** & more solito celebrata congregati, assistentibus nobiscum ibidem Theologiæ, Decretorum, Medicinæ & Artium Regentibus & non Regentibus Magistris & Doctoribus, & facientibus totam Vniuersitatem seu maiorem & saniorem partem eiusdem, nomine Vniuersitatis & pro ipsa & nomine omnium & singulorum Doctorum, Magistrorum, Regentium & non Regentium, Licentiatorum, Baccalariorum & Scholarium seu studentium, ac Suppositorum eiusdem, ac omnium sibi adhærentium & adhærere volentium, adhæsurorum & successurorum tam coniunctim quàm diuisim melioribus via, modo, iure & forma, quibus potuimus & possumus, fecimus, constituimus, nominauimus & ordinauimus, & tenore præsentium facimus, constituimus ac etiam ordinamus nostrum & dictæ Vniuersitatis Generalem Procuratorem, Actorum, factorum, negotiorum Gestorem & Nuncium specialem venerabilem virum M. Guill. Guignon Ebroicen. Diœcesis Magistrum in Artibus Licentiatum in legibus & Baccalarium in Decretis, videlicet ad comparendum & se repræsentandum nominibus nostris & dictæ Vniuersitatis coràm

" Sanctissimo in Christo Patre, ac D. nostro D. Alexandro Sacrosf. Rom.
" ac vniuersalis Ecclesiæ diuina prouidentia summo Pontifice, & sacro ac
" Reuerendissimo Collegio Reuerendissimorum Patrum & DD. Sacrosf.
" Rom. Ecclesiæ Cardinalium, Auditoribus, Vice-Auditoribus, aut qui-
" buscunque Iudicibus, Deputatis seu Deputandis, aut Commissis, seu
" Committendis ab eisdem, seu altero eorundem tam in Curiâ Rom. quàm
" alibi vbi D. noster Papa cum sua Curia residebit, ac totiens & quotiens
" fuerit opportunum, quascunque supplicationes, seu requestas facien-
" dum & impetrandum & eas præsentandum & prosequendum, crimina &
" defectus opponendum, allegandum, proponendum, & si necesse fuerit
" probandum, nec non pro præmissis omnibus & singulis & quibuscunque
" alijs nostris & dictæ Vniuersitatis causis & negotijs, ac alijs in Curia Ro.
" motis & mouendis Nos & dictam Vniuersitatem, ac supposita eiusdem
" tangentibus contra quascunque personas Ecclesiasticas & seculares, co-
" ram quibuscunque Iudicibus Ecclesiasticis & secularibus quacunque au-
" toritate fungentibus & quocunque nomine censeantur, agendum, nos-
" que & dictam Vniuersitatem, ac supposita eiusdem defendendum, Li-
" bellum seu libellos & petitiones quascunque dandum & recipiendum,
" excipiendum, replicandum, proponendum, duplicandum, triplicandum
" & quadruplicandum, lites seu litem contestandum, de calumnia, mali-
" cia & veritate dicenda in animas nostras iurandum & præstandum quod-
" libet aliud Iuramentum quod in causis requiritur & postulat Ordo Iuris
" ponendum & articulandum, positionibus & articulis respondendum, te-
" stes, litteras, instrumenta & alia quæcunque probationum genera in mo-
" dum probationis producendum, testes jurare videndum contra testes
" & eorum attestationes dicendum, litteras & instrumenta contra nos no-
" minibus quibus supra productis & exhibitis impugnandum, expensas pe-
" tendum, super ipsis Iurandum, ac eas taxare, iurare & adiudicare viden-
" dum, ipsasque recipiendum & de eis quittandum, &c. & generaliter om-
" nia alia & singula faciendum, gerendum & exercendum quæ circa præ-
" missa & ea ac nos & dictam Vniuersitatem tangentia necessaria fuerint,
" seu etiam opportuna, etiamsi mandatum exigatur magis speciale: pro-
" mittentes bona fide nominibus quibus supra, nos ratum, gratum atque
" firmum habere & perpetuò habituros totum & quidquid per dictum Pro-
" curatorem nostrum actum, dictum, factum, gestumve fuerit, Iudicatum
" solui & iudicio sisti, ipsumque ex nunc ab omni onere satisfandi rele-
" uantes. In quorum omnium & singulorum præmissorum testimonium
" sigillum Vniuersitatis prædictæ præsentibus apponi fecimus.

 Commune gaudium spemque pacis turbauit eiusdem Pontificis Bulla in gratiam Medicantium emissa, quâ illis licebat vbique Euangelium Christi prædicare, Confessiones peccatorum audire, Sacramenta ministrare, cæteraque obire munia quæ Curiones solent. Et licet eâ Bullâ **nihil detractum Vniuersitati videretur**, quia tamen inde Hierarchicum Ecclesiæ Ordinem turbari intellexit, generosè fortiterque intercessit quominus executioni demandaretur. Hinc ergo & inde magni tumultus. Bulla erat eiusmodi.

BVLLA CONTRA CVRATOS
" ALEXANDER Episcopus seruus seruorum Dei, Venerabilibus Fra-
" tribus, Vniuersis Patriarchis, Archiepiscopis, Episcopis, & dilectis
" filijs Electis Sal. & Apost. Bened. Regnans in Excelsis triumphans Eccle-
" sia, cui Pastor est Pater æternus, cuique Sanctorum ministrant agmina &
" laudis gloriam Angelorum chori decantant, in terris sibi Vicarium con-
" stituit, Ecclesiam militantem vnigenito Filio Dei viui Domino nostro
" Iesu Christi ineffabili commercio copulatam: in hac quidem ipse Chri-
" stus à Patre progrediens per illustrationem Paracleti qui ab vtroque
" procedit, statuit fidei Sacramentum vt ab ea velut à primitiuo fonte ad
" singulas Othodoxas Nationes eiusdem fidei riuuli deriuentur; ad huius-
" modi autem Ecclesiæ regimen voluit Christi clementia Rom. Pontificem

deputare ministrum, cuius instructionem, ac doctrinam eloquio veritatis Euangelicæ traditam cuncti renati fonte baptismatis teneant & obseruent. Qui enim sub hac doctrina cursus vitæ non peregerint, aut
errores contra illam tenuerint, damnationis sententia ferientur. Sane
dudum felicis recordationis Bonifacius Papa VIII. prædecessor noster in
constitutione sua quæ incipit, Super Cathedram; quam piæ memoriæ Clemens V. etiam prædecessor noster postea Viennensi Concilio innouauit
super prædicationibus fidelium Populis faciendis, audiendis eorum Confessionibus, pœnitentijs iniungendis eisdem & tumulandis defunctorum
corporibus qui apud Prædicatorum & Minorum Ordinum Fratrum
Ecclesias seu loca suam eligerent sepulturam. Quæ quidem Constitutio etiam successiuè ad Eremitarum S. Augustini & B. Mariæ de monte Carmelo Ordinum Fratres per Sedem Apostolicam extensa fuit, authoritate Apostolica statuit & etiam ordinauit vt dictorum Ordinum
Fratres in Ecclesijs & locis eorum, & in plateis communibus liberè valeant Clero & Populo prædicare & proponere verbum Dei, horâ illâ
duntaxat exceptâ in quâ vellent Prælati Ecclesiarum coràm se facere
solemniter prædicare, in qua Fratres ipsi prædicare cessarent, præterquàm si aliud de ipsorum Prælatorum consensu procederet ex licentia
speciali. In studijs autem Generalibus, vbi sermones ex more fieri solent diebus illis quibus prædicari solemniter consueuit, ad funera etiam
mortuorum & in festis specialibus, seu etiam peculiaribus eorundem Fratrum possent ijdem fratres & liceret eis prædicare libere, nisi forsan in
illâ horâ quâ solet ad Clerum in prædictis locis, seu studijs proponi verbum Dei, Episcopus, vel Prælatus superior Clerum ad se generaliter
conuocaret, aut ex aliqua ratione, vel causa vrgente Clerum ipsum duceret congregandum.

 In Ecclesijs autem parochialibus fratres illi nullatenùs auderent, nec
deberent prædicare, vel proponere verbum Dei, nisi fratres ipsi à Parochialibus Sacerdotibus inuitati, vel vocati fortassis existerent, vel de ipsorum placito, vel assensu petita licentia, vel obtenta foret, nisi Episcopus, vel Prælatus per eosdem fratres prædicari mandaret. Statuit etiam &
ordinauit idem Bonifacius Prædecessor authoritate prædictâ vt in singulis Ciuitatibus & Diœcesibus in quibus loca fratrum ipsorum consistere noscerentur, ac in Ciuitatibus & Diœcesibus & locis ipsis vicinis,
in quibus locis huiusmodi non habentur Magistri, Priores Prouinciales
Prædicatorum & eorum Vicarij, ac Generales, ac Prouinciales Ministri,
ac Custodes Minorum & Prædicatorum Ordinum præfatorum ad præsentiam Prælatorum eorundem locorum se conferrent per se, vel fratres
quos ad hoc idoneos fore putarent, vt fratres qui ad hoc electi forent,
in eorum Ciuitatibus & Diœcesibus *Confessiones subditorum sibi confiteri volentium audire valerent*; & huiusmodi **Confitentibus**, prout secundùm
Deum cognoscerent, imponerent pœnitentias salutares & eisdem beneficium absolutionis impenderent, gratia & beneplacito eorundem, ac
deinde Præfati Magistri, Priores Prouinciales & Ministri Ordinum prædictorum eligere studerent personas sufficientes idoneas, vita probatas,
discretas atque peritas ad tam salubre Ministerium & Officium exequendum, quas sic ab ipsis electas præsentarent, vel facerent præsentari Prælatis antedictis, vt de eorum licentia & beneplacito in Ciuitatibus &
Diœcesibus eorundem huiusmodi personæ sic electæ confessiones sibi
confiteri volentium audirent & eis imponerent pœnitentias salutares, ac
beneficium absolutionis impenderent, prout superiùs est expressum.
Et alia rationabilia & vtilia dictus Bonifacius Prædecessor ordinauit &
statuit, prout in eadem Constitutione plenius exprimitur. Postea verò
ad Piæ memoriæ Ioannis Papæ XXII. etiam Prædecessoris notitiam deducto quod quondam Ioannes de Poliaco in sacra Theologia Magister in
quibusdam articulis tangentibus Pœnitentiæ Sacramentum, non sobriè,
sed perperam sapiebat, infrascriptos articulos periculosos continentes

" 1409.

"errores doceret publicè in suis prædicationibus & in Scholis. Primum si-
"quidem astruens quod confessi fratribus habentibus licentiam genera-
"lem audiendi confessiones teneantur eadem peccata quæ confessi fue-
"rant, iterum confiteri proprio Sacerdoti. 2. Quod stante statuto: *Omnis*
"*vtriusque sexus*, in Concilio generali Rom. Pontifex non potest facere
"quod Parochiani non teneantur omnia peccata sua semel in anno pro-
"prio Sacerdoti confiteri, quem dicebat esse Parochialem Curatum; nec
"Deus posset hoc facere; quoniam vt dicit, implicat contradictionem. 3.
"Quod Papa non posset dare tum generalem potestatem audiendi Confes-
"siones, imò nec Deus, quin Confessus habens generalem licentiam, te-
"neatur eadem iterum confiteri suo proprio Sacerdoti, quem dicit esse, vt
"præmittitur, Parochialem Curatum. Prædictus Ioannes prædecessor
"volens scire si suggesta sibi in ea parte veritatem haberent, præfatum
"Ioannem de Poliaco de Fratrum suorum consilio euocari, atque vincu-
"lorum suorum copiam eidem Magistro Ioanni tradi fecit, & ad defen-
"sionem suam audientiam plenam sibi præbuit, tam in suâ dictorumque
"fratrum præsentiâ & in Consistorio, quàm alibi coràm aliquibus fra-
"tribus ipsis per eum ad hoc deputatis, si præfatus Magister dictos arti-
"culos & contenta in ipsis defendere niteretur. Qui quidem Magister
"Ioannes asserebat se paratum credere & tenere in præmissis & alijs quæ
"credenda & tenenda fides Apostolica definiret, præfatusque Ioannes
"prædecessor attendens quod dictorum articulorum assertio, prædicatio
"& doctrina redundare poterat in multarum perniciem animarum, ipsos
"per plures Magistros in Theologia examinari fecit diligenter, & ipse
"etiam cum dictis fratribus suis Collationem solemnem habuit super præ-
"missis. Per quas quidem Collationem & examinationem super hoc præ-
"habitas comperit prædictos articulos doctrinam non sanam, sed pericu-
"losam multum & veritati contrariam continere. Quos etiam articulos om-
"nes & singulos idem M. Ioannes veris sibi rationibus opinioni suæ dudum
"habitæ contrarijs demonstratis in eodem Consistorio reuocauit asserens
"eos non veros; sed contrarium verum esse, cum diceret se nescire ratio-
"nibus sibi factis in contrarium respondere. Ideóque ne per assertionem,
"prædicationem & doctrinam huiusmodi in errorem, quod absit, animæ
"simplicium prolaberentur, omnes prædictos articulos & quemlibet eo-
"rum tanquam falsos & erroneos & à doctrina sana deuios idem Ioannes
"prædecessor authoritate Apostolica damnauit & reprobauit, de fratrum
"suorum consilio prædictorum doctrinam ipsis contrariam veram esse &
"Catholicam asserens, quòd illi qui prædictis fratribus confiterentur, non
"magis tenerentur eadem peccata iterum confiteri quàm si aliàs illa con-
"fessi fuissent eorum proprio Sacerdoti, juxta dictum Concilium Genera-
"le optans veritatis vias notas etiam fidelibus & cunctis erroribus aditum
"præcludere felicis recordation. Alexandri Papæ IV. & Clement IV.
"Rom. Pontificum prædecessorum vestigia imitando vniuersis & singulis
"districtiùs inhibuit ne quisquam dictos articulos per eundem Ioan. præde-
"cessorem damnatos & reprobatos & contenta in eis, vel aliquo ipsorum
"vt pote à Catholicis mentibus respuenda tenere auderet, ac defensaret;
"ac vniuersis & singulis Patriarchis Archiepiscopis, Episcopis & Electis
"per Apostolica scripta præcipiendo, mandauit vt in Ciuitatibus & Diœ-
"cesibus eorum, conuocato Clero communiter præmissa omnia & singula
"per se vel alios publicaret solemniter: nec non eidem Ioanni mandauit vt
"ipse in Scholis, vel sermone Parisius prædictos articulos & contenta in
"eisdem tanquam veritati contraria propriæ vocis oraculo & assertione
"constanti publicè deberet reuocare: Et etiam se facturum illud dictus
"Ioannes de Poliaco efficaciter repromisit. Cum autem sicut nuper fra-
"trum Prædicatorum & Minorum prædictorum, ac etiam Eremitarum S.
"Augustini & B. Mariæ de monte Carmelo Ordinum lamentabilis quere-
"la ad nostrum perduxit auditum, nonnulli Clerici & Ecclesiasticæ per-
"sonæ ac vtriusque sexus homines, nedum prædictos damnatos articulos

prorsus erroneos & sacris Canonibus contrarios etiam publicè non verentur astruere; & per illos proprias & multorum simplicium animas inficere, illosque à deuotione eorundem fratrum Ordinum prædictorum auertere, & ne Christi fideles sua peccata fratribus ipsis confiteantur, damnabiliter detrahere satagant, etiam contra eandem Constitutionem Bonifacij prædecessoris super hoc editam, vt præfertur: qui quidē adiecti erronei articuli sequuntur per ordinē, in hæc verba. Primus vt videtur articulus talis est. *Confessus fratri admisso in forma, Dudum, tenetur eadem, peccata in numero iterum Curato confiteri?* damnatur per Ioannem Papam XXII. in statuto quod incipit, Vas Electionis. 2. *Conclusiones Ioannis de Poliaco damnatæ per Ioan. 22. sunt satis veræ, & à quocunque litterato sufficienter possunt teneri.* Statutum Ioannis XXII. editum, Vas Electionis, est irritum & inane, quia cum illud fecit, erat hæreticus, & per consequens quidquid fecit prædictus Ioannes siue Mendicantibus, siue alijs ante reuocationem, inane fuit. Stante statuto *Omnis vtriusque sexus*, nec Deus, nec Papa de potentia sua potest facere quin confessus fratri mendicanti admisso, iterum teneatur confiteri suo Curato. *Confessio fratribus admissis facta est dubitabilis & incerta:* quapropter omnes tenentur dimittere incertum; & sic solum confiteri suis Sacerdotibus curam animarum habentibus sub pœna peccati mortalis. *Quamuis fratres admissi habeant authoritatem absoluendi & audiendi Confessiones*, tamen Populus subiectus non habet potestatem accedendi ad Mendicantes admissos sine licentia proprij Sacerdotis; & fratres petentes priuilegia pro confessionibus audiendis & sepulturis habendis, sunt in peccato mortali & excommunicati: & Romani Pontifices talia priuilegia concedentes Mendicantibus, aut eisdem confirmantes, sunt in peccato mortali & excommunicati. *Fratres non sunt, aut fuerunt Pastores, sed fures, latrones & lupi.* Sacerdos Curatus dans licentiam mendicantibus audiendi Confessiones, magis dispensat cum statuto, *Omnis vtriusque sexus*, quàm Papa fratribus dans licentiam iuxta formam decretalis *Dudum*. Nos verò attendentes quod minus perniciosum esset antiquos, dudum vt præmittitur, per eundem Ioannem prædecessorem cum tantâ solemnitate & maturitate damnatos & reprobatos & etiam huiusmodi nouos articulos per nos veluti erroneos & etiam eisdem Canonibus contrarios seuerè adstruere, vel docere, nec non in hac parte salubriter prouidere volentes, eosdem nouos articulos, & quos Nos etiam vna cum fratribus nostris S. R. E. Cardinalibus maturè, prout tanti negotij qualitas exigit, vidimus & examinauimus, nec non etiam per plerosque in sacra Theol. Magistros, ac quosdam Doctores in iure Canonico recenseri fecimus diligenter; perquam quidem examinationem reperimus etiam ipsos nouos fuisse & esse falsos, confictos & erroneos, ac eisdem Canonibus contrarios, & propterea ipsos, **vt tales de eorundem fratrum consilio demnamus & reprobamus.** Volentes quod si quis deinceps prædictos articulos asserere, aut in Scholis vel alibi glossare, defendere seu tenere, aut prædicare præsumpserit; tanquam hæreticus sit censendus, & excommunicationis sententiam incurrat ipso facto, à qua nisi per summum Pontificem, præterquam in mortis articulo, non possit absolui. Quo circa Vniuersitati vestræ mandamus, quatenus vniuersi & singuli vestrum conuocato Clero Ciuitatum & Diœceson vestrarum, eis præmissa omnia & singula per vos, vel alios, vbi & quando super hoc per eosdem fratres, seu eorum aliquem, aut aliquos requisiti fueritis, authoritate nostra solemniter publicetis, ac etiam per Rectores ipsarum Parochialium Ecclesiarum, Ciuitatum & Diœceson præfatarum in huiusmodi parochialibus Ecclesijs publicari faciatis. Et siquos forsan huiusmodi damnatos articulos nouos & veteres, aut eorum aliquem, seu aliquos astruere, vel tenere, siue prædicare repereritis, contra illos communiter, vel diuisim tanquam hæreticos, seu de Catholica fide suspectos procedere, nec non ipsos & eorum quemlibet iuxta tantorum excessuum qualitatem per Censuram Ecclesiasticam & alia

1409.

"Iuris opportuna remedia, authoritate prædicta compescere, nec non ad
"obseruandam dictam constitutionem præfati Bonifacij prædecessoris iux-
"ta eius tenorem compellere ratione præuia studeatis. Contradictores, &c.
"Non obstantibus prædictis quæ incipit, *Omnis vtriusque sexus*, ac alijs
"Constitutionibus contrarijs quibuscunque. Datum Pisis 4. id. Octob.
"Pontif. nostri an. 1.

1409.

TVRBA-
TIO VNI-
VERSITA-
TIS PRO-
PTER BVL-
LAM.

 Hæc, inquam, cum intellexisset Vniuersitas, grauiter commota est,
& conquesta de Mendicantibus, qui subreptitiè & dolo malo Bullam eiusmodi impetrarant, quâ status primitùs à Christo institutus de Prælatis
& Curatis subuertebatur. Dominicani factum excusarunt publicéque
testati sunt se inscijs, huiusmodi Constitutionem impetratam fuisse, satis-
que sibi esse gaudere Priuilegijs ab Ecclesia concessis: atque ideo humillimè supplicarunt Matri Vniuersitati, ne sibi succenseret eam ob rem,
vtque Ordinem commendatum haberet. Eorum Exemplum secuti Carmelitæ, non cæteri Mendicantes; Franciscani verò omnium insolentis-
simè se gesserunt, vt post Niemum refert Meyerus lib. 15. vbi de Alexandri V. Franciscani creatione verba faciens. *Eius*, inquit, *creatione adeo
lætati sunt Fratres Franciscani, vt cateruatim cursitarent per vias & vicos Ciuitatis*, inquit *Theodoricus Niem*, *veluti essent mente capti*. *Ipse per nimiam
suam liberalitatem & turpes abusus*, *haud absque macula suæ famæ multa multis concessit*. *Quatuor Ordines FF. Mendicantium veniunt Lutetiam Pariso-
rum, cum Bullâ ab ipso acceptâ ad Regem Carolum & Magnates: quâ quidem
conantur Bullâ obtinere Decimas Ecclesiarum Parochialium, dicentes se præcipuos esse Pastores*, *se verbum prædicare Dei & populum docere*, *sibi Confessiones
licere Laïcorum audire*, *nec teneri Laïcos peccata illa rursus Curionibus suis
confiteri: id se obtinuisse apud Papam Alexandrum*. *Hæc per Quadragesimam
Ieiuniorum concionantur Lutetiæ per omnes Ecclesias*. *Magna oritur turbatio*.
Schola Parisiensis, quam contra quæcunque monstra veritatem semper
defendisse video, huic se Nouitati magno conatu obijcit, prædicatque
per suos omnibus in Ecclesijs contrarium. *Diploma videlicet, seu Bullam
malè impetratam, surreptitiam omnino esse, fratresque illos Scholâ exclusit, &
priuilegijs Scholæ priuauit*. *Quod vt viderunt Dominicani cæteris ea in re pru-
dentiores, accedunt ad Conuentum à Scholâ congregatum, ibique publicè reuocant
suam Bullam, & gratiam ab Alexandro acceptam, promittentes nunquam vltra
se vsuros gratiâ & priuilegio illius Bullæ*. *Ita sopita discordia & quies parta*.

 Renitentibus verò cæteris Interdictum Regium obtinuit Vniuersitas,
quo publicâ Præconis voce prohibitum Curatis & viris Ecclesiasticis
sub pœnâ amissionis, seu priuationis bonorum temporalium, sinere Fran-
ciscanos & Augustinianos in suis Ecclesijs conciones habere, Confessiones audire, aut Sacramentum absolutionis administrare.

 Illa verò cum Dominica 3. Quadragesimæ ad Basilicam D. Virginis
supplicationem solemnem instituisset, M. Ioannes Gerson Cancellarius
contra eandem Bullam Sermonem habuit, qui inter eius opera legitur:
ex quo quæ sequuntur, excerpsimus. *Quoniam*, inquit, *visum est compluribus S. Ecclesiæ Prælatis, præcipuè D. Parisiensi, visum est filiæ Regis Vniuersitati, hunc Hierarchicum Ordinem Prælationis aliquo modo in perturbationem
aut impedimentum casurum, voluit & vult vt potest obsistere & obuiare. Hæc
turbatio accidit propter scripturam quandam in forma Bullæ, quam aliqui Ordinum 4. Mendicantium impetrarunt, aut vt verius dicatur, extorserunt, vel
per cautelam, vel per inaduertentiam S. Patris nostri...... sed propter importunitatem 4. Ordinum Mendicantium, aut saltem aliquorum Principalium impetrata est aut malè obtenta scriptura quædam quam Vniuersitas censuit intolerabi-
lem & non ferendam pro S. Ecclesiæ stabilitate. Ideo vult hanc scripturam eorum
procuratione quassari, priusquam permittantur vti priuilegijs, aut libertatibus
dictæ Vniuersitatis; non quod semper priuentur, absit vt hoc facere oporteat, sed
rationabile est quod in laqueo quem absconderunt, comprehendatur pes eorum.
Bene in generali dicere possumus, si scriptura hæc admitteretur, ipsa perturbaret Hierarchicum Ordinem Prælatorum S. Ecclesiæ, magnos, mediocres & paruos
qui sunt Curati, &c.*

Apparet

Apparet, inquit idem ibidem, *quod ad Vniuersitatem Parisf. filiam Regis spectat secundum Doctrinam de S. Ecclesiæ iudicare gubernamine, specialiter quoad Facultatem Theologiæ & diuersimode quoad alias, ad Artes secundum Philosophiam Moralem quæ conformis est Theologiæ, ad Decreta secundum quod principaliter fundamentum eorum in sanctâ est scripturâ, & in quantum nimis vti vident legibus, excederent eorum terminos.*

1409.

In MS. San Victorino notato hisce Characteribus p. 10. 686. fol. 346. legitur iussam ab Vniuersitate Theologiæ Facultatem deliberasse die 5. Martij in Capitulo Ecclesiæ Parisiensis, in prædictam Bullam, quæ sequuntur.

"Videtur eis quod est intolerabilis, præsertim ex modo condemnationis & adactionis pœnarum & non obstantiarum, & stando in terminis Theologiæ.

"Videtur 2. quod est totius status Ecclesiastici turbatiua, præsertim propter eos qui hanc Bullam possent assumere; in Instrumentum malitiæ & persecutionis Prælatorum, Curatorum & Populorum propter horrorem pœnarum & inuolutionem tot articulorum.

"Videtur 3. quod obuiandum est talibus Machinationibus & videlicet quorundam Fratrum Mendicantium qui nituntur supplantare statum primitus à Christo institutum de Prælatis & Curatis: & hoc fiat tam apud Prælatos quàm apud Vniuersitates istius Regni.

"Videtur 4. quod non expedit determinare nunc per modum Facultatis an Confessi fratribus teneantur, vel non iterum eadem peccata confiteri proprio Sacerdoti cum cæteris difficultatibus circa materiam hanc emergentibus, sed agat quilibet ad indagationem veritatis, prout videbitur.

"Sequuntur ea quæ tacta sunt per modum Aduisamentorum, vel Prouisionum. 1. Quod in solemni conuocatione Prælatorum & aliorum Sapientum & Prudentum tam de Consilio Regis quàm de Parlamento & Castelleto & aliorum, fiat Iustificatio Processus Vniuersitatis contra hanc Bullam.

"Item postmodum fiat hoc coram Principibus & deinde coram Populis secundum Instructionem dandam Prædicatoribus.

"Item pro salute plebium & pro acquisitione Conscientiarum apud Prælatos & Curatos & Cessationes obloquutionum videtur expediens, quod in qualibet Parochia tam in Ciuitatibus quàm extra Ciuitates in villulis habeantur parui Tractatuli in Gallico continentes in generali tenorem præceptorum & enumerationem & numerum Articulorum vt vel legendo, vel recitando possint Curati quantumcumque simplices docere diebus Dominicis & festiuis plebem suam.

"Item quod diligenter obseruetur vt nullus Curatus, aut Vicarius eius suscipiat deinceps aliquem fratrem priuilegiatum, nisi habeat litteras sui Prælati propter abusus qui quotidie fieri memorantur per eos qui se non missos ingerunt contra intentionem Decretalis *Dudum*, vel *super Cathedram* quæ certos & certo modo eligendos esse determinat, & super hoc viderentur etiam Parochiani commonendi ne irent ad tales, nisi certi bene essent de sua Missione.

Expediret *postremo quod Determinatio Facultatis Theol. nouissimè facta contra Ioannem* Gorrel *approbaretur per Vniuersitatem & publicaretur, quatenus viderent populi & cæteri melius errores, quos aliqui conceperunt contra statum Prelatorum & Curatorum & veritas contraria nosceretur.*

Certum est prædictam Bullam ab Alexandro olim Minoritæ fuisse à Minoritis præsertim impetratam instante & vrgente M. Ioanne Gorello cuius theses nonnullæ ad jus Parochorum, seu Curatorum spectantes damnatæ fuerant à Theologica Facultate, vt supra retulimus.

Huius quoque rei meminit Monstreletius & ait Mendicantes fuisse è Societate Academica expulsos, aliamque subdit causam turbarum in Vniuersitate propter exactiones Pontificias quas Cardinalis de Turreyo

Tom. V.   Cc

suadere conabatur; rem sic narrat.

1409.   *Le Cardinal de Thury vint à Paris & feit requeste audit Conseil & à l'Vniuersité qu'on voulsist faire à nostre S. Pere le Pape Alexandre deux de dix sur l'Eglise Françoise pour les grandes affaires qu'il auoit: laquelle requeste ne luy fut pas accordée, pour ce que ceux de l'Vniuersité s'opposerent à l'encontre pour toute ladite Eglise. Et pour y obeïr plus amplement, requirent & obtindrent vn mandement Royal, par lequel il estoit commandé à tous Officiers Royaux que toutes Gens venans ès mettes de leurs Offices faisans telles & pareilles requestes fussent expulsez & deboutez hors du Royaume.*

Les Mendians pareillement auoient impetré vne Bulle, laquelle ils apporterent à Paris contenant moult de nouuelletez, desquelles ils n'auoient pas accoustumé d'vser. Et estoit la Conclusion telle; finalement que les dix & autres choses, comme les Oblations des Eglises leur deuoient mieux appartenir qu'aux Curez & que proprement ils sont Curez; parce que ceux qui se confessent à eux, ne sont tenus d'eux confesser à leursdits Curez & ce prescherent publiquement parmy Paris.

Et les autres de ladite Vniuersité preschoient le contraire, & par ainsi fut audit lieu de Paris en temps de Karesme grand discord & dissension entre icelle vniuersité & lesdits Mendians & tant qu'ils furent deboutez & priuez de l'Vniuersité. Mais assez brief après les Iacobins, comme les plus Saiges des autres, renoncerent à ladite Bulle & iurerent & promirent que iamais n'en vseroient, ne aussi des autres Priuileges à eux concedez, & par ainsi furent reconseillez auec ladite Vniuersité.

COLLE-
GIVM RE-
MENSE.
    Eodem anno fundatum est Collegium Remense, seu de Roya ex bonis quæ testamento legauerat Guido de Roya Archiepiscopus Remensis, obtentis in hanc rem à Fratre Matheo de Roya & Simone Cramaudo Archiepiscopo successore litteris à Rege Carolo datis Parisijs die 23. Sept. & Actis Curiæ insertis die 24. eiusdem mensis.

    Triennio post emptio Domus Burgundicæ in vsum formamque Collegij conuertendæ, à Præfecto Parisiensi confirmata est Instrumento publico, dato 12. Maij anno 1412. ex quo constat Scholares qui tum erant Diœcesis Remensis emisse domum istam à Philippo Comite Niuernensi bis mille libellis Turonensibus. *Vn grand Hostel fermé de hauts murs de pierre de taille, cour, jardin, pourpris, appartenances & dependances, si comme tout se comporte & estend de toutes parts, appellé d'ancienneté l'Hostel de Bourgongne, appartenant à M. le Comte de son propre heritage, & par partage fait entre Messieurs ses Freres & luy, seant à Paris & au dessus de S. Hilaire, en la ruë de Bourgongne, & d'autre part au long de la ruë Chartiere, aboutissant de l'vn des costez au long de la ruë des 7. voyes, & aboutissant par dehors à la ruë du Clos Brunel, &c.*

    Porro Scholares qui tunc studebant in Vniuersitate Parisiensi ex Diœcesi Remensi, isti numerantur in litteris Regijs supradictis, Ioannes de Gerson, Io. Roland, Simon de Borelis, Radulphus de Iustine, Girardus Macheti, Pontius d'Erpis, Petrus Choaque, Io. Campani, Simon Simonet, Nicol. Gomault, Rob. Guenyn, Io. le Moine, Io. l'Hoste, Io. Rimart, Io. Norant, Io. Preud'homme, Steph. Warnesson, Thomas Petit, Nicol. Seraine & Io. Perin, *Tous Escholiers de la Nation du Diocese de Reims estudians en l'Vniuersité de Paris, &c.*

    Hoc anno tandem dissipatum est studium Pragense ortâ inter Nationes graui contentione; cum enim Carolus IV. Imperator Vniuersitatem suam condidisset more & exemplo Parisiensis ex 4. Nationibus, singulis suum suffragium concesserat: ita vt in Comitijs 4. suffragia pro numero 4. Nationum ferrentur; at Ioannes Hussius Nationis Bohemicæ Magister, videns se doctrinam suam non posse pro libito spargere & Vniuersitatis calculo comprobare, renitentibus cæteris magistris 3. Nationum, celeberrimi illius studij ruinam artificiosè commentus est, hac ratione: dicebat nempe Academiam debere tantùm constare duabus Nationibus, Bohemicâ scilicet & Germanicâ: Nomine autem Germanicæ tres alias, quæ

exterorum erant & peregrinorum debere comprehendi, & ita ad vnam
redigi, aut faltem vnico debere fuffragio gaudere, Bohemicam verò,
quippe in fuo fundo, tribus fuffragijs. Sic fperabat fore, vt præualente
Bohemicâ, in qua plurimum poterat, autoritate Vniuerfitatis Doctrinam
fuam pluralitate fuffragiorū confirmaret. Erant autem tum è 3. Nationibus 4400. ftudiofi, tefte Hagero ex Albo Academico feu matricula. Itaque frequentes erant altercationes: à verbis fæpè ad verbera ventum eft,
vt contigit anno 1406. in foro pomario, in quo Bohemi plurimi vulnerati, fpectante Wenceflao & ridente. Impares igitur ifti nihil non tentarunt, vt Germanos expellerent: quod anno tandem 1409. accidit. Hac
autem de re fic legitur in lib. de Huffij Doctr. & rebus geftis.

1409.

"CAROLVS IV. Imperator Germanis (quo nomine omnes Exteri di-
"cebantur) fingulari fauore 3. fuffragia in Electione ferenda, Bohe-
"mis vnum dederat. Hinc aut Rector, aut Decanus femper Germanus
"fuit, per quem fere ftabat, quominus Huffius Doctrinam fuam, vel dif-
"putando, vel multo magis docendo propagaret: tum verò Exteros ftu-
"diofos licentia deteriores reddere, id quod domefticos valde malè habe-
"re cœpit, ita vt conuenirent, deque via, qua abfque feditione Germanis
"liberari poffent, ineunda confilium caperent. Varijs in eam fententiam
"actis, placuit ipfis à Rege fuo petere, vt de Academiarum Bononienfis
"in Italia, & Parifienfis in Gallia, vt Pragenfis matrum more Bohemis tria,
"Germanis verò vnum faltem fuffragium ferendum tribueretur. Quid fit?
"anno 1408. dum 5. idus Maij officijs diftribuendis atque affignandis, ele-
"ctionique habendæ in Collegium Caroli conuocati frequentes adfunt,
"M. Ioannes Huffius affumptis M. Hieronymo Pragenfi, M. Zuico Vecio
"alijfque pluribus quod hactenus diu conceperant, iam parere, Huffius
"furgens præfentibus Germanis in hanc fere fententiam Latinè dicere,
"CAROLVS IV. clariffimæ fanctiffimæque memoriæ Imperator Acade-
"miam hanc condens voluit atque ad tempus decidit, vt Teutonici Magi-
"ftri hîc peregrinantes in eligendo Rectore, vt & in cæteris actionibus,
"tribus; Bohemi verò vno faltem fuffragio fententiam ferrent. Hoc au-
"tem laudatiffimus Imperator hac faltem de caufa fecit, quia Bohemi qui
"alibi in literarum ftudijs verfati, Gradumque Magifterij affecuti fuiffent,
"pauci verò erant. Iam verò, Deo laus, nos numero multi, iure 3. vo-
"cibus: vos Germani verò vnâ faltem fententiam diceris. Poftea Regem
"adeunt, fed fruftra: fuæ enim Culinæ præfectum Rectorem creauit fum-
"mo omnium dedecore & dolore.

DE NVMERO SVFFRAGIORVM IN ACAD. PRAG.

Ergo hoc anno fit feceffio: tres enim Nationes, vt vident fe à Bohemica, conniuente Rege Wenceflao vexari, atque ad vnicum fuffragium redigi, relictâ Pragâ Lipfiam fecedunt: in eamque rem Senatuf-
confultum factum eft pridiè idus Nouemb. & primum Rectorem crea-
runt M. Othonem Muftenbergium, qui antea Pragæ Decanus fuerat.
Bohemi verò foli relicti Rectorem fuum creant M. Ioannem Huffium, qui
ftatim cum focijs & adiutoribus fuis quanquam fecretò, doctrinam fuam
dilatant audentius. M. Hieronymus à Rege Poloniæ Cracouiam euocatur
Academiæ conftituendæ gratia; Suinco Leporemontanus, vulgò Ha-
feinbergius Archiepifcopus Pragenfis Capitulum feu Conuentum habet,
Huffium conuocat cum cæteris, de fide interrogat, rogatque ne nouitatibus eiufmodi velit Ecclefiam turbare; promittit ille, & difcedit; interim de confenfu Capituli comburuntur in fede Archiepifcopali. quidam
Huffit. libri, Ioannis Miliccij, M. Hieronymi Pragenfis & M. Mathiæ
Parifienfis & aliorū, plufquam 200. Volumina. Hac de re queruntur Huf-
fitæ & per M. Ioannem Gefenicenfem Academia Bononienfis fuper exu-
ftione librorum confulitur: illa autem 7. Kal. Decemb. an. 1410. hoc ref-
ponfi dat, propterea quod Academia Oxonienfis Anglicana & Pragenfis Bohemica fœdus inter fe feciffent, non fuiffe exurendos, ne quid
aliud quod fortaffis ex hac contumelia pertimefcendum effet, oriretur.

DE HVSSITIS.

Catholici verò rem Romam deferunt: & id negotij à Papa committitur Cardinali Columnæ. Hussitæ ad Regem Wenceslaum confugiunt, qui Sophiæ Reginæ suasu, cuius peccata audire solebat Hussius, illis fauet. Academici quoque Regem adeunt: eo tandem res deducitur, vt Rex Romam suos quoque Legatos miserit, rogaritque vt M. Ioannes Hussius pro Catholico haberetur; citatur Hussitis, non comparet. Suinco Archiepiscopus de Wenceslao apud Imperatorem Sigismundum conqueritur, qui remedium attulisset, si bello Turcico non fuisset impeditus. Interim Suinco vir religionis assertor acerrimus moritur. Albicus vir auarissimus succedit, qui omnia cuiuscumque generis dogmata recipit, dum auro potiatur. De hac porro secessione Nationum exterarum ex Academia Pragensi sic legitur in lib. 23. Hist. Bohem. *Lata sententia secundum Anserem* (id. Io. Huss.) *cum tanta Germanorum indignatione, vt plusquàm viginti quatuor millia Scholasticorum intra 8. dies Pragâ excesserint, detestantibus Artificum Collegijs Anserem, cuius operâ fieret, vt labor eorum recideret ad tenue precium, cum non adessent emptores. Hac re tam insigni designatâ vertit hinc rostrum inquietum Hus ad vellicandas Iubilæi condonationes quas Indulgentias vocant, taxandosque Sacerdotes de auaritia, luxu, &c.*

1409.

Anno 1410. Alexander V. obijt die 5. Maij, mense Pontificatus sui decimo, an. ætatis 71. sepultusque est Bononiæ in Ecclesia FF. Minorum. finitis de more exequijs Cardinales Conclaue ingressi die 14. Maij post triduum eligunt M. Balthasarem Cossam, olim in Academia Bononiensi Iuris vtriusque Doctorem, isque Ioannes XXIII. appellari voluit.

1410.

Ille sub finem mensis Iunij Bononiæ reuocauit Bullam sui decessoris de Priuilegijs Mendicantium propter turbas inde exortas, voluitque in eodem omnia statu remanere, in quo fuerant ante prædictam constitutionem. Legitur ista reuocatio in Codice San. Victorino notato P. 8. fol. 88. his verbis.

REVOCATIO BVLLÆ ALEXANDRI V. PRO MENDICANTIBVS.

„ IOannes Episcopus seruus seruorum Dei. Ad futuram rei memoriam.
„ In Apostolicæ sedis speculâ licet immeriti disponente Domino con-
„ stituti ad procurandum cunctis Christi fidelibus pacis commoda libenter
„ intendimus, eorumque scandalis quantum possumus, obuiamus. Dudum
„ siquidem cum querela Dilectorum filiorum Fratrum Ordinum Prædica-
„ torum & Minorum, nec non Eremitarum S. Augustini, ac B. Mariæ de
„ Monte Carmelo ad felicis recordationis Alexandri Papæ V. Prædeces-
„ soris nostri peruenisset auditum, quod nonnulli Clerici & Ecclesiasticæ
„ personæ ac vtriusque sexus homines certos articulos quos ijdem fratres
„ dicebant erroneos tangentes materiam Clementinæ *Dudum* in præiudi-
„ cium ipsorum fratrum astruere publicè præsumebant, præfatus Alexan-
„ der prædecessor 4. Id. Oct. Pontificatus sui an. 1. per suas certi tenoris
„ litteras quæ incipiunt, *Regnans in excelsis* certo modo super hoc prouidit,
„ ac disposuit prout in eisdem litteris plenius continetur. Cum autem pro-
„ vt nuper nobis qui dicto Alexandro prædecessore sicut Domino placuit
„ sublato de medio, fuimus diuinâ fauente Clementia, ad apicem summi
„ Apostolatus assumpti, non sine graui mentis turbatione innotuit in di-
„ uersis mundi partibus inter alios Christi fideles, ac Episcopos fratres oc-
„ casione publicationis dictarum litterarum magna scandala sint exorta,
„ & nisi super his de opportuno remedio celeriter prouideatur, maiora
„ verisimiliter timeantur in posterum exoriri. Nos super his prout ex de-
„ bito nobis iniuncti pastoralis tenemur Officij salubriter prouidere &
„ scandalis huiusmodi obuiare cupientes, volumus, & autoritate Aposto-
„ lica de fratrum nostrorum consilio, tenore præsentium decernimus pro
„ partibus ipsis, nec non rebus, iuribus & causis, de quibus in eisdem lit-
„ teris fit mentio, in eodem statu per omnia remanentibus prout erant ante
„ confectionem dictarum litterarum, prædictæ litterræ ac processus habi-
„ ti per easdem, & quæcumque inde secuta ex nunc in antea, perinde ha-
„ beantur ac si litteræ, ac processus huiusmodi nullatenus emanassent.

Vniuerſitatis Pariſienſis. 205

Diſtrictius inhibentes ne quis in poſterum dictis prædeceſſoris noſtri litteris vti, aut earum autoritati, vel vigori inniti præſumat. Nulli ergo omnino hominum liceat hanc paginam, &c. Si quis autem hoc attentare præſumpſerit, &c. Datum Bononiæ 5. Kal. Iulij Pontificatus noſtri anno 1.

1416.

Eodem anno propoſita eſt Vniuerſitati inſignis Quæſtio ad examinandum, an liceat homini in ære alieno conſtituto Monaſticam vitam amplecti; quæ Quæſtio mota eſt occaſione cuiuſdam Ioannis Militis in Ordinem Cartuſianorum paulo ante adſcripti; legitur apud Gerſonem in eam rem confecta ſequens ſcedula.

„ Vniversis præſentes literas inſpecturis *Ioannes de Bello monte Rector Vniuerſitatis Magiſtrorum & Scholarium Pariſius ſtudentium* ſalutem in Domino ſempiternam. Notum facimus quod anno Domini 1410. 28. die Maij præſentata eſt nobis ex parte D. Cancellarij Eccleſiæ Pariſ. ſcedula quædam Papyrea continens caſum quendam cum Responſionibus & declarationibus ſuper dicto caſu per eundem Cancellarium & alios infraſcriptos ſacræ Theologiæ dictæ Vniuerſitatis Profeſſores, cum ſubſcriptionibus eorundem per eorum manus proprias. Cuius quidem ſcedulæ & ſubſcriptionum tenor ſequitur in hæc verba. *Quidam olim Miles ſecularis, multis obligatus debitis poſt Ceſſionem omnium bonorum ſuorum*, quam fecit in præſentia Domini ſui, ac Principis terræ, à reſignando in manus Fratris ſui germani ad opus & vſus Creditorum ſuorum, ipſis licet ignorantibus, ſic quod accepta à præfato fratre ſuo cautione promiſſi ſub ſigillo præfati Principis & ſui, quod de præfatis bonis ſoluere deberet & ſatisfacere creditoribus eius videlicet Militis quondam præfati, ipſe & Coniux eius abſtractioris, vt aſſeruit, vitæ deſiderio, pari ſe voto licentiantes religionem petierunt: hæc in Monaſterio Sanctimonialium vbi recepta & ſolemniter profeſſa per 9. fere annos hactenus manſit; ipſe quoque in Monaſterio Carthuſienſium vbi ſecundum formam ſtatutorum Ordinis Carthuſ. & in hæc verba interrogatus, ſi liber es, ſi abſolutus, ſi abſque incurabili morbo, ſi denique de querelis ſatisfeciſti?

„ Reſpondit ad ſingula ſigillatim quod ſic; ſed adiuncto ad vltimam interrogationem modo ſatisfactionis vt dictum eſt ſupra, videlicet via Ceſſionis præfatæ, Ad quod Prior Monaſterij reſpondit in hæc verba *Scias quod ſi aliquid horum de quibus interrogatus es, celaueris, poteris etiam poſt profeſſionem expelli.* Poſt hæc ſecundum formam Ordinis & Statutorum tanquam nudus & pauper ſuſceptus & ſolemniter profeſſus eſt, minimè reclamantibus Creditoribus ſuis quibus pro tunc vel interim non fuerat ſatisfactum, & hinc per 7. ferè annos in monaſterio perſeuerauit. Intereà contingit fratrem præfati quondam Militis in infortunium quoddam incidere, vt **videlicet ab hoſtibus ſuis caperetur, vnde impotens** videbatur factus ad exequendum quod promiſerat de ſatisfactione pro fratre ſuo Milite præfato. Poſt hæc autem mortuus eſt ſocer ipſius quondam Militis, videlicet olim Pater vxoris ſuæ; vnde perſuadentibus quibuſdam Conſanguineis eius, ac propinquis occaſione vt eis videbatur, aliquali iam habita tanquam iure propinquitatis ac legitimæ ſucceſſionis ex parte vxoris ſuæ quondam præfatæ, Monaſterium ſuum contra prohibitionem Prioris ſui ad petendum bona quondam ſoceri ſui defuncti, vt inde ſolueret debita ſua, exiuit, & ad ſeculum reuerſus habitum ſuum dimiſit, carnes comedit, & vota profeſſionis ſuæ multipliciter violauit. Et notandum quod in Patria illa, ſcilicet in terra Hollandiæ, Geldriæ & Brabantiæ Religioſi tales ſuccedunt parentibus, vel Monaſteria pro eis.

„ Sequitur in ſcedula memorata præſuppoſita veritate Caſus ſicut præmiſſum eſt, quem caſum ſub alijs terminis quidam aliàs *apud multos de Vniuerſitate Pariſ.* variauerunt, dum eorum opiniones inquirerent, propter quod non eſt mirandum ſi tunc vno modo quidam reſponderunt, &

Cc iij

„ nunc aliam dant responsionem: quia eiectis interim allegationibus dicun-
1410. „ tur ea quæ sequuntur & quæ vera reputamus Doctores infrascripti.
„ 1. Quod Miles olim de quo sit sermo inconsultè satis Religionem in-
„ gressus & incautè receptus est. Ex hoc præsertim quia Cessio bonorum
„ suorum fuit incauta neque sufficiens pro liberatione sua à manu Credi-
„ torum suorum, licet debuissent citius reclamasse.
„ 2. Quod professio quam solemniter fecit, non obstante quod inconsul-
„ te ingressus & incautè susceptus sit, ligat eum de iure tam positiuo quàm
„ diuino ad vota Religionis.
„ 3. Quod neuter Coniugum Præfatorum potest alterum post diuor-
„ tium ex mutuo consensu & approbatione Ordinarij celebratum, ac post
„ professionem desuper solemniter factam, repetere.
„ 4. Quod sicut neuter potest alterum repetere post diuortium ac pro-
„ fessionem, sic nec bona quæ alteri eorum siue Monasterio ex parte per-
„ sonæ interim acquisita sunt, seu acquiri contigerit in futurum, debent
„ alteri seu monasterio eius tanquam alterius coniugis cohæredi deseruire.
„ 5. Quod Præfatus olim miles nimis inconsultè & inordinatè & illicitè
„ sic è Monasterio suo recessit, peiusque ac periculosius reiecto habitu suo
„ foris remanet, & quod de necessitate salutis omni tergiuersatione post-
„ posita, quantocyus reuerti tenetur ad Monasterium & sumpto habitu sub
„ disciplina quam professus est, degere regulari. Attento præcipuè quod
„ manendo extra Monasterium non est idem miles habilior ad soluendum,
„ imò minus quàm intra manendo.
„ 6. Et vltimò quod attentis præmissis professio olim Militis præfati
„ quam fecit in Religione non obuiat directè & de per se obligationi prio-
„ ri quà ante Creditoribus extitit obligatus & per consequens manet eis
„ obligatus vt ante. Sic quod si ipse tempore receptionis suæ ad Ordinem
„ aliquid secum apportauerit, aut interim, aut in futurum Monasterium
„ præfatum de bonis eius perceperit, pro tanto saltem semel tenebitur sa-
„ tifacere Creditoribus Monachi sui, donec plenariè eis fuerit satisfactum.
„ Sequitur in scedula.
„ Sic sentio Ego Ioan. de Gersono Cancellarius Paris. indignus, in cuius
„ testimonium me subscripsi in præsenti scedula propria manu, attentis
„ etiam additionibus circa prædicta quas eadem mea manu scripsi, anno
„ Domini 1410. 21. Maij.
„ Ego Petrus de Dyrreyo Magister in Theologia conformiter ad D. Can-
„ cellarium in hac materia sentio, in cuius rei testimonium me hîc sub-
„ scripsi.
„ Ego Iordanus Morini Magister in Theologia conformiter ad D. Can-
„ cellarium in hac materia sentio. In cuius testimonium hîc me sub-
„ scripsi.
„ Ego Ioannes Dacheri Magister in Theol. conformiter ad D. Cancel-
„ larium in hac materia sentio. In cuius rei testimonium hîc me subscripsi.
„ Mihi Fratri Gilberto de Bunula sacræ Theologiæ immerito Professo-
„ ri videtur quod dictus miles sit verè Professus, nec potest vxorem repe-
„ tere, quin imò cogendus redire ad Monasterium & ibidem viuere sub
„ disciplina regulari. In cuius rei signum hîc me manu propria scripsi.
„ Ego M. Guillelmus de Xantis sacræ Paginæ Professor fateor per præ-
„ sentes quod dictus miles de quo casus supra ponitur, verè & realiter est
„ professus, & obligatur ad obseruantiam regularem sui Ordinis & censen-
„ dus est Religiosus, nec potest amplius repetere vxorem licitè: si quæ ta-
„ men debita, ante ingressum religionis dictus miles, vel eius vxor contra-
„ xerit, dico quod si sit possibilitas soluendi, ipse vel ipsa tenentur, vel ma-
„ nualiter laborando in Monasterio, vel ex hæreditate paterna quæ alicui
„ eorum possit succedere per mortem alicuius parentum soluere prædicto-
„ rum. super hac materia multa possunt allegari, sed dimitto breuitatis
„ causa. In cuius rei testimonium hanc determinationem propria manu
„ scripsi.

Ego Petrus Baardi Doctor in Theol. conformiter ad D. Cancellarium
& ad alios MM. in Theol. qui in hac materia deliberauerunt idem omni- " 1410.
no ego sentio.

Ego frater Stephanus sacræ Theol. Professor, ac Minister S. Mathurini Parisiensis Ordinis S. Trinitatis & redemptionis Captiuorum conformiter cum opinione M. Io. de Gersono Cancellarij Parisi. Ecclesiæ delibero in cuius rei testimonium signum meum manuale hîc apposui, anno 1410.

Ego Petrus de Nogento Magister in Theol. sentio debitum & salubre vt miles olim Professus rediens ad religionem sub obseruantia regulari manens nihilominus creditoribus vt præmittitur, vel conuentus pro eo satisfaciat hæc propria manu.

Ego Petrus de Arrath Magister in Theol. conformiter ad D. Cancellarium præfatum in hac materia sentio stante veritate casus eo modo quo positus est in folio præcedenti, vna cum quibusdam circunstantijs mihi per fide dignos ore tenus expressis, vt pote quod Cessio bonorum, ingressus Religionis amborum coniugum, & diuturna eorum mansio in præfatis religionibus non latebant creditores, sed eis nota erant hæc omnia, neque pro tunc reclamabant, quodque etiam bona dictorum Coniugum si fuissent debitè collecta, conseruata & distributa videbantur sufficere ad satisfaciendum Creditoribus infra satis competentes terminos.

Mihi Dominico Parui sacræ Theolog. indigno Professori videtur saluâ omni correctione ac dicti olim Militis reuerentia, quod ipsi militi nunc asserenti se fictè intrasse Religionem ad finem talem, vel talem non est credendum: nec ipse licitè illam religionem sic egredi potuit sicut de facto egressus est, & vltra quod nec etiam vxorem & bona successionis superius tacta potest licitè repetere, seu retinere nomine proprio. Scriptum manu propria.

Ego Mathæus Rœdor sacræ Theol. Professor indignus supposita veritate casus præmissi & circunstantiarum eiusdem in forma quâ ponuntur sentio conformiter ad deliberationem D. Cancellarij supra positam. In cuius rei testimonium hanc deliberationem meam propria manu scripsi & nomine meo signaui.

In quorum testimonium *Nos Ioannes Rector Vniuersitatis* prædictæ præsentes literas sigilli Rectoriæ dictæ Vniuersitatis appensione duximus muniendas; anno & die quibus supra.

Domus San-Victorina Collegium Vniuersitatis.

Die 10. Septemb. congregatâ apud Mathurinenses Vniuersitate M. Ioannes Bullengerus Doctor Theologus & Canonicus San-Victorinus Collegij sui nomine supplicauit, vt Domus San-Victorina Collegium censeretur Vniuersitatis, quò priuilegijs ipsius gauderet, eximereturque à tributis quæ tunc temporis exigebantur. Vniuersitas consultis Annalibus & Fastis, supplicationi annuit: agnouit quippe id se olim prædictæ Domui concessisse quod tunc petebat, nempe an. 1308. vt patet ex hisce litteris, quæ in insigni illo Collegio seruantur.

VNIVERSIS præsentes litteras inspecturis, Vniuersitas Magistrorum & Scholarium Parisius studentium salutem in Domino sempiternam. Vt ait Seneca, non solum amicitiæ reddere testimonium, sed etiam veritati. Et huic consonat verbum Philosophi 1. Eth. dicentis, quòd *Sanctum est præhonorare veritatem.* Inde nouerint Vniuersi, quod Nos non solùm amicitiâ moti, sed etiam veritate coacti verum testimonium perhibemus, quod Abbas & Conuentus S. Victoris iuxta Parisius Ordinis sancti Augustini sunt boni & etiam legitimi Scholares Parisienses in Theologicâ Facultate studentes: propter quod ipsos & eorum bona sub

"protectione Priuilegiorum nostrorum ponimus, & etiam fore plenius
"reputamus. In cuius rei testimonium sigillum Vniuersitatis nostræ præ-
"sentibus litteris duximus apponendum. Datum Parisius in nostra Con-
"gregatione Generali apud S. Mathurinum die Martis post festum Purifi-
"cationis B. Mariæ Virginis an. 1308.
" Idem patet ex duobus alijs instrumentis hoc anno 1410. datis quorum
"prius sic habet. *Vniuersis præsentes litteras inspecturis Henricus Statter Re-*
"*ctor Vniuersitatis Magistrorum & Scholarium Parisius studentium.* Notum
"facimus quod anno eiusdem Domini 1410. die 10. Sept. Vniuersitate Pa-
"risi. apud S. Mathurinum horâ septima de mane solemniter congregata,
"& specialiter per iuramentum, vt moris est, conuocata ad deliberandum
"super 2 art. quorum 1. erat ad audiendum litteras patentes transmissas ei-
"dem Vniuersitati per DD. Duces Biturię, de Aureliano, de Borbonio Co-
"mitesque Alençonij, & Armeniaci, sigillisque ipsorum sigillatas. 2. erat su-
"per supplicationibus & iniurijs: in quo quidem articulo pro parte venera-
"bilium & Religiosorum virorum Abbatis & Conuentus Monasterij S. Vi-
"ctoris iuxta Parisius, per organum venerabilis & circunspecti viri M Hen-
"rici Pistoris sacræ Theologiæ Professoris dicti Monasterij Religiosi, fuit
"humiliter eidem Vniuersitati supplicatum, *quod cum prædictum Monaste-*
"*rium fuisset ab antiquo de gremio Vniuersitatis prædictæ reputatum tanquam*
"*vnum de suis Collegijs,* & hoc certis & rationabilibus de causis quampluri-
"mis, quarum aliquæ fuerunt per Organum dicti Magistri expressatæ &
"declaratæ, cum etiam in prædicto Monasterio viguerint & floruerint
"quam plures solemnes Doctores Theologi, vt puta Hugo, Richardus,
"Adam, Brito & plurimi alij qui sua doctrina & libris ab eis editis prædi-
"ctam Vniuersitatem multipliciter decorauerunt & illustrauerunt: quod-
"que per D. nostrum Regem & eius consilium fuisset concessum quod om-
"nia Collegia dictæ Vniuersitatis persoluerentur de omnibus arreragijs
"sibi debitis vsque ad quartamdecimam diem mensis Maij vltimo elapsi.
"De qua concessione multi de Collegijs præfatæ Vniuersitatis specialiter
"Religiosi dicti Collegij, seu Monasterij S. Victoris obtinuerunt litteras
"Regias datas dicta 14. die mensis Maij directivas Thesaurarijs mentionem
"facientes, quod eisdem de S. Victore indilatè persoluatur de omnibus
"arreragijs sibi debitis, ac etiam per dictum D. nostrum Regem circa fi-
"nem mensis Iulij vltimò elapsi dictis Collegijs Vniuersitatis fuisset assi-
"gnata summa decem & octo millium librarum Paris. Et de hoc fuissent
"datæ litteræ executoriæ, quatenus placeret dictæ Vniuersitati prædi-
"ctum Monasterium, videlicet Abbatem, Conuentum & prædictos S. Vi-
"ctoris benignè recipere; & in casu quod reperiretur quod summa totalis
"scedularum traditarum Thesaurarijs Regijs per alia Collegia dictæ Vni-
"uersitatis nominata in dictis vltimis litteris Regijs Executorijs non ascen-
"deret ad summam decem & octo millium librarum Paris. eisdem de S.
"Victore assignare totam summam existentem dictis alijs Collegijs de-
"bitam, placeretque dictæ Vniuersitati ipsos Religiosos iuuare, & pro
"eis pro posse laborare erga dictum D. nostrum Regem & eius Consilium
"& Officiarios, quousque dictis de S. Victore persoluatur totalis summa
"arreragiorum eis per D. nostrum Regem debitorum, sicut efficaciter la-
"borauit & laborare intendit pro alijs Collegijs; & dicti Religiosi Deum
"orarent pro statu felici dictæ Vniuersitatis Paris. Quam quidem suppli-
"cationem vt supra dictum est, factam dicta Vniuersitas concorditer per
"singulas *Facultates & Nationes* fauorabiliter annuit & concessit in forma;
"super quo fuit dictæ Vniuersitati multipliciter regraciatum per Organum
"dicti Magistri supplicantis. Et hæc omnia supradicta tenore præsentium
"omnibus quorum interest, notificamus. In cuius testimonium sigillum
"Rectoriæ Vniuersitatis præfatæ litteris præsentibus duximus apponen-
"dum. Anno & die prædictis. Sign. Ioan. Mancyon cum syng.
" Alterum eiusdem Vniuersitatis in eandem rem Instrumentum tale est.
"*In nomine Domini, Amen.* Nouerint vniuersi præsens publicum Instrumentum

mentum inspecturi quod anno eiusdem Domini 1410. Indict. 3. mensis Sept. die 10. Pontificatus Sanctissimi in Christo Patris, ac D. nostri Ioannis diuina prouidentia Papæ 23. an. 1. Alma Vniuersitate studij Parisi. videlicet *Magistrorum & Doctorum 4. Facultatum Theologiæ, Decretorum Medicinæ & Artium Regentium & non Regentium præfatam Vniuersitatem constituentium* & in ipsorum personis solito more repræsentantium & per sua Iuramenta vocatorum Congregata in Capitulo S. Mathurini Parisius super pluribus articulis pro negotijs magnis & arduis ipsam Vniuersitatem tangentibus. Inter quos articulos fuit vnus specialis articulus super supplicationibus & iniurijs sicut hactenus concessum est fieri in singulis Congregationibus ipsius Vniuersitatis. Et dum tractaretur ille articulus, fuit expositum pro parte venerabilium & Religiosorum virorum DD. Abbatis & Conuentus Monasterij S. Victoris iuxta Parisius per organum venerabilis & circumspecti viri M. Henrici Pistoris Religiosi dicti Monasterij & sacræ Theologiæ Professoris & eidem Vniuersitati per eundem, nomine quo supra, humillimè supplicatum, quòd cum dictum Monasterium esset de præsenti & fuisset ab antiquo tempore de gremio Vniuersitatis prædictæ reputatum vnum de suis membris seu Collegijs propter certas & rationabiles causas quamplurimas, quarum aliquæ fuerunt pro tunc per organum dicti M. Henrici expressæ & declaratæ; tum etiam quia in prædicto Monasterio floruerunt plures solemnes Doctores Theologi, vt puta Hugo, Richardus, Adam Brito & plures alij Doctores qui sua doctrina & libris ab eis editis prædictam Vniuersitatem multipliciter decorauerunt & illustrauerunt, &c. (vt in Priori Instrument. vique ad illa verba *pro statu felici Vniuersitatis Paris.* tum subiungitur.) Quibus sic expositis & supplicatione facta magnæ circumspectionis & scientiæ vir Henricus Stacter Rector almæ Matris Vniuersitatis prædictæ ista posuit in deliberatione dictæ Vniuersitatis. Quibus in deliberatione positis & Magistris se trahentibus ad partem *per Facultates & Nationes*, vt moris est, habitaque longa & matura, ac concordi deliberatione inter eos, & iterum ipsis more solito conuenientibus, *auditis deliberationibus singularum Nationum & Facultatum*, præfatus D. Rector almæ Vniuersitatis prædictæ in Testium subscriptorum meique Notarij publici subscripti præsentia conclusit quoad istum articulum, quod Vniuersitas præfata annuebat & concedebat supplicationem factam pro parte DD. Abbatis & Conuentus dicti Monasterij S. Victoris modo & forma quibus fuerat facta sine præiudicio aliorum Collegiorum & offerebat se laboraturam pro eisdem omnibus vijs & modis possibilibus. Super qua Conclusione fuit tunc multipliciter regraciatum per dictum M. Henricum nomine dictorum Abbatis & Conuentus. De & super quibus omnibus & singulis præfatus M. Henricus petijt à me Notario publico sibi fieri publicum Instrumentum vnum, aut plura. Acta fuerunt hæc sub anno, indictione, mense, die, Pontificatu & loco prædictis, præsentibus ad hæc venerabilibus & circumspectis viris D. Ioanne Vicini & Petro de Roseyo Decretorum Doctoribus Ioanne Petri & Philippo de Pisis Magistris in Medicina, Girardo Emengart & Nicolao de Belloramo Magistris in Artibus & Baccalarijs in Theologia testibus ad præmissa vocatis specialiter & rogatis.

Et Ego Ioannes Mancyon Parisiensis publicus Apostolica authoritate Notarius, quia præmissis omnibus & singulis dum vt supra scribuntur, agerentur & fierent, vnà cum prænominatis testibus præsens interfui eaque sic fieri vidi & audiui. Idcirco huic præsenti publico Instrumenta manu mea scripto signum meum solitum apposui in testimonium veritatis præmissorum requisitus. Sig. Mancyon cum syng.

Anno 1428. nescio quamobrem ijdem Cœnobitæ postularunt patrocinium & protectionem, quæ vltro eis indulta est ijsdem planè verbis quibus concepta est protectio anni 1308. quam supra retulimus. Sic autem habet.

1410. "Vniversis præsentes litteras inspecturis Vniuersitas Magistrorum & Scholarium Parisius studentium Sal. in Dom. sempit. vt ait Seneca, *non solum amicitiæ reddas testimonium, sed etiam veritati*: & huic consonat verbum Philosophi 1. Eth. dicentis quod *sanctum est honorare veritatem*. Inde nouerint vniuersi quod nos non solum amicitia, sed etiam veritate coacti verum testimonium perhibemus quod Abbas & Conuentus S. Victoris iuxta Parisius Ordinis S. Augustini, sunt boni & etiam legitimi Scholares studentes in diuersis Facultatibus, propter quod ipsos & eorum bona sub protectione priuilegiorum nostrorum ponimus, & etiam fore plenius reputamus. In cuius rei testimonium, sigillum Vniuersitatis nostræ præsentibus litteris duximus apponendum. Datum Parisius in nostra Congregatione Generali apud S. Mathurinum, die Martis post festum B. Luciæ Virginis & Martyris an. 1428. sig. Hebert."

Extat aliud Instrumentum anni 1497. quo constat Vniuersitatem protexisse & protegendos suscepisse Canonicos & Scholares eiusdem domus. "Vniversis præsentes litteras inspecturis Petrus de Mota *Rector Vniuersitatis Magistrorum & Scholarium Parisius studentium*, sal. in Dom. sempiternam. Vt ait Seneca, *non amicitiæ testimonium reddas sed veritati*. Et huic consonat verbum Philosophi 1. Eth. dicentis quod *ambobus amicis existentibus sanctum est præhonorare veritatem*. Hinc est quod nos non solum amicitia moti, sed etiam veritate verum testimonium perhibemus, quod dilecti nostri & venerabiles Religiosi viri Abbas & Conuentus S. Victoris prope & extra muros Paris. Ordinis S. Augustini, fuerunt prout adhuc sunt de præsenti, ac esse intendunt veri & continui Scholares Parisius studentes, prout nobis constitit legitimè facta fides. Quare nos eosdem Scholares eorumque Procuratores, Nuncios & familiares occasione eorum & omnia bona sua quæcunque & vbicunque sunt, sub nostra & dictæ Vniuersitatis protectione, tutela, custodia & salua-gardia ponimus per præsentes; ipsosque Scholares priuilegijs, franchisijs & libertatibus dictæ Vniuersitatis vti & gaudere volumus, ac defendi quocunque se duxerint transferendos. In cuius rei testimonium sigillum Rectoriæ Vniuersitatis prædictæ præsentibus litteris duximus apponendum. Datum Parisius ann. 1497. die 17. Ian."

Porro Ioannes Pontifex misit in Galliam Archiepiscopum Pisanum, ad exigendum Decimas & vacantias, vt vocant, Beneficiorum Ecclesiasticorum, procurationes & spolia Sacerdotum defunctorum, quæ iure diuino, naturali, Canonico & Ciuili deberi summo Pontifici & Cameræ Apostolicæ contendebat. Sciebat Pontifex durum hoc & graue fore Ecclesiæ Gallicanæ: Sciebat quoque magnam esse in Comitijs autoritatem Vniuersitatis, ac proinde eo facilius se votorum suorum executionem assecuturum, si eam sibi posset demereri: quare 6. Id. Iulij eiusdem anni illius priuilegia amplificat quoad Beneficia, Rotulumque concedit, vt legitur in Codice Victorino MS. vbi hic titulus præfigitur *Copia Prærogatiuæ concessæ Magistris Vniuersitatis Paris.* quod instrumentum referimus infra ad an. 1411.

DE DECIMARVM EXACTIONE.

Cum Lutetiam accessissent Legati Pontificij, petierunt ab Vniuersitate sibi audientiam dari: & in eam rem 13. Nouembris apud Bernardinos Comitia Centuriata omnium Ordinum celebrata sunt; adfuerunt Legati, & quid haberent in mandatis, exposuerunt: quæ sunt eiusmodi, vt legitur in Actis Germanicæ Nationis. *Anno Domini 1410. die 13. mensis Nouemb. facta fuit Congregatio Vniuersitatis apud S. Bernardum ad audiendum Legatos D. nostri summi Pontificis videlicet Archiepiscopum Pisanum, & Episcopum Syluanectensem, qui fecerunt per modum Collationis Legationem suam tangentes qualiter D. noster Papa nos salutauit, misitque Apostolicam Benedictionem. 2. Deinde commendauerunt personam & electionem Canonicam summi Pontificis. 3. Tangebant qualiter alma Vniuersitas Paris. fuit potissima cooperatrix ad sacrosanctæ Ecclesiæ vnionem. 4. Quia adhuc licet caput esset vnum, tamen membra plura erant disjuncta: & quia Papa totis viribus conabatur extirpare duos hæreticos, & resarcire sponsæ Christi tunicam, imò hortabatur nos quod illi vellemus assistere dando-auxilium, consilium & fauorem, attento præsertim quod de proprio non haberet vnde sufficeret omnia quæ hactenus superstant, mandare executioni.* Demum Archiepiscopus Pisanus petiuit solemnes; Deputatos ex singulis Facultatibus ac Nationibus cum quibus posset loqui familiarius circa prædicta. Item circa Bullam nobis allatam super facto Mendicantium. His itaque peractis Vniuersitas deliberauit concorditer gratias agendo primò D. nostro summo Pontifici de spiritualibus suis donis, item de bona affectione quam prætendit habere erga nos. Dabat insuper Deputatos notabiles ad audiendum duntaxat & ad referendum quæ Archiepiscopus nobis vellet aperire.

1410

Datis igitur Deputatis, iterum habita sunt Comitia eodem loco, die 17. Nouembris, & auditâ relatione eorum quæ Legati Pontificij habebant in mandatis; item lectâ & auditâ Bullâ circa priuilegia mendicantium, quâ Pontifex Decessoris sui Constitutionem temperabat quidem, at non omninò abrogabat iuxta petitionem Vniuersitatis, responsum est vnanimiter istam Bullam non placere: vt patet ex Actis illius diei. *Anno Domini 1410. die 17. Nouemb. fuit facta Congregatio Vniuersitatis super quadam Bullâ nobis destinatâ circa factum Mendicantium, quæ nullatenus placuit: tum primò quia alia Bulla* (Alexandri scilicet) *continebat multa puncta omninò contra rationem: tum 2. quia ista Bulla non interimit Vniuersitatem: tum quia nulla imponitur pœna in 2. Bullâ contra publicantes primam Bullam: tum 4. quia dicitur in primâ Bullâ quod ipsa processit de Consilio fratrum; in 2. minimè. tum 5. quia Papa Alexander similiter & Cardinales dicere solebant palàm quod nunquam de mente D. Papæ, aut Fratrum suorum processit illa nequissima prima Bulla. Et miratur Vniuersitas quare Papa dubitat illam Bullam annullare & irritam declarare. Vnde propter hoc & similia motiua ambæ Bullæ displicent. Vnde vlterius dicebatur, quatenus ambæ Bullæ multiplicarentur per Facultates & Nationes ad finem quò profundius circa tenorem ipsarum valerent speculari. Insuper requisitus fuit Rector publicare, multiplicaréve instrumentum circa istam materiam nuper ab Anglia transmissam.*

Tandem vt Legatis Pontificijs fieret solemne responsum circà exactiones Decimarum spoliorum Ecclesiasticorum, prout petierant, solemnis indicta est congregatio ad 23. Nouemb. in ædem Bernardinorum: quæ vt solemnior frequentiorque fieret, missæ sunt à Rectore Vniuersitatis M. Rolando Ramerio schedulæ die 22. ad Prælatos qui Parisijs erant, ad ipsasmet Curias supremas, vt quicunque nomen aliàs Vniuersitati dederant, adessent postridie apud Bernardinos horâ 8. matut. Et circa hanc Comitiorum Indictionem, hoc animaduertere conuenit quod legitur in Actis Parlamenti; Cum enim Bedelli qui schedulas Rectorias deferre solent, ad ipsammet Curiam detulissent, non ad singulos Senatores priuatim, qui nomen Academiæ dederant, prout fieri debebat & consueuerat, responsum est non placere eiusmodi agendi rationem insolitam. Sic enim in Regestis Curiæ legitur.

Le Samedy 22. Nouembre 1410. a enuoyé ceans le Recteur de l'Vniuersité de Paris vne Scedule, scellée du sceel dudit Recteur, contenant ce qui s'ensuit.

"Nos Rolandus Ramerij Rector Vniuersitatis Magistrorum & Scholarium Parisius studentium, requirimus per Sacramentum & sub pœnâ omnes Magistros dictæ Vniuersitatis, ac omnes & singulos in Iure Canonico vel Ciuili licentiatos dictæ Vniuersitatis, cuiuscunque status fuerint quatenus cras de manè horâ octauâ matutinâ, compareant in Congregatione Generali dictæ Vniuersitatis in S. Bernardo, annuente Domino, celebranda. In cuius testimonium sigillum Rectoriæ huic scedulæ apposuimus. Datum, &c. *Par vertu de laquelle vn Escholier ou Bedel signifie que les Iurez de ladite Assemblée estans ceans fussent à ladite Assemblée.*

1410.

A quoy la Cour a respondu que ce n'estoit point la maniere de venir ceans signifier les Assemblées, attendu l'Estat de la Cour qui n'estoit subiette ne iugée que du Roy, mais s'il y auoit aucuns singuliers qui eussent fait serment à ladite Vniuersité, deuoient estre & à part requis d'aller en ladite Assemblée & non pas en la Cour par ladite maniere, & fut enioint audit Messager, que le dist Recteur que plus ne fist ainsi. A quoy a dit qu'à la maniere de la Cour estoit l'entention du Recteur, mais que pour breueté auoit esté fait par ledit Recteur par cette maniere.

Die igitur 23. habita sunt Comitia apud Bernardinos, frequentissimo consessu, circa subuentionem & exactionem Decimarum. Sed Vniuersitas tum, & mensibus Ianuario & Februario sequentibus, legatorum conatibus obstitit; imò deliberauit prouocare ad Concilium Generale, omnesque Magistros priuare qui subsidiorum solutioni quoquo modo consentirent, ac denique coeteras omnes Vniuersitates in auxilium aduocare, simulque Prælatos omnes & Ecclesiasticos omnium Ordinum; hac de re sic legitur apud Monstreletium.

Le 23. iour de Nouembre (1410.) fut à S. Bernard à Paris fait vne Congregation Generale par l'Vniuersité à laquelle furent euoquez & appellez l'Euesque du Puy en Auuergne, & plusieurs aultres Prelats, & generalement tous les Maistres, Bacheliers & Licentiez tant en Droict Canon comme Ciuil, jaçoit ce que autrefois n'estoit point accoustumé d'appeller les Licentiés, ne les Bacheliers, mais tant seulement les Maistres. Et fut faite ladite Congregation sur les demandes & requestes par l'Archeuesque de Pise & aultres Legaulx de N. S. Pere, qui furent pareillement sur le dixième & vacant, sur les Procurations & despoüilles des Trespassez. Mais premier en ladite Congregation fut leüe vne Ordonnance solemnelle autrefois faite du temps de Pierre de la Lune, par le Conseil de l'Eglise Françoise, sur les Libertez & Franchises de ladite Eglise de par le Roy, son grand Conseil & par le Parlement, roborée & confermée l'an 406. laquelle contient en effet estre telle. C'est à sçauoir que ladite Eglise soit maintenuë & confermée en son ancienne franchise, & par ainsi quitte de tous Dixiesmes, Procurations & aultres Exactions & Subsides quelconques. Et parce que lesdits Legaulx en demandant viennent contre lesdits Constitutions & Arrests, fut conclud que ladite Ordonnance seroit gardée, sans enfraindre. Et pour meilleure Obseruance l'Vniuersité mit & ordonna solemnellement hommes deuers le Roy, son Conseil & deuers le Parlement, ausquels appartient ledit Arrest à defendre & eschcuer les inconueniens qui s'en pourroient ensuiure par l'infraction desdites Ordonnances & Constitutions.

Item, fut conclud que si le Pape ou les Legaulx veulent aucun compeller ou contraindre par Censure Ecclesiastique ou aultrement payer lesdits tributs, qu'on appelle d'eux au Concile general de ladite Eglise.

Item, s'il y-a aucuns Collecteurs ou Sous-Collecteurs vueillans auoir ou exiger lesdits subsides, qu'ils soient punis par prise de leur temporalité, s'ils en ont point, & sinon qu'ils soient mis en prison. Et outre fut conclud qu'à poursuiuir ledit fait soit requis en aide le Procureur du Roy & des aultres Seigneurs qui se veillent adioindre auec ladite Vniuersité. Finablement fut conclud qu'en cas que le Pape allegueroit necessité cuidente en l'Eglise, que le Conseil de l'Eglise soit euoqué, & la seroit aduisée vne maniere d'aide par maniere de subside charitable. Et seroient leuées & recueillies lesdites pecunes par certains bons prudhommes eleus par ledit Conseil qui les distribueront à ceux qui seront ordonnez par ledit Conseil.

Item, le Lundy ensuiuant fut fait vn Conseil Royal où fut present le Duc d'Aquitaine, l'Archeuesque de Pise & aultres Legaux du Pape, aussi le Recteur de l'Vniuersité & plusieurs aultres de ladite Vniuersité. Et audit Conseil proposa ledit Archeuesque, que ce qu'il demandoit, estoit deu à la Chambre Apostolique, tant en droit Diuin, Canon, Ciuil comme naturel; & que c'estoit saint & iustice, & quiconque denieroit à le payer, n'estoit mie Chrestien. Desquelles Paroles l'Vniuersité malcontente dist que lesdites Paroles estoient proferées en le deshonneur & opprobre du Roy & de l'Vniuersité & par consequent de tout *le Royaume. Pour lesquelles choses fut derechef le Dimanche ensuiuant 30. iour de Nouembre, faite vne Congregation generale, où elle auoit esté faite le Dimanche deuant, où il fut conclud que l'Vniuersité enuoyeroit deuers le Roy certains Legaux pour luy exposer les Paroles par les Legaux du Pape dites & proferées, en luy requerant que publiquement soient renuoquées par eux & rappellées, & en cas qu'ils ne voudront renuoquer & rappeller, les Facultez de Theologie & Decret, escriront contre eux sur les Articles de la Foy & seront punis selon l'exigence des cas.*

Item, fut conclud que ladite Vniuersité de Paris escriroit à toutes aultres Vniuersitez, Prelats & Chappellains qu'ils s'adioignent à l'Vniuersité de Paris en la poursuite dudit fait. Moult d'aultres choses furent touchées audit Assemblement, lesquelles pour cause de briefueté sont delaissées icy à escrire. Toutesfois la Conclusion fut telle pour bailler response que le Pape n'aura point de subside, si ce n'est par la forme dessusdite.

Item, fut conclud que l'Vniuersité de Paris requerra, l'Archeuesque de Rheims & les aultres du grand Conseil du Roy qui ont fait serment à l'Vniuersité, qu'ils s'adioignent en la poursuite deuant dite, ou aultrement ils seront priuez. Et est à sçauoir qu'après toutes ces choses, lesdits Legaux doutans s'en allerent & partirent de Paris sans dire Adieu, comme on disoit communement à Paris. Nostre S. Pere le Pape enuoya ses Ambassadeurs deuers le Roy pour le payement du Dixiesme imposé sur l'Eglise Françoise. Et en contant de leur legation fut dit au Conseil du Roy, present le Duc d'Aquitaine, que non mie l'Eglise Françoise seulement fust obligée ou tenuë à ladite solution dudit subside; mais toutes Eglises quelconques ils fussent à la volonté du Pape, premier par le droit diuin, par le Leuitic où il dit en la Sentence que les Diacres payeroient au Souuerain Pontife le dixiesme Dixime. 2. de droit naturel & positif: Et quand ces choses se faisoient, l'Vniuersité vint à eux. Et le lendemain fut faite vne Congregation ou Colliege des Bernardins, & là fut deliberé que la maniere de demander ce subside estoit à reprouuer, comme inique & contraire à la Loy ou Decret par le Roy ou son Conseil fait l'an 406. & de la conseruation de liberté & franchise. Et voulut l'Vniuersité que cette Loy fust conseruée & gardée sans estre corrompuë. Et fut dit oultre que où le Pape ou ses Legaux voudront ce demander & constraindre aucun à le payer par Censure d'Eglise; que ladite Vniuersité appellera au Conseil general de l'Eglise. Et là où les nouueaux Gouuerneurs du Roy & du Royaume voudroient ou poursuiuroient attenter aucunement contre ladite Loy, icelle Vniuersité appelle au Roy & Seigneurs de son Conseil. Et où il y auroit aucuns de ladite Vniuersité qui laboureroient pour la solution dudit Dixime, ils seront priuez. Et s'il en aduenoit d'aucuns Labourans à ce qui eussent temporel, l'Vniuersité requeroit au Roy que leur temporel fust mis en la main du Roy. Et au cas qu'ils n'en auroient point, fussent emprisonnez. Et se par maniere de voye Charitatiue nostre S. Pere le Pape esleue subside, il pleust à l'Vniuersité & au Roy que les Prelats soient huchez par le Royaume pour deux choses.

1. Pour aduiser quelles choses seront traictées au Conseil general de l'Vniuerselle Eglise prochainement à tenir. 2. à deliberer de ce sur le contenu és requestes desdits Ambassadeurs sur ledit Dixime. Et s'il estoit deliberé que N. S. P. le Pape ait led. subside, l'Vniuersité veut que soit deputé aucun Prud'homme de ce Royaume qui receuroit l'argent pour la Paix & vnion des Grecs & des Latins, & du Royaume d'Angleterre pour la queste de S. Terre & Predication de l'Euangile à toute Creature: car ce sont les fins pour lesquelles N. S. P. le Pape esleue ledit subside, comme dient les Legaux. L'Vniuersité sur ce requit à Messeigneurs de Parlement qu'ils s'adioignissent auec eux; car cela est leur arrest, & aussi le fait des Procureurs du Roy, à la prosecution desquels ladite Loy fut faicte.

Item, fut deputé Maistre Vrsin à proposer deuant les Seigneurs & à respondre aux raisons desdits Ambassadeurs. Et enfin ledit Archeuesque de Pise considerant qu'aultrement ne pouuoit venir à son intention, s'humilia deuers ladite Vniuersité; & parla particulierement & à aucuns des Principaux, afin qu'ils tinssent la main à la besongne. Neantmoins le 28. Ianuier ensuiuant fut par eux conclud, que de leur consentement ne seroit baillé au Pape nul subside, sans auoir premier l'accord, le conseil & octroy de l'Eglise Françoise. Et sur ce furent prises

1410.

nouuelles iournées au 16. Feb. à laquelle furent euoquez plusieurs Prelats pour auoir leur aduis sur cette matiere. Mais finablement par la diligence & sollicitude de l'Vniuersité, ils ne peurent venir à conclusion que nulles pecunes fussent données, n'octroyées au Pape par quelque maniere que ce fust, nonobstant que la plus grande partie des Seigneurs & par especial les Princes en estoient assez contens.

Hæc acta sunt Rectoribus MM. Rolando Ramerij & Nicolao Amantis. Rolandus quidem electus est 10. Octob. Amantis verò 16. Decemb. eiusque Electores fuerunt 4. Nationum Procuratores; nam scribit M. Petrus de Remigneyo, Procurator Nat. Gall. se cum alijs ingressum Conclaue elegisse prædictum M. Nicol.

DISCORDIA PRINCIPVM.

Paulo ante ea tempora rursus in apertum erupit discordia Principum, Resque Francica exitio propinqua fuit. Defuncto Duce Borbonio, filius eius ad partes Aurelianensium transijt, item & Dux Biturigum: qui sic multorum Militum Nobiliumque ac Magnatum accessione corroborati scripserunt ad Regem, ad Vniuersitatem, ad Vrbes & Communitates, consiliumque suum aperuerunt. Iam montem-Lehericum occuparant; vnde vrbe Parisiensi territâ, Rex ad Ducem Aurelianum eiusdemque partis Duces Legatos misit, & suos quoque Vniuersitas cum sequenti Instructione ad D. Biturĳ, quæ legitur in Charta Tabularĳ Academici notata hisce Characteribus A. 1. z.

Ex parte Vniuersitatis mittenda est Ambassiata solemnis ad D. Biturĳ & ad alios Dominos cum ipso existentes in honesta & honorabili Comitiua.

" 1. Proponens habebit præsentare litteras Credentiæ Vniuersitatis, &
" tunc proponet coram eis inducendo & hortando ad pacem pro honore
" & vtilitate Regis & Regni, stando in terminis generalibus, non descen-
" dendo ad aliqua particularia quæ viderentur quomodolibet irritatiua,
" vel offensiua alicuius partis, sed semper alliciendo ad bonum pacis.

" Item inducantur ad præmissa, Autoritates, rationes, colores & moti-
" ua, ostendendo Inconuenientia, scandala & pericula ineuitabilia & dam-
" na irreparabilia quæ verisimiliter euenirent tam in isto Regno quàm in
" tota Christianitate si procederetur ad viam facti: quæ omnia vitabuntur
" per Tractatum pacis & innumerabilia bona inde subsequentur.

" Item coloretur qualiter Vniuersitas Paris. tanquam Legalis filia Re-
" gis in ista dissensione inter Dominos Domus Franciæ nuper exorta non
" fuit, nec est, nec esse intendit partialis, sed vult semper tenere medium,
" hortando ad bonum pacis ab vtraque parte.

" Item dicatur qualiter Vniuersitas offert se ad laborandum totis viri-
" bus ad hanc pacem procurandam & obtinendam, hortando, consulen-
" do, prædicando & orando & aliter quantum Deus sibi ministrabit, pro-
" vt ex sua professione sibi incumbit, & prout semper facere consueuit.

" Item nullus loquatur ad partem cum aliquo Dominorum, nec nisi ma-
" iori parte Ambassiatorum consentiente & præsente.

Princeps Legationis Academicæ Natalis Abbas de Poigny Doctor Theologus, cuius oratio Principibus confœderatis placuit quidem, sed remissus cum hoc responso, mentem esse incepta prosequi. Nec amplius quidquam profecit Regina ad eos quoque à Rege missa. Ad Burgundionem quoque missus fuerat M. Rolandus Ramerĳ vir Rectorius, nec plus profecerat.

Ergo Rex dimicare tandem constituit: ad quem die 24. Septemb. cum in procinctu esset, Rector habuit verba de miserando Vniuersitatis statu ob deprædationes Militum vtriusque partis, conuenientiusque videri saluti Regis Regnique Pacem qualemcumque cum Confœderatis pacisci quàm omnia Martis aleæ committere. Placuit Regi consilium suadente quoque Nauarro, & confectæ oblatæque Pacis conditiones, atque illæ tandem admissæ die 2. Nouemb. Sed nec ĳs adeo Aurelianus acquieuit, vt non vlcisci constitueret impiam Patris cædem. Et quia memoriam eius malè onerarat M. Ioannes Parui, Vniuerſitatem rogauit per litteras, vt eius dogmata & propoſitiones examinaret.

1410.

Ergo Vniuerſitas Theologis & Decretiſtis examinis curam demandat, qua de re ſic ſcribit M. Ioannes de Lothey Nationis Gall. Procurator. *durante dictâ Procuratoriâ nihil expoſuit ipſe Procurator, exceptis ſex ſolidis quos cœpit à Receptore pro ſolutione publici Inſtrumenti, quod Natio voluit habere de Concluſione quam ipſa in Vniuerſitate cepit super Requeſta quam per ſuas litteras clauſas fecit D. Dux Aurelianenſis Vniuerſitati & Nationi: quæ quidem Concluſio talis fuit. Quod cum ipſe D. Dux dictis ſuis litteris aſſereret propoſitionem nuper per M. Ioannem Parui contra defunctum Patrem ipſius Domini coram DD. Regalibus & Regis Conſilio continere multos errores intolerabiles in moribus & fide, cum omni inſtantia* requirendo Vniuerſitatem & exhortando tanquam Religionis Catholicæ zelatricem & defenſatricem veritatis, quatenus præmiſſos errores vellet detegere, damnare, damnatoſque & intolerabiles præconizare: *deliberauit Natio, quod prædicta propoſitio per Facultatem Theologiæ* & alios ſolemnes Deputatos Facultatis Decretorum viſitaretur maturè & digeſtè; & ſi aliquos tales errores continerent, quos ipſi Theologi & Iuriſtæ cenſerent intolerabiles, *quod Vniuerſitas, quantum ad eam ſpectat, ſcilicet autoritate Doctrinali ipſos damnaret, veritates Catholicas eis contrarias prædicando, & publicè quemadmodum errores fuerunt prolati, præconizando.* Et huiuſmodi deliberationem voluit Natio ſuis litteris clauſis dicto D. Duci intimare.

Sub finem eiuſdem anni Rex edixit in gratiam Vniuerſitatis, ne eius Magiſtri qui Beneficia ſtante Neutralitate obtinuiſſent, vexarentur à nonnullis Apoſtolicæ Curiæ Miniſtris, voluitque Conſtitutiones olim editas in eam rem ad amuſſim obſeruari, vexatores & turbatores ad Senatum Pariſienſem vocari; tales ſunt eius litteræ.

Prouiſion faite ſur les Benefices donnez à ceux de l'Vniuerſité durant la Neutralité.

CHARLES PAR LA GRACE DE DIEV ROY DE FRANCE. A tous ceux, &c. Noſtre tres-Chere & amée Fille l'Vniuerſité de Paris, Nous a fait expoſer que joint que par le Concile par Nous & l'Egliſe de nos Royaume & Dauphiné de Viennois, tenu & celebré en la Concluſion de la Neutralité faite par Nous en noſdits Royaume & Dauphiné, contre les deux Contendans de la Papauté de l'Egliſe vniuerſelle, ayent eſté faits pluſieurs Statuts & Ordonnances pour l'exhauſſement de ladite Egliſe & entre les autres, ſur les Collations & Prouiſions des Benefices, afin que leſdits Benefices fuſſent diſtribuez & conferez par les Ordinaires à perſonnes dignes & bien meurs, tant de nos Seruiteurs & familles *comme des Eſtudians & Suppoſts de noſtredite Fille l'Vniuerſité* & d'autres Eſtudians, pour leſquelles Ordonnances tenir en leurs termes & garder qu'elles ne fuſſent enfraintes par leſdits Ordinaires, euſſent eſté trouuez par ledit Concile aucuns qui à ce pouruoiroient en deffault d'iceux Ordinaires & aux Seruiteurs & Familles, & auſſi auſdits Eſtudians & Supoſts de noſtre Fille l'Vniuerſité de Paris & d'autres Eſtudes, ayent eſté particulierement faites & diſtribuées Aſſignations, pour ſelon leſdites Ordonnances leur eſtre pourueu deſdits Benefices par leſdits Ordinaires & Collateurs d'iceux Benefices, ſur leſquels chacun d'eulx eſtoit aſſigné. Depuis laquelle Concluſion de ladite Neutralité pluſieurs d'eux nos Familles & Seruiteurs, & *deſdits Eſtudians & Suppoſts de noſtre Fille l'Vniuerſité de Paris & d'autres Eſtudes* ayent eſté deüment & Canoniquement pourueus de Benefices ſelon leſdites Statuts & Ordonnances du Concile deſſuſdit, & en ayent eſté deüment & Canoniquement mis & inſtituez en poſſeſſion & ſaiſine, neantmoins par inaduertance ou autrement, aucuns Iuges Apoſtoliques & autres perſonnes ont

"iceux molestez & empeschez & s'efforcent de troubler, molester ou
"empescher plusieurs de nosdits Seruiteurs & Familles & desdits Estu-
"dians & Supposts de nostredite Fille l'Vniuersité de Paris, & d'autres
"Estudes, & ce pour raison desdits Benefices à eux, ainsi que dit est, don-
"nez & conferez, & desquels ils ont esté deuëment mis en possession & sai-
"sine, qui a esté & est en venant directement contre lesdites Ordonnances,
"& en grande perturbation de nosdits Royaume & Dauphiné: & de plus
"seroit, se par Nous n'estoit sur ce pourueu de remede conuenable, si
"comme dit nostredite Fille en humblement requerant iceluy. Pourquoy
"Nous ces choses considerées, & que Nous qui sommes Gardien, Pro-
"tecteur & Deffenseur des Eglises de nostredit Royaume & Dauphiné,
"& que les Statuts & Ordonnances dessusdites, faites audit Concile, auons
"ratifiées & approuuées, appartient iceux & tout ce qui s'en est ensuy,
"faire tenir & garder, sans enfraindre, & pour obuier aux inconuenients
"deuant dits: Auons ordonné & ordonnons par ces presentes, que tous
"ceux à qui il aura esté ainsi pourueu selon lesdits Statuts & Ordonnances de
"possessions & saisine d'iceux Benefices, dans lesquels on les trouuera estre,
"& que tous troubles & empeschements qui en ce leur sont mis, en soient
"ostez par le premier de nos Iusticiers qui requis en sera; Et tous les per-
"turbans, empescheurs & autres qui pour ce seront à contraindre, con-
"traincts à eux desister desdits troubles & empeschemens, & à rendre,
"bailler & mettre réellement & de fait és mains de nostredit Iusticier,
"comme en la Nostre, toutes citations, procez, & manieres par vertu ou
"soubs ombre desquels ils se sont efforcez ou efforcent de faire iceux
"empeschemens, & aussi à rappeller, reuoquer & mettre du tout au neant
"tous les Procez qu'ils auront sur ce fait, ou fait faire par la prise des tem-
"porels qu'ils tiennent & tiendront en nosdits Royaumes & Dauphiné, à
"quelque tiltre & cause que ce soit ou autrement par toutes voyes
"deuës & raisonnables. Et si aucuns en y auoit qui n'eussent temporel en
"iceux nos Royaumes & Dauphiné & qu'ils fussent refusans d'obtempe-
"rer à nosdits Mandements, inhibitions & deffenses, que iceux & tous
"ceux qui procureroient les empeschemens & qui s'entremettront ou
"sont entremis de leur aider à ce faire & soustenir, soient pareillement
"contraints par prise & emprisonnement de leurs personnes, & par arrest
"& detemption de leurs biens, iusques à ce qu'ils ayent deuëment ob-
"temperé & obey aux choses dessusdites & chacune d'icelles. Si donnons
"en mandement à nos Amez & Feaux Conseillers, tenans & qui tiendront
"Parlement: au Preuosts de Paris & à tous nos Seneschaux, Baillys & au-
"tres Iusticiers & Officiers & leurs Lieutenans, à chacun d'eulx, que nos
"presentes Ordonnances ils fassent tenir & garder entierement, sans en-
"fraindre, en contraignant ou faisant contraindre à ce tous ceux qui à
"contraindre y sont, vigoureusement & sans deport par les manieres de-
"uant dites; & en cas d'opposition, les biens desdits Perturbateurs & em-
"pescheurs tenus en nostre main: quant à ceux qui ont temporel: & les
"personnes des autres qui n'ont temporel, arrestées & detenuës & les
"procez de Iuges Apostoliques contre lesdits Statuts & Ordonnances
"faits & à faire, & tout ce qui s'en est & sera ensuy, tenu en suspens, atten-
"du que la cognoissance & interpretation d'icelles Ordonnances & les
"debats qui en naissent, appartiennent à nostre Cour de Parlement, ad-
"iournent ou fassent adiourner les opposans & aussi lesdits perturbeurs
"& empescheurs & autres contredisans & dilayans, d'obtemperer les
"choses dessusdites ou aucunes d'icelles, à comparoir personnellement
"ou autrement, comme les cas le requereront à temps & competant iour
"ordinaire ou extraordinaire de nostredit Parlement, nonobstant qu'ils
"soient de nos autres Parlements aduenir, nonobstant que les Parries ne
"soient pas des iours dont l'on plaidera lors, pour dire les causes de leur
"opposition, & respondre à nostre Procureur general, à nostredite Fille
"l'Vniuersité & à tous ceux qui s'en veulent faire partie, pourtant que
chacun

chacun pourra toucher à tout ce qu'ils leur voudront demander & contr'eux proposer & requerir, les circonstances & dependances, & aller auant & outre selon raison, en certifiant sur ce suffisamment audit iour nosdits Conseillers ausquels nous Mandons que aux Parties ouyes fassent paix. Et pour ce que parauanture les personnes de ceux qui ont fait ou feront lesdits empeschemens, refus ou contredits, ne pourront estre apprehendez en nosdits Royaume & Dauphiné pour faire à leurs personnes adjournemens & commandemens, inhibitions & defenses; Nous voulons qu'icelles Ordonnances commandemens, inhibitions & defenses qui seront faites aux personnes de leurs Procureurs aux lieux domiciliez desdits Benefices, au cas que ne pourront estre apprehendez, vaillent & soient d'autant d'effet & de valeur, comme s'ils fussent faites à leurs propres personnes. Et outre pour ce que de ces presentes l'on pourroit auoir à besongner en diuers lieux, & qu'elles se pourroient deperir & perdre sur les chemins, Nous voulons qu'aux vidimus, &c. Donné à Paris le 17. iour d'Avril 1410.

1410.

Anno 1411. die 23. Iunij electus est in Rectorem M. Dominicus Chaillon Nat. Gall. tunc Procurator, eique in Procuratorio munere substitutus est M. Ioannes Pulcri-Patris: quo Procuratore condita sunt statuta Collegij Trecorensis, iuxta mentem voluntatemque fundatoris M. Guill. de Coetmochan, vt patet ex Instrumento 13. Aug. an. prædicti, cuius est initium eiusmodi.

1411.

" VNIVERSIS præsentes litteras inspecturis, visuris & audituris Nos Ioannes Pulcri-Patris Procurator venerabilis Nationis Franciæ in Vniuersitate Parisiensi, & cæteri Deputati super facto & regimine Scholarium seu Bursariorum Collegij Trecorensis prope & ante portam Hospitalis S. Ioannis Hierosolymitani Parisius situati & per bonæ memoriæ M. Guill. de Coetmochan quondam Ecclesiæ Trecorensis Cantorem fundati, pro & ex parte dictæ Nationis matris nostræ ad id commissi & ordinati, Notum facimus quod eadem Natio mater nostra ad hoc zelo Charitatis & sincera dilectione ducta in laudem Dei & ad honorem, accommoditatem dicti Collegij specialiter attendens, nostra relatione circa prædictum regimen ipsius Collegij primitus audita & attentius considerata duxit & deliberauit ea quæ sequuntur & subscribuntur statuenda & ordinanda.

COLLEGIVM TRE-CORENSE.

Instrumentum istud seruatur in Tabulario prædictæ Nationis. In Actis verò Procuratorijs legitur, ad diem 26. mensis Aug. Magistrum & Scholares dicti Collegij Iuramenta præstitisse de obseruandis statutis sibi traditis.

Idem verò Procurator die 10. Octob. suffectus est M. Dominico Chaillon Rectori, qui quia difficillimis temporibus Rectoratum gesserat, quibus nempe totus Regni status bellorum intestinorum turbinibus pene conuulsus iacebat, petijt à prædicta Natione sibi de ærario suo pecuniæ summam aliquam suppeditari; eique triginta aurea scuta tradita, vt scribit M. Dominus Francisci ad diem 28. Nouemb.

Quoniam verò in Regni calamitatum mentionem incidimus, ex historia Gallicana patet totum hunc annum abijsse in funestos exitus, hincque & inde à Burgundis & Aurelianensibus collectos exercitus, captas vrbes, direpta oppida, Regem ipsum non fuisse sui status securum; præsertim verò eo tempore malè audiebant Aurelianenses dicti vulgo *Armeniaci*, quibuscum paulo ante pax composita fuerat; minabantur enim se Regem ipsum, vt pote semper ferè mente & corpore infirmum de solio deturbaturos. Vnde Rex ad omnes Regni vrbes litteras dedit, præsertim verò Vniuersitatem Parisiensem sibi addictissimam esse voluit, eique mandauit, vt Bullam quandam ab Vrbano V. contra similes Turbatores olim editam publicari & executioni mandari curaret. Hac de re sic scribit Iuuenalis de Vrsinis.

TVRBÆ REGNI.

Tom. V.

1411.

En ce mesme temps le Roy escriuit lettres à sa Fille l'Vniuersité de Paris & estoit en forme de Mandement patent. Esquelles estoit narré que les Seigneurs dessusdits le vouloient debouter & destituer de son Estat & Autorité & le détruire de sa dignité & faire vn nouueau Roy de France, & qu'ils auoient pris la ville de saint Denys, le Pont de S. Cloud, deffié le Duc de Bourgongne, bouté feux, pillé, derobé, forcé femmes & fait maux sans nombre. Et leur prioit & requeroit que ces choses ils fissent prescher & publier, & qu'ils luy voulussent donner aide & confort. Lesquelles choses l'Vniuersité de Paris en voulant obeïr à leur Pere & Seigneur souuerain, firent executer de leur pouuoir. Et en outre leur fit montrer certaines Bulles du bon Pape Vrbain V. (créé en 1362.) par lesquelles il excommunioit tous ceux qui faisoient telles Assemblées & leurs Adherans & Complices & qu'on ne les peust absoudre, sinon à l'article de la mort. Et les priuoit de Fiefs, Terres & Seigneuries qu'ils tenoient. Et mettoit interdit en leurs Terres & Seigneuries, & absoluoit les Vassaux des sermens, foy & homage qu'ils auoient à eux. Et sous ombre desdites Bulles escrinoient ceux de l'Vniuersité par tout les choses dessusdites, affin que par tout on veist les œuures desdits Seigneurs qu'on tenoit pour traistres au Roy & en outre pour Excommuniez. Et outre feirent & ennoyerent par escrit les choses qui sont defenduës au temps de l'Interdit general & aussi permises. Et pource que lesdit. Lettres ou Bulles s'addressoient aux Archeuesques de Reims & de Sens, & aux Euesques de Paris & de Chartres, lesquels on tenoit pour Armaignacs, lesdites Bulles ne furent aucunement executées.

Hanc Bullam Vrbani retulimus in 4. nostro volumine ad an. 1367. voluit autem Vniuersitas iuxta illam, Processum quendam contra Armeniacos factum libris suis inscribi, vt intelligitur ex ijs quæ scribit M. Dominicus Francisci Procurator Nationis Gall. ait enim *se inscribi fecisse in libro Nationis Processum factum contra Armeniacos virtute illius Bullæ, de qua est facta mentio ante & pro isto exposuisse tres solidos.*

Regis litteras ad Vniuersitatem habemus in Tabulario Academico hisce notatas Characteribus. A 1. K.

" CHARLES PAR LA GRACE DE DIEV ROY DE FRANCE. A nostre tres-Chere & amée Fille l'Vniuersité de Paris, salut & dilection. Pource qu'il est venu pleinement & clairement à nostre connoissance & nous tenons pour deuëment & souffisamment informez, tant par certaines lettres qui ont esté n'aguieres trouuées & apportées en nos mains & de nostre Conseil, comme par les fais & œuures que nous auons veu çà en arriere & veons chacun iour, combien que pieça ait esté soubçonnée & que longuement la chose ait esté couuerte, palliée & dissimulée, que Iean nostre Oncle de Berry, Charles nostre Neueu d'Orleans & ses freres, Iean de Bourbon, Iean d'Alençon, Charles d'Albret nos Cousins, Bernard d'Armaignac & leurs Aidans, Confortans, Adherans, Alliez & Complices, meuz & induits de mauuais, inique, peruers & damnable propos, ont entrepris & se sont efforcez & efforcent de nous debouter, demettre & destituer de nostre Estat & autorité Royal & détruire du tout à leur pouuoir Nous & nostre lignée que Dieu ne vueille, & faire nouuel Roy en France, qui est chose abominable à oüir dire & reciter à tous les cuers de nos bons, vrays & loyaux subjets: Nous voulons à ce pouruoir & obuier en toutes manieres à l'aide de Dieu & de nos bons & loyaux Vassaux & Subjets; Eu sur ce tres-grant & meure deliberation de Conseil, auec plusieurs de nostre Sang & Lignage & autres saiges & preudes hommes de nostre grant Conseil, Nos Officiers & autres Escriuons par deuers vous, comme aussi faisons deuers plusieurs autres nos bons subjets, & vous prions, requerons, tres-instamment & neantmoins mandons si expressement que plus pouuons sur la foy, obeïssance, loyauté & amour que vous auez à nostre Seigneurie, & au bien commun de la chose publique de nostre Royaume, que pour nous aider, conseiller & conforter, ainsi que vous verrez en vos consciences qui se deura faire selon la necessité que vous voyez & l'oppression qui s'efforcent de nous faire les deſſuſdits qui déja ſont moult près de nous & ont ſi auant procedé que par force ſont entrez en noſtre ville de S. Denys en France, en laquelle ſont pluſieurs Reliques & Corps S. noſtre Corone, noſtre Oriflambe & pluſieurs autres pretieux & riches ioyaux: ſont auſſi entrez & ont pris le pont de S. Cloud & parauant auoient prins ſur nous & ſur nos ſubjets, nommément ſur noſtre tres-Chier & tres-Amé Couſin le Duc de Bourgongne, lequel auoient deffié & non pas nous, pluſieurs autres villes, bouté feux, derobé Egliſes, rançonné, tué, mutilé & forcé femmes mariées, violé pucelles & fait tous maux que ennemis pourroient faire, vous publiez & preſchez & faites publier & preſcher ſolemnellement par vos notables Suppoſts és Egliſes & ailleurs par noſtre Royaume où bon vous ſemblera, les choſes deſſuſdites, & autrement Nous donnez conſeil, confort & aide comme vous ſçaurez bon aduiſer & que vous auez touſiours accouſtumez de faire en toutes choſes touchant noſtre honneur & l'vtilité de noſtredit Royaume, en prenant, deboutant ou puniſſant, ainſi comme le cas le requierra, tous ceulx de vos Suppoſts que vous verrez & ſçaurez eſtre aidans, confortans & fauoriſans aux deſſuſdits, en telle maniere que ce ſoit exemple à tous autres. Donné à Paris le 14. iour d'Octobre l'an de grace 1411. & de noſtre Regne le 32.

1411.

Dum bellorum turbinibus Francia circumuoluitur, in Vniuerſitate exſurgit quoque materia diſcordiæ. Cauſa hæc fuit; quandiu certabatur de Papatu, ita in Conuentu Eccleſiæ Gallic. ſtatutum fuerat, vt donec vnus eſſet, certus indubitatuſque Pontifex, Ordinarij penes ſe retinerent Beneficiorum diſpoſitionem & Collationem, quam ſummi Pontifices longo iam vſu ſibi vindicauerant. Immò ipſis Ordinarijs reſtitutum quodammodo fuerat planè antiquum ſuum ius, & vetuſta conſuetudo. Poſtquam verò recreari cœperunt certi Pontifices, Vniuerſitas Rotulos ſuos, quemadmodùm ante Schiſma, mittere ad eos non deſtitit, & Beneficiorum Collationes obtinuit. Ioannes verò 23. vt illius ſibi gratiam demereretur, eam ſpeciali Bulla cæteris Vniuerſitatibus præferri, eiuſque Magiſtros & ſuppoſita quibuſcunque priuilegiatis anteponi voluit, quos in ſuis litteris enumerauit. Tales autem ſunt litteræ & litterarum exemplaria ex MS. Bibliothecæ San-Victorinæ.

Copia Prærogatiuæ conceſſæ Magiſtris Vniuerſitatis Pariſienſis.

SAnctiſſimus Dominus noſter Ioannes Papa XXIII. VI. Id. Iulij Pontif. ſui an. 1. in fauorem & pro incremento Vniuerſitatis Pariſienſis ſtudij declarauit, ſtatuit & ordinauit quod hac vice duntaxat in Theologia, ac Decretis Doctoribus, Medicina, & Artibus Magiſtris in Rotulo Vniuerſitatis Pariſ. ſtudij per eum ſignato deſcriptis, & in ipſo ſtudio tempore Datæ ipſius Rotuli actu & ſine fraude per Vniuerſitatem præſentibus reputatis, & qui in examine huiuſmodi gradum & gradus receperint, in aſſecutione Beneficij ſeu Beneficiorum, quod, ſeu quæ vigore Gratiarum eis in eodem Rotulo factarum expectant, nulli alij ſeu alius ſub quacumque Data pari, aut maiori qui ab eodem ſub quacunque verborum forma Gratias expectatiuas obtinuerint, vel in poſterum obtinebunt, præiudicare valeant quouiſmodo, nec præferri debeant, &c. vt infrà.

Alterum Inſtrumentum ſic habet pro titulo. Prærogatiua Conceſſa Vniuerſitati Pariſ. ſuper 5. artic. Rotuli eiuſdem. Ioannes Epiſcopus ſeruus ſeruorum Dei. *Rectori & Vniuerſitati ſtudij Pariſ.* ſalutem & Apoſtolicam bened. In ſupremæ Dignitatis ſpecula licet immeriti diſponente Domino conſtituti, ad vniuerſas fidelium Nationes noſtræ vigilantiæ creditas earumque profectus & commoda tanquam vniuerſalis Dominici Gregis Paſtor commiſſæ nobis ſpeculationis aciem quæ nobis ex alto permittitur, extendentes Fidelibus ipſis, illis præſertim quos in agro

" militantis Ecclesiæ virentes plantas irriguosque fontes splendore ruti-
" lantis scientiæ emittentes plantasse, rigasse, ac pro pace & vnione vni-
" uersalis gregis Fidelium in præfata Ecclesia curis vigilibus elaborasse in-
" numerabilium operum ab effectu, ac pro statu & honore dignitatis Apo-
" stolicæ sedis & nostris, ac iugiter insudare cognouimus ad quærendum
" literarum studia per quæ diuini nominis fideique Catholicæ cultus pro-
" tenditur, Iustitia colitur, tam publica quam priuata res vtiliter geritur,
" omnisque prosperitas humanæ conditionis augetur, æquum ab iniquo
" secernitur, fauores nostros impendimus & per futuræ commoditatis auxi-
" lia impartimur liberaliter. Sane attendentes præclara & saluberrima stu-
" dia quæ actionibus indefessis, nullis parcendo laboribus, periculis aut im-
" pensis quæ circa salutarem effectum vnionis, ac pro dignitate, statu &
" honore huius hactenus laudabiliter impendistis, ac impendere iugiter
" non cessatis, ac fructus vberrimos qui ex plantis vniuersis toto terra-
" rum orbe hactenus prouenerunt, ac proueniunt incessanter, dignum
" censuimus & censemus vt nos & sedem ipsam in prærogatiuis & specia-
" libus Gratijs inueniatis fauorabiles & etiam gratiosos. Hinc est quod
" nos præmissorum intuitu, & quia speramus indubiè quod erga tam lau-
" dabilia studia propensioribus curis & actionibus sedulò insisteris, ac vni-
" uersis in hac parte supplicationibus inclinati, Declarationes, Præro-
" gatiuas, Regulas seu Ordinationes, ac statuta per nos dudum in fauo-
" rem vestrum & dilectorum filiorum Magistrorum & aliorum de Vniuer-
" sitate vestra prædicta & in Cancellaria nostra de speciali mandato nostro
" postmodum sub diuersorum dierum datis solemniter publicata, & in
" quodam libro Cancellariæ prædictæ, in quo nonnullæ Constitutiones &
" Ordinationes nostræ insertæ de verbo ad verbum Reducta præsentibus
" ad consolationem vestram duximus annotanda, quorum tenor sequitur,
" & est talis. Sanctissimus D. noster Ioannes Papa 23. 6. Id. Iulij Pontificatus
" sui anno 1. in fauorem & pro incremento Vniuersitatis Paris. studij de-
" clarauit, voluit, statuit & ordinauit pro hac vice duntaxat in Theologia ac
" Decretis Doctoribus, Medicina & Artibus Magistris in rotulo Vniuersitatis
" studij Parisiensis, per eum signato descriptis & in ipso studio, tempore da-
" tæ ipsius Rotuli actu & sine fraude per ipsam Vniuersitatem præsentibus
" reputatis, & qui in eadem huiusmodi gradum & gradus receperunt, in
" assecutione Beneficij seu Beneficiorum, quod seu quæ vigore Gratia-
" rum eis in eodem Rotulo factarum expectant, nulli alij seu alius sub qua-
" cumque data pari, vel maiori qui ab eodem sub quacumque forma ver-
" borum Gratias expectatiuas obtinuerint, vel in posterum obtinebunt,
" præiudicare valeat quouis modo, nec præferri debeant ipsius Domini
" nostri familiaribus Domesticis continuis Commensalibus fel. Record.
" Alexandri Papæ V. Prædecessoris sui & S. Romanæ Ecclesiæ Cardina-
" lium in ipsorum Alexandri & Cardinalium principalibus Rotulis inscri-
" ptis similibus familiaribus, tunc eis in Curia personaliter seruientibus,
" singulis duabus personis Ecclesiasticis in Rotulo Conclauis inscriptis qui
" in Conclaui in quo idem Dominus noster fuit assumptus, eidem & sin-
" gulis alijs in eo existentibus personis Dominis Cardinalibus seruierunt,
" Protonotarijs, ac Contradictarum Auditore, Correctore, Referenda-
" rijs, Subdiaconis tribus, Acolytis, Auditoribus Palarij Apostolici, Scri-
" ptoribus literarum Apostolicarum vsque ad numerum, & in Cancellaria
" nominandis Nepotibus D. Cardinalium, fratribus, filijs, ac nepotibus
" Regum, Ducum, Marchionum & Comitum, ac etiam Nuncijs Vniuer-
" sitatum Generalium studiorum ad ipsum destinatis, qui Ambaxiatores
" Nuncij personaliter se conspectui Domini nostri & primos Rotulos prin-
" cipales ipsorum eidem præsentauerint & in posterum præsentabunt. Et
" quibus Ambaxiatoribus per eundem D. nostrum de Beneficijs vacanti-
" bus, aut certo modo vacaturis non extitit prouisum, aut mandatum pro-
" uideri & gratia sortita fuit effectum, ipsorum Regum, Reginarum Del-
" phini & singulis singulorum Ducum videtur Bituricensis, Burgundiæ,

Aurelianensis, Britanniæ, Turoniæ & Borbonij procuratoribus in Romana Curia continuè residentibus familiaribus Domesticis actu & continuè seruitijs insistentibus Regum & Ducum præfatorum, ac vxorum eorundem in principalibus suis Rotulis inscriptis, & quoad Beneficia quæ in Regnis, Ducatibus & Dominijs suis expectant & expectabunt in futurum, tenentibus Parlamentum Regium Parisius potioribus in datâ, & qui omnes & singuli supra specificati singulariter singuli, actu suis seruitijs & officijs insistebant, ac qui familiares veri, Domestici continui, Commensales expressorum erant tempore Datæ Rotuli prædicti Beneficiorum capacibus & pro seipsis tantummodo & duntaxat exceptis illis Ambaxiatoribus & nuncijs prædictis & quibusuis alijs personis superius expressis; quibus forsan idem Dominus noster fecit Gratias Expectatiuas ad duo vel plura Beneficia, ad vnam vel diuersas Collationes, siue virtute vnius & eiusdem gratiæ; siue virtute diuersarum Gratiarum quoad vnum Beneficium duntaxat per singulos vigore Gratiæ, vel Gratiarum huiusmodi assequendum: quo autem ad aliud vel alia, etiam si alias essent Doctoribus & Magistris prædictis præferendi, noluit idem Dominus noster eisdem Doctoribus & Magistris præiudicari, nec quod eis præferantur.

Item declarauit & voluit quod Magistris in Artibus qui per septennium studuerint in ipso studio post Magisterium liceat Bullas expedire ad dignitates in Ecclesijs Cathedralibus, si ad dignitates petierint in supplicationibus eorum.

Item voluit idem Dominus noster & ordinauit quod si alicui, aut aliquibus per importunitatem petentium, aut aliàs concesserit, vel in futurum concederet prærogatiuam, seu Clausulam derogatoriam sub quauis forma verborum, per quam in aliquo præiudicium generaretur vt derogari posset Doctoribus & Magistris præfatæ Vniuersitatis studij Parisseu alicui ex eis ad quos extenditur prærogatiua per quam concessit vt Priores eis in Data, certis personis exceptis non præiudicetur illis, nullum præiudicium eis afferre possint nec valeant. Sed quoad ipsos sint ipso facto cassæ & irritæ.

Item voluit obseruari in gratijs per eum concessis & concedendis quibusuis personis de pluribus Beneficijs assequendis in vna Ciuitate, Diœcesi, vel Prouincia, aut pluribus, siue ad plurium Collationes vsque ad certam taxam, siue valore etiamsi de personis in Prærogatiua dictis de Vniuersitate concessa exceptis, quod per hoc nullum præiudicium eis, nec alteri ipsorum generetur, aut in aliquo derogetur, nisi quo ad vnum Beneficium tantum, si de personis exceptis fuerint Canonicatu, Præbenda, Dignitate, Personatu vel Officio in eadem Ecclesia pro vno Beneficio computetur. Cæterum volumus & authoritate Apostolica declaramus quod præsentes literæ ad probandum plenè declarationes & prærogatiuas, Constitutiones & Ordinationes, ac statuta prædicta vbique sufficiant; nec ad id probationis alterius adminiculum requiratur. Decernimus etiam ex nunc irritum & inane quidquid in antea contra Declarationes, Prærogatiuas, Constitutiones, Ordinationes ac statuta huiusmodi à quoquam quauis authoritate scienter, vel ignoranter contigerit attentari. Nulli ergo omnino hominum, &c. Datum Romæ apud S. Petrum 7. Id. Ian. Pontif. nostri an. 2.

His acceptis litteris contentio suboritur in Vniuersitate ob Constitutiones Regias, quibus aliqui deferri volebant, substractionemque collationis Beneficiorum Papæ significari. Alij contra: aientes Pontificum Gratias & fauores certiores esse quàm Prælatorum: quippe Vniuersitatem experientia propriâ didicisse, spretis suis Suppositis Episcopos aliosque Beneficiorum Collatores & Patronos conferre solitos famulis suis & illiteratis hominibus. Facultas Artium appellat ab eiusmodi constitutione in gratiam Ordinariorum condita, eiusque sententiæ & appellationi subscribit Vniuersitas vnanimi cæterarum Facultatum consensu: vt patet ex hoc Instrumento per M. Iacobum Hambardum scribam ipsius

Generalem confecto, quod in Tabulario publico seruatur. Estque
1411. eiusmodi.

"IN NOMINE DOMINI NOSTRI IESV CHRISTI, Amen. Nouerint
" vniuersi præsentis scripti paginam, seu præsens publicum Instrumen-
" tum inspecturi, quod an. eiusdem Domini 1411. secundum morem Ec-
" clesiæ Gall. Indict. 5. die verò 7. mensis Martij Pontificatus sanctissimi in
" Christo Patris & D. nostri Ioannis diuina prouidentia Papæ 23. an. 2. In
" Congregatione generali almæ Matris Vniuersitatis Paris. super 2. articu-
" li infra scripti decisione apud S. Bernardum Parisius eadem die solemni-
" ter & principaliter celebrata adstantibus quamplurimis sacræ Theolo-
" giæ & Decretorum Doctoribus, in Medicina & in Artibus Magistris,
" necnon Licentiatis & Baccalarijs vtriusque Facultatis iuratis ad hoc spe-
" cialiter euocatis meque Notario & Testibus præsentibus infrascriptis
" propter hoc personaliter constitutis, venerabilis & circunspectus vir M.
" Guill. Rousselli eiusdem venerabilis Vniuersitatis Rector in ipsa Congregatio-
" ne præsidens eis sic Congregatis seriosè exposuit verba subsequentia, vel
" consimilia in effectu, videlicet, DD. & MM. mei præstantissimi feci vos
" conuocare super 3. articulis, quorum secundus est super aliquibus ma-
" xime tangentibus statum & honorem totius Vniuersitatis. Quibus sic
" expositis, fuerunt in ipsa Congregatione per Organum venerabilis & cir-
" cunspecti viri M. Geruasij Clerici in Artibus Magistri & Baccalarij for-
" mati in Sacra pagina nonnullæ protestationes, necnon instrumentum ap-
" pellationis nouissimè per venerabilem Facultatem Artium interiectæ de
" verbo ad verbum perlectæ, quas & quod propter earum prolixitatem
" enarrare prætermitto. Post quarum seu cuius lecturam præfatus D. Re-
" ctor subiunxit hæc verba. Domini mei: requiro vestrum quemlibet per
" suum iuramentum vt in isto facto deliberet ad honorem Dei & veram
" concordiam Vniuersitatis, nec recedat aliquis quousque deliberauerit,
" adijciens nihilominus. Vos estis notabiles & prudentes viri, benè scietis
" super hac materia deliberare. Et tunc quælibet Facultas post nouellas
" supplicationes in dicta Congregatione verbo tenus factas ad loca vbi in
" arduissimis causis & negotijs deliberandis hactenus congregari consueuit
" ad deliberandum super articulo præfato abijt & recessit, facientes sin-
" guli in eisdem locis sessionem solitam. Post quarum quidem Facultatum
" maturam, diuturnam & solennissimam deliberationem, ipsisque delibe-
" rationibus in prædicta Congregatione propius, vt est fieri solitum, re-
" petitis & explicatis, tandem ex deliberationibus huiusmodi Facultatum
" prædicta Mater nostra Vniuersitas Paris. per organum præfati D. Recto-
" ris super 2. art. suprascripto formaliter & positiuè sub his verbis conclu-
" sit. Quoad 2. art. *Concors est Vniuersitas per omnes Facultates quod non ve-*
" *niant seu deuoluantur Collationes Beneficiorum ad Ordinarios*, & tres Facul-
" tates adhærent appellationi interiectæ per Facultatem Artium. De &
" super quibus præmissis omnibus & singulis, prælibatus D. Rector vice &
" nomine almæ Matris Vniuersitatis Paris. prædictæ, necnon M. Petrus
" Guigonis Procurator substitutus venerabilis Facultatis Artium petie-
" runt, & quilibet eorum petijt sibi fieri per me Notarium infrascriptum
" publicum Instrumentum vnum vel plura. Acta fuerunt hæc sub anno, Indi-
" ctione, die, mense, loco & Pontificatu quibus supra, præsentibus vene-
" randæ circunspectionis & magnæ prudentiæ viris DD. & MM. Ioanne de
" Trelon Cantore Ecclesiæ Paris. Reuerendo Patre D. Abbate Monasterij
" S. Germani de Pratis extra muros Paris. Dominico Parui, Io. Manchon,
" Io. Breuis coxæ, Mathæ. Roël, Io. Dachery, Mathæ. Micerij, Nicolao
" de Dumo sacræ Theol. Professoribus, Io. Vicini, fratre Io. de Fargis,
" Priore de Nemeto Leodiensis Diœcesis Ordinis Cluniacensis Decreto-
" rum Doctoribus, Ioanne de Pisis, Petro Mioti, Io. Tanquardi, Oliuerio
" Chambelin, Io. Gasson in Medicina Magistris, Guill. Martini, Gerua-
" sio Clerici, Io. de Landissono, Nicolao Poisiere, Nicol. de S. Hilario,

Ægidio Salomonis, Io. Bouueti, Dionysio Feüillart, Io. la Dorée, Michaële de Riuo, Ioa. Cambier, Rolando Ramier, Simone Pinardi, Ioa. Dulcis, Guill. Emeroyse, Io. Aife, Iacobo de Haërlem & Guill. Bloc Franciæ, Picardiæ, Normanniæ & Anglicanæ Nationum suppositis cum aliorum Doctorum & Magistrorum vniuscuiusque Facultatis multitudine copiosa testibus ad promissa vocatis specialiter & rogatis.

Verum quia Ego Iacobus Ysambardi Clericus Metensis publicus Apostolica & Imper. autoritatibus Notarius in Legibus Baccalarius, ac almæ Matris Vniuersitatis prædictæ Scriba, præmissis omnibus & singulis dum sic vt supra scribuntur, fierent & agerentur, vnà cum prænominatis testibus præsens interfui, & ea sic fieri vidi & audiui, ac in notam recepi. Ideo exinde confecto presenti publico Instrumento alterius manu fideliter scripto, præmissa publicando signum meum apposui hîc me subscribens manu propria requisitus in testimonium præmissorum & rogatus.

Prædicto M. Guillelmo Roussel, qui mense Decembri fuerat in Rectorem electus & M. Ioanni Puleri Patris suffectus, successit die 23. Martij Iacobus de Harlem, isque curauit à singulis Nationibus duo scuta persolui Notarijs ad confectionem Instrumentorum *super facto appellationis prædictæ*: vt patet ex tali eius ad Quæstorem, seu Receptorem Nationis Gallicanæ.

Nos Iacobvs de Harlem Rector Vniversitatis Magistrorvm et Scholarivm Parisivs studentium. Dilecto nostro M. Ioanni de Nantolio venerabilis Nationis Franciæ salutem. Cum nuper per vener. Facultatem Artium super hoc congregatam binà vice deliberatum extiterit duo scuta per Receptorem cuiuslibet Nationis eiusdem Facultatis tradi & deliberari pro Notarijs qui Instrumenta super facto appellationis pro parte dictæ Facultatis contra omnes & singulos Substractionem Collationis Beneficiorum D. nostro Papæ Moderno facere volentes interiecta confecerunt, exsoluendum, vobis mandamus quatenus duo scuta pro & nomine dictæ Nationis Franciæ Latori scedulæ præsentis exsoluatis. Datum sub sigillo Rectoriæ Vniuersitatis præfatæ an. Dom. 1411. die Mercurij 30. mensis Martij.

Ipse autem Receptor inter rationes expensæ pecuniæ numerat 36. asses vltima Martij traditos Ioanni Adrieu & Massard *pro Notarijs qui fecerunt Instrumenta pro appellatione Facultatis.*

Eidem Nationi Gallicanæ supplicauit M. Radulphus de Porta Doctor Nauarricus, quatenùs ipsa vellet sibi auxilium opemque polliceri ad consecutionem Magni Magisterij eiusdem Collegij propediem vacaturi. Sic enim scribit M. Dominicus Chaillou tunc Procurator. *14. Martij an. 1411. fuit Congregatio Vniuersitatis apud S. Maturinum... & in eadem Congregatione supplicauit venerabilis & circunspectus, vir M. Radulphus de Porta in sacra Pagina Magister, quod cum Magisterium Principale vener. Collegij de Nauarra esset in proximo vacaturum, quatinus dicta Natio vellet sibi assistere & adiungere in prosecutione dicti Officij, etiam supplicare & laborare totis viribus apud D. nostrum Regem, Dominos de Sanguine suo, Dominos de Consilio, DD. Burgenses huius villæ, D. Confessorem Regis & apud quoscunque alios vsque ad possessionem pacificam dicti Magisterij. Cui supplicationi dicta Natio annuit, consideratâ notabilitate personæ dicti supplicantis in scientia & moribus. Et cum hoc ex tunc deliberauit dicta Natio istud prosequi tanquam factum proprium, & maximè quia Statuta & Ordinationes dicti Collegij canunt, qualiter istud Officium solum debetur Magistris Nationis Franciæ, quemadmodum est dictus Magister Radulphus, & etiam totus nutritus in dicto Collegio.*

DE MAGISTERIO COLLEG. NAVARRICI.

Paulò post vacauit istius Collegij præfectura, eamque Confessor Regis M. Reginaldo de Fontanis contulit; hinc prædictus Radulphus ad Nationem præfatam recurrit: illa verò die 11. Aprilis congregata, respondit nunquam sibi in mente fuisse, ita vni fauere, vt alteri nocere vellet, sed id solummodo spectasse, vt statuta Collegij obseruentur; rem sic exponit M. Ioannes Campani nouissimè Procurator electus, ad diem 11. April. an. 1411.

1411.

" Pro parte M. Radulfi de Porta per Organum M. Martini de Bruerijs
" est facta vna supplicatio, quod cum Natio aliàs deliberasset & conclu-
" sisset ipsum iuuare & assistere in prosecutione Magisterij de Nauarra, &
" nunc haberet Competitorem M. Reginaldum de Fontanis, quod nihil
" vellet Natio accipere in præiudicium ipsius de Porta. Qua supplicatio-
" ne porrecta sic deliberauit Natio, quod nunquam fuit sua intentio sup-
" plicare sic pro vno quod alius huius Officij capax secluderetur. Item
" nunquam fuit intentio Nationis impedire Confessorem D. nostri Regis
" in Collatione Bursarum & Officiorum dicti Collegij, dum tamen iuxta
" Statuta conferat, sed ipsum vult iuuare, vijsque exquisitis boni Collegij
" perturbatiuis obuiare pro posse, & resistere. Item quod nunquam inten-
" dit Natio supplicare D. nostro Regi quod suspenderetur pro ista vice
" Officium D. Confessoris, quia multa incommoda & inconuenientia se-
" qui possent verisimiliter. Item dedit Deputatos ad videndum si Confes-
" sor, conferendo Officium præfatum M. Reginaldo de Fontanis, bene con-
" tulerit iuxta statuta Collegij præfati, & qui coram Rege proponant &
" alijs Dominis vel Communitatibus pro bono Collegij & ipsarum par-
" tium concordia.

Dum ferueret adhuc ista contentio, M. Nicolaus Clemangius, Socius quoque Nauarricus scripsit ad M. Reginaldum de Fontanis, eumque ad pacem cum socio & amico adducere conatur. legitur inter Epistolas ipsius ista ordine 94. his verbis.

" De tua & Radulphi concertatione iam famâ nunciante nonnihil acce-
" peram quæ meum pergrauiter animum multiplicibus ex causis perturba-
" uit. 1. quidem, quia Partes ambas sincero beniuolentiæ sinu ample-
" ctor; difficile autem est illum non anxiari, qui inter suos cernit charissi-
" mos talia interuenire dissidia. Altera quia nexu alterno mutui amoris am-
" bo inuicem colligati eratis. *Turpius autem nihil est*, Cicerone teste, *quàm*
" *cum illo inimicitias, aut bellum gerere, cum quo familiariter vixeris.* 3. Quod
" *ex gradu & professione quos sortiti estis*, ad vos maximè spectat ambitiosos
" arguere, contentiosos compescere, discordes pacificare, &c.

1412.

Anno 1412. Vniuersitas alias obtinuit à Rege litteras, quibus stare vo-
" lebat Beneficiorum Collationem quæ Neutralitatis tempore facta fue-
" rat à Patronis & Collatoribus.

" *Pour l'Vniuersité de Paris, que les Supposts d'icelle soient tenus paisibles és*
" *Benefices à eux donnez par les Patrons & Collateurs*
" *d'iceux durant la Neutralité.*

" CHARLES PAR LA GRACE DE DIEV ROY DE FRANCE. A nos
" Amez & Feaux Conseillers, les Gens tenans & qui tiendront nostre
" Parlement à Paris, au Preuost de Paris, & à tous Nos autres Iusticiers &
" à leurs Lieutenans, salut & dilection. De la partie de nostre Fille l'Vni-
" uersité de Paris, Nous a esté en complaignant exposé. Que combien
" que pieça par le Conseil des Prelats & autres gens d'Eglise de nostre
" Royaume & Dauphiné, assemblez en cette nostre Ville de Paris, pour
" l'auancement de l'vnion de nostre Mere sainte Eglise eust esté faite Neu-
" tralité, durant laquelle il fut ordonné, que les Patrons & Collateurs
" donneroient les Benefices aux Clercs idoines : ainsi que à eux appar-
" tient de droict commun resignez & non resignez, & en quelque maniere
" qu'ils vaquassent, laquelle Ordonnance fut par Nous en nostre grand
" Conseil où estoient plusieurs de nostre Sang, authorisée & approuuée:
" Et depuis par le Concile general furent deiettez les deux Contendans
" du Papat. Et fut élu en Pape seul & vnique, feu de bonne memoire
Alexandre

Alexandre le Quint, qui de l'authorité dudit Concile confirma & approuua toutes Presentations, Collations & Prouisions faites par ceux qui auoient puissance de le faire durant ladite Neutralité, & voulust qu'elles fussent fermes & valables, & qu'elles sortissent leur effet, & en outre pour oster toutes manieres de debat & procez de ladite authorité ordonna que les Possesseurs paisibles desdits Benefices en iouïssent paisiblement, sans que aucuns les inquietassent, troublassent ou empeschassent. Et voulut & ordonna que par quelque personne que ce fust, les dessusdits possesseurs paisibles ne fussent inquietez ny empeschez ne en la proprieté ne en la possession desdits Benefices, neantmoins plusieurs depuis se sont efforcez & efforcent de iour en iour de impetrer les Benefices ainsi donnez & paisiblement possedez, & par le moyen de leur subreptices impositions s'efforcent de vexer, trauailler & empescher lesdits possesseurs par certains adiournemens & audience deuant diuers Iuges & en diuerses manieres, nonobstant que par nos autres lettres nous eussions octroyé à nostre Fille que aucuns de ses Supposts pour occasion de ce ne fassent trauailler ailleurs que en nostredite Cour de Parlement à laquelle nous en auons donné la connoissance. Si nous a supplié tres-humblement que nous y voulions pouruoir de remede conuenable & de tel que lesdits possesseurs iouïssent paisiblement de leurs Benefices, & par egard les Supposts d'icelle selon les ordonnances dudit Concile de l'Eglise de nostre Royaume & Dauphiné, du Concile general tenu à cause de nostre S. Pere le Pape Alexandre le Quint & la nostre, pourquoy nous ces choses considerées qui voulons tousiours la paix & tranquilité de nos subjets & par special des Supposts de nostredite Fille & aussi que toutes les ordonnances dessusdites soient tenuës & obseruées sans enfraindre par tous en nosdits Royaume & Dauphiné: Vous Mandons, Commandons & estroitement enjoignons & à chacun de vous, si que il vous appert desdites Ordonnances faites audit Concile de l'Eglise de France & confirmées par luy nostre saint Pere au Concile general d'Eglise, comme dit est, lesdits Possesseurs & par special les Supposts de nostredite Fille, mainteniez & gardiez & faites maintenir & garder paisibles, selon lesdites Ordonnances & de iceux & des fruits d'iceux iouïr & vser paisiblement, ainsi que faisoient au temps des Ordonnances de nostredit saint Pere, en deffendant sur certaines & grosses peines Apostoliques à Nous, à tous & vn chacun dont serez requis qu'ils ne les troublent & empeschent par certains adiournemens ou autrement, & si aucune chose en ont fait ou fait faire contre lesdits Possesseurs, qu'ils la reuoquet & remettent tout au neant à leurs propres cousts & despens, & si pour occasion de ce ait esté procedé, que les fruits d'aucuns soient mis en nostre main: Voulons que nostre main soit leuée au profit desdits **Possesseurs, & audit cas les leuons**, & aussi à tous Iuges soit de Cour d'Eglise ou temporelle, faites deffenses ou faites faire que de ce ne tiennent cour ny cognoissance, & si aucune en ont cognu ou fait, qu'ils mettent tout au neant en mettant toutes lettres, procés, citations ou adiournemens en nostre main réellement & de fait & à le faire, contraignez ou faites contraindre lesdites Parties, leurs Procureurs & Iuges par prise de leur temporel & autrement par toutes voyes & manieres deuës & raisonables, sans preiudice toutefois des Supposts de nostredite Fille, qui ont eu collation & prouision des Commissaires ordonnez par le Concile de l'Eglise de France, en deffault de Collateurs ordinaires, comme appert par lettres scellées de leurs seel commun à ce principalement ordonné ; lesquels nous Voulons par ces presentes estre maintenus & gardez paisibles, iouïr & vser des Benefices à eux conferez par lesdits Commissaires, comme les dessusdits Possesseurs & comme par nos autres lettres autrefois leurs auons octroyé: Car ainsi nous plaist il estre fait, & à nostre Fille l'auons octroyé & octroyons de grace speciale par ces presentes, Nonobstant quelconques oppositions ou

" appellations & lettres subreptices impetrées ou à impetrer au contraire.
" Donné à Paris le 16. iour d'Avril, l'an de grace 1412.

Eodem quoque tempore Ioannes Pontifex eidem Vniuersitati indulget & concedit 1. vt Cancellarius Paris. possit absoluere omnes Magistros & Scholares Vniuersitatis ab omnibus Censuris. 2. Vt causæ Vniuersitatis, quæ in Curia Rom. disceptari solebant antè, in Curia Episcopali Parisijs disceptentur: Prior Bulla dirigitur Cancellario Parisiensi M. Ioan. Gersonio in hunc modum.

" IOANNES Episcopus seruus seruorum Dei, dilecto filio Ioanni de Ger-
" sono Cancellario Parisiensi S. & Apost. ben. Cum iuxta Officij nostri
" debitum conuersionem diligamus ab intimis Peccatorum, libenter se
" conuertentibus manum porrigimus adiutricem, ac modis quibus possu-
" mus, allicimus conuertendo, scientes nihil Deo esse acceptius quàm
" lucrum perquirere animarum. Sanè cum nonnullas personas tam Ecc-
" lesiasticas quàm Laïcales Dilectæ filiæ nostræ Vniuersitatis Parisiensis stu-
" dij, ac Suppositorū eius diuersis peccatis, nec non Excommunicationum,
" suspensionum & interdicti sententijs ac votorum emissorum obseruantijs
" innodari contigerit hactenus, sicut accepimus & possit contingere veri-
" similiter in futurum, & pro absolutionibus, dispensationibus ac voto-
" rum commutationibus & alijs in præmissis impetrandis ex multis ingen-
" tibus causis personis illis ad Rom. Curiam proficisci reddatur discrimi-
" nosum quamplurimum, Nos animarum personarum huiusmodi saluti
" prouidere salubriter, illasque ad gremium S. Matris Ecclesiæ reducere ac
" earundem parcere laboribus, periculis & expensis paternaliter cupien-
" tes, discretioni tuæ, de qua in his & alijs specialem in Domino fiduciam
" obtinemus, autoritate nostra in foro conscientiæ absoluendi in forma
" Ecclesiæ consueta quascumque personas Scholasticas actu Parisius pro
" tempore studentes de Vniuersitate dicti studij, seu Suppositorum eius vs-
" que ad triennium proximè secuturum, si hoc humiliter petierint, à qui-
" buscumque peccatis, Excommunicationum, Suspensionum & Interdicti
" sententijs in eas à Iure, vel ab homine latis, inflictis seu promulgatis
" etiamsi illorum absolutio foret sedi Apostolicæ generaliter, vel specia-
" liter reseruata, ac pœnis alijs in quas quomodolibet incurrissent, seu in-
" currere poterunt in futurum, dummodò personæ ipsæ iniuriam passis sa-
" tisfaciant competenter, ac cum eisdem personis, si Ecclesiasticæ fue-
" rint super irregularitate quacunque, quā sic ligatæ celebrando diuina,
" vel immiscendo se illis, non tamen in contemptum Clauium contraxe-
" rint, eis priùs ad tempus de quo tibi videbitur à suorum Ordinum exe-
" cutione suspensis. Et quod ad omnes sacros Ordines promoueri, ac in
" illis & in quibuscumque susceptis Ordinibus aliàs tamen ministrare va-
" leant, dispensandi, iniunctis eis pro modo culpæ pœnitentiâ salutari &
" alijs quæ de iure fuerint iniungenda, ac omnem inhabilitatis & infamiæ
" maculam siue notam per easdem Scholasticas personas præmissorum oc-
" casione contractam abolendi, & eas ad quæcumque bona, dignitates tam
" spirituales quàm temporales, honores, statum, famam, priuilegia, exem-
" ptiones, beneficia, Officia Ecclesiastica, secularia & regularia quæcum-
" que & qualiacunque fuerint, quæ huiusmodi personæ tempore dictarum
" sententiarum obtinebant, seu ad eas quomodolibet pertinebant, dum
" tamen Patriarchales, Archiepiscopales, Episcopales, seu Abbatiales
" dignitates non existant; nec non quod tempore absolutionum, dispen-
" sationum, abolitionum & restitutionum huiusmodi non fuerit in eis ali-
" cui specialiter ius quæsitum & aliàs in integrum, ac statum pristinum re-
" stituendi, reducendi & reponendi, ac etiam autoritate præfata personis
" huiusmodi vota peregrinationis & continentiæ, ac alia quæcunque, si qua
" personæ ipsæ, aut earum aliqua hactenus emisissent, aut emittere con-
" tigerit, dicto durante triennio, quomodolibet in futurum quæ omnimo-
" do seruare non possent, non obstante quod illorum commutatio, aut

dispensatio esset præfatæ sedi specialiter reseruata, in alia pietatis opera commutandi, prout secundum Deum ac saluti animarum personarum huiusmodi videris expedire ; prouiso quod de his de quibus fuerit alteri satisfactio impendenda, personis ipsis faciendam iniungas quam personis huiusmodi facere quantocius teneantur, plenam & liberam tenore præsentium concedimus facultatem ; præsentibus post dictum triennium à data præsentium minimè valituris. Datum Romæ apud S. Petrum Kal. April. Pontificatus nostri anno 3. sic sig. F. de Monte-Peliciano, de Curia, Ia. de Hugolinis.

Altera Bulla dirigitur Gerardo Episcopo Parisiensi, vt ad triennium causas Vniuersitatis quæ solebant in Curia Romana disceptari, iudicet Parisius.

IOANNES Episcopus seruus seruorum Dei. Venerabili Fratri Geraldo Episcopo Paris. salutem & Apostol. bened. Ad incrementa dilectorum filiorum Vniuersitatis studij Paris. & eius Suppositorum qui in orbe terrarum splendore scientiæ rutilantis emicant, paternis & sollicitis studijs intendentes, & cupientes vt eo perfectius & diligentius studiorum gymnasijs lucubratis vigilijs intendere valeant, quo maiori priuilegio ne distrahantur à loco studiorum ratione causarum, seu litigiorum quæ illis possent quoquomodo contingere, si extra Parisiensem Ciuitatem ad causas, vel Iudicia quomodolibet traherentur, fuerint communiti. Et sicut pro parte dictæ Vniuersitatis nuper accepimus occasione Beneficiorum Ecclesiasticorum quæ nonnulli Magistri & alij studentes in dicto Parisiensi studio vigore gratiarum per nos factarum illis assecuti fuerint extra Ciuitatem Parisiensem etiam ad Romanam Curiam trahuntur in causam, & propterea grauibus tam realibus quam personalibus prægrauentur & affligantur incommodis & à studiosis vigilijs plurimum distrahantur, Nos ipsorum Magistrorum ac Doctorum in dicto Paris. studio indemnitatibus & quieti volentes paterna diligentia prouidere, Magistris & Doctoribus Vniuersitatis Parisiensis studij antedicti in Rotulo ipsius Vniuersitatis inscriptis, super expectatiuis Gratijs per nos signato & per Vniuersitatem ipsam pro præsentibus reputatis, vt pro causis Beneficialibus super Gratijs Exspectatiuis eisdem in dicto Rotulo per nos concessis extra muros Paris. trahi non possint, nec debeant quoquomodo ; sed quod causæ huiusmodi ibi tractari, terminari atque decidi debeant vsque ad totalem & finalem terminum huiusmodi causarum tam motarum quàm quæ mouebuntur in posterum vsque ad triennium à data præsentium computandum : causis venerabilium Fratrum nostrorum S. Rom. Ecclesiæ Cardinalium motis & mouendis agendo, vel defendendo & ipsos Cardinales, vel eorum aliquem quoquomodo tangentibus, duntaxat exceptis, authoritate Apostolica concedimus per præsentes. Et ad hoc quod causæ huiusmodi possint & valeant, authore Domino, tractari, decidi & omnino vt præmittitur etiam terminari & Iustitia ministrari, Fraternitati tuæ de qua in hijs & alijs plenam in Altissimo fiduciam obtinemus, omnes & singulas causas Beneficiales occasione Dignitatum, Personatuum, Administrationum, Officiorum & Prioratuum & aliorum quorumcumque Beneficiorum Ecclesiasticorum Secularium & Regularium vigore dictarum gratiarum in præfato Rotulo per Nos factarum quæ dicti Magistri, seu alij in dicto Rotulo denotati fuissent hactenus assecuti, siue assequentur in posterum, mouendas infra dictum triennium per quascunque personas, loca, Collegia, seu Vniuersitates præfatis Cardinalibus duntaxat exceptis contra dictos Magistros & alios in dicto Rotulo inscriptos, & pro præsentibus, vt præmittitur, reputatos cognoscendas, decidendas & fine debito terminandas per te vel per alium intra muros dictæ Ciuitatis Paris etiam vsque ad vltimam & tertiam definitiuam sententiam inclusiuè, & etiam quotiens ante definitiuam sententiam contigerit appellari cum omnibus suis incidentibus,

"dependentibus & connexis harum serie delegamus, faciens quod decre-
"ueris per te vel per alios & præsertim per Censuram Ecclesiasticam ap-
"pellatione cessante firmiter obseruari. Testes autem qui fuerint nomi-
"nati, si se gratia, odio, vel timore substraxerint, per Censuram eandem,
"appellatione cessante compellas per te vel alios, vt præmittitur, veritati
"testimonium perhibere. Datum Romæ apud S. Petrum Kal. April. Pon-
"tificatus nostri anno 3. sic sign. F. de Montepoliciano. De Curia. Ioan. de
"Bortzolle.

Idem Pontificatus eodem anno prædictam Bullam confirmans scripsit ad Cardinalem S. Eusebij, tunc Nuntium in Regno Franciæ his verbis.

"IOANNES Episcopus seruus seruorum Dei, dilecto filio Alamanno tit.
"S. Eusebij Presbytero Cardinali, ac in nonnullis partibus Regni Fran-
"ciæ Apostolicæ sedis Nuncio sal. & Apost. bened. Cum te ad charissimum
"in Christo filium nostrum Carolum Regem Franciæ illustrem, ac Pro-
"uincias, Ciuitates & Diœceses Rhemensem, Senonensem & Rhotoma-
"gensem pro nonnullis nostris & Rom. Ecclesiæ negotijs, ac pro salubri
"statu & tranquillitate illarum DD. & partium prædictarum cum plena
"potestate Legati de latere per nos concessa tanquam pacis Angelum præ-
"sentialiter destinemus, Nos volentes illam tibi potestatem concedere
"per quam Regni Franciæ, ac Delphinatus Viennensis personarum Ec-
"clesiasticarum dispendijs prouideatur, circunspectioni tuæ, tua Nuncia-
"tione durante, omnes & singulas causas Beneficiales quaruncumque per-
"sonarum Ecclesiasticarum Regni ac Delphinatus prædictorum hinc ad
"triennium a data præsentium computandum per appellationem, aut
"alias super dignitatibus, personatibus, Officijs, administrationibus &
"alijs Beneficijs Ecclesiasticis dictorum Regni & Delphinatus quæ obti-
"nent, aut interim obtinebunt, quorum fructus, reditus & prouentus
"centum librarum Turonensium paruorum secundum taxationem decimæ
"valorem annuum non excedunt, quas interim moueri contigerit: Nec
"non omnes & singulas causas Beneficiales tam motas quàm infra dictum
"triennium mouendas occasione dignitatum, personatuum, administra-
"tionum, Officiorum, Prioratuum & aliorum quorumcumque beneficio-
"rum Ecclesiasticorum, secularium & Regularium quæ dilecti filij Magi-
"stri & Doctores studij Parisiensis in Rotulo Vniuersitatis ipsius studij in-
"scripti super Gratijs Expectatiuis per nos signato & pro præsentibus re-
"putati rigore Gratiarum Expectatiuarum eisdem in dicto Rotulo per
"Nos concessarum forsan assecuti sunt, aut eos in posterum assequi conti-
"gerit tam motis quàm infra terminum prædictum mouendis per quascun-
"que personas, loca, Collegia & Vniuersitates contra dictos Magistros &
"alios in dicto Rotulo inscriptos & pro præsentibus, vt præmittitur, repu-
"tatos, causis venerabilium FF. nostrorum S. Romanæ Ecclesiæ Cardina-
"lium motis & mouendis agendo, vel defendendo & ipsos Cardinales, vel
"eorum aliquem quoquomodo tangentibus duntaxat exceptis, audiendi,
"tractandi, decidendi & fine debito terminandi, aut per alium, vel alios au-
"diri, tractari, decidi & determinari faciendi, ac in præmissis etiam vsque
"ad vltimam & tertiam definitiuam sententiam contigerit appellari cum
"suis incidentibus, dependentibus & connexis, ac faciendi quod decre-
"ueris per te, vel alios, vt præfertur per Censuram Ecclesiasticam, appel-
"latione cessante firmiter obseruari. Testes qui fuerint nominati si se gra-
"tia, odio vel timore substraxerint, per Censuram eandem appellatione
"cessante veritati testimonium perhibere, authoritate Apostolica com-
"pellendi tenore præsentium plenam concedimus facultatem. Volumus
"autem quod prædicta quæ de causis Regni & Delphinatus prædictorum
"dicta sunt, non vendicent sibi locum in causis venerabilium fratrum no-
"strorum Præfatæ Ecclesiæ Cardinalium indistinctè; nec in illis in quibus
"dilecti filij Notarij nostri, Auditor Contradictarum, Corrector litera-
"rum Apostolicarum, Referendarij, Auditores sacri Palatij causarum

Secretarij, Scriptores & Abbreuiatores earundem literarum, seu alij Rom Curiæ veri Officiales, & in dicta Curia actualiter commorantes rei essent & ad Iudicem traherentur: quas causas nisi de partium communi consensu volumus in eadem Rom. Curia tractari & etiam terminari. Datum Romæ apud S. Petrum Kal. Maij Pontif. nostri an. 3. sic sign. F. de Monte-Peliciano, de Curia L. de Pisis.

1412.

Eadem Vniuersitas communicatis cum Officiali Parisiensis Curiæ litteris, quas anno præterito ab eodem Pontifice obtinuerat, efficit vt inter Acta Curiæ prædictæ referantur, earumque exemplaria publicentur; qua de re sic Officialis in Codice Nat. Picardicæ.

IN NOMINE DOMINI NOSTRI, Amen. Vniuersis præsentes litteras transsumptum, seu publicum instrumentum inspecturis, Officialis Parisf. salutem in Domino sempiternam. Notum facimus quod coram nobis, hora placitorum de mane in Curia Paris. in parqueto & loco solito ad iura reddenda pro Tribunali sedentibus Cleri & alterius populi congregata ibidem multitudine copiosa præsentialiter constitutus venerabilis & circunspectus vir M. Dominicus Francisci almæ Matris Vniuersitatis Parif. Rector, vice & nomine ipsius almæ Matris Vniuersitatis Parif. & ad opus ipsius & Suppositorum eiusdem nobis exposuit, ac suppliciter & cum instantia requisiuit. Quod cum sanctissimus in Christo Pater & D. noster D. Ioannes diuina prouidentia Papa 23. eidem Almæ Matri & pro suppositis eiusdem quasdam speciales prærogatiuæ litteras gratiosè duxerit concedendas quibus & earum commodo coram pluribus & diuersis Iudicibus & in diuersis & longinquis partibus Regni Franciæ ipse D Rector & alij Magistri & Doctores eiusdem almæ Matris habent necessario de præsenti, & intendunt in posterum se iuuare, ipsæque literæ non possent quin imò esset impossibile vna & eadem vice vnoque & eodem tempore, ac diuersis partibus & coram diuersis Iudicibus originaliter exhiberi & fidem facere de eisdem. Nos literas ipsas quas idem D. Rector nobis exhibuit sanas & integras cum filis sericis rubri croceique coloris vera Bulla plumbea ipsius D. nostri Papæ Bullatas omni prorsus vitio & suspicione carentes cum diligentia vidimus & per Notarium publicum adiunctis testibus fide dignis inspici & examinari in audientia publica legi & publicari, & in publicam formam redigi, transcribi & fideliter exemplari mandaremus, & exemplo transcripto, seu transumpto huiusmodi naturam auctoritatem interponeremus pariter & decretum, taliter quod transcripto, seu transumpto huiusmodi in Iudicio & extra velut originalibus literis fides plenaria possit & debeat adhiberi. Nos igitur Officialis præfatus attendens requisitionem huiusmodi fore iustam & consonam rationi, literas Apostolicas huiusmodi vidimus, tenuimus, palpauimus & inspeximus diligenter, easque publicauimus & per discretum virum Iacobum Isambardi Notarium publicum eiusdem almæ Matris Vniuersitatis scribam publicè & testato facto silentio in dicta Curia legi & publicari mandauimus & fecimus, ac dictas litteras Apostolicas per diligentem examinationem sanas & integras non viciatas, non cancellatas, sed omni prorsus vitio & suspicione carentes in dictamine, scriptura & Bulla reperimus, ipsasque per dictum Notarium transcribendas & exemplandas fore decreuimus & decernimus per præsentes, Quarum tenor de verbo ad verbum sequitur in hunc modum. IOANNES Episcopus seruus seruorum Dei. Dilectis filijs Rectori & Vniuersitati studij Parif. salutem & Apostolicam ben. In supremæ dignitatis specula licet immeriti disponente Domino constituti, ad vniuersas fidelium Nationes nostræ vigilantiæ creditas earumque profectus & commoda tanquam vniuersalis Gregis Dominici Pastor commissæ nobis speculationis, &c. vt supra vsque ad, finis.

Quibus quidem litteris Apostolicis sic exemplatis, seu transcriptis: Nos Officialis præfatus per Notarium supra & infrascriptū de transcripto

" seu Transumpto huiusmodi ad Originales Apostolicas litteras superius
1412. " annotatas collationem fieri fecimus diligentem, vnà cum & præsentibus
" testibus infrascriptis. Et quia audita & facta collatione huiusmodi præ-
" sens Transumptum seu Transcriptum ad originales litteras prædictas su-
" perius insertas compertum est per omnia concordare, ea propter Nos
" Officialis sæpè dictus præsenti Transumpto seu Transcripto auctoritatem
" præstantes & illud auctenticantes & auctenticum facientes præsentibus
" litteris seu præsenti publico Instrumento Exemplum, seu Transcriptum
" huiusmodi in se veraciter continentibus tam in Iudicijs quàm extra si-
" cuti litteris originalibus litterarum prædictarum ad futuram rei memo-
" riam perpetuam habere & obtinere roboris firmitatem. Si quis autem
" Apostolicas originales litteras huiusmodi videre voluerit, in Archiuo
" ipsius almæ Matris in Collegio Nauarræ vbi priuilegia ipsius almæ Matris
" conseruantur, poterit reperire & videre. In quorum omnium & singu-
" lorum fidem & testimonium præmissorum præsentes litteras seu presens
" publicum instrumentum per Notarium infrascriptum subscribi & publi-
" cari mandauimus, sigilliq́ue Curiæ Paris. & signeti nostri, vnà cum signo
" & subscriptorum dicti Notarij ad perpetuam rei memoriam iussimus ap-
" pensione muniri. Datum & actum in Curia Paris. prædicta, anno Domi-
" ni 1412. Indict. 6. die verò 23. mensis Octob. Pontific. præfati D. nostri
" Papæ an. 3. præsentibus venerandæ circunspectionis ac magnæ pruden-
" tiæ viris DD. & MM. Ioanne Mathie in Theologia & Io. de Villanoua
" in Decretis Doctoribus, Archidiacono de Pentouria in Ecclesia Brio-
" censi. Guill. Graterij & Petro Ioseph Cantore Remensi Iurisperitis &
" Aduocatis in dicta Curia Paris. necnon Guill. Rouselli Magistro in Ar-
" tibus & Baccalario in sacra Pagina & Io. Bourilleti, aliàs Francisci in
" Decretis Licentiato & Thesaurario Senonensi in Artibus Magistro Pa-
" risius commorantibus, cum alterius Populi multitudine copiosa testibus
" ad premissa vocatis specialiter & rogatis. Verum quia Ego Iacobus Ysam-
" bardi Clericus Metensis publicus Apostolica & Imperiali auctoritatibus
" Notarius in legibus Baccalarius, ac almæ Vniuersitatis Paris. prædictæ
" Scriba, premissis omnibus & singulis dum sic vt supra scribuntur per præ-
" fatum D. Officialem, & coram eo fierent & agerentur vnà cum prænomi-
" minatis testibus, præsens interfui & ea sic fieri vidi & audiui & in notam
" recepi, Ideo exinde confecto præsenti publico instrumento, alterius ma-
" nu fideliter scripto præmissa publicando de mandato dicti D. Officialis
" vnà cum sigilli dictæ Curiæ Paris. suique signeti appensione signum meum
" apposui consuetum, sic me subscribens in præmissorum testimonium re-
" quisitus & rogatus, &c.

In eam rem extant quoque litteræ Regiæ datæ die 23. Martij an. 1412.
his verbis conceptæ.

" CHARLES PAR LA GRACE DE DIEV ROY DE FRANCE. A nostre
" Preuost de Paris ou son Lieutenant, salut, de la partie de nostre
" Amée fille l'Vniuersité de Paris, Nous a esté exposé en complaignant,
" que comme par leurs Priuileges à eux octroyez du S. Siege de Rome,
" desquels ils ont vsé & vsent, leur soit octroyé, que afin qu'ils puissent
" mieux vacquer en la Science des lettres & autrement occuppez ne puis-
" sent estre traicts en cause hors des murs de Paris, par lettres Apostoliques
" ou testations d'icelles ne autrement, neantmoins aucuns ont impetré &
" impetrent de iour en iour plusieurs citations par lesquelles ils s'efforcent
" & se sont efforcez de citer, & ont de fait trait plusieurs honnorables Sup-
" posts d'icelle outre les Monts de ce Royaume; mais loing-tain de leur
" Estude pour raison de laquelle traiction indirecte, comme ils disoient &
" contre tous leurs Priuileges eussent requis à nostre S. Pere le Pape, qu'il
" voulust renuoyer les causes à Paris, ou commettre Iuge pardeçà les
" Monts, pour cognoistre desdites causes à ce qu'ils ne fussent pas ainsi lon-
" guement distraits de leur Estude, & pour ce eussent enuoyé Notables

messages & Ambassadeurs à la contemplation de laquelle nostre fille, luy nostre S. Pere le Pape eust prorogé & continué toutes les causes desdits Supposts estans en Cour iusques à cinq mois, & autrement iusques à ce que sur le renuoy d'icelles eust baillé plaine responce, & ce fust venu à la cognoissance de tous Auditeurs ou autres Competiteurs desdits Supposts, & tellement qu'il a esté tout notoire en Cour de Rome & à Paris, comme aussi de ce a esté certifiée suffisamment nostredite Fille, confiant de laquelle prorogation & continuation, & aussi les Supposts d'icelle qui estoient & sont entendans, tant à leurs Estudes, comme à la chose publique & au bien de nostre Royaume & au salut de nous où ils vacquent de iour en iour où ils soustiennent moult grands labeurs, ne eussent, ne ayent enuoyé leurs droits & deffenses, ne fait deffendre leurs causes, esperans, comme ils esperent de iour en iour ce renuoy d'icelles : Ce nonobstant les Auditeurs & autres Iuges Apostoliques de Cour de Rome à la persecution & importunité des Competiteurs d'iceux Supposts se sont efforcez de proceder pardeuant iceux, nonobstant lesdites continuations, & s'euertüent d'auoir obtenu, nullement toutefois, d'iceux Iuges, Sentences & Monitions, par lesquelles ils s'efforcent de expeller iceux Supposts & priuer de leurs Benefices ou denoncer excommuniez, en les procurant scandaliser & autrement empescher à ce qu'ils ne puissent estre en la communication de l'Eglise, ou vacquer en leur Estude & au bien de nostre Royaume & salut de nous, & aussi qu'ils soient distraits de leur Estude, qui est contre la teneur de leurs Priuileges, si comme ils disent, & le bien public de nostre Royaume & vniuersel monde où ils florissent & par lesquels nostre Royaume est decoré, si en brief n'y estoit par vous pourueu, soit en la diminution d'icelle Vniuersité, laquelle nous desirons augmenter : Pourquoy nous ces choses considerées, qui sommes Protecteur de nostre Fille, voulant à icelle pourvoir, Vous Mandons, que toutefois & quantes qu'il vous apperera desdites Sentences & lettres Monitoires obtenuës durant ladite prorogation à l'encontre desdits Supposts, lesquelles vous appereront estre mises à execution ou que l'on s'efforcera de les y mettre directement ou indirectement, publiquement ou autrement : Que lesdites lettres preniez, arrestiez & faites detenir & cesser les executeurs d'icelles, par prinse de leur temporel ou autrement, selon que le cas le requerra & ne souffriez en aucune maniere icelles estre mises à execution ; mais soient suspenduës, iusques à ce que parties ouyes, par vous en soit autrement ordonné, en requerant les Iuges & Ordinaires de l'Eglise, qu'ils mandent à tous Notaires & Prestres leurs subiets, que telles lettres ils executent ou fassent executer en toutes manieres, iusques à ce que autrement y soit pourueu, comme dit-est : Car ainsi nous plaist-il estre fait & ainsi auons octroyé & octroyons à nostre Fille de grace speciale par ces presentes, nonobstant quelconques lettres subreptices. Donné à Paris le 23. iour de Mars, l'an 1412. & de nostre reigne le 33. soubs nostre seel ordinaire, en l'absence du grand, publiée.

Litteras autem Pontificias quas supra retulimus & infra referendas, quæque propter varia impedimenta & turbationes non fuerant executioni demandatæ, Alammanus Cardinalis aliquantò post executioni demandauit, vt patet ex sequenti Instrumento.

IOANNES Episcopus seruus seruorum Dei. Ad perpetuam rei memoriam. Decens censemus & congruum æquitati, vt quæ per S. Rom. Ecclesiæ Cardinales Apostolicæque sedis autoritatem pro statu & honore nostro & ratione Ecclesiæ, ac pro conseruatione Iurium Dilectorum filiorum Doctorum & Magistrorum ac Suppositorum Vniuersitatis Parisiensis, ad quos gessimus & gerimus paternæ dilectionis affectum, licet Facultas per nostras litteras specialis per antea concessa non fuerit, proinde facta sunt vt illibata consistant, illis adijciamus Apostolici

"roboris firmitatem. Hinc est quod nos præmissorum intuitu, & ex cer-
1412. " tis alijs rationabilibus causis animum nostrum ad hæc inducentibus lite-
" ras dilecti filij nostri Alammanij tit. S. Eusebij, Presbyteri Cardinalis &
" iampridem ad charissimum in Christo filium nostrum, Carolum Regem
" Franciæ illustrem ac Prouincias, Ciuitates & Diœceses Remensis, Se-
" nonensis & Rothomagensis Apostolicæ sedis Nuncij cum plena pote-
" state Legati de Latere per nos destinati super nonnullis causis, processi-
" bus & sententijs Beneficia concernentibus & qui possent concernere
" præfatos Doctores, Magistros & supposita dictæ Vniuersitatis concessa.
" Quarum literarum tenore & forma de verbo ad verbum omissa totali
" subscriptione Notarij inferius fecimus annotari, vt omnia & singula in
" dictis contenta literis cum modificatione inscripta, authoritate Aposto-
" lica & ex certa scientia, motu proprio non ad alicuius super his oblatæ
" nobis petitionis instantiam, sed de nostra mera liberalitate tenore præ-
" sentium confirmamus & præsentis scripti patrocinio committimus, sup-
" plendum omnes defectus si qui forsan incurrerint in eisdem. Et nihilo-
" minus mandamus & volumus literas huiusmodi & contenta in illis, scien-
" tia, motu & authoritate prædictis, iuxta ipsorum exigentiam & tenorem,
" per omnes & ab omnibus inuiolabiliter exequi & obseruari. Volentes
" nihilominus ac statuentes motu, scientia & authoritate prædictis quod si
" Quis ex Doctoribus & Magistris, aut Suppositis præfatis defendentibus
" in antea aliquam ex huiusmodi causis ad eorum, vel alicuius eorum in-
" stantiam per appellationem, vel aliter in Romana Curia, vel ad ipsam
" introducendas, causæ huiusmodi per nos sic introductæ debeant ad
" ipsorum instantiam vigore dictarum literarum vlterius remitti Parisius
" quoquo modo, Decernentes ex nunc irritum & inane si secus in præmis-
" sis à quoquam quauis authoritate scienter, vel ignoranter attentatum
" forsan est hactenus, vel in posterum continget quomodolibet attentari,
" Constitutionibus Apostolicis, nec non processibus & sententijs factis &
" latis super his, nec non facientibus & ferentibus & alijs contrarijs, etiam-
" si de eis eorumque totis tenoribus ac de verbo ad verbum in nostris lite-
" ris habenda erit mentio specialis, non obstantibus quibuscunque. Tenor
" autem dictarum literarum sequitur, & est talis.

" IN NOMINE DOMINI, Amen. Pridem cum Sanctissimus in Christo
" Pater & Dominus noster D. Ioannes diuina prouidentia Papa 23. Nos
" Alamanum miseratione diuina tit. S. Eusebij eiusdem Sacrosanctæ Rom.
" Ecclesiæ Presbyterum Cardinalem Pisanum ad Serenissimum Principem
" & Dominum nostrum Carolum Diuina fauente Clementia Regem
" Francorum, ac Prouincias, Ciuitates & Diœceses, Remensem, Senonen-
" sem & Rothomagensem Apostolicæ sedis Nuncium cum plena potestate
" **Legati delata pro quibusdam magnis & arduis ratione Ecclesiæ negotijs**
" destinaret, volensque ad tunc ad terminum in antea computandũ, vt Ma-
" gistri & Doctores studij Paris. in Rotulo dictæ Vniuersitatis contenti, ac
" pro præsentibus actu & sine fraude reputati pro causis Beneficialibus quæ
" vigore Gratiarum Expectatiuarum in dicto Rotulo contentarum quæ ex
" tunc in antea contingerent, vel quæ tunc essent in prima Instantia in
" Romana Curia, vel in prima instantia citra appellatione seposita, &
" secundum formam tenorem & Constitutionis suæ super his sub data 2.
" diei mensis Maij Pontif. sui an. 3. factæ, cuius tenor talis est. Sanctissimus
" Dominus noster Ioannes Papa 23. die 2. mens. Maij Pontif. sui an. 3. voluit
" & statuit quod causæ Beneficiales pendentes in Curia Rom. in prima in-
" stantia citra Conclusionem contra quæcumque Supposita Vniuersitatis
" studij Paris. in eodem studio residentia & studentia etiamsi ad Romanam
" Curiam prædictarum defensione causarum veniunt, quæ causæ mouen-
" tur contra ipsa Supposita defendentia ratione Beneficiorum prouenien-
" tium, vel quæ prætendunt eis prouenisse vigore Gratiarum Expectati-
" uarum per dictum D. nostrum factarum in Rotulo Vniuersitatis prædictæ,
remittantur

Vniuersitatis Parisiensis.

remittantur Parisius ad Iudices ibidem per eundem dominum nostrum, super causis similibus ex præfato Rotulo prouenientibus deputatos cognoscendæ & terminandæ secundum formam literarum dicti domini nostri præfatis Iudicibus directarum. Voluit etiam & statuit idem dominus noster quod si in aliqua dictarum causarum lata fuerit prima definitiua sententia quæ propter appellationem fuerit reuocata & in statum reposita ante conclusionem causæ, talis causa etiamsi in prima instantia censeatur, vt præmissum est, remittatur, & quod extra muros Parif. minime traherentur, sed ibi tractarentur, deciderentur & finirentur, ac omnimodè terminarentur etiam vsque ad tertiam definitiuam sententiam, & finalem conclusionem: Causis Reuerendissimorum in Christo Patrum, & DD.S. Romanæ Ecclesiæ Cardinalium, ac eos seu eorum aliquem tangentibus, motis vel mouendis duntaxat exceptis. Nobisque qui tunc de proximo ad dictas Prouincias venturi eramus, & eiusmodi causas per Nos vel Deputatos à nobis audiremus, decideremus & fine debito terminaremus, plenam & liberam per suas literas Apostolicas sub Data Romæ apud S. Petrum   Maij Pontific. sui an. 3. concessit facultatem. Cum autem postmodum propter lamentabilem casum vrbis Rom. ac propter varias necessitates Rom. Ecclesiæ & Domino nostro incumbente nostrum aduentum distulimus vsque ad 18. diem mensis Feb. proxime præteriti, propter quod causæ huiusmodi à nobis, vel Deputandis à nobis interim, iuxta ipsarum literarum Apostolicarum continentiam, tractari minimè potuerunt, & à tempore Datæ ipsarum vsque in præsentem diem causæ huiusmodi tam illæ quæ tunc in Rom. Curia in prima instantia pendebant, quàm illæ quæ postmodum aduersus ipsos Magistros & Doctores motæ fuerunt, minimè sint remissæ ad partes tractandæ, prout in præfatis literis continetur, sed in Rom. Curia tractatæ & aliquæ finitæ & determinatæ dicantur in graue damnum & præiudicium illorum de Vniuersitate præfata qui huiusmodi aduentum nostrum de die in diem expectabant de dicta facultate confidentes, Nos attendentes voluntatem Domini nostri fuisse & esse quod omnes causæ huiusmodi à tempore Datæ dictarum literarum tam illæ quæ tunc in prima pendebant instantia in Rom. Curia, quam illæ quæ postmodùm infra dictum terminum mouerentur aduersus Magistros & Doctores præfatos, Parisius cum effectu remitterentur, per Nos, vel per Episcopum Parif. cui etiam cognoscendi de huiusmodi Causis similem facultatem concessit, tractandæ & finendæ, & Considerantes quod minimè iustum est quod illi detrimenta patiantur, ac iuribus suis priuentur qui nostrum quotidie expectantes aduentum & de indulto Apostolico confidentes, dictas causas suas in principali exsequi, ac iura sua ad Curiam mittere omiserunt, Et propterea volentes Doctorum & Magistrorum eorundem indemnitati consulere omnibus melioribus modo & forma quibus possumus, attentâ Constitutione prædictâ, omnes & singulas prædictas causas Beneficiales ex Gratijs dicti Rotuli exortas, vel descendentes quæ tempore Datæ ipsarum literarum in Romana Curia coram quocumque Iudice, vel auditore in prima Instantia pendebant aduersus illos de Vniuersitate præfata; ac etiam illas in quibus lata fuerit prima definitiua sententia quæ propter appellationem fuit reuocata & in statum ante Conclusionem causæ reposita; etiam illas causas quæ interim vsque ad prædictum diem motæ sunt contra eos, aut dicto terminali tempore mouebuntur, nec non etiam eas quæ propter alterius partium appellationem fuerint ad dictam Curiam introductæ & deuolutæ, seu introduci, aut deuolui contigerit, etiamsi in eis vsque ad tertiam definitiuam sententiam processum fuisset, & super ipsas iam executoriè in Cancellaria expeditæ fuissent & illarum authoritate iam processus decreti fuissent, Causis DD. Cardinalium præfatorum seu eos, vel eorum aliquem tangentibus motis, vel mouendis, vt præfertur, exceptis, ad Nos aduocamus modo & forma quibus supra intra muros Parisienses tractandas, terminandas & finiendas etiam

Tom. V.   Gg

1412.
"vsque ad finalem tertiam sententiam definitiuam inclusiuè, omni appel-
" latione extra ipsos muros eo iure remotâ, ac intra prædictos muros Pa-
" rif. tractandas, terminandas & finiendas, etiam vsque ad tertiam senten-
" tiam definitiuam & finalem inclusiuè remissas & pro remissis esse decla-
" ramus tenore præsentium & decernimus, ac cassamus, irritamus & annu-
" lamus omnes & singulas sententias & processus, procurationes & appel-
" lationes, taxationes, monitiones & omnia alia quæ inde secuta sunt, aut in
" futurum sequi possent, ac irritas & cassas nunciamus & nullius esse ro-
" boris decernimus, vel momenti factas latas & interiectas post prædictam
" Commissionem seu Constitutionem: ac eosdem Magistros & Doctores
" restituimus præsentium tenore & reintegramus, ac reponimus in eum
" statum quoad Causas prelibatas & quæcumque inde secuta, quo erant
" tempore Datæ dictarum Commissionis & Constitutionis. Mandantes
" omnes & singulas præfatas causas coràm Nobis, vel per nos deputandis,
" seu coràm Episcopo Paris. vel Deputandis per eum in eo statu & reassumi
" debent & pro reassumptis reputari, in quo erant tempore dictæ Consti-
" tutionis per eundem D. nostrum Papam concessæ, aut in prædictis Causis
" terminos à principio Causarum reassumi & reincipi debere parte aduer-
" sa ad hoc reuocata. Volumus autem quod si contigerit disceptari vel in
" dubium reuocari, an præfati Magistri & Doctores sint de præfata Vni-
" uersitate Paris. & in Rotulis per præfatum Sanctissimum Dominum no-
" strum *Doctoribus in Theologia & Decretis, in Medicina & Artibus Magistris*
" concesso descripti, & pro præsentibus & sine fraude reputati, vel aliqui
" ipsorum seu de eorum genere.... an sint de eodem Rotulo quondam in
" Romana Curia descripto, in ipsius Rotuli Copia, in quo omnes descripti
" sunt tam absentes quàm præsentes, seu pro præsentibus reputati, adeo
" quod eo ipso quod Procurator Vniuersitatis præfatæ, vel aliquo modo
" citatæ docuerit per inspectionem dicti Rotuli cuius Copia ponetur in au-
" dientia Contradictorum & Causarum Palatij Apostolici citatum esse des-
" criptû in dicto Rotulo; Et nihilominus probauerit ipsum presentem fuisse
" tempore Datæ dicti Rotuli, vel pro præsenti actu & sine fraude reputa-
" tum per literas m.... aut pl... Vniuersitatis, vel alias legitima eius causa
" intelligatur etiam Parisius remissa omni appellatione cessante, & Audi-
" tor, seu Iudex nullo modo in causa ipsa procedere teneatur. In Ciuitate
" autem Paris. si talis disceptatio, vel oppositio facta fuerit seu.... stetur
" simili inspectioni & distinctioni dicti Rotuli; cuius quidem Rotuli copia
" de dicta Curia sub sigillo Domini Cancellarij transmittetur. Et nihilo-
" minus vltra descriptionem Rotuli probare teneatur quod fuerit presens
" tempore Datæ dicti Rotuli, vel pro præsenti actu & sine fraude per di-
" ctam Vniuersitatem reputatus. A cuius quidem Rotuli descriptione nul-
" latenus appelletur, Decernens ex nunc modo & formâ præmissis irritum
" **& inane si secus in præmissis, aut aliquo premissorum actum fuerit, seu**
" contigerit quomodolibet attentari. In quorum omnium & singulorum fi-
" dem & testimonium præmissorû presentes literas, siue presens publicum
" instrumentum huiusmodi nostram declarationẽ in se conficiens, siue con-
" tinens exinde fieri & per Conradû Notarium publicû nostrumque & huius
" causæ coràm Nobis scribam infra scriptum subscribi & publicari mandauimus,
" mus, nostrique sigilli iussimus appensione cõmuniri. Lecta, lata & in scri-
" ptis promulgata fuit hęc presens declaratio nostra per nos Alamannû Car-
" dinalem & Nuntium prefatum Parisius in domo habitationis nostræ, No-
" bis inibi horâ primarû, vel quasi ad Iura reddendum pro tribunali seden-
" tibus. Sub anno & Natiuit. Domini 1414. Indict. 7. die verò Lunæ 6. mensis
" April. Pontificatus præfati Domini nostri Ioannis Papæ 23. anno 4.

Iam quomodo se res habeant Regni Gallicani, attendamus; bello flagrante
inter Armenicos & Burgundos, dici non potest quanta fuerit vbique
depopulatio. Armeniaci, seu Aurelianenses Anglorum auxilium aduocant
& cum ijs paciscuntur, quod malorum omnium extremum fuit.
Burgundi aliunde suas partes corroborant. Rex hinc & inde trahitur,

populus ad gemitus & lachrymas recurrit. Parisienses Ciues frequentes habent ad Deum supplicationes, habet & vniuersitas quoque suas frequenter; quod negotium non omisit commemorare Iuuenalis de Vrsinis.

1412.

Processions se faisoient bien Notables à Paris, tant Generales que particulieres par les Eglises & nuds pieds, alloit le Peuple portant cierges par les Paroisses: Et en fit vne l'Vniuersité de Paris iusques à S. Denys. Et quand les premiers estoient à S. Denys, le Recteur estoit encore à S. Mathurin.

Tandem post varias strages, depopulationes, vrbium expugnationes ventum est ad pacem apud Autissiodorum, cuius conditiones missae sunt à Rege ad Vniuersitatem examinandae, vt narrat Monstreletius. Paulo post, quia turbarum causa sumpta fuerat ex praua rei publicae administratione, Rex Conuentum habuit Parisijs solemnem & frequentissimum ad habendum de reformatione consilium. Placuit vnanimiter Magnatibus pro bono publico, ne rursus oriretur rixa & contentio inter sese, ab Vniuersitate exponi mala, causasque malorum Regni, & remedia proponi. Ergo vniuersitas in Palatio S. Pauli habuit ad Regem sequentia verba, quae leguntur apud Monstreletium fol. 157. ver.

A Nostre tres-haut & tres-excellent Prince nostre souuerain Seigneur Pere, s'ensuiuent les Points & les Articles, lesquels VOSTRE TRES-HVMBLE ET TRES-DEVOTE FILLE L'VNIVERSITE' DE PARIS, &c.

Hac oratione finita rogati qui aderant super propositis sententiam dicere, responderunt placere quae dixisset Vniuersitas, seque paratos esse ad eorum executionem auxilium opemque conferre. Verùm bonum hoc propositum diuturnam non peperit laetitiam; quippe Rege in morbum relapso solitum, rursus Armeniaci cum Anglis paciscuntur, fitque rerum magna proinde conuersio: qua de re ad annum sequentem. Inter haec autem cum Caupo quidam in vico Cithareo, vulgo *de la Harpe* Equi Cadauer è stabulo extractum transfuexisset de nocte ad Collegium Harcurianum, Scholastici ludibrio isto & iniuria offensi illud postridie reuehunt in aedes Cauponis, eiusque vasa omnia confringunt. Caupo queritur apud Essarum Praepositum Parisiensem, qui per Apparitores Castelleti Scholarium impetus comprimit; fit pugna in qua inermes Scholastici vincuntur. At Regem adeunt; diciturque Cauponi multa autoritate Regia, & Essaro Praepositura abrogatur.

Anno 1413. initio mensis Maij commota est & pene conuulsa Vrbs Parisiensis ob seditionem à Lanionibus & alijs infimae sortis hominibus autore Duce Burgundo excitatam, quae vulgo *Cabochiorum seditio* vocitatur. Dici non potest quàm insolenter & crudeliter se habuerit fex ista hominum, quàm multi capti, vulnerati, trucidati in conspectu Regis & Ludouici Delphini Aquitaniae Ducis; quàm multi ad necem postulati viri nobiles & primarij.

1413.

Vt tandem seditioni modus aliquis apponeretur, ventum est ad compositionem qualemcunque. Rogata Vniuersitas approbare ea quae gesta fuerant à Plebecula, renuit; fortiterque respondit sibi ista omnia displicere & displicuisse. Et reuera quia furente populo non ausa fuerat palam & publicè conuenire, conuenit per Deputatos apud Carmelitas in cubiculo cuiusdam Doctoris M. Eustachij de Pauilly, vt de remedio consilium agitaret, sed nullum inuenit. M. Ioannes Gersonius Cancellarius & Curio S. Ioannis in Grauia qui forte dixerat facta Ciuium, nec licita esse, nec honesta, fugâ saluti consulere coactus est, ad fornices Basilicae Parisensis domumque suam Expilatoribus reliquit, teste Ioanne Iuuenale.

Interim in pluribus Regni partibus Angli quoque grassabantur: Poenituit tandem Magnates tot malorum à se & per se excitatorum. Ergo de pace agunt, & conficiunt certas conditiones, quas cum Duces Bituriae

& Burgundiæ Regi explanassent, habitum est Parisijs Magnum Regis concilium, cui interfuit Vniuersitas per Rectorem & Deputatos; probatæ conditiones pacis.

1413.

Interim solemnia habet Comitia Vniuersitas apud Bernardinos mense Aug. & in ijs omnia comprobat quæ in Regis Concilio facta fuerant. iussusque M. Ioannes Gersonius in solemni supplicatione concionari, & Concionis sacræ Thema fuit eiusmodi, *In pace in idipsum*; hac de re sic scribit Iuuenalis.

Le Samedy (Aoust) feut faite vne grande Assemblée à saint Bernard, de l'Vniuersité de Paris; là enuoyerent Monseigneur de Guyenne & les Seigneurs remercier l'Vniuersité de ce qui auoit esté fait, & de ce qu'ils s'y estoient grandement & notablement conduits en monstrant la grande affection qu'ils auoient eu au bien de la Paix: Et firent ceux de ladite Vniuersité vne bien notable Procession à S. Martin dès Champs, & y eut du Peuple beaucoup. Et fit vn notable Sermon M. Iean Iarson qui estoit vn bien notable Docteur en Theologie, lequel prit son Theme, In Pace in idipsum, *lequel il deduisit bien grandement & notablement, tellement que tous en furent tres-contens.*

Restabat solemnis venia Parisiensibus ob excitatam seditionem concedenda. Rogatur Vniuersitas Regem adire & factum excusare. Adit & per Oratorem M. Ioannem Gersonium Regem flectit ad misericordiam. Simul verò prædictus Orator inuehitur in damnandam Doctrinam M. Ioannis Parui; tum enim à factione Burgundica liberior Ciuitas respirare cœpit, & reuocata Edicta quæ fuerant aduersus Aurelianenses lata. Aliquanto post Vniuersitas solemniter congregata prædicto Oratori decreuit litteras commendatitias & dicta factaque ipsius comprobauit, quæ omnia sic se habent in MS. Bibliothecæ San-Victorinæ. *Oratio M. Ioannis Gersonis ad Regem.*

„ REX IN SEMPITERNVM VIVE, *Daniel.* 2. & 13. O Roy tres-noble
„ & excellent viuez tousiours sans finement. Ce beau salut vous pre-
„ sente Vostre tres-humble Fille l'Vniuersité de Paris, comme iadis les
„ Saiges Philosophes qui lors estoient de cette Vniuersité estant en Egy-
„ pte, *vbi primò cœperunt Philosophari*, dirent à Nabuchodonosor Roy de
„ Chaldée & de Babylon, quant furent venus en sa presence *Rex, &c.* Pa-
„ reillement SIRE, vostre bonne ville de Paris, vostre Cité, *de qua dicta*
„ *sunt gloriosa*, vostre Cité, dis-je glorieuse, Royale, deuote & religieu-
„ se par ma bouche vous fait ce beau salut, elle qui porte presentement en
„ sa deuise, LE DROIT CHEMIN, c'est le chemin Royal qui tend à la con-
„ seruation de vostre Seignorie Royalle & de vostre tres-Noble personne,
„ & vous dit, *Rex in sempiternum viue*. Mais incontinent se muet vne que-
„ stion comment Saiges & Bourgeois desirent à vn homme mortel & dient,
„ *Rex, &c*. Roy vis perdurablement & sans fin. Nous mourons tous. *Om-*
„ *nes morimur, hodie Rex, cras moritur*. Nous lisons de tous nos Predeces-
„ seurs, tant ayent vescus que le refrein est, *mortuus est, nota historiam de illo*
„ *qui conuersus est. Quis est homo qui viuet & non videbit mortem, quærit Psal-*
„ *mista. Hoc est Iudicium omni Carni*, c'est certain comme de la mort, ce
„ dit-on en prouerbe commun. Respondons que le Roy a triple vie, vie
„ naturelle, ou corporelle; vie espirituelle, vie Ciuile & vniuerselle. Cha-
„ cune de ces vies ha sa pardurableté. La vie naturelle laquelle donne l'a-
„ me au corps, sera pardurable quant le corps ressuscitera, cler & ynel,
„ subtil & immortel. La vie espirituelle laquelle est donnée à l'ame par la
„ grace du S. Esprit demeure pardurable se on ne peche point mortelle-
„ ment, ou quant après peché on se relieue par penitence. La vie Ciuile
„ & vniuerselle laquelle est donnée à vn Roy par loyal amour du bien pu-
„ blique & commun, *quia imperium nascitur ex fonte pietatis*, dure en ce
„ Royaulme par legitime succession de la lignée Royale sans certain ter-
„ me & comme pardurablement quant à ce monde *quousque cesset omnis*
„ *principatus*. Sy pouons souhaitier & prier à vous, Sire, qui auez cette

triple vie, *Rex, &c.* O Roy tres-Noble, &c. Et que dirons Nous, Sire, par ces paroles fors que vous honourez voſtre corps ſans le corrompre par villaine ordure, afin qu'il reſuſcite en gloire & en vie pardurable de Paradis quant à la premiere vie. Nous deſirons que vous gardiez l'Eſtat de grace, afin que voſtre ame viue touſiours icy ſans la mort de pechié mortel & en la parfin en la pardurable felicité. Quant à la ſeconde vie, Nous deſirons que vous ayez loyal amour au bien commun de voſtre Royaume, tellement que par legitime ſucceſſion de voſtre Royalle lignée vous viuez en elle, car la vie du Pere ſe continuë en la lignie, comme le Saige, *Mortuus eſt Pater & quaſi non eſt mortuus, reliquit enim filium ſibi ſimilem.* Exemple de Dauid, qui fit regner, ſoy viuant, ſon fils Salomon. Et pareillement nous liſons de Coſdroé & de pluſieurs autres Roys. Veez doncques, Sire, comment voſtre tres-humble Fille vous ſaluë raiſonablement, haultement & profitablement en diſant *Rex in ſempiternum viue.* O Roy tres-Noble, &c. Cette ſalutation par eſpecial quant à la tierce vie, de laquelle eſt plus à propos, fit jadis S. Remy de Rheims quant il baptiſa le Roy Clouis. Car dit l'hiſtoire que S. Remy remply du S. Eſprit, luy denonça que ſa Royalle Seignorie dureroit tant que vraye Foy & Iuſtice domineroit en ſon Royaulme. Et ſe aucun demande, Pourquoy la Fille du Roy? Pourquoy ſa bonne Ville de Paris? Pourquoy ſon Parlement? Pourquoy ſa Cheualerie & ſon Clergié, car ie porte la parole de tous en ce, & i'en array bien l'aueu, pourquoy diſ-je ils font preſentement plus ce ſalut que vne autre fois? La raiſon y eſt bonne, Sire, les Saiges Clers dient que Seruiture eſt vne mort Ciuile, voire mort plus à fuir que n'eſt mort corporelle, *Nemo bonus libertatem niſi cum vita amiſit.* Or qui eſt ainſi depuis aucun temps? donc eſt douleur & horreur à reciter, vous & voſtre Succeſſeur legitime, Monſeigneur de Guyenne & la Reyne, & outre encore voſtre Cheualerie, voſtre Clergié, voſtre bonne Bourgeoiſie eſquels giſt voſtre vie Ciuile, Royalle & vniuerſelle, eſtiez comme en ſeruage & en tres-dure & vile ſeruitute par l'outrageuſe entrepriſe d'aucunes gens de petit ou nul eſtat, qui vouloient donner & querir leur propre profit, ſelon de ce que voſtre Fille l'Vniuerſité & voſtre bonne Ville de Paris eſcriuent par tout comme bien informez. Et proteſte pour maintenant & autrefois que ie ne tiens à veniance quelconque ou à punition, mais ſeulement pour la verité & pour y mettre prouiſion ou temps futur, *Quia non euitatur malum, niſi cognitum.* Ainçois ie fais icy de par voſtre bonne Ville de Paris en eſpecial cette imprecation de bon cueur volontaire & entiere. Que par la miſericorde que Dieu voſtre ſouuerain Seigneur vous a faire, & par icelle grace que vous attendez de luy; par la conſideration auſſi du Iugement de Dieu, quant il parloit à Abraham ſur la deſtruction des cinq Citez pechereſſes pour le peché qui ne fait à nommer, où il diſoit que ſi dix Iuſtes eſtoient trouuez en la Cité il eſpargneroit à icelle, Sire, par cette miſericorde, par cette grace & par cette conſideration, que non pas dix, mais dix mille ſont en voſtre bonne Ville de Paris, Veüilliez pardonner & abolir tout meſfait paſſé ſans punition, entant que vous verrez que ils en auront repentance, & que ils ne vauront point perſeuerer en mal, *Quia beneficium non datur in inuitum.* Et pardonner à ſon ennemy qui le quiert de fait à deſtruire ce n'eſt point doulce pitié, mais ſote & crueuſe folie, *Quia nulla eſt clementia bello.* Cette proteſtation & ſupplication faite pour maintenant & aultrefois contre le murmur d'aucuns qui peuuent imputer ce que nous diſons à cruaulté & à veniance ou à punition & diſſipation du traité de Paix, que Dieu ne vüeille: Diſons pour la verité cognoiſtre que tels Gens de petit ou nul eſtat faiſoient Priſon priuée, prenoient, tuoient, murtriſſoient, noyoient par nuit ſans quelconque ordre & forme de procez & par corruption d'argent. Aucuns, comme on dit, vſoient d'inuocations d'ennemis & prenoient conſeil des Iuifs, & n'eſt riens que ils hayſſent tant que on parle de Paix ou de

1413.

"Traittié, & persecutoient tous ceulx qui en parloient ou y tendoient.
"Car aultrement ils ne pouoient estre, asseurez ce leur sembloit. *Quia*
"*semper præsumit serua perturbata conscientia, ait Sapiens.* Notez de celuy
"qui volt tuer son Seigneur. Et puisque le fait feut atteint, son Seigneur
"luy demanda en reprochant la grace parauant faite, pourquoy il le vou-
"loit occire : Ie vous diray, Sire, respondit ce Traistre, Certes ie cognois-
"soie que i'auoye tant meffait enuers vous que ie ne pouoye auoir espe-
"rance de pardon, si vous tendoye par tout destruire, afin que ie heusse
"aucune seureté. A ce propos dit Seneque, *qui multum debet, multum in-*
"*gratus est*, & selon le prouerbe commun, Ia homme n'aimera celuy qui
"l'a repité de la mort. Or estoient telles Gens qui tenoient, Sire, vous &
"toute vostre Royale lignée en telle vile & seruile oppression & trop
"plus que ie ne puis ou vueil reciter. Mais Dieu-mercy, mercy à Dieu &
"à sa glorieuse mort & à tous Saincts & Sainctes qui gardent ce Royaulme
"tres-Chrestien, tout leur effort, toute leur fole & crueuse entreprise
"est mise comme au neant qui en sçaura bien vser. Notez ce que ie dy,
"Qui en sçaura bien vser. Et tout cecy s'est fait plus par miracle que par
"voye humaine, disoit n'aguères vostre Preuost de Paris aux Deputez de
"vostre Fille l'Vniuersité. Nous estions, dit-il, vous & nous tous perdus,
"morts & destruits se le remede ny eut esté ainsi brief mis. Ou parlez de
"tels merueilleux & autres malefices sans nombre. En tant que cent mil
"hommes d'armes comme ie heus, n'y eussent pas tant fait pour remedier
"à ces besoingnes & à vostre Royale vie, sans bruit, sans effusion de sang
"& sans mechief comme ha fait Dieu. C'est le bon Maistre qui œuure sans
"demeure. *Nescit tardare.* Si deuons bien, Sire, Nous vos humbles sub-
"jets deliurez de si grands maulx, Nous qui vous regardons mis en vostre
"franchise & liberté Royalle, Nous qui véons confondus & confus les
"aduersaires mortels de vostre vie Ciuile & politique, Royalle & vniuer-
"selle. Nous deuons bien, Sire, vous saluër en conioissant & conjoir en
"saluant & dire, *Rex in sempiternum viue.* Ie diray plus & diray verité de
"ceulx qui ont ces choses faites, que c'est à leur grand prouffit & salut que
"ils en soient accusez s'ils en veulent bien vser, *quia non sinere peccatores*
"*ex sententia agere magna miseria est.* 1. Mach. Et Augustin. *Nihil infelicius*
"*felicitate peccantium. Nota de gladio qui remouetur à furioso.* Cecy est con-
"tre l'imagination de ceux qui dient : Pardonnez tout, mais non est c'est
"cruauté fole qui ne le feroit à la fin que nous disons ; & qui n'en parle-
"roit & attaindroit la pourriture de la playe mortelle tousiours se recre-
"ueroit & refreschiroit. Mais suruient encore vne autre Question. Car à
"plusieurs est vne merueille des iustes Iugemens de Dieu, comment il ha
"souffert telle oppression, telle violence, telle vile & tyrannique, non
"mie domination, mais subiection. Auisez que on eust plus doubté & plus
"obey à vn varlet paillart que à vous, Sire, ou à la Reyne ou à Monsieur
"le Delphin, ou à toute vostre bonne Cheualerie & Clergié & Bourgeoi-
"sie. En tant que de vos Prieres, ie ne diray mie vos Commandemens, ne
"de la Reyne, ne d'aultre. Pour vostre Oncle Monsieur de Bauiere, pour
"vostre Cousin M. de Bar, pour autres notables Cheualiers & Clers, pour
"honorables Dames & Damoiselles emprisonnées on n'en tenoit conte
"quelconque ; & vn prud'homme n'osoit aller par le chemin quant vn
"Paillart, meurtrier y alloit chiere leuée, leur entreprise estoit telle que
"ils contraignoient les bons estre auec eulx pour coulourer & soustenir
"leur malice, comme i'ay oüy dire de M. d'Auffemont, comme vn bien
"notable homme aultrefois en plein Conseil dist de son Seigneur, que si
"qu'il auoit fait ce auoit esté maugré luy & par contrainte. Escoutez que
"de tyrannique oppression bien les doit vn tel Seigneur corriger & per-
"sequter quant ils empeschoient la vie du Roy & ce salut, *Rex in sempit.*
"Sire, ie sçay bien que les Iugemens de Dieu sont incomprenables, neant-
"moins il me vient au deuant que la diuine Prouidence & Sapience, *qua*
"*attingit à fine vsque ad finem fortiter, & disponit omnia suauiter*, ha souffert

ce mechief damnable & indigne & incomparable pour aucunes causes iamais Dieu ne souffriroit mal aduenir, s'il n'en vouloit aucun bien esli-re, selon ce que dit S. Augustin. L'vne cause donques puet estre pour re-congnoistre la grace de Dieu & consequemment pour le louer, seruir & magnifier. Car se Dieu monstra onques sa Puissance, sa Sapience & sa benuolence en ce Royaulme, il l'a icy monstré : Car si soudainement il ha separé les bons subjets des mauuais separant *pretiosum à vili*, & a voulu que le Corps de vostre Fille l'Vniuersité, le Corps de vostre Parlement, le Corps de vostre Clergié de cette Diocese, le Corps de vostre bonne Ville de Paris & de vostre bon Peuple sontioints à vous & à vostre Royal-le Seignorie, comme en disant de fait plus que de parole. *Rex in sempi-ternum viue.* Et vous sçauez, Sire, que la deuise de vostre bonne Ville est, VIVE LE ROY, & moult s'accorde la deuise que ils ont darrainement prise, le Droit chemin. Et qui est, Sire, le Droit chemin ? c'est le che-min Royal qui ne va ny à dextre ny à senestre, qui est patent & publi-que, sans angles, sans aguettes, sans fraudes ou deceptions. Nous trou-uons que les bestes fraudulentes & astutes & dommageuses, comme le Renard & le Tesson & le Serpent ne peuuent aller le droit chemin. Mais vont tousiours en variant & declinant, puis çà, puis-là, & en tapinage ou en mucettes. Ce ne sont pas vos Loyaulx subjets pour lesquels ie par-le, car ils vont le droit chemin, le chemin Royal. Num. 21. *Gradiemar via Regia.* Les fils d'Israël promettoient que ils iroient le chemin Royal. C'est le chemin droit & publique, comme en disant nous irons tous de vray cueur fin, le Royal & le droit chemin. Si deuez bien, Sire, recon-gnoistre la grace de Dieu & le bien loüer, magnifier & regracier qui vous a fait telle operation merueilleuse qui vous a donné tels subjets les-quels ont exposé leur vie & tout le leur pour accomplir ce salut en vo-stre Royalle personne. *Rex in sempiternum viue.* Et icy ie prens l'autre cause, pourquoy Dieu a voulu souffrir ou permettre que cette horrible aduersité soit venuë ; c'est afin, Sire, que vous congnoissiez vos bons subjets, & la Foy & Loyaulté que ils ont eu à vostre vie garder, &c. Ce n'est pas petit fruit, mais grand-heur, selon le dit de Seneque & de Boëce, quant on peut congnoistre qui est amy en necessité & qui non, Sire, ie puis bien dire comme expert, que en vostre Fille l'Vniuersité sont cent & cent, plus encore iosnes Maistres qui estoient menaciez de tuer & d'estre destruits, non pas eulx seulement, mais leurs Peres & Meres & tout leur lignage. Et non pour quant ils ont tout abandonné & méprisé pour vous seruir loyallement. Et ont mis leur vie & de tous leurs Parens pour la vostre vie Ciuile & Royalle garder & pour vous saluër & dire, *Rex in sempiternum viue.* Pareillement ie tiens que ainsi a esté en vostre Ville de Paris & en l'estat de Bourgeoisie, maisie parle de ce que ie sçay mielx, si fais l'exclamation de Alethes en Virgile, aux Saincts & Sainctes, *Non tamen omnino Gallos delere paratis, cum tales animos Iuuenum, & tam certa tulistis pectora.* Venons à vne aultre cause, pourquoy Dieu para-uenture a voulu souffrir ce méchief. Et qui est-elle ? C'est afin, Sire, que nous congnoissions tous la differance qui est entre la domination Royalle & celle d'aucuns Populaires ; car la Royalle a communément & doit auoir doulceur & misericorde piteuse, *Reges Israël Clementes sunt.* Noble cuer si est piteux, mais cuer Ciuil & vilain ha domination tyran-nique & crueuse & qui se destruit par elle mesme & aultre aussi. Si com-mandoit bien Aristote à Alexandre, *Nec quos natura iacere præcipit, exal-ta.* On ne dit point selon le prouerbe commun, de vn Mâtin faire vn Lé-vrier, ne d'vn buisson, vn Espreuier : Si vous fais icy, Sire, vne Ammo-nition ou Supplication, & qui plus est ie m'enhardis de vous faire vne ob-stestation ou coniuration par icelle grace que Dieu nostre souuerain Roy & Iuge vous ha faite, par la tres-grande amour que vous aperceuez en vos bons subjets, Clers & Laïs & Nobles. Amez, Sire, & seruez Dieu de tout vostre cueur & vostre puissance, sans le courroucier par pechié

"mortel, & pareillement ie parle à la Reyne, noſtre Dame ſouueraine &
" à M. de Guyenne, qui ſont comme vn membre auec vous : Amez, auſſi
" gardez & fauoriſez tous les bons ſubjets maintenant nommez, Cheua-
" lerie, Clergié & Bourgeoiſie, ſans les greuer par charges intollerables
" de tailles ou d'aultres oppreſſions, afin que de tout leur cueur ils vous
" ſalüent tandis & dient, *Rex in ſempiternum viue.* Soient boutées hors en-
" tierement & haſtiuement toutes gens d'armes ; & quant aux Anglois, ſoit
" proueu par bon traittié ou aultrement, ſoit auſſi ordonné qu'aulcun vo-
" ſtre ſubjet de quelque eſtat il ſoit, ne faſſe alliance à vos ennemis ſans
" voſtre congié. Et vous Nos tres-redoubtez & tres-Nobles Seigneurs
" du Sang Royal, nous vous faiſons cette meſme ſupplication, cette re-
" queſte, cette obteſtation, car vous eſtes ceulx qui eſtes la Couronne du
" Roy & vous y deuez bien entendre & l'accorder comme il me ſemble,
" ſi vous voulez accomplir la renommée que vous auez faite voler dés
" pieçà que pour autre choſe ne voliez parler au Roy que pour ſon bien
" & ſon Royaume. Or y eſtes vous, faites que les faits ſoient pareils aux
" paroles, gardez vous de mouuoir guerres Ciuiles ou de les continuer &
" ayez la parole de Virgile en memoire, *Neu Patriæ validas in viſcera ver-*
" *tite vires.* Ne conuertiſſez point voſtre vaillance & forte proëſſe en la de-
" ſtruction de voſtre Pays, c'eſt à dire de ce Royaume. Car aultrement
" vous ſeriez contraires à la vie Ciuile du Roy & à ce beau ſalut, *Rex in ſem-*
" *piternum viue*, Roy voſtre vie ne ſoit finie. *Hic incipit principale.*

" Deſcendons maintenant plus en particulier de ce que nous auons à
" dire & y allons de plain meſtier comme on ſeule dire, allons le droit che-
" mins ſans fiction ne palliation. Et pour fonder mieulx & plus authenti-
" quement nos dis, prenons l'hiſtoire de l'Eſcriture ſainte du Prophete
" Daniel, auquel ſont les paroles propoſées pour théme eſcrites ou 2. &
" 3. chap. Conſiderons que dit la lettre. Elle dit que Nabuchodonoſor
" Roy de Babylon en Chaldée eſtoit en ſa couche ou en ſon lit, il com-
" mença à penſer fort ce qui appartenoit à ſon Royaume, & ce qui eſtoit
" aprés à auenir. Icy me vient au deuant ce que diſoit Caton que il n'a-
" uoit point moindre cure de la choſe publique quelle elle ſeroit aprés ſa
" mort que luy viuant, c'eſtoit bien loyal amour du bien commun. Contre
" ceulx auſquels ne chaut comment tout voiſe, mais que ils paſſent temps
" & que ils faſſent leur choſe bonne. Mais en eſpecial vous, Sire, deuez
" auoir telle cure ou ſolicitude pour le temps auenir, comment voſtre
" Royaulme ſera bien gouuerné à cauſe de voſtre poſterité ou lignie. Car
" en ce ſe fonde principalement la poſition qui dit que le Royaulme ſe
" gouuerne mieulx & ſe maintient par ſucceſſion que par election. Pour-
" ce que le Roy conſidere que le Royaulme eſt comme à ſoy propre en l'é-
" ducation de ſa lignie. En aprés me vient au deuant ce que dit Macrobe
" **in Saturno** que la choſe qui appartient mieulx à vn Prince eſt meditation
" ou conſideration, c'eſt à dire qu'il ſoit conſideratif & penſif au bien
" commun. Il applique à ce l'hiſtoire d'vn Iongleur Hiſtrio, qui figuroit
" vn Prince comme batailler & qui alloit çà & là, l'aultre Iongleur le
" reprint & dit qu'il failloit, & ſucceda en ſon Office, & lors ſe miſt com-
" me vn homme penſif, & feut loüé de tous qui là eſtoient. A ce s'accorde
" le dit du Saige *Rex qui ſedet in ſolio Iudicij, intuitu ſuo diſſipat omne malum.*
" Vn Roy qui ſied ou Siege de Iuſtice, diſſipe tout mal par ſon regart, c'eſt
" à dire par ſa conſideration, dit en vn autre lieu le Saige, *Princeps quæ di-*
" *gna ſunt Principe cogitabit, & ipſe ſuper Duces ſtabit*, vn Prince qui conſide-
" re & panſe ce qui appartient à vn Prince ſera ſur tous les Ducs. En ce
" appert comment ſont à reprendre ceulx qui du matin iuſques au ſoir, voi-
" re toute la nuit empeſchent vn Roy ou vn Prince qu'il ne peut penſer à
" choſe qu'il aiſt à faire pour le bien commun. Nous liſons de Scipion que
" au matin auant qu'il s'occupaſt en quelconque autre choſe, il alloit au
" Capitole à Rome, & là eſtoit ſeul deux heures ou plus pour mieulx aui-
" ſer ce qu'il auoit à faire. Au moins doit le Roy croire à ceulx qui veillent

& pensent pour luy & son Royaulme dit S. Ierosme en la glose sur cette histoire que Dieu veut reueler ses secrets à vn Payen pour la cure qu'il auoit du bien commun. Et par plus forte raison Dieu le reuele aux bons Princes Chrestiens qui ont fiance en luy non mye en aide des ennemis ou seulement en aide humain. *Quia cor Regis in manu Dei est, quocumque voluerit, inclinabit illud.* Et nous auons que les Saiges de Grece disoient pour cette cause que on deuoit adiouster foy au songe du Roy ou du Prince plus qu'à aultre. Pourquoy ? pource que la diuine Prouidence les gouuerne en especial. Et quoy que ce soit des dits des Payens, c'est certain, selon les Theologiens, que les Roys & Princes ont angels gardes especials oultre les aultres gens & qui sont de plus haulte Ierarchie en leur Office. Et pourquoy? pour maintenir la vie politique du Roy en estat & prosperité, comme nous desirons en disant, *Rex in sempiternum viue. Sequitur principale.*

Venons après à ce que dit l'histoire & la narration pour fonder tousjours ce que nous auons à dire. Ce Roy Nabuchodonosor, côme il estoit pansif, s'endormit & lors vit vn tel songe ou vision, car comme est escript en Iob, Dieu reuele souuent les Secrets en dormant. Auis estoit à Nabuchodonosor que deuant luy s'apparut vne statuë ou ymage grande à merueille & haulte. Et estoit son regart terrible & horrible : le chief estoit de fin or, la poitrine & les bras estoient d'argent, le ventre & les cuisses d'airain, les iambes estoient de fer & partie des pieds estoit de terre, partie de fer ; dit en surplus l'histoire, que vne pierre feu separée d'vne montagne sans mains, & fery cette statuë ou ymage, és pieds & feut ramenée comme en cendre ou en flammaiche. Puis s'esleua & suscita vn Royaulme qui estoit perdurable & sans fin. La signification literale est des 4. Royaulmes principaux, le 1. Royaulme feut des Assyriens ou de Chaldée en Orient, auquel regna Belus, & puis Ninus & Semiramis & après Nabuchodonosor. Le 2. Royaulme feut des Mediens ou de Perse, plus en Midy, où regna Cyrus & Assuerus. Le 3. Royaulme feut des Gregeois plus vers Septentrion où regna Alexandre le Grand. Le 4. Royaulme feut des Romains plus vers Occident où regna Iules Cesar & Octauien & aultres. La pierre qui feut separée de la montagne sans mains, signifie Nostre Sauueur Iesus-Christ, qui fut né de la Vierge sans operation d'homme, lequel regne & regnera sur tous aultres Royaulmes & auquel subjette toute aultre Seignorie est, *Cuius Regni non erit finis.* La signification mystique pourroit estre selon les Poëtes des 4. aages ou 4. saisons ou 4. siecles ; l'vn siecle premier feut d'or soubs Saturnus : le 2. d'argent soubs Iuppiter, le 3. d'airain tousiours en empirant & le 4. de fer & de terre. *1 Metam. & in Bucol. Eclog. 4. & in Boët.* La signification morale se fait par les Docteurs & Expositeurs en maintes manieres ; & en especial par **M. Richard de S. Victor** moult soubtillement. Mais prenons vne morale signification ou application qui est plus à nostre propos present & conformément à la sentence d'Aristote & de S. Pol & de Plutarche qui comparent vn royaulme à vn corps humain & à ses membres. Et disons que vous, Sire, & vostre Royaulme pouez estre figurez par cette statuë & ymage qui estoit grande & merueilleuse & terrible à regarder, pareillement est le Royaulme de France grand & merueilleux en dignité, en excellence & puissance & authorité. Vous qui estes Roy, estes le chief d'or, auec tous ceulx de vostre Sang Royal, car en vous est valeur & authorité, & dessous vous sont trois Estats, c'est à sçauoir de Cheualerie, de Clergie & de Bourgeoisie, qui sont signifiez par les trois aultres parties de cette statuë. Et en aultre similitude sont figurez par les trois fleurs-de-Lys d'or en vostre Escu d'azur & Celestial. *Estat de Cheualerye* est comparé à la poitrine & aux bras qui sont d'argent pour leur vigueur & strenuité. Selon ce que i'ay oy reciter que le bon Claiquin disoit, que quand il approchoit de ses ennemis, toute la poitrine luy élargissoit & se tournoit comme en cueur & courage. *L'Estat de Clergie* se

"figure par le ventre & par les cuisses qui sont d'airain, qui est metail bien
"sonant. Pareillement doit estre en Clergié clameur & son de verité.
"*Quasi tuba exalta vocem tuam.* Et semble que le ventre ne fasse point de
"labeur, mais il nourrit les aultres membres selon l'introduction que fit
"vn Orateur laquelle ie passe. *L'Estat de Bourgeoisie & des bons Marchans &*
"*Laboureurs* est figuré par les jambes qui sont de fer & par les piés qui sont
"partie de fer & partie de terre pour leur labeur & humilité en seruir &
"obeyr. Nous auons par ainsi 4. parties principales en ce Royaulme, *le*
"*Roy* qui est le chief d'or où est valeur & authorité. *Cheualerie* où est vi-
"gueur pour confondre aduersité. *Clergie*, ou est clameur de verité. *Bour-*
"*geoisie*, ou est labeur & humilité. Le Roy ha vertu dominatiue par Iusti-
"ce. Cheualerie ha vertu defensiue par force. Clergie ha vertu illumina-
"tiue par prudence. Bourgeoisie vertu substantiue ou portatiue par at-
"trempence. Et selon ces 4. vertus appropriées aux 4. vertus Cardinales
"se peuuent appliquer les 4. poincts de la reformation du Royaulme qui
"tant de fois ont esté proposez & sans fruit jusquesicy. Le 1. point est du
"bon Gouuernement du Roy & de sa personne & de son Hostel en com-
"prenant la Reyne & tout le Sang Royal, quant au Chief. Le 2. point est
"de la décence de son Royaulme contre ses aduersaires estranges & pri-
"uez, quant à la poitrine & au bras qui figurent Cheualerie. Le 3. poinct
"est de la Iustice que chacun aist ce qu'il doit auoir par bonne foy & par
"raison, & c'est appropriement quant au Clergié. Le 4. point est du
"Domaine du Roy, & c'est par aucune appropriation quant à la Bour-
"geoisie sans forcloire les autres Estats. Et par ces 4. poincts de Refor-
"mation & pour la conseruation de ces 4. parties qui constituent le
"Royaulme parfaitement prions-nous, quand nous disons, *Rex, &c.* Dit
"en après l'histoire que Nabuchodonosor oublia son songe & sa vision &
"fit appeller tous les Sages de Babylon, mais ils ne sçeurent dire ou re-
"ueler cette Vision : ainçois saluerent le Roy, en disant *Rex in sempiternum*
"*viue.* Roy viuez pardurablement. Car il n'est Saige qui vous puisse di-
"re cette vision fors seulement les Dieux qui n'ont point conuersation
"auec les hommes. Et depuis Daniel empetra par oraison la cognoissance
"de cette vision & de son exposition. Qui se vauroit icy arrester pour de-
"clairer que les Saiges de Babylon entendoient par ces Dieux & par telles
"paroles selon la position de Platon & de Apuleius, ce seroit matiere ap-
"partenant à Clers & à l'Escole. Sy m'en passeray & prendray icy vne ve-
"rité. C'est que homme quelconque ne puet paruenir à parfaite co-
"gnoissance comment vn Royaulme se doit gouuerner & auoir vie Ciuile
"& pardurable sinon par la reuelation de Dieu, laquelle reuelation il
"nous a faite en la sainte Escriture. Pourtant disoit le Saige en la person-
"ne de Sapience, *Per me Reges regnant & legum conditores iusta decernunt.* Ie
"porroye cecy declairer pour monstrer les erreurs & l'ignorance qui ont
"esté és Philosophes & Roys Payens qui se sont entremis de bailler loys
"& reigles pour gouuerner la chose publique comme Platon, Socrates &
"Tulle & autres. Car au moins ont tous failly en ce point que ils ne met-
"toient point la fin de leur gouuernement en Dieu, mais en vaine gloire
"ou renommée ou à autre fin temporelle & terrienne, comme le declare
"S. Augustin 5. *de Ciuit.* & ailleurs *in quadā Ep.* non pour quant doit chacun
"Roy & Prince soubsmettre tout à Dieu qui est le Roy des Roys, selon
"ce que signifie la pierre qui toucha cette statuë & la confroissa & ramena
"comme en cendre, pour monstrer que ce n'est riens de domination ter-
"rienne sans luy, nez que de cendre sy se doit toute riens humilier des-
"soubs luy comme cendre par reputation, comme faisoit Abraham qui di-
"soit, *loquar ad Dominum meum cum sim puluis & cinis*, si est moult bel ce
"salut & tel comme on doit faire à chacun Roy Chrestien, *Rex, &c.* Roy
"vostre vie ne soit finie. C'est à entendre que tellement il gouuerne soy
"& son Royaulme à l'honneur de Dieu & en l'obeyssance dessoubs luy
"que il puisse regner pardurablement, *alioquin quod altum est hominibus,*

abominatio est apud Deum. Et potentes potenter tormenta patientur. Nous auons veu que les plus vils & abominables ont esté Roys ou Empereurs, mais c'estoit à leur mort pardurable & damnation. *Sequitur propositio Principalis.*

Or est bien, nous auons mis & colloquez les fondemens de cette proposition comme en quarreure *sicut tetragonum sine vituperio*, selon les 4. principales parties de la statuë qui signifient vous, Sire, qui estes le Chief & les trois Estats dessous vous, Cheualerie, Clergié & Bourgeoisie; venons à edifier sur chacune de ces quadratures aucunes veritez & considerations. Et sur le premier ie dépescheray trois principaux poincts de mes instructions scellées. L'vn est de loüer justice & authorité ou Roy. L'autre de loüer verité en nostre foy; l'autre de loüer loyauté & bonne foy.

La 1. consideration est quant au premier costé de nostre fondement, qui dit que le Chief de nostre ymage mystique & figuratiue, est le Roy auquel est l'or de valeur & d'auctorité; si disons ainsi *Rex in sempiternum viue.* Vray est qu'auparauant, c'est bon, ce me semble, que ie preigne vn escu contre le Trait & les Sajettes de malebouche & de obloquution & peruerse interpretation. Cest Escu me presente le Roy Dauid, qui dit que Misericorde, Verité & Iustice sont suers & gardes de Pays, *Misericordia & veritas obuiauerunt sibi, Iustitia, &c.* Si fault qui veult parler de Paix que il ne blesse ou chasse hors aucune de ces trois Vertus, car paix s'en partiroit. Il conuient donques tellement parler de bonne Paix, que Misericorde y soit, que Verité y soit, que Iustice y soit. Et cecy nous est figuré au tiers Chapitre de Daniel. Par Daniel & ses trois compagnons, Ananias, Azarias & Misaël, selon le sens moral; Nabuchodonosor Roy figure franc vouloir en l'homme. Daniel signifie bon & saint desir, auquel paix est promise, selon le chant des Anges, *In terra Pax hominibus, &c.* les trois Compagnons de Daniel, signifient les trois vertus Theologiques, Foy, Esperance & Charité, ou signifient les trois Vertus dessus-dites, Misericorde, Verité & Iustice Or auient que Nabuchodonosor de son franc vouloir se tourne à la fois à orgueil & tyrannie, & veult que on adoure soy & son Idole. Mais les trois Compagnons Daniel le refusent. Et combien que Nabuchodonosor s'efforce de les ardoir en la Fournaise de conuoitise & de propre amour; afin que ils s'inclinent à faire sa volonté, non pas celle de Dieu & de sa Loy: Neantmoins Dieu & son Angel les en garde, & est au milieu de la flamme sans ardoir. Et appert quatre Vertus semblables au Fils de Dieu; c'est paix, *quia beati Pacifici, quoniam Filij Dei vocabuntur.* Si me semble que pour quelconque chose ie ne doy delaissier que ie ne garde en ce que i'ay à dire Verité, & par especial de la foy & des bonnes mœurs. Car fausseté contraire ne puet & ne doit venir en traittié de paix. Mais seroit comme le fer en la playe, qui iamais ne la souffriroit venir à guerison. Et combien que le Prouerbe ancien dit, que verité engendre haïne & discort, *veritas odium parit.* Non pour quand il vaudroit mieulx soustenir tel discort que laissier verité, comme disoit IESVS-CHRIST le Dieu de paix à ce propos, *Non veni pacem mittere in terram, sed gladium.* Pareillement, dy-je, que Misericorde doit estre gardée auant Iustice, & Iustice auant misericorde. Car l'vne sans l'autre est sote & dommageuse. Sy peut-on bien aussi reciter les Faussetez, les Cruautez, les Iniustices du temps passé, non mie pour les punir toutes, mais pour s'en garder au temps auenir & estre plus saiges & plus aduisez, pour mieulx recognoistre aussi le mal où nous auons esté & la grace que Dieu nous a faite. Et que nous hayons plus la guerre, & aimions paix, sans ce que nous nous laissions brûler & ardre au feu de male conuoitise; mais que nous aimions le bien commun, le bien de paix, & tendions principalement que la vie du Roy, Ciuile & Politique soit sans

1413.

" dénuëment, *Rex in sempiternum viue.* Ces choses premises comme pour
" ma Targe & mon Escu, ie veuil edifier sur la premiere partie de ce qui
" est premis pour fondement 4. considerations. Et pareillement sur chas-
" cune des aultres parties, mais ce sera plus briefuement. Nous auons dit
" que le chief de nostre ymage est le Roy, auquel est l'or de valeur &
" d'authorité & de vertus dominatiue. Si disons ainsi.

" La 1. Consideration, l'authorité Royale ne doit point soûtenir ou fauo-
" riser partialitez en son Royaulme : Mais doit demeurer segnourisant sur
" tous en Iustice & equité ; cette consideration veult dire que l'authori-
" té Royalle doit tenir le droit chemin, le chemin Royal à l'exemple du
" Soleil, auquel est comparée l'authorité Royale. *Thronus eius sicut Sol:*
" les Saiges Astrologiens dient que le Soleil va tousiours la droite ligne
" qui se dit Eclyptique sans tourner au Zodiaque çà ou là, à dextre ou
" à senestre. Sur quoy feut dit à la loüange d'vn Prince Romain Fa-
" bricius qu'il ne declinoit plus hors du droit chemin de Iustice, nez
" que le Soleil de sa ligne Eclyptique. Aultre exemple auons de ce en la
" balance.

" Mais cette consideration nous dit pieça Platon que recite Tulle *3. de
" Officijs. Qui curant vnam partem ciuitatis, aliâ dimissâ, rem perniciosum indu-
" cunt seditionem.* Se vn Roy ou vn Prince en sa domination se tourne d'v-
" ne part & laisse l'autre, il nourrit chose tres-pernicieuse ; c'est assauoir
" sedition. Exemple du Chief, s'il suscitoit vn bras du corps à la destru-
" ction de l'autre qui seroit aussi bon & aussi sain & profitable, ce seroit
" crueuse chose & sa destruction. Pareillement des aultres membres reci-
" te Aristote au 7. liure de ses Polit. Plusieurs manieres de mutations de
" Royaulme. L'vne est quant le Roy ne va le droit chemin de Iustice
" en fauorisant aux aucuns sans les punir, comme dit le Saige, *Regnum
" de gente in gentem transfertur propter iniustitiam.* Et met Aristote l'exem-
" ple du Roy Philippe, pere du Roy Alexandre, qui pour cette cause feut
" occis en plain disner d'vn Noble juuençal qui se nommoit Pausanias,
" pource que le Roy n'auoit voulu faire Iustice d'vn aultre Seruiteur qui
" l'auoit deshonoré. Nota, *Iustin. l. 9.* A ce seroit l'exemple de Absalon
" & de Dauid. Exemple aussi du Roy Acab, auquel feut dit, *quia dimisisti
" virum dignum morte, erit anima tua pro anima illius.* Sire, cette Doctrine
" vous feust dite aultrefois passez deux ans auant que cette douloureuse
" guerre feut mise sus. On parloit pour vostre Clergié de France & pour
" vostre l'Vniuersité, & feut la proposition solemnellement accordée,
" puis adoüée. On dit lors par 4. fois que pour Dieu, Sire, vous vous
" donnissiez bien garde de croire quelconque Conseil, qui voudroit vo-
" stre Royalle personne faire partie où elle doit estre Iuge & Seigneur.
" Car il n'y auoit plus perilleux moyen à subuertir V. Majesté Royale &
" vostre Royaulme ; que Dieu ne vueille, que par vous rendre partial.
" **Et nous auons trop sentu la verité de cette parole.** Cent mille person-
" nes en sont mortes, & vostre Royaume appauury & domaigié des plus de
" trois millions & encores autant ce tiens-je, & encore fust pis, se Dieu
" n'en eust heu misericorde. Si concluons pour cette consideration en
" disant **Vive le Roy, soit sans perd party, vn Roy se perd qvi se
" partit** ; c'est à dire, qui se fait partie où il doit estre Seigneur & Iuge.

" Venons à la 2. Consideration, & disons. L'authorité Royale ne
" doit point constituer plusieurs Cours souueraines de sa Iustice, en la-
" quelle est la valeur de sa vertu dominatiue. Cette Consideration
" appert par similitude du corps auquel ne doit auoir que vn Chief prin-
" cipal. Raison aussi auecques experience monstrent que aultrement fai-
" re seroit & a esté n'aguaires cause de diuision & de toute iniustice &
" subuersion & oppression des bons. Car incontinent que on vouloit gre-
" uer vne personne pour auoir le sien, ou pour haine, on le lançoit en pri-
" son & y estoit souuent deux mois ; ançois que on parlast à luy ; puis on

Vniuerfitatis Parifienfis. 245

luy faifoit iurer qu'il ne reueleroit riens de ce que on faifoit, & telles abhominations & abus fans nombre. Et reuenoit en voftre Royaulme, tel temps comme feuft à Rome, du temps de Sylla contre Marius. Sire, c'eft la plus principale garde de voftre Royaulme, ce que vous n'auez qu'vne Cour de Iuftice fouueraine, c'eft voftre Parlement, auquel vous meifmes refpondez & tous aultres fubjets le doiuent mieulx faire, par default d'vne telle Cour vont à perdition aultres Pays, comme Alemannie & Ytalie, ou le plus fort vaint & viue qui vainche. De cecy naift cette crueufe & mortelle playe en Ytalie de Guelphes & de Guibelins. Cette playe voult ofter l'Apoftre quand il reprenoit ceux qui au commencement de l'Eglife difoient, *Ego fum Cephæ, Ego fum Apollo*, &c.

S'enfuit la 3. Confideration. Authorité Royale doit eftre plus forte en armes & en Confeil que aucun de fes fubjets: Si doit pour cette chofe bien garder, tenir gens tant en armes comme en Confeil, comme auffi és Offices Royaulx qui foient mefmement au Roy fans fauorifer à partialité quelconque enuers aultres à caufe de panfion, ou de feruice ou ou d'office, ou de lignage. Pleuft à Dieu que cecy feuft bien gardé & ordonné. Soient fais Officiers comme fupplient & requierent *voftre fille l'Vniuerfité de Paris & voftre bonne Ville*; foient fais de ceulx qui ne fe ingerent point qui ne quierent point leur proufit fingulier pour eulx enrichir ou les leurs, qui ne foient à vn ou à aultre Seigneur plus que à vous Sire, qui foient fais par bonne élection fans faueur & plus au bien de vous & de voftre Royaulme que au bien des perfonnes. Et pour ce faire, il ne conuient mie que aucun allegue droit en quelconque voftre office pour le temps paffé ou prefent. Et que on aduife Gens qui ne foient mie contrains par poureté de pillier & de fucier plus fort le fang du poure Peuple, comme il eft en la Parabole de l'homme playé qui fe dolut quant on ofta des mouches eftant fur la playe; car, dit-il, les aultres viendront qui feront plus affamées, fi me feront plus de douleur. Nous auons veu que la racine principale de noftre méchief a efté le default de cette confideration quant au Confeil du Roy. Car l'vne partie difoit que le Roy n'auoit prefque, que Confeillers & gens partials. Ie m'en rapporte à ce qu'il en eftoit; mais ainfi difoit-on. Notez de Pompeye & de Iulye Cefar, dient auffi aucuns, que tres-petit nombre de Gens prenoient conclufions fi haultes & fi pefantes que parauenture tout le Confeil du Royaulme & des trois Eftats affemblé ne les euffent ofé prendre fi haftiuement & rigoureufement. Vrayement, Sire, voftre Pere feu Charles-le-Quint ne conquift point l'authorité qu'il ot par ainfi faire. Car il acquift plus par amour & par benefices que par tels rigueurs; c'eft à dire, que par faire ennemis fciemment ceulx que on pouoit auoir amis & qui le veulent & le requierent. *Recite Valere* au propos de noftre Confideration *lib. 2. de Inft. ant.* que les Confeillers du Senat, tantoft qu'ils entroient au Confeil, *dimiffis priuatis affectibus, publicos induebant*. Ils laiffoient leurs propres affections & voulentez & prenoient les communes; c'eft à dire, pour le bien commun fans partialité. Mais icy eft vne merueilleufe befongne, car à peine puet-on trouuer vn Prelat ou Confeiller, ou Officier, ou Clerc, foit de l'Vniuerfité ou d'ailleurs, ou vn Bourgeois que d'vne partie ou d'autre ne fe repute partial. Et dont vient cecy? cecy vient; car chafcune des parties arguë qui n'eft pour moy, il eft contre moy. *Qui non eft mecum, contra me eft. Item virtus culpatur ab extremis.* Et par ainfi quiconque fe tient auecques le Roy & va le droit chemin Royal, fans fauorifer l'vne partie ou l'autre, l'vne des parties ou toutes les deux parauenture le iugent partial: Et eft vn tel qui tient le droit chemin, fouuent le premier feru ou affailly, ou chiet, comme on dit de deux felles à terre, ou fe noye entre deux eaues. En ce cas dit Virgile de Galefus, *Dum me*

Hh iij

"*dum pater, &c.* Macrobe recite de Tulle, qui auoit le bien publique pour le temps de la bataille Ciuile, entre Iules Cesar & Pompée, & sembloit à Tulle que en l'vne partie & en l'aultre auoit moult grant default. Comme aussi Caton le iugeoit & n'estoit d'vne partie, ne d'aultre, selon que recite Lucain; Et Seneque dit en Sentence que Iules & Pompeye desiroient la chose publique, & Caton demeuroit au milieu, qui la vouloit garder. Les Aduersaires de Tulle iugeoient qu'il estoit de tous les deux Partis, de quoy aduint que Tulle dit vne fois à vn Citoyen qui estoit deuenu neutre à la requeste de Octauien Empereur & descendoit de la Scene : Ie te feroye dit Tulle, place à seoir si ie n'estois tant empressé. Laberius ce Citoyen apperceut bien qu'il se moquoit de luy, lors luy va responde aussi aigrement; C'est merueilles dit-il, si tu siez estroitement quant tu seuls seoir sur deux selles, en notant qu'il estoit variable & d'vn parti & d'aultre : Pareillement dit-on, de plusieurs au fait present. Non pourquant si on demande à aucun esquels yez tu & qui es-tu: C'est bonne Response, ie suis vray François, ie suis au Roy & non à d'aultre; c'est la voye Royalle, c'est le droit chemin. Etia Dieu ne vueille que ie decline aultrement. Car aussi n'ay-je riens que du Pape & dessoubs le Roy, & ne vueil proufit quelconque, pourquoy en doy parler plus franchement & purement.

Adioustons la 4. Consideration, & disons que Authorité Royale est & doit estre telle & si souueraine que nul ne puet raisonnablement mouuoir guerre ou faire port d'armes inuasiues, encontre vn, ou plusieurs de ses subjects sans le congié du Roy exprés ou entendu. Ie appelle le congié du Roy entendu ou interpretatif, quand selon les loix Royales, justes & raisonnables aucune chose se fait au Royaulme. Car le Roy parle en ses loix. Cette consideration est selon droit diuin & naturel, Ciuil & Canonique. *Quia nemo sibi dicit ius.* Nul ne doit estre Iuge en sa Cause; pour ce porte le Roy l'espée, comme dit l'Apostre, pour faire droit à vn chascun. Non mie que vn chacun vueille estre son propre Iuge; Exemple familier des Enfans qui sont à l'Escole; si l'vn fiert l'autre, l'autre ne doit point referir, mais doit faire sa plainte au Maistre ou aultrement il fait de son droit, tort, & est batus. Et notez icy que quant on parle du congié du Roy, ce congié s'entend qu'il soit regle selon raison; car si par male information ou aultrement aucuns induisent le Roy à donner congié de faire iniuste guerre, tels ne sont point à excuser, mais à blasmer doublement. Pourquoy? pour ce que auec leur iniquité ils se diuisent & enuelopent l'authorité Royale. Si est ce icy sainte equité qui est selon cecy, dit sainct Augustin, double iniquité. *Quia & iniquitas est & simulatio.* C'est iniquité & simulation, s'aucun induisoit le Roy à donner congié de occire vn homme qui n'auroit point deserui à mourir, cuidez-vous que tel en feust excusé? Certes non. Car la Loy de Dieu est pardessus qui deffend telle occision iniuste quant il dit, *Non occides.* Iterum, *qui gladium acceperint, gladio peribunt,* glossa, *authoritate propria,* de propre authorité. O Cieli, ô terre, ô glorieux Dieu de Paradis! comment a esté verité offusquée, confondue & celée depuis 6. ans en çà. On a publié principe à toute bonne police contraire & destruisant toute authorité Royale pourquoy est venuë turbation & excequation en la chose publique & peril de damnation. Appliquons l'histoire de Antheon qui fut deuorez de ses chiens. Pareillement le Peuple vouloit deuourer le Sang Royal & de Noblesse pour faulse apparence & information. Et, car chascun constitué au lieu de dire verité, la puet & doit dire quant temps en est & necessité. Pour ce aussi que mes Instructions contiennent par exprés que la doctrine de nostre foy & de bonnes mœurs soit tenuë entiere. Car faulseté ne se met point en traittié, elle troubleroit tout & empescheroit Ie reciteray en reprouuant, & reprouueray en recitant aulcune fausse doctrine qui a esté semence de rebellion & de sedition contre l'estat de Chevalerie & consequemment l'Estat de Clergie s'en fust sentu au vif & Bourgeoisie mesmement en fust destruite. Et proteste comme parauant que ie ne tens à punition de personne quelconque morte ou viue. Et que ie ne vueil point me faire fort ou obligier de monstrer que telle doctrine ait esté publiée par tels ou tels, mais seulement ie vueil publier nuëment la verité & la faulseté reprouuer.

Contre la Doctrine de Maistre Iean Petit.

1. ASSERTION. Chascun tyrant doit & puet estre loüablement & par merite occis de quelconque son vassal ou subjet & par quelconque maniere mesmement par aguettes & par flateries ou adulations. Nonobstant quelconque iurement ou consideration faites enuers luy, sans attendre la Sentence ou Mandement de Iuge quelconque. Cette assertion ainsi mise generalement pour maxime & selon l'acception de ce mot Tyrant est erreur en nostre Foy & en doctrine de bonnes mœurs, & est contre ce Commandement de Dieu, *Non occides, &c.* de ta propre authorité. & Matth. 26. *Omnes qui gladium acceperint*, Glossa (*propria authoritate*) *gladio peribunt.* Item cette assertion tourne à la subuersion de toute Chose publique & d'vn chascun Roy ou Prince. Item donne voye & licence à plusieurs aultres maulx, comme à fraudes & violences de Foy & de serment, & à trahisons, & mensonges & deceptions; Et generalement à toute inobedience de subjets à son Seigneur & à toute desloyauté & defiance des vns aux aultres, & consequamment à pardurable damnation. Item celuy qui afferme obstinément telle erreur & les aultres qui s'en ensuiuent, est herite, & comme herite doit estre puni mesmement aprés sa mort. *Decret. l. 23. qu. 5.*

AVTRE ASSERTION. S. Michel sans mandement ou commandement quelconque de Dieu, ne d'aultre, mais tant seulement meu d'amour naturelle occit Lucifer de mort pardurable; Et pour ce il or des richesses espirituelles autant comme il en peut receuoir. Cette Assertion contient plusieurs erreurs en la Foy. Car S. Michiel ne occit pas Lucifer de mort pardurable, mais Lucifer occit soy-mesme par pechié, & Dieu l'occit par la mort de la peine pardurable. Item S. Michel ot mandement de Dieu à debouter Lucifer hors de Paradis. *Quia omnis potestas est à Deo, & hoc sciebat Michaël quia erat constitutus Princeps à Deo quem honorem non sibi assumpsit. Nota quomodo Michaël non est ausus inferre Iudicium blasphemiæ, sed dixit: imperet tibi Dominus, &c. In Epistola Iudæ.* Item Dieu luy eust peu baillier plus de richesses espirituelles, & il en eust peu plus receuoir. Et ainsi il ne deseruit mie telles Richesses par amour naturelle.

L'AVTRE ASSERTION. Phinées occit Zambri sans quelconque mandement de Dieu ou de Moyse; Et Zambri ne fut point Idolatre. Cette assertion est contre le texte de la Bible où est cette histoire selon l'entendement des Gloses & des saincts Docteurs & de raison. Notez num. 25. *Dixit Moyses ad Iudices Israël. Occidat vnusquisque proximos suos qui initiati sunt Beelphegor. Et ecce vnus, &c.* Glosa. *Ioseph dixit quod Zambri Princeps in tribu Symeon duxerat filiam cuiusdam Principis Madianitarum nomine Chorby, & vxore iubente in quadam solemnitate non immolauit Domino cum alijs XI. Ducibus: quamobrem cum Moyses Ecclesiam congregasset, & eum culparet coram omnibus confessus est alienigenam duxisse & Idola coluisse, & legibus Moysi non esse obnoxium, & descendens coram omni turba quæ stabat ante fores tabernaculi, intrauit tabernaculum vxoris: & sequens cum Phinées inuenit eos coeuntes, & confodit eos, &c.* Num. 25. *Suspende eos. glossa de Lyra. Dicunt Expositores nostri, quod punitio primò facta est de Principibus per suspensionem, quia erant aliqui culpabiles in transgressione Idolatrando, & alij subditos reprimere negligendo. Et glossa. Ra. 7. vt pœna sit publica sicut & peccatum ad terrorem aliorum.*

L'AVTRE ASSERTION. Moyse sans authorité quelconque ou mandement occit l'Egyptien. Cette assertion est contre le Texte de la Bible, Act. 7. Selon l'entendement des Gloses & des saints Docteurs & de raison. Text. *Existimabat autem intelligere fratres quoniam Deus per manum ipsius daret salutem Israel.* Sequitur. *Quis constituit te Iudicem?* Glossa. *Solus Deus; quia non est potestas nisi à Deo.* Ad Rom. 13. & Ecclesiast. 10. *In manu Dei potestas hominis.* Item Glossa, & Lyra *ponit expressius quoniam Deus per manum ipsius daret salutem illis: iam enim Dominus inspirauerat Moysi quod liberaturus erat populum per ipsum de seruitute Ægypti. Et sic iam constitutus erat à Deo tutor & defensor populi propter quod non peccauit*, vindictam illam faciendo.

" AVTRE ASSERTION. Iudith ne pecha point en flatant Holofernes,
" Nehieu en mentant que il vouloit honnourer Baal. Cette assertion est
" fauorisante à l'Erreur de ceulx qui ont dit que en aucun cas on puet loi-
" siblement mentir, contre lequel erreur escript S. Augustin à S. Hiero-
" me, *Si*, inquit, *admissa fuerint, vel officiosa mendacia, tota scripturæ diuinæ*
" *vacillabit authoritas*.

" L'AVTRE ASSERTION. Ioab occit Abner, depuis la mort Absalon, &c.
" Cette assertion est contre le Texte exprés de la sainte Escriture, 2. Reg.
" cap. 3. là on recite que long temps auant la mort Absalon, Ioab occit
" Abner.

" L'AVTRE ASSERTION. Toutes fois que aucun fait aucune chose qui
" est meilleur, jaçoit ce qu'il aist iuré le non faire, ce n'est mie pariure-
" ment, mais est à pariurement contraire. Cette Assertion, ainsi genera-
" lement mise est faulse & ne profite riens à ceux qui iurent sciemment
" faulses alliances, car c'est fraude & deception & pariurement celer, &
" dire que cecy faire soit chose licite, est erreur en la Foy. Plusieurs aultres
" assertions pourroient estre recitées & reprouuées, lesquelles ont esté
" semées à l'occasion de cette maudite guerre Ciuile; mais la briefté du
" temps ne souffit mie, non pour quant, Sire, vostre authorité Royalle
" doit tres-diligemment entendre que toute mauuaise Doctrine & Heresie
" soit chassée hors de vostre Royaulme: Car n'est pire poison. Vous auiez
" le principal serement à cette chose, les Loys & les Decrets en trop de
" lieux vous obligent à ce. Hé Dieu & ce sont nos Prelats de sainte Egli-
" se, ou sont les Inquisiteurs qui sont tenus à extirper toutes erreurs du
" peuple iusques à la mort sans auoir paour ou faueur & sur peine d'encou-
" rir pardurable damnation. Et ne peuuent icy alleguer paour qui vien-
" gne en homme constant. Car leur Office à ce les oblige par le dit de
" Iesus-Christ. *Bonus Pastor dat animam suam pro ouibus suis.* Ce qui n'est
" fait si se face, car mieulx vault tart que iamais. Mais venons au tiers point
" de mes instructions en confermant ce que dit est, & parlons de loyal
" amour & bonne foy en laquelle git la vie publique du Roy & son autho-
" rité. Et est merueille comme cette loyauté ne se maintient sans aultre
" asseurance ou conuenance ou obligation de serement & iurement. Car
" se obligation naturelle fault à tenir loyaulté. C'est fort que l'obligation
" de iurement & de prouesse y souffise. Ainsi le respondoit feu M. de Bour-
" bon, comme i'ay entendu qui oncques ne vault faire confederation ou
" alliance par iurement auec quelconque de son lignaige, disant que bien
" luy souffisoit l'obligation naturelle. Et c'estoit saigement fait: car dit
" Cassian. *in Collat. Patrum* que à peine vient bien des amitiés qui se quie-
" rent affermer par iuremens. Et nous l'auons veu en Angleterre de nostre
" temps & en Italie & en France & ailleurs. Car leurs confederations sou-
" uent n'ont esté que deceptions. Nota *in historia S. Iacobi, de illo qui non*
" *iurauerat & solus seruauit fidem. Iuramentum à malo est scilicet à fragilitate*
" *credendi.* Non pour quant ie me vueil bien peu arrester à monstrer l'o-
" bligation de iurement quelle elle est, selon la sainte Escriture & selon
" tous drois naturels & Ciuils. Car aussi l'Vniuersité ma Mere donna dar-
" reinement en ses instructions que ce point feust principalement declaré
& éleué.

Vniuersitatis Parisiensis. 249

& éleué. Et l'ay aussi en mandement. Si disons 1. que l'obligation de iurement est la plus forte qui puist estre entant que dit l'Apostre, *Hebr. 7.* que iurement est la fin de toute controuersie & de tout debat. C'est à dire que on ne puet plus demander; dit oultre S. Thomas & plusieurs autres Docteurs que violation de iurement, c'est à dire pariurement est plus grant pechié *in genere suo*, que n'est homicide; ie laisse la declaration. Tel pariurement, quant il est solemnel griefue plus la police & scandalise & est comme blaspheme contre la verité de Dieu, car aultant vault qui se pariure, comme qui diroit à Dieu tu és vn faulx tesmoing; tu mens. Pariurement aussi est tant mal de soi que il ne se puet bien faire pour quelconque dispensation ou pour quelconque bien qui s'en doye ensuir. Qui deuroit sauuer vne cité, voir vn Royaulme, voir tout vn monde pour soy pariurer, il ne le deuroit mie faire. *Non sunt facienda mala vt cueniant bona.* Ie ne d'y mie toutefois que on ne puisse bien dispenser en aucuns iuremens, mais lors ce ne sera mie pariurement. En apres qui se pariure publiquement, il est infame & ne doit point apres estre receu en tesmoignage si non parauanture en aucun cas. *Item*, c'est l'vne des plus grandes folies & mauuaistié qui soit à vn homme, & par especial à vn Noble que il iure tant que on ne le croye, foy de Gentilhomme se doit garder iusques à souffrir mort. Et encore le gardent les preux & vaillans Nobles. On seult dire que parole de Roy doit estre estable. Nous veons que Marchands qui sont en aultres choses grands pecheurs souuent, gardent neantmoins leur Foy que ils appellent Foy de Marchandise. Iurement est tel que il se doit garder mesmement aux Payens & Mescreans & à son ennemy, *fides etiam hosti seruanda est.* Nous lisons que la destruction & transmigration de Ierusalem où tant de mil miliers perirent vint principalement pour ce que Sedechias brisa sa Foy & son serement & sa loyauté à Nabuchodonosor qui estoit Roy Payen. *10. Reg. vlt. & 2. Paralip. vlt.* Et notez icy que Sedechias ne feut point excusé de son pariurement pour le conseil que son Clergié lui donna disant qu'il n'estoit point teneu à garder son serment enuers vn tel Roy mescreant, il erroit volontiers. *Si cæcus cæcum ducit, &c.* Autre cause fut pour ce qu'il ne vouloit ouïr Ieremie. *Non reueritus est, &c.* Certes qui publie que en aucun cas on puet mentir ou pariurer sa foy, il destruit toute Police humaine, toute conuersation & toute paix & alliance & demeure le corps de la chose publique, comme sans nerfs & sans connexion, & qui est pis toute escripture tant soit vraye, par cette assertion se destruiroit, selon le dit de S. Augustin allegué parauant. Et raison le conuaint, car on diroit que Escripture dit que Paradis est, non mie que ce soit verité, mais c'est mensonge pour induire les gens de bien faire, &c. Si disons en oultre que vn Traittie fait & confirmé par serment se doit tenir, supposé que l'vne partie le brise, voire par especial quant on puet auoir recours à Iuge souuerain. Et quand le Traitte & le Iurement sont fais en la faueur de la chose publique. Et icy fault cette reigle, *frangenti fidem fides frangatur eidem.* Notez la Fable des Pasteurs & des Loups, comment ils firent accort & comment les Loups le rompirent. Adioutons à ce que quiconque iure ou promet à garder aucun Traittié, & il a voulenté contraire & faute de le non garder, soit pour la defiance qu'il a de son aduersaire, soit pour paour de lui, soit pour le deceuoir, tel est faulx & desloyal & pariure, quelconque chose il face en apres. Pareillement qui iure sciemment chose que il sçet ou doit sçauoir estre illicite. Adioustons oultre que vn tel qui saintement iure & vrayement pariure, se rent tel que à peine peut. on iamais auoir fiance en parole ou en iurement qu'il face, *fallere qui didicit, fallere semper amat.* Et iterum. *Fallere vult hodie si qua fefellit heri.* Exemple des Iuremens des femmes foles & des fols amoureux, lesquels plus iurent, moins on les doit croire, ce dit Ouide; Exemple d'aucuns Lombars. *Nota*, mont oigne & c'est ce que on dit, au Prouerbe commun d'vn tel, il n'a foy à mentir

Tom, V, Ii

" pourquoy fut Cain vague & fuitif, sans se fier en quelconque personne.
1413. " Ce fut pour la consideration naturelle & fraternelle qu'il viola. Si en
" fut ainsi puni. Nous auouons que les Romains destruisirent toute Car-
" thaige, pource qu'elle ne tenoit ni foi ni loyauté. Amenons ici par ma-
" niere de recreation la Fable du Lion & du Cerf, qui est és Croniques
" de France. Le Lion qui est beste singuliere & inciuile, estoit malade.
" Damp Renart estoit son Medecin, si lui conseilla qu'il mangeast du cuer
" d'vn cerf, il en pensoit bien auoir sa part, comme gens de Court conseil-
" lent faire tailler pour y particiiper. Et Aristote dit que le Renart & le
" Loup & telles bestes, ensuiuent le Lion pour auoir part en sa proye. Le
" Lion manda le Cerf sur sa foy en confiance, il y vint & s'approcha prés,
" & le Lion lieue sa griffe pour estrangler le Cerf. Le Cerf gauchist,
" mais il demeura tout escorné. Le Lion le manda la seconde fois, il y vint
" comme fol par l'induction du Renart & par ses sermens qu'il faisoit. Le
" Lion ne faillit pas & l'estrangla en desaisant ce Cerf, le Renart auisa son
" cop & happa le cuer en tapinage & le mangea, quand le Lion demanda
" le cuer, le supçon finablement cheut sur le Renart, lors en souriant, il
" dit, ô Sire Lion cuidez vous que ce Cerf eust cuer, il ne fust point re-
" tourné la seconde fois à vous s'il eust eu cuer, faites l'application & iugiez
" que le Cerf deuoit faire ; il pouuoit bien garder sa foi au Lion, mais que
" se gardast de l'aprocher & que le Lion ne l'approchast. Adioustons pour
" cette matiere que s'aucun brise son iurement publique & solemnel, l'en
" doit faire publique penitence tant soit confesse à part. Et c'est pour
" oster l'escandre des autres. Ce dit est contre l'Erreur d'aucuns qui dient
" que confession souffit pour dire aprés que on n'a rien fait, que on a com-
" mis ou que on n'a point mal fait. Et qui plus est celui ou ceulx qui vio-
" lent les Traittriez de Paix confirmez par sermens, ils sont causes & cou-
" pables de tous les maulx qui s'en ensuiuent en guerres, en pilleries, en
" destructions de Peuples & de Païs. C'est vne dure Sentence contre ceux
" qui ont fait ou font iniuste guerre par faulx engin ou par mauuais titre.
" A la parfin ie treuue par la recitation de Tulle, *in de Offic.* que entre les
" Romains n'y auoit chose tant bien & diligemment gardée comme estoit
" iurement, mesmement quant il estoit fait aux ennemis. Et fait Tulle, à
" ce propos vne Question : pourquoi on loüe tant Regulus qui retourna à
" Carthaige de sa voulenté & fut là cruelusement occis. Aucuns, dit il,
" veulent que sa loüange est pour ce qu'il garda son iurement iusques à la
" mort. Mais Tulle a autre opinion & dit que pour ce temps se Regulus
" eust voulu faire le contraire, c'est assauoir qu'il n'eust voulu garder son
" iurement, les Romains l'eussent contraint. Et de ce il recite plusieurs
" exemples, l'vn est entre les autres que en la bataille de Cannes vn Che-
" ualier Romain iura à Annibal qu'il retourneroit. Annibal le creut sur sa
" foy. 100. Cheualiers faignirent qu'il eust aucune chose oublié és tentes
" de Annibal, retourna puis qu'il estoit parti, puis cuida estre quitte de
" son iurement, qui part art iure, par art se pariure ; les Romains sçeu-
" rent cette fraude, ils le renuoyerent lié & emprisonné à Annibal.
" Pourquoy conclud Tulle que la loüange de Regulus ne fut point pour
" ce temps de ce qu'il auoit seulement gardé son serment, mais pour ce
" qu'il auoit loyalement conseillé que on ne le rendist point qui estoit ia
" vieillard pour le change des prisonniers que les Romains auoient de
" Carthage qui estoient iosnes & en plus grant nombre. Nous veons mes-
" mement en vn enfant que c'est l'vne des pires tanches & condition que
" enfant puist auoir quant il est coustumier à mentir. Et dit le Saige, *potior
" est fur quàm assiduus in mendacio*. Exemple d'vn Archidiacre qui auoit vn
" Nepueu à l'hostel : on lui dit qu'il estoit glout, il n'en fit conte, on dit
" qu'il embloit, il le passa, on dit que on ne pouuoit tirer verité de sa bou-
" che, lors dit que iamais ne feroit bon fruit. Tulle à la parfin recomman-
" de Iules Cesar en ce qu'il auoit sa dextre main plus forte, & constant à
" garder ses promesses & sa foy que en bataille. Si concluons icy, Vovs

Vniuersitatis Parisiensis. 251

nos tres Redoutez & tres Nobles Seigneurs, concluons, prions & requerons puisque le Traittié & l'accort a esté si solennellement iuré, tant pour la foy que vous deuez à Dieu & sur peine de perdurable damnation, comme par la foy de Noblesse & de Gentil Seigneur vueilliez ce dit Traittié perseueramment & constamment maintenir, sans enfraindre en tout ou en partie. Et s'aucune occasion venoit au contraire que on deust rompre le Traittié de Paix que Dieu ne vueille, soit tout fait par bon conseil de gens qui redoutent Dieu, de gens qui se querent que bien commun & du Royaume, de gens qui se garderont bien de donner conseil qui soit à la perdition du pauure Peuple innocent ou contre le Roy & son authorité. Trop auons eu de pieschief à cette occasion: si autrement se faisoit, vous perderiez vous & nous tous en la iuste fureur & indignation de Dieu, qui tellement auroit esté méprisé en ses Commandemens. Et nous auons tous bonne esperance que ainsi se tenra & Dieu le doint pour l'accomplissement de ce salut, *Rex in sempiternum viue.* Icy seroit à parler du bon gouuernement de tres-noble & tres-souueraine Dame la Reyne & de Monseigneur de Guyenne qui appartiennent au chief d'or. Entre les autres choses ie vueil bien dire pour fond ce que baille Iuuenal, *Secretum diuitis vllum esse putas, &c.* on sçait tout, rien n'est secret entre grans Seigneurs & Dames. *Vbi maior fortuna, ibi minor licentia,* ait Salust.

L'Vniversite a plus d'yeux que Argus, plus de cent regards, voir de mil. Elle oyt aucunes rumeurs que on veult empescher la paix & nourrir partialitez par moyens bien estranges. On decouurira tout, on dira tout, & ne faut point menacier ou occire aulcuns, les aultres cent & cent en seroient plus animez à garder l'authorité Royale & verité, comme au fait est apparu. Donnez que on occira vn pour dire verité, quoy de cela, il en venra plustost en gloire & sera deliuré de grande méchanse. Exemple d'vn Maistre en Theologie qui n'aguaires estoit menacié de mourir pour soustenir verité, il est de present mort par naturelle necessité. Si eust esté la premiere mort plus glorieuse que la seconde, s'il eust donné sa vie à verité; continuons ce qui est commencié pour le 2. point principal, & trop plus brief que parauant. Et comme en coulant ou en courant.

Ie dis que nous auons à parler de trois estats figurez par les trois parties principales de la statuë de Nabuchodonozor. Nous auons dit pour l'Estat de Cheualerie qui est signifié par la poitrine & par le bras d'argent que cest Estat doit auoir vigueur & strenuité. Si prens icy la premiere consideration, & dis que l'Estat de Cheualerie doit auoir loyer & gaiges publiques pour defendre le Roy & tout son Royaume par vigueur & par force. Cette consideration prouuoit l'Apostre quand il dit, *Nemo tenetur proprÿs stipendÿs militare.*

La 2. consideration, l'Estat de Cheualerie doit estre content de ses gaiges sans faire greuance aux autres Estats. C'est la doctrine de S. Iean Baptiste, *Neminem concutiatis & contenti estote stipendÿs vestris.* Et sur cette matiere on proposa autrefois contre aucunes erreurs de ceux qui dient que les Gens-d'armes peuuent prendre viures & autres choses sans payer & restituer. Contre cecy est que chacun membre doit estre content de son nourrissement sans vsurper ou attraire violentement la nourrisson de l'autre membre. On declara lors cette verité en monstrant que le Roy mesme ne puet donner le congié en tous cas & selon son plaisir. Car le Roy est subjet à raison & à la Loy de Dieu & à Iustice: & dit S. S. Augustin, *l. de Ciuit. D. Nihil infelicius felicitate peccantium,* nul n'est plus malheureux que celuy qui puet pechier sans punition; si fait pis vn pillart qui pretend l'authorité Royale, qu'vn autre qui pille sans authorité & est plus à punir. Car il en coulpe le Roy & peche plus franchement & hardiment sans resistence & sans correction & repentance.

La 3. Consideration. L'estat de Cheualerie est tres à loüer, s'il fait

" iuſtement ſon deuoir. Car gens-d'armes qui expoſent leur vie pour iuſte
1413. " tiltre & defenſe de Iuſtice & de verité par droite intention, ſont comme
" Martyrs de Dieu. Mais ſe ils font le contraire, ils ſont martyrs d'Enfer,
" quand ils ſouſtiennent iniuſte querelle ou par mauuaiſe intention & per-
" uerſe operation.
"   La 4. Conſideration. L'Eſtat de Cheualerie doit telle obeyſſance &
" defenſe au Roy, que pour quelconque mandement de Seigneur, deſ-
" ſous lequel vn Cheualier eſt, il ne doit faire guerre à ſon Roy qui ſe
" porte iuſtement, le Roy va touſiours deuant, & ſon commandement
" raiſonnable paſſe les autres. Si ne peuuent eſtre excuſez Cheualiers de
" tenir ou nourrir parti au preiudice du Roy ou de ſon authorité Royale.
" Et notamment ie dis au preiudice du Roy ou de ſon authorité ; car puet
" aduenir que on fait la choſe du Roy & de ſon Royaume bonne ſans ſon
" exprés commandement, combien que telles entrepriſes ſans ſon congié
" exprés ſont à redouter & fort à delayer, *omnia prius expediri quàm armis*
" *ſapientes decet*.
"   Le 3. poinct principal, tournons à parler de l'Eſtat de Clergié figuré
" par l'airain qui eſt métail ſonnant. Car le Clergié doit auoir clameur de
" verité, preſchier & denoncer les aucuns par authorité comme les Prelats,
" les autres par Doctrine comme autres Clercs Theologiens & Iuriſtes &
" Philoſophes morals. Si dis par la 1. conſideration, ſe le Clergié faint &
" fault à dire la verité de bonnes meurs & de noſtre foy, il eſt à reprendre
" comme cauſe des erreurs & des maux qui s'en enſuiuent. Et c'eſt vne
" dure ſentence contre aucuns Clercs & Prelats de noſtre temps. Neant-
" moins c'eſt l'aſſertion de Dieu, par le Prophete Ezechiel: *Fili hominis! &c*.
" dit noſtre Seigneur, que ſi le Prelat ne denonce le peril auquel eſt le
" Peuple & aucun perit, il demandera & requerra le ſang, c'eſt à dire la
" mort de la main du Prelat.
"   La 2. Conſideration eſt. Si ſi Clergié ne labeure point corporellement
" comme les autres membres & eſtats non pour quant il eſt neceſſaire à la
" choſe publique & vie Ciuile. Cette conſideration eſt contre le murmur
" d'aucuns qui ont enuie de l'eſtat de Clergié en ce qu'il vit ſans peine ſe-
" lon leur aduis & ſans profit. Non pour quant eſt-ce le plus bel ſeruice
" que on puiſſe faire à vn Prince & Seigneur, que de luy dire franchement
" & noncier verité. Et de ce dit S. Iacques. *Qui conuerti fecerit peccatorem*
" *ab errore viæ ſuæ, &c* Cette conſideration m'a contraint de reprouuer les
" falſetés deſſuſdites, & ne s'en doit douloir Prince quelconque, car c'eſt
" pour ſaluation & correction de ceux qui errent ou ont erré, leſquels ne
" peuuent eſtre en eſtat de ſaluation, tant que ils demourroient obſtiné-
" ment en tels erreurs.
"   La 3. Conſideration. Si le Clergié eſt empeſchié à dire verité par me-
" naces & craintes, ceux qui les font, ſont à reprendre & condamner, &
" **ne ſont à excuſer s'ils errent**, car ils errent volontairement & font les
" autres errer, & veulent que la lumiere ou torche de verité voiſe ſelon
" leur affection & non mie ſelon raiſon. Si le Clergié ſent ou apperçoit que
" erreurs contre bonnes mœurs, & hereſies contre la Foy ayent eſté pu-
" bliées au preiudice de tout le Royaume ou de Chreſtienté, Clergié ne
" ne doit point ce faire pour traittié quelconque de paix fait ou à faire que
" les dictes erreurs & hereſies demeurent ſans correction ou conuenable
" reparation. Auient à la fois que la malice du temps eſt telle, que la verité
" de la Foy puet eſtre celée ou non preſchiée ſelon la doctrine de IESVS-
" CHRIST. *Nolite ſanctum dare canibus, neque proijciatis margaritas ante*
" *porcos*. C'eſt quant on ſe doute que la verité periroit par la malice &
" peruerſité de ceux qui l'ont à ſouſtenir ; car malice aueugle l'enten-
" dement & fait errer à bien iuger, *Excæcauit eos, &c*. Excepté ce cas ou
" ſemblable on ne doit point redouter guerre ou eſclandre pour dire ve-
" rité, ſelon S. Gregoire, *Rectiús oriri ſcandalum permittitur quàm veritas*
" *deſeratur*.

Le 4. Poinct principal: A la parfin nous auons dit qu'en l'Estat de Bourgeoisie doit estre le fer de labeur & la terre d'humilité. Si prens pour la declaration aucunes considerations.

La 1. Consideration, c'est expedient à l'Estat populaire qu'il soit en subjection plus que s'il vouloit prendre l'estat de domination. C'est la determination & declaration d'Aristote, *1. Polit.* L'vne des raisons est par l'exemple de sensualité & de l'ame en vn homme, c'est expedient que la sensualité serue & l'ame domine. Exemple d'vn aueugle au regart d'vn clairvoyant. Exemple d'vn foible au regart d'vn fort. Exemple des pieds, au regart des yeux ou des bras.

La 2. Consideration. C'est expedient que l'Estat populaire soit par les autres plus hauts estats gouuerné amiablemēt, supporté & fauorisé. C'est Conseil de l'Apostre, *Infirmioribus membris abundantiorem honorem circundamus.*

La 3. Consideration. C'est expedient que le Roy qui est le Chief d'or en valeur & en authorité ne sueffre point confondre les Offices des membres dessous soy, mais doit labourer que chacun fasse son office. Cette consideration profite à declairer que le chief ne doit point vser des pieds comme des bras en sa defense. Si ne doit point commander aux populaires & à l'estat de Bourgeoisie, qu'ils soient armez regulierement, comme les bras de Cheualerie doiuent estre; car ce seroit confusion. Si seroit l'accoustumance tres-perilleuse, iniuste & domagieuse, *Quod natura negat, nemo feliciter audet.* Vray est que necessité n'a loy; mais on ne doit mie tantost faindre ou iuger necessité.

La 4. Consideration. C'est expedient que l'Estat de Bourgeoisie soit maintenu & induit tellement qu'il voise tousiours le droit chemin, le chemin Royal. Cette consideration s'entend & veut dire que le Peuple soit content de son estat & qu'il se souffre mener & conduire par le Chief & par les deux Estats souuerains; ou autrement l'ordre du corps mystique de la chose publique seroit tout subuerti, comme si les pieds vouloient vsurper l'office du chief, ou des bras, ou du ventre, ce seroit la destruction non mie du corps seulement, mais d'eux-mesmes: & nous l'auons experimenté plus que mestier ne nous feust, n'agaires que gens qui à peine deuoient appartenir aux pieds, se auançoient de gouuerner le chief, que dis-je, gouuerner, mais confondre & tyranniser. C'est grant difference de regarder l'Estat Royal & du chief presentement enuers celuy qui estoit qu'au Palais, ie ne sçay quels s'auançoient à la compagnie, à la regler & le forcier. Celieu icy appert vn lieu Celestial quant nous veons nôtre Roy aussi Couronné & enuironné de nos Seigneurs de son Sang à telle multitude. C'est maintenant comme vne nouuelle lumiere, selon la similitude du temps de Helie, *Noua lux oriri visa est, &c.* C'est bien icy plus que deuant, Exultation, ioye, & iubilation. Grace à Dieu d'amour & de paix, qui est vie, voye & verité, Grace à sa glorieuse Vierge Mere, & à sainte Geneuiefue qui onques ne faillirent à cette Cité, grace au virginal Espoux de Nostre-Dame, S. Ioseph iuste, duquel le mariage feut signification de la plus parfaite vnion & conionction qui soit. C'est de Dieu & de son Eglise. Si deuons honorer ce Mariage Virginal; cette sacrée & chaste conionction, nous qui querons paix & vnion, graces à S. Denys & à S. Remy, Patrons & Apostres de France, grace à tous Saints & Sainctes, desquels les memoires & les Reliques sont en cette glorieuse, Royale & tres Chrestienne & Religieuse Cité & bonne ville de Paris. Graces à vous Roy tres-Chrestien, à la Reyne, à Monseigneur le Dauphin, qui selon son aage y a tres-constamment labouré & Dieu le parface de bien en mieux. Grace à vous tous Nosseigneurs. Si Concluons en suppliant, que paisiblement & concordément & vniement le droit chemin, nous paruenions à la vie perdurable de Paradis, *Præstante eo qui est Deus benedictus in sæcula.* Amen.

1413.
ORATIO-
NEM GER-
SONIS AP-
PROBAT
VNIVER-
SITAS.

"CY fine la Proposition faite de par l'Vniuersité de Paris au Palais Royal l'an 1413. le 4. Sept. & depuis feut aduouée cette propoſition solemnellement à S. Bernard, comme il appert par Instrumens fais ſur ce le 6. iour dudit mois; furent presens auec le Roy, le Roy de Ceeile, M. de Berry, M. d'Orleans, de Bourbon, d'Alençon, d'Eu & pluſieurs autres. *Acta est per M. Io. de Gersonno Doctorem in Sacra pagina & Cancellarium Ecclesiæ Parisiensis.* Cy enſuit vne ſcedule qui reſpont à ce que aucuns pouuoient opposer que la proposition de l'Vniuerſité est contre paix & deshonneur de aucuns Seigneurs.

"La verité de la foy & de bonne doctrine ha contraint l'Vniuerſité de Paris donner darreinement le 4. iour de Sept. l'an 1413. en ſes Instructions pourparler deuant le Roy & Noſſeigneurs au Palais, que cette verité demouraſt touſiours entiere, quelque paix ou traittié feuſt fait ou à faire. Et le propoſant a reprouué aucunes faulſes doctrines pour les cauſes ou Considerations qui s'enſuiuent. 1. car verité est ſuer de paix, & iamais on ne puet auoir paix qui vaille ou tienne contre verité, comme dit Dieu par le Prophete. *Non est pax Impijs.* Pourtant commande Dieu. *Pacem & veritatem, diligite dixit Dominus.* Amez paix & verité, ce dit noſtre Seigneur.

"Item, ſi on ne pouuoit autrement auoir paix que par ſouſtenir fauſſeté contre la Foy ou bonne Doctrine, on deuroit pluſtoſt ſouſtenir quelconque guerre ou eſclandre ſelon la doctrine de S. Gregoire, *Citius oriri ſcandalum permittitur quàm veritas deſeratur.* Et à ce propos diſoit IESVS-CHRIST. *Non veni pacem mittere, ſed gladium.* Et s'entend pour la foy & verité ſouſtenir.

"Item, ſans la verité de la Foy & des Commandemens de Dieu les Chreſtiens ſoient Princes ou autres ne peuuent eſtre en eſtat de ſalut. Et par ainſi chacun Clerc & Prelat qui aime leur ſalut, doit la verité preſchier & fauſſeté reprouuer, & par eſpecial l'Vniuerſité; autrement ſa diſſimulation ſeroit cauſe de leur damnation & de la ſoye propre. *Si non annunciaueris, &c. dicit Dominus per Ezechielem.*

"Item, la verité de la Foy ne ſe doit pas ſeulement croire de cueur, mais ſe doit confeſſer de bouche, quant on ſent qu'autrement elle periroit, ou que les gens ſe damneroient par croire fauſſe Doctrine au contraire ou par mauuaiſe inſtruction & operation. *Corde creditur, &c.*

"Item, la verité de la foy est à prechier quant on a lieu & temps pour la dire deuant Princes & ailleurs qui la peuuent entendre & defendre, & que le Clergié puet auoir franchiſe de parler, lors n'y a point d'excuſation, & car ainſi eſtoit de preſent l'Vniuerſité, n'a peu ne voulu plus delayer qu'elle n'ait fait ſon deuoir en ladite propoſition & en ſon adueu.

"Item, combien que cette verité de la Foy & de bonne Doctrine euſt peu moult profiter qui l'euſt pluſtoſt dicte conſtamment, & eſt à croire que ne feuſſent mie venus tant de horribles maux en ce Royaume, ſe aucuns ſe feuſſent expoſez iuſques à la mort pour reſiſter aux Erreurs qui ont eſté racines de nos maux, non pour quant ſelon le prouerbe commun. *Vaut mieux tart que iamais*, & eſt bien à croire que pluſieurs ſe ſont bien repentis de leur dilation ou diſſimulation par paour humaine ou mondaine en cette matiere.

"Item, ſe contre la verité de la foy & de bonnes mœurs aucuns vouloient maintenant reſiſter malitieuſement & pertinacement, ils ſeroient plus à blaſmer que parauant de tant que on a veu par experience les maux qui s'en ſont enſuiz, & ſeroit cecy à leur damnation eternelle & auroit-on cauſe ſouffiſante de faire procez ouuertement contre eux autant, contre le grant courage le plus petit, & de tant plus que le grand puet plus nuire s'il erre, & plus profiter, s'il confeſſe verité.

"Item, la verité de la foy qui a eſté preſchée ne comprend quelconque perſonne nommément & ne tent à quelconque punition pour le temps passé, mais veut que faulseté contraire soit déracinée pour le temps futur & tourner à bonne penitence, ceulx qui par auant aueroient errer sans en vouloir prendre vengeance ou punition en tant que on ne voudroit perseuerer. Car lors on ne deuroit point espargner ou dissimuler qui voudroit continuer. *Non est Clementia bello. Nulla est perniciosior pestis quam familiaris inimicus.*

Item, la verité de la foy a esté preschiée publiquement, afin que chacun puisse apperceuoir comment ceux qui ont la faulseté contraire dogmatizée en secret ou à part, sont à blasmer & à haïr par les Seigneurs, lesquels ils ont faict errer à leur damnation s'ils ne ont repentence & à la subuersion de la chose publique. Et par le contraire ceux sont à aimer, à loüer & à remunerer qui ont publié maintenant ou autrefois constamment cette verité & en donnent bonne information. *Qui conuerti fecerit peccatorem, &c.*

Item, la verité de la foy qui a esté darrainement publiée & proposée est telle & si notoire que il n'est homme quelconque, s'il a iugement de raison qui ne la puisse apperceuoir legierement, soient Chrestiens ou Payens, soient Iuifs ou Sarrazins, soient ieunes ou vieils, soient Clercs ou Laiz; car cette verité est vn Principe en droit naturel, *Non occides*, tu n'occiras point. Et sçait chacun que il ne vauroit mie selon raison que on luy fist ainsi, c'est à dire que on l'occist sans procés & sans authorité, & que nul ne doit estre son Iuge en sa cause. Si est vray que supposé que onques homme n'eust esté occis iniustement que si est la Doctrine generale contre laquelle l'Vniuersité a fait proposer tres à damner & plus que n'est la mort d'vn Roy ou de la Reine. Si est vray aussi que chacun homme d'entendement tant soit layc, doit repugner à ladite Doctrine selon son Estat, pouuoir ou sçauoir, où il se damne, *correctio fraterna cadit sub præcepto*.

Item, de cette verité de la foy ne se doit homme plaindre. Car on l'a preschée mesmement sans vouloir accuser ou pugnir personne quelconque morte ou viue, comme on ha fait protestation publique. Et s'aucuns se sentent touchiez par cette verité, ils en doiuent bien vser & regracier Dieu, quant on labeure tellement pour leur salut & correction & des autres lesquels ont esté ou seroient au temps futur deceuz & damnez par les erreurs contraires; car sans cette voulenté tels ne pourroient estre sauuez. Et qui autrement les enseigneroit ou soustiendroit ou fauoriseroit, il les deceueroit & se trebucheroit & eux auecques à certaine damnation, tant temporelle comme eternelle; si ne se faut point icy ioüer.

Item, se pour ladite verité de la foy soustenir aucun auoit à souffrir persecution ou mort, feust en appert feust en occult, il seroit vray martyr. Comme on doit penser que Dieu en a plusieurs tieulx: & celuy ou ceux qui feroient ou conseilleroient telle persecution, ils seroient tyrans, desloyaux enuers Dieu & le monde, & à persecuter par feu & par espée, & par tout perdre corps & biens, Seigneurie & Benefice par la Iustice tant spirituelle comme temporelle; s'ils n'en vouloient prendre amendement. Exemple du Comte de Thoulouse & autres. Si aduise bien chacun qu'il fera & à faire; car matiere de la foy n'espargne le Seigneur nés que le varlet, *Pusillum & magnum Deus fecit*. Et se les Inquisiteurs fauorisent icy ou dissimulent par paour, ils encourent Excommunication si grande que le seul Pape les puet absoudre, & les Prelats en encourent l'ire de Dieu, & les Princes du Sang Royal, & ceux qui ont à garder la Iustice souueraine du Roy, s'ils ne faisoient leur deuoir, ils seroient à reprendre, comme dissimulans en matiere qui tant est lesiue & du tout subuersiue de la Majesté Royale & de sa Cour, Iustice haute & souueraine. Et si on dit que cette Doctrine se deuoit premierement dire à part & non en publique, on respond que la faulseté est publiquement semée; si faut recourir à la publication pour deraciner le publique vice ou

" scandalization. Hugo. *Peccata publica non sunt secreto pœnitentia purganda. Et fiat cum amore hominum & odio vitiorum*, dit S. August. *in Regula.*
" Soient notées les 7. veritez enſuiuant & appliquées au temps preſent.
" Qui ſçait la verité de bonne Doctrine & de noſtre Foy, & par ſa negli-
" gence de la denuncier, ſoit par correction fraternelle qui appartient à
" chacun, ſoit par authorité Paſtorale, ſoit par ſeuerité Royale, aucune
" perſonne demeure hors de l'Eſtat de ſalut. Tel encourt la ſentence de
" Dieu, dictée par le Prophete Ezechiel. C'eſt qu'il perit auec la perſon-
" ne laquelle il laiſſe perdre par ſon defaut de annuncier verité, ſoit à
" part, ſoit en publique, ſoit par parole ou en eſcript. Qui ſçait ou doit
" ſçauoir que la verité de bonne Doctrine & de noſtre Foy ha eſté violée
" de noſtre temps par fauſſes informations & predications & propoſitions
" & libelles diffamatoires en pluſieurs poincts & articles. Et par ſa diſſi-
" mulation venant de paour ou faueur deſordonnées, vn tel laiſſe perir
" vne perſonne ou pluſieurs eſdits erreurs & diffamations, tel encourt le
" peril deſſuſdit, c'eſt à dire damnation. Qui és cas deſſuſdits empeſche
" par violence & par menaces & par puiſſance ou par corruption de dons
" & de promeſſes que la verité de bonnes mœurs & de la Foy ne ſoient
" publiées & reparées, il peche plus griefuement que les deſſuſdits, & eſt
" cauſe de la perdition de toutes les perſonnes qui pour ce errent & periſ-
" ſent. Et ne fait point à ſouſtenir vn tel, ſoubs ombre de quelque Paix
" ou de Traitté: Car mieux vauroit iuſte guerre, que vne telle iniuſte
" Paix, ſelon le dit de l'Euangile. Qui par fauſſes informations & diffa-
" mations criminelles, ſciemment & malicieuſement conſeille vn Roy ou
" vn Seigneur à émouuoir ſon Peuple & ſes ſubjets à ce que eux perſecu-
" tent aucuns qui ne ſont point à perſecuter en telle maniere, ſoit par
" glaiue eſpirituelle de Excommunications, ſoit par materielle de occi-
" ſions, tel eſt hors de l'eſtat de ſalut, s'il ne s'en repent & s'en corrige &
" s'il ne labeure de ſon pouuoir, que l'information contraire & bonne re-
" duction à la cognoiſſance de la verité ſoient faites & obtenuës par let-
" tres Patentes ou autrement, & ne ſouffit point autrement quelconque
" confeſſion. Qui ſe ſent fauſſement auoir eſté perſecuté & diffamé ou
" preiudice du ſalut des ames & du Roy & du bien commun, & il eſt ne-
" gligent, il nonchaillant de procurer bonne information au contraire, &
" que ſa renommée ſoit releuée, tel peche griefuement & cruelment
" contre ſoy & autruy. Et eſt cauſe des maux qui ſe font & ſont venus par
" leſdites fauſſes actions & perſecutions, & par eſpecial quant vn tel eſt
" puiſſant Prince ou Prelat; car il ſouffre errer les autres & pechier & ſe
" damner par ſa negligence ou par ſa fole crainte denote ceux qui ſont à
" noter, qui eſt contre tout ordre de charité & contre le bien commun.
" Qui en aucun des cas deſſuſdites ſueffre par ſa negligence ou empeſche
" ſous titre de Paix ou autrement, que le Roy ne procede à la reduction
" de ceux qui ont erré par les mandemens deſraiſonnables faits & publiez
" en ſon nom, il eſt coupable contre ſon Roy & ſon ſalut, & ne garde point
" bien ſa foy & loyauté enuers ſa perſonne & ſon Royaume: Mais eſt cauſe
" quant en ſoy eſt, de ſa deſtruction, en temporel & en l'eſprit. Qui affer-
" me obſtinément que contre le bien de Paix ou de Traittié ha eſté faite
" la propoſition n'agueres au Palais de par l'Vniuerſité & aduoüée depuis
" ſolemnellement par elle, & que on deuoit ceſſer de cette & ſemblables
" Doctrines & Inſtructions faites pour reduire les errans à bonne voye de
" verité, tant de la foy, comme de bonne vie & pour nourrir tous en bon-
" ne amour & charité enuers leurs proſnes ſoient grands, ſoient petits. Tel
" qui ainſi afferme, peche griefuement & temerairement contre le bien &
" le ſalut du Roy & de ſon exemple & de l'Vniuerſité & des Prelats & de
" tout le bien publique. Et de tant pecheroit plus vn tel, comme il ſeroit
" perſonne publique & de Iuſtice. Car ſous ombre de ſaige pitié vn tel oc-
" ciroit les ames & les corps par crueuſe folie Et tel ne nourriroit mie bon-
" ne Paix: mais deſtruiroit, ou preiudice, tant de ceux qui perſecutent les
autres

Vniuersitatis Parisiensis.

autres iniustement & se damnent sans repentance, comme de ceux qui sont induëment persecutez. Si concluë & auise chacun enuers soy, soit grand ou petit, qu'il ha à faire pour le temps present des choses faites iusques à y au temps passé ; car le Compileur de cette scedule s'en a voulu deuant Dieu & les hommes tellement acquiter. Escrit à Paris l'an 1413. le 4. d'Octobre. *Amen.*

Interea Dux Burgundus qui ante Lutetiæ regnabat, ex vrbe recedit, cum frustra tentasset Regem secum educere: statim verò Aurelianus iussu Regis & summo Vniuersitatis, ac Bonorum omnium desiderio aduenit.

Tum ergo libera Vniuersitas M. Ioannis Parui Propositiones circa Tyrannos & Tyrannicîdas examinare aggressa est, quas hactenus examinare & damnare non licuerat. Maximè verò earum condemnationi institit Gersonius eiusdem Vniuersitatis Cancellarius, apud Episcopum Parisiensem, & Academiam. Igitur eas primùm examinari curauit ab Episcopo Paris. qui tunc erat Gerardus de Monte-Acuto, earumque reprobationes mitti ab eodem ad Facultatem Theologicam, die Veneris 7. Decemb. vt habitâ super ijs deliberatione, die Mercurij 13. referrent Facultatis Conclusionem. Scedula ad Theologos ab Episcopo missa talis est cum Assertionibus & Reprobationibus, vt legitur in Codice MS. Bibl. Vict.

Contra Ioannem Parvi Decretvm Vniversitatis.

EX parte Domini Episcopi Paris. & Inquisitoris, & Consilij fidei solemnissimè congregati. Magistri Reuerendi : Mittitur vobis scedula continens assertiones aliquas cum suis reprobationibus: quare requirimus vos sub pœnis iuris, vt detis deliberationem vestram publicè in scriptis vel verbo tenus, si huiusmodi assertiones ex quibus ortûm est notoriè scandalum ; sicut fatetur Consilium fidei, sint erroneæ & taliter condemnandæ: vt consequenter procedere valeamus, sicut ordo Iuris postulat. Et hoc infra diem Mercurij 13. huius mensis Decembris.

Quilibet Tyrannus potest & debet licitè & per meritum occidi à quocunque suo Vassallo, aut Subiecto, & per quemcumque modum, maximè per Insidias & flaterias: non obstante quocumque iuramento, aut confœderatione facta apud eum sine exspectando sententiam, aut mandatum Iudicis cuiuscunque.

Sequitur Reprobatio huius Conclusionis in forma. Hæc assertio sic generaliter posita, & secundum acceptionem huius vocabuli *Tyrannus*, est error in nostra fide & in doctrina bonorum morum: & est contra præceptum Dei, *Non occides*, Glossa, *propriâ authoritate*, & contra hoc quod dicit Dominus Item, *Omnes qui gladium acceperint*, Glossa, *propria authoritate, gladio peribunt.* Item, hæc assertio vergit in subuersionem totius Reipub. & vniuscuiusque Regis, aut Principis. Item dat viam & licentiam ad plura alia mala, vt ad fraudes, violationes fidei & iuramenti, & ad proditiones & mendacia, ac deceptiones, & generaliter ad omnem inobedientiam subiecti ad Dominum suum, & ad omnem infidelitatem & diffidentiam vnius ad alterum, & consequenter ad æternam damnationem. Item ille qui affirmat obstinatè talem errorem & alios qui inde sequuntur, est hæreticus, & tanquam hæreticus debet puniri, etiam post suam mortem. Notatur in Decretis 23. qu.

Eiusdem prauæ Doctrinæ nomine venerat M. Petrus Gigantis in suspicionem, ob idque citatus fuisse videtur ab Episcopo Parisiensi : verum purgatâ fide immunis ab omni hæreseos crimine reuersus est. Et cum à Procuratore Picardicæ Nationis fuisset nihilominus appellatus hæreticus, aut certè de hæresi suspectus, Natio Gallicana, apud quam de impositione criminis eiusmodi conquestus est, eum purum, immunem & innocentem ab omni crimine & labe hæresis esse declarauit, ex inspectione litteræ *D. Parisiensis lectæ in Congregatione Generali* Vniuersitatis ; ideoque famæ restitutionem suo supposito prosequuta est, vt scribit M. Petrus Gualteri Procurator eiusdem Nationis ; ad diem 16. Nouemb.

Rex verò iuxta Vniuersitatis Declarationem supplicationemque publico Programmate easdem propositiones damnauit cum Autoribus detestandi Parricidij; tales sunt eius litteræ.

"Carolvs Dei gratia Francorvm Rex. Vniuersis præsentes literas inspecturis. Gratia vobis & Pax in eo cuius oculi fidem respiciunt, sine qua placere ei nemo potest. Regia Majestas nostra quantis ad respectum honorem & zelum fidei stimulis vrgeatur paucis primum aperiemus; dehinc rem ipsam sub compendio tradentes finem in explicatione intentionis nostræ & in exhortatione faciemus. Francorum tradunt annales historiæ, quæ Prædecessorum nostrorum gesta describunt; Quod dum inclytissimus, ac victoriosissimus Rex Clodouæus de tenebris infidelitatis ad Christianæ Religionis admirabile lumen, Deo trahente, veniffet, dumque post baptisma susceptum protinus liquore per columbæ speciem in vasculo visibili cœlitus allato beatissimus eum Remigius consecrasset in Christum Domini, mox idem præsul spiritu S. plenus Prophetica voce nunciauit, Beatum fore Regnum Franciæ feliciterque duraturum si fides in eo Catholica persisteret; fidem nempe Iustitia Regnorum quædam vita comes non deserit quoniam Iustus ex fide viuit. Huius vocis cælo sonantis Clodouæus suaque Regalis posteritas non immemor, sed eam retinens altâ mente repositam vigilantissimo hactenus studio fidem excoluit, protexit & euexit, debellauit vbilibet hæreses cum suis autoribus, continuit errores impios quibus se nunquam sustinuit infici, vel abduci; hinc est illud Eulogium, sola Gallia monstra non habuit. Porro quid illud est quod Prædecessores nostri, potentissimus inter cæteros Karolus Magnus incomparabilis Rex & inuictissimus Imperator dedicauerunt celeberrimum in vrbe Regia Parisiensi studium Literarum velut alterum Troiæ, vel Athenis Palladium, velut præterea fontem illum Parnassi, seu Paradisi qui 4. Facultatibus quasi totidem fluuijs intelligibilibus rigat vniuersam superficiem terræ, cuius irrigatione germinant & adolescunt pulcherrimæ salubrium Doctrinarum plantulæ, de quarum suauissimo fructu satiatur terra. Illic cernere est præcipuè flumen quartum Theologicæ Facultatis cuius impetus lætificat Ciuitatem Dei, vomens aquas sapientiæ salutaris salientis in vitam æternam, secus quarum decursus aquarum placitatum est lignum fidei saluberrimæ quæ inde gignitur, nutritur, defenditur, roboratur. Rectè quidem hæc facta sunt, nam cum oporteat Regem copulare sibi Salomonis exemplo Sapientiam in sponsam & sororem, cuius Sapientiæ vox est, Per me Reges regnant & legum Conditores iusta decernunt, cum rursus iubente Domino Rex qui sedet in solio Iudicis descriptum habere debeat Deuteronomium legis, & à Sacerdotibus excellentiam sumere, ne surrepat vitiosa per errores deprauatio; & vt in eis legens assiduè Rex sapiens sit, & veritas eum custodiat, quid præclarius in Regno nostro, quidvè diuinius potuit à Christianissimis Progenitoribus nostris institui? Quid à nobis posterisque nostris studiosius conuenit obseruari, quàm vt abundet id Regnum nostrum viris quos erudierit Dominus, de lege sua docuerit qui parati sint omni poscenti reddere rationem de ea quæ in ipsis est fide & spe. Ita nimirum fit vt & sapientia quæ de sursum est, penes nos exuberet & fides excrescat, fides quæ Regna vincit, quæ Iustitiam operatur, quæ adipiscitur repromissiones. Datur proinde Sacerdotibus nostris sapientia & intellectus. Quid ita? Sane vt verum solidùmque ferre Iudicium noscant, si quid in fide, vel ambiguum, vel deuium surrexerit, vel quod sit legis Deuteronomij corruptiuum. Sic enim iussit Dominus ad eos habere recursum: sic præterea procul exturbari potest quidquid Doctrinæ salutari molitur aduersum pestilens improbitas hæreticorum, vel errantium. Neque enim tum est fidem seruare iam positam quàm plantare; fide quidem dilabente surget oppugnatrix eius infidelitas monstrum horrendum ingens, quod Regnum subuertet à fide derelictum taliter à nobis. O salutiferi Christi Pestem? At verò quæsierit aliquis, cur hæc tam alto sunt orsa principio? Planè fatebimur

imprimis iocundum nobis, nec ingratum esse in istorum consideratione "
versari quæ contulit Deus, simulque volumus ostendere quantum sit " 1413.
authoritatis pondus & robur præstandum in his quæ veritatis Catholicæ "
declarationem, vel elucidationem respiciunt quando dictatur aliqua per "
tales quales prælocuti sumus de ipsius approbatione sententia: quoniam "
eos in omni sanctarum literarum eruditione præcipuos esse constat, quos "
vel fallere velle, vel falli posse nemo facile iudicauerit. "

Cognouerunt hoc diuersæ per orbem Nationes, Vniuersitates & Re- "
gna. Cognouit etiam ipsa quandoque Romana sedes, dum olim & nu- "
per, si quid apud eos ambiguum in doctrina Christianæ Religionis obti- "
gerat, certitudinem ab ipso Consilio fidei Parisius causa existente postu- "
lare, nec puduit, nec piguit. Consequenter vt transeamus vetera & "
aperiatur intentio nostra præsens, perspicuum fieri volumus, ex præmis- "
sis quanto cum assensu omnium sustinenda sit illa Iudicialis sententia "
quam nuper ad exhortationem nostram coassumpto Inquisitore praui- "
tatis hæreticæ de consilio fidei solemnissimè conuocato sæpè & multum "
rem ipsam examinante tulit dilectus & fidelis Consiliarius noster Episco- "
pus Parisiensis, aduersus hæreses pestiferas iam iamque erumpentes, iam "
ipsum Regnum nostrum ad diuisionem & ad eam quæ consequitur deso- "
lationem præparantes; iam demum Legis diuinæ Deuteronomium quod "
aspicere continua meditatione nos conuenit, perniciosa mendositate "
violare conantes. Ita prorsus exurgere debuit Pastor ipse & Præsul tali "
suffultus celeberrimo fidei consilio communi. De tot Magistris in Theo- "
logia, ac Licentiatis qui Parisius, vt assolet, aderant, nullus omissus est "
qui non quod vellet fas haberet liberè, vel dicere verbo, vel scriptis "
tradere. Sic profectò sic Præsul ipse speculator datus & adiutus cerne- "
re potuit quemadmodùm vineam Dominicam exterminaret aper de silua "
& singularis ferus depasceretur eam. Audiebat illud de Canticis, *Capite* "
nobis vulpeculas paruulas quæ demoliuntur vineas. Vrgebat subinde formi- "
danda nimium iussio multiplex & aperta Legum Pœnalium, quas contra "
desertores fidei, extirpationem hæresum hæreticorumque diuina simul "
& humana promulgauit autoritas. Nos propterea sententiam ipsam ius- "
simus sub Edicto publico per vniuersum Regnum nostrum validam ob- "
seruari & exequi, scribente ad hoc ipsum *Charissima filia nostra Vniuersita-* "
te Paris. quæ sententia damnat propositionem scandalosissimam, cui ti- "
tulum actor imposuit, *Hæc est*, inquit, *iustificatio Ducis Burgundiæ*. Iusti- "
ficatio videlicet super interfectione crudelissima charissimi, ac vnici fra- "
tris nostri *Ducis Aurelianensis*, cui propitietur Deus, vocemque sangui- "
nis eius clamantem exaudiat. Ecce quod hæc propositio suam in tituli "
fronte iudicium portat suam maledictionem, *Væ*, inquit, *Propheta qui* "
iustificatis impium pro muneribus. Asserit illic Ioannes Parui alligatum "
se tot muneribus præstitis & speratis à Domino suo, quod ei iubenti præ- "
stare linguam suam obniti nequiueat, nolens Propositionis author vi- "
deri, sed prolator. Nullus idcirco rectè mirabitur si præfatam senten- "
tiam Iustificationis huius necis & sceleris damnatiuam decreuimus manu- "
tenere defendique facere omnibus modis veluti causam propriam & si- "
cut Regiæ majestatis nostræ decus, tanquam præterea causam fidei, "
quemadmodum sufficientissima nos Informatio docuit hanc esse fidei "
causam. Cuius Nos fidei protectores diuina dignatio posuit, & ad hoc co- "
gunt leges, ad hoc præclara Prædecessorum nostrorum exempla vehe- "
menter accendunt. Attendimus vltra sicut summo Pontifici & sacro "
Cardinalium Collegio scripsisse iam meminimus, & sicut operum vox lu- "
ctuosa popalare non desinit, quod à reproba propositione illa velut ab "
origine venenata latius eruperunt horribiles in Regno nostro seditiones "
& bella plusquam Ciuilia, prædationes vbique & clades innumeræ & "
plurima mortis imago; negabatur imago paruulis, oratio viatoribus, Con- "
fessio morientibus, Eleemosyna fame pereuntibus, sepultura etiam pro- "
fana defunctis. Nulla ætas secura fuit, nullus sexus, nulla cognatio; nullus "

" sacer locus, sed vbique heu fera regnauit Erynnis quasi terrificè re-
1413. " boans: *Vos Patriæ validas in viscera vertite vires:* Porro nondum plene ces-
" sauit quassatio, nec procellosus armorum & tempestatum quieuit æstus.
" Det tandem aliquando tranquillitatis portum qui mari & ventis imperat;
" reducat pulcram pacem qui sororem eius veritatem iam in lucem eduxit.
" Et qualiter eduxit, hoc factum est dum prædicta propositio nefanda post
" exactissimam eius examinationem comperta est secum includere plu-
" res errores funestos explicitè contra fidem & moralem diuinorum præ-
" ceptorum Doctrinam mentibus humanis naturaliter inscriptam. Hæc
" dominationem omnem temporalem simul & spiritualem nequiter euer-
" tit: hæc vias patentissimè aperit seditionibus popularibus, periurijs, re-
" bellionibus, odijs implacabilibus, tumultuationibus ignobilium contra
" nobiles, imò ordine confuso Nobilium adinuicem, similiter ignobilium.
" Conspicitur deformis illa Reipub. facies qualem deplorabat Apostolus
" Schisma detestans illorum dicentium, *Ego Pauli, Ego Apollo, Ego Cephæ.*
" Præterea quidquod dicta propositio laudat fieri neces subitas, & vides
" Nobilium etiam personarum per sicarios pretio conductos, quales Ge-
" neralis Concilij sanctio tantùm damnat; per excogitatas insuper insidias
" nulla in diffidatione præuia per blandimenta subdola, per consideratio-
" nes iuramentis terribilibus publicè firmatas relicto tandem penitus om-
" ni ordine Iudiciario, vel superioris Edicto. Et audet nihilominus hæc
" execranda propositio, audet impudenter asserere tale facinus immanis-
" simum fieri secundùm ius omne diuinum, naturale & humanum; audet
" contra sentientes insectari tanquam nostros Reique publicæ capitales
" inimicos: adeo quidem vt conclusiuè determinet oportere nos mœstis-
" simam illam & atrocissimam charissimi & vnici germani nostri necem vi-
" lem & subitam approbare: Nos debere prorsus actorem diuitijs, opibus &
" honoribus augere familiarius, quasi fuerit alter Michaël, aut Phinées.
" Denique publicis vbique gentium Collaudatorijs illum literis efferre nos
" debere concludit. Proh nefas; æquissime Rex Arbiter Christe, quasi vi-
" delicet Regia nobis à te potestas desuper data sit non in vindictam ma-
" lefactorum, sed in laudem, præmium & honorem, & qualium heu male-
" factorum! quis illa dinumeret, quis satis inculpet & damnet? Subinde
" quid iniustius iustificatione criminis & talis criminis, in quo quid laude-
" mus, quid remuneremus, perpendite. Nunquid actorem laudabimus,
" sed in eo defuit Iudicialis authoritas, & Regiam nostram spernens inuali-
" damque prædicans & enormiter lædens vsurpauit tot abutens beneficijs,
" tot necessitudinibus quibus Maiestati nostræ, etiam ipso iactante, tenetur
" obnoxius: Nunquid ministros laudabimus? sed eorum impietate, pro-
" ditione, vecordia, crudelitate, sæuitia, cupiditate nihil execrabilius,
" fœdius, tetrius excogitari potest. Nunquid facti modum laudabimus?
" sed hîc præmeditatas diu insidias per confœderationum plurium simula-
" tiones, per blanda mille amicitiarum signa fallacia ad subitum fraterni
" Regijque sanguinis exitium tanquam de bestia processum est. Et hora
" tenebrarum, & in tali Ciuitate vbi securitas plebeijs etiam & aduenis
" esse debuerat. Nunquid operis rationem & causas laudabimus? atqui ni-
" hil ibi probabile prius, nihil posterius inductum est pro testimonio quod
" tali notorietate constet, quale secundum leges diuinas & Ciuiles esse ne-
" cesse est, vbi vilissimus etiam homo vita priuatur. Qualis nempe lex non
" præmonitum, non auditum, non commotum morte damnauerit, sicut
" à Nicodemo & Paulo notatum est. Nunquid tandem facinoris huius
" euentum laudabimus & remuneratione donabimus? Sed obinde floren-
" tissimum istud pridem Regnum nostrum iam per septennium tot calami-
" tatibus infandis attritum est, tantùm in eo sanguinis humani fusum fuit,
" vt æstimationem omnem effugiat. Sed ipsam forte Iustificationem lauda-
" bimus. Istic autem sicut edocti sumus, suspecta vehementer de hæresi
" pertinacitas, nec apparens adhuc sufficiens corrigibilitas inuenitur quo
" pacto sic? manet quippe scandalum in fide multipliciter datum verbis,

Vniuersitatis Parisiensis. 261

operibus & scriptis: manet inscripta tenaciter infamiæ sordidissimæ indignissimæque nota quæ non minus odibilis est ipsa morte naturæ; manet iactura publico & personis inflicta supra numerum; manet vtique, nec tolli cernitur, sed foueri. Quare quoniam illis ad quos spectat tam authoritatiuè quàm doctrinaliter tradere legem Dei scandala nescientem, nedum non creditur, sed contumelia palàm irrogatur, neque Edictis suis, neque nostris obedientia præstatur, vbi tum veritas est tam explorata dijudicataque, cui nullus capax rationis naturalis etiam Ethnicus, aut Paganus obuiare deberet. Opponet aliquis & dicet, Ecce totiens tractatus pacis compositi sunt, Indulta sunt omnia, post hæc præteritarum iniuriarum meminisse quid nisi malorum est? Responsum habeat quisquis hoc dixerit, Cessaret vtinam scandalorum violenta continuatio Nobis ac Reipub. præiudicantium, & nos ab eorum rememoratione non inuiti cessaremus. Nam horrescit referens animus; sed cicatrix, male sana dum redit in vulnus aperiatur oportet, & vrget ingratitudo quandoque iam donata repetere. Quale rursus illud est pacem verbis, operibus bellum gerere, ac corde & corde loqui, operibus credere iubet Christus, mentiri quippe nesciunt; verbis autem rara fides ideo quia mendaces faciunt vt vera dicentibus non credatur. Quid? vbi periurium docetur, authorisatur, approbatur. Mirabile, magis verò miserabile dictum, ita tamen est. Retorqueamus oculos ad prænominatam Iustificationem, & quid pro veritate tradit & regula videbimus, ait enim sub hac forma. In casu socialitatis iuramenti, promissionis, seu Confœderationis factarum ab vno milite ad alterum, quocunque modo istud fiat, aut fieri possit; si contingat quod istud vertatur in præiudicium vnius promittentium, aut Confœderatorum, sponsæ suæ, aut suorum liberorum, ipse de nullo tenetur eas obseruare. Hoc probatur, inquit, ex ordine Charitatis quo quilibet plus tenetur se ipsum diligere, vxorem & liberos, quàm alterum. Animaduertite quantam ad periuria fenestram aperit hæc assertio. Ite nunc & cum sectatoribus Doctrinæ talis confœderationes ratas & stabiles exspectate. Sed & probatio sua dum ordinem prætendit charitatis, ipsum prorsus euertit. Nonne præstantior est anima corpore, & fides auro? Sic Regulus sensit, sic Fabricius, sic Antecessores nostri Reges, B. Ludouicus & Ioannes alijque sine numero, qui cum grandi & certo sui suorumque præiudicio iuramenta seruarunt Prospiciebant clarissimi viri Iusiurandum non repugnans animæ saluti, sin licet damnosum rebus, aut corpori sit initum, etiam cum hostibus non esse violandum: alioquin tota radicitùs humanæ societatis Ciuilitas euulsa periret.

Cæterum quò magis elucescant ea quæ diximus, vtque virus lethiferum quod sparsum iniustissima hæc Iustificatio sub inuolucro rationum & allegationum interclusum tenet, se prodat, collectumque foris erumpat; quia latet anguis in herba, inseramus hîc Assertionem vnam pro Parte *Charissimæ filiæ nostræ Vniuersitatis Paris.* nobis aliàs cum sua reprobatione per eam approbata & abiurata propositam: quæ Assertio inuenta est sufficienter elicita fuisse à dicta Propositione damnata, quemadmodum publica Relatione solemnium Magistrorum in Theologia commissorum per Iudices & Consilium fidei super Examinatione eiusdem Propositionis prout ipse etiam Dux Burgundiæ petiuit, facta est certa fides. Præsupposito igitur quid per Tyrannum ille Iustificans intelligat, *Tyrannus*, inquit, *ille est qui in Repub. non rectè principatur, aut Principari conatur*, audiant vniuersi, audi Cœlum & auribus percipe terra, quid hæc Assertio monstri contineat. *Quilibet Tyrannus potest & debet licitè & meritoriè occidi per quemcunque Vasallum suum, vel subditum etiam per insidias & blanditias, vel adulationes, non obstante quocunque Iuramento, seu confœderatione factis cum eo, non exspectata sententia, vel mandato Iudicis cuiuscunque.* Quis Assertionem hanc, ô verax Deus? non protinus improbet auditam? Quis non eam illicò scandalosissimam & seditiosissimam absque

1413.

" vlla dubitatione dijudicet? Primum quidem, nec insolitum subditis
1413. " notam Tyrannidis Superioribus adscribere, habere eam veluti comper-
" tam atque notoriam, nec egentem testibus, aut Iudice. Consequens erat
" ergo secundum Doctrinam hanc, imò debitum cuilibet iure suo neces su-
" periorum vilissimas & subitas exercere. Laudabuntur insuper Actores si-
" cut viri fortes & amatores libertatis. Ipsis quoque plausibiliter & cer-
" tatim vulgus insolens & ad nouitates noxias semper arrectum congratu-
" labitur cupidè, miseréque seruiet. Quo nihil potest seditiosius & insul-
" sius, nihil infelicius & fusibilius inueniri. Ita tamen latè fieri nedum le-
" gimus ex historijs, sed ipsi vidimus oculis & ingemuimus. O mores, ô
" tempora! siccine spernitur tua Petre, Iussio. Serui subditi estote in omni
" timore Dominis non tantùm bonis & modestis, sed etiam discolis. Sed
" neque subditos oportuerat per spiritum erroris & doctrinam Demo-
" niorum prouocatam profundius in hanc vastam insaniarum falsarum,
" ac seditionum voraginem demergere, vnde vix emergant. Exposita
" quippe fuit venditioni publicæ viperea Doctrina, patuit quoque ad le-
" gendum, sugendumque tradita est. Verum quisquis adest habens ze-
" lum Dei & proximi, qui præterea Conseruationem fidei salubriumque
" Præceptorum, qui salutem animarum, qui Reipub. tranquillitatem, qui
" Dominationis cuiuslibet spiritualis, vel temporalis à Deo constitutæ
" decus & robur exoptat, exurgat petimus, agat viriliter: præcipuè Iu-
" dex Ecclesiasticus constans sit ad deturbandum funditus ab omnium
" hominum cordibus detestandam hanc Propositionem cum suis erroribus
" omne confundentibus fasque, nefasque. Quos errores esse impios qui
" post ammonitionem, vel negat, vel dubitat homo præsertim Iudex con-
" stitutus, quomodo fidelis est? qualiter ostendit se paratum corrigere
" quomodo vult Ecclesiam audiri quæ veritates oppositas his iubet expli-
" cita fide teneri. Non occides, inquit, Non periurabis, & ita de reliquis
" moralibus principijs. Sit nobis hîc cum Apostolo fas dicere: Si quis aliud
" euangelizauerit etiam Angelus de Cœlo, anathema sit. Nam per Dei at-
" que hominum fidem! si iuramentum sanctissimum quod est omnis Con-
" trouersiæ finis, ac principium humanæ societatis vinculum nihili pende-
" re licuerit, dum cauetur aliquod sibi, vel suis præiudicium. Si cuilibet
" in causa nec iti alterius non diffida, non moniti, non auditi, non conuicti
" sibi ius dicere fas fuerit: si fictis proinde blandicijs, ac insidijs subitis cum
" perditione corporis vt in se est animæ per sicarios pretio conductos abu-
" ti concessum sit, quid in humanis & diuinis rebus tutum? quid ratione
" constans superesse videbimus? Quamobrem nemo non videt quàm iustâ
" certissimáque ratione prohibuerimus sub Edictis publicis anathematiza-
" tam hanc Propositionem ab omnibus finibus Regni nostri, eamque ab
" ipso terrarum orbe quaquaversum exturbari suademus, denunciamus,
" imploramus, dicet zelus, accusamus, sed euidenti Patrati facinoris cla-
" more non indiget accusantis. Eia nunc tempus faciendi, dum sedet se-
" des in Iudicio, dum collectum est Generale Concilium.

" His tandem animaduersis & alijs quàpluribus in fidei processu sermone
" latiori descriptis compulit Regiam Majestatem nostram ratio multiplex
" vltra iam apertas. Hæc in communem omnium notitiam deducere re-
" cogitamus. Itaque quid egregius Rex & Propheta Dauid egerit in mor-
" te Abner quam subdola proditione Ioab intulerat in vltionem sanguinis
" Fratris sui Azaël, & vt Iosephus scribit, propter ambitionem, timens ne
" Dauid cum militiæ Principem ordinaret, ô fallacissima nimis & cœca
" semper ambitio? Fingebat se Ioab infandum scelus hoc in obsequium
" Dauid Regis cuius amantissimus videri volebat, perpetrasse. Sed cum
" audisset Dauid sapientissimus rem gestam, ait: Mundus ego sum & Re-
" gnum meum, apud Deum vsque in sempiternum à sanguine Abner filij,
" nec id veniat super caput, caput Ioab, sequitur, retribuat Dominus
" facienti malum iuxta maliciam suam. Tali nos obtestatione purgamus
" super truculenta nece charissimi & vnici Germani nostri quam pro nostro

Regnique nostri bono non puduit authorem asserere ab ipso iussam esse, nosque eam approbare debuisse contendit, sed obnitimur profectò obnitimur, Nosque exemplo Dauid tam execrandi facinoris neque conscios fuisse, nec approbatores esse firmamus. Quia tamen apud Nos misericordia superexaltat Iudicium, voluit Clementia nostra pluries ad reconciliationem & pacem intendere, tam efficaciter vtinam quàm benigniter; sed plerosque abutentes clementia Regum scripsit Assuerus inueniri. At verò prouenerat obinde fortassis ex his considerationibus existimatio quorundam falli, quasi Nos aliquid, vel in fauorem alicuius, vel in præiudicium, seu lęsionem Catholicæ veritatis conari, vel agi cogitauerimus. Quo contra proclamamus cum Apostolo quod nihil possumus aduersus veritatem, nec certè volumus: nec Deo propitiante volemus, sic licet ipse Dux Burgundiæ caro & sanguis noster, sit mille modis adstrictus Nobis, neque sibi tamen, neque proprijs liberis fauere noster esset animus vbi dispendium vitæ, vbi pernicies sequeretur animarum; scimus iussisse Christum non amandos esse filios, vxorem aut fratres plusquam se. Hinc enim dixisse credimus, Non veni pacem mittere in terram, sed gladium. Et inimici hominis domestici eius. Proinde Moyses omnium mansuetissimus quanta seueritate tam operum quàm legum diuinarum vsus sit zelo conseruandæ legis.

Ipsi denique Martyres omnes quanta pro fide passi sint tormenta, satis instructi sumus. Nulla igitur ratione, nullo sanguinis, vel fœderis aspectu pacem erroribus impijs & scandalosis nostra possit ostendere deuotio. Quid quod expedit aliquando quosdam in interitum carnis tradi, vt spiritus saluus fiat, vtque cæteris exemplum sint & salus. Quid quod Ionas dixit, *Tollite me & mittite in mare*, sic actum est & cessauit tempestas. Dedit Achor gloriam Deo, lapidibus obrutus est & ab Israël indignatio fugit Dei. Transfossus est Absalon pendens & Regnum Iuda velut inuito Dauid, paci redditum est. Interemit Salomon iussu Patris præfatum Ioab quia fuderat sanguinem belli in pace. Causam finalem necis huius fuisse pacem Regni dat Salomon intelligi dum subintulit: Dauid & semen eius & domui & throno illius sit pax in æternum à Domino. Denique terminum facientes in exhortatione postulamus finem erroribus. Occurrant omnes in vnitatem fidei, nemo sibi blandiatur de sublimi potestate, nemo de impunitate confidat se seducens quasi prosperum scelus, dicente Tragico victus habeatur. Itaque non irridetur qui pusillum & magnum fecit Deus: veniet hora, veniet, neque longe abest quando Potentes potenter tormenta patientur, quibus nil profuit, obfuit potius effugisse momentaneam punitionem, vel confusionem apud stultos in seculo, dum detinetur iustitia Dei in mendacio. Quæritur autem hoc fieri sub velo quodam, vel dissensionis improbæ, vel Iustificationis simulatæ, quæ duplex est iniquitas qualis nempe Iustitia quando perseuerant scandala præstita, nec auferri, sed foueri cernuntur, neque enim placere potest fictus Deo qui nec offendicula sua, sicut nec Salomon Idola tollere satagit, nec damna quoad potest restituit, nec ore confessionem fidei facere vult salutarem. Væ, væ quærentibus gloriam propriam & vanam! qualis fuit Saül post peccatum: quales illi quos arguit Christus dicens, quomodo potestis credere qui gloriam ab inuicem recipitis & gloriam quæ à solo Deo est non quæritis. Planè nobis ita traditum est, effrenis libido gloriæ prope vsque ad contemptum diuinæ parturit in Ecclesia Dei deformissimos & infaustos errorum fœtus ab eadem matre conceptos quæ radix malorum est. Hoc de prioribus hæreticis per historias, de modernis verò per experientias in diuersis regionibus & Regnis non sine graui dolore sentimus. Sed alacriter ad exterminationem portentorum huiusmodi ne vincant. Nos Progenitorum nostrorum exempla secuti, nos in Domino fidei, nos de summi Pontificis & omnium in commune orthodoxorum, Iudicijs consilijsque bene creduli totam deuotionis nostræ sedulitatem, zelum potestatem offerimus. Faueat pijs

" 1413.

desideriorum conatibus Christus qui pro Petro rogauit vt non deficeret fides sua & nostra quæ sua est nunquam fides deficiat & ex operibus se ostendat. Quoniam hæc est victoria quæ vincit mundum fides nostra. Datum in villa nostra Parisiensi 27. die Decemb. anno Domini 1414. Regni verò nostri 26.

1413.

Mense Ianuario sequenti Natio Gallicana nihil habens vnde suum de restituta pace gaudium manifestius faceret, Principes postliminio reuersos aliosque ad Guillelmalia sua inuitauit per M. Benedictum Gentiani, & Episcopum Parisiensem vt sacris operaretur. Inuitati venerunt magna ex parte, alios absentes excusarunt; qua de re ita legitur in Actis, ad diem 10. Ianu.

Item die S. Guillelmi in Missa venerunt DD. Comes Virtutum, Comes Dolensis, Comes Richemundiæ, qui fuerunt recepti honorificè per omnes Magistros Nationis & fuerunt dictæ Gentes ipsorum in Cameram Prouisoris pro deientando sicut Natio ordinauerat, & post missam Natio regratiauit eis de honore impenso Nationi per organum D. Cancellarij Ecclesiæ Parisiensis (Gersonis.) Qui quidem Domini excusauerunt alios Dominos de sanguine Regis, scilicet Regem Ludouicum, D. Bituriæ, D. Aurelianensem & alios Dominos qui debebant venire, quia vt dicebant, non potuerunt venire propter factum arduum quod euenerat in Domo Ducis Aquitaniæ sicut quilibet sciebat, ideo rogabant Nationem vt Natio haberet ipsos excusatos. Item D. Episcopus Paris. pransus fuit in Camera Prouisoris Nauarræ & plures notabiles Magistri de Natione tam de superioribus facultatibus quàm de Natione multum honorificè & honestè.

Placet quoque ad calcem huius anni referre litteras Regias in Regestis Castelleti contentas ad Vniuersitatis Priuilegiorum conseruationem.

Lettres narratiues du Quint Article & du Priuilege donné par iceluy Quint Article à l'Vniuersité de Paris.

CHARLES PAR LA GRACE DE DIEV ROY DE FRANCE. Au Preuost de Paris, & à tous nos autres Iusticiers de nostre Royaume ou à leurs Lieutenans salut. Nostre bien amée Fille l'Vniuersité de Paris, Nous a fait exposer en complaignant, que joint que pour bien & deuement pouruoir aux Eglises & Benefices de nostre Royaume de personnes suffisantes & idoines, pour le bon regime & gouuernement d'icelle & salut de nous & de nostre Peuple, nostre S. Pere le Pape à present seant, meu de sa grace, pour le bien & accroissement de nostredite fille & en dechargeant sa conscience n'agueres au Roolle d'icelle par luy signé ait pourueu aux Docteurs & Maistres, qui de fait sans fraude, au temps de la Confection & datte d'icelles estoient presens en l'estude de nostredite Fille, de graces expectatiues à plusieurs & diuerses Collations de Benefices, tant d'Archeuesques, Euesques, Abbez, Prieurs, comme d'autres gens d'Eglise de nostre Royaume, & comme à iceux qui sont bien meurez & à qui de droit lesdits Benefices sont deus, & afin que icelles graces puissent plûtost auoir & sortir leur effet, quand le cas le requerra, & pour éuiter aussi à toutes inuolutions de procez, nostredit S. Pere assez tost aprés icelles graces par luy à eux données, leur ait pourueu & sur ce donné plusieurs belles Prerogatiues, Constitutions, Ordonnances & Statuts, contenuës & declarées en certaine Bulle appellée le quint Article; c'est assauoir que si audit an, nul autre ou au temps de l'assignation d'iceluy roolle sur quelconque faute de paroles ou datte pareille au Seigneur que ce soit, eust obtenu de nostredit S. Pere graces expectatiues ou qui aprés les obtiendront, ne puissent preiudicier aux graces à eux faites audit roolle, n'y estre à aucun d'eux preferées en l'affectation de plusieurs Benefices en quelque maniere que ce soit, excepté tant seulement certaines personnes Ecclesiastiques;

c'est

Vniuersitatis Parisiensis.

c'est assauoir ceux qui pour lors resideront en Cour de Rome, qui auoient esté vrays familiers domestiques continuels & commensaux, tant du feu de bonne memoire Pape Alexandre dernier trepassé, de ses Cardinaux & Conclaue que de nostre S Pere, à present & de ses Cardinaux & iusques à certain nombre d'Ecclesiastiques & certaine lettre de Chancelerie de nostre S. Pere par luy enuoyée à nostredite Fille, exceptez aussi les Neueux desdits Cardinaux; les Freres, Fils & Neueux des Roys, Ducs, Marquis, Comtes & Ambassadeurs d'iceux & de leurs femmes & auec ce les Messagers & Ambassadeurs des generales Estudes de nostredit Royaume, qui pour lors presentoient à nostredit S. Pere, ou depuis ont presenté les principaux Roolles desdites Estudes; comme aussi des premiers en Cour de Rome, desdits Roys, Ducs, Marquis, Comtes & pour lors residents en Cour de Rome; comme plus à plain est contenu audit quint Article, ou que si nostredit S. Pere pour lors eust concedé ou octroyé à aucun, ou à aucuns par importunité le requerant, ou autrement, ou que apres il concedast ou octroyast aucune prérogatiue à ce que dit est, ou par laquelle aucun preiudice leur fust fait ou qu'elle peust déroger ausdits Docteurs ou Maistres de nostredite Fille ou à aucuns d'iceux, & ausquels ladite prérogatiue s'estend, que ce ne leur puisse préiudicier; mais que icelles, quant ausdits Docteurs & Maistres, soient du tout cassées, nulles & de nulle valeur, pour l'approbation desquelles Prérogatiues, Constitutions, Ordonnances ou Statuts plus à plain exprimez audit quint Article, Nostredit S. Pere a voulu & veut que plaine foy soit adioustée par tout à la Bulle sur ce enuoyée à nostredite Fille, ou au Vidimus d'icelle, sans nulle autre approbation, en declarant outre par nostredit S. Pere, tout ce qui seroit fait au contraire auoir esté & estre cassé, nul & de nulle valeur, jaçoit aussi que par les Priuileges à eux donnez & octroyez du S. Siege Apostolique de Rome, dont ils ont vsé & vsent chacun iour, leur soit octroyé, afin qu'il puissent mieux vacquer aux Estudes & autrement moins occupez, *& que ils ne puissent estre traits ou conuenus en cause hors des murs de nostredite Ville de Paris, par lettres Apostoliques ou Legats d'icelle ne autrement, & mesme en causes pendantes pardeuant nos Officiers en cas de saisine & nouuelleté, dont la Cour & cognoissance nous appartient ou à nos Officiers pour nous, & non à autres*; Neantmoins plusieurs manieres de gens taisant les Prérogatiues, Constitutions & Ordonnances contenuës audit quint Article & les Priuileges dessusdits, les qualitez & degrez des Supposts d'icelle, se sont efforcez & efforcent de casser, annuller du tout ledit quint Article ou pretexte d'iceluy & de donner ausdits Docteurs, & Maistres de nostredite Fille, troubles & empeschemens, & encores font de iour en iour, les vns qui ne sont point exceptez, soubs ombre de laquelle & qu'ils ont greigneur datte que ceux de nostredite Fille, les autres eux disans familiers desdits Cardinaux, sous ombre de certaines subrogations, par lesquelles ils se disent estre subrogez en lieu des nommez és Roolles principaux desdits Cardinaux, les autres de nostredite Fille qui estoient absens au temps de la confection dudit Roolle, sous ombre de ce qu'ils disent auoir impetré certaine prérogatiue, par laquelle ils doiuent iouïr & vser de la prérogatiue de nostredite Fille; ainsi comme s'ils eussent esté presens au temps du datte dudit Roolle, les autres qui se dient Seruiteurs en Cour de Rome, sous ombre de certaine obligation, & supplication que ils baillent à nostre S. Pere en tentât l'vne & l'autre qu'ils soutiennent quand ils songent la vacation d'aucun Benefice & y leuent leurs Bulles de nouuelle Prouision au préiudice des Supposts de nostredite Fille, les autres sont plusieurs ausquels par importunité, ou autrement nostre S. Pere a donné plusieurs graces contre les Supposts de nostredite Fille, & encores sous ombre des choses dessusdites subrepticement par eux impetrées, ont impetré & impetrent subrepticement de iour en iour plusieurs Citations, Monitions & autres manieres en ladite Cour de Rome,

" par lesquelles ils se sont efforcez & efforcent de citer & traitter de fait
" plusieurs honorables des Docteurs, Maistres & Supposts de nostre Fille
" outre les Monts à Rome, loing-tain Pays de leurs Estudes, qui est Traction
" indeuë, toutes lesquelles choses sont en venant directement & en atten-
" tant folement contre la volonté & determination de nostre saint Pere,
" la teneur dudit quint Article & de leurs Priuileges, & du Priuilege de nou-
" uelleté dont la cognoissance nous appartient, comme dit est ; & de nos-
" dites autres lettres n'agueres par eux sur ce obtenuës de nous, en per-
" turbant & empeschant lesdits Docteurs & Maistres en leurs Estudes &
" en les trauaillant à tort, sans cause & sans raison, à leur grand grief,
" dommage & preiudice & du bien public de nostre Royaume, & seroit
" encores plus si par Nous ne leur estoit sur ce pouruëu, requerant sur ce
" nostre prouision : Pourquoy Nous, ces choses considerées *qui sommes
" Protecteurs de nostre Fille*, Voulans à icelle pouruoir & remedier aux ma-
" lices des impetrans telles mauuaises & subreptices subrogations, nou-
" uelles Prouisions & autres impetrations dessusdites : Vous mandons &
" commandons, en commettant par ces presentes, si mestier est, que s'il
" vous appert les Prérogatiues, Constitutions, Ordonnances & Statuts
" contenuës audit quint Article & autres choses dessusdites par lettres,
" Bulles, Instruments, Vidimus d'icelles ou autrement deuëment auoir
" esté données, concedées & octroyées à nostre Fille & Supposts d'icelle,
" par la maniere que dit est, Vous & chacun de vous qui requis en serez,
" tenez & obseruez & faites tenir, garder & obseruer les Prérogatiues,
" Constitutions, Ordonnances & Statuts dessusdites en leurs termes, sans
" enfraindre, selon leur forme & teneur, sans faire ou innouer ny souffrir
" aucune chose estre faite, ou innouée au contraire, & sans donner ny faire
" donner d'oresnauant par vous ny par autres, ausdits eux disans familiers
" ny à aucun d'eux, aucunes declarations frustratoires, pour aller querir à
" Rome telles Subrogations, nouuelles Prouisions, & choses dessusdites
" ne aucunes d'icelles contraires ausdites Prérogatiues, Constitutions,
" Ordonnances & Statuts de nostre Fille, en les faisant proceder és causes
" commencées pardeuant vous si mestier est, durant le temps des Vacations
" prochainement venant & outre leur faites & faites faire inhibitions &
" deffenses de par nous & à tous autres qui appartiendra & dont serez re-
" quis à & sur grosses peines à nous à appliquer, que contre n'y au pre-
" iudice desdites Prérogatiues, Constitutions, Ordonnances & Priuile-
" ges dessusdites dorénauant ils ne citent, traitent, ne fassent citer, trait-
" ter lesdits Docteurs, Maistres & Supposts d'icelle, ne aucun d'eux en
" ladite Cour de Rome, ny ailleurs hors de nostre Ville de Paris, & que
" si aucune chose ils ou aucun d'eux ont fait ou fait faire au contraire, que
" ils reuoquent & rappellent, tantost & sans delay, ou fassent reuoquer &
" mettre du tout au neant, à leurs propres cousts & despens & ayent à eux
" cesser & desister des Citations, Monitions, Sentences dessusdites, les
" contraignant par toutes voyes deuës & raisonnables, & si métier est par
" la prise desdites Citations, Monitions, Sentences & autres de Cour de
" Rome & de leur temporel, mettre en auant si le cas le requiert & par
" toutes voyes deuës & raisonnables & ne souffrez en aucune maniere icel-
" les estre mises à execution, mais les tenez & faites tenir en suspens ius-
" ques à ce que autrement y soit pouruëu : Car ainsi nous plaist-il estre
" fait & à nostredite Fille, l'auons octroyé & octroyons de grace speciale
" par ces presentes, nonobstant quelconques appellations, lettres subre-
" ptices & autres. Donné à Paris le 6. iour de Iuillet, l'an de grace 1413.
" Et de nostre regne le 33. Publiée en Iugement.

Anno 1414. celebrari cœpit Concilium Constantiense, connitente ad
opus tam salutiferum Sigismundo Imperatore, prout cum Ioanne Papa
conuenerat ; quam in rem die penultima Octob. anni superioris publicas
scripserat litteras ; & Ioannes similiter 4. id. Decemb. quibus ad illud.
Concilium Prælatos, Reges, Principes, maximè verò Vniuersitatem

Parisiensem inuitabant, vt suos quoque ad illud Oratores Legatosque destinaret.

Extant in Tabulario Academico litteræ quibus Vniuersitas Sigismundo tam sanctum propositum quasi Autori gratulatur, datæ die 7. Maij.

"SERENISSIMO ac Victoriosissimo Principi Sigismundo Regi Romanorum semper Augusto *Rector & Vniuersitas Paris.* Sal. reuerentiam & in bonis operibus perseuerantiam. Serenissime ac Victoriosissime Princeps & semper Auguste; exultantibus & non ingratis animis id iugiter, apud Nos commemoramus, quod Nos vestra Regalis celsitudo suis scriptis venerata sit, ac suorum arcanorum dignetur honore, nec ad grates condignas nitimur, sed id vnum possumus quod & vota nostra & quæque grata nobiscum videritis vestris obsequijs condonemus. Verum dum vestræ accuratè Epistolæ partes colligimus, hoc vnum & spem mentibus validiorem inducit & mentes iocundius afficit, quod sapientiam, *per quam Reges regnant & Legum Conditores iusta decernunt*, indefesse colitis, hanc quoque à florenti vestra iuuentute exquisiuistis & amastis. Admiramur, admirantesque sollicitudinem hanc nostro pro posse in excelsum efferimus, quod Regia sublimitas grauibus exercitijs dedita curisque circunuenta tam arduis se studijs litterarum accommodet & immaculatæ legi Dei magnanimis in præcordijs conscribendæ det operam, sicque tempora proprijs aptans Officijs nihil dierum vagum relinquat. Cœleste profectò donum est si mens erudita strenuo cum corpore conueniat; nec quemquam magis decent hæc quam Principem, vt qui multiplici potestate Regna moderatur, amplioribus notitijs sit fœcundus. O quàm populis gaudiosum quantaque Regno gloria Principem habuisse circunspectum! cui mens clara in corpore claro, cui omnia recto calle dirigere & forti virtute exequi & corpus præstat & animus. *Nihil quippe beatiores facit esse Resp. quàm si eas Studiosi regant, aut rarum Rectores Sapientiæ studere contingat.* Tales aliorum Dominos & Rectores natura constitutos meminimus; felix igitur vestris laboribus sit Ecclesia, fortunatique sub tanto tamque ingenti Principe populi, ac vobis pia vota succedant, & nos vestræ sinceritatis insignia vestigia ad salubria quæque feliciter promouenda in Domino congaudentes iunctissimi semper subsequemur; Nostrorumque aliquos viros electissimos & probatos, si Regi supremo Domino nostro res accepta sit, cum Regalibus Principibus, vel aliquo eorum, aut quouis modo opportunum fuerit ad Celsitudinem vestram libentes destinabimus. Hoc exspectantes vt in charitate non ficta, in longanimitate, in verbo veritatis Ecclesiæ pacem portare, illuminare Patriam, dare pacem animabus nostris adueneritis. Quantos meritos honores quantaque laudis insignia & vt magis sempiterna quàm temporalia dicamus; quæ præmia à Christo vobis obuentura putetis, si vt & vnus Pastor, sic vnum indispersumque Ouile Dominicum in vberrima Catholicæ Religionis pascua vestra vigilantia prosperetur, si veteribus creditur historijs, nostis etenim quanto in honore Augustorum nomina maneant, vt neque eorum morte, neque vetustate eorum decora & inclyta fama deleta sit: at eorum nomen perpetua labe sordidum est qui diras exercuere tyrannides, & velut sibi ipsis nati spreto Regalis debiti vinculo, præ ignauia in delicijs voluptuarunt; sed primos imitari, alios rectà discretione despicere vestris altis, ac laboribus deditis animis satis affixum esse cognouimus. Serenitatem vestram roboret & confirmet Deus fortitudo nostra, vt post gloriosum semper ex hostibus triumphum prosperitatis & pacis rebus intendat. Datum Parisius in Congregatione nostra Generali, apud S. Math. solemniter celebrata anno Domini 1414. die 7. mensis Maij."

Rogata quoque Vniuersitas à Ioanne Pontifice, vt Bohemos ab hæresi Wicleffiana piè reuocare conaretur, quoniam ipse in Concilio Romano nihil aduersus Hussium & Sectatores proficere potuerat, sub

Legatis inter Instructiones hanc partem potissimùm demandauit, vt illos ad parendum inducerent, & à nouitatibus semper periculosis deducerent; leguntur autem istæ Instructiones in quodam Exemplari papyraceo Tabularij Academici notato hisce notis. A. 1. V.

Sequuntur Instructiones pro Ambassiatoribus Vniuersitatis Studij Parisiensis, missis ex parte eiusdem Vniuersitatis ad partes vicinas Bohemiæ, ad Prælatos & Principes Vniuersitatis & Communitates notabiles Almaniæ, ad fines qui infra continentur, & ad conueniendum cum Illustrissimo Principe D. Imperatore, cæterisque Prælatis & Principibus, ac Ambaxiatoribus Illustrissimi Principis D. Ducis Bungundiæ & aliorum Principum qui de proximo illuc conuenire habent.

„Imprimis postquam dicti Ambassiatores applicuerint in loco Conuen„tionis, visitabunt Prælatos & Principes qui ibidem conueniunt, aut „eorum Ambassiatores, recommendando eis Vniuersitatem præfatam & „exponendo eis fines suæ Ambassiatæ, *qui sunt, tentare reducere. Quosdam* „*qui nuper insurrexerunt* in Regno Bohemiæ sequentes particulares doctri„nas contra Doctrinam vniuersalis Ecclesiæ, ad vnionem & communem „observantiam vniuersalis Ecclesiæ, aut saltem ad subijciendum opinio„nes suas determinationi Concilij Generalis vniuersalis Ecclesiæ in pro„ximo celebrandi. Et hoc viâ charitatiuâ & doctrinali tantùm prout ei„dem Vniuersitati spectat, nihil præsumendo contra aut præter autori„tatem Rom. Pontificis & sedis Apostolicæ, ad quos autoritatiuè spectat „reducere deuiantes, &c. Et ad finem inducendi omnes Prælatos & Prin„cipes partium suæ Ambassiatæ ad promotionem accelerationis Concilij „Generalis, & vt se reddant paratos conuenire in dicto Concilio proxi„mè, vt speratur, celebrando. Et idipsum facient apud Illustriss. Prin„cipem D. Ducem Burgundiæ, si contingat eos transire per locum proxi„mum suæ residentiæ. Si verò D. Imperator ibidem personaliter conue„niat, vt speratur, suam Serenitatem primitùs visitabunt, suæ intentioni „congratulantes & ipsum per amplius inducentes ad eam conducendam „ad effectum, ostendentes quanta macula suæ Coronæ Imperiali, quan„taque plaga suo Imperio relinquatur, nisi hoc scandalum de medio suæ „Ditionis celerius tollatur. Exponentes etiam intentionem & finem suæ „Ambaxiatæ, vt suprà.

„Item postquam recommendauerint & exposuerint, vt suprà, inqui„rent de fine Conuentionis præfatæ & de intentione Prælatorum & Prin„cipum conuenientium, qui si fuerint conformes fini & intentioni Vniuer„sitatis, tractabunt cum eis de modo & forma tenendis ad reducendum „deuiantes illos, de quibus supra, vt in dicta Conuentione sit concordia, „non deuiando tamen quouis modo à fine & intentione Vniuersitatis. „Collaudabunt etiam sanctum Propositum prædictorum Prælatorum & „Principum, & maximè D. Imperatoris, si ibidem conueniat personaliter, „eosdem per amplius inducentes ad tam sanctum Propositum, deducendo „ad effectum, tum Dei reuerentia, tum propter pacem & tranquillitatem „Ecclesiæ, tum ad saluandum honorem Imperatoris Prælatorum & Prin„cipum illarum partium, quibus potissimè incumbit.

„Item & hoc facto inquirent diligenter de punctis principalibus sectæ „huiusmodi Deuiantium, & rationibus eorum, & se præmuniant diligenter „contra Articulos & rationes eorum, vt si possit fieri, viâ rationis illico „reducantur ad veritatem doctrinæ orthodoxæ.

„Item ipsis sic præmunitis, poterunt se exponere dicti Ambassiatores „exhortationi prædictorum deuiantium, vt ipsi ob reuerentiam Dei & Ec„clesiasticæ vnitatis & ad vitandum effusionem sanguinis Christiani, *in* „*contemplationem etiam Vniuersitatis Studij Paris.* quæ semper zelatur pa„cem & concordiam in Ecclesia S. Dei & Reformationem Ecclesiæ in Ca„pite & in membris, quæ innititur Euangelicæ Doctrinæ, ac autoritati san„ctorum ab Ecclesia approbatorum, nec vnquam fuit notata de aliqua

Partialitate, quæ libenter recipit & nutrit filios de omni parte Christianitatis, neque statim acquiescit quibuscunque rumoribus, nisi postquam debitè fuerit informata. In contemplationem etiam Ecclesiæ Gall. & totius Regni Franciæ, quod semper Regno Bohemiæ fuit confœderatum, velint planè & promptè se vnire doctrinæ hactenùs obseruatæ in Ecclesia vniuersali per tot & tantos notabiles Doctores qui nos præcesserunt, ostendendo quàm sit periculosa nouitas in fide, & quàm leue sit Rationem humanam decipi, vbi sola sequenda est Autoritas; aut saltem si de aliquo hæsitauerint, velint super hoc se submittere determinationi Concilij Generalis de proximo celebrandi; recitando ita fecisse Apostolos in primitiua Ecclesia & SS. Patres qui nos præcesserunt, ostendendo etiam quàm periculosum sit non recognoscere Superiorem in opinione sua, saltem Congregationem vniuersalis Ecclesiæ, quæ nulla partialitate notari potest.

Item & si prædicti Deuiantes exhortationi præfatæ obediuerint, capiatur omnimoda securitas de eorum submissione in Concilio Generali. Et super hoc fiat scriptura publica & authentica cum consilio & cum consensu Conuenientium ibidem. Si autem non obedierint prædictæ Exhortationi se vniendo, aut saltem submittendo Concilio Generali, quinimo Articulos suos sustinere voluerint, attendantur diligenter fundamenta principalia suorum Articulorum, & audiantur eorum argutiæ, neque eis incontinenti detur responsio, sed acceptis inducijs prouideant inter se Ambassiatores de firma & solida responsione, concludendo semper in fine Collocutionis suæ, vt in proximo art. scilicet ad finem planæ reunionis & submissionis.

Item & quoad alium finem propter quem mittuntur præfati Ambassiatores, siue præfati Deuiantes planè se reuinerint Ecclesiæ, siue non, neque etiam se submiserint determinationi Concilij Generalis; quod Deus auertat maximè tamen vbi se submiserint, nihilominus Ambassiatores præfati habebunt inducere omnes Prælatos & Principes Partium suæ Ambassiatæ ad promotionem celebrationis Concilij Generalis tempore statuto in Concilio Constantiensi, immò & accelerationis eiusdem, si necesse fuerit, ostendendo necessitatem celebrationis huiusmodi Concilij tam pro extirpatione hæresum, quàm pro Reformatione Ecclesiæ in Capite & in membris; quodque super hoc velint rescribere summo Pontifici. Inducant etiam eos ad promotionem celebrationis Conciliorum Prouincialium per Prouincias illarum partium ad vitandas futuras hæreses & morum deformationes, allegando quod ita disponitur hîc fieri ad promotionem Vniuersitatis præfatæ.

Item & super præmissis adhibeant diligentiam de rescribendo sæpe dictæ Vniuersitati de nouis occurrentibus, neque aliquid præsumant contra autoritatem sedis Apostolicæ & intentionem præfatæ Vniuersitatis. Cætera remittuntur discretioni dictorum Ambassiatorum.

Item deferant secum Epistolas Vniuersitatis pro acceleratione Concilij Generalis, vt eas communicent illis quibus videbitur expediens.

Scripsit quoque Gersonius ad Archiepiscopum Pragensem super ea re, cuius extant litteræ apud Cochlæum, *l. 1. histor. Huss. his verbis.*

REVERENDISSIMO IN CHRISTO PATRI AC DOMINO PRÆCLARISSIMO DOMINO N. ARCHIEPISCOPO PRAGENSI ET APOSTOLICÆ SEDIS LEGATO, IOANNES CANCELLARIVS AC DECANVS SACRÆ THEOLOGICÆ FACVLTATIS VNIVERSITATIS PARIS. Gratiam & Pacem & ad ea vigilanter superintendere quæ salutem respiciunt animarum. (Et post multa.) Quæ dum etiam atque etiam recogito, inueniuntur hactenus hæreses extirpatæ ab agro Ecclesiastico diuersis vijs veluti falce multiplici. Inueniuntur quidem primitùs falce, vel acuto sarculo miraculorum attestantium diuinitùs Catholicæ veritati, & hoc tempore Apostolorum. Inueniuntur extirpatæ postmodùm per

EPISTOLA GERSONIS CANCELLARII AD ARCHIEPISCOPVM PRAGENSEM.

"1414.

" falcem disputationis argumentativæ per Doctores. Sunt extirpatæ per
" inde, per falcem sacrorum Conciliorum, fauentibus Imperatoribus, quan-
" do disputatio doctrinalis particularium Doctorum inefficax esse videba-
" tur. Tandem accessit velut in desperata peste securis brachij secularis
" excidens hæreses cum authoribus suis & in ignem mittens: Prouidens hac
" tantâ seueritate, & misericordi, vt sic dicatur, crudelitate, ne sermo
" talium veluti Cancer serpat in perniciem tam propriam quàm alienam. Et
" ante multo tempore non sinere Procuratoribus ex sententia agere, sed
" statim vltionem adhibere magni Beneficij est Indicium. Quia nihil est in-
" felicius, dicente Augustino, felicitate peccantium. Colligat ex istis &
" similibus Prudentissima vestræ Paternitatis reuerentis circunspectio quid
" actura sit in re præsenti. Nam si Pseudo. Doctores apud vos seminatores
" hæresum quærunt miracula, sciant quod illa iam abunde facta sunt &
" præterierunt. Neque fas est vt ad fidem nostram tanquam nouellam per
" miracula confirmandam nunc tentetur Deus. Habent ipsi nedum Moy-
" sen & Prophetas, sed & Apostolos & Doctores antiquos cum sacris
" Concilijs. Habent & nouos Doctores collectos in Vniuersitatibus præ-
" sertim in ipsâ Matre Studiorum Vniuersitate Parisiensi quæ hactenus hæ-
" resum monstro caruit & Domino protegente carebit in æuum; habent
" prorsus hæc omnia, credant eis, alioquin neque si quis surrexerit à mor-
" tuis, credent. Neque rursus in disputando apud tales pertinaci animosi-
" tate contendentes & innitentes propriæ prudentiæ vllus vnquam erit fi-
" nis. Quin potius nimis altercando iuxta verbum Senecæ, deperdetur ve-
" ritas, scandalizabitur insuper Populus, lædetur quoque summa Chari-
" tas. Denique talis obstinatorum proteruitas incidit in illud Poëtæ
" Ægrescitque medendo. Superest igitur si præmissorum nihil prosit,
" quod ad radicem infructuosæ imò maledicæ Arboris ponatur securis bra-
" chij secularis. Quale vos Brachium inuocare vijs omnibus conuenit,
" & expedit ad salutem omnium vobis Creditorum, &c. (Et sub finem.)
 " Denique monstraturi quàm vigeat etiam aduersus suos zelus fidei,
" apud Christianissimum Regem nostrum Franciæ & Præclarissimam filiam
" suam Vniuersitatem Parisiensem, vnde gloriamur in Domino, dignum
" duximus transmittere litteras Patentes eiusdem Domini Regis ac Præ-
" fatæ Vniuersitatis Reuerendæ Paternitati vestræ; quàm conseruet sum-
" mus animarum Pastor & agricola verus qui est dictus in secula. Scriptum
" Parisius 27. Maij vigilia Pentecostes. Subsignato de manu propria & si-
" gillo Cancellariæ Parisiensis DE GERSONO.

Quod ad res Francicas attinet, iterum exarsit bellum cum Burgundo,
& Aurelianensibus abunde satisfactum. Natio Gallicana sumptibus proprijs supplicationem instituit ad Cœlestinorum ædem, vbi iacebat Ludouici Aureliani corpus, ibique solemniter eius exequias celebrauit;
qua de re sic scribit M. Ioan. de Templis tum eiusdem Nationis Procurator.

" Die Lunæ 10. mensis Iunij anno Dom. 1414. in hac Procuratoria M.
" Ioannis de Templis iuxta deliberationem Nationis Franciæ solemniter
" præhabitam in S. Mathurino facta fuit Congregatio generalis totius Na-
" tionis præfatæ in S. Math. ad eundem processionaliter apud Cœlestinos,
" vbi inhumatum est corpus defuncti piæ record. Illustrissimi Principis D.
" Ludouici quondam Ducis Aurelianensis & vnici Germani fratris D. no-
" stri Regis pro celebrandis exequijs solemnibus pro salute animæ eius-
" dem D. Ducis. In quibus conuocati interfuerunt in multitudine copio-
" sa quamplures DD. & MM. diuersarum Professionum, Dignitatum &
" Graduum, videlicet Archiepiscopi, Episcopi multi & Abbates, Magi-
" stri in Theologia, Doctores in Decretis, Magistri in Medicina, Bacca-
" larij formati & Cursores in Theol. Licentiati in Iure Ciuili & Canonico,
" Regentes in Artibus & Baccalarij in Artibus pro tunc existentes in Ca-
" meris præsentes in habitibus decentibus iuxta Gradus & Professiones
" suas cum alijs Magistris & Scholaribus mirabili copiositate. Et fecit

Vniuersitatis Parisiensis. 271

setuitium D. Episcopus Parisi. qui etiam affuit pedes in Processione cum " ⸺
Procuratore. Quarum quidem Exequiarum & Vigiliarum, Processionis " 1414.
& Missarum expensas soluit ad plenum Natio. Videlicet pro sexaginta "
libris ceræ ad faciendum luminare in tedis & cereis, librâ valente 3. sol. "
4. d. Parisi. 10. lib. Parisi. Item pro 13. missis tunc in eadem Ecclesia pro "
dicto Domino submissa voce celebratis 36. sol. Parisi. Item pro Offerto- "
rijs & eleemosynis manualiter tunc pauperibus erogatis 20. sol. Parisi. "
Item pro duobus cereis albæ ceræ quæ virginea dicitur, datis dicto Con- "
uentui in recompensationem aliquarum misiarum occasione dictæ pro- "
cessionis factarum quolibet cereo ponderis 2. librarum cum dimidia & "
libra valente 6. sol. Parisi. valent 30. sol. Item pro Salario Cantorum & "
prandio Officiantium & quibusdam alijs minutis misijs 44. sol. Parisi. & "
sic resultant omnes expensæ ad summam 16. lib. Parisi. "

 Eodem anno, mense Augusto, orta est grauis discordia in Vniuersitate
occasione cuiusdam Adiunctionis, quàm M. Ioannes Campani Rector
concludere noluerat in gratiam M. Vrsini de Tailleuande Doctoris
Theol. Normani Episcopatum Constantiensem prosequentis; adeóque
contentio ereuit, vt Rector in loco sacro, hoc est in Mathurinensium
Æde à prædicto Vrsino pugnis appetitus fuerit. Et cum Rector ille suppositum esset Nationis Gallicanæ, voluit ipsa natio vlcisci facinus, atque omnia supposita cuiuscunque facultatis gradus & ordinis essent in
Capitulum Basilicæ Parisiensis conuocare voluit, vt ea de re deliberaretur. Rem vt gesta est, habemus in libro veteri Procuratorum Nationis Gall. manu M. Ioannis de Templis tunc eiusdem Nationis Procuratoris descriptam his verbis.

 Anno Domini 1414. die vero 5. mensis Augusti celebrata fuit Congre- " RECTORI
gatio solemnissima Nationis Franciæ in Capitulo *Ecclesiæ Parisi. vbi in ar-* ILLATA
duissimis casibus & necessitatibus & factis vrgentibus consueuit ipsa Natio con- " INIVRIA.
gregari sub protectione & directione B. Mariæ Virginis in consilijs & agendis. "
Et præsertim quia locus ille videbatur facilior accessu pro DD. Suppo- "
sitis Nationis de omni statu illuc conuocatis, scilicet DD. Prælatis, Ma- "
gistris in Theol. qui illuc in magno numero affuerunt, Doctoribus in De- "
cretis, & Magistris in Medicina; Dominis de Parlamento, Aduocatis & "
Practicis, Consiliarijs Vniuersitatis Dominis pluribus de Capitulo Pa- "
risi. Baccalarijs formatis in Theol. Licentiatis, in Iure Canonico & Ciuili "
& alijs Magistris in Artibus in multitudine copiosissima, vt locus non "
bene capere sufficeret accurrentes. Fiebat autem ipsa Congregatio super "
reparatione cuiusdam enormis iniuriæ in die Iouis præcedente perpetra- "
tæ in persona Reuerendi Magistri & D. Magistri Ioannis Campani de Na- "
tione Franciæ tunc Rectoris Vniuersitatis, ipso existente in loco Con- "
gregationis in S. Mathurino. Quia enim præfatus D. Rector noluerat "
concludere concessionem Supplicationis M. Vrsini de Tailleuande Nor- "
mani supplicantis pro adiunctione Vniuersitatis in prosecutione Episco- "
patus Constantiensis de quo contendebat dicens se pro illius supplica- "
tionis concessione saluo suo iuramento . . . . "
. . . . "
Supplicationem; quam etiam dicebat D. Rector gratiosam: cum gra- "
tiosum sit, quod Vniuersitas in non concernentibus Priuilegia sua pro- "
sequatur promotionem sui suppositi, & adiungat se illi in causa Bene- "
ficiali. Tum insuper quia D. Rector nihil super hoc in deliberatione po- "
suerat, nec in sua præsentia aliquid super hoc illi dictum fuerat. Tum "
præterea quia talis supplicatio erat in magnum præiudicium & grauamen "
authoritatis Domini nostri summi Pontificis & de directo veniens ad sub- "
stractionem Beneficiorum, cuius oppositum prosequi iurauit Rector si- "
cut & alij in sua institutione. "
 Porrò alij fauentes dictæ supplicationi & materiæ totis conatibus & "
validissimis clamoribus instabant vt ipse concluderet, dicentes suppli- "
cationem illam rigorosam esse & Rectorem debere compelli, quia iurauit "

"à maiori parte semper concludere, quod & facere moliti sunt claman-
" tes validissimè *Cappam, Cappam*, per hoc significantes quod sibi violen-
" ter aufferretur cappa. Et tandem in exitu eius de Capitulo S. Mathurini
" impetum facientes in eum iniecerunt manus in Capucium & cappam eius
" adeò violenter, vt de cappæ penna & capucij etiam pars vna lacerata sit,
" & ne violentius traheretur, oportuit quod ipse deponeret suum Capu-
" cium. Eorum verò qui ipsi D. Rectori assistebant defendentes eum ali-
" qui percussi sunt, & præsertim vnus vsque ad sanguinis effusionem, alius
" ad terram prostratus & alius per crines tractus. Et breuiter, fuit impetus
" & confusio mirabilis & tanta violentia, vt vix ab illo loco potuerit D. Re-
" ctor exire.
" Quoniam igitur iniuria talis præsertim concernebat Nationem pro
" quanto, & D. Rector est venerabile suppositum Nationis, & supposita
" læsa solum est de ipsa Natione, idcirco ponebatur in deliberatione quid
" agendum pro reparatione tam atrocis iniuriæ, per quam læsa erat Vni-
" uersitas tota, & præsertim Facultas Artium, cum D. Rector passus sit
" pro sustinendo Conclusionem & intentionem Facultatis Artium, & ma-
" ximè Natio Franciæ. Super quo fuit deliberatum concorditer & con-
" sensu vnanimi per modum qui sequitur.
" Primò quod prædicta iniuria in personam D. Rectoris perpetrata, gra-
" uis, atrox & enormis iniuria erat, tum propter læsam personam, *quæ supe-*
" *rior & Caput est totius Vniuersitatis*, tum propter lædentes, quia tales erant
" supposita Vniuersitatis Rectori subdita, & per iuramenta sua obligata
" ad exhibendum illi reuerentiam, obedientiam & honorem, loco quo-
" rum inferebant sibi rebellionem & offensam. Tum 3. propter locum qui
" sacer erat, videlicet Ecclesia & Claustrum S. Mathurini. Tum 4. pro-
" pter actum, quia in exercendo suum officium commune, scilicet Offi-
" cium Rectoriæ tempore Congregationis. Tum 5. propter modum facien-
" di quia videlicet per modum Commotionis popularis & rebellionis erga
" superiorem, siue etiam conspirationis & præconceptionis tam nefarij sce-
" leris.
" Secundò & principaliter deliberatum fuit, quòd attentis istis, iniuria
" hæc totam concernebat Vniuersitatem, & persecutio reparationis illius
" erat facienda per totam Vniuersitatem tanquam reparatio suæ propriæ
" iniuriæ & grauissimæ læsionis sui honoris. Et potissimè offensa erat Facul-
" tas Artium, tam propter rationem prætactam, tum quia Rector est specia-
" liter *Caput*. Facultatis Artium, specialiorem habens respectum ad eam, ad
" quam spectat ipsum in officio constituere, quàm ad alias facultates. Qua-
" propter requirenda erat prædicta facultas ex parte Nationis Franciæ, qua-
" tenus assumeret factum istud tanquam proprium, & reparationem talis in-
" iuriæ prosequi ad honorem suum & totius Vniuersitatis dignaretur.
" Etiam in casu quo Vniuersitas in se nollet, vel tepesceret in persecutio-
" ne condignæ reparationis tam atrocis iniuriæ, cui scilicet, vt dicebant
" deliberantes, non contigit par in personam Rectoris à suis ætatibus. Re-
" quirenda tamen erat Vniuersitas super isto per Facultatem Artium & spe-
" cialiter per istam Nationem, quæ quia grauius cæteris in hoc facto læsa
" erat, deliberauit concorditer prosequi reparationem condignam huius-
" modi grauis offensæ omnibus vijs & modis, rationibusque vbi cæteræ
" Nationes & Facultates desisterent, & expensis proprijs si opus fuerit,
" propter quod,
" Tertiò & principaliter deliberatum fuit & iniunctum ex parte totius
" Nationis cuilibet supposito eiusdem sub pœna priuationis ab ipsa Natio-
" ne & periurij, ne præsumeret directè, aut indirectè prosequi contra præ-
" sentem deliberationem Nationis & prosecutionem ipsius in hac mate-
" ria, nec partem, vel partes iniuriantem, vel iniuriantes directè, vel indi-
" rectè verbo, vel facto fouere, secundum quod vnusquisque iurauerat in
" adoptione gradus Magisterij.
" Quartò deliberauit assistere singulis suppositis suis, aut alijs prose-
quentibus

quentibus, vel profequuturis iftam materiam. Et quod fi contingeret aliquem talium pati occafione huius profecutionis, affumebat ex nunc factum illius, vel illorum tanquam proprium, & dedit ex tunc Procuratori & certis Deputatis quos fecum vellet affumere poteftatem & autoritatem ex parte ipfius profequendi præfens negotiũ, & proponendi apud Regem & Dominos Franciæ in Parlamento & vbicunque, & cætera faciendi omnibus vijs & modis rationabilibus, quæ Confilium Nationis dictauerit expedire, dicens facta & dicta ipforum talia grata & rata. Præcepit quoque fingulis Magiftris in Theologia de ipfa Natione per fuum iuramentum quatinus parati effent ad proponendum in ifta materia quotiefcunque effent per Procuratorem requifiti.

1414.

Quintò & finaliter iniunxit cuilibet fuppofito Nationis, ne cuiquam extra Nationem in præiudicium huius caufæ reuelaret deliberata & conclufa, aut etiam profequenda per Nationem, fed omnes non propriam opinionem, fed communia deliberata Nationis profequerentur cum omni fedulitate, diligentia, fidelitate & celeritate ad reparationẽ honoris Nationis, D. Rectoris & Suppofitorum Nationis læforum, & confequenter venerabilis Facultatis Artium, imò & totius matris noftræ Vniuerfitatis, fine odio, vel rancore cuiufcumque Nationis, vel perfonæ Super quibus omnibus petitum fieri Inftrumentum publicum à Iacobo Yfambardi Scriba Vniuerfitatis, tunc præfente, conuocatis idoneis teftibus ad præmiffa.

Circa materiam prædictæ grauis iniuriæ conformiter ad fuperius deliberata, celebrata eft in craftino ad inftantiam Nationis Franciæ Congregatio folemnis Facultatis Artium in S. Iuliano, in qua expofitus eft cafus præfatæ offenfæ propter Procuratorem Nationis iftius fupplicantis pro adiunctione aliarum Nationum & totius Facultatis ad Nationem, pro quanto erat in fpeciali iniuriata & requirendo quatenus haberent Nationes, & haberet ipfa Facultas factum iftud ficut proprium profequendo reparationem illius iniuriæ ficut propriæ, pro quanto vt fupra fcriptum eft, ipfa Facultas erat per hanc iniuriam multipliciter offenfa, & in fuo honore grauiter & præ alijs Facultatibus læfa. Super quâ materia deliberatum eft in illa Congregatione per ipfam Facultatem Artium. 1. quod D. Rector bene fe habuerat in non concludendo pro conceffione fupplicationis Magiftri Vrfini de Tailleuande in vltima Congregatione, & in hoc ipfum gratum, aduoatum habebat & habet, quia videbatur Facultati quod faluis confcientia fuâ & iuramento non poterat D. Rector aliud concludere, attentis rationibus fuprafcriptis in ipfa Congregatione Nationis. Quapropter contriftabatur multum ipfa facultas de cafu perpetrato compatiens D. Rectori, qui propter veritatem & Iuftitiam tanta paffus effet. Et idcirco volebat fibi affiftere in reparatione talis & tam enormis iniuriæ, concedens in forma fupplicationem Nationis Franciæ in forma quâ illam fecerat Procurator dictæ Nationis, reputans iniuriam hanc talem qualem fuperfcriptum eft, ipfam Franciæ Nationem illam reputaffe, volens profequi reparationem illius iniuriæ condignam omnibus vijs & modis rationabilibus tanquam factum proprium & inftare apud Vniuerfitatem, vt confimiliter faceret, quæ vbi declinaret, volebat nihilominus Facultas totis viribus hanc materiam profequi, tale fcelus fupra modum aggrauans & exhorrens. Quinimo ipfa Natio Normaniæ tunc deuouauit illos qui talem perpetraffent iniuriam, dicens illos non hoc habere ab ipfa Natione Normaniæ, nec volebat impedire quin tales punirentur fecundum quod exigant illorum demerita. Arguebant tamen D. Rectorem defeciffe, quia non concluferat pro conceffione illius fupplicationis præfatæ quæ fuit radix & occafio huius miferabilis cafus & diffenfionis.

Congregatio Facultatis Artium.

Confequenter verò rurfus in craftino fcilicet die 7. menfis Augufti facta eft Congregatio Vniuerfitatis in Iacobitis, in qua ex parte Facultatis Artium & Nationis Franciæ expofitus eft cafus præfatæ iniuriæ per

Congregatio Vniuerfitatis in eandem rem.

" Procuratorem eiusdem Nationis sicut suprascriptum est, supplicando &
" requirendo Vniuersitatem ex parte Facultatis & Nationis Franciæ, sicut
" in Facultate Artium factum fuerat ex parte Nationis Franciæ. Et tan-
" dem multis hincinde altercatis, deliberatum fuit & conclusum per Vniuer-
" sitatem, quòd iniuria grauis erat & quæ totam tangebat Vniuersitatem
" multipliciter in hoc offensam & læsam, propter quod reputabat eam
" tanquam sibi factam & volebat prosequi reparationem illius, sicut repa-
" rationem offensæ propriæ. Et interim & pro ante factæ erant & fiebant
" informationes contra malefactores, & capti sunt duo Magistri de Natio-
" ne Normaniæ de magis, vel clarius culpabilibus, & scrutabantur alij vt
" caperentur si possint inueniri, vt in carceribus suus tepesceret calor &
" retunderetur tantæ præsumptionis audacia.

" Postremo quia propter prosecutionem Reparationis præfatæ iniuriæ
" tota turbabatur Vniuersitas & in graui dissensione magis ac magis de die
" in diem ponebatur, renitentibus Normanis cuiuscunque Facultatis es-
" sent, huic reparationi faciendæ per alium quam per Vniuersitatem, licet
" ipsam iniuriam & perpetratores ipsius deuoassent vt suprascriptum;
" vnde factum Regni, quantum Vniuersitatem concernebat, videbatur esse
" in periculo, diuidentibus se Nationibus, vel Facultatibus etiam in alijs
" materijs occasione talis dissensionis multis eligentibus potius factum Re-
" gni quod etiam aliàs prosecuti sunt, ruinam pati, quàm quod fieret iusta
" reparatio offensæ sæpè memoratæ, adeo vt nihil tunc fieri, aut prose-
" qui per Vniuersitatem posset. Quapropter Reuerendissimus Pater & Do-
" minus meus metuendissimus D. Cardinalis de Barro consanguineus D.
" nostri Regis & frater Ducis Barrensis Parisius illis diebus notis de causis
" adueniens pro bono pacis & vtilitate Regis & Regni & honore Vniuer-
" sitatis se medium in hac disceptatione & controuersiâ constituit, aduo-
" cans ad se nunc D. Rectorem & Procuratorem Nationis Franciæ, nunc
" verò illos de Natione Normaniæ, istos exhortans ad remissionem suæ
" offensæ, alios commouens ad dulcem reparationem iniuriæ. Cum diu-
" tius huic tractatui pacis intendisset & nondum perficere valuisset, ma-
" luit Dominus tantus fieri quasi reparator iniuriæ, quàm res in deterius
" abiret. Et colloquio habito cum illustrissimo Principe D. Duce Bituriæ
" auunculo suo tunc tenente Parisius locum Regis absentis & existentis
" in suo exercitu ante Ciuitatem & villam Atrebatensem ad expugnatio-
" nem suorum inimicorum & rebellium, tandem celebrata solemni con-
" gregatione totius Vniuersitatis in S. Bernardo die Iouis 23. mensis Au-
" gusti præfatus D. Cardinalis Barrensis se tantum humiliare dignatus est
" vt venerit in propria ad ipsam Matrem nostram Vniuersitatem, associa-
" tus tribus Episcopis, videlicet D. Parisiensi & alijs duobus DD. Prælā-
" tis, militibus etiam & D. Confessore prædicti D. Ducis Bituriæ & alijs
" Ecclesiasticis & nobilibus personis in multitudine copiosa, deprecans &
" affectuosè supplicans ex parte D. Ducis Bituriæ & suâ, quatenùs atten-
" tis periculis quæ ex tali turbatione possent oriri, & his quæ agebantur in
" Regno, propter reuerentiam Dei & bonum ac honorem Regis & Re-
" gni, nec non tranquillitatem & pacem Vniuersitatis, & singulariter ob
" contemplationem D. Ducis Bituriæ & sui, D. Rector, Natio Franciæ &
" tota Vniuersitas vellet sibi & suæ supplicationi & humiliationi præfatam
" iniuriam condonare; & remittere omnes iniurias hinc inde factas. Sicut
" Ioseph requisitus à fratribus Genes. vlt. *Pater tuus præcepit Nobis ante-
*quam moreretur vt hæc verba tibi diceremus. Obsecro vt obliuiscaris sceleris
" fratrum tuorum & peccati atque malitiæ quam exercuerunt in te. Nos quoque
" oramus vt seruo Dei Patri tuo dimittas iniquitatem hanc, dimisit illis.* Fiat
" igitur istorum contemplatione, quod fieri non meruit iniuriantium con-
" ditione. Quibus factis Vniuersitas consentientibus D. Rectore & vene-
" rabili Natione Franciæ, deliberauit concorditer, quòd attentis multis
" in ipsa congregatione apertis propter reuerentiam Dei, propter vtili-
" tatem Regis & Regni, & vitandas dissensiones, turbationes & pericula

emergentia, propter bonum pacis & tranquillitatem Vniuersitatis. Et ob contemplationem tantorum dominorum supplicantium & præsentiam tanti Principis, qui plus alia magna reparatione honorauit Vniuersitatem & partes læsam & lædentem, dicta Mater nostra Vniuersitas conformiter ad supplicationem factam, condonauit dispositioni dictorum dominorum, videlicet D. Bituriæ & D. Cardinalis Barrensis prædictam iniuriam. Et quantum ad Magistros iamdiu incarceratos & cætera quæ reparationem iniuriæ concernerent, facerent iuxta beneplacita sua, etiam cum plena remissione, si hoc opportunum videretur eisdem. Quod & etiam concessit Natio prædictis & alijs certis de causis tanto plus dimittens de iure suo quanto sanius erat ei consilium. *Et quanto bonum Pacis & bonum Regis & Regni carius emere volebat pro quibus etiam maiora pati, si opus esset, non horreret;* vnde & consensit expeditioni Incarceratorum & cessationi a captione nouorum. Quibus & præfati domini, vt misericordes sunt, facile veniam misericorditer prædictis delinquentibus tradiderunt.

Mense Octobri actum est in Vniuersitate de Legatis ad Concilium Constantiense mittendis. Et quia iam aliquot ante menses deliberatum fuerat de Rotulo ad Pontificem destinato, Rector die 8. Octob. petijt deliberari, an placeret eosdem Nuncios Rotuli Portitores ad Concilium delegari, necne, vt legimus in Actis eius diei, scribente M. Nicolao de Gondricuria Procuratore Nationis Gall. ibique sit mentio quod duplici modo eligerentur Nuncij eiusmodi, scilicet vel per ipsam Vniuersitatem, vel per singulas Facultates & Nationes.

Rector posuerat in deliberatione an Vniuersitas pro Concilio esset contenta de Nuncijs pro Rotulo portando ad summum Pontificem, vel alios vellet eligere; & si sic, an per totam Vniuersitatem eligendi essent, an quælibet Facultas & Natio suum eligeret Nuncium. Natio autem Gall. Nuncium suum nominauit M. Ioannem de Templis, & singulæ aliæ suum.

Rex quoque conuocatis Regni sui Prælatis, ex vnanimi omnium consensu statuit per Legatos ad Concilium mittendos, inter cætera proponendum & impetrandum, vt speciali Canone sanctio quæ mense Feb. an. 1406. circa Beneficiorum dispensationem & Collationem facta fuerat, confirmaretur, simulque in eadem contentæ libertates Ecclesiæ Gallicanæ. His peractis, proficiscuntur Legati ad Concilium, & die 21. Feb. honorificentissimè à Pontifice & ab Imperatore Sigismundo excipiuntur. Qua in exceptione & aduentu quid acciderit, operæ pretium est hic attexere; vt agnoscat posteritas quanti tum esset nominis, quantæ autoritatis vbique Gentium Mater Vniuersitas: cuius Legati inter cæteros erant MM Ioannes Gerson Cancellarius, Ioannes Dachery, Ioan. Despars Doctor Medicus, olim Rector Vniuersitatis, Benedictus Gentiani, **Ioan. de Templis**, &c. Sic igitur in MS San-Victorino legitur.

Die 21. mensis Febr. horâ 5. vespertinâ, Nuncij Vniuersitatis Parisi. applicuerunt Constantiam vbi recepti sunt à Suppositis eius DD. Regni Franciæ multùm honorificè. Die verò sequenti de Peritorum consilio Papam adire distulerunt, tam propter solemnitatem Cathedræ S. Petri, quàm etiam vt interim de dispositione Papæ & Imperatoris, ac totius Concilij possent certius informari; & consequenter in agendis & proponendis fructuosiùs & cautiùs se habere, ac etiam pro crastino accessum ad Papam & audientiam impetrare, quæ eis libentissimè concessa est. Aduenerunt igitur Papam die Sabbati de mane, & præsentatis suæ Sanctitati in Consistorio publico suis litteris, & ab eodem clementer receptis & perlectis recepti sunt omnes ad pedum, manus & oris oscula beatorum: & illico data est eis publicè proponendi facultas, præsentibus DD. Cardinalibus, pluribusque Prælatis, Doctoribus, & Nobilium personarum multitudine copiosâ. Et proposuit M. Ioannes Dachery sumens verbum pro themate: *Festinauimus faciem vestram videre cum multo desiderio;* qui multum scientificè proposuit & breuiter satis,

„ derelinquens alia per Cancellarium Ecclesiæ Parif. aut M Benedictum
„ Gentiani latiùs aliàs explicanda. Quam quidem Propositionem gratam
„ habuit Dominus noster, qui eos quàm benignè, quàm affabiliter, af-
„ fectuosè & desideranter receperit, non potest scriptis satis dignè exara-
„ ri, commendans Vniuersitatem super omnes Vniuersitates singulariter
„ in duobus, videlicet in susceptis sumptibus & maximis fructuosissimis-
„ que laboribus pro vnione S. Matris Ecclesiæ & zelo fidei per soler-
„ tem & exactissimam vigilantiam ad destructionem errorum fidei, ac pra-
„ uis operibus aduersantium. Addidit quoque quod eos summo desiderio
„ exspectauerat, ne Vniuersitas promotrix vnionis Ecclesiæ in faciendâ
" vnione careret suis brauio, honore & gloria; sed vt D. noster Rex quem
„ Charissimum filium & Christianissimum Regem nominauit, ipsaque Vni-
„ uersitas participes essent in præmio & honore qui supra cæteros Reges &
„ Vniuersitates participes fuerant in sancto labore : propterea voluit sem-
„ per legationem Regis & Vniuersitatis exspectare, volens liberè & ad ef-
„ fectum dare pacem Ecclesiæ, etiam per suam voluntariam cessionem Pa-
„ patûs, quemadmodum ipse iam in pleno Consistorio libens obtulerat,
„ exhibens scedulam quandam super hac sanctâ intentione suâ ad liberè
„ cedendum confectam, cuius tenor superius est insertum. Quam quidem
„ viam Cessionis Imperator & Cardinales & 4. Nationes in quas vniuer-
„ sum Concilium distinctum est, scilicet Gallica, Italica, Germanica &
„ Anglica concorditer approbauerant tanquam faciliorem, breuiorem &
„ vtiliorem ad extirpationem totalem huius pestiferi Schismatis. Sed non
„ sufficit 3. Nationibus Gallicæ videlicet, Anglicæ & Germanæ illa prima
„ scedula per Papam exhibita, sed aliam confecerunt, & suæ Sanctitati
„ præsentarunt: quæ quoniam in illa forma sibi non placuit, aliam rursùs
„ & secundam exhibuit.
„ Cæterùm eadem die dicti Nuncij fecerunt diligentiam, vt scirent dis-
„ positionem Imperatoris, qui recepit eos gratanter horâ 3. post meridiem
„ in Audientia publica, & præsentatis eidem litteris Vniuersitatis, propo-
„ suit M. Benedictus Gentiani multùm eleganter, sumens verbum Apo-
„ stoli. *Ecce nunc tempus acceptabile*. Quod si grata fuit eius propositio,
„ etiam grata fuit Imperatoris responsio *in prosâ & verbis Latinis & sine di-*
„ *latione recommendans Vniuersitatem & suum singulare desiderium*, vt veniret,
„ affectuosè declarans, & quamferuenter suum desiderium ad prosecu-
„ tionem vnionis S. Matris Ecclesiæ ad plenum exprimens, exhortans
„ ipsos Nuncios, sicut ipsi fuerunt in eorum propositione exhortati, quan-
„ tum vellent totis conatibus adhoc ipsum vigilanter intendere & sibi in
„ agendis consulere, & eorum aduentus tarditatem feruentioribus dili-
„ gentijs & laboribus compensare.

Illuc quoque aduenerunt Legati Gregorij & Benedicti; petierunt autem Gregoriani imprimis ne Ioannes præsideret, quo vota suffragiaque
forent liberiora, cæterum polliciti se Concilij determinationi parituros. Non item Benedictini.

Die 1. Martij 1. Sessio, die 2. eiusdem mensis celebrata est altera Sessio in Ecclesia Cathedrali.

Die 2. Martij celebrata est 2. Sessio in Ecclesia Cathedrali: & tunc post
celebrationem missæ Pontifex in Cathedrâ sedens ante altare conuersus ad Concilium, altâ voce legit scedulam sibi pridie per Ioannem Patriarcham Antiochenum Natione Gallum, vt ait Spondanus, tunc Nationi Gallicanæ præsidentem, nomine totius Concilij oblatam, & à se
ipso acceptatam, quâ professus est, spopondit, promisit, vouit ac iurauit, flectens genua dum hæc proferret, Deo, Ecclesiæ & Concilio se pacem Ecclesiæ daturum per viam simplicis Cessionis, eamque re ipsâ ad-
impleturum, si & quando Petrus de Luna & Angelus de Corario per se,
vel Procuratores suos similiter cederent. Quibus recitatis, Rex Romanorum depositâ coronâ, flexisque genibus pedes Pontificis osculatus est
gratias agendo tam suo quàm Concilij nomine. Extat scedula in MS.

Bibliothecæ Victorinæ: & quod maximè facit ad commendationem & gloriam Vniuersitatis Parisiensis cum variæ scedulæ Cessionis à Pontifice oblatæ essent, semperque à Concilio fuissent reiectæ, tandem vna omnium consensu & Pontificis etiam ipsius probata est quam Nuncij Vniuersitatis per Patriarcham Antiochenum obtulerunt; talis autem est.

1414.

"Ad laudem & honorem omnipotentis Dei, pacem & consolationem totius Populi Christiani, salutemque animarum, & huius pestiferi Schismatis faciliorem & totalem expeditionem, exemplum humilitatis Christi insequentes, Nos Ioannes diuinâ disponente Clementiâ Papa XXIII. viam Cessionis Papatùs cui Christo fauente præsidemus iustè, Petro de Luna & Angelo Corarij ius in dicto Papatu licet indebitè prætendentibus ex nunc purâ & sincerâ intentione offerimus per Nos aut Procuratorem nostrum ad hoc sufficienter & irreuocabiliter constituendum iuxta determinationem huius sacri Concilij cum effectu perficiendam, Petro de Luna & Angelo Corarij idem facientibus: & etiam casu quo illis viuis aut mortuis, eorum Obedientiæ ad vnicum & indubitatum Pastorem nobis renunciantibus, & non aliàs, se reducere vellent, & contra præmissa non obedire Deo & Ecclesiæ sacrosanctæ cui præsidemus, (*Promittimus, Vouemus & iuramus*) litteras nostras sub Bullâ nostrâ præfatis Petro de Luna & Angelo Corarij, ac etiam Regibus, Ducibus, Principibus & Vniuersitatibus Christianitatis ad ordinationem præfati sacri Concilij dirigendas concedendo."

Cum autem hæc scedula placuisset tribus Nationibus Gallicanæ, Germanicæ & Anglicanæ, demptis etiam illis vocabulis (*Vouemus & iuramus*) Vniuersitas Parisiensis noluit tam citò deliberare (vt habetur in MS. Victor.) imò petijt dilationem ad maturius deliberandum: & die sequenti in Ecclesia FF. Minorum horâ Vespertinâ M. Benedictus Gentiani (quem vnum ex legatis Vniuersitatis fuisse suprà monuimus) *concorditer cum alijs pro Vniuersitate solum addidit ista verba, Voueo & iuro*: reddens rationem quare duo prædicta verba adderent in scedula. Vnde gauisi sunt adstantes vniuersi habentes oculum deinceps ad deliberationes Vniuersitatis. Addit author eiusdem Manuscripti illam scedulam ab Imperatore fuisse oblatam Pontifici, Pontificem libenter accepisse, & in solemni missæ celebratione cum illam legeret, vt venit ad illa verba *Iuro & voueo* descendisse de Cathedrâ & inclinato corpore cum genuflexione ad altare, apponendo manum Pectori dixisse, *Ita verè facio*, cæteraque perlegisse & cum magnâ reuerentiâ iurasse & vouisse se cessurum. In eodem MS. legitur: Die 5. Martij Oratores Regis Francorum Constantiam aduenisse, inter quos Cerretanus numerat Ludouicum Ducem Bauariæ fratrem Reginæ, Archiepiscopum Rhemensem, Episcopos Ebroïcensem & Carcassonensem, eosque ab omnibus cæterorum Regum Oratoribus vnà cum Duce alio Bauariæ & Duce Lotharingiæ, magno Camerario Papæ, plurimisque Archiepiscopis & Episcopis ad duo millia Equitum obuiàm occurrentibus exceptos fuisse. Quò loci, vt dictum est, iam peruenerunt 21. Febr. Nuncij Vniuersitatis.

Die 15. eiusdem mensis Martij, vt legitur in eodem MS. sex à Pontifice per Nationes petita sunt. 1. Ne dissolueretur Concilium donec vnio perfecta esset. 2. Ne transferetur aliò. 3. Ne Papa inde abscederet. 4. Vt constitueret Procuratorem ad renunciandum efficaciter eius nomine. 5. Vt de præmissis daret Bullas. 6. Ne Prælati, aut alij ad Concilium vocati recederent nisi forte propter infirmitatem, aut paupertatem.

Die 16. sequenti Papa respondit. Ad 1. annuit. Ad 2. videri commodius Concilium transferri ad locum aliquem Niciæ vicinum, vbi fieri debebat Colloquium Regis Romanorum cum Benedicto & Rege Aragonum. Ad 3 vtilius esse ipsum cum Concilio Niciam versùs accedere. Ad 4. velle se id facere per seipsum, id enim honestius fore respectu rei, personæ, Ecclesiæ & Concilij, &c.

1414.

Cumque nonnulla alia per Nationes postulata fuissent, exspectareturque responsum, subitò auditum est Pontificem clam de nocte 20. aut 21. Martij mutato habitu recessisse Scaffusiam, 4. millibus ab vrbe Constantia tantummodò distantem, re prius cum Friderico Austriæ Duce & Agentibus in rebus Ducis Burgundi communicatâ. Quâ de re turbatis omnisi animis Sigismundus publicè promisit se Concilium perfecturum. Huiusce secessionis causam attribuit Author MS. Victorini quibusdam simultatibus, seu vt loquitur, simulationibus & turbationibus Sigismundi & Ioannis, occasione Cessionis quam Sigismundus, vt pote vnicum pacis remedium ab eo exegerat, & impetrarat ab inuito: qui nempe Constantiam se venisse existimabat, non vt deponeretur, sed vt confirmaretur. Sed vtriusque rationes melius ex eorum litteris intelliguntur.

Biduo post secessionem Pontificis M. Ioannes Gerson Cancellarius & Legatus Vniuersitatis Parisi. ad confirmandos Patrum animos orationem habuit elegantissimam: quâ Concilij Generalis authoritatem supra Papam, viamque Cessionis 12. rationibus, seu vt vocat Considerationibus quæ in inter eius opera leguntur, tractauit. Erat illa dies 23 Martij, Vigilia Dominicæ Ramis Palmarum. Orationis autem seu Sermonis hoc fuit Thema, *Ambulate dum lucem habetis, vt non tenebræ vos comprehendant.* Hæc autem verba in sermone inseruit. *Ecce Patres Orthodoxi, quod ad hoc ipsum vt glorificetur Deus & illustretur Ecclesia, nunc celeberrima Parisiensis Vniuersitas cultrix & amatrix eorum omnium quæ Christianæ Religionis pietatem, quæ sanam Doctrinam respiciunt, ipsa ad exemplar Christianissimi Regis Francorum Patris sui dignantissimi legationem mittit, quærens primò ea quæ pacis sunt: deinde 2. quæ fidei sunt: denique 3. quæ virtutis & Ecclesiasticæ sunt libertatis: quoniam ad hæc tria principaliter Synodus hæc sacra tendit. Iussit hesterno vesperi per Ambassiatores & Nuncios suos hic præsentes, quatenus hoc matutino tempore essem habiturus orationem nomine suo pro veritatis elucidatione, circa ea quæ per hoc sacrum Concilium agenda videntur occurrere. Nullus, opinor, mirabitur, si ad hanc Iussionem Ego fragilitatis meæ conscius & temporis arctatione pressus expaui. Nihilominus in Deo cuius glorificatio quæritur nisus, & de studio præterito super hac veritatis inquisitione, memor Regis præterea, & Ecclesiæ Regni sui voluntate per instructiones sibi cognitas, Iussioni denique Matris inclytissimæ, cuius legem dimittere nequeo, monitus à Sapiente. Ego obedientiæ filius parere desiderans conatus sum aggredi cum humili dicendorum omnium ad hoc sanctum Concilium submissione, vt iure suo dirigat omnia, vel acceptet, vel corrigat, &c.*

Die 30. Martij quæ erat vigilia Paschæ, confectum est Instrumentum Procuratorium Ioanni Pontifici mittendum, quo expressè mandaret Procuratori suo (quippe aufugerat nocte diei 20.) vt nomine suo Papatum eiuraret. in hanc rem ad eum destinati Gerardus Episcopus Carcassonensis, MM. Ioan. **Dachery** & Io. **Despars**. In eadem sessione nominati, qui Doctrinam Hussij examinarent, damnatam in Vniuersitatibus Pragensi, Parisiensi & Oxoniensi; item & in Concilio Romano paulo ante habito.

<small>PRIVILE-GIA PA-PETARIO-RVM.</small>

Eodem mense, cum conquesti fuissent apud Vniuersitatem Papyropolæ Iurati, quod contra priuilegia certum vectigal Redemptoribus Regijs pendere cogerentur, eiusque auxilium implorassent, illa habitis apud S. Bernardum solemnibus Comitijs, Iuratos suos pro posse iuuare decreuit: quam in rem confectum est sequens Instrumentum.

"Vniversis harum seriem litterarum inspecturis, *Rector & Vniuersitas Magistrorum & Scholarium Parisius studentium*, Salutem
" in filio Virginis gloriosæ & præsentibus indubiam dare fidem. No-
" tum facimus quod in nostra generali Congregatione apud sanctum Ber-
" nardum Parisius solemniter celebrata personaliter constituti prouidi &
" honesti viri Bartholomæus Recent, Petrus le Camus Ciues Trecenses,
" Iacobus de la Chenaye dictus Layrre, Ioannes Deligaut, Martinus

Mouſle & Ioannes carnificis Pariſius Commorantes, Papetarij & de mercaturis Papyri ſe intromittentes nobis in publica audientia expoſuerunt & exponi fecerunt, *quòd licet ipſi & ſui Prædeceſſores ſemper fuerint & ſint de numero Suppoſitorum noſtrorum*, Præſertim à ſexaginta annis & citra, à quo tempore etiam Priuilegijs & Indultis tam Papalibus quàm Regalibus nobis conceſſis in hoc Franciæ Regno in duobus locis dumtaxat videlicet apud Trecas & Eſſonem Diœc. Pariſ. in fauorem & vtilitatem noſtri ſtudij & Suppoſitorum noſtrorum Papetarij, molendina & alia inſtrumenta ad hæc neceſſaria fuerint primitùs inſtituta, quoniam Papyrus per extraneos mercatores de Lombardia per antea multo carius vendebatur, & quod ex eiſdem Priuilegijs omnibus impoſitionibus & quibuſuis alijs pecuniarum exactionibus, ſeu ſolutionibus pro factione, emptione & venditione Papyri huiuſmodi ipſi & ſui Prædeceſſores Papelarij fuerant & erant exempti, quitti, liberi penitùs & immunes pariter, *ſicut Pergamenarij, Librarij & alij Iurati noſtri*, quòdque ſimiles mercatores, ſeu Papetarij tanquam Librarij & jurati noſtri ab impoſitione & exactione contra firmarios, impoſitione duodecim denariorum pro libra coram electis & Commiſſarijs ex parte D. noſtri Regis in villa, ciuitate & Diœc. Pariſ. ſuper facto ſubſidiorum ordinatorum pro guerra, apud S. Eligium in iudicio contradictorio fuerant ſententialiter abſoluti, prout per Patentes huiuſmodi ſententiæ litteras hodie coram nobis exhibitas tribus ſigillis dictorum Commiſſariorum in cera rubea ſigillatas ſanas & integras, & de data anni 1389. die Mercurij 18. menſis Auguſti præmiſſa vidimus plenius contineri; ac nobis extitit legitimè facta fides. Quòdque etiam à dicto tempore 60. annorum citra in villis, Paſſagijs & alijs locis, in quibus exactio, ſeu impoſitio aliarum mercaturarum exigitur, tamen à mercaturis & Mercatoribus Papyri & tam in Regno quàm extra nihil penitus exigitur, nec exigi conſueuit, ſed mercatura & Mercatores huiuſmodi à ſolutione huiuſmodi & quibuſuis alijs exactionibus fuerunt ſemper & eſſe conſueuerunt quitti, liberi & immunes, nihilominus, ſicut ipſorum exponentium aſſertio continebat, ſunt nonnulli Impoſitores, ſeu Impoſitionis firmarij de priuilegijs & libertatibus huiuſmodi ignorantiam prætendentes, ſicut dicunt, & qui ſub velamine & prætextu ignorantiæ nituntur de facto ab eiſdē exponentibus impoſitionem, 12. denar. pro libra, pro mercaturis Papyri exigere & pecunias extorquere, ipſique iam ſuper hoc moleſtauerunt & vexarunt damnis, laboribus & expenſis, & intendunt grauius moleſtare in noſtrum & dictorum Priuilegiorum noſtrorum, libertatum, franchiſiarum contemptum ipſorumque exponentium damnum non modicum & grauamen; nobis præterea humiliter ſupplicantes, quatenus ad conſeruationem Priuilegiorum & indultorum huiuſmodi veritatis teſtimonio, **deffenſionis præſidio ſibi aſſiſtere**, & alio iuris remedio prouidere dignaremur opportuno. Quo circa Nos conſiderantes, quamquam plures tales & conſimiles firmarij feruore auaritiæ ſucenſi per vias interdictas contra formam & tenorem Priuilegiorum noſtrorum prædictorum præſumpſerint & de die in diem præſumant grauiter attentare de iuratis & ſuppoſitis per citationes vexationes & alias moleſtias indebitas, Comminationes atque iacturas & alia grauamina eiſdem ſuppoſitis illata & inflicta pecunias damnabiliter extorquere; excommunicationis ſententiam & alias pœnas & ſententias contra tales autoritate Apoſtolica & tam ab homine quàm à Iure promulgatas damnabiliter incurrendo, prout nonnullæ graues querimoniæ fuerunt & ſunt ad Nos & audientiam noſtram nunc & aliàs deuolutæ. Volentes propterea ne prætextu ignorantiæ libertates & Priuilegia noſtra tales & conſimiles firmarij prætextu & velamine factæ, aut fictitiæ ignorantiæ infringere, ac pœnas & ſententias prædictas damnabiliter incurrere, ac iuratis & ſuppoſitis noſtris damna, grauamina, vexationes, moleſtias & iacturas inferre, ſeu impendere præſumant, in huiuſmodi noſtra generali & ſolemni Congregatione, matura deliberatione

"1414.

" præhabita *per quatuor Nationes & Facultates*, vt moris est Concorditer
" deliberauimus voluimus & conclusimus dictis exponentibus & alijs sup-
" positis in præmissis pro conseruatione dictorum Priuilegiorum omni pos-
" sibili deffensionis & protectionis præsidio assistere, & eas in & sub pro-
" tectione nostra & salua-gardia speciali conseruare, & ad omne dubium
" & scrupulum singulorum deinceps in perpetuum tollendum, ipsos ex-
" ponentes & alios Papetarios & Papyri mercatores, voluimus, declarauj-
" mus, & decreuimus; volumus, declaramus & decernimus per præsentes
" fuisse & esse de Consortio & numero iuratorum & suppositorum nostro-
" rum & ipsos eisdem & similibus Priuilegijs, franchisijs & libertatibus vti
" & gaudere posse & debere, nec per quoscumque Firmarios impositores,
" aut Exactores alios ratione venditionis, vel emptionis Papyri posse, vel
" debere quomodolibet molestari. Quæ præmissa omnia & singula vni-
" uersis & singulis ad quos præsentes litteræ peruenerint, significamus &
" fideliter attestamur, omnes & singulos vniuersos Principes, Comites, Ba-
" rones, milites & alios dominos & iudices, ac iudiciarios tam Papales quàm
" Regales, & tam Ecclesiasticos quam sæculares D. nostri Regis, beneuo-
" los & subditos in nostri subsidium, attentè requirentes & rogantes vbili-
" bet constitutos, quatenus dictos exponentes & quemlibet ipsorum in ob-
" seruantia Priuilegiorum ipsorum nostrorum prædictorum, ac sub nostra
" prædicta protectione & saluagardia ab omni exactione & solutione im-
" positionis huiusmodi & quibusuis alijs exactionibus viriliter protegant
" & conseruent, nec eos permittant ratione præmissorum indebitè mole-
" stari, aut alias contra formam Priuilegiorum nostrorum prædictorum
" quomodolibet attentari: quod si secus factum fuerit, illud ad debitum
" & pristinum statum reduci procurabimus, & viriliter reuocari. In cuius
" rei testimonium, sigillum nostrum præsentibus litteris duximus appon-
" dum. Datum Parisius in Congregatione nostra apud S. Bernardum so-
" lemniter celebrata anno Domini millesimo quadringentesimo quarto
" decimo, die vndecima mensis Martij. Signatum Io. Ysambardi.

" *Collation de cette presente Coppie a esté faite à l'Original, à la Requeste de*
" *M. Clement du Monstier Procureur des Papetiers de la ville d'Essone lez Cor-*
" *beil, veu ledit original par M. Oliuier Rond, aut Procureur des Procureurs &*
" *Collecteurs de la taille desdites villes de Corbeil & Essone, le 22. iour d'Aoust*
" *1469. Signé, N. Oliuier, auec Paraphe.*

1415.   Anno Domini 1415. (Sequimur hic morem Gallicanum) vt auditum
est Papam Constantiâ recessisse, Vniuersitas tota animo in pacem incumbens, ad eum dat litteras 2. April. quarum exemplum ad suos Nuncios
Constantiæ commorantes mittit, quod est eiusmodi.

Venerabilibus & eruditis viris Nostris fidelibus & sincerè dilectis Nuncijs ad
sacrum Generale Concilium Constantiense nostra ex parte destinatis.

LITTERÆ
VNIVER-
SITATIS
AD PA-
PAM.

" GRAVITER & cum magnâ cordis acerbitate ferimus, Venerabiles
" viri, Magistri & amici dilectissimi S. D. nostri discessum. Nihilomi-
" nus sua vota atque iuramenta amplectentes, & ea omni studio prosequi
" volentes eidem Domino nostro scribimus in formâ quæ sequitur
"   Pacem Ecclesiasticam, Beatissime Pater, tot annis totque laboribus
" & expensis quæsitam per vestram sapientiam atque Charitatem videtur
" operatura diuinitas, si sacri Constantiensis Concilij, ac vestræ Sanctitatis
" idem fuerit animus pariter & affectio. Neque tantùm valebit diuiden-
" tis malignitas quin vobis in vnum conuenientibus Spiritus sanctus animos
" fidelium in pacem agat & vnitatem. Cuiusmodi concordiæ non sine diuino
" motu nuper dedit studiosam operam vestra Sanctitas, cum Ecclesiæ san-
" ctæ dare pacem per viam puræ & simplicis Cessionis, alijs per Pisanum
" Concilium de Papatu eiectis, similiter cedentibus, ac etiam in quocun-
" que casu haberi possit vnio, spopondit, iurauit & vouit. In quo patuit
" affectus Religiosæ pietatis & veri Patris ad filios debita compassio. Nam

si vera mater probatur per Salomonem quod maluit materno carere titulo quàm puerum permittere funestæ sectioni; quanto magis summus Pontifex paternam affectionem patefecerit, si Ecclesiæ iamdiu lamentabiliter diuisæ redintegrationi suum dominatum posthabuerit, atque præsidentiam. Itaque non modo cum mente & intentione sacri Concilij, verum etiam cum pijs desiderijs totius Christianitatis & cunctorum mortalium quos nulla istic agitat vesania, his votis atque iuramentis vestra sanctitas videtur egisse. Non quod in hoc facto eiectis de Papatu sit deferendum, quamuis eorum animos in Domino lucrifacere satagere debetis, sed quia tot Populis & Regnis, ac Nationibus illos sequentibus & fortassis in alterationem immensæ discrepationis aliàs venturæ, consuli oportuit, quorum salutem vestræ præsidentiæ in vestris votis & iuramentis prætulisse videmini. Quod si id operis ab effectu probatum, prosecutumque fuerit, quandiu terrenum orbem mortale genus attollet, vestras laudes celebrabit omnis ætas. Et pro abdicatione honoris momentanei cum merito præmij sempiterni erit vobis paratum nomen cæteris longè gloriosius. Verum, Beatissime Pater, in hac re Nos vnus mouet scrupulus quod audiuimus vestram sanctitatem à Constantia Scaffusam secessisse. Non enim est ille locus potior ad amplitudinem sacri Concilij ad tantam rem gerendam. Deinde Constantia per vestram sanctitatem fuit electa, & per vestram obedientiam humiliter recepta, cæteris etiam gratior videbatur, vt pote grauis, locuples, ornata Ciuitas. Nec videtur quomodo tali vulneri medelam afferre possit hæc mutatio. Postremo in ea vrbe vestra Sanctitas habebat amantissimum, Christianissimum & inuictissimum Imperatorem, qui tranquillitatem & securitatem præstare poterat, & iniurias omnes propulsare; habebat sacrum Collegium Cardinalium, quod non modò pro securitate vestra, verum etiam pro honore vestro atque gloria vsquequaque decertasset: habebat denique totam Ecclesiam sibi obedientem, longe cæteros superantem. In qua erat non minima Galliarum Natio, quæ non minimo quidem verbo vestram sanctitatem offendi permisisset. Vbinam igitur, sanctissime Pater, persona vestra celebriùs, securiùs atque deuotiùs tractabitur, quàm in vrbe vobis deuota, per vos electa, cum Ecclesia vestra, cum Imperatore Christianissimo, & cum cæteris, de vestris votis & iuramentis sanctissimis vestræ clementiæ omni die congratulantibus? Non est aliquis tam ignarus rerum, tam rudis in re Christianâ, tam nihil vnquam de publicâ pace ac salute cogitans, quin intelligat vbi in Sacramento pacis dandæ manebit Sanctitas vestra, Concilium sacrum, ac eius partes vniuersas omnem reuerentiæ cultum, quem mortalem mortali præstare fas est, vestræ personæ præbituras. Postea cogitet Sanctitas vestra, Clementissime Pater, quid est in tractatu quærendæ pacis à sacro Concilio discedere, quid dissidere? an primum suspectum, an secundum damnatum? Et si probabilis discedendi caperetur occasio, nulla tamen inueniretur dissidendi. Quod si hoc velle quisquam videbitur oppugnantium, viderit ne sacri Pisani Concilij validius collidi sentiant inconcussa fundamenta. Absit Beatissime Pater; vt in tantâ re Sanctitas vestra à sacro Concilio discordet: hoc enim esset ab Ecclesia Dei discordare. Absit à gloria nominis vestri quod sacrum Concilium sine præsentiâ vestrâ rem tam grandem tractet, vel terminet. Vestrum est Sanctissime Pater, vt nullum in hac re habeatis priorem, nec perseuerando fortiorem. Propterea supplices vestram Sanctitatem oramus, & per sanctam Ecclesiam, extra quam qui se ponit, se perdit, obsecramus; ac etiam per pacem adspersionis sanguinis Iesu Christi vos Pater; obtestamur, viscerum misericordiæ Dei nostri memores in sacris votis & iuramentis maneatis: & Constantiam ad vestros fratres & filios deuotissimos, imò ad Ecclesiam Dei & vestram redeatis, ouili Dominico Papatus ambitione & dominandi libidine turpiter diuiso, pacem vniuersalem cum consilio Ecclesiæ illic congregatæ daturi. Nec in hoc adduxerit Sanctitatem vestram, male consulentis

"pernicies vt occasione talis discessus, vel quæsitæ dilationis complendi
1415. " Iuramenti pax vniuersalis per diem retardetur: ne Prælatis sumptibus &
" tædio confectis, ac sancta Synodus dissipata, tantarum rerum volumina
" ruptâ compage diffluant, maiori postea periculo reuocanda: imò prope-
" ret Sanctitas vestra sacræ Synodi consilijs acquiescere & eius conclusio-
" nes executioni feliciter demandare. *Vestram sanctitatem, &c.*
" Et quia Constantiensis Concilij fortitudine, ac perseuerantia gerimus
" in Domino fiduciam cum quo sumus firmiter processuri, speramus vestris
" laboribus in melius reuocari Concilium, vnicè ad hanc pacem quæsitum
" feruentius laborare, atque ex fortuna non optatâ consequi finem opta-
" tiorem; vnde vos hortamur maiori incumbere labori & hanc nostram
" mentem litteris præsentibus insertam vniuersis patefacere & Nobis sæ-
" pius quæque supra hoc grata rescribere. Dirigat mentes & personas ve-
" stras & conseruet Altissimus feliciter. Datum Paris. in Congregatione
" nostra Generali apud S. Bernardum super hoc specialiter celebrata die 2.
" Aprilis an. 1415.

Rector & Vniuersitas studij Parisiensis.

Per eosdem Nuncios eadem die dedit in eandem rem alias litteras ad Patres Constantiensis Synodi, quæ tales sunt.

Reuerendissimis in Christo Patribus Archiepiscopis, Episcopis, Doctoribus & alijs DD. Italicam Nationem in sancta & vniuersali Synodo Constantiensi repræsentantibus.

LITTERÆ VNIVERSITATIS AD PATRES COSTANTIENSIS SYNODI.

" FELICITER Ecclesiæ successisse Dei, Reuerendissimi Patres & Do-
" mini, nuper existimauimus, cum & Deo volente, & vobis pro de-
" bito vocationis vestræ coagentibus, Dominus noster summus Pontifex
" viam vouit Cessionis atque iurauit. Hinc in tanta animorum alacritate
" Deo gratias egimus, ac tantâ deuotione in sacrum Constantiense Con-
" cilium fuimus permoti, vt hoc diuinum Concilium arbitraremur; vnde
" magis miramur quod Dominus noster ab eo modo tali discesserit, præ-
" sertim cum ex eo fuerit cum summâ laude Ecclesiæ Dei fructum amplis-
" simum allaturus. Nec venit in mentem nobis istum discessum posse præ-
" stare vnionis incrementum. Equidem Reuerendissimi Patres, ex multis
" Papatum, vel ambientibus, vel occupantibus bona verba sæpè audiui-
" mus, sed postea conatus eorum præcepimus pollicitis obuiantes. Non
" quod istud de Sanctissimo D. nostro cogitet nostra filialis deuotio, sed
" quia inniti debemus, ne minima quidem macula Schismatis ab aduersa-
" rijs sibi posset impingi. Cognoscitis quantum sit periculum in tractatu
" pacis Ecclesiasticæ Papam à Concilio generali discedere, quantùm ne-
" fas ab eo dissidere. **Propterea egregiam Nationem velimus exoratam in**
" Domino vt in Concilio Generali Constantiensi persistat, Domino no-
" stro ad Concilium Generale redire persuadeat, ac vota & iuramenta
" Domini nostri amplectentes pacem Ecclesiasticam nulla subterfugiendo
" discrimina persequatur. Eandem Nationem vestram præstantissimam
" tueatur summa æternitas. Scriptum in Congregatione nostra Generali,
" apud S. Bernardum super hoc specialiter celebrata 2. April. an. 1415.

Beneuoli vestri Rector & Vniuersitas Parisiensis.

Paulò post receptæ sunt Parisijs litteræ Ioannis datæ ad Ducem Biturigum & ad Vniuersitatem Scaffusiæ die 22. Martij, pro sui recessûs purgatione, quæ in Comitijs Centuriatis Vniuersitatis lectæ sunt; querebatur autem de iniurijs sibi ab Imperatore illatis, deque euidentissimo captiuitatis, aut detentionis suæ periculo, nisi recessisset, multa dicebat: item de peruerso Concilij Ordine, de distinctione Nationum, de suffragijs; & alijs eiusmodi.

Vniuersitatis Parisiensis. 283

Die 10. Aprilis idem Pontifex sub crepusculum matutinum Louffenburgo recedens, mutato habitu Friburgum petijt: hinc Brisacum oppidum munitissimum eiusdem Constantiensis Dioecesis, spe agendi cum Duce Burgundiæ, vt se Auenionem deduceret. His auditis Patres 17. Aprilis celebrant sextam Sessionem: in quâ consenso ambone, vbi publicari solebant Constitutiones & monita, M. Martinus Porræus Dominicanus Episcopus Atrebatensis proposuit formam Procuratorij per Ioannem faciendi de Cessione, per 4. Nationes compositam & approbatam, decretumque Ioannem teneri Procuratorium eiusmodi instrumentum eâ forma dare: Atque ad eum in eam rem ex 4. Nationibus legati missi sunt. In eadem Sessione ab vno ex Nuncijs Vniuersitatis Parisiensis lectæ sunt litteræ eiusdem Vniuersitatis quas supra retulimus ad Ioannem pro reditu, & ad Nationem Italicam pro eo procurando. Item in eadem decretæ sunt litteræ ex parte Concilij ad omnes Reges, Principes & Vniuersitates, ad significandum rerum gestarum statum.

At Vniuersitas Paris. sollicita de statu Concilij, interim verò ad confirmandos Patrum animos, in Comitijs suis apud S. Mathurinum habitis dat ad eos litteras 14. April. quæ tales sunt.

Egregijs inclytisque Patribus viris ex omni Gente Delectis in salutifero Constantiensi Concilio vniuersalem Ecclesiam repræsentantibus.

EGregii inclytique Patres, viri ex omni Gente Delecti, Almumque & Salutiferum Concilium. Si labore, si grauibus operibus per diuersas vias pacem Ecclesiæ quæsiuistis, non corpori, non mundanis parcentes diuitijs, sed thezaurisantes in cœlo, iam constantiùs persistendum, iam ambulandum cautius, iam opus est incumbere magis. Cum turbidus Auster primùm dulce spirantes Zephyros à Petri nauicula aliquantisper repulit: sed remis agendum vt ad tranquillitatis portum ducatur incolumis. Iam in vobis spes Catholici Populi constituta est; vos columnas Ecclesiæ firmas vniuersi laudant & venerantur, & pacem orantes Populi manus ad sidera tendunt: Nam adaucta est eò fiducia per vestram perseuerantiam, postquam Domini nostri Papæ discessum agnouerint. Quanquam discessum ægrè feramus, multumque spes præcedens passa est detrimentum, vt nuper scripto vobis notum fecisse putamus. Nunc igitur felix vestris laboribus sit Ecclesia, fortunatique Populi quos inuisum Schisma tanta per tempora conturbauit. Non enim tantus cœtus in vacuum erat conuocandus. Sed vt fructus labores sequatur assiduos, non dispergantur Oues gregis propter Pastoris absentiam, sed occasio sit hæc in centuplum maioris vnitatis: quoniam communia nostrum omnium vota, & vniuersæ Fidelium mentes sequentur, vestra deliberata pro firmis veritatibus sustinuerunt, vobis in cunctis innitentes, vt fidei debitæ irrefragabiliter obligentur. Et Nos ipsi de vestra constantia gaudemus in Domino, vobis obedire, obsequi, reuereri atque semper assentire parati teste Domino qui vestros labores in consummatæ pacis quietem dirigat & in viam salutis æternæ. Datum Parisius in nostra Congregatione Generali, apud S. Mathurinum super hoc specialiter congregatâ 14. mensis Aprilis. Vestrarum Paternitatum egregiarum zelantissimi deuotique Imitatores Rector & Vniuersitas studij Pariensis.

« LITTERÆ
« VNIVER-
« SITATIS
« AD PA-
« TRES CÔ
« CILII
« CONST.

Hæ litteræ per Benedictum Gentianum Doctorem Theologum oblatæ sunt Concilio die Lunæ 13. Maij, quâ habita est nona Sessio, & ad quam Ioannes citatus fuerat: at cum ille non comparuisset, contra eum iuridicè agi cœptum est. Et sequenti Sessione quæ habita est 14. Maij declaratus est contumax, & suspensus à Papatu ob notoria crimina; quæ cum illi per Legatos significata fuissent, ille sententiam contra se latam probauit, seque paratum exhibuit ad cessionem; quam tandem, post Sessionis 12. quæ 29. Maij celebrata est, sententiam depositionis, fecit publicè,

Tom. V.   Nn ij

depositis vestimentis Pontificalibus die Maij vltima. Et post eius abdicationem, statim Concilium ad Principes & Vniuersitates scripsit. Die vero 4. Iulij quocelebrata est sessio 14. Gregorius XII. similiter per Carolum Malatestam legatum Papatui renunciauit. Decretum vero vt Benedictus ad idem faciendum compelleretur: vtque Sigismundus, ad Colloquium quod petebat, proficisceretur.

Die 6. Iulij in Sessione 15. damnata est Wicleffi Doctrina; Ioannes Huss. damnatus quoque & crematus, quamuis se saluiconductus ab Imperatore dati religione tueretur. In eadem damnatæ propositiones Ioannis Parui de nece Aureliani Ducis & tyrannorum, pro quo & pro Duce Burgundo Martinus Porræus Episcopus Atrebatensis fortiter dixit, obijciens M. Ioanni Gersoni qui Propositionum condemnationi instabat, quod parum sinceræ fidei fuisset in exhibendis Theologicæ Facultati Parisiensi propositionibus, & Articulis nouem quos Concilio obtulerat. Tota ergo Quæstio in eo posita erat, an Propositiones M. Ioannis Parui, prout ab eo fuerant conscriptæ, essent hæreticæ; & an fideliter à Gersone fuissent expositæ. Contendebat Porræus propositioens Paruianas non esse hæreticas, probabatque tum rationibus, tum authoritate Mendicantium; qui subscripserant illarum veritati; dicebat vero Gersonianos articulos (quos Ioannis Parui esse Gerson dicebat) esse damnabiles. Tam Propositiones vero, seu veritates Parui germanas, quàm Gersonianos articulos lubet hic ex MS. Victorino transcribere ad historiæ elucidationem.

Octo veritates Ioannis Parui à Porræo oblatæ.

" 1. *Veritas.* Quilibet subditus & vasallus qui per cupiditatem, frau-
" dem, sortilegia & malum ingenium machinatur contra salutem
" corporalem sui Regis & superioris Domini pro tollendo sibi & subtra-
" hendo ab illo suam nobilissimam & altissimam Dominationem, peccat
" tam grauiter & committit crimen tam horribile, sicut est crimen læsæ
" Majestatis in primo gradu: & per consequens est dignus duplici morte,
" scilicet primâ & secundâ. Quia quilibet subditus & vasallus sic faciens
" est tyrannus, & infidelis suo Regi & Domino superiori, peccatque mor-
" taliter. Probauit authoritate B. Gregorij dicentis. Tyrannus est pro-
" priè qui in Repub. non iure principatur, aut principari conatur.

" 2. *Veritas.* Licet in casu prædicto quilibet subditus & vasallus sit di-
" gnus duplici morte, & committat tam horribile crimen quod non posset
" nimis puniri, tamen plus puniendus est vnus miles quàm vnus simplex
" subiectus: & isto casu vnus Baro quam vnus miles simplex, & vnus Co-
" mes quàm vnus Baro, vnus Dux quam vnus Comes, Cognatus Regis
" quàm extraneus, frater Regis quam cognatus, & filius Regis quam fra-
" ter. Probauit hanc ex maioritate obligationis feodalis, naturalis & gra-
" dualis. Item ratione maioris scandali. 3. Ratione maioris periculi Regi
" imminentis propter propinquitatem talis tyranni.

" 3. *Veritas.* Item casu prædicto licitum est vnicuique subiecto sine
" quocunque mandato, aut præcepto secundum leges, moralem, natura-
" lem & diuinam occidere, aut facere occidi illum eundem proditorem &
" infidelem & tyrannum: & non solum est licitum, sed honorabile & me-
" ritorium, maximè quando est tam grandis potestatis quod Iustitia non
" potest de eo fieri bono modo per superiorem: & quando perseuerat in
" sua malitia, nec se vult corrigere, nec emendare, & specialiter quando
" est periculum in morâ. Probauit hanc 12. rationibus, quarum tres primæ
" erant fundatæ in authoritatibus solemnium Doctorum in Theologia,
" scilicet S. Thomæ in 2. sent. dist. vlt. Sarisberiensis in summa sua. Policr.
" l. 3. c. 16. Alexandri de Hales, Richardi de Mediauilla & Astensis in suis
" summis. Tres aliæ fundabantur in tribus authoritatibus 3. Philosopho-
" rum, scilicet Aristotelis in Politicis, in pluribus locis, Tullij de Officijs
" & Bocatij. Tres aliæ rationes fundabantur super 3. authoritatibus legum
" Ciuilium. 1. Est de desertoribus militiæ. 2. De insidiatoribus viarum

publicarum. & 3. de iure Nocturno. Tres aliæ rationes vltimæ funda- " 1415.
bantur super 3. exemplis sacræ scripturæ Primum exemplum est de Moyse "
Exod 2. Secunda est Phinees, num. 16. Tertia est de Michaele Archan- "
gelo. Apocal. 7. "

4. *Veritas*. In casu supradicto magis honorabile, licitum & merito- "
rium est, quod ille Tyrannus infidelis sit occisus, aut fiat occidi per vnum "
de parentibus & subiectis dicti Regis, quàm per vnum extraneum qui "
non esset de sanguine Regali, & per vnum Ducem quàm per vnum Co- "
mitem; per vnum Comitem, quam per vnum Baronem; per vnum Ba- "
ronem, quàm per vnum simplicem militem; per vnum simplicem mili- "
tem, quàm per vnum simplicem subiectum. Probauit hanc ratione ma- "
ioris obligationis. Tum quia in hoc magis reluceret amor & obedientia "
atque potentia Regis prædicti. "

5. *Veritas*. In casu Alligantiarum, Iuramentorum, Promissionum, & "
Confœderationum factarum Militis ad alterum quocumque modo sit, "
aut esse possit, si contingat quod eas seruare vergat in præiudicium sui "
Principis, aut sponsæ, suorum liberorum, aut Reipub. non tenetur talis "
miles eas seruare : imò in tali casu eas tenere & seruare esset facere con- "
tra leges moralem, naturalem & diuinam. Probauit hanc rationibus & "
authoritatibus pluribus. Prima erat de dictamine bonæ æquitatis & ra- "
tionis etiam secundum legem diuinam. Secunda erat de Obligationibus, "
vna maiore & alia minore adinuicem contrarijs, quare maior est tenen- "
da. Tertia erat fundata super authoritate Magistri sentent. dist. vlt. l. 3. "
vbi tangitur materia de Iuramento promissorio, &c. "

6. *Veritas*. Si contingat quod dictæ alligantiæ vergant in præiudi- "
cium animæ, vitæ aut alterius promittentium & Confœderatorum suæ "
sponsæ, aut suorum Infantium, in nullo tenetur eas seruare. Probauit "
per rationes immediatè tactas in veritate præcedente: & addidit, quia "
seruare confœderationes in illo casu est facere contra leges Charitatis, "
quâ quilibet magis obligatur sibi ipsi, vxori & filijs proprijs quàm cui- "
cumque alteri. "

7. *Veritas*. In casu prædicto licitum est vnicuique subiecto, honora- "
bile & meritorium occidere, seu occidi facere supradictum tyrannum "
proditorem & infidelem suo Regi & superiori Domino per astutias, cau- "
telas & insidias. Et est licitum dissimulare & facere suam voluntatem sic "
faciendi. Probauit authoritate Bocatij lib. 4. de casib. Illust. vir. cap. 5. "
Item exemplo sacræ script. de Rege, Ierem. 4. Reg. c. 11. Item de Iudith "
quæ occidit Holofernem per insidias. Et de hoc laudatur, c. 13 "

8. *Veritas*, quilibet subiectus, aut vasallus qui proposito deliberato "
machinatur contra salutem sui Regis & superioris Domini pro faciendo "
ipsum mori in languore, cupiditate habendi suam coronam & domina- "
tionem, facit consecrari, aut magis propriè loquendo, exsecrari in nomi- "
ne Dæmonum, enses, dagas, pugiones, aut cultellos, virgas, aut anu- "
los aureos, facitque dedicari in nomine Dæmonum per Nigromanticos "
facientes inuocationes, characteres, sortilegia, superstitiones & malefi- "
cia. Et post facit poni & figi per corpus mortui dissuspensi de patibulo, "
& dictos anulos facit poni in ore mortui predicti & facit dimitti, spatio "
plurium dierum cum grandi abominatione & horrore pro perficiendis "
dictis maleficijs, & vnà cum hoc portat super se in vno pannulo ligato & "
consuto de ossibus & pilis loci inhonesti dicti mortui dissuspensi, ille & "
omnes qui hoc faciunt non solum committunt crimen læsæ Majestatis "
humanæ in primo gradu: & sicut proditores & infideles Regi suo & Deo "
suo Creatori: & sicut Idolatræ & Corruptores, falsarij fidei Catholicæ "
sunt digni duplici morte, primâ scilicet & secundâ; maximè quando di- "
cta sortilegia, superstitiones & maleficia sortiuntur suum effectum in "
persona Regis per medium prauæ credulitatis dictorum Mathematico- "
rum, Inuocatorum & Nigromanticorum. Probauit hanc authoritate D. "
Bonauenturæ lib. 2. dist. 6. & vlt. dicentis Diabolus nunquam satisfacit "

" voluntati hominum nisi voluntas aliqua misceatur. Item authoritate F.
1415. " Thomæ 2. 2. quæst. 11. art. 2. Item Alex. de Hales, Richardi de Media-
" uilla & Astensis in Summis suis.

Articuli Gersoniani Concilio oblati.

Contra M. Ioannes Gerson nouem articulos Concilio obtulit, iam Lutetiæ per Episcopum, Inquisitorem fidei, & Facultatem Theologicam damnatos, quos ex dictis Ioannis Parui eduxerat, aut eduxisse videri volebat. Sunt autem hi.

" 1. Licitum est vnicuique subdito absque quocunque mandato, secun-
" dum leges naturalem, moralem & diuinam occidere, & occidi facere
" quemlibet tyrannum, qui per cupiditatem, fraudem, sortilegia, vel
" malum ingenium machinatur contra salutem corporalem Regis sui &
" superioris Domini; pro auferendo sibi eius dominationem; maximè
" quando est tantæ potentiæ, quod Iustitia non potest fieri bono modo per
" Superiorem.
" 2. Leges naturalis & diuina auctorisant vnumquemque de occidendo
" dictum tyrannum.
" 3. Licitum est vnicuique subiecto occidere dictum tyrannum prodi-
" torem suo Regi & superiori Domino per astutias & insidias; & est licitum
" dissimulare & tacere suam voluntatem de sic faciendo.
" 4. Ius est, ratio & æquitas quod omnis tyrannus occidatur vilanè,
" aut rusticè per astutias & insidias: & est propria mors tyrannis debita.
" 5. Qui occidit, aut facit occidere talem tyrannum qui supra descri-
" bitur, non debet, de aliquo reprehendi, & Rex debet habere factum
" gratum, & illud auctorisare.
" 6. Rex debet præmiare eiusmodi occisorem.
" 7. Debet diligere illum plus quàm ante, & facere prædicare eius fide-
" litatem per suum Regnum & extra.
" 8. In casu alligantiæ, iuramenti, promissionis, aut confœderationis
" factarum militis ad alterum quocunque modo sit, aut esse possit, si ver-
" gat in præiudicium vnius ex promittentibus, aut confœderatis, sponsæ,
" aut liberorum, non tenetur eas seruare.

Vt autem idem M. Ioannes Gerson fidem suam liberaret, simulque responderet aduersarijs qui per Episcopum Atrebatensem exhibuerant Schedulam plurium Doctorum sigillis & manibus munitam asserentium prædictas propositiones posse sustineri citra suspicionem hæreseos, ibidem longissimam orationem habuit nomine Regis & Vniuersitatis Parisiensis aduersus Ioannem Burgundum, Ioannem Parui & alios eorum fautores; quæ Oratio legitur inter eius opera, cum hoc titulo.

Responsiua M. Ioannis Gersonis ad quandam Propositionem ex Parte D. Burgundi per Episcopum Atrebatensem facta in Concilio Constantiensi anno 1415. die 5. Maij data nomine Regis Christianissimi & Vniuersitatis Parisiensis.

" Reverendissimi Patres, ac DD. Præclarissimi, Deo insuper ama-
" biles, Egregij ac Spectabiles viri, Doctissimi ac Sapientissimi. Deus
" qui glorificatur in Concilio Sanctorum, Magnus & terribilis mihi lo-
" quutus, imò nobis humilibus Ambassiatoribus Christianissimi Franco-
" rum Regis pro parte sua & veritatis Catholicæ defensione locuturis co-
" ram hoc sacrosancto Concilio in spiritu pacis & lenitatis congregato, in
" quo glorificatur Deus, exorandus est in primis, ac sibi dicendum cum
" Propheta. *Deus! Iudicium tuum Regi da.* Accommodum satis est quod se-
" quitur, *Et Iustitiam tuam filio Regis.* Iustè quidem sic exposcimus, ritè
" sic exordimur, quoniam dicente eodem Propheta, *Honor Regis Iudicium
" diligit.* Quæ ratio? nimirum quia constitutus est Rex à Deo iudex om-
" nium in vindictam malefactorum, laudem verò bonorum: neque enim

sine causa gladium portat. Confitetur hoc ipsum piâ gratáque recognitione idem Rex suis patentibus litteris, prout infra docebimus, sed væ mundo à scandalis, væ calumniantibus Christianissimum Regem superbis; ita vt exclamare fas habeat, tam apud Deum quàm apud hoc Concilium Dei nutu congregatum, *feci Iudicium & Iustitiam, ne tradas me calumniantibus me*. Et illud quod sequitur. *Suscipe me seruum tuum in bonum, non calumnientur me superbi*. Et à quibus, oro, Calumniantibus quærit Rex eripi? quales sunt istæ calumniæ? dicemus pauca pro re tanta, vt protinus ad rem veniamus quam exponere atque defendere missi sumus, *Nos humiles & deuoti eiusdem Regis Ambassiatores.*

Ecce Calumnia dicentium etiam in hoc Concilio quam auribus his accepi, *Quid quæritis?* Rex vester non fecit Iudicium & Iustitiam super nece luctuosissimâ vnici fratris sui quam dissimulauit, vel indulsit.

Calumniantur ex aduerso plurimi dicentes, Rex vtique Iustificationem mortis illius non iustè damnari fecit, vel permisit, quam mortem non reprobare, sed approbare debuerat. Auditis Calumnias quaqua versùm dextrorsùm & sinistrorsùm, quas quomodo dissoluimus? Attendite Patres Orthodoxi, allegatum nuper hîc audistis, & in Epistola Dominicæ currentis, Scriptum est, *Sequimini*, inquit, *vestigia eius qui peccatum non fecit, Et hic est Christus Iesus*, quem inuenimus proprias iniurias æquanimiter indulsisse; *qui cum malediceretur*, sicut subdit Petrus, *non maledicebat, cum pateretur, non comminabatur, &c.*

Rex igitur Christianissimus & verè mansuetissimus atque totus amabilis sequendo vestigia eius qui peccatum non fecit, pronus fuit, ac indulgentissimus in personalibus iniurijs, sicut & fuerat ipse frater suus, quo iubente nemo vnquam vitâ priuatus est. Recogitat idem Rex velut ad se dictum, quod Reges Israël clementes sunt & illud Salomonis, misericordia & clementia custodiunt Regem, & clementia roboratur thronus eius. Quamobrem sicut tradit in his patentibus litteris, misericordia in eo superexaltauit Iudicium, dum de fratris amantissimi nece vindictam non accepit. At verò dum ad iniurias diuinæ legis ac fidei, dum in adulterationem sacrilegam verbi Dei processum est, ipse nulla ratione potuit hactenus induci vt dissimulanter eas ferret, approbando Iustificationem sceleratam, hæreticalem & impiam huius execrandæ necis; tenuit misericordiam in primo; veritatem in altero custodiuit. Accipite P. C. memoriter quemadmodum collaudauit & gratias egit ipse Rex huic sacro Concilio quoad hanc assertionem. *Quilibet tyrannus, &c. damnauerat vt hæreticam.* Quæ quidem Assertio, sicut referunt prædictæ litteræ, inuenta est ex testimonio fide digno sufficienter contineri in damnatâ propositione defuncti M. Ioannis Parui qui iustificare nititur mortem hanc horribilem Et ecce testimonium 16. Magistrorum in Theologia in his litteris quales sunt apud Iudices. Lectura verò tam istarum quàm aliarum litterarum atque scedularum placeat vt referuetur in finem, ne fiat interim nostra veluti cicatricosa narratio, &c.

His ita prælocutis, liberatus videor ab onerosissima, inutili & forte probrosa contentione respondendi punctualiter, vel articulatim ad omnia quæ sunt in Facto circa processum Reuerendi Patris Episcopi Parisi. & Inquisitoris Hæreticæ Prauitatis in toto Regno Franciæ, qui processus si sit in hac Ciuitate Constantiensi, postulamus atque requirimus quod ponatur in manibus Concilij: constanter affirmo saluâ cuiuscunque reuerentiâ & honore, quod aliter pridie multa dicebantur, quàm habeat in se verus processus, qualem Authenticam speramus in breui recipere; proinde quoad processus alios hic habitos, intendimus dum postulatos Iudices habuerimus, copiam petere, ac deinde procedere & causam instruere pro parte Christianissimi Regis prout rationis Ordo postulabit, & cum omnium debitâ celeritate, quia procrastinationes non quærimus, sed quod iustum est, quærimus iustè fieri; quod iustum est, inquit lex, iustè exequêris. Credite quod talis obinde fuit ad Deum

"deprecatio præmissa, *Deus! Iudicium tuum Regi da, &c.* supersunt itaque
1415. "plurimi secundam fouentes calumniam vt interim de prima sileamus, cu-
"ius impugnatio litteris istis inseritur.

"Hæc est Calumnia, sicut audiuit cœtus iste sanctissimus quoad proposi-
"tionem defendentem M. Ioan. Parui & Assertiones 9. excerptas ab ipsa.
"Rex idem Christianissimus non rectè damnari per Ordinarios Iudices fi-
"dei fecit, permisit vel approbauit. Quæ quidem propositio Iustificare ni-
"titur mortem fratris sui iubente D. Duce Burgundiæ per alios inflictam.
"Quâ super re conqueritur ipse Rex in his Patentibus litteris. Testor
"attamen Deum imprimis non me læto ea, sed mœsto ore recitaturum
"quæ continent, nisi quod ita fieri defensio causæ Regis, imò Catholicæ
"veritatis & fidei nunc impellit. Protestor igitur, quod non ad iniuriam
"cuiuscunque non in causam criminalem, vel personalem recensebo
"vnam præsentium litterarum particulam quâ sic habetur ex persona
"Regis, &c. Quid iniustius iustificatione criminis & talis criminis in quo
"quid laudemus, quid remuneremus perpendite. Nunquid Authorem
"laudamus? sed in eo defuit Iudicialis authoritas, & Regiam nostram sper-
"nens, inualidamque prædicans & enormiter lædens vsurpauit, tot abu-
"tens Beneficijs, tot necessitudinibus quibus majestati nostræ etiam ipso
"iactante tenetur obnoxius? Nunquid Ministros laudabimus? sed eorum
"impietate, proditione, vecordiâ, crudelitate, sæuitiâ, cupiditate nihil
"execrabilius, fœdius, tetrius, excogitari potest. Nunquid facti modum
"laudabimus? sed hîc per præmeditatas diu insidias, per confœderatio-
"nem plurium, per simulationes blandas, per mille amicitiarum signa fal-
"lacia ad subitum fraterni Regijque sanguinis exitium tanquam de bestia
"processum est: & hoc horâ tenebrarum, in tali Ciuitate, vbi securitas
"plebeis etiam & aduenis esse debuerat. Nunquid operis rationem & cau-
"sas laudabimus? at nihil ibi probabile prius, nihil posterius inductum est
"pro testimonio quod tali notoria constet qualem secundum leges diui-
"nas & Ciuiles esse necesse est, vbi vilissimus etiam homo rite vita priua-
"tur. Qualis nempe lex non præmonitum, non auditum & non conuictum
"morte damnauerit, sicut ait Nicodemus, sicut & à Festo notatum est.
"Nunquid tandem facinoris huius aduentum laudabimus & remuneratio-
"ne dotabimus? sed obinde florentissimum istud pridem Regnum nostrum
"iam per septennium tot calamitatibus infandis attritum est, tantum in eo
"sanguinis humani fusum fuit, vt æstimationem omnem effugiat. Hîc pla-
"nè casus est verus, Patres æquissimi, atque sapientissimi, hic est casus
"cum acuto, breuis, sed validæ reprobationis telo positus autenticæ. Quo
"cognito, quid adhuc egemus testibus? quid ambagibus verborum, quid
"circumitionibus friuolis euasionum frustra niti necesse est, vbi mortem
"hanc comitatæ sunt læsa Majestas Regia, Assisinorum crudelitas, im-
"**pia Iuramentorum violatio, fallax & blanda, legum omnium diuinæ,** na-
"turalis & humanæ præuaricatio notoria, denique Regni totius infanda
"calamitas & fœda. Nihilominus ô mores! ô tempora! sunt etiam in hoc
"sacro Concilio qui tales Circumstantiarum notas, vel non aduertentes,
"nescientes, vel dissimulantes (negari quippe non possunt) calumnias
"struere non cessant aduersus damnationem reprobissimæ huius testifica-
"tionis latam.

"*Calumnia 1.* Calumniantur aliqui 1. dicentes Assertiones istas Asserto-
"re caruisse; nec ex consequenti veniunt Iudicio fidei reprobandæ. Sed
"respondemus 1. quod in Errorum damnatione non oportet Assertionem
"dari, vbi notorium est & patens scandalum ex doctrina tali. Et vtinam
"nec haberent, nec habuissent huiusmodi Assertiones Assertorem; sed ha-
"buisse processus indicat, & nunc plurimos habere in hoc sacro Concilio
"aduersam non pudet partem gloriari, &c.

"*Calumnia 2.* Calumniantur alij 2. quod Assertiones iustæ sunt, infide-
"liter & perperam præfato M. Ioanni Parui per æmulos attributæ Mon-
"strant hæ litteræ Regis contrarium, quod monstrabitur in processu, ex
ipsa

ipsa propositionis inspectione liquefit, quam hîc examinandam & dam- "
nandam judicialiter offerimus. Hæc illa est, vel similis quam in Camera " 1415.
sua se præsente partim pronunciauit, partim pronunciari fecit, multis "
transcribentibus idem Ioannes Parui, quæ postmodum per exemplaria "
multa venditioni publicæ fuit exposita, &c. "

Calumnia 3. Sequitur aliorum idem dicentium quod Priores, sed ex "
alio capite. Contendunt enim M. Ioannem Parui veritates octo pro sua "
maiore posuisse quæ ab ipsis assertionibus plurimùm sunt dissimiles. At "
verò calumnia talis non releuat in aliquo, sed aggrauat, gladio proprio "
ferientem iugulat. 1. Quoniam prætensæ veritates istæ quædam repe- "
periuntur in fide & moribus erroneæ, vt 3. 4. 6. & 7. aliæ vel falsæ, vel "
iniuriosæ, scandalosæ & piarum aurium offensiuæ; imò & sacrilegæ, si exa- "
minatio debita fiat, &c. "

Calumnia 4. Sequitur aliorum. Veritatem, inquiunt, habent Asser- "
tiones istæ, specialiter prima principalis, & hoc in casu diuinæ reuelatio- "
nis; sed facilis est Responsio dicere, doce me de reuelationibus. "

Calumnia 5. Assertiones istæ, dicunt multi, veræ sunt in casu ineui- "
tabilis necessitatis. Hic est principalis locus refugij partis aduersæ: "
delitescunt in hoc antro subdolæ & oberrantes ratiocinationum vul- "
peculæ, &c. "

Calumnia 6. Veniamus ad 6. Calumniam dicentium quod Assertiones "
istæ sunt satis exponibiles ad aliquem sensum verum. Respondemus ne- "
gatiuè, si iuxta Regulam Hilarij & in scedula fratrum Mendicantium po- "
sitam perspicuè pro nostro proposito intelligentia Doctorum ex causis "
assumatur dicendi, combinando scilicet conclusionem cum præmissis, & "
præmissas cum reprobationibus ad inuicem, &c. "

Calumnia 7. Respondemus alteri Calumniæ quæ à veritate vacua per "
numerositatem conatur euincere dicens Assertiones istas plures habere "
defensores quàm Oppugnatores; sunt idcircò veræ, vel saltem, opina- "
biles. O falsissima & hæreticis atque erroribus fauens calumnia ! Non "
insequeris, inquit lex, multitudinem ad faciendum malum, quia stulto- "
rum infinitus est numerus. Veruntamen si ad numerum & meritum pla- "
ceat attendere, non dubitamus multò plures atque grauioris authorita- "
tis nos habere tam in hoc sacro Concilio quàm alibi, attento quod "
plures Magistri præsertim seculares nondum dederunt deliberationes "
suas, vt intelleximus; sicut illi de inclytâ Natione Anglicana, prout fer- "
tur, quos tamen videmus strenuos & industrios pugiles aduersus hære- "
ticam prauitatem absque vlla acceptione personarum, vel patriæ etiam "
propriæ Attento præterea modo deliberandi, quem fecerunt Fratres "
Mendicantes de 4. Ordinibus qui sunt illi facientes hunc numerum. Pu- "
tamus enim non esse cum eis duos Magistros in Theologia seculares; vel "
si veniant ad ternarium, totum est. Attento rursus multas esse causas ex- "
trinsecas quæ mouerunt, aut mouisse præsumuntur Prædictos Fratres ad "
ita deliberandum in modum cuiusdam Conuenticuli, ne dicamus, Cons- "
pirationis, qualis sit ipsorum habitudo ad Vniuersitatem Parisiensem "
plures norunt, &c. "

Calumnia 8. Subiungamus pro Calumnia 8. eorum qui dicunt quod "
Assertiones istæ ideo quia reprobatæ, ac damnatæ sunt Parisius, & hîc re- "
probari quæruntur, pepererunt infinita scandala & parrient etiam vsque "
ad totalem destructionem Communitatis. Fatemur cum Christianissimo "
Rege, ac Vniuersitate Paris. sicut & experientia, proh dolor ! nimis edo- "
cuit, quod Assertiones istæ & Propositio continens ea, dederunt infinita "
scandala : sed quod ex reprobatione & damnatione sua scandalum tam "
multiplex datum sit, vel negamus omninò, vel dicimus, quod scandali- "
zati per huiusmodi condemnationes nedum non habuerunt causam ra- "
tionabilem scandali, sed ex hoc reddunt se, ac de scandalo in fide & de "
bonis moribus, imò & de pertinacia multipliciter, ac vehementer sus- "
pectos, &c. "

Tom. V.   Oo

" *Calumnia* 9. dicentium Assertiones istas spectare non ad Iudicium fidei, sed ad causam sanguinis, & quia concernunt Præcepta Decalogi, quæ idcirco ad fidem non pertinent, quia continent euidentiam in lumine naturali: concedamus in primis quod homicidium in se spectatum, spectat ad causam sanguinis criminalem, sed homicidij iustificatio præsertim per ius diuinum ac Canonicum, tanquam illud sit licitum, laudabile & meritorium pertinet vtique ad Iudicium & Iudices fidei. Etenim longè aliud loqui de homicidio, aliud de homicidij Iustificatione, sicut aliud est furtum, aliud furti approbatio, &c.

" *Calumnia* 10. Subinfertur tandem vltima pro nunc Calumnia, quæ me pariter cum Rege quærit inuoluere tanquam aliquid execrabile commiserim. Ecce, inquiunt, iste Christianissimum Regem exponit discrimini turpis notæ erroris, vel hæresis in causa, quam nec voluit, nec vult assumere. Hìc Respondeo 1. quod neque Regem, neque prudentissimum Consilium suum totum, neque Vniuersitates, neque Prælatos, neque Clerum sui Regni ita in manu mea teneo, quod eos sufficiam, vel debeam prohibere à defensione causæ fidei, neque certe volo, &c. Dico 2. quod antequam Rex veniret in causam, assumpsi mihi causam ipsam modo quo decebat Theologum, quomodo neque discessi, neque discedo, neque discedam, Deo mihi propitio, sicut reperiri debet in actis me ita respondisse, &c. Dico 3. quod dum sensi Commissarios in causis fidei aliter intendere, quia citabant me vt irem Diuionem; & tutius mihi forte fuisset ire in Babylonem: quia insuper nihil intendebam procedere contra personam qualemcumque, nec per strepitum & figuram Iudicij interrogatus si facerem meam partem, respondi quod huiusmodi denunciationem contra personam, neque feceram, neque faciebam: & retribuat Deus in bonum illis qui contra satagentes oppositum, quibus ignoscat Deus innocentiam meam & simplicitatem reuelauerunt, hoc memori gratáque mente retineo. Dico 4. quod si materia stetisset in puris terminis Theologicis, tractando eam stylo Theologico, qualis prædescriptus est, ita quod de interesse personali cuiuscunque personæ nequaquam fuisset actum, non opus fuisset introducere Regis authoritatem. Nunc autem dum res tractatur per Aduocatos & Procuratores & Notarios & per strepitum & figuram Iudicij, sentit aduersa Pars, credite, sensimus & nos quod diuitibus & diuitijs opus erat, &c.

" Concludo tandem & constanter affirmo me firmiter credere & nullatenus dubitare quod hæc doctrina propositionis defendentis M. Ioannem Parui cum suis Assertionibus, sicut inuenta in isto codice continetur est erronea in fide & moribus, ac multipliciter scandalosa, &c.

Post hanc orationem produxit idem Cancellarius cum alijs Legatis Regijs Litteras & alia munimenta, ac instrumenta manibus & sigillis Notariorum & Protonotariorum munita. Et 1. quidem, vt ibidem dicitur, quendam sexternum Papyreum continentem tres partes præcipuas; in prima positæ erant sex Conclusiones Theologicæ contra propositionem M. Ioannis Parui, incipiebat autem his verbis, *Quia ex Patentibus*. In 2. erant 4. regulæ super stylo Theologico tenendo in condemnatione errorum cum certis circumstantijs requisitis. Incipiebat his verbis, *Super omnia vincit veritas*. In 3. erat breuis schedula quâ petebatur vt fieret examen super deliberatione 4. Ordinum Mendicantium de nouem Assertionibus M. Ioannis Parui. Incipiebat. *Attendens Christianissimus*. Item magnam litteram Regis, vt ibi dicitur, Patentem, super condemnatione dictæ Propositionis M. Ioannis Parui, & incipiebat, *Regia maiestas nostra*. Item quendam magnum quaternum Papyreum signatum signis duorum Notariorum continentemque Propositionem M. Ioannis Parui. Item Instrumentum Aduocationis D. Cancellarij Parisi. super propositione per eam ex parte Vniuersitatis Parisi. alias facta coràm Rege

Francorum. Item schedulam Papyream continentem appellationem à Iudicibus fidei super publicatione votorum, &c. Item litteras Patentes Vniuersitatis Parisf. super approbatione sententiarum D. Episcopi Parisf. Item quendam quaternum Papyreum in quo continebatur deliberatio Fratrum de 4. Ordinibus Mendicantium super 9. Assertionibus. Hæc ex operibus Gersonis.

1415.

His igitur & alijs multis Constantiæ ab vtraque parte prolatis, datisque Iudicibus, quorum è numero expunctus est Cardinalis de Alliaco, eò quòd fuisset olim Gersonis Magister, postquam diu multumque digladiatum est, sacra Synodus hortatu Sigismundi, attendens quod in re erat præcipuum, nec sollicita an Propositiones essent Ioannis Parui, an à Gersone confictæ, nulla mentione factâ Ioannis Parui, nullâ Ducis Burgundi, simpliciter damnauit Assertionem iam ab Episcopo Paris. damnatam ; quanquam ait Monstreletus Synodum declarasse nulla & irrita quæcunque per Episcopum Paris. aduersus Ioannem Parui decreta fuissent. Verum ex ipsis Synodi verbis, quid decretum fuerit vltimâ die Iunij, patet. hæc enim Censura legitur.

" Præcipuâ sollicitudine volens hæc sancta Synodus ad extirpationem errorum & hæreseos in diuersis mundi Partibus inualescentium procedere, sicut tenetur, & ad hoc collecta est, nuper accepit quod nonnullæ Assertiones erroneæ in fide & bonis moribus, ac multipliciter scandalosæ, totiúsque Reipubl. statum & Ordinem subuertere molientes dogmatizatæ sunt, inter quas hæc Assertio delata est. *Quilibet Tyrannus potest & debet licitè & meritoriè occidi per quemcumque vasallum suum, vel subditum etiam per insidias & blandicias, vel adulationes, non obstante quocumque iuramento, seu Confœderatione factis cum eo, non exspectatâ sententiâ, vel mandato Iudicis cuiuscunque.* Aduersus hunc errorem saragens hæc sancta Synodus insurgere, ac ipsum funditùs tollere, præhabitâ deliberatione maturâ declarat, decernit & definit huiusmodi doctrinam erroneam esse in fide & moribus. Ipsamque tanquam hæreticam, scandalosam, seditiosam & ad fraudes, deceptiones, mendacia, proditiones, periuria vias dantem reprobat & condemnat, declarat insuper, decernit & definit, quod pertinaciter Doctrinam hanc perniciosissimam Asserentes sunt hæretici, & tanquam tales iuxta Canonicas & legitimas sanctiones sunt puniendi "

CONDEM. NATIO PROPO- SITIONIS DE TY- RANNIS PER CON- CILIVM.

Porrò non erit forte ingratum his addere, quæ in MS. Victorino leguntur, quæque alibi non putem reperiri ; quanquam enim Autor omnino videatur esse Burgundianarum Partium, & è comitatu Episcopi Arrebatensis, multa tamen in Epistola ad Amicum Parisiensem scribit ab huiusce historiæ veritate non absona. Sic igitur ille.

" Quia scio vos affectare agitata in hoc sacro Concilio & specialiter in causâ D. Ducis Burgundiæ Rei & defensoris legitimi quantum suâ interest contra 9. Assertiones exhibitas per M. Ioannem de Iarson aliàs condemnatas Parisius, & contra ipsum Iarson se facientem & dicentem denunciatorem Euangelicum. Ex quâ re noueritis quod ipse Iarson liuore ductus inuidiæ, odij & inimicitiæ cum fauore, consilio & auxilio Ludouici Ducis Bauariæ & nonnullorum aliorum contra & præter instructiones Regis delatas suis Ambaxiatis per M. Guillelmum Pueri nepotis & Iordanum Morini super hoc specialiter ordinatos inhibitionem continentes de persecutione, aut introductione dictæ materiæ condemnationis illarum 9. Assertionum suo nomine proprio, vt Doctor Theologicus & zelator fidei, vt dicebat, introduxit dictas 9. Assertiones tanquam erroneas in fide & moribus reprobatas Parisius, eo absque quod dixerit eas fuisse condemnatas per Episcopum Paris. coram certis Commissarijs & Deputatis à Concilio, inter quos erant DD. Cardinales Cameracensis & Florentinus, & protestatus fuit à principio quod non intendebat alicuius nomen exprimere, nec contra honorem & famam alicuius præiudicium generare. Petitioni cuius Iarsonis respondit D. Episcopus

EPISTO- LA ANO- NYMI AD AMICVM PARIS. ANONY- MVM.

„ Atrebatensis protestans inter cætera quod Ambaxiatores Regis & D.
„ Ducis ad inuicem concordauerant iuxta suas instructiones non intrare
„ materiam præsentem certis ex causis iuxta mandatum Regis. Ideo con-
„ trà dictas instructiones & Concordata non volebant venire, & protesta-
„ bantur quod non per ipsas Ambaxiatas D Ducis primò introducebatur
„ materia præsens, imò purè passiuè & defensiuè se habere protestabantur;
„ & quod ipse Iarson sibi benè præcaueret de faciendo contra dictas in-
„ structiones Regis, cuius Ambaxiator erat, & quod materia erat pericu-
„ losa valde & turbatiua pacis Regni, &c.

„ Quo facto præfatus D. Episcopus dixit D. Cameracensi Cardinali,
„ quod in hac materia non intendebat dictus D. Dux Burgundiæ ipsum
„ habere & acceptare pro Iudice, imò ipsum habebat suspectum certis ex
„ causis declarandis tempore & loco: & vlterius quod ipse neque dicti
„ Commissarij qui se gerebant pro Coniudicibus fuerant deputati in ple-
„ na Sessione publicâ, prout moris erat in alijs materijs, & verum erat.
„ Quod videns Rex Romanorum putans Ambaxiatores dicti D. Ducis vel-
„ le fugere, statim procurauit in crastino fieri Sessionem, prius habitâ de-
„ liberatione inter 4. Nationes de constituendo Iudices in hac materia &
„ generaliter in omni materia fidei sub certâ formâ & de qualibet Natione
„ 4. Doctores, videlicet duos in Iure Canonico & duos in Theologia, &
„ cum ipsis fuerunt adiuncti 4. Cardinales, videlicet de Vrsinis, Aquile-
„ giensis, Cameracensis & Florentinus: & sic fuerunt viginti Con-judices
„ in summa. Sed in plena Sessione dictus Atrebatensis protestatus est
„ quod non intendebat consentire in Cardinalem de Cameraco quem sus-
„ pectum habebat; & nihilominus die Sabbati quæ fuit 25. Iunij, sedentibus
„ pro Tribunali Iudicibus præfatis cum ipsis dicto Cardinalide Camera-
„ co, qui voluit desistere, præsente Rege Romanorum, ipse Iarson repro-
„ duxit dictas 9. Assertiones vt prius. Et in continenti pro parte D. Ducis
„ dixit dictus Episcopus quod si illæ 9. Assertiones erant illæ quæ aliàs fue-
„ rant condemnatæ Parisius per Episcopum Parisi. credebat interesse D.
„ Ducis, eo quod ab illa sententia ab eo fuerat appellatum ad Curiam
„ Rom. vel sacrum Concilium, & causas dicti interesse offerebat monstra-
„ re tempore & loco; sed primitùs & ante omnia recusabat pro Iudice di-
„ cti Ambassiatæ præfatum D. Cardinalem de Cameraco certis ex causis
„ tunc datis in scriptis. Ex quibus dictus Cardinalis fuit conturbatus, quia
„ fuerant lectæ publicè dictæ causæ, & erant aliquæ quæ tangebant hono-
„ rem suum & famam, videlicet odium inter ipsum & defunctum M. Ioan-
„ nem Parui occasione prosecutionis vnionis Ecclesiæ: & ibi tangebatur
„ occasio propter quam aliàs fuerat priuatus ab Vniuersitate & prosequen-
„ te dicto defuncto M. Ioanne Parui. Item amicitia simul & familiaritas
„ habita cum ipso de Iarsono. Item specialiter quia dixit in judicio quod si
„ recusaretur in hac materia & non esset Iudex, ipse foret pars Principalis
„ in prosecutione, cum multis alijs causis. Et finaliter post assignationes
„ diuersas in dicta causa & super naturam recusationis dixit quod nolebat
„ impedire causæ accelerationem propter ipsius præsentiam, & quod non
„ interesset à modo, & sic confusus abijt in magnam displicentiam dicti
„ Iarson & suorum sequacium. Tandem interrogatus ipse Iarson vnde ve-
„ nerint illæ 9. Assertiones, & qui eas reprobauerat erroneas in forma
„ in qua tradidit eas, &c. respondit quod adhoc dictus Ambaxiator non
„ habebat respondere ex quo nolebat se facere partem formalem ad
„ eas defendendum; sed in casu quo vellent eas defendere, eis responde-
„ ret. Finaliter tædio affectus exhibuit sententias binas Episcopi Parisi.
„ cum litteris Regis & Vniuersitatis Parisi. Ex quarum tenore inspecto fuit
„ decretum, declaratum & definitum per Iudices quod dictus D. Dux
„ Burgundiæ habebat interesse sufficiens in defensione Processus: & fue-
„ runt vlteriùs admissi Ambaxiatæ ad probandum dictum interesse, mate-
„ ria Principali dictarum 9. Assertionum suspensa vsque ad tempus & ho-
„ ram competentia. Puto vos satis scire qualiter & quomodo tangitur

interesse in præsenti materia: quod satis resultat ex sententia Episcopi " 1415.
Parisi. in qua tangitur D. Dux Præfatus cum *Iustificatione Ducis Burgun-* "
diæ, &c. & quod à dicta sententia appellauerat, &c. Amplius super di- "
cto interesse prosequendo & impediendo ne dictæ 9. Assertiones condem- "
narentur seu in eis quoquo modo procederetur, nisi prius definito supra- "
dicto interesse, fuit datus libellus continens tria, vel quatuor puncta, "
videlicet quod defunctus M. Ioannes Parui semel & vnica vice propo- "
suit pro D. Duce Burgundiæ, tali tempore & loco, &c. & in illa propo- "
sitione posuit octo propositiones quas appellauit 8. veritates, quæ sunt "
tales, &c. inscriptæ sunt in libello, quæ sunt octo veritates aliæ à præ- "
tensis 9. Assertionibus exhibitis per dictum Iarson in materia, sensu, for- "
ma & verbis, sustinibilesque & opinabiles absque fidei Catholicæ læsio- "
ne, & quod dictas 9. Assertiones nunquam proposuit dictus Parui in sua "
dicta propositione, &c. Et consequenter petitur quod declarentur esse "
aliæ ab illis 9. & sustinibiles prout sequitur. Item petitur 2. quod senten- "
tia Episcopi Parisi. cassetur & annuletur, cum per eam condemnetur "
propositio M. Ioannis Parui tanquam continens errores plurimos cuius "
contrarium verum est. Item petitur finaliter & concluditur quod ipse "
Iarson puniatur vt calumniosus & falsus adscriptor errorum & hære- "
sum, &c. Cui libello recusauit & recusat respondere dictus Iarson di- "
cendo, quod ad hoc non tenetur certis de causis: imò petiuit non cogi, "
aut compelli ad respondendum; imò & judicio absolui, cum ipse tanquam "
purus denunciator & Euangelicus prætensas 9. Assertiones exhibuerit "
judicio fidei, vt Concilium sacrosanctum ordinet & disponat, vt ei vi- "
detur bonum, nec eas defendere, seu in dicto judicio tenetur vlterius "
procedere, siue in processibus inuolui. Et adhuc fuit replicatum quod "
imò tenebatur Libello respondere & judicium subire. Et finaliter super "
hac materia fuit taliter processum quod heri fuit dies assignata ad au- "
diendam ordinationem Iudicum, an ipse Iarson debeat judicio destitisse à "
processu, aut Calumniator puniri, prout petitur per ipsum D. Ducem. "
Et sic apertè patet quod adhuc est initium judicij, licet fuerint "
tentæ in materia plusquam triginta dietæ: nam ter in hebdomada proce- "
ditur in causa, nisi superueniat impedimentum. Et credatis quod aduer- "
sarij crediderunt habere conclusionem & condemnationem dictarum 9. "
Assertionum in vna hebdomada, attentis fauoribus quos habebant per "
Regem Romanorum qui multa protulit enormia de D. Duce, quem vi- "
sus est habere pro Capitali inimico, & hoc ad suggestionem dicti Ludo- "
uici de Bauaria qui dictum Regem regebat pro tunc cum vxore sua, vt "
fertur hîc communiter. Et vix fuit aliquis in hoc Concilio qui auderet "
loqui de materia præsenti pro D. Duce in bonum. Imò videns ipse Rex "
quod non potuit obtinere Conclusionem condemnationis dictarum 9. "
Assertionum, vt volebat, licet solicitauerit Iudices quantum potuit per "
eius præsentiam in judicio sæpissimè & per Nuncios & literas dixit quod "
nunquam iret ad locum Conuentionis videlicet, Niciam donec esset finis "
dicti processus. Et quod plus est, ipse exiuit Ciuitatem Constantiæ per "
8. dies & iurauit publicè, vt dicebatur communiter, quod non rediret, nisi "
prius expedito dicto processu. Quare oportuit pro satisfaciendo sibi "
quod quædam alia propositio vocata: *Quilibet tyrannus,* quam Iarson prius "
petiuit condemnari ab Episcopo Parisi. quæ tamen non fuit de qua scitis "
quod condemnata fuerit ad satisfaciendum dicto Regi qui putabat quod "
dicta propositio esset vna de contentis in propositione M. Ioan. Parui & "
ita datum est sibi intelligi, & sub illo colore fuit condemnata, ipso Rege "
præsente, vnde gauisus est & omnes Aduersarij quod communiter dice- "
bant ignorantes, quod Propositio Parui fuerat condemnata. Longum "
esset verbis enarrare poenas, iniurias & opprobria quæ passi sunt dictus "
Episcopus & M. Petrus Cauchon qui soli ex parte D. Ducis suscipiunt & "
habent onus. Sed Deo laus. Post recessum dicti Regis Ambaxiatores "
præfati sunt securiores quàm antea, & liberius tractauerunt materiam "

1415. " & processum cum bono consilio. Et nunc patet zelus fidei, quo proces-
" sit ipse Iarson & sui sequaces quibus etiam displicet quod negotium non
" ducitur ad eorum voluntatem, & specialiter de pace Regni & Franciæ
" reformata. Et sciatis quod vellent modò negotium nunquam fuisse hîc
" inceptum. Cardinalis de Cameraco nisus est concordare Partes ad suum
" libitum, sed non potest sufficienter; quia voluit nuper per vnam scedu-
" lam per eum confectam sedare processum, sed non potuit, cuius copiam
" mitto præsentibus interclusam. Speramus hic omnes habere bonum exi-
" tum & honorabilem in materia, quia totum Concilium vellet processum
" terminari ad bonam pacem & concordiam Ducis, & ad hoc interponunt
" vires aliqui dominorum Cardinalium & Doctorum. Et si non habea-
" tur finis per concordiam, non ita cito habebitur per processum, quia
" adhuc sumus in principio, vt potestis considerare: quia restat adhuc pro-
" bare intentionem circa libellum exhibitum, & examinare dictas propo-
" sitiones hinc inde, quæ non fient ita citò & sine magno discursu. Epis-
" copus Parisi. citatus est ad requestam D. Ducis in dicta causa appellatio-
" nis, & speramus die adueniente causam apertius terminari quæ nulla
" est ipso Iure. Nolite recipere in displicentiam quod dictus Atrebatensis
" & Ego sæpius vobis non scripsimus, quoniam in veritate non fuimus ausi
" etiam pro proprijs negotijs alibi scribere, propter strictum modum custo-
" diæ portarum & alijs de causis. Ipse namque dictus Episcopus salutat vos
" vicibus repetitis, & sæpissime loquitur de vobis recognoscendo Curia-
" litates per vos eidem exhibitas; hæc de processu. Veruntamen noueritis
" quod inter 9. Assertiones dictas & illas 8. veritates Parui est magna diffe-
" rentia in sensu, materia, & forma, quoniam à Tertia veritate subtra-
" cta sunt verba *quando non vult se corrigere, nec emendare*, & specialiter
" *quando est periculum in mora*. Et similiter ex alijs propositionibus distor-
" ta aliqua verba mutantia valde sensum dictarum veritatum. Et solum
" restat nobis probare quod illæ octo veritates sunt contentæ in libro dictæ
" Propositionis Parui iuxta formam exhibitam in iudicio: quod facilè pro-
" babitur quoniam iam commisimus ad partes Diuioni, pro faciendo colla-
" tionem librorum ibi reperiendorum. *Scriptum Constantiæ VI. Sept.*

" *Tenor scedulæ Cardinalis de Cameraco.* Hæc S. Synodus declarat quod
" per præmissam condemnationem 9. propositionum, vel etiam per con-
" demnationem nuper factam de illa propositione, *Quicunque tyrannus*, ea-
" dem S. Synodus non intendebat, nec intendit iuri alicuius personæ, seu
" famæ ipsius, vel honori præiudicare, seu quodlibet particulariter dero-
" gare, cum nullus particularis assertor, seu defensor earundem coram
" dicta Synodo fuerit specialiter, vel Iudicialiter accusatus.

Hac de re fusè Gerson in Dialogo Apologetico, in quo sic Volucrem inducit loquentem. *Nonne satis videtur pro triumpho veritatis quod nulla aduersus eam post tot agitationes & pertractationes lata est sententia quæ præsertim in rem transierit iudicatam, &c. Manet igitur in robore suo detestatio falsitatis & hæreticæ prauitatis. Manet approbatio tam solemnis sacræ Theol. Facultatis in Vniuersitate Parisi. cui centum & quadraginta vnus Theologi se manibus proprijs subscripserunt. Manet similis approbatio Facultatis Decretorum in eadem Vniuersitate quæ similiter in se tota pondus approbationis suæ dedit sub literis patentibus. Manet Authenticum valde Parlamenti Regij Decretetum, vel Arrestum huiusmodi Doctrinæ cum tota Propositione Ioannis Parui capitaliter damnatiuum, &c.*

Paulo post verò subiungit Mendicantes contra sensisse & Vniuersitati repugnasse. *M.. Sed quid de deliberationibus quorundam Mendicantium cum magno numero respondetis, quos dicunt facta in vnum conuentione se cuidam scedulæ subscripsisse quam sigillauerunt sigillis Generalium de 4. Ordinibus, vt prætendunt, vbi deliberant, sed in sacco & tenebris Assertiones istas (scilicet Ioan. Parui) non esse iudicio fidei reprobandas, imò sententiandum esse, quod ad fidei Iudicium non pertinent? Neque enim in hanc insaniam ausi sunt prosilire, vt apertè dicerent quod veræ sunt. Gloriatur tamen aduersa Pars tanquam ea deliberauerint, veras esse. V. ò si scires omnia Monita, quæ circa Processum talem emerserunt nunc istis, nunc alijs vijs, imò inuijs & exorbitantijs, imbiberet spiritum tuum vehemens indignatio, &c. Quinetiam sacra Theol. Facultas Parif. cum ad ipsam schedula talis delata est pro parte dicti Christianissimi Francorum Regis, suaque deliberatio quæsita, reprobauit eam multiplici, ac efficacissima ratione sub patentibus literis, sigillo suo munitis. Non igitur potest aduersa pars gloriari de pluralitate maiori Theologorum neque numero.*

1415.

Dum ista Constantiæ geruntur, Francia, Ciuitas Parisiensis & Vniuertas varijs turbinibus agitantur. Angli cum exercitu numerosissimo vastant, diripiunt, depopulantur, vrbes & Castella occupant. Neque in eo stat clades; cum ijs confligitur, sed inauspicatò: nunquam vllibi tanta Nobilium & Magnatum strages; flos Nobilitatis Gallicanæ ibi perit; dies fuit 25. Octob. funesta Francis; Locus, Azincurtius malè ominatus in Comitatu S. Pauli, Ditionis Normanicæ. Hoc vbi auditum est Parisijs, dici non potest quanta fuerit animorum consternatio. Congregatur Vniuersitas, & ad Deum conuersa rogat pacem solemnibus supplicationibus. Natio Gallicana speciatim parentat; in cuius Actis habentur quæ sequuntur.

Die vltima eiusdem mensis (Octob.) Natio fuit conuocata solemniter in S. Mathurino super 2. art. 1. super aliquibus tangentibus honorem Nationis. 2. communis super supplicationibus & iniurijs. Quoad 1. tangebatur de lamentabili, ac doloroso bello facto contra inimicos D. nostri Regis, Regni & Reipub. videlicet Anglos, in quo tot Principes, Nobiles, Milites ac Barones de sanguine Regio & de Natione præfata moriebantur. Etiam pauci, vel nulli erant in dicta Natione quin habuissent Parentes, fratres, cognatos, aut veros Amicos, tum pluribus alijs circunstantijs ibidem narratis ad commouendum omnes Magistros eiusdem Nationis pro seruitio faciendo pro dictis Defunctis. In quo 1. art. per omnes concorditer deliberabatur quod vigiliæ solemnes fierent & seruitium. Et super isto fuerunt dati Deputati Notabiles de quacumque Prouincia, qui haberent ordinare præfatum seruicium, vt honor esset perpetuis diebus Nationi & eius suppositis.

In ijsdem Actis legitur die 11 Nouemb. celebratas fuisse vigilias in Coll. Nauarrico & postridie Missam solemnem pro Defunctis ab Episcopo Cabilonensi. Neque verò his malis Proceres mouebantur, intestina odia simultatesque fouere non desinebant propterea, hi Aurelianensi, Illi Burgundicæ parti fauentes. Aderat Burgundus prope cum ingenti exercitu, petebatque sibi licere ingressum in vrbem. responsum licere, si cum paucis veniret. Noluit ille, diffidens sibi; suos habebat in vrbe fautores, fax Cabochiana animos attollebat. Metuunt sibi boni, Curia, Parlamentum, Vniuersitas, Ciuitas per Legatos adeunt Aquitaniæ Ducem tunc præcipuum Regni Rectorem, rogant salutem assumpto hoc themate per Principem Senatus, *Domine salua nos, perimus.* Placet Oratio Duci & strenuam pollicetur operam; sed ecce post paucos dies, 18. nempe Decemb. repentina morte moritur.

Die 8. Ianu. Vniuersitas intellecto à Benedicto Gentiani & Iacobo d'Espars quid rerum in Concilio gereretur, illuc nouam Legationem destinat & ad Patres Concilij scribit, vt sequitur.

Litteræ Vniuersitatis ad Cardinales & Concilium Constantiense.

„Graues de medio tollere discordias & litis eneruare fomenta Eccle-
„siasticæ prosperitati necessarium est. Et his insudantibus vigilijs
„meritorum Egregij & Reuerendissimi Patres Almumque & salutiferum
„Concilium, Quoniam lapsa tempora nos edocent quantum leuis discor-
„diarum ingressus & rerum agendarum inconstantia frequensque muta-
„tio statutorum scandali parauerint, vt iam Beneficia plus causis Explo-
„ratoribus quàm iure potissimis relinquantur. Et quod ad hanc rem atti-
„net, nuper dicto *Ioanni 23. scripsisse memoramur vt Constitutionem Pisani*

A.27.G.

Concilij de Pacificis possessoribus institutis Canonicè in suo robore conseruaret, & ne verborum ambiguitas surgeret in damnum & controuersiæ
daret materiam iuxta Iuridicas sanctiones verbum illud *Canonicè institutis* planè atque irreplicabiliter declararet. Nonne autem & nobis ipsis
sumus conscij quid per illud verbum *Canonicè, &c.* Gallicana t. Ecclesia
atque ipsum Concilium Pisanum posterius aduocatum intellexerit, quoniam nostras ad preces & ob Regni pacem atque Beneficiorum felicius
regimen ad tantum cætum Patres vocati illud pro statuto sanxerunt
nostris Deprecationibus in forma autoritatiua consensum præbentes atque eandem autorisantes sanctionem, nil autem aliud nos Oratores atque ipsos nos exaudientes intellexisse putamus, nisi vt qui sanè Simoniaca
peruersitate, aut seculari violentia, aut sanè inconcessa origine, aut propter defectum Natalium non humilitati Beneficia pacificè possidebant, in
suarum possessionum integritate velut iustè intitulamanerent, sic iura
volunt, sic Canonum series si percurratur, explicabit, atque id suadebit
æquitas. Nescimus autem quâ fortasse præsumptione, aut temeritate satis Mandata huius Constitutionis in robur irruant malignantes, vt nihil
efficaciæ iam habeat, aut in defensinem veniat cuiquam valitura, nam
hic eam conatur euertere alius ausus contra Iustitiam & Iuris reuerentiam deprauantes, & quod ad personarum concordiam inuentum est,
depreuata astutia ad nouas contradictiones impudenti abusu peruertit,
vt iam sacras non vereatur animalis homo violare sanctiones & Ecclesiæ,
ac Patrum statuta probatorum. Nos tantis condolentes afflictionibus
atque omnia plena dissidijs intuentes ad refugium venimus singulare,
vestrasque deprecamur Charitates vt Ecclesijs consulentes fideliter &
maliciæ inualescenti viriliter aduersantes, Constitutionem præfatam in
robore seruare & verbum illud *Canonicè* iuxta explicationem præfatam
declarare dignentur, quod & iura petunt, & nostra pro petitione interuenit æquitas: si quid autem in contrarium actum secusue processum, vos
ipsi pariter irritetis & pro futurorum temporum securitate maiori eandem Constitutionem iteratò vestra pro parte edicatis, vna enim hac sancta operatione multas finietis fallacias & pacem dabitis his qui volunt
eam vt quos propria conscientia non reprimit à malo, aliena melior sua
autoritate coërceat. Hoc idem Rex noster Christianissimus per suos
Oratores dudum etiam iussit postulari atque adimpleri, per Pisanum Concilium exorauit, quod & Nos saltim pro Gallicana petimus Ecclesia in
qua Constitutio hæc maximam afferet vtilitatem, atque rerum necessitate postulatur. Vos autem quantum eidem congrua sit, ponderate, vt vestræ paternitates fœcundæ sunt quas Spiritus almus inhabitet ad Ecclesiæ decorem, prosperitatem & pacem. Scriptum Parisius, die 8. Ian.

*Vestrarum Paternitatum celebrisque Congregationis
humiles, deuoti & obsequiosi Rector & Vniuersitas
studij Parisiensis.*

Hisce litteris quæ extant in Tabulario Academico sub his Caracteri-
bus A. 27. G. placet alias subdere notatas A. a D. quibus Priori Legationi noua additur.

„ VNIVERSIS præsentes litteras inspecturis *Rector & Vniuersitas stu-
„ dij Paris.* Salutem in eo qui saluos facit rectos corde. Pacem Eccle-
„ siæ diu quæsitam, quam mille labores infinitaque pericula fidelibus vt
„ prope est parauere, totis præcordijs amplexamur, & sudoribus lachri-
„ misque petiti obuiàm imus gaudentes, succinctique ad occurrendum vt
„ comprehendamus eam, cuius pulcritudo & decor indumentum & gloria
„ & diuitiæ in domo eius, requies & firmamentum operum illius.
„ Vt verò locum sacri Concilij, vbi primum recipienda & de eius aduentu
„ nunc agitur quemque mente & spiritu præsentes assistimus, omnes cor-
„ corporaliter adire non valent, ad eiusdem sacri Concilij celebritatem
quosdam

quosdam ex nobis dilectos & electissimos viros destinamus, famosos eru- "
ditissimosque Magistros tales quosdam iam prioris vestræ legationis con- " 1415.
sortes, quos in eiusdem prioris Legationis autoritatem confirmamus, "
alios nouiter constitutos, quibus eandem dedimus potestatem ex ipsis- "
que vnam & eandem Legationem ad vnionem Ecclesiæ, citam Ecclesiæ "
Reformationem & hæresum extirpationem pro nobis & nostro nomine "
tanquam veri Legati clara & firma fungentes potestate facimus, eis- "
dem iniungentes, vt iuxta suarum Instructionum seriem, ad ea quæ dicta "
sunt cæteraque tractanda nomine nostro tanquam nos repræsentantes in "
dicto Concilio diligenter inuigilent, honori, prærogatiuis, iuribus, vsi- "
bus & præeminentijs famosi & inclyti huius Franciæ Regni, Regisque "
Christianissimi, nostrosque oculos habentes & ad hæc seruanda super- "
intendentes diligenter. Volumus insuper eosdem & eorum singulos con- "
iunctim & diuisim honore, præeminentia, dignitate & stipendijs eiusdem "
Legationis, iuxtà sibi præfixos modos & ordines vti pariter & gaudere, "
inhibentes ne suarum instructionum terminos transgrediantur, sub poenis "
ad hoc ordinatis, significantes & iubentes super omnibus Suppositis no- "
stris Constantiæ manentibus quatinus eisdem assistentiam, consilium, "
auxilium præbeant pariter & fauorem. Datum in nostra Congregatione "
Generali.

Ad Calcem harum litterarum subiectos legimus Legatos, qui sequuntur, D. G. de Hotot Abbatem de Cormeriaco, M. Io. Balduini & M. Martinum sacræ Theol. Professores. D. Petrum de Prouins & Girardum Faydes Doctores in Decretis, M. Iac. Despars in Med. Magistrum, M. Adam Bourgin & Guill. Lochem in Artibus Magistros & Mathiam Iacobi Bedellum.

Circa id temporis, mensis scilicet Ianuarij eiusdem anni die 14. Ioannes Britanniæ Aremoricæ Dux Parisios aduenit, & à Burgundo Regem rogat patere ipsi ingressum in vrbem cum copijs, sed non obtinet. Sperabatur fore diuturniorem eius moram Parisijs, eumque forte ad Regni molimina accessurum. Eum itaque adit Vniuersitas & depulsionem hostium, Priuilegiorumque suorum conseruationem deprecatur. Ille paci volens addictissimus videri, monet ipsius esse Vniuersitatis indagare vias rationesque reducendæ pacis, rogatque in eam rem incumbere.

Die 29 eiusdem mensis Ianuarij referunt Delecti, seu Deputati quæ à Duce audiuerant. Et super ijs consilium initur. Quidam putant ad eum redeundum; eique gratias agendas, quòd Pacis studiosus esse videretur; & isti Burgundo fauebant. Alij suspectum habentes, negant adeundum, aut certè exspectandum aliquandiu. Nihil à Rectore conclusum. Nihilominus Britannum adeunt nonnulli post meridiem Oratoreque vtuntur Ministro Mathurinorum M. Ioanne Halbaldo, aliàs de Trecis, Doctore Theologo & Astrologiæ peritissimo; quem autem successum habuerit Legatio ista, commemorant Historiæ Gall. Scriptores, Ioannes Iuuenalis hoc modo. *Le Mercredy 29. de Ianuier. Ceux de l'Vniuersité qui autrefois auoient esté deuers le Duc de Bretagne firent leur relation: laquelle ouÿe, veu la bonne affection qu'icelüy Duc auoit à la Paix, il fut mis en deliberation s'il seroit bon de l'aller remercier de la bonne affection qu'il auoit à la Paix, & de le prier & requerir qu'il y vouluſt tousiours tenir la main & non partir iusques à ce qu'il euſt aucun bon appointement. Et de ce furent d'accord la Nation de Picardie, la Faculté de Decret & plusieurs Docteurs en Theologie, & grand nombre de diuerses Nations & Facultez. Mais le Recteur ne voulut onques conclure sur ce, & se departirent de leur Congregation sans rien faire. Neantmoins ceux qui estoient éleuz pour aller deuers le Duc de Bretagne, retournerent aprés disner deuers le Recteur pour l'induire à ce faire. Mais ils ne pûrent, & pour ce appelierent deux Bedeaux de l'Vniuersité auec eux & vinrent à l'Hostel d'Alençon deuers ledit Duc de Bretagne & estoient bien 80. & firent proposer par le Ministre des Mathurins, qui proposa notablement concluant à cette fin, qu'il ne s'en allast point iusques à ce qu'il y euſt aucun appointement mis en ce pourquoy*

Tom. V. Pp

1415.

il estoit venu ; & qu'en ce il feroit grand bien & grand honneur à l'Vniuersi.é.
Et vn qui fut là qui se disoit Procureur de la Nation de France, du College de
Nauarre, dist hautement que ce que le Ministre auoit proposé, n'estoit pas de
par l'Vniuersité, & qu'on n'auoit cure de la paix qu'ils demandoient, car c'estoit
la paix Cabochienne. Ce voyant le Duc de Bretagne, fut moult ebahy & lourd
dit, Vous n'estes pas d'accord, vous estes diuisez, c'est mal fait ; mais
neantmoins ie ne laisseray pas la chose ainsi ; ou ie parleray à vous vne
autre fois plus à plain de cette matiere, ou ie vous enuoyeray mes Messagers pour cette cause. Et ainsi prit congé d'eux. Et pource que le Recteur &
ses Adherans qui n'auoient pas esté d'accord de venir deuers ledit Duc de Bretagne, eurent deplaisance de ce que les autres y estoient venus, ils brasserent tant
tandis qu'ils estoient deuers le Duc, que quand ils furent deuant le Chastelet à
retour de l'Hostel d'Alençon pour venir en la Cité, ils trouuerent Raimonet de
la Guerre & bien 40. lances deuant le Chastelet & le Preuost de Paris ; lequel
Raimonet par le commandement dudit Preuost de Paris prit ledit Ministre & vn
Docteur en Decret nommé M.   Lyenin qui estoit de Flandres bien solemnels Clers, & les fit mettre en Chastelet. Duquel Preuost ledit Ministre appella
& protesta de releuer son appel en temps & lieu. Toutefois il n'y fut guieres ; & le
fit-on à sçauoir audit Duc de Bretagne, lequel manda tantost au Preuost, qu'incontinent ils fussent mis hors ; & ce si fut fait.

Breuius rem sic exponit Monstreletius, sed paulò obscurius. En ces
propres iours Iean Duc de Bretagne alla à Paris pour traitter deuers le Roy que
le Duc de Bourgongne peust aller deuers luy à tout sa puissance, laquelle chose il
ne put impetrer : Et pourtant s'en retourna assez-tost en Bretagne ; mais deuant
son partement se courrouça moult fort à Messire Tanneguy du Chastel Preuost de
Paris, qui luy dit plusieurs iniures, pour ce qu'il auoit fait mettre en prison en
Chastelet le Ministre des Mathurins Docteur en Theologie, lequel auoit fait deuant ledit Preuost & peuple de Paris vne proposition de par le Duc de Bourgongne, & brief ensuiuant ledit Preuost le deliura franc & quitte.

Nationis verò Gallicanæ Procurator, de quo loquitur Iuuenalis,
tunc erat M. Ioannes de Bris Clericus Carnotensis Magister in Artibus
& Baccalarius in Decretis, non Collegij quidem Nauarrici, sed Boissiaci,
,, & de ea re sic scribit. *Die Mercurij 29. eiusdem mensis plures diuersarum Fa-*
,, *cultatum & Nationum & potissimè Natio Picardiæ sub vmbra & velamine boni*
,, *vt dicebant, fecerunt magnam brigam & diuisionem in Vniuersitate : & eadem*
,, *die post prandium accesserunt ad D. Britanniæ qui erat in domo D. de*
,, *Alençonio, & incedebant per vicos cum Cappis & Epitogijs, & pro eis*
,, *locutus est Minister Mathurinorum ; & inter alia prætendebant quod D.*
,, *Rector & Procurator Nationis Franciæ noluerant venire cum eis ad pe-*
,, *tendum pacem. Et ad excusationem D. Rectoris & meam nomine Procurato-*
,, *ris Ego dixi D. Britanniæ quod salua reuerentia dicentium, nec Rector, nec dictus*
,, **Procurator fuerant per eos vocati, & quod libenter venissent.** *Et supplicaui*
,, *eidem Domino quatinus dignaretur differre responsum suum in facto eo-*
,, *rum, vsque quod audiuisset excusationem D. Rectoris, qui D. Britanniæ*
,, *libenti animo annuit supplicationi per me factæ.*

Die 10. Feb. eiusdem anni habitis apud Mathurinenses Comitijs Generalibus audita est relatio MM. Benedicti Gentiani & Iacobi Despars
Nunciorum Vniuersitatis ad Concilium Constantiense. Sed admirati
sunt plurimi sententiam ab Episcopo Parisiensi & Inquisitore fidei aduocatis Theologis latam contra Doctrinam Ioannis Parui, quæ tribus Cardinalibus tradita fuerat exanimanda, fuisse à Concilio improbatam.
Rem sic narrat Iuuenalis.

Aucuns de Constance se doutans que la sentence de l'Euesque de Paris pieça
donnée au deshonneur du Duc de Bourgogne, par laquelle iceluy Duc de Bourgogne appella en Cour de Rome du temps du Pape Iean, lequel auoit commis la cause d'appellation à trois Cardinaux, à ce qu'elle ne fust cassée & dite nulle, auoient
escrit à aucuns de l'Vniuersité, qu'ils feissent tant que l'Vniuersité s'adioignist
auec l'Euesque de Paris & l'Inquisiteur de la Foy. Mais ils ne pûrent rien faire

pour aucuns presens qui les pouuoient empescher. Et ceux de Paris comme le College de Nauarre & les Adherans de M. Iean Iarson & à l'Euesque de Paris firent tant que le Mercredy (12. Feb.) on fit commandement de par le Roy à plus de 40. Notables hommes de l'Vniuersité que ce iour ils vuidassent la ville, sur peine de perdre corps & biens. Et la semaine de deuant estoit apportée la copie de la Sentence donnée à Constance par iceux trois Cardinaux, en cassant ladite Sentence de l'Euesque de Paris.

Monstreletius sententiæ refert exemplar verbis Gallicis conscriptum. *En cet an dessusdit par la diligence de l'Euesque d'Arras Docteur en Theol. nommé Martin Porée & d'aucuns autres Ambassadeurs au Duc de Bourgongne ayans de luy Procuration, il fut sententié au Concile à Constances, dont la copie s'ensuit.*

Par le Conseil des Clercs le droit par icelle nostre Sentence ordinaire, laquelle nous enfermons en cét escrit. Nous prononçons & declairons les procés, sentences & condemnations, arsins, deffenses, executions faites par l'Euesque de Paris, contre M. Iean Petit & toutes choses, que de ce se sont ensuiuies, estre de nulle valeur, & les annullons & cassons: la condemnation des despens faits legitimement deuant nous en cette cause, nous les laissons à taxer pour cause. Ainsi moy Cardinal Euesque d'Albane, ainsi moy Antoine Cardinal d'Aquilée, ainsi moy François Cardinal de Florence le prononçons, lequel procez fut condamné au Concile de Constance le 15. iour de Ianuier 1415.

Die Dominica 1. Martij ante Quadragesimam Sigismundus Imperator cum octingentis Equitibus Lutetiam subijt, & honorificentissimè exceptus est: Eum quoque adijt Vniuersitas Oratore vsa M. Gerardo Macheti Procancellario Ecclesiæ Parisiensis; qua de re sic legitur in Actis Nation. Gall. scribente M. Ioan. de Bris eiusdem Procuratore. *Anno Domini 1415. Dominica die 1. Martij D. Imperator Sigismundus Romanorum Rex intrauit villam Parisiensem, & in die Iouis sequente Vniuersitas cum magna multitudine Suppositorum visitauit eum, & proposuit M. Girardus Munchet (Machet) Subcancellarius nostræ Dominæ. Cui D. Imperator ore proprio absque alio consilio respondit regraciando Vniuersitati de bona Visitatione, & etiam in pulcro & ornato Latino.*

Causa veniendi, pax Ecclesiæ cui maximè incumbebat. Curiam Parlamentam adijt seditque in sede Regia, & ius dixit, Equitemque creauit: quod factum multis displicuit. Ioannes Iuuenalis ea de re sic breuiter. *Il vint à la Cour qui estoit bien fournie de Seigneurs & estoient tous les sieges d'en-haut pleins & les Aduocats bien vetuz & en beaux Manteaux & Chaperons fourrez. Et s'assit l'Empereur au dessus du premier President où le Roy s'assieox quand il venoit. Dont plusieurs n'estoient pas contens & disoient qu'il eust bien suffy qu'il se fust assis au dessus des Prelats, & à costé d'eux.*

Monstreletius paulò fusius. *Lequel Empereur alla vn certain iour seoir en la Chambre du Parlement, auec les Presidens & autres Conseillers qui tres-grande reuerence & honneur luy feirent. Et le feirent seoir au siege Royal, comme faire le deuoient. Et aprés commencerent les Aduocats à plaidoyer les causes d'entre les parties, ainsi qu'il est de coustume, entre lesquelles en y auoit vne d'vn Cheualier de Languedoc nommé Guill. Segnot, & estoit pour auoir la Seneschaussée de Beaucaire; auquel vn chacun se disoit d'eux deux auoir droit par le don du Roy: mais ledit Cheualier mettoit en ses defenses, que nul ne pouuoit tenir ledit Office, ne deuoit, se premier il n'estoit Cheualier. Et adoncques l'Empereur oyant le different des parties, demanda à icelui Escuyer en Latin, s'il vouloit estre Cheualier, lequel respondit que oüy. Et lors ledit Empereur demanda vne Espée laquelle luy fut baillée & en feit là presentement le dessusdit Escuyer Cheualier, auquel ledit Office fut adiugé par les Seigneurs de Parlement. Neantmoins quand le Roy & son grand Conseil furent aduertis de cette besongne, n'en furent pas bien contens, & par especial desdits Seigneurs de Parlement, pour ce qu'ils luy auoient ainsi souffert: Car il sembloit que cette besongne se feit comme par autorité & hauteur de le pouuoir faire au Royaume de France; ce que par nulle riens on ne luy eut souffert. Toutefois la chose se passa sous la dissimulation, & n'en fut aucunement montré aucun semblant au dessusdit Empereur.*

1415.
Eodem tempore, eiusdem Imperatoris consilio & hortatu Vniuersitas duas Epistolas scripsit ad vnionem Ecclesiæ pertinentes, quarum vna sic incipiebat, *In Nomine S. & Indiuiduæ Trinitatis*; altera his verbis, *Nos Ferdinandus*: quam in rem prædictus M. Ioannes de Bris Nat. Gall. Procurator, ait se impendisse 36. solidos.

1416.
Intellectis autem ijs quæ in Concilio Constantiensi deliberata fuerant & conclusa circa Doctrinam M. Ioan. Parui, Curia Parisiensis Patentes Regis litteras datas 16. Martij an. 1413. Actis suis inseruit die 4 Iunij 1416: doctrinamque rite damnatam fuisse declarauit, vt patet ex sequentibus Instrumentis.

Contra Doctrinam M. Ioannis Parui.

„ CAROLVS DEI GRATIA FRANCORVM REX. Dilectis & fidelibus
„ Consiliarijs Gentibus nostrum præsens Parlamentum tenentibus &
„ quæ futura nostra tenebunt Parisius Parlamenta, salutem in eo per quem
„ Reges regnant & legum Conditores iusta decernunt. Quoniam omnis
„ potestas à Domino Deo est, sceptrumque Regiæ dignitatis de manu Do-
„ mini suscepimus, dignum est vt in lege eius iugiter ambulemus & no-
„ strorum progenitorum imitatione, Nos Euangelicæ veritatis constitua-
„ mus defensores. Nam sicut nostra Regia dignitas diuino Christianæ Re-
„ ligionis titulo gloriosius insignitur, sic decet nos omnia quæ promotio-
„ nem, exaltationem & honorem eiusdem Christianæ Religionis respiciunt,
„ tota vigilantia promouere: sic enim Deum speramus habere propicium
„ adiutorem in nostris necessitatibus si legis suæ decreta studuerimus in-
„ uiolata seruare & aduersos errores de Regni nostri finibus fecerimus ex-
„ tirpari. *Nuper igitur tam ex insinuatione Charissimæ filiæ nostræ Vniuersitatis*
„ *Parisiensis, quàm aliunde*, cognouimus quod Quidam Errores contrarij no-
„ stræ fidei bonisque moribus quamplurimum aduersantes humanam con-
„ fundentes pietatem pacemque cuiuslibet politici regiminis conturban-
„ tes ac multipliciter scandalosi citra paucos annos fuerunt in hac vrbe
„ Regia & per totum Regnum nostrum seminati & specialiter in quadam
„ propositione quam aliter eiusdem M. Ioannes Parui nuncupatus *Iustifi-*
„ *cationem Ducis Burgundiæ* fecit appellari: in qua quidem propositione di-
„ ctus Autor in suis Assertionibus principaliter intentis legem immacula-
„ tam humanis diuinitus inspiratam cordibus hæreticali quamplurimum la-
„ be perfudit, pestiferam horridamque Doctrinam in agro Dominico semi-
„ nando spiritualibusque alimentis venenum immiscens letiferum, vnde
„ proh dolor! tantus error cœcis animis inualuit vt simplex Populus Gens-
„ que facile credula à vijs Domini procul abiecti per deuia in perditionem
„ ambulabant. Quamobrem dilectum, ac fidelem Consiliarium nostrum
„ Episcopum Parisiensem ac dilectum nostrum Inquisitorem prauitatis
„ hæreticæ diligenter commonuimus, vt tam æstuanti morbo salubriter
„ occurrerent, qui animaduertentes hanc labem in Ouili Dominico iam
„ grauem intulisse iacturam, post diligentem, ac solemnem negotij exami-
„ nationem per egregios sacræ Theologiæ Professores, ac Licentiatos
„ tam numerose tamque solemniter super hoc conuocatos diu multum-
„ que deliberantes dictam Propositionem tanquam erroneam in fide &
„ bonis moribus, ac multipliter scandalosam, abolendam atque condem-
„ nandam esse decreuerunt, eamque per celeberrimum fidei Concilium iu-
„ dicialiter condemnari procurarunt, cremandamque publicè prout de-
„ cet, ordinarunt, quemadmodum prout ex inspectione sententiæ, seu
„ condemnationis super hoc per dictos Episcopum & Inquisitorem pro-
„ mulgatæ quam vna cum præsentibus sub contrasigillo nostro vobis mit-
„ timus alligatam, præmissa possunt latius apparere. Nos itaque conside-
„ rantes quod iam dicta Propositio inuenta est in suis Assertionibus non
„ solum diuinam & æternam, sed etiam temporalem offendere Majestatem,
„ & ob hoc desiderantes vt nedum in Ecclesiasticis Curijs, sed etiam per

rorum Regnum nostrum & potissime in nostra Capitali Curia ipsius pe- "1416.
stiferæ Propositionis abolitio, ac condemnatio diuulgetur, eiusdemque "
prout decet, concrematio, seu laceratio subsequatur, vobis præcipimus "
& mandamus, districtè nihilominus iniungentes quatinus dictam Episcopi "
& Inquisitoris sententiam Iudicialemque condemnationem faciatis co- "
ram vobis in nostra Curia solemniter publicari, ac in Registris, seu libris "
dictæ nostræ Curiæ ad perpetuam memoriam registrari, ipsamque dam- "
natam propositionem, seu eius Quaternos, aut particulas vbicunque & "
apud quemcumque reperiri poterunt, faciatis in vestro Auditorio pa- "
lam & publicè tanquam nobis iniuriosam & læsiuam nostræ Regiæ digni- "
tatis lacerari, inhibendo præcipiendoque ex parte nostra sub pœna con- "
fiscationis, corporis & bonorum, ne quis deinceps cuiuscunque status, "
dignitatis, præeminentiæ aut conditionis existat dictam propositionem, "
ac nefariam doctrinam in ea contentam, verbo, aut aliàs fouere, publicare, "
defendere, sustinere, seu dogmatizare audeat publicè, vel occultè, quod- "
que si quis aliquem sciuerit contrarium facientê, illud Procuratori nostro "
Generali, quàm citius & cômodè fieri poterit, sub iis dictis pœnis denun- "
ciare teneatur. Cui siquidem Procuratori nostro damus tenore præsen- "
tium in mandatis vt contra omnes circa præmissa, seu eorum aliqua delin- "
quentes viriliter & rigidè, nomine nostro procedat, seu procedere faciat, "
& procuret ad pœnas legitimas secundum delicti qualitatem infligendas, "
vobis etiam vt si quem, seu aliquos repereritis in præmissis offendere, "
aut nostris iussionibus, inhibitionibus & præceptis supradictis ausu teme- "
rario contraire, illam seu illos taliter punire corrigereque studeatis "
quod cæteris omnibus cedere valeat in exemplum. Quod sic fieri volu- "
mus, & ex nostra certa scientia decreuimus & per præsentes ordinamus, "
litteris subreptitiis, vel mandatis à nobis impetratis, vel in posterum im- "
petrandis, non obstantibus quibuscunque. Datum Parisius 16. die Martij "
anno Domini 1413. Regni verò nostri 34. signat. per Regem in suo Ma- "
gno Consilio. E Morgat & à tergo. *Lecta &* in Parlamenti Curia publi- "
cata. Die 4. mensis Iunij an. 1416. "

Sequitur aliud Instrumentum, quo Episcopus Parisiensis & Inquisitor fidei Doctrinam Paruianam omnino reprobant; illudque similiter actis Curiæ insertum legitur.

IN NOMINE DOMINI IESV CHRISTI. Amen. Vniuersis Christi fidelibus præsentes litteras, seu præsens publicum Instrumentum inspe- "
cturis Girardus miseratione diuina Parisiensis Episcopus, ac frater Ioan- "
nes Poleti Ordinis FF. Prædicatorum sacræ Theol. Professor, Inquisitor "
hæreticæ prauitatis in Regno Franciæ autoritate Apostolica deputatus, "
Iudices competentes in hac parte, salutem in eo qui est omnium vera sa- "
lus. **Cum nuper ex plurium fide dignorum frequentibus insinuationibus** "
famaque publica cum graui scandalo referente ad aures nostras perue- "
niret, quod in villa, Ciuitate & Diœcesi Parisiensi & etiam alibi in di- "
uersis partibus dicti Regni, nonnulli errores in fide & bonis moribus ma- "
lè sapientes retroactis proh dolor! temporibus seminati fuerunt, ortum "
& originem, vt ferebatur, sumentes ex nefanda & damnabili propositio- "
ne defuncti M. Ioannis Parui quam *Iustificationem D. Ducis Burgundiæ* ap- "
pellauit, quamplures in se errores pestiferos continente, & quæ in tan- "
tum in dictis villâ Ciuitate & Diœcesi Parisiensi publicata extitit, quod "
venditioni publicè exposita & à pluribus empta fuerit. Cuius proposi- "
tionis errorum pestifera multitudo ne populum præsertim nobis subdi- "
tum inficiat, est verisimiliter dubitandum, nisi de congruo celerique su- "
per hoc remedio sit prouisum. Nos igitur ex Officij nostri debito cu- "
pientes quantum ex alto nobis permittitur, de & super huiusmodi mate- "
ria Consilium fidei DD. Magistrorum & Licentiatorum in Theologia, "
ac plurium aliorumque Iurisperitorum in multitudine copiosa in Domo "
Episcopali nostri prædicti Parisiensis Episcopi conuocari fecimus vicibus "

"repetitis quibus huiusmodi propositionem & aliquos errores in ea re-
"pertos communicauimus & ipsos Dominos & Magistros maturè delibe-
"rantes tutéque, ac liberè iuxta cuiuslibet conscientiam, depulsis strepiti-
"bus & seruato silentio in quamplurimis & diuersis sessionibus audiuimus
"patienter; quorum aliqui suas deliberationes in scriptis publicè tradide-
"runt, alij verò sine scripto deliberare verbo tenus maluerunt. Quas tan-
"dem deliberationes in scriptis redigi fecimus per nostros Notarios infra-
"scriptos. De & super quibus omnibus & singulis habita inter hos matura
"deliberatione vna cùm pluribus solemnibus & expertis Dominis & Ma-
"gistris in hac parte reperimus prætactam propositionem in se fuisse &
"esse perniciosam, ac plures in se errores in fide & bonis moribus conti-
"nentem; prout hæc & alia in processu super ista materia agitato fusius
"continentur. Notum igitur facimus quod die datæ præsentium, ad quam
"diem significari & intimari fecimus Clero Parisiensi existenti, Nos Deo
"dante certam Ordinationem ad orthodoxæ fidei exaltationem pronun-
"ciaturos pro tribunali sedentes in præsentia plurium Prælatorum, Do-
"minorum, Doctorum, Magistrorum, Baccalariorum in sacra Pagina &
"in alijs scientijs multorumque aliorum virorum Ecclesiasticorum & se-
"cularium in maxima multitudine nostram sententiam, seu Ordinationem
"in modum qui sequitur protulimus, & proferimus in his scriptis.
" Nos Girardus miseratione diuina Parisiensis Episcopus & Fr. Ioannes
"Poleti Ord. FF. Prædicatorum sacræ Theologiæ Professor, Inquisitor
"hæreticæ Prauitatis in Regno Franciæ autoritate Apostolica Deputa-
"tus, Iudices competentes in hac parte Vniuersis Christi fidelibus præ-
"sentes litteras inspecturis salutem in Domino & incorruptam fidei veri-
"tatem sincera mente tenere sciens Apostolus ex testimonio Legis &
"Christi, quoniam non ex solo pane viuit homo, sed ex omni verbo quod
"procedit de ore Dei, voluit nos panem verbi Dei qui est panis vitæ &
"Intellectus, sanum & incontaminatum sumere & à pestifero cauere do-
"ctrinisque varijs & peregrinis non abduci. Nihil enim perniciosius quàm
"si pro pane intellectualis vitæ sumatur toxicum & fel aspidum hæretica-
"lis Doctrinæ. Hæc nos consideratio permouit vt doctrinas varias & pe-
"regrinas, imò pestiferas nostris, vnde dolor, temporibus & in his Ciui-
"tate & Diœcesi Parisiensi tam verbis quàm scriptis, ac etiam factis po-
"pulo Christiano pro pane diuini verbi ministratas exterminare & penitùs
"abijcere studeremus, ne sermo lethiferæ Doctrinæ velut Cancer serpe-
"ret in populis præsertim nobis subditis neque pro vitali pane veritatis
"panis sumeretur mortiferæ falsitatis. Accessit ad hoc opus tam religio-
"sum, salubre ac pium Regalis deuotio ibidem mouens pariter & ex-
"hortans. Propterea cum ad nostram notitiam certissimis deuenerit do-
"cumentis, quod inter cæteros errores in nostris prædictis Ciuitate &
"Diœcesi seminatos, Propositio M. Ioannis Parui Parisiensis dogmatizata
"& publicæ venditioni exposita; quæ sic incipit.
" Par deuers la tres-Noble & tres-haute Majesté Royale, & sic finitur, Pu-
"bliée par lettres Patentes par maniere d'Epistre, & autrement iceluy. Dieu
"veuille qu'ainsi soit il fait. Qui est benedictus in secula seculorum, Amen.
"Quam etiam propositionem ipse Proponens appellat Iustificationem D.
"Ducis Burgundiæ, nititur secundùm principalem intentionem proponen-
"tis iustificare & defendere Assertiones plurimas, quæ tamen per sacrum
"fidei Concilium repertæ sunt erroneæ in fide & bonis moribus, ac mul-
"tipliciter scandalosæ, in perditionemque cederent nedum spiritualis vi-
"tæ animarum, sed etiam & corporum, si durare diutius sinerentur, Nos
"euocato vicibus repetitis Magistrorum & Licentiatorum in Theologia
"Parisius existentium & aliorum peritorum saluberrimo sapientissimoque
"Consilio diu multumque deliberantium, Christi nomine inuocato ad eius
"laudem, gloriam & honorem, ac fidei exaltationem decreuimus & de-
"cernimus per præsentes quod antedicta Propositio M. Ioannis Parui in
"sese & suis Assertionibus principaliter intentis & in ea contentis, ac in

processu latius declaratis est abolenda atque damnanda tanquam erro- "
nea in fide & bonis moribus, ac multipliciter scandalosa, & eam sic abo- " 1416.
lemus & damnamus, ac cremandam solemniter decernimus, cremarique "
præcipimus & iubemus: Monentes omnes subditos nostros cuiuscunque "
status, gradus, ordinis, conditionis, aut præminentiæ existant primo, "
secundo, tertio, ac vna Canonica monitione pro omnibus sub pœna Ex- "
communicationis quam in ipsos in his scriptis ferimus, nisi fecerint quod "
mandamus, vt ipsi infra sex dies postquam præsentes peruenerint ad eo- "
rum notitiam, quorum sex dierum duos pro primo, duos pro secundo & "
reliquos duos pro tertio & peremptorio termino assignamus eis, si quos "
haberent penès se quaternos huiusmodi propositionem in se continen- "
tes, Nobis afferant, seu afferri faciant, vt de eis disponere valeamus "
iuxta & secundum formam & modum nostræ condemnationis huiusmodi, "
inhibentes nihilominus & interdicentes omnibus & singulis supradictis "
sub eisdem ne deinceps quisquam ipsorum audeat prædictam proposi- "
tionem asserere, prædicare, publicare, defendere, seu dogmatizare "
publicè, vel occultè. Quod si quis audiuerit, vel sciuerit aliquem in hac "
parte culpabilem, Nobis infra 8. dies, vel Cancellario Parisiensi denun- "
ciare teneatur. "

In quorum omnium & singulorum testimonium & fidem præmissorum "
præsentes litteras in hanc publicam formam per Notarios nostros sub- "
scriptos redigi fecimus, sigillisque nostris vnà cum signis & subscriptio- "
nibus dictorum Notariorum nostrorum subscriptorum iussimus appen- "
sione muniri. Datum & actum in aula Episcopali Parisiensi anno eiusdem "
Domini 1413. secundùm morem & consuetudinem Gallicanæ Ecclesiæ, "
indict. 7 Pontificatus sanctissimi in Christo Patris & D. nostri D. Ioan- "
nis diuina prouidentia Papæ XXIII. an. 4. præsentibus ad hæc reueren- "
dis in Christo Patribus & DD. Henrico Nannetensi, Gaufrido Xanto- "
niensi & Ioanne Cabilonensi Episcopis, Philippo S. Dionysij in Francia "
& Petro S. Maxentij Abbatibus, ac venerabilibus & circunspectis viris "
DD. & MM. Ioanne de Templis almæ Matris Vniuersitatis Paris. Recto- "
re, Nobili verò Iacobo de Borbonio sacræ Capellæ Regiæ Parisiensis "
Thesaurario, Petro de Dirreyo, Matthæo Roeder, Iourdano Morin, "
Ioan. de Dulcimesnillo, Heruæo de Villanoua, Radulpho de Porta, "
Ioan. de Castellione, Ioan Dachery, Ioan. Mathie & Gerardo Mathese "
in sacra Pagina Professoribus, vnà cum pluribus alijs in diuersis scientijs "
Doctoribus, Magistris, Licentiatis & Baccalarijs, ac alijs in multitudine "
copiosa ibidem congregatis testibus ad præmissa vocatis specialiter & "
rogatis. Et ego Guill. le Mieu Clericus Trecorensis, Diœcesis Magister "
in Artibus & Baccalarius in Decretis publicus Apostolica & Imperiali "
authoritatibus Notarius & præfati D. Parisiensis Episcopi atque ipsius "
Curiæ scriba, quia præmissis omnibus & singulis, dum vt supra scribun- "
tur per prænominatos Iudices & coràm eis fierent & agerentur vnà cum "
Notario publico subscripto testibusque subscriptis præsens & persona- "
liter interfui; eaque sic fieri vidi & audiui, idcirco præsentes litteras, "
seu præsens publicum instrumentum in hanc publicam formam reda- "
ctum per alium fideliter scriptum, me alijs occupato negotijs, signo meo "
solito vnà cum dictorum Dominorum Iudicum sigillis præsentibus appo- "
sitis signoque & subscriptione dicti Notarij subscripsi, signaui hîc me "
manu propria subscribens requisitus & rogatus in testimonium verita- "
tis præmissorum. Et ego Daniel Mothe Presbyter Leonensis Diœcesis "
publicus Apostolica & Imperiali autoritate Notarius & Curiæ Parisiensis "
Iuratus præfatique Domini Inquisitoris scriba, quia præmissis omnibus "
& singulis dum & prout subscripta sunt, fierent & agerentur per predictos "
Dominos Iudices vnà cum Notario publico suprascripto testibusque su- "
pra nominatis præsens fui, eaque sic fieri & vidi, Idcirco signum meum "
solitum huic præsenti publico Instrumento alia manu fideliter scripto "
me alijs legitimè occupato negotijs vnà cum dictorum DD. Iudicum "

" sigillis præsentibus appositis signoque & subscriptione prædicti Notarij
1416. " suprascripti hîc me manu propria subscribens in testimonium veritatis
" præmissorum requisitus & rogatus apposui. Et à tergo lecta & in Parla-
" menti Curia publicata 4. die mensis Iunij anno 1416.

Ad diem 16. Septemb. ita legitur in ijsdem Actis. *Mercredy 16. iour (de Septemb.) furent au Conseil Mess. R. Mauger President, &c. à conseiller la requeste de l'Vniuersité de Paris, sur certain Cahier & Escriture appellée la justification du Duc de Bourgongne, sur le Registre du 7. Aoust dernier passé. Et tout consideré il sera dit, que la Cour defend de par le Roy, sur peine de corps & de biens & sur quelconques autres peines, dont vn chacun se puet mesfaire enuers le Roy, que aucun de quelque estat & condition qu'il soit, doresnauant ne die, publie, afferme ou enseigne en la Seigneurie du Roy, qu'il soit loisible à quelque vassal ou subjet ou autre occire aucun à guet, blandices & deceptions, sans attendre Sentence ou commandement de Iuge competent. Et defend la Cour sur lesdites peines, que doresnauant aucun n'escriue, copie, exemplifie, tiegne, ne ne face escrire, copier, exemplifier, ne tenir deuers soy aucunes telles Escritures, Cahiers ou Copies appellées comme dessus. Et en outre commande la Cour sur lesdites peines que quiconque aura aucun tel ou tels Cahiers, Copies ou Escritures appellées comme dessus, qu'il les apporte par deuers la Iustice du Roy, incontinent & sans delay aprés la publication de cette Ordonnance pour enuoyer deuers la Cour à en faire ce qu'il appartiendra. Et encor commande au Procureur du Roy, que s'il treuue aucuns faisans le contraire, qu'il les face punir ainsi qu'il appartiendra. Et outre ordonne que ces choses soient publiées ou Chastelet de Paris & és lieux principaux des Baillies, Seneschaussées, Preuostez & autres lieux Royaux, afin que aucun n'en puisse pretendre ignorance. Item a esté deliberé que ladite Ordonnance sera publiée & prononcée par le President aux premiers Arrests.*

BVRSA RECTORIA. In Vniuersitate nihil fere video actum aliud quod memoriâ dignum sit, præter quandam de Bursa Rectoria contentionem. Solebant Rectores à Facultate Artium accipere duplicem Bursam, quarum vna dicebatur *Cappa Rectoris*, altera *Quinta Bursa*, quæ à singulis Licentiandis & Magistrandis exigebatur. Contigit ergo de ista quinta dubitari in Natione Gallicana, propterea quod aliæ Nationes illam non soluere dicebantur: hac de re sic legitur in Actis prædictæ Nationis, tum Procuratore M. Mathæo Brunaudi.

" Anno Domini 1416. die 27. mensis Iunij fuit conuocata Natio Franciæ
" solemniter in Nauarra super 2. art. 1. fuit ad refundendum & ad audien-
" dum Compurum Receptoris ab vltima die April. an. 1416. vsque ad hanc
" diem. Et quantum ad 1. placuit DD. Regentibus refundere. Et dati
" sunt de præsenti de singulis Prouincijs ad audiendum Computum; quan-
" tum ad supplicationes, non fuerunt aliquæ. Quantum ad Computum
" Receptoris nominando singulariter & discretè omnes qui solueruntt &
" quantitatem cuiuslibet, fuit summa omnium Licentiandorum 123. lib 15. s.
" Parif. summa verò Incipientium fuit 186. l. 16. s. & sic totalis summa Re-
" ceptæ à Licentiandis & Magistrandis 310. l & 11. s. Parif. 4. *Receptor tunc
" temporis non computauit* nisi de 4. Bursis, quia vt dicebat, Rectores aliàs
" consueuerunt capere super quemlibet tam Licentiandum quàm Magi-
" strandum vnam Bursam: sed tunc facta diligenti informatione apud Re-
" ceptores aliarum Nationum, quod Rector in alijs Nationibus non capie-
" bat nisi Cappam suam, prohibitum est Receptori per me tunc Procura-
" torem quod Receptor non haberet Rectori istam Bursam tradere & sic
" Bursa arrestata est in manu Receptoris, nec de ea adhuc est computatum.
" Actum in præsentia M. Iuonis de Ponto, M. Io. Loueti, M. Mich. Banduc, M. Petri de Credulio, & multis alijs præsentibus.

" An. 1416. die 8. mensis Iulij Ego Mathæus Brunaudi Procurator Nat.
" Fran. feci dictam Nationem conuocari per Bedellum dictæ Nationis in
" S. Math. super 3. art. 1. fuit *super Bursa Rectores quam consueuerant accipere
" à Magistrandis* in prædicta Natione. Et quantum ad hoc fuit conclusum
nemine

Vniuerfitatis Parifienfis. 305

1416.

mine reclamante quod à cætero Rectores non haberent illam *Quintam Burſam*, & ſi inſtanter peterent, Procurator qui tunc eſſet, requireret eos de conuocando Facultatem, ad videndum titulum quo iſtam Burſam exigunt à Natione.

Die 10. menſis Decemb. (an. 1416 tum Procuratore Nat. Gall. M. Petro de Aſcenſerijs) fuit Natio congregata in S. Math. ſuper 2. art. 1. ſuper aliquibus tangentibus honorem & vtilitatem Nationis. 2. Fuit ſuper ſupplicationibus & iniurijs. Quantum ad 1. quia ſuperius in Procuratoria M. Mathæi Brunaudi fuit arreſtata ex parte Nationis in manu Receptoris vna Burſa quam Rectores conſueuerunt recipere à quolibet Magiſtrando in Artibus noſtræ Nationis, propter hoc quod, vt dicebatur, aliæ Nationes non ſoluebant illam Burſam. Nihilominus duo Magiſtri qui fuerunt Rectores videlicet M. Guill. de Valle & M. Radulphus Recuchon inſtanter petiuerunt Receptori Nationis noſtræ illam Burſam, qui Receptor ſemper reſpondit quod illam pecuniam non poterat dare, niſi de conſenſu Nationis, tandem ad requeſtam prædictorum Magiſtrorum Receptor citatus fuit coram D. Rectore, ideo Natio fuit conuocata ſuper hoc vt in iſto prouideret. Et concluſa ſunt quæ ſequuntur. 1. inſequendo aliàs deliberata, Natio nullo modo vult ſoluere illam Burſam DD. Rectoribus, niſi aliæ Nationes conſimiliter ſoluant, vel quod DD. Rectores doceant quo iure & qua cauſa ipſi Burſam illam debeant habere. 2. Natio accepit iſtam cauſam & dedit Deputatos qui habeant aſſiſtere Procuratori in iſto facto qui etiam ſe informabunt de veritate, vtrum aliæ Nationes ſoluant aut non: & ne inter Nationes oriatur diuiſio, dicti Deputati habebunt tractare de pace & concordia inter dictos Magiſtros & Nationem quantum erit eis poſſibile.

Die 13. Ian. an. 1416. fuit Natio congregata in S. Math. ſuper 2. art.... Circa iſtum 2. art. venerab. & magnæ ſcientiæ vir M. Io. Probi tunc Rector Vniuerſitatis Pariſ. fecit vnam requeſtam Nationi, & dicebat quod ad notitiam ſuam peruenerat, quod ex deliberatione Nationis arreſtata eſt certa pecunia in manu Receptoris, quam pecuniam Rectores conſueuerunt recipere à longinquo tempore à Natione; & cauſa iſtius arreſtationis, vt dicebatur fuit ex eo quod in Natione fuerat relatum quamuis non veraciter, quod aliæ Nationes nihil Rectoribus vltra Cappam contribuebant. Qui D. Rector in ſua conſcientia affirmauit quod ab alijs Nationibus vltra Cappam receperat pecuniam, ſcilicet Burſæ vnam. Et ideo inſtanter requirebat quatinus Natio ſibi ſummam pecuniæ prædictam vellet expedire. Quod ad requeſtam D. Rectoris, ſic deliberauit Natio, dedit Deputatos, qui ſe informent de veritate rei, ſcilicet vtrum aliæ Nationes ſoluant vel non. Et in caſu quo repertum fuerit per Deputatos, quod aliæ Nationes ſoluant, ne in Natione in ſe & inter alias Nationes oriatur **ſcandalum & diſſenſio, Natio parata eſt & vult ſoluere**, & dati ſunt Deputati Procurator, MM. Petrus Bequilliart, Nic. de Belliſmo qui habita bona informatione illa quæ repererint, referent in Natione & tunc Natio concludet.

Die 3. April. (an. 1416. tum Procuratore Nat. Gall. M. Garcilio Mercatoris) Natio Franciæ congregata in S. Math. ſuper 2. art. 1. fuit ad audiendum relationem Deputatorum aliàs datorum ſuper controuerſia quæ orta eſt inter Nationem & DD. Rectores ſuper hac Burſa quam conſueuerunt capere ſuper Nationem; quoad 1. DD. Deputati fecerunt ſuam relationem, & fuerunt omnes concordes quod ipſi repererant per Procuratores & Receptores aliarum Nationum quod aliæ Nationes ſolueruntaliàs; tamen viſum fuit eis & toti Nationi quod congregaretur Facultas Artium per D. Rectorem ad ſe informandum pleniùs ſi ſoluiſſent aliàs iſtam Burſam & nunc ſoluant, & ſi repertum fuerit quod ſic, Natio etiam concluſit quod ipſa ſoluat.

Ea de re actum adhuc diebus 19. & 27. Ianu. an. 1417. compertumque Antiquos omnes Rectores quintam illam Burſam à ſingulis Nationibus

Tom. V.

accepisse: verum nihil aliud conclusit prædicta Natio, nisi, si cæteræ Nationes soluere pergerent, idque pollicerentur in Comitijs Facultatis Artium, se quoque soluturam.

Res autem Regni deploratæ prope iacebant. *Die Lunæ*, die 14. Ianu. Senatus Parisiensis nonnullos è suis delegauit, qui cum Legatis Vniuersitatis Delphinum adirent tunc Compendij consistentem, rogarentque vti calamitosissimo statui suppetias ferret; ita legitur ea de re in Actis Curiæ.

Lundy 14. Ianuier furent au Conseil M. R. Mauger, P. le Févre, & I. de Vailly Presidens, auec 34. Conseillers. La Cour a commis MM. Ia. du Gard & M. Gencien pour aller à Compiegne deuers M. le Dauphin, auec les Ambassadeurs de l'Vniuersité & de la Ville de Paris, & les a chargé la Cour de supplier audit sieur de pourueoir à la guerre que font en ce Royaume les Anglois, & aussi à ce que les Pillars qui en plusieurs lieux de ce Royaume se trouuent, soient boutez hors & aussi qui l'y plaise aduiser de approcher Paris, se bon luy semble & de ly monstrer le profit & necessité qui en puet auenir.

Vniuersitas verò tales dedit ad eum litteras quæ seruantur in Tabulario. A. 3. LIII.

Tres-haut & puissant Prince & nostre tres-redouté Seigneur. Pour ce que les affaires de ce Royaume dont vous estes après le Roy, Chief, ont si grant besoin de bon aide, comme vous-mesme sçauez & que la necessité le demonstre, nous escriuons de present par deuers vostre Hautesse, contraints de bonne volonté & de tres-parfait desir. Nostre tres-redouté Seigneur, entre les autres choses qui peuuent tenir les subjets en vraye obeyssance, crainte & amour à leur Prince, n'en est nulle si entiere, comme voir la presence de celuy en qui ils se fient du tout & qui est leur garde & defense & à tous leurs besoings. Car la condition d'amour est telle qu'amitié se veut nourrir par communication de paroles & de œuures. Pourquoy se nous desirons voir vostre Hautesse à la prosperité d'icelle & à la ioye de nos cœurs, nous faisons le deuoir de loyaux subjets. Mais outre celuy suimes contraints par pure necessité de ce vous requerir. Car la seureté & garde de ce Royaume, l'entretenement de la Seigneurie de France à laquelle nous auons mise toute nostre volonté, ainsi que faire le deuons pour le bien de vous-mesmes, nous en donne raisonnable cause. Chacun peut assez considerer le grant bien qui ensuir se peut de vostre venuë & les perils qui sont en la demeure, où vous arrez après le Roy toute la premiere & la plus griéue perte. Si supplions tres-humblement à vostre Hautesse que il vous plaise transporter par deça en vostre heritage & entre vos subjets & tres-bien veillant & obeissant peuple de ce tres-desireux. Et par ce vous donnerez à chacun courage de plus loyaument soy mettre en œuure pour le bien du Roy & de vous. Car la presence & entreprinse du Prince double le hardiment de ses subjets. Et aussi la premiere obligation, & vertu que l'on tient estre ou Prince, est cognoistre sa Seigneurie & ses subjets. Si vous plaise donner cette consolation au Peuple de France que ils voyent celuy sous qui ils attendent auoir toute prosperité, comme sous le vray successeur de leur naturel & droiturier Seigneur. Nostre tres-redouté Seigneur, Nous nous recommandons à vostre bonne grace, esperans estre rejoüis par vostre venuë, à laquelle impetrer vous plaise nos Prieres auoir lieu vers vostre Hautesse, laquelle Dieu veuille garder auec accroissement de tout honneur au bien & exaltation de France.

Delphinus sapientum monitis acquiescens, cum Burgundione contrahit, eumque ab Anglis ad partes Regis adducit; sed paulo post Compendij in Palatio Regio, veneni, vt creditum est, potione sumpta, ipso die Paschatis obit.

Ergo sublato amicitiæ concordiæque nexu, qui Burgundionem Regi ceperat alligare, deterior in dies fit res Francica. Rex Carolus, nouus Delphinus & qui Armaniaci Aurelianensesque dicebantur ex vna parte, ex altera Regina Ysabel quæ quasi captiua Turonum missa fuerat, Burgundio & Angli Regnum distrahunt. Sed Burgundionum Pars in dies inualescebat, accedentibus ad eam multis vrbibus, vrbiumque Gubernatoribus & Magnatibus, iniquo animo ferentibus Reginæ sortem indignam prauamque Regni administrationem. Ergo nequicquam per Legatos proficiente Rege, aduenit Burgundio numerosissimo stipatus exercitu, & propinqua Lutetiæ oppida occupat: Reginam liberat quæ Carnuti dat ad omnes Regni vrbes circulares, vt vocant, litteras, admonetque se iure suo sibique à coniuge concesso vsuram deinceps, Regnumque sano consilio administraturam.

Habebat quoque Burgundio fautores plurimos apud Constantiam nequicquam renitente M. Ioanne Gersonio, adeo vt Cardinalium Collegium, si fides est Monstreletio, scripserit penès ipsum esse debere Regni administrationem, Rege non sano, Delphino impubere, Armaniacis praua consilia suggerentibus. Collegij litterarum lator fuit M. Licuinus Neuelin Doctor in Decretis, & ad Ducem ab ipso Collegio habuit hæc verba, *Domine! refugium factus es Nobis.*

Inter hæc postquam Constantiæ, die 17. Iulij Benedicto Lunensi abrogatus est Papatus, lectaque per Cardinalem S. Marci abrogationis sententia, aliaque negotia confecta secutis mensibus. Et in Sess. quidem 40. celebrata die 30. Octob. actum potissimùm de Reformatione Ecclesiæ, de Reseruationibus, Annatis, Collationibus, aut Confirmationibus Beneficiorum. Natio quidem Gallicana ex ijs vna quæ Concilium componebant, conclusit supprimendas omnino Annatas esse & Exactiones Pontificias; quæ Conclusio causa tumultus fuit, Cardinalibus, ipsoque etiam Petro de Alliaco ægrè ferentibus talem suppressionem. Ergo illi appellant. Natio verò Gall. rationes suas scripto edit, quæ leguntur apud Nicol Clemengis. Porro die 8. Nouemb. Electores Conclaue ingressi, die 11. in summum Pontificem eligunt Odonem, seu Othonem de Columna, qui quod die quæ B. Martino sacra est, electus fuisset, Martinus V. vocari voluit. Quod cùm intellectum fuisset Parisijs, Delphinus, qui tunc Regni Rector erat, habito Consilio Prælatorum & Baronum, huicce creationi non statim subscribendum esse certis de causis arbitratus, mandauit Vniuersitati vt suum quoque super ea re suspenderet judicium.

Vniuersitas per Legatos suos certior facta de electione Martini electionisque ratione, omnibus rite consideratis, in frequentibus Comitijs conclusit videri sibi electum legitimè, nihilque obstare quominus ei præstaretur obedientia; deferendum tamen Mandato Regis, nec obedientiam illam publicè prædicandam, donec Rex maturè super ea re deliberasset.

Cæterum subodorata Vniuersitas dilationis & moræ huiusmodi causam hanc esse potissimam, quia Rectores Regni & Prælati totam ad se Beneficiorum Collationem transferre satagebant, iuxta id quod an. 1406. Schismaticis temporibus ab Ecclesia Gallicana statutum fuerat, quod quidem experta fuerat factum in graue studiorum detrimentum, proptereà quod Prælati, spreto Magistrorum priuilegio Beneficia sæpè illiteratis hominibus conferebant, maluit penès Pontificem remanere eorundem dispensationem, penès, inquam, Pontificem legitimum & legitimè electum. Itaque decreuit in eam rem Regi supplicare; immo & Rotulum fieri voluit, atque ad recens creatum Pontificem transmitti.

In eam rem congregatur Vniuersitas die Martis 14. Decemb. & M. Ioannes Front-d'acier Nationis Gall. tunc Procurator supplicat sibi locum in Rotulo ipsius Nationis concedi, qui Rectori tribui solet in Rotulo communi. Sic in eius Actis legitur. *In ea congregatione supplicauit M. Io. Front-d'acier Procurator Nationis quod ipse gauderet prærogatiua illa in Natione, quâ gaudet Rector in Vniuersitate, & hoc in facto Rotuli: & fuit ei concessum, nemine contradicente, & ita conclusit, & de conclusione petijt instrumentum & habuit.*

Die 16 eiusdem mensis electus est in Procuratorem Nation. Gall. M. Ioannes de Bris Carnotensis Magister in Artibus & Licentiatus in Iure Canonico, eademque die ipse cum alijs Procuratoribus Conclaue ingressus ad eligendum Rectorem, elegit M. Petrum Forget Blesensem

Tom. V.

Mag. in Artibus & Baccal. formatum in Theolog.

1417.

In sequentibus Comitijs 18. 22. & 30. Decemb. actum de Inrotulandorum numero & præsentia. Item die penultima eiusdem mensis actum præcipuè de Collatione cuiusdam Capellaniæ vacantis per obitum M. Petri de Trecis: qua in re non est habita concordia, vt legitur in Actis Nat. Gall. *Quoad 3. art. supplicauerunt 1. Facultas Medicinæ quod haberet præsentare, & iam præsentauerat vnum de sua Facultate. Et supplicabat quod quælibet Facultas per gyrum suum haberet præsentare Beneficia Vniuersitatis vacantia. Et ad idem supplicabat Facultas Decretorum: quæ supplicatio per Facultatem Artium fuit interrempta, & in casu quo fieret talis Ordinatio, dicta Facultas Artium se opponebat & protestabatur de appellando. Quoad Capellaniam supplicauerunt MM. Ioan. de Rouuray & Petrus Forgeti Rector. Et non est tunc illa die habita concordia.* Hinc agnosce, Lector, initium vicis alternæ, seu Turni Facultatum in præsentatione Beneficiorum.

TVRNVS FACVLTATVM IN BENEFIciis.

Nec omittendum quod in hanc rem reperitur consignatum Fastis Facultatis Medicinæ.

„ Anno prædicto (1417.) 27. Decemb. fuit congregata Facultas Medi-
„ cinæ in S. Math. super 3. art. 1. ad ordinandum de quadam Capellania va-
„ cante per obitum M. Petri de Trecis Magistri in Medicina 2. ad ordinan-
„ dum de officio Bedellatus. 3. communis. Quoad 1. explicaui *quod dicta
„ Capellania erat vna de quinque Capellanijs quas fundauit D. Carolus de Saui-
„ sy, pertinentibus ad Collationem Vniuersitatis. Quæ quidem Capellania à prin-
„ cipio suæ fundationis fuit data & distributa pro Facultate Medicinæ, & vna alia
„ pro Facultate Theol. & 3. pro Facultate Decretorum & 4. pro Rectore, & 5. pro
„ Facultate Artium.* vnde videbatur quod hæc Capellania pertinebat Fa-
„ cultati. Et fuit conclusum concorditer quod hæc Capellania pertinebat
„ sibi, & ad ipsum habebat præsentare vnum de suis Magistris Vniuersita-
„ ti, & ita præsentauit & conclusit præsentare M. Ioan. Iuuenis Laudunen-
„ sis Diœcesis. Quod si Vniuersitas non vellet conferre dictam Capella-
„ niam præsentato per Facultatem, si & in quantum reperiretur idoneus,
„ protestabatur de grauamine & etiam de prosequendo ius suum secundum
„ formam iuris. Et placebat Facultati quod etiam aliæ Facultates haberent
„ præsentare quando vacarent suæ. Præsentatus fuit dictus M. Ioannes Iu-
„ uenis Vniuersitati cum protestationibus dictis. Et pro ea in eadem Con-
„ gregatione Vniuersitatis supplicauit D. Rector & M. Ioan de Rouuroy
„ Magister in Theol. & non fuit concordia. Immo 4. Facultates delibera-
„ uerant difformiter.

Die 10. Ianu. Rex cum Proceribus pridie à Procuratore & Magistris Nat. Gall. inuitatus, interfuit Guillelmaliorum solemnitati, & vt legi-
„ tur in Actis prædictæ Nationis, *pro Offertorio Missæ tradidit 3. Mutones
„ quos Curatus cepit immediatè in disco. Et post Missam osculando Reliquias,
„ tradidit 7. Mutones.* De quibus sex repositi sunt in Coffreto Nationis,
„ præsentibus omnibus Decanis, & septimus datus est Cantoribus Regis
„ qui fuerunt in Missa. Et celebrauit Missam valde libenter Reuerendus
„ in Christo Pater D. Episcopus Albiensis, & D. Parisiensis sibi concessit
„ sua ornamenta. Venerunt etiam ad honorandam dictam Nationem Re-
„ uerendi in Christo Patres & DD. Archiepiscopus, Senonens. & D. Epis-
„ copus Constantiens. fuit etiam cum D. nostro Rege Carolus de Borbo-
„ nio, cum pluribus Militibus & Armigeris: quare concluserat Natio, si
„ contingeret tales Dominos venire, quod oportebat facere ientaculum
„ absque magno prandio; in quo jentaculo in aula Prouisoris dicti Colle-
„ gij reciperentur dicti Milites & Armigeri & omnes Magistri Nationis vo-
„ lentes ientare. Et ita factum est.

In ijsdem Actis legimus traditos à Rege decem Mutones æquiualuisse tunc decem libris Turon. & M. Nicolaum Syrenis nuper Receptorem pro Ientaculo illo & solemnitate ipsa expendisse omnino summam vndecim lib. cum 11. ass. & 4. den. hoc modo, pro mutone 36. s. pro Boue 12. s. pro Pisis 2. pro sale 12. den. pro lignis 12. s. pro Pane 23. s. pro vino 44. s.

pro Potis terreis 3. f. 4. d. pro coquo & feruitoribus continuis ibidem 12. f.
pro vtenfilibus, mappis, manutergijs & alijs 6. f. pro fciſsorijs 16. den.
Cantoribus Vniuerfitatis 18. f. Officiantibus in Miſſa, Procuratori, Decanis, Receptori, fex Clericis Capellæ 33. f. 4. d. D. Epiſcopo Albienſi qui fecit feruitium B Guill pro vna Quarta Hippocraſij & opere 14. f. 8. d. pro lentaculo & potu illorum qui aſſociauerunt Procuratorem ad inuitandum Regem & DD. 12. f. 8. d.

1417.

Biduo poſt, magno eiuſdem Nationis dolore carceri mancipatur M. Dionyſius de Beruilla Decanus Tribus Pariſ. iuſſu Reformatorum Regni, quia fupra cæteros magis exarſiſſe ferebatur in Prælatos Beneficiorum difpoſitione abutentes. Ergo Natio à prandio congregatur & viros deligit qui Reformatores adeant, iſtos nempe, M. Ioan. de Bris Procuratorem M Petrum Dierre Doctorem in Theol. qui fermonem habuit nomine Nationis, M Nicol. de Gondrieuria, M. Petrum Bequillardi, M. Petrum Galteri, M. Pontium Derpy & M. Rollandum Freron, *quibus responſum eſt, quod iam erat expeditus ante prandium, & quod de his quæ ſibi imponebantur, ipſi crediderunt, & ſub ſimplici iuramento eum liberauerunt omnino.*

Verùm cùm non defifteret Vniuerfitas Inrotulationi fuorum incumbere, Prælatorumque adminiſtrationem in difpenſatione Beneficiorum longè minus tolerabilem eſſe quàm Pontificiam prædicaret, Delphinus habitis frequentibus Prælatorum, Procerumque Regni Comitijs, vocata quoque Vniuerſitate die 26. Feb. apud Parlamentum, M. Radulfum de Porta Doctorem Theologum & focium Nauarricum Oratorem ipſius cum Rectore Forgeto detineri & in carcerem compingi iuſſit, quod contra prauam illam Beneficiorum diſpenſandorum conſuetudinem nimis fortiter auſi fuiſſent dicere. Id patet ex Actis Curiæ.

Du 26. Février 1417.

CE iour M. le Dauphin tint le Conſeil en la Chambre de Parlement, auquel furent prefens les Prelats & Conſeillers, qui auoient le iour precedent eſté aſſemblez en ladite Chambre ou Conſeil, auec les Preſidens & Conſeillers des trois Chambres de Parlement, & iceux ainfi aſſemblez en la prefence de mondit Seigneur le Dauphin, furuindrent les Recteur & Deputez de l'Vniuerſité de Paris, pour faire certaines requeſtes & pour ouïr ce que mondit Seigneur leur vouloit dire. Et premierement leur fit dire par la bouche de M. Robert Maugier Prefident, & expoſer en effet, comment le Roy & fes deuanciers de tout temps auoient defiré la Paix & l'Vnion de l'Egliſe & que pour paruenir à ce, le Roy auoit fait pluſieurs miſes en Ambaſſades & autrement. En outre recita ledit Prefident, **comment pluſieurs diuiſions & domages eſtoient** aduenus en l'Egliſe, parce que aucuns s'eſtoient trop legerement determinez à l'obeyſſance d'aucuns qui fe diſoient auoir eſté eleuz en Papes, & que le Roy auoit intention, ouïz la relation & rapport de fes Ambaſſadeurs qu'il auoit enuoyé à Conſtance, par l'aduis & deliberation des gens de fon Conſeil de prendre vne bonne Conclufion bien deliberée fur le fait d'obeyſſance & Election du Pape Martin, ſi comme auparauant il auoit fait à ſçauoir auſdits de l'Vniuerſité de Paris, & pour ce leur auoit eſté faite defenſe de par M. le Dauphin Lieutenant pour le Roy que *interim* fur ce ils ne faſſent aucune Aſſemblée, conclufion ou determination. Et neantmoins leſdites defenſes nonobſtant, ils auoient fait aucunes aſſemblées pour traitter de ladite Election ou obeyſſance, à la deplaifance du Roy & de M. le Dauphin. Pourquoy ledit Prefident de par mondit Seigneur le Dauphin Lieutenant pour le Roy leur feit iterato leſdites defenſes *sub comminatione grauioris pœnæ,* comme plus à plain fut dit par ledit Prefident, lequel fut incontinent aduoüé par ledit Dauphin, qui entre belles & briefues paroles recita en effet ce que dit eſt,

RECTOR VNIVERSITATIS IN CARCEREM COMPINGITVR PROPTER APPELLATIONEM VNIVERSITATIS.

" & rafraschit lesdites défenses iteratiues comme dessus. Et ce fait M.
1417. " Raoul de la Porte Docteur Regent de Paris, en la presence du Recteur
" & autres Deputez, aprés Regraciations, fit certaines requestes à mondit
" Seigneur au regard des Priuileges de ladite Vniuersité, qu'il disoit auoir
" esté enfraints ou empeschez, requerant l'empeschement estre osté : Et
" aussi au regard de la Collation ou disposition des Benefices de l'Eglise
" qui estoient deus aux Clercs, laquelle Collation ou disposition les Pre-
" lats de ce Royaume vouloient à eux attraire, à leur pleine & franche dis-
" position. Parquoy les Clercs & Estudians és Vniuersitez seroient de-
" pourueus de Benefices & de toutes promotions en l'Estat de l'Eglise, &
" par ce seroient les Estudes & Vniuersitez desertées & desolées : Reque-
" rant ledit proposant entr'autres choses aprés plusieurs paroles, qu'il
" pleust à mondit Seigneur le Dauphin Lieutenant pour le Roy, sur ce
" pouruoir & souffrir la Collation & disposition demeurer en l'Ordonnan-
" ce du Pape, comme parauant auoit esté en la disposition de ses prede-
" cesseurs Papes de Rome : & en concluant les paroles de l'Euangile du
" iour, *Pater da portionem substantiæ quæ me contingit, &c.* Et ne s'arresta mie
" à tant ledit proposant ; mais dist outre que lesdits Prelats qui là estoient
" presens & autres Prelats de ce Royaume s'estoient efforcez & effor-
" çoient d'attraire à eux la Collation & disposition desdits Benefices, &
" que pour ce l'Vniuersité de Paris auoit autrefois appellé d'eux, & que
" encore de nouuel en adherant à l'appellation autrefois faite, elle appel-
" loit & leur insinuoit entant que métier estoit, ladite appellation selon
" la teneur d'vn Instrument ou scedulle qu'il montra & exhiba en la pre-
" sence de mondit Seigneur le Dauphin, lesdits Prelats, Presidens & Con-
" seillers. Et promptement aprés ladite appellation & insinuation M. Guil-
" laume le Tur Aduocat du Roy, par l'ordonnance & licence de Monsei-
" gneur le Dauphin & desdits Conseillers, proposa contre ledit Maistre
" Raoul de la Porte & contre tous ses Adherans qui le voudroient ad-
" uoüer, & disoit en effet entre autres choses que le Roy est Empereur en
" son Royaume, qu'il tient de Dieu seul, sans reconnoistre souuerain Sei-
" gneur terrien, & auoit accoustumé, comme luy est loisible pour regir &
" gouuerner sondit Royaume, ses subiets en bonne paix, police & obeys-
" sance, de faire Loix, Statuts, Ordonnances & Constitutions, desquel-
" les il n'est loisible à aucuns de ses subiets ou autres appeller, ne icelles
" Ordonnances debatre ou contredire directement ou indirectement par
" voyes obliques ou autrement ; mais commettent crime de leze Majesté
" les Subjets qui appellent desdites Ordonnances ou qui icelles debattent
" ou contredient *directè vel indirectè*. Disoit outre que le Roy pour la ne-
" cessité, euident profit & vtilité de l'Eglise de son Royaume & Dauphiné
" de Vienne, par l'aduis & deliberation des Seigneurs de son Sang, des
" Prelats, Clergié & Vniuersitez de son Royaume & des Gens de son Con-
" seil, auoit fait des Ordonnances & Constitutions touchant les libertez de
" l'Eglise de sondit Royaume & Dauphiné, desquelles il recitoit le con-
" tenu, & disoit que lesdits de la Porte & ses Adherans ou Complices vou-
" lans appeller desdites Constitutions & Ordonnances, auoient interietté
" certaines appellations & auoient appellé desdits Prelats à Cour de Ro-
" me & desdits Conseillers, & icelle appellation auoit insinué en ladite
" Chambre de Parlement en la presence de mondit Seigneur le Dauphin
" & Conseillers dessusdits en commettant par lesdits Appellans crime de
" leze Majesté & autrement delinquans au preiudice & diminution des
" droits, préeminences, prérogatiues & Noblesses de la Couronne de
" France. Et disoit que par ce ils auoient en effet appellé du Roy & de
" ses Constitutions ou Ordonnances, la connoissance de laquelle appel-
" lation ils s'efforçoient de mettre & attribuer en la Iurisdiction & Cour
" spirituelle, & de mettre la Iurisdiction temporelle, puissance & authori-
" té du Roy, au resort de la Iurisdiction Ecclesiastique & spirituelle, par
" ce que dit est, & par autres raisons disoit que le fait & les appellations

Vniuersitatis Parisiensis.

desdits de la Porte & ses Complices ou Adherans estoient iniques, damnables, iniurieux, offensifs de la Majesté Royale, non receuables & emendables, & dit qu'en leur fait, *est simulata æquitas & obedientia quæ censetur iniquitas & inobedientia duplex*. Comme seroit si aucun vouloit indirectement appeller du Roy ou des Arrests de son Parlement; & il se disoit appeller du premier President ou des Conseillers dudit Parlement qui auroient conseillé les Arrests, tel appellant seroit griefuement à punir, comme desobeyssant au Roy & comme criminel de leze Majesté. Parce qui auoit esté deliberé le iour precedent au Conseil tenu en ladite Chambre de Parlement, s'y conclud que ledit Instrument appellatoire & tous autres semblables soient deschirez & rompus, & soit defendu aux Notaires qui ont receu ou fait lesdits actes, qu'ils n'en fassent desormais nuls semblables, & que s'ils en ont aucuns autres semblables par deuers eux, qu'ils les apportent par deuers la Cour & que ledit de la Porte & ceux qui l'aduoüeront, soient condamnez à faire amande au Roy, à M. le Dauphin, à la Cour, ausdits Conseillers en Iugement, & autrement soient punis ainsi qu'il appartiendra par raison. Et aprés ce combien que ledit de la Porte eust dit que ce n'estoit pas son intention, ne de l'Vniuersité de Paris d'appeller, *directè vel indirectè*, des Ordonnances Royaux, neantmoins M. le Dauphin oüye la deliberation & aduis des Prelats & Conseillers, fit arrester & demeurer prisonnier dedans le Clos du Palais, le Recteur de l'Vniuersité, pour ce qu'il auoit comme Recteur auoüé ledit de la Porte, & aucuns autres Procureurs des Nations & Deputez de ladite Vniuersité qui accompagnoient le Recteur, & furent emprisonnez, pour ce qu'ils auoient auoüé ledit de la Porte, & plusieurs autres de l'Vniuersité s'en allerent & departirent, sans auoüer ledit proposay de la Porte & laisserent ledit Recteur au Palais, qui s'en alla tenir prison en l'hostel de M. Pierre Dierre Chanoine du Palais & Curé de S. André des Arts & y demeura prisonnier tout le iour, iusques au lendemain qu'il fut élargy.

1417.

Consecutis diebus Vniuersitas suos repetijt factumque excusauit. Et quantum ex Actis Vniuersitatis & Parlamenti conijcere licet, M. Radulphus de Porta paulùm prætergressus fuerat mandati sui leges, adieceratque de suo multa in æstu & feruore Orationis: hic enim solummodo habuerat in mandatis, vt si quâ in re Episcopi violarent Priuilegia Vniuersitatis, ab ijs appellaretur summus Pontifex; at illi, quorum causa agebatur, & quorum iniqua in dispensatione Beneficiorum administratio notabatur, molestè ferentes sibi eripi occasionem prædandi, Delphini animum occupauerant & induxerant vt crederet velle Vniuersitatem à Constitutionibus Regijs Pontificem appellare: quod Vniuersitati ne in mentem quidem venerat, cum ipsa earundem Constitutionum quoad **substractionem pecuniæ & Beneficiorum promotrix & causa præcipua** fuisset. Deinde alio modo factum excusabat Vniuersitas, quòd Rector cum Decanis & Procuratoribus tantummodò Appellationis remedium amplexus esset, inscia, nec monita ipsa Vniuersitate, cum id in Comitijs nunquam relatum, nunquam statutum fuisset. Et hanc ob rem increpitus est Rector à Senatu quod non conuocatis Comitijs rem tanti momenti cum paucis alijs aggressus esset.

Quantùm verò ad Collationem Beneficiorum, Annatarum persolutionem, subuentiones pecuniarias & alia eiusmodi quæ Pontifex exigebat, post multas consultationes & deliberationes, dictásque sententias in vtramque partem, tandem statutum est standum esse Constitutionibus Regijs in hanc rem factis, neque vltrà montes, aut extrà Regnum & Delphinatum pecuniam exportandam: Vt ex actis Senatus intelligimus; quæ non erit superuacaneum referre.

Du Lundy dernier iour de Février 1417.

"CE iour vindrent en la Chambre de Parlement plusieurs Prelats &
" autres du grand Conseil du Roy, en la presence desquels M. R. le
" Maczon Chancelier de M. le Dauphin exposa, comment mondit Sei-
" gneur le Dauphin auoit receu lettres du Roy, escrites ce mois à
" par lesquelles en effet le Roy luy mandoit qu'il fist assembler les Prelats,
" les gens du grand Conseil, les gens tenant son Parlement à Paris, & au-
" cuns Clercs de l'Vniuersité de Paris, en bon nombre, pour aduiser &
" conseiller le Roy, comment & par quelle maniere il deuoit proceder à
" faire au Pape Martin, que on disoit estre éleu au Conseil general, lors
" assemblé à Constance. Et disoit ledit Chancelier, que M. le Dauphin
" auoit ordonné & commis M. Guillaume le Tur Aduocat du Roy pour ar-
" guer & ouurir ladite matiere, *ad vnam partem*, & M. Iean du Molin Of-
" ficial de Paris, *ad aliam partem*. Mais ce iour ne fut aucunement proce-
" dé outre en ladite besongne, pour ce que ceux qui auoient esté appellez,
" attendirent & demourerent trop tard à venir & fut la chose continuée
" à lendemain & iours ensuiuans. Et aprés ce aucuns de ladite Vniuersité
" qui estoient presents audit Conseil, firent requeste ausdits Conseillers
" en faueur desdits de la Porte & autres de l'Vniuersité arrestez le iour
" precedent prisonniers en la Conciergerie du Palais, du commandement
" de M. le Dauphin, afin que on voulust auoir lesdits Prisonniers pour re-
" commandez, & les faire traitter gracieusement, & leur laisser administrer
" leurs necessitez; laquelle Requeste leur fut enterinée & accordée.

Du Mardy 1. iour de Mars 1417.

"CE iour furent assemblez au Conseil en la Chambre de Parlement
" auec les dessus-nommez Presidens & Conseillers, les Archeuesques
" de Rheims, de Sens, &c. les Presidens & Conseillers des trois Cham-
" bres de Parlement dessus-nommez, & aucuns Docteurs & Maistres de
" l'Vniuersité de Paris, sçauoir M. Pierre Dierre, M. N. de la Barre Con-
" seruateur des Priuileges de ladite Vniuersité, &c. assemblez par l'Or-
" donnance du Roy & de Monseigneur le Dauphin, pour proceder & en-
" tendre en la matiere & besongne touchant l'Estat du Pape & de l'Eglise,
" selon ce qui auoit esté dit & aduisé le iour precedent ou Conseil tenu
" en ladite Chambre du Parlement. Et lors M. Iean du Molin Official de
" Paris, par l'Ordonnance de M. le Dauphin & du Conseil proposa en re-
" citant plusieurs faits & raisons, pour montrer qu'il estoit expedient & ne-
" cessaire au Roy pour la conseruation de son Royaume & de l'Eglise de
" France, de faire obseruer & executer *perpetuò*, ses Ordonnances & Arrests
" autrefois faits ou regard de la reduction de l'Eglise de France & Dauphi-
" né de Vienne à ses anciennes libertez & franchises, & faire cesser toutes
" exactions de Finances, selon la teneur desdits Arrests ordonnez. Et aprés
" au contraire M. Guillaume le Tur Aduocat du Roy, recita plusieurs faits
" & raisons pour montrer qu'il n'estoit mie de present expedient, ne con-
" uenable de faire executer lesdits Arrests & Ordonnances. Et ce fait, se
" departit le Conseil qui fut continué au lendemain, & iours suiuans.

Du Mecredy 2. de Mars 1417.

"CE iour furent au Conseil les dessusdits Presidens & Conseillers des
" trois Chambres de Parlement, les Prelats & les gens du grand Con-
" seil du Roy, les Maistres & Docteurs de l'Vniuersité de Paris, assemblez
" en la grand' Chambre de Parlement pour entendre à la besongne & ma-
" tiere qui auoit esté mise au Conseil Lundy & Mardy denier passé, tou-
" chant les libertez de l'Eglise de France & Dauphiné de Vienne, en la
presence

Vniuersitatis Parisiensis. 313

presence desquels furent apportez & exhibez plusieurs Arrests, Ordon- "
nances & Constitutions faites en ladite matiere, desquelles il fut fait le- " 1417.
cture. *Et non fuit conclusum in materia.* "

Et le mesme iour oye la relation des Commissaires Deputez & com- "
mis de par le Conseil du Roy à interroger les Maistres & Deputez de "
l'Vniuersité de Paris, prisonniers au Louure, lesquels auoient esté ar- "
restez prisonniers Samedy dernier pour les causes dessusdites. Les Con- "
seillers susdits ont appointé, & consentirent que les prisonniers soient "
élargis par ledit Chastel du Louure & parleroient à ceux qui seroit be- "
soin d'y parler. Et aussi tost après l'Appointement fait ou consentement "
donné, suruindrent le Recteur & aucuns Deputez de l'Vniuersité, les- "
quels firent dire & exposer par vn des Maistres en effet, comment ils "
auoient esté par deuers M. le Dauphin, auquel ils auoient fait dire par "
la bouche de M. Girard Machet que leur intention n'auoit onques esté "
d'appeller du regne de ses Conseillers. Iaçoit ce que ils eussent appellé "
des Prelats, au cas que de leur authorité ils voudroient attenter ou rien "
faire en leur préiudice, en suppliant tres-humblement mondit Seigneur "
le Dauphin, qu'il vouluft faire deliurer les Prisonniers, autrement ils "
ne pouuoient en leurs Consciences longuement tarder de faire cessa- "
tions, & disoient que mondit Seigneur le Dauphin les auoit renuoyez "
pour auoir sur ce réponse ou prouision par lesdits Conseillers assemblés "
en la Chambre de Parlement. Et pour ce signifier & faire à sçauoir ausdits "
Conseillers, deuoit mondit Seigneur le Dauphin enuoyer par deuers "
eux en la Chambre de Parlement vn de ses Officiers ou Seruiteurs, & "
pour ce ils supplioient & requeroient pour la deliurance des Prison- "
niers *cum intimatione, modo & forma quibus supra, vel aliàs consimiliter in* "
effectu. Surquoy euë deliberation de par les Conseillers, furent les Re- "
cteur & Deputez de l'Vniuersité reprins & blasonnez de leur maniere "
de proceder en la chose, & de ce que sans cause, au moins trop hastiue- "
uement & legerement ils procedoient à estimer cessations, & faisoient "
proposer plusieurs choses & s'efforçoient de conduire aucunes Conclu- "
sions, moins deüement deliberées sans deliberation de l'Vniuersité & "
sans y appeller les Sages Clercs anciens d'icelle. Et finalement pour ce "
que M. le Dauphin n'auoit enuoyé par deuers les Conseillers, aucun de "
ses Officiers ou Seruiteurs pour leur signifier ce que dit est, selon le pro "
pos & affirmation des Recteur & Deputez & pour autres certaines cau- "
ses, iceux Conseillers surseoient de faire prouision de l'elargissement "
aux Prisonniers ou autrement que dit est, faire réponse ausdits Recteur "
& Deputez, ausquels fut dit que la prouision estoit à faire & seroit faite "
en la presence de mondit Seigneur le Dauphin, Lieutenant pour le Roy "
ou autrement, à son commandement, & à tant se departirent les Depu- "
tez de la Chambre de Parlement. "

Du Ieudy 3. iour de Mars 1417.

CE iour vindrent en la Chambre de Parlement les Gens du grand "
Conseil du Roy, les Conseillers des autres Chambres du Parlement "
& aucuns des Maistres de l'Vniuersité de Paris, lesquels auoient esté as- "
semblez les iours precedens, pour entendre & traiter de la matiere de "
l'Eglise: c'est à sçauoir comment le Roy deuoit pouruoir à l'Eglise de " Circa
France & au Dauphiné de Vienne, auant ce qu'il procede à faire aucune " Colla-
declaration sur l'approbation de l'Election faite du Pape Martin & à luy " tionem
faire obeyssance, & si le Roy doit faire premierement executer les Or- " Benefi-
donnances autresfois faites, au regard des autres plusieurs griefs dont " ciorvm.
l'Eglise & subjets du Roy sont grandement dommagiez, greuez & op- "
primez, tant par la Iurisdiction & procez de Cour de Rome comme au- "
trement, & s'il est expedient au Roy & licite d'y pouruoir, quand & "
comment. Et aprés ce que le iour precedent les Conseillers eurent veu "

Tom. V.   R r

" la teneur desdites Constitutions & Ordonnances desquelles lecture
" auoit esté faite en leur presence, ils commencerent à dire leurs aduis &
" deliberations en ladite matiere, *& non fuit conclusum;* mais fut le Conseil
" continué aux iours ensuiuans.

Du Vendredy 4. Mars.

" CE iour furent assemblez en la Chambre de Parlement les Presidens
" & Conseillers dudit Parlement, les Prelats & gens du grand Conseil
" du Roy, les Maistres de l'Vniuersité, pour dire leurs aduis & delibera-
" tions en la matiere de l'Eglise qui auoit esté mise au Conseil les iours pre-
" cedens, *Et non fuit Conclusum;* mais après les deliberations d'aucuns oüyes,
" fut ledit Conseil continué à Lundy prochain ensuiuant, pour ce que le
" lendemain on deuoit prononcer les Arrests.

Du Lundy 7. Mars.

" CE iour furent assemblez en la Chambre de Parlement les Prelats &
" gens du grand Conseil du Roy, les Presidens & Conseillers des trois
" Chambres du Parlement, & les Maistres de l'Vniuersité de Paris, qui
" auoient esté deputez au Conseil, tenu en ladite Chambre les iours pre-
" cedens, sur la maniere qui estoit à tenir à faire obeyssance au Pape Mar-
" tin éleu au Conseil de Constance & auant ce que aucunement fust lors
" procedé en ladite matiere, furent ausdits Conseillers presentées lettres
" closes du Roy escrites à Creil, & vne supplication de la part de l'Vniuer-
" sité de Paris, afin de proceder à la deliurance des Maistres de l'Vniuer-
" sité qui estoient prisonniers au Louure pour les causes declarées cy-
" dessus, ou Registre du 26. Feb. dernier passé, & aussi à la plaine deliuran-
DECRE- " ce du Recteur de ladite Vniuersité qui estoit élargy, lequel auoit esté
TVM PRO " arresté prisonnier auec lesdits Maistres pour les causes dessusdites. Sur
CAPTIVIS " quoy par lesdits Conseillers, fut conclud & auisé pour faire aucune re-
VNIVER- " paration desdites offenses & entreprises par lesdits de l'Vniuersité,
SITATIS. " iceux prisonniers & Recteur iroient par deuers M. le Dauphin en son
" Hostel soy excuser, & luy supplier humblement de leurs deliurances,
" en disant ce que autrefois auroient dit; c'est à sçauoir que ce ne fut on-
" ques, ne estoit leur intention d'appeller du Roy, de ses Ordonnances
" ou Conseillers, qui auroient conseillé ou voudroient tenir ou executer
" icelles Ordonnances; mais qu'ils entendoient seulement auoir appellé
" d'iceux Prelats ou Conseillers, au cas que de leur propre authorité ils
" voudroient aucune chose faire, entreprendre ou accepter à leur preiu-
" dice. En disant outre que ce n'estoit & n'est pas leur intention de pour-
" suiuir l'appellation ne adherer à icelle; mais sont & seront tousiours ad-
" herans & obeyssans au Roy, à ses Ordonnances & Mandemens, comme
" tenus y sont, en suppliant tres-humblement mon Seigneur le Dauphin
" de leur deliurance, en requerant & disant par eux ce que dit est, outre
" autres paroles semblables en effet, & parmy ce il sembloit ausdits Consei-
" llers, veu les lettres & supplications susdites & autres qui faisoient à con-
" siderer, que mon Seigneur le Dauphin deuoit faire cesser tous procés ri-
" goureux contre les personnes & leur pardonner lesdites offenses & entre-
" prises, & iceux faire mettre à plaine deliurance, en leur defendant telle
" maniere d'appellations & entreprises, *sub comminatione grauioris pœnæ in
" posterum.* Et ce iour les Prisonniers allerent par deuers mon Seigneur le
" Dauphin en son Hostel pour luy faire, requerir & supplier de leur de-
" liurance, ausquels M. le Dauphin donna reponse, presens plusieurs des
" Gens du grand Conseil du Roy, de la Cour de Parlement & autres, &
" furent les Prisonniers, si comme on disoit, mis à plaine deliurance par
" l'Ordonnance de Monseigneur le Dauphin.
Hîc obiter notandum hocce Senatusconsulto reprimi cœpisse summam

Vniuersitatis Parisiensis.

illam Vniuersitatis Parisiensis autoritatem: hincque inter eam & Senatum Parisiensem ortam simultatem, quæ aliquando, vt æmulis potestatibus fere accidit, in apertum dissidium erupit. Cum hisce præsertim temporibus, in omnibus magnis negotijs ad Consilium à Rege & Regni Rectoribus aduocaretur Vniuersitas, sæpiusque accideret, vt Academicorum sententiæ præualerent: molestum autem videretur & graue Senatoribus qui Regiam autoritatem in manu habebant, nonnunquam cedere, vbi se obtulit occasio reprimendæ & coërcendæ Vniuersitatis, non ingratis arrepta est. Aliunde verò molestè ferens Vniuersitas hanc sibi inustam ignominiæ notam, ad optimum Regem, à quo cum sanæ mentis erat, plurimùm diligebatur, confugit; atque ab eo, hoc eodem anno Priuilegia obtinuit longè omnibus quæ hactenùs obtinuerat à Parentibus suis Regibus, ampliora. Quæ cum obtulisset Senatui Paris. ad Approbationem & in actis consignationem, diu repulsam passa est & elusa: vt ex dicendis constabit.

Iam verò quod ad Beneficiorum Ecclesiasticorum dispensationem attinet, quod negotium tunc agebatur in Parlamento, consecutis diebus, scilicet die Mercurij 9. Martij; Iouis 10. Veneris 11. Sabbathi 12. Lunæ 14. dictæ sunt sententiæ, sed nihil conclusum fuit. At die Martis 15. cœperunt deliberationes iniri scripto & componi, cæteræ in crastinum dilatæ; quâ de re deinceps dicendum, provt in Actis Senatus Paris. reperitur.

1417.
ORITVR
SIMVLTAS
INTER
CVRIAM
PARIS. ET
VNIVERSITATEM.

Du Mercredy 16. Mars.

CE iour suruindrent en la Chambre du Parlement M. le Dauphin, les Prelats & Conseillers du Roy, les Maistres de l'Vniuersité de Paris qui auoient esté presens & appellez és Conseils tenus les iours precedens en la Chambre dudit Parlement; c'est à sçauoir M. Philippes de Corbie Maistre des Requestes de l'Hostel du Roy, &c. M. Robert Maugier premier President audit Parlement, entre autres choses exposa en effet à Monseigneur le Dauphin, comment par l'Ordonnance du Roy lesdits Conseillers auoient esté assemblez en la Chambre du Parlement, & après plusieurs discussions, longues & meures deliberations, auoient éleu en la matiere qui auoit esté mise en Conseil, certains aduis qui auoient esté mis & redigez par escrit, en luy suppliant que il luy pleust tenir la main enuers le Roy, afin que les aduis susdits peussent estre mis à execution, au bon-plaisir du Roy & sortir aucun bon effet. Et en outre qu'il luy pleust tousiours entendre & tenir la main à la Iustice & au bon Gouuernement de ce Royaume, & bien & conseruation d'iceluy, si comme plus à plain fut dit bien & notablement par ledit President. Et ce fait Monseigneur le Dauphin fit faire lecture & declaration des aduis susdits, declarez cy-dessous. Et après la lecture d'iceux M. Guillaume le Tur Aduocat du Roy, requit & supplia à mondit Seigneur le Dauphin, en effet comme dessus, par le premier President, afin que les Ordonnances autresfois faites en la matiere & les aduis susdits peussent sortir aucun bon effet, & que il luy pleust à ce tenir la main enuers le Roy & faire mettre peines és dites Ordonnances faites ou à faire, punir les Transgresseurs qui feroient aucune chose au preiudice d'icelles Ordonnances. Lesquelles Supplications & Requestes & aduis susdits, dont cy-après sera fait declaration, Monseigneur le Dauphin ouyt & entendit agreablement & voulentiers, & s'offrit de tenir la main de tout son pouuoir à ce que luy auoit esté requis par les dessusdits, & volt Mondit Seigneur le Dauphin auoir le double ou copie desdits aduis pour enuoyer au Roy & Gens de son Conseil estant à Creil, pour en ordonner & faire en outre ce qu'il appartiendra: lesquels aduis ont esté redigez & mis par escrit en la forme qui s'ensuit.

Tom. V.

Rr ij

Aduis par escrit.

1417.
" C'Est la deliberation des Prelats & gens du grand Conseil du Roy, des
" Presidens & Conseillers des trois Chambres de Parlement, de plu-
" sieurs Abbez, Docteurs & Maistres de l'Vniuersité de Paris, en grand
" nombre, assemblez au Conseil tenu en la grand' Chambre du Parlement,
" par l'Ordonnance du Roy & de M. le Dauphin, le 1. iour de Mars 1417. &
" és iours ensuiuans iusques au 17. iour du mois de Mars, auquel iour fut
" prise conclusion par lesdits Conseillers, qui fut leuë & recitée present
" Monseigneur le Dauphin, sur ce qui auoit en Conseil & deliberation.
" C'est à sçauoir, sur la Réponse qui est à faire à Messire Louis de Flisco,
" qui est venu par deçà vers le Roy & M. le Dauphin, leur signifier l'éle-
" ction de celui qu'on dit estre éleu en Pape, & leur en a apporté Bulles, &
" aussi sur ce qui est à faire pour reduire l'Eglise de France & du Dauphiné
" en ses anciennes franchises & libertez, & empescher que les Finances de
" ce Royaume ne soient traites & portées à Cour de Rome, comme accou-
" stumé a esté estre fait au temps passé.

REX DIF-
FERT A-
GNOSCE-
RE MAR-
TINVM
PAPAM
PROPTER
MVLTAS
RATIO-
NES.

" 1. Que le Roy & Monseigneur le Dauphin receuront & verront les
" Bulles de celui que l'on dit estre éleu en Pape, apportées par Messire
" Loüis, auquel on fera la réponse en la maniere qui s'ensuit.

" C'Est à sçauoir, que le Roy a eu tousiours desir sur toutes autres cho-
" ses & desire encore auoir en ses iours paix & vnion en sainte Eglise,
" ainsi que lui & ses deuanciers ont bien demonstré és grands labours, dili-
" gences & dépenses que pour venir à ce bien, ont fait & soustenu dés le
" commencement de ce Schisme, puis lequel il a mis sus plusieurs Grands
" & notables Ambassadeurs à diuers Princes & Roys Chrestiens, ensemble
" les Prelats, Vniuersitez & Clergé de son Royaume, en quoy il a fait plu-
" sieurs grandes dépenses, autant que nul autre Roy ou Prince terrien, &
" est son intention estre & demourer vers l'Eglise de Rome en aussi grande
" reuerence & affection que ont esté iusques icy ses Predecesseurs & lui,
" & aprés que le Roy a oüy dire, & lui a esté escrit parauant que le Sei-
" gneur le Cardinal de la Coulomne a esté éleu en Pape, il y en a eu grand
" plaisir pour les grands biens que souuentefois a oys de sa personne, & que
" la maison de Coulomne a és temps passez esté bien agreable & bienueil-
" loüe au Roy, à son Royaume & à ses Predecesseurs Roys de France, si est
" l'intention & vouloir du Roy de soy auoir tellement regard de ce que
" Dieu, lui & tout le monde deuront estre raisonnablement contens.

" Mais de present le Roy ne peut plainement deliberer ne répondre
" sur la matiere de certaines grandes occupations & affaires touchant lui &
" sa Seigneurie, & aussi pour ce que cõbien que l'ayeul & le pere du Roy des
" Romains & mesmement iceluy Roy est si prochain de lignage, cõme fils
" de son propre cousin Germain, ayent tousiours iusques à n'agueres esté
" alliez aux Roys & Couronne de France & par alliances alliées par foy &
" serment: Que en outre les Anglois ayent tué & mauuaisement fait mou-
" rir ledit ayeul du Roy des Romains, parquoy il deuroit plus haïr lesdits
" Anglois que aucune autre Nation. Combien en outre que n'agueres le
" Roy ait fait audit Roy des Romains en son Royaume plusieurs grands
" honneurs & Curialitez, comme à son prochain parent, allie & bienueil-
" lant, & ledit Roy des Romains appellast tel le Roy, disant par plusieurs
" fois à plusieurs Notables personnes, Notables Barons & autres, qu'il fe-
" roit paix entre le Roy & ses Aduersaires d'Angleterre, sans coustement
" & dommage pour le Roy; neantmoins icelui Roy des Romains, si tost
" qu'il s'est parti de l'Hostel de France, aprés les honneurs & courtoisies
" à luy faites, comme dit est, feignant qu'il vouloit aller en Angleterre
" pour traitter de la Paix en venant contre son serment, loyauté & allian-
" ces deuant dites, & le droit de nature, consideré le lignage & mort de
" son ayeul dessusdit, s'est puis n'agueres transporté au pays d'Angleterre,

Vniuersitatis Parisiensis. 317

ou en demonstrant clairement la trahison & mauuaise voulenté par lui 1417. pourpensée contre le Roy, s'est allié, ioint & vny auec ledit Aduersaire d'Angleterre, & en faueur d'icelui, sans quelconque cause a defié & fait defier en son nom le Roy, que onques ne lui mesit. Et depuis le Roy des Romains estant à Constances & le saint College des Cardinaux & Concile general estant en sa puissance en continuant son mauuais propos & voulenté a fait & dit plusieurs imprecations & menaces aux Ambassadeurs, estans pour le Roy par delà audit Concile.

A aussi empesché de fait, que le Roy ou ses Ambassadeurs pour luy n'ayent eu au Concile & en l'élection & consecration qu'on dit auoir esté faites du soy disant éleu, les Prérogatiues, Préeminences que luy & ses deuanciers Roys ont accoustumé d'auoir en telles matieres, comme par plusieurs Notables personnes le Roy a esté souffisamment informé, pourquoy vray-semblablement le Roy ne doit penser aucune chose auoir esté deuëment faite, où si inconstante & mauuaise personne a eu la puissance & l'authorité, mais doit douter que la violence & l'oppression n'ayent esté moyens de la conclusion: mesmement, car du temps du Roy son pere, & aprés la mort de Gregoire XI. les Cardinaux estans à Rome, écriuirent l'electiõ par eux faite de Barthelemy qui se fit appeller Vrbain VI auoir esté par eux deuëment & Canoniquement faite, laquelle toutefois quand ils furent en liberté à Anagne, ils rescriuirent auoir esté faite par force & violence, & eleurent derechef Clement VII. parquoy ce douloureux Schisme qui si longuement a duré, commença. Parquoy le Roy, non soy voulant trop haster en cette matiere, desirant estre acerténé des manieres d'élection du Pape futur, & si aucune violence ou oppression auoit esté faite par ledit Roy des Romains ou autre, par deliberation de Conseil meurement & longuement parauant l'élection de celuy qu'on dit auoir esté éleu en Pape, fit protestations solemnelles presens Notaires, personnes publiques de son Conseil, de l'Vniuersité de Paris & autres, que son intention n'estoit mie de donner obeïssance à aucun qu'on dist auoir esté éleu en Pape, pour quelconques lettres ou escritures que l'on luy en escriuit, iusques à ce que réellement & de fait ses Ambassadeurs retournez en leur franchise & liberté par deuers luy, il fust deuëment informé par eux & de viue voix, que l'election de celui qu'on diroit auoir esté éleu en Pape, eust esté deuëment & franchement faite & selon les saints Canons, & les Electeurs estans en leur plaine franchise & liberté d'élire. Laquelle chose n'a pû encore estre faite, obstant les grandes occupations que le Roy a de present, & aussi que les Ambassadeurs ne sont pas retournez du Concile; mais iceux retournez & lui informé comme dit est, laquelle chose se fera briefuement à son pouuoir, il fera tellement son pouuoir que Dieu, sainte Eglise, le soy disant éleu & tous autres, en deuront raisonnablement estre contens: Si prie & requiert le Roy le soy disant éleu & ledit Messire Loüis de Flisco, que dudit delay qui se fait en bonne intention pour les causes susdites, ils veillent estre contens & n'y prennent aucune déplaisance.

Item, entant qu'il touche ce qui est à faire pour reduire les Eglises de France & du Dauphiné en leurs anciennes franchises & libertez, quant aux Promotions des Benefices Reguliers & Seculiers, a esté deliberé, consideré les anciens droits des Conciles generaux & Decrets des anciens saints Peres, contre lesquels aucun ne doit ou peut rien faire, sinon pour contraignant necessité ou accident, & vtilité de l'Eglise: & que par plusieurs fois cette matiere a esté solemnellement disputée & debatuë en presence du Roy, du feu Roy de Sicile, du feu Duc de Berry & des Ducs de Bourgongne, de Bourbon, du feu Comte de Neuers, & de plusieurs autres Cõtes, Barons, Nobles & autres de diuers Estats, par les Prelats, Chapitres, Abbez, Conuens, Colleges, Vniuersitez d'Estudes & autres personnes d'Eglise notables, representant les Eglises desdits Royaume & Dauphiné, pour cette cause conuoquez & assemblez à Paris, du

Rr iij

" commandement du Roy, au mois de Février 1406. lesquels Prelats & au-
" tres gens d'Eglise dessus-nommez, pour plusieurs belles causes & raisons
" declairées és lettres Royaux sur ce faites, données le 18. Février ledit
" an. 1406. furent & demeurerent en la conclusion qui s'ensuit.

DECRE-
TUQVOAD
COLLA-
TIONES
BENEFI-
CIORVM.

" C'est à sçauoir, que doresnauant aux Eglises Cathedraux, Collegiaux,
" Conuentuaux & autres Benefices electifs seroit pourueu par les Ele-
" ctions ou Postulations des Chapitres, Colleges & Conuens d'icelles Egli-
" ses, tant Reguliers comme Seculiers, lesquelles Elections ou Postula-
" tions Canoniquement faites, seroient confirmées par les Souuerains sans
" moyen. Et quant aux Benefices non electifs, il y seroit pourueu par les
" Presentations, Collations & Institutions de ceux ausquels par le droit
" commun, priuilege ou coustume il appartiendroit, cessans & reiettées du
" tout & nonobstant quelconques Reseruations generales ou especiales
" de quelconques personnes que ce fust, defenses, expectations ou graces,
" ausquelles mesmement seroit apposé le Decret du Pape ou de son auto-
" rité, faites ou à faire, octroyées ou à octroyer, iusques à ce que par Con-
" cile general Canoniquement celebré en fust autrement ordonné. Et
" aprés ce supplierent humblement les Prelats & gens d'Eglise, au Roy,
" que ladite conclusion il voulsist auoir agreable, en reduisant entant
" comme en luy estoit les Eglises desdits Royaume & Dauphiné, en leur
" ancienne liberté & disposition du Droict commun : laquelle chose le Roy
" leur accorda par grande & meure deliberation & discussion diligem-
" ment faite auec plusieurs de son Sang & lignage, & autres personnes &
" Clercs de grande renommée en ayant agreable ladite conclusion & re-
" duisit entant comme en luy estoit, quant aux choses dessusdites, lesdites
" Eglises & personnes d'Eglise à leur ancienne liberté & disposition de
" droit commun, & ordonna que par luy & ses Officiers lesdites person-
" nes d'Eglise y seroient maintenuës & gardées, & que ceux qui ven-
" droient au contraire, fussent tellement punis, que ce fust vn exemple à
" tous autres, si comme toutes ces choses par lesdites lettres Royaux, don-
" nées le 18. iour de Février ledit an. 1406. peuuent apparoir. Desquel-
" les lettres Royaux, le Roy pour certaines causes & mesmement qu'il es-
" peroit y estre pourueu par le Pape ou les Conciles generaux, desquels
" estoit lors renommée que briefuement se deuoient tenir & celebrer, la
" publication & execution furent differées iusques au 15. iour de May en-
" suiuant 1408 que lors icelles lettres furent publiées en la presence du
" Roy & en la Cour de Parlement ; mais pour les causes susdites ne furent
" plus auant publiées ou executées.

" Consideré aussi que aprés la Creation du Pape Iean XXIII. le Roy
" l'an 1412. par le Conseil des Prelats, Vniuersitez & autres gens d'Eglise
" pour ce assemblez à Paris, fut aduerty qu'il deuoit ordonner que tou-
" tes Pensions, & Commendats d'Eglise cesseroient en sondit Royaume
" & Dauphiné. Pourquoy & afin d'y estre pourueu, & autres choses des-
" susdites, le Roy enuoya vne solemnelle Ambassade deuers le Pape Iean
" à Rome, de laquelle iceluy qui notoirement deliuroit au plus offrant
" les Benefices dudit Royaume & Dauphiné, ne fit gueres de conte, & res-
" pondit que en brief il enuoiroit par deçà le Cardinal de Pise, qui appor-
" teroit bonnes Prouisions sur toutes les choses susdites. De toutes lesquel-
" les choses dessusdites ledit Cardinal ne fit rien, ne apporta aucunes Pro-
" uisions ; mais à son pouuoir empescha que lesdites Prouisions aduisées,
" comme dit est, ne fussent mises à execution.

" Pourquoy le Procureur general du Roy, le Preuost des Marchands &
" Escheuins de la ville de Paris considerans que par les Promotions, Col-
" lations & Graces que faisoit le Pape Iean des Benefices desdits Royaume
" & Dauphiné, il trayoit à luy tout l'or & l'argent d'iceux Royaume &
" Dauphiné, pourquoy ils estoient grandement & notoirement appauuris,
" derechef se trayerent deuers le Roy, & obtint le Procureur de luy vn
" Mandement au mois de Decembre 1413. par lequel il manda à la Cour de

Parlement qu'ils aduisassent qu'il seroit à faire en la matiere, par laquelle Cour toutes les Chambres assemblées, auec plusieurs Prelats & autres de l'Vniuersité, Sages Clercs & Notables personnes, fut aduisé & conclud, que ce qui est dessusdit, qui fut appointé & ordonné en Février l'an 1406. au regard des Prouisions des Benefices desdits Royaume & Dauphiné, seroit executé loyaument & de fait, quant aux Benefices electifs. Et fut la Conclusion rapportée deuers le Roy, de par la Cour, en la presence des Ducs de Bourbon, d'Alençon & du feu Connestable de France, d'Albret & plusieurs Prelats, Barons & autres du grand Conseil du Roy, qui tous furent d'accord que la Prouision deuoit estre mise à execution. Mais aucuns lors presens l'empescherent pour leur profit particulier.

Consideré en outre, que le Roy desire tousiours sur les choses susdites auoir aucune Prouision par l'Eglise & le Concile general derrain tenu à Constance, auquel il voudroit tousiours obeyr, tant comme Dieu & raison le voudroient souffrir, l'an 1414. dernier passé, fit assembler à Paris les Prelats & Clergié de son Royaume & Dauphiné, pour auoir aduis qui estoit à faire sur les choses susdites. Par lesquels & autres du Conseil du Roy, fut conclu que l'Ordonnance du Roy faite en Février 1406. pour la Prouision des Benefices du Royaume & Dauphiné, dont est faite mention, seroit mise à execution loyaument & de fait, afin que l'Eglise de France & Dauphiné, audit Concile de Constance comparust en possession & saisine des franchises & libertez, dont en l'Ordonnance est faite mention. Mais le Cardinal de Pise qui estoit lors à Paris, par ses Fauteurs & Adherans empescha l'execution. Et toutefois fut lors appointé & conclud, que ceux de l'Eglise de France & Dauphiné, qui comparoient au Concile de Constance, requerroient les Conclusions & Prouisions estre approuuées, & que comme raisonnables elles deuroient doresnauant estre tenuës & gardées. Laquelle poursuite par ceux du Clergé dudit Royaume & Dauphiné, qui ont esté au Concile, a esté diligemment faite, tant en iceluy Concile, comme à celuy qu'on dit deuoir auoir esté éleu en Pape, mais ils n'y ont voulu mettre aucun remede ou prouision. Et est à penser que le Roy des Romains ennemy du Roy & de ce Royaume, en laquelle puissance sont le soy disant éleu en Pape, les Cardinaux & Concile deuant dits, y a fort tenu la main, esperant auoir sa part, & par le moyen du soy disant éleu trairoit à luy desdits Royaume & Dauphiné, par les Prouisions, Collations & Graces des Benefices desdits Royaume & Dauphiné, pour faire guerre au Roy & à iceux Royaume & Dauphiné de l'heure mesme. Mesmement que le soy disant éleu en Pape, est du tout gouuerné par les Cardinaux de Plaisance, de Chaalon & de Pise qui ne sont mie bienveillans du Roy ne de son Royaume & qui ont esté des principaux Fauteurs & Gouuerneurs dudit Pape Iean XXIII. en faisant les mauuaises Exactions qu'il faisoit sur les Benefices desdits Royaume & Dauphiné.

Pourquoy derechef au mois de Nouembre 1417. dernier passé, toutes les Chambres de Parlement, auec plusieurs du grand Conseil & autres Sages Clercs & Notables personnes en la Requeste des Aduocats & Procureur du Roy, assemblez en la grand' Chambre de Parlement, pour auoir aduis de ce qui estoit à faire sur les Prouisions susdites, Consideré ce que dessus est dit, par la plus grande & saine partie, desquels il fut derechef conclud que l'Ordonnance dattée du 18. Février l'an 1406. seroit mise à execution, reseruées les graces Expectatiues du Pape Iean, quant à vn Benefice tant seulement.

Et pour ce que le Roy a esté depuis derechef empesché en maintes manieres, pourquoy il n'a mie bonnement peu entendre à l'execution, & que assez tost après la Conclusion prise, il fut nouuelle de l'élection du soy disant éleu en Pape, par lequel on esperoit auoir remede sur les choses susdites, mesmement que par les Ambassadeurs du Roy qui sont

" à Conſtances il en a eſté ſommé & requis, dont il n'a rien fait & n'eſt eſ-
" perance qu'il faſſe, il a ſemblé au Conſeil que le Roy doit reduire & re-
" mettre à touſiours perpetuellement & des maintenant les Egliſes de ſon
" Royaume & Dauphiné en leurs anciennes franchiſes & libertez, & or-
" donner dés maintenant, qu'aux Egliſes & Benefices electifs d'iceux Se-
" culiers ou Reguliers, ſoit pourueu par Elections ou Poſtulations Cano-
" niquement faites, ſelon les anciens droits communs & Conciles gene-
" raux, leſquelles ſeront confirmées par les Souuerains, ſans moyen. Et
" que aux Benefices non Electifs ſoit pourueu par les Preſentations, Col-
" lations & Inſtitutions des Ordinaires à qui de droict commun ou couſtu-
" me il appartient, rejettées ce nonobſtant quelconques Prouiſions, Re-
" ſeruations, Collations ou Graces dudit ſoy diſant éleu en Pape ou de ſes
" Succeſſeurs ou de leurs Legats communs & Deputez ou autres, & que à
" leurs Bulles ou Lettres ne ſoit aucunement, quant à ce que dit-eſt, obey
" en ce Royaume & Dauphiné. Suppoſé qu'icelles Bulles ou Lettres ſoient
" vallez de Decret irritant. Et en outre a eſté deliberé par le Conſeil,
" que ſi aucun contre l'Ordonnance s'efforce d'impetrer Bulles ou Let-
" tres, & les apporte ou enuoye audit Royaume & Dauphiné, pour y eſtre
" pourueu d'aucun Benefice par vertu d'icelles, qu'il ſoit pris & empri-
" ſonné, & que les Bulles ou Lettres luy ſoient oſtées, & que neantmoins
" il ſoit puny comme Violeur & Tranſgreſſeur de l'Ordonnance Royal &
" de grand' ſomme pecuniaire, ſelon ſes facultez, tellement que les autres
" y preignent exemple. Et ſemble outre audit Conſeil que des maintenant
" le Roy doit commander & faire faire nouuelles Lettres Narratiues de ce
" que dit eſt & executoires de l'Ordonnance, & qu'elles contiennent les
" cauſes & raiſons qui meuuent le Roy à ce faire : leſquelles Lettres ſoient
" ſcellées, expediées & miſes en garde pardeuers la Cour de Parlement,
" pour icelles eſtre publiées, quand il ſera temps, comme dit ſera cy-aprés.

" Et pour ce que preſentement y a grande diuiſion en ce Royaume, qui
" pourroit eſtre cauſe d'empeſcher l'execution de l'Ordonnance, il a ſem-
" blé au Conſeil que la publication ou execution d'icelle doit eſtre diffe-
" rée iuſques à ce que le Traitté, qui ſur les diuiſions eſt encommencé, ait
" pris concluſion, & que ceux qui par le Roy iront au Traitté, doiuent
" eſtre chargez par luy de faire mention de l'Ordonnance & parler, ledit
" Taitté accomply & non parauant, au Duc de Bourgongne ou à ſes Gens
" en luy montrant que ce n'eſt que l'execution de l'Ordonnance faite en
" Février 1406. à laquelle faire il fut preſent & conſentant, afin que le
" Duc de Bourgongne non contrediſant & luy, conſentant l'Ordonnance
" ſoit executée en ſes Pays & autres Terres qui de preſent luy obeyſſent.
" Et ſemble que leſdits, qui de par le Roy iront au Traitté, deuroient por-
" ter auec eux vn Extrait de la Cour de Parlement de l'Ordonnance faite
" le 18. Février 1406. afin de montrer au Duc de Bourgongne ou à ſes Gens,
" qu'il fut preſent & conſentant à la faire.

" Item, a ſemblé au Conſeil, que ſuppoſé que par le Traitté les Diui-
" ſions ne fuſſent mie appaiſées, & qu'il ne priſt vne telle concluſion de
" Paix comme le Roy deſire, ſi deuroit le Roy aprés la fin du Traitté, in-
" continent faire publier & executer l'Ordonnance par tout où mieux il
" pourroit pour les cauſes deuant-dites, ou autrement, ledit ſe diſant éleu
" en Pape trairoit à lui & hors de ce Royaume & Dauphiné grandes & ex-
" ceſſiues finances, deſquelles il enrichiroit le Roy des Romains aduerſai-
" re du Roy, en la puiſſance duquel il eſt de la cheuanche du Roy meſme
" & luy en pourroit faire la guerre.

" Item, & pour ce que pendant le delay du Traitté pluſieurs Benefices
" pourroient vacquer, & pourroient pluſieurs perſonnes apporter plu-
" ſieurs Bulles & Graces expectatiues du ſoy diſant éleu en Pape, pour
" eſtre pourueu des Benefices, qui ſeroit rompre l'Ordonnance & ſouf-
" frir contre icelle, prendre poſſeſſion contre le ſoy diſant éleu en Pape, il
" ſemble au Conſeil, que dés maintenant le Roy par ſes lettres Patentes
doit

doit escrire & mander à tous ses Iusticiers dudit Royaume & Dauphiné, que par vertu desdites Bulles ils ne souffrent prendre possession d'aucun Benefice en iceux, ne que il y soit pour le present aucunement obey, & qu'ils preignent lesdites Bulles & procés deuers eux & les gardent & tiennent en suspens l'execution d'icelles, iusques à ce que le Roy ait rendu obeïssance audit soy disant éleu en Pape, à laquelle chose faire & soy declarer, le Roy ne peut encore entendre pour les grandes occupations qu'il a en son Royaume & les autres raisons cy-deuant escrites, au commencement en la Réponse qu'on doit faire audit Messire Loüis de Flisco.

Item, pource que, comment il est aduenu, plusieurs personnes de diuers Estats, afin d'estre pourueus, eux ou leurs amis, par ledit soy disant estre éleu en Pape & ses Predecesseurs, aux Prelatures ou Benefices vacans, nominations ou autres graces exspectatiues, requerront importunément le Roy, Monseigneur le Dauphin & les autres Seigneurs de France d'estre pour leur Promotion & choses dessusdites, audit soy disant éleu en Pape, en rompant directement ladite Ordonnance, qui par tant de fois & si saintement & si solemnellement a esté deliberée & conseillée, comme dessus est dit, lesdits du Conseil requierent humblement & supplient M. le Dauphin que pour le bien d'eux, de leur Royaume & Dauphiné, ils se tiegnent fermes, constans & tiegnent & facent tenir & garder fermement, sans enfraindre l'Ordonnance, sans riens escrire ou faire au contraire, audit soy disant éleu en Pape ou autre, en faueur d'aucuns de leur Conseil, Seruiteurs ou autres. Car ce pourroit estre contre eux grande note d'inconstance & de petit gouuernement, & donner voye aux inconueniens dessusdits, pour resister ausquels lesdites Ordonnances ont esté aduisées & conseillées; & par lesquels inconueniens le Royaume & Dauphiné seroient en brief si apouris que à leur besoin ils n'en pourroient traire aucunes finances, & leur aduersaire le Roy des Romains en seroit enrichy, & sembleroit que le Roy fist iurer les Seigneurs de son Sang, ceux de son grand Conseil, Secretaires & autres Officiers & gens d'entour luy que outre ladite deliberation ils ne luy fissent aucunes requestes.

Et pareillement parce que selon Dieu, la S. Escriture & les SS Canons, il doit estre pourueu aux Benefices par les Electeurs ou Collateurs estans en pleine franchise & liberté d'élire ou conferer, car les Prouisions faites à Beneficiers par force, menaces, ou autrement que franchement, ne valent rien, ceux qui par cette maniere les ont contre Dieu, leur conscience à leur damnation & ny pourroient aucun bien faire & doiuent estre reputez pour intrus, & que neantmoins quand il a vacqué aucuns Benefices durant le temps de la Substraction, & depuis en çà que les Eliseurs deuoient élire ou conferer plusieurs nobles & autres par mauuaise & desordonnée conuoitise d'auoir lesdits pour eux enrichir, & ne leur chaloit à quel titre, ont fait & procuré estre fait plusieurs iniures, vilenies & menaces de fait & de paroles aux Eliseurs ou Collateurs d'iceux Benefices, tellement que iceux Eliseurs ou Collateurs ne pouuoient franchement élire ou conferer à ceux qui selon leur conscience idoines & souffisans à auoir lesdits Benefices, mais souuentefois par force & menaces ont éleu ceux que ils reputoient indignes & moins souffisans de gouuerner lesdits Benefices; supplient humblement & conseillent lesdits du Conseil, que le Roy & ledit Monseigneur le Dauphin ne veillent souffrir aucunes telles violences ou pareilles estre faites en l'Eglise de Dieu, en ce Royaume & Dauphiné; mais tiennent la main à leur pouuoir que ceux ausquels appartiendront les Elections ou Collations d'aucuns Benefices puissent élire & conferer franchement, selon les saints Canons, en leurs consciences, personnes idoines pour les Benefices, afin que aux Eglises de ce Royaume & Dauphiné soit pourueu de bonnes, saiges & honnestes personnes qui gouuernent icelles Eglises en

"espirituel, ou temporel, mieux qu'elles n'ont esté au temps passé, com-
"me chacun sçait qu'elles en ont tres grand besoin.
"   *Item*, & pour obuier aux Prelats à ce que eux & les Collateurs desdits
"Benefices ne puissent commettre les abus accoustumez à Cour de Rome
"& faire icelles Collations, tant en conferant iceux Benefices, comme au-
"tres Seigneurs, & les bons Estudians de l'étude de Paris, & autres puis-
"sent estre pourueus chacun en son estat & degré, il semble audit Conseil
"que par Saiges gens & bien eleuz, le Roy doit faire aduiser bonnes re-
"gles & seures manieres que les Prelats, Collateurs & tous autres qu'il
"appartiendra, seront tenus de garder & obseruer en la Collation & distri-
"bution des Benefices & que l'aduis desdits Eleuz doit estre rapporté de-
"uers le Roy, M. le Dauphin & leur Conseil, pour en ordonner sur ce
"comme il appartiendra par raison, afin que les Seruiteurs du Roy & Sei-
"gneurs, & aussi desdites Estudes, mesmement l'Vniuersité de Paris n'ayent
"cause de eux en douloir, mais soient & demourent adherens & vnis auec
"le Roy en cette poursuite. Et reserué le plaisir & voulenté du Roy, le-
"dit Conseil a aduisé pour pratiquer ce que dessus de ceux de pardeçà,
"ceux qui s'ensuiuent, le Doyen de Paris pour President, & de Parle-
"ment M. Philippes Dupuy, M. Iean Mauloé, M. Adam de Cambray, M.
"G. Cottin & M. Iean du Moulin n'agueres Official de Paris. De l'Vni-
"uersité, pour la Faculté de Theologie M. Benoist Gentian & M. G. Ma-
"chet. De la Faculté de Decret l'Abbé de S. Pere en Vallée & le Con-
"seruateur des Priuileges. Pour la Faculté de Medecine, le Doyen de la
"Faculté & M. Dreux Doyen. De la Faculté des Arts M. Nicole de Gou-
"drencourt & M. Pierre de Cenchrijs.
"   *Item*, combien que par les choses dessusdites soit aucunement pour-
"ueu à l'execution des Finances indeuës que le Pape & ceux de Rome ont
"accoustumé d'exiger indeuëment des Eglises de France & du Dauphiné,
"neantmoins il semble audit Conseil, consideré les causes & les contenus,
"estre déraisonnable de leuer lesdites Finances, qui selon Dieu & cons-
"cience ne se peuuent soûtenir, & que le Royaume & Dauphiné en appauris-
"soient grandement. Consideré outre que dés ledit an 1406. aprés ce que
"les Prelats, Chapitres, Conuens, Vniuersitez & autres d'Eglise desdits
"Royaume & Dauphiné pour ce assemblez à Paris, eurent prins en cette
"maniere certaines conclusions & requis au Roy, que icelles fussent par
"luy tenuës, gardées, & que icelles Conclusions mises par escrit, le Roy
"par ses lettres Patentes eust enuoyé à la Cour de Parlement, & par icel-
"les lettres mandé à ladite Cour, que assemblez en icelles ceux de son
"grand Conseil & autres Saiges & Clercs, tels que bon luy sembleroit,
"elle veist lesdites Conclusions & sur icelles pourueust, comme il appar-
"tiendroit, à faire par raison.
"   Et aprés ce que de la partie du Procureur general, du Procureur du
"Duc de Berry, & du Procureur de l'Vniuersité de Paris eust esté requise
"Prouision sur les Exactions declarées esdites Conclusions, & que de la
"partie de ladite Vniuersité fust faite publiquement & en plain Parlement
"vne proposition solemnelle, par laquelle fut monstré clairement par
"plusieurs belles raisons de la sainte Escriture & autres que lesdites exa-
"ctions n'estoient mie à souffrir, mais estoient tenus le Roy & sa Cour y
"remedier, mesmement que c'est vn des sermens que le Roy fait à son Sa-
"cre, que de tenir les Eglises de son Royaume en leurs franchises & li-
"bertez, ladite Cour, toutes les Chambres assemblées par plusieurs Saiges
"& Clercs du grand Conseil du Roy, l'Vniuersité & autres, par son Arrest
"ordonna que le Pape & ses Officiers cesseroient d'exiger esdits Royau-
"me & Dauphiné, les fruicts des premieres années des Prelatures & autres
"Benefices qui vacqueroient doresnauant ou auroient vacqué, & aussi
"les fruits qui escheerroient durant le temps de la vacation. Cesseroient
"aussi de exiger Procurations deuës pour les visitations & de bons arrera-
"ges qu'ils pourroient dire à eux estre deuës pour occasion des choses

desſusdites ou aucunes d'icelles, & que les Prelats, Archidiacres ou autres Ordinaires pourroient prendre & demander lesdites Procurations, quand il aduiendroit qu'ils feroient lesdites visitations sur leurs subjets: Ordonna outre ladite Cour, que les Cardinaux, leurs Collegues, & le Chambellan cesseroient de perceuoir la part & portion que parauant ledit Arreſt ils procuroient en la vacation des Prelatures pour les premieres années ou autrement de tous arrerages à eux deubs pour occasion des choses desſusdites, & que si aucun pour occasion d'icelles eſtoit en Sentence d'excommuniment, il seroit abſous & relaſché. Et furent lesdites choses ordonnées iuſques à ce que par ladite Cour fuſt autrement ordonné, ſi comme par l'Arreſt donné le 12. Sept. 1406. peut apparoir.

Consideré auſſi que depuis ce que dit eſt, leſdits Prelats, Chapitres, Conuents, Vniuerſitez & autres gens du Clergé de France & du Dauphiné aſſemblez à Paris, du commandement du Roy, & par pluſieurs iournées en Conſeil, auquel eſtoient pour le Roy, le Roy de Sicile, le Duc de de Guyenne, Dauphin de Viennois, les Ducs de Berry, de Bourgongne & de Bourbon, & pluſieurs autres Comtes, Barons & Gens de diuers Eſtats, euë ſur ce meure deliberation & par pluſieurs fois & iournées, pour ce que les Exactions & griefs desſusdits ne ceſſeroient point, mais s'efforceroient les Collecteurs & autres Officiers du Pape, en adioignant ſur autres de prendre de fait les biens meubles & deſpoüilles des Prelats & autres gens d'Egliſe dudit Royaume & Dauphiné, qui treſpaſſoient de ce monde, laquelle exaction ils appelloient la dépoüille des Treſpaſſez & de ceux qui ne deuoient aucune Procuration pour viſitation, leuoient vn aide qu'ils appelloient Equiualent, mettoient Dixieſme & autres ſubſides à leur plaiſir & voulenté, ſans en parler aux Prelats & autres gens d'Egliſe dudit Royaume & Dauphiné. Et pour ce que le Pape ne ſouffroit point aux Prelats adminiſtrer ſans Bulles, conuenoit payer telle ſomme, comme on demandoit pour leſdites Bulles, ou autrement elles n'eſtoient point expediées. Parquoy le Pape exigeoit tres grandes & exceſſiues finances, & en apouriſſoient grandement leſdites Egliſes. Et pource que par leſdits Prelats & autres gens d'Egliſe deſſuſdits, pluſieurs diſcuſſions ſur la matiere, par pluſieurs fois meurement faites, fut conclud que ſelon Dieu & conſcience ils ne pouuoient, ne deuoient plus ſouffrir les griefs & vſurpations deſſuſdites, ne les declairées audit Arreſt de Parlement donné le 12. Sept. 1406. En ſuppliant humblement au Roy, que ſur les griefs deſſuſdits leur vouliſt pouruoir, & que ce qui par ledit Arreſt de Parlement auoit eſté ordonné eſtre gardé, iuſques à ce que par ladite Cour en fuſt autrement ordonné, fuſt perpetuellement gardé ſans enfraindre. A laquelle ſupplication le Roy par meure & grand' deliberation de Conſeil, auec ceux de ſon Sang, pluſieurs Barons, Nobles, Saiges & Notables perſonnes d'Egliſe & Seculiers, ordonna que toutes & chacunes leſdites **Exactions & Griefs deſſuſdits, doreſnauant ceſſeroient** eſdits Royaume & Dauphiné, & que tout ce que par ledit Arreſt de ladite Cour de Parlement auoit eſté dit & prononcié, deuoit eſtre tenu & gardé iuſques à ce que par ladite Cour en fuſt autrement ordonné, ſeroit perpetuellement & inuiolablement tenu & gardé eſdits Royaume & Dauphiné, comme par les lettres de ladite Ordenance, données le 18. Février ledit an 1406. peut plus plainement apparoir.

Et pour ce que nonobſtant leſdits Arreſts & Ordenance le Pape Iean XXIII. creé abuſoit plus deſdites Exactions & Griefs, que n'auoient fait ſes Predeceſſeurs, & auſſi des Collations & Prouiſions des Benefices, comme deſſus eſt dit, le Roy enuoya deuers luy à Rome, l'Ambaſſade dont cy-deſſus eſt faite mention, pour auoir prouiſion ſur les choſes deſſuſdites, lequel de ladite Ambaſſade ne fit gueres de conte, & reſpondit que par le Cardinal de Piſe, il enuoiroit bonne prouiſion, dont il ne fit rien, comme cy deuant eſt plus amplement declaré. Pourquoy au mois de Decembre 1413. au pourchas du Procureur general du Roy

" & du Preuost des Marchands & Escheuins de la ville de Paris, qui
" venoient comment par lesdites exactions lesdits Royaume & Dauphiné
" apourissoient notablement, ladite Cour de Parlement, toutes les Cham-
" bres assemblées, & plusieurs autres du grand Conseil & Saiges Clercs &
" preud'hommes, ordonna que par tout le Royaume fust publié & defendu
" solemnellement sur grandes peines à appliquer au Roy, que aucun pour
" occasion des Benefices electifs dudit Royaume ne portast ou fist porter
" aucunes finances d'or d'iceluy Royaume, pour lettres Bulletées ou au-
" tre maniere que ce fust, sur peine de la perdre, ou d'en payer autant, &
" auec ce que diligens exploiteurs seroient commis sur les Ports & issues
" du Royaume pour soi prendre garde de ce que dit est, & l'executer. Et ou-
" tre ce fut ordonné qu'il seroit defendu à tous Marchands, Changeurs &
" autres qu'ils ne deliurassent ne fissent deliurer aucunes finances hors du
" Royaume pour les causes dessusdites, sur peine de lui perdre, & ceux qui
" le denonceroient, en auroient la 4. partie à leur profit. De laquelle Or-
" denance de ladite Cour, le Roy depuis aduerty en son grand Conseil, au-
" quel estoient les Ducs d'Alençon, de Bourbon, le Connestable d'Albret,
" plusieurs Prelats, Nobles & autres Ordena ses lettres executoires, &
" qu'elle fust doresnauant tenuë & gardée, mais aucuns pour leur profit
" particulier l'empescherent, sous ombre de ce qu'ils disoient que le Car-
" dinal de Pise auoit apporté sur ce bonnes Prouisions, dont il n'estoit riens.
" Et pour ce que l'an 1414. ensuiuant le Concile general estoit tenu à
" Constance, le Roy pour aduiser ce qu'il estoit à faire en icelui pour redui-
" re les Eglises de France & de Dauphiné en leurs anciennes franchises &
" libertez, & pour le gouuernemēt d'icelles, fit assembler à Paris, les Prelats,
" l'Vniuersité & autres gens d'Eglise desdits Royaume & Dauphiné, auec
" plusieurs du grand Conseil du Roy, des gens de Parlement & autres Sages.
" Et aprés ce que les matieres eurent esté longuement & meurement deba-
" tuës, fut conclud que les Ordenances, dont cy-dessus est faite mention,
" seroient executées & tenuës & gardées doresnauant, afin que ceux qui
" pour l'Eglise desdits Royaume & Dauphiné iroient audit Concile general,
" y comparussent eux estans en possession & saisine desdites franchises & li-
" bertez, mais ledit Cardinal de Pise l'empescha comme deuant.
" *Item*, Consideré que depuis encore, c'est à sçauoir en May l'an 1416. par
" le conseil des Prelats & plusieurs autres Clercs assemblez à Paris, fut vni-
" formément conclud par la voix de tous concordablement que par aucun
" droict Ecrit, Coustume, Priuilege ou autrement les Vacquans n'estoient
" aucunement deus au Pape & ne lui en deuoit-on plus aucunement payer.
" *Item*, & encore derrainement au mois de Nouembre de ce present an
" 1417. toutes les Chambres de Parlement, plusieurs du grand Conseil, de
" l'Vniuersité de Paris & autres Saiges Clercs assemblez en la Chambre de
" Parlement, fut dere chef conclud par l'opinion de la plus grande partie,
" que les Ordenances faites sur les exactions des Finances seroient dere-
" chef réellement & de fait mises à execution, laquelle chose a esté diffe-
" rée, pource que assez tost il vint nouuelles de l'élection de celuy qu'on
" dit auoir esté éleu en Pape.
" Pourquoy considerées les Ordenances dessusdites, par si grande &
" meure deliberation, & partant de fois faites, comme dessus est dit, & les
" raisons contenuës és lettres d'icelles Ordenances & plusieurs autres
" grandes & contraignantes raisons de droit diuin, droit Canon & naturel
" alleguées par plusieurs Saiges Clercs du Conseil du Roy & de l'Vniuer-
" sité & qu'il n'est mie esperance qu'aucun remede soit mis sur les exa-
" ctions, par celuy qu'on dit auoir esté éleu en Pape pour les causes cy-
" dessus declarées, il a semblé & semble audit Conseil, que lesdites Orde-
" nances sont bonnes & raisonnables au regard des exactions desdites Fi-
" nances & que le Roy les doit faire tenir & garder sans enfraindre, & en
" commander faire des maintenant sceller les lettres, desquelles l'execu-
" tion & publication soit différée pour les causes deuant dites, iusques à ce

que le Traitté de l'appaisement des diuisions de ce Royaume soit accomply & lors en tout euenement qu'elles soient publiées & executées, tenus & gardées loyaument & de fait, & que cependant lesdites lettres soient mises en garde, en la Cour de Parlement.

Item, pour ce que pendant ledit delay plusieurs Finances pourroient estre traittées hors desdits Royaume & Dauphiné, sous ombre desdites exactions ou autrement, le Roy des maintenant doit defendre par cry public & autrement par ses lettres Patentes en termes generaux, sans faire mention en especial du Pape, ne des exactions deuant dites, que aucun ne soit si hardy de transporter ou faire transporter de fait ou par lettres bulletées, obligations ou autrement en quelque main ou pour quelconque occasion que ce soit, sans congé & licence du Roy, hors desdits Royaume & Dauphiné, or ou argent monnoyé & non monnoyé, sur peine de le perdre & de payer encor autant, & auec ce soit defendu & publié des maintenant qu'aucun Marchand, Changeur ou autre ne face ou face faire aucune finance d'or ou d'argent, monnoyé ou à monnoyer, pour transporter hors desdits Royaume & Dauphiné par lettres bulletées, obligations ou autrement, en quelque maniere que ce soit, sans le congé & licence dessusdits, à peine de le perdre & d'en payer pareille somme, & auec ce que és ports, passages & issuës desdits Royaume & Dauphiné, soient ordonnez & commis diligens explorateurs qui ayent pouuoir de prendre & arrester personnes & finances que dehors on transportera, & d'executer loyaument & de fait cette Ordenance ou défense, lesquels pour leur peine auront le quart à leur profit & par leur main de ce qu'ils trouueront qu'on transportera. Et semble ausdits Conseillers qu'il est tres expedient de pouruoir de present, tant que bonnement faire se pourra par la maniere susdite & par toutes autres voyes que l'on pourra bonnement aduiser, afin que lesdites Finances ne soient de cy en auant transportées hors de ce Royaume, sans le congé, licence & consentement du Roy, & que de ce on deuoit faire lettres & enuoyer là où il appartiendra, pour icelles mettre en execution.

Item, semble audit Conseil que aprés les choses dessusdites, ainsi faites & que le Roy sera informé deuëment, ainsi que dit est, de l'élection de celui que on dit auoir esté éleu en Pape, il se determinera de lui rendre obeïssance & enuoyera deuers lui ses solemnels Ambassadeurs pour à iceluy signifier & que le Roy, M. le Dauphin & lesdits Royaume & Dauphiné luy obeyront & feront aide & secours pour soustenir l'estat de luy & des Cardinaux & leurs autres necessitez, autant & aussi auant, ou plus moderément ou raisonnablement que aucun autre Royaume Chrestien, & luy signifieront en outre lesdits Ambassadeurs l'effet desdites Ordenances & exposeront les causes pour lesquelles elles ont esté faites & executées, en luy disant que c'est l'intention du Roy & de Monsieur le Dauphin de maintenir les Eglises dudit Royaume & Dauphiné en leurs anciennes franchises & libertez, en luy suppliant qu'il le veille agreablement receuoir sans y prendre déplaisir, & qu'il ne veille faire ou attenter aucune chose au contraire. Car le Roy & Monseigneur le Dauphin, desquels l'intention & ferme propos est de faire tenir & garder sans enfraindre lesdites Ordenances, ne le prendroient mie en patience, & y pouruoiroient, comme il appartiendroit par raison: & en la fin s'il leur semble bon, aprés la réponse du Pape, pourront dire franchement que le Roy & Mondit Seigneur le Dauphin ne le souffriront mie.

Item, semble audit Conseil que les Ambassadeurs auant qu'il se partent du Roy, deuront iurer & promettre en la presence de Monseigneur le Dauphin & de leur Conseil, que dudit Pape, ils ne prendront ne ne pourchasseront directement, ne indirectement pour eux, ne pour aucuns autres Benefices, Offices ou Estats contre les Ordenances, comme autrefois ont fait autres, qui pour auoir prouision sur les briefs cy-deuant declarez, ont esté enuoyez par le Roy, l'Eglise de France & Dauphiné, par deuers le

" Pape Alexandre & Pape Iean, deuant dits & se lesdits Ambassadeurs sont
" le contraire, que le Roy & Monseigneur le Dauphin les en face tres-grief-
" uement punir & tellement que ce soit exemple à tous autres.

" *Item*, semble outre ausdits Conseillers que le plustost que bonnement
" faire se pourroit, le Roy doit par gens Sages & bien esleus, faire aduiser
" quelles prouisions ou Ordenances sont à faire raisonnablement au re-
" gard de plusieurs griefs, par lesquels le Roy & ses subjets sont grande-
" ment greuez, opprimez & trauaillez, *respectu Iurisdictionis, &c. & fori pœ-
" nitentialis*, & autrement. Et l'aduis desquels sera rapporté au Conseil,
" pour faire sur ce telles Ordenances, Edits ou Prouisions qu'il appar-
" tiendra par raison, & pour ce pratiquer & aduiser sur ce, ledit Conseil a
" nommé le Doyen de Paris & les autres dessus-nommez.

" Hæc dum aguntur Parisijs, Martinus occasione Rotuli quem ab Vniuersitate acceperat, vt eam sibi demereatur, prærogatiuam concedit in impe-
tratione Beneficiorum: simulque & Parlamentorũ Curiam ad se conatur
traducere porrectis similiter Beneficijs. Et per Martinũ Episcopum Atrebatensem gratias suas offert. Extant ea de re hæc Instrumenta.

Sanctissimus Dominus noster D. Martinus Papa V. in fauorem & pro in-
" cremento Vniuersitatis studij Parisi voluit & ordinauit pro hac vice dupli-
" xat, in Theologia & Decretis Doctoribus, in Medicina & Artibus Magistris
" in Rotulo dicti studij per eundem D. nostrum sub Datâ 4. Kal. Feb. Pon-
" tif. sui an. 1. signato descriptis & in eodem studio actu & sine fraude per
" ipsam Vniuersitatem præsentibus reputatis, & qui etiam in eodem studio
" huiusmodi gradum & gradus recipiunt, quod in assecutione Beneficij, seu
" Beneficiorum, quod, seu quæ vigore gratiarum eis in dicto Rotulo facta-
" rum expectant, vt in antea, expectabant, nulli alij, siue alius sub quacun-
" que Data pari, aut maiori qui ab eodem Domino nostro gratias expe-
" ctatiuas sub quacunque formâ verborum obtinuerint, seu in futurum ob-
" tinebunt, etiamsi per eas, aut earum autoritatem quaruncumque Eccle-
" siarum Canonici creati, aut in eis in Canonicos sub expectatione præ-
" bendarum recepti existant, præiudicare valeat, nec eis quoquo modo
" præferri, sedis Apostolicæ Protonotarijs, Auditore Contradictarum,
" Correctore litterarum Apostolicarum, Subdiaconis, Referendarijs 4.
" Cubicularijs & totidem Secretarijs, ac quinque Acolythis ipsius Domini
" nostri in Cancellaria nominandis vnico Cameræ Apostolicæ, & omnibus
" Palatij Apostolici causarum auditoribus, verisque familiaribus ipsius D.
" nostri Papæ per eum pro talibus reputatis, singulorum quoque S. Romanæ
" Ecclesiæ Cardinaliũ singulis 30. familiaribus, Domesticis Continuis, Com-
" mensalibus in ipsorum D. nostri & Cardinaliũ primis & principalibus Ro-
" tulis inscriptis, & per eosdem Cardinales in Cancellaria prædicta declaran-
" dis, singulis Ecclesiasticis duabus personis qui in Conclaui in quo idem D.
" noster electus fuit, singulis in eo existẽtibus Dominis Cardinalibus & alijs
" Prælatis ac personis Ecclesiasticis ad celebrandam electionẽ Romani Pon-
" tificis deputatis fauerunt, singulis quoque 12. Præsidentibus in Cancellariæ
" sub S. Romanæ Ecclesiæ pro Vice-Cancellario familiaribus, Commensali-
" bus, scriptoribus litterarum Apostolicarum necnon 25 duntaxat litterarũ
" Apostolicarũ Abbreuiatoribus oriundis similiter de dicto Regno, vel saltẽ
" de Diœcesi ad ipsum se protendentibus, simili modo in aliquo studiorum
" huiusmodi Graduatis in dicta Cancellaria nominandis, DD. Cardinalium
" Nepotibus & fratribus Imperatoris, Regum, Ducum, Marchionum &
" Comitum filijs, fratribus & nepotibus, insuper Regum, Reginarum Del-
" phini Viennensis, & singulis singulorum Ducum Burgundiæ, Aurelia-
" nensis, Brabantiæ, Britanniæ, Borbonij & Sabaudiæ Procuratoribus in
" Romana Curia continuè residentibus, familiaribus etiam Domesticis actu
" & continuè seruitijs insistentibus, Imperatoris, Regum, Reginarum,
" Delphini & Ducum prædictorum & vxorum eorundem primis & princi-
" palibus suis Rotulis inscriptis qui tempore Datæ præsentium gratiarum
" eis per eundem Dominum nostrum concessarum, aut concedendaru m
" fuerint Beneficiorum Ecclesiasticorum capaces, aut etiam Imperatoris,

Regum, Ducum, Marchionum & Comitum, ac Communitatum proprium de se regimen habentium primis Ambaxiatoribus & Nuncijs qui in præfato Concilio pro Ecclesiastica pace & statu vniuersalis Ecclesiæ se præsentarunt, ac etiam illis qui consuetos & ordinarios Rotulos ipsorum studiorum, seu de ipsis eidem Domino nostro præsentarunt, vel in posterum præsentabunt. Gentibus quoque Ecclesiasticis Regium Parlamentum Parisius tenentibus & singulis filijs nostri, Ecclesiasticis duntaxat exceptis. Prædictos tamē Ambaxiatores & Nuncios, aut alias quascunque personas superiùs expressas quibus forsan idem Dominus noster fecit, aut faciet gratias expectatiuas ad duo, vel plura Beneficia; ad vnam, vel diuersas Collationes, siue virtute vnius & eiusdem gratiæ, siue virtute diuersarum, seu extensione vnius gratiæ, vel diuersarum, voluit idem Dominus noster præfatis Doctoribus & Magistris etiamsi aliàs essent præferendi, nisi quoad vnum Beneficium quocunque tamen ordine numeri assequendum præferri, Canonicatu & præbenda, dignitate, personatu, administratione, vel Officio pro vnico Beneficio computatis.

Voluit insuper etiam idem Dominus noster & Ordinauit quod si alicui, vel aliquibus per importunitatem potentium, aut aliàs concessit, seu concedet in futurum prærogatiuam, seu clausulam huic præsenti prærogatiuæ derogatoriam sub quauis verborum forma, per quam in aliquo præiudicium generaretur, vel derogari possit Doctoribus & Magistris præfatæ Vniuersitatis, seu alicui ex eis ad quos extenditur dicta prærogatiua, illis nullum præiudicium afferre possit nec valeat, sed quoad ipsos cassa sit & irrita, nisi Dominus noster de pręrogatiua Vniuersitatis specialem in litteris Apostolicis fecerit mentionem: quod tamen vltra numerum quinquaginta personarum facere, vel aliquo modo concedere non intendit, &c.

Eodem anno die Lunæ 21. Martij in sessione 43. Generalis Concilij Constantiensis lecta est & publicata per organum D. Cardinalis S. Marci hæc constitutio *de Exemptionibus. Martinus, &c.* attendentes quod à tempore obitus felicis recordationis Gregorij Papæ XI. prædecessoris nostri, nonnulli Romani Pontifices, aut pro Romanis Pontificibus se gerentes & in suis diuersis obedientijs reputati pro sua voluntate, aut per importunitatem petentium nonnullas Ecclesias, Monasteria, Capitula, Conuentus, Prioratus, Beneficia, loca & personas à Iurisdictionibus Ordinariorum tempore dicti Gregorij nullatenus exemptas, vel exempta, nouo dictorum Ordinariorum Iurisdictionibus exemerunt in graue ipsorum Ordinariorum præiudicium, Nos volentes, eiusmodi præiudicio obuiare, omnes exemptiones Ecclesiarum Cathedralium, Monasteriorum, Capitulorum, Conuentuum, Præposiurarum, Beneficiorum, locorum & personarum quaruncumque, etiamsi ex prædictis aliquod Monasterium fuerit exemptum & postea subiectum Monasterio diuersi habitus, vel coloris à tempore obitus dicti Gregorij XI. per quoscunque pro Romanis Pontificibus se gerentes ; etiamsi per nos forsan approbatæ fuerint, vel innouatæ parte non vocata de nouo factas, quæ tamen ante exemptionem huiusmodi nulla exemptione gaudebant, sed simpliciter subijciebantur ordinariæ Impositioni, nullumque inter illud tempus habuerant. Exceptis etiam exemptionibus quæ vni toti Ordini, & quæ Ecclesijs, Monasterijs, Capitulis, Conuentibus, Beneficijs siue locis à prædicto tempore sub exemptionis modo, aut conditione fundatis, aut contemplatione nouæ fundationis, *seu Vniuersitatibus studiorum generalium, aut Collegijs Scholarium,* aut per modum Confirmationis augmenti, aut additionis factæ, aut concessæ, aut super quæstionibus præsentibus, & auditis quorum intererat autoritate competenti ordinatum fuerit, seu in quibus Ordinarij consenserint & omnes exemptiones perpetuas per inferiores à Papa factas, sacro approbante Concilio, reuocamus, etiamsi super illis lis pendeat indecisa, ipsam penitus extinguentes, Ecclesias, Monasteria & alia loca prædicta in pristinam Ordinariorum

1417.

" Iurisdictionem reducimus. Cæteris autem exemptionibus ante obitum
1417. " dicti Gregorij habitis & concessis nullum volumus per hoc præiudicium
" generari. Insuper non intendimus exemptiones de cætero facere nisi
" causa cognita & vocatis quorum interest.

Inter Regulas Cancellariæ prædicti Martini sic statuitur in gratiam Graduatorum.

" Item voluit & ordinauit quod in partibus Gallicanis in Expectatiuis
" nulli detur ad Canonicatum & Præbendam Ecclesiarum Cathedralium
" nisi Magistris in Theologia, Doctoribus & Licentiatis cum rigore exa-
" minis, in Iure Canonico, vel Ciuili Magistris in Medicina Licentiatis,
" ac Baccalarijs in Theologia formatis, *Magistris in Artibus qui per septen-*
" *nium post Magisterium in Artibus rexerint, vel in Theologia huiusmodi tandiu*
" *studuerint*, Apostolicæ sedis Officialibus apud eandem sedem suis Offi-
" cijs actu pro tempore insidentibus, D. nostri. Papæ, Cardinalium, Im-
" peratoris, Regum & Ducum Nepotibus & consanguineis & nobilibus
" duntaxat exceptis. Alijs verò ad huiusmodi Canonicatus & Præbendas
" petentibus detur de Beneficio cum cura, vel sine cura prout capaces
" fuerint, etiamsi Canonicatus & Præbenda altexius quam Cathedralis
" Ecclesiæ existat ad integram Collationem Ecclesiarum, vt pote Archi-
" episcopi, vel Episcopi, Capituli, singulorum Canonicorum & persona-
" rum etiam dignitates, &c. obtinentium Ecclesiæ in qua petebant ad præ-
" bendam se admitti.

" Item quod Magistri, Doctores, Licentiati in Iure Canonico, vel Ci-
" uili, ac Magistri in Medicina, necnon Licentiati, ac Baccalarij formati
" in Theolog. vnà cum Gratijs expectatiuis quibuscunque obtentis in Ro-
" tulis, vel supplicationibus particularibus possint quæque Beneficia com-
" patibilia quæ obtinent, retinere, dummodò fructus eorum 400. libras
" Turonen. paruorum, vel tantundem in alia moneta in portatis non ex-
" cedant.

" Item quod in Theol. non formati, ac in Iure Canonico, vel Ciuili Bac-
" calarij & Magistri in Artibus ac Licentiati in Medicina vnà cum Gratijs
" expectatiuis possint quæcumque Beneficia compatibilia quæ obtinent,
" retinere, dummodo eorum fructus 200. libras Turon. vel in alia moneta
" tantundem in portatis non excedant.

1418.
Anno 1418. nempe sub finem mensis Martij post Pascha Rex Edicto supprimit omnes omnino Annatas, Reseruationesque, & alia que id genus. His verbis.

" **C**AROLVS DEI GRATIA FRANCORVM REX. Ad perpetuam Rei
" memoriam. Inter Regij laudabiles operas culminis gloriosior ea
" censetur quæ Ecclesiam iugo seruitutis depressam subleuari, subleuatam
" in libertatis sede collocari & collocatam stipatu ambitioso atque cupido
" **procul pulso perseueranter conseruari satagit & procurat.** Cum itaque
" crebris querelis clamosisque insultibus Regni ac Delphinatus nostro-
" rum, *Clero ac Dilectis Parisiensis studij Vniuersitate filia*, ac Generali Procu-
" ratore nostro, Nos incitantibus ac sæpè & multum dudum stimulantibus,
" necnon fidei obligationem & iurisiurandi Religionem, quibus ad stabi-
" litatem obseruationemque iurium, libertatum & vniuersalem S. Matris
" Ecclesiæ statum obstringebamur, ingerentibus Nobis & modo quodam
" obtestantibus singulariori, de Consilio Principum ex nostra Regali pro-
" ditorum stirpe & Procerum probatorum Baronum, Collegiorum, Ca-
" pitulorum, Conuentuum, ac Vniuersitatum eorundem Regni & Del-
" phinatus nostrorum, execrabilis prædictæ sanctæ Matris Ecclesiæ Schis-
" matis vigente tempestate & pro eiusdem vnione ad mandatum nostrum
" Parisius congregatorum, præuiaque in præsentia nostra multiplici dis-
" cussione & deliberatione propensiori certas Conclusiones per eos ele-
" ctas, & tandem nobis ab eisdem per modum Consilij relatas suscepisse-
" mus, approbassemus, & eas solidè tenendas ac inuiolabiliter obseruandas
statuissemus,

statuissemus, ipsam Ecclesiam personasque Ecclesiasticas dictorum Regni, ac Delphinatus iuxta Generalium statuta Conciliorum & SS. Patrum decreta ad suam antiquam libertatem reducendo, & eos in eadem libertate conseruando & manu tenendo, ac super his ordinationes nonnullas edendo, quarum quidem ordinationum executionem de prædicta vnione & super status Ecclesiastici reformatione, ac in Concilijs generalibus dudum Pisis & nuperrime Constantiæ celebratis, melioratione sperantes, & prolixiùs debito præstolantes distulissemus. Vnde ac etiam prætextu reseruationum nonnullarum per summos Pontifices qui successerunt, vt dicebatur, factarum, aut aliàs nonnulli Archiepiscopi, Episcopi, alijque de præmissis Regno, ac Delphinatu, quibus beneficiorum vacantium, & quibus per electiones debitè factas prouisum extiterat, confirmatio & prouisio pertinebat, veriti fuerant, contradixerantque, seu distulerant, verebantur, contradicebant, differebantve ad earundem confirmationem Electionum & beneficiorum Prouisionem procedere; horumque & nonnullarum occasione factarum promotionum perhorrida simoniacæ perfidiæ tabes Ecclesias personasque Ecclesiasticas quamplurimas nostrorum Regni ac Delphinatus, verum penè totos ipsos Regnum ac Delphinatum nostros acriter peruaserat, letaliter obrepserat & fascinauerat ac prostrauerat damnabiliter. Cæterum, immensum aurum, argentum infinitum, innumeræque financiæ de supradictis Regno ac Delphinatu nostris iugiter asportabantur in dictarum præuaricationem Ordinationum, eorundemque Regni ac Delphinatus exinanitionem, totius Reip. iacturam & irreparabilem læsionem; sed & Ecclesiarum tam Regis quàm aliús piæ fundationis luctuosam desolationem; super quo immensos intolerabilesque planctus plurimorum & præsertim iam dicti Procuratoris nostri Generalis & Dilectorum nostrorum Præpositi Mercatorum & Scabinorum Ciuitatis nostræ Parisius, rursum apud Nos emissos, & sæpius relatos audijssemus, & cum animi dolore sustnuissemus. Notum igitur facimus vniuersis tam præsentibus quàm futuris, quod Nos prouisionem super his vlterius differre non valentes dispendijsque præmissis obuiare & ambitionis atque cupiditatis ardorem cupientes mitigare; præhabitâ deliberatione maturâ cum Prælatis quamplurimis & Gentibus Camerarum dicti nostri Parlamenti alijsque pluribus Doctoribus & Magistris de dicta Parisiensi Vniuersitate in ingenti numero, & Camera dicti nostri Parlamenti de mandato nostro congregatis; voluimus ac prout aliàs, ordinauimus, volumusque & ordinamus Ecclesias personasque Ecclesiasticas eorundem Regni ac Delphinatus nostrorum ad suas antiquas franchisias & libertates in perpetuum reducendo, quod Ecclesijs nostrorum Regni ac Delphinatus Cathedralibus & Collegiatis & earum Beneficijs electiuis, secularibus & regularibus per electiones Capitulorum, Conuentuum & Collegiorum, seu postulationes Canonicè factas Confirmationesque Superiorum & non electiuis per præsentationes, collationes & institutiones Ordinariorum quibus de iure communi, seu consuetudine pertinet secundum antiqua iura Conciliaque Generalia de personis idoneis prouidebitur, cessantibus & reiectis omnino, ac non obstantibus quibuscunque & quoruncumque resignationibus generalibus, vel specialibus, ac prohibitionibus, expectationibus, aut Gratijs etiam cum Decreti appositione factis, aut faciendis, concessis seu concedendis. Et insuper quoad exactiones pecuniarum, quas ab aliquibus retroactis temporibus Curia Rom. seu Camera Apostolica sub prętextu vacantium Beneficiorum Regni & Delphinatus prædictorum, aut aliàs quouis modo, seu colore præmissorum sibi applicari voluit, penitùs cessabunt. Intendimus tamen tanquam Christi fideles summo Pontifici & Ecclesiæ Rom. æquè plusve cæteris in necessitatibus, siue & cum tempus exegerit, succurrere & rationabiliter subuenire. Inhibemus autem omnibus & singulis nostris subjectis districtè, & sub omni indignatione quam erga nos formidant

Tom. V. Tt

" incurrere, ne huic nostræ ordinationi ausu temerario contraire siue eam
" impedire præsumant. Quocirca memoratis Gentibus præsens tenenti-
" bus & quæ futura tenebunt Parlamenta, omnibusque Seneschallis, Bail-
" liuis, Præpositis, Vicecomitibus & alijs quibuscunque Iudicibus nostris
" dictorum Regni & Delphinatus & eorum loca tenentibus committimus
" & mandamus quatenus præsentes literas, seu Ordinationem & volun-
" tatem nostras debitæ, ac celeri demandent executioni, easque in locis
" suorum districtuum & Iudicaturarum insignibus cridare & palam pu-
" blicari, ne quis eorum ignorantiam prætendere valeat, faciant; &
" procurent omnes & quascunque personas contra venientes, seu atten-
" tantes, cuiuscunque status, seu conditionis existant, tanquam nostra-
" rum transgressores Ordinationum taliter puniendo, quod cæteris ce-
" dat in exemplum, &c. Actum & Datum Parisius anno Domini 1418. men-
" se Martij post Pascha.

Paulo post nempe 2. April. idem Rex alio Edicto vetat pecuniam extra
Regnum Beneficiorum causâ exportari. Et tale est.

" CAROLVS DEI GRATIA FRANCORVM REX. Dilectis & fidelibus
" Consiliarijs nostris, Gentibus præsens nostrum tenentibus & quæ
" futura tenebunt Parisius Parlamenta, Præpositoque nostro Parisiensi,
" necnon omnibus & singulis Bailliuis, Seneschallis, Præpositis, Vicceco-
" mitibus & alijs Iudicibus Regni & dominij nostrorum, aut eorum Loca
" tenentibus salutem & deuotionem. Grauem querimoniam dilecti & fi-
" delis Procuratoris nostri Generalis recepimus continentem, quod licet
" dudum de consilio Principum nostræ regalis Prosapiæ, Procerum, Præ-
" latorum, Baronum, Collegiorum, Capitulorum, Conuentuum ac Vni-
" uersitatum & virorum Ecclesiasticorum in grandi numero Parisius con-
" uocatorum pro conseruatione & stabilitate Regni nostri ac Reipub. &
" subditorum nostrorum vtilitate, certis exactionibus indebitis & modis
" quamplurimis pullulantibus adinuentis, quibus mediantibus aurum, io-
" calia, pecuniæ ac innumeræ financiæ de Regno nostro efferebantur,
" viam præcludere volentes, certas Ordinationes maturis magnisque tra-
" ctatas consilijs condidissemus, alias per nos editas antea constitutiones
" confirmando & approbando, Nihilominus nonnulli subditi nostri & alij
" sua temeritate ducti, seu prauâ intentione circumuenti, nostris antedi-
" ctis Constitutionibus spretis, sub prætextu & colore negotiorum & mer-
" canciarum, quas se contractate asserebant, necnon aliqui Collectores
" & Officiarij Curiæ Rom. sub vmbra & occasione quarundam exactionum
" ad causam procurationum; visitationis tamen Ecclesiarum Officio ob-
" hoc non impenso, ac etiam annatarum & vacantium confectionis Bulla-
" rum, & alia ratione & ad causam collationis, necnon dispositionis Bene-
" ficiorum, quorum electiones, confirmationes, præsentationes, colla-
" **tiones & dispositiones ad Prælatos, Capitula, cæterosque Ordinarios**
" Collatores & Patronos iure spectant, alijsque varijs occasionibus & ex-
" quisitis modis indebitè pecunias & financias quamplurimas de Regno
" nostro efferri fecerant, ac ipsum Regnum & subditos nostros, auro, fi-
" nancijs, iocalibusque quam plurimis euacuauerant & exhauserant, ac
" assiduè exhauriri satagebant in desolationem & depauperationem Re-
" gni & subditorum nostrorum, grandeque & intolerabile damnum quod
" grauius inualesceret, nisi per Nos de condecenti remedio per dictum no-
" strum Procuratorem à vobis postulato & requisito salubriter super præ-
" missis prouideretur. Nos igitur volentes huiusmodi inualescentibus
" damnis occurrere, ne deteriora sub vlterioris dissimulationis fiducia au-
" dentibus committantur, Vobis & vestrum cuilibet præsentium tenore
" committimus & mandamus districtius iniungentes, quatinus palam &
" publicè voce præconis in omnibus locis, in quibus Curiæ & subhastatio-
" nes fieri consueuerunt, & alibi vbicunque expedierit, inhibeatis seu in-
" hiberi faciatis sub cunctis & magnis pœnis indignationisque nostræ

incurrendæ ac omni alia pœna & offensa quam erga nos incurrere possunt, ne aliquis deinceps absque nostra licentia ausu temerario aurum, " 1418. vel argentum, iocalia aut alia quæuis pretiosa per literas, bulletas, obligationes aut aliàs quouis modo, occasione procurationum, annatarum, vacantium, dispositionis antedictorum Beneficiorum, nec non mercanciarum, seu negotiorum prædictorum quorumcunque, aut alia quauis occasione extra Regnum prædictum sub pœnis antedictis & illa, vel tantundem perdendi. Inhibentes pariter ne aliquis Campsor, mercator, seu quæuis alia persona de cætero pecunias, quascunque financias titulo mutui, commodati, cambij, vel aliàs per literas, bulletas, obligationes seu quouis altero modo extra Regnum prædictum transferat, seu transferri faciat, occasione præmissorum, sub pœnis antedictis. Ac etiam ne aliquis ob antedicta Beneficia Ecclesiastica, vacantia seu vacatura, quæcunque & cuiuscunque conditionis existant, quorum vt præmittitur, Electiones, Confirmationes, Præsentationes, Collationes & dispositiones ad Prælatos, Capitula, ac Ordinarios Collatores & Patronos spectare dignoscuntur, Bullas aut prouisiones, seu Gratias exspectatiuas à Papa, seu alijs quàm à dictis Prælatis, Capitulis & Ordinarijs Collatoribus & Patronis, ad quos huiusmodi Electiones, Confirmationes, Præsentationes, Collationes & Prouisiones spectant, in posterum sub pœnis antedictis impetrare præsumant, nec impetratis vtantur. Datum Parisius 2. die April. an. 1418. & Regni nostri 38.

Die tandem 22. April. dissoluitur Concilium Constantiense celebratâ ad eam rem 44. & vltimâ sessione: sic singuli ad suas Regiones remeant, & ipse Martinus Italiã repetit. Prius tamen quàm discedat, mittit in Galliam Legatos, Iordanum Vrsinum & Guill. Philasterij Natione Gallum Cardinales ad componendas Regni turbas. Vrsinus Prior excipitur ab Vniuersitate. Legitur inter opera MS M. Io. Breuiscoxæ facta in eius aduentu Propositio, seu, vt dicebant Harenga, cuius hoc fuit Thema. *Nunc scio vere quia misit Dominus Angelum suum.* Illi autem tam feliciter munus suum obeunt, vt inter Delphinum Burgundionemque sancita pax fuerit, iuratâ rerum præteritarum obliuione; eaque Parisijs promulgata est die 27. Maij, vt ait Iuuenalis. Scribit tamen Monstreletius Cardinales re infectâ discessisse; & nonnullos Burgundicæ Partis fautores Lutetiam nocte ingressos, ab ijsque Comitem Armaniacum Magistrum Equitum, seu Connestabilem occisum & Henricum Marlium Præfectum Iuris, quod paci obstitissent, plurimosque alios tam Ecclesiasticos quàm Laïcos; vixque ipsum Delphinum eorum manus euasisse.

Tunc erat Burgundio Trecis cum Regina, statim aduolat & ingenti acclamatione à factiosis excipitur. Quod cum audisset M. Ioannes Gerson in itinere, à Burgundione sibi timens, maluit peregrè ire quàm Parisios reuerti.

Hæc clades accidit die 29. Maij, tum Rectore Io. Heruæo Nat. Gall. Receptore, atque ita rerum potitus Burgundio Regemque habens in manibus, eius autoritate tria potissimum præstat, litteras reuocatorias suppressionis Annatarum ad Curiam Parlamentæam, alteras ad Vniuersitatem vt ex Actis, seu Regestis ipsius & singularum Facultatum & Nationum extrahatur sententia aduersus Propositiones Ioannis Parui lata; pacem denique cum Anglo, pactis Catharinæ virginis cum Henrico nuptijs.

Vniuersitatem non publica modò, sed & priuata quoque clades afficit. In omnibus turbis adhærebat illa quidem semper Regi, sed vt erant variæ Gubernatorum tractationes, ita & varie afficiebatur. Incarceratio recens Rectoris Academiæ & nonnullorum è suis primariæ notæ plurimorum animos auerterat ab Armaniaco; alij bono publico Regnique saluti & decori magis consulentes Armaniaco propter Delphinum & Regni dignitatem fauebant. Et isti captâ vrbe incarcerati, pauloque post in carcere cum Episcopis quibusdam, alijsque Prælatis & viris nobilibus trucidati.

Ergo Burgundio rerum potitur, & vt nihil habet antiquius quàm famæ restitutionem, eam à Rege impetrat. Iubetur Vniuersitas sententiam reuocare quam tulerat cum Episcopo Parisi. aduersus Ioannem Parui & Burgundionem, datque has litteras à Burgundione dictatas.

"VNIVERSIS Christi fidelibus *Rector & Vniuersitas studij Parisi.* honorem & in Christo dilectionem. Quamuis rerum varietas, ac temporum mutata qualitas exigat vt animi mores, affectus, vota vice laudabili mutentur, tamen non est Sapientis rerum perseuerante ratione, pristinum deserere propositum. Cum itaque præsenti lustro pleraque deliberata, conclusa, scripta, prædicata sub nostræ Vniuersitatis nomine dicantur opinionibus ac voluntatibus nostris contraria, Ne nos duplicitatis aut varietatis quispiam criminetur, vel existimet tam nefaria ex nostris mentibus defluxisse, statum nostræ Vniuersitatis qualis hoc extitit quinquennio, aperiendum duximus. Fuerunt enim hoc tempore Viri corruptæ affectionis apud D. nostrum Regem qui suæ voluntatis imperu hanc vrbem Regiam & magnam Regni partem rexerunt, qui artificiosâ malitiâ vniuersas cautelas tyrannicæ prauitatis in hoc Regnum inuexere. Isti enim suis complicibus vt nostram Vniuersitatem tenerent subiectam & seruam, ac ei viam præcluderent verum prædicandi & salubriter consulendi, plura notabilia supposita nostra ab hac vrbe proscripserunt & banniri fecerunt per viarum compita, clamore præconis, & tubarum clangore: Alios iusserunt exire subito, ac exturbatos rerum suarum dispositione non permissâ in varios fines profugere: Plurimos etiam ceperunt, incarcerarunt ac impiissimè tractauerunt, vt cæteri vehementi metu perterriti suis perniciosis affectibus non resisterent. Hinc mala malis accumulando, ac remanentibus iam confectis metu continuo, qui etiam minis solis in constantem virum caderet, turpia iuramenta suis conspirationibus adhærendi & fauendi extorserunt. Litteras clausas & patentes sigillatas, legationes & ambassiatas quas decreuerant, mittere coëgerunt. Quibus Conclusiones seditiosæ, perniciosæ instructiones, iniuriæ multæ, diuisiones ac pacis dissidia claudebantur. Nemo pro vero loqui, nemo obsistere audebat. Qui etiam tacitus, vel oculis, vel sola fronte tantorum malorum displicentiam testabatur, protinus illis habebatur suspectus, dehinc vrbe pellebatur, terrores vndique mentes agitabant remanentum: vbique pauor, vbique metus, & simillima mortis imago. Eoque magis quod antea quia Procurator & Magistri venerabilis Nationis Picardiæ aliquas suæ nefandæ voluntatis litteras sigilllare recusarunt incussâ violentiâ dictæ Nationis arcam & sigilla ceperunt, litteras, vt suis violentissimis animis collibuit, sigillarunt, & Procuratorem & Magistros præfatæ Nationis fere ad numerum 30. notabilium virorum **exire vrbem coëgerunt.** Hinc multos pauere, plurimos fugere, alios communes Congregationes deserere, multi in abdita se recondebant, pauci in aspectum veniebant. Hinc quoque successit aliud timoris per Intonsum exemplum. In mentes enim venerat Procuratoris & Honorabilis Nationis Normaniæ ad ea quæ pacis sunt laborare, & ea quærere quæ suæ periclitanti Patriæ succurrerent, quam Notabilibus pene vacuam, armis nudatam, ab his qui tueri debebant, derelictam, hostiliter ab Anglis inuadi perspiciebant. Conuocatur Natio, assunt ex omni Facultate Doctores & Magistri; sed vbi deliberare cœptum est, turbati Gubernatores ante dicti consilium inierunt aduersus Nationem, & misso Præposito cum armata cohorte Procuratorem incarcerarunt, plures Principales Collegiorum & aliarum Domorum vt caperent, quæsierunt, & non inuentos proscripserunt. Sic depopulatum & pœne exhaustum nostrum studium eò deductum est, vt ferè Rector nullus, aut Procurator eius extiterit, nisi Gubernatori consentire dissimulauerit, aut veraciter tabefactus fuerit sui morbi contagio. Nec istis contenti boni Gubernatores sic per minas, expulsiones, proscriptiones, incarcerationes, & quod est horrendum dictu per mortales condemnationes & varia mortis genera processerunt, quo vsque Rectorem nostræ Vniuersitatis, Procuratores & Magistros 4. Facultatum caperent, captos incarcerarent, & incarceratos pluribus diebus detinerent, nullam aliam ob causam quàm quod videbantur ab eorū iniquo proposito discedere, quod ab aduentu nostro in hanc vrbem gloriosam, & origine nostræ fundationis non fuit auditum. Accessit iniquitati temporum vt etiam.... Nam Ecclesia nulla, quæ suæ voluntati dissonare auderet, aut ad suam libertatem aspirare, quæ potuerit & valuerit suam immunitatem tutari; diripiebantur Ecclesiarum bona, rapiebantur Sacerdotes altaribus sacris hærentes; Consecrata vt profana passim conculcabantur, nec Ecclesiarum, nec Vniuersitatis nostræ iam priuilegia vlla patebant. Ipsi quoque qui ea ipsa iurauerant, primi frangebant. Inoleuit ea tēpestate prius inaudita rabies Regentium. Nam bendas suas Sanctorum imaginibus, clauis configebant, & quamcunque pietatem deponentes ferali sententia manu truncabant, tanquam de Sanctorum affectibus plenè iudicarent, aut Beatarum sedium Possessores factionibus agi crederent. Tacemus quòd Regni subuersionem pace Regij sanguinis optabiliorem sæpe dixerunt. Tacemus quod in Iustitiæ totius euersionem, Priuilegiorum nostrorum Conseruatorem ac Officiarios nostros ab hac vrbe secluserunt. Illud enim erat grauius quòd dum de pace nollent agi, & nomen pacis per se ipsum dulce naturaque cunctis acceptabile cognoscerent, Pacis desiderium simulantes, odiosas conditiones pacis tractatibus inserebant, ne cunctis Mortalibus optanda pax oriretur. Inter has temporum vices Gubernatores isti per suos Complices intellexerunt antiquos & Notabiles viros nostri studij animum resumpsisse procurandi & ea dicendi quæ ad Pacem Dominorum Regiæ stirpis, ad vnionem & conseruatiōe Regni, ad obuiandum Anglorum hostilitati, ne clade bellica in interitum rueret tota gens Normanorum concessâ Patriâ Colonis inuisis. Vnde Gubernatores isti velut homines apud quos bonæ mentes habentur damnatæ, confestim excitati, graui præcepto inhibuerunt ne quid in deliberatione poneretur, & specialiter quod videretur eorum tangere regimen. Sic profectò materiam & deliberandi modum proscripserunt, nec veteres congregandi modos permiserunt, nisi prius in suæ conspirationis fauorem rem agendam cognoscerent. Sic itaque nullus Rector habebatur, nisi suæ factionis conscius : nihil in deliberatione ponebatur nisi suæ bendæ consonum; nihil deliberabatur nisi quod sua secta concluserat. Omnia tyrannica rabie & coactione vilissimæ seruitutis extorquebantur, non solum in nostro studio, sed in vrbe tota. Nam boni Ciues & incolæ vrbis partim iugulabantur, partim submittebantur, proscribebantur alij; cæteri vrbe pellebantur; fremebant vbique omnia apparatu mortis. Hinc ferrum, flagella, carceres asserebantur. Omnia crudelia tam violentè minabantur, vt videretur duci funus ante mortem. Nulla facies Iustitiæ, nulla fiducia pacis, nulla erat iam spes libertatis. Quis igitur nostram Vniuersitatem iure culpare poterit, aut gesta tanta iniquitate temporum sibi adscribere, cùm illis temporibus dissipata fuerit, ac ferè nullus remanserit in vrbe famosus, nisi suæ factionis fautor, vel qui suis sceleratis propositis auderet resistere. Quod si in remanentibus dici valeat quandam fuisse velut vmbram, vel imaginem faciei repræsentatæ nostri studij, adhuc nemo ita desipit vt nobis adscribat quod atrocissima crudelitas sceleratorum hominum per paucos facinorosos & corruptissimos homines extorsit. Non est enim nostræ Vniuersitati imputandum quod non egit, nec paucis remanentibus in miserrimam seruitutem subactis & metu acerrimo perculsis improperandum, si flagitiosis hominibus illius factionis non restiterunt. Nunc vero diuina Clementia miserante solemniter congregati & in priscam reducti libertatem deliberandi ac dicendi veritatem secundum puras & mundas conscientias deaduouimus & deaduoamus, reprobauimus & reprobamus omnes illos qui sub nomine nostræ Vniuersitatis fecerunt, aut dixerunt

" supra scripta. Et vlterius diximus & declarauimus, dicimus & declara-
" mus per præsentes omnia facta præscripto tempore, sub nomine nostro.
" Et specialiter quantum ad Conclusiones tangentes D. nostrum Regem,
" regimen sui Regni, statum & honorem Illustrissimi Principis D. Ducis
" Burgundiæ, siue propositionibus, siue prædicationibus, litteris, Epistolis,
" Scripturis, Processibus Rotulorum, fidei subscriptionibus, siue Legationi-
" bus & Ambassiatis non fuisse, nec esse ex auctoritate nostræ Vniuersitatis.
" Et ita dicimus & declaramus ipsa fuisse & esse irrita ac nulla, & nullius fuis-
" se auctoritatis, roboris, vel momenti, & in quantum facta fuerunt, vel de
" facto processerunt, cassamus, irritamus & annullamus. Insuper protesta-
" mur aduersus Authores, coadiutores, complices & fautores talium in
" sua animaduersione, cum misericordia tamen & mansuetudine processu-
" ros per priuationes à nostro consortio & alias punitiones notabiles, iuxtà
" suorum criminum qualitatem. Datum sub nostro magno sigillo in nostra
" Congregatione generali super hoc Parisius, apud S. Mathurin, solemniter
" celebrata die 9. mensis Augusti anni ab Incarnatione Domini 1418.

Hæc Vniuersitatis *declaratio* non omnino placet Burgundioni, quia verbis generalioribus concepta vt habetur in Actis, *dixit enim Deputatis M. Ioannis Parui Doctrinam velle non esse damnatam*. Referunt Deputati quæ mens esset Ducis. Hinc in Vniuersitate discordia, cuius qui finis fuerit, non habemus.

Hisce diebus Rotomagenses ad Anglo obsessi Regem rogant auxilium, rogant & Vniuersitatem crebris litteris, vt in eam rem incumbat. Et illa sic rescribit, vt habetur in Tabulario Academico.

T*res-Chers & grands Amis. Nous auons receües plusieurs lettres de par vous tendant à cette fin que Nous voulsisson solliciter & exhorter le Roy & son Conseil, & M. de Bourgongne de secourir à la bonne ville de Roüen à l'encontre des Ennemis de ce Royaume. Surquoy veüillez sçauoir que nous qui de tous nos cuers desirons le bien, salut & conseruation de la Seigneurie du Roy nostre souuerain Seigneur & de ses Subjets. Et sçauons assez que par le secours que l'on donroit à ladite ville, pourroit estre recouuré le Pays de Normandie & aussi par là laisser perdre, seroit la perdition de tout ledit Pays sans esperance de recouurer, & mettre en peril tout le demourant du Royaume. Vos lettres receües, nous auons par plusieurs fois proposé & exposé vostre fait & necessité au Roy nostredit Seigneur & à son Conseil & à M. de Bourgongne le mielx & le plus affectueusement que nous auons peu par Maistres en Theologie notables de bonne affection, comme sont le Ministre de S. Mathurin, M. Pierre aux Bœufs, M. Ytasse de Pauilly, & derreinement l'Aumosnier de Fescamp, & plusieurs autres qui ont grandement declaré les perils & inconueniens dessusdits, qui ne secourra à vostre Ville comme dit est. Et tousiours y auons trouué bonne & gracieuse réponse. Et de fait ont esté mis-sus certaines Gens-d'armes pour aller à l'encontre desdits Ennemis & pour vous donner secours & aide, tant au regard du siege des Anglois, comme à la prouision de la ville de Caudebec. Et croyons que se ne fussent les autres empeschemens & grands affaires que le Roy & lesquiex vous pouës assez estimer, considerées les diuisions qui sont en ce Royaume, l'en vous eust enuoyé plus bref & plus grant secours. Mais combien que les choses ayent aucun delay pour les difficultez qui tousiours souruiennent, si auons nous bonne & ferme esperance. Car nous auons veu par experience que quelque dilation que M. de Bourgongne ait mis en ses affaires & poursuites, touteisfois a-il tousiours mené son entention à effet. Parquoy nous esperons fermement que au dernier il ne vous lessera point cheoir ès mains des Aduersaires du Roy & de vous. Et pour ce tres-Chers & grands Amis ! vueillez tousiours resister à l'encontre desdits ennemis & garder vos personnes, vos femmes & enfans à vostre ville qui seriez peris & perdus, si elle estoit prinse par lesdits Ennemis, que Dieu ne vueille & aussi la Seigneurie du Roy, pour laquelle garder vous vous estes employez iusques-cy, comme vrais & loyaux Subjets : Et Dieu qui ne delaisse point ceux qui ont en luy fiance & esperance, vous confortera & gardera en vostre bonne*

& iuste querelle, & aussi le Roy & M. de Bourgongne y mettront, si Dieu plaist, tel remede que ce sera à vostre grant consolation. Et nous de tout nostre pouuoir tousiours mouurons & soliciterons la chose, tant que au plaisir de Dieu elle viendra à bonne conclusion, & vous en demourra vne grant gloire & loüange enuers Dieu & tout le Monde, de la bonne constance & feauté que vous montrez au Roy & à la Seignorie, parquoy il sera & deura bien estre enclin à remunerer vos trauaux & labours en franchises, libertez & autres honneurs à perpetuelle memoire de vostre vaillance & bonne loyauté. Le Benoist S. Esprit vous ait en sa sainte garde, & vous doint force & vertu à resister à vos aduersaires. Donné à Paris en nostre Congregation generale à S. Mathurin, le   iour de Septembre.

Die 30. Octob. eadem Vniuersitas conuenit apud Dominicanos, ibique Natio Gallicana, prout iussa fuerat, deliberat de eradendis è suis commentarijs litteris Regijs, quibus proscripta fuerat fama Burgundionis; sed ea die nihil conclusum, vt scribit M. Ioannes Dimicatoris eiusdem Procurator. Iterum ergo in eam rem conuocatur die vltima Nouembris, & rem conficit.

Ipse quoque Episcopus Parisiensis Gerardus de Monteacuto qui Ioannem Parui confixerat, sententiam quam tulerat, reuocare coactus est, id factum post solemnem supplicationem in Basilica Paris. qua de re sic Monstreletius cap. 196.

En ces iours fut faite à Paris vne Procession generale de toutes les Eglises de la ville & fut la Messe chantée en l'Eglise Nostre-Dame. Et en dementiers qu'on chantoit la Messe en ladite Eglise, fut fait vn Sermon solemnel au Paruis d'icelle par vn frere Mineur Docteur en Theologie: & là estoient les Conseillers du Roy de France, comme le Chancelier & autres, & le Recteur & Notables Clercs de l'Vniuersité, plusieurs grands Seigneurs, Preuost & autres notables Bourgeois de Paris. Et si y auoit auquel estoient les Vicaires & autres Officiers de l'Euesque de Paris, lesquels ayans sur ce puissance & commission generale & espirituelle dudit Euesque lors malade à S. Mor des Fossez, rappellerent ou nom dudit Euesque la Sentence qu'iceluy Euesque & ses Complices auoient donnée au temps passé contre l'honneur du Duc de Bourgongne; & la proposition par iceluy Duc aduoüée & faite par feu M. Iean Petit, ainsi que cy-deuant est escrit, en reparant quant à ce l'honneur & loyauté du Duc, comme vray Champion de la Couronne de France. Et audit Sermon le compara à l'Eschalas soutenant la vigne & monstrant quant à ce les lettres dudit Euesque & le pouuoir à eux sur ce donné, & excusant iceluy, obstant saditemaladie. Et tant dirent & feirent present le peuple illec assemblé & les Seigneurs dessusdits, que le Duc de Bourgongne en fut content. Et fut ladite reuocation faite au milieu dudit Sermon.

Neque his contentus Burgundio, quò Papam sibi sacrumque Cardinalium coetum amplius demereatur, instat reuocationi litterarum Regiarum Decretique Parlamentarij contra Annatas & Reseruationes Apostolicas lati, & obtinet in eam rem litteras ad Curiam. Et id negotium per duos fere menses agitatum; de quo sic legitur in Actis Curiæ.

Extraict des Registres du Parlement.

"MEcredy 15. iour de Février, furent au Conseil M. Philippe de Morüillier, M. T. de Longeüil Presidens, M. G. de Saulx & autres, iusques à 13. Conseillers. Ce iour suruinrent & furent assemblez en la Chambre de Parlement le Chancelier de France, les Presidens & Conseillers des trois Chambres de Parlement, le Sire de Montberon, les Sires Antoine de Vergy, le Sire Dautrey, MM. Philippes Montreu, M. Estienne Crasset, le Recteur de l'Vniuersité; le Preuost des Marchands, les Escheuins & plusieurs autres de la Ville & Vniuersité de Paris, iusques au nombre de 200. personnes ou enuiron, assemblez en ladite Chambre de Parlement pour oüir dire & exposer la recreance sur les lettres que le Roy & le Duc de Bourgongne estant à Prouins, auoient escrites à la Cour de Parlement, & pareillement au Recteur & Preuost"

" des Marchands & autres, lesquelles lettres auoient esté apportées &
" presentées par Messire Claude de Beauuez, Sire de Chastellier Mares-
" chal de France, Messire Pierre de Fontenay Cheualiers, M. Pierre Cau-
" chon, M. Guy Gelinier Conseillers du Roy & Ambassadeurs enuoyez
" pour exposer ladite creance, laquelle fut exposée par ledit Gelinier
" contenant 7. ou 8. poincts. 1. salutation de par le Roy & qu'il estoit en
" bon point, & n'auoit intention de passer outre sinon par necessité ou eui-
" dente vtilité. 2. Que le Roy s'émerueille de certaines lettres par deçà
" expediées pour empescher que garnisons n'ayent esté mises en plusieurs
" Villes & Forteffes pour conduire viures à Paris. Item, s'émerueille que
" on ne luy a communiqué les choses aduenuës à Paris, depuis qu'il fu à
" Prouins & qu'il a communiqué ses affaires aux Villes & Citez de son
" Royaume & à la ville de Paris. Et est sa volenté & veut que de cy en
" auant on luy communique ce que fait sera & auiendra par deçà. 4. S'é-
" merueille de l'arrest ou assoupiement des finances, fait par deçà sur les
" monnoyes de Tournay, S. Quentin & Paris, contre ce qui auoit esté or-
" donné à Lagny. 5. S'émerueille de l'Ambassade n'agueres enuoyée à
" Melun, & de ce que on y ouure, sans son sçeu, en outre qu'il a grand de-
" sir de sçauoir quelle prouision & garnison a esté mise à Chartres, & si
" faite n'a esté, que se face & que on luy face sçauoir qu'il est de ce que on
" luy a rapporté touchant la diuision que on disoit auoir esté oudit lieu
" de Chartres. Et outre que le Roy veut que l'Ordonnance sur la redu-
" ction de l'Eglise à ses libertez, soit reuoquée, & que la reuocation d'i-
" celle faire en son Conseil & les lettres sur ce faites, soient publiées, ob-
" seruées & executées; lesquelles ont esté de par luy presentées au Pape
" qui les a receuës tres-agreablement. En après le Roy s'émerueille de la
" mutation d'aucuns Officiers faite par deçà. C'est ce que contenoit en
" effet la creance desdites lettres du Roy. La creance sur les lettres du Duc
" de Bourgongne exposée par ledit Gelinier, contenoit trois ou 4. poincts
" en effet. 1. Recommandation & qu'il est à Prouins en la compagnie du
" Roy & de la Roine, qui sont en bonne prosperité & n'a point d'intention
" d'aller ou elongner Paris, si ce n'est par necessité. 2. A exposé les dili-
" gences qu'il a faites au temps passé pour venir defendre & secourir ce
" Royaume & faire que paix & vnion y feussent, & qu'à luy n'a pas tenu
" & que les empeschemens faits & exquis au contraire sont aduenuz par
" autres. Par l'effet desquels les grands inconueniens, pertes & domma-
" ges irreparables, sont aduenuz & aduiennent de iour en iour en ce
" Royaume. 3. A signifié les Mandemens que a fait de tous ses Parens,
" feaulx, subjets & alliez, pour venir resister à l'entreprise des anciens en-
" nemis de ce Royaume. En outre a exposé la grand' amour & affection
" que a tousiours eu & aura au bien, & à la conseruation du Roy & de son
" Royaume & singulierement de la ville de Paris & de soy tenir vny, auec
" icelle ville & luy communiquer tous ses affaires & qu'il se repute tenu à
" la secourir & aidier, & le fera de toute sa puissance, & que autrement
" estoit rapporté, que on ne vueille adiouster foy à tels rapports faits au
" contraire. Finablement prie le Duc de Bourgongne que on perseuere en
" bonne paix & vnion & en la vraye obeyssance du Roy, ainsi qu'il y a par-
" faite esperance, & s'est tousiours offert & offre d'employer & exposer son
" corps, ses parens, amis, alliez & bienueillans pour la défense tuition &
" conseruation de ce Royaume & de ladite ville de Paris. Et aprés auoir
" oye ladite creance, fut appointé que aprésdisnée la Cour se rassemble-
" roit, pareillement le Recteur de l'Vniuersité feroit assemblée & le Pre-
" uost des Marchands pour faire réponse sur ce que dit est, ausdits Ambas-
" sadeurs qui retourneroient le lendemain au matin en ladite Chambre
" de Parlement pour deliberer & faire de par la Cour réponse sur ce que
" dit est. Et finablement en effet fu conclu de faire réponse de par la Cour
" ausdits Ambassadeurs sur la creance exposée par ledit Gelinier. Premie-
" rement de remercier le Roy ou regard de la Salutation, & de ce qu'il
luy

luy auoit pleu de faire, à sçauoir de son Estat & de communiquer ses affaires. Au regard des lettres qu'on disoit auoir esté faites par deçà pour empescher que garnisons de Gens d'armes n'eussent esté mises és forteresses pour conduire viures à Paris, &c. ny chief d'excusation, pour ce que n'est rien desdites lettres, n'ont esté faites ne passées par deçà. Et ou regard de ce que on n'auoit pas communiqué au Roy les affaires de pardeçà, le peril des chemins, & la distance du Roy y donnent excusation & réponse. Et consideré que le Roy parauant auoit esté tres-instamment sommé & requis par notables Ambassadeurs à Pontoise, à Beauuez, à Beaumont, & Gonesse & Lagny de non élongner Paris, afin de luy communiquer les affaires de Paris, & pour auoir plus aisément à luy recours à tous besoings. Au regard de l'arrest ou assoupement desdites finances, la necessité & tres-euidente vtilité y donnent réponse. Consideré que tout ce qui a esté fait, est fait par necessité pour la conseruation de ce Royaume & de la ville de Paris, & pour la defense & tuition de plusieurs autres villes & forteresses voisines qui toutes en tous leurs besoins retournent à la ville de Paris & aux Gens du Roy estans en icelle. Au regard de ce que le Roy s'émerueilloit de l'Ambassade n'agaires enuoyée à Melun, &c. pour y faire réponse, fu dit que la Cour auoit entendu que les Gens de ladite Ambassade auoient esté à Brie-Comte-Robert, par la licence & au sceu du Comte de S. Pol, du Chancelier, de Messire de Lannoy Cheualier & d'autres du Conseil du Roy, & y estoient allez à bonne fin en bonne entention, & n'en estoit ensuy aucun dommage, peril ne inconuenient, & si n'y estoient allez que pour oir & rapporter, *non verò*, pour offrir ou passer aucun Traitté. Et en outre que lesdits Ambassadeurs estoient Sages & preudhommes qui se voudroient bien garder de faire faute ou mauuaistié.

Au regard de la publication des Lettres reuocatoires des Ordonnances touchant les libertez en l'Eglise, pour ce que le Procureur du Roy s'estoit opposé & opposoit à l'enterinement & publication desdites lettres, & requeroit sur ce estre oy en la Cour de ceans, fu dit pour faire réponse ausdits Ambassadeurs, que sur ce que dit est, le Procureur du Roy seroit oy: & seroit la matiere mise par deçà en Conseil pour y deliberer plus plainement, selon ce que la matiere qui estoit grande, le requeroit, & que on rapporteroit & feroit à sçauoir au Roy ce que fait en seroit par deçà.

Au regard de la mutation d'Offices, &c. fu répondu qu'il n'y auoit eu mutation qu'en la Preuosté de Paris, en laquelle pour certaines iustes & raisonnables causes par election ceans faites, presens le Comte de S. Pol, le Chancelier & autres plusieurs, auoit esté pourueu de la personne de M. Gilles de Clamecy, selon ce que dessus est plus declaré pleinement ou regi stre des iours precedens.

Au regard de la creance exposé de par ledit Duc de Bourgongne, fu deliberé que pour faire réponse on le deuoit regracier de sa bonne affection & volonté, en le suppliant que en perseuerant il voulsist soy employer auec le Roy, ses subiects, alliez & bienveillans à secourir & defendre la ville de Paris & ce Royaume, & tenir la main à l'vnion & à la Paix generale de ce Royaume entre tous les Subjets du Roy.

Et le lendemain se rassemblerent en ladite Chambre de Parlement, le Chancelier, le Sire de Montberon, le Sire d'Autruy, Messieurs Hué de Lannoy, les Presidens & Conseillers des Chambres de Parlement, le Recteur de l'Vniuersité, le Preuost des Marchands, les Escheuins de Paris, lesquels assemblez, comme dit est, fu faite relation de ce qui auoit esté aduisé & deliberé pour faire réponse de par la Cour, de par l'Vniuersité & de par la ville de Paris, de la creance dessusdite. Et en effet la deliberation des dessusdits estoit assez consonante en toutes les choses dessusdites, excepté ou regard de la publication desdites lettres reuocatoires, surquoy lesdits Preuosts, Escheuins & Habitans de la ville de

"Paris, se rapportoient à tout ce que le Roy & les Gens du Conseil en
"voudroient ordonner. Lesquelles lettres reuocatoires l'Vniuersité de
"Paris auoit requis & requeroit tres-instamment estre entretenuës, pu-
"bliées & obseruées. A quoy le Procureur du Roy s'opposa & opposoit
"derechef, afin que lesdites lettres ne feussent enterinées ne publiées.
"Et requeroit 1. estre sur ce oy en la Cour de ceans, veu que la matiere
"touchoit tres-grandement le Roy & son Royaume, touchoit aussi l'an-
"nullation & reuocation de ses Ordonnances & des Arrests de la Cour,
"dont la connoissance à icelle Cour & non à autre en doit appartenir, re-
"querant en outre en cette matiere l'Adjonction & Assistance de l'Vni-
"uersité, des Preuosts des Marchands, Escheuins de la ville de Paris. Au
"surplus la deliberation de tous les susdits estoit assez consonant és cho-
"ses & sur les poincts où ils auoient deliberé de faire réponse. Et pour ce
"par l'Ordonnance de tous les Assistans M. Philippe de Moruillier premie-
"President fit réponse pour tous les dessusdits, sur ce qui auoit esté con-
"feré & rapporté ou fait de leurs susdites responses & deliberations. Et fu
"faite icelle réponse aprés-disner en ladite Chambre de Parlement aux
"dessusdits Ambassadeurs par ledit premier President, grandement & no-
"tablement, laquelle réponse lesdits Ambassadeurs demanderent auoir
"par escrit. Surquoy fu le Conseil continué à lendemain pour deliberer
"si on bailleroit par escrit lesdites réponses, & aussi pour aduiser & en-
"tendre à l'appaisement general de ce Royaume, au bien & à la conser-
"uation d'iceluy.

Du Samedy 12. Février.

"CÉ iour les Presidens & Conseillers de la Chambre des Enquestes
"vindrent en la Chambre de Parlement pour conferer ensemble sur
"les manieres que aucuns pour leur proufit particulier tenoient pour fai-
"re reuoquer & mettre au neant les Constitutions, Ordonnances & Ar-
"rests touchant les libertez de l'Eglise de France & Dauphiné de Vien-
"nois, afin que la Cour concordablement voulsist tenir la main à soutenir
"& entretenir les Ordonnances & Arrests dessusdits, qui estoient & sont
"iustes & raisonnables, faits à tres-grande & meure deliberation & par
"plusieurs & reïterez fois confirmez & approuuez, & fu requis au Chan-
"celier que à ce voulsist assister auec ladite Cour pour euiter la desola-
"tion de l'Eglise & de tout ce Royaume, & fu lors aduisé & conclu com-
"me autrefois que la Cour entendroit à ce que dit est, & que le Procu-
"reur du Roy seroit oy sur ce auant que les lettres reuocatoires desdites
"libertez fussent publiées en ladite Cour. Et combien que le Chance-
"lier eust reconnu auoir sceellé lesdites lettres reuocatoires & deliurées
"aux Euesques de Langres & de Bayeux, Ambassadeurs du Roy pour icel-
"les lettres presenter au Pape, qui les auoient presentées & deliurées
"sans condition, disoit ledit Chancelier qu'il les auoit baillées ausdits
"Ambassadeurs pour les bailler & deliurer au Pape ou cas qu'il voudroit
"venir demourer & resider en Auignon & non autrement; & qu'ainsi l'a-
"uoient iuré lesdits Ambassadeurs, pareillement l'auoient affermé en la
"Chambre des Comptes, ainsi que témoigné auoit esté par le Preuost de
"Paris estant en la Chambre Parlement. Et par ce appert que lesdits Am-
"bassadeurs n'ont mie obserué la condition dessusdite par eux iurée. En
"outre fu touchée par aucuns & dit hautement en la presence du Chan-
"celier & de tous les Assistans, que tous ceux qui par affection ou proufit
"particulier pourchassent tel dommage contre la chose publique, contre
"l'Eglise de ce Royaume à la confusion, desolation & total destruction des
"Eglises, contre tout droit & contre bonnes mœurs, sont indignes de de-
"mourer & d'estre beneficiez en ce Royaume & les en deuroit-on bannir
"& mettre hors, qui auroit consideration, quels dommages & inconue-
"niens sont aduenus au temps passé par le fait de telles manieres de Gens
"qui ont aidié, conseillé & conduit plusieurs entreprises contre lesdites
"libertez en ce Royaume.

Vniuersitatis Parisiensis. 339

Mardy 21. Février, furent assemblez en la Chambre de Parlement le
Chancelier, les Presidens & Conseillers des trois Chambres de Parle- 1418.
ment, le Sire Daufrey, le Sire de l'Isle-Adam, Messieurs Huë de Lannoy Cheualiers, les Preuosts de Paris & des Marchands, les Escheuins
& aucuns autres Bourgeois & Marchands de la ville de Paris, pour deliberer sur ce qui estoit à faire pour la conseruation de l'auitaillement de la
ville de Paris. Et aussi pour aduiser quelle réponse estoit à faire sur le
contenu de certaines lettres Patentes que on disoit estre enuoyées de par
M. le Dauphin & signées de son seing manuel, lesquelles furent leuës en
la presence des dessusdits : sur lesquelles choses,

Ce iour suruindrent en la Chambre de Parlement & furent assemblez
le Comte de S. Pol, le Chancelier, les Presidens & Conseillers des
Chambres dudit Parlement, les Preuosts de Paris & des Marchands, le
Recteur de l'Vniuersité, les Escheuins & plusieurs autres Bourgeois,
Manans & habitans de ladite ville de Paris, de par M. le Dauphin, par
Rommarin son Herault ou poursuiuant d'armes, auquel fu faite réponse par Messire Huë de Lannoy, Cheualier commis à ce par ledit Comte
de S. Pol, & sur ce faites & escrites lettres de par lesdits Habitans pour
enuoyer à mondit Seigneur le Dauphin, afin de paruenir à bonne paix &
general appaisement des debats & diuisions d'entre les subjets du Roy &
de son Royaume.

Samedy 25. Ce iour le Procureur du Roy vint en la Chambre de Parlement, & exposa comment le Cardinal des Vrsins ou autres de par luy
s'efforçoient d'entreprendre contre les Ordonnances faites sur les libertez de l'Eglise de France & icelles enfraindre, & auoient requis en la
Chambre des Comptes la verification de certaines lettres Royaux, par lesquelles l'on disoit le Roi auoir voulu dehurer oudit Cardinal le temporel
de l'Euesché de Chartres, laquelle il s'efforçoit de tenir en commande
par l'octroy du Pape, & outre disoit le Procureur du Roy, que autrefois
il s'estoit ceans opposé, & en la Chambre des Comptes & encore s'opposoit à ce que dit est, & à l'enterinement de certaines lettres reuocatoires que on disoit auoir esté faites & passées par le Roy ou preiudice
desdites Ordonnances; & doutoit que nonobstant ladite opposition les
Gens de ladite Chambre des Comptes ne voulsissent proceder à l'expedition & verification desdites lettres octroyées audit des Vrsins, &
pource comme autrefois requeroit l'aide & assistance de la Cour, & que
icelle Cour voulsist tenir la main à entretenir lesdites Ordonnances &
faire defenses ausdits Gens des Comptes, qu'à l'encontre ne au preiudice
de l'opposition dudit Procureur du Roy, ils ne innouassent aucune chose
en procedant à la verification & expedition dudit temporel ou autrement, & sur ce appellez les Presidens & Conseillers de la Chambre des
Enquestes, fu deliberé & conclu que la Cour deuoit tenir la main ferme
à faire obseruer & entretenir lesdites Ordonnances, sans enfraindre, &
deuoit faire defenses ausdits Gens des Comptes, que à l'encontre ne au
preiudice de ladite opposition ils n'attentent ou innouent aucune chose;
toutefois pource que ledit Cardinal estoit Ambassadeur du Pape pour
traittier de la Paix entre les François & Anglois, afin que ledit Cardinal
ne pust estre pour occasion de ce que dit est, irrité, la Cour ordonna
demander & faire venir en ladite Chambre de Parlement lesdits Gens
des Comptes pour conferer ensemble & trouuer les plus gratieuses manieres de pratiquer & executer ce que dit est, & de faire sur ce gratieuses réponses au gens dudit Cardinal.

Le Lundy 27. Mars, le Parlement estant assemblé; l'on eut iteratif
commandement du Roy de faire publier en la Cour les lettres reuocatoires, touchant les libertez de l'Eglise Gallicane, *cum certa modificatione.*

Et de plus. Lettres Royaux pour faire sommation aux Gens de M.
le Dauphin & autres lettres faites sur ce que le Roy a desaduoüé aucuns
qui sous ombre de ses lettres ont fait & poursuy certains procez en la

Tom. V. V u ij

"matiere de la Foy, contre l'honneur dudit Duc de Bourgongne, tou-
"chant la proposition de feu M. Iean Petit. Contenoit outre ladite crean-
"ce que c'eſtoit la volonté du Roy, que certaine lettre faite & paſſée par
"aucuns qui tenoient lors le Parlement touchant ladite propoſition, ſoit
"reuoquée par la Cour & miſe au neant. Pareillement que l'Vniuerſité
"reuoque & mette au neant, ce qui auoit eſté fait en ladite matiere, par
"aucuns qui lors eſtoient en l'Vniuerſité de Paris, ou que autrement la-
"dite Vniuerſité pourvoye ſur-ce, ainſi qu'il appartient, ſur leſquelles
"choſes ainſi expoſées par les deſſuſdits de Lannoy & Raolin fu ordon-
"né que leſdites lettres reuocatoires deſdites Ordonnances ſeroient mi-
"ſes pardeuers la Cour pour en faire ce qu'il appartient, & les autres
"lettres deſſuſdites ſeroient *illico*, publiées & enregiſtrées en la Cour; &
"pour faire réponſe au ſurplus, fu le Conſeil continué iuſques à lende-
"main & iours enſuiuans.

"Le Mecredy 29. Mars, le Procureur du Roy, qui par pluſieurs fois s'étoit
"oppoſé à l'enterinement & à la publication deſdites lettres reuocatoi-
"res, s'oppoſa derechef comme parauant, & requit à veoir premier leſ-
"dites lettres pour en dire ce qu'il appartiendroit; laquelle choſe fu miſe
"en conſeil & en deliberation des Aſſiſtans; & fu le Conſeil continué à
"lendemain.

"Le Ieudy 30 Mars, pour deliberer ſur ce qui auoit eſté mis en conſeil
"les iournées precedentes, c'eſt à ſçauoir, ſe on procederoit ſur la pu-
"blication des lettres reuocatoires des Ordonnances, touchant les liber-
"tez des Egliſes de France, ſans oyr le Procureur du Roy, ou ſe on les mon-
"ſtreroit audit Procureur pour en dire, ſur ce que il appartient; ſurquoy
"les deſſus-nommez delibererent & furent 29. des Conſeillers deſſuſdits,
"d'opinion que on deuoit premierement oyr ſur ce le Procureur du Roy,
"& lui monſtrer leſdites lettres, auant que on procedaſt, ſur le fait de la
"Publication deſdites lettres, & douze autres d'opinion contraire & que
"on deuoit publier leſdites lettres ſans oyr le Procureur du Roy & ſans lui
"monſtrer leſdites lettres. Et combien que autrefois euſt eſté conclu par
"la Cour le 15. & 18. iour de Février dernier paſſé, que le Procureur du
"Roy verroit leſdites lettres & ſeroit oy pour en dire ce qu'il voudroit
"auant que on procedaſt ſur le fait de ladite publication, toutes voyes, &c.
"n'y fu pour lors prinſe aucune concluſion, ſauf tant, que M. le Chancelier
"diſt que c'eſtoit l'intention du Comte de S. Pol de faire publier en la
"Cour leſdites lettres & qu'il lui rapporteroit la deliberation des deſſus-
"nommez pour y auoir tel auis que bon lui ſembleroit.

"Le Vendredy dernier Mars. Ce iour ſuruindrent en la Chambre de
"Parlement le Comte de S. Pol, le Chancelier, le Sire de Montberon, &
"firent lire & publier les lettres reuocatoires de certaines autres lettres
"**touchant les libertez des Egliſes de France & Dauphiné** de Viennois,
"ſans oyr ſur ce le Procureur du Roy, & en ſon abſence, & après la lectu-
"re & publication deſdites lettres, le Chancelier me commanda eſcrire,
"*lecta, publicata & regiſtrata*, au dos d'icelles lettres. Et incontinent après
"ladite lecture & publication pluſieurs des Conſeillers de la Cour qui s'é-
"toient departis de ladite Chambre de Parlement, pour ce que on n'auoit
"mie procedé ſur le fait de ladite publication ſelon la deliberation de la-
"dite Cour ou Conſeil tenu ceans le iour precedent & le 15. iour de Février
"dernier paſſé, me dirent que veu l'opinion & deliberation, de la Courie
"ne deuois au dos deſdites lettres, eſcrire aucune choſe pour quoy on peuſt
"noter que la Cour eûr approuué les lettres ou ladite publication, auſquels
"ie répondi que ie me garderois de meſprendre à mon pouoir. Et le lende-
"main premier iour d'Avril, & ce que la Cour n'auoit aucunement par
"exprés conſenty ou approuué ladite publication qui auoit eſté *preter,
"imò contra deliberationem Curiæ*, comme dit eſt, les Preſidens & Conſeil-
"lers de la Chambre des Enqueſtes, vindrent en ladite Chambre de Parle-
"ment pour auoir aduis & deliberation ſur ce qui auoit eſté fait le iour

Vniuersitatis Parisiensis. 341

precedent, au regard de la publication des lettres, afin que lesdites lettres ne la publication d'icelles ne fussent aucunement approuuées par
ladite Cour & ne feussent lesdites lettres enregistrées superscrites au
dos, ne signées par moy en aucune maniere, pourquoy on peust dire ou
arguer que la Cour eust approuué lesdites lettres & publication, combien que par le commandement & ordonnance de mondit Seigneur le
Chancelier ie eusse escrit au dos desdites lettres *Publicata, cum subscriptione signi manualis.* Sur lesquelles choses la Cour qui auoit toleré ladite
publication & superscription pour obuier & remedier à toutes manieres
d'esclandres & diuisions, declara que ce qui auoit esté fait, n'estoit mie
fait par l'ordonnance ne du consentement d'icelle Cour; mais auoit esté
fait par les dessusdits Comte de S. Pol & Chancelier, & que par la superscription par moy faite au dos desdites lettres, veu les manieres de proceder, sur ce on ne pouoit ny deuoit iuger que la Cour eust approuué
icelles lettres, ne ladite publication, mesmement pour ce que i'auoye
faite ladite superscription par le commandement du Chancelier, auquel
comme Notaire du Roy & en icelle qualité, quant à ce, ie deuois obeïr.

1418.

Restabat adhuc Burgundioni absoluendum vnum è tribus quæ conceperat, nempe vt pactis cum Catharina Franciæ & Henrico Anglorum Rege nuptijs pax Regno restitueretur; verum quod morte præuentus absoluere non potuit, Philippus filius eius absoluit, qua de re ad annum
sequentem.

Anno 1419. mense Maio plures è suis Vniuersitas legauit ad Regem
Pontisaræ tunc morantem, inter quos isti fuerunt à Natione Gall. MM.
Ioannes Pulcri-Patris & Eustachius de Pauilly ad obtinendam Priuile-
giorum nouam confirmationem; tunc eiusdem Vniuersitatis Rectore M.
Nicolao Amici.

1419.

Cum autem ipsa obtinuisset à Rege Confirmatrices litteras, easque peteret à Curia Parlamentæa approbari & Actis inscribi, repulsam aliquãdiu
passa est, quia non videbantur vt respondit Curia, solitis formulis conceptæ. Accessit Præpositi Mercatorum & aliorum quorum intererat, inter-
cessio. Istud verò dissidium ex ipsis Curiæ Tabulis melius intelligetur.

Du Vendredy 23. iour de Iuin 1419.

CE iour furent assemblez au Conseil de la Chambre de Parlement,
les Presidens & Conseillers des Chambres dudit Parlement pour
deliberer sur ce que l'Vniuersité de Paris requeroit au regard de la publication de certaines lettres Royaux touchant la confirmation de leurs
priuileges. Et pour ce que lesdites lettres n'estoient en forme deüe &
que la publication d'icelles pour lors pourroit susciter commotion, esclandre ou domage en la ville de Paris, furent aucuns deputez pour assembler aprés-disner en ladite **Chambre de Parlement**, & conferer auec
le Recteur & Deputez de ladite Vniuersité sur cette matiere, & pour
leur remonstrer sur ce l'aduis desdits Conseillers, afin de faire surseoir
ladite publication, & assemblement, ainsi que dit est; mais lesdits de l'V-
niuersité ne furent mie contens.

COMMO-
TIO VNI-
VERSITA-
TIS.

Et le lendemain retournerent en ladite Chambre de Parlement, où
estoient assemblez les Presidens & Conseillers dessusdits & en perseuerant requirent tres-instamment que leursdites lettres fussent publiées,
alias, selon la deliberation de l'Vniuersité, disoient qu'ils cesseroient,
cum intimatione cessationum. Et neantmoins lesdites lettres ne furent point
publiées, pour ce qu'elles n'estoient mie *in forma debita.* Et si eust esté
la publication d'icelles lettres perilleuse & preiudiciable; & retint la
Cour les lettres de ladite Confirmation lesquelles n'estoient mie deüement faites, afin que lesdits de l'Vniuersité ou temps aduenir contre
raison ne s'en peussent seruir.

Du Samedy 24. Ce iour furent, comme dit est, assemblez en la Chambre de Parlement les Presidens & Conseillers des trois Chambres de

" Parlement pour deliberer sur ce que dit est, ou enregistré du iour precedent sur la publication des lettres de l'Vniuersité. Sur quoy fut aduisé & conclud que les lettres de la confirmation de leurs Priuileges seroient faites en forme deuë en termes generaux, qui seroient publiées, se metier estoit, pour contenter ou appaisier lesdits de l'Vniuersité, & que on pouruoiroit & feroit pouruoir aux cas particuliers, se on trouuoit aucunes entreprises estre faites ou preiudice de leurs priuileges. Et fut dit sur ce aux Deputez de l'Vniuersité que cette matiere touchoit les Preuost des Marchands & Escheuins de Paris, & le Procureur du Roy qui auoient autrefois requis d'estre oüis, sur ce que la Cour les manderoit & orroit ce qu'ils vouloient dire pour les mettre tous ensemble en accord & vnion, & pouruoir sur tout ce qu'il appartiendra.

" Du Vendredy 30. Ce iour furent assemblez en la grand' Chambre de Parlement les Presidens & Conseillers des Enquestes, & y suruindrent le Recteur & l'Vniuersité de Paris d'vne part, requerant la reduction, publication, enterinement de certaines lettres Royaux en forme de Charte confirmatiues de leurs priuileges, & les Preuost des Marchands & Escheuins, Procureurs & plusieurs autres Officiers, Bourgeois de la ville de Paris, qui s'opposerent à ladite Requeste de l'Vniuersité, Recteur & Deputez d'icelle, mesmement en tant que ladite Requeste estoit preiudiciable au Roy & à ladite ville de Paris. Et en outre lesdits Preuost, & Escheuins requirent l'adjonction du Procureur du Roy en cette partie, & demanderent distribution du Conseil. Et neantmoins lesdits Recteur & Deputez requirent comme dessus, disant que leur intention n'estoit mie de plaider de cette matiere en la Cour de ceans, ausquels fut respondu par ledit de Longeüil President, que obstant ladite opposition, & consideré ce que autrefois auoit esté aduisé dans ladite Cour par les Gens du Conseil du Roy, on ne pouuoit faire ladite requeste desdits Recteur & Deputez sans oïr parties. Et pour ce la Cour fit commandement à M. G. Intrant & I. l'Huillier Aduocats, qu'ils fussent au Conseil desdits Preuost & Escheuins: Et neantmoins derechief lesdits de l'Vniuersité dirent qu'ils ne plaideroient point ceans de cette matiere. Ausquels le Preuost de Paris present en ladite Chambre de Parlement, se offrit comme Conseruateur desdits Priuileges, de reparer & faire tout ce qui auoit esté fait ou attenté contre iceux priuileges, en requerant lesdites parties, que sans preiudice voulsissent tenir cette besongne en surseance iusques à Mardy prochain venant, en esperance de Traittié.

" Du Mardy 4. Iuillet. Ce iour le Recteur & Deputez de l'Vniuersité de Paris, vindrent en la Chambre de Parlement pour faire certaines requestes, & requirent premierement que certaines lettres Royaux en forme de Chartre, qu'ils dient estre confirmatoires de leurs Priuileges, fussent publiées, & que aprés publication leur fussent restituées par la Cour, en protestant que pour oppositions ou appellations faites ou à faire pour l'occasion de leurs Priuileges dessusdits il n'entendoient à plaider ou entrer ceans en procez, & disoient outre qu'ils n'auoient mie agreables les scedules ou minutes des lettres Confirmatoires aduisées par aucuns du Conseil du Roy à eux montrée, pour ce que lesdites lettres estoient en termes trop generaux, en requerant que la Cour voulsist sur ce briefuement pouruoir & faire réponse conuenable. Ausquels par icelle Cour fut iour assigné à lendemain pour assembler les Presidens & Conseillers des trois Chambres dudit Parlement, pour deliberer à faire réponse sur ce.

Tunc erat Rector M. Ioannes Archerij, electus nempe, die 23. Iunij. Et eo Rectore, Burgundio pace frustra tentatâ cum Anglo, eam confecit cum Delphino. Extant vtriusque apud Monstreletium datæ in hanc rem litteræ 11. Iulij. Sed parum diuturna fuit pax ista: quippe mense Septembri Burgundio apud Monsteriolum à Taneguido de Castello, quem vrbis

Regiæ Prætorem nocturno tumultu factiosi exturbarant, præsente Delphino, & vt creditum, iubente, cæsus est: quo pacto Aureliani Manibus parentatum prædicabant, & pacem ex hac morte sequuturam. Verum exacerbantur odia, & Philippus cæsi filius paternam necem acerbè vlciscitur, cum Anglo fœdus icit, pronaque omnia facit ad victoriam.

1419.

Habentur Comitia Trecis, ad quæ per Regem inuitatur Vniuersitas; & illa protinus Legatos suos mittit cum sequentibus litteris.

TRes-haut & tres-Excellent Prince, nostre tres-souuerain Seigneur, Nous nous recommandons tres-humblement à vous. Tres-haut & tres-excellent Prince, nostre tres-redouté & souuerain Seigneur! il vous a pleu à nous mander tant par vos lettres, comme par vos Legats qui sont venuz par deçà que nous enuoyissiémes par deuers vous à Troyes aucunes notables personnes de nos Supposts, auec lesquelles vous auez à traittier pour aucunes choses touchant le bien de ce Royaume. Et pource que nous voulons tousiours obeïr à vos commandemens comme nous y sommes tenuz, Nous enuoyons par deuers vous & auons éleu honorables & discretes personnes MM. Thomas le Moine & Iean de Boicy Maistres és Arts & Docteurs en Theologie, qui de cy vont par delà & auec eulx honorables hommes & saiges MM. Iean Manson Maistre és Arts & Docteurs en Theologie, vostre Confesseur, Pierre Cauchon Maistre és Arts & Licentié en Decret, Maistre de vos Requestes, Iacques Sacqu'espée Maistre en Arts & Docteur en Medecine, Iean Beaupere Licentié en Theologie & Guill. Euurie Maistre és Arts & Bachelier en Theologie, pour estre & assister, donner conseil & aide & diligence à tout ce qu'il vous plaira à eulx commander. Pourquoy nostre Tres-redouté & souuerain Seigneur, nous vous supplions qu'il vous plaise à les receuoir benignement & à eulx feablement communiquer vos bons plaisirs, & en outre adiouster foy à tout ce qu'il vous exposeront de nostre partie.

Tres-haut & nostre tres-Redouté & tres-souuerain Seigneur. Nous prions Dieu deuotement qu'il vous donne tel conseil & telle force que vous puissiez faire le proufit de vostre Royaume, l'honneur de vostre Royale Majesté & le saluement de vostre ame. Escrit.

Tandem Burgundo autore, Catharina virgo nubit Henrico, his legibus, vt Rex gener si socero superstes sit; liberi ve ex Catharina procreati in Regnum Franciæ succedant; interim verò rem Francicam administret Gener, Rectorque, seu Regens appelletur.

Anno 1410. die ipso sanctissimæ Trinitatis nuptiæ celebrantur; & ibidem Carolus Rex datis 21. Maij, litteris Carolum Delphinum filium suum exheredem esse vult, Henricum verò successorem sibi designat, atque interim Regni Rectorem creat. Leguntur litteræ istæ apud Monstreletium, cap. 223. quas, nemo est verè Francus qui legendo non fremat; neque in eo sistitur; idem Rex paulò post Meliduni dat 24. Iulij alias litteras, quibus mandat præcipitque nouo successori præstari fidem sacramentumque, & leguntur similiter apud Monstreletium c. 228. Demum Dominica 1. Aduentus subeunt Angli Lutetiam quasi de Francia triumphantes; die verò 23. Decemb. exheredatur Delphinus iudicio publico, nec reclamante populo ob spem libertatis, nec mussare ausâ Vniuersitate cum omnia armis fremerent, filiumque parentes abdicarent: imò iussa deliberare de nece Ioannis Burgundi, per M. Ioannem Archerij, dolo malo sibi factam videri pronunciauit, atque ita similiter concludente Regiarum causarum Cognitore Delphinus voce præconis citatus, nec comparens exilio damnatus & hereditate paternâ indignus declaratur; heu facinus! horrorem excitat facti narratio quam legimus apud Monstreletium.

1420.

Peu de iours ensuiuant fut faite grande plainte & clameur par le Duc Philippe de Bourgongne & le Procureur de la Duchesse sa Mere, de la piteuse mort de feu Duc Iean de Bourgongne, & pour icelles complaintes seit le Roy de France, comme Iuge en son Hostel de S. Pol en la basse Sale: & là estoit assis sur le mesme

1410.

banc où seoit le Roy de France Henry d'Angleterre, & auprés dudit Roy de France, seoit M. Iean le Clerc Chancelier de France, & assez prés estoit M. Philippe de Morvillier premier President en Parlement & plusieurs autres Nobles hommes du Conseil du Roy Charles: & d'autre costé vers le milieu de la Sale, seoit sur vn banc le Duc de Bourgongne, & auec luy pour l'accompagner les Ducs de Clarence & de Bethfort, les Euesques de Teroüenne, de Tournay, de Beauuais & d'Amiens, Messire Iean de Luxembourg & plusieurs autres Cheualiers & Escuyers de son Conseil. Et adonc Messire Nicolas Rolin estant pour le Duc de Bourgongne & la Duchesse sa Mere, demanda pour eux audience aux deux Roys de parler, comme est accoustumé, & par iceux obtenuë, proposa ledit Aduocat le felon homicide fait en la personne de Iean Duc de Bourgongne, n'agueres occis, contre Charles, soy disant Dauphin de Vienne, le Vicomte de Nerbonbonne, le Sire de Barbasan, Tanneguy du Chastel, Guill. Boutillier, Iean Louuet President de Prouence, Messire Robert de Loyre, Oliuier Layet & tous les coupables desdits homicides, contre lesquels & chacun d'eux ledit Aduocat concludit, afin qu'ils feussent mis en tombereaux & menez par tous les Carrefours de Paris, nuës testes par trois iours de Samedy ou de feste & tient chacun vn cierge ardent en sa main, en disant à haute voix, Qu'ils auoient occis mauuaisement, faussement, damnablement & par enuie le Duc de Bourgongne, sans cause raisonnable quelconque. Et ce fait fussent menez où ils perpetrerent ledit homicide, c'est à sçauoir à Monstreau où faut-Yonne & là deissent & repetassent lesdites paroles. En outre ou lieu où ils l'occirent fust fait & edifiée vne Eglise, & là fussent ordonnez 12. Chanoines, 6. Chapelains & 6. Clercs pour y perdurablement faire le diuin Office, & fussent pourueus de tous Ornemens sacrez, de Tables, de Liures, de Calices, de Nappes & de toutes autres choses necessaires & requises; & fussent les 12. Chanoines fondez, chacun de 200. l. Parisis, les Chapelains de 100. l. & les Clercs de 50. l. Monnoye dite, aux despens dudit Dauphin & de ses Complices: & aussi que la cause pourquoy seroit faite ladite Eglise, fust escrite de grosse lettre entaillée en pierre au Portail d'icelle, & pareillement en chacune des villes qui s'ensuiuent: c'est à sçauoir à Paris, à Rome, à Gand, à Dijon, à S. Iacques de Compostelle & en Ierusalem où Nostre Seigneur souffrit Mort & Passion. Aprés laquelle proposition fut proposé derechief par M. Pierre de Marigny Aduocat du Roy en Parlement, prenant Conclusions Criminelles contre les dessusdits homicides.

Hæc & alia Monstreletius quod animus meminisse horret & calamus scribere. His actis habentur ab vtroque Rege Comitia 3. Ordinum Regni Gallicani, longè dispari fortuna. Carolum pauci, Henricum innumeri salutant. Hinc apertè potiuntur hostes re Francicâ. Hinc Henricus habenas Regni tractat ad libitum; hinc quoque agnoscit Vniuersitas se orbatam Patre, à Pastore destitutam & permissam Lupis. Neque enim ab Anglo ad Consilia publica, vt prius admittitur, sed studiorum duntaxat & Scholarum curam habere iubetur, nisi quando ille rebus suis expedire putat; Anglicani Magistri incipiunt velle dominari & præfecturas Collegiorum occupare, rari tamen ad Rectoratum admittuntur.

DE COLLEGIO S. NICOLAI LVPARAI.

Scotigena quidam hoc anno inuolare voluit in præfecturam Collegij S. Nicolai de Lupara, autoritate fretus & auxilio Ducis Excestriæ, quem Rex Henricus Lutetiæ Gubernatorem constituerat. Obstitit Natio Gallicana, aiens suum esse ab omni æuo; & Bursarios & Magistros è suis in illo Collegio collocare. en initium & seriem. Anno 1418. cum vacasset illius Collegij præfectura, supplicauerat M. Ioannes Archeri, vt sibi in prosecutione iuris adesset Natio Gallicana, qua de re sic scribit M. Ioan. Dimicatoris tum ipsius Procurator.

„ Anno Domini 1418. die mensis Octob. fuit Facultas Artium solemni-
„ ter congregata in S. Iuliano, & in eisdem loco & hora fuit Natio Franciæ
„ Mater mea congregata super 3. artic.... tertius fuit super supplicatio-
„ nibus & iniurijs. Et super isto art. supplicauit M. Ioannes Archeri qua-
„ tenus haberet Deputatos ex parte Facultatis & specialiter Nationis
Franciæ

Franciæ Matris meæ ad recommendandum eum D. Episcopo Parisien- "
si, vt conseruaret eum in iure suo quod prætendebat habere in Officio " 1419.
Magisterij S. Nicolai de Lupara à Rege sibi concessi.... Quantum ad 3. "
art. Natio concessit supplicationem Magistri mei supplicando alijs Na- "
tionibus, quod in prosecutione huiusmodi Officij darent sibi auxilium, "
consilium & fauorem, & in eadem Congregatione Ego requisiui D. Re- "
ctorem quod ipse haberet conuocare totam Facultatem, &c. "

Ad an. verò 1420. & diem Sabbati 5. April. sic scribit M. Petrus de "
Credulio. Die Sabb. 5. mensis April. post Missam Regentium, conuo- "
cata Natio in Collegio Nauarræo super 3. art. 1. fuit super aliquibus "
tangentibus honorem & vtilitatem Nationis. 2. Fuit super Refusionibus "
Baccalariorum. 3. Fuit communis super supplicationibus & iniurijs. "
Quantum ad 1. explicui Nationi quod ad requestam Ducis Excestriæ "
Auunculi Regis Angliæ Vicarius Archidiaconi Parisiensis volebat in- "
troducere in Magistrum Collegij S. Nicolai de Lupara quendam Sco- "
tum non Regnicolam qui vocabatur M. Rogerus. Narraui vlterius *quod* "
Collegium S. Nicolai de Lupara erat Collegium Antiquitus fundatum Parisius: "
Quod etiam Collegium illud erat Nationis, quia maior pars Scholarium debent "
esse de Natione. Quapropter oportebat quod Magister esset de Natione. "
Narraui etiam vlterius quod propter malum regimen M. Nicolai Blan- "
che, qui nuper fuerat Magister, Reditus & bona Collegij fuerant de- "
perditi: quapropter illi Collegio erat prouidendum de vno Nobili ac "
sufficienti viro. Quare circa hoc conclusit Natio Mater mea, quod om- "
nibus vijs & modis possibilibus volebat resistere & opponebat se ne ille "
M. Rogerus haberet Magisterium illius Collegij, quia Natio reputabat "
ipsum penitùs inhabilem ad hoc. Voluit vlterius Natio quod id notifica- "
retur Capitulo & Officiali Parisiensi, quibus pertinebat prouidere sede "
Episcopali vacante: quod etiam, si opus esset, informaretur Dux Exce- "
striæ de statu & vita illius M. Rogeri; & quod Vniuersitas & Nationes "
habent reformare sua Collegia. "

Vicit Natio, & M. Ioannes Bouuetus eiusdem Collegij Magisterium
obtinuit, vt intelligitur ex Rationario, seu, vt vocant, Computo eiusdem, sequente anno confecto; cuius conclusio talis est. Visus est præter- "
ea iste Compotus & auditus per M. Io. Scholarem huius Collegij S. Ni- "
colai de Lupara, Visitatorem Collegiorum, Domorum Dei, Hospita- "
lium & aliorum Piorum locorum Villæ, Ciuitatis & Diœcesis Parisien- "
sis.... præsentibus ad hoc, audientibus etiam & videntibus venerab. & "
discretis viris MM. Ioan. Bouueti Magistro, seu Prouisore nunc dicti Collegij, "
Bursarijs & Scholaribus maiorem & saniorem partem facientibus, lau- "
dantibus & omologantibus. Idcirco præmissis visis & consideratis, at- "
tento etiam iuramento dicti M. Ioan. Nantron Procuratoris, seu Rece- "
ptoris ipsiusmet Collegij, &c. "

In eodem hæc, quæ sequuntur, notatu digna. *Recepta Extraordinaria* "
ab Executoribus defuncti Stephani de Capella. 2. Recepta Bladi à D. "
nostro Rege pro Molendinis de Gonessia, supra quos Collegium annua- "
tim habet 8. Sextarios frumenti ad mensuram Parif. 3. Inter Expensas. "
pro amortizatione Curiæ Collegij D. Episcopo Parif. 4. Processus & lites. "
Pro vino Bedelli Franciæ. Et in postremo art. *Pro Collatione facta Rectori* "
Vniuersitatis. "

Eiusdem Collegij administrationem, seu Magisterium aliquanto post
habuit M. Gerardus Gorron seu Gourron, Nationis quoque Gallicanæ,
qui, cum flagrantibus Bellis Ciuilibus diu abfuisset & deprædandum Collegium reliquisset, substitutus est alter ad regimen, donec aut ille rediret, aut eiuraret Magisterium; qua de re ita habetur in MS. Membranaceo Ecclesiæ Parisiens. cuius mihi copiam fecit nunquam satis laudandus Herouuallius.

1419. "N. Dilecto nostro... Sal. in Dom. Cum Collegium S. Nicolai de
" Lupara Parisius fundatum Magistro, seu Administratore ad præ-
" sens careat propter absentiam M. Gerardi Gorron, aliàs in Magistrum
" dicti Collegij ordinati qui per longa tempora à dicto Collegio se absen-
" tauit, & in remotis partibus moram traxit, quod in grande præiudicium
" dicti Collegij cedit, & amplius cedere poterit, nisi super hoc de reme-
" dio per nos prouideatur. Hinc est quod nos super hoc prouidere cu-
" pientes, vt debemus, dicto Collegio quod nobis immediatè & omnimo-
" dò est subiectum, Vobis de cuius sufficientia & scientia confidimus, Re-
" gimen Magisterij dicti Collegij exercendum committimus per præsen-
" tes, quandiu nostræ placuerit voluntati, & quousque per nos aliter fue-
" rit ordinatum. Quocirca Procuratori & Scholaribus dicti Collegij Man-
" damus, quatinus Vos ad regimen dicti Magisterij exercendum recipiant
" & admittant, vobisque in his pareant efficaciter & intendant. Datum
" Parisius.

Paulo post instrumento Procuratorio quod exhibuit M. Petrus de
Vaucello, idem Gerardus prædictum Magisterium eiurauit sponte & liberè, vt patet ex hisce litteris.

" N... Dilecto nostro... Sal. in Dom. Magistratum nostræ Domus, seu
" Collegij S. Nicolai de Lupara Parisius nobis immediatè subiecti ad
" præsens liberum & vacans per puram, ac liberam, ac simplicem resigna-
" tionem doctissimi viri M. Petri de Vaucello Magistri in Theologia Pro-
" curatoris & Procuratorio nomine, prout nobis fidem fecit, *discreti viri*
" *M. Gerardi Gorron eiusdem vltimi Possessoris in manibus nostris sponte, purè,*
" *liberè & simpliciter factam & per nos admissam*, seu aliàs quomodocunque
" vacet atque vacare possit, Vobis, de cuius sufficientia & idoneitate su-
" mus sufficienter informati, contulimus, ac conferimus per præsentes,
" Mandantes Bachalarijs, seu Scholaribus dictæ Domus, seu Collegij, qua-
" tenus vos in Magistrum dicti Collegij recipiant indilatè; præstito tamen
" iuramento iuxta formam statutorum dicti Collegij in talibus fieri con-
" sueto. Datum Parisius.

Sed ad statum Regni & Vniuersitatis redeamus. Illa per Legatos tria
potissimùm à Rege & Regente postulauit, exemptionem ab Excubijs &
custodia Portarum, Priuilegiorum cursum in Normania quoad Beneficia, & Conseruatoris vtriusque in eodem Ducatu Iurisdictionem saluam,
prout obtinebat vsus; in hanc rem extant in Tabulario Academico instructiones quæ sequuntur.

Sequuntur Instructiones quas MM. Philippus Mareschalli Procurator, Nat.
Franciæ & Io. Bassetus Promotor Vniuersitatis ad Dignissimum nostrum
Regem destinati obseruare habebunt. Notat. A. 1. Q.

" 1. EX parte dictæ Vniuersitatis requirent M. Petrum Cauchon Vice-
" Dominum Remensem, M. Guill. Eurie, ac etiam quosuis alios præ-
" fatæ Vniuersitatis Iuratos, quatenùs litteras Vniuersitatis præsentent D.
" nostro Regi, DD. Regi Angliæ & Duci Burgundiæ.

" Item habeat dictus D. Vice-Dominus, seu præfatus M. Eurie expone-
" re D. nostro Regi & cæteris DD. desolationem Vniuersitatis in Suppo-
" sitis & priuilegijs, specialiter in custodia Portarum, excubijs murorum
" horis nocturnis & alijs exactionibus quamplurimis.

" Item quod D. Regens egregiæ autoritatis princeps D. Rex Angliæ
" velit prouidere Vniuersitati pro suppositis suis beneficiatis in Normania,
" quatenus illi qui tenuerant partem D. nostri Regis Franciæ & Illustrissi-
" mi Principis D. Ducis Burgundiæ, gaudeant plenè beneficijs suis & Pa-
" trimonio in Ducatu & Partibus circumuicinis, ac deinde fructus inde
" perceptos, siuè sint Collegia, vel Supposita particularia, & hactenus

percipiendos, seu leuandos in antea, possint plenè precipere, vt iuris
est, moram in studio trahendo continuam.

" 1410.

Item quod dictus Rex Angliæ tradere velit vnam litteram Generalem super præmissis, pro omnibus Suppositis Vniuersitatis qui iurauerunt conformiter ad Tractatum.

Item quod super præmissis huiusmodi ac etiam Iuramento fideliter præstitis vt præfertur, credatur sigillo Rectoris qui super hoc fidele testimonium habebit perhibere.

Item & quod præfatus D. Regens D. Rex Angliæ velit concedere & permittere Iurisdictiones Conseruatoris Priuilegiorum, tam Apostolicorum quàm Regalium exerceri in dicto Ducatu Normaniæ & locis circùm vicinis, prout hactenus obseruatum est, & de hoc habere litteras dicti D. Regentis.

Item & quod dignetur etiam scribere D. nostro summo Pontifici pro articulis & prærogatiuis Rotuli dictæ Vniuersitatis obtinendis.

Item & de permutationibus factis de Beneficijs in Normania, quod sortiantur suum effectum.

Hoc quoque anno controuersia fuit inter Facultates, quas vocant Superiores & Nationes Facultatis Artium de modo Collationis Beneficiorum ad ipsam Vniuersitatem iure Patronatus pertinentium. Volebant siquidem Facultates nouo modo illa conferri, alternis nempe vicibus; & identidem iuxtà Ordinem Facultatum & Nationum, seu vt vocabant, *per turnum*, itaut septuplex esset Collatio antequam rediretur ad initium quod à Theologica Facultate sumi volebant. Nationes verò, vt iam an. 1417. fecerant, obstiterunt, nec legem hanc imponi sibi voluerunt; quippe quæ semper præualebant, quotiescunque Beneficij vacantis Collatio incumberet. Propositæ tamen variæ fuerunt rationes, sed non acceptæ nec approbatæ. Sic in suspenso remansit *Turni* negotium, donec tandem anno 1429. accedente ex tres Facultates Natione Anglicana, seu Germanica, confectum est, vt suo loco dicetur.

DE TVRNO IN PRÆSENTATIONE BENEFICIORVM.

Ad 21. Iulij an. eiusdem ita legitur in Actis Facultatis Medicinæ.

Anno Domini 1420. die 21. Iulij fuit congregata Facultas Medicinæ in Capitulo S. Matth. super art. seq. 1. ad deliberandum super quodam Beneficio vacante, cuius collatio pertinet ad Vniuersitatem, & vt aliquibus videtur, cadit in ordine nostro. Et quoad 1. art. iuxta materiam 1. art. supplicauit M. Petrus Berniceti quod Facultas haberet eum præsentare, quod ab omnibus est eidem concessum & ita conclusum.... consequenter per me Decanum fuit in Congregatione Vniuersitatis ex parte Facult. Med. ad prædictam Capellaniam præsentatus. Super quo non habita fuit concordia. In sequenti Congregatione *per Facultatem Artium, Decretorum & Theologiæ data est illa Capellania D. Rectori*, sed Facultas Theol. & Decretorum dixerunt, quod volebant primum Beneficium spectare ad Facultatem Medicinæ; quod Ego Decanus acceptaui nomine Facultatis, & petij Instrumentum.

" 1420.

In Actis verò Nationis Gallic. ad diem 26. Feb. anni eiusdem legimus varios modos, variasque propositas ab ipsa Natione rationes conferendi Beneficia, sed nondum habitam concordiam.

Anno Domini 1420. die 26. mensis Feb. apud S. Math. hora 8. de mane fuit celebrata Congregatio Nationis Franciæ super 3. articulis: in quâ quidem Congregatione fuerunt conuocati Magistri in Theol. Decretis & Medicina, & omnes alij Magistri de Natione. 1. Articulus fuit super aliquibus tangentibus honorem & vtilitatem Nationis. 2. Fuit ad disponendum de pecunijs Nationis. 3. Fuit super supplicationibus & iniurijs. Quantum ad 1. artic. explicui in Natione (Petrus de Credulio, de Creilg Procurator) quod venerabilis & circumspectus vir M. Guill. Erardi Magister in Artibus & Baccalarius in Theol. tunc Rector in Vniuersitate Paris. fuerat requisitus per Facultates Theologiæ, Decretorum & Medicinæ, & per Nationes Picardiæ, Normaniæ & Angliæ, quòd ipse

1420. "poneret in deliberatione Vniuersitatis, & faceret Articulum specialem de modo ponendi ordinem in collatione Beneficiorum spectantium ad dispositionem Vniuersitatis, & exposui in Natione quod hoc facere esset in præiudicium Facultatis Artium, quia sunt plura supposita in ea quam in toto residuo Vniuersitatis: Hoc etiam esset in præiudicium Nationis Franciæ quia sunt quinque in ea Prouinciæ, Parisiensis, Senonensis, Remens. Turon. & Bituricensis, in quarum qualibet ferè sunt tot supposita quot sunt in aliqua aliarum Nationum. Etiam Patres nostri temporibus retroactis nihil in hoc innouauerunt, sed semper remansit Collatio, præsentatio, ac omnimoda dispositio istorum Beneficiorum ad totam Vniuersitatem. Quare quoad hoc concorditer conclusit Natio se opponere in casu quod D. Rector atque Vniuersitas vellet ponere ordinem, & protestabatur Natio de appellando, & in hoc capere casum nouitatis. Verùm vt semper seruetur vnio & concordia inter Nationes & Facultates, aduisatæ sunt quædam modificationes, quibus concessis per Vniuersitatem de facile condescendet ad velle poni ordinem in Beneficijs, aliàs non. Quarum modificationum 1. est, quod quælibet Natio æquippolleat cuilibet Facultati, ita quod vbi Facultates superiores haberent tria, Facultas Artium haberet quatuor. 2. Quod ex parte Vniuersitatis deputentur septem, de qualibet Facultate & Natione vnus, qui iurabunt in præsentia Vniuersitatis præsentare illum Vniuersitati quem secundùm conscientiam suam scient esse Pauperiorem, magis indigentem & magis idoneum in illa Facultate aut Natione, cuius debebit esse ordo vel Turnus. 3. Quod ille sic præsentatus iuret quod, nec in Patrimonio, nec Beneficio habet ad exponendum vltra summam 40. libr. in portatis. 4. Si contingeret Rectorem qui tunc esset tempore vacationis Beneficij esse pauperem, nullum aut modicum Beneficium habentem, illi septem deputati præsentabunt ipsum Vniuersitati saluo Turno, vel ordine Facultatis aut Nationis. 5. Quod nullus & idem possit habere simul, aut successiuè duo Beneficia sibi collata per Vniuersitatem. 6. Est quod si contingat aliquem de Facultate Artium habentem Beneficium Vniuersitatis, transire ad aliam Facultatem Superiorem, eò tunc facultas ad quam transit, priuabitur suo Turno Et quia Vniuersitas non concessit istas modificationes, nec Natio consensit ad hoc quod poneretur Ordo, nec sibi videbatur rationabile. Quantum ad 2. artic. &c.

1421. "Anno 1421. quatuor potissimùm alicuius momenti gesta sunt in Vniuersitate pro miseria & calamitate temporum. 1. Receptio Præpositi Parisiensis seu Commissi. 2. Confectio duplicis Rotuli Nominationum, nempe ad Prælatos & ad Papam. 3. Reformatio plurimorum Collegiorum. 4. Lis de præsentatione Capellaniarum in Basilica S. Andreæ institutarum.

De Receptione quidem Præpositi Paris. sic habetur in Actis Nationis Gall. scribente M. Petro Maugerij eiusdem Procuratore. *Die Veneris penultima dicti mensis (Maij) iurauit coram Vniuersitate M. Petrus de Marigny Commissus ad Officium Præpositurę Paris. Iuramenta de nouo extracta à Priuilegijs Matris Vniuersitatis per me Procuratorem prænominatum quæ visa fuerunt in Deputatis & de nouo per Conclusionem eorum fuerunt per scribam Vniuersitatis inscripta libro Nationis.*

DE ROTVLO. Quod ad Rotulum attinet, cum inter Pontificem & Episcopos Ecclesiæ Gallicanæ conuenisset de quadam alternatiua & media parte Beneficiorum conferendorum, Vniuersitas duplicem Rotulum instituit, vnum ad Prælatos, alterum ad Papam mittendum: ideoque ad Regentem Regni Bedfortium qui in Obsidione Drocensi detinebatur, legatos destinauit, vt sua supposita & Prælatis & Papæ commendaret. res sic se habet ad 5. Augusti, scribente supradicto Maugerio Procuratore Nat. Gall.

"Die Martis 5. mensis Aug. ex consilio Deputatorum Vniuersitatis & eorum conclusione Congregaui Nationem super 3. art. 1. art. fuit in 2. Punctis, quorum vnum erat super priuilegijs Vniuersitatis prosequendis erga D. Regentem. 2. erat super Prouisione aduisanda in Officium Cancellarij pro licentijs superiorum Facultatum. 2. art. fuit similiter in 2. punctis. 1. *Super Rotulo destinando Prælatis Franciæ pro prouisione Magistrorum Vniuersitatis nouiter concluso per Vniuersitatem.* 2. Super vno Rotulo paruo expediendo quem habet penes se D. Dionysius de Sabreneto, concluso per Vniuersitatem post confectionem Rotuli principalis. 3. art. communis super supplic. & iniurijs. Quantum ad 1. art. & ad 1. punctum 2. art placuit Nationi consilium & aduisamentum datum per Deputatos, quod scilicet litteræ continentes ista 3. puncta destinarentur per Matrem Vniuersitatem D. Regenti, & quòd ea haberet prosequi diligenter Nuncius specialis & Ambassiator Vniuersitatis ibi destinandus ad obsidionem ante villam vocatam *Dreux*, scilicet D. Antiquus Rector M. Petrus Mauricij qui ibi destinabatur ad prosequendum vnum Rotulum pro illis de Partibus Normaniæ, &c. Et quod ipse haberet bonas instructiones super illis 3. punctis & haberet nomine Vniuersitatis petere ab ipso D. Regente. 1. Quod sibi placeret eximere Supposita Vniuersitatis ab istis marcis argenti & alijs exactionibus, secundùm suorum Priuilegiorum tenorem, aut saltem dare suspensum vsque ad aduentum suum Parisius. Et de hoc peteret ipse Nuncius & Procurator litteram patentem. 2. Quod ipse D. Regens scriberet D. nostro summo Pontifici conformiter ad Vniuersitatem quod vellet prouidere Vniuersitati de Licentijs conferendis in modum in quem Vniuersitas supplicabat & scribebat suæ Sanctitati. Et de isto ipse D. Antiquus afferret litteras clausas eiusdem D. Regentis. 3. Quod ipse D. Regens omnibus & singulis Prælatis Franciæ scribere vellet, *quod attento quod eis incumbebat virtute Alternatiuæ conferre mediam partem Beneficiorum*: Quodque super totalitate consueuerat Vniuersitas prouidere, pro cuius Suppositis ipsa Beneficia fundata sunt specialiter, scilicet pro viris studiosis, attenta etiam desolatione ipsius Vniuersitatis & quod propter penuriam & caristiam temporum Notabiles Magistri cotidie recedere coguntur; ipsi DD. Prælati prouiderent ipsis Magistris & Suppositis antedictis. Et quoad punctum istud voluit Natio quod quilibet Magister afferret suam supplicationem Procuratori Nationis, & eas Procurator in vno Rotulo scriberet, in cuius Capite scriberetur Procurator & consequenter Decani & Magistri secundùm Ordinem Prouinciarum; & quod illo Rotulo adiuncto Rotulis aliarum Facultatum & Nationum, secundùm quod per Vniuersitatem fuerat conclusum, diuiderentur sic inscripti secundùm numerum Prælatorum, & cuilibet Prælato assignarentur, vel nominarentur per Vniuersitatem duo, vel quatuor, aut plures secundùm quod expedire videretur Deputatis; & quod illi assignati mitterentur assignato suo Prælato in vna littera Clausa Vniuersitatis recommendatoria eorundem, & cum litteris D. Regentis, haberenturque & procurarentur litteræ clausæ, vel patentes D. nostri Regis per suum Magnum Consilium passatæ super eadem prouisione in forma satis compulsiua, bona & honesta aduisanda per Deputatos, ad destinandum ipsis Prælatis vnà cum ipsis litteris antedictis. Quarum litterarum patentium quilibet habere poterit vnum scriptum, seu transscriptum ad monstrandum suo Prælato, vel vnam litteram clausam. Voluit insuper Natio quod ipsi Deputati potestatem haberent mutandi Collationes Magistrorum Inrotulatorum vbi plures concurrentiæ essent, & nominauit Natio Deputatos M. Guill. de Brocis, M. Io. Cheuroti & me. Et voluit quod nulli alij vocem haberent pro Natione in materia ista propter discordias vitandas. *Ordinauit insuper Natio & voluit quod Ego suus Procurator positus essem in capite Rotuli, sicut consuetum est*; & quod ad duos Prælatos quos eligerem & ad duas Collationes essem recommendatus & alijs Prælatis, prouiso quod quando vnum essem Beneficium assecutus virtute huius Nominationis, quoad aliud assequendum, alijs Magistris præiudicium non afferrem.

De 2. Rotulo paruo voluit Natio quod pro nunc non expediretur, sed

" exspectaretur Concilium Generale, & quando ibi fiet Rotulus pro tota
1421. " Vniuersitate. Et voluit Natio quod pecuniæ restituantur Magistris in-
" scriptis ipsi Rotulo, & quod M. Dionysius de Sabreneto eas de facto po-
" nat in manus D. Procuratoris ad ipsam restitutionem faciendam. Quan-
" tum ad 3. art. supplicauit D. Rector quod ad duos Prælatos & vnum Ca-
" pitulum nominaretur, hoc prouiso quod quando vnum beneficium esset
" assecutus, alijs præiudicium non afferret; quæ supplicatio concessa est.

  Reuersis Legatis quos ad Regentem miserat Vniuersitas, habita sunt
Comitia Generalia Vniuersitatis die 5. Feb. eiusdem anni, ad audiendam
eorum relationem: quâ auditâ intellectum est eorum discordiâ Regentem offensum fuisse, cuius autor fuisset M. Ioannis Pulcri patris contra
M. Io. Breuis coxæ Episcopum Parisiensem nuper electum: vnde conclusum vt in id inquireretur, vt culpabiles plecterentur, & ita M. Petrus
de Villaribus Procurator *requisiuit D. Rectorem in reddendo deliberationem
Nationis Gall.*

COLLE-
GIORVM
REFOR-
MATIO.
  Tertium Caput rerum ab Vniuersitate hoc anno gestarum fuit lustra-
tio & reformatio Collegiorum, quorum pleraque calamitate temporum,
aut funditùs ruebant, aut Præfectos non habebant, aut reditus non per-
cipiebant, aut prauè administrabantur: huic ergo malo prouidere voluit
Vniuersitas; sed orta quæstio, an Vniuersitatis ipsius, an singularum Na-
tionum esset sua Collegia reformare. Hac de re sic legitur in Reg. Nat.
Gall. scribente supradicto Maugerio Procuratore.

" Die Iouis 7. dicti mensis (Aug.) congregaui Nationem super 2. art. si-
" cut per aliquos notabiles Magistros fueram requisitus in plena nouissima
" Congregatione. 1. art. super facto Reformationis Collegiorum inceptæ
" per Vniuersitatem. 2. art. super suppl. & iniurijs; quantum ad 1. placuit
" Nationi iuxta aliàs conclusa per Vniuersitatem omnia sua Collegia visi-
" tare, & ea reformare quæ indigent reformatione tam in Capite quam in
" membris. *Et quia aliqui dicebant hoc spectare ad Vniuersitatem pleno iure &
" per ipsam debere fieri; & de hoc ipsam Vniuersitatem habuisse & habere Arre-
" stum Parlamenti, alij dicebant quod Natio sua Collegia debebat visitare & re-
" formare suo Ordinario iure & non Vniuersitas,* nisi vbi Natio ipsa negligens
" esset, tandem placuit Nationi, quod solemnes deputati super hoc con-
" gregarentur & consilio ipsorum voluit & vult stare & etiam antiquorum
" informationi.

" *Item placuit Nationi quod omnes viri Practici, tam Magistri quam Scholares,
" similiter & Officiarij Regij qui non studij gratia loca occupant Collegiorum, à
" dictis Collegijs expellantur,* & quod super hoc fiat bona diligentia per Pro-
" curatorem Nationis tam erga Vniuersitatem quàm erga Collatores Bur-
" sarum, & erga quoscunque, vbi fuerit opus.

" Item placuit Nationi quod Collegijs in quibus nulli vel pauci & anti-
" **qui habitant, præficiantur & ordinentur ad eorum regimen & saluatio-**
" nem vtensilium, librorum, redituum & litterarum duo vel 3. notabiles
" Magistri qui bene & diligenter vtilitatem procurent, & bona conseruent
" ipsorum Collegiorum, & nominauit Natio M. Guill. de Brocis, M. Io.
" Cheuroti, M. Guill. Erardi, & me.

" Item placuit Nationi quod singula Collegia tradant Procuratori Na-
" tionis Codicillos suos in quibus inscribantur nomina Magistri & Schola-
" rium, & numerum eorum cuiuslibet Collegij, Prouincias vnde oriundi
" sunt, taxam bursarum, tempus quo debent immorari, Facultates in qui-
" bus studere debent, & omnia alia generalia statuta. Similiter contineant
" ipsi Codicilli inuentarium omnium librorum & vtensilium necnon quan-
" titatem & situationem redituum & hereditagiorum singulorum Colle-
" giorum. Non vult tamen Natio quod inscribantur secreta ipsorum Col-
" legiorum, sicut vasa argentea, Iocalia Capellarum, thesaurus siue pecu-
" niæ eorum.

  In Actis Comitiorum eiusdem Nationis die 24. Ian. habitorum mentio
fit Collegiorum de Lorris & de Karembert, quorum illud amiserat 30. l.

annui reditus; alterius nullæ litteræ nullaque instrumenta fundationis extabant; qua de re sic scribit Petrus de Villaribus eiusdem Nat. Pro. curator. *2. art. habuit duo punct. 1. punctum fuit super facto Collegiorum de Loris & de Karembert. Et quoad istud, deliberauit Natio omnibus vijs & modis possibilibus prosequi expeditionem impedimenti per Gentes Regias positi super 30. libris Parif. ad dictos Scholares de Loris spectantibus. Quoad factum Collegij de Karembert, voluit etiam Natio omnem diligentiam fieri de sciendo vbi sunt reditus, & litteras reditum si quæ sunt, pro posse recuperare. Et quoad istud* M. *Petrus de Credulio mihi dedit 3. litteras factum illius Collegij tangentes bene, duæ erant de Castelleto facientes mentionem de 13. libris Parif. situatis in vico S. Dionysij, alia verò est sub sigillo Ducis Britanniæ & facit mentionem de Collatione Bursarum.*

Iterum in Comitijs habitis 21. Feb. actum de 30. libris Parif. quæ legatæ fuerant Scholaribus de Loris recuperandis. Item quantum ad 30. lib. Parif. quæ emptæ fuerant per Nationem pro Scholaribus de Loris, & modò propter diuersitatem temporis sunt in manus DD. Commissariorum Regis super facto confiscationum, eò quòd Scholares qui dictas pecunias obtinebant, propter tempora se absentauerant, fui requisitus quod omnem diligentiam mihi possibilem facerem de recuperando illas 30. libras Parif. & Nationi promisi omnem diligentiam mihi possibilem, &c.

Hæ 30. libræ annui reditus conuersæ sunt tandem in Domum sitam in vico ferreo, ad Cemiterium SS. Innocentium, ad insigne Scacarii, hodie Capitis Nigri; vt intelligimus ex Instrumentis quæ seruantur in Tabulario Nationis Gallicanæ.

Eadem die 21. Feb. & alijs sæpè actum de instaurandis hisce Collegijs, Corisopitensi, Trecorensi, de Karembert, de Donjou, seu de Dujon & du Tou, seu de Tullio, & de Tullo quæ in ruinam vergebant: quorum quinque duo tantùm hodie supersunt Corisopitense & Trecorense, reliqua tria perierunt, sicut & Collegium de Loris: imò tunc temporis vix reperti sunt Scholares de Loris: nam die 5. Maij an. 1422. cum fuisset congregata eadem Natio, positumque in deliberatione fuisset, quem in vsum conuerterentur 30. libræ de quibus supra, Natio conclusit inquirendum an aliqui tales Scholares reperiri possent, sin minus, an alij vicinæ regionis, atque in eorum vtilitatem pecuniam illam esse impendendam. *Fuit conclusum quod Natio haberet recipere istas pecunias, & quod istæ pecuniæ non consumerentur nisi ad vsum & vtilitatem Scholarium de Loris, si qui reperirentur: quod si non reperirentur, tunc fieret diligentia de reperiendo alios Scholares illi patriæ vicinos, & illi Scholares ponerentur in aliquo notabili Collegio, & tunc illæ pecuniæ illis Scholaribus distribuerentur, secundùm debitam opportunitatem, & quod dicti Scholares priusquam introducerentur in aliquod Collegium,* **præsentarentur Nationi,** *& tunc Natio deliberaret de corum habilitate & idoneitate ad recipiendum talem fructum.*

Anno 1444. video collatam à Natione fuisse Bursam prædicti Collegij cuidam Iuueni Bertrando de Cormery, propter absentiam cuiusdam alius, & fugam. Nam vt habetur in Actis diei 10. Iun. Bursarum illarum Collatio ad Nationem pertinebat.

Collegium de Karembert seu Kaerembart situm erat in monte S. Hilarij & reditus quosdam habebat percipiendos in Territorio de Bagnolet. Nam ad diem 7. Decemb. 1427. Sic legimus in Actis Nat. Gall.

Nouerint vniuersi nos Gerardum Gehe Procuratorem Nat. Franciæ, Petrum de Valle & Yuonem de Ponto specialiter ad hoc ex parte dictæ Nationis deputatos in Congregatione Nationis celebrata 7. die Decemb. an. Domini 1427. in Capitulo FF. Prædicatorum vbi Vniuersitas eodem die congregata fuit, tradidisse ad firmam seu locagium vsque ad 9. annos proxime sequentes honorabili viro Michaëli Armigeri Ciui Parif. sex Arpenta terrarum, vel circiter situatarum in Territorio de Bagnolet in Diœces. Parif. quæ quidem terræ pertinent Scholaribus Collegij de

" Kaërbert Parisius fundati in monte S. Hilarij pro pretio 16. sol. Parif.
" quos idem Michaël tenetur per suam obligationem super hoc confectam
" soluere quolibet anno præfato in termino S. Martini Hiemalis, incipien-
" do primam solutionem in dicto festo S. Martini proximè sequentis. Et
" cum hoc tenetur idem Michaël dictas terras acquittare de Censibus si
" quos debeant & alios reditus declarare & recuperare à Creditoribus, seu
" debitoribus quos dictum Collegium habet in dicta villa de Baignoller,
" super quibus Michaël habuit certam commissionem à nobis præfatis no-
" mine dictæ Nationis sub sigillo Nationis & signetis nostris.

Lis de Capellaniarum præsentatione & Reditibus.

Quartum Caput rerum Academicarum est de lite ad præsentationem Capellaniarum pertinente. Cum paulo ante hæc tempora M. Robertus Coëffe Clericus Cameræ, quam vocant Compotorum, Capellaniam certis reditibus dotasset in Basilica S. Andreæ, priusquam intitularetur, orta est hoc anno controuersia inter Vniuersitatem & Heredes Testamentarios Roberti circa presentationem seu Patronatum. Contendebant illi suum esse præsentare non Vniuersitatis; tum quia nondum erat intitulata Capellania, tum quia eius dispositio relicta fuerat Executoribus. Contra Vniuersitas, quod ius Patronatus S. Andreæ suum esset, contendebat ad se quoque Capellaniæ præsentationem pertinere. Hac de re sic legitur in Actis Nationis Gall. ad diem 10. Febr. huius anni.

" 2. Punctum erat super vna Capellania nouiter fundata per Executo-
" res bonæ memoriæ M. Roberti Coëffe quondam Clerici Cameræ com-
" potorum D. nostri Regis in Ecclesia B. Andreæ de Arcubus. Et quia
" Capellania erat fundata & admortisata & M. Ioannes Pinguiau tanquam
" Procurator Executorum illi Capellaniæ deseruierat & reditus percepe-
" rat, nondum tamen erat intitulata, Vniuersitas Mater eo quod esset
" fundata in Ecclesia S. Andreæ, cuius ius Patronatus ad dictam Vniuersi-
" tatem pertinet, post mortem dicti Pinguiau, Vniuersitas dedit dictam
" Capellaniam M. Ægidio Carrelier in quantum poterat dare, Execu-
" toribus contradicentibus & dicentibus quod Vniuersitas non poterat dare
" duabus de causis. 1. Est quia non erat intitulata. 2. Quia per clausulam
" testamenti Collatio, præsentatio & omnimoda dispositio ad dictos Exe-
" cutores pertinet. Et quia dicti Fundator & Executores erant de Natione,
" Natio deliberauit adire D. Episcopum supplicando sibi vt Vniuersita-
" tem & etiam dictos Executores vellet ita concordare quod ius vnicuique
" pro posse tribueretur, & dabat Deputatos ad consulendum dictam Na-
" tionem ad D. Episcopum MM. Stephanum Martin, Io. Cheuroti cum
" alijs Iuristis de Natione prædicta.

Accessit ad hanc causam Conuentus S. Germani contendens Ius quidem Patronatus Ecclesiæ S. Andreæ translatum à se ad Vniuersitatem, sed fundum semper suum esse & fuisse, proindeque fundationes cæteras ad se pertinere; tandem amicè rem ita composuerunt, vt videlicet alternis vicibus & Conuentus & Vniuersitas tales Capellanias & similes si quæ olim fundarentur, præsentarent. Et ea de re extat Instrumentum in tabulario Vniuersitatis. ad an. 1423.

" IN NOMINE DOMINI NOSTRI IESV CHRISTI, Amen. Vniuersis
" præsentis scripti paginam inspecturis præsentibus & futuris. *Ioannes*
" *permissione diuina humilis Abbas Monasterij S. Germani de Pratis iuxta* mu-
" ros Parif. Ordinis S. Bened. ad Rom. Ecclesiam nullo medio pertinentis
" totusque eiusdem loci Conuentus Sal. in eodem Domino nostro I. Chri-
" sto filio Virginis gloriosæ. Notum fieri volumus Vniuersitati vestræ
" quod Nos matura deliberatione super hoc *præhabita cum peritis, Compo-*
" *sitiones, Tractatus & Concordias, pacta & Conuentiones amicabiles hactenus ha-*
" *bitas inter prædecessores nostros Abbatem & Conuentum eiusdem nostri Monaste-*
rij

rij ex una & almam Matrem Vniuersitatem venerabilis studij Parif. ex alia partibus fauore beniuolo prosequentes, per quæ inter cætera appunctuatum extitit & finaliter concordatum quod nos eidem almæ Matri dimisimus & transtulimus, seu dicti prædecessores nostri Abbas & Conuentus pro tempore dimiserunt, transtulerunt & transportauerunt & concesserunt eidem almæ Matri Patronatum & omne ius præsentandi ad Ecclesiam Parochialem S. Andreæ de Arcubus Parisius in Censiua, seu dominio & fundo terræ nostræ situatam, totiens quotiens vacaret, aut locus vacationis eiusdem occurreret prout in tractatibus & compositionibus prædictis super hoc factis & habitis anno Domini 1345. & per fel. record. D. Clementem Papam VI. & per inclytæ record. Regem Philippum confirmatis & approbatis plenius contineri videtur. Verum quia de præsenti orta est, seu pridem sperabatur oriri inter dictam almam Matrem & vener. virum M. Iacobum Galet ex parte eiusdem Matris ad Capellaniam infrascriptam præsentitum ex una & Reuerendum in Christo Patrem & DD. Ioannem D. G. Parif. Epif. modernum & Executores Testamenti, seu vltimæ voluntatis bonæ memoriæ defuncti M. Roberti Coëffe & Stephanum de Soussois per eosdem Executores præsentatum occasione cuiusd. Capellaniæ nouissimè fundatæ, prout fertur, & dotatæ in dicta Paroch. Ecclesia, de bonis dictæ Executionis ex alijs partibus, lis, controuersia, seu materia quæstionis, eisd. Executoribus dicentibus eorum vita durante, præsentationem ipsius Capellaniæ ad eos & Collationem eiusdem dicto Reuerendo Patri D. Parif. Episcopo pertinere, ead. alma Matre prædicta in contrarium dicente & asserente præsentationem huiusmodi Capellaniæ ad ipsam pertinuisse & pertinere, ratione transportus, tractatus & concordiæ prædictorum. Et nos Abbas & Conuentus præfati ex aduerso dicebamus ipsius Capellaniæ & aliarum fundatarum in dicta Ecclesia Parochiali S. Andreæ & nulli alteri, ratione & ad causam fundi terræ & dominij nostrorum penès nos & dictum nostrum Monasterium & pro nobis in Compositionibus & Tractatibus antedictis retentorum pertinere & spectare debere. Tandem ad finiendam omnimodam iurgiorum materiam tract.ttum fuit, & est ac finaliter concordatum inter nos & dictam almam Matrem Vniuersitatem, quod de cætero totiens quotiens aliqua ex Capellaniis fundatis in dicta Ecclesia Parochiali S. Andreæ de Arcubus de bonis defuncti M. Petri Perier quemadmodum sunt intitulatæ, vt dicitur sicut Capella, seu Capellania fundata de bonis defuncti M. Roberti Coëffe de qua fit quæstio de præsenti, videlicet quod præsentatio dictarum Capellaniarum & aliarum fundandarum, dotandarum in dicta Parochiali Ecclesia S. Andreæ nobis Abbati & Conuentui & almæ Matri Vniuersitati prædictæ, vicibus alternatiuis pertinebit, cuilibet nostrum ad turnum suum taliter quod dum ipsa Mater Vniuersitas ad alteram dictarum Capellaniarum præsentauerit, nos Abbas & Conuentus præfati ad Capellaniam ipsam si post modùm vacauerit, aut ad aliam successiuè vacaturam, seu vacantem præsentabimus. Et hoc totum sine præiudicio aliorum Beneficiorum in dicta Parochiali Ecclesia fundatorum & dictæ Parochialis Ecclesiæ S. Andreæ & Capellaniæ B. Mariæ fundatæ in ead. de bonis M. Io. de Thelu Decretorum Doctoris, quarum Ecclesiæ Paroch. & Capellaniæ B. Mariæ præsentatio ad ipsam Vniuersitatem pertinere noscuntur, absque præiudicio etiam Iurium aliorum nobis & Monasterio nostro pertinentium & spectantium, prout plenius continetur in Tractatibus & Compositionibus supradictis. In quorum fidem & testimonium præmissorum ad perpetuam rei memoriam sigilla nostra præsentibus litteris duximus apponenda. Datum in Monasterio nostro prædicto die 15. mensis Nouemb. anno Domini 1423.

Neque omittendum, quandoquidem in mentionem Capellaniarum incidimus, paulo ante conquestos Capellanos, quòd ex illis, quas Rex ex pecunia sibi tradita dotauerat in Castelleto, nihil perciperent, obtinuisse anno 1417. vti ex emolumentis fortuitis Castelleti reditus debiti persoluerentur, vt constat ex hisce litteris Regijs in Tabulario

marginalia: 1421. — CAPELLANIA CASTELLETI.

Academico contentis sub hisce notis C. 6. C. in quibus notanda præsertim ratio qua Rex vtitur, nimirum dotationem illam non ex Patrimonio Regio, sed ex pecunia accepta factam, ac proinde nullo pacto posse suis reditibus spoliari.

" CHARLES PAR LA GRACE DE DIEV ROY DE FRANCE. A tous
" ceux qui ces presentes lettres verront salut: Sçauoir faisons nous
" auoir veu les lettres de nostre feu Seigneur & Pere, le Roy Charles que
" Dieu absoille, en las de soye & cire verte à nous presentée de la partie de
" nostre tres-chiere & amée fille l'Vniuersité de Paris, contenant la for-
" me qui s'ensuit.

" CAROLVS D... Primogenitus Regis Francorum Regnum Regens,
" Dux Normaniæ & Delphinus Viennensis, notum facimus Vniuersis
" tam presentibus quàm futuris. Nos vidisse litteras felicis memoriæ D. Phi-
" lippi Pulcri Patrui nostri ex parte dilectorum nostrorum Rectoris & Vni-
" uersitatis Magistrorum & Scholarium Parisius nobis exhibitas formam
" quæ sequitur, continentes.

" PHILIPPVS DEI gratia FRANCORVM REX. Notum facimus
" Vniuersis tam presentibus quàm futuris, quod cum Vniuersitas Ma-
" gistrorum & Scholarium Parisius ad vsum & sustentationem trium Ca-
" pellanorum eiusdem emerit pro mille libris Paris. à Guillelmo de Vlmo
" Scutifero Manerium, Molendinum, possessiones, terras & reditus in
" villa de Vallibus, infra metas Parochiæ de Special prope Longumjumel-
" lum sub nostro dominio, prout in litteris sigillatis sigillo Præpositurę
" nostræ Parisiensis super hoc confectis plenius continetur, Nos intuitu
" pacis & tranquillitatis prædictorum Vniuersitatis & Capellanorum eius-
" dem pro prædictis Manerio, Molendino, possessionibus, terris & redi-
" tibus quæ penès nos retinuimus ad vsus eorundem Capellanorum, qui-
" bus dictæ tres Capellaniæ ab Vniuersitate prædicta fuerunt collatæ de
" Collatione sibi facta litteras habentibus 60. libras Paris. amortizatas in
" sicca pecunia in nostro Castelleto Paris. in festo B. Remigij per manus
" dictorum Capellanorum recipiendas annuatim, in perpetuum concedi-
" mus & in præmissorum cambium assignamus. Volentes vt quilibet sæpè
" dictorum Capellanorum *per Rectorem Vniuersitatis iam dictæ* nostro Præ-
" posito Parisiensi præsentatus 20. libras Paris. in dicto termino pro sua re-
" cipiat portione; & quod ad hoc percipiendum ad annos suæ vitæ, in dictæ
" Præpositurę Rotulis registretur, ne vnus pro alio ad hoc recipiendum se
" ingerat fraudulenter. In cuius testimonium præsentes litteras sigilli no-
" stri Regij fecimus munimine roborari. Actum Parisius anno Incarn. Do-
" minicæ 1301. mense Martij. Quibus quidem litteris per nos visis expo-
" ni nobis fecit Vniuersitas memorata quod cum dictæ 60. libræ Paris. an-
" nui reditus & perpetui fuerint in dicto Castelleto per dictos tres Capel-
" lanos percipiendæ sub generalitate quadam nullo Officiariorum, seu Re-
" ceptorum emolumentorum dicti Castelleti specialiter ad illas soluendas
" obligato assignatæ, Capellani qui retroacto tempore tenuerunt dictas
" Capellanias prædictas 60. libras habuerunt non per manus dictorum Of-
" ficiariorum, seu immediatorum Receptorum emolumentorum Castelle-
" ti prædicti, sed per manus Receptoris generalis totius Præposituræ &
" Vicecomitatus Paris. Et quamuis dudum Receptores qui fuerant, suffi-
" cienter soluerint Capellanis qui tunc erant, veruntamen à nonnullis
" annis citra propter onera multiplicia, quibus generalis Recepta dictæ
" Præposituræ & Vice-Comitatus ex facto Guerrarum & aliàs plus solito
" extitit onerata, Receptores qui fuerunt, denarios & redditus quos ab
" Officiarijs dicti Castelleti receperunt, ad alios vsus & alia onera conuer-
" terunt & applicarunt Capellanis dictæ Vniuersitatis, prædicto suo Red-
" ditu non soluto. Vnde Capellani moderni prosequendo solutionem dicti

Vniuersitatis Parisiensis.

sui redditus erga prædictum generalem Receptorem, ab eorum studio fuerunt & sunt sæpius distracti, & aliàs multipliciter vexati, & quod grauius est in expectatione dictæ solutionis post lapsum terminum ex Monetarum debilitatione damnificati frequenter cum post prosecutiones, studij distractiones & vexationes prædictas non secundum valorem Monetæ termini, sed de multo debiliori quo tempore solutionis habet cursum, soluatur eisdem, nec etiam solutum sit eis ad plenum, sed iam de pluribus annis debetur redditus antedictus, prout nobis asseruit Vniuersitas sæpe dicta cum humili supplicatione subiuncta, vt super prædictis & prædictorum singulis vellemus de remedio dictis eorum Capellanis congruo prouidere. Nos autem consideratione diuini obsequij, cuius causa, debetur redditus antedictus, & contemplatione prædictæ Vniuersitatis volentes vt dicti Capellani deinceps in prosecutione solutionis huiusmodi redditus non vexentur, nec expectatione damnificentur in quoquam, volumus & mandamus Geolario, seu firmario Geolariæ dicti Castelleti, vt ipse de pecunia si quam habet in promptu de Recepta, seu emolumentis dictæ Geolariæ statim soluat arreragia quæ de præterito tempore debentur Capellanis prædictis. Si verò de præsenti pecuniam non habeat ad quod medio iuramento dicendum volumus ipsum compelli, de prima pecunia quam inde recipiet, dicto mediante iuramento, soluet ipsis. Et quantum ad terminos futuros, statuimus & ordinamus vt de cætero Capellani prædicti redditum suum supradictum per manus Officiariorum, seu Receptorum emolumentorum dicti Castelleti, non per manus Receptoris Generalis Præpositura Parif. & semper in termino, seu immediatè post terminum, qualicunque dilatione non exspectata recipiant & habeant. Et ad hanc solutionem dictis Capellanis faciendam specialiter deputamus, ac de ipsa oneramus dictum Geolarium, seu Custodem, vel firmarium Geolæ dicti Castelleti qui nunc est, & eius successores firmarios, seu Custodes dictæ Geolæ qui pro tempore erunt, volentes, statuentes & ordinantes vt dictus Geolarius de præsenti, visis præsentibus nostris litteris & cæteri futuri quilibet eorum in nouitate, seu prima Receptione sua cum cæteris Iuramentis, seu articulis quos dicti Geolarij iurare tenentur, iurent specialiter & expressè in præsenti dictorum Capellanorum, seu alterius ex parte Vniuersitatis ad hoc deputandorum, quod quandiu Geolam, seu firmam Geolariæ tenebunt, ipsi singulis annis in dicto termino siue festo S. Remigij de pecunia quam de prouentibus & emolumentis dictæ Geolariæ iam receperint si aliquam tunc habeant, vel saltem de prima quam exinde post dictum festum recipient omni fraude, dilatione & excusatione cessantibus, soluent dictas 60. libras & de illis satisfacient Capellanis prædictis. Mandantes & præcipientes dicto Geolario moderno cæterisque futuris vt dictam solutionem modo quo præmittitur, deinceps faciant; & dictum Iuramentum de dicta solutione sic facienda verbis expressis & claris præstent & faciant, sine contradictione vel difficultate quacunque. Vt autem dictam solutionem sic facere teneantur & faciant nulla licentia nulloque Mandato per Receptorem generalem villæ & Præpositura, vel Vice-Comitatus Parif. vel alium quemcunque factis, vel petitis, Mandamus & inhibemus Receptori moderno & alijs qui futuris temporibus erunt Receptores villæ, Præpositura & Vice-Comitatus prædictorum vt dictas 60. libras, seu dictum redditum de cætero petere, vel exigere à dictis Geolarijs non præsumant, aut aliàs solutionem de ipsis 60. libris dictis Capellanis faciendam per manus dictorum Geolariorum quomodolibet impedire, vel differre : sed potius si opus fuerit, & inde per dictos Capellanos requisiti fuerint, ipsos Geolarios ad dictam solutionem faciendam viriliter compellant. Et quotiens eis apparuerit sufficienter dictis Capellanis per dictum Geolarium, seu dictos Geolarios de dictis 60. libris fuisse satisfactum, prædictos Geolarios ex illis teneant pacificos & pro quittis & liberis habeant eosdem, ac in suis Compotis allocent eas, & de obligatione

Tom. V.

" & firma dictorum Geolariorum deducant, sicut si eas dicti Geolarij Re-
" ceptoribus ipsis generalibus soluissent & tradidissent. Cæterum si quo-
" cunque casu, futuris temporibus accideret quod Geolaria, seu Officium
" Geolariæ foret taliter impeditum siue non vtile, quod super & de emo-
" lumentis illius dicti Capellani commode non possent redditum suum
" prædictum percipere & habere, super illo, per hanc præsentem assigna-
" tionem specialem non intendimus Capellanis derogare prædictis, quia
" ipsi super alijs officijs & emolumentis dicti Castelleti dictas 60. libras per-
" cipiant & habeant. Quin imò volumus & ex nunc provt tunc, ordinamus
" & constituimus vt eo casu Sigillifer, seu firmarius, aut Custos sigilli qui
" pro tempore fuerit, aut Custos, seu firmarius Bostiæ siue pixidis dicti
" Castelleti & eorum quilibet ad quem dicti Capellani se dirigere volue-
" rint, vel quem duxerint requirendum, ad solutionem dictarum 60. libra-
" rum & ad iuramentum modo superius expressato faciendum teneantur,
" dictamque solutionem & dictum iuramentum faciant modo & forma de
" dicto Geolario superius declaratis. Mandamus insuper dilectis & fideli-
" bus D. Genitoris nostri & nostris Compotorū Gentibus, ac Thesaurarijs
" Parisi. & Præposito ac Receptori Parisi. vel eorum Loca tenentibus præ-
" sentibus & futuris, & eorum cuilibet, provt ad ipsum pertinuerit, quate-
" nus dictum Geolarium modernum cæterosque futuros ad faciendum di-
" ctum Iuramentum dictamque solutionem de cætero Capellanis prædictis
" compellant, & aliàs penitus de præsenti ordinatione nostra dictos Capel-
" lanos & eorum quemlibet gaudere & vti faciant sine contradictione &
" difficultate quacunque. *Attendentes autem quod huiusmodi redditus dictis*
" *Capellanis Vniuersitatis debetur non ex largitione, seu donatione quam dictus*
" *D. auunculus de suo vel de aliqua re Domanij Regni prædictæ Vniuersitati fece-*
" *rit, sed de & pro excambio, seu permutatione ad rem quæ Vniuersitatis erat*
" *quam dicta Vniuersitas, vel eius Capellani per manum suam recepissent, quam-*
" *que ipse auunculus Domanio Regni applicauit, rationabile conspicimus, vt in*
" *dicti redditus perceptione nullo turbentur impedimento, sicut in re sua quam per*
" *excambium tradiderunt, impediri non poterunt, nec debeant, idcirco con-*
" *ordinamus & declaramus vt dicti Capellani Vniuersitatis, cæteris omnibus & sin-*
" *gulis assignationibus, vel oneribus super dictis Officijs & emolumentis, seu red-*
" *ditibus Castelleti antea vel post modum factis, seu positis, aut etiam deinceps quo-*
" *quomodo ponendis, vel faciendis, in solutione dicti redditus præferantur, & eis*
" *præ cæteris omnibus de dicto redditu satisfiat, iuxta nostræ præsentis ordinatio-*
" *nis tenorem.* Non obstantibus quod retroacto tempore Receptor Præ-
" positurae & Vice-Comitatus Parisi. recipere consueuerit integrè à dicto
" Geolario & alijs Firmarijs Officiorum Castelleti pecunias & summas Fir-
" marum suarum, & quod dictis Capellanis soluere consueuerit per manum
" ipsius 60. libras prædictas dictisque alijs assignationibus vel oneribus ibi-
" dem factis, vel positis, seu faciendis, vel ponendis & consuetudinibus,
" stylis vel vsibus generalibus, vel specialibus Receptarum Regiarum di-
" cti Castelleti & solutionum, pensionum, vel reddituum quibus Officia
" dicti Castelleti, vel Receptæ sunt oneratæ. Necnon Ordinationibus,
" Mandatis & prohibitionibus, vel Edictis Generalibus, vel specialibus
" per D. Genitorem nostrum, per nos aut Consilium Regium quodcun-
" que factis, vel faciendis; non obstantibus quibuscunque. Quæ omnia su-
" pradicta facimus, ordinauimus & constituimus ex certa scientia, de spe-
" ciali gratia & auroritate Regiæ potestatis qua fungimur in hac parte. Et
" vt perpetuis temporibus perseuerent, nostrum præsentibus litteris ius-
" simus apponi sigillum, Regio in alijs & alieno in omnibus iure saluo.
" Actum & datum apud Luparam iuxta Parisius anno Domini 1358. mense
" Martio. Ainsi signé per D. Regentem, I. Essars.

Lesquelles lettres par nous veuës l'Vniuersité dessusdite nous a fait expo-
ser en griefment complaignant, que jaçoit ce que la rente de 60. liures Parisis,
deuë aux trois Chapellains d'icelle Vniuersité dont font mention les lettres dessus
transcriptes, ne leur soit deuë par eschange & permutation de chose qui estoit &

appartenoit à l'Vniuerfité deffufdites & de laquelle lefdits Chapellains euffent efté & feroient payez par leurs mains & fans aucune difficulté fe les terres & reuenuës fur lefquelles eftoient fondez premierement lefdits Chapellains, & lefquelles ladite Vniuerfité auoit iadis laiffé par efchange à nos Predeceffeurs, luy fuffent demourées, & ainfi foit moult fauorable, & n'en doye eftre le payement differé ne delayé ne les Chapellains deffufdits vexez, ne traueillez de icelle aller querir, prendre ou receuoir par autres mains que icelles des Geolier, ou autre Officier de noftre Chaftelet de Paris nommez efdites lettres deffus tranfcriptes & felon la teneur d'icelles. De l'effet defquelles ils ayent ioy affez paifiblement iufques au temps des empefchemens dont cy-après fera parlé : Neantmoins depuis aucun temps en çà, pource que nos Receueurs de Paris ont pris, leué & parceu, comme toufiours prennent, lieuent & parçoiuent defdits Geoliers & autres Officiers de noftredit Chaftelet, les deniers dont par eux fans autre moyen lefdits Chapellains deuffent auoir efté & eftre payez d'icelle rente, iceux Geolier & Officiers fe font excufez & excufent & defchargent d'iceluy payement faire fur lefdits Receueurs, aufquels ils ont renuoyé & renuoyent iceux Chapellains qui en pourfuiuant lefdits Receueur, fur ce & par des delais qu'ils leur baillent, font grandement moleftez & traueillez de leurs perfonnes & diftraiz & empefchiez en leurs eftudes. Et qui pis eft fe veulent par ce du tout defchargier lefdits Geolier & Officiers de Chaftellet tant dudit payement faire, comme de faire entre les autres fermens qu'ils font en leurs nouuelles Receptions, les fermens tels que contenu eft efdites lettres deffus tranfcriptes. Qui eft directement venir & entreprendre contre la teneur & effet d'icelles lettres & la voulenté & entention de noftredit feu Seigneur & Pere & autres nos Predeceffeurs ou grief preiudice & vexation de ladite Vniuerfité & de fes Chapellains deffufdits & plus feront fe par nous n'eftoit fur ce pourueu de remede conuenable. Duquel icelle Vniuerfité nous a tres-inftamment fupplié & requis. Pourquoy nous euë confideration à ce que dit eft, voulans entretenir les Conftitutions, Ordonnances & voulentez de nofdits Predeceffeurs, mefmement en fi notable & fi raifonnable caufe faites, comme contenu eft efdites lettres deffus tranfcriptes, & preferuer ladite Vniuerfité & fefdits Chapellains de vexations indeuës, & auffi obuier à ce que contre raifon iceux Chapellains ne foient empefchiez ne diftraits de leur Eftude, lefdites voulentez, Conftitutions, Statuts & Ordonnances & generalement toutes les chofes contenuës efdites lettres de noftredit feu Seigneur & Pere, auons loué, ratifié & approuué, louons, ratifions, approuuons & auons agreables & icelles voulons, ordonnons & eftabliffons eftre gardées & obferuées de point en point felon la forme & teneur d'icelles lettres. Si donnons en Mandement à nos Amez & feaux, Gens de nos Comptes & Threforiers à Paris, aux Preuoft & Receueur de Paris ou à leurs Lieutenans, prefens & à venir, & à chacun d'eux, fi comme il luy appartiendra, que de l'effet defdites lettres de noftredit feu Seigneur & pere & de ces prefentes ils facent & fouffrent ladite Vniuerfité & fefdits Chapellains paifiblement ioyr & vfer, & icelles executent de point en point felon leurs formes & teneurs. Et afin que icelle Vniuerfité n'ait plus caufe de retourner fur ce plaintiue par deuers nous ou nos Succeffeurs pour la vexation & diftraction de l'Eftude de fefdits Chapelains, nous voulons & mandons au Geolier qui à prefent eft & aux Geoliers qui ou temps à venir feront de ladite Geole & auffi aux Officiers, Fermiers ou Gardes du fcel & de la boëfte dudit Chaftelet qui font ou feront, ou cas que pour le payement de ladite rente, ladite Geole ne fouffriroit que dorefnauant le iour & terme de S. Remy efcheu, ils payent fans quelconque delay ou excufation aufdits Chapellains leur rente de 60. l. Parif. deffufdits, & fans ce qu'il leur faille fur ce mandement ou congié de nofdits Receueurs de Paris ou d'autres, ne que pour quelque charge ou affignation par iceux Receueurs ou autres quelconques faites ou à faire fur iceux Geoliers ou Officiers, ils fe peuffent excufer ne garandir dudit payement faire fur nos Receueurs deffufdits ne autres quelconques, & d'icelle rente payer premierement & auant toutes autres charges ou affignations, mifes ou à mettre fur leurfdites Offices facent aufdits Chapelains ferment, felon la teneur defdites lettres deffus tranfcriptes ; c'eft à fçauoir ceux qui à prefent font, prefentement, & ceux qui ou temps à venir feront, à leurs nouuelles receptions, & aufquels ferment &

payement faire par la forme que dit est, Nous les voulons estre contraints en leurs refus ou demeure par nosdites gens des Comptes & Thresoriers, & le payement qu'ils auront sur ce fait, leur estre alloüé en leurs Comptes & rabatu de leurs fermes & recepte par nosdits Receueurs de Paris ou autres qu'il appartiendra. Et en outre voulons, mandons & expressément enioignons à nosdits Gens des Comptes & Thresoriers, que sur la verification de ces presentes, ils baillent leurs lettres, vne ou plusieurs, par lesquelles lesdits Chapelains puissent faire contraindre lesdits Geolier & les autres Officiers d'iceluy Chastelet, ou cas que ladite Geole ne souffriroit, comme dit est, comme pour nos propres debtes, & ainsi que nostredit Receueur les peut & pourroit faire contraindre pour nous à payer la rente dessusdite, lesquelles lettres verificatoires soient durables à tousiours, & s'en puissent iceux Chapellains aidier par chacun an doresnauant, toutes fois que mestier leur en sera & que iceux Geolier ou autres Officiers defaudront d'iceluy payement & sans impetrer pour ce nouueaux Mandemens ou compulsoire, & auec ce à faire que lesdits Geoliers ou autres Officiers de nostredit Chastelet, ne puissent ou doiuent soy excuser sur les Receueurs deuantdits dudit payement faire. Nous mandons & defendons expressément à nosdits Receueurs presents & auenir que de cy en auant ne presument & ne soient si hardis leuer d'iceux Geoliers ou Officiers ladite somme & rente d'iceux Chapelains, ne en empescher ou delayer le payement, mais allouent en leurs Comptes, ce que lesdits Geoliers & Officiers payé en auront par la maniere que dit est. Et pource que de nos presentes lettres lesdits Chapellains auront mestier de soy aidier, tant conjointement, comme diuisement en la poursuite de leurs payemens, il nous plaist & voulons de grace especial se mestier est, qu'au vidimus d'icelles, fait sous le sceel de nostredit Chastelet de Paris, foy soit adioustée comme à l'original. Car ainsi nous plaist-il estre fait. Nonobstant quelconques Constitutions, Ordonnances, Mandemens ou defenses faites, à faire & toutes autres nonobstances exprimées esdites lettres dessus transcriptes au contraires. En tesmoin de ce nous auons fait mettre nostre sceel à ces presentes. Donné à Paris le 15. iour de Septembre, l'an de grace 1417. & de nostre Regne le 37. Sur le reply. Par le Roy, le Confesseur Messire Guerin de Lorris & autres presens. I. de Wstholio & en l'autre bout. Collatio facta est in Originali.

1421.

Anno 1422. Henricus Anglorum Rex successor Caroli VI. & heres Regni, vt dictum est, declaratus, penultimâ Augusti finem victoriarum vt & vitæ fecit, apud saltum Vicennarum, Ioannem Betfordiæ Ducem fratrem suum Regni Francici Rectorem constituit: Henrici filij educationem commisit Thomæ Exoniæ Duci & Henrico Wintoniensi Episcopo. Paulo post Carolus VI. socer eius nempe 22. mensis Octobris diem quoque extremum obijt, & apud S. Dionysium sepultus est. Itaque eodem tempore duo Franciæ Reges proclamati, Henricus pupillus Henrici V. filius, & Carolus VII. à Patre exheredatus, qui quod primariæ Regni vrbes ab Anglis tenerentur, Lutetiam subire non potuit ante an. 1437. Per totum verò istud tempus Vniuersitas Parisiensis varijs fluctibus agitata est. Nam cum ita pactæ essent nuptiæ Catharinæ filiæ Caroli VI. cum Henrico V. Anglorum Rege, vt decedente Carolo Henricus, vel eius proles mascula Galliæ Regnum adiret, præterito Carolo VII. legitimo successore, imò exheredato, Dux Betfordius Regni & Lutetiæ Rector curauit in Vniuersitate, cuius tum magna erat authoritas, Magistratus identidem creari qui suarum partium essent, donec firmiter stabilitas videret. Quanquam non deerant qui nonnunquam publicè etiam ereptum successori legitimo diadema condolebant: sed quid gens inermis in vrbe captâ & seruituti mancipatâ faciat?

1422.

ORITVS CAROLI VI.

Placet hîc referre quæ scribit Monstreletius de obitu & exequijs Caroli VI. deque ordine quo in Pompa processit Vniuersitas. Sic ergo habet cap. 267.

» En ces propres iours s'accoucha malade en son lit à l'Hostel de S. Pol
» dedans Paris, CHARLES ROY DE FRANCE. Et le 22. iour d'Octobre
» iour des vnze mille Vierges, rendit son esprit, & furent à son trespas
» seulement son Chancelier, son premier Chambellan, son Confesseur &

Vniuersitatis Parisiensis. 359

Aumosnier auec aucuns de ses Officiers & Seruiteurs en petit nombre. "
Et brief après l'allerent veoir en son lit les Seigneurs de son Conseil, de " 1422.
la Chambre de Parlement, & des Comptes, l'Vniuersité de Paris, & "
plusieurs Colleges, les Escheuins, Bourgeois & habitans d'icelle ville, "
& aucuns autres. Et là par ses Seruiteurs fut mis en vn cercueil de plomb "
& porté moult reueremment par Cheualiers & Escuyers en la Chapelle "
de sondit Hostel de S. Pol: en laquelle il fut 20. iours entiers iusques à "
ce que le Duc de Betfort Regent fust retourné dedans Paris ou mois de "
Nouembre ensuiuant. Et durant les 20. iours dessusdits furent chantées "
& celebrées les Messes en icelle Chapelle, en la forme & maniere qu'on "
faisoit au viuant du Roy par ceux de sadite Chapelle: & en aprés par "
iceux estoit fait le seruice des Morts pour l'ame de luy, & allerent iour- "
nellement les 4. Ordres des Mendians de Paris, les vns aprés les autres "
faire seruice pour luy, & pareillement les Chanoines & Colleges cha- "
cun en son iour. Et d'autre partie luy fut fait de par l'Vniuersité vn moult "
noble seruice: & depuis les 4. Nations de ladite Vniuersité luy en feirent "
vn particulierement. Et generalement toutes les Parroisses luy feirent "
chacun vn Seruice solemnel. "

Natio quidem Gallicana in Æde Nauarrica solemniter defuncti Patris exequias celebrauit die 26. Octob. qua de re sic scribit M. Petrus de Credulio, qui anno superiori Rector Vniuersitatis fuerat, Baccalaureus in Theologia & socius Nauarricus, eiusdem Nationis tunc Procurator. Die inquit, 25. Octob. ex deliberatione Nationis fuerunt celebratæ Vigiliæ hora 3. post prandium, & Missa die sequenti in Collegio Nauarræ honestissimè & deuotissimè pro salute ipsius quondam D. nostri Regis, & ibidem fuerunt conuocati sub omni pœna, omnia supposita Nationis cuiuscunque Facultatis, Gradus, Status & conditionis extitissent. Et celebrauit Vigilias & Missam venerandæ circunspectionis & scientiæ M. Petrus de Dyerreyo Magister in Theologia; & Ego Procurator pro tunc ad honorem Nationis Matris meæ proprijs sumptibus dedi prædicto Magistro nostro & duobus notabilibus viris vnà cum M. Radulpho Barnesse Receptore Nationis prandium Scholasticum, secundum tamen exigentiam temporis nunc vigentis.

Pergit Monstreletius exequi Pompam funeris. Le 10. iour de Nouemb. *fut porté le Corps dudit Roy de son Hostel de S. Pol, en l'Eglise de Nostre-Dame de Paris; les Processions de toutes les Eglises allant au deuant dudit Corps, par ordre & chacun en son degré & puis les Prelats au dextre costé. C'est à sçauoir les Euesques de Paris, de Chartres, & de Terouenne, les Abbez de S. Magloire, de S. Germain des Prez, de S. Mor, & de sainte Geneuiesue. Et au senestre costé alloient l'Vniuersité, les Recteur, & Docteurs, aussi prés du Corps, comme les Prelats. Et portoient ledit Corps ses Cheuaucheurs & ceux de son Escuyerie; & aprés suiuoient les Maistres d'hostel & Escuyers d'Escuyerie au costé dextre. Et au senestre estoient les Preuosts de Paris & des Marchands & les Sergens d'Armes entre deux, & au plus prés du Corps estoit son premier varlet de Chambre. Et ceux de la Cour de Parlement portoient le drap pardessus le Corps, & au plus prés du Chief estoit son premier Chambellan & les autres ensuiuant. Aprés lesquels suiuoient les Pages du Roy, & vn petit ensuiuant, alloit le Duc de Betfort Anglois qui estoit Regent de France. Et n'estoit iceluy Corps accompagné de nuls des Princes de son Sang, sinon seulement dudit Duc de Betfort, laquelle chose estoit moult pitoyable à voir, attendu la grande puissance & prosperité en quoy ce noble Roy auoit esté veu durant son Regne. Et aprés ledit Duc suiuoient le Chancelier de France, les Maistres des Requestes, les Seigneurs des Comptes, Secretaires, Notaires, Bourgeois & le Commun de Paris en grand' multitude. Et estoit le Corps sur vne Litiere moult notablement: pardessus laquelle auoit vn pauillon de drap d'or à vn champ vermeil d'azur, semé de Fleurs de-lys-d'or, & pardessus le Corps auoit vne pourtraiture faite à la semblance du Roy, portant Couronne d'or & de pierres precieuses, moult riche tenant en ses mains deux Escus, l'vn d'or & l'autre d'argent: & auoit en ses mains gants blancs*

& anneaux moult bien garniz de pierres: & estoit icelle figure vestuë d'vn drap d'or à vn champ vermeil à iustes manches, & vn Mantel pareil, fourré d'Ermines: & si auoit vnes chausses noires & vns souliers de veluel d'azur semées de Fleurs-de-lys-d'or.

Auditis de morte Caroli certis nuncijs, Carolus filius Pictaui inungitur in Regem & à suis deinceps Rex appellatur; ac ne in incerto heres esset, paulo post ei natus est filius Ludouicus. Verum nec sic ab Anglo statim defecerunt vrbes quas ceperat, quasque valida manu subditas tenebat sub Henrico paruulo & Impubere, Betfordiæ Duce interim Regente.

Eodem anno actum est in Vniuersitate de conficiendo Rotulo, quem anno præterito concluserat esse conficiendum. Et ea de re actum post Remigialia, conclusumque *vt Rector esset Caput & Primus in Rotulo; & à Natione Gall.* similiter, vt M. *Petrus de Credulio* tunc Procurator esset *primus in Rotulo Magistrorum Nationis.* Item definitum præsentiam Irrotulandorum censendam à Dionysialibus anni 1422. ad festum BB. Petri & Pauli anni 1423. summa præsentium æstimata 12. solidis, absentium 24. grandis quidem ob exhaustum ærarium tam Vniuersitatis quàm Nationum.

Anno 1423. die 19. Maij Marchiani Collegij statuta confirmata sunt à M. Ioanne de la Rochetailleé Patriarcha Constantinopolitano, Ecclesiæ Parisiensis Administratore, instantibus M. Beuuino de Winuilla Executore Testamentario defuncti M. Guill. de Marchia fundatoris; & MM. Io. Bouueti, Io. Churnelli & Petro Bequillardi Magistris in Artibus autoritate Ordinaria subrogatis aliorum loco defunctorum, qui à prædicto M. Guill. cum M. Beuuino fuerant nominati. De hocce Collegio diximus ad an. 1362 De eo fusè agit Richardus Wasseburgus eiusdem olim Gymnasiarcha lib. 7. Antiquit. Belg.

Hoc quoque anno Martinus Pontifex autoritate Apostolica confirmauit institutionem Vniuersitatis Maioricensis: quam in rem extant eius litteræ.

In Francia vario euentu bella gesta sunt. Lutetia à Regina Catharina & Regente Betfordio tenebatur. Illa post obitum Henrici Coniugis Vniuersitatem per litteras rogat obsequium fidele Henrico posthumo præstare, auxiliumque polliceri. Rescripsit Vniuersitas hoc modo; vt habetur in Tabulario. A a. N.

A TRESHAVTE, TRES-EXCELLENTE & tres-puissante Dame, la Royne d'Angleterre.

TRes-haute & tres-puissante Dame! Nous enuoyons de present pardeuers vostre tres-noble Seigneurie, Nos Supposts honorables Maistres Iean Beaupere Docteur en Theologie & Iacques Saquespée, Maistre en Medecine pour aucunes choses touchant la Seigneurie de nostre souucrain Seigneur Henry Roy d'Angleterre par la grace de Dieu, & le bien de Paix d'iceux Royaumes. Et pour nous & nostre Estat, recommander & respondre aux tres-gratieuses lettres qu'il vous a pleu à nous enuoyer. Desquelles vous remercions tant affectueusement que faire poons. Si vous supplions Nostre tres-redoubtée Dame, que nosdits Ambassateurs vueilliez benignement ouïr & adiouster pleine foy, à ce qu'ils ont à dire de par nous en leur donnant aide & gratieuse faueur en toute leur poursuite. Tres-haute & tres-puissante Dame, le S. Esprit vous vueille continuer en bonne prosperité au bien & vtilité des deux Royaumes & en la fin. donner la ioye pardurable. Escrit à Paris en nostre Congregation generale solemnellement celebrée à S. Mathurin le 3. iour de Decembre.

Vos humbles subjets,

Les Recteur, Docteurs & Maistres de l'Vniuersité de Paris.

Eadem

Vniuersitatis Parisiensis.

Eadem die eosdem legatos ad Ducem Cloceſtriæ qui cum Bedfordio præcipuas in Regni administratione partes obtinebat, destinauit eadem Vniuersitas, cum hisce litteris.

Illustrissimo ac Potentissimo Principi Duci Cloceſtriæ.

PAci Regnorum pariter & vtilitati, ILLVSTRISSIME PRINCEPS, pro noſtra vocatione studentes, ecce mittimus ad præsentiam veſtram Dilectos & perdoctos viros Ambaſſiatores nostros MM. Ioan. Pulcripatris Sacræ Theologiæ Profeſſorem & Iacobum Sacqueſpée in Medicina Magiſtrum, quibus nonnulla D. noſtri Henrici Dei gratia Francorum & Anglorum Regis Dominium atque ipsa Regna tangentia commisimus in conspectu veſtro diligenter explicanda. Idcirco veſtræ dominationi supplicamus, quatenus in cunctis pro nostra parte dicendis Præfatis Ambaſſiatoribus nostris adhibere dignemini plenam fidem, ipsos benigni fauoris & auxilij complexu habentes recommiſſos. Dominationem vestram conseruare dignetur I. C. feliciter. Datum Pariſius in noſtra Congregatione Generali, apud S. Mathurinum solemniter celebrata die 3. menſis Decemb.

Beniuoli veſtri,

Rector & Vniuersitas
ſtudij Pariſienſis.

Eadem Vniuersitas ad Bedfordium Regentem alios Legatos cum litteris eiuſdem tenoris miſit, quibus vt & prioribus subscripsit M. Hebert tunc eiuſdem ſcriba : Ijs porro Instructiones tradidit quæ in Charta Tabularij publici continentur, his verbis.

Sequuntur ea quæ habent proſequi MM. Ioannes de Boueſque Eleemoſynarius Fiſcanenſis & Euſtachius de Meſnillo in ſacra Pagina Profeſſores Nuncij ſtudij Vniuerſitatis Pariſ. profecturi ad D. noſtrum Regentem & Inuictiſſimum ac Illuſtriſſimum Principem D. Ducem Burgundiæ.

1. Quod Vniuerſitas habeat vnam litteram Generalem à Rege Angliæ pro omnibus ſuis Collegijs, Suppoſitis Vniuerſitatis, tam beneficia, hereditagia, redditus, quàm patrimonia habentibus de quorum Scholaritate & iuramento præſtito conſtabit per ſigillum D. Rectoris, vt ſcilicet gaudeant perpetuo ſuis Beneficijs, fructibus eorum, reditibus & patrimonijs pacificè & quietè. Et habeatur dicta littera fine expreſſione nominum, attenta temporis malicia, propter quam multi Scholares abſentes nunc ſunt qui nomina deferre non valerent, & multis motiuis declarandis per dictos Nuncios.

Item & quod prouideat tam Collegijs quàm Suppoſitis Vniuerſitatis beneficiatis in dicto Ducatu, quod non perdant fructus qui ſibi debebuntur in inſtantibus feſtis BB. Nicolai & Remigij.

2. Quod ſuppoſita dictæ Vniuerſitatis eximantur ab excubijs nocturnis pariter ac diurnis, & à cuſtodia portarum, alias ſaltem fiat prouiſio pendente tempore, & quod recuperetur littera per illos de Curia Parlamenti detenta, & declaretur bene modus detentionis.

3. Quod Conſeruatores valeant ſuam Iuriſdictionem exequi tam in Ducatu Normaniæ, quàm in alijs locis Conqueſtæ Regis Angliæ, attento quod priuilegia Vniuerſitatis pro maiori parte ſunt Papalia & conceſſa à ſummis Pontificibus quibus quilibet Catholicus tenetur obedire.

Eodem anno à Martino Pontifice conſulti Vniuerſitatum Doctores primarij an liceret Cenſus & Reditus alienare & vendere: reſponderunt licere. Et ille Extrauagantem *Regimini* protinus condidit. Hæc quæ ſequuntur ex MS. Herouuallij.

Tom. V.   Z z

1422. "*Consultatio Doctorum de Venditione Censuum & Redituum, super qua facta est Extrauagans,* Regimini.

"Quia vsus emendi Census ad redemptionem in multis patrijs non co-
"gnoscitur, pro maiori eius notitia quædam subscribuntur. Con-
"tractus qui fit in emptione Census super aliquam hereditatem, videtur
"esse ac si emeretur ipsa hereditas, vel pars illius secundùm proportio-
"nem solutæ pecuniæ. Pecunia verò pro Censu recepta annuatim videtur
"esse tanquam locagium hereditatis propriæ certâ pecuniâ empta. Differt
"huiusmodi emptio ab emptione communi. Quia venditor potest sem-
"per possidere hereditatem supra quam assignauit Censum venditum; nec
"Emptor ab eo potest eum abigere quandiu soluerit locagium quod sub
"alio nomine, scilicet Census est appellatum. Potest etiam redimere
"quod vendiderat si voluerit, inuito Emptore, propter statutum Reipub.
"nec propterea videtur dicendum aliquid fuisse receptum ab Emptore
"vltra sortem, quasi æquenon posset dici si Contractus rei emptæ fuisset
"factus emptione communi. Quia si aliquis emat domum, & post multa
"ipsius locagia recepta ab eodem qui emerat, iterum vendat eidem tan-
"tum quantum prius soluerat, à nullo videtur recepisse vltra sortem.
"Item attendendum est quod in huiusmodi Contractu nullum sit pactum
"quod Venditor debeat redimere quod vendidit, quamuis dicatur quod
"petierit cum voluerit, propter statutum. Item attendendum est quod
"huiusmodi Contractu perfecto, venditor receptâ pecuniâ venditionis,
"potest quando voluerit, relinquere hereditatem super quam assignauit
"Censum, nec aliquid amplius potest ab eo exigere Emptor. Item si he-
"reditas diminuatur in valore, vt penitùs annihiletur sicut per ignem, vel
"aliàs damnum est super Emptorem & non super venditorem quia reli-
"quit hereditatem. Propterea videtur huiusmodi contractus multum dif-
"ferre à Contractu vsuræ, videtur similiter quod Laïcus constitutus sub
"prædicto statuto potest sine macula vsuræ emere Censum ad redemptio-
"nem Si in contractu non fiat mentio quod venditor debeat redimere
"Censum, sed tantùm quod possit cum voluerit. *Casus est talis.*
"Quædam Domus Religiosæ quarum Fratres non mendicant, emerunt
"pensiones annuas perpetuas ipsis opportunas pro sustentatione fratrum
"suorum de certis Ciuitatibus, Oppidis & Communitatibus pro quibus
"exposuerunt iustum pretium secundum æstimationem & cursum loco-
"rum in quibus agebant, scilicet persoluendum alicubi 24. florenos pro
"pensione vnius fratrum in vno loco, & in alijs locis 23. vel ad minus 20.
"florenos venditoribus prædictis dando gratiam vt ipsas pensiones pro
"eodem pretio redimere possent. Et cum præmissi Religiosi vsuram non
"exercerent, & in emendo iustum **pretium persoluerent, quæritur an tales**
"Contractus sint liciti?
"Doctores vtriusque iuris communiter dicunt & tenent quod Contra-
"ctus Emptionis & venditionis sub forma præscripta, vel consimili fa-
"ctus, est licitus & à iure permissus, quando iustum pretium in ipso Con-
"tractu interuenit, & nihil vltra summam receptam soluitur, cum vendi-
"tio rescinditur. Quibus Doctoribus Ego Henricus de Dicton Aduoca-
"tus in Curia Boloniensi consentio in hac parte; in cuius testimonium si-
"gnetum meum præsentibus impressi.
"Præscriptis assentio Ego Henricus Sting de Banna Decretorum Do-
"ctor, dummodò per appositionem dicti pacti de redimendo pro eodem
"pretio non sit solutum minus iusto pretio, secundùm communem & so-
"litam illius Patriæ, vel loci consuetudinem absque dicti pretij apposi-
"tione æstimato; prout ego ex certis informationibus per me receptis cer-
"tissimè credo Contractum præscriptum processisse ac celebratum fore.
"Quod sub mei soliti signeti impressione attestor.
"Et Ego Ioannes Wilborgh Decretorum Doctor consimiliter, vt

præmittitur, dico & sentio. In cuius rei testimonium me subscripsi & signetum meum apposui.

"1423.

Decisioni prædictorum Doctorum Ego Ioannes de Nouo-Lapide Legum Doctor adhæreo; dicta enim venditio ex suis substantialibus consistit requisitis, de quibus in l. 1. ff. de po. de contrahend. Empt. & Iusti. eod. tit. formam recipiens ex conuentione Partium, l. 1. §. si conuenerunt. ff. de po. quæ forma est licita & à iure expressè permissa, l. 2. c. de pact. inter empt. & ven. Nec permissa venditio subiacet aliquomodo suspicioni vsurariæ prauitatis: Nam non propter consuetudinem Contrahentium quæ est attendenda l. qui semisses, ff. de vsur. No. in l. vniuersorum, cum concor. ibi all. ff. de Pign. Nec etiam ratione exiguitatis pretij conuenti, cum ipsum longè excedat pretium legale, de quo in autent. de non alien: Et etiam notabiliter transcendit commune solitum dari pro tali pensione. Et sic nedum ex parte Emptoris est iustum, imò iustius iusto l. si seruum in prin. ff. ad l. Aquil. & l. pretia rerum in prin. ff. ad l. falcid. propterea Emptiones præfatæ carius emisse videntur ratione pacti in fauorem venditoris duntaxat appositi quod auget pretium & eius censetur. l. fundi partem. ff. de contrahend. Empt. & Vendit. Et in testimonium præmissorum sigillum meum duxi apponendum.

Quemadmodum dicti Doctores sic sentiunt, ita & Ego Ioannes de Seruo legum Doctor dicendum puto & assentio, videlicet quod Contractus prædictus sit licitus, quia de iure expressè permissus, vt in dicta l. 2. c. de pact. inter Emp. & Ven nec obstat C. ad nostram Extr. de empt. & vendit. vbi talis reemptionis Contractus in fraudem vsurarum factus dicitur, quia hoc est verum in casu C. illius scilicet, quando Contractus est imaginarius & simulatus per fœnerationem initus & iustum pretium non continens. Hic verò Contractus venditionis est verus & liquidus iustum pretium abundè continens, in quo nulla simulatio; nulla fraus interuenit. Ideo est proculdubio validus, licitus & permissus. In cuius testimonium, &c.

Et Ego Theodoricus de Monasterio S. Theologiæ Professor Coloniæ Regens assentio Doctoribus supradictis, quia pretium datum est iustum; & conditio apposita cedit in fauorem vendentis, & facit in dicto Contractu fauorem & charitatem ad proximum amplius relucere.

Et Ego Iacobus de Susaco Ordinis Prædicatorum, sacræ Paginæ Professor ac hæreticæ Prauitatis Inquisitor assentio Doctoribus supradictis, maximè cum D. Innocent. super C. in Ciuitate Extr. de vsuris super verbo, ex forma, dicat quod quando in perpetuum emuntur reditus, nunquam potest esse Contractus illicitus, nec gratia data venditori præiudicat Contractui, imò fortificat & facit illum plus iustum.

Et Ego Fr. Nicolaus de Spica sacræ Theol. Professor Ord. Carmelitarum conformiter assentio Doctoribus prædictis, eo quod adiecta conditio potius tendere videtur in venditionis fauorem & releuamen, quàm in ipsius grauamen. Et illam Charitatem etiam fouere videtur, de qua Apost. ad Rom. 13. *Nemini quicquam debeatis, nisi vt inuicem diligatis.*

Et Ego Ioannes Vari Doctor legum Præpositus Ecclesiæ S. Georgij Bolon. æstimo præmissa consona fore dispositioni Iuris. In cuius rei testimonium.

Ego Petrus Cardinalis Cameracensis credo quod tales Contractus sint liciti; dum tamen in viuentibus non sit intentio vsuraria, hoc est quod Ementes non intendant quod vendentes redimant, vt sic pecunias suas rehabeant, & vltra sortem reditus medij temporis recipiant: sed talis intentio vsuraria tollitur, si ementes simpliciter mallent talem contractum facere, sine conditione quam cum tali conditione redimendi.

Ego Ioannes de Gersonno Cancellarius Parisiensis idem teneo.

Ego Franciscus Cardinalis Florentinus sic sentio; quod si quæ pensiones priùs essent constitutæ, vt quia Ciuitas cogit Ciues ad mutandum Ciuitatem, & quia Ciuitas non potest soluere Capitale, constituit

1423.

mutuantibus certos Reditus, puta quinque pro Centenario, quos annuatim soluit quo vsque redditurus Capitale, tunc non est propriè mutuum; ex quo mutuantibus non competit actio contra Ciuitatem ad reddendum Capitale, quia non est consuetum, nec de facto redditur ius in talibus, vt fit Venetijs, & Florentiæ, & Ianuæ. Et hoc videtur licitum quia vt dixi non est propriè mutuum, sed est contractus Emptionis: quia iste qui dat pecuniam, videtur emere censum annuum. Et tales pensiones iam constitutas licitè potest quis emere vt etiam obseruatur in dictis locis. Si autem aliquis non coactus dat aliquando certam pecuniæ quantitatem puta 20. & ille sic dicet Censuarium de solutione vnius pensionis annuatim, donec reddat 20. tunc hoc videtur illicitum vt dixit Innoc. de vsur. in Ciuitate. Tunc non est vsura ex quo non est mutuum: quia si ille qui dedit, non potest repetere Capitale, licet debitor possit se liberare reddendo Capitale & intelligendo quod Reditus isti communi æstimatione non excedant Redditus quos haberet si prædia emisset. n. de vsuris consuluit. Et talis Contractus posset excusari in Religiosis, si esset consuetus in loco. Et ipsis Religiosis non erat facile æquè bene conseruare vitam solitariam emendo prædia, sicut emendo pensiones prædictas.

Item, Quidam olim Reuerendissimus Pater D. Dynus Archiepiscopus Ianuensis se recordari quendam Tractatulum in consimili præscripto casu compilauit. Cuius Conclusionem finalem exprimit in hæc verba.

Ego Dynus permissione diuina Episcopus Ianuensis concludo Contractus prædictos secundum statuta Ecclesiæ veros esse, iustos, licitos & honestos ac tenendos, nec sapere aliquam fraudem vsurariam. Et in testimonium veritatis.

Et Ego   Rector Ecclesiæ S. P.   Vticensis Diœcesis Decretorum Doctor præscriptæ Conclusioni tanquam veræ assentio & sigillum meum in testimonium veritatis vnà cum dictis venerabilibus Doctoribus appendi. Tu simplex crede in huiusmodi materia tantis & tam doctis viris solemnibus & in Iure peritis.

Nec te moueant acta quorundam oppositum sentientium, si tamen conscientiæ tuæ contrarium esset, nec huiusmodi errorem posset deponere, esset ab eiusmodi Contractibus abstinendum, eo quod quidquid est extra conscientiam, ædificat ad gehennam; sed multò tutius est te contra te viriliter agere & illam conscientiam erroneam deponere, vel saltem deponere velle, & non velle plus credere tibi ipsi quam tot & tantis viris Theologis, Secularibus & Religiosis, Legistis & Canonicis, Cardinalibus & Episcopis. Quod si facere non volueris, certum quod præsumptuosus & superbus determinans in tuo sensu iudicabis, tunc & valde timendum est consequenter, quando enim tu superbis, condemnaris. Iustissimum ergo semper in dubijs magis credere alijs, præcipuè, Prælatis nostris, bonis viris bonæ conscientiæ & litteratis quàm nobismetipsis ne fallamur, cum apud nosmetipsos prudentes esse conamur.

Copiæ Bullæ D. Martini Papæ V. super approbatione Emptionis Redituum & Redemptionum.

„ MARTINVS Episcopus seruus seruorum Dei. Venerabilibus fratri-
„ bus Tingnensi, Lubicen. & Clermicen. Episcopis sal. & Apost.
„ bened. hodie siquidem litteras nostras concessimus tenorem qui sequi-
„ tur, continentes.
„ Martinus Episcopus seruus seruorum Dei, ad futuram rei memoriam.
„ Regimini vniuersalis Ecclesiæ quamquam immeriti disponente Domino
„ Præsidentes curis cogimur assiduis, vt iuxta creditæ nobis dispensationis
„ officium subditorum quorumlibet paci & quieti, quantum nobis ex alto
„ conceditur, intendamus, & dubia quæ inter eos oriuntur pro tempore
„ ne litis anfractum, seu scandalorum parturiant fomentum, nostro mo-
„ deramine vniuersorum declarentur. sanè Petitio dilectorum filiorum

Cleri, nobilium Incolarum & Habitatorum Ciuitatis & Diœcef. Vratif- "
lauienfis nobis exhibita continebat quod licet à 100. annis citra & fupra " 1423.
& à tanto tempore & ad tantum tempus cuius contrarij memoria non "
exiftit, in eadem Ciuitate & Diœcefi ac Partibus vicinis quædam confue- "
tudo rationabiliter obferuata ac præfcripta moribus vtentium appro- "
bata ad communem vtilitatem hominum introducta fuiffet, pro quibus "
Princeps, Baro, Miles, Ciuis fiue Oppidanus partium earundem idem "
expedire videbatur, melius pro nunc non valentes confulere perfo- "
næ Ecclefiafticæ, aut feculari Collegio, Vniuerfitati, Oppido, vel Ci- "
uitati fuper bonis fuis, oppidis, terris, agris, prædijs, domibus & here- "
ditatibus vendere confueuit & vendidit annuos cenfus vnius, vel plu- "
rium marcarum, aut groſſorum Pragenfium nummi Poloniæ & Paga- "
menti confulti ad rationem, vt pro qualibet marca ipfius annuus cenfus, "
10. 11. 12. 13. aut 14. marchæ, aut plus, aut minus fecundum temporis "
qualitatem, prout ipfi Contrahentes tunc inter fe conuenerunt, ipfi ven- "
ditori tamen integraliter in pecunia numerata folui confueuerunt bonis "
in ipfo Contractu tunc expreſſis pro ipfius cenfus annui perfolutione in "
perpetuum obligatis, & femper in ipfis Contractibus expreſſim, ipfis ven- "
ditoribus data fuit facultas atque gratia quod ipfum annuum cenfum in "
toto, vel in parte pro eadem fumma denariorum quam ab ipfis Empto- "
ribus receperunt quicunque vellent libere abfque alicuius requifitione, "
contradictione, vel aſſenſu poſſent extinguere & redimere, & fe ab ipfius "
Cenfus folutione ex tunc penitus liberare. Sed & hoc huiufmodi Cenfus "
venditores inuiti nequaquam per Emptores arctari, vel adftringi vale- "
rent, etiam ipfis poſſeſſionibus & bonis obligatis, interemptis feu deftru- "
ctis. Et licet talis Emptionis, feu venditionis Contractus per Epifcopi "
Brateſlauien. pro tempore exiftentes, feu eorum Officiales, necnon per "
diuerfos DD. temporales locorum & terrarum in quibus Cenfus huiuf- "
modi conftituti exiftunt, tanquam licitus & communi vtilitati defer- "
uiens fæpius confirmatus pariter & approbatus, quodque fuper huiuf- "
modi Cenfibus plura Beneficia Ecclefiaftica, Collegia Canonicatus & "
Præbendæ, Dignitates, Perfonatus & Officia, vicariæ, altaria, Monafte- "
ria plufquam duo millia de expreſſo confenfu & voluntate DD. tempo- "
ralium litteris, figillis figillatis & roboratis fore nofcuntur. Quodque "
etiam venditores eorundem Cenfuum fe nonnunquam ad ipforum Cen- "
fuum folutionem pœnis & cenfuris Ecclefiafticis Ordinariorum loco- "
rum fponte & libere fe fubmiferunt, ficut etiam aliqui eorum tractu tem- "
poris compulfi fuerunt & compelli confueuerunt, tamen nonnullis "
venditionibus ipfis in arcum prauum conuerfi cupientes cum alterius ia- "
ctura locupletari, huiufmodi Cenfus huc vfque per alios libere & abfque "
vlla Contradictione folutos eifdem Emptoribus tam Ecclefiafticis quàm "
fecularibus foluere contradicunt & recufant, confingentes huiufmodi "
Emptionis & venditionis Contractus fore & eſſe vfurarios & illicitos, "
ipfos Emptores Ecclefiafticos & feculares, necnon Collegia, Canonica- "
tus & Præbendas, Dignitates, Perfonatus & Officia, Vicariatus & Alta- "
ria ac Beneficia huiufmodi ipforum annuorum cenfuum fpoliant perce- "
ptione & detinent fpoliatos in animarum fuarum periculum, Empto- "
rumque præiudicium, damnum & grauamen, & propterea an Contractus "
Emptionis & Venditionis, huiufmodi liciti exiftant à nonnullis hæfita- "
tatur. Quare pro parte eorundem Cleri, Nobilium, Incolarum & habi- "
tatorum nobis humiliter fupplicatum fuit an Contractus huiufmodi liciti, "
vel illiciti cenferi debeant, declarare, & aliàs eis in præmiſſis opportunè "
prouidere de benignitate Apoftolica dignaremur. Nos igitur huiufmo- "
di fupplicationibus inclinati, quia etiam ex relatione dilecti filij noftri "
Guill. tit. S. Marci Presbyteri Cardinalis, cui negotium huiufmodi cum "
peritorum confilio commifimus examinandum, comperimus Contractus "
huiufmodi iuridicos & iuxta declarationem Doctorum licitos fore ad hu- "
iufmodi ambiguitatis tollendum dubium in præmiſſis; Venditores ad "

Zz iij

"illorum solutiones remoto Contradictionis obstaculo obligari autoritate
1423. "Apostolica tenore præsentium ex certa scientia declaramus, non obstan-
"tibus præmissis cæterisque contrarijs quibuscunque. Nulli ergo omnino
"hominum liceat hanc paginam nostræ declarationis infringere, vel ei
"ausu temerario contraire. Sic quisautem, &c. Datum Romæ, apud SS. Apo-
"stolos 6. Non. Iulij Pontif. nostri an 8. Volentes itaque quod prædictæ
"nostræ litteræ debitum, sortiantur effectum, fraternitati vestræ per Apo-
"stolica scripta mandamus quatenùs vos, vel duo, aut vnus vestrum per
"vos, vel alium, seu alios præfatis Emptoribus in præmissis opportuni fa-
"uoris subsidium efficaciter impendentes, dictasque litteras vbi, quando, &
"quotiens expedire videritis, autoritate nostra solemniter publicari facia-
"tis, ac eadem autoritate eisdem Emptoribus, vel ipsorum procuratoribus
"eorum nominibus per venditores, seu debitores Censuum huiusmodi de
"præfatis Censibus iuxta Contractuum & Conuentionum inter ipsos ha-
"bitam formam & tenorem, plenam & debitam satisfactionem impendi,
"Contradictores per Censuras Ecclesiasticas appellatione postposita,
"compescendo, non obstante si aliquibus communiter, vel diuisim à Sede
"Apostolica sit. indultum, quod interdici, suspendi, vel excommunicari
"non possint per litteras Apostolicas non facientes plenam & expressam
"ac de verbo ad verbum de Indulto huiusmodi mentionem.

Anno 1424. obijt Paniscolæ in Arragonia, Petrus de Luna, Benedi-
1424. ctus XIII. olim nuncupatus, successoremque reliquit quendam Ægidium Sancij Munionis Arragonensem, sed ille assumpto Clementis VIII.
nomine, cum fautoribus à Martino Pontifice Romano percussus est anathemate.

In Francia bellum atrox feruet inter Carolum VII. & Henricum: iste
Regente Betfordio, vt Papam habeat in votis obsequentem, Rotulum
mittit, in quo de libertatibus Ecclesiæ Gallicanæ plurimùm deminuit
circa Collationes Beneficiorum & Annatas, quas contra Sanctiones Caroli VI. Rom. Pontifici tribuebat. Talis est ergo Rotulus Betfordianus
ex vetere membrana Herouuallij.

*Hæ sunt petitiones & requestæ quas Ambassiatores Serenissimi Principis
Henrici Francorum & Angliæ Regis destinati per deliberationem & aduisamentum D. Regentis & iuxta sibi Imposita, ac etiam Responsiones manu propria D. nostri Papæ scriptæ & Præfatis Ambassiatoribus factæ, vt
inferius videbitur.*

" 1. IMPRIMIS cum propter maliciam temporum visis periculis & guer-
" rarum turbinibus & diuisionibus in Regno Franciæ proh dolor! vi-
"gentibus, periculosum sit prouidere Prælaturis, Dignitatibus & alijs Bene-
"ficijs vacantibus in eodem Regno de personis Regi & eius dominio sus-
"pectis, & de quibus plena securitas verisimiliter haberi non possit, quod
"huiusmodi guerrarum tempore durante S. V. in Prælaturis conferendis,
"videlicet Archiepiscopatibus, Episcopatibus, Abbatijs, primis Dignita-
"tibus, post Pontificales, principalibus dignitatibus in Ecclesijs Colle-
"giatis, Prioratibus Conuentualibus & similibus vti valeat & possit; re-
"seruationibus Apostolicis sicut tempore Vrbani V. & Gregorij XI. vte-
"batur, prouidereque singulis dum vacabunt, ad supplicationem & re-
"questam D. Regentis dictum Regnum de persona notabili & benè me-
"rita, tali prouisione digna, vnius ex tribus per eum super his S. V. secretò
"nominandis, aliàs S. V. non admissionem dignetur tolerare & recusatio-
"nem ex iusta causa sibi notam fieri.

" 2. Item quia reperitur, quod tempore dictorum DD. Vrbani V. & Gre-
"gorij XI. dabantur gratiæ Expectatiuæ ad quæcunque alia Beneficia intra
"dictum Regnum consistentia, S. V. consimiliter Expectatiuas dare valeat
"& admitti valeant, ipsorum tamen tertia parte Ordinarijs reseruata,

autoritate sua ordinaria conferant. Ita quod reseruata in vice & parte V. S. computentur, ac si reseruata non forent, moderateque recipere & habere valeat primos fructus Prælaturarum & aliorum Beneficiorum quæ contulerit S. V. videlicet tertiam partem Prælaturarum duntaxat exclusis omnibus alijs minutis seruitijs, & quibuscunque alijs modis pecunias exigendi, sicut de obligationibus, Quittancijs, dilationibus & similibus. De alijs verò Beneficijs mediam partem, donec huiusmodi Prælaturæ & alia Beneficia quæ nunc omnino depauperata sunt, aliqualiter meliorentur.

Fiat quod Ordinarijs liceat quartam partem Beneficiorum conferre ad Quinquennium & pro solutione vacantiarum debitarum concedentur dilationes sufficientes, & habebitur respectus ad pauperes.

3. Item quod cum tempore D. Alexandri V. omnia Areragia quæ prætendebat Camera Apostolica & Collegium Cardinalium sibi debita, fuerint remissa ; & D. Ioannes nihil post se dimiserit & Prælati qui dicuntur concessisse in Constantia medietatem taxæ Prælaturarum, erant pauci, præsertim de Regno Franciæ, nec alios potuisse obligare videntur, maximè contra legem & ordinationé Regis & Regni, quod viso casu cum circunstantijs placeat S. V. remittere omnes taxas & pecuniarum summas prætensas debitas pro Prælaturis quæ vacarunt de tempore V. S. in dicto Regno, quacunque obligatione non obstante, vsque ad datam præsentium; etiamsi terminus iam effluxerit, quia attento quod talia diebus singulis eueniunt, impossibile esset ea soluere sine destructione totali & ruina Beneficiorum.

Fiat quod omnibus detur dilatio secundum qualitatem Ecclesiæ, pro impotentibus ad annum, pro alijs ad sex menses.

4. Item dignetur S. V. ad se aduocare causam Matrimonialem in Curia Rom. pendentem inter D. de Clouceltre & Comitissam Hannoniæ ex vna & Ducem Brabantiæ partibus ex altera, illamque committere in partibus, attento quod partes ipsæ se submittunt & submiserunt ordinationi dicti D. Regentis & Ducis Burgundiæ.

5. Item dignetur S. V. dare & concedere alicui Prælato, seu personæ Ecclesiasticæ in Regno Franciæ, & in eodem Regno ac obedientia dicti D. Regis Franc. & Angliæ degenti potestatem, licentiam & facultatem cognoscendi de quibuscunque causis, de quibus recursus habendus esset ad Sedem Apostolicam, siue per simplicem querelam, aut per appellationem vel alias quo vis modo, vel alteri committendi, ita quod terminentur pro omnibus Instantijs infra Regnum, hæresis ac criminis læsæ Majestatis in personam summi Pontificis, Matrimonialium inter Magnates & potentes causis duntaxat exceptis.

Fiat quod non committantur causæ Beneficiales 50. librarum in portatis in Curia Rom. per simplicem querelam, vel per appellationem nisi à definitiua, aut tali grauamine quod non possit in definitiua reparari, nec Causæ Matrimoniales in duabus Instantijs, nisi personarum conditio causæ poscat.

6. Item dignetur S. V. deputare vnum Commissum qui possit monere seu moneri, mandare omnes & singulas personas Ecclesiasticas habentes Prælaturas, Dignitates, aut alia Beneficia in terris & obedientia dicti Regis Franciæ & Angliæ citra mare qui inobedientes à suis Beneficijs recesserunt, & illa Pastoris solatio destituta reliquerunt, quatenùs infra certum tempus eisdem propterea statuendum veniat ad residendum in locis dictorum Beneficiorum suorum, præstentque obedientiam Regi, ac

1424.

"tractatum pacis seruent & teneant. Alioquin priuentur, & ex tunc de-
"clarentur priuati dictis eorum Beneficijs, si præmissa contempserint, dicta-
"que Beneficia personis idoneis conferantur, prout decuerit & per illos
" ad quos spectabit.

Fiat in forma Iuris, dum tamen securè possint in eis morari.

7. Item Placeat S. V. viso quod Clerus in multis regionibus, Prouin-
" cijs & Diœcesibus, & quasi vbique digressus est nimis à suis traditioni-
" bus & obseruantijs maximè in Regno Franciæ, in tantum quod vlterius
" tolerari non posset, sine conuenienti prouisione, attento quod autenti-
" cè reperitur in scriptis autoritate Regia Reformationem Cleri in eo-
" dem Regno alias factam fuisse, sicut in aliquibus alijs Regnis, ac quod
" Sedes Apostolica aliquando Principibus Catholicis etiam modernis tem-
" poribus facultatem dedit & concessit faciendi fieri per viros Ecclesiasti-
" sticos, dare & concedere facultatem Illustri Principi D. Duci Betfordiæ
" Regenti Regnum Franciæ, faciendi fieri reformationem illorum de statu
" Ecclesiastico in terris & dominijs suæ Regentiæ qui ad hoc afficitur pro-
" pter Dei reuerentiam & bonū Ecclesiæ, & ne status Ecclesiasticus turbe-
" tur in regimine suo, & de suo tempore tam Exemptorum quam non Exem-
" ptorum, reducendo tam Seculares quam Regulares ad suas primas Insti-
" tutiones & debitas obseruantias, ac cerimonias secundum Iuris scripti &
" sacrorum Canonum veras Conclusiones & Definitiones, ac Patrum tradi-
" tiones, absque eo quod aliqua appellatio possit impedire, vel suspende-
" re quod deputandi Reformatores statuerint & ordinauerint, interpreta-
" ti, aut declarati fuerint, & quascunque exemptiones & exemptos redu-
" cere ad limitationem Concilij Lateranensis & Lugdunensis.

Fiet quod dabitur bonus & congruus modus.

" 8. Item quod cum secundum traditiones Canonum & sacrorum Pa-
" trum Prælati qui fugiunt ab Ecclesijs suis in quibus remanere possent si
" vellent, & quasi transfugæ habentur & populum, ac Ecclesiam sibi com-
" missos pro derelicto videntur habere, & seipsos deijcere noscuntur, & Ar-
" chiepiscopus Remensis per iam plures & præcedentes annos pro tali sit
" habitus & habeatur. Quidam verò alij se constituerint & constituant ini-
" micos Regis, Dominique Regentis quorum debent esse Vassalli & sunt
" pro temporalitate concessa eorum Ecclesijs ad fundationem Ecclesiæ ex
" liberalitate Regia & de sua mensa per ambitionem & circumuentionem
" se procurauerint pronunciari ad nonnullas Ecclesias in dominio & sub-
" iectione Regis consistentes, à quibus non solum tanquam indigni: quinimo
" tanquam irretiti crimine læsæ Majestatis iustè & rationabiliter repulsi
" sunt, vt sunt qui conantur occupare Ecclesiam Laudunensem, pronun-
" ciatusque ad Ecclesiam Sagiensem ad Ecclesiamque Meldensem & non-
" nulli alij, assequi & retinere conantes Abbatias dignitatesque alias & be-
" neficia alia in subiectione & dominio Serenitatis Regis Franciæ & An-
" gliæ, quod placeat S. V. illos transferre ad alia loca, vel eis aliter pro-
" uidere, aut declarare ius sibi non competere, vel saltem Regi consentire
" vt secundum formam Iuris autoritate Regia prouidere possit & valeat,
" prout alias factum fuisse reperitur, ne populus dictis Ecclesijs subiectus
" deficiat in eo quod sibi tenetur facere Prælatus, siue obtinens Dignita-
" tem, & ne alienetur ab obedientia, subiectione & reuerentia serenitatis
" Regiæ.

Fiet captâ opportunitate & commoditate faciendi.

9. Item quod cum Ecclesia Rom. consueuerit incumbere possessioni
" Regnorum, Ducatuum & Dominiorum temporalium, non habendo res-
" pectum ad veritatem, tituli cum ad ipsam non pertineat iudicare de titulo
" maximè Iure ordinario & scribere talibus Dominis incumbendo pos-
" sessioni pro recommendatione illorum qui apud ipsam producentur ad
Prælaturas

Vniuersitatis Parisiensis. 369

Prælaturas & Dignitates & ad idem faciendum de eorum promotione, " ———
vt temporalia eis expediantur, & à paucis temporibus citrà sine expres- " 1424.
sione nominis sereniβimi D. nostri Henrici Regis Franciæ & Angliæ scri- "
ptum fuerit pro quibusdam promotis ad Prælaturas & Dignitates infra "
terminos sui Regni & Dominiorum suorum situatas, quòd alias factum "
fuisse non legitur; quod placeat S. V. sub expressione sui proprij nomi- "
nis in casu simili à cæteris scribere, aliter assentire quod non teneatur "
temporalia eis expedire cum clausulis & capitulis opportunis. "

10. Item dignetur S. V. dare & concedere licentiam & facultatem "
imponendi supra Clerum, Ecclesias, Ecclesiasticasque personas Regni "
Franciæ existentes in obedientia D nostri Regis Franciæ & Angliæ vsque "
ad valorem 12 florenorum auri de Camera pro rehabendo & recuperando "
expensas Ambassiatoribus datas, & factas pro Ambassiata ad S. V. pro præ- "
senti destinata cum potestate compellendi per Censuram Ecclesiasticam "
qui ruerint compellendi cum inuocatione brachij secularis, viso quod ea "
pro quibus missi sunt Ambassiatores potius concernunt statum Ecclesiæ "
& personarum Ecclesiasticarum quam alicuius alterius. "

Fiat vsque ad summam 8. flor. leuandam per Ecclesiasticos.

Item dignetur S. V. concedere & dare licentiam & facultatem alicui "
Prælato, aut personæ Ecclesiasticæ erigendi *studium in Facultate Artium* "
Iuris que Ciuilis in quacunque Ciuitate, bona villa, seu loco notabili in Prouincia "
Rotomagen. de quo placuerit & videbitur Illustrissimo Principi D. Re- "
genti cum prærogatiuis, libertatibus & Priuilegijs illis & similibus qui- "
bus gaudet & vtitur *Vniuersitas studij Parisiensis*, & quod specificè possit "
illa exprimere post erectionem studij, Doctoresque & Magistros, ac stu- "
dentes alios qui causa studij venerint, illis facere vti & gaudere, ac si spe- "
cialiter hic exprimerentur & per S. V. singulariter singula manu vestra "
signarentur, cum clausulis, &c. "

Fiat cum Priuilegijs aliarum Vniuersitatum de Francia, & committatur
Episcopo Parisiensi, vocatis vocandis.

Item quod si pro erectione huiusmodi studij aliqua Collecta impona- "
tur Personis Laïcis prouinciæ prædictæ, siue Regno Franciæ, quod per- "
sonæ Ecclesiasticæ debeant & teneantur contribuere semel proportio- "
nabiliter, sicut & laïci, maximè cum hoc concernat tam bonum Eccle- "
siæ quàm vtilitatem laïcorum, & quod ad hoc possint compelli per "
Censuram Ecclesiasticam cum inuocatione brachij secularis. "

Fiat pro semel, sed non per brachium seculare.

Datum Romæ apud S. Petrum pro die Kalend. April. an. 7.

Collatio Copiæ præsentis 12. articulos, quorum tres videntur 4. 8. & 9. eo modo
quo in Originali existunt Cancellati, continentes: Facta fuit in Camera Com-
potorum D. Regis Paris. D. Originali Rotulo in Thesauro Chartarum &
Priuilegiorum eiusdem D. Domini Regentis de præcepto & ordinatione Domi-
norum ibi die 14. Dec. an. Domini 1424. per me Deseigne & per me Conflans.

Similiter Vniuersitas suum Rotulum ad eundem Pontificem destinauit
eique Papa in plurimis satisfecit per Ioannem Cardinalem, vt habetur
in Actis.

VNIVERSIS & singulis Ioannes miseratione diuina Episcopus Ostien- "
sis S. Romanæ Ecclesiæ Cardinalis & Vice-Cancellarius Sal. in Do- "
mino. Et præsentibus fidem indubiam adhibere. Quia pium existimamus "
& rationi fore consonum perhibere testimonium veritati, ad Vniuersi- "
tatis vestræ notitiam tenore præsentium deducimus & firmiter attesta- "
mur quod sanctissimus in Christo Pater & D. noster Martinus diuina "

Tom. V.   AAa

" prouidentia Papa V. in fauorem, & pro incremento Vniuersitatis studij
1424. " Parif. Doctoribus & Magistris in Rotulo dicti studij per eundem D. no-
" strum Papam sub Data 4. Kal. April. Pontific. sui an. 7. signato descriptis
" concessit certos articulos qui de mandato ipsius D. nostri Papæ die 15.
" mensis Maij Pontificatus eiusdem anno p. ædicto in Camera Apostolica
" publicati fuerunt, & quorum tenores sequuntur in hunc modum.
" Ad vestræ sanctitatis Celsitudinem, Beatissime Pater ; præsentem Ro-
" tulum supplicationum quarundam generalium & specialium transmittit
" vestra humilis ac deuota Filia Primogenita Vniuersitas Parif. quæ quan-
" quam ob ipsius in Ecclesiam labores æqualem præmij dulcedinem a mu-
" nifica vestra sanctitate reportare non dubitet, plus tamen in paterna be-
" neuolentissimæ liberalitatis vestræ gratia quam in meritis proprijs post
" Deum spem reponit ; & eo ipso confidentius quia gratiarum ab ipsa peti-
" tarum obtentu Ecclesiæ commodo & pacis eiusdem integræ reformatio-
" ni amplius quam propriæ vtilitati studet inseruire. Imprimis igitur Pa-
" terna vestra Dilectio suscipere dignetur supplicationes infra scriptas &
" manu vestra beatissima signare, & prout petitur concedere, ac literas
" Apostolicas super eisdem expediri mandare, cum prærogatiuis inferius
" scriptis & clausulis opportunis vt in forma ; necnon & ipsius Portitores
" ad vestram Sanctitatem pro parte præfatæ humilis ac deuotæ filiæ vestræ
" Vniuersitatis Parif. destinatos solita Paternitatis vestræ beneplacito sus-
" cipiat, placide audiat, benigne foueat eadem Sanctitas vestra, eorum
" dictis fidem plenariam adhibendo.

Sequuntur articuli Communes.

" 1. **D**ignetur sanctitas vestra præsentem Rotulum & contenta in eo so-
" lito more suæ Clementiæ benigne recipere, & defectus tam iuris
" quam facti & ignorantiæ, si qui forsan in eo reperiantur, misericorditer
" supplere. *Fiat vt petitur pro Porrigentibus supplicationem etiam Vice-
Cancellario.*
" Item dignetur eadem Sanctitas vestra omnibus & singulis Magistris &
" Doctoribus Graduatis in præsenti Rotulo contentis & descriptis conce-
" dere Facultatem eligendi, quotiescunque voluerint, Confessorem ido-
" neum, vel plures simul, vel successiue qui possit eos & eorum singulos
" absoluere ab omnibus peccatis suis & etiam plenam indulgentiam saltem
" semel in mortis articulo eisdem concedere............ *Fiat de omnibus in
" forma & pro omnibus in forma.*
" Item dignetur eadem Sanctitas vestra supplicationes pro gratijs obti-
" nendis infra scriptas & præsentem Rotulum sub Data competenti solita-
" que Romanorum Pontificum prædecessorum vestrorum Clementia cum
" Prærogatiua Datæ ante omnes Vniuersitates quorumcunque studiorum
" generalium signare & literas expediri mandare. *Fiat vt in primo Rotulo.*
" Item quod omnes & singuli Magistri, Doctores & Graduati in præ-
" senti Rotulo descripti qui post Datam huiusmodi Rotuli a Sanctitate
" vestra, vt speratur, obtinendam, Dignitates in Ecclesijs Cathedralibus,
" aut Collegiatis, vel Beneficia Curata obtinuerint, possint & valeant
" vti cum effectu gratijs in præsenti Rotulo per eandem Sanctitatem, vt
" speratur, sibi faciendis, etiam quoad Dignitates & Beneficia sic prius ob-
" tenta similia, vel de iure statuto, vel de consuetudine incompatibilia sub
" suis gratijs cadentia ; nec quoad ea censeantur eorum gratiæ expirasse,
" imo po ius in sui roboris firmitate manere : quodque huiusmodi incom-
" patibilia simul assequi & retinere valeant vsque ad quinquennium ; &
" interim alterum ipsorum quod maluerint cum alio, vel alijs Beneficio,
" seu Beneficijs incompatibili, seu compatibilibus permutare. *Fiat pro
" omnibus vt petitur.*
" Item præsens Rotulus pro præsentibus in studio Parif. & in eorum fa-
" uorem qui ibidem se, sua exponunt, studijs inuigilando principaliter

Sanctitati vestræ præsentetur Dignetur Sanctitas vestra concedere quod in assecutione Beneficiorum, quorumcunque, qualiumcunque & vbicunque consistentium præsentes in dicto studio Parif. vigore gratiarum in presenti Rotulo, vt speramus, faciendarum, absentibus quibuscunque præferantur, quacumque iuris, aut concessionis specialis prærogatiua dictorum absentium non obstantibus; dicti tamen absentes in præsenti Rotulo descripti omnibus & singulis concessionibus & antelationibus præsentium, vti & gaudere valeant cum effectu, absque præiudicio dictorum præsentium illis duntaxat exceptis qui præsentes prima præsentia in præsenti Rotulo à Sanctitate vestrâ signato sub Data 4. Kal. Feb. an.1. per ipsam Vniuersitatem reputentur, quibus tempore præsentationis huius Rotuli de Beneficio, vel de Beneficijs Ecclesiasticis vigore gratiarum in dicto primo Rotulo à sanctitate vestrâ factarum nunc prouisum extitit. *Fiat vt petitur.*

Item quod Magistri quos Vniuersitas reputat præsentes, omnibus absentibus præferantur cum....., articuli præcedentis. *Fiat vt petitur & nominentur infra annum.*

Item cum eadem Vniuersitas dictorum Magistrorum, Doctorum & Graduatorum in præsenti Rotulo descriptorum præsentiam, vel absentiam cognouerit, dignetur eadem S. V. illos solum reputare in præsenti Rotulo præsentes, quos Vniuersitas conformiter ad suas Constitutiones præsentes reputauit, aut reputabit· *Fiat.*

Item cum tempore Datæ præsentis Rotuli à S. V. vt speramus, obtinendæ nonnulli de Magistris antedictis in eodem Rotulo descriptis, Magistri, Doctores, aut aliàs, prout in eorum supplicationibus nominantur, Graduati Presbyteri alijs ve sacris Ordinibus constituti, aut alio quocunque prærogatiuarum genere communiti minimè fuissent, aut essent, prout sunt tempore præsentationis eiusdem, dignetur Sanctitas V. decernere gratias in eodem Rotulo sibi concedendas, & literas inde conficiendas prouidere, quoad earum totalem effectum valere, ac si tempore Datæ huiusmodi Rotuli gradibus, ordinibus, aut qualitatibus constituti essent tempore præsentationis eiusdem. *Fiat singulariter pro omnibus.*

Item dignetur eadem S. V. concedere omnibus Doctoribus, Magistris, Graduatis & Scholaribus Parif. quod tam agendo quàm defendendo in causis Beneficialibus, seu alijs spiritualibus finis perpetuò Parisius imponatur, adhoc dando tres Iudices Apostolicos, puta Conseruatorem Priuilegiorum Vniuersitatis Parif. Abbates S. Germani de Pratis & S. Genouefæ; & vltra non prætendatur appellatio, nec alibi quod ad eos fiat in prima instantia.

Item quod si forsan nonnullos in præsenti Rotulo descriptos, de beneficijs quibuscunque & qualibuscunque etiam vbicunque locorum consistentibus, quæ tamen tempore Datæ præsentis Rotuli obtinebant, seu obtinere contendebant, de alijsve qualitatibus, quibuscunque personis eorum, aut gratias per respectum ad datam huiusmodi concernentibus, & de gratijs sibi faciendis, vt petunt, si fuissent expressæ, S. V. quomodolibet retrahere valentibus, quæ tamen qualitates & beneficia tempore præsentationis eiusdem Rotuli sibi competere personas, seu gratias eorundem concernere non desiderant in supplicationibus suis mentionem, seu expressionem minimè fecisse, aut etiam de Beneficijs huiusmodi, quæ tempore confectionis eiusdem Rotuli obtinebant, seu obtinere contendebant, de alijsve qualitatibus quibuscunque personas eorum, aut gratias per respectum ad Datam, vt præfertur, concernentibus, & ad gratias obtinendas, vt petunt, vestram eandem Sanctitatem quouismodo mouere valentibus: quæ tamen qualitates & beneficia tempore Datæ huiusmodi Rotuli, nec sibi competebant, nec eorum gratijs, aut personis, vt præfertur, conueniebant, in suis dictis supplicationibus mentionem per inaduertentiam fecisse contigerit, per huiusmodi veritatis suppressionem, vel formalitatis expressionem, per respectum ad

"Datam huiusmodi contingentibus, Gratiæ eorum minimè subreptitiæ,
"aut aliàs inualidæ censeantur: quin imò robur firmitatis, his non obstan-
"tibus, obtinere censeantur. *Fiat.*

"Item quod omnes & singuli Magistri, Doctores & Graduati in præ-
"senti Rotulo contenti: quibus per eandem Sanctitatem V. fuerunt Gra-
"tiæ concessæ in hoc rotulo, de beneficio Ecclesiastico cum curâ, vel sine
"curâ, etiamsi Canonicatus & Præbenda, Dignitas, Personatus, Offi-
"cium, vel administratio, &c. fuerint vigore Gratiarum huiusmodi, Di-
"gnitatem, Personatum, administrationem, vel Officium sub huiusmodi
"gratijs eadem vna cum Canonicatu & Præbenda vnius & eiusdem Eccle-
"siæ, siue simul, siue successiuè vacauerint, obtinere valeant & retinere:
"sic quod Dignitas, Personatus Officium, aut administratio huiusmodi,
"ac Canonicatus & Præbenda pro vno beneficio reputentur. *Fiat.*

"Item quod in assecutione eorum Beneficiorum quorumcunque & vbi-
"cunque locorum existentium vigore gratiarum in præsenti Rotulo con-
"cedendarum magis Graduatus minùs Graduato præferatur qualibet iu-
"ris, aut concessionis specialis prærogatiua minus Graduati non obstan-
"te, saluo tamen perintegrè articulo de præsentibus reputatis absenti-
"bus quibuscunque præferendis. *Fiat pro omnibus.*

"Item quod in singulis Facultatibus & Nationibus ordo Rotuli & inrotulatorum
"seruetur, duobus autem, aut pluribus diuersarum Facultatum, aut Nationum
"concurrentibus, ordo inter eos penès antiquitatem gradus attendatur: sic quod
"antiquior in gradu, ratione cuius in Rotulo describitur, iuniori in eodem gradu
"præferatur, quacunque Iuris, aut concessionis specialis prærogatiua Iunioris, aut
"posterius Inrotulatorum non obstante; saluis tamen in omnibus articulis su-
"pra scriptis de magis Graduatis & minus Graduatis & præsentibus repu-
"tatis absentibus quibuscunque præferendis. *Fiat vt petitur.*

"Item quod omnibus & singulis Magistris in præsenti Rotulo descri-
"ptis liceat absque nouâ supplicatione, seu reformatione in leuatione
"Bullarum circa collationem petitam variare, & ad aliam, si sibi placuerit,
"Bullas expediri facere. *Fiat eadem ratione.*

"Item dignetur V. S. cum non habentibus ætatem debitam ad Benefi-
"cia cum curâ, Dignitates, vel Personatus, Administrationes, ac Officia
"obtinenda, de tribus annis dispensare cum obstantibus vt in forma. *Fiat
"singulariter pro indigentibus.*

"Item quod Religiosi cuiuscunque Monasterialis, aut aliàs Regularis
"ordinis Magistri in Theol. vel Doctores in Decretis, aut aliàs Graduati
"& in præsenti Rotulo descripti gaudeant Gratijs expectatiuis & ad quæ-
"cunque Officia & Beneficia Regularia & etiam omnibus & singulis præ-
"rogatiuis quibus vti & gaudere valebunt Magistri & Doctores seculares
"in eisdem Gradibus constituti & in præsenti Rotulo descripti. *Fiat.*

"Item si aliquis Magistrorum inscriptorum ad vnam Collationem duas,
"vel plures disiunctiuè, seu copulatiuè sibi prouideri supplicauerit, di-
"gnetur S. V. concedere quod præfati Magistri Bullas suas possint leua-
"re ad duas Collationes copulatiuè, & obtinere ad duas Collationes: etiam
"si illud in supplicatione speciali non fuerit expressum. *Fiat pro omnibus
"scriptis in Rotulo.*

"Item quod Magistri inscripti possint & valeant litteras Apostolicas
"sub Gratijs per S. V. sibi faciendas ad quamcunque taxam expedire, aut
"expediri facere. *Fiat pro omnibus secundum Regulas Cancellariæ.*

"Item cum nonnulli Doctores & Magistri infra scripti à S. V. Gratias
"expectatiuas obtinuerint in primo & principali Rotulo dictæ Vniuersi-
"tatis per S. V. sub Data 4. Kal. Feb. an. 1. signato quibus vigore earun-
"dem Gratiarum de Beneficijs Ecclesiasticis minimè prouisum extitit, di-
"gnetur S. V. eisdem concedere quod dictis Gratijs vti & gaudere valeant
"vnâ cum Grarijs in præsenti Rotulo per S. V. vt speramus, faciendis: sal-
"uis tamen perintegrè articulis superiùs expressis. *Fiat pro omnibus & qui-
"bus non est prouisum in primo Rotulo.*

Vniuersitatis Parisiensis. 373

Item dignetur S. V. concedere quod 14. Bedelli principales dictæ Vniuersitatis in suis personis Beneficiorum Ecclesiasticorum capaces vti & gaudere valeant prærogatiuis per S. V. Doctoribus & Magistris infra scriptis vt speramus concedendis absque tamen præiudicio dictorum Magistrorum infra scriptorum. *Fiat, si aliàs fuerunt exempti.*

Publicatæ & mihi traditæ in Cancellaria die 15. quæ fuit prædicti Maij an 7 3. die Non. præscriptos autem articulos ad venerabilis viri M. Ioannis Heruæi Corisopitensis Diœces. Magistri in Artibus & Baccalarij in Theol. qui eisdem articulis indigere se asserebat instantiam, ex certo libro dictæ Cancellariæ de verbo ad verbum transcribi & præsentibus nostris litteris annotari fecimus, easdemque præsentes in testimonium præmissorum præfato M. Ioanni concessimus nostri sigilli munimine roboratas. Datum Romæ in Domo habitationis nostræ, anno à Natiuitate Domini 1424. indictione 2. die vero 25. Maij, Pontificatus præfati Domini nostri Papæ an. 7. signatum Furseug.

Eodem anno orta est lis inter Nationes Gallicanam & Normanicam occasione Bursarum Collegij Plessiaci, in quo contendebat Gallicana esse consueuisse 18. Scholares Bursarios vnà cum Magistro, sex scilicet de Episcopatu Maclouiensi, de Episcopatu Leonensi totidem, & totidem denique de Prouincia Turonensi ; Normanica verò in prædicto Collegio suis quoque locum esse debere. Cum autem à Gallicana lis ad Curiam Parlamentæam delata fuisset, conuenientius tandem visum est eam amicè componere. Itaque ab vtraque delecti tres viri, à Gallicana quidem MM. Guill. de Brossis, Guill. Erardi & Yuo de Ponto qui iura iuribus conferrent. Ea de re in Actis prædictæ Nat. Gall.

1424.

1425.

Anno 1425. dum Francia varijs bellorum tumultibus agitatur, Ecclesia quoque Gallicana nonnullâ parte suarum libertatum deminutionem accipit, ob quasdam litteras Henrici tunc Regem Franciæ & Angliæ agentis, die 26. Nouemb. datas ; quas Curia Parisiensis sastis suis & Actis inserere fortiter recusauit, vt habetur in eius Regestis.

DE LI-
BERTATI-
BVS EC-
CLESIA
GALL.

Extraict des Registres de Parlement.

MArdy 5. iour de Mars (1425.) auant le Plaids furent au Conseil en la Chambre de Parlement les Presidens & Conseillers de ceans & y suruindrent l'Euesque de Beauuais, le Sire de S. Liebault & M. Pierre de Marigny pour faire publier certaines lettres Royaux données le 26. iour de Nouembre dernier passé touchant les libertez & Ordonnances de l'Eglise de France, lesquelles furent montrées au Procureur du Roy, qui parauant les auoit veües & disoit que lesdites lettres estoient moult preiudiciables ausdites Ordonnances & libertez, & que la matiere estoit grande, & en auoit eu consultation & deliberation, auec les plus notables hommes du Conseil du Roy, & autres ausquels il sembloit que lesdites Ordonnances auoient esté faites par tres-grant deliberation ou Conseil de l'Eglise de France, appellez à ce tous les Prelats, Chapitres, Vniuersitez & Clergié du Royaume de France & Dauphiné de Viennois, en la presence des Princes, Nobles & autres Notables hommes Conseillers du Roy; & que lesdites Ordonnances estoient saintes, iustes & raisonnables, necessaires pour l'entretenement de la police Ecclesiastique & desdites Eglises de ce Royaume, qui autrement de legier tourneroient en plus grande ruine & confusion, en enfraignant icelles Ordonnances qui sont conformes à raison escrite aux statuts des Conciles Generaux & Decrets des SS. Peres qui ont voulu limiter & soubmettre à raison la volenté du Pape, qui pourroit bien faillir, *ideo hæretici fuerunt illi qui asserebant Papam peccare non posse. C. non nos. 40. dist.* disoit outre le Procureur du Roy que lesdites lettres mettoient contre les Ordonnances, en la volenté du Pape, la disposition des Benefices qui appartient aux Ordinaires qui estoit grant inconuenient, & alleguoit le Ch. *ridiculum 11. d. & l. non puto ad l. Iulian de vi pub.* En outre employoit ce que autrefois auoit dit en cette

A Aa iij

"matiere, en la cauſe d'entre le Chapitre de S. Germain d'vne part & M.
1425. " Ardecin de Nouaria & autres ; diſoit outre que pour pluſieurs cauſes
" particulieres qui euſſent eſté longues à declarer, il s'eſtoit oppoſé &
" s'oppoſoit eſtre enregiſtrées, proteſtant d'en dire plus à plain en temps
" & lieu, quand beſoin ſeroit. Et aprés l'oppoſition du Procureur du Roy
" faite en la preſence dudit Eueſque, fû dit & reſpondu par la Cour à ice-
" luy Eueſque & autres deſſus-nommez, venuz pour ladite publication
" que la Cour auroit aduis ſur ce que diſt eſt, & feroit en outre ce qu'il ap-
" partiendroit.

" Mecredy 6. iour de Mars, furent aſſemblez en la Chambre de Parle-
" ment les Preſidens & Conſeillers des trois Chambres dudit Parlement,
" finablement fu conclu que la Cour ne pouoit raiſonablement, ne deuoit
" publier leſdites lettres, ne donner ſon conſentement ou autorité à la pu-
" blication d'icelles en la forme qu'elles eſtoient faites pour pluſieurs rai-
" ſons & cauſes qui furent lors declarées par leſdits Preſidens & Conſeil-
" lers oudit Conſeil.

" Lundy 11. iour de Mars furent aſſemblez en la Chambre de Parlement
" les Preſidens & Conſeillers des trois Chambres dudit Parlement au Con-
" ſeil, auquel ſuruindrent M. Nicole Fraillon, Philippe de Rully & Quen-
" tin Maſſuë Maiſtres des Requeſtes de l'Hoſtel, diſant que le Chancelier
" les auoit chargiez de venir à la Cour pour requerir derechief que les
" lettres touchant la diſpoſition des Beneſices qu'il auoit enuoyées ceans
" Mardy dernier paſſé par l'Eueſque de Beauuais & aurres, fuſſent pu-
" bliées, & que la Cour luy fiſt ſur ce reſponſe, pour en reſcrire au Roy ou
" au Duc de Betfort Regent étans en Angleterre par vn Meſſager qui étoit
" preſt d'aller audit pays d'Angleterre. En outre diſoient que ledit Chan-
" celier ſur la Requeſte par luy faite de par la Cour de venir ceans pour
" deliberer & conferer auec leſdits Preſidens & Conſeillers de la matiere
" deſdites lettres & de la publication d'icelles, auoit eu aduis & delibe-
" ration auec aucuns du Conſeil du Roy; & leur auoit ſemblé qu'il n'e-
" ſtoit expedient ne conuenable oudit Chancelier de venir en ladite Cour
" pour traittier de la matiere deſdites lettres qui auoient eſté paſſées, ſi
" comme ils diſoient à grant deliberation par le Roy & ſon grant Conſeil
" tenu par le Regent qui vouloit bien complaire au Pape, pour aucunes
" cauſes ſegretes & autres qu'on pouoit aſſez connoiſtre & entendre. En
" outre diſoient qu'il ne ſembloit audit Chancelier expedient de venir en
" ladite Cour pour deliberer & oyr les opinions & deliberations d'icelle
" Cour ſur la publication deſdites lettres qu'il auoit pourſuy & pourſui-
" uoit encores, & que leſdits Preſidens & Conſeillers pourroient en ſon
" abſence plus franchement deliberer que en ſa preſence; & que pour ce
" il auoit eſté meu de non venir en ladite Cour, combien que de tout ſon
" pouoir il voudroit entretenir l'honneur & autorité d'icelle Cour, ſi
" comme diſoient en effet les Maiſtres deſſus-nommez, leſquels demeu-
" rerent ou en Conſeil en la Chambre de Parlement, pour deliberer ſur ce
" que dit eſt auec les Conſeillers & Preſidens de ceans. Et finablement
" aprés pluſieurs longues deliberations, il ſembla auſdits Preſidens &
" Conſeillers que leſdites lettres eſtoient moult preiudiciables au Roy, à
" l'Egliſe, à la police Eccleſiaſtique & à la choſe publique de ſondit
" Royaume & que *dictæ litteræ peccabant in materia & in forma verborum*: &
" neantmoins pour ce que par aucuns du grant Conſeil & autres qui
" auoient eſté preſens quand leſdites lettres auoient eſté octroyées & paſ-
" ſées, auoit eſté dit & rapporté à la Cour, que ce n'auoit mie eſté l'inten-
" tion du Regent ne de ceux qui auoient eſté preſens à paſſer leſdites let-
" tres, de vouloir deroger ou preiudicier auſdites Ordonnances confirmées
" par le Roy à tres-grant deliberation, ne de permettre au Pape de reſer-
" uer generalement à ſa volenté la diſpoſition des Beneſices, outre les
" termes de l'alternatiue dernierement donnée à Conſtance. Et en outre
" par ce que pour le rapport des deſſuſdits Fraillont, Rully & Maſſuë, &

d'autres la Cour auoit entendu que l'Euesque de Therouane Chance- "
lier de France, en cas de refus auoit intention de venir en sa personne " 1425.
en ladite Cour pour faire publier de fait lesdites lettres, & de rescrire au "
Regent les refus ou delais que la Cour auoit faits ou feroit sur ce que "
dit est, icelle Cour pour entretenir vnion, & pour soy conformer aucune- "
ment à l'intention & opinion du Chancelier & des Gens du grant Con- "
seil en l'absence du Regent estant ou païs d'Angleterre, & pour euiter "
diuision & plus grant esclandre *in alijs*, conclud que lesdites lettres sans "
preiudice desdites Ordonnances & libertez de l'Eglise, saulues l'oppo- "
sition & protestation du Procureur du Roy, seroient publiées ceans, mais "
que premierement elles fussent corrigées & refaites en autres termes "
qui ne fussent mie ainsi directement preiudiciables aux Ordonnances & "
libertez dessusdites, lesquels fussent relatifs à ladite alternatiue de Con- "
stance, pour selon ce restraindre & moderer la reseruation & disposition "
des Benefices que le Pape vouloit generalement à soy attraire, sans limi- "
tation ou moderation; & empescher que sans sa grace ou licence les Or- "
dinaires *iure suo*, n'en peussent disposer. Ausquels par les statuts des "
Conciles Generaux & par lesdites Ordonnances en appartient la dispo- "
sition *iure suo*, & sembla à la Cour que autrement elle ne pouoit, ne de- "
uoit tolerer la publication desdites lettres, *nisi primitùs huiusmodi verbo-* "
rum correctione facta. Et pour rapporter & faire àsçauoir audit Chance- "
lier ladite deliberation & l'intention de la Cour, furent commis MM. "
Guillaume Cotin & Gaucher Iayer Conseillers du Roy. "

Et le lendemain Mardy 12. iour dudit mois de Mars, le Chancelier renuoya à la Cour lesdites lettres aucunement corrigées, selon ce que dit
est, pour estre publiées en icelle Cour. A la publication desquelles le
Procureur du Roy s'opposa, & dist que autrefois il s'estoit opposé à la
publication & enterinement desdites lettres & auoit proposé aucunes
causes d'opposition generales pour protestation de proposer autrefois
plus à plain autres causes d'opposition plus especiales. Et pour ce proteste que la publication d'icelles & tout ce qui s'en ensuiuroit, soit sans
preiudice de son opposition, & que se on vsoit aucunement desdites lettres ce soit par maniere de tolerance & iusque à ce que autrement en soit
ordonné par le Roy. Surquoy la Cour appointa que l'opposition & la
protestation du Procureur du Roy & ce que dit est, seroit enregistré.

Anno 1426. mense Maio exorta est inter cæteras facultates Nationes- 1426.
que & Nationem Gallicanam contentio & discordia ex quadam impositione pecuniæ & Nunciorum ad summum Pontificem legatione propter
quandam hæresim, & appellationem interiectam ad Sedem Apostolicam
ab Episcopo Parisiensi. Causa huius discordiæ satis leuis videbatur, Natio contendebat Rectorem nihil de illa legatione ac impositione in Schedulis ad Decanos & Procuratores missis monuisse, ac proinde quicquid
in Comitijs generalibus Vniuersitatis in hanc rem statutum fuerat, irritum esse debere; tunc erat Procurator Nationis M. Guill. Erardi qui sic
scribit in veteri codice Nationis Gall. ad an. prædictum. In præsenti "
Procuratoria, quia materia fidei tractabatur in Vniuersitate, eratque "
per Vniuersitatem adiunctam Inquisitori quædam appellatio interiecta "
ad Sedem Apostolicam contra Reuerendum in Christo Patrem D. Epis- "
copum Parisi. Et Rector qui pro tempore erat, fecerat quandam Congre- "
gationem super aliquibus concernentem, vt dicebat, honorem fidei & "
Vniuersitatis, sub quâ generalitate Inquisitor procurauerat certos no- "
tabiles viros quos in singulis facultatibus & nationibus sigillatim noue- "
rat & tanquam Ambassiatores ad dictum fidei negotium in Romana Curia "
prosequendum eligi procurauerat, volens contributionem etiam capi- "
talem omnibus suppositis non Regentibus pro sustentatione dictorum "
Ambassiatorum imponere, Rectore prædicto dictas contributionem & "
Ambassiatam, de quibus nullam in schedulis Decanorum, aut Procura- "
torum in ponendo in deliberatione mentionem fecerat, concludente, "

1426. "Natio prædicta considerans quod super talibus Electionibus & Contri-
" butionibus imponendis non est faciliter & absque maturo consilio pro-
" uidendum, quodque secundum statuta & consuetudines Vniuersitatis
" ab omni antiquitate seruatas non potest, aut debet Vniuersitas nisi voca-
" ta ad hoc specialiter & per specialem articulum in schedulis insertum
" Ambassiatores eligere, aut contributiones imponere, solemniter con-
" clusit electionem illam nullam penitùs extitisse, ipsamque quantum in se
" fuit, cassauit & annulauit, opponens se per expressum expeditioni præ-
" dictæ, prætensæ Electioni, impositioni Capitalis, aut cuiuscunque al-
" terius pro ista re contributionis, & quod de cætero sine speciali conuo-
" catione fierent Electiones quorumcunque Ambassiatorum, aut imposi-
" tiones quarumcunque Contributionum. Verùm quia propter hoc non-
" nullæ Nationes & Facultates videbantur notare Nationem & aliqua eius
" supposita particularia de fautoria hæresis perpetratæ, vt dicebatur per
" nonnullos tunc in Curia Parisiensi incarceratos, dicentes ipsam Natio-
" nem velle fidei persecutionem per indirectum impedire, dictas Ambas-
" siatam & contributionem, dicta per aliquos particulares calumniando,
" ex deliberatione & consilio plurium solemnium Magistrorum de singulis
" prouincijs feci Nationem ipsam in omnibus suis tam de superioribus
" facultatibus quàm alijs suppositis certâ die apud S. Mathurinum conuo-
" cari ad dandum mihi suam plenam in hac materia deliberationem, quam
" haberem in proxima congregatione Vniuersitatis coram omnibus vice
" & nomine suo publicè proponere. Congregata igitur solemniter Natio
" antedicta vbi interfuerunt de veneranda Facultate Theologiæ DD. &
" MM. nostri Dominicus Parui Decanus, Petrus de Dirreyo, Blandus
" Barguenel, Io. Pulcri Patris, Io. Beraudi, in Theologia Magistri, & com-
" plures in Medicina Magistri, in Theologia & iure Canonico licentiati,
" ac in Theologia formati & Iure Canonico Baccalarij, concorditer deli-
" berauit & conclusit Electionem prædictam propter causas superiùs de-
" claratas & alias complures ibidem recitatas, fuisse & esse indebitè & con-
" tra Consuetudines & statuta Vniuersitatis factam, nullius debere iudi-
" cari roboris, vel momenti; eamque & similes quantum in se est & eam
" tangit, cassauit, annulauit & irritauit, inhibens per expressum Magistro
" Petro Maugerij qui pro Natione se per Vniuersitatem ad dictam Ambas-
" siatam perficiendam electum asserebat, sub pœnâ priuationis perpetuæ
" à dicta natione, ne se pro eius Ambassiatore gereret de cætero virtute
" illius Electionis. 2. Deliberauit Natio quod attenta temporis malitia &
" suorum suppositorum paupertate non intendebat tolerare quod Vni-
" uersitas & maximè pro dicta Ambassiata suis suppositis quamcunque ca-
" pitalem contributionem imponeret, & se expresse opponebat. Vbi au-
" tem Vniuersitas nollet suæ oppositioni deferre, appellabat ex tunc &
" ordinabat, quod ego nomine eius, aut per appellationem, aut per casum
" nouitatis, seu per quascunque alias rationabiles causas prouiderem. 3.
" Conclusit natio quod attentis diuisionibus Regni, *& quod hactenus Gallia*
" *per Dei gratiam monstris hæreseon & schismatum caruit, non erat expediens pro*
" *honore Regis & Regni quod hæc materia extra Regnum & Parisiensem Ciuita-*
" *tem tractaretur, cum hic sint plures iuris diuini & Canonici excellentes Magistri*
" *& Doctores quàm in vrbe, aut quacunque alia Christiana Ciuitate.* 4. Con-
" clusit Natio quod istam Conclusionem haberem nomine ipsius in prima
" generali Vniuersitatis Congregatione proponere, & prædicta publicè in-
" timare, quod obediendo in generali eiusdem Vniuersitatis, apud S. Ber-
" nardum vocata congregatione publicè alta & intelligibili voce comple-
" ui. Et mater Vniuersitas auditis motiuis ipsius Nationis per omnes Fa-
" cultates dictam Ambassiatam tanquàm minus canonicè & debitè factam
" cassauit, annulauit, & irritauit, ordinans per expressum quod de cætero
" ad nullam Ambassiatæ Electionem sine speciali & per specialem articu-
" lum ad hoc conuocatione procederetur. 2. Conclusit Contributionem
" ob hoc nullatenus fieri, *sed pro honore Regis & Regni esse expediens materiam*
hanc

hanc fidei in *Regno hoc terminandum remanere*; de quibus omnibus petij à scriba Vniuersitatis mihi nomine *Nationis publicum confici instrumentum*, atque ita Natio Gallicana vna satis honorem Regni & Vniuersitatis tutata est. 1426.

Prędicto anno lis mota est inter M. Paulum Nicolas cognomento d'Esclauonie Baccalaureum in Theologia formatum, & ipsam Facultatem Theologicam obstantem ne Gradus Licentiæ & Magisterij ipsi conferrentur à Cancellario. Materia litis ex ipso Decreto Maioris Consilij quod subijcimus, satis intelligitur. Vnum verò notare conuenit, quis diceretur Baccalaureus formatus. Constat autem eum fuisse, qui omnes Actus Scholasticos confecisset ad licentiam obtinendam: talem enim se Paulus prædicat, indeque contendit perperàm & malignè Gradum Licentiatus sibi denegari. Itaque videntur ita distinguendi Baccalaureus simplex, Baccalaureus Currens, & Baccalaureus formatus, quòd Baccalaureus simplex ille diceretur qui Gradum ipsum obtinuerat tantummodo. Currens, qui in cursu erat ad Licentiam, seu qui Actus inceperat conficere ad Licentiæ consecutionem; Formatus denique qui Actus omnes Scholasticos, Collationes, disputationes, aliaque eiusmodi planè & omnino confecerat, ita vt nihil ipsi deesset vltra, nisi Gradus Licentiæ susceptio. Atque idcirco Baccalaureus formatus & Licentiatus vnicâ Gradus susceptione differunt, contrà quàm aliqui existimant.

BACCA-
LAVREVS
FORMA-
TVS A LI-
CENTIA
REPELLI-
TVR.

CHARLES PAR LA GRACE DE DIEV ROY DE FRANCE. A tous ceux qui ces presentes lettres verront salut. Comme certain procez euft esté n'agueres meu & encommancé pardeuant nostre Preuost de Paris, Conseruateur des Priuileges de nostre tres-chere & amée fille l'Vniuersité de Paris & des Suppofts d'icelle. Entre vn nommé *M. Paul Nicolas dit d'Esclauonie*, demandeur & complaignant en cas de saisine & de nouuelleté d'vne part, & les Maistres & Faculté de Theologie en ladite Vniuersité M. Dominique Petit Maistre en Theologie ou nom & comme Doyen d'icelle Faculté, & encore lesdits M. Dominique ou nom & comme subdelegué, & Commis à l'Exercice de l'Office de Chancelier de l'Eglise de Paris, en tout ce qui touche & regarde les faits d'estude, degrez & autres choses touchant ladite Vniuersité & sesdits Suppofts deffendeurs Consors & Opposans oudit cas de nouuelleté, d'autre part. Sur ce que ledit Paul disoit & proposoit *qu'il estoit homme de bonnes mœurs, de vie & conuersation honnestes, bien fondé en Science, Maistre és Arts & Bachelier formé en Theologie, & auoit fait ses faits d'Estude en ladite Vniuersité & Faculté de Theologie, comme Predications, Lectures, Collations, Responses, disputations & tous autres faits pour deuoir obtenir & auoir le degré de Licencié & Maistre en ladite Faculté & Science de Theologie*. Et que par ce il estoit digne & auoit droit de obtenir iceluy degré & estoit à ce idoine & suffisant, comme lesdits Doyen & Maistre d'icelle Faculté pouuoient assez sçauoir en leurs Consciences. Disant outre ledit Paul, que toutes & quantesfois qu'vn Escholier auoit ainsi estudié & fait sesdits faits d'Estude en ladite Vniuersité ou Faculté de Theologie, on ne luy pouuoit ou deuoit refuser ou denier ladite licence & Maistrise, ainçois deuoit estre presenté audit Chancelier ou Commis par ladite Faculté & Maistres pour obtenir lesdits degrez, & deuoit estre receu à ce par ledit Chancelier ou Commis. Et à ce on pouuoit & deuoit contraindre lesdits Maistres, Faculté & Commis, mesmement par prise de leur Temporel. Et que de ce, luy & ses Predecesseurs & semblables auoient esté & estoient en bonne saisine & possession, & en auoient iouy & vsé par tel & si long temps qu'il n'estoit memoire du contraire. Et par ces moyens à la Licence ou Iubilée dernierement faite ce luy appartenoit & estoit en bonne possession & saisine d'estre presenté par lesdits Doyen, Maistres & Faculté audit Chancelier ou Commis, pour auoir & obtenir lesdits degrez de Licence & Maistrise en ladite Faculté &

" Science de Theologie, & à ce le deuoit admettre & receuoir ledit Chan-
" celier ou Commis & luy conferer lesdits Degrez de Licence & Maistri-
" se comme accoustumé est en tel cas, & comme il auoit esté fait dernie-
" rement à ses Compagnons Bacheliers formez receus ausdits degrez &
" dernierement licentiez en ladite Faculté de Theologie. Et neantmoins
" lesdits Doyen, Maistres & Faculté & aussi ledit Commis à l'Office de
" Chancelier n'auoient pas ledit Paul Nicolas presenté, ne receu ausdits
" degrez, à ladite Iubilée & licence derreinement; mais auoient iceluy de-
" bouté & repellé desdits Degrez en le troublant & empeschant grande-
" ment en sesdits droits, saisine & possessions, à tort, sans cause indeue-
" ment & de nouuel. Et pour ces causes, griefs, nouuelletez, troubles &
" refus faits depuis an & iour en çà contre ledit Paul & sesdits droits, sai-
" sines & possessions, iceluy Paul auoit obtenu de nostre Preuost ses let-
" tres en forme de Complainte, par vertu desquelles lettres, Parties a-
" uoient iour pardeuant nostredit Preuost. Lesquelles lettres de Com-
" plainte ledit Paul eust ramenées à fait en concluant & tendant à fin, que
" par la Sentence ou Iugement de nostredit Preuost, il fust dit que à bonne
" & iuste cause iceluy Paul s'estoit dolu & complaint à l'encontre desdits
" opposans & consideré son Ordre Sacerdotal sa souffisance & idoneité &
" que à ladite Licence derreinement luy estoit bien deu par raison le tiers
" ou quart lieu en l'ordre d'icelle, lesdits Deffendeurs feussent contrains
" chacun à droit soy par toutes voyes deuës & raisonables d'iceluy Paul
" receuoir, à ce luy bailler & conferer lesdits degrez, & concluant ou-
" tre tout pertinent en cas de saisine & de nouuelleté, & iceux deffen-
" deurs estre condamnez en ses despens, domages & interests.

" Et au contraire de la partie desdits Deffendeurs, eust esté dit que no-
" stredite fille l'Vniuersité est constituée de 4. Facultez, lesquelles sont
" Parties principales d'icelle, l'vne desquelles & la plus fructueuse & la-
" borieuse est ladite Faculté de Theologie, de laquelle depend toute l'E-
" dification, declaration & sustentation de nostre sainte Foy Catholique:
" & est la verité que ceux qui en ladite Faculté sont graduez, mesmement
" és degrez de Licence & Maistrise, ont moult grande authorité, en ce
" qui touche le fait de nostredite foy & la doctrine d'icelle. Et pour ce
" faut auoir grand regard auant que aucun soit receu ou constitué esdits
" degrez pour les grands inconueniens qui s'en pourroient ensuiuir. Et
" pour ces causes en icelle Faculté y a plusieurs beaux & notables statuts
" faits de grande ancienneté & par grande & meure deliberation & ap-
" prouuez par le S. Siege de Rome & confermez par les SS. Peres Anciens:
" lesquels Statuts ont esté de tout temps obseruez & gardez & à iceux gar-
" der sans enfraindre, sont liez & obligiez par serment solemnel lesdits
" Doyen & Maistres d'icelle Faculté. Par lesquels Statuts appert quel
" temps est requis auant ce que aucun peust estre receu aux degrez & faits
" d'icelle Faculté, quelle lecture il doit faire & quieulx faits defendre. En-
" semble quelle science & idoneité & quelles autres circonstances sont
" à ce requises & necessaires. Et aussi comment on se doit presenter à l'E-
" xamen desdits Doyen, Maistres & Faculté, & comment en leurs con-
" sciences ils doiuent loyalement iuger des choses dessusdites, & telle-
" ment que ceux que ils deliberent estre souffisans, sont & doiuent estre
" receus ausdits degrez & faits d'icelle Faculté, & aussi qu'ils doiuent re-
" peller & debouter simplement ou à certain temps, se bon leur semble,
" ceux qui ne soient dignes, ne souffisans à ce & qui ne sont ou seroient
" trouuez auoir fait & accomply le contenu esdits Statuts.

" Et par ce ausdits Doyen, Maistre & Faculté seuls & pour le tout & non
" à autres appartient la connoissance de receuoir ausdits Degrez ou re-
" peller ceux que bon leur semble, & sont de ce Iuges en leurs consciences,
" sans ce que autres quelconques ayent en ce que veoir, ne que cognoi-
" stre. Disans outre lesdits Doyen, Maistres & Faculté que si aucun Escho-
" lier veut obtenir en icelle aucuns degrez ou faire aucuns faits notables

Vniuersitatis Parisiensis. 379

defendre, il est tenu de soy presenter en plaine Assemblée d'icelle Faculté, & illec supplier pour estre receu à examen. Et tantost premierement & auant toute œuure, il iure & doit iurer, porter honneur & reuerence, & obeyr en toutes choses honnestes & licites ausdits Doyen, Maistres & Faculté ; & aussi iure & doit iurer auoir acquis deüement le temps requis à ce faire & garder loyalement sans enfraindre les Statuts, Libertez, Coustumes & obseruances d'icelle Faculté. Et ledit serment fait, ont ensemble deliberation & le examinent se bon leur semble. Et apres leur deliberation se par leur iugement & deposition il est trouué & reputé souffisant, idoine, digne & habile à ce, auec les autres circonstances à ce requises, ils le reçoiuent se pour quoy il supplie, ou le repellent, s'il n'est tel, tout ainsi que bon leur semble & comme dit est, & en ce procedent sans acception de personne. Et disoient nommément qu'ils auoient autrefois repellé desdits degrez plusieurs Escholiers & Bacheliers d'icelle Faculté & mesmement dudit degré de Licence. Et aussi quand aucuns sont par ladite Faculté, admis & receus à iceluy degré, les solemnitez dessusdites premierement gardées, lesdits Doyen, Maistres & Faculté presentent iceux audit Chancelier ou à son Commis. Apres laquelle presentation chacun desdits Maistres encore d'abondant baille par escrit secretement & à part audit Chancelier ou à son Commis sa deposition ou deliberation sur ce qu'il lui semble desdits Presentez, pour plus seurement & meurement proceder audit degré. Et pour obtenir par lesdits presentez tel lieu & vocation qu'il leur est deu selon leurs merites, sciences & labeurs, & selon ledit iugement & deposition d'iceux Maistres ou de la plus grande partie d'iceux, ledit Chancelier ou Commis doit bailler & conferer ledit degré de Licence ausdits Presentez en la maniere que dit est. Et se il faisoit le contraire en aucun Bachelier ou Escholier, on le reputeroit non Gradué ne Licentié. Et ainsi le contiennent lesdits Statuts, vsages, libertez & obseruance d'icelle Faculté. Disans outre lesdits Deffendeurs & opposans, que par les moyens dessusdits & autrement deüement ils auoient & ont droit, bon & iuste titre de refuser ou receuoir à iceux faits d'Estude & degrez dessusdits & audit degré de Licence & Maistrise lesdits Escholiers, Bacheliers ou Presentez & de ce disposer à leur plaisir & selon leur conscience, tout par la forme & maniere dessusdites. Et disent outre lesdits Opposans que en vsant de leursdits droits, possession & saisine, en cét an present qui estoit l'an Iubilé accoustumé pour la Licence en ladite Faculté, ladite Faculté auoit & a esté deüement assemblée pour oyr les Supplications de ceux qui se presentoient à l'examen pour iceluy degré de Licence: à laquelle Assemblée se presenterent plusieurs Bacheliers d'icelle Faculté, entre lesquels estoit iceluy, & firent leurs supplications pour estre receus audit Examen en baillant par chacun d'iceux vne grande scedule contenant leur temps, estat & degrez, & les faits qu'ils auoient & ont fait & acquis audit Estude, lesquels Bacheliers & chacun d'iceux, en iurant & affermant le contenu en leursdites scedules estre vray, firent auec les sermens solemnels dont dessus est parlé, tout comme est accoustumé de tout temps & obserué en tel cas. Et tantost aprés les Maistres d'icelle Faculté sur lesdites scedules, supplications & presentations delibererent moult longuement & meurement. Apres laquelle deliberation furent par ladite Faculté receus & admis audit degré de Licence lesdits Bacheliers Supplians & Presentez ; excepté toutefois ledit Paul. Lesquels ainsi admis & receus ont esté depuis licentiez deüement & comme dit est dessus par lesdits Commis. Mais au regard dudit Paul, il fut repellé desdits degrez de Licence & Maistrise par ladite Faculté, pour ce que par la deliberation desdits Maistres, selon le iugement de leurs Consciences eu regard à l'honneur de Dieu & de l'Eglise, au bien & entretenement de nostre Foy, aux mœurs & à la personne, vie & conuersation & science

1426.

1426.

"dudit Paul & aussi ausdits Statuts Papaux, & mesmement que iceluy Paul
"n'auoit pas acquis temps souffisant pour auoir lesdits degrez & tel que
"contenu est esdits Statuts: Et si auoit parauant affermé par serment
"solemnel le contraire, en commettant par ledit crime de pariurement:
"Et si estoit ledit Paul blecié en son entendement, estimé en ses affaires
"& opinions propres, sans vouloir ensuir les traces des bons Docteurs,
"mesmement en ce que touchoit la doctrine de ladite Faculté. Pourquoy
"attenduë la grande distance du lieu dont il est, se pourroient de ce en-
"suir plusieurs erreurs & inconueniens, se il auoit lesdits degrez ou grant
"preiudice de nostredite Foy. Et qui plus est, ledit Paul n'auoit pas fait les
"faits d'Estude requis ausdits degrez, ne en plusieurs autres points obser-
"uez lesdits Statuts & obseruances d'icelle par luy iurez, comme dit est.
"Auec ce ledit Paul contre sondit serment n'auoit porté honneur ne re-
"uerence ausdits Maistres; mais iceux auoit iniurié & diffamé publique-
"ment en Predication publique, montrant sa grande indiscretion & tur-
"bation d'entendement. Et pour ce lesdits Doyen, Maistre & Faculté,
"considerans plusieurs autres grandes causes, que ne chéent en recitation
"doubtans vn grand esclandre par luy ensuir & auenir en nostredite Foy &
"en sainte Eglise, se il estoit receu ausdits degrez, auoient & ont, com-
"me dit est, repellé ledit Paul, comme indigne, non suffisant, ne idoi-
"ne dudit degré de Licence, ainsi que faire le pouuoient & deuoient selon
"leurs Consciences & lesdits Statuts Apostoliques; & en vsant de leurs-
"dits droits & vsages, libertez, obseruances, saisines & possessions des-
"susdites. Et outre disoient lesdits Opposans, que les choses dessusdites
"presupposées qui sont vrayes, il appert clairement par icelles que ice-
"luy Paul ne fait à receuoir en cette partie. Car tout cas possessoire, tel
"comme est le cas de present intenté par ledit Paul, presuposé aucune
"possession de fait, laquelle ne puet estre trouuée, ne fondée ou cas pre-
"sent; mais est de present question de chose pure, espirituelle, qui gist
"toute à la conscience desdits Maistres & esdits Statuts Papaux; c'est à
"sçauoir d'estre reputé souffisant ou non souffisant audit degré, ne telle
"chose ne se puet posseder de fait aucunement fors par auanture & tant
"seulement par lesdits Maistres, mais auec ce le cas de nouuelleté intenté
"par ledit Paul, presuppose turbation faite induëment & de nouuel: la-
"quelle en cette partie ne auroit & n'a pas esté faite audit Paul, mais a esté
"fait ce que dit est par lesdits opposans, par grande & meure deliberation,
"sentence & conclusion. Disoient aussi que de droit & raison escrite, tous
"Maistres sont & doiuent estre iuges chacun en sa conscience des faits,
"degrez & Promotions d'icelle Faculté, & tels estre lesdits opposans
"auoit & a assez confessé ledit Paul au cas present, qui se dit de iceux
"auoir appellé à nostre S. Pere le Pape. Disoient aussi que par raison de
"ce qui est fait par iuge, comme iuge nul ne fait à receuoir à soy com-
"**plaindre en cas de saisine & de nouuelleté, & auoient** lesdits opposans
"fait deüement & à bonne & iuste cause, tout ce que par eux a esté fait
"en cette partie, en vsant de leursdits droits, possessions & saisines, & ainsi
"que dit est en auoient ioy & vsé par eux & leurs predecesseurs de tout
"temps & mesmement par les années derreines. En concluant & tendant
"à fin que par la Sentence ou Iugement de nostredit Preuost, il fust dit que
"ledit Maistre Paul ne faisoit aucunement à receuoir, à poursuiure ne in-
"tenter ladite complainte ne faire les Conclusions par luy cy-dessus main-
"tenuës, & en deuoit estre forclos & debouté, comme de propos non re-
"ceuable ou au moins non valable; & se à receuant faisoit, ce que non, qu'il
"feust dit que lesd. Deffendeurs à bonne & iuste cause se feussent opposez
"& fussent absous des impetitions & demandes dudit demandeur, & reque-
"rant condemnation de dépens & offrans à prouuer de leur faits se mestier
"étoit, à souffisance. Lesquelles parties ouyes en tout ce qu'elles voudrent
"dire & alleguer l'vne contre l'autre, en demādant, defendant, repliquant

Vniuersitatis Parisiensis. 381

" & dupliquant eussions esté aduertis que cette matiere qui estoit bien nou-
" uelle & de grand prix & sequelle & touchoit moult grandement l'estat
" d'icelle Vniuersité, ses libertez, statuts & ordonnances, la paix & tran-
" quillité des Estudians & Supposts d'icelle, & pour ce l'eussions aduo-
" quée pardeuant Nous & les Gens de nostre grand Conseil. A quoy les-
" dites parties de leur bon gré & mesmement ledit Paul se feussent con-
" stituées & soûmises au dit & ordonnance des Gens de nostredit grand
" Conseil, pardeuant lesquels icelles parties ayent derechef en effet ou
" substance dit & proposé ce que dessus est dit, & tant sur ce procedé
" qu'elles ont esté appointées à bailler en escrit par maniere de memoi-
" re tout leur plaidoyé dessusdit. En ensuiuant lequel appointement elles
" ont depuis baillé leursdits memoires par escrit de present & accepté sur
" ce iour à oyr droit. Sçauoir faisons, que veuz à grant & meure delibe-
" ration les articles & memoires, dont dessus est faite mention, les lettres
" & exploits desdites Parties, & eu sur tout conseil & auis, veu & consi-
" deré tout ce qui faisoit à voir & considerer en cette partie, Nous auons
" dit & disons par nostre sentence, iugement & à droit que ledit Deman-
" deur ne fait à oyr ne à receuoir à intenter ne poursuiure ladite complain-
" te, ne les demandes, requestes & conclusions dessusdites : Et l'en auons
" debouté & deboutons, tous despens compensez d'vn costé & d'autre
" & pour cause. En tesmoin de ce nous auons fait mettre nostre sceel à ces
" presentes Ordonnances en l'absence du grand. Donné à Paris le 17.
" Sept. l'an de grace 1426. Et de nostre Regne le quart. Ainsi signé par le
" Conseil. L. Calot.

1426.

Anno 1427. M. Ioannes Ioannis Rector Vniuersitatis Parif. conquestus est apud Nationem Gallicanum de quibusdam iniurijs sibi à M. Rolando Scriptoris Decani Medicinæ illatis; eique Natio se adiunxit ad re-
poscendam iniuriarum illarum reparationem, vt scribit M. Bernardus
Procurator hon. Nat. Gall. *Postremo venerandæ circunspectionis & magnæ scientiæ vir Dominus meus Rector M. Ioannes Ioannis tunc temporis almæ Vniuersitatis Matris meæ Rector supplicauit pro adiunctione eiusdem Nationis in prosecutione cuiusdam iniuriæ sibi illatæ per quendam venerabilem & scientificum
virum M. Rolandum Scriptoris, eodem tempore Decanum venerandæ Facultatis
Medicinæ, &c. Et quoad supplicationem D. mei præcipui D. Rectoris prædictæ
Natio eam concessit dando eidem Domino Rectori adiunctionem ad prosecutionem reparationis prædictæ iniuriæ ipsi factæ per prædictum M. Rolandum.*

1427.

Ad hunc an. sic legitur in quodam Chartulario membranaceo, cuius
mihi copiam fecit D. d'Herouual ; legitur quoque in alio Papyraceo,
cuius in dorso patet hic titulus, *Extraicts des Arrests & Ordonnances.*

Le 12. iour de Nouembre 1427. premier iour de Parlement, entre l'Euesque
de Paris, d'vne part, requerant M. Benard Nyuart, M. Regent en Medecine
& Escholier de l'Vniuersité de Paris, Clerc non marié, prisonnier ou Chastelet,
**pour ce qu'il auoit apporté à Iean du Conseil Notaire dudit Chastelet, vnes let-
tres passées soubs le sceel dudit Chastelet pour en faire** vn Vidimus, esquelles
auoit rasure, qui auoit esté faite à son proufit & mis Bernard en lieu de Iehan.
Et si auoit rasure en vne scedule de papier, passée par deuant deux Notaires
du Roy, & pour soupçon qu'il n'eust-ce fait & le Procureur du Roy d'autre
part. Sur le plaidoyé fait sur ce, entre lesdites parties en Parlement, le 29. iour
d'Octobre derreinement passé, fu dit par Arrest que ledit M. Bernard sera baillé à l'Euesque de Paris pour en auoir la detention, & sauf au Procureur du Roy
de le pouoir repeter. Et sera faite defense de par la Cour audit Euesque, qu'il ne
procede à l'élargissement, absolution ou condemnation d'icelui M. Bernard,
iusques à ce que la Cour ait congneu de ce, dont au Roy appartient la cognoissance. Et seront deux desdits Conseillers de la Cour presens, auec l'Euesque ou
son Official à faire le procez dudit M. Bernard. De hoc fuit maxima Briga inter Gentes Regis & Vniuersitatem Parif. quæ dicebat quod simpliciter Episcopo debebat reddi. Et fuerunt illi de Vniuersitate propter hoc
pluries penes Magnum Consilium & insinuauerunt Cessationes, & nihi-

lominus remansit Prisionarius per duos menses. Et fuit redditus vt dictum est, nonobstante clamore Vniuersitatis.

Ille M. Bernardus Niuardi Facultatis Medecinæ renunciatus fuerat Decanus 7. Nou. an. 1422. eique 9. Nou. an. sequentis 1423. successerat M. Io. Warini.

Item ad eundem annum sic legitur in prædicto Codice Papyracee.

L'an 1427. le 17. iour de Iuin, entre M. Raouland Barguenel & autres Executeurs de feu M. Guillaume Gourlain en son viuant Promoteur, &c. & M. Pierre Maugier, commis de par le Recteur & Vniuersité de Paris, qui s'efforçoient de sceeller en l'hostel dudit defunt & à faire l'Inuentaire des biens, & empescher à M. Iacques Viart Examinateur de Chastelet, qui auoit commencé à faire l'Inuentaire, qu'il ne procedast plus auant, d'vne part. Et le Procureur du Roy d'autre, fut dit par Arrest, que l'Inuentaire des biens dudit feu Gourlain, encommencé par ledit Examinateur, sera fait & parfait par luy & non pas par le Recteur, & baillé au Procureur du Roy pour le voir; à sçauoir se il voudroit aucune chose dire à l'encontre. Et le 15. Septembre fut dit, que par la main du Roy & le plus profitablement que faire se pourra, appellez lesdits Procureur du Roy, les Heritiers & Executeurs seront vendeurs des biens de ladite Execution de ceux, qui seruando seruari non possunt, & sera l'argent conuerty és obseques & funerailles dudit defunct.

COLL. SAGIENSE.

Eodem anno confectum est Instrumentum fundationis Collegij Sagiensis factæ à M. Gregorio Anglici Episcopi quondam Sagiensis qui anno 1404. obierat, per eius verò nepotem M. Ioannem Anglici Presbyterum de Lonlayo Diœcesis Cenomanensis in Decanatu de Passayo, Magistrum in Artibus & in vtroque iure Baccalaureum, Curionem Parochiæ S. Berardi prope Montem Securum, Alterum Executorum executioni demandatæ; tale autem est Instrumentum.

" IN NOMINE DOMINI, Amen. Nouerint vniuersi & singuli hoc præ-
" sens publicum Instrumentum inspecturi quod anno eiusdem Domi-
" ni 1427. Indict. 6. die verò 24. Feb. Pontificatus sancti in Christo Pa-
" tris & D. nostri Martini diuina prouidentia Papæ V. an. 11. in nostrorum
" Notariorum publicorum, ac testium infrascriptorum adhæc specialiter
" vocatorum & rogatorum præsentia propter hoc personaliter constitu-
" tus Vener. & circunspectus vir D. M. Ioannes Anglici Presbyter oriun-
" dus de Abbatia de Lonlayo in Diœcesi Cenomanensi & in Decanatu de
" Passayo Magister in Artibus & in vtroque Iure Baccalaureus Rectorque
" Ecclesiæ Parochialis S. Berardi prope Montem Securum prædictæ Diœ-
" cesis alter Executorum Testamenti, seu vltimæ voluntatis bonæ memo-
" riæ defuncti D. Gregorij Anglici quondam Sagiensis Episcopi oriundi de
" Basochia de Luceio dictorum Diœcesis & Decanatus, ac Procurator
" venerabilium virorum DD. Ioannis Charpentier Curati de Marigneo &
" **Ioan. Renard. Curati de Breteno** Presbyterorum in Diœcesi Sagiensi
" Executorum similiter nominatorum in Pagina Testamenti dicti D. Gre-
" gorij Episcopi & aliorum infra nominatorum nominibus de consilio ve-
" ner. & discreti M. Io. Paris in Parlamento Regis Procuratoris eius Con-
" siliarij secum iuncti, vnà cum assensu & dilectione prouidorum virorum
" MM. Michaëlis de Sepe in Artibus Magistri & Baccalaurei in Theol.
" Thomæ Iosselin similiter in Artibus Magistri & in Iure Canonico Licen-
" tiati Executionis & Procurationis nominibus, ad Testamenti, seu vltimæ
" voluntatis dicti Reuerendi Patris D. Sagiensis, dum vixit, Episcopi prædi-
" cti Executionem, in Collegij per ipsos Executores in villa Parisiensi fun-
" dati vtilitatem, nec non Magistri, Procuratoris & Scholarium eiusdem
" Domus Prouisiones & regimen, Manationes, Constitutiones, Ordina-
" tiones, statuta, reseruationes & declarationes cæteraque omnia & sin-
" gula, prout quemadmodùm inferiùs describuntur vnà cum prædicto M.
" Ioanne Paris secum iuncto fecit, ordinauit, condidit, constituit, & ob-
" seruare præcepit, ac tenore præsentis publici Instrumenti facit, ordinat,

Vniuerſitatis Pariſienſis. 383

condit, inſtituit. Quarum quidem Ordinationum, Conſtitutionum, Nominationum, Statutorum, Reſeruationum & Declarationum vnà cum procuratione prædictorum DD. Ioannis Charpentier & Ioan. Renard, ac quarundam Teſtamenti prædicti quondam D. Epiſcopi clauſularum ad poteſtatem eidem D. Gregorio Angli dictam facultatem, tenores de verbo ad verbum ſequuntur & ſunt tales.

1427.

VNIVERSIS præſentes litteras inſpecturis Ioannes Anglici Preſbyter oriundus de Baſochia, de Luceyo Diœceſis Cenoman. & in Decanatu de Paſſeio Magiſter in Artibus & in vtroque Iure Baccalaureus, Rector Parochialis Eccleſiæ S. Berard. Serretij prope Montem Securum prædictæ Diœceſis Alter Executorum Teſtamenti, ſeu vltimæ voluntatis bonæ memoriæ defuncti D. Gregorij Anglici quondam Sagienſis Epiſcopi oriundi de Baſochia de Luceio dictorum Diœceſis & Decanatus, ac Procurator vener. virorum DD. Ioannis Charpentier Curati de Marigneo & Ioan. Renard Curati de Betremo Presbyterorum in Diœceſi Sagienſi Executorum ſimiliter nominatorum in pagina Teſtamenti dicti D. D. Gregorij, prout ex eius tenore apparet & licuit. Cuius quidem Procurationis tenor de verbo ad verbum ſequitur in hunc modum.

VNIVERSIS præſentia Statuta, Conſtitutiones, ſeu Ordinationes inſpecturis ſit notum, quod cum bonæ memoriæ D. Gregorius Anglici quondam Sagienſis Epiſcopus de Baſochia, de Luceio oriundus, per multa tempora ante eius obitum colloquendo cum ſuis Officialibus & familiaribus & amicis, propinquis de genere, & bonis ſibi à Deo collatis, ſuper fundatione vnius Collegij Pariſius & vnius Andegaui, *quibus collocarentur pauperes Scholares, partim* de Diœceſi Sagienſi, maximè de locis in quibus Epiſcopus Sagienſis eſt Dominus temporalis, ſi idonei reperiantur, alioquin de tota Diœceſi, & partim de Decanatu de Paſſeio Cenoman. Diœceſis in caſu quo ibi ſufficientes eſſent qui peterent, alioquin de toto Archidiaconatu de Paſſeio, illos tamen de ſuo genere præferendo vndecunque, ſi ſufficientes reperirentur qui peterent, plura verba protuliſſet, & in eius vltima voluntate prædictorum non oblitus tamen pauca propter metum, vel dubiam oneris reparationem Eccleſiæ Sagienſis, Maneriorum D. Epiſcopo ſpectantium, quæ ſequuntur expreſſa verba.

Item cum aliàs Ego diſpoſuerim & meæ intentionis extiterit & adhuc exiſtat, fundare & ordinare Pariſius & Andegauis certum numerum Scholarium prout Executoribus meis viſum fuerit expediens, quæ ſuper hoc onere volo & ordino quod ipſi Scholares dum & quotieſue fundati & ordinari extiterint, habeant talem quantitatem, ſeu portionem *librorum meorum tam Iuris Canonici quàm Ciuilis, ſituti Executores mei duxerint ſtatuendum & ordinandum*, ac ipſis viſum fuerit expediens pro ſalute animæ meæ & Benefactorum meorum. Et in fine prædictæ vltimæ voluntatis conſtituit Executores ſuos, ita dicendo.

Executores verò meos facio & nomino, obligo & ordino dilectiſſimos meos & Amicos meos, videlicet MM. Robertum Briſoul & Ioannem Boleardi Canonicos Cenom. Ioannem Anglici Nepotem meum, MM. Ioannem Betton, Ioan. Anglici DD. Ioannes Ioannem Renard & Io. Charpentier Presbyteros, Seruitores & familiares meos & eorum quemlibet. Quibus omnibus & ſingulis ſupplico vt dictam Executionem meam velint adimplere, defendere fideliter & tueri; & ſi non omnes poſſint ad hoc intendere, volo quod tres illorum poſſint adimplere, augere ſeu detrahere ad eorum conſcientias, dicto M. Ioanne Anglici ſemper vocato, vt ſupra. Et idem Teſtator verba quæ ſequuntur, ſupra dixerat in eadem vltima voluntate, ſcilicet

Reſiduum verò omnium bonorum meorum ſi quid Executione mea completa & Reparationibus meis factis, ſeu financia pro meis facta ſi qua debeatur, ſuper quo attentis attendendis & his qui reparant tempore meo refero me bonorum virorum arbitrio, do & lego per manus Executorum meorum infra nominandorum Pauperibus Ecclesijs & puellis maritandis & alijs pijs locis prout viderint expediens, erogandum; super quibus eorum conscientias onero, & volo, ac ordino quod tres de Executoribus meis, alijs legitimè summatis & vocatis, ac non venientibus, ac se excusantibus, possint & valeant dictam Executionem meam ad finem debitum perducere & finire, satisfactione debita eis legitimè facta, secundum Deum & rationem, super quibus eorum conscientias onero & volo quod M. Ioannes Anglici in prædicta sit semper vnus de dictis tribus casu quo in partibus erit, qui Executores saltem onus assumentes ad præmissa agenda, terram de Baudeuille cum Iuribus suis & pertinentijs in Parochia de Cheuennes, in Castellania de Chasteau-Landon & alijs Parochijs circumuicinis, & quoddam Manerium, seu Domus pro vico Citharæ Parisius satis prope Ecclesiam Parochialem SS. Cosmæ & Damiani ex altera parte vici, & etiam Domum Capelli rubei & aliam Domum ex altera parte iungentem in Censiua Hospitaliorum dictorum de Templo pro Collegio Parisiensi. Et pro Collegio Andegauensi Manerium, seu Domum quandam vocatam de Bueil in vico Sanueresse situatam certasque in Parochijs de Farmenterijs & de Marignè decimas pro dotatione eiusdem de bonis dictæ Executionis acquisiuerint.

„ Nos Ergo Ioannes Anglici Presbyter Executor supra dictus, Executo-
„ rio & Procuratorio præfatorum DD. Executorum nominibus & M. Ioan-
„ nes Paris prænominatus ad regulandum nunc & in posterum in præfato
„ Collegio Magistrum dicti Collegij & Capellanum, ac Scholares ibi iam
„ positos, & in futurum successiuè instituendos primitus fundatoris volun-
„ tatem, quantum possumus, Statuimus & Ordinamus quod in Collegio
„ Parisius fundato erunt 8. Personæ, vnus Principalis & Magister, alius
„ Capellanus & sex alij Scholares quorum 4. erunt de Decanatu de Pas-
„ seio in Diœcesi Cenomanensi, si ibidem reperiantur sufficientes, alio-
„ quin de Archidiaconatu de Passeio vndicunque & ad hoc præferendo
„ Consanguineos & eos qui sunt, vel erunt de genere D. Fundatoris, & 4.
„ alij de Diœcesi Sagiensi, præsertim de Ciuitate & alijs Parochijs in qui-
„ bus Episcopus est Dominus temporalis, alioquin de quacunque parte
„ Diœcesis antedictæ qui omnes Gradus suos in Artibus, vel Theologia
„ secundum quod infra statuetur, adipisci arctabuntur, &c.

Anno 1428. Iana Darcia virgo Lotharinga in Agro Tullensi, apud Leucos orta patre Iacobo Darcio Agricola & matre Isabella Regem Carolum VII. Chinonij conuenit, quæ primum pro fatua habita, deinde postquam de fide, deque reuelationibus à Doctoribus Theologis examinata & probata est, pro auxilio cælesti haberi cœpit. Aureliam obsidione liberauit, Regem inungi curauit, Lutetiam liberare contendit, multaque alia præclara facinora patrauit: **demum in eruptione ex vrbe Compendiensi capta**, anno 1431. 3. Kal. Iunias Rothomagi in veteri foro cremata est, vt suo loco dicemus. Huiusce diuinæ Puellæ vitam & gesta plurimi descripserunt, inter cæteros è nostris Ioannes Gerson, Valerandus Varanius Doctor Theologus, qui heroïco carmine libris 4. eius Gesta complexus est, Hubertus Momoretana qui libris septem Bellorum Britannicorum historiam Ianæ immiscuit, Guido Papæus Præses Gratianopolitanus, & alij.

Vniuersitas verò iam non rebus Regni Publicis intenta, vt fuerat, regnantibus legitimis Regibus, suorum Reformationi Collegiorum incumbebat quorum pleraque, aut Magistris, aut Bursarijs, aut reditibus carebant, pleraque etiam, aut ruinis sepulta, aut ruinis proxima. Ex actis autem intelligimus singulas Nationes suorum curam suscipere & reformationem procurare solitas, imò & Magistros, seu Præfectos & Primarios præficere. Et ne omnia referamus; de Collegio Chenaci, seu S. Michaëlis sic legimus in Actis diei vltimæ Feb. an. 1428.

Die vltima præfati mensis (Feb.) *congregata fuit Natio Franciæ in Capitulo*

Vniuersitatis Parisiensis. 385

Capitulo S. Maturini super 2. art. 1. fuit super aliquibus tangentibus honorem Nationis in Reformatione quorundam Collegiorum suorum & præsertim Collegij de Chenaco. Et quoad huncart. expositum fuit quomodo Magister illius Collegij, scilicet M. Ioannes Quatredens ab hoc seculo discesserat & Collegium illud carebat Magistro & Administratore in sui præiudicium & grauamen, quare propter conseruationem bonorum Collegij & procurandorum Reditunm diligentiam expediebat Nationi in hoc prouidere & vnum Magistrum constituere quantum possibile esset iuxta statuta illius Collegij, seruando possessionem quam Natio habet in reformandis suis Collegijs & Magistris instituendis in ipsis, maximè in absentia Collatorum, seu Prouisorum; Sic autem erat quod Prouisor illius Collegij erat absens, nec in hoc poterat prouidere. Et quia Natio fuit legitimè informata & per fide dignos de sufficientia, prudentia & discretione venerabilis viri M. Ioan. Vitatelli qui in dicto Collegio à pluribus annis moram traxerat, & fuerat ibidem Procurator, per cuius medium etiam plurima bona & plures pecuniarum summæ sæpè dicto Collegio aduenerant, ipsum M. Io. Vilatelli tanquam magis propitium & idoneum iuxta statuta Collegij præfati in Magistrum eiusdem Collegij instituit & in possessionem realem posuit, prout per Instrumentum super hoc confectum latius continetur, præstito tamen per prius ab eod. M. Io. Vilatelli solito Iuramento de fideliter exercendo suum Officium Magisterij ad vtilitatem & honorem dicti Collegij, præstitit etiam Iuramentum de non attentando quoquo modo, seu intrando Administrationem præfatam, quousque factum fuisset Inuentarium nouum, nec non Collatio habita Inuentarij noui cum Antiquo Inuentario aliàs facto. Et quoad hoc explendum dedit Natio Deputatos qui cum Notario haberent Inuentarium facere tam de libris quàm reliquis bonis. Vlterius deliberatum est quod bona præfati Quatredens defuncti arrestarentur ad requestam Nationis & Collegij vt fieret satisfactio si dictus defunctus eidem Collegio in aliquo obligatus esset.

1428.

COLL. DE CHENACO.

Eadem materia agitata est in Comitijs diei 16. Maij an. 1429. occasione præfecturæ Collegij Retelensis vacantis. Sic enim habetur. *Die 16. mensis eiusdem* congregaui Nationem Franciæ matrem super 2. art. 1. ad audienda aliqua tangentia honorem Nationis super Reformatione suorum Collegiorum. 2. Communis. Quantum ad 1. exposui Nationi quod erant plura Collegia Nationis quæ continuè demoliuntur propter defectum Magistrorum, & specialiter in Collegio de Retelois fundato prope Iacobitas in vico Porretarum in quo non fuerat Magister à 2. annis citra. Idcirco Natio volens prouidere circa ista conclusit quod fieret vna Papyrus in qua poneretur & inscriberentur de cætero nomina omnium Collegiorum; & quod Decani singularum Prouinciarum afferent nomina singulorum Magistrorum de Prouincia sua assumptorum in Magisterium dictorum Collegiorum. Et quod etiam Procurator hoc faciet iurare suo successori. Conclusit etiam Natio quod scriberetur Collatoribus qui habent prouidere circa dictum Collegium de Retelois, quatenus prouiderent infra mensem, aliàs Natio prouidebit.

COLLEG. RETELEN· SE.

Quantum ad 2. art. supplicuit M. Io. Rousselli quatenus Natio vellet adire DD. Prouisores, Commissos siue Collatores Magisterij, Submonitoris & Procuratoris aliarum Capellaniarum & Bursarum dicti Colleg. Beluacensis, & pariter vellet supplicare quatenus vellent eum recipere in Submonitorem dicti Collegij; viso quod ille ad quem spectat præsentatio, sibi contulit, quam supplicationem concessit Natio sibi dando adjunctionem.

Item ad an. 1432. & diem 21. Octob. sic scribit M. Philippus de Longolio Procurator Nat. Gall. *Item in ipsa Congregatione supplicauit venerabilis M.M. Andreas* Pelle, quatinus ipsa Natio vellet eum instituere in Magistrum Collegij Turonensis iuxta & secundum tenorem cuiusdam litteræ Collationis Magisterij dicti Collegij per eum exhibitæ, emanatæ ab

Tom. V. CCc

"Archiepiscopo Turon. Ordinario Collatore dicti Collegij. Quæ Natio
1428. "annuit suæ supplicationi, eidem concedendo Deputatos ad adeundum
"dictum Collegium & in præsentia ipsorum Deputatorum faciendum In-
"uentarium bonorum spectantium dicto Collegio, Iuramentis debitis in
"præsentia dictorum Deputatorum per eundem Pelle præstitis.

Eodem anno celebratum est Concilium Prouinciale Senonense ad reformationem Ecclesiæ, vt Ecclesiastici paratiores procederent ad Concilium Generale Basileense quod à Martino indictum fuerat. Ad Prouinciale autem missi sunt ab Vniuersitate Legati, seu vt vocant, Deputati.
Quippe M. Gerardus Gehe Procurator Nat. Gall. habitis Comitijs 10.
Martij exposuit *materias currentes in Vniuersitate, & præsertim materiam
libertatum Ecclesiæ & reformationem totius status Ecclesiastici in Capite & in
membris, quantum concernebat Prouinciam Senonensem, quia pro tunc celebrabatur Concilium Prouinciale, quare expediebat habere virum idoneum ad prædicta cum alijs Deputatis tractanda.*

1429.
DE TVR-
NO IN
PRÆSEN-
TATIONE
BENEFI-
CIORVM.

Initio anni 1429. magna fuit inter Facultatem Artium & cæteras contentio qualis iam an. 1417. fuerat de Collatione Beneficiorum ad Patronatum Vniuersitatis pertinentium; quippe nolebat Facultas Artium subscribere Septemplicis præsentationis Ordini seu Turno, vt tunc loquebantur, quem offerebant cæteræ Facultates. Imprimis verò Theologi
solemni suo Decreto dato 11. Iunij an. sequentis, hunc ordinem septem-
plicem obtulerunt. Cui Natio Anglicana ex omnibus vna subscripsit
mense Iulio eiusdem anni in priuatis Comitijs, apud S. Cosmam habitis;
quod cum cæteræ Nationes resciuissent, intercesserunt, quominus iste
Ordo institueretur, quia vt aiebant, *vertebat in grande præiudicium suum*,
vnde Anglicana tandem melius consulta descendit in sententiam soro-
rum suarum: ita vt tunc non fuerit Ordo ille institutus. Et quia vacabat
Sacerdotium S. Cosmæ, statutum est ex singulis Facultatibus & Nationibus eligendos esse singulos viros spectabiles, qui cum Rectore sicut alias
fieri solebat, conferrent. Verum Concordia tandem inter Facultates &
Nationes facta est circa annum 1438. quæ vnanimi consensu septenarias
illas vices pro bono pacis approbarunt: & ex eo tempore, ita semper
observatum in Collatione Beneficiorum.

Ea de re nos fusè tom. 3. pag 605. & sequentibus, vbi plura Instrumenta Actaque ad Beneficiorum præsentationem pertinentia retulimus. Quibus addemus quod scribit M. Inguerrandus de Parenti Medicorum Decanus, de Natione Germanica quæ à tribus alijs desciscens Facultatum
superiorum voluntati subscripsit, quoad Turni institutionem.

Die 18. mensis Aug. (an. 1434.) fuit facta congregatio Facultatis in S.
Math. ad deliberandum super Nominatione facienda pro quodam Beneficio spectante ad dispositionem Vniuersitatis vacante per mortem M.
Thomæ Hobbe, & pro huiusmodi nominatione supplicauit Rector; supplicauit etiam Procurator Nationis Almaniæ nomine Nationis pro quodam supposito eiusdem, & mouebatur Natio ratione Turni alias per litteras & Instrumenta publica conclusi. Facultates deliberauerunt, *quod.
si Natio Almaniæ vellet tantum facere ad Facultatem*, quod ad eandem fecerunt aliæ Facultates, quia aliæ Facultates, scilicet Theologiæ & Decretorum fecerunt litteras, *& etiam ipsa Suppositum eiusdem nominabat,
aliàs non.*

Accepit prædicta Natio conditionem & Instrumento Publico per Notarium confecto Turnum comprobauit, vt idem Decanus scribit. *Die
26. Aug.* tradidit Natio *Almaniæ Facultati Medicinæ litteram, seu Instrumentum sigillo Magno eiusdem Nationis sigillatum, signatumque signo Notarij
Iulienne in forma aliarum litterarum Facultatum Superiorum pro Turno in perpetuum obseruando.*

Extat Conclusio eiusdem Nationis data die Crastina post festum B.
Ludouici, quam loco supra memorato retulimus. Ex ijs autem patet
reliquas tres Nationes, quanquam aliquandiu adhuc reluctatæ sunt,

coactas tandem fuisse Turni conditionem accipere.

Cæterum illa discordia aliam eodem anno (1429.) peperit: quippe cum relatum fuisset de Legatis ad Concilium Generale, quod indictum fuerat, mittendis, voluerunt Facultates superiores communia omnibus stipendia pensitari; refragatæ verò sunt Nationes, Gallicana præsertim & Normanica quæ suis tantummodò voluerunt de suo ærario salaria persolui. Hac de re sic scribit M. Io. Valleterre Nat. Gall. Procurator.

Item die 11. mensis Octob. eiusdem anni fuit congregata Vniuersitas, " & posuit Rector in deliberatione 1. quod concluderetur numerus Am- " bassiatorum mittendorum ad Concilium Generale. 2. Quam summam " Pecuniæ haberent dicti Ambassiatores qualibet die pro eorum stipendijs. " Et super istis conclusit Natio sic quod placebat sibi quod Facultates su- " periores mitterent tot Ambassiatores sicut vellent & darent eis talia sti- " pendia sicut vellent; sed Natio non intendebat quod ipsa, vel Supposi- " ta eius aliquid soluerent, immo si oppositum concluderetur, Natio se " opponebat. Et quia Rector conclusit oppositum, ideo nomine Nationis " tanquam Procurator Ego me opposui. Cui Oppositioni Rector non de- " tulit, immo conclusit quod mitterentur tres Theologi, duo Decretistæ, " vnus Medicus, 4. Artistæ cum vno Bidello; & quod Theologi & De- " cretistæ haberent pro stipendijs quisque pro qualibet die 20. solidos & " Medicus 16. & Quilibet Artista etiam 16. solidos; Bidellus autem 8. sol. "

Cum verò die 20. eiusdem mensis conuenisset eadem Natio ad eligendum Procuratorem, intercessionem prædictam comprobauit, iterataque deliberatione firmauit, in Legatos verò suos die 27. elegit MM. Guill. Erardi Artistarum Nauarrærorum Primarium, & Petrum Maugier.

Eodem anno Facultas Theologica die 30. Martij habitis Comitijs damnauit quasdam Propositiones F. Ioannis Sarrazin Dominicani de Potestate Pontificia quam supra Concilium Oecumenicum esse volebat, contra quam definitum fuisset in Concilio Constantiensi. Censura talis legitur.

IN NOMINE DOMINI, Amen. Per hoc præsens publicum instrumen- " CENSVRA tum cunctis pateat euidenter & sit notum, quod anno eiusdem Domi- " CIRCA ni 1429. more Gallicano Indictione 8. mens. Martij die 30. & penult. Pon- " POTESTA: tificatus sanctissimi in Christo Patris & D. nostri D. Martini diuina Pro- " TEM PAuidentia Papæ V. an. 13. in Congregatione venerabilium & circumspe- " PÆ. ctorum virorum DD. & MM. Sacræ Theol. Facultatis studij Paris. in S. " Mathurino multum solemniter congregatorum, & more solito dictæ Facultatis Theol. congregationem ibidem celebrantium: de mandato venerabilis & circumspecti viri M. Petri de Dierreyo dictæ Facultatis Decani tam Regentium quàm non Regentium, & Religiosorum, ac secularium ad infra scripta ibidem vocatorum specialiter propter hoc personaliter constitutus præfatus D. Decanus dicens & proponens quod F. " Ioannes Sarrazin Ordinis FF. Prædicatorum Licentiatus in Theol. post " Vesperias suas fuerat delatus apud ipsum, & consequenter apud dictam " Facultatem, tanquam dixisset ea quæ sequuntur, sicut etiam scripta exhibita de propria manu, sonare videbantur, formam quæ sequitur, continentia.
"
1. Omnes potestates Iurisdictionis Ecclesiæ, aliæ à Papali potestate, " sunt ab ipso Papa quantum ad institutionem & collationem. "

2. Huiusmodi potestates non sunt de iure diuino immediatè, nec " immediatè institutæ à Deo. "

3. Non inuenitur Christum tales potestates, scilicet alias à Papali expressisse, sed tantùm supremam cui commisit Ecclesiæ fundationem. "

4. Quandocunque in aliquo Concilio aliqua instituuntur, tota authoritas dans vigorem statutis in summo solo residet Pontificio. "

5. Ex textu Euangelij non habetur expressè alicui Apostolorum nisi " Petro authoritatem Iurisdictionis fuisse collatam.

" 6. Dicere inferiorum Prælatorum potestatem Iurisdictionis, siuè sint
1429. " Episcopi, siue Curati, esse immediatè à Deo, sicut potestatem Papæ,
" veritati quodammodo repugnat.
" 7. Sicut nullus flos, & nulla pullulatio, nec etiam omnes flores & pul-
" lulationes, simul possunt aliquid in arborem, quia hæc omnia sunt pro-
" pter arborem instituta, & ab arbore deriuata: sic omnes aliæ potestates,
" nihil de iure possunt contra summum Sacerdotium. Infra dicitur quòd
" Spiritualis potestas est summus Pontifex, vt recitatur Hugonem de S.
" Victore dixisse lib. 1. de Sacramentis: ex quo potest videri quod hîc per
" summum Pontificium summus Pontifex intelligitur.
" 8. Summus Pontifex canonicam Simoniam à iure positiuo prohibitam
" non potest committere. Quæ Propositiones, seu dicta pluries per De-
" putatos eiusdem Facultatis diligenter examinata iudicabamus esse repa-
" randa: præsertim cum D. Rector & multi de Vniuersitate talem repara-
" tionem requisissent in præsentiâ dictæ Facultatis. Tandem præfatus D.
" Decanus ex matura & diligenti, ac concordi deliberatione Magistrorum
" dictæ Facultatis tam Regentium quam non Regentium, & tam Secula-
" rium quàm Religiosorum præhabita, Conclusit quod prædictus Frater
" Ioannes Sarrazin ordin. FF. Prædicatorum qui tunc & aliàs auditus fuit
" ad longum, & cuius intentio scita fuit, & qui etiam se submiserat dictæ
" Facultati Theologiæ, diceret in dictâ Congregatione & deinde in aulâ
" F. Girardi de Salinis FF. Minorum post primam Quæstionem Expectato-
" riam, sub hac formâ.
" Ex Vesperijs meis quidam fuerunt scandalizati sicut mihi significatum
" est per Matrem meam Facultatem Theol. tanquam intellexerint quod
" voluerim inter alia detrahere potestati Ecclesiæ & Prælatorum aliorum
" à summo Pontifice, tam maiorum quàm minorum, & quorundam alio-
" rum Ecclesiasticorum, & specialiter occasione quarundam propositio-
" num per me in eisdem Vesperijs meis dictarum. Volens propterea quan-
" tum in me est, tollere omne scandalum & esse filius obedientiæ & pacis,
" & assertor veritatis, dico nunc ex ordinatione eiusdem matris meæ Fa-
" cultatis Theologiæ, cuius ordinationi, dispositioni & omnimodæ deter-
" minationi me submisi & submitto, ac etiam vltroneâ voluntate veritates
" quæ sequuntur.
" 1. Omnes Potestates Iurisdictionis Ecclesiæ, aliæ à Papali potestate,
" sunt ab ipso Christo quantum ad institutionem & collationem primariam:
" à Papa autem & ab Ecclesia quantum ad limitationem & dispensationem
" ministerialem.
" 2. Huiusmodi potestates sunt de iure diuino & immediatè institutæ
" à Deo.
" 3. Inuenitur in sacra Scriptura Christum Ecclesiam fundasse, & Pote-
" states alias à Papali expressè ordinasse.
" 4. Veritas: quandocunque in aliquo Concilio aliqua instituuntur, to-
" ta authoritas dans vigorem statutis resider non in solo summo Pontifice,
" sed principaliter in Spiritu sancto & Ecclesia Catholica.
" 5. Ex textu Euangelij & doctrina Apostolorum habetur expressè,
" Apostolis, & Discipulis à Christo missis, authoritatem Iurisdictionis
" fuisse collatam.
" 6. Dicere inferiorum Prælatorum potestatem Iurisdictionis, siue sint
" Episcopi, siue sint Curati, esse immediatè à Deo, Euangelicæ & Apo-
" stolicæ consonat veritati.
" 7. Aliqua potestas, scilicet Potestas Ecclesiæ, de iure potest aliquid,
" & in certis casibus contra summum Pontificem.
" 8. Veritas; quicunque Purus Viator habens vsum rationis, cuiuscun-
" que dignitatis, authoritatis, aut præeminentiæ, etiam si Papalis existat,
" Simoniam potest committere.
" Denique si aliqua protulerim, vel scripserim quæ videantur prædictis
" contraria, vel quæ aliter scripta sint, nolo in eis stare, sed volo & supplico

haberi pro non dictis, vel scriptis, & alia quæcunque quæ viderentur præbere occasionem scandali vel erroris.

"1419.

Qui quidem Ioannes Sarrazin modo & forma prædictis omnia & singula fecit, dixit & protulit. Primò videlicet in dicta Congregatione in Capitulo S. Mathurini Parisius vt præfertur, celebrata, præsentibus ibidem venerabilibus & circunspectis viris D. Decano prænominato, ac MM. Ioanne de Trecis, Guill. de Bomillon, Guill. de Cella, Emerico de Brusserijs, Rolando Barquenal, Guill. Boutitot, Ioanne de Vernone, Remundo de Alto Ponte, Philippo Bauet, Dionysio de Sabrenois, Io. le Gallois, Girardo Gorron, Martino Billery, Ioan. Pulchri-Patris, Io. de Gondiuiller, Thoma Monachi, Rogerio de Gaillon, Io. Soqueti, Guill. Ædelie, Io. Tripier, Io. Graueltain, Gaufredo Coclearis, Mich. Langlois, Georg. de Vallesponsa, Rob. de Porta & Io. de Quesneyo. Magistris in Theol. tam secularibus quàm Religiosis, ac Io. Vacheau Principali Bidello eiusdem Facultatis.

Item eisdem anno, indictione, mense, die & Pontificatu prædictis dictus Fr. Ioannes Sarrazin dictas propositiones legit & reparauit modo & forma supradictis in aula Reuerendi Patris D. Episcopi Parisi, post primam Quæstionem Magistri, F. Girardi de Salinis supradicti, præsentibus dicto Reuerendo in Christo Patre D. Episcopo Paris. Ac venerabilibus, ac circunspectis viris MM. Petro de Dierreyo Decano eiusdem Facultatis *Guillelmo Eurardi Rectore* Vniuersitatis Paris. Hugone Maioris vicesgerente Cancellarij Ecclesiæ Paris. Guill. de Cella, Io. Pulchri-Patris, Rogerio de Gaillon, Io. Soqueti, Gaufredo Coclearis Magistris in Theol. Laurentio Callot, Petro de la Hasardiere, Guill. Huqueti, & Guill. Candelli Magistris in Artibus cum pluribus alijs, tam Magistris quam Doctoribus, Scholaribus, Baccalarijs & secularibus ibidem existentibus: de & supra quibus præmissis omnibus & singulis, dicti DD. Rector & Decanus & quilibet ipsorum petierunt & petijt à me Notario publico sibi fieri & confici publicum instrumentum vnum, vel plura. Acta fuerunt hæc anno, Indictione, mense, die, Pontificatu & locis prædictis, præsentibus prænominatis testibus ad præmissa vocatis specialiter & rogatis.

Et Ego Laurentius Pontrelli Presbyter Curatus Parochialis Ecclesiæ de Annouilla, Rothomag. Diœcesis publicus Apostolica & Imperiali authoritatibus Notarius, præmissis omnibus & singulis, dum sic vt superius scripta sunt, fierent, & agerentur vnà cum prænominatis testibus præsens fui, eaque sic fieri vidi & audiui. Idcirco huic præsenti publico instrumento aliena manu fideliter scripto, me alijs occupato negotijs signum meum publicum apposui consuetum, hîc me propria manu subscribendo, requisitus & rogatus in testimonium veritatis præmissorum. PONTRELLI.

Eodem anno Martinus V. Bullam quæ sequitur, dedit aduersus Minores qui neglectis consuetudinibus & institutis Vniuersitatis, nihilominus legere præsumebant.

MARTINVS, &c. Ad futuram rei memoriam. Cum in humanis scientijs, &c. sanè nuper fide digna relatione multorum ad nostram notitiam est deductum quod in Ordine Minorum, quem inter cæteros Religiosos Ordines paternâ charitate complectimur reperiuntur quamplurimi ad gradum Magisterij promoti temporibus retroactis sine debito cursu & lectura sententiarum in Vniuersitatibus approbatis, secundum quod fieri oportet, iuxta formam in talibus consuetam & indecorum dicto Ordini, in quo antiquitus viguit notabiliter Theologiæ scientia propter singularem curam & seriam diligentiam adhibitam in suis Fratribus ad Magisterium promouendis. Volentes igitur super ijs salubriter prouidere, errata corrigere & scandalis obuiare quæ sequi possunt ex imperitia nonnullorum taliter promotorum, tenore præsentium Apostolicâ authoritate decernimus, quod quicunque reperiantur in præsenti

DE MENDICANTIBVS AD GRADVS PROMOVENDIS.

" & in futurum reperientur in dicto ordine promoti ad Magisterij gradum
1429. " in Theologia, contra Vniuersitates ab ipso ordine per generalia Capitu-
" la ad hoc specialiter electas, & absque eo quod ante perfecerint debitos
" Cursus suos, sententias legerint in Vniuersitatibus approbatis, actus le-
" gitimos & certa exercitia Scholastica fecerint prout legere & facere te-
" nentur de consuetudine, vel de iure in huiusmodi scientia ritè magi-
" strandi, minimè de cætero gaudere possint Beneficijs, Officijs, honori-
" bus, gratijs, Priuilegijs, exemptionibus tam in dicto ordine quàm extra
" Magistris in Theologia Apostolicâ, vel aliâ quauis authoritate conces-
" sis, & quibus Magistri huiusmodi vti & gaudere consueuerunt. Et insuper
" quod prædicti promoti non seruatis modis debitis, vt præfertur, non ha-
" beantur, vel reputentur pro Magistris Theologiæ, vel se pro talibus
" gerere & nominare præsumant. Mandantes Generali & Dilectis filijs Pro-
" uincialibus, Ministris, Custodibus, Gardianis & eorum vices gerentibus,
" Generalibus quoque & Prouincialibus Capitulis, ac Officialibus quibus-
" cunque Ordinis præfati, sub pœnâ Excommunicationis, quatenùs has no-
" stras literas quantum vnumquemque concernunt, obseruent & faciant
" inuiolabiliter obseruari. Constitutionibus ac litteris Apostolicis, &c. &
" alijs contrarium facientibus non obstantibus, quibuscunque, &c. Da-
" tum Romæ, apud SS. Apostolos, Kal. Decem. Pontif. nostri an. 13.

1430. ¶ Anno 1430. antiquissimum Daciæ Collegium in vico San-Genouefa-
no inter Carmelitas & Coll. Laudunense situm, vetustate collapsum magna ex parte post litis contestationem Laudunensi tandem amicâ com-
positione adiunctum est, vt patet ex instrumento sequenti.

DE COL- " A Tous Ceux qui ces Presentes Lettres verront: Simon Morlier
LEGIO " Cheualier, Seigneur de Villers, Conseiller du Roy nostre Sire, &
DACICO. " garde de la Preuosté de Paris salut: Sçauoir faisons que pardeuant Mar-
" cial d'Auuergne & Foulques de Rosiers, Clercs Notaires Iurez du Roy
" nostre Sire, de par luy establis en son Chastelet de Paris, furent presents
" venerables & discrettes personnes Maistre Pierre Gondement, Maistre
" és Arts & Bachelier en Theologie, Maistre du College de Laon fondé à
" Paris en la ruë sainte Geneuiefue ou mont de Paris, Maistre Iacques
" Galet Maistre és Arts & Licencié en Droict, Chappelain, Principal du-
" dit College, Maistre Gilles Cannet Maistre és Arts & en Medecine,
" Maistre Iacques Lallemant Maistre és Arts & Bachelier en Droict, Mai-
" stre Iean Berthe Maistre és Arts, & Robin Hyte Escholier estudiant,
" tous Bourciers dudit College, faisans & representans pour le present, si
" comme ils disoient, la plus grande & saine partie des Escholiers & Bour-
" ciers dudit College de Laon pour & ou nom d'iceluy disans & affermans
" pour verité, *& comme vne maison & ses apartemens, nommez la maison des
" Escholliers de Dace assise à Paris en ladite ruë de sainte Geneuiefue du mont
" de Paris, tenant d'vne part au Conuent des Carmes à Paris,* & d'autre part
" audit College de Laon, aboutissant par derriere à saint Victor, en la
" censiue de ladite Eglise de sainte Geneuiefue ou mont de Paris, ait esté
" puis certains long-temps en çà, & encores de present soit en telle & si
" grande ruine & desolation, qu'elle est deuenuë vuide, vacque, & com-
" me inhabitable: parquoy les Religieux, Abbé & Conuent de ladite
" Eglise de sainte Geneuiefue ou mont de Paris, en l'an dernierement pas-
" sé mil quatre cens vingt & neuf, pour estre payez de certaine rente qu'ils
" ont droit de prendre chacun an, sur la deuantdite maison de Dace, & de
" certains & plusieurs arrerages deubz & escheuz à cause d'icelle, du temps
" & termes passez, par vertu du Priuilege donné & octroyé aux Bourgeois
" Manans & Habitans de ladite ville de Paris, sur le fait des maisons vui-
" des & vacques d'icelle ville, firent mettre ladite maison de Dace en
" criées & subhastations ou Chastelet de Paris, à la maniere accoustumée,
" auxquelles criées s'opposerent lesdits Maistre & Escholiers dudit Col-
" lege de Laon, pour conseruer à iceluy College certaine somme de

deniers dont ladite maison de Dace estoit obligée, & hypothequée enuers ledit College, & sur ce a esté tant procedé oudit Chastelet de Paris, 1430.
que lesdits Maistres & Escholiers dudit College de Laon, pour obuier à
la perdition de leurdicte somme de deniers & hypotheque, ont esté contraints de garnir, fournir & payer audits Religieux, Abbé & Conuent
de sainte Geneuiefue leurdite rente, ensemble tous & chacuns les arrerages qui à cause d'icelle leur estoient deubs, aussi tous les fraiz, mises & despens faits & interuenus à l'occasion desdites criées & pour-
suittes, comme tout ce peut plus à plain apparoir par le procez desdites
criées ; & par ce moyen & tiltre lesdits Maistres & Escholiers dudit College de Laon sont deuenus Seigneurs proprietaires & detenteurs de ladite maison des Escholiers de Dace, non obstant que le Procureur de la
Nation d'Angleterre & le Procureur de l'Vniuersité de Paris, pour les
Escholiers du Royaume de Dace, se fussent parauant opposez en eux
efforçant de debattre & empescher auxdits Eschollers dudit College de
Laon, la propriété d'icelle maison de Dace, ainsi à eulx aduenuë, comme dit est dessus : finablement les dessus nommez Maistres & Escholiers
dudit College de Laon par bon aduis, conseil & meure deliberation pour
bien de Paix & obuier à toutes altercations de procez, fraits & dépens qui
s'en pourroient ensuiure tant seulement & non pour autre cause, fors
en faueur de ladite Nation d'Angleterre, recogneurent & confesserent
pardeuant lesdites Notaires auoir baillé, cedé & transporté, & delaissé &
par ces presentes lettres baillent, cedent transportent & delaissent du
tout plainement & absoluëment dés maintenant à tousiours perpetuellement & hereditablement, promirent & promettent garantir, deliurer
& deffendre enuers & contre tous en Iugement & par tout ailleurs, où il
appartiendra aux coust, & dépens dudit College de Laon, toutes & quantesfois que mestier sera, à la charge cy-aprés declarée de tous troubles, lettres, debtes, charges, hypotheques, conditions, transports,
alienations & de tous autres empeschements quelquonques, aux Escholliers du Royaume de Dace, pour eulx & leurs successeurs Escholiers d'i-
celuy Royaume & de eux ayans cause, vne maison à moitié & ses apar-
tenances, comme se comporte & estend en large, en long, en hault &
en fond deuant & derriere audit College de Laon à certain & iuste tiltre
appartenant & dont ils iouïssoient paisiblement, assise à Paris contre le
petit Pont en la ruë de la Gallande, à l'opposite de l'huis par lequel l'on
entre à saint Iulien le Pauure, tenant d'vne part à vne maison qui iadis
fut & appartint au Sire de Garancières, & d'autre part à vne maison ap-
partenante aux hoirs ou ayans cause de feu Thiebaut Thressart, aboutissant par derriere à l'Hostel de la cloche-persée & à l'Hostel des trois
Roys de Cologne, en la grande ruë S. Iacques, en la censiue du Chapitre
de l'Eglise de Paris & chargée en quatre sols & deux deniers Parisis de
fond de terre, & en neuf liures & dix sols Parisis de rente par chacun
an, sans autre charge ny deuoir, pour d'icelle maison & ses appartenan-
ces à la charge dessusdite iouïr & vser, tenir & posseder doresnauant par
lesdits Escholiers dudit Royaume de Dace, leurs successeurs Escholiers
d'iceluy Royaume de Dace, ou leurs ayans cause & en faire ordonner &
disposer à tousiours comme de leur propre chose & vray heritage, sans
aucun contredit & laquelle maison lesdits Maistres & Escholiers dudit
College de Laon seront tenus, promirent & promettent acquiter franchement de tous les arrerages qu'elle pourroit deuoir à cause du cens &
rente dessusdits, depuis le temps passé iusques au terme de saint Remy
prochainement venant inclus, & auec ce promirent & promettent iceux
Maistres & Escholiers bailler la somme de cent sols Parisis, pour vne
fois, pour les mettre, commettre & employer en reparations d'icelle
maison, se besoing en est, & pour ce icelle maison de Dace & ses ap-
partenances est, demeure & appartient, sera, demeurera & appartiendra plainement & absoluëment à tousiours perpetuellement &

"hereditablement audit College de Laon, pour en faire, ordonner, & dis-
"poser comme du propre heritage & loyal acquest dudit College; & par-
"tant lesdites parties dessus nommées se departent de tous desbats, pro-
"cez & discords & demeurent bons amis ensemble & de ladite amortie
"cy-dessus declarée, lesdits Maistres & Escholiers dudit College de Laon
"se-dessaisirent & desuetirent à pur & à plain és mains des Notaires, com-
"me en la nostre souueraine, le Roy nostre Sire, pour & au profit des
"Escholiers dudit Royaume de Dace, de leurs successeurs & ayans cause,
"voulans & consentans lesdits Maistres & Escholiers dudit College de
"Laon, que par le bail & ostention de ces presentes lettres, tant seule-
"ment lesdits Escholiers dudit Royaume de Dace en fussent & soient sai-
"sis & vestus, mis & receus en bonne possession & saisine, là où de qui
"ainsi, & comme il appartiendra, & pour plus plainement ce faire reque-
"rir & consentir estre fait, lesdits Maistres & Escholiers dudit College
"de Laon, pour & ou nom d'iceluy College firent, constituerent & esta-
"blirent leur Procureur General & certain messaiger especial sans rap-
"pel le porteur de ces lettres, auquel ils donnerent plain pouuoir, au-
"thorité & mandement especial de ce faire & de faire en oultre tout
"ce qui au cas appartiendra. Promettans lesdits Maistres & Escholiers
"dudit College de Laon, par leurs sermens & par la foy de leurs corps,
"pour ce donnez corporellement és mains desdits Notaires, ces pre-
"sents bail, transport, garantie & tout ce qui cy-dessus est dit, d'auoir
"agreable, tenir ferme & stable à tousiours, sans aller, faire, venir ou dire
"à l'encontre, ores ou pour le temps aduenir, pour raison d'erreur, d'i-
"gnorance, deceuance ne autrement, en quelque maniere, ne pour quel-
"conque cause que ce soit ou puisse estre, ainçois seront tenus & pro-
"mirent rendre, payer & restituer à plain sans faire aucun plait ou procez,
"tous coux, frais, mises, despens, domaiges, salaires & interests, qui faits
"& soutenus seroient en se pourchassant par deffault des choses dessus-
"dites ou d'aucunes d'icelles non tenuës & non accomplies, obligeant
"quant à ce lesdits Maistres & Escholiers dudit College de Laon, tous les
"biens, meubles, rentes, reuenus, possessions & heritaiges presents &
"aduenir d'iceluy College de Laon, qu'ils soubsmirent pour ce du tout à
"justicier, vendre & exploiter par nous, nos successeurs, Preuosts de Pa-
"ris & par tous autres Iusticiers, Iustices & Iurisdictions où ils seront ou
"pourront estre trouuez, pour ces lettres & leur contenu entierement & sur
"tout loyaulment accomplir & renoncerent en ce fait expressement par
"leurdits sermens & foy à toutes exceptions d'exceptions, lettres, gra-
"ces, franchises, priuileges, libertez, impetrations, dispensations, abso-
"lutions, raisons, deffenses & coustumes à tout droict escrit & non escrit,
"Canon & Ciuil à la chose non faite en maniere deuë, & generaulment
"**à toutes autres choses quelquonques, qui tant de fait, comme de droict**
"deus & coustume aidier & valoir pourroient à venir faire ou dire contre
"ces lettres ou aucune des choses dedans contenuës & au droict disant ge-
"nerale renonciation non valoir ; en tesmoin de ce nous à la relation des-
"dits Notaires, auons mis le seel de ladite Preuosté de Paris à ces lettres
"qui furent faites, passées & accordées, l'an de grace mil quatre cens
"trente, le Mercredy 23. iour du mois d'Aoust. Signé d'Auuergne & de
"Rosiers.

 Eodem anno varijs vicibus congregata est Vniuersitas ob multiplicia
negotia : imprimis verò super materia Concilij Generalis Basileæ celebrandi ad quod Nuncios, seu Legatos suos miserat : ante verò omnia,
scripsit ad Prælatos Franciæ, rogauitque, vt sibi adessent, pecuniasque
commodarent, quòd tam multis impensis factis & faciendis par non esset.
Item ad Imperatorem & ad Electores Imperij, quæ omnia habentur in
Actis illius anni & præcedentis, scilicet anni 1429. more Gallicano. *Anno
Domini 1430. die penult. Septemb. fuit Vniuersitas Paris. congregata apud S.
Mathurinum hora 8. super materia Concilij Generalis celebrandi. Narrauit D.
Rector*

qualiter tempus appropinquaret quod debebat Concilium Generale celebrari, & qualiter temporibus præteritis Vniuersitas insudauit ad Concilium Generale celebrandum: quapropter expediens videbatur quod Vniuersitas suos Ambasiatores & ea quæ in dicto Concilio haberent tractare, disponeret: Rescriberetur Papæ & Principibus huius Regni & Prælatis vt suas intentiones super hoc vellent Vniuersitati mandare: Et quia Vniuersitas magnam habebat Ambasiatam transmittere ad prænominatum Concilium, quapropter grandes requirebantur pecuniæ, visa penuria suppositorum præfatæ Vniuersitatis, expediens videbatur vt etiam pietatis intuitu DD. scriberetur quod Vniuersitati in aliquâ summâ vellent succurrere, & MM. Prælatis contemplatione adiunctionis Vniuersitatis cum eis in materia libertatum Ecclesiæ; super quo deliberauit Natio & similiter Vniuersitas quod omnia præfata placebant, &c.

1430.

In hanc rem video fuisse expeditas & sigillatas ab Vniuersitate die 16. Decemb. litteras ad Philippum de Montjoyeux Episcopum Constantiensem, qui Legationem ad Concilium maximè promouebat. Item assumptos die 27. eiusdem mensis in Receptores subsidij charitatiui, vt vocabant, MM. G. de Brocis & Io. Francisci, *dummodò nulla fieret suppositorum coactio ad solutionem illius subsidij Charitatiui.*

Die 7. Octob. apud Mathurinenses lectæ fuerunt litteræ ad summum Pontificem transmittendæ. 20. eiusdem mensis aliæ lectæ ad Prælatos & Principes. Item 22. Nouembris aliæ lectæ ad Imperatorem & Electores Imperij, ad Vniuersitatem Viennensem super acceleratione Concilij Generalis in Ciuitate Basilea: nec non ad Regem Franciæ & ad Episcopum Beluacensem. Profectis autem ad illam vrbem Nuncijs Vniuersitatis die 7. Feb. eiusdem anni more Gallicano, acceptæ fuerunt litteræ à M Philippo de Franchelanis Decretorum Doctore, & in Congregatione Generali apud Mathurinos lectæ, quibus perscribebat futurum hoc anno Concilium Basileæ, iamque scedulas fuisse valuis Ecclesiarum appositas Romæ. Nam Martinus V. paulò antequam moreretur, etiamsi in Concilio Constantiensi cautum fuisset de proximè futuro; deinde verò in Senensi indictum fuisset ad hunc annum Basileæ, tamen existimauit, vt illius celebrandi spem omnibus faceret, speciali Bullâ indicendum esse; quod & fecit, & Iulianum Cæsarinum S. Angeli Diaconum Cardinalem suo nomine Legatum & Præsidentem instituit: at paulò post apoplexi correptus, naturæ legibus functus est 10. Kal. Martias Romæ; ætatis 63. Quo mortuo Cardinales Conclaue ingressi Calendis Martijs, 5. Nonas elegerunt Gabrielem Condelmerium Venetum, tunc S. Clementis Presbyterum Cardinalem; qui sumpto nomine Eugenij IV. coronam Pontificiam accepit in Basilica S. Petri. 5. Idus Martij.

Eodem quoque anno Professores quidam Græci, Hebræi & Chaldæi postularunt ab Vniuersitate stipendium aliquod sufficiens, vt possent illas disciplinas profiteri: **quorum supplicationi annuit Natio Gallic.** ita scribente suo procuratore M. Ægidio Cordier de Riparia. *Quantum ad 5. punctum, &c. signanter voluit illud addi vt scilicet prouideretur aliquibus Doctoribus Græcis, Hebræis & Chaldæis de beneficio sufficienti, vt possent per eosdem in Vniuersitate Paris. illa idiomata patefieri.*

Eodem anno legimus contentionem fuisse, discordiamque in Vniuersitate occasione Collationis Muneris Procuratorij in Parlamento vacantis per obitum M. Heberti Camus, quippe duo insignes Magistri, Ioannes Bailly & Io. Paris ambo Procuratores in Parlamento illud sibi conferri postulauerant, & Vniuersitatem in varia studia distraxerant. Natio Gallicana semper stetit pro Paris, vt intelligimus ex Actis ipsius, sic scribente M. Philippo de Longolio Procuratore.

Die 21. mensis Nouemb. anno eodem (1430.) conuocata Vniuersitate « per D. Rectorem tunc temporis M. Thomam de Courcellis in sancto Ma- « thurino super 4. artic. 1. super expositione litterarum transmittendarum « ad Imperatorem & D. nostrum Regem 2. super facto priuilegiorum. 3. « super collatione Officij Procuratoris in Parlamento vacantis per obitum «

"M. Heberti Camus. 4. Communis super supplicationibus & iniurijs.
1430. " Quamuis ipsa Vniuersitas iam tribus vicibus fuerit conuocata per ipsum
" D. Rectorem & suum Prædecessorem super isto 3. art. videlicet super
" Collatione ipsius Officij Procuratoris in Parlamento supplicantibus pro
" ipso Officio discretis viris MM. Ioanne Bailliui & Ioanne Paris Procu-
" ratoribus in Parlamento, & Natio Franciæ Mater mea solemniter con-
" gregata in qualibet vice à maiori parte multo maturâ deliberatione
" præuia, elegit M. Io. Paris præfatum. *Quia tamen illis vicibus non fuit concor-*
" *dia in Vniuersitate, aliquibus Nationibus & Facultatibus conferentibus ipsum*
" *Officium dicto M. Io. Bailliui, alijs similiter Nationibus & Facultatibus con-*
" *ferentibus ipsi Paris, Natio tamen Franciæ Mater mea præfata illa die ad*
" *partem tracta, vt moris est pro deliberando mota pluribus rationibus*
" *ibidem allegatis, iterum solemniter congregata quasi vniformiter con-*
" *clusit eligendo ipsum M. Io. Paris, voluitque ipsam Conclusionem ma-*
" *nere irreuocabilem & irretractabilem; immò quotienscunque ipsa ma-*
" *teria poneretur in deliberatione per D. Rectorem, conclusit non deli-*
" *berare, sed semper remanere in sua Conclusione habita pro Paris.* Et
" Ego Philippus de Longolio Procurator eiusdem Nationis assero hæc ve-
" ra esse, & ista die præfata conclusisse. Et de ista Conclusione instrumen-
" tum petij à Venerabilibus MM. Ioan. Francisci Thesaurario Senon. &
" Egidio Textoris Notarijs publicis, Magistris in Artibus Suppositis dictæ
" Nationis ad hoc præsentibus vnà cum Vener. viris MM. Egidio de Brena,
" Andrea Cotini, Io. Canelli, Guill. de Camera, Guill. de Longolio &
" quamplurimis alijs. Ph. de Longolio. cum Syng.

RELI-
QVIA B.
GVIL-
LELMI.

Eodem anno post celebrationem Guillelmaliorum in Natione Gall. repositæ sunt in Archa quædam litteræ Ecclesiæ Bituricensis datæ anno 1399. quibus .ertior fiebat Natio vnam è Costis B. Guillelmi quondam Primatis Bituric. Patroni sui fuisse de eius corpore extractam & ad se ab eadem Ecclesia transmissam. Rem sic scribit M. Egidius Cordier, aliàs, *de la Riuiere*, Procurator eiusdem Nationis.

Anno Domini 1430. Pontificatus sanctissimi D. nostri Martini Papæ V. an. 14. die solemnitatis Beatissimi Guillelmi Confessoris Archiepiscopi Bituricensis Patroni Nationis Franciæ quæ fuit 11. Ian. M. Ioannes Bourilleti aliàs Francisci Magister in Artibus, Licentiatus in Decretis, Baccalarius in Theol. Decanus Prouinciæ Senon. in dicta Natione posuit in Arca Nationis vnam litteram patentem san.am & integram sigillatam sigillo ven. Capituli Ecclesiæ Metropolitanæ Bituricensis & Tabellionatam, seu instrumentatam signo & subscriptione discreti viri D. Guill. Esturgandi Presbyteri Notarij publici Apostolici & Imperialis, sub dicta Bituris in præfata Ecclesia anno Domini 1399. die 10. mensis Maij circa horam 9. post meridiem, continentem quod de capsa Reliquiarum vbi sacrum Corpus dicti beatissimi Guillelmi mirabiliter collocatum quiescit **in dicta Ecclesia ad Altare in honorem eiusdem Sancti fundatum existentem**, *ipsa capsa aperta fuit, capta & extracta & M. Ioanni Rousselli nomine Procuratorio Nationis Franciæ ad honorem B. M. V. & exaltationem dicti S. Guillelmi data & tradita vna de costis S. Guill. & etiam ob reuerentiam Ioannis Ducis Bituricensis & amorem dictæ Nationis. Quæ costa de præsenti tenetur in vase Christallino & argenteo Imaginis B. Guillelmi Argenteæ deauratæ ad dictam Nationem pertinentis; testificantur illi qui ibide fuerunt dum ponebatur præsentes fuerunt quando litteræ positæ fuerunt in dicta Arca Ego Egidius Corderij alias de Riparia in Artibus Regens in dicta Facultate de Prouincia Remensi & Procurator dictæ Nationis, M. Ioannes & Ego Procurator locum tenens Prouinciæ Remensis, Ioa. de Valle, Decanus Turonensis, Robertus Morge Decanus Bituricens. Ioannes Canelli Receptor dictæ Nationis, Egidius de Brena & Colinus Bedellus.*

De Iana Puella Aurelianensi.

Eodem anno mense Maio Iana Puella vulgò dicta Aurelianensis in vrbe Compendiensi obsessa, cum erupisset, capta est à Burgundionibus, spemque fecit certissimæ Victoriæ. Quia verò Magiæ vulgo

Vniuersitatis Parisiensis. 395

Magiæ vulgo insimulabatur, aliorumque criminum contra fidem, Vniuersitas instigante M. Petro Cauchon Episcopo Beluacensi suorum Priuilegiorum Conseruatore scripsit ad Ducem Burgundum vti eam Ecclesiæ traderet examinique Christianæ Religionis submitteret; scripsit quoque ad Regem Henricum & ad ipsum Episcopum Beluacensem daris litteris die 21. Nouemb. 1430.

1430.

Tandem die Martis 9. Ian. cœpit lis instrui aduersus Ianam per Episcopum Beluacensem, auditi testes, producta Instrumenta; quæ omnia ad Vniuersitatem transmissa sunt, vt super ijs deliberaret. Illa verò habitis pluribus Comitijs negotium commisit Facultatibus Theologiæ & Decretorum examinandum. Quibus Officio functis reque ad Comitia Generalia relata, Vniuersitas ipsa non satis tamen cautè Instrumentum confecit quod sequitur, vt habetur in MS. San-Victorino.

IN NOMINE DOMINI, Amen. Huius præsentis publici Instrumenti cunctis pateat euidenter & sit notum quod anno eiusdem Domini 1431. Indictione 9. mensis verò Aprilis die 29. Sede Apostolica, vt asseritur, Pastore carente ALMA VNIVERSITAS STVDII PARISIENSIS apud S. Bernardum super 2. art. solemniter conuocata & congregata, Quorum quidem Articulorum primus & principalis erat ad audiendum litteras & quædam proponenda pro parte Christianissimi Principis D. nostri Regis, ac sui Consilij, ac DD. Iudicum in facto Processus cuiusdam Mulieris nomine Ioannæ vulgariter dictæ *La Pucelle*, in materia fidei & super eisdem deliberandis. Et 2. art. erat communis super supplicationibus & iniurijs. Quibus Articulis sic per venerandæ circumspectionis virum M. Petrum de Gouda Magistrum in Artibus eiusdem Vniuersitatis Rectorem & in ipsa congregatione præsidentem expositis apertisque & lectis litteris prædictis, & exposita credentia in eisdem litteris contenta per Organum alterius Ambassiatorum D. nostri Regis, sui Consilij & Iudicum prædictorum ad eandem Vniuersitatem destinatorum; ac lectis 12. articulis hic inferius annotatis. Item D. Rector proposuit & declarauit quod materia in articulis de quibus supra fit mentio contenta, erat magna & ardua fidem orthodoxam, Religionem Christianam, sacras Sanctiones concernens. Cuius determinatio & articulorum huiusmodi qualificatio præcipuè spectabat & pertinebat ad venerandas Theologiæ, scilicet & Decretorum Facultates secundum suas professiones, subiungendo quod dicta Vniuersitas huiusmodi materiæ determinationem & articulorum de quibus supra fit mentio qualificationem deliberaret, & concluderet prædictis Facultatibus communicationem. Quarum Facultatum Determinatio & Qualificatio ad eandem Vniuersitatem per easdem, aut earum nominibus referretur. Quibus sic expositis idem D. Rector omnia & singula tunc in dicta Congregatione exposita in omnium & singulorum Magistrorum & Doctorum ibidem existentium deliberationibus posuit. Et deinceps *singulæ Facultates & Nationes ad partem in locis vbi in arduissimis causis & negotijs deliberandis hactenus congregari consueuerunt ad deliberandum, tam super præmissis quàm alijs, abierunt & recesserunt facientes singulæ in eisdem locis sessionem publicam. Post quarum quidem Facultatum & Nationum maturam deliberationem, singulis deliberationibus earundem vt moris est, in communi publicatis & repetitis, tandem sæpè dicta Vniuersitas per Organum prælibati D. Rectoris ex concordi singularum Facultatum & Nationum deliberatione* conclusit quod prædictæ materiæ determinationem cum articulorum de quibus supra, qualificatione dictis Theologiæ & Decretorum Facultatibus committebat faciendam & eidem Vniuersitati referendam.

1431.

Item anno & Indictione prædictis mensis Maij die 14. Sede Apostolica vt fertur, Pastore carente, Præfata alma Vniuersitate studij Paris. apud S. Bernardum prædictum solemniter super duobus articulis congregata, Quorum primus & principalis erat ad audiendum deliberationes

Tom. V.   DDd ij

„ venerandarum Facultatum Theologiæ scilicet & Decretorum prædi-
1430. „ ctarum in materia fidei aliàs videlicet die 29. mensis Aprilis nouissime præ-
„ teriti eisdem ab prædicta Vniuersitate commissa. Cuius quidem articuli
„ materia per Organum dicti D. Rectoris luculenter & seriosè exposita,
„ idem Dominus requisiuit dictas Facultates in eadem Congregatione præ-
„ sentes suas Determinationes in materia prædicta & articulorum qualifi-
„ cationes in conspectu dictæ Vniuersitatis publicè aperirent & referrent.
„ Quibus sic vt præmittitur requisitis veneranda Facultas Theologiæ per
„ organum venerabilis, ac circunspecti viri M. Ioannis de Trecis eiusdem
„ Facultatis Decani tunc vices gerentis respondit quod frequenter & vi-
„ cibus iteratis quælibet prædictarum Theologiæ & Decretorum Facul-
„ tatum tam in se tota quàm in Deputatis per eandem fuerat congregata
„ super materia prædicta pro determinatione habenda in eadem & qualifi-
„ catione articulorum de quibus supra, facienda, & tandem quælibet ea-
„ rumdem post maturam diuturnamque deliberationem determinauerunt
„ per modum Doctrinæ super præmissis modo & forma contentis de verbo
„ ad verbum quodam quaterno Papyreo quam Præfatus M. Ioannes in
„ suis manibus tenebat, ac publicè in conspectu ipsius Vniuersitatis le-
„ gendum exhibuit altaque & intelligibili voce cum articulis de quibus su-
„ pra qualificatis legi fecit. Quorum articulorum determinationem &
„ qualificationum in prædicto Quaterno Papyreo contentorum tenores
„ de verbo ad verbum sequuntur & sunt tales.

Sequuntur articuli de dictis & factis Ioannæ vulgariter nuncupatæ
LA PVCELLE.

„ ET 1. Quædam Fœmina dicit & affirmat quod dum esset ætatis 13.
„ annorum, vel circa, ipsa suis oculis corporalibus vidit sanctum Mi-
„ chaëlem, eam consolaturam, & quandoque S. Gabrielem in effigie corpo-
„ rali apparentes: aliquando etiam vidit Angelorum magnam multitudinem;
„ & ex tunc S. Catherina & Margareta se exhibuerunt eidem fœminæ cor-
„ poraliter videndas; quas etiam quotidie videt, & earum voces audit, &
„ eas quandoque amplexata est & osculata sensibiliter & corporaliter, tan-
„ gendo verò dictorum Angelorum & Sanctarum capita vidit; de residuis
„ autem partibus earum, aut vestimentis nihil dicere voluit: quodque
„ prædictæ sanctæ Catharina & Margareta aliquando eam fuerant allocu-
„ tæ ad fontem quendam iuxta arborem magnam communiter appellatam
„ *l'Arbre des Fées*, de quibus fonte & arbore fama est diuulgata, quod fa-
„ tales Dominæ ibidem frequentant, & plures febricitantes ad dictos fon-
„ tem & arborem accedunt causa recuperandæ sanitatis, quamuis siti sunt
„ in loco profano, quas ibi & alibi pluries venerata fuit & eis reuerentiam
„ exhibuit. Dicit insuper quod sanctæ Catharina & Margareta prædictæ
„ apparent & se monstrant ei coronatas pulcherrimis coronis & pretiosis,
„ & à tempore prædicto, ac pluries deinceps dixerunt eidem fœminæ de
„ mandato Dei quod oportebat eam accedere ad quendam Principem
„ secularem promittendo quod eiusdem fœminæ auxilio & laboribus me-
„ diantibus dictus Princeps vi armorum magnum dominium temporale &
„ honorem mundanum recuperaret, ac victoriam de aduersarijs suis obti-
„ neret: quodque idem Princeps dictam fœminam reciperet, & arma cum
„ exercitu armatorum eidem assignaret pro executione præmissorum. In-
„ super dictæ sanctæ Catharina & Margareta præceperunt eidem fœminæ
„ de mandato Dei quod assumeret & portaret habitum viri quem portauit
„ & adhuc portat, præcepto huiusmodi obediendo perseueranter, in tan-
„ tum quod ipsa fœmina dixit se malle mori quàm eiusmodi habitum re-
„ linquere; hoc simpliciter dicendo aliquociens & aliquando, nisi hoc esset
„ de mandato Dei. Prælegit etiam non interesse Missarum Officijs & ca-
„ rere sacra communione Eucharistiæ in tempore per Ecclesiam fideli-
„ bus ordinato ad huiusmodi Sacramentum recipiendum, quàm habitum

muliebrem resumere & virilem relinquere, fauentes etiam dictæ fœminæ in hoc quod sinè scitu & contra voluntatem Parentum suorum, dum esset ætatis 17. ann. vel eo circà domum paternam egressa fuit, ac multitudini hominum arma sequentium sociata die nocteque cum eis conuersando nunquam, aut rarò aliam mulierem secum habens. Et alia multa dictæ sanctæ dixerunt & præceperunt eidem mulieri; propter quæ dicit se missam Deo cœli & Ecclesia victoriosa Sanctorum iam beatitudine fruentium quibus submittit omnia benefacta sua; militanti verò Ecclesiæ se sua facta & dicta submittere distulit & recusauit pluries super requisita & monita, dicens quod impossibile est eidem fœminæ facere contrarium illorum quæ affirmauit in processu suo se de mandato Dei fecisse: neque de his se referet determinationi, aut Iudicio cuiuscunque viuentis, sed tantummodo Iudicio Dei; quodque eidem fœminæ reuelauerunt quod ipsa saluabitur in gloria Beatorum & salutem animæ suæ consequetur si virginitatem quam eisdem vouit prima vice quâ eas vidit & audiuit, seruauerit, occasione cuius reuelationis asserit se certam de salute sua, ac si esset præsentialiter & de facto in Regno cœlorum. " 1431.

Item dicta fœmina dicit quod signum, quod habuit Princeps ad quem mittebatur, per quod determinatus fuit ad credendum & de suis reuelationibus, & ad eam recipiendam pro bellis agendis, fuit quod S. Michaël ad eundem Principem accessit associatus Angelorum multitudine, quorum quidam habebant coronas, & alij habebant alas; cum quibus erant SS. Catharina & Margareta, qui Angelus & fœmina supra terram per viam gradus & cameram simul longo itinere gradiebantur alijs Angelis & prædictis sanctis concomitantibus ad eidem Principi coronam preciosissimam de auro preciosissimo tradendum. Idem Angelus tradidit, & coram dicto Principe Angelus se inclinauit eidem reuerentiam exhibendo. Et vna vice dicit quod quando Princeps suus habuit signum, ipsa cogitat quod tunc solus erat, quamuis satis prope plures alij interessent, & alia vice quod prout credit, vnus Archiepiscopus recepit illud signum coronæ & tradidit præfato Principi, præsentibus & videntibus pluribus Dominis temporalibus.

Item dicta fœmina cognouit & certa est quod ille qui eam visitat, est S. Michaël, per bonum consilium, confortationem & bonam doctrinam quas prædictus Michaël eidem fœminæ dedit & fecit; ac per hoc quod ipse nominauit se dicendo quod ipse erat Michaël: & similiter SS. Catherinam & Margaretam cognoscit distinctè ab inuicem per hoc quod se nominauit & eandem salutent; propter quæ de S. Michaële sibi apparente credit quod ipse est S. Michaël, & dicta eius Michaëlis & facta vera sunt & bona, equè firmiter sicut ipsa credit quod D. noster Iesus Christus passus fuit & mortuus pro nostra redemptione.

Item dicta fœmina dicit & affirmat quod ipsa est certa de quibusdam futuris merè contingentibus quæ eueniunt, sicut ipsa est certa de ijs quæ actu videt ante; sed & de aliquibus occultis iactat se habere & habuisse notitiam per reuelationes verbo tenus sibi factas per voces sanctarum Catherinæ & Margaretæ, puta quod liberabitur à carceribus, & quod Gallici facient pulcrius factum in sua societate quàm vnquam fuit factum per totam Christianitatem, quod etiam nomine demonstratur. per reuelationem, prout dicit, aliquos homines cognouit; quos nunquam antè viderat, & quod reuelauit & manifestauit quendam ensem absconditum in terra.

Item dicta fœmina dicit & affirmat quod de mandato Dei & eius beneplacito assumpsit & portauit, ac continuè portat & vestit habitum ad vsum viri. Et vlterius dicit quod ex quo habebat de mandato Dei deferre habitum viri, oportebat eam accipere tunicam borream, capucium, gipponem, bracchas & caligas cum aiguilletis multis capitis sui super summitates aurium scissis in rotundum nihil supra corpus suum relinquendo quod sexum fœminam approbet, aut ✥ monstret, propter ea quæ natura

DDd iij

"eidem fœminæ contulit ad fœminei sexus discretionem: quodque in præ-
" dicto habitu pluries Euchariſtiam recepit, nec voluit, aut vult habitum
" mulierum reſumere pluries super hoc charitatiuè requiſita & monita, di-
" cens quod mallet mori quàm habitum virilem dimittere aliquotiens ſim-
" pliciter dicendo & aliquando niſi eſſet de mandato Dei, & quod ſi in ha-
" bitu viri eſſet inter eos pro quorum parte aliàs ſe armauit & faceret ſicut
" ante captionem ſuam & detentionem, hoc eſſet vnum de maximis bonis
" quod euenire poſſet toti Regno Franciæ, addendo quod pro nulla re
" mundi faceret iuramentum de non portando habitum viri, & de non ar-
" mando ſe. Et in omnibus præmiſſis dicit ſe benè feciſſe & benè facere,
" obediendo Deo & mandatis eius.

" Item confitetur & aſſerit dicta fœmina quod ipſa multas literas ſcribi
" fecit, in quarum quidem hæc nomina IESVS, MARIA, cum ſigno Crucis
" apponebantur; & aliquociens crucem apponebat & tunc nolebat quod
" fieret illud quod fieri mandabatur in ſuis literis. In alijs ſcribi fecit quod
" ipſa interfici faceret eos qui non obedirent literis, aut monitionibus ſuis;
" & quod ad ictus præcipietur quis habeat potius ius à Deo cœli & frequen-
" ter dicit quod ipſa nihil fecit niſi per reuelationem & mandatum Dei.

" Item dicta fœmina dicit & confitetur quod dum eſſet ætatis annorum
" 17. vel eo circa, ipſa ſpontaneè & per reuelationem prout dicit, acceſſit
" ad quendam Scutiferum quem nunquam antea viderat, relinquendo Pa-
" ternam domum contrà Parentum ſuorum voluntatem; qui quamprimum
" eius receſſum recognouerunt, fuerunt pene demètes facti: quem quidem
" Scutiferum dicta fœmina requiſiuit quatenus eam duceret, aut duci fa-
" ceret ad Principem de quo prius dicebatur. Et tunc dictus Armiger Ca-
" pitaneus dictæ fœminæ tradidit habitum viri cum vno enſe ad reque-
" ſtam ipſius fœminæ & pro conducenda eam deputauit & ordinauit vnum
" militem, vnum ſcutiferum & 4. famulos qui dum veniſſent ad Principem
" ante dictum, dicta fœmina dicit & eidem Principi quod ipſa volebat du-
" cere guerram contra aduerſarios ſuos promittendo eidem quod ipſum
" poneret in magno dominio & ſuos inimicos ſuperaret: & quod ad hoc
" erat miſſa à Deo cœli dicens quod in præmiſſis benefecit de mandato Dei
" & per reuelationem.

" Item dicta fœmina dicit & confitetur quod ipſa nemine eam pellente,
" aut cogente ſe præcipitauit de turri quadam altiſſima malens mori quàm
" tradi in manus aduerſariorum ſuorum & quàm viuere poſt deſtructionem
" Villæ Compendij. Dicit etiam quod non potuit euitare huiuſmodi præ-
" cipitium, & tamen SS. Catherina & Margareta prædictæ eidem prohi-
" buerunt ne ſe præcipitaret deorſum, quas offendere dicit eſſe magnum
" peccatum: ſed bene ſcit quod huiuſmodi peccatum fuit ſibi dimiſſum
" poſtquam de hoc confeſſa eſt; & de hoc dicit ſe habuiſſe reuelationem.

" Item quod dicta fœmina dicit & affirmat quod prædictæ ſanctæ Ca-
" therina & Margareta promiſerunt ſibi quod ducerent eam in Paradiſum
" ſi bene ſeruaret Virginitatem quam eis vouit tam in corpore quàm in ani-
" ma, & de hoc dicit ſe eſſe ita certam ſicut ſi iam eſſet in gloria beato-
" rum, nec putat ſe feciſſe opera peccati mortalis. Nam ſi ipſa eſſet in pec-
" cato mortali, ſanctæ Catharina & Margareta prædictæ, vt ſibi videtur,
" eam non viſitarent, ſicut cotidiè viſitant.

" Item dicta fœmina dicit & affirmat quod Deus diligit quoſdam Deter-
" minatos, nec nominatos adhuc viatores & plus eos diligit quam faciat
" eandem fœminam: & hoc ſcit per reuelationem SS. Catharinæ & Marga-
" retæ quæ loquuntur & frequenter Gallicum non Anglicum cum non ſint
" de parte eorum. Et poſtquam ſciuit per reuelationem quod Voces erant
" pro Principe de quo ſupra, non dilexit Burgundos.

" Item dicta fœmina dicit & confitetur quod vocibus & ſpiritibus præ-
" dictis quos Michaëlem, Gabriëlem, Catherinam & Margaretam vocat,
" ipſa reuerentiam pluries exhibuit genua flectendo, caput diſcooperiendo,
" oſculando terram ſupra quam gradiebantur, ac eis vouendo virginitatem;

quandoque easdem Catharinam & Margaretam amplexando & osculando: & tetigit eas corporaliter & sensibiliter, & petijt ab eis consilium & auxilium, eas quandoque inuocando, quamuis frequenter eam visitent non inuocatæ: & acquiescit atque obedit earum consilijs & mandatis: atque acquieuit ab initio sine petendo consilium à quocunque puta à Patre, vel à Matre, Curato vel Prælato, aut aliocunque Ecclesiastico. Et nihilominus firmiter credit quod voces & reuelationes quas habuit per huiusmodi Sanctos & Sanctas, veniunt à Deo & ex eius ordinatione; & equè firmiter hoc credit sicut fidem Christianam: & quod Dominus noster I.C. passus fuit mortem pro nobis adiungendo quod si malignus Spiritus ei appareret qui se esse S. Michaëlem fingeret, ipsa bene sciret discernere an esset S. Michaël, an non. Dicit etiam eadem fœmina quod ad petitionem suam nullo alio compellente, aut requirente ipsa iurauit SS. Catharinæ & Margaretæ quæ sibi apparebant quod non reuelaret signum coronæ quod erat dandum Principi ad quem mittebatur. Et in fine dicit quod nisi haberet licentiam de reuelando.....

Item dicta fœmina dicit & affirmat quod si Ecclesia vellet quod ipsa faceret aliquid contrarium præcepto quod dicit sibi fuisse factum à Deo, ipsa non faceret illud pro quacunque re, affirmando quod ipsa bene scit quod ea quæ continentur in suo Processu, veniunt per præceptum Dei, quodque eidem esset impossibile facere contrarium eorum, neque de ijs se tale referre ad determinationem Ecclesiæ militantis, aut quemcunque hominem mundi, sed ad solum Deum Dominum nostrum cuius præcepta semper faciet præcipuè quoad materiam reuelationum & eorum quæ dicit se fecisse per reuelationes. Et hanc responsionem & alias responsiones dicit se non fecisse imitando proprio capiti, sed easdem Responsiones fecit & dedit de præcepto vocum & reuelationum sibi factarum; quamuis dictæ fœminæ per Iudices & alios ibidem præsentes sæpius fuerit declaratus articulus fidei qui est, VNAM S. ECCLESIAM CATHOLICAM, eidem exprimendo quod quilibet fidelis viator tenetur obedire, & facta & dicta sua submittere Ecclesiæ militanti præcipuè in materia fidei, & quæ tangit Doctrinam sacram & Ecclesiasticas sanctiones.

Sequuntur deliberata & Conclusa per sacram Facultatem Theologicam.

IN Vniuersitate Paris. in qualificationibus articulorum de dictis & factis Ioannæ vulgariter dictæ LA PVCELLE compositorum, & superius descriptorum. Quas Qualificationes & per eandem Facultatem deliberata & conclusa omniaque & singula hanc materiam concernentia submittit dicta Facultas omnimodæ determinationi D. nostri summi Pontificis & sacrosancti Generalis Concilij. Et 1. quoad 1. Articulum dicit ipsa Facultas **per modum doctrinæ, pensatis fine, modo & materia reuelationum**, qualitate personæ, ac loco cum alijs circunstantijs. Quod vel sunt ficta mendacia, seductoria & perniciosa, vel prædictæ apparitiones & reuelationes sunt superstitiosæ à malignis spiritibus & diabolicis Belial, Sathan & Behemoth procedentes.

Item quoad 2. Articulum, quod illud quod continet, non videtur verum: imò potius est mendacium præsumptuosum, seductorium, perniciosum & fictum, ac Angelicæ dignitatis derogatiuum.

Item quoad 3. Articulum; quod non sunt sufficientia signa in eo contenta, & dicta fœmina leuiter credit, ac temerè asserit. In super in comparatione quam facit, malè credit & errat in fide.

Item quoad 4. art. quod in eo continetur superstitio diuinatoria & præsumptuosa assertio cum inani iactantia.

Item quoad 5. Art. quod dicta fœmina est blasphema in Deum & contemptrix Dei in suis Sacramentis, Legis diuinæ, ac sacræ Doctrinæ, ac Sanctionum Ecclesiasticarum præuaricatrix malè sapiens & errans in fide & se iactans inaniter. Et habenda est suspecta de Idololatria, ac

"execratione sui ad cultum sacrum dæmonibus, ritum Gentilium mu-
1431. "tando.
" Item quoad 6. artic. quod dicta fœmina est proditrix, dolosa, crude-
" lis & sitibunda effusionis sanguinis humani, seditiosa & ad tyrannidem
" prouocans, blasphematrix Dei in mandatis & reuelationibus suis.
" Item quoad 7. art. quod dicta fœmina est impia in parentes, præuari-
" catrix præcepti de honoratione parentum, scandalosa, blasphema in
" Deum, & errat in fide, ac temerariam & præsumptuosam promissionem
" fecit.
" Item quod in octauo Articulo continetur pusillanimitas vergens in
" desperationem interpretatiuè in sui ipsius homicidium, præsumptuosa &
" temeraria assertio de remissione culpæ prætensa, & quod dicta fœmina
" malè sentit de libertate humani arbitrij.
" Item quod in 9. artic. continetur præsumptuosa, ac temeraria assertio,
" ac mendacium perniciosum, & contradicit sibi in præsenti articulo, ac
" malè sapit in fide.
" Item quod in decimo artic. continetur præsumptuosa Assertio, ac te-
" meraria, diuinatio superstitiosa, blasphema in sanctas Catharinam &
" Margaretam, & transgressio præcepti de dilectione proximi.
" Item quoad vndecimum artic. quod dicta fœmina, supposito quod Re-
" uelationes & apparitiones de quibus se iactat, habuerit cum terminatis
" circa primum articulum, est idololatra, inuocatrix dæmonum, & errat in
" fide, temerè asserit & illicitum emisit iuramentum.
" Item quoad 12. art. quod dicta fœmina est Schismatica malè sentiens
" de vnitate & auctoritate Ecclesiæ, Apostatatrix & huc vsque pertinaci-
" ter errat in fide.
" Sequitur deliberatio & determinatio per modum Doctrinæ veneran-
" dæ Facultatis Decretorum in Vniuersitate Paris. super 12. articulis dicta
" & facta Ioannæ vulgariter dictæ *La Pucelle*, concernentibus supra anno-
" tatis & descriptis: quas deliberationem & determinationem submittit
" dicta Facultas Ordinationi & Determinationi summi Pontificis, sanctæ
" Sedis Apostolicæ, ac sacrosancti Generalis Concilij. Si dicta fœmina
" compos sui affirmauerit pertinaciter propositiones in 12. articulis supra-
" dictis declaratas & facta contenta in eisdem opere adimpleuerit, visitatis
" diligenter propositionibus supradictis videtur Facultati Decretorum
" per modum consilij, vel doctrinæ Charitatiuè loquendo.
" 1. Quod dicta fœmina est Schismatica, cum Schisma sit illicita diuisio
" per inobientiam ab vnitate Ecclesiæ facta, & ipsa se separat ab obedien
" tia Ecclesiæ militantis, prout dicit, &c.
" Item quod ipsa fœmina est erronea in fide: contradicit articulo fidei
" contento in symbolo minori VNAM SANCTAM CATHOLICAM, & vt ait
" B. Hieronymus *contradicens huic articulo, se non solum imperitum, maliuolum*
" *& non Catholicum, sed hæreticum comprobabit*.
" Item & quod ipsa fœmina est etiam apostatatrix, tum quia comam
" quam Deus sibi dedit ad velamen, malo proposito amputari sibi fecit; tum
" etiam quia eodem proposito relicto habitu muliebri, virorum habitum
" imitata est.
" Item & quod ipsa fœmina est mendosa, ac diuinatrix, cum dicit se mis-
" sam à Deo & loqui Angelis, ac Sanctis & non ostendit per operationem
" miraculi, vel scripturæ testimonio speciali, vnde cum Dominus vellet
" mittere Moysen in Ægyptum ad filios Israël vt crederent ei quod mitte-
" retur ab ipso, dedit eis signum vt conuerteret virgam in colubrum &
" colubrum in virgam.
" Iterum vt reformaret Ioannes quoque Baptista speciale suæ Missionis
" testimonium, protulit ex scriptura dicens. *Ego vox clamantis in deserto, di-*
" *rigite vias Domini, sicut ait*, Isaias Propheta.
" Item & quod ipsa fœmina præsumptione Iuris & de iure errat in fide:
" tum primo cum ipsa sit anathema authoritate Ecclesiastica, remansitque
in

in eodem statu per magna tempora, tum 2. quia dicit se malle non recipere corpus Christi & non confiteri tempore statuto per Ecclesiam quàm dimisso habitu virili, reassumere habitum mulierum. Est etiam vehementissimè suspecta de hæresi & super articulis fidei diligenter examinanda.

Item etiam ipsa fœmina errat in hoc quod dicit se esse ita certam quod ducetur in Paradisum, sicut si iam esset in gloria Beatorū, cum in ista peregrinatione an viator laude, vel ærumna dignus sit, ignoretur, sed à solo supremo Iudice cognoscitur. Quare si prædicta fœmina Charitatiuè exhortata & debitè monita à Iudice competenti ad fidei Catholicæ vnitatem sponte recurrere, & errorem suum ad arbitrium dicti Iudicis publicè abiurare & satisfactionem congruam noluerit exhibere, secularis Iudicis arbitrio est relinquenda, debita receptura pro qualitate facinoris vltionem.

Post quorum Articulorum, determinationum & qualificationum lecturam prædictus D. Rector publicè & alta voce petijt à prædictis venerandis Facultatibus Theologiæ & Decretorum, si prædictæ deliberationes, determinationes & qualificationes, sic vt præmittitur lectæ in prædicto quaterno, essent sic deliberatæ & conclusæ per prædictas Facultates. Quo audito dictæ Facultates seorsùm responderunt; videlicet Facultas Theologiæ per organum prædicti M. Ioannis de Trecis: Et Facultas Decretorum per organum venerabilis viri M. Guerouldi Boisseleti eiusdem Decretorum Facultatis Decani, quod prædictæ Determinationes & Qualificationes erant determinationes & qualificationes datæ & conclusæ per prædictas Facultates. Quibus sic dictis, prædictus D. Rector aperuit & declarauit qualiter prædicta Vniuersitas prædictam materiam, Determinationes & Qualificationes articulorum, de quibus supra, facientibus prædictis Theologiæ & Decretorum Facultatibus aliàs vt dictum est, commiserat, & quod ipsa Vniuersitas prædictas Determinationes & Qualificationes, sic vt præmittitur, per prædictas Theologiæ & Decretorum Facultates factas, gratas & ratas haberet & suas reputaret. Quibus hoc in effectu & substantia similibus ita dictis, dictus D. Rector omnia & singula in dicta Congregatione exposita, dicta & narrata in omnium & singulorum Magistrorum & Doctorum ibidem existentium deliberationibus posuit. Et deinceps *singulæ Facultates & Nationes ad partem in locis vbi in arduissimis Causis & negotijs deliberandis hactenus congregari consueuerunt ad deliberandum tam super præ-* missis quàm pluribus alijs arduis negotijs ipsam Vniuersitatem tangentibus abierunt & recesserunt; *facientes singulæ in eisdem locis Sessionem solitam.* Post quarum quidem Facultatum & Nationum maturam diuturnamque deliberationem *singulis deliberationibus earundem*, vt moris est in communi publicatis & repetitis, tandem præfata Vniuersitas per organum dicti D. Rectoris *ex concordi singularum Facultatum & Nationum deliberatione conclusit* quod prædictas Determinationes & Qualificationes per dictas Theologiæ & Decretorum Facultates, sic vt præmittitur, factas ratas & gratas habebat, ac etiam suas reputabat. De & super quibus præmissis omnibus & singulis venerandarum circunspectionum viri MM. Ioannes Pulcri-Patris, Iacobus Textoris & Nicolaus Midy sacræ Theologiæ Professores petierunt & eorum quilibet petijt sibi fieri atque tradi publicum instrumentum, seu publica Instrumenta vnum, vel plura per nos Notarios publicos infrascriptos. Acta fuerunt hæc Parisius vbi supra sub anno, Indictione, diebus & mensibus prædictis præsentibus ibidem venerabilibus, ac circunspectis viris DD. & MM. videlicet dum præmissa dicta die 29. mensis Aprilis fierent, Petro de Dierreyo sacræ Theologiæ Professore, Guerouldo Boisseleti Decretorum Doctore, Henrico Tybour in Artibus & Medecina Magistro, Ioanne Barrey, Gerobso de Holle & Richardo Abessore in Artibus Magistris; Io. Vacheret principali Bedello venerandæ Facultatis Theologiæ, & Bœmundo de Lutrea principali Bedello venerandæ Nationis Gallicanæ. Et dum alia prædicta die 14. mensis Maij dicerentur & fierent, Ioanne Soquet, Ioan.

" Grauestain in sacra Pagina Professoribus, prædicto Guerouldo Boisselli,
1431. " Symone de Mara in Artibus & Medicina Magistro, Andrea Pelé, Guil-
" lelmo Ohochart, Iacobo Nutritoris, Io. Trop. Hardy & Martino Be-
" reth in Artibus, cum aliorum Doctorum & Magistrorum multitudine
" copiosa; nec non prædictis Ioanne Vacheret & Boëmundo de Lutrea Be-
" dellis testibus ad præmissa vocatis specialiter & rogatis. Sic signatum.
"   Et Ego Ioannes Bourilleti dictus Francisci Presbyter Magister in Ar-
" tibus & licentiatus in Decretis, ac Bacalarius in Theologia, Publicus-
" que Apostolica & Imperiali authoritate Notarius, præmissis omnibus &
" singulis dum sic vt præmittitur in dictis Congregationibus Vniuersitatis
" dicerentur, exponerentur, in eius deliberatione ponerentur & per ean-
" dem deliberarentur & concluderentur, vnà cum venerabili viro M. Mi-
" chaële Heberti Clerico Rothomagensis Diœcesis Magistro in Artibus,
" publico Apostolica & Imperiali authoritate, ac almæ Vniuersitatis Pa-
" ris. prædictæ Notario & Scriba testibus infrascriptis præsens interfui, ea-
" que sic fieri vidi & audiui: & ideo Huic publico præsenti Instrumento
" exinde confecto manu alterius fideliter scripto signum meum apposui
" consuetum, hìc me propria manu subscribendo in fidem & testimonium
" veritatis requisitus & rogatus. IO. BOVRILLETI.
"   Et me Michaële Heberti Clerico Rothomagensis Diœcesis Magistro
" in Artibus Apostolica & Imperiali auctoritatibus, ac almæ Vniuersitatis
" studij Parisiensis publico Notario & Scriba. Qui præmissis omnibus &
" singulis, dum sic vt præmittitur in dicta Vniuersitate dicerentur & expone-
" rentur, & in eius deliberatione ponerentur & per eandem deliberaren-
" tur & concluderentur vnà cum venerabili viro M. Ioanne Bourilleti dicto
" Francisci Notario publico & testibus suprascriptis præsens interfui, ea-
" que sic fieri vidi & audini. Ideo exinde confecto huic præsenti publico
" instrumento manu mea propria scripto signum meum apposui consue-
" tum, hìc me subscribendo in fidem & testimonium veritatis præmisso-
" rum requisitus & rogatus, Hebert.
"   Scripsit quoque eadem Vniuersitas ad Henricum Regem his verbis.

A Tres-excellent, tres-haut, & tres-puissant Prince, le Roy de France & d'Angleterre, nostre tres-redouté & souuerain Seigneur.

TRes-excellent, tres-hault & tres-puissant Prince, tres-redouté & souuerain Seigneur & Pere. Vostre Royale excellence sur toutes choses, doit estre
soigneusement appliquée à conseruer l'honneur, reuerence & gloire de la diuine
Majesté & de la sainte Foy Catholique entierement ; En faisant extirper erreurs, faulses doctrines & toutes autres offenses contraires. En ce continuant vostre Hautesse en tous ses affaires trouuera par effet, aide, secours & prosperité
par sa grace haultaine, auec grand accroissement de vostre hault renom, ayant
à ce consideration vostre tres-noble magnificence, la mercy souueraine à maint
bon œuure commencé touchant nostre sainte Foy. C'est aussi le procez Iudiciaire
contre telle femme que on nomme LA PVCELLE & ses esclandes, faultes &
offenses, ainsi connuës & manifestes en tout ce Royaume, dont nous auons escrit
par plusieurs fois la forme & maniere, duquel procez nous auons sçeu aussi le contenu & demené à celuy par lettres à nous baillées & la relation faite de par
vostre Excellence en nostre assemblée solemnelle par nos Supposts tres-honorez &
Reuerends Maistres Iean Beau-pere, Iacques de Lorraine & Nicole Midy
Maistres en Theologie, & lesquels aussi nous ont donné & relaté response sur
les aultres poincts, dont ils estoient chargiez. Et en verité oye icelle Relation
& bien consideré, il nous a semblé auoir esté ou fait d'icelle femme tenuë grande
crainte, saincte & iuste maniere de proceder, & dont chacun doit estre bien content. Et de toutes ces choses nous rendons graces tres-humblement à icelle Majesté souueraine, premierement, en aprés à vostre tres. haute Noblesse de humbles & loyales affections, & finablement à tous ceux qui pour la reuerence diuine

ont mis leur peine, labeur & diligence en ceste matiere au bien d'icelle sainte Foy. Mais au surplus nostre tres-redoubté & souuerain Seigneur, selon ce que par vos-dites lettres & iceux Maistres Reuerends, vous a pleu nous mander, enioindre & requerir: Nous aprés plusieurs commorations, grandes & meures deliberations sur les Poincts, Assertions & Articles, qui baillez & exposez nous ont esté, & sommes tousiours prests à nous employer entierement en telles matieres touchant directement nostredite Foy, comme aussi nostre Profession le veult expressément & de tous temps l'auons monstré de tous nos pouoirs. Et se aucune chose restoit sur ce à dire ou exposer de par nous; Iceux Reuerends & Honorez Maistres qui de present retournent par deuers vostre Noble Hautesse, lesquels ont esté presens à nosdites deliberations, pourront plus amplement declairer, exposer & dire selon icelle nostre entention tout ce que appartiendra; Ausquels il plaira à vostre Magnificence adiouster foy, en ce que dit est pour cette fois de par nous & iceulx auoir singulierement recommandez. Car veritablement ils ont fait és choses dessusdites tres-grande diligence, par saintes & entieres affections, sans espargner leurs peines, personnes & facultez & sans auoir égart aux grands & eminens perils, qui sont és chemins notoirement. Et aussi par le moyen de leurs grandes Sapiences, ordenées & discretes prudences. Cette matiere a esté & sera, se Dieu plaist, conduite iusques enfin, sagement, saintement & raisonnablement. Toutesfois finalement nous supplions à vostre excellente Hautesse, que tres diligemment cette matiere soit par Iustice menée à fin briefuement. Car la longueur en verité & dilation est tres-perilleuse & si est trop necessaire sur ce notable & grande reparation, à ce que le Peuple qui par icelle femme a esté moult scandalisé, soit reduit à bonne & sainte Doctrine & credulité. Tout à l'exaltation & integrité de nostredite foy, & à la loüange d'icelle eternelle diuinité, qui vostre Excellence veuille maintenir par sa grace en prosperité iusques en gloire perdurable. Escrit à Paris en nostre Congregation solemnellement celebrée à S. Bernard, le 14. iour de May l'an 1431.

Signé HEBERT.

Vostre tres-humble Fille l'Vniuersité de Paris.

Eadem die mense & anno eadem Vniuersitas ad Episcopum Beluacensem sic scripsit.

REVERENDO in Christo Patri & D. D. Episcopo Beluacensi. Pastoralis vigilantiæ laborem sedulum, Reuerende Pater & Domine, singularissimæ Charitatis feruor immensus incitare probatur vbi stabili constantissimaque solertia ad fidei sacræ tutamen non desistit operari solidissima Rectitudo Pia affectione publicæ salutis. Probatum siquidem extitit sinceriffimi vestri feruoris viride celeberrimumque certamen quo tandem vrgente validissima probitate ad vestræ Iustitiæ manus mulier illa quæ *Puella* vociferatur, properante gratia Christi deducta est, per cuius latissimè dispersum virus ouile Christianissimum totius ferè occidentalis orbis affectum manifestatur. Cui obsistere palam non defuit veri Pastoris operas exercere curans vestræ Reuerentiæ solicitudo peruigilis. Aduersus autem perfidæ illius mulieris graues offensas, processus inceptos, formamque & deductionem eorum cum nonnullis assertionibus, propositionibus seu articulis atque D. nostri Regis, vestræ etiam Reuerendæ Paternitatis litteris Credentijs & requestis, nobis palam eleganterque exposuerunt famosissimi sacræ Theologiæ Doctores & alumni nostri MM. Ioannes Pulcri Patris, Iacobus Textoris & Nicolaus Midy Post eorum verò susceptos ad plenum sermones maximarum Reuerendæ vestræ Dominationi gratiarum largitionem disposuimus exhibere, quæ celeberrimi huius operis ad diuini nominis exaltationem, fidei orthodoxæ integritatem & gloriam & totius Populi fidelis saluberrimam ædificationem nescit quomodolibet pigritare, formam insuper, processum, laborem sacrisque conformem iuribus attendentes maximis

" & difertiffimis prudentijs emanatum comprobauimus. Omnes etiam quas
" literarum, seu propriæ vocis oraculo Præfati Doctores porrexerunt Re-
" questas ob eiusdem D. nostri Regis contemplationem, Reuerendæque
" vestræ Dominationis fauorem vetustum gratissimè concessimus sinceris
" optantes affectibus Reuerendæ Paternitati vestræ in singulis pro viribus
" complacere. Verum super materia principali plurimas deliberationes
" quàm gratissimas habere curauimus, vbi materia agitata pluries libera-
" que veritate discussa per Nos tandem vnanimi consensu conclusas in
" scriptis redigi volumus deliberationes & determinationes nostras quas
" Præfati Doctores & Alumni apud eiusdem D. nostri Serenitatem vestræ-
" que Reuerentiæ præsentiam remeantes fideliter exhibebunt. Cætera
" etiam pro parte nostra exponere curabunt, quæ continget latius expli-
" care veluti ad plenum tenore suo manifestabunt literæ quas nunc diri-
" gimus eidem D. nostro Regi, quarum copia præsentibus interclusa est.
" Ipsos tamen Doctores egregios qui personis, periculis, aut laboribus
" non parcentes in hac fidei materia allaborare non desistunt, vestra susci-
" piat Reuerentia specialiter recommissos. Ad huius nihilominus incepti
" operis celeberrimi indefessam paternæ solertiæ curam perseueranti ope-
" ra intendentes; quo vsque secundum exigentiam rationis per offensa-
" rum condignam reparationem diuina majestate placata fidei orthodoxæ
" veritas illibata persistat, & cesset iniquâ scandolorum * ædificatio po-
" pulorum. Vt tandem Princeps Pastorum cum apparuerit, Reuerendæ
" vestræ Pastorali solicitudini immarcessibilem gloriæ coronam retribue-
" re dignetur. Scriptum Parisius in nostra Congregatione Generali, apud
" S. Bernardum solemniter celebrata die 14 mensis Maij anno Domini 1431.

Sic signatum. HEBERT.

Vestet Rector & Vniuersitas
studij Parisiensis.

Cum verò tandem Episcopi Beluacensis judicio Iana tradita fuisset
brachio, vt vocant, seculari, eâ postmodum flammis damnata, ne quid
probri in Episcopum Beluacensem, in Doctores aliosque qui in causam
inquisierant, iaceretur, suis litteris eos Henricus immunes esse voluit.

" HENRY PAR LA GRACE DE DIEV ROY DE FRANCE ET D'AN-
" GLETERRE. A tous ceux qui ces presentes lettres verront salut.
" Comme depuis aucun temps en çà nous auons esté requis & exhortiez
" par nostre tres-chere & tres-amée Fille l'Vniuersité de Paris, que vne
" femme qui se faisoit appeller Ieanne la Pucelle, laquelle auoit été prise en
" armes par aucuns de nos subjets ou Diocese de Beauuais dedans les metes
" de la Iurisdiction espirituelle dudit Diocese que icelle femme fut renduë,
" baillée *& deliurée à l'Eglise*, comme vehementement suspeçonnée, re-
" nommée & notoirement diffamée, d'auoir dit, semé & publié en plu-
" sieurs & diuers lieux & contrées de nostredit Royaume de France, plu-
" sieurs grands erreurs, exercé, commis & perpetré crimes, excez & delicts
" moult enormes à l'encontre de nostre sainte Foy Catholique & ou grant
" esclandre de tout le peuple Chrestien, auons esté aussi requis & sommés
" tres-instamment & par plusieurs & diuerses fois, par nostre amé & feal
" Conseiller l'Euesque de Beauuais, Iuge ordinaire d'icelle femme, qu'icel-
" le luy voulsissons rendre & deliurer pour estre par luy, comme son Iuge,
" corrigée & punie, & ou cas que par procez deuëment fait & iuridique,
" elle soit trouuée chargée & conuaincuë desdites erreurs, crimes, excez
" & delicts ou d'aulcuns d'iceulx. Et nous comme vray Catholique de fils
" de l'Eglise en ensuiuant, nos predecesseurs Roys de France & d'Angle-
" terre. Nous ne voulant faire qui fust ou peût estre preiudiciable par quel-
" que maniere à la sainte Inquisition de nostredite sainte Foy, ne ou retar-
" dement d'icelle. Mais desirans icelle sainte Inquisition estre preferée à
" toutes autres voyes de Iustice seculiere & temporelle & rendre à chacun

ce qui luy appartient, auons à nostredit Conseiller Iuge ordinaire, comme dit est, fait bailler & deliurer ladite femme pour enquerir desdites erreurs, crimes, excez & delicts & en faire Iustice, ainsi qu'il appartiendroit par raison, lequel nostredit Conseiller, joinct auec luy le Vicaire de l'Inquisiteur de la Foy, iceluy Inquisiteur absent, ayant ensemble fait leur Inquisition & procez sur tels erreurs, crimes, excez & delicts, & tellement que par leur Sentence definitiue, finablement icelle femme comme recheuë esdites erreurs, crimes, excez & delicts aprés certaine abiuration par elle publiquement faite ayent declaré Relapse & heretique mise hors de leurs mains & delaissée à nostre Cour en Iustice seculiere, comme toutes ces choses peuuent plus à plain apparoir par ledit procez; par laquelle nostre Cour & Iustice seculiere, ladite femme air esté condamnée à estre brûlée & arse & ainsi executé. Et pour ce que par auanture aucuns qui pourroient auoir eu les erreurs & malefices de ladite Ieanne agreables & aultres qui indeuëment s'efforcent ou se voudroient efforcer par haine, vengeance ou aultrement, troubler les vrays Iugemens de nostre Mere sainte Eglise, de faire en cause par deuant nostre S. Pere le Pape, le S. Concile General ou aultre part lesdits Reuerend Pere en Dieu, Vicaire, les Docteurs ou aultres qui se sont entremis dudit procez. Nous qui comme Protecteur & Defenseur de nostredite sainte Foy Catholique, voulons porter, soustenir & defendre lesdits Iuges, Docteurs, Maistres, Clercs, Promoteur, Aduocats, Conseillers, Notaires & tous aultres qui dudit procez se sont entremis en quelque maniere, en tout ce qu'ils ont dit & prononcié en toutes choses & chacune d'icelles touchant & concernant ledit procez, ses circonstances & dependances, afin que doresnauant tous aultres Iuges, Docteurs, Maistres & aultres soient plus enclins, ententifs & encouragiez de vacquer & entendre sans paour ou contrainte ausdites extirpations des erreurs & faulses dogmatizations que en diuerses parties de la Chrestienté surdent & pululent en ces temps presens que douloureusement recitons. Mesmement que nous sommes deubment informez que ledit procez a esté fait & conduit meurement & canoniquement, iustement & saintement, euë sur ce & sur la matiere d'iceluy procez la deliberation de nostre trescher & tres-amée Fille l'Vniuersité de Paris, des Docteurs & Maistres des Facultez de Theologie & des Decrets d'icelle Vniuersité & de plusieurs aultres, tant Euesques, Abbez & aultres Prelats, comme Docteurs, Maistres & Clercs tres Expers és droicts Diuins & Canoniques & aultres gens d'Eglise en grant nombre. Lesquels ou la plus grande partie d'iceux ont continuellement assisté & esté presens auec lesdits Iuges, Docteurs, Maistres, Clercs, Promoteur, Aduocats, Conseillers, Notaires & aultres qui ont besongné, vacqué & entendu oudit Procez, fussent traits en cause dudit Procez ou de ses dependances pardeuant nostredit S. Pere le Pape, ledit S. Concile General ou les Commis & Deputez d'iceluy nostredit S. Pere, dudit S. Concile ou aultrement: Nous aidons & defendons, ferons aider & defendre en iugement & dehors tous lesdits Iuges, Docteurs, Maistres, Clercs, Promoteur, Aduocats, Conseillers, Notaires & aultres & à chacun d'eulx à nos propres cousts & despens & à leur cause en ceste partie: Nous pour l'honneur & reuerence de Dieu & de nostre Mere S. Eglise, & defense de nostredite sainte Foy, adioindrons au Procez que en voudront intenter contre eulx quelconques personnes de quelque estat qu'ils soient, en quelque maniere que ce soit & ferons poursuir la cause en tous cas & termes de Dieu & de raison à nos despens. Si donnons en mandement à tous nos Ambassadeurs & Messagiers, tant de nostre Sang & Lignaige, que à aultres qui soient en Cour de Rome, ou audit S. Concile General, à tous Euesques, Prelats, Docteurs, Maistres, Clercs, Promoteur, Aduocats, Conseillers, Notaires & aultres ou aucuns d'eulx seront mis ou traiz en cause par deuant nostredit S. Pere, ledit saint Concile ou aultre part, ils se adioingnent

1431.

"incontinent pour en nostre nom à la cause & defense des dessusdits par
1431. "toutes voyes & manieres Canoniques & Iuridiques & signifieront nos
"subjets de nosdits Royaumes esclandre, lors ils & ainsi ceulx des Roys
" Princes & Seigneurs & nos Alliez & Confederez, qu'ils donnent en cet-
" te matiere conseil, faueur, aide & assistance par toutes voyes & manie-
" res à eulx possibles sans delay ou difficulté quelconque. En tesmoin de
" ce nous auons fait mettre nostre sceel, ordonné en l'absence du grand à
" ces presentes. Donné à Rouen le 12. iour de Iuin, l'an de grace 1431. &
" le 9. de nostre Regne. Et in plica. Par le Roy, à la Relation du grant
" Conseil estant deuers luy, ouquel estoient Monsieur le Cardinal d'An-
" gleterre, vous les Euesques de Beauuoys, de Noyon & de Nordwich,
" les Comtes de Warwich & de Schauffon, les Abbez de Fescamp & du
" mont S. Michel, les Sieurs de Cromwelle & de Tixexot & de S. Pere &
" aultres plusieurs. Sic Sig. CALOT.

Extant apud Monstreletium eiusdem Regis ad Burgundionem litteræ
de condemnatione Ianæ. Cuius Virginis cor nonnulli tradunt inuentum
fuisse medijs in cineribus illæsum intactumque & sanguine plenum; qua
de re sic Valerandus Varanius sub finem lib. 4.

> *Postremo enituit pietas in morte Puellæ,*
> *In cinerem cunctos dum flamma resolueret artus,*
> *Illæsas Cor habet venas, mirabile dictu,*
> *Nec sinceri animi temerant incendia sedem;*
> *Albaque tum visa est orbi prodire Columba*
> *Et petere æthereos multis spectantibus orbes.*

Porro Vniuersitas similiter ad Papam, ad Collegium Cardinalium &
ad Imperatorem datis die 28. Iunij litteris perscripsit negotij seriem executionemque Iudicij.

Ad Papam.

"EO diligentius elaborandum opinamur, Beatissime Pater, ne Pseu-
" do-Prophetarum & Reproborum pestiferi conatus Ecclesiam san-
" ctam varijs contaminent erroribus, quò fines seculorum propinquius in-
" stare videntur. Futura enim nouissimis diebus tempora periculosa Do-
" ctor Gentium prædixit, *quibus homines sanam Doctrinam non sustinebunt,*
" *sed à veritate auditum auertent, ad fabulas autem conuertentur. Veritas quo-*
" *que ait, surgent Pseudo-Christi & Pseudo-Prophetæ & dabunt signa magna &*
" *prodigia. Ita ut in errorem mittantur si fieri potest, etiam electi.* Dum igitur
" nouellos Prophetas assurgere videmus qui reuelationes à Deo & Beatis
" in Patria triumphantibus se se iactant accepisse futura & humanæ mentis
" aciem transcendentia nunciantes hominibus nouaque & insolita patrare
" audentes, Pastoralem solicitudinem obnixius intendere decet, ne popu-
" los nouarum rerum nimium credulos peregrinis aspergant doctrinis
" priusquam si Spiritus scilicet ille ex Deo fuit, habeatur comprobatum:
" facilè enim plebem Catholicam inficere possent falsarum adinuentio-
" num callidi & perniciosi disseminatores, si absque S. Matris Ecclesiæ ap-
" probatione & consensu quisque supernas reuelationes sibi pro libito
" fingere linqueretur, atque Dei & Beatorum autoritatem vsurpare. Me-
" ritò itaque commendanda videtur, Beatissime Pater, accurata diligentia
" quam Reuerendus in Christo Pater D. Episcopus Beluacensis & Vicarius
" D. Inquisitoris hæreticæ Prauitatis in Regno Francorum à S. Sede Apo-
" stolica deputati ad tuitionem Christianæ Religionis nuper contulerunt.
" Hij etenim quandam mulierculam intra limites Beluacensis Diœcesis de-
" prehensam habitu virili pariter & armis vtentem de Reuelationum di-
" uinarum mendosa effictione & grauibus aduersus fidem orthodoxam cri-
" minibus coram ipsis Iudicialiter accusatam sedulò examinare, ac suo-
" rum gestorum plenam veritatem comprobare curauerunt. Et quoniam

processum aduersus eam deductum nobis communicauerunt, requirentes vt super articulis per eam assertis deliberationem nostram redderemus, ne silentio contingat operiri quod ad exaltationem fidei geritur, eadem quæ nos accepimus, vestræ Beatitudini duximus aperire. Sicuti enim nos antedicti DD. Iudices edocuerunt, præfata mulier quæ Ioannam puellam se se nominabat, quamplurima in Iudicio sponte confessa est: quibus diligenti libratis examine & per quam plurimos Prælatos, Doctores & alios Iuris diuini & humani peritos maturiùs prospectis, habita etiam super his deliberatione & determinatione nostra Vniuersitatis compertum habuerunt hanc mulierem censendam esse superstitiosam, diuinatricem, malignorum spirituum inuocatricem, Idolatram, blasphemam in Deum, Sanctos & Sanctas, Schismaticam & in fide Christi multipliciter errantem. Dolentes autem & ingemiscentes animam miseræ peccatricis tantorum criminum perniciosis laqueis esse irretitam, per frequentes ammonitiones & charitatiuas exhortationes operam dederunt vt ab errore viæ suæ conuerteretur, & judicio sanctæ Matris Ecclesiæ se se submitteret. Verum ita cor eius occupauerat spiritus nequitiæ vt longo tempore salutaria monita obduratis respiceret animis. Nulli hominum viuentium in terris quatacunque dignitate fulgeret, imò nec sacro generali Concilio se submittens, nullum sub Deo Iudicem recognoscens. Tandem tamen Præfatorum Iudicum perseueranti labore pauliper imminuta est illius præsumptio & sanioribus acquiescens consiliis præsente grandi populorum copia suos errores ore proprio reuocauit & abnegauit, scedulamque abiurationis & reuocationis manu propria subscripsit & signauit. Sed paucis exhinc elapsis diebus, rursus in pristinas insanias mulier infelix delapsa est, reuocatisque iterum adhæsit erroribus. Quam ob causam prenominati Iudices ipsam tanquam Relapsam & hereticam definitiua sententia condemnarunt & secularis potestatis iudicio reliquerunt. Vbi verò corporis interitum illa propinquare cognouit, multis cum gemitibus apertè confessa est se se ab illis spiritibus quos sibi verisimiliter apparuisse dicebat, illusam atque deceptam extitisse, peccatorumque suorum, vt apparebat, in ipso mortis articulo pœnitens & cunctis veniam expectans migrauit à seculo. Qua ex re apertius cuncti cognouerunt quàm periculosum quàmque formidandum esset nouis adinuentionibus, quales non modò præfata mulier, verum etiam alij plures per hoc Regnum Christianissimum ante dies paucos disseminauerunt, leuiter nimium credulitatem adhibere. Vniuersique Religionis Christianæ Cultores tam spectabili exemplo admoneri debent vt non citò à sensu suo moueantur potius quam doctrinis Ecclesiæ & Prælatorum suorum præceptis, quàm superstitiosarum mulierum fabulis intendant, Quod si aliquando nostris demeritis exigentibus illuc peruenerimus vt diuinatrices falsò vaticinantes in nomine Domini, cum ipse non miserit, eas potius audiat leuitas Populorum quàm Pastores & Doctores Ecclesiæ ad quos olim Christus ait, *Ite docete omnes Gentes*, confestim peribit Religio, fides corruet, Ecclesia conculcabitur & Sathanæ iniquitas vniuerso dominabitur orbi; quæ omnia prohibere & vestræ Beatitudinis felici directione gregem suum illibatum atque incontaminatum præseruare dignetur Iesus Christus.

Ad Collegium Cardinalium.

Quod audiuimus & cognouimus, Reuerendissimi Patres, de causatione scandalorum per quandam mulierculam hoc in Regno patratorum sanctissimo D. nostro summo Pontifici, fidei & religioni Christianæ, duximus aperire, Scribentes suæ sanctitati sub hac forma *Eo diligentias* &c. vt supra. Et quoniam Reuerendi Patres in sublimi specula S. Sedis Apostolicæ vestras Reuerendas Paternitates constituit Dominus vt cuncta prospiciant quæ per vniuersum orbem præsertim de rebus

" integritatem fidei concernentibus aguntur, minimè decere putauimus,
1431. " vt res ista eisdem vestris Paternitatibus incognita maneret, vos enim
" estis lux mundi quam nulla debet latere veritatis agnitio; vt cuncti fi-
" deles de hijs quæ fidei sunt, à vestris Reuerendissimis Paternitatibus eru-
" ditionem recipiant salutarem, quas ad salutem Ecclesiæ suæ sanctæ feli-
" citer conseruet Altissimus. Datum, &c.

  Iam ad Concilium Basiliense properemus. Eodem igitur anno fuit pluries Vniuersitas congregata ad audiendas Legatorum suorum litteras.
ROTVLVS. Imprimis 24. Maij lectæ sunt eorum qui Vniuersitatem Louaniensem
adierant, vt suos etiam illa Nuncios ad Concilium expediret. In ijsdem
Comitijs actum est de conficiendo Rotulo, fuitque confectus mense Iunio sequenti, ad Eugenium nempe mittendus qui 5. Non. Martias Martino suffectus fuerat. Singulæ itaque Facultates singulæque Nationes
suum Rotulum conscripserunt. Extat in Regestis Nat. Gall. sui Exemplar, in quo ante omnes legitur scriptus M. Andreas Pelé Procurator
eiusdem, & singuli postea suo ordine cum duobus testibus, præsentibus assertoribus, res sic se habet.

M. Andreas Pelé Procurator Nat. Franciæ.   { M. Ludouic. Magni-vici,
Magister in Artibus & Licentiatus in Iure   { M. Iacobus Edouardi,
Canonico.

M. Reginaldus de Brabantia Paris. Diœc.   { M Gerardus Gehe.
                                                                  { M. Io. de Senonis.

M. Ioan. Bourilleti aliàs Francisci Æduensis   { M Io. Hocheti.
Diœc.   { M. Petrus Maugerij. tali

Ordine conscripti leguntur 144. Magistri secundum antiquitates suas.
Absentium ratio non habebatur, nisi legitimam probarent absentiam:
aut si habebatur nonnunquam, pro inrotulatione duplum soluere tenebantur.

CONCI-   Die 19. Iulij paucis adhuc Basileæ congregatis, Concilium apertum
LIVM BA- est; statimque Academici nostri Matrem suam admonent. Itaque die 13.
SILIENSE. Septemb. lectæ sunt in Comitijs Mathurinensibus litteræ M. Nicolai
Amici Nationis Picardicæ Legati : & sequenti M. Guill. Eurardi Nat.
Gall. Nuncij statum rerum continentes; tales sunt Eurardi.

" ET si his nouissimis temporibus adeo Charitas hominum refrixerit,
"   vt adiutores Ecclesiæ & fidei orthodoxæ admodum reperiantur
" pauci, oppugnatores quamplurimi ; sic tamen temperauit Deus suam
" Clementiam, suæ Ecclesiæ misertus vt corda potentium ad suæ sponsæ
" subuentionem misericorditer inclinauerit : nempe post plurima scripta
" diuersis Principibus, Prælatis, Vniuersitatibus, Capitulis & Communi-
" tatibus transmissa, etiam D. nostro suo Delegato, ac Regi Romanorum,
" vt prius vestris Dominationibus scripsi, promissiones & sponsiones huc
" accedendi duntaxat reportamus; tamen his protractionibus fatigati ani-
" mos nostros circa plurima versantes finaliter intelleximus omnino esse
" necessarium aliquos nostrum ad D. nostrum & Regem Romanorum de-
" stinare qui viua voce eisdem necessitatem instantis Concilij demonstra-
" rent, & eorum aduentum totis viribus procurarent ; ad quod opus vene-
" rabiles Magistros & Doctores Dionysium de Sabrenoys & Thomam Fie-
" ne delegimus & destinamus apud Præfatum Regem & D. S. Angeli Car-
" dinalem Apostolicæ sedis Legatum. Spatio decem hebdomadarum in-
" defessè laborantes vix tandem votiuum consecuti sunt fructum: Nam ad
" requisitionem prænominati Regis & nostram, subdelegauit Apostolicus
" Legatus præfatus duos egregios Doctores in sacra Pagina & iure Cano-
" nico, vnus est sacri Palatij auditor ad stabiliendum & præsidendum in-
" stanti Concilio vsque ad eius reditum de Bohemia, vbi hæreticos cum
" grandi expeditione impugnat : dirigat eorum actus misericors Dominus;
" cum eisdem redijt M. Thomas prædictus cum saluis gardijs, conductibus
" & literis protectorijs, vt factum est in Concilio Constantiensi, & varijs
                                      Rescriptis

Vniuersitatis Parisiensis. 409

Rescriptis ad Prælatos Germaniæ pro accessu ad Concilium à præfato "
Rege transmissis. M. Dionysius adhuc mansit cum D. Rege expectans " 1431.
eiusdem solemnem Ambassiatam statim venturam: & ita firmatum est "
Concilium duabus summis potestatibus, Apostolica & Imperiali. Qua- "
propter in dies crescit Prælatorum numerus, & conducuntur domus pro "
venturis Prælatis, pro D. Cabilonensi, Cisterciensi, Decano Bisunti- "
nensi, & pro quibusdam Cardinalibus. Nos credimus verisimiliter quod "
fiet celeberrimum Concilium. D. noster Imperator vadit ad Italiam & "
promisit nobis velle se Papam adducere (ambos nouimus) ad celebra- "
tionem Concilij; voluntarios sollicitetis quæso DD. Prælatos quod ad- "
ueniant, aut saltem procuratoria mittant, si sint necessariò præpediti: & "
ita opus est instare apud D. nostrum Regem pro sua Ambassiata. Per- "
penditis itaque, Magistri venerabiles: nostros labores instantes & solli- "
citudines, quibus licet longo tractu, tandem cooperante misericordia "
diuina fructum Concilij pene desperatum impetrauimus. Agite, quæso, "
pro solutione fideliter laborantium & non frustretur operarius mercede "
sua. Plurima profectò exposui; & nihil, vt scitis, de stipendijs recepi; "
Mementote quæso alumni vestri ad vestra omnia obsequia parati, & illi "
in aliquo curetis subuenire, ne præ nimia egestate cogatur infecto, aut "
incompleto vestro negotio, ad propria dolens redire, quod cederet in de- "
decus vestrum; quod Deus auertere dignetur qui Dominationes vestras "
dirigere dignetur in agendis ad Ecclesiæ suæ honorem & totius Christia- "
nitatis commoditatem. Indigemus Bedello pro Vniuersitatis honestate "
& etiam cæteris socijs nostris. Scriptum Basileæ 22. Iulij. "

Vester alumnus Guill. Eurardi ad Generale
Concilium Basileense legatus.

Item die Mercurij 3. mensis Octob. eiusdem anni aliæ literæ ab eodem Eurardo transmissæ lectæ sunt; & Responsiua pariter ex parte Nationis. Epistola Eurardi talis est.

POstquam diuinæ placuit majestati Ecclesiæ mederi languoribus cor- "
da D. Apostolici, eius Legati & Cæsareæ Majestatis ad stabiliendum "
instans Concilium efficaciter inclinauit; nempe duobus eximijs Docto- "
ribus pro præsidendo Concilio, authoritate Apostolica delegatis & saluis "
conductibus & protectionibus Concilij à Cæsarea majestate concessis, "
stabilitum & inchoatum extitit Concilium 25. Iulij, prout memini me "
vestris Dominationibus per quendam Hugonem M. Ioannis Vmiani fa- "
miliarem intimasse. Post quam quidem inchoationem congregamur om- "
ni sextâ feriâ apud Prædicatores, & Missâ S. Spiritus, vel B. Mariæ ce- "
lebratâ, considerantur materiæ in Concilio tractandæ cum Præsidentibus "
& Prælatis, de directione literarum ad diuersos Prælatos, de dispositione "
Ciuitatis & eius districtuum in opulentia & securitate. Et quando emer- "
git aliqua grandis materia, conuenimus in Matrice Ecclesia: sicut factum "
est in insinuatione potestatis D. Legati & præfatorum Præsidentium. "
DD. autem Prælati Germaniæ & Sabaudiæ mandantur ab Apostolica & "
Cæsarea Majestatibus, vt quoniam propinquiores sunt, citius adueniant, "
demptis tamen illis qui sunt in expugnatione Hussonum, cum præfato "
Legato qui cum eodem debent hîc in festo S. Michaëlis adesse. Præfatus "
Rex debet ire in Italiam & huc redire cum D. nostro summo Pontifice, "
quos scimus esse optimè affectos ad Concilium & ad Concordiam Re- "
gum & Principum, necnon & ad reductionem Græcorum & Rutenorum "
sicut sæpenumero promisit Cæsarea Majestas DD. Doctoribus D. de "
Sabrenois & Thomæ Fiene ad eum & D. Legatum pro acceleratione hu- "
ius celebrationis transmissis, & per spatium trium mensium cum magnis "
periculis & sumptibus id idem procurantibus. Et ita Deo propitiante, "
paratum est efficax medicamen languoribus Ecclesiæ, spesque gran- "
dis extirpationis omnium errorum & reformationis morum, nec non "

Tom. V. Fff

"meliorationis totius status Ecclesiastici & Christianismi, operæ pretium
1431. "est, meo iudicio, Deo fundere humiles preces & facere solemnes proces-
"siones pro continuatione huius sacrosanctæ Synodi vtique maximè ne-
"cessariæ toti Christianitati. Vestra intererit si lubeat almæ matri Vniuer-
"sitati & omnibus Prælatis persuadere. Quæ autem deinde occurrent,
"vestris Discretionibus intimare curabo, prout hactenus facere sui soli-
"tus. Visceribus autem misericordiæ vestri alumni mei miseresicite. Sex
"ferme sunt menses quod à vobis recessi: Plurima exposui etiam in Am-
"bassiatis mittendis, & nihil penitus recepi; spero autem in Domino & in
"Charitatibus vestris quòd stipendia mea procurabitis à matre Vniuersi-
"tate, aut aliquid præmij vestra liberalitate impertiemini, ne meis, imò
"& alienis consumptis cogar egens & inops ad vos cum pudore reuerti
"etiam negotio infecto, quod auertere dignetur miserator & misericors
"Dominus qui vestras Charitates dirigat ad suæ Ecclesiæ salutaria opera.
"Scriptum Basileæ 10. Aug. *Vester.*

Respondit verò Natio his litteris quas M. Petrus Mauger nomine ipsius composuit.

"Celebrem Ecclesiæ cœtum diebus istis apud Basileam adunari opera-
"ta est diuinitas. Summà enim Clementià disponente, sacræ Conuen-
"tionis initia vestræ Legationis effecerunt Curæ peruigiles & prouidæ
"vestræ Charitatis fidele ministerium honos ingens decorat, & almæ ma-
"tris Vniuersitatis vetusta gloria plurimùm exaltatur. Pullulant autem
"sacri huius operis nouella adhuc primordia, quæ vt solidiora persistant,
"& ne sinistra qualibet occasione soluantur, summopere curandum existit.
"Vestras igitur, Charissime Magister & alumne! cæterasque totius Lega-
"tionis socias Charitates exorsas habere petimus vigilantiam ad incœpti
"operis constantem perseuerantiam, deductionem & consummationem
"salubres; ne si, quod absit, vestris laboribus cœptum Concilium vaga
"dissolutione periret, præter ærumnas imminentes fidei orthodoxæ &
"Ecclesiæ vniuersæ vobis quæsitum decus subuerteretur, teterrimà notà
"vecordiæ, aut calliditatis, & eiusdem Vniuersitatis laudem egregiam ve-
"stra forsan perferret desidia maculare. Quanquam de vestræ intemera-
"tæ fiduciæ illibato zelo non ambigimus; & vestrorum quinimo laborum
"ac solicitudinum immensa est Charitas. Vestram quippe sinceritatem re-
"ferat & aperit series literarum transmissa per vos, Præfate noster alum-
"ne! super quibus plurimùm gratulamur, quarum frequentià inchoatum
"opus vallare poterit equissimam exhortationem nostris etiam desiderijs
"satisfacere & vestræ prouisionis afferre memoriam: veruntamen vestræ
"nobis amodò Scripturæ designant nostrarum appellationum si quæ fuerit,
"aut indita prosecutio, aut prouisio super nostris grauaminibus ordinata.
"**Cura autem vnanimi conclusum à nobis extitit petitæ subuentionis ope-**
"**ras vobis impendere;** & quemadmodum ad vestram & vestrorum consor-
"tium prouisionem efficaciter intendamus, celeriter perpendetis. Ve-
"stram solicitudinem foueat & ad salutaria vota perducat supremæ Cle-
"mentiæ Celsitudo.

Paulò post Eadem Vniuersitas duas accepit Bullas ab Eugenio Pontifice, priorem quidem datam 15. Kal. Ian anni superioris, quà significabat quibus de causis Concilium Basileense diremisset, illudque Bononiam transtulisset. Alteram verò datam 22. Nouemb. an. præsentis, quà
mandabat Rectori & Vniuersitati vt adesset Concilio, in quo ageretur de
reducendis ad vnionem Catholicam Græcis; cuius tenor talis erat.

"Evgenivs Episcopus seruus seruorum Dei. Dilectis Filijs Rectori,
"Doctoribus & Magistris Vniuersitatis Parisiensis, salutem & Apo-
"stolicam benedictionem. Tanquam Athletis fidei, &c. In virtute sanctæ
"obedientiæ præcipimus statuto termino ad huiusmodi Concilium ve-
"niatis cum aduisamentis pro pace Fidelium, extirpatione hæresum &

reformatione Cleri atque Prælatorum, & præsertim armis Iustitiæ & veritatis & SS. Patrum institutis muniti, vt lumine ingenij & doctrinæ vestræ atque aliorum qui in Concilio erunt, *ipsis Græcis* eorum errores ostendere & mediâ veritate sacra futura Synodus Græciæ Nat. ad agnitionem veritatis & ritum Romanæ Ecclesiæ reducere valeat quærendum. " 1431.

Quæ causæ fuerint Eugenio dissoluendi Concilij Basileensis & alio transferendi, diuersimodè scribitur; sed hisce potissimum duabus vsum constat, nempe quòd ad vrbem Basileensem non esset tutus accessus propterea quod vicina loca armis Burgundionis & Austriaci Ducum inter se bellantium infestabantur, & quod Martinus ipsius decessor cum Imperatore & Patriarchâ Constantinopolitano de Ciuitate Bononiensi ad vnionem vtriusque Ecclesiæ componendam conuenisset; ac proinde non posset eodem tempore duplex Concilium in locis tam dissitis celebrari. Sunt qui dicant veram causam dissoluendi Basileensis Concilij, sed latentem hanc fuisse; quod iam initio cœpissent Patres agitare hanc Quæstionem an Concilium esset supra Papam, & statuere, Papam debere Concilio parere: quòd veritus Pontifex ne in publica Sessione pro Canone statueretur, dissoluere Concilium voluit. Verum cum vndequaque confluerent Basileam Legati & Prælati, ipseque Sigismundus Imp. strenuam operam polliceretur, prout ab Vniuersitate Parisiensi per litteras & per Legatos rogatus fuerat; cumque etiam ad res Boëmiæ componendas locus ille aptior & commodior esse videretur, Iulianus Cæsarinus Legatus à Martino V. præfectus Concilio habendo, deinde ab Eugenio confirmatus existimauit cœpto & votis tam multorum Pontificum esse insistendum, nec dissolui permittendum tam celebre, tamque expetitum Concilium. Itaque contra dissolutionem huiusmodi rescripsit ad Eugenium; & inter cætera memorat intra mensem ab incepto Concilio venisse nuncios Vniuersitatis Parisiensis, cœpisseque tractare de ijs quæ ad Concilium pertinerent, præsertim scribendo ad Sigismundum Imperatorem & ad Principes Germaniæ, vt ad Concilium mitterent; molestè autem laturos si suscepti tot labores vani forent & inutiles. Extat eius Epistola inter Opera Æneæ Sylvij in hæc verba.

" Beatissime Pater! post deuota Pedum oscula Beatorum. Iam nunc vniuersus cognoscet Orbis, an viscera Paternæ Charitatis & zelum Domus Domini S. V. habeat; an missa sit ad pacem, vel ad dissidium; an ad congregandum, vel dispergendum; an ille bonus Pastor sit is qui animam suam ponit pro ouibus suis. Ecce iam ostium aperiri incipit, per quod Oues perditæ ad proprium Ouile regressuræ sunt. Ecce iam spes est in ianuis reconciliationis Bohemorum. Si S. V. hoc demum opus prout tenetur, adiuuet ac promoueat, gloriam in cælo & in terra perpetuam consequetur. Si forsitan, quod nullatenus credendum est, impedire conetur, omnes illam arguent impietatis: cœlum & terra aduersus illam conspirabunt; nemo erit qui eam non deserat. Nam quomodo ille sequendus est, qui cum Ecclesiæ pacem & quietem vnico verbo dare possit, id facere recusat? Sed meliorem iam spem concipio, quod modo eadem Sanctitas sine vlla excusatione tota mente huic sacro fauebit Concilio: Et gratias omnipotenti Deo aget, quod pro tanto bono ista Congregatio hinc non discesserit. Ecce Legati huius sacri Concilij ex Egra cum lætitia & exultatione redeuntes referunt quemadmodùm per gratiam Spiritus sancti firmiter concluserunt cum Ambassiatoribus Bohemorum, videlicet Pragensium, Orphanorum & Taboritarum, inter quæ adfuerunt Ductores exercituum illius gentis, præsertim Procopius, quod solemnis Ambassiata omnium statuum Regni ad Concilium Basileense venire debeat, postquam per Concilium Saluus-conductus in forma condicta ad vos remissus fuerit, quod sine mora fiet. Miro gaudio leuatisque ad cœlum manibus hæc sacra Congregatio exhilarata est: nam isti nostri Ambassiatores asserunt cum tantâ Charitate hoc negotium in Egra

" tractatum fuisse, & talia apud illos Bohemos vidisse & coniecturasse, vt
" maximam spem reductionis illorum merito concipiant, & tandem se te-
" nerrimè amplectentes cum lachrymis lætitiæ ex Egra discessisse, ipsis Bo-
" hemis nostros rogantibus, vt hoc negocium quantocyus expediretur, &c.
Et post multa.

Ad maiorem etiam clarificationem in ipsa die termini statuti, vel ante
" D. Abbas Virgiliacensis congregato ad hunc actum populo maioris Ec-
" clesiæ, & certis alijs Prælatis & notabilibus viris, fecit solemnem pro-
" testationem qualiter tempus aduenerat Concilij celebrandi, & quod
" hoc ipso Basileam venerat, requirendo vt de materijs ad Concilium per-
" tinentibus, vsque alij venirent, vellent insimul conferre & tractare, & de
" hoc extat publicum instrumentum. Et infra mensem venerunt Ambas-
" siatores Vniuersitatis Parisiensis, & inceperunt tractare de ijs quæ ad
" Concilium pertinebant, scribendo etiam Domino Imperatori & alijs
" Dominis Alemaniæ vt emitterent ad Concilium, quas litteras tunc vidi.
" Nec obstat paucitas personarum, quia vbi est autoritas, numerus ma-
" gnus non requiritur, secundùm illud Christi: vbi duo vel tres conue-
" nerint in nomine meo, ibi ego sum, in qua authoritate fundantur Con-
" cilia. Similiter ab Eugenio & à Synodo ad Regem Franciæ & ad Vniuer-
" sitatem dantur litteræ. Rex 26. Feb. Bituricensem habet Conuentum in
eoque Capitula quædam nomine *Aduisamentorum* conscribuntur pro
continuatione Concilij Basileensis, eligiturque Princeps legationis ad
Eugenium Amedeus de Talaru Archipræsul Lugdunensis, qui similiter
ad Basileenses Patres scripsit.

Vniuersitas paulo ante nempe 9. eiusdem mensis tales ad Synodum dederat litteras.

Sacrosanctæ vniuersalis Ecclesiæ Synodo Basileæ congregatæ.

" REVERENDI Patres in Christo cęterique clarissimi oratores, ac Domi-
" ni vniuersalem Ecclesiam repręsentantes, ad vestrarum dominatio-
" num notitiam harum serie perducimus quosdam de Romana Curia nuper
" huc venientes plerisque nostri cœtus, ac studij denunciasse per viuæ vocis
" oraculum, plerosque filios iniquitatis ad ipsum totis aspirare conatibus,
" vt sanctum ac salutare Concilium vestræ sanctæ Congregationis iam du-
" dum Basileæ agitari cœptum prorogetur, aut transferatur, & veriùs,
" penitus irritetur atque dissipetur: vehementer autem sumus admirati
" imò satis non sufficimus admirari quomodo hostis ille generis humani
" iugiter circumjens & quærens quem deuoret, à veritatis tramite abdu-
" cat, tantam in corde Christiano & præsertim subtili atque erudito præ-
" ualuit infundere nequitiam; sed illa proculdubio est & semper esse con-
" sueuit suæ astutiæ præcipua calliditas, vt illis magis insidiari studeat, il-
" losque potius subuertere nitatur, quos in status eminentia, vel doctrinâ
" excutienda columnas esse in domo Dei animaduerrit, quatenus excisis
" illis, domus Domini vniuersa corruat: sed quanto malignus ille ad Eccle-
" siæ subuersionem vigilantius insistit, tanto pij illius filij sollicitiùs eniti
" debent vt vniuersas eius artes ac tentamenta euacuent. Non itaque ve-
" nerandi Patres, torpescant corda vestra, non frangantur animi, non ve-
" ritatis ardor ille quem in cordibus vestris Spiritus sanctus accendit, vt
" opus Dei imperfectum, aut sempiternum relinquatis, ne de vobis illud
" Euangelicum cum contumelia dici posset, hi *homines cœperunt ædificare &*
" *non potuerunt consummare:* tu quoque exurge Domine, *& iudica causam*
" *tuam vt non præualeat homo,* non pręualeat hostis antiquus, sed pręualeat
" Christus in Concilio suo, & in negotijs suæ fidei, suæ Ecclesiæ, suæque
" fidelis sponsæ quam non derelinquet in finem. Si autem Romanus Pon-
" tifex illud propriâ authoritate vellet dissoluere atque dissipare ante ple-
" nariam digestionem articulorum inceptorum, non eidem putamus in
" ea re, salua sedis authoritate, esse obtemperandum, sed potius in facie,

si opus esset, resistendum; sicut Paulus qui signum tenet Doctorum, Petro in facie restitit, figuram gerenti Pontificum. *Et si enim summus Pontifex in Concilio præmineat atque præsideat, non suæ tamen Facultatis est ad arbitrium concludere, sed ad ampliorem numerum concordium sententiarum.* Denique in eodem Concilio de fructuosis ac saluberrimis verbis agitari cœptum est, de reductione videlicet Græcorum atque Boëmorum; quæ cœpta non leuiter videntur, aut intermittenda, aut prorsus omittenda, nisi in vestris cordibus fraternæ charitatis incensum velitis extingui. Sanctam congregationem vestram ad opus incœptum dirigere dignetur Altissimus. Scriptum Parisius in nostra congregatione generali apud sanctum Mathurinum solemniter celebrata anno Domini 1431. die 9. mensis Februarij.

Vestræ sanctæ Congregationis humiles deuoti & obsequiosi oratores Rector & Vniuersitas studij Parisiensis.

Hæc ex Codice MS. Actorum Concilij Basileensis, qui seruatur in Bibliotheca Illustrissimi Domini, *le Tellier*, Coadiutoris Remensis numero 229.

Eadem Vniuersitas paulo post, nempe die 10. April. an. 1432. ad eandem Synodum alias dedit litteras, quibus illam ad perseuerantiam adhortabatur; leguntur in eodem Codice his verbis.

Sacrosanctæ Vniuersalis Ecclesiæ Synodo Basileæ Congregatæ.

QVOTIES ad Ecclesiæ pacem & fidei tutelam strenuè res geritur, Reuerendi Patres & honorandi Domini! Deo placere & iustæ rei operam impendere credendum est; sed eo amplius salubrius agi creditur, cum circa hæreseon extirpationem, correctionem excessuum & demum ad sedandum fidelium discordiam tota Ecclesiæ versatur intentio. Nempe illi summo rerum Conditori nihil acceptius in terris esse creditur quàm filiorum Ecclesiæ in animorum vnitate & sinceritate affectuum generalis Conuentio, *qui habitare facit vnius moris in Domo*; proinde totius Ecclesiæ Synodum decorari ijs temporibus credimus oportere, vt debacchantium Bohemorum tam horrendam tamque infestam Ecclesiæ cladem è medio auferri procuretur; qui aduersus Ecclesiam & Ecclesiæ Ministros ore sacrilego & verbis impijs obstrepunt & turpi contagione fidei commaculant puritatem, & passim in eam grassantes, Religiones dissipant, Monasteria spoliant & sacras ædes in vastitatem redigunt. Hi profectò bicipiti quodam gladio Christi sponsam styli deformitate & ruga dehonestarunt erroris, vt quæ olim velut aurora consurgens in antiquis Patribus radiauit, spiritualiter floruit & temporaliter abundauit; posterorum malitiâ irrumpente frustretur. Hæc consideratio, Reuerendi Patres & honorandi DD. votorum nostrorum studia ad Orbis fidelium Pacem anxiè suspirantia commouit temporalium Principes & spiritualium Pastores atque Rectores nostris sollicitare litteris, vt ad sacrosanctum Generale Concilium viros conspicuos Ecclesiæ præcipuos zelatores & ad materias sincerè affectos deligere festinent; ob eam rem Autorem fidei & consummatorem Iesum totis cordium desiderijs obsecramus, vt ipse misericorditer cœptis nostris adspirans vestras in tam arduis dirigat prudentias, vt tandem Ecclesia à cunctis erroribus & flagitijs libera de suis cladibus diuino beneficio possit triumphare. Eia agite igitur Reuerendi Patres & honorandi DD. & ad Ecclesiæ honesta & accommoda vestros animos conuertite. Sic enim æquabilius atque præstantius res Ecclesiæ sese habebunt. Ad opus tam magnificum vos moueat rei ipsius clara, percelebris ac perpetua laus per quam omnium vestrum nomina in ore omnium hominum versabuntur; moueat & maximè tam egregij gloria facti, Gregis Christi dissipatio, animarum zelus, Regnorum discordia, & denique Matris miseriæ tam graues & inauditæ vt saxeum pectus emollire possent; nec mora opus est, sed iugi vigilantia ne,

„ quod abſit, ſerò quæſiſſe remedium vos pœniteat. De litterarum ve-
„ ſtrarum communicatione gratias humili & deuoto corde referimus of-
„ ferentes vobis Noſtræ Vniuerſitatis corpus & ſingula membra, orationes
„ & preces crebras & ſolemnes Proceſſiones ad Deum Patrem, qui cele-
„ berrimum veſtræ Congregationis cœtum, ad Eccleſiæ pacem, fidei in-
„ tegritatem & totius orbis fidelium ſalutem perducere dignetur, vosque
„ pro aſſumptis laboribus de terrena Hieruſalem transferat in triumphan-
„ tem. Scriptum Pariſius in noſtra Congregatione Generali apud S. Ma-
„ thurinum ſolemniter congregata die 10. menſis April. an. 1432.

Veſtra Congregationis humiles, deuoti
& obſequioſi Oratores Rector &
Vniuerſitas ſtudij Pariſienſis.

Item die 9. Maij Vniuerſitas Viennenſis è ſuis vnum ad prædictum Concilium expediuit, cum hiſce litteris, quæ in eodem Codice MS. le-guntur.

Sacroſanctæ Generali Synodo Baſileenſi in Spiritu ſancto Congregatæ Reuerendiſque Patribus & DD. in ea reſidentibus.

„ REVERENDISSIMI in Chriſto Patres & DD. metuendi: quantam
„ operam, quantamque ſolicitudinem Vniuerſitas noſtra accuratiſſima
„ prouidentia impenderit inceſſanter ad obuiandum cladibus, crebris rui-
„ nis & humanis vix euaſibilibus periculis Eccleſiæ Dei tam à foris quàm
„ intrinſecùs imminentibus, arguendo, obſecrando, increpando prout
„ rerum efflagitabat opportunitas, vt caſuum poſtulabat euentus, veſtras
„ Reuerendiſſimas non ambigimus latere Paternitates. Et quidem noſtro
„ modo varia aduiſamenta in præmiſſis ſcripto tenus dedimus, ſed & ad
„ partem conſilijs, & in palam coram Illuſtriſſimo Principe & D. noſtro
„ glorioſiſſimo D. Alberto Duce Auſtriæ ſuiſque Conſiliarijs Proceribus
„ & Communitatibus, varia perſuaſimus ſalutis antidota, quibus inſtantia
„ pericula pariter & futura Fidelibus interitum comminantia ſalubrius poſ-
„ ſent vitari per ſalutiferam quandam Eccleſiæ Dei in Capite & in membris
„ Reformationem, & variarum inordinationum atque abuſuum extirpatio-
„ nem; præſertim tamen ad exſufflationem modernæ deteſtandæque & ar-
„ matæ iſtius Bohemorum hæreſis, quæ in noſtris quodammodo laribus,
„ in medio Eccleſiæ, heu noſtris, vt timemus, expoſcentibus exceſſibus: in-
„ trauit inclytum Bohemiæ Regnum ac vicinas Regiones deuaſtauit, ſa-
„ cras polluit ædes, Clerum vertit in parabolam vulgarium & nefando
„ quodam commercio omnem ſtuprauit cœlibatum, & quod deterius fidei
„ orthodoxæ virorum præſidio, & errore vertiginoſo quodam Caumate in
„ nonnullorum mentibus obtenebrauit, vſque adeò, quod ſuis non contenta
„ finibus cum multorum fidelium ſanguinis profluuio, rerum & vitæ diſpen-
„ dio exteras etiam Nationes imperij, & in præceps mittet erroris & ge-
„ hennæ. Nouiſſimè autem nedum ex litteris Reuerendi in Chriſto Patris &
„ D. Iuliani tit. S. Angeli Diaconi Cardinalis, ſed & veſtræ ſacræ Concio-
„ nis & S. Concilij Baſileenſis intelligentes vos Patres Reuerendi ad idem
„ per omnia votum & flagrantiſſimum deſiderium habere in Domino, mox
„ Dilectum vobis in Dom. Thomam Ebendoſſor Artium & ſacræ Paginæ
„ Profeſſorem, necnon Canonicum Eccleſiæ S. Stephani in Vienna ad co-
„ operandum noſtri Nominis totis Conatibus pro bono & ſalubri ſtatu fi-
„ delium in præmiſſis deputauimus; ſed obſtante aëris inſolita aſperitate
„ & alijs rationabilibus impedientibus cauſis, propoſitum vſque modo,
„ quo vſque Ambaſſiata Illuſtriſſimi Principis & D. noſtri diſponetur, pro-
„ ſequi nequiuimus. Quare Reuerendiſſimi Patres, omni quà poſſumus in-
„ ſtantia ven. Paternitates exoramus, quatinus præfatum M. Thomam
„ priùs ſuſcipere ipſumque & alios poſterius fortaſſis per nos deſtinandos
„ noſtræ Vniuerſitatis nomine generoſiùs aſſumere, ac in proponendis per

per ipsam autem in singulis adhibere dignemini. Vtinam Spiritus sanctus Paraclitus conseruet & corroboret R. P. vestra corda ad pacem & S. suæ Ecclesiæ commodum & incrementum feliciter & longæuum. Datum Viennæ, die Veneris 9. mensis Maij 1432.

Item cum esset Vniuersitas Parisi. congregata 19. Maij in Mathurinensi Peristylio, lectæ fuerunt literæ quas M. Guill. Eurardus ad Nationem Gallicanam miserat, quibus indicabat quantâ constantiâ Imperator Romanorum in rem Concilij Basilensis incumberet.

"Spectabiles & honorandi Magistri. Nouerint Dominationes vestræ die Mercurij prœteritâ in generali Congregatione Concilij, citationes decretas contra omnes ad Generalia Concilia venire obligatos de jure, aut consuetudine, etiam contra *Cardinales & Dominum Apostolicum* (scilicet Eugenium IV. qui Basileam ire nolebat) *ipsi tamen primâ summatione prœmissâ, Nec desistere intendimus ab hac dicta prosecutione, vsquequo res Ecclesiæ in melius fuerint dispositæ & agenda propter quæ conuenimus prosecuti iuxtâ vires fuerimus.* Scripsimus almæ Matri Vniuersitati per Delatores Rotuli, Petrum de Credulio, Iacobum Hocheti & Thomam de Courcellis qui abhinc recesserunt præterita die Mercurij, & denuò per præsentium Delatorem rescribimus. Perpendimus, Egregij Magistri, plurimorum Cardinalium & penè omnium Aulicorum animos ad hanc celebrationem inclinatos & maximè voluntarios quoniam quotidie necessitates imminentes percipiunt. Hîc autem fama crebrescit Dominum nostrum Concilium hoc in pleno Consistorio reformasse & duos Cardinales Nouariensem & Bononiensem pro se transmittere. Similiter cœtus Cardinalium dicuntur duos destinare, quod nondum plenè agnoscimus; sed sit hoc, aut non, Synodus hæc sacra non dubitat habere progressum. Hac hebdomada venturi sunt illustrissimi Ducis Burgundiæ Ambasiatores, qui sæpius rescripsit se irreuocabiliter huic sacro Concilio velle adhærere, & pro eius continuatione per se & per suos Confœderatos efficaciter laborare. Vnde & Serenissimo D. nostro Regi enixissimè rescribit, quod huc celeriter pro parte Regni Franciæ transmitteret Oratores & Prælatos, vt opus esse animaduertit, & literarum copias nobis transmisit. Similiter scribit Imperator alijs Regibus & Principibus & Prælatis qui sunt sub Imperio, imponit pœnam perditionis feudorum quos tenent ab Imperio. Nunc est in Parma cum octo millibus armatorum, mox iturus Romam per Lucam & Senas ex quibus augebitur sua societas. Sæpenumero spopondit vsque ad mortem per se & suos hoc Concilium defensare & protegere, & nequaquam Coronam à D. Apostolico recipere si non fouerit & iuuerit præsens Concilium. Cætera Dominationibus vestris, cum euenerint & cum opportunitas Nuncij aderit, vt decet vestrum Oratorem, notificabo. Me & mea agenda vestris Charitatibus committo. Labores & expensas graues sine stipendiorum solutione agnoscitis; succurrite, quæso, vestro alumno ad omnium vestrûm obsequia paratissimo; ille autem sit vestra merces in æterna gloria; cuius & suæ sponsæ Ecclesiæ honorem & exaltationem hîc quærimus, D. Iesus Christus. Scriptum Basileæ 21. Aprilis.

Vester, &c.

Accepit quoque Vniuersitas mense Iunio datas à Concilio litteras 9. Maij. Et die 7. Iulij lectæ fuerunt aliæ literæ ab eodem Eurardo Gall. Nationi scriptæ, quâ die M. Ludouicus Bailly exposuit eidem Nationi apud Mathurinenses transmissam fuisse à summo Pontifice per Portitores Rotuli Vniuersitatis quandam Bullam monitoriam & Excommunicatoriam, vt dicebatur, quam tradiderant D. Rectori clausam, quâ ille credebatur dissipare velle Sacros. Concilium Basileense; quibus auditis, *Natio, nemine reclamante, appellauit à grauamine contento in Bulla si quod esset, ad illum, vel ad illos, &c. pro se & suis adhærentibus & adhærere volentibus in futurum, &c.* & hoc antequam aperiretur Bulla. *Voluit etiam Natio rescribere dicto M. Guillelmo, quod ipse dictus M. Guill. tantùm laboret erga Concilium quòd Concilium mittat Parisius citatorium ad euocandum per sua literas omnes qui contra dictum laborant Concilium ad videndum se priuari suis Beneficijs.* Hæc verba habentur in veteri Codice Nat. Gall. scribente M Lud. Bailly Procuratore. Sequitur Epistola Eurardi.

> POst longam animorum nostrorum fluctuationem, quorsum Bohemi cum Regnum declinaret, tandem nudiustertius per Legatorum præsentis Concilij vocalem relationem & litterarum Oratorum dicti Regni sigillis Trium statuum munitarum exhibitionem lætantes percepimus eorundem reductionem Spiritus sancti directione in breui futuram. Nempe peruersis plurimis eorum assertionibus & nouis adinuentionibus reiectis ad 4. duntaxat articulos, informari in præsenti Synodo, auditis eorum rationibus & allegationibus se determinarunt, quos latius reserabit præsentium lator egregius M. Ioannes de Riparia qui dictorum oratorum Concilij Relationibus interfuit. Vestræ Deuotionis, si placet, erit pro tam fructuosâ reductione diuinam Clementiam suppliciter exorare; & ad id ipsum cæteros inducere. Equidem eorum aduentus præter dicti Regni fidelem reconciliationem, ad omnium statuum Ecclesiæ Reformationem plurimùm erit fructuosus. Namque inter cætera petunt quod possint liberè in plenâ congregatione vitia & abusus Ecclesiasticorum, neminem nominando, detegere, & super his remedia postulare, ad quæ maximè afficimur; quoniam hæc, vt iudicamus, clades bellicas & plurimas diuinas vindictas demeruisse censentur. Iam non datur locus diffugij, quin huc accedant omnes Prælati Regum, Principum, Vniuersitatum & Capitulorum Legati, cum hic agatur de Catholica fide & morum necessaria reformatione, sine quibus impossibile est placere Deo, & pro quibus tenetur quisque Fidelis etiam vsque ad mortem laborare. Spectabiles Magistri, vltra modum miramur, cur nondum pecunias recepimus, grandem habuimus fiduciam de nostra solutione in aduentu M. Nicolai Amici qui nondum rediit; sed spes quæ differtur, affligit animos. Hoc autem speciale vnum habeo refugium, vestrum implorare adiutorium vt omnibus penè meis consumptis pro honore Dei, Ecclesiæ & vestrum fideliter laboranti subuenire benigniùs velitis; aut gratuito dono, quemadmodum sæpè numero fecistis, vestris Alumnis; aut sub hypotheca meorum stipendiorum per Vniuersitatem soluendorum. Sicut equidem grande opus misericordiæ feceritis, & honorem vestrum conseruaueritis, & tandem vt exopto æternam gloriam recipietis. Scriptum Basileæ 2. mens. Iunij.
>
> *Vester alumnus G. Eurardi, &c.*

Eodem anno, die verò Mercurij 6. Augusti apud S. Mathurinum lectæ sunt aliæ literæ eiusdem Eurardi, & ijs lectis, voluit Vniuersitas Orationes, Missas de Spiritu sancto & Processiones per Collegia fieri pro felici progressu Concilij Basileensis. Literarum tenor talis est.

> NVper memini vestris dominationibus Reuerendissimis statum præsentis Concilij per egregium virum M. Ioannem de Riparia literis notificasse, post cuius abscessum destinauit præsens Synodus solemnes Ambassiatas ad Regnum Angliæ & partem aduersam, super adhæsionibus, fauoribus & auxilijs præstandis, Prælatis & Legationibus mittendis, ac solicitatione & inductione tranquillitatis & Pacis in Regno Franciæ, in quibus sunt Episcopi, Abbates, Doctores, ac alij magnifici viri. Ad Dietam Antissiodorensem mittuntur Episcopi Augustodunensis & Gebennensis & vnus Doctor in vtroque iure Auditor Curiæ Rom. vir vtique excellentissimæ scientiæ & magnæ eloquentiæ. Aliæ autem disponuntur Ambassiatæ, vna ad Hispanias, alia ad Regna Daciæ, Gotiæ, & Noruegiæ tam pro bello periculosissimo illic vigente sedando, quàm pro
>
> Prælatis

Prælatis habendis dictorum Regnorum: tertia ad Bauariam procuratura "
pacem, aut longas inducias inter Duces Bauariæ Ludouicum fratrem " 1432.
Reginæ & Henricum, iuxta quorum Dominia migraturi sunt Bohemi, "
huc lapso pauco tempore accessuri. Hodie nempe decretus est saluus- "
conductus........ Per eos & nostros Oratores conuentum illico eisdem "
mittere. Eius copiam & cœterorum articulorum in hac 4. Sessione pu- "
blicatorum vobis mittere nequiui ob celerem recessum præsentis Nun- "
cij. Concernunt Reformationem generalem Ecclesiæ & Electionem "
summi Pontificis, si & quando vacare sedes contigerit extra locum Con- "
cilij nullatenus faciendam. De his latius alias informabimini. Legati "
Domini nostri duo Archiepiscopi, vnus Episcopus & alius Auditor, huc "
feruntur affore intra sex dies. Æstimant aliqui quod pro bono Concilij "
citationes decretæ per Oratores D. Imperatoris in personis D. nostri & "
Cardinalium sunt executioni demandatæ; & iam aliqui venissent, si fuis- "
sent præmissi. Domus tamen sunt receptæ pro DD. Bononiensi & sancti "
Eustachij: eorum arma affixa; & duo Doctores ab eisdem præmissi. Præ- "
terea Cardinalis S. Petri visus est in Viterbio huc accessurus; sequen- "
tur cæteri nactâ opportunitate, quidam amore, alij timore ducti: quip- "
pe maior est Orbis vrbe. Cæterum percelebres Magistri, etsi grates exol- "
uere dignas non sit meæ paruitatis; attamen de viginti salucijs mihi super "
stipendijs meis commodatis, quas valeo ex intimis gratias refero Domi- "
nationibus vestris, me & mea agenda supplicans haberi specialiter com- "
missa, paratus iuxta vires cuilibet vestrum rependere vices, cupiensque "
recreari scriptis vestrarum Dominationum quas conseruet prosperè & "
dirigat feliciter sacrorum Conciliorum protector & director Spiritus S. "
Scriptum Basileæ 10. Iunij.

Die Sabbati 9. Aug. celebrata est solemnis Missa apud S. Genouefam pro vniuersalis Ecclesiæ bono & progressu Concilij Basileensis. Die verò 3. Septemb. lectæ sunt in Comitijs Mathurinensibus litteræ Legatorum Vniuersitatis, quibus certior fiebat de reductione Bohemorum ad fidem; Res sic se habet in Reg. Nat. Gall. *Quantum ad 1. art. fuit lecta littera directa Vniuersitati: qua audita Vniuersitas gauisa est de bonis nouis contentis in eisdem. Et regratiata est Ambassiatoribus suis dicta Vniuersitas de bona communicatione suarum litterarum. Vniuersitate sic congregata, exhibuit M. Ioannes Riuiere in plena Congregatione quandam litteram Cardinalium ex parte Concilij Sacrosancti, & ibi fecit pulchram relationem, illam scilicet quam fecerunt in Concilio Ambassiatores dicti Concilij, cum regressi sunt de Bohemia & pro dictis nouis conclusit Vniuersitas solemnes processiones fieri, Missas per Collegia, preces & Orationes & ieiunia similiter, & semper dictum Concilium manu tenere omnibus modis conclusit Vniuersitas.*

Die Lunæ quæ erat 15. Septemb. facta est supplicatio solemnis apud Ædem S. Catharinæ de Valle Scholarium, *ad exorandum Altissimum pro vniuersali Ecclesia & manutenentia Sacros. Basileensis Concilij; & ad regratiandum etiam Altissimo, qui sui gratia taliter dignatus est infundere in Cordibus Bohemorum, quod omninò se submiserunt determinationi sacrosancti Concilij Basileensis; & quod nonnulli ex ipsis cum lachrymis vnionem ipsorum ad S. Dei Ecclesiam requisierunt.*

Mira Dei in hanc rem arcana. Hussitæ seu Bohemi ab anno 1419, quo bellum inceptum est, numerosissimos Imperatoris & Catholicorum exercitus pluries terga vertere coëgerunt; placidè verò moniti per Legatos nostros aliosque, vt Concilij authoritati se submitterent, se submiserunt. Hac de re Historici luculentissimè. Apud Auentinum Henricus Landshutensis sic scribit in litteris ad Albertum de Preysingea Vicarium suum datis Feria 3. ante D. Margaretam in Castris Pragæ ann. 1420. *Quinquies Boëmiam intrauimus, quinquies copijs, impedimentis, tormentis, carris, mathinis, armis, annona, commeatu, supellectile, instrumentis bellicis, calonibus amissis, plerisque occisis, multis in fuga obtritis, necdum viso hoste turpiter nescio quo fato iniquo terga vertimus.*

Tom. V. GGg

1432.

Paulò verò antè quam Concilium Basileæ celebraretur Iuliano Cardinale præcedente Electores Imperij cum magna multitudine Bohemiam inuaserant: at Bohemis tenui exercitu contra eos procedentibus tantus pauor Imperialium animos concussit, vt ex denunciatione hostium aduenientium, terga verterent. Hanc historiam fusè scribit Æneas Siluius. *Sigismundus,* inquit, *Norimbergam profectus noua Principum auxilia comparat. Martinus quoque Pontifex Iulianum Cardinalem in Teutoniam mittit vt Bohemis bellum inferat & in Basiliensi Concilio quod propediem futurum erat, nomine Apostolico præsideat. M. Germaniam ingressus, mox Norimbergam ad Sigismundum se confert, quo in loco frequentes Germanorum Reguli conuenerant. Decreta est noua in Bohemos expeditio ad 8. Kal. Iulij. Fuère in ea expeditione Albertus & Christopyrus Bauariæ & Fredericus Saxoniæ Duces; Ioannes & Albertus Brandeburgenses Principes cum Friderico Patre quem penes belli summa erat. Herbipolensis, Bambergensis, Eistetensis Episcopi, Societas Sueuorum, & Imperialium Ciuitatum. Moguntinus, Treuerensis & Coloniensis Antistites auxilia miserunt & cum his Prouinciarum suarum Primores supra 40. millia Equitum fuisse traduntur. Peditum minor erat numerus. Cardinalis Bohemiam ingressus numerosum illum exercitum ductans multas hæreticorum villas incendit, oppidaque diripuit. Interea siue proditio in Fidelium exercitu fuit, quod multi putauère, siue inanis sua sponte mentes hominum pauor inuasit, totis Castris trepidatum est, & priusquam hostis ullus in conspectu daretur, fœdissima fuga capta. Hostis paulo post ex metu alieno factus audax adfuit, impedimentisque omnibus, quibus per siluam non erat facilis exitus, & ingenti præda potitus est. Iulianus Cardinalis ex Bohemia exactus, Basileam se contulit ibique Concilium celebrauit, Sigismundus Romam Coronæ suscipiendæ causa petijt.*

Ergo Synodus cum Bohemis agendum rata mitius, Scripsit ad eos, Legatos mitterent qui fidei suæ rationem ostenderent, securitatem itineris promittens, & dicendi quæ vellent libertatem. Legatio fuit 300. Equitum, cuius Principes fuerunt Guill. Costa, Procopius, Ioan. Rochezanas. Interrogati autem de fide & quibus potissimum in Capitibus à Romana dissentirent, hæc 4. proposuerunt. 1. De Communione Eucharistiæ quam sub specie panis & vini sumendam affirmabant. 2. De Ciuili Dominio quod lege diuina Clericis interdictum dicebant. 3. De Prædicatione Verbi Diuini, quam liberam permissamque omnibus passim arbitrabantur. 4. De publicis delictis quæ nullatenus tolerari debere putabant. De hisce Capitibus disputatum est 50. diebus, & certis tandem conditionibus Communio sub vtraque specie permissa, vt scribit Siluius.

"Cvm autem anno Superiore per obitum D. Nicolai Habart vacauisset Sedes Episcopalis Bajocensis, & in electione successoris nonnihil discordiæ intercessisset, Natio Normanica pro quodam qui Electus dicebatur, petijt ab Vniuersitate litteras ad Eugenium Papam commendatorias, easque sigillo communi sigillari. Natio Gallicana iam ante, statim post obitum alias obtinuerat pro M. Petro Cauchon Episcopo Beluacensi Priuilegiorum Apostolicorum Conseruatore, easque ad ipsum Eugenium per Portitores Rotuli, nec non per Prouisorem Collegij Nauarrici direxerat; quamobrem intercessit ne sigillo Vniuersitatis prædictæ litteræ sigillarentur. Et de ea re sic scribit M. Andreas Pelé, eiusdem Procurator ad diem Sabbati 22. Decemb. an. 1431.

Tandem significaui Nationi quod in nouissima Congregatione Vniuersitatis Natio venerabilis Normaniæ supplicauerat pro litteris ad D. nostrum Papam pro Electo Prætenso Ecclesiæ Bajocensis, & quomodo pro sigillatione litterarum pulsatus eram instantissimè, quanquam alias Natio supplicasset pro recommendatione Reuerendissimi Patris D. Beluacensis ad dictam Ecclesiam & obtinuisset ab Vniuersitate litteras pro eadem: immò ad Nuncios Vniuersitatis Portitores Rotuli cum Instructionibus circa id specialibus. Etiam D. Prouisor Collegij Nauarræ ista de causa singulariter esset ad Curiam destinatus per dictum D. Beluacensem qui Protector, Conseruator & Refugium erat Vniuersitatis &

Vniuersitatis Parisiensis.   419

Nationis. Super quo Natio deliberauit quod non volebat dictas litteras sigilla-   1432
ri; imò se opponebat Sigillationi, & quia nondum certificata super electione, &
propter discordiam in Electione habitam, & quia de variatione potuisset nota-
ri, volebat audiri prius in Vniuersitate super istis & alijs causis legitimis quas
intendebat allegare ad impediendam dictam sigillationem. Quam Oppositionem
Ego statim post Congregationes significaui D. meo D. Rectori. Natio tamen
vellet complacere venerandæ Nattioni Normaniæ in omnibus sibi possibilibus.

Nihilominus ipsa Natio Normanica litteras dedit ad Eugenium à quo repulsam passa, alias dedit ad Concilium Basileense die 22. Septemb. 1432. quæ extant in MS. Bibliothecæ Illustrissimi D. Abbatis Tellerij, talesque sunt.

« VNiuersis Christi fidelibus ineffabiles prouenturos fructus ex sacra Synodo nunc in Spiritu sancto legitimè congregata congaudemus admirantes in his quæ iam viriliter egistis obnoxiorum suggestionibus perniciosis sedula mente obnitendo, Principum insuper plurimorum dura emolliendo corda & à lugubri bellorum clade Nos pro viribus eripientes, nec minus Bohemorum hæreses funditùs euertere cupitis, in iisque explendis feliciter exigitis vitam. Quamobrem arbitramur in terris nullam tantam potestatem quæ Sanctionibus vestris obuiare valeat, quin imò à sanctissimo vestro cœtu, in quo spiritum gratiæ & veritatis præsidere profitemur, velut à dudum celebratis Generalibus Concilijs suscipimus, cum grege Domini exspectamus diuinæ legis firmamentum & militantis Ecclesiæ in Capite & in membris correctionem fructuosissimam. Ea propter ex nobili prosapia oriundum M. Ioan. d'Esquay, quem dono Dei Ecclesia Bajocensis in suum elegit Episcopum, per Sanctissimum vestrum cœtum, supplices petimus oppressum à grauaminibus releuari, ex eius Canonica Electione votiuam Confirmationem consequendo. Personam eius Præsulatu merito dignam aliàs summo Pontifici commendauimus, quem inexorabilem comperimus, quoniam omni Electionis iure & titulo abnegato, iniustè intruso cuidam de Episcopatu prouidit, cui vulgus Domum nostri Suppositi citius armata manu cum militibus Nobilibus obesse decreuerat, sed ex prouidentia nostri Delecti furor plebis placatus est. Demum promisit ex sanctissimo vestro cœtu suæ Oppressionis Iuridicum reportare remedium. Res hæc idcirco cuius basis in Decretis Presbyterorum cum paribus, votiuè exequatur, sintque vestra opera futuris Ecclesiæ Rectoribus, Exempla sua. si feceritis, quæ Dei sunt adimplebitis, quique vestra sunt, perficiat, quod vt humiles Ecclesiæ filij optamus, ad quam regendam vos conseruet longissimè Distributor omnium. Scriptum Parisius in nostra Congregatione, die 22. mensis Septemb. 1432. »

Vestræ sanctissimæ Congregationis.

Humiles ac deuoti Oratores, Procurator & Natio Normanorum in Vniuersitate Parisiensi.

Sed iam ad Vniuersitatem nostram & Regni Francici statum redeamus. Cum hoc anno promulgatum fuisset Edictum de re Caducaria, intercessit Vniuersitas, apud Senatum Parisiensem ne Actis insereretur, vt legitur ad 5. Septemb.

CE iour le Recteur & les Deputez de l'Vniuersité vindrent en la Chambre de Parlement & feirent briefuement proposer & dire en effet par la bouche de M. Iean Mertardier Maistre en Theologie, que l'Vniuersité auoit entendu que on auoit sceelé & publié à Paris, certaines Ordonnances Royaux, touchant les Acquisitions & admortissemens des rentes & heritaiges de l'Eglise, lesquelles on deuoit mieux appeller desordonnances que Ordonnances, & que en icelles auoit

1432.

vn article *assez consonant & conforme à vne opposition donnée au Concile General dernier, tenu à Constance & repugnant à la Loy diuine, & recitoit ce qui est escrit homil. 14. super... Pour ce requeroit à la Cour de par ladite Vniuersité, que la Cour és procez & causes touchant lesdits admortissemens voulsist auoir égard à ce que dit est, & en aduertir le Preuost & les Iuges du Chastelet. Sur quoy la Cour en effet respondit que la Cour auroit tel égard à ce que dit est, & feroit ce qu'il appartiendroit.*

Rerum verò Francicarum non melior status quàm antea; hinc & inde capiebantur vrbes & diripiebantur, vastabantur agri & depopulabantur Ciuitates. Quas miserias pertæsa tandem Ciuitas Parisiensis & Vniuersitas Anglicani iugi impatiens, cœperunt de pace agere habitisque pluribus inter se se Colloquijs suaserunt tandem Principibus & suæ & aduersæ Partis ad eam quoquo modo componendam Legatos mittere. Et miserunt Autissiodorum & Melodunum, quanquam non eo successu qui sperabatur & optabatur. Vniuersitas suo nomine M. Ioannem Brioldum Episcopum Meldensem Theologiæ Doctorem suisque impensis ad Ducem Burgundiæ delegauit. Hac de re actum sæpè in pluribus Comitijs & conclusum tandem 7. Octob. huius an. 1432. vt legitur in Actis Nat. Gall.

„ Anno Domini 1432. 7. die mensis Octob. cum conuocatâ Vniuersita-
„ te iteratis vicibus & frequentatis super expeditione, Ambassiatæ mitten-
„ dæ, seu destinandæ ad Illustrissimum Principem D. Ducem Burgundiæ
„ pro tractu pacis habendæ in Regno Franciæ iuxta modum tactum in Vni-
„ uersitate per Scabinos huius villæ non potuerit haberi concordia in pe-
„ cunijs tradendis, seu expediendis Reuerendo in Christo Patri & D. D.
„ Episcopo Meldensi Ambaxiatori concorditer electo ab Vniuersitate præ-
„ fata super prætacta materia, fuit Vniuersitas ipsa conuocata per D. Re-
„ ctorem in S. Maturino super 3. artic. 1. ad expeditionem totalem & fina-
„ lem Ambaxiatæ mittendæ ad D. Ducem Burgundiæ. 2. Ad prouidendum
„ & disponendum de Officio Conseruatoris Priuilegiorum almæ matri
„ Vniuersitati Paris. à S. Sede Apostolica indultorum. 3 communis. Quan-
„ tum ad *1. quia factum ipsum Ambaxiatæ videbatur Nationi Franciæ quam-*
„ *plurimum fauorabile & pium, immò summè rectum, ipsa pluribus & iteratis vici-*
„ *bus conclusit quod volebat mittere.* Et quoad pecunias tradendas & habendas,
„ conuenerunt simul Procuratores Nationum Franciæ, Picardiæ & Nor-
„ maniæ vnà cum suis Deputatis: quæ Nationes in hoc actu pariter & con-
„ corditer ambulauerunt & se habuerunt. Qui quidem Deputati inter
„ plures modos tactos aduisauerunt & consuluerunt vnum modum postea
„ ab ipsis Nationibus approbatum & conclusum. *Videlicet quod ipsæ 3.*
„ *Nationes haberent offerre in Vniuersitate, mutuare summam, centum Salucio-*
„ *rum auri æqualiter ipsi Vniuersitati; dummodo ipsa Vniuersitas & totum Corpus*
„ ipsius Vniuersitatis se obligaret ipsis tribus Nationibus ad restituendam
„ dictam summam & Quotam ipsos tangentem, & de modis postea adui-
„ saretur. Pro qua quidem summa centum Saluciorum auri ipse D. Mel-
„ densis Ambaxiator electus volebat contentari pro tota Ambaxiata: Qui
„ quidem modus illa eadem die 7 sic aduisatus & conclusus per istas tres
„ Nationes fuit oblatus Vniuersitati, & in Vniuersitate per organum D.
„ Rectoris vt vellent aliæ Facultates & Natio in illum condescendere &
„ illum acceptare. Et tandem fuit ab Vniuersitate conclusus. Videlicet
„ quod placebat Vniuersitati se obligare & totum Corpus ipsius Vniuer-
„ sitatis præfatis 3 Nationibus, scilicet Franciæ, Picardiæ & Normaniæ
„ ad restitutionem istius summæ 100. Saluciorum auri, dummodo ipsæ 3.
„ Nationes mutuarent dictam summam pro Vniuersitate & nomine eius ipsi
„ D. Meldensi pro causa superius expressa. *Et illico se obligauerunt omnes*
„ *Facultates & Nationes in manu M. Michaëlis Heberti Scribæ & Notarij*
„ *Vniuersitatis; pro Facultate Theol. Reuerendus D. M. Ioannes de Trecisqe-*
„ *rens & exercens Officium Decani suæ Facultatis, M. Gueroaldus Boiselli*

Vniuersitatis Parisiensis. 421

Decanus Facultatis Decretorum se obligauit pro ipsa Facultate in quàntum po- « ———
terat; pro Facultate Medicinæ M. Henricus Thibouſt ſimiliter gerens & exer- « 1432.
cens Officium Decani ſuæ Facultatis; Pro Natione Franciæ Ego Philippus de «
Longolio obligaui Nationem Franciæ Matrem meam pro quota quæ ipſam po- «
teſt tangere. Pro Natione Picardiæ M. Ioannes Danchy, ſimiliter pro Natio- «
ne Normaniæ M. Laurentius la Mouque, ſimiliter pro Nat. Almaniæ M. «
Albertus Vorden, omnes Procuratores ſuarum Nationum. Et de iſta «
concluſione petij Inſtrumentum à Præfato Notario pro Natione Franciæ Matre «
mea. Et illa eadem die 7. poſt prandium, conuocatis Decanis quinque «
Prouinciarum tradidi iuxta oblationem Nationis & concluſionem ipſi «
Reuerendo Patri D. Epiſcopo Meldenſi ſummam 33. Saluciorum auri de «
pecunijs Nationis acceptis in Coffro ipſius. De qua quidem ſumma 33. «
Saluciorum habet ipſa Natio vnam Scedulam *de Recepiſſe* à dicto D. Epiſ- «
copo Meldenſi ſignatam ſuo proprio ſigno Manuali, repoſitam in ipſo «
Coffro Nationis. «

Quia verò verebatur Vniuerſitas, ne factio Anglicana, cui tum ſub-
erat, Legatis ſuis moram afferret, aut moleſtiam, dedit quaſdam litteras ad omnia ſua Suppoſita cuiuſcunque ſtatus eſſent, vti prædictis Legatis ſuis auxilium fauoremque præſtarent: quæ litteræ ſeruantur in Tabulario publico, taleſque ſunt.

Rector & Vniuerſitas ſtudij Pariſ. Vniuerſis Suppoſitis noſtris cuiuſcunque gradus, ſtatus atque præeminentiæ exiſtant, ſalutem in
Dom. ſempit. Cum propter certas & ſpeciales cauſas graues & arduas
vniuerſam huius Franciæ Regni concernentes ſalutem noſtros ad præſens deſtinemus Oratores *ſolemnes, Reu. in Chriſto Patrem D. Io. Epiſcopum Meldenſem Sacræ Theol. Profeſſorem & M. Nicol. de Quoquerel Magiſtrum in Artibus & in dicta Theologia Baccalarium apud præſentiam magnificam Excellentiſſimi* Principis D. Ducis Burgundiæ, vbi ad fructum validum in tam celebri materia conſequendum nobis merito viſum fuerit
expedire, per vos & veſtrum ſingulos, prout dictorum Oratorum diſcretio
indicabit, ipſos noſtros Oratores veſtris conſilijs & aſſiſtentijs vbilibet
confoueri; & præſertim dum ad ipſius Principis & ſui Conſilij præſentiam Vniuerſitatem noſtram repræſentare opus erit. Idcirco vobis &
veſtorum ſingulis Mandamus & ſub debito præcipimus iuramenti quatenus prout ipſi Oratores vos & veſtrum quemlibet eorum adeſſe poſtula-
bunt, eiſdem honorificè aſſiſtatis pro & nomine noſtro; & noſtri contemplatione eiſdem conſilium, auxilium & fauorem, vos & veſtrum
quilibet præbeatis indilatè ſuis eorundem Ambaſſiatorum precibus &
mandatis obedientes veluti nobis in hac parte. Quibus etiam noſtris Oratoribus præſentium per tenorem vos & veſtrum quemlibet vocandi, &
per veſtrum **ad nos præſtitum iuramentum ad præmiſſa compellendi ple**-
nam concedimus facultatem. In quorum teſtimonium.

Moleſtè id tulit Betfordius, ſed diſſimulanter, ne Ciuium & Vniuerſitatis animos ad legitimi Regis ſui partem iam inclinatos à ſe abaliena-
ret: Sed vt eidem Vniuerſitati vices & neruos adimeret, duo Anglicani
Regis Edicta promulgauit anno ſequenti, bonorum Eccleſiaſticorum
& Collegiorum redemptionem, & Vniuerſitatis Cadomenſis erectionem; qua de re infra. Interim non deſtitit à tam ſancto, pioque propoſito Vniuerſitas, & quâ voce, quâ monitis, quâ precibus & ſupplicationibus ſolemnibus pacem Regni poſtulauit: vt in actis illorum temporum
legere eſt, donec tandem ſuus ſibi redditus Pater, & Rex ſolio auito
redonatus.

Eadem die 7. Octob. & in ſupradictis Comitijs Epiſcopus Beluacenſis   Conser-
Conſeruator Priuilegiorum Apoſtolicorum petijt ſibi licere munus iſtud   vator.
abdicare, tranſlato nempe ad Lexouienſem Eccleſiam, illudque Meldenſi Epiſcopo conferri: cuius ſupplicationi Vniuerſitas annuit. Res ſic
ſe habet in iſdem **Nat. Gall. Actis.**

1432.

Quoad 2. art. Congregationis excusauit se vt moris est & gratias egit in Vniuersitate Reuerend. in Christo Pater & D. D. Episcopus Beluacensis de ipso Officio Conseruatoriæ Priuilegiorum Apostolicorum Vniuersitatis & de honoribus in ipso susceptis. Et dicebat se esse translatum de Ecclesia sua Beluacensi ad Ecclesiam Lexouiensem. Et sic non poterat amplius exercere ipsum officium Conseruatoris, cum non caueatur in Bulla de Episcopo Lexouiensi, sed solum Beluacensi, Siluanectensi & Meldensi. Et requirebat ipse D. Beluacensis, vt ipsa Vniuersitas vellet in loco eius ponere & instituere præfatum Reuerendum in Christo Patrem & D. D. Meldensem; quoniam à prima euo suæ ætatis fuit enutritus, & tandem graduatus in ipsa Vniuersitate, & tandem vellet eam assumere in suum Conseruatorem, " vt dictum est. Quæ quidem Natio Franciæ & etiam tota Vniuersitas exo-
" nerauit ipsum D. Beluacensem de huiusmodi officio Conseruatoriæ suo-
" rum Priuilegiorum, cum gratiarum actionibus, & benignè suscepit re-
" nunciationem eius. Et iuxta requestam ipsius D. Episcopi Beluacensis
" posuit loco eius, instituit & suscepit in suum Conseruatorem priuile-
" giorum suorum Apostolicorum præfatum Reuer. in Christo Patrem &
" D. D. Ep. Meldensem ; qui ipsum Officium acceptauit, iuramentis soli-
" tis in plena Vniuersitate præstitis.

Die 8. Nouemb. lectæ sunt apud Mathurinenses litteræ M. Guill. Eurardi, quibus continebatur status Concilij Generalis, accessusque frequens Prælatorum aliorumque Illustrium virorum. Pro cuius manutentia & pace Regni decretum est vt Missa solemnis celebraretur.

Die 14. lectæ aliæ litteræ à Legatis Vniuersitatis transmissæ, & aliæ ad Concilium & ad Eugenium Papam transmittendæ. Cum autem grassante bello nonnulli fuissent incarcerati Magistri, adiunxit se eadem Vniuersitas Archiepiscopo Rothomagensi eosdem repetenti: qua de re sic legitur in Actis Curiæ ad diem 1. Martij.

MAGISTRI INCARCERATI AD VNIVERSITATE REPETVNTVR.

" CE iour M. Iean Bailly au nom & comme Procureur de l'Vniuersité
" de Paris, dit & declare qu'il auoit appelé en la Cour de Parlement,
" de certains commandemens, appointemens & delais de droit, & autres
" exploits & griefs à declarer en temps & en lieu faits & ordonnez contre
" & au preiudice de ladite Vniuersité, entant que à ce est adiointe auec
" l'Archeuesque de Roüen, par le Bailly de Roüen ou son Lieutenant, au
" profit ou à l'instance du Procureur du Roy audit lieu par special, en tant
" que ledit Bailly a refusé de rendre & bailler audit Archeuesque, l'Euesque d'Auranches Bachelier en Theologie, M. Iean Busset Prestre, Maistre és Arts, licentié en Droict, Iean de la Leu licentié en Droict, &
" Iean Seigneur, Clercs non mariez, estans du serment de ladite Vniuersité
" & plusieurs autres Clercs & Prestres prisonniers audit Roüen; que ledit
" Bailly ou son Lieutenant ont refusé de rendre audit Archeuesque, com-
" bien qu'il les aye sur ce plusieurs fois sommez & requis, en leur offrant
" à leur faire leur procez deuëment selon l'exigence des cas, pour lesquels
" Griefs & autres à declarer plus à plein en temps & lieu, ladite Vniuersi-
" té pour son interest, adiointe auec ledit Archeuesque, quant à ce, a ap-
" pelle à ladite Cour, protestant de releuer & poursuiure son appel, ainsi
" qu'il appartiendra.

Le Vendredy 3. iour d'Auril audit an, le Recteur de l'Vniuersité de Paris, auec les Deputez d'icelle, ont fait dire par la bouche de M. Guillaume Eurard Maistre en Theologie, que l'Vniuersité a n'agueres appellé
" ceans, ainsi que cy-dessus est enregistré au Registre du 1. iour de Mars
" dernier passé, & qu'ils ont presenté en la Chancelerie leurs lettres d'ad-
" iournement en cas d'appel, qu'on leur a refusé: pource supplient & re-
" quierent que la Cour les fasse sceller du signet de la Chambre de Parle-
" ment, ou icelle authorise l'adiournement, ou que autrement la Cour
" leur pouruoye sur ce. Sur quoy la Cour euë deliberation, a respondu au
" Recteur & Deputez, que leur diligence qu'ils faisoient, seroit registrée

pour leur valoir en temps & en lieu ce que de raison. Et afin que le temps "
ne guiere contre eux, & au surplus pour ce que la matiere est grande & " 1432.
touche l'honneur & sagesse du Roy & de la Cour; Icelle Cour assemble- "
ra & fera assembler ceans le Conseil du Roy, en bon & suffisant nombre "
pour y auoir plus plaine deliberation, & ce fait, response sera faite ausdits "
de l'Vniuersité, telle qu'il appartiendra, & au plustost que faire se pour- "
ra bonnement. Dequoy lesdits de l'Vniuersité ont rendu graces à la "
Cour, en la suppliant que la chose soit accelerée, car le cas le requiert. "

Sub initium anni 1433. nempe 16. mensis Aprilis habitis Comitijs Nat. 1433.
Gall. lectæ fuerunt litteræ Zanonis Electi Bajocensis, seu potius ad sedem illam translati, quibus Nationem ipsam rogabat haberi gratam
translationem sui à sede Lexouiensi ad Bajocensem. Nam cum, vt ante
docuimus, petente Nat. Normanica sigillari sigillo communi litteras
quas ad Eugenium Pontificem & ad Concilium Basileense destinabat in
confirmationem electionis, obstitisset Gallicana, propterea quod aliàs
pro translatione Episcopi Beluacensis ad eam sedem vacantem deprecata
fuerat, verebaturque inconstantiæ notam, Zano eam sibi demerendam
putauit & reuera obtinuit vt ad suos Nuncios Basileæ commorantes in
eam rem scriberet. Res sic se habet in Reg. Nat. Gall.

Anno Domini 1433. die 16. mensis April. post Pascha Ego Gerardus "
Gehe, tunc Procurator Nationis conuocaui Nat. super 2. art. 1. fuit ad "
audiendum lecturam litterarum transmissarum Nationi ex parte Reue- "
rendi in Christo Patris D. Zanonis (de Castillone) Episcopi Bajocensis, "
nec non super aliquibus tangentibus honorem Nationis. Et quoad 1. "
lectæ fuerunt præfatæ litteræ tendentes ad hunc finem vt Natio vellet "
præfatum Reuerendum Patrem protegere in Iustitia & equitate in sua "
causa quam pro tunc habebat contra M. Ioan. Desquay pretendentem "
esse electum ad dictam Ecclesiam Bajocensem: quoniam dictus Reueren- "
dus Pater fuerat per Sanctissimum Papam translatus de Ecclesia Lexo- "
uiensi ad Bajocensem & pro sui iuris confirmatione obtinuerat vnam "
sententiam à certis Iudicibus commissis ex parte sacri Concilij Basileen- "
sis quod pro tunc actu celebrabatur in Ciuitate Basileæ. Ad hanc etiam "
finem supplicauit M. Ioannes de Castelliono consanguineus præfati D. "
Bajocensis, qui credentiâ expositâ, quæ etiam in dictis litteris contine- "
batur, petiuit vt Natio vellet scribere super his sacro Concilio præfato, "
necnon Ambaxiatoribus de Natione pro tunc in Concilio existentibus, "
scilicet MM. Io. Pulcri Patris & Dionysio de Sabeurayo; & in speciali "
etiam & ad partem M. Guill. Eurardi Ambaxiatori Nationis ad præfatum "
Concilium: quod libentissimè annuit præfata Natio & concorditer. "
Quinimo eidem Reuerendo Patri dedit adiunctionem in sua causa in Iu- "
stitia & equitate. Et ordinauit vlterius scribere eidem Reuerendo Patri "
regratiando sibi, ac eidem intimando Conclusionem Nationis. "

Fuerunt ergo confectæ litteræ, quarum tamen sigillationi obstitit M.
Io. Francisci Decanus Tribus Senonensis, protractaque mora est ad diem
vsque 2. Maij: quâ tandem conclusum, non obstantibus certis rationibus
quas ille proferebat, vt sigillarentur.

Anno eodem auditi sunt legati Boëmorum in Concilio Basileensi, ad
quos Iulianus Cardinalis elegantem & salutarem orationem habuit: ipsi
verò licet plurimis capitibus à fide Catholicâ deuiarent, quatuor tamen
illa præcipua de quibus dictum est supra, proposuerunt, & per quatuor
Doctores è suis disceptari & agitari voluerunt, vnumquodque, scilicet
per vnum Doctorem: cum quibus totidem à Concilio electi & collati,
quorum duo Doctores erant Parisienses. Sed quanquam Catholici accuratè Hussitis respondisse viderentur, cum non possent certæ conditiones pacis concipi, communi consensu missi sunt cum Boëmis nonnulli à
Concilio, Pragam, qui rem cum Vniuersitate disceptarent: quod quidem feliciter successit; reuersi enim Basileam retulerunt nonnullos articulos quos Concilium benignius interpretatum admisit.

1433.

Hoc eodem anno institit Vniuersitas repetendæ libertati suorum alumnorum Rothomagi in carceribus detentorum, cui tandem Curia Parisiensis satisfecit interdicendo, ne quid in eorum causam innouaretur, vt legitur in actis Curiæ ad 24. April.

"LE Vendredy 24. iour d'Avril audit an. 1433. furent au Conseil M.
"Robert Pié-de-Fer President & les autres Conseillers de ceans, &
"suruindrent l'Euesque de Noyon Messire Iean le Clerc, l'Abbé de Fescamp Sire Iean de Precy, M. Nicole Fraillon & aultres Conseillers, pour
"auoir deliberation sur le contenu en la requeste de l'Vniuersité de Paris,
"contenant en effet, que l'Vniuersité en adherant ou soy adjoignant à
"l'Archeuesque de Roüen, auoit appellé en Parlement de certains exploits & griefs de Droict faits par le Bailly de Roüen ou son Lieutenant,
"au preiudice de l'Euesque d'Avranches & aultres, & que icelle Vniuersité a fait sa diligence en la Chancellerie pour auoir adiournement en
"cas d'appel sous le Signet de la Cour, ainsi que est accoustumé de faire
"en tel cas. Et aprés que deliberation eut auec les dessus-nommez a esté
"conclud, que encores ne sera mie baillé adiournement en cas d'appel
"par ladite Cour, mais seront faites lettres & baillées au Procureur de l'V-
"niuersité addressant à M. Thomas Fassier & Iacques le Coq Conseillers
"du Roy estans à Roüen pour signifier audit Bailly & Lieutenant ladite
"appellation, & pour ce leur faire inhibition & défense par la Cour qu'ils
"ne innouent ou attentent aucunement contre ladite appellation ne au
"preiudice d'icelle.

Eodem anno conquesta est apud supremam Curiam Parisiensem Vniuersitas de quadam redemptione bonorum Ecclesiasticorum & Collegiorum suorum, quæ iuxta Decretum Regis Anglicani in Gallia tunc regnantis imperata fuerat; multis autem rationibus contendit fieri non posse, obstantibus, scilicet Canonibus & iuribus Ecclesiasticis. Quæ quidem ex Actis Curiæ 8. Aug. melius intelligentur.

"CONTRA REDEMPTIONEM BONORVM ECCLESIASTICORVM.

"CE iour vint en la Cour le Recteur & plusieurs Maistres de l'Vniuersité de Paris, en leurs habits accoustumez & firent proposer par la
"bouche de M. Eurard Maistre en Theologie qu'ils venoient pour faire
"vne griefue complainte contenant deux choses. L'vne pour le fait du
"rachapt des Rentes que l'on fait contre le bien des Eglises & des Colleges de Paris. L'aultre pour le fait de l'alternatiue, afin qu'elle ait son
"Cours, ainsi que nostre S. Pere le Pape & le Roy & son Conseil l'ont
"voulu & ordonné, & print ledit Eurard par maniere de Theme, ces Paroles du Psalmiste. *Tu es qui restitues hereditatem meam mihi.* Et ces paroles
"pouuoient s'addresser à la Cour qui est la souueraine Iustice de ce
"Royaume & protesta ledit Eurard qu'il n'entendoit, par ce qu'il auoit à
"dire à aucun iniurier, & estoit chargé de le dire par commandement:
"Et ce fait dist ledit proposant deux choses.
"   1. Que les libertez de l'Eglise ne sont pas seulement *in speciali*, &c.
"   *Item*, & 2. que les Empereurs & Roys au temps passé, meuz de deuotion ont baillé & donné à l'Eglise plusieurs beaux priuileges & droits
"temporels, lesquels ne doiuent estre ostez & annichilez par leurs successeurs qui ains les deuoient augmenter.
"   Outre dit comment l'Vniuersité de Paris, vint d'Athenes à Rome, & de Rome
"à Paris au pourchas du Roy Charlemagne, qui à la requeste de 4. Clercs; c'est à
"sçauoir Alcuinus, & autres quatre qu'il nomma, promist de leur faire pourueoir
"de gens ingenieux pour mettre à l'estude, des viures, vestemens & autres leurs
"necessitez qu'il declara. Et si les Roys & Princes au temps passé ont esté
"tres-glorieux, & ont prosperé pour leurs bonnes œuures qu'ils faisoient;
"par le contraire, il est à croire vray-semblablement, qu'il mescheerra à
"ceux qui feront mauuaises œuures. *Pompeius* fut tres-glorieux en son
"Empire, mais tantost qu'il fist de l'Eglise estable à ses Cheuaux, il finist
meschamment

meschamment ses iours, allegua vne autre authorité de Polycration.

Dit outre, que depuis cinq ou six ans en çà, on a fait vne Constitution 1433. par laquelle seroit loisible de rachepter les Rentes non deuëment amorties, constituées sur les maisons de la Ville de Paris & des Faux-bourgs d'icelle, dont fut ensuiuie grande ruine & desolation & auersion de l'Estude de Paris, laquelle Constitution ne vaut & ne se peut soustenir pour plusieurs raisons.

1. Car qui veut faire vne Loy ou Constitution, il faut appeller ceux à qui il touche, par special, les principaux membres. Or est ainsi qu'en cette ville se tint Estats, esquels en special les gens d'Eglise & aussi l'Vuersité n'ont point esté appellez ne presens. *Et fuit facta per Paucos.* Et y a eu seulement trois ou quatre personnes d'Eglise, & n'est mie loisible au Peuple de faire vne Loy sur la Noblesse, *nec contra*, sans appeller ceux à qui la chose peut toucher. Et s'en va tout le profit de cette Constitution és bourses de six ou huit personnes qui ont pourchassé cette Constitution. Et ne leur a pas suffy que la Ville de Paris y fust comprinse, mais ont pourchassé que les Faux-bourgs d'icelle y fussent comprins. Et supposé que les faiseurs de ladite Constitution eussent eu authorité, toutesfois void-l'en & apperçoit-l'en qu'elle ne se peut soustenir? Car par icelle plus grande ruine & desolation, s'est ensuiuie és maisons de la Ville de Paris que plus auant ne faisoit.

Item, plusieurs Benefices en sont descendus & destruits & ne chante l'on plus, & sont par ce les ames estans en Purgatoire fraudées, car on ne chante, ne prie plus pour elles. Et sont les rentes des Colleges & Eglises consignées en main de Iustice puis à long temps, & par ce n'en pourroient plus riens auoir les Escholiers & Beneficiers, & n'ont de quoy viure, & par ce faut necessairement que l'Vniuersité s'en voise & s'en parte de la Ville de Paris, qui en a esté moult honorée & enluminée au temps passé.

Item, cette Loy persecute Dieu & l'Eglise, car on ne donnera plus riens à l'Eglise par ce moyen, & ne fut ont onques temps de prendre guerre à Dieu.

Item, par icelle Loy on contraint vn homme à vendre le sien, qui est vne contrainte déraisonable.

Item, on persecute ceux du Purgatoire, comme dit est, car leurs Messes & Prieres cessent & crient à Dieu, *vindica Domine sanguinem nostrum qui effusus est,* car on leur empesche & retarde leur fonction & vision de Dieu.

Item, y à mots captieux en ladite Constitution, c'est à sçauoir en ces mots, *deuëment amorties*, dont ils sont ensuiuiz plusieurs inconueniens & procez, & par la malice des gens faut *his temporibus*, mettre vne peau de parchemin où souloient souffire quatre lignes.

Dit outre que le Roy *Philippus* de Valois voulsist faire autrefois vne pareille Constitution, mais quand il fut bien informé & conseillé, n'en fit riens, mais au contraire il donna & admortit plusieurs terres & rentes à l'Eglise & y fit plusieurs biens.

Item, si cette Constitution dure, viendront en ruine & à desolation totale les Colleges de Paris, qui n'ont pas esté fondez par les Roys, ne par les Gens de Paris, si ne les peuuent ou doiuent defonder, ne destruire, & n'y a que le College Mignon. Et a esté au temps passé la Ville de Paris moult éleuée & peuplée par les Escholiers de l'Vniuersité, & par especial du costé où est l'estude. Et sont lesdits de l'Vniuersité requeste 1. que telles voyes cessent & que ladite Constitution, *non comprehendat Ecclesiam, non saltem Vniuersitatem, nec supposita qui possunt dici miserabiles personæ.* 2. Que l'Alternatiue soit aduancée & qu'elle ait son Cours. Sur quoy la Cour a respondu aux dessusdits, que en tant que touchoit le Procez pendan~ entre les Parties, la Cour feroit raison à icelles parties, & au surplus allassent deuers M. le Chancelier & le grand Conseil.

Tom. V.   HHh

1433.
De Vniversitate Cadomensi.

Eodem anno cum Diplomate Regis Anglicani tunc Galliam tenentis instituta fuisset Vniuersitas Cadomensis, præsertim ad docendum leges, intercessit Vniuersitas Parisi. vt legitur in actis Curiæ.

"LE Ieudy 2. Nouembre, l'an dessusdit, le Recteur & les Deputez de
"l'Vniuersité de Paris & le Preuost des Marchands firent dire & re-
"monstrer audit Chancelier, aux Presidens & Conseillers de Parlement,
"par la bouche de M. Guill. Eurard Maistre en Theol. qu'ils auoient en-
"tendu qu'on vouloit instituer, establir ou fonder en la ville de Caën,
"Estude de Loix & de Decrets, ce qui pourroit redonder au grand dom-
"mage & preiudice, à la diminution & confusion de la Foy Chrestienne,
"au preiudice de la souueraineté & au ressort de la Cour de Parlement,
"contre le Traitté de la Paix, & en particulier preiudicieroit à la restaura-
"tion de la Cité & Estude de Paris. Declaroit en outre ledit Eurard les
"dommages & inconueniens disposez d'aduenir par ledit Estude de Caën,
"& auec ce remonstroit comment ledit Estude ne seroit mie vtile, ne ne-
"cessaire specialement pour le Pays de Normandie qui est tout reglé &
"gouuerné par Coustumes, & comment à Louuain & à Douay & ailleurs,
"auoit estude de Loix pour fournir le Royaume de Legistes & Iuristes:
"Pourquoy vouloit dire iceluy Eurard, qu'il n'estoit necessaire, ne vtile
"d'establir ladite Estude de Caën & qui entant que touche l'Vniuersité
"Paris, offroit de consentir & permettre à Paris, Estudes de Droict Ciuil
"*ad tempus*, ainsi que seroit aduisé; en suppliant au Chancelier & à la Cour
"qu'ils voulussent remonstrer & faire remonstrer au Roy ou à son Conseil,
"& où il appartiendra, afin que ledit Estude ne soit estably ou fondé en la-
"dite ville de Caën.
"Surquoy le Chancelier fist responce, en disant aux dessus-nommez,
"qu'ils baillassent par escrit deuers la Cour leurs offres dessusdits, & que
"on auroit aduis sur ce qui auoit esté dit & requis de par l'Vniuersité & le
"Preuost des Marchands de Paris.

Anno ipso 1433. in Concilio Basileensi factum est statutum cui Oratores Vniuersitatis Parisi. subscribere noluerunt, eo quod priuilegia sua infringere videbatur. Statutum est eiusmodi in sess. 31.

"Statuit hæc 1. Synodus quod omnes quæcunque causæ, exceptis maio-
"ribus & Electionum Ecclesiarum Cathedralium & Monasteriorum, qua-
"rum immediata subiectio, vel appellatio legitima id ad Sedem Aposto-
"licam deuoluit, apud illos Iudices in partibus qui de Iure, aut consue-
"tudine præscripta, vel priuilegio cognitionem habent, tractentur. Quod
"si quis oppressus ad Sedem Apostolicam per querelam, vel appellatio-
"nem recursum habuerit, causa per Rescriptum vsque ad finem litis in-
"clusiuè in partibus committatur, *aut aliam rationabilem & legitimam cau-*
"*sam*, de quibus in Commissione exprimendis legitimo prius documento,
"& nisi forte propter defectum Iustitiæ, aut iniustitiæ metum etiam in
"partibus conuicinis summarie constiterit, videretur apud ipsam se fore
"retinendum. Si quis contra præsens Decretum aliud extorserit, omni-
"no careat impetratis & in expensis condemnetur. *Romanæ verò Ecclesiæ*
"*Cardinales & Sedis Apostolicæ Officiales actu in Curia suis Officijs insistentes,*
"*summi Pontificis & ipsorum Cardinalium* familiares qui se veros, ac con-
"tinuos eorum Commensales saltem per sex menses ante Commissionem
"causæ fuisse legitimè docuerint, hoc decreto includere non inten-
"dimus.

Huicce igitur Decreto responderunt Oratores Vniuersitatis Parisi. se non posse consentire propter rationes sequentes, in scedula oblatas.
"Et 1. propter clausulam in quâ cauetur, *Aut aliam rationabilem & legiti-*
"*mam causam*, eo quod minima causa quæ in Rom. Curia explicaretur &
"exponeretur, apud multos & rationabilis & legitima judicaretur, & per
"hoc non esset prouisum abusibus, qui passim & incessanter commissi di-
"cuntur.

Vniuersitatis Parisiensis. 427

Item propter exceptionem, quæ incipit, *Romanæ verò Ecclesiæ Cardinales, &c.* nam vigore dictæ clausulæ non tolluntur grauamina; tum 1. cum ipsi excepti impune possent trahere personas Ecclesiasticas & alias pro quacunque minima & graui causa siue ardua ad Curiam Rom. de extremis partibus orbis, tum 2. quia in eadem clausula nullus determinatur numerus Officialium Curiæ Rom. qui communiter dicuntur in maximo numero existere. Præterea non determinatur numerus familiarium summi Pontificis & DD. Cardinalium cum quibus aspirans prosequi causam in Curia Rom. procurare potest, vt sæpè contingit officium familiaritatis varijs & multiplicibus medijs, sicque non alleuarentur grauamina. Insuper quod non licebat ipsis familiaribus ante expeditionem huius decreti in præiudicium priuilegiorum Vniuersitatis, foret eis licitum, stante decreto. Et amplius dicti Excepti specialiter essent priuilegiati authoritate sacri Concilij, quod nusquam reperitur, saltem in præiudicium Priuilegiorum nostrorum. Item non valet dicere quod non minus debent esse priuilegiati quam Vniuersitates studiorum Generalium; quoniam si priuilegium speciale super hoc haberent, comprehenderetur sufficienter in Clausula aliàs in ipso Decreto contenta in qua cauetur, *Qui de Iure, aut consuetudine præscripta, vel priuilegio cognitionem habent;* & per hoc non esset opus ponere exceptiones pro ipsis à dicto priuilegio.

His autem Rationibus responderunt Curiales, easque eneruare conati sunt, vt habetur in MS. Victorinæ Bibliothecæ prædicto. Primò, *inquiebant*, si Vniuersitas prædictum habet Priuilegium, vt dicit, quod ipsius supposita, Officiales ac familiares eximuntur ab omni Iurisdictione ordinaria extra muros Paris. siue agendo, siue defendendo, quare non fortiori ratione Cardinales Ecclesiæ Rom. Sedis Apostolicæ Officiales, ac familiares ante nominati eximi debebunt ab omni Iurisdictione extra Curiam Rom. cum Sedes Apostolica debeat fungi amplioribus priuilegijs quam quodcunque aliud membrum particulare? Confirmatur 2. quia etiam priuilegia vestræ Vniuersitatis pendent de gratia ipsius sedis; quomodo ergo honestè potest ipsa in eius dispendium retorquere?

Item si Vniuersitas habet id priuilegium in Causis Beneficialibus, vt non trahatur extra muros Paris. ad quid ergo conata est nuper id à D. Martino impetrare, & obtinuit solum pro 1. Instantia? Cum itaque per tenorem huius Decreti habeat ipsa primam Instantiam, demptis paucis officialibus, meritò contentari debet.

Item omnes Patriarchæ, Archiepiscopi, Episcopi, Capitula, Vniuersitates, Communitates consentiunt exemptioni huiusmodi Curialium qui tamen ditari sunt priuilegijs magnis; ad quid ergo sola Vniuersitas obstat? videat ne se de obstinatione reddat nobilem; vnde nobis non sine verecundia sæpius institit, quod in sacro Concilio, neque Papæ ad nutum volumus obedire.

Item in prærogatiuis gratiarum ad Beneficia huiusmodi Officiales eximuntur; quare ergo non quoad lites inde sequentes, cum sint accessoriæ?

Item si ad abusus circa huiusmodi Officiales & familiares habetur respectus, efficitur quod numerus modificetur.

Item quod satis qualificantur in Decreto vt intuenti patet.

Item nobis cum maximo vultus rubore palam rescitur abusus in Scholaritate, tum in gradibus conferendis, tum in Officiarijs nostris, tum etiam in Curia Conseruationis, quæ, vt dicunt, causas omnes etiam non sibi pertinentes amplectitur.

Item ei per quod obijcitur per nos circa illam Clausulam, *aut aliam rationabilem causam, &c.* dicunt quod satis causæ friuolæ purgabuntur, si in commissione exprimatur, vt portat tenor Decreti.

Ista sunt quæ contra nostram intentionem per alios allegantur. Et nisi fuisset fauor quem gerit D. Legatus ad Vniuersitatem & Nos, sine morâ transisset in forma præscripta, quoniam ex consuetudine nostra

Tom. V. HHh ij

" reportauimus verba & formidamus non posse sufficere, faciemus tamen
" pro bono matris quod Dominus instituet.
" Difficultates circa Decretum de Pacificis possessoribus quæ potissimè
" continent modum comprehendendi pendentes lites & possessiones, non
" tangunt amplius matrem nostram quàm alios in hoc specialiter non de-
" signatos, &c.

His acceptis litteris, Vniuersitas rescripsit, deque studio Generali quod Anglus Cadomi erigere cupiebat, Concilium admoneri voluit. Extant hæc litteræ in Tabulario Academico his characteribus notatæ, A a a.

Suscepimus litteras vestras, Oratores præclarissimi? quarum serie nostrarum appellationum Iudices esse per Sacrum Concilium deputatos asseritis. Miramur tamen formæ communis rescriptum minimè per vos à Iudicibus impetratum, quo mediante nos Impedientes coram Iudicibus vocarentur, aut saltem generalis procederet inhibitio quæ nulli vnquam appellanti denegata est, propter quam cessarent vexationes assiduæ eorum qui nostra supposita extra muros Parisiis trahere non verentur; rigoris enim iustitiæ est, vt pendente appellatione indecisa, nulla innouatio procedat & sub tutamine Iudicis ad quem appellatum est, maneat securus appellans vsque ad causæ terminationem. Hæc enim continere debet, quam transmissuram vos dudum toties pulsauimus præfatam, Iudicialis inhibitio. Sed quoniam de nostris priuilegijs verba facitis, nostram vobis significamus intentionem non esse vt coram Iudice quocunque nostri priuilegij agitetur discussio: Vbicunque enim causam nostram deduci contigerit, priuilegia nostra supponi volumus & pro confessatis haberi, quoniam & eorum in Iure communi clara fundationis origo, & vsus notorius omni æuo præscriptus, æquiparatus titulo legitimo. Ad nostri priuilegij, seu potius Iuris notissimi suppositionem & notorietatem sufficere videntur, sed melius esset autoritate sacri Concilij Iudices hîc Parisius esse commissos coram quibus duceremus agenda, vbi quæ probationibus egerent, facilius deduceremus. Præterea discretissimi viri sicut nostræ litteræ priores seriosiùs continebant, *Studiorum erectionem nouorum, præsertim quadam nouitate intrusa Studij erigendi in villa Cadomensi formidanda est nostri studij depopulatio, & dissidium huius vrbis vltra grauia damna pariter & iacturas quæ Ecclesiæ sanctæ & fidei plerumque talium nouitatibus insurgere visæ sunt.* Vestrum itaque erit, Fidissimi Oratores: Sacrosancti Concilij autoritate Interdictum præstante, ne ad tales Nouitatum præsumptiones processum sit, diligenter insistere & viriliter obicem præbere. Vtque principijs obsistatur, à sacra Synodo litteras super his, sicut videritis, obtinere Domino nostro Regi suoque Consilio celeriùs dirigendas, aut aliud remedium validius quod melius videritis expedire, nobisque prouisionem transmittere quæ expedierit, simulque inhibitionem à Iudicibus appellationum superiùs expressam. Nos autem pro vestra prouisione elaboramus assiduè, vt vestros hactenus indefessos labores quos ad perseuerantiam constanter firmatos suprema gratia confidimus propter penuriam non intueamur remissos. Verum vt illi qui capitalem Bursam pro vestra prouisione per nos propositam soluere distulerint, compelli habeant indilatè, Compulsorium nobis autoritate Concilij decernendum quam citò transmittere curetis. Vestras autem discretissimas Circunspectiones dirigat & tueatur sui sacri Operis directores præcipuos Iesus Christus.

DE VNI-
VERSITA-
TIS CA-
DOMEN-
SIS IRE-
CTIONE.

1434.

Anno 1434. Concilium Basileense multas Sessiones adhuc celebrauit, pertinentes ad Iurisdictionem Papæ, & Concilij authoritatem. Item actum cum Græcis de loco, in quo commodè posset cum ijs de rebus fidei conueniri. Reformata quoque est Facultas Artium, & quædam statuta facta de continuatione sacri Concilij Basil. deque quadam semidecima non soluenda: eaque statuta, Rector ipse iurare iussus, vt patet ex Comitijs Nat. Gall. an. 1434. die 7. April. ante Pascha, vt scribit M.

Maugerus Procurator. Et ex Actis eiusdem Nationis intelligimus frequentes à M. Guill. Eurardi tunc Legato ipsius datas litteras de statu "1434. Basileensis Concilij.

Sub finem anni actum est de solemni legatione mittenda ad Ciuitatem Atrebatensem, vbi de pace Regni futurus erat celebris Conuentus. Academicæ legationis fuerunt inter alios isti nominatissimi, Abbas S. Catharinæ Rothomagensis, Guill. Brito, Io. le Monstardier, Thomas de Courcellis, & Robertus Poiteuin; leguntur in Tabulario Academico Instructiones illis traditæ, A. 1. E.

Sequuntur Instructiones pro Ambassiatoribus Vniuersitatis ad Conuentionem Atrebatensem destinandis.

I. Cvm venerint Atrebatum, habebunt visitare Ambassiatores D. nostri Regis qui ibidem fuerint & impetrata audientia coram ipsis congratulabuntur aduentui ipsorum in illam Conuentionem, laudando affectum & optimam voluntatem Regiæ Maiestatis quæ tam solemnes Nuncios & in tam notabili numero ad tractandum pacem cunctis mortalibus desideratissimam transmittere dignata est.

Deinde exhortabuntur eosdem vt labores quos mente optima inchoauerunt, sic continuare velint, vt ad Dei gloriam & consolationem populi Christiani mala grauissima quæ ex guerris proueniunt, auferantur, & fructus omnium bonorum seminentur in pace. Ostendaturque quomodo inualescentibus guerris ipsis & iam pluribus annis in peius semper proruentibus tanta malorum creuit abundantia, vt iam hoc Regnum Francorum in extremam penè desolationem redactum nullatenus tantos dolores, tantas angustias & calamitates amplius sustinere possit. Ibique specialiter explicetur qualiter Nobilissimi Principes, Barones, milites miserabiliter his cladibus interierunt & assiduè intereunt, cultus diuinus dilapsus, Ecclesiæ diruptæ, Populus omnis rapinis, cædibus & inhumanis occisionibus, expositus est. Qualiterque omnia genera vitiorum, sacrilegiorum, homicidiorum, stuprorum, incendiorum & aliorum quorumlibet quæ excogitari possunt, non solum perpetrantur, sed in maiorem crudelioremque inhumanitatem semper accrescunt, itavt timendum sit ne omnes ferè conscientiæ hominum & maiorum & minorum, qui vel ista perpetrant, vel non puniunt, aut non corrigunt, vel dissimulant, grauissimis peccatis coram Deo pollutæ inueniantur.

Et præcipuè debent respicere Principes enormia peccata quæ armatis iam nunc ipsis perpetrant contra omne ius diuinum, naturale & humanum, vndæ conscientiæ Principum qui ista corrigere & arcere deberent, multipliciter onerantur. Melius autem esset etiam omnia temporalia perdere quàm animam suam iugiter peccatis mortalibus & enormibus permittere onerari. Debentque Consiliarij omnes plus attendere ad salutem æternam Principum & etiam suam quàm ad aliquid aliud, per compositionem pacis omnia hæc cessabunt. Dolorque magnus vniuersorum Principum cordibus inesse debet cum subditos eorum qui in pace, in bonitate, in sanctitate & Iusticia sub ipsis viuere debent, vt ipsi quorum interest Ciues atque subditos reddere bonos, per debiti regiminis disciplinam Deo possent reddere rationem; nunc vident tot sceleribus sub vmbra armorum implicari. Magnam quoque angustiam gerere debent animis cum suos Principes, Milites, Nobiles vniuersos cotidie capi interficique miserabiliter conspiciunt: cum opes omnes exhauriri, terras vastari, regna destrui proprijs vident oculis. Deinde declaretur quanta salus, quanta gloria, quantus honor & Regiæ Majestati & ipsis DD. Ambassiatoribus esset si medio laborum suorum tantis tamque horrendis malis iam finis imponeretur, & in diebus suis fructus pacis optimos conspicere valerent non inter hæc mala sicuti Priores finem vitæ facturi. Conspicite, inquam, Principes pacatos, in tranquillitate Deo

1434.

" seruientem Populum, cum Pace viuentem vnumquemque, vt scriptura loquitur sub vite sua & sub ficu sua, si pro odijs & inimicitijs charitatem & concordiam, pro inuidia gratiam, pro omnibus sceleribus omnem virtutem pro summa egestate opes, diuitias & omnium bonorum copiam Deo largiente & ipsis adiuuantibus Catholicus populus consequeretur. Hicque poterunt addi aliæ exhortationes prout bonum videbitur, obsecrando eos per viscera misericordiæ Iesu Christi qui pretiosum sanguinem suum fudit vt homines reconciliaret Deo per salutem animarum & amorem quem & ad se & ad Populum subditum & Christiani nominis exaltationem gerere debent, vt summo affectu summisque laboribus in eam rem operam dare velint taliter vt in die Iudicij reddere possint rationem coram Deo & omni laude atque omni bono coram Deo & hominibus digni habeantur.

" Finaliter regracientur Regiæ Maiestati de magna beniuolentia & paterno affectu quem ad hanc Ciuitatem & Habitatores eius semper gessit, prout in multis magnis auxilijs & succursibus eidem Ciuitati sæpe. numero præstitis per effectum ostendit, & adhuc semper offert se ad hæc paratum, sicut nobis relatum est, benignè recognoscens dilectionem & fidelitatem quam hæc Ciuitas ad Majestatem eius habuit & habet. Supplicentque ipsi Regiæ Maiestati quatinus eandem Ciuitatem & omnes Habitatores eius tam de Vniuersitate quàm de Clero & Populo semper habeat in sua beniuolentia & dilectione, ac recommendatione speciali. Offerantque Vniuersitatem & seipsos ad eis subseruiendum & laborandum in hac materia pacis pro omni posse suo & faciendum quidquid pro negotio feliciter terminando visum fuerit expedire, recommendando humiliter Vniuersitatem & omnia eius Supposita gratiæ Maiestatis Regiæ & Dominationum suarum.

" Adibunt præterea supradicti Ambassiatores Illustrissimum Principem D. Burgundiæ Ducem & imprimis gratias agent super diligentijs, laboribus, quos sua Celsitudo exhibere dignata est pro illa celeberrima Conuentione celebranda, ad finem Pacis reddendæ huic desolatissimo Regno, quæ iam adeo necessaria conspicitur, vt linguis hominum satis explicari non possit. Laudabitur misericordia eius & abundantia Charitatis qua ex intimis visceribus compatitur miseriæ populi Christianissimi Regni huius, pro cuius consolatione, nec labores, nec expensas perferre recusat. Poteruntque ibidem multa dici de desolatione huius Regni, de destructione & Principum & Militiæ, & Ecclesiarum ac Populorum, multitudine scelerum, perpetratione omnium malorum, destructione & intermissione omnium bonorum, prout superiùs expressum est, mutatis, additis aut diminutis quæ videbuntur expedire.

" Et deinde ostendatur quantum illi proderit ad æternam salutem, quantaque sibi gloria coram Deo & hominibus semper erit, ac toti suæ prosapiæ inclytissimæ, si ad suam prosecutionem præcipuam suamque intercessionem cum indefessa perseuerantia diuina miseratio pacem Principibus dederit ac Populis. Quod insuper iocundum erit sibi videre diebus suis hoc Regnum Christianissimum cuius ipse & Indigena & membrum præclarissimum existit, iam ad pacem & omne bonum restitui, quod ipse tantis in calamitatibus & angustijs constitutum inuenit. Finaliterque suadebitur, vt quod ipse bene inchoauit & feliciter, melius continuare & optimè consummare curet omni studio & diligentia medijs Pacis quærendis & inueniat operam tribuens, vt non incassum tot labores, tot diligentias, tot solicitudines suscepisse comperiatur.

" Finaliter offerant celsitudini eiusdem D. Ducis Vniuersitatem & supposita eius ad sibi subseruiendum in hac re cum summa promptitudine & omnimoda affectione iuxta omnem possibilitatem suam, recommendando sibi semper ipsam Vniuersitatem, sicut apud alios dicebatur.

" Coram Legatis sacri Concilij ac etiam D. nostri summi Pontificis habebunt proponere 1. Congratulando aduentui ipsorum in hoc desolatissimum Regnum ad liberandum populum Domini à suis calamitatibus & angustijs per reductionem desideratissimæ Pacis regratiando ex parte Vniuersitatis eis qui tam solemnes Legatos transmiserant & ipsis qui ex magna charitate & affectu optimo hunc assumpsere laborem.

Dein exponatur quomodo ad S. Matrem Ecclesiam specialiter pertinet filios suos dissidentes in concordiam reuocare & ad pacem iugiter confouendam omni diligentia & studio suadere & inducere, scelera prohibere & ea enunciare, ac prosequi quæ sunt ad salutem animarum & exaltationem fidei Catholicæ & Christianissimæ Religionis & Plebis Christianæ vnitatem atque tranquillitatem. Aperiatur etiam desolatio notissima Regni huius, prout superius tactum est, & recitentur obsequia quæ hactenus Sacrosancta Mater Ecclesia & Sedes Apostolica ex hoc Regno suscepit, à quo paratissima semper auxilia aduersus hæreticorum infestationes, persecutiones Tyrannorum & aliorum aduersariorum nominis Christi semper habuit. Immò tradunt Annales historiæ aliquos summos Pontifices ab vrbe Rom. exules & vi Tyrannorum expulsos in eam fuisse restitutos ope & auxilio Francorum Regum illo tunc regnantium largissimasque subuentiones pecuniarum & prouentuum.

Clericorum insuper litteratissimorum abundantiam qui & fidem & ipsius S. Matris Ecclesiæ vnionem atque honorem indefessis studijs prosecuti sunt; ibique poterit recitari decor Ecclesiastici status & diuini cultus honoratissima frequentatio, quæ in hoc Regno habebatur, Principum atque Populorum deuotio quæ Basilicarum tam Ecclesiarum Cathedralium quàm Monasteriorum & aliarum Ecclesiarum fundatione claruit. Vnde Vniuersalis Ecclesia exaltabatur & miro decorabatur honore. Etiam sentit ipsa mater Ecclesia, iam cognoscere potest Apostolica sedes sibi suisque rebus multum obesse Regni huius calamitatem. Nam contrito hoc brachio validissimo defensionis eius iam hæretici insurgunt, iam infideles cornua erigunt, iam imminere persecutiones intùs & extùs conspiciuntur oboriríque, Regni huius auxilio, si integrum foret, repelli valerent. Neque iam apud Sedem Apostolicam illa Clericorum frequentia, illa opum & diuitiarum copia conspicitur quæ Regno florente, adesse solebat; quare ex intimis visceribus condolere & compati debent. Et sanctissimus D. noster & vniuersalis Ecclesia flebilibus angustijs Regni huius & omnes modos, omnes vias excogitare quibus suæ ægritudini possint afferre medelam, neque in hac re parcere, aut impensis, aut laboribus. Et cum iam tempus opportunum aduenerit hac conuentione celeberrima diuinitus, vt speramus, donata, iam summis conatibus eos eniti oportet vt animos hominum conuertant ad pacem arguendo, obsecrando, increpando, vt Apostolus loquitur, importunè & opportunè, vt reipsa comprobentur esse Angeli Pacis & veri imitatores Apostolorum Christi, quibus ipse Christus pacem suam dedit & reliquit. Nam & in eos oculi omnium conspiciunt, ad eos clamant cum angustia & lachrymis Pauperes Regnicolæ afflicti, angustiati cædibus, rapinis, incendijs omnibusque malorum generibus subiecti. Sanguis interfectorum de terra vociferatur, gemitus tribulatorum leuatur in cœlum. Quare data iam opportunitate, qualis diebus nostris visa non extitit, suum erat exaudire gemitus pauperum & ab hoc loco non discedere, donec omnem suam possibilitatem, omnes suas vires in compositionem pacis expleuerint ad honorem Dei, matris Ecclesiæ, salutem & felicitatem permaximam. Vnde merces magna erit eis in cœlis reposita. Sicque ex istis & alijs quæ addenda videbuntur, poterunt persuaderi. Offerendo eis finaliter obsequia Vniuersitatis in re illa & cæteris, supplicando vt Regnum illud, vt ipsam Vniuersitatem ac eius supposita dignetur paterno fauore semper prosequi & habere recommissa.

1434.

Anno autem 1455. habitus est celebris ille conuentus Atrebatensis de pace inter Gallos & Anglos faciendâ, Burgundione iam Anglorum insolentiam & impotentiam ægre ferente, & cum Carolo nostro in

1435.

1435.

gratiam redire cupiente. Fuit autem iste Conuentus longè celeberrimus & frequentissimus numero Oratorum & Legatorum vtriusque partis. Speciatim verò Carolus à Concilio & ab Eugenio Papa perijt mitti quosdam Cardinales viros illustrissimos & in rebus Francicis peritissimos, qui multis stipati Episcopis & Theologis interfuerunt, præter Proceres Regni, Ducem Borbonium, Comitem Richemundi Conestabilem, Comitem Vindocinensem, Archiepiscopum Rhemensem Regni Cancellarium, & alios. Pro Henrico verò Angliæ Rege interfuerunt etiam multi, tum ex Anglis, tum è Gallis, plurimi etiam legati Imperatoris, Regis Cyprij, Lusitani, Siculi, Hispani, Nauarri & cum selectis etiam Doctoribus Parisiensibus & aliarum Vniuersitatum. Re tandem in medium adducta & disceptata, pax Regno reddita est, summo Anglorum dolore & detrimento, omnium verò Francorum singulari gaudio & alacritate.

Hoc anno extat in MS. Bibliothecæ Nauarricæ Mandatum Concilij Basileensis datum 10. Kal. Iunij, quo post disputationes de Conceptione B. Virginis iam frequenter habitas apud delegatos Concilij pro rebus fidei tractandis, Ludouico Cardinali Arelatensi iniuncta est cura conquirendi per omnes Bibliothecas, ac singula Tabularia, seu Archiua Vniuersitatum, Ecclesiarum, Monasteriorum, Regumque, ac Principum, quoscunque libros, scripta, acta, deliberationes, decisiones, conclusiones, publicas, vel priuatas quaslibet in Generalibus studijs & alibi de hac materia factas, easque extrahendi, & ad Synodum deferendi; vt rationum collatione posset illam Quæstionem decidere. Quod ille diligenter præstitit, vt ex eodem MS. intelligitur; & ex Sessione 36. Concilij.

Neque omittendum hoc eodem anno Basileæ Sessione 21. habitâ die Iouis 9. Iunij iuxta postulata Legatorum Vniuersitatis Parisiensis eorumque rationes, sublatas fuisse Annatas Pontificias, item causarum Beneficialium Euocationes ad Curiam Romanam, &c. Cui Decreto cum intercessissent Duo Legati Pontificis, Archiepiscopus Tarentinus & Episcopus Paduanus, Synodus ad Eugenium suos Oratores misit, quos inter præcipui fuerunt M. Ioannes de Bachenstein Decretorum Doctor & Mathæus Mesnage Baccalaureus in Theologia, rogauitque vt quæ de Annatis & Euocationibus causarum statuerat, confirmaret. Decretum autem eiusmodi Nuncij Vniuersitatis Parisiensis transsumptum Lutetiam retulerunt, vt patet ex Actis Concilij; & ex MS. Victorino, in quo ad hunc annum sic legitur.

„ Aduertendum est quod ad requestam Ambaxiatorum Vniuersitatis
„ Parisiensis in Concilio Basileensi existentium factum est Transsumptum
„ ab Originalibus litteris sub Bullâ dicti Concilij sub his verbis: Sacrosancta
„ Synodus Basileensis in Spiritu sancto legitimè congregata Vniuersalem
„ Ecclesiam repræsentans vniuersis Christi fidelibus ad quos præsentes
„ litteræ aduenerint, Salutem & Omnipotentis Dei Benedictionem. Nu-
„ per hæc sacra Synodus in sua 21. solemni & publica Sessione quædam sa-
„ luberrima promulgauit Decreta, quorum tenor de verbo ad verbum se-
„ quitur, & est talis. Ad perpetuam rei memoriam, &c. vsque ad finem. Et
„ sequitur post Datam. Quapropter instantibus & requirentibus Dilectis
„ Ecclesiæ filijs Dionysio de Sabrenoys al. de Sabeurays, sacræ Theolo-
„ giæ, Thoma Fiene vtriusque Iuris, Ægidio Caniueti Medicinæ, Docto-
„ ribus: Guillelmo Eurardi, Nicol. Amyci Licentiato in Theologia, &
„ Nicolao Hermegen Licentiato in Decretis, Artium Magistris Vniuer-
„ sitatis Parisiensis, Ambaxiatoribus huic sacro Concilio incorporatis
„ Decernimus & mandamus vt supradictis Decretis plena & indubitata
„ fides ab omnibus præbeatur. Datum Basileæ 4. Id. Iunij an. 1435. Sic si-
„ gnatum in Plica, IOAN. DE FORESTANA.

Extant quoque in Appendice huiusce Concilij Decreta quædam data mensibus Augusto & Septembri huius anni de Prærogatiuis Graduatorum incorporatorum Concilio, quales illi erant quos proximè enumerauimus, in Electionibus & Assecutionibus Beneficiorum Ecclesiasticorum

Vniuersitatis Parisiensis. 433

sticorum. Illis autem eiusmodi Titulus præfigitur. *Prærogatiua, Graduatorum, Incorporatorum,* in Sacro Concilio Basileensi, expedita 2. Decemb. anno 1435.

Sacrosancta Synodus Basileensis in Spiritu sancto legitimè congregata, &c. Ad perpetuam rei memoriam. Plasmatoris omnium qui Gradus & formas humani generis per hæc Spiritualia, & temporalia bona disponens, quosdam diuini sui muneris beneficio ad præfugandas ignorantiæ tenebras perspicuæ veritatis arcanarum rerum sic illuminat dogmatibus vt veluti splendor firmamenti & stellæ in perpetuas æternitates in Ecclesia Dei fulgentes tam publica quàm priuata eruditionis & Iustitiæ commoda procurant, quantum possumus & permittit, insequendo vestigia, ipsorum præsertim qui vineam Domini sedulò colunt, peculiaribus fauoribus digno compensationis munere duximus confouere. Sanè dudum D. Eugenius Papa IV. nonnullos Romanam Curiam sequentes & quosdam alios specialibus & varijs Antelationum Gratiarum prosequens prærogatiuis, quibus eos voluit anteferri. *Dilectis filijs in Theologia Magistris & in altero Iurium Doctoribus, ac cum vigore examinis Licentiatis, & in Theologia, ac altero Iurium eiusmodi Baccalaureis in vinea Domini nobiscum quotidie laborantibus, in assecutione Beneficiorum quæ vigore Gratiarum Exspectatiuarum eis per dictum D. Eugenium concessarum, exspectant, graue præiudicium generauit.* Nos itaque licet dudum, quod dictæ antelationes Prærogatiuæ nostræ Congregationi incorporatis, siue eorum familiaribus obsequijs ipsorum insistentibus nullum præiudicium generare possent, aut deberent, sub cunctis modo & forma statuissemus atque ordinassemus, tamen statum & commodum dictorum Magistrorum Licentiatorum & Baccalaureorum prædictorum qui pro tractandis negotijs peruigiles in vinea Domini nobiscum solicitudines impendunt, ne ipsi denario de dicta vinea fraudarentur, vberius prouidere cupientes, æqua librata consideratione Promotorum eiusmodi authoritate Vniuersalis Ecclesiæ, tenore præsentium statuimus, decernimus, volumus atque Ordinamus, quod *Doctores, Licentiati & Baccalaurei* supradicti, illi videlicet qui Nobiscum pro vniuersalis Ecclesiæ negotijs exequendis per annum in eadem vinea laborauerunt, in assecutione Beneficiorum suorum Scholasticorum cum Cura, vel sine Cura, etiamsi Canonicatus & Præbendæ, Dignitates vel Officia, integræ vel dimidiæ portiones, præstimoniæ & præstimoniales portiones, seu administrationes in metropolitanis & Cathedralibus aut Collegiatis Ecclesijs fuerint, quæ ex nunc vacantia & in antea vacatura vigore earundem Gratiarum ritè acceptauerint, & de illis sibi prouideri fecerint, omnibus & singulis alijs Doctoribus similibus, Magistris atque Baccalaureis, ac alijs quibuscunque Antelationum Gratiarum eiusmodi prærogatiuis, aut quibusuis alijs gratijs eis à D. Eugenio etiam motu proprio, seu quacunque alia verborum formulâ, etiamsi vigore dictarum Gratiarum in Canonicos sint recepti, & diligentiores in processibus existant S.R.E. Cardinalibus, & veris sine fraude receptis familiaribus, continuis commensalibus eiusdem Eugenij Papæ, & dictis incorporatis Doctoribus, Magistris, Licentiatis ac Baccalaureis æqualiter graduatis, & similibus Apostolicæ sedis Officialibus, & his qui earundem Gratiarum prætextu Beneficia prædicta assecuti existunt, duntaxat exceptis, in assecutione Beneficiorum eiusmodi præferantur. Et insuper inter Graduatos Incorporatos talem volumus ordinem obseruari, quod magis Graduatus minus Graduato in assecutione Beneficiorum prædictorum præferatur, & inter æquales eorundem Ius commune obseruetur non obstantibus omnibus supradictis, ac voluntate, statuto, decreto Eugenij Papæ quod Incorporatos Graduatos per annum nobiscum laborantes huiusmodi, vt præfertur, volumus haberi pro infectis, nullusque existere roboris vel momenti, ac Constitutionibus, Ordinationibus, Indultis, Nominationibus, Facultatibus & Concessionibus Apostolicis quibuscunque à Regibus, Principibus, Ducibus,

Tom. V.   I I i

"Prælatis, personis & Vniuersitatibus concessis, aut in posterum quomo-
1435. " libet concedendis atque nostris. De quibus eorumque totis tenoribus
" de verbo ad verbum habenda esset in nostris litteris mentio specialis cœ-
" terisque contrarijs quibuscunque. Nulli ergo, &c. Datum Basileæ 3.
" Nonas Augusti. an. 1435.

  Eodem anno eadem Synodus Constantinopolim legatos misit ad Imperatorem & Patriarcham, inter alios Ioannem de Ragusio Ordinis
Prædicatorem, M. Petrum Henricum Mauger Decretorum Doctorem
& Canonicum Constantiensem in Normania, & M. Simonem Freron
Canonicum Aurelianensem Baccalaureum Theologum Vniuersitatis Paris. vt cum ijs agerent de loco commodo & apto ad Concilium Oecumenicum celebrandum.

LIS DE FINIBVS.

  Eodem anno sub finem mensis Ian. orta est inter Nationes Gallicanam
& Normanicam contentio de finibus, sic scribente D. Eustachio de Mo-
" linis prædictæ Nat. Gall. Procuratore. An eodem penult. Ian. fuit con-
" gregata Vniuersitas in S. Mathurino hora 8. per D. Rectorem. Natione
" vero retracta ad partem more solito venerunt aliqui Magistri ex parte
" Nationis Normaniæ ad Nat. Franciæ & vnus ex ipsis exposuit qualiter
" erant 3. Clerici, scilicet Petrus Rodriguez, Alanus Grener, Ancelinus
" Trenchant Diœces Rothomag. nati de Gizorchio qui determinauerant
" sub M. Benardo de Poully Nat. Franciæ in preiudicium Nationis Norma-
" niæ ; quia dicebant ipsos esse de Natione Normaniæ, & supplicabant
" dicti Magistri nomine eiusdem Nat. Normaniæ, vt ad seruandam pacem
" inter Nationes vellet Natio Franciæ mittere electos 3. Scholares ad Na-
" tionem Normaniæ (al. Franciæ.) Postmodum vero supplicauit dictus M.
" Benardus, quia intellexerat vt dicebant aliqui de dicta Natione Nor-
" maniæ quod dicta Natio Normaniæ volebat facere factum contra ipsum
" & contra dictos tres Scholares, & ne paterentur aliquod detrimentum,
" supplicauit dictus M. Benardus habere adiunctionem, & quod Natio vel-
" let capere factum istorum Scholarium tanquam factum proprium, viso
" quod dicti Scholares sunt de Natione Franciæ. Et hoc quod fecit, fecit
" tanquam Suppositum eiusdem Nationis. Vnde vt dicebat dictus M Be-
" nardus, Natio Normaniæ non poterat repetere dictos tres Scholares; quia
" *Riparia dicta Diepa transiens per medium villæ de Gizorchio diuidit Nationes*
" *Franciæ & Normaniæ. Vnde illi qui nati sunt vltra Ripariam, vel vnum Fos-*
" *satum dictum le Ro, Fossé le Roy, vt aliqui dicunt, illi sunt de Natione Norma-*
" *niæ, & nati citra dictam Ripariam, sunt de Natione Franciæ.* Sed sic est quod
" isti Scholares sunt nati citra Ripariam prope Beluacum. Et ita dicebant
" ipsos esse de Natione Franciæ. Hoc dicto Magistri deliberauerunt super
" positis in deliberatione per D. Rectorem, & super istis supplicationibus.
" Et 1 quantum ad supplicationem Nationis Normaniæ, deliberauit Na-
" **tio Franciæ, primo reputat dictos Scholares esse de Natione Franciæ,**
" dedit tamen Deputatos nominatos, scilicet dictum M. Benardum de
" Poully, M. Robertum Morge & M. Petrum de Vaucello ad plenius in-
" formandum vnà cum Deputatis Nationis Normaniæ de Veritate Natio-
" nis dictorum Scholarium. Quantum ad supplicationem M. Benardi, con-
" cessit in forma ; placet sibi dare adiunctionem & capere factum dictorum
" Scholarium tanquam proprium factum.

  Ea de re actum denuo in Comitijs eiusdem Nationis apud Collegium
Nauarricum die 24. Feb. habitis, ibique supplicauit prædictus M. Be-
" nardus nomine trium illorum Scholarium de Gizorchio, vt Natio vellet
" eis prouidere, & si opus esset, mittere aliquos Magistros ad Nationem
" Normaniæ, vt de consensu vtriusque Nationis, & absque præiudicio dicti
" Scholares possent disputare in Scholis Franciæ, vel in Scholis septem
" Artium. Et quoad hoc Natio deputauit M. Ægidium Houdebin & M.
" Petrum de Vaucello ad adeundum Nationem Normaniæ illa hora con-
" uocatam in S. Mathurino. Post prandium vero Ego & Deputati in bono
" numero iuimus ad S. Mathurinum, in quo loco erat Natio Normaniæ

congregata ad habendum Responsum super provisione dictorum Scho- "
larium proposita de mane à dictis Deputatis Nationis Franciæ. Nullum " 1435.
verò Responsum, nec vllam Provisionem dederunt dicti MM Nat. Nor- "
maniæ. Et ita de consilio Deputatorum Ego & ipsi Deputati adiuuimus "
D. Rectorem & sibi reseruaui factum istius controuersiæ & supplicaui "
vt dignaretur congregare Facultatem Artium, vt ipsi Scholares habeant "
Provisionem à Facultate, quod libentissimè annuit. "

Sub initium an. 1436. nempe die Veneris 12. mensis Aprilis Lutetia ab   1436.
Anglorum seruitute liberatur opera Ioannis de Villaribus Connestabularij & Nothi Aureliani, annitentibus nonnullis Ciuibus & nonnullis
etiam Academicis, vt notat Monstreletius. Quam in diem cum à M. Io.
Mileti Procuratore Nat. Gallic. Comitia indicta fuissent, tam præceps
tamque repentinus fuit vbique tumultus, vt nemo comparuerit, quemadmodùm ipse scribit.

Vt autem Vniuersitas suam de reductione Vrbis sub dominium legiti-   REDVC-
mum testificaretur lætitiam, supplicationem instituit solemnissimam ad TIO VRBIS
ædem S. Catharinæ de Valle Scholarium : qua de re sic legitur in Actis PARIS.
Nationis Picardicæ.

Anno Domini 1436. die 20. mensis April. fuit Alma Vniuersitas Paris. "
in S. Mathurino solemniter congregata, hora 6. matutina super 4 art. 1. "
fuit ad audiendam relationem D. Prioris de Iacobitis qui proposuerat "
coram Illustri Principe D. Connestabulario Franciæ ex parte Vniuersi- "
tatis. 2. Ad eligendum nouum Conseruatorem Apostolicorum Priuile- "
giorum almæ Vniuersitatis prædictæ. 3. Ad eligendum Ambassiatam de- "
stinandam erga D. nostrum Regem. 4. Ad eundum Processionaliter "
cum Cappis & Cereis ad S. Catharinam de Valle Scholarium pro laudabi- "
li reductione, ac salute huius inclytæ vrbis. Quantum ad 1. art. relatio D. "
Proponentis fuit continuata concorditer ab omnibus vsque ad proxi- "
mam Congregationem propter impedimenta Processionis tunc existen- "
tia. Quantum ad 2. art. placuit concorditer Nationi procedere ad ele- "
ctionem noui Conseruatoris Apostolici. Et fuit electus concorditer via "
Spiritus sancti Reuerendus in Christo Pater D. Episcopus Beluacensis, "
vtriusque Iuris Doctor, qui fuit receptus per suos Procuratores propter "
eius absentiam. Quantum ad 3. art. fuit electa solemnis Ambassiata *de* "
qualibet Natione & Facultate; vnus scilicet de Natione Picardiæ vene- "
randus M. Ioan. Hameron, qui concorditer, nemine reclamante, fuit ab "
omnibus pronunciatus, *ac à præfata Natione Vniuersitati Ambassiator præ-* "
sentatus vna cum alijs Ambassiatoribus aliarum Nationum & Facultatum, quò "
nomina explicanda remitto suis *Prædictis Nationibus & Facultatibus*, ad "
eundum, vbi hoc est expressum, ad D. nostrum Regem Franciæ. Quan- "
tum ad 4. art. placuit Nationi Processionaliter ire continuatâ ordinatio- "
ne humiliter & deuote ad S. Catharinam de Valle Scholarium cum Cap- "
pis & cereis in manibus solemniter ad reddendum præcipuè gratias om- "
nipotenti Deo Creatori nostro, B. Virgini Mariæ eius Matri & Omni- "
bus sanctis eius de Pacifico & laudabili ingressu ac quasi miraculosâ redu- "
ctione huius inclytæ Paris. vrbis ad suum supremum Dominum Natura- "
lem, D. nostrum Franciæ Regem, qui sua pietate bona ac Regali Cle- "
mentia omnibus omnia remittere dignatus est, speciali Dei fauente gra- "
tia quam illi concedat Altissimus D. noster Deus in sancta Sanctorum, "
Amen. Hæc autem acta fuerunt anno & die supradictis, præsentibus "
venerabilibus & circunspectis viris DD. & MM Iacobo Gallet, Petro "
Goudeman, Gaufrido Morin, Io. Danichy & alijs quamplurimis de "
præfata Natione Picardiæ ibidem existentibus teste signo meo manuali "
huic præsenti apposito, anno & die quibus supra. Sign. Warnerus de "
Ronuespies. "

In quodam Instrumento notato hisce Characteribus A. I. B. quod seruatur in Tabulario Vniuersitatis, leguntur Instructiones traditæ ab Vniuersitate suis Legatis ad Regem profecturis, hoc modo.

Tom. V. IIi ij

1436. *Instructiones super quibus proponendum est ex parte Vniuersitatis Parisi. coram Illustrissimo & Excellentissimo Principe D. nostro Rege Franciæ.*

" I. Reddantvr gratiarum Actiones omnipotenti & largitori benignissimo, vni & trino Deo de benigna consolatione populi sui in Tractatu Pacis nuper inter D. nostrum Regem & Illustrissimum Principem D. Ducem Burgundiæ feliciter consummato, ad cuius promotionem, prosecutionem & consummationem felicem, certissimè (prout Nos per fide dignos Ambassiatores nostros ad dictum Pacis negotium transmissos extitimus informati) quod præfatus D. noster Rex suas exactissimas dedit operas pariter & impensas.

" Regratietur eidem de sinceritate animi sui quem ad bonum & exultationem similiter & releuationem Populi sui mirabiliter oppressi ad commodum Regni & totius Reipub. & præsertim ad saluationem & præseruationem inclytæ Ciuitatis Parisi. semper habuit, & adhuc habet de præsenti, prout per Illustrissimum D. Connestabularium & cæteros DD. qui suas operas ad dictæ Ciuitatis reductionem dederunt, extitit expositum atque declaratum, prout etiam per gratiam amplissimarum abolitionum quæ ex benignitate & largiflua bonitate D. nostri Regis Christianissimi processerunt, luce clarius patuit. Vnde cum omni pace & tranquillitate reducta extitit, ad cuius reductionem Ciues suæ vrbis inclytæ totis laborauerunt conatibus ad obedientiam naturalis D. nostri Regis; super quo recognoscit vrbs inclyta Parisi. gratiam & operationem Spiritus sancti vltra merita Incolarum Ciuitatis. Vbi ostendat proponens iuxta suam discretionem, multiplices gratias & clementiam Dei ad populum suum. Similiter laudet clementiam D. nostri Regis & eius deuotionem, vt in eisdem persistere velit, quoniam multi plus oratione & clementia suos deiecerunt hostes quàm gladio & bello ; & quod Clementia potissimè decet Regem, conformiter ad opera D. nostri I. C. quamplurima.

" Regratietur insuper D. nostro Regi de transmissione tam prouidi & tam strenui Comitis D. Connestabularij ad executionē sui laudabilis propositi super quietissima reductione inclytissimæ Ciuitatis Parisi. per tot tempora captiuatæ & violenter detentæ per antiquos hostes & Aduersarios D. nostri Regis & Regni. Et declaretur modus quo benignissimè tractauit & Vniuersitatem & Ciues & Supposita Vniuersitatis & Ciuitatis, & quomodo suas diligentissimas operas impenderunt alij Milites suæ societatis D. Bastardus Aurelianensis, DD. de Insula & d'Esternant, vnà cum cæteris qui secum ingressi sunt ad manutenentiam pacis omnium Ciuium ipsius Ciuitatis.

" Item regratietur super communicatione beniuola suarum litterarum per quas expressius nobis constat & constitit gratissima beniuolentia quam gerit Maiestas Regia ad Vniuersitatem Matrem nostram & Incolas Ciuitatis Parisi. vti ornatissimè exposuit Nobilis Miles & D. de Gaucourt coram Clero, Vniuersitate & Ciuibus huius Ciuitatis.

" Item ostendat sibi quod Deus summus largitor eidem D. nostro Regi propter dilectionem quā ipsum & eius populum dilexit, bona multa sibi communicauit in positiuis bonis huius mundi, videlicet in procreatione prolis generosæ, in Socia conthorali D. nostra Regina, in dilectione qua sui subditi eum dilexerunt, & omni periculo sua corpora & bona exposuerunt, vt redire possent ad suam desideratissimam obedientiam, sicut frequenter patuit tam in Ciuitate Parisi. quàm in Populo Normaniæ in diuersis partibus & alibi, in quo perpendi potest sincera Populi ad suum Regem & naturalem Dominum dilectio.

" Pro 2. Puncto faciendæ sunt supplicationes primò Generales, deinde speciales.

" Quantum ad primum, 1. supplicandum est, quatinus apud D. nostrum

Vniuerſitatis Pariſienſis. 437

Regem, Rempub. huius Regni & ſalutem Populi iam reducti & per Dei gratiam breuiſſimè reducendi, ſpecialiter habeat recommendatam, ip- "1436. ſamque Iuſtitiam Pacis comitem dignetur per totum Regnum manutenere, fouere & inuiolabiliter obſeruare & eam obſeruandam præcipere per ſingulas vrbes & ciuitates, præcipuè in ſua nobiliſſima ciuitate Pariſ. in qua ſemper floruit Iuſtitia.

Et declaret D. Proponens modum & rationem Iuſtitiæ iuxta ſuam diſcretionem, eam laudando & ad eam perſuadendo vt populus per tot iam elapſos annos flagellatus, oppreſſus, afflictus, & omni imaginabili modo flagelli fatigatus adeò vt vix reſpirare potuerit & pro maxima ſui parte neci expoſitus ſit, & quot mala oriuntur ex defectu Iuſtitiæ, & quomodo Deus eam vult obſeruari, & de inuiolabili abolitionis obſeruatione. Et circa hoc poterit ſupplicare vt Eccleſiam deſolatiſſimam ſic recommiſſam habeat quod in Sacerdotes & in Clerum non præſumant de cætero manus apponere violentas, dicente Domino, *Nolite tangere Chriſtos meos.* Idem de Agricolis, & viticolis, qui ſuſtinent pondus æſtus & diei, ſine quibus, nec viuere, nec ſubſiſtere poteſt iſtud Chriſtianiſſimum Regnum. Similiter de Mercatoribus.

Inſtantius verò ſupplicetur Regiæ Maieſtati vt ad totalem Regni ſecuritatem, reſtaurationem & pacem dignetur ſua pietate fideliſſimæ Plebi ſuæ in Ducatu Normaniæ & alibi ſuccurrere, & eam de ſeruitute, ac duriſſima captiuitate quà detinetur à ſuis hoſtibus, clementi ſua bonitate, ac potenti virtute celerius eripere, prout ille deuotiſſimus, ac fideliſſimus Populus feruentiſſimè ſperauit atque ſperat. Reducantur hic ad memoriam oppreſſiones, exactiones, cædes & immaniſſimæ ſtrages, quas à multis annis illa Patria perpeſſa eſt, atque hodie adhuc, proh dolor! patitur.

In ſpeciali verò ſupplicetur Regiæ Maieſtati vt dignetur noſtram Vniuerſitatem in ſuis priuilegijs, quæ à ſuis Progenitoribus conceſſa ſunt, manu tenere, conſeruare & fouere, illaque augere & ampliare paterno dignetur affectu, habeatque Regia Maieſtas ipſam noſtram Vniuerſitatem humilem ſuam filiam, ac ſingula eius ſuppoſita recommiſſa. Et præſertim cum retroactis poſſidentibus inimicis antiquis ciuitatem Pariſienſem, ac partes Regni occupantibus per eos quamplurimis eiuſdem Vniuerſitatis benè meritis ſuppoſitis de Beneficijs in Eccleſia Dei prouiſum extiterit; Supplicat ipſa Vniuerſitas quatinus intuitu pietatis, & ex ſpeciali gratia, ac liberalitate magnifica Regiæ Maieſtatis, dignetur illa ſuppoſita prædictis Beneficijs ſine quibus in Vniuerſitate ſtudium continuare non valerent, non permittere deſtitui, quinimò eiſdem de prædictis prouidere, ac eaſi opus eſt, de nouo ſibi conferre.

Circa iſtum articulum conformiter ad Inſtructiones Villatenſium declaretur maximus affectus, **ac feruentiſſimum deſiderium** quod habet ipſa Vniuerſitas Regiam Maieſtatem videndi, ac de ſua inclytiſſima præſentia in hac Pariſ. Ciuitate gaudendi, quodque ipſa tota Ciuitas optat ſe & ſuam inclytiſſimam prolem videre ad complementum & perfectionem iam cœptæ lætitiæ.

Circa 3. veniunt oblationes quibus offeratur Vniuerſitas Serenitati Regiæ Maieſtatis, inclytiſſimæ ſuæ proli, Illuſtriſſimorum Principum & DD. ſanguinis Regij, Dominorumque de conſilio Regio Dominationibus, polliceatur fundere preces altiſſimo, proceſſiones, Miſſas priuatas & publicas, ac ſuffragia facere pro felici ſucceſſu & optata ſalute D. noſtri Regis, cæterorumque DD. præfatorum, & cætera quæ in talibus offerri ſolent. Sig. HEBERT.

Ergo ad Regem proficiſcuntur Legati tunc apud Biturigas morantem, peractaque legatione obtinent Priuilegiorum confirmationem, vt patet ex litteris ſequentibus datis menſe Maio.

1436.
CONFIR-
MATION
DES PRI-
VILEGES.

"CHARLES PAR LA GRACE DE DIEV ROY DE FRANCE. Sçauoir
" faisons à tous presens & auenir, Nous auoir receu humble supplica-
" tion à nous faite par nostre tres-chere & amée Fille premiere née l'Vni-
" uersité de l'Estude Paris, contenant que comme les Tres-Chrestiens &
" glorieux Roys de France, nos Predecesseurs, par la tres-grand & feruent
" amour & affection qu'ils ont tousiours eu à nostredite fille, pour la tres-
" sainte Doctrine, de pure, nette & entiere foy & vraye clerté & lumiere
" de science, dont elle a de tant grand ancienneté singulierement esté
" recommandée, auec les autres pretieux fruits & biens qu'ils ont perceu
" & senti si largement & grandement yssir & venir d'elle à nostre Couron-
" ne, Royaume & Seigneurie, l'ayent de tout temps nourrie & conseruée
" en especiale beneficence, grace & faueur, & luy ayent donné & octroyé,
" & successiuement conserué & amplifié plusieurs beaux priuileges, liber-
" tez & franchises, dont elle & ses Supposts ayent ioy & vsé. Et pour ce
" nous ait esté bien humblement supplié qu'en ensuiuant les loüables tra-
" ces de nosdits Predecesseurs, Nous voulsissions lesdits priuileges, li-
" bertez & franchises, auec les autres droits accoustumez & vsaiges
" de nostredite Fille benignement conférmer. Pourquoy nous conside-
" rans les choses dessusdites, desirans de tout nostre cœur, voir de nostre
" temps nostredite Fille florir, fructifier, croistre & multiplier en comble
" & plantureuse abondance de vertus & tous biens, & estre souuerainement
" exaucée & éleuée par tous honneurs, graces & liberalitez, voulans tou-
" jours perseuerer en nos faits selon les vertueuses œuures de nosdits Pre-
" decesseurs, inclinans pour ce fauorablement à ladite supplication, tous
" & chacuns les priuileges, libertez & franchises par nosdits Predeces-
" seurs, donnez & octroyez à nostredite Fille l'Vniuersité de l'Estude de
" Paris & aux Supposts d'icelle, ensemble les autres droits, coustumes
" vsaiges d'icelle nostre Fille & desdits Supposts, ainsi & par la forme &
" maniere que feu nostre tres-chier Seigneur & Pere, que Dieu absoille
" & ses Predecesseurs Roys de France les ont conférmez, Nous iceulx
" ayans fermes & agreables, de nostre grace especial, pleine puissance &
" autorité Royal, loüons, approuuons, ratifions & confermons par ces
" presentes. Si donnons en mandement à nos amez & feaux Conseillers,
" les Gens tenans & qui tiendront nostre Parlement presens & auenir,
" Gens de nos Contes, Thresoriers & Generaux, sur le fait & gouuerne-
" ment de toutes nos Finances & de la Iustice, au Preuost de Paris & à
" nos autres Iusticiers & Officiers de nostre Royaume ou à leurs Lieute-
" nans, presens & auenir & à chacun d'eulx si comme à luy appartiendra,
" que nostre Fille l'Vniuersité de Paris, sesdits Supposts & chacun d'eux
" fassent, souffrent & laissent joir & vser plainement & paisiblement à
" tousiours de leursdits priuileges, libertez, franchises, droits, coustu-
" mes & vsaiges selon iceux; & cette nostre presente grace & confirma-
" tion sans aucune chose faire, ne souffrir estre faite au contraire, ainçois
" se faite estoit, la fassent reparer incontinent, veües ces presentes, aus-
" quelles afin que ce soit chose ferme & estable à tousiours, nous auons
" fait mettre nostre sceel, sauf nostre droit en autres choses & l'autruy en
" toutes. Donné à Bourges au mois de May 1436. & le 14. de nostre Regne.
" Ainsi signé sur le ply desdites Chartres: Par le Roy en son Conseil, où
" Messeigneurs les Ducs de Bourbon & Comte de Morrain, le Comte de
" Vendosme, vous l'Archeuesque de Tholose, l'Euesque de Magalone, le
" Bastard d'Orleans, Christophle d'Harcourt & plusieurs autres estoient.
" I. LE PICART. Et plus bas sur ledit ply estoit escrit *Visa*. Contentor
" *gratis*, signé E. DV BAN. Au dos desquelles Chartres estoit escrit ce qui
" s'ensuit, *Leües & publiées en iugement ou Chastelet de Paris*. Messire M Iean
" de Longueil Lieutenant Ciuil, tenant le Siege. En la presence de Mes-
" sieurs le Recteur de l'Vniuersité, de plusieurs Docteurs, Maistres, Re-
" gens & Supposts de l'Vniuersité de Paris, des Aduocats du Roy ou

Vniuerſitatis Pariſienſis.

Chaſtelet & d'autres Aduocats, Procureurs audit Chaſtelet & autres Gens en moult grand nombre, le Samedy 2. iour de Iuin, l'an de grace 1436. Ce fait, mondit Seigneur le Lieutenant a ordonné que ces preſentes ſoient enregiſtrées és regiſtres à ce ordonnez audit Chaſtelet. Ainſi ſigné. *Ita eſt.* I. DOVLX. SIRE. Leües & publiées en iugement en l'Auditoire des Eleuz à Paris, ſur le fait des Aides l'an deſſuſdit, le Lundy 4. Iuin. Ainſi ſigné, LE MAIRE. *Lecta & publicata in Camera Theſauri in qua erant Ioannes* de la Fontaine. I. TROCTET & G. LE MVET, *per me Petrum Mauger anno Domini* 1436. *die Lunæ* 4. *menſis Iunij,* Pontif. D. noſtri Eugenij diuina prouidentia Papæ IV. an. 6. præſentibus venerandæ circumſpectionis, ac ſcientiæ viris M. Nicolao Danchy Rectore Vniuerſitatis M. Stephano Buret in Theológia Magiſtro, Petro Columbi Decano & in Medicina Magiſtro, Ioan. de Oliua Nat. Franciæ, Henrico Iuris Nat. Normaniæ, Roberto Eſſchim Nat. Almaniæ Procuratoribus cum pluribus alijs Magiſtris. Ainſi ſigné. *Ita eſt.* BARNESSE.

Anno verò 1457. eædem litteræ fuerunt ſigillo Præpoſituræ Parisienſis munitæ, vt teſtatur Robertus de-Eſtoteuilla Præpoſitus his verbis.

A TOVS Ceulx qui ces preſentes Lettres verront. Robert d'Eſtouteuille Cheualier, Seigneur de Beyne, Baron d'Yury & de S. Andrieu en la Marche, Conſeiller Chambellan du Roy noſtre Sire & Garde de la Preuoſté de Paris, ſalut. Sçauoir faiſons: Nous l'an de grace 1457. le Mecredy 14. iour de Decembre, auoir veües & leües de mot à mot, vnes Chartres du Roy noſtredit Seigneur, ſcellées de ſon grand Sceél, en laz de Soye & Cire verte, ſaines & entieres, contenans cette forme. CHARLES PAR LA GRACE DE DIEV, &c. vſque ad. ita eſt. Barneſſe. Tum pergit. *En teſmoin de ce nous auons mis à ces preſentes Lettres de Tranſcript ou Vidimus, le ſceel de ladite Preuoſté de Paris. Ce fut fait l'an & iour deſſus premiers dits.* Signé, N. EVEILLART. *Et deſſus le ply de ladite lettre eſt eſcript. Collation eſt faite des lettres deſſus tranſcriptes.* Parmoy M. EVEILLART. *Et par moy,* N. LAVSQVIER.

Eodem anno die 27. Auguſti congregata Natio Gall. decreuit vt è libris, ſeu Actis ſuis eraderentur eorum nomina qui regnante Anglo per vim inſcripti fuerant, vt ſcribit M. Io. de Oliua eius Procurator, cui eadem die ſuccedens M. Philippus de Longolio ſcribit ad diem 24. Sept. ſe cum D. Rectore incubuiſſe in proſecutionem & confirmationem Priuilegiorum *tam pro exemptione excubiarum & cuſtodia portarum, ac etiam exemptione cuiuſdam ſubſidij, ſeu redemptionis impoſitionis ſuper vinis ob malitiam temporis, videlicet* 4. *ſolid. Pariſ. ſuper qualibet cauda, tunc intratura villam. De qua quidem Impoſitione, ſeu Redemptione, vel ſubſidio omnes veri Regentes & Scholares fuerunt exempti & immunes pariter etiam ab excubijs & cuſtodia portarum.*

Eodem anno Vniuerſitas voluit per omnes Facultates & Nationes feſta SS. Coſmæ & Damiani, item & S. Germani veteris in poſterum celebrari, vt patet ex hoc Inſtrumēto quod legitur in veteri libro Nationis Gall. Ad perpetuam Rei memoriam anno quo ſupra die 29. menſis Nouembris in vigilia, ſcilicet S. Andreæ Apoſtoli, Vniuerſitate matre noſtra tunc per Magiſtrum Gerardum Gehe Rectorem eiuſdem & Curatum SS. Coſmæ & Damiani Pariſ. in S. Mathurino & ſuper nonnullis ipſius Vniuerſitatis agendis conuocata. Supplicatum extitit per ipſum D. Rectorem, vt attentis ſolemnitatibus feſtorum dictorum SS. Coſmæ & Damiani qui medici ſunt & corporis & animæ, & quibus præcipuè indigemus in hac Ciuitate propter peſtes quæ aliquando vigent, ac etiam attenta ſolemnitate feſti S. Germani veteris Epiſcopi quondam Pariſienſis. Ob reuerentiam quorum Sanctorum duæ ſunt Curæ Pariſius ſituatæ & ordinatæ, quarum & ad quas præſentatio ſpectat præfatæ matri Vniuerſitati, ſicut & præſentatio ad Curam S. Andreæ, in cuius S. Andreæ feſto non legitur in dictâ Vniuerſitate, vellet ipſa Vniuerſitas ſtatuere, deliberare & ordinare quod propter cauſas præmiſſas à modo in feſtis dictorum

INSTITVTIO FESTORVM IN VNIVERSITATE.

"SS. Cosmæ & Damiani & S. Germani veteris non legeretur in dicta Vni-
"uersitate. Quæ quidem Vniuersitas per singulas Nationes & Facultates
"ita conclusit, statuit & ordinauit supplicationi dicti D. Rectoris annuen-
"tes quod amodo scilicet in solemnitatibus & festis dictorum SS. Cosmæ
"& Damiani, ac etiam S. Germani veteris non legatur in Vniuersitate, aut
"aliquâ Facultate. Et hanc conclusionem voluit & præcepit ipsa Vniuer-
"sitas inscribi & inseri in singulis libris cuiuslibet Nationis & Facultatis.
"Quam veram esse ita approbo per meum signum manuale.
 PH. DE LONGOLIO. Procurator Nat. Gall.

Similiter Natio Gallicana, referente & suadente suo Procuratore M. Philippo de Longolio instituit Officium solemne pro Defunctis celebrandum quotannis: diem verò tunc non notauit; sed aliquando post postridie Guillelmaliorum celebrari voluit. Hac de re ita ipse scribit diem 17. Decemb. Exposui qualiter à nostris Prædecessoribus multa lau-
"dabilia statuta & priuilegia obtinueramus in Matre mea Natione, qui
"suis in Temporibus magnos sumpserant labores ad ipsa conficiendum
"& nos in ipsis instruendum. Similiter etiam ab ipsis nostris Prædecesso-
"ribus multa bona alia recepimus & percepimus in præfata Natione, vt
"patet in Inuentario Reliquiarum aliorum bonorum. De quibus omnibus
"non habebamus condignum, pro retributione. At tamen obseruando mo-
"rem solitum atque laudabilem in multis alijs Nationibus & Facultatibus
"in ipsa Vniuersitate Parisi. & etiam in alijs Confratrijs ipsius Diœcesis Pa-
"ris. pro aliquali recompensatione, seu retributione dictorum bonorum
"vellet ipsa Natio Mater mea deliberare, statuere & ordinare ne ingra-
"ta videretur de bono sibi ab ijs collato, attento quod pium est atque
"Sanctum orare pro Defunctis vt à peccatis absoluantur, quod amodò &
"singulis annis celebraretur vnum Anniuersarium solemne in Collegio
"Nauarræ, scilicet Vigilia in Vespere ad 9. lectiones & 9. Psalmos, & die
"sequenti Missa solemnis & alta ad Diaconum, & Subdiaconum pro De-
"functis & pro Animabus omnium Benefactorum ipsius Nationis. Quod
"quidem Anniuersarium, seu Seruitium poterit valere pro dictis Benefa-
"ctoribus & Magistris iam Defunctis & nobis pariter & successoribus, Deo
"dante. Quodque vt hoc Anniuersarium esset certum, & vt omnes Magi-
"stri in ipso etiam venirent, vellet assignare certam diem in anno; pari-
"ter etiam deliberare an vellet dare distributiones Decanis & alijs Offi-
"ciarijs ibidem aduenientibus; sicut consuetum est fieri in alijs solemni-
"tatibus Festorum quæ à Præfata Matre per annum celebrantur........
"Placuit quod amodo singulis annis, vt præmissum est, vnum Anniuersa-
"rium solemne celebretur; de die autem & distributionibus dandis remi-
"misit ad Congregationem Nationis faciendam super distributione Offi-
"ciorum.

Hocce tempore grauis intercedebat lis inter Scholarem Vniuersitatis & quendam Laïcum. Scholaris adiuncta Vniuersitate, Laïcum vocauerat ad Curiam Conseruationis: Laïcus vadimonium adire detrectabat, & ad Castelletum & ad Curiam Parlamentæam Scholarem vocarat. Vniuersitas suscepta lite tanquam propriâ importunitate litigationis fatigata & crebris salutationibus Magnatum, habitisque Comitijs de futura Cessatione deliberauit nisi causa ista remitteretur ad Conseruationem, at ei tandem D. Cancellarius Franciæ satisfecit. Rem sic scribit M. Guill. de Longolio Facultatis Medicinæ Decanus.

" Die . mensis Martij Vniuersitate congregata in S. Mathurino sicuti
" pluries fuerat ad intimandum cessationes D. Cancellario Franciæ & vlti-
" mò concludendum in causa cuiusdam Scholaris mota contra quendam
" Laïcum in Curia Conseruationis; *qui quidem Laïcus declinabat Curiam tan-*
" *quam non subditus.*
" Et licet super hoc fuissent factæ & motæ plures defensiones tam in
" Parlamento quàm in Castelleto ex parte dicti Laïci, & factæ fuissent plu-
" res propositiones tam coram D. Connestabulario hîc existente, quàm D.
Cancellario,

Cancellario, tamen pacificatum fuit negotium ex parte D. Cancellarij, videlicet *quod dictus Laicus responderet coram Conseruatore, & veniret dictus Laicus ad petendum Beneficium absolutionis humiliter.*

1436.

Neque etiam omittendum Baccalariatum in Medicina non fuisse eatenùs pro Gradu habitum in Vniuersitate : quamobrem prædictus M. Guill. de Longolio in Comitijs Generalibus apud Mathur. supplicauit vti Baccalariatus in Medicina non minus reputaretur Gradus quàm in alijs Facultatibus ; & obtinuit. Rem sic scribit.

Die 6. mensis Aprilis Congregata Vniuersitate per D. Rectorem (Gaufridum Amici) solemniter in S. Matth. *super certis art. tangentibus Vniuersitatem. Et in vltimo art. qui fuit super supplicationibus supplicaui ex parte Facultatis Matris meæ, quatenus vellet declarare Gradum Baccalariatus in Medicina esse Gradum, quemadmodum & in alijs Facultatibus ; quæ supplicatio fuit concessa, per omnes Facultates,* vt constat per litteras patentes sigillatas sigillo dictæ Vniuersitatis.

Anno 1437. die 15. Iunij legitur factum à Natione Gall. statutum eiusmodi, vt deinceps notarentur dies, mensis & annus, quo singuli Licentiati inciperent in Artibus, quod antè non fiebat, vt secundùm antiquitatem Gradus lites si quæ orirentur, faciliùs dirimerentur. Rem sic scribit M. Guill. Bouylle Gymnasiarcha Coll. Beluacensis tum Nationis prædictæ Procurator. Posui in deliberatione Nationis si videretur expediens futuris annis ad maiorem certificationem si opus esset, anni & diei Graduationis singulorum Incipientium in præfata Natione, quòd Bedelli eiusdem Nationis registrent in scriptis diem & annum omnium Incipientium in Artium Facultate de Natione Matre mea, postea traderent Procuratori qui tunc esset, qui haberet ea nomina scribere in Papyro Nationis, vt si aliquando Magistri indigerent certificatione anni & diei suæ Graduationis, Natio securius testimonium præbere valeret.... Conclusum est & ibidem iniunctum expresse Bedellis ambobus, quòd amodo futuris annis ab ista die inscriberent omnia nomina incipientium in Scholis Franciæ secundum ordinem quo graduantur, & eadem nomina in eodem ordine deferent Procuratori Nationis, qui scriberet *per ordinem iam dictum in libro Nationis prænominatæ.* id statutum occasione litis intentatæ M. Io. Poumacloy Remensis Diœcesis, de cuius Graduationis antiquitate dubitabatur.

1437.

Eodem anno Carolus VII. Lutetiæ post expulsos omninò Anglos summâ omnium Ciuium acclamatione exceptus est, præsertim verò Magistrorum & Scholarium Vniuersitatis qui ad plures dies ob redditum sibi Regem & Patrem suum, Iustitium indixerunt. Regis ingressum & Pompæ celebritatē describit Monstreletius, atque egressum singulorū vrbis Ordinum ad eum excipiendum ; postquam verò vrbem subijt & ad Atrium Basilicæ Parisiensis peruenit, ab Vniuersitate exceptus est die 12 Nouemb.

Regis ingressus.

Item, *s'en vint le Roy au Portail de Nostre-Dame de Paris où il descendit, & veit deuant luy l'Vniuersité, qui proposa en brief, & audit Portail estoient les Prelats, c'est à sçauoir les Archeuesques de Thoulouze & de Sens, & les Euesques de Paris, de Clermont & de S. Maugon-lez-Monpellier, les Abbez & Ministres de S. Denys, de S. Mor, de S. Germain-lez Paris, & aussi pareillement de S. Magloire & de sainte Geneuiefue. Et là feit le Roy, le serment à l'Euesque de Paris, & puis entra en l'Eglise Nostre-Dame.*

Alanus Quadrigarius rem sic refert. *Ceux de Paris vindrent au deuant du Roy iusques à la Chappelle S. Denis. C'est à sçauoir le Preuost de Paris, le Preuost des Marchands, les Escheuins & grand foison de Notables Bourgeois de ladite ville de Paris, qui estoient en grands & riches habillemens. Et pareillement y vint l'Euesque de Paris accompagné grandement de Gens d'Eglise de ladite Cité. Aprés vint le premier President de Parlement, nommé M. Adam de Cambray & auec luy tous les Seigneurs de Parlement. Et aprés vindrent les Recteur, Docteurs & Maistres en Theologie & plusieurs autres Estudians & Clercs de l'Vniuersité de Paris, & les Seigneurs de la Chambre des Comptes.*

His peractis Regem adit Vniuersitas & per M. Nicolaum Midy Doctorem Theologum habet ad eum orationem. Prædicto autem Midy traditæ sunt Instructiones quæ sequuntur, quæque seruantur in Tabulario Academico.

Sequuntur instructiones Conclusæ per Vniuersitatem Paris. M. Nicolao Midy Sacræ Theol. Professori traditæ qui electus est ad proponendum in præsentia D. nostri Regis, in Aduentu suo, pro parte dictæ Vniuersitatis.

„ 1. Declarabit quomodo Vniuersitas prædicta gaudet & lætatur in ad-
„ uentu prædicti D. nostri Regis, & non immeritò; tum quia videt
„ in illo clarescere excellentes perfectiones Regi & Principi Catholico
„ conuenientes & necessarias, puta sinceritatem fidei, deuotionem, obe-
„ dientiam ad Deum & Ecclesiam, zelum Iustitiæ, Clementiam, miseri-
„ cordiam & huiusmodi.
„ Item quia ipse est Pater, Patronus & tutor singulareque refugium di-
„ ctæ Vniuersitatis quæ est dicti D. nostri Regis filia primogenita, in cuius
„ absentia fuit quasi orphana, & vidua non habens singularem & specialem
„ protectionem in suis agendis, quodque in præsentia eiusdem ipsa Vni-
„ uersitas declarabit sua grauamina, pro quo petit audientiam, & sperat
„ quod idem D. noster tractabit benignè & fauorabiliter dictam Vniuer-
„ sitatem, sicuti fecerunt Reges qui eum præcesserunt.
„ Item quia percepit quod in eo excellens bonum pro Christianitate in-
„ choatum in quo duo Regna sunt vnita quæ priùs fuerunt diuisa & discor-
„ dantia, vnde guerræ, bella, seditiones, Ecclesiarum ruinæ & cultus di-
„ minutio acciderunt, nunc autem per hanc vnionem in eo factam, per Dei
„ gratiam, omnia mala cessabunt, sicuti sperandum est.
„ 2. Principaliter dicet quod Vniuersitas prædicta accessit ad præsen-
„ tiam eiusdem D. nostri Regis ad exhibendum eidem reuerentiam & ho-
„ norem cum obedientia tanquam Regi & Domino suo, ac Patri, ac pro-
„ tectori singulari, ad quod inducitur propter virtutes & perfectiones ma-
„ gnas in dicto D. nostro Rege iam inchoatas & relucentes, vt dictum est.
„ Item quia Principibus & Dominis honor est exhibendus qui sunt Dei
„ Ministri & in quibus tota Respub. honoratur.
„ 3. Principaliter dicet quod Vniuersitas offert seipsam, suum Recto-
„ rem, singulas Facultates, Nationes & Supposita ad beneplacita & obse-
„ quia D. nostri Regis, secundùm suam professionem.
„ Item dicet quod dicta Vniuersitas offert pro referendo gratias Deo de
„ iucundo & prospero aduentu D. nostri Regis prædicti & deprecando pro
„ incolumitate eius felicique suorum agendorum successu, ac totius Re-
„ gni preces, orationes, Processiones & Prædicationes ad Populum, vt si-
„ militer deprecetur, exhortatorias.

Hoc anno 14. Kal. Octob. oritur Schisma, Eugenio rursus Concilium Basileâ Ferrariam transferre connitente quò commodiùs Græci accederent. Obsistunt Patres quod Basileensem vrbem ad celebrationem Concilij designassent Patres Constantienses, deinde Senenses; & duo Pontifices Martinus & Eugenius ipsemet id probassent.

Paulo post nempe 9. Decemb. fato communi fungitur Sigismundus Imperator cuius erat authoritas magna. Succedit Albertus II. ex eodem quidem genere, sed Ecclesiastica negotia tractare non assuetus. Incalescunt ergo animi; Papa sibi parere vult. Concilium se supra Papam positum putat; quæ Quæstio ad viros doctos transmittitur examinanda. Hoc verò, vt vident Germani, Moguntiæ suum quoque habent Concilium, & Neutrius Partis se fore declarant. Hinc *Neutrales* dicti.

Anno 1438, Rex acceptis tam tristibus Nuncijs, sedando Schismati animum applicat. Concilium Ecclesiæ Gallicanæ indicit Biturigibus, mense Maio celebrandum, cui & ipse adest, auditque Nuncios Basileenses

& Pontificios. Iussa illuc suos quoque Legatos mittere Vniuersitas, misit paucos, sed probè instructos. Hoc nempe modo, vt legitur in Charta 1438. Tabularij Academici.

Instructiones Ambassiatorum qui pro parte Vniuersitatis destinandi sunt ad Concilium Ecclesiæ Gallicanæ 1. Maij proxima Bituris celebrandum.

1. ET 1. cum applicauerint Bituris, habebunt visitare Reuerend. in Christo Patrem D. Episcopum Castrensem vt ipsius consilijs atque auxilijs accessum habere queant ad aliquos de Consilio D. nostri Regis, quoriens opus fuerit pro audientia apud Regiam Majestatem medio ipsorum obtinenda.

Poterunt præterea dicti Ambassiatores eidem Reuer. in Christo Patri dicere quod Vniuersitas plurimum confidit in eo, quodque suis interuenientibus auxilijs in rebus suis vtiliter & fructuose gerendis sperat finem votiuum consequi.

Deinceps habeant eidem supplicare quod quemadmodum ipse verus Vniuersitatis alumnus eam semper vt Matrem dilexit, & in agendis prosecurus est amplissimis fauoribus, dignetur ad cumulum suæ beneficentiæ, pro sua benignitate Oratores prætatos dirigere in omnibus & per omnia quæ suam concernunt legationem, *& eisdem decentem locum iuxta vocationem Vniuersitatis in prædicto Concilio ante Ambassiatores aliarum Vniuersitatum & Communitatum assignari facere.* Et hoc idem fieri poterit apud alios Reuer. Patres, prout Ambassiatoribus expedire videbitur.

Dehinc obtenta audientia, habeant coram D. nostro Rege pro parte Vniuersitatis solemnem facere propositionem, in qua viuæ vocis Officio habeat Proponens ostendere quàm necessaria sit pax, & vnionis S. Ecclesiæ conseruatio tam exemplis familiaribus quàm etiam historijs, & omnium membrorum in vinculo Pacis optata concordia, sine qua pollicitum regimen Ecclesiæ suis viribus non potest subsistere, qua deficiente, Pastorale subditis non proficit Officium, neque subditorum ad Superiores saluari potest Ordo famulatus.

Inducatur consequenter qualiter Christianissimi Francorum Reges Ecclesiæ S. Dei & vnitatis eiusdem præcipui zelatores hanc totis viribus expetere, & acceptam atque habitam summoperè seruare curarunt, inducens qualiter inclytissimæ memoriæ Rex quondam Carolus VI. eius Progenitor super lugubri scissura Ecclesiæ tenerrimè condolens & interna pietate compatiens, quæ iam, proh dolor! pluribus annis pertracta fuerat, suis in diebus pacem Ecclesiæ atque vnionem, exterminato Schismate procurauit, & Christi Ecclesiam pristinæ restituit vnitati

Cæterum quod Reges & seculi Potentes ad hanc manutenendam & conseruandam tenentur, & quod hoc est iniunctum cœlitus Regibus officium, hoc debitum eis ministerium, quocirca dirigendo verbum ad ipsum, poterit dicere, *Nolite Priuilegium tam nobile, titulum tam magnificum amittere.* Non sinite hunc honorem à vobis auferri, aut alterum vos in isto anteuenire, defendite nomen Christianissimi Regis, defendite decus, &c. prout videbitur Proponenti expedire.

Rursus quod Parif. Vniuersitas semper vnitatis & pacis Ecclesiæ amatrix veracissima, qua nihil in terris est acceptius, nihil vtilius, nihil-ve laudibilius, debitum pietatis exsoluens officium hanc ipsam Ecclesiæ vnitatem & pacem vestræ Majestati in visceribus Christi singulariter commendat. Dicatur finaliter quoad istud punctum quanta sui nominis gloria exaltabitur, quantisque in cœlum efferetur laudibus, si Occidentalis Ecclesia in vinculo pacis vnita & sub vnius Pastoris felici directa regimine Orientalem Ecclesiam quæ iam tot, proh dolor! annis ab Ecclesia Rom. recessit, ad S. Rom. Ecclesiæ ritum & Ecclesiæ Latinæ vnitatem desideratissimam suis in diebus eius laudatissimis laboribus atque auxilijs reducatur.

Tom. V.   KKk ij

Ista sufficere videntur pro 1. propositione quia per prudentiam Proponentis poterit dilatari materia.

In 2. Propositione.

Ostendat proponens quàm necessaria, quamque sint Ecclesiæ saluti accommoda Generalis Ecclesiæ sacra Concilia, in quibus Edicta fiunt Ecclesiæ salutem & totius Ecclesiastici Ordinis statum concernentia, mores Sancti componuntur, morum deformitas atque excessus reprimitur, damnantur hæreses & inseruntur virtutes, vbi denique totius Ecclesiastici Corporis sanitas quæritur & procuratur.

Præterea habeat ostendere quod Congregatio Ecclesiastica sic instituta est velut Castrorum acies ordinata, & velut corpus integerrimè perfectum & connexum per omnem iuncturam per dona Spiritus sancti qui Ecclesiam vniuersalem viuificat, regit atque gubernat.

Et specificando dicat Proponens quantum vtilitatis atque commoditatis toti Christianismo attulerit Constantiensis Synodus & nouissimè Basileensis, perquam Spiritu sancto dictante atque volente, perniciosissima Bohemorum hæresis extitit condemnata & illius sectæ populi ad S. Matris Ecclesiæ vnitatem atque concordiam operosis sacræ illius Synodi vigilantijs sunt omnino reducti.

Dicatur præterea veniendo ad factum Græcorum, qualiter sæpè dictum Basileense Concilium laboriosissimas, sed laudatissimas misit Legationes pro reductione Græcorum ad Ecclesiam Latinam. Et si specialiùs loqui expediat, declaret atque exponat qualiter hæc sacrosancta Synodus tales personas in tali numero, tali tempore destinauit ad Imperatorem Græcorum & Patriarcham Constantinopolitanum pro eorum aduentu ad sacrum Basileense Concilium.

Deinde quod mediantibus eorum laboribus & etiam D. nostri Eugenij Papæ moderni iam Græci applicuerunt, vt fertur Venetijs, & sunt ibidem exspectantes & parati ad vnionem Ecclesiæ.

Et quia ad præsens D. noster Eugenius ex vna parte conuocauit Concilium apud Ferrariam, parte verò ex altera Ecclesia extitit congregata in Ciuitate Basileensi, idcirco Græci attendentes non esse plenariam vnionem & mutuam concordiam inter summum Pontificem & Basileense Concilium, hactenus venire distulerunt: quocirca expediens & summè necessarium videtur quod hortentur Reges & Principes Christianitatis ad vnitatem & concordiam Ecclesiæ cum summo Pontifice & summi Pontificis ad Ecclesiam; per conuentionem ad alterum duorum locorum, vel ad vnum alium tertium, quoniam, teste Isidoro, infra Ecclesiam, seculi Potestates necessariæ non essent nisi quod non præualent Sacerdotes efficere per doctrinæ sermonem, **Potestas hoc imperet per disciplinæ terrorem.**

Et in speciali ex parte dictæ Vniuersitatis habeat Proponens hortari D. nostrum Regem, vt ad rem tam Deo placitam & acceptam velit suam operam conferre, vt habita Ecclesiæ & summi Pontificis mutua concordia atque animorum vnione, fiat facilior Græcorum reductio ad Ecclesiæ Latinæ morem & ritum; nec videtur facile alteram partium hoc posse facere, quia virtus vnita fortior est seipsa dispersa.

Vbi verò in præsenti Congregatione Ecclesiæ Gall. contingeret materiam super collatione & prouisione Beneficiorum agitari, videtur expediens quod opus est imprimis tractare de reductione Græcorum ad Ecclesiam Latinam; quia ista Græcorum materia vniuersaliter Ecclesiam & Ecclesiæ vnitatem concernunt quæ reductione facta in Concilio illo Iustorum indubitato & Congregatione magna erunt opera Domini, & fiet debita prouisio tam in Collatione Beneficiorum quàm in cæteris Ecclesiæ vtilitatem concernentibus, magna, vt speratur, erunt opera Domini.

Finaliter si in dicta Congregatione Ecclesiæ Gall. contingerêt aliquas agitari & ventilari materias quæ tangant & concernant priuilegia, consuetudines, & libertates Matris nostræ Vniuersitatis & Suppositorum eius, habebunt dicti Ambassiatores audire & referre duntaxat & nullo modo concludere, aut destinare aliquid in præiudicium Priuilegiorum & libertatum dictæ Vniuersitatis, cum iam sint ad hoc perjuramentum adstricti.

1438.

Circa verò Prouisionem Ambassiatorum destinandorum Bituris ad Concilium Ecclesiæ Gallic. videtur expedire quod pauci & benè electi conformiter ad litteras D. nostri Regis illuc mittantur, quia sic facile procurabitur eorum Prouisio, aut per cessationem omnium Bursarum nuper currentium ad impositionem vnius nouæ Bursæ super illis duntaxat qui de cætero ad juramentum Vniuersitatis admittentur, vel per recuperationem pecuniarum ad quas tenetur Reuer. in Christo Pater D. Episcopus Parisi. per compositionem alias factam inter præfatum D. Parisi. & ipsam Vniuersitatem ratione Concilij nuper celebrati in Ciuitate Aurelianensi.

Item quod per dictos Ambassiatores, vel alterum ipsorum in propositione, vel propositionibus coram D. nostro Rege faciendis proponatur & dicatur ex parte dictæ Vniuersitatis, quod ipse dignetur celerius quàm fieri commodè potest, tollere istas oppressiones vrgentes quibus supra modum opprimitur Ciuitas Parisi. cum suis in ea habitantibus nedum ab Hostibus & inimicis antiquis D. nostri Regis, verum etiam à suis proprijs Commilitantibus; quod cedit & venit aliquantisper contra Regiam Majestatem & in maximum incommodum Reipublicæ.

Habetur ergo Synodus, condunturque 7. Iulij Canones ad securitatem, tranquillitatemque Ecclesiæ Gallicanæ, nempe celeberrima illa *Sanctio Pragmatica*, damnatæ Beneficiorum Annatæ, item Gratiæ Exspectatiuæ, & alia eiusmodi in Basileensi Concilio iam sancita; quibus non immoror; cum sint ea omnia iampridem luce publica donata.

Eodem anno Vniuersitas rem habuit cum quibusdam Publicanis Parisiensibus qui vectigal vino impositum colligebant, neque sua Priuilegia infringi passa est, vt legitur in veteri Codice Procuratorum Nationis Gallicanæ, tum Procuratore M. Ioanne de Coussy Submonitore, seu Proprimario Artistarum Collegij Marchiani, qui sic scribit. Anno eodem 14. mensis Septembris die Iouis hora Vespertina fuit apud S. Mathurinum Congregatio Deputatorum singulorum Decanorum Facultatum & Procuratorum singularum Nationum per D. Rectorem conuocata super 2. articulis. 1. Fuit ad obuiandum impositioni institutæ per Burgenses Parisi. super vina. 2. Fuit ad prouidendum articulis conuentis in Concilio Bituris celebrato tangentibus prouisionem Beneficiorum duntaxat. 3. Communis fuit super supplicationibus & iniurijs. Quantum ad 1. placuit præfatæ Vniuersitati obniare & resistere dictæ impositioni vinorum, & adire Dominos hanc Taliam, siue Impositionem facientes. 2. art. fuit remissus alteri congregationi pro crastino vt planius discutiatur. Hæc sunt quæ fuerunt acta.

DE IMPOSITIONE VIVARIA.

Anno eodem 25. mensis Sptemb. die Veneris hora 8. fuit Vniuersitas apud S. Mathurinum per D. Rectorem conuocata super 3. articulis. 1. Fuit ad contradicendum cuidam subsidio imposito Vinis à Rectoribus Parisi. 2. Fuit ad informandum & consulendum de articulis conclusis in Concilio Bituris celebrato tangentibus prouisionem Beneficiorum. 3. Super supplicationibus & iniurijs. Quantum ad primum voluit dicta Vniuersitas quod omnes Scholares veri tam Baccalarij quàm Magistri & Doctores eximerentur ab ista impositione vinorum, & quod viriliter & efficaciter prosequerentur & defenderentur nostra priuilegia vsque ad Cessationes inclusiuè & quod dicta priuilegia declararentur istis Impositoribus, & si non vellent assentire, ipsa vult quod appelletur ad Regem. Quoad 2. artic. voluit quod darentur Deputati ad auisandum bonum

" modum & bonam prouisionem quoad Collationem Beneficiorum, quæ
" posset proficere, & esse vtilis dictæ Vniuersitati, quia prouisio inuenta in
" Concilio Bituris non videtur sibi conueniens, &c.

1439.   Anno 1439. Florentiæ quò Concilium Ferrariense propter pestem translatum fuerat, pax tandem & vnio fidei cum Græcis facta, non parum in eam rem adnitentibus Imperatore & Patriarcha Constantinopolitano, item Bessarione & Georgio Scholario qui sæpè orationes ea de re ad Concilium habuerunt. Imprimis verò Patriarcha hanc fidei Confessionem edidit, die 9. Iunij, vt se morti propinquum sensit.

" Ioseph miseratione diuina Archiepiscopus Constantinopolis nouæ
" Romæ & Oecumenicus Patriarcha. Quoniam ad finem vitæ meæ per-
" ueni, soluturus iam commune debitum Dei gratiâ scribo & subscribo
" sententiam meam apertè Vniuersitati meorum filiorum. Omnia igitur
" quæ sentit & quæ dogmatizat Catholica & Apostolica Ecclesia Domini
" nostri Iesu Christi Senioris Romæ, ipse quoque sentio, & ijs me acquies-
" centem do ac dico. Profiteor quoque Beatissimum Patrem Patrum &
" maximum Pontificem & Vicarium Domini nostri Iesu Christi antiquæ
" Romæ Papam ad certam omnium fidem; necnon Purgatorium anima-
" rum. In horum quippe fidem subscriptum est die mensis Iunij 9. 1439.
" Indict. 2.

Sub finem Iulij, Græci cum Imperatore in Patriam redierunt, quibus successère Armenij petentes quoque fidei vnionem: quamobrem ad tres annos prorogatum est Concilium Florentinum. Interim verò Moguntiæ Germani, Basileæ Patres qui remanserant suos conuentus celebrabant, aduersus Eugenium; præsertim verò Basileenses: nam Moguntini licet accepissent omnia Decreta Basileæ edita, exceperunt tamen Iudicium contra Papam. At Basileenses Theologorum iudicio has Conclusiones ediderunt.

" 1. Potestatem Generalis Concilij esse supra Romanum Pontificem.
" 2. Pontifici non licere dissoluere Generale Concilium, præter eius
" consensum.
" 3. Has veritates qui negaret pertinaciter, hæreticum esse censendum.
" 4. Dissolutionem Concilij Basileensis primò per Eugenium factam
" esse contra primas veritates.
" 5. Eugenium monitum à Concilio errores suos primæ dissolutionis
" reuocasse.
" 6. Secundam dissolutionem ab eo factam, manifestum esse errorem
" fidei.
" 7. Eandem 2. dissolutionem probare eum esse relapsum (seu vt postea
" mutarunt) in reuocatum errorem prolapsum.
" 8. Iteratam dissolutionem, eiusque pertinaciam post accusatam eius
" contumaciam & erectionem alterius Concilij, durante adhuc Basileensi,
" contra primas veritates esse.

Hisce Conclusionibus, seu vt vocabant, *veritatibus fidei*, subscripserunt nostri Galli, M. Nicolaus Amici Doctor Theologus Paris. Nicolaus Tibout Normanus, Ioannes de Valle Brito, Thomas de Courcellis Canonicus Ambianensis, insignis quoque Doctor Theologus, qui pro supradictis Conclusionibus latè & clarè disseruit, Papam subesse Concilio & Ecclesiæ; quod hæc errare non possit, ille possit: quod mater illa, hic filius; sponsa Christi illa, hic tantummodo Vicarius: quod quæ data sunt Petro Apostolo Priuilegia, data fuerint vt personam Ecclesiæ ferebat, quem etiam ad Ecclesiam remisit Dominus, cum dixit, *dic Ecclesiæ*, vnde fit, vt si Papa non audierit Ecclesiam, tanquam Ethnicus & publicanus haberi debeat, &c.

Extat oratio Thomæ apud Æneam Syluium lib. 1. de Gestis Basil. Concilij, his verbis, *Nimis, vt video, rem protraherem, si quid singuli dixerint, explicare pergam*, &c.

Vniuersitatis Parisiensis. 447

Veruntamen plurimi Principum Legati, item & Moguntini reuersi Basileam intercesserunt, ne quid aduersus Papam statueretur: imò & Oratores Caroli nostri licet Basileensibus faueret, contradixerunt; nihilominus tamen Ludouico Cardinale Arelatensi rem acrius vrgente, in sessione publicâ depositus est Eugenius 25. Iunii, & creatus Pontifex Felix qui Dux Sabaudiæ Amedeus ante dicebatur, ex Eremo ad thiaram euocatus.

1439.

Huicce Depositioni & Electioni noui Pontificis intercesserunt Oratores Regis Francorum, vt legitur in MS. Victorino, his plane verbis. *Protestatur Rex, sicut Princeps Christianissimus, quod more Prædecessorum suorum paratus est audire Ecclesiam ritè & legitimè congregatam. Verum quod apud multos graues & probos non modica est dubitatio, an suspensio, priuatio & subsecuta Electio facta Basileæ sit legitima; dubium etiam est an illa Congregatio illis diebus quibus prædicta agitata & facta sunt, sufficienter repræsentaret vniuersalem Ecclesiam ad tantos & tam arduos actus; idcirco Rex perstat & manet in obedientia D. Eugenij in quâ nunc stat. Vbi verò Rex plenè & sufficienter de prædictis informatus fuerit, siue per Oecumenicum, aut aliud Generale Concilium, aut in Congregatione Ecclesiæ suæ Gallicanæ extensiùs congregandâ, seu in conuentione Principum, Rex compertâ veritate stabit cum ea & ei adhærebit.*

AMADEVS PRINCEPS SABAVDIÆ PAPA ELECTVS.

Statim etiam post electionem & intercessionem illam à Concilio missus est ad Regem M. Thomas de Courcellis vnus è Triumviris Electorum Felicis, cuius auditâ relatione Rex iterum apud Bituricas Concilium Prælatorum & Procerum Regni ad annum sequentem indicit vbi, vt infra dicetur, statutum est Eugenio esse adhærendum, salua tamen Pragmaticâ Sanctione. Ad sequentem quoque annum ab Imperatore indictus Conuentus Germanorum ad Ciuitatem Francfordiensem propter eandem Electionem: adeo tunc temporis diuisæ erant Catholicorum sententiæ; vndequaque autem Vniuersitas Parisiensis per litteras inuitabatur ad mittendos Nuncios, sine qua tum nihil rectè agi posse putabatur. Eodem itaque tempore ab Eugenio, à Basileensibus & ab Imperatore litteras accepit, à Rege quoque Carolo iussa est mittere è suis aliquos ad Concilium Bituricense, vt infrà dicemus.

Eodem anno Eugenius IV. Priuilegia Vniuersitati Pictauinæ à S. Sede Apostolicâ concessa ad instar Parisiensis comprobauit & confirmauit: in hancque rem extat Bulla eiusmodi.

EVGENIVS Episcopus seruus seruorum Dei. Ad perpetuam rei memoriam. Dum intra Arcana nostræ mentis solerti meditatione recolimus quantum ad Populum nostræ solicitudini commissum Remque publicam debitè regendam viri litterarum scientia docti conferant, cura nobis iniuncta dignum, imò debitum nostrum reputamus, vt non solùm contenti simus studia Generalia concessis sibi antè Priuilegijs gaudere, verum etiam ipsis alia ad ampliorem eorundem studiorum famam & gloriam vtilia concedamus, vt qui in illis voluntarios in huiusce cruditionis subsidium labores suscipiunt, de tanto ipsorum beneficio præter dominium quod non deerit; aliquod in terris munus se reportasse lætentur. Dudum siquidem felicis recordationis Vrbanus IV. Prædecessor noster pro felici statu & incremento studij Patauini, quod inter cætera Italiæ studia Generalia antiquissimum & celeberrimum esse constat, nonnulla per Doctores & Magistros eiusdem studij salubriter statuta & ordinata ratificauit & approbauit, ac ex certa ipsius scientia confirmauit. Deinde Clemens VI. Prædecessor etiam noster quæ per ipsum Vrbanum ratificata fuerant, grata habens & approbans, quædam alia pro ipsius studij amplificatione statuit & ordinauit, prout ipsorum litteris plenius continetur. Nos igitur attendentes quod à Generalibus studijs omnis dominiorum atque humanorum institutorum notitia proficiscitur, virique illa insigniti existunt, per quorum salutarem doctrinam effector omnium Deus agnoscitur & amatur, Iustitia colitur, proficientes

CONFIRMATIO PRIVIL. VNIVERSITATIS PATAVINÆ AD INSTAR PARISIENSIS.

"proficiunt, instruuntur indocti & præmijs afficiuntur boni; versutis au-
" tem suorum erratorum pœnæ, quas merentur, adijciuntur, omnisque
" humanæ eruditionis excellentia emanare dignoscitur: necnon ad dile-
" ctos filios Vniuersitatem prædicti Patauini studij, quos singulos omni fa-
" uore prosequimur, nostræ benignitatis oculos conuertentes, ne ipsi in
" sua exercitatione commendabili aduersus concessa sibi anteà priuilegia
" quomodolibet indebitè infestentur, verum potius amplioribus gratia-
" rum attollantur impendijs, motu proprio, non ad alicuius preces, omnia
" & singula priuilegia, libertates, exemptiones, concessiones & indulta
" alia eidem studio tam per prædictos & alios Ro. Pontifices prædecessores
" nostros, quàm per Imperatores, aut alios temporales Dominos hactenus
" concessa, quorum formas & tenores in præsentibus pro expressis haberi
" volumus, rata & grata habentes, illa auctoritate Apostolica tenore præ-
" sentium confirmamus, & præsentis scripti patrocinio communimus, om-
" nes & singulos, si qui interuenerint, defectus ijsdem motu atque auctori-
" tate supplentes. Et nihilominus quò studium ipsum aliquod singulare
" nostræ liberalitatis dono consequatur munus, vt omnes & singuli nunc
" & pro tempore in eodem studio existentes Doctores & Scholastici, ac
" ipsorum familiares & Officiales omnibus & singulis priuilegijs, præro-
" gatiuis, exemptionibus, immunitatibus, libertatibus, concessionibus, ho-
" noribus, fauoribus & indultis alijs quibuslibet, quocunque nomine cen-
" seantur, & quorum formas & tenores in præsentibus pro sufficienter ex-
" pressis haberi volumus, gaudeant & vtantur, quibus Romanæ Ecclesiæ,
" *Parisiensis, Oxoniensis, Bononiensis, Salmaticensis Studiorum* Doctores & Ma-
" gistri, eorumque familiares & Officiales ex quibusuis Apostolicis, Impe-
" rialibus, seu alijs Ecclesiasticis, vel temporalibus Concessionibus, aut
" Indultis gaudent; & vtuntur, gaudere & vti possunt, ac poterunt in fu-
" turum. Vtque omnes prædicti qui Beneficijs Ecclesiasticis affecti fue-
" rint, dum ipsi ibi resederint, omnium suorum Beneficiorum Ecclesiasti-
" corum quæ nunc obtinent & in posterum in quibusuis Ecclesijs, seu locis
" obtinebunt, quæcunque, quantacunque & qualiacunque sint & fuerint,
" etiamsi in illis personalem primam non fecerint residentiam consuetam,
" fructus ac reditus & prouentus cum ea integritate cum qua illos percipe-
" rent, si in Ecclesijs, seu locis huiusmodi personaliter residerent, quo-
" tidianis duntaxat exceptis distributionibus, per septennium percipere
" queant. Insuper vt ipsi singuli, etiam in sacris Ordinibus constituti, aut
" dignitates, vel personatus in Cathedralibus, aut alijs Ecclesijs, vel Pa-
" rochiales Ecclesias obtinentes in eodem studio & Legibus per quin-
" quennium studere, legere, & disputare, ac in eis Licentiæ Gradum, nec
" non Doctoratus insignia accipere liberè ac licitè valeant; motu & au-
" ctoritate prædictis tenore præsentium concedimus, ac de speciali dono
" **gratiæ indulgemus; non obstantibus felicis recordationis Honorij III.**
" Pontificis etiam Prædecessoris nostri & alijs Apostolicis, necnon in Pro-
" uincialibus & Synodalibus Concilijs, Edictis, Constitutionibus & Ordi-
" nationibus, Statutis quoque & Consuetudinibus Ecclesiarum in quibus
" beneficia huiusmodi fuerint, iureiurando Confirmatione Apostolica, vel
" quacunque firmitate alia roboratis, cæterisque contrarijs non obstanti-
" bus quibuscunque. Volumus autem vt Beneficia ipsa debitis propterea
" non fraudentur obsequijs; sed debitè sustineantur eorum onera consue-
" ta. Nulli ergo omnino hominum liceat hanc paginam nostræ ratihabitio-
" nis, confirmationis, suppletionis, concessionis, voluntatis infringere, vel
" ei ausu temerario contrauenire. Si quis autem hoc attentare præsum-
" pserit, indignationem prepotentis Dei & BB. Petri & Pauli Apostolorum
" eius se nouerit incursurum. Datum Florentiæ an. Dominicæ Incarn. 1439.
" Kal. Decemb. Pontificatus nostri an. 9.

Anno 1440. multa Rex edixit in Concilio Bituricensi ad obseruationem Pragmaticæ Sanctionis: item Responsum dedit Legatis Eugenij &
Concilij Basileensis, cuius inter cæteros legatus M. Thomas de Courcellis

cellis Doctor Theologus, præsente Rege, solemnem Propositionem fecit eorum quæ à Concilio dicenda habebat; quæ legitur tum in Concilio Bituricensi, tum in tomo 2. Libertatum Gallicarum; facitque maximè ad historiam huius temporis.

1439.

Eidem Concilio iussi sunt adesse Selecti Vniuersitatis prout à Rege postulauerat Reginaldus de Carnoto Franciæ Cancellarius. Eidem Legati Eugenij quorum Princeps erat Ioannes de Turre-Cremata Hispanus. Illi autem hæc potissimùm à Rege postularunt, 1. vt reprobaret Concilium Basileense ex quo iussu Eugenij translatum fuerat Ferrariam; Ferrariense verò approbaret. 2. Vt Depositionem Eugenij & Felicis Electionem reprobaret. 3. Ne ad Ciuitatem Moguntinam, inconsulto Papa, mitteret. 4. Vt Pragmaticam-Sanctionem abrogaret aut suspenderet. Postea auditi sunt Legati Basileenses, & per sex dies de singulorum Postulatis deliberatum est; die autem 9. Septemb. Eugenij legatis sic Regis nomine respondit Martinus Gouge Episcopus Claromontensis.

Ad 1. quidem postulatum, Regem habuisse Concilium Basileense pro Concilio: ad ipsum Oratores suos misisse, eius Decreta plurima ad fidem & bonos mores pertinentia approbasse; nec vnquam Concilium Ferrariense pro Concilio habuisse, aut habere.

Ad 2. Regem nunquam Depositionem Eugenij & Electionem Felicis approbasse, aut approbare: immò agnouisse Eugenium pro Papa & adhuc agnoscere, velleque in toto suo Regno ipsius mandatis parere, nisi aliter Concilio intra annum in Gallia celebrando videretur.

Ad 3. de missione suorum Oratorum ad Ciuitatem Moguntinam, aut aliam, consulturum cum suis maturiùs tempore opportuno.

Ad 4. velle Pragmaticam-Sanctionem inuiolabiliter seruari; & si aliqua viderentur paulo rigidiora, Concilio Generali submitti, non aliter. Cuius quoque in obseruatione video Oratores Scholæ Parisiensis Basileæ fuisse obstinatissimos; nam cum Felix Annatas exigere contenderet iuxta Decretum Sessionis 42. Germanicæ Nationis, & Scholæ Parisiensis Legati cum plerisque alijs Gallorum nomine intercesserunt, obstiteruntque quominùs id decerneretur antequam Prouinciales ea de re certiores fierent.

Eodem anno, Basileenses Epistolam Circularem datam 6. Id. Nouemb. pro se & Felice mittunt ad omnes Prælatos & Principes, conclamatamque Religionem Christianam esse prædicant, nisi Concilio suo pareatur & Pontifici à se electo. Quorum rationibus examinatis, plurimæ Vniuersitates declarasse dicuntur supremam potestatem penès esse Concilium Basileense, cui etiam Papa obedire teneretur: inter cæteras autem, numerantur in Codice Victorino pag. 12. Parisiensis, Viennensis, Erfordiensis, Coloniensis, & Cracouiensis in Polonia: qua de re infrà.

In quodam Reg. Papyraceo, cuius mihi copiam fecit Antonius Viou d'Herouual ad hunc an. tale legitur datum arrestum.

L'an 1440. du Mecredy 16. Nouembre par les opinions de...... M. Iacques Iuuenel Aduocat du Roy en Parlement..... M. Iean Simoni Aduocat en icelle Cour & Substitut du Procureur General & plusieurs autres, tous assemblez en la presence de M. le Preuost, ou Parquet du Procureur General, au Palais à Paris, fut deliberé & conclud, que ledit M. Iean Choart Procureur du Roy se adioindroit auec nostre Mere l'Vniuersité de Paris & les Religieux Augustins de Paris, en la cause meuë & encommancée audit Chastelet, entre les dessusdits de l'Vniuersité & les Religieux Augustins d'vne part. Et les Doyen & Chapitre de Paris Preuost des Marchands & Escheuins de Paris, la Veufue de feu Simon Bayart, M. Iean Gentian, soy disant Seigneur en partie de Charenton, & autres opposans d'autre part, pour occasion des oppositions faites & données par les dessusnommez à la prinse & arrest des biens & heritages, qui furent Iean Bayart & autres Complices n'agueres bannis du Royaume, pour occasion de la mort & occision commise & perpetrée à la personne d'vn Religieux de ladite Ordre des Augustins nommé........ En soustenant par ledit Procureur la confiscation declarée par la Sentence donnée contre les dessusdits de leurs biens & heritages

1440.

au moyen dudit ban estre & appartenir au Roy nostredire Sire, sans payer aucune chose aux dessusdits Opposans contre lesdits Arrests, tant pour droit pretendu & demandé par ladite Veufue, comme pour les loüaiges que les dessusdits dient à eulx estre deubs, à cause du loüage des Moulins & Maisons que tenoient les dessus-nommez bannis, desdits Opposans. Et par semblables d'autres debtes pecuniales, dont les aucuns faisoient demandes; sans auoir regard & en tant que touche l'opposition donnée par le Fermier des deffendeurs du Greffe, au moyen des appeaulx du ban deuant dit.

Hac de re sic legitur in Actis Gall. Nationis; scribente M. Victore Textoris alias de Ceriserijs Procuratore, ad diem 16. Aug. Et 1. in illa Congregatione exposuit D. Procurator quod fuerat citatus in Castelleto, ad instantiam & requestam Roberti Louuet Receptoris ex parte Domus villae Locagiorum molendinorum situatorum super Pontem nostrae Dominae, occasione alicuius summae pecuniae sibi debitae, vt dicebat, à Ioanne Bayart, tunc tenente immunitatem Ecclesiae in S. Genouesa, propter nefandum genus homicidij ab ipso & suis complicibus perpetrati, in personam cuiusdam Augustiniensis qui tenuerat titulo locagij per certa tempora alterum Molendinorum à praedicto Receptore nomine quo supra, quoniam bona praefati malefactoris erant detenta & arrestata prosecutione Vniuersitatis, ad reparationem huius sceleratissimi delicti.

Sententia primum aduersus homicidam lata est à Praeposito Parisiensi, ad quam audiendam Rector Vniuersitatem congregauit apud S. Mathurinum, die 16. Septemb. eiusdem anni, vt legitur in Actis eiusdem Nationis; res verò postea ad Curiam Paris. delata, vt supra retulimus.

Caeterum hoc & sequentibus annis varij fuerunt editi Tractatus de negotio Schismatis, quos quia nondum luce publica donatos credimus, quà indigni non sunt; idcirco his Annalibus nostris attexere non extra rem esse duximus, vt agnoscat Posteritas quae tum fuerit sententia virorum Doctorum & Vniuersitatum de autoritate summorum Pontificum Conciliorumque Generalium. Illos autem ex MS. San-Victorino notato pag. 12. 689. desumpsimus.

Tractatus Doctoris Parisiensis pro Synodo Basileensi, contra eiusdem Translationem.

QVia nonnulli propter ignorantiam, ac intuitu pietatis, seu pacis in Dei Ecclesia ponendae recusant, aut saltem differunt obedientiam summo Pontifici D. nostro Felici Papae V. ad Neutralitatem, aut ad tertium locum accedere volentes, visum est cuidam zelatori salutis animarum, authoritatis Ecclesiae, ac sacrorum generalium Conciliorum quod Principes Christiani & Praelati, ac caeteri in eadem materia haesitantes per oratores Sacri Concilij Basileensis & eiusdem Sanctissimi D. nostri Felicis, ac per alias pias & litteratas personas de paucis sequentibus apertè informandi sunt. Iuxta tamen earumdem scrupulos & haesitationes, relinquendo ampliora & subtiliora, ac Iuris diuini & humani allegationes illis, qui de paucis multa nouerunt colligere, vt talium haesitantium conscientijs serenatis, ad plenariam obedientiam Praelati sanctissimi D. nostri Felicis reducantur pro quibus declarandis ponitur ista propositio fundamentalis.

Ille qui pro summo Pontifice à Dei Ecclesia datur, seu à Concilio generali ipsam repraesentante, debet à quolibet bono Catholico tanquam verus Summus Pontifex recipi & teneri. Ista propositio multipliciter probatur & declaratur. Primò sic. Christus sufficienter instruxit suam Ecclesiam in sacra Scriptura de his quae pertinent ad eius Constitutionem, seu de membris principalibus ipsam constituentibus, inter quae primum & principalissimum membrum est Summus Pontifex, cum etiam omnia quae euidenti consequentia ex sacra scriptura edoceri possunt, ad fidem pertineant, vt dicunt Doctores: Sed Ecclesia dispersa non loquitur, sed duntaxat Concilium generale ipsam repraesentans. Cui super inobliquabilitate &

Vniuersitatis Parisiensis. 451

& rectitudine iudicij eadem promissio facta est, qualis facta est Ecclesiæ in multis locis Sacræ Scripturæ, vt Math. 18. *Vbi duo, vel tres congregati fuerint in nomine meo, ibi sum ego in medio eorum.* Igitur secundum veritatem fidei infallibiliter credi oportet Concilio generali vniuersalem Ecclesiam repræsentanti, quis est verus summus Pontifex & quis non, & per consequens secundum veritatem fidei Populus Christianus illum debet recipere pro summo Pontifice, qui à Concilio generali sibi datur.

Secundò declaratur sic propositio prędicta. *Omnis bonus Catholicus debet audire Ecclesiam in his quæ pertinent ad fidem*; sed ad fidem pertinet debere esse vnum summum Pontificem in Ecclesia, cum Christus Petrum tanquam Sum. Pontificem in Euangelio ordinauerit, quando sibi dictum est, *Pasce oues meas*, Ioan. vlt. ipsum ibidem cunctis Populis præficiendo, volens eidem Petro alios summos Pontifices vsque in finem mundi succedere; ergo sequitur quod ille, qui pro summo Pontifice ab Ecclesia Dei datur, debet à quolibet bono Catholico tanquam verus summus Pontifex recipi & teneri. Præterea in his nedum quæ pertinent ad fidem, sed ad bonum regimen vniuersalis Ecclesiæ, debet audiri Ecclesia, iuxta Glos. super 1. verbo, Ioan 18. *Cum venerit Spiritus veritatis, docebit vos omnem veritatem*, glos. *necessariam ad salutem non solum pro personis vestris; sed etiam ad bonum & salubre regimen Ecclesiæ*, & fidelium instructionem pertinet esse vnum summum Pontificem, qui inferiores habet dirigere, corrigere, instruere, & actus Hierarchicos ad reductionem ipsorum in suum finem exercere; ergo oportet dicere quod ille qui ab Ecclesia pro summo Pontifice Populo datur, debet pro vero summo Pontifice recipi & eidem tanquam summo Pontifici & Pastori obediri.

Amplius, sicut quilibet bonus Catholicus tenetur credere Ecclesiæ super his quæ pertinent ad suum esse, sic etiam tenetur credere super his quæ pertinent ad suam vnitatem, cùm vnitas consequatur esse, sed Ecclesia Catholica nedum est vna ex ordine ipsius ad Iesum Christum, qui est Caput eius essentiale, sed etiam est vna ex ordine ipsius ad summum Pontificem, qui est Caput ipsius ministeriale, alioquin non esset aliquod Monarchicum regimen in Ecclesia nisi respectu Christi, quod est absurdum dicere, cum Christus pro Vicario suo summum Pontificem in terris reliquerit. Sequitur ergo quod necessarium est credere illum esse summum Pontificem Christi Vicarium, qui ab Ecclesia seu à Concilio generali eandem repræsentante cœtui Christiano, seu Populo Catholico datur.

Præterea vbi est varietas in iudicijs super his quæ pertinent ad consecutionem vitæ æternæ, cum homo in hac vita super sua salute non possit non esse perplexus, secundum Doctores oportet quod alicuius Iudicium pro sua perplexitate tollenda debeat recipere: sed nullum est tam certum iudicium sicut iudicium Ecclesiæ. Cum illa sit *Columna & firmamentum veritatis*, secundum Apostolum 1. ad Timotheum; ergo sequitur quod vbi Ecclesia iudicat vnum esse summum Pontificem, seu Concilium generale ipsam repræsentans, quilibet bonus Catholicus sibi credere tenetur.

Item in Dei Ecclesia oportet vt sit vnus ad quem in dubijs fidei quando Concilium generale non sedet, habeatur recursus, & etiam ad quem pro Plenarijs Indulgentijs tribuendis, ac dispensationibus & cæteris sibi soli reseruatis accedatur: ad talem autem salubriter accedi non potest, nisi primitùs quis est ille, cognoscatur: sed nullum est certum & inobliquabile iudicium in talibus quæ salutem humanam respiciunt nisi Dei Ecclesia, aut Concilium generale eam repræsentans: quare necessariò oportet credere Concilio generali, quis est summus Pontifex & illum quem pro summo Pontifice recipit, acceptare.

Confirmatur: Oportet credere alicui quis est verus Papa & qui non, alioquin Christus non sufficienter prouidisset saluti hominum, aut suæ

Tom. V.   LLl ij

Ecclesiæ in qua necesse est esse vnum summum Pontificem saltem ad benè esse nisi sede vacante: sed nullus alius est inobliquabilis nisi Ecclesia, aut Concilium generale habens specialem Christi assistentiam ex promissione eius in sacra scriptura, ergo nulli alij necesse est infallibiliter credere nisi Ecclesiæ, aut Concilio generali.

"Cæterum ex puris naturalibus & ex mero iudicio rationis non potest sciri quis est summus Pontifex in Ecclesia, cùm status summi Pontificis supernaturalis existat & à Christo pro bono regimine suæ Ecclesiæ & ad consecutionem vitæ æternæ specialiter sit institutus: sed de his quæ sunt supra naturam, & quæ excedunt merum iudicium rationis, maiorem & certiorem habet Ecclesia quam quæuis persona, aut Communitas, cum eidem à Saluatore nostro pro speciali Priuilegio dictum sit *Cum venerit Spiritus ille veritatis, docebit vos omnem veritatem*, Ioan. 10. & Matth. vlt. *Vobiscum sum omnibus diebus vsque ad consummationem sæculi*; vnde sequitur quod necessario credendum est Ecclesiæ, seu Concilio generali, cum pro Ecclesia loquatur. Demum ostenditur Conclusio sic; Secundum omnes Doctores obediendum est Superioribus in his quæ pertinent ad statum suæ prælationis, iuxta illud Apostoli *obedite præpositis vestris*: sed ad Prælationem illius Concilij & non cuiuslibet Christiani pertinet eligere & dare Christianis summum Pontificem: non enim conuenit Cardinalibus nisi ex ordinationibus Ecclesiæ seu Concilij generalis; sequitur ergo quod Concilium generale maxime in defectum Cardinalium, sicut nunc, habet dare Populo Christiano summum Pontificem; & per consequens eidem obediendum est à quolibet bono Catholico; & sic patet multiplici via, propositio præmissa, ex qua propositione & eius declaratione manifestum est neutralitatem respectu summi Pontificis à Concilio electi esse erroneam, nec vllatenùs posse subsistere; cum veritati fidei & sacræ Scripturæ, vt satis declaratum est, repugnet, aut saltem ipsius neutralitatis assertio.

"Sed forsan aduersarius sacræ Scripturæ inscius obijciet quod ratione Schismatis, aut maximi scandali in Dei Ecclesia insurgentis licet se ab vtroque se gerente pro summo Pontifice substrahere, sicut tempore alterius Schismatis factum est, vt pax & tranquillitas in Dei Ecclesia habeatur iuxta doctrinam Christi, *si oculus tuus scandalizat te, erue eum & proijce abs te*, & illud Apostoli, *si esca scandalizat fratrem, non manducabo carnem in æternum*: Summus autem Pontifex est oculus Populi Christiani & vitam spiritualem Populo Christiano ministrat: opus est ergo vt declaretur quod non propter scandalum, aut propter Schisma debet quis omittere obedientiam præstare summo Pontifici à Concilio generali Dei Ecclesiæ seu Populo Christiano dato.

"Primò enim non ratione scandali, quod oritur in Ecclesia ex hoc quod **duo se gerunt pro summis Pontificibus**, quoniam secundum Doctores: *Etsi veritas doctrinæ & iustitiæ possit omitti propter scandalum, veritas tamen vitæ numquam omitti debet propter scandalum*: Ad veritatem autem vitæ pertinet obedire illi qui pro summo Pontifice populo Christiano datur à Concilio generali, cum quilibet teneatur credere talem esse summum Pontificem & nullum alium, vt declaratum est superius.

"Secundò hoc idem ostenditur quod non ratione Schismatis; quia si sit Schisma in Dei Ecclesia, non est Schisma nisi quia non obeditur à quibusdam ei cui debet obediri, videlicet ei qui datus est ab Ecclesia populo Christiano pro summo Pontifice, de quo non debet dubitari quin sit verus summus Pontifex Ecclesiæ; vt declaratum est in prima propositione. Nunquam autem est malum faciendum vt exinde sequatur bonum, quod fieret si non obediretur ei qui datus est ab Ecclesia, seu à Concilio generali vt tolleretur Schisma ab Ecclesia; sed tollendum est sic Schisma ab Ecclesia quod omnes Populi Christiani insurgant contra Gabrielem, à Papatu propter sua demerita depositum & tanquam hæreticum & Schismaticum, cum à Dei Ecclesia eijciant eum veri filij Ecclesiæ Dei

Ecclesiam audientes & eidem obedientes.

Nec est simile de priori Schismate duorum Contendentium dudum per Concilium Pisanum & Constantiense extirpato, vbi forsan neutralitas eisdem Contendentibus facta, fuit approbata ad huiusmodi Schisma extirpandum & delendum de Ecclesia Dei. Tum 1. quia non poterat esse certum, quis esset verus Papa inter duos Contendentes, cum ambo varijs vijs à Cardinalibus essent dati Ecclesiæ, & etiam res, quando fuit facta neutralitas tam inueterata erat, quod vix à quoquam sapiente perpendi poterat, quis eorum esset verus Papa: non sic autem nunc, vt manifestum est. Tum 2. quia nullus eorum tunc Contendentium erat datus Populo Christiano à regula inobliquabili & indefectibili, cuiusmodi est Ecclesia vniuersalis, seu Concilium generale eam repræsentans quod nobis pro Papa dedit Felicem V.

Tertiò quia tunc recursus ad superiorem habebatur, videlicet ad Concilium generale, quod nedum est regula inobliquabilis ratione assistentiæ saluatoris Math. 18. eidem promissæ, sed etiam supremum est tribunal in terris ad quod in dubijs salutem humanam concernentibus debet haberi recursus; in casu autem nostro non potest haberi recursus ad Superiorem sub Christo, cum Concilium generale dederit D. Felicem Papam V. quod quidem Concilium generale non habet superius in terris, cùm repræsentet Ecclesiam vniuersalem, quæ cunctorum Christianorum mater est, regina & domina cum etiam Petrus summus Pontifex remissus fuerit ad Ecclesiam sicut ad Superiorem; cum ei à Christo Matth. 18. dictum est, *Dic Ecclesiæ*, quod sufficienter de Concilio generali intelligitur, cum Ecclesia generalis post publicationem Euangelij per orbem immensum in vnum non congregetur nisi in paucis in Concilio generali loco omnium Catholicorum congregatis vices authoritatemque illorum supplentibus. Verbum autem illud non solum dictum fuit Petro pro seipso, sed etiam pro futuris suis Successoribus, vt satis notum est.

Quod si aduersarius fortificans suam intentionem dicat quod huiusmodi neutralitas duorum Contendentium potest fieri & sustineri cum submissione ad Concilium generale in tertio loco celebrandum, vbi maior multitudo Ecclesiasticorum, Doctorum & Ambassiatorum Principum adesse poterit, & hanc materiam melius & per amplius discutere, hoc dici non potest, quia nulla est quæstio salutem humanam concernens, quin possit sufficienter discuti per Concilium generale quodcumque sit illud: cùm Spiritus sanctus influens ad huiusmodi quæstionem definiendam æquè bene & æquè sanctè influat in vno Concilio, sicut in alio: Personæ etiam quæcumque possunt ita bene accedere ad Concilium Basileense, sicut alibi, cum ibi sit, vt inferius dicetur, & fuerit, vt nouerunt illi, qui ab eodem recesserunt, maxima libertas, ergo non oportet quærere alium locum vbi vnum aliud Concilium congregetur. Sicut etiam non est nisi vna Ecclesia Catholica, sic non est, nec esse potest nisi vnum Concilium generale quod vnicam Ecclesiam repræsentet.

Item si quæreretur aliud Concilium generale per quod huiusmodi neutralitas & ius D. Felicis Papæ V. venerint discutiendæ, videtur quod fieret iniuria Spiritui sancto, quod cuilibet Concilio generali assistit, & in eodem definit, quando videlicet iterum discuteretur & in dubium reuocaretur, quod semel per Spiritum sanctum est definitum. Si enim hoc diceretur, vix aliquid certum in fide, aut moribus in Ecclesia haberemus, quia quemadmodum vnum Concilium congregatum potest errare in fide & moribus, sic & aliud, & sic omnia per Concilia generalia discussa possent venire in dubium, quod est hæreticum asserere contra illum articulum, *Credo in vnam sanctam Ecclesiam Catholicam*.

Præterea cum Basileense Concilium sit verum & legitimum Concilium authoritate summorum duorum Pontificum & duorum Conciliorum generalium congregatum, nec per Gabrielem potuerit dissolui, qui essent illi qui durante præsenti Concilio, possent aliud Concilium congregare,

"1440.

1440.

„ cum nullam authoritatem ad hoc faciendum habeant? cum huiusmodi
„ authoritas sit duntaxat apud Concilium generale & verum & indubita-
„ tum summum Pontificem. Vlterius quomodo poterit sustineri quin ta-
„ les talia attentantes sint veri Schismatici Ecclesiam sponsam Christi &
„ tunicam Christi inconsutilem diuidentes, cum sedente Concilio gene-
„ rali Basileensi, aliud Concilium generale celebrare velint, altare contra
„ altare erigentes.

„ Nec valet si *dicant quod quælibet vis debet obuiare suæ destructioni*; in na-
„ turalibus enim videmus quod sicut res habent suas proprias operationes
„ & sibi connaturales, sic etiam naturaliter habent resistere suis contrarijs &
„ suæ corruptioni. Notū est autem quod Christus non minus Christianis qui
„ sunt membra sui Corporis mystici, assistit, quam rebus mere naturalibus:
„ Et sic cum sit Schisma formatum actu in Ecclesia per quod Schisma Chri-
„ stiani pereunt & damnantur, videtur quod boni Christiani possint se
„ congregare in vno Concilio generali ad eneruationem huiusmodi Schis-
„ matis, imò videtur quod Christus dedit Christianis authoritatem hoc
„ faciendi, quando dixit vniuersaliter, *vbi duo vel tres fuerint congregati in*
„ *nomine meo, ibi ego sum in medio eorum*, Matth. 18. Hoc profectò, vt vide-
„ tur, satis clarè soluitur, quoniam etsi Christiani debeant obuiare suæ de-
„ structioni, sicut res naturales suæ corruptioni, quia tamen habent vsum
„ rationis & dona gratuita ipsos ad æternam salutem dirigentia, debent
„ ordinatè resistere suæ destructioni & secundum legem à Christo sibi da-
„ tam: Lex autem Christi habet, Matth 18. *Qui Ecclesiam Dei audire con-*
„ *tempsit, sit tibi sicut ethnicus & publicanus*, & Lucæ 10. *qui vos odit me odit*.
„ Debent ergo Christiani resistendo suæ destructioni, audire Ecclesiam vi-
„ delicet Concilium generale legitimè congregatum, quia Ecclesia dis-
„ persa non loquitur: Ecclesia autem siue Concilium generale Basileense
„ videns quod olim Eugenius Ecclesiam Dei sciderat per erectionem
„ Conuenticuli Ferrariensis quod in fide errabat, & per Sessionem publi-
„ cam declaratum est, *quod Ecclesiam Dei in pluribus* scandalizabat, *ipsum à*
„ *Papatu rationabiliter deposuit* ad obuiandum destructioni Ecclesiæ quam
„ per mala opera sua idem Eugenius procurabat. Quod ergo fecit Eccle-
„ sia, seu Concilium generale, fecit ad obuiandum suæ destructioni per
„ Eugenium multipliciter procuratæ. Concilium autem generale in tali-
„ bus quæ salutem humanam respiciunt, à Spiritu sancto & Saluatore no-
„ stro dirigitur iuxtà illud præallegatum, *vbi duo vel tres, &c.* Et iuxta
„ glossam interlinearem, Act 15. Super primo verbo, *visum est Spiritui san-*
„ *cto & nobis* vbi sic habetur *Quibus nihil visum est sine Spiritu*; Debet ergo
„ credere quilibet Christianus iuxta sacram Scripturam, quòd Concilium
„ Basileense vt resisteret corruptioni suæ & omnium Christianorum, ip-
„ sum tunc Eugenium deposuit, & consequenter vt prouideretur Ec-
„ clesiæ de vero & Catholico Pastore, qui ipsam Ecclesiam iuuare con-
„ tra præfatum hæreticum posset, Beatissimum Felicem Papam V. ele-
„ git. Non est ergo potior via, nec rationabilior ad obuiandum destru-
„ ctioni Ecclesiæ quàm obedire Felici Papæ V. à Dei Ecclesia, seu gene-
„ rali Concilio ipsam repræsentante Christianis pro summo & indubitato
„ Pastore dato, & alium scilicet olim Eugenium tanquam pertinacem &
„ hæreticum à Dei Ecclesia eijcere.

„ Debent ergo omnes Christiani insurgere contra dictum Gabriëlem
„ ad obuiandum suæ destructioni & non aliud prætensum Concilium con-
„ gregare, ne credentes benè agere, Dei Ecclesiam in duo generalia Con-
„ cilia diuidant, & per consequens seipsos ad æternam damnationem in-
„ ducant.

„ Nec talium ratio vllatenus concludit quando dicunt, quod Christus
„ dedit Christianis authoritatem se congregandi quando dixit, *vbi sunt*
„ *duo vel tres, &c.* Dicendum enim quod etsi Christus ibidem authorita-
„ tem Ecclesiæ seipsam congregandi dederit, quando non est congrega-
„ ta, & sic congregata seipsam ad alium locum transferendi, si sibi bonum

Vniuersitatis Parisiensis. 455

videatur, non tamen dedit ei authoritatem duo Concilia generalia congregandi simul & semel, quia hoc esset erroneum & Schismaticum: non possunt ergo Christiani quicumque sint illi, sedente Concilio generali Basileensi, aliud generale Concilium erigere. Si enim erigeretur, potius Conuenticulum, aut Conciliabulum Schismaticorum, quàm Concilium nuncuparetur, nisi tamen de beneplacito suo Concilium Basileense propter bonum Ecclesiæ se ipsum ad alium locum vellet transferre, quod possent aliqui si vellent ipsi sacro Concilio Basileensi supplicare, etsi sibi videretur bonum, faceret; sin autem, supersederet.

1440.

Patet ergo manifestè ex præmissis quòd ex quo Concilium Basileense est verum & legitimum generale Concilium, non possunt quicumque Christiani pro Concilio generali ad alium locum se transferre sine consensu & authoritate eiusdem, & per consequens non possunt in eodem loco per modum Concilij generalis aliquam materiam vniuersalem Ecclesiam tangentem discutere. Nec potest dici ad obuiandum præmissis, quod Concilium Basileense non sit verum Concilium generale propter paucitatem personarum & recessum plurimorum Prælatorum, ac etiam Ambassiatorum Principum, imò nec propter recessum Præsidentium olim Eugenij Papæ, cum Spiritus sanctus cui opera Conciliorum generalium principaliter attribuuntur, non omittat influere in paucos in Concilio generali bene agere volentes propter recessum quorumcumque, iuxta illud præallegatum, *vbi duo vel tres, &c.* quamuis semper fuerit bonus numerus Suppositorum in eodem Concilio, non obstante etiam peste in Concilio Basileensi anno præcedente, vigente, imò videtur verisimiliter quod ibi semper fuerit maior numerus Suppositorum, quàm in aliquo Concilio Apostolorum Hierosolymis celebrato, quæ tamen Concilia ab omnibus Catholicis approbantur. Cum etiam præsentibus prædictis, fuisset ante eorum recessum in Sessione publica definitum quòd Concilium Basileense dissolui non posset, nisi de consensu duarum partium Concilij, votis singulorum tam in deputationibus quam in Congregatione generali primitùs scrutatis, & Decreto in Sessione publica prius facto, quod vt notum est, non est factum. Nec etiam hoc potest concludi propter præsentem dissolutionem Concilij ab olim Eugenio prius factam, cùm huiusmodi dissolutionem, seu translationem fecerit, si sacrum Concilium contra suos præsidentes, aut contra eum procederet, volens legem imponere Concilio in materia reformationis, *in qua inferior est ad sacrum Concilium*, imponens etiam Concilio in huiusmodi dissolutione terminum tractandi materiam fidei quæ tunc in eodem Concilio cum Bohemis tractabatur & agitabatur. *In qua materia fidei secundum omnes notum est ipsum esse inferiorem Concilio generali.* Propter quas causas eiusmodi dissolutio fuit Sessionaliter declarata erronea in fide sicut erat, cum ipse Gabriel eam posse tenus iustificaret, **contra declarationem Concilij Constantiensis de Superioritate Concilij ad Papam.**

Nec etiam potest allegari quod conclusum erat concorditer in Congregatione generali ante prætentam dissolutionem Concilij ab eodem Gabriele factam, quod si ciues Auenionenses infra certum tempus non expedirent summam septuaginta millia Ducatorum, ad nouam electionem procederetur, sic etiam factum est per illos, vt aiunt, ad quos potestas Concilij deuoluta tunc est, vigore cuius electionis, vt dicunt, translatio ipsius Gabriëlis facta est, & per consequens dissolutio Concilij Basileensis.

Quamuis plurima veridicè possent responderi ad istam replicam, seu instantiam, nihilominus secundum huiusmodi præsentem electionem & secundum Decretum initum cum Græcis, debebat stare Concilium firmum in Basileâ, vsque ad aduentum Græcorum ad partem Latinorum, quod vt notum est, non est factum, cùm Græci applicuerint per plures menses post huiusmodi prætensam dissolutionem, vt potest manifestè apparere calculanti. Hanc etiam translationem, seu dissolutionem non fecit ipse Gabriël vigore prætensæ electionis per illos paucos factæ, sed potius de plenitudine suæ potestatis, vt ipse in Bulla suæ prætensæ dissolutionis dicit.

" Præterea nullam conclusionem potuit accipere Concilium, quin ab illa potuerit recedere, aut Epieicheiam in ea habere cum supremam habeat potestatem. Causa autem quare Auinionenses non dederunt pecuniam infra tempus deliberatum, fuit quia ipse Gabriël per suos ibidem transmissos totis viribus impediuit huiusmodi pecuniarum persolutionem, inhibens ipsis sub pœna Capitis & sub Censuris Ecclesiasticis ne huiusmodi pecunias soluere attentarent: *Fraus autem & dolus nemini patrocinari debent.* Causa autem alia fuit quia per Ambassiatores Concilij erat ciuibus Auinionensibus antea promissum quod ante expeditionem pecuniarum super totam Ecclesiam imponeretur vna semis decima, eisque decretum mitteretur: Super qua semidecima eiusmodi pecuniæ quas darent, ipsis restituerentur. Quod infra illud tempus nullo modo fuit factum, quare videntes patres Concilij quod ciues Auinionenses causam rationabilem huiusmodi pecunias non expediendi infra illud tempus per Concilium deliberatum habebant & quod iam dederant pignora sufficientia pro huiusmodi summa persoluenda, habito præfato decreto fideiussorio stando in priori electione, huiusmodi decretum ipsis transmiserunt maximè quia si processum fuisset ad nouam electionem, plures difficultates & longa mora fuisset in nominatione alterius loci, & iam pecuniæ erant in Auenione paratæ, quæ cum difficultate ab alio loco habitæ fuissent. Galeæ etiam Concilij ad Græcos transmittendos erant paratæ, & etiam Oratores Constantinopolim transmittendi. Quare meritò sacrum Concilium ad nouam electionem non processit, nonobstante conclusione super hac re accepta, cum ignoraretur promissio per Præfatos Ambassiatores Auinionenses facta, sed duntaxat per paucissimos, ordine Concilij non seruato. Et contra voluntatem eiusdem Concilij prædicta prætensa electio facta est de qua etiam postmodum, vt præmissum est, ipse Gabriël minime est vsus, imò etiam postea decretum primæ electionis plumbatū est, & Auinionem transmissum de consensu totius Concilij, etiam illorum qui processerant ad secundam electionem, vt constat per decretum post modùm factum, per quod cassatur plumbatio decreti secundæ electionis alijs præsentibus: quod quidem præsumsum decretum 2. electionis plumbatum fuerat fraudulenter, inicio Concilio, circa mediam ad plumbum accedendo, multis eiusdem clauigeris vocatis, aut ibidem existentibus, sed solis præsidentibus olim Eugenij, aut suis de hoc notitiam habentibus: Propterea meritò contra eos tanquam contra falsarios tunc actum est, non obstante quod tunc Eugenius quia contra ipsos & contra eum agebatur, super multis criminibus Dei Ecclesiam scandalizantibus displicentiam sumpserit, & occasione huius suam prætensam dissolutionem fecerit, magis ad hoc faciendum ex passione quàm ex ratione ductus.

" Ex præmissis liquidò constat neutralitatem summi Pontificis à sacro Concilio Basileensi electi cum submissione ad Concilium in tertio loco celebrandum subsistere non posse, nec huiusmodi Concilium posse in tertio loco celebrari, nisi de consensu sacri Basileensis Concilij: & vbi vellet ex mera libertate sua ad alium locum transferri. Patet etiam ipsum Concilium Basileense semper à sui initio fuisse verum generale Concilium & nullatenùs dissolutum, non obstantibus impedimentis pluribus à Gabriële & suis sæpius eidem Concilio procuratis vt dissolueretur: quod tamen iuxta præmissa facere non potuerunt, Spiritu sancto eidem Concilio assistente; & per consequens ipso Basileensi Consilio durante à quibuscumque Christianis nullum aliud generale Concilium erigi posse.

" Sed pro consummatione illius tractatuli restant tres difficultates non modicæ ad elucidationem præmissorum exponendæ pariter & soluendæ.

Prima

Prima est quomodo potest Concilium Basileense à Spiritu sancto dirigi, cum fuerit, vt nonnulli æstimant Schisma in Dei Ecclesia, eligendo vnum pro summo Pontifice, cùm alius se ingereret pro Papa: nunquam enim Spiritus sanctus potest esse causa Schismatis, quod tamen fecerunt illi qui sunt in Basilea, & per consequens non possunt facere verum Concilium generale cui Spiritus sanctus, vt dictum est, semper assistet.

1440.

Respondetur quod & si Concilium Basileense Felicem V. pro summo Pontifice elegerit, non tamen propterea fecit Schisma in Ecclesia, sed magis hoc fecit ad obuiandum Schismati duorum Conciliorum quorum vnum prætentum erat, quod quidem Schisma subortum erat per Gabrielem; & tale Schisma multò grauius erat, quàm duorum se gerentium pro summis Pontificibus, nec vnquam ante præsentia tempora in Dei Ecclesia visum est, eiusdem Felicis electio per Concilium Basileense facta est, nec in hoc Schisma fecit: sic enim Dauid inunctus fuit in Regem Israëlitici Populi ex ordinatione diuina, Saüle adhuc viuente, & se ipsum pro Rege illius Populi gerente, nec tamen Deus propterea hoc faciendo Schisma fecisse dicitur; sic nec Concilium Basileense quod authoritate diuina pro bono Ecclesiæ summum Pontificem elegit, alio se pro Papa gerente, Schisma in Dei Ecclesia vllatenus dicitur fecisse: Sed quemadmodùm illi qui ipsi Dauid post ipsius institutionem obedire nolebant, Saüli fauentes Schisma nutriebant, vt notum est, sic & fauentes nunc ipsi Gabriëli, authoritate diuina à Papatu per Concilium deposito, Schisma in Dei Ecclesia nutriunt, quamuis forsan se benè agere arbitrentur: non enim credat aliquis extra obedientiam Ecclesiæ suam salutem posse adipisci, quoniam scriptum est, *qui vos audit, me audit; & qui vos spernit, me spernit; qui autem me spernit, spernit eum qui me misit*.

Secunda difficultas quomodo posset esse verum quod facta Basileensium dirigeret qui recusauerunt Concilium & requestam Ambassiatorum omnium Principum Christianitatis, quam requestam faciebant ne esset Schisma in Ecclesia: qui tamen Ambassiatores erant solemnissimi Viri, tam Prælati quam Doctores Principes suos & eis subditos repræsentantes, qui sunt sine comparatione plures quam erant in Basilea. *Solutio.* Si per potentiam terrenam & humanam industriam acta generalium Conciliorum deducerentur, ratio adducta magnam haberet apparentiam; sed quia non sic est, quia non in multitudine exercitus victoria belli, sed de cœlo fortitudo est, ea maximè quæ salutem humanam concernunt per Spiritum sanctum influentem in Patres in eodem Concilio congregatos discutiuntur, iuxta illud Ioan. *Et suggeret vobis omnia quæcumque dixero vobis.* Et ideo quamuis magna industria & litterarum scientia multorumque repræsentatio in eisdem Ambassiatoribus existeret, nihilominus maior influxus Spiritus sancti ad salutem Ecclesiæ Patribus conciliariter decernentibus & definientibus aderat, iuxta illud præallegatum, *vbi duo vel tres, &c.* & Act. 15. *Visum est Spiritui sancto & nobis*; & ideo quamuis eorum requesta eisdem videretur rationabilis, secundum Spiritus sancti examen quod profundissima scrutatur, acceptabilis non erat iuxtà responsiones ipsis à sacro Concilio varijs vicibus datas. Nec tales oratores de sua requesta, aut requestis iudices esse debent, sed Dei Ecclesia, seu Concilium generale ipsam repræsentans, cum etiam omnes Doctores suam doctrinam quamuis egregiam Dei Ecclesiæ submittant, magis determinationi Ecclesiæ innitentes quàm cuiuscumque ipsorum rationi. Hæc est enim fidei nostræ doctrina quam cum omni humilitate omnes debent recipere in captiuitatem redigentes suum intellectum in obsequium Christi. Et præterea dicit sanctus Augustinus, *Euangelio non crederem, nisi Ecclesiæ Catholicæ ad hoc me commoueret authoritas.* Ecclesia autem dispersa, vt prius dictum est, non loquitur, sed Concilium generale ipsam repræsentans à Spiritu sancto regulatum & directum pro ea loquitur.

Ex eadem radice conuincuntur qui à quocumque generali Concilio legitimè congregato appellare præsumunt: tales enim hoc sibi licere

"putantes iuxta Chalcedonensis Concilij doctrinam quod est vnum de
"quatuor primis generalibus Concilijs, quibus sicut Euangelio fides ad-
"hibetur, hæretici appellantur cum dictamen Ecclesiæ cui secundum fi-
"dei articulum credere debent, imò potius Spiritus sancti in Concilio
"generali principaliter præsidentis reijciant & abhorreant: Præsidentia
"autem Spiritus sancti in Concilijs generalibus satis apertè innotuit Act. 15.
"vbi in Concilio Ierosolymis celebrato Apostoli & Seniores in eodem
"Concilio congregati dixerunt, quod præallegabatur: *visum enim Spiritui*
"*sancto & nobis*, se ipsos Spiritui sancto tanquam principaliter definienti
"postponentes: & quamuis à Concilio II. Ephesino appellatum extiterit,
"hoc fuit, vt ex actis Chalcedonensis Concilij habetur, quia non fuit au-
"thoritate Apostolica inchoatum, nec rite peractum, cùm libertas in eo-
"dem minime existeret, sed cum armorum violentia in illos existentes ad
"deliberandum cogebantur. Quomodo præterea à Concilio generali
"quod supremum tribunal sub Christo in terris esse dignoscitur, licitè
"possit appellari, *Cum à superiori ad inferiorem*, ne ordo debitus peruerta-
"tur, *appellari non possit, imò nec ad Christum à generali Concilio legitimè con-*
"*gregato appellari potest, cum Spiritus sanctus eorum quæ conciliariter aguntur,*
"*principalis actor & definitor existat*, vt sacrum Concilium de se ipso possit
"asserere verbum Apostoli, *an experimentum quæritis eius qui loquitur Chri-*
"*stus?* Et proportionaliter, vt arbitror, dicendum est de quibuscunque pro-
"testationibus, maximè post declarationem Synodalem, vbi debitus or-
"do Conciliaris debetur, & non est impressio, violentia aut eiusmodi in
"deliberando, sed cum mera libertate Suppositorum Concilij à Spiritu
"sancto negotia deducuntur: *Vbi enim Spiritus sanctus, ibi libertas.*
" Benè tamen iudicio meo est notandum & diligenter attendendum,
"quod vbi Concilium generale erraret in facto in quo etiam Ecclesia er-
"rare forsitan posset, non est propterea ad neutralitatem, tertium locum
"& huiusmodi procedendum, sed errore allegato, eiusdem Concilij iu-
"dicium est requirendum & expectandum, quod in iure, cum *sit Columna*
"*& firmamentum veritatis*, secundùm Apostolum, *& regula inobliquabilis*,
"errare non potest, saltem quoad fidem & mores. Si enim in fide aut mo-
"ribus Concilium generale erraret, cum habeat legem toti orbi impone-
"re & quilibet Catholicus iuxta decretum *frequens*, eidem Concilio obe-
"dire teneatur, oporteret dicere, quod tota Dei Ecclesia in fide, aut mo-
"ribus erraret: quod esset erroneum dicere aut asserere, cum iuxta doctri-
"nam Apostoli Ecclesia sine macula & ruga esse dignoscatur.
" Tertia difficultas & quæstio aduersariorum est qualiter possunt illi
"de Concilio Basileensi dicere aut asserere, quod non sit aliud generale
"Concilium celebrandum, cùm hoc decreuerit Concilium Constantien-
"se à quo Concilium Basileense dependet, quando ordinauit quod *si in*
"*posterum in Dei Ecclesia contingeret Schisma oriri occasione duorum se gerentium*
"*pro summo Pontifice, infra annum sub pœna cadendi à Papatu, deberent ad Con-*
"*cilium accedere in quo nos præsentialiter sumus.* Dicendum quod nos non su-
"mus in casu, propter quem decretum Constantiensis Concilij super hac
"materia factum fuit: Huiusmodi enim decretum factum extitit vt per
"Ecclesiam, seu Concilium generale ipsam repræsentans obuiaretur
"Schismati & destructioni Ecclesiæ: modo per Concilium Basileense hoc
"factum est, vt declaratum est superius & non restat, nisi quod illi qui de-
"bent obedire Ecclesiæ & eam audire, sibi obediant, sicut tenentur, ma-
"ximè in his quæ salutem humanam respiciunt; sicut hîc in facto Papæ,
"per quem tanquam per summum Pastorem & primum Hierarcham Ec-
"clesiæ homines principaliter ad finem beatitudinis æternæ perducuntur.
"Cæterum etsi essemus in casu decreti Constantiensis Concilij, ambo
"contendentes deberent infra annum conuenire in Concilio generali
"quod actu tenetur, sicut fecit D. Felix V. & non aliud Concilium con-
"gregandum quærere, ne maius Schisma videlicet duorum Conciliorum
"esset in Ecclesia, quàm sit Schisma duorum Summorum Pontificum,

maximè cum omnia Concilia generalia sint eiusdem authoritatis, & eandem assistentiam Spiritus sancti & sponsi Ecclesiæ habeant, & sit tanta libertas in Concilio Basileensi sicut in quocumque alio loco esse potest, cum etiam vt huiusmodi libertas plena esset in eodem Concilio Basileensi iurisdictio coërcitiua super omnes incorporatos & familiares eorum hodie ad solum ipsum Concilium pertineat, vt eodem Concilio definitum est & conclusum, nonobstante præsentia ipsius Felicis Papæ V.

Præterea *par in parem non habet imperium*. Ad quid ergo congregaretur aliud Concilium, in quo haberent conuenire duo contendentes de Papatu, cùm Concilium Basileense indubitatum generale Concilium iam definierit D Felicem esse verum & indubitatum summum Pontificem authoritate à Christo generalibus Concilijs data; non enim esset nisi Dei Ecclesiam vexare sine causa, & in dubium quod per Spiritum sanctum factum est, reuocare; imò si oppositum per posterius Concilium declararetur, nullam certitudinem in posterum de factis generalium Conciliorum in tali materia salutis humanæ haberemus, nec Spiritui sancto de cætero opera Conciliorum attribuerentur, seu adscriberentur, sed potius humanæ industriæ; quod dicere est erroneum in fide. Etsi dicatur saltem ad pacandum conscientias hominum, oportet quod Catholici maximè Prælati & Doctores de variis regionibus congregentur in vnum ad videndum quid in tanta Christianitatis differentia sit agendum, & dicendum quod quamuis ad hoc dictum sit in præmissis quia oportet sacræ generali Synodo vniuersalem Ecclesiam repræsentanti credere, maximè in his quæ salutem humanam concernunt, sicut in præsenti materia iuxta illud Matth 11. *Abscondisti hæc à Sapientibus & prudentibus & reuelasti ea paruulis*, & illud eiusdem Matth. 23. *super Cathedram Moysi sederunt Scribæ & Pharisæi omnia quæcumque dixerint vobis, seruate & facite*, nihilominus possunt etiam Prælati & Doctores pariter & Principum Ambassiatores de varijs regionibus & regnis in Concilio Basileensi congregari, sicut in quocumque alio loco, & omnem scrupulum super hac materia tollere. Nec possunt allegare quod illi qui sunt in Concilio Basileensi sint iam ad vnam partem determinati, quia sunt paucissimi in ordine ad illos Prælatos & Doctores qui de varijs regionibus & regnis possunt ibi accedere. Ista tamen allegatio humana est, non supernaturalis & diuina, quæ tamen ratio supernaturalis & diuina in materia salutis humanæ principaliter debet allegari, iuxtà ea quæ ante dicta sunt.

Pro serenatione tamen conscientiarum omnium Christianorum finaliter est aduertendum & benè attendendum, quod depositio ipsius olim Eugenij à Papatu nedum potuit iustè fieri, quia Hæreticus & Schismaticus erat, aut quia Dei Ecclesiam in plurimis scandalizabat, sed etiam quia vnum decretum 11. Sessione huius sacri Concilij Basileensis publicatum, videlicet quoniam *frequens*, per suam adhæsionem Concilio & reuocationem suæ primæ dissolutionis approbauerat, in quo cauebatur in substantia, *quod si summus Pontifex Concilium generale dissolueret, aut mutaret sine consensu eiusdem Concilij nisi infra quatuor menses resipisceret & eiusmodi impedimenta sacri Concilij tolleret, ipso facto ab omni administratione suspensus esset*. Et quia sacrum Concilium Basileense post prætensam illius olim Eugenij translationem contra voluntatem eiusdem Concilij factam ipsum monuit vt eam retractaret, quod quia facere intra quatuor menses recusauit, seipsum per suam approbationem ab omni administratione Papali ipso facto suspendit: in quo termino sacrum Basileense Concilium huiusmodi suspensionem declarauit. Cauebatur etiam in eodem decreto, quod si per duos menses post huiusmodi suspensionem, seu terminum quatuor mensium Ecclesiæ Dei non satisfaceret, sed animo indurato in sua dissolutione, aut translatione persisteret, quod ad ipsius depositionem procederetur. Ex quo patet clarissimè quod ipse per suam approbationem seipsum à Papatu occasionaliter deposuit, quia sacro Concilio Basileensi minimè satisfacere voluit, suam dissolutionem, aut

"translationem reuocando, sed in sua pertinacia continuè persistendo.
" Ex quo demum perpendi potest clarissimè, quod fideles Christiani: ab
" olim Eugenio à Papatu deposito & eius obedientia omnino debent rece-
" dere, & D. Felici Papæ V. à Dei Ecclesia pro vero Papa dato & publi-
" cato, omni scrupulo sublato, adhærere, & obedire.

Explicit quidam breuis Tractatus super obedientia præstanda Sanctissimo D. nostro Domino Felici Papæ & super solutione potiorum rationum per aduersarios allegatarum, compilatus per quendam magistrum venerabilem in Theologia Parisiensi.

VNIVERSITAS COLONIENSIS ad Requestam Reuerendi D. D. Theodorici Archiepiscopi Coloniensis Dominis deputatis Vniuersitatis Coloniensis, sicut prima facie potuerunt non auditis particularibus motiuis partium Schisma præsens inducentium, visum est conueniendum in tribus propositionibus, quibus super hac requisitione respondendum est.

" **P**Rima propositio: *Ecclesia Synodaliter congregata habet supremam iuris-*
" *dictionem in terris cui omne membrum Ecclesiæ cuiuscunque dignitatis fue-*
" *rit etiam Papalis, obedire tenetur quam nemo sine ipsius Ecclesiæ Synodalis con-*
" *sensu dissoluere vel transferre potest.* Patet ex Decretis Concilij Constan-
" tiensis & Basileensis, ac prima pars fundata est in Euangelio, Matth. 18.
" *Dic Ecclesiæ*, vbi, vt patet ex littera sequenti, innuitur potestas Iurisdi-
" ctionis datæ Ecclesiæ Synodaliter congregatæ, & sunt desuper multa ra-
" tionabilia Scripta & varia Scripturæ testimonia, quibus hæc veritas in
" Concilijs Constantiensi & Basileensi est roborata, librique plurimi &
" tractatus nunc conscripti sunt. Secunda pars patet, quia filius seruus &
" discipulus tenetur obedire suæ matri Dominæ & Magistræ, sed Ecclesia
" est omnium fidelium mater Domina & Magistra, de quorum numero est
" Papa, licet sit filius primogenitus & Capitalis seruus, scribens se non
" ficta humilitate, sed Catholica veritate, *seruum seruorum Christi*, & inter
" alios discipulos præcipuus, & quo per Christum Ecclesiæ sponsum &
" Christi fidelium Patrem Dominum & Magistrum in Christi semper my-
" sticè & spiritualiter præsentis corporali absentia aliorum Christi fide-
" lium Rector Pastor & Doctor constitutus authoritate Christi & Eccle-
" siæ suæ coniugis & sponsæ, quæ est altera, seu noua Eua de latere noui
" Adæ in Cruce dormientis Sacramentaliter educta & eidem matrimonia-
" liter copulata, teste Apostolo, *hoc est Sacramentum magnum in Christo &*
" *Ecclesia*, non in Christo & Papa: Sicut ergo ex veteri Adam & Eua sua
" coniuge sumus carnaliter secundum hominem veterem geniti, ita su-
" mus in Christo & Ecclesia secundum nouum hominem iterum regenera-
" ti; quotquot in Christo Iesu baptizati sumus eius dominio & Ecclesiæ
" subiecti & in Schola veritatis salutaris ad salutem Christi & Ecclesiæ dis-
" cipuli. Ex quibus faciliter ostenditur Ecclesiam Synodaliter congre-
" gatam esse Consistorium iudiciale & supremum super omnes Christi fi-
" deles.

" Et deinde liquet tertia pars conclusionis; quia nemo iudicabilis ha-
" bet ad libitum suum transferre, nec dissoluere tribunal Iudicis: si enim
" hoc posset Papa, esset supra non infra Ecclesiam, non vtens duntaxat
" Vicaria potestate Clauium Apostolicarum, sed libero principatu pro-
" priæ iurisdictionis, nec esset tantum Pastor & dispensator ouium &
" agnorum Christi, sed Rex & Pastor ouium propriarum, contra illud Ioan.
" vlt. *Pasce oues meas*, non dixit *tuas*. Item si pars posset supra totum &
" contentum supra continens, possetque particulare malum Papæ vincere
" virtute bonum intentionis Ecclesiæ, & lex totius Ecclesiæ esset volun-
" tas Papæ, Ecclesia quam articulo fidei credimus Sanctam super immo-
" bilem fidei Christianæ Petram fundatam, errabili & mobili subesset
" principio, aduersus quam sicut Hieronymus ait, nec vitia possunt, nec

hæreses, quæ significantur per portas inferi, præualere: est quidem contra conflictum hostium *terribilis vt Castrorum acies ordinata*.

"1440.

Secunda propositio, animarum suspensio Principum non recipientium mandata, vel processus iustitiæ Synodi generalis, aut sedis Apostolicæ, est quam citò fieri poterit de medio tollenda. Patet quia non subsistente dubio de Superiori, cui sit obediendum, non est conformis iuri diuino, naturali, nec humano, quia inducit scandala in Ecclesia Dei, propter quæ si diu durauerit, eneruabitur contemptibiliter potestas & authoritas Ecclesiæ in graue præiudicium fidei Catholicæ, sicque descendendo per vacillationem dubij periculosissimi parabitur via tyrannidi Antichristi. Hæc sic breuiter declarantur, quia de iure diuino obedire tenentur Deo Christo suæque sponsæ Ecclesiæ in qua prima præsidentia est sedes Apostolica super omnes alias Ecclesias particulares & sedes inferiores non super totam vniuersalem prælata: omnis ergo anima est potestatibus sublimioribus subdita. Potestas quidem à Deo ordinata est, cui resistens Dei ordinationi resistit. Est etiam hoc naturæ dissonum quod membra à toto corpore, vel Capite se diuidant: Est autem Ecclesia Corpus Christi mysticum ex diuersis membris efficialibus ordinatè propagatum; & ita secundùm Apostolum, corpori naturali in quo sunt multa membra, assimilatum; in corpore vero naturali omnia membra sunt simul vnita in toto, ab vna anima viuificante omnia substantialiter actuata, & connexa alicui primo organo quod influit motum & vitam secundam cuilibet membro secundario; itaque si membrum separetur à toto, nec suscipiat motum à primo vitali organo, ipsum moritur, vitaque priuatur: quare Christianus protestans se non velle obedire Ecclesiæ Synodaliter congregatæ, vel sedi Apostolicæ, videtur Schismaticè se ab Ecclesia & sede Apostolica diuidere & alicuius infidelitatis signa hoc actu demonstrare.

Quod contraria etiam sit iuri positiuo & humano, potest diuersis iuribus tam Canonicis quàm ciuilibus declarari; & si nos ad humana transferimus, oportet in regimine domestico patrifamilias & eius coniugi primoque domus dispensatori & vniuersali curatori reliquos seruos & ancillas obedire, nec dimitteretur in domo protestans de contrario. Si militer in policia obediendum est Regi & Reginæ & generali regenti Regis & Reginæ Vicario. Qui contra hoc ageret, proscriberetur de regno, nec eum excusaret dissensio inter Reginam & Regentem, inter matremfamilias & dispensatorem domus. Testatur enim statim naturalis ratio cui in hoc casu obediendum est. Non ergo debent Principes, vt desides & impotentes in animarum suspensione quiescere, sed matri Ecclesiæ exactissima diligentia succurrere; cui per hanc non succurrerent, sed magis abessent, quod absit, si diu continuarent periculosa scandala inducendo. Nam vulgus videns per Superiores Ecclesiastica mandata contemni, Censuras Ecclesiæ non curari propter probabile dubium, finget etiam sibi dubium, an coram Episcopi sint suspensi, vel excommunicati propter mandata contra eos per Concilium & domnum Apostolicum fulminata, & sic protestabuntur verbo, vel facto de non obedientia, vt sic per quæ quis peccat, per hæc torqueatur, & persuasione breui Populus ad hanc libertatem aspirabit. Quæ vero ruina minatur fidei, deuotus animus videat, vnitur humani regni Policia, & tripartitur Ecclesia. Equidem cum Populus dimissus est se determinare in foro interiori conscientiæ, data est eis via vt inducant Schisma in Corpus Christi mysticum, quod est primo interioris hominis & spiritualis ad Caput Christum mysticè & spiritualiter vnitum; quæ vnio interior est prior & essentialior vnione exteriori & politica ad Caput exterius ministeriale, quod est Papa. Per missum enim est Populo simplici, vt secundùm proprij sensus iudicium credat hunc, vel illum habere à Christo claues Regni cœlorum; & ita Schisma huiusmodi. Quod si non est solum Regnum aduersus Regnum, sed Regno, ciuitate, domo & Congregatione

" quibuslibet, erit diuisio singulorum, & amplius tollitur iustitia quæ secun-
" dum Augustinum est Reipublicæ conseruatiua, quæ non sufficienter ad-
" ministratur, cum ab interdictione ordinaria partibus appellantibus, defi-
" ciat executio iustitiæ superioris. Timendum ergo quod statim Populus
" percipiet ei paratum intolerabile malum, & eis apparebit iugum hoc ty-
" rannicum & violentum; & fiet tumultus in Populo, qui impetuose con-
" surgens excutit hoc onus de collo suo; & cum nemo est iudex sui ipsius,
" quis iudicabit maiores Principes forsan post modum dissensuros?
" Tertia propositio & vltima super expedienti consultiua, super dubio,
" vt intelleximus, Principibus orto, quia famatur Synodus Basileensis trans-
" tulisse seipsam, consultum est Regi Romanorum vt cum Principibus in
" dieta congregandis, desuper quærant informationem. Hoc videtur nobis
" esse Catholicum & fundamentale aduisamentum saluis alijs modis forsan
" rationabilibus inueniendis. Rumor enim huiusmodi translationis con-
" trariæ ad Principes deductus homines eorum tanta nouitate stupidos sus-
" pendit pro firma adhæsione Concilij Basileensis vel alterius, si se ipsum
" transtulerat. Quare timentes vt Catholici & Christiani Principes au-
" thoritatis matris Ecclesiæ tunc dubiam eis vbi residebat, scientes eum
" vnicam & indiuisam in vno generali Concilio repræsentatam in quas-
" dam protestationem & appellationem, volentes obuiare detestabili
" Schismati per Concilium Constantiense prius 40 annos constructo quod
" denuo pullulare videbatur, & modo periculosissimo à seculis non audito.
" Quoniam si Schisma fuit in multitudine ipsarum, nunquam tamen le-
" gitur in multitudine generalium Conciliorum: huc ijdem Catholici
" Principes sæpè super hac re grauibus expensis conuenerunt & iam ex-
" perti quod humanæ res in deterius collabuntur, vlterius sollicitè cu-
" rent inquirere quomodo se in his poterit humanum pectus gerere & inue-
" nire. Authenticum iudicij certi & fidelis Consistorium summum & irre-
" fragabile tribunal est Ecclesia Synodaliter congregata vt ostendit pro-
" positio prima hæc fuit indubitate in Basilea, & adhuc est, si non legiti-
" mè, vt præfertur translata. Ergo ante omnia procuretur desuper infor-
" matio certa. Sicque inuento eo loco generalis Synodi illi principes sua
" parte defensiua assistant, Prælatos verò quibus Concilijs interesse de-
" bitum est, ad locum illum venire faciant & Christo suæque sponsæ vni-
" uersi Ecclesiæ adhæreant, suasque prudentias Euangelicis atque Cano-
" nicis decretis submittant, exhortandique sunt vt potius rem hanc con-
" silio sapientum diuina & Ecclesiastica lege peritorum, quàm humana se-
" culari prudentia tractent. Vitentur etiam simulatores & callidi qui pro-
" uocant iram Dei, quam à nobis peccatoribus auertat sua infinita miseri-
" cordia & clementia præstolantes super maliciam hominum ad salutem fi-
" delium & gloriam nominis sui sancti, in seculorum secula benedicta. Amen.
" Explicui tractatus Vniuersitatis Studij Coloniensis.

*CONSILIVM VNIVERSITATIS STVDII
Erfordiensis ad D. Archiepiscopum Moguntinum pro Sacrosancto Basileensi Concilio transmissum contra olim Eugenium & contra neutrali-
tatenses Principes ad Concilium Prouinciale in Asschaffenburgis nuper in Crastino Assumptionis Virginis gloriose inchoatum, anno Pontificatu 1440.*

" IN nomine Spiritus sancti Paracliti, Amen. Reuerendissimo in Christo
" Patri & D. D. Theodorico Dei gratia S. Mogunrinensis sedis Archie-
" piscopo sacrique Roman. Imperij per Germaniam Archicancellario ne-
" dum per organum venerabilis Magistri Henrici Lembourg legem Do-
" ctoris & in Decretis Licentiati sui Cancellarij, verum etiam per literas
" suas in facto cuiusdam vnionis & quarundam protestationum appella-
" tionúmque pro bono pacis & concordiæ inter Sacrum Concilium Basi-
" leense & olim Eugenium Papam IV. per Reuerendissimos Principes &

Vniuersitatis Parisiensis. 463

Illustrissimos Principes sacri Rom. Imperij Electores initarum, factarum & interpositarum Vniuersitas Studij Erfordiensis Consulta, & præsertim per Doctorum Theologiæ diuini iuris & humani Collegium secundùm Consultorum ordines ad duo puncta suæ considerationis oculum conuertit. Quorum primus est, an in vnione protestationibus & appellationibus iam dictis diuitius sit residendum. Secundus si non, sed alteri parti adhærendi, cui earum possit & debeat adhiberi. Quibus diligenter discussis & perpensis, est tota dubietas dissoluta.

1440

Quantum ad primum, quia dictæ conuentiones ad vnum, protestationes & appellationes non ab Ecclesiæ, vel Sedis Apostolicæ definitione, sed potius à maxima perturbatione suam trahunt originem & occasionem. Igitur imprimis est aduertendum quod quamuis sancta Ecclesia Catholica Christi soror & vnica columba nunquam non esse, nunquam errare, nunquam etiam hæreticis prauitatibus & nouitatibus succumbere possit, vt in pluribus locis sacrorum Canonum authoritates attestantur; Ipsam tamen varijs plerumque tentationum perturbationibus permittit Deus omnipotens impugnari, quatinus videlicet intelligat cum arguitur, vincat cum læditur, securasit cum superata videatur, & demum in sublime velut in Archa Noë conscendat, cùm tribulationum inundatione agitatur. Ad cuius probationem licèt innumeras hæresum & Schismatum sectas, ac persecutiones adducere possimus, omissis tamen illis pro introitu ad materiam præsentem sufficit aliquas quæ nostris visæ sunt temporibus Ecclesiæ scissuras & victorias recenseri. Constat enim aliquandiu priscis temporibus Schisma quoddam Babylonico monstro deformius tres partes in Ecclesia fecisse, tamque crudeliter eam perturbasse, vt nisi sancta Synodus Constantiensis, ipsam immediatè à Christo super omnes homines habere potestatem declarasset, ac se super omnes in sublime leuasset, ex humanarum perturbationum & peruersitatum inundationibus visa fuisset eius authoritas constricta. Notum est etiam præter hoc Bohemorum hæreticam prauitatem cunctas aduersùs Ecclesiam perturbationum procellas erexisse, vt nisi sacra Synodus Basileensis ad ipsam extirpandam eleuata fuisset, eadem ipsa pestis hæretica Bohemiæ regno minimè contenta plures adhuc alias mundi partes infecisset. Visum est subsequenter aduersus Ecclesiam in dicta S. Synodo Basileensi congregatam tot modos & genera persecutionum & impedimentorum per ipsum tum Eugenium Papam, qui primus Concilia sacra venerari debuerat & stabilire, attentatis esse & attentata, factos & facta, vt in parte sua deuicta eiusdem S. Synodi prætensa dissolutio per ipsum solemniter cassata & irrita fuisset, intolerabiles in Ecclesia Dei confusiones, dissensiones & diuisiones euenissent. Sed quid cum in omnibus his aduersitatibus Ecclesiæ præsentis authoritatem atque triumphum obtinuerit, **ad pacem quoque & reformationem aliquam peruenerit**, postremo per iteratam dictæ sanctæ Synodi prætensam dissolutionem & ad alium locum translationem ab ipso tunc Eugenio Papa qui ab omnibus nouitatibus, grauaminibus & præiudicijs eius desistere se pollicitus est, attentatam & factam, tanta perturbationum tempestas in Ecclesia surrexit, vt non solum inde reformatio defectuum & pacis tranquillitas sit impedita, verum etiam ipsius Ecclesiæ authoritas & potestas tam in Corpore quàm in Capite diuisa videatur. Quasi ex toto dissoluta venit inde periculosissima Christianorum partialitas; & differentia manauerunt à partibus hinc inde contraria & sibi inuicem repugnantia Edicta & cætera omnia mala sine numero sunt secuta, quorum occasione sicut in exordio tactum est, nunc vltimo Reuerendissimi Patres & Illustrissimi Principes Electores quandam vnionem, protestationes & appellationes, quibus stantibus neutrius prædictarum partium mandata recipiunt, inierunt & fecerunt; de quibus quidem vnione, protestationibus & appellationibus, si bonæ sint, vel prædictis malis connumerandæ, & per consequens si manere, vel cassari possint & debeant, ad præsens est videre.

" Considerandum est ergo quod licet in harum vnione, protestatio-
" num & appellationum factarum diligenti consideratione & intuitu pen-
" satis finale quidem intentum sit summè bonum, medium tamen ad
" hoc inuentum, cuiuscumque gratiâ saluâ, videtur inconueniens & minus
" idoneum: est enim finale quod Illustrissimi Principes, ob cuius inten-
" tionem merito sunt commendandi, volunt pacem & concordiam: quæ
" quia vniuersum Corpus mysticum regit, stabilit & coadunat, omnem
" sensum & omne bonum in rebus agendis exuperat. Huius ergo pacis &
" concordiæ procurationem ad debita suorum officiorum & Principatuum
" dicti Domini Principes spectare cognoscentes, cum sic Ecclesiam in pa-
" ce ponendam & tenendam à Christo susceperint, vt secundum sacros
" Canones si pax soluatur, ille rationem ab eis exacturus sit, qui eorum
" potestati suam Ecclesiam commisit, vigilanter & virtuosissimè fidos &
" indefessos suos labores ad dictum finem sanctissimum in multis vicibus im-
" penderunt, quibus cum nil proficere se prospexissent, ad vltimum for-
" tassis per sinistram & insufficientem informationem aliud medium ad
" prædicti finis adeptionem minimè conueniens vel idoneum, demum vi-
" delicet vnum consensum, qui non verius quàm *neutralitas* appellari po-
" test, acceptauerunt.
" Cuius quidem inconuenientia multipliciter apparere possunt. Primò
" quia ad maiorem discordiam vel diuisionem quàm concordiam &
" vnionem tendit, & per consequens fini prædicto plus aduersum quàm
" vtile existit. Primò namque cum ad vnionem duarum Ecclesiæ partium
" hoc medium neutralitatis acceptum sit, periculosior scissura totam Ec-
" siam in tres partes diuidere videtur, tum quia priùs existentibus solùm
" duabus partibus extremis, sacro Concilio videlicet & olim Papa Euge-
" nio, nunc super has est media, scilicet *Germanica natio neutra*, quæ tanto
" cum dictis extremis in numerum ponit quanto non per participationem,
" sed per abnegationem vtriusque medium existit, tum etiam quia dum
" Schisma in vniuersali Ecclesia redundans in duas partes, vitari putatur,
" in proprijs Germaniæ terris & Ecclesijs & in singulis quasi particulari-
" bus Collegijs in tres partes diuisa reperitur, vt ex dictis & scripturis
" quibus quidam anno Felicis I. quidam anno Eugenij nono, quidam sede
" vacante dicunt, scribunt, & facta sua consignant: è quibus, & prima neu-
" tralitate proposita, rectâ ratione & regulâ iustitiæ, sequitur zelus *sine scien-
" tia & discretione*, qui secundùm beatum Bernardum *hominem præcipitat*;
" Item cùm dictum, medium pro concordia Germanicæ nationis in se sacri-
" que Concilij Basiliensis & secundum eos summi Pontificis inter se susce-
" ptum sit ad diuisionem eiusdem nationis ab Ecclesia Dei Capite & Cor-
" pore deueneris: quæ diuisio est huic nationi multò plus mala quàm di-
" cta duplex vnio sit bona, cùm nihil salutis ei per suam, vel aliorum vnio-
" **nem conferatur, si per ipsam ab hoc extra quod salus non est, diuidatur.**
" Quod autem ad diuisionem hanc periculosam sit deuentum ostenditur;
" nam cum stante neutralitate dicti Domini Principes Synodum Basileen-
" sem, sacrum Concilium, & olim Eugenium Papam illustrissimum fa-
" teantur, ac appellent: cumque sicut sacrum Concilium repræsentat Ca-
" tholicam Ecclesiam vt est in Concilio Constantiensi definitum, sic Papa
" Caput Ecclesiæ repræsentet & Sedem Apostolicam, quid aliud est neu-
" trius illorum edicta recipere, ab vtriusque mandatis appellare, quàm Ec-
" clesiæ Dei & Apostolicæ sedi non obedire & ex consequenti per dictam
" diuisionem ab vtrisque separari, nisi forte alterius & maioris authoritatis
" putaretur Ecclesia quam Concilium ipsam repræsentans & Sedes Apo-
" stolica quam summus Pontifex ipsam repræsentans? Sed hoc non esse Fe-
" licis Recor. Martinus Papa V. declarat, qui in quibusdam suis litteris &
" Apostolicis Sententias quasdam sancti Concilij Constantiensis interse-
" rens sic inquit, *quæcumque ergo proximè de authoritate Ecclesiæ dicta sunt, tra-
" hi ad Concilium generale, quod ipsam repræsentat, necesse est; alioquin non esset
" recta repræsentatio, si eadem in repræsentante & repræsentato authoritas non
esset.*

esset. Vnde si in proposito alterius & maioris autoritatis esset repræsentatum quàm repræsentans, quilibet rebellis contra quem Concilium vel Papa procederet, nullam causam & occasionem tam à Concilio quàm Papa recedendi & ab eorum mandatis ad Ecclesiam, vel Sedem Apostolicam appellandi præteriret, quod maximarum Rebellionum & discordiarum esse fomentum nulli dubium esse potest.

Præterea quanquam duobus vel pluribus de Papatu contendentibus, licitum sit & iustum obedientiam ei substrahi & negari, donec in futuro Concilio, cui ius competit, videatur, vt ex Decreto *Frequens* sacri Concilij Constantiensis super prouisione extirpationis Schismatis edito colligi potest, Papa tamen & Concilio discordantibus in his maximè quæ pertinent ad fidem & morum reformationem, nullatenus hoc fieri licet. Huius est ratio diuersitatis; quia de Papatu contendentes partes partes sunt disparatæ superiorem iudicem habentes videlicet Ecclesiam quæ de eorum iure poterit definire: Concilium autem & Papa sunt partes subordinatæ communem iudicem Superiorem non habentes, imò vna illarum partium super alteram habet authoritatem & iurisdictionem vt in secundo principali clarius apparebit; igitur non neutri, sed alteri earum necessariò est obediendum.

Præterea voluntas cui soli neutram esse conuenit, vt manifestum est Philosophis & Theologis, duplicem potest habere neutralitatẽ, primam ex sua perfectione, videlicet cum clarè sibi præsentato obiecto tam velle quam nolle suspendit propter experiri suam libertatem in volendo & nolendo. Hanc neutralitatem & si Reuerendissimi Patres & Illustrissimi Principes Electores circa processus sacri Concilij Basileensis & olim Eugenij Papæ cum primùm occurrerent, habuerint, ipsam tamen continuare per moram non potuerunt, cùm alias neutralitatis illius mutata specie, radix ipsius esset error rationis in obiectum præsentando, vel malicia voluntatis in actum, quem immeritò suspendens diceret suspendendum, vel quem meritò suspendens diceret non suspendendum.

Aliam neutralitatem voluntas potest habere ex sua imperfectione, vt cum ex imperfecto discursu rationis obiecto sibi imperfectè præsentato tam volitionem quam nolitionem suspendit propter perplexitatem in eligendo. Quæ quidem perplexitas triplex est secundum Doctores: vna consistit in scripturis sacris exponendis & tollitur per causarum dicendi in diuersis locis scripturæ considerationem: quia intelligentia dictorum ex causis est assumenda dicendo secundùm B. Hilarium. Alia consistit in agibilium & factibilium rectitudinibus cognoscendis, & tollitur per S. Spiritus vnctionem, qui omnia agenda ipse facit. 1. Ioan. 2. 3. consistit in consequentiis erroneis excutiendis, & tollitur per erroneæ conscientiæ depositionem, omne enim quod sit contra conscientiam, peccatum est, secundum Gloss. ad Rom. 9. hanc perplexitatem & per consequens neutralitatem in præsenti contrarietate Concilij & Papæ si dixerint Concilij & Papæ sunt, quamuis memorati Domini Principes habere dicuntur, verè tamen Papam, nec habent, nec habere possunt. Ex quo cui dictarum Partium sit obediendum, sacrorum Canonum scripturæ posteriores priores declarantes differunt ad deponendum perplexitatem primam & cui earum perplures bonæ species conueniant ad deponendam secundam, ac etiam si conscientiam erroneam habeant, eam deponere debeant contra perplexitatem tertiam ignorare non præsumant, imò verisimiliter sciant & scire teneantur, vt in articulo sequenti latius apparebit. Nullo modo ergo conueniens erit in ista neutralitate, vel vnione quomodocumque nominetur, diutius residere, sed alteri parti necesse est obedire. Et tantum de 1. puncto.

Quantum ad secundum punctum cui scilicet parti possit & debeat obediri & adhæreri, hoc nulli dubium exsistit, quin superiore & inferiore contraria præcipientibus, præceptis superioris sit potius parendum quàm inferioris, cum totum posse præcipiendi sumat inferior à superiore & per

1440. " consequens inferior contra mandatum superioris præcipere de iure non possit. Nunc autem Concilium quodcumque generale de cuius subsi-
" stentia non dubitatur, etiam summi Pontificis habet superioritatem & au-
" thoritatem, vt infra patebit. Ideò si probari poterit indubitata sacri Con-
" cilij Basileensis firmitas & subsistentia, clarè concludetur quod ipsi Con-
" cilio & non illi sibi aduersanti facienda sit obedientia: Subsistentia au-
" tem indubitata huius sacri Concilij à tempore suæ inchoationis vsque
" huc faciliter potest ostendi. Nam quod à tempore suæ inchoationis vs-
" que ad iteratam ipsius dissolutionem, seu translationem prætensam in
" Ferrariam anno Domini 1437. de mense Octobris per tunc Eugenius sum-
" mus Pontificem attentatam atque factam & etiam inclusiuè vsque in die-
" tam per sæpè dictos DD. Electores ex post anno Domini 1439. de mense
" Martij Maguntiæ celebratum, ipsius firmitas & subsistentia nullum du-
" bium habuerit, sic probatur. Nam omnibus considerare volentibus
" notum est quod non solum authoritate duorum summorum Pontifi-
" cum Rom. videlicet D. Martini primò, secundò tunc D. Eugenij,
" verum etiam S. Matris Ecclesiæ in sacro Constantiensi Concilio congre-
" gatæ hoc sacrum Basileense Concilium est inchoatum atque stabilitum,
" constat quod ex post longo tempore, non obstante dissolutione prætensa
" quod tunc Eugenius Papa contra Decreta Concilij Constantiensis at-
" tentauit atque fecit, ipsum in ciuitatem Bononiensem commutando,
" ritè fuit confirmatum. Vnde & ipsam dissolutionem prætensam solem-
" niter & publicè de consilio & assensu sex Cardinalium secum tunc exi-
" stentium irritam & inanem declarauit, ipsumque Concilium à tempore
" suæ inchoationis legitime continuatum fuisse, prosecutionemque sem-
" per habuisse & habere debere, perinde ac si nulla dissolutio facta fuisset,
" decreuit, ei purè & simpliciter cum omni deuotione adhærere, promit-
" tens, quod deinceps à nouitatibus grauaminibusque, seu præiudicijs ei-
" dem vel suppositis eius inferendis realiter & cum effectu desistere vel-
" let, hoc, inquam, tempore dicti DD. Principes nihil hæsitantes obedien-
" tiam suam atque iuramenta per se vel suos oratores seu legitimos procu-
" ratores ipsi sacro Concilio præstiterunt prout & nos per nostros Do-
" ctores nomine nostræ Vniuersitatis incorporatos præstitimus, de quibus
" nescimus qualiter & quomodo, si quod Deus auertat, à Concilio reces-
" serint, excusentur. Ex post etiam in dieta Moguntinensi præfata iam di-
" cta prætensa dissolutione sacri Concilij decreta certo modo acceptan-
" tes non de potestate ipsius hæsitauerunt, vt in literis super acceptatione
" eorundem confectis plenius continetur in hæc verba. *Quare præfata De-*
" *creta* sacri Basileensis Concilij super prædictorum correctione & refor-
" matione prouisionem congruam afferentia aliqua *simpliciter prout iacent,*
" *aliæ verò cum certis modificationibus & formis, non quidem quod hæsitemus de*
" *potestate sacri Concilij condentis, sed quatenus commoditatibus temporibus, &*
" *moribus præfatæ Nationis Germanicæ conuenire videntur, prout inferius an-*
" *notatur, illico & indilatè cum omni deuotione & reuerentia recipimus & acce-*
" *ptamus.* Ex quibus concluditur, quòd vsque tunc authoritatem sacri
" Concilij Basileensis in dubium vertere non potuerunt.
" Quod etiam post istam dictam dissolutionem vsque hodie de firmitate
" & subsistentia sacri Concili Basileensis nullus rectè consulere volens po-
" terit habere dubitationem, sic ostenditur, quia aut hæc dissolutio, seu ad
" Ferrariam translatio facta est, vt creditur, à solo pro tunc Eugenio Papa
" contra Concilij consensum aut non. Si sic, iterum de subsistentia & fir-
" mitate Concilij *frequens* dicente quod Concilium in illo loco celebrari
" debeat quem summus Pontifex per mensem, ante finem cuiuslibet Con-
" cilij approbantis & consentientis Concilio nominauerit, vel in eius de-
" fectum ipsum Concilium deputare & assignare teneatur. Si ergo ipsum
" Concilium in suam dissolutionem non consensit, sequitur quod adhuc in
" Basilea permanens & firmum sit. Si autem hæc dissolutio, vel translatio
" non à solo hoc Eugenio contra Concilij consensum, sed cum aliquarum

partium Concilij consensu facta est: aut ergo consenserunt ad hoc cu- "
iuslibet deputationis & subsequenter totius Congregationis Generalis " 1440.
duæ partes votis singulorum, aut non: non potest dici sic, cum hoc in lit- "
teris tunc Eugenij Papæ super dissolutione prædicta confectis minimè "
reperiatur, super quo tamen totaliter ipsa dissolutio si valeret, funda- "
retur, etiamsi sic, nullus in dubium vertere possit Concilium esse disso- "
lutum & translatum secundum formam in decreto Sessionis xj. traditam, "
& per consequens malè substraheretur obedientia Eugenio, qui vt sic "
esset Papa. "

Si vero in ista dissolutione non consenserunt dictæ duæ cuiuslibet de- "
putationis & etiam Congregationis generalis partes, sed pauciores, ite- "
rum ista dissolutio non tenet, imò nulla est, vt patet ex decreto iam dictæ "
Sessionis sic dicente, *statuit hæc sancta Synodus ex certis & rationabilibus* "
causis vt præsens Basileense Concilium per neminem etiamsi Papalis fuerit digni- "
tatis, dissolui, aut de loco ad locum mutari possit, nisi de expresso consensu duarum "
partium cuiuslibet deputationis, votis singulorum scrutatis subsequentique ap- "
probatione duarum partium Congregationis generalis, similiter scrutatis votis, "
& demum in Sessione facta deliberatione. Quod quidem decretum cum om- "
nibus alijs in irritationem primæ dissolutionis pro tunc Eugeni Papæ sa- "
crum Basileense Concilium à tempore suæ inchoationis legitur continua- "
tum fuisse & esse, prosecutionemque semper habuisse, continuari & pro- "
secutionem habere debere ad hæresum extirpationem, Populi Christia- "
ni pacem & generalis reformationis Ecclesiarum in Capite & in membris "
& ad pertinentia ad ea, perinde ac si nulla dissolutio facta fuisset, decla- "
rans purè & simpliciter acceptuit. sequitur ergo quod Concilium adhuc "
fixum subsistit. "

Nec valet dici quod si non per consensum plurium partium sit dissolu- "
tum, per consensum tamen sanioris partis dissolutum est, & sic ipsum "
stare non potest: nam si hoc sufficeret, cum inde per maximas dissen- "
siones & contentiones oriri posse non dubitaretur, nisi quæ partes essent "
saniores, esset definitum, cum hîc ad superiorem iudicem recursus ha- "
beri non possit, sacrum Constantiense Concilium super cauendis Schis- "
matibus editum hoc indubiè cauisset. Sed quia non cauit, ideo decreto xj. "
Sessionis sacri Concilij Basileensis standum est, quod ad dissolutionem "
& translationem dicti Concilij, pluralitatem partium secundùm dictam "
formam requiri dicit. Etiam cum in alijs saniorem partem regulariter esse "
in pluralitate præsumatur, multo fortius in Congregatione Concilij ge- "
neralis in Spiritu sancto collecti, vbi acceptatio personarum minimè vi- "
detur locum habere; sequitur ergo vt prius, quod Basileense Concilium "
adhuc stat indubitatum. "

Si autem dictum fuerit dubium esse an per plurium, aut per paucio- "
rum partium consensum Concilium Basileense sit dissolutum & transla- "
tum; istud dubium, quia est de facto, cuius informatione quilibet ex "
authenticis Notariorum nota conscribentium instrumenta, dubitans fa- "
ciliter habere potest. Illud ergo neminem excusabit de ignorantia firmi- "
tatis sacri Concilij Basileensis; imò si fama dissolutionem Concilij prædi- "
caret, adhuc in isto dubio magis pro Concilio præsumendum esset, quia "
in dubio pro sententia Iudicis præsumendum est; Concilium autem in "
hoc quocumque alio casu pro Iudice habetur, etiam contra ipsum Con- "
cilium, eo inuito non possit à Papa dissolui, iuxta prius allegata, multo "
minus propter famam dissolutionis ipso constanter contradicente & se "
continuante potest à quocumque saltem rectè volente iudicare credi "
dissolutum esse. "

Concilium supra Papam. "

Sequitur cui parti sit obediendum an dicto Eugenio, an sacro Conci- " Potes-
lio. Firmitate ergo & subsistentia huius sacri Concilij Basileensis sic " tas Con-
ostensâ vt finaliter videatur cui sit obediendum iuxta illud quod in " cilii supra Pa-
pam.

„ principio huius art. præmissum est, superioritas & maioritas sacri Concilij
„ & non summi Pontificis sic probatur. *Quamuis autem Papa vel summus Pon-*
„ *tifex sit adeo principalis Ecclesiæ pars, quod nullum Ecclesiæ membrum, aut par-*
„ *ticula Concilium sit eo principalius & maius, aut æquè principale & magnum,*
„ *prout hoc omnes Sanctorum authoritates de præsente Papa loquentes intendunt,*
„ *tamen totam Ecclesiam, aut generale Concilium subsistens & firmum maius &*
„ *superius esse Papa in his quæ pertinent ad fidem, Schismatum extirpationem &*
„ *generalem morum reformationem nullus Catholicus intelligere volens potest dubi-*
„ *tare.* Hoc enim vniuersalis Ecclesiæ authoritas in sacro Constantiensi
„ Concilio declarauit, & sacra Senensis & Basileensis Synodus innouauit
„ in hæc verba. *Quia ipsa Synodus in Spiritu sancto legitimè congregata gene-*
„ *rale Concilium faciens & Ecclesiam militantem repræsentans potestatem imme-*
„ *diatè à Christo habet, cui quilibet cuiuscunque status, aut dignitatis existat*
„ *etiamsi Papalis, obedire tenetur, in his quæ pertinent ad fidem, extirpationem*
„ *Schismatis & ad generalem reformationem Ecclesiæ Dei in Capite & in membris.*
„ Item declarauit *quod quicunque, cuiuscunque status, vel dignitatis etiamsi Pa-*
„ *palis existat qui mandatis, statutis & ordinationibus, aut præceptis huius sacræ*
„ *Synodi & cuiuscunque alterius generalis Concilij legitimè congregati super præ-*
„ *missis, seu ad ea pertinentibus factis, vel faciendis contumaciter contempserit*
„ *obedire, nisi respuerit, condignæ pœnitentiæ subijciatur & debitè puniatur,*
„ *etiam ad alia iuris remedia & subsidia, si opus sit, recurrendo.* Quæ quidem
„ vniuersalis Ecclesiæ declaratio quamuis sola sufficeret ad probandum
„ summam in terris sacrorum Conciliorum authoritatem, pro maiori ta-
„ men istius confirmatione, quod dictum est, etiam residuum Ecclesiæ cor-
„ pus non computato Papa si contrarius esset, authoritatem hanc habere
„ potest adduci ratio, expressaque authoritas.

PAPA FALLIBI-LIS.
„ Ratio 1. dictat hoc, nam cum Papa possit errare, residuum corpus Ec-
„ clesiæ Synodaliter congregatum errare non potest in his quæ fidei
„ sunt & reformationis morum & in pertinentibus ad ea, cum in talibus
„ à Spiritu sancto regatur, vt colligitur, Act. 15. vbi dicit Concilium Apo-
„ stolorum, *Visum est Spiritui sancto & nobis*, vnde & Christus Ecclesiam
„ quam suo pretioso sanguine fundauit, tanta gratia dotare dignatus est
„ vt non possit errare, & quod soli Deo proprium est natura, competat &
„ Ecclesiæ priuilegio.

„ Experientia demonstrat hoc idem, sæpius enim compertum est Papam
„ errasse, residuo Ecclesiæ corpore rectè sentiente; Papa autem non rectè
„ sentiente, residuum totum corpus errasse numquam est compertum;
„ Quapropter corpus Ecclesiæ nonnunquam caput suum Papam videli-
„ cet coërcuit aut condemnauit. Authoritas sancta confirmat hoc idem:
„ nam Christus cum dicit, *si peccauerit in te frater tuus, dic Ecclesiæ, quam si*
„ *non audierit, sit sibi sicut Ethnicus & publicanus,* ibi nomine fratris cum di-
„ cit, *si peccauerit, &c.* omnes homines comprehendit, quia cum tunc Pe-
„ tro loqueretur, **etiam Papam inclusit, quem & inclusum esse Paulus**
„ ostendit, qui Cepham cum reprehensibilis esset, coram hominibus, in fa-
„ ciem resistebat; vnde & Ecclesiæ vniuersalis authoritas in Constantiensi
„ Concilio declarauit quòd peccata summorum Pontificum circa fidem,
„ Schisma vel mores dici possunt Ecclesiæ, cuius præceptis & ordinatio-
„ nibus obedire si contempserit, condignæ pœnæ subijciantur, & ad alia iu-
„ ris remedia si opus sit, recurrendo.

„ Præterea quamuis Christus vni dixerit homini *quodcumque ligaueris su-*
„ *per terram, erit ligatum & in cœlis; & quodcumque solueris super terram, erit*
„ *solutum & in cœlis;* vt secundum Doctores sanctos vnitatem Ecclesiæ de-
„ signaret: in his tamen verbis Ecclesiæ ligandi & soluendi potestatem à
„ Christo suscepit, imò immediatè vt sancta Synodus Constantiensis decla-
„ uit vbi supra Nam Petrus quando claues in verbis istis accepit, Eccle-
„ siam sanctam significauit, vt inquit B. August. 19. quæst. 1. *Quocumque su-*
„ *per Ioan.* Ad idem præter has scripturæ autoritates, testimonia SS. Pa-
„ trum & Doctorum possunt adduci. B. enim Cœlestinus Papa in Ep. ad

Synodum Ephes. dicit eam reuerentiam exhibendam esse Concilio quæ SS. Apostolorum Collegio debetur, & non immeritò. Nam & Episcopi qui hodie in Concilijs conueniunt, Apostolorum vices in Ecclesia tenent, prout ad hoc Papam Vrbanum in quodam Can. 68. dist. 1. *Quorum vices*, B. Augustinus allegat dicentem, *pro Patribus tuis nati sunt tibi filij. Patres nostri sunt Apostoli, pro Apostolis nati sunt tibi constituti Episcopi; hodie enim Episcopos qui per totum mundum inde nati sunt, ipsa Ecclesia Patres illos appellat, ipsa illos genuit & ipsa illos constituit in sedibus Patrum. Non te ergo putes desertam quia non vides Paulum, quia non vides Petrum, quia non vides illos per quos nata es, prole tua creuit tibi paternitas, pro patribus tuis nati sunt tibi filij, & constituisti eos pro patribus tuis Principes super omnem terram.* Et sicut Episcopi locum tenent Apostolorum, sic alij Presbyteri locum tenent 72. discipulorum 21. dist. *In nouo* vt inquit Anacletus Papa in quodam Canone.

Quia ergo tanta est Conciliorum autoritas, Celestinus qui summus Pontifex fuit, fidem suam ad sacrum Concilium tanquam ad conspectum Dei in Ep. vbi supra, se proferre fatetur dicens *Credo beatam S. Trinitatis deitatem huic sacro interesse Concilio, & ita tanquam in conspectu Dei, in medio vestri fidem meam protuli*. Beatus etiam Augustinus contra Epist. Fundati Conciliorum autoritatem comparat, imò præferre videtur Euangeliorum autoritati, dicens se Euangelio non credere nisi autoritas Ecclesiæ ipsum commoueret. B. Hieronymus in disputatione contra Lucifterianum, autoritatem Conciliorum Soli comparat, quo disputationum omnium & argumentationum contrariarum riuuli siccantur. Et B. Gregorius dist. 15. *sicut*, Conciliorum autoritatem ita suscipit & veneratur, vt cunctas personas quas vniuersalia Concilia respuunt, ipse respuerit, & cunctas quas venerantur, ipse similiter se amplecti fateatur. Et licet hoc de 4. Ecclesiæ Concilijs dicat, eadem tamen autoritas, potestas & ratio in omnibus fundatis Concilijs existit, dicente Gelasio Papa 15. dist. *Sanctam. Sed & si qua Concilia à SS. Patribus hactenus instituta sunt, post illorum 4. autoritatem etiam custodienda & recipienda decernimus.*

Cum istis autem SS. Patrum autoritatibus stant bene Canones sonantes Papam omnes iudicare & à nullo iudicari. Nullus enim particularis potest esse ordinarius Iudex Papæ, iudicio coactiuo & compulsorio; sacrum verò Concilium potest ipsum tali iudicio iudicare, cum sit repræsentatiuum totius corporis Ecclesiæ cuius Papa est pars, etsi caput; ipse tamen minor est corpore: omne enim totum est maius sua parte, vt est communis animi conceptio. Cum ergo omnia generalia Concilia fundata sint tanta autoritate, vt ipsis pro fide & generali morum reformatione & pertinentibus ad ea congregatis, quilibet homo à minimo vsque ad maximum teneatur obedire, ac etiam ipsa non possint errare; & sacrum Basileense Concilium vsque hodie fundatum & indubitatum existat, vt supra probatum est, tria luce clarius inferuntur. Primum est quod generali Concilio & Papa etiam existente Papa discordantibus, seu contraria præcipientibus, Illustrissimi Principes Electores & cuncti Christiani, relicto Papa, Concilio teneantur & debeant obedire. Secundum quod sacro Basileensi Concilio & olim Eugenio contraria præcipientibus, iterum ipsi, sacro Concilio & non ipsi Eugenio teneantur obedire, quinimo ipsum priuatum à Papatu sentire. Patet: nam cum Concilio generali, Reformationi Ecclesiæ in eo pro tunc Capite & membris insistenti se opposuerit, & postea cum sæpe monitus & requisitus esset vt desisteret, non destiterit, imò contumax factus continuè magis & magis ipsi Concilio obedire contempserit, potuit Concilium contra ipsum ad hoc iuris remedium, quod est depositio, procedere vt patet ex decreto sacri Concilij Constantiensis superius allegato. Tertium quod sequitur, est quod sanctissimo Domino nostro Felici in Papam autoritate Concilij electo præfati Illustrissimi Principes & cæteri teneantur & debeant obedire.

Tom. V.

" Nec aliquis putet quod dicti DD. Principes facto & credito quod
" sacrum Basileense Concilium sit firmum & fundatum, animos suos ab ip-
" sius obedientia suspendere possint, quemadmodum quidam intentionem
" principum exponentes dicunt eos non neutralitatem, sed vnionem
" quandam tenere intendisse, per quam nec Concilio, nec Papæ inobe-
" dientes esse volunt, sed solum animos suos ab eorum obedientia ad tem-
" pus suspendere. Nam cum sacrum Basileense Concilium sit firmum, ta-
" men ex decretis Concilij Constantiensis ad actum extremum tenentur,
" qui est obedire Concilio : nam sic in decreto Constantiensi dictum est,
" *quod ipsi sacro Concilio quilibet cuiuscumque status, aut dignitatis, etiam si Pa-*
" *palis existat, tenetur obedire,* ergo dicti DD. Principes ad actum medium
" transeundo, sine peccato suos animos suspendere non potuerunt, aut
" poterunt in futurum, quantumcumque etiam finis boni intuitu, quia in
" hoc casu non obedire est moraliter malum ; ergo pro nullo fine quantun-
" cumque bono est eligendum.
" Nec mouere debet aliquem, quod quidam obijciunt quod multi po-
" tiores recesserunt & pauci remanserant: nam recessus illorum nomine, sed
" non re potiores habuit causas cauteriatas, quia de non Episcopo factus
" est Episcopus, de non Cardinali Cardinalis, de Cardinali Diacono Car-
" dinalis presbyter & cætera de alijs corruptionibus; & ideo recesserunt,
" remanserunt tamen & remanent hodie in eo plures quam in Concilio
" Apostolorum fuerint. Ecclesia enim quæ non potest errare, non requirit
" totam multitudinem : Nam Cyprianus in quodam Can. 27. q. 11. 1. *Alienus*
" dicit quod Christus dicens vbicumque fuerint duo vel tres congregati
" in nomine meo, ego cum eis sum; non ostendit multitudini, sed vnitati
" plurimum se tribuere. Nec refert ibidem existentes esse magnos, vel par-
" uos, cùm Deus aliquando reuelet ea paruulis, quæ abscondit ab huius
" seculi sapientibus & prudentibus.
" Item non attendatur quod quibusdam forte motiuum videtur contra
" Concilium dicentibus ipsum intromittere se non potuisse, vel debuisse
" de officijs, &c. Curiæ, quorum ordinatio & dispositio ad solum Papam
" videtur pertinere : de quibus tamen Concilium se intromittit causas ad-
" uocando, Iudices in singulis causis constituendo : Nam quod hoc facere
" possit Concilium Basileense, maximè cum olim Eugenius nisus sit ipsum
" Concilium contra suum consensum & voluntatem dissoluere, ex his quæ
" legitimè facta sunt in sacro Constantiensi Concilio probatur. In 3.
" enim ipsius Sessione etiam ante processum contra Ioan. 23. factum, defi-
" nitum fuit & statutum quod D. Ioannes 23. Curiam Rom. & Officia pu-
" blica illius, seu Officiarios illorum de ciuitate Constantiensi ad alium
" locum non mutaret, aut transferret, seu personas dictorum Officiario-
" rum ad sequendum eum directè, vel indirectè non cogeret sine legitimo
" consensu ipsius Concilij, & si contrarium fecisset, seu faceret in futu-
" rum, aut aliquos processus, seu mandata contra dictos, aut alios quos-
" cunque sacro Concilio adhærentes fulminasset, vel fulminaret, esset to-
" tum irritum & inane. Quia ergo istis & consimilibus quæ contra Con-
" cilium ab affectionatis ad alteram partem, intime tamen contra firmita-
" tem & autoritatem Concilij facientibus allegantur, non attendentes
" quod ipsi sacro Concilio purè & simpliciter est adhærendum : ideo mo-
" dus & via Schismata in Ecclesia tollendi & cauendi est restaurare Con-
" cilium Basileense, Regum & Principum vtriusque status Oratoribus,
" Prælatis & Doctoribus, ac alijs bonis viris & Deum timentibus quorum
" consilijs & auxilijs Spiritu sancto dirigente causæ piæ propter quas Con-
" cilium est congregatum, ad salutarem effectum deducantur, & fidei Chri-
" sti nauicula præcipitio & ludibrio non exponatur, non obstantibus ad-
" uersitatum perturbationibus quibuscumque. Quod autem fieri possit &
" omnino sperandum sit, inter Orientales iste magnus Origenes super hoc
" verbo Euangelij *surgens Iesus imperauit ventis & mari, & facta est tranquil-*
" *litas magna,* nos consolatur, ad propositum nostrum sic inquiens, *Ideò*

certè facta est tranquillitas magna vt nimium conturbati Apostoli magnificè exhilarati lætarentur; dedit enim per hæc omnia nobis figuram & doctrinæ imaginem, vt & nos in omni perturbatione & contumelia patientiam teneamus, stabiles simus & fidem non deseramus. Et si omnis iste mundus tanquam mare ebulliat, omnes venti & vertigines dæmonum vndique sæuiant & furiant, omnis potestas maris & principatus mundi concitetur & furiat super Sanctos, nolite timere, nolite conturbari, nolite tremescere, nolite deficere, omnes enim qui in fidei & Ecclesiæ nauicula cum Domino nauigatis per hunc nimium vndosum mundum supernatatis, & si ipse Dominus pro somno dormitat, vestram tolerantiam & patientiam expectans, vel impiorum pœnitentiam & conuersionem sustinens, alacriter accedite ad eum orationibus instantes atque cum Propheta dicentes; *Exurge, quare obdormis Domine, exurge & ne repellas in finem;* & ipse surgens imperabit ventis his, scilicet aëreis dæmonum spiritibus, omnia mitigabit facietque tranquillitatem magnam, videlicet pacem Ecclesiæ in securitatem mundi. Quomodo enim sæpius Concilia Impiorum commota sint aduersus firmam & veram Ecclesiam, aliquoties Paganorum, aliquoties hæreticorum constat, sed surgens Dominus imperauit Dæmonum ventis & omnes euanescere fecit audaces aduersarios fidei, magnamque pacem & tranquillitatem Ecclesiæ suæ dedit: hæc ille? Igitur vt concludamus, sine dubio si Reuerendissimi Patres & Illustrissimi Principes Electores huic firmo & sacro Basileensi Concilio fidei & Ecclesiæ nauiculam repræsentanti purè & simpliciter in Dei timore adhæserint, post præsentium tribulationum vertigines & ventos, tranquillitatem & pacem magnam in Ecclesia Dei videbunt ad magnificam in hac vita iocunditatem, & perpetuam in futura vita felicitatem. Quam ipsis & nobis & omni populo Christiano Christus ipse pacis author concedat, qui cum Patre & Spiritu sancto; perpetuò viuit & regnat. Amen.

1440.

Explicit tractatus *Vniuersitatis Studij Erffordiensis super vnione & neutralitate Principum Electorum Imperij.*

Vniuersitas Viennensis.

Circa materiam vnionis quam inierunt Reuerendissimi Patres & Illustrissimi Principes sacri Rom. Imperij Electores, vt dicitur, vnà cum alijs Principibus & Prælatis; occasione cuiusdam neutralitatis seruandæ pro bono pacis procurando inter sacrum Basileense Concilium & D. olim dictum Eugenium, vt de vigore protestationum nec non & appellationis eorundem ab vtriusque partibus ad vtrasque interpositæ Reuerendissimo in Christo Patri & D. D. Archiepiscopo Saltzburgensi, qui super hoc pro bono & salute sibi subiectorum tanquam vigilans Pastor super gregem Domini Pastorali suæ curæ commissum prouide & solerter consilium huius almæ Vniuersitatis Viennensis requisiuit, cæterisque Ecclesiæ filijs fundatiuis responderi & consuli possit, oportet diligenti consideratione 4. materias radicitus intueri. Ex quibus difficultatis huius negotij præsentis, quod omnes tangit, omnis Nationi Germanicæ occasio pullulando crescere possit si minus bene consideratæ fuerint, tolli verò omnis difficultas, si bene considerentur.

Est ergo prima consideratio de statu sacri Concilij Basileensis, videlicet quantum ad legitimitatem eius initij, continuationis, & vsque ad præsens perdurationis & existentiæ. Secunda consideratio de potestate eiusdem sacri Concilij, scilicet an talem processum contra Gabrielem olim Eugenium, quo ad suspensionem ipsius ab administratione Papatus, quo etiam ad eius plenariam depositionem à Papatu, & alterius ad Papatus dignitatem electionem & promotionem, vt factum est, legitima autoritate plenam habuerit faciendi facultatem & potestatem. Tertia consideratio de actitatis in hac re vsque modo in pluribus dietis per Reuerendissimos Patres & Illustrissimos Principes sacri Rom. Imperij Electores,

"quibus scilicet auctoritatibus, cui iuri aut rationi innitantur, seu qui-
"bus solidentur fundamentis. In 4. Consideratione videbitur de futuris
"agendis, de quibus consulta est dicta Vniuersitas, videlicet quid omnibus
"actis vt acta sunt, & omnibus stantibus vt modo stant, agendum aut con-
"sulendum sit salubriter in hac re pro tempore futuro.
"   Quantum ad 1. punctum, nemini nisi hosti fidei Orthodoxæ dubium
"esse potest, quin sacrum Basileense Concilium legitimum habuerit ini-
"tium & progressum, cum non conuocatione vnius hominis, nec tantum
"Papali auctoritate congregatum fuerit, sed ex ordinatione vniuersalis
"Ecclesiæ conciliariter congregatæ initium ceperit & autoritatem : Nam
"cum Ecclesia in Concilio Constantiense statuendo dicat Capite *Frequens*
"hoc Edicto perpetuo sancimus, decernimus atque ordinamus vt à mo-
"do generalia Concilia celebrentur, ita quod primum à fine huius Con-
"cilij scilicet Constantiensis in quinquenium immediatè sequens, *quod*
"*fuit Senense Concilium*, 2. verò à fine immediatè sequentis Concilij in sep-
"tennium, *& hoc est Basileense Concilium*, quod inchoatum fuit post Con-
"cilium Senense, lapso septennio, & deinceps de decennio in decennium
"perpetuò celebrentur. Ecce quod hoc sacrum Basileense Concilium
"autoritatem legitimam sui initij & processus habet ab Ecclesia concilia-
"riter & legitime congregata. Denique non solum duo Rom. Pontifices,
"scilicet Martinus & Eugenius ipsum pro tali habuerunt, habentes ibi
"legatum suum pro se præsidentem, sed etiam totus populus Christianus
"illud Concilium in Spiritu sancto legitimè congregatum appellauit &
"cum omni veneratione recepit.
"   Quod etiam hodie persistat in sua autoritate omnimoda, apertè ex eo-
"dem Decreto *Frequens* conuincitur, nam cum ibidem dicatur sicut alle-
"gatum est quod *deinceps Concilia sacra de decennio in decennium perpetuò ce-*
"*lebrentur*, subditur in locis quæ summus Pontifex per mensem ante finem
"cuiuslibet Concilij approbante & consentiente Concilio, vel in eius de-
"fectu, Concilium ipsum deputare & assignare teneatur, vt sic per quam-
"dam continuationem semper, aut Concilium vigeat, aut per termini pen-
"dentiam expectetur. Verba ista sunt Decreti *Frequens*; sed cum sacrum
"Concilium Basileense adhuc nullum nominauerit locum pro futuro
"Concilio, nec in nominatum per Papam consenserit, patet adhuc quod
"ipsum manet in suo vigore, cum ex ordinatione Ecclesiæ non cesset esse
"in vigore, nisi ante mensem suæ desitionis consenserit in locum Concilij
"futuri. Patet ergo quod iuxta Decreta solemniter publicata Concilium
"sacrum Basileense adhuc stat in vigore.
"   Item cùm prius habitum sit ab omnibus pro Concilio legitimè in Spi-
"ritu sancto congregato & ex decreto præallegato decreuerit habere vi-
"gorem, tenetur quilibet sibi vt Concilio adhærere, donec eius desitio
"manifestè fuerit declarata; nec super his quæ facti forent, vt de com-
"pacto non seruato alleganti in dissolutione Concilij standum, aut cre-
"dendum esset cuiquam, etiam cuiuscunque dignitatis existeret, sacro
"Concilio contradicente. Nam cum iuxta Decreta sacri Concilij Basileen-
"sis sess. 9. nec Papa Papali autoritate possit ipsum dissoluere, eo nolente,
"quomodo non magnæ leuitatis esset illud sapientis, *Qui citò credit, leuis*
"*est corde*, credere famæ super his quæ facti essent, super dissolutione Con-
"cilij, ipso Concilio in hoc contradicente & constanter negante; aliàs
"enim conficto mendacio de his quæ facti forent, posset dissolui Conci-
"lium sacrum, eo nolente, quod tamen Papali autoritate solui non potest.
"   Quantum ad secundum, scilicet an sacrum Basileense Concilium ad
"instituendum & prosequendum processum contra olim Eugenium, quo-
"ad eius suspensionem & depositionem & alterius institutionem plenariam
"habuerit potestatem, Respondeo quod Spiritus sanctus per organum sacri
"Concilij Constantiensis declarauit apertè talem potestatem habere Ec-
"clesiam & Concilium sacrum Papam repræsentans super omnes homines,
"etiam si Papalis existant dignitatis. Nam Synodus Constantiensis in tertia
sua

Vniuersitatis Parisiensis. 473

sua Sessione super hoc definiuit, statuit, decreuit & declarauit in hunc modum, *quod S. Synodus in Spiritu sancto legitimè congregata generale Concilium faciens Ecclesiam Catholicam militantem repraesentans potestatem immediatè à Christo habet, cui quilibet cuiuscunque status, vel dignitatis etiamsi Papalis existat, obedire tenetur in his quae pertinent ad fidem, ad extirpationem haeresis & Schismatis & ad generalem reformationem Ecclesiae in Capite & in membris.* Ex quo manifestum habetur Papam subesse Concilio in casibus expressis in Decreto allegato.

1440.

Item aliud eiusdem Sessionis Decretum dicit, *quod quicunque cuiuscunque status, vel dignitatis, etiamsi Papalis existat, mandatis, statutis, seu ordinationibus, aut praeceptis huius sanctae Synodi, aut cuiuscunque alterius Concilij generalis legitimè congregati super praemissis, aut ad ea pertinentibus factis, vel faciendis obedire contumaciter contempserit, nisi respuerit, condignae poenitentiae subijciatur & debitè puniatur, etiam ad alia Iuris remedia, si opus fuerit, recurrendo.* Ex quibus manifestè patet quod ad poenas praemissas contra Papam procedere poterat; etiam depositionis pro pace Ecclesiae, temeritate eius illud exigente. Nec potest sacro Concilio obijci rationabiliter indiscretio nimiae praecipitationis in tanto negotio, cum post tot annorum curricula per quae in hac re desudauit sacrum Concilium, res continuè in peius declinarit, in maximum scandalum plebium Christi.

Circa tertium scilicet de his quae in hac materia, scilicet vnionis acta sunt per Reuerendissimos Patres & Illustrissimos Principes sacri Ro. Imperij Electores. Primò ante omnia commendandus est optimus eorum huius vnionis zelus. Intendebant enim, vt apparet, per hanc vnionem litibus metas compraecludere & paci Ecclesiae Dei per hoc locum parare: Et haec intentio tam plenè sancta & bona fuit, quod apud omnes certum est pacem in rebus non esse mediocre, sed maximum bonum. Etiam tantò amplius solicitudo huius pacis procurandae ad eos pertinuit, quantò apud eos prae caeteris Principibus aliarum Nationum pertinet tutela Nationis in qua sacrum Concilium consistit, vt in pace & bona statu gubernetur. Vnde ex hac ratione & intentione rationabiliter conuenire ad dietas poterant, & se tanquam tutores Germanicae Nationis vnire ad interponendum se inter sacrum Basileense Concilium & D. olim dictum Eugenium, hortando vtrasque partes ad vnionem, pacem & concordiam.

Item ad hortandum sacrum Concilium, vt rigorem processus mansuetudine mitigaret, per aliquam processus dilationem, aut suspensionem; & etiam ad hoc faciendum decuit eos alios Principes seculares etiam spirituales inducere & aduocare. Et hoc dixerim pro honore Principum, quantum ad ea quae poterant rectâ intentione fieri, vt est exhortatio partium ad pacem & concordiam. Verum cùm meritò commendanda sit **recta intentio Principum; Intentio** autem secundum Aristotelem est circa finem, Electio verò mediorum est. Vnde iterum in aliqualem excusationem praetactorum Principum Electorum est, quod saepe propter multitudinē ingruentium negotiorum coguntur Principes post optimi finis praeordinationem, inuentionem mediorum ad finem delegare minoribus. Inde est quod vel ex affectione, vel minori peritia ad optimum finem quaeruntur media minimè congrua, vt in materia hac aliqualiter videtur euenisse. Praesertim in appellatione à sacro Basileensi Concilio & in substractione obedientiae eidem. Pro cuius declaratione sit

Prima propositio ista. Si duo aut plures contenderint de Papatu, licitum est & iustum, si de iure eorum dubitatur, eis vsque ad futurum Concilium obedientiam substrahere; imò si non est dubium de Iustitia vnius, adhuc si alia via non foret pro pace Ecclesiae & sedando Schismate, licet & debitum est eis obedientiam substrahere, & ad futurum Concilium appellare. Ista propositio rationabilissima, Deo inspirante, est determinata in sacro Constantiensi Concilio, Capite *Frequens.* Si verò

Tom. V. OOo

"quod abſit, in futurum Schiſma oriri contingeret, ita vt duo, vel plures
"pro ſummis Pontificibus ſe gererent, à die quo ipſi duo, vel plures inſi-
"gnia Pontificatus publicè aſſumerent, ſeu miniſtrare inciperent, intel-
"ligatur ipſo iure terminus Concilij, tunc forte vltra annum pendens ad
"annum proximum abbreuiatus, ex quo patet quod Eccleſia vniuerſalis
"velit adhuc poſt annum de iure ſuo in Papatu iudicare, quod licet inte-
"rim ab eo contendente & à quolibet tali ad ſacrum Concilium futu-
"rum appellare. Sic autem fieri non poteſt, vbi eſt diſſenſio inter Papam
"& ſacrum Concilium, vt in caſu præſenti. Ibi enim talis neutralitas &
"obedientiæ ſubſtractio ab vtriſque eſſe non poteſt; pro quo ſit iſta

"Secunda propoſitio. in his quæ fidei ſunt, aut quæ Schiſmatum extir-
"pationem, aut morum reformationem in Capite & in membris Eccleſiæ
"reſpiciunt, nunquam licet Chriſtiano homini à ſacro Concilio legitimè
"congregato appellare. Et pro probatione iſtius propoſitionis eſt aduer-
"tendum quod de nulla perſona ſiue in Imperiali dignitate conſtituta
"fuerit, nec de quacunque quantumcumque religioſæ obſeruantiæ com-
"munitate certò dici poteſt & ex ſcripturis fundari, quòd habeat tantam
"Spiritus ſancti aſſiſtentiam, vt certum ſit quòd in cunctis actibus ſuis ab
"eo dirigatur, ſolâ ſacrâ congregatione Concilij generalis vniuerſalem
"Eccleſiam repræſentantis demptâ, de qua certum eſt quod in his quæ
"fidei ſunt & morum correctionis, regitur à Spiritu ſancto. Hoc expreſſè
"habetur ex Concilio Eccleſiæ tempore Apoſtolorum Ieroſolymis ſuper
"obſeruantia legalium celebrato; de quo legitur Act. 15. vbi illud ſacrum
"Concilium definitionem ſuam Antiochenæ Eccleſiæ publicando ſcripſit.
"*Viſum eſt Spiritui ſancto & nobis*, vnde iſte titulus eſt ſacris generalibus
"Concilijs ritè congregatis à primitiua Eccleſia vſque in præſens appro-
"batus & approbatè obſeruatus, quod ab omnibus dicatur *Sacrum Conci-*
"*lium in Spiritu ſancto legitimè congregatum*. Si autem in Spiritu ſancto Con-
"cilia ſacra congregata ſunt, conſequens eſt vt in nomine Ieſu Chriſti ſint
"etiam congregata, quia veraciter de ſe promiſit, *vbi ſunt duo, vel tres*
"*congregati in nomine meo, ibi in medio eorum ſum*, Matth. 18. Vnde conſequens
"eſt Spiritum ſanctum ibi eſſe; ſed non eſt ibi vt ſubditus, ſed vt ſupre-
"mus Præſidens, à quo nulli Fideli licet appellare, & per conſequens nec
"à Concilio in his articulis, in quibus certum eſt ipſum Concilium ab eo
"gubernari, & illi ſpeciali gratia & illuſtratione præſidere, ſcilicet in his
"quæ fidei ſunt, extirpationis Schiſmatum & reformationis morum in ca-
"pite & in membris. Quomodo enim non eſt apertè diuinæ Majeſtatis
"contemptus & quaſi idololatriæ ſcelus in talibus cauſis appellare à ſacro
"Concilio ad Papam? Quid hoc aliud eſt quàm à Deo qui noſcitur in ſa-
"cro Concilio in hac re præſidere, ad purum hominem appellare & iu-
"diciariam poteſtatem à Deo Creatore auferre & in hominem trans-fer-
"re? Quid hoc aliud eſt quam hominem Deo tanquàm exteriorem Iudicem
"præferre? Denique quomodo non omni æquitati Iuris repugnet vt in ſi-
"mili materia ab vno Concilio ad aliud appelletur, cum in vtriſque legi-
"timè congregatis præſideat Spiritus ſanctus, & æqualis in vtriſque ſit,
"imò eadem autoritas: niſi forte putetur quod in alio loco per doctio-
"res homines Spiritus ſanctus melius inſtruendus ſit tanquam minùs do-
"ctus, quod apertè eſt blaſphemia & extrema dementia.

"Nec debet Principes Chriſtianos mouere vnquam metus litium c.
"guerrarum, nec allicere pax terreſtris, ſeu quies politiæ ſecundùm co-
"poris quietem, vt pro ea relinquatur *pax Dei quæ exuperat omnem ſenſu-*
"quæ non habetur niſi in cuſtodia & obſeruantia legis diuinæ. Lex autem
"Dei docet obedire Eccleſiæ vniuerſali, cum dicat; *qui vos audit me au-*
"*& qui vos ſpernit, me ſpernit*, quod præcipuè locum habet in vniuerſali Ec-
"cleſia, ſeu Concilio ſacro ipſam repræſentante, cum in alijs ſemper ha-
"beatur occaſio ad ſuperiorem Iudicem appellandi. Et hæc eſt vera pax &
"multa quam Chriſtiani & cultores Chriſti precipuè quærere tenentur. De
"hac pace Propheta dicit, *Pax multa diligentibus legem tuam, Domine*. Et ſi

pro hac pace procuranda nonnunquam hominum strages fiant, quale mirum est cum Rex pacis nostræ prædixerit nobis, *in mundo pressuram habebitis, in me autem pacem.*

1440.

Circa quartum principale, scilicet quid modo in hoc negotio pro futuris agendum, eligendum aut consulendum sit, stantibus rebus vt nunc stant, scilicet post electionem factam à sacro Basileensi Concilio, respondendum planè, quod nihil aliud cuicumque suadendum est, nisi vt Concilio obediat, & quantum habeat processum sacri Concilij, laudet & approbet iuxta decreta sacrorum Conciliorum præallegata. Nec sufficit Christiano ita Christiana mente credere, sed etiam oportet ore profiteri in aliorum ædificationem, *corde enim creditur, ad Iustitiam, ore autem confessio fit ad salutem;* imò & opere quantum in eo est & exemplo alios debet ad hanc viam reducere. Vnde si prius Principum Electorum recta fuit intentio, & non latuit anguis in herba, in vnione eorum expedit vt sequantur modò S. Dauid exemplum, vt noscantur sic proximis charitatem impendisse, vt seruent ad Deum reuerentiam etiam debitam. Nam vt habetur, 2. Reg. 12. Cum Rex Dauid *pro puero suo cum adhuc ægrotando viueret, iacens in terra ieiunauit & fleuit;* cum autem iam quod esset mortuus à seruis suis didicisset, *surrexit de terra & lotus, vnctusque vnguento fecit parari mensam & comedit & bibit. Et super hoc seruis suis admirantibus, ait, Propter Infantem dum adhuc viueret, ieiunaui & fleui, dicebam enim quis scit si forte donet eum mihi Dominus & viuat Infans? Nunc autem quia mortuus est, quare ieiuno, nunquam potero eum reuocare amplius.* Ita reuera nunc faciendum est cunctis Germaniæ Principibus. Si vniuerint se sperantes quod propter hoc non fieret vlterior processus, nunc autem quia factus est, ad vltimum surgant & lauent facies suas, lætè obedientes Concilio, ne & post rem factam videantur Spiritui sancto repugnare, quia nec per huiusmodi vnionem & neutralitatem pacem Ecclesiæ quam se intendisse prætendunt, procurare deinceps valebunt, quin potius persistendo in huiusmodi vnione se exponent periculo maioris Schismatis & notæ pessimæ, quod scilicet fuerint causæ illius. Vnde constanter suadendum est Domino Metropolitano & cuicumque alteri, vt amodo ad talem vnionem ineundam, nec metu trahatur quorumcunque hominum, quia magis metuendus est Deus, nec amore Principum quorumcunque, quia lex amicitiæ peti illicita prohibet & ob amorem talia fieri vetat, dicente Tullio in lib. de Amicitia: *Hæc lex Sanctitatis amicitiæ vt neque rogemus res turpes, neque faciamus rogati. Turpis enim excusatio est & minimè recipienda tum in cæteris peccatis tum si quis contra rempub. se amici causa fecisse fateatur.* Talis autem vnio vt modo constat, Reipubl. videtur omnino contrariari. Item non modicum mouere debet animos volentium talem vnionem, vel ligam ingredi; quod licet à multis & magnis sentiatur, vt dicunt quod liceat, tamen quia à multis & æquè magnis & timoratis videtur quod nequaquam liceat, respondeo quod in simili dubio licet opinato à magnis ad contrarias & oppositas partes transire dicit D. Guillelmus Parisiensis, *quia si dubium est an liceat, vel non liceat, ipsa dubietas certitudo est & determinatio quia procul dubio non licet.* Nulli enim dubium est quando licet se alicui discrimini committere, discrimini autem se committit qui aliquid facere præsumit de quo dubitat an peccatum mortale sit. Quare cum ipsa dubietas etiam si aliàs non esset, efficiat hoc negotium discriminosum, ideo vitanda est talis liga vel vnio, & hoc vel est necessitas quia hoc solo dubio redditur illicita. Nam secundùm sententias SS. Doctorum *qui facit aliquem actum quem timet esse peccatum mortale, probabiliter cum per abstinentiam à tali, in nullo peccaret, eo ipso talem actum faciendo ponit se ad discrimen, mortalis peccati, & peccat mortaliter;* ideo nullo modo suadendum esset, vt Christianus Princeps aut alius quicumque Christianus talem contra omnem superioritatem in terris vnionem ingrediatur.

Item per talem vnionem & ligam Natio Germanica redditur vtrique

"parti contendenti odiosa magis, quia iudicabitur Ecclesiasticæ potesta-
"ti rebellis & inobediens, quare minus valebit inter partes mediare &
"ad pacem eas reducere, quod tamen per talem vnionem principaliter
"intenditur; imò etiam per talem vnionem ipsa Natio Germanica ineui-
"tabiliter periculosius & multiplicius in seipsa scindetur & inquietabi-
"tur. Ex eo quod in casibus Sedi Apostolicæ reseruatis ac dispensationibus
"& confirmationibus prælatorum & similibus oportet homines habere
"recursum ad Sedem Apostolicam, & quilibet relinquetur in hoc suo Ca-
"piti & suæ conscientiæ, ad quem velit recurrere, & per consequens talem
"habere pro summo Pontifice, & sic vnus habebit Felicem pro Papa &
"non obedientes ei habebit pro Excommunicatis & Schismaticis; alius
"habebit Eugenium, & sic erunt in eadem communitate contrariantes
"& omnino inter se, imò inter oues & suum Pastorem, vt cum quis vene-
"rit ad suum plebanum, vel ad suum Episcopum, portans litteras absolu-
"tionis à Felice, dicet suus Superior. *Non es absolutus, sed excommunicatione
"noua ligatus, quia non est ipse Papa, sed Eugenius*, & cætera de alijs. Ecce
"quod & scandalis plena erit illa turbatio & causa seditionis plebium inter
"se & Pastorum inter se, imò & inter plebem & suum Pastorem.

" · Item dato quod foret omnino notum quod per talem vnionem hac vi-
"ce omnino daretur pax Ecclesiæ; tamen adeo mala & discriminosa vide-
"tur, quod nec pro certa pace iam inde ventura esset attentanda, cum
"iuxta Apostoli doctrinam, *non sint facienda mala, vt inde eueniant bona*, nisi
"prius vniuerso tam apertè orbi sit declaratum defuisse sacrum Concilium
"Basileense ante processum factum contra Papam Eugenium, quod cer-
"tum fuit vniuerso orbi ipsum Concilium fuisse legitimè congregatum
"in Spiritu sancto vniuersalem Ecclesiam repræsentans. Nam si rectè
"consideretur, per talem vnionem aperitur noua via Schismatibus & hæ-
"resibus & vniuersis malis quæ contra Ecclesiam mouentur, & eneruã-
"tur omnis authoritas Ecclesiæ militantis, quia ex prius dictis quando-
"cunque fiet Concilium qualicumque authoritate & legitimè congrega-
"tum, si velit etiam contra hæreticum Papam procedere, ad eius deposi-
"tionem eriget se vna Natio, vel duæ contra Concilium & vniuersalem Ec-
"clesiam, nolentes obedire vtrique parti, vt eas reducant ad concordiam,
"appellando ad aliud Concilium, & sic vna Natio semper præualebit, aut
"duæ contra Concilium quantumcunque legitimè congregatum. Et idem
"fieret si Rex, aut Princeps vnius Patriæ hæreticus foret, contra quem
"Concilium procedere vellet: vna namque natio, vel regnum se substra-
"heret nolens obedire sententiæ Concilij contra hæreticum dicens Con-
"lium ex affectione non ex Iustitia processisse, aut de Iustitia sententiæ
"diceret se dubitare & ita suspenderet se ab obedientia Concilij pro bono
"pacis & appellaret ad futurum Concilium.

" Videant ipsi quorum interest, anne talis vnio sit via rebellionis con-
"tra Ecclesiam in fomentum plurimorum malorum; quæ quidem liga
"apertissimè Ecclesiasticas censuras ducat in fabulam & ludibrium, frena
"obedientiæ disrumpendo, præsertim inclyta Natio Germanica, quæ iam
"in aliqua sui parte tam grauem passa est paroxismum in fide, quem nec
"ipsa nec tota Ecclesia ad plenum vsque ad præsens curare potuit. Videat
"& omni conatu caueat talem vnionem & ligam, quibus tantis malis & pe-
"riculis Ecclesiæ aperitur via, nec vnquam imponi possit ei si forte ex post
"similia fuerint, quod ipsa ad hoc prima viam aperuit, per quam in Eccle-
"sia Dei Schismata & hæreses tutè ingrediantur, vt sic apud vniuersalem
"Ecclesiam Natio Germanica præripiat sibi nomen turpissimum, vt scilicet
"dicatur *Hæresiarcha*.

" Sed forte dicit promotor talis vnionis & ligæ, quod non durabit ista
"liga in longum, sed adtentandum an partes in concordiam & pacem per
"eam reduci possint & postea cessabit. Et quia audio verbum *Cessabit*, di-
"co Deo gratias, quæro tamen si partes per eam in concordiam reduci
"non potuerint, prout æstimabilius esset ex practicatis, stabit ne Natio

Germanica semper diuisa ab vtrisque, quod nulli dubium, pessimum esset cum nec ipsa aliquod prætensum haberet Caput, & etiam sic Schisma foret trifurcatum, seu in tria diuisum & proinde, minus malum esset si scinderetur Ecclesia in duo, quia tunc reducibilior esset ad vnitatem. Nam hoc natura habet, & Arithmetica tradit binarium propinquiorem esset vnitati quam ternarium.

Sed respondebitur mihi, quod non sit Natio illa semper mansura in tertia parte scilicet in vnione & liga, sed accedet ad vnam ex duabus partibus; habeo iterum dicere Deo gratias, quia vnum mortificum Ecclesiæ vulnus curabitur, sed adhuc quærendum est cui parti post illam vnionem, seu ligam adhæsura sit Natio Germanica, quod nimirum nequaquam faciet sine magna causæ huiusmodi prædiscussione & præuio Iudicio, vt in sancta re oportet, cui tanquam iustiori parti sit adhærendum. Et videtur omnino irrationabile, quod staret iudicio alicuius partium contendentis, quod ambas priùs per suas appellationes tanquam suspectos Iudices repudiauerit, nec alicui alteri de gremio Ecclesiæ, cum verisimiliter quilibet ex illa Natione vni parti adhæreat, & ideo quilibet tanquam pars cui adhæret, meritò habetur suspectus. Oportet ergo tandem quod Natio ipsa per se sit Iudex & iudicet cui parti tanquam iustæ sit adhærendum. Hoc autem melius, honestius & quietius fecisset ante talem vnionem & ligam tanquam vtrique parti amica quàm post talem vnionem, cum iam habeatur tanquam rebellis & inobediens & vtrique parti inimica. Vnde accidet quod ad quamcunque partem postea declinabit, notabitur de graui culpa inobedientiæ & erroris, & dicetur quod isti parti quam modò iustificat, prius fecit iniuriam, quia ante obedientiam videre debuit quod modò iustum esse nouit. Et reuera rectè verificabitur de ista Natione Prophetica illa Isaiæ comminatio scilicet, *quod sola malitia & vexatio modo dederit ei intellectum*, vt scilicet, nunc faciat cum erubescentia obediendo, quod noluit exhibere ex Iustitia cum honore & reuerentia.

Quod autem dicunt qui huic vnioni inclinantur, quod dignæ memoriæ D. Albertus Romanorum Rex, &c. vna cum Reuerendissimis Patribus & Illustrissimis Principibus sacri Rom. Imperij Electoribus hanc vnionem receperunt & inierunt, de quibus præsumens est quod non inconsultè egerunt: Ad hoc dico argumentum ex authoritate in hac parte modicum valere: nam quis negauerit S. Regem Dauid prudentia & sanctitate præstantiorem fuisse Rege Romanorum D. Alberto & suis Electoribus in humanis agibilibus, qui tamen grande malum induxit super Populum suum, cum minus consultè Populum numerari iussit, vt habetur, 2. Reg. vlt. Cap. vbi legimus obtinuisse verba legis contra verbum Ioab & Principem. Et licet, vt ibi legitur *percusserit Dauid cor suum & dixerit ad Dominum peccaui valdè in hoc facto, & stultè egi nimis*, tamen pro illa culpa Regis percussi sunt à Dan vsque ad Bersabée septuaginta millia virorum, & mortui sunt vt ibidem habetur. Non ergo facta Regum, aut Principum, aut quorumcunque hominum in agendis humanis maximè ante optatum obtentumque finem vnquam alleganda sunt à prudentibus ad ea prosequendum nisi pro ratione actuum rationabilem & legitimum fuisse conuincatur. Fateor enim nonnunquam debere imò oportere subditos sequi vestigia Regum & Principum in deuijs pedum etiam cum discrimine & periculo suorum corporum, nunquam tamen subditi tenentur sequi Superiores suos etiam quantoscunque, imò verò tenentur eos non sequi in deuijs morum cum periculo animarum suarum, quia quantum ad hoc non subsunt eis, nec imitari eos tenentur, in quibus non imitantur legem Christi, ideo non absolutè dicit Apostolus, *Imitatores mei estote*, sed iustissimè addidit, *sicut & ego Christi*, ad Corinth. 4. Et alibi ait, *potestas est vobis data ad ædificationem, non ad destructionem*. Nihil ergo arguunt allegationes factorum talium Principum quæ ab Ecclesia canonisata non sunt, nisi in quantum rationes in quibus tales actus innixi sunt, conuincant.

"Sed dicunt adhuc persuasores illius vnionis, quod verisimiliter Prin-
1440. "cipes in tam ardua re habuerunt diuersissimorum Doctorum & peritissi-
"morum virorum consilia, qui in partibus ratione abundant, & ideo non
"esse talem vnionem repellendam. Ad hoc respondeo, quod hoc dubium
"ad hanc quæstionem non pertinet: non enim quæritur quàm periti, &
"quàm docti fuerint Consultores, sed quæritur an rationale, vtile & ex-
"pediens fuerit quod consultum est. Nota est enim Senecæ illa sententia,
"scilicet *vt non moueat dicentis authoritas, sed quid dictum sit attendatur;* sæpè
"enim in Doctorali Prouerbio dicitur, *reuelatum est minori quod ignorat ma-*
"*ior.* Quis enim nesciat Moysem seruum & amicum Dei Magnum Legis-
"latorem & Ducem populi Dei maiorem Petro Madianita, qui tamen re-
"ctè reprehendit acta Moysi, ita vt ausus esset dicere ei: *non bonam rem fa-*
"*cis, stulto labore consumeris.* Exod. 18. Sed si cui hoc exemplum contra au-
"thoritatem dicentem non satis persuaserit, audiat saltem Asinam Ba-
"laam, Num. 22. loquentem & docentem, ipsi Balaam insidiantem Pro-
"phetam quod ignorauit. Non ergo ad famam & peritiam consulentium
"in tam ardua re, sed magis cum illud quod consultum est, expediat &
"vtile sit Reipub. Iustum & honestum prudentissimè atttendatur, & hoc
"est quærere Ecclesiæ pacem magis quàm per ligam qualemcunque, vel
"per talem Principum periculosam vnionem.
"Verum sunt adhuc nonnulli, qui quod ratione, aut scripturarum au-
"thoritate emittere nequeunt contra authoritatem Ecclesiæ & sacri Con-
"cilij eam repræsentantis, saltem humano exemplo quasi quadam certitu-
"dine infirmiores ad illud quod volunt, allicere nituntur dicentes, *ecce*
"*Reuerendissimus Pater & D. D. Iulianus Cardinalis S. Sabinæ vulgariter S.*
"*Angeli nuncupatus qui fuit legatus Sedis Apostolicæ multis annis in sacro Conci-*
"*lio & toto conatu verbis,* & scriptis omnique virtute Concilium sacrum &
"eius authoritatem publicauit, roborauit & quantum valuit contra repu-
"gnantes consolationibus, validissimis propositionibus, allegationibus &
"argumentationibus defendit, *qui tamen à Concilio Basileensi discessit,* & D.
"Eugenio & Florentino Concilio adhæret, & tamen omnibus talis & tan-
"tus noscitur in omni virtute & peritia, vt non sit præsumendum de eo
"quod in hac re ignorantia fallatur cum sit doctissimus, nec malitia cor-
"rumpatur, cum sit vir optimus, & omni virtute fulcitus, vt meritò cæ-
"teri tanti viri exemplum securè sequantur.
"Ad hanc obiectionem respondeo & verè fateor quod ipse Legatus D.
"Iulianus in Basilea existens homo & vir optimus erat, nec aliquis ibidem
"tunc sibi similis videbatur. Etiam licet in argumento dicatur Cardinalis
"S. Angeli vulgariter nuncupatus, fortius tamen esset argumentum si An-
"gelus de cœlo foret & sic egisset; sed nec sic in hoc negotio imitandus
"esset; quia authoritas sacri Concilij Euangelicæ veritati & immobili fun-
"damento innititur. Sed nec Angelo de cœlo contra Euangelicam veri-
"tatem credere debere docet nos Apostolus ad Galat. 1. dicens: *Licet nos*
"*aut Angelus de cœlo Euangelizet vobis aliud præter illud quod Euangelizauimus*
"*vobis, Anathema sit.* Sed quis nesciat etiam D. Iulianum Cardinalem S.
"Angeli non Angelum, sed purum hominem esse & per consequens hu-
"mana pati secundum hominis conditionem, ita vt possit etiam vt cæteri
"hominum passionibus allici, trahi, vinci & falli. Et quale mirum, si D.
"Iulianus humana passione, aut persuasione quacunque victus, ita vt apud
"D. Eugenium constitutus se putaret esse securum & ab obedientia Con-
"cilij Basileensis omnino absolutum, cum ante tempora nostra legamus
"secundùm Prophetam Ionam quem nemo hominum omni sanctitate &
"virtute Iuliano iudicauerit inferiorem, tamen humana passione affectum
"fuisse vt æstimaret quod *si in Tharsis Ciuitatem peruenisset, etiam tum diui-*
"*num imperium euasisset.* Sic enim postquam mandatum Ionas à Domino
"recepisset prædicandi in Niniue, legitur Ionæ 1. *quod successit Ionas vt fu-*
"*giens in Tharsis à facie Domini,* vbi dicit Glossa, *putans quod iram Dei vita-*
"*re posset in alieno loco si Iudæam relinqueret, in qua solummodo verum Deum*

putabat, sed quid in nobis tanta re Iulianus pro exemplo imitando contra Decreta Concilij inducitur, cum nemo nesciat B. Petrum Apostolorum Principem post Spiritus sancti visibilem super eum Missionem dicto D. Iuliano Cardinali S. Angeli & omni Cardinali, imò & omni mortali vitâ viuenti longè præstantiorem fuisse, quem tamen humana etiam victum passione, ita vt contra Decretum sacri Concilij ageret, imitari non solùm noluit ille doctissimus Paulus, sed etiam ei in faciem restitit & coram omnibus reprehendit, vt sic etiam ab imitatione summi Pontificis, & primi Apostolorum in his quæ contra decreta Concilij ageret, cæteros cohiberet: Nam in Actibus Apostolorum cap. 15. legimus Concilium congregatum super obseruationê legalium, quod fuit tertium Concilium Hierosolymitanum, cui interfuit Petrus Apostolus & etiam você dedit, Iacobus verò tanquam ordinarius loci & Præsidens conclusit quod non esset necessaria obseruantia legalium; vnde sacrum Concilium tunc scripsit Fratribus ex gentibus conuersis inter cætera, *Visum est Spiritui sancto & nobis nihil vltra imponere vobis oneris*, &c. Postea tamen cum Petrus venisset Antiochiam, antequàm venirent quidam à Iacobo, ex Circuncisione Fideles cum Gentibus edebant. Cum autem venissent, Petrus substrahebat & segregabat se ab eis, timens eos qui ex Circuncisione erant; & simulationi eius consenserunt cæteri, ita vt etiam Barnabas ab eis induceretur in illam simulationem, sed cum audisset Paulus quod non rectè ambularet ad veritatem Euangelij, & iuxtà decretum Concilij, quod ibi veritatem Euangelij nominat Apostolus, *restitit sibi in faciem, quia reprehensibilis erat & coram omnibus reprehendit*; vt habetur ad Galat. 5. Si ergo B. Paulus Petrum reprehendit super ijs quæ ex humano timore contra Decretum Concilij egit, & per hoc retraxit alios à simili eius imitatione, consequens est vt minimè sit sequendus dictus D. Iulianus, aut alius quicumque Petro longè inferior, in hoc facto, vt scilicet ad eius imitationem, ab obedientia sacri Concilij aliquis discedat, aut quomodo libet declinet, sed in eo tantum securè inferiores imitentur suos Superiores, & simpliciores perfectiores, in quo & ipsi noscantur Christum Ducem imitari.

Et sic est finis Demonstrationis, seu Consilij studij Vniuersitatis Viennensis datæ, vel dati suo Metropolitano Archiepiscopo Saltzeburgensi ipsam consulenti super materia vnionis & neutralitatis Principum Electorum Imperij & aliorum sibi adhærentium quam fecerunt in facto differentiæ inter sacrum Concilium Basileense & olim Eugenium IV. Et in effectu caueturibidem quod talis vnio, seu neutralitas hodie post electionem sanctissimi D. Felicis V. erronea est intolerabiliter.

Tractatus inclytæ Vniuersitatis Studij Cracouiensis super auctoritate sacrorum Conciliorum editus & super Iustificatione sacri Concilij Basileensis & depositione quondam Eugenij Papæ IV.

Glorioso & Illustrissimo Principi & D. D. Wladislao Poloniæ & Hungariæ, &c. Regnorum, Regi, ac almæ Vniuersitatis Cracouiensis Patrono & Domino gloriosissimo *Rector, Doctores & Magistri Vniuersitatis eius*, & deuotas in Domino orationes. Deliberantibus nobis quid super instanti requisitione clarissimorum virorum, videlicet Marci Boni filij sacræ paginæ, Stanislai Sobimolb Præpositi Tridentini & Canonici Cracouiensis in Artibus liberalibus Magistrorum, Dorslai de Boizynolb. Decretorum Doctoris Archidiaconi Cracouiensis & Nobilis Guillelmi de Baruia sacrosanctæ Generalis Synodi Basileensis in Spiritu sancto legitimè congregatæ vniuersalem Ecclesiam repræsentantis & sanctissimi D. Felicis Papæ V. Oratorum & Nunciorum responsuri simus, verbum illud Propheticum, *Errauerunt ab vtero, locuti sunt falsa* Imprimis nostræ considerationi occurrit.

„ Et quid SS. Doctores duobus modis exponunt aliquos errare ab vtero
„ S. Matris Ecclesiæ, quæ sola genitos regenerat ad vitam, & ita demum
„ prolabi ad falsa, aut quia nec concipiuntur in vtero eius, nec nascuntur
„ ex eo per fidei susceptionem, aut si fidei Sacramentum susceperunt, sce-
„ lesti tamen operibus degeneres effecti ab vnitate ipsius diuiduntur.
„ Quemadmodum enim Carnalis mater in carnali sobole certas obseruat
„ vicissitudines & tempora quando puer primò in vtero nascitur, & aliter
„ demum in lucem vitæ præsentis emissus matris manibus vt crescat, gesta-
„ tur, vt tandem ablactatus ad mensam patris accedat, solidiore nutrien-
„ dus cibo; in hunc quoque morem quos sancta educat Ecclesia, prius quasi
„ in eius concipiuntur vtero dum rudimenta fidei Christianæ suscipiunt in
„ Catechismo & exorcismo, & deinde per baptismi & aliorū Sacramentorū
„ perceptionem quasi ad lucem iam in eis formata virtute generantur, tan-
„ dem veluti manibus bajulantur Ecclesiæ & lacte nutriuntur, dum simpli-
„ ciori & faciliori doctrina imbuuntur, donec à lacte simplicis sensus ab-
„ stracti accedant ad mensam Patris, vt sic valido & grandium cibo ves-
„ cantur, pane videlicet Angelorum (ex quo si quis manducauerit, viuet in
„ æternum) erudianturque cibo sanæ doctrinæ ne oberrare videantur ab
„ vtero matris suæ & ad falsa prolabi, deserto tramite veritatis, quæ iuxta
„ sententiam B. Gregorij in Moralibus exponuntur verba 14. quæst. 1. ex
„ sola Ecclesia Catholica conspicitur. *Ideo meritò falsa loqui quisquis di-*
„ *citur, qui ab eius vtero errat & alienatur*: Et nedum errare quis ab vtero
„ falsa loquendo dicatur, sed & vbi necessitas emergit, articulus, in quo
„ fidem expressè confiteri oportet, si tegatur ipsa veritas silentio, occa-
„ sione cuius in errorem qui erudiri poterant, pertrahentur. Vnde Gre-
„ gorius in 2. Pastoralis sui, *sicut incauta locutio in errorem pertrahit, ita in-*
„ *discretum silentium eos qui erudiri poterant, in errore derelinquit*: veritas quip-
„ pe prætermitti non dicitur, quando aliqua res vera tacetur, sed quando
„ veritati silentio illius præiudicium generatur, quod quidem accidere
„ potest, vel ex doctrina contraria, vel ex aliquorum taciturnitate, vt
„ inquit B. Thomas in scripto 4. dist. 38. in solutione art. 3. Quæstionis illius
„ *vtrùm veritas propter scandala sit dimittenda*: vtroque enim casu ipsi veri-
„ tati derogatur, & infirmi & debiles scandalizantur, quorum vtrumque
„ mortale est ædificans ad gehennam. Ne igitur, gloriosissime Rex & Do-
„ mine! nobis gratiosissimè requisitionem à vobis factam præterire videa-
„ mur silentio, sicque errare ab vtero, quod absit, matris Ecclesiæ; cùm pro-
„ pter id in hoc Majestatis vestræ excellentissimæ Regno sinus positi ma-
„ gnisque à progenitore B. memoriæ clarissimo celsitudinis vestræ dotati
„ facultatibus, vt parati esse debeamus rationem reddere omni poscenti de
„ ea, quæ in nobis est fide, censuimus postulantibus morem gerere, vt edis-
„ seramus pro posse veritatem circa authoritatem vniuersalis Ecclesiæ &
„ Concilij generalis ipsam pro tempore repræsentantis, ac Electione noui
„ summi Pontificis D. Felicis Papæ V. vt appareat, quid & nos ipsi de his
„ sentire videamur, quatenus innixi stabili & inobliquabili fundamento,
„ quid de consequentibus sentiendum sit, cunctis in Christum Dominum
„ credentibus liquida ratione ostendamus. Sed antequàm *descendamus mare*
„ *in nauibus facientes operationem in aquis multis*, de nauicula Petri inuocan-
„ dus est nobis primo pater omnium, qui ipsam Ecclesiam de qua nobis lo-
„ quendum, occurrit, Filio suo per Incarnationis mysterium copulauit, in-
„ uocandus est nobis & Christus Dominus sponsus eius, qui cum ipsa vsque
„ ad finem seculi est pollicitus se mansurum. Inuocandus est ipse Spiritus
„ sanctus qui ipsam docet omnem veritatem, quatenus ipso inspirante non
„ aliud quàm vt ipse efflagitat, ex scripturis sanctis, his ipsis rebus, de qui-
„ bus agendum est, verum testem eum proferamus.
„ Vt autem distinctiùs determinatiùsve prosequamur propositum, cùm
„ de Ecclesia nobis est sermo nunc habendus, opus est distinguere Ec-
„ clesiam in membra & in partes suas, quæ à sanctis positæ sunt & distin-
„ ctæ; sed cum huiusmodi diuisio Ecclesiæ apud Tractatores Catholicos
notissima

notissima sit, censuimus pro compendio omittere. Non est itaque habendus sermo de Ecclesia materiali, de qua dicebat Propheta: *In Ecclesijs benedicam te Domine*, & 1. ad Corinth. 4. *Nunquid domos non habetis ad manducandum, aut Ecclesiam Dei contemnitis*, sed potius de spirituali non malignantium, de qua est scriptum, *odiui Ecclesiam malignantium*, quæ Corpus est Sathanæ & ipse eius caput iuxta sententiam B. Gregorij lib. 19. Moral. cap. 11. quam B. Augustinus in processu lib. de Ciuitate Dei, vocat *Ciuitatem mundi*, sed de Ecclesia spirituali Fidelium quæ est Domus Dei, de qua dictum est ore Prophetico, *Domine! dilexi decorem Domus tuæ*, & non de particulari, sed de vniuersali Ecclesia, non quidem de Ecclesia prædestinatorum, quæ est multitudo omnium saluatorum & saluandorum, de qua dicit B. Aug. super Ioan. his verbis, *quæ autem peperit Abel, Noë & Enoch & Abraham, ipsa peperit & Moysem & Prophetas tempore posteriores ante aduentum Domini, & quæ istos ipsa & Apostolos, Martyres & omnes bonos Christianos, omnes enim peperit qui diuersis temporibus nati apparuerunt, sed societate vnius Populi continentur & eiusdem Ciuitatis ciues labores huiusmodi peregrinationis experti sunt, & quidam eorum nunc experiuntur, & vsque in finem cæteri experientur.* Ponuntur verba 52. q. 4. Recurras: Sed de Ecclesia vniuersali militante vera, vel repræsentatiua, vera, inquam, quæ est congregatio omnium Christianorum, continens in se omnes Fideles bonos & malos, quæ virginibus prudentibus & fatuis comparatur & sagenæ missæ in mare, & hæc est multitudo omnium baptizatorum credulitatem fidei habentium & communionem in Sanctis, cuius Ecclesiæ confessio in Symbolo continetur, *ibi sanctam Ecclesiam Catholicam*. Repræsentatiua, inquam, quæ est vel esse solet in Concilio generali in Spiritu sancto legitime congregato ipsam repræsentante, sed cum nostri sit propositi hæc disserere, antequam ad alia procedatur, inquirendum est de essentia Ecclesiæ spiritualis militantis, quid sit, vt facilior sit ad dicenda processus.

Est ergo Ecclesia Corpus mysticum organicum fide Christi animatum. 1. *Corpus* ponitur pro genere, additur. *Organicum*, id est habens organa quæ secundùm Apostolum sicut *in vno corpore materiali multa membra habentur, omnia autem membra non eundem actum habent, ita multi sumus vnum Corpus in Christo, singuli autem alter alterius membra*. Et sicut vnum membrum seruit sibi & toti corpori, sic in Ecclesia militante diuersi in diuersis statibus & officijs sibi & alijs in Ecclesia subministrant. Additur *mysticum*, quia secundùm Apostolum, sicut corpus vnum est & multa membra habet, omnia autem membra corporis cum sint multa, vnum corpus sunt, ita & omnes nos qui in Christo baptizati sumus, vnum corpus constituimus Ecclesiæ 1. Corinth. 12. Additur *Fide Christi animatum*, quia sicut anima Corpus, sic fides animam viuificat, dicente scriptura *Iustus ex fide viuit*. Ex quo sit quod omnes baptizati habentes fidem Christi siue informem, siue formatam, constituunt Ecclesiam militantem, sicut scriptum est ad Ephes. 4. *Vnum Corpus, vnus Spiritus, vnus Dominus, vna fides, vnum baptisma*, intelligendo causaliter, videlicet quod Ecclesia est vnum Corpus propter vnum Spiritum, vnam fidem & vnum baptisma.

Item sequitur quod nulli hæretici sunt in Ecclesia militante, vel pars Ecclesiæ militantis, sed sunt in Ecclesia malignante & pars eiusdem, patet ex eo quod hæretici non sunt fide Christi animati. Hanc autem Ecclesiam fundat approperate gratia gratum faciens, quæ quidem gratia est dispositio in creatura rationali à Deo infusa, quæ per modum formæ in existens rationali creaturæ facit eam gratam Deo, siue ad beatitudinem, siue in beatitudine. Quoniam est quædam gratia gratum faciens in esse beatum, sicut in patria, alia ad esse beatum sicut in via. Prima gratia in patria est ipsamet beatitudo formalis, quæ beatitudo per modum formæ est beatificatio totalis, & consummata creaturæ rationalis deificatio. 2. Gratia in via est beatitudo formalis in hac vita & via non consummata, sed inchoata. De qua loquitur Saluator, Matth. 5. *Beati Pauperes spiritu*,

"1440.

1440.

" Et hæc gratia in quocumque viatore, siue prædestinato, siue præscito est
" miræ dignitatis: nam licet libertas mentis creatæ, siue voluntas eius li-
" bera sit magnæ dignitatis naturalis, gratia tamen in via longè excedit
" libertatem voluntatis & liberam voluntatem. Quoniam illa libertas in
" malo homine non sufficit eum liberare à morte perpetua & inducere ad
" vitam æternam. Sed minima gratia gratum faciens dum in termino viatio-
" nis creaturæ rationali inexistit, liberat à morte perpetua & perducit ad
" vitam æternam & pro quocumque tempore viatori, siue præscito, siue
" prædestinato inexistit, facit eum pro tunc charum & gratum Deo, bonum
" & iustum & filium Dei, & sic membrum Corporis mystici: omnis enim
" siue præscitus, siue prædestinatus existens in gratia est membrum vnum
" Ecclesiæ militantis. Et ex hoc ista gratia gratum faciens fundat Eccle-
" siam vniuersalem militantem: Sed non ex hoc quod soli in gratia exi-
" stentes sint in Ecclesia militante. Cum & mali carentes ista gratia fide
" Christi duntaxat animati, sint etiam membra, sed arida Ecclesiæ militan-
" tis, & per consequens sint in Ecclesia militante. Sicut enim homo habens
" duas manus, vnam aridam non suscipientem influxum à capite, aliam
" viuam influxus capacem, dicitur habere duas manus, sic omnis Christia-
" nus habens fidem informem, est membrum Ecclesiæ militantis, non re-
" cipiens influxum vitæ à capite Christo. Hinc est quod B. Aug. contra
" Donatistas dicit, *si cuius manus est arida, viuum quidem est membrum quamuis
" sine sanguine sit inefficax & mortuum, sic & fides cum sit vera, tamen sine operi-
" bus mortua est*, habentur verba 1. quæst. 1. *Sicut vrgeri*. Est enim triplex
" vinculum, quo aliqui Christo tanquam capiti in Ecclesia militante col-
" ligantur, scilicet fides, spes & charitas. Et si charitas, si etiam & spes in
" aliquo membro deficiant, fide remanente, illud membrum quamuis
" mortificatum, adhuc tamen corpori Ecclesiæ & capiti per talem fidem
" vtcunque est mysticè colligatum. Si autem fides in aliquo deficiat, vt
" in hæretico, mox vinculum illius membri ad corpus Ecclesiæ & caput
" mysticum penitùs tollitur & destruitur. Hanc igitur Ecclesiam militan-
" tem, sic vt præmittitur, continentem bonos & malos, necesse est pone-
" re, cum de ea scriptura Prophetica & Euangelica expressè loquatur, quæ
" virginibus prudentibus & fatuis comparatur, Matth. 25. super quo dicit
" B. Gregorius in Homilia. *Sancta quippe Ecclesia decem Virginibus similis
" esse denunciatur, in qua quia mali cum bonis, & electi cum reprobis sunt admixti,
" rectè similis virginibus prudentibus & fatuis perhibetur*. Item comparatur
" Archæ. Vnde dicit B. August. de fide ad Petrum, cap. 14. *Firmissimè te-
" ne & nullatenus dubites Archam Dei esse Ecclesiam, & in ea vsque ad finem secu-
" li frumento commixtas paleas contineri*. Et infra. *In fine verò seculi bonos à ma-
" lis etiam cum corpore separandos, quando veniet Christus habens ventilabrum
" in manu sua, & aream suam mundabit, & congregabit triticum in horreum suum,
" paleas autem comburet igni inextinguibili*. Ad idem est Chrysostomus super
" illo verbo *Collegerunt bonos in vasa sua*, Matth. 13. Sic dicens, *Ecclesia me-
" dia est inter cœlum, quod est locus tantum bonorum, & infernum, qui est locus tan-
" tum malorum. Ipsa verò Ecclesia media est, quia indifferenter bonos & malos
" colligit, quod significatum est in Archa Noë, vbi animalia mitia fuerunt cum im-
" mitibus, in qua quidem Ecclesia iuxta Catholicam doctrinam homines dicuntur
" esse dupliciter, quidam numero tantum, non recipientes influxum à Christo capite,
" alij numero & merito omnium bonorum spiritualium à Christo capite fluentium
" tanquam membra viua, participes & capaces, quam participationem Propheta
" optabat dicens: participem me fac, Deus! omnium timentium te & custodientium
" mandata tua*. Quæ quidem Ecclesia etsi in se contineat malos, non ideo
" de ea hoc est sentiendum quod sancta dici non debeat aut possit. Sancta
" dicitur & immaculata sine macula & ruga, iuxta doctrinam Apostoli ad
" Ephes. 5. dicentis, *Christus dilexit Ecclesiam & semetipsum tradidit pro ea vt
" illam sanctificaret, mundans eam lauacro aquæ in verbo vitæ vt exhiberet ipse
" sibi gloriosam Ecclesiam non habentem maculam, aut rugam, aut aliquid huius-
" modi*. Sed vt sit sancta & immaculata, propter quod Beda super Cantic.

Vniuersitatis Parisiensis. 483

dicit, *semper Ecclesia casta est*, fide munda, opere semper lucens & feruens charitate, & quidquid prauitatis & immunditiæ eam attigerit, nunquam illud suscipit, nunquam in illud consentit; sed corrigit, aut punit, aut exterminat. Nam Ecclesiæ omnes nequitiæ extraneæ sunt, quas aut cupit remittere, aut omni conatu expurgare, aut contra eas sæuit & procedit vsque ad excisionem. Hoc Beda. Vnde sicut corpus naturale & animale requirit de necessitate ad sui essentiam, materiam & formam, secundùm quod partes materiales continuè variantur, manens idem secundùm formam, vt dicit Philosoph. 1. de Gener. sic Ecclesia sancta militans, cum sit corpus mysticum fide Christi animatum, de necessitate debet habere aliquid pro materia & aliquid pro forma; sed cum personæ hominum quasi partes per accidens & materiales Ecclesiæ continuè fluant & refluant sibi inuicem succedentes, secundum quas Ecclesia continuè variatur, necesse est præter illas partes materiales dare vnam formam quæ eadem in numero semper manens facit illud compositum mysticum semper manere vnum. Hæc autem forma mystica est fides I. C. eo quod vnica est fides omnium Christi fidelium præteritorum, præsentium & futurorum, sicut dictum est supra. Exemplum in rem familiare apparet in flumine *Visla*, qui *Vandalus* dicitur, qui semper idem in numero hic manet, quoad formam, quamuis partes illius fluuij quotidie varientur sibi inuicem succedentes. Ita hæc forma mystica, scilicet vera fides Christi, est sicut quidam mysticus fluuius in quo fluunt & refluunt personæ sibi inuicem succedentes, sicut partes materiales, & per accidens Ecclesiæ Catholicæ, semper manente eadem Ecclesia quoad formam, id est, veram fidem Iesu C. Quæ forma semper manet & manebit recta, sana & immaculata, quoad se & in se. Itaque ei nullum falsum subest nec subesse potest, aut aliquis error. Et si complures hæretici quantum in eis est, conentur eam deprauare & maculare, ipsa tamen in se semper sancta & immaculata manet iuxta verbum Domini, *Et portæ Inferi non præualebunt aduersus eam*. Igitur sicut Ecclesia militans semper manet eadem, quoad formam, sic semper manet sancta & immaculata non habens in se aliquam maculam aut rugam. Et licet partes materiales multæ habeant maculam aut rugam per diuersa peccata mortalia inquinatæ, nihilominus Ecclesia semper manet sancta. Quemadmodum enim in composito naturali vt in homine, culpa homini imputatur, non ratione corporis, sed ratione formæ vt animæ, ita in illo corpore mystico culpa, macula siue ruga non ex parte partium materialium, sed ex parte formæ debent imputari, alioquin si Ecclesia diceretur sancta ratione partium materialium, profectò nec Ecclesia prædestinatorum esset sancta, cum multi prædestinati sint in peccatis mortalibus sordescentes, imò & aliqui exciderunt à fide ad tempus & alij ad fidem nondum venerunt. Sic ergo nulla Ecclesia esset sancta, quod est hæreticum, quia contra vnum artic. Symboli Apostolorum, *Credo Ecclesiam sanctam Catholicam*.

Alia quoque est ratio qua dicitur quod Ecclesia sancta dicitur non propter sanctitatem personarum in ea existentium, sed propter sanctitatem Sacramentorum, quæ in ipsa conferuntur, nec inquinari possunt per maliciam Ministrorum, sed semper placent Deo, & prosunt suscipienti non ponenti obicem, siue per bonos, siue per malos Ministros dispensentur. Sic dicimus quia sic legimus ex sacrorum Canonum authoritate; non potest quantumcunque pollutus sit Sacramenta diuina polluere quæ purgatoria cunctarum contagionum existant; qualiscunque Sacerdos sit, quæ sancta sunt, coinquinari non possunt 15. quæst. vlt. vlt. cap. vlt. & sequitur. *Sumite ergo ab omni Sacerdote intrepidè Christi mysteria; quoniam omnia Sacramenta in fide Christi purgantur*. Alias profectò Sacramenta nouæ legis sicut & Sacramenta veteris legis non placerent Deo ex opere operato, sed tantum ex opere operantis, & sic non essent maioris dignitatis & efficaciæ quàm Sacramenta veteris legis quod est error, & ex se non præstarent gratiam quam figurant, sed ex ministro

1440.

Tom. V. PPp ij

" conferente & eius bonitate. Et hoc sit dictum de Ecclesia militante vera.

1440. " De Ecclesia verò vniuersali repræsentatiua, scilicet de Concilio ge-
" nerali, quod dicitur Ecclesia vniuersalis repræsentatiua ratione vniuer-
" salis Iurisdictionis, authoritatis & Ecclesiasticæ potestatis, vt apparebit
" infra, breuiter aliquid dicendum est. Est autem *Concilium generale congre-*
" *gatio legitima authoritate facta ad aliquem locum ex omni statu Hierarchico*
" *totius Ecclesiæ Catholicæ nulla fideli personâ quæ audiri requirat, exclusâ,*
" *ad tractandum & ordinandum salubriter ea quæ debitum regimen eiusdem Ec-*
" *clesiæ in fide & in moribus respiciunt*, prout colligitur ex 16. & 17. dist. per
" totum. Generale enim Concilium vniuersalem Ecclesiam repræsentans,
" de qua dictum est, *est regula à Spiritu sancto directa & à Christo tradita*, vt
" quilibet cuiuscunque status etiamsi Papalis existat, eandem audire, & sibi
" obedire teneatur: alioquin habendus est *sicut Ethnicus & publicanus*, prout
" hoc colligitur ex verbis veritatis Matth. 18. prout infra clarius videbi-
" tur. Et etiam quia in omni materia fidei & Ecclesiastica recurrendum
" est cum omni reuerentia ad authoritatem Ecclesiæ quasi ad Canonem
" diuinitùs inspiratum amplius quam ad sacram Scripturam, vel quamcun-
" que rationem, exemplo B. Aug. qui pro eius reuerentia & inobliquabili
" authoritate in libro contra Faustum dixisse legitur, *Ego Euangelio non cre-*
" *derem, nisi me authoritas Ecclesiæ commoueret*. Quoniam tanta est authori-
" tas Ecclesiæ, vt illud duntaxat Scriptura sacra habenda sit, quod ipsa
" sacrum esse declarauit. Propter quod omnes Doctores Catholici suas
" meritò sententias ipsius declarationi submittunt; & nisi eorum libri ap-
" probentur ab ipsa, Catholici esse non possunt, quia omnis authoritas
" immediatè est à Spiritu S. vt dicit Symbolum Apostolorum, *Credo in Spi-*
" *ritum S. sanctam Ecclesiam Catholicam*, omnes enim veritates Catholicæ de
" Sacramentis Ecclesiæ, de Clauibus, Officijs & Censuris Ecclesiæ, de re-
" bus, de libertatibus Ecclesiæ, de moribus, ritibus & ceremonijs, de ve-
" neratione reliquiarum & imaginum, de Indulgentijs, de ordinibus & re-
" ligionibus in Ecclesia, de Institutionibus viuendi & singulis fidem & sa-
" lutem animarum concernentibus, sub hoc articulo fidei continentur,
" *Credo in Spiritum S. sanctam Ecclesiam Catholicam*, quasi diceret, *Credo*
" *quod omnia facta, instituta & dicta Ecclesiæ Catholicæ sunt immediatè & prin-*
" *cipaliter à Spiritu S. veluti à causa eam totaliter & singulariter dirigente*, & in
" eam dona & gratias influente, ac eius rectoribus veluti Instrumentis
" vtente.
" His sic in genere de Ecclesia præmissis, vt ad vlteriora progredia-
" mur, sit ista ad nostrum propositum,
" Conclusio prima, *Vnam sanctam Catholicam, quæ in his quæ fidei sunt &*
" *salutis, errare non potest, confiteri homini viatori est de necessitate salutis*. Hæc
" conclusio habet duas partes, 1. quod **vnam S. Ecclesiam Catholicam confiteri**
" **cuilibet homini viatori est de necessitate salutis**, 2. pars, quod **hæc Ecclesia vna**
" **sancta Catholica in his quæ fidei sunt & salutis errare non potest**. Quæ Con-
" clusio quoad primam sui partem multa probatione non eget: cum veritas
" eius in Symbolo Apostolorum & Niceno sit sufficienter expressa; nec
" aliquis nisi hostis fidei de hoc habeat dubitare. Articulus est enim fidei,
" credere vnam S. Ecclesiam Catholicam quod Fidelis quilibet credere est
" astrictus: de quo si aliquis alio modo pertinaciter senserit, pro hæretico
" est habendus. De veritate huius Conclusionis quoad hanc primam
" partem est etiam expressa veritas in Cap. *Firmiter de S. Trinitate & fide*
" *Catholica*, vbi dicitur: vna verò est fidelium vniuersalis Ecclesia extra
" quam nullus omnino saluatur. Cuius Ecclesiæ vnitatem & sanctitatem
" tangit Apostolus ad Ephes. 5. vt supra allegatum est, dicens, *Christus Ec-*
" *clesiam suam dilexit & tradidit seipsum pro illa, vt eam sanctificaret*. Et in-
" fra, *vt sit sancta & immaculata*. Et 2. Corinth. 11. Ipsis Corinthijs in per-
" sona Ecclesiæ scribens, *despondi*, inquit, *vos vni viro virginem castam ex-*
" *hibere Christo*, vbi in singulari legitur, nec ponimus differentiam quan-
" tùm ad præsens inter triumphantem & militantem Ecclesiam, quæ pro

vna reputatur Ecclesia, statu, conditione & loco distante, quæ speciem non diuersificant, cuius vna pars regnat, altera militat; vna præmiatur, altera meretur; vna gaudet, altera gemit. Vna igitur est, quia in ea vnum est baptisma, vnus Dominus, vna fides, vnus Dominus Deus & Pater omnium qui super omnes est, ad Ephes. 4. cuius Ecclesiæ membra habent vnitatem in corpore per fidem, pluralitatem inter se per naturam, diuersitatem in Officijs per donorum distinctionem. Sancta verò dicitur, quia ratione fidei quæ est forma eius & ratione Baptismatis & aliorum Sacramentorum sanctos efficit & regenerat in vitam æternam. Catholica autem dicitur secundum Isidorum de summo bono c. 21. quia vniuersaliter per totum orbem diffusa est, vnde secundum eundem 8. lib. Ethic. *Catholica Græcè, dicitur vniuersalis Latinè*, quasi simul complectens. Vnde B. Cyprianus in Ephes. ad Nouatian. dicit, *Ecclesia vna est quæ in multitudine latius incremento fœcunditatis*, extenditur, quomodo solis multi radij, sed lumen vnum, & rami arboris multi, sed robur vnum tenaci radice fundatum. Et cum de vno fonte riui plurimi defluunt, numerositas licet diffusa videatur exundantis copiæ largitate, vnitas tamen seruatur in origine. *Auelle radium à solis corpore, diuisionem lucis vnitas non capit; ab arbore frange ramum, fructus germinare non poterit, vnum tamen lumen est quod vtique diffunditur, nec vnitas corporis separatur.* Hæc ille: Hanc vnitatem B. Aug. in lib. 18. de Ciuit. Dei, cap. 46. dicit esse figuratam in Missione Spiritus S. dicit enim ibidem, *Christus ascendit in cœlum & post dies 10. misit promissum Spiritum sanctum*, cuius venientis in eos qui crediderant tunc signum erat magnum & maximè necessarium, vt vnusquisque eorum linguis omnium gentium loqueretur. Ita significans vnitatem Catholicæ Ecclesiæ per omnes Gentes futuram, ac sic omnibus loquuturam. Hæc ibi. Extra hanc autem Ecclesiam dicit ipse Augustinus neminem posse saluari in lib. de fide ad Petrum, dicens; *Firmissimè tene & nullatenus dubites non solum omnes Paganos, sed omnes Iudæos & hæreticos atque Schismaticos qui extra Ecclesiam Catholicam hanc vitam mortalem præsentem scilicet*, finiunt, in ignem æternum ituros, qui præparatus est diabolo & Angelis eius. Hæc pars Conclusionis ampliori probatione non indiget, licet pro probatione ipsius adduci alia plura possent.

Secunda pars probatur sic: Ecclesia Catholica regitur à Spiritu sancto, sed Spiritus S. errare non potest, nec Ecclesia. Secunda pars nota est, quia *Spiritus S. dicitur Spiritus veritatis*, & cum sit Deus, qui est prima veritas, errare non potest. Prima pars innititur tam in Symbolo Apostolorum quàm in Niceno: Vbi statim post articulum Spiritus S. cum dicitur, *Credo in Spiritum sanctum*, subiungitur articulus de Ecclesia Catholica videlicet, *sanctam Ecclesiam Catholicam*, vt sit sensus, *Credo in Spiritum sanctum*, dirigentem videlicet, & gubernantem & sanctificantem S. Ecclesiam Catholicam imò & viuificantem. Vnde Albertus M. in Expositione Symboli quam ponit in Officio de tractatu Missæ, sic dicit, *Iacobus minor respiciens ad hoc quod Spiritus sanctus datur & mittitur ad sanctificandum creaturam, quæ sanctitas nunquam fallit in Ecclesia, sed nonnunquam fallit in persona, dixit sanctam Ecclesiam.* Et quia omnis articulus fundatur in diuina & æterna veritate & non super creatam veritatem, quia omnis creatura vana est & non habet solidam veritatem, ideo iste Articulus hic resoluendus est, scilicet ad opus Spiritus sancti, Hoc est *Credo in Spiritum sanctum*, non solum secundum se, sicut dicit præcedens articulus, sed etiam, Credo in eum, secundùm proprium eius opus quo sanctificat Ecclesiam, quam sanctitatem profundis in Sacramentis & virtutibus & donis quæ dat ad sanctitatis perfectionem & eandem in miraculis & donis gratis datis, sicut sunt sapientia, scientia, fides, discretio Spirituum, operatio sanitatum, Prophetia, & huiusmodi quæ dat Spiritus sanctus ad sanctitatis Ecclesiæ demonstrationem. Hæc Albertus.

Secunda. Christus promisit Ecclesiæ suæ assidentiam vsquè ad consummationem seculi Matth. vltimo, promisit etiam se esse in medio

1440.

" Congregatorum in nomine eius Matth. 18. promisit etiam se Ecclesiæ da-
1440. " turum doctrinam Spiritus veritatis, cùm dixit Ioan. 14. *Rogabo Patrem*
" *& alium paraclitum dabit vobis.* Et iterum. *Paraclitus autem Spiritus sanctus,*
" *quem mittit pater in nomine meo, ille vos docebit omnia.* Et iterum. *Adhuc ha-*
" *beo multa vobis dicere, sed non potestis portare modò; cùm autem venerit ille Spiri-*
" *tus veritatis, docebit vos omnem veritatem.* Per quæ datur manifestè intelli-
" gi commissum fuisse regimen Ecclesiæ Spiritui sancto, Christo præsentia
" corporali ab ea recedente, secundum illud, *Nisi ego abiero, Paraclitus non*
" *veniet ad vos; cum autem abiero, mittam vobis cum.* Et quod Spiritus sanctus
" docuerit Ecclesiam omnem veritatem necessariam ad salutem, appare-
" bat hoc in visibili missione eius cum datus fuerat in die Pentecostes in
" linguis igneis, quibus omnes gentes doctrinam & fidem Spiritus sancti
" susceptura erant postquam in omnem terram exiuit sonus eorum, qui
" tunc eundem Spiritum sanctum acceperunt. Constat autem quod hæc
" promissio facta de missione Spiritus veritatis, non erat facta alicui singu-
" lari personæ, sed toti vniuersali Ecclesiæ, cùm Petrus post missionem Spi-
" ritus sancti, qui erat Princeps Apostolorum, circa obseruationem lega-
" lium videbatur errasse propter quod fuerat à Paulo reprehensus, ad Gal.
" 2. *Toti ergo Ecclesiæ & non vni singulari personæ hæc assistentia Spiritus sancti*
" *est permissa.* Vnde Isidorus Spiritus sancti præsentiam testatur congre-
" gatio Sacerdotum. Et Chrysostomus in Homilia super illo verbo, *Ecce*
" *ego vobiscum sum vsque ad consummationem*, ad hoc propositum dicit, quia
" enim eis magna iniunxerat, erigens ipsorum sensum dicit: *Ecce Ego vobis-*
" *cum sum*, quasi dicat, *Ne dicatis difficile esse iniunctum Officium*, Ego sum
" vobiscum, qui omnia facio leuia, non autem cum illis solum dixit se fu-
" turum esse, sed cum omnibus qui post illos credunt. *Non enim vsque ad*
" *consummationem seculi*, Apostoli mansuri erant, sed sicut vni corpori fi-
" delibus loquitur. Hæc Chrysostomus.
" Tertia. Probatur veritas istius secundæ partis. Dicit enim Dominus,
" Ioan. 10. *Oues meæ vocem meam audiunt, & ego cognosco eas, & ego vitam æter-*
" *nam do eis, & non peribunt in æternum neque rapientur de manu eius.* Oportet
" quod sit aliquid quod easdem oues infallibiliter ducat, inducat & reducat.
" Et hoc est vel esse debet per id quod per se est infaillibile & exemptum
" ab omni errore, & hoc est Ecclesia, quæ est mater eius & magistra.
" Quarta. Ecclesiæ est annexa omnis necessariæ veritatis notitia, ex quo
" Christus qui est veritas, non mentitur cum dicit, *Spiritus veritatis docebit*
" *vos omnem veritatem*, ad quod propositum dicit B. Thomas 2. 2. quæst. 5.
" art. 3. *Obiectum fidei est veritas prima*, secundum quod manifestatur in scri-
" pturis & doctrina Ecclesiæ. Et subdit. *Quicumque non inhæret Ecclesiæ, sicut*
" *infallibili & diuinæ regulæ, talis non habet fidem de articulis fidei, sed opinio-*
" *nem secundum propriam voluntatem.* Et ibidem in Responsione ad Argum.
" 2. dicit quod **omnibus articulis fidei inhæret fides propter vnicum me-**
" **dium**, scilicet propter veritatem primam propositam ex Scripturis secun-
" dum doctrinam Ecclesiæ intellectus, quod est notabile verbum. Si enim
" Ecclesia aliquando posset errare, Doctores sancti non submitterent dicta
" sua Ecclesiæ, quod tum faciunt, & nemo debet maiorem fidem dictis eo-
" rum adhibere quàm ipsimet sibi ipsis adhibuerunt, vel alijs adhiberi vo-
" luerunt. Sed ipsi in dictis & positionibus ipsorum sæpè dubitabant, & ne
" damnabiliter errarent, in omnibus se & sua dicta correctioni Ecclesiæ
" submittebant. Ergo & fideles non debent expositiones Doctorum cer-
" titudinaliter veras reputare, nec eis fidem adhibere, nisi in quantum fue-
" runt per Ecclesiam approbatæ: Vnde nec Augustinus crederet Euange-
" lio nisi eum authoritas Ecclesiæ commoueret; vt supra allegatum est. Et
" B. Thomas 2. 2. quæst. 10. art. 12. & quodlib. 2. quæst. 7. dicit quod magis
" standum est authoritati Ecclesiæ quàm Augustini, vel Hieronymi, vel
" cuiuscumque alterius Doctoris. Hæc est enim regula & mensura totius
" veritatis. Sicut enim fit in doctrinis omnium aliarum scientiarum, in
" quibus Conclusiones reducuntur ad principia quæ per se vera sunt, in

quibus est status, sic quod contra negantem ea non est arguendum, ita
etiam est in doctrina Catholicæ veritatis, si Doctores sunt ad inuicem
contrarij & orta fuerit in eorum dictis ambiguitas, id reducendum erit
ad primam regulam & mensuram scilicet ad authoritatem vniuersæ Ecclesiæ à Spiritu sancto directæ. Et id quod ipsa definierit & teneri ma-
dauerit, illud est inconcussè tenendum. Et si quis hanc eius authoritatem & infallibilem veritatem ei annexam negauerit, non est contrà eum tanquam contra negantem primum principium, disputandum.
Hæc est enim regula & mensura quæ errare non potest, 24. quæst. 1. *A*
recta.

 Quintò. Lex vetus nouæ legis figuram gerens præcepit, Deuteron. 17.
Si aliquid difficile & ambiguum apud te Iudicium prospexeris esse inter sangui-
nem & sanguinem, causam & causam, lepram & lepram, & Iudicium intra por-
tas tuas videris variari, surge & ascende ad locum quem elegerit Dominus Deus
tuus venies{que} ad Sacerdotes Leuitici generis & ad Iudicem qui fuerit illo tempo-
re, quæres{que} ab eis, qui iudicabunt tui iudicij veritatem, & facies quodcunque
dixerint qui præsunt loco quem elegerit Dominus & docuerit, & iuxta legem
eius, sequeris sententiam eorum, nec declinabis ad dextram, vel ad sinistram. Ecce in prædicta authoritate nihil aliud innuere voluit, nisi quod recursus
fieri deberet omnibus fluctuantibus ad congregationem Sacerdotum tanquam regulam infallibilem quæ errare non possit propter assistentiam
Spiritus sancti. Et signanter dictum est ad Sacerdotes pluraliter, quia
plurium authoritas vni præfertur, exemplo Christi qui in gradibus cor-
reptionis ab vno iubet ascendere ad plures. *Si*, inquit, *te non audierit, adhi-*
be tecum vnum vel duos, notans per hoc Iudiciũ duorum fortius esse Iudicio
vnius Matth. 18 vnde & Apostoli in primitiua Ecclesia ortis dubijs de
certis obseruantijs, recursum habebant ad multitudinem discipulorum
pro inquirenda veritate, vt plurium testimonio veritas clariùs elucesce-
ret. Et B. Apostolus certitudine sui Euangelij quod non ab homine acceperat, ad ipsum statuendum non ad Petrum solum recursum habuit, sed
ad plures, scilicet Petrum, Iacobum & Ioannem, cum quibus veritatem
sui Euangelij conferre studuit, qui principales erant inter Apostolos, de
quo dicit ad Galat. 2. *Deinde post annos 9. ascendit Hierosolymam Barnabas,*
assumpto & Tito ascendi autem secundum reuelationem, contuli cum eis Euan-
gelium Dei quod prædico in Gentibus. Ecce quanta certitudo veritatis in Ecclesia, vt etiam Paulus in tertium cœlum raptus, & ibi diuina reuelatio-
ne edoctus adhuc Euangelij confirmationem & stabilitatem ab Ecclesia
recepit ne in vacuum cucurrisset.

 Sextò. Si necesse est confiteri vnam sanctam Ecclesiam, vt dicit prima
pars Conclusionis, ergo nunquam errantem, cum sanctitas omnem ex-
cludat errorem: nihil enim erronei subest aut subesse poterit articulis
fidei. Igitur nihil erronei in ea subesse poterit, aut falsi. Sequitur ergo
quod Ecclesia vniuersalis errare non potest in his quæ sunt fidei & salutis. Quæ fuit secunda pars Conclusionis & quidquid dicitur de Ecclesia
vniuersali, idem sentiendum est de Concilio generali legitimè congregato ipsam repræsentante, de quo infra dicetur. Et tantum de prima Conclusione.

De potestate Papæ.

SEd quoniam Ecclesia vniuersalis quæ, vt dictum est, errare non potest,
est vnum corpus habens diuersa membra iuxtà doctrinam Apostoli
& dictum Augustini 20. lib. de Ciuit. cap. 6. quod corpus sine Capite esse
non potest, ideo vt habeatur cognitio, seu notitia de capite istius corporis, sit

 Conclusio secunda. Sicut vnum Caput principale, verum & immediatum
est totius Ecclesiæ, quod est Christus Iesus, sic vnum caput Ministeriale, & Vi-
carium est eiusdem Ecclesiæ & singulorum eius membrorum, quod est Pontifex Rom.
Hæc Conclusio duo dicit: Dicit enim primò quod Christus est caput

1440.

1440

„ principale verum & immediatum totius Ecclesiæ. Secundò dicit quod
„ Pontifex Romanus est caput eiusdem Ecclesiæ ministeriale & Vicarium.
„ Quæ Conclusio quoad primam eius partem probatione multâ non indi-
„ get, cum de hoc Apostolus doctrinam suam quam non accepit ab homi-
„ ne, manifestè expresserit, dicit enim ad Coloss. 1. *Adimpleo ea quæ desunt*
„ *passionum eius, scilicet Christi, in carne mea pro corpore eius quod est Ecclesia.*
„ Ecce appellat Ecclesiam Corpus Christi saltem mysticum. Et si Ecclesia
„ Corpus Christi mysticum est, oportet quod Christus eius sit caput, cum
„ aliud membrum esse non possit, quia nec pes, nec oculus, neque manus.
„ Item ad Ephes. 4. cum B. Paulus multas donationes & gratias enumeras-
„ set in Ecclesia, *Alios*, inquit, *dedit Apostolos, alios Prophetas, alios Euan-*
„ *gelistas, alios Pastores & Doctores ad consummationem sanctorum, in opus Mi-*
„ *nisterij* subdit, *in ædificationem Corporis Christi*. Ecce iterum dicit Eccle-
„ siam Corpus Christi, cuius ipse est caput. Item 1. Corinth. 12. ait. *Vnum*
„ *Corpus est & multa membra habet, omnia autem membra Corporis cum sint, mul-*
„ *ta vnum Corpus sunt.* Ita & Christus. Etenim in vno Spiritu omnes in vnum
„ *Corpus baptizati sumus, &c.* Vbi dicit Glossa. *Ita & Christus etiam caput*
„ *est vnum.* Quod manifestiùs exprimit Apostolus, ad Ephes. 1 dicens.
„ *Ipsum dedit caput super omnem Ecclesiam, quæ est Corpus ipsius & plenitudo*
„ *eius.* Et meritò Christus dicitur caput Ecclesiæ. Est enim eminentior, vt
„ dicitur in Psal. 18. *Ego primogenitum ponam illum excelsum præ Regibus terræ,*
„ est dignior quia *Princeps Regum terræ*. Apocal. 1. est potentior, de quo di-
„ citur, Matth. vlt. *data est mihi omnis potestas in cœlo & in terra*. Dignior in-
„ quam, quoad regiam dignitatem, Iustitiæ perfectionem, & gratiæ ple-
„ nitudinem, potentior verò quia potenter iudicans, semper manens,
„ rectè gubernans.

„ Tertiò, Christus aliquando in sua humanitate fuit caput Ecclesiæ,
„ cum in terra conuersatus est & nunquam subduxit præsentiam suam ab
„ Ecclesia, seu assistentiam; alioquin verax non esset in promissis. Quibus
„ dicebat, *Ecce ego vobiscum sum omnibus diebus vsque ad consummationem*
„ *seculi*, Matth. vltim. Cum ergo fuit & non desijt esse, ergo sequitur
„ quod adhuc est caput Ecclesiæ, cum se non subduxerit à regimine ipsius.
„ Ad quod clarius ostendendum, in capite possumus tria considerare se-
„ cundum B. Tho. in 3 part. quæst. 8. art 1. scilicet ordinem, perfectionem,
„ & virtutem, ordinem quia caput est prima pars hominis, incipiendo à su-
„ periori: Et inde est quod omne principium consueuit vocari caput, se-
„ cundùm illud, Ezech. 16. *Ad omne caput viæ ædificasti signum prostitutionis*
„ *tuæ.* Perfectionem autem, quia in capite vigent omnes sensus interiores,
„ exterioresque, cum in cæteris sit solus tactus, & inde est quod dicitur,
„ Isa. 9. *Longæuus & honorabilis ipse est caput.* Virtutem verò, quia virtus
„ & motus & gubernatio cæterorum membrorum in suis actibus est à ca-
„ pite propter vim sensitiuam & motiuam ibi dominantem. Vnde *Rector*
„ dicitur, *caput populi*, secundùm illud 1. Reg. 15. *cum esset paruulus in oculis*
„ *suis, caput in Tribubus factus es.* Hæc autem tria competunt Christo spiri-
„ tualia. 1. Enim ordinem habet ratione propinquitatis ad Deum, & ideo
„ prior & gratiâ altior, quia omnes alij acceperunt gratiam per respectum
„ ad gratiam ipsius, secundùm illud Rom. 8. *Quos præsciuit, hos & prædesti-*
„ *nauit conformes fieri imaginis filij sui, vt sit ipse primogenitus in multis fra-*
„ *tribus.* 2. Perfectionem habet quantum ad plenitudinem omnium gra-
„ tiarum, secundùm illud Ioan. 1. *Vidimus eum plenum gratiæ & veritatis.*
„ 3. Virtutem habet influendi gratiam in omnia, membra Ecclesiæ secun-
„ dum illud, Ioan. 1. *De plenitudine eius omnes accepimus:* Hæc B. Thomas.
„ Ex quibus manifestè ostenditur Christum esse caput Ecclesiæ; igitur pri-
„ ma pars Conclusionis vera.

„ Secunda pars Conclusionis, quæ plus videtur habere ambiguitatis, sic
„ ostenditur; dicitur enim in cap. *ita Dominus*, 19. dist. quod Dominus Iesu
„ C. munus potestatis Clauium ita ad omne Apostolorum officium perti-
„ nere voluit, vt in beatissimo Petro Apostolorum summo principaliter
collocaret,

Vniuersitatis Parisiensis. 489

collocaret, vt ab ipso quasi quodam capite dona sua velut in corpus omne diffunderet. Ecce dicit Petrum & per consequens quemlibet successorum suorum caput Ecclesiæ, de quo etiam in cap. *Fundamenta* de Elect. lib. 6. Nec potest hoc intelligi de capite vero, vt Papa dicatur verum caput Ecclesiæ, cum Christus sit verum caput Ecclesiæ ex prima parte Conclusionis, esset namque Ecclesia biceps aut bicipitalis & monstruosa, si haberet duo capita æquè prima. Vnde sicut Papa non dicitur Episcopus vniuersalis Ecclesiæ, vt in *ca. Ecce 99. dist.* quia sic Ecclesia vniuersalis diceretur vacare, mortuo Papa, quod dicere est ridiculum, sic etiam non dicitur verum caput Ecclesiæ, quia eo decedente, videretur esse Acephala: Dicitur ergo caput secundùm quandam metaphoram: ablato enim capite à corpore, desinit vita Corporis; & tamen ablato Papa ab Ecclesia, non cessat vita Ecclesiæ, cum Ecclesia sinè Papa viuat: Solus igitur Christus est caput Ecclesiæ dans ei sensum & motum & omnem spiritualem influxum, vnde & scriptura Euangelij cum faceret mentionem de abscissione membrorum scandalizantium, commemorauit oculum, manum & pedem, Matth. 5. & 18. *Si oculus tuus scandalisat te, &c.* & nunquam fecit scriptura mentionem de capite ad innuendum quòd verum caput & immediatum Ecclesiæ est Christus quod non potest Ecclesia scandalizare, & ita nec reijci. Papa verò potest Ecclesiam scandalizare. Si ergo ipse esset caput Ecclesiæ, verum etiam dictum fuisset de capite abscindendo, sicut de oculo vel de manu.

Vnde considerandum est quod Ecclesia vniuersalis consideratur dupliciter. Vno modo, *vt est corpus mysticum*; isto modo consideratur prout à Christo regitur donis & Karismatibus gratiarum, quæ est corpus verum viuens semper vita spirituali, fide & charitate; quanquam Christus eam vt sponsam suam respicit & gubernat, nec permittit eam maculari & à se separari, quia sibi specialiter assistit defendens eam ab erroribus. Et isto modo propriè caput Ecclesiæ est Christus, iuxta regulam Apostoli ad Ephes. 1. Alio modo consideratur Ecclesia, *vt est corpus politicum*, secundùm quod consideratur sicut alia Communitas, aut Societas Politica, quæ etiam absque influxu gratiarum & Karismatum, ac speciali Christi assistentia, quantum est ex humano Iudicio, potest debitè regi humana, aut diuina lege; isto modo posset dici, quod Papæ competeret dici caput Ecclesiæ: sed prout Ecclesia est corpus mysticum, non propriè sibi competit esse caput Ecclesiæ, sed posset dici Vicarius & Minister capitis. Constat enim quod ei non conueniunt conditiones capitis, scilicet quod influat in Ecclesiam sensum & motum gratiarum & donorum spiritualium, nec efficienter vt Deus; nec meritoriè & excellenter, vt Christus.

Et vt appareat secundùm quam conditionem conueniat Papæ esse caput Ecclesiæ, & secundùm quem influxum, pro isto, notat B. Thomas in 3. p. q. 8. art. 6. in Responsione principali, quod caput in aliqua membra influit dupliciter, vno modo, quodam intrinseco influxu prout virtus motiua & sensitiua à capite deriuatur ad cætera membra. Alio modo secundùm quandam exteriorem gubernationem, prout secundùm visum & alios sensus qui in capite radicantur, dirigitur homo in exterioribus actibus. Interior igitur influxus gratiæ non est ab aliquo, nisi à solo Christo cuius humanitas ex hoc quod est diuinitati coniuncta, habet virtutem iustificandi. Sed influxus in membra quantum ad exteriorem gubernationem potest alijs conuenire. Et secundùm hoc aliqui alij possunt dici capita Ecclesiæ, secundùm illud Amos 6. *Optimates capita populorum*; differenter tamen à Christo. 1. Quidem quantum ad hoc, quod Christus est caput omnium eorum qui ad Ecclesiam pertinent secundùm omnem locum & tempus & statum. Alij autem homines dicuntur capita secundùm quædam specialia loca, sicut Episcopi suarum Ecclesiarum, vel secundùm determinatum tempus, sicut Papa est totius Ecclesiæ caput, secundùm tempus sui Pontificatus, & secundùm determinatum statum, prout scilicet est in statu viatoris. Etiam quia Christus est caput Ecclesiæ

1440.

" propria virtute & authoritate. Alij autem dicuntur capita, in quantum
" gerant vices Christi secundùm illud 2. Corinth. 2. *Nam & ego quid dona-*
" *ui, si quid donaui propter vos in persona Christi.* Et 2. Corinth. 5. pro Chri-
" sto legatione fungimur tanquam Deo exhortante per nos. Hæc B. Tho-
" mas. Ex qua authoritate apparet, quod Papa sit caput Ecclesiæ ratione
" influxus exterioris gubernationis secundùm determinatum tempus &
" statum; sed non est caput vniuersalis Ecclesiæ, vt supra ostensum est, ne-
" que etiam Concilij generalis ipsum repræsentantis, sed bene respectu
" Ecclesiarum partialium & singularium membrorum Ecclesiæ. Quod non
" sit caput Concilij generalis, patet. Ecclesia enim prout consideratur in
" Concilio generali, potius se habet vt Corpus mysticum, quàm vt Cor-
" pus politicum; Christus enim ibi assistit in medio adiuuans & defendens
" & influens suam gratiam & dirigens in agendis approbando & confir-
" mando sententiam quæ fit à Concilio, propter quod facta Concilij attri-
" buuntur Spiritui sancto, Act. 15. vbi dicitur. *Visum est Spiritui sancto & no-*
" *bis.* Ex quo apparet quod Spiritus S. simul operatur & iudicat cum his
" qui sunt in Concilio; constat autem quod hæc respiciunt Ecclesiam, vt est
" Corpus mysticum, & quod procedunt ex influxu gratiarum & Karisma-
" tum sanctus Spiritus. Non ergo potest dici quòd Papa sit caput Con-
" cilij, cùm principale agens scilicet Christus ibi per se & immediatè ope-
" retur, & ideo non est opus ibi facere aliquam mentionem de instrumen-
" to. Si enim Papa diceretur caput Concilij & haberet potestatem coër-
" citiuam, cessaret libertas quæ requiritur in Concilijs ad dandum vota,
" quia *vbi Spiritus Domini, vbi libertas*, vt dicit Apostolus. Nec obstat quòd
" dicitur Papam habuisse interdum præsidentiam in Concilijs generalibus,
" vt in capit. *In nomine Domini*, 23. dist. & in cap. *ad Apostolicæ, de re Iudic.*
" lib. 6. & in alijs Iuris concordantijs. Illa enim Iura & alia similia intelli-
" genda sunt de honoraria potestate ad beneplacitum Conciliorum ei data.
" Facit ad hoc dictum capitulum, *in nomine Domini*, vbi dicebat Nicolaus
" Papa, *si Placet fraternitati vestræ*. Et ita in cap. *ad Apostolicæ*. poterat
" habere præsidentiam ex concessione & permissione Concilij, vel ex to-
" lerantia Patrum. Constat enim quod in pluribus vetustissimis Concilijs
" Papa non fuit Præsidens, vt patet in illis in quibus Rom. Pontifices non
" faciebant definitiones, sed ipsum Concilium per se, dicendo *Placuit Con-*
" *cilio*, vt patet in capitulis quæ incipiunt, *Placuit, de Consec.* dist. 4. Et in
" pluribus alijs, & in Concilio Apostolorum 4. de quo Act. 15. Petrus licet
" fuerit præsens, sententiam tamen non pronunciauit, sed Iacobus dicens,
" *Placuit Apostolis & senioribus & omni Ecclesiæ.* Vnde & in Concilio Ba-
" sileensi cum Legati Papæ venissent Basileam, anno Domini 1434. Car-
" dinalis S. Crucis in Hierusalem, Archiepiscopus Tarentinus, Episcopus
" Paduanus & Abbas S. Iustinæ qui præsentatis litteris adhæsionis, quibus
" ipse Eugenius tunc Papa approbauerat Concilium & ei adhæserat, post
" primam reuocationem retractando & corrigendo omnia per eum prius
" indebitè facta, & peterent se admitti ad præsidentiam nomine Papæ, vi-
" gore literarum quas habebant, non fuerunt statim admissi; sed dati fue-
" runt Doctores in magno numero de toto orbe peritissimi, qui reuolutis
" scripturis & sacris Canonibus, deliberare deberent, an ipsi Præsidentes
" essent admittendi ad præsidentiam authoritatiuam & coërcitiuam, prout
" petebant, qui in deliberatione persistentes per tempus satis notabile,
" visum est ipsis quod non admitterentur ad præsidentiam authoritatiuam
" & coërcitiuam. Ex post ventum est ad deputationes, & scrutatis singulo-
" rum votis conclusum est iuxta deliberationem illorum. Et ex post facta
" sessione publica præsente Sigismundo Imperatore in apparatu Impe-
" riali & Electoribus Imperij, vbi aderant Cardinales in notabili numero,
" tres Patriarchæ, Ambassiatores Regum & Principum, Archiepiscopi,
" Episcopi, Abbates in maximo numero de singulis Nationibus, Nuncij
" studiorum generalium & Doctores Legis diuinæ & humanæ in maximo
" numero de toto orbe peritissimi, decretatum est in illa Sessione publica,

quod DD. Præsidentes non essent admittendi, nec admittebantur nomine Papæ cum potestate coërcitiua, vel cum præsidentia authoritatiua, sed sicut alia supposita Concilij, repræsentantia tamen personam Papæ. Qui Præsidentes sic admissi præstiterunt iuramentum Concilio sicut alia Supposita Concilij facere consueuerant. Nec illi Decreto tunc facto contradicebant: nec aliquis tunc Papæ nomine contradixit. Primò nedum ipsi, sed & ipse Papa idem Decretum tunc factum sicut & omnia alia Decreta facta & fienda approbauit expressè. Ex quibus patet, vt supra dictum est, ipsum non esse caput vniuersalis Ecclesiæ, neque Concilij generalis ipsam repræsentantis. Sed bene est caput Ecclesiarum particularium & singularium membrorum Ecclesiæ respectu quorum dicitur habere plenitudinem potestatis cum sit Vcarius Christi.

Vnde ne suæ potestati per hoc videatur derogatum esse aliquid, de ea commemoremus. De eius namque potestate dicit B. Thomas in Tractatu contra Errores Græcor. in cap. 66. vbi eum asserit Pontificem primum & maximum inter omnes Episcopos, & allegat Chrysostomum super illud Matth. 18. *Accesserunt ad Iesum Discipuli dicentes, Quis putas maior est in regno cœlorum?* Vbi dicit Chrysostomus, *quoddam humanum scandalum conceperunt, quod iam in se occultare non poterant, & timorem cordis non sustinebant in eo quod viderunt Petrum sibi præferri & præhonorari*. Item allegat B. Thomas ad idem Chrysostomum, super Act. Apost. dicentem: Petrus est vertex sanctissimus veri Apostolici chori *Pastor bonus*. Et si sic, ergo & quilibet eius successor. Iem ad idem est B. Thomas in præfato Tractatu, cap. 67. allegans Chrysostomum super Matth. dicentem, *Filius qui Patris est, potestatem Petro vniuersalium concessit vbique terrarum: Et homini mortali omnium quæ in cœlo sunt, dedit authoritatem, dando & claues ad hoc vt Ecclesiam vbique terrarum amplificet.* Et super Actus Apostolorum dicit idem. *Petrus à filio super omnes qui filij sunt, potestatem accepit, non sicut Moyses in Gente vna, sed in vniuerso orbe.*

Item pro hac authoritate Papæ est authoritas Cyrilli Hierosolymitani Patriarchæ, quem allegat B. Thomas in prædicto Tractatu contra Græcorum errores, cap. 79. qui dicit ex persona Christi ad Petrum. *Tu cum sine & ego sine fine, cum omnibus quos loco tui ponam plenè & perfectè Sacramento & authoritate ero, sicut & sum tecum.* Ad idem est Cyrillus Alexandrinus Episcopus in lib. Thesaurorum quem allegat B. Tho. ibidem, qui dicit quod *Apostoli in Euangelijs & Epistolis affirmauerunt in omni doctrina Petrum esse loco Domini in eius Ecclesia*, eidem dantes locum in omni Concilio & Synagoga, in omni electione & confirmatione. Et infra. *Cui scilicet Petro omnes iure diuino caput inclinant & Primates mundi, ipsi tanquam Domino omnes obediunt:* vnde Chrysostomus ex persona Christi, dicit; *Pasce oues meas*, id est, *loco mei esto præpositus fratrum.* Cuius potestatem admirans B. August. in sermone de Apostolis, dicit, *Quis*, inquit, *plebium piscatorem Apostolorum crederet fieri Principem, Regibus obsistere, Regem sanctificare, Regnis omnibus imperare, mundum legibus firmare, dæmonem sub pedibus calcare.* Magna potestas eius est quia totius orbis obtinuit principatum, 9. quæst. 3. *Cuncta per mundum.* Cuius sedes à Domino primatum obtinuit 22. dist. *Sacrosancta.* Et ideo ci, etiam si peccator sit, ab omnibus obediendum est: quandiu enim ab Ecclesia toleratur, sanctissimus dicitur, non quidem ex vitæ merito, sed ex sanctificandi officio, prout hoc clarè deducit Augustinus de Anchona in lib. de Ecclesiastica potestate, quæst. 4. art. 2. vnde Glossa super illo verbo 1. Corinth. 3. *Siue Cephas*, dicit quoniam maximus est; quia igitur maximus & summus est, non potest ab aliquo homine iudicari, 9. q. 3. *Facta.* Vbi dicitur, *facta subditorum non iudicantur à nobis, nostra verò à Domino iudicantur.* Et in cap. *aliorum*, ibidem dicitur, *aliorum hominum causas Deus voluit per homines terminari, sedis istius præsulem suo sine quæstione reseruauit arbitrio.* Et hoc est quod quotidie dicitur, *quod Papa non habet superiorem in terris.* Sed hæc intelligenda sunt in respectu ad Ecclesias particulares & membra

„ singularia Ecclesiæ, quoniam iudicari potest ab Ecclesia vniuersali & à
„ Concilio generali ipsam repræsentante in casu hæresis & notorij scan-
„ dali, & sic de alijs, vt infra videbitur. Ex his igitur apparere potest ex
„ quo sensu Papa dicitur caput Ecclesiæ, & quam potestatem habere di-
„ citur super membra Ecclesiæ vniuersalis, de cuius potestate etiam infra
„ dicendum erit. Et tantum de secunda Conclusione.
„   Et quoniam Ecclesia vniuersalis habens sic vt prædicitur Christum pro
„ capite vero & immediato, summum verò Pontificem pro Capite Vicario
„ & Ministeriali, nunquam potest esse simul congregata in vnum: Nam
„ Ecclesia constat ex præteritis præsentibus, & futuris fidelibus in diuersis
„ Mundi partibus constitutis. Præterita sunt translata, futura nondum ad-
„ uenerunt, præsentia sunt locorum distantia separata. Vnde nunquam le-
„ gimus totam vniuersalem Ecclesiam in vna congregatione fuisse vnitam.
„ Quædam enim eius membra sunt in potentia, quædam in actu: Consti-
„ tuitur namque Ecclesia ex omnibus membris quæ sunt, erunt & fuerunt
„ & quæ nunquam simul fuerunt, nec erunt à principio mundi vsque ad
„ finem, nec quantum ad esse naturæ, neque quantum ad esse gratiæ, vt
„ dicit B. Thomas in 3. p. qu. 8. art. 3. in Responsione principali. Quæ qui-
„ dem membra inuicem in vna fide & in vnitate Sacramentorum iuncta
„ vnam faciunt Ecclesiam Catholicam, quorum omnium caput est Chri-
„ stus ex Conclusione præcedenti, quæ continuatur in suis membris; licet
„ distinguatur in militantem & triumphantem. Quæ Ecclesia militans
„ areæ comparatur iuxta illud, Luc. 9. *Ipse vos baptizabit in Spiritu sancto &*
„ *igne, cuius ventilabrum in manu eius & purgabit aream suam, & congregabit*
„ *triticum in horreum suum, paleam autem comburet igni inextinguibili.* Vnde
„ B. August. in lib. de fide ad Petrum: *Firmissimè tene & nullatenus dubites*
„ *Aream Dei esse Ecclesiam Catholicam, & in ea vsque ad finem seculi frumento*
„ *permixtas paleas contineri, &c.* Ex quibus patet Ecclesiam Catholicam
„ compositam ex bonis & malis, præteritis præsentibus & futuris, vt etiam
„ supra dictum est: vnde constat ipsam non posse in vnum simul actualiter
„ congregari ex omnibus membris eius, & ita ex quo congregari non po-
„ test, nequit exire in actum executionemque actualis iurisdictionis, quam
„ habet authoritatiuè & in habitu, dum congregata non est. Ideo vt possit
„ exire in actum executiuum suæ iurisdictionis & potestatis, oportet eam
„ interdum congregari in suis certis suppositis & membris principaliori-
„ bus & alijs: quod fieri potest & fit in Concilio generali legitimè congre-
„ gato ipsam repræsentante. Et ideo ad hoc propositum sit hæc

De potestate Concilij.

„ TErtia Conclusio. Quodlibet Concilium generale in Spiritu sancto
„ legitimè congregatum repræsentat vniuersalem Ecclesiam, & habet
„ potestatem immediatè à Christo. Hæc Conclusio non eget magna pro-
„ batione, cum fundamentum & probationem sumat ex decreto Concilij
„ generalis Constantiens. cuius verba sunt ista informa, ne in sequentibus sit
„ ea opus resumi. *Hæc S. Synodus Constantiensis generale Conciliū faciens & vni-*
„ *uersalem Ecclesiam repræsentans declarat quod ipsa potestatem habet immedia-*
„ *tè à Christo, cui quilibet cuiuslibet status, conditionis vel dignitatis, etiamsi Pa-*
„ *palis existat, obedire tenetur in his quæ pertinent ad fidem, extirpationem Schis-*
„ *matis & reformationem Ecclesiæ in capite & in membris. Item declarat quod Qui-*
„ *cunque cuiuscunque conditionis, status vel dignitatis etiamsi Papalis existat, qui*
„ *mandatis, statutis & ordinationibus seu præceptis huius sacræ Synodi & cuiuscun-*
„ *que alterius Concilij generalis legitimè congregati super præmissis, seu ad ea per-*
„ *tinentibus factis, vel fiendis obedire contumaciter contempserit, nisi respuerit,*
„ *condignæ pœnæ subijciatur, & debitè puniatur, etiam ad alia iuris suffragia, si*
„ *opus fuerit, recurrendo.* Ista est Constitutio sacri Concilij Constantiensis
„ quæ sufficere debet cuilibet Credenti ad assentiendum huic Conclusio-
„ ni, cum sit dictum vniuersalis Ecclesiæ, cui sancti Doctores dicta sua

submittebant, quia quidquid approbat, tenendum est; quidquid verò reprobat, fugiendum: vnde, nec Aug. dicit se velle credere Euangelio, nisi eum authoritas Ecclesiæ commoueret. Et B. Hieronymus in disputationibus contra Luciferianum dicit, *Poteram hoc vnico sole omnium tuarum disputationum riuulos exsicare*, vocat autem vnicu solem, autoritatem Ecclesiæ. Præterea si Concilium generale non repræsentaret vniuersalem Ecclesiam, non rectè dixisset Iacobus, Act. 15. *Placuit Apostolis & senioribus & omni Ecclesiæ, &c.* Constat enim quod ibi non fuerat omnis Ecclesia, eo quod humano modo loquendo non est possibile eam congregari in vnum locum. Nefas autem est dicere quod illud rectè dictum non fuerit: cum & illius Concilij facta attribuantur Spiritui sancto, qui Spiritus sanctus, cum sit Spiritus veritatis, errare non potest, cum sit Deus.

Sed quod Concilium generale habeat potestatem immediatè à Christo, manifestum est ex verbis Christi qui dicebat Collegio Apostolorum, *vbi duo, vel tres in nomine meo congregati fuerint, in medio eorum sum*, Matth. 18. Nec adest sine authoritate & potestate, cum nulla creatura sine eo dicatur aliquid posse, quanto magis cum interesse credendum est turmis Sanctorum modo singulari vt influat in eos gratiam Spiritus sancti; propter quod dicebat Celestinus Papa in Epist. ad Synodum Ephes. *Spiritus sancti præsentiam indicat congregatio Sacerdotum, nec ibi putanda est deesse diuinitas Trinitatis, quæ sanctificat Concilium & sanctum reddit*. Dicit enim Isidorus in lib. Conciliorum, in Gestis tertiæ Synodi Tolet. ponens verba Cœlestini Papæ, *valde necessarium esse prospexi vestram in vnum conuenisse multitudinem his sententia diuinæ verbis, quæ dicit vbi duo, vel tres congregati fuerint in nomine meo, &c. Credo, enim beatam S. Trinitatis diuinitatem interesse huic sacro Concilio & ita tanquam ante conspectum Dei, in medio vestrum fidem meam protuli.* Hæc ille. Si ergo in Concilio est diuinitas Christi quæ est eadem totius Trinitatis, quis dicat potestatem Concilij immediatè non à Christo procedere? Nemo, inquam, dicit nisi hostis Ecclesiæ. Quis dicat Concilium non esse sanctum vbi est diuinitatis singularis assistentia, etiamsi Prælati in eo interdum sint mali, qui non obstante deformi vita eorum adhuc possunt tractare & definire ea quæ sunt fidei & salutis, cum non ipsi sint qui loquuntur, sed Spiritus Patris cœlestis qui loquitur in eis: si enim propter vitia loqui veritatem pro vtilitate & salute Ecclesiæ non possent, iam portæ inferi præualere aduersus Ecclesiam viderentur: quod obsistit irrefragabili sententiæ Christi qua dictum est. *Et portæ inferi non præualebunt aduersus eam*, Matth. 16. Vnde & Balaam missus per Regem Baloch maledicere populo Domini, non maledixit, sed benedixit dicens Regi, *Non possum aliquid loqui nisi quod iusserit Dominus*, & infra dicitur: Cui cum Dominus occurrisset, posuit verbum in ore eius. Num. 23. Et ibid. 24. dicebat Balaam, *si dederit mihi Baloch plenam domum argenti & auri; non potero præterire sermonem Dei mei, vt vel boni, quid vel mali proferam ex ore meo, sed quidquid Deus dederit, hoc loquar*. Et si sic est, quanto magis credendum est, quod Dominus assistens Concilio generali iuxta promissionem suam modo singulari, ponat verbum in ore illorum qui pro salute & fide membrorum eius conuenerunt in nomine eius pro qua fide ipse orauit Patrem. Estque pro sua reuerentia exauditus, vt dicit Apostolus ad Hebr. 5. Cum ergo assistat Concilio generali, vt caput & Rector eius & sui præsentia sanctificet illud, non permittit ibi fieri contrarium fidei, aut saluti Ecclesiæ suæ. Sanctum igitur dicitur Concilium propter hæc quæ dicta sunt: quem titulum quodlibet Concilium generale etiam ex vsu Ecclesiæ habente fundamentum ex scriptura & ex vsu Roman. Pontificum sibi iam expressè adscripsit. Dicitur enim in titulo cuiuslibet Concilij generalis, *Sacrosancta generalis Synodus, &c.* quem titulum approbat totus Orbis; summique Pontifices scribentes Concilio in suis litteris eodem titulo iam vtuntur. Quia igitur sanctum est & sanctitatem habet à Christo, & quia sanctam Ecclesiam

1440.

Tom. V.

" repræsentat, meritò dicitur potestatem habere à Christo, qui est Rector
" eius, à quo in ipsum dona profluunt & Karismata gratiarum. Et tantum
" de tertia Conclusione.

" Et quoniā Ecclesia vniuersalis & Concilium generale, ipsam repræsen-
" sentans potestatē habet immediatè à Christo ex Conclusione præcedenti,
" & ideo vt cognitum sit quæ & qualis sit ista potestas Ecclesiæ vniuersalis &
" Concilij generalis ipsam repræsentātis, sit hæc Cōclusio 4. *Potestas Ecclesiæ*
" *vniuersalis ac etiam cuislibet Concilij generalis legitimè congregati ipsum repræ-*
" *sentantis superior est potestate Papæ & qualibet alia potestate in terris. Cui qui-*
" *libet cuiuscunque dignitatis status aut conditionis etiam si Papalis existat, obe-*
" *dire & subesse tenetur: Et si non obedierit, poterit condigna animaduersione pu-*
" *niri.* Ista Conclusio est fundamentum huius totius negotij. Et ideo circa
" probationem eius erit diutius immorandum. Et antequam accedatur ad
" probationem eius, hoc prius præmittendum est, quod sicut Deus cuili-
" bet creaturæ dedit certam periodum quā determinatur ad durandum in
" suo esse, & propriam virtutem innatam & intrinsecam quā possit corrum-
" pentibus se resistere & se conseruare in esse: ex quo secundum Damas-
" cenum impossibile est substantiam esse expertem operationis naturalis: &
" 4. meteor. dicitur, omne ens habet aliquam operationem per quam dum
" potest, dicitur tale, &c. Ita & Ecclesiæ suæ quam voluit durare vsque
" in finem seculi, dedit virtutem & potestatem, qua possit se in suo esse
" regere & tueri & conantibus ad sui destructionem resistere; quod vide-
" tur notari in verbis de Ecclesia dictis à Christo in sua fundatione: cum
" enim dixisset quod super se Petram ædificaret Ecclesiam, statim subiun-
" git, *Et Portæ inferi non præualebunt aduersus eam:* quasi significaret, quod
" eo ipso quod ædificata sit, habet in se virtutem & potestatem se conser-
" uandi in esse & contrarijs resistendi. Vnde de ea dicitur in Canticis, *Quæ*
" *est terribilis, vt Castrorum acies ordinata,* quomodo autem esset terribilis,
" si huiusmodi virtute careret. Et si vt dicunt quidam, licet erroneè, hu-
" iusmodi potestatem haberet ab extra, vt à summo Pontifice, cuius po-
" testatem super Ecclesiam vniuersalem efferre videntur, quod falsum
" est, Sequeretur ergo ex hoc quod deficere posset. Cum enim non sit essen-
" tialis dependentia Ecclesiæ ad Papam, qui pro suæ dignitatis officio te-
" netur eam tueri & defendere, si Papa moritur, vel eam tueri nolit, si
" tunc Ecclesia huiusmodi virtutem non habeat, sequitur quod tandem
" deficere possit, quod sentire est insanum. Papa ergo non extante, habet
" Ecclesia virtutem & potestatem quam per creationem Papæ quæ fit ex
" ordinatione Ecclesiæ, non perdit, quam potestatem à Christo ad sui regi-
" men & conseruationem accepit, principia quippe essendi non conserua-
" di in suo esse. Hæc autem potestas iuxta doctrinam Apostoli, 1. Cor. 12.
" videtur omnibus inesse membris siue toti corpori, non autem vni mem-
" bro tantum. Dicit enim Apostolus, *Corpus non est vnum membrum, sed mul-*
" *ta. Si dixit pes, quia non sum manus, non sum de corpore, non ideo non est de*
" *corpore. Et si dixerit auris quia non sum oculus, non sum de corpore, non ideo non*
" *est de corpore. Si totum corpus oculus, vbi auditus? Et si totum auditus, vbi odo-*
" *ratus? Nunc autem Deus posuit membra vnumquodque eorum in corpore sicut*
" *voluit. Quod si omnia essent vnum membrum, perit corpus? Nunc autem multa*
" *quidem membra, vnum verò corpus non potest dicere oculus manui, opera tua*
" *non indigeo, aut iterum caput pedibus: non estis mihi necessarij. Et infra. Sed*
" *tentauit Deus corpus vt non sit Schisma in corpore, sed in idipsum pro inuicem*
" *sollicita sunt membra de membro, Et quosdam quidem Deus posuit in Ec-*
" *clesia 1. Apostolos 2. Prophetas 3. Doctores, &c.* Apparet igitur ex autho-
" ritate iunctis his quæ Apostolus, dicit ad Ephes. 4. *Quod potestas Ecclesiæ*
" *seipsam conseruandi, regendi & tuendi* insit Corpori, siue omnibus mem-
" bris simul, non autem quod ex vnico membro dependeat in totum. Vnde
" videtur hæc potestas esse in Ecclesia, non sicut in quodam toto integra-
" li aut vniuersali, cuius essentia & virtus participetur à singulis partibus
" subiectiuis, sed sicut in quodam toto potestatiuo, quemadmodum virtus

exercendi actus, id est operationes animæ, est in ipsa anima & suis potentijs sicut in quodam toto potestatiuo: quæ potestas, seu virtus non reperietur adæquatè in aliqua suarum potentiarum, vel in vna principaliter; ita vt ab illa totaliter alijs communicetur, sed est in omnibus simul potentijs ex virtute vnius animæ Sic videtur in Ecclesia esse huiusmodi potestas; quæ autem sit hæc potestas Ecclesiæ ad se regendum & conseruandum, est communis sententia Doctorum, quia est potestas clauium, videlicet discernendi, & potestas iudicandi, ligandi & soluendi quæ quidem potestas tantæ excellentiæ est, quod tota vniuersitas hominum illam concedere non potest; sed illam à solo Deo accepit Ecclesia. Patet, nam in potestate communitatis in multitudine hominum est aliquem, vel aliquos ex seipsis relegare & à sua Societate separare; sed quod ille qui ab eorum societate excluditur, eo ipso sit separatus à societate Dei & Angelorum, hoc non est in hominis potestate; potestas autem clauium ad hoc se extendit, vt quæ ligantur in terris, ligata sint & in cœlis, Matth. 18. Et licet sint aliæ potestates in Ecclesia, vt consecrandi Corpus Christi & absoluendi à peccatis & sic de alijs, hic tamen principaliter intenditur de iudiciaria potestate, an sit penès Ecclesiam principaliter, an penès Papam principaliter, vt quidam dicunt, & cuius iudicio potius standum est.

Ad probandum igitur hanc Conclusionem, assumenda est quadruplex probatio. Prima erit ex scriptura Euangelij & ex scriptura Doctorum sanctorum ab Ecclesia approbatorum & etiam ex scriptura sacrorum Conciliorum vetustissimorum. Secunda probatio erit ex significatione nominis ac rei per illa significatæ quæ in sacra scriptura dicuntur de Ecclesia. 3. Probatio erit ex conditione huiusmodi potestatis prout est in Ecclesia & in Papa. 4. Approbatio erit ex habitudine, causarum scilicet finalis, efficientis, formalis & materialis.

Quantum ergo ad primum, occurrit illa authoritas quæ expressè loquitur de hac potestate, Matth. 16. *Tibi dabo claues Regni cœlorum, & quodcunque ligaueris super terram, &c.* Hæc autem authoritas Euangelij prout sancti Doctores exponunt, verbum est potius promissionis quam concessionis. Et cum illi censeatur illa potestas promissa cui fuit concessa, nunquam verò reperiatur quod per hæc verba Christus soli Petro hanc potestatem concesserit; sed ipsi Ecclesiæ prout est 1. Matth. 18. *Quæcunque alligaueritis super terram erunt ligata & in cœlis, &c.* Ergo sequitur quod hæc potestas clauium non ad solam personam Petri & suos successores; sed principaliter ad Ecclesiam pertinet, cui per eadem verba legitur concessa, quod patet ex serie textus Euangelij: Constat enim quod Christus omnes discipulos simul, non autem solum Petrum interrogauit, & Petrus quasi omnium eandem exprimens intentionem respondit & Christus sic responsionem accepit, quod manifestè Lucas Euangelista testatur in cap. 9. sic referens: *dixit autem illis, Vos autem quem me esse dicitis? respondens Simon Petrus dixit, Christum Dei.* Et ille increpans illos, *præcepit ne cui dicerent.* Cum ergo secundùm Rabanum & alios Doctores propter meritum confessionis fidei sit dictum verbum potestatis, confessio autem fuerit non solum Petri, sed omnium Apostolorum, quia dicit, *Præcepit ne cui dicerent*, sequitur quod authoritas potestatis ad omnes Apostolos & eorum successores dicitur pertinere & per consequens hæc authoritas principaliter ad Ecclesiam spectat. Hoc autem patet ex ijs quæ postea dicuntur in Euangelio. Nam deinceps legitur quod de maioritate fuit tribus vicibus contentio inter Apostolos, Matth. 18. & 20. & Lucæ 22. non autem de hac re totiens contendissent, si intellexissent per prædicta verba. *Tu es Petrus, & tibi dabo claues.* Vel per illa, *Tu vocaberis Cephas*, soli Petro, aut ei principaliter regendi Ecclesiam fuisse traditam potestatem.

Ne autem iste sensus Scripturæ videatur esse noua doctrina, vel dicatur esse excogitatus nouiter, patet manifestè per authoritates Sanctorum

"Doctorum exponentium verba prædicta, qui dicunt quod cum Petrus
" claues accepit, S. Ecclesiam significauit quodque Ecclesia à Christo claues
" accepit propriè, Petrus autem figuratiuè. Vnde Beat. Aug. super Ioan.
" serm. 125. loquens de Ecclesia inquit, *huius Ecclesiæ Apostolus Petrus pro-*
" *pter Apostolatus sui primatum gerebat figurata generalitate personam. Quod*
" *enim ad ipsum propriè pertinet, natura vnus homo erat, gratia vnus Christia-*
" *nus, abundantiori gratia vnus idemque Apostolus.* Sed quando ei dictum est,
" *Tibi dabo Claues Regni cœlorum, & quodcunque ligaueris super terram,* &c.
" vniuersam significauit Ecclesiam, quæ in hoc seculo diuersis tentationibus
" velut imbribus, fluminibus & tempestatibus quatitur, & non cadit quo-
" niam fundata est super firmam Petram. Vnde Petrus nomen accepit.
" Non enim Petra à Petro, sed Petrus à Petra, sic non Christus à Chri-
" stiano, sed Christianus à Christo vocatur, ideo quippe ait Dominus, *su-*
" *per hanc Petram ædificabo Ecclesiam meam,* quia dixerat Petrus, *Tu es Chri-*
" *stus filius* Dei viui, *super hanc* ergo, inquit, *Petram quam confessus es, ædifi-*
" *cabo Ecclesiam meam, Petra enim erat Christus;* super hoc fundamentum
" quippe aliud nemo potest ponere præter id quod positum est, quod est
" Christus Iesus. Ecclesia ergo quæ fundatur in Christo, claues regni
" cœlorum ab eo accepit in Petro, id est, potestatem soluendi, ligandique
" peccata. Hoc B. Aug. & sunt eius verba sicut ponuntur in forma prout
" videri poterit in originali. Ad idem est B. Hieronymus cuius verba po-
" nuntur 24. qu. 1. *Omnibus consideratis.* Vbi inquit, *omnibus consideratis pu-*
" *to me non temerè dicere alios ita esse in Domo Dei, vt ipsi etiam sint domus*
" *eadem Dei quæ dicitur ædificari super Petram, quæ vnica Columba appellatur;*
" *quæ sponsa sine macula & ruga & hortus conclusus, & fons signatus & pu-*
" *teus aquæ viuæ & Paradisus cum fructu pomorum, quæ domus etiam claues ac-*
" *cepit & potestatem ligandi & soluendi. Hanc domum si quis corrigentem corri-*
" *pientemque contempserit, sit tibi tanquam Ethnicus & publicanus.* Hoc B.
" Hieronymus, vbi expressè dicit Ecclesiam recepisse claues & per con-
" sequens iudiciariam potestatem. Ad idem est B. August. lib. 1. de Doct.
" Christiana, cap. 13. qui dicit, *Est Ecclesia Corpus sicut Apostolica doctrina*
" *commendat,* quæ coniux etiam dicitur. Et paucis interpositis dicit. *Has*
" *igitur claues dedit Ecclesiæ suæ vt quæcunque solueret in terra, soluta essent in*
" *cœlo, & quæ ligaret in terra, ligata essent in cœlo.* Ad idem est Innocentius
" ille Doctor famosissimus in serm. de Beatis Apostolis, qui incipit sic. *In-*
" *terrogabat Iesus Discipulos suos, &c.* Qui inter cætera quæ de Ecclesia lo-
" quitur sic dicit. *In ea autem viget cœlestis authoritas, ad illud dignitatis pro-*
" *uecta fastigium, vt eius sententia quæ probetur in terris, etiam obseruetur in*
" *cœlis.* Ad idem est Aug. de fide ad Petrum, c. 2. vbi dicit, *nunquam pec-*
" *catori esset indicta pro peccatis deprecatio, si deprecanti non esset remissio conceden-*
" *da;* sed etiam pœnitentia peccatori tunc prodest, si eam in Ecclesia Catho-
" lica gerat, cui Deus in persona B. Petri ligandi soluendique tribuit
" potestatem, dicens, *quæcunque autem ligaueritis super terram, erunt ligata &*
" *in cœlis.* Ad idem est Leo Papa in sermone de Beatis Apostolis, dicens
" quod vis istius potestatis & huius decreti constitutio ad omnes Ecclesiæ
" Principes commeauit, sed non frustra vni conceditur, quod omnibus inti-
" matur. Ecclesiæ igitur datæ sunt claues principaliter, sed quod Scriptu-
" ra dicit Petrum eas etiam accepisse, dicit B. Hieronymus quem allegat
" Magister in 4. dist. 19. *Quod ideò Petrus dicitur eas accepisse, vt omnes intel-*
" *ligant quod quicunque ab vnitate fidei & societate Ecclesiæ se separaue-*
" *rit, nec à peccato solui, nec cœlum ingredi potest.* Hæc B. Hieronymus.
" Ad idem est B. Aug. in lib. de Agone Christiano; dicens *non enim sine causa*
" *inter omnes Apostolos huius Ecclesiæ Catholicæ personam sustinuit Petrus: huic*
" *Ecclesiæ enim claues Regni cœlorum datæ sunt cum Petro. Et quod ei dicitur,*
" *ad omnes dicitur. Amas me, pasce oues meas.* Ad idem est Rabanus qui
" dicit sic, *quamuis soli Petro hæc potestas data videatur; cæteris tamen Apostolis*
" *dabatur* teste Christo, qui insufflauit in eos dicens: *Accipite Spiritum sanctum,*
" *quorum remiseritis peccata, remittuntur eis.* Ad idem est Aug. super Ioan. &
habetur

habetur 14. q. 1. *Quodcunque.* Si Petro tantum dictum est illud. *Quodcunque ligaueritis*, non hoc facit Ecclesia. Si autem in Ecclesia fit, vtique quæ in terra ligantur, & in cœlo ligata, & quæ soluuntur in terra, soluta sunt & in cœlo; quia cum excommunicat Ecclesia, in cœlo ligatur excommunicatus; cum reconciliat Ecclesia, in cœlo soluitur reconciliatus. Si ergo hoc in Ecclesia fit, Petrus quando claues accepit, Ecclesiæ S. significauit, quod exponit Archidiaconus, id est, *sub signo & nomine Ecclesiæ accepit*. Ad idem est Glossa ordinaria super illo ad Ephes. 4. *Quosdam quidem dedit Apostolos, alios Prophetas*, dicit Glossa *vice Christi prædicantes & omnium Ordinatores & Iudices*. Ad idem est Augustinus in Quæst. noui & veteris testamenti, q. 79. & in ser. 13. de Apost. Petro & Paulo, vbi dicit. *D. Iesus Christus Discipulos suos ante Passionem suam, sicut nostis, elegit; inter quos pænè vbique Petrus solus totius Ecclesiæ meruit gestare personam &* propterea, *audire meruit, Tibi dabo claues, &c. Et sequitur, has autem claues non vnus homo, sed vnitas accepit Ecclesiæ*. Ad idem est authoritas manifesta in cap. de summa Trinit. & fide Cathol. vbi ponitur fides nostra pro qua, si necesse est, moriendum est, vbi dicitur: Sacramentum Eucharistiæ nemo potest conficere nisi Sacerdos qui ritè fuerit ordinatus, secundùm claues Ecclesiæ, quas ipse concessit Apostolis & eorum successoribus Iesus Christus. Ecce dicit quod claues Ecclesiæ non Petri, & eas concessas Apostolis & eorum successoribus non soli Petro.

Ex quibus authoritatibus Sanctorū patet quod Ecclesia accepit claues principaliter ex commissione Christi. Cum ergo quæri oporteat vbi de hac commissione legatur in Euangelio, nec alius locus aptior quàm vt dictum est, Matth. 18. *Quæcunque alligaueritis super terram*. Sequitur quod potestas clauium sit principaliter data Ecclesiæ in personis Apostolorum. Quod satis videtur probari ex dicto textu Euangelij, Matth. 18. maximè attenta historiæ narratione: nam Matth. 16. Christus dixerat Petro verba promissiua, *Tu es Petrus & tibi dabo claues Regni cœlorum*. Deinde in cap. 17. in fine mandauit Petro soluere stateram pro eo & se, vnde quia ex eis videbatur eum constituere Capitaneum super alios, vt dicit Gloss. super eodem verbo, ideò statim continuatiuè subditur in cap. 18. in principio: *In illa hora ascenderunt ad Ierusalem Discipuli dicentes, Quis, putas, est maior in Regno cœlorum*, seu in Ecclesia, quia Glossa ibi exponit, id est, *in Collegio Iustorum*. Vnde patet quod propriè Euangelista loquitur de superioritate. Et tunc, quibusdam interpositis, Christus volens soluere huiusmodi quæstionem de superioritate, de qua quærebant Apostoli, subiunxit in eodem Capitulo: *Si peccauerit in te frater tuus, vade & corripe eum inter te & ipsum solum; si te audierit, lucratus es fratrem tuum; si autem te non audierit, adhibe tecum vnum vel duos. Et infra. Quod si non audierit eos, dic Ecclesiæ; si autem Ecclesiam non audierit, sit tibi sicut Ethnicus & publicanus*. Ecce dicit Iudicium Ecclesiæ esse superius iudicio Petri. Et consequenter vt ostendat, quale sit Iudicium Ecclesiæ & quæ sit eius potestas, statim subnectit: *Amen dico vobis, quæcunque alligaueritis super terram, erunt ligata & in cœlis, &c*. Ecce loquitur Apostolis collectiuè & eorum successoribus, non soli Petro. *Quæcunque alligaueritis, quæcunque solueritis, pluraliter*. Et exposita sic potestate Ecclesiæ sequitur de potestate Concilij generalis ibidem quasi Christus velit respondere tacitæ Quæstioni: Potuissent enim Apostoli dixisse Christo, *Domine ecce sumus iam certificati de superioritate, de qua quærebamus, & scimus vbi debeat haberi recursus, si frater fuerit incorrigibilis, quia ad Ecclesiam, & scimus quanta est potestas Ecclesiæ, quia extendit se ad cœlum & ad terram. Dic ergo nobis quod modo futuris temporibus Ecclesiæ tuæ quæ per totum orbem dilatanda est, dicere poterimus, seu hoc dictum adimplere, dic Ecclesiæ*, cum Ecclesia nullibi simul congregata erit. Vbi ergo querelas huiusmodi audire poterit? respondet Dominus quasi velit dicere. *Dicam vobis vbi Ecclesiam meam reperire poteritis*. Vnde subdit consequenter, *iterum dico vobis*, inquit Dominus Apostolis, *vbi duo, vel tres*

Tom. V. RRr

1449.

" *congregati fuerint in nomine meo, in medio eorum sum.* Quod de celebratione
" generalium Conciliorum exponit Celestinus in Epist. ad Synodum Ephe-
" sinam, vt dicit Isidorus in lib. Concil. quæ authoritas est supra posita.
" Ecce ergo potestas Concilij generalis sumens fundamentum ex illis
" verbis Euangelij, *vbi duo vel tres, &c.* & illo dicto *Quæcunque alligaueritis
" super terram, erunt ligata & in cœlis.* Ex qua authoritate Euangelij 4. no-
" tari videntur. 1. Quod claues regni cœlorum de quibus supra, Ecclesiæ
" per hæc verba sunt concessæ, patet cum per eadem verba sub quibus fa-
" cta erat promissio, hîc exprimantur. Dixerat enim Christus prius Petro
" repræsentanti vniuersalem Ecclesiam verba promissiua: *Tibi dabo claues re-
" gni cœlorum.* Hîc autem quod promiserat, expressè donat omnibus Apo-
" stolis, seu toti Ecclesiæ, in personis eorum dicens *quæcunque alligaueri-
" tis, &c.* Secundò notatur in illis verbis, quod concessio facta est Eccle-
" siæ in omni stabili firmitate. Patet per verbum quod in donatione præ-
" mittitur *Amen,* quod notat iuramenti authoritatem.
" 3. Quia in his verbis innititur concessa potestas Ecclesiæ, non limita-
" ta vel in certis casibus & super certas personas, sed in omni plenitudine.
" Patet ex signis vniuersalibus *quæcunque alligaueritis & quæcunque solueri-
" tis.* 4. Notatur ex dictis quod Christus voluit iudicium Ecclesiæ esse
" maius & supremum in terris, & huic iudicio Ecclesiæ etiam ipsum Petrum
" siue Papam debere acquiescere & obedire, patet, nam verba prædicta
" *si peccauerit,* Christus dicebat ad Petrum. Si ergo Petrum instituit ad ju-
" dicium Ecclesiæ recurrere in hoc quod ei dixit *dic Ecclesiæ,* sequitur iu-
" dicium Ecclesiæ esse superius: si enim iudicium Petri esset superius iudi-
" cio Ecclesiæ, peccator post iudicium Ecclesiæ, non deberet reputari
" tanquam publicanus. Restaret enim iudicium Petri, qui tanquam supe-
" rior examinare deberet iudicium Ecclesiæ. Cum ergo dicitur Petro
" quod incorrigibilitatem fratris debeat referre ad iudicium Ecclesiæ &
" non Ecclesiæ ad Petrum, sequitur quod iudicium Ecclesiæ sit maius, su-
" premum & finale.
" Itaque quod Papa includatur sub iudicio Ecclesiæ, ex eo probatur
" quod à correctione fraterna nemo Fidelium excipitur: cum enim quemli-
" bet liceat fraternè corrigere, & si non audiat, debeat iuxta doctrinam præ-
" dictam deferri Ecclesiæ; Ita etiam si Papa nolit fraternæ correctioni ac-
" quiescere, debet deferri ad iudicium Ecclesiæ: frustra autem deferre-
" tur, si Ecclesia non haberet potestatem in eum ferendi iudicium. Sicut
" enim qui secretè ammonitus non corrigitur, licet eum ammonere coram
" vno vel duobus testibus, ita coram his ammonitum, si non acquiescit,
" licitum est eum deferre ad iudicium Ecclesiæ. Cum ergo Papa non exi-
" matur à 1. & 2. gradu correctionis fraternæ; ergo nec à 3. videlicet vt
" dicatur Ecclesiæ. Vnde illa authoritas *dic Ecclesiæ* etsi iuxta communem
" **sententiam exponatur de Prælato, sicut cum Prælatus inferior ammoni-**
" tus contemnit, oportet dici non sibi, sed Prælato superiori: ita erit de
" summo Prælato, cum ipse non habeat Prælatum superiorem, si sic cor-
" rectus doctrinæ Euangelij noluerit acquiescere, oportet dici Ecclesiæ,
" si simul congregata haberi possit: sed quia non potest, dicendum est
" Concilio generali ipsam repræsentanti, cui Papa obedire tenetur, & si
" non obedierit, poterit puniri, vt patet ex constitutione Concilij genera-
" lis Constantiensis. Verum enim est documentum Apostoli. *Omnis anima
" potestatibus sublimioribus subdita sit.* Rom. 13. Nec ab hac vniuersalitate
" excipitur anima Papæ, sicut nec à correctione fraterna.
" Quod autem summus Pontifex comprehendatur sub nomine fratris,
" patet, quia Petrus in cuius locum succedunt summi Pontifices, aliorum
" Ecclesiæ membrorum se fratrem asseruit Act. 1. Vbi dicitur *exurgens Pe-
" trus in medio fratrum dixit, erat autem turba hominum simul fere 120. Viri
" fratres! oportet impleri scripturam quam prædixit Spiritus S. per os Dauid.* Ec-
" ce ergo habemus ex authoritate Euangelij & dictis Sanctorum probatum
" authoritatem Ecclesiæ esse superiorem potestate Papæ & quacunque

altera potestate in terris, & quod dicitur de vniuersali Ecclesia, intelligendum est etiam de Concilio generali legitimè congregato ipsam repræsentante.

Veniamus vlterius ad decreta summorum Conciliorum, & incipiamus à primo, recipiamusque 1. in manus 4. Concilia de quibus fit mentio in Actibus Apost. in primo namque Concilio de quo Act. 1. de electione Matthiæ in Apostolatum, habetur quod licet Petrus qui primus erat, vnde dicitur *exurgens Petrus*, sicut cæteris honorabilior, & prout spectat ad Præsidentem, proposuerit & concluserit sic faciendum, Actus tamen qui videntur notare authoritatem & iurisdictionem, fuerunt omnibus communes. Nam dicitur de omnibus quod *statuerunt duos & dederunt eis sortes & cecidit sors super Mathiam*. Ecce dicitur *statuerunt* & non dicitur *Petrus statuit*.

In 2. verò Concilio de quo Act. 6. hæc authoritas Ecclesiæ & Concilij ipsam repræsentantis clarius exprimitur: nam dicitur ibidem quod 12. Apostoli conuocantes multitudinem discipulorum, dixerunt: *Non est bonum nos derelinquere verbum Dei & ministrare mensis. Considerate ergo ex vobis septem viros boni testimonij plenos Spiritu S. quos constituamus super hoc opus*. Et infra dicitur quod *imposuerunt eis manus*. Constat autem quod hæc manifestè notant in omnibus Apostolis communem authoritatem, quia dicitur: *constituamus*, non dicitur *Petrus constituit*, & dicitur *imposuerunt*, non est dictum *Petrus imposuit*.

Ex istis inferuntur duo. 1. Quod nedum statuere, sed etiam Concilium conuocare est commune non soli Petro, sed omnibus Apostolis. Patet ex illo verbo, cum dicitur 12. *Apostoli conuocantes*, ex qua scriptura ortum habere potuit decretum sacri Concilij generalis Constantiensis de perpetua Conciliorum generalium celebratione in futurum; quod incipit: *Frequens*. 2. Infertur quod non solum tractare causas fidei, sed etiam ministros Ecclesiæ in eorum Officijs & Beneficijs instituere pertinet non solum ad Petrum, sed etiam ad omnes Apostolos & eorum successores videlicet Pontifices, patet ex illo verbo, cum dicitur *quos constituamus super hoc opus*. Facit ad hoc quod dicitur ad Titum, vbi Paulus mandauit Archiepiscopo Cretensi *constituere Episcopos per ciuitates*. Et ita non ad solum Petrum hoc pertinere videtur. Et ita hodie decretum est in Concilio generali, quod Archiepiscopi, examinata electione, Electos in Episcopos confirment, vt res ad eum statum redeat in quo prius fuit.

In 3. autem Concilio de quo habetur Act. 15. satis hoc idem clarè patet: cum enim Iacobus vltimò iudicauit, non dicit quod Petrus qui præsens erat, iudicauit, sed dixit, Simon narrauit, Iacobus verò sententiam dixit, dicens *propter quod dico non inquietare eos qui ex Gentibus conuertuntur*. Epistola etiam non nomine Petri, sed Apostolorum & seniorum Ministrorum nominibus facta dicitur.

In 4. Concilio de quo Act. 25. patet idem, quando Paulo fuit iniunctum à Congregatione Seniorum vt deberet se conformare in ceremonijs legis Mosaicæ, actio ibi notatur communis, quia subditur: *hoc ergo fac quod tibi dicimus*. Similiter quod Petrus acquiesceret iniunctis sibi & ordinatis per Concilium, & quod obediret Concilio, patet manifestè Act. 8. Vbi dicitur quod *audientes Apostoli quod Samaria recepisset verbum Dei, miserunt ad eos Petrum & Ioannem*. Et Petrus absque vlla discussione statim iniuncta compleuit. Missio autem de sui ratione importat authoritatem in mittente respectu missi, argumento eius quod dicitur Luc. 7. *Nam ego homo sum sub potestate constitutus habens sub me milites, & dico huic vade & vadit, & alio veni & venit, & seruo meo fac hoc, & facit*. Item patet hoc ex Concilio magno Niceno sub Iulio Papa & Constantino Principe celebrato. Vbi inter cætera dicitur *hæc est fides quam exposuerunt Patres*. 1. quidem aduersùs Arrium blasphemantem & dicentem creaturam Filium Dei & aduersùs omnem hæresim extollentem se & insurgentem contra Catholicam Ecclesiam, quam cum authoribus suis damnant apud

Tom. V.

„ Patres quorum nomina cum Prouincijs ibidem sunt subscripta. Ecce
„ manifestè apparet authoritas Concilij generalis in Concilio Niceno re-
„ præsentante vniuersalem Ecclesiam: Scilicet quod Concilium habeat po-
„ testatem iudiciariam, patet ex verbo *damnant*, quod notat sententiæ
„ prolationem. Item patet hoc ex Concilio Africano, in quo cum Legati
„ Papæ ostendissent litteras & proposuissent intentionem suam, remissio
„ facta fuit ad decreta Concilij Niceni pro deliberatione super proposi-
„ tis facienda. Ecce reuerentia Decretorum Concilij generalis, de qui-
„ bus dicetur infra in Conclusione sequenti. Idem patet ex alijs Concilijs
„ generalibus de quibus per Isidorum in libris Conciliorum reperitur sic
„ dictum, *Sancta Synodus, vel sacrum Concilium statuit, vel definit declarat*,
„ *vel anathematizat, vel placuit, aut placet sanctæ Synodo*. Et in subscri-
„ ptione Episcoporum, qui intererant Synodis reperitur sic dictum. *Ergo*,
„ *&c. Episcopus definiens subscriptus vel iudicans, vel statuens.*
„   Item patet authoritas Concilij generalis super Papam & consequenter
„ super omnes alios ex Decretis Concilij Constantiensis famosissimi, cui
„ Ioannes Papa XXIII. in principio præsidebat: Cum enim, vt habetur in
„ Gestis eiusdem Concilij, ipse Ioannes Papa de Constantia clandestinè
„ recessisset, ex eius recessu quidam putabant Concilium esse dissolutum,
„ statim successiuè factæ sunt 3. Sessiones in quibus Decretatum est quod
„ per recessum Papæ & Prælatorum certorum non esset Concilium disso-
„ lutum, sed quod remaneret in sua integritate. Item Decretatum est,
„ quod ipse Ioannes non possit mutare, aut transferre ipsum Concilium
„ Constantiense ad alium locum, neque Curiam tunc ibi existentem, de-
„ cernens censuras per eum factas, vel fiendas in contrarium irritas & ina-
„ nes. Item quod non crearet nouos Cardinales quos volebat; si creasset,
„ pro non Cardinalibus haberi, nec Prælatos transferret in præiudicium
„ Concilij Constantiensis. Item tunc decretauit duo decreta de potestate
„ Conciliorũ generalium. In alia sess. indixit certam formam Procuratorij,
„ per quam Ioan. Papa XXIII. deberet renunciare Papatui, seu consti-
„ tuere Procuratores ad renunciandum. Item eadem Synodus postea con-
„ tra eundem Ioan. protulit sententiam depositionis & eiectionis à Papatu
„ propter Simoniacam prauitatem & alia scelera de quibus fuerat Conci-
„ lio delatus. Quæ omnia facta istius Concilij sunt & erunt sempiternum
„ memoriale in generationibus. Ex quibus manifestè apparet an Conci-
„ lium generale habeat iurisdictionem supra Papam, quod quilibet sanæ
„ mentis cognoscere potest.
„   Item per hoc idem ex sess. 32. Concilij Constant. vbi factum est decre-
„ tum de perpetua Conciliorum generalium in futurum celebratione, vbi
„ statuta est etiam forma iuramenti, quod quilibet electus in Rom. Ponti-
„ ficem præstare debet. Et inter cæteras clausulas inseritur hoc quod Pa-
„ pa iuret tenere fidem secundum traditionem sacrorum Conciliorum ge-
„ neralium. Si ergo iurare debet seruare fidem secundùm decreta Conci-
„ liorum, non videtur quod ea passim possit ad libitum reuocare, de quo
„ tamen dicetur in 6. Conclusione.
„   Itaque cum Concilia generalia infligant pœnas summis Pontificibus
„ propter perpetratos excessus, & statuant ipsis legem per quam suas in
„ futurum dirigant actiones, & Ecclesia vniuersalis seu Concilium genera-
„ le ipsam repræsentans deponat Papam, Papa autem non possit deponere
„ aut destituere Ecclesiam à sua dignitate, cum ipsa duratura sit vsque ad
„ finem seculi, manifestè apparet superioritas Ecclesiæ vniuersalis & Con-
„ cilij generalis super Papam, & præsertim cum agitur de fide, de extir-
„ patione Schismatis & reformatione Ecclesiæ in capite & in membris, siue
„ de pertinentibus ad illa. Et si superior est ipso Papa, consequens est vt
„ sit superior omnibus alijs membris Ecclesiæ: Quod sic adhuc ostenditur
„ tali ratione. Licet enim vnicuique rei insit virtus se conseruandi in esse
„ & contrarijs resistendi, hoc tamen non est in summo gradu, ita quod
„ possit fortiori potestati resistere, sed in certo gradu, ita videlicet vt

ſubijciatur violentiæ maioris virtutis, vt patet manifeſtè in animantibus quæ occiduntur & conſumuntur à fortioribus in virtute. In Eccleſia tamen virtus & poteſtas ſe conſeruandi à nulla ſuperatur virtute in terris. Quod patet manifeſtè ex illo verbo Chriſti, Matth 16. *Et portæ inferi non præualebunt aduerſus eam.* Cum enim Iob teſtante 41. *Non ſit virtus ſuper terram quæ huic comparetur,* ſcilicet poteſtati Leuiathan, & hoc non poteſt aduerſus Eccleſiam præualere, ſequitur quod à nulla creata virtute poterit ſuperari.

Item aliter probatur: Si Eccleſia Dei nihil eſt fortius, ſequitur quod nec Papa erit ea fortior vel ſuperior. Patet antecedens per B. Chryſoſtomum in Homilia quæ incipit, *Multi quidem fluctus,* vbi dicit quod Eccleſia Dei nihil eſt fortius, quæ charior eſt Chriſto quam cœlum. Non eſt Eccleſia propter cœlum, ſed cœlum propter Eccleſiam. Præterea Eccleſia Vniuerſalis approbauit & recepit Euangeliũ, cum alij plures patres ſcripſerint Euangelium, vt Thomas & Nicodemus, Eccleſia tamen ſolum 4. Euangelia in authoritate recepit, vnde nec Auguſtinus Euangelio crederet niſi eum authoritas Eccleſiæ commoueret, prout ſæpius eſt repetitum. Similiter plures tranſtulerunt Bibliam, nec tamen omnes translationes ſunt receptæ niſi Hieronymi. Similiter multa ſunt quæ non continentur in corpore Bibliæ quæ tamen Eccleſia tenet & approbat ſicut Euangelij veritatem, & hoc non eſt niſi ex eo, quia in cauſa eſt ſumma authoritas & vniuerſalis poteſtas ſuper omnia membra eius, quæ quidquid approbat, tenendum, quidquid reprobat, fugiendum. Præterea ſi Concilium generale non haberet Iuriſdictionem ſuper Papam, ſequeretur quod depoſitio facta de Ioanne XXIII per Concilium Conſtantienſ. non fuiſſet iuſta, neque valida, cum facta fuerit ab eo qui poteſtatem non habebat. Et ſequitur vlterius quod Electio facta de D. Martino Papa, non fuit Canonica, cum facta fuerit viuente Ioanne. Sequitur conſequenter quod omnes Epiſcopi promoti per Martinum Papam non habebant titulũ in ſuis dignitatibus, nec erant Paſtores animarum, nec faciebant fructus ſuos, ſed tenebantur ad reſtitutionem & ſimiliter alij Beneficiati ac Rectores Parochialium Eccleſiarum promoti per Martinum Papam & per Epiſcopos ab eo promotos, non habebant titulum in ſuis Beneficijs, nec erant Paſtores animarum, nec habebant poteſtatem ligandi & ſoluendi: quæ ſi bene ſonant, quilibet poterit iudicare, omnia enim videntur inconuenientia & alia plura quæ ſequuntur ex illis. Item cum nemo ambigat Concilium generale habere aliquam poteſtatem; Vel ergo eam habet vniuerſaliter, vel particulariter. Si vniuerſaliter, ergo hæc poteſtas extendit ſe ad Papam vt ipſius Concilij iudicio ſupponatur, quia de ratione vniuerſalitatis non exceptiuæ eſt ad omnia poſſe extendi. Si particulariter, hoc eſt contra dictum Euangelij, vbi dicitur *toti Eccleſiæ* in perſona Apoſtolorum, *Quæcunque alligaueritis ſuper terram, &c.* Matth. 18. quæ loquutio eſt vniuerſalis. Et tantum de 1. probatione.

2. Probatio quod Iudicium Eccleſiæ ſit dignius ac ſuperius, ſumitur ex conſideratione nominis & rei ſignificatæ per illud, quæ in ſacra ſcriptura dicuntur de Eccleſia, quæ tamen Papæ non poſſunt competere. Dicitur namque de ipſa Eccleſia quod eſt mater Eccl. 24. *Ego Mater pulchræ dilectionis.* Item dicitur *Domina gentium.* Tren. 1. Item *Regina* Pſ. 44. *Aſtitit Regina à dextris tuis.* Item dicitur *ſponſa* Cantic. 1. & Apocal. 21. *vidi Ciuitatem ſanctam Ieruſalem nouam deſcedentem de cœlo.* Et infra tanquam *ſponſam ornatam viro ſuo.* Dicitur enim Corpus ad Epheſ. 1. Ex 1. ergo appellatione cum Eccleſia ſit mater, Papa vero filius ipſius, ratione excellentioris dignitatis quæ eſt in Matre, & ratione honoris & obedientiæ quæ à filio debentur Matri, cenſetur eſſe inferior, nec poteſt dici quod ipſe propter ſui excellentiam & dignitatem non ſit filius Eccleſiæ. Dicit enim B. Aug. in lib. de Symbolo Tractatu 4. *Si quis ab Eccleſia ſeparatus inuentus fuerit, alienus erit à numero Filiorum Dei, nec habebit Deum*

" *Petrem qui Ecclesiam noluerit habere Matrem.* Et alibi, dicit quod Ecclesia sit
" *sponsa Christi vnica, quod omnes filios quos Christus habet, hos Ecclesia gignit*
" *siue parturit.* Ex hoc sequeretur multo minus dici posse quod Papa sit pa-
" ter Ecclesiæ cum nullus sit Pater suæ Matris. Sicut enim Saluator, Matth.
" 23. docuit dicens, *quod vnus est Pater vester qui in cælis est,* sic in terris est
" vnica Ecclesia omnium fidelium Mater.
"   2. Deduci potest superioritas in Ecclesia respectu Papæ ex eo quod
" Ecclesia dicitur Domina. Papa verò & Episcopi non Domini, sed iuxtà
" authoritatem Apostoli dicuntur *Ministri & dispensatores mysteriorum Dei.*
" Vnde & Christus cum de maioritate doceret Apostolos, dixit Matth. 20.
" *Quicunque inter vos voluerit maior fieri, sit vester minister.* Ita Lucæ 22. *Ego*
" *autem in medio vestrum sum sicut qui ministrat.* Vnde propter hoc conue-
" nit Papæ appellari summum Ministrum Ecclesiæ & esse seruum seruo-
" rum Dei, quanquam sit Vicarius Iesu Christi, qui scilicet Christus est Do-
" minus & sponsus Ecclesiæ. Facit ad hoc quod dicitur communiter quod
" dominium rerum temporalium quæ ab Ecclesia possidentur, est apud Ec-
" clesiam tanquam dominam, apud Episcopos verò tanquam apud dispen-
" satores & Ministros Sponsi.
"   3. Probatur superioritas in Ecclesia ex ea parte, qua Ecclesia dicitur
" Regina, est enim coniux eius, qui est Rex Regum & Dominus dominan-
" tium & Princeps Regum terræ Apocal. 1. de quo supra allegata est au-
" thoritas B. Aug. in lib. de doctrina Christi.
"   Item 4. ex eo quia Ecclesia est sponsa Christi, Papa verò non dicitur
" Sponsus, sed Paranymphus Ecclesiæ, vt dicit B. Bernardus in lib. de
" Consid. ad Eugen. Papam, Christus enim est sponsus Ecclesiæ, Matth. 25.
" Ex qua denuntiatione satis apparet dignior excellentia Ecclesiæ respe-
" ctu Papæ, vnde ex hac consideratione Aug. in lib. de Symbolo, dicit
" *quod Ecclesia totum possidet quod à viro suo accepit in dote.* Si totum possidet,
" iuxta sententiam August. ergo absque omni exceptione omnia sunt sibi
" subiecta, quæ Christo Sponso suo: ipsa autem est subdita viro suo.
"   5. Probatur ex hoc superioritas in Ecclesia, quia ipsa est Corpus
" Christi vt supra allegata est authoritas Apostoli, Papa verò vnum ex
" membris istius Corporis. Omne autem corpus vnum Organicum con-
" stituitur ex diuersis membris tanquam ex partibus integrantibus ipsum
" totum. Ecclesia autem est Corpus Christi mysticum Organicum fide
" Christi animatum, vel Ecclesia est vniuersitas Fidelium bonorum & ma-
" lorum orthodoxam fidem tenentium in Sacramentis Ecclesiæ haben-
" tium societatem. Cum ergo Papa non sit corpus hoc quod est Ecclesia,
" sed vnum ex membris ipsius, iuxta Doctrinam Apostoli, vt supra allega-
" tum est, sequitur quod Papa est pars corporis istius & ipsa Ecclesia est
" quoddam totum. Communis autem animi conceptio est: *Omne totum est*
" *maius sua parte.* Ego sequitur quod Ecclesia quæ est quoddam totum, ma-
" ior est & excellentior ipso Papa. Maius autem non est intelligendum
" mole quantitatis corporeæ, sed magnitudine virtutis, excellentiæ &
" dignitatis siue potestatis. Ex his potest inferri, quod licet Papæ conue-
" niat suo modo dici caput Ecclesiæ, non propterea se debet Ecclesiæ ante-
" ferre, quinimo ex hoc forte inferri posset eo ipso quod sic contendit se
" præferre Ecclesiæ facto siue assertione tanquam male sentiens de autho-
" ritate & dignitate S. matris Ecclesiæ, quod nedum non sit superior, sed
" etiam quod non sit de membris Ecclesiæ tanquam carens recta fide: re-
" putat enim se caput talis corporis, quod sibi assimiletur in conditione,
" videlicet quod sicut ipse potest errare & deficere, ita & Ecclesia possit. Eo
" enim ipso quod vult iudicium suum præferri iudicio vniuersalis Ecclesiæ,
" manifestè conuincitur quod æstimat eam errare: Et sic eam non semper
" esse sanctam & Catholicam. Quæ quidem assertio si sit de ijs quæ sunt fi-
" dei, aut de necessitate salutis, manifestè constat. Vnde possit merito infer-
" ri quod separat se ab Ecclesia & desinit esse membrum eius & per conse-
" quens caput, quandocunque enim reperitur diuisio inter Ecclesiam &

aliquod membrum eius sicut inter Papam & Ecclesiam, notissimum est quod hæc diuisio non est ex parte Ecclesiæ, de cuius ratione est semper esse vnam ratione vnius fidei, quæ est forma eius. Ergo sequitur quod hæc diuisio tenet se ex parte membri scilicet Papæ qui cum sit mortalis per naturam & sæpè moritur per culpam, potest effici membrum putridum, si vult se in dignitate præferre Ecclesiæ matri suæ, quæ est sponsa Corporis Christi & semper viuit in fide & charitate, nec est vsque in finem seculi desitura. Et de hac Excellentia Ecclesiæ super omnia membra sua dicit Augustinus tractans illud Prouerb. vltim. *Mulierem fortem quis inueniet?* Vbi dicit *per Mulierem fortem Ecclesiam debere intelligi*, & inter cæteras laudes dicit, quod ipsa Ecclesia iuxta authoritatem diuinæ scripturæ pretiosior est omnibus suis lapidibus pretiosis, vocatque lapides pretiosos filios & sanctos eius. Vnde dicit quod quantumcunque sit aliquis magnus, ipse tamen, si lapis pretiosus est, est ornamentum eius, quia omnis lapis pretiosus est ornamentum eius & ipsa est pretiosior omnibus lapidibus pretiosis & omnibus ornamentis eius. Si autem Papa esset superior Ecclesia, iam ipsa non esset pretiosior omnibus lapidibus pretiosis, aut nec huiusmodi lapis pretiosus esset ornamentum eius. Sequitur ergo quod Papa non sit ea superior, nec æqualis. Et tantum de secunda probatione.

3. Probatio principalis, per quam probatur superioritas potestatis Ecclesiæ super Papam, sumitur ex conditione huiusmodi potestatis, prout est in Ecclesia & in Papa. Est namque in Ecclesia hæc potestas continuè, permanenter & perpetuè. Non est enim assignare diem, horam, vel momentum in quo Ecclesiæ deficiat hæc potestas, & durabit vsque ad conseruationem seculi: in Papa verò non est sic, cum non semper viuat, possit etiam priuari & sic carere hac potestate, possitque de nouo eligi, & iterum eam habere. Et quoniam omne permanens & continuum præfertur variabili, interpolato & temporali, sequitur quod potestas siue authoritas Ecclesiæ præemineat potestati Papæ. 2. Quia potestas hæc semper in Ecclesia fuit & est & erit recta, quo ad ea quæ sunt iuris & fidei, nec vnquam Ecclesia à fide deuiauit, Papa verò frequenter. Cum igitur in Ecclesia hæc potestas sit inobliquabilis, ita quod nedum nunquam errauit, sed nec errare potest in his quæ sunt fidei, de ipsa namque dictum est Oseæ 2. *Sponsabo te mihi in fide, in sempiternum.* Hoc autem non competit summo Pontifici, vt eo ipso quod aliquis creatur in Papam, sit impeccabilis, manifestè patet superioritas Ecclesiæ supra Papam. 3. Quia in Ecclesia est cognitio omnis necessariæ veritatis ad salutem, iuxta illud Ioan. 16. *Spiritus veritatis docebit vos omnem veritatem.* Et 1. ad Timoth. 3. dicitur quod *Ecclesia est columna Dei viui & fundamentum veritatis.* Gloss. 10. *In se sustinens veritatem ne corruat.* Quæ duo verba scilicet *columna* & *fundamentum* denotant manifestè inobliquabilitatem Iudicij: summus verò Pontifex sæpè indiget ab alijs doceri etiam de veritatibus ad salutem necessarijs. Per Ecclesiam autem innotescit multiformis sapientia Dei, nedum hominibus, sed etiam principibus & potestatibus, prout dicit Apostolus ad Ephes. 3. Igitur hæc superioritas videtur esse maior in Ecclesia. Ex quo infertur quod authoritas Ecclesiæ se habet vt mensura & regula, respectu actionum Papæ. Patet quia Rectum est Iudex sui & obliqui, vt dicit Philosophus 1. de anima. Et omne quod obliquabile est, deficere & errare potest, regulari & ordinari habet per aliquid inobliquabile & indeficiens. Sic est de authoritate Papæ, respectu Ecclesiæ.

Ex his inferri potest, quod licet potestas de qua supra, sit in Ecclesia & in summo Pontifice; non tamen est diuersa, sed eadem: accidentia enim mutantur mutatione suorum subiectorum, vt dicit Philosophus 5. Metaph. sed cum sit idem subiectum potestatis istius scilicet in Ecclesia (Papa enim non est distinctum suppositum ab Ecclesia, cum sit vnus de Ecclesia) sequitur quod hæc potestas sit in eodem subiecto, scilicet in Ecclesia,

" & ita est vna & eadem & non plures. Et etiam eadem quia est propter
" eundem finem & circa idem obiectum, & ab eodem authore.
" Sed ex quo est vna & eadem potestas vtrobique, quomodo potest esse
" maior in Ecclesia, & in Papa minor? Resp. quia hoc est propter diuersum
" participandi modum: Ecclesia naque, vt praemissum est, sic habet eandem
" potestatem quod in ea est continuè, perpetuè & inobliquabiliter; & an-
" nexa est illi notitia omnis necessariae veritatis, prout dictum est in proba-
" tione 1. Conclusionis ad quod allegata est authoritas B. Thom. in 2. 2. q.
" 5. art. 3. Quod non habet locum in Papa qui errare potest; vnde sicut
" videmus in simili quod vnum & idem est liberum arbitrium in viatoribus
" & Beatis quoad coactionis immunitatem: in quantum tamen comparatur
" ad id ad quod ordinatur, scilicet ad seruandam rectitudinem, isto modo
" liberum arbitrium in Beatis est maius, quia semper hanc rectitudinem
" seruat, ex quo confirmatum est per gratiam, sic quod errare non potest,
" in viatoribus verò deficit à gratia confirmationis, nec semper huiusmodi
" rectitudinem seruat, sed ab ea frequenter deficit. Ideo secundum com-
" munem sententiam Doctorum potestas liberi arbitrij in beatis est maior,
" in viatoribus autem minor. Sic suo modo loquendi est in proposito, quia
" Ecclesia est sic à Christo fundata supra Petram quod errare non potest
" in his quae fidei sunt & necessaria ad salutem. Ideo haec potestas prout
" consideratur in Ecclesia, videtur habere quandam gratiam Confirmatio-
" nis, quoad haec propter promissionem Christi, quia promisit quod mitte-
" ret paraclitum qui maneret cum Fidelibus in aeternum, quodque orauit
" Patrem vt non deficeret fides Ecclesiae; & quod ipse est cum Fidelibus vs-
" que ad consummationem seculi. Et quoniam haec inflexibilitas ad erro-
" rem non est in summis Pontificibus de quibus plures à fide leguntur erras-
" se, ideo merito potestas in Ecclesia superior est propter huiusmodi in-
" flexibilitatem ad errorem; in Papa verò est inferior.
" Et sicut Fideles tenentur credere reuelationibus Angelorum quos
" sciunt fallere non posse, vnde & Zacharias percussus fuit silentio quia
" Angelo dicenti credere noluit, Luc. 1. Ita etiam Fideles tenentur stare
" determinationi Ecclesiae quam sciunt errare non posse. Si enim ab Eccle-
" sia discunt Angeli & eius doctrinae venerantur acquiescunt secundùm
" Apostolum ad Ephes. 3. quanto magis homines qui sunt ignari & pecca-
" biles, tenentur stare determinationi & dispositioni Ecclesiae. Summus ve-
" ro Pontifex eo amplius eam honorare tenetur. Non enim accepit digni-
" tatem Papatus ab Ecclesia vt cum ante suam electionem reputaretur san-
" cta, Catholica & immaculata & verax in Iudicio, quod post electionem
" suam haec auferantur ab ea & transferantur in Papam. Et quod potius
" fideles teneantur stare iudicio Papae quam iudicio Ecclesiae, quod con-
" tingeret si iudicium Papae deberet praeferri iudicio Ecclesiae. Hanc enim
" dignitatem quod errare non potest, habet Ecclesia à Christo & vsque ad
" finem seculi habebit, nec hanc conditionem transfert Ecclesia in Papam,
" cum ipsum in sede Papatus constituit, sed apud se retinet. Vnde ratione
" huius dotis quam à Christo recepit, primatum & potestatem habet super
" omnes homines in terra, nec cuiquam est subiecta nisi Christo sponso suo;
" & ita nec Papae; sed è conuerso Papa est subiectus ipsi Ecclesiae. Et haec
" de tertia probatione principali.
" 4. Probatio per quam probatur superioritas Ecclesiae super Papam,
" & consequenter super omnia alia membra Ecclesiae capitur ex habitu-
" dine 4. causarum. 1. Ex habitudine causae finalis, licet enim omnium
" quae sunt à Deo constituta, Deus ipse sit primus finis & principalis, ta-
" men constat etiam in his quaedam ordinari ad suos fines 1. Eth. manife-
" stum est autem quod inter haec duo, scilicet esse alterius finem & ordinari
" ad aliud tanquam in finem, primum potius conuenit Ecclesiae quam Papae,
" Id enim finis dicitur alterius ad cuius bene esse alterum ordinatur, Ec-
" clesia autem non ordinatur ad bene esse Papae, sed è conuerso Papa om-
" nes suas actiones ordinat ad bene esse Ecclesiae: Huic enim actiones Papae
sunt

sunt bene ordinatæ, quando ex ipsis prouenit bonum Ecclesiæ, malè verò quando ab hoc fine deficiunt, siue eidem contrariantur. Hoc autem videtur dicere Apost. 1. Corinth 3. *Omnia vestra sunt, siue Paulus, siue Apollo, siue Cephas, siue vita, siue mors, siue præsentia, siue futura, omnia vestra sunt, vos autem Christi, Christus autem Dei.* Super quem locum dicit gloss. ordin. *omnia vestra sunt, vos autem Christi non puri hominis, & ideo non in puro homine gloriamur, cuius sumus creatione & recreatione reparati.* Hoc autem ideo videtur dicere Paulus, vt sicut hæc nobis, seu propter nos concessa sunt, ita & nos Christo nos ipsos subijcere debemus. Vnde manifestè apparet quod Cephas potius est Ecclesiæ, & ad eam ordinatur tanquàm ad finem, & ipsius iudicio subijcitur, quàm è conuerso.

2. Probatur hoc idem ex habitudine Causæ efficientis: habet enim Ecclesia se in ratione efficientis principalis, sicut anima cum sit finis corporis, habet se ad omnes actiones in ratione principalis efficientis. Cum ergo huic Corpori quod est Ecclesia, multæ competant operationes, quæ habent exerceri per membra sua ad bene esse huius Corporis & ad ipsius virtutem, sequitur quod ipsum Corpus se habet ad ipsas operationes in ratione principalis agentis, membra verò eius vt minus principalia siue vt instrumenta, sicut potentiæ animæ dicuntur quasi quædam instrumenta ad operationes animæ. Papa ergo licet sit membrum nobilissimum Ecclesiæ sub Capite Christo, tamen quia in ipsius Corporis virtute & fide & ad eius finem operari debet, non sibi competit respectu Ecclesiæ habitudo principalis agentis aut instrumenti primarij. Quod autem se habet ad aliud in ratione principalis agentis, præfertur ei quod est in ratione secundarij seu instrumenti. Cum igitur Ecclesiæ competat ratio principalis agentis, Papa verò se habeat vt instrumentum, sequitur quod authoritas Ecclesiæ præfertur authoritati Papæ, & per consequens præfertur cuilibet membro inferiori Ecclesiæ.

3. Probatur hoc idem ex habitudine Causæ formalis. Omne nempe iudicium quod habet se inconcussè & inobliquabiliter ad rectitudinem veritatis siue legis, est forma illius iudicij quod potest ab huiusmodi rectitudine declinare: sic autem est de iudicio Ecclesiæ respectu actionum Papæ, quia Ecclesia nunquam deuiat, nec oberrare potest à fide recta, vt supra ostensum est; Papa verò frequenter 19. dist. *Anastasius*: ideo iudicium Ecclesiæ dignius est iudicio Papæ.

4. Probatur hæc authoritas maioritatis ratione Causæ materialis siue subiecti. Papa enim & alia omnia membra inferiora sunt subiectum siue materia iudicij Ecclesiæ, quia potest omnia membra & etiam ipsum Papam iudicare, deponere, suspendere ad tempus vel perpetuò, vt patet ex decreto Concilij Constantiensis. Papa autem respectu Ecclesiæ hoc non potest cum ipsa duratura sit vsque in finem seculi, nec Papa potest præcipere aut statuere, quod nullus in Ecclesia oraret, laudaret Deum, vel baptisaretur, & sic de alijs. Cum ergo Ecclesia possit Papam priuare siue suspendere ab actionibus Papalibus, Papa verò non possit Ecclesiæ suspendere ab actionibus quæ sibi in quantum talis est, competunt, constat quod Papa se habet vt subiectum siue materia, super quam Ecclesia potest exercere iudicium, non autem è conuerso. Materia autem habet rationem inferioritatis, vt notum est, ergo sequitur quòd ipse Papa inferior est Ecclesia.

Nec obstat cap. *si Papa* 40. dist. *si Papa animas subditorum cateruatim ad inferos deduceret, nullus mortalium posset eum iudicare, nisi deprehenderetur à fide deuius*, illud enim soluit seipsum, cum dicitur *mortalium*: denegatur enim iudicium singulis mortalibus, sed non vniuersali Ecclesiæ; neque Concilio generali, quod potest ipsum corrigere, si delinquit. Hoc per rationem naturalem potest fortificari, supposito illo quod Papa sit caput ministeriale Ecclesiæ respectu membrorum singularium. Videmus enim quod licet caput in corpore humano sit ordinatum ad directionem & gubernationem membrorum, non sitque licitum membra à capite, id est ab obedientia Capitis recedere, si tamen Caput in corpore humano

" efficiatur languidum seu infirmum, licitum est membris illud ligare &
" cauterizare, ne totum corpus languor inuadat, si dolor non fuerit cura-
" tus in capite. Ita etiam si Papa efficiatur furiosus & habens ensem in
" manu exiens Palatium, & quos sibi obuiàm reperiret, occideret, vtique
" liceret subditis inferioribus eum capere & ligare. Et si hoc liceret subdi-
" tis pro saluatione Corporis, multo magis licere debet Concilio generali
" vniuersalem Ecclesiam repræsentanti pro salute animarum, quando Pa-
" pa male regendo & Ecclesiam scandalizando animas subditorum ad viam
" damnationis induceret. Similiter non obstat prædictis quod dicitur quo-
" tidie, quod Papa non habet superiorem in terris. Verum est enim quod
" non habet superiorem Prælatum, cum ipse sit summus Prælatus, habet
" tamen superiorem se Ecclesiam vniuersalem Matrem diuinam & reginam
" & Sponsam Christi.

" Sed quod dicitur summus Pontifex, dicit B. Bernardus in lib. de Con-
" sideratione ad Eugenium, quod Papa est summus non consummatiue,
" sed comparatiuè, non comparatione meritorum, sed ministeriorum. Est
" enim summus inter Ministros & summus Pontifex respectu aliorum Pon-
" tificum. Summus ergo est respectu personarum Officialium, non respe-
" ctu vniuersalis Ecclesiæ, in quam Iurisdictionem exercere non potest,
" quæ est sponsa & Corpus Christi.

" Similiter non obstat illud quod dicitur in Cap. *nemo* 9. q. 3. vbi dicitur.
" *Nemo iudicabit*, primam sedem, & sequitur. *Neque enim ab Augusto*, *ne-*
" *que ab omni Clero*, *neque à Regibus*, *neque à Populo iudex iudicabitur*. Et
" glossa ibi dicit, *quod si totus mundus sentiret in aliquo negotio contra Papam*,
" *videtur quod sententiæ Papæ standum est* 24. q. 1. *hæc est fides*. Illud enim
" intelligendum est quando non subest causa iudicandi: aliàs si subest cau-
" sa, scilicet notorium scandalum, potest iudicari, & puniri per Concilium
" generale, si sit incorrigibilis. Ad quod propositum dicebat Glossa in
" dicto Cap. *Nemo*, quod cum Papa peccat, potest peccatum eius Ecclesiæ
" denunciari, secundum ammonitionem Euangelij, cum & ipse subsit Euan-
" gelio. Nec obstat dictum Hostiensis in Cap. *proposuit de Concess. Præ-*
" *bend.* vbi videtur dicere quod Ecclesia præcedendo secundam ammo-
" nitionem Euangelicam, non potest iudicare Papam, quoniam salua pace
" sua illud mandatum Euangelij, *si peccauerit*, omnibus fuit dictum & con-
" tra omnes peccantes, etiam contra Papam, sicut contra alios quando
" Papa peccat notoriè in scandalum vniuersalis Ecclesiæ: sicque practica-
" tum fuit in Concilio Constantiensi contra Ioan. XXIII. facit pro autho-
" ritate Conciliorum, quod habetur 43. dist. *Hinc etiam*, ibi dum dicitur,
" *scientes quia eius sedi 1.* Petri Apostoli meritum. Deinde sicut à iussione
" Domini Conciliorum authoritas singularem in Ecclesijs tradidit potesta-
" tem quamuis Glossa ibidem hoc dictum moderetur dicens, quod Eccle-
" sia Rom. potestatem principaliter habuit à Domino, secundario à Con-
" cilijs. Cui concordat Glossa Capituli. *Dudum* 3. q. 6. Sed quamuis ita
" sit, hoc non infert Papam non subijci Concilio, quando Ecclesiam no-
" toriè scandalizat, attento quod Petrus potestatem accepit à Christo, vt
" minister Ecclesiæ dominæ suæ, & ira cum onere scilicet quod esset sub-
" missus ipsi Ecclesiæ dominæ suæ quando notoriè illam scandalizaret super
" quam non recepit potestatem neque iurisdictionem, sed super Ecclesias
" parriales, quod notat verbum *Cæteris* in Capitulo quamuis 21. dist. Vbi
" dicitur, *Quod vniuersæ per Orbem Ecclesiæ sunt vnus Thalamus Christi*, *& Ec-*
" *clesia Rom. cæteris Ecclesijs est Prælata*, non dicitur quod sit Prælata thala-
" mo Christi, sed cæteris Ecclesijs, quod est dignum nota, ad Glossam au-
" tem Capitul. *Nemo* prius allegatum vbi dicitur, *quod si totus mundus*, *&c.*
" dicendum est quod Glossa loquitur argumentatiuè, arguendo pro & con-
" tra, sed non decisiuè. Vnde dicit *videtur*, & quidquid in hoc passu ha-
" ctenus per glossas & Doctores interdum affirmatiuè, interdum negatiuè
" fuerit opinatum, standum est hodie definitioni factæ per sacrum Con-
" stantiense Concilium, quoad casus in Decreto eius expressos, videlicet

cum agitur de fide, de extirpatione Schismatis, de reformatione Ecclesiæ in Capite & in membris, & de pertinentibus ad casus præmissos, sicut est casus notorij scandali; & sic de alijs, quòd in his Papa sit inferior Concilio generali. Et si quis contrarium pertinaciter assereret, hæreticus esset censendus. Sed pro probatione secundæ partis Conclusionis, scilicet quod Ecclesiæ vniuersali & Concilio generali ipsam repræsentanti quilibet cuiuscunque dignitatis, status aut conditionis etiamsi Papalis existat, obedire & subesse teneatur, Et si non obedierit, poterit puniri condigna animaduersione, non est opus adducere scripturas supra scripturam veritatis Euangelicæ, qua dicitur, *Si Ecclesiam non audierit, sit tibi sicut Ethnicus & publicanus.* Et potest probatio huius secundæ partis patere sufficienter ex prædictis. Et tantùm de hac Conclusione & probationibus suis.

1440.

Sed cum Ecclesia vniuersalis, seu Concilium generale ipsam repræsentans sit quædam Communitas, seu multitudo Fidelium, quæ regulari habet legibus, decretis & constitutionibus, quas ex potestate summa sibi à Christo tradita ex præcedenti Conclusione potest condere, quibus plurimum reniti & contraire nemo sine pœna potest, ideo vt appareat hoc eis non esse licitum pro isto sit hæc

Conclusio 5. *Decreta vniuersalis Ecclesiæ, seu generalium Conciliorum ipsam repræsentantium ab omnibus Ecclesiæ membris, quatunque etiam si Papali præfulgeant dignitate, sunt inuiolabiliter obseruanda, quorum transgressionem quicunque cuiuscunque status, conditionis, aut dignitatis etiamsi Papalis sit, ex contemptu incurrerit, poterit condigna animaduersione puniri.* Hæc Conclusio duo dicit 1. quod Decreta vniuersalis Ecclesiæ ab omnibus sunt obseruanda. 2. dicit de pœna non obseruantium. Quantum ad primam partẽ, probatur Conclusio. Vniuersalis Ecclesia & Concilium generale ipsam repræsentans habet potestatis plenitudinem & iurisdictionem vniuersalem super omnia membra Ecclesiæ ex Conclusione præcedenti. Ergo sequitur quod legibus & constitutionibus eius obedire quilibet est adstrictus. Esset enim inconueniens & rationi dissonum aliquem esse subiectum alicui & eius iussionibus contraire: vnde dicit Canon, *Ridiculum & satis abominabile dedecus, vt traditiones quas antiquitùs à Patribus suscepimus, infringi patiamur.* 12. dist. *ridiculum.* Et præsertim traditiones vniuersalis Ecclesiæ. Si enim Constitutio sedis Apostolicæ, siue Ecclesiæ Rom. quæ subiecta est vniuersali Ecclesiæ tanquam pars toti, ex prius dictis omnes adstringit, & ad eius obseruationem omnes tenentur, vt in capitulo vlt. de Constitutionibus, multo magis Constitutio vniuersalis Ecclesiæ, aut Concilij generalis ipsam repræsentantis omnes obligat & adstringit. Propter quod in Concilio Toletano statutum fuit, vt omnes Archiepiscopi suis Ecclesijs notificent quæ in Concilijs generalibus statuuntur 18. distinct. *decernimus.* Et non ex alio nisi quia omnes huiusmodi statuta seruare tenentur. Canonum namque statuta ab omnibus sunt seruanda de Constit. Cap. 1. maximè autem summus Pontifex, qui præeminentiam habet in Ecclesia tanquam principale membrum sub Capite Christo ad huiusmodi Decretorum obseruantiam constrictus esse videtur. Si enim in principio assumptionis suæ ad Pontificatum, iurare debet se velle tenere fidem secundum decreta generalium Conciliorum, prout decretatum est in Concilio Constantiensi, non videtur quomodo ea passim reuocare possit. Quod attendebat ipsa Synodus Constantiensis, condendo decretum de quo supra; vbi statuit quod quicumque cuiuscumque status, conditionis vel dignitatis etiamsi Papalis existat, qui mandatis, statutis, ordinationibus seu præceptis huius sacræ Synodi & cuiuscumque alterius Concilij generalis legitimè congregati super præmissis seu ad ea pertinentibus factis vel fiendis contumaciter obedire contempserit, nisi resipuerit, condignæ pœnitentiæ subijciatur & debitè puniatur, etiam ad alia iuris suffragia si opus fuerit, recurrendo. Et rectissimè mota est S. Synodus ad condendum huiusmodi statutum, etiam quoad personam Papæ, qui est

"Pontifex primæ sedis, nullam magis sedem quàm primam exequi oportet decretum vniuersalis Ecclesiæ 23. q. 1. *Confidimus*. Vbi est hoc expressum, & meritò, cum scriptum sit. *Patere legem quam ipse tuleris*. De Constitut. *Cum omnes*. Et imperatur his à Domino qui dicunt & non faciunt, & qui alijs onera grauia imponunt & ipsi nec digito volunt ipsa mouere Matth. 23. Ex quo autem ipse est pars vniuersalis Ecclesiæ, meritò debet huius-modi decreta seruare. Vnde sicut habetur ad Galat. 3. quia Petrus dabat occasionem, vt alij Fideles non obseruarent decretum factum in 3. Concilio, de quo Actuum 15. *Paulus restitit Petro in faciem reddens causam resistentiæ*, quia reprehensibilis erat, eò quòd non ambularet ad veritatem Euangelij. Ex qua authoritate notandum quod decretum ipsius Concilij ab Apostolo reputabatur tantæ authoritatis vt diceret quod veritas ipsius est veritas Euangelij. Constat enim quod non continebatur saltem expressè, in Euangelio super quo Paulus reprehendebat Petrum; sed continebatur in Decreto Concilij. Et forte ex verbo Apostoli Gregorius poterat sumpsisse, vt diceret 4. Concilia veneranda, vt 4. Euangelia 15. dist. Sicut sancti, quia Paulus veritatem decreti dixit veritatem Euangelij. Et si hoc soli Paulo licuit declarare videlicet contra actiones Petri quod non ambularet ad veritatem Euangelij, quanto magis licebit Concilio generali legitimè congregato respectu summi Pontificis? Ex hac igitur authoritate Scripturæ quæ meritò pro manu tenenda libertate Ecclesiæ scribenda est litteris aureis, patet manifestè quod summus Pontifex tenetur obseruare decreta Concilij: nam si non teneretur, iniustè Paulus redarguisset Petrum. Item si non, sequeretur valde absurdum. Ex quo enim Papa peccare & errare potest 19. dist. *Anastasius*, possibile est dare in futuro tempore Papam, Domino permittente, qui sit malus, ignorans, plenus iniquitate: at arbor mala non facit nisi fructus malos. Si ergo in potestate sua esset reuocare decreta generalium Conciliorum in quibus sæpè actum est de fide: Et si Fideles ei in hoc tenebuntur obedire, sequitur quod Ecclesia erit tandem posita in magno periculo, quod videtur absurdum. Potius ergo debet decreta Conciliorum generalium venerari, quàm ea reuocare sine euidenti & vrgentissima ac rationabili materia, quæ ab Ecclesia vniuersali reputaretur legitima atque iusta. Vnde sicut habetur Act. 15. quod tempore Apostolorum in tanta veneratione erat Concilium siue Congregatio Apostolorum & seniorum, quod putabatur non licere quidquam ardui etiam ipsum Petrum facere in contrarium, absque aliorum Apostolorum & seniorum deliberatione. Vnde quia Petrus baptizauerat Cornelium qui erat Gentilis & comedebat cum eo, quando reuersus est, vbi erat Congregatio Apostolorum, disceptabant aduersus eum pro hoc opere bono, & ad quietandum eos, oportuit eum rationem reddere de gestis. Constat autem quod **illud opus bonum erat, quia prædicare** Gentibus verbum Dei & Baptizare iniunctum erat omnibus Apostolis, Matth. vlt. Ex quibus habetur quod omnes adstringuntur ad obseruantiam Decretorum Concilij, etiam ipse Papa.

" Nec obstat Cap. *Non debet*, de Consang. & affin. vbi Papa prohibitionem Concilij generalis reduxit ad 4. gradum, & in lib. *Statutum* de Res. l. 6. constitutione Concilij generalis de duabus diebus seu dietis reduxit ad vnam dietam, & ita videtur quod possit tollere Constitutiones generalium Conciliorum, sed dicendum illud ibi fieri per Papam in Concilio generali, ipso consentiente, & permissione ipsius Concilij: quod patet ex verbis illius textus cum dicitur *Sacri Concilij approbatione*. Similiter in Ca. *statutum*, illud quod factum est, factum est per Papam pro bono communis Iustitiæ tanquam per Ministrum & dispensatorem Ecclesiæ, & in casu quo Concilium generale non erat congregatum, nec ipse prohibitus fuerat facere sine consensu Concilij. Posset enim de consensu Concilij imò & dissoluto Concilio, & potest statuta condere pro regimine Ecclesiæ, Constitutiones interpretari, vel eas mutare ex euidenti vtilitate, vel vrgente necessitate. Quia quoad hoc Princeps non astringitur legibus, non sic vt ad earum obseruantiam non teneatur, sed sic non stringitur, quin possit leges interpretari, vel mutare, vel nouas condere pro vtilitate Ecclesiæ, dummodo id expediat. Isto enim modo scilicet quantum ad mutationem Principem esse supra legem, nec eum constrictum legibus dicit B. Thomas 1. 2. q. 96. art. 2. in Responsione principali, dicens quod lex humana in tantùm rectè mutatur, in quantum per eius mutationem communi vtilitati prouidetur. Habet autem ipsa legis mutatio quantum in se est quoddam detrimentum communis salutis. Quia ad obseruantiam legum plurimum valet consuetudo, in tantum quod ea quæ contra communem consuetudinem fiunt, & si sint leuiora de se, grauiora videntur, vnde quando mutatur, hæc diminuitur vis constrictiua legis, in quantum tollitur consuetudo. Et ideo nunquam debet lex humana mutari nisi ex aliqua parte tantum recompensetur communi saluti, quantum ex ista parte derogatur. *Quod quidem contingit, vel ex hoc quod aliqua maxima & euidentissima vtilitas ex nouo statuto prouenit, vel ex eo quod maxima necessitas euenit, ex eo quod lex constituta maximam iniquitatem continet, aut eius obseruatio est plurimum nociua, vnde dicitur à iuris perito, quod in rebus nouis constituendis euidens debet esse vtilitas, vt recedatur ab eo iure quod diu æquum visum est.* Hæc B. Tho. Sic ergo per istum modum Princeps dicitur esse supra legem. Sed quantum ad vim directiuam, dicit eum esse sub lege. Sic etiam quantum ad vim dispensatiuam potest dici supra legem in qua dispensare potest, de quo ponit notam B. Tho. vbi supra art. 4. quod dispensatio propriè importat commensurationem alicuius communis ad singula: aliquis autem dispensare dicitur in quacumque multitudine ex eo quod ordinat qualiter aliquod commune præceptum sit à singulis ad implendam. Contingit autem quandoque quod aliquod præceptum quod est ad commodum multitudinis, vt in pluribus non est conueniens huic personæ, vel in hoc casu, quia vel per hoc impeditur aliquid melius, vel induceret aliquod malum; periculosum autem esse vt hoc iudicio cuiuslibet committeretur, nisi propter euidens & subitum periculum. Et ideo ille qui habet regere multitudinem, habet potestatem dispensandi in lege humana, vt scilicet in personis & casibus in quibus lex deficit, licentiam tribuat vt præceptum legis non seruetur. Si autem absque hac ratione pro sola voluntate licentiam tribuat, non erit fidelis in dispensatione, aut erit imprudens. Infidelis quidem si non habeat intentionem ad bonum commune, imprudens si rationem dispensandi ignorat, propter quod Dominus dicit, Luc. 12. *Quis, putas, est fidelis dispensator & per quem constituit Dominus super familiam suam?* Et ex his patet probatio primæ partis Conclusionis.

Sed quoad 2. partem scilicet quod propter transgressionem decretorum poterit quis congrua animaduersione puniri. Pro veritate istius partis vltra id quod expressum est in decreto Concilij Constantiensis, de quo supra, est Canon etiam alterius Concilij generalis 1. quæst. 7. *Si quis omnem,* vbi dicitur. *Si quis omnem traditionem Ecclesiasticam scriptam violat, anathema sit.* Et in cap. *Violatores* 25. quæst. 1. dicitur. *Violatores Canonum voluntariè, grauiter à SS. Patribus iudicantur & à Sancto Spiritu instinctu cuius ac dono dictati sunt, damnantur. Quoniam blasphemare, non incongruè videtur Spiritum sanctum qui contra eosdem sacros Canones non necessitate compulsi, sed libenter aliquid, aut proteruè agunt, aut loqui præsumunt.* Nec videtur esse verè Catholicus, qui decreta vniuersalis Ecclesiæ non recipit. Vnde dicit Leo Papa scribens Episcopis Britanniæ. Et ponitur 10. dist. de Libellis, vbi dicitur. *Qui illa quæ prædiximus SS. Patrum instituta quæ apud nos Canones prætitulantur, siue sit Episcopus, siue Prælatus alius, siue Clericus, siue Laicus non indifferenter, conuincitur recipere, nec Catholicam & Apostolicam fidem, nec sancta 4. Euangelia vtiliter & efficaciter ad officium, siue retinere, vel credere probatur.* Et tantum ex hac 5. Conclusione.

1440.

"Et quoniam ex non obseruantia Decretorum vniuersalis Ecclesiæ, vel contradictione eorum, quanquam ipsis contradicere non liceat, ex præcedenti Conclusione Concilium generale Basileense quod nostris temporibus exortum vidimus, à quibusdam dicitur non fuisse legitimè congregatum, vel si fuerit, dissolutum tamen creditur à quibusdam, ideo propositio sit hæc.

"Conclusio 6. *Sacra Synodus Basileensis in & à sui exordio vsque ad præsens fuit & est in Spiritu S. legitimè congregata & instituta, quam nullus quacumque dignitate, etiamsi Papali præfulgeat, potuit sine eius consensu expresso dissoluere, neque potest.* Conclusio duo dicit. 1. Quod sacra Synodus Basileensis in & à sui exordio vsque ad præsens fuit & est in Spiritu S. legitimè congregata. 2. Dicit quod nullus cuiuscunque potestatis exsistat, etiamsi Papalis, potuit sine eius consensu expresso dissoluere, neque potest. Pro veritate 1. partis Conclusionis satisfacit hoc; quia congregatio Concilij Basileensis habuit ortum ex decreto Concilij Constantiensis habente fundamentum ex scriptura, vt supra ostensum est, vbi inter alia decretatum est, approbante mortuo Papa Martino, quod post finem Concilij Constantiensis, quinquennio completo, debebat celebrari Concilium generale pro reformatione Ecclesiæ in Capite & in membris, sicut & factum est, ac demum post septennium immediatè sequens debebat celebrari aliud Concilium generale pro reformatione Ecclesiæ in Capite & in membris, quod & factum est; & consequèter de decennio in decennium. Iuxta huiusmodi decretum Concilium Basileense fuit congregatum, lapso dicto septennio. Quod & Eugenius Papa per suas Patentes litteras in principio sui Pontificatus approbauit, misitque legatos suos ad præsidendum qui in incorporatione per eos facta præstiterunt iuramentum super decretis in dicto Concilio factis & fiendis, manutenendis & obseruandis, & in dictis & alijs quampluribus literis suis ipsum Concilium generale nominauit. Vnde & in Bulla sua quæ incipit *Moyses*, quæ ab eo post prætensam eius dissolutionem vltimam emanauit, dicit ipsum fuisse Concilium generale. In alijs etiam suis litteris, per quas reuocauit 1. dissolutionem prætensam per eum factam, confitetur dictam dissolutionem suam prædicti Concilij Basileensis præbere causam multis grauibus dissensionibus, & præfatum generale Concilium Basileense omni deuotione & fauore prosequendum, ipsumque legitimè inchoatum & continuatum fuisse, & esse, ac si nulla dissolutio facta fuisset, reuocauitque duas litteras in Palatio Apostolico promulgatas in præiudicium prædictæ dissolutionis, ac totum quidquid nomine suo in præiudicium & derogationem prædicti Concilij Basileensis, seu contra eius authoritatem factum fuerat & attentatum, pollicitusque fuerat deinceps à nouitatibus, grauaminibus, seu præiudicijs inferendis, ipsi sacro Concilio, vel suppositis eius & adhærentibus eidem, realiter & cum effectu desistere velle. Ecce ergo inchoationem & continuationem Concilij Basileensis, omni firmitate vallatam, nec à quoquam debere hæsitari de eodem, aut de ipsius legitima Congregatione. Sic ergo patet 1. pars Conclusionis, quod Concilium Basileense in & à sui exordio fuit & est Concilium generale in Spiritu Sancto, authoritate legitima congregatum.

"Pro 2. verò parte probatur Conclusio. Scilicet, *quod Concilium Basileense non potuit neque potest per quempiam, sine eius consensu expresso dissolui.* Patet quia si per aliquem, maximè per summum Pontificem, quod fieri non potest. Papa iam pro libito suo non potest Concilium generale dissoluere; aut enim ipse volens dissoluere Concilium, innititur authoritati legis materialis, aut legis positiuæ, aut authoritati legis Euangelicæ. Non 1. quia Papa, non videtur habere potestatem à iure naturali, cum sit vna libertas 1. dist. *Ius Naturale*. Nec etiam potest se iuuare iure positiuo, quia Ecclesia vniuersalis & Concilium generale Papam repræsentans nullo iure positiuo stringitur, aut ligatur, cum sit sponsa Christi immaculata, quæ à Christo Capite suo summam in terris obtinet potestatem ex 4. Conclusione: Non etiam potest se iuuare lege Euangelica: quia supra probatum est, quod secundum legem Euangelij Papa subest Ecclesiæ, cum sit dictum Petro, *dic Ecclesiæ.* Si ergo nullo iure potest se iuuare, sequitur quod ipsum Concilium dissoluere de iure non poterit sine consensu Concilij, nec transferre. 2. Probatur specialiter quod ipse Eugenius tunc Papa Concilium Basileense dissoluere non potuit, vel in Ferrariam, aut in alium locum transferre. Nam post recessum clandestinum Ioannis Papæ XXIII. de Constantia, si ipse Ioannes XXIII. dissoluisset Concilium Constantiense, vel in alium locum transtulisset, quæritur vtrum huiusmodi translatio, vel dissolutio tenuisset, vel non tenuisset, seu robur habuisset, aut non habuisset. Si sic, sequitur quod decretum Concilij Constantiensis super hoc factum de contrario, fuisset iniquum & iniustum, cum factum fuisset super re de qua fieri non poterat, lex autem debet esse iusta & possibilis. 4. dist. *Erit autem.* Et sequitur quod Concilium Constantiense in hoc errasset, quod vsque huc nemo dicebat, recedente enim ipso Ioanne XXIII. de Constantia, fugæ præsidio decretatum fuerat, quod ipse Ioannes non possit mutare, aut transferre ipsum Concilium Constantiense ad alium locum, neque ipsam Curiam ibi tunc existentē, decernens Censuras per eum factas, vel fiendas in contrarium irritas & inanes, ipseque Ioannes nondum erat eiectus à sede Papatus. Si autem non tenuisset, seu robur non habuisset huiusmodi dissolutio, vel translatio quæ fuisset facta per Ioan. Ergo nec ista habet robur quæ facta est per D. Eugenium de Concilio Basileensi. Patet quia eadem est potestas illius & illius Concilij, cum per vtrumque eadem Ecclesia vniuersalis repræsentetur, cuius Caput est Christus, & illi duo Pontifices Ioannes & Eugenius fuerunt paris potestatis.

3. Probatur specialius quod Concilium Basileense in sui exordio fuit Concilium generale legitimè congregatum ex 1. parte Conclusionis: ergo sequitur quod Papa tenebatur obedire eius statutis & ordinationibus, et si non obediret, posset puniri pœna Canonica ex 5. Conclusione. Sed quia in principio Concilij Basileensis in decreto 11. sess. Quod incipit. *Quoniam frequens* decretatum est quod nullus quacumque authoritate etiamsi Papali fulgeat, posset dissoluere Concilium Basileense, vel ad alium locum transferre, nisi duæ partes Concilij consentirent. Ergo & huic decreto Eugenius Papa obedire tenebatur, præsertim cùm ipsum per suam subsequentem adhæsionem approbauerit, sicut alia omnia decreta facta vel fienda, suique Præsidentes super his præstiterunt iuramentum, sed quia nondum duæ partes Concilij Basileensis consenserunt ad dissolutionē eiusdem Concilij, sequitur quod nondum est dissolutum & per consequens permanet in sua integritate & authoritate, sicut fuit in sui exordio. Et si diceretur per partem aduersam, Epikeia, seu interpretatio legis semper remanet in Principe; Et si sic, poterit Papa interpretari decreta Concilij Constantiensis & Basileensis, & ira dissoluere Concilium pro libito suo, vel de loco ad locum tranferre. Responsio, quod Epikeia est quædam virtus directiua Iustitiæ legalis ex 5 Ethic. & eo melior & notabilior quo per eam modo nobiliori & perfectiori obediretur menti & intentioni Legislatoris pro eo quod ipsi Legislatores statuendo leges frequenter respiciunt ad ea quæ vt in pluribus accidunt, & raro de contingentibus prouident: quia ad singula contingentia humanitus non valent prouidere. Quibus de nouo occurrentibus & se in actionibus humanis offerentibus fit prouisio per hanc virtutem interpretatiuam legum, quæ virtus semper remanet in Principe, nisi expressè sit ei prohibitum epikeisare per eum qui hoc potest. modò hîc expressè ei prohibitum est per Concilium generale in Cap. *Quoniam frequens*, ne dissoluat, vt reformatio in Ecclesia sequi possit in Capite & in membris. Epikeisare ergo non potest in hoc casu maximè durante Concilio generali & id ipsum prohibente, & habente potestatem supra Papam ex prius dictis, cuius virtus prohibitiua intelligitur esse excepta in dicta Epikeia.

1440.

" Sed obstare videtur prædictis Capit. *Significasti* de Elect. vbi dicitur
" quod per Ecclesiæ Rom. authoritatem omnia Concilia robur accipiant,
" & ideo in eorum statutis Rom. Pontificis patenter excipitur authoritas
" ex quo videtur argumentum colligi, quod ex quo Concilia robur acci-
" piunt ab authoritate Rom. Ecclesiæ, quod non possit aliquod Concilium
" congregari sine authoritate Papæ, de quo 17. dist. per totum. Similiter
" ex quo authoritas Rom Pontificis excipitur in statutis Conciliorum, vide-
" tur quod Papa poterat interpretari decretum Concilij Constantiensis &
" Basileensis, & ita in alium locum transferre. Responsio. Regulariter lo-
" quendo Concilium generale non potest esse legitimè congregatum sine
" authoritate Papæ, nisi quando immineret necessitas congregandi illud
" pro interesse vniuersalis Ecclesiæ, & Papa nollet congregare, de quo
" infra dicetur. Sed postquam Concilia generalia authoritate Papæ, vel
" aliàs legitimè congregata sunt, potestas eorum non dependet à Papa,
" sed à Christo immediatè tanquam à Capite, vt supra ostensum est: Con-
" cilium autem Basileense non fuit congregatum sine authoritate Papæ;
" imò de authoritate Martini Papæ factum fuerat decretum in Concilio
" Constantiensi de celebratione Concilij Basileensis, & postea idem Con-
" cilium fuit per D. Eugenium tunc Papam confirmatum ratificatum & sta-
" bilitum, & dicebatur notanter nisi immineret necessitas congregandi il-
" lud pro interesse vniuersalis Ecclesiæ; staret enim sine authoritate Papæ
" ipsum Concilium congregari posse. Quia si nullo Papa existente essent
" Cardinales obstinati & nollent eligere Papā volentes turbare Ecclesiam,
" vel non possent conuenire, vel essent per tyrannidem impediti, aut in-
" carcerati, vel omnes mortui, vel si omnes Cardinales cum Papa essent
" hæretici, vel Papa esset scandalosus notoriè, vel incorrigibilis, aut si
" Papa proferret cum Collegio sententiam dubiam, aut contrariam in ma-
" teria fidei, & in hoc pertinaces essent nolentes Concilium conuocare,
" vel esset exorta dubitatio de contentione plurium de Papatu, nolletque
" Papa conuocare Concilium, vel aliquis alter casus se offerret qui ver-
" geret in noxam Ecclesiæ, constat quod in talibus casibus, aut aliquo eo-
" rum posset, imò deberet Concilium conuocari sine mandato Papæ, etiam
" ipso renitente, aliàs si non posset, tunc tota politia Ecclesiæ posita
" esset in periculo & magna turbatione. Verum est ergo dicere quod Con-
" cilium congregari potest etiam sine authoritate Papæ. De hoc tamen iam
" sufficienter prouisum est per Concilium Constantiense in quo factum
" est decretum de perpetua Conciliorum generalium in futurum celebra-
" tione. Quandocunque ergo erit congregatum aliquod Concilium, sem-
" per congregabitur authoritate Papæ & etiam vniuersalis Ecclesiæ, quæ
" fuerat in Concilio Constantiensi congregata, sicut & Concilium Basi-
" leensi fuerat & est eadem authoritate congregatum ex 1. parte Con-
" clusionis. Et ita standum est posteriori iuri facto in Concilio Constan-
" tiensi de celebratione generalium Conciliorum.
" Similiter quod dicebatur quod in statutis generalium Conciliorum
" Rom. Pontificis excipitur authoritas, verum est iuxtà ea quæ dicta sunt
" in Conclusione præcedenti, quod intelligitur huiusmodi authoritas ex-
" cepta ad interpretandum, declarandum & moderandum statuta Conci-
" liorum secundum varietatem temporum suadente euidenti vtilitate, vel
" vigente necessitate cum consilio maioris partis Cardinalium, quod de
" honestate requiritur quandocunque Rom. Pontifici pro bono Reipub.
" videretur faciendum: quæ quidem authoritas interpretandi dicitur Epi-
" keia seu interpretatio legis, vt supra dictum est. In qua interpretatione
" semper intelligitur excepta authoritas prohibitiua vniuersalis Ecclesiæ
" & Concilij generalis ipsam repræsentantis tanquam authoritas Supe-
" rioris, vt quandocunque Ecclesiæ vniuersalis, seu Concilium generale
" ipsam repræsentans prohibet epikeisare, sicut in casu prædicto expressè
" in Ca. *Quoniam Frequens*, ibi non potest Papa epikeisare, quia expressè
" per Ecclesiam prohibetur ne dissoluat Concilium. Si enim contrarium
diceremus,

Vniuersitatis Parisiensis. 513

diceremus, sequeretur absurdum, scilicet quod Papa vigore dictæ Epi-
κειæ posset derogare omnibus Constitutionibus sacrorum Conciliorum 1440.
& omnem bonam Politiam euertere, quod est valde inconueniens, cùm
non habeat potestatem ad destructionem, sed ad ædificationem, 2. ad
Corinth. 10.

Apparet ergo ex his quòd Papa pro libito suo non potest dissoluere
Concilium generale: ista enim non concordant, *dicere posse Papam iudi-
caria Concilio in casu hæresis*, quod Papa negare non potest; & ex alia parte, *dicere Papam posse dissoluere Concilium ad libitum suum*. Aut enim aliquis
Papa erit hæreticus ante Concilium, vel tempore Concilij. Si ante Concilium, ipse nunquam congregabit Concilium, si hæresim pertinaciter
defendere voluerit, aliàs inijceret sibi laqueum. Si tempore Concilij erit
hæreticus & sciuerit contra se ferendam sententiam, sicut & ferenda
est contra pertinaces, statim dissolueret Concilium, si verum erit dicere quod ad hoc passim potestatem habeat: Et ita nunquam sententia
posset fieri contra Papam hæreticum: Et ita ius quod dicit Papam in casu
hæresis posse iudicari per Concilium, erit ludibrio & frustra. Potiùs ergo
dicendum est quod in tali casu & in simili quando ipse scandalizaret Ecclesiam notoriè, Ecclesia habet potestatem congregandi Concilium
generale, prout decretatum est in Concilio Constantiensi quod Papa pro
libito suo dissoluere non potest. Et ita nec Concilium Basileense ipse
Eugenius tunc Papa poterat tunc dissoluere, sine eius expresso consensu; debebat quippe ipse Eugenius cum transferre voluit ipsum Concilium Basileense, recordari illius decreti, quod ipse per suam adhæsionem approbauit expressè, vbi decretatum est & declaratum omne Concilium quod isto durante contingeret alibi erigi, non fore Concilium,
sed Schismaticorum conuenticulum. Intelligitur autem durare donec ex
consensu duarum partium iuxta tenorem decreti super hoc facti fuerit
dissolutum. Debebat etiam recordari quod si iuxta decretum Concilij
Constantiensis locum futuri Concilij alio tempore celebrandi sine consensu Concilij actu congregati assignare, & nisi ad loca ibidem declarata
inuitare non posset, nihilominus posset Concilium actu congregatum sine
eius consensu dissoluere, vel ad alium locum transferre. Debebat præterea non obliuisci Decreti facti super conuentione Græcorum per ipsum approbati, quo cauetur Concilium in Basilea firmiter permansurum,
donec Græci ad portum peruenirent per Concilium Basileense nominandum. Si hoc Papa aduertisset, nullatenus Concilium transtulisset: Si
ergo transtulit vel dissoluit, dicitur hoc fecisse de facto, quod nullius est
roboris vel momenti; & tantum de 6. Conclusione principali quamuis
plura possent huc adduci. Sequitur 7. & vltima Conclusio.

Et quoniam sacra Synodus Basileensis quæ secundum veritatem nondum dissoluta existit ex Conclusione præcedenti, propter prętensam eius
dissolutionem de facto præsumptam à quibusdam creditur in depositione
Eugenij tunc Papæ, & consequenter in Electione D. Felicis Papæ V.
perperàm processisse, ideo pro ipso sit hæc Conclusio 7. & vltima. *Suspensio & depositio de ipso Eugenio olim Papa IV. facta per sacrum Concilium
Basileense censendæ sunt validæ atque iustæ, Electioque ex post facta D. Felicis Papæ V. ad Rom. Pontificium per idem Concilium censenda est Canonica qui
solus pro Rom. Pontifice vero & indubitato ab omnibus viatoribus necessariò
habendus est, eique obedientia præstanda est à cunctis Christi Fidelibus sub periculo salutis æternæ*. Ista Conclusio tria dicit: primum de suspensione &
depositione Eugenij olim Papæ IV. 2. de Electione D. Felicis Papæ V. Et
3. dicit quod ipsi D. Felici omnes ad præstandam obedientiam sunt adstricti.

Hæc Conclusio magis ex processu hinc inde facto probationem suam
accipit, quàm ex scripturis, ad quem processum in hoc casu debet se quilibet referre. Iam pro processu Iudicis præsumendum est donec probetur contrarium. In hoc autem casu non potest ostendi contrarium, cùm

Tom. V.   TTt

" talis Iudex prótulerit sententiam à quo appellari non poteſt. Tribunal
1440. " namque vniuerſalis Eccleſiæ ſupremum eſt in terris ex 4. Concluſione:
" quod refutari non poteſt. Per appellattionem enim cum Iudex aditur
" ſuperior, ſententia inferioris Iudicis contemnitur, neque eius iudicio
" ſtatur. Sed quis dicat ſententiam vniuerſalis Eccleſiæ præſertim in his
" quæ ſalutis ſunt, contemnendam & ſponſam Chriſti reformandam? nul-
" lus enim niſi hoſtis fidei. Quantum tamen poſſibile eſt hic & propoſito
" ſufficit, oſtendi poteſt 1. pars huius 7. Concluſionis iſto modo. Suſpen-
" ſio & depoſitio de ipſo Gabriele tunc Eugenio Papa factæ per Concilium
" Baſileenſe, ſunt factæ à Concilio generali legitimè congregato nondum
" diſſoluto ex præcedenti concluſione: Concilium autem generale potuit
" & poteſt facere huiuſmodi ſuſpenſionem & depoſitionem, cum etiam
" poteſtatem habeat ſupra ſummos Pontifices ex 4. Concluſione, ſummuſ-
" que Pontifex tenetur & eſt adſtrictus obedire Decretis Concilij gene-
" ralis; quibus ſi non obedierit, poterit puniri per Concilium generale ex
" 5. Concluſione. Si ergo ipſe Eugenius aliquid huiuſmodi commiſerit, ſi-
" cut de facto commiſit, propter quod de iure Papatu priuari debeat,
" non dubium quin Concilium generale poterit eum congrua animaduer-
" ſione punire, etiam vſque ad ſententiam depoſitionis procedendo, ex
" quo incorrigibilis apparebat. Et hoc patet ſpecialiter ex decreto 11. ſeſſ.
" quod incipit: *Quoniam Frequens*. Quod etiam ipſe Eugenius approbauit
" per ſuam ſubſequentem adhæſionem, ſicut & omnia alia Decreta facta
" & fienda, in quo decretatum eſt quod ſi Papa attentaret diſſoluere, vel
" ad alium locum transferre Concilium Baſileenſe, & infra 4. menſes ab hu-
" iuſmodi facto non deſiſteret, quod eo ipſo eſſet ab adminiſtratione ſuſ-
" penſus, quæ adminiſtratio deberet eſſe ad Concilium deuoluta. Quod ſi
" huiuſmodi pœnam per 2. menſes animo indurato ſuſtineret, quod contra
" ipſum deberet procedi ad priuationem incluſiue per Concilium generale,
" quod & factum eſt exigentibus ſuis criminibus & exceſſibus in proceſſu
" & ſententia depoſitionis nominatis, quæ hìc pro expreſſis habeantur.
" Nec videtur obſtare his *C. Nunc autem* 21. diſt. vbi videtur dici quod
" Concilium non habebat poteſtatem proferendi ſententiam contra Mar-
" cellianum Papam de hæreſi impetitum, quia ſacrificauerat Idolis, quam-
" uis idem Marcellianus thurificationem huiuſmodi confiteretur. Verba
" enim ibi poſita non ſunt verba Concilij, ſed Nicolai Papæ ad Michaëlem
" Imper. Et quidquid dicat ipſe Nicolaus, veritas eſt quod Concilium
" non omiſit condemnare Marcellianum de hæreſi propter defectum po-
" teſtatis, ſed quia idem Marcellianus per metum coactus fuerat thurificare
" idolis & erat corrigibilis, & per conſequens non debebat deponi 24. q. 3.
" Dicit Apoſtolus, vt dicit Gloſſ. in dicto *C. Nunc autem*. Certum eſt enim
" quod de hæreſi contra Papam poteſt agi dicto *C. ſi Papa*, in quo caſu
" Concilium generale eſt Iudex, vt notauit Ioan. Andreæ & Archidiaco-
" nus *C. 3. de hæreticis* lib. 6. Et non ſolum in caſu fidei, ſed etiam de quo-
" cunque crimine notorio de quo ſcandalizaretur Eccleſia, poſſet accuſari
" & iudicari per Concilium, vt notat Gloſſ. in Cap. *Si Papa*. Quia ergo
" ipſe Eugenius erat incorrigibilis, non eſt iſte caſus ſimilis illi. Ergo ſe-
" quitur quod huiuſmodi ſuſpenſio & depoſitio de ipſo facta per Conci-
" lium ſunt cenſendæ validæ atque iuſtæ. Igitur 1. pars Concluſionis vera.
" 2. Verò partis eiuſdem Concluſionis veritas videlicet, quod Electio de
" D. Felice Papa V. ſit cenſenda Canonica, ſic oſtenditur. Huiuſmodi enim
" electio facta eſt à Concilio generali habente poteſtatem à Chriſto ex 3.
" Concluſione. Quod potuerit facere huiuſmodi Electionem quanquam
" Electio Rom. Pontificis pertinere videatur ad cœtum Cardinalium, pa-
" tet hoc per decretum Concilij Baſileenſis à principio decretatum. In
" principio enim Concilij Baſileenſis decretatum eſt quod ſi durante Con-
" cilio Baſileenſi, contingeret ſedem Apoſtolicam vacare, quod electio
" Rom. Pontificis non in alio loco fieri deberet niſi in Concilio generali:
" quod Decretum ipſe tunc Eugenius per ſuam adhæſionem approbauit

expressè sicut & alia omnia decreta facta & fienda. Ex quo ergo sedes vacauit pro depositione, poterat eiusmodi Electio fieri canonicè ac iustè præmissa citatione legitima contra Cardinales & alios sua interesse putantes. Sed videtur huic obstare C. *licet* de Elect. vbi dicitur quod Ecclesia Rom. superior est alijs, quia ibi ad Superiores non poterit recursus haberi, quod loquitur de difficultatibus emergentibus circa Electionem summi Pontificis. Si ergo non potest recursus ad Superiorem haberi, ergo nec ad Concilium & per consequens non poterat electio fieri in ipso Concilio, sed non obstat hoc: Loquitur enim ibi Alex. 3. habendo respectum ad tempus in quo vacante Ecclesia Rom. Concilium generale non erat congregatum, nec specialiter congregari poterat, alias illo congregato posset ad illud recursus haberi super difficultatibus emergentibus circa electionem Rom. Pontificis, *11. Cap. si duo 79. dist.* cum ibi notatis in Glossa, & per Ioan. Andreæ in Cap. *de Renunc.* l. 6. in Nouella: si enim non posset, iniustè intromisisset se Concilium Constantiense de depositione Ioannis XXIII. de electione Martini Papæ, qui à toto orbe pro summo Pontifice tentus & habitus est, nec vsque nunc per quempiam contrarium dictum esse repertum est. Constat ergo quod ipsa electio facta à Concilio Basileensi de D. Felice fuit & est Canonica atque iusta. Igitur 2. pars Conclusionis vera.

Sed pro 3. parte Conclusionis quod videlicet ipsi D. Felici ab omnibus Christi Fidelibus sit præstanda obedientia sub periculo salutis æternæ, probatio ex præcedentibus notissima est. Si enim electio eius est Canonica ex 2. parte huius Conclusionis ; ergo pro summo Pontifice est habendus & per consequens sibi obedientia à cunctis Christi Fidelibus est præstanda, pro quo possent adduci multi Canones. Et patet hoc expressè per extrauagantem Bonifacij *Vnam sanctam*, quæ expressè determinat, quod subesse Rom. Pontifici omni creaturæ humanæ est de necessitate salutis. Et patet id Rom. 13. *Omnis anima potestatibus sublimioribus subdita sit, non enim est potestas nisi à Deo, quæ autem sunt à Deo, ordinata sunt, itaque qui potestati resistit, Dei ordinationi resistit; qui autem resistunt, sibi ipsis damnationem acquirunt.* Item patet per illud Deuter. 17. vbi dicitur. *Qui autem superbierit nolens obedire Sacerdotis Imperio qui eo tempore ministrat Domino Deo tuo & Decreto Iudicis, moriatur homo ille.* Et facit ad hoc quod dicit Maximus in Epistola directa Orientalibus quem allegat B. Thom. in Tract. contra Errores Græcorum, cuius quidem Epistolæ verba sunt ista. *Coadunatam & fundatam supra Petram Confessionis Petri dicimus vniuersalem Ecclesiam secundum definitionem Saluatoris in qua necessario salutis animarum nostrarum est manere & ei obedire suam seruantes fidem & confessionem.* Si itaque Ecclesiæ vniuersali obediendum est, vt deductum est in 4. Conclusione, ergo & summo Pontifici ab ea electo, cum Ecclesia vniuersalis non videatur errare posse circa Electionem Ro. Pontificis, ex quo hoc videtur esse de pertinentibus ad salutem. Nec in hoc casu adhibenda est aliqua neutralitas, vt videlicet electo nec deposito præstetur obedientia. Probatio huius patet ex probatione 3. partis istius Conclusionis. Si enim tantum D. Felici obediendum est & non alteri sub periculo salutis æternæ, non potest esse ibi aliqua neutralitas. Esse enim in neutralitate, aut est esse in Ecclesia, aut extra Ecclesiam, cum non detur medium. Si 2. damnabile est secundum August. in lib. de fide ad Petrum. Extra enim Ecclesiam nemo saluatur, vt in C. *firmiter de summa Trinit. & fide Cath.* & secundum B. Hieronym. *Quicunque ab vnitate fidei & societate Ecclesiæ se separauerit, nec peccatis solui, nec cœlum ingredi potest*, vt supra allegatum est. Sequitur, scilicet in Ecclesia sic esse est subesse summo Pontifici. Vel ergo vni tantum vel pluribus. Non 2. quia plures simul esse non possunt ; quod probatione non eget ; ergo sequitur quod vni tantum. Et si vni, vel ergo ab vniuersali Ecclesia reprobato habendum est. Vnde & Euangelium si per eam non fuisset receptum, recipi non deberet, vt supra allegatum est, si verò ab vniuersali Ecclesia electo, hoc est

" sub esse vero summo Pontifici & per consequens non esse in neutralita-
" te. Præterea non potest quis simul esse fidelis & infidelis, cum fides sit
" virtus quæ consistit in indiuisibili, nec sufficit credere vnum art. nisi cre-
" dantur omnes, cum fides in se comprehendat credulitatem omnium Ar-
" ticulorum. Vnde dicit B. Thom. 2.2. quæst. 5. art. 3. quod qui discredit
" vnum art. fidei, non habet habitum fidei formatæ neque informis. Et
" paucis interpositis dicit, *Manifestum est quod ille qui inhæret doctrinæ Eccle-*
" *siæ tanquam infallibili regulæ, omnibus assentitur quæ Ecclesia docet, alioquin*
" *si de ijs quæ Ecclesia docet quæ vult, tenet, & quæ vult non tenet, non inhæret*
" *doctrinæ Ecclesiæ sicut infallibili regulæ, sed propriæ voluntati.* Hæc B. Thom.
" Constat autem quod non inhærere doctrinæ Ecclesiæ damnabile est. Ex
" quo ergo iste casus de quo sermo est, contingit fidem, quia articulum
" quo creditur Ecclesiam esse sanctam : Ergo in hoc casu non potest quis
" esse neutralis sine peccato infidelitatis & sine periculo salutis æternæ. Si-
" cut enim peccatum mortale contrariatur charitati ; ita etiam secundum
" B. Thom. vbi supra, discredere vnum art. contrariatur fidei ; sed Charitas
" non remanet in homine post vnum peccatum mortale, ego neque fides
" postquam discreditur vnus articulus fidei. Nec cautum videtur in casu
" imò insanum & damnabile, sequi vocem & tumultum populi, si in con-
" trarium niteretur, cui non est commissa fidei defensio qui audire tenetur
" & obsequi, non docere, docendus quippe est populus non sequendus. 62.
" dist. *Docendus.* Nec in hoc casu Prælati Ecclesiarum referre se debent ad
" summum Pontificem tantum ; dicitur enim à quibusdam. *Videant illi qui*
" *dissident de Papatu, cum conuenerint in vnum, illum sequemur qui sequendus erit.*
" Res enim hæc fidei est, cuius defensio pertinet non solum ad summum
" Pontificem, sed & ad omnes Prælatos, qui succedunt ad locum Aposto-
" lorum vnde & Paulus non restitisset Petro in faciem qui fuerat eo supe-
" rior in administratione, nisi fuisset ei par in fidei defensione, vt di-
" cit B. Thom. 2.2. quæst. 33. art. 4. ad 2. Nec in casu hoc vtilis est di-
" latio ad adhærendum vni parti, imò est damnabilis. Aut enim expectatur
" victoria vnius partis, aut clarior informatio de veritate Quæstionis in hu-
" iusmodi differentia sic exorta. Sed vtrunque erroneum est. Nunquam
" enim, si pars habens iniustam causam vincere videretur, licet in veritate
" non vinceret, quia fides semper inuicta manebit sicut & Ecclesia cum vin-
" ci creditur sub pressuris & tribulationibus non vincitur, sed vincit, ei
" adhærendum esset ? Absit. Quis enim diceret trucidatoribus Martyrum
" & Occisoribus Apostolorum qui fidem conabantur destruere, adhæren-
" dum esse ? Et si vincere videbantur licet non vincebant, sed trucidatos
" efficiebant victores plusque affligebantur trucidantes quam trucidati,
" quibus fuit vna mens vt eos, nec violentia frangeret, nec ira subuerte-
" ret, nec à deuotionis obsequio timor mortis cohiberet, vt dicit B. Cy-
" prianus in **Epistola de laude Martyrij. Nunquam si princeps, aut Populus**
" alicuius terræ à fidei veritate & doctrinæ discedere vellet, vel actu disce-
" deret, sequendus esset ; absit.
" Si autem in hac re dilatio eligitur, vt habeatur clarior informatio, non-
" ne est hoc se ostendere dubium in fide ; dubius autem in fide hæreticus
" est, vnde enim poterit expectari clarior, certior & verior informatio
" quam ab Ecclesia vniuersali, cum ei sancti Doctores sua dicta submittant
" tanquam infallibili regulæ quæ errare non potest ex 1. Conclusione. Si
" enim alibi recepta fuerit, suspecta erit, moneta namque recepta & non
" de publica officina suspecta est, nec de bono metallo & iusto pondere
" præsumitur fabricata. Sic suspecta erit doctrina, quam expectant sub
" neutralitate stare volentes, Si non receperint de publica officina vniuer-
" salis Ecclesiæ : nonne moneta de falsitate suspecta afferenda est in pu-
" blicum officinam vt probetur ? Nonne si Doctores Catholici in materia
" fidei sibi ipsis contradicerent, ad Ecclesiam esset hæc differentia referen-
" da, cuius determinationi standum esset ? Estne alicui in casu nostro sicut
" & in alijs omnibus plus credendum, quàm Christo Filio Dei dicenti Petro

si non audierit, dic Ecclesiæ, tanquam tribunali supremo? vbi est doctrina publica indeuiabilis & sancta cui nullus nisi hostis Christi contradicere potest. Non est ergo neutralizandum in hac re cum sit res fidei, hoc est enim claudicare ad vtramque partem, more Prophetarum Baal quibus dictum est per Heliam Prophetam, 3. Reg. 18. *Vsquequo claudicatis in duas partes, si Dominus est Deus, sequimini eum; si autem Baal, sequimini illum*; quid illis claudicantibus acciderit in scriptura ibidem testatur, quia interfectio in torrente Cyson. Et quod illis in corporibus accidit, formidandum, ne id eueniat neutralizantibus in animabus eorum, & præsertim quibus cura animarum commissa est, hoc est enim esse neque calidum neque frigidum, Apocal. 3. *Vtinam esses calidus, aut frigidus, sed quia tepidus es, & nec calidus, nec frigidus, incipiam te euomere ex ore meo.* Non recta quippe est intentio viam neutralitatis amplectentium & dicentium, cui parti alij adhærebunt, illam sequemur, si de recte sapientibus intelligeretur, recte dictum esset. Non hæc loquutio sufficit ad professionem fidei Christianæ iuxta dictum B. Gregorij in Homilia dicentis. *In plebe Christiana sunt nonnulli qui Christum ideo profitentur, quia cunctos Christianos conspiciunt esse: nam si nomen Christi in tanta gloria hodie non esset, tot professores Christi Ecclesia non haberet. Non ergo ad probationem fidei vox sufficit quam defendit à verecundia professio generalitatis.* Hæc ibi. Abijcienda est ergo opinio de hac ipsa neutralitate, propter hæc quæ dicta sunt ab omnibus qui videri & esse cupiunt fidei Christianæ cultores, vitamque optant promereri beatam, quam nobis præstet Deus per secula Benedictus. Amen.

Et hæc est gloriosissime Princeps, Christiane & Illustrissime Rex, Domine nobis gratiosissime; sententia & professio veritatis nostræ quam ex diuinis & Canonicis collegimus scripturis & quam in hac Vniuersitate pro fidei sanctæ custodia positi & Regiæ Majestatis vestræ abundantissimis stipendijs foti sub vmbra celsitudinis vestræ quiescentes, cunctis qui zelum Christianæ Religionis habent, quibusque salus cordi est, & potissimum huic Christiano & inclyto excellentissimæ potentiæ vestræ Poloniæ Regno amplectendam, tenendam & profitendam persuademus, ne, vt in exordio verba dicta recenseamus, *ab vtero S. Matris Ecclesiæ*, per Concilium generale prædictum veraciter repræsentatæ oberrantes, aliter quam prædiximus sentiendo de ipsa, ad deuia & falsa prolabi videamur. Quoniam hæc est sola & vnica Mater nostra per quam regnamus ad vitam, extra quam salus esse non potest. Et ob hoc si quis eam deseruerit, si quis eam docentem tanquam Magistram veritatis non audierit, vt ad falsa corruat, falsaque loquatur & sentiat, necesse est, Propheta testante, *Errauerunt ab vtero, loquuti sunt falsa*. Quamobrem cum hæc veritas talis sit vt nulla ratione taceri debeat aut possit, nos eam taliter, vt **præmisimus, profitemur, oramusque altissimum & spiritum veritatis**, vt cuncti Ecclesiarum Prælati & fidei columnæ quibus est commissa fidei defensio tanto feruentiori Spiritu & promptiori animo eadem prosequantur quanto maiori suarum sibique commissarum animarum inuoluerentur periculo, si iam requisiti obmutescerent, & quibuscunque suspensionibus vlterioribus indulgerent, & ne sensui proprio inniti videamur, hæc scripta nostra Ecclesiæ vniuersalis quantum necesse est iudicio corrigenda limandaque & emendanda submittimus, parati in his quæ minus oculate digesta forent, sentire tenere & credere sicut sentit credit & tenet vniuersalis Ecclesia Mater nostra in qua error esse non potest.

Finis iste Tractatus anno Domini 1442. die Martij.

Sequuntur hoc in eodem MS. Victorino notato p. 11. 689. Responsio facta Ambassiatoribus Papæ per D. Iulianum S. Angeli legatum & præsidentem in sacro Basileensi Concilio. Item Quæd. Ep. facta per M. Thomam de Courcellis Magistrum in Theol. missa Principibus. Item Quæd. Propositio facta Bituris ex parte sacri Concilij Basil. coram Serenissimo

Septimum seculum

1440. Principe supremo D. nostro Rege Franciæ sacri Concilij Basileensi facta Bituris per Organum M. Thomæ de Courcellis coram Rege Franciæ ad quædam per Episcopum Dignensem pro parte D. Eugenij proposita. Item Responsio Regi Angliæ per sacrum Concilium Basileenie data ad certas litteras, per suam regiam Majestatem ipsi Concilio transmissas. Item protestatio coram Patribus sacri Concilij Basileensis facta per Oratores, seu Ambassiatores D. Ducis Mediolanensis pro & nomine dicti Ducis anno 1438. Item Responsio sacri Concilij Basileensis, prædicta protestatio approbata per omnes deputationes dicti Concilij & conclusa in Congregatione generali in maiori Ecclesia Basileensi, die Veneris 13. Septemb. an. 1438. Item alia Responsio data per sacrum Concilium Basileense Oratoribus Serenissimorum Regum Romanorum & Francorum, conclusa in Congregatione generali Sabbato 17. Iunij 1439. & responsua est ad quandam scedulam per dictos Ambassiatores sacro Concilio traditam pro & super mutatione loci. Item alia responsio facta per sacrum Concilium Oratoribus Serenissimorum Regum Roman. Franciæ ac etiam cæterorum D. D. super quadam scedula dicto Concilio per ipsos exhibita, data Basileæ mense Feb. 1439. Item sermo M. Ioan. de Segobia sacræ Theol. Professoris, factus coram Electoribus Imperij in Maguntia & nuper lectus in generali Congregatione. Item Acta & sessiones Concilij Basileensis.

Legitur quoque ad Pag. 311. longus Tractatus contra Basileenses, vbi agitur de Principatu Ecclesiastico, & Apostolicæ sedis.

1441. Anno 1441. celebratus est Conuentus Moguntinus mense Maio, cui interfuerunt Oratores Regij & Vniuersitatis Parisiensis à Friderico Cæsare per litteras inuitati. Causas egerunt suæ quisque partis Eugeniani & Feliciani Legati. Pro Felicianis eleganter & fuse M. Thomas de Courcellis quem Historici aiunt authorem fere fuisse omnium Decretorum Basileensium. Pro Eugenianis Ioannes Caruajal & Nicolaus de Cusa. Quibus auditis, in hanc tandem sententiam conuentum est, pro Pace Ecclesiæ celebrandum esse nouum generale Concilium extra Basileam & Florentiam: & si Contendentes locum eligere nollent, nominatum iri sex loca in Germania & totidem in Gallia; Oratores nomine Cæsaris, ac Regum & Principum mittendos esse ad Eugenium mense Nouembri; item & Felici significandum per aliquem ex suis Prælatis, Concilium omninò inchoandum Kalendis Augustian. 1442.

His ita actis Imperator inuitauit denuò Vniuersitatem Parisiensem per litteras ad Conuentum suum Francfordiensem eodem anno mense Nouembri celebrandum: quæ quidem in Comitijs Centuriatis lectæ sunt 7. Octob. anno 1441. vt legitur in Actis. *Anno Domini 1441. die 7. Octob. Congregata fuit Vniuersitas ad audiendum litteras Imperatoris Romanorum missas ad Vniuersitatem. Litteræ continebant supplicationem Imperatoris, vt Vniuersitas mitteret Ambassiatam circa festum S. Martini proximè futurum ad Concilium suum Franc. Fordiæ celebrandum, ad ibi consulendum, cooperandum & secum concludendum finaliter super facto istius destestissimi Schismatis. Quam Imperatoris supplicationem Vniuersitas concessit, gratias agens eidem super communicatione suarum litterarum & bona admonitione ad bonum Ecclesiæ.*

Paulo ante à Felice venerat Antonius de Boracijs, cuius legatio parum grata fuit Vniuersitati, eo quod contra Basileense Concilium & Pragmaticam-Sanctionem declamarit, vt habetur in actis. *Anno Domini 1441. die 2. Septemb. facta fuit congregatio Vniuersitatis in S. Bernardo ad audiendum de Boracijs iuxta quæ attulerat Matri Vniuersitati ex parte summi Pontificis. Proposuit multa de Boracijs in diffamationem Concilij Basileensis in sua primordiali propositione.* Demum legebantur quæ attulerat. Finaliter iterum incepit loqui de Boracijs multa *contra Pragmaticam-Sanctionem Regiam*, asserens eam hæreticam multis de causis. *Ista dicendo non fuit permissus ad plenum loqui quæ vellet.* Imprimis gratias egit Vniuersitas summo Pontifici: *Finalem tamen relationem M. Antonij de Boracijs rejecit.*

Circa Pragmaticam illam Rex paucis antè diebus Declarationem ediderat, quæ sequitur ex MS. Herouualli.

1440.

DECLA-
TIO SVPER
PRAGMA-
TICA.

CHARLES PAR LA GRACE DE DIEV ROY DE FRANCE: Sçauoir faisons à tous presens & aduenir, nous auoir entendu, que sous ombre & couleur de nostre Pragmatique-Sanction par nous faite du consentement & par deliberation des Prelats & autres Gens d'Eglise de nostredit Royaume & Dauphiné de Viennois, assemblez en la ville de Bourges, par laquelle entre autres choses sut ordonné que les Promotions aux dignitez Ecclesiastiques, tant Metropolitaines, Episcopales, que autres Elections seroient d'illec en auant faites par élection selon l'ordre des droits & Saints-Canons anciens, que la Collation des autres Benefices se feroient par les Ordinaires Collateurs d'iceux, sans ce que reseruations Apostoliques eussent aucun lieu en receuant aucuns Decrets faits au Concile de Basle, entant qu'ils nous semblent & à ladite Assemblée raisonnables, aucuns ont voulu & se sont efforcez & s'efforcent de interpreter & estendre nostre Pragmatique-Sanction au temps de la date dudit Decret fait au Concile de Basle, long-temps parauant nostredite Pragmatique-Sanction & de soustenir iceulx Decrets de Basle auoir lieu & deuoir sortir effet en nosdits Royaume & Dauphiné, auant la date de nostredite Pragmatique-Sanction, tant en promotion de dignitez Archiepiscopales que autres, ausquelles a esté pourueu & d'autres Benefices donnez & conferez par nostre S. Pere le Pape Eugene, depuis la date d'iceluy Decret fait à Basle & parauant nostredite Pragmatique-Sanction estre de nulle valeur qui seroit contre l'intention de nous & de toute ladite Assemblée de l'Eglise de nosdits Royaume & Dauphiné, faite à Bourges, comme dit est: & mesmement que iusques au iour de la date de nostredite Pragmatique-Sanction, les Reseruations Apostoliques, mesmement d'Eglises Metropolitaines, Episcopales & autres auoient lieu & en disposoit & pourroit disposer nostredit S. Pere le Pape selon la teneur des accords faits entre luy & nos Ambassadeurs par nous à luy enuoyez. Sous ombre de laquelle interpretation plusieurs litiges, plaids, debats & procez pourroient sourdre & aduenir, en sourdent & aduiennent de iour en iour entre nos subjets, dont grands maux & inconueniens peuuent aduenir à la Chose-publique de nostredit Royaume, voulans preuenir aux difficultez qui y pourroient aduenir par telles interpretations voulentaires qui ne loyse à quelque personne faire ne nostredite Pragmatique-Sanction, ne autre nostre Loy ou Ordonnance interpreter & estendre, sans sur ce nous conseiller. Et que à ce tendons à euiter & oster toutes voyes & matieres de litiges, debats & discordes entre nos subjets & y tenir & mettre bonne paix & concorde & venir à la verité des choses. Pour ce est-il, que nous eu regard aux choses dessusdites & aussi que parauant & iusques au iour de la date de nostre Pragmatique-Sanction, nostredit S. Pere le Pape Eugene notoirement & par l'accord dessusdit fait entre luy & nos Ambassadeurs a pourueu aux dignitez Ecclesiastiques, Archiepiscopales, Episcopales & autres, & fait les Promotions en tel cas necessaires & de telles personnes qu'il a veu estre expedient, & à luy auons obey en nosdits Royaume & Dauphiné: Et plusieurs fois l'auons requis de ce faire pour ceulx que en estoient dignes en entretenant l'accord d'entre luy & nosdits Ambassadeurs voulans oster toutes doubtes & incertitudes que on pourroit alleguer à l'occasion de nostre Pragmatique-Sanction & icelle estre sainement & certainement entendue selon la voulenté que lors auions & aussi ceulx de ladite Assemblée de l'Eglise de nosdits Royaume & Dauphiné & selon la verité, par grant & meure deliberation de Conseil, auons dit & declaré, disons & declarons par la teneur de ces presentes, que l'intention de nous & de ceulx qui estoient en ladite Assemblée de l'Eglise de nosdits Royaume & Dauphiné à Bourges estoit & à tousiours esté &

1441

"est encore nostre intention & voulenté & est le vray sens & entention de nostredite Pragmatique-Sanction, que les Promotions faites par nostredit S. Pere le Pape Eugene, tant d'Eglises Cathedrales, Metropolitaines & autres depuis & selon l'accord dessusdits, fait entre nostredit S. Pere & nos Ambassadeurs iusques au iour de la date de nostredite Pragmatique-Sanction vaillent & tiennent, sans ce qu'il soit loisible à aucuns de nos subjets soient Iuges ou autres, de quelque autorité qu'ils soient, de venir au contraire. Et en outre declarons que l'intention de nous & de ceux de ladite Assemblée en faisant ladite Pragmatique-Sanction fut & est de present nostre intention, que l'accord fait entre nostredit S. Pere & nosdits Ambassadeurs soit & demeure valable & sortisse effet, iusques au iour de la date de ladite Pragmatique-Sanction, sans auoir aucun regard à la date dudit Decret fait à Basle, par auant la date de nostredite Pragmatique-Sanction & qu'il fut par nous receu. Et ne voulons & n'est nostre intention, que nostredite Pragmatique-Sanction, soit en aucune maniere, estenduë & ait, ne sortisse aucun effet, & soit tenuë & gardée ou temps subsequent de la date d'icelle seulement. Si donnons en Mandement à nos Amez Conseillers les Gens tenans & qui tiendront nostre Parlement & tous nos Seneschaux, Baillifs, Preuosts, Iuges & autres Officiers & tous les autres Iusticiers de nostre Royaume, qu'ils tiennent, obseruent, gardent & facent tenir, obseruer & garder nostredite Declaration par tout nostredit Royaume, sans enfraindre, &c. Donné à S. Denys en France, le 7. Aoust 1441. & de nostre Regne le 19. Signé par le Roy en son Conseil, Chaligant, Garnier. *Lecta publicata & registrata Paris. in Parlamento 17. die Aug. 1441. Sig. Chenebran.*"

Die 10. Octob. electus est in Rectorem M. Petrus de Vaucello Nationis Gall. quo Rectore certatum est cum ijs quos Electos vocabant, pro defensione Priuilegiorum: cum enim Ioannes Poquet vnus de 24. Librarijs eorum sententia iussus fuisset pendere tributum militare, atque ab ijs ad Curiam Generalium prouocasset, Vniuersitatis adiunctionem sibi concedi postulauit, & concessa est, vt patet ex hisce litteris Protectorijs, quæ seruantur in Tabulario Academico sub hisce notis, A. 1. y.

"Nos Petrus de Vaucello Rector Vniuersitatis Magistrorum & Scholarium Parisius studentium Certificamus omnibus & singulis quorum interest, aut interesse poterit quomodolibet in futurum, dictam Vniuersitatem esse adiunctam cum discreto viro Ioanne Poquet altero 24. Librariorum Iuratorum dictæ Vniuersitatis & Scholari Parisius studente in Facultate Decretorum in certa causa appellationis à quadam sententia per Electos Parisienses super facto subsidiorum ordinatorum **pro guerra contra dictum Poquet** lata nuper ad Curiam Generalium super facto Iustitiæ dictorum subsidiorum ordinatorum per eundem Poquet interiectæ, per quam quidem sententiam prædicti Electi dictum Poquet condemnauerunt ad soluendum Receptori dictorum subsidiorum pro D. nostro Rege 10. Marcas Argenti, &c. Quo circa mandamus omnibus & singulis dictæ Vniuersitatis Consiliarijs, quatinus præfato Ioan. Poquet in prosecutione dictæ appellationis auxilium, consilium & fauorem præstent. Datum sub sigillo Rectoriæ Vniuersitatis præfatæ anno Domini 1441. die 16. mensis Nouemb."

Verum neque à Generalibus sibi satisfactum putauit Vniuersitas: itaque cum in dies magis sua videret imminui Priuilegia, alijs & alijs subinde conquerentibus, quod aut Tributum Vinarium soluere cogerentur, vt M. Iacobus Fournier Magister in Artibus & in vtroque Iure Licentiatus, aut militare, seu vt vocabant *pro facto Guerrarum*, vt prædictus Poquet, ad Regem è suis nonnullos Primariæ notæ delegauit, qui sarta tecta esse priuilegia deprecarentur. Misit itaque MM. Petrum de Brene, Ægidij de Brena olim Prouisoris Nauarrici nepotem & Io. Panctchair,

quibus

quibus & de impensarum securitate cauit, vt patet ex sequentibus litte- " 1441.
ris notatis similiter, A 1. Y.

NOs Rector & Vniuersitas studij Parisi. Dilectis & fidelibus nostris MM. Petro de Brene in Decretis Doctori & Io. Pain & Chair in Theol. Baccalario formato in Artibus Magistris Ambassiatoribus nostris ad D. nostrum Regem destinandis pro nonnullis negotijs nos & Priuilegia nostra concernentibus iuxta formam, ac tenorem Instructionum per nos eis traditarum prosequendarum promittimus bona fide pro qualibet die computando à die sui recessus à villa Parisi. quandiu in sua Legatione permanebunt, tradere & soluere 24. solidos Parisi. videlicet cuilibet ipsorum 12. solid. Parisi. eosque reddere indemnes. Et pro maiori securitate ipsis de facto & præ manibus summam 28. lib. Turon. tradi & liberari fecimus. Præterea volumus & consentimus quod quædam littera obligatoria à quibusdam Malefactoribus qui nuper quendam Religiosum de Ordine FF. Eremitarum B. Aug. interfecerunt nobis facta in manibus dictorum Ambassiatorum ponatur, vt ipsi super summa nos contingente aliquas pecunias mutuo recipere possint. In cuius rei testimonium Sigilum nostrum Magnum præsentibus litteris duximus apponendum. Datum Parisius in nostra Congregatione generali, apud S. Math. solemniter celebrata, an. Domini 1441. die 8. mens. Ian.

Eremita ille Augustinianus de quo in litteris sermo, fuerat à Ioanne Bouart & Consocijs trucidatus: quamobrem ipsa Vniuersitas apud Præpositum Parisiensem litem intentarat in que Reorum bona omnia & reditus manum iniecerat.

Porro non caruerunt suspicione præuaricationis & proditionis nonnulli ex intimis Officiarijs Vniuersitatis, præsertim verò Promotor, seu Syndicus, quem Decanus salub. Facultatis Medicinæ palàm, apud Vniuersitatem insimulauit, quod ipsius secreta Aduersarijs panderet & Priuilegiorum abrogationi conniueret. Tunc erat Promotor M. Radulphus Barnesse, qui in Comitijs 17. Ian. habitis postulauit sibi licere Decanum extra Vniuersitatem in ius vocare, nisi palàm quæ dixerat, reuocaret. At ille non ab vno, sed à centum alijs se audiuisse dixit, *quod scilicet fautor esset Aduersariorum Vniuersitatis reuelando eis eiusdem secreta.* Vt scribit M. Albertus Scriptoris Nat. Anglicanæ Procurator.

Anno 1442. 6. Kal. Maij Eugenius in Sessione Publica Florentiæ celebrata proposuit translationem Concilij Florentini ad vrbem Romam, 1442. eo quod Legati Zara Iacob Magni Æthiopum Regis quem Presbyterum Ioannem vulgò vocant, ad Concilium Oecumenicum properarent; Romanam autem Sedem commodiorem & augustiorem fore. Alias quoque causas huiusce translationis satis æquas protulit, quæ à Concilio acceptæ, à Basileensibus & alijs erga Eugenium **minus bene affectis in alium** sensum detortæ sunt. Interim verò Fridericus Imperator celebrato magnâ Principum Legatorumque frequentiâ, Franc-Fordiensi Conuentu, auditisque vtriusque partis Oratoribus, post multas disputationes multaque Consilia conclusit quod supra in Moguntino Conuentu conclusum fuerat, celebrandum esse aliud Concilium indubitatum. Quamobrem Legatos misit Basileam ad Felicem, & Florentiam ad Eugenium, quibus Eugenius respondit mirari se quamobrem Cæsar alijque Principes aliud Concilium peterent, cum ipse Oecumenicam Synodum Ferrariæ & Florentiæ celebrasset & celebraret; si quid esset de quo dubitaretur, ad eam Legatos mitti posse, qui dubia proponerent. Tamen, vt ipsis morem gereret, se cum primùm Romam peruenisset, quo Florentinum Concilium transtulerat, conuocaturum maiorem Prælatorum numerum, cumque eis acturum an expediret aliud Concilium generale & alio loco celebrari. Quod Responsum Imperatoris aliorumque Principum desiderio non satisfecit, sicut nec illud quod à Felice Cæsar præsens acceperat Basileæ, vbi illum inuiserat. Quamobrem de consilio Caroli nostri nouum

Tom. V.   VVu

1442. Conuentum indixit Nurembergæ ad annum proximum, ad quem etiam per litteras inuitauit Vniuersitatem Parisiensem, vt infra dicetur.

" Eodem an. conuocata Natio Gall. die 5. Maij concessit *supplicationem*
" *factam per M. Yuonem de Ponto Decanum Prouinciæ Turon.* qui supplicauit
" pro quodam Religioso, in quantum videlicet erat Gallicus, quod aliqui
" Deputati Nationis vellent adire Facultatem Theologiæ sibi supplican-
" do ex parte Nationis; quatinus vellet audire præfatum Religiosum in
" justitia & æquitate ad præseruandum sibi præsentationem quæ debebat
" fieri de eo, vt dicebat ad Facultatem præfatam pro Baccalariatu in
" Theol. sicut solitum est per 4. Ordines singulis annis præsentare eidem
" Facultati, altero eiusdem Ordinis videlicet Carmelitanum renitente &
" impediente.

CONTRA MENDICANTES.

Eodem anno, cum Mendicantes ab Eugenio Bullam obtinuissent aduersantem Priuilegijs & legibus Vniuersitatis, ipsa Vniuersitas, habitis
Comitijs decreuit & constituit non esse deinceps admittendos vllos è
Mendicantibus in sinum Academiæ, donec tot Bullis suis omnino re-
nunciassent, contrariasque retulissent; quâ de re sic legitur in Actis Vni-
" uersitatis. Anno Domini 1442. Vniuersitate conuocata in S. Bernardo
" per D. Rectorem 20. Septemb. propter quandam Bullam contradicto-
" riam ex directo Priuilegijs Vniuersitatis, & specialiter statutis Faculta-
" tis Theologiæ, à 4. Ordinibus Mendicantium impetratam à summo Pon-
" tifice, conclusum est per Nationem Franciæ & conformiter per alias
" Nationes, quod priuarentur omnes tam graduati quàm non graduati
" dictorum 4. Ordinum à consortio Vniuersitatis; & vnanimiter ad sup-
" plicationem venerandæ Facultatis Theologiæ, ab omnibus actibus Scho-
" lasticis, donec & quo vsque dicti Mendicantes impetrassent aliam Bullam
" nouam contrariam de verbo ad verbum isti Bullæ per eos impetratæ à
" summo Pontifice. Quinimo etiam voluit Natio vnà cum alijs Nationibus
" quod habitâ nouâ Bullâ contrariâ impetratæ, Vniuersitas haberet vide-
" re quid esset actura de nouâ incorporatione dictorum Fratrum. Et de
" omnibus istis quæsiuit D. Rector qui pro tunc erat, instrumenta publica.
Signatum Odo de Credulio cum Syngrapha.

Hic mos agendi Mendicantium, hæc consuetudo arripiendæ occasio-
nis dum alijs rebus intenta est Vniuersitas. Videbant parum bene affectum Eugenium erga Vniuersitatem, eo quod pro Basileensi Concilio diu
stetisset: illamque legationibus mittendis & accipiendis impeditam. Vt
autem intelligunt mentem Vniuersitatis, precantur suspendi priuationem, spondentque se ipsi Vniuersitati satisfacturos. Ergo suspenditur
priuatio: interim verò certæ leges feruntur ad lecturam Bibliorum &
Sententiarum pertinentes. In Libro Procuratorum Gallicanæ Nationis
totum hoc negotium fusius tractatum legitur, his verbis.

CONTRA MENDICANTES.

" Anno Domini 1442. die 11. mensis Decembris tempore Procurationis
" Odonis de Credulio licentiati in medicina concorditer fuit conclusum in
" S. Mathurino *per Nationes & Facultates* propter controuersiam motam
" in veneranda Facultate Theologiæ inter Mendicantes & alios non Men-
" dicantes occasione cuiusdam Bullæ impetratæ à dictis Mendicantibus
" contradictoriè ex directo statutis Facultatis Theologiæ & Vniuersitatis
" quamplurimum derogantis eisdem, quod articuli sequentes redigeren-
" tur in scriptis, in libris Nationum: & illos iurauerunt omnes Magistri 4.
" Ordinum Mendicantium tam Regentium quàm non Regentium specia-
" liter ad hoc vocati, & Baccalarij in Theologia dictorum Ordinum in con-
" spectu videlicet Vniuersitatis obseruare. Sic verò erat inscriptum in
" scedula.

" Super Controuersia nuper mota inter venerandam Facultatem Theo-
" logiæ studij Paris. & DD. Religiosos 4. Ordinum Mendicantium occa-
" sione cuiusdam Bullæ nouiter impetratæ à D. Eugenio Papa IV. nomine
" prædictorum 4 Ordinum quæ sic incipit. *Ad Iugem diuinæ scientiæ, &c.* Post
" multas disceptationes & crebras Collationes habitas tam per Deputatos

Vniuersitatis Parisiensis. 523

quàm in pluribus Congregationibus Magistrorum eiusdem Facultatis, tandem & nouissimè die videlicet 10. Decemb. anni 1442. prædicta Facultas super hoc specialiter conuocata conclusit pro pace & concordia finali Media, siue articulos qui sequuntur. 1. Pro securitate Facultatis prædicti Fratres tam Magistri quàm Baccalarij iurabunt & promittent bona fide, quantum in eis est, & mediante Instrumento in præsentia Facultatis & totius Vniuersitatis, nunquam vti Bulla prædicta nouiter impetrata nomine 4. Ordinum; quodque laborabunt & cum effectu dabunt operam toto conatu & posse suo erga suos Generales quatinus Reuocatoriam illius, vel Cassatoriam in Registro Curiæ Rom. impetrent, & de prædictis cassatione & annulatione facient constare dictæ Facultati Theologiæ intra festum Exaltationis S. Crucis proximum. Et ne in posterum super Biblicis Baccalarijs & præsentandis eorundem Ordinum alicuius discordiæ suboriatur occasio, determinauit & conclusit prædicta Facultas die quo supra in S. Mathurino conuocata, quædam in forma subscripta, satis conformiter ad scedulas per eosdem Religiosos exhibitas Facultati. Videlicet quod studentes 4. Ordinum qui mittentur ad legendum Sententias *stent Parisius ante dictam lecturam per 3. annos, videlicet per annum ante lecturam Bibliæ & per annum in quo legent Bibliam, & per 3. in quo se disponent ad Lecturam Sententiarum*, vt sententia ipsorum & mores comprobentur. Et si contingat aliquem mitti à suo Superiori ad legendum Sententias, qui non fuerit dispositus & ordinatus ad legendum Bibliam, tenebitur similiter iste Parisius stetisse per 3. annos ante dictam lecturam Sententiarum; in quorum 2. vel 3. tenebitur facere duos Cursus & soluere iura Facultatis. Si verò quis Extraneus, id est, de Extra Gallias fuerit ad prædictam lecturam Sententiarum assignatus, stabit Parisius ante lecturam Sententiarum per 2. annos, vt mitius agatur cum ijs qui de longinquo veniunt ad præclarissimum Parisiense studium. Quo ad reliquam temporum moram requisitam de statuto Papali ad lecturam Sententiarum, acquirent in Vniuersitatibus, aut studijs Generalibus suorum Ordinum in quibus secundum morem cuiuslibet Ordinis sunt Lectores, Regentes & Baccalarij actu legentes Sententias Scholasticè & ordinariè & respondentes de Quæstionibus ordinarijs, & in quibus consueuerunt assignari studentes pro exercitio Theologiæ. Quæ quidem studia sua vel Conuentus præter Vniuersitates Generales in Gallijs ad certum numerum designata sunt, & per eosdem descripti. Extra verò Gallias non designarunt quia non habent certam de illis notitiam, ita tamen quod propter reuerentiam huius Parisiensis studij duo anni in prædictis Vniuersitatibus, aut studijs suis pro vno anno sibi computentur. De Præsentaneis autem conclusit Facultas conformiter ad scedulas per eosdem Religiosos datas quod de cætero & in posterum antiquior Baccalarius formatus præsens Parisius præsentetur in die Licentiæ Ordinariæ præsente Facultate seruata apud Prædicatores vicissitudine Intraneorum & Extraneorum; Et habeat sic Præsentatus sex menses vltra alios, quo casu tenebitur respondere de duplici Ordinaria, prout in statuto habetur. Quæ omnia suprædicta iurauerunt & promiserunt Religiosi tenere; & modo quo supra dictum est, quantum in eis est, obseruare, & à suis prædictis Generalibus, vt præmissum est, impetrationem annulationis antedictæ procurare & promouere intra prædictum instans festum Exaltationis S. Crucis. His autem per ipsos Religiosos iuratis & promissis Facultas prædicta decreuit & conclusit Priuationem de eis factam suspendere, ac ipsa suspendit vsque ad prædictum festum. Et pari forma Vniuersitas. Infra quod si de prædictis adnullatione & cassatione, aut reuocatoria prædictis non constiterit, decernit ex nunc prout ex tunc eos prout sunt, priuatos fore vsque ad beneplacitum eiusdem Facultatis. Et de omnibus antedictis habetur instrumentum à M. Michaële Heberti Scriba Vniuersitatis, quod est in Archa Vniuersitatis.

Vt autem pateat quam ob causam tot motus excitati fuerint in

Vniuersitate, operæ pretium est Bullam Eugenij IV. his attexere.

1442.
BVLLA EVGENII PRO M. N. DICANTIBVS.

" EVGENIVS Episcopus seruus seruorum Dei. Ad perpetuam rei me-
" moriam. Ad Iugem diuinæ scientiæ & sacræ Theol. propagationem,
" vt peculiare illius studium ad salubrem fidelium ædificationem vndique
" suos funiculos longiores efficiat, continuas nostræ meditationis solici-
" tudines impendimus, ac illis quæ propterea singulis sublatis dispendijs
" profutura fore conspicimus, fauores Apostolicos diffusius impertimur.
" Sanè pro parte Dilectorum filiorum Generalium & FF. Minorum, Præ-
" dicatorum, Eremitarum S. Augustini & Carmelitarum Ordinum nobis
" nuper exhibita petitio continebat, quod licet iuxta antiquas & laudabi-
" les dudum etiam à tanto tempore, cuius contrarij non existit memoria, in
" Facultate Theologiæ Vniuersitatis studij Paris. inconcussè obseruatas cô-
" suetudines singuli dictorū Ordinū Fratres, qui pro felici dicti studij Theo-
" logiæ cōtinuatione & salutari consummatione per Generalia cuiuscunque
" ex dictis Ordinibus Capitula, vel per suos Generales, aut eorum Vicarios,
" seu alios ad id sufficientem potestatē habentes ad Vniuersitatem Parisiensi
" & ad legendū Bibliā publicè deputati & assignati fuerunt, si per Deputatos
" Facultatis Theologiæ dictæ Vniuersitatis ad hoc reperti fuerint sufficien-
" tes, solutionum iuribus eiusdem Facultatis sine mora alicuius præceden-
" tis temporis ad legendum Bibliam publicè huiusmodi ab eadem Faculta-
" te admissi & recepti siue acceptati fuissent. Nec non illi qui simili modo
" ad legendum Sententias deputati fuerunt, sine alicuius præcedentis tem-
" poris acquisitione, sine Bibliæ lectura, sine cursibus & absque vlla ipsorum
" Cursuum persolutione ab ipsa Facultate ad legendum Sententias, siue
" librum Sententiarum admissi extiterunt: & postquam dicti Fratres Bac-
" calaurei formati in dicta Theol. facti fuerunt, quilibet ex eisdem Ordi-
" nibus Regens vnum ex dictis Baccalaureis pro obtinenda Sententia in di-
" cta Theol. Cancellario Ecclesiæ Paris. præsentare consueuit, ipseque
" Baccalaureus sic præsentatus ad immediatam sequentem tunc Sententiam
" licet etiam statuti temporis, videlicet 5. annorum, dum tamen bis de Or-
" dinario respondisset, spatium non compleuisset, protinus admissi exti-
" tissent & ex præmissis plurimi dictorum Ordinum Fratres in eadem Theo-
" logia legendo & disputando multipliciter profecerunt, ac plura exinde
" Deo grata & hominibus accepta bona successerunt: Tamen à multis an-
" nis citra Nonnullis ex Facultate Theologiæ Vniuersitatis huiusmodi di-
" ctis Fratribus, ac Ordinibus, eorumque vtilitati se opponentes, ita fece-
" runt vt eis exinde multa dispendia prouenire noscantur. Pro parte Ge-
" neralium & Fratrum prædictorum nobis fuit humiliter supplicatum vt
" super ijs prouidere opportunè de benignitate Apostolica dignaremur.
" Nos itaque vberes & commendabiles quos dicti Fratres dudum in Dei
" Ecclesia afferunt fructus, propensius attendentes, ac eorum statui, ac in-
" demnitati in præmissis opportunè consulere cupientes, ac obseruandas
" fuisse & in futurum perpetuò obseruari debere censentes, ac decernen-
" tes, præsentis perpetuò valituræ & irrefragabiliter obseruandæ Consti-
" tutionis Edicto, eadem authoritate sancimus, statuimus & ordinamus
" quod deinceps perpetuis futuris temporibus omnes & singuli dictorum
" Ordinum Fratres qui pro continuatione & consummatione studij Theo-
" logiæ huiusmodi per aliqua ex Generalibus dictorum Ordinum Capitu-
" la, vel eorum aliquod, aut per suos Generales, vel eorum Vicarios, seu
" quoscunque alios sufficientem ad id potestatem habentes ad dictam Vni-
" uersitatem missi & ad legendum inibi Bibliam publicè deputati & assigna-
" ti fuerint, ac per dictos Deputatos Facultatis Theologicæ ad hoc suf-
" ficientes & idonei reperti fuerint, *solutis iuribus eiusdem Facultatis indi-*
" *latè, & absque alicuius præcedentis temporis mora ad legendum Bibliam pu-*
" *blicè huiusmodi ; necnon illi qui simili modo ad legendum Sententias deputati*
" *fuerint, nulla cuiusuis temporis exspectata mora sine lectura Bibliæ, sine cursibus,*
" *& absque vlla ipsorum cursuum persolutione ad legendum Sententias, siue librum*

Sententiarum à dicta Facultate omnibus contradictione & difficultate penitùs cessantibus liberè admittantur & admitti debeant, ac postquam dicti Fratres formati in eadem Theologia Baccalaurei fuerint, quilibet ex eisdem Ordinibus Regens vnum ex dictis Baccalaureis pro obtinenda Licentia in dicta Theologia prædicto Cancellario præsentet, & præsentare debeat, ipseque Baccalaureus sic præsentatus ad immediatam tunc sequentem Licentiam licet statuti temporis videlicet 5. annorum spatium non compleuerit, dum tamen bis de Ordinario responderit, sine aliqua contradictione protinus liberè admittatur. Mandantes nihilominus Cancellario dictæ Ecclesiæ pro tempore existenti, nec non Vniuersis Doctoribus, Magistris & Scholaribus dictæ Facultatis, eisque & eorum cuilibet in virtute S. Obedientiæ, ac in suorum remissionem peccaminum districtè præcipiendo iniungentes, quatenus Sanctionem, Statutum & Ordinationem prædicta efficaciter obseruent & ab omnibus faciant obseruari : ac decernentes irritum & inane, si secus super ijs à quoquam quauis authoritate scienter, vel ignoranter contigerit attentari. Non obstantibus Constitutionibus & Ordinationibus Apostolicis, necnon Ecclesiæ, Vniuersitatis, Facultatis & Ordinum prædictorum confirmatione Apostolica, vel quauis alia firmitate hactenus, vel in posterum roboratis, statutis & consuetudinibus cæterisque contrarijs quibuscunque, quibus per præsentes volumus derogari. Nulli ergo, &c. Datum Florentiæ, an. Incarn. Dominicæ 1442. 3. Kal. April. Pontificatus nostri an. 12.

Eodem anno, more Gall. die 12. Martij instituta est à Rectore supplicatio solemnis ad D. Maglorij, quâ die Episcopus Parisiensis solemnem quoque supplicationem habebat : itaque apud Mathurinenses ingens dissidium ortum est inter Facultates superiores & Nationes : Facultates enim volebant, vt Rector procederet ad Basilicam D. Virginis, ibidem fieret Concio ad populum à Concionatore Vniuersitatis, ne vt inter ipsam & Episcopum exurgeret diuortium, dum non pareret ipsius mandatis. Contra 4. Nationes aiebant non esse iam liberum Rectori mutare Scedas, Episcopum parere debere, quia Rector prior edixisset se processurum. Facultates à Rectore postulabant, vt se illis adiungeret : re discussâ, ille Nationibus se adiunxit, & Facultates tandem paruerunt. Rem sic scribit M. Victor Textor, Procurator Nat. Gall.

Die Dominica sequente 12. Martij eiusdem anni quia D. Rector conuocauit Vniuersitatem ad eundem processionaliter apud S. Maglorium, & quia pro honore Nationis & Vniuersitatis egebamus virga argentea, conuocaui Deputatos nobiles & numero multiplici vsque quadraginta ante recessum processionis, quibus præsentibus accepi virgam ab Executoribus & fideiussoribus defuncti Ioannis de Bucy, & eisdem restitui sicut iustum erat, suam fideiussionem, seu obligationem, & pro certa refectione factam eadem pro quadam ruptura facta antequam dictus de Bucy haberet, soluit Receptor ex ordinatione Nationis 4. solidos.

Eadem die mota est magna dissensio *inter venerandam Artium Facultatem & 3. superiores Facultates* : volebant enim Magistri superiorum Facultatum ad requestam Gentium Regiarum & D. Episcopi Parisiensis ire Processionaliter ad Ecclesiam B. Mariæ Paris. ad quam ipse Dominus Parisiensis conuocauerat suum Clerum, villam & omnes suos subditos in fauorem Regis & Hospitij Dei Parisiensis, vt dicebat & dicebant Magistri pro eo in ista causa stipulantes. In contrarium allegabatur à Magistris Facultatis Artium, quòd *scedulæ erant affixæ Quadriuijs, & quod Vniuersitas, quæ est filia Regis primogenita, non erat trahenda ab Episcopo Parisi. imò potius è contra*: His positis in deliberatione ad requestam Magistrorum Artium, concluserunt tres Superiores Facultates ire ad nostram Dominam Parisiensem cum Domino Parisiensi. Sed præclara Artium Facultas conclusit ire ad locum destinatum scilicet ad S. Maglorium iuxtà tenorem suarum scedularum, & non esse alibi sermonem quàm in S. Maglorio. Et casu quòd aliæ Facultates essent in contrarium, quod D. Rector haberet tran-

" transire ad illum locum & præcipere omnibus Magistris de superioribus
1442. " Facultatibus, vt sequerentur eum periuramentum, quod factum est post
" magnas altercationes hinc inde habitas, & requisitus *sæpe ab illis tribus vt*
" *concluderet pro illis, conclusit ad Conclusionem Facultatis Artium & recessit*
" *cum Magistris & Procuratoribus eiusdem Facultatis.* Et tandem ipsæ tres supe-
" riores Facultates, conuersæ ad Dominum venerunt cum prædicta Facul-
" tate Artium apud S. Maglorium, ad magnum honorem Facultatis Artium.

Die Lunæ sequenti conuocata est Natio Gall. ad eligendum Procuratorem : & in illis Comitijs sic scribit idem Prourator. Et in illa congregatione requisiuit me instantissimè Natio Franciæ vt ego vellem quam
" primum requirere D. Rectorem *quod conuocaret Facultatem Artium ad pu-*
" *niendum, declarandum perjurum, & priuandum quendam dictum Magistrum*
" *Nicolaum de Capella Decanum Carnotensem, qui in Processionibus D. Pari-*
" *siensis contra Conclusa Facultatis Artium præsumpserat prædicare.*

Die mercurij Vniuersitate vocata per D. Rectorem Vniuersitatis super
" quadam litterâ transmissâ à D. nostro Rege, Facultate congregata ad
" audiendum deliberationes Nationum, Ego requisiui D. Rectorem, vt
" ipse conuocaret Facultatem quàm primum commodè *posset ad puniendum*
" *illum qui prædicauerat in Processione D. Parisiensis contra deliberationem, &*
" *voluntatem, & consuetudinem Vniuersitatis.* Ad idem fecit Procurator Pi-
" cardiæ & Alemaniæ, &c.

Anno 1443. Fridericus Imperator litteris suis datis Kalendis Quinti-
1443. libus inuitauit omnes Principes & Prælatos ad Conuentum Nurimber-
gensem; speciatim verò Vniuersitatem Paris. rogauit, vt à Rege Legatos
impetraret ad extinctionem perniciosi Schismatis, suos quoque vt ipsa
mitteret. Sic enim in Actis Nat. German. legitur. *Anno Domini 1443. 19.*
die mens. Octob. congregata in S. Mathurino recepit litteras Serenissimi Princi-
pis D. Imperatoris quibus requirebatur eadem Vniuersitas vt exhortaretur su-
premum D. nostrum Regem ad comparendum, vel Ambassiatores mittendos ad
dietam Norubergensem circa instans festum Martini super terminatione Schis-
matis celebrandam; & quod eadem Vniuersitas mittere vellet suos Ambassiato-
res. Conclusum fuit, quod dandæ essent grates D. Imperatori super pijs exhor-
tationibus suis, & gratâ communicatione suarum litterarum. Placuit etiam scri-
bere D. Regi. Signatum A. Scriptoris cum Syngrapha.

DE VVE-
SELO, ET
NOMI-
NALIVM,
FORMA-
LIVM ET
REALIVM
SECTIS.

Hoc anno aut sequente Weselus Gransfortius, aliàs Basilius Groningensis vir duræ ceruicis & proinde *Magister Contradictionis* vocatus
Lutetiam venit, eo animo vt Philosophos quosdam Formales refutaret,
qui tum ibi florebant : sed ab ijs de propriâ sententiâ deiectus est, vt ipse
fatetur in Epistolâ ad M. Iacobum Hoeck. Mihi crede, *inquit*, si erro,
" non tam libidine quàm hebetudine seducor, bono interim & sereno ani-
" mo, certus mihi quod semper tantâ solicitudine veritatem fidei quæsui
" & quæro, quam cum inuenero, non solùm per tui similes viros doctissi-
" mos & probatissimos, sed & per quemcunque, etiam nouissimum, etiam
" per me ipsum semper paratus sum corrigi & consiteri. Et id facto non
" semel Parisius ostendi. 1. Quando vocatus Heidelbergam neglectis gran-
" dibus Beneficiorum pollicitationibus quas per dictum Quapponum Co-
" mes Palatinus offerebat, eâ solâ intentione & animo Parisios contende-
" bam, vt famosissimos illos duos viros Henricum Zomerem & Nicolaum
" Trauerti velut nouus & singularis Athleta suis opinionibus disturbarem,
" & à sententiâ Formalium in meam Realium reuocarem. Hæc mihi tamen
" arrogantia fuit. Sed vbi fortiore occursu propriam deprehendi imbe-
" cillitatem, ante tres menses meæ sententiæ cessi, & mox omni studio
" Scriptores conquisiui in libros Scoti, Maronis & Boneti, quos illius vix
" Principes acceperam. Neque illo contentus ante annum inceptæ viæ
" Scoti cum omni diligentiâ quantum potui perspectæ, grauiores in ea
" quàm in viâ Realium errores deprehendens, etiam corrigi paratus muta-
" ui sententiam & Nominales apprehendi : in quibus fateor si quid fidei

contrarium putarem, hodie paratus remearem, vel ad Formales, vel ad Reales, &c.

"1443.

Hinc discimus illis temporibus in Philosophorum Scholis tres viguisse sectas. Vnam *Nominalium*, quae circa an. 1000. originem ceperat in Academiâ Parisiensi, quibus autem authoribus, diximus. Alteram *Realium*, quam amplexi sunt Petrus Abaelardus, Ioannes Saresberiensis & multis post annis Thomas Aquinas. Tertiam denique *Formalium*, quae Ioannem Scotum agnoscebat authorem. Sed vt ad Weselum redeam, c. 6. eiusdem Epist. meminit. Trium Doct. Theologorum Parisi. maximi tunc nominis, Willielmi de Phales, Ioannis de Bruxella, & Ioannis Picardi, quorum duos ait fuisse de poenitentiariâ Papae; & paulò post addit M. Iacobum Scheluuert. Capite autem 9. eiusd. Ep. ostendit Logicam Theologis esse necessariam exemplo Petri de Alliaco, vbi notat Ordinem Praedicatorum ab Vniuersitate Parisi. 14. annis abscissum fuisse, eo quod eorum Baccalaurei Errores Ioannis de Montesono nollent abiurare zelo doctrinae S. Thomae. Docuit autem Weselus Lutetiae per 16. annos fere. Obijt autem Groningae an. 1489. natus an. 1400.

Die S. Andreae vltima Nouembris Vniuersitatis in Mathurinensi congregatae decreto publicata est cessatio Lectionum & Sermonum tempore aduentus donec iniuriae ipsi illatae & pecuniae ablatae restituerentur: (quamobrem autem id, non inuenio.) Sic autem legitur in libro Procuratorum Nat. Gall. ita scribente M. Antonio Guiert Procuratore. 1. die mensis Decemb. quae erat 1. Dominica Aduentûs conuocaui Nationem per iuramentum in S. Mathurino hora 7. praecisè de mane super 2. artic. 1. fuit super aliqua tangentia honorem Nationis, scilicet super oppositione & appellatione Nationis super facto cessationum: quam appellationem Natio fecit in die S. Andreae in quo fuit Vniuersitas congregata in S. Mathurino: & voluerunt illa die 3. Facultates superiores oppositum Conclusionis praehabitae in dicto S. Mathurino. Volebant enim quod fieret suspensio Cessationum & resumptio sermonum vsque ad 1. diem anni inclusiue: & tamen Conclusio prius habita fuerat quod non suspenderentur Cessationes, nec Sermones resumerentur, nisi omnia vadia & pecuniae primò essent reddita: & quia Conclusio aliqua Vniuersitatis non potest destrui nisi Vniuersitate conuocatâ specialiter super destructione talis Conclusionis & tunc Vniuersitas non erat specialiter conuocata super illud, ideo Natio se opponebat & appellabat: & in nomine Nationis me opposui ne Rector concluderet & appellaui casu quo concluderet: *& quia appellatione pendente, Rector non poterat concludere, ideo Rector permansit in 1. Conclusione*. Nihilominus tamen postquam recessit Rector à S. Mathurino, ipse fecit scribi scedulas in quibus continebatur quod Vniuersitas suspendebat Cessationes vsque ad 1. diem anni & volebat ire processionaliter apud Ecclesiam Parisiensem. Ideo quia Natio appellauerat, Ego die sequenti feci conuocari Nationem ad videndum an vellet desistere ab appellatione, vel manere in ea. Et haec erat materia 1. articuli. 2. art. fuit communis super supplicationibus & iniurijs. Quantum ad 1. art. voluit Natio manere in dicta appellatione & voluit insuper quod Ego praeciperem per iuramentum omnibus Graduatis Nationis ne irent ad Processiones & Paedagogistis vt reducerent pueros ad domum, quod ita feci. Et ad hoc venerandâ Natio Picardiae se nobiscum coniunxit, nec illa die Magistri Nationis nostrae, nec etiam Picardiae processionaliter ad dictum locum processerunt, &c.

Nec omittendum quod eodem anno orta est controuersia inter Magistrum, Procuratorem, ac Bursarios Collegij Bajocensis & M. Geruasium Melloti nouissimè Bursarium nominatum; quam quidem illi ad Castelletum non aditâ Natione Gall. ad quam spectabat sua Collegia reformare eisque ius dicere, detulerant: at illi posteà se vltro Vniuersitatis Iudicio submiserunt. In Comitijs ergo 16 Ian. *Supplicauit M. Geruasius Melloti quatinus illi Domini & Magistri Collegij Bajocensis in casu quo non*

1443. vellent desistere à quodam processu in casu nouitatis pendente in Castelleto Parisiensi ratione Bursarum collatarum dicto M. Geruasio, & viso quod ipsi petebant audiri in Vniuersitate, & quod fuerat sententia tum per DD. Deputatos almæ Vniuersitatis super illa discordia huiusmodi Bursarum, quod illi priuarentur, Natio concessit supplicationem suam.

Et in Actis 11. Ian. sic legitur. *Quantum ad 1. art. expositum fuit quo modo Natio Franciæ plenariam habet non solum visitationem in suis Collegijs, imò etiam reformationem, Prouisionem & Institutionem: quare vt videbatur pri-*
"mâ facie, libertas & prioritas huiusmodi lædebatur non modicum ra-
"tione cuiusdam controuersiæ ortæ inter Magistrum, Procuratorem &
"Scholares Collegij Bajocensis ex parte vna & M. Geruasium Melloti
"parte ex altera, ratione Bursarum collatarum dicto M. Geruasio. Vi-
"so quod dicti Magister, Procurator & Scholares dicti Collegij sup-
"plicauerunt audiri in Vniuersitate in vltima Congregatione eiusdem.
"Etiam viso quod fuerat aliàs sententiatum per DD. Deputatos ex
"parte Vniuersitatis datos in dicta Controuersia de eadem & super ea-
"dem materia. Istis tamen obstantibus prædicti vocabant dictum M. Ger-
"uasium in Castelleto super eadem materia. Quare vt Procurator eius-
"dem Nationis & ex consilio Antiquorum prælatæ Nationis habebant
"requirere & ponere in deliberatione quod prædicti Magistri & Procu-
"rator alijque Scholares huiusmodi Collegij renunciarent huiusmodi
"processui Castelleti, & quod vellent recipere dictum M. Geruasium in
"Bursarium eiusdem Collegij conformiter ad prædictam Deputatorum
"Vniuersitatis sententiam. Quod si non vellent hoc facere, cum erat li-
"bertas Nationis prouidere in hoc, quod dicti priuarentur à Natione.
"Quibus per me expositis Magister, Procurator & alij Scholares huiusmo-
"di Collegij fecerunt vnam supplicationem quod in prædicta materia tali-
"ter placeret Nationi deliberare, quod statuta sui Collegij remanerent
"illæsa, & quod ea placeret defendere. Et quantum ad istum art. placuit
"Nationi huiusmodi materiam remittere ad Deputatos nominatos, qui
"visitarent dicti Collegij statuta, & postea in alia Congregatione refer-
"rent, & quod interim suspenderetur processus ille Castelleti, quousque
"fuerit deliberatum super relatione prædictorum deputatorum. Natio
"enim annuit supplicationi prædictorum Magistrorum.

Eodem anno Eugenius Pontifex Maxim. ad Regem quosdam articulos transmisit de vnione fidei, quos Rex per suum Cancellarium Vniuersitati tradi voluit: vt intelligitur ex actis die 19. Feb. sic scribente M. Petro Pilatre Paris. Procuratore Nat. Gall. *Die Mercurij 19. Feb. Vniuer-*
"tas congregata S. Mathurino per D. Rectorem super aliquibus art. In-
"ter quos tamen fecerat idem D. Rector mentionem de modo melioris
"Prouisionis habendo & practicando pro factis Vniuersitatis in quibusdam
"articulis expresso datis per Reuer. in Christo Patrem D. Archiepisco-
"pum Remensem Cancellarium Franciæ D. Rectori: qui quidem articuli
"dati & oblati fuerant per S. D. N. Eugenium Papam D. nostro Regi, siue
"eius consilio pro vnione habenda in sancta Dei Ecclesia. *Et Natione re-
"tracta ad partem, ad deliberandum vt faciunt aliæ Nationes, conclusum fuit*
"quod prædicti articuli haberentur & reciperentur, siue duplicarentur pro
"Natione, vt quilibet Magister posset eos videre & super eisdem melius
"deliberare; & quod primò visitarentur per Deputatos, & ipsis visitatis
"per DD. Deputatos conuocaretur postea Natio non solùm vna vice;
"imò pluribus ad deliberandum super eisdem. Voluit & Natio quod D. Re-
"ctor prosequeretur litteram Compulsoriam DD. Prælatorum erga D.
"Cancellarium Franciæ & quod Ego ipsum requirerem nomine Nationis
"de habendo prædictam huiusmodi Compulsoriam, quod ita feci.

1444. Anno 1444. anno actum est de Reformatione Facultatis Artium, & in hanc rem conuocata Facultas à Rectore ad 26. Septemb. vt scribit M. Stephanus Nicolay aliàs de Clemengijs, nominatique à singulis Nationibus Proceres qui cum Procuratoribus capita Reformationis conficerent, &
examinarent.

examinarent. Sed non video prædictam facultatem fuisse reformatam nisi cum alijs, an. 1452 à Cardinale Tutauillæo. Interim tamen prouisum est aduersùs Scholares aliarum Vniuersitatum, cautumque ne tam facile admitterentur ad Baccalaureatum & Licentiam in Facultate Artium. Et conuocata Natio Galliæ per suum Procuratorem 23. Octob. eiusdem anni statuit eiusmodi Scholasticos non esse amplius admittendos, nisi sub diligenti cautione. Sic ea de re Procurator eiusdem Nationis Stephanus Nicolay in libro Procuratorum scribit. *Quantum*, inquit, *ad 2. articulum exposui quomodo temporibus retroactis aliqui admissi sunt ad gradum Baccalariatus, & permissi sunt examina Licentiandorum intrare nonnulli Scholares qui neque Parisius, neque in aliquo studio solemni, seu Generali, libros audiuerant requisitos ad huiusmodi gradus, neque studuerant per tempus requisitum, secundùm statuta perpluræ Facultatis Artium, & quod de nouo de Cadomo venerant aliqui tales, à quorum amicis fueram requisitus eos ad taxationem Bursarum pro Baccalariatu admittere, quod, Natione inconsultâ, facere non præsumpsi. Super quo perlectis statutis hunc casum & consimiles concernentibus, ad tollendum huiusmodi abusus maturè conclusit Natio & decreuit tales non esse admittendos attento statuto Papali ad hoc repugnante & omnimoda dispensatione interdicente. Et voluit insuper Natio quod Ego & futuri Procuratores à modò tales admittere non præsumant. Quinimo quod Ego requirerem D. Rectorem, vt super hoc faceret Congregationem Facultatis in quâ legeretur præfatum Papale statutum ad tollendum consimiles abusus in alijs Nationibus; in quâ Congregatione Ego nomine Nationis me haberem opponere ad admissionem talium in alijs Nationibus.*

Verùm cùm à Rectore conuocata fuisset Facultas Artium rogatu Procuratoris Nationis Gallicanæ ad 6. Nouemb. cæteræ Nationes censuerunt pro eo anno Scholaribus eiusmodi esse indulgendum, eosque admittendos. Perstitit tamen Natio Gallicana in sua Conclusione, voluitque vnanimiter 24. Ianuarij eiusdem anni à M. Victore Textoris Procuratore suo conuocata successores Procuratores admoneri, adigique iuramento, ne quem ex alijs studijs eo anno quo fieret Baccalaureus, admitterent ad Licentiam, vel ad Magisterium. Tunc enim prauâ quadam consuetudine Scholaribus eiusmodi extraneis, eodem anno tres illi gradus conferebantur. Cui malo obuiam ijt Natio Gallicana potissimùm: imò vetuit admitti post hac vllum ad Licentiam Artium eo anno quo Baccalariatum consecutus fuisset. Idque confirmatum alijs Comitijs eiusdem Nationis 10. Febr. habitis, vt legitur in lib. Procuratorum illius Nationis. Sic igitur scribit M. Stephanus de Clamengijs Procurator Nat. Gall. ad 6. Nouemb.

Item 6. Nouemb. Facultate conuocata in S. Iuliano, per D. Rectorem ad requestam mei Stephani Nicolay aliàs de Clamengijs Procuratoris Nationis ex ordinatione & præcepto Nationis, prout patet superius in principio tertiæ paginæ præcedentis ad prouidendum plurimis abusibus emergentibus propter Scholares aliarum Vniuersitatum qui quamprimum applicuerunt Parisius, volunt promoueri ad gradum Baccalariatus & consequenter immediatè in proximâ licentia & in eodem anno admitti ad examen licentiandorum contra statuta Papalia dictæ Facultatis. In qua quidem Congregatione, Natione retractâ ad partem, vt moris est, vnanimiter conclusit tales non esse admittendos, & voluit atque ordinauit quod à modo nulli tales admittantur. Voluit præterea quod casu quo aliæ Nationes in aliquo statutum Papale dissimulando, vel tacendo, aut alio quouismodo infringere consentirent, Ego nomine Nationis ne contra dictum statutum aliquid concludatur, me haberem opponere, & si opus fuerit, appellare. Quia verò veneranda Natio Picardiæ in sua Conclusione voluit dictis Scholaribus gratiam sibi possibilem impertiri, statuto tamen Papali inuiolabiliter obseruato & in suo robore permanente, cum aliæ duæ Nationes videlicet Normaniæ & Angliæ voluissent dictos Scholares admitti pro anno præsenti duntaxat; quod tamen licitè non

STATV-TÛ CIRCA SCHOLARES ALIARVM VNIVERSITATVM.

1444.

" poterant obstante prædicto statuto Papali omnimodam dispensationem
1444. " interdicente, D. Rector fauore ductus quia Pædagogus, prætextu & sub
" colore & palliatione gratiæ possibilis impertitæ per dictam venerandam
" Nationem Picardiæ dicere nitebatur quod à tribus Nationibus poterat
" concludere dictos Scholares pro præsente anno admittendos esse, ad
" quod ne concluderet, nomine Nationis, me opposui.

Item die Sabbati 24. Ian. Congregatis Regentibus in Claustro Regiæ Nauarræ. *Insuper omnes & singuli Regentes quia principaliter erant connecati ad refundendum, requisiuerunt me quod Ego facerem iurare meum successorem, quod non reciperet ad Iuramenta pro Licentia ac Magisterio illos qui hoc anno fuerant Baccalarij de alijs studijs, & quod nullus cuiuscunque studij eo anno quo fiet Baccalarius, admittatur ad Licentiam, vel Magisterium. 2. Quod ad hoc vellem requirere Procuratorem Picardiæ quod illam Conclusionem sæpius in sua Natione captam quam erga suos Baccalarios teneret, etiam apud alios vellent conseruare, videlicet quod illo anno quo aliquis est Baccalarius, non intret ad examen pro Licentiâ: quod & feci. 3. Requisierunt me DD. Regentes quia anno præterito fuerant plures qui non disputauerunt in Quadragesima, & qui non soluerunt bursas tempore statuto & qui non audiuerint Logicam, &c.*

Item die 10. Febr. quâ die electus est in Procuratorem M. Antonius Grier, *voluit Natio quod præter solita iuramenta haberet iurare quod non admitteret Baccalarios huius anni ad iuramenta Licentiæ & Magisterij, & similiter illos repelleret, qui alio anno præter consensum aliquorum Examinatorum fuerant admissi.*

1445.
DE PRO-
CVRATO-
RE IN-
TRANTE.

Anno 1445 Natio Gallicana statutum edidit, quo vetuit ne Procurator Intrantis vices obiret deinceps ad eligendum Rectorem, propterea quod quoties noua Electio recurrebat, ambitione importunâ, rixis & tumultibus res tota peragebatur. Item ne quis deinceps Pro vllo Munere
" Officiòve supplicaret. De ea re sic habetur in Actis, tum pro curatore M.
" Io. de Martigniaco. 13. Octob. conuocaui Nationem apud S. Math. horâ 8.
" per iuramentum ad statuendum pro 1. vice & pro 1. art. &c 2. art fuit com-
" munis super supplicationibus & iniurijs. Quantum ad 1. exposui Nationi
" inconuenientia, vituperia & iacturas quæ in grande dispendium Natio-
" nis proueniebant, *(ex eo quod Procurator ad eligendum Rectorem interdum
" vigore statuti iam dudum editi intrabat)* ex vna parte, quales pariter & quan-
" tæ insolentiæ, brigæ, dissolutiones, & inauditæ sollicitationes in Natio-
" ne fiebant, ratione & occasione huius, quod, proh dolor! præter expres-
" sum contentumve in antedictæ Nationis statutis vnicuique licebat pro obti-
" nendis Officijs Nationis supplicare & ad huiusmodi honesta Officia se impuden-
" ter præsentare. Vnde multoties contingebat Magistrorum deliberantium
" animos suis exquisitissimis medijs obligari, suorum pariter Notorum im-
" portunis rogitationibus dictorum deliberantium libertatem auferri. *Et
" plerumque quod nequius est & Reipub. perniciosius accidebat, indignos viris bene
" meritis huiusmodi occasione præferri.* Ea propter huiusmodi non magis
" occurrentibus quàm imminentibus scandalis videbatur prouidendum.
" Super quibus sic breuissimè tactis Natio deliberauit & conclusit, quòd
" de cætero, *Procurator non intraret, saltem virtute statuti.* Quantum verò ad
" *distributiones Officiorum, conclusit quod nullus de cætero supplicaret, aut se in-
" gerendo præsentaret; quinimo si foret per duos, vel plures fide dignos conuictus
" quamcunque diligentiam quouis modo fecisse, ipso facto inhabilis redderetur &
" indignus.*

Die Veneris immediatè sequenti quæ fuit 15. Octob. conclusum quoque vnanimiter *Procuratorem de cætero non debere intrare,* tum propter prædictas brigas, fabricas, inhonestates & damna quæ inde sequi videbantur; *tum etiam quia Procuratoria & Intrantia sunt statuta (officia) Nationis ordinaria & distincta, quæ per aliud quoddam expressum statutum Nationis ab eodem Supposito, pro eodem tempore, saluo iuramento non poterant occupari.*

Die Sabbati 16. eiusdem mensis tertiò conuocata Natio idem conclusit; item & 19. denique 13. Martij tale statutum editum.

"Vniuersis præsentes litteras inspecturis & audituris Nos omnes & 1445. singuli Magistri Nat. Gall Parif. tam Regentes quàm non Regentes apud S. Math. pro tertia vice ad statuendum super sequentibus, solemniter sub debito iuramenti congregati Sal. in Dom. Notum facimus quod Nos attendentes præcipuè quod rerum varietas & temporum mutata qualitas id exigunt, vt annui mores mutentur, iuxta quorum mutationem statuta variantur humana : Nos enim retroacta edocent tempora quanta dispendia, quot iacturas, diuisiones, discordias, abiectiones, commotiones, quotque insultus & contumelias Communitati nostræ Nationis intulerunt *Libertas supplicandi pro Officijs nostræ Nationis distribuendis & obtinendis*, necnon libertas quærendi fauores, & præterea libertas suggerendi & interdum deliberantium animos diuertendi, qui plerumque contra Deum & conscientiam in totius Nationis vituperium & iacturam & non meritis minus dignos præferunt. Denique quæ grauamina ex intempestiua, ac præuenta electione Intrantis ad Rectoris electionem contingant, prælibata tempora sufficienter ostendunt. Quocirca Nos cupientes omnem diuisionum, ac discordiarum fomitem in sinceri amoris vnitatem, omnem prorsus iacturam in communem prædictæ nostræ Nationis vtilitatem salubri commercio commutare, cæterorumque generum imminentia discrimina euitare zelantes, quò salubriùs, ac fructuosiùs talentum à Domino nobis traditum, omni passione sedata, multiplicare queamus, ordinanda seu statuenda decreuimus quæ sequuntur. Videlicet quod Procurator de cætero ad eligendum nouum Rectorem non intrabit in vi Procurationis. *Et quod de cætero quælibet Prouincia per se meram libertatem habebit eligendi & præsentandi suum Intrantem in die Electionis Rectoris*. Præterea ad idem declaramus & ordinamus statutum de incompatibilitate duorum Officiorum Nationis fore irrefragabiliter obseruandum, clausulamque in antiquo statuto de Electione Officialium nostræ Nationis, cuius tenor talis est. In Electione verò aliorum Officialium ad quæcumque Officia deputatorum nostræ Nationis, seruabitur mos antiquus, qui quidem mos fuisse talis dignoscitur, quod quotiescunque aliquis Officialis eligi debuerat in Natione prædicta, quælibet Prouincia de prædictis vnum Magistrum deputabat, & quem dicti Deputati, vel ipsorum maior pars eligebant, stabat in Officio per illius temporis spatium, ad quod quidem Officium fuerat postulatus. Et quod Procurator, cuius tempus non transierat & cuius Officium non expirauerat, adueniente tempore vacationum, in suo Officio remanebat, ac in prædicto fine creabatur alius Procurator. *Hoc immutabiliter addentes quod nullus vnquam pro quocumque Officio honesto supplicet, aut se præsentet. Et quicumque oppositum fecerit, eo facto ipsum inhabilem & Indignum reputamus; & ex nunc dicto Officio ipsum pro illa vice priuamus.* Statuimus finaliter, ordinamus & volumus, quod nos omnes & singuli Magistri prædictæ Nationis & nostri in posterum Successores corporaliter iuremus & iurent hoc præsens statutum inuiolabiliter obseruare. Et ad hoc volumus nos & prædictos nostros Successores sub pœna periurij & priuationis adstringi: Quodque in distributione cuiuscunque officij, de verbo ad verbum intelligibiliter huiusmodi statutum in facie totius Nationis legatur. Nobis nihilominus & prædictæ nostræ Nationi semper reseruata potestate augendi, diminuendi, corrigendi, totaliterque si opus sit, quotiens nobis, vel prædictæ nostræ Nationi videbitur expedire, annullandi. Exceptis tamen duobus primis annis à die datæ præsentium computandis, in quibus nihil poterit immutari, sed practicabitur hoc statutum inuiolabiliter. Datum & actum tempore Procurationis M. Petri Caros an. D. 1445. die 23. mensis Martij."

Elapsis duobus annis, M. Ioannes Ramier Procurator eiusdem Nationis voluit in praxim & in vsum reuocare antiquum statutum, eiusque vi Intrantis obire vices, sed obtinere non potuit, vt ipsemet scribit. Die 15.

"Martij 1447. *Facultate Artium apud S. Iulianum Pauperem conuocata ad eligendum nouum Rectorem*, placuit Nationi procedere ad electionem noui "Rectoris, iuxta morem hactenus obseruatum. Et quoad factum Intrantis "Ego supplicaui in Natione, vt intrarem in vim statuti in quo cauetur, *Si "autem Procurator sit illius Prouinciæ quæ debet intrare ad electionem Rectoris, "intret ipse Procurator*. Et quamuis fuerit aliud nouum statutum conditum an. ab Incarnatione Domini 1445. mensis præfati 15. die, illud tamen erat temporale, & tempus iam elapsum erat; quia vt prima fronte "mihi videbatur, debebam virtute antiqui statuti intrare. Super quo ordinauit Natio quod Prouincia illa quæ electura erat Rectorem, veniret "in certum locum ad sui Intrantis electionem processura. Quod & ita factum est. Et tunc fuit electus venerabilis vir M. Henricus Hugonis, cuius "electione facta, *conclusi à pluralitate vocum in vigore statuti antiqui intrare "non posse*. Conclusit præterea, *quod statutum nouiter conditum maneret in "suo robore, donec Natio ad hoc specialiter vocata aliud super re ista determinaret*.

Idem statutum die vltima April. anno 1448. videlicet quod statutum nouum factum in Procuratione M. Petri Caros pro electione Officiariorum Nationis adhuc per 2. annos continuaretur inuiolabiliter à data istius diei, hoc addito *quod nullus Intrans pro Officio pro quo intrat, ab alijs eligatur*.

Verum experta est paulo post Natio nihilò meliorem esse Intrantium viam, immò etiam esse corruptiorem, coactaque est tandem illam abrogare, sic scribente M. Io. Milonis eiusdem Nat. Procuratore. *Die Sabbati quæ fuit 7 mensis April.* (an. 1452.) *Natione conuocata in S. Mathurino super 3. art. Quoad 1. deliberauit Natio quod non placebat sibi vlterius procedere ad electiones Officialium per Intrantes, propter venditiones Officiorum quæ committebantur in hac electione per dictos Intrantes, & continuauerunt me simpliciter 4. Prouinciæ sine Intrantibus secundum modum antiquum*. Sed filum Historiæ nostræ resumamus.

Eodem anno 1445. proclamatæ sunt Induciæ Bellorum inter Reges, iam anno superiore sancitæ. Verum ad stipendiorum militarium securitatem cum vrbium Incolis fuisset Edicto Regio mutuum quoddam impositum, fuissentque Lutetiæ 4. Iudices Delegati, seu Commissarij constituti apud quos si quid oriretur ea de re contentionis, disceptaretur, turbata est Vniuersitas ob imminutionem Priuilegiorum, quorum non habita ratione Quidam è Priuilegiatis legi communi subditi sunt.

Turbata quoque eadem Vniuersitas ab Episcopo Paris. alia de causa. Scilicet Scholaris quidam, in carceres Curiæ Parlamenteæ compactus fuerat: Illum Episcopus, illum Vniuersitas repetebant. Hinc igitur Vniuersitatis aduersus Parlamentæos Patres querelæ ortæ, quod Episcopo Parisiensi Captiuum adiudicassent; item aduersus Episcopum, qui violato iuramento quod Vniuersitati præstiterat, Scholarem detinebat. Totum hoc negotium satis clarè legitur in vetusto Codice Procuratorum Nationis Gallicanæ, vbi habetur, quod cum 17. mensis Nouembris in Comitijs Centuriatis Rector exposuisset detineri in carceribus Palatij Scholarem quendam, eiusque liberationem prohiberi ab Episcopo Paris. quinimo requiri vt ad se remitteretur, aiente, *Quod ipse neque sui Officiarij tenebantur seruare iuramentum quod alias præstiterant Vniuersitati, quantum ad ea quæ concernunt vtilitatem suæ Ecclesiæ, & quod de eiusmodi re habebat declarationem à summo Pontifice*. Iussis igitur Nationinibus & Facultatibus ad suas sedes se recipere ad deliberandum, Natio Gallicana, ita referente M. Antonio Pauli Procuratore conclusit, vt habetur in eodem libro. Voluit Natio quod Priuilegia Vniuersitatis seruarentur ad vnguem. Et quantum ad factum incarcerati, voluit Natio, quod "Præfatus D. Rector cum notabili Comitiua accederet ad Detentores dicti Scholaris, quibus si ipsum dimittere recusarent, nunc pro tunc, & "tunc pro nunc cessationes alias suspensas intimaret. Et quantum ad verba

prolata, vt dicebatur per D. Parisiensem, quæ multum ægrè tulit præ- " ———
fata Natio, voluit eadem quod Præfatus D. Rector haberet vocare ad se " 1445.
omnes Officiarios dicti D. Parisiensis Iuratos nostræ Vniuersitatis, & si- "
gnanter M. Petrum Monqueris Officialem Parisiensem, eumque & eos "
requirere sub debito Iuramenti, an præmissa deliberatione volebant vti, "
per quos seu aliquem eorum si responderetur quod sic, eum vel eos nunc "
pro tunc, & tunc pro nunc priuabat, & pro priuatis habere volebat à gre- "
mio Vniuersitatis, & signanter Nationis eiusdem, si supposita essent il- "
lius, perpetuis temporibus. Attendens quod quilibet Iuratus in dicta Vni- "
uersitate iurat ad quemcunque statum deuenerit, seruare. "

    Eadem fuit cæterarum Nationum & Facultatum sententia', tandemque totius Vniuersitatis hæc fuit Conclusio, vt Rector cum Decanis & Procuratoribus, necnon & alijs Proceribus adiret Patres Parlamentæos, causam suam exponeret, suaque Priuilegia sarta tecta seruari deposceret. Si verò iam traditus fuisset Episcopo Paris. Scholaris incarceratus, eum quoque adiret, repereretque *sub cautione Iuratoria*, vt vocant, iuxta Priuilegia Vniuersitatis; & de Responso Patrum & Episcopi quamprimum referret ad Vniuersitatem. Quæ omnia fideliter exequutus est Rector, & habitis die Lunæ 29. Nouemb. Comitijs, exposuit Episcopum Paris. nolle dimittere Scholarem incarceratum, *ad cautionem iuratoriam, secundùm formam Priuilegij Vniuersitatis*. Quamobrem iussis deliberare Facultatibus & Nationibus quid facto opus esset, singulæ concluserunt cessandum esse in omnibus Scholis, ni Episcopus satisfaceret; quà de re sic prædictus Pauli Procurator Gallicanus in Codice. *Quæ omnia exposui in Natione matre mea ad partem retracta. Quæ quidem Natio deliberauit in modum qui sequitur. Et 1. quod ad 1. artic. voluit quod Cessationes turrerent, statim casu quo Præfatus D. Parisiensis dictum incarceratum modo prædicto dimittere recusaret. Et hoc idem conclusit Vniuersitas.* A Pauli. Ita est.

    Additum tamen Vniuersitatis Conclusioni, vt Rector iterum adiret Episcopum, deque Responso referret hora 2. Pomeridianâ. Quod & præstitit; & eadem die hora 2. post prandium iterum conuenit Vniuersitas, ad quam retulit Rector se inuisisse D. Episcopum ab eoque nomine totius Academiæ repetijsse Scholarem Conuictorem quem detinebat, nihil verò se ab eo potuisse impetrare & obtinere. Quamobrem secedentes ad deliberandum Facultates & Nationes in sua quæque loca, retulerunt per Decanos & Procuratores vnanimiter, nisi intra diem idem Episcopus redderet, fore cessationes in toto Regno Academico; quà de re sic prædictus Procurator scribit. *Quæ omnia exposui in Natione matre mea ad partem retracta quæ conformiter ad deliberata de mane, casu quod idem Pensionarius non restitueretur, infra noctem, Cessationes à sermonibus conclusit; & casu quod per tres dies immediatè sequentes non restitueretur, nunc pro tunc & tunc, pro nunc cessationes ab omni actu concludebat. Et illud idem conclusit Vniuersitas.* Tunc Rector erat Vniuersitatis M. Ioannes Haueron qui successorem habuit M. Martinum Chaboz Baccalarium formatum in Theol. Societatis Nauarricæ.

    Cessatum-ne fuerit an non, nihil comperi: Sed certum est mense Februario fuisse adhuc in carcere detentos Scholares: nam 20. Feb. conuocata per Rectorem Vniuersitas in Bernardinorum ædem, deliberauit, iuxta relationem eiusdem Rectoris super incarceratione M. Iacobi de Gouda qui postea Rector fuit; cuius liberationem Facultates & Nationes omnes sese prosecuturas pollicitæ sunt, nulliqué impensæ, donec id fiat, parcituras, simulque ad liberandos è carceribus alios Scholares opem, operam, pecuniamque collaturas.

    Eodem anno Eugenius Papa conatus est per Legatos à Rege obtinere Pragmaticæ-Sanctionis abrogationem, oblatis interim Beneficiorum quamplurimorum Prouisionibus, seu Collationibus: quod vbi ab Vniuersitate intellectum est, cum Ecclesiæ Gallicanæ libertates acerrimè tueretur, habitis Comitijs & deliberationibus omnium & singularum

Facultatum & Nationum, conſtituit ad Regem ſcribere in eam rem, & ad Ducem Burgundiæ, quem ſimiliter Papa ad ſuas partes traducere nitebatur.

Et 22. Decembris eiuſdem anni in Congregatione generali lectæ ſunt quædam litteræ ad Regem eiuſque Confeſſarium tranſmittendæ ſuper prouiſione Suppoſitorum Vniuerſitatis; quibus Rex humillimè ab Vniuerſitate filia ſuâ rogabatur, ne pateretur aliquid innouari circa Pragmaticam-Sanctionem, ipsâ inauditâ. In eandem rem lectæ ſunt litteræ ad Ducem Burgundiæ.

Item eadem die omnes Facultates & Nationes annuerunt ſupplicationi M. Martini Chaboz Rectoris petentis ſubſcriptionem, ſeu vt vocant, Adiunctionem, ad cauſam iniuriarum ſibi illatarum; vt refert M. Guill. Nicolay Pariſ. tunc Procurator Nationis Gallicanæ; quæ res vrgebatur in Curia Parlamentæa.

HISTORIA VIRI ADMIRABILIS.

Eodem anno ex Hiſpania Lutetiam venit Iuuenis quidam ſacræ Theol. Doctor tam mirabilis ingenij & ſcientiæ, vt nunquam ei par viſus, neque poſthac videndus ſit. Vocabatur autem Ferrandus Cordubenſis, de quo ſic Trithem. in Chron. Spenheim. Is *an. 1445.* Iuuenis annorum 20.
" miles auratus, Artium, Medicinæ & ſacræ Theol. Doctor cum 8. equis
" de Hiſpania venit in Franciam & totam Pariſiorum Scholam ſuâ mirabili
" ſcientia vertit in ſtuporem. Erat enim in omni Facultate ſcripturarum
" doctiſſimus, vitâ & conuerſatione honeſtiſſimus, non ſicut ille de quo iam
" diximus (*ad an. 1501.*) arrogans & ſuperbus, ſed humilis multùm & reue-
" rentia plenus, memoriter enim Bibliam totam, Nicolaum quoque de
" Lyra, ſcripta S. Thomæ Aquinatis, Alexandri de Hales, Ioannis Scoti,
" Bonauenturæ & aliorum in Theologia complurium, Decretum quoque
" & omnes vtriuſque Iuris libros: & in Medicis Auicennam, Galenum,
" Hippocratem & Ariſtotelem atque Albertum: omneſque Philoſophiæ &
" Metaphyſiccs libros & Commentaria, ad vnguem, vt aiunt, memoria
" conſeruabat. In allegando fuit promptiſſimus, in diſputando acutus & à
" nullo vnquam ſuperatus. Denique linguas Hebraïcam, Græcam, Latinam, Arabicam & Chaldæam perfectè legit, ſcripſit ac intellexit. Romam
" à Rege Caſtellæ miſſus Orator, in omnibus Italiæ, Galliæque Gymnaſijs
" publicis diſputans conuicit omnes, ipſe à nemine, vel in minimo conui-
" ctus. Varia de ipſo inter Doctores Pariſienſes mouebatur opinio: alijs
" magum illum, ac dæmone plenum cauillantibus; alijs ſentientibus
" contrarium. Non defuerunt qui Anti-Chriſtum putarent propter incre-
" dibilem ſcientiam ſcripturarum, quâ cunctos mortales videbatur excel-
" lere. Commentaria quædam in Almageſtum Ptolemæi edidit & Apoca-
" lypſim D. Ioannis expoſitione pulcherima illuſtrauit. Scripſit Ingenij
" ſui & alia quædam plena eruditionis opuſcula. Iſte Fernandus erat qui
" Carolo Duci Burgundionum aſtronomicâ vaticinatione longe ante prædixit, interitum quem ille ſpernens non ſuſpicabatur eſſe tam proximum.

Huiuſce Doctoris mentio habetur in Actis Nationis Gall. ad diem 22. Decemb. aientibus lectas fuiſſe litteras quaſdam ad Ducem Burgundiæ tranſmittendas, *Ne velit adhibere fidem dictis cuiuſdam Doctoris Hiſpani, qui ſe obtulerat Vniuerſitati reſponſurum; qui tamen noluit reſpondere, ſed ſe excuſauit dicendo quod celerrimè erat iturus apud D. Ducem dictum.* Cæterum tam ad ipſum Ducem quàm ad Regem miſit Vniuerſitas Oratores ſuos plurimas ob cauſas. 1. Vt de negotio pacis Eccleſiaſticæ agerent. 2. De reditibus Beneficiorum in ditione Normaniæ, deque ſtudio Cadomenſi, ſtantibus Bellorum Inducijs inter vtrumque Regem. 3. De iniurijs illatis Rectori qui Caput eſt Vniuerſitatis: Ijſque Oratoribus datæ Inſtructiones quæ ſequuntur, quæque habentur in membrana in Tabulario Academiæ, notata hiſce notis, A A 1.

Instructiones Almæ Parisiensis Vniuersitatis pro suis Ambassiatoribus ad D. nostrum Regem destinandis. 1445.

PRimò exhibitis humiliter reuerentia & honore debitis & præsentatis litteris Credentialibus Vniuersitatis eiusdem, ipsaque Vniuersitate Regiæ Celsitudini deuotè commendata, suæ legationis causas seriosè reserabunt.

Imprimis quod ipsa Vniuersitas perpetua & primogenita filia Regiæ Majestatis, zelatrix fidelissima publicæ salutis Catholici Orbis, præcipuè Regiæ exaltationis & prosperitatis huius Christianissimi Regni ex debito suæ professionis vnionem, pacem & tranquillitatem vbique desiderans, ea quæ ad pacem sunt, hortari & dogmatizare tenetur.

Et singulariter quod circa statum Ecclesiæ, vigente nunc, proh dolor! notorio & pestifero Schismate, plurimùm turbatæ necessariam & salutarem vnionem ipsa Vniuersitas prosequi tenetur, & circa hunc insistentes articulum dicti Oratores habeant reserare quantum sit huiusmodi vnio necessaria & vtilis, extra quam nullus residere censetur fidelis Catholicus, cum gratiarum etiam actionibus magnificis Regiam extollentes prouidentiam qui ad suorum instar illustris memoriæ Prædecessorum multis iam Prælatorum Franciæ conuocationibus, Ambassiatis, laboribus & sumptibus circa hanc vnionem vacare dignata est.

Item ad Regiam reducant memoriam Protestationes consultissimas per suam excelsam prouidentiam in materia Ecclesiæ solemniter emissas, quibus tandem exprimere voluit vt Christianissimus Rex quod vt S. Ecclesiæ Determinationem tutiùs inquireret & ipsius vnionis media pertingeret, suam Franciæ Ecclesiam conuocaret solemniter, & secundùm aduisamenta & consultationes eiusdem securus ambularet.

Item & ostendant quod iam opus instat ipsam Ecclesiam Franciæ congregare in loco aptissimo & numero solemni in omnibus suis suppositis notabilibus, vt exinde solemnis procedat deliberatio quam prosequi Regia fidelitas securè poterit & debebit ad inuestigandam Ecclesiæ vnionem.

Petant igitur humiliter circa hanc materiam præfati Oratores quod placeat Regiæ Majestati vocare Prælatos omnes huius Regni sanctè & prouidè aduisaturos media Pacis & Ecclesiasticæ vnionis ac in propria persona comparituros, neque per Procuratores admittendos nisi vrgente necessitate impedimentum præbente legitimum, de quo fidem facere tenebuntur, qui tunc validè excusati loco sui viros notabiles singuli singulos suis sumptibus mittere non differant. Sitque locus huiusmodi Congregationis Parisi. hæc Ciuitas, in qua locorum & victualium amplitudo viget & multitudo refulget litteratorum qui veritatem bene nouerint discernere & consulere fideliter & sanè.

Item quod vsque ad ipsam Ecclesiæ Gall. Congregationem petitam nihil valeat innouari, neque immutari etiam, neque in Collatione Beneficiorum, *Electionum celebratione ac cæteris Bituris aliàs solemniter conclusis,* & præcipuè donec ipsa Vniuersitas super his ad plenum sit audita, cuius interest grauissimè.

Item neque in oppositum mouere debet Regiam Celsitudinem *Congregatio prædicta facta Bituris,* in qua pauci admodum Prælati interfuerunt, cum tamen res tanta requirat solemnem omnium Prælatorum comparitionem & præsentiam.

Item & quoniam prouisio Suppositorum Vniuersitatis, seu Nominationum *eiusdem per Sanctionem Pragmaticam* expressa, ferè inanis & inutilis censetur ex defectu compulsionis Collatorum, petant ipsam Compulsionis litteram, aliàs à Regia Majestate Vniuersitati concessam, aut talem saltem compulsionem qualem D. noster Rex pro suis nominatis exercet assiduè.

1445

"Item & sicut ex litteris Regijs patentibus aliàs ordinatum & procla-
"matum extitit, iterum ordinetur & publicetur, quod pendente huius-
"modi Ecclesiasticæ pacis prosecutionis tempore nullus molestetur in per-
"sona, beneficijs, seu bonis per quantancunque authoritatem, vel Cen-
"suram hac occasione, vel ratione. Etsi quid factum sit, reuocetur, & com-
"pellantur compellendi.
"   Item & vbi contingeret aliquid super collatione Beneficiorum inno-
"uari, ita quod Domino nostro Papæ altera pars & altera DD. Prælatis,
"seu Collatoribus & Patronis Ordinarijs assignaretur, sic dignetur Regia
"Majestas pro prouisione studentium intendere quod pro Nominatis &
"Nominandis per Vniuersitates 4. menses in quolibet anno assignentur
"discreti & expressi, quoniam & sic litium sublata materia & pace relicta
"studentibus rectè ipsa Beneficia Ecclesiastica conferentur illis quibus
"sacra Iurium documenta iubent, volunt & decernunt debitè assignare.
"   Item vt vitetur circuitus, & ordo rectus confusionem aboleat, dispo-
"natur quod in qualibet Prouincia vnicus scilicet Metropolitanus confe-
"rat per Vniuersitates Nominandis omnia Beneficia in dictis 4. mensibus
"vacantia præter illa quæ ad suam propriam collationem, seu qualemcun-
"que dispositionem vacare contigerit, quæ per primum suum suffraga-
"neum certum & nominandum conferantur dicto tempore alteri dictorum
"Nominandorum.

Pax Regni.

"Item & consequenter ipsi Oratores aperientes ruinas & scissuras hu-
"iusmodi Christianissimi Regni, proh dolor! occasione guerrarum in eo
"prolixarum desolatissimi laudare & commendare habeant pacem & sere-
"nitatem eiusdem fore conuenientissimè perquirendam, solidam tamen
"atque veracem.
"   Item & quoniam ad pacis media Treuga aliqua publicata est per D.
"nostrum Regem concessa ad tempus, ostendatur quod hac treuga duran-
"te, damna non modica inferuntur Vniuersitati Paris. necnon pluribus
"Ecclesijs & viris Ecclesiasticis huius Regni qui suos Reditus habent spi-
"rituales, Ecclesiasticos & Beneficiales in partibus Normaniæ, *qui Reditus
"iam ad vtilitatem cedunt notoriè Anglicorum.*
"   Item præcipuè aperiatur quomodo ipsa Vniuersitas Paris. in suis Col-
"legijs maximè fundata est in quibus quasi tota residet, *immò & durantibus
"guerrarum dissidijs iam ipsa perisset, si in ipsis Collegijs non esset conseruata.*
"Quorum tamen Collegiorum ferè media pars in dictis Normaniæ parti-
"bus suos habet fructus & reditus, quibus & Scholares in studio alimen-
"tari & ipsa Collegiorum ædificia sustentari solita sunt. *Sunt etiam plures
"Scholares & Magistri in dictis Partibus Normaniæ Beneficiati, qui suorum*
"Beneficiorum fructibus in studio sustentari solebant.
"   Item & iam pium est intueri ipsa Vniuersitatis Collegia ibidem funda-
"ta ruinas minari grauissimas, Suppositis & Studentibus vacuari, ipsosque
"ibi Beneficiatos egestate confundi. Ex eo præcipuè quod à tempore re-
"ductionis vrbis Parisiensis ad Regiam obedientiam suos reditus & fructus
"consuetos minimè perceperunt, quæ in dictæ Vniuersitatis iacturam non
"modicam cedere noscuntur.
"   Item & longè grauius in dictæ Vniuersitatis dissipationem cedit, quod
"dictorum Collegiorum fructus & Reditus per Aduersarios applicantur ad

DE STV-
DIO CA-
DOMENSI.

"*quosdam in illo studio Cadomensi de nouo studentes prætensos, qui in huiusmodi
"Vniuersitatis extirpationem erigi noscuntur. Et iam in vlteriorem cedit iactu-*
"ram quod dicti *Cadomenses publica proclamatione fecerunt, seu pronuncia-*
"uerunt *inhiberi,* ne quis ex dictis partibus Normaniæ audeat ad Studium
"Paris. accedere sub grauibus & maximis pœnis, immò ab Apostolica sede,
"vt fertur, impetrarunt quod præferantur in assecutione Beneficiorum
"omnibus alijs Studijs & alibi studentibus.

Petant

Petant igitur Oratores præfati vt Regiæ Celsitudinis Prouidentia dum aguntur Media pacis, seu treugarum concessio, placeat ad publicam salutem maximè in S. Ecclesiæ & eiusdem Vniuersitatis fauorem & conseruationem sic agenda disponere, vt ipsi Ecclesiarum, Collegiorum & Beneficiatorum Reditus ad suos redeant antiquos Possessores, scilicet ad loca & personas præfatas præcipuè hîc in studio morantes, cum sint res spirituales censendæ, immò & ipsi Ecclesiæ & Vniuersitatis alumni tali notoriè immunitate gaudere debeant, quod nullo iure intra guerrarum profanos amplexus debeant comprehendi, tollaturque dicta inhibitio, & liberum sit omnibus Parisius studere volentibus accedere, ibidem & morari & cæteris præferri Studijs & Nominatis, secundùm formam suorum Priuilegiorum & obseruantias notorias. Petent etiam omnium Priuilegiorum dictæ Vniuersitatis & præcipuè Papalium plenum & liberum cursum in dictas Normaniæ partes expediri, necnon alia dominia in Regno Franciæ Anglicis subiecta.

Pax Vniuersitatis.

ITem & quoniam in tranquillitate & pace propria Vniuersitas ipsa viget & conseruatur Regia semper clementia disponente, & paterno fauore filiam tantum amplexante, iustum censetur, vt ipsa iam turbata Vniuersitas ad Regium paternumque recurrat auxilium.

Item & huiusmodi turbationis causam cum omni humilitate & amaritudine poterunt ipsi Oratores declarare & cætera conferentia animaduertere & exprimere prout in Instructionibus nouissimè datis duobus vener. Magistris ad Regiam Majestatem transmissis latissimè continetur. Quæ Instructiones sigillatæ præsentibus Oratoribus pro sua rursum instructione traditæ sunt, ac si hîc haberentur insertæ & de verbo ad verbum expressæ, vt ipsi Oratores præsentes illa procurent, petant, & perficiant pro viribus, quæ per dictos ven. Magistros non fuerunt completa & perfecta, petita vel obtenta.

Item & quoniam dicti vener. Magistri à Regia serenitate benignissimè suscepti sunt, & inter petita quædam vtilia reportarunt, Regiæ Celsitudini gratiarum dicentur actiones, etiam quia alteri dictorum Magistrorum, prout ipse retulit, ipsa Regia liberalitas summam 100. scutorum donauit gratissimè.

Item & quia non est satisfactum humilibus eiusdem Vniuersitatis Requestis, neque sentit ipsa Vniuersitas suarum atrocium iniuriarum aliquam reparationem, sed potiùs aggrauationem & magnam processuum inuolutionem per quædam contenta litterarum quas ipsi vener. Magistri attulerunt. Idcircò quærendo quæ ad pacem sunt, iterùm Vniuersitas eadem remedium iterato decreuit humiliter implorandum.

Item & super hoc ipsi Oratores habeant declarare quomodo Vniuersitas contra Regis Officiarios nihil querelæ vult, voluit neque vellet intentare, sed solum contra Excessuum perpetratores, singulariter in suum Caput & Rectorem, in suos Officiarios & alumnos palàm commissorum in enorme scandalum eorundem læsionem atque iacturam, scilicet contra Grandinum de Tu. & Petrum de Carnay suosque Complices. Et nihilominus ipsa littera Regios Officiarios, immò & sic Regium Procuratorem partem formalem aduersus Vniuersitatem constituere videtur, contra dictæ Vniuersitatis mentem & intentionem. Absit enim quod contra D. nostrum Regem, aut suum Procuratorem ipsa Vniuersitas litem debeat, neque velit intentare, cuius adiunctionem, & tuitionem ipsa postulat humiliter & instanter.

Item & aperiantur cætera ex ipsa littera oriri parata in eadem Vniuersitate turbamina, inquietationes & prolixæ Processuum Ordinariorum inuolutiones, difficultas congregandi in vnum 4. dispares Iudices, *quos Vniuersitas suos non esse Iudices profitetur, cum sola Regia Majestas præsentialiter*

"sui corporis causas solita sit tractare tanquam suæ filiæ primogenitæ & perpe-
"tuæ; inter quos etiam Iudices prætensos vnus ex Generalibus assignatur, licet ipsa
"Vniuersitas, diu est, appellauit, ne quis Generalium de suis cognoscat agendis.
"Hæc enim omnia frangunt & grauiter offendunt Iura, priuilegia, liber-
"tates & vsus, immò tranquillitatem & quietem Vniuersitatis eiusdem.
  "Item & declaretur quomodo ipsa Vniuersitas sine Iudiciorum strepitu
"audiri, debet & expediri, & sibi illata læsio summariè & de plano per iu-
"dicium Regiæ Celsitudinis reparari, & ita factum est temporibus retro-
"actis in facto D. Caroli de Sauoisy, in facto D. de Tignonville & alijs
"pluribus. Sic enim notoria mala continuò reparantur, iustitia petentibus
"erogatur & pax perennis in eadem Vniuersitate seruatur.
  "Item ostendant ipsi Oratores quod licet ad nullam illatæ Vniuersitati
"iniuriæ reparationem sit processum, ob reuerentiam tamen Regiæ Maje-
"statis & pro suarum satisfaciendo contentis litterarum ipsa Vniuersitas
"omnes *Scholarum & Lectionum actus resumpsit, licet suorum* Priuilegiorum
"tenor haberet quod licebat vsque ad condignam reparationem cessare.
  "Item vt iam pateat cum omni reuerentia loquendo, quod ipsarum lit-
"terarum contenta noua inconuenientia, turbationes & contentiones pa-
"riant & afferant, declaretur modus quem isti DD. prætensi Iudices te-
"nuerunt, & quomodo Regius Procurator partes contra Vniuersitatem
"assumit, iniuriarum autoribus in pace dimissis. Quanquam neque Vniuer-
"sitas, neque partes aduersæ litteras ipsas acceptarint, præsentauerint,
"aut se eisdem voluerint iuuare, immò ex partibus aduersis declarantibus
"se partes constituere non velle.
  "Item satis est mirandum quod Commissarij *Ordinati super illo mutuo,
"cuius occasione* orta est contentio, instante Vniuersitate noluere & nomi-
"na & summas dare Vniuersitati illorum per eos impositorum & compul-
"sorum quos dicebat velle eximi & abuti priuilegijs dictæ Vniuersitatis.
"Quanquam ipsa Vniuersitas eorum nomina peteret, vt reformaret si quos
"reperiret abusus & à D. nostro Rege non peteret liberationem aburen-
"tium quorumcunque, & vt posset Regia Majestas videre, cum qua pro
"modica summa tanta insurgit turbatio, similiter etiam non obstante Or-
"dinatione Regia annullante mutuum nuper impositum, non redduntur
"neque restituuntur vadia capta quibuscunque Suppositis, scilicet Ioan.
"Theobaldi Papietario nostro, neque Francisco Fanouche similiter vadia
"capta à nostris Suppositis restituuntur.
  "Petant igitur dicti Oratores quod placeat D. nostro Regi reparatio-
"nem iniuriarum Vniuersitati illatarum sicut petitur, aut aliàs rationabi-
"lem in promptu & summariè decernere, & ordinare attento quod clarè
"constat de eisdem per multiplices & solemnes informationes, immò ipsa
"facti notorietate, aduocatis ad suam Regiam præsentiam omnium litium
"& processuum inde ortorum & futurorum materijs atque causis; & im-
"posito silentio suo Procuratori & nominatis, seu prætensis Iudicibus, ac
"alijs quibuscunque; quod etiam Priuilegia dictæ Vniuersitatis illæsa ab
"omnibus conseruentur, *& secundum ea sigillo Rectoriæ* plena fides adhi-
"beatur vbique.

  Ex his patet præcipuam huiusce Legationis causam hanc fuisse, vt
Rex ipse filiæ causas cognosceret non alijs Iudicibus dijudicandas traderet, à quibus malè solebat tractari, præsertim verò à Curia subsidiorum, seu Generalium, vt infra clarius patebit. Quis autem fuerit legationis exitus, ex sequentibus clarum est. Nam qui aduersabantur Vniuersitati, Regi consulunt, vt Curiæ Parlamentęæ causarum ipsius cognitionem attribuat tam in agendo, seu, vt vocant, petendo, quàm opponendo seu respondendo, hoc prætextu quod ipsa Vniuersitas sæpè cum
Præposito Paris. Iurato suo aut litigia exerceret, aut criminum impuni-
tatem pacisceretur. Impetrantur ergo litteræ, & ad Curiam diriguntur.

  Et ad an. 1446. earum fit mentio in Actis Curiæ, in quibus sic legitur.
Du 2. May 1446. Ce iour ont esté leues & publiées certaines lettres Patentes

du Roy nostre Sire, & ordonné estre enregistrées par lesquelles il mande à la Cour connoistre de toutes les Causes & Actions de l'Vniuersité de Paris & des Supposts d'icelle. Et au Procureur de ladite Vniuersité, en a esté octroyé copie. Litterarum autem Regiarum quarum hîc mentio, contextus est eiusmodi.

1445. PARLAMENTO COMMISSA CAVSA VNIVERSITATIS.

« Consideré que nostre Cour de Parlement est souueraine, à laquelle tous ceux de nôtre Royaume sont subjets, & aussi que pour les grands & hauts affaires de nostredit Royaume en quoy nous sommes continuellement occupez, ne pourrions vacquer ny entendre en nostre Personne à ouïr & decider des querelles, causes, negoces & questions de nostre fille l'Vniuersité de Paris, ny des Supposts d'icelle & que de plus grandes choses de moult que celles de ladite Vniuersité, nostredit Cour de Parlement connoist, decide & determine de iour en iour, & en laquelle est faite iustice à vn chacun, sans acception de personnes. Voulans pouruoir à ladite Vniuersité & aux Supposts d'icelle, & obuier aux inconueniens & scandales qui pourroient aduenir en nostre Royaume, & bonne iustice & briefue expedition estre faite & administrée à nostredite fille l'Vniuersité de Paris & aux Supposts d'icelle, & rejetter tous delais, longueur & inuolutions de Procez & pour autres causes & considerations, à ce nous mouuans, Ordonnons & Appointons que nostredite Cour de Parlement connoisse & determine des Causes, querelles & negoces de nostredite fille l'Vniuersité de Paris & des Supposts d'icelle. Tout ainsi que ferions en nostre personne, si presens y estions. Donné à Chinon le 17. iour de Mars 1445. & de nostre Regne le 24. »

Cum his concordant ea quæ leguntur in Actis Nationis Gall. ad 7. Maij, nimirum à Receptore ipsius asses duos numeratos Petro Bedello *pro duplicatione litteræ impetratæ contra Vniuersitatem, vt scilicet teneremur placitare in Parlamento.*

Rector Vniuersitatem conuocat 13. Maij, rem refert vt erat, fuisse scilicet impetratas de nouo à Rege litteras *in præiudicium Vniuersitatis super Responsione & defensione in Parlamento.* Placuit verò earum exemplaria cum Consilio suo communicari. *Et facta fuit oppositio in Curia Parlamenti & tradita in scriptis, secundùm consilium ipsorum Consiliariorum,* vt scribit M. Ioan. de Conflans Baccalaureus formatus in Theologia, Societatis Nauarricæ, eiusdemque Nationis Procurator.

Hinc ergo videtur sumendum initium Commissionis Causarum Academicarum Curiæ Parisiensi traditæ. Vnde Præpositus Parisiensis iura sua videns imminuta, eidem Vniuersitati Iuramentum solitum præstare detrectauit. Donec tandem secutis temporibus ita edictum, vt quæ Vniuersitatis ipsius nomine causæ agitarentur, illæ ad Senatum deferrentur; quæ verò ad singularia Supposita pertinerent, illæ in Prætorio Vrbano, apud Præpositum disceptarentur.

Cum autem eodem anno nonnulli Optimates & viri Principes Laïci ab Eugenio impetrassent quandam Decimam ex bonis Ecclesiasticis percipiendam, intercessit Vniuersitas, & ab Edicto Pontificio ad Concilium generale prouocauit. Sic enim legitur in libro Procuratorum Franciæ, ita scribente M. Henrico Megret eiusdem Nationis Procuratore, ad diem 30. Decembris, quâ conuocata est à M. Ioanne Beguin tum Rectore Vniuersitatis, *vt deliberaret de remedio opportuno super quadam Decima nuper aliquibus Principibus Franciæ à summo Pontifice concessa. Et quantum ad hoc, voluit quòd leuaretur appellatio. Voluit etiam quòd Procurator noster in Curia Parlamenti se opponeret Publicationi litterarum tam Regiarum quam Apostolicarum.* Tum Rector erat M. Beguin Baccal. in Theolog. electus die 17. Decemb.

In eandem rem iterùm conuocata est Vniuersitas apud S. Mathurinum 14. Ianu. scilicet ad relegenda quædam Instrumenta appellationis à summo Pontifice ad Concilium generale, & intercessionis apud Curiam Parlamenti, ne quid quod libertati & commodis Academicis aduersaretur, fieret. Dataque est M. Petro Desfriches Procuratori Vniuersitatis prouincia intercedendi apud Curiam eo nomine, vt ex Actis colligere est.

Du 27. Ianu. 1446. M. Pierre Desfrisches Procureur de l'Vniuersité de Paris, s'est opposé & oppose à ce que aucunes lettres touchant le fait du Dixiesme qu'on dit n'agueres auoir esté octroyé par nostre S. Pere le Pape, ne soient publiées au preiudice de ladite Vniuersité & des Supposts particuliers d'icelle.

Item in ijsdem Comitijs 14. Ianu. habitis conclusum vt Rex à Filia sua enixissimè rogaretur reuocare Mandatum quoddam, seu Edictum impetratum ab Electis, item iubere vt Præpositus Parisiensis iuramentum solitum præstaret, quod præstare recusabat, contra consuetudinem & statuta. *Vt Rex vellet cogere Præpositum Paris. ad faciendum Iuramentum, vt "moris est, cum non sit memoria de opposito. Item vt dignaretur nobis conferre "Mandatum abolitiuum Mandati Electorum vt valeamus cum omnibus nobis fa-"mulantibus viuere in quiete.* Hinc liquet Vniuersitatem illis temporibus cœ-"pisse collabi, & priuilegiorum suorum iacturam facere.

Eodem anno, more Gallicano, 23. Febr. Eugenius Papa moritur, cui succedit Thomas Sarzana ex oppido Lucensis agri, infimæ sortis Parentibus, Bartholomæo Medico & Andreola ortus; qui Nicolai V. nomen sumpsit. Et sub eo Schisma finem cœpit, vt suo loco dicemus. Interim non erit superfluum notare Nicolaum fuisse virum tam in humanioribus quàm in diuinis litteris apprimè eruditum, amplaque Doctoribus harumce Facultatum stipendia assignasse: Græca quoque volumina in Latinum sermonem vertenda curauisse, vt refert Philephus lib. 13. Epist. ad Calixtum III. *Videmus,* inquit, *vnius eius optimi, sapientissimique Pontificis vel diligentia, vel munificentia id esse factum, infinita penè Græca volumina quæ nostris hominibus erant ignota de rebus maximis atque clarissimis à Græcis, Philosophis, Historicis, Oratoribus eleganter scripta in Latinum esse traducta sermonem: idemque factum de libris Theologicis atque Mathematicis.* Verùm bonus ille Pontifex nimis facilis fuit in concedendis Priuilegijs Ordinibus Mendicantium, qui eius facilitate abusi Bullam obtinuerunt contrariam sacris Canonibus & veterum institutis, vt tum credebatur.

COLLEG. BONO-RVM PV-CRORVM S. HONO-RATI.

Hoc anno cùm Episcopus Parisiensis Bursas Collegij Bonorum Puerorum S. Honorati alijs conferret quàm Gallicanis, Natio Gall. voluit illum adiri & admoneri Collegium istud ad se pertinere, nec posse alijs quam suis Bursas conferri. Primùm tamen per Deputatos relegi voluit statuta & fundationem dicti Collegij. Sic enim scribit M. Nicolaus de Foro Tullensis Procurator Nat. Gall. & Regens in Coll. Nauarrico. 20. "die eiusdem mensis Iulij conuocata Vniuersitate in S. Mathurino per D. "Rectorem super aliquibus, & Natione retracta ad partem more solito "posui in medium, quod cum Collegium Bonorum Puerorum prope S. "Honoratum sit Collegium Nationis, vt multi dicebant, non poterant re-"cipi Bursarij alij quàm Gallici: & etiam ad hoc erant laudabiles Consue-"tudines; nec erat memoria de opposito. Idcirco cum D. Parisiensis Bur-"sarum illius Collegij Collator vellet aliquibus Normanis, vel Picardis vt "dicitur Bursas prouidere; quod fieri non poterat sine præiudicio maximo "Nationis, quæsui vtrum placebat quod me opponerem eorum recep-"tioni: super quo fuit deliberatum quod haberem celebrare solemnes De-"putatos, & Ego vnà cum eis haberem visitare Collegium prædictum, ac "statuta eiusdem & haberem me informare de dictis Bursis: & si reperirem "quod Consuetudines essent ad hoc quod soli Gallici recipiantur, vel si "statuta expressam faciant mentionem, quod DD. Deputati & ego adire-"mus D. Parisiensem, supplicando eidem quod, vel secundum statuta, vel "laudabiles Consuetudines vellet huiusmodi Bursas Gallicis conferre & "non alijs, & secundum responsionem suam habito Consilio Deputato-"rum vlterius agere vellem.

Anno 1447. seriò actum est de Reformatione Vniuersitatis, quam Ecclesiæ Schismata & Regni tumultus bellaque Ciuilia plurimùm deformauerant. Natio Gallicana ei rei institisse videtur quàm maximè apud

Vniuersitatis Parisiensis.

Curiam Parlamentæam. Scribit enim M. Bernardus de Miramonte Procurator eiusdem sibi die 5. mensis Maij in Comitijs Mathurinensibus injunctum, *vt Reformationem quam supremæ Curiæ Parlamenti per vnam supplicationem dudum Natio concors requisiuerat, viriliter prosequeretur pro posse.* Et in Comitijs 2 die Iunij habitis ad electionem Procuratoris M. Ioannes Priardi electus iussus est specialiter iurare viriliter prosequi *reformationem in Curia Parlamenti.* In eam quoque rem vt incumberet Curia, Carolus Rex litteris patentibus iussit. Quod vt ab Vniuersitate intellectum est, habitis Generalibus Comitijs ad Regem Legatos misit, asserens se paratum parere, nec Reformationem detrectare ; petebat tamen id sibi licere facere de seipsa; quippe scienti quâ in re peccaretur. Indulsit Filiæ Parens facultatem instituendæ Reformationis, inque seipsam animaduertendi. Hinc ad Procuratorem suum generalem scribit, vt ab incepto desistat. Hac de re sic legitur in Actis eiusdem Nat. Gall. scribente Procuratore Ioanne Ramier.

1447.
DE REFORMATIONE VNIVERSITATIS.

" Die 14. mensis Martij eiusdem an. 1447. conuocata Vniuersitate Parisiensi in S. Mathurino super fienda Reformatione in Vniuersitate per Regem ordinata & Vniuersitati delegata. 2. Super supplicationibus & iniurijs. Quantum ad 1. regraciabatur vener. Natio Franciæ supremo D. nostro Regi, & quod notificaretur Procuratori Regio venerabilis Curiæ Parlamenti vt visis litteris desisteret à Reformatione fienda in eadem Parlamenti Curia, quia ad Nos remittebat prædictam Reformationem. Et quoad factum in se, placuit Nationi præfatæ *procedere ad Reformationem fiendam, si altiores Facultates vellent in defectibus suis reformari etiam per Facultatem Artium, aliàs non.* Nullo tamen modo placuit nationi Nominatio Reformatorum facta per M. Io. de Oliua in sacris apicibus Magistrum. Sed *voluit quod quælibet Natio vnum, aut plures nominaret Reformatores.* Nominauit autem honorabilem & scientificum virum M. Ioannem Lullier Baccalarium in Theologia actu legentem Sententias Parisius in venerabili Collegio Sorbonæ; *& quod Nominati per Nationes & Facultates haberent quidem aduisare modum Reformationis, nihil tamen concludere, sed tantum Vniuersitati referre.*

Quia verò Rex nihilominus conscribi iusserat certa quædam capita, in quibus potissimùm peccari, videbatur ; eaque ad Vniuersitatem transmiserat examinanda, ipsa statuit Comitijs die 5. April. eodem anno habitis, vt illorum Capitum, seu Articulorum exemplaria fierent, traderenturque singulis Facultatibus & Nationibus, communicanda deinde cum Deputatis, autographum verò, seu vt vocant, Originale reponeretur in Tabulario Vniuersitatis. Tum erat Rector M. Ioannes Pluyette Philosophiæ Professor clarissimus.

Eodem anno cum peristylium & Ecclesiam Mathurinensium insolentes nonnulli polluissent, **M. Ioannes Fabri tunc Domus Minister**, apud Vniuersitatem questus est ea de re die 3. mensis Aug. vt patet ex ijs quæ scribit M. Io. Priardi tum Nationis Gall. Procurator.

Die 3. Aug. anni prædicti fuit Vniuersitas conuocata apud S. Mathurinum per D. Rectorem super aliquibus articulis. Et Natione ad partem retracta, supplicauit Magister noster M. Ioannes Fabri Minister S. Mathurini, quatenus Natio sibi vellet dare auxilium, fauorem & adiunctionem contra quendam Iudocum Tirement suosque Complices qui paulo ante maximas iniurias nedum dicto Monasterio S. Mathurini, immò & ipsi Domino Ministro fecerant & intulerant, etiam cum manuum violentarum in personam dicti D. Ministri iniectione: quæ supplicatio fuit per Vniuersitatem & Nationem concessa.

Eodem anno orta est in Facultate Medicinæ discordia quædam occasione dispensationis quam M. Carolus de Mauregart, petebat à statuto, quo vxorati arcebantur ab actuali Regentia. In eam rem habita sunt plura Comitia, vt legere est in Reg. prædictæ Facultatis.

MEDICI VXORATI.

" 10. Iunij vocata Facultate per scedulam apud S. Mathurinum su-
" per dispensatione vnius statutorum cum M. Carolo de Mauregart, qui

YYy iij

" vxorem duxerat, vt admitteretur ad Regentiam, distulit Facultas deli-
" berare quoufque in ampliori numero congregaretur. 15. eiufdem menfis
" iterum conuocata per fcedulam fuper eodem art. conclufit propter vxo-
" rem viduam quam idem M. Carolus duxerat incurrens bigamiam, velle
" per amplius informari à Iurifperitis & alijs fi poffibile foret cum eo dif-
" penfare in hoc propter nonnullos fuæ Regentiæ fe opponentes. Contra
" vero vocata Facultate 22. eiufdem menfis fuper fupplicatione dicti M.
" Caroli propter multos fe opponentes, conuentum eft per modum ap-
" punctuamenti, quod dictus M. Carolus Regens effet honoris, vt priui-
" legijs Vniuerfitatis gauderet & immunis effet à tallijs cæterifque fub-
" uentionibus & fubfidijs Regijs. Nec placebat dictum M. Carolum ad
" aliqua affumi Facultatis Officia, tum propter bigamiam, tum propter alia
" ipfos mouentia. A qua quidem Conclufione dictus M. Carolus appellauit.

" 27. Nouemb. (tum Decano M. Roberto Iulienne actu Regente)
" Facultate Med. congregata ad fedandum & finaliter terminandum litem
" inceptam inter ipfam ex vna parte & M. Carolum de Mauregart vxora-
" tum cum muliere vidua ex altera, qui impetrauerat cafum nouitatis à
" Præpofito Parif. per quam nifus eft Magiftros Regentes eiufdem Facul-
" tatis compellere adhoc quod ipfum reciperent in Regentem non obftan-
" te ftatuto Facultatis contrario. 1. Fuit deliberatum quod dictus M. Ca-
" rolus fuam impetrationem primitus caffabit, annullabit & reuocabit, ip-
" famque Facultatem & Magiftros Regentes in eadem contra quos dictum
" cafum executari fecit, indemnes reddet. Infuper quod quidquid à Fa-
" cultate obtinebit per fupplicationem gratiofam quam vnus folus poteft
" impedire, habebit. Quibus fic deliberatis & nuntiatis dicto M. Carolo,
" ipfe acquiefcens per omnia voluntati dictæ Facultatis renunciauit, caffa-
" uit & annullauit fuam impetrationem, promifitque ipfam Facultatem &
" fingulos Magiftros hac de caufa inquietatos indemnes reddere. Et vl-
" terius humiliter tanquam obedientiæ filius fupplicauit quatinus mater
" Facultas cum eo vellet difpenfare quod ad Regentiam admitteretur, non
" obftante ftatuto contrariante. Qua fupplicatione auditâ Magiftri ibi-
" dem præfentes ob reuerentiam Gradus & perfonæ dicti fupplicantis, &
" penfatâ eius humilitate concluferunt & deliberauerunt cum eo fauora-
" biliter procedere quantum ftatuta poffunt portare. Et 1. quod dictus M.
" Carolus de Mauregart in Proceffionibus Vniuerfitatis & Miffis Faculta-
" tis cum voluerit, poterit comparere in habitu Regentis, percipere etiam
" diftributionem fubiacendo pœnis refufionis. Voluerunt etiam dicti Ma-
" giftri quod in feftis Magiftrandorum in habitu Regentis compareat, bi-
" retum & chirotecas recipiendo. Permittitur infuper quod legere pof-
" fit omnia alia ad veros Regentes pertinentia. Hîc non expreffa in dicto
" M. Carolo dicta Facultas fufpendit.

Atque ne quis deinceps auderet ftatuta conuellere, aut alio litem deferre, cauit eadem Facultas in Comitijs 22. Feb. habitis. *Eadem Facultas
propter bonum honorem & pacem Magiftrorum conclufit quod quicunque Magifter, Baccalarius, vel Scholaris de cætero præfumpferit venire contra ftatuta,
vel Conclufiones Facultatis impetrando cafum nouitatis, vel aliàs ponendo litigia fi quæ oriantur, extra Facultatem, vel gremium Vniuerfitatis, eo facto
priuatus fit & pro priuato cum tenet, & periurum reputat fine ampliori conuocatione.*

ELECTIO
GVILL.
QVADRI-
GARII IN
EPISCO-
PVM PAR.

Eodem anno M. Guillelmus Quadrigarius aliàs Chartier Iuris vtriuf-
que Profeffor, Canonicus & Senator Curiæ Parifienfis electus eft ad Epi-
fcopatum Parif. ob eamque rem M. Robertus Sybolle à Capitulo fupplicauit Vniuerfitati, vt vellet ipfi auxilium fauoremque impendere. Rem
fic narrat M. Antonius Pauli Procurator Nat. Gall.

" Die Lunæ 12. Decemb. anni fupradicti conuocauit Vniuerfitatem Ma-
" trem meam honor. D. meus D. Rector (M. Ioan. Luillier) fuper 2. art.
" fupplicauit etiam in prædicta Congregatione Magifter nofter honoran-
" dus M. Robertus Sybolle qui fupplicauit ex parte Capituli Parif. quod

Vniuerſitas Pariſ. Mater mea vellet dare auxilium & fauorem D. Electo " 1448.
Parifienfi M. ſcilicet Guill. Quadrigarij qui via Spiritus ſancti fuerat electus in Epiſcopum dictæ villæ Pariſ. Et quod dicta Vniuerſitas vellet mittere litteras ſigillatas magno ſigillo Vniuerſitatis D. noſtro Regi, ſummo
Pontifici, DD. Cardinalibus, D. Confeſſori D. noſtri Regis, D. Archi-
epiſcopo Senonenſi, & alijs dominis quibus eſſet opportunum & neceſ-
ſarium mittere in fauorem ſupradicti domini & Magiſtri ſcientifici D.
Guill. Quadrigarij Electi Pariſenſis bene meriti. Quam quidem ſupplicationem Vniuerſitas mater mea conceſſit. Et ibi fuerunt lectæ in facie
Vniuerſitatis litteræ Miſſiuæ ſupradictis Dominis, quas litteras Vniuerſitas ſupradicta mater mea admiſit, dummodo viſitarentur in Deputatis &
congratulata fuit valde de tam ſolenni Electione tam ſcientifici & pru-
dentiſſimi viri ſupradicti D. & M. Guill. Quadrigarij.

Anno 1448. ſub initium nonnihil accidit diſcordiarum inter Vniuerſitatem & Capitulum Sacræ Capellæ Palatinæ: qua de re actum in Comitijs
Generalibus 10. Maij, & concluſum vt aduerſus Priuilegiorum turba-
tores procederetur, *vſque ad priuationem, niſi deſiſterent renunciarentque & annihilarent quaſdam litteras Regias impetratas ſuper caſu nouitatis.*

Epiſcopo Pariſienſi & Vniuerſitate in mutuam gratiam ob liberatos
Captiuos de quibus aliàs, reuerſis, M. Ioannes Normani Rector Vniuerſitatis ab Epiſcopo inuitatus eſt ad prandium, ad quod antequam accederet, ad quod etiam inuitati erant Epiſcopi, ſoluta eſt & deciſa quæſtio
toties agitata, quo loco Rector ſeſſurus eſſet; & tandem concluſum ho-
noratiore loco ſeſſurum, omneſque Prælatos præceſſurum. Rem ſic refert M. Ioannes Beguin Procurator Nationis Gallicanæ in vetuſto Codice Procuratorum, ad 3. Auguſti.

In hac præſenti Procuratione, inquit, *accidit vnum quod multum facit ad
ſoluendam quandam obiectionem ſæpe fieri ſolitam. Nulli ſiquidem formidant,
quin D. Rector Vniuerſitatis debeat præferri Epiſcopis in Actibus Scholaſticis,
quia à tam longinquis temporibus ita ſolitum eſt fieri, quòd non eſt memoria de
contrario. Et etiam quia omnes fere Prælati huius Regni ſunt Iurati de hac Vniuerſitate, modo vnuſquiſque iurat quando incorporatur Vniuerſitati, ſerre honorem D. Rectori etiam ad quemcunque ſtatum deuenerit. Sed multi dubitant in
actibus Hierarchicis. Et fuit mota iſta dubitatio in Deputatis. Iſtam autem Dubitationem penitus reſoluit & annihilauit Reuerendus in Chriſto Pater & DD.
Guillelmus Chartier Epiſcopus Pariſienſis qui dum intrare deberet in habitu Pon-
tificali Ciuitatem ſuam, licet à multis pulſaretur, vt non inuitaret Rectorem ad
ſuum ſolemne Prandium, quia graue eſſet DD. Epiſcopis quod D. Rector eos deberet præcedere, Præfatum tamen Rectorem cum Procuratoribus 4. Nationum
licet ore proprio inuitaſſet in quadam viſitatione per Præfatum Rectorem facta,
attamen denuo fecit inuitari & ordinauit, vt intuitu antiquæ Vniuerſitatum
Parentis, & etiam Scholaſticæ Profeſſionis D. Rector Vniuerſitatis omnibus Prælatis præponeretur, quod de facto executioni dedit eo modo quo priùs ordinauerat.*

Hoc eodem anno Nicolaus V. Pontifex Romanus miſſis ad Carolum
Legatis, conatus eſt Pragmaticam-Sanctionem conuellere, pollicitus
exemplo Eugenij Prouiſionem Beneficiorum, tum Regi, tum Vniuerſitatibus. Quod vt ab Vniuerſitate intellectum eſt, ſtatim M. Ioannes Daucart Rector Comitia habet 27. Octob. apud Mathurinenſes; in quibus
actum de mittendis Legatis ad Regem, ad quem iam peruenerat Legatus
ſummi Pontificis, vt ibi cum eo de Prouiſione Beneficiorum paciſceren-
tur, quod Eccleſiæ Gallicanæ & Vniuerſitati expedire videretur; Pragmaticam vero defenderent. Sed quia concluſum tum fuit, vt mitterentur
tres Legati nomine trium Facultatum ſuperiorum, & vnus tantum nomine Facultatis Artium, qui quatuor tunc nominati ſunt, Concluſio non
placuit maiori Parti Facultatis Artium, præſertim vero Nationi Gall.
ideoque reuocata eſt 15. Nouembris in Comitijs Centuriatis, & alij Legati nominati, ſcilicet ſeptem, nomine ſeptem Ordinum Vniuerſitatis,
vt fieri conſueuerat: *Idque omnibus Nationibus & Facultatibus gratum fuit*

NOTA DE
PRÆSES-
SIONE
RECTO-
RIS.

& acceptabile, eodemque modo per totam Vniuersitatem conclusum.

1448. Hoc quoque anno Schisma Ecclesiæ sedatum est voluntariâ cessione Felicis, & vbique in toto orbe Christiano Nicolaus V. pro vero Papa agnitus, à quo Felicis Cardinales recepti & beneficijs cumulati sunt. Ad Nicolaum autem missus est ab Vniuersitate Rotulus per Legatos.

Die 5. Martij cum esset Vniuersitas apud Mathurinenses congregata, supplicauit M. Guill. Bouylle nomine M. Michaëlis Hebert scribæ Vniuersitatis valde infirmi senis & decrepti vt ei liceret Officium suum alteri resignare. Rem sic scribit M. Ioannes Videgrain Procurator Nat. Gall. *Quantum ad 2. art. supplicauit M. noster M. Guill. Bouylle, vt Scriba Vniuersitatis resignaret Officium suum M. Richardo Viart ad vtilitatem suam, prouidendo scilicet sibi de vita. Sed super hoc non est habita concordia.* At in Comitijs ibidem habitis 13. Martij in quibus 2. deliberationis articulus fuit *super prouisione Scribæ pro Vniuersitate*. Et sic conclusum, vt detur Officium M. Guillelmo Nicolay, sic tamen quod habeat prouidere alteri Scribæ impotenti secundum taxam, secundum quam determinabunt ad hoc Deputati.

1449. Initio anni 1449 sensit se opprimi Vniuersitas extra modum vexationibus cuiusdam Ioannis de Insulis qui Priuilegia sua oppugnabat, præsertim ea quæ pertinebant ad Curiam Conseruatoris. Itaque habitis Comitijs apud Mathurinenses 3. Maij, placuit duplici viâ hominis insolentiam reprimere, iuxta consilium Deputatorum & Patronorum Vniuersitatis pridie illius diei super ea re habitum. Prima autem hæc fuit via, vt scribit Guill. de Placentia Procurator Nationis Gallic. in vetusto Codice Procurat. *vt impetraretur mandatum Regium in Cancellaria ad adjournandum quendam qui dicitur Ioannes de Insulis ad comparendum personaliter coram Præposito Parisiensi Conseruatore Priuilegiorum eiusdem (Vniuersitatis) & quod per eundem Conseruatorem poneretur idem Ioannes de Insulis in carceribus Castelleti, & bona sua in manu Regis ponerentur, tanquam attentator prædictorum Priuilegiorum prædictæ Vniuersitatis, ad reuocandum & retractandum quæcunque per ipsum acta contra huiusmodi Priuilegia dictæ Vniuersitatis.*

DE PRIVILEGIIS VNIVERSITATIS.

Altera via hæc fuit. *Vt Reuerendus in Christo Pater D. Episcopus Syluanectensis tanquam Conseruator huiusmodi Priuilegiorum signanter illius, super quo tunc erat sermo, vt patet in Registro dictorum Priuilegiorum dictæ Vniuersitatis: quod idem Reuerendus Pater per monitiones & citatoria contra prædictam Ioannem de Insulis & suos Complices viriliter ageret, in tantum vt ijdem desisterent & cessarent ab omni molestatione & attentatione facta contra huiusmodi Priuilegia dictæ Vniuersitatis, necnon contra quosdam Iudices Leodinenses sibi datos occasione cuiusdam Rescripti à summo Pontifice impetrati per dictum Ioannem de Insulis, vel suos, eadem sententiâ excommunicationis feriendo, si contra huiusmodi Priuilegia dictæ Vniuersitatis aliquid attentare præsumerent.*

In ijsdem Comitijs placuit quoque cum Thesaurario & Canonicis sacræ Capellæ amicè transigere, & ad faciliorem transactionem & compositionem adire Parlamenti Curiam, eamque Arbitram constituere. Et ea de re actum rursus in Comitijs 11. die eiusdem mensis habitis: item & 15. placuit eos, nisi curarent per Senatores Parlamentæos pacem & concordiam initam confirmari, & ni Mandatis Apostolicis in Curia Conseruatoris parerent, priuari & excommunicari.

Die 15. eiusdem mensis & anni conuocata Vniuersitas per Rectorem apud Mathurinenses audiuit legi litteras summi Pontificis Nicolai V. quas attulerat M. Donatus de Puteo, Italus Doctor Theol. vnus è Legatis, quos ad summum Pontificem anno præterito miserat ad congratulandum ei de felici sua promotione ad Papatum. Lectæ quoque litteræ ad ipsam Vniuersitatem directæ à Patriarcha Antiocheno, & à cæteris Vniuersitatis Nuncijs qui adhuc Romæ commorabantur. De quibus omnibus Vniuersitas summo Pontifici primùm, deinde Præfato Patriarchæ, postremò legatis suis gratias egit immortales; decreuitque supplicationes solemnes pro iucundis nuntijs quæ exinde acceperat. Inter cætera autem

Vniuersitatis Parisiensis.

autem admonebat Papa se cum Rege Francorum de conuenienti & commoda via Beneficiorum conferendorum propediem acturum, certioremque volebat esse Vniuersitatem se nunquam illi defuturum, omniaque eius commoda procuraturum.

Litteræ verò quas ad Regem misit, illæ sunt, credo, quas omnibus notas esse voluit de approbatione Concilij Basileensis : nam Rex non immemor malorum quæ Schisma diuturnum, regnante Patre & auo inuexerat, Eugenio Papæ contra Felicem adhæserat, nec tamen minus Concilij Basileensis Decreta pro sacris Sanctionibus tanquam ab Oecumenico & Generali Concilio editis habebat, in his maximè quæ ad authoritatem Concilij & Beneficiorum dispositiones pertinebant. Igitur Nicolaus iam vnus, verus & certus Pontifex factus, quò omnium Christianorum animos ad vnionem reduceret, sic edixit.

1449.

APPROBATIO CONCILII BASILEENSIS.

NICOLAVS Episcopus seruus seruorum Dei. Ad perpetuam rei memoriam. Vt pacis quâ nihil desiderabilius in vniuersali Ecclesia amplissimè diffundatur, & perduret serenitas, & omnium corda quæ exagitauit & defatigauit diuisio, vnitas integra ad cuiuslibet status & honoris prosperitatem consolidet, libenter secundùm nostræ & Apostolicæ authoritatis plenitudinem, magnitudinemque voluntatis omnia amplectitur per quæ non solum super præsentibus & futuris, sed & super præteritis, vt illibata permaneant, debitæ prouisionis adhibetur remedium.

Cùm itaque post crebras variasque conturbationes quibus multis ab annis sancta Dei subiacuit Ecclesia, causantibus diuisionibus quæ inter felicis record. Eugenium Papam IV. prædecessorem nostrum & tunc Basileense Concilium viguerunt, hoc in nostro tempore ex altissimi Dei prouidentia ineffabilis interpositu, tractatuque Oratorum charissimorum in Christo Filiorum, Francorum, Angliæ, Renati Siciliæ Regum, nec non Delphini Viennensis primogeniti Francorum Regis illustris, pacem Ecclesiæ redditam videamus, dum percipimus venerabilem & clarissimum Fratrem nostrum Amedeum primum Cardinalem Episcopum Sabinensem in nonnullis prouincijs Apostolicæ sedis Legatum, Vicariumque perpetuum, Felicem Papam V. tunc in sua obedientia nominatum, iuri quod in Papatu asserebat se habere, ad huiusmodi pacem Ecclesiæ obtinendam, cessisse: eos verò qui Basileæ, postmodum Lausanæ sub nomine Generalis Concilij hactenùs congregati permanserunt, ordinasse & publicasse nobis tanquam vnico, ac indubitato summo Pontifici obediendum esse à cunctis Fidelibus, præfatam Lausanensem dissoluisse congregationem. *Desiderantes igitur toto affectu ea perficere quibus Christi Fideles suppressis & extinctis dissensionum & differentiarum seminarijs*, communi fruantur concordia, cuiuslibet eorum status, honoris, reputationis & quietis stabilitate firmata quascunque Promotiones, Electiones, Confirmationes, Postulationes, Admissiones, Translationes, Commendas, Administrationes & Prouisiones ad quascunque Patriarchales, Metropolitanas & Cathedrales Ecclesias, necnon Abbatiales, Dignitates ac Monasteriorum regimina quoruncumque Exemptorum & non Exemptorum, necnon quascunque Collationes, Prouisiones & Dispositiones quorumcunque Beneficiorum Ecclesiasticorum, Regularium & Secularium de Iure Patronatus etiam Laïcorum, cum Cura, vel sine Cura, etiamsi Ecclesiæ Parochiales in Cathedralibus, vel Principales in Collegiatis existant, Personatusque, perpetuæ Administrationes, vel Officia etiam Curata, vel Electiua, inquibuscunque Ecclesijs, Prioratus, Conuentuales, aut cuiuscunque conditionis, qualitatis, vel naturæ fuerint, etiam alterius generis quam expressa, paris vel maioris, etiam ex quauis causa, tunc dispositioni Apostolicæ specialiter, vel generaliter reseruata, fuerint litigiosa, aut aliàs affecta, vel ad sedem Apostolicam quomodolibet deuoluta ; in vim quorum, seu prætextu Collationum, Prouisionum, aut aliarum Dispositionum huiusmodi, seu alicuius præmissorum, aliàs quàm

Tom. V.   ZZz

1449

ex titulo priuationis factarum, præmissarum occasionum, Diuisionum ipsarum Ecclesiarum, Beneficiorum, Dignitatum, Officiorum, Personatuum, Administrationum, Canonicatuum & Præbendarum habita, seu adepta sit possessio & possidentur de præsenti, Admissiones etiam Resignationum quorumcunque Beneficiorum, Dignitatum, Ecclesiarum, simpliciter, vel ex causa permutationis factarum, Authorizationum & institutionum, Pensionum item quarumcunque super quorumcunque Beneficiorum Ecclesiasticorum fructibus, reseruationibus & assignationibus cum Processibus & fulminationibus inde secutis, necnon vniones, annexiones, incorporationes quarumcunque Dignitatum & Beneficiorum Ecclesiasticorum, Secularium & Regularium, quibuscunque Patriarchalibus, Archiepiscopalibus, Abbatialibus vel Capitularibus Mensis, aut Monasterijs, Conuentibus, Dignitatibus, Canonicatibus & Præbendis vel Beneficijs, seu ad inuicem sub quibusuis verborum formis, dimembrationes etiam Ecclesiarum & Beneficiorum quorumcunque, Ecclesiarum quoque, Monasteriorum STVDIORVMQVE GENERALIVM fundationes, erectiones, suppressiones & subiectiones & quorumcunque Beneficiorum creationes, exemptiones, item reuocationes, Pallij dationes, consecrationes, benedictiones, personarum de Ordine ad Ordinem translationes, infeudationes, institutiones, contractuum confirmationes, facultatis testandi concessiones, absolutiones, liberationes, quittantias super quibuscunque debitis ratione Decimarum, Semidecimarum, Indulgentiarum, Annatarum; Communium & minutorum seruitiorum, vel aliàs quomodolibet, dispensationes tam super ætatis quàm Natalium & aliarum inhabilitatum defectibus, super incompatibilibus in quocumque numero, etiam si ad Curas Parochiales, Matrimonijs, iuramento, Ordinibus & voto etiam transmarino, & rebus alijs quibuscunque, necnon absolutiones à quibuscunque Excommunicationum, Anathematizationum & alijs Censuris Ecclesiasticis, Interdictorum tam generalium quàm spiritualium relaxationes, ac illarum fulminationes & appositiones iuramentorum, etiam fidelitatum relaxationes, rehabilitationes ab omni macula irregularitatis, aut alia inhabilitate, vndecumque processerit, Restitutiones etiam ad famam & honores gratiarum, Indultorum, Indulgentiarum & priuilegiorum & quascumque alias Concessiones, ac omnia & singula tam Iustitiam quàm gratiam concernentia, siue in foro conscientiæ, aut contentioso, in personis, aut locis quæ tempore concessionum & præmissorum obedierunt præfato venerabili, ac Charissimo Fratri nostro Amedeo Cardinali Episcopo, Legato & Vicario supradicto, tunc Felici Papæ V. nominato, ac congregatis antedictis, seu eorum alteri tam per ipsum tunc Basileense Concilium & Amedeum in sua Obedientia Felicem V. nuncupatum quàm illos qui in Basileensi & Lausanensi Ciuitatibus, sub nomine generalis Concilij congregati remanserunt, aut alium seu alios, suâ aut alterius eorum authoritate etiam de latere Legatos, delegatos, siuè alios quoscunque ab eis, vel eorum potestatem habentes coniunctim, vel diuisim qualitercumque facta, gesta, concessa, data, indulta, disposita, & ordinata, etiamsi maiora & grauiora, aut alterius cuiuscunque naturæ à præmissis existant & specialem requirant expressionem quæ volumus & decernimus pro expressis specificè haberi, cum omnibus & singulis inde secutis. Ac etiam omnia & singula per Ordinarios in dictis locis facta, pro bono pacis & vnione Ecclesiæ, motu proprio ex certa scientia & de Apostolicæ potestatis plenitudine, de consilio & assensu venerabilium Fratrum nostrorum S. Ro. Eccl. Cardinalium præsentium serie approbamus, ratificamus & etiam confirmamus, rataque & firma haberi volumus. Necnon potiori pro cautela de personis Patriarcharum, Archiepiscoporum, Episcoporum & Abbatum quibuscunque Ecclesijs & Monasterijs quorum assecuti sunt possessiones & possident de præsenti, necnon de Dignitatibus, Prioratibus, Personatibus, Administrationibus, Officijs, Canonicatibus & Præbendis, Commendis

Vniuersitatis Parisiensis. 547

"& Beneficijs quibuscunque etiam sedi Apostolicæ specialiter, vel gene-
"raliter reseruatis, deuolutis, vel quomodolibet affectis eorum posses-
"soribus quibuslibet de nouo prouidemus, ac ipsorum omnium fructus,
"reditus & prouentus, necnon emolumenta singula in quibuscunque &
"vbicunque etiam extra Diœcesim, in quibus Ecclesia, Monasterium
"Prioratus, Dignitas seu Beneficium huiusmodi fuerit, consistentia ad eo-
"rum possessores spectare & pertinere. Et quod ipsi in suarum Ecclesia-
"rum, Monasteriorum, Prioratuum, Dignitatum & Beneficiorum, prout
"eorum singulos concernit, possessionibus pro huiusmodi bono pacis &
"vnionis pacifici remaneant & quieti, decernimus & declaramus gratis &
"absque solutione Communium, vel Minutorum Seruitiorum, Annata-
"rum aut Vacantiæ, tam nostræ Cameræ quàm vener. Fratrum nostrorum
"S. Ro. Eccl. Cardinalium Collegio facienda, nomina & cognomina, va-
"loresque ipsorum Beneficiorum & Dignitatum, ac non obstantibus ipso-
"rum possessorum pro expressis habentes Constitutionibus & Ordinatio-
"nibus Apostolicis non obstantibus quibuscunque.

1449.

"Insuper quascunque obligationes seu debita de & super Annatis seu
"Communibus & Minutis seruitijs iuxta Curiæ nostræ consuetudinem
"cæterisque Iuribus nobis & S. R. Eccl. Cardinalium Collegio cæterisque
"Officialibus debitis si quæ deberi dicerentur, occasione quarumcunque
"Metropolitanarum & Cathedralium Ecclesiarum, Monasteriorum, Di-
"gnitatum, Prioratuum, etiam Conuentualium, Beneficiorum & Officio-
"rum huiusmodi vsque ad præsentem diem possessoribus antedictis ex si-
"mili scientia remittimus & relaxamus pariter & donamus: Eosque qui
"huiusmodi debitis obligati essent, ab omni eorum solutione absoluimus,
"liberamus & semper illis dari quittantias petentibus, aut volentibus de-
"mandamus in forma plena debita & opportuna, fructus etiam illos quos
"durante huiusmodi diuisione ex dictis Ecclesijs, Dignitatibus, Beneficijs
"& Officijs perceperunt, etiamsi nobis & Cameræ Apostolicæ debiti essent,
"penitus ipsis & cuilibet ipsorum remittimus de dictæ sedis munificentia
"liberali Camerario, Thesaurario, Clericis, Cameræ Collectoribus & Sub-
"collectoribus nostris quibuscunque, inhibentes sub Excommunicationis
"sententia & alijs Censuris Ecclesiasticis atque pœnis quas remissioni &
"inhibitioni nostris huiusmodi contrauenientes incurrere volumus ipso
"facto, ne fructus prædictos occasione præmissa, dicta diuisione durante,
"perceptos & per nos remissos, vt præfertur, à quoquam quomodolibet
"exigere seu extorquere præsumant. Dictorum rursus possessorum singu-
"lis Aduersarijs super præfatis Ecclesijs, Monasterijs, Prioratibus, Digni-
"tatibus, Officijs & Beneficijs perpetuum silentium imponentes, quas-
"cunque promotiones, impetrationes, concessiones, prouisiones & lit-
"teras desuper pro ipsis Aduersarijs & alijs quibuscunque in præjudicium
"ipsorum possessorum, vel derogationem huiusmodi per nos confirmato-
"rum quomodolibet; etiamsi motu proprio ex certa scientia vel plenitu-
"dine potestatis & de vener. Fratrum nostrorum S. R. Eccl. Cardinalium
"consilio & assensu, tam per dictum nostrum Prædecessorem quàm nos
"siue alium quemcunque illius, aut nostra authoritate, alia quacunque
"factas, datas, concessas & habitas etiamsi in vim earum ipsis, aut alicui eo-
"rum in re vel ad rem ius quæsitum foret, necnon definitiuas & alias etiam
"quæ in rem transierunt iudicatam super Ecclesijs & alijs præmissis in Ro.
"Curia, vel aliàs vbicunque contra dictos Possessores promulgatas senten-
"tias & quæcunque inde secuta prædictis motu & scientia, ac plenitudi-
"ne pro bono pacis & vnionis prædictarum cassamus, irritamus & annul-
"lamus, ac cassa, irrita, infecta, nullaque & inania, ac viribus vana de-
"claramus & denunciamus. Illa verò ex sententijs quæ pro prædictis pos-
"sessionibus super præmissis, ac etiam quascunque alias sententias & sub-
"rogationes quæ pro quibusuis personis, partibus se defendentibus, illa-
"rum omnium nominibus & cognominibus pro expressis habentes, & quæ
"in rem transiuerunt iudicatam in Basileensi, seu Lausanensi Ciuitatibus,

Tom. V.   ZZz ij

" seu in Curia praefati vener. ac Clarissimi Fratris nostri Amedei primi Cardinalis, vt praemittitur, Legati Vicarijque perpetui, Felicis V. in sua
1449. " obedientia nominati, vsque in hodiernum diem prolatae, ac subrogatio-
" nes pro altero ex colligantibus mutuò se defendentibus factae sunt,
" validas & ratas decernentes, necnon quascunque lites & causas desuper
" in nostra Curia, vel alibi contra ipsos possessores super praedictis Eccle-
" sijs, Dignitatibus, Beneficijs, quomodolibet procedentibus, quorum
" omnium etiamsi vna vel duae, seu plures definitiuae, vel aliae sententiae
" prolatae sint, status praesentibus pro expressis habentes ad Nos aduoca-
" mus & totaliter extinguimus.
"   Et pro maiori omnium & singulorum securitate & roboris validitate
" quibuscunque personis tam Ecclesiasticis quàm secularibus cuiuscunque
" dignitatis, status, gradus, ordinis, conditionis, vel praeeminentiae exi-
" stant etiamsi Cardinalatus, Patriarchatus, Archiepiscopali, Episcopali,
" aut alia quacunque praefulgeant dignitate, necnon quarumcunque tam
" Cathedralium quàm Collegiatarum & aliarum Ecclesiarum & Monaste-
" riorum Capitulis, Collegijs & Conuentibus, ac singularibus personis ea-
" rundem, illique vel illis ad quem seu ad quos dictarum Ecclesiarum, Be-
" neficiorum Ecclesiasticorum & Officiorum Electio, Collatio, Prouisio,
" Praesentatio, seu quaeuis alia dispositio communiter, vel diuisim pertinet,
" ac huiusmodi possessorum aduersarijs quibus per nos, ac nostrum praede-
" cessorem, seu alium quemcunque factae sunt, concessiones & prouisiones
" de huiusmodi Ecclesijs, Beneficijs & Officijs possessis, omnibus & singulis
" alijs quorum interest, vel intererit quomodolibet in futurum, Manda-
" mus expressè inhibentes, videlicet Patriarchis, Archiepiscopis & Epis-
" copis sub suspensionis ab ingressu Ecclesiae, Minoribus verò personis sin-
" gularibus sub excommunicationis, necnon dictorū possessorum aduersa-
" rijs, sub simili excōmunicationis poena, ac priuationis omnium & singulo-
" rum Beneficiorum suorum quae obtinent, & inhabilitationis ad illa & alia
" in posterum obtinenda, perpetuaeque infamiae. Collegijs verò, Capitu-
" lis & Conuentibus sub suspensionis à diuinis, poenis, sententijs & Cen-
" suris quas contrafacientes & rebelles, prout quemlibet ipsorum concer-
" nit, ex nunc prout ex tunc, & ex tunc, prout ex nunc incurrere volumus
" ipso facto, ne ipsi, seu eorum alter publicè, vel occultè, directè, vel indi-
" rectè quouis quaesito colore, vel ingenio contra declarationes, conces-
" siones, approbationes, ratificationes, confirmationes & alia praedicta,
" vel eorum aliquod in praeiudicium, damnum & grauamen dictorum Pos-
" sessorum & derogationem praemissorum per nos confirmatorum, aut ali-
" cuius eorum facere, dicere & attentare, seu ipsi praenominati ad quos
" spectat huiusmodi Electio, collatio, prouisio, praesentatio seu quaeuis
" alia dispositio quempiam alium ad Ecclesias, Dignitates, Beneficia &
" Officia, seu alia praemissa hactenùs sic possessa recipere & admittere, ne-
" que possessores huiusmodi super praemissis in aliquo vexare, perturbare,
" molestare seu inquietare quomodolibet praesumant; sed ea omnia & sin-
" gula inuiolabiliter & sine contradictione quacunque quantum in eis est,
" manu teneant & obseruent, dictosque possessores in possessione sua huius-
" modi teneant & defendant.
"   Si quae etiam, quod absit, per quempiam quacunque etiam authori-
" tate nostra contra praemissa, seu eorum aliqua, aut in praeiudicium di-
" ctorum possessorum, seu alicuius eorum nouitates factae fuerint, seu fie-
" rent, illas ac quaecunque inde secuta ex tunc, prout ex tunc habemus
" & haberi volumus pro infectis. Et nihilominùs contra venientes & re-
" belles huiusmodi, siue Patriarchae, Archiepiscopi, aut Episcopi fuerint,
" ab ingressu Ecclesiae, Minores verò personas singulares, excommuni-
" catos, necnon dictos aduersarios & eis auxilium dantes vltra excom-
" municationis poenam Beneficijs & officijs suis priuatos, inhabiles & in-
" fames; Capitula verò, Collegia & Conuentus à diuinis suspensos per
" quemlibet Ordinarium loci, aut alterum in dignitate constitutum, siue

Vniuersitatis Parisiensis. 549

" Canonicum alicuius Ecclesiæ Cathedralis per quemcunque ex huiusmo-
" di possessoribus eligendum & requirendum, seu Executorem dandum
" super huiusmodi nostra voluntate in Rom. Curia, siue extra declarari
" & denunciari volumus & mandamus. Super quibus omnibus & singulis,
" ipsis & eorum cuilibet authoritate Apostolica damus atque concedimus
" facultatem reiectis in præmissis omnibus & singulis cautelis & appella-
" tionibus quibuscunque in præjudicium præmissorum interpositis, seu in-
" terponendis, quas tanquam friuolas & inanes cùm inde secutis & secuturis
" ex tunc, prout ex nunc, & ex nunc, prout ex tunc cassamus, irritamus,
" annullamus & pro infectis haberi volumus. Vice Cancellario & quibus-
" uis alijs Officialibus nostris expressè inhibentes ne ad cuiusuis instantiam
" super causis prætentarum appellationum huiusmodi, aut aliàs viâ simpli-
" cis querelæ, seu restitutionis in integrum aliquam commissionem signare,
" siue Rescriptum etiam extra Rom. Curiam concedere, nec Auditores
" causarum Palatij nostri, siue Ordinarij loci, aut quicumque alij Com-
" missiones, siue Rescripta huiusmodi recipere, seu causas desuper motas
" & mouendas audire præsumant seu attentent. Adijcientes quod si vllo
" vnquam tempore appareret de aliqua concessione, seu declaratione per
" nos, aut nostros, seu dicti Prædecessoris litteræ quascunque Clausulas
" etiam derogatorias, generales, vel speciales sub quacunque verborum
" forma in se continentes, licet in illis dicatur, non obstantibus Clausulis
" dicentibus quod illis non derogetur, nisi de eis specialis mentio fiat, aut
" quod de verbo ad verbum & cum toto tenore illarum inseri debeat, facta
" seu fienda, per quam dictos possessores, seu eorum Beneficiatorū aliquem
" in huiusmodi suorum Beneficiorum possessionem, seu aliàs turbari, vexa-
" ri, molestari, seu inquietari, aut contra huiusmodi nostras concessiones,
" prouisiones & alia per nos approbata fieri atque contraueniri possit,
" etiamsi motu proprio, ex certa scientia, siue de plenitudine potestatis &
" de ipsorum vener. Fratrum nostrorum Cardinalium consilio & assensu
" emanarent, seu emanassent, tales declarationes, seu concessiones pro
" bono pacis & vnionis Ecclesiæ nullatenùs effectum sortiri, sed pro in-
" fectis ex nunc, prout ex tunc haberi volumus. Verùm si inobedientia
" prædictorum tunc nuncupati Felicis & illorum qui Basileæ & Lausanæ
" sub nomine generalis Concilij tunc permanserunt duo, vel plures super
" vno, vel pluribus Beneficijs litigantes, possessio non possidenti non af-
" ferat præiudicium, sed cuilibet ius suum semper saluum conseruetur,
" ac etiam vnicuique maneat ius quod ante huiusmodi diuisionem sibi quæ-
" situm erat. Etsi fuerint aliquæ Ecclesiæ, seu Beneficia quarum, seu quo-
" rum caput in vna obedientia & membra in altera existant, membra redu-
" cantur ad caput. Saluo tamen quod membrum obtinens in illius rema-
" neat possessione, si ius eidem competebat ante huiusmodi diuisionem, &c
" Nulli ergo omninò horum, &c. **Datum Spoleti, anno Incarn. Dom. 1449**
" 14. Kal. Iulij Pontif. nostri an. 3.

Cum igitur postulante per Legatos Pontifice, Rex Concilium Ecclesiæ Gallicanæ Rotomagi indixisset, Vniuersitas mense Augusto duos ad
illud Oratores misit Regem deprecaturos, vt filiam suam commendatam
habere vellet in dispensatione Beneficiorum, sine quibus subsistere, splen-
doremque suum conseruare non poterat. Ad ipsum autem Concilium
Nominatorum Catalogum, nec non & Articulos quosdam ad eam rem
pertinentes transmisit.

Mense verò Ianuario eadem per M. Gaufridum Calui conuocata ad
audiendum quid ferrent litteræ suorum Legatorum, censuit mittendum
ad eosdem Instrumentum Procuratorium omnium Facultatum & Nationum sigillis probè munitum, vt si Prouisionem Beneficiorum in prædictis Articulis contentorum obtinere non possent, nomine publico appellarent.

1449.
TVRBA IN ELECTIONE RECTORIS.

EOdem anno die scilicet Martij 24. in Electione Rectoris orta est grauissima contentio inter Quatuor-viros, seu vt vulgo dicitur, *Intrantes* Facultatis Artium, vt habetur in antiquo libro papyraceo Procuratorum Nat. Gall. quam sic describit M. Nicolaus de Foro tunc eiusdem Nat. Procurator. Die Martis 24. Martij an. Dom. 1449. fuit veneranda Artium Facultas solemniter conuocata in San. Iuliano per D. Rectorem
„ ad eligendum nouum Rectorem, & more solito datis Intrantibus 4. Na-
„ tionum processum est ad Electionem noui Rectoris, qui postquam ingres-
„ si sunt Conclaue, post multas altercationes hinc inde factas sic proces-
„ sisse testati sunt, videlicet quod Gallicus dedit Picardo vnam conditio-
„ nem pro M. Gaufrido Normani, & vnam suscepit pro Fratre eius scili-
„ cet pro M. Ioanne Normani, ab eodem Picardo; parte ex altera venit
„ Almanus; dedit eidem Picardo conditionalem pro M. Ioanne Baille, &
„ vnam ab eodem suscepit pro M. Alberto Scriptoris: quo peracto venit
„ idem Almanus ad Gallicum qui dedit eidem pro Magistro Ioan. Norma-
„ ni, dummodo sibi daret pro M. Alberto Scriptoris. Gallicus verò res-
„ pondit quod hoc voluit & quod acceptat, & vlterius quod habebat Re-
„ ctorem. Idem autem dicebat Almanus quod habebat Rectorem. Dum
„ autem hæc inter eos fieret contentio de Rectore, dedit Normanus Ca-
„ tegoricam Almano pro M. Alberto. Quo facto ad ostium percussit Al-
„ manus dicens habere Rectorem, contradicente tamen Gallico. Et tunc
„ D. Rector venit ad ostium quærens ab eis vtrum essent concordes, res-
„ pondit Almanus quod sic. Similiter Normanus, & Picardus tacebat, &c.
„ Solus Gallicus contradicebat. Audiens autem antiquus Rector quod
„ tres erant concordes, aperuit ostium & statim egressus est Almanus
„ pronuncians M. Albertum Rectorem quem sequebatur Normanus, sed
„ ad instantiam cuiusdam Magistri dicentis sibi, *Nolite exire, non placet
„ Nationi* reuersus ad Conclaue. hoc idem fecit Picardus timens per exi-
„ tum suum priuari, & in Conclaui remanserunt tres. Coram autem Fa-
„ cultate fuit auditus Almanus qui exiuerat, & per Facultatem ordinatum
„ fuit quod D. Rector antiquus cum Procuratoribus adiret alios tres qui
„ remanserant in Conclaui ad adiurandum eos de dicendo formam & mo-
„ dum electionis quam fecerant. Et ita factum est, & inuentū est quod omnes
„ concorditer deponebant; & eorum depositio relata fuit in conspectu totius
„ Facultatis per Organum D. Rectoris antiqui: vnde quibusdam videbatur
„ quod M. Ioannes Normani ius habebat. Alijs verò visum est quod M.
„ Albertus. D. antiquus Rector post hæc posuit in medium & delibera-
„ tionem Facultatis quod eidem placeret hanc discordiam pacificare. Su-
„ per positis verò in deliberatione deliberauit Natio quod eidem vide-
„ batur quod M. Ioannes Normani Suppositum suum ius haberet, atten-
„ to quod per præuentionem acceptationis pro eo quam fecit in Con-
„ claui, Intrans Franciæ habebat tria vota quæ sufficiunt ad electionem.
„ Tamen ad sedandum discordiam placebat eidem, casu quo etiam place-
„ ret alijs Nationibus, dare nouum Intrantem cum alijs Intrantibus alia-
„ rum Nationum dandum, qui esset electurus nouum Rectorem, *priuauit-
„ que primos Intrantes propter extinctionem Candelæ,* quæ statim pòst subsecuta
„ est, nondum habitâ concordâ in Facultate. Et quia ita placuit alijs duabus
„ Nationibus, scilicet Nationi Picardiæ & Normaniæ, ideo accesserunt noui
„ Intrantes dati & præsentauerunt se conspectui Facultatis ad proceden-
„ dum ad electionem nouam. Acceptauerunt autem tres prædictæ Natio-
„ nes, Franciæ scilicet Picardiæ & Normaniæ vnum venerabilem Magi-
„ strum de Natione Almaniæ pro Intrante illius qui se præsentauerat &
„ obtulerat ad intrandum ex eo quod illa veneranda Natio Almaniæ vo-
„ lens sustinere ius sui suppositi, *scilicet M. Alberti,* requisita refutauit dare
„ & præsentare nouum Intrantem. Et illi 4. præfati Intrantes noui præsti-
„ terunt Iuramenta solita. Ab hac verò Conclusione Facultatis & à nouis
„ Intrantibus & à processu ad secundam Electionem *appellauit M. Albertus*

Vniuersitatis Parisiensis.

ad Vniuerſitatem. Nihilominus tamen proceſſum eſt ad electionem, & fi-
naliter electus eſt concorditer venerabilis & diſcretus vir D. Gerardus
Thomè Licentiatus in Theologia qui Rectoriam acceptauit. Et more
ſolito eundem conduxit Facultas vſque ad domum ſuam, in qua ſumpſit
Vinum & Species hora prope Octaua de Nocte. Hæc ſunt quæ facta ſunt
illâ die quæ præterire ſilentio nolui, quoniam ex hac duplici Electione
magna inde exorta eſt inter Electos contentio, ſicut in ſequentibus pate-
re poteſt euidenter. ſig. Nicol. de Foro.

1449.

In hanc rem conuocata tota Vniuerſitas, hoc eſt tres Facultates & 4.
Nationes, ſingulæque ſententias dixerunt, ſed non potuit haberi con-
cordia, vt legitur in Actis ſequentibus.

Die Lunæ 30. Martij conuocaui Nationem per iuramentum in S. Math.
ſuper 2. duobus art. 1. fuit ad habendum conſilium ſuper aliquibus
agendis per me. 2. fuit communis ſuper ſupplicationes & iniurias. Quan-
tum ad primum expoſui quod præcedenti die ſcilicet die Dominica ve-
nerunt ad me apud Collegium Nauarræ quamplures venerabiles Magi-
ſtri tam de Natione Picardiæ quam de Natione Almaniæ, dicentes mihi
in hunc modum: Domine Procurator, veritas habet quod die Veneris
vltimatè præterita congregata fuit Vniuerſitas Pariſ. & in illa congre-
gatione M. Albertus Scriptoris qui prætendit habere ius in Rectoria, &
qui appellauit à Facultate Artium ad dictam Vniuerſitatem, releuauit
ſuam appellationem in dicta Vniuerſitate dicendo cauſas ſuæ appellatio-
nis. Et ſimiliter in eadem Congregatione M. Gerardus Thomè qui eſt in
poſſeſſione Rectoriæ, ſuas exhibuit defenſiones. *Quibus ad longum auditis,
non fuit in Vniuerſitate concordia habita, quoniam in Facultate Artium duæ
Nationes fuerunt pro vno & duæ Nationes pro altero. Facultas verò Theologiæ
ſimpliciter fuit pro M. Gerardo Thomè, Facultas verò Medicinæ ſimpliciter fuit
pro M. Alberto Scriptoris, ſed Facultas Decretorum dedit Deputatos: & ſic
neutra fuit. Et ſic patet quod non fuit in dicta Congregatione Concordia.* Et
quoniam quando euenit diſcordia inter aliquos contendentes de Recto-
ria, ad vos pertinet durante tali diſcordia congregare & conuocare Fa-
cultatem Artium, ad quam ſpectat tractare hanc materiam Rectoriæ, ideò
præſentialiter venimus ad vos tanquam ad illum ad quem ſpectat, ſuppli-
cantes & requirentes quod dictam Facultatem Artium velitis conuocare
ad ſedandam diſcordiam nunc vigentem: Ex quo per Vniuerſitatem non
fuit inter iſtos duos Contendentes concordia poſita. Quibus omnibus per
me auditis, reſpondi eis, habito tamen prius ſuper hoc conſilio aliquo-
rum DD. meorum, videlicet quod quia Natio Franciæ mater mea alias
deliberauerat in fauorem M. Gerardi Thomè nunc poſſidentis Recto-
riam, Ego nil poteram in hac materia facere niſi conuocata prius Natione
matre mea, & quod libenter eam ſuper eorum requeſta conuocarem &
exequi paratus eram quæ ipſa præcipere dignaretur. Et ideo hæc erat
cauſa, quia hac die Magiſtros Nationis Franciæ matris meæ per iuramen-
tum conuocueram, ſcilicet ad habendum conſilium ſuper ſupplicatione
& requeſta prædictorum Magiſtrorum Nationum Picardiæ & Almaniæ.
Iſta fuit materia primi artic. Quantum ad 2. art. acceſſit ad conſpectum
Nationis M. Albertus Scriptoris exponens ius prætenſum in Rectoria.
Similiter ex parte M. Gerardi Thomè præſentauerunt ſe quidam vene-
rabiles Magiſtri illius Nationis Normaniæ, ſcilicet qui etiam expoſuerunt
prætenſum ius M. Gerardi Thomè: Quibus auditis quoniam Natio abun-
dabat in ſuppoſitis, tum quia fuerat facta Congregatio per iuramentum,
tum etiam quia multi ſperabant de diſcordia illa ſermonem fieri in præ-
dicta Congregatione, Ideò dixerunt quidam Magiſtri quod deliberan-
dum erat per Prouincias, quia etiam fiebant ſupplicationes contradi-
ctoriæ propter quas ſolet ſemper Natio ſe retrahere per Prouincias.
Alij in oppoſitum dicebant quod deliberandum erat in communi ſuper
principale, & ſic fiebant hinc inde magni clamores. Volui tamen vota

ELECTIO
RECTO-
RIS.

" singulorum in communi colligere. Sed nec primus deliberans super his
1449. " potuit integrè audiri. Videns autem quod hi clamores continuabant,
" volui alium modum & aliam viam tentare, & dixi eis quod non poteram
" aliquem in communi audire, & se retraherem per Prouincias suas. Dum
" verò essem in Prouincia mea credens deliberare, venerunt ad me complu-
" res Magistri miscentes se nostræ Prouinciæ & impedientes deliberatio-
" nes Magistrorum Prouinciæ nostræ, coactus fui iterum ad Nationem re-
" dire & eos omnes conuocare vt vota eorum in communi colligerem. Sed
" tunc fuit error peior priore, nec quouis modo per illum modum potui.
" Tunc dixi quod finaliter pro omni verbo ipsi propter confusionem tol-
" lendam deliberarent per Prouincias. Quidam obediuerunt euntes ad
" Prouinciam suam, alij verò non iuerunt. Cum verò deliberatio facta
" fuisset in singulis Prouincijs, conuocaui Nationem ad audiendum deli-
" berationes Prouinciarum & ad concludendum super illis. Sed tunc in-
" currerunt impetus, & facti sunt clamores in me, adeo quod nec me, nec
" alios poteram cum vocis discretione percipere. Considerans verò quid
" acturus super his essem, expediens reperi quod DD. Decani, aut eorum
" locum tenentes qui præsederint in singulis Prouincijs, vocarentur in lo-
" co tuto, aperto & pacifico & quod audirentur, & super auditis conclu-
" deretur: & ita à loco S. Mathurini propter causas dictas sine conclusione
" recessi. Dum verò essem in nostro Collegio, facta eiusmodi congregatio-
" ne, accessit ad me M. Albertus & cum eo multi Magistri requirentes me
" vt DD. Decanos vellem audire & concludere auditis eorum deliberatio-
" nibus, quos remisi vsque ad 2. horam post prandium: in qua hora compa-
" ruerunt Decani personaliter qui fuerunt in S. Mathurino de mane in
" Congregatione & Decanorum locum tenentes qui non fuerunt in Con-
" gregatione à quibus audiui videlicet *in Capitulo Regalis Collegij Nauar-*
" *ræ in quo solent multæ Congregationes & potissimè DD. Regentium fieri, sin-*
" *gularum Prouinciarum deliberationes* venientes ad hoc in effectum, quan-
" tum ad 1. art. quod placebat eis mihi dare consilium & tale scilicet quod
" haberem iuxta illorum Magistrorum requestam, Facultatem conuocare.
" Quantum ad 2. fuerunt 4. Prouinciæ nullo modo discrepantes, scilicet
" auditis partibus contendentibus & omnibus hinc inde consideratis quæ
" consideranda veniebant, videbatur eis quod M. Albertus bonum ius in
" Rectoria habebat, & quod eum reputabant Rectorem Vniuersitatis Parisi.
" Placebat insuper quod in Facultate per me conuocanda eidem habe-
" rem dare biretum Rectoriæ, & cætera insignia ad Rectoriam pertinentia.
" Et quod si Natio in die Electionis Rectoris potuisset de iure eius infor-
" mari, sicut nunc est informata, ipse ex tunc eundem approbasset Recto-
" rem; Prouincia verò Parisiensis super superioribus nihil aut modicum
" dixit. Quibus auditis, conclusi quod conuocarem Facultatem & quod
" in eadem haberem exequi illud quod Natio præcipiebat secundum Con-
" clusionem hanc vniformiter à 4. Prouincijs captam. De quarum Pro-
" uinciarum deliberatione, ac etiam conclusione ex illis facta, petitum
" est à M. Alberto instrumentum publicum à quodam Magistro scilicet
" Magistro Io. Lonchart Imperiali & Apostolico Notario, in quo Instru-
" mento ea quæ dicta ac facta sunt, patent euidenter. Quibus factis iuxta
" Conclusionem Nationis Franciæ matris meæ, Facultatem sequenti die,
" scilicet die martis conuocaui in S. Iuliano Paupere, quia etiam ex quodam
" statuto incumbebat mihi In qua conuocatione seu Congregatione præ-
" sentibus 4. Procuratoribus 4. Nationum, ac etiam quamplurimis Ma-
" gistris, comparuit M. Albertus cum Epitogio & præmissis excusationi-
" bus, ac regratiationibus officium Rectoriæ ad quod fuerat electus, acce-
" ptauit. Et post hanc acceptationem, præstitis iuramentis solitis, eidem bir-
" retum dedi, & in signum possessionis actualis & realis librum, cum alijs
" solitis tradidi. Paulo post verò supplicauit vt Facultas vellet eidem dare
" consilium: Sed eius supplicatio interrupta fuit per quosdam Magistros
" clamantes & impetentes. Finaliter eundem conduxit Facultas vsque ad
domum

suam in qua domo sumpserunt Magistri vinum & species, & ibidem comparuerunt Procuratores Nationum Picardiæ & Almaniæ, & ego cum eis & complures Magistri. Hæc facta sunt his duobus diebus, scilicet die Lunæ 30. Martij & die Martis 31. eiusdem mensis. Sig. X. de foro cum Syng.

1449.

Ad an. 1449. legimus in Chartulario, seu Archiuis nostris renunciationem quamdam à Capitulo Laudunensi factam obtenti cuiusdam priuilegij contra Iura Vniuersitatis.

VNiversis præsentes litteras inspecturis, Capitulum Ecclesiæ Laudunensis ad Rom. Ecclesiam sine medio pertinentis Sal. in Dom. Noueritis quod hac die Mercurij 17. mensis Decemb. an. D. 1449. Coram nobis personaliter constituti venerabiles & discreti viri DD. & MM. Ioannes Landas Archidiaconus Laudunensis, Guill. Champ-Bodon Cantor, Io. Castellani, Nicolaus Begart, Iac. Houuart, Eustachius de Mesnillo, Io. de Ianta, Theobaldus Geruin, Petrus Bouini, Nicol. Iosse, Randulphus Caignart, Michaël Flamigi, Io. Rosier, Io. de Lyart, Guill. Pennetiau, Io. du Vabengler, Io. Bondifflart, Guill. Michiel, Io. Bocquet, Io. Gillon, Petrus Rousselli, Gerardus Behoris, Io. Villart, Iac. Vairon, Io. Fabri, Io. Charlet, Mauricius de Rochefort, Gobaudus de Anya & Io. Arnulphi Canonici Laudunenses renunciauerunt & corum quilibet renunciauit certis casibus Nouitatis, seu Mandatis Regijs imperratis ab anno citra per Capitulum Laudunense, & etiam impetrandis in præiudicium priuilegiorum nostræ Matris Vniuersitatis Paris. & M. Io. Sellarij Senior Canonicus & Thesaurarius nostræ prædictæ Ecclesiæ Laudunensis, qui pariter renunciauit, sicut & prædicti, prouiso quod omnes alij processus & citationes qui emerserunt & emergere possent in futurum, tam occasione dictarum litterarum Regiarum impetratarum, quàm occasione Henrici de Furno, & aliàs ponantur ad nihilum & annullentur, quodque occasione præmissorum ipse D. Thesaurarius non citetur, aut inquietetur in futurum, aliàs non. De quibus sic dictis & factis ad approbationem præmissorum ipsi petierunt & eorum quilibet petijt præsentes litteras signo nostri Notarij signari & sigillo nostro communiri. Datum in Capitulo nostro, anno, mense & die prædictis Tricquoti cum sequentibus.

Hancce renunciationem non accepit Vniuersitas ob conditiones appositas; itaque idem Capitulum postea amore pacis cum Vniuersitate pure simpliciterque omnibus priuilegijs contra ipsius Iura impetratis paulo post renunciauit, vt patet ex hac chartula.

VNiversis præsentes litteras inspecturis Capitulum Ecclesiæ Laudun. ad Rom. Eccl. nullo medio pertinentis Decanatu Vacante sal. in Domino. Noueritis quod nos Ioan. Landas Archidiaconus Laudun. Philippus de Longolio Archidiaconus Transschac, Io. Sellarij Thesaurarius, Guil. Champ-Bodon Cantor, Ioan. Castellani, Nicol. Begart, Iac. Houuart, Michaël Flamigi, Guill. Pommetiau, Eustachius de Mesnillo, Io. de Ianta, Theob. Geruin, Petrus Bouuin, Randulphus Caignart, Nicol. Iosse, Robertus Hutte, Io. de Lyart, Ioan. Rosier, Io. du Vallengler, Gerardus Behoris, Io. Bondifflart, Guill. Michiel, Guill. de Layens, Io. Villart, Io. Bocquet, Iac. Gillon, Petrus Rousselli, Mauricius de Rochefort, Io. Charlet, Iac. Vairon, Io. Fabri, Io. Arnulphi & Gobaudus de Anya, Canonici Laudun. in Capitulo nostro congregati & Capitulum nostrum facientes, *renunciauimus, & quilibet nostrum renunciauit certis casibus Nouitatis, seu Mandatis Regijs ab anno citra per nos impetratis, & etiam alijs impetrandis in præiudicium priuilegiorum nostræ Matris Vniuersitatis Paris.* In cuius rei testimonium sigillum Capituli nostri præsentibus litteris duximus apponendum. Datum in Capitulo nostro Laudunensi an. Domini 1449. die 9. mensis Ian.

Die autem 28. eiusd. mensis habitis Comitijs Vniuersitatis Instrumentum prædictæ renunciationis lectum est publicè, & eo abunde satisfactum sibi putauit Vniuersitas, vt legitur in Actis diei.

1450.

Anno 1450. Angli omnino è Normania expulsi sunt, quibus ait Meyerus nihil feliciter in Gallia successisse ex quo Ianam Puellam crudeli Iudicio flammis damnassent. Ob insignem autem hanc victoriam Mandato Regis institutæ sunt in toto Orbe Gallico supplicationes. Inter cæteras autem maximè memorabilis fuit illa quam celebrauit Guillelmus Carterius Episcopus Parisiensis ab Æde SS. Innocentium ad Basilicam D. Mariæ, in quâ 12000. Pueri Impuberes à septimo ad vndecimum ætatis annum, cereum accensum singuli manu gestantes, bini processerunt.

Mensis Maij die 7. cum conuenisset Vniuersitas à Rectore conuocata, Beneficiandorum Catalogum, seu Rotulum conscriptum claudi iussit, vetuitque deinceps vllos conscribi & nominari qui non præsentes adessent: Rotulum autem illum ad Nuncios suos qui in Concilio Carnotensi adhuc commorabantur, transmisit.

Die 11. Iulij in Comitijs Centuriatis apud Bernardinos Rector exposuit fuisse aliquos ex Suppositis & Officiarijs Vniuersitatis incarceratos occasione alicuius doni per Ciuitatem Parisiensem Regi, ob recentem victoriam oblati, propterea quod impositam sibi taxæ portionem persoluere, iuxta priuilegia Academica detrectauerant. Igitur in hanc sententiam à pluribus itum est, vt Rector suo & Vniuersitatis nomine reposceret Officiarios & Scholares Vniuersitatis, & ni repræsentarentur & restituerentur, cessari placebat ab omni Officio Scholastico, tam occulto quàm manifesto. Item placuit ad Episcopum Beluacensem Conseruatorem Priuilegiorum Apostolicorum Vniuersitatis scribi, vt Lutetiam venire vellet, aut, ni veniret, mitteret aliquem cum potestate Censuris illigandi eiusmodi vexatores & destructores Priuilegiorum.

Præcipuum verò negotium fuit in lustrandis Collegijs, statutis relegendis ac recognoscendis, rebusque ipsorum disponendis ad commodiorem reformationem quæ à Cardinale Tutauillæo paulo post facta est.

Die 18. Nouemb. facta electio Rectoris, quamobrem verò anticipatum fuerit tempus, non videmus. Inter Quatuoruiros autem oborta est discordia, ob æqualitatem suffragiorum. Franci enim & Picardi elegerunt M. Nicolaum Fraterni in Rectorem, reliqui duo M. Ioannem Canedy Scotum. Dissidium diremit Antiquus Conclaue ingressus præstito prius Iuramento *in manibus Procuratoris Franciæ*, vt legitur in Actis, & prædictum Fraterni in Rectorem renunciauit.

Die verò 17. Ian. huiusce anni Vniuersitas apud Mathurinenses congregata audiuit relationem Oratorum qui ad Concilium Rothomagense missi fuerant pro tuitione & conseruatione suorum priuilegiorum: ijsque gratias verbis egit amplissimis, quod res Academiæ propugnassent fortiter, eorumque acta rata habuit & probauit. Hi autem missi fuerant **MM. Guill. Eurardi, Petrus Maugier & Gaufridus Normani.**

In ijsdem Comitijs actum est de intercessione, iampridem facta, ne Cadomi erigeretur Vniuersitas. Item vt relegerentur veteres Rotuli, fieretque Codex membranaceus in quo omnium nominandorum nomina describerentur. Eadem etiam Vniuersitas Citatorijs modum adhibuit, néve ad quemlibet citandum & causam quamlibet ad Præpositum Parisiensem vllus abuti posset Priuilegio Academico, statuit vt si quis Citatorio, seu Mandato Præpositi indigeret, supplicaret prius apud Vniuersitatem causamque ederet, & necessitatem impetrandarum eiusmodi litterarum. Rogata quoque Vniuersitas à Comite Dunensi per litteras, vt quidam Rotomagenses, qui propter contumaciam vrgente, ac instante ipsa excommunicati fuerant, relaxarentur; indulsit relaxatione ad mediam Quadragesimam.

Die Mercurij 3. Febr. in Comitijs apud Dominicanos habitis conclusa est Apertio Rotuli Nominandorum. Item recitatæ sl litteræ Vniuersitatis Louaniensis, quæ petebat sibi remitti quandam causam motam inter M.

Vniuersitatis Parisiensis. 555

Iacobum.... Suppositum Parisiensis Vniuersitatis & M.... Suppositum Studij Louaniensis. Quam in rem nominauit Vniuersitas viros eximios, qui cum D. Rectore litem examinarent. Et illi tandem concluserunt propter certas rationes non esse causam remittendam ad Louanienses, sed retinendam.

1450.

Die verò 9. eiusdem mensis apud Mathurinenses egit Vniuersitas de mittendis Legatis Turonium qui Priuilegia sua propugnarent apud Regem & Concilium quod ibi celebrabatur. Item de intercessione sua aduersus Academiam Cadomensem, cuius institutionem & erectionem iam antè impedire conata fuerat. Item aduersus Chartam Normanicam quæ contraria erat Priuilegijs Vniuersitatis.

Quia verò pecuniarum penuria laborabant, tres Nationes, inter quas Gallicana potissimùm, existimarunt non esse mittendam celebrem Legationem priusquam audiretur ab Eleemosynario Regis Vniuersitatis amantissimo, quid rei faciendum foret. Nihilominus tamen quia Natio Normaniæ pollicita est se pecuniam daturam in rem Legationis, dum sibi sufficienter de restitutione caueretur, cæteræ Facultates cum ipsa concluserunt esse mittendam.

Deinde lecti sunt articuli nonnulli Reformationis, itemque Instructionum priuatarum qui tribus illis Nationibus, Gallicanæ, Picardicæ, Germanicæ non placuerunt, donec amplius examinati fuissent à Deputatis quos nominari volebant. Itaque à Conclusione prædictâ appellarunt *ad Vniuersitatem ipsam melius congregandam.*

Hac appellatione spretâ, Rector nihilominus ad 11. Febr. edicit vt Procuratores adessent in Collegio Nauarrico, afferrent claues, interessentque sigillationi Litterarum prædictæ Legationis, atque aliarum ad Regem & ad alios mittendarum. *Et quantum ad hoc*, inquit M. Petrus Rauelli Procurator Nationis Gall. in vetusto Codice, *licet magna arca Vniuersitatis præfatæ fuerit aperta, vt affigeretur sera vener.indæ Nationis Almaniæ, cuius clauis fuerat perdita, tamen nihil fuit sigillatum, nec permissum est extrahi paruum coffrum in quo reponitur magnum sigillum dictæ Vniuersitatis. Et hoc propter oppositionem & appellationem prædictarum Nationum Franciæ & Almaniæ factarum per earundem Procuratores. Et fuit sic clausa dicta arca Vniuersitatis cum quinque clauibus Nationum & Rectoris. Tunc illa die & horâ D. Rector dictæ Vniuersitatis almæ præcepit mihi & alijs Procuratoribus per iuramentum, & sub pœnâ leuandi seras & incurrendi punitionem, quod interessemus in dicto loco, & capellâ de Nauarra cum Decanis aliarum Facultatum, Procuratoribus & Deputatis horâ 3. post prandium, ad expediendum ea quæ forent expedienda & fienda. Et ideo feci conuocari per iuramentum notabiles Deputatos singularum Prouinciarum & singularum domorum in competenti numero apud Prædictum Collegium de Nauarrâ eadem die, horâ prima post prandium ad consulendum & prouidendum mihi quid essem facturus & responsurus super hac re D. Rectori & Deputatis prædictis, propter illud præceptum mihi per eundem D. Rectorem factum & iniunctum. Ex quibus iuxta maturam deliberationem eorundem Deputatorum Nationis matris meæ fuit conclusum quod nullo modo consentirem ad huiusmodi expeditionem & sigillationem, inconsultâ Natione solemniter congreganda super his prædictis, & quod haberem requirere D. Rectorem & Deputatos suos quatenus supersederent negotium hoc vsque ad crastinam diem, & quod haberem copiam dictarum Instructionum & obligationum prædictarum, vt eidem Nationi matri meæ ostenderem & per legerem in facie eiusdem sperando, quòd per hunc modum Natio præfata contentaretur. Et casu quo ipse D. Rector vellet me aliter rogare, vel adstringere ad prædictam sigillationem, vel ad inflictionem pœnæ, quod appellarem ab eo ad Vniuersitatem.*

Id præstitit Procurator Nationis Gallicanæ, obstititque quominùs aliquid illâ die sigillo Vniuersitatis muniretur. Et Rector ad crastinam diem proximam eundem *citauit coram Vniuersitate ad dicendum & allegandum causas oppositionis & appellationis.* Ille verò Nationem suam horâ 7 matutinâ diei Crastinæ adesse iussam edocuit quæ gesta essent, legique iussit

Instructionem Legatorum, Cautionem Nationis Normanicæ pro pecunijs quas mutuò dederat, aut dare spondebat. Petijt etiam quid fieri placeret in ea appellatione, seu Citatione Rectoris ad Vniuersitatem. Quibus expositis & auditis, Natio nominauit M. Ioannem de Martigniaco ad exponendum causas appellationis & intercessionis. *Qui*, vt habetur in prædicto Codice, *coram Vniuersitate, hora 8. præfatam Ambassiatam non fore vtilem, nec necessariam, imò infructuosam, tum propter occupationem Regiæ Majestatis, tum propter penuriam pecuniarum: & quia etiam non placebant eidem Nationi quidam articuli in his instructionibus positi, nec etiam placebat obligatio in formâ quam continebat.* Re in medium posita ad deliberandum, Tres Nationes, Galliæ, Picardiæ & Germaniæ in eandem sententiam iuerunt. Tres Facultates superiores cum Normania in contrariam; secundum quas vt pote secundum pluritatem conclusit Rector & iussit vt adessent Procuratores hora 3. post prandium in Collegio Nauarrico, vtque claues afferrent ad sigillum ex arcâ extrahendum & sigillandum. Sed propter eorum absentiam ea die nihil adhuc fieri potuit.

Die 13. Feb. conuocatâ rursus per Rectorem apud Mathurinenses Vniuersitate & re expositâ, tandem amicè tota controuersia composita est, consentientibus Facultatibus & Nationibus, vt emendarentur nonnulli articuli; vtque cum alijs Legatis mitteretur M. Gaufridus Normani: vt collectio pecuniæ alio modo fieret, neque sumeretur à Normanis pecunia mutuò; sed vt vocabant, per Bursam impositam omnibus, præsertim verò *Baccalarijs tam superiorum Facultatum quàm Baccalarijs Facultatis Artium.*

Eodem anno Rector nomine Facultatis Artium, cum Abbate San. Genouefiano litem intendit Cancellario eiusdem Domûs apud Curiam Parlamenti propter insignia peccata in Examine admissa tum ab ipso & Procancellario suo, tum ab Examinatoribus. Quibus euidenter probatis, Senatus in eorum locum substituit ad annum, alium Cancellarium, subCancellarium & alios Examinatores, quos Abbas præsentauit Facultati Artium.

De Cancelario Sangenouiano.

Verum Natio Gallicana in Comitijs die Veneris 5. Martij habitis omnino improbauit nouorum Examinatorum nominationem, nec Rectoris acta quoad hoc habere rata voluit, quòd existimaret iniuriam factam fuisse Facultati Artium. Rem referam, vt scriptam reperio à M. Petro Rauelli Procuratore Nationis Gall.

1450.

Die Veneris, inquit, 5. Martij eodem anno 1450. fuit *Facultas Artium solemniter congregata per D. Rectorem apud S. Iulianum Pauperem super duobus articulis. Quorum primus fuit ad audiendum nomina & cognomina aliquorum; scilicet M. nostri, M. Nicolai Iuuenis in sacra Pagina Professoris qui fuit præsentatus ad Officium Cancellarij Tentaminis S. Genouefæ; & etiam Magistri nostri M. Petri de Vaucello, etiam in sacra Pagina Professoris qui similiter fuit præsentatus ad Officium Sub-Cancellariatus per eundem Reuerendum in Christo Patrem D. Abbatem S. Genouefæ: & etiam nomina & cognomina 4. aliorum Magistrorum qui fuerant ordinati per Curiam Parlamenti & deputati ad Tentamen Baccalariandorum in examine S. Genouefæ propter processum pendentem in dicta Curia inter prædictum D. Abbatem & M. Philippum Anglici Religiosum eiusdem loci S. Genouefæ & tunc Cancellarium examinis prædicti. Quos 4. Magistros, scilicet M. Antonium Vrsi pro Natione Franciæ, M. Iacobum de Bosco pro Natione Picardiæ, M. Ægidium Marie pro Natione Normaniæ & M. Walterum de Wernia pro Natione Almaniæ prædicta Curia deputabat & constituebat Tentatores eiusdem Examinis prædicti vnà cum alijs 4. Tentatoribus antiquis ad reformationem antiqui examinis. Secundus Art. e* communis super supplicationibus & iniurijs.

Quantum ad primum Articulum, placuit Nationi Franciæ matri meæ, quod Præfatus M. Nicolaus Iuuenis præsentatus per D. Abbatem Præfatum secundum Ordinationem dictæ Curiæ habeat exercere dictum Officium Cancellarij pro

Vniuersitatis Parisiensis.

hoc anno, sine præjudicio Statutorum Facultatis. Et similiter placuit prædictæ Nationi matri meæ quod præfatus M. Petrus de Vantello, item præsentatus, vt dictum est, etiam haberet exercere officium Sub-Cancellariatus eiusdem examinis pro hoc anno. Sed non placuit, quod alij 4. prænominati per Electorem & præsentati per D. Abbatem prædictum secundùm Ordinationem Curiæ admittantur tanquam Tentatores, sed solum tanquam assistentes.

1450.

Quantum ad 2. articulum M. Ioannes Normani supplicauit quod Facultas haberet discernere & dicere si fuerit de mente & consensu Magistrorum & totius Facultatis, quod D. Rector duceret processum contra Tentatores antiquos, quorum ipse M. Ioannes Normani erat vnus, & in Curia Parlamenti. Et si ad hoc negotium ipsa Facultas haberet D. Rectorem gratum, ratum & aduoatum. Super quo 2. articulo præfata Natio mater mea deliberauit & expressè dixit quòd non fuit de mente sua, nec de consensu quod præfatus D. Rector procederet in Parlamento contra Tentatores præfatos. Et in hoc præfata Natio habuit ipsum D. Rectorem ingratum & inaduoatum. Et similiter deliberauerunt & expressè dixerunt aliæ duæ Nationes, scilicet Normaniæ & Alemaniæ. Et vltra, prædictæ duæ Nationes Normaniæ & Alemaniæ etiam deliberauerunt vniformiter sicut fecerat Natio Franciæ mater mea, quòd casu quod D. Rector non vellet concludere, & exprimere, seu proferre dictas deliberationes suas, quod Ego tanquam Decanus & primus Procuratorum haberem concludere & exprimere, seu proferre deliberationes suas. Supplicationibus quorum Ego compulsus & coactus per Nationem matrem meam annuerem prædictis supplicationibus præuia protestatione mea & promissione facta à prædictis Nationibus in præsentia Notariorum duorum M. Guillelmi Nicolay scribæ Vniuersitatis & M. Petri Boudic, quod haberent me in hoc defendere & obseruare à quocunque interesse apud quemcunque, accipiendo huiusmodi factum esse suum proprium factum. Sub tali tuitione, protestatione & promissione factis in absentia D. Rectoris qui noluit concludere, & recessit, conclusi in hunc modum, quod quantum ad primum articulum placebat Facultati recipere M. Nicol. Iuuenis & M. de Vantello, vt prædictum est, ad officia prædicta pro hoc anno. Et similiter placebat recipere alios nouos Tentatores secundùm Ordinationem Curiæ Parlamenti sine præjudicio statutorum Facultatis, deposito quinto qui erat suspectus, eò quod morabatur in Pædagogio & habebat proprios Scholares sub se; & quod Curia Parlamenti fuerat de illo minus bene informata. Et quantum ad 2. artic. conclusi conformiter ad deliberationem Nationis Franciæ matris meæ quod non fuit de mente Facultatis, nec de consensu quod D. Rector processerit contra antiquos Tentatores: & in hoc Facultas habuit ipsum D. Rectorem ingratum, & inaduoatum.

Die sequenti, scilicet 6. Martij idem Rector Vniuersitati quam conuocauerat, exposuit ea quæ pridie gesta erant in Comitijs Facultatis Artium, deque ijs rebus deliberari iussit: an scilicet æquum foret quod pridie Facultas Artium decreuerat, cum præsertim quod ipse egerat, id de consilio egisset. Natio Gallicana perstitit in sua deliberatione & conclusionibus: non item cæteræ, nec similiter reliquæ Facultates, quæ Acta Rectoris grata & rata se habere responderunt.

Die Veneris 2. Aprilis ante Pascha Congregata apud S. Mathurinum Vniuersitas per M. Iacobum de Gouda, tunc Rectorem audiuit relationem Legatorum suorum in Concilio Turonensi, gratamque habuit eorum legationem. Lectæ sunt quoque ibi litteræ Regiæ, quibus inter cætera monebatur Vniuersitas, vt quamplurimos abusus & prauas consuetudines quæ irrepserant, emendaret. Quibus lectis statutum est in eam rem deinceps adhibitum iri diligentiam, quàm posset fieri, maximam.

Anno 1451. expulsis ex Aquitania Anglis extinctisque factionibus quæ Gallicanum Orbem tandiu turbauerant, vbique festi dies ludique celebrati; conuersa ad preces Academia supplicationem instituit solemnem & extraordinariam ad D. Germani Autissiodorens. 19. Maij, *Pro exorando Altissimum pro vnione S. Matris Ecclesiæ, prosperitate Regis Christianissimi Karoli VII. ex nomine, Reginæ eius consortis inclytissimæ, D. Delphini Principis famatissimi potissimè apud Exteros & Antiquos*

1451.

Tom. V.   A A aa iij

Septimum seculum

1451.
" hostes huius Regni gloriosi, DD. de Sanguine Regio, & pro felici conduc-
" tione Exercitus Regij ad partes Burdigalenses, pro augmentatione huius al-
" mæ matris in suppositis, conseruatione huius inclytæ vrbis & pro temperie aëris
" & multiplicatione bonorum terræ. Hæc in Actis Nat. Gall.

In ijsdem legitur habitis die 23. eiusdem mensis Comitijs apud Mathurinenses exposuisse Rectorem quod in Ditione Normanica Priuilegiorum Academicorum ratio nulla haberetur in ijs quæ pertinent ad Conseruationem, seu ad Causas quæ ad Forum Conseruationis Regiæ, aut Apostolicæ remitti debebant, carceribusque manciparentur qui Citatorias litteras significabant. Et circa materiam istam dictum fuit, vt si qui inter Turbatores eiusmodi Priuilegij, Iurati essent, illi euocarentur audituri sententiam aduersus se tanquam aduersus perjuros & infames ferendam; si verò non iurati, citarentur ad Curiam Conseruationis, vtque si non posset haberi accessus liber & securus ad locum ipsum in quo residebant, in vicino fieret denunciatio.

De Pergamano.

Habitis quoque die 20. Iunij Comitijs Generalibus, exposuit Rector Abbatem San-Dionysiarum præter morem & consuetudinem nouum quoddam ius sibi arrogare voluisse paulò ante in recognoscendo Pergameno Indictali, vnumque è Pergamenarijs Iuratis nomine Theodet, seu Thuaudet in ea re parum gnauiter se gessisse. Auditis autem tribus Decanis super Facultatum & 4. Procuratoribus, placuit consuli Patronos & Consiliarios Vniuersitatis tam de Curia Parlamenti quàm de Curia Castelleti, & secundum consilia eorum procedere contra Abbatem & Conuentum S. Dionysij, qui nescio quâ authoritate & contra vsum hactenus obseruatum volunt visitare Pergamenum in præiudicium Rectoriæ & Libertatis Vniuersitatis. Habuit. Theo-
" det Pergamenarium Iuratum contumacem, quia vocatus ad Congre-
" gationem, venire contempsit, & quia D. Rectori suisque Deputatis
" viris inter cæteros Vniuersitatis famatissimis irreuerenter locutus est, in
" præiudicium libertatis Rectoriæ & ipsius Vniuersitatis, eum suo Officio in
" perpetuum sine vlla spe misericordiæ priuauit; & vt cunctis pateat & cæteris cedat in exemplum, decreuit vt in Quadriuiis affigerentur scedulæ, in quibus euidentissimè notetur de periurio. Tunc erat Rector M. Nicolaus Fraterni, cui die 23. eiusdem mensis nempe quæ Vigilia erat Sacrat. Sacramenti & S. Ioannis quæ duo Festa in vnum diem coinciderant, substitutus M. Thomas Rousselli, vir ingentis nominis & famæ. Et ille procedendum habuit contra Electum de Carentan in Normania qui missos ab Vniuersitate & Conseruatore ad significandum litteras citatorias incarcerari iusserat, vt patet ex Actis diei 26. Aug.

Contra Minoritam Rothomagi prædicantem.

Die Mercurij 6. Octob in Comitijs Mathurinensibus exposuit Rector, quid rei molirentur Rothomagi Fratres Minores, legique iussit litteras Archiepiscopi Rothom. quibus significabat Vniuersitati quàm periculosum esset pati Minores arrogare sibi potestatem Concionandi, seu, vt aiunt, prædicandi in singulis Prouincijs, etiam sine licentiâ Curionis, non etiam ipsius Archiepiscopi, petebatque vt Vniuersitas vellet sese huic causæ adiungere. Quod quidem illi vnanimiter concessum est. Interim ipse Archiepiscopus iussit obseruari Minores suæ Metropoleos, & inter cæteros F. Bartholomæum, cuius nonnullas Propositiones nimis temerarias notari & exscribi voluit, illasque ad Vniuersitatem misit cum quibusdam Instrumentis Inquisitionis factæ in Prædicti Fratris Bartholomæi dicta & Asserta. In hanc rem igitur conuocata est à D. Rectore Vniuersitas, & ab ea Statutum factum, vt infra patebit.

Interim vero F. Bartholomæus citatus adfuit, & donec Assertionum suarum rationem reddidisset, ei interdictum Licentiam prosequi. Sed tandem ille errores correxit, propositiones explicauit, seque apud matrem Vniuersitatem planissimè excusauit. Itaque in integrum restitutus est die 4. Decemb. vt scribit M. Ioannes de Martigniaco Procurator in vetusto Codice Procuratorum Nationis Gall. his verbis.

DIE 4. mensis Decemb. an. 1451. Vniuersitate apud S. Mathurinum solemniter congregata ad audiendum quasdam Informationes factas ex parte Reuerendi in Christo Patris D. Archiepiscopi Rothomagensis contra Reuerendum virum F. Ioannem Bartholomæi Ordinis FF. Minorum, occasione quarundam propositionum prædicatarum per eundem Rothomagi. Vnde Prædictus Frater in licentia eius impediebatur. Super quo prædictis Informationibus & earum prosecutoribus auditis satis ad longum: audito præterea iam dicto Fratre ex aduerso respondente, se exculante & declarante prædictas propositiones fuisse per Ecclesiam decisas. Et cum starent cum Generali Statuto *Omnis vtriusque sexus*, per eas nunquam intenderat, sed nec intendit derogare Iuri, potestati, seu authoritati Prælatorum, vel aliorum quorumcunque sub Ordine Hierarchico constitutorum, vnde Parochiani ab Obedientia & reuerentia Curatorum, seu Prælatorum valerent abduci, imò potius, vt dicebat, eas proposuit & proponit cum effectu semper inducere quatenus dicti Parochiani dictis suis Prælatis & Curatis obedientiam, reuerentiam & honorem curiosiùs exhiberent, singula iura soluendo.

Natio Franciæ veneranda conclusit, quod dictus Frater propter hoc nullatenùs erat impediendus, sed recipiebat eius excusationes, responsiones, & declarationes, repræsentans prædictas Informationes propter multa suspectas, præsertim propter hoc quod dictæ propositiones prædicatæ fuerant in Quadragesimâ anno Dom. 1450. cum gratia singulorum & signanter præfati Reuerendi in Christo Patris D. Archiepiscopi Rothomagensis, & dictæ Reformationes factæ fuerant in fine Augusti & in Septembri & propter aliam occasionem. Et propterea etiam quia omnes ibi Deponentes sunt Beneficiati Curati, aut de familia præfati Reuerendi in Christo Patris Archiepiscopi: Mihi singulariter iniungens quatenùs dictum Fratrem ex parte præfatæ venerandæ Nationis cæteris Nationibus, D. Decano Facultatis Theologiæ & D. Cancellario B. Mariæ specialiter recommendarem: quod & feci vt potui, & ita Conclusi.

Hæc fuit Sententia Nationis Gallicanæ, cui ferè conformis fuit conclusio Nationis Picardorum, vt legitur in Actis Nationis eiusdem hoc modo. Tamen rem integram remisit ad Facultatem Theol. & Decret.

ANno Domini 1451. die 4. Decemb. fuit alma Parisiensis Vniuersitas apud S. Mathurinum hora 8. de mane solemniter congregata, ad audiendum quasdam Informationes factas ex parte Promotoris D. Archiepiscopi Rothomagensis contra & aduersus quendam Fratrem Ioannem Bartholomæi Ordinis FF. Minorum. Exposuit D. Rector qualiter prædictus Frater nuperrimos sermones in villâ Rothomagensi & partibus circumvicinis fecerat, & in illis palam & publicè quasdam Propositiones fecerat, seu dixerat in præiudicium Curatorum & virorum Ecclesiasticorum, ac eorum iurium. *Puta quod Parochiani possunt liberè se Mendicantibus per Ordinarios admissis confiteri absque Curatorum licentia & alijs eos absoluere: nec prima peccata Mendicantibus confessa ipsis Curatis iterum confiteri*, prout tunc extitit latius lectum in Congregatione & contentum in Informatione. *Quare ex Consilio Deputatorum, D. Cancellario Ecclesiæ Parisi. ac Decano Facultatis Theol. inhibitiones fecerat dictus D. Rector ne eum ad gradum licentiæ in prædicta Facultate Theologiæ admitterent, donec & quousque per amplius Vniuersitas deliberasset & ordinasset & prædictum Fratrem audiuisset*. Qui personaliter comparens dixit nunquam velle & voluisse quicquam in præiudicium Curatorum dixisse & dicere. Sed cum quærebatur an semel in anno, obstante quocunque priuilegio Parochiani suis Curatis teneantur confiteri iustâ causâ cessante, generaliter vt priùs, & non aliter voluit respondere. Et quantum ad istum articulum non est habita Concordia, sed eius licentia, seu præsentatio facienda ad gradum quousque impedita. Et hanc materiam remisit Natio mater mea ad Facultates

" Theologiæ prædictæ & Decretorum. Acta fuerunt hæc anno, mense, die
1451. " & loco præallegatis, præsentibus venerabilibus viris DD. & M Roberto
" de Landa, Io. Berthe, Nicolao Ruys, Reginaldo Cati, Andrea Was-
" selin, Guill. Houppelande, Io. Cinis, & quampluribus alijs notabilibus
" Magistris prædictæ Picardiæ Nationis, teste meo signo Manuali hîc ap-
" posito. P. DAVBY.

Eadem ferè fuit cæterarum Nationum & Facultatum quoque ipsarum sententia. Itaque, Die 13. eiusdem mensis iterum fuit Vniuersitas congregata apud Math. super materia & facto eiusdem Fratris Bartholomæi & in alias deliberatis perstiterunt Nationes & Facultates, vt idem de Martigniaco scribit.

Die 15 eiusdem mensis Decembris cum à Rectore M. Clemente Parmentier conuocata fuisset Facultas Artium in San-Iulianensem Ædem, Cancellarius Ecclesiæ & Vniuersitatis Parif. adstitit, & conquestus est de multis abusibus qui in eam Facultatem irrepserant, supplicauitque vt ijs vellet ipsa Facultas remedium afferre; quâ de re sic scribit M. Petrus de Martigniaco Procurator Nat. Gall.

CONTRA ABVSIS ISTORVM.
" DIE 15. mensis Decemb. an. Domini 1451. congregata fuit Facultas
" Artium veneranda apud S. Iulianum Pauperem super duobus arti-
" culis. 1. fuit ad audiendum aliqua proponenda per D. Cancellarium B.
" Mariæ concernentia Statum Facultatis Artium supradictæ. 2. Fuit com-
" munis super supplicationibus & iniurijs. Ad quam Congregationem vo-
" cati fuerunt & comparuerunt multi Magistri de singulis Facultatibus su-
" periorum singularum Facultatum ad consulendum. Quantum ad primum,
" propositis per præfatum D. Cancellarium varijs inconuenientibus, abu-
" sibus, improperijs, & deformitatibus, quibus iam dictæ Facultatis honor,
" seu fama vbilibet quamplurimùm denigratur, Tum quoad Doctrinam &
" docendi modum in vico straminis ex incuria & negligentia Magistrorum,
" Tum quoad disciplinam moralem & bonorum morum & honestæ con-
" uersationis compositionem ex prædictorum Magistrorum perniciosa dis-
" simulatione. Quemadmodum constat de superfluitatibus, vanitatibus,
" dissolutionibus & excessibus commissis in celebratione quorundam festo-
" rum. Et quantum ad istum vltimum articulum, Veneranda Natio Fran-
" ciæ maturè & absolutè conclusit, quod de cætero talia festa fieri non
" permitterentur cum minis, seu instrumentis altis, cum tapetis & breui-
" bus, seu quibusuis dissolutis habitibus animum Scholarium distrahenti-
" bus à profectu & inducentibus ad lasciuiam. Similiter & aliæ Nationes
" idem consuluerunt volentes vnanimiter quod hæc Conclusio redacta sub
" sigillo D. Rectoris per vnum, vel duos ex Bedellis ad singulas domos &
" Collegia, in quibus tenentur Pædagogia, de præcepto dicti D. Rectoris
" ante instantia festa diligenter transmittatur Principalibus dictarum do-
" morum, seu Collegiorum Magistris, omnibus suis Scholaribus in Aula
" propter hoc ad pulsam Campanæ vocatis in præsentiâ dictorum Bedel-
" lorum per dictos Principales Magistros districtiùs publicanda, ne sub præ-
" textu ignorantiæ, &c. subiungentes pœnam priuationis Magistrorum &
" retardationis suorum Scholarium quorumcunque pertinacium, rebel-
" lium seu Transgressorum. Quantum verò ad alium artic. & totalem Re-
" formationem Facultatis, conclusit Natio, quod darentur notabiles De-
" putati duo, vel tres qui cum D. Rectore, DD. Cancellarijs & Procura-
" toribus aduisarent, & inuenirent modum optimæ Reformationis, & si
" esset opus, vocarentur de Superioribus Facultatibus ad consulendum; &
" quod articuli lecti per D. Cancellarium copiarentur & communicaren-
" tur dictis Deputatis ad addendum, vel diminuendum, &c. Consulit
" præterea quod futurus Rector iuraret ista prosequi, similiter & Procu-
" rator. Et ita conclusit.

Huc vsque pro agendis negotijs Vniuersitatis solebat singulis Suppositis imponi Bursa, seu taxa maior aut minor, prout erant grauiora, aut
leuiora

Vniuersitatis Parisiensis.

leuiora negotia. Quæ quidem Bursa, seu contribuendi necessitas sæpè magnarum contentionum & dissidiorum causa fuit: quia plerumque Facultates & Nationes se sentiebant oppressas, aut ære alieno, aut eiusmodi contributionibus singularibus. Sed hoc anno cum ageretur de mittendâ solemni legatione, nec Bursæ Receptor rationes suas reddere voluisset, de alia ratione inueniendæ pecuniæ initum est consilium. Scilicet vt quælibet Facultas & quælibet Natio suum legatum proprijs impensis aleret & muneraretur, impositâ singulis qui deinceps reciperentur, seu admitterentur in gremium Vniuersitatis, taxâ certâ & determinatâ. Hancque Natio Gallicana rationem inuenit, vt testatur M. Io. de Martigniaco in vetusto Codice Nationis.

1451. NOVVM GENVS CONTRIBVTIONIS.

" DIE, inquit, 29. mensis Decemb. an. 1451. Vniuersitate apud S. Mathurinum solemniter congregata, &c. Et quoadmodum habendi pecunias pro agendis Vniuersitatis, Natio ex tunc aduisauit alium modum quàm per Impositionem Bursæ, videlicet quod quælibet Facultas & Natio suo prouideret Ambaxiatori, vel quod fieret thesaurus communis. Hoc modo videlicet, quod quilibet nouiter veniens volens iurare, volens prætentis priuilegijs, immunitatibus atque libertatibus Vniuersitatis gaudere, in suâ intronizatione soluat vnum scutum tam diues quàm pauper, aut quilibet secundùm qualitatem & exigentiam sui status, Nobilis videlicet, Abbas, Prælatus & quilibet in quacumque dignitate constitutus vnum nobile Aureum; Mediocris vnum Scutum, Inferior siue pauper medium scutum; & quod tales compellerentur iurare, antequàm reputarentur Parisius pro promotione tempus acquirere, sicut fit in alijs Vniuersitatibus, Andegauensi, Aurelianensi, Coloniensi, Louaniensi; & de hoc fieret Edictum commune singulis mensibus per Vniuersitatem tam in sermonibus, lectionibus, & alijs actibus quàm scripto vbilibet publicandum. "

Die 5. mensis Ianuarij Natio Gallicana eodem Procuratore edixit in hunc modum.

" NOVERINT Vniuersi quod anno Domini 1451. die 5. mensis Ianuarij veneranda Franciæ Natio apud S. Mathurinum super nonnullis Agenda eiusdem Nationis concernentibus solemniter congregata, singulisque ipsius Nationis Prouincijs ad deliberandum more solito retractis ad partem, inter cætera per prædictam concordi fuit omnium deliberatione conclusum ad obuiandum graui pauperum Scholarium oppressioni. Et præterea ad euitandum iam dictæ Nationis & Iuratoris eius diu continuatum tributum in solutione Bursæ 4. solidorum Parisiensium, quod dicta 4. solidorum Parisiensium Bursa cessaret, & cursum de cætero non haberet, quinimo ex tunc dictam 4. solidorum Paris. Bursam quassauit, reuocauit penitùs & annulauit, prout quassat, reuocat & annullat. Voluit, vultque dicta Natio per alium modum iam aduisatum, aut si opus est, aduisandum in Facultate & Vniuersitate, loco & tempore congruis declarandum pro agendis & prosequendis prædictorum Vniuersitatis, Facultatis & Nationis de pecunijs prouidere. QVAPROPTER NOS IOANNES de Martigniaco præfatæ venerandæ Nationis PROCVRATOR VOBIS OMNIBVS MAGISTRIS, SCHOLARIBVS, & Suppositis tam Iuratis quàm non Iuratis Nationis præfatæ præcipimus & distrinctè mandamus quatenus huic Conclusioni pareatis, & vestros parere diligenter & cum effectu faciatis sub pœnâ perpetuæ priuationis cuiuslibet vestrum delinquentis. Datum Parisius apud S. Mathurinum sub sigillo Procuratoriæ Nationis præfatæ. Anno, mense, die quibus supra. "

EDICTVM PRO BVRSA.

Anno 1452. facta est memorabilis illa Parisiensis Vniuersitatis Reformatio à Guill. Cardinale Tutauillæo, quam superioribus annis tentatam & inchoatam absoluerunt hoc anno Clarissimi Proceres Academici ex singulis Facultatibus & Nationibus huic rei præpositi. Absolutam verò,

1452.

Tom. V.   BBbb

lectam & relectam, approbatamque ab ipsa Vniuersitate, confirmauit prædictus Cardinalis cum Quadrigario Episcopo Paris. & alijs Commissarijs Regijs, dieque 1. Iunij sigillo suo roborauit. Est autem talis.

Reformatio Vniuersitatis Parisiensis facta à Cardinale Tutauilleo anno Domini 1452.

"GVILLELMVS miseratione diuina tituli S. Martini in Montibus sacro sanctæ Romanæ Ecclesiæ Presbyter Cardinalis, de Estouteuilla vulgariter nuncupatus, in Regno Franciæ singulisque Galliarum Prouincijs Apostolicæ Sedis Legatus. Maiores nostri, summi illi priscique Philosophi maximam edendis conscribendisque legibus operam, ac studium impenderunt; existimantes nullam Vrbem, nullum hominum cœtum, nullam denique benè viuendi rationem posse subsistere, nisi æquis legibus ac salubribus institutis constituta firmataque sit. Quippe cùm lex, ratio summa sit insita à natura quæ iubet ea quæ facienda sunt, prohibetque contraria; quod sine authoritate cuiusquam, satis experientia magistra rerum edocuit. Constat namque maximas Respublicas, ac ciuitates legum obseruantiâ floruisse, transgressione verò penitùs decidisse. Sed cùm omnibus legum institutio atque obseruatio sit necessaria, qui vitam honestam ingredi cogitant, nullis tamen expeditior aut decentior esse videtur, quàm doctis ac litteratis viris, qui studio sapientiæ & virtutis incumbunt; omnibus scilicet qui abiectis illecebris, bonis artibus atque optimis disciplinis sese tradiderunt. Hos enim cùm oporteat cæteris moribus & vita præire, & alijs rectè viuendi lumen ostendere, ipsi se primùm institutis legibusque cohibeant necesse est. *Legem enim*, vt Cicero inquit, *vitiorum emendatricem esse oportet, commendatricemque virtutum, vt ab ea bene viuendi ratio ducatur.* Quæ alma Parisiensis Vniuersitas sapienter ac diligenter attendit; quæ quanquam priscis temporibus saluberrimis institutis ac legibus *diutissimè* recta & gubernata fuerit; tamen vel bellicis cladibus, quæ tam Vrbem quàm doctos & studiosos homines distraxerunt, vel hominum arrogatâ licentiâ, ab illa Scholastica disciplina ac viuendi institutione aliquantulum declinasse videbatur, sensimque ad id deuentum fuerat, vt viri Scholastici priscas illas & honestissimas institutiones, aut de consuetudine pro abrogatis haberent, aut illas temerè violarent, aut, quod grauius erat, earum plurimis vt priuilegijs atque indultis abuterentur. Quæ clari ac docti viri indignè ferentes, ex aduentu nostro ad hanc Florentissimam Parisiensem Vrbem, omnia in meliùs reformari posse sperauerunt; eamque spem nobis etiam certis indicijs, ac votis significauerunt. Quam quidem spem honestissimam esse putantes, adiuuandam atque ad effectum deducendam esse censuimus: attendentes ad id nos iure Legationis adstringi, vt hominum vitam ac mores in melius reformemus, vt ministerium illud impleamus, quod Legatis incumbere propheticus sermo declarat; vt scilicet euellant & dissipent, ædificent & plantent. Et cùm omnibus prouidere & prospicere iniunctum nos coarctet officium; eis tamen specialiùs intendere, inuigilare, consulereque debemus, quorum aliquando præceptis ac disciplinis imbuti confirmatique fuimus: Nam cùm *in ipsa alma Vniuersitate in minoribus annis studentes fuissemus, & ab illa quantulamcumque disciplinam ac doctrinam, & in Artibus Magistratus honorem acceperimus, debemus vtique diuinitùs nobis collatæ industriæ fructum rependere ijs à quibus illam accepimus;* reminiscentes insuper nobis à Sede Apostolica, & à SS. D. N. Nicolao diuinâ prouidentiâ Papa V. ex cuius latere licet immeriti sumus emissi, id specialiter fuisse commissum, vt Studia, Collegia, Capitula, atque Vniuersitates visitaremus ac reformaremus Statuta, & noua condendo & vetera corrigendo, ad ipsam reformationem faciendam omnem operam curamque conuertimus. Et quoniam Legislatorem in ipsa legum constitutione ante omnia considerare decet, vt Canonis testatur authoritas, quòd iusta

& honesta sit lex, vt patriæ, loco, temporique conueniens, vtilis vel necessaria, & id præmeditari oportet, antequam sanciat: quoniam, *cùm semel fuerint institutæ & firmatæ leges, non licebit, vt beatus Augustinus ait, iam amplius de ipsis iudicare, sed secundùm ipsas.* Idcirco vt clariùs & commodiùs prospicere & considerare possemus quæ reformanda, aut immutanda viderentur, veterum Statutorum singularum Facultatum volumina curiosè, ac diligenter euoluimus atque perlegimus; præsertim autem aliqua *reformationum statuta,* quæ quondam bonæ memoriæ Reuerendissimi in Christo Patres Ioannes S. Marci, & Ægidius S. Martini in Montibus Presbyteri Cardinales Apostolicæ Sedis Legati exactissimè ediderunt, cæteraque omnia quæ ad rem pertinere videbantur, studiosè ac diligenter attendimus. Considerantes autem, quòd iuxta Apostoli sententiam, non sumus sufficientes ex nobis aliquid cogitare, sed sufficientia nostra ex Deo est, ipsius summi Legislatoris optimique Parentis præsidium inuocauimus, ex cuius vultu iustum prodit iudicium, & per quem legum conditores iusta decernunt, illiusque ope freti quasdam Reformationes, Decreta & Leges edidimus, sollicitéque curauimus id in illis contineri, quod in Legibus canonica sanctorum Patrum instituta requirunt; *vt scilicet Religioni congruant, rationi consentiant, disciplinæ conueniant & saluti proficiant.* Et quoniam ex omnibus Artibus ac Facultatibus, Theologia vna est quæ ci ca rerum diuinarum & omnipotentis Dei cognitionem contemplationemque versatur, ritè ab illa & eius Professoribus sumemus exordium.

"1452.

Reformatio Facultatis Theologiæ.

Quàm graues moribus & vita integros esse deceat illos, qui hanc diuinam sapientiam omnium doctrinarum dominam Reginamque virtutum Theologiam profitentur, ipsius sapientiæ præcipuus & peculiaris fructus manifestat. Ex alijs enim Artibus & disciplinis cùm fauor, laus, aut gratia humana requiratur, ex hac vna mirabilis & præcellens fructus exoritur, vt Deum Creatorem nostrum cognoscamus, cognitum amemus, & amato fruamur. Quocirca totius Religionis, continentiæ atque virtutis stola, Professores illius debent se se contegere, vt ad cœnam summi Regis securi procedant; Ne iuxta Dominicam parabolam, aliena veste, leuitate scilicet & scurrilitate sordidi inter discumbentes agniti, iure merito repellantur. Cupientes igitur decori & grauitati Facultatis opportunè prouidere; *Ad cuius gradus & honores prouehi non debent nisi graues & moribus commendabiles viri,* statuimus & ordinamus, vt Scholares, etiam Magistri in Artibus non admittantur ad primum cursum Theologiæ, si rixas aut clamores insolentes in suis *Nationibus* excitare aut aliàs dissoluti, vagabundi aut malæ conuersationis esse dicantur, & super eo sint notorie diffamati. Item cùm maximè deceat Theologos Sapientiæ diuinæ Professores, iuxta Apostolum ab omnibus comessationibus & ebrietatibus abstinere, ne iuxta verbum Saluatoris lumen, quod in eis est præclaræ doctrinæ, tenebræ sint exemplo turpitudinis & vitæ inhonestæ. Hinc est quòd eorum honestati consulere cupientes, statuimus & ordinamus districtiùs inhibentes Magistris eiusdem Facultatis, ne Baccalarios eiusdem Facultatis, prætextu cuiuscumque Actus Scholastici compellant verbo vel facto, aut quouis alio quæsit, modo, ad prandia seu conuiuia facienda, non obstante quacumque consuetudine, imò veriùs corruptelà; Quin potius moneantur per ipsos Magistros Baccalarij, prout & eos monemus, ne occasione prædictorum Actuum faciant sumptus immoderatos, sed ab ijs abstineant potius; cùm cedant in prædictæ Facultatis non modicum dedecus, & grauamen ipsorum studentium. Si qui autem circa prædicta prandia excedant, contra hanc nostram ordinationem & prohibitionem venientes, per Cancellarium, ad quem spectat ipsos Baccalarios promouere, authoritate Apostolica compescantur & reprimantur de consilio Magistrorum Facultatis.

1452.
„ Item non liceat quoquo modo Baccalario, seu **Baccalarijs Cursoribus**, vel Formatis accedere, aut in publicum prodire ad communes Congregationes Vniuersitatis cum tunica curta, aut desuper succincta, sed cum veste honesta & decenti, talari & clausa atque discincta, similiter cum caputio honesto & decenti ac breui corneta, absque farcitura, seu burreleto ad modum Armigerorum vel hastricorum, nec habeant solatures rostratos, aut aliàs inhonestos; statuentes generaliter, vt in omni incessu, gestu, victu, vestitu omnimoda seruertur honestas, & Scholastica respondeat disciplina, volentes dissolutiùs se gerentes in prædictis grauiter coërceri.

„ Item statuimus & ordinamus conformiter ad antedicta Statuta, quòd Baccalarius, siue sit Cursor, siue Formatus, aut etiam Licentiatus, si vocatus fuerit ad Facultatem, aut etiam si præsente Facultate loqui, aut aliquid dicere, seu proponere debeat in Vniuersitate, accedat cum epitogio, vel cappa si fuerit Formatus, prout antiquitus extitit obseruatum, aliàs per Facultatem puniatur.

„ Item circa Congregationes Magistrorum Facultatis statuimus & ordinamus, quòd de cætero celebrentur grauiter & honestè secundùm condecentiam Facultatis; quòdque fiant deliberationes Magistrorum ordinatè & cum omni pace, nec vnus votum alterius interrumpat, sed suæ sessionis ordinem quisque expectet ad loquendum. Quòd si contingat aliquem Magistrorum suæ grauitatis oblitum temerè prorumpere ad alterius contumeliam vel iniuriam, cæteri Magistri talem sic blasphemum, vel iniuriosum à suo repellant consortio, donec satisfecerit parti læsæ ad arbitrium Facultatis, nec ad congregationes admittatur, donec iniuriam passo conciliatus illi etiam pro iniuria satifecerit.

„ Item statuimus & ordinamus, *antiqua illa Statuta* innouantes, quoad Scholares, qui nouiter incipiunt audire Theologiam, vt quatuor primis annis portent, vel portari faciant ad Scholas Biblici *Bibliam*, & qui audiunt Sententias *librum Sententiarum*, prout in *Reformatione & statutis antiquis habetur*.

„ Item addendo ad prædicta, statuimus & ordinamus authoritate Apostolica circa prædictos Scholares, quòd priusquam admittantur Scholares in Theologia ad Baccalariatum, fidem faciant in Facultate, quòd per tempus statutum frequentauerint lectiones Biblicorum & legentium Sententias; & hoc per scedulas Biblicorum & Baccalariorum, sub quibus *Bibliam & Sententias* audiuerint vna cum iuramento & testibus, prout est de more Facultatis.

„ Item innouamus Statutum de quinque annis ante primum cursum; & quòd sextum annum additum per Statutum Facultatis, non dispensetur faciliter aut passim, sed occurrente materia, ex bona & sufficienti causa ad arbitrium maioris partis Facultatis super hoc specialiter conuocatæ. Per hoc autem non intendimus consuetudinibus obseruatis hactenus Religiosorum Mendicantium & aliorum priuilegiatorum pro Baccalarijs ad lecturas Sententiarum & Bibliæ, aut cursum præsentandis per suum Ordinem, &/quibus hactenus pacificè vsi sunt, in aliquo derogare.

„ Item circa Statutum, quòd quilibet Cursor ante lecturam Sententiarum respondeat semel ad minus, statuimus & ordinamus, quòd quilibet Baccalarius Cursor qui debet respondere de Quæstione **Tentatiua**, supplicet pro Magistro in Facultate, nec procuret sibi directè vel indirectè per se, vel per alium sibi dari Magistrum ad votum suum, sed liberè per Magistros eligatur, qui sit alterius Domus, Nationis & Collegij secundùm Statutum Facultatis super hoc editum.

„ Statuimus quod iuxta morem antiquitus obseruatum in hoc Studio, quilibet Ordo quatuor Mendicantium & Collegium S. Bernardi omninò & absque vllo defectu habeat Baccalarium Biblicum, qui ordinariè secundùm Statuta sua habeat legere *Bibliam* regulariter & absque interruptione per tempus statutū & horâ consuetâ; alioquin si quis Ordinum,

aut Collegij prædictorum dare, aut præsentare neglexerit Biblicum, "
priuetur pro anno illo Baccalario Sententiarum in suis Scholis. Si verò " 1451.
Biblicus præsentatus & receptus in sua lectura defecit, ad lecturam Sen- "
tentiarum postmodùm non recipiatur quoquo modo. "

Statutum illud quod in reformatione prædicta reperimus, quòd nul- "
lus legens Sententias legat Quæstionem suam, aut Principium per qua- "
ternionem, aut aliàs in scriptis, &c. moderandum censemus; Cùm huius- "
modi lectiones ad profectum Studentium & Auditorum ex rationabili "
causa sint introductæ, ita faciendæ sunt, vt eo exerceantur modo & or- "
dine, quo magis ad finem studij proficere comperiuntur. Igitur quia ex "
virorum Doctorum & fide dignorum relatione didicimus fore magis cer- "
tum, & ad Auditorum eruditionem vtilius, ac securius in hac Faculta- "
te, si Baccalarius bonas & vtiles lectiones in quaternione faciat & legat, "
quàm si sola mente illas tenendo pronunciet ; cùm memoria hominum "
labilis, maximè circa subtiles Theologiæ materias plerumque deficiat; "
præfatum Statutum declarando statuimus, vt si quis Baccalarius suum "
Principium, aut Sententias legere per Magistros fuerit admissus, possit "
in quaternione legere; tali tamen conditione, & non aliàs, vt sibi non "
liceat legere in codice alieno, nec lectionem transcriptam à præceden- "
tium Baccalariorum lectura de verbo ad verbum transcriptam facere seu "
legere, sed elaborato studio ipse Baccalarius componat suas lectiones "
per se ipsum iuxta capacitatem sui intellectus, scribendo vel dictando "
ex proprio studio & labore, cum perquisitione ac reuolutione librorum "
& voluminum, quos subseruire sibi videbit; alioquin talis lectura non il- "
li proficiat quoquo modo ad gradum; super quo fiat diligens inquisitio "
per Decanum Facultatis & vnum Magistrum ad hoc specialiter depu- "
tandos per Facultatem. "

Item ordinamus & statuimus quod Sermones & Responsiones quos ex "
statutis prælibatis facere tenentur dicti Baccalarij tam Cursores quàm "
Formati, & etiam Magistri, nullatenus per eos omittantur. Specialiter "
autem de Sermonibus & Collationibus ita duximus statuendum, vt om- "
ni excusatione cessante, præterquam ægritudine aliqua præpediente, "
fiant Sermones tam Magistrales quam alij secundùm morem antiquum "
laudabilem: alioquin si Magister Sermonem sibi assignatum neglexerit & "
omiserit, Regentiâ illius anni, & Baccalarius vno Iubilæo absque rela- "
xatione priuetur; & hoc Statutum authoritate Apostolica districtiùs ob- "
seruari mandamus sub pœna periurij, quam transgressores Magistri, seu "
Baccalarij, seu etiam dissimulantes illud obseruare ipso facto incurrant. "

Item statuimus circa lectiones Magistrorum, quatenus legant ad minus "
de quindecim diebus in quindecim dies, prout antiquitus extitit con- "
suetum ; nisi hoc impediat frequentia & multitudo Actuum Scholastico- "
rum Facultatis ; quicquid sit, tamen non differatur lectio Magistrorum "
vltra tres septimanas. "

Statuimus circa Bidellos Facultatis Theologiæ, vt compareant in Acti- "
bus Facultatis in habitu decenti; & specialiter ordinamus vt maior Bi- "
dellus habeat epitogium cum capitio foderato in Actibus solemnibus, "
prout ante ista tempora fuit obseruatum ad honorem Facultatis. Cætera "
autem Statuta tam Apostolica quàm etiam per Facultatem facta, eaque "
nominatim, quæ exquisito studio ad reformationem edita sunt à bonæ "
memoriæ Reuerendissimis Patribus DD. Ioanne S. Marci, & Ægidio "
tituli S. Martini in Montibus S. Romanæ Ecclesiæ Cardinalibus, Apo- "
stolicæ Sedis Legatis, dummodo nostris suprascriptis non repugnent in- "
stitutis, laudamus, approbamus & authoritate Apostolica roboramus. "
Contraria verò supradictis nostris reformationum Statutis, eadem au- "
thoritate penitus quassamus, abrogamus & abolemus. Volumus autem "
& districtè præcipimus supra scripta nostra Reformationum Statuta in "
libris Statutorum Facultatis ad perpetuam memoriam inseri & annota- "
ri, vt eò firmiùs obseruentur, quo sæpius fuerint memoriæ repetita; "

BBbb iij

" mandamus in virtute sanctæ obedientiæ, ea Statuta per singulos annos
" in principijs Ordinariorum publicari.

1452.

Reformatio Facultatis Decretorum.

" POst Theologiæ Facultatem studium Decretorum in alma hac Pari-
" siensi Vniuersitate vigere ac florere prospeximus; cuius quidem Fa-
" cultatis honori ac decori consulere, & eorum Mores atque Statuta re-
" formare æquum & necessarium duximus. Eius enim Facultatis Professo-
" res moderatissimos esse decet, cùm Iuri operam dent, quod teste Iuris-
" consulto est ars boni & æqui, cuius eos meritò quis Sacerdotes appellat
" Taliter ergo vita & moribus eos se gerere oportet, vt dignè tam præcla-
" rum nomen videantur esse sortiti, præsertim cùm hoc alijs impetrent at-
" que præcipiant. Iuris enim illa præcepta notissima sunt, *honestè viuere, al-
" terum non lædere, ius suum vnicuique tribuere.* Igitur circa dictam Decreto-
" rum Facultatem reformanda & statuenda videntur quæ sequuntur.
" Multorum abusum reformare volentes, qui re & nomine se Scholares
" profitentur, vt priuilegia & immunitates assequantur. Qui tamen nec
" Scholas frequentant, nec de Scholastica disciplina quicquam ostendunt:
" Cùm ijs tantùm priuilegia concedantur qui verè studijs & disciplinis in-
" cumbunt; nec præmia non nisi legitimè decertantibus debeantur; re-
" nouamus vetus Statutum; & id authoritate Apostolica approbantes de-
" cernimus neminem de cætero censendum esse Scholarem Facultatis De-
" cretorum, vt priuilegijs Vniuersitatis immunitatibusque fruatur, nisi ter
" aut bis ad minus per singulas hebdomadas Legentium de mane Scholas
" frequentauerit, & more Scholarium lectiones audierit. Vt autem hoc
" nulla possit tergiuersatione celari, *prohibemus ne Rector Vniuersitatis pro
" tempore, cuiquam literam testimonialem det, quà declaret ipsum esse Scholarem,
" & vt vulgò dicunt, super Scholaria scedulam tradat aut sigillet;* nisi illi per sce-
" dulam sui Legentis de mane, de audientia frequentiaque Scholarum præmissa
" sibi constiterit vnà cum scedula sui Doctoris. Circa Licentiatos tamen conti-
" nuam in Vniuersitate Parisiensi moram trahentes & Baccalarios ter ad
" minus in hebdomada legentes, quos constat priuilegijs gaudere debere;
" Cùm *gradus & residentia* satis apertum afferant testimonium, volumus
" scedulam ipsorum Doctorum illis ad priuilegia assequenda & retinenda
" sufficere. Interdicimus tamen districtè ipsis Legentibus de mane, atque
" Doctoribus, ne pro huiusmodi traditione scedularum testimonialium à
" Scholaribus aliquid exigant aut recipiant, sub excommunicationis &
" periurij pœnis: Ne quod ad prouisionem constituimus, ad quæstum re-
" feratur. *Et ne passim scedulæ à Doctoribus concedantur, & vt omnia clariùs or-
" dinatiúsque procedant, inhibemus quoque ipsis Doctoribus, ne scedulas ad Bac-
" calariatum volentibus promoueri concedant, nisi priùs eis litteræ Legentium ex-
" hibeantur de prædicta frequentatione Scholarum, & sedulitate lectionum testi-
" monium perhibentes. Mandamus autem, ne quisquam prætendere possit igno-
" rantiam, hoc saluberrimum Statutum nostrum per annos singulos in principijs Or-
" dinariorum publicari.*
" Item statuimus & ordinamus, quòd ipsi Baccalarij loca inhonesta fugiãt
" & habitus deferant honestos & talares vestes non gorgiatas siue apertas, &
" ex toto in parte anteriori fissas, neque etiam in superiori parte fissas, vel in
" colaribus apertas, neque sotulares rostratos, neque capitia cum burre-
" letis, aut indumentis gibbum supra spatulam habentibus vtantur, aut alijs
" dissolutis vestibus. Quòd si in tali indecenti habitu deprehensi, & à De-
" cano Facultatis ad quem volumus huius rei curam pertinere, tertiò com-
" moniti non resipuerint, ipso iure ab omnibus Vniuersitatis priuilegijs,
" honoribus, immunitatibus censeantur esse priuati.
" Statuimus & ordinamus, quòd omnes & singuli Doctores Facultatis
" Decretorum teneantur legere & continuare suas lectiones secundùm an-
" antiqua ipsius Facultatis Statuta; ita tamen quòd vltra quindecim dies

nullatenus eorum lectiones differantur. Et ne Lectio matutinalis ipsius Facultatis impediatur, præfati Doctores in pulsu Primæ Ecclesiæ Parisiensis suas Scholas intrabunt lecturi bene & condecenter per horam, vt antiquitùs fieri solitum erat, aliàs minimè Regens contra faciens reputetur.

Item vt Lectio matutinalis, quæ ab antiquo vsque ad moderna tempora refloruit, in melius reformetur, statuimus vt omnes & singuli de mane Legentes, lectionem ipsam bene mane in horâ Statutis expressâ habeant inchoare, eam vsque ad pulsum horæ Primæ in Ecclesia Parisiensi benè & fructuosè continuando & finiendo.

Item quia profectus studentium in auditione Lectionum potissimè consistit, statuimus vt nullus ad Baccalariatum admittatur, nisi dictam Lectionem matutinalem audierit, vt præfertur, debitè & continuè per tempus in Statutis expressum vnà cum proprij lectione Doctoris, nec possit super hoc per Facultatem dispensari.

Item quia sæpissimè *fraudes* in prædictis committuntur, & plerumque minimè Legentes pro Legentibus reputantur & è contrà, statuimus vt super informatione circa tales Baccalarios facienda duo Doctores per Facultatem deputentur, qui super hoc fidele perhibebunt testimonium veritati.

Item quia plerumque propter materiarum cumulum, processus librorum per Legentes de mane quolibet anno secundùm antiqua Facultatis Statuta legendorum impeditur, statuimus vt cum diligentia modestia dictam Lectionem cum materia rectè occurrenti expediant, absque verborum superfluitate, peregrinas materias minimè, aut etiam parùm textum concernentes omittendo; nec modo pronunciantium resumptione secundum statutorum antiquorum tenorem.

Item quia sæpissimè furtiuè & per surreptionem, aliqui inuenti sunt gradum Baccalariatus obtinuisse, *statuimus vt nullus Legens de mane litteram certificatoriam suæ auditionis lecturæ alicui concedat, nisi veraciter informatus sciuerit, ipsum Scholarem eandem lectionem audiuisse, & debitè continuasse absque fraude & cum librorum delatione.*

Item quia disputationes quamplurimùm solent ingenia studentium excitare, statuimus vt quilibet ipsius Facultatis Doctor, siue habeat Baccalarium sub se respondentem, siue non, teneantur semel in anno vnam solemnem *Repetitionem* publicam facere, conclusiones, notabilia super Decretali ac Canone ad eius arbitrium eligenda, seu eligendo & ponendo, omnibus & singulis Baccalarijs in prædicta Facultate legentibus respondendo.

Item quia in Actibus Graduandorum virtus & scientia comprobatur, statuimus vt Baccalariandi de cætero suum faciant Propositum & Orationem corde tenus, iuxta morem antiquum, suas lectiones durante suo cursu in vico Clausi Brunelli horis debitis, & per horam ad minus textum, glossam & materiam libri, quam duxerunt eligendam absque vllo quaternione, siue codicello legendo, siue expediendo.

Item & quia omnis ars & doctrina per exercitium suscipit incrementum, statuimus vt *nullus ad examen, seu Licentiam admittatur, nisi primitùs in disputatione publica & solemni Parisius responderit sub Doctore.* super quo tamen possit, iusta subsistente causa, per Facultatem dispensari.

Item statuimus & ordinamus, *quòd singuli ipsius Facultatis Doctores cum grauitate solita in congregationibus Vniuersitatis & alijs Scholasticis Actibus cæterarum ipsius Vniuersitatis Facultatum cum cappa ordinaria, aut epitogio benè & condecenter compareant.*

Item ne ex inordinata Bidellorum ad aliquem particularem Doctorem affectione cæteris præiudicium afferatur, inhibemus ne Bidellus aliquis in fauorem alicuius Doctoris ipsius Facultatis, nouum Scholarem in proprium Doctorem eligendi sollicitare, monere, aut quouis modo inducere præsumat; aliàs si super hoc fuerit per Facultatem conuictus, ab officio totaliter repellatur.

1452．

„ Cùm non sumptuum vanitate, sed virtutis ac doctrinæ merito debeant
„ Scholastici viri ad honores attolli, non modicus videtur in alma Parisiensi
„ Vniuersitate circa Canonicæ Facultatis Suppositos abusus inoleuisse, quòd
„ ij qui ad Baccalariatus, vel Licentiæ assumuntur honorem, ita sub specie
„ quarumdam, quas vulgò Bursas appellant, immoderatos sumptus facere
„ cogantur, vt & ipsi hac vanitate facultatibus exhauriantur, & cæteri qui
„ nolunt, vel nequeunt consimiles expensas facere, hac occasione frequen-
„ ter ab assumptione huiusmodi honoris retrahantur. Sanè licet ex veteri
„ Statuto quædam huic abusui prouisio videretur adhibita, quo cauebatur
„ vt Baccalariandi & Licentiandi quatuor cum dimidia Bursas persolue-
„ rent, earumque singulas per proprium iuramentum æstimarent quantùm
„ vnâ hebdomadâ verisimiliter essent exposituri. Quia tamen percepimus
„ varijs modis exquisitísque coloribus huiusmodi Licentiandos, ac Bacca-
„ lariandos à Magistris & Doctoribus fuisse compulsos, plerumque etiam
„ deierando præfatam æstimationem excedere; Nos volentes certiùs ac
„ salubriùs prouidere, & exactionibus immoderatis occurrere, certum
„ modum duximus statuendum, easque bursas ad certam æstimationem du-
„ ximus prætaxandas. Quam quidem æstimationem non licet Graduandos
„ prædictos excedere, adinstar iuramenti in litem, in quo licet interesse
„ iuramento declaretur, Iudicem tamen prætaxare oportet, quantum in
„ causa iuretur iuxta legitimas Sanctiones. Statuimus itaque circa Licen-
„ tiandos maiores ac sublimiores personas quacumque nobilitate & digni-
„ tate præfulgeant, etiamsi Prælati & Principum filij existant, non licere
„ eis quatuor Bursas cum dimidia tam pro Facultate, Doctoribus, quàm
„ Bedellis, quas ex Statuto præstare tenentur, vltra duodecim scutorum
„ numerũ æstimare: ita quod nec Licentiandus vltra illam summam, earum
„ Bursarum prætextu, vel loci præeminentia, pro acceleratione examinis,
„ vel alia quacumque occasione soluere possit; nec Doctores, siue Magistri
„ aliquid vltra ab illis exigere, petere, nec à sponte dantibus recipere
„ possint. Circa Baccalariandos similiter maiores & quacumque præditos
„ dignitate, nolumus vltra septem scutorum, vel aureorum numerum, nec
„ à Baccalariando persolui, nec à Doctoribus, vel Magistris bursarum,
„ præeminentiæ, accelerationis, vel alterius rei occasione exigi vel recipi;
„ quam summam tanquam maiorem etiam personis præfinimus,
„ eamque nulla ratione, vel causa excedi permittimus; hoc solo excepto
„ quod circa Licentiandos toleramus, vt pro collatione examinis, simili-
„ ter pro potu & confectionibus vnus aureus tantùm exigatur, interdicen-
„ tes aliquid amplius ea occasione recipi, exigi, vel etiam sponte persolui.
„ Non tamen mediocres & inferiores, aut pauperiores personas ad tantam
„ summam volumus coarctari, sed ab illis iuxta vetus Statutum nihil am-
„ plius exigatur & recipiatur pro vnaquaque bursa quàm quod iurauerit,
„ & quod verisimile est vna hebdomada illos fuisse expensuros. Itaque
„ prædicta summa nullatenùs excedatur. Si qui autem huius nostræ ordi-
„ nationis, taxationis siue statuti transgressores reperiantur, dantes & spon-
„ te etiam vltra præordinatam summam per se, vel per alium offerentes, à
„ Licentiæ & Baccalariatus gradibus pro illo anno repellantur; Doctores
„ autem & Magistri aliquid amplius directè, vel indirectè exigentes, pe-
„ tentes, vel à sponte dantibus recipientes, tanquam periuri & infames ab
„ honore Regentiæ, & omnibus Vniuersitatis honoribus, priuilegijs &
„ emolumentis sint tamdiu suspensi, donec & quousque duplum illius plu-
„ ris exacti, vel recepti persoluerint, simplum scilicet Vniuersitati, & al-
„ terum simplum Hospitali domus Dei Parisiensis. Quòd si suspensione du-
„ rante & ante præmissam satisfactionem se Regentiæ honoribus & emolu-
„ mentis Vniuersitatis ingesserint, *tunc sint ipso facto excommunicati*, à qua
„ excõmunicatione ab alio quàm à Cancellario Parisiensis Ecclesiæ absolui
„ non possint, qui tamen Cancellarius absolutionem impendere nequeat,
„ nisi supradicta dupli satisfactione præmissa. *Quòd si contigerit, quod absit,*
„ *omnes & singulos Doctores & Magistros Facultatis in præmissis excessisse, &*

animo

animo indurato satisfacere nolle, tunc imminente tempore Iubilæi Vniuersitas possit alios Doctores, vel Licentiatos substituere pro Actibus illius Facultatis, qui Doctoribus incumbunt, exercendis. Mandamus quoque, & districtè præcipimus, vt veritas clariùs elucescat, ipsos Licentiandos, vel Baccalariandos post examinationem & præsentationem in ipsa gradus collatione per Cancellarium Parisiensis Ecclesiæ per iuramentum interrogari, an aliquid per se, vel alium Doctoribus & Magistris vltra summam soluerint memoratam. Nec antè gradus Licentiæ & Baccalariatus illi, vel illis debere conferri, quàm corporale in manibus Cancellarij prædicti præstiterint iuramentum, quòd dictam summam non excesserint, nec per se vel per alium vltra persoluerint, fraudemve commiserint, volentes eos qui veritatem indicauerint proprio sacramento, & illicitam exactionem reuelauerint, si coacti vel inducti id fecerint, prædictam pœnam repulsionis euadere. Vt autem hæc nostra Statuta, Ordinationes ac Reformationes districtiùs obseruentur, præcipimus atque mandamus, vt intra decem dies à die publicationis ipsarum, omnes Doctores Regentes ac Magistri Facultatis Decretorum præstent in manibus Reuerendorum in Christo Patrum DD. Patriarchæ Antiocheni, Archiepiscopi Rhemensis, Abbatis S. Germani de pratis, Archidiaconi Belgenciacensis, Archidiaconi Antissiodorensis, quos simul vel separatim singulos eorum, ad recipiendum dictum corporale iuramentum deputamus de obseruandis suprascriptis Statutis & Ordinationibus nostris; & nihilominus præcipimus quòd in libris Statutorum dictæ Facultatis de verbo ad verbum in scriptis redigantur, ad perpetuam rei memoriam. Mandantes in virtute sanctæ obedientiæ ea Statuta atque Ordinationes per singulos annos *in principijs Ordinariorum publicari.*

Reformatio Facultatis Medicinæ.

POst sacræ Theologiæ & Iurium eminentissimas Facultates, succedit illa salutaris humano generi Medicina, salutem incolumitatemque nostram & seruare & restituere profitens, *circa quam pauca quædam reformanda & corrigenda videntur.*

Vetus Statutum, quo coniugati à Regentia in Facultate Medicinæ prohibentur, impium & irrationabile reputantes, cùm ipsos maximè ad eam Facultatem docendam & exercendam admitti deceat, corrigentes & abrogantes sancimus deinceps coniugatos, si docti & sufficientes appareant, & morum grauitate decenter ornati, ad regendum in dicta Facultate admittendos, nisi eos leuitas, aut vitium aliquod reddat indignos; super quo iudicium & correctionem relinquimus Facultati.

Item cùm *Artium studium*, ad cognitionem Medicinæ vtile & expediens videatur, præsertim autem *Philosophiæ*, ex qua *principia* sumantur ad Medicinam, **quam constat etiam in rerum naturalium cognitione fundatam,** nimis durum videtur esse Statutum illud antiquum, quo statuitur Regentes in Facultate Artium non acquirere tempus in studio Medicinæ. Nos igitur antiqui statuti seueritatem temperantes, ne Medici necessarijs careant principijs, nec admodum peregrinis studijs à principali studio Medicinæ distrahantur, Statuimus Regentes in Artibus ante Baccalariatum, dimidium temporis in Regentia Artium impensi in Medicinæ Facultate lucrari. Itaque pro duobus annis in Artibus vnus annus in Facultate Medicinæ computetur; post Baccalariatum autem prohibemus eos alteri quàm Medicinæ intendere Facultati, si tempus sibi computari voluerint.

Item statuimus & ordinamus quòd cùm à principio Quadragesimæ vsque ad festum omnium Sanctorum, nulli vel pauci admodum fiant Actus in Facultate Medicinæ præter lectiones ordinarias & extraordinarias, quas nolumus intermitti, decernimus id in hac Facultate seruandum quod in alijs Facultatibus laudabiliter institutum; videlicet quod Baccalarius Licentiandus infra prædictum tempus publicè in disputatione

1452.
" ordinaria respondeat, vbi ad vtramque partem propositarum quæstio-
" num arguatur, Baccalarijs quoque argumenta proponantur. Baccalarij
" replicent etiam decenter & modestè iuxta morem in Facultate Medi-
" cinæ hactenus obseruatum. Interdicimus tamen huius disputationis præ-
" textu, Baccalarios ad sumptus aliquos, vel expensas adstringi, vel co-
" arctari, intersint autem dictis disputationibus Magistri Regentes ordi-
" narij, vt de Baccalariorum sufficientia rectiùs perhibeant testimonium,
" quod perhiberi volumus & mandamus antequam admittantur. Inhiben-
" tes præterea Cancellario in virtute sanctæ obedientiæ, ne quemquam
" Baccalarium admittat, nisi priùs sibi de dicta disputatione constiterit.
" Hæc autem nostra Statuta & Ordinationes in libris antiquorum ipsius Fa-
" cultatis Statutorum inseri volumus, & annotari de verbo ad verbum, &
" per singulos annos in principijs Ordinariorum solemniter publicari.
"

Reformatio Facultatis Artium.

" Exactis authore Deo quæ circa Studia grauiora atque maiora in-
" stauranda videbantur; consequens est vt Artium Facultatem, ar-
" duam illam quidem & pernecessariam, *in qua superiorum studiorum quasi*
" *moles quædam basisque consistit, super quam maioris ædificij altitudo consurgit,*
" *aggrediamur,* in qua tantò etiam vtilior reformatio necessariorque vide-
" tur, quantò illius Facultatis studentium ætas infirma maiori disciplina
" strictioribusque præceptis est confirmanda; in quibus licet solerti studio
" & peruigili cura intenderint bonæ memoriæ Reuerendissimi in Christo
" Patres Ioannes tituli S. Marci, & Ægidius S. Martini in Montibus, S.
" Romanæ Ecclesiæ Presbyteri Cardinales, Sedis Apostolicæ Legati, à qui-
" bus multæ salubres editæ Constitutiones, quæ in voluminibus Statuto-
" rum Facultatis ipsius redactæ extiterunt; temporis tamen conditio atque
" varietas ex quibus non iniuriâ statuta alterantur, humana pleraque im-
" mutanda, quædam etiam innouanda, plura instauranda ac reformanda
" suadent. Primò circa noui Rectoris electionem, innouamus antiquum
" Statutum, mandantes illud in sua integritate obseruari cum iuramentis
" & modis, tam per Reuerendissimum Patrem Simonem dudum tituli S.
" Ceciliæ Presbyterum Cardinalem Apostolicæ Sedis Legatum, quàm
" etiam per Facultatem prædictam traditum. Adiicientes ad prædicta, vt
" omnis tollatur abusus, *quòd nullus Magistrorum, ad ipsius electionem per Na-*
" *tiones singulas deputatorum, quocumque ausu temerario præsumat aliquid ac-*
" *cipere auri, argenti, aut aliquid licet exile munus, vt det votum suum alicui Ma-*
" *gistro quantumcumque digno, vel notabili cuiuscumque Nationis, aut status exi-*
" *stat, sub periurij, infamiæ & excommunicationis pœnis,* quas incurrere volu-
" mus ipso facto. *Quòd ne valeat, aut aliqua tergiuersatione celari, aut sub dis-*
" *simulatione transiri,* volumus quatuor Procuratores Nationum sollicitam huius
" rei curam gerere, mandantes illis in virtute sanctæ obedientiæ, vt huiusmo-
" di vænalitatis sordes cautè & diligenter inquirant, & quos inuenerint
" turpitudinis illius reos atque culpabiles, sub eisdem pœnis Facultati non
" differant indicare, qui taliter indicati atque conuicti, vti periuri & infa-
" mes ab omnibus Vniuersitatis muneribus & honoribus repellantur, &
" tanquam excommunicati ab omnibus euitentur; donec ad ipsius Facul-
" tatis arbitrium condignè mulctati atque puniti, ab eadem reconciliatio-
" nis gratiam mereantur; sed nec reconciliati, absolui possint ab alio quàm
" à Cancellario Parisiensi, præterquam in mortis articulo. Quoniam verò
" multorum & fide digniorum relatu percepimus, nouum quoddam in di-
" cta electione illicitæ pactionis genus irrepsisse, vt electores, vel alij studentes
" *mutuas sibi operas repromittant, quosdam, qui in iure innominati contractus*
" *vocantur, facientes do scilicet vt des, & conditionaliter vota sua conferentes*
" *alicui;* si à fautoribus illius alteri quem cupiunt suffragia & vota com-
" mittantur, *tales pactiones tanquam illicitas & detestabiles, ac sacris Canoni-*
" *bus contrarias penitus reprobamus, easque conuentiones fieri de cætero penitus*

interdicimus. Mandantes iuxta iuramenta prædictorum Magistrorum fiat simplex & canonica electio, non habito respectu ad personam seu Nationem, sed ad eum qui magis vtilis & idoneus videbitur, prout in iuramentis & statutis cauetur. Electionem autem talibus conuentis & illicitis pactionibus celebratam ex nunc irritam decernimus & inanem, statuentes electum taliter pro Rectore non esse censendum, nec tanquam Rectori ab aliquo illi fore parendum.

1451.

Item statuimus & ordinamus, vt de cætero nullus ad regimen Puerorum se ingerat, *qui non fuerit bonæ famæ & conuersationis honestæ ; alioquin si fama contra notorie laboret, cum non honestè conuersari*, Mandamus ipsum per Rectorem Vniuersitatis qui pro tempore fuerit, adhibitis quatuor Nationum Procuratoribus admoneri ; Quòd si monitione prædicta non corrigatur, significetur suis Scholaribus, quòd tempus non acquirent in Facultate quamdiu sub illo erunt, qui à sua turpitudine non desistit monitus & requisitus,

Item statuimus & ordinamus, ac sub interminatione diuini iudicij præcipimus & monemus, *ne quis Pædagogus, Magister, aut Regens Pueris, aut Discipulis sub eo degentibus efficiatur, qui sit alicuius mali, aut turpitudinis author, consultor, siue patronus*: cùm enim Pueros Magistri debeant, non tam scientiâ ac doctrinâ, quàm moribus atque virtutibus erudire, graui nimis sunt animaduersione plectendi, qui quos docere debent ad bonum, seducunt ad vitium.

Item statuimus, vt singulis annis Rector qui pro tempore fuerit, congreget Facultatem Artium inter festum sancti Dionysij & omnium Sanctorum, vt à dicta Facultate quatuor viri ex singulis Nationibus Magistri in Artibus, Graduati in aliqua superiorum Facultatum homines boni testimonij, Deum timentes & solertes in rebus agendis eligantur, quibus iniungimus, & authoritate Apostolica committimus atque mandamus, *vt singula Collegia atque Pædagogia, in quibus commorantur Artistæ, visitent, ibique sedulò ac diligenter inquirant, quæ sit vitæ & conuersationis honestas, quæ communitas victus, quæ docendi solertia, quæ regendi modestia, quæ denique Scholastica disciplina seruetur, vt quicquid viderint, aut perceperint reformandum secundùm Deum ac Iustitiam & Statutorum obseruantiam, nostra & Apostolica authoritate freti, reforment atque restaurent.* Mandantes vt id illis iniunctum reformationis officium diligenter, ac fideliter exequantur. Quòd si in prædictis negligentes exititerint aut remissi, corum negligentiam per Reuerendum in Christo Patrem Episcopum Parisiensem pro tempore existentem suppleri volumus, ita quod prædictus Episcopus authoritate Apostolica quatuor viros probatissimos, Graduatos, & Deum timentes possit dictæ inquisitioni præficere, qui, vt præmissum est, inquirant & inuestigent diligenter, & inquisita quæ reformanda putauerint, Episcopo fideliter referant, vt is Apostolica authoritate ac nostra, prout secundùm Deum & honestatem putauerit expedire, opportunè debitèque prouideat, **contradictores & rebelles per Censuras Ecclesiasticas compescendo.**

CENSORŪ CREATIO.

Item monemus omnes *& singulos Pædagogos præsentes & futuros in virtute sanctæ obedientiæ, vt sic intendant regimini suorum domesticorum Puerorum & Scholarium, vt coram supremo Iudice de profectu eorum tam in scientia quàm in moribus exigendam ab eis reddere possint rationem: quia, vt ait Apostolus, qui suorum, maximè domesticorum curam debitam non habet, est omni infideli deterior.*

Item mandamus & præcipimus, vt quilibet *Magister Pædagogus assumat sibi Regentes & Submonitores viros bonos, graues & doctos, qui sint suis Discipulis ad exemplum, & qui tales sint vt eos pro merito virtutum & scientiæ in Scholaribus reuereantur: Est enim metus ac reuerentia neruus Scholasticæ disciplinæ.* Et vt tales apud se teneant & habeant, volumus eisdem Regentibus & Submonitoribus per Principales Pædagogos de competenti salario cum victu prouideri, nec liceat quoquo modo Principali Pædagogo aliquem in Submonitorem assumere, à quo pensionem vel quantamcumque summam

1452.

„ pecuniæ pro suo victu cum labore docendi exigat, aut recipiat: *Nec enim*
„ *facile est putandus idoneus, qui non suæ industriæ mercedem expetit, sed ipse sui*
„ *laboris soluit vsuram.* Quòd si quis reperiatur qui pro docendo, vel regen-
„ do quicquam dederit, à Regentia & omni honore Facultatis arceatur.

„ Item statuimus & mandamus, vt Actus ille solemnis de disputatione
„ Quolibetorum, qui dudùm ad decus Facultatis, exercitium studiorum
„ ac ingenia excitanda fuit laudabiliter institutus, obseruetur, mandan-
„ tes id in virtute sanctæ obedientiæ exercitium iuxta veterem morem apud
„ S. Iulianum, omni excusatione postposita, reintegrari ac renouari per
„ præstantes ipsius Facultatis Magistros per singulas Nationes eligendos.

„ Item circa prædictos Pædagogos & domorum Principales Magistros,
„ statuimus & ordinamus, *ne tanquam ambitiosi, aut quæstui turpiter inhian-*
„ *tes per mansiones & loca concurrant, aut Tabernas & Hospitia circumeant per*
„ *se vel per alios, ad rogandos, vel requirendos sibi Scholares. Quodque iustum*
„ *& moderatum pretium pro victu secundùm rerum & temporum qualitatem à*
„ *Scholaribus exigant; victualia munda, sana atque salubria Scholaribus submi-*
„ *nistrent, & ex illis, honestâ fragilitate seruatâ, præstent cuique congruam por-*
„ *tionem.*

„ Item inhibemus districtiùs sub pœna excommunicationis, quam ipso
„ facto incurrant, ne præsentes Pædagogi, aut etiam futuri faciant inter
„ se collusiones, conuenticula, aut monopolia super determinatione, aut
„ præfixa quota pensionis soluendæ à Scholaribus, sed vnusquisque quod
„ iustum & honestum fuerit plus minusve recipiat secundùm portionem ad
„ quam Scholaris voluerit expensas facere. Quòd si tales suæ salutis imme-
„ mores reperiantur, qui similia monopolia fecerint contra bonos mores
„ & Rempublicam, decernimus eos esse grauiter puniendos, & ab alio-
„ rum consortio tanquam excommunicatos excludi; à qua quidem excom-
„ municatione absolui non possint ab alio quàm à Cancellario Parisiensi,
„ præterquam in mortis articulo, & competenti priùs ad arbitrium Vni-
„ uersitatis satisfactione præmissa.

„ Item eisdem in virtute sanctæ obedientiæ mandamus & præcipimus,
„ *quatenus correctiones & disciplinas Scholasticas faciant erga suos Scholares se-*
„ *cundùm exigentiam culparum; ne, in eorum damnationem, vitia suorum Scho-*
„ *larium per dissimulationem nutriant, sed non liceat Scholari iustè ob culpam, ne-*
„ *gligentiamve correcto, ad euitandam disciplinam ac correctionem, nisi alia cau-*
„ *sa sufficiens & honesta suppetat, ad alium transire Pædagogum; inhibentes ne*
„ *talis ab alio Pædagogo recipiatur in domo sua, qui propter correctionem debi-*
„ *tam prioris Magistri domum exierit;* alioquin prior Magister qui correctio-
„ nem fecit, ius habeat illum repetendi coram Cancellario, vel eius Of-
„ ficiali.

„ Item, quia ex bonorum virorum fida relatione accepimus nonnullos
„ Magistros Regentes in Artium Facultate ab antiquo more legendi &
„ **regendi non minus in eorum vituperium quàm Scholarium damnum de-**
„ cidisse, mandamus, & districtiùs in virtute sanctæ obedientiæ præcipi-
„ mus omnibus & singulis Magistris Regentibus & Docentibus, quatenus
„ circa textum Aristotelis Scholaribus suis exponendum de puncto in pun-
„ ctum intendant, siue de capitulo in capitulum diligenter commenta &
„ expositiones Philosophorum & Doctorum studeant & exquirant: ita
„ quod lectiones suas elaborato studio suis Discipulis ore proprio dicant
„ & pronuntient: quia, vt Hieronymus ait, *habet nescio quid latentis energiæ*
„ *viuæ vocis actus, & in aures discipuli de authoris ore transfusa fortiùs sonat.*

„ Item præfatis Regentibus inhibemus, ne legant de verbo ad verbum
„ in quæstionibus alienis, sed intendant labori & studio taliter quod per
„ seipsos sciant & valeant lectionem facere, & discipulis tradere sufficien-
„ tem, siue legant ad pennam siue non, nonobstante antiquo Statuto de
„ non legendo ad pennam, super quo dispensamus; dummodo ita suas com-
„ ponant lectiones, quod ex eorum scientia & labore per exquisitionem
„ librorum procedere videantur. Specialiter autem & sub pœna excom-

Vniuersitatis Parisiensis.

municationis, inhibemus ne quasdam quæstiones, quamuis bene compilatæ existant, tradant vni de Scholaribus suis ad legendum & nominandum cæteris studentibus; quod, vt accepimus, quidam facere non erubescunt in damnum Scholarium, & graue scandalum Facultatis Artium.

Item monemus prædictos Regentes conformiter ad prædicta Statuta & laudabiles consuetudines Facultatis Artium obseruandas, vt cessante legitimo impedimento, singulis diebus & horis statutis ad vicum Straminis se transferant lecturi modo & forma, quibus suprà regulariter & ordinatè, absque hoc quod referuent sibi textus plures vna vice legendos, sed secundùm Statuta libros legant ad profectum Auditorum, vt præmisimus, regulariter & ordinatè.

Statuta autem quæ in prædicta reformatione præfatorum Reuerend. Patrum & DD. Cardinalium Ioannis & Ægidij habentur, ipsos Scholares & Auditores Artium concernentia tanquã rationabilia laudamus. Verùm quoniam ab vsu recessit, primum illud Statutum de epitogijs portandis ad Scholas, quando Determinantes & Licentiandi in Artibus vadunt ad lectiones suas, etiam in Sermonibus, quod quidem Statutum, vt accepimus, minimè pro nunc valet obseruari; ideo super illo dispensamus, nec ad id eos volumus obligari.

Item statutum illud quòd Scholares audientes lectiones suas *sedeant in terra coram Magistro, vt occasio superbiæ à Iuuenibus secludatur*, laudamus & volumus illud obseruari.

Item Statutum illud quod in dicta reformatione reperimus tanquam pernecessarium, districtiùs volumus & mandamus obseruari, eadem authoritate; videlicet, quod Scholares antequam ad determinandum in Artibus admittantur, congruè sint in Grammatica edocti, & Doctrinale ac Græcismum legerint, vel audierint, dummodo in Studijs, aut alijs locis, vbi Grammaticam didicerunt, dicti libri legantur. Ad prædicta verò adijcimus districtiùs inhibentes Magistris, ne permittant Scholares ad Logicales lectiones conscendere, nisi priùs in prædictis, & in arte metrificandi fuerint competenter edocti.

Item sequens approbamus Statutum, quòd Scholares priusquam admittantur ad determinandum, audiant veterem Artem totam, librum Topicorum potissimè quoad quatuor libros, & libros Elenchorum, Priorum & Posteriorum completè, etiam librum de Anima in toto, vel in parte. *Adijcimus autem, vt super auditione prædictorum librorum teneantur facere fidem Rectori & Procuratori suæ Nationis per scedulam sui Magistri, antequam determinent in vico Straminis; aliàs pro Determinantibus non habeantur.* Ab ipsis autem Scholaribus propter hoc quidquam à quoquam exigi districtiùs inhibemus.

Item laudamus & approbamus illud Statutum quoad Determinantes, quòd *nullus admittatur ad determinandum in Artibus, nisi fuerit studens Parisius per duos annos omni dispensatione interdicta*. Declaramus autem omnem dispensationem interdici, nisi in casu quo talis Scholaris fuisset *in alio generali studio, in quo duo anni in omni Facultate pro vno Parisius solent computari*. Volumus tamen quòd talis Scholaris, *qui in alio generali studio fuerit, condignam super hoc, aut per litteras, aut per Testes fidem faciat Procuratori suæ Nationis* antequam determinet.

Item quia Baccalariatus in Artibus videtur esse ianua prima pro cæteris Gradibus suscipiendis, & melius est indignos ab ingressu arceri, quàm, postquam ingressi sunt, ignominiosè repelli, statuimus & ordinamus, vt *Magistri, qui per singulas Nationes ad examen Baccalariandorum solent eligi, de cætero eligantur cum bona deliberatione, nec sint eligibiles Magistri cuiuscumque Nationis ad illud examen faciendum, nisi sint in tertio anno à gradu Magisterij suscepto, & hoc absque vlla dispensatione volumus, & authoritate Apostolica obseruari mandamus.*

Item statuimus, & in virtute sanctæ obedientiæ mandamus & præcipimus huiusmodi Magistris Examinatoribus, sic vt præmittitur, & non aliàs

1452.

EXAMINATORES.

1452.

electis, quatenus *sub debito iuramenti, quod in manu Procuratoris suæ Nationis præstare habeant de non admittendo indignos, fideliter & diligenter intendant ad probationem Scholarium examinandorum.* Et fiat examen istud de congruitate Grammaticali, *De primis Logicalibus, & alijs libris quos audiuisse debuerunt, vt experimento habito de illis secundùm exigentiam & sufficientiam quæ ad Baccalariatum requiritur, si quos incongruè loquentes & aliàs non idoneos repererint, omninò sub pœna periurij illos repellant, & ad feruentiùs studendum suis Magistris remittant.*

Item statuimus & mandamus singulis Magistris Pædagogis & Regentibus, vt diligenter intendant circa disputationes Baccalariorum prædictorum in vico Straminis *per tempus Quadragesimæ,* prout est de Statuto & more antiquo obseruatum; quatenus de qualibet Domo, seu de quolibet Pædagogio vnus assistat Magister Regens, qui non permittat in dictis Disputationibus, aut eundo, aut redeundo aliquas insolentias fieri, sed ex ipsorum Magistrorum Regentium præsentiâ, vel assistentiâ dictæ Disputationes magis ordinatè & absque dissolutis fiant clamoribus; & id districtiùs mandamus obseruari ad ipsorum tam Baccalariorum quàm Magistrorum honestatem & profectum.

Item ordinamus & statuimus, vt in Domibus, seu Collegijs Artistarum fiant disputationes & exercitia secundùm prædictorum Collegiorum & Domorum ordinationes & statuta, quas omninò *ad intentionem Fundatorum tam in victu quàm in sociali conuersatione volumus obseruari.*

Item circa taxationes bursarum Baccalariandorum mandamus & ordinamus, quatenus Magistri, qui ad hoc per Nationes fuerint deputati, secundùm Deum & conscientiam absque grauamine Scholarium modo & forma debitis, *& secundùm proportionem bursarum suæ expensæ tam in domibus Pædagogorum, quàm secundùm exigentiam bursæ Collegiorum, in quibus habitant, illas taxare habeant,* inhibentes districtiùs ne circa prædictos Scholares aliquas exactiones faciant, *sed piè & misericorditer secundùm qualitatem personarum & suarum facultatum,* illos pertractent.

Item illud Statutum innouamus, quòd nullus admittatur ad Licentiam in dictâ Facultate, nec in examine beatæ Mariæ, nec in examinæ beatæ Genouefæ, nisi vltra prædictos libros audierit *Parisius,* vel in alio Studio *generali* librum Physicorum, de Generatione & corruptione, de Cœlo & mundo, parua Naturalia; videlicet libros de sensu & sensato, de somno & vigilia, de memoria & reminiscentia, de longitudine & breuitate vitæ, librum Metaphysicæ, vel quod actu audiat eundem, & quod aliquos libros Mathematicales audiuerit; quodque audiuerit libros Morales, specialiter librum Ethicorum quantum ad maiorem partem. Ad hoc autem Statutum quod pernecessarium est, adijcimus præcipientes, vt prædicti libri audiantur non cursim & transcurrendo, sed studiosè & grauiter. Specialiùs autem *monemus Magistros, vt non permittant suos Scholares vel Baccalarios ad Tentamen exhiberi, nisi sciuerint ipsos sufficienter in prædictis esse instructos.* Specialiùs autem mandamus quatenus ipsi Scholares diligentiùs insistant Metaphysicalibus libris & Moralibus addiscendis; alioquin in Tentamine volumus & mandamus illos, vt merentur, repelli.

Item conformiter ad aliud Statutum sequens, ordinamus & statuimus, vt nullus ad Licentiam in examine aliquo admittatur, nisi frequentauerit disputationes Magistrorum, & cum hoc bina vice responderit in vico Straminis iuxta morem Facultatis, super quo, prout in Statuto, fidem faciat. Declaramus autem prædictas disputationes fieri absque fraude & dolo, sed grauiter ad profectum Audientium, nec habeat Magister Præsidens respondere pro Baccalarijs, sed permittat eos Magistro arguenti prout sciuerint, respondere; quia præfata responsio ad probationem Respondentis introducta fuisse dignoscitur. Poterit tamen ex officio in Præsidentiæ Respondentem monere honestè ac dirigere prout oportet talibus, omni maturitate ac honestate seruata. Statuimus etiam vt Determinantes quæstiones morales grauiùs illas de cætero ante Baccalariatum

habeant determinare, & protensius, nec ita perfunctorie, aut currenter " ────
pro ipsius Actus, qui ex antiquitate fuit introductus, condecenti gra- " 1452.
uitate. "

Item circa ista districtius inhibemus in virtute sanctæ obedientiæ, ne "
Determinantes in suis determinationibus conuiuia faciant, nisi admodùm "
modesta & temperata; & hoc suis dumtaxat Socijs & Magistris confor- "
miter ad Statutum. Inhibemus etiam excessus, aut excessiuas expensas "
fieri in responsionibus, seu disputationibus prædictis, ne pauperes Scho- "
lares grauentur quoquo modo. "

Item specialiùs inhibemus ne permittant ipsi Magistri Scholaribus suis "
in Festis Nationum, aut aliàs, choreas dissolutas & inhonestas ducere, "
ludos etiam inhonestos & prohibitos agere, habitus indecentes & laïca- "
les deferre, maximè qui ad luxum prouocent Adolescentes: quin potiùs "
permittant eos virtuosè & eutrapelicè ludere, ad laboris leuamen & so- "
latium honestum; nec eis permittatur in prædictis Festis liberè per Vr- "
bem, aut de domo in domum circuire, prout ipsam Facultatem, nuper "
honestati eorumdem consulentem, intelleximus statuisse; quod lauda- "
mus & approbamus. "

Item innouamus illud Statutum dictæ Reformationis, quo cauetur in " Exami-
forma, quòd in tentamine examinis sanctæ Genouefæ quatuor Magistri " natores.
intersint cum Cancellario, vel Subcancellario *Iurati in præsentia Facul-*
tatis sæpe dictæ, quòd fideliter tentabunt, dignos admittendo, & indi- "
gnos repellendo, sicut sunt quatuor Magistri per Cancellarium B. Mariæ "
ad tentandum iurati & electi. Hoc quidem Statutum in prædicta refor- "
matione, vt retulimus in forma positum, eadem authoritate innouamus, "
& inuiolabiliter volumus & mandamus obseruari. Verùm quia in præ- "
dicto Statuto non reperimus, nec in illo cauetur, quòd prædicti quatuor "
Tentatores tam in examine beatæ Mariæ quàm in examine sanctæ Geno- "
uefæ debeant per dictos Cancellarios de anno in annum in eisdem perso- "
nis continuari; & multæ ad nos querimoniæ factæ sunt, multaque incon- "
uenientia fuerunt coram nobis, vicibus iteratis tam verbo quàm scripto "
per viros etiam graues in Theologia Magistros & alios de omni Faculta- "
te, & præsertim ex parte venerabilium Collegiorum huius Vniuersitatis, "
& in magno numero fuerit nobis expositum, quòd antedicti Tentatores "
prætextu suæ continuationis & quasi perpetuationis in dictis Officijs, "
cùm tamen per ipsos Cancellarios possint & debeant annuatim mutari, "
in dicta Facultate multos abusus commiserunt, & plurima Vniuersitati "
obuenêre dispendia. Nam cùm prædicti Pædagogi suos Baccalarios ha- "
bentes domesticos & commensales ad id Officium præficerentur, immo- "
derato fauore & inordinato affectu suos etiam indignos attollebant, di- "
gnis & benemeritis præferentes. Collegiorum verò Baccalarios & alios "
qui de suo grege non erant, quantumcunque dignos & doctos per iniuriam "
repellebant, quæ res graues discordias, ac seditiones posset excitare: "
Nos autem volentes huiusmodi abusibus obuiare, & scandala, quantum "
in nobis est, submouere; attendentes Officia ac Magistratus annuos esse "
debere, eamque etiam in Tentatoribus istis fuisse mentem statuentium; "
& continuationem ac perpetuationem Officiorum nihil aliud quàm inso- "
lentias & iniurias Officialium in subditos confouere. Hoc consultissimo "
declaramus edicto dictos Tentatores de cætero annuos esse debere; & "
vtrosque Cancellarios, scilicet beatæ Mariæ & sanctæ Genouefæ, & "
quemlibet ipsorum pro suo examine per annos singulos quatuor nouos "
Magistros eligere debere ad examen & approbationem dignorum, & re- "
pulsionem indignorum iuxta vetus Statutum faciendam, ita quòd non "
possint veteres confirmare, & illis Officium continuandum permittere. "
Eligant autem viros doctos, expertos & graues, *qui per sex annos ante ad* "
minus fuerint Graduati, proprios Baccalarios non habentes. Vocamus au- "
tem proprios qui sunt iurati sub eis, aut qui in suis domibus commensa- "
les, vel commorantes existunt. Inhibemus autem vtrique Cancellario "

"tam beatæ Mariæ quàm sanctæ Genouefæ sub pœna excommunicationis
"quam incurrant ipso facto, ne à Magistro Examinatore sic & secundùm
"conditiones prædictas electo, vel eligendo aliquid exigat ob causam ele-
"ctionis prædictæ factæ vel faciendæ; nec ad hoc vt eligatur etiam sponte
"oblatum ab eo recipiat, sed absque prece, vel pretio liberè habeat vter-
"que Cancellarius in suo Tentamine prædictos Magistros eligere, sub mo-
"do tamen, forma & circunstantijs supradictis, à qua quidem excom-
"municatione ab alio quàm ab Episcopo Parisiensi absolui non possint, qui
"tamen Episcopus dictam absolutionem non impendet, nisi duplum illius
"recepti persoluerint, simplum scilicet Vniuersitati, & alterum simplum
"Hospitali Domus Dei Parisiensis applicandum.
  " Item statuimus & ordinamus vetera renouando tam Facultatis quàm
"ipsius Vniuersitatis Statuta, quatenus ad Congregationes Facultatis, aut
"etiam Vniuersitatis, vel etiam Nationis non præsumant Magistri Artium
"comparere in veste curta, aut desuper cincta, nec cum capitio farciato,
"aut, vt vulgò dicitur, burreleto, nec cum sotularibus rostratis, aut liripi-
"piatis: sed omninò volumus, & districtiùs in virtute sanctæ obedientiæ
"obseruandum præcipimus sub pœna periurij & suspensionis à Gradibus
"superiorum Facultatum, ad quos non possint promoueri, si per Recto-
"rem, aut Procuratores Nationum suarum ter moniti, à talibus non desti-
"terint, quodque quandiu stabunt in veste cincta, aut curta, aut alijs ha-
"bitibus inhonestis prædictis, nullum penitùs votum habeant in suis Na-
"tionibus, nec inter vota Nationis talium vota computentur quoquo
"modo.
  " Item circa easdem Congregationes Facultatis, Vniuersitatis, aut etiam
"Nationis, seu Nationum statuendum & ordinandum duximus, prout sta-
"tuimus & ordinamus, & authoritate Apostolica præcipimus, vt honestè
"& grauiter secundùm condecentiam Facultatis & Vniuersitatis, aut etiam
"Nationis celebrentur, fiantque deliberationes Magistrorum ordinatè,
"nec vnus votum alterius interrumpat, sed suæ sessionis ordinem, & gra-
"dus antiquitatem ad loquendum omni modo expectet. Quòd si contin-
"gat, quod absit, vt aliquis Magistrorum in manifestam iniuriam, aut con-
"tumeliam, vel conuitium prorumpat alterius, quamdiu deliberatio in sua
"Natione procedit, Procurator & Magistri talem sic blasphemum, con-
"uiciantem & iniuriosum à suo repellant consortio, *donec satisfactione factâ
"parti iniuriatæ ad arbitrium Rectoris & quatuor Procuratorum reconciliari me-
"reatur.* Quòd si à clamoribus, seditionibus, aut iniurijs *præfati moniti per
"Rectorem, vel Procuratorem non desistant,* excommunicationis sententiæ vin-
"culo authoritate Apostolica innodamus, à qua non possint absolui, nisi à
"Cancellario Parisiensi, præterquam in mortis articulo, nec eorum vo-
"tum in conclusione facienda dictæ Congregationis vsque ad eorum ab-
"solutionem computetur.

BIDELLI.   " Item statuimus & ordinamus nihilominus districtiùs inhibentes omni-
"bus & singulis eiusdem Facultatis Bidellis cuiuscunque Nationis existant,
"ne à Scholaribus Determinantibus, Baccalarijs, Licentiandis, aut etiam
"Magistrandis aliquid exigant præter iura antiqua, quæ debent & consue-
"uerunt per eosdem illis, ratione suorum Officiorum, & non aliàs, debitè
"persolui. Cætera autem Facultatis Statuta quæ ad honorem & decentiam
"Facultatis conducere videntur, & quæ commodè secundùm rerum &
"temporum exigentiam honestè & absque scandalosa nouitate, possunt
"obseruari, commendamus & approbamus, & exhortamur illa obseruari,
"dummodò talia non sint, quæ supra scriptis nostris Statutis & Ordina-
"tionibus obstent. Contraria enim & repugnantia nostris Ordinationibus
"authoritate Apostolica ex certa scientia reuocamus, quassamus & abro-
"gamus. Specialiter autem volumus aliquem, qui de nouo in dicta Facul-
"tate sit incepturus, obligari ad iuramenta quæ sequuntur. 1. Ad iura-
"mentum illud secundum in ordine iuramentorum in manu Rectoris fa-
"ciendorum, videlicet de disputatione quadraginta dierum, & determi-
                                                                    natione

Vniuerſitatis Pariſienſis. 577

natione Quæſtionum poſt inceptionem in dicta Facultate. 2. Ad iuramentum ſequens de eundo in habitu per quindecim dies.

Item de intereſſendo in habitu ſepulturæ Scholarium diebus feſtiuis & alijs diebus. Sed, licet iuramento eos nolumus adſtringi, tamen ad tam pium & humanum officium Sodalibus impendendum per viſcera pietatis Saluatoris noſtri, cunctos obteſtamur & inuitamus.

Item de legendo Pſalterium in morte actu Regentis Magiſtri remittimus arbitrio & deuotioni ſuperſtitum Magiſtrorum.

Item iuramentum de incipiendo in cappa noua non accommodata, non conducta.

Item iuramentum de legendo per ſex annos continuè.

Item iuramentum de habendo cappam propriam nigram.

Item in prædictis Statutis noſtris diſpenſamus & declaramus, ne ab aliquo exigatur iuramentum de non legendo ad pennam. Super omnibus ſupraſcriptis quæ commodè, pro conditione perſonarum & temporum minimè nouimus obſeruanda, authoritate Apoſtolica diſpenſamus, nec ad illa de cætero per iuramentum volumus aliquem Magiſtrorum Artium arctari. Vt autem præſens Reformatio, & Statuta, & Ordinationes noſtræ, imò veriùs Apoſtolicæ futuris temporibus ad profectum, decus & honorem Facultatis prædictæ Artium obſeruentur, volumus, & in virtute ſanctæ obedientiæ præcipimus, *quatenus in Rectoris Vniuerſitatis prædictæ Pariſienſis, & in ſingularum Nationum libris, in quibus Statuta Facultatis & Vniuerſitatis deſcripta tenentur, de verbo ad verbum inſcribantur,* eadem authoritate Apoſtolica mandantes, *vt in qualibet Natione ad hæc ſpecialiter per Procuratorem congregata, in principio ſingulorum Ordinariorum publicè legantur, ne quiſquam ignorantiam prætendere valeat prædictorum.* Nec enim decet quæ tanta deliberatione geſta ſunt, è memoriâ obliterari, quin potiùs per ſingulos annos ad memoriam perpetuam publicari. Ea enim faciliùs memoriæ commendantur, quæ ſæpiùs repetuntur, & frequentiùs in publicum releguntur. Hæc ſunt ſalubria inſtituta, quæ ad almæ Vniuerſitatis huius decus, Reformationem morum, & ſtudiorum incrementum magno ſtudio elaborata, ac digeſta conſcripſimus, aſſiſtentibus nobis Reuerendis Patribus DD. Guillelmo Pariſienſi & Ioanne Meldenſi Epiſcopis & clariſſimis viris in Iure peritiſſimis, Arnoldo de Marle Regij Parlamenti Præſidente, Georgio Hauart Magiſtro Requeſtarum, Guillelmo Cotin in camera Inqueſtarum Præſidente, Milone Dilliers Decano Carnotenſi & Regij Parlamenti Conſiliario, Roberto Cibole Eccleſiæ Pariſienſis Cancellario, M. Ioanne Simonis Regio Aduocato, omnibus prædictis à Chriſtianiſſimo & excellentiſſimo Principe D. Carolo Francorum Rege ad Regia Priuilegia reformanda deputatis, quorum in prædictis Statutis edendis conſilium adhibuimus; Eaque Statuta atque Decreta noſtra ſingulis Facultatibus ſeorsùm ad nos euocatis, ipſis præſentibus tradidimus, inſinuauimus & publicauimus, harumque ſerie illis in perpetuum valitura tradimus, inſinuamus, atque ſub authentico ſigillo noſtro tranſmittimus, decernentes, vt etiam ſuprà mandauimus, in voluminibus Statutorum ſingularum Facultatum ea redigi fideliterque tranſcribi. Datum Pariſius anno Incarnationis Dominicæ milleſimo quadringenteſimo quinquageſimo ſecundo, die prima menſis Iunij, Pontificatus ſanctiſſimi in Chriſto Patris & Domini noſtri, Domini Nicolai diuina prouidentia Papæ quinti anno ſexto.

" 1455.

Promulgatâ iſtâ Reformatione, die 29. eiuſdem menſis Iunij in Generalibus Comitijs Mathurinenſibus delecti ex omnibus Ordinibus Oratores ad Concilium Bituricenſe mittendi. E Theologi MM. Guill. Erardi & Io. Boucart, è Decretiſtarum Ordine M. Petrus Maugier. E Medicis M. Inguerandus de Parrenti, è Natione Gall. M. Io. Normani tunc Rector, è Picardica Iacobus de Boſco, è Normanica Dionyſius Cythareodi, è Germanica nullus ob diſcordiam.

Tom. V. DDdd

1453.

Anno 1453. ferè incipiente turbata est vehementer Vniuersitas ob captos iussu Prætoris rerum Capitalium Scholasticos, & Castelleti carceribus clausos, quorum plurimi insontes erant. Ad eos igitur in libertatem vindicandos indicta sunt à Rectore comitia, & habita die 9. Maij: in quibus ab omnibus Ordinibus statutum fuit vt Rector cum Oratore & frequenti comitatu Præpositum Paris. adiret, captiuosque repeteret; quâ de re sic scribit M. Ioan. Beguin Procurator Nationis Gallicanæ in vetusto Codice. Die mercurij sequenti, *inquit*, quæ fuit 9. prædicti mensis
" Maij, fuit conuocata Vniuersitas ad prouidendum super nonnullis atro-
" cibus molestis per Locum-tenentem Criminalem de Castelleto Scholari-
" bus factis: eo scilicet quod omnes Scholares indifferenter & bonos & ma-

TUMULTUS PROPTER INCARCERATOS SCHOLARES.

" los faciebat duci ad carceres, sic quod in summâ erant 40. iam mancipati
" carceribus. Fuit conclusum per Nationem & generaliter per totam Vni-
" uersitatem quod D. Rector adiret D. Præpositum Parisiensem pro huius-
" modi expeditione dictorum Scholarium: & proposuit honorificè & ele-
" ganter Magister noster M. Ioannes Huè assumendo pro Themate illud
" Apostoli. *Omnia fiant ordinatè in vobis*, adaptando quomodo Ordo qui est
" in Inferioribus, effluxit & emanauit ab Ordine Attributorum in Deo as-
" sumptorum, videlicet potentiæ, sapientiæ & bonitatis, & ostendit quo-
" modo sicut in diuinis non est potentia sine sapientia & bonitate; ita etiam
" nec in ijs qui sceptrum Iustitiæ tenent, non debet esse potentia sine sa-
" pientia & bonitate, quia aliter non esset Iustitia, sed Tyrannis. Et des-
" cendendo ad particularia, dixit quod ita videbatur esse in D. Præposito,
" aut saltem in suo Locum-tenente qui vtebatur potestate sine sapientia &
" bonitate: quoniam per modum tyrannidis & cuiusdam furiæ tanquam fu-
" riosus vsus fuerat authoritate Iustitiæ incarcerando insontes & Innocen-
" tes: & nedum incarcerando, sed quod peius esse videtur, tetris carce-
" ribus eos mancipando. Multa alia fuere proposita, quæ tanquam Satha-
" næ pungentia accepit D. Præpositus: & ad veritatem respondit multum
" benignè, & annuit supplicationi Vniuersitatis: & iniunxit cuidam Ma-
" gistro Nicolao nuncupato, vt expedirentur omnes Innocentes sine ali-
" quibus expressis & Culpabiles ad cautionem iuxta formam statuti nostri.

Cum igitur eductis illis è carcere, rediret Rector cum 800. & amplius tum Magistris, tum Scholaribus qui cum eo comitati fuerant, ecce in viâ nouus tumultus exoritur per Commissarium quendam & Clientes, qui Scholasticos aggressi nonnullos ex ijs vulnerarunt, vnum occiderunt. In eosdem impetum fecerunt Ciues magno numero, vixque Rectorem saluum abire permiserunt. Quod idem Procurator sic describit. " Post gra-
" tiarum Actiones D. Rector cum cæteris eum associantibus qui erant cir-
" citer octo centum, recessit à domo Præpositi multùm gaudiosè & læta-
" bundè. Sed gaudium illud non fuit, proh dolor, magnæ durationis, quo-
" niam antequam D. Rector esset ante Intersignum Vrsi in vico S Antonij
" quidam Commissarius & Clientes circiter octo, vel nouem venerunt, qui
" transeuntes iuxta illam cateruam Scholarium, lites cœperunt cum dictis
" Scholaribus. Et quia prohibitum fuerat sub debito iuramenti quod nul-
" lus diceret verbum Clientibus, nec apponeret manum in eis, dicti Clien-
" tes fugauerunt omnes Scholares ordine quem prius tenebant, præter-
" misso, & interfecerunt vnum simplicissimum hominem bonæ fidei & in-
" dolis, Baccalarium in Decretis supra locum. Similiter vulnerauerunt
" duos Presbyteros lethaliter, & bene quindecim, aut sexdecim alios no-
" tabiles Iuuenes. Et post occasum illius venerabilis Magistri nomine de
" Mauregard nuncupati, venit quidam Cliens nuncupatus Charpentier ad
" Rectorem, & volebat eum interficere, nisi fuisset vnus venerabilis Bur-
" gensis. Quidam etiam Sagittarius volebat dictum Rectorem perforare sa-
" gittâ, nisi desursum per modum dicti Burgensis subsidium euenisset. Fue-
" runt etiam tensæ catenæ & clamatum ad arma: & multi Villatenses insur-
" rexerunt in Scholares. Multa alia fuerunt facta quæ apparent in processu.

Vix igitur incolumis inde reuersus Rector cum Magistris, amissis Scholaribus quibusdam, nonnullis captis, alijs vulneratis, postridie habet Comitia, refert quæ pridie accidissent, deplorandumque Vniuersitatis statum exaggerat; quibus auditis, vna voce statutum est vt vbique cessaretur ab omni docendi concionandique munere; Quà de re sic idem Procurator. Die Iouis sequenti quæ fuit decima mensis prædicti, auditâ miserâ & lugubri molestiâ diei præcedentis; auditâ nece dicti M. Raymundi de Mauregard Magistri in Artibus & Baccalarij in Decretis; auditâ etiam vulneratione lethali plurium notabilium Magistrorum: auditâ etiam incarceratione plurimorum Scholarium & deperditione plurimorum bonorum, fuit Vniuersitas solemniter & per iuramentum in S. Bernardo congregata, & post maturam deliberationem fuit conclusum per Nationem, & etiam per totam Vniuersitatem quod placebat cessare à sermonibus & lectionibus tam publicis quàm priuatis, tam citrà pontes quàm vltra, donec & quousque haberetur satisfactio condigna iuxta vocationem dictæ Vniuersitatis. Die etiam Iouis, die festo Ascensionis Dom. D. Rector & tota Vniuersitas, aut saltem pro maiori parte, fuerunt ad inhumationem dicti M. Raimundi de Mauregart & dedit Natio, sicut & cæteræ Nationes 4. tædas de 7. libris cum media.

His auditis, Præses Curiæ Rationū Regiarū, seu Computorum & alij cum eo, veniunt supplicantes, vt Vniuersitas vellet suspendere Conclusionis prædictæ executionem: At illa vicissim postulat vt Præpositus Parisiensis, eiusque Vices-gerens carceribus mācipentur, vt habemus ex ijsdem Commentarijs Nationis Gallicanæ. Die Veneris sequenti quæ fuit vndecima mensis prædicti, fuit conuocata Vniuersitas ad audiendū ea quæ proposita fuerant per D. Præsidentem Cameræ Computorum associatum per venerabiles viros M. Ioannem Picart, M. Ioannem Paillart, M. Burellum Bouchier Præpositum Mercatorum & 4. Scabinos qui petebant quòd susuperederemus cessationes nostras. Conclusum fuit quod non placebat frangere conclusionem hesternam; imò potius solidare. Et vltra conclusum fuit quod adiremus D. Parisiensem ad requirendum Interdictum in Ciuitate Parisiensi, aut saltem in illis 3. Parochijs in quibus tam sceleratum facinus fuit perpetratum. Conclusimus etiam quod adiremus supremam Curiam Parlamenti ad exprimendum grauamina nobis facta. Conclusum etiam fuit quod faciebamus nos partem contra Præpositum & contra Locum-tenentem signanter. Conclusum etiam fuit per Nationem quod Scholares illarum Parochiarum non acquirerent gradum in Vniuersitate, donec esset facta emenda condigna. Item fuit conclusum quod placebat Nationi quod non fierent sermones in illis Parochijs vsque ad decennium. Fuit conclusum finaliter per Nationem & per Vniuersitatem quod Præpositus & Locum-tenens manciparentur carceribus. Et quoniam in die præcedenti M. Raymundus de Mauregard fuerat inhumatus, & conclusum fuerat die Iouis præcedenti quod D. Rector & cæteri de Vniuersitate associarent corpus vsque ad inhumationem, vt qui passus in societate Vniuersitatis fuerat, per illam Vniuersitatem saltem in funeralibus honoraretur, supplicatum fuit, vt illæ 4. tædæ quas dederat Natio, ob reuerentiam dicti de Mauregard deportarentur ad seruitium in Ecclesiam S. Germani veteris; & placuit Nationi.

Die sequenti D. Rector cum frequenti Comitatu & Oratore Publico, adijt supremam Parlamenti Curiam, supplicauitque mulctam irrogari Præposito Paris. eiusque Vices-gerenti; quà de re sic scribit idem Procurator. Die Sabbati 12. mensis Maij D. Rector adiuit Curiam Parlamenti cum notabili Comitiua Deputatorum: & proposuit Magister noster M. Ioannes Pannechier, & assumpsit pro Themate verbum è Iudicum 20. c. inscriptum. *Nunquam tantum nefas & tam grande piaculum factum est in Israël. Adeste omnes filij Israël, Decernite quid facere debeatis.* Et explicuit, quomodo in reditu à Domo Præpositi Paris. ad quam D. Rector iuerat pro postulanda Iustitia secundum formam nostrorum Priuilegiorum &

1453.
» iuramentum dicti Præpositi; quidam Commissarius comitatus pluribus
» clientibus, venit obuiam dicto D. Rectori & Deputatis: & dixit D. Rector
» dictis Commissario & Clientibus, *Pro Deo non transeatis per viam hanc, ne
» faciatis commotionem quia iam videmini moti.* Qui dixerunt quod erant
» seruitores Regis, & quod transirent illâ horâ. *Viuat Rex*, dixit Rector,
» *& omnes Beniuoli Regis:* & transeundo per iter, percusserunt Scholares
» quamplurimos, & interfecerunt vnum nominatum Raymundum de Mau-
» regard, & vulnerarunt quindecim, aut circiter, etiam lethaliter. Quare
» conclusit nunquam tantum nefas, *nec tam grande piaculum fuit in Israël*;
» hoc est in Vniuersitate Paris. quæ fluxit ab Israël, hoc est à monte Sion,
» sicut nunc est, *Adeste omnes filij Israël,* id est, Domini de venerabili Curia
» Parlamenti, decernite quid facere debeatis in tam grande nefas. *Fons
» scientiæ læditur, Mater Vniuersitatum destruitur. Nonne Christianissimi Regis
» filia perditur & totus Clerus confunditur:* quoniam nedum *Priuilegia subuertun-
» tur, totum ius commune & Iurisdictio Ecclesiæ annihilatur:* imò nulla iam secu-
» ritas in Parisiaca vrbe per amplius exspectatur; quæ omnia ad conseruationem
» tanti studij & multum eo minoris requiruntur. Quare conclusit quod nun-
» quam tantum nefas & tam grande piaculum factum est in Israël, *Adeste
» omnes fili Israël, decernite quid facere debeatis*, protestando tamen imprimis
» quod Vniuersitas non petit sanguinem, sed solum intendit finem Ciui-
» lem: & ideo petebat emendam condignam fieri secundum formam Ec-
» clesiasticæ professionis. Et in fine requisitum fuit per Organum D. Recto-
» ris quod Præpositus Paris. & eius Locum-tenens incarcerarentur: & quod
» Vniuersitas se faciebat Partem, modo ad instantiam partis quicunque de-
» bet incarcerari. Ad hæc & singula respondit D. Præsidens M. Reginal-
» dus de Merbe; & dixit in effectu quod Curia nihil aliud faciebat nisi la-
» borare super emendâ fiendâ, & quod tantùm tristis erat quod non pote-
» rat verbis exprimere. Vnum tamen postulabat quod suspenderemus ces-
» sationes: & hoc faciendo, Curia faceret bonam & breuem Iustitiam. Et
» tunc gratiarum actionibus persolutis, D. Rector & cæteri Deputati reces-
» serunt dicendo, hoc referemus libenter Vniuersitati. Hæc facta sunt
» eo die.

In Comitijs deinde apud Bernardinos habitis retulit Rector responsum quod à Curia habuerat: at Vniuersitas molestè tulit quod M. Ioannes Pennechair Orator non postulasset Præpositum Parisiensem & eius Vi-ces-gerentem ad carcerem, constansque fuit in proposito cessationis iux-ta ea quæ antè decreta fuerant: atque in his Comitijs conclusum fuit vt Rector rediret ad Curiam, deferret Constitutionem de Cessatione, po-stularetque Præpositum eiusque Vicarium incarcerari.

Postridie igitur Rector & Electi adeunt Curiam Parlamenti, postulata sua & Decreta exponunt & sibi ius reddi rogant; sed incassum: quinimo increpantur & quod mutauissent sententiam; & quod Cessationem ra-
» tam esse vellent: vt ibidem legitur. Die Martis sequenti D. Rector &
» Deputati adiuerunt venerabilem Curiam Parlamenti, & præsentauerunt
» Conclusionem Vniuersitatis; & requisiuit D. Prior S. Bernardi Magister
» in Theologia quod Præpositus & Locum-tenens ad instantiam Vniuersi-
» tatis incarcerarentur. Ad quam petitionem respondit D. De Merbes
» Præsidens quod Vniuersitas erat variabilis in Conclusionibus suis; & quod
» non ita dixerat die Sabbati præcedenti, sicut dicebat. Præterea dixit
» quod fecimus cessationes & non debebamus, nec poteramus secundùm
» Priuilegia nostra. Et super hoc Aduocatus Regius nobis adduxit Priui-
» legia in scripto, per quæ videbatur innuere, quod non possemus facere
» cessationes tam facile, &c.

Vt ergo vidit Vniuersitas se nihil eorum quæ maximè cupiebat, à Cu-ria obtinere posse, ad Regem recurrit, Legatos mittit & per eos conque-ritur tam de Curia Parlamenti quæ ius reddere morabatur, quàm de Præ-posito Parisiensi. Rex datis ad Parlamentum litteris, iubet quam citis-simè negotium expediri, ne litium importuna prorogatione cogeretur

Vniuersitas studia sua interturbare. Ita referunt Legati ad Vniuersitatem in Comitijs 16. Iunij habitis: in quibus etiam quidam Doctor Theologus per decennium omni Priuilegio Academico priuatus est, eo quod durante interdicto, conciones habere ausus fuisset. Quâ de re sic legitur in eodem Codice.

1453.

" Die 16. Iunij fuit Vniuersitas congregata ad audiendum Ambassiato-
" res qui adiuerant D. nostrum Regem, & secum apportauerunt vnum
" mandatum Regium, per quod mandabatur Curiæ Parlamenti, vt face-
" ret bonam & celerem expeditionem in materiâ illâ tam agitatâ. Quibus
" auditis sat ad longum, Natio retracta ad partem conclusit quod habe-
" bat eos gratos & aduoatos; & volebat illud mandatum præsentari Curiæ,
" cum istis protestationibus, quod casu quo illa venerabilis Curia non face-
" ret bonum Iudicium & breuem Iustitiam & vltimam, non intendebat ac-
" ceptare. Quia etiam veneranda Facultas Theologiæ querimoniam fa-
" ciebat de Magistro nostro M. Vrsino Thiboust, & requisiuit per orga-
" num Magistrorum nostrorum Guillelmi Pommier & Prioris Bernardista-
" rum quod priuaretur per decennium à Regentia, supplicationi dictæ
" Facultatis annuit Natio & priuauit eum ideo quod prædicauerat in In-
" terdicto.
"
" Interim verò Curia quæstionem habebat de facto Clientum illorum
qui Scholasticos vulnerauerant & occiderant, quorum plurimi in carceribus detinebantur. Et lite illorum diligenter examinata, mandauit Vniuersitati Curia, vt si vellet, Iudicio adesset. In hanc rem conuocata Vniuersitas, & re proposita, diuisæ fuerunt sententiæ. Alij enim adeundam esse Curiam censebant; alij putantes eo Iudicio sibi non satisfactum iri, contrarium sentiebant.

Fertur tandem Senatusconsultum; damnantur rei, iubentur se sistere Vniuersitati cum tædis & in camisijs, veniamque precari. Id sit die 21. Iunij. *Et in Ianuâ S. Bernardi venerunt octo Clientes, sex cum tædis & in Camisijs, & duo sine tædis, vestiti sine capucio & zona; & fecerunt emendam honorabilem: & quidam nuncupatus Charpentier habuit pugnum scissum.*

Hacce autem mulctâ non contenta Vniuersitas petebat insuper à Senatu decerni aduersus Præpositum Paris. Legatum seu Vicarium eius, & Curatorem Regionis, seu vt vocant Commissarium prædictos, ac proinde supplicem Libellum obtulit ex sententia Delegatorum & Consultorum suorum, ne lis ordinariè procederet; sed vt summariè & de plano iudicaretur; propterea quod in Processu ordinario litis longior mora est. Sed tandem causâ vtrinque summâ animorum contentione peroratâ, ampliatum est. Quod vehementius adhuc quàm antea Vniuersitatis animos exulcerauit. Sic enim sibi videbat illudi, suos omnes conatus irritos fieri, se ludibrio haberi, sceleratos impunè dimitti. Quippe decreuerat Senatus vt Vniuersitas speciatim & amplius inquiri curaret in facta & iussa **Præpositi Paris.** & aliorum negantium fuisse à se imperatam cædem, aut comprehensionem vllius è Magistris & Scholasticis: quod quidem satis se probauisse putabat Vniuersitas. Sed singula Senatusconsulti Capita ex Commentarijs prædictis intelligere est; prout fastis consignauit M. Ioannes Perron Procurator Nationis Gall.

" Die Iouis 13 Sept. ex consilio Deputatorum & Consiliariorum Vniuer-
" sitatis conuocauit D. Rector Vniuersitatem per iuramentum in S. Bernar-
" do super 2. art. 1. erat super Arresto dato in Parlamento die præcedenti in
" Processu Vniuersitatis. 2. fuit communis super supplicationibus & iniurijs.
" Quoad 1. art. explicuit D. Rector quomodo Arrestum fuerat datum in
" Parlamento die prædictâ: per quod quidem Arrestum eramus appunctua-
" ti quantum ad Locum-tenentem & Præpositum & Commissarium contra
" quos procedebat Vniuersitas ad facta contraria & ad faciendam nouam
" inquestam. Et quoad alios fuerunt tres condemnati ad emendam hono-
" rabilem & pecuniariam Vniuersitati faciendam, qui etiam propter eo-
" rum absentiam fuerunt banniti, vt patuit per *Dictum Arresti*, quod tunc

DDdd iij

"porrexit in manibus Scribæ ad legendum. Ideo quærebat D. Rector an
"placebat Vniuersitati prosequi dictum Arrestum, & quid faciendum. Et
"quoad hoc, Natione retracta ad partem, Natio conclusit quod D. Rector
"super hoc haberet conuocare notabiles Deputatos qui haberent super
"hoc aduisare ad referendum Vniuersitati: & quod in dictis Deputatis non
"haberet conuocare Magistrum nostrum M. Ioannem Pannechair, quod
"ipse est de magno Consilio Regis. Et vlterius super dicto articulo consi-
"derans Natio quod secundùm audita multum in causa nostra nocuerat
"nobis D. Episcopus Parif. ideo iniunxit mihi quod ego haberem requi-
"rere D. Rectorem in plenâ Vniuersitate, vt ipse haberet prosequi exem-
"ptionem Vniuersitatis à Iurisdictione Episcopi aliàs conclusam. Quia
"considerabat quod multæ aliæ Vniuersitates viliores almâ Vniuersitate
"Paris. erant exemptæ à Iurisdictione Ordinarij: sicut est Vniuersitas Co-
"loniensis & multæ aliæ Vniuersitates. Et ita secundùm conclusionem
Nationis id in prædictâ Vniuersitate requisiui.

Huicce Nationis Gallicanæ sententiæ conformes fuerunt aliarum Facultatum & Nationum sententiæ quoad primam partem deliberationis;
secundum quam aduocati in Consilium Iureconsulti Vniuersitatis responderunt sibi videri adeundam esse Curiam & per Oratorem de-
monstrandum non posse Vniuersitatem adhærere Decreto Senatûs, nec
litem prosequi, quandiu Præpositus Parisiensis & alij quorum res agebatur, muneribus suis fungerentur, propterea quod Testes aduersus eos
nihil auderent; supplicandumque Curiæ vt eos vellet ab exercendis muneribus suis ad tempus prohibere. Statim igitur Vniuersitas ex consilio
prædicto Curiam adit, suas rationes fusissimè per Curionem S. Seuerini
"exponit, supplicatque vti earum ratio haberetur: Sed nihil obtinet.

"Die Mercurij 19. eiusdem mensis adiuit D. Rector Curiam Parlamen-
"ti cum Procuratoribus & notabili Comitiuâ Deputatorum: & habuit
"verbum D. Curatus S. Seuerini Doctor in Theologia manifestans eis
"breuiter causam propter quam illuc veneramus, ostendendo quod ap-
"punctuamentum per eos datum non posset Vniuersitas prosequi, nisi
"suspenderent ab Officijs D. Præpositum & Locum-tenentem, & hoc cer-
"tis de causis; quia per arrestum oportebat quod Vniuersitas faceret in-
"quæstam & examinaret testes de nouo quod non posset bene fieri, ipsis
"manentibus in Officijs: nam nullus contra eos auderet deponere. Et de-
"mùm post habuit verbum D. Rector porrigendo eisdem Dominis de Par-
"lamento requestam quandam quæ totum factum ad longum continebat.
"Ad hæc autem omnia & similia, habitâ prius deliberatione inter eos, res-
"pondit D. Præsidens M. Yuo Despeaulx, & dixit primò quod Curia vi-
"derat requestam Vniuersitatis & super eâ deliberauerat: in quâ reque-
"stâ dicebat quod videbatur Curiæ quòd Vniuersitas vellet notare Cu-
"riam; quia continebatur in prædictâ requestâ quod Curia absoluebat Pro-
"curatorem Regium in Castelleto, & causa quia mortuus est, bis resu-
"mendo verbum, & ita dicebat, qui hoc dicebat male. Aduisabat quod
"Curia in sententiando non aspicit ad mortem & vitam hominis, sed ac-
"cepit hominem in statu in quo erat, quando processus fuit inchoatus. Et
"ita quod qui talia verba proferret vlterius, aduisaret prius & antea be-
"ne. Et quoad requestam in se & ad proposita per Magistrum nostrum,
"dicebat quod Curia in die Lunæ præcedenti dederat responsum Domi-
"nis Deputatis Vniuersitatis qui similem requestam in sententia porrexe-
"rant Curiæ videlicet, quod stylus Curiæ est non publicare depositiones
"testium: & ita, quod propter ea non debebat Vniuersitas dimittere quin
"faceret suam inquæstam, & quod si timeret Vniuersitas de aliquibus, qui
"non vellent deponere, proponat Curiæ, & Curia prouideret tempore
"& loco. Demùm ad alia se dimittens dixit ista verba. Certè hic est Pro-
"curator vester quem fecit venire Curia, quia per partes aduersas fuerat
"data requesta qua quærebant distributionem Consilij: & ideo petebat
"quid volebat super hoc dicere Vniuersitas. Et quoad hæc omnia respondit

in propria D. Rector. Et 1. ad Primum dicens quod dicta requesta fuerat visitata per solemnes Deputatos & etiam per multos Consiliarios, per quos non videbatur quod aliquid esset corrigendum in dictâ requestâ. Et quoad Responsum per eos ad requestam, requisiuit D. Rector quia stylus Curiæ erat dare responsum in scriptis, quod placeret eis dare responsum Vniuersitati in scriptis. Et iterum habitâ super hæc deliberatione, per eos responsum est per D. Præsidentem quod placebat Curiæ quod daretur Responsum in scriptis. Et quoad distributionem consilij petiuit quid volebat dicere Rector: ad quod respondit D. Rector quod ad hoc illuc non venerat. Et ita recessit à Curia cum Deputatis.

1453.

His auditis quæ supplicationi Vniuersitatis non faciebant satis, ne quâ in re peccaretur, Rector consilium habuit Electorum & Consultorum apud S. Eligium, & secundùm corum sententias habuit Comitia Centuriata apud Bernardinos, rogauitque an in Curia litem prosequi placeret, an ad Regem Legatos mittere. Conclusum tandem est Legatos ad Regem esse mittendos, & præterea instandum & fortiter incumbendum substractioni à Iurisdictione Episcopali. Id quoque idem Procurator factis consignauit his verbis. Die Iouis 20. Septemb. ex consilio Deputatorum & Consiliariorum conuocatorum in S. Eligio conuocauit D. Rector Vniuersitatem in S. Bernardo super duos art. 1. erat ad aduisandum an prosequendum esset appunctuatum datum in Parlamento, vel deberet Vniuersitas mittere ad Regem. Et quoad istum articulum adduxit rationes pro & contra quas faciebant Dputati & Consiliarij. Secundus art. fuit communis super supplicationibus & iniurijs. Et quoad istum art. requisiui D. Rectorem secundum quod aliàs feceram ex Conclusione Nationis quod vellet exemptionem à D. Episcopo ponere in medium & ita fecit, &c. Quoad 1. artic. Natione tractâ ad Partem conclusit Natio auditis rationibus hinc & inde quod nolebat amplius super dicto Arresto procedere in Curia Parlamenti, sed quod mitteretur Ambassiata ad D. nostrum Regem conformiter ad Vniuersitatem. Et de modo & tempore mittendi & articulis conficiendis remittebat ad Deputatos ad referendum. Quoad 2. art. conclusit 1. Natio secundum quod aliàs concluserat quod volebat quod ista exemptio viriliter prosequeretur. Et ad id fuit tota Facultas Artium & etiam Facultas Medicinæ. Et casu quo Vniuersitas non vellet prosequi, placebat Nationi pro parte sua, quòd Facultas Artium prosequeretur, &c.

Secundum igitur totius Vniuersitatis Conclusionem electi sunt Legati ad Regem mittendi inter quos nominatus fuerat M. Thomas Gerson: Sed cum legitimas suas excusationes Artium Facultati probauisset, alterum sufficere pluribus placuit. Reliquo autem hoc mense & sequenti magnâ ex parte nihil aliud ferè actum in Comitijs, quàm quomodo Legatio illa expediretur & quibus sumptibus, & vnde pecunia sumeretur. Porro discordia inter Facultates orta est ob Cessationes à munere docendi. Nonnullæ enim volebant ad tempus suspendi, inconueniens & absurdum esse ratæ ad Regem accedere, quandiu turbata foret Vniuersitas, & studia essent interrupta. Aliæ contra: quâ de re sic scribit M. Antonius Guerry Trecensis Procurator Nationis Gallicanæ.

Die Iouis 24. Octob. eiusdem anni, ex consilio Deputatorũ conuocauit D. Rector præclaram Artium Facultatem matrem meam super 2. artic. apud S. Iulianum Pauperem per Iuramentum. Primus art. erat ad reperiendum concordiam de Ambassiata transmittenda ad D. nostrum Regem: Nam Facultates Theologiæ & Decretorum nolebant ipsam Ambassiatam expediri, nisi aliqualiter suspensis, aut moderatis Cessationibus. Secundus art. erat communis super supplicationibus & iniurijs. Et supplicauit M. Ioannes de Montigny Artium Magister & Decretorum Doctor dicens se potius loqui per modum exhortationis quàm supplicationis de præfatis Cessationibus moderandis, aut suspendendis, eo quod, vt asserebat, malum erat quasi cum gladio accedere Ambassiatores ad

"Regiam Majestatem super reparatione Iniuriarum nostrarum. Persuade-
"bat igitur Facultati Artium, vt cum D. Rectore deberet dispensare de
"iuramento quod præstiterat in manu Prædecessoris de non retractandis
"cessationibus. Natio Franciæ retracta ad partem non dispensauit cum D.
"Rectore, sed dedit Deputatos M. Victorem Textoris & M. Ioannem
"Pluyette, stando in aliàs deliberatis. Et ita conclusi, nec in Facultate fuit
"concordia habita pro tunc.

Ex his colligitur Rectorem, qui tunc erat M. Petrus Caros Baccalarius in Theol. & Magister Collegij Montis-Acuti, iussum fuisse iurare se
causam istam Vniuersitatis totis viribus prosecuturum. Præterea omnes
Facultates & Nationes substractionem Episcopo Paris. denunciant. Tum
verò maximè, cum audiunt ipsum verbis atrocibus in Vniuersitatem palam & publicè fuisse inuectum in Sermone quem habuerat ad Clerum in
Synodo Prouinciali, contra cessationes studiorum & sermonum. Quam
ob rem congregata Vniuersitas decernit quæ sequuntur.

Decretũ contra Episcopvm Parisiensem.

"Die Lunæ 29. Octob. eiusdem anni conuocauit D. Rector Vniuersita-
"tem apud S. Mathurinum super 2. artic. 1. fuit, 1. ad appellandum à Re-
"uerendo in Christo Patre D. Guillelmo Charretier Parisiensi Episcopo
"propter quendam sermonem factum per eum in sua Synodo Parisiensi,
"contra cessationes matris Vniuersitatis, & propter multa alia grauamina
"quæ præfata mater Vniuersitas per eundem Episcopum & eius Officiarios
"suis Suppositis considerabat illata; & per huiusmodi appellationem vo-
"lebat Præfatus D. Rector matrem Vniuersitatem deliberare de Exem-
"ptione nostrâ ab eodem Episcopo & alijs Ordinarijs. 2. Ad celeriter ex-
"pediendam Ambassiatam transmittendam ad D. nostrum Regem propter
"reparationem iniuriæ nobis illatæ. Ad quam quidem Ambassiatam non
"poterat aliquis Theologus reperiri. 3. Vt affigerentur monitiones impe-
"trandæ à D. Abbate S. Genouefæ ad cursum bursæ 2. solidorum pro ex-
"peditione præfatæ Ambassiatæ. Et quoad hunc articulum placuit 1. Na-
"tioni retractæ ad partem, vt moris est, quod D. Rector vniuersaliter ha-
"beret procedere contra prædictum Episcopum, appellando à grauamini-
"bus illatis & inferendis per eum pro & nomine Vniuersitatis, & in hoc
"prosequi exemptionem. Et quod Præfatus D. Rector vocatis Notario
"& Testibus haberet facere Informationem de particularibus grauami-
"nibus ipsorum Scholarium per ipsum D. Episcopum illatis, & potissimè
"in emendis pecuniarijs & incarcerationibus ipsorum Scholarium contra
"Priuilegia Vniuersitatis. Et casu quod non placeret toti Vniuersitati, aut
"etiam toti Facultati Artium prosequi prædictam Exemptionem, volebat
"Natio mater mea vt ego cum nomine Nationis facerem citari ad Curiam
"Conseruationis Apostolicorum Priuilegiorum nostrorum, contra eum,
"quantum ad ipsam Nationem tangebat, & Supposita ipsius Nationis qui-
"bus grauamina intulerat, processurus. Placuit 2. matri Nationi pro Theo-
"logo Ambassiatore eligere alterum duorum, videlicet vel M. Thomam
"de Gersono, vel M. Antonium Vrsi: & casu quo nollet alter eorum onus
"Ambassiatæ sumere, volebat in crastino Facultatem Artium Præclaram
"congregari apud S. Iulianum Pauperem solemniter per D. Rectorem,
"processuram contra eosdem Magistros nostros, quorum vterque erat
"Magister Artium, omnibus vijs & modis possibilibus, etiam vsque ad
"priuationem inclusiuè ipsorum Magistrorum nostrorum tanquam periu-
"rorum, si prædictam Ambassiatam recusarent acceptare. 2. Placuit eidem
"matri Nationi quod impetrarentur monitiones à D. Abbate S. Genoue-
"fæ, affigendæ in locis Communibus, & Contra-Rotulatorem prædictæ
"Bursæ eligi, vel de Facultate Decretorum, vel de Facultate Medi-
"cinæ, &c.

Ita decreuit Natio Gallicana, cui subscripserunt reliquæ Nationes &
Facultates; vt scilicet ab Episcopo Paris. appellaretur. Eodemque die
per Notarios confectum est Instrumentum publicum appellationis: vt in
eodem Codice legitur. *Eadem die post prandium vocatis Notario & testibus*
ad

ad hoc specialiter, interiecit D. Rector appellationem contra Præfatum D. Episcopum Paris. coram venerabili & circunspecto viro M. Ioanne Militis Artium Magistro & in Facultate Theologiæ licentiato Archidiacono in Ecclesia Cenomanensi.

1453.

Interim verò Rex de victoria, quam in Anglos retulerat, deque reductione Ditionis Burdegalensis sub iugum Francicū, certiores fecit omnes Ordines Vrbis & Ciuitatis Parisiensis, agique Deo gratias postulauit. Quia verò nemo in tota Ciuitate sacras conciones habere audebat propter Interdictum Rectoris & Vniuersitatis, prædictus Episcopus Parisiensis M. Guillelmus Quadrigarius Vniuersitatem rogauit simul cum Præposito Mercatorum, vt concederet hoc lætitiæ publicæ: scilicet vti Magistrum aliquem è suis daret, qui ad Populum concionaretur, gratias agendo Deo propter reportatam victoriam. In hanc rem conuocata est Vniuersitas, & habita Comitia die 10. Nouemb. vt ex eodem Codice intelligitur.

Eadem die (*hoc est 10. Nouemb.*) post prandium Congregata Vniuersitate per D. Rectorem super 2. articulis: quorum primus erat ad respondendum duabus supplicationibus factis per D. Parisiensem & Præpositum Mercatorum Parisiens. 1. Supplicationum erat vt consentiret Vniuersitas quod Præfatus D. Episcopus Parisiensis, visis, litteris Regijs sibi directis de reductione Patriæ Burdegalensis: Viso etiam quod erat Vassallus D. nostri Regis & requisitus per Curiam Parlamenti posset per se, vel per aliquem de Magistris nostris in Theologia sibi concessum ab Vniuersitate facere quendam sermonem, vel potius quandam recommendationem sine forma sermonis de Victoria gloriosa eiusdem D. nostri Regis post Offertorium Missæ in crastino celebrandæ per eum in Ecclesia Parisi. ad quam conuenire debebant Processiones Ciuitatis Paris. Et hanc supplicationem, quanquam gratiosa erat, interemit Natio retracta ad partem, volens præcipi D. Rectori ex parte ipsius Nationis cuius erat Suppositum, quod de hoc nihil haberet concludere, si aliæ Facultates, vel Nationes deliberarent annui prædictæ supplicationi: & se opponebat & appellabat Natio casu quo aliter fieret. Volens appellationem iam interiectam pro facto Exemptionis grossari & significari, seu intimari præfato D. Parisiensi, antequam haberet prædictam Processionem celebrare. Placuit insuper Nationi quod D. Rector haberet releuare instrumentum de prædicta appellatione quod reponeretur in Archiuis Vniuersitatis & insereretur libris Rectoris & Nationum. Secunda supplicatio erat vt D. Rector die Lunæ, aut Martis sequenti haberet conuocare Vniuersitatem, vt compareret præfatus Episcopus & aliqui de Parisijs aduisaturi Vniuersitatem super aliquibus in materia currenti. Et placuit eidem Nationi quod post recessum Ambassiatorum nostrorum quem eis præfigi volebat ad bimestre, posset conuocari Vniuersitas & non ante ad eos audiendos: hoc apposito quod suam supplicationem in Vniuersitate formandam prius notificarent D. Rectori & Deputatis; sed quod nullam mentionem facerent de Cessationibus rumpendis, aut suspendendis.

Hocce tempore consilium Rex inijt de instituendo Pictauij nouo Parlamento: atque ideo Curia Parisiensis coacta est ad Vniuersitatem recurrere, rogareque vt seipsi adiungeret apud Regem.

Die Lunæ 26. Nouemb. Congregatâ Vniuersitate per D. Rectorem apud Prædicatores super 3. art. 1. erat ad respondendum DD. de Parlamento & de Ciuitate Parisiensi petentibus adiunctionem Vniuersitatis ad impetrandum à D. nostro Rege ne de nouo constitueretur Parlamentum Pictauis. Secundus erat 1. super appellatione interiectâ à venerandâ Natione Normaniæ opponente se & appellante ad Cursum Bursæ capitalis impositæ ad recuperanda 200. scuta concessa à Natione Franciæ; eo quod per hoc impediebatur Cursus suæ Bursæ. Et quoad hoc placuit Nationi sicut & Vniuersitati dare Deputatos nominatos qui haberent aduisare modum concordandi illam Nationem cum Natione

" Franciæ & tota Vniuerfitate; quibus etiam concedebat Vniuerſitas om-
" nimodam poteſtatem claudendi compotum M. Ioannis Leſcombart &
" omnium aliorum qui aliquas pecunias habebant, vel receperant pro &
" nomine Vniuerſitatis, &c. Tertius art. erat communis fuper fupplicatio-
" nibus & iniurijs. Supplicauit D. Rector in plenâ Vniuerſitate quod da-
" rentur Deputati aſſociaturi cum iturum ad D. Epiſcopum Pariſ. ad pe-
" tendum Apoſtolos ſuper appellatione interiectâ contra eundem Epiſco-
" pum per Vniuerſitatem: quia nullus volebat eum aſſociare in hoc facto,
" licet prædicta Appellatio pluries fuiſſet concluſa per Vniuerſitatem: ſed
" oportuit vt ego ſolus inter Officiariosirem DD. Decanis ſuperiorũ Facul-
" tatum & aliarum Nationum Procuratoribus renitentibus binâ vice, vnâ
" cum D. Promotore Vniuerſitatis, videlicet ad intimandum præfatam
" appellationem, & vnâ vice ad petendum Apoſtolos, quâ non dedit ac-
" cedere mihi ad eundem D. Pariſienſem. Et quo ad hoc placuit Nationi
" ſicut & toti Vniuerſitati quod DD. Decani & Procuratores haberent ea-
" dem die poſt prandium aſſociare D. Rectorem ad ipſos Apoſtolos peten-
" dos; & iuxta hanc Concluſionem, adierunt D. Epiſcopum D. Rector &
" DD. Decani & Procuratores, vt legitur in eodem Codice. Eadem die
" poſt prandium cum notabili Comitiua adiuit D. Rector, D. Epiſcopum
" Pariſienſem horâ Veſpertinâ ab eodem Epiſcopo aſſignata; & ad Capel-
" lam quæ eſt in eius domo Epiſcopali; quæ quidem Capella erat locus per
" eum aſſignatus ad dandum Apoſtolos; qui quidem D. Epiſcopus poſt mul-
" ta verba remiſit Nos ſine Apoſtolis; ſed tamen retinuit ſecum MM. Guil-
" lelmum Nicolai & Petrum Boſdiere Notarios Apoſtolicos per quos mi-
" ſit eoſdem Apoſtolos ad D. Rectorem, &c.

Sequentibus Comitijs fere ſemper actum eſt de proſequendâ viriliter
Subſtractione, ſeu Exemptione à Iuriſdictione Ordinariorum apud ſum-
mum Pontificem. Et die Martis 4 Decemb. Congregatâ per Rectorem
Vniuerſitate, cum nonnulli impenſis maximis ad proſecutionem iſtius rei
opus fore, dicerent, Natio Gallicana ſtatuit ſe vel proprijs ſumptibus exẽ-
ptionem illam & appellationem proſecuturam. Nec res abijt abſque diſcordia. Quidam enim Magiſtri è Theologiæ & Decretorum Facultatibus
publicè aſſerebant hoc ſapere hæreſim, & Facultatem Artium præſertim inſimulabant, quòd ardentior eſſet cæteris in eâ Exemptione proſe-
quenda. Quamobrem edixit Rector, vt ad 13. Decemb. in San-Iulianenſi
æde adeſſet Facultas Artium, Cauſamque in Edicto perſcripſit. Quid autem ijs Comitijs actum fuerit, habemus ex eodem Codice, vbi ſic ſcribit idem Guerry Procurator.

" Die Iouis 13. Decemb. conuocata per Iuramentum præclara Artium
" Facultas apud S. Iulianum Pauperem ſuper 2 art. Quo ad 1. punctum pri-
" mi art. Nationi ad partem retractæ diſplicuit multùm quoſdam de Magi-
" ſtris noſtris in Theologia irreuerenter eſſe locutos de D. Rectore & Fa-
" cultate Artium, eo quod ſpecialiter ipſa ſuſtinebat appellationem con-
" tra D. Epiſcopum Pariſienſem: propter quod ipſi dicebant prædictam
" appellationem quoad quædam, ſapere hæreſim. Vnde ex conſilio Magi-
" ſtrorum noſtrorum in Theologia qui ſunt de Natione Franciæ, videlicet
" MM. Dionyſij Sabrenois, Guillelmi Eurardi, Petri de Vaucello & Io.
" Monnet qui in Congregatione iſta informauerunt Nationem. Viſo quod
" ea quæ à quibuſdam hæretica dicebantur, iſti aſſerebant Catholica &
" inſerta libris magnorum Doctorum Eccleſiæ, placuit Nationi quod Fa-
" cultas haberet ſuſtinere appellationem in formâ quâ erat, & ſe ſubſcri-
" bere contra quoſcunque volentes eam articulare. Placuit inſuper quod
" ad craſtinam Facultatis congregationem vocaretur Decanus Theologiæ;
" qui in Congregatione Vniuerſitatis præceptum fecit D. Rectori eo quod
" erat in Theologia Baccalarius: & dixit, quod Facultas Theologiæ vnâ
" cum Inquiſitore fidei intendebat agere contra iſtam appellationem: Et
" D. Cancellarius Eccleſiæ Pariſ. qui contra eandem appellationem ſuo
" officio dixit ſe functurum, &c.

Cum autem hæc verba Decani Theologiæ offendissent Facultatem Artium, postridie, hoc est 14. Decemb. apud San-Iulianum in Comitijs eiusdem Facultatis, sacer Theologorum ordo per Cancellarium B. Mariæ & 4. Magistros in Theol. deprecatus est culpam Decani, petijtque ignosci quod temerè dixerat; nolle enim Facultatem Theol. à Facultate Artium vllo modo seiungi, aut descifcere. Ita scribit idem Guerry.

1453.

Die Veneris 14. Decemb. Congregata Facultate Artium apud S. Iulianum Pauperem per D. Rectorem super 2. artic. quorum primus erat ad audiendum excusationes D. Decani Theologiæ & D. Cancellarij. Secundus super supplicationibus & iniurijs. Comparuerunt præfatus D. Cancellarius B. Mariæ & 4. Magistri in Theologia, duo Seculares & duo Religiosi, ex parte ipsius Theologiæ Facultatis Deputati, qui Præfatum D. Decanum Theologiæ & Præfatam Facultatem Theologiæ excusauerunt dicentes quod non volebat separari à Facultate Artium, & hortabatur Nos ad bonam pacem & vnionem cum ipsis, non approbantes quæ temerè à Præfato Decano & quibusdam alijs de illà Facultate dicta fuerant, volendo articulare Facultatem Artium in sustinendo appellationem prædictam. Et eis regraciata est Natio & potissimè Magistro nostro M. Thomæ de Courceilis qui elegantissimè proposuit in facie Facultatis Artium, &c.

Die Sabbati 15. Decemb. in Comitijs Facultatis Artium San-Iulianensibus electus est in Rectorem Vniuersitatis M. Ioannes Hauede Scotus qui iurare coactus est se totis viribus reparationem iniuriarum à Præposito Parif. & alijs illatarum, appellationem D. Parisiensi Episcopo significatam prosecuturum, & quæcumque aduersus Cancellarium Parif. statuta fuerant, rata habiturum. Et ita reliqui dies huiusce mensis transierunt, donec tandem redierunt à Rege Legati Vniuersitatis, felici successu. Quâ de re sic in eodem libro legitur.

Die Mercurij 2. Ian. conuocauit D. Rector Vniuersitatem apud S. Mathurinum super 3. art. 1. fuit ad audiendum relationem DD. Ambassiatorum nostrorum ad Regiam Majestatem videlicet M. Petri Mauger Decretorum Doctoris & M. Odonis de Credulio Magistri in Medicina, qui in suo reditu alios duos videlicet Magistrum nostrum M. Thomam de Gersono & M. Victorem Textorem antecesserant. Qui Ambassiatores priores facta sua relatione in facie Vniuersitatis supplicauerunt pro sua aduoatione. Secundus artic. erat super quadam appellatione interiectâ per M. Humbertum Dominici qui appellauerat ad Curiam Parlamenti casu quo D. Rectori expediret Scriba Commissionem decretam per D. Vices-gerentem in Curia Conseruationis ad faciendam informationem de grauaminibus nobis illatis per D. Parisiensem à quo appellauit Vniuersitas. Qui quidem M. Humbertus & Scriba citati ad congregationem, comparuerunt in Congregatione eadem. Scriba contentus fuit dare prædictam Commissionem grossatam, non tamen sigillatam, D. Rectori. Supplicauit tamen quod redderetur indemnis per Vniuersitatem contra prædictum M. Humbertum. Prædictus autem M. Humbertus arroganter & ausu temerario non cessabat in facie totius Vniuersitatis appellare ab Vniuersitate ad Parlamentum, dicens se etiam esse exemptum à Iuramento præstito D. Rectori & Vniuersitati, & absolutum per Priuilegium quod habet à D. Episcopo Parisiensi. Videns autem ego eius arrogantiam & fatuitatem inuerecundam, secundùm Priuilegia nostra requisiui D. Rectorem vt in medium Vniuersitatis poneret eius priuationem à Practica Curiæ Conseruationis. Deinde D. Decanus Facultatis Decretorum & ego requisiuimus D. Rectorem ponere in medium Vniuersitatis suã priuationem ab Vniuersitate & periurium. Tertius art. erat communis. Et quantum ad 1. art. Natio Franciæ retracta ad partem regraciata est imprimis D. nostro Regi, qui solus inter omnes de suo consilio habet sinceram affectionem ad suam filiam Vniuersitatem, & omnibus qui aliqua obsequia contemplatione matris Vniuersitatis repræsentarunt, Aduoationem

TVRBA PROPTER EPISCOPVM PARIS.

1453. „ Ambaſſiatorum ſuſpendit vſque ad aduentum aliorum. Quantum ad 2. art. volebat indemnem reddi Scribam Curiæ Conſeruationis de Expeditione ipſius Commiſſionis. Priuabat ex tunc M. Humbertum ex Curia Conſeruationis & ab Vniuerſitate, reputans eum periurum. Ne tamen ex quadam temeritate videretur procedere, volebat eum citari ad proximam Congregationem, auditurum ſuam priuationem, niſi renunciaret appellationi ſuæ & ſatisfaceret in eodem loco de iniurijs illatis Vniuerſitati, & D. Decano Facultatis Decretorum, qui per Facultates & Nationes ad partem retractas ſupplicabat pro priuatione ſaltem à praxi in Curia Conſeruationis, quæ ſupplicatio fuit per Nationem conceſſa & amplius. Et hoc Concluſi. GVERRY.

Interim prædictus M. Humbertus diem dicit Rectori, Decanis Decretorum & Medicinæ, ac Procuratoribus Nationum 4. Ianuarij vt adeſſent, cauſamque apud Parlamentum contra Epiſcopum Pariſienſem defenderent. Et die 7. Ianuarij cum ob eam rem Comitia celebrarentur apud Bernardinos, idem ſignificauit per Oſtiarium Curiæ. Quod quidem non parum turbauit Vniuerſitatem, eóque adduxit vt Curiæ denunciatum voluerit ſe nolle eius ſtare Decretis; quod omnia ſua priuilegia infringeret, ſed ſi ſecùs facere & vltra progredi vellet, ſe Regem appellaturam, cæterum Humbertum ex Vniuerſitatis gremio excuſſum voluit. Patet ex eodem Codice ad diem 7. Ianuarij quo legitur Vniuerſitatem ſuper 3. art. fuiſſe congregatam apud Bernardinos. *Primus erat ad prouidendum quibuſdam adiornamentis ex parte M. Humberti factis contra D. Rectorem, Decanos Decretorum, Medicinæ & Procuratores Nationum die Veneris 4. Ian. Qui quidem M. Humbertus adhuc in facie totius Vniuerſitatis adiornari fecit de nouo in ipſa Congregatione in S. Bernardo Facultatem Artium, Medecinæ & Decretorum ad Curiam Parlamenti ad dies Præpoſituræ Pariſ. fecitque Oſtiarius Curiæ præfatæ Parlamenti inhibitiones ſu' magnis pœnis D. Rectori, Decanis, Procuratoribus & Commiſſarijs datis ad faciendum informationem contra dictum D. Pariſenſem. Vocatuſque eſt ipſe M. Humbertus, & in Congregatione ipſa & ante per Bidellum citatus, qui cum præſens eſſet, non dignatus eſt reſpondere. Et quoad iſtum artic. placuit Nationi Franciæ ad partem retractæ priuare adhuc ipſum M. Humbertum, & Curiæ Parlamenti notificare, quod caſu quod vellet ſic priuilegia noſtra & nos moleſtare, Vniuerſitas appellabat ad D. noſtrum Regem; nec volebat ipſam Curiam de ſtatutis Priuilegijs noſtris, aut priuationibus & Conſtitutionibus per Nos factis aliquo modo cognoſcere. Placuit inſuper ipſi omnes Adiornatos indemnes reddere, &c.*

In hiſce anguſtijs poſita Vniuerſitas expectabat iuxta litterarum Regiarum tenorem, donec ſibi à Senatu Pariſienſi ſatisfieret: præſertim quoad Ceſſationum cauſam; quamobrem delecti fuerunt ab Vniuerſitate, qui cum DD. Senatoribus colloquerentur, reique componendæ rationes excogitarent. Quod cum ſæpè reliquo hoc menſe agitatum fuiſſet, tandem nonnullos pacis Articulos porrexit Curia; ſed quia volebat reſumi lectiones antequam aliquid ſtatueretur, cum id relatum eſt in Comitijs 3. die Febr. habitis, Vniuerſitas in duas ſententias omnino diuerſas abijt: alij enim reſumi volebant; alij non, ante quàm articuli lecti & ſigillo Curiæ ſigillati fuiſſent, vt legitur in eodem Codice, ſcribente M. Petro Marie tunc temporis Gallicanæ Nationis Procuratore.

RVRSVS TVRBA INTERFA-CVLTATES ET 4. NATIONES.

„ Die, inquit, 3. Feb. conuocauit D. Rector apud S. Leonardum Vniuerſitatem ſuper 2. art. 1. fuit ad audiendum relationem Deputatorum Vniuerſitatis, & ad audiendum aliqua quæ fuerunt conceſſa Vniuerſitati ad pacificandum materiam Ceſſationum per dominos de Curia Parlamenti. „ Secundus articulus fuit communis ſuper ſupplicationibus & iniurijs. Et quoad illum art. ſupplicauit quidam pro adiunctione Vniuerſitatis. Quantum ad 1. art. placuit Nationi conformiter ad alias imprimis habere litteram illorum articulorum nobis conceſſorum per dominos de Curia Parlamenti ſigillatam ſigillo Grafarij; quâ habitâ, deliberare ſuper resumptione Lectionum, & non aliter: quia materia resumptionis lectionum non erat posita in medium per D. Rectorem. Nihilominùs tertio superiores Facultates absoluebant D. Rectorem à suo Iuramento & volebant actualiter resumere lectiones, & quod die Martis sequenti fieret processio Vniuersitatis: volebant tamen quod ista resumptio non sortiretur effectum quo vsque & donec vidissent huiusmodi litteras. Et quoad hoc renuit D. Rector concludere, attento quod non posuerat materiam Resumptionum in medium. Sed Decanus Facultatis Theologiæ conclusit vsurpando Officium Rectoris: & sic fuit quædam discordia mota inter superiores Facultates & Artium Facultatem.

Hæc discordia leui de causa orta inter Facultates, ipsam pœne Vniuersitatem subuertit. Molestè ferebat Artium Facultas exemplum illud sine exemplo, temeritatemque Decani plecti postulabat: & reuera donec pœnas luisset, interdixit omnibus suis suppositis frequentare lectiones vllius Magistri de Superioribus Facultatibus: vt legitur in eodem Codice.

Die Sabbati 4. Feb. fuit conuocata Facultas Artium per D. Rectorem in Iacobitis super 2. art. 1. erat ad pacificandum discordiam motam inter Facultates superiores & Artium Facultatem, super modo procedendi. Secundus fuit communis. Quantùm ad 1. art. placuit Nationi Franciæ conformiter ad alias Nationes, quod D. Rector non dispensaretur de iuramento præfato super materia Cessationum, sed potius illud idem haberet renouare. Quantùm ad modum procedendi, voluit quod mitteretur notabilissima Ambassiata ad D. nostrum Regem, ad informandum eum super excessibus iniuriarum filiæ suæ illatarum. Placet insuper formare appellationem contra illos de superiori Facultate, de attentatis, vel attentandis per eos ad illum, vel ad illos, ad quem vel quos spectabit. Voluit insuper quod D. Rector haberet præcipere omnibus tam Iuratis quàm non Iuratis, quod non vadant ad lectiones Magistrorum de superiori Facultate sub pœnâ periurij & priuationis in perpetuum à consortio Vniuersitatis: & consimili pœnâ punirentur Magistri Legentes. Et voluit quoad hoc quod D. Rector haberet affigere litteras de eorum periurio & priuatione in perpetuum à gremio Vniuersitatis.

Voluit quod in prima Congregatione conuocaretur D. Decanus Facultatis Theologiæ reuocaturus Conclusionem illam, si fas sit eam vocare conclusionem, quam fecerat in S. Bernardo in die Dominica præcedente. Et iuxta hanc Conclusionem per Bidellum ipsi Decano significatum vt sisteret se, die 8. apud S. Iulianum, adfuit, & iussus reuocare Conclusionem quam tulerat, veniamque precari quod nouo exemplo & nunquàm antea audito ausus fuisset Rectorem agere, recusauit; donec suam Facultatem aliasque Superiores in hanc rem consuluisset. Igitur contra eum sententia lata est quæ sequitur ex eodem Codice.

Die 8. eiusdem mensis fuit conuocata Facultas Artium in S. Iuliano per Iuramentum super 2. artic. 1. fuit ad audiendum annullationem & reuocationem Conclusionis quam fecerat D. Decanus Facultatis Theologiæ in S. Bernardo in nouissima Congregatione. Secundus fuit super supplicationibus & iniurijs. Quantùm ad 1. artic. comparuit D. Decanus in dicta Facultate & interrogauit eum D. Rector an concluserat: & respondit, quod sic. Tunc præcepit sibi D. Rector quod vellet annullare & reuocare dictam Conclusionem. Respondit quod non erat vocatus ad renunciandum Conclusioni, sed solum ad consulendum: Et quod volebat petere consilium ab illis de sua Facultate & de Superioribus Facultatibus. Et super hoc deliberauit Natio quod tricies conuocaretur per iuramentum ad dictam Facultatem renunciaturus præfatam Conclusionem, computando primam vocationem pro vna vocatione: & si non compareret, & si etiam non vellet reuocare eam, quod declararetur periurus per affixionem scedularum in valuis Ecclesiæ, &c.

Anxius ille Facultatem suam aliasque Superiores consuluit: quæ factum improbantes, postridie nonnullos è suis miserunt qui prædictum Decanum excusarent, Conclusionem irritam declararent, factum infectum esse velle testarentur, neque velle cum Facultate Artium vllo modo diuortium facere. Id quoque in eodem Codice habetur.

" Die 9. sequenti fuit conuocata Facultas Artium in S. Mathurino per
" iuramentum super tres articulos Primus ad audiendū annullationem & re-
" uocationem Conclusionis capta: per Decanum Theologiæ. Et quoad illum
" artic. venerunt nonnulli Magistri de Superioribus Facultatibus deputati
" ab illis Facultatibus, ad intimandum aliqua Facultati Artium. Imprimis
" exhortabantur Facultatem Artium ad vnionem Pacis & Concordiæ. Vl-
" terius excusabant D. Decanum Facultatis Theol. dicebantque quod erat par-
" cendum suæ Senectuti, & dicebant quod Conclusionem quam fecit, reputabant
" nullam. Et de illo dicto quæsiui instrumentum nomine Nationis. Quantum ad
" istum artic. deliberauit Natio Franciæ quod D. Decanus coram Notario ha-
" beret dicere quod reputat Conclusionem illam quam fecit, pro non habita, & mo-
" dum faciendi pro non facto. Et quod virtute illius Conclusionis non intendit in
" futurum præiudicare Artium Facultati. Secundus artic. fuit ad audiendum
" minutam cuiusdam litteræ porrigendæ illis de venerabili Curia Parla-
" menti quam confecerant deputati de Facultate Artium. Et super isto
" puncto deliberauit Natio, quod volebat quod ista minuta communicare-
" tur Decanis de Superioribus Facultatibus, qui haberent conuocare sua
" supposita ad visitandum illam minutam, quā visitatā D. Rector conuoca-
" ret Deputatos Vniuersitatis. Et si viderer, quod illi de Superiori Facul-
" tate vellent se vnire nobiscum ad porrigendam illam litteram dominis de
" Parlamento, D. Rector haberet conuocare Vniuersitatem & non aliàs.
" Tertius art. fuit super supplicationibus & iniurijs. Et quoad hoc regra-
" ciatur Natio Magistris de eorum exhortatione ad pacem & concordiam,
quia ipsa non quærit nisi pacem & concordiam.

Cæterum resumptis aliqualiter Lectionibus sublataque cessatione sermonum præterquam in tribus Parochijs vnde causa mali processerat, Ecce dum 24. Martij, ad electionem Rectoris concurritur, oriuntur noui tumultus, ad quos sedandos aditur Curia Parisiensis. Et illa M. Nicolaum Marchant Senatorem iubet inquirere in factum factique rationem. Electus autem fuerat à 3. Nationibus, Franciæ, Picardiæ & Germaniæ M. Petrus Caros: ab alijs vero & à totā Natione Normaniæ M. Henricus Megret pro quo cum sententiam tulisset Senator prædictus, ab eius Iudicio Facultas Artium appellauit: nec tamen loco & tempore opportuno appellationem suam intimauit: quamobrem prædictus Megret petijt & impetrauit Mandatum Regium quo cogeret Facultatem ab appellatione desistere, aut causas appellationis proferre. Sed id potius vlcerauit animos Facultatis, quæ Iudicia Curiæ omnino statuit non subire; vt scribit M. Ioannes Quarreti Procurator Nationis Gallicanæ.

NOVA TVRBA IN ELECTIONE RECTORIS.

" Die Mercurij, inquit, quæ fuit 10. April. D. Rector fecit Facultatem Ar-
" tium in S. Iuliano conuocari super 3. artic. 1. erat ad audiendum tenorem
" cuiusdam Mandati Regij impetrari per M. Henricum Megret. Secundus
" erat ad aduisandum modum procedendi in dicto negotio quod tangebat
" electionem D. Rectoris. Tertius erat communis, &c. Quantum ad 1.
" artic. lectum fuit prædictum mandatum, cuius Conclusio erat, vt cum
" Facultas appellasset à M. Nicolao Marchant commisso per Parlamen-
" tum ad faciendum informationem super modo Electionis Rectoriæ & non
" releuasset suam appellationem, quod erat in præiudicium Impetrantis,
" propter dilationem; cum Officium Rectoriæ de quo erat sermo, sit solum
" trium mensium, haberet infra certos breues dies ipsa Facultas dicere
" causas appellationis, &c. Cui mandato extitit Responsum, quod non ad
" Parlamentum erat appellatum, sed ad supremum D. nostrum Regem.
" Et displicuerunt in summa quædam narrata in dicto Mandato, videlicet
" quod aliqui de Facultate & signanter D. Rector M. Petrus Caros voca-
" bantur Clamatores, Brigatores & talia huiusmodi. Displicuit etiam quod
M. Henricus Megret qui erat vocatus per Iuramentum, non comparuit

in Congregatione. Et fuit conclusum quod iterato vocaretur ad primam dicturus causas. Quantum ad 2. artic. placuit Nationi, quod ego haberem adire Curiam Parlamenti cum alijs Procuratoribus & dicere qualiter appellaueramus ad Regem, nec intendebamus quouis modo subire Iurisdictionem illius Curiæ. Et casu quo vellent directè, vel indirectè cognoscere de huiusmodi Electione Rectoris, quod de nouo appellaremus ab eisdem ad dictum supremum Regem. Quantum ad 3. artic. supplicauit D. Rector quod Facultas haberet defendere factum tanquam proprium, cum tangeret Priuilegia Facultatis. Et placuit Nationi defendere viriliter contra quoscunque & expensis Facultatis. Et si erat necessarium mittere ad Regem, erat parata dare suum Ambassiatorem & suam quotam pecuniæ, &c.

1453.

Sequentibus Comitijs vocatus est iterùm, ac tertiò prædictus Megret, è gremio Vniuersitatis ejectus, omnique iure priuatus, & eius priuationis scedulæ publicè prostiterunt. Item 3. Procuratores Curiam Parlamenti adire iussi referunt remissam causam illam Rectoriæ Electionis ad Vniuersitatem. Quâ de re sic scribit prædictus Procurator Quarreti in eodem Codice.

Die Sabbati, quæ fuit 13. mensis Aprilis, conuocauit D. Rector præclaram Facultatem Artium in S. Iuliano super 3. artic. quorum Primus erat ad aduisandum si idem D. Rector cum 3. Procuratoribus, scilicet Franciæ, Picardiæ & Almaniæ qui erant adiournati personaliter comparituri in Parlamento, haberent ibidem comparere. Secundus erat ad audiendum responsum M. Henrici Megret qui 4. vice & de abundanti erat citatus, & per iuramentum vocatus ad dictam Facultatem. Tertius erat communis super supplicationibus & iniurijs. Quantum ad 1. artic. Natione retracta ad partem, vt moris est, placuit eidem quod tres Procuratores qui erant adiournati, vt prædictum est, haberent eandem adire venerandam Curiam Parlamenti. Nec placebat quouis modo quod D. Rector haberet eandem adire pro quocunque mandato facto vel fiendo. Procuratoribus verò, limitabat potestatem videlicet de solum declinando forum illius Curiæ. Et casu quo illi de prædicta Curia vellent cognoscere de materia tunc currente quæ erat materia Electionis Rectoriæ, Procuratores haberent ab ijs appellare ad supremum Regem. Et vt Conclusio haberet vigorem, iurauerunt omnes Magistri qui tunc fuerunt in Congregatione in manu sui Procuratoris & super sancta Euangelia, nunquam obedire alteri Rectori nisi ordinato & recepto per Facultatem, non obstante quocunque mandato Regio, aut etiam Arresto dato, vel dando per Regem, vel Curiam Parlamenti. Quantum ad 2. art. fuit vocatus M. Henricus Megret per Bidellum altâ voce pro 4. vice, & de abundanti, qui cum non compareret, siue ex contemptu, siue aliâ quacunque causâ inconsultâ, voluit Natio conformiter ad alias Nationes, quod quàm celeriùs fieri posset, affigerentur scedulæ per valuas Ecclesiarum & alia loca solita, periurium, priuationem, & perpetuam à gremio & consortio Facultatis resecationem continentes. Quantum ad 3. art. supplicauerat D. Rector pro adiunctione, consilio, auxilio in materia currente. Cui supplicationi benignè annuit Natio cum alijs Nationibus capiendo etiam factum suum tanquàm proprium. Voluit etiam quòd possent fieri disputationes in vico Straminis tempore inordinario ad expeditionem Baccalariorum. Insuper comparuit D. Cancellarius S. Genouefæ qui præsentauit Facultati 4. Examinatores pro suo examine videlicet M. Ioannem Sannier pro Natione Franciæ, M. Ioannem Boulanger pro Natione Picardiæ, M. Ioannem de Bauent pro Natione Normaniæ & M. Arnoldum...... pro Natione Almaniæ quorum 3. scilicet Gallicus, Picardus, & Almanus fuerunt acceptati per Facultatem & fecerunt iuramenta solita in conspectu Facultatis. Normanus verò non iurauit illâ die, cum inhibuisset sibi Procurator suæ Nationis propter separationem quam fecerant ab alijs Nationibus. Non obediebant enim tunc D.

"Rectori, scilicet M. Petro Caros, sed præbebant consilium, auxilium &
1453. " fauorem M. Henrico Megret quamuis non esset de Natione suâ. Et ista
" omnia conclusi.
" Finita autem hac Congregatione, Procuratores Picardiæ & Almaniæ
" cum suis Deputatis: & similiter Deputati Nationis Franciæ, & ego adi-
" uimus Curiam Parlamenti, sicut erat conclusum. Sed antequam intrare-
" mus Cameram ad habendum audientiam, superuenit M. Guillelmus Me-
" rault qui secum afferebat scedulas Priuationem M. Henrici Megret con-
" tinentes, sigillis Procuratorum sigillandas; quas etiam in Capella Pa-
" latij sigillauimus, & sigillatas in valuis Ecclesiarum & locis publicis affigi
" mandauimus sine mora. Quo facto, intrauimus Cameram & habuimus au-
" dientiam ostijs clausis. Et omnibus propositis pro parte M. Henrici
" Megret & Nationis Normaniæ sibi adhærentis: Similiter ad omnia Res-
" ponsionibus datis conformiter ad priuilegia nostra per aduocatum Facul-
" tatis extitit ordinatum per Curiam quod causa remittebatur ad Vniuer-
" sitatem. Et eadem hora remisissent ad Facultatem, sicut quærebamus; sed
" dicebant Facultatem esse partem: qua propter non debebat sibi remit-
" ti causa. Indignati etiam fuerunt Domini illius Curiæ contra Faculta-
" tem Artium propter tria. Primo quia fuerat eis relatum quod nedum
" concluseramus, sed etiam iuramento roborari feceramus Conclusionem
" de non obediendo Ordinationi Curiæ, si quid ordinaret contra Conclu-
" sionem Facultatis. Secundo quod priuaueramus & priuatum declarave-
" ramus M. Henricum Megret, non obstante appellatione suâ ad Parla-
" mentum & eiusdem appellationis intimatione. Tertio quia Scholares M.
" Roberti Remigij priuaremus eo quod M. Henricus Megret moram tra-
" hebat in sua domo. Sed de isto tertio sinistrè erant informati. De alijs
" verò duobus oportuit quod haberent patientiam cum fuissent conclusa
" per Facultatem & executioni demandata. Et nihilominùs si fuissent in
" fieri, mater Facultas erat intentionis ducendi ad factum esse.
" Interim M. Petrus Caros Rector veritus ne causa esset longioris & pe-
" riculosioris dissidij, si Rectoratum retineret, vt vidit adiri Curiam, iam
" libens abdicauit, etiamque Facultati Artium suum Magistratum sponte
" remiserat, cum Senatusconsultum de quo supra, latum est. Quamobrem
" prædictus Quarreti Procurator Nat. Gall. conuocauit Facultatum Ar-
" tium, ad quam retulit quæ in Curia Parlamenti gesta essent. Sic autem ille
" hac de re scribit in eodem Codice.

RECTOR " Die Lunæ 15. April. Ego Ioannes Quarreti conuocare feci Facultatem
SPONTE " Artium in S. Mathurino super 3. artic. Et hoc incumbebat mihi ex officio
RECTO- " Procuratoris, cum vacaret sedes Rectoralis & Facultas careret Rectore;
RATV SE " & hoc per resignationem puram & simplicem, & proprio motu, quam fe-
ABDICAT. " cerat M. Petrus Caros in manibus Facultatis. Primus erat ad audiendum
" quæ acta per Nos die Sabbati præcedente fuerant in Parlamento Regio.
" Secundus erat ad audiendum ordinationem Curiæ super materia curren-
" te quæ erat Electionis Rectoris Vniuersitatis. Tertius erat communis su-
" per supplicationibus & iniurijs. Quantum ad 1. artic. exposui in conspectu
" ipsius Facultatis ea quæ proposita fuerant per Procuratorem & Aduoca-
" tum M. Henrici Megret & Nationis Normaniæ adhærentis. Quæ qui-
" dem omnia tendebant ad istam Conclusionem, quod Domini de dicta
" Curia haberent eidem Megret adiudicare Ius Rectoriæ, & munimenta
" Rectoris è manibus M. Petri Caros substrahere per manus ostiarij Par-
" lamenti, & eidem Megret tanquam vero Rectori tribuere. Requirebant
" etiam ijdem Procurator & Aduocatus detentionem & incarcerationem
" Procuratorum Facultatis, qui non obstante appellatione dicti Megret,
" ipsum priuatum declarauerant, & scedulas per loca publica affigi decre-
" uerant; sicut ipsi Procuratores Franciæ, Picardiæ & Almaniæ in præsen-
" tia totius Curiæ confitebantur. Exposui insuper quid per Aduocatum
" nostrum fuerat responsum; *videlicet quod Electio Rectoris ad solam Facul-*
" *tatem Artium spectabat, & per hoc præeminentiam supra cæteras Facultates*
habebat;

habebat; & hoc ex Priuilegio Apostolico. Quapropter ipsa *Facultas de ciusmodi electione volebat sola cognoscere; nec ante quoscunque Iudices, nec quamcunque Curiam quanquam supremam tractari huiusmodi materiam.* Et ideo quærebat idem Aduocatus noster remissionem causæ prædictæ ad ipsam Facultatem, ad quam solam spectat, discordiam, si qua in eadem materia oriatur, pacificare. Quantum ad 2. artic. exposui Ordinationem Curiæ quæ erat talis, videlicet quod Curia remittebat causam ad Vniuersitatem. Et hoc quia Facultas Artium faciebat se partem contra dictum Megret; & sic non habebat in huiusmodi materia sententiare. His ergo, vt præmittitur, declaratis, traxerunt se Nationes ad partem ad deliberandum quid super his esset agendum. Discussa ergo materia, ad longum in qualibet Natione & particulariter Conclusione capta adunauerunt se prædictæ Nationes ad publicè manifestandum per organa Procuratorum quid super materia fieri videretur eis opportunum. Primitùs igitur regraciatum est dictis Procuratoribus, & de pœnis, laboribus & diligentijs in huiusmodi prosecutione assumptis. Placuit cuilibet Nationi, *vt ego Procurator Nationum tanquam Vices-gerens Rectoris haberem requirere Decanos superiorum Facultatum, vt conuocarent supposita suarum Facultatum in crastino.* Et ego similiter conuocarem Facultatem Artium, & ibi publicaretur Ordinatio Curiæ: non quod vellent illi de Facultate Artium parere ordinationi dictæ Curiæ quantum adhoc quod concernebat remissionem causæ ad Vniuersitatem, sed ad requirendum illos de superioribus Facultatibus quod vellent remittere causam ad Facultatem quemadmodum Parlamentum remiserat ad Vniuersitatem. Et casu quo dicti Domini de Superioribus Facultatibus vellent quouis modo directè, aut indirectè siue tanquam Commissi per Arrestum Parlamenti, aut aliàs Rectorem eligere, ex nunc, prout ex tunc, & ex tunc prout ex nunc, appellabat Facultas Artium ad S. Sedem Apostolicam tanquam ad Iudicem nostrum immediatum. Cum ex Priuilegio Apostolico tandiu observato & à tanto tempore, quod contrarium in memoria hominum non existit, *ad solam Facultatem Artium pertineat Rectorem eligere.* Deliberationibus ergo singularum Nationum auditis, *Ego vt Rectoris Vices-gerens*, ita fiendum conclusi. Quantum ad 3. artic. supplicauerunt quidam venerabiles Magistri Franciæ & Picardiæ Nationum, vt Normanos qui separauerant se à consortio aliarum Nationum vellet mater Facultas declarare periuros & infames, quod non liceret vni Nationi se ab alijs separare. Sed adusauerunt quidam prudentissimi de dicta Facultate illud non esse pro tunc conueniens, neque opportunum, cum potius deberet dicta Facultas velle eorum perpetuam separationem quàm coniunctionem, propter diuisiones quas asserunt oriri continuè in dicta Facultate tam inter Nationes, quàm inter supposita Nationum ad inuicem. Ideo Conclusi super isto quod si ipsis placeret ire Cadomum, aliæ Nationes locarent naues pro **prijs sumpribus & expensis.**

Cum ergo Procurator Nationis Gallicanæ, Rectoria vacante, Comitia in crastinum edixisset, ijs postridie præfuit apud Mathurinenses, & proposito Senatusconsulto quo lis de Rectoria remittebatur ad totam Vniuersitatem, tantùm effecit, vt ipsa Vniuersitas rem totam permiserit arbitrio Facultatis Artium, ad quam solam Rectoris creandi ius perrinere sciebat, tanquam ad eam quæ prima & præcipua fuisset in Vniuersitate; quâ de re sic scribit idem Procurator.

Die Martis quæ fuit 16. *Aprilis, fuerunt superiores Facultates vnà cum Facultate Artium per me conuocatæ in S. Mathurino adunatæ* super 2. artic. Primus erat ad audiendum ea quæ acta erant per Parlamentum in materia nostra, scilicet in materia Electionis Rectoris. Et quoad istum articulum, lecta fuit ordinatio Parlamenti quæ continebat *in forma, quod cum totalis dispositio, electio, confirmatio & destitutio Rectoris spectaret ad Facultatem Artium,* & hoc ex Priuilegio Apostolico, vt per Aduocatum ipsius Facultatis fuerat promulgatum: *& in hoc ipsa Facultas haberet præeminentiam*

1453.
"super alias Facultates, nihilominus quia ipsa iam dicta Facultas praeclara fe-
"cerat se partem formalem contra vnum in dicto Officio contendentium,
"scilicet contra Megret, & factum ceperat tanquam proprium, in hoc de-
"bebat ipsa Facultas Artium priuari authoritate iudicandi, cum ante litis-
"contestationem suum protulisset Iudicium & Ius Rectoriae M. Petro
"Caros attribuisset, M. verò Henricum Megret non habere quodcunque
"ius, declarasset. Quapropter decernebat rationi congruum, vt mater
"Vniuersitas, cuius Facultas Artium praeclara membrum erat notabile,
"auditis hinc inde contendentibus, & eorum rationibus & motiuis prola-
"tis & declaratis, haberet in ea re ponere concordiam, & alteri eorum, si
"potius ius haberet, Officium adiudicare. Secundus art. erat communis
"super supplicationibus & iniurijs. Et quantum ad istum articulum mul-
"tùm perlucidè, eloquenter & leporinè locutus est famosissimus & saga-
"cissimus vir & M. Ioannes Haueron pro parte Facultatis Artium, non
"quod ipsa Facultas supplicaret, sed vt ipsi Domini de Superioribus Fa-
"cultatibus non possent allegare ignorantiam priuilegiorum, proposuit
"idem Magister qualiter ex *Priuilegio Apostolico*, *cum Facultas Artium esset*
"*fundamentum Vniuersitatis, eidem erat concessa Electio Rectoris: qui quidem*
"*Rector debet esse de ipsa Facultate Artium, & non de alijs*. Et ideo digna-
"rentur praedicti Domini de Superioribus Facultatibus, sicut Domini de
"Parlamento ad Vniuersitatem remiserant causam tractandam, similiter
"remittere ad Facultatem per eam terminandam, sicut etiam iustum
"erat & parendo Priuilegijs Apostolicis & seruando praeeminentiam ipsius
"Facultatis sicut & multi de Superioribus Facultatibus iurauerant inuio-
"labiliter seruare, *ad quemcunque statum*, &c. Et casu quo non vellent prae-
"dicti de Superioribus Facultatibus eandem causam remittere, sed vel-
"lent quouis modo de iure discutere, opponebat se dicta Facultas pro-
"testando de appellando ad summum Pontificem qui erat Dator Priuile-

PRAERO-
GATIVA
FACULTA-
TIS AR-
TIUM.

"gij, &c. *Quapropter per ipsas Facultates Superiores fuit totalis cognitio, dis-*
"*cussio, adiudicatio & dispositio dictae Rectoriae ad ipsam Facultatem remissa,*
"crastino, vel quàm celerius fieri posset prouidendo, siue per electionem
"contendentium, siue vnius tertij ad beneplacitum ipsius praeclarae Fa-
"cultatis Artium. Et ita gaudens & hilaris conclusi. Sig. QVARRETI, &c.

Ita Facultas Artium voti sui compos, edicente eodem Procuratore
postridiè conuenit & Comitia sua in San Iuliano habuit, in quibus vt
suam tueretur dignitatem, neu iuri suo quidquam derogaret, Rectorem
refecit M. Petrum Caros. Quâ de re sic scribit idem Procurator.

"Mercurij sequente quae fuit 17. praedicti mensis, conuocaui Facultatem
"Artium in S. Iuliano hora consueta super 2. artic. Primus erat ad eligen-
"dum Rectorem. Secundus super supplicationibus & iniurijs. Quantum
"ad 1. artic. primitùs & ante omnia ad auxilij diuini inuocationem sine
"quo nihil aequum, aut iustum perpetrari potest, feci vnam Missam S.
"Spiritus, vt moris est, celebrari, vt ipsius illustratione singulorum Facul-
"tatis Artium Magistrorum corda fauore, pretio, prece, ira, promisso,
"stirpe, rancore, affinitate, amore, vel quocunque alio modo obtenebra-
"ta ad lucem veram & lumen perfectum reducerentur. Sic quod delibe-
"rationes suae & opiniones indicarent ipsos ad bonum commune & spe-
"cialiter ad priuilegia Facultatis oculos gerere & dirigere toto nisu. Missa
"igitur celebrata in conspectu Facultatis, vti melius potui, exposui qua-
"liter mater Vniuersitas nolens attentari contra priuilegia Facultatis Ar-
"tium, sed potius volens illa solidare & roborare, cognitionem electionis
"Rectoriae ad ipsam Facultatem remiserat terminandam per eandem. Qua-
"propter dignarentur ipsi Domini de dicta Facultate, signanter illi ad quos
"spectabat Intrantium electio, oculos ad bonum Facultatis habere: sic quod
"Intrantes non suspectos, non fabricatos, sed penitus fauore, odio pre-
"ce, vel pretio non corruptibiles, & affectum ad honorem Facultatis Ar-
"tium habentes, suum bonum priuatum & particulare postponentes & bo-
"num commune praeponentes eligerent: quatenùs illi sic electi hominem

prudentem, eloquentem, sagacem, iustum, æquum & sanctum omnibus «
virtutibus præmunitum in Rectorem tantæ Communitatis, quanta erat « 1453.
mater Parisiensis Vniuersitas tot tantis & tam arduis materijs inuoluta «
haberent eligere: Vt ille Electus suâ sagaci industria, & salubri consilio «
negotia Vniuersitatis sic haberet tractare, quod illa ad finem perduceret «
votiuum, priuilegia, libertates, & franchisias ipsius Vniuersitatis tuendo «
& defendendo toto posse...... «

Reliqua desiderantur in exemplari: sed ex sequentibus Actis satis patet quod idem M. Petrus Caros qui Rectoratum abdicarat, Rector refectus est ab ipsa Artium Facultate, quæ in eo honorem suum tueri voluit, autoritatemque conseruare: atque eidem Caros Natio Gall. restitui voluit decem nummos, seu decem scuta aurea, quæ ab ipso impensa fuerant in litem & die 22. Iunij anni sequentis successorem habuit M. Guill. Houppelande. *Vt infra dicetur.*

Anno 1454. compositâ pace intestinâ, externum bellum Vniuersitati sustinendum fuit, recruduitque dissidium inter eam & Episcopum Parisiensem, à cuius Iurisdictione se se eximi volebat. Iam litis contestatio fuerat apud Parlamentum: & Vniuersitas quanquam inuita, ibi contestabatur: nec, quandiu Iudicium in incerto fuit, Officio defuit. Igitur 11. Maij in Comitijs Mathurinensibus decreuit litem illam quacunque ratione fieri posset, esse prosequendam. Et 13 Iunij idem statuit, nominauitque Viros spectabiles qui Articulos in eam rem conficerent, prosequerenturque in Iudicio Exemptionem à Iurisdictione Episcopali. Verùm paucis pòst diebus Senatusconsultum factum est parum gratum Vniuersitati, quo Episcopo antiqua iura seruabantur.   1454.

Itaque in eam rem conuocata Vniuersitas 25. Iunij à Rectore M. Guillelmo Houppelande, vt lectionem audiret tenoremque Senatusconsulti; illud nullo modo probauit, quinimo ad Regem appellatum voluit. Sic enim legitur in Codice Gallicanæ Nationis. *Cuius Senatusconf. tenor, neque substantia placuit, nec acceptatum est tale dictum, sed placuit appellare ad D. nostrum Regem. Placuit etiam statuere quod pro quacunque causa nullus haberet trahere ad Parlamentum causam tangentem Vniuersitatem, Facultatem, Nationem, vel Prouinciam, siue pro Officio, vel quacunque alia causa sub pœnis priuationis & resecationis quam ipso facto incurret & declarabitur per Rectorem.*

Die 6. Iulij, Statutum est vt appellatio Episcopo Parisiensi intimaretur. Die 13. in Comitijs Mathurinensibus lectæ litteræ transmittendæ ad Regem per M. Gerardum Rotarij Oratorem electum ab Vniuersitate. Q. quidem impetratâ audientiâ, postridie Kalendas Augusti reuersus retulit Responsa Regis parum etiam grata, verbalia scilicet promissa, re nulla, aut nullius effectus, Quod extramodum ipsam Vniuersitatem conturbauit, quæ nihilominus in eadem mente perstitit, & habitis 20. Augusti Comitijs idem quod supra conclusit aduersus Episcopum Parisiensem, placuitque priuare, resecare, declarare periuros & infames omnes malefactores Vniuersitatis & eorum Complices.

Tunc autem adhuc erat cessatio in Vniuersitate. Et licet plurimi illam tolli vellent, aut saltem suspendi, semper obstitit Facultas Artium, cuius pluris intererat, quòd læsa fuisset, suosque amisisset. Itaque 10. Septemb. decreuit non ante suspensum iri Cessationes à Sermonibus, quàm M. Ioannes Beson, & eiusdem sceleris, ac factionis Populares pœnas luissent, qui propterea quod Statuta Vniuersitatis contempserant, nec comparere iussi comparuerant, ab Vniuersitate, quâ pœnâ licuit, damnati sunt. Nam cum iterum ea die, hoc est 10. Sept. decretum fuisset, vt citarentur, nec citati se stitissent, tandem 20. Septemb. aduersus eos decretum est vt sequitur, quemadmodum refert & scribit M. G. d'Auuergnat Procurator Nationis Gallicanæ.

Die 20. Septemb. *inquit,* fuit alma Vniuersitas Paris. in S. Mathurino «
congregata de mane horâ 8. super 2. art. Primus fuit super facto Beson & «
suorum Complicum citatorum ad comparendum in facie Vniuersitatis, «

" & ad respondendum aliquibus Interrogatorijs D. Promotoris Vniuersi-
" tatis. Secundus communis super supplicationibus & iniurijs. Quoad 1.
" artic. vocatus est M. Ioannes Beson qui citatus fuerat in domicilio suo &
" non comparuit. Et similiter sigillifer Castelleti Henricus le Févre, &
" quidam alij vocati fuerunt, inter quos solus Henricus Faber comparuit.
" Et ipse D. Promotor, præstito primùm iuramento, de multis interroga-
" uit concernentibus ea quæ euenerunt in Suppositis dictæ Vniuersitatis in
" translatione B. Nicolai, an. D. 1453. & dictus Henricus Faber ad omnia
" respondit dicendo quod nunquam fuit causa neque principalis, nec ex-
" citatiua malorum quæ illa die euenerunt in Suppositis Vniuersitatis : imò
" quod dixit multis Clientibus Castelleti quod cauerent ne scandalizarent
" Vniuersitatem, & quod multos fauores præbuit Scholaribus & illâ die &
" alijs diebus. Quibus omnibus auditis, Facultatibus & Nationibus retractis
" ad partem vt solitum est, deliberauit Natio Franciæ, quod audito quod
" Beson non erat Parisijs, quòd ipse perenniter citaretur in primâ Congre-
" gatione Vniuersitatis post instans festum B. Martini Hyemalis, quoad
" declarationem sui periurij & ad eius priuationem. Quantum ad alios &
" ad attinentes ipsius Beson, ipsos repellit ab honoribus, libertatibus, pri-
" uilegijs, franchisijs & quibuscunque gradibus sustinendis in ista alma
" Vniuersitate Paris. & omnes descendentes ab eis in recta linea, vsque ad
" quartam generationem inclusiuè, & in Collaterali vsque ad quintum gra-
" dum : Nec placet eos incorporare in Vniuersitate : imò vult quod D.
" Rector de cætero adiuret omnes Incorporandos, & quòd iurent quòd
" non sunt attinentes Beson, Henrico Fabri, Sigillifero Castelli qui pro
" nunc est de dictis Complicibus vsque ad quartum gradum in linea Colla-
" terali, nec descendentes ab eis vsque ad quartam generationem. Et quod
" quilibet Rector in sui creatione haberet hoc iurare. Supplicauit sæpe fa-
" tus Henricus Fabri Vniuersitati, vt ipse & sui non repellerentur ab hono-
" ribus & ab incorporatione Vniuersitatis. Et ipsam dicta Natio intere-
" mit: Alias supplicationes remisit ad deputatos.

Interim verò D. Episcopus Parisiensis, licet in Curia superior fuisset,
nihilominùs à pluribus Ciuibus qui ægrè ferebant Vniuersitatem tandiu
ab eo diuulsam permanere, neque vllo Scholastico munere defungi, exagitatus colloquium petijt, vt res amica lege componerentur. Et quia videbat Facultatem Artium sibi magis aduersari, nonnullos ex Superioribus Facultatibus sibi deuinxit, reque cum illis discussâ, articulos porrexit
iuxta quos putabat pacem posse stabiliri. Illa agendi ratio primùm non
placuit Facultati Artium, at paulò post vbi intellexit non id ex eum contemptu fecisse, sed quia timebat ne exulceratos animos magis exacer-
baret, viros delegit qui porrectos articulos cum alijs examinarent. Igitur
in hanc rem primùm conuocata est Vniuersitas 26. Septemb. vt scribit
idem Procurator.

" Die Iouis, *inquit*, 26. Septemb. fuit Vniuersitas Paris. in S. Mathurino
" congregata super 2. artic. Primus fuit super quibusdam Prolocutis inter
" Reuerendum in Christo Patrem D. Episcopum Parisiensem, & quosdam
" Deputatos Superiorum Facultatum. Secundus fuit communis super sup-
" plicationibus & iniurijs. Quantum ad 1. art. Vniuersitate retractâ ad par-
" tem, veneranda Natio Franciæ conclusit quod attento quod præclara
" Facultas Artium in incarcerationibus, expensis & huiusmodi factis in Cu-
" ria D. Parisiensis de Suppositis eiusdem Facultatis maius interesse & dam-
" num patiebatur : & quod ipsa fuerat neglecta in dictis proloquutis habitis
" cum prædicto D. Parisiensi super pace & concordia habenda & firmanda
" inter ipsum & almam Vniuersitatem: quod pro tunc non admittebat
" oblationes D. Parisiensis contentas in Prolocutis lectis in facie Vniuer-
" sitatis: sed petebat duplum dictorum Proloquutorum, & ad visitandum
" ea, dedit notabiles Deputatos videlicet M. Victorem Textoris, M. Ioan-
" nem Guerry, M. Simonem le Clerc & M. Gaufridum Calui qui haberent
" addere quæ viderentur addenda & auferre auferenda, & illo facto per

Vniuerfitatis Parifienfis. 597

amplius deliberaret dicta Natio. Quantum ad 2. artic. fupplicauerunt Reuerendi DD. & Magiftri in Theologia videlicet M. Guillelmus Eurard, vt fermones in fua Parochia videlicet in S. Geruafio refumerentur : & confimiliter M. Gerardus Gehe pro Parochia S. Ioannis in Grauia. Et illa die in Natione fupplicauerunt duo vel tres Magiftri Regentes, &c. Quantum ad fupplicationem Magiftri noftri M. Guillelmi Eurardi & M. Gerardi Gehe, confiderauit Natio, quod nimis repente poft Conclufionem Vniuerfitatis captam de priuatione fupradictarum Parochiarum à fermonibus venerant, ne dicta Natio de leuitate argueretur, interemit eorum fupplicationem.

1453.

Nec dubium quin eadem fuerit fententia totius Vniuerfitatis, maximè quoad 1. artic. Nam 3. Octob. cum effet Natio Galliana apud Mathurinenfes congregata, audiuit ea quæ per felectos viros deliberata fuerant in negotio Epifcopi Parifienfis. Et illâ die ftatuit vt conficerentur fex, aut feptem codicilli *Prolocutorum eiufmodi*, tradеrenturque viris quibufdam fpectabilibus examinandi, conferendique cum Priuilegijs, ne quid aduerfus ea peccaretur.

Die autem 8. Octob. Artium Facultas admifit fupplicationes Parochorum de quibus fupra, facrafque conciones ad Populum fieri conceffit. Item eadem die relatum eft à Rectore fibi fuiffe inhibitum à Curia Parlamenti, vexare nonnullos Magiftros qui à Curia Promotoris & Conferuatoris Priuilegiorum Apoftolicorum ad ipfam prouocauerant : ipfique etiam Promotori inhibitum, *ne Vices-gerens, aut Promotor appellatione pendente, de caufa fe intromitterent, aut appellantes quouis modo vexarent*. Res autem hæc ad felectos viros difcutienda remiffa eft.

Die 30. Octob. Artium Facultas per M. Reginaldum du Brullé Iuniorem Picardiæ Nationis, Rectorem Vniuerfitatis confulta eft in San-Iuliano, an ei placeret admittere & accipere articulos quofdam de pace qui à D. Parifienfi Epifcopo & felectis Facultatum compofiti fuerant. Quid fuerit ab ipfa Facultate decretum & ftatutum, non habeo impræfentiarum : crediderim tamen, aut tunc, aut non longè poft diffidium iftud fuiffe compofitum annuentibus alijs Nationibus : quia de eo nihil amplius in Actis legitur.

Rurfus propter inhibitiones & Interdicta quæ fuerant Promotori & Vices-gerenti fignificata de mandato Curiæ Parifienfis, congregata eft Vniuerfitas apud Mathurinenfes die 5. Nouemb. decretumque Priuilegia effe tuenda illæfa, quantum fieri poffet. In ijfdem Comitijs caftigatus quidam Minorita qui ftante Interdicto Vniuerfitatis, aufus fuerat publicè concionari; quâ de re fic legitur in Commentarijs Gallicanæ Nationis. *Eodem anno, die vero 5. Nouemb. Congregata eft Vniuerfitas Parif. fuper 3. art. in S. Math. Primus fuit fuper quibufdam inhibitionibus factis per Curiam Parlamenti D. Vices-gerenti Conferuatoris in Curia Conferuationis Priuilegiorum Vniuerfitatis. Secundus fuit fuper citatione cuiufdam Fratris de Ordine Fratrum Minorum. Tertius fuit communis fuper fuppofito. Quoad 1. artic. veneranda Franciæ Natio dixit quod D. Vices-gerenti præciperetur vt Statuta Vniuerfitatis concernentia Curiam Conferuationis obferuet illæfa, nec obediat mandatis, vel præceptis fibi factis per Curiam Parlamenti, aut alterius Curiæ fecularis, alioquin cedat Officio. Voluit infuper quod interdicatur fibi ne innodatos fententia excommunicationis, ex quorum occafione fuit facta ifta inhibitio, abfoluat. Et quoad Principale factum, remittit ipfum ad Deputatos. Quoad 2. artic. vocatus fuit per vnum Bidellum in facie Vniuerfitatis. Quidam Frater Minor qui comparuit, & fuit interrogatus per iuramentum, vtrum ignorans Conclufionem Vniuerfitatis à Ceffationibus fermonum in Parochia S. Pauli prædicauerat, ita quod fi fciuiffet Conclufionem, non prædicaffet ; qui iuramento firmauit quod ignorans fecit. Et quoad eum dixit Natio quod fibi multum difplicet quod ita temerè iurauit, quod ignorans fupradictam Conclufionem prædicauerat in S. Paulo, cum notabiles Magiftri iftius vener.indæ Nationis, videlicet M. Ioannes de Conftantio & quidam alij fibi ill.a die dixerint quòd adhuc*

Tom. V. FFff iij

1454.

erant cessationes à sermonibus in S. Paulo, in S. Ioanne in Grauia & in S. Geruasio. Et ideo voluit quod iterum citaretur in proximâ Congregatione.

Cum autem die 4. Decemb. conuenisset Vniuersitas apud Mathurinenses de negotio Priuilegiorum deliberatura, supplicatum venerunt plurimi Ciues è Parochia S. Pauli, vt sineret ipsa resumi Conciones ad Populum. Quorum supplicatio non fuit eo die admissa. Idem supplicarunt alij Ciues cum Curione S. Ioannis in Grauia 12. Decemb. quâ die supplicationes solemnes factæ, processumque ad D. Genouefæ, ac proinde non licuit, aut vacauit audire, aut examinare supplicationem huiusmodi. Nec pro secunda vice admissa est alia die. Sed tandem victa Vniuersitas, eorum precibus annuit die 23. Decemb. vt infra dicetur. Ad quam gratiam concedendam non parum contulit Senatusconsultum tunc latum, vt in loco in quo perpetratum fuerat homicidium Baccalaurei, ob quod iussum fuerat cessari, Inscriptio poneretur ad perpetuæ detestationis memoriam, honorem verò & laudem Vniuersitatis: Ergo die 23. Decemb. habita sunt Comitia & deliberatum de cessationibus tollendis.

" Placuit Nationi Gallicanæ prorogare suspensionem Cessûs à sermo-
" nibus vsque ad Dominicam in Quinquagesima: infra quod tempus pro-
" curabitur apud venerabilem Curiam Parlamenti executioni demandari
" Arrestum datum per dictam Curiam, quoad illum artic. *in quo expressum*
" *est quod in loco sceleratissimi Criminis contra Vniuersitatem almam Parisiensem*
" *per nonnullos Officiarios Regios perpetrati sit & ponetur vnum Epitaphium ima-*
" *ginibus & scripturâ descriptum ad perpetuam dicti Criminis memoriam, ipsum*
" *detestando, Malefactores deprimendo, & almam Vniuersitatem Parisiensem super*
" *exaltando*. Quod si infra dictam Dominicâ non perfecerit dicta venerabilis
" Curia, vult veneranda Natio Franciæ cessum à sermonibus indilatè & per
" totam Ciuitatem Parif. irreuocabiliter sine vlteriori conuocatione Vni-
" uersitatis, vt prius currere vsque ad complementum prædictorum. Quoad
" Articulum supplicationum, de gratia speciali concessit supplicationem
" D. Curati & Parochianorum S. Ioannis in Grauia qui in magno numero
" ternâ vice venientes ad Vniuersitatem, eidem humiliter supplicauerunt
" pro sermonibus reiterandis, seu resumendis in sua Ecclesia. Et hoc idem
" prius fecerant Parochiani Ecclesiarum S. Pauli & S. Geruasij, quorum
" omnium supplicationes concessæ sunt; dummodò de corum supplicatio-
" nibus fiat instrumentum publicum, in quo ponatur quod dictæ supplica-
" tiones conceduntur de gratiâ speciali. Seruabitur verò antedictum in-
" strumentum in Magno-Coffro Vniuersitatis ad perpetuam rei memoriam.
" Sig. MILONIS. Procurator Nationis Gall.

Hocce tandem tempore omnia dissidia composita sunt. Episcopus Parisiensis & Vniuersitas amicè litem transegerunt: Senatus Parisiensis vtcunque eiusdem Vniuersitatis postulatis satisfecit: & illa quoque Lectiones resumpsit.

Mense Martio, scilicet 9. Kal. April. Nicolaus V. Pontifex Romanus diem extremum obijt, sepultusque est in Basilica Vaticana cum hoc Epitaphio.

Hic sita sunt Quinti Nicolai antistitis ossa,
   Aurea qui dederat Secula, Roma! tibi.
Consilio illustris, virtute illustrior omni
   Excoluit doctos doctior ipse viros.
Abstulit errorem, quo Schisma infecerat vrbem,
   Restituit mores, mœnia, templa, domos.
Tum Bernardino statuit sua sacra Senensi,
   Sancta Iubilæi tempora dum celebrat.

Vniuersitatis Parisiensis.

Cinxit honore caput Friderici & Coniugis auro.
Res Italas icto fœdere composuit.
Attica Romanæ complura volumina linguæ
Prodidit, in tumulo fundite thura sacro.

1454.

Cuius Pontificis Bullæ à Mendicantibus subreptæ magnos anno 1456. in Academia Paris. tumultus excitarunt, vt suo loco dicetur, vt autem intellectum est obijsse, ei die 10. Maij, anni sequentis parentatum est apud Dominicanos ab omnibus Academiæ Ordinibus.

Anno 1455. incipiente, non parum laborauit M. Nicolaus Dentis Rector in conciliandis animis Suppositorum Vniuersitatis, & in præcauendis malis quæ ipsi imminebant. Vix enim naufragium effugerat, cum ecce noua tempestas à Magistris libellorum Supplicum, seu, vt vocant Requestarum, opugnantibus Priuilegia Vniuersitatis. Quam ob causam idem Rector Comitia habuit die 6. Maij, retulitque Priuilegia vexari & turbari in prædicta Magistrorum Classe. Conclusum verò fuit vt Rector cum spectabili comitatu adiret Curiam Parisiensem, deque ea re querelas deferret, exponendo iniurias quæ Vniuersitati inferebantur. In ijsdem Comitijs supplicauit vir quidam Religiosus pro stipendio annuo pollicitus se Scholam litterarum Hebraïcarum habiturum. Cuius supplicationi annuit Vniuersitas; & in Rationibus Nationis Gallicanæ video octo scuta data illi Religioso fuisse legenti litteras Hebraïcas *pro suo salario, pro quota Nationis ex eiusdem Conclusione.*

1455.

Idem Rector die 5. Iunij apud Vniuersitatem in Comitijs Mathurinensibus questus est de quibusdam iniurijs sibi à M. Ioanne de Oliua Doctore Theol. illatis, à quo non modò verbis atrocioribus, sed pugnis etiam impetitus fuerat. Stitit se de Oliua & fassus est se verbo tenus D. Rectorem offendisse. Tunc Facultas Artium, maximè verò Natio Franciæ declarauit eum periurum & priuatum; voluitque *inquiri in manuum iniectionem*: quæ si facta appareret, promisit se acerbius flagitium vlturam.

Die 15 Iunij idem Rector rem in medium protulit apud Bernardinos: & Natio Gallicana à suo gremio & consortio rescisum esse voluit prædictum de Oliua, periurumque & priuatum, quanquam nonnullis reclamantibus declarauit. Die autem 17. cum Procurator Nationem conuocasset petijssetque, an scedulas quibus priuatio M. Ioannis de Oliua continebatur; sigillo muniret & publicaret, ille humiliter se se stitit, petijtque veniam peccati: & pro ea die vetitum ne proponerentur, affigerenturque scedulæ. Et die 20. Iunij eadem Natio apud S. Iulianum cum alijs Nationibus congregata audiens absolutum fuisse prædictum M. Ioannem de Oliua per viros ab Vniuersitate non delectos, eundem priuauit, voluitque eius priuationis & proscriptionis prostare tabulas: qua de re sic legitur in Actis Nat. Gallic. *Viso quod Deputati qui absoluerant M. Io. de Oliua, non erant Deputati per Vniuersitatem nominati, & viso inordinato eorum fauore, quoniam absoluerant eum à Principali & condemnauerunt eum in expensis, Natio priuat dictum M. Io. de Oliua, nonobstante quacumque Conclusione aliàs super hoc capta vsque ad condignam reparationem exhibitam Facultati. Vult quoque Natio quod nonobstantibus quibuscunque oppositionibus, vel appellationibus, affigantur ante occasum solis scedulæ suæ priuationis. Et vult quoque Natio D. Rectorem, DD. Procuratores & omnes alios reddere indemnes, si contingat eos aliquid pati occasione huius Conclusionis.* Eandem Conclusionem die 23. Iunij confirmauit: item 1. Iulij, voluitque eidem inhiberi ne litem euocet extra Vniuersitatem.

Relatum etiam est die Martis 1. Iulij in Comitijs Mathurinensibus, turbari Vniuersitatem à Secretarijs Regijs, occasione cuiusdam M. Thomæ Triboule & nonnullorum aliorum, remque delatam ad Curiam Parisiensem. At die 4. eiusdem mensis Senatusconsultum latum est in gratiam Vniuersitatis quo *amplius* pronunciatum: quamobrem in Comitijs

Mathurinensibus decreuit Vniuersitas gratias agendas Curiæ.

1455.

Quia verò in dies magis Priuilegia turbabantur & Iurisdictio Conseruatoris impediebatur, decretum die 9. Iulij vt Rector cum spectabili comitatu adiret Curiam Parisiensem, deque ea re conquereretur per aliquem Oratorem è Magistris Theologiæ; ac nisi remedium afferretur, visque prohiberetur, diceret cessaturam Vniuersitatem à Sermonibus. Natio Gallicana hoc addidit: *Vult insuper Natio, quod Vices-gerens à modò non habeat obedire quibuscunque mandatis contra Iurisdictionem Apostolicam fiendis, sed quod habeat viriliter contra molestatores priuilegiorum procedere. Et vult quod iste Triboule cuius occasione hæc omnia venerunt, excommunicetur.*

Die verò Augusti 12. cum relatum fuisset Secretarios nolle cum Vniuersitate pacisci, statutum vt Vices-gerens Conseruatoris excommunicationem M. Thomæ Triboule & aliorum Turbatorum proponeret: vtque citarentur Secretarij Regij. Sed illi nec die Mercurij 13. nec Iouis 14. comparuerunt: itaque contumaciæ & rebellionis nomine damnati sunt. Illi verò bona seu Temporale, vt vulgò loquimur, Vices-gerentis occuparunt. Vniuersitas die 22. constituit adire Curiam Parisiensem, eique sua grauamina exponere, ac nisi bona restitui curaret, cessaturam à sermonibus. Item eâ die statutum, vt mitterentur legati ad summum Pontificem qui querelas Vniuersitatis deferrent, rogarentque vt Priuilegia Apostolica suâ authoritate seruari iuberet. Atque in eam rem die 6. Septemb. lectæ sunt quædam Instructiuæ litteræ. Interim verò Regem appellauit Vniuersitas. Et die 5. Octob. lectæ sunt legatorum Instructiones ad Regem mittendorum, contra Secretarios Regios.

Hoc anno retractata est causa Ianæ Aurelianensis puellæ iuxta Bullam Callisti Papæ, qui fuerat in Papam electus, deque sua Promotione certiorem fecerat Vniuersitatem per litteras. Vnde illa die 19. Iulij Centuriatis Comitijs decreuit gratiarum actionem *super bona communicatione suarum litterarum, ac etiam de sincero affectu quem gerit erga Vniuersitatem.* Voluit fieri *solemnes Processiones pro conseruatione suæ Sanctitatis, nec non & pro confirmatione sui sancti propositi, quod habet ad impugnandum Magnum Turcam dirissimum hostem Religionis Christianæ.* Cæterum Ianæ Puellæ defensionem primus omnium scripto suscepit M. Robertus Ciboullus tunc Cancellarius Paris.

De dissidio autem quod habebat Vniuersitas cum Redemptoribus Vectigalium, sic scribit ad 28. Feb. M. Ioan. Peron Procurator Nat. Gall.

CONCORDIA INTER VNIuersitatem et GENERALES.

Die 28. conuocauit D. Rector Vniuersitatem super 2. art. 1. fuit ad audiendum diligentias factas pro concordia habenda super facto Priuilegiorum per DD. Deputatos Vniuersitatis, D. Patriarcham Antiochenum & alios Generales. Secundus fuit communis, &c. Quoad 1. placuit Nationi & fuit acceptata oblatio pacta per Generales & alios super facto Priuilegiorum, videlicet *quod super facto Scholarium residentium Parisius, Firmarij haberent adhibere fidem sigillo Rectoris immediatè & eis deliberare sua bona, alioquin si reperirentur defectuosi & quod iniustè vexarent dictos Scholares, condemnarentur in expensis & bona emenda. Et quoad Scholares non residentes Parisius super quibus est æqualis expensa & difficultas, si reperiretur æqualis dubitatio, dicti Firmarij haberent desinire in aliqua domo alicuius Burgensis aliquam partem bonorum videlicet vsque ad summam quam deberent soluere, si non reperirentur viri Scholares, & quod predicti Generales haberent cognoscere de causa summariè, & de plano, ita quod si reperirentur dicti Firmarij culpabiles, condemnarentur, vt supra.* Et ita habuit acceptum Natio, & placuit suspendere Cessationes à sermonibus pro tunc currentes, quò vsque & quandiu pactum initum inter Vniuersitatem & Generales remaneret integrum; ita quod si contingeret peractum immutari per Firmarios & alios, placebat Nationi, ex tunc cessare à sermonibus, sine vlteriori congregatione Vniuersitatis, & quod D. Rector futurus hoc haberet iurare, &c.

Die 13. Martij in Comitijs Mathurinensibus nonnihil propositum est de de Pragmatica-Sanctione quod videbatur esse contrarium Priuilegijs Vniuersitatis. Sic igitur. *Die 13. Martij fuit congregata Vniuersitas in S. Mathurino super 3. art. Primus super facto rotuli Nominationum qui continebat duas partes. Prima pars continebat punctum Pragmaticæ-Sanctionis, quo in Palatio videtur dicere quod nomina, Communes Curæ, non se extendunt ad Dignitates. Secunda pars erat super occasione rotuli. Et quoad 1. partem, conclusit Natio quod D. Rector haberet conuocare M. Petrum de Vaucelle & D. Doctorem M. Petrum Maugier qui cum alijs Deputatis & Procuratoribus haberet visitare Pragmaticam-Sanctionem, quâ visitatâ, dictus Magister ex parte Vniuersitatis præsente D. Rectore & notabili Comitiua haberet ostendere DD. de Parlamento, quomodo in hoc nobis & toti Vniuersitati infertur magnum præiudicium, & quod illo modo nollet Pragmaticam-Sanctionem interpretari, sed secundùm Decretum Concilij vellet Iudicare.*

1456.

Die 19. eiusdem mensis electus est in Rectorem M. Guill... Riueti, vir vt legitur in Actis, *magno grauitatis, moribus & scientia perornatus*, Magister Collegij Burgundiæ.

Turbatio Vniuersitatis à Mendicantibus.

INitio anni 1456. noua tempestas detonuit, perfractaque nubes quæ cœlum Vniuersitatis aliquandiu obscurauerat. Ecce igitur in arenam prodeunt Mendicantes armati Bullâ quam obtinuerant à Nicolao V. summo Pontifice, non tam contra Vniuersitatem quàm contra Hierarchiam, quam illa semper defendit. Aliunde verò oppugnabatur Pragmatica-Sanctio, & cuniculis subruebatur, ad cuius defensionem indicta sunt Comitia Mathurinensia à M. Guillelmo Riueti Rectore Academiæ ad 12. April. in quibus omnium Ordinum calculo delectus est Orator ad Curiam Paris. M. Guillelmus Bouylle Doctor Theologus, qui causam Vniuersitatis & Ecclesiæ eleganter tuitus est. Neque in eo consistit Vniuersitas: 19. eiusdem mensis habitis apud Mathurinenses Comitijs mittit Legatos ad Regem pro conseruatione & defensione Priuilegiorum, MM. Antonium Vrsi & Ioannem de Martigniaco.

Sed Res Mendicantium, præcipuum fuit huius anni negotium. Cum à Nicolao V. Bullam obtinuissent consimilem illi quam obtinuerant ab Alexandro V. de quâ suo loco, eamque Carmelitæ obtulissent Officiali Parisiensi, statim admonita Academia, diem illis dicit, edicitque vt se sisterent ad 22. Maij apud Mathurinenses. Quâ die in Comitijs Centuriatis M. Guillelmus Riuetus iussit legi exemplar Bullæ, eoque lecto interrogauit Carmelitas, an ei renunciare parati essent, an eam tueri vellent. Responderunt Beneficium Papæ tueri sibi esse in animo. Itum deinde in suffragia, & ex omnium Ordinum relatione conclusit Rector videri Bullam *Subreptitiam, scandalosam, Pacis turbatiuam & concordiæ, subuersiuamque Ordinis Hierarchici & Ecclesiæ:* ac proinde non posse Vniuersitatem, **nec debere eam admittere**, sed appellare; appellationemque significandam Generali Præposito Carmelitarum & cæteris Mendicantibus, Episcopo Parisiensi, Prælatis omnibus, Vniuersitatibus, Principibus. Iubet etiam diem dici Mendicantibus vt adessent die Lunæ 24. Maij. Vt legitur in libro Picardicæ Nationis ad hunc Titulum. *Ex Rectoria M. Guill. Riueti.*

Nouerint Vniuersi quod anno 1456. die Sabbati 22. mensis Maij, Alma Vniuersitate Studij Paris. apud S. Mathurinum solemniter congregata & specialiter conuocata ad audiendum lecturam copiæ cuiusdam Bullæ per quosdam Fratres de Ordine Carmelitarum Officiali Parisiensi præsentatæ. Inter cætera conclusum extitit vnanimiter ipsis auditis quod displicebat impetratio huiusmodi Bullæ; & videtur quod sit scandalosa, turbatiua pacis & concordiæ, subuersiua Ordinis Hierarchici Ecclesiæ ac subreptitia. Placet formare appellationem præsertim in quantum derogat huiusmodi Bulla Iuri communi, Decretali *omnis vtriusque sexus* & Clementinæ Dudum, de Sepulturis. *Dicta Appellatio Generali Carmelitarum & cæteris Mendicantibus, D. Episcopo Paris. & alijs DD. Prælatis Ecclesiarum rescribatur, Vniuersitatibus Regni & extra Regnum, summo Pontifici, cœteris Prælatis Ecclesiæ, ac etiam* Dominis Temporalibus. *Conuocentur Mendicantes ad Vniuersitatem die Lunæ proxima congregandam visuri suas priuationes, si dictæ impetrationi renunciare noluerint, & impetrare reuocatoriam ipsius; in quantum præiudicat & derogat Decretali,* Omnis vtriusque sexus, *&* Clementinæ, *Dudum de sepulturis, & habeant ponere ipsam Bullam penes Vniuersitatem. Requirantur Prælati quod non admittant Fratres Mendicantes ad Prædicandum in suis Diœcesibus, donec renunciauerint & obtinuerint huiusmodi Reuocatoriam.* Ex nunc priuat omnes Mendicantes Iuratos à gremio, *sed executionem priuationis suspendit vsque ad diem Lunæ proximam. Alios autem non iuratos resecat à susceptione graduum quoruncunque & acquisitione temporis in quacunque Facultate Parisiensi, donec renunciauerint dictæ Impetrationi, in quantum præiudicat vt supra. Datum in nostra Congregatione Generali solemniter celebrata loco, anno, die & mense quibus supra.*

Ad diem dictam se sistunt Mendicantes: iubentur renunciare prædictæ Bullæ, pollicerique se intra certum tempus reuocationem à summo Pontifice Callisto obtenturos. Renuunt: igitur maturo consilio super ea re habito Omnes Mendicantes Iurati declarantur periuri, expellunturque è gremio & consortio Vniuersitatis; non Iurati verò à susceptione graduum quoruncunque excluduntur. Imperatum etiam vt huiusce Decreti scedulæ valuis templorum & quadriuijs proponerentur; vt in eodem Codice legitur his verbis.

Consequenter die Lunæ proximè subsequente, quæ fuit 24. Maij, an. Dom. 1456. alma ipsa Vniuersitate specialiter conuocata & solemniter congregata apud S. Mathurinum ad audiendum ea quæ vellent dicere D. Generalis Carmelitarum, & cœteri de Ordinibus Mendicantium super facto dictæ Bullæ qui ad hoc erant specialiter vocati & citati. Quibus citatis per Rectorem & eorum Responsis in plena Vniuersitate auditis, inter cœtera conclusum extitit quod in fine Congregationis summarentur & requirerentur renunciare dictæ Bullæ, & eius reuocatoriam pro quanto derogat iuri Communi Decretali, Omnis vtriusque sexus, *&* Clementinæ, *Dudum de sepulturis, promitterent impetrare infra certum tempus sub pœnis antedictis: Quod facere renuerunt & distulerunt. Idcirco ipsa Vniuersitas ex tunc Omnes Iuratos de dictis Mendicantium Ordinibus reputauit & declarauit periuros & priuatos à gremio & consortio ipsius, non Iuratos autem resecauit à susceptione Graduum quoruncunque & acquisitione temporis Parisius in quacunque Facultate. Et voluit quod de huiusmodi priuationibus affigerentur illicò scedulæ in valuis Ecclesiarum & Quadriuijs vicorum Parisius & alibi. Datum in Congregatione vt supra, anno die & mense prædictis.* Tale autem fuit Programma.

„ Nos Guillelmus Riueti Rector Vniuersitatis Magistrorum, ac Scho
„ larium Parisius studentium. Cum quædam prætensa Bulla Apostolica de
„ filo plurimum suspecta, pacis in eadem Vniuersitate solemniter iuratæ
„ **& Status Hierarchici in Ecclesia sancta Dei** plurimum turbatiua, scanda
„ losa & aduersa Iuri communi, Sanctionibus sacris & Pragmaticæ-Sanctio
„ ni de nouo per manus cuiusdam de Ordine Fratrum Carmelitarum præ
„ sentata ad dictæ Vniuersitatis notitiam peruenerit, super quâ renuncian
„ dâ & eiusdem reuocatoriâ impetrandâ, pro quanto obuiat iuribus sacris
„ Decretali, *Omnis vtriusque sexus,* & Clementinæ, *Dudum de sepulturis,* Re
„ ligiosi 4. Ordinum Mendicantium fuerunt attentius submoniti, quod fa
„ cere renuerunt & distulerunt. Notum igitur facimus vniuersis, quod ex
„ causis præmissis & alijs rationabilibus, de mandato & ex speciali & ma
„ tura deliberatione & Conclusione dictæ Vniuersitatis, omnes & singuli
„ Iurati ipsius Vniuersitatis de dictis 4. Mendicantium Ordinibus à gremio
„ dictæ Vniuersitatis perpetuò sunt priuati: Non iurati autem ab eiusdem
„ consortio & graduum in eadem susceptione similiter resecati. Verunta
„ men si humiliter ad eiusdem piæ matris gremium obedientes accesserint,
„ quæ nulli claudit gremium debitè redeunti, & suis obtemperauerint Con
„ clusionibus cum effectu, cum eisdem misericorditer agere intendit alma

ipsa Vniuersitas. In quorum omnium testimonium Sigillum Rectoriæ Vniuersitatis præfatæ præsentibus duximus apponendum. Datum Parisius an. Dom. 1456. die 25. Maij. *Ita est signatum Rufi cum Syngrapha.*

1456.

Ita resecti & exclusi Mendicantes nullum non lapidem mouent vt in integrum restituantur, sed incassum. Publicè declamant aduersus Academiæ Decreta: Sed statim illis omni Concione & functione exteriori interdicitur. Magnatum authoritatem interponunt: at frustra: Bulla enim erat eiusmodi vt eâ admissâ & receptâ totius Hierarchici status ordo turbandus esset. In his altercationibus tota ista Rectoria fuit: nec pacatior fuit quæ secuta est M. Gaufridi Calui Corisopitensis electi in Rectorem die 23 Iunij. Quo Rectore, res à Mendicantibus ad Parlamentum delata est. Vniuersitas vadimonium adit & per M. Ioannem Panechar Doctorem Theologum Oratorem suum, rationes suas exponi voluit. Eóque tandem Mendicantes adducit vt ad preces descenderint: nec tamen auditi fuerunt. Vltimo rogant rem disceptari per selectos viros: annuitur, quia id quoque visa est Curia postulare, Episcopus Parisiensis & alij viri spectabiles.

Ergo die 1. Iunij, eodem Rectore Riueti M. Nicolaus Ripault Bituricensis Baccalaureus Theologus, ac socius Nauarricus electus in Procuratorem Nationis Gallicanæ in fastis eiusdem Nationis ad 5. Iunij notat celebrata fuisse Comitia Vniuersitatis ad audiendam relationem Oratorum, qui ad Prælatos tunc Lutetiæ Synodum celebrantes missi fuerant contra Mendicantes. Item ad statuendum super diei dictione quam Mendicantes obtinuerant in Cancellaria; propterea quod è gremio Vniuersitatis expulsi fuerant. Et quoad istam partem, statutum, vt ibidem legitur, *Vt D. Rector adiret Curiam Parlamenti, & etiam Curiam Requestarum, prius tamen habito consilio nostrorum Consiliariorum tam de Curia Parlamenti quàm Castelleti cum notabili Comitiua & Proponente notabili, qui eis demonstraret, qualiter non subijcimur eorum Iurisdictioni, maximè in his quæ concernunt nostra Priuilegia tam Papalia quàm Regalia. Demonstraret nec non satis asperè illis dominis de Curia Requestarum quod nimis citò tradunt contra nostra priuilegia, adiornamenta; & quod tempore & loco faceremus querimoniam Regi, si amplius ita faciliter concedant. Voluit etiam Natio Gallicana quod fieret Inquesta per Gentes Regias de illis qui remouerunt scedulas priuationis Mendicantium à Compitis villæ & valuis Ecclesiarum. Fieret etiam inquesta de illis qui reuelant secreta Vniuersitatis Mendicantibus.*

" Die 9. Iunij in Comitijs Mathurinensibus auditi sunt Legati Vniuersi-
" tatis qui ad Regem missi fuerant. Die 19. in alijs Comitijs eodem loco
" habitis retulit M. Ioannes Huè Doctor Theologus quæ verba fecisset ad
" D. Connestabularium Franciæ, quidque responsi habuisset. Lectæ quo-
" que sunt litteræ Vniuersitatis ad omnes Regni Prælatos & ad cæteras
" Vniuersitates transmittendæ super Bullâ Mendicantium; quarum exem-
" plar ex authentico seu Originali Bibliothecæ Cluniacensis mihi pro sua
" singulari beneuolentia exscribi curauit Quidam Amicus meus, Doctor
" Theologus è Primatibus nostræ ætatis. Nec enim dubito quin quas ad
" Episcopum Cabilonensem direxit Vniuersitas, ijsdem ad cæteros ver-
" bis scriptas transmiserit. Res sic habet.

Reuerendo in Christo Patri & D. D. Ioanni diuina miseratione Episcopo Cabilonensi Rector & Vniuersitas studij Parisi. salutem.

" REVERENDE in Christo & Prouidissime Pater, pro militantis Ecclesiæ
" regimine salutari à Christo Capite Sacerdotium discretorum in no-
" uo Testamento sumpsit exordium, qui 12. Apostolos tanquam Maiores
" Sacerdotes & 72. Discipulos quasi Minores instituit. Apostolorum si
" quidem loca tenentes Reuerandos Episcopos tanquam Antistites & Ma-
" iores, cæterorum verò Discipulorum ministerio successisse Parochiales
" Presbyteros veluti Prælatos Minores non ambigitur. Hijs siquidem sub

" Christi Domini Vicario Petri successore ab olim militantibus, præteritis
1456. " temporibus Ecclesia floruit, & tranquillæ pacis conclusa limitibus cre-
" ditis ministerijs salubriter & officiose vacauit. Etsi deinceps multiplica-
" to grege Domini in Ministerij subsidium quosdam vocauerit Ecclesia,
" certis tamen & sacris Sanctionibus expressis regulis id actum gratiose di-
" gnoscitur, expressis tamen & Ecclesiasticæ Parochiæ ordine nihil de-
" tracto quomodolibet. Loquimur hæc, dignissime Pater, quoniam & Ec-
" clesiæ S. Dei dignitatis, authoritatis & litterarum zelatores & pro Do-
" ctrinali eiusdem directores dudum intuemur secundum Mendicantiũ Or-
" dines certis fauoribus & eminentibus expressis in Clementina *Dudum de*
" *Sepulturis*, ex gratia multos vocatos in subsidium Prælatorum, & dudum
" attendimus quod hi suis sæpius terminis non contenti in Ouile proprium
" vltra permissum contendere & omnem ordinem vetustum turbare con-
" tendunt; frequentius nempe & his diebus afferre non verentur quan-
" dam prætermissam defuncti Eugenij seu Nicolai bonæ memoriæ Christi
" Ministri Concessionem, quæ etsi suspecta plurimum censeatur & ex Apo-
" stolica sententia nullatenus credatur emanasse, ex hac tamen Populo-
" rum sumpta ædificatio, & ordinatæ authoritatis pacisque Ecclesiasticæ
" læsio insurgere creditæ sunt. Hinc resistere proximæ concessioni decer-
" nimus, & ne versutia fallacis hostis inficiat Ouile Domini, huiusmodi
" suggestionibus salubriter duximus obuiare. Verum Reuerendos Epis-
" copos quos præposuit Spiritus S. Speculatores in domo Domini, sui gre-
" gis Principes, Duces & Pastores, quorum res geritur, vt in his vigiles
" habeantur, præcipuè duximus excitandos. Itaque, dignissime Pater, vt
" perseueret Ecclesia sancta à Christo prædicti ordinis celebratione insti-
" tuta, & ne diebus vestris, seu nostris tantæ læsionis pullulet occasio, hor-
" tamur in Domino, & per viscera Christi prouidentiam vestram obtesta-
" mur, vt secundum Ecclesiasticam sacrorum Conciliorum & Canonum
" doctrinam plebs vestra per vos & eosdem subditos vestros Parochiales
" Curatos in prædicationibus, doctrinis & Confessionibus Sacramentaliter
" dirigatur in forma illius approbatissimæ Decretalis, *Omnis vtriusque sexus*,
" nec à modò dictorum Ordinum Fratres prædicaturi admittantur, seu
" Confessiones aliter audituri, aut alia facturi quàm præfata expresserit
" Clementina eisdem plurimùm fauorabilis, ita tamen vt primùm renun-
" ciare solemniter teneantur huiusmodi subreptitiæ Concessioni & simili-
" bus dicti Ordinis Ecclesiastici turbatiuis & dictis iuribus alienis. Hic enim
" & nos Fratres ipsos à nostro consortio, donec ea adimpleuerint, non im-
" meritò abdicamus; quærimus Pacis Ecclesiasticæ vetustam conseruatio-
" nem sub qua dignis & officiosis Ministerijs à suis fidelibus colatur obten-
" tæ Pacis Autor, qui ad exaltationem S. Fidei Orthodoxæ & Catholici
" Ouilis vestram Reuerentiam regere & conseruare dignetur. Scriptum
" Parisius in nostra Congregatione Generali apud S. Mathurinum solem-
" niter celebrata. Die 19. mensis Iunij, anno Domini 1456.

Ad vestrum beneplacitum præfati Rector
& Vniuersitas studij Parisiensis. Sic
signata NICOLAY.

In prædictis Comitijs exposuit Rector M. Gerardum Rotarij fuisse
apud Inquisitorem fidei vocatum vt vocant *personaliter* occasione suarum
Vesperiarum. Et conclusum id factum præter consuetudinem, nec id esse
Inquisitoris munus. *Exposuit D. Rector Vniuersitati quemadmodum Reue-*
rendus Mag. Gerardus Rotarij fuerat citatus personaliter coram Inquisitore fi-
dei, occasione suarum Vesperiarum. Super quo deliberauit Natio (Gall.) quod
Facultas Theologiæ caperet casum nouitatis contra illum Inquisitorem fidei, aut
procederet contra eum eo modo quo expediens sibi videretur; & quod daret sibi
adiunctionem & etiam M. Gerardo Rotarij. Volebat insuper quod ille Inquisi-
tor fidei citaretur coram nostro Conseruatore, ex officio responsurus super iniurijs
factis eidem M. Gerardo Rotarij.

INQUISI-
TOR FI-
DEI.

Die 23. Iunij creatus est in Comitijs San-Iulianensibus M. Gaufridus Calui in Rectorem Vniuersitatis: cui etiam saepè luctandum fuit cum Mendicantibus; quam in rem pluries habita sunt Comitia tum hoc mense, tum consequente, nec pax conciliari potuit. Tandem res ad Parlamentum delata est à Mendicantibus, & ab ijs dies dicta Vniuersitati vt se sisteret.

1456.

Die 19. Iulij in Comitijs Mathurinensibus litterae Vniuersitatis ad Regem & ad alias Vniuersitates lectae sunt; decretumque fuit, vt quantocyus sigillis munirentur & mitterentur, quò plures in eam litem descenderent.

Quia verò Mendicantes vrgebant Vniuersitatem, instabantque vt se sisteret apud Curiam Parlamenti, illa antequàm vadimonium obiret, deliberauit declinanda ne esset Iurisdictio Curiae, quia in ea lite agebatur de priuilegijs, an non: & declinare placuit; decretum tamen vt rogaretur Curia, ne litem cognosceret: in eamque rem Orator delectus Doctor Theologus M. Ioannes Panetchar.

Die 3. Augusti in Comitijs Mathurinensibus retulit D. Rector quae verba facta fuissent ab Oratore Vniuersitatis M. Ioanne Panetchar ad Augustissimae Curiae Proceres; item quae à Patrono seu actore Mendicantium, atque etiam ab Aduocato Regio; retulit quoque quid decreuisset Curia per modum ampliationis, seu vt vocabant *Appunctuamenti*, quod fuit eiusmodi, vt scribit Nicolaus Ripaut tunc Procurator Nationis Gallicanae. *Quod Curia dolebat de controuersiâ habitâ inter Vniuersitatem & Mendicantes, & ad Nos pacificandum deputabat DD. Archiepiscopum Remensem, Patriarcham Antiochiae & D. Parisiensem cum 4. Dominis de Societate eorum, videlicet M. Guillelmum Cottin, D. Archidiaconum de Iosayo, Decanum Pictauiensem & D. Stephanum de Mondidier. Volebat etiam Curia quod Vniuersitas deputaret 4. de suo gremio & DD. Mendicantes alios 4. de suis Ordinibus: qui omnes simul haberent nos concordare si possent, remittebatque diem Iouis proximè venientem ad diem Lunae.* Hoc Curiae decretum valde placuit Vniuersitati: & nominauit Quatuor. viros; in Facultate Theologiae MM. Petrum de Vaucello & M. Panetchart qui Orator fuerat: In Facultate Decretorum M. Petrum Maugier & Martinum de Fraxinis, vel Facultatis Decanum. De eadem re sic legitur in libro Picardicae Nationis.

De Pace agitur.

Anno Domini 1456. die 3. Augusti, fuit alma Parisiensis Vniuersitas studiorum antiqua Parens in S. Mathurino conuocata super 2. art. Primus fuit ad audiendas diligentias factas in materia Mendicantium, & potissimùm ad audiendum relationem propositionis factae per Magistrum nostrum M. Ioannem Panetchar coram DD. de Parlamento, necnon ad audiendam eorum relationem. Secundus fuit communis super supplicationibus & iniurijs. In 1. artic. declarauit D. Rector quomodo Magister noster M. Ioannes Panetchar eleganter proposuerat secundum Conclusionem nouissimè captam, **& assumpserat verbum pro Themate:** *Diligite lumen sapientiae qui praeestis Populis* : quia secundum Conclusionem vltimò captam dandus erat per Facultatem Theologiae Proponens ad eundum ad illam Curiam: & ideo exequendo istam Conclusionem D. Rector congregauit die Dominica Deputatos ad dandum instructiones D. Proponenti & ad eundum quaesitum & petitum audientiam. Et habuimus audientiam die Lunae: & ibi fuimus auditi coram DD. de Parlamento. Et fuerunt praesentes etiam DD. Mendicantes. Et tandem post multas altercationes Curia dedit Deputatos ad prouidendum pacem, & ad aduisandum media pacis. Et ordinauit ita, non per modum sententiae, sed ad inueniendum medium pacis quod D. Patriarcha, D. Archiepiscopus Remensis & D. Episcopus Parisiensis vnà cum 4. DD. de Parlamento, scilicet D. Cottin & tribus alijs: & etiam Vniuersitas dabit 4. Deputatos, & etiam Mendicantes, vt isti haberent deliberare & inuenire media pacis: & isti solum habebant potestatem referendi in Vniuersitate. Et etiam placuit Vniuersitati dare suos Deputatos, in primis gratulando D. Rectori, D.

" Proponenti, cæterisque Deputatis, & etiam DD. de Parlamento, de
" gratâ eorum susceptione & audientia & responsione: & dedit Magistrum
" nostrum M. Petrum de Vaucello, M. Ioan. Panetchar, Maugier & de
" Fraxinis. Hæc acta fuerunt anno, mense, die quibus supra, præsentibus
" venerabilibus viris DD. & MM. scilicet Ioanne Clerici, Houppelan-
" de, &c. & pluribus alijs. Teste meo signo manuali. Ita est Ruffi cum
" Syngrapha.

Die 7. Augusti in Comitijs Mathurinensibus exposuit idem Rector quamplurimas vias pacis fuisse propositas à selectis, sed vnam tandem plus placuisse cæteris. Scripto tradita est & exhibita Vniuersitati. Quæ tamen cum lecta fuisset, habitâ deliberatione vnanimiter reiecta est, nisi apponeretur hæc conditio: *vt scilicet Mendicantes renunciarent Bullæ impetratæ*, quæ causa scandali, & pacis turbatiua fuerat, pollicerenturque se eam pro non debita habituros, nec ex ea sibi Iuris aliquid adrogaturos. Quod Decretum statim Mendicantibus significatum est, & ab ijs nonnihil concessum ad placandos Vniuersitatis animos, non omnino tamen paruerunt.

Itaque cum die 11. Augusti in Comitijs Mathurinensibus retulisset idem Rector an placeret Transactio nonnullis suis partibus emendata, responsum est non placere. Si tamen vellent Mendicantes suspensa manere omnia vsque ad proximum futurum Generale Concilium Ecclesiæ, aut etiam Ecclesiæ Gallicanæ, vbi hæc materia fusiùs tractaretur & accuratiùs, vltro etiam descensuram Vniuersitatem ad suspensionem priuationis eorum è gremio Vniuersitatis; ea tamen lege vt Bulla illa remaneret penes D. Parisiensem Episcopum, idque sponderent Generales 4. Ordinum Mendicantium, scedulamque darent suis sigillis munitam. Item vt ad matrem Vniuersitatem venirent atque ab ea cum debita animi submissione deposcerent suspensionem suæ priuationis. Verum noluerunt illi hisce conditionibus subscribere. Itaque ad Curiam Parlamenti causa redijt: vt latius continetur in fastis Picardicæ Nationis in Rectoria M. Gaufridi Calui: vbi quæ sequuntur, legere est.

" Super discordia in Rectoria præcedenti orta inter almam matrem Vni-
" uersitatem Parisiensem & Religiosos Mendicantes in hac præsenti Recto-
" ria sic extitit processum. Prædicti namque Fratres Mendicantes appel-
" lationem per ipsos in sua priuatione interiectam ad illum, vel ad illos re-
" leuauerunt ad venerandam Curiam Parlamenti, ad quam ob illam causam
" fecerunt Vniuersitatem adiornari & conueniri. Quam Curiam per so-
" lemnes Proponentes bis declinauit Vniuersitas, requirendo quod confor-
" miter ad sua priuilegia & statuta, & ad ea quæ conformiter prius fuerant
" gesta, ipsam causam sibi remitterent, asserendo quod de statutis suis &
" priuilegijs prædictis ista Curia non debebat quouis modo cognoscere.
" Prædictis tamen fratribus renitentibus in aduersum, ac requirentibus
" per ipsam Curiam suam priuationem declarari de iure fuisse nullam: &
" etiam suam Bullam ex parte Vniuersitatis arrestatam sibi liberari & ex-
" pediri. Vbi primò per illam venerandam Parlamenti Curiam quæsita sunt
" inter partes media Pacis, datis pro Arbitris 4. colendissimis DD. illius
" venerabilis Curiæ vna cum Reuerendissimis in Christo Patribus & DD.
" D. Patriarcha Antiocheno, Episcopo Pictauiensi, & D. Archiepiscopo
" Rhemensi, necnon Reuerendo in Christo Patre D. D. Episcopo Pari-
" risiensi, qui acceptis & vocatis 4. honorandis DD. de Vniuersitate duo-
" bus in Theologia, & alijs duobus in Decretis Doctoribus: & totidem vi-
" delicet 4. de Mendicantibus, aduisauerunt & quantum in eis fuit, decre-
" uerunt Concordiam in modum qui sequitur fore tenendam & stabi-
" liendam.

" Exorta nuper, vt creditur, à Pacis æmulo discordiarum materia inter
" Vniuersitatem *Studij Parisiensis* & Fratres 4. Ordinum Mendicantium
" occasione cuiusdam Bullæ in manibus *Scribæ Officialis Parisiensis* arrestatæ
" incipientis *Gregis nobis crediti*, quam dicta Vniuersitas præiudiciabilem

Vniuersitatis Parisiensis. 607

Decretali, *Omnis vtriusque sexus*, & Clementinæ, *Dudum* prætendebat, in aduersum eisdem Fratribus prætendentibus, ac conquerentibus super priuatione quam contra eos à dictâ Vniuersitate repente nimium dicebant emanatam, & alijs inde sequutis, *Venerabilis Curia Parlamenti* hinc inde adita consuluit viam pacis inter partes prædictas per nos C. & C. ab eadem Curia ordinatos ex consensu partium fore primitus inducendum. Cum itaque nos C. & C. vt ipsam viam pacis assequi conuenientius valeremus ipsas partes hinc inde, seu Deputatos ab eis coram Nobis mandauimus, & eisdem auditis pacis salutaria aperuimus media quamplurima. Tandem Domino cooperante ad omne vitandum scandalum, ad turbationis materiam amputandam, & pacis solidæ validam reformationem, ex mutuo dictarum partium, seu Deputatorum ab eis consensu ad pacem & concordiam deuentum est in forma quæ sequitur.

1456.

Videlicet quod prædicti Fratres & Religiosi declarabunt & promittent coram Nobis sicut & iam in præsentia nostra eorum Deputati dixerunt, quod per impetrationem dictæ Bullæ, seu quemcunque Actum inde sequutum non intelligunt, nec intendunt acquisiuisse, seu in futurum acquirere aliquod ius nouum, possessionem, vel titulum: quodque abstinebunt ab omni dogmatizatione & vsu prædictæ Bullæ in præiudicium prædictarum Decretalium & Clementinæ. His autem mediantibus priuationes factæ & publicatæ ex parte Rectoris Vniuersitatis prætextu dictæ Bullæ contra ipsos fratres interiectæ perinde habeantur, sopitis differentijs & litigijs quibuscunque, ac si prorsus non emanassent, vel penitus factæ non essent; ipsique Fratres dictorum 4. Ordinum ad matris Vniuersitatis gremium admittentur pacificè & quietè forma & modo & sub statutis & iuramentis hinc inde ab antiquo seruari consuetis, & absque innouatione quacunque, partibus ipsis hinc inde suis iuribus, possessionibus & priuilegijs manentibus, in quibus erant ante initium controuersiæ præsentis inchoatæ; ipsaque Vniuersitas prædictos Ordines & eorum Professores affectu beniuolo pertractabit ad ipsam humiliter redeuntes sicut ad piam matrem. Cuius quidem Concordiæ tenor non ex toto placuit Vniuersitati super hoc solemniter congregatæ: sed conclusit Vniuersitas modum qui sequitur.

Auditâ relatione factâ in Vniuersitate super præloquutis inter DD. Prælatos & Deputatos in materia tangente Bullam Mendicantium arrestatam in manu Iustitiæ, Conclusit Vniuersitas concorditer per omnes Facultates & Nationes quod semper sibi placuit bona concordia si reperiri potuisset: ad quam non est visa sufficere scedula super huiusmodi præloquutis confecta & lecta. Ad ipsam tamen pacem assequendam placet Vniuersitati Bullam ipsorum Mendicantium absque publicatione manere arrestatam, sicut nunc est; cùm materia & discussio ipsius dictæ Bullæ & articulorum in ea contentorum remittantur ad proximum futurum Generale Concilium Ecclesiæ vniuersalis, vel Ecclesiæ Gallicanæ. Et quod Fratres Mendicantes promittant non vti interim dicta Bulla & quod in ea non publicabunt, prædicabunt, nec dogmatizabunt publicè, vel occultè. Quo facto placet vniuersitati eos cum humilitate venientes recipere in gremium suum vt prius, iuxta tenorem statutorum & iuramentorum ipsius Vniuersitatis, habita etiam securitate valida sub sigillis Prouincialium & Generalium suorum infra tempus competens obligationem pro se & suis Ordinibus, quod præmissa inuiolabiliter obseruabunt. Et casu quo ante huiusmodi discussionem Concilij aliquis dictorum Mendicantium contrarium fecerit præmissorum, publicando videlicet, prædicando, vel dogmatizando dictam Bullam, si suus Prior, Guardianus, Prouincialis, aut Generalis eum non puniuerint infra mensem à tempore huiusmodi excessus noti, vel intimati, ex tunc nempe elapso, totus Ordo ipsius excedentis priuatus maneret ipso facto, quo vsque talis sic delinquens, vel transgrediens debitè punitus fuerit. Ad quam Conclusionem condescendere noluerunt prædicti Fratres Mendicantes.

Quare iterum ad prædictam venerabilem Curiam Parlamenti recurrerunt, quam iterum vt prius declinauit Vniuersitas. Super quo appunctuamentum in hac materia dando, prædicta venerabilis Curia omnia in statu remisit ad sequens Parlamentum post festum videlicet Beatissimi Martini Hiemalis proximè venturi, Partes iterum ad Concordiam & pacem hortando & admonendo. Datum 11. Aug. an. 1456.

Die 23. Augusti in Comitijs Mathurinensibus Rector retulit ad Vniuersitatem quid factum fuisset in Curia Parlamenti in negotio Mendicantium; & quemadmodum Patronus Vniuersitatis fortiter egisset: Item quod Curia satis gratum Vniuersitati Decretum tulisset *amplius* pronuntiando. In ijsdem Comitijs conclusum vt ad Regem, Principes & Barones Regni, Capitula, Abbates & Priores, ac Conuentus scriberetur quàm citissimè fieri posset. Et in eam rem celebrata sunt Comitia die 2. Septemb. in quibus conclusum est vt ad summum Pontificem mitteretur Legatio cum litteris Vniuersitatis. Quamobrem sequentibus Comitijs 29. Septemb. & 6. Octob. de inuenienda pecunia in hancce legationem actum est.

Die 20. Octob. in Comitijs San-Iulianensibus Facultatis Artium, exposuit Rector sibi supplicatum fuisse à Mendicantibus, vt iterum Vniuersitas nominaret Arbitros quibuscum ipsi agere possent de modis inueniendæ pacis & paciscendi fœderis. Qui cum nominati fuissent, eadem die post prandium conuenerunt cum Mendicantibus; variæque hinc inde propositæ sunt rationes: sed nihil perfici potuit. Igitur conclusum est, vt instruerentur Legati ad summum Pontificem mittendi, ijsque pecunia subministraretur. Interim verò vt Rector adiret Episcopum Parisiensem, omniaque exponeret quæ acta fuerint, ab eoque subscriptionem expostularet, & huic causæ adiunctionem.

Die 25. Octob. in eadem rem habita sunt Comitia & decretum, vt sequitur. Anno Domini 1456. die 25. Octob. fuit alma Parisiensis Vniuersitas congregata apud S. Mathur. ad audiendum diligentias factas septimanâ proximè lapsâ per DD. Deputatos Vniuersitatis super materia ,, Mendicantium, & ad audiendum instructiones per eosdem DD. Deputatos confectas super materia Mendicantium ad Celsitudinem Regiam, necnon ad summum Pontificem transmittendas. Aperuit D. Rector quatenus Martis & Iouis diebus septimanæ vltimò lapsæ, ad instantiam & supplicationem DD Mendicantium conuocauerat solemnes Deputatos in S. Mathurino ad prouidendum aliquod medium Pacis inter Vniuersitatem & DD. Mendicantes. Retulit etiam D. Rector qualiter oblata fuerant Mendicantibus quamplurima media Pacis ex parte Vniuersitatis per DD. Deputatos, quodque nullum acceptare voluerunt; imò potius in suo extremo pertinaciæ manere maluerunt. Placuerunt Vniuersitati Instructiones confectæ per M. Petrum Maugerij, videlicet quoad hoc, ipsa Vniuersitas quamplurimum gratulata est prædicto Doctori M. Petro Maugerij de laboribus assumptis. Placuit tamen Vniuersitati quod prædictæ instructiones iteratò legerentur per Deputatos, vt si quæ sint addenda, addantur, & si quæ instruenda, instruantur; & quoad istum articulum placuit Vniuersitati transmittere suos Oratores ad Regem & ad summum Pontificem ad minus duos, vnum ex Superioribus Facultatibus & vnum è Facultate Artium quos placuit stipendiare more solito. Signatum Io. Ægidij cum Syngrapha.

Die 3. Nouemb. in Comitijs Mathurinensibus narrauit idem Rector se à duobus spectatissimis Magistris conuentum, admonitumque Prælatos omnes de Ducatu Normaniæ Synodum celebrasse, ibique Mendicantium Negotio agitato, concorditer conclusisse adiunctionem & subscriptionem causæ Vniuersitatis, promisisseque auxilium, pecuniam, legationem etiam ad summum Pontificem. Item conueniens fore adire Episcopum Parisiensem, rogareque vt Clerum suum conuocaret, vti omnes detectâ fraude Mendicantium & tergiuersatione, ac versutijs patefactis

patefactis eodem consilio ad summum Pontificem mitterent. Quod Vniuersitati maximè placuit. Et hac de re sic legitur in actis.

1456.

Anno Domini 1456. die 3. Nouemb. fuit congregata Vniuersitas in S. Math. ad audiendum diligentias factas in materia Mendicantium, & ad prouidendum de Ambassiatoribus transmittendis ad D. nostrum Regem. D. Rector narrauit diligentias, quomodo in Deputatis instructiones pro Ambassiatoribus fuerant correctæ. Narrauit etiam quod duo notabiles Magistri venerant ad eum, ad intimandū ei quod omnes Prælati de Ducatu Normaniæ fuerant congregati in Ciuitate Rotomagi super materia Mendicantium qui concorditer concluserant inter se quod placebat eis se adiungere Vniuersitati Parisi. contra Mendicantes, & procedere cum Vniuersitate mittere ad Regem & summum Pontificem Ambassiatores ex parte sui. Et quoad hoc dabunt tempore & loco auxilium pecuniale. Explicuit etiam D. Rector quòd secundùm quod inuentum erat à Deputatis, expediebat quod D. Rector cum notabili Comitiua adiret D. Episcopum Parisi. & quod haberet eum requirere vt vellet & dignaretur conuocare Clerum suum super ista materia Mendicantium & dare operam possibilem vnà cum Vniuersitate contra eosdem Mendicantes, viso quod res directiùs tangebat eum & cæteros Prælatos, quàm Vniuersitatem. Requisiuit etiam D. Rector in eadem congregatione, quòd darentur ei Deputati de singulis Facultatibus qui haberent potestatem plenariam ad prouidendum & disponendum de Ambassiatoribus & ad pecunias habendum pro eis, & ad multa alia, vt Vniuersitas non tantùm vexaretur, & etiam vt negotium secretiùs tractaretur. Deliberauit Natio quod gratulabatur D. Rectori & DD. Deputatis de diligentijs & laboribus assumptis per eos in correctione instructionū & articulorum requisitorum ab Ambassiatoribus. Quoad electionem Ambassiatorum, placuit Nationi nominare & eligere vnum de suppositis suis M. Io. Fornelli in Ambassiatorem: & casu quo aliæ Nationes & Facultates non descenderent in eum, placebat ei associare M. Gaufridum Normani de veneranda Natione Picardiæ, vel illum in quem maior pars descenderet, & id pro Theologo. Gratulabatur etiam Natio DD. Prælatis de Ducatu Normaniæ, & placebat ei quod scriberentur eis literæ commendatoriæ & etiam gratulatoriæ. Placuit ipsi Nationi quod D. Rector cum bonâ comitiuâ adiret D. Episcopum Parisi. & requireret quod vellet congregare Clerum suum & exponeret ei quod multa media pacis oblata fuerant Mendicantibus ex parte Vniuersitatis, & nunquam voluerunt descendere ad media pacis. Quoad requisita D. Rectoris in habendo Deputatos, cum potestate prætacta, voluit Natio dare Deputatos vt petiuit.

Die 20. Nouemb. in Comitijs Mathurinensibus exposuit idem Rector se propter duplicem causam indixisse Comitia. Nimirum & propter rem Mendicantium, & propter nouam quandam Decimam quæ à D. Legato, **authoritate Apostolica** dicebatur esse Beneficiatijs omnibus huius Regni imposita. Quoad Mendicantes, retulit se cum Oratore & cæteris ab Vniuersitate Parisi. nominatis Arbitris adijsse Episcopum Parisi. iuxta decretum Vniuersitatis, rogauisseque vti Clerum suum conuocaret super adiunctione Vniuersitati dandâ: illum autem conuocato Clero & re expositâ, ex omnium sententiâ subscripsisse postulationi Vniuersitatis. Quod maximè gratum omnibus fuit. Quoad Decimam verò illam, decreuit Vniuersitas modis omnibus esse huic exactioni obsistendum, imò appellandum futurum Concilium.

Die 14. Decemb. celebrata sunt in eandem rem Comitia ad audiendum diligentias factas per D. Parisiensem & DD. Deputatos Vniuersitatis & etiam Cleri in materia Mendicantium. Narrauit D. Rector quatenus post congregationem, vltima vice, loco supradicto factam D. Episcopus Parisi. mandauerat vnâ die Religiosos Mendicantes ad audiendum ab eis, si ad aliqua media pacis descendere vellent, qui in illa conuocatione ceperunt dilationem ad alium diem. Quo die cum ad D. Parisi. accessissent,

"nullum finale responsum adhuc dare voluerunt; tum propter nuntium
1456. "quem expectabant venturum intra triduum, allaturum literas Vniuersi-
"tati directas à D. Legato: tum etiam propter certas res nouas quas expe-
"ctabant de die in diem à Generalibus Fratrum Prædicatorum & Car-
"melitarum, propter quas excusationes datum est eis spatium prædicta ex-
"pectandi octo dies. Et quoad istum articulum Vniuersitas gratias egit D.
"Parisiensi de suis laboribus in ista materia insumptis, necnon de commu-
"nicatione suarum literarum transmissarum à D. Legato. Et placuit Vni-
"uersitati capere instrumentum publicum sub isto Rectore de adiunctione
"Cleri & D. Parisiensis in materia Mendicantium. Signatum Ioa. Ægidij
"cum Syngrapha.

Die 15. eiusdem mensis lectæ sunt litteræ Reuerendissimi in Christo Patris Cardinalis Auinionensis in Francia & Regionibus circumvicinis Legati, quibus hortabatur Vniuersitatem ad pacem & concordiam cum Mendicantibus: Decretum est autem vt ad ipsum Cardinalem rescribe-retur. Quæ omnia continentur in Actis Rectoriæ D. Nicolai Berthoul, his verbis.

"Post varias multiplicesque atque repetitas sæpenumerò Vniuersitatis
"almæ de transmittendis ad S. Apostolicam sedem & Regiam Celsitudi-
"dinem Oratoribus pro dicto facto Mendicantium & cæteris multis ipsam
"Vniuersitatem concernentibus deliberationem & conclusiones ob pecu-
"niarum defectum & alia motiua retardatas, post ipsorum Religiosorum
"Mendicantium pro singulis suis Ordinibus coram solemnissimis Vniuer-
"sitatis Deputatis binâ vice comparitionem, & eorundem pro sua rein-
"tegratione ac vnione supplicationem. Post varia & quamplurima amplis-
"sima pacis media per Prælatos Deputatos ipsis Mendicantibus oblata,
"cum charitatuis multùm & fraternis exhortationibus ab eisdem indurato
"quamplurimum corde recusata, pro vlteriori contra eos prouisione, ma-
"iorique ipsorum Mendicantium ad pacem contractione & incitatione,
"potestatumque per suam Bullam; quibus priuati extiterunt, prætensa-
"rum repressione dicto tempore Rectoriæ præsentis vltra prout sequitur
"elaboratum.

"Ex consilio nempe & aduisamento Deputatorum, & consequenter ip-
"sius Vniuersitatis maturâ deliberatione adijt Rector cum Deputatis & so-
"lemni Proponente Reuerentiam Reuerendi in Christo Patris D. Episcopi
"Parif ibique per dictum Proponentem assumpto verbo Dei & deducto,
"requisiuit ipsum Reuerendum in Christo Patrem quatenus dignaretur
"conuocare suum Clerum, tam exemptos quàm non exemptos ad au-
"diendum supplicationem prædictæ Vniuersitatis inclitissimæ in materia
"prætactâ Mendicantium, & pro sua benignitate libens & cum diligentia
"multa fecit quidem Reuerendus Pater. Coram igitur ipso Reuerendo
"Patre & Dominis multis Clerum huius inclytissimæ vrbis in numero co-
"pioso repræsentantibus, idem Rector & Deputati per solemnem, vt di-
"ctum est, Proponentem, assumpto vt tractatum est & deducto verbo Dei
"quæsierant ipsius Reuerendi in Christo Patris & DD. Præfatorum Cle-
"rum repræsentantium adiunctionem in dictæ materiæ Mendicantium
"prosecutione & deductione, quæ per nonnullos & præsertim huius Ci-
"uitatis præfatæ meritos plenissimè ex tunc concessa est & donata, alijs
"inducias deliberatorias quærentibus. Omnes tamen post paucos dies di-
"ctam ei adiunctionem dederunt; quidam plenam: alij post se adiunxerunt
"quantum ad impediendum vsum, dogmatizationem & publicationem
"dictæ Bullæ. Aduisatumque est ex tunc quod Deputati Vniuersitatis de
"cætero conuenirent cum Deputatis Cleri visuri de medijs pacis & vlte-
"riori modo procedendi in negotio. Quibus omnibus in Vniuersitate re-
"latis, regraciata est quam plurimum eidem Reuer. Patri pro suis laboribus
"in sui Cleri conuocatione, & eidem suo Clero de sua benigna adiunctio-
"ne, Rectori & Deputatis pro pœnis & diligentijs assumptis in dictæ ad-
"iunctionis prosecutione. Placuitque ipsi Vniuersitati quod sui Deputati

" & tunc & aliàs nominati conuenirent cum Deputatis Cleri materiam tra-
" ctaturi, si inueniri posset, saluo etiam recursu ad processum vlteriorem,
" vbi pax haberi non poterit. Ad hanc pacem per ipsum Reuerend. Patrem
" multis postea conuentionibus elaboratam, quæ, durante dictâ Rectoriâ,
" haberi non potuit, quanquam de eadem spes non modica foret, tandem
" post hos labores supplicauit dictus Rector haberi gratus, recommissus,
" & acta sua rata, grata & aduoata. Cuius supplicatio plenissimè concessa
" est. Rescripsit super hac materia Reuerendus in Christo Pater Cardina-
" lis Auinionensis exhortando, quodque ad suam Reuerendam Paternita-
" tem transmitteretur vnus de Vniuersitate cum potestate plenaria ad com-
" ponendum pacem, quem sic mittere nondum decreuit ipsa Vniuersitas,
" sed voluit præmittere pacem per suos Deputatos cum Deputatis Cleri
" iuxta sæpius conclusa, si possibile fuerit tractari; sin autem, tunc delibe-
" rabit. Decreuit tamen ipse Reuerendo Patri rescribere, regratiando &
" excusando singulisque Prælatis & singulis de Clero Regni & Partium
" Regno vicinarum & pro adiunctione habenda per Deputatos aduisanda
" scripto supplicare. Hæc principalia Acta tempore præsentis Rectoriæ.
" Sic signatum N. Berthoul.

Die 16. Decemb. electus est in Rectorem Vniuersitatis M. Ludouicus Scanulieghe Picardus, à quo lis Mendicantium tandem composita est. Atque imprimis ille in Comitijs Mathurinensibus die 24. habitis, exposuit quanto studio D. Episcopus Parisiensis cum Vniuersitate concurreret contra Mendicantes: quamobrem illi decreuit actionem Gratiarum Vniuersitas.

Non videntur autem cæteri Ordines Religiosi se se turbis hisce immiscuisse, aut Mendicantibus vllo pacto fauisse: & cum ijs pariter benignè egit Vniuersitas, si quid illam rogarent. Cistercienses Collegij Bernardinorum postulata societate ad Theologorum Ordinem admittuntur etiam non præfinito numero, vt patet ex Actis sacræ Facultatis.

" Anno Domini 1456. die 10. Mensis Ianu. conuocata & congregata so-
" lemniter pro tertia vice Facultate Theol. in S. Math. ad deliberandum &
" concludendum super quadam supplicatione eidem factâ ex parte Reuer.
" Patris D. Abbatis Cisterciensis, ac DD. Diffinitorum Capituli Genera-
" lis dicti Ordinis Cisterciensis, videlicet quod dicta Facultas permitteret
" *quod singuli Scholares Collegij S. Bernardi Parisius dicti Ordinis Cisterciensis,*
" *qui in dicto Studio Parisius, vel alio famoso Studio 8. annis studuerint, pos-*
" *sint legere Sententias* ordinariè in eadem Facultate, dum tamen ad hæc idonei reperti fuerint, sicut in Priuilegijs à Sede Apostolica suo Ordini con-
" cessis dicebant contineri. Super qua supplicatione, vnà cum quibusdam
" alijs ex parte Prædictorum requisitis dicta Facultas notabiles dedit De-
" putatos ad visitandum priuilegia dicti Ordinis & Statuta Facultatis: qui
" quidem Deputati materiâ inter eos discussâ, **suam relationem dictâ die**
" præfatæ Facultati fecerunt. Qua per eandem auditâ post maturam deli-
" berationem singulorum Magistrorum nostrorum, in eadem Congrega-
" tione existentium, per organum M. Dionysij de Sabrenois in Theologia
" Magistri, dictæ Facultatis Decani fuit conclusum in hunc modum, vide-
" licet, *quod quicunque Religiosus Ord. Cister. studuerit Parisius per sex annos*
" *completos & intrauerit septimum, iuxta Statutum Facultatis conformiter ad Se-*
" *culares, aut alibi in Studio Generali, computando duos annos pro vno Parisius,*
" *admittetur ad primum Cursum Bibliæ, dummodò sufficiens & idoneus repertus*
" *fuerit.* Item tenebuntur dicti Religiosi præfati Ordin. Cisterc. habere
" omni anno vnum Baccalarium, qui sicut præfertur, habeat tempus præ-
" dictum qui ordinariè legat Bibliam.

Die Martis 18. Ianu. eiusdem anni more Gallicano, in Comitijs Mathurinensibus exposuit Præfatus Rector quo pacto per Arbitros Vniuersitatis, Cleri Parisiensis & Mendicantium confecta fuisset quædam scedula ad pacem sanciendam: quæ tum lecta fuit, quæque, vt scribit M. Ioannes Roërij tunc Procurator Nationis Gallicanæ, *continebat in summâ quod*

Tom. V.

" *Fratres nihil prædicarent in præiudicium illius Decretalis,* Omnis vtriusque se-
" xus, *& Clementinæ* Dudum *de sepulturis:* quodque eorum Bulla maneret
" in manibus D. Episcopi Paris. & hoc medio reciperentur dicti Fratres
" in gremio Vniuersitatis, & facerent Actus suos sicut ante eorum priuatio-
" nem facere consueuerant. Sed tamen quia Fratres Mendicantes de Con-
" uentibus Parisiensibus non habebant potestatem ratificandi & confirman-
" di contenta in scedula pro 4. Ordinibus vniuersaliter, cauebatur in eadem
" scedula quod Fratres prædicti de 4. Conuentibus Parisiensibus procura-
" rent pro posse suo prædictam scedulam & contenta in eadem, ratificari &
" approbari in suis Capitulis Generalibus singulorum Ordinum. Super
" quo deliberauit Natio præfata, cum Fratres de 4. Conuentibus Parisien-
" sibus potestatem huiusmodi non haberent Tractatum aliquem, seu Con-
" uentionem faciendi pro omnibus Fratribus singulorum Ordinum: quod
" etiam non promitterent absolutè procurare ratificationem prædictæ sce-
" dulæ in suis Generalibus Capitulis, sed solum pro posse suo; quod non
" potest cum eisdem Fatribus fieri aliquis Tractatus securus super contro-
" uersia currente, donec & quo vsque dicti Fratres habuerint potestatem
" sufficientem per Procuratorium, vel aliter à singulis Ordinibus Fratrum
" Mendicantium. Et vult Natio quod prius habeant prædictam potesta-
" tem impetrare quàm cum ipsis firmetur Tractatus in prædicta scedulâ
" contentus. Et casu quo aliæ Facultates & Nationes præfatam scedulam
" vellent admittere, se opponit & appellat ad Vniuersitatem melius con-
" gregatam. Voluit quod ego requirerem D. Rectorem de congregando
" Facultatem Artium ad aduisandum modum procedendi in hac materia.
" Quod & feci referendo Conclusionem Nationis in præsentia Rectoris,
" Procuratorum & totius Facultatis. Nec dubito quin tota Vniuersitas in
" eandem sententiam descenderit: vt patebit ex sequentibus.

 Die vero 21. eiusdem mensis in Comitijs Mathurinensibus lectæ sunt quædam litteræ Vniuersitatis Tolosanæ ad Vniuersitatem Parisiensem quarum tenor erat eiusmodi. Cum quidam Episcopus in partibus circum-vicinis compelleret Censuris Ecclesiasticis Beneficiarios ad soluendam Decimam, Vniuersitas verò Tolosana ijsdem gaudeat priuilegijs quibus Parisiensis, enixissimè postulabat ab Vniuersitate Paris. vt sibi mentem suam super hac Decima significaret. Conclusum est rescribendum Vniuersitati sorori, quod Vniuersitas Paris. ab eiusmodi Decimæ impositione appellasset.

 Die 3. Febr. conuocatâ & congregatâ apud Mathurinenses Vniuersitate, lectum est exemplar Bullæ summi Pontificis Callisti per Episcopum Atrebatensem ad Vniuersitatem missum: quâ Bullâ prædictus Pontifex reuocare dicebatur Priuilegia Mendicantibus à Nicolao prædecessore suo concessa contra ius Secularium Sacerdotum, & contra Decretalem *Dudum, de sepulturis.* Quamobrem Vniuersitas decreuit solemnes supplicationes.

" Anno 1456. die 3 Febr. conuocata fuit alma Parisiensis Vniuersitas
" apud S. Mathurinum per D. Rectorem, ad audiendum lecturam Copiæ
" Bullæ cuiusdam emanatæ de nouo à summo Pontifice Domino nostro
" Papa concernentis materiam FF. Mendicantium, quæ Copia missa fuit
" Vniuersitati per Reuerendum in Christo Patrem D. Episcopum Atreba-
" tensem. Et quantum ad istum artic. auditâ lecturâ prædictæ copiæ deli-
" berauit Natio Franciæ veneranda mater mea, quod quia prædicta Bulla
" pacem dabit prout speratur inter Seculares & Religiosos per reuocatio-
" nem & cassationem Priuilegiorum FF. Mendicantium quæ impetrata
" sunt in præiudicium secularium Sacerdotum & contra Decretalem *Du-*
" *dum,* sicut latius videri potest in prædicta Copia, gratulatur humiliter
" Domino nostro summo Pontifici B. Callisto qui dignatus est hanc Bul-
" lam multarum discordiarum & litium destructiuam concedere. Vult so-
" lemnes Processiones Vniuersitatis fieri ad exorandum Altissimum singu-
" lariter pro vnione & pace S. Matris Ecclesiæ & prosperitate & felici

successu D. nostri summi Pontificis. Gratulatur etiam quamplurimum
Reuerendo in Christo Patri & D. Episcopo Atrebatensi de transmissione Copiæ prædictæ, & vult litteras gratulatorias ei transmitti ex parte
Vniuersitatis. Deliberauit insuper quod vult Bullam vnam consimilem
habere sub plumbo quæ reponatur in arca Nationis, & quod esset expediens quamlibet Facultatem & Nationem, vnam habere ad perpetuam
memoriam & securiorem custodiam, mittendo proprium nuncium ad
sanctam Sedem Apostolicam, si non possit aliter haberi.

Die 18. eiusdem mensis Febr. celebrata sunt Comitia Generalia apud Bernardinos: quibus interfuerunt DD. Connestabularius Franciæ, & Reuerendi in Christo Patres Archiepiscopus Remensis & Episcopus Parisiensis, ad reducendos in gremium Vniuersitatis Fratres Mendicantes, sedandasque discordias & lites quæ occasione Bullæ ab ipsis impetratæ enatæ fuerant; quæ de re sic scribit Roërius Procurator Nationis Gall. Quantum, *inquit*, ad istum articulum auditis proloquutis & aduisamentis illustris Domini & potentis Connestabularij Franciæ tam per organum eius, quàm etiam cuiusdam venerabilis viri M. Guillelmi Papin eius Consiliarij, deliberauit Natio Franciæ veneranda quod propter reuerentiam & præsentiam D. Connestabularij requirentis & supplicantis in Vniuersitate pro reintegratione Fratrum Mendicantium & pro bono pacis & Concordiæ, placebat quod Fratres Mendicantes reciperentur in Vniuersitate sicut prius punctis, seu articulis 4. promissis & iuratis, quæ sequuntur.

1. Art. quod Bulla de quâ est & fuit contentio, & pro quâ fuerunt priuati, de consensu Partium manebit in manibus D. Episcopi Parisiensis Ordinarij.

2. Punctus quod omnes processus & appellationes tam in Curia Parlamenti quàm alibi, qui occasione suæ priuationis exorti fuerant, cessabunt omnino.

3. Punctus, quod quamprimùm venerit Bulla Parisius quæ creditur emanasse à summo Pontifice quæ incipit, *Callistus*, quæ reuocatoria est omnium Nouitatum impetratarum per dictos Mendicantes, vel de ea sufficienter apparuerit, ipsi per omnia obtemperabunt & acquiescent dictæ Bullæ.

4. Quod promittent non vti Bullâ de quâ est contentio. Et adiecit Natio quod prædicti Fratres Mendicantes iurarent & promitterent nullam aliam Bullam vnquam impetrare in præiudicium Bullæ reuocatoriæ quæ de nouo dicitur emanasse à summo Pontifice. Quod etiam Fratres Mendicantes Parisienses procurarent in suis Capitulis Generalibus prædicta accordari & ratificari, & nisi ita facerent, quod curreret eorum priuatio sicut prius. Voluit vltra Natio quod huiusmodi Fratres Mendicantes cum humilitate venirent ad Vniuersitatem & supplicarent pro sua reintegratione non cum elatione & verborum tumore, sicut Quidam de Ordine Prædicatorum qui dicitur Breart Doctor alterius Vniuersitatis, qui in sua supplicatione dicebat quod non venerat ad supplicandum & quod coactus loquebatur, & quædam alia & plura indiscretè prolata per organum eiusdem: quæ minimè accepta fuerunt Vniuersitati, & meritò: propter quod in fine Congregationis facta est & porrecta vna humillima supplicatio pro parte Fratrum Mendicantium per organum cuiusdam venerabilis Patris de ordine Fratrum Eremitarum S. Augustini Doctoris sacræ Theologiæ huius Vniuersitatis in presentia D. Connestabularij, Reuerendorum Patrum D. Archiepiscopi Remensis & Episcopi Parisiensis & omnium Magistrorum singularum Facultatum & Nationum stantibus Doctoribus & Magistris Ordinum Mendicantium, capitibus discoopertis, in loco humilitatis & supplicantium per spatium vnius horæ & amplius præsente semper D. Connestabulario qui ab hora octaua de mane vsque fere duodecimam, deliberationem Vniuersitatis expectauit, vt pacem & concordiam firmaret inter Vniuersitatem & Mendicantes; quod fecit authore Deo; & recepti sunt Mendicantes in fine illius Congrega-

" tionis, in gremio Vniuersitatis sicut prius. Multa & complura acta fue-
" runt in hac congregatione ad honorem Vniuersitatis contra FF. Mendi-
" cantes quæ narrare longum & tædiosum stylo rudi & non præmeditato.
" Sed hæc omnia ad longum narrari debent in instrumento accepto de actis
" & factis in hac Congregatione à quatuor publicis Notarijs præsentibus
" & vocatis ad hoc; sicut conclusum extitit non solum in Natione, sed in
" tota Vniuersitate.

Eadem res habetur in Actis Rectoriæ M. Ludouici Scanulieghe, in quibus etiam continetur Instrumentum fœderis & pacis inter Vniuersitatem & Mendicantes. Sic igitur habetur.

TRANS-
SACTIO
INTER
VNIVER-
SITATEM
ET MEN-
DICAN-
TES.

" Multiplicibus conuocationibus & congregationibus habitis inter so-
" lemnes Deputatos almæ Vniuersitatis Parisiensis & nonnullos Fratres 4.
" Ordinum Mendicantium super quadam Bulla scandalosa, Pacis & con-
" cordiæ subuersiua & Ordinis Hierarchici Ecclesiæ, ac subreptitia; pro-
" pter quam Predicti Fratres à gremio Vniuersitatis antedictæ resecati fue-
" rant, Tandem interpretationibus, ac interlocutionibus Illustris Princi-
" pis Connestabularij Franciæ, nec non Reuerendissimorum & Reueren-
" dorum in Christo Patrum, ac Dominorum Archiepiscopi Remensis ac
" Episcopi Parisiensis, habita est concordia in modum qui sequitur.
" IN NOMINE DOMINI, AMEN. Per hoc præsens publicum Instrumen-
" tum cunctis pateat euidenter & fit notum, quod anno ab Incarnatione
" eiusdem 1456. Indictione 5. die verò 18. Febr. Pontificatus sanctissimi in
" Christo Patris & Domini nostri D. Callisti diuina prouidentia Papæ III.
" anno 2. Alma Vniuersitate Parisi. apud S. Bernardum solemniter congre-
" gata, adstantibus ibidem quampluribus sacræ Theologiæ & Decretorum
" Doctoribus, in Medicina & in Artibus Magistris, singularumque Facul-
" tatum & Nationum Decanis & Procuratoribus, venerabili & scientifi-
" co viro M. Ludouico Scanulieghe dictæ Vniuersitatis Rectore & præsi-
" dente & exponente quod prædictam Vniuersitatem congregari fecerat
" super 2. artic. Quorum articulorum 1. erat ad audiendum aliqua propo-
" nenda per Illustrissimu Principem D. Arturum de Britania, Comitem Ri-
" chemundiæ & Franciæ Connestabularium, necnon Reuerendissimum in
" Christo Patrem D. Ioannem Iuuenalem Archiepiscopum Remensem pri-
" mum Franciæ Parem, & Reuerendum in Christo Patrem D. Guillelmum
" Quadrigarij Episcopum Parisiensem. Super certa controuersia orta in-
" ter Præfatam Vniuersitatem & DD. Religiosos 4. Ordinum Mendican-
" tium occasione cuiusdam Bullæ per dictos Religiosos impetratæ, subuer-
" siuæ, vt ferebatur, status, Ordinis Hierarchici, pacis & vnionis inter
" Religiosos & seculares quondam factæ & iuratæ eneruatiuæ, in manibus
" præfati Reuerendi Patris Episcopi Parisiensis ad requisitionem ipsius
" Vniuersitatis. Secundus articulus erat super supplicationibus & iniurijs.
" Quibus articulis per dictum D. Rectorem in medium positis, veniendo ad
" primi articuli declarationem, exposuit tunc Rector quod præfati DD.
" Connestabularius, Archiepiscopus Remensis, & Episcopus Parisiensis
" erant in Ecclesia dicti loci S. Bernardi, & quod ob reuerentiam ipsorum
" bonum esset & honestum quod aliqui ex DD. Doctoribus irent eis ob-
" uiam: quo dicto deliberato; ita factum est. Tunc illico & incontinenti
" D. Connestabularius & alij associati pluribus Baronibus, militibus, scu-
" tiferis, nobilibus & alijs personis intrauerunt locum Capitularium, in
" quo præfata Congregatio habebatur. Et ipsis sedentibus in conspectu D.
" Rectoris, præfatus D. Connestabularius dirigendo sermonem suum pri-
" mò ad ipsum D. Rectorem & deinde ad totam Vniuersitatem honorificè
" & reuerenter præsentibus ibidem etiam DD. Religiosis Mendicantibus
" 4. Ordinum prædictorum in copioso numero, verbis Gallicis exposuit,
" quod præfati Religiosi ad suam præsentiam pluribus & iteratis vicibus
" accesserant, eidem supplicando quatenus vices suas impendere vellet ad
" media pacis tractanda inter ipsos Religiosos & Vniuersitatem Parisien-
" sem præfatam. Dicens vlterius quod quia boni Principis est laborare

ad ea quæ pacis sunt, ipse & præfati Domini sibi assistentes, modos & "
vias per quas concordiæ & pacis fœdera & vnio ad caput scilicet Reli- " 1456.
giosorum Mendicantium ad Vniuersitatem eorum matrem quæ dulcissi- "
mo scientiæ lacte eos nutriuit, & melle virtutum eos pauit, iuribus Vni- "
uersitatis inconcussè manentibus deliberauerunt. Qui modi dictarum pa- "
cis & concordiæ, de Mandato præfati Principis per organum viri litte- "
rati M. Guillelmi Papyri D. nostri Regis Consiliarij prudenter, elegan- "
ter & bono ordine, in conspectu dictæ Vniuersitatis propalati fuerunt & "
publicati, præsentibus dictorum Ordinum Fratribus expressè conferen- "
tibus in hunc modum. "

Ad sopiendas lites iamdiu motas & moueri speratas, Reuerendi Pa- "
tres 4. Ordinum Mendicantium cessabunt ab vsu Bullæ præfatæ quæ in- "
cipit: *Nicolaus*, &c. & conseruabitur dicta Bulla in manibus Episcopi Pa- "
ris. de communi consensu partium, cessantibusque processibus quibus- "
cunque cum humilitate redibunt & manebunt dicti Fratres in gratia Vni- "
uersitatis, sicut erant ante istam controuersiam. Et habita Bulla D. Cal- "
listi Papæ moderni reuocatoria dictæ Bullæ cuius copia aliàs coram Vni- "
uersitate publicata extitit quæ incipit: *Ad perpetuam Rei memoriam Nico-* "
laus, &c. promittent ex nunc pro vt ex tunc dicti Mendicantes stare illi "
Bullæ, & obtemperare secundum amplitudinem suæ continentiæ. Quo "
dicto ex parte DD. Religiosorum Mendicantium supplicauit venerabilis "
& Religiosus vir M. Ioannes Brehal Prior Conuentus Paris. de Ordine "
Prædicatorum sub idiomate materno loquendo in hunc modum. "

Présupposé premierement les Conclusions prises & proposées par Monseigneur "
le Connestable chy present, Nous vous requerons & supplions tres-humblement "
tant que faire poons; que à celles requestes & conclusions vous plaise obtemperer "
à nous receuoir comme Supposts & membres. Quibus sic deductis & peractis "
prælibatus D. Rector omnia & singula præmissa singulorum & singulorum "
Decanorum, Doctorum, Procuratorum & Magistrorum ibidem existen- "
tium deliberatione retractanda posuit, & Facultatibus ad loca vbi in "
arduissimis negotijs deliberare consueuerunt, retractis; post maturam "
diuturnamque deliberationem dictis Facultatibus pro concludendo in "
vnum, vt moris est, conuenientibus, & deliberationibus dictarum Fa- "
cultatum per quarumlibet Facultatum & Nationum Decanum & Pro- "
curatorem repetitis, per præfatum D. Rectorem adunatis & conclu- "
sis, ipse D. Rector eloquentem & eximium Doctorem Magdal. de Oliua "
in sacra Pagina Professorem requisiuit, quatenus vellet pro & nomine "
Vniuersitatis, præfato D. Connestabulario & alijs DD. secum assistenti- "
bus & adstantibus conclusa per almam Vniuersitatem referre in idiomate "
materno & congruo; eo quod ipse D. Rector de Patria Flandriæ oriun- "
dus extitit. Qui de Oliua iussibus & mandatis præfari D. Rectoris, velut "
obedientiæ filius obtemperans, onus eiusmodi delationis in se assumpsit. "
Et illicò illustris D. Connestabularius cum DD. Prælatis secum adductis "
præfatis DD. Religiosis præfatam congregationem iteratò adijt qui pro- "
rupit in hæc verba. "

Messieurs ie vous remcine ces bons Relizieux vos Supposts qui n'estoient pas "
bien aduisez quand ils ont fait leur supplication, & pourtant ie vous les remcine "
mieux aduisez. Eo quod præfatus Brehal in sua supplicatione pro parte "
dictorum Religiosorum facta, satis elatè, vt videbatur, primâ facie locu- "
tus fuerat, nec eidem Vniuersitati sua grata fuerat supplicatio. Quibus "
sic per præfatum illustrem Principem dictis & expositis, venerabilis & "
circunspectus vir M. Nicolaus Prior Conuentus Paris. Augustinorum in "
Theologia Magister pro parte prælibatorum Religiosorum supplicauit. "
Sic inquiens dirigendo sermonem suum præfata D. Rectori & Vniuersi- "
tati, Nos humiles & deuoti filij venimus ad vos tanquam ad matrem pue- "
ri, humillimè supplicaturi, quatenus dignemini nos tanquam filios in "
sinu vestræ pietatis recipere, & in vestro cœtu dignissimo, & charitatiuè "
& cum beniuolentia reunire, & parati sumus omnia iussa per vos conclusa "

,, prompto & parato animo pro viribus adimplere. Quâ supplicatione fa-
,, ctâ præfatus illustris Dominus multùm reuerenter & cum magno cordis
,, affectu dixit. *Ie vous prie mes bons Seigneurs chy presens & pour le bien du P.ais*
,, *que vous plaise de les receuoir comme vos Supposts & les traittiez amiablement*
,, *comme deuant.* Quo facto Reuerendus Magister præmissâ plurimum elo-
,, quenter solemni gratulatione ad ipsos excelsum Principem & Reueren-
,, dos Prælatos & Nobiles super zelo & affectione beneuolis, laboribusque
,, suis ad pacem & vnionem instantem cum almâ matre Vniuersitate zela-
,, trice pacis, concordiæ & vnionis super materiâ præsenti conclusâ per
,, matrem Vniuersitatem cum decenti & politâ verborum affluentiâ, nihil
,, de necessarijs penitus omittendo, præfatis Dominis aperuit & reserauit,
,, prout sequitur.

1456.

,, Illustris Princeps! alma mater Vniuersitas deliberauit & conclusit,
,, vultque & sibi placet ob reuerentiam præsentiæ vestræ, excelsæ nobili-
,, tatis, ac DD. Reuer. Assistentium vt Mendicantes renuncient appella-
,, tioni interiectæ & omnibus inde secutis; placet insuper quod amplius
,, non vtantur Bullâ existente in manibus Reuerendi D. Episcopi Parisien-
,, sis, neque similibus, & maneat dicta Bulla in manibus præfati Episcopi si-
,, cut est: & quod vnus pro omnibus Iuratus de Ordine Mendicantium pro
,, suâ reintegratione habeat supplicare, & habeant Mendicantes antedicti
,, obedire Bullæ reuocatoriæ & ratificari per suos Generales infra annum.
,, Item iurabunt quod nunquam impetrabunt similes Bullas; alioquin ex
,, tunc, prout ex nunc reincident in similes priuationes & poenas. Quam
,, Conclusionem sic publicatam in præsentia dictorum Illustris Principis &
,, Reuerendorum Prælatorum & nobilium personarum assistentium Reli-
,, giosorum pro partibus singulorum Ordinum, ipsi Religiosi, videlicet M.
,, Ioannes de Vernon Carmelita & aliorum vnusquisque pro suo Ordine,
,, scilicet M. Stephanus Moreau pro Augustinensibus, M. Thomas Veret
,, pro Prædicatoribus, M. Petrus de Grossis pro Minoribus omnes in Theo-
,, logia Magistri, multique Licentiati, Baccalarij formati & alij de dictis
,, Ordinibus acceptauerunt, sic tenere inuiolabiliter, ac seruare & adim-
,, plere promiserunt, & solemniter manu ad pectus impositâ iurauerunt in
,, dictam Conclusionem Vniuersitatis quoad singula puncta, & humiliter
,, admitti supplicarunt. Quibus iuramentis emissis ob reuerentiam tanto-
,, rum Principis & Prælatorum dicti Fratres humiliter supplicantes pro quo-
,, libet Ordine sigillatim, instantibus multum honestis dictis Principe &
,, Prælatis, ad gremium Vniuersitatis matris recepti sunt. Acta fuerunt hæc
,, Parisius sub anno, indictione, die, mense, loco & Pontificatu supradictis,
,, præsentibus ad hæc venerabilibus & scientificis viris DD. & M. M. Guil-
,, lelmo Euerardi, Thoma de Courcellis in Theologia, Martino de Fraxi-
,, nis, Petro Maugier Decretorum Doctoribus, Guillelmo de Comere,
,, Odone de Credulio in medicina, Radulpho de Barnesse, Iacobo Ber-
,, nardi, Gaufrido Normani, Andrea Vasselin, Clemente Parmentarij,
,, Ioanne Amici, Alberto Scriptoris 4. Nationum prædictarum Procura-
,, toribus in Artibus Magistris & quam pluribus alijs Doctoribus & Magi-
,, stris, alijsque personis fide dignis ad præmissa vocatis. Sic signatum L. Sca-
,, nulieghe.

Die 5. Martij quæ dies erat Sabbati vigilia Brandonum Professores Artium Nationis Gallicanæ per iuramentum conuocati sunt & congregati ad corrigendos nonnullos abusus, qui in sportularum distributionem irrepserant; propterea quod quidam non Regentes illas percipiebant, cum tamen, nec regerent, nec rexissent olim in vico Stramineo, neque proprios Scholares haberent: quæ tres conditiones requirebantur vt ad distributionem quis admitteretur, etiã ad illam quæ fiebat in Missis & Vesperis. Igitur ita conclusum vt scribit Nationis Gallicanæ idem Procurator M. Ioannes Roërij, *Quod nullus sub poenis periurij & priuationis à consortio DD. Regentium se de cætero ingerat ad recipiendum solitas distributiones pro Missis & Vesperis Nationis, nisi fuerit verus, actualis & continuus Regens habens proprios*

proprios Scholares quos continuè ducat ad vicum straminis & quibus legat continuè libros Logicales, Physicales, aut Metaphysicales, vel legerit per maiorem partem Ordinarij, quodque Magister quicunque fuerit, qui se ingeret ad recipiendum distributiones prædictas, si non habuerit lectionem propriam & vicum frequentauerit, vt præmissum est, perpetuò priuabitur à consortio DD. Regentium, & infamis reputabitur. Quoad Magistros & Pædagogos qui per longa tempora rexerint in vico straminis prouisum est, quod quia ipsi decorant & honorant Nationem, gaudebunt in omnibus priuilegijs eisdem quibus & actuales & continui Regentes; hoc excepto, quod ipsi non recipient distributiones pro Missis & Vesperis, vt præmissum est. Quoad Magistros docentes Parisius in Grammaticalibus, conclusum est conformiter ad Statuta Nationis, quod ipsi qui non legunt in vico straminis libros Ordinarios, non sunt Regentes, nec pro Regentibus reputari debent, aut etiam quouis modo gaudere priuilegijs Regentis. Si autem venerint tales qui nec sunt Regentes, nec pro Regentibus debent reputari, à conuiuio DD. Regentium eijciantur de Mandato Procuratorum per Bidellos, vel cogantur sub pœnâ priuationis à Natione ad soluendum cotam suam de proprijs pecunijs, si à dicto Conuiuio recedere recusauerint, & refectionem in eo sumpserint.

1456.

Die 8. Martij Comitijs Centuriatis apud Mathurinenses habitis relatum est in Hollandia, Zelandia, etiam & in Flandria Gandaui priuilegia Vniuersitatis Paris. contemni, quamobrem statutum est vt ad Ducem Burgundiæ illustris Legatio mitteretur, quæ de tuendis Academiæ Priuilegijs cum eo ageret. Item in ijsdem Comitijs actum est de solutione Decimæ cuiusdam Pontificiæ, à quâ quidem iam ante appellatum fuerat, quia existimabat Vniuersitas Exemptionis Priuilegium in arca seruari. Voluit tamen, si non reperiretur, aut si causa quæ prætexebatur in Bulla, scilicet ad tuendam Religionem Christianam aduersus Infideles, vera esset & legitima, eandem Decimam solui. Verum re maturiùs examinatâ, & in rei veritatem inquisitione factâ Comitijs die   April. habitis voluit appellationi insistere iuxta ea quæ aliàs deliberata & conclusa fuerant.

In his autem & sequentibus Comitijs sæpè actum est de Collatione & obtentione Beneficiorum, confectique sunt & clausi Rotuli Nominandorum. Item lectum, correctum & emendatum Instrumentum Concordiæ pactæ inter Vniuersitatem & Mendicantes vt in tabulari Vniuersitatis reponeretur & D. Connestabulario exemplar petenti traderetur.

Verùm dum speratur Pax possideri, ecce nouum dissidium. Mendicantes ante initam concordiam scripserant ad Pontificem, atque apud eum criminati fuerant Vniuersitatem, quod parum reuerenter de Bulla Nicolai loqueretur, eamque falsitatis argueret. Vnde subiratus Papa rescripsit paulo acerbiùs, & datis ad Regem litteris 18. Martij rogat præsumptionem, si talem inueniat, coërceri. Tales sunt ex MS. Herouuallij.

CALIXTVS PAPA III. Charissime in Christo Fili Sal. & Apost. Bened. " Nuper ad nostrum peruenit auditum *quod Quidam de Vniuersitate Parisien-* " *si ultra quam eis liceat, de se præsumentes, contra Determinationes Sedis Apo-* " *stolicæ, ad quam in dubijs Sacramentorum & fidei est recurrendum*, & in præiu- " dicium litterarum Apostolicarum, ac Priuilegiorum quæ pro vtilitate " vniuersalis Ecclesiæ & propagatione Religionis Christianæ quatuor Or- " dinibus Mendicantium à Prædecessoribus nostris Rom. Pontificibus olim " piè fuerunt concessa, in magnum detrimentum fidei, scandalum Regni tui " & periculum animarum plurimarum insurgere non verentur, asserentes " certas litteras felicis recordationis Nicolai Papæ V. Prædecessoris nostri " falsas esse: Nos enim & si litteræ ipsius Nicolai de falsitate notari ne- " queant, cum rectè & maturè fuerint expeditæ, & tales quod nullâ aliâ " indigent confirmatione, tamen ad omne ambiguitatis dubium summo- " uendum, illas de Fratrum nostrorum consilio innouauimus, ac scripti no- " stri patrocinio communiuimus, & alias etiam concessimus in fauorem pri- " uilegiorum huiusmodi, prout litteris Apostolicis super inde confectis " tua sublimitas videbit latiùs contineri. Sed quia esse posset quod ipsi Præ- " sumptores in sua opinione obstinatiùs persisterent, quod tamen credere "

"non possumus, idcirco tuam Excellentiam hortari decreuimus, ac etiam
1456. " ex corde rogare, quod tu qui Princeps es Christianissimus, quique Or-
" dines ipsos religiosè viuentes singulari deuotione & diuersis fauoribus
" prosequeris, velis pro nostra & Apostolicæ Sedis reuerentia, ac fidei cor-
" roboratione eisdem Ordinibus assistere & patrocinari; sic quod Litteræ
" & Priuilegia eorum sibi conseruentur illæsa, & præsumptores ipsos tali-
" ter compescere, quod deinceps talia non præsumant. In hoc enim tua
" sublimitas rem laude dignam curabit & nobis singulariter complacebit.
" Datum Romæ apud S. Petrum, sub annulo Piscatoris 1456. die 18. mensis
" Martij Pontif. nostri an. 2.

1457.   Has litteras, seu vt vocant Breue Apostolicum Rex accipit die 23.
April. 1457. alias quoque accipit Vniuersitas ab eodem Pontifice, quæ
lectæ sunt apud Mathurinenses die 24. Maij, *Pro materia FF. Mendicantium*; quæ non placuerant. Accepit quoque Rector eodem prope tempore litteras à Generali Præposito Prædicatorum per quendã Fratrem, &
ijs ille pro authoritate suâ reuocabat, irritamque volebat esse Pacem apud
Bernardinos anno præterito coram D. Connestabulario factam. Quam in
rem habentur Comitia die 11. Iulij, vt habemus ex Actis illius diei.

" Anno Domini 1457. die 11. mensis Iulij fuit alma mater Vniuersitas per
" D. Rectorem solemniter super 3. articulis conuocata. Primus fuit con-
" cernens factum Mendicantium. Secundus fuit ad audiendam relationem
" M. Nicolai Fraterni qui transmissus fuerat ad Magnum Consilium D.
" nostri Regis & ad Legatos in Regno Franciæ & Ducatu Britanniæ etiam
" propter factum Mendicantium. Tertius fuit communis supplicationibus
" & iniurijs. Circa primum articulum declarauit D. Rector qualiter die
" Veneris præcedente, die videlicet 8. mensis eiusdem, hoc est Feria 4. post
" prandium meridianum, ad Cameram suam venit aduena quidam & F. de
" Ordine Prædicatorum, dicens se missum esse à Generali Ordinis ad præ-
" sentandum dicto Rectori, nomine eiusdem, quasdam litteras missiuas. Quod
" cum audisset D. Rector nolens propriæ prudentiæ inniti, misit diuersis
" Superiorum Facultatum suppositis vt maturè in hac re procedere posset,
" cum quibus conuenit vt dictam litteram missiuam pro tunc nullatenùs ha-
" beret recipere, sed die sequenti haberet conuocare Notabiles Deputa-
" tos in magno numero per iuramentum in S. Mathurino de diuersis Facul-
" tatibus & Nationibus, quorum opinionem audiendo, vlteriùs in nego-
" tio posset procedere; dimissusque est illâ horâ aduena, assignataque est
" sibi hora comparendi die crastina sequenti, videlicet Sabbati post pran-
" dium meridianum hora 3. in S. Mathurino allaturus suas litteras missiuas
" sui Generalis: quæ omnia die sequenti facta sunt. Cumque dictus aduena
" in præsentia Deputatorum compareret, fuit associatus duobus Doctori-
" bus in Theologia Vniuersitatis Paris. Quia tamen à Deputatis præce-
" ptum est quod dictus Aduena nomine sui Generalis, dictique Doctores
" nomine sui Ordinis Parisiensis prout verba ostendebant, nisi sunt destrue-
" re quandam pacem factam in S. Bernardo in præsentia D. Connestabu-
" larij, Reuerendorum in Christo Patrum Archiepiscopi Remensis &
" Episcopi Parisiensis, ad quam destruendam nullam habuerant potesta-
" tem ex parte Vniuersitatis. Idcirco tam Rector quàm Deputati in hoc
" conuenerunt, vt hoc die Lunæ, hac horâ præscriptâ Vniuersitatem ha-
" beret conuocare, quodque ijdem tam Aduena quàm etiam dicti Docto-
" res, illo die & illâ horâ comparerent narraturi illa quæ habuerant in pro-
" posito ibidem narrare. Quibus sic, vt præfertur, peractis, prædictus Ad-
" uena nomine sui Generalis dicto Rectori in præsentia Vniuersitatis litte-
" ras missiuas præsentauit continentes in effectu reuocationem, annulla-
" tionem & quassationem pacis factæ & conclusæ in S. Bernardo inter præ-
" dictam Vniuersitatem & dictos suos Fratres, quantùm eos concernebat,
" quodque prætextu talis pacis non volebat suos Fratres in futurum in-
" gredi societatem prædictæ Vniuersitatis, illudque idem nomine Gene-
" ralis prædicti factum est per prædictum Aduenam dicti Ordinis, qui in

Vniuersitatis Parisiensis. 619

præsentia Vniuersitatis oftendit fe poteftatem habere ad huiufmodi faciendum : illudque idem fecerunt duo Doctores in Theologia prædicti 1457.
Ordinis qui fe habebant authorifatos ex parte Ordinis Parifienfis.

Circa 2. artic. declarauit M. Nicolaus Fraterni fe præfentaffe litteras in magno Confilio Regis ex parte dictæ Vniuerfitatis, imprimis D. noftro Regi, D. Cancellario, D. Epifcopo Narbonenfi, M. Euftachio Fabri & pluribus alijs, qui gratè litteras Vniuerfitatis fufceperant, ac fe præfentauerant paratos operari pro dicta Vniuerfitate in omnibus ipfis poffibilibus.

Infuper de facto Prædicatorum Mendicantium retulit Vniuerfitati qualiter nonnulli de ipforum Ordine fuerant profecuti Confilium Magnum Regis à quo obtinere voluerunt curfum in Regno Franciæ eiufdem Bullæ emanatæ à S. Sede Apoftolica. A quo Confilio tale obtinuerant finale refponfum, quod nihil daret Confilium de concernentibus curfum prædictæ Bullæ, inauditis Prælatis huius Regni, quodque ipfis imponebatur filentium, fi hoc fieret de profecutione curfus prædictæ Bullæ, Infuper nomine eiufdem Confilij, & refpondendo fuper contentis in Miffiuis dictæ Vniuerfitatis ex parte Confilij, quod ipfi de Ordine Mendicantium aliud non obtinerent à dicto Confilio, quod pro huius materiæ profecutione Ambaffiatores non tranfmitteret.

Dicebat infuper M. Nicolaus Fraterni quod nomine eiufdem Vniuerfitatis præfentauerat litteras miffiuas Legato de quo fupra, à quo perceperat quod iam in fauorem ipforum Mendicantium erant expedita bene 40. *Vidimus*, tangentia veritatem Bullæ de quâ fupra : à quo Legati nullam penitùs refponfionem habere potuerant pro dicta Vniuerfitate : quia dictus Legatus irritatus fuerat ratione cuiufdam appellationis interiectæ à prædictâ Vniuerfitate in caufis Decimæ leuandæ in Regno Franciæ, fuper Beneficijs.

Circa 3. art. fupplicauit honorandus D. D. Rector, quia 25. Iunij fuerat electus in Rectorem Vniuerfitatis Parif. & receptus more folito in S. Iuliano Paupere, à Facultate Artium, vt dignaretur fibi Vniuerfitas præbere auxilium, confilium & fauorem in agendis ratione fui Officij. Supplicauit infuper pro Deputatis in caufa appellationis interiectæ à fententiâ latâ in Curiâ Rectoris M. Michaël Euredy. Supplicauit infuper quidam Doctor in Theologia, vt admitteretur quædam littera Commendatoria lecta in præfentia Vniuerfitatis, in fauorem duorum Scholarium Phyficorum Regis Siciliæ. Infuper quidam Magifter pro litteris Gradus.

Quoad 1. Articulum dixit mater noftra Vniuerfitas quod prædictos Fratres de Ordine Prædicatorum non priuauerit, fed feipfos priuauerunt per amicabilem compofitionem factam in S. Bernardo, inter prædictam Vniuerfitatem & 4. Ordines Mendicantium. Quia tamen mater noftra Vniuerfitas de repentinâ declaratione Priuationis aliàs notata fuerat, à **Fratribus** prædictis, ne nunc, vt prius notaretur, remifit Declarationem ad Deputatos quibus dabat etiam in mandatis prouidere vnà cùm Confiliarijs Curiæ Parlamenti & Caftelleti quid vlteriùs agendum in hac re.

Circa 2. Punctum, mater noftra Vniuerfitas habuit M. Nicolaum Fraterni ratum & gratum, acta per eum rata & grata. Volebat infuper, quod vltra fibi data per M. Ioannem Boulengarij in præmium fuorum laborum, perfectam confequeretur folutionem quam profequi haberet in Deputatis.

Circa 3. artic. declarauit mater noftra Vniuerfitas fe paratam effe ad dandum confilium, auxilium & fauorem dicto Rectori in fuo Officio, quodque congratulabatur fuæ electioni. Dabat infuper M. Michaëli Euredy Deputatos. Placuit itaque Vniuerfitati & annuit petitioni prædicti Doctoris vt admitteretur quædam littera commendatoria lecta in præfentia Vniuerfitatis, in fauorem duorum Scholarium Phyficorum Regis Siciliæ. Infuper conceffa eft M. prædicto littera Gradus. Acta funt hæc

Tom. V.   IIii ij

" anno, die & mense quibus supra, præsentibus quatuor Procuratoribus 4.
1457. " Nationum M. Gofrido Calui, M. Gofrido Normani & quamplurimis alijs
" notabilibus viris. In cuius rei testimonium signum meum manuale sup-
" posui. Rhedon cum Syngrapha. Sic est.

Iuxta huiusce diei & alias eiusdem mensis Conclusiones habita sunt Comitia apud Bernardinos die 30. quibus iussi sunt interesse Mendicantes: interrogati verò an Vniuersitatis Decretis parere vellent necne, & Pacis conditiones obseruare, vt se seruaturos iurauerant, responderunt se suis Generalibus strictiùs alligari, & parere teneri, quàm Vniuersitati. Quamobrem iterum de consortio Vniuersitatis solemni Decreto resecti sunt: vt patet ex Actis illius diei.

" Anno D. 1457. die 30. Iulij hora 7. de mane fuit Vniuersitas Parisiensis
" per D. Rectorē in S. Bernardo per iuramentū conuocata solemniter super
" facto Mendicantium. Ostendit D. Rector qualiter secundùm Conclusionē
" captā in Congregatione vltimò celebratā in hoc loco, adhuc vna vice ha-
" beret vocare per iuramentum FF. de Ordine Prædicatorum, & ipsos fra-
" ternaliter monere pro tertia vice, vt pacem de qua supra, tenere & ratifi-
" care vellent; quodque in obedientia, paupertate & castitate in quibus eo-
" rum votum consistebat, vitam perducerent, ac Vniuersitatem præfatam
" immolestam permitterent; suntque prædicti Fratres, qui numero compe-
" tenti existebant, successiuè interrogati, an vitam & limites Patrum inse-
" quendo, huiusmodi facere cupiebant, & à cœptis retrahere pedem?
" Qui vicissim dixerunt quod si Rectori Vniuersitati ligati fuerant iura-
" mento, magis tamen eorum Generali, qui eis mandauerat, vt Vniuer-
" sitati notificarent, vt prædictam pacem de qua supra tam nomine sui
" quam eorum, haberent irritare & quassare, sicuti fecerant, de quo supra.
" Et hoc sub magnis pœnis & timendis Censuris Ecclesiasticis, quibus eos-
" dem ligauit, si in oppositum venire præsumerent, quodque aliud facere
" non poterant. Qua responsione audita per Rectorem in præsentia Vni-
" uersitatis, visa trina monitione fraternali quæ præcesserat, eorum pri-
" uationem in medium posuit. Circa quem articulum Vniuersitas decreuit
" prædictos Fratres priuatos esse, & priuationem incurrisse à gremio & con-
" sortio prædictæ Vniuersitatis. Non fuit tamen concordia in Vniuersitate
" quod scedulæ affigerentur in locis consuetis per quas huiusmodi priua-
" tio omnibus constaret sub sigillo Rectoris. Acta sunt hæc anno, die &
" mense quibus supra, præsentibus quatuor Procuratoribus quatuor Na-
" tionum, M. Goffrido Normani, M. Goffrido Calui, & quamplurimis alijs
" notabilibus viris. In cuius rei testimonium signum meum manuale suppo-
" sui. Mar. Rhedon. cum Syng.

Cœteri Mendicantium Ordines in fide perstiterant, nec Paci apud Bernardinos iuratæ vllatenùs derogari voluerant: veruntamen non molestè ferebant rem suam agi per Prædicatores; at vbi nihil eos profecisse & proficere animaduerterunt, pro ijs apud Vniuersitatem intercesserunt, vt in gremium & consortium cum alijs redirent; in eamque rem habita sunt Comitia die 8. Octob. vt ex Actis colligitur.

" Anno 1457. die 8. Octob. fuit alma Paris. Vniuersitas solemniter con-
" gregata. Supplicauerunt DD. Mendicantes videlicet vnus Augustinen-
" sis vt mater Vniuersitas vellet reintegrare, & ad suum gremium reuoca-
" re F.F. Prædicatores qui pro illo tunc erant priuati. Etiam supplicauit vt
" darentur Deputati ad videndum conuentionem Pacis inter FF. Mendi-
" cantes & almā matrem Vniuersitatem: vt si quid esset ibi contentum quod
" contradiceret, aut quod stare non posset cum suis priuilegijs, hoc amoue-
" retur; & si nihil erat contrarium, erant contenti tenere conuentionem
" factam. Et quoad hoc placuit vt si ipsi Conuentionem factam & initam in
" S. Bernardo coram D. Connestabulario, D. Rhemensi, & D. Parisiensi
" tenere vellent, ipsi FF. Prædicatores reintegrarentur & non aliàs. Nec
" placuit pro tunc eis Deputatos concedere. Acta fuerunt hæc anno, men-
" se, die, quibus supra.

Paulo post tamen restituti sunt Prædicatores in integrum, & in iura Vniuersitatis. Interim iussit ipsa inquiri in Conciones quas habuerat in minore Britannia quidam è Dominicanorum familia, contra immaculatam D. Virginis Conceptionem, quâ de re sic in Actis.

Anno 1457. die 3. Decemb. Congregata fuit alma Vniuersitas Parif. apud S. Mathurinum, ad audiendum quædam quæ prædicata erant per quendam Iacobitam de Conceptione gloriosæ Virginis Mariæ. Retulit D. Rector quomodo aliàs requisitus erat per Facultatem Theologiæ quod in proxima Congregatione haberet facere specialem articulum super sermone cuiusdam Prædicatoris qui in Ducatu Britanniæ prædicauerat publicè gloriosam Virginem Mariam esse conceptam in peccato Originali. Et quantum ad istum articulum, placuit scribere Duci Britanniæ & alijs DD. pro informatione, &, si ita comperiretur, quod puniretur tanquam hæreticus.

1457.

PRO CONCEPTIONE B. M. V.

Die 16. Decembris in Comitijs San-Iulianensibus electus est in Rectorem Vniuersitatis M. Ioannes Bulengarius; quo Rectore, institit Vniuersitas apud Regem, vt Priuilegia sua in Ducatu Normaniæ valere quemadmodum in coeteris Franciæ partibus, iuberet; quâ de re iteratis vicibus actum est, vt ex sequentibus constabit.

Die 19. Ianuarij in Comitijs Generalibus apud Mathurinenses ex mandato Rectoris Io. Bulengarij celebratis, proposita sunt tria præcipua deliberationis capita. Primum fuit, ad audiendum responsum DD. Delegatorum Regiorum, seu vt vocant, Commissariorum, de Priuilegijs Vniuersitatis in Ducatu Normaniæ obseruandis: sed non satis placuit, conclusum est vt Rector adiret Cancellarium Ecclesiæ Parif. illique matris Priuilegia exponeret. Secundum fuit, ad audiendos quosdam articulos in eandem rem confectos; & placuit quod per selectos viros relegerentur, & accuratiùs examinarentur. Tertium ad prouidendum cuidam Gregorio volenti legere litteras Græcas in ditione Academiæ. Et placuit annua illi dari centum scuta pro stipendio & salario, ea lege vt singulis diebus duas lectiones haberet, vnam de Græcis, mane; alteram de Rhetorica post prandium, nec à Scholasticis quidquam exigeret.

Die 27. Feb in Comitijs Mathurinensibus lecti sunt Commentarij continentes Instructiones quasdam transmittendas ad Regem per Legatos Vniuersitatis, de materia, seu argumento Priuilegiorum in Ducatu Normaniæ. Item in ijsdem actum est de Beneficijs, deque Clausione Rotul.

Die autem 14. Martij delecti & nominati sunt Legati qui nomine Vniuersitatis Regem adirent; à Theologis M. Ioannes Panetchar; à Decretistis nullus: à Medicis M. Ferdinandus de Gonda; ab Artistis M. Gaufridus Normani & M. Ioannes Guerin. In ijsdem Comitijs lectæ sunt litteræ Andegauensis Vniuersitatis, quæ gratissimæ omnibus fuerunt: Auditus est publicè is qui eas attulerat. Et die 15. eiusdem mensis apud Mathurinenses, communibus suffragijs decreuit Vniuersitas gratiarum actiones amplissimas Vniuersitati Andegauensi: item & Legatis ipsius, censuitque similiter, tum ad illam, tum ad coeteras Regni Vniuersitates scribendum, vti suas secum supplicationes & Legationes ad Regem pro Priuilegiorum conseruatione, proque Beneficiorum dispositione & dispensatione, ac collatione coniungerent. In ijsdem Comitijs petierunt Fratres Prædicatores tandem in gremium Vniuersitatis, vnde tam sæpè excussi fuerant, restitui. Et responsum est, placere postquam de sua potestate Pacis cum Vniuersitate paciscendæ & reformandæ constitisset, non ante: quod ideo additum, ne iterum à suo Generali Præposito dissidij causas prætexerent. In ijsdem Comitijs castigatus est & seuerè reprehensus M. Petrus Mauger Doctor Theologus, qui contumeliosa verba in Rectorem iactasset: parcitum tamen illi, sed ea lege ne deinceps in similia prorumperet.

Die 20. Martij in Comitijs San-Iulianensibus Facultas Artium nouo statuto abusus quosdam qui in Actus vici Straminei irrepserant, resecauit; item superfluas Scholasticorum vestes correxit, Martinetorum pro-

REFORMATIO IN FACULTATE ARTIUM.

teruiam coercuit: Quæ & similia sic describit M. Martinus Magistri Procurator Nationis Gallicanæ. Die 20. *inquit*, Præclara Artium Facultas congregata super 2. articulis. Primus fuit ad approbandum & statuendum articulos tangentes Actus vici Straminis, & deformitates multiplices Scholarium, tangentes etiam mansionem Martinetorum extra Pædagogia & Collegia. Secundus fuit communis. Quantum ad 1. voluit Natio omnia reformari in melius, & ad hoc dare omnem operam possibilem. Voluit etiam imprimis Actum Quodlibetorum quo antiquitùs supra modum claruit, ac viguit Facultas, resumi. Placuit tamen sibi, quod primis annis limitarentur materiæ, ne fortassis propter difficultatē eius quilibet aggredi recusaret. Et ad hoc faciendum elegit doctissimum pariter & famatissimum virum M. Ioannem Normani Decanum Siluanectensem. Voluit insuper omnem grauitatē, ac decentiam obseruari in Actibus vici Straminis. Voluit insuper Scholares omnem deformitatem & superfluitem tollere, inhibuitque ne de cœtero Scholares deferrent sotulares rostratos, aut Pompetas, aut aliquid tale quod indecentiam habitus inducat. Voluit insuper Martinetos adstringi Pædagogia, aut loca vicina inhabitare. Simulque eidem placuit ne de cætero aliquis auderet nouum Pædagogium leuare, nisi à Facultate admissus idoneusque reputatus. Cætera desunt, quia Charta fracta est.

Tvmvltvs in Electione Rectoris.

Die 24. Martij ingens orta est in Facultate Artium discordia propter Electionem Rectoris quam sic fastis Procuratorijs Nationis Gallic. inscripsit prædictus Procurator Martinus Magistri. Anno 1457. die 24. Martij apud S. Iulianum Pauperem conuocata fuit solemniter præclarissima Artium Facultas super noui Rectoris electione. Dati sunt more solito à singulis Nationibus Intrantes, qui vbi Iuramentis solitis adstricti sunt, conclaue intrauerunt, multisque tandem, ac varijs sermonibus hinc illincque habitis tandem Almanus & Gallicus vniti sunt in duobus, scilicet in M. Alberto Scriptoris, & in M. Iacobo Iunij. Cumque id Normanus audisset, sermonem factum fuisse Ligæ, continuò Gallico pro Iunij dedit, pro quo iam Picardus dederat. Hinc clamores orti multiplices, variaque contentio. acta Facultati per Rectorem referuntur; vultque omnia reuocari Facultas. Quod & vniformi omnium Intrantium consensu qui nondum conclaue exiuerant, factum est. Cumque quisque eorum Rectorem suum assequi varijs modis conaretur, iterùm accessit Almanus ad Gallicum de iam memorata liga sermonem faciens: quibus sic in sermone existentibus de Liga dedit Normanus Gallico pro Iunij, pro quo iam Picardus dederat. Gallicus ad ostium pulsat, totisque viribus exitum petit, Tunc Rector accessit ad ostium Conclauis, petijtque an sint concordes. Respondent tres eorum distinctè & sigillatim se esse concordes, nihil aliud quam exitum petere, quibus solus Alemanus repugnat. Tunc nos ex Nationis imperio Conclauis ostium adiuimus, summauimusque Rectorem vt ostium in grande nostræ Nationis præiudicium aperire non differret. Sed nec summatio, nec Iuris æquitatisque reuerentia quidquam profuit. Steterunt itaque Intrantes præfati, quieti & pacifici qui animo firmauerant se se nihil amplius quidquam de Electione tractaturo's; sed in ea quæ iam facta erat, constanter remansere: ibidemque vsque ad id tempus violenter detenti sunt, quo omnium ferè ex ortus clamor de extinctione candelæ existeret.

Quo tempore ostium aperitur, exeunt: ac iam nominatum Iunij Gallicus electum denunciat & proclamat. Intrantes acta in suis Nationibus referunt, conformesque Gallicus, Picardus & Normanus reperti sunt. Alemanus autem pro M. Alberto Scriptoris iuxta vires contendit. His sic se habentibus, conuocata est Facultas hanc discordiam terminatura. Deliberarunt Natio Franciæ, Picardiæ & Alemaniæ se se velle audire Intrantes. Natio autem Normaniæ dixit iam suum esse priuatum, nec in auditione Intrantium consentire; sed parata erat nouum eligere pronouā electione celebrandā. Quo in conflictu adeo quorundam inualuit

impetus, vt audiri nullo modo potuerint. Quæ vbi animaduerti, conuocaui Nationem quæ deliberauit in hunc modum. Intelligimus ex trium
Intrantium relatione egregium virum M. Iacobum Iunij fuisse electum...
(Hic hiatus est, & multa desiderantur propter fractam papyrum....) In vnum
quatuor Procuratoribus 4. Receptoribus cum antiquo Rectore & quatuor Nationum Intrantibus coram 2. Notarijs publicis ad hoc specialiter vocatis adiurati per Rectorem antiquum deposuerunt, retulerunt
omnia quæ per eos gesta fuerant. Quorum depositio in publico instrumento redacta est, & fuit inter eos hæc sola differentia, quod 3. scilicet
Gallicus, Picardus & Normanus dixerunt quod Gallico & Alemanno in
verbis de Liga existentibus, superuenit Normanus qui Galliæ dedit pro
Iunij, pro quo iam Picardus dederat. Alemannus autem sic dicebat, *No-*
bis existentibus in Liga & me existente in viâ ad ostium superuenit Normanus
qui Galliæ dedit pro Iunij: nesciebat tamen an iam Picardus dedisset. Præ-
dictisque omnibus idem Alemannus adiecit. *Dico etiam quod saluâ consci-*
entiâ meâ non potui dare pro Iunij, quia per personam interpositam mihi pecunias
obtulerat. Interrogatus autem quæ persona illa fuerat, quantumque sit
oblatum, respondit M. Albertum Scriptoris fuisse personam interpositam: cui scilicet M. Alberto oblata fuerant 16. scuta, sex pro se & decem
pro Intrante. Priusquam verò ad Facultatem venimus, publicè lectum
est instrumentum ibidem confectum: Vbi primum Natio veneranda
Franciæ de iure sui suppositi, de causæ æquitate informata est, decreuitque se se velle dare omnem assistentiam possibilem Electo, ac nullo modo
pati vt ius suum tam iniquè, ac turpiter opprimeretur, requisiuimus consequenter Picardorum Nationem, vt in Instantia notissima atque æquis-
sima auxilium, assistentiam, fauoremque tribueret. Quod & se facturam
pollicita est. Quia tamen aliquid tactum fuerat de pecuniarum oblatione, ideo decreuit Facultas quod Denuncians audiretur pleniùs. Similiter
etiam & M. Albertus quem personam fuisse interpositam Alemannus præ-
dixerat. Conuocatus igitur M. Albertus Scriptoris oblationem fuisse factam asseruit in hunc modum. Dum quodam mane transitum facerem per
ante domum M. Iacobi Iunij, ipse accessit ad me interrogans anne scirem
quis proximâ vice futurus esset Intrans nostræ Nationis. Respondi quod
sic. Tunc ille M. Alberte, si mihi possitis proficere apud Intrantem vestrum, dabo 16. scuta, sex pro vobis, & decem pro Intrante. Respondi,
maiora, ac maxima fecit pro me, ac meis consanguineis vester Locum
tenens, ideo libenter vti potero, complacebo. Dixit Iunij, non curo de
illis, sed mercenarius dignus est mercede suâ: Superaddiditque idem
Scriptoris, quod M. Iacobus de septem mensibus scit, ac nouit quæ in
hac re gesta fuerant. Huic autem grauissimæ accusationi respondit dictus
Iunij se nunquam quidquam obtulisse, falsaque esse omnia, quæ præfatus
M. Albertus iniquissimè asseruit, **ac protestatus est prosecuturum esse**
præfatum M. Albertum de tantis criminibus obiectis. Retractæ sunt Nationes ad partem. Nulla tamen super hac re communis deliberatio data
est. Sed quanto illi aduersarij nos amplioribus odijs, vijsque iniquioribus
insequi conati sunt, tanto magis animus nobis cum viribus excreuit. Sum-
maui antiquum Rectorem quod daret Rectoralia insignia M. Iacobo Iunij; ac de summatione & refutatione cœpi publicum instrumentum. Va-
gabantur eò tunc plerique animi commoti, clamorque copiosæ multitudinis in vtramque partem insurgebat. Exspectauimus per longum temporis effluxum, sperantes post tam grauem tumultum quorundam pas-
siones sedari debere, eosque ab ira, ac odio vacuos fieri; sed malum altâ
radice insitum simul cum tempore crescere solet. Creuit siquidem impetus, creuit clamor, creuitque tantorum malorum pernicies. Et quoniam
sic paulatim mala, ac dissensiones crementa suscipere cernebamus, aliter
agendum censuimus. Equidem Rectorale biretum præfato Iunij, eundem
in possessionibus ponentes, tradidimus, requisito tamen priùs aliarum
Nationum consensu. Dehinc ad domum præfati Iunij cum copiosâ

1457.

" multitudine iuimus vinum & species sumpturi. Priusquam tamen à me-
1457. " morata S. Iuliani Ecclesia recederemus, opposuimus nos nouæ electioni,
" si quam aliqui celebrare niterentur, nomine totius Nationis appellantes.
" Dumque sic tractarentur negotia, paululúmque requie, ac otio in Electi
" Rectoris domo frueremur, antiquus Rector loco siquidem inuiso & inso-
" lito Facultatem conuocauit, petijtque ad nouam Electionem celebran-
" dam Intrantes dari. Annuunt duæ illarum scilicet Normaniæ & Alema-
" niæ. Natio verò Picardiæ Intrantem dedit, qui facta priorum Intrantium
" confirmaturus esset. Sed Francorum iam multum iniurijs lacessita Natio
" se se huic monstruosæ non Electioni, sed turbationi sceleratissimæ oppo-
" nit, renititur ac appellat. Nec in eadem Natione repertus est quisquam
" de Prouincia Senonensi ad quam pro tunc spectabat Intrantis Electio, qui
" cum alijs Intrantibus intrare præsumpserit. Sed quidam Bituricensis Pro-
" uinciæ nomine M. Iacobus Brisay de domo M. Roberti Remigij scelerato
" ausu rem intentatam aggreditur. Petijt siquidem, Natione Franciæ re-
" clamante, ab alijs Nationibus quatinùs vellent eundem assumere in In-
" trantem, quæ omnes tres suam supplicationem concesserunt. Hi ergo
" quatuor Magistri absque grauitate atque obseruantiâ vllâ Statutorum,
" sine candelâ cereâ soliti ponderis in vnum locum conueniunt, quorum
" duo scilicet Normanus & Alemannus concurrunt in M. Robertum Re-
" migij, quorum se votis Gallicus ille magister immiscuit in identidem con-
" sentiens. Picardus autem dixit se solam potestatem confirmandi Electo-
" rem primum habere, nihilque circa eam se se esse innouaturum. Exeunt,
" Magistrumque Robertum Remigij electum denunciant. Cuius tam faci-
" norosæ rei ad nos in domo M. Iacobi Iunij electi existentes rumor dela-
" tus est. Cum protinus quosdam amicorum suorum conuocauit, quid actu-
" rus sit, expetens. Quorum consensu, ipse cum pulcherrimâ, ac grauissimâ
" Comitiuâ tam Facultatis Artium quam superiorum Ecclesiam S. Iuliani
" adijt. Vbi impetus, clamor, strepitus, dissensiones variæque commotio-
" nes eminebant, vt vbiuis tutius quam illic fuisses. Feruntque plerique
" adeo hunc dissensionis inualuisse morbum, vt multi cum gladijs, baculis,
" cæterisque hostilibus munimentis ad prædictam Ecclesiam conuenerint,
" sed virtute atque æquitate in violentia superare non valuit. Prætereo ta-
" men qualiter præfati antiquus & Remigij quandam cameram in quâ fœ-
" num stramenque recondi solet in domo Prioris Ecclesiæ S. Iuliani intras-
" sent, ibique M. Robertum Remigij munimentis Rectoralibus insignitum:
" Hæc, inquam, prætereo, ne quidquam tam inhonestum, tam indecens,
" tamque ab omni grauitate alienum à Magistris nostræ Facultatis gestum
" posteris nostris innotescat. Sed prætereundum non censeo, quod quidam
" Magistri egregij tam Nationis Franciæ quàm Picardiæ quorum animus
" cum viribus vigebat, tam scelerata flagitia iniquè ferentes, omni resi-
" stentiâ propulsâ prædictum locum aggressi sunt. In quo antiquum Re-
" ctorem abditum repererunt multo concussum timore, non quod illi ma-
" lum aliquod illaturi essent, sed vt plerique arbitrantur, *culpæ conscius ani-*
" *mus pœnam quâ diluatur admissum crimen, iugiter expauescit.* Petunt hij mu-
" nimenta. Iuramento antiquus ipse se non habere asserit; abscedunt conti-
" nuò eum timore, ac tremore liberantes. Vbi igitur intelleximus iniqui-
" tatem & dolum, Iuris honesti, æquitatis, grauitatis, virtutis & amicitiæ
" præripuisse locum, vehementer indoluimus, grauiter ægreque fereba-
" mus tam luctuosum casum nostris diebus, rem vtique tam detestabilem
" tamque peruersam accidisse. Sed vtrunque ferendum fuit; nec eam ob
" rem nobis defuit animus; verùm potius ad Iuris tuitionem & defensio-
" nem incitatus est. Itaque cum luctu ac tristitia recessimus à loco S. Iu-
" liani, reliquam quæ supererat, partem noctis cum quiete transacturi. Sed
" pœne præfatum locum exieramus cum Nos...... à tergo insequitur quos-
" damque de nostris Captiuos ducit, ac M. Robertum Remigij, non quo-
" niam eminebat periculum, sed vt vinum speciesque sumeret, secundum
" quod plures existimant, simulque vt esset suspicio nos aliquam violentiam
intulisse,

intulisse, associat. Sed satis manifestum signum oppositi datum est: quod cum nos inuaderet, nullus de nostris violenter insurrexit. Sic igitur noctem illam cum sequenti die fuit..... transegimus; crebris tamen consilijs ac conuocationibus remedia cogitantes opportuna.

Quid autem consecutum sit, habemus ex eodem libro Procuratorio: in quo sic præfatus M. Magistri scribit. Anni præmemorati mensisque Martij 26. conuocaui venerandam Nationem Franciæ super 3. art. Primus fuit ad aduisandum media quibus iniurias iam nobis illatas inferendasque propulsaremus. Secundus fuit ad audiendum quandam querimoniam ex parte Prouinciæ Senonensis. Tertius fuit contrarie, &c. Quantum ad primum, grauamina nobis illata explicui, simulque qualiter spreta contemptaque fuerat ipsa Natio, adeo vt nulla sit memoria grauiorem fuisse nobis illatam iniuriam, quam si perferremus, nos perpetui dedecoris maculam incurreremus. Illic memorata sunt tempora, quibus cum eisdem Normanis paria gessimus certamina, nec vnquam Patribus Maioribusque nostris vires in tantis discriminibus defuisse. Quod nobis magis magisque verendum esset si propter ignauiam, ac socordiam nostram in tanta Iustitia victi cedentes laboribus tam graues oppressiones quas quisque egregius præstansque animus refugit, cum maximo dedecore pateremur. Sed quoniam variæ sententiæ de remedijs opportunis iam iamque agitatæ fuerant, quidam egregius venerabilisque Magister Iacobus Luillier in sacra Pagina Licentiatus vir vtique omni grauitate, scientia pariter & eloquentia conspicuus, quoddam Statutum Simonis Legati ad Nationum sedandas discordias editum legit, ac explicuit, quo cauebatur quod si inter Nationes exorta fuerit discordia, ita quod vna à tribus, vel duæ à duabus se voluerit separare, nulli omnino Nationi liceat, nisi prius per certos Iudices, scilicet tres antiquiores Regentes in Theologia & quatuor in Decretis causa separationis tanquam iusta, ac licita approbata sit; monstrauit quod idem prædictum statutum practicatum fuisset. Quantum ad 2. artic. Quidam venerabilis Magister de Prouincia Senonensi ab eadem deputatus conquestus est de iniuria illata eidem Prouinciæ per M. Iacobum Brisay Prouinciæ Bituricensis, qui in graue præiudicium, ac totius Nationis scandalum maximum ausus est intrare cum alijs Magistris, dareque votum suum alteri quàm electo per primos Intrantes, præsertim cum is de Prouincia Senonensi non esset; cum etiam Natio Franciæ appellasset casu quo noua celebraretur electio. Conquesta insuper est contra eundem M. Iacobum Brisay de domo M. Roberti Remigij, qui cum monitus esset iurare ea quæ deliberabantur in prædicta Natione secreta habere, cepit turbationes, dissensionesque commouere multiplices, nunc hos nuncque illos; & præsertim Decanum Prouinciæ illius iniurijs lacessere. Quantum ad 3. art. supplicuit quidam Magister contra prænominatum Brisay declarans varios abusus qui per eum in actibus vici straminis commissi sunt; declarauit siquidem qualiter quendam nomine Guillelmum Assot contra præceptum Facultatis & Vniuersitatis inhonestissimè graduauit.

Dies itaque dicta est vtrique, vt scribit idem Procurator.

Die 18. Martij conuocari feci Nationem venerandam Franciæ super ijsdem articulis quibus congregata fuerat prius, vocatusque fuit M. Iacobus Brisay qui quamuis citatus esset, non comparuit. Vocatus insuper est D. Guillelmus Assot, ad ea quæ contra eum proposita fuerant, responsurus, qui nec in propria persona comparuit. Dixit tamen Bidellus quod ipse offerebat se facturum quæcunque Natio decreuisset paratusque erat iterum gradum suscipere, si id Natio faciendum dictasset. Conclusit Natio quod quia præfatus Brisay pertinaci animo contra Iuramenta sua, mandatum Nationis tam temerario ausu spreuerat, priuabat eum perpetuo à consortio Nationis, honoribus, fructibus ac emolumentis ipsius Nationis. Guillelmi Assoti priuationem suspensam tenebat, quo vsque plenius auditus extitisset.

1457.
"Monuit Natio Deputatos suos, meque vnà cum illis vt iugi cogitatione & meditatione cogitaremus quæ vtilia sibi essent, cogitataque ac ea quæ nobis viderentur expedire, omni vigilia, labore ac studio exequi niteremur. Decreuit itaque Natio non esse parcendum, neque sumptibus, neque laboribus. Volebat insuper pecuniam vti & prius concluserat, ab arca extrahi, secundùm modum & formam prius explicatam. Vbi autem iam fere finem nostræ Congregationi feceramus, superuenit iam sæpenumerò nominatus Brisay qui acta per eum defendere conatus est. Quem vbi, nec pœnitentia ductum, nec tam enorme scelus confitentem animaduertit, prius conclusa confirmauit acroborauit. Et quia mente adeo pertinaci sic errorem suum defendere conabatur grauissimum, sic etiam voluit in prædictis Conclusionibus firm ter persistere. Et ita conclusi.
" Magistri. Pergit.

"Vt autem ea per Nationem executioni mandarentur illis diebus, antiquiores Regentes Facultatis Theologicæ & Decretorum adiuimus, quorum aliqui videlicet pro Facultate Theologiæ Decanus eiusdem Magister noster M. Dionysius de Sabrenoyo, Magister noster M. Guillelmus Eurardi, & M. Io. de Oliua onus huiusce rei tractandæ susceperunt; refutationes autem aliorum antiquorum in publico Instrumento redigi per Notarium publicum fecimus. Pro Facultate verò Decretorum susceperunt id negotium DD. Doctores M. Io. de Montigny, M. Ioan. de Courcellis, M. Martinus de Fraxinis & M. Petrus Maugier qui omnes se se vnanimiter in loco Conseruationis comparituros promiserunt; decreueruntque Partibus citatorium in præfato loco. Qua siquidem die adueniente Procurator Franciæ pro parte Gallicanæ Nationis assistentium impulsione coactus causam separationis quam præfata Natio Franciæ prætendebat, explicuit, petiuitque licentiam se se separandi, præsertim cum ea potestas eis virtute statuti Simonis Legati concessa sit. Adiunxitque petitioni ne lite pendente M. Robertus Remigij se se pro Rectore gereret: vt etiam sigilla, libri, cæteraque Rectoris insignia in manu sequestri ponerentur. Ex altera verò parte responsuri à Iudicibus appellauerunt asserentes eos in virtute statuti, præsertim cum id vt dicebant, nunquam practicatum extitisset, nullam in eum potestatem habere posse. Hic clamor varius, sicque tumultus maximus, longe diuque agitatus est. Quæ vbi animaduerterunt Iudices, decreuerunt primitùs se se Iudices, nec id se posse recusare absque excommunicationis sententiâ, dixerunt, assignaueruntque partibus diem, horam & locum, in quibus coram eisdem, sub grauissimis pœnis comparerent, die quidem Veneris sanctâ horâ 2. post prandium in Capitulo Ecclesiæ nostræ Dominæ Paris. inhibuerunt. que ne in die Iouis sancta quisquam eorum iuxta morem aliorum Rectorum locum nostræ Dominæ adirent, ne forte aliqua seditio inter partes oriretur. Pergit.

"Anni præfati mensisque die 29. conuocari feci vener. Nationem Franciæ in S. Mathurino super 3. artic. Primus fuit ad audiendum diligentias factas in materia Rectoriæ. Secundus fuit ad prouidendum super festo & prandio quod solet fieri die Lunæ post Pascha. Tertius fuit communis. Quantum ad primum, regraciata est Natio omnibus qui huic materiæ operam dederant, & maximè suis Deputatis, qui ita curâ solerti ac vigilanti huiusce rei partes onusque susceperunt: ac hortata est eosdem vt assiduè hanc rem curæ haberent prout eo vsque habuerant. Quantum ad 2. voluit Natio, quod festum Rectoris fieret expensis communibus, & sub conditione, quod si tandem Rectoria potiretur, ita quod sibi ius adiudicaretur, summam expositam Nationi restitueret, conclusitque Natio vt ad hanc rem peragendam extraherentur pecuniæ ab arca Nationis, secundùm quod Deputatis expedire videretur. Voluit insuper quòd quia duo Bidelli Nationis onus octo Bidellorum potrabant, quod in salarium laborum suorum cuilibet daretur tunica honesta, vt etiam festum Rectoriæ quod à Natione agebatur, magis solemniter, ac magnificè fieret, &c.

Vniuersitatis Parisiensis. 627

Dum res sic se haberent, vt iam enarrauimus, intelleximus Normanos impetrare velle quendam casum nouitatis: Sed quia id de se non poterant, adiunxerunt secum Medicos, qui id impetrare extremè nisi sunt. Inceptis tamen eorum obsistere pro viribus studuimus: & in die Veneris sanctâ, maximâ cum diligentiâ, adiuimus Cancellarium à quo Casus ille impetrari debuerat, & rem impediuimus. Adiuimus Curiam Castelleti, identidemque fecimus: sed ab inopinato inexcogitatoque euentu oppressi sumus. Si quidem vbi viderunt se nec apud Cancellarium, nec apud Locum-tenentem quidquam impetrare posse, Præpositum Parif. aggressi sunt, à quo casum prædictum nouitatis obtinuerunt: in quo casu nouitatis cauebatur, quod quia medici erant in possessione, quod illi Iudices, scilicet tres Theologi & 4. Decretistæ non habebant cognoscere, nec decidere seu terminare discordias quæ contingere poterunt super facto Rectoriæ; quod inhibebat Præpositus omnibus illis Iudicibus, ne hanc rem tractare auderent, sub grauissimis poenis, prout latius ibidem continetur. Illo eodem die post prandium horâ 2. iuimus ad Capitulum nostræ Dominæ Parisiensis; & ibi comparuerunt aliqui pro parte M. Roberti Remigij appellantes ab ipsis Iudicibus, si in materia ista procedere vellent, petieruntque Apostolos. Interim ille casus nouitatis executioni datus est; factæ sunt inhibitiones Iudicibus, ne vlterius progredi tentarent: factæ sunt etiam inhibitiones M. Iacobo Iunij Rectori, ad cuius requestam & instantiam isti Iudices videbantur eam rem suscepisse. Dumque fierent istæ inhibitiones M. Iacobo Iunij, respondi quod hoc non erat factum præfati M. Iacobi, sed totius Nationis; ideo requisiui quod executionem vellet differre, quousque congregassem Nationem ad sciendum quid nos ea in re agere vellet. Noluit tamen differre: ideo ab executione appellaui nomine Nationis. Et ita actum esse profiteor. PERGIT.

In Vigilia Paschæ cum maximis laboribus & poenis impetrauimus vnum Mandatum quo prohibebatur *M. Roberto Remigij, ne die Paschæ iret ad Pratum Clericorum, & in die Lunæ, ad nostram Dominam de Campis, iuxta veteres nostrorum antiquorum Patrum ritus, ac consuetudines*: quod ideo impetratum est ne aliqua turbatio, aut seditio oriretur inter fautores contendentium: siquidem ius nostrum clarissimum de se ac manifestum fuit. Ideo in negotijs omnem viam maliciæ iniquæ & contentiones prætermittere voluimus, ad sola iuris & pacis remedia recurrentes: non quia nobis deesset, aut vis, aut animus; sed quia sic solet ius partium tueri. Quo tamen mandato obsistente præfatus Remigij ad præmissa se ausus est ingerere; quod à plerisque ægrè, iniquoque animo perlatum est. Impetrauimus etiam eadem die quendam casum nouitatis contra Facultatem Medicinæ intendentem impedire Iudices nostros, ac etiam Statutis Facultatis obuiantem.

Anno 1458. sæpius adhuc eadem causa agitata est: grauemque litem habuit Natio Franciæ cum Facultate Medicorum & Natione Normanorum, eo quod contrariæ parti fauerent: vt ex sequentibus constat. Idem enim Procurator sic ait. Die 7. April. an. 1458. feci venerandam Nationem Franciæ conuocari super 3. artic. Primus fuit super electione, vel continuatione Procuratoris. Secundus fuit ad audiendum diligentias quas super materia currente feceramus. Tertius fuit communis, &c. Quantum ad 2. artic. narraui 1. diligentias varias, ac multiplices insolentesque admodum illorum de Natione Normaniæ, narraui eas quæ ex parte nostra feceramus, quæ profectò magnæ atque exactissimæ fuerunt. Quantum ad 3. art. supplicaui quòd in omnibus per me actis Natio vellet me habere gratum & aduocatum præsertim cum ea solum egissem quæ de mente Nationis processerant: & declaraui qualiter 28. Martij, iuxta conclusionem Nationis, mandaui Decanos ad habendum pecunias quibus fierent expensæ, & festi Rectoris, & Processus nostri: qui omnes, excepto Decano Parisiensi, venerunt cum clauibus suis. Ille autem Decanus qui quamuis fuisset multis vicibus mandatus; quamuis etiam de mane

Tom. V. KKkk ij

1457.

"contentus esset venire, nihilominus venire contempsit & spreuit, in gra-
"uissimum scandalum totius Nationis. Nos autem videntes quod Norma-
"ni iam omnia pro festo disposuerant, nos autem propter vnius hominis
"pertinaciam sic confusi manebamus, ex consensu Deputatorum & alio-
"rum qui in Papyro existente in arca sunt inscripti, fecimus aperiri seram
"Decani Paris. & extraximus 60. & 12. scuta, quæ mihi distribuenda pro
"negotijs Nationis tradita sunt. Ideo supplicaui quod Natio vellet me cum
"omnibus suis Deputatis habere gratum & aduocatum in hoc specialiter.
"Quantum ad 1. dedit Natio Intrantes ad me continuandum solum vene-
"rabiles viros & Magistros Io. Besançon, Bertrandum Berault, Petrum
"Dentis, Nicolaum Anglici & Hugonem Beauregart qui me sua singula-
"ri gratia continuauerunt. Quantum ad 2. art. regraciata est Natio omni-
"bus suis Deputatis & mihi, qui ita viriliter laborauerams in negotio, pa-
"rataque est eosdem prosequi omni honore ac fauore. Quantum ad 3. art.
"Natio habuit gratum aduocatum & commendatum, actaque per me gra-
"tissima & acceptissima: & specialiter quantum ad extractionem pecunia-
"rum approbauit factum Natio, habuitque Decanum Parisiensem ingra-
"tissimum, qui solus voluit conclusionibus Nationis obsistere; ac sibi inhi-
"buit sub pœna priuationis ab Officio, quod de cætero non audeat sic man-
"data Procuratoris quibus obedire tenetur, contemnere ac vilipendere,
"præsertim vbi vniformis consensus, vnanimisque Conclusio Nationis per
"iuramentum conuocata præcessit: quemadmodum in præsenti negotio
"factum fuerat. Et ita conclusum. Magistri, &c. PERGIT.

"Quoniam in vi casus nouitatis accepti per Dominos Medicos adiorna-
"tus eram nomine Nationis coram Præposito Parisiensi. In vi autem casus
"Nouitatis & querelæ in contrarium à Cancellaria per nos acceptæ, causa
"ipsa ad Parlamentum euocata est; idcirco vbi dies assignata nobis adue-
"nerat, iuimus ad Palatium honorificè comitati, fecimusque fieri colla-
"tionem super materia nostra in qua erat D. Aduocatus Regius, Symo-
"nis, Aduocatus noster M. Nicolaus de Capella, Locum-tenens Præpo-
"siti Paris. M. Philippus Luillier, M. Ioa. le Moyne Procurator noster cum
"omnibus Deputatis Nationis, illicque erat maximarum scientiæ & pru-
"dentiæ vir M. Ioannes Normani Decanus Siluanectensis; & ibi digesta
"est materia, ad certaque puncta reducta est: & quantum iuris in ea habe-
"bamus, ibi clarissimè per D. Aduocatum Regium monstratum est.

"In crastino autem causa agitata est, quam dixit ostijs clausis idem præ-
"nominatus Aduocatus Regius, luculentissimeque de puncto in punctum
"monstrauit, quod grauiter opprimebamur in negotio; & quàm iustè con-
"tra Medicos & Normanos procedebamus: qui Normani quia videbant
"quod compulsi essent coram Iudicibus nedum verbis, sed etiam actis &
"gestis procedere, petebant ad Vniuersitatem causam transmitti, ad quam
"tamen, antequam memoria de Iudicibus fuerit, venire ibique causam
"suam agitare spreuerant. Curia illa die decreuit quod infra tres dies Par-
"tes ponerent apud Curiam quæ vellent; & eis bona ac breuis Iustitia mi-
"nistraretur, quod & fecimus. Alij autem producere, quantum potuerunt,
"distulerunt. Tempore verò intermedio quilibet nostrû rei huic tam graui
"operã dabat, sæpeque solicitauimus dominos Curiæ super processus breui
"celerique expeditione, qui semper nobis gratissima responsa dederunt.

"Fertur autem à plerisque & verum esse creditur, quod vbi omnia pro-
"ducta fuerant, processusque pœnè visitatus extiterat, emanauerunt quæ-
"dam litteræ à Regia Majestate ad Curiam Parlamenti, ob quas litteras
"certis negotijs illis diebus vacare adstringebatur. Ideò moram, plus-
"quam optaremus, res nostra contraxit. Quia tamen in Processu nostro pe-
"tebamus sequestrationem munimentorum Rectoralium fieri, idcirco Cu-
"ria conuocari fecit omnes Decanos Superiorum Facultatum & Natio-
"num Procuratores vnà cum ipsis contendentibus: in qua re se se aduersa
"nostra pars fefellit, suisque callidis consilijs agitata est: siquidem egi-
"mus, vt sigilla & reliqua munimenta amplissimo pariter & famatissimo

viro M. Gaufrido Normani tradita sint. Ne autem mora longior toti Studio Parisi: nimium officeret, decreuit Curia Parlamenti quod quia certas ob res vacare expeditioni non poterat, committeret 4. egregios viros de Curia Dominos vtique in Parlamento, videlicet M. Ioan. du Breüil M. Io. de Sauzay M. Io. Secretain, M. Fournier. De Vniuersitate autem quatuor vnà cum illis commisit de 4. Facultatibus. Primus quidem de Facultate Theologiæ M. nostrum D. Thomam de Courcellis: de Facultate Decretorum M. de Rouuille: de Facultate Medicinæ M. Inguerrendum de Parenti: de Facultate verò Artium M. Gaufridum Normani. Qui præstantes Domini, vbi ad eos deuenit suæ Commissionis cognitio, qui discordiam motam inter M. Iacobum Iunij in Rectorem & M. Robertum Remigij terminaturi essent, breuemque ac celerem Iustitiam partibus ministraturi, ad requestam M. Roberti Remigij fecerunt M. Iacobum Iunij adiornari coram ipsis apud Ecclesiam S. Eligij prope Palatium. Causaque nostra binâ plebiscitatione agitata est per eloquentissimum virum M. Ioan. de Pourpointcourt. Qui decreuerunt quod partes infra crastinam diem producerent quæ vellent apud Notarium, & breuem expeditamque ⸻⸻⸻ ⸻rent. Quod & fecimus, siquidem infra assignatam diem omnia produximus. Tempore autem medio diligentijs nostris assiduis effecimus vt ipsi nostri Iudices, cæteris relictis, nostris negotijs intenderent, quos multum publico bono Vniuersitatis & Facultatis Artium affectos fuisse experti sumus.

Sequentibus Comitijs Nat. Gall. actum est de vi quæ illata fuerat D. Procuratori, & quibusdam alijs, vt testatur ibidem Procurator his verbis. Die 13. April. conuocari feci honorandam Nationem Franciæ per iuramentum apud S. Mathurinum super 3. artic. Primus fuit ad audiendum diligentias factas in processu per Deputatos Nationis. Secundus fuit ad audiendum quandam querimoniam ex parte egregij viri M. Ioan. Colominei in Artibus Magistri, & in Sacra Pagina Licentiati. Tertius fuit communis super suppl. & iniur. &c. Quantum ad factum 2. artic. declarauit præfatus Magister qualiter dum vna die pro negotijs Nationis iuisset ad domum M. Iacobi Iunij electi in Rectorem, redeundo circa domum Sorbonæ, venerunt ad eum duo, quorum vnus nudum ensem tenebat; & aggressi sunt eum multùm rigorosè, adeóque vt inde in dextra manu vulnus periculosum valdè acceperit: ob quod dicebant Medici quod motum vnius digiti amitteret: & grauius vulneratus fuisset, nisi & viribus & clamore validis se se protexisset: quapropter cum ita esset quod ista perpetrabantur propter Nationis negotia, vt manifestissimis signis edocuit, supplicauit Nationi quod hanc rem tanquam factum proprium prosequi vellet, faciendo fieri informationes contra eos qui tam enorme facinus perpetrauerant. Quantum ad 3. artic. supplicauit in Natione M. Petrus Marescalli super facto iniuriarum dictarum, & quod grauiter percussus fuerat coram multitudine grauissimorum virorum à M. Gualtero de Wernia, propter aliqua verba quæ inter se habebant pro facto currentis discordiæ: ideo supplicat adiunctionem Nationis, & quod vellet hoc factum tanquam proprium suscipere. Quantum ad 1. art. regraciata est natio suis Deputatis & mihi de immensis laboribus & pœnis susceptis: hortataque est nos vt semper viriliter in negotio atque cum omni diligentia procederemus. Et quia tetigeram in natione quod dum in Parlamento causam nostram agitarem, aliquæ iniuriæ verbales contra M. Robertum Remigij & M. Albertum Scriptoris dictæ fuerant, eò maximè quod nos vltro grauioribus iniurijs lacessere moliebantur, dicentes nationem nostram multa egisse quæ agenda non erant; idcirco conclusit natio quod si ex illis verbis, aut quibusuis alijs pro causa istâ exorturis processibus inuolueretur, aut etiam aliquis Deputatorum suorum, volebat illud prosequi nomine & sumptibus nationis. Quantum ad 2. art. grauiter tulit natio, quod tantus vir à natione deputatus ita ignominiosè cum gladijs & fustibus prosequeretur, volebat eum indemnem reddi, & nedum eum,

" verùm & singulos Deputatos ordinauit quod vt pro misijs iam factis &
" fiendis pro sanatione eius sibi darentur decem scuta; quæ si non sufficeꝰ
" rent, residuum suorum Deputatorum arbitrio remittebat. Quantum ad
" 3 art. voluit vt fieret inquesta, sumptibus nationis, de iniuriâ illatâ M. Peꝰ
" tro Mareschalli & præfato M. Ioanni Colomines, & eiusdem nationis exꝰ
" pensis agitaretur processus. Et ita conclusi, MAGISTRI.

1457.

1458.
DECISIO
LITIS REꝰ
CTORIÆ.

Tandem die penultimâ Aprilis negotium istud Rectorium terminatum est: vt idem scribit. *Die penultimâ*, inquit, *April. an. Domini 1458. horâ sextâ post meridiem fecerunt Iudices Commissi à Parlamento vocari Procuratores partium super discordiâ Rectorum sententiam daturi. Decreueruntque in Rectoriâ ius habere egregium virum M. Iacobum Iunij, ipsumque pacificè debere possidere, nec in sua possessione vllatenus impediri; vt satis superque liquet per sententiam per manum Notarij scriptam. Quâ die à magnis vexationibus ac tribulationibus quibus dies per singulos agebamur, redempti retractique fuimus læta gaudia tutiùs agitantes. Iam timor tremorque de perpetuæ famæ, ac gloriæ discrimine euanuit: iam actorum conscientia comprobata est; hæc siquidem dies finem laboribus immensis curisque assiduis quarum æstu maximo vrgebamur, attulit. Ea die lætâ quiete, optatâque pace frui cœpimus, ac per vniuersam Franciæ Nationem alta pax, variaque lætitia agitata est.*

Lite istâ ita sopitâ, aliud bellum exoritur aduersus Receptores Decimæ Pontificiæ, de quâ supra, quam cum exigerent summâ atrocitate, die 8. Maij in Comitijs Generalibus Vniuersitatis actum est de legatione ad Regem mittendâ, instructionibusque conficiendis. Qui autem Decimæ illius receptioni præpositus fuerat, tabulis prostantibus fuerat comminatus vincula Excommunicationis, ijs qui pro ratione Beneficij Decimam non soluerent. Quam in rem variæ fuerunt sententiæ: videntur tamen eò suffragia pertinuisse, vt si quid exigeretur hac modò vice, piæ subuentionis ergo, persolueretur; secùs, nullo modo. Nationi verò Gallicanæ ad locum suum retractæ supplicauerant nonnulli Magistri qui aliàs de eius gremio resecati fuerant, vt reintegrarentur. Et placuit illos restituere cum M. Ioanne de Oliua, propter egregiè nauatam operam in vltimâ Rectorum discordiâ.

Die 23. Iunij in Comitijs San-Iulianensibus vnanimi omnium Quatuorvirorum consensu in Rectorem electus est M. Ioannes Versoris Normanus, vir doctus & de Academia bene meritus; qui paulò post, hoc est 25. Sept. supplicauit Nationi suæ cuius vices erant, pro lecturâ Ethicæ: illique libenter concessa est; quo Rectore pauca video acta digna posterorum memoria.

" Die 8. Aug. in Comitijs Mathur. *supplicauerunt FF. Prædicatores, vt*
" *Vniuersitas vellet eos in gremium suum reincorporare.* Sic scribit M. De sancto
" Martino Procurator Nat. Gall. *Die 8. mensis Aug. conuocata fuit Vniꝰ*
" *uersitas in S. Math. super 7. art. Primus fuit pro tuitione priuilegiorum*
" *Vniuersitatis. Secundus fuit communis, &c. Et quantum ad istum artic.*
" *Supplicauerunt Fratres Prædicatores vt lamentabiliter & humillimè, quatenus*
" *Vniuersitas vellet eos reincorporare & in suum gremium recipere.* Quam supꝰ
" plicationem NATIO concessit Iuramentis per eosdem præstitis de ratificaꝰ
" tione suorum Superiorum.

Die 23. Decemb. habitis apud Math. generalibus Comitijs lectæ sunt litteræ Pij II. summi Pontificis, olim Æneæ Siluij de sua recenti promotione; lectæ quoque litteræ Collegij Cardinalium, & ad agendas Deo gratias, impetrandamque felicem votorum contra Turcas successum, indicta in crastinum Supplicatio solemnis ad Basilicam Deiparæ Virginis. Tales autem Pij litteræ, quæ continentur inter eius opera.

EPISTOLA
PII II.
AD VNIꝰ
VERSITAꝰ
TEM.

" PIVS EPISCOPVS seruus seruorum Dei, Dilectis filijs Vniuersitatis
" Studij Parisꝰ. S. & A. B. Pius & misericors Deus noster vniuersæ Condiꝰ
" tor Creaturæ, quia sapientia fundauit terram, omnia ordinauit cœlestia
" & terrestria, sacrosanctam Romanam Ecclesiam ea complectitur chariꝰ
" tate, vt per successiuam Vicariorum suorum mutationem, nulla aduersùs

eam procella, nullus præualere poſſit ſpiritus tempeſtatis. Sane felicis " Recordationis Calixto Papa III. Prædeceſſore noſtro de huius mortalis " 1458. vitæ valle 8. Id. Auguſti ad cœleſtem patriam euocato, & ipſius funeris ac " exequiarum celebratione ſolemni, ac debita ſubſecuta, Nos vnà cum " fratribus noſtris S. Romanæ Eccleſiæ Cardinalibus, de quorum numero " tunc eramus, Romæ in Apoſtolico Palatio apud S. Petri Apoſtolorum " Principis Baſilicam in quo dictus prædeceſſor habitauerat, ac debitum " naturæ perſoluerat, modo ac tempore congruis pro futuri creatione " Pontificis curauimus conuenire, nobiſque cum eis fratribus ſub delibe- " rationis magnæ negocio quam tantæ rei qualitas exigebat ; aliquandiu " tractantibus, tandem ipſi Fratres licet potuiſſent in alios maioris meriti " conſentire, tamen S. Spiritus, à quo S. Romana & Vniuerſalis Eccleſia " Chriſti ſponſa regitur, infuſione animos ipſorum ſic afflante, ad perſo- " nam noſtram dirigentes ſic vnanimiter vota ſua nos tunc tituli S. Sabinæ " Presbyterum Cardinalem, neſcimus quo occulto & nobis tremendo Iu- " dicio ad Celſitudinis Apoſtolicæ faſtigium concorditer elegerunt. Nos " autem imbecillitatis noſtræ conſcij noſtrarum paruitatem virium ad tanti " oneris ſarcinam digne perferrendam agnoſcentes, poſtquam diu quid " agendum foret cogitauimus, tandem conſiderantes Romani Pontificis " Electionem non ab hominibus, ſed à diuina inſpiratione procedere ; cu- " ius non licet reſiſtere voluntati, ſperanteſque eum, qui ab initio funda- " tioni Eccleſiæ infirma mundi elegit, vt confunderet fortia, vires ſuas no- " bis ad tanta gubernacula ſubminiſtraturum, cupidi bene agere & prodeſ- " ſe potius quàm præeſſe, in ſpiritu humilitatis colla ſubmiſimus iugo Apo- " ſtolicæ ſeruitutis. Quapropter deuotionem veſtram precamur, vt om- " nipotentem Deum inſtantius exoretis, à veſtriſque omnibus exorari cu- " retis, vt nos per ſuam gratiam roboret & dirigat in agendis. Nos enim pro " noſtræ erga vos mentis affectu diſpoſiti ſumus, in caſibus occurrentibus " veſtram deuotionem ſpecialium gratiarum prærogatiuis & alijs bene- " placitis, quantum cum Deo poterimus, confouere. Datum Romæ apud " S. Petrum, anno Incarnationis Dominicæ 1458. pridie Non. ſept. Pontif. " noſtri an. 1. "

Idem Pontifex Concilium aduerſus Turcas indixit, rogauitque per litteras Carolum VII. vt ſi poſſet, præſens adeſſet ; ſin minus, mitteret aliquos è Regia Proſapia quibuſcum agi poſſet de bello Turcis inferendo, vel potius de reprimendis eorum viribus. Aliud meditabatur Pontifex quod poſtea in Concilio declarauit, Pragmaticam ſcilicet Sanctionem quæ in Concilio Bituricenſi primùm, deinde verò in Baſileenſi, ipſomet Ænea tunc præſente & ſuffragium ferente confirmata fuerat, omnino abrogare : quippe mutato ſtatu mutauerat mores, quanquam Gallos ſemper oderat, vt patet ex eius Epiſtolis. Tunc tamen quod potiſſimùm intendebat, ſubticuit, & collaudato tantùm Rege, Regnoque Chriſtianiſſimo, de ſolo bello Turcico per litteras egit. Quibus Rex reſpondit ſe habito Prælatorum, Principum, & aliorum virorum notabilium tam Eccleſiaſticorum quàm ſecularium conuentu, patefacturum quid concluſum eſſet.

Die 13. Ian. Natio Gall. iam pro tertia vice ad ſtatuendum conuocata per ſuum Procuratorem M. Guill. Charmolüe Pariſinum, ſocium Nauarricum, Munus ſuum Procuratorium bimeſtri omnino ſpatio definiuit. Nam in omnibus Nationibus antiquitus Munus iſtud vnius duntaxat erat menſis, at bis, ter, quaterque nonnunquam prorogabatur. At verò Gallicana libertas iſtam prorogandi ſuſtulit, præterquam ſemel.

MVNVS PROCVRATORIŨ BIMESTRE.

An. ab Incarnationi Verbi 1458. die verò Sabbati quæ 13. Ian. habebatur, nos omnes & ſinguli Magiſtri Nationis Gall. Pariſius tam Regentes quàm non Regentes apud S. Math. per Bidellos, prout moris eſt, hactenus obſeruati, pleniter & ſub debito iuramenti conuocati notum facimus vniuerſis præſentes litteras inſpecturis pariter & audituris, quod nos præcipuè attendentes *quod noui morbi noua expoſcunt remedia, nec non*

1458.

etiam rerum varietas & temporum mutata qualitas id exigunt, vt animi mores varientur, iuxta quorum variationem leges persæpe, ac statuta variantur humana. Retroacta enim nos satis edocent tempora, ita vt nulla tergiuersatione celari possit, quantas iacturas, quot dispendia, quot denique discordias & incommoditates nostræ Communitati attulerit frequens nimium ac sæpius iterata continuatio Procuratorum nostræ prælibatæ Nationis. Qua ex re huiusmodi discordijs, dispendijs, iacturisve atque incommoditatibus finem imponere summoperè cupientes, pacem etiam quæ omne bonum exuperat, ac concordiam non immeritò zelantes, memores vtique illius Sallustij, *Concordia paruæ res crescunt, discordia verò maximæ dilabuntur*; statuimus, ordinauimus, volumus, atque etiam declaramus ea quæ sequuntur, inuiolabiliter obseruari: videlicet quod quicunque de cætero ad dictum Procuratoris Officium assumetur, vna vice dunta xat in eodem Officio continuetur. Etsi quis temerario ausu, quod absit, contra huiusmodi ordinationem nostram, seu statutum nostrum aliquid attentare præsumpserit, *ipso facto priuatus, periurus atque infamis reputetur, inhabilisque ad Regentiam, & singulas prærogatiuas atque Officia Nationis reddatur*. Approbamus nihilominus, item & declaramus totum tempus inordinarium mensis vnius locum habere, Procuratoremque temporis illius vna vice continuari posse. Insuper quoniam veluti experimento frequenter didicimus quod nonnulli in dicto Procuratoris Officio constituti plerunque congregationes hora indebita celebrasse comperti sunt, vnde nostræ Communitati non modicum interdû allatum esse detrimentum conspeximus, quoniam etiam & discordias permultas, diuisiones, inimicitias, iniurias, & scandala quamplurima exorta fuisse, idcirco talibus vijs pro posse obuiare volentes, bonum ipsius Nationis præ oculis habentes & sinceram pacem, ac concordiam inter nos ipsos obseruare cupientes, statuimus, ordinamus, atque etiam declaramus, quòd nulli in dicto Officio constituto liceat amodò nostram Communitatem prouocare pro quacunque materia ante horam 8. in tempore Hiemali, nec ante 7. in tempore Æstiuali. Adijcientes quod si quis contra huiusmodi nostram Constitutionem, seu ordinationem quam perpetuis volumus temporibus irrefragabiliter obseruari, aliquid attentare præsumpserit, eundem dicto Officio ex nunc, prout ex tunc, & ex tunc prout ex nunc priuamus atque à nostro consortio resecamus, & nedum eundem, verùm etiam omnes & singulos si quos fautores talis haberet in hac parte, priuatos & à nostro gremio resecatos per præsentes declaramus. Datum, actum & conclusum sub M. Guill. Charmolue in Theol. Baccalario Theologorum Regalis Collegij Nauarræ Bursario tunc Procuratore sæpè nominatæ Nationis Gall. anno mense & die prædictis.

1459.

Anno 1459. inceptum est Concilium Mantuanum aduersus Turcas, & Pontifex Mantuam 6. Kal. Iunij magno apparatu ingressus est: quo paulò pòst aduenerunt Oratores Caroli Regis nostri, scilicet Archiepiscopus Turonensis, Episcopus Parisiensis, & Thomas de Courcellis insignis Theologus huius Vniuersitatis, de quo sæpè supra. Tum Pontifex acerrimè inuehi cœpit in Francos quasi Sedi Apostolicæ iniuriosos, qui Pragmaticam Sanctionem omnino Iuribus Apostolicis aduersantem in Regno suo tulissent. Aitque Gobellinus ad an. 1458. Francorum Legatos post auditum Pontificem palam se victos professos esse. Verum non est id credibile, cum haberent quod ipsimet Pontifici obtruderent, à quo Pragmatica vt ab alijs omnibus in Concilio Basileensi probata & confirmata fuerat. Vide Lector in hanc rem Spicilegium Dacherianum Tom 8. & 9.

Die 4. Iunij in Comitijs Vniuersitatis retulit D. Rector quid ipse cum Electis, seu Deputatis circa materiam Pragmaticæ-Sanctionis egisset: placuitque addere nonnullos articulos, aut potius explanationes quorundam articulorum qui videbantur esse obscuriores, vt litium materia & occasio prorsùs amoueretur. Placuit insuper deligere nouos Deputatos qui cum Prioribus Explanationem illam recognoscerent & examinarent.

Item

Vniuersitatis Parisiensis. 633

Item vt ampliſſimus D. Rector cum Oratore & ſpectabili comitatu adiret Curiam Parlamenti, petereteque dari & nominari Senatores aliquot, qui ſuppoſitorum Vniuerſitatis Nominationi ad Beneficia incumberent. Vltimò vt confectos articulos communicaret D. Rector cum Procuratoribus Nationum.

1459.

Die 9. eiuſdem menſis in Comitijs Mathurinenſibus conſuluit D. Rector an placeret legi publicè ea quæ per Electos, ſeu Deputatos priores & poſteriores circa materiam Pragmaticæ-Sanctionis deliberata fuerant; an verò priuatim. Tres Facultates ſuperiores noluerunt ea legi publicè: contra, quatuor Nationes. Quia cum ad omnia Vniuerſitatis ſuppoſita pertinerent, omnium quoque intereſſet audire & ſcire quid in articulis contineretur. Concluſum tamen eſt nominandos eſſe à ſingulis Nationibus & Facultatibus viros qui in ijs contenta inſpicerent & examinarent. Sed neque hoc placuit Nationibus, præſertim verò Gallicanæ: quæ die 13. eiuſdem menſis conuocata acquieſcere Concluſioni noluit, imò in ſententia priore permanſit, legendos eſſe articulos publicè, quia ſcilicet audiuerat nonnulla contineri in detrimentum Suppoſitorum Facultatis Artium; ſi verò ſecus fieret, interceſſuram: vt reuera die 19. Iulij appellauit.

Die 19 Iulij cum eſſet congregata Vniuerſitas, mirum in modum placuerunt litteræ Regiæ quas Patentes vocant: quippe quibus confirmabantur Priuilegia Vniuerſitatis pro exemptione Impoſitionis vinariæ, eaſque curauit Actis Curiæ Parlamenteæ & Caſtelleti inſeri: inſuper adiri voluit Generales Subſidiorum, admonerique vt Priuilegia ſarta tecta ſerua- « re vellent, ſecus vſuram Vniuerſitatem conſueto remedio, vt in Actis « diei legitur. Quoad 2. partem iſtius 1. art. volebat Natio quod D. Rector « vnà cum notabili Proponente & ingenti Deputatorum Comitiua adiret « Dominos Generales, & ibidem eis oſtenderet, *qualiter ipſi temerario auſu* « *noſtra priuilegia diebus aſſiduis annullare præſumunt, intimando eiſdem quod ſi* « *talia amodo contra huiuſmodi priuilegia noſtræ Matris attentare præſumunt, cu-* « *rabimus à ſermonibus & Scholaſticis actibus ceſſare.* Et quoad iſtam 2. partem « ſupplicauit quidam Doctor in Medicinis nomine Richardus Goule, vt « Vniuerſitas ſibi vellet dare adiunctionem contra DD. Generales, quo- « niam condemnatus extiterat in Curia Generalium ad ſoluendum quar- « tam partem vinorum quæ ipſe adeptus ſua paterna hereditate fuerat; quæ « quidem ſupplicatio conceſſa fuit. «

Aliud quoque circa id temporis obtinuit eadem Vniuerſitas priuilegium contra Chartam Normanicam.

CHARLES PAR LA GRACE DE DIEV ROY DE FRANCE. A tous « Ceux qui ces preſentes lettres verront, ſalut. Les Recteur, Maiſtres, « Eſcholiers & Suppoſts de noſtre chere & aimée Fille l'Vniuerſité de Pa- « ris, Nous ont humblement fait expoſer que comme leſdits Expoſans « ayans pluſieurs beaux Priuileges, libertez & franchiſes à eux octroyez « par nos Predeceſſeurs Roys de France & par nous confermez: Deſquels « Priuileges, franchiſes & libertez, leſdits Recteur, Maiſtres, Eſcholiers « & Suppoſts de ladite Vniuerſité ont jouy & vſé paiſiblement de toute « ancienneté & par le moyen deſquels icelle Vniuerſité a eſté & eſt multi- « pliée & augmentée, toutefois nos Subjets & habitans de noſtre Pays & « Duché de Normandie, ſous ombre de certaine Charte appellée la Char- « tre Normande & de la confirmation par nous naguères faite d'icelle, « veulent empeſcher leſdits Expoſans en leurſdits Priuileges en voulant « maintenir qu'ils n'en peuuent ne doiuent vſer auſdits Pays, veu ladite « Confirmation d'icelle Chartre, qui eſt & plus pourroit eſtre au grand « preiudice deſdits Expoſans, ſi comme ils nous ont fait dire & remonſtrer, « en nous humblement requerant que ſur ce vouluſſions faire declaration, « & ſur ce leur pouruoir gracieuſement. Sçauoir faiſons, que nous ouye « la requeſte d'iceux Expoſans, & eu ſur ce aduis & deliberation de Gens «

CONTRA CHARTAM NORMANICAM.

"de nostre Conseil, auons dit & declaré, disons & declairons par ces pre-
"sentes que nostre intention a esté & est, que la Confirmation par nous
"faite de la Chartre Normande, soit sans preiudice des vrays Priuileges
"de nostre Fille l'Vniuersité de Paris: Si donnons en mandement par ces
"Presentes à nos Amez & Feaux Conseillers, les Gens de nostre Parle-
"ment & de nostre Eschiquier, aux Preuost de Paris, Bailly de Rouën,
"Caux, Auni, Constantin, Evreux, Gisors & à tous nos autres Iusticiers
"ou à leurs Lieutenans, que de nostre presente volonté & declaration fas-
"sent, souffrent & laissent lesdits Exposans ioyr & vser plainement & pai-
"siblement sans leur faire, mettre, ou donner, ne souffrir estre fait, mis ou
"donné aucun empeschement ou destourbier au contraire. En tesmoin de
"ce nous auons fait mettre nostre seel à ces Presentes. Donné à Rasilly
"le 29. iour de May, l'an de grace 1459. & de nostre Regne le 37.
"Par le Roy en son Conseil. DANIEL.

Lecta, publicata, & registrata in Curia Regia Parlamenti die 9. Iulij, &
in Auditorio Ciuili Castelleti 5. Augusti, anno supra expresso in Priuilegio Regis.

Turbatio à Generalibus Subsidiorum.

Verum aliunde turbata est Vniuersitas promulgatis alijs litteris Regijs, quibus interdicebatur Præposito Parisiensi omni rei Subsidiariæ Cognitione, eaque vni Curiæ Generalium adscribebatur; Nam cùm
ipsa vexabatur à Generalibus exactione vectigalium, recurrebat ad Conseruatorem suum, at vetito Conseruatore de Causis huiusmodi cognoscere, futurum erat vt Partes suas haberet Iudices. Litteras istas nondum
credo publicè editas placet hîc apponere, datas 3. Iulij an. 1459.

"CHARLES PAR LA GRACE DE DIEV ROY DE FRANCE. A nos
"Amez & Feaux, les Generaux Conseillers par nous ordonnez sur le
"fait de la Iustice des Aydes ordonnez pour la guerre, salut & dilection.
"Nostre Procureur general sur le fait desdites Aydes, nous fait exposer
"comme par Instructions & Ordonnances Royaux faites par nos Predeces-
"seurs de nous donner la cognoissance du fait desdites Aydes, & aussi de
"la Gabelle du Sel & des Tailles, mises & à mettre sur ce pour le profit de
"la guerre & de la deffense de nos Royaume & Subjets, appartient & est
"expressement commise au regard de la Iustice & de ce qui en dépend en-
"tierement en tous cas Ciuils ou Criminels: C'est assauoir en premiere
"instance aux Esleus sur le fait chacun en son Election, & en cas d'appel
"& souueraineté à vous nosdits Conseillers; tout ainsi & en la maniere que
"des causes non touchant ces faits deuantsdits, la cognoissance appartient
"aux Preuosts, Baillifs, Seneschaux & autres Iuges ordinaires, & en cas
"de ressort & souueraineté, à nostre Cour de Parlement, sans ce que de
"matiere touchant lesdites Gabelles & Tailles, ne autres subsides mis &
"à mettre sus à la cause dessusdite, ils ne aucuns d'eulx ne autres Iuges ou
"Officiers quelconques, sinon lesdits Esleus & vous, ainsi que dict est,
"en puissent ny doiuent auoir cognoissance aucune, pour quelque ma-
"niere que ce soit, & laquelle leur est deffenduë & interdite, & mesme-
"ment fut par nous ainsi deliberé, ordonné & appointé à grande & meu-
"re deliberation du Conseil. Nous estans à Garry prés Chaalons, au mois
"de Iuin l'an 1445 Et en outre que & des Causes introduites deuant lesdits
"Esleus aucuns Officierss'efforçoient de faire renuoy ailleurs que parde-
"uant Vous, par vertu de quelques lettres que ce fust ou que aucuns au-
"tres Iuges entreprissent cour & cognoissance d'aucune chose touchant
"ce fait susdit, qu'ils fussent contraints à eux en desister & deporter par
"prise & emprisonnement de leurs corps & par suspension & priuation de
"leurs Offices; comme ces choses & autres seruans à ce sont plus à plain
"contenuës en nos lettres sur ce faites à vous adressées, qui ont esté deuë-
"ment publiées & signifiées. Tellement que aucun desdits Subjets n'en

Vniuersitatis Parisiensis.

puisse pretendre cause d'ignorance; Neantmoins nostre Preuost de Paris ou ses Lieutenans ont puis aucun temps, fait faire par vertu des Lettres de nostredit Preuost & autrement renuoys deuant eux de plusieurs causes touchant lesdites Aydes & Gabelles pendantes deuant lesdits Esleus, tant en matiere Ciuille que Criminelle, & se sont efforcez & efforcent chacun iour d'en cognoistre & de plusieurs autres causes touchant ces faits, comme du payement de nos Gens de guerre & autres; & quand vous en faites quelques euocations, ils veulent & s'efforcent de l'empescher, disans que n'auez pas puissance de les euoquer, nonobstant quelque deffense qui leur ait esté sur ce faite de par vous. Pourquoy le payement de nos deniers d'iceux Aydes, Tailles & Gabelles a esté souventefois retardé & du tout assoupi; & s'en pourroit ensuiure vne grande diminution en iceux deniers, & par consequent grande diminution & inconuenient à la Chose publique de nostre Royaume, à l'entretenement & défense de laquelle ils sont distribuez & conuertis par nostre Ordonnance, si prouision n'y est brief donnée, si comme dit est, ledit Exposant requerant icelle: Pourquoy nous ces choses considerées, qui voulons lesdites Ordonnances estre entretenuës & gardées de poinct en poinct, afin d'obuier aux inconueniens qui autrement en pourroient vray-semblablement aduenir en plusieurs manieres: Vous Mandons & expressément enjoignons par ces Presentes, que s'il vous est apparu ou appert deuëment que à l'encontre d'icelle Ordonnance ait esté faite entreprise par nostredit Preuost de Paris, ses Lieutenans ou autres Iuges ou Officiers quelconques, en quelque maniere que ce soit; & que desdites causes touchant Aydes, & le fait de nos Finances ayent voulu & veulent entreprendre cour & cognoissance, vous procediez contre eux & chacun d'eulx iusques à ce qu'ils ayent entierement reparé & tout remis au premier estat; & tout ainsi que le portent & contiennent lesdites Ordonnances, en leur interdisant & deffendant toute cour & cognoissance des causes dessusdites, leurs circonstances & dépendances à certaines & grandes peines en icelles euoquant pardeuant vous pour en connoistre & discuter ainsi que verrez estre à faire par raison. Mandons & commandons à tous nos Iusticiers, Officiers & Subjets, que à vous, vos Commis & Deputez, en ce faisant ils obeyssent & entendent diligemment. Donné à Coudray prés Chinon le 3. Iuillet 1459. & de nostre Regne le 37. Ainsi signé, Par le Roy. CHALIGANT.

1459.

Hacce Authoritate munita Curia prædicta priuilegijs Academicis parum detulit. Itaque die 22. Martij habitis Comitijs, auditæ sunt plurimæ querelæ Magistrorum aduersus DD. Generales, & Electos, ac Redemptores impositionis vinariæ. Et quoad hunc artic. deliberauit Natio Gallicana in hunc modum, vt scribit M. Ioan. de Remis eiusdem Procurator. *Quia Vniuersitas habet duos baculos defensiuos, videlicet Conseruatorem, & Priuilegium cessandi à sermonibus & Lectionibus, siopus sit. Et quia vt legitimis Sanctionibus cauetur, Conseruator datur ad tuitionem Priuilegiorum contra ipsorum molestatores, Primùm placuit Nationi quod ipse Conseruator per Censuram Ecclesiasticam, quâ legatione fungi potest, haberet procedere contra dictos Generales & Electos & Firmarios, tanquam in notoriè delinquentes, illos excommunicando. Deliberauit insuper Natio quod hoc baculo non tantum contendebat vti, verum etiam cassatione à sermonibus duntaxat, quas haberet præfatus D. Rector intimare præfatis Generalibus & Electis. Insupper addidit quod futurus Rector & successor haberet iurare in eius concione hanc materiam prosequi viriliter & iuxta posse.*

Die 24. eiusdem mensis creatus est in Rectorem M. Robertus Remigij cuius causâ tot turbæ ante excitatæ fuerant; cui 19. April. in Comitijs Vniuersitatis impositum est onus prosequendi vexatores Priuilegiorum, *per viam* (vt scribitur in eodem libro) *Monitionis & excommuncationis.* quod ille cum fideliter executus fuisset, Electi & Generales Subsidiorum à Rege litteras impetrarunt, quas ad annum 1460. proferemus.

Anno 1460. die verò 12. Maij Facultas Artium duplicem ob causam à D. Rectore conuocata fuit. Prima erat, vt videret Facultas an placeret more solito fieri Alemanisationes, seu commutationes Nationum per Rectorem & quatuor Procuratores, nec ne. Et responsum est à tribus Nationibus placere, vnâ Picardiâ intercedente: Altera, ad decernendum de castigatione quorundam Scholarium qui in vico Straminis, præsentibus Rectore, Magistris ac multis alijs spectabilibus viris ausi fuerant in se se inuicem insilire baculis ferratis & alijs armis. Placuit verò seligere viros qui inquirerent in facta eiusmodi petulantium iuuenum, vt more maiorum punirentur.

Die 16. Maij in Comitijs Mathurinensibus duo præcipua deliberationis capita proposuit Rector ad Regia Priuilegia, de quibus supra dictum
" est, & ad Pragmaticum-Sanctionem pertinentia. Quoad 1. art. lecta fuit,
" inquit M. Ioannes Abbatis Procurator Nationis Gallicanæ, quædam
" Conclusio concernens ipsa priuilegia in se à 12. annis citra in præfata Parisiensi Vniuersitate aliàs capta. Quam quidem Conclusionem corroborauit Natio, & voluit quod sigillaretur magno sigillo ipsius Vniuersitatis. Voluit insuper vt Conseruator eiusdem Vniuersitatis, seu eius Vicesgerens *insequendo eandem, habeat viriliter procedere contra Firmarios & alios Officiarios Regios Impeditores, seu molestatores eorundem Priuilegiorum, ac omni via Iuridica, scilicet per citationem, monitionem, excommunicationem, aggrauationem & reaggrauationem, aut aliter, adeo & taliter quod nostra priuilegia remanere valeant illæsa.* Voluit insuper ipsa Natio, quod Officiarij præfatæ Vniuersitatis tracti in causam, seu adiornati ad instantiam, seu requestam quorumcunque maximè Perturbatorum inscriptorum coram Generalibus, aut alijs quibuscunque Iudicibus non compareant nisi duntaxat Iurisdictionem, aut Iudicium eorum detrectando. *Quoad factum Pragmaticæ-Sanctionis, regraciata est Natio D. Rectori cæterisque Deputatis ipsius Vniuersitatis qui in facto huiusmodi Pragmaticæ-Sanctionis laborarunt, & de diligentijs eorundem. Et voluit ipsa Natio quod amodo Deputati, aut Deputandi in facto prælibatæ Pragmaticæ-Sanctionis stipendientur, & quod quilibet haberet duos solidos Parisienses recipientes* & accepturi ab illis qui tempore suæ Rectoriæ super ærario publico absque compotorum suorum redditione, ac Receptorum satisfactione, seu solutione dicti ærarij publici receperunt.

Quoad Excommunicationem Generalium, certum est à Conseruatore fuisse promulgatam & in tabulis publicè prostitisse: quamobrem illi Rectori & quibusdam alijs diem dixerunt: at istis vadimonium deserentibus Generales obtinuerunt à Rege litteras quibus imperabatur vt Excommunicatio tolleretur, vtque illi restituerentur in integrum: quam in rem *leguntur in Actis Curiæ subsidiariæ Instrumenta*, quorum primum datum est die 14. Iulij, *Sub hac Epigraphe.*

Pour contraindre les Officiers de l'Vniuersité de Paris à casser & reuoquer les Citations, Monitions & Censures faites à l'encontre des Presidents generaux & Conseillers des Aydes, les Esleus de Paris, & autres Officiers & Fermiers par prinse de leur temporel, iusques à-ce qu'ils ayent obey, du 14. Iuillet 1460.

" CHARLES PAR LA GRACE DE DIEV ROY DE FRANCE. A nostre
" bienamé Sergent d'Armes, Lucas Moreau, Nous seruant en ordon-
" nance salut. Nostre Procureur general sur le fait des Aydes ordonnez
" pour la guerre, Nous a fait remonstrer que combien que aux Esleus sur
" le fait des Aydes partout nostre Royaume, selon nos Ordonnances, ap-
" partiennent la Cour & cognoissance des difficultez & debats qui sour-
" dent & meuuent à cause desdits Aydes, leurs circonstances & dépendan-
" ces en premiere instance: Et à nos amez & feaux les generaux Conseillers,

Vniuerſitatis Pariſienſis. 637

ſur le fait de la Iuſtice deſdits Aydes en ſouueraineté & dernier reſſort, & qu'il ne ſoit loiſible ny permis à aucuns Iuges Eccleſiaſtiques, Recteurs, Officiers d'Vniuerſitez, ne autres quelconques d'en entreprendre la cognoiſſance, ne de citer ny faire conuenir deuant eulx noſdits Eſleus, Fermiers & autres Officiers & entremettans deſdites Aydes, ne proceder à l'encontre d'eux par voye de Cenſures Eccleſiaſtiques, pour leur faire reuoquer leurs Arreſts, Sentences ou Executions faites & données, touchant le fait deſdites Aydes, ny auſſi empeſcher leurs pourſuittes & actions que ont leſdits Fermiers à cauſe de leurſdites Fermes ; Neantmoins ledit Recteur, Conſeruateur, Promoteur, Scribe & autres Officiers de l'Vniuerſité de Paris, ont puis certain temps en çà fait admoneſter les Eſleus ſur le fait deſdites Aydes à Paris, à ce qu'ils euſſent à reuoquer certaines Sentences, Appointemens & autres Exploicts par eux faits & donnez, touchant matieres d'Aydes & leurs dépendances ; & pour ce que leſdits Eſleus qui croyent auoir bien juſtement procedé à leurſdits Exploicts & Sentences deſquels n'a aucunement eſté appellé, ont eſté de le faire refuſans, leſdits de l'Vniuerſité en procedant plus de volonté que de raiſon ont fait denoncer iceux Eſleus & autres nos Officiers & Fermiers deſdites Aydes pour Excommuniez, engregez & r'engregez ; Et les ont fait publier, fulminer & attacher aux portes des Egliſes & autres lieux publics de noſtre Ville de Paris : Et tellement qu'au iour de Paſques dernier paſſé, ils ont eſté contraincts à cette occaſion à iſſir hors de l'Egliſe de leur Parroiſſe, autrement le ſeruice diuin y euſt ceſſé à leur grande honte & vitupere : Et qui plus eſt ont enuoyé leurs Lettres Patentes, comminatoires par forme de Commandement & Injonction à noſtre amé & feal Conſeiller, l'Eueſque de Troyes, Preſident en la Chambre deſdites Aydes, qu'il reuoquaſt & fiſt reuoquer & mettre au neant certains Exploicts que leſdits de l'Vniuerſité pretendoient auoir eſté faites contre aucun de ceux qu'ils diſent eſtre Suppoſts d'icelle Vniuerſité ; & que au refus & delay de ce faire, ils auoient conclud de le faire citer en plaine aſſemblée & de fait a eſté cité & contumacé : Et ont fait & chacun iour continuent à faire iceux de l'Vniuerſité contre vos gens & Officiers pluſieurs autres grands abus & ſurpriſes en entreprenans ſur nos droits Royaux & autrement, tres grandement excedant & delinquant en grand eſclandre de voſtre Iuſtice, meſpris & irreuerence de nous & de nos Seigneuries & Souueraineté & à noſtre grande déplaiſance ; & encore plus ſi par nous n'eſtoit ſur ce donné prouiſion, ainſi que dit & remonſtré nous a eſté : Pour ce eſt-il, que nous ces choſes conſiderées qui ne voulons tels abus & entrepriſes eſtre tolerées, mais ceux qui ainſi abuſent, eſtre punis & corrigez, comme au cas appartient, Confians en tes ſens, loyauté & bonne diligence : Te mandons & commettons par ces preſentes, que en toute diligence tu te tranſporte en noſtre Ville de Paris, & t'informe diligemment & bien des choſes deſſuſdites, de leurs dépendances, qui te ſeront baillées plus à plain en eſcript par noſtredit Procureur expoſant, ſi meſtier eſt : Et ſi par ladite Information ou autrement, deüement il appert de ce que dit eſt, où ce tant que ſuffire doiue, faits exprés Commandement de par nous auſdites Recteur & Conſeruateur ou à leurs Lieutenans & Vice-gerens & autres qu'il appartiendra, & dont tu ſeras requis ſur certaines & grandes peines à nous à appliquer, que toutes les Citations, Monitions, Cenſures & Fulminations de Sentences & autres Exploicts qui ont par eux eſté faits à l'encontre dudit Eueſque de Troyes Preſident deſdits Eſleus de Paris, & autres nos Officiers & des Fermiers des Fermes ou de leurs Cōmis, touchant les matieres d'Aydes, ils reuoquent, reparent & remettent ou faſſent reuoquer, reparer & remettre ſans delay au premier eſtat, & deu, en les contraignant à ce faire chacun d'eulx par prinſe de leur temporel en noſtre main & autres voyes deües & raiſonnables, en tenant & faiſant tenir & gouuerner leurdit temporel en & ſoubs noſtredite main, par perſonnes Notables,

1460.

LLll iij

"iufques à ce qu'ils ayent obey, nonobſtant oppoſition ou appellation
" quelconque de ce faire. Et te donnons pouuoir, authorité, commiſſion &
" mandement ſpecial par ces preſentes, Mandons & Commandons à tous
" nos Iuſticiers, Officiers & ſubjets, que à toy en ce faiſant obeyſſent &
" entendent diligemment. Donné à Montrichart le 14. iour de Iuillet, l'an
" de grace 1460. & de noſtre regne le trente. huit. Ainſi ſigné, Par le Roy
" en ſon Conſeil. DE LA LOIRE.

Alterum ſimiliter ſub ſequenti epigraphe legitur.

Mandement & Prouiſion du Roy, en ſon Grand Conſeil, ſur le default obtenu par le Procureur General dudit Seigneur, ſur le fait des Aydes, à l'entre de pluſieurs de l'Vniuerſité de Paris, pour les adiourner à comparoir en perſonne deuant ledit Seigneur & les Gens de ſondit Grand Conſeil, pour voir adiuger leſdits profit dudit default, & à intimation du 26. Aouſt 1460.

" CHARLES PAR LA GRACE DE DIEV ROY DE FRANCE. Au
" premier Huiſſier de noſtre Parlement ou noſtre Sergent, qui ſur ce
" ſera requis ſalut. Comme par vertu de certaines Nos autres lettres don-
" nées à Montrichart le 14. Iuillet dernier paſſé, impetrées à la requeſte
" de Noſtre Procureur General, ſur le fait des Aydes. Noſtre amé & feal
" Notaire & Secretaire M. ANTOINE DISOMEE ſe ſoit transporté en
" noſtre Ville de Paris, & après que par Information ou autrement deüe-
" ment luy eſt apparu du contenu en noſdites lettres & adiourné Me. Mar-
" tin de Freſnes, Robert Remy, Raoul Bernaſſe, Guillaume Nicolas,
" Robert Rebours, Pierre Tumery, Geoffroy le Normant, Clement Par-
" mentier & Michel de S. Leu, à comparoir en Parlement pardeuant Nous
" & les Gens de noſtre Conſeil, quelque par que ſerions. C'eſt aſſauoir les
" aucuns au vingtieſme & les autres au vingt. deuxieſme du mois d'Aouſt
" dernier paſſé pour reſpondre à noſtredit Procureur, ſur le contenu en
" noſdites lettres, & pour proceder au ſurplus, ainſi qu'il appartiendra par
" raiſon, auſquels 20. & 22. iours dudit mois d'Aouſt & auſſi les 26. dudit
" mois, comme continué & dépendant d'iceux, noſtredit Procureur Ge-
" neral s'eſt bien & deüement preſenté pardeuant Nous & les Gens de no-
" ſtredit Conſeil; mais les deſſuſdits adiournez ne ſe ſont aucunement pré-
" ſentez, ne comparus, eulx ſuffiſamment attendus, appellez & audien-
" cez à l'huys de noſtre Conſeil, par Iean Rolland dit Vouldelay à ce com-
" mis, & pour ce a eſté donné default à noſtredit Procureur General,
" ce requerant contre les ſuſdits adiournez défaillants, par le moyen du-
" quel défault il a requis luy eſtre par Nous & noſtredit Conſeil, adiugé
" certain profit qu'il a mis pardeuers noſtredit Conſeil, contenant la for-
" me qui s'enſuit. C'eſt **la demande & profit de default que requiert** luy
" eſtre adiugé le Procureur General du Roy ſur le fait de la Iuſtice des
" Aydes, demandeur en cas d'excez, contre M. Martin de Freſnes, Ro-
" bert Remy, Raoul Bernaſſe, Guillaume Nicolas, Robert Rebours, Pierre
" Thumery, Geoffroy le Normant, Clement Parmentier & Michel de
" S. Leu deffendeurs & adiournez à comparoir en perſonne, & pour
" entendre la matiere dont dépend ledit default, vray eſt que au préiudi-
" ce dudit Seigneur, & à la diminution de ſes Aydes, à la grande foule &
" vitupere deſdits Officiers en ſeſdites Aydes, leſdits defendeurs meuz de
" volonté plus que de raiſon, ont puis aucun temps en çà, cité & excom-
" munié, fait citer & excommunier les Eſleus de Paris, celuy d'Alençon,
" & pluſieurs autres, tant Fermiers que Collecteurs deſdites Aydes, & qui
" pis eſt, ont priué ou fait priuer de ladite Vniuerſité, & declarer, pariure
" Reuerend Pere en Dieu Monſeigneur l'Eueſque de Troyes Preſident,
" & Maiſtre Guillaume Longue-Iré & Charles Rapiouſt Conſeillers en la
" Chambre d'iceux Aydes, & ceſſé de Sermons en la Ville de Paris, où

contents de certains Arrests & Sentences données touchant matieres
d'Aydes, & ce que dit est, ont lesdits deffendeurs porté, fauorisé & poursuiuy à leur pouuoir, & à cette cause s'est ledit demandeur retiré deuers
ledit Seigneur & son Conseil, & a obtenu certaines Lettres Patentes,
par vertu desquelles, Et par M. Antoine Disome son Secretaire, commandement a esté fait ausdits defendeurs sur certaines & grandes peines,
qu'ils reuoquassent, rappellassent & missent au neant toutes les citations,
excommuniments, priuations, declarations, cessations & autres exploits qui par eulx auoient esté faits contre lesdits Officiers, Fermiers
& Collecteurs, & pour ce que de ce faire ont esté refusans, au moins en
demeure; Iour leur a esté donné par ledit M. Antoine Disome à ester
& comparoir en personne pardeuant le Roy nostredit Seigneur, ou vous
nostres-honorez Seigneurs, les Gens de son Grand Conseil : C'est assauoir les aucuns d'eux au 20. d'Aoust dernier passé & les autres au 22. dudit mois, ausquels iours ou autres dépendans d'iceux, ne sont venus, ne
comparus, ne autres pour eulx, & aprés que de vostre Ordonnance ils
ont esté deuëment appellez, auez audit demandeur donné default, ce
requerant contre lesdits defendeurs, contre lesquels ledit demandeur
requist lors, comme de present encore requiert que par vertu dudit default ou à tout le moins par vertu de son principal, soient declarez estre
encourus de peines à eux indictes par ledit Disome & condamnez & contraints à reparer les choses dessusdites, & en ce faisant à reuoquer, casser & annuller ou faire reuoquer, casser & annuller toutes manieres de
Citations, Monitions, Censures, priuations, declarations, cessations
& absoudre & faire absoudre à leurs dépens, tous lesdits dessusdits excommuniez & à reincorporer en ladite Vniuersité lesdits President &
Conseillers, si de tout bailler lettres suffisantes, & à reprendre ou faire
reprendre les Sermons, ainsi que deuant ledit cas écheu, & auec ce
soient condamnez en amendes profitables chacun de la somme de mil
liures à appliquer, moitié au Roy & l'autre moitié aux parties interes-
sées & à tenir prison iusques à plaine satisfaction des choses dessusdites
& soient descheus & deboutez de toutes defenses declinatoires & per-
emptoires, au moins des declinatoires & dilatoires, par protestation
de plus amplement augmenter, diminuer & specifier cette presente demande & profit de defaut, lequel profit de defaut Nous & nostredit
Conseil, auons differé de faire adiuger à nostredit Procureur quant à
present, & auons ordonné lesdits defaillans estre derechef adiournez
pour voir adiuger iceluy profit, & pour proceder au surplus comme de
raison : Pourquoy nous te Mandons & commettons, que lesdits Maistres
Martin de Fresnes, Robert Remy, Raoul Bernasse, Guillaume Nicolas,
Robert Rebours, Pierre Thumery, Geoffroy le Normant, Clement
Parmentier & Michel de S. Leu defaillans tu adiournes à certain & competant iour à comparoir en personnes pardeuant nous & les Gens de nostredit Conseil, quelque part que soyons lors, pour voir adiuger le profit dudit defaut à nostredit Procureur; Et pour proceder au surplus touchant la matiere, ainsi qu'il appartiendra & ô intimation, que viennent
ou non ; Nous procederons à l'adjudication d'iceluy profit de defaut,
comme de raison. De ce faire, te donnons pouuoir, commission & mandement special par ces Presentes, en nous certifiant deuëment & les Gens
de nostredit Conseil, de ce que fait auras sur ce ; Mandons & commandons à tous nos Iusticiers, Officiers & subjets, que à toy en ce faisant
obeyssent & entendent diligemment. Donné à Bourges le 26. Aoust,
l'an de grace 1460. & de nostre regne le trente-huit. Ainsi signé : Par le
Roy. A la Relation des gens de son Grand Conseil. DANIEL.

Tertium denique Regis Edictum contra Cessationes & Excommunicationes tale est.

1460. *Ordonnance du Roy, que les Citations, Monitions, Excommunications, Cessations & Privations faites par l'Vniuersité de Paris, soient reparées, les Excommuniez absous, les privez réincorporez en ladite Vniuersité, les Cessations ostées, que d'oresnauant telles entreprises cessent, sur peine de privation des Priuileges de ladite Vniuersité du 24. Septemb. 1460.*

" CHARLES PAR LA GRACE DE DIEV ROY DE FRANCE. A tous
" ceux qui ces Presentes Lettres verront salut; Sçauoir faisons; Que
" comme de par ledit Recteur, Maistres, Docteurs, Regens, Escholiers,
" Estudiants & Suppostz de nostre tres amée fille l'Vniuersité de Paris,
" nous ayent esté faites aucunes requestes: Et entre autres que leur vou-
" lussions garder & entretenir leurs Priuileges, desquels ou des *Vidimus*
" d'iceux, ils ont fait exhibition, lesquels veus, & eüe sur ce grande & meu-
" re deliberation auec les Gens de nostre Grand Conseil, Auons fait dire
" aux Gens de ladite Vniuersité, que nos vouloir & intention est faire gar-
" der & entretenir lesdits Priuileges ; mais si aucuns abus ou entreprises s'é-
" toient faites, contre & au préiudice de nos Aydes, soubs couleur de la-
" dite Vniuersité & desdits Priuileges, que iceux abus soient reparez & les
" delinquans priuez par lesdits Esleus & Generaux ausquels la cognoissan-
" ce en appartient: En outre pour ce que en abusant desdits Priuileges au
" pourchas d'aucuns Supposts d'icelle Vniuersité, on a fait citer certains
" Fermiers de nosdits Aydes, & fait admonester & excommunier nos Offi-
" ciers Esleus de Paris, & d'Alençon : Et aussi aucuns Fermiers de nos Ay-
" des fait priuer de ladite Vniuersité ; & declaré nostre amé & feal Con-
" seiller l'Euesque de Troyes, President en la Chambre desdites Aydes,
" M. Guillaume Longue-Iré, & Charles Rapioust Conseillers en ladite
" Chambre ; Et fait cessation de Sermons en la Ville de Paris. Auons or-
" donné & ordonnons par ces Presentes, que dans la Feste de Toussaincts
" prochain venant, lesdites Citations, Monitions, Excommuniments,
" Priuations & Declarations faites contre les dessusdits nos Officiers &
" autres à l'occasion de ce que dit est, soient par ladite Vniuersité repa-
" rées : C'est assauoir les excommuniez absouz, l'Euesque de Troyes, Lon-
" gue-Iré & Rapioust ré-incorporez en ladite Vniuersité & lesdites Cessa-
" tions ostées ; Et que de ce soient baillées lettres conuenables & que d'o-
" resnauant icelles entreprises cessent en telle maniere, que contre nos-
" dits Officiers, Fermiers ou Collecteurs, ne soit procedé par lesdits de
" l'Vniuersité, ne à leur poursuit par telles manieres de Citations, Mo-
" nitions, Priuations, Declarations & Cessations pour chose dépendant
" de nosdits Aydes, sur peine de priuation de leursdits Priuileges, lesquel-
" les choses ainsi faites & réparées par ladite Vniuersité, Nous les pour-
" uoirons sur les autres Requestes : tellement que deuront estre contents.
" Si donnons en mandement au premier de nos amez & feaux Conseil-
" lers les Gents tenans nostre Cour de Parlement, Maistres des Reque-
" stes de nostre Hostel & Conseillers en icelle, & autres sur ce requis,
" que nostredite Ordonnance, Vouloir & Intention ils signifient ausdits
" Recteur, Maistres, Docteurs, Escholiers, Officiers & Supposts d'icelle
" Vniuersité en leur faisant commandement exprés de par nous sur la pei-
" ne dessusdites, c'est assauoir de priuations de leursdits Priuileges, que
" dans la Feste de Toussaincts, ils accomplissent le contenu en nostredite
" presente Ordonnance, en nous certifiant deüement de ce que fait aura
" esté sur ce ; car ainsi nous plaist estre fait. En tesmoin de ce nous auons
" fait mettre nostre seel à ces Presentes. Donné à la Salle le Roy en Ber-
" ry le 24. iour de Septembre, l'an de grace 1460. Et de nostre regne le
" trente-huict. Ainsi signé, Par le Roy en son Conseil.
" I. DE REILHAC.

Interim

Interim Legati Vniuersitatis Regem adeunt, ab eoque benignè excipiuntur. Eorum verò litteræ lectæ sunt in Comitijs Mathurinensibus die 17. Sept. quibus lectis, placuit Vniuersitati haberi gratias immortales Regi & compluribus Proceribus & Principibus pro sua in Legatos humanitate. Die 20. lectæ litteræ Vniuersitatis Pictauiensis quibus petebat adiunctionem aduersus Præpositum Pictauiensem. Lectæ quoque aliæ ad D. Cardinalem Constantiensem & ad quosdam Regis Comites Consistorianos transmittendæ.

1460.

Die 8. Octob. placuit Vniuersitati subscribere postulationi Vniuersitatis Pictauiensis. Die verò 10. eiusdem mensis in Comitijs San-Iulianensibus, in Rectorem Vniuersitatis electus est vnanimi omnium consensu M. Petrus Marie Remensis vir elegantissimus, potensque opere & sermone. Tunc Procurator Nationis Gallicanæ erat M. Iacob Philomene Rhedonensis qui sic scribit ad diem 14. Octob. *Anno & mense præpositis, die autem 14. congregauit D. Rector Vniuersitatem in S. Bernardo per iuramentum super 2. artic. Primus ad audiendum lecturam cuiusdam mandati Regalis à Generalibus impetrati; & ipsi Rectori per secundum Præsidentem M. Robertum Thiboult intimati. Secundus communis. Quoad Mandatum in quo continebatur contradictio manifesta: & quod Priuati reintegrarentur, Excommunicati absoluerentur, Sermones resumerentur, deliberatum est appellare Præsidentem* PARIBVS *& hijs de suo sanguine, intimando hoc secundo Præsidenti, & releuando in Cancellaria appellationem. Et casu quo non fiet Vniuersitati Iustitia ante festum omnium Sanctorum, tam de restitutione Prisionariorum quàm & aliorum grauaminum, Et tunc termino præterito, Placet cessare ab omni actu, reaggrauando Excommunicatos & priuatos eos publicando singulis Dominicis per Ecclesias Parochiales, reijciendo à gremio Vniuersitatis Parentes eorundem vsque ad quintam generationem. Et quod Conseruator hoc faciat; alioquin prouidebitur de alio: & interim fiet informatio secreta super facto de S. Romano spernentis Excommunicationem Apostolicam: & super quibusdam Iuratis reuelatoribus secretorum Vniuersitatis, & Detentoribus Priuilegiorum eiusdem.* Placuit præterea visitare Ambasiatores Regis Daciæ, &c.

CONTRA SECVNDI PRÆSIDĒ CVRIÆ SVBSIDIARI.S.

Die 21. eiusdem mensis electus est in Procuratorem Nationis Gallicanæ M. Ioannes Chanflon Remensis qui ad 24. Octob. scribit quæ sequuntur, de lite quæ cum Generalibus intercedebat. *Die Veneris proximè consecuta 24. Octob. ab honorando Domino meo, ac M. Petro Marie tunc almæ studiorum Parentis Vniuersitatis Parisiensis Rectore dignissimo apud S. Mathurinum alma Parisiensis Vniuersitas euocata fuit super 3. art. Super primo placuit quàm celeriter expensis Vniuersitatis ab ærario communi sumendis ad Reuerendum Patrem in Christo, ac Dominum D. Episcopum Beluacensem Conseruatorem nostrum vir doctus literis Vniuersitatis munitus dirigatur requisiuius ex parte Vniuersitatis, vt idem Reuerendus Pater celeriùs quàm poterit, ad matrem Vniuersitatem veniat, eiusdem matris grauaminibus nunc,* **proh dolor!** *eidem illatis suis in priuilegijs, vt subueniat omni dissimulatione postposita. Et si idem Reuerendus Pater hoc facere, aut subterfugiendo, aut dissimulando distulerit, habeat idem noster Nuncius eidem Patri intimare, quòd nisi cum quæ lamentabiliter deposcit Vniuersitas ab eodem Patre tanquam Conseruatore suorum Priuilegiorum exaudiat & exaudita compleat posse tenus, Vniuersitas alium eliget Conseruatorem iuxta facultatem sibi à summo Pontifice concessam, quæ sine formidine secundum Deum & conscientiam authoritate Apostolica almæ Parisiensis Vniuersitatis molestatores quoscunque Censuris vtendo Ecclesiasticis viriliter prosequetur, &c.*

Die Martis 28. Octob. in Comitijs apud Bernardinos habitis acta sunt quæ sequuntur, vt idem Procurator scribit. *Die Martis immediatè sequenti, per honorandum Dominum meum D. Rectorem prædictum fuit euocata alma Parisiensis Vniuersitas apud S. Bernardum super 2. art. Primus fuit super auditione honorabilium Dominorum, ac Magistrorum videlicet D. Regij Aduocati in suprema Parlamenti Curia, M. Ioannis Barbin, D. Locum-tenentis Ciuilis, D. Præpositi Parisiensis ad almam Parisiensem Vniuersitatem destinatorum*

1460.

ex parte Reuerendi in Christo Patris, ac D. D. Episcopi Parisiensis atque sui Cleri, prædicti D. Præpositi Parisiensis, atque DD. Scabinorum Paris. personaliter in illa Congregatione existentium. Qui quidem Domini Parisienses tam Ecclesiastici quàm Nobiles, atque Mercatores per organum prædicti D. Aduocati Regij almam Paris. Vniuersitatem ad ea quæ pacis sunt, inuitabant & exhortabantur supplicatione & precibus. Secundus artic. fuit Communis, &c. Quantum ad 1. artic. placuit Illustrissimæ meæ Genitrici Nationi Gallicanæ cumulatas gratiarum actiones honorando Domino meo D. Rectori super pœnis & laboribus vigilantissimis super nostrorum Priuilegiorum tuitione per eum sumptis referre, iuuamina eidem iuxta pollicendo. Insuper regraciata est Reuerendo in Christo Patri, ac D. D. Episcopo Paris. D. Præposito Paris. DD. Scabinis Paris. cæterisque singulis de grauaminibus nobis illatis condolentibus; qui de sua gratia bona pacis pertractando, media quæsiuerunt, quibus discordiæ almam inter Vniuersitatem Dominosque Generales obortæ sopirentur, superque facto petitionis & requestæ, ac supplicationis horum Dominorum prouidissima mater mea Natio Gallicana stetit in alias conclusis per Vniuersitatem congregatam in S. Bernardo die 14. huius mensis. Quia Natio reputat & arbitratur hanc Conclusionem sancte atque iuridicè factam. Et super hoc 1. art. non fuit concordia in Vniuersitate, &c.

Die 3. Nouembris in Comitijs Mathurinensibus lectæ sunt litteræ ab Oratoribus Vniuersitatis transmissæ, quibus mandabant se à Rege benignissimè exceptos fuisse, filiamque suam sibi curæ esse. Item accepta est Commissio Vices-gerentis missa ab Episcopo Bellouacensi in gratiam M. Ioannis Guerini. Die vero 4. in Comitijs San-Iulianensibus Facultatis Artium, exposuit Rector ea quæ fecerat post Conclusionem factam apud S. Bernardum, iuxta quam cessatio ab omni actu promulganda erat; nihilominus petebat consilium in agendis; quia duæ Facultates, scilicet Theologiæ & Decretorum differebant executionem prædictæ conclusionis. At conclusum est placere illam conclusionem executioni mandari, differendam tamen vsque ad Octauas S. Martini, dummodò Executio illarum Cessationum ab omni actu, ea die sigillaretur sigillo magno Vniuersitatis.

Die 19. eiusdem mensis habitis Comitijs lectæ sunt Oratorum Academiæ litteræ, circa Pragmaticam Sanctionem & Priuilegiorum confirmationem. Vt reuera die 14. Rex ipsis per Cancellarium Franciæ responsa dederat, quæ sequuntur ex Charta Herouuallij.

Réponse faite aux Ambassadeurs de l'Vniuersité de Paris, par M. le Chancelier en la presence du Roy, seant en son Conseil ou Palais de Bourges, presens M. Charles de France fils du Roy, Messieurs les Duc de Bourbon, Comte du Maine, de Foix & de la Marche, mondit sieur le Chancelier, Messieurs de Constantin, M. le Mareschal de Loheac Admiral de France, Comte de Dampmartin, M. de Montsoreau, le Seneschal de Limousin, le Bailly de Constantin, le Bailly de Chaumont, Messire Guillaume Cousinot, ... Iean........le Cheualier de Molé, Hardoyn, où le Preuost des Mareschaux, le Preuost de l'Hostel & plusieurs autres estoient le Ieudy 14. iour de Nouembre 1460.

„ VEvs les Priuileges produits par ceux de l'Vniuersité de Paris, le
„ Roy vous fait dire & declairer en sa presence, que par vos Priuile-
„ ges, ne aucuns d'iceux, vous, ne vos ladite Vniuersité, ne ses Conserua-
„ teurs, n'ayez aucun don de cognoistre du fait des Aydes du Roy, ordon-
„ nez pour la guerre, ne des abuz qui se font & commettent és deniers
„ desdites Aydes, ne à l'occasion d'iceux faire citer ou adiourner par de-
„ uant vosdits Conseruateurs ou aucuns de vous les Fermiers desdites Ay-
„ des, ne proceder ou faire proceder contre eux, ne contre les Esleuz, ne
„ aussi contre les Generaux Conseillers du Roy, sur le fait de la Iustice

desdites Aides, ou autres Officiers d'icelle Iustice, par Censures Ecclesiastiques, ne autrement. Et que entant que vous ayez fait le contraire, vous auez excedé les termes de vosdits Priuileges : Et n'en est pas le Roy content. Et vous défend sur tant que poyez méprendre enuers luy & sur peine de priuation des Priuileges à vous octoyez par luy & ses Predecesseurs, que plus ne le faciez, mais en souffriez & laissez connoître lesdits Generaux & Esleus, ainsi que il appartient. Toutefois le Roy n'entend pas que par cette presente Declaration, soit fait ou donné aucun détourbier ou empeschement au Recteur & à ladite Vniuersité ou à leur Conseruateur, que contre les Maistres ou Escholiers d'icelle qui en abusant de leurs Priuileges, commettroient aucune fraude sur l'expedition qu'ils voudroient auoir de vins, ou autres biens pour estre quittes desdites Aydes, ils ne puissent proceder à resecation ou autrement, comme les cas le requierront, en gardant les Statuts de ladite Vniuersité sur ce faits, ainsi que leursdits Priuileges le portent.

A semblé en outre que le Roy vous fait dire, que son plaisir est que les Generaux Esleuz & Fermiers, qui par le Conseruateur de ladite Vniuersité ont esté excommuniez à l'occasion desdites Aydes & des debats qui s'en sont ensuiz entre icelle Vniuersité & lesdits Officiers & les aucuns d'eux priuez d'icelle Vniuersité & declairez pariures, soient absous, restituez & reincorporez en ladite Vniuersité chacun en son endroit & que lesdits de l'Vniuersité repreignent & continuent leurs Predications & Leçons, ainsi qu'ils faisoient parauant.

Aussi est le plaisir du Roy d'autre part, que ceux qui sont detenuz Prisonniers par ses Officiers, à l'occasion desdits debats, soient Supposts de ladite Vniuersité, ou autres, soient élargis & mis hors de prison en baillant par eux & chacun d'eux caution d'ester & fournir à droit.

Et quant aux questions & demandes particulieres que lesdits de l'Vniuersité font contre aucuns des Officiers du Roy, sur le fait desdites Aydes, Fermiers & autres, & les Conclusions & reparations par eux requises à l'encontre d'eux. Et aussi touchant les questions & demandes, Conclusions & reparations que fait & requiert le Procureur du Roy en ladite Iustice des Aydes & aucuns particuliers Officiers d'iceux Aydes, Fermiers & autres à l'encontre d'aucuns particuliers Supposts de ladite Vniuersité dependant des choses dessusdites à l'occasion desquelles aucuns d'icelle Vniuersité ont esté pardeçà adiournez à comparoir en personnes, & y sont venus, & contre les autres a esté donné defaut, *a semblé que le Roy en ayant regart aux Priuileges de ladite Vniuersité par lesquels les Supposts d'icelle ne doiuent estre traits hors les murs de la Ville de Paris, en cause personnelle, s'il ne leur plaist*, commet pour cette fois Messieurs le Mareschal de Loheac, & en sa compagnie huict ou dix de ses Conseillers à Paris, pour ouïr les Parties d'vne part & d'autre, & leur faire droit, & que le Roy renuoye par deuers eux **ceux de ladite Vniuersité qui sont adiournez pardeçà**.

Et entant que touche l'autre Requeste faite par lesdits de l'Vniuersité *pour le fait de la Pragmatique-Sanction*, a semblé que on leur doit dire que le Roy a bon-vouloir d'y entendre & de y donner & faire donner prouision, ainsi que il a fait dire plus à plain à aucuns de sa Cour de Parlement, qui n'agueres sont venus par deuers luy pour ladite matiere & que la réponse faite sur ce ausdits du Parlement, vous sera communiquée de par le Roy.

Fait à Bourges ou Conseil du Roy, auquel estoient Messieurs les Ducs de Bourbon, Comtes du Maine & de Foix, ledit Chancelier, Constant, les Seigneurs de Loheac, l'Admiral Dammartin, Montsoreau, Messire Gule Cousinot, Messieurs Escuyer le Febvre, Bureau, Cheualier Hardoin Doriole, le Seneschal de Lymosin, le Bailly du Contentin, Dusseurre, Vousy, Patarin & le Preuost de l'Hostel, le 14. iour de Nouembre 1460. Signé, DANIEL.

1460.

Idem Rex eodem mense & anno ad occurrendum grauaminibus quæ contra Priuilegia Exemptionum à subsidijs inferebantur Vniuersitati, alijs litteris Curiæ Subsidiariæ Principem constituit Priuilegiorum huiusmodi Conseruatorem, quemadmodum Præpositus Parisf. custos erat & Conseruator cæterorum Priuilegiorum Regiorum, easque litteras habemus in vetusto Codice Gall. Nationis sub hac inscriptione.

Littera per quam vult Rex omnia Supposita Vniuersitatis Parisf. esse exempta à subsidijs, seu iuuaminibus institutis pro Guerra. Et ad hoc deputat Conseruatorem Præsidentem Generalium qui habeat eos tueri & defendere, & in Vniuersitate iuramenta præstare, sicut & Præpositus Parisiensis Conseruator aliorum Priuilegiorum.

"CHARLES PAR LA GRACE DE DIEV ROY DE FRANCE. Sçauoir faisons à tous presens & à venir. Que comme par nos Predecesseurs Roys de France ayent esté octroyez certains Priuileges aux Maistres, Regens, Escholiers & Supposts de nostre tres chere & tres amée fille l'Vniuersité de Paris touchant les Aydes ordonnez pour la guerre en nostre Royaume, lesquels Priuileges ayent depuis par nous esté conseruez. Et soit ainsi que en la Iustice desdites Aydes, lesdits Maistres, Regens, Escholiers & Supposts de nostredite fille n'ayent aucun Gardien ou Conseruateur desdits Priuileges, Nous voulons iceux Priuileges estre inuiolablement entretenus & gardez selon leur forme & teneur ausdits Maistres, Regens, Escholiers & Supposts de nostredite fille. Auons par l'aduis & deliberation des Gens de nostredit Conseil de grace especial, plaine puissance & authorité Royalle, commis, deputé & ordonné, commettons, deputons & ordonnons par nos Presentes, Gardien & Conseruateur desdits Priuileges à eux octroyez par nos Predecesseurs & par Nous confirmez touchant lesdites Aydes ordonnez pour la guerre, le President de la Chambre de nos Generaux, Conseillers sur le fait de la Iustice desdites Aydes en nostre Ville de Paris, qui à present est, & ceux qui ou temps à venir seront Presidens en ladite Chambre, & en l'absence dudit President, celuy de nosdits Conseillers en ladite Chambre, qui presidera, pour & ou lieu de luy, tant & si longuement que lesdites Aydes auront cours en nostredit Royaume. *Lequel President & ses Successeurs seront tenus de faire vne fois serment au Recteur & à ladite Vniuersité, tel que le Preuost de Paris Conseruateur des autres Priuileges de nostredite fille a accoustumé de faire.* Si donnons en mandement au President de ladite Chambre desdites Aydes à Paris, qui à present est, & à ceux qui y seront ou temps à venir, durant le temps que lesdites Aydes auront cours & au premier des Conseillers en ladite Chambre, qui en l'absence dudit President qui à present est & autres à venir, presidera pour & au lieu de luy, en commettant par cesdites presentes qu'il fasse lesdits Maistres, Regens, Escholiers, & Supposts de nostredite fille ioyr & vser desdits Priuileges plainemēt & paisiblement en contraignant tous ceux qui aucune chose voudront faire au contraire, à la reparer par toutes voyes deües & raisonnables, car ainsi nous plaist-il & voulons estre fait. Et afin que ce soit chose ferme & estable à tousiours, nous auons fait mettre nostre sçéel à ces Presentes, sauf en autres choses nostre droit & l'autruy en toutes. Donné à Bourges au mois de Nouembre l'an de grace 1460. & de nostre regne le 39. Par le Roy en son Conseil. DANIEL.

Die 10. Decemb. auditi primùm in Comitijs apud Bernardinos habitis Oratores Vniuersitatis à Rege reuersi, sed auditi tantùm, eaque die nulla certa sententia fuit. Die autem Veneris 12. & Sabbati 13. in eandem rem celebrata sunt Comitia apud Mathurinenses in quibus conclusum fuit placere supplicationem habere, & Conciones ad Populum permittere, vt morem gereret Vniuersitas Regi poscenti Sermones restitui. Quoad Cessationes verò, non fuit concordia; nec certa conclusio elicita.

Die 19. actum eadem de re & deliberatum an demandaretur executioni Conuentio quædam, seu, vt vocabant, *appunctuamentum*, per Regem factum coram ipsis Vniuersitatis Legatis. *Placuit visis oblationibus factis per DD. de Consilio Regio suspendere cessationes nostras vsque ad crastinum Epiphaniæ inclusiuè; & si non adimplerent quæ spoponderunt, placuit cessare ab omni actu ex tunc, prout ex nunc.* Quoad verò illa mandata & Conuentionis modum, placuit amplius examinari per Consiliarios Parlamenti & Castelleti; itemque per Deputatos singularum Facultatum.

1460.

Die 21. eiusdem mensis congregata fuit Vniuersitas ad audiendum Responsum factum à DD. Generalibus subsidiorum Præfectis. Et die 22. acta sunt quæ sequuntur, ex eodem codice. Ex Præcepto & mandato D. Mareschalli (de Loheaco) D. Rector conuocauit Vniuersitatem præclarissimam super 2. articulis. Primus fuit ad audiendum DD. Consiliarios Regios legatos ad Vniuersitatem & strenuissimum Militem D. Mareschallum. Secundus fuit communis. Quoad 1. artic. audito affectu & viso zelo prælibati Domini: consideratis etiam promissionibus per eos factis placuit resumere & absoluere excommunicatos & reincorporare priuatos. Requirebant tamen dicti Domini vt nostra Conclusio sigillo Vniuersitatis magno, & forma authenticâ poneretur, sed quod hoc fieret, nullo modo consentit Vniuersitas. Idcirco remansit negotium incompletum; nec ad votiuum finem pro tunc peruenimus; sed in suspenso remansit illa Conclusio, donec ad diem 21. mensis Ian. anni prædicti & illa die conuocata fuit apud S. Bernardum nobilissima Parisiensis Vniuersitas per iuramentum super 2. articulis. Primus fuit ad audiendum inclytum Principem & alios in copia notabili Consiliarios, videlicet D. Procuratorem Generalem M. Stephanum Militis Regis Thesaurarium, M. Ioannem Barbin Aduocatum. Secundus communis. Ad istum articulum 1. disertissimus vir & in iure peritissimus M. Ioannes Dauot Procurator Regius, ex præcepto D. Mareschalli & aliorum Consiliariorum factum proposuit & plurima dixit non bene sonantia in auribus multorum prudentum quæ exorbitarent à tramite recto veritatis & derogarent præeminentijs Ecclesiæ. Ac tum constans Facultatis Artium veritatis parens, perpenso quod Domini de superioribus Facultatibus quibus incumbit vitia & errores extirpare, non veriti sunt obmutescere, illa sub silentio non præteriuit Artium Facultas, vt scandali occasio tolleretur, vel etiam cum scandalo. Præterea finita oratione D. Procuratoris sæpè dictus Mareschallus intulit matri Vniuersitati verba penitus intolerabilia cum minatoria essent & à ratione deuia, cum tantum corpus tam sanctum & famosissimum suis minis terrere arbitraretur. Porro ipsis abeuntibus, remansit Aduocatus Regius M. Ioannes Barbin qui magis fauorabiliter locutus est offerens omnia redigi in pristinum statum & citissimè. Quibus sic auditis, hinc inde Facultates retraxerunt se vt consueuerunt ad partem; & deliberationibus habitis in primâ congregatione, Præclara Artium Facultas mater mea perseuerare voluit in cessationibus tunc currentibus tam à sermonibus quàm à lectionibus. Eademque Facultas laudata est quod cæteris constantior fuisset, vt legitur in Actis.

Sequenti luce anni & mensis (scilicet 23.) conuocauit disertissimus D. Rector matrem Vniuersitatem apud S. Bernardum per iuramentum super 2. artic. Quibus auditis & Facultatibus retractis ad partem, vniformiter deliberauerunt prædictæ Facultates reiterare Conclusionem prius captam in eodem loco die Iouis immediatè præcedenti regraciando quamplurimum D. Rectori & toti cœtui Facultatis Artium de maximâ constantiâ & stabili & firmo proposito non reuocandi conclusa solemniter tam per ipsos quàm per DD. de Superioribus Facultatibus. Et ita placuit vniformiter differre executionem dictorum in præcedenti congregatione vsque ad diem Martis instantem, protestando quod nullo modo faciebamus ista nisi fauendo & obediendo Patri nostro Regi, & DD. Commissarijs fauorabiliter quintò poscentibus, & nullo modo in vi & virtute

"mandati; & quod adiremus dominationem strenuissimi D. Mareschalli.
"Ita pactum est: & sic omnes istæ materiæ sopitæ sunt sine vlteriori pro-
"cessu; ita quod priuati fuerunt ex illa hora reincorporati, excommu-
"nicati absoluti, & cessationes cessauerunt. Restat tamen prosequi virili-
"ter coram ipsis Dominis reparationem iniuriarum, illatarum & ita in statu
"remansit quoad istud mater Vniuersitas.

STATV-
TVM GER-
MANICÆ
NATIO-
NIS DE
GRADI-
BVS.

Mense Martio Natio Germanica habitis pluribus Comitijs, statutum solemne condidit circa Graduum Academicorum adeptionem, legiturque in antiquo eius Codice his verbis.

"VNIVERSIS præsentes litteras inspecturis, Procurator totaque Com-
"munitas Magistrorum Artium Nationis Alemanniæ Parisius, salu-
"tem in Domino. Cum Scholasticarum Dignitatum vt pote graduum no-
"mina quandam scientiarum virtutumque eminentiam prætendere vi-
"deantur, *indecens est quempiam huiusmodi Graduum titulis honorari, nisi pro-
"funditate scientiæ, morumque simul grauitate cæteros antecellat.* Quod sanè
"considerantes nostri Prædecessores viri Prudentissimi suos olim disci-
"pulos rigorosis examinibus quam sæpius probantes, mores eorum ac stu-
"dia perquirendo, honorum præmia non nisi bonarum Artium virtutum-
"que optimarum Cultoribus impendere studuerunt. Volentes non tantùm
"præsentibus, sed futuris etiam seculis prouidere, itidem æquis legibus
"ac salubribus institutis ordinantes toti suæ posteritati præcepta inuiola-
"biliter seruanda transmiserunt. Verum quod modernis temporibus bo-
"num vtile legum honestati plerumque præponderat & inordinatus fauor
"rationis oculum obnubilat & obcœcat: adeo vt non modò Studiosi scien-
"tijs virtutibusque decorati, sed etiam quicunque desides & ignaui, Cur-
"sores & Discholi omni penitus Scholasticâ disciplinâ carentes summis lit-
"terarum professionibus attollantur. Quò fit vt boni à malis, docti ab in-
"scijs, studiosi denique, ac virtuosissimi à lasciuis haud facile discerni pos-
"sint. Et quod omnium est detestabilius, contingit vt Instituta Seniorum
"quibus Nos iuramentis adstringimus enormiter quorundam falsis machi-
"nationibus, quominùs obseruari valeant, conculcentur. Quare non va-
"num, imò pernecessarium visum est ijs omnibus tanquam pestiferis & no-
"ciuis nostri temporis accidentibus more nostrorum Patrum sanis qui-
"busdam & salutiferis Constitutionibus obuiare, vt crescente morbo pa-
"riter crescat & medela. Igitur Nos omnes & singuli supradicti in trina
"nostra Congregatione, bis in sancto Mathurino & semel in S. Iuliano Pa-
"risius super ijs remediandis solemniter celebrata, diligenti consideratio-
"ne & nostrorum Seniorum consilio præhabitis statuimus, & ordinauimus
"ea quæ sequuntur à nobis & nostris successoribus inuiolabiliter perpe-
"tuis temporibus obseruanda.

"Imprimis vt omnis inordinatus fauor ad Scholares graduandos vanes-
"cat, statuimus vt de cætero nostræ Nationis in Baccalariandorum Exami-
"**natorem nullus eligi possit qui proprios Scholares habeat de lectione**
"sua, aut qui anno immediatè præcedente fuerit Examinator nisi defectus
"Magistrorum hoc impediat, sed eligantur iuxta Facultatis Artium sta-
"tuta quatuor Magistri, qui ad minus tertium annum sui Magistratus at-
"tigerint.

"Item quod quidam Scholares citius debito suam promotionem anhe-
"lantes, gradum Baccalariatus ante terminum eis positum adipisci præsu-
"mant, Statuimus quod nullus de cætero Baccalariandorum examen per-
"mittatur ingredi nisi eum constet à festo B. Remigij anni præcedentis
"suum Studium Parisius in Artibus continuasse, vel saltem huius temporis
"duplum in aliâ Priuilegiatâ Vniuersitate iam habuisse, de quo tamen iux-
"ta Statuta fidem faciant in plena Natione. Constabit autem de tempore
"cuiuslibet hoc modo. Singulis annis circa festum B. Remigij & signanter
"ante primam diem Ordinarij noui Procurator habeat Nationem con-
"gregare, vocatisque per Bedellos singulis Scholaribus, Cursum Artium

inchoare volentibus, nomina eorum per Procuratorem Registro Nationis ibidem publicè conscribantur, & ab illo tempore duntaxat eis tempus computetur : post illam verò Congregationem amplius nullus pro cursu istius anni possit inscribi. Procurator autem pro labore suo percipiat ab vnoquoque intitulato octo denarios Parisienses.

Insuper statuimus & ordinamus vt singulis annis, antequam Baccalariandorum examen aperiatur, Nationi super hoc congregatæ præsententur omnes Baccalariandi istius anni, & legantur eis articuli quos post admissionem eorum iurabunt, ne occasione ignorantiæ periuriosè exponant, fiatque informatio per Registrum de tempore habito. Procurator verò singulos Magistros per eorum iuramenta requiret. Quod si quis aliquem ibi præsentatum sciat propter aliqua sua demerita, aut temporis, aut alterius requisiti defectum à Baccalariatus adeptione repellendum, illum Procuratori manifestet. Procurator verò talem nisi ab impositis criminibus, vel defectibus coràm tota Natione sufficienter expurgetur, ab Examinis ingressu repellat. Et vt hoc melius obseruetur, Examinatores per eorum iuramenta sint adstricti ne aliquem in eorum examen recipiant nisi illo modo per Nationem eis præsentatum.

Item ne muneris occasione Scholares promouendi affectu potius inordinato quàm rigore debito ab ipsis Examinatoribus tractentur, statuimus vt omnes Baccalariandi de cætero Iuramentis specialibus adstringantur, ne suis Examinatoribus quicquam pro labore examinis, aut alia quacunque causa tribuant per se, siue per alios tribuere faciant, nisi duntaxat summam antiquitùs obseruatam videlicet duorum solum solidorum Parisiensium, quam quilibet eorum eis tenebitur exhibere. Examinatores etiam similiter ad nihil amplius recipiendum suis iuramentis se obligabunt.

Item circa Baccalariandorum examen statuimus & ordinauimus quod maturius grauiusque de cœtero ipsi Baccalariandi examinentur; videlicet in Grammaticalibus quilibet ab vnoquoque Examinatorum. Similiter in Paruis Logicalibus ab vnoquoque examinetur. In alijs verò libris Porphyrij & Aristotelis examinentur per ordinem; ita tamen quod quilibet in vnoquoque librorum vnam ad minus habeat quæstionem. Quia verò multorum precibus importunis Examinatores ipsi à recto rationis iudicio declinare, & indignos plerumque promouere coguntur, ideo eorum quieto deliberationis iudicio prouidere cupientes, statuimus quod de cætero ad ipsos Examinatores statim finito examine Procurator qui pro tempore fuerit, accedat, ipsoque solo cum præfatis Examinatoribus existente per ordinem de singulorum sufficientia diligenter inquirat, colligendo videlicet vota quatuor Examinatorum de vniuscuiusque admissione, vel impeditione. Et si tres vel quatuor aliquem admiserint, scribat eum in Papyro tanquam admissum. Si verò duo, vel plures duobus aliquem impediendum iudicarint, **de eo amplius tanquam impedito nullam faciant** mentionem. Sic igitur Procurator modo iam dicto Admissorum nomina fideliter conscribat, aliorum verò omittat. Et hæc scedula signetis Examinatorum inferius erit signanda, postea claudatur & desuper ne aperiri queat, sigillo Procuratoris muniatur, deturque vni Examinatorum custodienda, donec Receptor simul cum Procuratore & Examinatoribus ad taxationem bursarum possit comparere. Et tunc iam nominatis in vnum congregatis Baccalariandis etiam ibi comparentibus aperiatur scedula prædicta per Bedellum, & nomina admissorum publicè legantur, qui sic lecti per ordinem intrabunt locum taxationis, & taxabuntur eorum bursæ more solito, pro quibus etiam Receptorem tunc statim contentabunt, iurabuntque Procuratori iuramenta solita & Registro Nationis inscribentur. Super omnia verò districtius inhibemus vt nec Procurator, nec quisquam Examinatorum, aut Bedellorum si eos interesse contingat, cuiquam reuelet ea quæ in Baccalariandorum admissione facta sunt, qui scilicet alium admiserit vel impedierit. Quod si secùs contingeret,

"illum sic reuelantem ipso facto tanquam proditorem & periurum à no-
" stro consortio priuamus & resecamus. Poterunt tamen Examinatores vt
" liberius & absque timore sua vota dare possint, excogitare modum ali-
" quem secretum, puta per scedulas, aut alia huiusmodi vt personæ impe-
" dientes magis celentur: quod tamen relinquimus beneplacitis eorum.
" Circa verò Baccalarios iam alibi creatos & in nostra Natione reci-
" piendos, antiqua statuta super ijs edita confirmamus & ratificamus, vi-
" delicet quod nullus qui se dicit esse Baccalarium, in nostra Natione nisi
" gratiosè nemine contradicente recipiatur. Et quod de Baccalariatu iam
" alibi habito faciat fidem in plena Natione super hoc specialiter congre-
" gata per litteras patentes Studij in quo graduatus est, aut per duos Ma-
" gistros Parisius qui alibi cum certissimè sciant fore graduatum. *Et quod*
" *Studium in quo graduatus est, sit Studium solemne, vbi ad minus sint sex Regen-*
" *tes in Artibus*, & quod ante festum Purificationis Nationi se habeat præ-
" sentare, si in anno sequenti immediatè promoueri debeat; Quod etiam
" omnia soluat sicut Baccalarius iam de nouo creandus. Intelligimus au-
" tem per id quod ante festum Purificationis dicitur, vigiliam festiuitatis
" eiusdem; in qua Procurator singulis annis pro recipiendis Baccalarijs
" Nationem debet conuocare; postea verò nullus recipi possit ad promo-
" tionem anni immediatè futuri.
" *Pro Magistrandis verò statuimus quod singulis annis in quadam Congregatio-*
" *ne quam Procurator celebrare debet ante apertionem tentaminis Magistrando-*
" *rum*, comparere debeant omnes qui præfatum tentamen intrare volent in plena
" Natione, vt Natio de eorum Baccalariatu, de disputatione Quadragesi-
" mæ, de studij continuatione & morum disciplina alijsque eorum statum
" concernentibus possit informari. In quibus si reperiuntur notabiliter de-
" fectuosi, per Procuratorem ab ingressu tentaminis arceantur.
" Hæc igitur sunt Statuta salubria quæ pro nostræ Nationis præfatæ
" commodo visa sunt expedire. Quare ea volumus inuiolabiliter perpetuis
" temporibus à nobis nostrisque successoribus obseruari, ipsaque in nostro
" libro cum alijs Statutis conscribi, ac temporibus quibus alia Statuta le-
" gi solent, publicè nominari, ne ignorantia eorundem cuiquam occasio
" sit delinquendi. Si quis verò quod absit, harum nostrarum edictionum
" repertus fuerit præuaricator, eum tanquam periurum & infamem à no-
" stro consortio ex nunc, prout ex tunc priuamus & resecamus per præsen-
" tes. In quorum omnium robur, & ampliorem firmitatem, sigillum nostrum
" magnum præsentibus duximus apponendum. Acta fuerunt hæc Parisius
in tribus Congregationibus nostræ Nationis, in locis supra notatis solemniter celebratis anno Domini 1460. diebus verò mensis Martij.

Anno 1461. 22. Iulij obijt Carolus VII. apud Magdunum Biturigum, cui successit in Regnum Ludouicus Delphinus, tum à Patre alienus & apud Philippum Burgundiæ Ducem agens, Patri valdè dissimilis, inge- nio quidem perspicaci & acuto, sed callido & suspicioso, vixque etiam intimis perspecto. Inauguratus est autem Remis à Ioanne Iuuenale Vr- sino Archiepiscopo die 15. Augusti, ibique aiunt votum, quod iam idem de tollenda Pragmatica-Sanctione conceperat, innouasse. Ad quem cum vndique gratulatoriæ legationes à Principibus & Respublicis mitte- rentur, Pius quoque Pontifex teste Gobellino Ioannem Atrebatensem Episcopum legatum misit, qui ei suo nomine benediceret, Religionem Christianam commendaret, suaderetque Pragmaticam è Regno tollere, & ad mittendum aduersus Turcas auxilium se accingere. Quo Episcopo audito, lectisque Pontificijs litteris, ait idem Gobellinus Regem rursum tactis sacrosanctis Euangelijs palàm promisisse Pragmaticam sese prope- diem abrogaturum. Quod vt resciuit Pontifex, rescripsit litteras præ- cipui amoris testes, datas Romæ 26. Octob. præsentis anni, quas, quia rursus longarum disceptationum dissidiorumque causæ fuerunt, obsisten- te præsertim Vniuersitate & Senatu Parisi. quominùs Pragmatica abro- garetur, non pigebit his attexere.

PIVS

Vniuersitatis Parisiensis.

PIVS EPISCOPVS seruus seruorum Dei. Charissimo in Christo filio Ludouico Regi Franciæ, salutem & Apostolicam Benedictionem. Accepimus ex litteris venerabilis Fratris nostri Ioannis Episcopi Atrebatensis quanta cum charitate complexus sis, & quàm pium erga nos & Romanam Ecclesiam geras affectum, & quàm ad tollendam è Regno tuo Constitutionem illam quæ Pragmatica dicta est, volenti & erecto sis animo. Laudamus Deum & suæ Maiestati benedicimus qui talem tibi mentem dedit: Nam quid aliud dicere possumus, nisi quod Dei beneficio ex maximis periculis liberatus es, & in hæc tempora reseruatus vt esses qui suscepto Regno paterno sublatis erroribus libertatem S. Romanæ Ecclesiæ instaurares atque restitueres, & Maiorum tuorum æquata gloria Christiano nomini quietem fundares. Benedictus Dominus qui tuæ personæ custos fuit, & spiritum tuum erexit vt cogitares quæ pia & omni laude digna sunt. Sic Magnus Constantinus, sic duo Theodosij, sic Carolus Magnus & plures ex tuis progenitoribus immortale nomen & inextinguibilem consecuti sunt gloriam, quia Romanam Ecclesiam matrem suam debito sunt honore prosecuti, quorum te vestigijs inhærentem & diligimus totis præcordijs & laudamus, & omnis te posteritas laudabit & celebrabit. Illud autem inter cætera commendamus, & quod absque Conuentu & Consultatione multorum Pragmaticam auferre constituisti, quemadmodum idem Episcopus nobis significauit. Sapis certè & Regem te magnum ostendis, qui non regaris, sed regas. Optimus enim Princeps est qui per se recta cognoscit & operatur, qualem te esse confidimus. Nec scriptura quæ ait, vbi multa consilia, ibi salus, multitudinem requirit, sed consiliorum maturitatem & digestionem, quæ rarius in paucis quam in multis reperiuntur. Neque enim, aut honestas, aut iustitia multitudini facilè suadetur, quæ varijs fluctibus agitata ad peiora frequenter inclinat; confusioni subdita est conscientiarum libertas, nec tunc bene se res habet, vbi suffragia numerantur non ponderantur. Sapè enim fit vt maior pars meliorem vincat. Facis quæ te decent, cui talem Pragmaticam esse absque Deo, cum de Regno tuo eliminare disponis; nec vis in disceptationem ducere an fieri debeant, quæ tu ipse tecum nouisti. Hoc est Regem esse, & bonum Regem, & quem boni ament, mali timeant: Nam qui per alios reguntur, nec per se intelligunt quæ sunt agenda, contemptui sunt. Probamus igitur & commendamus admodum quæ de tua deliberatione circa Pragmaticam Episcopus Atrebatensis scribit, hortamurque vt quæ proposuisti in animo, citò efficacias, neque cum possis hodie benè facere, cras facias, dicas. Hilarem datorem diligit Deus; quæ iusta & honesta sunt, noluntur moras. Tuam istam sapientiam sicut nos cognoscimus, ita & mundus omnis quamprimum cognoscat, nequé aliquis dicere possit, diu noluit, quia diu deliberauit. Quod si Prælati tui & Vniuersitas aliquid ex nobis desiderent, vel consulturæ ad nos recurrant. Nam si quis vnquam Pontifex fuit Gallicæ Nationi affectus, vt multi fuerunt, nos certè inter primos reperiemur, qui nomen & Gentem huiusmodi honoremus & diligamus, nec vnquam possumus ab honestis aduersabimur, scimusque dignum esse vt Fratribus nostris Episcopis in multis deferamus, eosque honoremus pariterque viris doctis, & qui docti esse cupiunt, in Vniuersitatibus Litterarum studia sectantibus, subueniendum esse non ignoramus. Ab his enim Catholica fides defenditur & doctrinæ lumen propagatur. Age igitur fili, perfice quod in animo geris, & confidas nos tibi & Regno tuo animo concessuros, quæ ratio & honestas suadebit. Cæterum quia Regina Cypri, ad nos ex Regno suo deiecta & è terris profecta est, & ad tuam credimus Serenitatem proficiscetur, consilium & auxilium petens, nam Regnum eius Soldani Ægypti Gente occupatum est. Et quia sicut accepimus, Mahometes Turcorum Dominus Greopin & Trapesuntem & multas alias in Asia Ciuitates, ac Prouincias de nouo sibi subiecit, & in Europam victor ac tumens

1460.
LITERÆ
PII II
PRO TOL-
LENDA
PRAGMA-
TICA
SANC-
TIONE.

"eo proposito reuertitur; vt Christianitatem proterat & conculcet, Serenitatem tuam rogamus & flentes petimus, vt respicias in quo statu est Catholica fides, quomodo ex vno latere Turci, ex alia Saraceni vrgent. Pone ante oculos lamentabiles Christianorum voces, qui per Asiam & Græciam in medio Nationis peruersæ constituti miserabilibus modis affliguntur. Cogita in quo loco est sacrum Domino sepulchrum quod inspicere absque Mahometorum voluntate non possumus, &c. Datum Romæ die 26. Octob. an. 1461. Pontif. nost. an. 4."

Rex verò in hunc modum illi Rescripsit, vt inter eiusdem Pij opera legimus.

Responsio Regis.

"LVDOVICVS DEI GRATIA FRANCORVM REX. Tibi sanctissimo & Beatissimo Patri nostro Pio Papæ II. obedientiam filialem, & plenos deuotionis affectus. Deum solum scientes esse cuius prouidentia benè consulitur rebus humanis, meliusque regna & vrbes religione cingi atque defendi quam armis & membris: Te Vicarium Dei viuentis ea veneratione prosequimur, vt sacra præsertim in Ecclesiasticis rebus tua monita veluti vocem Pastoris audire, illisque parere promptâ mente velimus. Quapropter Beatissime Pater, etsi Constitutio quædam in Regno nostro, quam Pragmaticam vocant, magno Prælatorum Conuentu, magna temporis deliberatione conclusa fuerit, & iam callum obducta quietum prope fixerit statum, Tu tamen tuis ad nos litteris illam à Regno nostro auferri, explodi, abrogarique flagitas. Nobis quoque dilectus ac fidelis Consiliarius noster Ioannes Episcopus Atrebatensis, quem cum potestate Legati de latere ad hoc nostrum Regnum misisti, commemorauerit ea ad quæ per ipsum tibi nostro nomine pollicenda, vouenda & promittenda, nos antequàm Regnum suscepissemus Religionis instinctus quidam deduxerat: Nos nostra promissa exequi, accedente moderatrice Rerum Ecclesiasticarum tuâ authoritate studemus ac volumus. Et id quidem tantò volumus animo propensiori, quantò nobis Regnum Franciæ florens & bello vacuum tuetur Deus & protegit. Omnibus itaque victimis potiorem obedientiam intelligentes assensi sumus his quæ tuo nomine nobis aperta sunt, ipsam scilicet Pragmaticam-Sanctionem tibi tuæque sedi esse infensam, vt pote quæ in seditione & Schismatis tempore, atque per seditionem sectionisque à tuâ sede figuram nata sit, & quæ dum tibi à quo sacræ leges oriuntur & manant, quantumlibet eripit authoritatem, omne ius & omnem legem dissoluit. Illud enim exoritur quod idem Consiliarius noster nomine tuæ Sanctitatis astruxit, vt dum per Pragmaticam ipsam summæ in Ecclesia tuæ sedis authoritas minuitur, dum Prælatis in Regno nostro quoddam Scientiæ Templum per illam perstruitur, dum congruens vnitas ad alia Regna conformitaque tolli videtur, abroganda sit ipsa Pragmatica pellendaque à Regno nostro. Quippe quæ aduersus tuam sedem omnium Ecclesiarum matrem ab inferioribus Prælatis lata sit, tanquam vt scriptura loquitur: Quomodo si eleuetur virga contra leuantem se, aut baculus qui vtique lignum est; quæ quidem Beatissime Pater! licet plerique docti homines confutare niterentur atque diluere, multaque nos dehortarentur abrogare Sanctionem ipsam; te tamen Principem totius Ecclesiæ, te antistitem sacrorum; te dominici Gregis Pastorem profitemur & scimus, teque iubentem sequimur. Tibi & Beatissimi Petri Cathedræ consentimus & iungimur. Itaque sicut mandasti, Pragmaticam ipsam à nostro Regno, nostroque Viennensi Delphinatu, & omni ditione nostrâ per præsentes pellimus, deijcimus, penitusque stirpitusque abrogamus.

"Et quam qualemve ante Pragmaticæ ipsius editionem, circa Ecclesiarum, Beneficiorum, aliarumque rerum spiritualium dispositionem censuram, moderationem in Regno nostro, omnique ditione nostra, tui Prædecessores Martinus V. & Eugenius IV. Romani Pontifices habebant & exercebant, talem eandemque nostro adiutori Beatiss. Petro, Tibique

ipsius successori reddimus, præstamus, & restituimus cum summo impe- "
perio, cum judicio libero, cum potestate non coarctatâ. Tu enim cum "   1461.
scias quid authoritate diuinitus tibi tradita possis, quas pro Regni nostri "
& Ecclesiarum in eo tranquillitate postulabimus, non negliges res neces- "
sarias, poterisque semper quod optimum fuit, iudicare. Vtere igitur dein- "
ceps in Regno nostro potestate tua, vt voles, atque illam exerce: nam vt "
hominum membra nulla contentione capite vno atque vnâ mente ducun- "
tur, sic tuis sacris decretis Ecclesiæ Prælati in Regno nostro & Delphi- "
natu consonantiam & obedientiam plenam refundent. Quod si forte ob- "
nitentur aliqui, aut reclamabunt, nos in verbo Regio pollicemur tuæ "
Beatitudini atque promittimus exequi facere tua mandata, omnium ap- "
pellationum, aut appellationis obstaculo prorsus excluso, eosque qui "
tibi contumaces fuerint, pro tuo iussu, comprimemus & refrenabimus. "
Datum Turonis sub Magno sigillo nostro die 17. mensis Nouemb. an. 1461. "
& Regni nostri anno 1. Sic signata per Regem in suo Consilio Veroni "
Solloit. "

Hæc Rex: *Non continuò tamen*, inquit Meyerus, *obeditum est per Gallias*, *Scholâ Parisiacâ proximam totius Ecclesiæ appellante Synodum.* Neque etiam Parlamentum Parisiense adduci potuit vt Regis diploma in hanc rem approbaret: vt suo loco videbimus.

Quod verò ad res gestas in Vniuersitate attinet, à mense Ianuario anni præcedentis, more Gallicano, ad mensem Iulium nihil video gestum dignum memoria. Ad diem verò 25. Iulij notat M. Guillelmus de Tholosan Corisopitensis Procurator Nationis Gall. Vniuersitatem congregatam fuisse per Rectorem ad deliberandum an Regi obuiàm eundum extrà vrbem esset, nec conclusum quidquam ante 25. Aug. tum verò placuit in vrbe Regem excipi more Maiorum. *Consideratis* (inquit Procurator ille) *equorum strepitibus & conculcationibus, conformitateque quam cum Ecclesia Paris. solita fuit habere mater Vniuersitas, & Patrum nostrorum vestigia sequendo, fuit conclusum quod in parniso Ecclesiæ B. Mariæ cum Ecclesia ipsa more solito maneremus, & ibi sicut prisci fecerunt, breuem salutationem faceret vnus de Magistris nostris.*

Die 29. adiuit Vniuersitas Illustrissimos Principes, Borbonium, Lugdunensem & Fratres, eiusque Oratores varias ac multiplices habuerunt orationes, MM. Ioannes Huë, Panetchar, Ioannes Escombar, & Bartholomæi. Die 30 adiuit D. Ducem Burgundiæ. Orator fuit M. Ioannes Luillier. Vltima verò eiusdem mensis Rex Ludouicus XI. vrbem ingressus est: & in Atrio Basilicæ Paris. ab Vniuersitate salutatus. Rex verò respondit sibi non vacare per otium audire ipsam propter tumultum & strepitum, sed libenter aliàs auditurum.

Die 13. Sept. Vniuersitas adijt Regem, vsaque est Oratore M. Thoma de Courcellis Decano Parisiensi qui pro themate sumpsit hæc verba. *Benedictus Dominus Deus Israël qui dedit*, &c. Petiuit verò potissimùm confirmationem priuilegiorum: obtulit supplicationes solemnes sequenti die celebrandas. Responsio data est nomine Regis per Cancellarium modo oratorio & verbis Latinis, Regem annuere supplicationi Vniuersitatis, concedere confirmationem priuilegiorum, & supplicationem solemnem non respuere, imò sibi gratissimam fore. Deinde cum gratias egisset immortales Vniuersitas, supplicassetque vti si qui contra tenorem priuilegiorum suorum vellent aliquid impetrare, sicut Normani pro sua *Charta*, aut alij, nihil ipsâ inauditâ concederetur, Rex ipse respondit *se fore perpetuò Patronum Vniuersitatis: illique tum multis verbis totam exilij sui historiam retexuit, rogando, vt sui & Ducis Burgundiæ auunculi, cuius auxilio Patri in Regnum successerat, periculaque mortis euaserat, in supplicationibus & precibus meminisset; populoque manifestaret in sacris Concionibus, ipsum singulari Dei beneficio & mortem euasisse & Regnum recuperasse, intercessionibus quoque Diuæ Virginis & B. Caroli Magni.* Ita scribit prædictus Tholosan.

1461.

Die igitur 14. eiusdem mensis processit Vniuersitas ad S. Katharinæ de Valle Scholarium, quæ vt à suo Rege longè latèque spectaretur, iterar ripuit per Vicum Cælestinorum. Et eadem die Rex admonuit Vniuersitatem per M. Ioannem de Barro Magistrum Libellorum supplicum, se postridie ex vrbe migraturum; prius verò quàm excederet, velle sua ipsi priuilegia confirmare, imò & amplificare: quamobrem antiqua quæreret, colligeretque & ea cum ijs quos huic rei commiserat, communicaret. Itaque eadem ipsa die lustratum est Tabularium Academicum in Regia Nauarra.

Die 25. & 26. Nouembris in Comitijs apud Prædicatores habitis electus est in Legatum Vniuersitatis ad Regem M. Gaufridus Normani pro confirmatione Priuilegiorum. Et die 5. Decemb. in Comitijs Mathurinensibus lectæ sunt litteræ quas Minutas vocant, Instructionum ad Regem & Principes transmittendarum. Die 16. in Rectorem electus est M. Ioannes de Busco, qui in Rectoratu successit M. Ioanni de Roca. Die 29. eiusdem mensis in Comitijs Mathurinensibus lectæ fuerunt litteræ Oratorum Vniuersitatis & Legatorum ad Regem missorum, delectique sunt viri nonnulli spectabiles qui dispositioni & collationi Beneficiorum incumberent. Item deliberatum de modo scribendi ad Regem & ad summum Pontificem.

CONFIRMATIO PRIVILEGIORVM.

Die 14. Ianuarij lectæ sunt in Comitijs Mathurinensibus litteræ Legatorum Vniuersitatis de Pragmatica-Sanctione. Die 19. lectæ litteræ summi Pontificis destinatæ per M. Henricum Megret in hanc rem. Die 24. lectæ aliæ litteræ D. Legati Pontificij. Item auditi Legati qui à Rege redierant. Lecta quoque Confirmatio Priuilegiorum quam retulerant; quæ die 26. à Curia Parlamenti approbata, promulgata & fastis consignata, præsentibus Rectore, Decanis & Procuratoribus Nationum. Tales autem sunt litteræ Regiæ.

" LOÜIS PAR LA GRACE DE DIEV ROY DE FRANCE. Sçauoir fai-
" sons à tous presens & à venir, Nous auoir receu l'humble supplica-
" tion de nostre tres-chere & amée Fille premiere-née l'Vniuersité de l'E-
" stude de Paris, contenant que pour le grand amour & affection que nos
" predecesseurs & progeniteurs Roys de France, tres-Chrestiens & de tres-
" glorieuse memoire, ont eu chacun en son temps à nostredite Fille, pour
" consideration & faueur de la sainte Doctrine, entiere Foy & vraye clar-
" té, & lumiere de science, dont elle a, dés si grande ancienneté, singu-
" lierement esté florissante & recommandée: ensemble des autres grands
" fruicts & biens innumerables qu'ils ont connus & apperceus si grande-
" ment & abondamment issir & venir d'elle & de ses Supposts, non seule-
" ment au Royaume, & à la Couronne & Seigneurie de France, mais aussi
" à toute la Chrestienté. Pour ces causes, nosdits predecesseurs & proge-
" niteurs, ont de tout temps nourry & conserué ladite Vniuersité, en tout,
" & speciale grace, benefice & faueur, & si luy ont donné & octroyé, &
" successiuement confirmé & amplifié plusieurs beaux priuileges, libertez
" & franchises, dont elle & sesdits Supposts, Officiers & Seruiteurs ont
" ioüy & vsé és temps passez, iusques à present: en nous humblement sup-
" pliant, que lesdits priuileges, libertez & franchises, auec les autres
" droicts, coustumes, & vsages de nostredite Fille, il nous pleust benigne-
" ment conseruer, & sur ce leur impartir nostre grace. Pourquoy Nous
" ayant égard & consideration aux choses dessusdites, desirans de tout no-
" stre cœur, voir en nostre temps nostredite Fille continuer, croistre &
" multiplier abondamment en vertu, merites, biens dessusdits, & estre
" souuerainement exaucée, & éleuée au temps à venir, comme a esté par
" cy-deuant, en tous honneurs, graces & libertez. Voulans aussi ensuiure à
" nostre pouuoir les loüables termes & vertueuses œuures de nosdits pre-
" decesseurs & progeniteurs, & inclinans pour ces causes à la supplication
" & requeste de nostredite Fille: aprés qu'elle a fait ostension pardeuant

les gens de nostre Conseil desdits priuileges, libertez & franchises à elle données, octroyées & confirmées par nosdits predecesseurs & progeniteurs, & mesmement par feu nostre tres cher Seigneur & Pere, que Dieu absolue: ainsi que par aucuns de nostredit Conseil, dit & rapporté nous a esté: Nous ayans agreables tous & chacuns lesdits priuileges, libertez & franchises, auec les autres droicts, coustumes & vsages de nostredite Fille, dont elle a deuëment & iustement ioüy & vsé: de nostre grace special, plaine puissance & authorité Royale, auons loüé, approuué, ratifié & confirmé, loüons, approuuons, ratifions & confirmons par cesdites Presentes, & voulons & nous plaist, & à nostredite Fille, de nostre plus ample grace auons octroyé & octroyons, que desdits priuileges, libertez, franchises, coustumes & vsages, elle & sesdits Supposts, Officiers & Seruiteurs iouissent & puissent iouïr tout ainsi que deuëment ils en iouissoient parauant les guerres, qui ont eu cours en nostre Royaume, sans ce qu'aucune chose, qui ait esté ou puisse auoir esté faite durant lesdites guerres, ou depuis au contraire, luy puisse, ou à sesdits Supposts, Officiers & Seruiteurs, en ce faire ou porter aucun preiudice, nonobstant restrictions, mandements ou defences à ce contraires. Si donnons en mandement par cesdites Presentes, à nos amez & feaux Conseillers les Gens tenans, & qui tiendront nostre Parlement, present & à venir, Gens de nos Comptes, & Thresoriers generaux sur le fait & gouuernement de toutes nos Finances, & de la Iustice de nos Aydes, à nostre Preuost de Paris, & à tous les autres Iusticiers & Officiers de nostre Royaume, ou à leurs Lieutenans, presens & à venir, & à chacun d'eux, comme à luy appartiendra, que nostredite Fille l'Vniuersité de Paris, & sesdits Supposts, Officiers & Seruiteurs, & chacun d'eux fassent & souffrent, & laissent iouïr & vser plainement & paisiblement à tousiours de leursdits priuileges, libertez & franchises, droits, coustumes & vsages, dont ils auront cy-deuant ioüy & iouissent, comme dit est, & de cette nostre presente grace & confirmation, sans aucune chose faire ne souffrir estre fait au contraire: ainçois si fait estoit, le fassent reparer incontinent, veües ces Presentes, ausquelles afin que ce soit chose ferme & stable à tousiours, Nous auons fait mettre nostre seel, sauf en autres choses nostre droit, l'autruy en toutes. Donné à Tours au mois de Ianuier, l'an de grace 1461. & de nostre regne le premier.

Sic signatum supra plicam. Par le Roy, à la relation des gens de son grand Conseil: Le Roy. *Visa, lecta, publicata, & Registrata Parisiis in Parlamento, die vigesima sexta Ianuarij, Anno millesimo quadringentesimo sexagesimo primo.* Cheueteau. *Sic signatum. Collatio facta est*, CHEVETEAV.

Die 1. Feb. Comitia habita sunt ad deliberandum de Collatione Beneficiorum, de conficiendo Rotulo Nominandorum, mittendisque ad summum Pontificem Nuncijs. Et die 5. Martij eadem de re rursus actum est.

Die Mercurij 24. Martij electus est in Rectorem M. Robertus de Masemgarbe Picardus. Die 8. April. in Comitijs Mathurinensibus lectæ sunt litteræ Regiæ, quibus commendabat Episcopum Siluanectensem vt eidem conferre vellet Vniuersitas Officium Conseruatoris Priuilegiorum Apostolicorum tunc vacans per obitum Episcopi Beluacensis; pro quo etiam supplicauit Episcopus Meldensis à Cancellario Franciæ commendatus; qui paulo ante Legatis Vniuersitatis benignissimè exceptis, confirmationem Priuilegiorum statim expedierat. Igitur pensatis vtriusque Episcopi causis, quia nimis distulerat Episcopus Siluanectensis offerre litteras Regias, Meldensi prædictum Officium fuit adiudicatum.

In hisce Comitijs hoc video singulare tres Episcopos supplicasse apud D. Rectorem; vnum verò ex illis nempe Carnotensem rexisse & examinasse Baccalarios Licentiantes in Decretis; qua de re sic in Actis Nat. Gall. Die 8. April. congregata fuit Vniuersitas in S. Mathurino super 4. art. 1. fuit ad audiendam lecturam quarundam litterarum missarum Vniuersitati ex parte supremi D. nostri Regis, & præsentatarum D. Rectori

CONSER-
VATORIS
ELECTIO.

1461. » per Reuerendum in Christo Patrem D. Episcopum Siluanectensem: quæ
» quidem litteræ Regiæ requirebant Vniuersitatem pro ipso D. Siluane-
» ctensi, vt eidem Reuerendo Patri conferret officium Conseruatoris
» Priuilegiorum Apostolicorum. Secundus artic. fuit ad prouidendum su-
» per facto Ambassiatæ destinandæ ad Sedem Apostolicam. Tertius ad Pro-
» uidendum officio Conseruatoris quod vacabat per obitum D. Episcopi
» Beluacensis. Et quartus fuit communis. Et quoad hunc artic. supplica-
» uit D. Rector pro consilio, auxilio, fauore & assistentia. *Supplicauerunt pro*
» *dicto officio tunc vacante D D. Episcopus Siluanectensis & Meldensis.* Supplicauit
» etiam D. Episcopus Carnotensis contra Facultatem Decretorum *pro sua*
» *regentia* & appellauit in facie Vniuersitatis à Reuerendo Patre D. Cancel-
» lario Ecclesiæ Paris. ad S. Sedem Apostolicam, *casu quo præfatus D. Cancel-*
» *larius licentiaret Bacalarios in Decretis non examin.itos per ipsum Reuerendum*
» *in Christo Patrem D. Episcopum Carnotensem.* Quoad primum & tertium ar-
» tic. & partem quarti artic. attendens mater Natio quod Ambassiatores
» Vniuersitatis qui nouissimè redierant de Curia Regis ex parte D. Can-
» cellarij Franciæ præfatum D. Episcopum Meldensem pro dicto officio
» Conseruatoris faciebant multipliciter recommissum Vniuersitati & quod
» prædictæ litteræ Regiæ fuerant expeditæ ipsi Domino Siluanectensi Epis-
» copo ex mense Augusti, cum Rex esset apud S. Theodoricum propè
» Rhemis, contemplatione præfati D. Cancellarij Franciæ, qui multum
» fauorabiliter præfatos nostros Ambassiatores tractauerat, & Confirma-
» tionem Priuilegiorum Regiorum Vniuersitatis expedierat, ipsum Con-
» seruatoris officium contulit Reuerendo Patri D. Episcopo Meldensi præ-
» dicto. Quo ad 2. art. adhuc distulit Natio materiam de Ambassiata trans-
» mittenda ad Rom. Curiam, vsque ad regressum Ambassiatorum Regiorum
» ad Sedem Apostolicam transmissorum. Quod autem ad supplicationem
» D. Episcopi Carnotensis, stabat in aliàs deliberatis. Vlterius tamen vo-
» lebat quod per paucos solemnes Deputatos adinueniretur modus Con-
» cordiæ inter Episcopum Reuerendum in Christo Patrem & ipsam Decre-
» torum Facultatem.

EPISCO-
PVS CAR-
NOT. DO-
CET ET
REGIT.
IN DE-
CRETIS.

Idem Procurator scribit ad diem 23 Martij. Supplicauit (in Comitijs Math. Centuriatis) *D. Episcopus Carnotensis contra Facultatem Decretorum pro Regentia & pro retardatione Baccalariorum qui non fuerunt ab eo examinati à sua licentia.* Et quoad primam partem suæ supplicationis Natio stabat » in aliàs deliberatis, *reputans ipsum Regentem in Facultate Decretorum.* Quod » autem ad 2. partem, non placebat Nationi retardatio ipsorum Baccala- riorum in Decretis. Hinc patet Episcopum Carnotensem rexisse in Decretis.

Die 12. Aprilis D. Episcopus Meldensis Conseruator electus contulit officium Scribæ in Curiâ Conseruationis D. de Masangarbe Rectori, & ille statim præstitit iuramentum in ijsdem Comitijs frustra reclamante M. Ioanne Chambetin antiquo scriba qui officij sui prorogationem ab ipso summo Pontifice obtinuerat, siquidem obeunte Conseruatore of- ficiorum dispositio penes erat successorem.

1462. Die vltima eiusdem mensis anni vero 1462. actum est in Comitijs Ma- thurinensibus de Appellatione prædicti Chambetin ad Curiam, rogauit- que Rector adesse sibi Vniuersitatem, & conclusum omne ei opem ope- ramque præstandam; quia verò Chambetin non contentus appellatione litteras Excommunicatorias impetrauerat contra ipsum Rectorem & Proceres, *supplicauit Decanus Facultatis Decretorum pro punitione ipsius Chambetin, qui ausus est impetrare excommunicatorias litteras contra Rectorem Vniuersitatis, Decanos, Facultatem & Procuratores Nationum contra Priuile- gia nostra Apostolica quibus est Nobis indultum ne Rector, Decani, aut Procu- ratores, seu quicunque alij possint excommunicari pro causa Vniuersitatis.*

Die 19. Iunij in Comitijs Mathurinensibus auditæ sunt querelæ aduer- sus Monachos San-Dionysiacos, qui sibi ius in rem Pergamenariam nun- dinis Indictalibus arrogare contendebant. Item relatum est emanasse

Vniuersitatis Parisiensis. 655

quandam Bullam à summo Pontifice iuxta Regis postulata, quâ cauebatur vt viri tam Religiosi quàm seculares, Scholastici & alij quocumque Priuilegio suffulti octauam Vini venditi *Ad debitolium*, vt aiebant, *en detail*, persoluerent: sed quia nondum executioni demandata fuerat, ideo nihil ea de re tunc conclusum est.

1461.

Die 25. contentio fuit de Rectoratu inter MM. Eustatium Carbonnier & Andream Wasselium, quorum vterque renunciatus fuerat Rector. Rector antiquus Eustatio fauebat, Procuratores excepto Normano, omnes optabant Wasselium Rectorem: Eum itaque Procurator Franciæ Pileo Rectorio insigniuit: sic enim M. Ioannes Lestournel tunc Procurator Nationis Gallicanæ loquitur. *Verum*, inquit, *Dominus pro tunc Rector noluit eidem vt debebat, dare biretum; neque ipsum vt decebat, in possessione Rectoriæ ponere, Ego tanquam Decanus aliorum Procuratorum eum birretaui, & in possessionem realem & actualem Officij Rectoriæ posui: & iuramenta solita fecit, & recessit dictus M. Eustatius, hospite insalutato.* Crediderim tamen turbatum fuisse Wasselium: nam ad tertium Iulij lego conuocatam fuisse Vniuersitatem apud S. Mathurinum, per DD. Decanos & Procuratores singularum Facultatum & Nationum: quod non fecissent, si Rector iure suo vti liberè potuisset. Imo credibile est Carbonarium tandem Rectoratum obtinuisse: quippe in Actis 25. Octob. vocatur *Antiquus Rector*.

Porro in Comitijs die 3. Iulij celebratis actum de Bullâ illâ Pontificiâ de qua supra; & conclusum quod Pœnitentiarius Ecclesiæ Parisiensis vnà cum Decanis & Procuratoribus alioque insigni Comitatu Magistrorum adiret Curiam Electorum, eisque patefaceret, quanta inferrentur & inferenda essent Clero & Vniuersitati grauamina, si Bullæ prædictæ locus esset. Vniuersitati se se adiunxerunt Clerus & Episcopus Paris. quorum nomine M. Ioannes Tressart protestatus est se appellaturum. Electi, re cum Consiliarijs Regis communicata, responderunt, non posse se executionem morari: cum Vniuersitate tamen acturos quàm mitissimè & humanissimè. Quibus verbis non contenti Oratores qui missi fuerant, ore D. Pœnitentiarij appellarunt. Itaque die 23. eiusdem mensis Oratores nominauit Vniuersitas M. M. Ioannem Panetchar & Nicolaum Dentis qui Regem super ea re adirent, eumque de grauaminibus illatis & inferendis admonerent, & rogarent amoueri. Verum parum illi profecerunt.

Die 23. Sept. in Comitijs Mathurin. Lectæ fuerunt litteræ Vniuersitatis Andegauensis conformes menti & voluntati Academiæ Paris. quoad Bullam prædictam. Item lecta Exemplaria litterarum ad summum Pontificem transmittendarum, ad Cardinales, ad Regem, ad Principes & Proceres qui Consilio Regis intererant, vt Vniuersitatis Priuilegia tueri dignarentur. Insuper Oratores cum Oratoribus Andegauensibus mitti placuit. Et die 5 Octob nominati sunt MM. Ioannes Huë, Io. Panetchar, Nicol. Dentis & M. Io. Fournier.

Die 25 Octob in Comitijs Facultatis Artium apud S Iulianum habitis actum est de Reformatione ipsius Facultatis, præsertim quoad domos in quibus Artistæ diuersabantur. Reformatores quatuor Electi, pro Natione Franciæ ipse Procurator, pro Natione Picardiæ M. Andreas Wasselin, pro Normania Arnoldus Alouf, pro Germania M. Dauid Darchas.

Die 4. Nouembris in Comitijs Vniuersitatis apud Mathurinenses habitis lectæ sunt litteræ Oratorum qui ad Regem missi fuerant, quibus illi spem dabant conseruandi Priuilegij. Placuit ijs rescribere, præsertim verò mandare ne quas habebant secretas instructiones, aperirent, nisi præsente Rege. Placuit etiam Magistros deligere & mittere ad Consiliarios Regis, qui responsum Vniuersitatis super impositione *Quartæ* vini vendibilis, vt vocabant, *ad debitolium*, significarent.

Die 6. eiusdem mensis in Comitijs Vniuersitatis Oratores Consilij Regij responsum retulerunt, displicere Regi quod Vniuersitas commouisset cæteras Regni Vniuersitates: Mandari Rectori, Decanis & Procuratoribus vt certa die se se sistant. Placuit mitti selectos & per eos excusari factum: non ideo ad alias Vniuersitates scriptum quò commouerentur ad seditionem, sed vt plurium preces plus valerent quàm vnius, simulque omnes Regi supplicarent, quatenùs iunctis omnium precibus, indulgere vellet quod petebant. Cæterùm si Præpositi illi Regij vexare pergerent Vniuersitatem continuis interdictis, vel mandatis & Iussionibus, placuit cessari à lectionibus; insuper verò Excommunicatione, appellatione, aut quouis alio modo defendi Priuilegia, idque de Iurisperitorum consilio. Itaque in ijsdem Comitijs nominati viri qui Præpositos adirent.

Die 17 in Comitijs apud Bernardinos habitis actum est de responso dando Consilio Regis: à quo interdictum fuerat Rectori die 8. huius mensis, ne scriberet alijs Vniuersitatibus, iussumque vt Edictis Regijs super solutione *Quartæ Vinariæ ad Debitolium, pareret.* Displicuit Vniuersitati modus iste procedendi: conclusit tamen & respondit semper se pariturum Mandatis Regijs, prout semper paruerat, *in licitis & honestis*; & in ijs quæ non sint contra Iuris diuini & naturalis dispositionem; & quæ non emergant in detrimentum salutis æternæ & destructionem *totius status Ecclesiæ.* Quod inhibitiones verò, non placuit tunc aliud dare responsum, *nisi quod Vaacensis se custodiret* de male capiendo, gallicè *de mesprendre.*

Die 24 Nouemb. in Comitijs apud Bernardinos habitis legati qui ad Regem ab Vniuersitate missi fuerant, retulerunt satis gratum à Rege responsum, eum scilicet velle Filiam suam suis gaudere Priuilegijs sartis tectisque, sibi tamen non placere quod Magistri vinum distrahant. Itaque in ijsdem Comitijs sic conclusum. *Quod inhibeatur omnibus & singulis Suppositis Vniuersitatis & Officiarijs eiusdem ne vendant vinum ad debitolium, siue ad aliantam, sub pœna priuationis & periurij, nec aliter fuerit per Vniuersitatem ordinatum. Displicet insuper quod ludi aut ludi inhonesti exhibeantur in domibus Scholarium & Suppositis ipsius Vniuersitatis exhibeantur sub eadem pœna de ceteris ludis inhonestis tudos, in primis statum Principum & Clericorum tangentes. Quapropter iniungatur studiosis, ne permittant hoc fieri in suis domibus, sub pœna examinis particuli personæ.* De hac re sequenti anno.

In consequentis Comitijs de rebus lenibus actum video: de Rotulis Nominandorum: de Prouisione Suppositorum Vniuersitatis: de mittendis Romam Legatis & Portitoribus Rotulorum.

Die 22. Martij conuenit Vniuersitas ad deliberandum de remedio contra Priuilegiorum Infractores asserendo præsertim verò in eo, quod extra muros Parisienses Magistri traherentur, nec vlla haberetur ratio studiorum. Quæ de re sic habetur in Actis.

„ Anno Domini 1462. die 22. Martij fuit Vniuersitas Parisiensis, apud B.
„ Mathurinum super duobus articulis congregata quorum primus duo
„ continebat. Primò continebat fractionem & omnimodam detractionem
„ Priuilegiorum Principalium almæ Vniuersitatis tam Papalium quam Re-
„ galium; & quoad hoc per D. Rectorem fuit expositum, quomodo *Sup-
„ posita modernis temporibus extra muros Parisienses dietim trahebantur & res-
„ pondere cogebantur in Romana curia tam in Causis quam alijs* Ecclesiasticis
„ quod est directè venire contra Priuilegia Apostolica ipsius Vniuersitatis;
„ de quibus gauisi sumus tam longo tempore & gaudemus, quod memoria
„ in contrarium non habetur. *Quæ quidem Priuilegia fuerunt causæ permanen-
„ tiæ Vniuersitatis in suo robore & manutentiæ suorum Suppositorum in studio*;
„ ipsorum autem destructio in dissipationem ipsius Vniuersitatis & Suppo-
„ sitorum eius, quin etiam Regalia nostra Priuilegia abolentur; quia Vni-
„ uersitas Parisiensis quæ debet esse libera, tributaria ad instar vulgarium
„ facta est: Secundò concernebat prouisionem Suppositorum Vniuersita-
„ tis, quia temporibus modernis si sic permaneant non est aliqua spes de
„ prouisione suorum Suppositorum. Et quoad hæc *ab omnibus Nationibus
„ & Facultatibus fuit conclusum quod mitteretur vnus de Suppositis ip-
„ sius Vniuersitatis opere & sermone potentissimus ad Regiam Maiesta-
„ tem, qui institutionibus bonis muniretur, cum literis Commendatorijs
ex

Vniuerſitatis Pariſienſis. 657

ex parte Vniuerſitatis poteſtati regiæ præſentandis in quibus litteris declarabuntur grauamina, inconuenientia & infirmitates, quæ dietim Vniuerſitas percipit ſibi contingere, ac etiam in eiſdem imploretur ſuum auxilium vt ſe noſtrum apud Romanum Pontificem velit eſſe mediatorem; & is qui eligetur, tranſiturus eſt ad regiam Curiam cum ambaſiatis de Parlamento & vrbis Pariſienſis communitate. Secundus art. fuit communis ſuper ſupplicationibus. Acta fuerunt hæc anno, menſe & die quibus ſupra præſentibus ad hæc viris notabilibus M. Antonio de Buſto Receptore Nationis Picardiæ, M. Roberto Maſengarbe Scriba Conſeruationis, Io. de Congrier, Richario Boulart & nonnullis alijs, teſte meo ſigno manuali hîc poſito; ita eſt. N. Eſtiuier cum ſyngrapha.

1463.

Anno 1463. menſe Maio Rex datis ad Curiam Parlamentæam litteris vult Regaliæ Iura ſeruari, eaque ipſi Curiæ cuſtodienda committit. Præterea vult modum afferri Collationibus Beneficiorum, citationibus & cauſarum euocationibus quæ fiebant à Curia Rom. atque in eam rem conſuli Magiſtros Vniuerſitatis Pariſienſis.

NOs Amez & Feaux, Nous auons receu les lettres que écrites nous auez par M Iean Boulenger Preſident, Iean Henry Conſeiller en noſtre Cour de Parlement, Guillaume de Gannay noſtre Aduocat & Iean de S. Romain noſtre Procureur general, leſquels auons oüis & fait oüir à plain, ſur le contenu és Inſtructions que leur auez ſur ce baillées: Sur quoy vous faiſons ſçauoir que noſtre plaiſir & volonté eſt que nos droits, tant de regale de la connoiſſance des cauſes Beneficiales & Eccleſiaſtiques en matieres de nouuelleté, que autres dont nous & nos Predeceſſeurs de tout temps & ancienneté auons iouy & vſé; auſſi l'authorité & ſouueraineté de nous & de noſtredite Cour de Parlement, ſoient par vous entierement entretenus, obſeruez & gardez; & que les Infracteurs & ceux qui ont fait & feroient doreſnauant au contraire, ſous ombre ou couleur de Bulles Apoſtoliques ou autrement, ſoient par vous contraints par toutes voyes & manieres que verrez eſtre à faire à reuoquer & faire reuoquer, annuller & mettre au neant tout ce qui ſeroit ou auroit eſté fait au contraire, & à ceſſer doreſnauant, & en outre ſoient punis ſelon l'exigence du cas indifferemment & ſans aucun épargner & que le Procez commancé en noſtredite Cour, à la requeſte de noſtre Procureur general à l'encontre du Cardinal de Conſtance, pour raiſon des choſes deſſuſdites, ſoit par vous jugé & determiné, à telle fin que verrez eſtre à faire par raiſon. Et pour obuier aux Cenſures emanées de Cour de Rome par Bulles ja obtenuës & impetrées ou à impetrer: Auons ordonné & commandé à noſtre Procureur general, & voulons que pour nous & pour tous nos autres Officiers, Subjets & adherants, il interiette appellations ou proteſtations au prochain Concile à venir, ou autrement proceder en cette matiere ſelon la forme & maniere qui ſera par vous *aduiſée, appellez à ce aucuns de l'Vniuerſité de Paris & autres de nos Conſeillers, tels que verrez eſtre à faire, à laquelle Vniuerſité voulons leſdites Bulles & autres ſemblables preiudiciables à nous, nos droits, & au bien public de noſtre Royaume, eſtre communiquées, quand verrez que beſoin ſera & que la matiere ſera diſpoſée*, afin de proceder au remede tel qu'il appartiendra. Et quant à la vexation, inquietation & moleſtation à venir, & qui pourroient doreſnauant aduenir à cauſe de la confuſion & deſordre qui eſt comme nous auez fait remonſtrer, tant és Collations & Prouiſions des Benefices, Citations, Monitions, Cenſures, Cauſes & Procez de Cour de Rome, comme autrement, Nous vous *Mandons que appellez aucuns Notables hommes, tant de ladite Vniuerſité de Paris que autres, vous* aduiſez ſur ce les Prouiſions conuenables & neceſſaires, & icelles nous enuoyez pour en ordonner ainſi que verrons eſtre à faire. Donné à Muret en Comminge le 24. May. Signé Loüis. Et au deſſus. A nos Amez & Feaux Conſeillers, les Gens de noſtre Parlement à Paris.

Tom. V.   OOoo

1463.   Curia acceptis, hisce litteris, vocat die 16 Iunij Rectorem, Decanos & Procuratores, mentemque Regis aperit, & iubet deligi viros consultos, qui cum Senatoribus consilium ineant. deliguntur postridie in Comitijs Mathurinensibus, sed hac lege ne quidquam decidant inconsultâ Vniuersitate. Demum Rex habito eiusmodi consilio, edixit die 20 Febr. contra exactiones Curiæ Rom. & pro conseruatione Iuris Regaliæ, vt infra patebit.

Die 7. Octob. Facultas Artium decernit aduersus vagos Scholares, vulgo Martinetos, qui de Collegio in Collegium discurrebant, renouatque statutum aliàs factum, Rectore M. Io. Peron. Addit quoque nonnullos Articulos à Rectore confectos, & tandem die 23. eiusdem mensis tale Decretum emittit.

STATVTŪ CONTRA BEJAVNOS ET MARTINETOS.
„ Sanè quia prætermittenda non est in Domesticis disciplina; sed ab eis potius inchoanda ad obuiandum insolentijs quæ per eos committuntur qui vulgariter Martineti nuncupantur, Scholares fictitiè se iactantes, Præclara Artium Facultas maturâ prius deliberatione repetitis vicibus præhabitâ, conclusit, statuit & ordinauit quod nulli de cætero in ipsâ Artium Facultate tempus acquirent, neque eisdem sigillum Rectoris, aut Procuratoris, aut signeta Pædagogorum & Regentium pro examinandis ad gradum Baccalaureatus, aut licentiæ expedientur, nisi per tempus sufficiens ad gradum obtinendum moram traxerint in Collegio, Pædagogio, aut domo suorum parentum, aut alicuius notabilis viri in aliqua 4. Facultatum Regentis, aut studentis, gratis seruiendo. Præterea decreuit quod nulli Scholari dictæ Facultatis recedere liceat, imò verius discurrere de domo ad exteram domum nisi in præsentia Facultatis, aut suæ Nationis causam sufficientem & specialem sui recessus allegauerit. Inhibuit quoque Magistris, Pædagogistis & Regentibus, sub pœnis periurij & priuationis à Regentia, ne tales in suis domibus vllatenus suscipiant, & Bidellis, ne ad actum Scholasticum exercendum, aut gradum suscipiendum in vico Straminis introducant; Voluitque ipsa Facultas hanc Conclusionem legi & publicari annuatim per Bidellos in vico straminis, Sermonibus publicis, Pædagogijs, domibus, aut Collegijs & alijs locis vbi opportunum fuerit, & in libris Rectoris & Procuratorum ad perpetuam rei memoriam, & in aulâ dictorum Pædagogiorum, Domorum, Collegiorum & in loco patenti inscribi & affigi. Et placuit per dictos Rectorem & Procuratores ac etiam Examinatores Baccalaureandorum in sui nouâ creatione prædicta iuramento firmari. Datum in Congregatione Facultatis anno Domini 1463. die 23. mensis Octob.

Die 25 Octob. actum est de receptione Ducis Sabaudi quem Rex mandauerat solitis honoribus excipi. Et in hanc rem sequentibus Comitijs factæ sunt duæ Conclusiones, vnanimiterque omnes consenserunt in Oratorem M. Thomam de Courcellis. Et tandem die Dominica 6. Nouemb. Rector cum copiosissima multitudine Magistrorum ex singulis Facultatibus & Nationibus profectus est ad atrium, seu vt vocant, Paruisum Basilicæ B. Mariæ, ibique expectauit dicti Ducis aduentum. *Fueruntque* (in actis Nationis Gallicanæ) *DD. Procuratores, Doctores & pariter Regentes in magno numero capati extra Ecclesiam ex vna parte ; & Ecclesia Parisiensis ex altera parte cum Prælatis plurimis ; & ibidem fecit verbum D. Decanus Parisiensis pro matre Vniuersitate, & soluit D. Receptor pro Regentibus capatis Nat. Gall. secundùm Conclusionem Nationis 16. solidos Parisienses.*

Die Iouis 26. Ian. in Comitijs Mathurinensibus per D. Rectorem conuocatis, actum est de prosequendo funere Mariæ Reginæ quondam Karoli VII. Coniugis; qua de re sic scribit M. Euardus Vlade Procurator Nationis Gall. *Quoad primum, deliberatum extitit & aduisatum quod Dominus meus D. Rector vnà cum quatuor Procuratoribus quatuor Nationum, cum cæteris Doctoribus & Magistris totius Vniuersitatis irent obuiàm corpori defunctæ supradictæ Reginæ vsque ad Ecclesiam FF. Prædicatorum, & ibidem expectarent illud, ipsoque corpore apportato vsque ad dictum locum, illud conducerent*

Vniuersitatis Parisiensis. 659

& associarent vsque ad Ecclesiam B. Mariæ Paris. & quod in dicta Ecclesia D. Rector Vniuersitatis vna cum quatuor Procuratoribus præfatis & Decanis singularum Facultatum interessent in vigilijs & sederent in magnis Cathedris & superioribus. Itaque D. Rector in eisdem poneretur, ita quod respiceret facie ad faciem Episcopum Parisiensem, eo sedente in oppositum.

1463.

Die 20. Febr. Rex exactiones Curiæ Rom. solemni edicto repressit, quod habetur in Reg. Membranaceo Episcopi Parisiensis, *de Temporalitatibus.*

Contra Exactiones Curiæ Romanæ.

LVDOVICVS DEI GRATIA FRANCORVM REX. Vniuersis præsentes litteras inspecturis sinceram in Christo dilectionem & præsentibus fidem indubiam adhibere. Notum facimus quod constitutis in Curia nostra Parlamenti quamplurimorum Principum, Prælatorum, Procerum, Baronum & Dominorum temporalium, *nec non Dilectæ filiæ nostræ Vniuersitatis Magistrorum & Scholarium Studij Parisiensis,* ac plurium Capitulorum, Collegiorum & Conuentuum Ecclesiasticorum Procuratoribus, pro parte eorundem grauiter conquerendo eidem Curiæ nostræ fuit expositum, quod quamuis Ecclesiarum & Reipub. Regni nostri simus Protector, Conseruator & Defensor ex debitoque Regalis authoritatis & administrationis Reipub. à Deo nobis commissæ teneamur intendere, ne ipsæ Ecclesiæ debitis fraudentur obsequijs, sintque fructus earundem Ecclesiarum & Beneficiorum quorumcunque, tam secundum dispositionem Conciliorum Generalium & Iurium quàm secundùm piam intentionem Fundatorum ordinati ad sustentationem ministrantium in diuinis, ipsiusque diuini cultus augmentum, ad alimentationem pauperum, redemptionem Captiuorum, Ecclesiarum, suorumque ædificiorum reparationem, terrarum, hereditagiorum & possessionum Ecclesiæ culturam, Iurium ipsorum conseruationem, cæterorumque onerum incumbentium supportationem, adeo etiam quod bona per Prælatos post eorum obitum dimissa futuris debent successoribus reseruari in vtilitatem Ecclesiæ conuertenda, nisi forte in illis locis Regni, vbi de vsu & consuetudine notorie obseruatis, & aliàs licitum sit Prælatis ipsis & alijs viris Ecclesiasticis de eisdem bonis facere testamentum & alijs de ipsis disponere quibus etiam ab intestato in dictis bonis secundum consuetudinem & obseruantiam supradictas tam sui quàm ipsi suis succedunt hæredes, tum etiam in multis casibus nos & nonnulli Domini temporales ad causam dominij & iurisdictionis temporalis succedimus. *Quodque anno Domini 1268. mense Martij gloriosæ memoriæ S. Ludouicus quondam Rex Franciæ prædecessor noster suo Edicto perpetuo ordinauerit onera & exactiones pecuniarum per Curiam Rom. Ecclesiæ Regni nostri tunc impositas seu impositas, ac etiam in futurum imponendas, quibus Regnum ipsum tunc miserabiliter depauperatum extabat, nullatenus debere leuari & colligi, nisi forte pro rationabili, pia & vrgentissima causa, vel ineuitabili necessitate, & etiam de spontaneo & expresso consensu Regis & Ecclesiæ Regni prout hæc expressè in litteris dicti Edicti plenius continentur.* Et quamuis plures Francorum Reges prædecessores nostri supradicti gloriosi & sancti Regis Ludouici vestigia insequendo pro conseruatione Ecclesiæ Gallicanæ ac Reipub. Regni nostri, habito super hoc consilio plurium Principum prosapiæ Regalis, necnon Prælatorum & aliorum virorum Ecclesiasticorum Ecclesiam dicti Regni repræsentantium suis edictis & Ordinationibus, diuersis temporibus factis & promulgatis & in Registris dictæ Curiæ nostræ Parlamenti ad perpetuam rei memoriam registratis hoc idem sanxerunt, *& præcipuè bona Prælatorum & virorum Ecclesiasticorum decedentium tam secularium quàm Regularium, quæ spolia defunctorum interdum nuncupantur, nullatenus per Papam seu Romanos Pontifices, aut suos Officiarios reseruari nec vsurpari,* & multa alia salubria pro conseruatione, manutentione & protectione Ecclesiarum nostri Regni, ac Ministrorum ibidem Deo seruientium, ac Reipub. Regni nostri & nostrorum Iurium Regalium

Tom. V. OOoo ij

" *ordinauerunt & Edicto perpetuo obseruari inuiolabiliter mandauerunt.* Nihilo-
1463. " minùs tamen Pius Papa modernus bona Prælatorum & virorum Ecclesia-
" sticorum decedentium tàm secularium quàm Regularium, quæ nonnulli
" *spolia defunctorum* appellant, necnon dimidiam partem fructuum omnium
" Beneficiorum incompatibilium quæ dicti viri Ecclesiastici, & illorum qui
" Commendam obtinent, ac etiam certam portionem, seu questam bono-
" rum personarum secularium tam nobilium quàm ignobilium eius Came-
" ræ Apostolicæ per eius certas Constitutiones, seu litteras à paucis diebus,
" vt dicitur, apud Romam editas applicanda esse statuit & decreuit. Quæ
" præmissa si in Regno nostro tolerarentur, Ecclesijs dicti nostri Regni mul-
" ta grauamina & incommoda afferrent, eo quod ipsæ ad Monasteria eius-
" dem Regni nostri & eorum ædificia quæ etiam à paucis diebus propter
" guerras quæ, proh dolor! diu in Regno nostro viguerunt, pro maiori par-
" te lapsæ sunt in ruinam, multis in locis dicti Regni irreparabiliter corrue-
" rant, possessiones & hereditagia inculta remanerent, immobilia & pretio-
" sa Reliquiarum vasa, Ecclesiastica ornamenta, Calices, libri & similia vili
" pretio distraherentur, Ecclesiæ debitorum importabilium mole onera-
" rentur, Ministri & Deo seruientes à diuino seruitio retraherentur, & tan-
" dem multi mendicari compellerentur atque in maximam penuriam re-
" digerentur, *Regnum nostrum quod inter alia Regna viris scientificis communi-
" ter floruit*, *nimium vacuaretur*, *in magnum præiudicium fidei Christianæ detri-
" mentumque vniuersalis Ecclesiæ*, *ac Reipub. Christianissimi Regni nostri*: his
" etiam modis Regnum ipsum pecunijs & opibus plurimùm depauperatum
" redderetur, subditi nostri tam Ecclesiastici quàm seculares exheredaren-
" tur, Iura nostra temporalia & Coronæ nostræ, necnon iura plurimorum
" Dominorum temporalium, subditorum nostrorum læderentur & minue-
" rentur, ac innumera vixque enarrabilia scandala orirentur. Quæ secun-
" dum Deum & conscientiam tolerari non poterant, aut debebant. Ob
" quod præfati Exponentes prædictæ Curiæ nostræ supplicauerunt ad Dei
" laudem, fidei & diuini cultus conseruationem & honorem, Reique publi-
" cæ Regni nostri manutentionem & conseruationem super præmissis, de
" remedio opportuno prouideri, Decreta SS. Patrum, Conciliorum Gene-
" ralium & præcedentium summorum Pontificum, ac etiam prædictas Or-
" dinationes & dicta Regia insequendo. Qua supplicatione sic facta pro
" parte Procuratoris nostri Generalis in dicta Curia nostra ad hoc præsen-
" tis habita deliberatione super præmissis cum Aduocatis nostris fuit pro-
" positum, quod materia dictæ supplicationis plurimum concernebat iura,
" priuilegia, prærogatiuas, authoritatem & superioritatem coronæ nostræ
" & Iurisdictionis temporalis Regni nostri, ac iura subditorum nostrorum,
" quæ non solum læderentur, imò potius eneruarentur, nisi super præmis-
" sis de Iuris & Iustitiæ remedio prouideretur. Petens & requirens idem
" Procurator super præmissis per prædictam Curiam nostram de remedio
" similiter prouideri opportuno, iura Coronæ nostræ & alia iura nostra tem-
" poralia & Iurisdictionis temporalis Regni nostri, necnon subditorum ip-
" sius Regni illæsa conseruando. Auditis igitur per eandem Curiam no-
" stram dictis supplicationibus & requestis, ac per eam visis, dictis Edictis
" & Ordinationibus præfati S. Ludouici Franc. Regis & aliorum prædeces-
" sorum nostrorum super hoc factis, habita matura deliberatione super præ-
" missis cum plurimis Gentibus de nostro consilio; consideratis insuper
" circa hoc attendendis & considerandis, & quæ eandem Curiam nostram
" in hac parte mouere poterant & debebant, præfata Curia nostra, supra-
" dictas Ordinationes & Edicta insequendo quod subsidia & onera præmis-
" sa, ac alia similia quæ Collectores, Subcollectores & alij Officiarij, seu
" Commissarij Romanorum Pontificum, prætextu, seu sub colore Consti-
" tutionum supradictarum & aliarum similium supradicta onera concernen-
" tium in futurum leuare & exigere niterentur, minimè leuabuntur, col-
" ligentur, aut exigentur. Et insuper quod omnibus & singulis Officiarijs
" nostris, prout ad eos pertinuerit, iniungetur & mandabitur, prout etiam

Vniuersitatis Parisiensis.

iniungimus & mandamus, ne de præmissis oneribus & subsidijs prædictis Collectores, Subcollectores, aut eorum Commissos quidquam exigi, colligi, aut leuari, nec dictos viros Ecclesiasticos & alios quoscunque subditos nostros propter hoc citari, inquietari, aut molestari permittant, ordinauit & ordinat. Quocirca omnibus supradictis Bailliuis, Seneschallis & alijs Iustitiarijs Regni nostri cæterisque Officiarijs & Subditis nostris & eorum cuilibet, prout ad eum pertinuerit, committimus & mandamus ipsis districtiùs iniungendo, quatenùs Ordinationem dictæ Curiæ nostræ teneant, custodiant & conseruent, & ab omnibus subditis nostris inuiolabiliter faciant in omnibus & per omnia obseruari. Eaque in locis eorum Districtuum & Iudicaturarum insignibus proclamari & palàm publicari, ne quis eorum ignorantiam prætendere valeat, faciant & procurent: Omnes & quascunque personas rebelles, inobedientes, ac contra venientes, seu attentantes cuiuscunque status, seu conditionis existant, adhoc per captionem suæ temporalitatis & personarum suarum, si opus fuerit, cogendo, seu compellendo, ac taliter puniendo quod cæteris cedat in exemplum. Volumus autem Transcripto, seu Vidimus præsentium Litterarum sub sigillo Regio confecto talem & tantam fidem abhiberi sicut præsenti Originali. In cuius rei testimonium præsentibus litteris nostrum iussimus apponi sigillum. Datum Parisius in Parlamento nostro 17. die Feb. anno Domini 1463. & Regni nostri 3.

Sic signatum super plicam, per Cameram pluribus Prælatis, Nobilibus & alijs Gentibus nostri consilij præsentibus, CHENETEAV. Et in dorso sic erat scriptum. Lecta publicata & registrata Parisius in Parlamento die 20. Feb. anno Domini 1463. Sic signatum CHENETEAV, Vide ad annum sequentem alia eiusdem Regis in eandem rem Edicta.

Die 21. Martij in Comitijs Mathurinensibus actum est de modo impediendi quominus erigeretur Vniuersitas Bituricensis, conclusumque tandem scribendum ad summum Pontificem & ad Regem mittendosque Oratores qui rationibus clarissimis demonstrarent quantopere numerus Vniuersitatum iam Ecclesiæ nocuisset, nociturusque esset deinceps, si augeretur. Verum eodem anno Pius Pontifex Aremorici Ducis hortatu ac precibus adductus Nannetis Vniuersitatem Studiorum erexit, data Bulla Senis pridie non. April.

VNIVERSITAS NANNETENSIS.

PIvs Episcopus seruus seruorum Dei, ad perpetuam rei memoriam. Inter felicitates quas mortalis homo in hac labili vita ex dono Dei nancisci potest, ea non in vltimis computari meretur quod per assiduum studium adipisci valeat scientiæ margaritam, quæ bene beateque viuendi viam præbet, ac peritum ab imperito sua preciositate longe faciat excellere, & ad mundi arcana cognoscenda dilucide inducit, suffragatur indoctis, & in infimo loco natos inducit in sublime. Et propterea Sedes Apostolica rerum spiritualium & etiam temporalium prouida ministratrix, cuiusuis laudabilis exercitij perpetua & constans adiutrix, vt eò faciliùs homines ad tam excelsum humanæ conditionis fastigium acquirendum, & acquisitum in alios refundendum semper cum augmento quæsiti facilius inducantur. Cum aliarum rerum distributio massam minuat, scientiæ verò communicatio quantùm in plures diffunditur, tantò semper augeatur & crescat, illos hortatur, eis loca præparat & opportunæ commoditatis auxilia impartitur, Catholicorum Principum votis fauorabiliter annuendo. Cum itaque, sicut accepimus, dilectus filius nobilis vir Franciscus Britonum dux sui Ducatus Britanniæ in quo nouem Ecclesiæ Cathedrales, Ciuitates insignes, & totidem Dioeceses abinuicem distinctæ, notabilia Monasteria & Beneficia Ecclesiastica, sæcularia & regularia, copiosusque tam Ecclesiasticorum quam secularium, Nobilium & ignobilium populi numerus consistunt, ac eiusdem populi statum prosperari cupiens, ac cognoscens, quod si in aliqua Ciuitate earundem, studium vigeret litterarum generale, quamplures eiusdem populi quorum

Tom. V.　　　　　　　　　　　OOoo iij

" aliqui studiorum litterarum per eos inceptorum desertores efficiuntur:
" Alij vero qui ipsi studio operam dare cogitant, ab eo retrahuntur, per-
" fectam acquirerent scientiæ margaritam, non mediocriter ipsi statui pro-
" futuram: Cupit pro Reipublicæ ac incolarum eiusdem Ducatus aliorum-
" que ad ipsam margaritam anhelantium vtilitatem in vna ex ciuitatibus
" ipsis vberrima, videlicet Nannetensi ad quam flumen Ligeris spatio du-
" centorum milliarium & vltra nauigabilis à partibus Franciæ: & deinde ad
" portum maris ipsi Ciuitati Nannetensi multum accommodum tendit, &
" per quod omnia vitæ humanæ necessaria & ad eandem ciuitatem nauali
" & carbasorum vsu vehi possunt, & in qua aëris viget temperies, victua-
" lium vbertas, cæterarumque rerum ad vsum vitæ humanæ huiusmodi per-
" tinentium copia reperitur, plurimum desideret fieri & ordinari per ean-
" dem sedem Studium generale in qualibet licita Facultate.

" Nos igitur præmissa & etiam eximiam ipsius Ducis & prædecessorum
" Britanniæ Principum fidei deuotionem, sinceritatem, quam ad nos &
" Romanam Ecclesiam, cui semper plenarie ac constanter obediuisse sine
" varietate comprobantur, attentè considerantes, feruenti desiderio duci-
" mur, quod Ducatus prædictus scientiarum ornetur muneribus, itaue vi-
" ros producat consilij maturitate conspicuos, virtutum redimitos orna-
" bus, & diuersarum Facultatum dogmatibus conditos, sitque ibi fons ir-
" rigans de cuius plenitudine hauriant vniuersi Christi Fideles vndique il-
" lic affluentes, & litterarum documentis insistentes: Horum igitur con-
" sideratione inducti ad laudem Diuini nominis & orthodoxæ fidei propa-
" gationem, ipsius Reipublicæ & partium earumdem commodum atque
" profectum:

" Authoritate Apostolica concedimus, *statuimus & ordinamus, quod in
" dicta Ciuitate Nannetensi, de cætero sit & perpetuis futuris temporibus vigeat
" studium generale & Vniuersitas existat studij generalis, tam in Theologia, quam
" Iure Canonico, Ciuili, & Medicina, quam quauis alia licita Facultate, in
" quibus sicut in Parisiensi, Bononiensi, Auenionensi, Senensi, & Andegauensi,
" generalibus studijs, Ecclesiastici quicumque & qualiacumque beneficia Ecclesia-
" stica obtinentes, & Laici, Magistri & Doctores doceant, & studere volentes vn-
" decumque fuerint studeant & proficere, ac bene meriti Baccalariatus, Licentiæ,
" Doctoratus & Magisterij & quoscumque alios gradus recipere illis sic bene me-
" ritis, impendi valeant atque possint.*

" Volentes & ordinantes quod Venerabilis Frater Guillermus moder-
" nus & pro tempore existens Episcopus Nannetensis sit studij & Vniuersi-
" tatis huiusmodi Cancellarius, qui aut per eum seu sede Nannetensi va-
" cante per Capitulum quoad hoc deputatus Vicarius in qualibet dictarum
" Facultatum commendabilis vitæ Scholaribus quos ad hoc Rector studij,
" Regentes Magistri, siue Doctores Facultatis in qua graduati singuli po-
" stulabunt, seu maior pars eorumdem idoneos reputauerint, Baccalaria-
" tus & Licentiæ gradus conferat, ac singuli ipsius studij Magistri, siue Do-
" ctores in Facultatibus in quibus ibidem rexeruntalijs cum rigore exami-
" nis Licentiatis quibuscumque Magisterij, siue Doctoratus insignia de
" consilio & assensu aliorum Doctorum, siue Magistrorum præfatæ Facul-
" tatis inibi impendere siue dare valeant, & ex tunc illi qui insignia huius-
" modi receperint, Licentiam habeant tam in prædicto quam vbique ter-
" rarum quocumque alio studio absque alio examine, aut approbatione,
" legendi, docendi, & cætera faciendi, quæ Magistri, & Doctores, in al-
" tero dictorum studiorum facere possunt, ac quod ipse Cancellarius, seu
" Vicarius, & qui pro tempore Rector ipsius studij fuerit, & Doctores in-
" ibi residentes vocatis secum in competenti numero, prout eis videbitur,
" de qualibet Facultate aliquibus Licentiatis, & Scholaribus prouidis, dicti
" studij Nannetensis, ac duobus ad minus de Ducis Britanniæ pro tempore
" existentis Consiliarijs, pro foelici directione dicti studij salubria statuta &
" ordinationes condere possint. Super quibus omnibus & singulis authori-
" tate Apostolica & ex certa nostra scientia facultatem, & etiam potestatem

Vniuersitatis Parisiensis.

& etiam potestatem concedimus per præsentes. Præterea omnibus & singulis Magistris, Doctoribus, Licentiatis, Scholaribus & studentibus, ac studere volentibus, licentiam elargimur ad ipsam Ciuitatem Nannetensem accedendi, & inibi legendi, docendi & studendi, ac gradus & insignia huiusmodi modis præmissis recipiendi & impendendi, necnon ipsis pro tempore regentibus, vel studentibus & qui gradus, vel insignia huiusmodi receperint.

1463.

Quod ipsi omnes & singuli, omnibus & singulis Prærogatiuis, Priuilegijs, Præeminentijs, Antelationibus, Libertatibus, Exemptionibus, Immunitatibus, Honoribus & Indultis, per nos & prædecessores nostros Romanos Pontifices & alijs quauis etiam Apostolica Ecclesiastica, vel mundana authoritate, siue potestate quouis modo concessis & ab eis emanatis. Quorum omnium & hac desuper confectarum litterarum & inde secutorum, quorumcumque formas, continentias & tenores, ac si de illis & eorum singulis specialis specifica & expressa mentio & designatio, necnon tenorum eorumdem de verbo ad verbum insertio facta foret præsentibus haberi volumus pro expressis, quibus Parisiensis, Bononiensis, Senensis, & Andegauensis, generalium studiorum Vniuersitates, ac in eis graduati Scholares & studentes vti, frui & gaudere possunt & poterunt, quomodolibet vti frui & gaudere possint, valeant & debeant, seque illis defendere possint, valeant & debeant pariformiter, & absque vlla differentia perinde in omnibus & per omnia, ac si illæ Prærogatiuæ, Priuilegia, Præeminentiæ, Antelationes, Voluntates, Indulta, Libertates, Exemptiones, Immunitates, Honores, & concessiones, ipsi studio Nannetensi, ac in eo legentibus, studentibus & graduatis Scholaribus, & Suppositis specialiter & expressè concessa forent, & in eorum fauorem emanassent: Et insuper & eò feruentius ipsi Magistri, Doctores & studentes in dicto Nannetensi studio erga studia valeant insudare quo aduersus eorum turbatores viuacis protectoris suffragio cognouerint se munitos moderno & qui pro tempore fuerit Episcopo Nannetensi præfato per Apostolica scripta committimus & mandamus, quatenus prædictis Magistris, Doctoribus, Scholaribus dicti studij Nannetensis & in illo graduatis efficacis defensionis, protectionis auxilio & præsidio assistens, per se vel alium, seu alios faciat, eosdem Magistros, Doctores, Graduatos, Scholares & studentes, præmissis prærogatiuis, priuilegijs, præeminentijs, antelationibus, voluntatibus, concessionibus, honoribus & indultis pacifice & quiete, vti, frui & gaudere: Nec permittat illos contra ea & præsentium nostrarum litterarum continentiam & tenorem, vel alias à quoquam quauis authoritate, etiamsi Regali, aut Archiepiscopali, vel alia Ecclesiastica, vel mundana præfulgeat dignitate, impeti, seu etiam indebite molestari, contradictores quoslibet & rebelles per censuras Ecclesiasticas & alia iuris remedia quibuslibet appellationibus postpositis compescendo, inuocato ad hoc, si opus fuerit, auxilio brachij sæcularis, nonobstantibus felicis recordationis Bonifacij Papæ octaui prædecessoris nostri, illa præsertim qua cauetur ne quis extra suam Ciuitatem, vel Diœcesis nisi in certis exceptis casibus & in illis vltra vnam dietam à fine suæ Diœcesis ad iudicium euocetur, seu ne iudices à Sede Apostolica deputati extra Ciuitatem & Diœcesim in quibus fuerint deputati, contra quoscunque procedere, aut alij, vel alijs vices suas committere, seu aliquos extra suam Ciuitatem & Diœcesim euocare præsumant, & de duabus dietis in Concilio generali edita, ac alijs Constitutionibus & Ordinationibus Apostolicis, aut si aliquibus communiter, vel diuisim à dicta sit sede indultum, quod interdici, suspendi, vel excommunicari, seu quod studia generalia nisi ab alijs studijs similibus ad certam locorum distantiam remotis locis erigi non possint, per literas Apostolicas non facientes plenam & expressam, ac de verbo ad verbum de indulto huiusmodi mentionem. Ac alijs priuilegijs quibuscumque quibusuis alijs generalibus studijs concessis & eorum statutis & consuetudinibus etiam iuramento

" & Apostolica authoritate roboratis, illis præsertim quibus forsitan in eis-
" dem studentes siue Licentiati quod alibi ratione studij non resideant, vel
" gradu siue insignia non recipient antedicta iureiurandi religione affirma-
" ri distringantur. Quæ quidem iuramenta hactenus præstita dum taxat pœ-
" nitus tollimus, & ad illorum obseruationem non teneri authoritate &
" scientia similibus decernimus, ac ipsa iuramenta habemus & haberi volu-
" mus pro infectis, cæterisque contrarijs quibuscumque.

" Nulli ergo omnino hominum liceat hanc paginam nostrorum statuti,
" ordinationis, concessionis, commissionis, mandati, constitutionis & vo-
" luntatis infringere, vel ausu temerario contraire. Si quis autem hoc at-
" tentare præsumpserit, indignationem omnipotentis Dei, ac beatorum
" Petri & Pauli Apostolorum eius se nouerit incursurum Datum Senis an-
" no Incarnationis Dominicæ millesimo quadringentesimo sexagesimo
" pridie Nonas Aprilis, Pontificatus nostri anno secundo. D. De Piscia.

1464.
CONTEN-
TIO IN-
TER FA-
CVLTATES
ET NA-
TIONES.

Anno 1464. cum Gerardus Gehe Curio Parochiæ SS Cosmæ & Damiani legasset Vniuersitati 80. scuta aurea, dissidium fuit inter Facultates
& Nationes circa modum & rationem diribitionis. Nam Magistri superiorum Facultatum ampliorem sibi summam & sportulam deberi putabant, quàm Magistris Facultatis Artium. Nationes verò æqualem omnibus fieri debere diribitionem contendebant Qua de re sic habetur in Reg.
" Nationis Gallicanæ ad 9. April. Anno Domini 1464. die verò 9. April.
" fuit Vniuersitas Parisiensis per honorandum Dominum meum D. Recto-
" rem solemniter congregata super 2. articulis. *Primus fuit ad disponendum*
" *de pecunijs per bonæ memoriæ virum M. Gerardum Gehe Doctorem in Theologia*
" *necnon Curatum SS. Cosmæ & Damiani Vniuersitati legatis.* Secundus fuit
" communis, &c. Quantum ad primum veritas habet, quod magnæ famæ
" & authoritatis vir M. Gerardus Gehe in sacra Pagina Professor legauit
" Vniuersitati summam 80. scutorum auri; & ideo congregata fuit præliba-
" ta Vniuersitas ad aduisandum modum *super illarum pecuniarum distributio-*
" *ne.* Et quantum ad hoc voluit & deliberauit præfata Natio quod celebra-
" retur solemnis obitus, in quo omnibus Magistris interessentibus distri-
" bueretur vna summa per Deputatos aduisanda. *Et non voluit Natio nec*
" *vult, quod vni de Superioribus Facultatibus distribuatur magis quàm vni de*
" *Facultate Artium: imò vult quod omnes in illarum pecuniarum distributione*
" *sunt æquales.* Et se opposuit Natio & opponit casu quo illæ pecuniæ ap-
" plicentur ad alios vsus quàm ad pios vsus. Placuit etiam Nationi quòd
" Executoribus illius venerabilis viri detur Quittancia sub Vniuersitatis
" nomine & sub magno sigillo eiusdem. Voluit etiam Natio præfata quòd
" residuum illarum quod remaneret illo obitu celebrato, distribuatur pau-
" peribus Scholaribus qui habeant Deum deprecari pro anima defuncti.

Et ad diem 8. mensis Iunij sic de eadem re scribit M. Ioannes Meynart
" eiusdem Nationis Gallicanæ Procurator. Secunda autem pars dicti ar-
" ticuli erat ad aduisandum modum disponendi de pecunijs legatis Vniuer-
" sitati per defunctum M. Gerardum Gehe. Et quantum ad hanc partem,
" placuit Nationi quod istæ pecuniæ legatæ conuertantur in pios vsus, &
" quod fieret Obitus solemnis vbi comparerent omnes Magistri tam de Su-
" perioribus Facultatibus quàm de Facultate Artium, & ibidem distribue-
" retur æqualiter prædicta pecunia; & si aliquid remaneret, daretur pro
" Deo, pauperibus. *Alioqui volebat Natio quod istæ pecuniæ partirentur in 7.*
" *partes, & quod quælibet Natio tantum haberet sicut & vna Facultas, viso quod*
" *in missis Nationes æquiparentur Facultatibus. Ita quod si Facultas Theologiæ,*
" *aut Decretorum tradat 12. scuta, Natio Francorum tantum exponat & amplius.*
" Et casu quo dictæ Facultates vellent alio modo ad suam vtilitatem pro-
" cedere & concludere, Natio alijs appellationibus iam in hac materia in-
" teriectis appellabat & prouocabat ad illum vel ad illos, ad quem, seu quos
" appellationem de Iure spectare pertinebat. Insuper requirebat Natio vt
" dictæ Facultates se acquitarent erga præfatum, de summa 300. scutorum
" eisdem & Vniuersitati mutuatorum, prout per litteras sub magno si-
" gillo Vniuersitatis apparebat.

Die

Die 23. eiusdem mensis conuocata est Vniuersitas à Rectore, ad consulendum super Edicto quodam Regio, quo iubebatur intra certum tempus Quæstoribus ærarij Regij in Curia Rationum, seu Computorum censere Reditus omnes Collegiorum, vt agnosci posset, quænam ius caducitatis, seu vt vocant, *admortizationis* soluissent. In his verò Comitijs nihil super ea re statui potuit, sed negotium remissum ad selectos. Die verò 23. Iulij Comitijs habitis, relatum est ad Vniuersitatem quid actum fuisset cum Quæstoribus ærarij. Die 23. mensis Iulij conuocata fuit alma mater Vniuersitas Parisiensis per honorandum D. meum D. Rectorem apud S. Mathurinum super 3. articulis. Primus articulus fuit ad audiendum diligentias factas per eundem D. Rectorem vnà cum Deputatis apud Dominos de Camera Compotorum & de Responsionibus ipsorum. Et quantum ad hunc præsentem articulum, narrauit honorandus Dominus meus D. Rector qualiter ipse vnà cum DD. Procuratoribus 4. Nationum & Comitiua competenti, fuerat ad Cameram Compotorum: & quod dicti Domini eos benigne susceperant. Et fuerat ibidem propositum per honorandum Magistrum nostrum M. Ioannem Pannechar qualiter *Dominus noster Rex præceperat Vniuersitati vt omnes Reditus Collegiorum intra certum tempus DD. Thesaurarijs Franciæ per declarationem traderent, sub certis & magnis pænis.* Et narrauit ibidem Magister præfatus propositum suum & excusationes, qualiter Vniuersitas non poterat cogi ad hoc. Primò quia tempus erat nimis breue. Secundò quia Magistri, Scholares, Procuratores, & Bursarij Collegiorum recesserant propter mortem; & isti habent claues Coffrorum vbi reponuntur priuilegia & fundationes dictorum Collegiorum. Tertiò *quia Collegia sunt fundamentum Vniuersitatis, & ipsis destructis, destrueretur tota Vniuersitas.* Et multa alia narrauit ad laudem & vtilitatem Vniuersitatis. Deinde verò Dominus meus D. Rector narrauit Responsum ipsorum in hunc modum, videlicet quod modus dictæ Cameræ erat tradere in scriptis Requestam ipsorum & quod illam traderent & libentissimè prouiderent, quia dicti Deputati requirebant prolongationem termini vsque ad aduentum Regis, vel ad annum. Et sic tandem dicta Requesta fuit in scriptis præfatis Dominis tradita & fuit per eos responsum quod placebat eis dare & præfigere terminum vsque ad festum Paschæ proximè venturum.

Die 26. eiusdem mensis expostulante M. Guill. Ficheti socio Sorbonico, quod cum Domus Sorbonica esse debeat Hospitium Scholarium, seu Bursariorum 4. Nationum, Normani tamen vix alios à se ibi consistere paterentur, Natio Gallicana huic malo remedium afferre decreuit, & m Prouisor Domus (M. Io. Luillier) ius suum vnicuique Nationi seruari curaret, rem ad Vniuersitatem deferre, vt legitur in Actis prædictæ Nationis, scribente M. Io. Meynart Procuratore. 26 die mensis predicti conuocaui Nationem Franciæ matrem meam in S. Math. super 3. art. Primus articulus fuit super prouisione **Suppositorum eiusdem Nationis in Collegio Sorbonæ.** Et quantum ad præsentem artic. *prout exposuit M. Guill. Ficheti qualiter dictum Collegium erat Collegium Vniuersitatis, & quod in eodem debent poni æqualiter de qualibet Natione: ita quod de Natione Franciæ debent esse 4. & similiter de alijs Nationibus: Sed nunc sunt aliqui Normani qui non volunt aliquos recipere de Natione Franciæ, nec de alijs.* Insuper etiam quod Supposita Nationis in dicto Collegio debent præcedere, prout in Facultate Artium: Sed nunc Prouisor volebat præferre Normanum ante Gallicum, quod est in præiudicium dictæ Nationis maximum.... quantum ad 1. art. placuit apponere remedium in dicto Collegio Sorbonæ, & voluit Natio quod Procurator cum Deputatis haberet adire personam D. Decani Parisi. Prouisorem dicti Collegij, & eidem præmissa remonstrare, & etiam quod non habeat grauare Nationem Franciæ, sed potius eam in suis libertatibus confirmare, prout etiam tenetur per suum iuramentum. Et casu quo vellet alio modo procedere quàm modo ab antiquo seruato in dicto Collegio, appellabat Natio ad Vniuersitatem, &

Tom. V. Pppp

1464.

"volebat Natio quod Procurator haberet appellare à dicto Prouisore ad
"Vniuersitatem.

Die 3. Nou. lectæ sunt in Comitijs Math. litteræ Pauli II. Pontificis
& Collegij Cardinalitij de ista promotione, decretæque Deo gratiarum
actiones publicæ, & supplicatum solemniter die 11. Quia verò prædictus
Pontifex largam pollicebatur Vniuersitati Beneficiorum prouisionem,
voluit ipsa mentem Regis sciscitari, Oratoremque ad ipsum delegit M.
Gaufridum Normani.

Regalia.

Ad hunc annum leguntur quædam Regis Constitutiones de Regalia &
possessorio Beneficiorum, de Gratijs Expectatiuis & alijs Curiæ Rom.
Exactionibus quæ materia sæpè in Vniuersitate agitata est.

DE RE-
GALIA.
"LOÜIS PAR LA GRACE DE DIEV ROY DE FRANCE. A tous ceux
"qui ces presentes lettres verront salut, Comme entre nos autres
"droits à nous appartenans Nous ayons droit à cause de nostre Couronne
"& temporalité, *& soyons en possession & saisine, tant par Nous que par nos Pre-*
"*decesseurs Rois de France*, de tel & si long-temps qu'il n'est memoire du
"contraire, *de conferer les Benefices vacans en Regale en nostredit Royaume &*
"*dont la totalité & determination en cas de debat ou question appartient à Nous*
"*& à nostre Cour de Parlement tant seulement, sans ce que autre en doye co-*
"*gnoistre ou soy entremettre*, & sur ce ayent esté le temps passé donnez plu-
"sieurs Arrests & iugemens semblablement, tant à cause de nostre Cou-
"ronne & temporalité, comme par prérogatiues & priuileges octroyez à
"nos predecesseurs Roys de France & autrement, deüement à nous ap-
"partient de conferer de plein droit plusieurs Benefices que nosdits Pre-
"decesseurs & nous auons accoustumé de donner & conferer de plein
"droit en nostredit Royaume & dont la cognissance, declaration & de-
"termination en cas de debat ou question, appartient de plein droit à nous
"& à nos Iuges, sans ce que autres Iuges quelconques soient Ecclesiasti-
"ques ou temporels en puissent ou doiuent cognoistre, ne soy entremettre
"aucunement, pareillement ayons droit & prérogatiue & soyons en pos-
"session & saisine de cognoistre, decider & determiner par nous & nosdits
"Iuges des matieres possessoires, Beneficiales & Ecclesiastiques, mesme-
"ment en cas de nouuelleté, prins & intentez pardeuant nosdits Iuges pour
"occasion des nouueaux troubles & empeschemens qui suruiennent en-
"tre les parties contendantes à cause des Benefices & matieres Ecclesiasti-
"ques, sans ce que pendant ladite cognoissance & procés, & iusques à ce
"que d'iceux soit determiné par les Iuges, deuant lesquels lesdits procés
"en cas de nouuelleté sont & seront intentez & les despens esquels la par-
"tie qui auroit esté ou sera décheüe dudit procés payez & satisfait entie-
"rement à la partie qui aura obtenu, aucuns Iuges Ecclesiastiques en puis-
"sent ou doiuent cognoistre, ne l'vne desdites parties, tirer l'autre contre
"son gré & voulenté en Cour d'Eglise pour occasion des Benefices & ma-
"tieres Ecclesiastiques contentieux audit cas de nouuelleté, ne proceder
"à cette cause par aucune personne contre aucuns desdits contendans par
"Monitions, Citations, ne Censures Ecclesiastiques: neantmoins puis
"n'agueres plusieurs personnes de diuers Estats & tant de nostre Royau-
"me que d'ailleurs ont impetré & s'efforcent impetrer plusieurs Benefi-
"ces par Nous ou nos Predecesseurs, donnez & conferez vacans en Rega-
"le, & aussi plusieurs Benefices, dont la Collation a appartenu & appar-
"tient de nostre plein droit à Nous & à nosdits Predecesseurs & sous om-
"bre desdites Prouisions ou de Bulles & Graces Expectatiues ou autres let-
"tres de Cour de Rome, se sont efforcez & s'efforcent & ont procuré &
"procurent chacun iour tenir en procez & voyes obliques par celuy qui
"se dit Procureur Fiscal de Cour de Rome, aucuns de nos Subjets en la-
"dite Cour de Rome, ou ailleurs en Cours Ecclesiastiques, pour occasion

desdits Benefices par nous ou nosdits Predecesseurs, donnez & conferez
en Regale ou de plein droit. Et auec ce plusieurs se sont efforcez & efforcent de tenir, & de fait tiennent en procés en ladite Cour de Rome ou
ailleurs en Cours Ecclesiastiques, plusieurs qui ont intenté & commencé
procés en cas possessoire & de nouuelleté & pardeuant nosdits Iuges &
autres Temporels de nostredit Royaume, pour occasion de plusieurs Benefices assis en iceluy nostredit Royaume, pendant iceux procés audit
cas de nouuelleté & sous couleur desdites Bulles & graces de Cour de
Rome ou autres Prouisions Ecclesiastiques, ou aucunefois procedent en
affixions de Bulles, Citations, Procez ou lettres Ecclesiastiques qu'ils
font secretement ou à heure indeüe ou autrement indeüement mettre
& afficher aux Portes des Eglises & en plusieurs autres lieux, tellement
que au moyen desdites procedures plusieurs de nos Subjets, pour obuier
aux vexations qu'on leur fait, sont contraints de laisser la poursuite de
leurs bons droits. Et iaçoit ce que puis n'agueres ayons donné certaines
Prouisions sur aucunes des matieres dessusdites, & que nos lettres sur ce
octroyées ayent esté publiées & enregistrées en nostredite Cour & en
plusieurs autres Auditoires de nostredit Royaume, pour icelles garder
& conseruer comme Loy & Ordonnance perpetuelle, auant & depuis
nosdites Ordonnances declaratiues de nos droits & prérogatiues, neantmoins plusieurs n'ont cessé, ne ne cessent de vexer & trauailler nosdits
Subjets par la maniere dessusdite, mais ont fait & font par chacun iour
plusieurs autres indeües entreprises, contre & au préiudice de nosdits
Droits, Prérogatiues, Priuileges & Iurisdiction temporelle, plusieurs
autres grands & indeües oppressions & inquietations & trauaux à nosdits
Subjets, au grant préiudice & domaige de nous, de nosdits Droicts, Iurisdiction temporelle & du bien public de nostredit Royaume. Et plus
pourroit estre, si de par nous n'estoit donné sur ce prouision, ainsi que sur
ce auons esté deüement informez. Sçauoir faisons que nous considerées
les choses dessusdites, voulans conseruer & garder nosdits droits, prérogatiues, préeminences & priuileges: Et afin que doresnauant aucuns n'y
puissent pretendre cause d'ignorance, desirans aussi que nosdits Subjets
soient tenus en paix & tranquillité & obuier aux vexations, oppressions
& trauaux que indeüement leur donnent & pourroient donner; Pour ces
causes & considerations & autres, à ce nous mouuans; & sur ce eüe deliberation auec plusieurs autres de nostre Conseil, auons decerné, statué,
ordonné & declaré, decernons, statuons, ordonnons & declarons par
ces presentes, que à nous & à nostredite Cour, & non à autres appartient
la declaration, cognoissance, decision & determination des Collations
par nous & nosdits Predecesseurs, faites des Benefices vacans & qui ont
vacqué & vacqueront en Regale, & semblablement que à nous & à nosdits Iuges & non à autres appartient la cognoissance & determination
des Benefices que nous & nos Predecesseurs auons accoustumé de con-
ferer, & qui à cette cause ont esté conferez de plein droit, sans ce que autre Iuge Ecclesiastique ne temporel s'en puisse, ne doye entremettre,
ne cognoistre, soit en matiere petitoire ou possessoire. Et en outre auons
ordonné & declaré, ordonnons & declarons la cognoissance des Cas
possessoires, mesmement en matiere de nouuelleté prins & intentez pour
occasion des Benefices & matieres Ecclesiastiques appartenir à nous & à
nosdits Iuges, sans ce que autres pendant lesdits procez, ou possession en
puissent ou doiuent entreprendre aucune cognoissance, decerner com-
missions, citations, faire procez, ne vser de fulminations, excommunications ne Censures Ecclesiastiques, ne determinations. Si donnons en
mandement par ces mesmes Presentes à nos Amez & Feaux Conseillers,
les Gens tenans & qui tiendront nostredite Cour de Parlement; au Preuost de Paris & à tous nos Baillifs, Seneschaux & autres Iuges de nostredit Royaume & à chacun d'eux, si comme à luy appartiendra, que en
mettant nostre Voulenté, Declaration & Ordonnance à execution, ils

"fassent ou fassent faire inhibition & défense de par nous à tous les Subjets de nostredit Royaume & autres qu'il appartiendra, & ausquels nosdits Subjets, nous defendons par ces Presentes sur peine de bannissement de nostredit Royaume, que pour citation desdits Benefices Ecclesiastiques par nous & nosdits Predecesseurs conferez en Regale, ou par autre Collation à nous appartenant de plein droit, & aussi pour occasion desdits Benefices & matieres Beneficiales & Ecclesiastiques, dont a esté & sera procez pendant en matiere de nouuelleté en nostredite Cour de Parlement, ou deuant nosdits autres Iuges, ils ne traittent ne fassent traitter ny tenir en cause pardeuant aucuns Iuges Ecclesiastiques, ne ailleurs que en nostredite Cour de Parlement ou pardeuant nosdits autres Iuges deuant lesquels lesdits procez ont esté, sont & seront pendans, & ne procedent ou fassent proceder par occasion desdits Benefices par nous conferez en Regale ou de plein droit & aussi des Benefices & matieres Ecclesiastiques, dont lesdits procez ont esté, sont & seront pendans en nostredite Cour de Parlement par Citations, Monitions, Excommunications ne autres Censures Ecclesiastiques, & ne les tirent, molestent ou trauaillent en Cour de Rome, ne ailleurs en Iurisdictions Ecclesiastiques & ne fassent, ne procurent telles entreprises induës, contre ne au preiudice de nos droits dessusdits & Iurisdiction temporelle. En faisant en outre inhibition & defense de par nous sur semblables peines à nous à appliquer, à tous qu'il appartiendra, que pour raison desdits Benefices dont nosdits Subjets ont esté pourueus par election, prouision ou autrement à titre des saints Decrets, libertez de l'Eglise de France, Ordonnances Royaux & Pragmatique-Sanction, ils ne fassent nosdits subjets conuenir, admonester, ne tiennent en procez en ladite Cour de Rome, ne ailleurs, contre ne au preiudice desdits saints Decrets, libertez d'Eglise de France, Ordonnances Royaux & Pragmatique-Sanction, ne sur icelle molestent, ne trauaillent en aucune maniere, ainçois reuoquent & fassent reuoquer & mettre au neant, à leurs propres cousts & despens, tout ce qu'ils auront fait au contraire. Et neantmoins tous ceux qui depuis & apres la publication de nos autres lettres données à   au mois de May 1463. leurs Procureurs, Facteurs & Entremetteurs ont molesté & trauaillé, molestent & trauaillent par Bulles ou procez Apostoliques, Sentences ou Iugement de Cour d'Eglise, par Citations, Monitions, Excommunications & autres Censures Ecclesiastiques nosdits subjets en Cour de Rome, ou ailleurs és Cours Ecclesiastiques, contre & au preiudice du contenu en nosdits autres lettres & de nosdits droits & prerogatiues, Nous les auons declaré & declairons des maintenant, pour lors & deslors, maintenant bannis perpetuellement de nostredit Royaume & leursdits biens confisquez. Et auec ce auons declaré & declairons les Gens d'Eglise, leurs Procureurs, Facteurs & Entremetteurs, comme infracteurs desdites Ordonnances, rebelles & desobeïssans à nous & à nos commandemens, estre indignes, inhabiles & incapables à obtenir quelconques Benefices en nostredit Royaume, & les auons priuez & deboutez, priuons & deboutons du tout, de nostre certaine science, propre mouuement, authorité Royale & par Edict general & irreuocable par cesdites presentes, de la iouïssance de tous leursdits Benefices qu'ils y pourroient auoir & obtenir le temps aduenir. Et en outre enioignons à nostredite Cour & à tous nos autres Iusticiers & Officiers, que tous Infracteurs de nosdites Ordonnances ou leursdits Procureurs, Facteurs ou Entremetteurs, ils prennent & fassent prendre au corps & constituent prisonniers iusques à plaine reparation desdites entreprises & abus, nonobstant oppositions ou appellations quelconques. Et afin que nuls ne puissent pretendre cause d'ignorance des choses dessusdites, Nous mandons & commandons expressement à nostredite Cour, à nosdits Iuges & à chacun d'eux comme dessus, que apres ce que ces presentes seront publiées en leurs Auditoires, ils les fassent publier & proclamer à son de

Vniuerſitatis Pariſienſis. 669

Trompe, ou autrement, és lieux où l'on a accouſtumé de faire les criées &
publications. Et pource que l'en en pourra auoir à faire en pluſieurs
lieux, Nous voulons que au *Vidimus* d'icelles, ſoit foy adiouſtée comme
à l'original. En teſmoin de ce nous auons fait mettre noſtre Scéel à ces
preſentes. Donné à Luxien prés Dourlans, le 29. iour de Iuin l'an de
grace 1464. Et de noſtre Regne le 3. Ainſi ſigné, Par le Roy en ſon
Conſeil. I. DE LA LOYRE.

1464.

Autre Ordonnance faite à Dampierre le 20. iour de Iuin 1464.

LOuis par la grace de Dieu Roy de France. Comme pour conſeruer, entretenir & garder nos droits, prérogatiues, couſtumes, vſages loüables de noſtre Royaume, Ordonnances de nos Predeceſſeurs & obuier aux Exactions exceſſiues qui ſe font de iour en iour des Finances de noſtre Royaume en Cour de Rome, meſmement touchant les dépoüilles & ſucceſſions des Prelats & autres Gens d'Egliſe Beneficiez en noſtre Royaume, qui vont de vie à treſpas & la moitié des Benefices incompatibles & Commandes que les Gens & Officiers de noſtre S. Pere le Pape ſe ſont efforcez & efforcent par chacun iour de prendre, leuer & exiger pluſieurs autres ſommes de deniers en diuers & eſtrangers moyens intolerables & preiudiciables à nos Subjets & à toute la Choſe publique de noſtre Royaume, à la requeſte de noſtre Procureur General & pluſieurs Seigneurs de noſtre Sang & Lignaige, ait eſté par noſtre Cour de Parlement, en enſuiuant les Ordonnances de nos Predeceſſeurs prohibé & defendu que leſdites Exactions, Subſides, Charges & autres ſemblables ne ſeroient doreſnauant ceüillies, leuées, ne exigées, ne ne ſeroit toleré, ne permis les Gens d'Egliſe, ne autres quelconques ſubjets de noſtre Royaume, eſtre citez, inquietez, ne moleſtez en quelque maniere que ce ſoit, nonobſtant laquelle prohibition & defenſe pluſieurs Prelats & autres Gens d'Egliſe de noſtre Royaume, ainſi que nous auons eſté informez puis peu de temps en çà, ont payé, baillé & deliuré leſdites deſpoüilles & la moitié des fruits & reuenus des Benefices incompatibles ou Cōmandes ou pour icelle, compoſé à aucune grande ſomme de deniers auec le Threſorier & autres Officiers de Cour de Rome, & qui pis eſt pour annuller & mettre du tout au neant ladite inhibition & defenſe, pluſieurs s'efforcent par Bulles & Commiſſions Apoſtoliques, proceder par Excommunications, Fulminations & Cenſures Eccleſiaſtiques & priuation de Benefices contre les Gens d'Egliſe de noſtre Royaume, qui refuſent ou different de payer les dépoüilles des Treſpaſſez, & la moitié des Benefices incompatibles & Commandes & ne leur peut-on pouruoir de Prelatures, ne d'autres Benefices Electifs ou Collectifs, que préalablement ils ne payent ou compoſent deſdites dépoüilles incompatibles; leſquelles choſes ont eſté faites & ſe continuent chacun iour, en enfraignant ladite prohibition & defenſe & les Ordonnances de nos Predeceſſeurs & les vſaiges anciens de noſtre Royaume, au grant preiudice de nous & de la Choſe publique d'iceluy noſtre Royaume. Et plus pourroit eſtre ſi par noſtre authorité & puiſſance n'y eſtoit obuié & donné prouiſion conuenable. Pour ces cauſes & autres raiſonnables à ce nous mouuans, voulans ladite prohibition & defenſe eſtre obſeruée & gardée en ſon entier ſelon la forme & teneur d'icelle, auons loüé & approuué, loüons & approuons par ces Preſentes, & en ce faiſant auons ſtatué & ordonné, ſtatuons & ordonnons par ladite Loy & Ordonnance generale & perpetuele, que les exactions deſſuſdites & autres ſubſides & exactions indeües ceſſeront, que doreſnauant elles ne ſeront leuées, prinſes, ne baillées par contrainte, ne autrement par quelque perſonne que ce ſoit & qu'elles ne ſeront exigées, ne prinſes ſur les Gens d'Egliſes beneficiez en noſtre Royaume, leurs Benefices, ne ſur autres nos Subjets & que ſe aucuns eux ſe diſans Cōmiſſaires ou Executeurs

Tom. V. PPpp iij

"d'aucunes Bulles, Lettres, Mandemens ou Commandemens Apostoli-
"ques se vouloient efforcer de les mettre à execution sur lesdits Gens d'E-
"glise ou autres nos Subjets & proceder contre eux par Censures, Excom-
"munications ou autrement, en quelque maniere que ce soit ou peût estre,
"à payer ou composer desdites dépoüilles incompatibles ou autres telles
"& semblables exactions, que ausdits Commissaires leurs Executeurs ne
"soit obey, mais leur soit prohibé & deffendu de faire lesdites Executions
"sur peine de confiscation de corps & de biens, & de bannissement de no-
"stre Royaume. Et auecques ce voulons qu'ils soient prins, arrestez & de-
"tenuz prisonniers & condamnez en amande enuers nous : Et pour icelle
"tenir prison iusques à plain payement & satisfaction, & outre plus qu'on
"praigne, saisisse & mette en nostre main toutes Bulles & lettres Executoi-
"res que lesdits Executeurs auront pardeuers eux pour faire aucune execu-
"tion à l'encontre de nostre presente Ordonnance. Et d'abondant auons
"defendu & defendons à tous nos Subjets, tant à ceux qui sont demourans
"en nostre Royaume, que en Cour de Rome & ailleurs hors de nostredit
"Royaume, beneficiez en iceluy de quelque estat ou condition qu'ils
"soient, que doresnauant ils payent, fassent ou souffrent, ou permettent
"aucune chose estre payée aux Officiers de la Cour de Rome ou autres
"Commis par nostredit S. Pere, pour raison desdites dépoüilles & moitié
"des Incompatibles & Commandes, ne n'en composent ou souffrent com-
"poser par autres, sous quelque condition ou couleur que ce soit, sur pei-
"ne de bannissement de nostre Royaume & confiscation de tous leurs
"biens des gens Lays, nos subiets, des heritaiges, ou biens immeubles des
"Gens d'Eglise beneficiez en nostre Royaume. Et s'il estoit trouué que
"aucuns feissent ou feissent faire le contraire, nous les declarons dez à pre-
"sent bannis de nostre Royaume, indignes d'y auoir & obtenir aucuns
"Benefices, comme infracteurs & transgresseurs de l'Ordonnance de Nous
"& de nos Predecesseurs, rebelles & desobeyssans à Nous & à nos Com-
"mandemens, & les heritaiges & biens immeubles des Gens d'Eglise be-
"neficiez en nostre Royaume à nous acquis & confisquez. Et pource que
"nostre presente Ordonnance par cautelles & voyes obliques, exquises
"par ceux qui resident en Cour de Rome, pourroit estre retardée & em-
"peschée, l'execution d'icelle renduë illusoire, se plus ample prouision n'y
"estoit par nous donnée, auons outre les prouisions dessusdites ordonné
"& ordonnons que tous les deniers qui ont esté, sont & seront exigez, le-
"uez & bailliez pour raison des dépoüilles des Trespassez, & la moitié
"des Incompatibles & Commandes ou autres subsides, exactions indeües
"soient reaument & de fait prins, leuez & recourez sur le temporel des
"Benefices de toutes gens d'Eglise beneficiez en nostre Royaume, de quel-
"que préeminence ou condition qu'ils soient, à present residens & qui re-
"sideront & demourront ou qui ont habitation en Cour de Rome, & que
"leur dit temporel soit prins, saisi & mis en nostre main & sous icelle trait-
"té, regy & gouuerné par bons & souffisans Commissaires resseans & solua-
"bles iusques à plain payement, reception & satisfaction des deniers qu'on
"trouuera auoir esté bailliez & deliurez à nostre S. Pere ou à la Chambre
"Apostolique, ou à ses Commis & Deputez, pour & à cause des choses des-
"susdites, pour iceux deniers bailler ou deliurer ou & à qui il appartiendra,
"ou que par nous en Iustice sera ordonné. Et afin que de nostredite pre-
"sente Ordonnance aucuns ne puissent pretendre iuste cause d'ignorance,
"Nous voulons cesdites presentes estre publiées en nos Cours de Parle-
"ment & Chambre des Comtes à Paris & en icelles esté enregistrées. Si
"donnons en mandement par cesdites Presentes à nos Amez & Feaux
"Conseillers les Gens de nostre Parlement & de nos Comptes à Paris; au
"Preuost de Paris, Bailly de Touraine, de Sens & Montargis, Seneschaux
"de Poictou, Xaintonge & Limosin & à tous nos autres Iusticiers ou à
"leurs Lieutenans & Officiers, comme il appartiendra, que nostredite
"presente Ordonnance ils gardent & entretiennent, & fassent garder &

entretenir de point en point, selon sa forme & teneur, & à ce qu'aucuns n'en puissent pretendre iuste cause d'ignorance, la fassent publier par leurs Auditoires & Iurisdictions, ainsi que en tel cas appartient. Et pour ce que de ces Presentes on aura à besongner en plusieurs & diuers lieux de ce Royaume, Nous voulons que au *Vidimus* d'icelles fait sous nostre Sceel Royal soit foy adioustée comme à l'original, car ainsi nous plaist-il estre fait. En tesmoin de ce nous auons fait mettre & apposer nostre Sceel à ces Presentes. Donné à Dampierre le dernier iour de Iuin l'an de grace 1464. Et de nostre regne le huit. Ainsi signé, Par le Roy en son Conseil, auquel vous le Patriarche Euesque de Bayeux, les Euesque des Briou & l'Admiral, le Sire Dulau & de Beranges, M. Iean Dauuet President de Toulouse, Georges Hauart, Iean Lenfan, Estienne Cheualier, Guillaume de Vane General, Iean du Verger, Pierre Poignant & autres estans à Roulant.

Ordonnance faite à Ruë le 10. Septembre 1464. contre les Graces Exspectatiues.

LOÜIS PAR LA GRACE DE DIEV ROY DE FRANCE. A tous ceux qui ces Presentes lettres verront, salut. Nostre Procureur general nous a fait remonstrer que combien que par les Saincts Canons & Decrets anciens, gardez & obseruez en l'Eglise Gallicane & par les Priuileges d'icelle aucunes graces Expectatiues ne deussent auoir cours, ne estre données aux Benefices qui seront dés lors en auant vacquans, neantmoins depuis l'obeyssance par nous faite à feu nostre S. Pere le Pape, puis derreinement & n'aguères trespassé & qu'il preside au S. Siege Apostolique, ont esté données lesdites Graces Exspectatiues sur les Benefices de nos Royaume & Dauphiné en si grand & excessif nombre & multitude & à toutes autres manieres de gens estranges, tant Ecclesiastiques, lettrez ou non lettrez, que autres personnes quelconques, que la chose est venuë à telle confusion que à peine y auoit homme d'Eglise en nostredit Royaume & Dauphiné qui à cause d'icelles Graces Exspectatiues se puissent dire seurs en l'execution d'aucuns Benefices que à l'occasion d'*Anteferri* & autres clauses & prerogatiues qui ont esté mises en icelles graces expectatiues, diuersité de regles de Chancelerie Apostolique, dérogatiues à droit commun & autrement, par lesquelles causes & autres subtilitez & malices des Impetrans d'icelles Graces, plusieurs inconueniens & dommaiges se sont ensuiuis en nosdits Royaume & Dauphiné à nos Subiets, tant en euacuation de pecunes portées en Cour de Rome pour obtenir lesdites Graces, comme pour faire les procez & plaidoyeries sur icelles, tant en icelle Cour de Rome que ailleurs, & ont plusieurs de nos Subjets vendus leurs heritaiges & baillé les deniers **à leurs enfans, parens & amis**, pour obtenir lesdites Graces dont ils sont cheuz en grant poureté & misere & sont les aucuns morts en chemin à la poursuite d'iceux, & les autres distraits de leurs Estudes. Et aussi ont esté & sont lesdites Graces Exspectatiues, causes de machiner la mort des personnes des possesseurs desdits Benefices, pour lesquels icelles ont esté leuées & obtenuës, & ont esté & sont nosdits Subjets aux causes dessusdites, griefuement & induëment trauaillez & dommaigez en plusieurs & diuerses autres manieres. Et en outre combien que par Priuileges & les Ordonnances Royaux, aucun ne puisse obtenir Benefice en nosdits Royaume & Dauphiné, nous ayans grant interest que aux Eueschez, Abbayes & autres Dignitez & Benefices Electifs de nosdits Royaume & Dauphiné, soit pourueu de Gens notables, cogneus & à nous agreables, seurs & feables, mesmement pour ce que ceux qui obtiennent lesdits Benefices, ont à cause d'iceux plusieurs Forteresses & nous en sont par eux deubs droits & seruices: Toutefois nostredit feu S. Pere en a donné graces & prouisions en si grant nombre & à toutes

"manieres de gens, de quelque Nation, Royaume ou Region qu'ils feussent
" indifferemment, que plusieurs soubs ombre & couleur d'icelles Graces &
" Prouisions, se sont boutez & intrus és dignitez & Benefices Electifs de no-
" stredit Royaume & les occupét, jaçoit ce que plusieurs d'iceux soient Etra-
" gers & incogneuz & à Nous non feables, & qui ne nous pourroient ou vou-
" droient faire les deuoirs & seruices qu'ils nous sont tenus de faire à cause
" desdits Benefices, dont se sont ensuis plusieurs autres grands & innumera-
" bles maux à nous & à la chose publique de nos Royaume & Dauphiné ou
" tres grant detriment desdits Gens d'Eglise, diminution du seruice diuin,
" diruption des Eglises, Maisons & autres Edifices d'iceux Benefices & à
" la grand' fraude & deception des Fondateurs d'icelles Eglises, & seroit
" plus au temps aduenir, se par nous n'y estoit donné prouision, ainsi que
" toutes ces choses & autres nous a fait remontrer nostredit Procureur,
" requerant humblement que attendu que ledit S. Siege est à present vac-
" quant & que se il est permis à chacun d'aller à Rome querre lesdites
" Graces Expectatiues & autres Prouisions, comme on faisoit par cy de-
" uant, se pourroit estre trop euidemment greuable ou preiudice à tous
" nosdits Royaume & Dauphiné, & nos Subjets, il nous plaise sur ce don-
" ner prouision conuenable : Sçauoir faisons que nous ces choses conside-
" rées, voulans obuier aux inconueniens dessusdits & autres iustes & rai-
" sonnables, à ce nous mouuans, auons ordonné & ordonnons estre prohi-
" bé & deffendu, & par ces Presentes prohibons, & deffendons à toutes
" manieres de Gens de quelque estat & condition qu'ils soient, que do-
" resnauant ils ne aillent ou n'enuoyent, soit par Bulles, lettres de change
" ne autres moyens quelconques querir, pourchasser, ne obtenir en Cour
" de Rome Graces Expectatiues, ne autres Bulles & lettres Apostoliques,
" equipollens à icelles, soit, sous couleur des reseruations generales ou
" especiales, ne autrement en quelque maniere que ce soit sur lesdits Be-
" nefices de nosdits Royaume & Dauphiné. Et pareillement prohibons
" & defendons, comme dessus, qu'ils, ne aucun d'eux ne voysent ou en-
" uoyent en ladite Cour de Rome, pour auoir ne obtenir quelconque Euesc-
" ché, Abbaye, Dignitez ou autres Benefices Electifs, sans premierement
" auoir nos vouloir & consentement de ce faire, sur peine d'encourir nostre
" indignation, de perdre les deniers dont ils nos Facteurs, Procureurs, Mes-
" sagiers & Entremetteurs seront trouuez saisis par Bulles, lettres de chan-
" ge ou autrement, pour porter ou enuoyer en ladite Cour de Rome à la-
" dite cause dessusdite, & d'amende arbitraire enuers Nous, iusques à ce
" que par Nous autrement en soit ordonné. Si donnons en mandement par
" cesdites Presentes, à nos Amez & Feaux Conseillers les Gens tenans, ou
" qui tiendront nostredite Cour de Parlement, au Preuost de Paris, & à
" tous nos Baillifs, Seneschaux, Maistres des Ports & autres Iuges de no-
" stredit Royaume & Dauphiné & à chacun d'eux, si comme à luy appar-
" tiendra, que nosdites Ordonnances, prohibitions & defenses, ils entre-
" tiennent & fassent garder & entretenir de point en point selon leur for-
" me & teneur. Et s'aucuns estoient à l'encontre, ou auoient enuoyé en
" ladite Cour de Rome par cy-deuant & obtenu Bulles & Graces Expecta-
" tiues & autres Prouisions touchant les choses dessusdites & s'en fussent
" aidez ou vouloient aider, qu'ils les contraignent à eux en desister & de-
" partir, & à reuoquer, faire cesser & annuller à leurs dépens tout ce qu'ils
" en auroient fait au contraire par prinse & Arrest desdites Graces Expe-
" ctatiues, Bulles, Prouisions & procez Apostoliques & des Monitions &
" Citations qu'ils en auoient fait ou pourroient faire contraires au contenu
" en cesdites lettres à l'effet d'icelles, detention aussi des personnes des
" Impetrans, Porteurs & d'autres qui se voudroient aider d'icelles Graces,
" Bulles, Procez & Prouisions, prinse aussi, & exploitation du temporel
" desdites Gens d'Eglise en nostre main, iusques à ce qu'ils ayent obey ;
" en les condemnant, par ce à amendes pecuniaires enuers eux telles que
" verront estre à faire, comme transgresseurs de nosdites Ordonnances, de-
clairant

Vniuerſitatis Pariſienſis. 673

clairant leſdites peines à l'encontre d'eux, en les contraignant, ou faiſant
contraindre à les nous payer par toutes voyes & manieres deuës & en tel
cas requiſes, & que nul n'en puiſſe pretendre cauſe d'ignorance: Nous
mandons & commandons derechef à noſtredite Cour de Parlement & à
tous nos autres Iuſticiers & à chacun d'eux, que leſdites Preſentes ils faſſent publier chacun en ſa Iuriſdiction, à ſon de Trompe & autrement, au
lieu où l'en a accouſtumé de faire criées & publications. Et pour ce que
l'en pourra auoir à faire de ceſdites Preſentes en pluſieurs lieux, Nous
voulons que au *Vidimus* d'icelles fait ſous Sceel Royal, ſoit foy adiouſtée
comme à l'original. En teſmoin de ce Nous auons fait mettre noſtre Sceel
à ces Preſentes. Donné à Ruë en Pontieu, le 10. iour de Septembre l'an
de grace 1464. Et de noſtre Regne le quatre. Ainſi ſigné, I. DE LA
LOERE.

1464.

COLLEGIVM NAVARRICVM.

Eodem anno reformatum eſt Collegium Nauarricum, cuius tum Magnus erat Magiſter Guillelmus de Caſtroforti Doctor Theologus, cuius adminiſtratio videtur fuiſſe ſuperba & turbulenta, vt ex Actis conſtat Gall. Nationis, & huius ipſius anni. Nam cum die Purificationis B. V. in diſtributione cereorum nonnihil turbarum accidiſſet, eò quòd inſolentes nonnulli irruerant, cereoſque diripuerant, & altarium Ornamenta diſcerpſerant, Natio verò apud Prætorem Vrbanum reos lite proſequeretur, ille arrepta occaſione quod iam pridem animo conceperat, exequi cupiens, Nationem nempe ipſam excludere, cogereque ad alium locum ſe conferre, celebrandorum Sacrorum ergò, recurrente feſto Annunciationis negauit ſe copiam facturum Capellæ, donec inflicta reis pœna & Collegio fuiſſet ſatisfactum. Verùm cum in eam rem pluries congregata fuiſſet Natio, tandem negauit poſſe ſibi legem imponi mutandi loci, quod ita faſtis Procuratorijs conſignauit M. Io. Burgault.

Die 19. Martij conuocaui iteratò Nationem matrem meam per iuramentum ſuper 2. art. 1. fuit ad prouidendam vlterius de loco in quo ſieret de cætero Officium Nationis. 2. fuit communis. Quoad 1. art. declaraui, qualiter Ego cum notabilibus Deputatis viſitauimus reuerentiam dicti Principalis Magiſtri Collegij Nauarræ, eidem remonſtrando intentionem Nationis & Concluſionem vltimatè captam. Qui reſpondit quod Concluſio capta fuerat vniformiter à ſingulis Magiſtris Burſarijs ipſius Collegij de non admittendo amplius Nationem Franciæ in ſua Capella, niſi prius facta eſſet aliqua reparatio in punitione ſæpè dictorum Inuaſorum & refectione aliquorum Ornamentorum per eoſdem deſtructorum, aut ſaltem bona adhiberetur prouiſio pro tempore futuro. Quam Concluſionem eis nullatenùs licebat reuocare, niſi de conſenſu D Bailliui Senonenſis Locum-tenentis Regij & D. Io. Balue Electi Ebroïcenſis ipſius Collegij Regalis Gubernatoris, quibus dictam concluſionem ſignificauerat, immò cum magna gratia videret Nos ad aliam transferri Eccleſiam, quamuis tamen adhuc toleraret quod celebrarentur Veſperæ in Vigilia Annunciationis, prouiſo quod omnes ceſſarent inſolentiæ, alioquin in craſtinum Miſſam celebrari non permitteret. Quibus declaratis, placuit maiori parti quod ſemper continuaretur Officium Nationis in dicta Capella ipſius Collegij, prouiſo quod Natio non fouebat, neque ſuſtinebat tales malefactores, ſed contra eos procedebat & procedere intendebat omnibus modis & vijs à iure poſſibilibus. *Quare non debebat dictus Magiſter, nec poterat dicta Nationi aditum inhibere ad dictam Capellam, in qua ab antiquo dicta Natio conſueuerat ſuas ſolemnitates celebrare, de cuius contrario memoria non exiſtit. Immò cum dictum Collegium ſubiectum ſit ipſi Nationi, & per conſequens poſſit ab ipſa reformari, non poteſt, nec debet normam dare ipſi Nationi, cùm imperium non habeat inferior in ſuperiorem, ſed potius è contra.* Supplicauerunt venerabiles viri & Magiſtri M. Petrus Halnequin Capellanus Capellæ Regalis Collegij Nauarræ & M. I. Guyonis Burſarius Theologus, ne alia Collegiatis imputarentur: & quia talia ignorabant, ſed prædictus Magiſter authoritate ſua ſine vlla conuocatione

Tom. V.   Q Qq

1464. "dictorum Collegiatorum dicebat & faciebat. Quinimo à 2. annis citra & ante dictas insolentias tractatum fuerat inter dictos Magistros & Bursa-rios ipsius Collegij, nisusque fuerat vt præfata Natio dicta Capella pri-uaretur, excusatione huiusmodi prætenta. Quorum supplicationibus concessit Natio in forma, &c."

Vniuersitas Bituricensis.

1465. Anno 1465. instituta est tandem Vniuersitas Bituricensis cuius erectioni Parisiensis & Aurelianensis pro posse obstiterant annis prioribus. Primus autem ibi publicè docere aggressus est M. Io. Beguin huius nostræ alumnus & paulo ante Nat. Gallic. Procurator. Paulus II. Pontifex eam Priuilegijs gaudere voluit, quibus gaudent aliæ Vniuersitates. Talesque sunt eius litteræ.

"PAVLVS Episcopus seruus seruorum Dei ad perpetuam Rei memo-riam. Etsi à summo rerum omnium Conditore, cuius inæstimabili prouidentia cuncta miro ordine disponuntur, & à quo omnium Charismatum dona proueniunt, ad exequendum Pontificalis ministerij debitum licet insufficientes meritis deputati de his quæ ad fidei Catholicæ Fidelium que profectum conferunt, sedulò nos cogitare conueniat; de literarum tamen studijs & virorum (qui incomparabilis thesauri diuinarum & humanarum rerum cognitionem apprehendere cupiunt) incrementis felicibus eò magis cogitare nos conuenit, quò ex his propulsis ignorantiæ nubibus, Domini nostri & eiusdem fidei cultus prætenditur, Iustitia colitur, publica quoque & priuata res vtiliter igitur, & omnis humanæ conditionis prosperitas adaugetur Decet igitur Pastoralem solicitudinem non immeritò adhibere, vt huiusmodi studia vigeant & continuò augeantur, per quæ, sicut experientia rectè comperimus, vniuersali Ecclesiæ, cunctisque Credentibus maior potest vtilitas prouenire. Quum itaque sicut nuper pro parte Charissimi in Christo filij nostri Ludouici Regis Francorum illustris & dilecti filij nobilis viri Caroli Ducis Bituricensis ipsius Regis Germani nobis fuit expositum, ipsi eiusdem Republicæ vtilitati, & præsertim Ducatus Bituricensis ac etiam Regis Franciæ incolarum, nec non aliarum partium vicinarum habitationem qui scientiæ margaritam adipisci desiderant, laudabiliter intendentes vt ciuitate Bituricensi, quæ inter alias Ducatus Aquitaniæ ciuitates primatum obtinet, tanquam in loco magis insigni & accommodo, liberalium artium generale studium in qualibet licita Facultate, vt ibidem fides ipsa dilatetur & erudiantur indocti, seruetur æquitas Iudicis, vigeat ratio, illuminentur mentes simplicium & eorum ac quorumlibet intellectus, opitulante Altissimo, illustrentur, erigi & stabiliri desiderant; Nos præmissa omnia, ac etiam eximiam fidei deuotionisque constantiam quam ipsi Rex & Dux ad Nos & Romanam gentem & Ecclesiam attenta meditatione pensantes, ac etiam cupientes quod Ciuitas ipsa scientiarum muneribus decoretur, virosque producat consilij maturitate conspicuos, virtutum redimitos ornatibus, & diuersarum Facultatum scientijs eruditos, de quorum plenitudine hauriant vniuersi alij litterarum documentis imbui appetentes, eisdem præmissis omnibus & præcipuè dictæ Ciuitatis, quæ ad multiplicanda sanæ doctrinæ germina, magis congrua & accommoda fore perhibetur, idoneitate attenta, interna meditatione pensatis, non solum ad ipsius ciuitatis, sed etiam Regni, Ducatus, ac Regionum circa jacentium profectum paternis affectibus anhelantes, Regis & Ducis prædictorum in hac parte supplicationibus inclinati, ad laudem diuini nominis, & propaginem fidei antedictæ, ipsorum quoque Regis & Ducis gloriam pariter & honorem, authoritate Apostolica, tenore præsentium statuimus & etiam ordinamus, vt de cætero in eadem Ciuitate Bituricensi generale studium per

præsentes erigimus quod inſtar aliorum ſtudiorum generalium tam in "
Theologia & Iure Canonico atque Ciuili, Medicina quoque & Artibus, " 1465.
quàm alia qualibet licita facultate vigeat, quódque Doctores, Magiſtri "
legentes ac etiam Scholares ſtudentes ibidem omnibus Priuilegijs, li- "
bertatibus, & immunitatibus tam Magiſtris in eadem Theologia ac Do- "
ctoribus legentibus & ſtudentibus in Parifienſi, Tholoſenſi, Pictauienſi "
& alijs dicti regni Vniuerſitatum ſtudijs conceſſis, ac etiam concedendis "
vtantur & gaudeant: Cancellarius vero Eccleſiæ Bituricenſis pro tempo- "
re exiſtens(qui, vt accepimus, diſponere Scholares dictæ ciuitatis ab anti- "
quo conſueuit) ſimiliter Cancellarius Vniuerſitatis ſtudij Bituricenſis exi- "
ſtat, poſſitque authoritate præſentium illis qui proceſſu temporis adeo "
litterarum ſtudio inſudauerunt & in eo profecerunt quòd ad hoc idonei "
reputentur, quique in Facultate, in qua ſtuduerunt, gradum obtinere ac "
docendi licentiam & vt alios erudire valeant, Magiſterij ſeu Doctoratus "
honorem ſibi concedi petierint & per Doctores ſeu Magiſtros eiuſdem "
Facultatis, in quâ examinatio eorum facienda fuerit ſibi vel eius vicege- "
renti (qui Doctor aut ſaltem Licentiatus & ipſius Eccleſiæ Canonicus ſit) "
aut ſi Cancellaria eiuſdē Eccleſiæ litigioſa fuerit, vicegerenti per eiuſdem "
Vniuerſitatis Bituricenſis Magiſtros & Doctores deputato præſentatis, "
conuocatis tamen alijs Magiſtris atque Doctoribus in eadem Facultate, "
poſt eorum diligentem examinationem, ſi ad hoc ſufficientes & idonei "
reperti fuerint, licentiam huiuſmodi tribuere, ac etiam Magiſterij & Do- "
ctoratus honorem liberè impartiri, ita tamen quod idem Cancellarius, "
aut Vicegerens perſonis idoneis præſentatis & examinatis debitos, vt "
præfertur, gradus eis conuenientes denegare non poſſit, vel aliquid pro "
eorum collatione recipere. Et ſi contra fecerit, ſententiam excommu- "
nicationis incurrat. Examinati vero, vt præmittitur, approbati, poſt- "
quam in eadem Ciuitate Bituricenſi docendi Licentiam atque honorem "
huiuſmodi obtinuerint, ex tunc abſque examine, ſiue approbatione alia, "
legendi & docendi tam in prædicto ipſius Ciuitatis quàm in ſingulis alijs "
generalibus ſtudijs in quibus voluerint legere & docere, ſtatutis & con- "
ſuetudinibus quibuſcumque contrarijs Apoſtolica, vel quauis alia fir- "
mitate vallatis, nequaquam, obſtantibus, plenam & liberam habeant "
facultatem, & inſuper quod Doctores, Magiſtri & Scholares Vniuerſitatis "
eiuſdem, dummodò regulares non ſint, Leges publicè in Scholis legere & "
audire; ac in eis gradus recipere poſſint, nulluſque niſi Doctor, aut Magi- "
ſter, ſeu Licentiatus in eadem Ciuitate, in Medicina practicare debeat, "
niſi à Profeſſoribus Facultatis obtentâ licentiâ, & per eos pro idoneo fue- "
rit approbatus. Ipſique Doctores, Magiſtri & Studentes litterarum ſtu- "
dio, in eadem Vniuerſitate pro tempore commorantes fructus, reddi- "
tus, & prouentus omnium Beneficiorum Eccleſiaſticorum quæ pro tem- "
pore obtinuerint, quotidianis tamen diſtributionibus duntaxat exceptis, "
cum ea integritate, per ſeptennium duntaxat percipere valeant cum qua "
illos perciperent ſi in Eccleſijs & locis in quibus Beneficia huiuſmodi for- "
ſan fuerint, perſonaliter reſiderent. Nec ad reſidendum interim in eiſ- "
dem compelli poſſint inuiti, dictoque ſeptennio durante, ratione Bene- "
ficiorum eorundem ſe ad Preſbyteratus ordinem promoueri facere mi- "
nimè teneantur, dummodo infra annum ad Subdiaconatus ordinem ſint "
promoti. Præterea Doctoribus, Magiſtris, Scholaribus & Studentibus "
antedictis, vt extra muros dictæ Ciuitatis Bituricenſis aliqua quauis au- "
thoritate ad Iudicium euocari, trahi aut conueniri nequeant, authorita- "
te præfata tenore præſentium indulgemus. Nulli ergo omnino homi- "
num liceat hanc paginam noſtrorum ſtatuti, ordinationis, erectionis, & "
conceſſionis infringere, vel ei auſu temerario contraire. Si quis autem "
hæc attentare præſumpſerit, indignationem omnipotentis Dei & Beato- "
rum Petri & Pauli Apoſtolorum eius ſe nouerit incurſurum. Datum Ro- "
mæ apud Sanctum Petrum anno Incarnationis Dominicæ 1464. pridie "
Kalend. Decembris, Pontificatus noſtri anno primo, &c. "

1465.

Hic autem annus rerum varietate memorabilis: Nam imprimis Desiderius Erasmus Roterodamus nascitur die 28. Octob. Item Ioannes Auentinus Annalium Boiorum Scriptor. Laurentius Valla moritur tersæ Latinitatis reparator, omnium Authorum castigator. Vnde teste Trithemio aliquis in eum mortuum ita lusit.

Nunc postquam Manes defunctus Valla petiuit,
 Non audet Pluto verba Latina loqui.
Iuppiter hunc cæli dignatus honore fuisset;
 Censorem linguæ sed timet ipse suæ.

In Gallia coniurationem Nobilitas fecit, bellumque Ludouico Regi intulit nomine *Boni publici*: qua de re fusè Historici nostri. Sed quod ad Vniuersitatem attinet, die 10. Iulij habitis Mathurinensibus Comitijs, placuit adire Regem decenti ornatu atque comitatu, & per M. Ioan. Panetchair Oratorem breuiter & succinctè dicere quæ Pacis erant, ipsique *offerre preces, orationes & Processiones pro felici successu & manutenentia Regni sui*.

Interim coniurati vndique concurrunt & ad Montem-Leothericum committitur die 26. eiusdem mensis prælium variâ fortunâ. Altero post prælium die Rex Lutetiam reuersus multa dixisse fertur fortiter & sapienter; teste Gaguino. *Secundo post prælium die*, inquit, *in Ciuitatem venit, vbi inter coenandum dum casum fortunamque suam conuiuis memorat, multa fortiter sapienterque locutus est, incertam instabilemque hominum conditionem causatus. Callebat enim litteras & supra quam Regibus mos est, erat eruditus.* „ *Vnde & multos ad illachrymandum prouocauit.* Nihilominus se iterum in ho-
„ stem ducturum disserebat. Sed à prudentibus dissuasus Parisijs se conti-
„ nuit. Habuit siquidem ad eum orationem egregiam Guillelmus Qua-
„ drigarius Parisianus præsul, quâ rerum præteritarum memorem cum Lu-
„ douicum reddidisset, sequentium rationem habere hortatus est, *Decere*
„ *Regem omnia consilijs prouidere. Circum se habere boni æquique amantes viros*
„ *qui & pacis tranquillitatem seruent & belli motus modestiâ atque iustitiâ mode-*
„ *rentur*. Præsulis Oratione Rex adductus deligi sibi viros spectatos iubet,
„ qui ad eius consilium quoque die vna cum cæteris veteribus consiliarijs
„ accederent. Itaque ex Ciuibus sex; ex Parlamenti Senatu totidem; exque
„ PARISIENSI SCHOLA pari numero probati homines id negotij receperunt.

Eadem ipsa die quæ erat 28. Iulij Vniuersitas, factâ ad D. Catharinæ de Valle Scholarium solemni supplicatione in regressu Regem adit tunc in sacra Capella consistentem, eiusque nomine verba fecit M. Ioan. Panetchair, assumpto hoc themate *Benedictus Deus Patrum nostrorum qui talem voluntatem dedit in cor Regis vt clarificet domum suam*, & Regis animum ad pacem vt potuit, inclinare conatus est, *ad memoriam reducens quomodo vnigenitus Dei filius vt pacem reformaret inter Deum & hominem, seipsum exinaniuit formam serui accipiens, &c.* Vt quanto maior, erat si se humiliaret, tanto maiorem consequeretur gloriam. Respondit verò Rex *se semper paratum fuisse media pacis quærere, iniurias sibi illatas condonare, & si quas intulisset, illas passis reparare*.

Die vltima eiusdem mensis Rector, comitantibus Proceribus, adit Franciæ Cancellarium, & ad eum nomine publico M. Guill. Eurardi verba fecit ad pacem similiter inducens, assumpto themate *Constitues eos Principes*. Ab eo verò benignissimè excepti sunt, & cum ingenua liberalique gratiarum actione.

Paulo post Rex Rotomagum profectus notum fecit Vniuersitati se Augensem Comitem constituisse Parisiorum Gubernatorem, eique voluit tanquam sibi parere. Lectæ sunt litteræ Regiæ die 17. Augusti, iniunctumque M. Guill. de Castroforti Nauarricæ Domus Archididaschalo eum nomine Vniuersitatis salutare. Interim conuolant Coniurati, suburbia occupant, omnia vastant & diripiunt, omnia terrore replent. Hinc Carolus Frater Regis quadruplices litteras mittit, ad Ciues, ad Parlamentum, ad Clerum & ad Vniuersitatē, inuitatque ad pacem. Initur in vrbe consilium, & die 22. Aug. destinat Vniuersitas legatos ad Principes cum legatis cæterorum Vrbis Ordinum; Istos porro, Iacobum Iunium, Ioannem Luillier, Io. de Montigniaco & Engueranum de Parenti Doctorem Medicum. Profecti ad Nemus Vincennarū, vbi Dux Biturigū castra posuerat, quæ esset mens Principum intelligunt, referuntque die 24. *ex parte dictorum Principum per organum D. Comitis de Dunois fuisse propositum, quod propter deordinationem istius Regni in Ecclesia, in Iustitia, in Nobilibus & Popularibus venerant & congregati erant circum istam Ciuitatem, expectantes Regem, vt ab eodem Rege obtinere possent reformationem fieri, & tres status ad id agendum congregari, instantius hoc fieri petentes & requirentes ac adiunctionem ex parte dictæ Ciuitatis & Communitatum eiusdem sibi præberi & assistentiam; alioquin erant facturi vi armorum quod Deus eis consuleret.*

1465.

Habito hoc responso dubia Vniuersitas quid consilij caperet, tandem statuit alijs vrbis Corporibus se se conformare. Et die 25. in Collegio Nauarrico solemnem Missam pro pace & concordia celebrat. Demum eadem die instantibus Coniuratis respondet. *Regem abesse, breui rediturum, apud eum verò facturam Vniuersitatem pro pace quidquid posset.* Interim verò Comes Augensis Milites in omnibus vrbis stationibus collocat, immò in Collegijs; quamobrem congregata Vniuersitas die 27. decernit eundum fore ad D. Comitem Augi & sibi remonstrandum fore qualiter supremus D. noster Rex eum nobis dedit Protectorem & refugium in tribulationibus nostris per suas litteras, ideoque eidem supplicandum quatenus dictis Collegijs prouideret. Item etiam ad D. Præpositum Paris. Conseruatorem nostrum & ad eos de villa & eosdem requirendum prout supra. Quos etiam in exitu dictæ Congregationis dictus D. Rector congregatos esse intellexit omnes in Camera consilij in Palatio; ideo eos adiuit cum solemnibus Deputatis. Atque vt Cameram prædictam intrauit & dictos D. Comitem & alios inuenit, eisdem supplicauit laudabiliter & virtuosè proponens verbum Propheticum assumens pro Themate: *Propter Fratres meos & proximos meos loquebar pacem de te*, valde eleganter illud deducens, & prædictis Dominis remonstrans *inconuenientiam & incompatibilitatem armatorum & Scholarium, prouisionem requirendo.* Tandem polliciti sunt se curaturos ne *Collegia*, aut *Scholares incommodum paterentur.*

In ijs angustijs vrbe posita, Rex accurrit, deque Pace cum Coniuratis agit, & tandem conuenit. Ergo die penultima Octobris proclamatur in Vrbe hora 2. pomeridiana. Sequentibus autem diebus deliberatur de salutandis Principibus. Die 6. Nouemb. aditur Dux Borbonius, ad quem Fr. Ioannes Bartholomæi Minorita legantem habet Orationem, Die 9. Dux Calabriæ ad quem similiter M. Laurentius de Colonia Doctor Theologus assumpto Themate *Dauid sedens in Cathedra sapientissimus inter tres* 2. Reg.

His peractis Rex de recuperanda Normania cogitat, Rotomagum redit, vnde dat ad Vniuersitates litteras, quas ipsa 13. Decemb. legit; & paulo post (7. Ian.) alias quibus consilium suum mentemque aperiebat, qualiter Ducatus Normaniæ esset annexus Coronæ, ideóque non poterat eum alienare sine periurio, cùm in sua creatione iurasset obseruare honorem & integritatem Coronæ, nec non statuta & ordinationes factas super his à suis Prædecessoribus, etsi promiserat conferri D. Karolo Franciæ Fratri suo pro aliquo tempore, fuerat ad euitandum maius inconueniens. Quapropter hortabatur quod non deberemus mirari si dictum Ducatum intrasset manu armata, innuens quod hoc fecerat ex consilio maiorum de suo sanguine. Quibus auditis imprimis, deliberauit Vniuersitas regraciando affectuosissimè supremo D. nostro Regi de communicatione suarum litterarum, & placuit quod conficerentur litteræ in quibus contineretur qualiter congratulabamur suo felici successui, nec non

"recommendatio Oratoris nostri qui erga Regiam Majestatem pro tunc
1465. " erat, &c.

Die 13. mensis Martij cum conuocata fuisset apud Mathurinenses à M. Ioanne Milonis Rectore præclara Facultas Artium, lectæ sunt litteræ Vniuersitatis Aurelianensis, quibus rogabatur Vniuersitas Parisiensis pro posse intercedere quominus Bituris Vniuersitas, constitueretur, pro-vt Rex Biturigibus concesserat. His auditis placuit Facultati Artium intercedere approbationi Litterarum Regiarum apud Senatum Parisiensem, imò rogare, ne quod aliàs factum fuerat Senatusconsultum aduersus Biturges, reuocaretur, quin imò Senatus Vniuersitati se se adiungeret, atque ad Regem ea de re scriberet.

Die 19. eiusdem mensis in Comitijs Vniuersitatis lectæ sunt quædam Theses & Propositiones Nominalium quas sustinuerat M. Ioannes Fabri in Vico Stramineo: & vnanimi omnium Facultatum consensu remissæ sunt ad Facultatem Artium vt eas examinaret, antequàm de ijs statueret sacer Theologorum Ordo. Sic enim M. Ioannes de Valle Procurator Nationis Gall. scribit in veteri Codice. *Quoad 3. artic. conclusum est quod ad Facultatem Artium propositiones positæ primò remitterentur ad visitandum per notabiles Deputatos Regentes eiusdem Facultatis antequam altiori Facultati Theologiæ & alijs remitterentur, & quidquam de ijs cognoscerent.*

Vlterius ad hunc annum notare conuenit M. Andream Pelé qui circa an. 1430. & deinde rexit in Artibus, & Nationis Gall. Procurator fuit electus 4. Maij 1450. postea Curiæ Senatorem factum non dedignatum assumere Tribus Turonensi in prædicta Natione Decanatum. Sic enim scribit M. Ioan. Clerici Procurator ad diem 24. Iulij an. 1465. *An. prædicto, die Mercurij 24. prædicti mensis Iulij conuocaui Prouinciam Turonensem apud S. Matth. ad conferendum Clauem Decani eiusdem Prouinciæ tertia die prædicti mensis defuncti, illi qui dictæ Prouinciæ Senior inueniretur & sibi deberetur. Tandem ex deliberatione Suppositorum eiusdem Prouinciæ inuentus est & electus Decanus vener. & circunspectus vir, ac D. M. Andreas Pelé Curiæ D. nostri Regis Consiliarius, cui prædictam Clauem Decanatus tradidi & per illius traditionem eundem in possessionem dicti Decanatus posui & induxi, recepto prius ab eo iuramento in talibus fieri debito.*

Anno 1466. cum Rex Vniuersitati mandasset, vt libros quosdam Artis Magicæ à M. Arnoldo des Marests Astronomo compositos examinaret, an consoni forent fidei & Doctrinæ Christianæ, ideoque selecti fuissent ex omni Facultate & Natione quidam Magistri die 26. Octob. tandem 10. Nouemb. renunciarunt Vniuersitati apud Mathurinenses congregatæ in ijs libris contineri multas superstitiones, multas coniurationes, ac dæmonum inuocationes manifestas & horribiles, multas insuper latentes hæreses & idolatrias certissimas. Quamobrem eos damnauit Vniuersitas, suamque Censuram Regi significauit per M. Thomam de Courcellis Decanum Theologicæ Facultatis; qui quia tamen hoc munere defungi non potuit, substituit M. Ioannem Luyllier. Tunc erat Procurator Nationis Gallicanæ M. Guill. Ficheti qui in veteri Codice Procuratorum Nationis Gallic. tum rem prædictam, tum etiam celebrationem Missæ & recitationem Vigiliarum pro anima defuncti M. Roberti de Sorbona quondam Nationis Gallic. suppositi statutam fuisse eodem actu do-
" cet his verbis. Decimo die Nouemb. anni prius annotati (1466.) Vni-
" uersitatis Paris. Congregatio apud S. Mathurini Ecclesiam super 3. artic.
" habita est. 1. Audita est accurata diligentia Deputatorum in examine li-
" brorum quondam M. Arnoldi des Marests à Rege Vniuersitati transmis-
" sorum, & quæ acta erant D. Decanus Parisiensis recitauit omnium De-
" putatorum nomine. Deinde quædam iniuriæ Notario cuidam per Clien-
" tes Regios illatæ, recitatæ per Rectorem fuerunt, quem vi truserant in
" Carceres, propterea quod litteras Mandatorias Conseruationis exeque-
" batur. 3. Loco pro supplicationibus affuit quidam postulans Gradûs
" litteras testimoniales. Natio autem Franciæ super his deliberatura in

sedem suam venit. Vbi per Procuratorem repetitis prænotatis articulis adiectus est specialis articulus ad ipsam Nationem attinens, videlicet quod cum viri probatissimi & memoriæ celebris M. Roberti de Sorbona sacrarum litterarum quondam Professoris, ac Collegij famatissimi de Sorbona Fundatoris obitus quotannis in crastino B. Martini Turonensis celebretur per Vniuersitatē, & in vigilia S. Martini, Officiū mortuorum, quæ vigiliæ appellantur, decantari soleant præsente Rectore & Procuratoribus Nationū; quod placeat Nationi deinceps fieri refusiones, seu distributiones duorum denariorum Parisiensiū pro quolibet Regente qui Cappatus interfuerit; attento quod aliæ Nationes hoc itidem faciant. Est præterea aliud, quod ipse Fundator Collegij Sorbonæ iam nominatus alumnus Franciæ Nationis extitit, dum viueret, suntque in ipso Sorbonæ Collegio Galli præhonorati cæteris Nationibus: fuit etiam, ita aliàs iamdudum factum, vt antiquiores se se vidisse affirmabant, qui distributiones fieri in Vigilijs sui obitus fatebantur. Affuit & M. Ioannes Parcheminier supplicans Nationi adiunctionem in quadam causa incepta in Castelleto contra quosdam, vt aiebat, perturbantes cum in administratione Officij Procuratoris Collegij Plexiacensis. Propositis omnibus quæ huc vsque scripsimus, ita Nationi placuit consultationem habere. Egit gratias permaximas DD. Deputatis qui operose prænominatos libros visitarunt. Ex quibus quidem libris nullus omnino inuentus fuit carens labe superstitionis: quemadmodum Decanus Paris. ore quasi omnium Deputatorum retulerat. Placuit præterea formula cuiusdam Epistolæ transmittendæ Regi quam ante nominatus Decanus legerat in conspectu Vniuersitatis. Dedit Natio deputauitque Præfatum D. Decanum futurum Legatum ad Regem super materia dictorum librorum; adiecto quod speciales etiam articulos circa suppositorum prouisionem exequeretur apud Regem. Quod si forte propter senium nolit dictæ legationis onus suscipere, voluit Natio eloquentissimum virum M. Ioannem Luillier Theologalem Doctorem fore Legatum. Deinde quoad materiam 2. articuli, voluit Natio dictos Clientes per Conseruatorem excommunicandos, nisi iniuriam illatam & Notario & Vniuersitati satisfactione condignâ aboleant. Et quoniam antiquitus erat Procurator quidam communis totius Vniuersitatis etiam præter Promotorem, placuit Nationi quod D. Rector congreget Vniuersitatem ad eligendum eiusmodi Procuratorem & etiam Promotorem, si sit opus. Propterea quod D. Promotor hodiernus senio fractus officio nequit suo satisfacere. Concessit præterea litteram Gradus supplicanti. Concessit perinde supplicationem M. Ioannis Parcheminier; dedit enim ei adiunctionem vt postulabat. Quo verò ad materiam Obitus quondam M. Roberti de Sorbona, voluit vnanimiter Natio quod etiam in vigilijs præfati obitûs fiant distributiones omnibus Regentibus de Natione, more solito comparentibus, videlicet in Cappa Regentiæ. Et ita fieri multi ex antiquioribus Magistris se vidisse affirmabant. Ideo in perpetuum fiant distributiones & in Vigilijs & in crastino in Missa quæ pro eo celebratur. Idcirco omnibus qui in vigilijs affuerant pridie, feci per Bidellum distribui pecunias. Et ita fore obseruandum conclusi.

Item hoc anno Deputati sunt nonnulli graues & docti viri qui Collegia lustrarent, atque ad Nationes lustrationis suæ rationem referrent, idque ob Doctrinam Guillelmi Okami, & consimiles, quæ proh dolor! (scribit Roërius Procurator Nat. Gallic.) sicut mala zizaniæ radix in agro fertili Vniuersitatis Parisiensis inceperat pullulare.

Notandum verò quod scribit idem Fichetus ad diem 24. Nouemb. de reformandorum Collegiorum iure, quod ad singulas Nationes pertinebat. M. Simon de Chalneyo nomine Procuratorio M. Io. Lathomi & quorundam Magistrorum & Scholarium in littera procurationis per eum exhibitæ contentorum, requirens vt Natio quæ habet ius & semper habuit super Collegijs eiusdem Nationis, velit prouidere de bono & idoneo Magistro, Collegio de Marchia, & etiam tueri & defendere, sicut & aliàs fuerat in Natione conclusum in Officio Capellaniæ dicti Collegij

1466.
De Officio celebrando pro Roberto de Sorbona.

" prænominatum M. Io. Lathomi contra quoscumque eundem in officio
" illo perturbantes. Et præfatus M. Simon nomine Procuratorio in quo-
" libet alio modo, quo melius potest, nominauit tanquam idoneum ad of-
" ficium Magistri prænominati Collegij Vener. virum M. Io. de Roserijs
" in Artibus Magistrum & in Theologia Baccalarium formatum. Quem
" M. Ioan. de Roserijs vnanimiter & via Spiritus-Sancti omnes Magistri
" præfatæ Nationis ibi solemniter per Bidellum congregati in Magistrum
" Principalem & Gubernatorem dicti Collegij Marchiæ elegerunt. Et
" etiam præfatum M. Io. Lathomi in sua Capellania tueri voluerunt & de-
" fendere, & in præfato Capellaniæ officio omnibus modis quietum & sine
" turbatione remanere voluerunt. Et quia Natio habet Priuilegium, seu con-
" suetudinem & visitandi & reformandi & instituendi & destituendi Bursarios,
" Procuratores & Magistros quorumcunque Collegiorum sub ambitu dictæ Na-
" tionis & iurisdictione contentorum, & etiam ius loco illorum alios instituen-
" di, voluit Natio non obstantibus quibuscumque, qui vel Magistri, vel
" Procuratoris, vel Capellani loco se ingerunt, quod dictus de Roserijs
" tanquam verus & indubitatus Magister dicto Collegio præficiatur, & per
" Procuratorem, vel alium nomine Nationis in possessionem pacificam di-
" cti Collegij instituatur, collocetur & mittatur, & dictum Lathomi simi-
" liter in Officio Capellani defendatur nomine & Nationis authoritate.
" Et hæc omnia quoniam vno omnium consensu deliberata sunt, ita con-
" clusi, G. Ficheti.

Huicce conclusioni intercessit M. Michaël Miniclardi Primarius eiusdem Collegij, sed cum in Comitijs diei 3. Decemb. iussus fuisset edere
suæ rationes intercessionis, hoc tantum dixit se postulare vti *statuta Collegij seruarentur in forma*, & ea Natio seruari quoque voluit.

Porrò hoc anno graui pestilentia vexata est Ciuitas Parisiensis, nec
caruit eo malo Academia quæ pœnè Magistris & Scholasticis viduata est:
cuius rei etiam meminit Gaguinus lib. 10. *Grauis*, inquit, *per eos dies anni
salutis 1466. pestilentia Parisios vexauit: in Ciuitate enim & vicino territorio
quadraginta millia absumpta fuisse referuntur; quo morbo Arnoldus Ludouici
Astronomus & Medicinæ artis complures Professores interiere.*

Anni 1467. initio redierunt à Rege qui tum Rotomagi morabatur,
Oratores Vniuersitatis, cum ipsius Litteris pauco verborum complexu
conscriptis, reliqua habentes in mandatis quæ Vniuersitati exponerent;
præsertim verò Rex querebatur fuisse aliquos Vniuersitatis alumnos tur-
bulentos, qui Coniuratorum & hostium suorum partibus fauissent & fauerent potius quàm suis. Res hæc acta est Procuratore Nationis Gallicanæ M. Petro Cheuallier, qui in veteri Codice sic scribit.

" Die Lunæ Aprilis 27. eiusdem anni (1467.) fuit alma mater Parisiensis
" Vniuersitas per honorandum D. Rectorem apud S. Mathurinum solem-
" niter congregata super 3. art. Quantum ad 1: lucidè explanauit præfatus
" D. Rector, quæ ex parte Domini nostri Regis Francorum illustrissimi &
" suprascriptis suis Officiarijs, seu Commissarijs coram solemnibus Depu-
" tatis, præsentibus 4. Procuratoribus in aula S. Mathurini, in qua solet sedere
" pro tribunali Iudex Curiæ Conseruatricis dictæ Vniuersitatis explicata atque
" patefacta fuere. Tria enim serie relatarunt. Primitus quod supremus D.
" noster Rex paterno succensus amore erga filiam suam immortalem Vni-
" uersitatem Parisiensem, apud summum Pontificem Paulum obnixè ela-
" borari fecerat per suos Legatos clarissimos, per quos obedientiam ei-
" dem Patri summo delegarat ad optimam prouisionem pro dicta sua filia
" habendam, nec plenariam obedientiam præstare voluerat, verum solam
" filialem, vsque rem ipsam finem duxisset ad optatum. Quam quidem pro-
" uisionem, vt scribebat prælibatus Pontifex summus, se largiturum pol-
" licitus erat, atque statuerat vt Archiepiscopus Mediolanensis indilatè
" Gallorum ad Regna excelsa se transferret, vbi cum Illustrissimis, necnon
" prudentibus viris publicam pro re Gallicana curam fidissimè gerentibus
" concordata fœderaque compangeret, tam circa plenariam habendam
obedientiam,

obedientiam, quàm circa Clericorum Regni, præsertim Vniuersitatis almæ Parif. Prouisionem concedendam, etiam iuxtà articulos per dictæ Vniuersitatis Doctores & Magistros confectos, vel conficiendos *singulis secundum Graduum ordinem copiosè prouidendo.*

Secundò rogitarunt ex parte supremi D. nostri Regis ne inde Studentes huius Vniuersitatis inclytæ veterem inciderent in errorem, quo nonnunquam visi sunt super Principum discrimine nimium effrenatè decertare, alij verbo, reliqui scripto, cæteri autem Lectione atque Sermone publico potius fauentes parti aduersæ quàm Regiæ. Quas ob res aduersariorum furor tyrannicus interdum feruidiùs exarsit. Hortabatur igitur si quidquam differentiæ inter Principes, quod Dominus non permittat, oriretur, ne *aliqui Suppositorum Vniuersitatis quouis modo murmurare præsumerent, aut adijcere colloquendo, aut comminando, aut legendo, aut prædicando, aut etiam parentibus rescribendo, sed de studio suo duntaxat soliciti sint, sub grauissimâ pœnâ delinquentibus in hac re infligenda.* Verùm si qui nuper essent qui formidarent ne forte affectu, pietate, aut alio motiuo valerent cordis ac linguæ prope fore compotes, ex nunc recederent vt tutiùs futura pericula vitarent. At si quotquot sunt in eadem Vniuersitate versantes, sub ea tranquillitate verborum viuere firmiter decreuerint, eos ab omni exitio prædictus D. noster Rex præseruare spopondit, vndecunque etiam ortum duxerint: imò si forte tempore etiam turbido atque bellicoso repatriare aliqui vrgerentur, promittit Rex illos vsque ad parentes etiam hostiles facere conduci sub omni possibili tutamine.

Tertiò expresserunt quod inter Vniuersitatis statuta vnum immisceretur, quod impræsentiarum non practicatur, vt videlicet in nouâ Rectoris creatione sit semper vnus Regius Officiarius qui ex parte D. nostri Regis nouum Rectorem cum alijs assistentibus habeat ad Iuramenta recipere: *Non enim decet, vt ferebant, quod quouis modo disponatur de Filia, Patre nesciente.* Ea propter optat & vult D. noster Rex illud amodò in posterum esse practicandum, *consentiens tamen vt illum Officiarium eligat Vniuersitas, qui etiam sit de eius gremio, si voluerit talem eligere.* Vult itaque D. noster Rex, vt ibidem explanarunt, præfatam Filiam suam ad plenum omnibus & singulis suis libertatibus ac franchisijs perfrui, &c.

Quantum ad 2. art. prædictus D. Rector vberanti facunditate narrauit qualiter ipse solemnibus Deputatis comitatus diebus à paucis D. Comitem Dunensem intimum Vniuersitatis Benefactorem adierat, ad eius memoriam lucidissimam renouandam super prouisione Vniuersitatis medio sui impetranda. Quibus auditis cœpit ornatissimè inclytus Comes ille matrem Vniuersitatem vsque super astra extollere, offerens se omnibus vijs dictæ Vniuersitati fore seruiturum, nec non viribus totis prouisionem suam procuraturum, tum apud Regem, tum apud cæteros qui rei tantæ operam dare valebunt. Et magno percussus amore consilium dedit inquiens certum esse Mediolanensem Archiepiscopum ad Regiam Majestatem satis citò venturum fore, vt cum ipso D. Rege paciscatur, quem indubiè blandiciæ Italicæ permulcebunt & vincent, vt in partem sibi vtiliorem mentem Regiam pertrahat. Idcirco si Prior Regem alloquetur, timendum est ne aduentui eius in partem flectat Vniuersitati improsperam. Quapropter consuluit vt nonnulli Ambassiatores ad Regem mitterentur ex parte Vniuersitatis Legatum illum præuenientes, maximè eo tempore quo ipse D. Comes cum D. nostro Rege esset, & ibi parte ex vna pro Vniuersitate ipsemet clamaret, & Ambassiatores parte ex altera, adeo vt cogeretur animus Regius in partes Vniuersitatis descendere.

Quantum ad 1. igitur Natio ad partem solemniter congregata summoperè Regiæ Majestati regraciata est de bono zelo paterno ei impenso, & deliberauit quantum ad illa duo quæ DD. Commissarij deinde requirebant, quod ipsa vnanimiter, ac sponte ita voluit, vult & volet facere, imò multò maiora, sicut optat Regia Majestas. *Nempe verba, murmura super*

" *Principum factis, penitùs omnibus & singulis suis Suppositis, sub grauibus pœnis,*
1467. " *nec non publicâ priuatione, ac turpi reiectione inhibendo, prædictum etiam sta-*
" *tutum deinceps practicando, dummodò cætera priuilegia ab vsu & practica lapsa*
" *pariter in practicam reuocentur.*
" Quantum ad 3. regraciata est summopere illi egregio Comiti de amo-
" re, de Beneficio, de labore per eum dictæ Vniuersitati impertito, & suo
" consilio prouidissimè acquiescendum omnino fore deliberauit. Addidit
" tamen quod Ambassiatores in pauco essent numero, vnus Theologus vi-
" delicet & vnus Artista de Natione Gallicana duntaxat.

Eodem anno cum Rex ad terrorem incutiendum hostibus, Ciues Parisienses, armari iussisset, & ab ijs qui armorum negotio præfecti erant, iniunctum fuisset Vniuersitati arma similiter capere, & in Collegijs suis
armorum officinam pati, quia ab hostibus timor erat, Vniuersitas die
Sabbati 18. Iulij congregata fortiter ei rei obstitit; qua de sic scribit M.
" Hugo de Virduno Procurator Nationis Gall. Anno præscripto, die ve-
" rò Sabbati 18. Iulij fuit veneranda parens Vniuersitas apud S. Mathuri-
" num solemniter congregata super 2. artic. Primus fuit ad audiendum acta
" & dicta in Camera Computorum per DD. Deputatos à dicta Vniuersita-
" te cum DD. Consiliarijs Regijs & Commissarijs super armorum nego-
" gotio & ad vlterius super hoc prouidendum. Secundus artic. fuit com-
" munis supplicationum & iniuriarum. Quantum ad hunc supplicauit D.
" Procurator venerandæ Nationis Picardiæ pro litteris recommendatorijs
" ad D. Episcopum Beluacensem, cuius supplicatio à Natione admissa est,
" dum tamen ipsæ litteræ in Vniuersitate legantur.

Quantum verò ad 1. artic. quanquam ostenso planè per Reuerendum
" D. & M. nostrum M. Ioannem Panetchar petitionem DD. Commissa-
" riorum professioni atque statui Scholastico contrariam esse, ijdem Do-
" mini exposuissent se nos nolle ad deferendum arma inuasiua, sed solum
" defensiua pro necessitate, si forsitan occurrat, coërcere; nec adhuc se
" intelligere huic iugo subijciendos indifferenter omnes, sed solum eos
" qui mansionem fixam, focum, larem Parisius possidentes, sufficientem pro
" hoc habent facultatem; A nobis quoque ipsis & ex nostris Commissa-
" rios quosdam fore deligendos qui hos inscriberent, & eorum nomina
" dictis Dominis deportarent, Nullo tamen pacto sicut nec aliàs, placuit
" dictæ venerandæ matri Nationi Gallicanæ dicto iugo se subiectam iri.
" *Quin potius deliberauit, sicut & prius Deputatos notabiles de singulis Faculta-*
" *tibus & Nationibus ad præfatos Dominos esse transmittendum, arma spiritua-*
" *lia pro tuitione & salute supremi Domini nostri Regis atque inclytæ Vrbis huius*
" *oblaturos daturosque nunquà contra professionem & conscientiam nostram à nobis,*
" *vel petitioni eorum assensum, vel operam cuiuscumque de gremio nostro coactioni*
" *super hoc negotio datum iri.* Sed si visum fuerit eis petitionem suam, nec
" statui nostro, nec conscientiæ derogare, agant ipsi nobiscum secundum
" discretionem suam. Nos tanquam filij obedientes supremo Patri nostro
" in nomine Domini cum patientia possidebimus animas nostras, onus huius negotij omne humeris suis imponentes. M. Guill. Fichetus socius
Sorbonicus tunc Rector ex eo Regi inuisus fuit, quod Vniuersitatem ab
armandis Scholasticis dehortari ausus fuisset: cuius rei meminit Gaguinus prædicti Ficheri discipulus lib. 10. Hist. *Conatus est Rex illis diebus ex*
Schola Parisiensi delectos habere Armatos, quibus ad belli necessitates vteretur.
Præerat autem Scholæ Rector Guill. Fichetus magni animi vir, doctrinâ &
dicendi arte potens, qui in caligine iacentibus Humanitatis studijs lumen meâ
ætate attulit, excitauitque complures Latinè discere & eleganter loqui. Hic igi-
tur acceptis à Rege de armandis Scholasticis litteris, Concione generali habitâ
disertam habuit orationem, quâ veritus est non repugnantem Ludouico senten-
tiam dicere: quâ maximè probatus atque clarus factus est.

Die 25. ciusdem mensis & anni congregata fuit à Rectore Vniuersitas
apud Mathurinenses, ad audiendas querelas quasdam summi Pontificis de
Conseruatore Priuilegiorum Apostolicorum: item & Responsa DD.

Commissariorum qui armorum negotio præfecti fuerant; vt scribit idem Procurator.

1467.

Die Sabbati qua BB. Iacobi atque Christophori festiuitates ab Ecclesia celebrantur, scilicet 25. præscripti mensis, fuit mater Vniuersitas apud Ecclesiam S. Mathurini super articulis 4. per D. Rectorem accersita. Primus fuit ad audiendum litterarum lecturam à Reuerendissimo in Christo Patre D. Cardinale Albigensi Abbate S. Dionysij in Francia per clarissimum Patrem Magistrum nostrum M Ioannem Boulenger Vniuersitati transmissarum continentium tantum à Nobis debere quibusdam per eum ipsum Magistrum nostrum enarrandis fidem adhibitum iri. Dixit itaque idem non solum dictum in Christo Reuerendum Patrem se ei sicut & omnibus de hoc Studio in fauorem eiusdem Studij pro agendis suis omnibus apud Curiam Rom. quàm humanissimum exhibuisse; verum etiam duo eidem Vniuersitati pro singulari commodo suppositorum eiusdem referenda commisisse. *Primum est querimonia summi Pontificis atque totius cœtus D D. Cardinalium propter abusus qui à D. Conseruatore Priuilegiorum dictæ Vniuersitatis contra Sedē Apostolicē à paucis diebus sunt commissa. Absoluit enim idem Conseruator quosdam ab eadem S. sede iure & Iudicio excommunicatos, excommunicauitque alios in Curia Rom. residentes atque practicantes. In tantum etiam creuit eius audacia quod in personam vnius Dominorum de Rota, vt aiunt quidam, non dubitauerit ferre sententiam; ita vt vulgo tritum sit, Par la mort-Dieu, Martin fait rage. Nisi igitur tantos abusus Vniuersitas correxerit, stat summi Pontificis sententia Priuilegium Conseruationis totaliter eneruare, hoc pacto vt omnibus Prælatis huius Regni det mandatum sub pœna Excommunicationis quibuscunque mandatis seu Rescriptis dictæ Conseruationis non deferre, quin potius ea flocci facere & pro nihilo reputare.* Secundum est affectus singularis quo Beatissimus Pontifex viros litteratos & doctos amplectitur. Consuluit itaque dictus Reuerendissimus in Christo Pater vt omni protractione postergata eum ipsum Beatissimum Patrem etsi non per Ambassiatam, saltem per litteras congratulatorias atque recommendatorias Vniuersitas habeat visitare, recommissosque facere 30. vel 40. grauissimorum de suis suppositis. Quod si fiat, illi non paruam quàm breuissimè prouisionem procul dubio consequentur. Egit igitur super hoc imprimis gratias veneranda Parens Natio Gallicana Reuerendo Patri D. Cardinali cum pro suarum communicatione litterarum, tum pro sua erga nos beneuolentia atque animaduersione. Dein etiam humanissimo Patri M. Ioanni Boulanger pro legatione & laboribus assumptis. Placuit que eidem parenti D. Conseruatorem ammonere, ne sua potestate abutatur. Item scribere gratias, excusationem, recommendationem & ad D. Cardinalem, & ad summum Pontificem, quatenus erga matrem Studiorum beniuoli perpetuò perseuerent. Secundus articulus fuit ad audiendum dicta in Camera Compotorum per DD. Deputatos super facto armorum. Nam cum nudius quintus clarissimus Pater M. Ioannes Panetchar conclusionem super hoc negotio nudius octauus factam retulisset, D. Regis Consiliarij se Conclusionem huiusmodi supremo Patri, ac D. nostro Regi dixerunt rescripturos; nec nisi responso prius accepto in hac materia nobiscum vltra processuros. Ratam igitur hanc Conclusionem habuit veneranda Parens, egitque honorando Magistro nostro & DD. Deputatis gratias immortales. Tertius articulus fuit ad eligendum Oratorem qui coram Apostolico Legato sit, cum opportunitas aderit, oraturus. Recusauit enim D. Decanus Parisiensis qui Congregatione quadam iamdiu celebrata electus erat, huiusce rei onus assumere. Elegit autem Natio honorandum Magistrum nostrum M. Ioannem Luillier; quod si recuset, ex tribus scilicet Magistris Ioanne Panetchar, Ioanne Huë, Petro Caros alterum vult assumi, &c.

" Contra
" Conser-
" vatorem
" Privile-
" giorum.

Nondum armorum negotium finitum erat; opus fuit alijs deliberationibus; semper insistebant Ministri Regij, petebantque armari Scholares, quod ipsi Vniuersitati indignissimum esse videbatur: quamobrem viros quosdam de suis selegit, qui prædictos adirent Ministros, deque suo erga Regem officio obsequioque certos facerent, rationes verò edocerent ob quas iniquum esse reputabat armari Scholares. Item eadem Vniuersitas Patrum suorum insistens vestigijs contra Pragmaticæ-Sanctionis abrogationem quam Rex rogatu Pontificis meditabatur, stetit, appellauit Concilium, curauitque id Pontificio Legato significari; instrumentum verò appellationis in Carthophylacio reponi voluit. Quæ omnia & plura alia in Actis Nationis Gall. continentur.

„ Die Iouis 17. Octob. congregata fuit alma Parens Vniuersitas Paris. apud S. Mathurinum per honorandum D. Rectorem super 3. art. Primus fuit ad audiendum diligentias factas super appellatione rupturæ Pragmaticæ; & pro quo ad istum artic. honorandus Magister noster Petrus Caros retulit Orationem quam fecerat Magister noster Guillelmus de Castroforti coram DD. de magno Consilio, suadens ne requirerent Vniuersitatem vt concluderet capere debere arma suppositis Vniuersitatis. Et adduxit 3. rationes. 1. *Quia Vniuersitas erat lux totius Christianitatis & veritatis & pacis, & negligentia eius læsa remaneret, non decebat eidem hoc concludere.* Secunda *quia Vniuersitas erat multum depopulata propter guerram & pestes.* Nunc verò si concluderemus debere arma capere & hoc prouenire ex mente Regis, esset occasio ne parentes mitterent proprios filios, ignorantes propriam mentem Regis & eius intentionem. Tertia *quia cum ipse Rex sit Christianissimus Rex, istud cederent in dedecus gloriæ & nominis sui:* sed parata erat Vniuersitas qualibet hebdomada celebrare Missam orando pro eo apud S. Genouefam, aut vbi vellet, vbi compareret Rector, Decani, Procuratores & Regentes cum Cappis; & quod dignaretur Regia Majestas hoc acceptare pro armis corporalibus.

„ 2. Honorandus D. Rector posuit in deliberationibus an placeret Missam celebrari per Vniuersitatem singulis hebdomadis pro D. nostro Rege. Similiter si appellationes factæ deberent ingrossari & reponi in Cossro Vniuersitatis. Et quantum ad istum artic. Gallicana Natio ita deliberauit. Regraciabatur imprimis honorando Magistro nostro de Castro-Forti de sua Propositione vnà cum DD. alijs Deputatis de laboribus in causa nostra: & quod honorandus Magister noster poneret prædictas rationes suasiuas per modum cuiusdam supplicationis offerendo Missam celebrandam qualibet hebdomada ad suam deuotionem, &c. Deliberauit insuper quod Appellationes factæ per D. antiquum Rectorem grossentur & ponantur in Coffro Vniuersitatis; & quod Natio nostra habeat duplum, & illud reponatur in Coffro Nationis.

„ Secundus artic. fuit ad dandum Deputatos qui habeant conferre cum Deputatis Regijs & villæ Parisi super illo Priuilegio *de non trahi extra muros Parisienses*, & super Prouisione nostra: & ad dandum Deputatos qui habeant conferre cum Reuerendis in Christo Patribus DD. Episcopis Turonensi & Lingonensi, si qui habent potestatem confirmandi Priuilegia nostra; similiter ad dandum Deputatos qui habeant regraciari Dominis de Villa, de bono affectu ad Vniuersitatem. Et quantum ad istum artic. placuit Nationi dare Deputatos prius nominatos qui habeant conferre cum prædictis Dominis habentes potestatem audiendi & referendi solum, protestantes quamprimum inter bu ill. Concilium, quod non veniunt ad ipsos causa interimendi Appellationem matris nostræ Vniuersitatis super ruptura Pragmaticæ, nec intendunt quoquo modo contraire, sed eam tueri pro posse, & defendere. Nec liceat D. Rectori numerum prædictorum diminuere, aut commutare sine licentia & scitu Vniuersitatis. Placuit insuper dare Deputatos ad regraciandum Dominis de Villa, & ad conferendum cum illis Episcopis, &c.

DE PRAGMATICA.

Quod ad Pragmaticam illam Sanctionem attinet, supra retulimus Ludouicum XI. pollicitum fuisse Pio Pontifici se illam abrogaturum; quod cum nondum præstitisset, perpetuis Romanæ Curiæ postulatis & precibus ad id faciendum impellebatur; & in eam rem venerat in Franciam à summo Pontifice Ballua Cardinalis, qui rem tandem à Rege obtinuit. Opus erat confirmatione seu approbatione Senatus, cui Ioannes Romanus Procurator Regius & Vniuersitas intercesserunt: ita vt re infecta coactus fuerit Ballua redire ad Ludouicum. Qua de re sic Gaguinus. Famâ ante hos dies ferebatur Ludouicum Pio Pontifici Romano promisisse se Pragmaticam Sanctionem; de qua in Caroli VII. gestis diximus, deleturum, si aliquando ad Regnum sine controuersia peruenisset. Eius promissi Pius Pontifex non oblitus, cum eandem Pragmaticam maximè execraretur, eamque hæresim appellaret, Legatum Ioannem D. Benedicti Monachum Atrebatensium Cardinalem ad Ludouicum mittit qui Regem se promisso soluere hortaretur. Cui audiens Ludouicus Legato litteras ad Parlamentęum Senatum dat de ipsa Pragmatica abroganda. Erat in ipso Senatu Ioannes Romanus Regius Procurator. Hic Ioanne Ballua ad Curiam Ludouici atque Legati nomine cum litteris veniente, petenteque Senatum vt eas suo Decreto roboraret. *Ego, inquit, Iudices, hanc commodissimæ legis abolitionem non approbo, & quatenus ad meum officium attinet, Ioannis Balluæ petitionem impedio.* Ea re incandescens Ballua (erat enim ingenio versipelli & doloso nimis) Ioanni Romano multa est comminatus. *Cui repugnare etiam Schola Parisiensis non formidauit Ecclesiæ Concilium appellans.* Igitur Ballua ad Ludouicum, re infectâ, reuersus Legationem cum altero qui à Pio Legatus venerat, ad Carolum Burgundum, Rege imperante, suscepit.

1467.

Cum verò interim M. Ioannes de S. Ricario vnus è suppositis Nationis Gallicanæ nescio quamobrem captus fuisset & ad Regem ductus, Vniuersitas solemniter congregata die Sabbati 21. Nouemb. apud Mathurin. statuit quocunque modo conseruanda esse priuilegia sua, maximè verò illud quo vetatur; trahi Scholares in ius *extra muros Parisienses.* Et honoranda Natio Gallicana addidit *se velle omnibus modis possibilibus defendere prædictum priuilegium, cum visceraliter concernat ipsam matrem Vniuersitatem.* Eapropter ordinauit, vt quàm citiùs mater Vniuersitas mittat ad Regiam Majestatem vnum peritissimum Magistrum qui requirere habeat ex parte eius prædictum de S. Ricario, quia in eius detentione prædicta mater non parum læditur, atque eius priuilegium iam tactum liquidò eneruatur.

Cum autem Rector & aliquot ab Vniuersitate Legati Proceres conuenissent Legatum à latere vt de priuilegijs agerent, deque appellatione ad futurum Concilium: Cumque Rector rogasset, vti se Patronum & Adjutorem Vniuersitatis apud summum Pontificem præstaret, Legati verò Vniuersitatis obmutuissent, cum dixit Legatus mirari se, quod Vniuersitas ausa fuisset appellare à Papa ad Concilium, neque Rectoris, neque Legatorum, seu Deputatorum acta placuerunt, aut probata sunt, vt refert M. Simon Cayner ad 15. Dec. an. 1467. Non tamen, *inquit,* Natio habuit gratum D. Rectorem quoad istum articulum, eo quod processit ad visitationem dicti Reuerendissimi Patris, Procuratoribus non vocatis: nec etiam habuit gratos DD. Deputatos qui obmutuerunt, cum inter cætera dictus Reuerendissimus Pater miraretur, vt retulit, *vnde alma Parisiensis Vniuersitas in vocem appellationis ad futurum Concilium prorumpere non formidaret; viso quod Papa Pius excommunicauit omnes qui ad futurum Concilium appellabunt*, per hoc volens innuere, aut Vniuersitatem, aut eius Supposita notari posse Censura Ecclesiastica contra honorem dictæ matris Vniuersitatis. Hinc Natio ægrè tulit taciturnitatem dictorum Deputatorum; quapropter eos minimè gratos habuit.

Eiusdem verò mensis die 23. apud D. Rectorem Deputati, vt ibidem dicitur, expediuerunt quendam Regium Seruientem qui onus acceperat *portandi & prosequendi expeditionem cuiusdam mandati concernentis appellationem matris Vniuersitatis* à promulgatione quarundam litterarum Regiarum; & illi in singulos dies 12. solidos Parisienses attribuerunt.

Dum autem ex vna parte Vniuersitas à summo Pontifice per Legatum vexabatur, quoad collationem Beneficiorum & Decimam quandam quam exigebat; ex altera non minus à Regijs Publicanis qui vinale vectigal redemerant, à quo contendebar se solutam esse debere, distrahebatur. Itaque coacta est Legatos mittere ad Concilium Turonense cum certis articulis; & ad Regem alios, vt ab iniurijs vtrinque sibi illatis se se aliquatenus tueretur; vt intelligimus ex actis Nationis Gallicanæ ad diem 11. Martij ann. 1467.

„ Die, *inquit*, vndecimâ eiusdem mensis & anni fuit congregata alma
„ mater Vniuersitas apud S. Mathurinum super 3. articulis. Primus fuit ad
„ audiendum lecturam plurium priuilegiorum, tam Papalium quàm Rega
„ lium. Primus fuit pariformiter ad audiendum lecturam plurium littera
„ rum recommendatoriarum, tam in Latino quàm in Gallico confectarum
„ D. nostro Regi, D. Regi Siciliæ, D. Connestabulario, ac alijs Dominis
„ de Consilio Regio, tam Ecclesiasticis quàm Laïcis transmittendarum, nec
„ non plurium articulorum ad Concilium Turonense tunc transmittenda
„ rum, tangentium Prouisionem almæ matris Vniuersitatis & exemptionem
„ suppositorum eiusdem à quadam Decima Beneficiorum nouiter imposita.
„ Tertius fuit communis ad supplicationes & iniurias spectans. Quantum
„ ad 1. art. lecta fuerunt primò quædam priuilegia Regalia & noua & anti
„ qua almæ matri Vniuersitati, ac eius suppositis super venditione vino
„ rum suorum concessa, *vt illa vendere valeant, absque cuiuscunque impositionis,*
„ *vel exactionis molestia.* Et circa hoc exposuit honorandus Dominus meus
„ D. Rector qualiter M. Petrus Martini pro altero illorum priuilegiorum
„ nouiter impetrato in Curia Regia exposuerat vltra pecuniam sibi pro il
„ lo obtinendo traditam à D. Rectore duo scuta, & supplicabat præfatus
„ Martini, vt alma mater Vniuersitas eidem vellet illa exsoluere.
„ Quoad secundam partem huius artic. exposuit Dominus meus ho
„ norandus D. Rector qualiter in Coffro Vniuersitatis inuenta fuerant ali
„ qua priuilegia Papalia matri Vniuersitati optimè deseruientia contra de
„ cimam præfatam quæ celeriter expondenda erant D Reuerendo in Chri
„ sto Patri D. Bituricensi & suis Collegis Collectoribus huiusmodi deci
„ mæ, vt supposita matris Vniuersitatis propter illam decimam, vt ratio
„ nis est, non molestarent, sed in suis priuilegijs, libertatibus & franchi
„ sijs eu viuere permitterent; quod si facere nollent, ab eisdem appellare
„ necesse erat. Idem de DD. Generalibus Parisiensibus, quoad alia pri
„ uilegia Regalia, de quibus supra, exposuit colendus D. Rector fieri opor
„ tere, vt similiter sinerent iuxta illa priuilegia Supposita almæ Vniuersi
„ tatis gaudere libere illis priuilegijs super venditione Vinorum suorum
„ eisdem concessis, ac prædicta priuilegia publicare, & in Registris Curiæ
„ suæ inscribere dignarentur. Et ita voluit mater Natio fieri quoad omnia
„ & per omnia prædicta. Quoad 2. art. placuerunt illæ litteræ recommen
„ **datoriæ correctis corrigendis in Deputatis. Placuerunt etiam Ambas**
„ **siatores nominati.**

Ad hunc annum scribit Balæus in Appendice Stephanum Bruliferum Minoritam Gallum Theologum Paris. ob fidei doctrinam contra varias præceptiunculas & hominum Traditiones Parisiensium tyrannidem expertum Moguntiam concessisse, ibique complures articulos Papistis contrarios in disputationem vocauisse, nec suis periculis & persecutionibus caruisse. Ita scribit insignis Hæreticus, seu potius Apostata.

At eundem inuitat Robertus Gaguinus ad proficiscendum in Hispaniam, vt ibi disciplinam & scientiam Scoticam instituat. Sic enim ille
„ Ep. 74. Litteras ad te dare, Religiosissime Pater, amor Doctrinæ salu
„ taris me excitat, cuius cum Professor insignis habearis, perbenignè fe
„ res te ad id inuitari, quod ad tui ordinis maximam laudem pertinere co
„ gnoscas. Venit ex Hispania Pater Petrus tuæ charitati dum Parisijs age
„ bat, aliquando notus. Ait Reuerendum Toletanum Pontificem plurimam
„ sui antecessoris supellectilem habere, quam in viros sapientiæ amatores

Pro Scotica Doctrina in Toletana Acad.

& studiosos partiatur. Cumque ipse tui Ordinis sic & litteras abunde calleat, concepit animo eruditos potissimùm in Religione Christiana sibi viros assumere, qui Scholam inchoent Scoticæ disciplinæ, cuius raram cognitionem habent Hispani. Nec magni æstimat istos plebeios & vulgares Magistros, qui cortice tenùs litteras tantùm comparauerunt, quorum, vt sapienter intelligis, turba multa est. Illos qui longis vigilijs & lucubrationibus se se exercuerunt, vt Doctores mentis appellari & esse possint, desiderat. Inter quos Pater Stephane, vnus es mea sententia huic salutari negotio permultum idoneus. Iam enim deferbuit in te adolescentiæ & imbecillis ætatis intemperans feruor: edomuisti animi perturbationes, vales ingenio, ætate flores, doctrinâ & virtute potens. Tibi profectò hanc Prouinciam deberi existimo, vbi author sis & posthac nominandus Academiæ Scoticæ. Nec est quam ob rem ignotam tibi regionem formides; vber & ferax terra est, gens Religioni assueta, & quæ peregrinos qui alicuius pensi sunt, veneretur. Ciuitas ipsa Toletum ad Tagum amnem sita potens est & diues, nullâ aëris malâ intemperie grauis; vbi etiam Fratrum tuæ professionis contubernio frui possis. Accedit quoque Ciuitatis modestissimus Pontifex, qui D. Francisci vitam & Religionem profitetur. Quid inter tot commoditates tibi defuturum, Stephane! arbitraris? Non enim vni Orbis angulo ita addicti esse debemus, vt parui reliquum habeamus. Iudæo & Græco se Paulus debitorem esse prædicat. Non piguit Augustinum, Africâ relictâ, Mediolanum proficisci Hieronymus Romæ vale dixit, vt in Palestina Doctrinæ deditus Bethleem habitaret. Ex vltima Hispania vt T. Liuium raræ eloquentiæ hominem viderent, Romam nonnulli conuenerunt. Nonne Ægyptios Plato petiuit? ad Chaldæos Bracmanasque inde profecturus, si bellicus per eam gentem furor eum non tardasset Verus est Christi sermo qui neminem in sua Patria Prophetam esse confirmat. Non minor te gloria manet, si te præceptore subtilis illa Scoti Theologia per Hispaniam docebitur. Quare age & virili animo publico omnium commodo consule. Non te alligatum Gallia teneat. Omne solum, inquit Ouid. forti Patria est. Noli occasionem negligere quæ nomen & gloriam tibi est paritura. Vale, ex Parisijs.

Anno 1468. die verò 12. Maij conuocata apud Mathurinenses Vniuersitas per M. Carolum le Sac Rectorem audiunt Nuncios suos à Rege reuersos pro negotio Beneficiorum, vt scribit M. Bertrandus Brianson Procurator Nationis Gallic. Die, *inquit*, 12. mensis Maij anni prænominati, conuocata fuit alma mater mea Vniuersitas apud S. Bernardum super 2. artic. per honorabilem & discretum virum M. Carolum le Sac, eiusdem Vniuersitatis pro tunc Rectorem. Primus fuit ad audiendum relationem DD. Ambassiatorum missorum ad supremum D. nostrum D. Regem, Super quibusdam articulis ab Vniuersitate confectis eidem Regiæ Majestati transmissis. Secundus fuit communis super supplicationibus & iniurijs. Quantum ad 1. placuit audire DD. Ambassiatores, & ita honorandus Magister noster M. Ioannes Hyene retulit ea quæ per eos facta fuerant in Curia Regis super articulis Vniuersitatis. Et primo quod fuit eis dictum & repræsentatum per D. Cardinalem Andegauensem ex parte Domini nostri supremi Regis, quod ipse rescriberet summo Pontifici, vt Vniuersitatibus sui Regni vellet contribuere duos menses, præferendo tamen Vniuersitatem Parisiensem alijs Vniuersitatibus, cæteris paribus. In quibus duobus mensibus dispositio Beneficiorum spectaret omninò Vniuersitatibus, nominando sua supposita in qualificatione morum. Insuper rescriberet etiam, *quod summus Pontifex haberet dare certos Iudices in Regno, & signanter in villa Parisiensi qui haberent acceptare nominatos per dictas Vniuersitates, & terminare lites & disceptationes contingentes inter Studentes huius Regni in acceptatione Beneficiorum in 2. mensibus*, quorum non fuit facta expressa nominatio à D. Cardinale, sed eam remisit summo Pontifici Quod verò ad articulum de Decima soluenda, quæ pro tunc leuabatur

" in hoc Regno, dictum fuit DD. Ambassiatoribus quod Vniuersitas Pari-
" siensis perlolueret quemadmodum cæteri nobiles & ignobiles Prælati, &
" cætera minora Beneficia, &c. Quibus factis & positis in medium, singulæ
" Facultates & Nationes se traxerunt ad partem, ad deliberandum super
" ijs: & fuit conclusum primo quod Vniuersitas regra ciatur D. nostro Re-
" gi de prouisione Nobis per cum præsentata. Regraciatur D. Cardinali
" & alijs Dominis de consilio Regis, dederuntque singulæ Facultates &
" Nationes certos Deputatos notabiles viros ad auisandum si prouisio no-
" bis præsentata, & omnia quæ per Cardinalem fuerunt responsa super ar-
" ticulis nostris, acceptarentur ab Vniuersitate, vel non.

  Die penultima mensis Iulij, habitis Comitijs Generalibus apud Mathurinenses, Decanus & Capitulum Ecclesiæ S. Quintini postularunt adiun-
gi sibi Vniuersitatem apud Curiam Paris. contra Minoritas eiusdem vrbis, *quos dicebant frangere iura sua & Curatorum, celebrando Missas sine licentia, ministrando sacramenta & multa alia.* Placuit verò audiri Partes,
vt agnita veritate decerneretur quod iuris esset.

  Die 11. Aug. retulerunt Deputati vtriusque Partis rationes; iterumque placuit, vt solemnibus Comitijs Partes ipsæ suæ iura exponerent.
Quam in rem die 17. eiusdem mensis habita sunt apud Mathurinenses, nec
propter diuisionem sententiarum fuit quidquam conclusum; vt legitur
in Actis Nat. Gall. *17. die mensis prænominati per honor. D. meum D. Rectorem fuit solemniter congregata alma mater mea Vniuersitas apud S. Math. super 3. art. Primus fuit ad audiendum iura DD. & Ecclesiæ S. Quintini Nouiomensis in quadà causa contra Religiosos Ordinis S. Francisci eiusdem villæ S. Quintini*, ibidemque in facie matris Vniuersitatis M. Petrus Maugier Doctor in
Decretis exposuit iura Dominorum dicti Capituli, ad quæ satis succinctè
respondit quidam Magistrorum nostrorum eiusdem Ordinis. *Fuitque data adiunctio per Facultatem Artium & Medicinæ Dominis de Capitulo. Facultas verò Decretorum, ac Facultas Theol. deliberauerunt quod per amplius
audirentur processus & rationes FF. S. Francisci. Et quia non fuit concordia, nihil extitit conclusum.* Secundus artic. super dispositione Officij Aduocati
nostri in Curia Castelleti vacantis, per mortem M. Ioan. Marcel, pro quo
supplicauerunt discreti & venerabiles viri MM. Nicolaus Chappelle in Artibus Magister Parif. & Licentiatus in Decretis, & Guill. Bartholomæi in
Artibus Graduatus Parisius, in Iure Ciuili Licentiatus. *Et quoad Officium,
Facultas Theologiæ conferebat M. Bartholomæi ; Facultas verò Decretorum,
nulli contulit, quia non fuit concordia. Facultas Medicinæ illud contulit M.
Nic. Chapelle. In Facultate Artium non fuit quoque concordia, eo quod Natio
Gall. conferebat M. Bartholomæi, & Natio Picardiæ Chapelle cum Natione
Almaniæ. In Natione verò Normaniæ non fuit concordia, nec Conclusio. Et
ita nec in Facultate Artium fuit Conclusio, nec concordia, quamobrem D. meus
D. Rector eo quod non fuit concordia,* nihil conclusit pro illa die super Officio.

  Die 23. eiusdem mensis duplex illud negotium retractatum fuit. Et
quoad 1. *Placuit tribus Facultatibus, Decretorum, Medicinæ & Artium dare
adiunctionem DD. Canonicis S. Quintini*, quoad alterum verò, *Facultas Artium concorditer & quantum ad omnes Nationes Officium contulit M. Guill.
Bartholomæi.* Et similiter Facultates Medicinæ & Theologiæ.

  Die 24. Martij eiusdem anni electus est Rector M. Ioannes Lapidanus,
quo Rectore die 27. Maij an. 1469. latum est Senatusconsultum pro Vniuersitate contra Abbatem & Conuentum San-Dionysianum super recognitione & probatione pergameni, vt legitur in Reg. Nat. Germanicæ.

DE PER-
GAMENO
INDICTA.
LI.

" LVDOVICVS DEI GRATIA FRANCORVM REX. Vniuersis præ-
" sentes litteras inspecturis salutem. Notum facimus quod cum in cer-
" ta causa in nostra Parlamenti Curia inter Procuratorem dilectorum no-
" strorum *Rectoris, Magistrorum, Regentium, Scholarium, Studentium & Sup-
" positorum dilectæ filiæ nostræ Vniuersitatis Paris.* Actorum & conquerentium
" in casu nouitatis & saisinæ ex vna parte. Et dilectos nostros Abbatem &
Conuentum

Vniuersitatis Parisiensis.

Conuentum S. Dionysij in Francia defensores & opponentes ex parte altera, ratione huius quod dicti Actores & Conquerentes inter cætera manutenebant & prætendebant prædictos defensores non habere ius visitandi pergamenum in Landito venditum, mota & pendente, in cuius visitatione & possessione quælibet dictarum partium manuteneri & conseruari, & in casu dilationis recredentiam sibi adiudicari requirebat, tantum processum extitisset, quod dictis partibus in his quæ circa præmissa dicere, proponere, allegare, requirere & concludere voluerint, ad plenum, hinc inde auditis, ipsæ ad producendum penes dictam Curiam nostram quidquid producere vellent, ac in iure appunctatæ extitissent, ac dictæ Partes suos titulos & munimenta Procuratori nostro Generali considerent qui vnam scedulam traderet quam dictæ Partes hinc inde viderent, si bonum eis videretur, ordinasset & appunctasset. Tandem visis per dictam nostram Curiam litteris, titulis & alijs documentis, vnà cum litigato dictarum partium penès dictam nostram Curiam productis, ac supradicta scedula per dictum Procuratorem nostrum Generalem tradita, per quam requirebat ius nostrum ad vtilitatem reip. obseruari, & consideratis considerandis & quæ Curiam in hac parte mouere poterant, & debebant, per arrestum dictæ Curiæ nostræ dictum fuit quod supradictæ Partes erant & sunt contrariæ; facient igitur facta sua & in questa facta perfecta & ad iudicandum recepta, ipsa Curia faciet ius partibus antedictis. Et insuper eadem Curia nostra dictis Actoribus & conquerentibus recredentiam rei contentiosæ, pendente processu & quo vsque aliter fuerit ordinatum, adiudicauit & adiudicat. In cuius rei testimonium præsentibus litteris nostrum iussimus apponi sigillum. Datum Parisius in Parlamento nostro, die 17. Maij an. Domini 1469. & Regni nostri 8.

" 1469.

Illud autem Senatusconsultum executioni demandatum est proximis Nundinis Indictalibus mense Iunio. Vnde Vniuersitas die 16. habitis Comitijs, gratias egit Rectori, Deputatis & Commissario qui illud executioni demandauerant.

Eodem anno cum Rex erigere constituisset Pictauij Curiam Parlamentæam, Ciues Parisienses magnam inde prouidentes vrbi Principi iacturam cladémque accessuram, intercedendum esse duxerunt, & in eam rem postularunt ab Vniuersitate auxilium, sociásque ad Regem preces. Et illa 5. Iulij in Comitijs solemnibus audita eorum supplicatione pollicita est quod petebant, nominauítque, die 11. selectos viros qui cum legatis vrbis Regem, tunc Turonis morantem adirent.

Mense Octobri obijt celeberrimus, nec satis vnquam laudandus M. Thomas de Courcelles Decanus Parisiensis Ecclesiæ & Sorbonæ Prouisor, cui in vtroque munere succesit vir quoque laudatissimus M. Ioan. Lullyer. Vide in Catal.

Cum autem Ciues Bituricenses qui Pontificiæ Bullæ Diploma Regium adiunxerant pro erectione suæ Vniuersitatis, semper instarent apud Regem vt Senatui Parisiensi litterarum suarum approbationem, seu confirmationem (verificationem vocant) imperaret, vt hoc audiuit Parisiensis Vniuersitas, Comitia sua celebrauit apud Mathurinenses die 5. Dec. iterárique voluit intercessionem iam ante factam, vt in huius diei Actis legitur.

Quoad 1. artic. ingentes habuit gratias veneranda Natio D. Rectori & DD. Deputatis per eundem D. Rectorem antea vocatis, & DD. Consiliarijs nostris, qui iam in materia ipsa maturissimè deliberauerant, & publicationi litterarum Studij supranominati se se opposuerant, placuítque, sicut aliàs eidem placuerat, quod huic nouæ Institutioni, quæ nedum Vniuersitati nostræ, sed & toti Ecclesiæ sanctæ Dei præiudicium magnum affert, omni via, omnibúsque modis possibilibus occurratur, ne quoquo modo inualescat. Et vt securius hoc fieret & accuratiùs, negotium istud commisit deducendum notabilibus Deputatis nominatim, videlicet Magistro nostro M. Petro de Vaussello consultissimo Doctori,

" Vniuersitas Bituricensis.

1469. " M. Petro Mauger, DD. Procuratoribus 4. Nationum, DD. Consiliarijs
" nostris, conuocatis Consiliarijs Vniuersitatis Aurelianensis, cui in hac
" materia multùm preiudicatur. Et placuit quod si cum alijs notabilibus vi-
" ris diligenti indagine reuoluant priuilegia nostra, & quæcunque Nos iu-
" uare poterunt ad fundandam nostram oppositionem. Superaddit etiam
" ipsa eadem Natio Gallicana quod visitaretur per D. Rectorem D. de Ca-
" stillione Frater Comitis de Laual locum tenens Regis Generalis qui tunc
" existebat Parisius, coram quo proponeret honorandus Magister noster
" M. Ioannes Huë & haberet recommendare matrem Vniuersitatem in
" hac signanter materia, quatenus Nobis suæ humanitatis auxilia præsta-
" ret, & in hoc D. Regi nos recommandatos faceret. Visitaretur etiam
" hoc modo Villa, & ab ea per eundem M. nostrum M. Ioannem Huë pos-
" sibile præsidium postularetur; & quod consimiliter Curiæ Parlamenti
" fieret.

Iuxta hanc Conclusionem, quæ totius Vniuersitatis fuit, M. Ioannes
Huë solemnem & elegantissimam orationem habuit in Curia Parlamen-
tei Senatus: quamobrem illi actæ sunt gratiæ immortales; item & Senatui Paris. quod se auditurum Vniuersitatem quoties vellet, promisisset.
Regis autem ad Senatum Paris. litteræ in eam rem tales sunt.

" LOüis par la Grace de Dieu Roy de France. A nos Amez
" & Feaux Conseillers les Gens tenans nostre Parlement à Paris: Sa-
" lut & dilection. Nos Chers & bien Amez les Gens de l'Eglise, Bourgeois
" & habitans de nostre Ville & Cité de Bourges Nous ont fait exposer, que
" puis aucun temps en ça nostre S. Pere le Pape à nostre priere & requeste,
" de nostre consentement a creé, ordonné & estably Vniuersité en nostre
" Ville & Cité de Bourges, & depuis auons voulu & octroyé icelle Vni-
" uersité y estre erigée & doresnauant maintenuë selon la creation de no-
" stredit S. Pere, & que les Docteurs, Regens, Escholiers, Officiers, &
" Supposts d'icelle iouïssent de tels & semblables Priuileges, libertez,
" preeminences & prerogatiues, dont iouïssent & ont accoustumé iouïr
" les autres Vniuersitez de nostre Royaume, ainsi qu'il est plus à plain
" contenu & declaré dans nos lettres Patentes dudit octroy en forme de
" Chartre, en lacs de soye & de cire verte, par nous sur ce octroyées, aus-
" quelles les Presentes sont attachées sous nostre contre-seel, lesquelles
" nos Lettres ont esté bien & deüement verifiées, enterinées & publiées
" par nostre Bailly de Berry ou son Lieutenant, auquel enterinement a
" esté commis; & ont aussi lesdits Supplians presenté & ont intention de
" presenter icelles nosdits Lettres en nostredite Cour de Parlement, &
" vous en requerir la verification, enterinement & publication, mais ils
" doutent, &c. Donné aux Montils lez Tours le 6. Decembre 1469. Et de
" nostre regne le 9. Signé, Par le Roy. Le Sire de la Forest, M. Pierre
" Doriolle general, & autres presens. DE CERISAY.

Die 5 Ianu. eiusdem anni M Thomas Kannedy Rector Vniuersitatis
conuocauit Facultatem Artium apud S. Iulianum Pauperem, ad deliberandum de reformatione Scholarium qui tunc deprauatis erant moribus, præsertim quoad ludos ludicros, quos, vt scribit M. Mathæus Sau-
" quet Procurator Nationis Gall. petulans & effrenis discholaritas in ob-
" scœnam & flagitiosam turbulentiam & perniciem conuerterat, &c. In
" primo igitur articulo considerauit Natio Gallicana periculosum confli-
" ctum quem aduersùm se fecerant Sholares in habitu deformi, anno præ-
" cedente in crastino Regum pro eligendo sibi Rege fatuorum, timens
" malum huius rei euentum, voluit huic morbo ne amplius ingrauesceret,
" viriliter occurrere. Et quia in hac tumultuosa conuentione confluere so-
" lebant, nedum Scholares Artium, sed & Religiosi complures, mecha-
" nici & Scholares Decretorum qui non subsunt correctioni Facultatis
" Artium, placuit ei pro Scholaribus Artium mittere litteram comminato-
" riam per singula Pædagogia, ad retrahendum, & sub limitibus honestatis

Vniuerſitatis Pariſienſis. 691

detinendum ſuos Scholares. Quia verò iſte abuſus adſcribebatur Facul- "
tati Artium in magnum dedecus & præiudicium ſuum, & potuiſſet ad- " 1469.
adhuc per ſupra nominatos non Scholares continuari & adſcribi, vt prius "
placuit deſtinare Notabiles viros ad D. Præpoſitum Pariſ. ad requiren- "
dum eidem, quodſi reperirentur in habitu fatuo, vel deformi, vel in "
quocunque alio habitu portantes, vel occultè, vel manifeſtè, die vel "
nocte baculos ligneos, vel ferreos, eos incarcerari faceret. Et ſi Scho- "
lares eſſent, Magiſtris ſuis remitteret puniendos; ſi verò non Scholares, "
eos puniret ſecundùm qualitatem ſui delicti. Placuit etiam quod quidam "
nocturni Curſores quorum nomina habebat D. Rector, legerentur cum "
littera ſuperſcripta per ſingulas domos & citarentur coràm D. Rectore, "
& punirentur. "

Eadem lex anno ſequenti die 14. Ianu. innouata, vetitumque ita poſtu-
lante Rectore, fatuos habitus induere. Addidit Natio Gallicana inſtau-
ram ſe per ſingula Collegia Bidellum cum ſcedula prohibitiua huiuſmodi
fatuitatum; fiebant autem iſti ludi Regaliorum diebus.

Anno 1470. Pax tandiu deſiderata inter Reges Francorum & Anglo- 1470.
rum, tandem iurata fuit: qua de re ſtatim Rex ad Vniuerſitatem litteras
dedit. Et illa die 30 Octob. iuxta Regis voluntatem tres ſolemnes ſupplicationes decreuit ad agendum Deo gratias.

Eodem anno die Veneris 21. Decemb. congregata Vniuerſitas aperuit
litteras, quibus à Rege mandabatur vt magno ſuorum numero ingreſ-
ſum Reginæ Anglorum, de exilio octenni in Angliam per vrbem Pariſia-
cam properantis, cohoneſtaret. Itaque ſtatutum eſt vt omnes ad porticum FF. Prædicatorum in viâ Iacobæa cappati adeſſent die 22. horâ poſt
meridiem 2. Et ipſo die Sabbati horâ præciſe dictâ adfuerunt de ſingulis
Facultatibus & Nationibus omnes Magiſtri, vt legitur in veteri Codice
Nationis Gallicanæ, in quo Procurator Cancianus Huë qui Grammaticorum Regiæ Nauarræ Primarius erat, ſic ſcribit. Eadem die Sabbati "
poſt prandium hora 2. Concluſionem prius habitam exequendo conuene- "
runt ſingularum Facultatum Magiſtri & Doctores Rectorem aſſociantes "
in vico S. Iacobi inter portam Ciuitatis & Porticum Prædicatorum; & "
miro modo ordinati. A latere S. Stephani de Greſſibus quod eſt dextrum, "
poſt Rectorem portæ Ciuitatis & ingredientibus viciniorem ſedebant "
Doctores Theologi ſecundum vici longitudinem ordinati in Paruiſio di- "
cti S. Stephani. Deinde Iurisperiti Doctores, & 3. DD. Magiſtri Medici. "
Alia ex parte vici à latere ſiniſtro è regione D. Rectoris ſedebant Procu- "
ratores 4. Præclaræ Facultatis Artium, & ſingularum Nationum Regen- "
tes cappati, & honeſtè habituati. Et à tergo ſingulorum vtriuſque late- "
ris Magiſtrorum & Scholarium innumera multitudo, qui omnes facto "
quaſi vnius horæ ſpatij interuallo, expectando Reginam ingredientem be- "
nigniter & magnificè ſuſceperunt. Et verbum cum Regina fecit hono- "
randus Magiſter noſter M. Guillermus de Caſtro-Forti, eam ſalutando, "
& ſibi preces cum obſequiis nobis poſſibilibus ſibi offerendo, cui D. de "
Caſtillione pro Regina gratias amplas referens Vniuerſitati ſe obtulit "
in poſſibilibus obſequia præſtare; quibus completis ſinguli ad propria re- "
mearunt. "
"
Eodem anno, die 14. Ianu. quia petierat Rex ſibi fidem iurari à Sup- "
poſitis Vniuerſitatis, tam Magiſtris quàm Scholaribus, alijſque qui eſſent "
de ditione Ducis Burgundiæ, Vniuerſitas voluit Regi parere, quoties iu- "
ramentum eiuſmodi ab illis exigeretur: imprimis verò, *Placuit Nationi* "
Gallicanæ, quod quia tale iuramentum iuſtum eſt, & legibus naturali & diuinæ "
conſonum, quotieſcunque requirerentur prædicta ſuppoſita, tale Iuramentum fi- "
delitatis D. noſtro Regi, vel Præpoſito Pariſienſi, vel alteri per eum commiſſo "
in præſentia D. Rectoris & Procuratoris ſuæ Nationis, vel Decani ſine dila- "
tione præſtarent: quod in Craſtino die Martis executioni mandatum eſt. "

Die Veneris 18. Ianu. Legati Vniuerſitatis ad eam apud S. Mathurinum
congregatam, retulerunt ea quæ à Præpoſito Pariſienſi habebant dicenda,

Tom. V. SSſſ ij

1470.

ad quem Rex litteras dederat cum mandato, vt curaret sibi quamprimum Sacramentum fidelitatis præstari ab omnibus subditis Burgundionis. Item ijsdem continebatur, vt omnia Vniuersitatis Supposita idem præstarent; Nuncij quoque de ditione prædicti Ducis exularent, nolentes vero prædictum iuramentum præstare, caperentur & detinerentur. Quibus auditis, iuxta litteras Regias Edictum Rectorium prostitit vt omnes adessent 20. die Ianuarij apud Bernardinos, vt scribit prædictus Cancianus, 20. eiusdem mensis, die scilicet Dominicâ quâ festum SS. Fabiani &
" Sebastiani celebratur, conuenerunt apud S. Bernardum de mane horâ 8.
" omnes Magistri singularum Facultatum tam seculares quàm Religiosi
" Abbates & Domini in Parlamento, & generaliter omnes Graduati cu-
" iuscunque status & conditionis qui per Facultates & Nationes inscripti
" coram Commissarijs fidelitatis iuramentum Domino nostro Regi præsti-
" terunt. Eadem die post prandium, horâ 1. congregati sunt in eodem loco
" Scholares omnes istius Vniuersitatis à maximo vsque ad minimum omnes
" scilicet non Graduati, siue Portionistæ, siue Cameristæ, siue Seruitores,
" tam Seculares quàm Religiosi, ac etiam Martineti, vbi Domini à Rege
" commissi nomina Scholarium à Pædagogis recipientes, singulos nomina-
" bant & omnes eiusdem Collegij simul adiurabant quod essent Regi fide-
" les: & sic de omnibus Collegijs fecerunt. Vidisses tunc paruulos gau-
" dentes & manus iurantium prehendendo cum exultatione leuantes, om-
" nes itâ vna voce clamantes. Quibus expletis reseruarunt DD. Commis-
" sarij, nomina singulorum tam Graduatorum; quàm aliorum, & quilibet
" ad propria remeauit.

Die 28. Ianu. lectæ apud Mathurinenses litteræ Regiæ per Præpositum Parisiensem impetratæ, vt Scholares de ditione Ducis Burgundiæ qui ad patriam redire vellent, saluo commeatu conducerentur. Annuit Vniuersitas, & 400. vel circiter simul per quendam famulum Præpositi Parisiensis conducti in Patriam remearunt. Verum statim Mandatum Regium prostitit, quo bona Scholarium proscribebantur, tam eorum qui cum licentia quàm qui sine licentia abierant: quamobrem miserata eorum sortem Vniuersitas ad Regem è suis quosdam delegauit, qui Mandati rigorem precibus emollirent. Item vetuit Rex ne M. Antonius de Busto qui tunc erat in Burgundia, per se, aut per alium exerceret Officium Scribæ in Curia Conseruationis, in cuius locum substituit illa M. Robertum Mesangarbe, pro vt illi concesserat Episcopus Meldensis Conseruator Priuilegiorum Apostol.

Eodem tempore erat Luteriæ quidam Græcus, aut se Græcum dictitans, qui nouitate Doctrinæ Scholares multos alliciebat & Magistros lacessebat, inter cæteros vero M. Guillelmum Ficheti, aduersus quem scripsit libellos famosos complures; quâ de re Fichetus apud Vniuersitatem conquestus est, petijtque vt illa in causam suam descenderet, cuius supplicationi libenter annuit die Lunæ 1. April. *Fecit enim prohiberi omnibus Scholaribus, tam iuratis quàm non iuratis quod dictum Græcum non audirent, nec doctrinam suam sumerent, donec ipsa & ipse approbati forent per dictam Vniuersitatem: & hæc prohibitio facta est per affixionem litterarum sigillatarum sigillo Rectoris Vniuersitatis in locis publicis dictæ Vniuersitatis.*

Quandoquidem vero de Græcis mentio incidit, cum Constantinopolis vastata fuisset à Barbaris an. 1453. cæsusque Imperator, Despotis eius frater cum reliquijs eius Gentis Romam confugit: tumque multi è Latinis litteras Græcas discere contenderunt. In Galliam se confert Gregorius Tryphernas, Rectorem adit, ait se docendæ linguæ Græcæ gratiâ venisse, petereque mercedem quam iubent dari sacri Canones. Miratus Rector hominis in loquendo libertatem, indulget quod postulabat, ex consensu Vniuersitatis: atque ille tum docere cœpit linguam Luteriæ penè incognitam. Paulo post Hieronymus Spartanus idem postulauit; & primùm Ioannem Capnionem alias Reuchlinum litteris Græcis imbuit. Postremò Tranquillus Andronicus Dalmata eodem peruenit: & illi tres publicè Lutetiæ docuerunt. Testatur Reuchlinus Epistolâ ad Fabrum Stapulensem se in Germania ludum Græcæ linguæ aperuisse quam in Gallia acceperat, cum adolescens esset, à Gregorio Tryphernate. In eadem Epistola commemorat alios Magistros suos Ioannem Lapidanum in Grammaticis, & Guillelmum Tardinum Aniciensem in vico D. Genouefæ. Robertum verò Gaguinum in Rhetoricis apud Mathurinenses: demum ait se, cum post aliquot annos è Sueuia Lutetiam rediisset, Georgium Hieronymum Spartiaten Græcè docentem assecutum fuisse.

1470.

Tunc temporis sæpè contra Priuilegia Vniuersitatis peccatum est à Præposito Mercatorum & ab alijs quoque, qui in carceres priuatos compingebant Scholares & Magistros, aut extra muros Parisienses extrahebant. Quamobrem sæpè conquesta est Vniuersitas violari priuilegiorum suorum primum & præcipuum quo cauebatur ne extra vrbem traheretur, litemque intentauit Præposito, cum audiuit è duobus Scholaribus alterum qui incarceratus fuerat & priuato carceri mancipatus, interijsse.

Item ad diem 23. April. an. 1471. sic scribit Iacobus Potier seu Figuli Procurator Nat. Gall. Quantum ad 1. art. exposuit prænominatus D. Rector qualiter M. Petrus de Batis Magister Principalis Collegij Tornacensis medius-quartus ignominiosè, id est, sine capucio & à sex satellitibus cum vndique perlustrantibus ductus erat ad carceres priuatos, videlicet in tabernam publicam quæ vulgo nuncupatur Domus Trium Piscium, iuxta portam Parisi. exinde, eum, quod deterius *est extra muros Paris.* translaturis nisi citissimè de remedio prouideretur opportuno. Quo super fuit vniformiter conclusum per Nationem, quod congregatione illa peracta confestim & sine dilatione adirent D. Rector, quatuor Procuratores quatuor Nationum cum magna Comitiua vna cum notabili proponente de Magistris nostris, si quis onus vellet assumere, in cuius defectu assumerent, vnum de Consiliarijs nostris in Curia Parlamenti, quominùs illa Curia Vniuersitati in suis suppositis manus porrigeret adiutrices ad manutenendum, protegendum & præseruerandum priuilegia eiusdem Vniuersitatis, maximè illud quod *est de non trahi extra muros Paris.* Et vnà cum hoc fecit Natio verbum de M. Guill. Mynart Nationis Picardiæ Baccalario formato in Theol. qui in paruo Castelleto à sex hebdomadis & peramplius captiosè detinebatur, non propter sua demerita, sed propter Patriæ suæ culpam quæ in Regem Patronum suum insurrexerat. Et inter deliberandum expeditus est is, videlicet M. Petrus de Batis pro quo Vniuersitas congregabatur & quantocyus congregationis locum ingressus multipliciter Vniuersitati, prout tenebatur, regraciatus est.

1471.

De eodem priuilegio tuendo pluries & in pluribus Comitijs actum est, vt habetur in Actis illorum temporum; maximè verò die 1. Aug.

Die autem 7. in Comitijs Mathurinensibus exposuit Rector Pergamenarios Iuratos abuti Officijs suis, sibique ipsi magnam intulisse iniuriam: quamobrem conclusum vnanimiter vt priuarentur, vtque ob eam rem in compitis & plateis per scedulas proscriberentur veluti periuri, infames, & inobedientes. Nouorum verò qui eorum loco pergamenatum exercerent, creatio in alium diem dilata est.

Die 7. Septemb. Vniuersitati apud S. Mathur. congregatæ Franciscani supplicauerunt sibi ab ea dari adiunctionem aduersus nonnullos eiusdem Ordinis, quos vulgò *Obseruantes* vocabant, qui tunc nouum ædificabant Claustrum: & inde multa incommoda euentura prædicebant. annuit eorum supplicationi Vniuersitas. Decima verò eiusdem mensis ijdem Franciscani petierunt ab Vniuersitate litteras ad Regem, Episcopum Paris. Archiepiscopum Lugdunensem & ad alios quosdam Prælatos; item Oratorem qui nomine Vniuersitatis apud prædictos diceret si opus esset; quod item illis concessum est; delectusque in Oratorem M. Berengarius Mercatoris.

Eodem mense, die verò 26. celebrata sunt apud Mathurinenses Comitia

1470. Centuriata tribus de causis. 1. Ad audiendum argumentum, seu vt vocant, tenorem Litterarum Regiarum ad Vniuersitatem transmissarum. 2. Ad audiendam relationem M. Berengarij Mercatoris, de negotio Franciscanorum de quo egerat cum D. Cardinale Lugdunensi, Præposito Parisi. alijsque Consulibus Ciuitatis. 3. Ad audiendas supplicationes & iniurias. Quibus de rebus sic legitur in Actis Germanicæ Nationis.
,, Quantum ad 1. reddidit Natio gratias ingentes Christianissimo Regi de
,, suarum litterarum communicatione & de bono affectu quem semper ha-
,, buit ad nostram Vniuersitatem. Placebat enim Regi quod Fratres Mi-
,, nores de Obseruantia nullo modo construerent, seu ædificare facerent
,, Conuentum in hac Ciuitate, quia hoc fuisset in detrimentum Vniuersi-
,, tatis & Primorum Fratrum Minorum Conuentus Parisi. & aliorum Men-
,, dicantium. Quantum ad 2. ingentes similiter gratias pia mater habuit
,, D. Proponenti videlicet M. nostro M. Berengario Mercatoris qui ele-
,, ganter proposuit ante D. Cardinalem Lugdunensem, ante D. Præposi-
,, tum Parisi. & alios Consules huius Ciuitatis, implorando auxilium pro Fra-
,, tribus Minoribus huius Conuentus Parisi. &c.

Die 10. Octob. apud S. Iulianum in Electione Rectoris discordia orta est in Natione Gallicana, propter electionem Intrantium, scilicet inter MM. Stephanum Ruffi & Solli. quæ discordia non potuit ab ipsâ Natione sedari & componi. Eam ob rem prouocauit M. Stephanus Ruffi ad Facultatem Artium: itaque itum ad suffragia. Germanica Natio retulit pro Ruffo, eò quòd Decanus Bituricensis spreuerat vocem eius audire; cæteræ Nationes aliæ aliud retulerunt; eò tandem ventum vt ambo Electi conuenirent in tertium aliquem. Sed nec hoc satisfecit. Ruffi ius suum prosecutus est apud Facultatem Artium, conatusque est obtinere vt stante appellatione, nihil à Procuratore Franciæ innouaretur, sed frustra. Procurator enim affixis publicè tabulis eum priuatum omni iure declarauit. Iterum Ruffi questus est, & Facultatem appellauit. Itaque in Comitijs eiusdem Facultatis die 23. Octob. habitis res hæc disceptata est. Natio Alemanica retulit appellationem Ruffi sibi iustam videri. Aliæ non item; alia enim Stephano Ruffi crimina obijciebantur. Nihilominus in priuatis Comitijs eadem Natio Alemanica totum ius Intrantiæ, vt vocabant, prædicto Ruffi attribuit.

Die 9. Decemb. alma Parisi. Vniuersitas per Rectorem conuocata & congregata aperuit litteras Sixti IV. summi Pontificis de sua promotione. Itaque solemnem Supplicationem decreuit. Die 15. eiusdem mensis in Electione Rectoris discordia orta est. In singulis enim Nationibus duo Intrantes contendentes, eorum 4. vnum Rectorem elegerunt, scilicet M Ioannem Cordier Baccalaureum formatum in Theologia, & Priorem Sorbonicum. Alij 4. alium, scilicet M Guillelmum Buttier Baccalaureum Nauarricum: qui 4. scilicet Robertus Bellin, Ioannes Standon, Oliuerius de Monte, & Michaël de Polonia cum suo Rectore diem alijs dixerunt apud Parlamentum. Et die 19. Vniuersitas congregata improbauit hunc agendi modum, & viros aliquot clarissimos delegit, qui Curiam adirent, rogarentque causam ad Vniuersitatem remitti.

Die 3 Ianu. conuenit Vniuersitas 3. de causis. 1. Ad audiendam relationem eorum quæ facta fuerant per selectos viros pro remissione causæ Rectoriæ ad Vniuersitatem. 2. Ad terminandam componendamque amicâ viâ discordiam. 3. Ad audiendas supplicationes & iniurias. Ea die nominati viri graues, qui vtriusque partis rationes audirent, remque integram ad Vniuersitatem referrent. Et die 5. eiusdem mensis in Comitijs Mathurinensibus, auditi viri selecti qui amicè discordiâ compositâ M. Ioannem Cordier in Rectorem renunciarunt. Ita pacata omnia fuerunt dissidia.

,, Die 30. Ianu. vt habent Acta Nationis Germanicæ, Vniuersitati apud
,, Mathurinenses congregatæ supplicauit quidam Doctor Facultatis Me-
,, dicinæ, vt sibi daretur adiunctio in quadam causâ tangente Priuilegia

Vniuersitatis Parisiensis. 695

Vniuersitatis inter ipsum & receptores Regios occasione Impositionum petitarum ab eo, vtque quidam notabilis Proponens deputaretur qui haberet proponere coram Dominis de Villa & eis determinare Priuilegia Vniuersitatis: occasione quorum dictus Doctor esset exemptus ab huiusmodi impositionibus. Eius supplicatio fuit concessa.

1470.

Die 10. Feb. in Comitijs Centuriatis apud Mathurinenses Rector questus est publicè de DD. Procuratoribus quòd absque sua authoritate Artium Facultatem conuocassent, præsertim verò de Procuratore Franciæ qui Rectorem egerat. At iste de Rectore vicissim questus effecit vt Rectoris supplicatio irrita fuerit. Quâ de re sic legitur in vetusto Codice Germanicæ Nationis, scribente Burchardo Wetzel de Hallis Diœcesis Herbipolensis Procuratore eiusdem Nat. Anno, *inquit*, quo supra, die verò 10. mensis Febr. congregata fuit alma Parisiorum Vniuersitas apud S. Math. duobus super artic. Primus erat de habendis pecunijs. Secundus erat communis, &c. Quantum ad 2. articulum supplicauit D. Rector pro reparatione iniuriæ sibi factæ per DD. Procuratores qui Iurisdictionem Rectoralis dignitatis sibi vsurpauerant congregando Præclaram Facultatem Artium, ipso Rectore, vt dixit, spreto: quam Congregationem potius monopolium quàm Congregationem asserere non erubuit.

Cui ad singula motiua D. Procurator Nationis Francorum nomine Facultatis respondit, quomodo dictus Rector multipliciter peccauit tum in Vniuersitatem, tum in matrem suam præclaram Artium Facultatem, cuius beneficiorum prorsus immemor eam penitùs despexit, verum etiam contra Iuramentum suum, quod quilibet Rector in sua creatione solenniter iurat de congregando Facultatem legitimè monitus, fecit, eique validissimis medijs remonstrauit quod prædicta Artium Facultatis congregatio non Monopolium, verum iusta & sancta eius conuocatio extitit pro defensanda libertate quam nemo bonus negligere debet. Quare dicti Rectoris supplicatio nedum in Natione, verum etiam in Vniuersitate non fuit concessa, &c.

Die Martij 11. vt scribitur in libro Germanicæ Nat. Congregata fuit alma Parif. Vniuersitas apud Mathurinos duobus super articulis. Primus erat de armatis mittendis ab Vniuersitate ad Guerram. Secundus fuit communis. Quoad 1. Placuit Nationi quod nullus haberet ire *ex parte Vniuersitatis ad Guerram, cum per nostra statuta simus exempti*, voluitque Natio quod M. noster M. Berengarius haberet accedere ad supremum nostrum Regem & eum informare de talibus missionibus armigerorum. Et etiam de quodam alio Priuilegio, scilicet de non trahente extra muros Parisienses, expensis Vniuersitatis.

Die 16. eiusdem mensis conuocata est per Rectorem Vniuersitas maximè ad audiendum argumentum litterarum ad summum Pontificem & ad Cardinalem de Tutauilla transmittendarum, quarum correctio demandata est selectis quibusdam. In ijsdem Comitijs supplicauit M. Robertus Gaguinus minister Mathurinorum Generalis, vt singulæ Facultates & Nationes vellent aliquid de penu suo elargiri ad refectionem Domus, in quâ ab omni æuo celebrabantur Comitia tam Generalia quàm specialia. Extat quoque in eandem rem inter Epistolas eius oratio ad Doctores Theologos.

Pro Domu Mathurinensi.

Duæ res omninò, diuini atque magnifici Doctores, michi apud vos dicendi fiduciam faciunt. In primis enim tam humanis moribus vos institutos & literis ad pietatem formatos esse scio vt opem vestram demissè postulantes, promptè semper & liberaliter adiuuetis. Neque aliter profectò quisquam fecerit, qui eam quâ imbuti estis Sapientiam profitetur: fixum in animo tenetis illud Magistri & Saluatoris omnium Iesu Christi præceptum: *Estote misericordes, sicut & Pater vester misericors est*. Res præterea quam paucis acturi sumus, ita se omnium oculis inculcat, vt vel silentibus nobis, vel forte occulere volentibus, clamet & prodat se se; ita vt in releuanda huius domus calamitate non longa admodum, nec

" præparata oratione mihi opus sit. Vos dum hac iter facitis, quocumque li-
" buit oculos inflectere, miseras ruinas facile intueri poteltis. Cum enim
" primum administrationis eius curam accepi, siue sursum versus, siue
" deorsum quis aspectabat, nihil præter infractas tegulas & prolabentia te-
" cta; nihil præter situm & squalidos parietes licebat offendere. Meâ cu-
" ra tamen instaurata sunt multa; & Fratres mei Ordinis Religiosiores &
" domus ipsa paulò effecta est ornatior. Iam verò cum hæc lacera tabulata;
" cum hos rimosos parietes in quibus persæpe conuenitis; cum deambula-
" toria & procumbentes porticus columnas intueor, cum verso item in
" animo quas impensas hæc vt instaurentur, postulant, deficit me prope
" virtus, & spe bene gerendæ rei destitutus tabesco. Quippe quem pro-
" uentus omnes huius loci, & omnino quidem vnius anni non satis sint loco
" instaurando. Sed dat nonnunquam animum michi cum vestra benignitas,
" *tum Vniuersitatis vestræ singulæ Nationes, quarum aliæ sua iam Nobis subsidia*
" *tribuerunt; aliæ nondum quidem à Nobis oratæ suam opem sponte pollicentur,*
" *hortanturque bene sperare de Scholasticis omnibus quibus Mathurinorum domus*
" *receptaculum est, & ad suos Conuentus faciendos domicilium honestatis.* Quibus-
" cum vestra quoque, vt speramus, commiseratio & facilis liberalitas ac-
" cedit. Si enim cuiquam ex Parisiensi Schola domus hæc dispareat, in vsus
" certè vestros & sacrosanctæ vestræ Facultatis vnâ nobiscum maximè
" communis est. *Hic Conuentus omnes, hic gratissima vestra Consilia, hic pre-*
" *ces & rem diuinam ex communi Patrum instituto habetis semper & facitis.* Ita fit,
" vt & vetustissimo vsu & inhabitandi consuetudine vobis hic locus, vobis
" inquam, peculiaris habeatur, & vester ab exteris magis quàm noster re-
" putetur. Itaque cum tota vrbe Parisiorum tria sint omnino domicilia
" quæ publica maximè fama percelebrat, diuæ Matris Christi augustissi-
" mum illud templum, palatium item Legis & Regum sedem, hoc verò D.
" *Mathurini Collegium* quod vestra frequentia magis quam noster incola-
" tus illustrat, tertium meritò nominatur. Et nescio quidem an vllus in
" vrbe locus sit hoc vno famatior. Priora namque duo Galliarum tantùm
" incolæ; Mathurinos verò Orbis ferè Christianus vestri causâ pernoscit.
" Quamobrem cum forte meditabundus per hoc claustrum deambulo, sæpe
" numero sum miratus cur cæteris minus hic esset locus ornatus & splen-
" didus. Nam cætera vrbis templa imò abstrusissima in aliquo angiportu
" sacella, vel sculptilibus, vel picturis decora sunt. Hæc publica vestræ
" Vniuersitatis Basilica non modo nullo ornatu & picturarum oblectamen-
" tis nitet, sed squalidis parietibus & ijs quidem vetustate & neglectu se-
" mesis, ac prope in terram prolabentibus deserta magis quàm à vobis fre-
" quentata iudicatur. Non ita Scholas suas doctissimi Patres prisci illi Phi-
" losophi negligebant. Aliter suam Academiam curabat Plato; suas por-
" ticus nitidius Stoici asseruabant. Et illi quidem Peripateticorum Princi-
" pi Aristoteli sua magis cordi deambulatoria fuerunt. Quin hortulos
" etiam suos tuendæ voluptatis gratiâ comparatos & virentibus arbusculis
" éque viuo fonte scaturientibus riuulis Epicurus confecit, incoluit, irri-
" gauit. Proinde vt Scholis Philosophi; ita Scholæ Philosophis decorem &
" famā addiderunt. Hic verò locus nomine tantum vestro nobilis & clarus
" re autem ipsa perobscurus, muscosus, fuliginosus, pannosi cuiusdam ho-
" minis tuguriolum esse videtur. Itaque ex quamplurimis hominibus qui
" hanc in vrbem frequenter adueniunt, est fere nemo qui non Mathurinorū
" ædes primum ardeat intueri. Cur ita? an forte quia decem hunc locum
" fraterculi possideant? Trahit eos profectò magis vestra per orbem dif-
" fusa authoritas. Hoc vno in loco ea se coram videre putant, quæ de ve-
" stra sapientia auribus tantùm acceperunt. Æstimant locum omnem
" exemplis abundare; credunt hinc documenta se sumpturos quæ in Pa-
" triam perferant suam. Sciunt quidem vos Collegia seorsum & Scholas
" habere in quibus de literis & salutaribus disciplinis scrupolosissimè disse-
" ratis. At quod hic, id est, apud Mathurinos de omni vestra Republica
" sententias dicitis, quod Edicta, quod Decreta vestra, & Ordinationes
inscribitis

Vniuersitatis Parisiensis. 697

inscribitis & firmatis, quod ad supplicationes Diuinas hinc digredi, atque huc rursus reuerti vos semper intelligunt; ita existimant Mathurinos vobis curæ esse, quemadmodum Atheniensibus Areopagum fuisse legunt. Cuius rei ipse etiam aliquando credulus, priusquam his oculis locum prospexissem, reputabam mecum sæpe singulos huius loci lapides Latinè posse loqui, atque insculptos esse, vel præclaris imaginibus, vel ornatos varijs historijs quas sibi singuli Doctores excogitatas pinxissent. Verum si quis Ecclesiæ fenestras, vel gypso præstructas, vel tenebrescente vitro subfuscas videt; si quis non modò nudos & vacuos decoramentis, sed puluerulentos & obsoletos nimia vetustate muros scrutatur, coniecturam facit neglectæ & spretæ habitationis vestræ, minora reddit omnia quæ de vobis crediderat, abitque offensus tenuitate & incuria publicarum ædium vestrarum: Atqui si quisquam vestrum est, vt verè esse debet, qui literarijs opibus, qui picturis, qui simulacris animos inspicientium ad gloriam mouentibus, qui perennibus monumentis propagare & in varias orbis oras sedens transmittere nomen suum velit, celeberrimus hic locus est, ad quem quisque amantissimus egregiarum Artium ex orbe penè vniuerso, velut ad communem Mineruæ officinam commigret. Qua re rectè sanè adductus ille Sphæræ author Ioannes de Sacro-Bosco delegit potissimùm hoc loco sepeliri. Et maiores quidem vestri duos illos suos quondam alumnos turpiter sanè damnatos, sed ex patibulo honorificentissimè tandem receptos his in ædibus humatos esse voluerunt: quod nullus celebrior erat locus qui vestræ authoritatis memoriam vulgatius præ se ferret. Itaque arbitrati sunt veras suas laudes hoc loco tandiu asseruatum iri, quoad vel Mathurinorum ædes extarent, vel memorabilis hæc Studiorum Parens Vniuersitas eas incoleret. Igitur cum situm & mucorem, cum squalores, cum hiantes rimas, cum casus atque fortunas huius vestri Collegij animo volueritis; cum meas curas & sollicitudines, cum vel ad rectè instituendos Fratres, vel ad erigenda quæ procumbunt, mœnia, meam vigilantiam cogitaueritis, tandem magnifici Patres, reputate vobiscum qui estis; qua dignitate, quo gradu, qua sublimitate vester hic status cum Nationibus, tum reliquis Facultatibus antecellit. Conferte parem animum rebus quas molimur. Vos veræ sapientiæ Professores, vos omnium virtutum laudatores, nolite obliuisci largitatis. Si maiores vestri hunc locum perennem atque honoratum esse voluerunt, si vnius monumenti perpetua vestra laude, si sua quotidiana frequentia, si consilijs, si foro & conseruatoria Iurisdictione hoc sibi domicilium peculiariter delegerunt: si talem eum æstimatis qui ad vestram famam & superabundantem gloriam conducere possit, misereat vos calamitatum quas cernitis.

Pudeat vos id neglectum pertransire quod Seniores vestri cum publicis tum priuatis semper opibus sustentarunt, & quod vos ipsi pro Concionibus vestris incolitis. Nihil hæc profectò detrimenta, nihil hæ ruinæ & obstructæ tam diu Ecclesiæ fenestræ Nobis vituperationis afferent, quin in vos quoque eius dedecoris partem reijciant. Neque vestræ medius fidius *satis dignit uti feceritis, si Francorum atque Normanorum venerandis Nationibus fueritis tardiores; quarum altera decem & octo, altera nobus ex suo ærario Regios aureos triginta non segniter deprompsit.* Sed iam nichil vltra mea vos oratione distinebo: vestro honori consulite. Agite magnificè. Subuenite atque opitulamini precor, miseris rebus tam Vobis quàm Nobis reuera communibus.

Anno 1472. die 26. Iunij Vniuersitas acceptis Cardinalis Græci litteris, quibus monebat se è Græco in Latinum vertisse librum quendam quem miserat, rogabatque illum in lucem proderet, si luce dignum existimaret; vnanimi consensu conclusit, non ante donandum Ciuitate & luce Academiæ, quàm fuisset à singulis Nationibus & Facultatibus diligenter examinatus.

Die verò 1 Iulij eadem Vniuersitas congregata accepit litteras, quibus Rex mandabat per Gaucurtium ad Deum preces fundi pro felici

1470.

1472.

uccessu votorum suorum Regnique salute & incolumitate. Quid autem
1472. " statuerit, habemus ex gestis Nationis Gall. Anno quo supra, die verò 1.
" mensis Iulij congregata fuit alma Parisiensis Vniuersitas apud S. Mathu-
" rinum super 2. art. quorum primus fuit ad audiendum litteras ab Illustris-
" simo Domino nostro Rege missas. Secundus erat communis. Quantum ad 1.
" referebat alma mater Vniuersitas grates infinitas supremo Domino no-
" stro Regi de beniuola communicatione suarum litterarum, quæ quidem
" litteræ continebant quod Vniuersitas secundum proposita à præstantis-
" simo viro D. de Gaucourt Locum-tenente Generali ageret. Proponebat
" ergo iste vir insignis laudabiliter quòd voluntas D. Regis & in magno
" Consilio eius deliberatum & conclusum esset vt Vniuersitati intimaretur
" quod ipsa oraret & preces ad Altissimum funderet pro felici & prospero
" successu Regis & Regni. Et quantum ad hoc placuit Vniuersitati vt die
" Dominico proximo solemniter Processiones Generales fierent, in qui-
" bus distributa fuit summa..... Et die Lunæ præclarissima Theologorum
" Facultas vnam Missam celebraret: & die Martis Facultas Decretorum:
" die verò Mercurij, Medicorum. In singulis verò 4. diebus septimanæ,
" 4. Nationes præclaræ Artium Facultatis celebrarent permutatim, vt sci-
" licet qualibet septimana quælibet Facultas & Natio vnam Missam cele-
" braret. Et insuper ordinatum est quòd in quolibet Collegio fundato om-
" ni die vna Missa celebraretur, & omni sero cantarent illam Antiphonam
" *Salue Regina*, vel similem cum Collecta de nostra Domina, & Collecta pro
" felici successu Regis & Regni. In Pædagogijs autem illam Antiphonam
" duntaxat cum his Collectis.

Die vndecima eiusdem mensis & anni congregata fuit Vniuersitas apud
Bernardinos, maximè ad deliberandum de quodam Priuilegio quod iam
sæpè antea oppugnatum fuerat à Ciuibus Parisiensibus, qui Magistros &
Scholares, Ministros & famulos Vniuersitatis Excubiarum onere grauare volebant, ijsque pro conseruatione vrbis; sicut & alios vrbicolas teneri contendebant: à quâ tamen seruitute exempta fuerat Vniuersitas, cum
Rector esset M. Guillelmus Fichetus.

Hinc alia pugna sustinenda fuit Vniuersitati aduersus Sixtum IV. eiusque Officiales ob Collationem Beneficiorum. Molestè ferebat Pontifex,
obseruari in Gallia Pragmaticam-Sanctionem; eamque modis omnibus
subuertere nitebatur; & hoc anno discordiam ex illâ ortam sedare volens, Ordinarijs Regni Francici ad conferenda Beneficia sex menses concessit: sibi verò totidem retinuit. Beneficia Cardinalium & eorum qui
de familia Cardinalium erant, in Regno prædicto existentia sibi vsque ad
certum tempus reseruauit, quoad dispositionem. Circa verò Beneficia
promouendorum, quid fieri placeret, Bullâ significauit; quâ Causas in
hac materia voluit in Regno terminari vsque ad sententiam definitiuam,
citra quam ad Curiam Rom. vetuit appellari; multaque alia ad eam rem
pertinentia constituit, vt patet ex hac Bulla.

DISPOSI-
TIO BE-
NEFICIO-
RVM CON-
TRA PRA-
GMATI-
CAM.

" **S**IXTVS EPISCOPVS seruus seruorum Dei, &c. Ad Vniuersalis Eccle-
" siæ regimen, diuina disponente clementia, vocatis inter alia pro com-
" missorum Populorum votiuâ dilectione nil occurrit præstantius, quàm
" exorta inter personas Ecclesiasticas Principis tenebrarum astutia, dis-
" cordiarum fomenta per nostræ sollicitudinis occursum protinus extin-
" guere, vt cuiusuis altercationis salubriter euulsis seminibus pacis & tran-
" quillitatis dulcedinem inter creditos nobis populos, diuina nobis as-
" sistente gratia, imponere & conseruare valeamus. Cupientes itaque vt
" suscitata retroactis temporibus discordia, proh dolor! in Regno Fran-
" ciæ, Delphinatu alijsque terris & dominijs illustrissimi in Christo filij
" nostri Ludouici Francorum Regis illustris, inter nonnullas ex eisdem
" personas occasione cuiusdam Constitutionis quæ in eodem Regno diu-
" tius inoleuit, quam personæ prædictæ Pragmaticam-Sanctionem vo-
" cant, ne quod absit, maiora fomenta sumeret, damna pariter & grauiora

scandala periculaque subsequerentur, sine debito claudatur, & totaliter
secludatur, autoritate Apostolica ex certa scientia, de Fratrum nostrorum 1471.
consilio, omnibus & singulis Prælatis & alijs personis Ecclesiasticis Regni, Delphinatus, terrarum & dominiorum eorundem collatio, prouisio, præsentatio, electio, seu quæuis alia dispositio pertinet; de quibusuis
dignitatibus, administrationibus, Officijs, Canonicatibus & Præbendis,
nec non alijs Beneficijs Ecclesiasticis cum Cura & sine Cura, Secularibus
& Regularibus ad eorum collationem, prouisionem, præsentationem,
electionem, seu quamuis aliam dispositionem pertinentibus, quæ deinceps in Februarij, Aprilis, Iunij, Augusti, Octobris, & Decembris mensibus futuris, perpetuis temporibus vacare contingerit, dummodò dispositioni Apostolicæ ex aliqua reseruatione generali in corpore Iuris
clausa, aut per alteram ex Constitutionibus felicium recordationum Benedicti XIII. quæ incipit. Ad regimen: aut Ioannis XXII. Romanorum
Pontificum Prædecessorum nostrorum, quæ incipit, Execrabilis: seu
Constitutiones & Regulam Cancellariæ Apostolicæ per Nos super hoc
editas reseruata generaliter non existant, perinde ac si aliquæ à Sede Apostolica, vel eius legatis Expectatiuæ litteræ non emanassent, liberè disponendi facultatem concedimus per præsentes. Et quia isti summi Pontifices Prædecessores nostri consueuerunt se in concessionibus Gratiarum Expectatiuarum, personis benè meritis exhibere liberales, nostræ
intentionis existit concedere in Regno, Delphinatu, terris & dominijs
concessas, quibus in aliquo præiudicare non intendimus per præsentes,
quasque in suo robore permanere volumus; sex personis idoneis Regnicolis, sex alias Gratias Expectatiuas ad quamlibet collationem, prouisionem, præsentationem, seu quamuis aliam dispositionem singulorum ex
Prælatis & alijs personis prædictis. Ex quibus quidem sex gratijs duæ
Gratiæ Expectatiuæ concedentur duobus Clericis regnicolis idoneis, pro
quibus Rex ipse Christianissimus & charissima in Christo filia nostra Regina, ac dilectus filius nobilis vir Delphinus Viennensis, nec non Magistri & Præsidentes, ac alij Officiarij in aliquo ex Parlamentis Regis eiusdem Regni nobis super hoc vnanimiter supplicabunt; qui duo nominati
per Regem & Reginam, Delphinum, Magistros, Præsidentes & Officiaros præfatos gaudeant prerogatiuis ad instar familiarium nostrorum continuorum commensalium. Ipsisque sex gratijs consumptis, alias sex Gratias similes alijs sex Gratijs personis idoneis modo & forma præmissis concedere intendimus. Volumus autem ac eisdem authoritate & tenore præsentium decernimus & declaramus Beneficia quæ venerabilium Fratrum
nostrorum S. Romanæ Ecclesiæ Cardinalium familiares, continui commensales eorum familiaritate durante in Regno, Delphinatu terris &
dominijs præfatis obtinent, & in posterum obtinebunt, dispositioni Apostolicæ in posterum censeri reseruata, quandiu duntaxat Cardinales præfati vitam duxerint in humanis, ac post obitum eorundem Cardinalium
per sex annos continuè sequentes. Quibus quidem sex annis elapsis, alij
ad quos eorundem Beneficiorum collatio, prouisio, præsentatio, electio,
seu quæuis alia dispositio aliàs pertinet: de Beneficijs familiarium huiusmodi in Regno, Delphinatu, terris & dominijs præfatis consistentibus,
in prædictis mensibus disponere valeant, huiusmodi reseruatione non
obstante. Concedimus etiam quod Beneficiorum quæ promouendi per
Nos ad Dignitates seu Beneficia Consistorialia ipsarum prouisionum per
Nos de eorum personis faciendarum obtinebunt, ac in quibus & ad quæ
ius eis quomodolibet competit, ac competere poterit, per promotiones
ad dignitates & alia beneficia Consistorialia prædicta, ac munus consecrationis eisdem promouendis impendendum, seu lapsum temporis de
consecrandis Episcopis à sacris Canonibus definiti vacaturorum, si promotiones ipsæ in aliquo ex supradictis mensibus fiant, nisi Beneficia ipsa
essent aliàs dispositioni Apostolicæ, vt præfertur, reseruata, ad Prælatos & personas supradictas. Si verò in alijs mensibus promotiones eisdem

Tom. V. TTtt ij

1470.

"fieri contingat, ad Nos & Romanos Pontifices Successores nostros col-
"latio, prouisio & omnimoda dispositio pertineat. Et quoniam Sedis Apo-
"stolicæ Notariorum magnus reperitur numerus, eorundem Notariorum
"qui habitum per eiusdem Sedis Notarios gestari solitum publicè & con-
"tinuè gestant, & in posterum gestabunt, Beneficia in eisdem Regno, Del-
"phinatu, & terris consistentia duntaxat censeantur reseruata; Quodque
"omnes & singulæ causæ beneficiales in partibus coram Iudicibus compe-
"tentibus vsque ad definitiuam inclusiuè, in primâ duntaxat instantiâ, in
"qua nulliante definitiuam liceat appellare, nec appellatio, si fuerit emis-
"sa, debeat admitti, nisi ab interlocutoria, vel à grauamine negotium
"principale minimè concernente, quod non possit per appellationem à di-
"finitiua sententia reparari: In alijs verò instantijs in Curia Rom. tracten-
"tur, cognoscantur, & fine debito terminentur. Causæ verò Beneficiales
"pendentes in dicta Curia inter nostros', aut dictorum Cardinalium fami-
"liares continuos commensales, ipsis Cardinalibus in eadem Curia præ-
"sentibus, seu in aliqua legatione, aut recreationis causâ secedentibus,
"necnon præfatæ sedis Officialibus officia actu exercentes, aut alios à præ-
"missis qui per sex menses Curiam prædictam secuti sunt, & sequuntur de
"præsenti, Curiales & quoscunque alios eorum aduersarios super quibus-
"uis Beneficijs eisdem aduersarijs autoritate ordinaria collatis, per illos
"quibus commissæ reperiuntur, seu alios à Nobis ad id deputatos, seu
"etiam deputandos Iudices audiantur, cognoscantur, decidantur, fine-
"que debito terminentur, ac executioni debitæ demandentur. Cæteræ
"verò causæ similes Beneficiales inter quoscunque alios pendentes & quæ
"quibusuis Iudicibus, seu Auditoribus commissæ reperiantur, aliquibus
"Iudicibus competentibus in Regno Franciæ autoritate Apostolica au-
"diendæ, cognoscendæ, decidendæ & fine debito terminandæ cum ne-
"cessaria earundem causarum aduocatione. Præterea quia aliquæ ex su-
"pradictis causis in eadem Romana Curia super Petitorio à diuersis Cu-
"rijs ipsius Regni super possessorio tractantur; volumus quod in eisdem
"causis in diuersis Curijs super petitorio & possessorio vnico & eodem
"contextu pendentibus, suspenso petitorio & censuris super hoc latis, in
"possessorio, in Curijs eorundem Iudicum coràm quibus causæ possessorij
"pendeant de præsenti, procedant, causæque ipsæ super huiusmodi pos-
"sessorio intra biennium terminentur & siniantur. Alioqui biennio elapso
"liceat Partibus ipsis procedere super petitorio, & vlterius dictis cau-
"sis expeditis super possessorio, aut huiusmodi biennio elapso altera Par-
"tium litigantium coram Iudice competenti autoritate Apostolicâ de-
"putato, poterit ius suum prosequi, ipseque Apostolicus Iudex intra aliud
"biennium causam in petitorio terminare teneatur. Quod si non fecerit,
"causa ipsa ab eo auocata, & lis penitùs extincta censeatur. Et si forsan ali-
"quis eorundem Iudicum cuiusuis sibi commissæ causæ expeditionem ma-
"litiosè prorogare, aut differre præsumpserit, excommunicationis & om-
"nium Beneficiorum priuationis pœnas ipso facto incurrat, à quâ quidem
"excommunicationis pœnâ absolui nequeat, nisi à nobis & Successoribus
"nostris Romanis Pontificibus, præterquàm in mortis articulo; quodque
"de cætero in litteris expediendis in Regno Franciæ, Delphinatu & ter-
"ris, alijsque dominijs prædictis seruentur taxæ super hoc editæ per Ioan-
"nem XXII. Papam præfatum, & excessus, si qui fuerint, corrigantur. Et
"quia propter assiduas guerras & nouitates quæ continuè vigent in dicto
"regno, prætenditur Ecclesias, dum vacant, grauatas in taxa etiam refor-
"mata in Concilio Constantiensi, quæ reducta est ad medietatem antiquæ
"taxæ, quòd grauatus in eadem taxa Prælatus promouendus soluat com-
"munia & minuta seruitia, quæ plures ex Gallis Annatam vocant; tantum
"pro verâ æstimatione fructuum Ecclesiæ & monasterij, ad quæ sit promo-
"tus, eaque in dicta Cancellaria & Camera Apostolica inuiolabiliter ser-
"uari mandamus. Et quia in supradictis concessionibus Regnum ac Re-
"gem maxima sumus charitate complexi, credendum est non immeritò

vt se deuotos & obedientes erga S. Romanam Ecclesiam exhibeant. Quare volumus & eisdem authoritate & tenore statuimus quod præfatus Rex 1472.
intra 4. menses præmissa acceptare & obseruare, ac in Regno, Delphinatu & dominijs huiusmodi obseruari facere, nec non intra alios duos
præfatos 4. immediate sequentes menses super acceptatione & obseruatione alijsque præmissis omnibus de singulis per suas Patentes litteras nos
& sedem præfatam certificare teneatur. Alioquin præsentes litteræ &
inde secuta quæcunque, sint cassa & irrita, nulliusque roboris, vel momenti. Nos enim ex tunc irritum decernimus & inane, si secus super his
à quoquam quauis auctoritate scienter, vel ignoranter contigerit attentari. Nulli ergo omnino hominum liceat, &c. Datum Romæ apud S.
Petrum anno Incarnationis Dominicæ 1472. 7. Id. August. Pontif. nostri
anno 1.

 Hæc Bulla turbauit Vniuersitatem non mediocriter. Igitur die 14.
Nouemb. in Comitijs Mathurinensibus omnium Ordinum Rector verba
fecit de ratione Beneficiorum deinceps obtinendorum, deque via quam
porrigebat Pontifex. Item de quodam priuilegio, quod à Generalibus
Octauæ præpositis violabatur. Cui malo vt mederetur aliquatenus Vniuersitas, primùm adijt Gaucurtium sui amantissimum, deinde Regem,
tum vt impositionis necessitatem à se amoueret, tum vt de Beneficiorum
legitimâ collatione apud eum ageret. Acta huiusce diei sic refert M. Ioannes Raulinus Procurator Nationis Gallic.

 Die Sabbati, *inquit*, 14. eiusdem mensis conuocauit apud S. Mathurinum & congregauit Vniuersitatem honorandus Dominus meus D. Rector super 3. articulis. Primus erat super Prouisione Suppositorum Vniuersitatis: & ibi proposuit D. Rector quòd alias confecti fuerant aliqui
articuli tempore quo Cardinalis Nicænus erat apud D. nostrum Regem:
sed quia discessit ille à Regno isto, ideo super hoc nihil actum est. Et super isto articulo proposuit colendissimus Magister noster M. Iacobus
Luillier Doctor in Theologia, quod receperat die præcedenti à D. Decano Parisiensi M. Ioanne Luillier Fratre suo quasdam litteras sibi directas in quibus continebatur quod summus Pontifex & Prælati huius Regni sic ad inuicem conuenerant super conferendis Beneficijs quod alter-
natim conferebant, & quod summus Pontifex habebat sex menses, &
Prælati totidem. Et si Vniuersitas vellet mittere vnum, aut duos graues
viros ad supremum D. nostrum Regem, de facili obtinerent ab eo de sex
mensibus Prælatorum duos menses pro Prouisione Suppositorum Vniuersitatis. Secundus artic. fuit super Priuilegijs Vniuersitatis. Ibi enim
in medium posuit D. Rector quomodo ipse cum notabili comitiua &
notabili Proponente adiuit honorandum Dominum D. de Gaucourt pro
materia cuiusdam Arresti dati per DD. Generales contra M. Iacobum
Wancy super solutione Octaui Denarij, vt scilicet ipso supplicante prædicti DD. Generales dignarentur suspendere dictum arrestum vsque ad
festum Natalis Domini, ita quod non demandetur executioni & intra talem terminum Vniuersitas ad hoc aliqualiter prouideret. Et quo ad istum
artic. fuit ibi præsens ingeniosissimus vir M. Berengarius Mercatoris qui
coram Vniuersitate egregie retulit qualiter proposuerat ante predictum
D. de Gaucourt, qualiter validissimè confutauerat rationes & argumenta DD. Generalium propter quas condemnauerant prædictum Magistrum, & qualiter bigamia non tollit rationem Scholaritatis. Demum &
finaliter ipsius D. de Gaucourt beniuolentiam atque benignissimam Responsionem eleganter in hunc modum retulit, videlicet quod facta proponet coram Præfato D. nostro Rege. Idem Dominus respondit se ab
antiquo esse alumnum huius almæ Vniuersitatis Paris. & eam ita in suis
libertatibus diligere, vt plus in mente haberet quàm ore proferre posset;
pollicitusque est prædictos DD. Generales ad se vocare, & petitionem
Matris Vniuersitatis iuxta suum posse interpellare. Adiunxit præterea
quod quotienscunque Mater Vniuersitas vellet ad Regem quosdam

1472. " destinare, aut super prouisione Suppositorum, aut cæteris quibusdam
" negotijs, se se offerebat pro eisdem causis scribere Regi : & nedum Re-
" gi, sed & quibusdam Consiliarijs & amicis suis manentibus in Curia Regis
" quos nouit esse familiares Regiæ Majestatis, si per Vniuersitatem ad hoc
" fuerit requisitus. Et quo additos duos articulos, vnanimiter deliberauit
" Vniuersitas quod de singulis Facultatibus & Nationibus darentur viri
" graues deputati ad visitandum Rotulum in quo erant confecti quidam
" articuli pro mittendo ad D. Cardinalem Nicænum, dum erat in hoc Re-
" gno, vt scilicet habeant addere si quid addere, aut tollere oporteat. Et
" hoc facto mittantur duo Nuncij ad Regem qui sint eruditi viri tam pro
" Prouisione quam & super Arresto dato contra præfatum Magistrum. Et
" quod portarent litteras D. De Gaucourt pro Vniuersitate in vtraque cau-
" sa ad Regem, factâ tamen prius supplicatione apud ipsum D De Gau-
" court pro litteris scribendis. Habuitque sibi Mater Vniuersitas immen-
sas grates de benignâ Responsione eius, de bono affectu & oblatione ad
Vniuersitatem, &c.

In eandem rem habita sunt Comitia die 1. Decemb. cum nuntiatum
fuisset summum Pontificem & Regem inter se se conuenisse de ratione
conferendorum Beneficiorum, tollique omnino & abrogari velle hacce
conuentione Pragmaticam-Sanctionem. Quamobrem statuit Vniuersitas
intercedere apud Curiam Paris. ne Pactum illud seu Concordatum Actis
Curiæ inscriberetur, ratumque haberetur. Idem Raulinus ita scribit.

CONTRA
BVLLAM.
" Die 1. Decemb. conuocata est per Iuramentum Mater Vniuersitas
" apud S. Bernardum super 3. articulis. Primus fuit super prouisione &
" promotione Suppositorum, pro quo articulo ibi fuerant lecta quædam
" Appunctuamenta inter summum Pontificem & Dominum nostrum Re-
" gem, in quibus penitùs cassabatur & annullabatur Pragmatica-Sanctio,
" & contra sacrum Concilium & sanctorum Decreta penitùs agebatur,
" contra vtilitatem Regni, Ecclesiæ Gallicanæ & Vniuersitatum non mini-
" mè ferebatur. Ibique cauebatur de Causis perducendis vsque ad Roma-
" nam Curiam; ita quod trahi possent Supposita Vniuersitatis vltra muros
" Parisienses, quod est contra nostræ Vniuersitatis antiquissima Priuilegia.
" In illis etiam cauebatur quod Prælati haberent sex menses, & summus
" Pontifex totidem ad conferendum Beneficia vacantia, & aliqui quos
" Rex, Regina aut D. Delphinus nuncupare vellent, primi ad maiora Bene-
" ficia prouiderentur. Sed de Studentibus in Vniuersitate ad populum in-
" struendum & de peritis nulla facta est mentio. Idcirco satis vniformiter
" deliberatum, quod Mater Vniuersitas haberet adire Curiam Parlamen-
" ti in suis Suppositis, videlicet Rector & notabili comitiua, cum notabili
" Proponente qui se haberent his appunctuatis opponere; & si opus esset,
" appellare secundum formam quæ olim de eodem casu retenta est, tem-
" pore M. Ioannis Maugeri.

Die 12. eiusdem mensis quæsitum vnde haberi posset pecunia ad Insti-
tuendam Intercessionem Appellationemque: nec vnus fuit omnium sensus. Superiores enim Facultates volebant exigi à Magistris & Scholaribus
semi-bursam; Natio verò Gallicana obstitit, atque Abbati S. Genouefæ
suam intercessionem insinuauit. Itaque ea die non potuit haberi concordia. Quanquam tamen eâ Natione exceptâ, cæteræ Facultates & Nationes æquum esse censuerunt exigi semibursam à singulis Magistris & Scholaribus 12. denariorum Parisiensium; eiusque exigendæ negotium demandatum est Abbati S. Genouefæ: & huic quoque præposuit Vniuersitas M. Berengarium Mercatoris Doctorem in Theologia. Eademque
fuit adhuc omnium illarum sententia 19. Decemb. referentibus Decanis
& Procuratoribus qui ad instruendum nouum Rectorem M. Martinum
Briçonnet conuenerant apud Mathurinenses, vnus Procurator Franciæ
Cordier intercessit, quominùs id ratum haberetur: quoniam ex instructione sui decessoris Raulini habebat, Nationem intercessisse. Itaque hoc illi demandatum vt Nationem suam conuocaret, atque ex eâ

quæreret an in Intercessione persisteret, necne. Conuocata die 22. Dec. perstitit.

1472.

Postridie eius diei, præsentibus omnibus Facultatibus & Nationibus post expositam à Rectore causam Comitiorum, prædictæ Nationis Procurator conscriptas folio papyraceo causas Intercessionis legit, & legitimas, iustas ac Canonicas esse probauit ; tantumque effecit, vt cæteræ Nationes, deinde etiam Theologorum Ordo, referente suo Decano, subscripserint, reluctantibus frustra Decretorum & Medicinæ Facultatibus. Hinc Rector comitatus Decano Theologicæ Facultatis, Procuratoribus Nationum & quibusdam alijs Abbatem San-Genouefinum iubet expositis iustissimis mutandæ prioris sententiæ rationibus, Monitiones pœnasque ijs indictas suspendere, donec concordia in Vniuersitate haberetur.

Hocce tempore Episcopus Carnotensis ab Vniuersitate perijt vt ea suæ causæ se se adiungeret. Premebatur enim Censuris Ecclesiasticis à quibusdam Abbatibus, iussu, vt dicebant, summi Pontificis, latis : vt latius continetur in processu, seu litis-contestatione quæ apud Senatum Paris. habita est 12. Martij eiusdem anni. Senatus autem visa & attenta Vniuersitatis adiunctione, decreuit 1. Aprilis vt prædictus Episcopus per Conseruatorem Priuilegiorum Apostolicorum absolueretur à Censuris. Sic enim legitur in Actis Curiæ ad diem 1. April. an. 1472.

Entre l'Euesque de Chartres demandeur & requerant les Enterinemens de certaines Lettres ou Requestes par luy baillées en la Cour de ceans d'vne part, & le Chapitre dudit Chartres d'aultre, sur le plaidoyé du 12. Mars dernier passé. Il sera dit que l'Abbé de Plampié de l'Ordre de S. Augustin au Diocese de Bourges & l'Abbé de la Victoire du Diocese de Senlis, & chacun d'eux seront contraints par prinse, arrest & detention du temporel de leurs terres ou Abbayes en la main du Roy, & par toutes autres voyes & manieres deües & raisonnables. C'est à sçauoir ledit Abbé de Plampié de absoudre ledit Euesque par luy Excommunié, comme soy disant, delegué par nostre S. Pere le Pape, & ledit Abbé de la Victoire à ce souffrir & consentir, & que leurdit Temporel demeurera en & sous la main du Roy, & sous icelle sera gouuerné par bons Commissaires soluables, non suspects, ne fauorables à l'vne ou à l'autre Partie, iusques à ce que ledit Euesque soit absouz. Et ce nonobstant oppositions & appellations quelconques. Et auec ce pour les excez & desobeyssance par lesdits Abbez & chacun d'eux faites & commises, iceux Abbez & chacun d'eux seront adiournez à comparoir en personne en icelle Cour, pour respondre au Procureur du Roy & à telles fins & Conclusions qu'il voudra eslire. Et permet la Cour au Conseruateur Apostolique des Priuileges de l'Vniuersité de Paris ou à son Vicegerent, & à tous aultres ayans puissance d'absoudre à cautelle, ledit Euesque nonobstant les Oppositions, inhibitions & deffenses faites audit Conseruateur & à sondit Vicegerent au contraire. Et ordonne ladite Cour que Frere Robert le Gros Religieux de l'Abbaye de Iosaphat prés Chartres, pour les Excez par luy commis à l'encontre & au preiudice dudit Euesque, sera adiourné à comparoir en personne en ladite Cour, pour aussi respondre audit Procureur du Roy, à telles fins & Conclusions qu'il voudra eslire.

Die 7. April Facultas Artium complurium Scholarium proteruiam decreto repressit. Die Iouis 8. April. fuit Artium Facultas veneranda per D. Rectorem M. Ioannem Mene apud S. Iulianum Pauperem vt moris est, conuocata super 2 artic. Primus fuit vt aduisaretur expediens modus quo Scholares quidam varias insolentias, enormitates, iurgia & verbera tam inter se inuicem quàm inter se, ac Laïcos committentes, à dictis insolentijs & enormitatibus compescerentur. Redundabat enim istud non modò in dedecus Artium Facultatis, verum etiam totius Vniuersitatis, poterantque occasione huiusmodi Ciuitatenses in dictos Scholares irasciter concitari. Quamobrem celeri suit remedio prouidendum. Secundus art. supplicationibus deditus existebat. Sequitur deliberatio. Quantum ad 1. art Placuit Nationi Gallorum venerandæ quod quia aliqui venerabiles Magistri ex his se nosse quosdam proclamabant, illos nominibus declararent D. Rectori. Super alijs autem qui difamati vulgò

REFORMATIO ARTIVM FACVLTATIS.

1472. " existebant, possibilis inquisitio apud domum habitationis, ac vicinos eo-
" rum fieret, ac super eorum moribus. Insuper quia paulò ante aliqui car-
" ceri mancipati extiterant, placuit vt deputarentur quidam per D. Re-
" ctorem qui Castelletum ingrederentur Incarceratorum Registrum vi-
" sitaturi, nominaque dictorum Scholarium extracturi. Illi autem qui de-
" linquere assueti reperti essent, siue per inquisitionem, siue per virorum
" fide dignorum depositiones, siue per Registrum dicti Castelleti, quia sæ-
" pè de dictarum Insolentiarum cessatione præmoniti fuerant, secundum
" statum cuiuslibet punirentur. Hoc est si Magistri essent, quod absit, gra-
" dus honore, franchisijs, emolumentis ac libertatibus vsque ad vitæ emen-
" dationem apparentem priuarentur. Si autem Scholares essent & licen-
" tiandi, siue Magistrandi, à promotione ad dictos gradus pro illo anno sim-
" pliciter, & quoad annos sequentes vsque ad Rectoris & Rectoriæ bene-
" placitum repellerentur. Si autem Baccalarij illo anno effecti essent, siue
" simplices Scholares Grammaticæ, vel Artibus insistentes, in suis Collegijs
" coram DD. Procuratoribus virgis acriter afficiantur. Si autem graduati
" non essent, & studentes in aliqua aliarum Facultatum, illud Decano suæ
" Facultatis notificaretur vt pœnâ condignâ puniantur. Quia verò multi
" ex his Martinetas suspicabantur esse, sub debito iuramenti DD. Pæda-
" gogis iniungeretur quatinùs nomina Martinetarum promouendorum in-
" scriberent, Dominisque Cancellarijs superioris & inferioris examinis ea
" exhiberent, vt secundum sæpè habitam conclusionem Facultatis à pro-
" motione propellerentur. Verum quia initia & horum Iurgiorum deli-
" berationes apud Vicum Straminis loco Disputationum fiebant, fuit dis-
" pensatiuè prouisum vt Baccalarij pro Quadragesimæ fine ad Vicum Stra-
" minis supradictum iam iam non irent. Vt autem plus retraherentur dicti
" Scholares à dictis insolentijs & verberibus, placuit Nationi vt de cætero
" recreationem Camporum, vel Sequanæ non habeant. Rursum placuit
" Nationi quia negligente Pastore oues errabundæ lupo depereunt, san-
" guisque de eius manibus exquiretur, quod dictos Scholares sub debitâ
" clausura teneant DD. Pædagogi, quique circa noctem post antiphonam
" pro pace exoranda decantari solitam secundùm Vniuersitatis conclusio-
" nem assuetam, ianuis clausis quemlibet suorum Scholarium nominatim
" euocari faciant. Quod si quis Scholarium prædictorum abfuerit, mittan-
" tur duo, aut tres ex Regentibus ad eum perquirendum in cameris: qui si
" repertus non fuerit, acriter puniatur. Et si aliqui discurrere soliti, incor-
" rigibiles fuerint, hoc significent D. Rectori. Si autem dicti Pædagogi
" in hoc desides comperti fuerint, manutenentia Pædagogiatus & Regen-
" tiæ priuatos esse constitutum est. Quantum ad 2. artic. nullæ fuerant sup-
" plicationes porrectæ. Et ita secundum prædictam Magistrorum delibe-
" rationem conformiter ad cæteras Nationes conclusi.

1473. Anno 1473. die Martis 18 Maij in Comitijs Generalibus D. Rector M.
Ioannes Mene exposuit D. Episcopum Meldensem Priuilegiorum Apostolicorum Vniuersitatis Conseruatorem fato functum fuisse. Quamobrem ne in mora detrimentum pateretur res Academica, alterum è
duobus Beluacensem, aut Siluanectensem eligendum esse. Communibus
verò suffragijs Episcopus Beluacensis renunciatus est. Quod cùm illi significatum fuisset, statim adfuit multâ Dominorum phalange comitatus,
" videlicet Reuerendi in Christo Patris D. Episcopi Biterrensis, D. Primi,
" Quarti Requestarum Præsidentium Consiliariorumque supremæ Curiæ
" Parlamenti, ac quamplurimorum aliorum Dominorum: qui eleganter
" nimis pro dictæ Conseruatoriæ Officio supplicauit, cuius etiam, vt satis
" præmissum est, exoratio cum gratiarum actionibus de benignâ oratione
" suâ admissa est. Qui pro Beneficij impensione non minimâ, vt aiebat, Gra-
" tiarum immensitates Vniuersitati singulorumque Suppositorum Cœrui
" referens, se obtulit in omnibus paratissimum. Quo facto iuramenta soli-
" ta in Vniuersitatis totius conspectu præstitit. Insuper vt dicti Officij pos-
" sessionem adipisceretur, in præsentia D. Rectoris, ac 4. Procuratorum
in

Vniuersitatis Parisiensis.

in Consistorio sedens processum aliquarum causarum audiuit, Officiariosque dictæ *Curiæ conseruauit*. Ita scribit M. Ioannes de Bucy Procurator Nationis Gallic.

1473.

Die Martis 1. Iunij eiusdem anni statuit Vniuersitas quod totis viribus Priuilegium suum, imò Priuilegiorum præcipuum, quod vocabant *de non trahi extra* propugnaret, occasione Abbatis S. Remigij, qui ab ea in hanc rem postulauerat adiunctionem, eò quòd à Castelleto ad sacrum Regis Consilium ab aduersarijs euocata lis fuerat. Sic idem de Bucy rem refert.

Die Martis 1. Iunij, &c. Exposuit D. Rector quòd non obstante quòd diu in causa quadam Abbatis S. Remigij Remensis fuisset coràm Locum-tenente D. Præpositi Parisi. in Castelleto processum, pars tamen aduersa per quasdam litteras Regias euocari facere nitebatur dictam causam ad magni Consilij examen, quod quia Procurator Regius se opponens, & si procederetur, appellans pati veritus est: quà de readjornatus est die assignatâ ad magnum Consilium. Et similiter dictus Abbas cum Procuratore suo. Videntes autem Præpositus Mercatorum & Scabini illud vergere in sui Priuilegij discrimen, se adiunxerunt causæ dicti Abbatis. Idcirco in deliberatione positum est quid super hoc esset agendum, attento quod dictus D. Abbas erat verum Suppositum Vniuersitatis. Super quo fuit per Nationem Gallorum venerandam maturè deliberatum quòd Vniuersitas, cùm illud in maximam præcipui Priuilegij derogationem & infractionem redundabat, se adiungebat, & parata esse debebat tueri & defendere dictum Abbatem tanquam verum suppositum eius, ne extra muros Parisienses traheretur in dicta causa. Vt super deliberatum extitit, attento quod Scabini villæ Parisiensis se offerebant honorandum D. Rectorem associare, dictum D. Rectorem debere accedere Curiam supremam Parlamenti, & ibidem per Proponentem exponere DD. Præsidentibus, totique Parlamenti Curiæ, quatinùs dicti Domini Præsidentes non paterentur priuilegia nostra, maximè illud præcipuum infringi. Insuper quod si de facto Pars aduersa quæ erat Reuerendus in Christo Pater D. Episcopus Lingonensis in dictam euocationem procedere vellet, quòd expressus Nuncius ad Regem destinaretur pro conseruatione dicti Priuilegij. Et dictus D. Abbas expensas ministrare paratum se offerebat, &c. De Bvcy.

De Hæredibus Savoisianis.

Quia Heredes Sauoisiani obtinuerant à Rege litteras ad Vniuersitatem, quibus mandabat vt latifundia quædam ad Carolum Sauoisium olim pertinentia certà pecuniæ summâ Vniuersitati addicta, illis liceret redimere, Vniuersitas ex Mandato Rectoris M. Iacobi Houe, congregata apud Mathurinenses 25. Iunij conclusit id fieri non posse, absque graui dispendio Vniuersitatis, quoniam ager ille Sauoisianus iure morticinij liber, seu vt loquebantur Maiores nostri, *amortizatus erat*. Si tamen tantundem reditus annui qui erat 120. l. in alijs agris daretur Vniuersitati, similiter iure morticinij exsolutus, libenter hoc concessuram. **Et vt, quantum in eâ re**, si secùs quàm petebat, fieret, damnum passura esset Vniuersitas, Regi clarè indicaretur, statuit ad eum per Legatos litteras expedire quibus certior fieret.

Die Iouis 13. Ianu. electus est in Procuratorem Nationis Gallicanæ M. Ioannes de Martigniaco aliàs Coulliart, qui quia, vt arbitror, Anti-Nominalis erat, Antagonistam habuit M. Guidonem Ribart, sed tandem contentione & certamine quod per tres hebdomadas durauit, superior fuit. Sub hoc Procuratore & Rectore M. Fanuche grauissimi conflictus fuerunt in Vniuersitate propter sententias Nominalium & Realium. Rex authoritatem suam in ea re interpositam voluit; & ad Vniuersitatem litteras dedit per Confessorem suum, quæ lectæ fuerunt in Comitijs Centuriatis apud Mathurinenses die 19. Ian. an. prædicti: & ad eas examinandas deputati sunt quidam viri Illustres, qui die 10. Febr. retulerunt Regi placere vt Vniuersitas disciplinam Scholasticam reformaret tam in doctrinâ quàm in moribus. Atque ideo conclusum, vt

Tom. V. VVuu

fieret Reformatio iuxta Mandatum Regis; idque iterùm ac tertiò iteratis Comitijs confirmatum. Quod vt auditum est à Rege, Edixit Siluanectii 1. Martij aduersus Nominales. Edictum autem tale est.

Contra Nominales.

„ LVDOVICVS DEI GRATIA FRANCORVM REX. Vniuersis præ-
„ sentes litteras inspecturis salutem. Etsi Regalis Prouidentiæ populum authoritati suæ diuinâ dispensatione creditum, Fidei & Religionis
„ titulo, ingenuisque moribus & disciplinis, ac verâ & sanâ Clarorum virorum doctrinâ institui facere atque ornari maximè interest; Nos tamen
„ qui Regno Christianissimo diuinæ propitiationis permissione præfecti sumus, id potissimùm curare tenemur, vt fidei puritas in Gallijs quæ solæ
„ hæreseon monstris caruerunt, inconcussa atque omni prorsus errorum
„ caligine intacta permaneat; ob cuius quidem integerrimam defensionem
„ claræ felicisque memoriæ Francorum Reges Liliati Prædecessores nostri
„ qui Christianæ Religionis & Catholicæ veritatis fuerunt feruentissimi
„ zelatores, meritò Christianissimi vocati sunt. *Sic Carolus Magnus Rex &*
„ *Imperator gloriosissimus studiosos quidem viros, Bedam scilicet, Rabanum, Strabum, Alcuinum, aliosque complures famosissimos atque eruditissimos ex vrbe*
„ *Roma ad inclytam vrbem Parisiensem idcircò transduxit, quò illic Generale ex*
„ *omni Nationum linguâ Studium institueret.* Qui profectò Doctores suis præ-
„ claris moribus, doctrinâ & disciplinis idem studium ita refertum reliquerunt, vt eorundem Prædecessorum Francorum Regum ope atque auxilio in hunc vsque diem non modò celeberrimum, verum etiam fructuosissimum atque florentissimum vbique terrarum habitum sit, ab omnique
„ superstitionis & hæresis maculâ alienum. Quod ita sanè contigisse minimè ambigimus propter doctrinæ sinceritatem, quam ijdem ipsi Authores
„ ibidem, alijque clarissimi Regentes atque Doctores plantare curauerunt; hæresim inde & errorum spinas atque tribulos funditùs euellentes,
„ abijcientesque & penitùs resecantes periculosas ac inutiles, & ad perniciosa scandala potius quàm ad fidei ædificationem declinantes doctrinas,
„ superfluas quoque quæstiones omnino prorsus rescindentes. Præcipuè
„ clara Theologorum Facultas quæ velut sidus quoddam fulgentissimum
„ suorum claritate radiorum, non solùm Regnum nostrum, sed etiam Vniuersum Orbem accendit atque illustrat, vtiliores semper doctrinas amplectens minúsque vtiles penitus abscindens. Sic namque priscis temporibus illud antiquissimum nominatissimumque Atheniense studium, quod
„ iam olim omnis Græciæ vniuersusque terrarum Orbis coluit, doctrinam
„ Socratis & Platonis, Doctrinæ Thaletis Milesij, Biantis, cæterorumque
„ quos Græci Sapientes appellabant, quoniam ex ea fructus vberiores prouenirent, præponere non dubitauit. Sic deinde Gregorius ille Magnus
„ olim Pontifex Max. sacrarum litterarum Interpres doctissimus, verbique
„ diuini maximus Præco M. Tullij Ciceronis libros miro dicendi lepore refertos, quoniam Iuuenes eiusdem Authoris mirâ suauitate sermonis illecti, Sacrarum Litterarum studium omittentes maiorem ætatis suæ florem in Eloquentiæ Tullianæ studio consumebant, quoad potuit, diligentissimè suppressit. *Qua fit vt Nos quoque eorundem Prædecessorum nostrorum*
„ *vestigia sequentes summopere niti deceat, quo prædictum Parisiense Studium, in*
„ *quo fidei lumen maximè semper claruit, ingenuis quidem moribus sanaque disciplinâ, ac summorum Realiumque Authorum doctrinâ, cæteris minus necessarijs*
„ *doctrinis penitùs sublatis, deinceps perpetuò nostris potissimùm temporibus ad Dei*
„ *omnipotentis laudem, Ecclesiæ suæ ædificationem & fidei orthodoxæ incrementum*
„ *feliciter illustretur.* Cum itaque à quibusdam quorum erga Nos prædictamque filiam nostram charissimam Vniuersitatem Parisiensem totamque
„ Rempub. nostram maximis in rebus fidei comprobata est, Nobis his diebus nunciatum extiterit, saluberrimas leges atque statuta à summis olim
„ Pontificibus, eorumque Legatis, ac etiam à Prædecessoribus nostris

Francorum Regibus ritè debitéque sancita, ac eadem in Vniuersitate publicata, minimè aut parum complices eiusdem Vniuersitatis studentes esse obseruata. Vnde quoniam ijdem ipsi Studentes exempla ingenuosque Patrum mores imitari dedignantes, vitæ dissolutiori, corruptisque moribus assiduè insistunt, quamplurima in dies vitia pullulant: necnon etiam alios quosdam suo nimium ingenio fretos, aut rerum quidem nouarum auidos, steriles doctrinas, minútque fructuosas, omissis eorundem Patrum Realiumque Doctorum solidis salubribusque Doctrinis, quanquàm eas ipsas steriles doctrinas in toto, aut in parte eorundem Sratutorum tenore dogmatizare prohiberentur, palam legere, ac sustinere non vereri. Nos autem vt Regem Christianissimum decet, ægrè molestéque ferentes, signanter quod aurum virtutis sacrorumque morum in vitiorum scoriam conuertatur: Et præterea quod steriles, seu minus fructuosæ, seuerioribus proximiores doctrinæ in præclaris inserantur ingenijs, cupientesque ideò, & ne vnde virtutum, sapientiæ atque doctrinæ fulgor elucere atque emanare deberet, inde vitiorum errorumque tenebræ proueniant, ijs scilicet incommodis salubri nostris præsertim diebus remedio occurrere, Dilectum & fidelem Consiliarium nostrum & Confessorem Episcopum Abrincensem prædictæ Vniuersitatis alumnum sacrarumque litterarum eximium Professorem Parisius apud eandem Vniuersitatem destinandum censuimus. Qui tandem posteaquàm de eiusmodi oberrationibus ei debitè constitit, conuocauit sibi, iussuque & mandato nostro associauit quamplurimos sacræ Theologiæ Professores, & cæterarum Facultatum ac Nationum ipsius Vniuersitatis Doctores atque Magistros vitæ & morum integritate, litterarum peritia summâ virtute, & rerum gerendarum experientiâ comprobatos, quorum nomina sunt hæc. Et 1. Facultatis *Theologiæ MM. Guillelmus Bouylle Decanus eiusdem, Donatus de Puteo, Guill. de Castro-Forti, Vrsinus Thiboust, Ioannes Trousset, Antonius Vrsi, Ioannes Patin, Petrus Caros, Ioannes Watat, Lucas de Molendinis, Ioannes Bauene, Stephanus Geruasij, Bardinus Heredi, Ioannes de Rota, Berengarius Mercatoris, Petrus Martin, Ioan. Cossart, Mathur. Sanguet, Stephanus Grandis, Ioan. de Lapide, Amator Chetart, omnes prædictæ Facultatis Theologiæ Doctores.* Facultatis autem Decretorum, *Magistri Stephanus Parui aliàs de Veteri-Villa Decanus eiusdem, Robertus Tulleu & Guillel. de Chastillon, omnes ipsius Facultatis Decretorum Doctores.* Facultatis verò Medicinæ *Magistri Ioannes Basin Decanus eiusdem, Guillelmus de Algia, Ioannes Auis, Ioannes Rosa & Bassa madidi, omnes dictæ Facultatis Medicinæ Doctores.* Facultatis autem Artium, & 1. Nationis *Franciæ Magistri Ioannes de Martigniaco Procurator eiusdem, Ioannes Pluyette, Ioan. Roërij, Yuo Calui, Ioan. Colini, Petrus Scissoris, & Petrus Gassas.* Nationis verò *Picardiæ, Petrus Caronis Procurator eiusdem, Gaufridus Norman, Ioan. Benedicti, Io. Hannon & Ioa. Remigij.* Nationis quidem Normaniæ *Magistri Robertus la Longue Procurator eiusdem, Ioannes Valles, Radulphus de Monsignet, Petrus Succurribilis & Nicol. Murdrat.* Et Nationis Alemanniæ *MM. Franciscus de Butezlaidem Procurator eiusdem Iacobus Houle, Ioan. Scriptoris & Nicolaus Tinctoris, omnes in dicta Artium Facultate Regentes, seu Magistri.* Quibus omnibus cum eodem Consiliario & Confessore nostro, post ingentem eiusdem rei consultationem, vno animo, vnoque consensu, nemine penitùs ipsorum discrepante, seu contradicente, visum est: Quod pro eorundem Scholarium & Studentium vitæ, morum & disciplinæ Reformatione Statuta iam olim & pluries in eadem Vniuersitate tam per nonnullos Apostolicos Legatos in Regno nostro specialiter deputatos, quàm etiam per eandem Vniuersitatem & maximè per Artium Facultatem facta, edita, publicata, satis abundeque sufficere videntur, dummodò ritè & inuiolabiliter obseruentur, hoc vno duntaxat excepto, quod Artium Tentatores qui nouissimè, anno scilicet 1452. Annales effecti sunt, vnde prædictæ oberrationes, aliique complures abusus atque defectus prouenerunt, continuabuntur per

" Cancellarios B. Mariæ & S. Genouefæ Parisi præsentes & futuros ad tale
" longum tempus, quod eis melius videbitur faciendum ; prout & quem-
" admodum ante prædictum tempus id erat fieri consuetum, annuente &
" assentiente Beatissimo Patre nostro & summo Pontifice. Qui quidem
" Cancellarij viros moribus sanaque Doctorum Realium inferius nomina-
" torum doctrinâ eruditos in eiusmodi Tentatorum Officijs præficere &
" instituere tenebuntur. Visum est eis rursus doctrinam Aristotelis, eius
" Commentatoris Auerrois, Alberti Mag. S. Thomæ de Aquino, Ægidij
" de Roma, Alexandri de Halles, Scoti, Bonauenturæ, aliorumque Do-
" ctorum Realium, quæ quidem doctrina retroactis temporibus sana se-
" curaque comperta est, tam in Facultate Artium quam Theologiæ, in
" prædictâ Vniuersitate deinceps more consueto esse legendam, dogma-
" tizandam, discendam & imitandam, ac eandem ad sacro-sanctæ Dei Ec-
" clesiæ ac fidei Catholicæ ædificationem, Iuuenumque studentium erudi-
" tionem longè vtiliorem esse & accommodatiorem, quàm sit quorundam
" aliorum Doctorum Renouatorum doctrina, vt puta Guillelmi Oxam,
" Monachi Cisterciensis, de Arimino, Buridani, Petri de Alliaco, Marsi-
" lij, Adam Dorp, Alberti de Saxonia, suorumque similium, quam non-
" nulli, vt dictum est, eiusdem Vniuersitatis Studentes, quos Nominales,
" Terministas vocant, imitari non verentur. Quapropter Nos qui in rebus
" humanis ad prædictæ Dei Ecclesiæ decus & fidei orthodoxæ tuitionem
" verâ clarissimorum, sanctissimorumque virorum sententijs comprobatâ
" doctrinâ nihil esse salubrius existimamus ; desiderantes ideo vt Scholares
" in eandem Vniuersitatem optimarū videlicet Artium discendarum gratiâ
" confugientes, ijs potissimùm moribus & disciplinâ oberrantium Refor-
" matione statuta iam pridem, vt dictum est, per Legatos Apostolicos præ-
" dictamque Vniuersitatem & Artium Facultatem facta & edicta ritè & in-
" uiolabiliter de cætero obseruentur, hoc vno duntaxat, vt dictum est,
" excepto, quod dicti Artium Tentatores à dictis B. Mariæ & S. Genoue-
" fæ Cancellarijs præsentibus & futuris vsque ad tale longum tempus,
" quod eis melius & commodius videbitur faciendum continuari, suíque
" in Officijs manu teneri poterunt & debebunt, annuente & consentiente
" summo Pontifice, modo superius declarato. *Et vlterius Statuimus &*
" *Edicimus quod prædicta Aristotelis doctrina eiusque Commentatoris Auer-*
" *rois, Alberti M. Sancti Thomæ de Aquino, Ægidij de Roma, Alexandri de*
" *Halles, Scoti, Bonauenturæ, aliorumque Realium Doctorum, quorum do-*
" *ctrina, vt dictum est, retroactis temporibus sana securaque comperta est, tam in*
" *sacra Theologia quàm in Artium Facultatibus in prædictâ Vniuersitate Parisi.*
" *deinceps more solito legatur, doceatur, dogmatizetur, discatur & intimetur.*
" *Altera autem prædictorum Nominalium tam supradictorum, quàm aliorum*
" *quorumcumque sibi similium in eadem Ciuitate, aut alibi quoquo versum in Re-*
" *gno nostro deinceps palam nec occultè, quouismodo nullatenus esse legendam, do-*
" *cendam & dogmatizandam, aut aliquatenus sustinendam expressè decernimus?*
" Et vt illa tanquam lolium ex tritico auellatur, ab eodem Regno nostro
" euanescat & eliminetur, Vniuersis prædictæ Vniuersitatis Collegio-
" rum Præfectis præsentibus & futuris prohibendum duximus, ac ex nunc
" præsentium tenore prohibemus, ne sub pœnis inferius expressis eandem
" ipsam doctrinam suis in Scholis, nec alias quouis modo publicè, nec oc-
" cultè dogmatizent, doceant, legant, nec studeant. Quæ omnia & sin-
" gula prædicta vt firmiter obseruentur, suumque & debitum sortiantur
" effectum, vlterius Statuimus & Edicimus, quod prædictæ Vniuersitatis
" Rector modernus, Decani Facultatum Theologiæ, Decretorum & Me-
" dicinæ, ac etiam 4. Nationum Procuratores in facie totius Vniuersitatis
" præsentibus fidelibus Consiliarijs nostris Curiæ Parlamenti nostri Præ-
" sidentibus & Præposito Parisi. aut eius Locum-tenente, quos & eorum
" quemlibet ad hæc & alia infrascripta exequenda expressè committendos
" deputauimus & deputamus: omnes, inquam, & singuli Doctores, Col-
" legiorum Præfecti, Pædagogi, Regentes & Magistri, ceterique omnium

Vniuersitatis Parisiensis.

prædictarum Facultatum Scholares tam seculares quàm Religiosi cuiuscunque gradus, status, Ordinis & Professionis existant in manibus prædicti Rectoris corporaliter iurabunt hoc præsens Statutum & Edictum
nostrum se inuiolabiliter obseruaturos. Quorum quidem nomina, qui sic
vt dictum est, iurabunt, inscribi volumus in libro Rectorio eiusdem Vniuersitatis: Et quod omnes & singuli prædicti Rectores moderni in eodem officio Rectorio successores in noua eorum creatione idem iusiurandum præter cetera quæ fieri solita sunt, iuramenta præstare tenebuntur. Insuper quod prędicti B. Mariæ & S. Genouefæ Cancellarij presentes & futuri neminem penitùs eiusdem Vniuersitatis studentem ad quamuis cuiuscunque Facultatis licentiam neque gradum admittere, nec recipere possint, aut debeant; nec etiam prędicti Procuratores aliquos Scholares ad Baccalariatus gradum admittant, nisi prius vna cum alijs iuramentum præstare solitis suis in manibus prædictum præstiterint iuramentum. Quocirca prædictis Parlamenti nostri Præsidentibus Præpositoque
Parisiensi, aut eius Locum-tenenti præsentibus & futuris, & horum cuilibet in solidum harum serie præcipiendo mandamus; quatenùs prædictis
Rectoribus, Doctoribus, Collegiorum Præfectis, Pædagogis, Magistris
tam Regentibus quàm non Regentibus prædictæ Vniuersitatis vno in
loco, vt fit, solemniter congregatis has præsentes Edicti & Statuti nostri
litteras legi & publicari, ac ipsum in ceterorum Edictorum atque Statutorum Regiorum Rectorio libro & Facultatis, ac Nationum prædictæ
Vniuersitatis Catalogis seu libris inscribi; idemque Statutum & Edictum
inuiolabiliter obseruari faciant, inhibendo seu inhiberi faciendo ex
parte nostra omnibus tunc ibi assistentibus, & alijs quibus fuerit inhi-
bendum sub pœnâ priuationis non modò à prædictâ Vniuersitate & priuilegijs eiusdem, verum etiam à tota Ciuitate Paris. ne quis ipsorum contra præsentium tenorem quicquam moliri, aut attentare palàm, nec occultè quoquomodo præsumat. Si quis autem pœnam istam inobedientiæ
sustinuerit, non solum eum eiusdem pœnæ declaratione, sed etiam vt cæteris de se spectaculum prębeat, cedatque in exemplum vsque ad ban-
nimentum, seu potius nostri Regni perpetuum exilium & alias arbitra-
rias pœnas, secundùm delinquentis personæ qualitatem, & sui criminis &
inobedientiæ grauitatem, esse mulctandum atque plectendum expressè
declaramus, præter tamen nostræ Regiæ Majestatis indignationem,
quam eundem ipsum delinquentem casu prædicto incursurum, ex nunc
prout ex tunc, decernimus per præsentes. Præterea ne prædicta Nominalium doctrina quicquam non modò vigoris, sed ne fomitis quidem in
hoc Regno in posterum habere possit; Mandamus insuper primo prædicti Parlamenti nostræ Curiæ Præsidenti, eidem specialius committentes, quatenùs omnes & singulos ipsius Vniuersitatis libros & apud eiusdem Vniuersitatis Supposita existentes, ex quibus eadem ipsa Nominalium doctrina procedit, in manu nostra realiter & de facto capiat, seu capi faciat, sub eademque facto ex eis debite inuentario, custodiat, quo-
vsque Libros ipsos per viros litterarum peritia comprobatos atque expertos fecerimus visitari; de eisdemque quod fuerit rationis, extiterit
ordinatum. Ad id autem faciendum, & ad libros ipsos in prædicti Præsidentis manus afferendum: eique ac suis in hac parte Deputatis parendum volumus, ab eoque suisque Deputandis omnes & singulos quos opportunum fuerit, veluti nostris pro rebus & negotijs est fieri consuetum,
viriliter cogi ac districtiùs coarctari; eidemque ac suis Deputatis, ab
omnibus & singulis Iustitiarijs & Officiarijs nostris quoad hæc pareri efficaciter & intendi iubemus per præsentes; Quarum Transsumpto, seu Vidimus, vno aut pluribus sub sigillo Regio confectis fidem indubiam veluti huic Originali vbique adhiberi volumus. In quorum omnium præmissorum fidem & testimonium, nostrum Præsentibus litteris fecimus
apponi sigillum. Datum Siluanecti die 1. Martij anno Domini 1473. Regni verò nostri an. 13. Per Regem. D. Duce Borbonij, Episcopo Albiensi,

Tom. V.   VVuu iij

1473.

"D. de Argentina, D. de Genlyaco, M. Ioanne de Ambasia, & alijs præ-
1473. "sentibus. Sic signatum. De Cerisay.

Statim hoc Edictum Rectori significatum est: statimque ille Comitia
Generalia indixit ad diem 9. Martij apud Bernardinos, vbi explosa est
doctrina Nominalium vnanimi fere omnium Ordinum consensu, vt scri-
"bit prædictus Nationis Gallic. Procurator. Anno, *inquit*, Domini 1473.
"die 9. Martij facta est Congregatio Generalis Vniuersitatis apud S. Ber-
"nardum per iuramentum, ad audiendum Edictum Regium super Refor-
"matione de qua supra, & ea quæ per D. Primum Præsidentem cum D.
"Confessore & pluribus Consiliarijs Regijs per Ordinationem Regis erant
"Vniuersitati proponenda. Edictum Regium lectum est continens princi-
"paliter duo. Primum est renouatio Iuramenti de non dogmatizando, aut
"sustinendo doctrinam Guillelmi Okam, & consimiles. Secundum est de
"tradendo D. Primo Præsidenti per Inuentarium libros Nominalitatum
"dicti Okam, & similium. Quantum ad 1. fere omnes parati fuerunt iurare.
"Et 1 D. Rector absolutè iurauit. D. Decanus Facultatis Theologiæ, &
"quasi omnes, exceptis paucis qui sustinent Nominales, qui nihilominus
"conditionaliter iurauerunt. De Facultatibus Decretorum & Medicinæ
"iurauerunt omnes sine difficultate. Item 4. Procuratores 4. Nationum.

In eandem rem sæpè celebrata sunt Comitia Nationum, Facultatis
Artium, & totius Vniuersitatis. 14. Martij Facultas Artium in San-Iulianensi æde deliberauit de Iuramento quod exigebatur à singulis Magistris.
"*De non dogmatizando* doctrinam Okamicam aliorumve Nominalium con-
"tentorum in Edicto Regio. Conclusit verò placere obedire Regi & præ-
"stare iuramentum cum modificatione facta per DD. Commissarios apud
"S. Bernardum. Item placuit mittere Nuncios ad Regem de singulis Na-
"tionibus pro temperamento, seu, vt ibidem scribitur, *modificatione* Edicti.
"Insuper placuit ex qualibet *Libraria* extrahere librum vnum de quolibet
Doctore Nominali, illumque tradere primo Curiæ Parlamenteæ Præsidi.

Postridie eius dici, hoc est 15. Martij in Comitijs Generalibus apud
Mathurinenses habitis, idem à Rectore propositum; idemque quod supra
conclusum. Item 21. eiusdem mensis Rector exposuit, quàm non vlli labori pepercisset, vt ex Librarijs Officinis libros Nominalium extraheret:
vtque M. Berengarius Mercatoris D. Cancellarium super ea re adisset,
certioremque fecisset de certo Vniuersitatis proposito & sententia, pa-
rendi Mandatis Regijs.

Ad diem 28. eiusdem mensis scribitur lectas fuisse Regis litteras, quibus mandabatur Vniuersitati, vt reciperet pecunias vnâ vice soluendas à
M Ludouico de Sauoisy ad redemptionem reditus annui qui certis Capellanijs addictus fuerat propter perpetratum à familiaribus Caroli de
Sauoisy facinus. Verum conclusum est, vt supra, non placere redimi huiusmodi Reditus, *tum propter emendam delicti perpetrati in Supposito Vniuer-*
sitatis; tum etiam quia Regis athoritate sententia lata fuerat.

Die 7. Aprilis Vniuersitas in Comitijs generalibus apud Bernardinos
habitis audiuit à F. Ioanne Paillardo Minorita primum Curiæ Parisiensis
Præsidem non esse contentum sibi tradi de singulis Nominalium operibus vnum Exemplar, sed omnia exposcere; placuit ad Regem Oratores
mitti, qui Edicti temperamentum postularent. Vt habetur in Actis illius
"diei. Anno eodem die 7. mensis April. fuit alma Vniuersitas per D. Re-
"ctorem apud S. Bernardum per iuramentum congregata super 2. artic.
"Primus fuit ad audiendum relationem Magistri nostri F. Ioannis Paillar-
"di Ordinis Fratrum Minorum missi ab Vniuersitate ad D. Primum Præsi-
"dentem supremæ Curiæ Parlamenti super modificatione Edicti Regij de
"Excatenatione librorum Nominalium à singulis Librarijs. Secundus fuit
"communis. Quantum ad 1. artic. dictus Magister noster retulit, quod D.
"Primus Præsidens sibi respondit quod non poterat contentari de vno vo-
"lumine cuiuslibet Doctoris illius doctrinæ Nominalium, imò indifferen-
"ter omnes libros habere intendebat secundùm voluntatem Regis. Super

hoc extitit conclusum quòd mitteretur Ambassiata ad supremum D. nostrum Regem, ad ostendendum sibi damna & inconuenientia quæ possint oriri, si omnes libri extraherentur à Librarijs. Et quantum ad extractionem aliquorum Librorum, placuit Nationi obedire Regi; & quòd D. Rector in fine Congregationis haberet præcipere per Iuramentum omnibus & singulis Magistris, Principalibus Collegiorum & Pædagogiorum vt infra noctem haberent dare vnum librum siue volumen Nominalium, si quos haberent, in manibus D. Primi Præsidentis. Ad extractionem omnium librorum, vt præfertur, placuit mittere ad Regiam Majestatem super moderatione sui Edicti, & nominauit Ambassiatores D. Decanum Parif. M. Ioannem Huë, M. Ioannem Luillier, vel de Truquez in Theol. Professores, &c. RIBARD cum syngr.

1473.

Et hæc tum Vniuersitatis, tum Nationis Gallicanæ Conclusio confirmata est die 11. eiusdem mensis apud Mathurinenses in alijs Comitijs Generalibus, nominatique sunt Oratores ad Regem mittendi. Quibus iniunctum est triplex negotium. Primum pertinebat ad Reditus illos Sauoisianos, de quibus supra dictum est. Secundum ad prouisionem Beneficiorum Ecclesiasticorum. Tertium ad Nominalium concatenationem; quâ de re agimus ad diem 9. Iulij infra.

De hac autem Nominalium incarceratione sic Robertus Gaguinus ad Guill. Fichetum tunc Romæ degentem Ep. 25. Progrederer vltra scribendo, si te putarem benignum fore lectorem mearum scriptionum. Non silerem plurimas concertationes Philosophorum & Doctorum nostrorum, quas alij ridiculas prorsùs, alij fere gladiatorias in Nominalium & Realium (sic eos appellant) hæresibus, id est, sectis suscitarunt. Res autem eò deducta est, vt Nominalibus veluti Elephantiæ pruritu pestilentibus edictum sit exilium. Quorum celebriores libros, quos & Bibliothecis Pontificum interdicto distrahi nefas erat, ferro & claui tanquam compedibus; ne introspectentur, vinctos esse iussit Rex Ludouicus. Putares misellos Codices arreptitia quadam phrenesi & dæmonico furore, ne visentes impetant, esse ligatos. Sic indomitos leones & belluas vinclis cohibemus & carcere. Realibus id est, Scoticis atque Aquinatibus tantùm suus est honos & libertas, quanquam obstrepant semper inter se & rixentur. Carolus Saccus æqualis tuus te salutat. Vrbi autem Parisiorum pestilentia minatur. Vale 5. Kal. Martias.

Anno 1474. die Mercurij 11. Maij actum est in Comitijs Facultatis Artium apud S. Iulianum habitis de eiusdem reformatione quoad 4. capita, quæ in Actis illius diei recensentur à M. Theobaldo Marceau Procuratore Nationis Gallic. Die Mercurij, inquit, quæ fuit 11. mensis Maij congregata fuit Artium Facultas super 2. artic. Primus erat super Facultatis Artium reformatione, qui quidem articulus 4. partes continebat. Prima erat de his clamatoribus impedientibus Electiones nouorum Rectorum, nec non Procuratorum. Secunda Pars erat de Conferentibus & recipientibus pecunias pro votis, deliberationibusque ipsorum. Tertia pro huiusmodi Officijs. Quarta Pars concernebat Regentes Artium Facultatis. Secundus artic. erat communis. Quantum ad 1. partem primi articuli, deliberauit Francorum Natio vt isti Clamatores impedientesque Electiones Rectorum & Procuratorum coërcerentur secundùm formam & tenorem Statuti editi à D. Cardinale d'Estouteville. Quantum ad 2. partem, placuit Nationi, quòd tam dantes, quàm recipientes pro votis deliberationibusque eorum in Electionem Rectorum & Procuratorum venirent priuandi, donec & eò vsque foret aliter prouisum per Nationem. Quantum ad 3. partem dedit Natio Deputatos solemnes ad videndum an esset expediens & æquum quod Tentatores perpetuarentur, vel annuarentur. Quantum ad vltimam partem, libuit Nationi quod Regentes non exercentes actus Scholasticos in vico straminis, exceptis Regentibus honoris, sicuti Regentes facientes moram residentiamque vltra pontes, non perciperent distributiones quæ solent fieri veris

14-4.

Regentibus in Collegio Nauarræ, nec etiam haberent comparere in prandijs, vel alijs in Conuiuijs Nationis. Et ad executionem istius articuli Natio dedit solemnes Deputatos.

Die 14. Maij in Comitijs Generalibus apud Mathurinenses habitis, Miles quidam à Rege ad Vniuersitatem missus supplicauit pro redemptione redituum cuiusdam Capellaniæ ad ipsam Vniuersitatem pertinentis & fundatæ ad perpetuam memoriam cædis perpetratæ olim in ædibus Præpositi Parisiensis. Quæ materia cum sæpè fuisset iam antè agitata, non diu tenuit suspensos Vniuersitatis animos. Scilicet responsum est stare Vniuersitatem Decretis & Conclusionibus antè factis. Nihilominus nominati sunt viri qui cum illo Milite communicarent rationes quibus mouebatur Vniuersitas, ne illi reditus redimerentur.

Die 9. Iulij reuersi Legati ingenti lætitiâ omnium Academicorum animos repleuerunt, referentes Regem annuisse omninò suis precibus, & supplicationibus Vniuersitatis, scilicet quantum ad reditus prædictos non redimendos, Prouisionem Suppositorum Vniuersitatis & excatenationem Nominalium. Rem sic refert Theobaldus Marceau Procurator Nationis
" Gallicanæ. Die 9. mensis Iulij D. Rector conuocauit Vniuersitatem apud
" S. Mathur. super 2. art. Primus fuit ad audiendum ea quæ fuerant acta in
" Legatione Reuerendissimi Magistri nostri M. Ioannis Huë, qui legatus
" fuerat ab Vniuersitate ad supremum D. nostrum Christianissimum Fran-
" corum Regem. Secundus fuit super supplicationibus & iniurijs. Quan-
" tum ad 1. artic. tota Vniuersitas audiuit ea quæ fuerant acta in præme-
" moratâ legatione, gratias quam maximas immortalesque supremo D.
" nostro Regi referendo de benigno affectu & de grata & humili respon-
" sione quam fecit Oratori nostro. Vnde præmemoratus Magister no-
" ster M. Ioannes Huë declarauit supplicationes suas Vniuersitati, quas
" porrexerat supremo D. nostro Regi. Prima erat vt placeret Regiæ
" Maiestati, vt illi reditus de quibus multoties factus est sermo in Vniuer-
" sitate de ipsis redimendis, non redimerentur. Secunda fuit super proui-
" sione Suppositorum almæ Vniuersitatis Paris. Tertia fuit super excatena-
" tione quorundam librorum Nominalium. Vnde omnibus his Christia-
" nissimus Francorum Rex annuit in forma. Et quoad 1. deliberauit vene-
" randa Gallorum Natio mater mea, vt amplius non fieret sermo de re-
" demptione illorum redituum assignatorum Vniuersitati pro reparatione
" cuiusdam offensæ perpetratæ contra Vniuersitatem. Quoad secundam,
" dedit Deputatos ex parte Vniuersitatis qui haberent prosequi illam pro-
" uisionem. Quantum ad tertiam, placuit Nationi, vt illi libri excatena-
" rentur de quibus supra factus est sermo.
" Die Sabbati 13. Aug. in Comitijs generalibus apud Mathur. retulit M.
" Berengarius Mercatoris à Rege reuersus, Regem annuisse supplicationi
" Vniuersitatis Paris. ne staret Bituricensis: quapropter Regi, D. Cancellario, cæterisque Consistoriani Comitatus Proceribus gratias decreuit **immortales Vniuersitas, ipsíque etiam Berengario, quòd eleganter ad** Regem contra Vniuersitatem illam dixisset, obtinuissetque eiusdem abrogationem.

Die 30. Aug. in Comitijs Facultatis Artium audita est querimonia cuiusdam Regentis, seu Professoris vocati ad tribunal Archidiaconi de Iosayo & detrusi in carceres postulante quodam viatore, seu famulo, qui ab eo se verberatum dixerat. Erat autem ille missus à Promotore, & Citationum quarundam portitor; id tamen ignorante Magistro, qui ob id hominem corripuerat, quia ortâ inter ipsum & Mangonem discordia, clamoribus & vociferationibus turbabatur attentio Scholarium. Igitur famulus ille venire iussus ad Rectorem, & interrogatus quamobrem litem illi Magistro intendisset, respondit se id fecisse, hortante & impellente Promotore. Re igitur in deliberationem adducta, quia contra Statuta Vniuersitatis peccatum videbatur grauissimè; & quia Promotor dolo ma-
" lo vsus fuerat, sic conclusum fuit. Vt Promotor ille perpetuis priuaretur
temporibus

temporibus à gremio Vniuerſitatis: quod affigeretur priuatus per Quadriuia & valuas tanquam membrum Vniuerſitatis aridum, putridum & infame. Placuit inſuper quod Garcio (id. famulus ille) præſentibus 4. Procuratoribus 4. Nationum in ſuo Collegio à ſuo Regente puniretur, quod veniam peteret à Regente contra quem fecit offenſam, & Magiſtro Principali Collegij Tornacenſis. Placuit eidem Nationi Gallicanæ quod D. Rector haberet vocare Curatum S. Stephani in cuius Parochia dictus Garcio portat mandata Citatoria, quod eum remoueret ab Officio, quod ſi noluerit facere dictus Curatus, denunciet eum priuatum D. Rector vſquequò, &c. habeat præterea D. Rector conuocare D. Archidiaconum de Ioſayo, ſibique nunciare quòd illum Promotorem ab Officio & Curia ſua remoueat, & etiam Iudicem qui tunc ſedebat pro Tribunali, ſcilicet quendam ſic vocatum, Petrum Beloſſe, qui ſcilicet condemnauit dictum Regentem detrudi in carceres, ac ſi eſſet fur, aut homicida, & haberent dictus Archidiaconus, Promotor & Iudex Regentem prædictum reddere indemnem, & eum totaliter remouere à Curia. Quod ſi recuſaret dictus Archidiaconus, denunciet tunc eum D. Rector priuatum vſquequo, &c. Etiam Iudicem ſedentem pro Tribunali.

1473.

Die Iouis 1. Sept. in Comitijs Vniuerſitatis propoſita ſunt à Rectore quædam capita pertinentia ad Prouiſionem Scholarium, & ad bona cuiuſdam Librarij qui inteſtatus deceſſerat, quæ quidem Procuratores Rerum Regiarum iure *Albinatus*, vt vocant, Regi attribui volebant, obſtante Vniuerſitate: quamobrem lis mota eſt apud Curiam Pariſienſem. Et die 3. eiuſdem menſis interrogati & auditi ſunt nonnulli Librarij qui Statuta Vniuerſitatis oppugnaſſe dicebantur, quoad bona prædicti Librarij defuncti & inteſtati. In rem ita legitur in Actis.

Die Iouis quæ fuit 1. Sept. D. meus D. Rector conuocari fecit Vniuerſitatem per Iuramentum ſuper 3. art. Primus, &c. Secundus artic. concernebat vnum de Statutis noſtris, quia quidam Curiales dicentes ſe habere conſiſcationem librorum & bonorum cuiuſdam nuncupati Armandi de Statim, violenter volebant eadem bona transferre, & hoc fuit die præcedente iſtam congregationem, quod ſciens D. Rector vnà cum Procuratoribus adiuit domũ illius defuncti, vbi erant illi libri. Dixit quod habebamus ſtatutum quod nullo modo debent deferri, vel confiſcari bona Scholaris & Librarij etiam inteſtati, & opponebat ſe D. Rector caſu quo, &c. Sed cum non obſtante oppoſitione ſemper procederent, appellauit idem D. Rector ad ſupremam Curiam Parlamenti. Ideò quærebat D. Rector auoationem in hoc, &c. Quantum ad 2. artic. agebat ingentiſſimas gratias D. Rectori & Procuratoribus & hijs omnibus qui eum aſſociauerant, auoat eundem D. Rectorem de appellatione illa quâ appellauit ad ſupremam Curiam caſu quo, &c. Et vult ſuſtinere & proſequi Statutum noſtrum priùs declaratum, & remittebat ad DD. Theologos ad eligendum vnum Proponentem qui haberet proponere coram DD. Præſidentibus & narrare eis ſtatutum noſtrum & quærere remedium. Placuit præterea quod bona illa ponerentur in tuto loco quò citius fieri poſſet, & quod etiam ciperemus conſilium à noſtris Conſiliarijs tam de Caſtelleto, quàm de Parlamento ſuper iſta materia. Quæ bona fuere pro parte poſita in loco tuto per D. Rectorem & Procuratores. Et quia rumor erat M. Philippum Munier, filium Andreæ Munier, alterum de 4. Principalibus Librarijs nunciaſſe cuidam Curiali mortem illius Armand, vt quæreret confiſcationem omnium bonorum, placuit Nationi quod in 1. Congregatione citarentur pater & filius ad purgandum ſe.

Die Sabbati eiuſdem menſis conuocauit apud S. Math. & congregauit Vniuerſitatem honorandus D. meus D. Rector ſuper 2 artic. Primus erat ad audiendum Andream Munier alterum de 4. Principalibus Librarijs Vniuerſitatis & filium eius M. Philippum Munier in Artibus Magiſtrum. Quoniam & per inquiſitionem, ſcilicet per illum quem duxerat pro ſeruitore ad Curiam dictus Philippus Munier, ſciuit D. Rector quod iſte Philippus

Tom. V.   XXxx

1473.

"Munier filius Andreæ immediatè post mortem defuncti Armant adiuit Curiam Regis, & nunciauit cuidam Domino de dicta Curia Regis mortem ipsius Armant, & quod potentissimus & in auro & libris erat, & quod non erat Regnicola, & propterea debebant confiscari sua bona: quam confiscationem quæsiuit à Domino nostro supremo Rege dictus Dominus & eam impetrauit. Interrogatus dictus Andreas an iussisset filium suum, dixit se misisse eum ad Curiam, sed non eâ causâ, scilicet pro confiscatione illa, sed solum pro Officio dicti sui filij & pecunia aliqua quam quis de Curialibus eidem debebat ratione quorundam librorum exemptorum ab eo. Fuit interrogatus insuper dictus Munier vtrumne aliqua sciret de ista confiscatione. Respondit per iuramentum quod non. Deinde fuit interrogatus filius dicti Andreæ qui asseruit se non iuisse ad Curiam propter istam causam. Sed cum amplius interrogaretur vtrumne dixerit vel fecerit cuiquam mentionem, dixit & confessus est in facie Vniuersitatis quod bene dixit illi Domino qui volebat hanc confiscationem, quod ille Armant non erat de Regno, & quod potentissimus erat, & propterea debebant sua bona confiscari. Præterea fuit vocatus M. Ioannes Barbier qui eum associauerat, qui in facie Vniuersitatis dixit & deposuit quod M. Philippus Munier in itinere eidem dixerat quod ibat ad Curiam pro & ratione illius Armand, vel bonorum suorum. Cum autem fuerunt in Curia ambo, dictus Philippus allocutus est illum Dominum qui prætendit habere ius in ista confiscatione, qui Dominus vulgariter nuncupatur D. de Grouille. Asserit præterea dictus Barbier quod audiuit hæc verba, dum dictus Philippus loquebatur cum dicto D. de Grouille, scilicet quod ille Harmanus bene habebat secundum communem famam octo centum scuta in pecuniæ & libros habebat infinitos, quare opus erat, &c. attento quod non erat de Regno. Omnibus his auditis posuit ea D. Rector in deliberationem singularum Facultatum & Nationum. Super quibus deliberauit Natio Gall. quod perpetuis temporibus vult M. Philippum Munier qui impetrari fecit istam confiscationem contra statutum nostrum & suum iuramentum, priuari. Et quod vlteriori inquisitione facta de Patre, si culpabilis inueniretur, etiam priuaretur ab officio suo. Placuit præterea eidem venerandæ Nationi quod si dicta confiscatio haberet locum, quod dictus Munier haberet suis sumptibus restituere.

"Die Dominica 11. Septemb. fuit alma mater Vniuersitas super 2. artic. solemniter apud S. Math. congregata. Primus articulus fuit ad eundum ad supremam Curiam, quia in die præcedente Domini Præsidentes miserant ad D. Rectorem, quo quidem D. Rector adiuit illam supremam Curiam, consilioque habito à Consiliarijs Vniuersitatis dixerunt Domini Præsidentes, quod volebant nobis certificare quod illi Burgenses de Maguntia pro quibus erant multi illorum librorum quos possidebat defunctus Hermanus, erant Burgundi & quod Dux Burgundiæ illos Maguntinos comprehenderat sub parte sua in treugis nuper habitis; quæ omnia dixerunt DD. Præsidentes, & quod Rex habebat istam rem cordi, & quod nullo modo debemus sustinere eos qui sunt Burgundi, & quod etiam non poteramus eos sub priuilegijs nostris sustinere mercatores qui non sunt Scholares. Ideo omnibus defensionibus habitis tam de vna parte quàm de altera iniunxit D. Præsidens D. Rectori, vt conuocaret in crastino Vniuersitatem, quâ conuocatâ iterum in crastino rediret ad supremâ Curiam. Ideo posuit D. Rector in medium omnia ista: super quibus deliberauit veneranda Galliarum Natio. 1. protestabatur quod nullo modo volebat sustinere bona illorum Maguntinensium, si essent Burgundi, sed ignorat eos esse Burgundos. Ideo vult stare in appunctuamento prius habito à dicta Curia, scilicet quod bona istius Armandi transferantur ad Domum Receptoris Emendarum tanquam in Manutenentia, vsquequò aliter visum fuerit. In Crastino autem adiuimus Curiam & ita diximus.

Tale tandem Senatusconsultum latum est die Lunæ 12. Sept.

Ce iourd'huy sur le debat d'entre M. Iean Chaumont Notaire & Secretaire du Roy & Iean Chouruille Commissaires de par le Roy, requerans que les biens & Liures demeurez du deceds de feu Herman de Stateleon du pays d'Allemagne, Escholier & Officier en l'Vniuersité de Paris, fussent declarez appartenir au Roy. C'est à sçauoir les propres biens d'iceluy Herman par aubaine, & les autres qui appartiennent aux Marchands de Mayence au pays d'Allemagne ou autres contraires au Roy, par confiscation, d'vne part. Et l'Vniuersité de Paris d'autre part. Aprés que M. Guillaume Bouille Docteur en Theologie, present le Recteur & Deputez d'icelle Vniuersité, a dit & declaré deuant les Presidens & plusieurs Conseillers du Roy en la Cour, que l'intention de ladite Vniuersité n'estoit pas d'estendre son Priuilege, entant que touche les biens que lesdits Commissaires du Roy pretendent appartenir audit Sieur par confiscation, bien pretend icelle Vniuersité estendre ledit Priuilege, entant que touche les biens dudit Escholier, disant que ladite Vniuersité en doit auoir la garde. Requerant aussi que lesdits Commissaires du Roy veuillent rendre lesdits liures qu'ils pretendent estre confisquez, qu'il leur plaise les faire vendre en cette ville de Paris, afin que les Escholiers de l'Vniuersité en puissent auoir pour leur argent. Et aussi a dit ledit Recteur que vn Docteur nommé De Lapide Maistre en Theologie & aucuns autres particuliers demeurans & estudians en ladite Vniuersité de Paris, auoient aucuns liures chez ledit Herman qui leur appartenoient & appartiennent. Et pour ce requeroit iceluy Recteur qu'il pleust ausdits Presidens de leur faire rendre & restituer. Et tout Consideré: Les Presidens ont ordonné & appointé, ordonnent & appointent, que au regard des biens & liures qui sont propres biens & liures dudit feu Herman & de ceux qui appartiennent audit De Lapide & à autres particuliers & aussi ceux de l'Hostel-Dieu de Paris qui pretendent le residu des biens dudit feu Herman à eux appartenir, son testament accomply; en bailleront requestes ausdits Presidens qui seront montrées au Procureur du Roy. Et lesdits Presidens feront droit ausdites parties ainsi qu'il appartiendra par raison. Et au regard des biens & liures que lesdits Commissaires pretendent appartenir à aucuns Marchands de Mayence, alliez auec le Duc de Bourgongne, & pour ce confisquez au Roy, a esté appointé que iceluy Sieur sera aduerty que iceux liures appartiennent ausdits de Mayence, & ordonnera à son bon-plaisir. Et cependant demeureront iceux liures là où ils sont sous la main du Roy, iusques à ce que autrement en soit ordonné. Fait en Parlement le 12. iour de Septembre 1474.

Instabant hocce tempore Aurelianensis & Parisiensis Vniuersitates apud Regem vt abrogaretur Bituricensis paulò antè erecta, quam non parum vtrique nocere & damno esse certum erat: Idque Rex concesserat. Verum conquerentibus Bituricensibus, Rex litteras dedit ad Vniuersitatem Paris. quibus hoc inter alia continebatur, nolle ipsum abrogari Academiam Bituricensem, donec à Parisiensi & Aurelianensi rationes audiuisset, quibus id esse boni publici gratiâ ita faciendum euincerent. Missi ergo ad Regem Oratores & Legati vt in Actis illius diei fusiùs habetur. Primus artic. fuit ad audiendum lecturam litterarum quas mittebat « supremus D. noster Rex quarum substantia erat talis, videlicet quod « ipse non volebat destruere, nec remouere Vniuersitatem Bituricensem, « donec audiuisset defensiones Aurelianensium & Parisiensium; quapro- « pter mandabat Vniuersitati, vt mitterentur quatuor homines de Vni- « uersitate Parisiensi, graues & periti qui haberent sustinere & defende- « re, &c. cum quatuor de Vniuersitate Aurelianensi, & quatuor de Vni- « uersitate Bituricensi, vt omnibus auditis, hinc & inde posset aduisari con- « ueniens modus, vel super restauratione dictæ Vniuersitatis Bituricensis, « vel super eius remotione. «

Die 12. Nouemb. in Comitijs Mathurinensibus lectæ sunt litteræ Regiæ, quibus mandabatur Vniuersitati ne pro negotio Bituricensi Legatos mitteret ante mensem Maium sequentem. Et die 15. eiusdem mensis apud S. Bernardum lectæ sunt aliæ litteræ in quibus multa capita continebantur. Vnum spectabat ad bona M. Donati de Puteo Longobardici Collegij Primarij, quæ sibi vindicabat Vniuersitas, si nullus ea requireret.

1474.

Rex verò ea sibi deberi iure *Albinagij* dicebat. Alterum pertinebat ad querelam quandam de M. Ioanne Huë & de Rectore super prouisione Suppositorum Vniuersitatis. Et quoad hoc caput, conclusum est vt M. Ioannes Huë Regem adiret, seque excusaret; D. verò Rector conuocaret Vniuersitatem ad eligendum eos qui conficerent articulos super prouisione Suppositorum Vniuersitatis, quique eosdem communicarent
" cum Reuerendo Episcopo Abrincensi, reparatâ tamen prius iniuriâ D. Re-
" ctori illatâ in vltimis litteris tactâ, ipsoque Rectore apud Regiam Maje-
" statem excusato. Quantum ad vltimas litteras, placuit quòd D. Rector
" non deponeret cappam, & quod Ambassiatores electi super Supposito-
" rum prouisione adirent Regiam Majestatem pro Vniuersitatis & Rectoris
" excusatione, tam pro inquisitione radicis iniuriæ illatæ, vt emenda red-
" deretur D. Rectori & Vniuersitati condigna de iniuria eisdem illatâ, &
" quod D. Rector haberet eligere vnum de Facultate Theol. qui vnà cum
" prædictis Ambassiatoribus electis Regiam Majestatem adiret pro sui ex-
" cusatione. Quæ autem iniuria illa fuerit, & quid esset cur Rex de Rectore & Vniuersitate quereretur, non inueni. Credibile tamen est M. illum Petrum Fabri fuisse Burgundum, aut certe fauisse Burgundionum Duci, quicum Rex tunc temporis bellum gerebat. Sed tandem Legati Vniuersitatis animum Regis ita omni suspicione liberarunt, vt ipse certiorem esse voluerit Vniuersitatem per D. de Gaucourt sibi placere eiusdem Rectoris electionem, libenterque eum excusare; cæterùm tamen sibi etiam placere non alios deinceps Officiarios deligi quàm Regnicolas, propter pericula quæ inde emanare possent. Ita enim relatum 22. Nou. vt testantur acta illius diei.

" Anno quo supra, die verò 22. mensis Nouemb. fuit alma mater Vniuer-
" sitas Paris. apud S. Bernardum super 2. art. solemniter congregata. Primus
" fuit ad audiendum aliqua proponenda manantia ab ore Christianissimi D.
" nostri Regis per D. de Gaucourt eius Locum-tenentem Generalem in vil-
" la Parisius. Secundus fuit super supplicationibus & iniurijs. Quantum
" ad 1. art. exposuit præfatus D. de Gaucourt quòd Dominus noster Rex
" personam D. Rectoris habebat gratam, & suæ Promotioni & Electioni
" congratulabatur: ipsum etiam probum & expurgatum à crimine sibi im-
" penso reputabat. Insuper exposuit dictus D. de Gaucourt quod de cæ-
" tero propter aliqua pericula quæ venire possent, nulli nisi Regnicolæ
" eligantur in Officiarios Vniuersitatis, ac Artium Facultatis. Super qui-
" bus deliberauit alma mater Natio Gallicana, immortales gratias referens
" supremo D. nostro Regi de sua bona affectione quam ostendebat ad ma-
" trem Vniuersitatem & ad Caput eius, videlicet Rectorem. Et similiter
" prædicto D. de Gaucourt eius locum tenenti de pœnis & laboribus per
" eum assumptis pro Vniuersitate versùs Regiam Majestatem. Attamen
" præfata mater Natio Gallicana deliberauit quod D. Rector cum notabili
" Proponente, ac notabili Comitiua adiret personam Domini Locum-
" tenentis, ab eo petiturus interpretationem huius dictionis *Regnicolæ*,
" quia si intelligeretur de solis Natis in Regno, nulla Natio ex integro esset
" exempta ab illo Mandato, nisi Natio Normaniæ, quod videtur esse con-
" tra Priuilegia, franchisias & libertates totius Vniuersitatis & præcipuè Fa-
" cultatis Artium. Super quo respondit præfatus D. de Gaucourt, quòd
" vt credebat, D. noster Rex per hoc vocabulum *Regnicolæ* non intendebat
" excludere viros litteratos & moribus probatos Vniuersitatis alienigenas
" ab Officijs eiusdem Vniuersitatis & Facultatis Artium colentes Regnum
" & Regiam Majestatem, sed tantùm suspectos & notatos & aduersarios
" Regni in suis querelis fouentes si qui sint; quod minimè credendum est ad
" hanc Ciuitatem venire causâ studij, &c.

Credibile autem est præfatum Gaucurtium scripsisse Regi quæcunque cum Vniuersitate gessisset, quamque ipse explicationem huicce vocabulo, *Regnicolæ*, dedisset; rogassèque sibi rescribi benè ne an male voluntatem mentemque Regiam interpretatus esset. Nam paulò post idem

Gaucurtius Rectori significauit id sibi à Rege imperatum, vt certiorem faceret Vniuersitatem se, per *Alienigenas* quos ab Officijs exclusos esse volebat, non intelligere viros scientijs & virtutibus ornatos, colentes Regnum & Regiam Majestatem; sed suspectos tantùm & notos aduersarios Regni, si qui essent. Et id Rector retulit Comitijs apud S. Bernardum habitis die 13. Decemb.

1474.

Die verò 16. eiusdem mensis cùm electus fuisset in Rectorem M. Cornelius Houdendick, Electio Regi non placuit, eo quod esset Alienigena. A die tamen Electionis Rector fuit vsque ad 1. Febr. quâ Cappam Rectoriam, ita iubente Rege, lubens deposuit, vt patet ex actis illius diei per M. Ioannem Varembon conscriptis.

Anno quo supra, die 1. Febr. fuit per D. Rectorem mater Vniuersitas " apud S. Bernardum per iuramentum super 2. art. conuocata. Primus ad " audiendum aliqua quæ D. Promotor Vniuersitatis habuerat à D. Præpo- " sito Parisiensi, D. nostri Regis in hac parte Commissario. Secundus art. " fuit communis. Quantum ad 1. artic. narrauit idem Promotor M. Guil- " lelmus Nicolai, quonam modo supremus D. noster Rex malè contentus " erat de matre Vniuersitate, occasione electionis D. Rectoris qui de Patria " Regi contraria censebatur oriundus, dictamque Vniuersitatem ex in- " obedientia idem D. noster Rex accusare nitebatur. Mandauerat autem " alias videlicet in Rectoria M. Petri Fabri, quod nullus à cætero in Recto- " rē eligeretur, nisi esset *Regnicola*, & de verâ Regis obedientiâ. Data tamen " excusatione Vniuersitatis quod D. de Gaucourt illud verbum *Regnicola* " interpretatus fuerat pro omnibus qui eidem supremo D. nostro Regi iu- " ramentum præstiterant fidelitatis, &c. Responsum est hoc nunquam fuisse " de mente Regis. Qua de re voluit idem D. noster Rex quòd aliàs eligere- " tur, non obstantibus quibuscunque conditionibus & statutis, qui de verâ " Regis obedientia traxerit originem. Neque aliud dicto D. Rectori im- " putatum fuit, nisi duntaxat quòd non esset oriundus de verâ Regis obe- " dientiâ. Dicebat præterea dictus D. Præpositus quod D. noster Rex vo- " lebat quod inscriberentur omnia nomina Suppositorum Vniuersitatis " quæ non erant de verâ Regis obedientiâ, eidemque Præposito deporta- " rentur. Dixit finaliter quod ex tunc supremus D. noster Rex omnia pri- " uilegia matris Vniuersitatis reuocabat, donec aliter dispositum fuisset. " Super quibus omnibus dictus D. Rector volens obedire regijs Mandatis " ex tunc Cappam & Rectoriæ Officium in manibus Vniuersitatis reliquit. "

Igitur statim, hoc est 3. Feb. Facultas Artium in San-Iulianensibus Comitijs, eligit in Rectorem M. Radulfum Monfiquet: & de hac electione Regem certiorem fieri curat. Rex quoque probatâ electione Vniuersitati sua Priuilegia restituit, iubetque tradi Præposito Parisiensi nomina omnium Extraneorum & iurari, quod factum est.

In his & sequentibus Comitijs sæpe actum est de Nominationibus & Prouisionibus Suppositorum, confectique sunt rotuli omnium promouendorum ad Beneficia Ecclesiastica, neque aliud actum video dignum posteritate.

Die 10. April. celebrata sunt Comitia Facultatis Artium apud Mathurinenses, maximè ad conciliandam pacem in Natione Normaniæ inter duos Electos Procuratores, quorum vterque summum sibi & vnicum ius vindicabat, M. Ioan. Michaëlis, & M. Mathæus Fabri. Natio Gallicana pro Fabri stetit; aliæ duæ pro Michaëlis, & secundum eas Rector conclusit: à qua conclusione Fabri appellauit ad eandem Facultatem meliùs congregatam. Sed irritam diu fecit appellationem illam Rector: quippe sæpe rogatus vt Facultatem conuocaret, conuocare neglexit. Itaque ad Procuratores recurrit Fabri, postulauitque per eos conuocari. Re in deliberationem adductâ, voluerunt Nationes adiri Rectorem, rogarique Comitia, secus id per Procuratores factum iri.

Neglexit parere Rector. Ergo die penultima Maij an. 1475. Procuratores Comitia Facultatis Artium habuerunt apud San-Iulianum: &

1475.

Procurator Franciæ sic rem exposuit, vt ipse posteriati consignauit.

1475. "Quantum ad 1. artic. *inquit,* exposui in facie Facultatis quomodo nos
" Procuratores fueramus pluries instantissimè requisiti de conuocando
" Facultatem super prædictâ veneranda Natione Normaniæ asserentibus
" & dicentibus quod hodiernus Dominus meus D. Rector videlicet M.
" Radulfus de Montfiquet pluries denegauerat eis conuocare matrem
" Facultatem, & eis denegauerat administrationem Iustitiæ, sicuti patebat
" per Instrumenta publica quæ nobis monstrabant. Hinc est quod nos
" Procuratores, videlicet Ego & M. Eligius de Vaugermes Procurator ve-
" nerandæ Nationis Picardiæ, & M. Adrianus...... Procurator vene-
" randæ Nationis Almaniæ consilium habuimus inter nos maturum, & vi-
" ros doctos & prudentes & prouectos consuluimus quidnam essemus actu-
" ri in hac materia. Qui quidem consuluerunt nobis quod nos deberemus
" adire D. Rectorem & eum requirere & summare de faciendo Facultatis
" congregationem; sin autem, quod nos faceremus sequenti die, videlicet
" die Lunæ proximâ, quod fecimus. Et ad hodiernum Dominum meum D.
" Rectorem die Dominico 20. Maij accessimus; & eum summauimus de fa-
" ciendo prædictam Congregationem, vel quod nos faceremus die Lunæ
" sequenti. Qui quidem nobis respondit quod non posset facere sequenti
" die, quia erat impeditus. Præterea dixit, quod consilium habuerat cum
" Deputatis Superiorum Facultatum de illa materia, qui dederant hoc
" consilium, quod non deberet plus congregare matrem Facultatem super
" illa discordia, attento quod Facultas semel determinauerat, & ne fieret
" appellatio eiusdem ad idem, tunc diximus sibi: Domine Rector nos su-
" mus instantissimè requisiti & rogati de faciendo Congregationem Facul.
" tatis Artium, nec venimus ad soluendum communicationes vestras. Ve-
" runtamen istam Obiectionem fecimus partibus nos requirentibus, qui
" dixerunt nobis, quod saluâ vestrâ Reuerentiâ, nunquam bene conclusi-
" stis, quia veneranda Natio Almaniæ in congregatione Facultatis, quam
" fecistis super illâ materiâ, remittebat ad propriam Nationem, ad sedan-
" dum prædictam discordiam; Picardia conferebat Michaëlis; & Francia
" M. Mathæo Fabri; & sic non erat concordia. Et ita bene verum est quod
" eiusdem ad idem non debet fieri appellatio, nisi legitimâ causâ interue-
" niente, scilicet quando proponitur error; vel quando Communitas, vel
" Capitulum non est bene congregatum. Tandem hodiernus D. Rector
" dixit nobis, quod non faceret. Et ab eo obtentâ licentiâ, recessimus. Et
" adhuc inter nos consilium habuimus, & viros graues consuluimus, qui
" dixerunt nobis, quod nos mitteremus Bidellos nostros ad eum qui habe-
" rent sibi intimare quod ni faceret, quod ipsi haberent significare, Con-
" gregationem Facultatis ad diem lunæ immediatè sequentem. Bidelli iue-
" runt ad D. Rectorem sicut præcepimus, & sibi significarunt, Qui quidem
" præfatus Rector eis iniunxit per iuramentum quod nil facerent, & eo die
" nil plus fuit actum.

" Die sequenti, videlicet Lunæ feci conuocari matrem meam Nationem
" Gallicanam per iuramentum ad S. Iulianum Pauperem; & similiter Pro-
" curator Picardiæ: & ibidem venerunt multi notabiles Regentes nomi-
" nati in folio præcedenti (scilicet de Natione Normaniæ M. Ioannes
" Quesnel, M. Ioannes Gambier, M. Mathæus Fabri & multi alij) qui sup-
" plicuerunt ibi sicut patet in folio præcedenti, scilicet vt conuocarem
" Facultatem Artium, si Rector nollet: Et tunc Natio mihi iniunxit & præ-
" cepit quod Ego vnà cum alijs Procuratoribus prædictis adirem, & ipsum
" summaremus de faciendo Congregationem Facultatis die sequenti, vide-
" licet Martis, vel quod nos faceremus, & ita fecimus. Tunc respondit D.
" Rector quod ipse non poterat die sequenti propter 2. causas. Prima quia
" Obitus fundatorum Collegij sui celebrabatur sequenti die videlicet Mar-
" tis, & oportebat eum interesse. Secunda quia ipse mandauerat Hospiti
" D. Lugdunensis, scilicet quod quamprimum ipse veniret, renunciaret
" sibi, vt ipse cum notabili Proponente iret ad proponendum coràm eo

sicut mater Vniuersitas concluserat. Tunc diximus sibi, Domine Rector istæ causæ non sunt satis sufficientes ad prolongandam congregationem. Primò ad 1. poteritis hora 7. conuocare Facultatem ; & octaua, vel nona interesse in Obitu. Secundò quantum ad 2. quia D. Lugdunensis non est in hac villa ; & si veniret, possetis differre vsque in alium diem. Tunc subiunxit aliam causam, videlicet quod Pars aduersa non erat in villa, & sibi vnus assisterem. Respondit quod iuerat ad nuptias ; & vnum aliud verbum quod non est memoria dignum. Tunc ab eo recessimus ; & matrem Facultatem conuocari fecimus. Et ista sunt motiua propter quæ fecimus vos conuocari non moti fauore, odio, amicitia, ira, misericordia, nec aliquâ aliâ passione, sed Iustitiæ fauore & præcepto Nationum nostrarum, & propter ordinem Iustitiæ seruandum. Quantum ad 2. art. supplicauit venerabilis M. Mathæus Fabri vt Facultas vellet eum tueri in sua possessione, & sibi attribuere formaliter ius, attento quod M. Ioannes Michaëlis non comparebat, & citatus fuerat, & nullum ius habebat.

Quantum ad 1. artic. Natio Franciæ retracta ad locum suum imprimis habuit DD. Procuratores gratos, ratos & aduoatos, & multipliciter recommendatos de sic seruando ordinem Iustitiæ. Et multum displicebat sibi quod hodiernus D. Rector non congregauerat Facultatem, attento quod toties fuerat requisitus secundùm formam statuti. Et quantum ad factum in se, viso quod Partes fuerant aliàs auditæ in Facultate, & quod nihil erat mutatum, confirmauit ius Procuratoriæ M. Mathæo Fabri, sicut aliàs fecit. Et vlteriùs placebat sibi, quod si Michaëlis eum molestaret in suo Officio, quòd priuaretur. Et casu quod D. Rector foueret prædictū Michaëlis, plusquam dictum Fabri, ex nunc non placebat Nationi quod supposita Nationis sibi obedirent, nec etiam Bidelli ; sed quod Natio haberet requirere Iudices secundùm formam Statuti Simonis Legati, videlicet 3. Magistros in Theologia & 4. Decretistas, qui haberent Iustitiam facere & administrare, &c. Consequenter D. Procurator venerandæ Nationis Picardiæ etiam retulit quod Natio sua conferebat ius Procuratoriæ M. Mathæo Fabri, & volebat quod Bidelli sibi obedirent sub pœna priuationis. Deinde D. Procurator venerandæ Nationis Almaniæ retulit etiam in facie Facultatis, quod placebat Nationi quod adhuc requireretur D. Rector & summaretur de faciendo Facultatis congregationem ; sin autem, quod DD. Procuratores haberent facere & iudicare de materia. Finaliter Ego accedens ad locum D. rectoris vnâ cum alijs Procuratoribus, quia veneranda Natio Normaniæ erat pars, & duæ Nationes scilicet Franciæ & Picardiæ conferebant & ius attribuebant M. Mathæo Fabri, ita pro dicto Fabri conclusi. Pontays cum syng.

His ita actis Procuratorium munus gessit M. Mathæus Fabri, & insignia muneris sibi vindicauit vsque ad 10. Iunij : quâ die Rector M Radulfus de Montfiquet apud Facultatem Artium, quam conuocauerat, conquestus est quod Rectoriam dignitatem pessundedissent, conuocando Facultatem propriâ authoritate. Credibile est autem Nationem Normaniæ, saltem, illius partem, cum de Prorogatione Procuratoris sermo factus est, creasse quendam M. Yuonem, eo quod M. Michaëlis abesset : vnde noua orta est discordia. Acta illius diei à M. Ioanne Louchart in Procuratorem Nationis Gallicanæ Electo die Veneris 2. Iunij, conscripta huius rei fidem faciunt ; quæ sic habent.

Anno præscripto, die verò Sabbati 10. Iunij congregata fuit solemniter præclara Artium Facultas apud S. Iulianum Pauperem per honorandum D. meum D. M. Radulfum de Montfiquet Rectorem Vniuersitatis Matris meæ super 2. art. Primus erat super modo pacificandi quandam discordiam exortam in veneranda Natione Normaniæ inter venerabiles & discretos viros MM. Mathæum Fabri & Yuonem super iure Procurationis. Secundus artic. supplicationes & iniurias continebat. Quantum ad 1. artic. exposuit D. Rector qualiter DD. Procuratores paulò ante existentes fecerant conuocare Facultatem Artium super huiusmodi

1475.

" discordia. Et licet esset caput Facultatis, tamen inter ipsos quoddam
1475. " Monopolium fecerunt propriâ authoritate; & quod valde Rectoralem
" dignitatem limitauerunt DD. Procuratores, qui eorum Procurationis
" tempore eum summauerant de congregando die sequenti summationis,
" vel aliquâ aliâ die, Matrem meam Facultatem Artium. Et quasdam cau-
" sas allegauit quas eisdem DD. Procuratoribus allegauerat, propter quas
" non poterat conuocare Facultatem. Prima erat, quia obitum fundato-
" ris Collegij, in quo residebat, celebrabatur die sequenti, & eum opor-
" tebat interesse. Secunda quia ipse mandauerat Hospiti D Lugdunensis
" quod quamprimum veniret D. Lugdunensis, ipse sibi indicaret vt cum
" notabili Proponente iret ad proponendum coram eo. Tertia erat quia
" pars aduersa illius Fabri quæ tunc temporis erat, scilicet M. Ioannes Mi-
" chaëlis, non erat Parisius. Quarta erat quam vocabat peremptoriam, quod
" semel congregauerat Facultatem præfatam super eadem materia; & ideò
" non poterat Facultas ipsa cognoscere ne fieret appellatio eiusdem ad
" idem. Et hoc facto M. Yuo supplicauit, quod in huiusmodi Officio fuis-
" set in possessionem corporalem, actualem & realem positus per antiquio-
" rem Regentem eiusdem Nationis, & per conclusionem præfatæ Facul-
" tatis sibi fuisset attributum ius; & etiam per pluralitatem vocum, vt di-
" cebat, quando Natio Normaniæ fuerat conuocata super continuatione,
" vel discontinuatione Procuratorum Nationis præfatæ, dignarentur & vel-
" lent Domini hîc præsentes sibi ius attribuere & eundem Fabri cogere ad
" sibi reddendum munimenta dictæ Nationis. Præfatus M. Mathæus Fabri
" in contrarium supplicauit, quod cum ipse per munimentorum dictæ Na-
" tionis traditionem & Inuestituram per D. Antiquum Procuratorem fue-
" rit in possessionem corporalem, actualem & realem positus & non præ-
" fatus M. Yuo; & quod, vt luce clariùs constitit, per maiorem & saniorem
" partem dictæ Nationis Normanorum fuerat continuatus, sibi vellet Fa-
" cultas præfata ius conseruare. Et ad illud quod dicebat D. Rector, quod
" fieret appellatio eiusdem ad eundem, respondit ipse Fabri quod appellatio
" eiusdem ad eundem est bona & valida in hoc casu, quia tum Facultas
" fuerat minus bene conuocata, & ad eandem Facultatem melius congre-
" gandam appellabat. Et posito quòd sententia illa teneret, adhuc non
" erat concordia, quia Natio Franciæ pro eo concludebat, Natio Picardiæ
" pro M. Yuone & Natio Alemaniæ remittebat ad alias Nationes. Quan-
" tum ad 2. supplicauerunt DD. Procuratores, videlicet D. Antiquus Fran-
" ciæ Procurator, D. Antiquus Procurator Picardiæ, & Procurator moder-
" nus Almaniæ, soluendo obiectionem D. Rectoris super 1. articulo decla-
" ratam, quod hoc fecerant iussu & præcepto suarum Nationum & instan-
" tibus DD. Regentibus in sequendo formam Statuti D. Simonis Legati.
" Et ob denegationem administrationis Iustitiæ super huiusmodi discordia
" sedanda, & quod illud non erat Monopolium. Natione retracta ad par-
" tem, supplicauit iterum M Ioannes Pontays antiquus Procurator Natio-
" nis Franciæ matris meæ, attento quod iussu & præcepto Nationis fece-
" rat ipse vnà cum alijs Procuratoribus conuocare Facultatem, Natio præ-
" fata vellet ea quæ per ipsum facta fuere, rata censeri & haberi. His ita-
" que altercatis, quantum ad illa quæ concernunt primum articul. placuit
" Nationi quod præfatus M. Mathæus Fabri in suo remaneret officio; &
" sibi ius confert sicut aliàs sibi contulerat. Et valde sibi displicet de illo
" verbo per D. Rectorem prolato, scilicet *Monopolium*, nam sanè non po-
" terat illud verbum intelligi à Natione. Quantum ad supplicationes DD.
" Procuratorum, habuit Natio mater mea Procuratores ratos, gratos &
" aduoatos, ac multipliciter commendatos & præcipuè Procuratorem an-
" tiquum matris meæ. Et ita conclusi. LOVCHART cum syng.

Credibile est cæteras Nationes descendisse in eandem sententiam,
quæ res non parum molesta fuit Rectori, qui cum Rectoriam purpuram
deponendo die 23. Iunij litteras commendatitias petijsset, impetrare non
potuit præsertim à Natione Gall. maximè quoad ea quæ spectabant ad

Facultatis

Vniuerſitatis Pariſienſis. 721

Facultatis Artium conuocationem per Procuratores factam. Iuſſuſque " ⸺
eſt Procurator à Natione ſua multas cauſas edere coram omnibus cur " 1476.
Acta Rectoris non probaret, Eaſdemque ferè recenſuit quas prius Pro- "
curator antiquus Nationis retulerat. Vnam addidit, *quod ſpretis ſeruis* "
Nationis & Bedellis, cum fuit in Indito, Pileos roſeos eis adminiſtrare "
non fecit. Verum placuit Nationi *ſi reuocare vellet* illud verbum, Mono- "
polium, & Bedellis Pileos roſeos dare, & eum aduoare. "

Illi ergo ſucceſſit ea die in Rectoratu M. Ioannes Colin; quo Rectore "
cum Rex Ludouicus graui & periculoſo bello aduerſus Burgundum te- "
neretur, impoſito Ciuibus Pariſ. tributo, iuſſi ſunt etiam Scholares, aut "
pecuniam, aut arma miniſtrare. Cui malo vt occurreret Vniuerſitas, "
Comitia habuit apud Mathurinenſes, hæcque facta Concluſio. Quan- "
tum ad 1. art. *Placuit Nationi* (& cæteris etiam Facultatibus & Nationi- "
bus) *adire* D. Locum-tenentem Regium D. de Gaucourt cum notabili "
Proponente *& Notabili* Comitiua ; & ſibi remonſtrare penurias, quas "
patitur mater Vniuerſitas & priuilegia eidem conceſſa à D. noſtro Re- "
ge. Et ſibi requirere quatenus Vniuerſitas mater ſit à præſtatione huiuſ- "
modi debiti immunis. Et eadem die poſt prandium D. Rector vnà cum no- "
tabili Comitiua acceſſit D. de Gaucourt Dominationem cum M. noſtro "
M. Ioanne de Sourduno Ordinis FF. Minorum qui eleganter propoſuit. "
Qui quidem D. de Gaucourt expoſuit non venire de mente Regis quod "
exigeretur aliquid à Scholaribus, ſed eos toto poſſe tueri & defende- "
re cupiebat in ſuis franchiſijs & libertatibus ; Quodque prædicti Com- "
miſſarij non habuerant in Mandatis aliquid exigendi à Scholaribus. Qua- "
propter pollicitus eſt D. Rectori facere reſtitui Scholaribus quidquid "
tradiderant, offerens ſe & ſua ad beneplacita Vniuerſitatis. "

Circa hæcce tempora lis interceſſit inter Epiſcopum Vaſionenſem & "
M Ioan. Iouglet Senatorem Curiæ Pariſienſis. Epiſcopus à Sixto Pon- "
tifice Canonicatum & Præbendam in Eccleſia Cameracenſi obtinuerat, "
quorum quoque Iougletus ſibi poſſeſſionem vindicabat. Epiſcopus Iou- "
gletum authoritate Pontificia de qualicunque ſua poſſeſſione deijcere "
tentauit interminatus ſententiam excommunicationis. Iougletus Con- "
ſeruatorem Priuilegiorum Apoſtolicorum appellauit. Vnde Papa ſub- "
iratus dedit acres haſce litteras ad Regem Ludouicum. "

Sixtus Papa IV.

CAriſſime in Chriſto fili Sal. & Ap. Ben. aliàs de Canonicatu & Præ- " ⸺
benda Eccleſiæ Cameracenſis tunc per promotionem venerabilis " 1475.
Fratris noſtri Caroli Epiſcopi Laudunenſis ad Eccleſiam Laudunenſem "
tunc Paſtore carentem per nos ad tui ſupplicationem de fratrum noſtro- "
rum conſilio factam, vacantibus & diſpoſitioni noſtræ reſeruatis venera- "
bili Fratri noſtro Ioanni de Montemirabili Epiſcopo Vaſionenſi Refe- "
rendario & Aſſiſtenti, ac familiari, continuo Commenſali noſtro proui- "
dimus, qui illorum poſſeſſionem eſt aſſecutus. Sed quia iniquitatis *filium* "
Ioannem Iougleti quem in eiſdem Canonicatu & præbenda intruſum com- "
perit, de mandato noſtro, vt eorundem Canonicatus & præbendæ in "
quibus ſe intruſerat, poſſeſſionem euacuaret, moneri fecit, Præfatus "
Iouglet qui propterea excommunicationis ſententia innodatus exiſtit, "
à noſtra & Sedis Apoſtolicæ obedientia ſe ſubſtrahere ſatagens & in fide "
malè ſapiens *à nobis ad Conſeruatorem Priuilegiorum Vniuerſitatis Pariſ. in- "
feriorem noſtrum appellauit, & eundem Ioannem Epiſcopum, ad videndum reuo- "
cari dictam Collationem, & alia per nos in huiuſmodi negotio geſta, vt perſona- "
liter coram quodam Roberto Tulleo aſſerto Subconſeruatore eorundem priuile- "
giorum compareret, citari fecit*, nonnulla alia enormia delicta contra nos "
& ſedem prædictam, quæ in totalem noſtræ & eiuſdem ſedis Iuriſdictio- "
nis euacuationem cedunt, ac hæreſim ſapiunt, & prolixa eſſent ſcriben- "
da, perpetrare non erubuit. Poterit enim tibi ipſius Ioannis Epiſcopi "

"negotiorum gestorum singula per eundem Ioan. Iougleti perpetrata pro-
1476. "lixè retexere. Rogamus itaque Serenitatem tuam vt rei huius seriem per
"aliquos Catholicos & dignos viros examinari, & tibi rei ipsius veritatem
"referri, ac singulis de remedio opportuno prouideri facias. Ita quod di-
"ctus Ioannes Episcopus qui tibi fidelis semper fuit & est, tuis obsequijs
"insistere valeat, ac Ioannes Iougleti præfatus pœnâ condignâ multetur.
"Per antea tibi eundem Ioannem Episcopum, qui à nobis inter cæteros
"familiares nostros charus habetur, & veluti tibi scripsimus, tua & tuorum
"Regnicolarum negotia apud nos fideliter prosequitur, ac pro tuo & Re-
"gni aliorumque Dominiorum tuorum honore assiduè certat, commen-
"dauimus, ipse tum huc vsque absque aliqua prouisione condigna nudus
"remansit. Quod autem sibi retroactis temporibus dedimus & antea ha-
"buit etiam patrimonium proprium, nunc in tuis manibus habes. Iterum
"eandem serenitatem rogamus, vt ipsius Ioan. Episcopi statui & honori
"prouideas, ac ipsum commendatum nostri contemplatione accipias. Ea
"verò quæ in hac re egeris, propriæ personæ facta adscribemus, & ad ma-
"iora pro te & tuis peragenda promptiores reddemur. Datum Romæ apud
"S. Petrum sub annulo Piscatoris die 3. Ian. 1475. Pontif. nostri an. 4.

Similiter scribit ad Petrum Doriolum Franciæ Cancellarium, ex cuius litteris intelligimus prædictum Iougletum fuisse in Curia Parlamenti
Consiliarium; quod quidem non parum facit ad commendationem Curiæ
Conseruationis, ad quam nimirum ipsi Senatores qui Academiæ nomen
dedissent, recurrebant.

"Dilecte fili Sal. & Ap. Ben. mittimus Carissimo in Christo filio nostro
"Ludouico Fr. Regi Christianissimo litteras nostras in forma *Breuis*, qua-
"rum copiam præsentibus intercludi voluimus; ex qua quidem copia, ac
"etiam informatione venerab. Fratris Ioa. Episcopi Vasionensis per suo-
"rum negotiorum gestores facienda, enormes excessus in nos & Sedem
"Apostolicam perpetratos, ac grauem eidem Ioanni Episcopo illatam in-
"iuriam per quendam *Ioan. Iougleti*, qui se pro ipsius Regis in sua Parla-
"menti Curia Parisiens. Consiliario gerit, cognoscere poteris; quæ in no-
"strum & dictæ sedis contemptum, ac Iurisdictionis nostræ totalem ener-
"uationem procul dubio cedunt & sub dissimulatione transire non possu-
"mus, nec credimus illa ex ipsius Regis mente prouenire; ipsumque Re-
"gem Iurisdictionem nostram præsertim occasione Beneficiorum extra Re-
"gnum & Dominia sua constitutorum velle impedire. Monemus itaque
"te in virtute S. Obedientiæ, vt præfati Io. Episcopi negotiorum gesto-
"res huiusmodi benignè suscipias & audias, ac eorum informatione per te
"diligenter visâ contenta in eadem ipsi Regi veraciter & solicitè explices,
"eumque nostri ex parte horteris, vt rem ipsam per te, seu alios Catholi-
"cos & dignos viros examinari, ac singulis in eisdem litteris & informatio-
"nibus contentis de remedio opportuno prouideri; necnon patrimonium
"aliaque bona ipsius Io. Episcopi, ac fructus Beneficiorum suorum in eius-
"dem Regis manu absque alicuius causæ cognitione posita & detenta re-
"laxari, ac dicto Io. Episcopo restitui, ipsumque patrimonio & bonis, ac
"fructibus Beneficiorum huiusmodi gaudere faciat & permittat: ac vlte-
"riùs ipsi Ioanni Episcopo in præmissis & alijs occurrentibus pro juris sui
"tuitione & defensione assistat; rem etenim nobis pergratam facies; tuque
"exinde apud nos non immeritò poteris commendari. Datum Romæ apud
"S. Petrum sub annulo Piscatoris die 3. Ian. 1475. Pontificatus nostri an. 4.

Occasione forsan huiusce litis Ludouicus omnes Prælatos aliosque Dignitatum & Beneficiorum Possessores, residere iussit hoc Edicto, quod &
Actis Curiæ insertum est.

"LOüis par la Grace de Dieu Roy de France. A nos Amez
"& Feaux Conseillers les gens de nostre Cour de Parlement à Paris,
"salut & dilection. Comme nous auons esté aduertis que plusieurs Arche-
"uesques, Euesques, Abbez & autres gens d'Eglise tenans dignitez &

Prelatures en noſtre Royaume, ſont continuellement abſens & hors de
noſtredit Royaume, ſans faire aucune reſidence ſur leurs Benefices, auſquels ſont tenus de la faire ſelon les Saints Canons, Decrets anciens &
Ordonnances de l'Egliſe Gallicane, & à cette cauſe le Diuin ſeruice qui
deuſt eſtre fait & celebré és Egliſes d'iceux Benefices, eſt diſcontinué, &
en aucunes totalement delaiſſé. Et auecques ce les maiſons & edifices
deſdits Benefices ne ſont entretenus, ains vont du tout à ruine & deſolation, au grand detriment des Ames des Fondateurs d'iceux Benefices, & qui plus eſt quand aucunes queſtions ou differends nous ſuruien-
nent, tant ſur le fait de l'Egliſe de noſtredit Royaume, que autres nos
affaires, nous qui deuſſions auoir à eux recours, n'en pouuons eſtre ſe-
courus, aidez ou conſeillez pour leur abſence, où Nous & la choſe publique auons ſouuent ce grand intereſt. Pourquoy Nous voulans à ce donner prouiſion, en ſuiuant leſdits ſaints Canons & Ordonnances, Auons
par l'aduis & deliberation de pluſieurs des Seigneurs de noſtre Sang &
Lignage, Prelats & Gens de noſtre Conſeil, voulu, ordonné & declaré,
Voulons, ordonnons & declarons par ces Preſentes, que tous Archeueſ-
ques, Eueſques, Abbez, Prelats & autres tenans Dignitez en noſtre
Royaume & qui ſont demeurans & reſidens hors les fins & metes d'iceluy & de noſtre Obeyſſance, viennent & ſe retirent dedans cinq mois,
aprés la Publication de ces Preſentes ſur leurs Benefices eſtans en noſtredit Royaume, ou ſur aucun d'iceux ſe pluſieurs en ont & y faſſent
reſidence continuelle, pour illec faire & continuer le Diuin ſeruice,
ainſi qu'il appartient & tenus y ſont.

Et auſſi afin que nous nous en puiſſions ſeruir & aider en nos Conſeils &
ailleurs au bien de nous & de la Choſe publique de noſtredit Royaume,
quand beſoin ſera & ce ſur peine de priuation du Temporel de leurſdits
Benefices. Si vous mandons & commettons par ces Preſentes, que noſtre preſente voulenté, declaration & ordonnance vous faites ſignifier
& publier en noſtredite Cour, auſquels verrez eſtre affaire, & qu'il eſt
accouſtumé en tel cas, & affin que aucun n'en puiſſe pretendre cauſe d'i-
gnorance, en procedant ou faiſant proceder en cas de defaut & deſobeïſ-
ſance, ledit temps & terme paſſé, contre les defaillans & deſobeïſſans par
arreſt & detention du temporel de leurdit Benefice en noſtre main, ſans
en faire ne ſouffrir que en ſoit fait aucune deliurance iuſques à ce qu'ils
ayent obey ou que par nous autrement en ſoit ordonné, nonobſtant oppoſitions & appellations quelconques. Car ainſi nous plaiſt-il eſtre fait.
Donné au Pleſſis du Parc lez-Tours, le   iour de Ianvier, l'an de grace
mil quatre cens ſoixante & quinze : Et de noſtre Regne le 15. fut ſigné,
Par le Roy en ſon Conſeil, auquel eſtoient l'Archeueſque de Lyon, les
Sieurs de Beaujeu, de Montagu, d'Argenton, du Bouchage, Maiſtre
Iean Bourre Threſorier & autres preſens.

Lecta, Publicata & Regiſtrata Pariſius in Parlamento 25 die Ianuarij 1475.
Sic ſign. Brunat.

Anno 1476. ferè toto nihil aliud actum quàm de conficiendo certo Catalogo, ſeu vt loquebantur, *rotulo Nunciorum*, quem ſibi tradi poſcebant
Generales Subſidiorum; vt illi qui veri Nuncij eſſe comperirentur, Priuilegijs Vniuerſitatis gauderent, adulterini verò expungerentur. Itaque
edixit Procurator Franciæ; vt omnes Nuncij (de maioribus intelligendum) qui in vrbe, vel in locis vicinis commorabantur, intra certum tempus litteras ſuas afferrent. Edictum autem illud referimus vbi de Nuncijs
agimus, ad an. 1488.

Die 10. Octob. electus eſt in Rectorem M. Iacobus Batelier Sorbonicus: quo Rectore die 4. Nouemb. fuit conuocata Artium Facultas duabus præſertim de cauſis; ſcilicet ad eligendum Reformatores Collegiorum in quibus Artiſtæ habitabant; & ad corrigendos abuſus Determinantium, qui ſuas Determinationes differebant poſt Natiuitatem Domini,
cùm tempus legitimum & præfixum Determinantibus eſſet à feſto B.

Martini ad Natiuitatem Domini & non vltra. Itaque interdictum ne Determinationes ita protraherentur absque legitima causa.

1476.

Hocce tempore Rex Castellæ Regem Ludouicum apud Turonas inuisit, auxilium implorans aduersus Regni sui Occupatores, quem Rex benignissimè exceptum præmisit Lutetiam, honorificè item excipiendum. Ad Vniuersitatem etiam scripsit litteras, quas vocant *Credentiæ*, vt habetur in Actis Nationis Gall. Et D. de Gaucourt vices Regis absentis in vrbe gerens, mentem ipsius explicuit die 22. Nouemb. apud Mathurinenses in Comitijs eam ob rem habitis. Itaque vnanimi consensu decretum est vt omnes Magistri decenti in habitu & ordine procederent obuiam, Regemque illum quâ possent frequentia & magnificentia exciperent. Orator Vniuersitatis ad ipsum Regem delectus fuit M. Ioannes Eschart.

Die 26. eiusdem mensis in Comitijs Generalibus apud Dominicanos habitis lectæ sunt aliæ litteræ Regiæ, *quibus litteris* (vt habetur in Actis Nat. Gall.) *rogabat Rex & nihilominus strictissimè mandabat Vniuersitati, vt quidam Magister de familiaribus Regis Castellæ ad gradum Licentiæ & Doctoratus in Theologia admitteretur in fauorem prædicti Regis Castellæ præsentis, qui etiam instanter rogabat pro receptione eiusdem.* Quæ res remissa est ad Theologos.

Die 22. conuocata est Vniuersitas apud Math. super Responso dando Franciæ Cancellario, qui nomine Regis gratiam illam ab Vniuersitate „postulabat; fuit autem responsum eiusmodi. *Quod daretur simpliciter res-*„*ponsum negatiuum, remonstrando sibi* (id. Cancellario) *quod eundem Magi-*„*strum recipere ad gradum Doctoratus in Theologia, attento quod non acquisiue-*„*rat tempus Parisius, nec vnquam studuerat in Vniuersitate Parisiensi, esset in-*„*currere periurium, & sententiam excommunicationis, secundùm Statuta Facul.*„*tatis Theologiæ, de quibus Facultas non posset dispensare.* D. Cancellarius „Franciæ, audito responso negatiuo, adhuc hortatus Vniuersitatem, vt su-„per hoc adhuc aduisaret & maturiùs deliberaret: & dixit quod si isti sup-„plicationi & mandato Regis non pareret, grauiter offenderet Regem & & incurreret indignationem Regis, & forte postea perditionem priuilegiorum suorum Regalium, &c. Quæ verba nihil potuerunt in animos suæ fidei & statutorum tenaces. Ad Cancellarium delegantur aliqui viri spectabiles edendis huiusce repulsæ rationibus & M. Antonius Vrsinus Orator electus.

Die vltima eiusdem mensis conuenit Vniuersitas ad audiendum res-„ponsum D. Cancellarij. Exposuit autem D. Rector, vt habetur in ijs-„dem Actis, mentem D. Cancellarij Franciæ, & qualiter ægrè ferebat „responsum & deliberationem Vniuersitatis super materiâ illius supplica-„tionis, *admirans quomodo Vniuersitas non annuebat supplicationi supremi D.* „*nostri Regis, attento quod alimentis eiusdem Regis fouebatur, & Priuilegijs eius* „*Regalibus florebat.* Et multa alia consimilia retulit. Audita expositione & „responso, deliberauit veneranda Natio Franciæ, quod Vniuersitas adiret „illâ die post prandium horâ 1. Regiam Majestatem Regis Castellæ in Cap-„pis & habitibus honestis. Et quod Magister noster M. Ioannes Eschart „qui illâ die erat propositurus coram prædicto Rege, excusaret Vniuersi-„tatem & exponeret causas propter quas Vniuersitas, & signanter Facul-„tas Theologiæ non poterat admittere prædictum Magistrum ad gradum „Magisterij in Theologia. Et si non posset placari animus Regis Castel-„læ, quod mitterentur ad D. nostrum Regem aliqui notabiles viri cum „litteris, qui consimiliter exponerent Regi pericula, vt periurium & sen-„tentiam Excommunicationis, quam incurreret Vniuersitas, si eundem „Magistrum admitteret: & quod Vniuersitas non poterat petitionem Re-„giam licitò adimplere. Factâ Propositione coram Rege Castellæ, habuit „Vniuersitatem excusatam, & pollicitus est apud Regiam Majestatem, „Vniuersitatem super hac materiâ excusare: & si nouisset illam requestam „fuisse contra Statuta & iuramenta Apostolica, nunquam fecisset illam re-„questam pro eodem Magistro familiari suo.

Similiter ad Cancellarium miserat Vniuersitas Oratorem M. Antonium Vrsinum, qui ipsam apud eum excusaret, rationibus & causis iterùm editis, ob quas non poterat admittere supplicem. Sed audito responso Regis Castellæ 2. Decemb. in Comitijs Mathurinensibus statutum fuit, vt mitterentur aliqui ex ordine Magistrorum in Theologia ad prædictum Regem, *ad impetrandum litteras excusatorias pro Vniuersitate: quibus litteris præfatus Rex Castellæ haberet Vniuersitatem excusare erga Regiam Majestatem, quia non poterat petitionem suam adimplere.* Et cum die 7. Comitia Vniuersitatis celebrarentur apud Iacobitas, Rector legi iussit ea quæ sibi rescripserat D. de Gaucourt, vt scilicet Vniuersitas mitteret è suis aliquos ad D. Cancellarium ab eo audituros quid Rex fieri postularet. Eaque die de singulis Facultatibus & Nationibus delecti viri qui Rectorem comitarentur. Et ea de re nihil amplius in Actis.

1476.

Die 16. Decemb. electus est in Rectorem Vniuersitatis M. Ioannes Gambier vir disertissimus & omni virtutum genere conspicuus. Et ille ad 30. Decemb. indixit Comitia Vniuersitatis apud Mathurinenses occasione cuiusdam libelli famosi in Ciuitate Andegauensi publicati operâ cuiusdam Fratris Petri Fremon Minoritæ, qui requirentibus quibusdam Magistris Vniuersitatis in carcerem compactus fuerat Lutetiæ. Illo autem libello declarabat duo Supposita ad quorum supplicationem carceri mancipatus fuerat, esse suspensa, *summum Pontificem omnia & singula Papalia Priuilegia Vniuersitati olim concessa abrogare, Conseruatorem eorundem esse hæreticum, damnatum, præuaricatorem:* Similiaque multa euomebat. Existimauit Vniuersitas id dedecus in se redundare: Itaque statuit vt Rector die sequenti cum 4. Procuratoribus & alijs selectis viris adiret Curiam Parisiensem & audiri exposceret aduersus prædictum Fratrem. Factam enim sibi iniuriam putauit, quæ suis facta fuerat.

Diebus 20. & 30. Ianuarij in Comitijs San-Iulianensibus Facultatis Artium agitata est causa Abbatis & Cancellarij S. Genouefæ de iure præsentandi Examinatores contendentium; quæ tandem à Partibus amicè composita est, mutuum consensum ad præsentationem huiusmodi spondentibus; quæ conditio non placuit Facultati.

Die 10. Febr. habitis Comitijs Vniuersitatis apud Bernardinos conquesti sunt Medici à se contra antiqua Priuilegia exigi tributa quædam Regis nomine. Conclusum verò Exactores adeundos, ijsque exhibenda Priuilegia etiam libro tenus. Ad 18. Martij conuocata fuit Facultas Artium per Rectorem propter duo potissimùm capita. 1. quidem ad sedandam controuersiam ortam in Natione Normaniæ de Munere Procuratorio. 2. Ad coercendam quorundam Iuuenum Scholasticorum petulantiam *in Prato Clericorum, vbi Lectio contra Lectionem insurgere solebat,* vt habetur in Actis Nat. Gall. Quoad 1 adiudicatum fuisse munus Procuratorium M. Ioanni Hüel vel Hoël quem à pluribus electum fuisse constabat. Quoad alterum verò, placuisse petulantias illas coërceri iuxta formam præscriptam tempore Rectoratus M. Ioannis Lapidani. In Regestis Nationis Germanicæ sic habetur. *Quoad 2. art. placuit Facultati vt nulli Scholares ad Campos exirent, sed in suis Collegijs & Pædagogijs manerent.*

Die 24 Martij electus est in Rectorem M. Nicol. De la Harmant socius Sorbonicus Nat. Gall. quo Rectore in Comitijs Vniuersitatis Mathurinensibus die 26. agitatum est negotium de Licentijs Decretistarum, quas illi extrà annum Iubilæum celebrare volebant, contraque morem eatenùs obseruatum, eas celebrandi tantummodò singulis biennijs; de qua controuersia tulerunt singulæ Nationes distincta suffragia. Natio quidem Gall. vt legitur in eius Actis deliberauit *quòd darentur notabiles Deputati qui haberent visitare statuta, an huiusmodi licentiæ essent aliquomodo contra Priuilegia & Statuta Vniuersitatis; & qui haberent concordiam tractare inter DD. Theologos & Decretistas qui in hac materia videbantur dissentire; & quod interim non procederent, quamuis tamen iam parati essent ad licentiam.* Et in Actis Nat. Germanicæ, *duæ venerandæ Nationes, videlicet Normanorum*

DE LICENTIA DECRETISTARVM.

1476. " *& Alemanorum se formaliter & realiter opposuerunt, omnibusque modis & vijs possibilibus prædictas in Decretorum Facultate Licentias impedire deliberauerunt, suasque Conclusiones per DD. Procuratores in facie Vniuersitatis recitauerunt. Rursus quidem alma Theologiæ Facultas, vt fierent prædictæ Licentiæ pro ista vice admisit, Facultas autem Medicorum suam deliberationem ad nihil determinauit, sed eam confusam pronunciauit, dicens se esse conformem alijs Facultatibus; quapropter D. Rector cum concordiam non haberet, nihil in hoc conclusit.* Tunc erat Facultatis Decretorum Decanus M. Ambrosius de Cameraco, qui licet longa oratione vsus declarasset quo pacto licentiæ huiusmodi licitè fieri possent, nihil tamen obtinere potuit.

1477. Anno 1477. 7. April. Electus fuit in Procuratorem Nationis Gallicanæ M. Ioannes Beluti Lemouicensis, qui inter cætera, quæ suæ Procutionis tempore gesta sunt, notat ad diem 9. Maij, M. Nicolaum de la Harmant Rectorem conuocasse de singulis Collegijs & Pædagogijs viros spectabiles cum Procuratoribus 4. Nationum propter rixam quandam illâ die inter Scholasticos Ethicæ auditores ortam: de qua sic scribit præfatus Beluti.

" Die & anno quibus supra, horâ verò secunda post meridiem, vel circà,
" conuocauit honorandus D. meus D. Rector, qui tunc erat M. Nicolaus
" de la Harmant notabiles Deputatos de singulis Collegijs & Pædagogijs
" Magistros principales & alios Regentes cum 4. Procuratoribus 4. Nationum & alijs Magistris in Aula venerabilis Collegij Sorbonæ super 2.
" artic. Primus fuit super quodam insultu, briga & commotione factis die
" illâ de manè in vico Sorbonæ in exitu Scholarum dicti Collegij Sorbonæ,
" vbi pro tunc legebatur de textu Ethicorum ordinariè diebus festiuis per
" Lectorem tunc existentem. Quibus loco & horâ & tempore talis & tanta
" fuit facta commotio inter dictos Scholares euntes ad dictam lectionem
" Ethicorum, vt dicebatur, quamuis multi essent Logici & Grammatici,
" qui erant de Malefactoribus & cum alijs ligatis, quod vnus nominatus
" Otho commorans pro tunc in Collegio Burgundiæ multùm & enormiter
" fuit mutilatus & læsus tam in capite quàm in alijs membris, & quasi habuit brachium abscissum, & vsque ad magnam effusionem sanguinis læsus
" fuit, & magis etiam fuisset, si non fugisset & intrasset dictum Collegium
" Sorbonæ, in quo ipse fuit præseruatus à quibusdam Magistris dicti Collegij qui hic superuenerunt audientes clamorem illius; fuerunt etiam
" multi alij vulnerati in quibusque membris tam cum gladijs & cultellis
" quàm cum lapidibus. Et multi interfuerunt habentes gladios & enses
" euaginatos, sicut compertum fuit tam per informationem factam, quàm
" etiam per confessionem quorundam illorum qui fuerunt puniti & interrogati. At finaliter fuit conclusum & deliberatum per dictum Rectorem
" auditis opinionibus & deliberationibus prædictorum Deputatorum quod
" dicti Brigatores tot quot reperirentur & conscij & participes eorum punirentur modo & formâ, quibus aliàs puniti fuerant tempore Rectoriæ
" Magistri nostri M. Ioannis de Lapide. Et quod fieret per dictum Rectorem & quosdam Deputatos breuis & assidua informatio ad sciendum qui
" essent illi tales dyscholi. Et hoc de 1. artic. Quantum ad 2. qui fuit communis de supplicationibus & iniurijs, supplicuerunt quam multi Magistri Regentes vt de & super illis Brigatoribus fieret bona & breuis puni-
" tio quàm citius fieri posset, ne deterius contingeret, quoniam magnæ rixæ quotidie fiebant inter Scholares tam in Prato Clericorum, quàm in
" alijs locis Communibus vbi Scholares se inuicem reperiebant. Et ita fuit
conclusum.

Die Sabbati sequente Rector cum selectis viris lustrauit Collegium Burgundiæ, vbi vnus ex illis dyscholis in aula Collegij ad sonum Campanæ præsentibus cæteris Scholasticis fuit spoliatus, acriterque virgis cæsus. De hinc in Iusticianum profecti, quatuor alios egregiè exceperunt. Et sequentibus diebus alia Collegia & Pædagogia lustrantes, similiter Rixatores illos præsentibus condiscipulis, punierunt. Sed quia inquirendo

Vniuersitatis Parisiensis.

compertum est fuisse etiam inter Rixatores nonnullos, è Gymnasiarchis, Rector conuocatis die 17. Maij Selectis, Consilioque habito, quia illi fugerant, edixit vt se sisterent: & si reperiri non possent, vt pro secunda vice per Bidellos euocarentur; si verò non adforent, voluit eos è gremio & consortio Vniuersitatis in perpetuum expulsos manere. Quorum aliqui reuersi, in suis Collegijs, acerbissimas pœnas dederunt.

1477.

Die 16. Iunij electus est in Rectorem Academiæ M. Geruasius Munier Bacchalarius Theologus, Normanus. A qua die vsque ad 1. Augusti nihil video actum quod ad posteros transmitti mereatur.

Die 1. Aug. congregata fuit Vniuersitas apud Math. præsertim ob negotium priuilegiorum quæ quotidie oppugnabantur, & istud maximè, *de non trahi extra muros Parisienses*.

Die 7. eiusdem mensis apud Mathurin. exposuit Rector delatas ad se fuisse querimonias quamplurimorum de Pergamenarijs Iuratis conquerentium: sibique etiam ab ijs iniuriam fuisse illatam. Itum igitur in suffragia, & vnanimi consensu omnium Ordinum Pergamenarij illi Officio priuati sunt; statutum quoque vt in locis publicis tabulæ proponerentur, quibus exclusi omni priuilegio, periuri, infames, & peruicaces declararentur. Item vt alij ijs substituerentur. Ita in Germanicis Actis.

Die 6. Sept. cum Comitia haberentur apud Mathurinenses, Supplicauerunt Franciscani, seu Minoritæ pro adiunctione contra nonnullos eiusdem Ordinis, quos vulgò *Obseruantes* vocabant, qui tunc nouum sibi Claustrum nouumque Conuentum instituebant; vnde multa incommoda euentura vaticinabantur. Cui supplicationi annuit Vniuersitas. Die verò 16. eiusdem mensis petierunt ijdem Franciscani litteras Commendatorias ad Regem, ad Episcopum Parif. ad D. Archiepiscopum Lugdunsem & alios; item Oratorem, qui ad eos diceret, si opus esset; quod item illis concessum est. Orator, seu vt tunc loquebantur, *Proponens*, electus M. Berengarius Mercatoris.

FF. CONTRA OBSERVANTES.

Die 26. eiusdem mensis celebrata sunt Comitia, in quibus lectæ sunt litteræ Regiæ quibus significabatur Vniuersitati Regem annuere eius supplicationi in negotio Minoritarum aduersus *Obseruantinos*; quâ de re sic habetur in Actis Germanicæ Nat. Eodem mense, die verò 26. fuit alma Vniuersitas super 3. artic. apud Mathurin. conuocata. Primus fuit ad audiendum lecturam, seu tenorem quarundam litterarum Regiarum ad nostram Vniuersitatem transmissarum. Secundus artic. fuit super relatione doctissimi Magistri nostri M. Berengarij Mercatoris habita coram venerabili in Christo Patre D. Cardinale Lugdunensi, D. Præposito Parif. alijsque Consulibus huius Ciuitatis. 3. Fuit communis super supplicationibus & iniurijs. Et quantum ad 1. reddidit Natio gratias ingentes Christianissimo Regi de suarum litterarum communicatione & de bono affectu quem semper habuit ad nostram Vniuersitatem. Placebat enim Regi quod Fratres Minores de Obseruantia nullo modo construerent, seu ædificare facerent Conuentum in hac Ciuitate quia hoc fuisset in detrimentum Vniuersitatis, & Primorum Fratrum Minorum Conuentus Parif. & aliorum Mendicantium. Quantum ad 2. ingentes similiter gratias pia mater habuit D. Proponenti videlicet M. nostro M. Berengario Mercatoris qui eleganter proposuit ante D. Cardinalem Lugdunensem, ante D. Præpositum Parif. & alios Consules huius Ciuitatis implorando auxilium pro Fratribus Minoribus huius Conuentus Parif.

Die 10. Octob. apud S. Iulianum in Electione Rectoris discordia orta est in Natione Franciæ propter electionem Intrantis inter Magistros Ruffi & Solli: quæ discordia cum non potuisset per Nationem dirimi, Ruffi appellauit Facultatem Artium. Germanica Natio ab eius partibus stetit: quia tamen cæteræ Nationes fuerunt discordes, itum est in vnius tertij electionem, scilicet M. Ioanis Fressu; nec destitit tamen Ruffi prosequi ius suum apud Facultatem Artium, conatusque est obtinere vt stante appellatione, nihil à Procuratore Franciæ innouaretur; sed frustra.

1477.

Procurator enim eum affixis publicè tabulis priuatum omni suffragio declarauit. Iterum appellauit Ruffi. Et in Comitijs Facultatis Artium habitis eam ob rem 23. Octob. re disceptatâ omnes Nationes, exceptâ Germanicâ, prædicto Ruffi maximè ob alia crimina quæ ei obijciebantur, aduersatæ sunt. Ex hac discordia itum in aliam; nam

Die 15. Decemb. in Electione grauior orta est. In singulis enim Nationibus duo Intrantes contendentes, & à sua singuli factione electi; quatuor vnum Rectorem elegerunt, scilicet M. Ioannem Cordier Baccalarium formatum in Theologia & Priorem Domus Sorbonicæ: Alij quatuor alterum M. Guillelmum Butier Baccalarium Nauarricum. Qui quatuor, scilicet MM. Robertus Quelain, Ioannes Standon, Oliuerius de Monte, & Michaël de Polonia cum suo Rectore diem alijs dixerunt apud Parlamentum, quod antiquus Rector Corderium ad iuramentum admisisset. Die 19. Vniuersitas congregata improbauit hanc agendi rationem, & nonnullos spectabiles Proceres delegauit, qui Parlamentum adirent, rogarentque nomine Vniuersitatis causam istam ad eam remitti.

Interim Senatus Parisiensis de lite cognoscit; & die 22. hanc sententiam fert, quæ legitur in Actis Curiæ.

Du Lundy 22. Decembre 1477. la Cour a ordonné & ordonne pour le debat qui est entre les deux Contendās à la Rectorie de l'Vniuersité de Paris, que pendant le Procés en ladite Cour pour ladite Rectorie, iusques à ce que par ladite Cour autrement en soit ordonné, les Sceaux & Liures appartenans à ladite Rectorie seront mis és mains de M. Iean de Courcelles Conseiller du Roy en la Cour de ceans; Et a defendu ladite Cour & defend ausdits Contendans & aux Parties estans en procez à l'occasion dudit debat, que pour raison de ce dont pend le procez en ladite Cour de ne ceans tirent l'vne-l'autre ailleurs que en la Cour de ceans & n'attentent ou innouent au preiudice de la cause d'appel sur peine de 50. mars d'argent.

Die sequenti 23 aliud Senatusconsultum factum quo causa de Rectoratu iuxta supplicationem Vniuersitatis ad ipsam remissa est.

Du Mardy 23. iour de Decembre 1477. Veüe par la Cour, la Requeste baillée à icelle par le Procureur de l'Vniuersité de Paris, par laquelle Requeste & pour les Causes contenuës en icelle ledit Procureur requeroit que ladite Cour ne prensse aucune connoissance de certaine cause d'appel interiettée par M. Robert Quelain. al. Belin, Iean Standon, Oliuier Dumont & Michel de Polonia Suppōsts de ladite Vniuersité, de l'antique Recteur d'icelle, à l'occasion de ce que il auoit receu M. Iean Cordier à la Rectorie de ladite Vniuersité, attendu que ladite appellation deuoit selon les Statuts de ladite Vniuersité ressortir pardeuant icelle Vniuersité. Ainçois que icelle Cour renuoyast ladite cause à ladite Vniuersité, pour par elle estre decidée & determinée, ainsi qu'il appartiendra par raison; Et aussi que le sequestre des Sceaux & liures appartenans à l'Office de ladite Rectorie que ladite Cour auoit ordonné estre fait, fust tenu en suspens & surseance iusques à ce que les Doyens des Facultez de ladite Vniuersité eussent esté ouïs. Et Consideré ce qui fait à considerer, ladite Cour a renuoyé & renuoye ladite cause à ladite Vniuersité pour par elle estre decidée & determinée ainsi qu'il appartiendra, & au surplus a ordonné & ordonne que les Sceaux & Liures appartenans à ladite Rectorie demeureront és mains dudit Recteur antique pour les bailler à celuy auquel ladite Vniuersité ordonnera, & iusques à ce que par icelle Vniuersité parties ouyes autrement en soit ordonné.

In hanc ergo rem congregata, Vniuersitas 2. & 5. Ianu. nominatis selectis qui collitigantium rationes audirent, tandem prædictum Corderium Rectorem renunciauit.

Die 30. Ianu. cum haberentur Comitia Vniuersitatis apud Mathurinenses, quidam Doctor Medicus supplicauit pro adiunctione aduersus Collectores Tributorum quorundam, à quibus se vt mēbrum Vniuersitatis eximi debere contendebat; quâ de re sic legitur in Actis German. Nat.

„ Supplicauit quidam Doctor Facultatis Medicinæ vt sibi daretur adiun„ctio in quadā causa tangente Priuilegia Vniuersitatis inter ipsum & Rece-
„ptores Regios occasione Impositionum petitarum ab eo, vtque quidam
notabilis

notabilis Proponens deputaretur qui haberet proponere coram Dominis de villa, & eis determinare Priuilegia Vniuersitatis, occasione quorum dictus Doctor esset exemptus ab huiusmodi Impositionibus. Eius
supplicatio fuit concessa.

Die 20. Feb. in Comitijs Centuriatis apud Mathurinenses habitis questus est Rector de Procuratoribus Nationum, quòd sine suâ authoritate
Artium Facultatem conuocassent, præsertim verò de Procuratore Franciæ qui Rectorem egerat. At ille de Rectore vicissim questus, eius supplicationem & querimoniam irritam fecit; quâ de re scriptum legitur in
vetusto codice Nationis Germanicæ, scribente Burchardo Wetzel de
Hallis Diœcesis Herbipolensis Procuratore eiusdem Nationis. Anno
quo supra, die verò 20. mensis Febr. congregata fuit alma Parisiorum
Vniuersitas apud S. Mathurinum duobus super articulis. Primus erat de
habendis pecunijs, &c. Secundus erat communis, &c. Quantum ad 2.
artic. supplicauit D. Rector pro reparatione iniuriæ sibi factæ per DD.
Procuratores qui iurisdictionem Rectoralis dignitatis sibi vsurpauerant
congregando præclaram Facultatem Artium, ipso Rectore, vt dixit,
spreto; quam Congregationem potius Monopolium quàm Congregationem asserere non erubuit. Cui ad singula motiua D. Procurator Nationis Francorum nomine Facultatis respondit, quomodo dictus Rector
multipliciter peccauit tùm in Vniuersitatem, tum in Matrem suam Præclaram Artium Facultatem, cuius beneficiorum prorsùs immemor eam
penitùs despexit, verumetiam contra Iuramentum suum, quod quilibet
Rector in sua creatione solemniter iurat de congregando Facultatem legitimè monitus, fecit, eique validissimis medijs remonstrauit quod prædicta Artium Facultatis Congregatio non Monopolium, verum sancta &
iusta eius conuocatio extitit pro defensanda libertate quam nemo bonus
negligere debet. Quare dicti Rectoris supplicatio nedum in Natione, verumetiam in Vniuersitate non fuit concessa.

Die 11. Martij lectæ sunt litteræ quædam Regis quibus iubebatur Vniuersitas expedire milites armis instructos ad bellum; quâ de re sic habetur in eodem Codice. Die 11. Martij congregata fuit alma Parisiensis Vniuersitas apud Mathurinos duobus super articulis. Primus erat de armatis
mittendis ab Vniuersitate ad Guerram. Secundus fuit communis. Quoad
1. Placuit Nationi quod nullus haberet ire ex parte Vniuersitatis ad Guerram, cùm per nostra Statuta simus exempti. Voluitque Natio quod Magister noster Berengarius haberet accedere ad supremum D. nostrum
Regem & eum informare de talibus missionibus armigerorum. Et etiam
de quodam alio Priuilegio, scilicet *de non trahendo extra muros Parisi. ex-*
pensis Vniuersitatis.

Hoc anno cum Elector Palatinus Philippus instauraret Heidelbergensem Academiam, eò ad Professionem Theologicam euocauit M. **We-**
selum Groningensem, sed cùm Doctoratum suscipere non posset, propterea quòd osor erat Monastici Ordinis, relictâ Professione Theol. Phi-
losophicam suscepit: profitebatur autem Physicam Platonicam, quam
Christianismo vtiliorem & conuenientiorem esse existimabat. Qui mox
cùm Lutetiam successisset, successor datus est Rodolphus Agricola Om-
landus qui peragratis plerisque Europæ Academijs ad summam eruditionem & famam peruenerat. ille edidit libros de Inuentione Dialectica,
caligante adhuc & deliirante Germania; quibus Logicam non tam spino-
sis Quæstiunculis inseruire quàm in omni vitæ genere vsum habere amplissimum monstrauit.

Scilicet hoc viuo, meruit Germania laudis
Quidquid habet Latium, Græcia quidquid habet.

Weselus porro ea erat omnium litterarum ac disciplinarum cognitione præditus, vt communi nomine diceretur *Lux Mundi*: Peritissimus erat
trium linguarum, Latinæ, Græcæ & Hebraicæ.

Eodem anno Tubingensem Academ. Constantiensis Diœcesis erexit

Tom. V. ZZzz
" 1477.

Euerhardus senior Comes de Wirtemberg quem postea Maximilianus Rex Rom. apud Vangiones Ducem fecit. *In Prouincia quoque Moguntina,* inquit, *Trith. in Chron. Spenhemi. Ecclesiam S. Georgij Parochialem erexit in Collegiatam, & tam ipsam quàm Vniuersitatem sufficienti stipendio prouisam à Papa Sixto IV. fecit confirmari, priuilegijsque necessarijs more aliarum Vniuersitatum communiri.*

1477.

Bursæ Germanicæ Nationis in Sorbona.

Hoc anno & consecutis sæpe conquesti sunt Germani priuari se Bursis quibusdam tam ab ipso Fundatore Roberto quàm à nonnullis Gueldrensibus in Collegio Sorbonico fundatis, vt ex Actis pluribus prædictæ Nationis Germanicæ intelligitur, quæ iuuat hîc ad perpetuam rei memoriam referre.

„ Anno Domini 1477. die 5. Maij.... supplicauit quidam notabilis Re„ gens ob quandam fundationē trium Bursarum quæ nuper fundatæ erant „ in famatissimo Collegio Sorbonæ, vt hi Scholares tali Priuilegio gauden„ tes ab ipsis proficerent, & Nationi laus ac honor sequeretur. Rogabat „ igitur vt Natio tanquam mater suorum filiorum aptum incolendi locum „ inuenire vellet. Et quantum ad hunc art. Natio Deputatos ordinauit & „ dedit, vt omnimodè factum huius materiæ inuestigarent adirentque D. „ Decanum & cæteros superiores de prænominato Collegio ad quos fa„ ctum spectat; tractarent etiam sic cum ipsis rem illam vt exinde bona pa„ cis concordia sequeretur; hoc expedito, narrari eadem Natio optabat, „ vt talis Conclusio ad memoriam habendam in libro notaretur.

„ Anno Domini 1478. die verò 23. Sept. conuocata fuit venerab. Natio „ Alemaniæ apud S. Math. 3. super art. Primus fuit super *auisatione quarum„ dam Bursarum in Collegio Sorbonæ longis peractis temporibus constitutarum à* „ quodam vener. viro Almaniæ quondam in Colleg. Sorbonæ morantē... Quantum „ ad primum placuit Nationi litteras Executori illius ven. viri constituentis „ prædictas Bursas super executione earundem destinare, gratiarum actio„ nes agendas, vener. viro M. Cornelio pro confectione placabili prædicta„ rum litterarum; placuit etiam Nationi quòd M. Ia. Scriptoris, M. Corne„ lius & M. Martinus adirent D. Prouisorem Collegij Sorbonæ & audi„ rent si tales Bursas acceptaret. Placuit etiam Nationi Nuncio Nationis „ executori prædictarum litterarum proportatione duos francos tribue„ re, vnum scilicet in exitu & alium in reditu, si cum vigili labore & exe„ cutione harum litterarum bona responsa reportaret.

„ Anno 1479. die 3. Martij Insuper supplicauit quidam Nuncius qui „ portauit litteras ad Gueldriam *de quadam Bursa in Sorbona*, vt clarius ha„ betur in præcedenti Procuratoria. Et Natio adiunxit sibi vnum francum „ cum salario dato.

„ Die 6. mensis Maij 1481. quantum ad supplicationem M. Cornelij *de illis Burjis in Sorbona*, parata est Natio facere diligentias, adire D. Proui„ sorem Collegij Sorbonæ, omnibus modis reuerentiæ suæ supplicatura „ et ipsis executoribus qui litteras & redditus harum Bursarum hactenus „ apud se seruarunt, scriberet quòd nobis harum rerum omnium copiam fa„ ciant, nec amodo Bursarios ipsi instituant, sed hoc iuxta mentem testa„ toris, seu fundatoris Nationi permittant.

„ Anno quo supra, die verò 15. mensis Iunij hora secunda post prandium „ congregata fuit apud S. Matth. veneranda Almanorum Natio duobus „ super art. Primus erat super auditione litterarum transmittendarum ex „ parte istarum trium Bursarum in Collegio Sorbonæ fundatarum, cum „ sigillo Procuratoris sigillari deberent.

„ Anno 1488. 16. Kal. Maias coacta fuit per iuramentum, ac congrega„ ta apud Math. vener. Germanorum Natio super 2. art... quantum ad 2. „ supplicauit M. Ægidius Delfus vt Natio sibi quoquo pacto faueret & „ opitularetur pro adispicienda Bursa in Collegio Sorbonæ; ita enim ab

antiquo conſtitutum eſſe aiebat, vt ſinguli ex 4. Nationibus Magiſtri Burſam illic haberent; ſed nunc 3. ex Francia; ex Alemanis verò nullum eſſe Burſa-
rium. Præterea dicebat ſe iam ab eo qui conferre habet, Epiſcopo Meldenſi ferme impetraſſe, vt ipſe eâ vſque ad Licentiatus Gradum potiretur;
deinde alteri de Natione eueniret. Ad illud ergo conſequendum ex quo Nationi & honorem & commodum non paruum acceſſurum prædicabat,
ſupplicauit Nationi, vt ſupplicationibus ſuis & petitionibus quam tum
palam oſtendebat, ad Epiſcopum præfatum adſtipularetur, quam ſupplicationem admiſit Natio.

1477.

Anno 1492. die 16. Nouemb… Primus art. erat de auditione DD. Deputatorum qui miſſi fuerant apud Legatos Ducis Gueldriæ pro Burſis
noſtris recuperandis. Item an. quo ſupra 22. die menſis Nouemb. conuocata fuit veneranda Alemanorum Natio penes iuramentum apud S Math.
ſuper 4. art. Primus erat de auditione DD. Deputatorum qui miſſi fuerant
apud Legatos Ducis Gueldriæ qui tunc erant Pariſius, vt ipſi illos infor-
marent de Burſis amiſſis. Et ſic vnus ex illis M. Stephanus dixit Nationi
quod ab eis audierat… Quantum ad 1. art. Placuit Nationi vt illi qui eſſent
propinquiores illarum Burſarum, ſollicitarent pro eis recuperandis; nam
non voluit quod hoc deberet fieri expenſis Nationis, ſed voluit bene dare adiunctionem & fauorem vt illi ſuis expenſis ſollicitarent. Et ſic ex
quo nulli fuerunt iam propinquiores in Natione, puta de Villa Ormen-
ſi, vel à Ducatu Gueldriæ, ordinauit tres alios Magiſtros propinquiores,
ſcilicet D. Procuratorem pro tunc M. Harbartum de Veda ex campis
oriundum, M. Gherardum Militis, M. Scribanium Delft, quibus dedit
illas Burſas, caſu quo potuerint recuperare, & etiam vt ſuis expenſis deberent ipſas recuperare, non Nationis, & ſic voluit ipſis dare vt ſtuderent
in Theologia, vt ſcriptum eſt in teſtamento Fundatoris, quod tunc etiam
lectum fuit in plena Natione, & voluit quod ſi ipſi vellent acceptare,
ita laborarent vt recuperarent ex quo iam iſti Legati fuerant, vt tanto
melius ſe haberent.

Anno 1478. 25. April. in Comitijs Mathurinenſibus Centuriatis Oratores Vniuerſitatis; quorum Princeps erat Berengarius Doctor Theologus, à Rege reuerſi retulerunt nolle Regem filiæ ſuæ Priuilegia vllatenùs
labefactari, eamque à mittendis armigeris immunem eſſe velle: quâ in
re Cancellarium Franciæ & Proceres ſeu Comites Conſiſtorianos plurimos egregiam Vniuerſitati nauaſſe operam legimus in vetuſto Codice
Nationis Germanicæ. Anno Domini quo ſupra congregata fuit 25. die
menſis Aprilis apud S. Mathurinum alma Pariſienſis Vniuerſitas ſuper 4.
art. Primus art. fuit ad audiendam narrationem Oratoris, ſeu Ambaſſia-
toris Vniuerſitatis de diligentijs per eum factis apud ſupremum Dominum noſtrum Regem ſuper Prouiſione Priuilegiorum Vniuerſitatis, &c.
Quantum ad 1. artic. regratiabatur alma Pariſienſis Vniuerſitas ſupremo
D. noſtro Regi, D. Cancellario & cæteris amicis qui ſincero corde &
zelo & animo laborauerunt pro materia Vniuerſitatis & expeditione ſuarum litterarum. Inſuper regratiabatur Oratori Vniuerſitatis de pœnis,
laboribus & diligentijs per eum aſſumptis apud ſupremum D. noſtrum
Regem & eius Conſilium, & habuit acta per eum grata, rata & aduocata.
Placuit etiam Vniuerſitati vt ſibi fieret ſatisfactio de pecunijs per eum ex-
poſitis & pro laboribus per eum aſſumptis, videlicet 2. Francos ſingulis
diebus. Placuit etiam Vniuerſitati, vt D. Rector ordinaret proceſſiones
ad exorandum Deum pro D. noſtro Rege, Regina & Delphino.

1478.

Die 23. Iunij in Electione Rectoris orta eſt contentio inter Normanos
pro Electore, re tamen à tota Facultate Artium compoſita, electus eſt in
Rectorem M. Petrus Doujan Pariſinus. Tunc autem temporis pendebat lis inter Vniuerſitatem Pariſ. & Decanum, Theſaurarium & Capitulum Eccleſiæ Collegiatæ S. Hilarij Pictauienſis, in Curia Parlamentæa,
ad quam proſequendam ſingulæ Nationes ex æquo contribuerunt: Quâ
lite video cecidiſſe Pictauienſes.

Tom. V. ZZzz ij

Die vero 25. Augusti in Comitijs Centuriatis Mathurinensibus delecta est iuxta mandatum Regis celeberrima legatio ad Vrbem Aureliam vbi de Pragmatica-Sanctione agendum erat. Rex enim ne inconsultâ Vniuersitate aliquid in hanc rem statueretur, eam admoneri & vocari voluerat. Inter alios verò insignes Legatos, à Germanica Natione legatus fuit *M. Ioannes Scriptoris* Prior Sorbonæ. Nondum verò profectis Legatis, iterum receptum est Mandatum Regium, lectumque die 28. eiusdem mensis, quo Vniuersitas iubebatur mittere quamprimùm suos Legatos Aureliam: itaque quantâ potuit fieri celeritate, confecti sunt articuli à Selectis, & traditi Legatis die 7. Sept. apud Mathurinenses.

Die 26. Septembris in Comitijs Mathurinensibus Rector inter cætera rogauit, an ad Legatos Aurelianensi Concilio adesse iussos placeret mitti Procuratorium instrumentum, vt si forte aliquid in illo Concilio aduersus Vniuersitatem eiusque Priuilegia statueretur, appellare possent nomine Vniuersitatis ad Concilium proximè futurum. Non video id placuisse omnibus: quinimò hæc fuit plurium sententia, expectandum donec Legati rescripsissent, an periculum esset amittendorum priuilegiorum.

Die 6. Octob. in Comitijs Mathurinensibus lectæ sunt litteræ Legatorum ex quibus intellectum est quid in Concilio ageretur. Lectæ quoque litteræ Coloniensis Capituli, quibus rogabatur Vniuersitas apud Regem agere pro liberatione vnius è Canonicis in carceribus Regijs detenti, præsertim cum Parisiensis Vniuersitatis membrum seu Suppositum aliàs fuisset. Cui Coloniensium supplicationi subscripsit Vniuersitas, & litteras ad Legatos suos Aureliæ commorantes dedit, vt apud Regem & D. Cancellarium in hanc rem incumberent.

Die 10. Electus est in Rectorem Vniuersitatis M. Io. de Marrigny. Die verò 14. in Comitijs Mathur. lectæ sunt litteræ Legatorum, quibus mandabant periculum esse, ne Priuilegia imminuerentur; itaque decretum, vt illis Procuratorium Instrumentum ad appellandum mitteretur, cum pecunijs quas petebant. Et in eandem rem celebrata sunt adhuc Comitia 23. Octob.

Quia verò hisce temporibus Scholares Facultatis Artium petulantiùs & proteruiùs se gerebant quàm deceret Academicos, eadem Facultas die 28. Octob. apud sanctum Iulianum Pauperem congregata nominauit quosdam Reformatores seu Censores, sic enim antiquitùs dicebantur, ex singulis Nationibus, quibus hoc oneris demandauit, vt singula Collegia & Pædagogia illustrarent, & Martinetas omnium petulantissimos comprimerent; quâ de re sic legitur in vetusto Codice Nationis Germanicæ.

" Anno quo supra, die verò 28. Octob. congregata fuit apud S. Iulianum
" Pauperem Præclara Artium Facultas tribus super artic. Primus fuit super
" Reformatorum Electione. Secundus super prouisione remediorum quo-
" rundam Scholarium qui de nocte vagantur & discurrunt. Tertius fuit
" communis. Quantum ad primum, placuit Nationi dare suum Reforma-
" torem qui vnà cum Reformatoribus cœterarum Nationum haberet visi-
" tare Collegia & Pædagogia & bono zelo reformare reformanda præci-
" puè in facto Martinetarum qui radix & origo sunt quasi omnium scanda-
" lorum quæ committuntur hodiernis temporibus per Scholares præfatæ
" Facultatis. Et quoad hoc electus fuit concorditer vir bene meritus M.
" Cornelius Oudendyck, in sacra Pagina Bacchalarius formatus. Quan-
" tum ad 2. placuit Nationi omnibus modis vt poneretur remedium & si-
" lentium in dictis scandalis, & ipsum factum in se commisit D. Reforma-
" tori. Quantum ad 3. art. supplicauit D. Rector quatenus DD. Reforma-
" tores quisque à Natione propria haberent certa stipendia, vt eò diligen-
" tiùs Collegia visitarent. Et quoad hoc dedit Natio M. Cornelio pro la-
" boribus præsentis anni, pro stipendijs suis tria scuta.

Die 16. Octob. Reuersi Aureliâ Legati retulerunt quanto studio *Cardinalis Lugdunensis* & nonnulli alij Proceres Rem Academicam suâ authoritate & patrocinio defendissent; ac proinde conclusum vnanimiter vt Rector Academicorum frequentiâ stipatus & Oratore viros illos adiret, & nomine Vniuersitatis gratias ageret immortales.

Item 3. Id. Decemb. in Comitijs San. Iulianensibus Facultatis Artium retulerunt Reformatores, de quibus supra, quid hactenus in lustrandis Collegijs egissent; rogatique sunt eadem cura, fide, diligentia pergere, vt fortiter inceperant. Die verò S. Luciæ instituta est supplicatio seu Processio ad Ecclesiam FF. Minorum.

Die 15. prædictus M. Ioan. de Martigny Rector rationes accepti & expensi reddidit *de Bursa super incorporandis & semi-bursa super omnibus alijs per ipsam Vniuersitatem impositis & institutis.* &c. vt legitur in Reg. publicis. Item dedit & numerauit Legatis Academicis Aureliâ reuersis MM. Berengario, Stephano de Veterevilla, Ioan. Rosée, Ioa. Lestournel, Roberto de Masengarbe, Arnulpho Alouf, Io. Scriptoris & Petro Doujan antiquo Rectori, 5. libras singulis.

Die 16. eiusdem mensis electus est in Rectorem M. Nicolaus Columbi Nationis Normanicæ, cui iniunctum est litem prosequi in Curia Parlamentea contra Præpositum Parisiensem & Episcopum Carnotensem ob clausum vicum stramineum; item Pergamenarijs in eadem Curia adesse, eorumque causam tueri.

Die verò 7. Februarij supplicatio instituta, & processum magna frequentia ad S. Martini de Campis, ad ostendendum (vt legitur in Codice Germanicæ Nationis) *dignitatem huius almæ Vniuersitatis, necnon multitudinem suppositorum eiusdem, DD. Amballiatoribus de Suecia per Christianissimum Regem Francorum Parisius missis.*

Eodem anno die verò 3. Martij in Comitijs Centuriatis Mathurinensibus relatum de imminutione, seu infractione nonnullorum Priuilegiorum Vniuersitatis tam Regiorum quàm Papalium : quâ de re sic legitur in vetusto Codice Procuratorum Nationis Grmanicæ. Anno Domini quo supra, die verò 3. Martij congregata fuit alma mater Vniuersitas Parisiensis apud S. Mathurinum tribus super articulis. Primus habet 3. partes. Prima pars est de conseruatione Priuilegij Regalis contra Dominos villæ. 3. pars est de Pergamenarijs. Secundus articulus est de apertione Rotuli. Tertius est communis super supplicationibus & iniurijs. Quantum ad 1. artic. placuit Nationi quod ille Officialis Lugdunensis citaretur coràm Conseruatore & Vniuersitate audiendo ipsum quo modo, qua forma infringeret nostra Papalia Priuilegia. Secunda pars concernit maiorem Bedellum Facultatis Medicinæ, similiter quendam Abbatem, necnon quendam Scholarem Collegij Burgundiæ qui adduci miserunt vina, & Domini de Villa petentes telonium de vinis, denegauerunt, appellaueruntque vnus ad Parlamentum, alter ad Generales : quæ appellatio iusta fuit & concessa : ac adiunctio eis data fuit per Vniuersitatem. Insuper dictum fuit quod Rector mandaret omnibus Prædicantibus in singulis parochijs, quo moneantur in ambone, omnes Insidiatores necnon destructores priuilegiorum tam Papalium quàm Regalium, nisi in breui cessarent à talibus vexationibus, ipsi in posterum non audirent sermocinari. Insuper voluit Vniuersitas quod Rector cum solemni Comitiua visitaret dictos DD. Scabinos eadem narrare. Tertia pars, quod nisi Pergamenarij cessarent à deceptionibus suis non dando, nec soluendo iura Rectoris, apponeretur baculus Rectoris, &c.

" CONTRA
" INFRA-
" CTORES
" PRIVILE-
" GIORVM.

Cum autem nihil cum Scabinis Rector paciscsi potuisset, lis intentata est apud Generales, & in Curia Parlamentæa contra Pergamenarios.

Die 24. Martij electus est in Rectorem Vniuersitatis vir de tota Vniuersitate bene meritus M. Cornelius Oudendick Batauus Nationis Germanicæ : eique iniunctum vt litem pro immunitate vinaria apud Generales Subsidiorum contra Scabinos Parisienses prosequeretur. Die verò vltima ciusdem mensis in Comitijs Centuriatis Mathurinensibus actum est de reformatione Priuilegiorum ad immunitatem & ad rem Pergamenariam pertinentium, decretumque vti conuocaretur Consilium

Vniuersitatis. Eadem die antiquus Rector rationes reddens, seu vt vocabant, compotum, inter expensas scribit 3. lib. cum 8. sol. Parisi. pro salario cuiusdam Commissarij Regij qui quandam *fecerat informationem, seu inquestam super abusibus commissis per nonnullos Pergamenarios Iuratos, in præ:udicium & diminutionem Iuris Rectoralis.*

1478.

Eodem anno magni Nuncij Nationis Gallicanæ Sodalitium, seu, vt vocant Confratriam instituerunt, annuente Episcopo Parisi. quam in rem extat in Tabulario prædictæ Nationis Instrumentum sigillatum eius sigillo, & subsignatum, Mesnart de Mandato D. Procuratoris; quod nos retulimus tom. 1. pag. 240.

1479.

Anno 1479. die vero 29. Maij in Comitijs Mathurinensibus auditi sunt Consiliarij Vniuersitatis & Aduocati super conseruatione priuilegiorum, lectæ quoque litteræ ad Regem transmittendæ in eam rem; tuncque placuit duos viros ad Regem legare, Decanum scilicet Facultatis Theologiæ & quendam alium. Sed non tam cito profectos esse video. Quippe de eadem re rursus 5. Iunij in Comitijs Generalibus actum est, lectæque iterum litteræ, & latores earum voluerunt tunc esse M. Berengarium Mercatoris & Decanum Facultatis Theologiæ, aut D. Conseruatorem Priuilegiorum si ei placeret. Verùm seu propter penuriam pecuniæ, seu aliam ob causam, non tam cito legatio ista profecta est; quinimo decretum die 21. Iunij alijs Comitijs vt solus M. Berengarius Mercatoris ad Regem iret. Quâ die Iacobus d'Estouteuille Præpositus Parisiensis iuxta muneris sui officium, Vniuersitati iuramentum præstitit, ab eaque postea rogatus est, quandoquidem ad Regem propediem iturus erat, Vniuersitati opem ferre ad conseruationem priuilegiorum, quod ille se facturum promisit.

Neque omittendum quod legitur in Actis Germanicæ Nationis de Præpositi receptione & iuramenti consueti præstatione. Sic autem. ” Quoad 2. art. honor. vir atque circunspectus M. Martinus Bellefoye D. ” Præpositi Consiliarius, vnus in Curia ex Maioribus proposuit & retulit ” *ex parte generosi D. Iacobi d'Estouteuille Præpositi Parisiensis, qui ibidem cum ” multo Populo aderat in conspectu totius Vniuersitatis & plurium nobilium assi-” stentium, aliorumque virorum magnæ autoritatis,* quatenus supremus D. Rex ” Iacobo antedicto suorum Progenitorum Parentum, ac personæ intuitu ” Præpositurae Officium commiserat. *Voluit deinde ipse Præpositus iuramen-” ta Vniuersitati præstare ad quæ Præpositus præcedens piæ memoriæ Pater eius ” tenebatur, petens ad ea admitti per Vniuersitatem, ac exinde reputari in Præpo-” situm, pollicitus vlteriùs iura, libertates & priuilegia Vniuersitatis nequaquam ” se læsurum, sed defensurum atque semper obseruaturum vt sui Prædecessores fe-” cerant, ac forsan curiosius & constantius.* Quibus sic auditis & in medium ” propositis, Vniuersitas ipsa deliberauit eum ad iuramenta solita recipien-” dum esse, atque deinceps vt Præpositum Parisiensem haberi, ac venerari. ” Iuramento itaque ab eo palam exhibito rogatus est à D. Decano Facul-” tatis Theologiæ, vt Clerum & viros spirituales D. supremo Regi com-” mendare dignaretur; breuiter enim ad Regiam Majestatem perrecturus ” erat; sperabat Vniuersitas ipsum ob suæ Electionis nouitatem, hoc facile ” à Rege impetrare posse, &c.

Die 23. Iunij in Comitijs San. Iulianensibus electus est in Rectorem M. Martinus Delf Germanicæ Nationis, cuius Frater Ægidius tum eiusdem Nationis Procurator erat. Die verò 30. eiusdem mensis Comitia habita sunt omnium Ordinum apud Mathurinenses, quibus adfuit M. Berengarius Mercatoris à Rege reuersus, sed re infectâ: quippe Rex causatus fuerat se alijs negotijs distineri. Cuius quidem tam repentinus reditus valde displicuit Facultati Artium & alijs quoque Facultatibus; quippe visus est non satis fideliter officium impleuisse, proptereà quod pro excusatione non aliam causam attulit, quàm quia verebatur, si diutius moraretur, Vniuersitatem sumptibus grauare. Et ita habetur in Actis Nat. German. in Academicis tamen M. Cornelius Rector antiquus rationes

Vniuerſitatis Pariſienſis.

de Burſis reddens ſcribit ſe expendiſſe & dediſſe M. Berengario Mercatoris Oratori & Ambaſſiatori *dictæ Vniuerſitatis miſſo ad Regem pro impetrando ab eo litteras in plena Congregatione lectas mentionem facientes de conſeruatione & confirmatione Priuilegiorum ipſius Vniuerſitatis, 15. lib. Pariſ.*

1479.

Die 1. Decembris cùm in Comitijs relatum eſſet, auditam fuiſſe Vniuerſitatem in Curia Parlamenti contra Pergamenarios, & vt apparuit, ſatis gratioſè, decretum eſt litem illam eſſe omni ratione proſequendam. Item decretum fortiter reſiſtendum ijs qui Vniuerſitatis alumnos trahere contenderent extra muros Pariſienſes contra Priuilegia tam Regalia quàm Pontificia.

Die 26. Ianuarij in Comitijs San-Iulianenſibus Facultatis Artium orta eſt contentio & diſcordia inter Nationes propter receptionem 4. Examinatorum Examinis S. Genouefæ quos Facultati præſentabat ſeu nominabat M. Milo Bornici Procancellarium agens iſtius Examinis: qui quidem examinatores recepti & admiſſi ſunt à duabus Nationibus, Normanorum ſcilicet & Germanorum, reclamantibus Gallicana & Picardica propterea quod aſſumpto in Abbatem illius Abbatiæ Cancellario, Cancellariatum vacare contendebant; ac proinde Procancellarium nullum ius habere nominandorum Examinatorum; licet ſe id nomine Abbatis eiuſdemque Cancellarij agere conteſtaretur. Cùm igitur non potuiſſet haberi concordia, Res ad Curiam Parlamenti ab Abbate delata eſt. Rector litem conteſtatus eſt, petijtque cauſam remitti ad Vniuerſitatem, ſed fruſtra; retenta enim cauſa, quoad ius, ampliatum eſt; vt ex Regeſtis Curiæ ad 3. Febr. colligitur.

LIS CONTRA ABBATEM S. GENOVEFÆ.

Sur la Requeſte baillée à la Cour par l'Abbé de S. Geneuieſue, ſoy diſant Chancelier de la Faculté des Arts en l'Vniuerſité de Paris, Guillaume Vigier (ou Vgier) Robert Doreſmeaux, Richard Maſſieu & Martin Delf Maiſtres és Arts de ladite Vniuerſité, par laquelle ils requeroient que leſdits Maiſtres és Arts preſentez par ledit Abbé, ſoy diſant Chancelier ou par ſon Vice-Chancelier, comme Tenteurs en hault, au Recteur de ladite Vniuerſité & à ladite Faculté des Arts, & admis comme ſouffiſans par icelle Faculté, fuſſent receus à faire le ſerment en tel cas accouſtumé, auſſi fuſt permis audit Abbé comme Chancelier ouurir l'examen ce iourdhuy, ainſi qu'il eſt accouſtumé de faire & nonobſtant certaines oppoſitions interiettées par aucuns des premiers de ladite Faculté des Arts. Et depuis auſſi ouyes par ladite Cour la demande & requeſte faite par la bouche de M. Pierre de Michon pour ledit Recteur & Procureur de ladite Vniuerſité, par laquelle ils requeroient que ledit appel & toute la queſtion leur fuſt renuoyée pour en eſtre ordonné & determiné par ladite Vniuerſité, attendu que ce concernoit, comme ils diſoient, les Statuts & prerogatiues de ladite Vniuerſité. Oüy auſſi au contraire le Procureur & Conſeil dudit Abbé de ſainte Geneuieſue. Tout Conſideré, il ſera dit, que de ladite Matiere ne ſera pour le preſent fait aucun renuoy en ladite Vniuerſité, mais viendront leſdites parties Ieudy prochain en ladite Cour dire & requerir plus amplement, tant touchant ladite cauſe d'appel que autrement tout ce que bon leur ſemblera, pour leur eſtre au ſurplus fait droit par ladite Cour ainſi qu'il appartiendra par raiſon. Et ordonne ladite Cour que par maniere de prouiſion & ſans preiudice des droits deſdites parties, hinc inde, que pour cette fois l'Examen ou Tentement accouſtumé eſtre fait pour ladite Faculté en hault, ſera ce iourà'huy ouuert par ledit Abbé, au nom & comme Abbé de S. Geneuieſue; & feront leſdits Tenteurs le ſerment accouſtumé, & au refus ou delay dudit Recteur touchant ledit ſerment, la Cour a commis les deſſuſdits premier Preſident de Cambray Conſeiller en ladite Cour, ou l'vn d'eux à faire faire ledit ſerment.

Poſtridie huius diei hoc eſt 4. Febr. Vniuerſitas apud S. Mathurinum congregata rata habuit ea quæ ipſe Rector & Deputati Facultatis Artium egerant in Curia Pariſienſi aduerſus Abbatem S. Genouefæ; voluitque interdici Tentatoribus omni functione examinis, antequàm fidem ſolito more Facultati Artium dediſſent. Sic enim legitur in vetuſto Codice Germanicæ Nationis.

" Anno quo supra, die verò 4. Feb. congregata fuit apud S. Mathuri-
1479. " num alma Parisiensis Vniuersitas super 2. art. Primus erat ad audiendum
" ea quæ fuerant facta in Curia Parlamenti per D. Rectorem & Deputatos
" dictæ Vniuersitatis. Secundus erat communis. Quantum ad primum Vni-
" uersitas rata habuit ea quæ D. Rector & dictæ Vniuersitatis Deputati per-
" tractauerant in Curia Parlamenti contra Abbatem S. Genouefæ, quam-
" uis Natio fuerit alterius opinionis ; voluit propterea Vniuersitas quod
" dicti præsentati in Facultate non tentarent sub pœnâ priuationis vsque-
" quo aliter prouideretur, saltem quin in Facultate Artium iurarent prius.

Die 7. eiusdem mensis idem Rector acta sua ab Vniuersitate probari
rursùm petijt, & rursùm obtinuit. Interim verò quia Procuratores subscribere recusabant signis, seu testimonialibus litteris Magistrorum, ac
proinde non poterat fieri examen, nec Tentatores tentare poterant, iterum Abbas San-Genouesianus ad Curiam Parlamenti recurrit, & obtinuit, vt subscribere cogerentur. Sic enim legitur in Actis Curiæ, ad 9.
Februarij.

*Veüe par la Cour la Requeste baillée à icelle par l'Abbé de sainte Geneuiesue
à l'encontre du Procureur de ladite Nation de France en l'Vniuersité de Paris,
& autres nommez en icelle, lesquels ont esté refusans d'obeïr à certains commandemens à eux faits touchant l'Arrest donné en cette partie le 3. iour de cetuy mois.
Ladite Cour a ordonné & ordonne que commandement sera fait comme autresfois
& que ledit Procureur M. Iean Magistri & Cornuaille seront adiournez à comparoir en personne en ladite Cour Vendredy prochain.*

Senatusconsultum istud Rectori, Procuratoribus & quibusdam alijs significatum est, & Rector die 16. Comitia Vniuersitatis habuit apud Mathurinenses, in quibus quid sibi & alijs interdictum esset à Curia Parlamenti proposuit : interim verò petijt haberi grata ea quæ gessisset, atque
à tota Vniuersitate pro suis actis probari, ne priuatarum personarum ea
acta esse viderentur : quod obtinuit. At Instante Abbate apud Curiam,
& rem suam vrgente, hoc tandem Senatusconsultum latum est, vt Abbas & Tentatores admitterentur ad Iuramentum nomine Commissorum;
donec lis clarius & apertius disceptari posset. Sic enim legitur in Actis
Curiæ ad diem 17. Febr.

*Entre l'Abbé de sainte Geneuiesue, soy disant Chancelier de l'Vniuersité de
Paris en la Faculté des Arts, demandeur & requerant prouision d'vne part. Et
le Procureur en ladite Vniuersité de Paris, stipulant pour le Recteur d'icelle Vniuersité, MM. Berranger Marchand, Martin le Maistre Docteurs en Theologie, M. Iean Simon ; Et aussi pour les quatre Procureurs des quatre Nations de
ladite Vniuersité, M. Corneille Oudin & autres Defendeurs d'autre part. Oüy
le rapport de M. Mathieu de Nantes President & Guillaume de Cambray Conseillers en ladite Cour & Commis par icelle Cour pour executer la prouision &
Arrest d'icelle Cour. Il sera dit que l'Examen d'enhault appellé communément
l'Examen de sainte Geneuiesue en la Faculté des Arts ouuert Vendredy dernier
passé par lesdits Commissaires, sera & demeurera ouuert iusques à ce que les Bacheliers entrans & Licentiendes en ladite Faculté, soient expediez & examinez,
& que les Maistres & Regens de ladite Faculté bailleront leurs scedules signées,
& pareillement les quatre Procureurs des quatre Nations addressans audit Abbé
de sainte Geneuiesue comme Commis par l'authorité de ladite Cour de Parlement:
& se commenceront lesdites scedules & signets, Domine Abbas Commisse. Et
parce que les Deputez de par ladite Vniuersité se sont plaints pardeuant lesdits
Commissaires que ledit Abbé en cette qualité comme Commis n'a point fait le serment en tel cas accoustumé : La Cour a ordonné & ordonne que le Recteur fera
assembler ladite Faculté quàm citius, & en icelle assemblée se transporteront lesdits Commissaires, & y comparoistront aussi ledit Abbé & pareillement les quatre
Tenteurs dudit Examen, lesquels feront le serment en tel cas requis & accoustumé. C'est à sçauoir ledit Abbé és mains desdits Commissaires en presence de
ladite Faculté, & lesdits quatre Tenteurs és mains dudit Abbé comme Commis
de par ladite Cour, & vauldra l'examen par cy-deuant fait par lesdits Abbé,*

Soubs-

Chancellier & Tempteurs, tout ainſi que s'il euſt eſté fait aprés ledit ſerment. Et tout ce que dit eſt par maniere de prouiſion pour cette an- "1479. née, & iuſques à ce que par ladite Cour en ſoit autrement ordonné Et nonobſtant toutes autres appellatiõs precedentes cette cy & ſans préiu- dice des droits pretenduz par chacune deſdites Parties touchant l'office de Chancelier dudit Examen de ſainte Geneuieſue. Surquoy les parties ſeront plus à plain ouyes. Et icelles ouyes, la Cour leur fera droit, & met ladite Cour au neant tous les adjournemens perſonels & les Adjournez hors de procez & ſans deſpens, d'vne part & d'autre. Pour cauſe.

Die 21. eiuſdem menſis in Comitijs San Iulianenſibus Facultatis Ar- tium Abbas ſanctæ Genouefæ & Examinatores iuxta præcedens Senatuſ- conſultum ad Iuramentum admiſſi ſunt, præſentibus vno Præſide & alijs à Curia delegatis.

In Actis Vniuerſitatis extat index impenſarum in eam litem factarum nomine Vniuerſitatis à M. Ioanne Nolant tunc Rectore: ibidemque le- gitur cauſam peroraſſe M. Petrum Michon vnum è Patronis eiuſdem Vniuerſitatis, eique pro ſalario datum nummum aureum.

Anno 1480. 3. Iunij in Comitijs Mathurinenſibus orta eſt diſcordia in- 1480. ter M. Dionyſium Haligret tunc Rectorem Vniuerſitatis & M. Petrum Doujan, quorum vterque ſe à Natione Gallicana nominatum ad S. Ger- mani veteris Curiam contendebat, præſentarique petebat Epiſcopo Pariſienſi, aut eius in ſpiritualibus Vicario. Quibus inter ſe ſic conten- dentibus, M. Eligius Nationis Picardorum ſurrexit, ſuæque Nationi No- minationem deberi affirmauit, quòd tunc ſuo ordine, ſeu, vt vocabant Turno currente, jus Nominationis haberet; petijtque ſe Epiſcopo præ- ſentari, à ſua Natione nempe nominatum. Id autem diſſidium cùm non potuiſſet ex tempore componi, ex omnibus Facultatibus & Nationibus delecti ſunt Proceres, qui ius Partium diſcuterent, atque ad Vniuerſi- tatem referrent. Qui tandem poſt aliquot menſes re expoſitâ & patefa- ctâ, Nationi Gallicanæ ordinem ſuum, ſeu Turnum aſſeruerunt, & M. Petri Doujan nominationem ſuis calculis comprobarunt.

Hoc quoque tempore lis intercedebat Vniuerſitati cum Nicolao le Vannier Pergamenario, cuius Pergamenum Rector occupari iuſſerat: quâ de re cum queſtus eſſet ille apud Curiam Parlamenti; Rector verò per Procuratorem Vniuerſitatis ius ſuum fuiſſet conteſtatus, Curia huic rei cognoſcendæ Senatores quoſdam præfecit. Apud quos Rector & Vniuerſitas cauſam agere recuſarunt; latum eſt tandem Senatuſconſul- tum Iuris antiqui confirmatiuum.

Die ſupradicta 9. Aug. collata eſt M. Iaonni Helle Capellania vacans per obitum M. Iacobi Aubry, ad præſentationem Nationis Picardicæ, quæ extat in Reg. Academiæ hoc modo.

Venerabilibvs & Doctiſſimis viris DD. Rectori & Vniuerſitati fa- moſiſſimi Studij Pariſ. Procurator & Natio Picardiæ in dicta Vniuerſita- " Nomina te Pariſ. ſalutem. Notum facimus quòd nos apud S. Iulianum Pauperem " tionis Pariſ. per iuramentum congregati ad diſponendum de vna Capellania- " formv- rum in Caſtelleto Pariſ. fundatarum & ad collationem dictæ Vniuerſi- " la. tis ſpectante tunc libera & vacante per obitum defuncti M. Iacobi Aubry Decretorum Doctoris eiuſdem vltimi poſſeſſoris, venerabilem & diſcre- tum virum M. Ioan. Helle Presbyterum, in Artibus Magiſtrum & in Iure Canonico Licentiatum ad huiuſmodi Capellaniam, ſeu prouiſionẽ Scho- laſticam obtinendam, ſic & in quantum nominatio, ſeu præſentatio ip- ſius ad nos ſpectat & pertinet pro turno noſtro, ſaluo etiam iure cuiuſli- bet, tanquam ſufficientem & idoneum nominauimus, eundemque M. Io. Helle vobis per præſentes nominamus & præſentamus, Vos rogantes quatenùs huiuſmodi præſentato, ſeu nominato noſtro dictam Capella- niam conferre, ipſumque in poſſeſſionem ponere & inducere, ſeu poni & induci mandare velitis & dignemini. Datum Pariſius ſub ſigillo Procu- toriæ dictæ Nationis, anno D. 1480. die menſis Iulij 29. ſic ſign. De Bvsto.

Tom. V.   AAAaa

1480.
COLLATIO CAPELLANIÆ.

Sequitur Collatio eiusdem Capellaniæ, non tamen absolutâ formulâ. „ Rector & Vniuersitas Magistrorum & Scholarium Parisius Studen- „ tium Dilecto nostro M. Ioan. Helle Presbytero in Artibus Magistro & „ in Decretis Licentiato Sal. in Dom. Alteram Capellarum, seu Capella- „ niarum in Castelleto Paris. fundatarum quam nuper obtinere solebat „ venerabilis vir & discretus M. Iacobus Aubry Decretorum Doctor, ad „ collationem prouisionem, & omnimodam dispositionem nostram pleno „ iure spectantem nunc liberam & vacantem per ipsius Aubry obitum, seu „ mortem, vestrorum meritorum intuitu contulimus & conferimus, ac de „ eadem prouidemus.

Die 4. Septemb. facta Vniuersitatis Congregatione apud S. Math. exposuit Rector traditas sibi à D. Cancellario Fr. litteras Regis hæc verba continentes de Legato Pontificio honorificè excipiendo.

DE PAR LE ROY.

„ Chers & bien. Amez. Nostre S. Pere le Pape pour aucunes grandes „ & vrgentes causes qui fort touchent le bien & vtilité de nous, nostre „ Royaume & toute la Chrestienté a enuoyé par deuers nous le Cardinal S. „ Petri ad Vincula, son Neueu, auec toute puissance de Legat à Latere. Et „ comme tel l'auons receu. Et pour ce que voulons & desirons ledit Legat „ estre receu honorablement en nostre bonne Ville & Cité de Paris, vous „ prions & neantmoins mandons que ailliez au deuant de luy & le receuiez „ comme tel, en luy faisant tout honneur & obeïssance que faire se pourra. „ Et sur ce croyez nostre amé & feal Chancelier de ce qu'il vous dira de „ par nous. Donné à Vendosme le 25. iour d'Aoust. Sic sig. Loys. C. I. „ Du Ban. Et erat superscriptio. A nos Tres-chers & bien Amez les Re- „ cteur, Docteurs, Maistres, Regens & Escholiers de nostre fille l'Vni- „ uersité de Paris.

Die 10 Sept. in Comitijs Mathurinensibus electus est ex Ordine Theologorum Orator Legatum Apostolicum Vniuersitatis nomine excepturus; quod munus in se suscepit M. Guill. Bouylle Decanus. At quia cum Legatus Vrbem subijt, tum forte aberat, eius vices suppleuit M. Berengarius Mercatoris.

In sequentibus Comitijs actum sæpè de prosequenda re Pergamenaria; idque negotij demandatum nonnullis è Facultate Decretorum; quæ lis intentari cœperat an. 1478. Rectore M. Nicolao Columbi. Actum quoque de conseruatione & defensione priuilegiorum, sed illius maximè, quod omnium præcipuum semper existimatum, *de non trahi extra muros*.

Cum autem in electione Procuratoris Gallicani fuisset orta discordia, nec à Facultate Artium die 24. Ian. sedari potuisset; traditæque fuissent Claues, libri & alia munimenta Procuratoria M. Mathæo de Nanterre, Senatori Curiæ Parlamenteæ, die tandem 22. Feb. latum est Senatusconsultum quod sequitur.

Entre M. Iacques Ferrebouc Maistre ès Arts & Bachelier en Decret, soydisant Procureur de la Nation de France en la Faculté des Arts & Vniuersité de Paris, demandeur & requerant l'enterinement de certaine Requeste par luy presentée à la Cour le 12. iour de Feurier dernier passé, & en ce faisant les Sceaux, Liures, Registres & autres munimens appartenants audit office de Procureur, estants entre les mains de Maistre Mathieu de Nanterre Conseiller du Roy nostre Sire, & Conseiller dans la Cour de ceans & autres, s'aucuns en y auoit, luy estre baillez & deliurez, comme vray Procureur de ladite Nation pour en iouïr, & executer ledit Offices ès formes, & manieres accoustumées, quoy que ce fust par maniere de prouision & aussi deffendeur d'vne part, & Maistre Michel Manterme, appellant, Iean de Montigny & autres leurs Consors, Maistres, & Regents de la Nation de France, deffendeurs & aussi demandeurs, & requerans l'entherinement de certaine Requeste, & en ce faisant lesdits Sceaux, Liures, Registres & autres munimens appartenants

Vniuersitatis Parisiensis.

audit Office de Procureur estre mis és mains du plus ancien Regent de ladite Nation & autres prouisions à plain declarées en ladite Requeste, dattée dudit 12. Février dernier passé, d'autre. Veüe par la Cour ladite Requeste aduertissemens desdites parties, Informations estans deuers la Cour & tout ce qu'elles ont mis & produit pardeuers certains Commissaires ordonnez à ouyr lesdites parties, & tout consideré.

Il sera dit que lesdits Sceaux, Liures, Registres, & autres munimens appartenants audit Office de Procureur de la Nation de France, estant de present és mains dudit Mathieu de Nanterre Conseiller & President, & autres s'aucuns en y a, seront baillez & deliurez audit Maistre Iacques Ferrebourg pour ledit Office de Procureur de la Nation de France, estant de present és mains dudit Maistre Mathieu de Nanterre Conseiller & President, exercer depuis la prouision de ce present Arrest pour le temps, forme, & maniere qu'ont accoustumé iceluy office exercer les predecesseurs Procureurs d'icelle Nation. Et ce par maniere de prouision & iusques à ce que par la Cour autrement en soit ordonné, & sans preiudice des anciens Statuts & obseruances loüables de ladite Vniuersité, Faculté des Arts & Nation de France, & pour ce que es elections que l'on a accoustumé de faire, tant en l'Vniuersité qu'és Facultez & Nations de la Faculté des Arts, se font plusieurs debats & insolences & que au temps desdites elections, l'on fait venir plusieurs Maistres és Arts non demeurans en cette Ville de Paris, ne residans actuellement en ladite Vniuersité, mais sont demeurans les vns à Meaux, les autres à Rheims, Troyes, Chalons, Chartres, Orleans & autres lieux; La Cour enjoint au Recteur, Maistres & Escoliers estudians en ladite Vniuersité, qu'ils pouruoient ausdits abuz & insolences que l'en pretend auoir esté & estre chacun iour commis esdites elections des Offices de ladite Vniuersité, contre & au preiudice desdites Statuts anciens & obseruances loüables d'icelle. Tellement que d'oresnauant, au moyen desdites Conuocations ne autrement contre lesdits Statuts anciens & obseruances loüables ne se fassent plus brigues, debats, & insolences esdites elections, & doresnauant se gouuernent ainsi en toutes leursdites elections, que la Cour n'ayt cause de autrement y pouruoir. Et au surplus ordonne la Cour, que Maistre Iean de Riuolle, Iean de Montigny, Michel Monterme, Iean Noël, Iean de Louuiers & Pierre Trenard appellans, viendront à quinzaine dire leurs causes d'appel, & cependant seront lesdites reformations faites en cette partie montrées aux gens du Roy pour en venir dire ce qu'il appartiendra.

Eodem an. 1480. aut circiter institutum est à Ludouico Rege festum Caroli Magni. de quo nos diximus tom. 2. pag. 342. & sequentibus.

Anno 1481. resurrexit Nominalium secta exilio & carceribus ab anno 1473. damnata, hocque anno postliminio reuocata est: redditi libri Magistris, & catenis soluti Mandato Regis; de quo statim Præpositus Parisiensis certiores fecit Rectorem & Vniuersitatem. Sic enim legitur in Commentarijs Vniuersitatis.

Anno Domini 1481. die vltima Aprilis fuit facta Congregatio ad audiendum lecturam litterarum transmissarum per D. Præpositum Parisiensem Vniuersitati Parisiensi; fuerunt lectæ litteræ D. Præpositi Parisiensis, quarum tenor sequitur, & primo superscripto.

1480.

1481.
RESVRRECTIO NOMINALIVM.

A MONSIEVR LE RECTEVR ET A MESSIEVRS DE NOSTRE MERE L'VNIVERSITE' DE PARIS.

Monsieur le Recteur! ie me recommande à vous, & à Messieurs de nostre mere l'Vniuersité, tant comme ie puis. Le Roy m'a chargé faire declouer & defermer tous les Liures des Nominaux qui ja pieça furent sceellez & clouëz par M. d'Avranches és Colleges de ladite Vniuersité à Paris, & que ie vous fisse sçauoir que chacun y estudiast qui voudroit. Et pour ce ie vous prie que le faissiez sçauoir par tous lesdits Colleges. Monsieur nostre Maistre Berranger vous en parlera de bouche plus au long & des causes qui meuuent le Roy à ce faire, en priant Dieu, Messieurs, qu'il vous donne bonne vie & longue. Escrit au Plessis du Parc ce 29. iour d'Avril. Vostre fils & seruiteur I. DESTOVTEVILLE.

Tom. V.   AAAaa ij

De eadem re sic legitur in Commentarijs Nationis Germanicæ. Aprilis vltima, anno quo supra alma Parisiorum Vniuersitas apud S. Mathurini Ecclesiam 4. super articulis congregata fuit. Primus ad audiendam litterarum lecturam siue tenorem à supremo D. nostro Rege, seu Parisiorum Præposito Regis voluntate missarum, &c. Quantum ad 1. artic. Natio celebriter & optimè congregata supremo Domino nostro Regi, necnon D. Præposito Parisiensi Priuilegiorum Vniuersitatis Conseruatori, de bono zelo & affectu erga filiam Vniuersitatem suas litteras communicando, gratias non debitas, sed possibiles habuit. Item & Magistro nostro M. Berengario Mercatoris pro laboribus assumptis egit gratias. Insuper & quoad litterarum tenorem, & specialiter Deo summo singula, vt lubet, in melius commutanti, qui Regis Francorum Christianissimi mentem desuper hoc bono, Paschali tempore illuminauit, quod memorabile est, contra Doctrinam Nominalium famosissimam, facinus non sine periculis consilijsque plurimis sapienter mutauit Decretum. Congratulaturque Natio doctrinam illam salubrem, Christianam, Vniuersitatis fulgorem, totiusque machinæ mundi lucernam super candelabrum poni, hoc est eius libros in Bibliothecis cathenarum ferratis clausos aperiri Regem Christianissimum voluisse, Doctoresque eorum sapientiæ & scientiæ lumine Christicolis ex eis reddi concessisse. Nam vt Dominus Lucæ dicit XI. Nemo lucernam accendit, & in abscondito ponit, nec sub modio, sed super candelabrum, vt qui ingrediuntur, lumen videant. Lucerna enim Doctorum os eorum est. Quomodo enim sapientiæ & scientiæ lumen lucerna reddere posset, si illorum Doctrinæ libri in Bibliothecarum pulpitis, compedibus, catenisque ferreis, ne aperiri valeant, detineantur? Quomodo insuper Doctoris lucerna lumine sapientiæ, ac scientiæ doctrinæ Nominalium fumosissimæ refundere possit, si lucerna cum luce sub modio absconderetur? Profecto non videt Natio. Cum igitur à Prædecessoribus nostris non dico nedum irrationabiliter, verum etiam inuidiæ iugis (cum veritas odium protulerit) aut brigarum gratiâ motis circa Nominalium libros apud nos publicè, vel occultè legendos, certa per nos iuramenta obseruari præcesserit ordinatio, Alemanorum Nationi, Regis Christianissimi voluntati, Parisiorum Præpositi affectui se conformanti placuit, quod veritatis & doctrina & via quæ diu latere non potest, publicaretur. Interdum enim patitur Iustus, sed non semper: & clausi in compedibus seu catenis libri, vt lubet, aperirentur, à Studiosis visitentur & à Doctoribus dogmatizentur, quicunque etiam Magistri doctrinam quam lubet, liberè doceant; vt Horatij illud vulgò dicitur.

Nullius addictus iurare in verba Magistri,
Quo me cunque rapit tempestas, deferor hospes,
Nunc agilis fio, & mersor Ciuilibus vndis:
Virtutis veræ custos rigidusque satelles:
Nunc in Aristippi furtim præcepta relabor
Et mihi res, non me rebus submittere conor.

Vt sic denique Philosophiæ sapientiæque militiam attingere nitentes, neque eius muneris tirones effici, nodos nutricis enodare anhelantes, Philosophiæ lucernam hoc est Nominalium Doctrinam, seu libros non in abscondito hoc est tenebrosis solitarijsque locis positam, neque sub modio, hoc est catenis, vel ferratis clausam; sed super candelabrum hoc est Bibliothecarum pulpita sine catenarum clausuris, sed super candelabrum, hoc est super alias Vniuersitatis Parisiorum doctrinas, seu sectas scientiæ Nominalium lumen videatur eminere.

In Commentarijs quoque Nationis Picardiæ de eadem Nominalium Resurrectione sic legitur. Anno Domini 1481. vltima die mensis April. Alma Parisiensis Vniuersitas apud S. Mathurinum hora 8. de mane fuit

solemniter congregata ad audiendum quasdam litteras à D. Præposito "
Parisi. missas D. Rectori & præfatæ Vniuersitati per Magistrum nostrum " 1481.
M. Berengarium Mercatoris qui venerat à supremi Regis Curia. Auditis "
dictis litteris quæ continebant virtualiter quomodo D. Præpositus acce- "
perat à supremo D. nostro Rege qualiter sibi placebat quod libri Nomi- "
nalium aliàs per Reuerendum Patrem D. Episcopum Abrincensem inca- "
tenati & clauati atque interdicti soluerentur & deligarentur, vt liberè "
volentes in ipsis studere, studerent. Placuit meæ Nationi vt litteræ illæ "
darentur executioni, & quod honorandus D. Rector hoc mandaret fieri "
per singula Collegia, vt absque scrupulo omnes ad nutum viæ & opinio- "
ni tam Realium quàm Nominalium vacarent studentes; quamuis aliàs "
tempore Procurationis docti viri M. Petri Caronis, scilicet anno Domini "
1473. via ac Doctrina dictorum Nominalium fuerit prohibita ex præce- "
pto Regio certis de causis, & nunc certioribus alijs causis est aperta quas "
in parte in facie Vniuersitatis venerandus M. noster Berengarius allega- "
uit, cum dictæ litteræ hoc sibi præciperent. Et pro laboribus in re dicta "
assumptis supremo D. nostro Regi D. Præposito Parisi. & Magistro nostro "
reddidit Natio ingentes gratiarum actiones. Acta fuerunt hæc præsen- "
tibus venerabilibus & discretis viris DD. & MM. Petro Bouuart Rece- "
ptore dictæ Nationis, Roberto d'Oresmeaux, Petro Gouy, Bertrando "
Pigonce & pluribus alijs anno, mense & die prædictis, teste meo manua- "
le signo hîc apposito, BERNARDVS PINTE, cum syngrapha. *Ita est.* "

Ex his patet M. Berengarium Mercatoris plurimum institisse apud Regem pro libertate Nominalium: quam in rem quoque studiosè incubuisse legimus M. Martinum Magistri Doctorem Sorbonicum Regi ab Eleemosynis magnæque virum authoritatis. De quo sic Gaguinus Epist. 63. ad Trithemium, *Sed hunc*, inquit, *cum ex Schola Parisiensi Rex Francorum Ludouicus XI. propter hominis celebrem famam accersiuisset, mors immatura assumpsit, quinquagesimum agentem annum*; videlicet an. 1482. Ille autem inter Nominales celeberrimus, & in lucem edidit librum quem sic inscripsit, *Tractatus Consequentiarum in vera diuaque Nominalium via.*

Die 23. Iunij electus est in Rectorem Vniuersitatis M. Ioannes de Monasterio, qui acceptâ dignitate Rectoriâ, magno comitatu deductus est in ædes suas San-Geruasianas, *vbi præbuit vinum & species*, vt tunc loquebantur.

Die 11. Iulij facta apud Mathurinenses Congregatione decretum vt D. Rector cum nobili Comitatu adiret Episcopum Massiliensem, quem M. Robertus Gaguinus nomine Vniuersitatis excepit eleganti oratione & congratulatione, missum quippe Lutetiam, vt vrbem, Rege absente regeret. Eius autem Oratio talis est.

PRIVSQVAM huc intrarem, Magnificentissime Pontifex: dicturus " ORATIO
apud te hominem dignitate, fama, gloriaque longè vulgatum, sollicitus " ROBERTI
eram maximè, quo te satis digno exorsu quaue Majestate orationis con- " GAGVINI
uenirem. Verebar enim videri tibi parum Vrbanus, qui Monasticos ritus " NOMINE
potius quàm Ciuitatis mores edidici. Verum vbi te hoc loco primum con- " VNIVER-
spexi, & sum intuitus grauem hanc faciem tuam & totius corporis tui " SITATIS
compaginem, consolata est me benignissima humanitas atque sapientia: " AD EPIS-
quas virtutes simul cum ætatis grauitate impartisse tibi Deum credide- " COPVM
rim. Accedit ad nostram consolationem magnæ Parentis nostræ Vniuer- " LIENSEM.
sitatis studij Parisiensis authoritas: cuius ego nomine, si tua magnificentia "
feret, nunc sum paucis locuturus. Enimvero postquam sapientissima Pa- "
rens nostra, se accepit Christianissimi Patris sui Regis vices gesturum, & "
summâ apud Parisios potestate potiri, decere arbitrata est, post ciuium "
exhibitas tibi congratulationes, suam quoque adiungere: vt quæ inter "
Regis illustrissimas filias primogenita est & habetur, te Patris loco vene- "
raretur, & gratitudinem impartiret suam. Non enim æstimare potest "
magnis te animi muneribus non esse à Rege Patre suo comprobatum, qui "
ad Regni primariam vrbem Rector sis destinatus, In quâ cum superioribus "

1481.

„ annis visi sint tam conspicui homines præsedisse, facile coniectamus ad
„ generosos tuos mores & hanc Pontificiam dignitatem, prudentiam quo-
„ que, industriam, diligentiam, fidem, probitatemque esse coniunctas.
„ Itaut qui inter primos Regni Iudices iugiter conuersaturus es, ames &
„ colas Iustitiam, litteras quoque & Doctrinam non paruipendas qui vide-
„ licet præ oculis semper iis habiturus præcellentissimos omnium Artium
„ authores, quibus velut splendidissimis luminaribus Parens nostra Vniuer-
„ sitas & per eam Orbis Christianus illustratur.

„ Neque frustra certè sapientissimus Rex magnam de tua virtute spem
„ accepit, qui memoriâ tenet quantus apud Renatum Siciliæ Regem ex-
„ titisti, quantaque benignitate & modestiâ, quantâ amplitudine & maie-
„ state quadam principandi Prouinciam fueris longo tempore moderatus.
„ Ità enim apud Prouinciales tum statutis & bonarum legum institutione,
„ tum modestâ tributorum dispensatione præfuisti; vt nullum illic munici-
„ pium, oppidum nullum, nullaque Ciuitas te Patronum & Patrem suum
„ non appellet. Habet propterea gratias ingentes gloriosissimo Patri suo
„ Regi nostra Parens Vniuersitas qui te talem Ciuitati suæ præficere voluit
„ Præsidem & Rectorem. Conciuibus verò nostris & vobis Parisiorum in-
„ colis congaudemus, qui tuo ductu, tuo patrocinio ac protectione firma-
„ ti tranquillâ moderatione fruentur. Tuæ quidem Dignitati atque ma-
„ gnificentiæ sapientissima ipsa Parens gratulatur.

„ Optat salutem, & prosperitatem comprecatur sempiternam, prospe-
„ ritatem dico, qua diutissimè viuas, quâ Lutetiam Parisiorum gemmatam
„ reddas, quâ litterarum & bonarum Artium Parentem nostram Vniuersi-
„ tatem ames, colas, amplies & facias tua ope & patrocinijs auctiorem. In
„ quâ re procuranda nihil est quod ad tuam gloriam maius adijcere possis.
„ *Carolus enim ille Magnus & Diuus Rex atque Imperator, etsi bellicis rebus &*
„ *rerum publicarum iustissimè sibi viderit ingentem supra modum gloriam peperis-*
„ *se, illud tamen omne quod egregium gesserat, obscurum fore censuit, nisi hoc ce-*
„ *lebre studium, nisi hoc sapientiæ domicilium & litterarum gymnasium apud Pa-*
„ *risios collocaret, plus de se splendoris & gloriæ posteritati relicturum se arbitra-*
„ *tus curâ & institutione litterariæ quàm bellicæ claritatis.* Celebratur etiam ille
„ *Cecrops conditor Athenarum, sed ampliorem sibi laudem meruit Pisistratus qui*
„ *primus apud Athenas libros palam exhibuit relegendos.* Esdræ quoque Sacer-
„ dotis gloria propter Legem Dei & libros instauratos facta est auctior
„ quàm propter desolatæ vrbis Ierusalem restitutionem. Nec Ptolomæum
„ Philadelphum tantùm illustrat Regium diadema quàm Bibliothecæ con-
„ structio in quam supra quingenta millia librorum digessisse memoratur,
„ adeo præstat cæteris rebus amor & cultus litterarum, quas si seculi homi-
„ nes plurimi summa veneratione coluerunt, quid faciat Dei Sacerdos &
„ Pontifex? Quid facias celsius, magnificentissime Præsul! quàm altricem
„ atque educatricem sapientiæ tutari? Tibi Rex gloriosus cum Parisiorum
„ vrbes & Ciues commendauit, intellexit quoque Vniuersitatem ipsam stu-
„ dij esse commendatam, in quâ cum duæ præcipuæ virtutes principentur,
„ Iustitia & sapientia, alteram sine altera rectè moderari non potes. Illa
„ in perniciem malorum gladium exerit; hæc, qualiter distringas, docet.
„ Afferrem tibi ex Ægyptijs externisque Nationibus exempla, nisi fœcun-
„ dissimus esses rerum gestarum: hoc vnum nostri ad te aduentus causâ com-
„ memorasse satis sit. Si illustrem hanc parentem nostram defensandam
„ suscipias, Francorum pariter imperium & Religionem Catholicam tu-
„ taberis. Nam vt multa celeberrima & memoratu digna prætermittam,
„ vna est quæ Reipub. saluti semper consuluit; quæ malleo veritatis contu-
„ dit errores, quæ se fidei hostibus magnis viribus opposuit, ad quam non
„ ex Gallijs modò, sed ex terris omnibus quæ Christum colunt, confugitur
„ cum de sacris institutis & humanis rebus quædam dubietas insurgit. Orat
„ igitur tuam dignitatem atque præstantiam supplex totius disciplinæ Pa-
„ rens, se & suos alumnos sapientiæ professores commendatos suscipias.
„ Assis eis tutor, assis Pater, assis Pontifex, cuius officio maximè congruit

Vniuersitatis Parisiensis.

Clerum dirigere, & in Clero litterarum & prudentiæ sectatores in primis honoratos habere. Si huic voto piæ Vniuersitatis assenserit tua benignitas, ea tibi se offert inexpugnabilem murum aduersus tuæ dignitatis inimicos: Ea se apud Deum patronam tuæ salutis constituit, & in rem tuam quidquid consilij habet, se impensuram magno animo vouet & totis præcordijs profitetur. Tu illam commendatam, vt amplectaris, prona & supplex efflagitat.

1481.

Credibile est hanc orationem dictam à Gaguino fuisse 18. aut 19. Iulij: nam 20. habita sunt Comitia Mathurinensia, in quibus ipse retulit quàm benignè excepta fuisset Vniuersitas ab Episcopo prædicto: quamobrem illi ab omnibus Ordinibus actæ sunt gratiæ. Item auditi & alij Oratores qui ad Præpositum Mercatorum & Scabinos missi fuerant, à quibus gratissimum responsum pro tuitione priuilegiorum retulerant. Hocce enim tempore Vniuersitas apud omnes Curias de suis Priuilegijs periclitabatur; nihilque frequentius legitur in Commentarijs nostris, quàm Legationum frequentia ad Regem, ad Curiam Parlamenti, ad Generales, ad Scabinos, pro tuitione & conseruatione priuilegiorum.

Die 10. Octob. electus est in Rectorem Vniuersitatis M. Eligius de Vaugerme Nationis Picardorum. Die 25. eiusdem mensis in Comitijs San-Iulianensibus Facultatis Artium actum est de Reformatione Collegiorum & Pædagogiorum: ac proinde ex singulis Nationibus delecti sunt Reformatores.

Et 27. eiusdem mensis apud Mathurinenses actum præcipuè de legatione ad Regem mittenda pro priuilegijs conseruandis.

Die 9. Nouemb. in Comitijs San-Iulianensibus Facultatis Artium questus est Rector M. Eligius de Vaugerme de quibusdam Thesibus, seu positionibus Philosophorum in vico stramineo contra Rectoriam dignitatem & ipsiusmet Rectoris personam propositis; quamobrem ex singulis Nationibus delecti sunt viri, qui inquirerent in rei veritatem; vetitumque materiam illam deferre ad alios Iudices quàm ad ipsam Facultatem, aut ad Vniuersitatem, iuxta supplicationem M. Petri Rumont.

Die 28. eiusdem mensis in Comitijs Mathurinensibus Idem Rector questus est de quibusdam falsarijs qui Sigillo Vniuersitatis factitio & falso abutebantur; decretumque vt in eos inquireretur. Item rursus questus est de thesibus vici straminei. Tunc M. Petrus Rumont qui eas proposuerat, petijt à D. Rectore errati veniam, & obtinuit. Sic enim legitur in Commentarijs Nationis Germanicæ. Quantum ad 4. supplicauit M. Petrus Rumont in Vniuersitate super materiam tangentem 2. artic. vt placeret D. Rectori dare sibi veniam, & ibidem D. Rector coram Vniuersitate dedit sibi veniam, & parsit ei sua malefacta. Et ibidem ordinauit Vniuersitas quod in posterum in positionibus tuendis in vico straminis non poneretur nomen alicuius Regentis, vel Officij, vel alicuius simplicis Magistri, sub pœna priuationis æternæ.

Die 17. Decemb. habitis Comitijs San-Iulianensibus ad electionem Rectoris, M. Eligius de Vaugerme Antiquus & Franciæ Procurator re infectâ, discesserunt conniuente Normano. Picardiæ Procurator Electores ad Sacramentum admittere rogatus, Rectorem egit & admisit. Illi ergo Conclaue ingressi eligunt in Rectorem M. Renatum d'Illiers in Collegio Bonorum Puerorum habitantem, statimque iubetur Antiquus Electo Insignia tradere Rectoria. Eo verò recusante, habentur die 20. Comitia Vniuersitatis, & placuit omnibus vt ipse Antiquus, aut redderet Electo, aut in Arcam communem reponeret. Nominantur qui cum conueniant MM. Robertus Gaguinus Decretorum Doctor ac Decanus & Ioan. de Sallandria Doctor Theologus, sed nihil promouent. Habentur denuò Comitia Generalia die Sabbati 22. & dicuntur sententiæ de ipsius priuatione. Talis tamen fuit Conclusio, non priuandum ante diem Lunæ proximum, ad Comitia vocandum, vt priuationem suam audiat. Insuper vt quæ *fecit à recessu ipsius ab Ecclesia, seu Monasterio S. Iuliani, sint irrita &*

DISCORDIA IN ELECTIONE RECTORIA.

1481.

tanquam à non Rectore facta. Voluit quoque ipsa Vniuersitas *quod inhibeatur* DD. Conseruatori & Notarijs Curiæ Conseruationis, *ne amodò expedient aliquas litteras sub nomine dicti Antiqui,* & *quod fiat sigillum nouum differens ab alio,* & *hodie si possibile sit,* voluitque præterea Antiquum Procuratorem Normaniæ qui cum ipso Eligio auctor fuerat discordiæ, cogi ad deponenda Insignia Procuratoria tradendaque nouo Procuratori, secùs priuari.

Veritus verò M. Eligius Antiquus Rector ne tandem ipsa insignia reddere cogeretur, Curiam Parlamentæam adit eodem die, & deponit apud ipsius scribam, vt ipsius Curiæ Acta testantur. *Ce iour 22. Decemb. M. Eloy de Vaugermes, soy disant Recteur de l'Vniuersité de Paris comparant en personne en obeïssant à l'appointement de la Cour, a mis au Greffe d'icelle les Sceaux, Registres, Clefs & munimens de ladite Rectorie, sans preiudice de ses droits. M. Guy du Chasteau & Richard Alexandre Intrans de la Nation de France & Normandie, presens aussi en leurs personnes appellans de certaines assemblées & Conclusions faites, tant par M. Iean Huë que autres de ladite Vniuersité, s'opposent audit Greffe, que lesdits Sceaux, Registres, Clefs & Munimens ne soient deliurez, ne mis hors dudit Greffe à l'instance dudit Huë ne autrement sans les oüir, & sont prests de dire leurs causes d'opposition & toutesfois qu'il plaira à la Cour. Fait en Parlement le 22. Decembre 1481.*

Hinc patet prædictum d'Illiers à duobus tantùm Electoribus, seu Intrantibus fuisse electum, Picardo & Germano, quod omninò repugnabat Statutis Facultatis Artium. Nihilominus poscitur in Rectorem, & fabricatur nouum sigillum. Ad dissidium huiusmodi componendum aditur Curia. Electus supplicem libellum offert, die 28. Decemb. Insigniaque Rectoria apud ipsam deposita sibi tradi postulat. Aduersantur Antiquus & duo Intrantes Franciæ & Normaniæ. Fit tandem Senatusconsultum eiusmodi die 5. Ianu.

Entre M. René d'Illiers, soy disant Recteur de l'Vniuersité de Paris, demandeur & requerant l'enterinement de certaine Requeste par luy baillée à la Cour le 28. iour de Decembre dernier passé, & icelle enterinant, que les Sceaux, Liures, & autres Munimens de la Rectorie de ladite Vniuersité estant au Greffe de ladite Cour, luy soient baillez & deliurez. Et defendeur à l'enterinement de certaine autre Requeste baillée à la Cour par M. Eloy de Vaugermes n'agueres Recteur de ladite Vniuersité, & de M. Guy du Chasteau, & Richard Alexandre d'vne part, & lesdits M. Eloy, du Chasteau & Alexandre appellans & deffendeurs à l'enterinement de la Requeste dudit d'Illiers & requerans l'enterinement de certaine autre requeste par eux baillée à ladite Cour, & en icelle enterinant, que ledit d'Illiers & autres qui ont fait contrefaire & grauer lesdits Sceaux de ladite Rectorie de ladite Vniuersité, depuis que les vrays Sceaux, Liures & Munimens estoient au Greffe fussent rendus audit M. Eloy comme Recteur, pour en iouïr iusques à ce que l'Election du Recteur encommencée fust confirmée selon les Statuts de la Faculté des Arts, & que deffenses fussent faites audit d'Illiers & autres Parties aduerses de non attenter contre lesdites appellations.

Veuës par la Cour lesdites Requestes, les aduertissemens desdites Parties & tout ce qu'elles ont mis & produit par deuant certains Commissaires ordonnez pour les oüir. Oüy le rapport desdits Commissaires, & tout consideré. LA COVR *a ordonné & ordonne que M. Iean d'Auril & Iean de Fougeraux Conseillers du Roy dans ladite Cour, se transporteront en ladite Vniuersité, & illec par les Nations & Facultez feront deliberer si ladite Vniuersité a pour agreable l'Election faite de la personne de M. René d'Illiers en Recteur en icelle Vniuersité & ou cas que icelle Election ne sera pas agreable à ladite Vniuersité, la Faculté des Arts procedera en la presence desdits deux nouueaux Intrans pour les Nations de France & Normandie, autres que lesdits Alexandre, & du Chasteau, sçauoir* MM. *Nicolle l'Allier & Iean le Moine, lesquels procederont auec les Intrans ja esleuz des Nations de Picardie & Allemagne, à l'election du Recteur selon les Statuts de ladite Vniuersité, & au Recteur qui ainsi sera confirmé & éleu, seront baillez les Liures, Sceaux anciens & autres Munimens de ladite Rectorie. Et sera le Sceau ou Sceaux nouuellement faits, cassez & rompus comme faits en*

attendant

attenant contre l'Ordonnance de ladite Cour, & a defendu & defend ladite Cour à tous & chacuns les Suppofts de ladite Vniuerfité, fur peine de banniffement de ce Royaume, que d'icy en auant ils n'enuoyent és autres Villes, ne hors de la ville de Paris querir Maiftres en Arts, non refidans en icelle Vniuerfité, pour eftre és affemblées d'aucuns Offices, ou Nominations aux Benefices; & aufdits non refidans qu'ils ne s'y trouuent fur lefdites peines. Et auec ce leur a defendu & defend fur les peines deffufdites de non faire pactions, promeffes, & conuenances touchant les Elections des Offices de ladite Vniuerfité & des Nominations aux Benefices à elle appartenants. Et à M. Robert Mafemgarbe Scribe de Conferuation des Priuileges Apoftoliques de ladite Vniuerfité, & à M. Iean Simon Scribe de ladite Vniuerfité, & à tous autres Suppofts d'icelle qu'ils ne reçoiuent & baillent aucuns gages, fcedules ou obligations touchant les promeffes & ftipulations defdits Offices & Nominations à Benefice, & ce fur les mefmes peines que deffus, de perdre lefdits gages, & autres arbitraires telles que la Cour l'ordonnera, felon l'exigence des cas. Et auec ce enjoint la Cour à tous lefdits Suppofts, quand leurs Affemblées, actes, deliberations de ladite Vniuerfité fe feront, qu'ils fe gouuernent honneftement fans tumultes, infolences, & voyes de fait, & ce fur peine de prifon ou autre telle amande arbitraire que ladite Cour ordonnera, & ne laiffent entrer en leurs deliberations, & affemblées aucuns non Graduez, & qui ne doiuent auoir voix en leurfdites Congregations & affemblées. Et le tout fans preiudice des Appellations interiettées par lefdits Maiftre Eloy & fes Confors. Fait ce 5. Ianuier.

De Tumultibus qui in Electione præcedenti contigerant, hæc fcribit Robertus Gaguinus Ep. 35. ad Ioannem Driefcum Rationum Regiarum Computorem. Nonnunquam me Scholafticorum clamores & iuges rixæ contriftant; à quibus orta eft in deligendo poftremo Rectore grauior longè quàm olim vifa eft contentio; alijs in alios nunc conuicijs, nunc contumelijs atrociter pugnantibus, non aliter ac Aleciarias & Pifcatrices aiunt fefe criminari, & feros interdum vngues inuoluere in capillos. Nec prius triduo toto difceffum eft, quàm biceps Vniuerfitas noftra facta eft. Itaque pro vno duos Rectores, imò verò Sectores habet, alterum Francum, Picardum alterum. Concionem hodie apud me habuit Picardus, Franco Curiam Parlamenti appellante. Oftiarius à Patribus miffus concionem diremit. Itum eft ad Iudices qui *ius dicant*. Minimè profectò mirum eft oriri de Imperijs certamina, cum ob trimeftrem Magiftratum Scholaftici pugnent. Sed nofti quas turbas liberalium Artium Collegia femper excitent. Sunt in illis temerarij adolefcentes multi, quorum tam fæua eft vis, vt non fit fenioribus fua authoritas. Nulla eft difciplina conferuandi maioribus honoris. Quo quifque efferacius clamat, eo potiore eft fuffragio.

Porrò vt tandem ifti difcordiæ finem imponamus, non video proceffum fuiffe ad nouam Electionem; quinimo M. Renatum d'Illiers omnibus gratum & acceptum, omnium quoque, aut faltem plurium calculo fuiffe confirmatum. Nam eadem die 5. Ianu. habitis generalibus Comitijs à Decano Facultatis Theol (incerto quippe Rectore & diffidentibus Nationibus) poftquam auditi funt Duumviri à Curia miffi, vna tantum Natio Normanica electionem improbare inuenta eft. Res fic legitur in Actis Vniuerfitatis.

Die 5. Ianu. fuit facta Congregatio per M. Ioannem Huë Decanum Facultatis Theol. de ordinatione Curiæ Parlamenti ad audiendum DD. Confiliarios per dictam Curiam Parlamenti commiffos & ordinationem eiufdem Curiæ fuper difcordia orta occafione Rectoriæ. 2. Communis fuper fupplic. & iniurijs. Quoad 1. art. DD. & MM. Ioan. Auril & Ioa. Feugerais Confiliarij D. noftri Regis in fua Curia Parlamenti & per eandem Curiam deputati ad veniendum apud dictam Vniuerfitatem & fignificandum Ordinationem dictæ Curiæ, declarauerunt voluntatem Curiæ & legere fecerunt appunctuamentum dictæ Curiæ, fuper quo deliberandum remiferunt ad fingulas Facultates & Nationes.

Super 1. art. Natio Franciæ 1. habet gratiarum actiones permaximas

" DD. Consiliarijs Curiæ Parlamenti de pœnis & laboribus per eos assum-
1478. " ptis & habet electionem D. & M. Renati ratam & gratam; & supplicauit
" alijs Facultatibus vt habeant huiusmodi electionem ratam & gratam.
" Natio Picardiæ habet gratiarum actiones DD. Consiliarijs de pœnis &
" laboribus, & habet electionem ratam & gratam & dat sibi adiunctionem.
" Natio Normaniæ deliberauit coram DD. Commissarijs Curiæ Parla-
" menti qui retulerunt quia maior pars erat in infirmatione Electionis.
" Almaniæ Natio habet gratias ingentes DD. Commissarijs & ratificat
" electionem D. Rectoris.
" Facultas Medicinæ deliberauit in hunc modum. Imprimis habet gra-
" tias DD. Commissarijs de pœnis & laboribus, & habuit & habet Conclu-
" sionem suam aliàs in hac materia datam, ratam & gratam & stat in aliàs
" deliberatis.
" Facultas Decretorum deliberauit in hunc modum. Imprimis habet
" gratiarum actiones supremæ Curiæ Parlamenti & DD. Consiliarijs qui la-
" borant ad pacem. Et eidem Facultati displicent scandala & signanter
" vltimæ turbationes. Et placet materiam istarum turbationum viriliter
" prosequi, & quod Turbatores atrociter puniantur, & signanter illi qui
" in D. Antiquum manus injecerunt, & dat contra illos adiunctionem, &
" requirit Consulibus vt in Curia Parlamenti Iustitia de prædictis turbato-
" ribus ministretur. Quoad factum in se, stat in aliàs deliberatis, & habet
" & tenet M. Renatum pro Rectore.
" Facultas Theol. deliberauit, quod gratias agit DD Deputatis de pœ-
" nis & laboribus. Et quoad factum in se, stat in aliàs deliberatis. Habuit
" & habet electionem D. & M. Renati, ratam & gratam & reputat eum
" Rectorem.
" Tota Vniuersitas per organum dicti Decani Facultatis Theol. videl.
" M. Io. Huë deliberauit in hunc modum. Quod conformiter ad vltimam
" suam Conclusionem, tenebat & reputabat M. Renatum Rectorem ipsius
" Vniuersitatis, & quod electionem ipsius in Rectorem aliàs confirmaue-
" rat, & adhuc confirmabat.

Eo Rectore, Vniuersitas porrexit Curiæ supplicem libellum & intercessit ne Vestales quædam dictæ de l'*Aue Maria*, erigerent Conuentum eo loco vbi Beguinæ esse solebant; qua de re sic legitur in Actis Curiæ ad 8 Feb.

*Ce iour le Recteur de l'Vniuersité de Paris accompagné de plusieurs Maistres
en Theologie, tant des 4 Ordres Mendians que autres, est venu en ladite Cour &
a fait dire par la bouche de M. Iean Berranger Maistre en Theologie que l'V-
niuersité perseueroit en l'opposition que elle auoit autrefois faite touchant les Religieuses de l'Aue Maria, qui veulent eriger vn Conuent en l'Hostel iadis appellé les Beguines en cette ville de Paris, & consentoit que les Religieuses de sainte
Claire qui demandent à y estre mises, y soient receues selon leur Profession & Ordre.
A quoy a esté répondu par ladite Cour que elle verroit le Procez appointé en droit
ceans, & feroit raison & Iustice aux Parties, ainsi qu'il appartiendra par raison.*

Die 7. Martij in Comitijs Mathurinensibus actum est de lite prosequenda aduersus Pergamenarios, de rationibus nondum per antiquum Rectorem redditis; item de supplicationibus duorum Magistrorum in Theologia contendentium, scilicet M. Ioannis Raulini de Collegio Nauarrico, & M. Martini Magistri de Collegio S. Barbaræ; vtriusque verò
Vniuersitatis adiunctionem petentis: quam neutri placuit dare, imò rogati sunt paci studere.

1482. Anno 1482 cum grauis esset annona, affixæ sunt multis in locis scedulæ, quibus Rectores Reipub. præsertim verò Episcopus Massiliensis nota-
bantur; quamobrem ille apud Palatium Consilium habuit ad quod Proceres quoque Academiæ vocatos voluit. Interfuit inter cæteros Rober-
tur Gaguinus Mathurinorum Minister Generalis, qui penultimâ die
April. in Comitijs Mathurinensibus retulit quæ sibi & alijs Vniuersitatis
Legatis mandata fuerant; quâ de re sic legitur in Commentarijs Nationis
Germanicæ.

Vniuersitatis Parisiensis.

Anno quo supra, penultimâ die mensis Aprilis, congregata fuit apud S. Mathurinum alma Vniuersitas Paris. super 2. art. Primus fuit ad audiendum quid DD. Deputati fecerant in Consilio quodã quod apud Palatium occasione Reipublicæ & annonæ solito carioris per Reuerendum D. Episcopum Massiliensem Locum tenentem Regis fuerat celebratum. Secundus fuit communis. Quantum ad primum D. Generalis Ordinis S. Trinitatis vnus Deputatorum retulit quod Reuerendus in Christo Pater D. Episcopus Massiliensis visus esset voluisse illam suspicionem illorum libellorum qui valuis & postibus hic & illic appensi multis mercatoribus & Reipublicæ Rectoribus minarentur, in Scholaribus insimulare, nisi Vniuersitatem virtute, disciplina & arte commendans contra suasisset, huiusmodi suspicionem potius ad plebem inopem & non saturatam pertinere, seque non credere Scholares aliquos de tanto nefas committendo cogitasse, nedum conscios esse. Demum prædictum Episcopum voluisse hæc Vniuersitati nuntiatum iri, si qui Scholarium rei essent, eos puniri; si non, saltem per bonam disciplinam pro futuro, ab omni flagitio procul seruari. Item aliquos notabiles deputari per Vniuersitatem, qui requisiti his & illis Consilijs intersint, salubre Consilium Reipub. administraturi. Præterea D. Rector fecit legi paruas litteras, quas D. Præpositus ex Rege recipiens quondam Vniuersitati communicauerat, quarum tenor erat, quod illi libri Nominalium qui olim ab Vniuersitate ablati apud Præsidentem seruabantur, singuli singulis quibus pertinebant, restituerentur. Super istis, placuit Nationi, si qui prædictæ suspicionis conscij essent, eos ab Vniuersitate expelli & puniri; & pro futuro Scholares à nefas seruari, deputareque qui Consilijs interessent; pro superioribus Facultatibus eos quos sua Facultas ordinaret, pro Facultate Artium M. Ioannem de Martigniaco; egitque gratias D. Regi, D. Præposito Paris. qui litteras communicauerat.

1481.

DE NOMINALIBVSISTORVM.

Die 17. Maij in Comitijs Mathurinensibus actum est præsertim de restitutione librorum Nominalium, decretumque vt illi redderentur ijs ad quos pertinere dignoscerentur; vt constat ex Commentarijs, seu Regestis omnium Facultatum & Nationum. In Regestis quidem Vniuersitatis sic legimus.

Anno Domini 1482. die Veneris post Ascensionem Domini 17. mensis Maij Congregatio facta apud S. Mathurinum ad audiēdum ea quæ nobilis & scientificus vir M. Michaël le Boulanger D. nostri Regis in sua venerabili Curia Parisiensi Consiliarius nobis dicturus erat in præsentia D. Præpositi Paris. comparuit Præfatus M. Michaël le Boulanger in Præsentia M. Locum-tenentis Criminalis per D. Præpositum Paris. transmissi, qui Vniuersitati exposuit quod D. noster Rex eidem rescripserat, quod dictos libros Nominalium in manu defuncti Præsidentis primi eius Patris depositos restitueret; & ea de causa eiusmodi libros ibidem afferri fecit, & diuisit in huiusmodi Congregatione, vt restituerentur. Vniuersitas agit gratias Regiæ maiestati de restitutione librorum, D. Præposito Paris. & M. Michaëli le Boulanger, & conclusit vt ponerentur in manu scribæ, & restituerentur illis quorum interest, habendo quittantiam, vt illi qui voluerint studere, studeant doctrinæ Nominalium, & fiat Conclusio in formâ.

Similiter in libro Picardicæ Nationis fol. 185. verso & 186. recto sic legitur.

Anno Domini 1482. die 17. Maij fuit Alma Paris. Vniuersitas per D. Rectorem apud S. Mathurinum solemniter conuocata ad audiendum illa quæ dicturus erat M. Michaël Boulanger in Vniuersitate, & in præsentia D. Præpositi Paris. vel sui Locum-tenentis, qui recitauit in dicta Congregatione se recepisse litteras à supremo D. nostro Rege in quibus cauebatur quod dictus supremus noster Rex volebat libros Nominalium quos M. Ioannes Boulanger primus Præsidens in Parlamento iam defunctus habebat, esse restitutos in Vniuersitate illis ad quos pertinebant; &

Tom. V.   BBBbb ij

1482.
" quod illi qui vellent amodò studere in illâ viâ Nominalium, studerent.
" Similiter recitauit Locum-tenens D. Præpositi Parisiensis dictum Præpo-
" situm recepisse litteras super eadem materia. Habuit Natio innumera-
" biles gratias supremo nostro Regi de bono zelo quem habet erga Vni-
" uersitatem: similiter D. Præposito Pariss. & M. Michaëli Boulanger de
" bona diligentia facta per ipsos in executione suarum litterarum. Et pla-
" cuit Nationi quod libri illi Nominalium portarentur domum Scribæ
" Vniuersitatis, qui haberet restituere vnicuique quod suum esset. Acta
" fuerunt hæcin præsentia D. Receptoris M. Petri Caronis, M. Bertrandi
" Pigonce, Ioa. de Campis M. Io. Bredoublé & plurimorum aliorum. Si-
" gnatum M. Doüart cum syngrapha.

Addit Procurator Nationis Germanicæ in eadem Congregatione supplicem accessisse & veniam petijsse quendam Iuuenem ab Officiali Pariss.
" missum sigilli Vniuersitatis fictorem. Item in prædictâ Congregatione
" comparuit vnus Iuuenis missus à D. Officiali Pariss. veniam ab Vniuersi-
" tate petens & emendam faciens quod ex sigillo Rectoris etiam falsè si-
" mulato questum fecerat & ad vsum suum contraxerat. Et erat emenda
Nationi grata.

Die 6. Iunij habitis Comitijs lectæ sunt Regis litteræ quas M. Dionysius Citharoedus Cancellarius Vniuersitatis Pariss. cum Facultate
Theologica litem tunc exercens, eo quod ipsius Comitijs præsidere &
præesse affectabat, priuationem veritus impetrauerat. Responsum est
autem Vniuersitatem paratam esse Regijs Mandatis parere, nec se de
priuatione illa cogitare.

NATIO-
NIS GALL.
STATV-
TA.

Die 24. mensis Iulij Natio Gallicana quasdam consuetudines & abu-
" sus reformat hocce nouo statuto, quod legitur in Codice ipsius mem-
" branaceo.

" VNIVERSIS præsentes litteras inspecturis nos omnes & singuli Magi-
" stri Nationis Gallicanæ apud S. Math. sub debito iuramenti ad statuen-
" dum pro tertia vice, vt moris est, solemniter conuocati die Mercurij 24.
" mensis Iulij anno Domini 1482. salutem. Notum facimus quod nos at-
" tendentes statum nostræ Communitatis pluribus ex causis collabi & mul-
" tipliciter dehonestari, cupientes abusus & corruptelas in melius reforma-
" re & turpium quæstuum causas & occasiones de medio tollere, duximus
" statuenda quæ sequuntur. 1. *Considerantes præcipuè quod illa pecuniæ sum-
" ma quæ annis singulis à Baccalarijs & Magistris exigebatur, fuerat imposita pro
" constructione & ædificatione Scholarum dictæ Nationis, quæ iamdudum ædifica-
" tæ & perfectæ sunt, & sicut cessat causa, sic debet effectus cessare, præfata Natio
" ex nunc penitus & omnino abolet & deponit summam illam pecuniæ quæ com-
" muni appellatione vocabatur*, Pro Scholis. 2. dicta Natio abolet penitus
" & omnino illam summam 20. Scutorum quam Receptores dictæ Nationis
" extraordinariè & vltrà stipendia ordinata in fine suorum Compotorum
" petere solebant: Attento etiam quod stipendia ordinaria Receptoris as-
" cendunt ad magnam pecuniæ summam quæ debet sufficere Receptori,
" quemadmodum stipendia ordinaria Procuratoris sufficiunt Procuratori.
" 3. dicta Natio illa 4. conuiuia Regentium reduxit ad tria, voluitque pro
" conuiuio Æstiuo summam 20. libr. Pariss. tantummodò distribui; pro
" quolibet autem aliorum duorum summam 12. librarum Pariss. 4. voluit
" prædicta Natio pro disco Prælati in festo S. Guillelmi, iuxtà antiquum
" morem, duo scuta tantummodò dari. 5. Ordinat dicta Natio ad tollen-
" dum inordinatos fauores in taxatione Bursarum, quod quilibet de maiori
" portione soluet pro Bursa 8. solidos Pariss. & pro minori portione sex so-
" lidos Parisienses. Camerista verò & Martineta 4. exceptis Nobilibus &
" in Dignitate constitutis, aut notabiliter Beneficiatis, & quorum Bursa
" taxabitur, iuxta exigentiam & qualitatem dictarum personarum per Pro-
" curatores & Examinatores Baccalariorum. Volumus autem vnumquem-
" que nostræ Nationis Procuratorem in sui creatione ad hæc obseruan-
" da sub debito sui iuramenti adstringi. Si quis autem contra has nostras

Ordinationes attentare præsumpserit, eundem ex nunc, prout ex tunc, & ex tunc prout ex nunc priuamus, à nostro consortio resecamus, atque periurum declaramus. Datum & actum tempore Procurationis M. Nic. Malingre de Parisius anno, mense & die quibus supra.

1482.

Die 23. Aug. habitis apud Mathurinenses Comitijs generalibus, questus est Rector nonnullos Bidellos & Officiarios, nec iuramentum Vniuersitati præstitisse, nec sibi iura Rectoria persoluisse. Iterum ea de re questus in Comitijs San. Iulianensibus Facultatis Artium, postulauit cogi tum Bidellos tum alios Officiarios & iuramenta solita præstare & iura soluere sub pœna priuationis. Sic autem conclusum. *Quod tales Officiarij quicunque essent, cogerentur ad huiusmodi iuramenta præstanda & Iura Rectoralia soluenda sub pœna priuationis. Et si qui Magistri super. Facultatum eos in talibus protegerent, quod monerentur vt desisterent, nec inter Facultatem Artium & alias Facultates discordiam seminarent, aliàs periuri reputarentur ipso facto.*

Lis de Cancellariatu Parisiensi.

EOdem anno, mense Septembri fato functus est M. Dionysius Citharoedus Cancellarius Parisiensis, sicque lis quam cum Facultate Theologica de præsidentia exercebat, extincta. Verum ecce noua oritur inter Competitores muneris MM. Ioannem Huë Decanum Facultatis prædictæ & Pœnitentiarium Ecclesiæ Parif. & Ambrosium de Cambray Decanum Facultatis Decretorum. Ioanni fauit Theologica Facultas, Ambrosio cœteræ; eo quod cum Ioanne contendebant Theologi vni Theologorum Ordini Cancellariam deberi, non cæteris.

Igitur cum esset Vniuersitas apud Mathurinenses congregata die 21. Septemb. *supplicauit D. Cancellarius de nouo electus, videlicet M. Ambrosius de Cambray pro adiunctione & manutentione in Officio... supplicuerunt Theologi vt nulla sententia definitiua in hac re daretur quousque Bulla ipsorum ostenderetur,* vt habetur in Actis German. Nationis. Verùm nulla habita est ratio supplicationis Theologorum, ipsique Ambrosio decreta est adiunctio.

Theologi molestè ferentes Dignitatem istam sibi præripi, omnibus modis Ambrosium vexant. Imprimis quidem neglectâ eius authoritate, lite ad Regium Consilium translata: Illi enim instantibus plurimis Licentiatis Birretum Doctorale imponunt per Magistros Regentes. M. Stephanus Brulefer Minorita interiectâ appellatione à Theologica Facultate propter impedimenta quædam sibi per eam illata ne Doctoris Birretum assumeret, confugit ad Rectorem, verùm indicta Congregatione ad diem 25. Septemb. ipse Brulefer absque consensu Rectoris cum Theologis concordiam inijt, vt legitur in Actis German. Nationis.

Paulo post idem in Capitulo Claustri Mathurinensium Doctor fuit Theologus proclamatus. At ductus magna eorum & Cucullatorum carerua comitante ad aulam Episcopalem, ab Ambrosio Cancellario qui se spretum putabat, videtur repulsam passus. Rem sic narrat Hemeræus ex Actis Facultatis Theologicæ. Anno 1482. 15. Octob. per illos æstus forenses Fr. Stephanus Vriferrus, Brulefer, Minorita à Fr. Ioanne Pulchri Magistro Regente solemnibus Comitijs apud Mathurinos Doctor est appellatus. Sed cum duceretur Magister nouus in Aulam Episcopalem, sequente eum longo ordine eiusdem Instituti Cucullatorum, vt sua coronide Birretationis Actus compleretur, Cancellario impotentis indomitique animi viro commouente tempestatem, Actus ille quem quia in eo ridere omnia hilaritate quadam ac lætitia solent, Festum suum Doctores noui vocant, Ordinis ac rerum fœda perturbatione de honestatus est. Et nisi terrori fuisset seditiosis florida illa & ventilatis exertisque lacertis minax Fratrum Franciscanorum cohors, in pugillatum cruentum vociferationes illæ transissent. Postridie Ioa. Nolentius Proclamatus est Magister in Capitulo Claustri Minorum, Birretante cum

" M. Petro Succurribili eximiæ eruditionis & authoritatis viro Archidiacono Rothomagensi. Ita statuente Facultate sacra ab hesternis clamoribus tumultuque adhuc trepidante. Eodem usa iure Academia Fr. N. de Gaudijs in Capitulo FF. Augustinensium celebri pompa per illa tempora Birrctatus est, alijque quos præterimus.

Ita Hemeræus ex Actis suæ Facultatis. At Ambrosius contra questus est secum insolenter omnino actum. Et Vniuersitas die 18. Octob. Comitia frequentissima habet apud Mathurinenses *super insolentijs factis in Aula D. Episcopi Paris. per Theologos contra M. Ambrosium de Cambray Cancellarium.* Tum ipse Ambrosius supplicauit *pro litteris recommendatorijs* ad Papam & ad Regem.

Item die 25. eiusdem mensis eadem Vniuersitate congregata, propositum fuit quod prædictus M. *Stephanus Brulefer in Theologia Doctor reciperetur in præsentia Vniuersitatis ad iuramenta solita & in manu D. Rectoris.* Non tamen videtur tunc receptus. Incalescentibus verò animis, Robertus Gaguinus Mathurinorum Minister Generalis apud Cardinalem Borbonium causam Vniuersitatis egit; cuius Oratio legitur inter eius Epistolas, estque eiusmodi.

" Si quantùm expedit humanæ societati, tantùm homines pacem experterent & amarent charitatem, Vrbes, Reuerendissime Pater, & Respub. multò quietissimè regerentur. Esset enim Ciuium mutua dilectio, esset subditorum ad suos Rectores fides & subiectio non repugnans. Neque sancta nostra parens Vniuersitas à suis vehementer oppugnata vestram nunc benignitatem & summam dignitatem vlla inquietudine vexaret. At quia natura & vitio quorundam ita factum est, vt tranquillitati nostræ insidias positas esse videamus, consulendum fuit ne aduersarijs nostris plus essemus in tuenda libertate tardiores. Quorum ambitio atque arrogantia ita increuit, vt si aliquando præualebunt, cæteris nostri studij Facultatibus nihil reliquum sit dignitatis & honoris. *Nam cum duæ sint in Schola nostra primariæ dignitates, Rectoratus & Cancellaria, quidam sibi alteram, ita ambiunt & usurpant, quasi memini nisi Theologo debeatur.* Et isti quidem nostri Turbatores id maximè nunc agunt vt per Conuenticula & clandestinas Conciones totus ipse Theologorum cœtus id petere iure optimo videatur; cum reuera bona pars eius Facultatis ab hac ambitione longè dissentiat. Sed qui hanc inanem sibi procurationem assumpserunt, ij operculo diuini se nominis ideo tegunt, vt non priuato quodam honoris ambitu, sed præmaturo & digesto omnium suorum consilio se se ductos ostendant. Et istorum quidem non dicam temeritati, sed audaciæ, vt nostrum se Studium opponeret, conuocata nudius-tertius graui filiorum suorum concione, appellationis se clypeo contra communis honoris vsurpatores protexit. Adeoque fuit ad hanc rem vnus & concors omnium aduersum istam paucissimorum Theologorum nouitatem vanitatemque consensus, vt ad infringendos conatus eorum corpora sua imprimis & fortunas omnes impendere sint liberrimè polliciti. Tantam enim indignitatem nemo bonus & qui modestiæ studeat, pertulerit: Nam quid aliud hoc incepto, benignissime Pastor, quæritur quàm vt isti aduersatores nostri nobis tanquam seruis & vilibus imperent mancipijs? Non derogo medius-fidiùs, Magnificentissime Pater; neque derogo maiestati *Theologicæ disciplinæ. Sed quia membrum est Theologus corporis nostri mystici, ille quem cæteris bonarum Artium Scholasticis studium vnum constituit, nego huiusmodi hominem per omnia, omni in loco, omni tempore cæteris prætermissis, debere Principari.* Recte sane Iurisconsultus vices Officiorum instar artificis naturæ per membra dispertitur, vt nec totus oculus sit caput, nec reliqua moles desinat in tibias. Nam si in eiusmodi conditionis homines hic honos Cancellariæ conferatur, nonne Theologos in Schola nostra Reges esse oportebit? Nonne frustra adnitentur ad alias artes studiosi literarum si eis suo ordine prouehi non licebit? Est fateor in ipso Theologorum senatu, si totus inspicitur, dignitas amplissima: Sed ad singulos si perpendiculum rectæ æstimationis apponas, obliquabitur linea, & disortum in ea nonnihil apparebit. Itaque concedo Theologos, id quod Philosophis proprium semper fuit, versari videlicet circa difficillimas quæstiones, quarum nec absolutio ad plenum inuenta est, nec à quoquam Nominalissimo, vt ipsi dicunt, inueniri poterit. Inhærescunt enim in illis & iugiter mussitant; ita vt cum ocio & quiete plurimum desideant atque oblectentur, in Schola quidem bonos, foris verò & in gerendis rebus minus idoneos esse putem. Quod si quis prudenter æstimabit & pensitabit hominum industriam & mores, multo plurimas à Iurisconsultis res quàm à Theologis benè administratas comperiet. Contendo propterea inter cœterarum doctrinarum studiosos facile deligi posse prudentes eosdemque doctissimos qui plerisque Theologis antecellant. Illudque quàm possum liberrima voce adiungo: si quid ad egregios mores, bonas quoque cum fide & charitate artes adijciat, eum, quocunque titulo Magisterij illustretur; non modo hoc de quo contendimus Cancellariatu, sed Pontificatu quoque esse dignissimum. Quæ tametsi historiarum adstipulatione & vsu vera comprobentur; quamuis vnus datus sit & à nobis susceptus Cancellarius; pauci tamen admodùm illius Ordinis Doctores vestram postulauerunt dignitatem sibi Cancellariam distribui; tanquam hæc illis sit ab huius Ciuitatis antistite per iniuriam denegata. Vellem Rectoratum quoque petiuissent. Est enim eis ad vtramque hoc tempore dignitatem ius æquabile & æquitas procul dubio non impar. Defecerunt verè acutissimi Disputatores scrutantes scrutationes, absconderunt muscipulas, dixeruntque quis videbit eas? Senserant prius & fuerant experti, Senonensium Pontificis prudentiam, Cuius soliditatem atque constantiam quia discutere non potuerunt, putauerunt sibi penes vestram Nobilitatem repositum esse præsidium. Sed Dei prouidentia & vestra maximè prudentia sic dilata res est, vt nobis intereà de nostro iure atque libertate cogitare datum sit; in quo tuendo simul illud agitur vt multorum libertatem & iura pariter defendamus. Habet enim causa præsens cum multorum periculis vicinitatem. Nam quod Theologus tantùm hoc Magistratu potiatur, læditur in ea Parisiorum Antistes, cuius præstantiæ Beneficiorum libera dispositio (si qua est iuris & legum reuerentia) debetur. Offenditur præterea archipræsulatus authoritas. Et primatus vester, dignissime præsul, offenditur: ad quem dum semestre tempus per negligentiam exciderit Collatoris, deuolutio succedit. Nec minus Regis majestas ex hac nouitate coarctatur quæ Priuilegio Regaliæ Beneficia, Ecclesiarumque dignitates per sedis vacationem consueuit dispartiri. Sed de cœtu illo illustri & Capitulo Canonicorum D. Mariæ quid dicemus? Cogeturne tota illa Concio virorum celebrium ad vnum Theologicæ Professionis Doctorem, sollicitudinem omni momento reijcere? & plurimarum rerum quæ communitatis eorum sunt, curam ditionemque credere? impendent certè huic dignitati Cancellariatus multa quæ per Iurisconsultum rectiùs quàm per Theologum administrari possunt. Quare iniquum mea sententia videri debet pro paucorum hominum cupiditate atque ingluuie tot Magistratuum iura & libertates contemni, ligari atque arctari potestates plurimorum; vt id quod commune semper fuit, vnius conditionis homines sibi vsurpent atque retineant. Tam multorum igitur offensis, quibuscum nostra & admissi à nobis Cancellarij causa coniuncta est, appellatio nostra præparauit antidotum. Quæ cùm sit grauatis vel grauari timentibus iuris circunspectione concessa, adest in conspectu vestræ Dignitatis supplex studij nostri Rector, assunt ex Iurisprudentia, assunt ex Medicinæ Peritia probatissimi Doctores. Non desunt præterea ex Artium liberalium studio graues Philosophi & variarum disciplinarum Præceptores qui hoc orant atque humiliter comprecantur, ne præter suæ appellationis spectatissimam rationem aliquid per ius prætensæ deuolutionis vestra Sapientia de nostri Cancellarij causa commutet. Ne in quo iure septingentos ferè annos felix Schola

" 1482.

"Parisiorum quietissimè mansit, in eo per paucos admodum Theologos
"dispendium accipiat. Neue ab eo honore Cancellariatus vlla nostri stu-
"dij Facultas segregetur quam ipsis quoque aduersarijs bono animo susti-
"nemus pariter esse communem. Nec denique hic vir nominatissimus Am-
"brosius de Cambray vtroque Iure Consultus designatum quenquam ad-
"uersarium & Competitorem à vestra prouidentia datum iri intelligat. Si
"clementia & benignitate vestra fuerimus hoc tempore ab iniuria Theo-
"logorum saluati, vestro quoque beneficio quietem nostris studijs impe-
"trasse atque retinuisse putabimus.

Hanc porro causam Vniuersitas ad Curiam Parlamentæam defert; Theologi verò cum suo M. Io. Huë ad Maius Consilium: quod ne fieret habitis Comitijs 6. Idus Ian. ipsa Vniuersitas constituit sua tueri priuilegia, ne trahatur extra muros Parisienses, *dando Cancellario, videlicet M. Ambrosio de Cambray adiunctionem & manutentionem ne traheretur ad Consilium Magnum Regis.* Curia verò Parisiensis, visis litteris Euocatorijs, decreuit ad Regem & ad Cancellarium Franciæ materiam litis perscribere, priusquam aliquid statueret. Sic enim legitur in Actis die 18. Ian. 1482.

Sur le Plaidoyé fait entre l' Vniuersité de Paris, les Euesque, Doyen & Chapitre de l'Eglise de Paris, le Procureur de la ville dudit Paris & M. Ambroise de Cambray Conseiller & Maistre des Requestes de l'Hostel du Roy d'vne part, & les Doyen & Faculté de Theologie, d'autre part, touchant l'euocation de la cause pendante ceans pour raison de la Chancelerie de Paris. LA COVR *a deliberé que on escrira au Roy de ladite matiere,& luy enuoyera-t'on les Lettres de ladite Euocation & le Plaidoyé fait sur icelle, pour sur tout faire son bon plaisir. Ainsi sera escrit à Monf. de Beaujeu de cette matiere & à M. le Chancelier, & pour faire lesdites Lettres ont esté commis M. Iean Auin & M. Guill. Allegrin Conseillers du Roy en la Cour de ceans. Et le lendemain fut la minute desdites Lettres leuë en pleine Cour, & me fut commandé les expedier.*

Ipse quoque Cancellarius postulauit sigillo Vniuersitatis muniri litteras ad Regem transmittendas. At cum die 6. Feb. nec Rector, nec Theologi claues attulissent ad aperiendum cistam in qua sigillum reponi solet, alijs Comitijs die 17. habitis, placuit, si non parerent, per Decanos aliarum Facultatum & 4. Procuratores seram remoueri & cistam aperiri.

Cæterum misit Vniuersitas suos Oratores ad Regem & ad Cancellarium pro remissione Causæ ad Curiam, idque obtinuerunt, vt intelligimus ex Gratiarum Actione Roberti Gaguini ad Guill. de Rupeforti Franciæ Cancellarium, quam ad an. sequentem referemus.

Die 5. Februarij Facultas Theologica Decretum fecit & Censuram circa nonnullas propositiones F. Ioannis Angeli Ordinis FF. Minorum, quas in Ecclesia Tornacensi & alibi publicè prædicauerat; quasque Capitulum Ecclesiæ Tornacensis ad Vniuersitatem transmiserat examinandas. Hac de re confectum est publicum Instrumentum in hunc modum.

CENSVRA PROPOSITIONVM F. ANGELI MINORITÆ.

" IN NOMINE DOMINI, Amen. Huius præsentis publici Instrumenti
" tenore cunctis pateat euidenter & sit notum, quod cum apud almam
" Theologorum Facultatem Parisius ex parte venerabilis Capituli insignis
" Ecclesiæ Tornacensis delatæ & præsentatæ extitissent 14. propositiones
" tanquam erroneæ, aut in fide malè sonantes, in quodam Papyri folio re-
" dactæ & scriptæ, quas asserebat dictum Capitulum fuisse in Ciuitate Tor-
" nacensi publicè in diuersis Prædicationibus ad Populum per quendam
" F. Ioannem Angeli Ordinis FF. Minorum prædicatas & assertas vt con-
" stare dicebat per quandam informationem authoritate Iustitiæ factam,
" prædictæ Facultati ex parte ipsius Capituli cum dictis Propositionibus
" præsentatam, & super illarum propositionum qualificatione nonnulli
" egregij præfatæ Facultatis Doctores & Magistri, vnà cum Decano præ-
" dictæ Facultatis, ad ipsas propositiones examinandas & earum veritatem
" iudicandam per ipsam eandem Facultatem electi & deputati fuissent,
" diuersisque diebus & reiteratis vicibus tam in domo D. Decani præfa-
" tæ Facultatis quàm alibi, prædicti Doctores & Magistri Deputati cum
multis,

multis & varijs argumentationibus & discussionibus super examine præfatarum propositionum & earum qualificatione, dictæque Informationis
visitatione congregati extitissent, materiaque prædicta in dictis congregationibus prædictæ Facultatis agitata, tandem Anno Domini 1482. more Gallicano computando, Indictione 1. mensis verò Febr. die 5. Pontificatus sanctissimi in Christo Patris & Domini nostri D. Sixti diuina prouidentia Papæ IV. anno 12. In mei Notarij publici Præfatæ Facultatis
Scribæ testiumque infrascriptorum ad hæc vocatorum præsentia, Præfata alma Theologorum Facultas apud S. Mathurinum Parisius in loco
solito per egregium & Doctissimum virum M. Ioannem Huë sacræ Theologiæ Professorem, Ecclesiæ Parisiensis Pœnitentiarum, ac præfatæ
Facultatis Decanum solemniter & per iuramentum ad qualificandum
præfatas 14. Propositiones conuocata & congregata, omnibusque Magistris in magno numero tam Secularibus quàm Religiosis in præfatâ
Congregatione existentibus, vnus post alium ad longum auditis, præfata alma Theologiæ Facultas post omnium & singulorum præfatorum
Magistrorum maturam deliberationem per organum prænominati Magistri Ioannis Huë Decani, nemine opponente, prædictas 14. Propositiones modo & forma & prout continetur in quodam Papyri folio, de verbo
ad verbum in prædicta Congregatione pluries lecto, & mihi Notario
publico tradito qualificauit. Cuius Papyri folij dictas Propositiones &
earum qualificationem continentis tenor de verbo ad verbum sequitur,
& est talis.

F. IOANNES ANGELI Religiosus FF. Minorum in Quadragesima nouissima publicè prædicauit articulos, seu Propositiones sequentes tam in
Ecclesià Tornacensi quàm in Parochialibus Ecclesijs SS. Petri & Quintini Tornacensis, Capitulo Præfatæ Ecclesiæ Tornacensis subditis, cui
Fratres Minores Conuentus Ciuitatis Tornacensis fauorem & assistentiam omnimodam præbuerunt.

1. Articulus. *Fratres Minores præsentati Episcopo & admissi, sunt proprij Sacerdotes & veri Curati & melius quàm Presbyteri Parochiales, quia facul-tatem suam habent à summo Pontifice, & dicti Presbyteri ab ipso Episcopo dun-taxat.* Quidquid sit de 1. Parte propter æquiuocationem istius termini, *Proprij*, dicit tamen Facultas quod propositio in se & quoad omnes reli-quas partes & probationem partis vltimæ in qua dicitur, ab Episcopo duntaxat, est scandalosa, in fide erronea, hierarchici Ordinis destructiua, & pro conseruatione eiusdem Ordinis, publicè reuocanda & abiuranda.

2. Articulus. *Parochianus confessus dicto Fratribus satisfecit Decretali, Omnis vtriusque sexus de Pœnitent. & remiss. nec tenetur confiteri proprio suo Curato semel in anno, nec ab eo petere licentiam:* Hæc Propositio, vt iacet, est scandalosa, & iuri communi contraria: & pro subditorum ad Prælatos debitæ obedientiæ & reuerentiæ obseruantia publicè reuocanda.

3. Articulus. *Si Curatus recuset Sacramentum Eucharistiæ ministrare Pa-rochiano eisdem Fratribus sic Confesso, veniat ille Parochianus ad Fratrem qui eum audiuit, & ipse sibi administrabit.* Hæc propositio in forma in qua ia-cet, est falsa & de hæresi vehementer suspecta, iuri communi contraria & publicè reuocanda.

4. Articulus. *Curatus Parochialis nihil debet recipere à Parochianis suis pro Confessione & Sacramentorum administratione, secus est de Mendicantibus.* Hæc propositio est contra dispositionem Iuris naturalis & diuini expres-sam; ideo falsa & notoriè hæretica.

5. Articulus. *Curatus asserens Parochianos suos obligari vt sibi confitean-tur semel in anno, sub pœnà peccati mortalis, est excommunicatus; & si celebret, irregularitatem incurrit.* Hæc propositio est falsa & iniuriosa.

6. Articulus. *Faciens celebrare Missam per Sacerdotem tenentem secum Mulierem suspectam, seu aliàs mali regiminis, peccat mortaliter.* Hæc propo-sitio quia indeterminatè loquitur, est dubia, temeraria & nullo modo Populo prædicanda.

1482.
" 7. Articulus. *Fratres prædicti non tenentur ad solutionem Quartæ*, de quâ
" in Clement. Dudum de sepult. Hæc propositio est communi Iuri con-
" traria.

" 8. Articulus. *Papa posset totum Ius Canonicum destruere & nouum con-*
" *struere*. Hæc propositio est scandalosa, blasphematoria, notoriè hære-
" tica & erronea.

" 9. Articulus. *Aliqui sancti sunt furiosi, gallicè* Enragez. Hæc proposi-
" tio est scandalosa, blasphematoria & piarum aurium offensiua.

" 10. Articulus. *Animæ in Purgatorio existentes sunt de Iurisdittione Papæ:*
" *& si vellet, posset totum Purgatorium euacuare*. Hæc propositio est dubia in
" se, & ad mentem Asserentis per modum Iurisdictionis & Ordinariæ po-
" testatis de falsitate suspecta & scandalosa & nullatenus populo publicè
" prædicanda.

" 11. Articulus. *Papa posset ab vno Ecclesiastico tollere medietatem Redituum*
" *Beneficiorum suorum & vni alteri dare, non exprimendo causam aliquam*. Hæc
" propositio est periculosa & nullo modo prædicanda vt iacet.

" 12. Articulus. *Quicunque contradicit voluntati Papæ, Paganizat & sen-*
" *tentiam Excommunicationis incurrit ipso facto, & à nullo Papa reprehendi po-*
" *test nisi in materia hæresis*. Hæc propositio est falsa, scandalosa & sapiens
" hæresim manifestam.

" 13. Articulus. *Bulla per Papam modernum eisdem Fratribus concessa fuit*
" *Parisius prædicata & per Vniuersitatem Parisi. approbata; & qui eidem con-*
" *tradicit, sententiam Excommunicationis incurrit ipso facto*: Hæc propositio
" est falsa & mendacium manifestum continens.

" 14. Articulus. *Dictus Frater Ioannes Angeli omnes & singulos articulos su-*
" *prædictos pluries asseruit esse veros & eosdem sustinere velle Parisius, & vbicun-*
" *que terrarum vsque ad ignem, & illos nunquam reuocaret, dicens se non esse de*
" *numero Prædicatorum qui se reuocant*. Hoc dictum est hominis proterui &
" pertinacis & sufficiens ad procedendum contra eum Iudicialiter tan-
" quam contra vehementer de hæresi suspectum.

" Declarat etiam Præfata alma Theol. Facultas quod prædictorum ar-
" ticulorum qualificatio nullo modo derogat, nec præiudicat Clementinæ
" *Dudum de sepult.* de quâ quidem Qualificatione omnibusque præmissis
" egregij & doctissimi viri MM. Roerij sacræ Theol. Professor Canonicus
" Prædictæ Ecclesiæ Tornacensis tam suo quàm præfati Capituli nomini-
" bus, nonnullique etiam Doctores & Magistri in dicta Congregatione
" existentes petierunt sibi & eorum cuilibet fieri atque tradi publicum in-
" strumentum, seu publica instrumenta, vnum aut plura, per me Nota-
" rium publicum subscriptum.

" Acta fuerunt hæc Parisius in loco supradicto S. Mathurini, sub anno,
" Indictione, die, mense, & Pontificatu prædictis. Præsentibus ad hæc
" egregijs & doctissimis viris MM. Antonio Vrsi, Ioa. de Hallies, Lauren-
" tio de Colonia, Guillelmo Houppelande, Iacobo Luillier, Reuerendo
" in Christo Patre D. Io. Abbate Regalis-Montis, Reuerendo etiam Patre
" D. Ioanne Abbate Caroliloci Ordinis Cisterciensis, Stephano Geruasi,
" Ioanne de Touques, Io. Quentin sacræ Theologiæ Professoribus, nec-
" non quamplurimis alijs in magno numero tam secularibus quàm Reli-
" giosis etiam sacræ Theolog. Professoribus, testibus ad præmissa vocatis
" specialiter & rogatis. Et Ego HENRICVS ALEXANDRI Presbyter in
" Iure Canonico Baccalaureus publicus authoritate Apostolica & Impe-
" riali, ac venerandæ Curiæ conseruationis Priuilegiorum famosissimi stu-
" dij Pariensis Iuratus Notarius, prædictæque almæ Facultatis Theolog.
" Scriba, quia predictorum articulorum & Informationis pro parte Capi-
" tuli Tornacensis supradictæ almæ Theol Facultati, presentationis & exhi-
" bitioni, prædictorum articulorum examinationi & qualificationi, cæteris-
" que premissis omnibus & singulis, dum sic vt supra scribuntur, & per præ-
" fatæ Facultatis Decanum & Facultatem agerentur & fierent vnà cum pre-
" nominatis testibus præsens interfui, eaque sic fieri vidi & audiui. Id circo

Vniuersitatis Parisiensis.

huic instrumento publico alterius manu fideliter scripto signum meum publicum consuetum apposui, in fidem & testimonium præmissorum requisitus & rogatus. Sic signatum. H. ALEXANDRI.

1482.

Die 10. Martij in Comitijs San. Iulianensibus electus est in Rectorem M. Ludouicus de Villiers, qui biduo post acceptis à Rege litteris de Matrimonio inter Delphinum & Margaretam Austriacam contrahendo, Comitia habuit frequentissima apud Mathurinenses, habitaque omnium Ordinum matura deliberatione Vniuersitatis nomine consensum præstitit, eamque in rem litteras, expediri curauit. Res ita se habet ex Instrumento quod seruatur in Tabulario, hisce characteribus notato. A. I. M.

AD MATRIMONIVM DELPHINI CONSENSVS VNIVERSITATIS.

A tous Ceux qui ces presentes Lettres verront, Nous Loüis de Villiers Recteur de l'Vniuersité de Paris, salut. Sçauoir faisons que auiourdhuy date de ces presentes ont esté mandez & assemblez ou Chapitre des Mathurins de Paris par nous les Maistres, Docteurs, Regens & autres Suppostz d'icelle Vniuersité de Paris, Ausquels auons exposé que le Roy nostre Sire & Pere auoit enuoyé par la Poste de Paris ses lettres missiues signées de sa main, & vne autre Minute escrite en papier, non signée, de la forme des lettres que luy auoient esté requises estre passées par les Gens nobles & Communautez de son Royaume pour le bien de la paix d'iceluy & autres choses dedans contenuës, dont nous feismes faire lecture par le Scribe d'icelle Vniuersité en presence des dessusdits de mot à autre, dont les teneurs s'ensuiuent. Et premierement des Lettres missiues.

DE PAR LE ROY.

TRES CHIERS & bien-amez, puis n'aguieres Traitté a esté fait & conclud entre nos Commis & Deputez d'vne part, & ceux de nostre tres Cher & tres-Amé Cousin le Duc d'Austriche, pour luy & les Enfans & heritiers de feüe nostre Cousine Marie de Bourgogne sa femme, fille du feu Duc Charles de Bourgogne dernier trespassé & des Estats de leurs Pays & subjets. Par lequel Traitté Paix finale a esté concluë entre nous & tous les Pays, Terres, Seigneuries & Subjets d'vne part & d'autre. Et aussi a esté conclud, promis & accordé le Mariage de nostre tres-Cher & tres Amé fils le Dauphin de Viennois, & de nostre belle Cousine Marguerite fille aisnée desdits Duc d'Austriche & desusdite feüe femme. Et pour ce que entre autres choses leur *a esté accordé de faire promettre, consentir & accorder par les Gens & Suppostz de nostre fille l'Vniuersité de Paris*, & les Seigneurs de nostre Sang, l'entretenement dudit Mariage & Traitté de Paix finale, & que pour le bien de la chose publique & de nosdits Subjets ne voudrions pour riens qu'il y eust interruption ou faute de nostre part; Nous vous prions & neantmoins Mandons, entant que desirez nous complaire, que incontinent ces Lettres veües en la plus grant diligence que faire pourrez & toutes choses arriere mises, sans y **faire aucun delay, vous accordez & passez les Lettres de promesse en** forme authentique, tant de l'entretenement dudit Mariage, que de ladite Paix, selon la forme & teneur de la minute que vous enuoyons cydedans enclose & ainsi que l'ont ja fait les Seigneurs de nostre Sang, & les nous enuoyez incontinent par homme exprés, seur & stable, en maniere qu'il n'y ait faute. Donné au Plessis du Parc le 17 iour de Mars. Ainsi signé LOYS. Et au dessous, I. CHARPENTIER. Et à la Rescription desdites Lettres estoit escrit au dos d'icelles, A NOS TRES-CHERS ET BIEN-AMEZ LES RECTEVR, DOCTEVRS REGENS, ET MAISTRES DE NOSTRE FILLE L'VNIVERSITE' DE PARIS. S'ensuit la teneur de ladite Minute.

A Tous Ceux qui ces presentes Lettres verront, salut. Comme par la Paix n'aguieres faite, concluë & acceptée par les Ambassadeurs du Roy nostre Sire d'vne part, le Duc Maximilian d'Austriche, le Duc Philippe & Damoiselle Marguerite d'Austriche, ses enfans nos tres-Chiers & bien-Amez & les Gens des Estats de leurs Pays & Seigneuries & Subjets

"d'iceluy, lesdits Duc d'Austriche, leurs Pays, Seigneuries & Subjets
"d'vne part, soit fait consenty & accordé le Mariage qui au plaisir de Dieu
"se fera & solemnisera en sainte Eglise, de mon tres-redoubté Seigneur
"de Monseigneur le Dauphin, seul fils de Monseigneur le Roy & heritier
"apparent de la Couronne de France, & de Damoiselle Marguerite d'Au-
"striche, pour seureté de laquelle Paix & dudit Traitté de Mariage ont
"esté conceuz, consentis, passez & accordez plusieurs poincts & articles
"au long contenuz & specifiez és Lettres d'iceluy Traitté, lesquels Mon-
"seigneur le Roy de sa part ait promis de faire gréer & consentir par les
"sceellez & lettres des Princes & Seigneurs de son Sang, par tels Prelats,
"Nobles, Communautez que requierent lesdits Duc d'Austriche & les
"Estats de leursdits Pays, qui entre autres ont requis auoir nos Let-
"tres & sceellez, comme ces choses sont plus à plain contenuës és Lettres
"d'iceluy Traitté de ce faisant mention. Pourquoy mondit Seigneur le
"Roy ait commandé & ordonné par ces Lettres Patentes bailler nos Let-
"tres & sceellé pour la seureté d'entretenir ladite Paix & Traitté du Ma-
"riage; sçauoir faisons que nous deüement acertenez de tout le contenu
"audit traitté des choses par iceluy aduisées, consenties & accordées,
"auons tous & singuliers les Poincts & Articles y contenus, comme seils
"fussent en ces presentes reprins & repetez de mot à autre iuré, & promis,
"iurons & promettons en parole de Prince & sur nostre honneur garder,
"fournir & entretenir de poinct en poinct, sans en aucuns d'iceux faire al-
"ler ne venir ne souffrir estre fait, allé ou venu au contraire, & singuliere-
"ment auons promis & promettons tenir la main par effet que mondit
"tres-redouté Seigneur, Monseigneur le Dauphin prendra ladite Da-
"moiselle d'Austriche à femme & espouse & procedera au parfait dudit
"Mariage, selon l'ordonnance de sainte l'Eglise incontinent qu'elle sera
"venuë en aage legitime, requis de droit, & que iamais ne consentirons à
"autre mariage, elle viuant. Et s'il aduenoit que par la mort de mondit Sei-
"gneur le Dauphin & de ladite Marguerite, ou que par quelque autre cas
"ledit mariage ne peruint, que Dieu ne doint, se la faute de ce procede du
"fait du Roy, de mondit Seigneur le Dauphin ou d'autre de par eux, nous
"serons tenus & promettons aider & assister par effet à ce que ladite Da-
"moiselle sera en ce cas renduë & restituée en sa franchise & pleine liber-
"té, deschargée de tous liens de mariage & de toutes autres obligations
"és mains & puissance du Duc d'Austriche son Pere, en lieu seur de son
"obeïssance & Pays de Brabant, Flandres ou Henaut. Et outre qu'en ce
"cas les Comtez d'Artois, Bourgogne & autres qui sont du dot de ladite
"Damoiselle, seront restituez audit Duc son Pere ou à nostredit le Duc
"Philippe son fils. Et se par autre cas, comme par faute de hoir issu de
"ladite Damoiselle, lesdites Comtez escheent à retour sur ledit Duc Phi-
"lippe son frere, de tenir la main que la restitution s'en fasse, sous la reser-
"uation, maniere & condition au long specifiez & declarez audit Traitté.
"Aussi si ladite Damoiselle venuë en aage ou mondit Seigneur le Dauphin
"à cause d'elle vouloit demander plus grant droict, part ou portion és
"Pays & Seigneuries demeurez du trespas de feuë Dame Marie de Bour-
"goigne que Dieu absoille, que les Comtez & Seigneuries à elle baillées
"& assignées en dot & partement de ce mariage, de ce en ce cas non aider
"ne assister mondit Seigneur le Dauphin ne ladite Marguerite. Et dere-
"chef, s'il aduenoit que par faute de hoir non issu dudit Duc Phelippe les
"Pays & Seigneuries qui luy appartiennent, succedassent ou temps adue-
"nir sur & à ladite Marguerite sa sœur ou ses hoirs heritiers de la Couron-
"ne de France, que en ce cas tiendrons la main, aiderons & assisterons
"par effet lesdits de S. Omer, toutes les choses dessusdites en leurs anciens
"droits & priuileges, vsages, regle & police; & outre que de la part du
"Roy, de mondit Seigneur le Dauphin, ne d'autres de par eux, ne sera fai-
"te aucune entreprise, ne pratique au contraire du Traitté & seur estat ac-
"cordé aux trois Estats de ladite ville de S. Omer durant le temps de la

Vniuersitatis Parisiensis.

minorité de ladite Marguerite, & que en ce cas aiderons & assisterons "
par effect lesdits de S. Omer toutes les choses dessusdites en ensuiuant le " 1481.
contenu des Articles dudit Traitté de ce faisant mention. Et generale- "
ment se riens estoit fait ou circonuenu audit Traitté de Paix & de maria- "
ge de la part du Roy & de mondit Seigneur le Dauphin, Nous par char- "
ge & commandement exprés du Roy, qui ainsi le nous a ordonné, en- "
joint & commandé faire, & à cette fin nous a audit cas relaxé & absouls "
du serment que en ce luy deuons, auons iuré & promis, iurons & pro- "
mettons aider de tout nostre pouuoir ledit Duc d'Austriche, ledit Duc "
Philippe son fils, leurs Pays & Seigneuries, le tout iusques au plain four- "
nissement & accomplissement dudit Traitté. "

Aprés laquelle lecture ainsi faite nous dismes aux dessusdits qu'ils "
auoient par le contenu esdites lettres missiues & minute peû entendre "
& connoistre quel estoit le plaisir du Roy en cette matiere qui touchoit "
le bien de tout son Royaume. En leur disant de par luy que en ensuiuant "
& accomplissant sondit plaisir, ils vousissent deliberer sur ce, afin de luy "
enuoyer lesdites lettres en forme dessusdits, selon la teneur d'icelle mi- "
nute. A quoy les dessusdits ainsi assemblez, comme dit est, aprés delibe- "
ration faite ensemble, firent réponse par les Doyens ou Commis des 4. "
Facultez d'icelle Vniuersité qu'ils auoient esté, estoient & seroient tou- "
jours en ce cas & tous autres, prests de tous leurs pouuoirs de faire & "
accomplir tout ce qu'il plairoit commander au Roy nostredit Sire. Et "
illec fut conclud par eux, que on bailleroit & enuoyeroit-on lesdites "
lettres de consentement audit Seigneur, ce qui a esté fait selon la forme "
susdite & teneur d'icelle minute. Ce fut passé, deliberé, conclud & "
accordé par lesdites quatre Facultez, c'est à sçauoir Theologie, Decret, "
Medecine & Faculté des Arts, pour ce assemblées comme dit est, l'an "
1481. le Samedy 22. iour de Mars auant Pasques. Signé, MESNART, "
in absentia Scribæ. "

Anno 1483. die 22. Iunij habita sunt Comitia apud Mathurinenses, præ-
sertim ob negotium de Prato Clericorum: Monachi enim aperuerant 1483.
quasdam fenestras, quas obstructas esse oportebat, ne in Scholasticos
ambulantes & colludentes prospicere possent. Itaque decretum vt ad-
uocato consilio Vniuersitatis ea res planiùs discuteretur, fieretque quod
facto opus esse videretur.

Die 8. Augusti habita sunt Comitia apud Mathurinenses, in quibus LIS CAN-
decretæ sunt gratiæ D. Cancellario Franciæ quod apud Regem & in Ma- CELLARII
gno Consistorio Vniuersitatis Priuilegia tuitus esset, litemque Cancella- ET THEO-
rij Parisiensis quam Facultas Theologorum ad Magnum Consistorium LOGO-
euocauerat, ad Curiam Parlamenti remisisset iuxta eiusdem Vniuer- RVM.
sitatis subscriptionem in Causa Cancellarij; quâ de re sic legitur in Com-
mentarijs Nationis Germanicæ. Anno & mense supradictis, die verò 8. «
congregata fuit apud S. Mathurinum alma Parisiensis Vniuersitas duo- «
bus super articulis. Primus fuit super electione Oratoris, seu proponen- «
tis qui haberet adire D. Cancellarium Franciæ qui nouiter ad villam Pa- «
risiensem venit, & sibi proponere & ostendere Priuilegia Vniuersitatis, «
& sibi specialissimè regraciare propter hoc quod causam Magistri Am- «
brosij de Cambray Cancellarij Parisiensis. quæ per DD. Theologos fuit euo- «
cata ad Magnum Consilium Regis, iustius in Parlamento fecit remittere. «

Vnanimi verò omnium calculo delectus est in Oratorem M. Robertus
Gaguinus, qui ad Guillelmum de Ruperforti Franciæ Cancellarium pulcherrimam hanc Gratiarum actionem habuit, quæ legitur inter eius Epistolas, sub hoc titulo.

Tom. V. CCCcc iij

1482. *Ad Guillelmum de Ruperforti Franciæ Cancellarium cum Parisiis primum adijt pro Schola & studio Scholasticorum.*

„ QVOD me vides hominem vitæ Regularis & debito silentij obnoxium
„ pro magnis & sapientibus Scholasticis qui hoc loco ad tuam Magni-
„ ficentiam conuenerunt, dicendi principium facere, non existimabis id-
„ circo me vel sapientia, vel facultate orandi reliquis anteire. Illud potius
„ apud te cogitabis me imperio & vi quadam Maiorum Claustri latebris
„ erutum, vt palam esset quanta propter tuum aduentum lætitiâ pia ma-
„ ter studiorum Parisiensis Academia exultet, cum is præsertim quem sancta
„ professio silere iubebat, in communi nunc omnium gaudio loqui & Te
„ coram viro eloquentissimo cogitur balbutire. Tantus enim fuit paulò
„ supra hos dies omnium qui litteras in hac vrbe sectantur, mœror & luctus
„ propter nescio quam suæ libertatis & priuilegiorum imminentem cala-
„ mitatem, vt non per Conuentus & solitas Conciones conueniremus, sed
„ alius aliò tristis & stupidus seorsum habitaret. Deflebat quisque Doctrinæ
„ amantissimus infirmari & debilitari magis in dies quietem & ocium, sine
„ quibus non facile quiuis vnquam eruditus factus est. At postquam euo-
„ cationis suffragia & honestissimorum Iudiciorum dilationes, te Præside
„ & Cancellario intellexit, cœpit paulo acrius caput tollere, & de recu-
„ peranda libertate, liberius cogitare cœpit. Non enim vllus nostrum ali-
„ ter arbitrari poterat, vt à te qui iustus esses, non oriretur aliquando se-
„ dentibus nobis & mœrentibus, lumen & solatium veritatis. Quod vbi
„ subluxisse animaduertimus, vulgatumque subitò est Causam quæ de Can-
„ cellariatu è Senatu Parisiensi quorundam factione Theologorum ad Re-
„ gium examen abducta erat, ad pristinum Iudicium esse reuocatam; nemo
„ non cupiuit te coram intueri, venerari te æquissimum Iudicem; & ti-
„ bi cum gratulationis, tum gratitudinis officium exhibere. Hoc enim à
„ te donatum Nobis Beneficium ideò maius videri atque existimari debet;
„ quod euocationis iniuriam ab ijs acceperamus, qui se nostri Studij primos
„ semper esse voluerunt: & quorum authoritate atque præsidio nostra li-
„ bertas defendi debuisset. Quod vnum imprimis eos quos supplices asta-
„ re tibi conspicis, variarum Artium Præceptores excitauit, vt conceptas
„ animo gratias tam consummatæ Iustitiæ tuæ persoluerent. Quanquam,
„ Iustissimè vir ! quid est quod huic tuo in nos collato beneficio par afferri
„ possit ? ab ijs maximè quorum omnis supellex est liber, atramentum,
„ calamus. Sed existimandus non es ex ijs esse, qui dignitates & mundi cu-
„ mulatas fortunas Doctrinæ studio anteferas. Satis per te compertum ha-
„ bes quas litterarum & sapientiæ eruditio commoditates cùm priuatis,
„ tum publicis rebus soleat importare. Enimverò quicunque Scholasti-
„ corum Conuentus, seu apud Chaldæos, vel apud Ægyptios, vel inde
„ apud Græcos, addam & Druidas fuit olim constitutus, ex eo velut ex
„ confertissimo promptuario grana, viri sapientes prodierunt, qui Reipub.
„ gubernacula capescerent. *Cuius rei scientissimus Diuus ille Rex atque Im-*
DE CA- „ *perator Carolus cognomento Magnus hoc potissimum supra 700. annos curauit*
ROLO   „ *in hac Parisiorum vrbe toto orbe terrarum celebri alteram post Athenas littera-*
MAGNO. „ *rum Academiam collocare faceréque prudentissimorum virorum latè diffusam se-*
„ *mentem, vnde in omnes mundi Prouincias Doctrina prodiret & sapientia.* Atque
„ ita plus famæ atque gloriæ in condendo vno erudiendorum hominum
„ contubernio, quàm in dilatandis Imperij finibus sibi paratum iri puta-
„ uit. Est profectò nimium vtilis ad omnia fructus litterarum; quem qui su-
„ stulerit, illum eundem humanitatis & cultioris vitæ rudimentum atque
„ ornamentum sustulisse damnabitur. Idque sagaciter olfaciens Carolus V.
„ cum & infantiam atque adolescentiam sine eruditione altioris disciplinæ
„ exegisse se doleret, summopere instituit plurimos in omni disciplina li-
„ bros in vernaculam linguam conuerti, vt quod à Consiliarijs hominibus
„ latinè proferri audiret, id & legeret per se, & nullo admonitore compre-

henderet. In hoc maxime Ptolomæum Philadelphum imitatus qui accitis, Authore Demetrio septuaginta ex Hebræorum gente Interpretibus, & diuinæ legis volumina traduci, & in ampla admodum Bibliotheca collocari mandauit. Tantum valet disciplinarum cognitio & ad omnem rem gerendam majestas. Et hoc cum tu omnino doctus & scitus homo intelligas, voluisti omnes bonarum Artium studiosos bene de tuâ singulari Iustitia & præclarâ virtute sperare. Non ergo absre Christianissimo Regi gratulari poterimus qui te sacrosanctis institutis & legibus illustrem ad Cancellariæ Magistratum accersiuit ; gratulabimur quoque & Genti & Regno Francorum, cuius moderamina, dum Iudicijs præes, pessum ire nemo formidabit. Tibi præterea Magnifice vir, meritò gratulabimur, qui per gradus virtutum conscendens nullo tuo ambitu ad hanc dignitatem vocatus atque assumptus es. Ducit itaque nos omnis tua æquitas in spem consequendæ tranquillitatis quam custodem esse nosti, sine quâ nec libera nostra mens est, nec studio cognoscendæ veritatis incumbere quisque potest. Illud mediusfidius ingenuè dixero, duo esse quæ Scholasticos in studio litterarum contineant, Vacationem à turba & negocijs secularibus, & alimentorum frugi ad mediocrem vitam suppeditationem. Rerum enim strepitus à contemplatione distrahit. Egestas hominem absterret, dum pressus inopiâ cogitur mendicitatis suffragio necessitati consulere. *Haud facile*, inquit Satyrus Aquinas, *emergunt, quorum virtutibus obstat*. Res angusta domi. Et iterum.

1483.

Magnæ mentis opus, nec de lodice parandâ
Attonitæ, currus & equos faciesque deorum
Aspicere, & qualis Rutilum confundat Erynnis.
Nam si Virgilio puer, & tolerabile desit
Hospitium, caderent omnes à crinibus hydri.

Et illud quidem à te sæpè lectum auditumque est Moysen à monte Contemplationis propter obstrepentem & tumultuantem in Castris populum descendisse. Beatos etiam nostræ fidei duces Apostolos ministrandis mensis Diaconos septem præfecisse, vt curis vacui, vitæ verbum liberiùs prædicarent. Nonne cùm annonæ caritate tota Ægyptus laboraret, stipendia atque annonam ex publico Sacerdotibus Rex Pharao constituit: simile Druidibus Gallis: simile Gymnosophistis apud Indos factum esse & Cæsar & Strabo nominatissimi Scriptores tradunt. Nostris autem Scholasticis annos iam duos & viginti vix licuit quiescere ; vix beneficiolum sine difficillima lite assequi permissum est. Quinimo ij quibus hæc vrbs velut domicilium & quies ad comparandam doctrinam esse debet, ex ea per euocationum inquietudines abducuntur. Quam verò in Ecclesijs promotionem consecuti hactenus sunt, aut posthac consequi sperent, facile omnes intelligunt. Episcoporum nepotibus & ineptissimæ interdum familiæ Ecclesiæ conferuntur. Eam ob rem de duodecim Scholasticorum millibus vix totidem hodie videmus centurias. Itaque sicut suffossis aggeribus, & dirutis muris, hostes paruo labore vrbem inuadunt; ita mutilatis priuilegijs & oppressis nostri Studij libertatibus, nescio qui Edaces, Compotores, Coquinarij, nulliusque pensi homines, studiosissimos quosque impetunt, impetitos extrudunt, extrusos procul à litteris agunt. Inter has tempestates & molestias, circunspectissime Iudex, quem animum ad disciplinas miseros Studentes habere confidis ? Quibus tamen turbinibus, quia vno iam memorabili Iudicio occurristi, gratias, quantas grata mens vlla potest, nostra Omnis Vniuersitas tibi reddit. Teque quem velut Patronum & spei suæ anchoram conspiciunt, Vniuersi orant, vt quod de reducenda ad Curiæ Senatum causa Cancellariatus contra Theologorum inceptationem cœpisti, id properè absoluendum, priusquam hinc abeas, cures. Proximè enim instant tempora cum eius

"dignitatis officio Scholastici indigebunt. Dum alij atque, alij Licentiam,
"alij Doctoratum festinabunt adipisci: hoc pacto odia, simultates, quas
"ira & indignatio multorum animis impresserunt, sopientur. Et ij qui tur-
"batione ægri nunc à tibi exhibitâ congratulatione sese auertunt, pœni-
"tentia factorum emolliti ad commune suæ Matris domicilium reuerten-
"tur Iam verò quia ad calcem Orationis festinamus, id quod de promo-
"uendis ad Ecclesiarum dignitates latius diu posset, curæ tuæ sit spem red-
"dere bene merentibus alicuius posthac beneficij consequendi. Hac tan-
"tùm exspectatione animati ad sua Collegia refluent ij qui per superioris
"temporis molestias hinc euolauerunt. Id autem facile factu erit si priui-
"legiorum restitutione firmatos, si euocationum grauissimis molestijs &
"impensarum dispendio liberatos, si Beneficiorum subsidio per Regis ma-
"gnificentiam se iuuandos intelligent. *Memineris igitur, dum celebrem hanc
"Studiorum Nutricem tuo præsidio fouebis, adepturum te nomen gloriosum: multi
"enim litterarum amore constructas à se Bibliothecas copiâ voluminum ornauerunt.
"In quibus est Ptolomæus & Eumenes, Pollio quoque Asinius, & apud
"Athenas Pisistratus, gloriam sunt non minimam consecuti. Tu verò de con-
"seruandis ac propagandis Scholasticis & Doctis hominibus si curam excipies, tantò
"fulgentiorem gloriam & laudem consequeris quanto maius est sapientes homines,
"quàm libros conseruare.* Gloriæ igitur & famæ nominis tui ita consulas ora-
"mus, Magnificentissime Iudex: vt nullâ re magis quàm in tuendâ nostrâ
"id est, litteratorum libertate & prouectione existimes tibi & posteritati
"tuæ laudem pariturum. Quam vt augeas, auctam retineas, retentam cum
"incremento virtutum longissimè possideas, optat modestissima Parens
"nostra, quæ se suosque alumnos omnes tuæ justissimæ æquitati com-
"mendat.

Die 23. Augusti habita sunt Comitia apud Mathurinenses iuxta id quod per Cancellarium Franciæ Rex postulauerat, vt scilicet deligerentur ab Vniuersitate viri qui Regem & Magnum eius Consistorium adirent, ostenderent Priuilegia, eorumque conseruationem deposcerent; quod hisce Comitijs factum est. Tunc autem lis erat nonnullis Suppositis Vniuersitatis cum Ciuibus quibusdam & Canonicis S. Audomari in Flandria qui iuxta Priuilegia Vniuersitatis Parisi euocati fuerant Lutetiam ad causam dicendam apud Præpositum Parisi Conseruatorem Priuilegiorum Regiorum eiusdem Vniuersitatis. Quia verò illi se sistere recusabant, res hæc Induciarum, seu Vacationum tempore in Curia Parlamenti agitata est & ad proximam sessionem post Martinalia remissa, vt patet ex Actis Curiæ ad diem 19. Septemb.

Sur ce que M. Iosse Dansque Chanoine de S. Omer & Pierre de S. Amand, Bailly du Chapitre ont apporté leurs Lettres à la Cour des trois Estats de la ville de S. Omer touchant aucunes plaintes qu'ils faisoient de ce que on auoit traitt aucuns de ladite Ville pardeça, pardeuant le Preuost de Paris, & aussi pardeuant le Conseruateur des Priuileges Apostoliques de l'Vniuersité dudit lieu, qui estoit, comme ils disoient, contre le Traitté de la Paix faite entre le feu Roy, que Dieu absoille, & le Duc Maximilien a' Austriche: Les Presidens & autres Conseillers du Roy nostre Sire, en sa Cour de Parlement, assemblez en la Chambre dudit Parlement, iceluy vacant, ont deliberé & Ordonné que lesdits de S. Omer, & aussi l'Vniuersité de Paris & les Particuliers à qui cette matiere touche, monstreront ce que voudront au Procureur General du Roy, & seront ouys en la Cour icelle seant, après la S. Martin, pour en ordonner, s'il plaist au Roy, par ladite Cour, ou par son Grand-Conseil, ainsi qu'il appartiendra & iusques à ce que autrement en soit ordonné, tous exploits & procedures des particuliers surseses, fors touchant certaine pension, dont est question, entre M. Iacques Picot Doyen de S. Amé en Doüay & M. Robert Papin, sur quoy lesdits Presidens & Conseillers ouys, les dessusdits préalablement & sommairement en ordonneront. Fait en la Chambre du Parlement iceluy vacant, le 19. Septembre 1483.

Die 3. mensis Octob. in Comitijs Mathurinensibus delecti sunt Oratores qui Regem adirent, inter alios M. Mathias Kolb. Nationis Germanicæ, peterentque

peterentque priuilegiorum Academicorum conseruationem, quoad lites, néve pateretur cogi Vniuersitatem, aut eius supposita extra muros Parisienses causas & lites suas prosequi. Die 8. idem confirmatum. Die verò 10. in Comitijs San-Iuliauensibus Facultatis Artium delectus est in Rectorem Vniuersitatis M. Robertus la Longne Nationis Normanicæ, deductusque ad Collegium Plessæum magno comitatu & frequentia Magistrorum.

Die 16. Decembris apud S. Iulianum Pauperem electus est in Rectorem Vniuersitatis M. Thomas Ruscher de Gamundia, Nationis Germanicæ, qui die 25. Comitia habuit apud Mathurinenses, in quibus actum est de legatione ad Regem mittendâ: quâ de re in Comitijs omnibus à mense Octobri actum fuerat; cùm alij paucos, alij plurimos legatos magnoque comitatu mitti vellent. In his verò audita est conquestio DD. de Curia Parlamenti, proptereà quod Primarij Collegiorum sinebant ludos, seu Comœdias in suis Collegijs repræsentari non satis maiestatem & honestatem Academicam redolentes; itaque conclusum vnanimiter vt Rector scedulis publicè prostantibus vetaret id deinceps fieri. Quâ de re sic legitur in Commentarijs Nationis Germanicæ. Quantum ad 2. art. placuit Vniuersitati vt litteræ sigillatæ sigillo Rectoris affigerentur in locis publicis & dirigerentur ad Principales Collegiorum, ne aliqui ludi inhonesti personas honestas deformantes ludere permiterentur; breuiter quod nullus aliquem ludum luderet, nisi fuerit visitatus & examinatus per Principales, aut eorum Regentes.

Die 12. Ianu. habita sunt apud Mathurinenses Comitia præsertim ad obsistendum Episcopo Parisiensi, qui tributum quoddam insolitum exigebat à Suppositis Vniuersitatis: itaque conclusum fuit, ni monitus exigere desisteret, appellandum esse. Sic enim in Codice Germanicæ Nationis legitur. Anno, &c. Primus articulus erat super defensione Suppositorum Vniuersitatis cuiusdam taxæ quam D. Parisiensis ipsis imponere nitebatur, & super modo habendi pecunias legationis Oratorum ad Regiam maiestatem. Secundus erat super quibusdam priuilegijs Vniuersitatis contra Pergamenarios, &c. Quantum ad 1. partem primi art. conclusum fuit quod Supposita Vniuersitatis nequaquàm D. Parisiensi soluerent taxam ab eo impositam, & si necesse esset, contra eum appellare parati sunt. Quantum ad 2. partem nihil conclusum fuit. Quantum ad 2. art. conclusum fuit D. Rectorem vnâ cum Comitiuâ notabili adire DD. Parlamentares ad audiendum de litteris ibidem repertis contra pergamenarios si consona sint Priuilegijs Vniuersitatis an non.

Die verò 20. eiusdem mensis video Vniuersitatem conuocatam ad tuendam appellationem interiectam ab ipso Episcopo Paris. conclusumque fuisse vt D. Rector modis omnibus & totis viribus appellationem eiusmodi & Priuilegia Vniuersitatis defenderet.

Die 23. Martij electus est in Rectorem Vniuersitatis M. Petrus Belsur aut Berser. Porro hoc non videtur prætermittendum hoc quoque anno Sixtum IV. Pontificem Max. Bullam emisisse aduersùs negantes immaculatam Conceptionem beatæ Virginis, quæ legitur inter Extrauagantes Communes l. 3.

Anno 1484. Carolus VIII. inauguratus est, scilicet mense Iunio, cuius Parens Ludouicus XI. obierat mense Augusto præcedentis anni; de Caroli autem moribus & propensione ad studia eleganter Gaguinus. Fuit, *inquit*, Carolo mitius ingenium & natura benignior. Quem nullâ eruditione Latinâ institui Pater voluit, existimans litteras impedimento esse Regnantibus. Deque se id Iudicium faciebat; quod cum excellenti ingenio esset, & plurima nosset, ad molestiam sibi eruditionem accedere dicebat. Credo Ludouicum prouidere Caroli fragilitati voluisse, cui primam infantiam non satis firmam esse conspiciebat. Teneris enim atque imbecillibus membris primò Carolus fuit; ita vt sedulò duci illum & portari molliter priusquam solidè incederet, oportuerit. Cui incom-

" modo doctrinæ curam & laborem non congruere Pater arbitrabatur.
" Alioquin erat Carolo animus disciplinæ appetens. Nam Ludouico mor-
" tuo, cùm Regiam adeptus est dignitatem, scriptos Gallicè libros liben-
" ter legit, tentauitque Latinè scire. Vnde conijcere licet eum amauisse
" virosdictos. Et reuera Budæus ait lib. 1. de Philologia, se ab eo propterea
" fuisse accersitum in aulam. A Carolo, *inquit*, ego commodùm in aulam ac-
" cersitus fueram, cum ille repentino casu sublatus est: exierat iam rumus-
" culus quidam Studiorum meorum, qui ad eum permanauerat nihil minus
" me agente, &c. tametsi Rex Carolus humanitate singulari, liberalitate-
" que memorabili præditus & litterarum elegantium opinione quadam im-
" butus, earum me gratiâ & Græcarum præcipuè quæ tum in Francia pœ-
" nè erant inauditæ, euocandum iudicarat.

Initio Regni omnium Subditorum præsertim verò Ciuium Parisiensium & Vniuersitatis amorem in se conuertit, propterea quod de Oliuerio Dama, Tonsore Ludouici, Daniele Flamingo & Ioanne Doyaco supplicium sumi voluit, qui Ludouici Patris fauore abusi Vectigalium numerum auxerant, noua inuenerant, Priuilegia sustulerant, & Publicanos
ad rapinas aduocarant. Maximè verò lætata est Vniuersitas de Damæ
supplicio quem sciebat authorem fuisse subuersionis omnium poenè Priuilegiorum suorum: adeo vt nihil frequentius toto Regni Ludouici tempore legatur, quàm rumor & timor amissionis priuilegiorum; quàm legationes missæ ad tuenda priuilegia. In eius autem hominis supplicium Robertus Gaguinus vir toto pectore Academicus hoc carmen cecinit.

Sunt sua criminibus ridentia tempora, Tonsor!
  Currere quæ subito prouida Parca vetat.
Hoc poteras olim longè prænoscere Dama!
  Vt saltem horreres tollere cæde pios.
Te natura humilem cum mater Flandra tulisset,
  Arte vnâ noras radere cæsariem.
Hunc talem & seruum te sæpè Lutetia vidit,
  Tutus ab hac poteras ducere sorte dies.
Raptus ad excelsam Lodoici Principis aulam,
  Mox Erebi furias moribus anteuenis.
Et caput huic tondens, dum suffers lingere ficos,
  Præ Ducibus, Regi Regulus alter eras.
Quid tibi non licuit soboles tam dira Neronis?
  Nemo non vixit te referente, reus.
Nemo Dei sacra, censuram nemo gerebat
  Grandia qui renuit promere dona tibi.
Protinus exilium, vel mors, vel multa, negantem
  Pressit; eras Iudex, lictor & exitium.
Regnasti; satis est, surgunt noua sidera mundo.
  Turba scelestorum territa luce fugit.
Agnosce, ô Tonsor! quo te scelus extulit atrox;
  Et te præcipitem depulit in laqueos.
Te Daniel, te dira cohors, te Memmius odit:
  Et scelerum authorem damnat & insequitur.
Nescio quid de te superi, vel fata reponunt:
  Seu lictore cades, seu cruce liber eas.
Vna tamen vulgi constans sententia, furcas
  Expetit, vt satiet te pereunte odium.

In terra vinctus culpas absterge gemendo
Peccati; morte est nunc redimenda salus.

1483.

Die 13. Iunij in Comitijs San-Iulianensibus electus est in Rectorem Vniuersitatis M. Petrus Foliot Nationis Normanicæ. Statim verò ille in Priuilegiorum Vniuersitatis confirmationem incubuit, atque à Carolo VIII. obtinuit. Itaque pridie non. Octob. in Comitijs Mathurinensibus decretæ sunt gratiæ immortales Regi, DD. Aurelianensi & Bituricensi, D. Cancellario, cæterisque Regis Consiliarijs & Comitibus Consistorianis qui Vniuersitati fauerant. Verùm vt hoc obiter moneam, sublatis magnâ ex parte priuilegijs, Regnante Ludouico XI. ita decreuerat Scholasticorum & studentium numerus, vt vix millibus responderent Centuriæ tunc temporis, vt ait Gaguinus in Epistola ad Guillelmum de Ruperforti Franciæ Cancellarium.

Eodem Ludouico regnante, magnam quoque iacturam decrementumque passa est Francia in Libertatibus antiquis, quæ à Pio II. maximè verò à Sixto oppugnatæ fuerant, qui per Legatos suos Beneficia dispensabat ad libitum. Igitur Carolus melius consultus die 20. Aug. appellauit à Balluä Cardinale quem Sixtus summa cum authoritate in Franciam miserat. Instrumentum Appellationis tale est ex membrana Herouuallij.

Appellatio nomine Regis Caroli VIII. facta à Sixto Papa & à Cardinale Ballua.

IN NOMINE DOMINI, Amen. Per hoc præsens publicum Instrumentum Cunctis pateat euidenter & sit notum quod anno eiusdem Domini 1484. Indict. 2. mensis verò Aug. die 10. Pontificatus sanctissimi in Christo Patris & D. nostri D. Sixti diuina prouidentia Papæ IV. anno 13. in Reuerendi in Christo Patris & D. D. Ludouici Pot Episcopi Tornacensis, ac Abbatis Monasterij S. Launomari de Blesis Ordin. S. Bened. Carnotens. Diœcesis & nostrorum Notariorum subscriptorum, Testiumque infrascriptorum præsentia personaliter constitutus vir circunspectus & honorandus M. Ioannes de Nanterre in Iure Ciuili Licentiatus D. nostri Regis Procurator Generalis, præmissis protestationibus de omni reuerentia, honore & obedientia per eum debitis eidem sanctissimo D. nostro Papæ, sanctæque sedi Apostolicæ & alijs summis Pontificibus necnon sacris Generalibus Concilijs semper pro suo posse per eum exhibendis singulariter etiam astrictus fideli & diligenti executioni Mandatorum dicti D. nostri Regis & defensioni iurium, prærogatiuarum, priuilegiorumque suæ Majestatis, ac Regni eius, ac Regnicolarum nomine procuratorio eiusdem D. nostri Regis tam pro eo quàm pro omnibus sui Regni & Delphinatus aliorumque suorum Dominiorum inhabitatoribus & incolis, Ecclesiasticis & secularibus cœterisque Prælatis, Principibus & alijs adhærentibus & adhæsuris in hac parte quandam scripturam Nobis exhibuit atque coram vobis contenta in eadem fecit & expleuit, ac in præsenti Instrumento inseri requisiuit. Cuius quidem Scripturæ tenor sequitur in hæc verba.

Prouidit ex alto Iustitia Reges & Orbis terræ Principes Actibus humanis præficere, ipsorumque solia erexit in terris, vt Ecclesia sancta Dei & eiusdem Ministri fideles eorum freti præsidio in pacis tranquillitate quiescant, & vt populum sibi subditum à cunctis molestijs, oppressionibus & grauaminibus tueantur & protegant; quod & ipsa Veritas testatur, Sap. 6. *Audite,* inquit, *Reges, & intelligite, discite Iudices finium terræ, præbete aures vos qui continetis multitudines, & placetis vobis in turbis Nationum, quoniam data est vobis à Domino potestas & virtus ab Altissimo qui interrogabit opera vestra & cogitationes scrutabitur.* Et vt ait Petrus in Canonica. *Ob hoc sunt Reges & Principes constituti, vt per eos mali coerceantur & boni viuant quietius.* Cui concordat Paulus ad Rom. 13. dicens *Potestates seculares esse à Deo*

Tom. V.   DDDdd ij

"*ad terrorem malorum & securitatem bonorum.* Quamobrem Regibus & potestatibus secularibus suam potestatem inter Sacerdotes & Ecclesiæ Ministros nonnunquam exercere ipsorumque conatus & abusus reprimere
concessum est. Legitur enim 4. Reg. 12. & 2. Paral. 24. quod cum pecuniam ad instaurationem templi auari Sacerdotes & Leuitæ in suos vsus
conuerterent, populumque Iudaicum non necessariâ collatione onerarent, & Templi reparationem negligerent, Ioas Rex Iuda qui rectum coram Domino fecisse scribitur, viuente adhuc Pontifice Ioyada, hanc ab
eis prædam abstulit & pecuniam sub Pontificis & Regis sede receptam ad
instauranda Templi sarta tecta sacraque vasa conuertere eos compulit.
Legitur insuper 2. Machab. 4. quòd cùm Simon Templi præpositus &
summum Iudaicæ Gentis Sacerdotium ambiens aduersùs Oniam summum & optimum eius populi Pontificem seditionem mouisset, & Apol-
lonius Cellesyriorum & Phœnicis Ducis fretus amicitia homicidia multa in populo committeret, Onias vir optimus & sapientissimus officium
Regum esse existimans innocentes & pacificos aduersùs nocentes & inquietos, quamuis essent Sacerdotes, tueri & defendere, ad Regem Se-
leucum Asiæ Dominatorem se contulit, vniuersæ multitudinis aduersus Simonem & alios scelestos Sacerdotes vtilitatem procuraturus: videbat enim quod sine regali prouidentia impossibile esset pacem rebus
dari, nec Simonem posse ab eius malitia & ambitione compesci, quod
& ipse Paulus Apostolus prædicator veritatis in seipso comprobauit.
Nam cum Iudæi Sacerdotes & Pontifices sibi vt eum morti traderent,
insidias pararent, Claudius Lysias Romanorum Tribunus & Felix, Fau-
stusque Præsides officium boni Principis esse scientes Innocentes à morte eruere, & contra quoslibet Sacerdotes protegere, vi militari manibus
furentium Iudæorum ipsum erexerunt, ipseque sapientissimus Paulus
non ignorans iniquissimorum Pontificum Iudicium, ad Cæsaris Tribunal
appellauit. Hoc idem testantur sacri Canones, sanctorumque Patrum
Decreta. In Canone siquidem ita cauetur. *Agnoscant Principes seculi Deo
se rationem esse reddituros propter Ecclesiam quam à Christo tuendam accipiunt.*
Nam siue augeatur pax & disciplina Ecclesiæ per fideles Principes, siue
soluatur, ille ab eis rationem exiget qui horum potestati suam Ecclesiam tradidit.

Sanè diligenter hoc attendens Ego Ioannes de Nanterre Procurator
Generalis Christianissimi D. nostri Francorum Regis, ex deliberatione
Aduocatorum D. nostri Regis tam pro ipso D. nostro Rege, quàm pro
cunctis suorum Regni & Delphinatus iuribus Ecclesiasticis & secularibus
animo ac intentione prouocandi & appellandi à grauaminibus infrascriptis, dico & propono ea quæ sequuntur. Et 1. quod Creator vniuersi vt
Ecclesiam suam recto ordine regendam disponeret, certos instituit Ministros, videlicet Primates, Archiepiscopos, Episcopos & Minores Sacerdotes, quorum institutio in veteri Testamento est inchoata & in nouo
pleniùs confirmata. Et licet in nouo Testamento post Christum Dominum à Petro Sacerdotalis Ordo ceperit, primusque potestatem ligandi
& soluendi acceperit à Domino, cœteri tamen Apostoli cum eodem pari consortio honorem & potestatem acceperunt, qui etiam iubente Domino, in toto Orbe dispersi Euangelium prædicauerunt. *Ipsis quoque de-
cedentibus in loco eorum surrexerunt Episcopi. Videntes autem ipsi messem mul-
tam & operarios paucos, rogauerunt Dominum messis vt mitteret Operarios in
Messem suam; vnde ab eis electi sunt 72. discipuli quorum vicem gerunt Presbyteri atque in eorum loco sunt constituti in Ecclesia, quibus regendi authoritas
& potestas à Domino concessa est.* Postmodum verò successu temporis Prouinciæ, Diœcesibus & Parochijs, Archiepiscopis, Episcopis, alijsque
inferioribus Prælatis, & eorum cuilibet respectiuè Iurisdictio & Clauium
potestas commissa est. Quæ siquidem potestas & Iurisdictio per Concilia
Generalia sanctorumque Patrum Decreta saluberrima, sacros etiam Canones approbata & roborata est, adeò quod nulli quantum cunque pote-

1483.

Nota
D: Cura-
tis.

testatis, aut dignitatis, etiamsi Papalis existat, huiusmodi Iurisdictioni & potestati ordinariæ detrahere, aut illam auferre, vel diminuere nullâ præsertim subsistente causâ licitum est. In Canon. enim scriptum est, quod quisquis cuilibet Ecclesiæ ius suum detrahit, iniustitiam facit & iniustus iudicandus est. Quanquam si sua vnicuique Iurisdictio illæsa non seruatur, totus Ordo Hierarchicus confunditur. Et vt ait Zozimus Papa, contra Statuta Patrum concedere aliquid, vel mutare, nec sedis Apostolicæ potest authoritas. Et Hormisda conformiter. Quia prima salus est rectæ fidei regulam custodire & à Constitutis Patrum nullatenus deuiare. Hi siquidem Canones quandiu debitè obseruati fuerunt, Ecclesia Christi Catholica floruit, & fructus salutiferos produxit, cessauit ambitio & auaritia præsertim in Regno & Delphinatu, ipsarumque Ecclesiarum Rectores & Ministri in pace & quiete, ac animi tranquillitate authorem pacis excoluerunt. Successu verò temporis sic Exterorum Sacerdotum creuit auaritia, quod lex perijt de Sacerdotio & veritas de populo sublata est, vigor Ecclesiasticæ disciplinæ derelictus fuit. Sacri etiam Canones & sacrorum Conciliorum statuta, necnon antiquorum Patrum Decreta aliquandiu ab vsu discesserunt. Vnde quamplurima scandala, Schismata, dissensiones & incommoda in Clero & populo Christiano orta fuerunt, propter quæ euitanda & etiam pro vniuersali statu Ecclesiæ in melius reformando olim congregata fuit Magna Constantiensis Synodus, in qua multi sacri Canones pro felici & salubri regimine totius Ecclesiæ, ac pro conseruatione Iurium singularum Ecclesiarum conditi & innouati fuerunt. Subsequenterque sacrosancta Generalis Synodus Basileensis huiusmodi Canones, necnon certas Ordinationes, Definitiones, Declarationes & Decreta in publica & solemni sessione renouauit. Quiquidem Canones & Decreta Basileensis Concilij per nonnullos eiusdem Concilij Legatos solemnes & Nuncios recolendæ memoriæ Karolo VII. Francorum Regi, necnon Ecclesiæ Gallicanæ, ac Clero Regni & Delphinatus tunc in Ciuitate Biturie. congregatis oblati & præsentati fuerant, qui ipsum Carolum Regem debita cum instantia requisierunt vt huiusmodi Canones pro salubri regimine totius Ecclesiæ & præcipue Regni & Delphinatus editos complecti & in debitam executionem producere vellet. Ipse autem Rex Karolus VII. habitâ super hoc digestissimâ deliberatione cum Principibus suæ Regalis prosapiæ & alijs Magnatibus, Proceribus, multisque viris prudentibus & scientificis Ecclesiasticis & secularibus deliberationes & Conclusiones Ecclesiæ Gall. & Cleri suorum Regni & Delphinatus in dicta Congregatione factas sub certis modificationibus in Pragmatica-Sanctione super hoc edita factas, gratas & acceptas habuit, & ordinauit illas in suis Regno & Delphinatu, ac omnibus suis Dominijs inuiolabiliter obseruari & publicari, ac inter Ordinationes Regias reputari. Et licet inter cæteras definitiones & declarationes in dictis Constantiensi & Basileensi Concilijs editas statutum, definitum, declaratumque & decretum fuerit quod quicunque cuiuscunque status, vel dignitatis etiamsi Papalis existat, qui statutis & Ordinationibus, ac Decretis in eisdem Concilijs editis obedire teneatur, in his præsertim quæ pertinerent ad fidem & ad generalem reformationem Ecclesiæ Dei in Capite & in membris, prædictæque Ordinationes, statuta & Decreta in dictis Concilijs facta, vel innouata per nonnullos Romanos Pontifices videlicet Eugenium IV. Nicolaum V. Callixtum II. & Pium II. suis temporibus obseruata fuerint, nihilominus tamen sanctissimus D. noster Papa Sixtus, ad quem pertinet sacros Canones defendere non euertere & iura cuiuslibet Ecclesiæ illæsa conseruare, huiusmodi Canones suo tempore infringere, ac eneruare, ac Iurisdictionem, seu potestatem ordinariam, Iura quoque, priuilegia & libertates Ecclesiarum dictorum Regni & Delphinatus, Archiepiscopis, Episcopis alijsque Prælatis huiusmodi Ecclesiarum competentibus auferre, substrahere & quamplurimum diminuere: subditos quoque & Incolas eorundem Regni &

1483.

" Delphinatus multipliciter lædere & grauare, necnon Iura, Libertates &
1483. " priuilegia dicti D. nostri Francorum Regis suorumque Regni & Del-
" phinatus infringere conatus est. Nam & his diebus quamuis ipsum Re-
" gnum sit pacatum, ipsiusque Incolæ & habitatores optata pace fruan-
" tur, sic quod nulla subsit vrgentis necessitatis, vel euidentis vtilitatis cau-
" sa, ad ipsum Regnum & Delphinatum cætera quoque D. nostri Regis do-
" minia quicquam destinare, seu transmittere Legatum cum plenaria po-
" testate Legati de latere: quinimò vbi iusta subesset causa illum destinan-
" di vel transmittendi, talis tamen destinari & transmitti debuisset qui in
" semetipso spiritum Dei & præcepta eius in conspectu sui haberet, in quo
" esset sapientia, claritas & legis scientia vt possent eum audire filij Israël,
" prout legitur de Moyse, Exod. 18. *Eligite ex vobis viros Deum timentes in*
" *quibus sit veritas & qui odiant munera.* Quamuis etiam debuisset transmit-
" tere verum Pacis & Iustitiæ Zelatorem, non turbatorem, in quo vigeret
" rectitudo Iudicij, & cuius conuersatio nota esset & probata in populo,
" nihilominus tamen ipse sanctissimus D. noster Papa Sixtus, nescitur qua
" ratione vel causa, Reuerendissimum in Christo Patrem & D. D. Ioannem
" Balluæ tit. S. Susannæ Presbyterum Cardinalem ad Regnum Franciæ &
" Delphinatum, cæteraque dicti D. nostri Regis dominia cum plenaria po-
" testate Legati de latere Legatum destinauit & transmisit, qui quàm citò
" Regnum Franciæ ingressus est, licentia vel consensu D. nostri Regis mi-
" nimè petita, seu habita eiusque Legatione minimè recepta nisus est offi-
" cium suæ Legationis exercere, & quæcunque ad Iurisdictionem ordina-
" riam Archiepiscoporum, Episcoporum & aliorum Prælatorum huius Re-
" gni & Delphinatus tam ratione Ordinis quàm Iurisdictionis spectant &
" pertinent, exercere. Beneficia ad eorum collationem iure ordinario spe-
" ctantia, indistinctè conferre, & exinde pecunias à subditis eorundem Re-
" gni & Delphinatus in maxima copia exigere & recipere, & illas ad exte-
" ras Nationes deferre in graue præiudicium, damnum & detrimentum ip-
" sius Regni, Iuriumque, priuilegiorum & libertatum ipsius Regiæ Majesta-
" tis necnon in vilipendium, spretum & eneruationem sacrorum Cano-
" num in dictis Concilijs generalibus editorum, ac Regnicolarum, tam Ec-
" clesiasticorum quàm Secularium læsionem & grauamen. Et quia Regia
" Majestas suis temporibus huiusmodi Canones & Decreta pro regimine
" salutari Ecclesiæ editos suis temporibus optat inuiolabiliter obseruari,
" & Ecclesias Regni & Delphinatus salubriter regi & gubernari. Idcircò
" ad obuiandum inconuenientibus, periculis & grauaminibus quæ ex dicta
" Legatione prouenire possent, ex dictorum Aduocatorum peritorumque
" deliberatione à præfato Reuerendissimo D. Cardinale tit. S. Susannæ,
" eiusque Legatione per eum prætensa omnibusque & singulis grauamini-
" bus supradictis per eum illatis, exinde secutis & secuturis ad sanctissimum
" D. nostrum Papam Sixtum minimè debitè consultum, ad ipsum melius
" consulendum, ac ad illum vel illos ad quem, seu quos de iure prouocare
" & appellare mihi licet in his scriptis tam pro me quàm pro meis adhæ-
" rentibus & adhæsuris prouoco & appello, Apostolosque à vobis Reue-
" rendo in Christo Patre peto & repeto instanter, instantiùs & instantis-
" simè in iuris subsidium mihi dari, reuerentiales, & tales quales mihi dare
" potestis à vobis Notarijs subscriptis testimoniales addendi, diminuendi,
" mutandi, corrigendi, & in melius reformandi, omnique alio iuris bene-
" ficio mihi semper saluo astantes in testimonium præmissorum inuocando.
" Qui quidem Reuerendus Pater Episcopus & Abbas illis & incontinenti
" dicto Magistro Ioanni de Nanterre Procuratori quo supra nomine Apo-
" stolos dedit in hunc modum. ob reuerentiam Vniuersalis Ecclesiæ, ac san-
" ctissimi D. nostri Papæ, ad quam seu quem appellastis, appellationi vestræ
" deferimus veneranter. Et hoc pro Apostolis vobis respondemus. De
" & super quibus præmissis omnibus & singulis dictus Magister Ioannes de
" Nanterre, &c.

Dum hæc fierent, fatis interim fungitur Sixtus, cui successit Innocentius VIII.

tius VIII. Et illa de sua promotione per litteras statim more suorum Prædecessorum certiorem facit Vniuersitatem, Vniuersitas habitis die 13. Decemb. Comitijs decernit eidem nouo Pontifici gratias, simulque Collegio Cardinalium felicemque successum apprecatur.

1483.

Die 22. Ianu. in Comitijs Bernardinis adfuit Dux Aurelianensis qui per suum Cancellarium multa de praua Regni administratione Regisque vix adhuc tum quindennis gubernatione ad Vniuersitatem dixit, rogauitque vt quàm commodissimâ fieri posset viâ, ipsa quâ authoritate & integritate valebat, malis impendentibus occurreret, & præsentia leuare conaretur. Cui responsum est rem esse grauioris momenti, quàm vt ibi disceptari & concludi posset; Vniuersitatem maturiùs ea de re deliberaturam, nominaturamque viros qui rem istam discuterent & examinarent. Igitur adhibito consilio, & ijs quæ per D. Aurelianensem dicta erant, lectis eiusque manu subsignatis, placuit die 25. apud Mathurinenses habitis Comitijs mitti ad Regem Oratores, qui Capita proposita Regi & Comitibus Consistorianis patefacerent. Inter cæteros electus Orator M. Ioannes Raulinus. Magnus Magister Nauarricus cum quodam Doctore Iuris Canonici, qui munus suum fideliter exequuti, die 5. Febr. retulerunt se à Rege gratissimè exceptos, & cum gratissimo responso remissos: quamobrem decretæ sunt tum Regi, tum ijs gratiæ immortales.

Die 2. Martij in Comitijs Mathurinensibus decretum vt Rector frequenti comitatu cum Oratore Regem adiret pro conseruatione priuilegiorum, quæ oppugnabantur. Orator fuit M. Berengarius Mercatoris, cui Rex respondit se daturum operam vt Vniuersitati sua conseruarentur priuilegia. Verùm nihilominus à Publicanis & alijs oppugnabantur; præsertim verò quoad Nuncios, quorum numerus maior illis esse videbatur. Rogatus est etiam M. Robertus Gaguinus scribere nomine Vniuersitatis ad Cancellarium apud quem plurimum poterat, cuius Epistolam subtexo.

MAGNO turbine aurarum agitati, Magnifice Cancellarie, cogimur rebus & quieti nostræ Communitatis consulere. *Non enim tanta nos aliquando inquietudine laborasse meminimus, sed nec angariatos esse vectigalibus, quemadmodum nos nostrosque Clientes & Officiarios premunt ij qui Regijs tributis præsunt.* Quos etsi crebris conuentionibus interpellauerimus, asperiores inde facti, non vnum aut alterum ex nostris, sed plurimos sine discrimine conditionis seruili quadam exactione contristant. Et his quidem incommodis afflicti cum libertatem nostram more maiorum vindicare decernimus, oppressores nostri ad Regiam nos Majestatem ita detulerunt, quasi prohiberemus persoluere fisci rationem. Quâ accusatione quanquam non est visa Majestas indignari, nobis tamen compertum est longè alia de nobis accepisse, quàm nostram in Majestatem eius obseruantiam decet. Quamobrem Parlamenti Senatus nos ad se accersitos conquerentes audiuit. Audiuit contra Aduersariorum criminationes, nec Regios prætermisit Aduocatos qui Principis Majestatem tuerentur, neque his consultationibus vulneri est adhibita Curatio. Agimur, velut libertas nostra pessum iret. Quâ sicut retinaculo & solidis neruis nostra Communitas cohæreat, illam dissolui propediem necesse est: nisi ille à cuius justissimis Progenitoribus cœpit exordium, faustus felixque subueniat. Propterea publico nostræ Communitatis Decreto hic noster Orator ad Regem proficisci iussus est, qui vestro patrocinio vt speramus adiutus Innocentiam nostram Regiæ celsitudini manifestet, libertatem procuret, & litterarum consulat otio. Sit igitur vestræ benignitatis causam tueri Scholasticæ libertatis, quæ cum ferè ablata nobis sit, alia nobis eius recuperandæ spes non est, nisi quam Rex pijssimus vestra diligenti curâ restituet. Valete, Parisijs pridie Nonas Martij.

Ep. GAGVINI AD D. CANCELLARVM.

Eodem anno Curia Parisi. lato die 7. Febr. Decreto iuxta Priuilegia exemit Bidellos & Nuncios Academicos ab onere nocturnarum excubia-

1484.

rum, cui cæteros Artifices obnoxios esse voluit, tale autem est ex Actis Curiæ.

Sur la Requeste baillée à la Cour le 12. Ianvier dernier passé par le Procureur du Roy au Chastellet de Paris, que de toute anciennet a accoustumé d'estre fait le Guet par les gens de Mestier à ce subjets, lequel comme il disoit, estoit de present discontinué & delaissé, obstant ce que plusieurs desdits Mestiers s'en sont voulu exempter & entrer en Procez, tant en la Cour de ceans, par appellations comme ailleurs. Veu par la Cour ladite Requeste, les Ordonnance anciennes touchant lesdits Guets, l'information sur ce faite: Et oüy le Rapport des Commissaires ordonnez, pour sur ce communiquer auec les Officiers du Roy audit Chastelet de Paris. Et tout consideré: La Cour a ordonné & ordonne, que ledit Guet sera fait, continué & entretenu en la maniere accoustumée par les gens des Mestiers à ce subjets, s'ils ne sont du nombre de cxx. Archers ou des lx. Arbalestriers du Roy & de la ville de Paris, gardes des Clefs des portes ou des Chaisnes de la ville de Paris, Bedeaux ordinaires de l'Vniuersité de Paris, Messagers d'icelle Vniuersité, Monnoyeurs durant le temps qu'on entre, ou qu'ils soient aagez de lx. ans ou qu'ils ayent mehain ou mutilation dont il soit apparu au Preuost de Paris ou son Lieutenant qui, appellé le Procureur du Roy à ce, declare l'exemption: Et à ce faire seront contraincts par le Preuost de Paris ou son Lieutenant, toutes autres gens faisans & exerçans lesdits Mestiers, en quelque lieu, Iustice ou Iurisdiction qu'ils soient demeurans à Paris, nonobstant priuileges, oppositions ou appellations quelconques, & sans préiudice d'icelles, le tout par maniere de Prouision & iusques à ce que Parties ouyes, autrement en soit ordonné. Et sera tenu le Collecteur dudit Guet bailler chacun iour par escrit aux Clercs d'iceluy Guet, les Mestiers qui pour la nuict ensuiuant deuront ledit Guet, sur peine de priuation d'office & d'estre mis en prison; aussi sont tenus lesdits Clercs d'assister & eux trouuer audit Chastelet chacune nuict, au son de la Guette, & incontinent icelle sonée, asseoir ledit Guet, aussi faire registre des comparans & deffaillans, tant pour le Guet ordinaire du Roy, que pour les Mestiers: & le tout communiquer & en bailler le double au Procureur du Roy audit Chastelet, pour proceder contre lesdits deffaillans, ainsi que verra estre à faire par raison. Fait en Parlement le 7. iour de Février l'an mil quatre cens quatre-vingt & quatre: Ainsi signé, ALLEGRET.

1485.

Anno 1485. die verò 16. April. Comitia habita sunt apud Mathurinensis, in quibus lectæ sunt litteræ Legatorum, quibus testabantur spem esse conficiendæ rei, propter quam ad Regem missi fuerant. In ijsdem actum de quodam *Tractatu vnionis* inter Ducatum Normaniæ & Vniuersitatem, facto aliàs à Carolo VII. Vernoni. Sed res remissa ad selectos.

Die 27. eiusdem April. acceptis à Rege litteris quæ per Legatos M. Ioannem de Martigniaco & Collegam allatæ fuerant, vehementer lætata est Vniuersitas; quia verò iuxta Decretum Vniuersitatis M. Berengarius Mercatoris in aula morabatur, ad eum missum est Procuratorium instrumentum, vt vel ipse, vel is quem substituere vellet, Tractatum pacis, seu *vnionis* inter Ducatum Normaniæ & Vniuersitatẽ eius nomine acciperet; quâ de re sic legitur in Codice Germanicæ Nationis. Et quoad materiã in se seu ad articulos, placuit Nationi mittere M. Bellingario Legato matris Vniuersitatis Procuratoriũ instrumentũ cum potestate substituen-
" di ad acceptandum Tractatũ Concordiæ inter Vniuersitatem Parisiensem
" & totum Ducatum Normaniæ Vernone per Regem Carolum VII. bonæ
" memoriæ celebratum, & illum etiam Tractatum diuulgandi. Quoad 2.
" art. placuit Nationi quod M. Bellingarius ante eius recessum à Curia,
" obtineat si possit, quod tam in speciali quàm in generali, nullæ amplius
" causæ euocentur ad magnum Consilium Regis. Et 3. quod impetret con-
" firmationem omnium priuilegiorum matris Vniuersitatis. Et 4. quod
" nullæ cuiquam fiant adiunctiones Vniuersitatis sine prius habito desuper
" Consilio & deliberatione Consiliariorum Vniuersitatis. Die nono Maij
" factum est in Comitijs Procuratorium illud instrumentum; lectæ quoque
" literæ ad Principes & ad alios Consistorianos Comites datæ. Et die 19.
Iunij M. Berengarius ex aula Principis reuersus retulit quid actum fuisset in commodum & honorem Vniuersitatis.

Die 6.

Vniuersitatis Parisiensis.

Die 6. Iulij in Comitijs Mathurinensibus actum est de Prouisione Suppositorum Vniuersitatis: decretumque vt relegerentur Priuilegia cum Consilio Vniuersitatis, Regia majestas adiretur, ab eaque confirmatio eorundem peteretur. Die verò 16. de eadem re actum est, decretumque non ituram Vniuersitatem ad Concilium Prouinciale Senonense, ne videretur extra muros Parif. trahi, vtque materia incepta de Prouisione Suppositorum apud Regiam Majestatem sedulò vrgeretur, in eamque rem delecti MM. Berengarius Mercatoris, Ruerius, Kolb. & alij. Die 26. decretum vt Rector cum frequenti comitatu adiret supremam Parlamenti Curiam, rogaretque vt Vniuersitati opem patrociniumque præstare vellet ad 1. diem Augusti, qua de Prouisione Beneficiorum agendum erat.

1485.
De Provisionibus in Beneficiis.

Cæterum video omnes Vniuersitates subscripsisse postulationi Vniuersitatis Parisf. eique pollicitas opem & auxilium: nam eodem fere tempore ab Andegauensi, Pictauiensi, Tolosana & alijs litteras accepit. Tandem die 23. Augusti Oratores à Rege reuersi retulerunt satis benignè se à Rege & à Proceribus receptos, remque Vniuersitatis curæ fore Regi. De hac vna materia toto fere hoc anno actum est; nec vnquam tot negotijs se distractam, implicitamque sensit Vniuersitas; nec tot harpyas vidit in suam mensam inuolantes; adeò ex omni parte ad spolia ipsius concurrebatur. Præter hæc mala, intestinum vnum erat, Electio Rectoria plena vt plurimum tumultûs, quæ animos distrahebat. Item Collegiorum non satis sedula disciplina: quamobrem sæpè Reformatoribus opus fuit. Et noui electi sunt in Comitijs San-Iulianensibus habitis die 30. Octob.

Die 16. Decemb. electus est in Rectorem Vniuersitatis M. Stephanus Standon Nationis Picardicæ: Nec sine tumultu eorum qui Martinetæ vocabantur: de quorum insolentia & proteruia questus est Robertus Gaguinus die 3. Ianu. in Comitijs Mathurin. Et die 26. eiusdem mensis in Comitijs San-Iulianensibus Facultatis Artium, decretum est aduersus eosdem Martinetas, iuxta quod aliàs contra eosdem fuerat statutum.

Die 18. Febr. in Comitijs Mathurinensibus adhuc actum est de Nominationibus Suppositorum Vniuersitatis ad Beneficia, seu vt dicebant, de prouisionibus: quæ res remissa fuerat ad Curiam Parlamenti. Inter cæteros verò Vniuersitatis Parisf. adiutores, video fuisse Archiepiscopum Senonensem; cui hisce Comitijs decretæ sunt gratiæ; item & Vniuersitati Pictauiensi, & deinceps alijs quæ huic causæ subscripserant.

Quia verò Vniuersitas iam pridem intercesserat ne Fratres Obseruantiæ vt vocant, Parisijs Conuentum haberent, Rex ab ijs importunè rogatus vt intercessionem illam suâ authoritate tolleret, per Cancellarium Vniuersitatem rogauit vt ab eâ desisteret: sic enim legitur in Codice Germanicæ Nationis. Anno & mense quibus supra, die verò 25. &c. D. Cancellarius missus à supremo D. nostro Rege narrauit qualiter Regia majestas rogaret Vniuersitatem, vt desisteret ab oppositione ac adjunctione datâ contra FF. Minores Ordinis S. Francisci, & vt tales admitterentur ad quietam residentiam in Domo *Aue Maria*. Responsum autem est parituram Regiæ & Paternæ voluntati filiam Vniuersitatem, Obseruantinosque dimissa intercessione, certo numero & post iuramenta Rectori præstita, admissuram; quod quidem Responsum D. Cancellario vehementer placuit. Itaque die 4. Martij iterum in hanc rem habita sunt Comitia apud Mathurinenses: & Obseruantinorum numerus ad senarium restitutus; iussique sunt præstare Iuramenta solita, quemadmodum & alia Vniuersitatis supposita. Præterea addita duo Capita, in quæ illi iurarunt; scilicet ne construerent Conuentum seu Monasterium, vtque cessarent, quemadmodum alij Regulares facere tenentur, eo tempore quo supplicationes Rectoriæ fiunt. Quod quidem Decretum Vniuersitas ad Regem per suos Oratores misit. Rex verò litteris, seu diplomate confirmauit.

" Die 14. Martij in Comitijs Mathurinensibus totius Vniuersitatis de-
1485. " cretum est vt Rector cum plurimis Doctoribus instaret quàm diligentis-
" simè posset apud Parlamentum *Prouisioni Beneficiorum*, vt ea res citò ter-
" minaretur. In ijsdem Comitijs quidam Poëta nomine *Hieronymus Bal-
" bus* supplicauit Vniuersitati, vt viros aliquot doctos nominaret, qui Gram-
" maticam Tardini examinarent, in qua dicebat quamplurimos errores con-
" tineri, quos se declaraturum pollicebatur. Cuius supplicationi annuit
" Vniuersitas ; vt scilicet coram viris doctis Balbus exponeret errores,
" quos se in Grammatica Tardini reperisse dicebat, ea lege vt si Tardinus
" eos defendere ac vindicare non posset, eius Grammatica supprimeretur.

Contra Doctores Gymnasiarchas.

" ANNO 1486. in plurimis Comitijs actum est de reformatione morum
1486. " deque eradendis prauis consuetudinibus & abusibus, qui sæpè Vni-
" uersitati, cum suorum Priuilegiorum confirmationem petebat, obtru-
" debantur; atque idcircò singulæ Facultates viros delegerunt graues mo-
" ribus, qui in eam rem incumberent. Facultas quidem Artium, quo fa-
" cilius suis Collegijs certum disciplinæ modum præscriberet, statutaque
" sua executioni demandaret, vetuit vllos aliarum Facultatum Doctores
" Gymnasijs præfici; id factum credo, occasione litis inter M. Ludouicum
" Harel Doctorem Theologum, Collegij Lexouiensis Primarium & Re-
" gentem è suis vnum intercedentis. Primarius Regentem & Professione
" publicâ & portione priuauerat. Regens ei diem dixit apud Facultatem
" Artium 17. Martij anni superioris. Primarius vadimonium non adijt;
" dictum tamen fuit, vt Regens portionem haberet, donec auditis parti-
" bus aliud visum fuisset.
" Habitis deinde Comitijs Generalibus Vniuersitatis die 20. prædicti
" mensis apud Mathurinenses supplicauit prædictus Harel sententiam con-
" tra se latam reuocari, eo quod Vniuersitatis negotijs impeditus ad diem
" dictam se sistere non potuisset; & eius supplicationis habita est ratio. Ita-
" que in sequentibus Comitijs anni 1486. eadem lis sæpè agitata est, donec
" tandem congregata apud S. Iulianum Artium Facultate die 19. Septemb.
" placuit vnanimiter Primarios Doctores amoueri. Et ea de re sic legitur
" in Actis Nat. Germ. Anno prædicto (1486.) 19. die Septemb. congre-
" gata fuit veneranda Artium Facultas apud S. *Iulianum duobus super art.* 1.
" *fuit de Magistris nostris in Superioribus Facultatibus qui tenent Pædagogia, &
" de istis Primarijs qui diminuunt iura Rectoris. Quantum ad* 1. *art. non est mino-
" ris potestatis quàm sint aliæ Facultates, ideò habet disponere de suis Principali-
" bus & Regentibus.*

Iterum in eandem rem congregata est eadem Facultas die 26. Septemb.
& primus deliberationis art. fuit de *Magistris nostris in Superioribus Facultatibus, qui tenebant Pædagogia. Et quantum ad istum art. placuit quod Studentes sub Magistris nostris non admittantur ad Gradum. Et placuit primum statutum tenere sicut erat in forma nihil addendo, vel remouendo.* Tertiò die 4.
Octob. eadem Facultas confirmauit statuta prius facta, non obstante oppositione quorundam Doctorum: & in eam rem confectum sequens Statutum.

" CVM vnusquisque in vocatione in qua vocatus est, permanere debeat,
" & quælibet Facultas propria habeat Statuta quibus regitur, quibusque
" de suis Regentibus & Scholaribus disponit, nec vna Facultas de alia in-
" tromittere se habeat, ad manutenentiam, decorem & honorem præclaræ
" Artium Facultatis, ad obuiandum nonnullis Superiorum Facultatum Re-
" gentibus qui falcem in messe aliena posuerunt & Pædagogi nomen vsur-
" pant, Præclara Artium Facultas quæ inter cæteras proprijs abundat Sup-
" positis, sibi sufficiens de suis Pædagogis, Regentibus & Scholaribus pro-
" uidere, maturâ deliberatione tribus super hoc Congregationibus solem-
" niter factis deliberauit, conclusit & statuit, *quod nulli de cætero Pædagogi*

reputabuntur aut *Artiſtas regere permittentur, niſi de gremio Artium Facultatis actu fuerint iuxta antiqua Vniuerſitatis Statuta & Reformationem nouam per Reuerendiſſimum Cardinalem de Eſtouteuilla vulgariter nuncupatum*, nouiter factam, non obſtante quacunque conſuetudine in oppoſitum, imò verius abuſu & corruptela retroactis temporibus permiſſa.

1486.

Præterea decreuit quod nulli in eadem Artium Facultate Scholares reputabuntur, aut quouis modo tempus acquirent ſub tali Pædagogo qui de gremio Artium Facultatis pro tunc non fuerit. Qui Scholaſtici ſi tempus acquirere voluerint in prædicta Artium Facultate & Regentes eorum ſuas exercere Regentias in eadem, habebunt iuramenta præſtare in manibus Rectoris, aut Procuratoris ſuæ Nationis nullo modo facere ſub illis, quod ad prædictam Artium Facultatem attinere debeat. Voluit etiam prædicta Facultas hoc Statutum legi & promulgari annuatim per Bidellos cum Statuto Bejaunorum, & in facie Facultatis Artium circa feſtum omnium Sanctorum, dum ſolent eligi Reformatores Domorum (id. Cenſores) per Copiæ affixionem in valuis, inhibendo omnibus & ſingulis Suppoſitis prædictæ Artium Facultatis, ſub pœnis periurij & priuationis à conſortio prædictæ Facultatis.

1. Regentibus, ne ſub tali qui de gremio Facultatis Artium non fuerit, directè, aut indirectè Artes docere, onus Regentis ſumere, aut pati portionem ſibi miniſtrari, ratione ſuæ Regentiæ per tales, quouis modo præſumant; nec alicui Doctori aliquam pecuniæ ſummam, aut penſionem faciant, niſi ratione Locagij, aut conductionis ſuæ Domus.

2. Inhibuit prædicta Facultas ſub pœnis prædictis omnibus Examinatoribus tam paruis quàm magnis, tam S. Genouefæ quàm Eccleſiæ Pariſienſis Cancellarij qui ſingulis annis deputabuntur, ne Scholares, aut ſigneta recipiant talium, qui non plus ſunt de prædicta Artium Facultate, & ſub juramento in manibus Rectoris præſtito.

3. Inhibuit ſub pœnis prædictis Bidellis, ne ad Actum Scholaſticum examinandum, aut eundem ſuſcipiendum in vico ſtraminis tales Scholaſticos ſub alio quàm prædictum eſt, ſtudentes, aut portionem ſumentes introducant.

4. Inhibuit Reformatoribus ſub debito Iuramenti ne Domum viſitent, in qua Pædagogus Artium Facultatis Pariſienſis non fuerit; ac ſi Domus illa eſſet Artiſtarum habitatione indigna.

Et vt præſens Statutum perpetuò teneri poſſit, voluit eadem Facultas quòd ſimiliter Rector & Procurator ſuo ſucceſſori iuramentum præſtare faciat, iſtud inuiolabiliter obſeruare Statutum. Et inſuper voluit quod quilibet Procurator in ſua Natione ſimili modo faciat. Similiter Regentes ſui pro Regentia & Scholis ante continuationem habebunt ſupplicare in Nationis facie. Finaliter ad perpetuam ipſius Statuti memoriam prædicta Facultas voluit & ordinauit præſens Statutum libris Rectoris & Procuratorum inſcribi. **Datum in Congregatione** Artium Facultatis ſolemniter congregatæ apud S. Iulianum Pauperem, anno Domini 1486. die verò 4. Octob. ſign. Le Rovx.

Die 10. Octob. ſuffecto nouo Rectore M. Ioanne Golbe Picardo, ſupplicauit Antiquus è ſingulis Nationibus deligi viros ſpectatæ fidei & prudentiæ, qui iuxta priores Concluſiones rem proſequerentur, curarentque executioni demandari. Habitis autem die 19. Comitijs Vniuerſitatis apud Mathurinenſes prædictus M. Laurentius Harel, aliàs Hary, Doctor Theologus, Primarius Lexouæus ſupplicauit *quod Statutum per Facultatem Artium factum adnihilaretur*. Concluſum verò *quod nulli Magiſtri noſtri in Superioribus Facultatibus ſe interponerent de ſtatutis Facultatis Artium, cùm non ſit minoris poteſtatis quàm ſint aliæ Facultates.*

Circa hocce tempus orta eſt vehemens contentio & diſcordia in Facultate Theologiæ, occaſione Veſperiarum M. Ioannis Lallier Licentiati in Theologia & ad Gradum Doctoratus aſpirantis; quæ res in Curia Pariſienſi per plures dies agitata eſt. Tandem latum eſt Senatuſconſultum

1486. die 20. Nouemb. prædictoque Lallier licuit assumere gradum Doctoratus, certis tamen legibus & conditionibus, prout inter Partes contendentes conuenerat. Res ita se habet in Actis Curiæ.

" Entre les Doyens & Maistres de la Faculté de Theologie, appellans
" de M. Estienne Bonnet Huissier de la Cour & demandeurs en cas d'excez,
" abus & attentats, & aussi intimez d'vne part; & M. Iean Lallier intimé
" & M. Beranger le Marchand, Charles Sac & autres leurs consors, Mai-
" stres & Suppostz de ladite Faculté de Theologie; Eux disans appellans
" d'aucuns particuliers Maistres en ladite Faculté de Theologie qui se di-
" soient faire & representer ladite Faculté, & aussi demandeurs en cas
" d'abus, excez ou attentats d'autre part, & semblablement entre M. Iean
" Grillot Religieux de l'Ordre de S. François demandeur & requerant
" l'enterinement de certaine Requeste par luy faite à ladite Cour; & en
" ce faisant, que pendant & durant certain procez indecis en ladite Cour
" entre lesdits Doyen & Maistres de ladite Faculté d'vne part; & lesdits
" Beranger, Sac & leurs Consors, & pareillement ledit Lallier d'autre
" part; il fust admis par ladite Faculté de Theologie à auoir le droict de
" Doctorie ou Maistrise dans ladite Faculté, sans préiudice de l'ordre &
" droit dudit Iean Lallier, & en offrant par luy, qu'en cas qu'il luy seroit
" permis à estre Docteur parauant ledit Lallier, que ce nonobstant ledit
" Lallier le precedast & eust ses droits tout ainsi que si ledit Lallier auoit
" esté fait Docteur en son ordre & parauant luy, & ledit Maistre Iean
" Lallier deffendeur & opposant à l'enterinement de ladite Requeste.

" Veu par la Cour le Plaidoyé desdites Parties du 14. iour de ce present
" mois de Nouembre, & tout ce que lesdites parties tant d'vn costé que
" d'autre ont mis & produit pardeuers ladite Cour. Veu aussi le Plaidoyé
" fait en cette matiere par les Gens du Roy du 16. de ce dit present mois
" & oüy le rapport des Gens du Roy, sur lesquels plaidoyé & rapport,
" & veu tout ce qui auoit esté mis & produit par lesdites parties parde-
" uers ladite Cour a esté ordonné par ladite Cour, que pour trouuer fin &
" appointement entre lesdites Parties, attendu la qualité & grandeur
" de la matiere & que pour mettre paix & accord entres icelles Parties,
" lesdites matieres & procés ne se doiuent traitter selon la rigueur & train
" ordinaire de Iustice, mais que ladite Cour trauailleroit à mettre fin es-
" dits procez par appel qui se feroit par ladite Cour, appellées lesdites
" Parties, & pour ce eust esté ordonné par icelle Cour, que le Recteur de
" l'Vniuersité de Paris, accompagné d'aucuns Notables personnages,
" Suppostz de ladite Vniuersité, lesdits Doyen & Maistres de ladite Facul-
" té de Theologie, tant d'vne part que d'autre, & ledit Maistre Iean Lal-
" lier seroient mandez venir en ladite Cour, & qu'en icelle Cour leur se-
" roient faites certaines remonstrances, afin de les mouuoir à venir à la-
" dite paix & accord, & ensuiuant laquelle ordonnance ou appel, ledit
" Recteur accompagné de plusieurs Notables personnages Suppostz de
" ladite Vniuersité & en grand nombre, & lesdits Maistres, Regens de
" la Faculté de Theologie, tant d'vne part que d'autre, & pareille-
" ment ledit Iean Lallier eussent comparu en ladite Cour, & leur eus-
" sent esté faites les remonstrances qui auoient esté ordonnées par icel-
" le Cour, aux fins dessusdites, lesquelles oüyes toutes lesdites Parties,
" tant d'vn costé que d'autre eussent dit ce que bon leur eust semblé & fi-
" nablement par ladite Cour de leur consentement eut esté appointé,
" que lesdits Doyen & Maistres de ladite Faculté de Theologie, éliroient
" & deputeroient aucuns d'icelle Faculté en nombre competant, lesquels
" Eleus & deputez comparoistroient en la presence d'aucuns des Presidens
" & Conseillers de ladite Cour pour communiquer auec lesdits Presidens
" & Conseillers, qui pour ce faire seroient commis par icelle Cour pour
" ce fait sur lesdits procez, ouy le Rapport desdits Presidens & Con-
" seillers y estre pourueu par ladite Cour, ainsi qu'elle verroit y estre à
" faire par raison: ce que depuis eut esté fait, & l'aduis desdits Commis-

Vniuersitatis Parisiensis.

faires de ladite Cour, aprés communication par eux faite auec lesdits
Eleus & Deputez de ladite Faculté eussent esté rapportez par lesdits
Commissaires en ladite Cour & ouy le rapport desdits Commissaires &
tout consideré,

Il sera dit que ladite Cour a mis & met toutes lesdites appellations &
ce dont a esté appellé au neant & sans amande & dépens desdites causes
d'appel & pour cause, & au surplus du consentement desdits Doyen &
Maistres de ladite Faculté de Theologie, Commis & Deputez par icelle.
Il sera dit que les Conclusions faites par lesdits Doyen & Maistres de la
Faculté à l'encontre desdits Beranger, Sac, & autres leurs consors & adherens par lesquelles ils auoient suspendu de Regence ledit M. Charles
Sac, & luy auoient defendu qu'il ne leust, ne presidast en l'Acte des
Vesperies dudit M. Iean Lallier, ne celebrast ledit Acte, & au cas que
autrement le feroit, dés lors le priuoient de Regence & Communion de
ladite Faculté, mesmement pour inobeyssance & pariure, & aussi tous les
autres qui procederoient à l'exposition des crimes & argueroient & accomparoistroient audit Acte de Vesperies, qui seroient des Supposts de
ladite Faculté & pareillement toutes affiches, mises & apposées quelque
part que ce soit pour raison de ce, seront tenuës & reputées & les tient
& repute ladite Cour, du consentement desdits de la Faculté de Theologie, commis & deputez d'icelle Faculté, nulles, comme non faites &
aduenuës & de nul effet & valeur, & seront mises & rejettées hors des
Registres de ladite Faculté, au cas que aucunes sur ce auroient esté faites,
& que semblablement seront cassez & annullez & de nul effet & valeur
tous instrumens, qui sur ce auroient esté faits & passez par quelconques
Notaires ou personnes publiques, quelques qu'elles soient & recouuriront lesdit Beranger, Sac & leurs Consors tous les fruits, profits & emolumens, qui au moyen desdites conclusions leur auoient esté deniées
& refusées par ceux de ladite Faculté de Theologie, depuis lesdites
Conclusions iusques à present & de ce lesdits Beranger, Sac, & leurs
consors auront Acte de ladite Cour pour leur valoir & seruir ce que de
raison ; & semblablement du consentement desdits de la Faculté de
Theologie, commis & deputez a esté ordonné & à present ordonne &
appointe ladite Cour, que les Vesperies faites de la personne dudit
Maistre Iean Lallier vaudront & sortiront leur plein & entier effet, sans
ce qu'il soit besoin audit Lallier faire autres Vesperies pour paruenir
degré de Docteur ou Maistre en Theologie, pourueu toutes voyes
que ce qui auroit esté fait esdites Vesperies, contre & au préiudice des
Vsages, Ordonnances, Droicts & Statuts anciens de ladite Faculté, soit
en defaut de ce que les vrays Bedeaux d'icelle Faculté n'auoient assisté
audit Acte, & que autres que les vrays Bedeaux d'icelle Faculté, qui ont
accoustumé estre éleus par ladite Faculté auroient assisté audit Acte de
Vesperies, contre les Statuts, vsages, droits & ordonnances anciennes
d'icelle Faculté, ou autrement en quelle maniere que ce soit, ne puissent préiudicier à ladite Faculté & ne puissent estre tirez à consequence, ores ne pour le temps auenir, & aprés ce que de leur consentement
lesdits de la Faculté commis & deputez en la presence desdits Commissaires, ont suppleé toutes les fautes & negligences qui audit Acte de
Vesperies pourroient estre interuenuës, & en outre en ensuiuant faites
en icelle Cour par ledit Maistre Iean Lallier.

Ladite Cour a ordonné & ordonne auant que lesdits de la Faculté de
Theologie soient tenus admettre ledit Maistre Iean Lallier à la Doctorie & Maistrise, iceluy Lallier sera tenu reuoquer & reuoquera au premier Acte de Vesperies qui se fera Ieudy prochain dans ladite Vniuersité
& Faculté en toute humilité, les Propositions par luy proposées és Actes
Sorboniques & autres par luy proposées & confessées autres que celles
qu'il a reuoquées par ordonnance de l'Euesque de Paris, selon les Corrections & Modifications faites par ladite Faculté ; & ce fait incontinent

Tom. V.

" & sans delay, si tost que conuenablement se pourra faire,

1486. " Lesdits de la Faculté en ensuiuant les offres par eux sur ce faites, seront
" tenus admettre ledit Lallier à ladite Doctorie ou Maistrise en Theolo-
" gie, sauf toutes fois qu'ils ne seront contrains, se bon leur semble, ad-
" mettre ledit Lallier à la Regence auant la Feste de Pasques prochain
" venant: mais ladite Feste passée, lesdits de la Faculté en ensuiuant leurs
" offres & consentemens seront contraints par toutes voyes & manieres
" deuës & raisonnable de admettre ledit Lallier à ladite Regence & non-
" obstant oppositions ou appellations quelconques. Et ne pourra ledit
" Lallier precher publiquement au Peuple quelque part que ce soit de-
" uant vn an, à conter de la date du iourdhuy, sinon qu'il luy fust permis
" par ceux de ladite Faculté de Theologie. Et sera contraint ledit Lallier
" faire serment solemnel pardeuers aucuns Conseillers qui à ce seront
" commis par ladite Cour & en la presence d'aucuns deputez de ladite Fa-
" culté de Theologie, se il a pardeuers luy ou en sa puissance aucuns Liures
" contenans la Foy & Science de Theologie qui ayent esté reprouuez &
" condamnez par l'Eglise & les Saincts Decrets des Conciles, pour iceux
" estre monstrez & communiquez ausdits de la Faculté, pour estre iceux
" qui par ladite Faculté seroient trouuez estre reprouuez, condamnez,
" ou Heretiques, estre mis par lesdits de la Faculté pardeuers ladite Cour,
" pour par icelle Cour en estre ordonné, appellez ceux qui seroient à ap-
" peller ainsi qu'elle verroit estre à faire par raison, & semblablement en-
" suiuant l'offre desdits de la Faculté, commis & deputez & de leur con-
" sentement fait pardeuant lesdits Commissaires de ladite Cour, Ladite
" Cour deffend ausdits de la Faculté à peine de cent marcs d'argent, que
" dorénauant ils ne trayent, ne fassent traire ledit Maistre Iean Lallier en
" quelque lieu, ne pardeuant quelsconques Iuges que ce soit, pour raison
" & occasion des Propositions par luy dites & publiées par cy-deuant ladi-
" te Euocation, toutefois premierement & auant toutes œuures par luy
" faites, comme dessus est dit. Et ordonne ladite Cour, que cependant le-
" dit Frere Iean Grillot sera fait Docteur & Maistre en Theologie, & sans
" aucun delay, pourueu toutesfois que quand ledit Lallier sera Docteur
" ou Maistre de ladite Faculté de Theologie, il sera en son ordre, ainsi
" qu'il a esté dit appellé aux vocations & degré de Licence: & precedera
" ledit Lallier, ledit Grillot, & sera tenu ledit Grillot bailler audit Lal-
" lier les droits & émolumens que iceluy Lallier auroit dudit Grillot,
" tout ainsi que s'il eust esté Docteur en son ordre & parauant luy; & aus-
" si pour ce que ledit Grillot soit Docteur parauant ledit Lallier, ledit
" Lallier ne sera tenu payer audit Grillot aucuns droits ou émolumens
" comme à Docteur. Le tout ensuiuant les offres faites par ledit Grillot à
" ladite Cour.

Die 24. Nouemb. actum, vt sequitur in ijsdem Regestis.
" Ce iour la Cour a mandé l'Euesque de Meaux, Maistre Iean Royer,
" Charles Sac, Beranger Marchand & aucuns autres Docteurs de la Fa-
" culté de Theologie; ensemble Maistre Iean Lallier & les deux Bedeaux
" de ladite Faculté touchant l'empeschement que ceux de ladite Faculté
" donnoient audit Lallier au fait de la Maistrise & autres petits differents
" que lesdits de la Faculté de Theologie & Lallier auoient entr'eux, &
" aprés ce qu'ils ont esté oüys, *hinc inde*, que ledit Lallier a esté interrogé
" par serment s'il auoit aucuns Liures reprouuez qui fussent contre la Foy,
" qui a dit que non, & qu'il n'en auoit en aucuns, excepté deux cahiers qu'il
" auoit baillez à l'Euesque de Paris. Ladite Cour a enjoinct à la Faculté
" de Theologie, à la personne des Euesques de Meaux, Royer & Bedeaux,
" que Lundy prochain icelle Faculté procede à la Maistrise ou Docto-
" rie dudit Lallier, & que ce iourdhuy aprésdisner ladite Faculté s'assem-
" ble pour le faire proclamer, pour pouruoir à la Visitation des bonnets
" & autres choses qu'il appartiendra pour le fait de ladite Maistrise.

Hoc quoque anno materia Prouisionis Beneficiorum ad conseruationem Pragmaticæ Sanctionis sæpè agitata est & versata in Senatu Parisiensi: Legati ad Regem missi. Tandem hocce Senatusconsultum latum die 18. Ianu.

1486.

Sur ce que le Roy auoit autrefois escrit à la Cour, la plainte qui luy auoit esté faite par les Vniuersitez à cause qu'elles disoient que les Prelats, Collateurs & Patrons Ecclesiastiques ne gardoient, ne entretenoient la Pragmatique-Sanction, entant que touche les Benefices qui estoient & seront deubs & affectez aux Graduez & nommez des Vniuersitez, tellement que à cause du desordre qui y estoit, les Supposts d'icelles ne pouuoient auoir quelque prouision, tant parce que lesdits Collateurs & Patrons n'auoient fait & ne faisoient aucuns Registres, parquoy estoit impossible ausdits Graduez & Nommez de prouuer le tout, & mandé à icelle Cour, qu'elle aduisast la forme comme on pourroit pouruoir ausdites Vniuersitez. Aprés que par ladite Cour, toutes les Chambres assemblées, ont esté éleus Commissaires qui ont communiqué auec les Deputez de l'Vniuersité, le tout rapporté par deuers icelle Cour, toutes lesdites Chambres assemblées, ont esté aduisez certains articles en forme d'auis lesquels seront enuoyez au Roy, pour en estre par luy ordonné.

Die 19. Feb. in Comitijs Mathurinensibus omnium Ordinum M. Robertus de Vallibus Procurator, seu Syndicus Vniuersitatis, incumbens litis in Curia Parlamenti pro Beneficijs pendentis prosecutioni, retulit rem prope confectam esse, hocque solum peti à Curia, an vellet Vniuersitas sibi soli Decretum dari, an verò generatim nomine omnium Vniuersitatum, seu, vt legitur in Codice Germanicæ Nationis, *an ponerentur in appunctuamento omnes Vniuersitates, vel ipsa solum.* Et responsum est, Vniuersitatem non sibi tantùm, sed & sororibus quoque suis militasse hactenus, placereque omnes Vniuersitates in Decreto, seu vt vocant, Arresto comprehendi.

Die verò 26 in Comitijs Mathurinensibus idem M. Robertus de Vallibus legit, prout mandatum fuerat à Curia, exemplar Decreti nondum obsignati, petijtque nomine Curiæ an ita dari placeret: noluisse enim Curiam obsignari, antequam nota fuisset voluntas & sententia Vniuersitatis. Sic de ea re in eod. Codice legitur. *Quantum ad 1. art. M. Robertus de Vallibus apportabat auisamentum, seu appunctuamentum ordinatum à suprema Curia Parlamenti. Quod quidem auisamentum noluit ipsa suprema Curia signare quousque esset auisatum per Vniuersitatem, an esset sufficiens, an non. Et quantum ad hunc art. placuit Nationi vt dictum auisamentum assignaretur in forma vt erat.*

Anno 1487. postridie Paschatis M. Bertrandus Pegus Nationis Picardicæ, Primarius Collegij Cardinalitij, nouus Rector Vniuersitatis lustrauit Pratum Clericorum de more Maiorum; qua de re sic legitur in Actis Nat. Germ. die 8. April. *Congregata fuit veneranda Alemanorum Natio duobus super art. apud S. Mathurinum. Quorum 1. erat de Conductu D. Rectoris ad Pratum Clericorum & ad nostram Dominam de Campis extrà muros Paris. atque ad S. Germanum ibidem. Quantum ad 1. art. placuit Nationi quod D. Procurator ad loca supradicta D. Rectorem vnà cum alijs DD. Procuratoribus, more solito consequeretur.* Hocce anno vehemens exarsit discordia inter cæteras Facultates & Facultatem Decretorum, eo quod ista Baccalarios suos etiam non Magistros in Artibus, nec seruato quiquennio ad Nominationes admitti volebat; cæteræ refragabantur. Itaque cum ad diem 2. Maij Rector edixisset vt adessent Decani & Procuratores apud Regiã Nauarram, afferrentque claues ad muniendas sigillo magno & communi litteras Nominationum, Theologi obstiterunt, ne Baccalariorum licentiatorumque in Decretis litteræ admitterentur; qua de re sic in Actis Facultatis Decretorum. 2. Maij 1487. *Fuit dies dicta ad sigillandum in Nauarra de sigillo Vniuersitatis: vbi cum multi Theologi præter consuetudinem comparuissent, essetque rumor quod venerant ad impediendum ne litteræ Nominationis pro Baccalarijs & Licentiatis Facultatis sigillarentur sigillo Vniuersitatis.*

1487.

LIS CONTRA DECRETISTAS.

" Ego (Gaguinus) rogaui D. Rectorem vt idem cum alijs Doctoribus &
1487. " Decanis nec non cum Procuratoribus Nationum in Sacrarium, seu Re-
" uestiarium Nauarræ se reciperet, ad audienda quædam quæ nomine Fa-
" cultatis Decretorum dicturus illi eram; qui respondit se personam pu-
" blicam esse, nec posse sine consilio Decanorum & Procuratorum respon-
" sum dare.

Postridie eius diei Conuentum apud Mathurinenses ad deliberandum
" de illa sigillatione, & tunc, vt legitur in Actis Nat. Germ. proposuit D.
" Decanus consultissimæ Facultatis Decretorum cum quibusdam alijs eius-
" dem Facultatis suos Baccalarios non Magistros gaudere debere priui-
" legijs Nominationum, quemadmodum & alij Magistri aliarum Faculta-
" tum. Quantum ad 1. art. placuit Nationi quod tales Baccalarij Decre-
" torum non gauderent Priuilegijs Nominationum, *nisi steterint in studio per
" quinquennium, aut per triennium si nobiles fuerint ex vtroque Parentum secun-
" dum Pragmaticam-Sanctionem.* Eadem fuit totius Vniuersitatis sententia
" à qua Gaguinus nomine suæ Facultatis Curiam Parisiensem appellauit.

Die 11. Maij de alia discordia suborta in Aula Episcopi Parisiensis occasione Doctoratus inter Episcopum Meldensem & Ambrosium Cancellarium, deliberatum est habitis apud Bernardinos Comitijs Vniuersitatis,
*Proposuit enim D. Meldensis causam suo habitui Episcopali adhærentem octa-
sione D. Cancellarij fuisse laniatam, idcirco sibi tanquam Regenti rogauit emendam condignam procurari.* Placuit verò dissidium istud per Consiliarios &
viros consultos sedari. Illud autem ideò videtur exortum, quia Episcopus sibi ob dignitatem; aliunde verò tanquam Doctori Regenti, birretan-
di munus deberi dicebat; quod Cancellarius negabat.

In Comitijs die 9. Iunij habitis apud Mathurinenses iterum questus est
Gaguinus de insolentia nonnullorum qui vulgo *Fratres* dicebantur, mi-
natusque est, ni Vniuersitas eorum ambitionem, petulantiam, insolen-
tiamque reprimeret & coërceret, se brachium seculare contra eos inuo-
caturum. Itaque decretum vt inquisitio fieret in eorum mores & insolentias; vtque Rei plecterentur. Ita habetur in Cod. Germ. Nat.

Eodem mense die 14. retulit Rector Archiepiscopum Senonensem à
summo Pontifice Bullas impetrasse, ne de cætero Vniuersitati subijcere-
tur : quo pacto violabantur eius Priuilegia. Itaque decretum vt pro viribus ea sarta tecta seruarentur, aduocato priùs Vniuersitatis consilio.

Die 23. eiusdem mensis in Comitijs San-Iulianensibus electus est in Rectorem M. Gaufridus Boussard, deductusque est magno comitatu in suas
ædes Nauarricas. Et eodem die habita sunt Comitia apud Mathurinenses, in quibus relatum de lite quæ cum Generalibus Subsidiorum erat, de
numero & priuilegijs Nunciorum Vniuersitatis ; quâ de re sic legitur in
Codice Germanicæ Nationis. *Primus art. erat ad audiendum ea quæ acta
fuerunt coram DD. Generalibus in Parlamento quæ nostra Priuilegia intimè
tangebant, &c. Quantum ad 1. retulit D. Rector quod ipse vna cum notabili Proponente scilicet M. Petro Foliot, & etiam honestâ Comitiuâ prædictos DD. Generales visitauit, eisque proposuit quod ipsi nostra læderent Statuta quoad nostros
Nuncios, qui Nuncij, modò non gauderent secundum tenorem priuilegiorum nostrorum. Et quo ad istum art. placet Nationi teneri illæsa priuilegia nostra, & ad
hoc faciendum ordinat M. Zenonem qui cum alijs Deputatis istam materiam haberet agitare.*

Die 22. Augusti in Mathurinensibus Comitijs decretum est contra Decretistas, qui claues ad sigillandum moniti afferre renuerant; itaque jus
illis dictum, resque ad Parlamentum traducta. Et 12. Sept. in Comitijs
San-Iulianensibus Facultas Artium constituit se nullis impensis parci-
turam in prosecutione huius litis, quæ maximè tangebat sua iura. 15. eiusdem mensis in Comitijs Mathurinensibus statutum vt Rector adiret Curiam Parisiensem postulaturus Decretum, quo iuberentur Decretistæ
dare claues ad sigillandum, delectusque est Orator M. Io. Raulin. nec ea
lis tam citò definita est; inter eos & Facultatem Artium video creuisse
discordiam

discordiam in dies magis, vt ex infra dicendis constabit.

Die 12. Nouemb. habita sunt Comitia Mathurinensia, præsertim ad audiendum ea quæ per Deputatos, vt aiebant, deliberata fuerant in causa Decretistarum ; vt legitur in Commentario Germanicæ Nationis. 1487.

Anno Domini, &c. Primus art. erat super auditione eorum quæ alta fuere per DD. Deputatos. Secundus erat communis. Quantum ad primum, cum D. Rector in memoriam ea quæ in penultima Congregatione D. Antiqui fuissent facta, reduxisset ; videlicet medium concordiæ inter almam Vniuersitatem & Facultatem Decretorum, quæ vt antea proposuit, erat, vt DD. Licentiati Decretorum haberent Nominationes, & non Baccalarij. Quod quidem medium pacis & concordiæ ab almâ Vniuersitate omninò refutatum est. Quo facto, retulit insuper D. Rector quomodo DD. Decretistæ venissent ad eum, & se omnimodò Concordiam & pacem velle dixissent ; & quia prædictum medium pacis non placuit Vniuersitati, inuenerunt aliquam viam, vt ipsa Vniuersitas daret certos Deputatos qui haberent D. Aduocatum Regium adire, vt unà cum ipso certas Conclusiones extraherent, ipsíque Vniuersitati præsentarent: vt, inquam, ipsa videns Conclusiones factas & extractas, si quid diminutum esset, adderet, & superfluum reijceret. Placuit hoc idem venerandæ Nationi, saluo præiudicio Vniuersitatis: Elegit quoque ad hoc Deputatos qui prius fuerant. Idem cæteris Nationibus & Facultatibus placuisse ex dicendis constabit.

Die 27. eiusdem mensis in Comitijs San-Iulianensibus Facultatis Artium multa decreta sunt contra Comœdias & ludos Collegiorum, quæ breuiter sic leguntur in prædicto Commentario. *Insuper quoque placuit Facultati & Nationi quatenus Scholastici ab omnibus ludis rescindantur. 2. Placuit Nationi & Facultati quatenus Principales & Regentes Collegiorum, ac Pædagogiorum Iuuenes suos abstineant à gladijs, magnísque baculis. 3. Placuit Nationi & Facultati quatenus nulli sine aliquo ductore Magistro, ac Regente ad Ludos Comœdiarum intenderent. 4. Et vltimo placuit Nationi & Facultati quod isti lusores Comœdiarum nullo modo induantur serico, ac vestibus præsumptuosis, sub pœnâ priuationis gradus. Ita voluit Natio & Facultas ; & ita conclusum fuit.* Sic scribit M. Gerardus Cheualier Ruremundensis in Diœcesi Leodiensi, Germanicæ Nationis Procurator.

LVDI PROHIBITI ET COMŒDIA.

Die 8. Decemb. habita sunt Comitia Mathurinensia præsertim ad legendum & audiendum Articulos quosdam confectos per D. Aduocatum Regium Ioannem Magistrum, de pace & concordia inter Vniuersitatem & Decretistas. Quinam verò illi fuerint, non legi. Innuit Gaguinus Ep. 40. ad Ioannem Magistrum Regium Aduocatum se illusum à quodam Roberto qui res gerebat Vniuersitatis, nihilque potuisse adhuc fieri. Vide Epist. infra. Die 17. eiusdem mensis in Comitijs San-Iulianensibus præclaræ Facultatis Artium electus est in Rectorem Vniuersitatis communi consensu M. Stephanus Martini de Bohemia Germanicæ Nationis, deductúsque est ad Collegium Remense, vbi vinum & species exhibuit pro more solito.

Die 26. Ian. actum est de nominationibus Suppositorum Vniuersitatis. Item de concordiâ faciendâ inter Ducatum Normaniæ & Vniuersitatem: nec video aliquid in hisce Comitijs definitum. Die verò 28. apud Mathurinenses lecta est Bulla à summo Pontifice ad Vniuersitatem transmissa de quodam libello per nonnullos hæreticos composito, cuius examen remissum est ad Theologos.

Die 9. Februarij in Comitijs Mathurinensibus actum est de Censuris quibusdam, & de responso faciendo DD. Cognitoribus Regiarum causarum in Curia Parlamenti super Iuribus & Priuilegijs Vniuersitatis quæ oppugnabantur. Decretumque vt D. Rector cum frequenti Comitatu Curiam Parlamenti adiret : quem benignè & gratiosè exceptum fuisse legimus in sequentibus Comitiorum actis.

Die 12. Martij in Comitijs San-Iulianensibus deliberatum est de quadam Bullâ nouiter per Cancellarium Ecclesiæ Parisi. præsentata Vniuersitati ; decretumque vt antequàm de ea statueretur, Cancellarius duplum eius exhiberet. Die 13. electus Conseruator Priuil. Apost Episcopus Meldensis. Die verò 23. eiusdem mensis in Comitijs San-Iulianensibus electus est in Rectorem Vniuersitatis M. Nicolaus Parmentier Nationis Picardicæ, Promagister Gramm. Nauari. deductusque est frequenti comitatu ad Collegium *Nauarricum*, vbi more solito vinum & species exhibuit. Tunc nondum composita erat discordia Decretistatum de quâ sic scribit Gaguinus.

1487.

Robertus Gaguinus Ioanni Magistro Regio Aduocato S.

EPISTOLA GACVINI PRO DECRETISTIS.

" Quàm sum cupidus Pacis in ea lite quæ de Baccalarijs nostris diu agitata
" est, vir optime: ipse nosti. Nullâ enim aliâ re causam promouere distuli
" magis quàm spe componendæ controuersiæ quæ in manibus propè haberi
" videbatur, si nullâ simulatione nostri te aduersarij fefellissent. Nam
" cum multos dies traxisset te ille Robertus negociorum Scholæ Gestor,
" heri quoque nescio quâ vanâ spe me illusit, renuntians conuenturos ho-
" die apud Rectorem Deputatos Iudices à quibus Quæstio tota finiretur.
" Verùm expleto conuiuio cum sciscitarer Rectorem & Conuiuas quæ illo-
" rum esset de Conuenturis Arbitris sententia, sese alterutrum intuentes,
" quid ipse vellem, se nescire responderunt. Quamobrem sensi Robertum
" (de Vallibus) illum verba dedisse & circunuenisse me dolo malo. Igitur
" tuæ diligentiæ & curæ sit meminisse humanitatis & benignitatis Collegij
" nostri Decretorum, moras aduersariorum tam æquo animo toleraret,
" vt eos ad quandam Iuris æquabilitatem prouocaret. Nunc quia in eas
" angustias perduxerunt nos, vt ante festos dies Dominicæ Resurrectionis
" lis terminari vix possit, tentabimus ex Collegarum nostrorum sententia,
" Curiæ prouidentiam adire quæ suo iudicio huiusmodi contentionibus &
" dolis inimicorum occurrat. Vale apud D. Mathurin. Paris. 3. Non. April.

CAPELLA NATIONIS PICARDICÆ

Cæterùm non videtur omittendum Nationem Picardicam hoc anno propriam sibi esse voluisse sacram ædiculam, seu Capellam in parte Scholarum vici Straminei, quæ in San-Iulianensi prius sacris suis operari consueuerat, obtentâ in hanc rem Episcopi Paris. licentia, vt sequenti Instrumento continetur.

" VICARII Generales in spiritualibus Reuer. in Christo Patris & D. D.
" Ludouici Dei & S. Sedis Apostolicæ gratiâ Episcopi Paris. nunc à suis
" Ciuitate & Diœcesi Paris. notoriè absentis. Dilectis vobis in Christo ve-
" nerabilibus & circunspectis viris Magistris Regentibus & Scholaribus
" Nationis Picardiæ huius almæ Vniuersitatis Paris. Sal. in Dom. Ad illa
" quæ diuini cultus propagationem conspiciunt, libenter intendimus, ea-
" que fauoribus prosequimur opportunis. Sanè oblatæ nobis nuper pro
" parte vestra supplicationis series continebat, quod præfata Natio Picar-
" diæ die 14. præsentis Maij in S. Iuliano paupere Parisius per iuramentum
" solemniter congregata, animaduertens quod eâdem Natio diuina serui-
" tia quæ certis diebus per anni circulum ex laudabili more celebrari facere
" consueuerat *in dicta Ecclesia accommodata dicti Prioratus S. Iuliani vulga-*
" *riter nuncupati Pauperis hactenus celebrauerat, seu celebrari fecerat*, post va-
" rias & maturas deliberationes secum habitas proposuerat & decreuerat
" quandam Capellam in laudem, reuerentiam & honorem omnipotentis
" Dei, Beatiss. & Gloriosissimæ V. M. eius Genitricis, necnon BB. Nico-
" lai & Catharinæ in vna parte Scholarum dictæ Nationis in vico Straminis
" Parisius sitarum, loco quidem ad hoc bene decenti & opportuno, sum-
" ptibus eiusdem Nationis ædificari & in eadem, assistête sibi diuino auxilio,
" Campanile cum Campana ad Christi Fidelium euocationem construi,
" Sacraque Missarum ac Vesperarum & alia diuina Officia in posterum ce-
" lebrari, seu celebrari facere; sed quia præmissa omnia & singula, nisi præ-
" fati Reuerendi in Christo Patris, siue nostra qui eius vices in hac parte
" gerimus non interueniente licentia, consensu, authoritate & decreto vi-
" ribus subsistere nullatenus valerent, nobis humillimè supplicarunt, qua-
" tinùs diuini cultus contemplatione prædictam Capellam in loco prædicto
" cum Campanili & Campana prædictis erigendi, instituendi & construen-

di, & ea erecta & constructa in eadem sacra Missarum & Vesperarum & " ——
alia diuina Officia, prout antea in dicta Ecclesia S. Iuliani Pauperis face- " 1487.
re & celebrare consueuerant, licentiam, authoritatem & facultatem "
eisdem impartiri dignaremur. Vnde nos in Domino exultantes cum san- "
cta propagatur Ecclesia & cultus diuinus augmentatur, prædictorum sup- "
plicantium deuotis petitionibus fauorabiliter annuentes, eisdem præfa- "
tam Capellam in loco prædicto cum Campanili & campana prædictis, abs- "
que iuris alieni præiudicio erigendi, instituendi & construendi, & ea ere- "
cta, instituta & constructa ac ad celebrationem diuinorum Officiorum "
debitè & ordinatè disposita sacra Missarum, Vesperarum & aliorum di- "
uinorum Officiorum, prout in dicta Ecclesia S. Iuliani facere & celebrare "
consueuerant, vel aliàs, prout temporum qualitas ingruerit & eorum de- "
uotioni viderint salubriter conuenire, inibi celebrandi & celebrare fa- "
ciendi licentiam, authoritatem & facultatem, authoritate supradicti "
Reuerendi Patris qua fungimur in hac parte, impartimur per præsentes, "
Parochiali & cuiuslibet alterius iure in omnibus semper saluo. In cuius "
rei testimonium, sigillum Cameræ eiusdem Reuer. Patris quo vtimur in "
hac parte, præsentibus litteris duximus apponendum. Datum Parisius "
an. 1487. die vltima Maij. "

Sequitur Concessio seu permissio Abbatis San. Genouefiani.

VNIVERSIS præsentes litteras inspecturis, Philippus permissione diui- "
na humilis Abbas Monasterij S. Genouefæ Paris. Ord. S. Augustini ad "
Rom. Ecclesiam nullo medio pertinentis Sal. in Domino. Notum faci- "
mus, quod cum Reuer. in Christo Pater & D. D. Parisiensis Episcopus, "
eiusue Vicarij Viris Conscriptis Magistris Regentibus & Scholaribus ve- "
nerandæ Nationis Picardiæ erigendi, instituendi & construendi Capel- "
lam in honore omnipotentis Dei & inclytissimæ eius Matris V. M. Bea- "
torumque Nicolai & Catherinæ in aliqua parte Scholarum prædictæ "
Nationis nostro in fundo & territorio existentium piè & deuotè indulse- "
rint, Nobis humiliter supplicarunt prædicti Magistri Regentes & Scho- "
lares quatinus instructioni & ædificationi prædictis nostrum præbere as- "
sensum dignaremur, Nos eorum supplicationibus inclinati, visis prius per "
nos prædicti Reuer. Patris siue eius Vicariorum litteris, quibus nostræ "
præsentes litteræ annectuntur, ad fidei & diuini cultus augmentum con- "
cessimus & concedimus per præsentes quatinus dictam Capellam ædifi- "
care possint in aliqua parte dictarum Scholarum nostris, in fundo, domi- "
nio & territorio existentium, iuxta eiusdem Reuer. Patris, seu eius Vica- "
riorum Indultum, Parochiali tamen iure, ac nostro in omnibus semper "
saluo. In cuius rei testimonium sigillum nostrum præsentibus litteris du- "
ximus apponendum. Datum Parisius anno Domini 1487. die 16. mensis "
Iulij. "

Eodem quoque anno Natio Gallicana cum Collegio Nauarrico pacta
est Organorum vsum certis conditionibus quæ habentur in Instrumento
Publico, quod legitur in vetusto Codice prædictæ Nationis.

Organa Nauarrica.

FVRENT *presens venerables personnes MM. Iean Raulin Docteur en
Theologie, Maistre du College de Champagne, dit de Nauarre, fondé au
Mont sainte Geneuiefue, M. Iean Fortin Prouiseur, Iean Vicin Maistre des
Artiens, André Perrier Maistre des Gramairiens, Nicole Permantier Sou-
Maistre des Artiens, Iean Riuole Sou-Maistre des Gramairiens, Michel Man-
terne, Iean de Charnieres, Iean Boyuin, Geffroy Boussart, Iacques Telin tous
Bacheliers formez en Theologie, Iean Bourdin, Louïs Pinelle, Louïs le Coq,
Eleuthere Hardy Bacheliers en Theologie, François Mangot, Pierre Dauyn
Maistre és Arts, Claude Merlin Chappelain, tous Boursiers dudit College de
Champagne dit Nauarre, assemblez en la Chappelle dudit College, au son de la
petite Cloche en la maniere accoustumée, disant que en ensuiuant le contenu és*

1487.
lettres qu'ils ont baillées aux Procureur, Doyens & Maistres de la Nation de France en l'Vniuersité de Paris, scellées en double queüe & cire vermeille, comme apparut du sceel dudit College & lequel sceel iceux du College ont mis & apposé ausdites lettres, presens les Notaires, desquelles lettres de mot à mot la teneur s'ensuit.

Obligatorium Collegij Nauarræ pro Natione super facto Organorum.

"VNIVERSIS præsentes litteras inspecturis nos Magister, Prouisor, Capellani & Bursarij Regalis Collegij Campaniæ alias Nauarræ, faremur Organa quæ reposita sunt in Capella eiusdem Collegij & super anteriori parte dictæ Capellæ vestibulo vna cum Repositorio in quo sunt & jacent, spectant & pertinent venerabilibus & discretis viris DD. Procuratori, Decanis ac Magistris venerab. Nationis Franciæ in alma Parisi. Vniuersitate, quorum expensis & de cuius pecunijs facta fuerunt, quodque de ipsis possunt, ac poterunt disponere & alibi reponere, quando, vbi & quotiescunque eidem Nationi placuerit; quemadmodum & de cæteris localibus, ornamentis Ecclesiasticis & alijs bonis eidem Nationi spectantibus in eodem Collegio existentibus facere possunt, non obstante quod ipsa Organa cum Repositorio sunt affixa & tenentia muris dictæ Capellæ cum ferro, calce, plastro, aut lignis, & consuetudine Ciuitatis Paris. in hoc contraria. Non obstante etiam quacunque oppositione super hoc in posterum per Nos, aut successores nostros Magistros, Prouisores, Capellanos & Bursarios ipsius Collegij facienda. Cui oppositioni & contradictioni ex nunc prout ex tunc, & ex tunc, prout ex nunc pro nobis & successoribus nostris fide mediâ renunciamus. Sub etiam obligatione quorumcumque bonorum mobilium & immobilium eiusdem Collegij. Consentientes præterea quòd vnus ex Decanis ipsius Nationis per dictam Nationem deputandus & maximè Decanus Prouinciæ Paris. iam per multa Supposita dictæ Nationis deputatus & ad hoc electus habeat vnam ex clauibus dictorum Organorum cum claue quam habebit Procurator ipsius Nationis. In cuius rei testimonium sigillum præfati Collegij litteris præsentibus duximus apponendum. Datum anno Domini 1487. die 19. mensis Octob. Ils ont esté & sont contens par ces presentes, de tout le contenu esdites lettres, tant desdites Orgues, que desdits Ornemens, Ioyaux, Reliquaires & autres biens estans en leurdite Chappelle appartenans à ladite Nation. Et que toutes & quantesfois qu'il plaira ausdits de la Nation, ils les puissent oster & emporter ou autrement en faire à leur plaisir, ainsi qu'il est à plein contenu esdites lettres. Et iceluy contenu en tous ses poincts & articles, veulent, consentent & accordent qu'il sortisse son plein & entier effet, sans le pouuoir empescher par eux, ne par leurs successeurs en aucune maniere, promettant, &c. obligeant, &c. Fait l'an 1487. le Ieudy 19. Octob.

1488.
Anno 1488 vltima Aprilis in Comitijs Mathurinensibus decretum fuit vt liti quæ cum Decretistis intercedebat, diligenter instaretur : item & contra Pergamenarios, quibuscum perpetua fere controuersia fuit. Actum quoque est de clausione Rotuli Nominandorum.

Die 10. Iunij in Comitijs Mathurinensibus lectæ sunt litteræ Regiæ de lite quæ erat Vniuersitati cum Publicanis apud Curiam Subsidiorum de Priuilegijs Nunciorum, eorumque numero coërcendo: Delectique sunt ex singulis Facultatibus & Nationibus viri qui materiam illam prius cum DD. Generalibus agitarent & discuterent, deinde verò ad Vniuersitatem referrent; ne quid eâ inconsultâ fieret. Die 23. eiusdem mensis in Comitijs San. Iulianensibus electus est in Rectorem Vniuersitatis M. Petrus Mesnart.

LIS CVM CVRIA SVBSIDIORVM PROPTER NVNCIATVS.

Die 15. Septemb in Comitijs apud Mathurinenses habitis actum est de lite & conseruatione priuilegiorum quæ periclitabantur in Curia Subsidiorum, propterea quod DD. Generales Vniuersitatem oppugnabant; itaque cogitatum est de cessatione lectionum & sacrarum Concionum,

Vniuersitatis Parisiensis. 781

seu Sermonum, si priuilegia tollere, aut diminuere pergerent. Quâ de re sic habetur in Commentario Germanicæ Nationis, scribente M. Cornelio Delf eiusdem Procuratore. Anno quo supra, die 15. mensis Septemb. conuocata fuit veneranda & alma Parisiorum Vniuersitas apud S. Mathurinum duobus super articulis. Primus erat super defensione & tuitione Priuilegiorum almæ Vniuersitatis Parisiensis. Secundus erat ipsius Rectoris, ac vnius Deputatorum Generalium qui assistentiam & adiutorium & præcipuè responsum ab Vniuersitate petiuerunt vt illo Responso DD. Generalibus priuilegia nostræ almæ Vniuersitatis Parisiorum diminuere volentibus resisterent, ac scirent quid acturi essent. Quantum ad 1. art. placuit Nationi assistentiam & adiutorium præbere D. Rectori, ac vni Deputatorum Generalium ad procedendum contra prædictos, ipsis tamen DD. Generalibus adhuc non desistentibus à Priuilegiorum almæ Vniuersitatis Parisf. diminutione, facere cessationem lectionum, ac Sermonum, vt quondam factum erat, &c.

1488.

Die 4. Octob. habitis eodem in loco Comitijs totius Vniuersitatis de eadem re actum est: sic enim ibidem legitur. Anno quo supra, die verò 4. Oct. veneranda Parisiorum Vniuersitas conuocata est apud S. Mathurinum 2 super art. Primus erat super his audiendis quæ facta fuerunt per DD. Deputatos apud DD. Generales de diminutione Priuilegiorum Vniuersitatis. Et præsentes DD. Deputati, his auditis & dictis quæ per eos facta fuerunt apud prædictos Generales petiuerunt Responsum, an scilicet placeret Vniuersitati etiam mittere ad Regiam Majestatem pro defensione nostrorum Priuilegiorum; vel placeret eidem Vniuersitati quod Deputati iterum adirent DD. Generales, & responderent eis sicut conclusum erat in Congregatione præcedente, videlicet, quod si non vellent desistere à diminutione Priuilegiorum nostrorum, quòd procederemus contra eos cessationibus lectionum, ac Prædicationum. Secundus art. fuit communis. Quantum ad primum artic. non placuit Nationi mittere ad Regiam Majestatem, sed quòd Deputati responderent eis vt conclusum erat in præcedente Congregatione. Idem etiam à tota Vniuersitate conclusum fuit, vt infra patebit.

Die 10. Octob. in Comitijs San-Iulianensibus nouus Rector electus est M. Alanus Potier, petijtque in rebus arduis quales tunc erant, auxilium sibi præberi. Die 25. eiusdem mensis in Comitijs Mathurinensibus totius Vniuersitatis adhuc actum est de Priuilegijs, vt legitur in eodem Codice. Anno quo supra, &c. Primus artic. erat super defensione & tuitione almæ Vniuersitatis Priuilegiorum. Quantum ad 1. placuit Nationi tueri & defendere Priuilegia dictæ Vniuersitatis, & ad hoc fiendum ordinauit quod fieret cessatio à Sermonibus duntaxat.

Item ad diem 29. eiusdem mensis sic legitur. Anno quo supra, &c. Quantum ad 1. art. declarauit D. Rector quatenus erat sibi missus quidam Ostiarius ex parte DD. Præsidentium, vt ipse cum quibusdam Deputatis conueniret vnà cum eis ad auisandum de rebus Vniuersitatis. Et quantum ad hunc artic. placuit Nationi tam propter grauitatem Officij Rectoriæ quàm Vniuersitatis, vt D. Rector non transiret personaliter coram eis, sed vt mitteret de singulis Nationibus & Facultatibus superioribus aliquos viros graues ad audiendum ea quæ proferrentur ab eis & referendum Vniuersitati. Placuit Nationi, vt nullo modo relaxaretur conclusio prius facta videlicet de cessatione Sermonum. In Actis Facultatis Decretorum idem scribit Robertus Gaguinus Decanus, scilicet auditis quæ à Curia fuerant Rectori mandata super facto Cessationum, protinus *discedentibus ad loca Facultatibus & Nationibus*, & deliberationibus habitis, placuisse omnibus & singulis Facultatibus & Nationibus viros graues seligi qui Curiam adirent. Ergo, vt idem scribit, *deputati sunt ex Facultate Theologiæ M. Ioan. Sudoris. Pro Facultate nostra Ego Decanus; ex Medicinæ Facultate M. Michaël de Colonia. Ex Natione Gallicana M. Gaufridus Boussard. Ex Nat. Picardiæ M.……. Ex Natione Normaniæ M.*

Tom. V.   FFFff iij

Ex Natione Almaniæ, seu Germaniæ M. Cornelius Odendic.

1488. Adeunt isti Curiam reuersique referunt quæ habuerant à Principe illius ad Vniuersitatem referenda; quibusque verbis compellati ab eo fuissent. *D. Præsidens posthæc. Vos*, inquit, *DD. Deputati memoria tenetis quæ hactenus dicta sunt, neque ignoratis quorsum hæ vestræ Cessationes euadere possunt? iubemus vt ad vestrum Rectorem reuersi suadeatis Concionem Vniuersitatis fieri, in eaque laxari quod sine iusta causa à vobis factum existimatur. Ad quam sententiam multa addit D. Aduocatus. Digressi igitur renunciamus omnia D. Rectori. Et licet dies religiosus esset & res diuina Vesperarum in Ecclesia agenda (Vigilia omnium Sanctorum) suasimus tamen conuocare Vniuersitatem, quæ ad horam 4. post meridium eius diei apud S. Mathurinum facta est frequentibus Doctoribus & Magistris omnium Facultatum & Nationum; in ea D. Sudoris Theologus omnia quæ à Curia audiueramus, retulit. Deinde habitis per Facultates & Nationes sententijs, tanta concordia reditum ad Concionem est, vt omnium idem votum & sententia fuerit Cessationes non laxari.*

Plures dies in eiusmodi collocutionibus consumuntur. Itum sæpè ad Curiam & à Curia reditum ad Comitia & ad deliberandum. Ad diem 14.
„ Nouemb. sic legitur in Actis Nat. German. Anno quo supra, die verò 14.
„ Nouemb. congregata fuit alma Parisiorum Vniuersitas apud S. Mathu-
„ rinum 2. super art. Primus erat super cessatione Sermonum, & allegaue-
„ runt DD. Præsidentes supremæ Curiæ coram D. Generali de Mathuri-
„ nis quòd Vniuersitas non habet potestatem cessare à quocunque actu, in-
„ consulta suprema Curia. Quantum ad hoc placuit Nationi dare Depu-
„ tatos ad audiendum DD. supremæ Curiæ & referendum Vniuersitati.
„ Etiam misit supremus D. D. Rex litteras Vniuersitati quod tales Ces-
„ sationes sunt sibi multum molestæ, & propterea placuit Nationi quod
„ aliqui adirent sine dilatione ad declarandum causam propter quam fue-
„ rant Cessationes.
„ Item ad diem 23. Nouemb. in Comitijs Math. Anno, &c. Primus art.
„ erat super cessatione Sermonum, quia DD. Præsidentes volebant pacem
„ & concordiam inter Vniuersitatem & DD. Generales: interim rogabant
„ Domini Præsidentes licentiam prædicandi pro paruo tempore à D. Re-
„ ctore concedi Archidiacono Rothomagensi & Deputatis. Ipsi tamen re-
„ ferebant dicta coram Vniuersitate, ea conuocata. Placuit Nationi sus-
„ pendere conclusionem aliàs factam vsque ad diem Conceptionis Beatæ
„ Virginis.

Verum antequam ad alias materias huius anni transeamus, notandum hoc quoque mense factum fuisse Statutum à Præclara Artium Facultate contra quosdam abusus & peruersas consuetudines quæ irrepserant in celebrationem festorum quorundam; quod Statutum legitur in libro Picardicæ Nat. sub hac epigraphe. Statutum Facultatis Artium pro corri-

SVBLATA ISTA. „ gendis Abusibus quorundam Festorum Vniuersitatis. Tum subiungitur.
„ Sequuntur Statuta præclaræ Artium Facultatis iuxta Conclusionem con-
„ corditer habitam à 4. Nationibus apud S. Iulianum Pauperem. Anno
„ Domini 1488. die verò 4. Nouemb. ad corripiendum abusus & insolen-
„ tias quæ fiebant circa festum Sanctorum Martini, Katherinæ & aliorum
„ sequentium tam in turpibus facetijs & excessiuis sumptibus quàm alijs in
„ rebus etiam indecentibus.

„ Nulla Festa sanctorum Martini, Katherinæ & Nicolai, siue Nationum,
„ Prouinciarum, aut Diœcesum, seu Collegiorum fiant, siue cum mimis,
„ facetijs & tapetibus cum simplicibus cantilenis pro chorea, sed solum
„ vacetur diuinis obsequijs & studijs sicut diebus Dominicis quibus fieri est
„ solitum: possunt tamen virtuosè & eutrapelicè ludere ad laboris leuamen & solatium. 2. Permittitur tantummodò festum & solemnitas Re-
„ gum, sub hac moderatione tamen vt fiat lætitia chorearum solùm in vi-
„ gilia sua & post diem festi post Vesperas, ac nihil ante, vt diuino seruitio
„ plenius, ac deuotius intendatur.

„ In crastino autem nihil ludi, facetiarum, aut simplicium etiam chorearum omnino fiat; sed vel reddant lectiones, vel scribant Iuuenes Scholastici, saltem horâ pomeridianâ, vel simplici licentia à Magistro Pædagogo impetratâ, ludant in Curia Collegij, ac se præparent ad diei proximè sequentis lectionem.

Nulla Tapetia, siue locagio, siue mutuò permittantur in prædicto festo Regum præter Bancaria, quæ sedilibus pro reuerentia Regis, ac Dominorum conceduntur apponi. Permittitur vnus Mimus & ad summum duo in prædicto festo Regum modo prius dicto, scilicet serò in Vigilia & in die post Vesperas. Et prohibetur omnino ne occasione Mimorum siue facetiarum, aut aliarum expensarum pro festo aliqua pecuniæ summa quantumcumque parua exigatur, aut etiam recipiatur à iuuenibus Scholasticis gratis oblata, præter spontaneam & moderatam Regis oblationem, ac pecuniam nouiter venientium qui vulgò Bejauni nominantur, quæ pecunia Bejaunorum recipi conceditur, iuxta antiquam & laudabilem Facultatis permissionem.

4. Prohibentur omnino vestes & indumenta quæcunque de Liureta, siue serico, siue de panno quacunque occasione composita, siue ad honorem & Comitiuam Regis, siue ad ludum facetiarum & fatuorum, aut etiam quæcumque pretiosa indumenta, siue locagio, siue mutuò accepta, nisi sint necessaria ad qualitates personarum aliquid adijci Comœdiæ. Solæ autem illæ conceduntur facetiæ in memorato festo Regum quæ per Magistrum Pædagogum, aut aliquem de suis Regentibus fuerint visitatæ ad vnguem, priusquam in ludum prodeant, ne aliquid mordax, aut aliàs inhonestum quod probi viri animum offenderet, vllo modo sub vsus specie contineant.

Laudantur autem in proprijs Collegijs huiusmodi facetiæ, ne discurrant inde Iuuenes per Collegia vt euitentur scandala quæ ob id euenire solebant. Et hanc Constitutionem in omnibus suis articulis suo successori faciet iurare D. Rector præsens pro posse obseruari, & omnes & singuli Rectores sequentes similiter facient.

Sequuntur Iuramenta quæ virtute prædictæ Conclusionis habent præstare singuli Magistri Pædagogi, & omnes etiam Regentes Facultatis, vt præsens Constitutio maioris sit firmamenti, ac durationis in futurum.

Iurabunt amodò Magistri Pædagogi & Regentes in Facultate Artium præsentes & eorum successores omnes & singulatim in manu D. Rectoris, quo tempore Lectiones in vico straminis inchoantur, vel quando circa idem tempus eliguntur Reformatores, aut quando visitabuntur per ipsosmet Reformatores, hæc Statuta se se obseruaturos sub pœna priuationis, aut saltem suspensionis ab officio Regentis, si sit simplex Regens; & si sit Pædagogus, sub pœnâ priuationis ab officio Regentis & Pædagogi in hac Facultate per duos annos, aut etiam plures secundùm quod vi. debitur.

Et si quispiam Pædagogus, aut aliàs simplex Regens hæc prædicta Statuta infregerit, aut quod absit, sua in domo infringi tempore non repugnante permiserit, eodem sub iuramento promittent quod transgressorem Statuti Pædagogum, aut etiam simplicem Regentem in suo consortio, aut aliquo alio modo gaudere Pædagogi, vel simplicis Regentis priuilegio non permittent, verum huiuscemodi priuationem, aut suspensionem in delinquentem procurabunt obnixè.

Sequitur pœna Iuuenum Scholasticorum qui contra voluntatem Magistri Pædagogi, aut alterius simplicis Regentis in prædicta Facultate præsentem Constitutionem infregerit.

PVniatur delinquens Iuuenis Scholasticus in Aula Collegij cuius se profitetur Scholasticum à 4. Regentibus: & à singulis eorum verberetur virgis in dorso nudus præsentibus omnibus Scholasticis de suo Collegio, ad pulsum Campanæ, ac præsente D. Rectore, cum DD. Procura-

" toribus si illis placet hic adesse, si opus est, aut saltem præsente aliquâ
" graui persona quam Magister Pædagogus appellare decreuerit ad ma-
" iorem delinquentis Iuuenis erubescentiam. Quod si hanc pœnam sub-
" ire delinquens ille noluerit, aut per fugam, aut alia via ne puniatur, im-
" pedimento sit, priuabitur omnino, ac perpetuis temporibus : & in libro
" Procuratoris suæ Nationis huiusmodi priuatio ad memoriam, ac terro-
" rem aliorum inscribetur.

*Sequitur alia pœna Magistrorum Pædagogorum & etiam aliorum simplicium
Regentium qui transgredientur Statuta.*

" NOn recipietur signetum alicuius Magistri Pędagogi, neque alicu-
" ius Regentis Simplicis in prædicta Facultate ab aliquo Examinato-
" re, siue Baccalariandorum, siue Licentiandorum, aut in examine Infe-
" riori, aut Superiori, si ille Magister Pædagogus, aut etiam simplex Re-
" gens conuictus fuerit, aut aliàs infamatus quod hanc Constitutionem suo
" in Collegio fregerit, aut per Iuuenes illius Collegij fracta fuerit, nec eos-
" dem delinquentes Iuuenes puniri pœnâ superius declaratâ procurauerit.
" Et ita se facturos iurabunt prædicti Examinatores qui primùm insti-
" tuentur.
" De Lectoribus autem Poëtarum & Rhetoricæ dat omnimodam facul-
" tatem ad reformandum vt supra ratificando quidquid in his ipsi fecerint.
" Dedit autem præclara Artium Facultas 4. Reformatoribus & Magistris
" Pædagogis, vel Deputatis per eos, vel maiori parti illorum potestatem
" inueniendi, quærendi ac exequendi omnia media opportuna, vt hæc
" Constitutio in omnibus suis articulis habeat tenorem & effectum, ac per-
" manentiam : atque etiam vt Statuta de Martinetis habeant plenariam ef-
" ficaciam. Et quæ per prædictos, aut maiorem partem illorum fient, vo-
" luit haberi grata & rata sine vlteriore congregatione, ac si terna Con-
" gregatio fuisset super his omnibus facta. Et hæc omnia etiam voluit in-
" scribi in libris DD. Rectoris & Procuratorum.
   Ad eandem diem 4. Nouemb. sic legitur in libro Germanicæ Nationis.
" Anno quo supra, die verò 4. mensis Nouemb. congregata fuit veneran-
" da Artium Facultas apud S. Iulianum super 2. artic. Primus erat de depo-
" sitione Festorum Martinetorum. Et ad hoc faciendum placuit Nationi
" dare plenariam potestatem Rectori, Procuratoribus & Pædagogistis ad
" corrigendum, reformandum & ad deponendum omnes abusus Vniuer-
" sitatis absque vlteriori Congregatione Facultatis. Placuit etiam prædictis
" Dominis deponere festa : ita, quod nullum fieret festum, excepto festo
" Regum durante solum per duos dies, & in die sequenti, quod singuli
" Studentes habeant lectiones sicut in die determinata. Deposuerunt etiam
" habitus indecentes, crines longos, quia tales conueniunt armigeris, man-
" gonibus, & similibus hominibus, & non studentibus.
   In eandem rem Rex scripsit Vniuersitati, & habitis Comitijs die Ianu.
" apud S. Math. perlectæ fuerunt Regiæ litteræ, in quibus continebatur
" quoddam Mandatum de reuocatione festorum quæ superioribus diebus
" in Facultate Artium deposita, vel potius moderata fuerant. Sed quod
" ad primum Natio immortales gratias Serenissimo D. nostro Regi habuit
" de communicatione suarum litterarum : verùm quo ad materiam in se, pla-
" cuit ei vt Conclusio illa quemadmodum capta fuerat in Facultate Ar-
" tium, in suo robore permaneret, viso tamen quod ea non derogaret Re-
" gijs mandatis, cum festa non totaliter deposita, sed solùm moderata es-
" sent. Ita legitur in Actis Nationis Germanicæ.
   De eadem festorum illorum abrogatione Robertus Gouletus testis
" oculatus. Postquam enim de Reformatione Cardinalis Tutauillæi egit,
" subiungit : Manifestata autem horum Reformatorum fuit authoritas &
" practicata circa annum Domini 1488. cum eorum curâ, labore, vigilan-
" tiaque ac industria maximæ fatuitates, insolentiæ, superfluæ impensæ,
                                                               multaque

multaque alia non immodica mala (quæ in maximum Vniuerſitatis noſtræ ſcandalum feſtiuis & profeſtiuis diebus Regum, & Nationum vigilijs & Craſtinis perpetrabātur) correcta fuerunt eliminataque atque deleta, priſtinaque Scholaſtici ſtatus tunc omnino ferme difformati honeſtas, modeſtia & deuotio in lucem reducta, &c. Quæ quidem mutatio fuit dexteræ Excelſi, vt ſcilicet de impudicitia ad pudicitiam, de intemperantia ad temperantiam, de inſolentia ad modeſtiam, de irreuerentia Dei & feſtorum ad dilectionem, de vitio denique ſine medio fuerit tranſitus ad virtutem, & de impudicis hiſtrionibus effrenatiſque ioculatoribus, incompoſitis mangonibus atque inuerecundis ſaltatoribus, ſeu minus modeſti moribuſque & habitu compoſiti, honeſti, Deo deuoti, & religioſi euaderent Clerici. Tunc enim ordinatum eſt, vt in feſtis Nationum non choreis, fatuitatibus, aut ludis vacarent, ſed quilibet in ſua Natione diuina Officia deuote audiret: & tempus quod tripudio & ſtultitijs conſumebatur, ſtudio litterarumque recompenſaretur exercitio. Hoc idem de feſto Regum, niſi quod celebratis diuinis Officijs in Collegiorum ſacellis aliqualis, ſed modica Iuuenibus cum ſuo Rege in ſuis aulis omni prohibito exceſſu permiſſa eſt recreatio, ſed iam opus eſſet ſtatuti renouatione (ſcribebat an. 1517. quoniam iam ipſa fatuitas Principalium & Regentium incuria videtur inſoleſcere in pleriſque Collegijs, mundo diſſimulante & Scholaſticis pro exercitio auſcultantibus.

Rex tandem edixit ſuper numero Officiariorum Vniuerſitatis Pariſ. quos ab omni tributo & vectigali adinſtar Magiſtrorum Doctorum & Scholarium exemptos eſſe voluit.

CHARLES PAR LA GRACE DE DIEV ROY DE FRANCE. Sçauoir faiſons à tous preſens & auenir, que comme pour les grands & excellens biens qui ſont auenus au temps paſſé en noſtre Royaume, de par noſtre tres-chere & tres-amée fille l'Vniuerſité de Paris, tant à cauſe de l'entretenement & exhauſſement de la foy Catholique, que de la doctrine & lumiere de Science diffuſe & eſpanduë, non pas ſeulement par tous les limites Chreſtiens, mais auſſi és Pays & Nations des Infidelles & Mécreans où ladite Vniuerſité eſt louée & honorée, Nos Predeceſſeurs & Progeniteurs Roys de France, ayent donné & octroyé à icelle Vniuerſité & au Recteur, Maiſtres, Eſcholiers & Suppoſts d'icelle, pluſieurs Priuileges & franchiſes & libertez, & par eſpecial, feu de bonne memoire, Charles VI. noſtre Biſayeul en l'an 1383. ait donné à ladite Vniuerſité certains Priuileges faiſans mention des Impoſitions & aides & des Suppoſts, Officiers & Seruiteurs d'icelle en general, dont la teneur s'enſuit. CHARLES PAR LA GRACE DE DIEV ROY DE FRANCE. A tous ceux qui ces preſentes Lettres verront ſalut. Sçauoir faiſons, que Nous meus de pluſieurs juſtes conſiderations, deſirans garder noſtre tres-chere & tres-aimée fille l'Vniuerſité de Paris en ſes franchiſes & libertez, & icelle traitter & pourſuir en graces & en faueurs, ſi que les Suppoſts y puiſſent mieux profiter, luy auons octroyé de grace ſpeciale & octroyons par **la teneur de ces Lettres, que les Maiſtres, Bacheliers & Eſcholiers**, liſans & eſtudians en icelle, auſſi ſes Officiers & Seruiteurs d'icelle noſtre fille, ſans fraude de quelque eſtat qu'ils ſoient, ſoient francs, quittes & exempts de toutes Impoſitions & autres aides des vins & autres biens quelconques, creus en leurs heritages, & en leurs Benefices qui ſont ou ſeront vendus par leſdits Maiſtres, Bacheliers & autres Suppoſts & Officiers deſſuſdits, ou par leurs Seruiteurs en gros ou en détail, & ſemblablement des diſmes ou autres aydes à Nous octroyées ou à octroyer par le S. Siege de Rome: Et auſſi de tous les vins & autres biens que leſdits Maiſtres & autres Suppoſts & Officiers acheteront pour leurs neceſſitez en l'Eſtude. Voulans & octroyans de noſtredite grace, que les Fermiers de noſdites Aydes & autres à qui appartiendra, croyent & adiouſtent Foy au ſignet du Recteur de noſtredite fille l'Vniuerſité & de ſes ſucceſ-

" seurs Recteurs, sur la Regence & Scholarité desdits Supposts & aussi desdits
" Officiers. Et pour écheuer les fraudes & malices qui en ce pourroient estre
" commises, auons ordonné & voulons que les Escholiers qui voudrōt auoir
" expedition d'être quittes desdites Aydes des vins & autres biens dessusdits,
" soient tenus d'aller deuers ledit Recteur en leurs personnes, &c. de iurer
" que les vins & autres biens dessusdits sont creuz en leurs heritages ou de
" leurs Benefices ou achaptez pour leurs necessitez en l'Estude, comme dit
" est. Et lesdits Maistres y pourront semblablement aller & iurer comme
" lesdits Escholiers s'il leur plaist, & si mieux leur plaist, qu'ils afferment en
" bonne foy en leurs scedules, que sur ce enuoyeront audit Recteur, ce
" que lesdits Escholiers iureront en leurs personnes, comme dit est.
" Voulons auec ce, & auons ordonné & ordonnons que le Recteur soit
" tenu de iurer à sa creation, present vn Maistre en la Faculté des Arts, qui
" à ce sera commis de par Nous, lequel y pourra estre s'il luy plaist, qu'il ne
" baillera son Signet pour l'expedition desdits vins ou autres biens, s'il n'est
" en la forme & maniere dessusdites. Et toutes voyes pour l'absence de no-
" stredit Commis, s'il n'y estoit, l'Election dudit Recteur n'en sera pas re-
" tardée. Et s'il venoit à la connoissance desdits Recteur & Vniuersité, que
" aucun Maistre ou Bachelier fasse fraude sur l'expedition desdits vins ou
" autres biens, en abus de nostre present octroy, lesdits Recteur & Vniuer-
" sité ou leur Conseruateur, procederont contre eux à resecation ou au-
" trement, comme le cas le requerra, en gardant leur Statuts sur ce faits:
" Et d'abondante grace, voulons & auons octroyé, que tout ce qui a esté
" pris desdits Maistres & Escholiers à cause desdits Aydes, contre la forme
" de nostre present octroy, depuis le 1. iour de Février dernierement passé,
" leur soit rendu & restitué de fait par les Fermiers qui pris l'ont. Si don-
" nons en mandement à nos Amez & Feaux les Generaux Conseillers sur
" le fait des Aydes ordonnez pour la guerre & à tous Nos autres Iusticiers,
" Receueurs & autres Officiers à qu'il appartiendra & à chacun d'eux que
" nostredite fille, les Recteur, Maistres & Bacheliers, Escholiers lisans
" & Estudians en icelle: Et aussi les Seruiteurs & Officiers d'icelle fassent
" & laissent iouïr & vser paisiblement de nostre presente grace & octroy
" & contre la teneur d'icelle, ne les molestent ou empeschent en quelque
" maniere que ce soit: Et tout ce qui a esté pris du leur, au contraire de-
" puis ledit 1. iour de Février dernier, leur fassent rendre & restituer de
" fait, selon nostre present octroy, cessant tout empeschement & delay. Et
" pour ce que les singuliers Supposts de ladite Vniuersité ne pourroient
" de legier, recouurer de nos presentes Lettres, si souuent comme leur
" pourroit estre besoin, Nous auons octroyé à nostredite fille d'abondante
" grace & octroyons par la teneur de ces Lettres, que au transcript & Vi-
" dimus d'icelles sous séel authentique, soit plaine foy adioustée comme
" à l'original, nonobstant Ordonnances, Edicts, Statuts ou obseruance au
" contraire; En tesmoin de ce Nous auons fait mettre nostre séel à ces Let-
" tres. Donné au Bois de Vincennes l'xj. Ianu. l'an de grace 1383. Et le quart
" de nostre Regne. Ainsi signé, au reply. Par le Roy, à la relation de M. le
" **Duc de Bourgogne, vous & plusieurs du Conseil presens.** Yvo.
" Desquels Priuileges & autres octroyez à ladite Vniuersité, les Recteur,
" Maistres, Escholiers, Supposts, Officiers & Seruiteurs d'icelle, dient
" auoir iouy paisiblement & iusques à ce puis n'agueres aucuns nos Fermiers
" & autres nos Officiers ont voulu donner empeschement touchant le
" nombre & qualité des Officiers & Seruiteurs d'icelle Vniuersité & en la
" iouïssance desdits Priuileges à cause duquel empeschement nostredite
" fille l'Vniuersité de Paris a enuoyé deuers nous & baillé requeste, à fin
" d'auoir sur ce prouision. En nous requerant entre autres choses, que no-
" stre plaisir fust, faire interpretation & declaration dudit nombre & quali-
" té desdits Seruiteurs & Officiers de ladite Vniuersité qui sont & doiuent
" estre compris & iouïr desdits Priuileges, afin de appaiser lesdits dif-
" ferens suruenus & autres debats qui s'en pourroient ensuiuir le temps

Vniuerſitatis Pariſienſis.

auenir. Laquelle Requeſte ainſi à Nous preſentée de par noſtredite fille l'Vniuerſité de Paris, auons fait veoir & viſiter par les Gens de noſtre grand Conſeil, où la matiere deſdits differens & diſcords a eſté bien au long debatuë, en la preſence d'aucuns Generaux de nos Finances & des Deputez d'icelle Vniuerſité.

Sçauoir faiſons que Nous conſiderans les grands biens & fruits qui viennent de ladite Vniuerſité, & en enſuiuant le bon vouloir de nos Predeceſſeurs & Progeniteurs Roys de France, qui ont touſiours eu, comme nous auons, ladite Vniuerſité en grande & ſinguliere recommandation, De noſtre grace ſpeciale, pleine puiſſance & authorité Royale, auons à noſtredite fille l'Vniuerſité de Paris, confirmé, loüé, ratifié & approuué, confirmons, loüons, ratifions & approuuons par ces Preſentes ledit Priuilege de Charles VI. & tous & chacuns les autres Priuileges à eux donnez & octroyez par nos Predeceſſeurs & Progeniteurs Roys de France, tant en general, comme en particulier, & Voulons qu'ils ioüiſſent deſdits Priuileges, tout ainſi qu'ils en ont bien & deüement ioüy par cy-deuant, & que noſtredite Confirmation ſortiſſe ſon effet, nonobſtant que iceux Priuileges ne ſoient de mot à mot inſerez & incorporez en ces Preſentes, ainſi que ſeroit requis de faire. Et pource que audit Priuilege de Charles VI. n'eſt faite mention des Officiers & Seruiteurs de ladite Vniuerſité, ſinon en general, ſans ce qu'il y ait nombre determiné, ne limité deſdits Officiers & Seruiteurs d'icelle Vniuerſité, dont pluſieurs debats, comme dit eſt, ſont meuz, & pourroient encore mouuoir au temps auenir, s'il n'y auoit expreſſe limitation & declaration ſur ce faite.

Nous par ces Preſentes auons declairé & declairons le nombre des Officiers & Seruiteurs d'icelle Vniuerſité que nous voulons & entendons eſtre compris eſdits Priuileges, & demeurer quittes, francs & exempts de toutes choſes quelconques, comme les vrays Eſcholiers d'icelle.

Et premierement les 14. Bedeaux de ladite Vniuerſité, c'eſt à ſçauoir les ſix des trois hautes Facultez, & huict des quatre Nations faiſant la Faculté des Arts.

Pareillement 4. Aduocats & 2. Procureurs en noſtre Cour de Parlement, l'vn pour ſeruir en ladite Cour, & l'autre és Cours des Generaux de la Iuſtice des Aydes & autres Iuriſdictions, eſtant ſous la cloſture de noſtre Palais à Paris.

Deux Aduocats & vn Procureur en noſtre Chaſtelet de Paris.

24. Libraires. 4. Parcheminiers, c'eſt à ſçauoir les 4. Iurez du métier.

4. Marchands vendeurs de Papier demeurans à Paris. 7. Ouvriers ayans Moulins & faiſeurs de Papier, demeurans és villes de Troye en Champagne, Corbeil & Eſſone, c'eſt à ſçauoir 3. en la ville de Troye, & les autres 4. eſdits lieux de Corbeil & Eſſone.

Deux Enlumineurs, deux Relieurs, deux Eſcriuains de Liures ; c'eſt à ſçauoir les Iurez deſdits métiers.

Et pour chacun Dioceſe de noſtre Royaume, vn Meſſager, & pareillement vn és Dioceſes hors noſtre Royaume, dont aura Eſcholiers eſtudians en ladite Vniuerſité, pourueu toutes voyes, que tous leſdits Officiers exercent actuellement leurſdits Offices ſans fraude. Et ſeront de l'eſtat, qualité & profeſſion conforme à leurſdits Offices.

Et pour auoir vraye connoiſſance & demonſtrance deſdits Suppoſts & Officiers, Noſtredite fille fera faire vn Roolle ou Liure, auquel ſeront enrotulez ou inſcripts les noms & ſurnoms deſdits Officiers & Suppoſts, ſelon le nombre & qualification deſſuſdites, lequel Liure ou Roolle ils bailleront en la Chambre de la Iuſtice de nos Aydes à Paris. Et quand vacation aduiendra par mort, reſignation ou autrement deſdits Suppoſts & Officiers, & qu'il y aura eſté pourueu d'autre par ladite Vniuerſité, il ſera par le Scribe de ladite Vniuerſité, apporté en ladite Chambre des Aydes, les noms & ſurnoms de celuy qui ſera mis, receu, & pourueu

1488.

"institué audit Estat ou Office, pour iouïr desdits Estats & Priuileges, lequel sera inscript audit liure ou roolle, afin de obuier à tous abus, que nuls autres que ceux qui seront enrotulez & enregistrez audit liure, ne se puissent aider desdits Priuileges. Et parce que plusieurs procés ont esté par cy-deuant meus & intentez à l'encontre d'aucuns Officiers de ladite Vniuersité, Nous voulons & ordonnons que ceux qui seront ainsi enrotulez & inscripts audit roolle ou liure, soient mis hors de Cour & de Procés, & qu'ils iouïssent & vsent des Priuileges d'icelle Vniuersité, & que leurs gaiges & biens, s'aucuns en auoient esté pris, dont toutes voyes, iugement & execution n'auroient encores esté faits, leur estre rendus & restituez. Si donnons en Mandement par ces mesmes Presentes, à nos Amez & Feaux Conseillers, les gens tenans & qui tiendront nos Cours de Parlement de Paris, Tholose, Bourdeaux, Dijon & Dauphiné, Eschiquier de Normandie, aux Gens de nos Comptes & Thresoriers, aux Generaux Conseillers ordonnez, tant sur le fait & gouuernement de toutes nos Finances, que de la Iustice, Conseillers en la Chambre de nostre Thresor à Paris, Preuost de Paris, Conseruateur d'iceux Priuileges, Eleus sur le fait de nos Aydes : Et à tous Baillifs, Seneschaux, Preuosts, & à tous autres nos Iusticiers, Officiers & Subjets, & à leurs Lieutenans presens & auenir, & à chacun d'eux, si comme à luy appartiendra sur ce requis. Que cesdites Presentes ils fassent lire, publier, enregistrer en leurs Cours, Iurisdictions & Auditoires, & du contenu en icelle nostre presente confirmation, declaration & interpretation dessus declarée, ils fassent, souffrent & laissent nostredite fille, les Recteur, Maistres, Escholiers, Seruiteurs, Officiers & Supposts d'icelle iouïr & vser plainement & paisiblement, sans leur mettre ou donner, ou souffrir estre fait, mis ou donné, ores ne pour le temps auenir, aucun destourbier ou empeschement au contraire, ains tout ce que fait y auroit esté, ou estoit, le réparent, & ce mettent ou fassent reparer ou remettre au neant, & au premier estat & deu, & lesdits biens & gaiges rendre, & restituer pemierement & auant toute œuure. Et pour ce que de ces Presentes, lesdits de l'Vniuersité auront affaire en plusieurs lieux : Nous voulons que au transcript, ou vidimus d'icelles, fait sous séel Royal, plaine foy soit adioustée comme à l'original, car ainsi nous plaist-il estre fait. Et à nostredite fille l'auons octroyé & octroyons de grace speciale, pleine puissance & authorité Royale par ces Presentes. Nonobstant quelconques Ordonnances, Edicts, Statuts, Restrictions, Mandemens ou Deffenses faites ou à faire, les Lettres ou Prouisions impetrées ou à impetrer. Et afin que ce soit chose ferme & establé à tousiours Nous auons fait mettre nostre séel à cesdites Presentes, sauf en autres choses nostre droit & l'autruy en toutes. Donné à Chinon au mois de Mars l'an de grace 1488. & de nostre regne le 6. Ainsi signé, sur le reply, Par le Roy. M. le Duc de Bourbon, les Comtes de Montpensier & de Laual, vous les Seigneurs d'Auaugour, de Curton, de Grauille Admiral de France, de Baudricourt, du Bouchage, de Grimault, M. Iean de Rely Confesseur & Aumosnier dudit sieur, Iean Martin Maistre des Comtes & autres presens. ROBINEAV, visa. Item au dos estoit escrit, *Registrata*. Item, sur le reply il y auoit plusieurs articles qui s'ensuiuent. Premierement,

Lecta, publicata & registrata pro gaudendo per Vniuersitatem & alios in Albo descriptos, seu nominatos, scilicet quoad numerum Officiariorum dictæ Vniuersitatis in dicto Albo declaratum & determinatum absque præiudicio oppositionis Pergamenariorum Paris. Iudicialiter factæ : quatenus autem concernit alia Priuilegia in dicto Albo declarata quorum cognitio ad Curiam spectat & pertinet, prout iusté & rité hactenus vsi fuerunt. Actum in Parlamento 6. April. anno 1488. ante Pascha. Ainsi signé, CHARSELLIER.

Etiam publicata & registrata in Camera Computorum Domini nostri Regis Par. modo & forma in expeditione Curiæ Parlamenti contentis. Actum die 8. mensis Aprilis, anno 1488. ante Pascha.

Semblablement lesdites Lettres de Priuileges ont esté leuës, publiées & enregistrées en la Chambre de la Iustice des Aydes à Paris, en ensuiuant l'Arrest de ladite Chambre, donné ce iourdhuy, pour d'iceux Priuileges iouir par l'Vniuersité de Paris, quant au nombre des Offices de nouuel Statut, & ordonné par le Roy, selon le contenu & les qualifications declairées esdites lettres de Priuileges. Et entant que touche autres poincts & articles contenus en icelles concernant le fait des Aydes. Semblablement pour en iouir par lesdits de l'Vniuersité en la forme & maniere qu'ils en ont bien & iustement vsé, pourueu que lesdits de l'Vniuersité n'entreprendront aucune connoissance du fait desdites Aydes, mais demourra icelle connoissance à ladite Chambre, fait en ladite Chambre le 21. Iuillet 1489. Ainsi signé, DE BIDAVT.

Ac etiam lecta, publicata & registrata in Thesauro D. nostri Regis Paris. modo & forma in expeditionibus Curiæ Parlamenti & Cameræ Compotorum contentis anno Domini 1489. die 4. Aug. Sic signatum Courtin.

Pareillement lesdites Lettres ont esté leuës, publiées & enregistrées en l'Auditoire des Eleus à Paris, sur le fait des Aydes ordonnez pour la guerre, le Samedy 3. Octobre. 1489. Ainsi signé, ANDRY.

Au dos desdites Lettres est escrit ce qui s'ensuit.

Leuës & publiées en Iugement, en l'Auditoire Ciuil du Chastelet de Paris és presences des Aduocats, Procureurs & plusieurs Conseillers du Roy audit Chastelet, enregistrées pour iouir & vser par les Recteur & Escholiers de l'Vniuersité, descrits & nommez au blanc de ces Presentes.

" 1488.

De Nuncijs Academicis.

HOCCE Edictum, seu, vt vocant, Caroli VIII. Declarationem Vniuersitati sæpè obijciunt Publicani, qua Nunciorum Academicorum numerum Diœceseon numero definitum arctatumque contestantur. Et id quidem ex parte verum est, ex parte abludit à vero. Quod vt luce meridiana clarius fiat, operæ pretium est notare ab an. circiter 1440. sæpè conquestos Redemptores vectigalium Vrbis Parisiensis de numero Nunciorum Academicorum, sæpè de eodem Generales Subsidiorum, item & Ciues Parisienses. Creuerat autem ille numerus regnante Carolo VI. Nam cum flagrantibus bellis Ciuilibus, & Coniuratis vrbium Prouinciarumque partem occupantibus, Anglo quoque Regni parte potito, coactus fuisset Ciuitati Parisiensi tributa imponere, eaque pro necessitate rerum augere & multiplicare, sola verò Vniuersitas quam impensè amabat, cum Officiarijs suis immunis esset ab illorum pensitatione, plurimi Ciues eiusdem Vniuersitatis Officia ambire cœperunt, quò se Priuilegiorum præsidio tutarentur. Cùm verò cæterorum Officiariorum numerus certus esset, vnus verò tantùm incertus Nunciorum, hinc factum, vt cæteris in certo numero remanentibus, Nunciorum numerus creuerit. Et causa suberat; quippe cum ob bella non possent Scholares commodè pecunias à parentibus accipere, ad Ciues Parisienses confugiebant, notos & amicos, & iuxta eorum postulationem singulæ Nationes Ciues illos in numerum Nunciorum adlegebant.

Hinc ergo abusus Priuilegiorum: vt patet ex Actis illorum temporum. Nam legimus an. 1440. fuisse quinque Nuncios Diœcesis & vrbis Lugdunensis, quorum vnus suffecisset. Et reuera in Actis 17. Sept. an. 1441. Natio Gallicana vnum retinuit Petrum de Villa viciosa, cæteros Officijs priuauit; sed non ita alibi passim. Itaque sæpè conquesti sunt Redemptores vectigalium. Vt an. 1449. 7. Maij. *Supplicarunt Officiarij Regis vt præclara Vniuersitas vellet tenere manum super reformatione suorum Nunciorum.*

Vt autem pateat conquestionem tum fuisse de numero Ciuium Parisiensium qui Nuncios se asserebant, ob idque immunes, clarè demonstrat quod legitur in Actis Nationis Gall. ad diem 10. Iunij 1467. vbi Hugo de Virduno Procurator sic scribit. Die 10. feci venerandam matrem apud

1489.
" eundem locum per iuramentum accersiri super 2. art. Primus fuit super
" querimonia quadam facta per quosdam ex Regijs Commissarijs super
" multitudine Nunciorum Vniuersitatis. Vt igitur primi series explicetur.
" Cum nudius quintus apud dictum locum per honor. D. meum D. Recto-
" rem ad Deputatos essem euocatus, exposuit idem D. se nudius tertius
" à dictis Commissarijs quendam Rotulum accepisse, *quo numerus scribeba-*
" *tur multus dicentium se Nuncios Vniuersitatis*, atque propter id exemptos à
" Gueti Nocturni vigilijs ac tributo quod huic Ciuitati atque Suppositis dicto Gue-
" to Subiectis grauamen est non paruum. Petebant igitur dicti Commissarij, aut
" *nos numerum Nunciorum minuere, aut si ad eiusmodi tributum cogerent omnes,*
" *cum patientia tolerare.*
"
" Consecutis annis saepè ea de re actum, instantibus Officiarijs Regijs,
" vt huicce negotio finis tandem imponeretur, petentibusque certum numerum Catologo, seu Rotulo descriptum. Itaque an. 1472. edixerunt
Procuratores singularum Nationum, vt qui se Officijs eiusmodi gaudere iactitabant, tabulas proferent, locumque habitationis. Ioannes Raulinus Gallicanae tum Procurator ita edixit.

Nos Ioannes Raulin Procurator vener. Nationis Franciae omnibus &
" singulis Magistris & Scholaribus eiusdem Nationis in Domin. Salutem.
" Quoniam nuper ad nos super Nunciorum creatione atque multitudine
" grauis peruenit querimonia, Hinc est quod huic mederi cupientes tum
" veros inscribendo Nuncios, tum etiam onerosae multitudini posse tenus
" obuiando, matura prius super hoc deliberatione habita Mandamus &
" praecipimus vobis vt vnusquisque vestrum infra primam Dominicam Ad-
" uentus Domini, Nomina suorum Nunciorum & locum habitationis eo-
" rum nobis denunciet, vt ipsi demum in suis habitationibus inscripti DD.
" Generalibus praesententur. Quod si non ita factum fuerit, eos minime
" putabimus nostris gauisuros priuilegijs, neque in posterum admitti ad
" hoc renitentibus DD. Generalibus. Datum sub sigillo Procuratoriae prae-
" fatae Nationis anno Domini 1472. die 24. Nouemb.

Verum non ante annum 1476. Catalogus iste confectus fuisse videtur.
Tunc autem Curiae Subsidiariae oblatus & ab ea acceptus, vt scribitur in
Actis eiusdem Nationis. Oblatus inquam die 1. Octob. & die 8. responsum dederunt Generales, *quod erant contenti acceptare & approbare Rotulum sicut datus est eis à matre Vniuersitate, & quod ipsi erant parati seruire
Vniuersitati & manutenere priuilegia ipsius quantum possent & etiam releuare
illos qui erant in processibus & ipsos defendere, dum tamen essent in Rotulo, &
quod ipsi exinde regerent se in ista materia Nunciorum secundum Rotulum eis
datum ab Vniuersitate.*

Iuxta Rotulum Generalibus oblatum Nunciorum numerus Dioeceseon
numerum Caroli VIII. declaratione definitus est, Nunciorum inquam Ciuium Parisiensium qui vulgo Magni nuncupantur, de quibus diximus to. 1.
Et illi à tributis vrbis immunes facti quemadmodum & alij Officiarij Vniuersitatis: vt praedictam Declarationem legenti patebit. At alia ratio est
Nunciorum Oppidanorum, qui & Parui & Volantes & Ordinarij dicti:
nam ad eos qui in alijs Vrbibus & Oppidis habitabant, veniebantque
Lutetiam & ad locum suum reuertebantur, Declaratio ista pertinere
non potest, quos certum est nullo tempore tributis vrbis Parisiensis fuisse obligatos.

Quod enim praeter Magnos Nuncios, seu Dioecesanos qui Ciues erant
Parisienses, quorumque praecipuum erat Officium repraesentare Pecuniam Magistris & Scholaribus alienigenis omniaque ijs necessaria ministrare & Parentum vices supplere, alij quoque essent Oppidani, *seu Viatores,* quorum officium erat ire, redire, pecuniam, litteras & alia necessaria à Parentibus afferre, patet tum ex ijs quae tom. 1. retulimus; tum
etiam ex litteris Philippi Pulchri datis an. 1296. in hunc modum, prout
legitur in Authentico notato, A. 27. C.

" Philippvs Dei Gratia Francorvm Rex. Vniuersis Iusticiarijs

& Ministris nostris ad quos præsentes litteræ peruenerint, salutem. Etsi " ⸻
cunctos bonarum Artium Studijs insistentes, illius libenti animo profe- " 1488.
quimur exhibitione fauoris per quem à molestijs quibus à laude dignis "
possent operibus retrahi, præseruentur, illis tamen qui Scholasticis disci- "
plinis insistunt, opportunum quem suis videntur meritis promereri fa- "
uorem eò libentiùs exhibemus, quò magis operam dando sapientiæ, in "
qua noster assiduè delectatur affectus, nostræ gratiæ se cooptant. Ea pro- "
pter ne prætextu rebellionis Guidonis quondam Flandrorum Comitis, "
vel aliorum nobis aduersariorum quorumcumque Magistros & Scholares "
Parisiùs & Aureliæ Studentes, seu famulantes eisdem vndecunque traxe- "
rint originem, molestari contingat, ipsos in Parisiensi & Aurelianensi "
Studijs sub nostra volumus protectione manere, vobis & vestrum singulis "
præcipiendo mandantes, quatenus Magistros & Scholares prædictos, ac "
famulantes eisdem qui in eisdem Studijs voluerint laudabiliter conuer- "
sari, ab iniurijs & violentijs defendatis, *Nuncios eorum, pecuniam sibi Pa-* "
risiùs & Aureliæ & alia necessaria afferentes cum patentibus litteris, quas ipsos "
ad Partes Flandriæ mittere, vel de partibus illis ad eos Parisiùs & Aureliæ mit- "
ti contingat, omni tamen suspicione carentibus, eundo & redeundo transire more "
solito permittentes. Datum Parisiùs 27. die Feb. anno Domini 1296. "

Alias litteras Ludouici Hutini datas an. 1315. retulimus tom. 1. quibus viatores Nuncij immunes sunt ab omni portorio & vectigali. De ijsdem atque Oppidanis in Actis Nationis Gall. ad an. 1469. sic legitur scribente M. Anselmo de Sancey Procuratore. Sequuntur quidam Nuncij sub "
me Iurati. Io. Clerc Carnotensis Diœcesis Nuncius pro Castellania de "
Houdan. Hugeninus la Ribe Lingon. Diœces. Nuncius pro Castellania "
de Herniaco in Ducatu de Nemours. Stephanus Lescuyer Rotomagens. "
Diœces. Nuncius de Wlcassino Franciæ & partibus circumuicinis. "

Fuerunt autem isti Nuncij oppidani ante tempora Declarationis. Post verò & alij similiter creati. in Actis Nat. Germ. scribente Osmano Procuratore ad an. 1522. 8. id. Feb. (an. 1522.) *acceptauit Natio Ioannem Rées Diœces. Coloniensis in Cursorem, vel Nuncium volantem pro oppido Delphen, Comitatu Hollandiæ & locis circumuicinis.*

Porro iuxta prædictam Caroli Declarationem iussæ Nationes suorum Nunciorum Catalogum, seu Rotulum conscribere, eum Generalibus Curiæ Subsidiariæ tradiderunt. Vnde patet non alios posse hîc intelligi quàm Magnos Nuncios; cum etiamnum hodie nomina Magnorum Nunciorum ad prædictam Curiam inscribenda deferantur; paruorum verò ad Castelletum.

Anno igitur 1489. Catalogus ille, seu Rotulus conscriptus, neque Nun- | 1489.
ciorum modò, sed & omnium Vniuersitatis Officiariorum. Ad quem conscribendum selecti è singulis Facultatibus & Nationibus viri; quanquam Superiores Facultates vnum duntaxat nomine Facultatis Artium huic negotio præfici debere contenderent, non quatuor pro numero Nationum. Rem sic narrat Procurator Nation. German. ad 3 Non. Maias.

Anno, &c. Secundus articulus erat de Deputatis Facultatis Artium, "
& intimatione Rectoris spectante ad Nuncios, &c. Quoad 2. decreuit "
Natio summoperè enitendum esse vt Facultatis Artium Deputati ma- "
nu teneantur: *néve vsque adeò maioribus Facultatibus illa suppeditetur,* "
vt Deputatos eius, qui quatuor esse debent, in vnum redigere permittat: ve- "
rum quod principalior ipsa sit, aliæque aduentitiæ solum, eis firmiùs resistat; "
ac Deputatos quatuor eligat, sine quibus hi de maioribus Facultatibus in "
Officiariorum expeditione nihil moliri audeant. Delegit itaque pro suo " De Nun-
Natio Deputato virum admodum prudentem M. Ioannem Lantman. " ciis.
Voluit etiam tum Natio vt singuli Nunciorum eius suas Procuratori "
non Rectori, quemadmodum intimatum erat, litteras deferrent: qui eas vnà cum Natione Generalibus præsentaret. Ex his intelligitur 1. Nationes se primariæ institutionis semper existimasse, Facultates verò distinctas fuisse tantùm adiectitias, vel insititias. 2. Ita vnamquamque Na-

tionem Dominam esse Nunciatuum, vt nunquam permittere voluerint Rectori, quod Caput esset totius Vniuersitatis, eorundem administrationem. 3 Intelligimus DD. Generales intimasse Rectori vt Catalogum Nunciorum Vniuersitatis conscriberet Nunciorum inquam, maiorum, de quorum priuilegijs agebatur, vt certus deinceps esset numerus, non vagus & tantus quantum placebat Nationibus facere, quâ de re nos supra.

Die 3. Iunij restituti sunt in integrum DD. Generales, quia rumor fuerat ab Vniuersitatis consortio resecatos fuisse, eorumque etiam liberi ad priuilegia admissi: Vt legitur in Actis Curiæ Subsidiorum ad annum 1489. vbi hic Titulus Præfigitur.

Certification du Recteur de l'Vniuersité de Paris, que les Generaux des Aydes ne furent iamais priuez, ne declarez tels, mais que eux, leurs enfans & Parens qui auroient iuré & fait serment escrits és Registres de l'Vniuersité sont reputez vrays Supposts pour iouyr des Priuileges & libertez d'icelle, du 3. iour de Iuin 1489.

„ **V**NIVERSIS præsentes litteras inspecturis Robertus de Bellefaye
„ Rector & Vniuersitas Studij Parisi. salutem in Domino. Certifica-
„ mus omnibus & singulis quorum interest, aut interesse potest, seu pote-
„ rit quomodolibet in futurum DD. Generales Subsidiorum Parisiensium
„ nunc præsentes nunquam á nostra Vniuersitate priuatos, neque tales de-
„ claratos: quin imo ipsos, ac filios & parentes eorum qui aliquando Iura-
„ menta nostræ Vniuersitati fecerunt & inscripti fuerunt in Registris no-
„ stris, vera Supposita reputamus & omnibus priuilegijs, franchisijs & liber-
„ tatibus Almæ nostræ Vniuersitatis Parisi. gaudere volumus. In cuius rei
„ testimonium Sigillum Rectoriæ dictæ nostræ Vniuersitatis his præsenti-
„ bus litteris duximus apponendum. Datum Parisius, anno Domini 1489.
„ die 3. mensis Iunij. Signatum MESNART.

Die 23. Iunij in Comitijs San. Iulianensibus electus est in Rectorem Vniuersitatis M. Ioannes Lantman vir opere & sermone potens, ac de Repub. litteraria bene meritus: deductusque est magno comitatu ad Collegium Burgundicum, vbi vinum & species de more exhibuit.

Die 27. Iulij habita sunt apud Mathurinenses Comitia præsertim ad audiendum ea quæ per Deputatos Vniuersitatis in Catalogo Officiariorum facta fuerant; quâ de re sic legitur in Codice Germanicæ Nationis.

„ Anno, &c. Primus articulus fuit ad audiendum auisata per Deputa-
„ tos Vniuersitatis pro materia cartæ officiariorum, &c. Quantum ad 1.
„ art. regraciabatur Vniuersitas Dominis supremæ Curiæ Parlamenti, ac
„ DD. Generalibus, ac cæteris de Curia Requestarum de bona expeditio-
„ ne Cartæ nostræ quoad interinationem, registrationem, ac publicatio-
„ nem eius. Habueruntque ingentes gratias DD. Deputatis de laboribus
„ corum, voluerunt que quod ipsi essent persoluti: & habuerunt acta eo-
„ rum grata de confectione Rotuli Officiariorum exceptis Nuncijs, ac De-
„ cem & septem Librarijs quos ipsi dubios vocabant.

Die 4. Augusti in Comitijs Mathurinensibus multa acta sunt ad præcedentem materiam pertinentia, quæ in eodem Codice sic enumerantur.

„ Anno Domini, &c. Primus articulus fuit. Super auisatione Deputa-
„ torum. Secundus fuit super supplicationibus & iniurijs. Quantum ad 1.
„ placuit Nationi suos facere Nuntios, & quod Deputati Superiorum Fa-
„ cultatum de hoc se ingerere non attentarent; & casu quo facerent, ap-
„ pellat. Voluitque vt Librarij antiqui conseruarentur in suis priuilegiis,
„ & hoc expensis eorum. Quantum ad 2. &c. supplicuitque vnus Magister
„ Nationis Franciæ pro Nuncio suæ Diœcesis quê Deputati deposuerunt:
„ cuius causa fuit remissa ad Nationem Franciæ. Supplicueruntque 17.
„ Librarij pro eorum manutenentia quorum supplicationes fuerunt admis-
„ sæ, vt tamen 3. corum minus idonei resecarentur á Deputatis. Supplicuitque

Vniuersitatis Parisiensis.

cuitque quidam Cordiger Vngarus pro Nuntio Diœcesis Quinque-Ecclesiensis, & præsentauit Ioannem Boursier. Supplicueruntque DD. Anglici pro vno Nuncio pro eorū Diœcesi in Anglia Guillelmū Apothecarium. Supplicuit M. Nicolaus Crober pro Diœcesi Vratislauiēsi, & præsentauit Ioannē de Confluentia. Supplicueruntque duo alij pro Diœcesi Abuensi, & præsentauerunt Gotfredum de Pellicano. Voluitque Natio vt Rotulus confectus præsentaretur sine vlteriori vexatione Vniuersitatis. " 1489.

Die 5. Sept. apud Mathurinenses lectæ sunt quædam litteræ Regiæ. Supplicuerunt MM. Ioannes Balbus & Faustus Poëta Laureatus, & Cornelius Vitellius vt Vniuersitas omnes admitteret *ad lectiones publicas in arte humanitatis legendas*, vt legitur in Codice Germanicæ Nationis. Et quoad hoc placuit, vt omnes Poëtæ indiscriminatim vnica hora duntaxat post prandium à Deputatis Vniuersitatis præcepta legerent.

Die 12. eiusdem mensis habita sunt Comitia apud Mathurinenses ob Sigillationem Rotuli, seu Catalogi Officiariorum confecti à Deputatis Vniuersitatis, ab eademque Vniuersitate comprobati; decretumque vt Catalogus iste offerretur DD. Generalibus, sigillatus; & quia Decretistæ & Medici non consenserant, neque videbantur velle claues arcæ afferre; decretum vt seræ tollerentur, si claues afferre recusarent.

Die 8. Octob. in Comitijs Mathurinensibus constitutum fuit, ne deinceps Scholastici deducerentur ad Supplicationes solemnes, propter eorum insolentias, donec aliter ea de re prouisum fuisset.

Die 10. in Comitijs San-Iulianensibus electus est in Rectorem Vniuersitatis M. Philippus Gilbon in sacra Theologia Baccalarius formatus, Nationis Picardorum, deductusque ad Collegium Choleticum, vbi de more *vinum & species exhibuit*.

Die 29. eiusdem mensis in Comitijs San-Iulianensibus electi sunt ex singulis Nationibus Reformatores Collegiorum, qui Scholasticos reprimerent & in officio continerēt. Natio Germanica elegit pro suo M. Ioannem Lantman Rectorem antiquum; qui deinde Doctor fuit Theologus.

Die 16. Decemb. in Comitijs San. Iulianensibus electus est in Rectorem Vniuersitatis M. Ioannes de Campis qui litem quæ iam à longo tempore intercedebat de Nominationum negotio inter Facultatem Artium & Decretorum prosequutus est, qua de re sic refertur in Codice Germanicæ Nationis ad diem 13 Martij. Anno & mense supradictis, &c. Primus " articulus fuit super materia sigillationis nominationum, &c. Quantum " ad primum narrauit M. Robertus de Vallibus quomodò suprema Curia " Parlamenti dederat nobis vnum appunctuamentum quod stante processu " inter Vniuersitatem ex vna parte & Decretistas ex altera, quod debemus " sigillare nominationes duntaxat per annum, & ordinauit vnum Commis- " sarium de eadem Curia, scilicet M. Ioannem Buschart ad ponendum il- " lud appunctuamentum siue arrestum in executione, quod factum erat. Et " quantum ad hunc art. Natio egit gratias quammaximas supremæ Curiæ " Parlamenti de benigna affectione quam ostendebat erga matrem Vniuer- " sitatem. Insuper egit gratias D. Rectori, DD. Deputatis, illi Commis- " sario & omnibus qui pœnas & labores ceperunt in hac materia, & ordi- " nauit vt D. Commissarius haberet salarium vt decet. "

Die 24. eiusdem mensis in Comitijs San-Iulianensibus electus est in Rectorem Vniuersitatis vir præclari ingenij M. Ioannes Perdo Nationis Franciæ, deductusque est ad Collegium Sorbonicum.

Anno 1490. 23. Iunij electus est in Rectorem Vniuersitatis apud S. Iulianum de more in Comitijs Facultatis Artium M. Christianus Folioth Nationis Normanicæ, deductusque est magno comitatu ad Collegium Thesaurariorum.

Die 26. habita sunt apud Mathurinenses Comitia centuriata, omnium scilicet Facultatum & Nationum, in quibus lectæ sunt quædam litteræ Regiæ, quibus ab omnibus Academicis qui aliquod prædium in Regno de nouo acquisiuissent, exigebatur tributum. Responsum verò est Vniuersitatem omnimoda immunitate gaudere, tributumque eiusmodi Iuribus ipsius omnino contrarium esse.

1490.

Die 9. Septemb. in Comitijs Mathurinensibus supplicauit Rector vt Vniuersitas nonnullos delegaret viros prouidos qui ad Conuentum Normanorum se conferrent, peterentque vt iin Ducatu Normaniæ Pragmatica Sanctio valeret & seruaretur: Sed vnanimi voce hæc materia remissa est ad Consiliarios Vniuersitatis & ad Deputatos, vt ex eorum consilio Vniuersitas se gereret in hoc negotio, vt decet. Igitur re in deliberationē positâ & per Consiliarios & Deputatos diligenter discussâ, Responsum tale datum est, vt legitur in Codice Germanicæ Nationis ad diem 7. Octob.

" Quoad 1. art. retulit colendissimus D. Rector quod Consilium DD.
" Deputatorum atque Consiliariorum fuerat, nequaquam in Normaniam
" mittere, ne vel ipsa Scacaria Congregatio, aut Archiepiscopus Rotho-
" magensis autumaret almam Vniuersitatem in Normania nullum ius, aut
" executionem adhuc habere. Et primo *pro cursu Sanctionis Pragmaticæ* la-
" borare, & prætextu illorum multos qui prætextu Sanctionis Pragmaticæ
" Beneficia in eorum Ducatu obtinent, aut in via obtinendi laborant, im-
" pedirent. Tale tamen dederant Consilium, vt ipsa nostra Vniuersitas
" litteras ad Regiam scriberet Maiestatem deferendas, supplicando veluti
" filia, vt si quæ adhuc sui Regni Prouinciæ sint, quæ huic *sanctæ Pragmati-*
" *cæ-Sanctioni obsistant*, & mandato Regio, vt cohibeantur ad eam obseruan-
" dam. Super his deliberauit Natio nostra Almanica vt fieret veluti supra-
" dicti Deputati cum Consiliarijs concluserunt.

Die 12. eiusdem mensis in Comitijs San-Iulianensibus electus est in Rectorem Vniuersitatis M. Ioannes Godet Baccalarius formatus in Theologia. Die vero 23. electi Reformatores & Lustratores Collegiorum pro more Facultatis Artium, ex singulis Nationibus; quibus assignata sunt stipendia. Porro Electio M. Ioannis Godet, vel Gaudet non ita fuit rata, quin cum eo de Rectoria contenderit M. Guillelmus Probi hominis; quorum controuersiam dirimere volens Facultas Artium, decreuit, vt noua electio fieret: sed ab hac Conclusione appellauit prędictus Gauder Curiam Parlamenti. Nihilominus ad nouam Electionem processum est die 8. Nouemb. Et primum quidem 4. Intrantes ingressi conclaue, remanserunt vsque ad extinctionem candelæ, & re infecta, egressi sunt. His 4. noui suffecti, qui elegerunt M. Antonium Worse: sed eius electio ingrata fuit duabus Nationibus, Normanicæ & Germanicæ: ac proinde irritum factum quidquid ea die factum fuerat. Interim Nationes priuatis Comitijs habitis de Bedellis statuunt, neutri Rectorum nominatorum parituros, donec lis per Parlamentum decisa fuisset. Tandem Senatusconsulto confirmata est Electio M. Antonij Worse, & abrogata M. Ioannis Gaudet: sub quo tamen qui iurauerant quandiu Rectorem egerat, in numerum Scholarium & Magistrorum repositi sunt.

Die 10. Decembris in Comitijs Mathur. tertiò tentatum est restituere festa sublata de quibus supra, sed frustra. Sic enim legitur in Cod. Germ. Nat. Anno 1490. die 10. Decemb. in Comitijs totius Vniuersitatis apud
" Math. habitis, congregata fuit alma Parisi. Vniuersitas tribus super artic.
" Primus erat, &c. Secundus erat vtrùm festa iterum celebrari deberent
" more antiquo, &c. Quantum ad 2. placuit Vniuersitati quod Conclusio
" alias data ab Vniuersitate teneretur in esse & quod festa non celebraren-
" tur nisi secundùm determinationem vltimò habitam, &c.

Die 15. Decemb. M.... Antonio Worse Rectori suffectus est M. Petrus Thatereti.

Die 18. Ianu. cum haberentur apud S. Iulianum Comitia Facultatis Artium, Abbas San. Genouesianus Cancellarium Facultati præsentauit: at subortâ discordiâ, Abbas, seu Prior S. Genouefæ detulit ad Parlamentum querelas: fuitque iuxta illius expostulationem, inhibitum Rectori & Procuratoribus alium Cancellarium agnoscere quàm quem ipse nominauerat. Hinc 3. Feb. habita Comitia apud S. Iulianum: & quia materia visa est difficilis propter inhibitionem supradictam, delecti nonnulli viri graues qui serio & accuratè illam cum Rectore & Procuratoribus excuterent: qui habitâ deliberatione, tandem 9 Feb. quid facto opus esset, in Comitijs San-Iulianensibus, retulerunt; quâ de re sic legitur in Codice Germanicæ Nationis. Quantum ad 1. artic. veneranda Germanorum Natio ita decreuit, primò agens gratias quammaximas DD. Deputatis & Consiliarijs pro exacta eorum diligentia quam adhibuerant in causa Facultatis ex parte Cancellariatus B. Genouefæ. Quoad 2. art. supplicauit venerabilis vir N. Principalis famosi Collegij, Cardinalis Monachi vt Facultas curaret vt Dominus Prior S. Genouefæ qui in quadam Requesta in suprema Curia Parlamenti falsò Facultatem Artium diffamauerat, quæ requesta tunc in facie Facultatis legebatur, emendam condignam faceret. Cui supplicationi Natio in forma annuit. Præterea M. Ioannes Babillon Canonicus S. Genouefæ supplicabat vt in suo iure Cancellariatus, secundùm Statuta Facultatis tueretur, & ad iuramenta præstari solita in noui Cancellarij constitutione admitteretur. Cuius supplicationi, quoniam conformis priuilegijs videbatur & iusta, admissa est in forma. Quinimo Natio vnum adiecit, quod ipse comitaretur ad Ecclesiam S. Genouefæ vt ibi possessionem in loco Examinis susciperet. Supplicuerat præterea vt sibi darentur Tentatores ex Facultate, & fieret mandatum alijs Tentatoribus prius electis & denuò eligendis, ne sub alio tentarent in superiore examine, sub pœna priuationis. Iniungeret etiam Pædagogis, Regentibus, Lectori Ethicorum & Procuratoribus ne alicui signum expedire vellent, nisi in superiore examine sub M Ioanne Babillon & suis Tentatoribus respondere vellet. Quantum ad hoc, Natio delegit M. Georgium Crantzium tanquam de nouo sibi iniungendo sub pœna priuationis, ne amplius cum Tentatoribus prius electis tentaret, sed solum cum illis qui in alijs Nationibus eligerentur. Quoad aliam partem huius supplicationis, Natio admisit in forma.

Die 24. Martij in Comitijs San-Iulianensibus electus est in Rectorem Vniuersitatis M. Carolus de Gonda vir meritissimus, magnoque comitatu in suum Collegium deductus est. Pridie verò eius diei latum est Senatusconsultum de lite quæ intercedebat cum Decretistis, eaque quodammodo tum sopita sequente seculo resurrexit.

Anno 1491. die vltima Aprilis habita sunt Comitia Generalia, præsertim ob Senatusconsultum quod obtinuerant Decretistæ contra cæteras Facultates super Prouisione in Beneficijs; quæ res cùm ardua esset, remissa est ad Consilium Vniuersitatis. In ijsdem Comitijs M. Ioa. Raulin Moderator Collegij Nauarrici supplicauit pro consilio, auxilio & fauore contra nonnulla Capitula quæ nitebantur in suum Collegium Bursarios ad libitum intrudere contra Collegij Statuta.

Die 25. Maij habita sunt apud Mathurinenses Comitia totius Vniuersitatis, in quibus lectæ fuerunt litteræ à Regia Majestate ad Vniuersitatem transmissæ, quibus mandabat, vt Vniuersitas legatos eligeret adiungendos Legationi quam ad summum Pontificem Rex mittere intendebat; sed quia in illis litteris non exprimebatur quamobrem legatio ista suscipienda esset, Vniuersitas distulit dare responsum. At 10. Iunij in Comitijs Mathurinensibus Abbas S. Dionysij à Rege missus eius mentem explicuit, illi esse scilicet in animo agere apud summum Pontificem de promotione Suppositorum Vniuersitatis ad Beneficia; ac proinde expedire vt ipsa suos quoque legatos mitteret cum Catalogo, seu Rotulo Nominandorum. Tunc ergo mandatis Regijs paruit Vniuersitas; Qua de re sic legitur in Codice Nationis Germanicæ. Quantum ad 1. artic. intellectâ causâ à Reuerendissimo in Christo Patre D. S. Dionysij ob quam Regia Majestas Legatum ad summum Pontificem mittendum à matre Vniuersitate cupiuit, Natio intelligens hoc esse pro Suppositorum Vniuersitatis promotione, placuit Nationi mittere Legatum ex parte Vniuersitatis, saluo tamen quòd talis non mitteretur, nisi cum eo deligeretur quispiam

„ ex parte Facultatis Artium qui cum certis articulis à 4. Nationibus re-
„ ceptis & bene visitatis haberet prouidere de promotione Suppositorum
„ Facultatis Artium, sicque supposita Facultatis Artium vnà cum aliarum
„ Facultatum Suppositis promouerentur.

  Die 13. celebrata sunt Comitia Centuriata apud Mathurinenses ad
„ dandum Regi responsum super Legatione prædicta. Anno quo supra, 23.
„ Iunij conuocata fuit alma Parisiensis Vniuersitas super 3. art. Primus erat
„ super responsione danda litteris Regijs de Ambassiata. Secundus erat su-
„ per acceptatione quorundam articulorum confectorum quibus pote-
„ rant compelli Prælati reddere certum turnum Suppositis Vniuersitatis de
„ tertia parte Beneficiorum ex Pragmatica-Sanctione eis adiudicatorum.
„ Tertius erat super Supplicationibus & iniurijs. Quantum ad 1. art. placuit
„ Nationi dare responsum Regiæ Majestati de litteris ab eo ad Vniuersita-
„ tem missis, & quod huiusmodi responsio fieret per litteras debito modo
„ ordinatas, ac compositas, sic etiam quod non mitterentur ad Regiam
„ Majestatem, nisi prius in plena Vniuersitate legerentur; & si qui defectus
„ fuerint, quod per Vniuersitatem, vel per eius Deputatos debitè corrige-
„ rentur. Quantum ad 2. art. placuit Nationi quòd illi articuli nullo modo
„ reciperentur, nisi priùs essent à Deputatis congruo modo examinati, ne
„ veniant in scandalum, nocumentum ac detrimentum nostræ matris Vni-
„ uersitatis, ac Suppositorum eius.

  Die 21. Iunij in Comitijs San Iulianensibus electus est nouus Rector
Vniuersitatis M. Guillermus Cappel Parisiensis de Collegio Coque-
retico.

  Die penultima Iulij celebrata sunt Comitia apud Mathurinenses ad
audiendum ea quæ per Consiliarios & Deputatos Vniuersitatis deliberata fuerant de nonnullis articulis pertinentibus ad nominationes. Retulerunt autem illi nonnulla in ijs contineri quæ videbantur magis grauare
quàm subleuare; ac proinde conclusum est, ne ante vacationes aliquid in
hanc rem fieret, post earum verò tempus elapsum, quàm diligentissimè
possent ijdem Consiliarij & Deputati in eam incumberent.

  Verùm mense Septembri longè grauius accidit Vniuersitati negotium
propter impositionem cuiusdam Decimæ de mandato summi Pontificis
promulgatam: itaque Vniuersitas die 13. huius mensis Centuriata Comitia & frequentissima celebrat apud Bernardinos (vbi vulgò negotia grauioris momenti agitari solebant) & re in medium proposita appellat futurum Concilium; vel ab ipsomet Papa male instructo ad eundem melius
instruendum. De ea re sic scribitur in Codice Germanicæ Nationis.

„   Anno I. C. quo supra, 13 mensis Septemb. conuocata fuit alma Parisien-
„ sis Vniuersitas per iuramentum apud B. Bernardum super 2. art. Primus
„ erat super impositione Decimæ à supremo D. nostro Papa instituta super
„ Scholasticis, ac Studentibus huius almæ Vniuersitatis Parisiensis. Secun-
„ dus erat super supplicationibus & iniurijs. Quantum ad 1 art. viso quod
„ hæc impositio Decimarum cadit in maximum detrimentum Supposito-
„ rum Vniuersitatis, & contrà plurima Priuilegia nostræ matris Vniuersi-
„ tatis & Suppositorum eiusdem, placuit Nationi ab huiusmodi Impositio-
„ ne Decimæ appellare ad futurum Concilium, seu à Domino nostro sum-
„ mo Pontifice minus bene-consulto ad ipsum melius consultum, & omni-
„ bus vijs huic institutioni Decimarum obuiare. Insuper placuit Nationi
„ in istis Collectionibus intimare sub poenâ priuationis & inobedientiæ si
„ essent Supposita, seu Iurati Vniuersitatis, vt omni via desistant ab huius-
„ modi Decimæ collectione, vel publicè ante valuas Ecclesiarum argue-
„ rentur periurij. Idem conclusum fuisse à cæteris Nationibus & Facultatibus constat ex Instrumento Appellationis quod subijcimus, & quod est
eiusmodi.

Appellatio Vniuersitatis Parisiensis pro libertate Ecclesiæ & Ecclesiasticorum Immunitatibus facta sub Innocentio VIII. anno 1491.

1491.

IN NOMINE DOMINI, AMEN. Per hoc præsens publicum Instrumentum cunctis pateat euidenter & sit notum quod anno eiusdem Domini 1491. Indictione 9. mensis verò Septemb. die 23. Pontificatus sanctissimi in Christo Patris, ac Domini nostri D. Innocentij, diuina Prouidentia Papæ VIII. anno 8. In nostrorum Notariorum subscriptorum, testiumque infra scriptorum præsentia personaliter constituti *Rector Vniuersitatis Parisiensis*, necnon sacræ Theologiæ, Decretorum & Medecinæ Facultatum Decani, ac Franciæ, Picardiæ, Normaniæ, & Alemaniæ Nationum in dicta Vniuersitate Procuratores, vice ac nomine dictæ Vniuersitatis, singulorumque Doctorum, Magistrorum, Licentiatorum, Baccalariorum, & Scholarium singularum Facultatum, Regentium & non Regentium, & aliorum Suppositorum eiusdem Vniuersitatis, & tam pro ipsis, quàm pro alijs sibi adhærentibus & adhæsuris in hac parte, quemdam codicem Papyreum, scripturam quæ sequitur continentem, Nobis exhibuerunt, & coram nobis contenta in eadem fecerunt & expleuerunt, ac in præsenti Instrumento publico inseri requisiuerunt. Cuius quidem scripturæ tenor sequitur in hæc verba.

Sacrosancta Romana Ecclesia desideria & vota fidelium, præcipuè Regum Catholicorum & Principum tanta nouit benignitate suscipere, & illa consueuit tam congruâ moderatione pensare, vt nihil Euangelicis, seu Apostolicis regulis, vel diuinæ legi repugnans, aut quod sacrorum Canonum constitutionibus, vel Conciliorum Generalium Decretis obuiet, precibus, vel supplicatione, aut importunitate concedat: & si quicquam Statutis Ecclesiasticis contrarium, vel à iure dissonum, vel quod fidei Catholicæ regulis deroget, seu per quod pax & tranquillitas, aut libertas Ecclesiæ, ipsiusque fidelium ministrorum turbetur, vel per quod in ipsa Ecclesia scandalum oriri verissimiliter timeatur; cum grauamine subditorum indulgeat; suadet ratio grauatos, læsos, & oppressos per appellationum remedium obuiam ire.

Sanè diligenter hæc attendentes *Nos Guillelmus Capel Rector Vniuersitatis Parisiensis*, nec non sacræ Theologiæ, Decretorum ac Medicinæ Facultatum Decani, Procuratoresque Franciæ, Picardiæ, Normaniæ, & Alemaniæ Nationum, in eadem Vniuersitate Parisiensi, Vice ac nomine ipsius Vniuersitatis singulorumque Doctorum, Magistrorum, Licentiatorum, Baccalariorum, & Scholarium in eadem Vniuersitate Studentium, Regentium, ac non Regentium, & singulorum Suppositorum eiusdem, animo & intentione prouocandi, & appellandi à grauaminibus infra scriptis, dicimus & proponimus, tam pro nobis quàm pro prædictis Magistris, Doctoribus, & Scholaribus, alijsque Suppositis eiusdem Vniuersitatis, & alijs sibi in hac parte adhærentibus, & adhæsuris, ea quæ sequuntur, sub protestationibus tamen, quòd non intendimus aliquid proferre, dicere, vel scribere in alicuius, vel in aliquorum iniuriam, vituperationem, contumeliam, aut famæ denigrationem, nec etiam quod malè sonet, vel deuiet à fide, seu quodcunque sinistrum significet: quòd si forsan aliquid tale reperiatur, habeatur pro non opposito. Sed intendimus ipsa proponere, dicere vel scribere dumtaxat ad iurium dictæ Vniuersitatis, ipsiusque Suspositorum tuitionem, ostensionem Innocentiæ suæ, & causæ ipsius Iustificationem.

In primo igitur dicimus & proponimus, quòd Ecclesia Christi sponsa, à sui primordio diuina & æterna lege, *per quam Reges regnant, regnaque & Principatus possident*, eiusque ministri fideles, vt liberius Deo suo seruire valerent, à cunctis subsidijs, tributis, & alijs exactionibus indebitis, immunis & libera fuisse perhibetur.

Scribitur namque Genesis 47. quòd tota terra Ægypti redacta fuit

" in seruitutem, & subiecta tributo, præter terram, seu portionem Sacer-
" dotum. Voluit Deus illam ad Sacerdotes Leuitici generis, prout Nu-
" mer. 18. legitur, pertinere, quæ siquidem portio in decimis, primitijs, &
" oblationibus consistit quas subiacere tributo, vel tributarias fieri posse,
" nullus mentis compos vnquam diceret. Quòd autem huiusmodi Decimæ
" & oblationes quæ Deo dedicatæ sunt, non subiaceant tributo, manifestè
" comprobatur, quia cùm quæreretur à Domino. Matthæi 22. Si Cæsari
" reddendum esset tributum, respondit, *Reddite quæ sunt Cæsaris, Cæsari; &
" quæ sunt Dei, Deo,* per hæc verba innuens Dominus, quod ea quæ sunt
" Dei & Ecclesiæ non debent, nec possunt Cæsari, aut Principibus attri-
" bui sæcularibus.

" Et nedum de lege diuina veteri & nouâ, verùm & iam iure Gentium &
" naturali huiusmodi libertas & immunitas Ecclesiæ, & Ministris eius vi-
" detur fuisse concessa: Nam vt vult Aristoteles 1. Metaphysicæ, *Gens Sa-
" cerdotum apud Ægyptum, vt vacaret studio & contemplationi, libera erat ab
" omni tributo:* & idem Aristoteles 3. Politicæ, loquendo de vero domi-
" nio regali, dicit quòd tempore Heroico, id est tempore quo viri he-
" roici & virtuosi regebant (quæ tempora à Poëtis appellantur *sæcula au-
" rea*) Reges erant omnium possessionum domini, præterquam illarum quæ ad
" Sacerdotes spectabant. Per hoc innuens summus ille Philosophus, quòd
" iure Gentium fuit terra Sacerdotum libera, nec tributis Principum sub-
" jecta.

" Hieremias etiam, cùm videret Ecclesiam sanctam Dei desolatam & af-
" flictam, ac tributo subditam, deplorauit eius afflictionem Threnorum 1.
" dicens, *Princeps Prouinciarum facta est sub tributo.*

" Hanc etiam libertatem Sacerdotibus, & Ecclesiæ Ministris, viris quo-
" que litterarum studia sectantibus, etiam ante Incarnationem Domini
" concessam fuisse ex commentarijs Cæsaris comprobatur: Nam Druides
" qui erant litterati viri & litterarum Doctores, & Sacerdotes apud Gal-
" los, erant ab omni tributo liberi, & ab omni exactione; & vt vacarent
" contemplationi & litteris, omnem immunitatem generaliter habebant;
" & idem quàm plurimis exemplis & authoritatibus, sacræ & diuinæ scri-
" pturæ testimonio perpetuo roboratur.

" In Genesi namque scribitur de Pharaone, qui licet diuinæ legis non
" haberet notitiam, ille tamen (omnibus alijs seruituti subactis) Sacerdo-
" tes & eorum possessiones in libertate dimisit, & eis de publico alimoniam
" ministrauit, Domino ex tunc pronunciante, Sacerdotes in omni genere
" liberos esse debere.

" Scriptum est etiam quòd Rex Artaxerxes, licet infidelis esset, cùm om-
" ni populo Iudæorum per Nabuchodonosor captiuato atque populo suo
" multa tributa & vectigala imponeret, Sacerdotes tamen Iudæorum ab
" illis tributis & Angarijs voluit esse exemptos: *Vobis,* inquit Esdræ 7. *no-
" tum facimus de Vniuersis Sacerdotibus & Leuitis & Cantoribus, Ianitoribus,
" Nathinæis, & ministris domus Dei huius, vt vectigal & tributum, & annonas
" non habeatis potestatem imponendi super eos.* Voluit autem iste Artaxerxes
" Rex liberos esse Sacerdotes à prædictis, ne forte irasceretur Deus cœli
" contra regnum Regis, & filiorum eius.

" Legitur etiam in Esdra, quòd noluit Sacerdotes etiam pro templi ædi-
" ficatione tributis onerari, ne in Regem & in eius filios diuina vltio de-
" sæuiret.

" In libris etiam Regum legitur de Sapientissimo Salomone, quòd vni-
" uersum Populum qui remanserat de Amorrhæis & Hethæis, & Iebusæis,
" tributarios fecit; de filijs autem Israël non constituit Salomon seruire
" quemquam cum tributo.

" Legitur insuper in libris Machabæorum de Heliodoro Templi & Sa-
" cerdotum acerrimo persecutore, quòd cùm perturbaret templum Dei
" & Sacerdotes, apparuit de cœlo equus terribilis, habens sessorem, &
" cum eo Iuuenes duo specioso amictu, in plagis multis afflictum Helio-

dorum, quasi in exterminio palpitantem, compulerunt Regi diuina Magnalia demonstrare, at cùm Rex alium mittere conaretur, dixisse fertur Heliodorus, *Si quem habes regni insidiatorem mitte, & flagellatum eum respicies: Nam qui habet in cælis habitationem, templi & ministrorum eius violatores percutit & perdit.*

Balthazar Chaldæorum Rex, quia Res Templi Ierusalem, scilicet Vasa aurea & argentea in vsus prophanos deputauit, vltione diuina eadem nocte interfectus, & regnum eius translatum ad Medos & Persas.

Pompeius Dux fortunatissimus in rebus bellicis, postquam res à Templo Ierusalem abstulit, nihil postea prosperè gessit, sed infelicissimè terra marique fugatus, à spadonibus Ægyptijs detruncatus, morte turpissima obijt.

Carolus Martellus Major domus Francorum, & Pater Pepini Regis visus est à quodam viro sancto Eucherio nomine, Aurelianensi Episcopo, deportari in infernum, eò quòd suis militibus decimas contulerat Ecclesiarum, videruntque eum aliqui Religiosi viri, vbi à dæmonibus in naui velocissimè motâ sine remis per Rhodanum ducebatur in ollam Wlcani proijciendum: sed aperto eius sepulchro apud sanctum Dionysium, loco corporis, inuentus est horridus anguis.

Quid autem in hac re dictent & statuant Canonicæ sanctiones, attendamus. Non enim vnus Pontifex summus, sed tota Vniuersalis Ecclesia, in celeberrimo Lateranensi Concilio sub Anathematis pœna, tallias exigi ab Ecclesiâ inhibet, ac tributa: exactores, præmissâ monitione decreuit excommunicationi eo ipso subiacere, à qua nisi plenâ restitutione præhabita, non veniunt absoluendi: & si Ecclesiastici quicquam voluntariè duxerint conferendum, statuit Reuer. Pontificem super hoc consulendum.

Quid autem in legibus Imperatorum cautum sit, breuiter insinuandum occurrit. *Omnis* (inquit Imperator Iustinianus) *à Clericis tributorum iniuria & exactionis repellatur improbitas. Et cùm negotiatores, ob necessitatem pub. ad exactionem vocantur, à Clericis omnis talis strepitus, omnisque molestia penitus conquiescat, tantaque eis prærogatiua succurrat, vt Sacerdotum ministri immunes ab oneribus præseruentur.*

Vnde Constantinus & Valentinianus Imperatores plurima Ecclesiæ libertatum priuilegia condonantes dicebant, *gaudere & gloriari ex fide volumus; scientes magis Religionibus quam tributis, vel laboribus Rempub. conseruari.*

Denique ad memoriam reducamus, quod in hac re magna Constantiensis Synodus in Spiritu sancto legitime congregata generale Concilium faciens, & Ecclesiam militantem repræsentans statuit & ordinauit: edidit enim decretum, *quoddam super hoc, cuius tenor sequitur.*

Cum Paterna pietas filijs hominum prouidere debeat, licet casu necessitatis vrgentis reddi debeat vicissitudo laudabilis: declarat sancta Synodus non licere R. Pontifici indictiones, siue exactiones quascumque supra Ecclesias, vel Ecclesiasticas personas imponere per modum decimæ, vel alique quouis modo. Si vero causa necessitatis accederet, propter quam esset eidem debite subueniendum, vocato Generali Concilio, secundum quod expediens videbitur & vtile, secundùm Decretum Concilij prouideatur & eidem. & rursus in eodem Concilio fertur aliud Decretum editum fuisse, cuius tenor sequitur, Session. 43.

Præcipimus & mandamus iura quæ prohibent inferioribus à Papa decimas & alia onera Ecclesijs & Ecclesiasticis personis imponi, districtius obseruari. Per nos autem nullatenus imponentur super totum Clerum, nisi ex magnâ & arduâ causâ, ac vtilitate vniuersalem Ecclesiam concernente, & de consilio, consensu, & subscriptione fratrum nostrorum sanctæ Romanæ Ecclesiæ Cardinalium & Prælatorum, quorum consilium haberi commode poterit; Nec specialiter in aliquo Regno, vel Prouinciâ, inconsultis Prælatis illius Regni, vel Prouinciæ, & ipsis non consentientibus, vel eorum maiori parte: & eo casu per personas Ecclesiasticas authoritate Apostolicâ dumtaxat leuentur.

1491.
,, Quamuis enim secundùm Apostolicam doctrinam, Papæ potestas à Christo immediatè sit, est tamen ad *Ecclesiæ ædificationem, non autem ad ipsius destructionem: estque huiusmodi potestas ordinata ad Iustitiam & rectum Iudicium exercendum.* Nec videtur facultas Papæ, nec Ecclesiæ R. concessa, neque eis competit pro libito voluntatis exactiones, siue præstationes aliquas, vel decimas imponere super Ecclesijs, vel personis Ecclesiasticis, aut earum Ministris, cùm non sit earum dominus, sed tantummodo Christus; signanter per quas causatur oppressio, vel vnde oriatur scandalum, deturque causa murmurandi, aut resultet detrimentum animarum, vel fraudetur intentio Fundatorum Ecclesiarum, Monasteriorum, & aliorum Ecclesiasticorum Beneficiorum.

,, Et licet præfati Magistri, Doctores, & Scholares vniuersi, in prædictâ Vniuersitate Parisiensi actu Studentes, inter Ministros Ecclesiæ Catholicæ meritò comprehendi & enumerari, priuilegijs quoque, & immunitatibus antedictis Ecclesijs & personis Ecclesiasticis vti & gaudere debeant, prout debent; Nihilominus tamen sanctissimi Patres R. Pontifices, & Christianissimi Francorum Reges, qui tam necessario quàm fructuosè ipsius Vniuersitatis euersionem, depopulationem, vastitatemque supra modum formidarunt, curarunt magnopere largifluis illam libertatibus ampliare, simulque fauoribus, præmijs, & immunitatibus attollere: Attendentes fructus vberes, quos in agro dominico ipsa præclara mater Parisiensis Vniuersitas priscis temporibus *produxit, & adhuc in dies producere non cessat: Est enim ipsa Parisiensis Vniuersitas quasi lucerna fulgens in domo Domini, ad quam tanquam ad scientiarum fontem, & speculum fidei, pro litteris capessendis non Galli solùm, non Germani, non Siculi, sed etiam vltimi Hesperi, ac omnes penè mundi Nationes, tanquam ad cunctarum doctrinarum Seminarium, omniumque scientiarum parentem confluunt & confluere consueuerunt. Quæ quantùm insignis litterarum studiorumque fama hactenus habita sit, summorum Pontificum testimonio dilucide comprobatur.*

,, Gregorius siquidem IX. in primis de eâ loquens sic ait: *Parens scientiarum Parisius, ciuitas est docentibus & discentibus gratiosa: In qua vtique tanquam in officina speciali Sapientiæ, habet argentum venarum suarum principia, & auro locus est, in quo rite conflatur, ex quibus prudentes murenulas aureas, vermiculatas argento cudentes, & fabricantes monilia ornata lapidibus pretiosis, sponsam Christi decorant.*

,, Alter quoque summus Pontifex Alexander ait: *Quasi lignum vitæ in Paradiso Dei, & quasi lucerna fulgens in domo Domini, est in sancta Ecclesia Parisiensis Studij disciplina: Hæc quippe velut secunda eruditionis Parens, ad irrigandam sterilem orbis faciem, fluuios de fontibus Sapientiæ salutaris cum impetu foras mittens vbique terrarum Dei lætificat ciuitatem. Ibi enim ordinatus est per Prouidentiam conditoris (ad opus atque custodiam Ecclesiæ sponsæ Christi) Doctorum ordo præcipuus. Ibi humanum genus originalis ignorantiæ cæcitate deforme, per cognitionem veri luminis, quam scientia pietatis assequitur, reddita visione Sapientiæ reformatur, ibi denique dat Dominus sponsæ suæ os & Sapientiam & linguam mysticis eloquijs eruditam cui resistere nequit omnis aduersitas improborum.*

,, Hanc siquidem Vniuersitatem Parisiensem R. Pontifices & Orthodoxæ fidei feruentissimi zelatores, illam perpetuam efficere satagentes, à cunctis subsidijs, exactionibus, & tributis, & signanter à decima liberam fieri, & eius Supposita vniuersa, plena & secura libertate & immunitate gaudere voluerunt. Eapropter existimandum est, quòd summus Pontifex Innocentius VIII. Papa modernus velit pro sua in omnes Studiosos paterna beneuolentiâ, summorum Pontificum exemplo ductus, dictæ Vniuersitatis Supposita priuilegijs & libertatibus gaudere, non exactione noui subsidij, aut alicuius decimæ solutione, vel contributione prægrauare.

,, Quin imo quàm plurimi Francorum Reges Christianissimi ipsam matrem Vniuersitatem Parisiensem à cunctis exactionibus, subsidijs, & muneribus

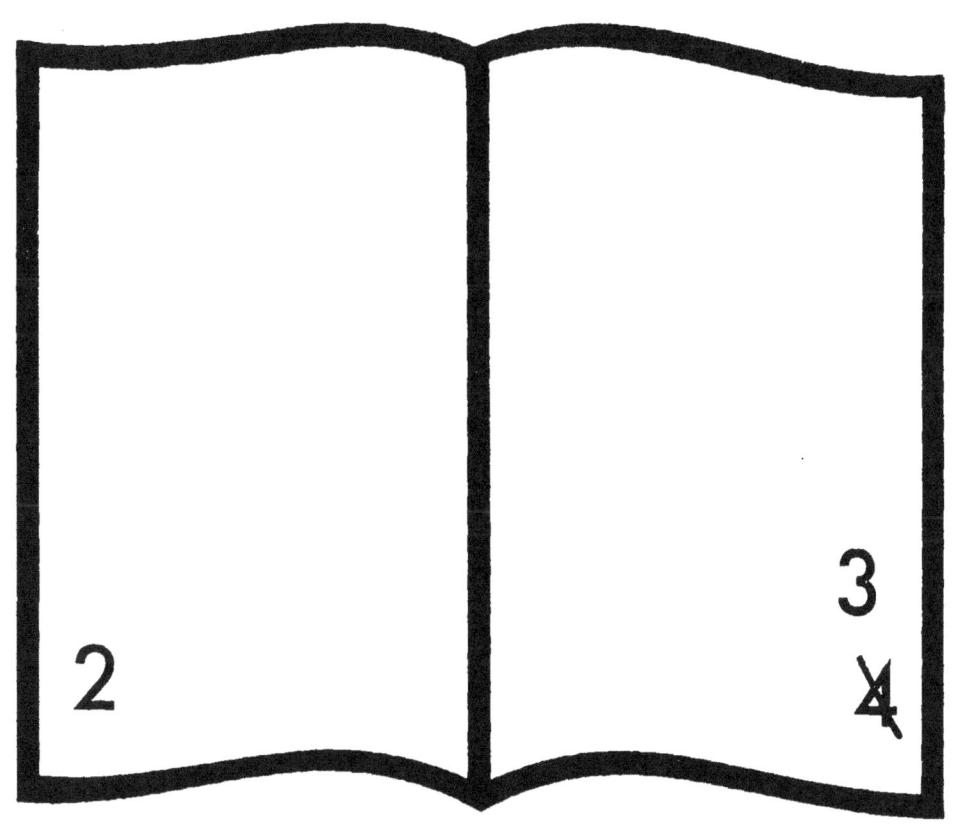

neribus ordinarijs, & extraordinarijs immunem & exemptam (retroactis
temporibus) esse voluerunt. Beatus enim Ludouicus dum in humanis
ageret, fertur quamdam Pragmaticam-Sanctionem edidisse, per quam
exactiones & onera grauissima pecuniarum, per curiam Romanam Ecclesiæ regni sui, & eius ministris impositas, vel imposita siue imponenda, leuari & colligi prohibuit, nisi dumtaxat pro rationabili, pia & vrgentissimâ causâ, vel ineuitabili necessitate, & de spontaneo & expresso concessu ipsius cleri regnique eius.

Legitur insuper de Rege Philippo V. quod ipse dedit & concessit Priuilegium Magistris, Doctoribus, & Scholaribus in dicta Vniuersitate Parisiensi studentibus, vt non teneantur mutuum pro guerris, vel pro subsidijs ratione guerræ impositis, vel imponendis præstare.

Similiter Rex Franciæ Ioannes nuncupatus (pro quo vt à captiuitate hostium, qua detinebatur, imposita fuerunt subsidia super regnicolas, & decima super tota Ecclesiâ Gallicanâ) præfatis Magistris, Doctoribus, & Scholaribus concessit vt liberi essent, immunes, & exempti à solutione subsidiorum huiusmodi & decimæ.

Et consequenter Karolus V. præfatos Magistros, Doctores, & Scholares in dictâ Vniuersitate Parisiensi studentes, à cunctis præstationibus, pro recuperatione regni sui, exemptos & immunes esse voluit.

Et subsequenter Karolus VI. filius Karoli V. eosdem Magistros, Doctores, & Scholares, à decimis, & alijs quibuscumque subsidijs, sibi per Apostolicam sedem concessis, aut in posterum concedendis, exemptos fore expressè voluit & ordinauit.

Karolus etiam VII. eiusdem Karoli filius eosdem Magistros, Doctores & Scholares in prædicta Vniuersitate Regentes & studentes, eadem libertate & immunitate gaudere voluit.

Et Similiter Ludouicus XI. eiusdem Karoli VII. Christianissimi & Sapientissimi filius, quacumque necessitate compulsus eosdem Magistros, Scholares, & Supposita eiusdem Vniuersitatis eadem libertate gaudere permisit.

Quorum vestigijs Christianissimus dominus Rex noster modernus inhærens, ipsam matrem Vniuersitatem, eiusque supposita supradicta ab eiusmodi subuentionibus, exactionibus, & decimis immunes esse decreuit, & per suas Patentes litteras concessit, & in suâ supremâ Parlamenti curiâ registrari & publicari voluit.

Sed præmissis (quæ vera sunt) non obstantibus Reuerendissimus in Christo Pater & D. Andreas Cardinalis sancti Martini in montibus vulgariter nuncupatus, Lugdunensis & Burdegalensis Archiepiscopus, Galliarumque Primas assertus & Reuerendus in Christo Pater Episcopus Albiensis, Commissarij Iudices, & executores, à sancta sede Apostolicâ in hac parte prætensi, nonnullique alij pro eorum subexecutoribus sese gerentes, quarumdam litterarum Apostolicarum vigore, vt fertur, ab Ecclesia Gallicanâ Ecclesiasticisque personis, nec non à Doctoribus, Magistris, Regentibus, Scholaribus, & alijs personis Ecclesiasticis dictæ Vniuersitatis Parisiensis, vnam integram decimam omnium & singulorum fructuum, redituum & prouentuum Beneficiorum Ecclesiasticorum, secundum verum valorem annuum quarumcumque Cathedralium, etiam Metropolitanarum, aliarumque Ecclesiarum, Prioratuum, Monasteriorum, & Beneficiorum Ecclesiasticorum, secularium, & Ordinum quorumcumque regularium, in dominio & ditione præfati Domini nostri Francorum Regis existentium, ab Archiepiscopis, Episcopis, electis Administratoribus, Commendatarijs, Abbatibus cæteris Prælatis, & personis Ecclesiasticis, secularibus, & Regularibus, Ordinum & militiarum quarumcumque, exemptis & non exemptis, cuiuscunque præeminentiæ, status, gradus, religionis, ordinis & conditionis existant, & quod ipsis personis, aut alicui ipsarum nulla priuilegia, aut indulta, sub quacumque verborum formâ, vel expressione concessa, vllatenùs suf-

1491.

1491.
"fragari possint) leuare & exigere nituntur & conantur: Nec non Magi-
" stros, Doctores & Scholares, aliaque Supposita dictæ Vniuersitatis Pari-
" siensis, per Monitiones, Censurarum Ecclesiasticarū Fulminationes etiam
" Excommunicationis sententiæ latæ, priuationes Beneficiorum Ecclesia-
" sticorum & aliàs pœnas ad solutionem prędictæ decimæ cogere & compel-
" lere nituntur & comminantur, eandem Vniuersitatem sua libertate &
" immunitate pristinâ denudare contendentes. Quo fiet vt ipsa mater Vni-
" uersitas (nunc Regentium, ac Studentium, & Scholarium in multitudi-
" ne satis copiosâ) breui tempore desoletur, destruaturque in dies, si deci-
" mam (quam nuper impositam ferunt, eiusmodi matris Supposita soluere
" compellantur. Nouum siquidem & inusitatum ipsi Vniuersitati exactio-
" nis genus est. Quamquam enim priscis temporibus veteres summi Pon-
" tifices ab Ecclesiasticis interdum personis (quouis nomine appellaren-
" tur) sibi Romanæque Ecclesiæ, aut alijs decimas tribuendas decreuerint
" & mandarint: Parisiensis tamen Vniuersitatis Supposita nunquam ad illas
" soluendas compellere voluerunt, non ignorantes quòd litteræ loquen-
" di viuendique libertatem expetunt & sequuntur, seruitutem fugiunt
" atque abhorrent.

" Ex quibus præmissis luce clariùs resultat, dictam præclaram matrem
" Vniuersitatem Parisiensem, imo & totam Ecclesiam Gallicanam, multis
" oppressionibus, grauaminibus, & concussionibus oppressam, læsam &
" afflictam fuisse & esse.

" Tum primo, quia per decimæ prędictæ impositionem, seu indictionem,
" decreta in dicto Concilio Constantiensi matura deliberatione edita sper-
" nuntur, & ludibrio *habentur, quinimo & funditus eneruantur: quibus tamen
" decretis quilibet Christianus, quantæcumque dignitatis, etiamsi Papalis existat,
" obedire & illa obseruare tenetur, maximè in his quæ pertinent ad fidem & ad ge-
" neralem reformationem Ecclesiæ Dei in capite & in membris.*

" Tum secundo, quia impositio huiusmodi decimæ de directo contendit
" ad manifestam deformationem, & destructionem totius Status Ecclesiæ
" Gallicanæ. Sunt enim fructus Ecclesiarum & Beneficiorum quorumcum-
" que, tam secundùm dispositionem Conciliorum Generalium & iurium,
" quàm secundùm piam intentionem Fundatorum, ordinati ad sustenta-
" tionem ministrantium in diuinis, diuini cultus augmentum, ac Ecclesia-
" rum suorumque ædificiorum reparationem, terrarum & possessionum
" Ecclesiæ culturam, iurium ipsarum conseruationem, hospitalitatis con-
" tinuationem, pauperum & miserabilium personarum sustentationem.

" Tum tertio, quia per exactionem prædictæ decimæ, sequi poterunt
" oppressiones in Clero & in Ecclesijs, & inde murmurationes graues ori-
" ri, & iam apud magnos Principes & alios quamplurimos nobiles, ac illos
" de populo, & iam vsque ad plebeios: quia videntes pati ruinas Ecclesias
" Cathedrales, & alia quæ sui progenitores & alij magnates fundauerunt,
" & vberrimè dotauerunt, murmurabunt.

" Tum quarto, scandala quàm plurima insurgent si huiusmodi decima
" sine pietate & misericordia, aut aliquâ remissione contra quoscunque
" etiam impotentes exigatur.

" Tum quinto, quia pro solutione huiusmodi decimæ terræ dotales Ec-
" clesijs & Monasterijs collatæ, nonnumquam impignorabuntur, & forsi-
" tan venditioni exponi cogentur.

" Tum sexto, quia ob defectum solutionis ipsius decimæ, Prælati, & alij
" Ministri ad soluendum impotentes, indebitè excommunicabuntur, & suis
" Beneficijs priuabuntur, ac per processus & litteras quas Collectores af-
" figent, vel affigi facient, publicè iniuriabuntur & scandalizabuntur.

" Tum septimo, quia sub prætextu & colore soluendi dictam decimam
" secundùm verum, atque taxam antiquam prætensam occasio malignandi
" & indebitè extorquendi *pecunias à Prælatis & Ministris Ecclesiæ*, etiam
" vltra quam fructus suorum Beneficiorum suppetere possent, præbebitur.

" Tum octauo, quia ob defectum solutionis huiusmodi decimæ, Prælati

& alij Ministri ad solutionem illius forsan impotentes suis Prælaturis & Beneficijs, nulla monitione præcedente, nullaque causa subsistente, eo ipso priuabuntur, vel priuati fuisse declarabuntur, quinimo & sententiam excommunicationis ipso facto incurrent : quòd salua sanctæ Sedis Apostolicæ reuerentia ab omni iure diuino & humano videtur alienum.

Tum nono, quia prædictæ decimæ impositio est fundata super falsâ causâ, ipsa namque causatur, & fundata est super defensione Ecclesiæ contra Turcum : & tamen per breuia transmissa per Papam præfatis dominis collectoribus & executoribus prætensis, Papa mandat duas partes præfato domino nostro Regi, tertiam verò partem Cameræ Apostolicæ tradi & distribui.

Tum decimo, quia per dictam impositionem Decimæ vacuabitur diuitijs & pecunijs Regnum miserabiliter depauperatum : & multis guerris & oppressionibus fatigatum : quæ pecuniæ ad nullam pietatem applicabuntur, & forsan postmodùm malos atque pessimos parient & causabuntur effectus.

Tum etiam, quia summus Pontifex pro præsenti detinet, & habet Turcum, seu Fratrem eius primogenitum in sua possessione, ratione cuius habet annuatim millia plura ducatorum quæ posset applicare ad defensionem Christianæ fidei, si ipsa defensio esset necessaria. Pro quibus rationibus non est timendum, quod Turcus (qui treugas habet Magistro & ciuitati Rhodi) audeat guerram facere contra Ecclesiam, sed oppositum: timet enim ne paremus arma contra eum & ex multis alijs causis legitimis loco & tempore proponendis & allegandis, & si opus, fuerit probandis.

Supplicat igitur, requirit & postulat Vniuersitas Parisiensis, præfatarum, sanctissimum dominum nostrum Papam, & eum filiali hortatur affectu, nec non Præfatos Patres dominos Collectores, ac per ipsos Deputatos Sub-Collectores, seu deputandos, vt priusquàm ad tantum grauamen & læsiones status Ecclesiæ & signanter dictæ Vniuersitatis de facto prorumpant, rem ipsam maturiùs atque plenius digerant & consultent & inconuenientia prædicta præuideant.

Quod si in exactione & leuatione eiusmodi Decimæ perseuerarint, & ab illa non destiterint, ab ipsius Decimæ Decreto, mandato, impositione, indictione & publicatione, dictorumque dominorum Collectorum processus fulminatione, monitionibus insuper per eos, aut ab ipsis Deputatis factis & fiendis, censurisque & pœnis per eosdem, aut aliquos ipsorum illatis & comminatis, in quantum Vniuersitatem prædictam, & eius antedicta concernit Supposita, nec non ab omnibus & singulis alijs supradictis grauaminibus & quolibet ipsorum, & specialiter vt ipsi domini eorum commissi, aut ab ipsis deputati, vel deputandi, non per monitiones, citationes, interdicti, suspensi, aut excommunicationis sententiarum fulminationes, aut Beneficiorum priuationes, vel priuationum declarationes, & brachij secularis auxilij requisitiones procedant, siue procedi faciant. A sanctissimo domino nostro Papa Innocentio VIII. minus debitè consulto, ad se ipsum melius consulendum & ad Sanctam sedem Apostolicam etiam melius consulendam, nec non ad Sacrosanctam Synodum vniuersalem celebrandam, illumque vel illos, ad quem, seu ad quos de iure prouocare, & appellare nobis licet, in his scriptis tam pro nobis quàm pro nostris adhærentibus, & adhæsuris, quàm etiam pro Vicarijs dictorum Magistrorum, Doctorum & Scholarium, eorumque in Beneficijs diuinis deseruientium, prouocamus & appellamus : Protestantes, nominibus, quibus supra, de prædictis Sententiarum & Censurarum nullitate, iuxta Canonicas sanctiones, submittentes tamen omnia iudicio vniuersalis Ecclesiæ Concilij, ad quod *super omnibus præmissis* habere recursum intendit præfata Vniuersitas : Apostolosque primò, secundò, tertiò, quartóque ex abundanti petimus, & repetimus instanter, instantius, & instantissimè à vobis Notarijs, quos & quales nobis de iure dare potestis, & debetis, saltem testimoniales præmissorum. Et nihi-

"dominus de præsenti appellatione intimandâ & notificandâ, ac de alijs
"Apostolis, illi vel illis ad quos spectat, loco & tempore opportunis pe-
"tendis, ac etiam de addendo eidem, vel diminuendo, eandem corrigen-
"do, aut mutando, si opus fuerit, cæterisque diligentijs & solemnitati-
"bus in talibus necessarijs & etiam opportunis adhibendis. Protestantes
"insuper, quod si contra præsentem appellationem, seu prouocationem,
"per prædictos dominos, vel alios per eos sublegatos, vel sublegandos,
"aliquid, quod absit, attentari contingat, præsertim quod in præiudicium
"dictæ Vniuersitatis & Suppositorum eius redundare possit, ex tunc prout
"ex nunc, præsens actus (quatenùs prouocationem concernit) in vim veræ
"transeat appellationis. De præsenti ipsam Vniuersitatem eiusque omnia
"& singula Supposita, sibique adhærentes, aut adhærere volentes, in præ-
"missis, aut occasione præmissorum, protectioni, saluagardiæ, & tuitioni
"dictæ sanctæ sedis Apostolicæ submittentes & supponentes, & de præmis-
"sis omnibus & singulis, à vobis Notarijs hîc præsentibus petimus instru-
"mentum, vel instrumenta, vnum vel plura, nobis, nominibus quibus su-
"pra fieri, astantes in testimonium præmissorum inuocando, de quibus
"præmissis omnibus & singulis, prænominati Rector, Decani & Procura-
"tores, ipsam Vniuersitatem repræsentantes petierunt à nobis Notarijs
"infrà scriptis publicum instrumentum vnum, vel plura. Acta fuerunt hæc
"in Congregatione eiusdem Vniuersitatis, apud sanctum Bernardum Pa-
"risius per iuramentum solemniter congregatæ, sub anno, indictione,
"mense, die, & Pontificatu prædictis, præsentibus ibidem honestis &
"prouidis viris Ioanne Partuisot, Simone d'Alingant, Oliuario Chambe-
"lan, Io. Perot, Io. Feron Mercatoribus Parisius commorantibus & Ioan-
"ne Champin Clerico Meldensis, Senonensis, Parisiensis, Eduensis, Ro-
"thomagensis, & Malcacensis Diœcesis, vnâ cum pluribus alijs testibus,
"ad præmissa vocatis specialiter & rogatis. Et ego Petrus Mesnart Cle-
"ricus Parisiensis in Artibus Magister, & in Decretis Baccalarius, publicus
"authoritatibus Apostolica & Imperiali, venerabiliumque Curiarum Con-
"seruationis Priuilegiorum Apostolicorum, Vniuersitatis & Episcopatus
"Parisiensis, Notarius iuratus, ac eiusdem Vniuersitatis Scriba, quia præ-
"scriptæ appellationis interiectioni, cæterisque præmissis omnibus & sin-
"gulis, dum sic vt supra scribuntur, agerentur & fierent, vnâ cum No-
"tario publico subscripto, ac testibus subscriptis, præsens interfui, eaque
"sic fieri vidi & audiui; ideo huic instrumento appellationem huiusmodi
"in se continenti, signum meum publicum & consuetum apposui, in fi-
"dem, robur, & testimonium præmissorum, requisitus & rogatus.
"Ego Ioannes Saulede Clericus Andegauensis Diœcesis, publicus Apo-
"stolica & Imperiali authoritatibus Notarius, quia præscriptis appella-
"tionibus per præfatos dominos interiectis, grauaminum & causarum di-
"ctæ appellationis declarationi, vnâ cum honorabili viro Magistro Petro
"Mesnart, Clerico Parisiensi, in Artibus Magistro, & in Decretis Bacca-
"lario, eisdem authoritatibus connotario meo suprascripto & testibus su-
"prà scriptis, præsens interfui, eaque sic dici vidi, & audiui. Idcirco huic
"præsenti publico instrumento, appellationem huiusmodi in se continen-
"ti, signum meum publicum & consuetum apposui, in fidem, robur, &
"testimonium veritatis omnium, & singulorum præmissorum, requisitus
"& rogatus.

Secunda Appellatio.

"IN NOMINE DOMINI, AMEN. Tenore huius præsentis publici in-
"strumenti cunctis pateat euidenter & notum sit, quòd anno eiusdem
"1491. Indictione nona, mensis verò Septemb. die decima octauâ, Pon-
"tificatus sanctissimi in Christo Patris & Domini nostri, Domini Innocen-
"tij, diuina prouidentia Papæ VIII. anno 8. in mei Notarij publici subsi-
"gnati, & testium subscriptorum ad hoc vocatorum specialiter & roga-
"torum præsentia, personaliter constitutus venerabilis & discretus vir

"Magister Robertus de Vallibus, in Artibus Magister & in Theologia Baccalarius formatus, Procurator ac nomine Procuratorio DD. Rectoris &
Vniuersitatis studij Parisiensis sufficienter fundatus, per litteras Procu-
ratorias, quoad infrà scripta peragenda, adhærendo primæ appellationi,
nuper per dictam Vniuersitatem, aut Decanos singularum Facultatum,
ac Procuratores Nationum Franciæ, Picardiæ, Normaniæ, & Almaniæ
in dictâ Vniuersitate, nuper interiectæ, à Reuerendissimo in Christo Patre, ac Domino, Domino, Tristando de Salazar, Archiepiscopo Senonensi, & à quadam monitione per eum, seu de eius mandato, vt fertur,
Parisius in pluribus locis affixâ, per quam prætendit monuisse seu moneri fecisse omnes & singulos Abbates, Electos, Commendatarios, Priores, Præpositos, Decanos, Archidiaconos, Thesaurarios, Cantores,
Custodes, Capicerios, tam Cathedralis Parisiensis, quam Collegiatarum
Canonicos, Parrochialiumque Ecclesiarum Rectores, Altaristas, Vicarios, perpetuosque Capellanos, Matricularios, Administratores, omnesque exemptos & non exemptos cuiuscumque dignitatis, status, gradus, ordinis, præeminentiæ & conditionis existant, in ciuitate & Diœcesi Parisiensi constitutæ de soluendo decimam omnium & singulorum
fructuum, redituum, & prouentuum quocumque Beneficiorum Ecclesiasticorum, Secularium & Regularium quæ personæ ipsæ & earum quælibet, in ciuitate & Diœcesi Parisiensi prædictis, in titulum, vel Commendam, aut aliàs quouis modo obtinent, per præfatum sanctissimum Dominum nostrum Papam impositam, & per ipsum Reuerendissimum Patrem,
vt prætendit, taxatam; si & in quantum eiusmodi monitio tangit & concernit, sine in illa idem Reuerendissimus Pater comprehendere in-
tenderet Magistros, Doctores, ac Regentes, & Scholares & alia Supposita eiusdem Vniuersitatis Parisiensis, in his scriptis tam pro ipsa Vniuersitate, quàm pro sibi adhærentibus & adhæsuris, prouocauit & appellauit, Apostolosque à me Notario subscripto instanter, instantius,
instantissime petijt & requisiuit; cui quidem Procuratori, Apostolos testimoniales & tales quales sibi dare potui, sibi dedi & concessi. De quibus præmissis omnibus & singulis, idem Procurator petijt à me Notario
publico subscripto, sibi fieri atque tradi instrumentum vnum vel plura,
publicam seu publica. Acta fuerunt hæc Parisius in vico Nucum, sub anno, indictione, mense, die & Pontificatu prædictis præsentibus ibidem
discretis viris Magistris, Ioanne Sanquet & Petro Drouari Clericis, in
Artibus Magistris, Cenomanensis & Meldensis Diœcesis, testibus ad præmissa vocatis specialiter & rogatis. Sic signatum, P. MESNART."

Eodem anno, die verò 20. Septemb. iterum actum est de Decimis illis,
& relatum quid ab Archiepiscopo Senonensi eiusdem Collectore propositum fuisset; item an Vniuersitas deberet deferre Censuris quæ publicè ad valuas Ecclesiarum prostabant contra Detrectatores. Quid autem deliberatum fuerit, legimus in vetusto Codice Germanicæ Nationis, his verbis. Anno quo supra, 20. die mensis Septemb. in vigilia Mathæi Apostoli conuocata fuit alma Parisiensis Vniuersitas apud S. Mathurinum super 3. articulis. Primus erat super responsione habitâ à Reuerendissimo in Christo Patre D. Archiepiscopo Senonensi D. Tristando huius Decimæ Collectore & à suis Collegis Collectoribus. Secundus erat
super remedio inueniendo contra excommunicationes ante valuas Ecclesiarum positas quibus monebantur Supposita Vniuersitatis sub pœna
excommunicationis & aggrauationis summi Pontificis. Tertius erat super
supplicationibus & iniurijs. Quantum ad 1. art. D. Rector protulit in
Vniuersitate responsionem habitam de dictis decimis à Reuerendissimo
in Christo Patre Archiepiscopo Senonensi & dictarum decimarum Collegis Collectoribus. Quæ quidem Responsio hæc fuit, quod scilicet non
intendebant exigere decimas à veris Doctoribus & Regentibus, ac veris
Scholasticis Vniuersitatis Parisiensis. Cum enim D. Rector eos interro-
gauerat quos appellarent veros Scholares Vniuersitatis, an illos qui

"sigillo Rectoris oſtenderent ſe eſſe Scholares, vel non, præfati Collecto-
"res non omninò affirmatiuam, vel negatiuam tribuerant. Dixerunt ta-
"men quod non ſufficeret quod aliqui Sigillo Rectoris Vniuerſitatis oſten-
"derent ſe eſſe veros Scholares, ſed cum hoc oporteret habere ſigneta ali-
"quorum proborum virorum quibus oſtenderent ſe eſſe Scholaſticos Vni-
"uerſitatis. Huic dicto non aſſentiens Natio deliberauit quod ſigillum Re-
"ctorale Vniuerſitatis Pariſ. teſtimonium eſt ſufficiens vt ſemper fuit, quo
"quiſpiam profert ſe eſſe verum Scholaſticum Vniuerſitatis Pariſ. & nullo
"vlterius quiſpiam eget ſigilleto, vel ſignetis aliquorum aliorum; idcirco
"placuit Nationi cum alijs Nationibus proſequi appellationem factam in
"Congregatione ſupraſcripta. Quantum ad 2. articulum, proſpiciens Natio
"ſcandalum quod euenit ex affixis Excommunicationibus ad valuas Eccle-
"ſiarum ab iſtis Collectoribus harum Decimarum contra priuilegia Vni-
"uerſitatis & Suppoſitorum eiuſdem, adhuc placuit Nationi vniformiter
"cum alijs Nationibus appellationem prædictam omnibus vijs, omni di-
"ligentia proſequi, & omnibus medijs huic propoſitioni obſtare. Inſuper
"placuit Nationi quod cum appellatio prædicta publicè in Vniuerſitate
"lecta fuerit à M. Roberto Procuratore Vniuerſitatis, vt dicta appellatio
"quàm citius poſſet, affigeretur ad valuas Eccleſiarum & cum ea manife-
"ſtaretur, qualiter Vniuerſitas à præfata excommunicatione ac impoſi-
"tione appellat, vt dictum eſt.

Iuxta hanc Concluſionem quæ totius Vniuerſitatis fuit, Rector edixit in hunc modum & admonuit.

" NOS GVILLELMVS Cappel *Rector Vniuerſitatis Magiſtrorum & Scho-*
" *larium Pariſius ſtudentium*, ex matura & concordi deliberatione eiuſdem
" Vniuerſitatis monemus omnes & ſingulos Magiſtros, Scholares, Suppo-
" ſita & quoſcunque iuratos eiuſdem Vniuerſitatis vbicunque fuerint, cu-
" iuſcunque ſtatus, gradus, conditionis, præeminentiæ, ſeu dignitatis exi-
" ſtant, ſub debito iuramenti præfatæ Vniuerſitati præſtiti & ſub pœnis
" priuationis & perpetuæ reſecationis à gremio eiuſdem Vniuerſitatis quas
" ex nunc, prout, ex tunc, & ex tunc prout, ex nunc declaramus, ſi contra
" feceritis, incurriſſe, ne qui eorum in materia eiuſdem Decimæ ſuper
" fructibus, reditibus & prouentibus omnium Eccleſiaſticorum huius Re-
" gni Chriſtianiſſimi à ſanctiſſimo D. D. Innocentio Papa moderno, vt fer-
" tur de nouo impoſita exigendo, monendo, recipiendo, vel etiam ſoluen-
" do auxilium, conſilium, fauorem, vel aſſiſtentiam præſtent, aut aliàs
" quouis modo ſe intromittant in præiudicium priuilegiorum, & liberta-
" tum Vniuerſitatis Pariſienſis & Suppoſitorum eiuſdem, necnon quarun-
" dam appellationum ex parte ipſius Vniuerſitatis intericctarum in eadem
" materia Decimæ. Datum in noſtra Congregatione Generali apud S.
" Math. Pariſius ſolemniter celebrata, & ſub ſigillo Rectoriæ Vniuerſitatis
" præfatæ anno Domini 1491. die 20. menſis Septembris, Sic ſignatum
" P. MESNART.

Item in Comitijs die vltima Septemb. habitis apud Mathurinenſes decretum eſt, vt appellatio ſupradicta Gallicis verbis conſcriberetur valuiſ-
que Eccleſiarum apponeretur, ad ſcrupulum vulgi ſubleuandum. Quo
facto Cenſuræ quoque Pontificiæ contra parere detrectantes Eccleſiarum valuis ad terrorem propoſitæ. Idcirco ipſa Vniuerſitas Comitia habet generalia die 13. Octob. tum ad audiendum ea quæ à ſelectis, ſeu Deputatis in negotio Decimæ geſta fuiſſent, tum ad deliberandum de Cen-
ſuris. Qua de re ſic legitur in Codice Germanicæ Nationis. *Quantum ad
2. art. Natio conformis eſt alijs Nationibus. Et quantum ad Cenſuras, Natio
Doctores Theologiæ oratos eſſe voluit, vt ipſi cum Baccalarijs & cum Iuris-pe-
ritis viderent & ſimul diſputarent, an iſtæ Cenſuræ timendæ eſſent, an non; &
ſecundùm hoc vnum conſtruerent articulum.* Eadem fuit mens cœterarum Nationum & Facultatum.

Die 22. eiuſdem menſis Facultas Theologiæ iudicium ſuum Doctrinale
in Comitijs Generalibus edidit, quâ de re ſic habetur in Reg. Medicinæ.

Item die 22. eiusdem mensis (Octob.) in S. Mathurino super executione cuiusdam Conclusionis Vniuersitatis pro Articulo doctrinali determinando per Sacratissimam Theologorum Facultatem; scilicet an Excommunicationes latæ, vel ferendæ in Supposita ipsius Vniuersitatis per Deputatos à summo Pontifice in materia dictæ Decimæ essent tenendæ, vel resistere talibus saperet hæresim.

 Quæ fuerit autem Determinatio prædictæ Facultatis Theologicæ, habemus in veteri Codice membranaceo Nationis Gallicanæ. Sub hoc lemmate. CONCLVSIO FACVLTATIS THEOL. AB VNIVERSITATE OMNIFARIAM APPROBATA SVPER EXACTIONE D. LEGATO PERSOLVENDÆ.

 Monitiones, Censuræ & Excommunicationes latæ, aut ferendæ per Romanum Pontificem pro Decima, aut alia exactione soluenda sine causa rationabili, iusta & vrgente, aut post & contra appellationem legitimè interpositam, nullæ sunt ipso iure, nec timendæ.

 Præfatæ Censuræ non impediunt Appellantes à perceptione Sacramentorum Ecclesiasticorum & à Communione Fidelium.

 Die 21. Nouemb. in Comitijs Mathurinensibus omnium Vniuersitatis Ordinum tria fuerunt proposita capita non indigna posterorum memoriæ. 1. de reditibus Capellaniarum in ærario Regio fundatis. 2. De quibusdam publicè docentibus vltra Pontes. 3. De Nuncio Nationis Picardicæ spoliato. In Codice Nat. Germ. sic habetur.

 1. Articulus super 1. *Capellanijs fundatis super Thesauro D. nostri Regis & de Reditibus 20 lib. Parif. quos quidam Magister Computorum Vniuersitati indicauit deberi. Si ergo Vniuersitas demonstret super quo onere illi Reditus sunt fundati, ipsi Magistri Computorum parati sunt tradere illos Reditus Vniuersitati.*

 2. Articulus erat de quodam Claudio legente in Medicinis vltra Pontes & pro Barbitonsoribus & etiam de legentibus publicè in Legibus & Poëtis; quæ prouisio esset facienda. 3. erat communis super supplicationibus & iniurijs.

 Quantum ad 1. *Quia illæ Capellaniæ & Reditus prædicti redundant in magnum commodum Vniuersitatis, Natio Germanorum egit illi bono D. Magistro Computorum ingentes grates, qui in tantum affectat bonum Vniuersitatis;* & placuit Nationi vt omnimodam diligentiam adhiberet Procurator Vniuersitatis ad inuestigandum & prosequendum illam rem.

 Quantum ad 2. placuit Nationi vt Rector inhiberet illi Claudio per iuramentum si fuerit Studens Parisius vt desistat à legendo; si non sit studens Parisius, quod compellatur ab Episcopo Parif. Similiter de Legistis & Poëtis.

 Quantum ad 3. *Supplicuit quidam Nuncius Nationis Picardiæ qui cum Parisium veniret cum quibusdam Magistris & Scholasticis in Ciuitatem Morinensem, omnes Captiui ducti sunt & suis rebus & pecunijs spoliati, Parisium, sine pecunijs sunt coacti accedere; quod quidem est in magnum præiudicium Vniuersitatis & iniuriam.* Placuit Nationi vt communibus expensis ex ærario Vniuersitatis prosequeretur talis iniuria, & ad hoc faciendum placuit omnimodam dari assistentiam.

 Cœteræ Nationes idem concluserunt, tres verò Facultates auxilium quidem pollicitæ sunt, non communibus expensis ex ærario faciendis, sed aut ipsius Nuncij, aut Nationis Picardicæ. Hinc inter Nationes & Facultates discordia. Ad quam sedandam Rector Facultatem Artium congregauit die 23. eiusdem mensis apud ædem San-Iulianensem. Et ibidem vna omnium Nationum mens fuit quæ prius. Res sic se habet in Codice prædicto. *Cum in vltima Congregatione habita ad S. Math. placuerit Nationi totique Facultati Artium vt huic Nuncio daretur assistentia ex ærario Vniuersitatis & aliæ tres Facultates secus deliberauerint, scilicet dando auxilium, sed non expensis Vniuersitatis, sed expensis Nationis Picardiæ, vel Nuncij, hac tamen deliberatione non obstante placuit Nationi alijsque Nationibus, huic Nuncio dare assistentiam impensis ipsius Vniuersitatis. Insuper Alemanorum Natio voluit D. Rectorem esse rogatum vt velit supplicare alijs Facultatibus quod in eandem sententiam velint descendere. Et casu*

1491.

quo aliæ Facultates renuerint, *paratissima foret Natio cum alijs Nationibus eligere & constituere vnum Receptorem Facultatis Artium qui haberet colligere pecuniam communem quâ posset prouidere suis Suppositis, Scholasticis, Nuncijs & Scruitoribus, cum Natio declarauit hanc pecuniam magis prouenire ex Facultate Artium.*

Die 14. Decembris in Comitijs Mathurinensibus acceptæ sunt litteræ Regiæ per Scutiferum, quibus Rex ab Vniuersitate petebat vt preces ad Deum funderet pro sponsalibus quæ cum Anna Ducissa Britanniæ minoris contraxerat. In ijsdem Comitijs Rector produxit in medium quædam Statuta Papalia contra Martinetas, quibus scilicet tenebantur in Collegijs hospitia capere: item vt Regentes de mane suis Scholasticis legerent *ad pennam*, voluitque idem Rector id diligenter obseruari. Quæ Relatio displicuit Nationibus propterea quod res non erat istorum Comitiorum, sed Facultatis Artium: quâ de re sic scribitur in vetusto Codice Germanicæ Nationis. *Quantum ad istum art. veneranda Alemanorum Natio mater mea non habuit Rectorem gratum, & egit ei malas gratias, quod istam materiam quæ tangit præcipuè Facultatem Artium, ad alias Facultates fecerit ventilari, & iniunxit ei silentium de ista materia, inconsultâ Facultate. Et casu quo aliæ Facultates, vel D. Rector velit executioni mandare, Natio appellauit.*

TVRBA IN ELECTIONE RECTORIS.

Die 15. eiusdem mensis celebrata sunt Comitia Facultatis Artium apud S. Iulianum in quibus electis de more Quatuor-viris, seu Intrantibus, in singulis Nationibus suo, electus est primùm in Rectorem Vniuersitatis M. Claudius Hangest. Sed quia vis quædam adhibita fuisse videbatur, præsertim in Nat. Germanica, in quâ electi fuerant partim, vi partim suffragijs, in Quatuor-virum, ab alijs M. Gerardus Militis, & ab alijs M. Georgius Holsuder: Gerardus cum duobus alijs Quatuor-viris, Gallicano & Normano Conclaue ingressi apud S. Blasium elegerunt alium Rectorem, scilicet M. Ioannem Riuole Nauarricum: hinc orta lis inter Rectores, qui ad suas vterque partes trahere conati sunt Facultates & Nationes, Comitijs hinc & inde habitis. Tandem res ad supremam Curiam Parlamenti, delata, & factum Senatusconsultum die 26. Ianuarij, vt legitur in Actis Curiæ.

Entre M. Iean Riuole & les Procureurs des Nations de France, Normandie & Allemagne Adjoints auec luy, appellans des Doyens des Facultez de Decret & Medecine de l'Vniuersité de Paris d'vne part, & M. Claude de Hangest intimé de l'autre part. Veu par la Cour le Plaidoyé fait en icelle, le 12. iour de ce mois, & tout ce que par lesdites Parties a esté mis & produit pardeuers ladite Cour, & oüy sur ce le Procureur du Roy, il sera dit que la Cour a mis & met ladite appellation & ce dont a esté appelé au neant & sans amende és despens de ladite Cause d'appel, & pour cause. Et renuoye la Cour le debat & procés desdites Parties touchant le droit de la Rectorie, pretendu par ledit de Riuole & de Hangest en ladite Vniuersité de Paris, pour par les quatre Facultez, estre commis Notables Deputez, non suspects & fauorables à l'vne & à l'autre desdites Parties, autres que ceux qui ia ont esté Deputez pour connoistre, & decider du dit **droit pretendu par chacune desdites parties dans ladite Rectorie,** *& sur ce par ladite Vniuersité estre fait droit ausdites Parties dedans huictaine pour tous delays, ainsi que de raison. Et ordonne ladite Cour que cependant & iusques à ce que dudit droit soit discuté, lesdits Riuole & de Hangest seront contraints par toutes les voyes & manieres deuës & raisonnables, & nonobstant oppositions & appellations quelconques de mettre les Liures, Sceaux & autres enseignemens és mains de l'ancien Recteur, qui cependant exercera ladite Rectorie, & deffend la Cour à tous Suppots de l'Vniuersité, soient ceux nommez les Freres, ou autres; sur peine de prison & de bannissement de ce Royaume, que és assemblées de ladite Vniuersité ne fassent aucunes insolences & voyes de fait, en declarant ceux qui seront trouuez auoir fait, ou fait faire lesdites insolences & voyes de fait, priuez du droit par eux pretendu & de ladite Vniuersité.*

Placuit omnibus parere Senatusconsulto; & tandem electis viris probis & discusso iure Partium causa M. Claudij de Hangest potior esse visa est:

Vniuersitatis Parisiensis.

est: & secundùm hanc deliberationem, aliud Decretum Senatus factum, quo Rectorale munus adiudicatum est prædicto M. Claudio, inhibitumque M. Ioanni Riuole ne se deinceps pro Rectore gereret. Sed breue fuit muneris Rectoralis exercendi tempus. Nam Comitijs San-Iulianensibus die 24. Martij celebratis nouus Rector electus est M. Symon Dugast Nationis Normanicæ, deductusque est ad Collegium Coquereticum, vbi vinum & species de more exhibuit.

1491.

Ad hunc annum notat Massæus quendam M. Ioannem Langlois Natione Anglicum Parisijs in Sacello S. Crispini Presbyterum celebrantem deiecisse in terram, Hostiam & Calicem iam consecratum effudisse & conculcasse. Captum illico negauisse ibi corpus esse Christi; & post multa tandem conamina, cum resipiscere nollet, combustum interisse.

Anno 1492. die 10. Maij in Comitijs Mathurinensibus Vniuersitatis actum est de Nominatione ad Beneficia, decretumque vt egregius Orator ad Regiam Majestatem precaturus accederet, ne quid non vocatâ & inconsultâ Vniuersitate, in negotio Beneficiorum statueret.

1492.

Die 23. Iunij habita sunt Comitia Facultatis Artium in San. Iuliano vbi datis Quatuor-viris, de more electus est in Rectorem Vniuersitatis M. Bernardus Roillet Primarius Collegij Burgundici. *Qui iuramentis exhibitis,* vt habent acta Nationis Germanicæ, *in realem, actualemque possessionem est positus.* Hoc enim habet Facultas Artium vt ipsa per se Rectorem eligat & confirmet, cæteræ verò informandi & instruendi potestatem tantummodò habeant.

Die 17. Octob. Vniuersitas apud Mathurinenses congregata acceptas litteras Regias audiuit quibus mandabatur fieri Deo supplicationem propter Delphinum recens natum die scilicet 10. de mane horâ 4. quibus mandatis lubens paruit Vniuersitas. In ijsdem supplicauit Sub Cancellarius Ecclesiæ Paris. vt Vniuersitas per litteras rogaret summum Pontificem Alexandrum VI. recens promotum, item & Collegium Cardinalium, vt haberent gratam electionem Episcopi Paris. cuius supplicationi quoque annuit. Ad diem 26. ita legitur in Reg. Med. *Die 26. eiusdem mensis apud Muth. super præsentatione honorandi viri M. Guill. Cappel ad Ecclesiam Parochialem SS. Cosmæ & Damiani vacantis in turno venerab. Nationis Gallicanæ.*

Die 29. apud S. Iulianum electi sunt pro more è singulis Nationibus Censores & Reformatores Collegiorum Facultatis Artium. Neque enim illa vnquam pati voluit sua Collegia per alios quàm per seipsam reformari; vt ex tota priorum seculorum serie & historia constat.

Die 21. Nouemb. in Comitijs Mathurinensibus lectæ sunt litteræ Regis Caroli VIII. quibus mandabat Vniuersitati vt Gerardo electo Parisiensi patrocinaretur: quæ Regis voluntas tantò gratiùs accepta est, quò iam studiosiùs ipsa propendebat in causam dicti Episcopi.

Die verò 28. eodem loco habitis Comitijs actum est de defensione cuiusdam Priuilegij pertinentis ad Testamenti factionem, qua quidem Extraneis non minus licebat Testamentum condere & hæredes instituere quàm ipsismet ciuibus. Placuit autem hocce Priuilegium tueri quâ fieri posset diligentiâ & operâ. Si enim secus fieret, Vniuersitatem Parisiensem deinceps extraneis, seu alienigenis, Regnum verò dignitate & amplitudine solita cariturum.

Die 9. Decemb. in Comitijs Mathurinensibus lectæ sunt litteræ Alexandri VI. summi Pontificis de sua promotione, ad Vniuersitatem per specialem Nuncium, quem Vniuersitas summâ pecuniæ donatum voluit. Die verò sequenti, scilicet 10. Decemb. eodem loco Comitijs habitis Doctores in Decretis supplicauerunt Vniuersitati vt vellet suum Priuilegium tueri de docendi munere, quod quidam Doctor Italus in illa Facultate sibi vsupare contendebat Lutetiæ, non cooptatus in gremium Vniuersitatis, neque licentiâ, vt solet fieri, obtentâ à consultissima Decretorum Facultate. Quam in rem sic statutum reperio, interdictum iri illi Doctori

Tom. V.   KKKkk

omni docendi munere Lutetiæ, donec à Facultate Decretorum, cuius

1492. intererat, licentiam obtinuisset: item donec in disputatione cum Doctoribus Parisiensibus probatus fuisset, idoneusque ad docendum repertus.

Die 15 eiusdem mensis in Comitijs San-Iulianensibus Facultatis Artium electus est vnanimi consensu in Rectorem Vniuersitatis M. Michaël Panige, qui vt legitur in Codice Germanicæ Nationis, *in realem actualemque possessionem est positus; magnaque Magistrorum frequentia deductus est ad Collegium Nauarricum, in ædes suas*, vbi de more illius temporis, exhibuit vinum & species.

In Reg. Med. legitur fuisse Comitia Vniuersitatis, die 20. Ianu. super resignatione cuiusdam *Officij Papietariatus*. 27. Feb. super apertione Rotuli. 10. Martij super *Processionibus fiendis apud S. Victorem*. 13. eiusdem ad sedandam litem ortam in Natione Gall. inter duos Magistros de Officio Procuratorio contendentes. 20. super *executione cuiusdam Arresti super facto Nominationum ex parte Facultatis Decretorum impetrati*.

1493. Anno 1493. pauca videmus Acta in Vniuersitate digna Posterorum memoria, in Reg. Facultatis Med. leguntur Comitia quædam habita, sed de rebus non valde arduis. 3. Iunij *super auditione lecturæ quarundam litterarum Regiarum*. 16. Ad celebrandas supplicationes ad D. Germani Autissiodorensis. 17. *Ad dandum Deputatos super correctione status Regni*. 4. Iulij pro adeundo Rege super cursu Priuilegiorum. 18. Aug. super correctione Scholarium extra Collegia manentium. 19. Super reuocatione cuiusdam Cordigeri. 9. Septemb. ad audiendum quid ferrent litteræ Regiæ super congregatione Ecclesiæ Gallicanæ ad reformandam disciplinam & prouidendum Suppositis Vniuersitatis. 28. Ad celebrandas supplicationes. 3. Octob. super resignatione quorundam Officiorum. 18. Super litteris quibusdam congratulatorijs ad summum Pontificem Alexandrum & ad Collegium Cardinalium mittendis, in gratiam Cardinalis S. Dionysij. Placet insuper his inserere litteras Scholaritatis à M. Ioanne Riuole, tum Rectore expeditas, quales leguntur in Codice Membranaceo Ecclesiæ Parisiensis; quam gratiam debeo Herouuallio.

„ Vniversis præsentes litteras inspecturis Ioannes Riuolle Rector Vni-
„ uersitatis Magistrorum, Doctorum & Scholarium Parisius studentium
„ salutem in Domino sempiternam. vt ait Seneca, non amicitiæ reddas te-
„ stimonium, sed veritati. Et huic consonat verbum Philosophi 1. Ethic.
„ dicentis quod ambobus existentibus amicis, sanctum est præhonorare ve-
„ ritatem. Hinc est quod nos non solum amicitiæ moti, sed etiam veritati
„ verum testimonium perhibemus, quod Dilectus noster venerab. & dis-
„ cretus vir M. Ioan. Saulay Presbyter in Artibus Magister, Canonicus præ-
„ bendatus insignis Ecclesiæ Parif. ac Curatus Ecclesiæ Parochialis S. Iu-
„ liani de Lauenayo Cenoman. Diœcesis, fuit prout adhuc est de præsenti,
„ ac esse intendit, verus & continuus Scholaris Parisius studens in veneran-
„ da Decretorum Facultate sub venerabili & doctissimo viro D. Nicolao
„ Dorigny Decretorum Doctore actu Parisius in prædicta Facultate Re-
„ gente, D. nostri Regis in sua Parlamenti Curia Consiliario, prout nobis
„ extitit legitimè facta fides, & hoc omnibus & singulis, quorum interest,
„ aut interesse potest, seu poterit quomolibet in futurum tenore præsen-
„ tium certificamus. Quare nos dictum Scholarem eiusue Procuratores
„ Nuncios & familiares, ac omnia bona sua quæcunque & vbicunque sint,
„ sub nostra & dictæ Vniuersitatis protectione, tuitione, tutela, custodia,
„ ac saluagardia ponimus per præsentes, ipsumque Scholarem priuilegijs,
„ franchisijs & libertatibus dictæ Vniuersitatis vti & gaudere volumus &
„ defendi vbicumque se duxerit transferendum. In cuius rei testimonium,
„ Sigillum Rectoriæ Vniuersitatis præfatæ præsentibus litteris duximus ap-
„ ponendum. Datum Parisius anno Domini 1493. die 8. mensis Octob.

1494. Anno 1494. obijt Guillelmus de Ruperforti Franciæ Cancellarius, cui parentauit Vniuersitas, eiusque laudationem quâ decuit pompâ & gratitudine celebrauit. Nec statim ei suffectus est successor, sed sigillorum

Regiorum custos Adamus Fumæus constitutus Libellorum supplicum antiquissimus Magister, ad quem sic Robertus Gaguinus: *Non permittit morbus quo diu grauiterque sum afflictus, fortunæ tuæ gratulari, quæ gratiam atque dignitatem tuam fecit his diebus auctiorem, nunc morbo paulùm leuatus dare ad te litteras duxi quo officium in meum explerem: itaque tametsi Guillermi mors mihi molesta est, gaudeo tamen te Cancellarij loco assidere, & Iustitiæ administrationem tibi esse creditam. Rerum enim humanarum experientam abundè calles, neque surreptum iri tibi aliquid iniquum potest. Igitur ita age ne à recto declines, nec fortunæ recens hæc benignitas ab amicorum beneuolentia te reddat alienum: persuasum enim mihi est, me corpore absentem à tua non excidisse memoria, quæ vt perpetuò hæreat, precor. Vale Parisius pridie id. Decemb.*

1494.

Eodem anno cum Ioannes Trithemius Abbas Spenheimensis librum edidisset *de laudibus S. Annæ*, & in 7. cap. de immaculata Virginis Mariæ Conceptione mentionem fecisset, continuò quidam Wigandus Dominicanus aduersus eum insurrexit, eique magnas turbas excitauit, donec tandem per Rectorem & Vniuersitatem Coloniensem concordia inter eos composita. Rem sic ipse narrat in Chron. Spenheim. Huius occasione *(scilicet cap. 7.)* surrexit quidam de Ordine Prædicatorum Wigandus Cauponis nomine, Prædicator Conuentus Francxfordiensis, homo quidem satis doctus, sed temerarius nimiùm & superbus: opus quantum ad Puritatem Conceptionis pertinet, impugnare voluit, litteras contra Trithemium, occultato scribentis nomine sub Fratris Pensantis-manus vocabulo, per Nuncium incertum ad illum misit, & quasi malè de Conceptione scripserit, satis tumidè increpauit. Cui Trithemius in hæc verba rescripsit. Ægrè ferrem conuicia tua & opprobria, lector innominate, nisi te graui morbo animi laborare intelligerem, quem vsque adeo in te preualuisse cernitur, vt experientia Medicorū Principis Æsculapij necessaria ad tui curam videatur. In fine autem Epistolam sic concludit. Si Religiosus es, si Fraternæ Charitatis amator, à conuicijs & maledictis te modò cohibere non negligas, neque in tua prudentia contra immaculatam Dei Genitricem temere confidas. Nisi hoc feceris, erit tempus quo scripta tua irrisione dignissima in caput tuum reiecta dolebis. Cum his litteris & alijs lectionibus Trithemius misit virum quendam & eruditum ad Francofordiam (erat autem in Aduentu Domini) qui apud Prædicatores exploraret subtiliter quis esset ille Frater Pensans-manus. Is cum illò venisset industria vsus comperit esse præfatum Lectorem Wigandum Cauponis. Hoc cum ad Trithemium retulisset, ortum est grande litterarium inter eos bellum, quod fermè per biennium inter eos durauit. Mox enim aduersus Wigandum plures viri doctissimi defensores Marianæ Puritatis, metro scripserunt & prosâ. Librum Trithemius & sensum eius de Conceptione eius purissimâ defensantes. Biennio tandem elapso, concordia inter Trithemium & Wigandum facta est per Rectorem Vniuersitatis Colon. Vdalricum Kreitwys de Eslingen Doctorem S. Theol. famosissimum, Maioris Ecclesiæ Colon. Canonicum, ac Archiepiscopi Consiliarium, ac per Thomam de Scotia & alios sacræ Theolog. Doctores: ita quod Wigandus opinionem suam contrariam purissimæ Conceptionis Mariæ & Trithemij opusculo abiurauit, veniamque temeritatis suæ petere ab ipso Trithemio compulsus fuit: & quod remissis iniurijs omnibus alter in alterum à modò inuectionem non scriberet. Nihilominus Prædicatores postea in Curia Rom. sub Alexandro Papa VI. contra Trithemium impetrare, aut subdolè laborare conati sunt, sed nihil profecerunt. Habebat enim Abbas Trithemius sibi constantissimè adhærentes Vniuersitatem Parisiensem, Coloniensem, Tubingensem, totum Ordinem Carmelitarum, Ordinem Minorum, sacrosanctæ Romanæ Ecclesiæ maiorem Cœtum Cardinalium, Archiepiscopos, Episcopos & Principes multos, & poenè omnem in Germania Clerum, ac viros doctos & eruditos innumerabiles.

CONTENTIO DE CONCEPTIONE VIRGINIS.

Habemus quoque in Reg. Med. admonitam Vniuersitatem per Curiam

1494. Parlamenti, vt vagos & discholos, Scholares reprimeret, 19. Decemb. ob eam rem Comitia habuisse apud Math.

Et 19. Febr. iterum conuenisse ad deliberandum super controuersia quadam intercedente inter Rectorem & Mercatorem quendam Pergamenarium; & ad audiendum articulos confectos super reformatione Insolentiarum. Item die 3. Martij, quo lecta sunt quædam Capita ad eam rem pertinentia; videturque tum postulasse Facultas Medicinæ vt Baccalarij sui ad Officia Facultatis Artium admitterentur, quemadmodum admitti solebant Baccalarij formati in Theologia, sed nihil conclusum.

Die 16. Martij Comitia celebrata sunt nomine 3. Decanorum Facultatum ad deliberandum de modo dirimendæ controuersiæ ortæ inter duos electos Rectores. Iterumque 1. & 14. April. ob eandem rem.

1495. Anno 1495. lis orta est inter Regulares de ordine tenendo in supplicationibus Rectorijs. Constituit vero Vniuersitas, vt suas rationes & momenta scripto proderent; qua de re ad annum sequentem.

Die 26. Maij habita sunt Comitia apud Math. ad conferendum Officium Quæstoris Academici ærarij; sed tum non videtur collatum.

Die 3. Iunij habita quoque sunt Comitia super quodam sermone facto (Reg. Med.) *per Fratrem Ioan. Tisserant alibi quàm in Processione ante Prandium.* 15. eiusdem mensis ad deliberandum super quadam controuersia inter D. Rectorem & Lectorem Decretorum.

Die 16. Decemb. contentio accidit inter duos Rectores Electos, MM. Ioannem Auis & Ioa. de Fossatis. 28. eiusdem mensis habita Comitia super resignatione Capellaniæ Sauoisianæ. 19. Febr. ad deliberandum de supplicationibus ad D. Dionysij faciendis, prout à Rege mandatum fuerat. 5. Martij actum de modo exequendæ Conclusionis supradictæ die 19. Feb. factæ. 14. autem habitæ sunt solemnes supplicationes. 19. habita Comitia ad referendum acta apud S. Dionysium.

Cœterum hocce tempore se plurimùm depopulatam sensit Vniuersitas orbatamque Scholaribus ob inauditam quandam litem & scabiem lethiferam non adhuc visam in Gallia, quâ qui infecti redierant ex expeditione Neapolitana, Galliam primùm infecerunt, deinde aliæ Europæ partes eadem infectæ. Extat apud M. Petrum Burrum Ecclesiæ Ambianensis Canonicum Carmen de lamentabili querimonia Vniuersitatis alumnorum suorum fugam exiliumque deflentis.

Quò ferar heu gemebunda Parens? quo dulcia quæram
Pignora? quis mæstæ Genitrici reddet alumnos?
Deseror infelix. Natos fuga corripit omnes,
Et velut inuisum metuunt mea limina virus,
O Studijs inimica lues! ô dira nouerca!
Cur mihi tam grato coniunctos fœdere Natos
Eripis, absorbens illos, formidine quosdam
Præcipitans, qui nunc per deuia rura vagantur?
Cuius opem misera demum sperare licebit,
Vt tam lethiferæ cesset contagio cladis?
Atropos heu nostris non nouit mitis adesse
Quæstubus, immò suas nimium properare sorores
Vrget, & inuita filos abrumpere dextra,
Quid peperisse mihi, quid profuit vbere pleno
Progeniem lactasse? quid & mea labra labellis
Dulcibus, atque vlnis hos inseruisse lacertos?
Cum tam præcipites Natorum cernere casus
Cogar, ad ignotas reliquis fugientibus vrbes?

Vniuersitatis Parisiensis. 813

1495.

Olim mater eram denso circundata fœtu
Nunc mihi de multis vix extat millibus vnus.
Omnibus è terris properabant vndique Nati
Doctrinæ sanctas hausturi fluminis vndas.
Nunc (quod mæsta fero) sitibundus pocula Clerus.
Nostra fugit, fugiunt tristes sine messe coloni.
O Deus alme parens à quo Sapientia manat.
Et virtus & honos, cuius replet omnia numen :
Cuius Christicolæ celebrant solemnia læti
An patiere tuo viduari numine terras ?
Hanc ego Francorum dignam magis omnibus arcem
Non inuisa colo, tu me pater huc reuocasti.
Romulea de sede; illuc me Palladis arces
Transtulerant primum : nunc denique Parisianam
(Quod meminisse iuuat) statuisti me sator esse.
Vt gregis electi fierem custodia solers :
Vtque fides per me reliquas manaret in vrbes.
O fœlix regnum ; rus felix, limina fausta
Fœlicem populum! (si fas mea facta probare)
Cui nouisse datum est per me secreta Tonantis.
Mystica Philosophos latuerunt dogmata : quamuis
Me colerent dulces præ cunctis rebus Athenæ.
Necdum etenim terris fidei vulgata protestas :
Credita nec fuerant legis præcepta nouellæ.
Quid mirum? Errabant homines sine lumine ; virtus
Tunc informis erat : Lex omnis conscia falsi
Præter eam doctus Moses, quam cepit ab alto
Præuia quæ incessit venturæ certa figura.
Ast ego terrigenas iam nunc monumenta salubris
Hic doceo vitæ : quo cœlum limite quærant.
Quo vitent sani tetros Plutonis hiatus,
Hic norunt quid iura vetent, quid conferat æquum :
Quo sua seque simul quiuis munimine seruet.
Hic medicis locus, illos mea cura gubernat.
Morborumque docet causas nocuisse latentes.
Hic ego septenas annis puerilibus artes
Vberibus plenis suaui pro lacte propinquo :
Donec Pumifica studij fornace repertos
Maior fomentis Maioribus educet ætas :
O Pater omnipotens cuius tam firma voluntas :
Vis ne locum mutem? quæ te sententia vertit?
Incola cuius ero? quæ me auferet aptior ædes?
Rex vt adoptiuam Francorum me fouet vltro.
Atque suæ genti magno præponit honore.
Me miseram! Tanti-ne patris vagabunda pererrem
Filia? Christicolæ linquam consortia gentis?
Hic mea tecta placent celebri constructa paratu.

Tom. V.   KKKkk iij

1495.
Hîc natis alimenta meis sumptusque diurnos
Larga ministrauit priscorum cura parentum.
Si jubeas celeres accingar originis alas:
Teque boni fontem visam, tellure relicta:
Sed tuus, ô genitor! cultus minuetur in orbe
Hæresum & insurgent incultis semina terris:
Induet omne solum tenebras, feret horrida tellus
Infœcunda boni, tribulos, zizania, vepres.
Errorum quotiens radices falce putaui?
Atque insultantum deuici sola cateruas?
Sum fidei murus (nosti) sum firma columna
Templorum decus & vasti sum Lucifer orbis,
Da Pater vt maneam Francorum sedula nutrix,
Nutrix egregios spargens per climata fœtus.
Erudiam clerum (nec me labor iste grauabit)
Qui tua flagranti referas præconia voto.

1496.
Anno 1496. die 26. April. conuenit Vniuersitas ad recipiendam nominationem M. Roberti la Longue factam à Natione Normanica ad Curiam Parochialem S. Andreæ de Arcubus, vt legitur in Reg. Medic. 26. eiusdem mensis (April.) congregata est Vniuersitas super præsentatione M. Roberti la Longue ad Curam S. Andreæ de Arcubus vacantem per obitum piæ memoriæ M. Ambrosij de Cambray Doctoris Decretorum, Cancellarij Ecclesiæ Parisi. Magistri Requestarum Regis, nec non eiusdem S. Andreæ vltimi & indubitati Curati, & hoc pro Turno Nationis Normaniæ.

Die 10. Maij habita sunt Comitia ad deliberandum de modo conseruandorum Priuilegiorum, quæ Præfectus Mercatorum & Ædiles conuellere velle videbantur. Placuit nonnullos seligere qui cum ijs ea de re agerent. Et die 22. Iunij selecti illi retulerunt, quæ mens foret Præfecti & Collegarum; postulantium sibi tradi Indicem, seu Rotulum Officiariorum Vniuersitatis, qui die 11. Iulij porrectus est.

Die 18. Aug. conuenit Vniuersitas super discordia inter contendentes pro Officio Procurationis in Nat. Normanica. Item 22. Aug. iterum super eadem re. 16. Septemb. habitis Comitijs lectæ sunt litteræ Regis de Natiuitate Delphini.

Die 10. Octob. in Electione Rectoris orta est contentio inter MM. Rufi & Gerardum Militis: ad quam sedandam Decani trium Facultatum conuenerunt cum suis.

Die 15. Martij conuocatâ Vniuersitate ad deliberandum de lite inter Cluniacenses & Benedictinos ex vna parte, & Augustinienses ex altera *super modo & ordine incedendi* in Processionibus, placuit vtique parti iniungere vt adiumenta causæ suæ producerent, vetitum interim ne quid noui fieret. D. Rector Vniuersitatis **exposuit & narrauit in præsentia eo-**

ORDO IN SVPPLICAT. RICTOR.
„ rum (Religiosorum) disturbia & scandala quæ ipsi Religiosi dictorum
„ Monasteriorum & Ordinum consueti erant facere & fecerant in eiusmo-
„ di Processionibus propter Ordinem incedendi. Quodque anno præterito
„ fuerant conuocati deputati & quandam Ordinationem super hoc fece-
„ rant, quam de post ipsi Religiosi recusauerant adimplere & intertenere,
„ ac de præsenti recusant aliqui eorum. Quare requirebat idem D. Rector,
„ vt ipsa Vniuersitas super dicto ordine incedendi in ipsis Processionibus
„ prouidere vellet & dignaretur, ipsisque expositione & requisitione fa-
„ ctis, ac lecta in dicta Vniuersitate ipsa Ordinatione anno præterito facta
„ per ipsos Deputatos, *maturaque deliberatione per singulas Facultates & Na-*
„ *tiones*, prout moris est, præhabitis, conclusit ipsa Vniuersitas quod præfa-
„ ti Religiosi infra mensem à die datæ præsentium penès eosdem Recto-

rem & Vniuersitatem, seu Deputatos eiusdem, Titulos, Acta, instrumenta, litteras & iura eorum darent, producerent & afferrent; & quod interim nihil innouaretur; quibus productis, ipsa Vniuersitas faciet, dabit & administrabit dictis Religiosis & Ordinibus iustitiam, ius & Ordinationem, seu sententiam super præmissis omnibus & singulis. Datum & actum sub sigillo Rectoriæ Vniuersitatis præfatæ.

1496.

Anno 1497. sæpè agitata quæstio de Conceptione B. Virginis: tandem statuto Facultatis Theologicæ terminata, vetitumque deinceps publicè sustinere fuisse virginem conceptam in peccato originali: idque occasione M. Ioannis Veri Dominicani Doctoris Parisiensis. qui in oppido Deppa publicè concionando, asseruerat non fuisse à peccato immunem. Fecit tumultum concio: réque ad Vniuersitatem delatâ, sancitum neminem in posterum in sinum Academiæ & præcipuè in Ordinem Theologorum assumptum iri, qui non iurasset se pro immaculatâ Conceptione pugnaturum. Rem sic narrat Trithem. in Chron. Spenheim. Eodem anno, *inquit*, quidam Doctor Parisius fuit, Ordinis Fratrum Prædicatorum nomine Ioannes Veri, homo temerarius & præsumptuosus qui in die Conceptionis purissimæ semper Virginis Dei Genitricis, vt mos est illorum hominum, in oppido quodam Deppa Rothomagensis Dioecesis publicè in Ambone prædicauit Beatissimam Virginem Mariam purgatam ab originali macula & non præseruatam semper. Vnde citatus ad Vniuersitatem Paris. Propositiones suas erroneas & falsas 15. die Sept. publicè renouare & abiurare compulsus fuit, cum iuramento quod nunquam aliter de Conceptione B. Mariæ semper Virginis sentire, credere, aut prædicare velit, quàm præfata Vniuersitas determinauit. Sequenti autem die hoc est 17. mensis Sept. congregati sunt apud S. Mathurinum in Ciuitate Paris. 82. sacræ Theologiæ Professores viri doctissimi qui omnes in eadem Vniuersitate de rigore promoti, in præsentia totius Vniuersitatis vno ore, vnaque sententia statuerunt & determinarunt: Quod nemo deinceps Prefatæ Vniuersitati adscribatur, nisi se huius determinationis, quod videlicet Beatissima Dei Genitrix & Virgo Maria semper ab originali macula fuerit immunis & præseruata, assertorem, strenuumque propugnatorem pro viribus futurum confirmet iuramento. Ipsi etiam omnes antea iurauerunt sicut in statuto continetur, se omni tempore huic veritati purissimæ Conceptionis Marianæ firmiter adhæsuros. Mirum nobis videtur quod tantis viribus se nonnulli opponere audent. Horum exemplo prouocati sacræ Theologiæ Professores almæ Vniuersitatis Coloniensis simile statutum fecerunt, &c.

1497.

De Conceptione B. V.

Die 23. Iunij in Electione Rectoris grauis orta est discordia inter duos Electos, ad quam sedandam conuenit Vniuersitas die 26. eiusdem mensis. Sed & his temporibus contigit quoque inter duos Dominicanos contentio *ob lecturam*, vt aiebant, *Bibliæ*; quæ anno superiore fuerat aliquo pacto à Theologica Facultate sopita. Res erat eiusmodi. Duo Dominicani Nationis, seu Prouinciæ Pictauiensis obtinuerant, nescio quo pacto, à suo Prouinciali, vel Generali litteras quas vocabant Assignationis, seu Præsentationis contra morem, cum vnus tantummodò soleret præsentari. Facultas Theologiæ, rem ita per Deputatos deciderat, vt eorum alter anno 496. alter anno 97. legeret. Priore anno elapso, vt voluit alter se accingere ad legendum, obstitit tertius nomine Fouré aiens vices esse Nationis Franciæ, proque ea vice præsentatus supplicauit. Respuit eum Theologia eo quod pro eo anno alterum nempe Mailly designasset Fouré Vniuersitatem appellauit, & parte altera vadimonium non adeunte, vindicias obtinuit. Theologia tunc vacante Curia Parlamentæa libellum porrigit Præposito Parisiensi, queriturque tres alias Facultates inijcere falcem in messem alienam: interdicit Præpositus, immo comminatur carceres Rectori & Deputatis. Rector nihilominus sententiam ab Vniuersitate latam tueri pergit, interimque à Præposito Senatum appellat. Senatus post Martinalia de lite cognoscit; sed ordinem seriemque iuuat referre. Ergo vt legitur in Reg. Medic. Vniuersitas congregata fuit 14. Octob. *super discordia duorum contendentium ad lecturam Bibliæ in Iacobitis.* Dedit Vniuersitas Deputatos. Theologi diem illis apud Castelletum dixerunt. Iterum Vniuersitas conuenit die 21. eiusdem mensis *ad deliberandum quid agendum contra Theologos qui actionari fecerant Deputatos.* Variè certatum est, vsque ad Martinalia. Reuersa verò Curia aditur à Partibus. Rationes Partium leguntur in Senatusconsulto quod die 23. Nou. latum est his verbis.

Arrest du Parlement sur le Lira des Iacobins.

„ ENtre........ Michon pour l'Vniuersité de Paris, dit que ladite Vniuersité est composée de quatre membres ou de quatre Facultez, C'est à sçauoir de Theologie, de Decret, de Medecine & d'Arts. Or chacune Faculté a la premiere connoissance de ce qui se commet par les Supposts d'icelle Faculté. Mesmement quand il y a question ou different entre deux ou trois, quatre ou plus de Supposts de la Faculté, la Faculté d'iceux en a la premiere connoissance. Et si iugement est donné par la Faculté, & y en a appel, il ressortit à l'Vniuersité ; c'est à sçauoir aux trois autres Facultez ensemble. Et s'il y a appel de l'Vniuersité interietté, on en appelle ceans, tel est l'vsage & a esté, quand la matiere s'y est offerte, soit pour la Rectorie ou autre discord. Et quand il y a eu quelque iugement donné par l'Vniuersité, on en a appellé ceans.

„ Dit que depuis naguieres il y a eu debat entre deux Religieux des Freres Prescheurs touchant la lecture de la Bible ou Conuent desdits Freres Prescheurs de cette ville pour cette année. Sur ce debat la Faculté de Theologie a appointé qu'vn nommé Mailly auroit la place & lecture, dont l'autre Contendant a appellé en l'Vniuersité. Or quand vne matiere est deuoluë en l'Vniuersité, où les Parties ont esté oüyes, pour plus seurement en discuter, l'Vniuersité depute aucuns en grand nombre. Et pour ce l'Vniuersité a deputé le Ministre des Mathurins & autres des trois autres Facultez pour oüir les Parties & en discuter *nomine Vniuersitatis.*

„ Mais pour empescher cette voye, ceux de ladite Faculté ont pris complainte en cas de nouuelleté, disans estre en possession & saisine, que l'Examen de leurs Escholiers leur appartient & qu'aprés qu'ils ont examiné, soient idoines ou non, il leur loye de les mettre en tel ordre que ils veulent ou du tout les déchiffrer ou expeller, *etiam sine causa & pro libito.* Or ils ont pris la complainte contre le Recteur & les Deputez & ont mis en procez l'Vniuersité. N'ont les Deputez de l'Vniuersité cessé d'en connoistre & ont interloqué, que pendant le procez en cas d'appel & iusques à ce que les Parties eussent produit, Celuy qui a appellé à l'Vniuersité, iouïra. Or estoit ladite Prouision necessaire. Aussi celuy pour lequel la Faculté a donné appointement, n'a esté assigné par le General de l'Ordre à ladite Lecture pour cette année, & n'est de la Nation de France, qui est en tour d'auoir la lecture. Mais Partie voyant que l'on vouloit iuger l'appellation, s'est tirée au Preuost de Paris,& a requis que defenses fussent faites audit Recteur & Deputez de non proceder plus auant à la discussion dudit Appel. Lequel ordonne que defense *in forma,* sera faite audit Recteur. Mais depuis il reïtera lesdites defenses sur peine de prison, de n'attenter ou innouer au preiudice du procés, *qui estoit scandaliser le Recteur & l'Vniuersité.* Et pour ce le Recteur & l'Vniuersité ont baillé requeste ceans, parce que l'Vniuersité y a ses causes cōmises & requis que la cause soit ceans euoquée. Car le Corps de l'Vniuersité n'est tenu plaider ailleurs, & demande despens ou la Faculté de Theologie le voudroit empescher, & défenses particulieres au Preuost, que de cette matiere il ne connoisse. Dit aussi que nonobstant ladite Requeste le Preuost a ordonné que l'on prist quatre des Supposts de l'Vniuersité prisonniers

niers: Dit outre qu'il a entendu que depuis la Requeste baillée, ledit Preuost ou son Lieutenant a reuoqué l'Appointement interlocutoire donné par les Deputez, dont le Recteur & l'Vniuersité ont appellé & conclud en ladite appellation, à mal appointé & bien appellé & à dépens.

BAINON pour la Faculté de Theologie, dit contre le Recteur & trois Facultez, que Partie a baillé requeste, & a requis que la Cour retienne la connoissance de la matiere dont est question. Toutefois l'Aduocat des Parties a passé outre & conclud en l'appel. Est ladite Faculté contente que le Principal demeure ceans & dit que ce qui a esté fait deuant le Preuost de Paris, ç'a esté durant les Vacations & le Parlement vacant. Dit outre qu'en l'Vniuersité y a quatre Facultez; la plus noble & premiere est la Faculté de Theologie. Or en ladite Faculté y a plusieurs Statuts, dont les aucuns sont vniuersaux, les autres particuliers. Des vniuersaux la connoissance en pouuoit bien appartenir aux autres Facultez, comme *de habitibus deferendis, de iniurijs*, & autres. Au regard des Statuts particuliers, comme sont ceux qui concernent les Articles de la Foy, & quand il est question de quelque proposition heretique, ou d'examen, ou repulsion, ou reception de leurs Bacheliers & Escholiers, elle ne se peut deuoluer ausdites autres Facultez, mais si on allegue abus, on vient ceans, & tel est l'vsage.

Or il est question de l'Examen & reception de leurs Bacheliers, qui ne peut appartenir aux autres Facultez: Car si la connoissance desdits cas pouuoit appartenir aux trois autres Facultez, il en viendroit plusieurs grands inconueniens. *Car les Facultez de Decret & de Medecine, ne font chacune qu'vne teste, & és Arts, il y a quatre testes selon les quatre Nations. Et par ainsi tousiours seroient les Artiens Iuges des matieres Theologales*; ainsi qu'il a esté pratiqué en cette matiere. Dit que par Arrest donné touchant la Rectorie d'Angers, fut dit que l'on procederoit *per Capita Deputatorum*. Or si en Decret & en Medecine il y a quatre Deputez, és Arts il y en a huict, & vont *per Capita*. Et par ce s'ensuiuroit que la Faculté des Arts, qui sont ieunes Gens, au moins ceux qui suiuent les Congregations & à cette cause sont incapables, vuideroient les Questions: qui seroit engendrer vne confusion si grande, que les Artiens qui veulent acquerir le degré de Theologie, seroient eux-mesmes Iuges en leur Cause, & de leurs Maistres & Docteurs. A cette cause quand il y a eu appellation interiettée, on a tousiours recouru ceans, comme de Lallier & autres.

Dit qu'ils ont priuilege. Que les Mendians ne peuuent auoir Lecteur de Bible, qui ne soit presenté & assigné de leur Prouincial ou General. Et le Presenté doit auoir lettres de sondit Prouincial, qu'il doit presenter ausdits Maistres & Regens du Conuent; lesquels après qu'ils l'ont incorporé en leur Conuent, le presentent à la Faculté *cum litteris assignationis*, qui sont leuës en pleine Faculté, luy examiné par icelle, & s'il est trouué suffisant *in omnibus secundum Statuta Facultatis*, il est receu. Or Mailly a eu sa recommendation de son Prouincial de l'an 1496. la presentée, les Maistres & Regens l'ont incorporé, a fait trois defenses, a esté trouué suffisant, si a esté presenté à icelle Faculté par lesdits Regens.

Dit qu'on en a presenté deux, c'est à sçauoir Polin & Mailly, en ce faisant on a transgressé les Statuts & par ce les renuoya la Faculté au General. Lors ils se tirerent à la Faculté, laquelle commit des Deputez, c'est à sçauoir Cordier, Raulin, Foliot & le Prieur de S. Porcien. La matiere mise entre leurs mains, fut conclu qu'attendu qu'ils auoient fait plusieurs frais, ils seroient tous deux receus, l'vn pour l'année 496. & l'autre pour l'année 497. ils furent receus, & a cousté à de Mailly, qui est Religieux Reformé, bien 80. escus, ainsi qu'il dit.

Dit que neantmoins huict ou dix mois après la reception des dessusdits Fr. Iean le Cointe, qui n'est Regent & sans lettre d'assignation, supplia à la Faculté pour Fr. Iean Fourré. Dist la Faculté qu'il ne seroit receu. A cette cause le Cointe trois mois après se porta appellant aux trois Facul-

"tez. On a depuis remontré qu'il estoit question de l'Examen des Bache-
" liers & qu'ils n'estoient deliberez de plaider par deuant les trois autres
" Facultez ; lesquelles ont dit qu'elles en connoistroient. Et pour ce que
" le Parlement estoit lors vacant, la Faculté de Theologie s'est tirée vers
" le Preuost de Paris qui est leur Conseruateur, ont pris complainte disans
" estre en possession, qu'aprés qu'ils ont examiné leurs Bacheliers, & qu'ils
" sont receus ou priuez par la Faculté, ceux des trois autres Facultez n'en
" peuuent prendre connoissance, & requirent que defenses fussent faites
" aux Deputez. Ce nonobstant ils vont aux Mathurins & donnent vne
" Sentence, par laquelle ils reçoiuent Fourré en premiere instance, sans
" ce que Fourré se portast iamais Partie en ladite Faculté contre Mailly.
" Neantmoins disent qu'il sera receu à lire la Bible, & mettent hors Mail-
" ly ; & si disent qu'ils connoistront en premiere instance des Statuts de la
" Faculté. Ont ceux de la Faculté montré ladite Sentence au Preuost ou
" son Lieutenant, donnée depuis les defenses données par le Preuost &
" reïterées, qui a cassé tout ce qui a esté fait au preiudice de la complainte,
" dont le Recteur & les trois Facultez ont appelé.
"   Dit qu'elle consent que la cause demeure ceans, persiste en sa com-
" plainte & requiert que Parties y defendent. Touchant l'appellation de
" Partie, elle n'est pas receuable ; car la Faculté s'est constituée complai-
" gnante pour entreprise faite contre ladite Faculté & Statuts d'icelle, &
" viendroient de merueilleux scandales & abus, si les autres Facultez a-
" uoient la connoissance de l'appellation interiettée de ladite Faculté, tou-
" chant l'Examen & reception de leurs Escholiers & autres Statuts parti-
" culiers concernans le fait de leurs Estudes. Est la complainte contre eux
" executée & y ont pris aucuns delais. Or quand il y a complainte execu-
" tée, on ne doit rien faire au preiudice d'icelle. Est la sentence donnée
" par les Deputez contre ladite complainte & ont voulu prendre connois-
" sance de ce qui appartient à ladite Faculté & dont estoit procez en Cour
" seculiere. *Et sic*, le Preuost a tout cassé. D'en auoir appellé, ils ne sont
" pas receuables. Aussi quand il y a procez entre aucunes Parties parde-
" uant vn Iuge Seculier, il n'est loisible le tenir en procez pardeuant au-
" cun Iuge Ecclesiastique. *Et sic*, ne seroit l'appellation receuable. Et si
" pouuoient venir ceans demander leur prouision, ou pardeuant le Iuge ou
" la cause estoit pendante.
"   A ce que la premiere connoissance d'abus appartient aux autres Fa-
" cultez, dit que si auoit abus concernant l'Vniuersité en general & qu'il ne
" fust point question de l'Examen & reception des Bacheliers, ou Question
" de Theologie, ou Article de Foy, ils en pourroient connoistre. Ne pren-
" nent aussi iamais ceux de la Faculté connoissance des Statuts de la Faculté de Me-
" decine, ou Decret, ne des Arts concernant le fait de l'Estude de leurs Escholiers.
"   A ce qu'il y a eu debat entre deux, dit qu'il est vray, c'est à sçauoir Po-
" lin & Mailly ; mais il n'y en a eu auec Fouré. Aussi la conclusion de la Fa-
" culté a sorty effet huict ou dix mois. *Et sic*, la fonder dessus l'appel, il n'y
" a apparence.
"   A ce qu'on a fait commandement au Recteur & aucuns Deputez sur
" peine de prison, dit qu'ils n'ont voulu obeïr, & que pour leur contumace,
" ledit Preuost fit les defenses comminatoires qui n'ont esté executées. Si
" dit que l'appellation des Parties a esté receuable, au moins valable & de-
" mande depens.
"   Poulain pour M. Iean le Cointe Docteur en Theologie, Religieux de
" l'Ordre des Freres Prescheurs, dit que pendant le debat des deux pre-
" sentez, la Faculté de Theologie vient par complainte prise contre chose
" qui est de droit. Et pour ce l'appellation & ce dont a esté appellé, doit
" estre mis au neant, *etiam* la complainte. Car il n'est question que de sça-
" uoir où ressortit l'appel, qui est question de droit. Dit qu'il est Docteur
" passé à 20. ans. Mais c'est le Statut & vsage & le conteste de Theologie,
" que quand on void le different de deux d'auoir la lecture de la Bible, les-

quels se disoient assignez pour la Lecture, on les a renuoyez aux Superieurs pour sçauoir lequel ils ont assignez. Et sic, à eux en appartient l'assignation par tour à chacune Nation. Or en 496. on en enuoye vn de Poitou, vn autre de cette Nation vient, disant estre assigné par Superieurs. Et sic, ce sont deux Contendans de la Nation de Poitou pour l'an 496 la Faculté les renuoye au Superieur ou à l'Ordre, pour sçauoir lequel veritablement estoit assigné. Aprés les Contendans ladite Assignation de ladite Nation de Poitou pour ledit Temps 96. pour euiter les frais & vexations d'aller au Superieur, comprometent en quatre Arbitres de ladite Faculté qui disent que l'vn fera ladite année la Lecture, & l'autre qui venoit qui est cette presente, l'auroit l'autre Contendant.

Remonstre ledit le Cointe, pour ce qui touche le droict de son Ordre qu'il estoit illec seul, *quod illud ius est inadmissibile*, & qu'on ne souffrira qu'il diuise le lieu & oste le droit à celuy auquel il appartient de ladite année ensuiuant, qui doit estre non de ladite Nation de Poitou, mais de la Nation de France & pour ce en a appellé. Mais l'appel va en l'Vniuersité qui baille de chacune des autres Facultez des Deputez pour connoître de l'appel, *vt iuris & moris est*, lesquels en decident, *& sic*, s'efforcent en prendre connoissance. Et y a apparence. Si dit qu'en ensuiuant droit commun, la Cour doit renuoyer la cause en l'Vniuersité, si la Cour n'en veut retenir la connoissance.

Dit que le Lira ne se peut changer, ne faire tort à celuy de la Nation de France, qu'il n'ait son an. Car chacune Nation met douze ans à venir à son tour. *A ce qu'il recoure à l'Vniuersité, & qu'elle bailera des Deputez de la Faculté des Arts, qui se trouueront en plus grand nombre*; dit qu'il ne s'ensuit rien. *Mais si on les a suspects ou qu'ils greuent, que on en appelle, & que l'on garde le droit & l'vsage ancien de l'Vniuersité*. Et en pourroient les Theologiens autant dire du Recteur, qui est tousiours de la Faculté d'Arts. Si dit que tout se doit mettre au neant, s'il ne plaist à la Cour adiuger pour celuy de la Nation de France, lequel ils ne peuuent contredire ne repulser. Car ils l'ont examiné & trouué souffisant. *Igitur*, puisqu'il est en son an, on ne le luy peut oster.

Le Maistre pour le Procureur du Roy dit, que la Cour peut euoquer le Principal. Mais il y a le cas particulier qui est de sçauoir qui Lira, qui requiert celerité. Et a la Cour accoustumé, en tel cas, commettre aucun des Conseillers. Si requiert qu'elle y en commette aucuns qui ordonnent de celuy qui lira. Dit outre que l'vne des Parties a dit qu'il luy a cousté 80.escus en frais, qui est vne merueilleuse exaction, & à intention requiert commission pour informer.

Les Parties viendront au premier iour sur le Principal; & touchant les Contendans à la Lecture, ils mettront ce qu'ils voudront deuers la Cour dedans huy, & baillera celuy qui n'a esté oüy, vne scedule pour en ordonner dedans demain. Fait en Parlement le 23. iour de Nouembre 1497.

Quid deinde statutum sit à Senatu, impræsentiarum non habeo. suspicari. tamen licet Fouré causam obtinuisse, contraque eum Facultatem Theol. non nihil statuisse. Vnde ab ipsa prouocatum est rursùs ad Vniuersitatem. Habetur enim in Reg. Facult. Medic. fuisse factam die 2. Ian. Congregationem Vniuersitatis *super appellatione Prioris Iacobitarum contra Facultatem Theol.* Legitur quoque Vniuersitatem conuenisse 8. Feb. ad terminandam discordiam ortam inter MM. nostros Theologos scilicet Thomam Bricor & Thomam de Fontenayo. Item 8 Martij super supplicatione D. Rectoris, *quia Theologi concluserant quod non interesset Doctoratus primi istius Iubilæi, nec prandio*, quod videri potest ab ijs factum in odium litis. Cœterum non videtur prætermittendum id quod Facultas Theologica ad causæ suæ subsidium producebat, ne scilicet Senatus litem remitteret ad Vniuersitatem, quoniam futurum erat vt Nationum Selecti, seu Deputati in negotio Theologico præualerent numero, seu pluralitate suffragiorum, iuxta id quod ab ipso Senatu Decretum fuerat contra Rectorem Vniuersitatis Andegauensis qui contra Statuta Deputatorum Capitibus suffragia, seu voces numerantia concluserant. Erant autem in illa Vniuersitate, sex Nationes & tres Facultates. In Comitijs verò Priuatis decem Deputati suffragium ferebant, sex Procuratores Nationum, Andegauiæ, Britanniæ, Cenomaniæ, Normaniæ, Aquitaniæ, Franciæ. Tres Decani Facultatum Theologiæ, Medicinæ & Iuris Ciuilis, cum Procuratore Generali, seu Syndico. Rector verò vocem, seu suffragium non habebat, nisi æqualibus Deputatorum suffragijs. Sic enim habetur in Articulo 16. Reformationis factæ an. 1398. prout continetur in Codice Manuscripto quem habui ab Herouuallio.

„ Item quod omnes Prædicti (Decani, Procuratores & Procurator Generalis) habebunt quilibet vocem suam in Collegio (id, vt ibidem intelligitur, *in Comitijs priuatis*) dempto *Rectore qui solum & duntaxat secundum maiorem partem votum habebit & poterit concludere : quod si pares fuerint in vocibus, tunc locus erit gratificationi, aut poterit gratificare Rector in hoc casu; nisi tamen duo, vel tres Procuratores petant super positis in deliberatione facere Congregationem Generalem. Quo casu Rector tenebitur eis concedere, etiam super Conclusis illa die.*

„ Et artic. 17. Item quod in his quæ Doctores in Generali, vel eorum alrum tangent, seu tangere contigerit, Doctores ipsi, seu eorum alter vocem aliquam non habebunt; nec etiam intererunt in Collegio, quandiu factum eorum tractabitur, deducetur, seu etiam expedietur. Et idem in Nationum Congregationibus particularibus obseruetur.

„ Artic. 19. Item, *quod Rector tenebitur à maiori parte Nationum tam in Congregatione Generali quàm in Collegio, secundum determinationem prædictam semper concludere.* Tenebiturque ea ponere in deliberatione in Congregatione generali, de quibus per tres Procuratores, vt prædicitur, requiretur, etiamsi ob aliam causam facta sit Congregatio generalis; & in Collegio ponere etiam in deliberatione, quod ex parte vnius Procuratoris requiretur, sub pœna periurij & priuationis ab Vniuersitate. Et in ipsius Rectoris negligentia, aut contradictione Procurator Generalis illa vice locum teneat & concludat.

Artic. verò 96. post hanc epigraphen, *Statuta tangentia Collegium, vel Vniuersitatem in Generali*, sic legitur in statuto. *Item statuitur quod in Vniuersitate Studij Andegauensis semper concludi debeat à maiori parte Nationum. Et illud quod maior pars Nationum deliberat, pro Vniuersitate reputetur. Facientes contrarium per priuationem puniantur.*

Similiter articul. 118. præscribitur quinam habere seruareque debeant „ Claues Arcæ Communis. Item statuimus pro omni securitate & pace in„ ter omnes quorum potest interesse, *quòd sit vna Arca Communis* quæ di„ catur Arca Vniuersitatis, in qua reponantur priuilegia, statuta, „ pecuniæ & sigillum dictæ Vniuersitatis & omnia alia quæ requiruntur esse „ sub secreto & securè. Et in illa Arca pro causis antedictis sint septem cla„ ues cum Serruris, *quarum Clauium vnam habeat Rector penes se & sex Pro„ curatores dictarum Nationum, quilibet suam.* Adeo quod cum ex delibera„ tione Vniuersitatis, vel Collegij Doctorum & Procuratorum fuerit or„ dinatum quod aperiatur illa Arca pro pecunijs reponendis in ea, aut ca„ piendis de illa, aut pro negotijs alijs, teneantur prædicti venire & facere „ insimul aperturam illius arcæ ad expeditionem negotiorum ex dicta ar„ ca agendorum. Si autem contigerit Rectorem se absentare, dimittat „ clauem suam, aut tradat Doctori antiquiori actu regenti, & consimiliter „ Procurator alicuius Nationis dimittat clauem suam alicui probo viro de „ sua Natione.

In eodem Codice continentur plurima alia Statuta diuersis temporibus facta nempe an. 1428. 1431. 1453. 1464. 1483. 1488. descripta per M. Ioan. de la Bastide Viuariensis Diœcesis an. 1493. tunc Rectorem eiusdem Vniuersitatis.

Eodem anno die 1. Ianu. acta est prima Comœdia apud Heidelbergam in Germania, auctore M. Ioanne Reuchlino Phorcenfi Germano, vulgò Capnione, in honorem Ioannis Dalburgij Episcopi Wormaciensis. Reuchlinus fuerat discipulus M. Ioannis Lapidani Theologi Parif. qui postea se ad Carthusienses contulit. Rudimenta Hebraïcæ linguæ à quodam Iudæo Adiaben-Iacob Spuono, cum legatione fungeretur apud Alexandrum VI. habuit.

1497.

Cùm autem Carolus VIII. post suum ex Italia reditum, seriò Ecclesiæ Reformationi incumbere vellet, porrexit quasdam propositiones Theologicæ Facultati ad deliberandum super ijs, quæ continentur in veteri Codice Facultatis fol. 156. hoc modo.

DVBIA A CAROLO REGE PROPOSITA.

"Anno Domini 1497. die 11. mensis Ianu. sacratissima Theologorum Facultas almæ matris Vniuersitatis Parif. congregata fuit apud S. Mathurinum pro terminandis quibusdam Quæstionibus à D. nostro Rege ad se transmissis super quibus iamdudum fuerant dati 12. Deputati ex Magistris nostris, diuquoque & per plures dies continuè per dictos Deputatos & alios fuerat disputatum super his. Quibus Deputatis auditis & consequenter omnium Doctorum, Regentium & Magistrorum acceptâ vniformi deliberatione & conclusione, fuit per dictam Facultem concorditer responsum ad dictas propositiones affirmatiuè, videlicet ad primam qua quærebatur."

A Sçauoir mon, si le Pape est tenu de dix ans en dix ans, assembler le S. Concile representant l'Eglise Vniuerselle, & mesmement de present consideré le desordre qui est tout notoire en l'Eglise, tam in Capite quàm in membris. Et responsum est quod summus Pontifex & Pater sanctissimus tenetur de decennio in decennium congregare Generale Concilium vniuersalem Ecclesiam repræsentans; & maximè nunc, cum tanta sit deordinatio in Ecclesia tam in Capitibus quàm in membris, quæ cunctis notoria est.

Ad secundam qua quærebatur, *Et en cas de vrgente necessité, comme de present ou quand dix ans sont passez après le dernier Concile, si le Pape est prié & sommé de ce faire, & s'il est negligent ou differre, à sçauoir mon si les Princes, tant Ecclesiastiques, que Seculiers & autres parties de l'Eglise, se peuuent assembler de soy-mesme, & s'ils feront le S. Concile, representant l'Eglise vniuerselle, sans estre par le Pape assemblez.*

Dictum est determinatiuè, quod si tempore vrgentis necessitatis sicut nunc, vel post decem annos ab vltimo celebrato Concilio, dictus summus Pontifex rogatus fuerit, requisitus, summatus & monitus de sic congregando dictum Concilium, vt supra, & facere recusauerit & neglexerit, vel distulerit; tunc Principes tam Ecclesiastici quàm seculares, & partes Ecclesiæ notabiles possunt se congregare, sine hoc quod per summum Pontificem congregetur dictum Concilium Ecclesiam vniuersalem repræsentans.

Ad tertiam quâ quærebatur. *Si en cas de vrgente necessité, comme de present ou après dix ans passez comme dessus, vne grande & notable partie de la Chrestienté, comme le Royaume de France ou le Roy representant iceluy, prie, somme & admoneste le Pape & les autres Parties de soy assembler & pouruoir à la necessité de l'Eglise: & les autres Parties ou aucunes d'elles sont negligentes, refusantes ou dilayantes d'y venir; à sçauoir mon, si ceux qui se trouueront, pourront celebrer ledit Concile sans les autres, & pourueoir à la necessité de l'Eglise.*

Dixit & definiuit prædicta Facultas quod tempore vrgentis necessitatis, vt nunc est, vel post decennium ab vltimo celebrato Concilio, vt supra dictum est, postquam aliqua bona magna pars & notabilis Christianitatis, quemadmodum Regnum Franciæ, vel Rex Christianissimus ipsius vices gerens rogauerit, summauerit & exhortatus fuerit dictum summum Pontificem, cæterasque partes Ecclesiæ de congregando dictum Concilium & ad ipsum conueniendo, & de prouidendo necessitati Ecclesiæ, ipse verò Pontifex, vel aliquæ prædictarum Partium fuerint recusantes, negligentes, vel differentes de veniendo ad dictum Concilium, nihilominus illi qui aderunt & comparebunt, poterunt sine alijs non

Tom. V. LLLll iij

comparentibus dictum Concilium celebrare & necessitati Ecclesiæ prouidere. Actum anno & die prædictis.

1497.

Iratus erat Alexander VI. summo Pontifici Valentino Hispano, quod Ferdinando Hispaniæ Regi faueret, Venetos, concitasset, Maximilianum Imperat. aduocasset, sibique struxisset insidias, cum ex Italica expeditione in Galliam reuerteretur. Sed paulo post suum in Galliam reditum moritur Ambasiæ vix agens 27. ætatis annum, 7. id. April. an. 1497. ad cuius funera euocata est Vniuersitas, vt fuse explicat Robertus Gaguinus Author oculatus qui multis legationibus, vt ipse ait, Carolo inseruierat; & de cuius morte hoc Epigramma condidit,

> *Nunc tandem agnosco stultus mendacia mundi:*
> *Et spes exiguas, dum punctum viuimus æui.*
> *Congeries nos fallit opum, nos fallit & ætas,*
> *Nec fida ullis est quæsita potentia Regnis.*
> *Deserit elatos sublimis gloria Reges:*
> *Calcat & excelsum Mors protinus atra Tribunal.*
> *Inde fidem si vis, repetito funera Carli.*
> *Latè cuius erat omnis possessio Francus!*
> *Cui tremefacta caput submiserat Appula Tellus.*
> *Britoque depositis parebat subditus armis.*
> *Quem Ligur & Veneti consulto Marte petitum*
> *Terribilem sensere manu, fortemque duello*
> *Fornouij, multo maduit dum sanguine campus,*
> *Ille Pilâ dum forte videt colludere seruos,*
> *Confestim abripitur, & vox occlusa fatiscit.*
> *Vix quater aspirans septena volumina solis,*
> *Emoritur sine prole, sacrum diadema relinquens.*
> *Iam perrumpe Alpes, multorum effunde cruorem:*
> *Dilata Imperium, promitte Palatia Cœlo.*
> *Cuique domus terra est longo seruanda sopore.*

1498.

Audita eius morte Ludouicus XII. dat litteras 10. April. item 21. anno 1498. quibus mandabat defuncti Regis exequias quàm fieri posset honorificentissimè celebrari. Immo vt legitur in Reg. Medicorum, Comitijs Vniuersitatis adfuit *Quidam Magister Domesticus Regis defuncti, qui declarauit quomodo Rex intendebat & rogabat vt Vniuersitas faceret in funeralibus Regis defuncti honorem Vniuersitati possibilem & consuetum fieri in talibus.* Pridie autem Kalend. Maias funus ad D. Dionysij elatum cum accuratissima pompa quam Gaguinus testis oculatus describit; de Vniuersitatis ordine sic ille. *Sinistrum tenebat magno numero Parisiensis Vniuersitas, incipiens ab extremis Clamatoribus, & inde secundùm singularum Facultatum Collegia sursum ad Rectorem vsque versus Episcopos. Rectori præibant Bidelli cum suis baculis & massis argenteis; nec aderant Scholastici omnes, ne per illorum multitudinem via arctaretur.* Et paulo post. *Sinistrorsum præter Scholasticos nemo incedebat. Eratque Rector è regione Prælatorum suo ordine postremus.*

Circa verò hunc ordinem notandum, quod cum à nonnullis Typographis fuisset excusus & editus quidam Ordo in processu Pompaque funerali obseruandus contra veritatem antiquitatis & consuetudinem priuilegiaque Vniuersitatis, Rector cum Deputatis eiusmodi Ordinem publicè comburi curauit. Qua de re sic legitur in Reg. Academ.

„ *Anno Domini* 1498. *die Martij* post Dominicam de Cantate 15. Maij
„ fuerunt conuocati Deputati ipsius Vniuersitatis super 2. art. Primus fuit

super impressione certarum Scripturarum concernentium Funeralia defuncti D. Caroli Regis super modo incedendi, ac super quadam supplicatione M. Iacobi de Hacqueville. Secundus fuit super supplicationibus & iniurijs.

Quantum ad 1. art. *Visis ipsis scriptis & Impressionibus in præsentia nonnullorum Impressorum ad hoc vocatorum, & attento quòd veritatem super modo incedendi non impresserunt, ordinauerunt quod eadem Scripta in processionibus eiusdem Vniuersitatis comburerentur.*

Quod attinet ad supplicationem prædicti de Hacqueuille, in hoc consistebat. Litem habebat apud Curiam quam vocant Requestarum cum M. Nicolao le Conte quem aiebat Nominationum litteras subripuisse, quippe eas non inueniri in Rotulo Nominationum, proindeque petebat ab Vniuersitate vt ad suam causam descenderet. Libellus supplex est eiusmodi.

Honorando D. D. Rectori Cæterisque ab Vniuersitate Deputatis.

SVpplicat humillimè Iacobus de Hacqueville in Artibus Magister & in Iure Canonico Baccalarius. Cum ita sit quod in quodam processu super possessorio moto & pendente coram DD. Requestarum Palatij Regalis Paris. inter M. Nicolaum Comitis Reum ex vna parte & dictum de Hacqueville supplicantem Actorem ex altera, ratione cuiusdam Beneficij dicto supplicanti tanquam Graduato nominato collati, & dictus Reus duas Nominationes nullo modo Inrotulatas, seu in Rotulo Nominandorum non Irregistratas contra dictum supplicantem in dicto Processu produxerit, quæ nunquam inrotulatæ, seu inregistratæ fuerunt, vt vobis Reuerendis Patribus, ac circunspectis DD. per visitationem Rotuli Nominandorum illius anni constabit. Idcirco his consideratis, attentis etiam statutis, consuetudinibus ac communibus obseruantijs, requirit dictus supplicans, quatenus dicta Statuta, consuetudines, ac communes obseruantias Vniuersitatis Paris. insequendo dignemini declarare *intentionem vestram, ac Vniuersitatis Paris. semper fuisse, ac esse quascunque Nominationis litteras in Rotulo Nominandorum non Inrotulatas, nec inregistratas fore, ac esse nullas, & quod tales & similes nullo modo intendit Vniuersitas pro veris Nominationibus approbare.* Et quoniam opus est dicto supplicanti dicta Declaratione, idcirco supplicat & requirit dictus supplicans, *quatenùs velitis dictam declarationem illi communicare sub forma authentica & sigillo Vniuersitatis*, vt posset & valeret, tam dicto supplicanti quàm etiam alijs huius Vniuersitatis Suppositis, cùm tales casus euenerint, proficere ac prodesse. Et quia Scriba Vniuersitatis est in hac re suspectus & de facto suo hìc agitur, ideò requirit quatenus velitis dictam Declarationem illi communicare per manum alterius quàm per manum Scribæ, secundùm quod vestris Reuerendis Paternitatibus videbitur. Et quoniam in vltima Congregatione fuit conclusum quòd si tales Nominationes non inuenirentur inrotulatæ, quod pro tunc declarabuntur falsæ & nullæ, idcirco & attento quod dictæ Nominationes non sunt inrotulatæ, requirit dictus Supplicans quatinus dictam Conclusionem insequendo velitis dictas Nominationes declarare falsas & nullas. Insuper requirit dictus Supplicans adiunctionem Vniuersitatis, prout in vltima Congregatione requisiuit.

Auditis ergo partibus, *postquam dictus M. Nicolaus le Comte medio eius Iuramento ad pectus facto asseruit se nominasse & se inscripsisse manu propria in Rotulo & libro M. Ioan. Perdo, ac durante eius Rectoria ad collationem D. Episcopi, Decani & Capituli Ecclesiæ Paris. & ad aliam collationem Abbatis Conuentus... Supplicationi dicti de Hacqueville minime annuerunt, sed Partes remiserunt processuras coram DD. Requestarum, vbi erant in processu.*

Statim verò post inaugurationem Ludouici sæpè habita sunt Comitia, præsertim verò diebus 11. & 25. Aug. Item 20. Octob. ad agendum de priuilegijs eorumque confirmatione postulanda. Imprimis verò placuit singulos Ordines suorum Statutorum reformationi incumbere. Nationi quidem Gallicanæ propositi sunt à nonnullis articuli sequentes conscripti in Quaternione Papyraceo in Chartophylacio Nauarrico.

Proposita Reformatio Nationis Gallicanæ.

SEquuntur ea quæ aduisata fuerunt & executioni demandanda iuxtà Conclusiones venerandæ Nationis Gallicanæ scriptas tempore Procurationum venerabilium virorum M. Nicolai Malingre & M. Adriani Ganelli pro maxima vtilitate dictæ Nationis, attentis potissimè magnis impensis & tenuitate pecuniarum in Recepta Ordinaria dictæ Nationis.

„ Et 1. quia in vltimis Compotis plurium Receptorum Natio fuit debitrix Receptoribus occasione impensarum quæ excedunt antiquam consuetudinem *propter multitudinem Regentium*, & aliarum Impensarum extraordinariarum, videtur expediens, ac maximè necessarium rescindere de summa 20. scutorum quæ soliti sunt Receptores tempore suæ Receptæ percipere, summam 80. scutorum auri, prout sæpenumero fuit conclusum & ordinatum per dictam Nationem.

„ Item & quia multæ & magnæ Impensæ fiunt pro prandijs DD. Regentium, videtur vtile admodùm atque *necessarium de quatuor Prandijs vnum de Quadragesimalibus rescindere*, videlicet primum. In prandio verò Æstiuali fieri solito apud Gentiliacum vel S. Marcellum, non excedere summam 20. librarum Paris. vna cum pecunijs prouenientibus de nouis Regentibus in Albastro, seu ærario dictorum DD. Regentium existentibus.

„ Item quod in Conclusionibus & in negotijs Nationis non adhibeatur fides solummodò signetis Procuratorum & Decanorum, nisi etiam apponantur signeta Deputatorum Prouinciarum & maximè virorum grauium. Et hoc intellige in materia distributionis pecuniæ, vel in donis clanculùm à Natione petitis.

„ Item & bonum esset vt duo viri graues Nationis per eandem Nationem electi habeant Coffri & Thesauri Nationis & non sigilli claues vltrà claues quinque Decanorum, vt ipsi Decani non adeant Coffrū & Thesaurum ipsius Nationis absque Deputatorum clauibus, quia frequenter ipsi Decani per suos famulos mittunt claues suas & negligenter se habent in apertione Thesauri. Qui quidem Deputati singulis annis poterunt continuari, vel de nouo eligi & sine stipendijs intuitu honoris & vtilitatis Nationis.

„ Item quia aliquando Decani alijs negotijs impediti, vel infirmitate detenti claues Coffri & Thesauri Nationis per Bidellos mittunt, & aliquando contingit omnes claues in manus Bidellorum peruenire, à modo caueatur ne Decani huiusmodi claues per Bidellos, sed per vnum Regentem venerabilem cuiuscunque prouinciæ fuerit, mittant, ne aliquis abusus possit committi.

„ Item in festo S. Guillelmi pro prandio Prælati omni tempore datur summa duorum scutorum auri, veluti sæpius per dictam Nationem extitit conclusum, sic faciendo. Videlicet si sit dies Carnium, Receptor mittet ad domum Prælati vnum discum honestum, videlicet duos Capones, duos Cuniculos, duas perdrices, duo rostrata Gall. Begasses. In die verò Piscium vnum brocquetum, carpam & anguillam. Circa prandium verò mittet duas Quartas boni vini & vnam Quartam Ypocratis. Et nihil vltra facere caueat Receptor sub pœna perditionis & infamiæ.

„ Item in dicto festo S. Guillelmi Procurator, Receptor, Decani & Bidelli habebunt solùm suas distributiones, vt in festis B. Mariæ Virginis, S. Nicolai & S. Catharinæ; videlicet Procurator 6. solidos Turon. & Receptor totidem. Decani verò & Bidelli dimidiatam partem; puta quilibet eorum 3. solid. Turon.

„ In die autem crastina S. Guillelmi, in qua distributiones Magistrorum fiunt, prædicti Procurator & Receptor cum Decanis & Bidellis habebunt solùm duplum Suppositorum, videlicet eorum quilibet duos duodenos. Et inhibetur amodò Receptori sub pœna perditionis pecuniæ

datæ

datæ pro impensis, ne faciat prandium Decanis & Bidellis in die S. Guill. nec in crastino festi. Nunc verò tollantur distributiones istæ solitæ fieri in festo S. Guillelmi propter raritatem pecuniarum & Scholasticorum in Artibus studentium.

1498.

Item ex nunc tollantur Cerei soliti dari in festo Purificationis propter grauamen & iacturam illatam Vniuersitati & Nationi Gallicanæ, & propter abusus maximos factos à Receptoribus, & impensas maximas solitas fieri in huiusmodi distributionibus Cereorum; maximè quia offerebantur passim DD. de Parlamento & alijs Consiliarijs ad libitum & voluntatem Receptoris & Decanorum recipientium huiusmodi cereos.

Item si Rector sit de Natione, fiant duo Cerei ceræ albæ quorum vnus erit pro ipso Procuratore, & alter dabitur D. Rectori. Pro Receptore autem & quinque Decanis fiant sex Cerei etiam ceræ albæ. Nunc verò tollatur iste articulus cum cereis Magistrorum graduatorum prædictæ Nationis, nisi fortasse prouideatur modo honesto & rationabili de vtroque articulo.

Item quoniam Prandium Officiariorum est oneri Nationi & nullius valoris, amodò omninò rescindetur, nec aliquo; modo fiet.

Item in distributionibus DD. Regentium multi abusus committuntur ad quos euitandos antiquior Regens qui erit in Vesperis die Veneris & in Missa die Sabbati recipiet pecunias à Receptore datas in Choro coram omnibus & eas ibidem computabit, & distributionibus per dictum Regentem factis relationem Receptori manu propria signatam dabit. Quam Receptor in suis Compotis tenebitur ostendere.

Item antiquior Regens distribuet pecunias, & si non fuerit semper præsens, ipse designabit aliquem sub eo Regentem qui supplebit absentiam ipsius, quatinus tollatur ista varietas signantium & exhibentium huiusmodi relationes prædicto Receptori, & vnus solum inter Regentes antiquior semper signet, vel eius delegatus, vt sit magis diligens ad videndum rationem ipsius Receptoris. Et talis Antiquus Regens erit Deputatus natus ad audiendum Compota Receptoris, ne fiat aliquis dolus à Receptore.

Item amodò Receptores dabunt cautionem sufficientem illicò post suam Electionem de summa 100. lib. Paris. & antequam ad dictum Officium recipiatur, præstabit super hoc iuramentum, & in fine Compotorum iurabit idem Receptor quòd non fecit aliquam fraudem in suis Compotis.

Item si contingat interdum aliquam rem comparare pro dicta Natione, caueatur ne quicquam detur comparantibus, vel ementibus vltra summam 4. solid. Paris. quia alias multi facti sunt abusus.

Item pro taxatione Bursarum tum Baccalariorum, Licentiatorum & Magistrorum obseruetur statutum in quo continetur quod Magni Portionistæ non Beneficiati neque Nobiles, habeant pro qualibet Bursa soluere summam 8. solid. Minores verò Portionistæ conditionis prædictæ summam sex solidorum. Cœteri verò Martinetæ, vel Cameristæ Pauperes ad minus summam 4. solidorum: si verò tales Baccalariandi & Licentiandi sint Beneficiati, vel Nobiles, taxentur Bursæ ad discretionem Procuratoris.

Item quoniam Bidelli committunt multos abusus tam in Determinantijs & Responsionibus quàm in Magisterio exigentes pecunias à Baccalarijs licentiandis præter ordinationem Facultatis, ad coërcendos illos abusus, vigilantissima cura est adhibenda. *Quoniam in Gradu Magisterij ipsi exigunt pro* Placet*, vnum Francum, aut ad minus 12. solidos Paris. de cætero corrigantur tales insolentiæ Bidellorum, sicut corriguntur & emendantur alij abusus in Natione,* & quod detur prouincia D. Procuratori qui tunc erit in tempore Determinantiarum, Responsionum & Magisterij, quòd ipse vigilet & quod obseruentur Statuta scripta in tabulis pendentibus tam in magnis Scholis Franciæ quàm in Collegio Nauarræ, in Sacello.

CONTRA BIDEL-LOS.

1498. " Item de istis Bidellis oritur continuò aliqua rixa & infiniti abusus procedunt, quibus Natio habet maximum detrimentum & Scholares patiuntur maximam iacturam. Amodò statuitur quod Bidelli faciant Registra de Magistris, in quibus Registris inscribantur nomina Magistrorum & Licentiatorum, secundùm valorem Bursæ, & tenebuntur prædicti Bidelli exhibere illa Registra in Compotis faciendis, vt plenius appareat quod Receptor nullam fecit fraudem in suis Compotis : & ad hoc faciendum habebunt prędicti Bidelli litteras Baccalariorum quas recipient à D. Tenratore Parisiensi quolibet anno ; quoniam laboriosum est valdè legere in Compotis Receptoris litteras tam Baccalariorum quam Receptoris.

" Item fiat Congregatio solemnis trina vice ad tollendos abusus istorum Bidellorum & quod viriliter procedatur aduersus eos, quia ipsi nunquam voluerunt obedire statutis Nationis, maximè his quibus rescinduntur eorum furta & insolentiæ, ne denique ipsi sint ita capitosi & elati. Similiter vt ipsi exhibeant bonos fideiussores qui sint sufficientes ad faciendum Cautionem pro eis de rebus Nationis quæ sunt apud eos, præsertim de Massis. Quia frequenter in Natione ortæ sunt multæ querimoniæ de Ambrosio magno Bidello qui non dedit Cautionem sufficientem pro Massa : Nam quidam Apothecarius vocatus Eschart remansit apud Nationem quittus & deonerauit seipsum à tali Cautione antea facta pro dicto Ambrosio quamuis dictus Eschart maneat semper obligatus Nationi, sicut apparet per litteras existentes in Thesauro, licet ipse Eschart dicat se habere litteras quibus remanet deoneratus & quittus à Natione.

" Item & quoniam Bidelli nolunt interdum obedire statutis Nationis, si contingat ipsos tanquam rebelles, quod absit, nolle obedire statutis existentibus in Tabulis pendentibus tam in magnis Scholis Franciæ quàm in Capellania Regalis Collegij Nauarræ, statuatur vt rescindantur Bursæ quas ipsi percipiunt à D. Receptore, & quod omnino nihil recipiant imprimis. Etsi noluerint desistere, fiat Congregatio contra ipsos & quod deponantur tanquam inobedientes, vt seruetur in dicta Natione antiqua honestas Prædecessorum nostrorum.

" Item à cætero non fient pro quacunque re aliæ expensæ à supradictis absque matura deliberatione Nationis solemniter congregatæ per iuramentum. Et ista habeant Procuratores iurare, Receptores & alij Nationis Gall. Administratores. Maximè in quantum tangit donationes tam pro filiabus Bidellorum dotandis in matrimonio, sicut factum est hac æstate, quam pro multis supplicantibus in Natione sibi aliquid dari qui non meruerunt.

" Item quod in compotis Deputati à Prouincijs habeant examinare & claudere compota dictæ Nationis, & si quid actum fuerit absque illis, irritum habeatur.

" Item similiter, vt sæpè numero extitit conclusum, licet illud minimè teneatur quod Procuratores habeant in principio suæ creationis iurare quod tempore suæ Procurationis inscribant omnes Conclusiones in Registro Procuratorum & illas in facie Nationis & Deputatorum promulgabunt. Qui Deputati habebunt illas confirmare vel infirmare, maximè in Conclusionibus tangentibus pecuniarum donationem ; licet illa quassatio non proficiat Nationi post illam donationem.

" Item quod fiant plures Codices de supradictis articulis & distribuantur Suppositis Nationis, maximè Officiarijs dictæ Nationis.

" Item antiquior Regens faciat Registrum in quo faciat rationem de pecunia data DD. Regentibus tam in Missis solemnibus Vniuersitatis quàm in quotidianis distributionibus pro Vesperis, Missa & prandijs DD. Regentium eiusdem Nationis & quod in compotis dictus Regens exhibeat illud Registrum,

" Item quod in compotis Receptorum audiendis eligantur de qualibet prouincia duo viri graues ; quorum vnus fuerit Receptor, si reperiatur aliquis & alius sit grauis & maturus qui rectè cognoscat facta dictæ Nationis.

Vniuersitatis Parisiensis. 827

Quia frequenter contingit pro illis Compotis audiendis eligi Iuuenes ignorantes rationem tam receptæ quàm misiarum, in quibus Compotis quilibet Procurator præsentabit Papyrum suam ad videndum taxationes Bursarum & numerum Scholarium, & Bidelli dabunt Deputatis in primo Compoto nomina Baccalariorum & in 2. Compoto nomina Licentiatorum. In tertijs verò Compotis nomina Magistrorum de nouo Incipientium.

1498.

Item fiat Procuratio authentica in præsentia Notarij & Testium, ad cogendum omnes violatores prædictarum Conclusionum, & pro repetendis debitis Nationis & prosequendis omnibus & singulis negotijs dictæ Nationis.

Item & vltrà prouideatur super multitudine Regentium, quia multi sunt qui dicunt se habere materias qui forte non habent. Proptereà necessarium erit deputare aliquos viros graues, qui habeant visitare Lectiones singulorum Collegiorum per singulos annos, & referre & ordinare secundùm delationes eorum.

Hæc supradicta aduisata sunt per nonnullos zelatores pro vrgente necessitate ipsius Nationis, pro manutenentia cultus diuini, & agendorum negotiorum ipsius Nationis; in quibus si non prouideatur modo supradicto, vel alio meliori, peribit Respublica dictæ Nationis & cultus diuinus delebitur. Datum anno Domini 1498. die vero 11. mensis.

Die 24. Martij in Electione Rectoris exortæ sunt turbæ ingentes ob electos diuersimodè duos contendentes, MM. Ioan. Caue & Eligium de Vaugermes. Prior nempe electus fuerat per Quatuor-viros, seu Intrantes, more solito & recepto; alter verò per quatuor Procuratores, iuxtà verus statutum Simonis Legati, proindeque nouitatis accusabatur. Eam verò ille vetustatem conatus fuerat in consuetudinem reducere, ob frequentes rixas, contentiones & tumultus Electionum; quemadmodùm ex superioribus annis constat.

Ergo 27. Martij conuenit Vniuersitas ad deliberandum de modo sedandæ discordiæ; de qua sic legitur in Reg. Med. Die Mercurij 27. Martij ante Pascha fuit Vniuersitas congregata in Mathurinis hora solita mane, & fuerat mihi die præcedenti hora 7. Vesperi tradita scedula, vt die sequenti, dictà scilicet 17. conuocarem Magistros nostros duobus super articulis: primus super aliquibus tangentibus visceraliter honorem & pacem totius Vniuersitatis. Quantum ad istum, exposuit D. Rector qualiter fuerat sua Electio celebrata, videlicet absque vllis insolentijs per 4. pacificos Intrantes indubitatos, qui vnanimes absque controuersia aliqua, & absque clamoribus suam Personam in Rectorem elegerant: quare petebat suam dictam Electionem approbatam esse per Vniuersitatem. Super quo deliberauit Facultas, quod eandem electionem habebat ratam & approbatam, parataque erat ei dare auxilium, consilium & fauorem in agendis Vniuersitatis. 2. Exposuit D. Rector, qualiter M. Eligius de Vaugermes prætendebat ius in dicta Rectoria, *dicebatque se fuisse electum per aliquos Procuratores Facultatis Artium, ad quos secundùm formam statutorum Apostolicorum approbatorum per Cardinales Simonem Legatum & d'Estouteville ius eligendi Rectorem spectabat, vt prætendebat dictus M. Eligius*, non Intrantes, nisi demum Præfati Procuratores non potuissent concorditer in vnum Rectorem condescendisse. Et hac de causa aperuit D. Rector, quod ipso die Congregationis hora 7. mane erat citatus coram DD. de Parlamento. Quare petebat vt Vniuersitas vellet deliberare quid acturus esset in hac materia insolita.

TVRBA IN ELECTIONE RECTORIS.

Quantum ad istum 1. habuit Facultas D. Rectorem excusatum de hora non assueta quà conuocari fecit Vniuersitatem, immò habebat ei gratias, quod super his congregauerat eam, eò quod necessarium erat propter dictam citationem anticipare horam. 2. Displicebat Facultati plurimùm ista nouitas eligendi Rectorem & inaudita dissuetudo. Quare deliberauit Facultas, quod iniungeretur M. Eligio, ne posthac tales

Tom. V.　　　　　　　　　　　　　　MMMmm ij

" scrutaretur turbationes & nouitates, & quòd desisteret à sua persecutio-
1498. " ne. Quod si facere non vellet, ex nunc prout ex tunc Facultas priuabat
" eum. Nihilominus nominauit Deputatos honorandos Magistros nostros
" Richardum Gassion & Ioan. Auis Beluacensem, qui vnà cum Decano vs-
" que ad Curiam Parlamenti D. Rectorem comitarentur. Consequenter
" voluit quòd M. Eligius non amplius se intromitteret de rebus Vniuersi-
" tatis, & quòd D. Rector moneret eum, vt si qua apud se haberet Vniuer-
" sitatis priuilegia, monumenta aut litteras huiusmodi, quod omnia red-
" deret, aut deponeret in manibus Scribæ Vniuersitatis.
" Item quia inter concludendum per D. Rectorem fuit mentio facta de
" cassatione Requestarum per DD. Decanos Super. Facultatum & DD.
" Procuratores 4. Nationum Sigillatarum, voluit Facultas quòd ea quæ
" per M. Eligium facta fuerant, cassa essent & irrita. Approbauit tamen me
" Facultas de signeto meo dictis Requestis apposito; tum quia erant iustæ
" & porrectæ DD. de Parlamento ante electionem Rectoris duobus die-
" bus, continentes vt placeret Curiæ obuiare insolentijs & clamoribus fie-
" ri solitis in huiusmodi Electionibus; vt omnia pacificè fierent secundùm
" statuta Vniuersitatis Apostolica per D. Cardinalem d'Estouteville ap-
" probata. Continebat secunda vt prima approbaretur, deputari aliquos
" per Curiam, vel Ostiarios, qui haberent huiusmodi Electioni adesse ad
" turbationem tollendam. Quæ quidem Requestæ, quia visæ sunt Faculta-
" ti iustæ & Canonicæ, quibus annuit Curia in forma, tum etiam quia Fa-
" cultas audiuit eas non fuisse per me signatas nisi post signeta DD. Deca-
" norum Theologiæ & Decretorum illis iam inscripta, approbauit me Fa-
" cultas in signationem huiusmodi Requestarum. Verum vbi M. Eligius
" alias nomine suo priuato pro iure suo tuendo Curiæ porrigeret, Facultas
" eas cassat & annullat. Sed illæ cassationes nullæ sunt apud Decanos, cum
" dictas non alias signauerint.
" 3. Articulus est supplicationum. Vbi supplicuit M. Robertus de Val-
" libus vt placeret Vniuersitati permittere ipsum posse recipere stipendia
" sua solita pro Officio suo, videlicet quia erat Vniuersitatis Procurator;
" quoniam diu ægrotauerat morbo currenti quem plurimi *Inquinagram*
" vocant; quo tempore suæ absentiæ *M. Eligius* fuit substitutus. Quantum
" ad istum non voluit Facultas quòd dictus de Vallibus aliquid reciperet
" de stipendijs, pro tempore suæ absentiæ; quia tales pecuniæ dantur pro
" actuali labore; & eas M. Eligius loco de Vallibus substitutus pro suis la-
" boribus perceperat; aliàs oporteret pro eodem labore duplicia dare sti-
" pendia. Verùm post hac, vbi dictus de Vallibus sanius posset Vniuersita-
" ti inseruire, sua solita pro tempore futuro perciperet stipendia.
" Tum supplicuit M. Eligius per orationem scriptam sperans sic melius
" posse audiri quàm voce memori, qui fuit tandem auditus legens suam
" Supplicationem, quâ supplicabat Vniuersitati vt vellet eum tueri in iure
" suo, si quod haberet, & non aliàs. Quantum ad istum, quia dictus Eligius
" videbatur velle suscitare nouitatem inauditam, & contrà communem
" consuetudinem; & etiam quia iam citauerat D. Rectorem in Curia Par-
" lamenti in prima instantia non prius consultâ Vniuersitate, mansit Fa-
" cultas in prius supra quoad ipsum deliberatis, & voluit quod Aduocatus
" Vniuersitatis, præsente Rectore & sua Comitiua, exponeret DD. Curiæ
" Parlamenti mentem Vniuersitatis. Verum quia D. Rector inter loquen-
" dum & ponendum in medium obtulit se velle priuari Officio Rectoriæ &
" omni honore, si esset conclusum quòd in sua Electione fuissent commis-
" sæ insolentiæ, vænalitates, aut Simonia, nominauit Facultas Deputatos
" nominatos in Congregatione Vniuersitatis facta 19. Feb. qui haberent
" de huiusmodi vitijs & erroribus, si quæ inuenire est, cognoscere & se-
" cundùm Deum & conscientiam ius vnicuique reddere.
" Tandem itum est per Rectorem bona Comitiua circundante, ad Cu-
" riam, vbi exposita est mens Vniuersitatis per Michon Aduocatum, præ-
" sentibus omnibus. Postea fuit auditus M. Eligius suam ipsemet exponens

causam, quia Aduocato carebat, & verbis Latinis quampulcherrimâ oratione locutus est & auditus. Quibus peractis consulta Curia respondit, quod quia non solebat ex prima instantia cognoscere de materijs Vniuersitatis, remittebat causam istam ad Vniuersitatem, vbi Partes pacificè audiantur. Verùm quia plurimi non fauentes M. Eligio, volebant procedere ad eius priuationem, inhibuit Curia, ne pro hac materia procederetur ad priuationem eius, inconsultis ipsis & Vniuersitate. Hæc Ego ad longum redegi propter casum nouitatis, ne memoria labili facilè obliuioni traderentur.

1498.

Die Lunæ 8. April. fuit conuocata Facultas apud S. Math. hora 7. ante meridiem ex præcepto mihi facto per Ostiarium Curiæ Parlamenti, iuxta tenorem Arresti mihi per eum ostensi super 2. art. Primus super controuersia pro Officio Rectoriæ inter honorandos MM. Ioannem Caue & Eligium de Vaugermes. Quam quidem materiam præfata Curia remiserat ad Vniuersitatem, vt per eam sedaretur. Quantum ad istum, dedit Facultas Deputatos nominatos qui haberent audire Partes & terminare discordiam. Insuper declarauit Facultas quod Congregatio Vniuersitatis erat facienda per D. Rectorem, & non per Decanos superiorum Facultatum, cùm ipsa Vniuersitas habuerat electionem D. Rectoris gratam, & propterea volebat Facultas ei & mandatis eius parere: Et die crastina conuocari per eum, secundùm tenorem scedulæ suæ quam hodie inter deliberandum mihi iusserat D. Rector. Addidit insuper Facultas quòd illud statutum, vel Arrestum quo cauetur quod Vniuersitas est congreganda per DD. Decanos trium Facultatum Superiorum stante discordia pro Officio Rectoriæ, de quo Arresto fit mentio supra in Decanatu honorandi Magistri nostri Michaëlis de Colonia, intelligendum est quando Vniuersitas neutrum Contendentium pro Rectoria approbauit.

Die Martis 9. April. fut conuocata Facultas & tota Vniuersitas apud S. Math. super 2. artic. Primus ad audiendum ea quæ acta fuerunt in Parlamento super materia M. Eligij, de qua superiùs dictum est sufficienter. Quantum ad istum voluit Facultas, quod M. Eligius audiretur ad longum & produceret ea quæ volet producere, intrà diem crastinum. Et dabat Deputatos ad audiendum & referendum. Et nihilominùs habuit Facultas electionem D. Rectoris gratam, vt aliàs habuerat. Et in hoc concordes fuerunt Facultates: à qua sententia prædictus Eligius appellauit ad Curiam Parlamenti, quamuis postmodùm visum sit pluribus Magistris satis extraordinarium, quod Vniuersitas communiter dabat Deputatos super iure Rectoriæ discernendo, & hoc non obstante habebat D. Rectorem pro Rectore & eius electionem ratam.

Dum ista in Vniuersitate agitantur, Rex domesticæ quieti & Regni sui Reformationi intendit. Imprimis igitur impetratâ ab Alexandro VI. Bulla ad Episcopos & alios Ecclesiæ Primates, vt de diuortio suo cum Iana Francica cognoscerent, aduocat quoque ex Vniuersitate Parisiensi Doctores Theologos & Decretistas, qui diuortium legitimum esse pronunciarunt: vt legitur in additionibus Gillianis, his verbis.

1499.

Av Nom de Dieu, de la Saincte Trinite' Pere, Fils, et S. Esprit, Amen. Veu le Procés pendant pardeuers nous Philippe en titre de S. Pierre & Marcellin Cardinal de Luxembourg & Euesque du Mans, Loys Euesque d'Alby, & Ferrand Euesque de Septe, Iuges deleguez en cette partie de nostre S. Pere le Pape, entre Loüis XII. Tres-Chrestien Roy de France: Demandeur d'vne part, & Illustre Dame, Dame Ieanne de France, Defenderesse d'autre part: Veu le Rescrit Apostolique, la demande dudit Demandeur, la litiscontestation de ladite Defenderesse & ses responses, exceptions, repliques, positions & responses sur icelles d'vn costé & d'autre, les tesmoins produits par ledit Demandeur & leurs depositions obiectées au contraire, & autres documens, conclusion faite en cause & assignation pour oüir droit, en communication de Conseil auec les Cardinaux, Archeuesques, Euesques, Docteurs en Theologie & en Droit en grand nombre: Auons dit & disons par nostre Sentence definitiue, ayant Dieu deuant les yeux, Declairons & Prononçons

Tom. V. MMMm iij

" le Mariage fait entre lefdites Parties eftre & auoir efté nul, & donnons
1499. " congé & licence audit Demandeur en tant que befoin feroit par autho-
" rité Apoftolique, & de pouuoir prendre femme telle que bon luy fem-
" blera par Mariage, & fans dépens de ladite Caufe.

Huic ce diuortio, ne fieret, inter Doctores Theologos pertinaciter
obftitit M. Ioannes Standouk, aiens non licere vxorem dimittere non
adulteram : idque minus gratum fuit Regi & ijs qui Regni faluti confu-
lebant.

TVRBA PROPTER IMMINV- TIONEM PRIVILE- GIORVM.
Rex ad Regni curas conuerfus, Iudiciorum formam emendat, deinde
Scholaftica Priuilegia aggreditur, quorum abrogat nonnulla, alia cor-
rigit, & quædam interpretatur, Edictumque fuum Curiæ Parlamenteæ
Actis inferi iubet, miffo ad eam rem Ludouico Albigenfium Pontifice.
Hoc malo inopinato ftupefacta Vniuerfitas conuenit die 13. April. ftatuit-
que adire Curiam, & poftulare Edicti iftius communicationem, priuf-
quàm Actis inferatur & publicetur, vt legitur in Reg. Med.

Illicò poft eadem hora fuit Congregatio Vniuerfitatis fuper remedio apponen-
do contra publicationem aliquarum Ordinationum Regis concernentium mutatio-
nem priuilegiorum Vniuerfitatis. Super quo placuit Facultati quòd conficeretur
fupplicatio, feu requefta porrigenda Curiæ Parlamenti de impedienda prædicta
publicatione, donec fuiffent ordinationes illæ vifæ per Vniuerfitatem, & fuper
his donec Vniuerfitas fuiffet audita; & quòd nihil horum fiat, nifi fuper his prius
habito Confilio Confiliariorum noftrorum vnà cum Deputatis.

Deputatorum alij Curiam adeunt, alij Epifcopum Albigenfem, qui
quid accepiffent, referunt die 20. eiufdem menfis. Nihilominùs Curia
Edictum Regium promulgat, nec quicquam Vniuerfitate iactitante Cardinalis Tutauillæi Reformationem, & Priuilegia Pontificia cum Bulla
Ioa. Papæ de excommunicatione eorum qui ea nituntur infringere.

Die 25. Maij conuenitur, agiturque de ceffando à Scholis & fermonibus; fed prius celebrantur folemnes fupplicationes ad D. Catherinæ de
Valle Scholarium, diciturque Miffa de S. Spiritu, *vt dignetur Altiffimus in-*
fpirare D. noftro Regi & fuo Confilio ne priuilegia Vniuerfitatis maneant irrita
& caffata, fit quoque fermo ad populum ad exhortandum eum ad fimiles oratio-
nes. Ita legitur in Reg. Med.

Die penultima Maij fit frequens Conuentus apud Bernardinos, vbi
auditis Deputatis, auditâ quoque relatione eorum quæ contra Priuilegia facta fuerant, concluditur ceffatio. Rem fic habemus defcriptam in
Reg Med. *Die Mercurij antepenultima Maij, quæ erat Vigilia Sacramenti,*
fuit congregata Vniuerfitas in S. Bernardo per juramentum folemniffi-
mum vt fupra, fuper 2. artic. Primus ad audiendum quæ facta fuere per
" Deputatos in materia priuilegiorum. Quantum ad iftum difplicuit primò
" Facultati plaga illata Vniuerfitati & priuilegijs eius per Arreftum Curiæ
" Confirmatiuum Edicti Regis. *Sed quia audiuerat nullum effe contra illud con-*
" *ueniens remedium, nifi per ceffationes, voluit, fi cæteræ Facultates confentiant,*
" *vt fiant:* quod fimpliciter poftea confenfit. Verum Decanus Theologiæ
" noluit fuper his fuam aperire Conclufionem, nifi Facultas noftra & De-
" cretorum quæ in Conclufione conueniebant, darent Conclufionem ca-
" thegoricam non conditionalem. Quapropter rogatus Ego à D. Rectore
" pro cathegorica danda, accepi fuper his deliberationes iteratas fingu-
" lorum Magiftrorum Facultatis. Ex quibus facta fuit talis Conclufio :
" *Quoniam Facultas quandam femper amicitiam cum Facultate Artium habuit,*
" *quam volebat poffe tenus conferuare; & etiam propterea quod vbi Phyficus de-*
" *finit, ibi incipit Medicus, confenfit Facultas condefcendere Conclufioni Facul-*
" *tatis Artium, videlicet vt fierent Ceffationes Lectionum quarumcumque & Poë-*
" *tarum & aliorum extra Collegia, & fimiliter Prædicationum.*

" Infuper Ego rogatus à D. Rectore vt aperirem mentem Facultatis de
" tempore incipiendi Ceffationes, acceffi ad fingulos Magiftros, fuper hoc
" petens eorum deliberationes : quibus auditis, facta fuit talis Conclufio,
" quòd Facultas non bene ferebat Conclufionem Facultatis Theolog. quæ

fuerat, *Si omnes consenserint, Ego non contradico.* Immò volebat quod apertè loqueretur sicut aliæ Facultates consentiendo, vel renuendo, quod nisi faceret, Facultas tempus Cessationum incipiendarum non aperiret. Et quia Decanus Theol. noluit iteratò super hoc audire deliberationes suorum Magistrorum, immò persistens in sua Conclusione abijt à Congregatione: tandem vt concordia haberetur, supplicuit Magister noster Standouk Theologus vt placeret Vniuersitati, si faceret Cessationes, vt differret vsque post diem Sacramenti, *Et quod illo die Sacramenti quilibet Prædicator haberet monere populum pro precibus fundendis Altissimo, vt ei placeret tueri Priuilegia nostra & nos in tanta molestia conseruare & immittere S. Spiritum in animas nostram libertatem tribulantium, & assumeret quisque Prædicator licentiam à suo populo, nuncians posthac non amplius fieri Prædicationes, donec aliter prouideret Altissimus.* Cui supplicationi tres annuerunt Facultates, consentientes quod die Veneris altera Sacramenti affigerentur per loca consueta Cessationes. Verùm quia Magistri nostri iam post aliquos Theologos recesserant, nolui nomine Facultatis determinare tempus, licet fuerim multis precibus & clamoribus pressus, sed mansi in Conclusione Facultatis, scilicet non volens determinare tempus, nisi Theologiæ Decanus Conclusionem suam daret affirmatiuam. *Quare D. Rector videns me persistere in Conclusione Facultatis, conclusit à tribus Facultatibus die Veneris altera Sacramenti affigendas Cessationes.* Hæc Ego ad longum hîc apposui, vt posthac notarentur in hoc meo Decanatu contingentia, quæ si multis creditur, quæ futura sunt, à multis antea annis nunquam fuêre similia. Voluit tamen Facultas vt interea darentur ex qualibet Facultate Deputati ad correctionem abusum.

Hæc scribebat M. Bernardus de la Venguiere Decanus eiusdem Facultatis, qui cætera quoque fusè & exactè persequitur hoc modo. *Die vltima Maij fuit Vniuersitas* congregata in S. Math. hora 5. post meridiem 2. super articulis. Primus, super insinuatione ac intimatione facta D. Rectori & DD. Decanis & Procuratoribus Vniuersitatis per primos Ostiarios Curiæ Parlamenti, vt die sequenti hora 7. matutina comparerent *coram DD. de Curia, & DD. Cancellario Franciæ & Albiensi Episcopo super pacificatione priuilegiorum facienda.* Sed quia dicebatur, vt non comparerent vltra 20. personas, quantum ad hoc noluit Facultas vt personæ vocatæ per numerum Vicenarium limitatæ adirent Curiam propter tumultum & confusionem multorum Magistrorum, qui non passi fuissent tam modicam quantitatem personarum tantam accedere Curiam iuxta illud: *nitimur in vetitum*; sed voluit Facultas quod M. Robertus de Vallibus Procurator Vniuersitatis cum Scriba & quatuor Bidellis singularum Facultatum Maioribus eam adirent, cui exponeret dictus M. Robertus nomine Vniuersitatis, excusationem Vniuersitatis, eo quod non ad eam accesserant vocati; quod id non factum fuit propter contemptum Curiæ, sed duntaxat propter pericula imminentia vitanda: Diceret consequenter, vbi placeret tanto Senatui deputare ex se aliquos, qui si vellent, pro concordia inuenienda possent cum Deputatis Vniuersitatis conuenire in S. **Bernardo, vel in alio loco, intra tamen Vniuersitatem.**

Metuebant Academici conijci in carceres. Fungitur demandata prouincia Robertus, Curia verò Decreto suo iniungit Academiæ, resumat lectiones, secus contra eam quod iuris erit, decreturam. Vniuersitas 3. Iunij congregatur apud S. Bernardum. Quid verò ibi factum fuerit, aut decretum, idem Decanus describit.

Die Lunæ 3. Iunij fuit conuocata Vniuersitas in S. Bernardo per juramentum solemnissimum duobus super articulis. Primus super quodam nouo Arresto per primum Ostiarium & 5. alios Ostiarios Curiæ intimato Rectori tanquam Vniuersitati de reuocandis Cessationibus intra diem Martis proximum, aliàs Curia prouideret, vt rationis esset. Quantum ad hoc, imprimis habuit grata ea quæ acta fuêre per D. de Vallibus Procuratorem Vniuersitatis in quadam appellatione interjecta coram Reue-

"rendo D. Cantore Pictauiensi, Parisiensi Canonico in dignitate consti-
"tuto, à quo petijt Apostolos apud quos appellauerat præsente Scriba &
"testibus: propterea quod dicebatur in Curia esse quandam Bullam impe-
"tratam à Rege Ludouico XI. sedente Pio Papa, quâ continebatur, vt di-
"cebant, *quod non licebat Vniuersitati facere Cessationes in quocumque casu, nisi
"prius consultis Archiepiscopo Senonensi & Episcopo Beluacensi, ad quos specta-
"ret declarare grauamina esse sufficientia priusquam fierent cessationes.* Super
"quibus visum est Facultati quod etsi præfata Bulla Censuras continet &
"priuationes Beneficiorum & collationes eorundem, tamen nullius erat
"efficaciæ, tum quia ab impetrante Ludouico reuocata erat; tum etiam
"quia non interinata fuerat. Immò etsi fuerat obtenta, non fuit super ea
"Vniuersitas audita neque consulta; tum etiam quia per duos actus con-
"trarios Bullam subsecutos, videlicet per duas Cessationes Bullam sequen-
"tes, euanuit ipsa Bulla; quâ etiam nunquam vsus est impetrans Ludoui-
"cus. Propterea vbi præter hæc dicta Bulla vim aliquam haberet, assentie-
"bat Facultas appellationi interiectæ per D. de Vallibus Procuratorem.
"Verum quia accepit Facultas Curiam non bene tulisse Legationem
"Vniuersitatis factam per dictum de D. Vallibus. *Et ipsa Curia pars aduersa sit
"Nobis & suum Arrestum iuxta tenorem Edicti ediderit nobis Participibus & non
"satis, nec moderate auditis.* Nihilominus placuit Facultati deputare ali-
"quos cum alijs Deputatis qui die crastina adeant præfatam Curiam cum
"humilitate excusantes Vniuersitatem, quia non comparuerant vocati;
"non id contigisse propter Curiæ contemptum, sed propter periculum
"imminens & tumultum vitandum. Et in hoc consenserunt aliæ Facultates.

"Insuper quod mitterentur aliqui viri graues ad D. Cancellarium Fran-
"ciæ hîc præsentem propter multa tunc per me declarata. Quibus non
"consenserunt aliæ Facultates, sed voluerunt quod mitteretur ad DD.
"de Villa, vt vellent esse Medium pacis, exorantes Curiam vt supersedere
"vellet ab executione sui Arresti vsque ad 8. dies, in quibus sperabatur
"pax & concordia per adiumentum supremi D. nostri Regis. Huius ta-
"men opinionis non fuit Facultas, immò voluit quod mitteretur ad D. no-
"strum Regem hodie, vt informaretur de Priuilegijs nostris læsis ante eius
"ingressum in vrbem. Et huic Conclusioni consenserunt omnes. Rogauit
"tamen Facultas vt Supposita Facultatis Artium cum omni modestia se
"haberent sine tumultu, aut seditione, propterea quod aliqui non iurati,
"neque huius Facultatis alumni sub colore Vniuersitatis nitebantur, aut
"iactabant se facturos multa mala; quibus Vniuersitas arguitur, licet sine
"causa, & vituperatur. Et etiam Supposita Facultatis Artium ferrent Ca-
"putia, vel essent sine pileis.

Legati Academici protinus Corbolium proficiscuntur ad Regem, ira-
tumque demitigare leni oratione conantur. Reuersi narrant quæ acce-
perant, & die 7. Iunij fit congregatio Vniuersitatis apud Mathurinenses,
vt legitur in ijsdem Reg. Med.

"Die Veneris 7. Iunij fuit congregata Vniuersitas per juramentum in S.
"Math. hora 4. post meridiem super auditione Legatorum Vniuersitatis
"ad Regem missorum. *Quibus auditis placuit Facultati propter reuerentiam
"Regiæ Maiestatis, cui plurimum confidit, resumere Lectiones, prædicationes &
"alios Actus Scholasticos,* à quibus paucis antè diebus cessatum fuerat. Et
"hac Conclusione die sequenti per Curiam Parlamenti auditâ ore Depu-
"tatorum Vniuersitatis cum quibus aderam, placuit Curiæ reuocare Ar-
"restum quod priori die fecerat Pergamenarijs, ne ius quod debent Re-
"ctori, soluerent. Et sic singula pacata fuerunt.

Placet quoque in rem istam referre quæ scribit M. Robertus Gaguinus Facultatis Decretorum tum Decanus, gestorum in Vniuersitate te-
"stis quoque oculatus. Sic ergo ille. Tentauit, *inquit,* Parisinorum Scho-
"lasticorum Vniuersitas tueri suam libertatem, & de Regijs Constitutio-
"nibus ea demere, quæ Priuilegijs & diuturnæ eorum consuetudini diuer-
"sa contrariaque esse videbantur. Misit propterea suos ad Senatum Oratores

tores qui peterent, quae constituta à Rege erant, benignius explanari, neque sinerent Iudices apud quos Iudiciorum potestas erat, turbari Scholasticorum quietem, qui Parisijs maximo commodo essent, & Christiano Orbi luminis atque fidei stabilimentum afferrent. Si quid grauius solito, & praeter veteres Regum Sanctiones statutum foret, mox dissipandam forte tam ingentem Litteratorum hominum multitudinem, alioque abituram, vbi tranquillam sedem obtineret. Ad haec respondit Senatus se à Rege iussos promulgare quas tulerat leges. Apud illum authoritatem esse abusus tollendi & corrigendi Errata quae à suis commitis subditis comperisset. Nihil de illorum Priuilegijs demere Regem velle. Coeterum, quoad Senatus poterat, concedere quidem illis potestatem sua Priuilegia edendi, quae Curiae exhibita incontaminata seruarentur. Igitur hoc iudicante Senatu, Vniuersitatis Syndicus biduo tantum impetrato, aliquot quae pro temporis angustia praesentanda habebat, priuilegia apud Scribam deponit; neque melior inde facta est Scholasticorum conditio. Neque derogatum est legi quam Ludouicus Rex condiderat. Quod iniquo animo ferentes Scholastici, coacto numeroso Conuentu, de intermittendo Studio, deque litterarijs exercitationibus deferendis consultant. Dicuntur in eo coetu variae sententiae, donec tertiò conuenientes, ventum est in sententias eorum qui praedicationibus & quotidianis interpretationibus interdicere suadebant. Postridie eius Conuentionis dies erat festus Eucharistiae Sacramenti. Missum est authore Ioanne Caue qui Vniuersitati praeerat Rector, ad eos qui concionaturi in Ecclesijs erant, vt plebi nunciarent non habendas deinceps verbi Dei Praedicationes, donec Priuilegiorum suorum integram libertatem Schola Parisiensis recuperasset, fuere inter praedicandum qui liberius locuti sunt, itavt ad seditionem Oratio illorum spectare plerisque visa sit. Venerat per hos dies ad vrbem Guido de Rupe-Forti Cancellarius, in quem probra & libelli per multa vrbis loca positi fuerant Et incidit propterea suspicio id à Scholasticis factum esse. Moxque per vrbem rumor irrepsit Scholasticos turmas & conuenticula ad seditionem habere. Quamobrem parantur ab vrbis Praeposito armati: nec minus Vigilum Praefectus excubias habet, viasque diligenter circuit Ciuitatis: quanquam ex omni Schola inuentus est nemo, non quietus & domi se omnino continens. Mirum profectò est quàm cita & pernix fama homines quos multi inter Magistratus existimasses, fefellit. Ex his enim nonnulli litteras tanquam de re comperta ad Regem dant festinanter. Scholasticos in armis esse, solicitare ad seditionem populum, verendum esse ne Ciuitas tota ad rebellionem propediem spectet, festinet ergo tanquam ad restinguendum incendium accedere. His litteris permotus Rex, paucis pòst diebus aduenire nunciatur plenus indignationis aduersus Scholam quam nesciebat innocentem. Quâ re accepta, nuncios suos Corbolium quò Rex venturus terebatur, Schola ideo praemittit, vt priuilegiorum antiquam libertatem recuperaret, aut positis per eum legibus benigniorem Rex explanationem adhibeat. Qui missi erant sollicitè inquirentes quo in Scholasticos animo Ludouicus esse videretur, comperiunt illum irritatum esse vehementer, quod Decretis parere tam contumaciter cunctarentur, excitarentque suis Concionibus populi furorem. Parisij omnes non modicè turbabantur. Ea re per illustres Aulicos acceptâ Oratores mutato de retinendis priuilegijs consilio, pacare ante omnia Regem leni oratione constituunt. Igitur ad Regis conspectum admissi in hac sententia locuti sunt. *Nihil ab eorum Vniuersitate perperam esse factum. Falsa esse quae aduersarij ad eum de seditione detulerant. Scholasticorum multitudinem Domi quietissimè agere, exspectare cum summa modestia quid eius Amplitudo imperaret. Videret ne per paucorum insipientiam Consultissimos quosque pergeret vlcisci. Eum quidem positum Regem esse, sed, vt est in Principe Apum, qui vel aculeo careat, vel habitum ad vindictam non exerat, remittat eius clementia, quod à Iunioribus leuiter garritum extitit. Esse in omni Ciuitate dicaces.* Lin-

1499.
TVMVLTVS PROPTER IMMINVTA PRIVILEGIA.

" quas ad stultè loquendum fluxas & labiles tam parui habendas quàm imbecillium
" earum latratus. Summi Principis laudem præcipuam *ab ira, ne excandeat,*
" *temperare, mansuetudine leniri, vt amari magis quam timeri studeat. Ipsum*
" *vnum esse quem non secus, ac filia Patrem Schola Parisiensis obseruet. In eo spem*
" *repositam Scholasticorum, qui præter solam libertatem & libros nihil possideant.*
" Dicendi ab Oratoribus fine facto, Georgius de Ambasia Rothomagensium
" Primas, qui inter Aulicos plurimi habebatur: Eruditi, *inquit*, viri, non
" mirum vobis esse debet, si æquissimus Rex de abusibus qui prætextu ve-
" stræ libertatis committi deferuntur, vestris priuilegijs limites posuerit.
" Ipsi pro vestra eruditione nostis quid in his omnibus peccatum hactenus
" est. Emendare vos ipsos prius decebat, quàm alterius censurâ iudicare-
" mini. Neque enim sua opinione Rex, sed prudentium virorum consul-
" tis, ac responsis Erratorum delicta legibus cohibuit, quibus repugnare
" vos non oportuit; ita vt repentinis Edictis à vestro studio cessaretis, pro-
" hibentes disserere per Ecclesias Populo verbum Dei. Quo medius fidius
" facto Regem à vobis despectum esse quis ignoret? Vestræ libertati de-
" tractum ire Rex noluit. Dolos amouere, fraudes imputare est arbitra-
" tus, non vt vestræ quieti aduersaretur, aut bonos à litteraria lucubra-
" tione auerteret. Tenet memoria quanta tranquillitate vos fouerint
" Reges qui eum præcesserunt. Nouit quæ sunt in Regnum suum & rem
" communem Christianorum vestra merita. Sed vestra res sincera esse
" non potest, quæ peruersorum abusionibus atque illegitimis negocijs
" perturbatur. Ea Regis conscientia est, vt paucissimos malit doctrinæ
" rectè incumbentes quàm discholorum incompositam multitudinem.
" Date operam vestrorum mores componere, vt Regijs Institutionibus
" audientes sapientiam, cuius gratia conuenistis, comparetis. Si hoc ritu
" conuersabimini, tum Principis gratiam vobis impetrabitis, tum priuile-
" gia vestræ Communitati affatim conferentur. Hæc cum Pontifex dixis-
" set, petentibus Legatis an aliud præcipere Rex illis optaret. Ite, *inquit,*
" & Scholasticos vestros qui hoc nomine digni sunt, salutate. De malis nul-
" la mihi cura est, moxque percusso manu pectore, *Ipse me,* inquit, *suis*
" *Prædicationibus taxauerunt, Illos autem mittam aliò prædicatum.* Intellexe-
" runt hoc verbo Oratores iratum esse Regem. Festinantes ergo Parisium
" reuerti, vocatâ eodem die magno numero Vniuersitate, quæ accepissent
" Oratores, retulerunt. Rector verò ex vniuersorum sententia protinus
" iubet studij communionem exercitationesque repetere, & Prædicatori-
" bus concionari permittit. Ingressus est vrbem Ludouicus multis ami-
" geris cum tensis arcubus & Procerum multitudine stipatus. Vbi habito
" postridie Parlamenteo Senatu, Leges ab eo semel positas publico Edicto
" pertinacissimè confirmauit. Erat quidam ex Concionatoribus Thomas
" Varuetus Cameracensis; qui nescio quid minus consulto inter prædican-
" dum dixerat. Hic sui conscius, non exspectato Regis aduentu, Camera-
" cum vnde oriundus erat, se recepit. Ioannes autem Standon Brabantinus
" Theologus Doctor vita & doctrinâ clarus, Ludouico alioquin suspectus,
" qui Collegio Montis acuti præsidebat, Regno interdictus est. Proscri-
" ptionis causam non comperi.

Hæc Gaguinus de tumultu Vniuersitatis: de quo breuiter Genebrar-
" dus. LVDOVICO XII. *inquit,* Academiam Parisiensem Priuilegia sibi
" sublata conquerentem turbasque concitantem reprimente, in publico
" Academiæ apud Bernardinos Conuentu decretum est, vt Conciones,
" Medicinæ Praxis, Studium, Lectionesque statutæ intermitterentur.

Porro Ioannes ille Standon, seu Standox paulo post ab exilio reuocatus est, nimirum anno 1500. vt suo loco referemus. Ad eum autem exulantem scripsit Ioannes Raulinus Cluniacensis Monachus consolatoriam
Epistolam, cui hunc titulum præposuit:

" Aquilæ volanti super pennas ventorum & turbinum misera Nicticorax
" in domicilio Ioanni Standouk, Ioannes Raulin Cluniacensis Monacho-
" rum minimus prospera mundi despicere, & nulla eius aduersa formidare.

2 3
~~4~~

Si iuxta diuina Eloquia de comedente exiuit cibus, & de forti egressa est dulcedo, non mireris, Charissime Frater, si de te sustentato pane tribulationis & angustiæ, de te bibente quasi subsannationem aquam, fuerunt mihi lachrymæ meæ panes die ac nocte, dumque te ipsum quasi fœces & peripsema seculi huius eijci & subsannari video, in afflictione cordis mei compellor manducare panem doloris. Isque qui mihi tui famam exilij aperuit, primus foris circundedit me felle & dolore, & intrinsecus cibauit me cinere, durus sanè cibus. Ille de comedente exiens & amarus gustui meo, atque aridus nimium faucibus meis, cum me fideli videam spoliatum amico, cui omnia mea, imò & me ipsum committere solebam, videam, inquam, elongatum à me amicum, & notum meum à miseria mea. Non viuit membrum si consentiat, si non doleat alterum à se seiunctum. Sed nihilominùs de te forti egressa est inter angustias mihi dulcedo, cùm inter turbines ventorum amicum æquanimem, & tanquam saxum immotum audio eadem semper virtute, ijsdem armis, eodem instrumento & bello & paci componere. Ait Homerus, si Aristoteli creditur, in bello furorem immittere furori. Tu ex aduerso agmen componis dum sinistris rebus quasi fidelissimis adiutoribus hilarem te exhibes, in patientia tua possidens animam tuam; imò veriùs cunctorum Fidelium animas, qui te cognoscunt, & qui tibi compatientes celerem desiderant aduentum tuum. In qua re visus es mihi de te ipso deque amaritudinibus eius qui in maligno positus est, quasi strenuum militem triumphare, longanimumque longa exercitatione conturbare. Scriptum est enim: Iustus non conturbabitur, quidquid ei acciderit. Sed & alia Scriptura dicit: Principes eius facti sunt sicut Arietes. An non Aries ipse es? qui dux Pauperis gregis Christi multos fecisti filios Arietum: imò illius veri Agni filios qui paulo post in crucem exaltatus creuit in Arietem suis cornibus ventilantem ad Orientem & Occidentem & Austrum. Qui verò de Natura locuti sunt, Arietem dixerunt pro dimidiâ anni portione super latus recubare, dextrum pro altera parte super sinistrum. *Dormiuisti, Frater! dormiuisti iam dudum à latere dextro, dum te vallabat omnipotens amicis, honoribus & diuitijs Parisianis.* Et interim vidit te Dominus lassatum super latus dextrum tanto tempore quiescere, qui ob causam te tenerrimum eius Arietem conuertit super sinistrum. In sinistra viri cor eius, in dextra fœminæ. Et quia scio te virum non fœminam, in sinistris rebus volo cor tuum inuenire. Plurimi secundis in rebus magnificant fimbrias animi sui, qui in aduersis quàm citiùs animo deiecti sunt. Super latus dextrum iussus est filius hominis Ezechiel 40. diebus obdormire & multo pluribus super sinistrum. Suauius de te prophetabimus, Optime Frater! paululùm dormitabis in sinistro, & multò amplius super dextrum: imò, ni fallor, neque super sinistrum, vel ad modicum dormis. Nihil honorum, nihil diuitiarum tibi profugo deperijt pro Parisiacis. Te Cameracenses, vt audio, prosequuntur dignitates, & tu fugis. Sed forsitan respondebis mihi quod Regius vates suorum infortuniorum non immemor aiebat: Sicut vmbra, inquiens, cum declinat, ablatus sum, & excussus sum, sicut locustæ: **quin potius factus sum sicut puluis quem proijcit ventus à facie terræ.** Harum trium similitudinum primam & tertiam si offeras, non renuam, secundam verò non admittam. Vmbram aiunt Astrologi declinare in meridie cum breuiatur, vt longior fiat vesperi. Tu proindè iam breuiatus es, & quasi abscissus à terra quam contingere non audes, vt postea latiorem hereditatem capias terram, & vt in prouerbio loquar, retrocessisti vt melius saltes. Quid, quæso! tibi honoris ablatum est, cum sicut vmbra declinat, ablatus es? Cui specialiter à Domino datum est non modò bene agere, sed & bene pati illorum beatissimorum virorum coheres & consocius quorum vita in tentatione probata est, & sic Deo digni inuenti sunt. Nescis Ioannem Euangelistam, Hilarium Pictauiensem, Eusebium Vercellensem, Athanasium Alexandrinum, Osyam Cordubæ, Ioannem Chrysostomum, Anselmum Cantuariensem, Pachouium Mo-

" 1499.

"nachorum Patrem, aliosque innumeros Christi Athletas clarissimos pro
"exilio clariores euasisse. O me faustum & felicem! si me miserum iudi-
"casset Dominus à tali ac tanto probari examine per quod tanti tyrones
"probati transierunt fideles, & qui digni habiti sunt, participes facti sunt
"amicitiæ Dei. O si me inuenisset fornax illa, quâ quasi diuini amoris in-
"cendio aptus fuerim transire per ignem & aquam, vt purgatus à contagio
"& rubigine peccatorum meorum, tandem educerer in refrigerium; de-
"que Paupere Monacho diceretur, quod in Apocalypsi Ioannes Frater
"vester particeps in tribulatione & regno. Sed heu misero mihi ! iudicauit
"Dominus vetustam pellem meam leuioris esse pugnæ, indignam tantis
"honestari laboribus, te sic impræsentiarum dignificans, vt Heroïcarum
"virtutum, difficulterque gerendorum actuum supremo te promoueat cul-
"mine. Nec inuideo, Frater! sed magis applaudo manibus, & iubilo Deo
"in voce exultationis, qui tibi in tua tentatione facit prouentum. Si plan-
"gis, quia excussus es sicut locusta, audi oro, quid dicam. Excutitur locu-
"sta cum arentibus pratis, cadit deficitque virtus & substantia eius. *An
"non substantia tua, Pauperes tui qui in Collegio tuo assiduè pascuntur virtutum
"virentibus herbis, deficiunt? An non thesauri tui, quos in ventribus Pauperum,
"quasi in granarijs munitissimis beatissimi Laurentij instar vsque in hodiernum
"diem recondere non cessas, vt eos tandem in cœlestia comportent horrea. Quomodo
"ergo diceris excussus sicut locusta, quando ne vnus quidem Pauperum tuorum à te
"excussus est? nec tu ab eis, nec vnus de capillis capiti tuo hærens perijt tibi; per-
"cussit Dominus Pastorem, sed non sunt oues dispersæ; non sunt, inquam, dispersi
"lapides Sanctuarij & Collegij tui.* Illisum est fulmen domui tuæ, flauerunt
"aduersùs eam venti: irruit in eam ventus vehemens à regione deserti, &
"non cecidit: Bene enim fundata erat supra firmam petram. Irruit Iudi-
"cum fortissimus Samson ad præcipuam columnam domus & sustulit eam:
"& factum est miraculum grande nimis, quia in ea facta est nulla ruina ma-
"teriæ. Nec rapuit miluus vnum de pullis suis; nec botrorum vineæ tuæ fur
"vindemiauit quemquam: dedisti enim eis scutum cordis laborem tuum
"& amorem in Domino. Cuius glutino iuncti & vnanimes effecti, etiam
"ab inuicem non sunt separati. Quod si mihi subiunxeris te tanquam pul-
"uerem proiectum à facie terræ, id sanè fateor, sed tamen tanquam pul-
"uerem pigmentarium, qui & naribus bonorum virorum redolet, & æmulo-
"rum & oblocutorum tuorum oculos increpat. Eleuauit quondam Moyses
"huic similem puluerem, & factæ sunt Ægyptum grauissimis torquentes
"vlceribus. Quid Ægyptus? nisi mundus, Religiosi & Monachi nequam
"æmuli tui, quos tuis luculentissimis sermonibus frequentiùs vlcerasti, &
"scabiei suæ impetiginem, vt plurimum pectinans neruum, quo se scabe-
"bant, tetigisti. Quid, inquam, Ægyptus nisi æmulorum tuorum Proce-
"res, quos dum in melioris vitæ frugem reparare voluisti, non intra se
"tantùm, sed foras dixerunt: grauis est iste nobis ad videndum, inutilis est
"operibus nostris: tanquam nugaces æstimati sumus ab illo, diffamat in
"nos peccata Religionis nostræ, eradamus eum de terra, & nomen eius
"non memoretur vltra. Lætata est profectò hæc Ægyptus in profectione
"**tua, quia incubuerat timor tui super eos, ne sicut solitus es, conferas**
"simulacra Ægypti, & reducas Ægyptum in seruitutem Dei, seruiantque
"Ægyptij Israëlitis, & de castris Ægyptiorum fiant castra Dei, & non-
"nullæ Ciuitates Ægypti laudem Dei linguâ loquentur Chananæâ; sed
"nescierunt, neque intellexerunt quomodo loquaris pro eis bonum, quo-
"modo prosequaris illos in charitate Dei & patientia Christi, eò quòd in
"tenebris ambulant, vt secundùm desideria cordis eorum errent in adin-
"uentionibus suis, & secundùm Patrum suorum legitima Instituta, non
"quod eos, aut reprobare, aut damnare, aut maledicta in eos conijcere ve-
"lim, &c. Delige itaque eum qui te diligit, in quem semetipsum diligere
"sperat & credit. Et cum ad breue cesserit tribulatio hæc, quæ te nec exagi-
"tat nec angit, mutuis fruemur amplexibus Citò euanescet turbo iste, tor-
"rens est quem pertransiuit anima, & cito pertransibit. Nubes est, & ve-

lociter discurret. Musca est pungens, & quamcitiùs auolabit. Et cum tibi opportunum fuerit, Epistolas tuas nobis quasi encænia mitte, &c. Ex Paredo.

1499.

Idem aliâ Epistolâ, consolatur Pauperes Collegij Montis-Acuti, quod suum Magistrum amisissent, spemque facit breuis reditus. *Cum*, inquit, *D. Albigensem Magistri vestri amatorem præcipuum nuper in Albigesio super eius exilij materia interrogarent, respondit, Regem nostrum nunc sentire de Domino in bonitate. Hocque agere pollicitus est, vt qui quantum potuit, & obicem posuit exemplo suo, quod viribus aget confidenter vt ab exilio velox redeat. Nolite itaque consternari animo, negociari misit eum Dominus, quem citato cursu ducet & reducet & custodiet vt pupillam oculi sui.*

De hisce dissidijs nihil amplius legitur in Commentarijs; sed hæc solummodò quæ sequuntur.

Die vltima Aug. Facultas Medicinæ nominauit ad Capellaniam vacantem per obitum M. Ioa. Cordier Doctoris Theologi M. Michaëlem de Colonia. Et placuit ista Nominatio Vniuersitati.

Die 2. Octob. congregata est Vniuersitas ad sedandam discordiam ortam in Natione Gall. occasione electionis Procuratoris. Facultas Medicinæ nominauit Deputatos MM. Antonium Treuet & Richardum Gassion: Voluitque ante solis occasum sequestrari munimenta Officij Procuratorij apud Scribam Vniuersitatis. *Verum alia 3. Facultates attribuerunt ius illi qui non habebat munimenta, vt eidem traderentur ante occasum solis sub pœna priuationis & resecationis. Et vbi pars aduersa appellaret ad Curiam Parlamenti, affigeretur ipse per compita & loca consueta huius vrbis priuatus ab Vniuersitate & à Regentia, ita legitur in Reg. Med.*

Die 16. Decemb. orta est contentio in Electione Rectoris. 19. eiusdem mensis habitis apud Math. Comitijs generalibus varia capita deliberationis proposita sunt, quæ leguntur in Reg. Med.

Die Iouis 19. Decemb. conuocata fuit Vniuersitas apud S. Math. vbi voluit Facultas 1. quòd aperiretur Rotulus Nominandorum hoc die incipiendo, & terminando, seu claudendo illum in festo Purificationis B. Virginis Mariæ, hoc addito quòd non recipiantur Nominandi, nisi veri Scholastici & Regentes, ne propter malos, vel discholos Boni suo commodo priuarentur. 2. Placuit Facultati vt sigillaretur magno sigillo Vniuersitatis Procuratorium in quo solus nominaretur Procurator hon. Magister noster D. Archidiaconus Roromagensis ad recipiendos 100. aureos legatos Vniuersitati per quendam Magistrum in Theol. Canonicum Rotomagensem defunctum, pro quo Vniuersitas multos sumptus sustulerat in prosequendo processu suo. 3. Placuit Facultati vt de Vallibus Procurator Vniuersitatis adiret DD. Scabinos huius Ciuitatis pro habendis litteris protestationum, vt posthac non trahatur in consequentiam, si propter bonum & vtilitatem Reipub. Vniuersitas patiatur duci per Pratum Clericorum Equos & Vina & Quadrigas ab altera parte Sequanæ per nouam nauem vehiculam nuper factam à die casus Pontis nostræ Dominæ Parisi. 4 Quod hon. M. noster Bricot, vel Pinelle haberet proponere coram Rege, si huc, vt dicebatur, breuiter venturus sit ea quæ sibi traderentur per memorias Deputatorum, qui durantibus cessationibus, & paulo post non potuerunt esse auditi à Majestate Regia.

5. *Quod posthac nullus Rector, aut Procurator Vniuersitatis, aut quicunque alius posset aliquos instituere Officiarios, aut recipere ad iuramenta, aut dare alicui adiunctionem Vniuersitatis, nisi priùs fuisset conclusum per totam Vniuersitatem super his debitè congregatam.* Approbat tamen adiunctionem Vniuersitatis factam Magistris Pergamenarijs Iuratis huius Vniuersitatis, & ea quæ plebiscitata fuerunt in Castelleto per Consiliarios nostros contra quendam qui volebat huius operis erigi Magister ex solo dono Regio, non obstante Vniuersitate. Quare cassauit Vniuersitas ea quæ facta fuêre in isto processu post dictam adiunctionem per duos Rectores hunc præcedentes ad vtilitatem dicti famuli qui fieri volebat Magister huius ope-

Tom. V.   NNNnn iij

ris, spretâ Vniuersitate & omissis consuetudinibus & probationibus Magistrorum huius ministerij.

1499.

Mense Ianuario cum vacauisset Capellania per obitum M. Io. Barre, Natio Franciæ cuius vices recurrerant, in duas partes diuisa fuit, quoad nominationem successoris. Vna M. Philippum Grinelli, altera D. Rectorem elegit: quæ contentio cum non potuisset in ipsa Natione sedari, ad Vniuersitatem delata est, vt legitur in Reg. Med.

Die Martis 14. Ianu. fuit conuocata Vniuersitas apud Math. super discordia orta in Natione Franciæ pro presentatione, vel dispositione vnius Capellaniarum Vniuersitatis fundatarum super Thesauro Regio vacantis in turno dictæ Nationis per obitum M. Ioan. Barre defuncti. *Super quo nulla extitit Conclusio, quod Facultas nostra & Facultas Artium adiudicauerunt ius M. Philippo Grinelli; aliæ verò 2. Facultates dederunt Deputatos ad discutiendum de Iure dicti Grinelli & de Iure D. Rectoris ius in præfata Capellania prætendentis.*

Quomodo decisa sit illa Controuersia, clarè non habemus: nam in prædictis Reg. ad 13. Feb. legitur Deputatos Theologiæ & Decretorum Facult. adiudicasse ius prædicto Grinelli. *Quantum ad discordiam pro Capellania in turno Franciæ dedit Facultas Deputatos honor. Magistros nostros Guill. Cop & Petrum Perot, qui intra 8. dies habeant terminare & sedare huiusmodi discordiam. Quanquam Facultates Decretorum & Theologiæ quæ priori Congregatione dederant Deputatos, attribuerant ius M. Philippo Grinelli.*

Die 16. Martij habita sunt Comitia ad deliberandum de ratione distribuendæ summæ centum nummorum aureorum, quos M. Robertus de Quenayo, seu Canayo Canonicus Rotomag. testamento legauerat Vniuersitati; tandemque placuit eam singulis Regentibus 4. Facultatum ex æquo distribui. Ea de re sic legitur in Reg. Facult. Med. *Die Lunæ 16. Martij fuit congregata Vniuersitas in S. Math. super dispositione centum Scutorum legatorum Vniuersitati per honor. M. nostrum defunctum Robertum de Quenayo Canonicum Rotomag. quæ fuerant recepta prosecutione colendissimi M. nostri D. Archidiaconi Rotomag. Quantum ad hoc placuit Facultati quòd Vniuersitas traderet præfato D. Archidiacono quittanciam pro dictis 100. scutis & suam ab Heredibus Legatoris recuperaret. Et quod fieret de sequenti mane Obitus cum Vigilijs in S. Math. & cuilibet Regenti 4. Facultatum cum Bidellis traderentur præsentibus in Missa, vel Obitu duo duodenarij. Et quod residuum summæ maneret in manibus dicti D. Archidiaconi, donec aliter per Vniuersitatem foret dispositum capiendo ab eo scedulam de residuo pecuniarum.*

Erectio Vniuersitatis Pictauiensis.

Diplomata tam Pontificia quàm Regia erectionis duarum Vniuersitatum, Pictauiensis & Cadomensis suis locis omissa, hîc operæ pretium esse duximus reponere. Igitur Carolus VII. post obitum Patris qui accidit an. 1422. vt tanto minueret Regis Anglicani qui Regno suo incubabat, authoritatem potestatemque, Curiam suam Parlamentæam Pictauij collocat anno 1423. Deinde vt Eugenium Papam recens creatum sibi demereatur, rogat authoritate sua Vniuersitatem nouam ibidem confirmare: certè vt Parisiensis tunc potens, sed malo fato & iniquitate temporum Anglis mancipata tanto decresceret. Eugenius tamen nihil ipsi detrahit, nec priuilegia ipsi concessa communicat, sed ea tantum quæ studio Tolosano concessa fuerant. Bulla talis est.

EVGENIVS Episcopus, seruus seruorum Dei, ad perpetuam rei memoriam. Dum in hoc procelloso curarum Pelago constituti ex iniuncto nobis desuper summi Apostolatus ministerio, cui licèt immeriti præsidemus, multiplici meditatione recensemus, quanta litterarum studia ad profugandas ignorantiæ tenebras commoda tam publica quàm priuata, spiritualia & temporalia mundo conferant vniuerso, ex quibus Dei cultus augetur, animarum saluti consulitur, pax & tranquillitas inter homine, procuratur, bonis præmia, malis supplicia dispensantur, omnisque conditionis humanæ dilatatur prosperitas, colitur Regina Virtutum, & Ecclesia militans gratiosis stipitibus ex studio pullulatis spiritualiter & temporaliter illustratur votis illis, per quæ alimenta sapientiæ ex literarum studio peculiares pollicentur euentus, auditum gratiosum, ac nostræ sollicitudinis ope Apostolicis fauoribus conferimus propensiùs largitatem. Sanè sicut pro parte charissimi in Christo Filij nostri Caroli Regis Franciæ illustris nobis nuper exhibita petitio continebat, quod ipse huiusmodi sapientiæ dono radianti regnum suum illustrari, illiusque habitatores & incolas in mandatorum semita dirigi concupiscens, postquam generalia studia eiusdem Regni, guerrarum commotionibus, & alijs sinistris euentibus plurimùm desolata, eorumque supposita hinc indè sunt dispersa, illa zelo charitatis recolligere in ciuitate Pictauiensi suæ ditioni subdita, veluti ad id accommodata & idonea, minùs ac huiusmodi turbata commotionibus, generale Studium instar Studij Tolozani, cum priuilegijs, immunitatibus, & libertatibus, Apostolicæ Sedis authoritate fieri, ordinarique desideret, vt inibi pluuio quasi rore huiusmodi sapientiæ viri diuinis educentur eloquijs, qui scientiâ, moribusque redimiti, veri luminis pertingant claritatem. Nos siquidem, qui fida relatione post habitam informationem diligentem super indagandis aptitudine, sufficientiâ, alijsque circunstantijs ipsius ciuitatis, illam tanquam locum ad multiplicanda semina & germina salutaria producenda magis accommodum, & singularum humano necessariarum vsui rerum vbertate refertum, & aliàs pro huiusmodi erectione Studij præelectum, aptum & idoneum fore comperimus, tam pium meritoriumque ipsius Regis desiderium, per quod scientiarum fons, ex quo ad Dei laudem & gloriam haurire queant singuli, speratur exoriri, paternis contemplantes affectibus, eius, necnon dilectorum filiorum Cleri, Maioris, Scabinorum, & ciuium Ciuitatis eiusdem in hac parte supplicationibus inclinati, ad Dei laudem & gloriam, rei quoque publicæ fœlix incrementum, in eadem ciuitate Pictauiensi Studium generale, authoritate Apostolica, tenore præsentium erigimus, statuimus, ac etiam ordinamus ad instar ipsius Studij Tolozani in qualibet facultate licita, quod perpetuis futuris temporibus vigeat, & præseruetur ibidem, quodque omnes & singuli Doctores, & Magistri legentes & audientes libertatibus, immunitatibus, priuilegijs, & indulgentijs, quibusuis Doctoribus, & Magistris legentibus, & Scholaribus de Vniuersitate dicti Studij Tolozani existentibus, per Sedem Apostolicam & aliàs qualitercunque concessis, gaudeant in omnibus, & vtantur. Singuli verò, qui cursu fœliciter consummato in ea Facultate, in quâ huiusmodi inhærendo Studio brauium obtinere meruerint, ac Doctoratûs, vel Magistratûs, aut alterius inferioris gradus honorem sibi petierint elargiri per ipsos inibi Doctores, siue Magistros, Thesaurario Ecclesiæ sancti Hilarij maioris Pictauiensis pro tempore existenti, quem eidem Studio Cancellarium perpetuò deputamus, & quem ipse Thesaurarius, & successores sui ad hoc duxerint deputandum, præsententur, licentiam & honorem prout merita, & qualitates exegerint recepturi, more Studij Tolozani memorati: quibus adeptis absque vlterioribus de his habendis examine & approbatione, in ipsa Facultate, in qua licentiam & honorem attigerint, ijdem legere & docere poterunt, etiam in alijs generalibus Studijs quibuscunque. Præterea volumus & authoritate Apostolica decernimus quod priuilegia, prærogatiuæ, immunitates, & libertates Doctoribus Magistris, Scholaribus, ac suppositis de ipsa Vniuersitate Studij Tolozani, vt præfertur concessa, quorum originales litteræ extra ciuitatem Tholozam accommodè duci non possunt, per venerabilem fratrem nostrum Archiepiscopum Tolozanum, vel eius Officialem in forma iuris transmittantur, necnon Doctoribus, Magistris, & Scholaribus erecti Studij huiusmodi beneuolè communicentur. Quód-

"que illis stetur in iudicio, & extrà in omnibus, & per omnia, ac si eius ad-
"miniculum requiratur, non obstantibus Constitutionibus, vel ordinatio-
"nibus Apostolicis, cæterisque contrarijs quibuscumque. Nulli ergo om-
"ninò hominum liceat hanc paginam nostrorum erectionis, statuti, ordi-
"nationis, deputationis, constitutionis, & voluntatis infringere, vel ei
"ausu temerario contraire. Si quis autem hoc attentare præsumpserit, in-
"dignationem omnipotentis Dei, & beatorum Petri & Pauli Apostolo-
"rum eius se nouerit incursurum. Datum Romæ apud sanctum Petrum,
"anno Incarnationis Dominicæ millesimo quadringentesimo trigesimo
"primo, quarto Kalendas Iunij, Pontificatus nostri anno primo. Sigillatæ
"in plumbo in sericeis laqueis luteis, & rubeis. Et in plumbo sculptum est,
"S. Papa, cum duobus capitibus, & ex altera parte, Eugenius P.P. quartus.

Carolus eidem Vniuersitati priuilegia omnia vult esse communia, quæ à Prædecessoribus fuerant Parisiensi, Tolosanæ, Aurelianensi, Andegauensi & Mompessalunæ attributa. Tale est eius diploma.

"CAROLVS Dei gratiâ Francorum Rex. Ad perpetuam rei memoriam.
"Quantùm ad Ecclesiæ militantis illustrationem, & profectum, fidei Ca-
"tholicæ robur, diuini cultus augmentum, quantùm etiam ad iustitiæ &
"pacis, cuiuslibétque politiæ temporalis conseruationem, & stabilimen-
"tum conferant scientiæ, & literæ; nemo est intelligens qui ignoret, &
"satis ipsa edocet magistra rerum experientia. Quæ enim regna legimus,
"quasue regiones, & prouincias, fidei firmitate, religionis perseuerantiâ,
"salubritateque doctrinæ floruisse, vbi errores, vbi Schismata, vbi scan-
"dala profligatos & extinctos esse, nisi vbi scientiæ lumen præfulsit, va-
"lueruntque plurimùm & viguerunt studia literarum? Hinc gloriosi retrò
"principes, nostri præcipuè inclyti progenitores summa semper ope nisi
"sunt, totaque sollicitudine curauerunt, studia huiusmodi in quamplurì-
"ma suarum ditionum loca aduocare & excolere, quo inibi pretiosum
"scientiæ germen vbertim & fœcundè valeret in posteros, quasi in quos-
"dam multiplicatos palmites excrescere & protendi. Hoc & sæpiùs animo
"permoti sumus, ab eo potissimùm tempore, quo causantibus guerrarum,
"variorumque turbinum incursibus, quibus hoc regnum nostrum concuti
"diuina prouidentia permisit, studia generalia eiusdem regni olim viren-
"tia & florida marcère & desolari incipere, eorumque Supposita in varias
"dispersiones dari vidimus & comperimus. Statuimus igitur ex tunc, &
"decreuimus in ciuitate nostra Regia Pictauiensi, loco quidem insigni val-
"dè, ac per nos tanquam ad hoc inter cætera totius nostræ ditionis cunctis
"commoditatibus apto & idoneo, præelecto, studium generale omnium
"scientiarum, & facultatum licitarum erigi & institui, ibique plurimos
"Doctorum & Magistrorum, qui iam ab alijs studijs, causantibus præmis-
"sis, secesserant, cæterosque vniuersos scientiæ acquirendæ multiplican-
"dæque gratiâ conuenire volentes, recolligere & reunire. Quo sanctissi-
"mo Patri nostro Eugenio Papæ quarto, nunc Ecclesiæ præsidenti nostra
"ex parte exposito, ipse sanctissimus Pater tam salubre nostrum collaudans
"propositum, eidemque condescendens, in dicta nostra ciuitate Picta-
"uiensi **studium generale omnium scientiarum, & facultatum licitarum**
"ad instar studij Tolozani erexit, statuit, & ordinauit perpetuis futuris
"temporibus, Domino conseruante, duraturum: ipsum studium, ac om-
"nes & singulos Doctores & Magistros inibi legentes, vniuersaque eius
"futura Supposita immunitatibus, priuilegijs, & indulgentijs, graduum-
"que honoribus, & insignijs quibuscunque Doctoribus & Magistris le-
"gentibus, & Scholaribus de Vniuersitate dicti studij Tolozani existen-
"tibus, per Sedem Apostolicam, & aliàs qualitercumque concessis, &
"& quibus vti consueuerunt, muniuit, dotauit, & decorauit, prout in
"literis Apostolicis ipsius summi Pontificis, quæ & nobis præsentatæ, &
"per nos videri & visitari ordinatæ extiterunt; protensiùs, explicatiùsque
"continetur. Nos igitur dictam ipsius sanctissimi Patris nostri dispositio-
"nem, voluntatem, & ordinationem sic nostro proposito, nostroque
desiderio

desiderio conformem, ad Dei & Ecclesiæ laudem & gloriam, fidei ac "
doctrinæ exaltationem, totiusque huius nostri regni decus & honorem "
clarè redundare cognoscentes, ipsam grato animo excepimus & acce- "
ptauimus, ac eam in quantum meliùs valuimus, valemusque & possumus, "
de nostra certa scientia, plenaria potestate, ac authoritate Regia, iuxta "
plenarium ipsius sanctissimi Patris nostri literarum effectum laudauimus, "
ratificauimus, & approbauimus, laudamusque, ratificamus, & approbamus "
per præsentes : ipsum studium generale sic in dicta nostra ciuitate Picta- "
uiensi, authoritate Apostolica erectum, institutum, & ordinatum, no- "
stra etiam ex parte, nostraque authoritate in quantum in nobis est firman- "
do, instituendo, & ordinando. Quod vt vberiùs succrescere, solidiúsque "
subniti, subsistere, & perdurare valeat, cunctique ad haurienda scientiæ & "
doctrinæ fluenta eò libentiùs conueniant, quò se maioribus fauoribus, "
potioribusque gratijs senserint prosecutos : ipsum studium Pictauiense, "
ac vniuersos & singulos futuros Doctores & Magistros, Suppositaque, & "
membra eiusdem sub nostro nomine, nostraque speciali protectione, gar- "
dia, & saluagardia per has easdemque præsentes recipimus & ponimus, "
ipsis, eorumque singulis omnia & singula priuilegia, prærogatiuas, exem- "
ptiones, immunitates ac iura per nos, ac prædecessores nostros Franciæ "
Reges, & Principes quoscunque, Parisiensi, præfato Tolozano, nec- "
non Aurelianensi, Andegauensi, & Montispessulano Studijs & Vniuersi- "
tatibus, hactenùs quomodolibet data, indulta, concessa & confirmata, "
damus, concedimus & indulgemus perpetuò duratura: ipsisque præfatum "
studium Pictauiense communimus, dotamus, & decoramus: ac insuper "
eidem studio, eiusque præfatis futuris Doctoribus ac Magistris, suppo- "
sitisque & membris pro prædictorum suorum priuilegiorum, prærogati- "
uarum, exemptionum, immunitatum, ac iurium tuitione, conseruatio- "
ne ac defensione, dilectum ac fidelem Consiliarium nostrum Magistrum "
Mauricium Claueurier Locumtenentem Seneschalli nostri Pictauiæ, in "
dicto Officio per nos authoritate nostra institutum & ordinatum, ac pro "
nunc præfatæ villæ Maiorem, & successiuè Locumtenentes Seneschallo- "
rum prædictæ Seneschalliæ Pictauiæ, qui pro tempore erunt iudices & "
Conseruatores sub immediato ressorto Curiæ nostræ supremæ Parla- "
menti, damus, committimus, deputamus, & delegamus cum plenaria in "
omnibus, & per omnia potestate & authoritate, ac iurisdictione respectu "
præmissorum, suarumque omnium circumstantiarum & dependentia- "
rum, quas habent, habereque consueuerunt alij Conseruatores præno- "
minatis Studijs & Vniuersitatibus authoritate regia dati & deputati. Quo- "
circa dilectis & fidelibus Consiliarijs nostris ad præsens tenentibus, & "
qui futura nostra tenebunt Parlamenta, vniuersisque Seneschallis, Bail- "
liuis, Præpositis, cæterisque Iustitiarijs, Officiarijs, & subditis nostris "
vbilibet constitutis, ac eorum Locatenentibus, damus tenore præsen- "
tium in mandatis, quatenùs præsentem nostram ordinationem, disposi- "
tionem, & voluntatem in suis Auditorijs, alijsque locis suarum Iurisdi- "
ctionum, ad talia consuetis, publicari & registrari, omnesque præfatos "
Doctores, & Magistros, Suppositaque, & membra dicti Studij Pictauien- "
sis, qui pro tempore erunt, dictis priuilegijs, prærogatiuis, exemptioni- "
bus, immunitatibus, ac iuribus vniuersis vti & gaudere plenariè & pa- "
cificè, prout ad vnumquemque ipsorum pertinuerit, faciant & permit- "
tant: dictoque magistro Mauricio Locumtenenti, ac suis in dicto Officio "
Locumtenentiæ successoribus, quoad ea quæ præsentem eorum com- "
missionem, dictorumque priuilegiorum, ipsiusque Studij Pictauiensis con- "
seruationem, suasque circumstantias & dependentias concernent, obe- "
diant, ac obediri faciant sine difficultate quacumque, quoniam sic fieri "
volumus & iubemus, oppositionibus, reclamationibus, ac appellationi- "
bus, quibus præsentium effectus quomodolibet impediri posset aut dif- "
ferri, litterisque subreptitijs impetratis aut impetrandis quibuscumque "

Tom. V.   OOOoo

" nonobstantibus. Et quia præsentibus forsan in pluribus & diuersis locis
" opus erit, volumen quod transscriptioni ipsarum sub sigillo Regio factæ,
" fides plenaria in iudicio & extra adhibeatur tanquam præsenti originali.
" Quæ vt firma & inconcussa perpetuò subsistant, sigillum nostrum præ-
" sentibus litteris iussimus apponi. Datum Caënone die decima sexta men-
" sis Martij, anno Domini millesimo quadringentesimo trigesimo primo,
" & Regni nostri decimo. Sigillatum cera viridi in laqueis sericeis: & supra
" replictum, scriptum est. Per Regem, Domino de la Trimoüille, Christo-
" phoro de Harcourt, Lodoico Descars, & alijs præsentibus. Signatum,
" GILLIER: post est verbum, Visa: & supra dorsum scriptum est, Lecta
" & publicata Pictauis in Parlamento Regio; & ibidem registrata octauâ
" die Aprilis, anno Domini millesimo quadringentesimo trigesimo primo
ante Pascha. Signatum, BLOYS SIMO.

Iuxta hæc Diplomata die 7. Feb. eiusdem anni habentur Comitia tam Ecclesiasticorum quàm Curialium & Senatorum Parlamentæorum. Deliguntur Viri nonnulli qui examinent qua ratione constituenda componendaque sit noua illa Vniuersitas. Et illi eam ex quatuor Nationibus componunt, Gallicana, Aquitanica, Turonica, & Biturica, & singulis suum Procuratorem præponunt: Vniuersitati verò Rectorem præficiunt M. Io. Lambert. Eandem ex quinque Facultatibus Theologiæ, Decretorum, Legum, Medicinæ & Artium componunt, & singulis suum Bidellum assignant; Toti Vniuersitati Notarium pro scriba, duos Librarios, duos Pergamenarios.

Erectio Vniuersitatis Cadomensis.

EODEM Consilio Henricus Anglorum Rex, vt in ea parte Regni quam occupat, tantundem virium Vniuersitati Parisiensi quam non ignorat esse iugi sui impatientem, adimat, Cadomensem erigit diplomate dato anno 1433. intercedit ipsa apud Curiam Parlamentæam. Intercedit apud Concilium Basileense per Legatos quos habebat, vt retulimus in Historia. Verum compositâ tandem inter Reges Pace, Eugenius aliunde ipsi Vniuersitati, quod à Concilij Partibus staret, subiratus eandem
" Cadomensem erigit anno 1437. vt patet ex hac Bulla.
" EVGENIVS Episcopus seruus seruorum Dei, ad perpetuam rei memo-
" riam. Dum in hac Apostolicæ ac supremæ dignitatis specula superni dis-
" positione consilij licet immeriti præsidentes, multiplici meditatione pen-
" samus quantum literarum studia ad profugandas ignorantiæ tenebras
" commoditatis, tam publicæ, quàm priuatæ, spiritualis ac temporalis
" mundo conferant vniuerso, ex quibus aduersus hæreses confirmatur fi-
" des, Dei cultus augetur, animarum consulitur saluti, pax & tranquillitas
" inter homines procuratur, dispensantur bonis præmia, mali supplicijs
" puniuntur, humanæ conditionis ampliatur prosperitas, colitur regina
" virtutum iustitia, Ecclesia militans ex earum vberrimis fructibus spiri-
" tualiter & temporaliter confouetur, votis illis, per quæ alimenta sapien-
" tiæ & virtuti ex huiusmodi studijs **prouenire noscuntur, assensum** gratio-
" sum & beniuolum impertimur.
" Sanè pro parte dilectorum filiorum, trium statuum, videlicet Eccle-
" siasticorum, Nobilium, & Popularium Ducatûs Normaniæ nobis oblata
" petitio continebat, quòd licet ex ipsis, qui inter alias Regni Franciæ
" nationes honorabilem locum tenent, plerique literarum studijs, & di-
" uersarum Facultatum scientiæ semper diligenter incumbere, & in eis in
" Domino proficere consueuerint, ex quo doctissimorum virorum copia
" semper effloruit, & exinde sibi ac huiusmodi Regno honoris & vtilitatis
" non parum prouenit incrementi, tamen propter diutina bella ac varias
" Regni calamitates, quæ in eo dudùm, proh dolor! viguerunt, prout vi-
" gent etiam de præsenti, pro huiusmodi pretiosa exquirenda margarita

Vniuersitatis Parisiensis. 847

ad alia studia, prout soliti erant, minimè accedere, seu commodè conferre se possunt sine periculis ac magnis dispendijs, & iacturis. Cùm autem, sicut eadem petitio subiungebat, neque honestum, neque æquum esse videatur eorum ingenia, quæ semper ad literarum & doctrinæ huiusmodi exercitia prompta & aptissima extiterunt, ob defectum generalis Studij tepescere, & remanere velut agrum sterilem arida atque inculta, & si docti ac sapientes viri apud eos deficerent ex defectu huiusmodi, plurima incommoda & damna Reipublicæ in spiritualibus & temporalibus prouenirent, pro parte ipsorum nobis fuit humiliter supplicatum, vt ad acquirendum, & acquisitum conseruandum pretiosissimum scientiæ thesaurum, quod est cæteris omnibus præferendum ; & ad illum inter multos peramplius effundendum, in oppido Cadomensi Baiocensis Diœcesis, loco ad hoc, vt asserunt, idoneo & accommodo, in quo, vt dicitur, aëris viget temperies, victualium vbertas, cæterarumque rerum ad humanum vsum necessariarum copia reperitur, Studium generale erigere instar cæterorum Studiorum generalium Regni Franciæ, cum priuilegijs, exemptionibus, immunitatibus & gratijs ipsis generalibus Studijs concessis, de benignitate Apostolica dignaremur.

Nos igitur considerantes quòd per literarum Studia & doctrinam fides Catholica dilatatur, illuminantur Fidelium mentes, & intellectus hominum illustrantur, quodque per ea ad sapientiam & ipsius Creatoris omnium cognitionem pariter & rerum cælestium peruenitur, ac propterea affectantes illa nostris temporibus adaugeri, huiusmodi supplicationibus inclinati, ad laudem & gloriam omnipotentis Dei, Rei quoque publicæ & orthodoxæ fidei incrementum, in eodem oppido Cadomensi (quod quidem ad multiplicanda doctrinæ semina, & ad singula humano vsui res necessarias subministrandas accommodum esse, ac aliàs locum aptum & idoneum, præhabita diligenti informatione reperimus) generale Studium auctoritate Apostolica tenore præsentium erigimus, statuimus, & etiam ordinamus quòd perpetuis futuris temporis vigeat & præseruetur ibidem tam in Theologia, iure Canonico & Ciuili, ac Medicina, quàm in alijs quibuslibet licitis Facultatibus.

Volentes ac similiter statuentes quòd Legentes & Studentes ibidem, omnibus priuilegijs, libertatibus, immunitatibus & gratijs concessis Magistris in Theologia, ac Doctoribus, Licentiatis, Baccalaureis, Legentibus & Studentibus in Studijs prædictis, gaudeant & vtantur : quodque illi qui processu temporis brauium meruerunt in aliqua Facultate, in qua studuerunt, obtinere etiam mereantur in illa gradum Baccalaureatûs, Licentiæ, Magisterij siue Doctoratûs assumere ; sitque inibi docendi attributa licentia, vt alios valeant erudire : necnon hi qui Baccalaureatus, Licentiæ, Magisterij aut Doctoratûs honorem sibi petierint elargiri per Magistrum vel Magistros, seu Doctores illius Facultatis, in qua examinatio fuerit facienda. Venerabili Fratri nostro Episcopo Baiocensi, loci Ordinario, qui pro tempore fuerit, quem Cancellarium eidem Studio perpetuò deputamus, vel sufficienti & idoneo Vicario, quem ad hoc ipse **Episcopus suo nomine duxerit deputandum** ; sede verò Episcopali vacante, illi qui ad hoc per dilectos filios Capitulum Ecclesiæ Baiocensis deputatus extiterit, præsententur. Idem quoque Episcopus aut deputatus, vt præfertur, Magistris & Doctoribus, actu inibi in eadem Facultate legentibus, conuocatis illis, in his quæ circa promouendos in Baccalaureatus, Licentiæ, Magisterij, seu Doctoratus honore requiruntur, iuxtà morem & consuetudinem qui super talibus in generalibus studijs obseruantur, examinare studeat diligenter ; eisque si ad hoc sufficientes & idonei reperti fuerint, recepto prius ab eis & ipsorum quolibet, nostro & Romanæ Ecclesiæ quòd ipsi beato Petro, præfatæ Ecclesiæ, nobis, & successoribus nostris Romanis Pontificibus canonicè intrantibus, fideles & obedientes erunt, ac iura ipsius Ecclesiæ in omnibus pro posse defen-

Tom. V. OOOoo ij

"dent, nec operabunt aliquid, aut operantibus consentient, quod vergat
"in præiudicium status, aut honoris Ecclesiæ aut Pontificum præfatorum,
"debito iuramento, huiusmodi Baccalaureatum & Licentiam tribuat,
"necnon Magisterij & Doctoratus honorem conferat & etiam largiatur,
"cum insignijs ad hoc solitis & consuetis. Illi verò qui in eodem Studio
"dicti oppidi examinati & approbati Baccalaurei ac Licentiati fuerint, ac
"docendi licentiam & honorem huiusmodi obtinuerint, vt est dictum, ex
"tunc absque examine & approbatione alia, docendi & legendi, disputan-
"di & docendi, & cætera faciendi, tam in prædicto ipsius oppido, quàm
"in singulis alijs Studijs generalibus, alijsque locis ad hoc idoneis, in qui-
"bus voluerint legere & docere, disputare & decidere, ac cætera facere,
"quæ ad similes actus pertinere noscuntur, Statutis & consuetudinibus
"contrarijs quibuscumque, etiam Apostolica authoritate, vel alia quauis
"firmitate roboratis, nequaquàm obstantibus, eadem authoritate Apo-
"stolica plenam & liberam habeant facultatem.
 "   Nulli ergo omnino hominum liceat hanc paginam nostræ erectionis,
"ordinationis, voluntatis, statuti, & deputationis infringere, vel ei ausu
"temerario contraïre. Si quis autem hoc attentare præsumpserit, indi-
"gnationem omnipotentis Dei & Beatorum Petri & Pauli Apostolorum
"eius se nouerit incursurum.
 "   Datum Bononiæ anno Incarnationis Dominicæ millesimo quadrin-
"gentesimo tricesimo septimo, tertio Calend. Iunij, Pontificatus nostri
"anno septimo.

Diu tamen suppressa mansit hæc Bulla, nec nisi post reuersos sub iugum
Francicum Normanos, executioni demandata. Ergo anno 1450. die 8.
Iulij publicata fuit Cadomi ab Officiali Bajocensi, & Carolus VII. eius-
dem Vniuersitatis erectionem hocce deplomate confirmauit.

"   CAROLVS DEI GRATIA FRANCORVM REX. Sicut ad arduos &
"& salubres actus, Reges & Principes, more veterum Patrum virtutes
"imitando, se pronos & liberales reddere consentaneum censetur, sic ad
"ea virtutum opera exequenda frequentiùs inducuntur, per quæ vitio-
"rum fomenta præcipuè corripiuntur, & virtutes seruntur, & fidei or-
"thodoxæ religio vitiosorum eruditione adaugetur, vt Christicolarum me-
"rita feruenti deuotione crescant, & æterna ipsorum salus subsequatur
"inde.
"   Notum igitur facimus vniuersis præsentibus pariter & futuris, quòd
"cùm almæ recordationis prædecessoribus nostris Francorum Regibus,
"nonnulla Studia generalia magnis & speciosis priuilegijs, franchisijs &
"libertatibus communita, diuersis in partibus Regni nostri ad Christi fi-
"delium eruditionem, hæresum extirpationem, & Catholicæ fidei exal-
"tationem creata & erecta fuêre: Ipsorum nempe prædecessorum no-
"strorum vestigia sectantes, ipsumque tam salubre & eximium bonum,
"quòd sui ipsius est diffusiuum, volentes multiplicari: ea rursum quæ sin-
"cere nobis dilecti & fideles viri Ecclesiastici, nobiles Burgenses, patrio-
"tæ, & alij incolæ nostri Ducatus Normanniæ, ad id exequendum bo-
"num enixiùs exposuerunt: Considerantes videlicet quòd ipsa patria no-
"stra, quæ inter cæteras Regni nostri portiones magnam obtinet proten-
"sionem, gente plebana multùm acuta floret, Cœnobiorum copia atque
"victualibus innumeris abundat, patulusque sibi fluminum & portuum
"marinorum aditus inest: Quodque felicis recordationis EVGENIVS
"Papa, prædicta, quæ conformiter ad erigendum seu creandam Vniuer-
"sitatem vno in loco haud dubium concurrere debent, propensiùs consi-
"derans intuensque villam nostram Cadomensem, quæ à proximiori Stu-
"dio generali quinquaginta leucis distat circiter, medium seu centrum
"Neustriæ sistere, superque suo opulento situ, aëris temperie, habita-
"tionum & librariarum copia, portuque marino & victualium aditu con-
"uenienti, sufficienter informatus, Vniuersitatem atque Studium gene-

Vniuersitatis Parisiensis. 849

rale quinque Facultatibus, Theologiâ videlicet, Legibus, Decretis, Medicina & Artibus compositum, ad trium statuum prædicti nostri Ducatûs instantem requestam, inibi solenniter creauit pariter & erexit, ipsamque priuilegijs Apostolicis, sine quibus sustentari nequibat, sua inclyta bonitate amplissimè communiuit atque ditauit, dilectos & fideles Consiliarios nostros Lexouiensem & Constantiensem Episcopos, dictorum priuilegiorum conseruatores ordinando. Concedens insuper vt mo-reali arum Vniuersitatum ad eam confugientes, & in eis Facultatibus sufficienter eruditi, gradus honorem adipisci, cæterósque actus Scholasticos exercere & complere valerent. Postremò verò sanctissimus NICOLAVS Papa modernus, perpendens ipsam Vniuersitatem ac Studij generalis erectionem, seu creationem per suum prædecessorem ritè, iustè sanctéque factam, nedum approbauit, quinimmò libertates, franchisias, & priuilegia priùs eidem concessa ampliando confirmauit.

1499.

Nos insuper volentes de prædictis, ipsiúsque Vniuersitatis & loci statu meritis & perseuerantia peramplius informari, eam diurno temporis lapsu in statu, quo post reductionem nostri Ducatûs Normaniæ sistebat, tolerauimus.

Quibus siquidem omnibus longè ac digestè perpensis, attendentes quòd ipsam Vniuersitatem per sæpefatos sanctissimos Patres nostros summos Pontifices, ad Dei laudem, decus Ecclesiæ, honorem Regni nostri, & eiusdem incolarum salutem, creatam & erectam extitisse. Prospicientes insuper prædictam villam nostram Cadomensem extensam valdè, portu marino consitam, quodque pro sui tuitione numerosa gente multùm egere cernitur: prælibatorum statuum trium nostri Ducatûs Normanniæ supplicationibus & requestis inclinati, Consilij nostri matura super hoc deliberatione præhabita, & de nostra Regia auctoritate & gratia speciali, cum plenitudine potestatis, Vniuersitatem & Studium generale cum quinque Facultatibus præinsertis, in præfata villa nostra Cadomensi denuò creauimus & ereximus, creamus pariter & erigimus per præsentes, vt qui inibi residentes & venturi literarum studio liberiùs atque commodiùs vacare valeant, eidem Vniuersitati gratiâ & auctoritate, quibus suprà, concessimus, denuóque concedimus priuilegia, franchisias & libertates alijs Vniuersitatibus Regni nostri solitas dari.

Pro quibus manutenendis & conseruandis deputauimus & deputamus, ordinauimus & ordinamus sincerè nobis dilectum & fidelem Bailliuum nostrum Cadomensem, præmissorum priuilegiorum Regalium Conseruatorem, qui Regentes, Scholares, & Supposita eiusdem, vt à literarum studijs nullatenus distrahantur, quin potiùs ijsdem liberiùs & quietiùs valeant intendere, in causis personalibus & possessorijs extra muros prædictæ villæ nostræ Cadomensis quouis modo trahi non permittat, sed de præfatis causis defendendo duntaxat, valeat cognoscere. Causas verò reales prædictorum Regentium, Scholarium, & Suppositorum coram Iudicibus ordinarijs, agitari ac definiri volumus, earum cognitionem & decisionem præfato Conseruatori penitùs inhibendo. Non intendentes **præterea quòd prætextu supradictorum priuilegiorum**, in quibusuis causis realibus, possessorijs & personalibus præfatis, Scholares, Regentes, & Supposita quempiam à sua iurisdictione ordinaria trahere possint.

Nolumus insuper Supposita, Scholares, & Regentes, etiam veros, si eos aut alios pro ipsis & eorum nomine contingat vinum, siceram aut alia quæcumque pocula publicè seu minutatim vendere, à solutione quarti denarij, aut alterius cuiuscumque subsidij eximi quouis modo, quinimmò ipsum plenè & integraliter, quacumque semota difficultate, persoluant.

Quamobrem dilectis & fidelibus nostris gentibus Cameræ nostræ Computorum, Thesaurarijs, cæterisque Iusticiarijs & Officiarijs nostris damus in mandatis, quatenùs præsenti indulto & concessione nostris sinant

Tom. V. OOOoo iij

" & permittant prædictos Scholares, Regentes, & Supposita vti & gaude-
" re pacificè & quietè, quibusuis alijs edictis, ordinationibus & consuetu-
" dinibus non obstantibus quibuscumque; quoniam sic fieri volumus, &
" nobis libet. Concedimus vlteriùs eisdem, vt *Vidisse* præsentium litera-
" rum tanta fides adhibeatur sicut originali.
"   In cuius rei testimonium præsentibus literis sigillum nostrum duximus
" apponendum. Datum Pomerijs in Foresta die penultima mensis Octo-
" bris, anno Domini millesimo quadringentesimo quinquagesimo secundo,
" & Regni nostri tricesimo primo.

Sic signatum, DES CAIGNEVX.

Per Regem in suo Consilio, A. VILLA.

851

SYNOPSIS SEPTIMI SECVLI.

DE FORTVNA ET STATV VNIVERSITATIS Parisiensis.

FORTVNA.

FORTVNA Vniuersitatis hoc seculo varia fuit & multiplex: In Ecclesiæ quidem rebus magnæ semper fuit authoritatis, plurimumque contulit ad Schismatum extinctionem. Illa in Concilijs Generalibus Pisano, Constantiensi, Basileensi, in Nationalibus Parisiensi, Bituricensi, Turonensi, Aurelianensi & alijs non modò Ecclesiæ, sed & Regni quoque antiqua Iura libertatesque acerrimè & intrepidè propugnauit; in ijsque tuendis adeò constans fuit, vt ipsi etiam Regi Ludouico XI. Pij II. precibus Pragmaticam-Sanctionem abrogare volenti obnunciare ausa sit, suisque tandem rationibus Principem à proposito dimouerit. Hierarchicum Ecclesiæ statum contra Mendicantes Bullis Pontificijs munitos illumque oppugnare & conuellere satagentes fortissimè defendit. Decimas quoque Pontificias & alias eiusmodi exactiones vt minùs Canonicas, Censuris licet pluribus percussa explodere non formidauit.

Ad Regni negotia, sacratioraque Consilia, quandiu vixit Carolus VI. hoc est ad annum vsque 1422. semper adhibita, Regique suo semper adhæsit. Post eius obitum, occupatoque ab Anglis Regno, sæpè Pacem suadens cum legitimo herede Carolo VII. ad Consilia rariùs admitti cœpit: nec minus tamen in Conuentibus publicis, colloquijsque & legationibus voce & scripto pacem Regni petijt, suasit, tandiuque suasit & tam constanter, vt Franciæ tandem vrbique Lutetiæ reddita sit, ac restituta, Carolo quasi postliminiò reuerso anno 1436.

Vt verò varia fuit inconstansque fortuna Regni, ità & illa sæpè Dominos mutare coacta, ludibrium ipsi fortunæ debuit, Rege non sano, Ministris & Rectoribus Regni alijs & alijs cupiditati suæ, non bono publico consulentibus, abdicante Patre filium, oppressa armorum vi Ciuitate, Partium factionibus turbata, exilijs denique, carceribus & mortibus suorum hinc & inde territa. Quæ mala qui attenderit, inconstantiæ notam Vniuersitati non oblinet; sed dubiæ & vacillanti fortunæ Regni iustoque metui. Nec reddita pace publica securior fuit suæ libertatis oppugnatis palam priuilegijs, pro quorum defensione colluctandum illi sæpè fuit cum Curia Parlamentea, cum Subsidiaria, cum Electis, cum Episcopo, cum Præposito Parisiensi. Vnde sæpè recurrendum fuit ad Cessationes & ad Censuras Apostolicas contra Oppugnantes. Obstinatior verò vehementiorque pugna fuit cum Generalibus Subsidiorum, à quibus tum ipsa, tum Officiarij ipsius vexabantur tributorum impositione, insolitis seruitutibus, alijsque subinde & alijs machinationibus. Nec haberi pax potuit, nisi constituto apud ipsam Curiam Præside Protectore seu Conseruatore Priuilegiorum. Sed & ad ipsius Vniuersitatis depressionem exitiumque patuit latior via, cum Curia Parlamentea Iudex fuit constituta litium Academicarum. Priscis enim temporibus si se vexari grauariqué sentiret, ad Regem ipsum protinùs missis Legatis confugiebat. Rex filiæ suæ vt & familiarium domesticorumque causas de plano, vt vocant, disceptabat, nec diu patiebatur illam à studijs suis distrahi. Verum Carolus VII. crebras eius legationes pertæsus, aliundeque impensis & sumptibus plurimis parcere cupiens statuit ei certos Iudices præscribere Parisijs residentes, quò faciliùs litibus suis vacare posset, minúsque à studiorum exercitatione diuelli. Id quidem Rex bono animo, sed contrarium accidit, & præsensit inde ipsa Vniuersitas crebra iurgia, litium inuolutiones, difficilem expeditionem, Iudiciorumque importunam dilationem. His de rebus Regem admoneri voluit per Legatos quos ad ipsum anno 1445. destinauit, rogauitque more prisco audiri, si quid negotij haberet, *cum sola Regia Majestas præsentialiter sui Corporis causas solita esset tractare, tanquam suæ filiæ primogenitæ & perpetuæ.*

Veruntamen edixit Rex datis litteris 27. Martij anno 1445. vt Curia Parlamentça causas litesque filiæ suæ dirimeret, quas ipse multiplici grauium negotiorum mole impeditus dirimere non poterat. Hinc Vniuersitas nouo iugo collum supponere coacta, eique parere Curiæ cuius se æmulam prius sororemque esse iactitabat.

Accesserunt alia mala turbæque à cædibus Scholarium, à Magistrorum incarcerationibus & exilijs, intestina quoque bella frequentioresque in Electione Rectorum & Procuratorum tumultus & contentiones; pro quibus sedandis adeunda sæpe fuit Curia. Hinc distractiones studiorum, diuagationes animorum, odia intestina, contemptus. Adde vtriusque Conseruatoris Apostolici & Regij imminutam restrictamque potestatem & authoritatem, antiquissimi Priuilegij, quod vocabant *de non trahi extra fines coarctatos*, amissamque plane libertatem. His adde grauius malum, nouarum Vniuersitatum institutiones & erectiones. Extra Regnum, Lipsiensis, Rostochiensis, Louaniensis, Wittembergensis, Gripsualdensis, Basiliensis, Ingolstadensis, Tubingensis; in Regno, Pictauiensis, Cadomensis, Bituricensis, Nannetensis. Hinc alio & alio diductis detortisque riuulis qui solebant in Alueum Paris. & communem defluere, aruit ipse & Scholarium numerus adeo diminutus fuit, vt sub finem seculi multis millibus vix tot centuriæ responderent.

Status Vniuersitatis in Facultate Artium.

QVis autem fuerit Vniuersitatis Status hoc seculo tam in Professione publica litterarum quàm in regimine politico, quàm breuissimè fieri poterit, enarrandum. Professio quidem eadem quæ superioribus seculis, scilicet Artium, Medicinæ, Iuris Canonici & Theologiæ. Græcæ quoque linguæ vsus, qui prope exoleuerat, reuocatus est opera Græcorum ex Academia Constantinopolitana exulantium, Bessarionis, Georgij Trapezuntij, Georgij Clizini, Gregorij Typhernatis, Hieronymi Spartiatæ, Tranguilli Andronici Spartiatæ & aliorum quorundam qui publicis stipendijs Lutetiæ docere inuitati sunt.

Genuina quoque & tersa Latinitas quam Philosophorum Theologorumque barbaries exilio quodammodò damnarat, reuocari cœpit; initio quidem seculi & sub finem superioris, operâ M. Nicolai de Clemangis Baccalaurei Theologi è Societate Nauarrica: circa medium, M.M. Guill. Ficheti Sorbonici, Francisci Philelphi, Guill. Tardini, Ioa. Lapidani, Franc. Nigri, Sulpicij, Peroti: Circa finem, Roberti Gaguini, Hieronymi Balbi, Martini Delfi, Io. Reuchlini, Desiderij Erasmi, Guill. Monioij, Fausti Andrelini & aliorum plurium tam soluta quàm stricta oratione præcellentium, vt liquet ex operibus quæ Posteritati reliquerunt. Verum illa dicendi scribendique venustas & elegantia non sine bello reparari potuit aduersus Barbaros & Corruptores, quos Gaguinus Quæstionarios vocat, quosque 250. & amplius ante suam ætatem annis inualescere cœpisse ait Ep. 61. ad Bostium. *Perraros videas*, inquit, *quibus insit aut ad moratam, aut historicam, aut forensem orationem satis accommodatus character. Est vnus omnium stylus, eadem scribendi forma, quam ij qui Quæstionarij appellantur, paulo magis supra 250. annos magno litterarum detrimento inuexerunt, à quorum creberrimis Scriptis si hæc vocabula, Quoniam,* postquam, cum, consequenter, præterea, sed contra, in contrarium,

responsio,

responsio, solutio, & huiusmodi apud illos passim redundantia decusseris, ex immani fiet liber breuissimus.

Ad reparandam Latinitatem & eloquentiam non parum contulit Disciplina Collegiorum. Atque in eis instituta Professio publica litterarum, non Bursarijs modò, sed & Conuictoribus alijs & Extraneis ad Scholas Magistrorum & Classes certo ordine & pensato profectu admissis: Nam omnia quidem antiqua Collegia alumnis seu Bursarijs, ijsque pauperibus educandis & edocendis instituta fuisse legimus, hoc verò seculo & cum ijs paulatim alij admissi vt & frequentia Auditorum excitaret studium Præceptorum, & optimus quisque ad Studia accenderetur æmulatione & gloria, vagandique occasio tolleretur. Hinc sæpè leges promulgatæ & Statuta condita ad includendos intra Collegiorum ambitum Martinetas & vagos Scholares.

COLLEGIORVM PROFISSIO PVBLICA.

Quando verò vsus iste inualescere ceperit, nihil habemus certi. Vulgo quidem existimatur Collegium Nauarricum Publicæ isti Professioni primùm portas aperuisse, quod anno 1464. reformatum est: verùm in Actis Procuratorijs, aut fastis publicis nihil, quod sciam, ea de re. Certum est quidem superioribus seculis Grammaticos & Rhetores Scholas habuisse singulares, seu Domos & hospitia conducere solitos in quibus ludum aperiebant. Philosophos verò in vico Stramineo Scholas à Nationibus suis habuisse, aut etiam alibi, si non straminex sufficerent. At hoc seculo Grammatici, Rhetores & Philosophi intra Collegia docere coeperunt eo prope ordine quo nunc digestas Classes cernimus, relicto Publicis Actibus Determinantiarum, & Magisterij, nec non & Ethicæ Professioni Vico Stramineo: idque authoritate Cardinalis Tutauillæi, an. 1452. confirmatum in Reformatione Vniuersitatis.

Nam in Cap. quod spectat ad Reformationem Facultatis Artium, Censores quatuor Nationum instituit, *qui singula Collegia atque Pædagogia in quibus commorantur Artistæ, visitent, ibique sedulò, ac diligenter inquirant, quæ sit vitæ & conuersationis honestas, quæ communitas victus, quæ docendi solertia, quæ regendi modestia, qua denique Scholastica disciplina seruetur.*

Et alio loco. *Monemus omnes & singulos Pædagogos præsentes & futuros in virtute S. obedientiæ vt sic intendant regimini suorum Domesticorum Puerorum & Scholarium, vt coram supremo Iudice de profectu eorum tam in scientia quàm in moribus exigendam ab eis reddere possint rationem.*

Item mandamus & præcipimus, *vt quilibet Magister Pædagogus assumat sibi Regentes & Submonitores viros bonos, graues & doctos, qui sint suis Discipulis ad exemplum, & qui tales sint, vt eos pro merito virtutum & scientiæ Scholares reuereantur.*

Item circa prædictos Pædagogos & Domorum Principales Magistros statuimus & ordinamus, *ne tanquam ambitiosi aut quæstui turpiter inhiantes per Mansiones & loca concurrant, aut tabernas & hospitia circumeant per se, vel per alios, ad rogandos, vel exquirendos sibi Scholares. Quodque iustum & moderatum pretium pro victu secundum rerum & temporum qualitatem à Scholaribus exigant.*

Item inhibemus *ne præsentes Pædagogi, aut etiam futuri faciant inter se collusiones, conuenticula aut monopolia super determinatione, aut præfixa quota pensionis soluendæ à Scholaribus; sed vnusquisque quod iustum & honestum fuerit, plus minusue recipiat secundum portionem ad quam Scholaris voluerit expensas facere.*

Hæc & plura ibidem: vnde constat ante Reformationem prædictam iam inualuisse consuetudinem professionis publicæ in Collegijs Artium, quæ nonnullis posteà displicuit, propterea quod experientia ipsa docuit veros Alumnos Collegiorum, seu Bursarios à Pædagogis spe maioris lucri negligi, & disciplinam ab ipsis Fundatoribus præscriptam, legesque turbari & sensim euerti, qua de re questum legimus M. Guill. de Castroforti Collegij Nauarrici Archididascalum apud Carolum VII. Regem verò prædicti Collegij reformationem Eliæ de Torettes in Curia Parlamentæa

Præsidi infulato demandasse datis litteris die 29. Octob. anno 1459. quæ tales sunt.

COLLE-GIVM NA-VARRI-CVM.

"CAROLVS DEI GRATIA FRANCORVM REX. Cariſſimo & fideli Conſiliario Richardo Cardinali Conſtant. nec non dilectis & fidelibus noſtris Magiſtris Helyæ de Torrettes, Præſidenti in noſtra Curia Parlamenti, Ioanni de Courcelles, Ioanni de la Royauté, & Ioanni de Montigny noſtris in eadem Curia Conſiliarijs, Stephano Militis & Petro Becart, Theſaurarijs & Conſiliarijs noſtris, Ioanni Dauuet noſtro generali Procuratori & Guillelmo de Caſtroforti in ſacra pagina Profeſſori, ac Domus noſtræ, ſeu Collegij Campaniæ aliter Nauarræ Pariſius in monte ſanctæ Genouefæ fundatæ Magiſtro, ſalutem & dilectionem. Cum nuper ad aures noſtras aliquorum fide dignorum relatu peruenerit nonnullos de Burſarijs Theologorum, Artiſtarumque & Grammaticorum Magiſtris & Burſarijs inclytæ memoriæ Ioannæ Francorum & Nauarræ Reginæ fundatricis dictæ domus aliaſque noſtrorum bonæ memoriæ Prædeceſſorum ſaluberrimas inſtitutiones ac ordinationes cœpiſſe infringere, eiſdemque in pluribus articulis & punctis nolle obtemperare ſeu obedire: Capellanos etiam & Clericos Capellæ in eadem domo fundatos circa Officium diuinum ad quod tenentur, defectus multos frequenter committere, dictoſque Artiſtarum & Grammaticorum Magiſtros pro ſuæ libito voluntatis quoſcumque extraneos Scholares indifferenter cum dictis Burſarijs ac Scholaribus fundatis introducere & admittere, nedum in tanta multitudine quantam dicta domus continere poteſt, ſed etiam vicinas domos emere & conducere vt plures extraneos Scholares & hoſpites recipere valeant, quos Burſarijs præfatis commenſales & conſocios faciunt, & nouos aditus nouaſque portas aperire prohibitas pro ingreſſu & egreſſu talium multiplicatas, & alias inſtitutiones, ac ſtatuta dicti Collegij negligere & contemnere, aut ad eorum voluntatem & commodum proprium interpretari, & illis manifeſte abuti non verentur. Vnde domus præfata, ex qua olim dum ſtatuta & ordinationes prælibatæ ſeruabantur, multi prodiere litterati & famoſiſſimi viri ad fidei orthodoxæ & Regni noſtri ingentem laudem & exaltationem maximam, ad præſens damna plurima & grauem patitur iacturam atque ſcandalum Burſarijs ac Scholaribus præfatis ſaltem pro magna parte in ſcientijs, virtutibus & morum diſciplina minime proficientibus, ac dictis Statutis & inſtitutionibus ipſius Collegij quaſi penitùs inutilibus & illuſorijs remanentibus; & plus pati poſſet, niſi ſuper hoc de remedio per nos prouideretur opportuno. Quapropter Nos ad quos omnimoda diſpoſitio & reformatio dictæ domus ſpectat & pertinet, eiuſdem domus vt decet honeſtatis & proſperitatis augmentum, veſtigijs Prædeceſſorum noſtrorum inhærendo affectantes, eandemque domum iuxtà votum & piam dictæ Fundatricis ac aliorum noſtrorum bonæ memoriæ Prædeceſſorum intentionem laudabiliter regulari ac dirigi, abuſuſque & defectus huiuſmodi in melius reformari cupientes, de veſtris ſcientia, probitate, fidelitate ac bona diligentia pleniſſimè confidentes mandamus & committimus, dedimuſque & damus per præſentes vobis quatuor aut tribus veſtrum Commiſſionem & mandatum ſpeciale vos de Statutis & Conſtitutionibus domus præfatæ tam per eorum ſeriem & tenorem quàm per depoſitionem teſtium & aliàs informandi, illos etiam quos coërcendos noueritis vt fidem & exhibitionem vobis faciant de ſtatutis & ordinationibus domus ſæpè nominatæ, viriliter & rigidè compellendo; inſuper etiam de inſolentijs, defectibus, & abuſibus in eadem domo per dictos Theologorum Burſarios Artiſtarumque & Grammaticorum Magiſtros atque Scholares, Capellanos & Clericos tam in doctrina, ſcientia, moribus & diſciplina, quàm aliter præter & contra dictorum Statutorum & inſtitutionum ſeriem, dictorumque Fundatricis & Prædeceſſorum noſtrorum intentionem huiuſque perpetratis, & qui quotidie perpetrantur tam ſuper præmiſſis quàm etiam ſuper articulo Compotorum particularium Collegiorum tam Artiſtarum quàm Grammaticorum, & aliàs ſerioſè inquirendi, & ſupradictos abuſus, inſolentias ac defectus corrigendi & reformandi, sicut congruum fore vobis videbitur. Nec non Præfatorum particularium Collegiorum Magistros & eorum Prædecessores ad Compotorum suorum redditionem debitorumque restitutionem cogendi & compellendi, & generaliter Statuta & ordinationes antiquas dictæ domus ad veram obseruantiam, quantum commodè fieri poterit, reducendi, statuendi etiam de nouo quæcunque vtilia aut necessaria vobis videbuntur pro meliori reformatione Magistrorum, Bursariorum & aliorum superiùs nominatorum, & vlterius pœnas grauiores pœnis in præmissis antiquis Statutis contentis, aut alias quæ vobis videbuntur, contra transgressores eorumdem adiungendi & addendi ac eas executioni debitè demandandi, nec non ad debitam eorum obseruantiam quæ per vos aduisata seu ordinata fuerit, supradictos Magistros, Bursarios & Capellanos per iuramentum corporale, fructumque Bursarum quas singulis hebdomadis percipiunt, retentionem, vel totalem eorum, si casus exigat, à domo præfata deiectionem & alijs vijs rationalibus compellendi, & præterea quos iuxta tenorem & verum intellectum Statutorum prædictorum propter sua demerita priuandos repereritis, à locis & bursis priuandi & à dicta domo totaliter excludendi & amouendi in præmissis & circa præmissa summariè & de plano, siue strepitu & figura iudicij aut processu iudiciali procedendi: quæ quidem præmissa sicut præfertur, faciendi, exequendi, & peragendi authoritatem potestatem & facultatem atque commissionem specialem vobis damus atque conferimus per præsentes non obstantibus oppositionibus, aut appellationibus quibuscumque & ab omnibus Iusticiarijs, Officiarijs & subditis nostris & à vobis deputandis in his & circa ea pareri volumus & intendi. Datum Rasilliaci penultima die Octob. anno Domini millesimo quadringentesimo quinquagesimo nono; & Regni nostri tricesimo octauo.

Hanc prouinciam prædictus Elias de Torettes cum consocijs aggressus est; & an. tandem 1464. illa, regnante tum Ludouico XI. executioni demandata certisque legibus permissa professio publica, vt patet ex ipsius Regis litteris, in quibus continentur, quæ sequuntur.

Item & ad tollendam excessiuam Scholarium non Bursariorum multitudinem, quæ confusionem parit & magna affert incommoda, vsque etiam ad destructionem morum, scientiæ & ædificiorum dicti collegij, obstruetur infra festum beati Remigij proximè venturum ille ingressus seu illa muri apertio quam Magister Grammaticorum fieri fecit citra viginti aut sexdecim annos vt de suis priuatis & acquisitis domibus ad domum Collegialem Scholares non Bursarij transire possent, quatenùs Collegium prædictum ad modum & statum quos dum maximè floreret, habuit, ponatur & reducatur. Item præcipimus & ordinamus quod nullus siue sit Grammaticorum, aut Artistarum Magister, seu etiam alius quicumque de dicto Collegio existens, præsumat aliquem Scholarem non Bursarium, aut alium extraneum extra dictum Collegium de nocte iacentem vel dormientem recipere commensalem in aliqua communitate, nec aliquem in dicto Collegio vltra sex dies retinere sine licentia Ma**gistri dicti Collegij petita, & obtenta; cum hoc in vno Statutorum dicti Collegij contineatur expressè**: si quis autem Statuto præfato obedire contempserit, à domo, Bursa & Officio totaliter excludatur.

Item & quia ex mansione & habitatione Scholarium non Bursariorum, seu etiam aliorum hospitum Collegium præfatum, quantum ad ædificia grauem iacturam & magna patitur detrimenta, ea propter ordinamus quod Magistri Grammaticorum & Artistarum pro quolibet Scholari non Bursario & cum Bursarijs commensali de cætero soluent annuatim 48. solid. 24. pro Collegio particulari & totidem pro totali Collegio iuxta formam antiquorum Compotorum dicti Collegij; Scholares verò aut hospites in nulla duarum illarum Communitatum commensales soluent pro Capite annis singulis 24. solidos Parisienses, duntaxat. Saluis tamen consuetudinibus antiquis de libertate & immunitate aliquorum à tali subsidio, vel

" onere secundum formam antiquorum Compotorum.
" Item quia iuxta mentem Fundatricis ac etiam Statutorum tenorem
" Magister & Sub-Magister Grammaticorum in domo Collegiali cum pue-
" ris Grammaticis dormire & iacere obligantur, dictosque pueros fideliter
" instruere in moribus & doctrina, eisque cibos & potus conuenientes mi-
" nistrare, ac etiam de vtensilibus honestè prouidere & decenter. Idcircò
" præcipimus & ordinamus quod in præmissis nullus fiat à modo defectus,
" & primo quidem Magister & Sub-Magister prædicti in domo Collegiali
" de nocte dormiant & de cætero iaceant, præfatosque Grammaticos ma-
" ximè Bursarios in propria erudiant legendo & lectiones ac materias di-
" ligenter audiendo. Et si contra præmissa attentare præsumpserint, ab
" Officio & Bursis dicti Collegij priuentur & excludantur.
" Item in ministratione potuum atque ciborum fideliter se habeant,
" nihil nisi sanum fuerit & conueniens & cum hac sufficienter tribuendo,
" prouideant, etiam de vtensilibus decenter & abundè, tam quoad ipsos &
" scutellas quam quoad alia mensæ necessaria, habeantque dicti Grammati-
" ci saltem bis in septimana mappas albas & mundas quæ ex multitudine
" citius sordidantur & maculantur. Et si in præmissis Magistri supradicti ni-
" mis deficere inueniantur, punientur vt decebit.
" Item & quia Bursarij Officio diuino diebus Dominicis & Festiuis inter-
" esse tenentur & ad hoc fuerunt eis sedes & Cathedræ in Capella dicti Col-
" legij specialiter ordinatæ: Idcircò nullus non Bursarius siue sit Gramma-
" ticus aut Artista dictas sedes occupare præsumat in præiudicium dicto-
" rum Bursariorum tam Grammaticorum quàm Artistarum, sicque alibi
" locum quærere compellantur, præcipimusque & ordinamus quod Ma-
" gistri & Sub-Magistri Grammaticorum & Artistarum à suis Scholaribus
" ordinationem præmissam faciant de cætero obseruari.
" Item & ne ædificia Claustri & Vittrinæ Capituli detrimentum patian-
" tur, nimisque propter tumultum ludorum, Studium aliorum impedia-
" tur, ordinamus & præcipimus, quod Magistri & Sub-Magistri tam Gram-
" maticorum, quàm Artistarum Scholares suos nullatenus permittant in di-
" ctis Claustro & Capitulo, aut etiam præfati Claustri pratello ludere, aut
" aliquem tumultum facere, & si defectus circa istud de cætero inueniatur,
" punientur tam Magistri quam Scholares præfati, prout decere videbitur.
" Item & ne de cætero fiat contentio inter Magistrū & Sub-Magistrum
" Grammaticorum prædictorum propter lucrum ex non Bursarijs superue-
" niens vacetque diligentius Sub-Magister ad instruendum non Bursarios
" sicut & Bursarios, habebit amodo pro suis laboribus vnum scutum à quo-
" libet commensali non Bursario magnæ portionis & à quolibet commen-
" sali non Bursario paruæ portionis, sexdecim solidos Parisienses Nisi aliter
" de consilio Magistri ad inuicem conuenerint.
" Pro Artistis autem præcipimus & ordinamus quæ sequuntur sine frau-
" de obseruari. 1. quod Magister & Sub-Magister de cætero ordinariè le-
" gent nisi legitimum habeant impedimentum omni fraude amota, quod-
" que lectiones ac disputationes per se audient, cum ad hæc iuxta formam
" **Statutorum teneantur. Et si hæc pertinaciter facere recusauerint**, ab Of-
" ficijs deponentur & priuabuntur, nisi super præmissis dispensationem ha-
" beant, habebitque Sub-Magister præfatus Artistarum pro suis laboribus
" à quolibet commensali non Bursario vnum scutum, siue sexdecim soli-
" dos Parisienses prout de Grammaticis superius ordinatum est.
" Item & vt grauitas seu honestas præsentiæ dictorum Magistri & Sub-
" Magistri hora refectionis in mensa grauiores atque honestiores mores
" pariat in mentibus Scholarium, ordinamus quod de cætero hora cœnæ &
" prandij sæpè & frequenter in aula communi comedant, aut saltem ibidem
" hora prandij & cœnæ assistant, sicut decer.
" Item & quia ex negligentia & omissione visitandi cameras hora no-
" cturna, sicut antiquitus fiebat, Scholares nonnunquam vagari ac de
" nocte errare seu in Cameris suis tempus circa ludos absque studij fructu

Inaniter confumere inueniuntur, ea propter ordinamus & præcipimus « quod præfati Magifter & Sub-Magifter de cætero ad minus bis in fepti- « mana cameras dictorum Scholarium fecundùm modum antiquitus lau- « dabiliter obferuatum vifitare tenebuntur. «

Item & quod Burfarios Artiftas maximè fummuliftas & Logicos faciant « intereffe Matutinis & Officio diuino diebus Dominicis & Feftiuis, ficut « dicti Burfarij per ftatuta obligantur. Si quis autem Burfariorum defece- « rit, punietur iuxta formam ftatuti fuper hoc inftituti. «

Item & ad tollendum lafciuias & chorearum exceffus & temporis per- « ditionem quæ occafione chorearum prouenire dignofcitur, Magiftri « Artiftarum & Grammaticorum nullatenus de cætero permittent Mimos « in quocumque fefto adeffe, *nifi forte in fefto Regum duntaxat, iuxta morem* « *antiquum, in nulloque fefto vltra decimam horam cantare*, vel choreas duce- « re; nec aliqua arma deferant aut armati ab extra in domo recipiantur « propter fcandala atque pericula quæ hocanno præcipuè euenerunt. «

Item præfati Magifter & Sub-Magifter nullatenus permittent aliquid « permodum fubfidij exigi, vel leuari à Scholaribus prædictis, vt eis aut « fuis Regentibus conferatur, faluo tamen quod duos folidos habebunt « tantum pro prima figura & in fine redditionis librorum vltra vnum fcu- « tum non exigent. Necin fefto cuiufcumque Nationis permittent Scho- « lares foluere Profeffores vltra duos folidos Parifien. Regentes autem « qui ad docendum Artiftas de licentia Magiftri Collegij recipientur, in « manibus dicti Magiftri præmiffa iurare tenebuntur. «

Item de cætero nullo modo permittent *quod ille qui in Regem fatæ eli-* « *getur, foluat ad fortius vltra duo fcuta*. *Prohibemus etiam de cætero electionem* « *fieri Imperatoris in quocumque fefto per quofcunque, aut qualitercunque, cum* « *talis plurimum fit nociua profectui Scholarium*. «

Item nunquam licentiam dabunt ludendi Scholaribus prædictis pluf- « quam bina vice in eadem feptimana, quique tempore ludi vigilabunt, aut « intendere facient ne aliquis dictorum Scholarium incidat in aliquod tur- « pe factum impedientque pro poffe dicti Magiftri tumultum ludentium in « Collegio, ne turbetur ftudium aliorum. «

Item & quia multi de Studentibus in Grammatica funt Commenfales « in Collegio Artiftarum & è contra, vnde confufio maxima oritur, etiam « profectus fcientiæ & difciplinæ patitur iacturam, hæc etiam confufio « Statutis & intentioni Fundatricis contraria effe videtur, ideo nullus de « cætero Grammaticus erit Commenfalis in dicto Artiftarum Collegio, « nullus etiam Artifta in Collegio Grammaticorum commenfalis effe po- « terit, & fi quis in contrarium attentare præfumpferit, punietur per pri- « uationem fructuum Burfæ fuæ, & alijs pœnis grauioribus fi pertinax effe « voluerit. «

Item ordinamus quod nullum Burfarium de cætero permittant ad exa- « men licentiæ præfentari, nifi de confenfu & approbatione Magiftri Col- « legij vt per hoc Burfarij præfati diligentiùs ftudio & profectui inten- « dant, &c. «

Sic ergo inualefcente difciplina Collegiorum & in ijfdem Profeffio- ne Publica humaniorum litterarum, Rhetorices & Philofophiæ, adeo vt regnante Ludouico XI. illorum octodecim omnibus paterent, minus frequentari cœpit vicus ftramineus qui olim publicis Profefforum lectio- nibus perftrepebat; vnaque videtur tandem Ethices profeffio ibidem re- tenta, vt alibi docebimus, fi Deus vitam produxerit. Quanquam Cardi- nalis Tutauillæus non omnino abrogauit Philofophiæ prælectiones in prædicti vici Scholis, fic enim ait. *Monemus prædictos Regentes* (Arifto- telis textum legentes) *vt ceffante legitimo impedimento, fingulis diebus & ho- ris ftatutis ad vicum Stramins fe transferant lecturi modo & forma, quibus fu- pra regulariter & ordinatè*. Id fcilicet præftabant eo ferè modo, quo qui nunc in Collegijs docent, nihiloque minus in Collegio Regio lectiones publicas ftatis horis habent.

VICVS STRAMI- NEVS.

In Scholis autem Nationum prædicti vici fiebant Actus quos vocabant *Determinantiarum* ad Baccalariatum in Artibus consequendum. Item & Actus Magisterij quos vocabant *Placet*. In æde verò San· Iulianensi *Actus Quodlibetarij*, qui fieri desiti, à Cardinale Tutauilleo in vsum reuocati sunt, sic iubente ipso.

Item statuimus & mandamus, *vt Actus ille solemnis de disputatione Quodlibetorum qui dudum ad decus Facultatis, exercitium Studiorum ac ingenia excitanda fuit laudabiliter institutus, obseruetur; mandantes id in virtute S. Obedientiæ exercitium iuxta veterem morem apud S. Iulianum omni excusatione postposita, reintegrari, ac renouari per præstantes ipsius Facultatis Magistros per singulas Nationes eligendos.*

Cæterùm ad Graduum Academicorum consecutionem procedebant hoc modo. Antiquitùs quidem Artium Cursus erat sexennalis, deinde quinquennalis factus, tum trium annorum cum dimidio, & talis fuit toto hoc seculo; immo talis ad annum vsque 1600. quo factus biennalis. Antequam autem quis ad Logicæ lectiones admitteretur, prius tentabatur in Grammaticis & Rhetoricis, nec non in lingua Græca & arte metrificandi. Admissus per biennium lectiones Dialecticas & alias statutis contentas audiebat priusquam ad determinandum in Artibus posset procedere. Determinabat in Scholis suæ Nationis, & probè ab Examinatoribus tentatus Gradum Baccalarij consequebatur.

Eo verò anno quo quis fiebat Baccalarius in Artibus, licentiari non poterat, nisi ex singulari gratia & dispensatione: Post annum elapsum licentiari poterat; ad quem Gradum consequendum duo erant subeunda Examina, vnum priuatum per Tentatores seu Examinatores quos vocabant *in Cameris*; quo facto licentiandus *Actum Quodlibetarium* in æde San-Iulianensi propugnabat. Alterum publicum, per Examinatores quatuor Nationum cum Cancellarijs, aut apud S. Genouefam, aut apud Basilicam Parisiensem.

Hoc autem ordine res peragebatur. Cancellarius circa festa Paschalia certa die veniebat ad Comitia Facultatis Artium apud Mathurinenses & Examen aperiebat, proindeque Licentiandos vocabat. Nationes singulæ suum *Tentatorem in Cameris* eligebant ad vnum, duos, tresue menses. Illi examinatos ad superius inferiusue examen mittebant, numero antiquitus semper eodem, nimirum octonario.

Et hæc vocabatur *Prima Auditio*. Post quam fiebat alterum Examen, vocabaturque secunda Auditio; & ita deinceps. Singulis autem Auditionibus, loci assignabantur pro merito cuiusque: hinc Licentiati dicebantur 1°. 2°. 3°. 4°. &c. loco talis Auditionis. Peracto examine, Cancellarius monebat omnes, adessent certa die apud Mathurinenses, & ibi Facultate congregata, suo singuli loco recensebantur. Quo facto gratijs actis Cancellario & Examinatoribus, admonebantur à Rectore Licentiandi adessent alia die quam edicebat, Cappati & ornati vt par erat. Præsentes ea die à Rectore & Procuratoribus, præeuntibus Bidellis, deducebantur ad Cancellarium, & præsentabantur ad licentiam & benedictionem Apostolicam. **Hinc actis mutuis gratijs acceptaque licentia & benedictione**, dimittebantur, ac deinceps *Licentiati* appellabantur.

Restabat Magisterium. Licentiati autem birretari seu Magistrari non poterant nisi post absolutum cursum trium annorum cum dimidio; & tunc prout cuique commodum erat, in Scholis suæ Nationis. Actu Publico quem vocabant *Placet* (quia postulabat Magister Regens aut Bidellus à Magistris præsentibus *Placet*-ne vobis talem Licentiatum birretari, & illi respondebant *Placet*) à suo Magistro Regente Pileum rotundum laureamque Magistralem accipiebant: Et tunc dicebantur *Magistri noui*.

Illi autem si Regentes dici Priuilegiorumque & iurium quæ Regentibus concessa fuerant, volebant fieri participes, supplicabant pro Regentia & Scholis, aut apud Nationem ipsam, aut apud Regentes solummodò, qui sua priuata habebant Comitia. Et vtriusque modi extant exempla plurima. Admissi exspectabant vacationem Scholarum, si nullæ vacarent, & vacantes distribuebantur Antiquioribus. In Actis Nat. Gall. ad 26. Sept. an. 1409. ita legitur. *Fuit Natio congregata ad ordinandum & disponendum de Scholis Magistrorum Regentium.* Supplicauerunt aliqui Magistri nouiter pro Regentibus. *Fuit conclusum quod Magistri supplicantes & volentes regere, admitterentur ad Regentiam, & quod optio vel electio Scholarum spectaret ad eos secundùm eorum antiquitatem, secundùm statuta & consuetudines Nationis.*

Item in Actis 11. April. anno 1471. Procurator ita scribit. *Conuocari feci DD. Regentes apud Regale Collegium Nauarræ super 2. art.* Supplicuit M. Guill. Campane pro Regentia, *quod concesserunt DD. Regentes, si habuerit materiam, & solutis soluendis.*

Porro etiam admissi, si non haberent materiam & stato tempore non regerent, expungebantur : ita enim legitur in Actis eiusdem Nationis ad diem 20. Maij 1463. Secundus articulus, *fuit super reformatione quorundam qui vtuntur nomine Regentis qui non sunt Regentes.* Et quoad istum art. deliberauit Natio *quod nullus reputaretur de cætero Regens, nisi qui habeat materiam in aliquo Collegio, & legat in vico : & quod Bidelli vadant ad Collegia & domos, ad sciendum, qui sint Regentes & qui non.*

Cæteri qui regere nolebant, aut qui materiam non habebant, ad Regentium Comitia, in quibus agebatur potissimùm de disciplina Scholastica, admitti non poterant ; sed ad Generalia tantum in quibus de Priuilegiorum conseruatione, communiumque rerum administratione agebatur, si modò euocarentur, secùs non. Et in Instrumentis publicis si quæ conficerentur, solebat eorum fieri mentio his verbis, *facta est Congregatio tam Regentium quàm non Regentium.*

Porro tam Regentes quàm non Regentes si ad Nominationes admitti volebant, annum cum dimidio ad complendum in Artibus quinquennium ponebant ; illi in Regentia ; isti in frequentatione Actuum & Disputationum tam priuatarum quàm publicarum. Quo facto litteras Quinquennij obtinebant & in ijs mentio fiebat eiusmodi temporis, vel in disputationibus, vel in Regentia consumpti. Eaque consuetudo vsurpata ante (de qua non dubitatur) & post Concordatum, vt patet ex nonnullis litteris Quinquennij quæ penès nos sunt. Vna est data 20. Decemb. 1512. qua certum sit *Henricum Charmoluë Diœcesis Suessionensis in Artibus Magistrum Parisius studuisse in Collegio Beluacensi per triennium cum dimidio, & post adeptionem Gradus Magisterij rexisse per biennium in Grammaticalibus in Collegio Montis-Acuti Parisius fundati, frequentando Actus & disputationes Facultatis Artium.*

Post Concordatum extant quoque ijsdem prope verbis conscriptæ litteræ & à quatuor Magistris Artium subsignatæ, hoc modo. *Nos subsignati omnes Artium Magistri certificamus dilectum nostrum discretum virum M. Eustachium des Merliers Diœcesis Beluacensis in Artibus Magistrum Paris. studuisse in eisdem Artibus per quinquennium, videlicet per triennium cum dimidio à Logicalibus inclusiuè ante adeptionem Gradus Magisterij in Regali Collegio Nauarræ sub discreto viro M. Io. Cottereau, & post adeptionem dicti Gradus Magisterij studuisse & continuasse suum studium in eisdem Artibus per annum cum dimidio frequentando Actus & Disputationes dictæ Facultatis Artium tam Publicas quàm priuatas, & eisdem continuè interessendo huiusmodi Quinquennium incepisse die D. Remigij 1. mensis Octob. anno Domini 1560. finitum & reuolutum eadem die anno Domini 1565. testibus signis nostris manualibus hic appositis.*

In Facultate Medicinæ.

HÆc Facultas Artium Facultatis cognata Statutorum suorum semper retinentissima fuit, bonarum legum laudabilisque consuetudinis ; nec ab ea legimus quidquam tentatum vllo tempore contra bonum

Publicum & contra Pacem Academiæ. Hoc tamen seculo à veteri sua consuetudine desciuit in hoc, quod vxoratos ad Regentiam admisit, quos ab ea olim arcebat, vt & Presbyteros, nisi ex dispensatione & singulari Priuilegio, cœlibes quidem esse cupiens, at Sacerdotalis gradus expertes. Ne verò sua se instituta violasse argueretur, Vxoratis suis à Cardinale Turauillæo hanc licentiam concedi curauit. Sicque ille habet in Reformatione prædictæ Facultatis. *Vetus statutum quo Coniugati à Regentia in Facultate Medicinæ prohibentur, impium & irrationabile reputantes, cum ipsos maximè ad eam Facultatem docendam & exercendam admitti deceat, corrigentes & abrogantes sancimus deinceps Coniugatos, si docti & sufficientes appareant & morum grauitate decenter ornati, ad regendum in dicta Facultate admittendos.* Habuit prædicta Facultas sua Comitia varijs in locis, in Pronao Basilicæ Paris. seu vt dicebant ad *Cupam nostræ* Dominæ, apud Mathurinenses, tum apud S. Iuonem *causa impedimenti facti* (anno 1490.) *in Mathurinis per vener. Nationem Normaniæ*, vt legitur in Actis, postremo in Scholis in vico Buceriæ sitis.

In Prædicta Facultate Decanus eligebatur à quatuor Intrantibus quatuor Nationum, si tales reperirentur, quemadmodum Rector in Facultate Artium, non quod Medicinæ Facultas composita vnquam fuerit ex quatuor Nationibus distinctis: constat enim id nunquam factum, alioquin singulis Nationibus suus præfuisset Decanus, & ita plures Decani in eadem Facultate fuissent ; sed retinendæ causâ veteris consuetudinis quam desumpserat ab Artium Facultate vnde exierat. Eligebatur autem quotannis initio mensis Nouembris à die 2. ad 7. certè ante Martinalia. Quod si non possent haberi quatuor Nationum Intrantes, sufficiebat vt tres eligerent, aut aliquando etiam numerus supplebatur ex aliqua Natione, puta eligebantur duo Galli, aut duo Picardi, aut duo Normani, si Anglicana seu Germanica Natio deficeret.

2. Non eligebatur Decanus nisi actu Regens, & non nisi ab Electoribus seu Intrantibus actu Regentibus, vt constat ex innumeris Actis prædictæ Facultatis. Nec habebatur ratio nisi Regentium, nec alij quàm Regentes priuilegijs gaudebant. Erant autem Regentes duplicis generis, alij qui verè & propriè actuque regebant, & singulis annis cum eligebatur Decanus, eorum numerus recensebatur. Alij qui *Regentes honoris* dicebantur, quales erant qui Regis, Reginæ, Regiæque prosapiæ & Principum familiares erant; quibuscum dispensabatur de actuali regentia, ea tamen lege vt ordine suo disputarent.

3. Decanus electus accipiebat à decessore suo omnia munimenta & insignia Decanatus post præstitum iuramentum, reddenda similiter successori. Patet ex Actis 2. Nouemb. anno 1410. in quibus sic scribit M. Guill. Dionysij Decanus electus. *Recepi à M. Roberto Poiteuin pro tunc Decano Paruum sigillum Facultatis argenteum cum catena argentea appensum & paruum librum Facultatis, in quo scripta sunt statuta, & Kalendarium Facultatis præsentibus MM. Guill. de Camera, Io. Bellardi, & Io. Basin & duobus Bidellis.*

4. Decanus Receptor erat suæ Facultatis, & finito Decanatu, qui annuus quidem erat, sed vt plurimùm ad bienne spatium, aut etiam aliquando trienne prorogabatur, reddebat accepti expensique rationes præsentibus Regentibus, ijsque emolumentorum quæ ex Baccalariandorum, Licentiandorum & Magistrandorum Actibus obueniebant, prout quisque ijs interfuerat, partem assignabat & tradebat. Nec ea distributione carebant etiam Regentes honorarij, si modo Actibus interessent, vt statutum fuit die 23. Ianu. anno 1495. in Comitijs ipsius Facultatis, quorum 2. artic. fuit *pro materia Regentium honoris*. Et quantum ad hoc, *conclusum extitit, ad diminuendum onera Scholasticorum, quòd de cætero nulli Regentes honoris percipiant emolumenta communia Scholasticorum pro quocunque Actu, nisi essent præsentes & assistentes illis Actibus, siue sint Licentiæ, siue Doctoratus, aut huiusmodi. Ordinauit tamen quod quando adessent Actibus,*
haberent

haberent illa emolumenta communia, quoniam habent onera disputandi in Ordine suo.

Conclusio ista facessiuit aliquid negotij in Comitijs quæ 8. Feb. consequentis habita sunt. *Nam supplicuit M. Simon Palluau Carnoti residens, vt ipse tanquam Regens honoris perciperet emolumenta communia à Licentiandis & Magistrandis, etiam ipso absente, quandoquidem temporibus retroactis, illa emolumenta habuerat. Cui tamen supplicationi Facultas minimè annuere voluit stetitque in deliberatis in Congregatione facta die 23. Ian. Cui Conclusioni se opposuerunt Magistri nostri Rousselli & du Saussay, nisi iterùm super hoc Facultas conuocaretur. Quas oppositiones attendens hon. Magister noster Amici etiam se opposuit quod dictus Palluau reputetur Regens honoris, considerata eius longa absentia.*

Contentio ista non videtur fuisse decisa ante an. 1514. nam ea de re sic legitur in Actis. Anno 1514. 25. Nouemb. per iuramentum congregata fuit Facultas post Missam super 3. art. *1. ad declarandum veros Regentes à Regentibus honoris.* 2. Fuit super refusionibus. 3. Communis super suppl. " & iniurijs. Quantum ad 1. art. ex maiori parte conclusum est quòd nemo " reputabitur Regens & emolumentorum capax, nisi steterit Parisius per " maiorem partem temporis ordinarij duorum annorum. Et ita decla- " rauit Facultas hon. MM. nostros Ioan. le Gendre, Petrum Eschart & Io. " d'Yuery non esse emolumentorum capaces; & quod vocarentur Re- " gentes honoris quandiu vellent continuare Disputationes suas Quod- " libetarias in ordine. Et ideo conclusi quòd pecunia M. nostri Brissot con- " signata & relicta in manibus D. antiqui Decani M. Petri Rosee in fine " prandij disputationis D. Bertoul, illam pecuniam distribui. *De Medicis* " *Regis dictum est quòd reputabuntur veri Regentes vt nos ipsi Parisius residentes,* " *emolumentorum capaces, continuando suas Quodlibetarias in Ordine.* "

Ad audiendas autem Decani rationes, seu, vt dicebant, ad examinanda cōpota eligebantur pariter 4. Magistri de 4. Nationibus, si de quatuor aliqui essent, ijque omnes actu regētes. Item ad lustranda seu censenda bona Facultatis, vt legitur in Comitijs diei 12. Ianu. 1421. adeo vt in omnibus præferrentur Regentes non Regentibus, vt ad an. 1409. retulimus ex Decanatu M. Yuonis Lenis. Neque patiebantur Regentes in Electionibus, in statutorum & legum Ordinationibus suffragia ferri à non Regentibus, nisi extra ordinem vocarentur, vt plurimis exemplis constat.

Similiter eligebantur quatuor Examinatores Baccalariandorum actu Regentes, fiebatque ista Electio antiquitùs hoc modo, vt legitur in Actis diei 23. Decemb. anni 1419. *Post Missam Facultatis fuit* Facultas congre- " gata super 2. art. Primus fuit ad eligendum Examinatores pro Scholari- " bus volentibus intrare examen pro Baccalariatu. Et quoad istum articu- " lum, fuit lectum Statutum de modo eligendi Examinatores, in quo habetur " sic in forma. *Modus autem electionis talis debet esse quòd duo Antiquiores Ma-* " *gistri & duo Iuniores in Congregatione ad hoc facta præsentialiter existentes post* " *illos qui in alia Electione intrauerunt, iurabunt in præsentia Facultatis quod qua-* " *tuor Examinatores eligent quos crediderint sufficientes ad examen, non distinguen-* " *do Nationes, nec acceptando personas; nec aliquem Eligentium eligent illa vice.* " Quo statuto sic perlecto, visum est Magistris concorditer quod licet an- " tea non fuerit obseruatum & malè, tamen propter seruare iuramenta " nostra, & quia videtur satis rationabile, visum est, inquam, eis quod de- " bebat teneri. Et ita primò tunc intrauerunt M. Guill. de Camera & M. " Ioan. Tanquardi Antiquiores & M. Petrus Cardonelli & Ego Robertus " Poiteuin Iuniores. Et elegerunt Examinatores quatuor, scilicet MM. " Io. Bellardi, Droconem Decani, Ioa. Basin & Io. Boëtij de Dacia. "

Examinatores autem illi more Facultatis Artium quatuor Nationes repræsentabant, seu singuli singulas Nationes, vt passim in Actis habetur. *Die Sabbati 21. Decemb. anno 1420. post missam Facultatis fuit ea-* " *dem Facultas congregata apud S. Math. vt moris est super 2. art. Primus* " *fuit ad eligendum Examinatores pro Scholaribus volentibus intrare exa-* "

Tom. V.   QQQqq

" men Baccalariatus. 2. fuit communis. Ad quorum primum Magistri tunc
" præsentes solemniter congregati & vnanimiter elegerunt pro Natione Fran-
" ciæ M. Ioannem Bellardi. Pro Natione Picardiæ M. Droconem Decani, vel loco
" sui, M. Io. Helicam. pro Nat. Normaniæ, M. Io. Basin & pro Natione Angliæ,
M. Io. de Boëtia seu Boëtij. Item 11. Decemb. anno 1411. quatuor isti electi
pro Nat. M. Franciæ Guill. de Camera, pro Nat. Picardiæ M. Droco
Decani, pro Nat. Normaniæ M. Io. Tancardi, denique pro Nat. Alemaniæ, M. Thomas de Wenneuelli, alias de Waneult.

Candidati verò Baccalariatus probabant Examinatoribus tempus suæ
auditionis & assiduitatis quod erat plurium annorum, vt patet ex Actis
15. Ianu. 1421. vbi sic habetur. 15. Ianu. anno Domini 1421. M. *Ioannes
Ioannis tunc Rector Vniuersitatis probauit se audiuisse continuè Parisius per 47.
menses cum dimidio sine anno præsenti, vt patet per scedulas Doctorum & Baccalariorum in præsentia* MM. *Guill. de Camera, &c.*

Examinati & admissi, tanquam capaces præsentabantur Facultati ab
Examinatoribus, & illa eosdem ad regendum seu *ad Lecturam* certi Tractatus puta de Herbis admittebat; vnde dicebantur *Herbarij*. Die vlt.
mensis April. anno 1422. fuit congregata Facultas super 2 artic. Primus
ad audiendum relationem Tentatorum Baccalariatus: ad quem fuit dictum quod repererant M. *Rolandi sufficientem & idoneum pro Gradu Bacca-
riatus: quare tunc Facultas ipsum admisit ad Lecturam, præstito iuramento in
hoc consueto fieri.*

Porrò ante annum 1436. Gradus iste Baccalariatus in Medicina non habebatur pro Gradu in Vniuersitate: at supplicante M Guill. de Longolio tunc Decano, concessum est vt quemadmodùm in alijs Facultatibus,
in Medicina pro gradu haberetur. Anno verò 1494. cum actum est de reformatione quorundam abusuum & insolentiarum, lectique sunt articuli,
eadem Facultas optauit suis Baccalarijs aditum patere ad Officia Facultatis Artium vt Baccalarijs in Theol. patebat. *Vellet Facultas vt Baccalarij
sui eisdem Priuilegijs gauderent in capacitate Officiorum Facultatis Artium, sicut Baccalarij form.ati in Theologia.* Vnde patet ad ea vsque tempora priuilegio isto non fuisse gauisos. Imo nec etiam post: Nam an. 1524. cum fuit
reformata Facultas Artium, definitumque quinam ad Officia gerenda
idonei forent, præter Regentes Actu, commemorantur quidem Baccalarij formati in Theologia, & Licentiati in Decretis, aut Medicina, non
verò Baccalarij.

Decurso verò Licentiæ stadio, obtentoque à Cancellario Parisiensi Gradu isto cum benedictione Apostolica, Magistrandi comitati suo Magistro
Regente inuitabant antiquitùs Doctores ad Actum birretationis. At anno 1472. Statutum illud quoad Magistrum Regentem videtur fuisse abro-
gatum. Sic enim in Actis. *Die Mercurij 9. Decemb.* anno 1472. conuocata
fuit Facultas per juramentum & cum scedula per Ioan. Pichoëre Bidellum magnum Facultatis supra Cupam nostræ Dominæ super 3. art. Primus fuit super vno Statuto antiquo quod est de modo inuitandi Magistros,
...... quantum ad 1. placuit maiori Parti Magistrorum *quod Magistrandus
indutus epitogio cum Ridellis Facultatis & suæ Nationis & bona Comitiua solus
iret sine suo Magistro Regente ad inuitandam Magistros prædictæ Facultatis.*
Non placuit hoc tamen tribus Regentibus ibidem existentibus quòd
frangeretur illud statutum, quamuis tamen dicerent quod se referebant
alijs Magistris.

Item die Sabb. 19. Decemb. eiusdem *an. placuit Magistris mitigare Statutum antiquum, & dixerunt quod esset in arbitrio* M. *Regentis Graduantis nouum
Magistrum ire cum Epitogio cum Magistrando per villam, ad inuitandum Magistros, vel sine epitogio.*

At an. 1474. omninò sublatum est vetus Statutum hacce conclusione.
Anno 1474. die Mercurij 9. Iulij feci conuocari Facultatem super 2. art.
Primus fuit super quodam Statuto antiquo *quod erat de modo inuitandi
Magistros pro Aula noui Magistri. Et placuit omnibus Magistris ibidem existen-*

Vniuersitatis Parisiensis. 863

tibus, licet in vno alio statuto caueatur quod aliqui fuerunt disputantes quod Magister Regens non associaret nouum Magistrandum ad inuitandum Magistros Regentes, sed solum Magistrandus ille indutus epitogio cum Bidellis & bona comitiua Scholarium inuitaret Magistros.

In Facultate Decretorum.

TEMPVS auditionis in Facultate Decretorum erat olim 40. mensium, antequàm quis posset ad Gradum Baccalariatus admitti : idque etiam in alijs Vniuersitatibus obseruatum, præsertim verò in Andegauensi, vt habetur in statutis. Quo tempore expleto, examinabantur Scholares, & probati Gradu donabantur; tenebantur præterea si vlterius progredi vellent, nonnullas lectiones publicè facere ter saltem in hebdomada alias & alijs horis quàm quas & quibus Doctores legebant. Nec licebat illis textum purum interpretari, sed solummodò cum Commentarijs. Plurima tamen memoriter & ad pompam clarioremque explicationem dicere eis licebat.

Ad Licentiam deinde admittebantur, & Licentiati similiter ante Doctoratum legere tenebantur. Verùm sub finem huius seculi Decretistæ suos ante tempus legitimum graduare volentes, litem mouerunt in Vniuersitate, obsistentibus quippe cæteris Facultatibus, quæ hoc pacto futurum ampliorem numerum Decretistarum præuidentes, suo id damno factum iri existimarunt. Robertus Gaguinus Mathurinorum Generalis, & prædictæ Facultatis Decanus authoritate quâ plurimum poterat, confisus non modò id sibi concedi postulauit, sed & suos omnes ad Nominationes pro Beneficijs admitti. Hinc orta lis vehemens & grauis, quæ anno tantùm 1538. Decreto Parlamento decisa fuit.

Paulo tamen ante, nempe Senatusconsulto 13. Iunij 1534. tempus auditionis biennio fuerat definitum, antequàm quis posset Baccalariatum adipisci, atque ad eum consequendum opus fuit respondere publicè.

In Facultate Theologiæ.

TEMPVS auditionis in Theologia erat antiquitus quinque annorum, cui sextum addidit ipsa Facultas antequam quis ad Baccalariatum promoueri posset : idque probauit Cardinalis Tutauillæus in Reformatione anni 1452. quisquis igitur ad hunc Gradum adspirabat, ipsi Facultati fidem facere tenebatur se per tempus Statutis definitum audiuisse lectiones duplicis generis, Bibliorum scilicet & Sententiarum; Bibliorum quidem per 4. annos, sententiarum verò per annum aut duos.

Testimonialibus litteris studij eiusmodi munitus supplicabat Facultati pro primo cursu: admissus, intra tres menses tenebatur respondere publicè, quod vocabant *facere Principium*. Principio facto, infrà mensem incipiebat legere ordinariè Bibliorum librum quem legere destinauerat pro primo Cursu, horisque debitis & statis pergebat omni die legibili Textum prælegere cum Glossis & Commentarijs, donec librum absoluisset. Quo euoluto, dicebatur absoluisse primum Cursum. Hinc alterum aggrediebatur, eorundem Bibliorum, antequàm ad lecturam Sententiarum admitti posset. Hinc ergo *Biblicus* dicebatur.

Peracto in Biblijs biennio, supplicabat pro lectura sententiarum, & admissus tenebatur sermones duos Latinè recitare & de Tentatiua respondere. Si satisfecisset, admittebatur ad faciendum Principium : & ille prior Principiabat, vt aiebant, lecturam Sententiarum, qui prior Principium suum fecerat in primo Cursu. Tum aggrediebatur legere Ordinariè Sententias, à Dionysialibus ad Magdalania; & tribus postea vicibus præfabatur publicè & solemniter, seu tria alia principia faciebat, nempe initio Ianuarij, initio Aprilis, & initio Iunij, prout nouum Sententiarum librum explicare aggrediebatur. Hinc *Sententiarius* dicebatur,

Tom. V.   QQQqq ij

annumque in ea quatuor librorum expositione consumebat.

Eiusmodi autem Baccalarij *Cursores* dicebantur, quia Cursum peragebant ad Licentiam. Hinc probati & idonei reperti admittebantur in spem Licentiæ ad Actus Statutis præfinitos conficiendos, consistebant autem illi in Responsionibus publicis, Disputationibus, Collationibus, sacris sermonibus & alijs eiusmodi exercitationibus verè Theologicis. Quibus peractis dicebantur *Baccalarij Formati*, exspectantes tempus diemque Licentiæ, tunc autem Officiorum & Munerum Facultatis Artium capaces fiebant, vt ex Reg. ipsius & ex Actis Facultate Medic. constat ad annum 1494. quem locum supra retulimus.

Denique stato tempore Licentiam consequebantur post Paranymphorum celebritatem, à Cancellario Ecclesiæ & Vniuersitatis Paris. à quo etiam birretum Doctorale accipiebant. Actuum seriem & ordinem, Graduumque Academicorum assumptionem vide infra in Catalogo, vbi de Nicolao du Marez. Insuper hîc accipe quæ in Necrologio San-Catharinensi Vallis-Scholarium de Ioanne Prothi-scribit, Ioannes Maupoint
» Prior eiusdem Domus. *Post multos labores*, inquit, pro ipso per me susce-
» ptos & habitos, etiam per sumptus per me ipsius causâ factos & per com-
» mendationes per me DD. Scabinis Ciuitatis Paris. DD. Præsidentibus
» Parlamenti & alijs plurimis viris Ecclesiasticis & Laïcis, Nobilibus &
» Burgensibus pro ipso reuerenter factas, hac die Lunæ de mane 11. mensis
» Ianu. anno Domini 1467. à Facultate & per Facultatem Theologiæ Pa-
» risius admissus & receptus est ad Licentiam vt fiat Licentiatus in Theol.
» quintus in Gradu, habito respectu ad primum qui primus fuit Magister
» Normani Diœcesis Beluacensis. Hic in die Mercurij vltima mensis Mar-
» tij post Dominicam de *Lætare* eodem anno 1467. in Aula D. Episcopi Pa-
» ris. à D. *Cancellario vener. Ecclesiæ Paris. datum sibi birretum rotundum*, &
» fecit iuramenta solita & effectus est Doctor in Theologia. Et ipsa die *in*
» *Aula Collegij Sorbonæ fecit splendidum conuiuium* D. Archiepiscopo Bituri-
» censi, DD. Episcopis Parisiensi, Trecensi & Albiensi, omnibus Docto-
» ribus, Licentiatis, Baccalarijs formatis in Theologia & pluribus Ma-
» gnatibus, Proceribus, Burgensibus, & alijs quamplurimis magnis & fa-
» matissimis viris; etiam pluribus Prioribus huius Ordinis nostri, ibidem
» præsentibus & assistentibus. Etiam in crastino Aprilis eodem an. *in Scho-*
» *lis Sorbonæ legit primam Lectionem suam*, in qua fecit plures regraciationes
» pluribus Burgensibus huius villæ Parisiensis & etiam de Lingonis & de
» Caluo Monte.

Regimen Vniuersitatis.

NOn aliud hoc seculo fuit quàm duobus fere superioribus seculis, Commune scilicet, seu Publicum & Priuatum. Commune duplex, vnum penes tres Facultates Theologiæ, Decretorum, Medicinæ; & quatuor Nationes Facultatis Artium in Comitijs generalibus solemniter habitis. Alterum penes Rectorem, tres Decanos & quatuor Procuratores, qui vulgo dicuntur **Deputati Vniuersitatis**. Vtriusque Caput semper fuit Rector, qui clauum tenet: Et in vtroque suffragia ex æquo.

Priuatum septuplex. Singulæ enim Facultates, singulæ quoque Nationes suum habent regimen, seorsim ab alijs, sua statuta, suas res, sua sacra & sua festa. Generatim verò loquendo duplex dici potest; nam aliud est Regimen Facultatum; aliud Nationum. Facultates nulla habent aut habuerunt hactenus communia Comitia; Nullum commune Tribunal; habent verò Nationes quæ dicuntur Comitia Facultatis Artium, si congregentur simul ipsæmet Nationes; & habent commune Tribunal eiusdem Facultatis, si Rector & quatuor Procuratores Iudicia exerceant, prout exercere tenentur & semper exercuerunt.

Hoc verò habent commune Facultates & Nationes, quòd singularum Facultatum Comitijs præest & præsidet Decanus, singularum quoque

Nationum Comitijs suus Procurator, feruntque suffragia capitatim. In Nationibus verò est quædam vniformis diuersitas. Nam omnes quidem Nationales suffragia ferunt capitatim, sed diuersimodè: Quippe in Nationibus Gallicana & Picardica sunt quinque Prouinciæ seu quinque Tribus, quibus singulis præest suus Decanus; in singulis autem Tribubus suffragia feruntur capitatim ad Decanum; at Tributim referuntur à Decanis ad Procuratorem. Item in Germania hoc seculo institui cœperunt tres Prouinciæ, vna *Altorum*, altera *Bassorum* Germanorum, Tertia *Insularium*; quibus tamen omnibus præerat vnus Decanus, non suus singulis. Cæterum ferebantur suffragia vt in Gallicana & Picardica. In Normanica, non videntur fuisse vnquam distinctæ Prouinciæ; nec Decani plures vno: suffragandi quoque ratio non alia quàm per singula capita.

CATALOGVS ILLVSTRIVM ACADEMICORVM septimi seculi.

A.

ÆGIDIVS DE ALNETIS Nat. Gallic. Cenom. Regens in Collegio Bajocensi electus est Rector Vniuersitatis 23. Iunij 1468.

Ægidius de Brena Diœcesis Lingonensis determinauit anno 1409. M. Ioanne de Lothey tum Procuratore Nat. Gallic. Magisterium Artium consecutus, fuit quoque in Iure Canonico Licentiatus. Eiusdem Nationis pluries Procurator fuit, anno 1420. 1421. 1424. eiusdem Capellanus factus die 8. Ianu. anno 1430. extat eius acceptilatio in Actis ad diem 31. April. an. 1431. qua dicit se accepisse 40. solidos *super salario* sibi debito occasione prædictæ Capellaniæ à M. Io. Canelli tunc Receptore, quod Officium ad mortem vsque retinuit. Fuit quoque post M. Nicolaum Clemangium Collegij Nauarrici Prouisor: obijt mense Octob. 1438. eique in Officio Capellani successit M. Io. Richardi, & in Officio Prouisoris M. Stephanus de Clemangis.

Ægidius Canniueti Laudunensis actu Regens & in Medicina Baccalarius factus Rector Vniuersitatis 23. Iunij 1417. deinde Decanus suæ Facultatis anno 1425. & 1426.

Ægidius Corderij aliàs *de Riparia* Diœcesis Remensis Magister in Artibus Regens actu factus est Nat. Gallic. Procurator mense Decemb. an. 1430. Rector Vniuersitatis 24. Martij 1432.

Ægidius Houdebin Virdunensis actu Regens in vico stramineo factus fuit Procurator Nat. Gallicanæ 12. Ianu. 1426. iterum 16. Ian. 1439. tertio 16. Decemb. 1441. Vniuersitatis quoque Rector electus 21. Martij 1426. iterum 23. Iunij 1437. Collegij Marchiani Magisterium seu Primariatum obtinuit, quo in munere, ei, credo, successit M. Michaël Miniclardi.

Ægidius Huteloti Remensis determinauit in Artibus anno 1408. sub M. Nicolao Syrenis. Nationis Procurator fuit electus 28. Nouemb. 1419. Pluribus annis in Artibus docuit, plurésque Discipulos habuit. Vnam è Capellanjs Vniuersitatis obtinuit, quæ, cum ille 13. Ian. an. 1427. esset in extremis, à Natione Gallic. promissa est M. Ioanni Beroudi Doctori Theolog.

Ægidius Nectelet seu *Nettelet* Nat. Picardicæ die 23. Iunij 1470. electus est in Rectorem Vniuersitatis, tum Baccalarius formatus in Theologia & Socius Nauarricus. Doctor inde Theologus & Ecclesiæ Cameracensis Decanus factus edidit quædam volumina non spernenda; inter quæ Trithemius commemorat opus celeberrimum omni statui necessarium, quod mirabili industria pulcherrimaque consequentia in vnum, inquit, comportauit ex Expistolis S. Hieronymi lib. 4. viuebat adhuc & scribebat regnante Carolo VIII. anno *1494.*

Albertus Scriptoris Nat. German. sæpe Procurator, Vniuersitatis quoque Rector 16. Dec. *1447.* tum Baccalarius formatus in Theologia. Iterum anno *1449.* non sine tamen Schismate ; quippe Gerardus Thome Licentiatus in Theol. se quoque electum contendit.

Alexander Ladone Æduensis Colleg. Nauarrici Regens die 10. Octob. *1455.* Intrans pro Nat. Gall. elegit in Rectorem M. Ioan. Dulcis-Amici Presbyterum Magistrum Artium & Baccalarium Theol. socium Nauarricum. Idem factus Procurator suæ Nationis 16. Decemb. *1460.*

Amator Chetart Diœcesis Barcinonensis Baccalarius formatus in Theologia fit Procurator Nat. Gall. die *24.* Septemb. *1467.* Rector Vniuersitatis *23.* Iunij *1469.* quo Rectore quæ gesta sint, vide in Historia.

Æneas Siluius Italus Patria Senensis, Orator, Poëta & Philosophus insignis, in Concilio Basiliensi innotescere cœpit. Deinde ab Imperatore Friderico assumptus in Scribam seu, vt vocant, Secretarium. Cardinalem S. Crucis secutus ad Conuentum Atrebatensem venit, vbi de pace actum inter Carolum VII. & Henricum Angliæ Regem. Ipse verò ex Episcopo Senensi factus Cardinalis, demum post Calixtum ad Pontificatum promotus Pij II. nomen assumpsit. Multa scripsit, quorum catalogum videre est in libro de Scriptoribus Ecclesiasticis Trithemij. Accusatur vulgò quod Papa factus sententiam mutauerit de authoritate Concilij supra Papam: ab alijs autem laudatur, quod quæ iuuenis scripserat, correxerit senex. Nihil, verò magis habuisse videtur in animo & in votis quàm Sanctionis-Pragmaticæ abrogationem ; cuius condendæ potestatem Carolo VII. derogat in Responsione ad Orationem Oratorum ipsius in Conuentu Mantuano anno *1459.* Sic enim ille. *Cupimus sanctam esse Francorum Gentem & omni carere macula & cum Apostolo dicere, despondi enim vos vni viro virginem castam exhibere Christo. At hoc fieri non potest, nisi hæc Sanctionis macula seu ruga deponatur ; quæ quomodo introducta sit, ipsi nescitis. Certè non authoritate Generalis Synodi, nec Romanorum Decreto Pontificum recepta est ; quamuis de causis Ecclesiasticis tractatus absque placito* „ *Rom. sedis stare non possit.* Ferunt aliqui idcirco initium ei datum, quia ni„ mis onerarent Rom. Pontifices Regnum Franciæ, nimiasque pecunias „ corraderent. Mirum si hæc ratio Carolum mouit, quem Prædecessoris „ sui Magni Caroli decebat imitatorem esse, cuius hæc verba leguntur in „ Memoria B. Petri Apostoli. *Honoremus S. Rom. Ecclesiam & Apostolicam* „ *sedem, vtque nobis Sacerdotalis mater est dignitatis, esse debeat Ecclesiasticæ* „ *Magistra rationis. Quare seruanda est cum mansuetudine humilitas, & licet* „ *vix ferendum ab illa S. sede imponatur iugum, tamen feramus & pia denotione* „ *toleremus.* Non est credibile Carolum qui modò regnat, suo sensu hanc „ Pragmaticam introduxisse, deceptum putamus & piæ menti suggesta „ fuisse non vera : Nam quo pacto Religiosus Princeps ea seruari siuisset, „ quorum prætextu summa Sedis Apostolicæ authoritas læditur, Religio„ nis nostræ vires eneruantur, vnitasque Ecclesiæ & libertas perimitur. „ **Verbum durum, durius factum. Audite patienter,** hortamur. Vulnera „ quæ putrescunt, non olei lenitate, sed vini potius austeritate sanantur. „ *Non ponderamus Causarum auditionem, non Beneficiorum Collationem,* non „ alia multa quæ curare putamus. Illud nos angit, quod animarum perdi„ tionem ruinamque cernimus & nobilissimi Regni gloriam labefactari. „ Nam quo pacto tolerandum est Clericorum Iudices Laïcos esse factos? „ Pastorum causas Oues cognoscere? Siccine Regale genus & Sacerdota„ le sumus? Non explicabimus honoris causâ quantum diminuta est in Gal„ lia Sacerdotalis authoritas, & melius norunt qui pro nutu Secularis po„ testatis spiritualem gladium nunc exercent, nunc excludunt. *Præsul* „ *verò Rom. cuius Parochia Orbis est, cuius Prouincia nec Oceano clauditur, in* „ *Regno Franciæ tantum Iurisdictionis habebit, quantum placet Parlamento.* „ Non Sacrilegum, non Parricidam, non hæreticum punire permittitur,

quamuis Ecclesiasticum, nisi Parlamenti consensus adsit. Cuius tantam "
esse authoritatem nonnulli existimant, vt Censuris etiam nostris præclu- "
dere aditum possit. Sic Iudex Iudicum Rom. Pontifex Iudicio Parlamen- "
ti subiectus est. Si hoc admittimus, monstrosam Ecclesiam facimus & hy- "
dram quandam multorum capitum introducimus & vnitatem prorsùs ex- "
tinguimus. "

Idem Pontifex in eadem Responsione multa Francis exprobrat beneficia à Rom. sede collata: imprimis quod illi Imperia, quod Regna dederit, quod Reges inutiles totonderit, de non Regibus verò Reges fecerit; & quod ad Franciam non dimidiatum Imperium, sed totum & solidum transtulerit. Deinde quod Parisiensem Vniuersitatem plurimis priuilegijs exornarit. *Quæ tot priuilegia, tot gratias, tot indulgentias vestris Ecclesijs ac Monasteriis nisi Roman. Pontifex concessit? quis Gymnasia litterarum, Scholam illam Parisiensem orbe toto percelebrem & famâ claram, nisi B. Petri successores illustrauerunt, à quibus ea Indulta consecuta est, quæ vix optare audebat?*

Verum non destitit Vniuersitas tueri Pragmaticam, eiusdemque abrogationi intercedere apud Curiam Parisiensem & feliciter vsque ad tempora Francisci I. quo intellecto Rex reuocatorium Edictum Actis Castelleti inseri iussit, atque ita insertum & approbatum ad Papam misit per Episcopum Atrebatensem; qui ob id Cardinalatu donatus est, sed agnita rei veritate, breuis fuit lætandi materia. Cæterum dum Pius Pontifex bellum parat aduersus Turcas, moritur anno 1464.

Ambrosius de Cameraco determinauit in Artibus anno 1442. sub M. Io. Normani eiusque Bursa æstimata vndecim assibus. In Decretis Doctoralem lauream assecutus ad Curiam Romanam se contulit, fuitque Calixti III. Papæ aliquandiu Referendarius, sed cum ingenti pecuniæ summa corruptus dispensationem vt vocant, expediisse diceretur, qua Ioanni Comiti Arminiaco per ipsum Pontificem licere scripserat, sororem propriam habere vxorem quam ante vitiauerat, eiusdem Pontificis iussu in carcerem compactus est. Vnde egressus in Franciam rediit & Ludouico XI. acceptissimus fuit, ab eoque Magistris libellorum supplicum adscriptus. Fuit quoque Facultatis Decretorum Decanus; in Ecclesia Meldensi Decanatum obtinuit, & Parisijs S. Eustachij Curiam ante annum 1456 vt legitur in Reg. Nationis Gall. tum S. Andreæ de arcubus. De Cancellariatu Ecclesiæ & Vniuersitatis Parisiensis contendit cum M. Ioanne Huë Doctore & Decano Facultatis Theologicæ anno 1482. Eius à partibus stetit Vniuersitas, quia Theologi Cancellariatum suo Ordini vindicare & arrogare contendebant. Fatis verò functo Huë anno 1488. tum liberè munus exercuit; nam vt legitur in Reg. Epistopij, die Sabbati vltima Feb. D. Episcopus Parif. *eidem contulit Cancellariam Parif. seu ius in ea prætensum per defunctum M. Io. Huë, dum viueret, sacræ Theologiæ Professorem ad præsens per ipsius decessum, aut aliàs quouis modo vacantem.* Cæterum vir fuit duræ ceruicis, elati animi, & nimis imperiosus. Magistros quosdam incarcerauit spretis priuilegijs. Vnde Vniuersitati tandem parum gratus fuit. Obijt 1496. & in Sacello Sorbonico sepultus est.

Andreas Pelé Artium Professor claruit ab anno 1425. anno 1451. 7. April. fuit Nationis Gallicanæ Procurator electus; iterum 4. Maij anno 1450. Vniuersitatis Rector 16. Decemb. 1434. Curiæ Regis Consiliarius factus non est dedignatus Decanatum Tribus Turonensis in eadem Natione accipere & gerere. Sic enim scribit in Actis M. Ioan. le Clerc eiusdem Procurator anno 1465. 24. Iulij. *Ex deliberatione suppositorum eiusdem Prouinciæ* (Turonensis) *inuentus est & electus Decanus & circunspectus vir, ac D. M. Andreas Pelé Curiæ D. Regis Consiliarius, cui prædictam clauem Decanatus tradidi & per illius traditionem, eundem in possessionem dicti Decanatus posui & induxi, recepto prius ab eo iuramento in talibus fieri debito.*

Similiter M. *Ioannes Damoiseau* Consiliarius Decanus factus est Tribus Senonensis anno 1469. die 8. Ianu. vt scribit M. Mathæus Sauquet eiusdem Nationis Procurator. *Eodem die*, inquit, *receptus est Decanus Senonensis hon. vir M. Io. Damoiseau D. Regis Consiliarius.*

Antonius de Busco aliàs *de Bosco* Picardiæ Nat. Rector Vniuersitatis factus 23. Iunij 1464. Ludouico XI. acceptissimus, in spem electionis ad Episcopatum Beluacensem ab Innocentio VIII. obtinuit litteras seu Breuia ad Capitulum Beluacense, quibus illi, si forte decederet Episcopus, omni electione interdicebatur. Fatis verò functo Episcopo 15. Martij anno 1485. Capitulo se obtulit fauore fultus Mareschalli des Cordes auunculi sui, litteris Regijs & Pontificijs. Verum mense Iunio sequente Capitulum in Episcopum elegit M. Ludouicum de Villaribus. Vnde inter Antonium & Ludouicum magna lis orta est, nec ante annum 1497. decisa: quia verò ipso Antonio instigante, Innocentius Papa pœnas excommunicationis interminatus fuerat Capitulo si ad electionem procederet, videbaturque proinde ligatum factâ Ludouici electione & appellauerat Curiam Parisiensem, rectè appellasse iudicatum est Senatusconsulto 7. Septemb. anno 1489. ipseque Antonius & Consortes *expensis causæ appellationis damnati*.

Arnoldus Witwit Nationis Anglicanæ seu Germanicæ Procurator, ab eadem cum alijs aliarum Nationum & Facultatum Legatis ijt ad Concilium Pisanum anno 1409. licentiatus fuit in Theologia eodem anno cum M. Poncio Simoneti & Amando de Breui monte.

B.

BERNADVS *de Poully* Parisinus incepit in Artibus anno 1429. sub M. Guill. de Longolio, quo tempore incepit quoque Nobilis vir Dionysius de Montmorency Parisiensis sub M. Petro de Credulio. Anno 1437. 10. Martij fuit factus tum primùm Nationis Gallicanæ Procurator, eique prorogatum munus ad alterum mensem. Quo Procuratore cum vacasset Decanatus Prouinciæ seu Tribus Turonensis per obitum M. Petri de Valle, supplicauit M. Yuo de Pontou pro custodia Clauis Arcæ tanquam antiquior Magister inter eos qui rexerant. Supplicauit quoque Petrus de Brena Proconseruator Priuilegiorum Apostolicorum quatenùs Natio commendatum eum faceret Beluacensi Episcopo tunc Conseruatori. Idem Bernardus erat Primarius Artistarum Collegij Nauarrici.

Bernardus Roillet Licentiatus in Iure Canonico fit Procurator Nationis Gall. mense Ianu. anno 1488: eiusdem Nationis Quæstor 8. Ian. 1495. Rector Vniuersitatis 23. Iunij 1492. tunc Primarius Collegij Burgundici.

Beuuinus Dominici aliàs *de* Winuilla Magister in Artibus factus an. 1377. sub M. Io. de Roncuria soluit pro Bursis & Bejanio 35. solid. & Baccalarius in Decretis, Presbyter Virdunensis, vltimus Executorum Testamentariorum M. Guillelmi de Marchia Collegij Marchiani Fundatoris, de suis bonis plurimum contribuit. Vnde Collegium illud dictum Marchiano-Winuillæum, cuius fundatio tandem confirmata est à Ioanne Patriarcha **Constantinopolitano Ecclesiæ Parisi. perpetuo Administratore, Bursa**rum dicti Collegij Collatore, anno 1421. qua de re dictum est satis ad annum 1361. Porro Beuuinus Rector Vniuersitatis electus fuit 10. Oct. 1401. & anno 1408. oppigneratam pro centum scutis B. Guillelmi Nationis Gall. Patroni imaginem liberauit & D. Nouiomensi Episcopo summam illam nomine prædicto persoluit.

Berengarius Mercatoris Normanicæ Nationis electus est Rector Vniuersitatis die 10. Octob. 1446. deinde Doctor Theologus factus, inter illius Facultatis Proceres commemoratur in Edicto Ludouici XI. contra Nominales anno 1473.

C.

CAROLVS VII. in bellis Ciuilibus natus, in ijsdem educatus vix tempus habere potuit colendi Musas, quas tamen earumque Professores in pretio habuisse testantur Historici. Martialis de Aruernia sic de eo loquitur apud Naudæum in Annotationibus ad Historiam Ludouici XI.

> *Le feu bon Roy esmeu de bonne cole,*
> *Tenoit des Clercs & Boursiers à l'Eschole.*
> *Et fut iadis son Escholier premier,*
> *Le bon Euesque de Paris Charretier.*

Loquitur de Guillelmo Quadrigario Episcopo Parisiensi, quem in Scholis Parisiensibus sumptibus suis educari curauerat. Habuit perpetuos Comites Ioannem de Bregy, Germanum de Tribonuille, Ioannem de Builhon & Simonem de Phares insignes Astrologos & Mathematicos: Philelphum, Gersonem & Iuuenalem de Vrsinis singulari amore prosequutus est: Vniuersitatem Pictauiensem erexit, Andegauensi Professores in Theologia, Iure Ciuili & Philosophia attribuit, Cadomensem erigi quoque passus est, bono vt credibile est, animo, sed magno dispendio Parisiensis, quæ & eo regnante passa est nonnullorum priuilegiorum suorum iacturam; ita poscente forsan Regni statu. Obijt an. 1461.

Carolus VIII. à Patre Ludouico XI. iam effœto genitus, imbecillium proinde virium, non fuit litteris imbutus à teneris. Post Patris tamen mortem tentauit Latinè scire, didicitque Commentaria Cæsaris Gallico idiomate donata à Gaguino, qui & illi Caroli Magni Historiam descripsit. Guill. Budæum accersiuit in Aulam, scribente ipso. *Tametsi Rex Carolus*, inquit, *humanitate singulari, liberalitateque memorabili præditus & litterarum elegantium opinione quadam imbutus, earum me gratia & Græcarum præcipuè quæ tum in Francia pene erant inauditæ, euocandum iudicaret.* De eodem Faustus Andrelinus Poëta Italus.

> *Scilicet vt bello claram expugnauit aperto*
> *Parthenopen, patrios victorque rediuit in agros,*
> *Quamuis Hesperio vetitus foret orbe regressus,*
> *Nescio quâ nostri raptus dulcedine cantus*
> *Ipse fuit, fului sacrum donauit & æris*
> *Vix istis delatum humeris. Cunctosque per annos*
> *Pensio larga datur, qualem non lentus habebat*
> *Tityrus vmbrosis resonans sua gaudia siluis.*

Ita litterarum imperitiam amore doctorum virorum & gratia compensauit. Italica ex expeditione victor regressus paulo pòst obijt Ambasiæ anno 1498.

Carolus Saccus Baccal. Theolog. Normanus, Rector Vniuersitatis fuit electus 24. Martij 1467. & ad Coll. Harcur. deductus deinde in Theologia Magisterium seu Doctoratum consecutus: sæpè Gaguinus eius mentionem facit honorificentissimam.

Cantianus Huë Stampensis Baccalarius in Theologia & Magister Grammaticorum Collegij Nauarrici electus est in Procuratorem Nat. Gall. 17. Decemb. 1470. tunc actu Regens: quo in munere successit M. Gaufrido Normani. Vniuersitatis Rector anno 1473. 10. Octob.

Carolus Fernandus seu *Ferrandus Flander* Brugensis in Artium professione diu claruit, licet à pueritia cœcus: eum ait Trithemius fuisse à Rege Gallorum Ludouico XI. publico & perpetuo donatum stipendio, *in celeberrimo Gymnasio Parisiensi multo tempore litteras humanitatis egregiè docuisse, authoresque complures pulcherrimè exposuisse*; demum anno circiter 1492. relictis stipendijs & mundo apud Monasterium, quod Casale Benedictum dicitur, in agro Bituricensi habitum Benedictinum sumpsisse: (alijs in Coenoman. coenobio) quo tempore Io. Raulinus ad Cluniacenses quoque se contulit. Eius opera plurima commemorat Trithemius in libr. de Scriptoribus Ecclesiasticis. Fratrem habuit eodem tempore Ioannem Fernandum, virum quoque doctissimum, Philosophum, Oratorem & Poëtam celeberrimum, Regis Musicum, ab eoque stipendio perpetuo donatum. Eius opera referuntur à Trithemio, tam metro quàm prosa conscripta. Obijt tandem Carolus an. 1496. Carolum commemorat Gaguinus inter eos qui tersam Latinitatem solio Academico redonarunt. Epist. 61. ad Bostium. *Inter temporis nostri tenebras expergiscitur Carolus Ferrandus scribere in Vincentium illum, cui dij cum suo illo in virginem codicillo malefaciant. Quem libellum vt haberet in quem pila potenter emitteret, Carolo communem feci; nec ab alio, si tacebit, vindictam de maledico deposcas.*

Carolus de Mauregart Doctor Medicus, qui cum vxoratus, immò Bigamus petijsset nihilominus ad Regentiam admitti, repulsam passus est in Comitijs Facultatis Medicinæ, die 10. Iunij an. *1447.* habitis, Odone de Credulio tum Decano. In eandem rem conuenit Facultas die 15. eiusdem mensis, eique hoc indultum vt Regens esset honorarius in hunc finem *vt Priuilegijs Vniuersitatis gauderet, & immunis esset à tallijs cæterisque exactionibus & subsidijs Regijs,* non verò posset ad vlla Facultatis Officia assumi. A qua Conclusione appellauit: verùm post contestationem litis, tandem cum eo amicè conuentum est certis conditionibus die 27. Nouemb. an. prædicti, eiusque occasione decretum, sub poena priuationis, ne quis deinceps, seu Magister, seu Baccalarius, seu Scholaris contra Statuta pugnare auderet. Filium, credo, habuit Raimundum de Mauregart qui anno *1453.* à Clientibus Castelleti occisus est, vt fusè in Historia retulimus.

Claudius de Hangest Rector Vniuersitatis electus fuit 15. Decemb. *1491.* tum Licentiatus in Decretis, postea in ijsdem Doctor factus contendit cum M. Florentio Forgeto in vtroque Iure Licentiato de Officio Consiliarij Clerici in suprema Curia, vacante per obitum M. Ioannis de Courcelles, quod ipse dum viueret, nepoti suo Claudio Hangesto resignauerat; ad quod verò Forgetus se promouerit postulabat. De hac lite sic habetur in Actis Curiæ ad 27. April. *1495. Veües par la Cour les Requestes & Lettres presentées par M. Florent Forget Licentié en chacun Droict, au moyen desquelles il requeroit estre receu à l'Office de Conseiller Clerc en ladite Cour, que naguieres tenoit & exerçoit feu M. Iean de Courcelles, vacant par la resignation faite d'iceluy Office par ledit de Courcelles, par laquelle il s'opposoit à la reception dudit Forget, parce qu'il pretendoit auoir droit audit Office par la resignation de sondit Oncle. Oüis les Gens du Roy & la matiere mise en deliberation, a esté conclu que la Cour procedera à l'election dudit Office de Conseiller en ensuiuant les Ordonnances, nonobstant lesdites lettres & requestes, & sans auoir égard à icelles.*

Postridie illius diei tres Competitores Curiæ se se stiterunt, Forgetus, Hangestus & Nicolaus Dorigny, quorum Forgetus 35. suffragia abstulit, Hangestus 26. Dorignius 21. Curia verò censuit negotium quale erat, Regi perscribendum.

Cornelius Hoddendich Batauus Nationis Germanicæ pluries Procurator, electus Vniuersitatis Rector 16. Dec. *1474.* iterum 24. Martij *1478.* multas legationes tam suæ Nationis quàm Facultatis Artium & Vniuersitatis nomine obijt. Demum regnante Carolo VIII. obijt die 21. Iunij *1492.* eique à Natione sua honorificè parentatum est tanquam viro de tota Academia meritissimo.

D.

Dionysius Alligret Bituricensis in vtroque Iure Licentiatus sit Nationis Gallicanæ Procurator 3. Iunij *1471.* Vniuersitatis Rector 24. Martij *1479.* qui cum officio defungeretur, vacante forsan Curia S. Germani veteris per obitum M. Iacobi Aubry Decretorum Decretoris, ab vna parte Nationis Gallicanæ nominatus fuit, ab altera vero M. Petrus Doujan: hinc inter eos lis exorta; vindicias tamen habuit Doujan, nec propterea lis finita est: nam in Actis ad diem 15. Decemb. 1508. legimus prædictum Alligret ius suum qualecunque habebat, resignasse M. Guillelmo Guillemini causâ permutationis.

Dionysius Citharœdi aliàs *le Harpeur* Doctor Theologus, Natione Normanus cum M. Ioan. de Oliua de Cancellariatu Ecclesiæ & Vniuersitatis Parif. contendit: verum ei cedenti succentoria quam possidebat prædictus Ioannes, data est. Post eius verò obitum qui accidit 24. Feb. *1471.* Citharœdus substitutus & die 3. Martij iuramentum præstitit, vt legitur in Actis Nat. Gall. *sequenti die (3. Martij 1471.) honor. Magister noster M. Dionysius Cytharœdi qui de nouo factus est Cancellarius insignis Ecclesiæ Parif. per mortem M. Io. de Oliua præstitit iuramenta quæ facere tenetur in Capit. dictæ Ecclesiæ Parif. in præsentia honorandissimi D. mei D. Rectoris & Decanorum superiorum Facultatum, nec non Procuratorum.* Obijt mense Sept. *1482.* & in Ecclesia Parif. tumulatus est. Sicque lis quam aduersùs Facultatem Theologicam susceperat pro Præsidentia in Comitijs, sopita.

Dionysius Potier aliàs *Figuli*, Parisinus Ioannis Raulini olim domesticus discipulus, vt ipsemet Ioannes innuere videtur in Epist. 12. quam inscribit *Amantissimo in Christo filio M. Dionysio Potier*: quamobrem autem vocet eum filium, declarat; *quippe qui iamdudum doctrinis pariter & moribus,* inquit, *te Christi Iesu alumnum genueram, veluti tenerrimum paruulum; immò verius tanquam viscera mea, optimarum Artium lacte potaueram, alueram, educaueram.* Et paulò post Patris meminit, quem vocat benefactorem suum, & à quo se receptum benignè ait, sustentatum benignissimè, in suis angustijs & necessitatibus subleuatum. Fuerunt & alij eiusdem cognominis, Iacobus figuli qui 8. April. an. *1470.* Procurator Nat. Gallic. factus est, Alanus qui 10. Octob. *1488.* Rector Vniuersitatis electus.

Dionysius de Sabeureto aliàs *de Sabeurais* Nat. Gall. Procurator factus 10. Martij *1418.* Rector Vniuersitatis 10. Octob. *1419.* Doctor deinde Theologus, eiusdem Facultatis Decanus fuit.

Dominicus Chaillon. Remensis Artium Professione celeberimus, quo docente plurimos videmus licentiatos fuisse & incepisse in Artibus Nationis Gallic. Procurator electus fuit 24. Septemb. *1408.* iterum 11. Martij 1411. Rector Vniuersitatis 23. Martij 1404. iterum 23. Iunij 1411. Licentiatus est in Theologia an. 1413. secundumque Licentiæ locum obtinuit. Eius sæpè fit mentio in negotijs & legationibus Vniuersitatis.

Dominicus Mancinus, non minus excellens stricta quàm soluta oratione scripsit elegantissimis versibus librum de quatuor virtutibus & omnibus Officijs ad beate viuendum. Item & longum Poëma de Passione Domini. In diuinis quoque scripturis admodum eruditus fuit & in secularibus litteris egregiè doctus, scribente Trithemio in lib. de Scriptoribus Ecclesi. viuebat & scribebat adhuc an. 1494.

Dominicus de Marsono Presbyter Diœcesis Tullensis Magister in Artibus & in Iure Canonico Licentiatus, electus Procurator Nat. Gallic. 10. Feb. an. 1419. successit M. Ægidio Huteloti. Quo Procuratore M. Andreas Pelé Turon. Diœcesis determinauit in Artibus sub M. Ioan. Malindres, & Dionysius de Sabeureto seu Sabreneto Quæstor eiusdem Nationis coactus in Patriam reuerti M. Guillel. Furardi substituit. Eundem Dominicum legimus fuisse Decanum Tribus Remensis.

E.

ELIGIVS *de Vaugermes* Picardus inquieti vir animi & turbulenti, vt liquet ex ijs quæ suæ Nationis Procurator gessit, de quibus in historia fusè Vniuersitatis primùm electus fuit Rector 10. Octob. 1481. nec placuit omnibus ista electio. Quippe in vico Stramineo Theses quædam propositæ quæ personam eius dignitatemque tangebant: quanquam vlta est Vniuersitas eiusmodi iniuriam, vt ad 28. Nouemb. eiusdem anni retulimus. Abdicatio quoque Rectoriæ plena fuit tumultus, diuque ille munimenta penes se retinuit; vnde ad Curiam recurrendum fuit. Anno 1498. iterùm de Rectoratu contendit, curauitque se à quatuor Procuratoribus, iuxta vetus quoddam Statutum Intrantibus eligi, contra M. Ioan. Caue per quatuor Intrantes alios à Procuratoribus, prout vsus & consuetudo inualuerat, electum. Fuitque res ista & in Vniuersitate & in Curia Parisiensi per plures dies agitata. Causâ tandem ille cecidit, iudicio & Decreto Vniuersitatis, à quo protinus Curiam appellauit.

Eustachius de Mesnillo Socius Sorbonicus Licentiatus est in Theologia an. 1413. cum Dominico Chaillon, Guill. Fradeti, Petro Parui, Ioan. de Monteleonis celeberrimo olim Philosophiæ Professore, Ioa. de Montenoyson, Phileberto de Aruerneyo & alijs. Suæ Facultatis Decanus erat anno 1444.

F.

FAVSTVS *Andrelinus*, Natione Italus, Foroliuiensis, festiuus ac jucundus Poëta Parisijs Artem suam publicè exercuit temporibus Gaguini, ad quem ille nonnulla scribit Epigrammata, quibus eum cæteris excelluisse significat. Sic enim in vno habet.

Fauste Pater metri, qui quoduis carmine reddis!
 Ausim quod tecum tendere, parce, chelym.
Non Ego de Phœbo didici contingere plectrum.
 Me docuit tetricos Gallia Belga modos.
Venisti ad Francos, & te venisse probamus
 Tersius vt nostri verba Latina ferant.
Speramus Iuuenes te vate inuisere Musas
 Et sacra Pieridum posse fluenta sequi.
Perge, Poëta, precor, & sperne maligna loquentes:
 Tu decus ex Francis Fauste perenne feres.

Et alio Epigrammate sic eundem compellat.

Credimus, & verum est Diuum te munere vatem
 Fauste, datum nobis, quem Schola nostra colat.
Vberius manas vndanti flumina versu
 Nec concussus agit tam celer æther aquas.
Cui tamen & pondus, & certâ lege decorum
 It comes, & grati semper ab arte sales.
Vt lubet assurgis. Tum vis, dimittis habenas.
 Verborum omne genus, imperiumque tenes.
Si, quis Castoreum vel Vlyssis forte Leporem
 Quærit, habet præsens numen Apollineum.
Triste nihil Fausti vocalis musa reponit.
 Incedit, properat, sistit, agit, grauis est.
O faustam Gentem. Fausto si vate leuata
 Discat ad arguti scandere sacra Iugi.
Ecce damus Superis qui te misere benignas
 Grates. Fauste boni consule. Fauste vale.

Iste Fauftus à Carolo VIII. ex Italia Lutetiam adductus & largiſſimâ penſione dotatus, vt ipſe ſcribit Eclog. 10.

Dum ſtupeo totus viſu defixus in iſto,
Iuppiter ipſe venit, magno ſtipatus honore,
Ipſe olim vultus inter nutritus agreſtes:
Admiror primo aſpectu, mox poplite flexo
Ante ipſum quæſita Iouem modulamina fundo,
Scilicet vt bello claram expugnauit aperto
Parthenopem, patrios rectorque rediuit in agros,
Quamuis Heſperio vetitus foret orbe regreſſus,
Neſcio qua noſtri captus dulcedine cantus
Ipſe fuit, fului ſacrum donauit & æris
Vix iſtis delatum humeris, cunctoſque per annos
Penſio larga datur, qualem non lentus habebat
Tityrus vmbroſis reſonans ſua gaudia ſiluis.

Eraſmus Fauſtum non ſatis probatis moribus fuiſſe indicat; ſic enim de illo ſcribit Ludouico Viuian. 1519. Louanij Pariſienſis Academiæ candorem ac ciuilitatem iam olim ſum admiratus quæ tot annos Fauſtum tulerit, nec tulerit ſolùm, verum etiam aluerit, euexeritque. Cum Fauſtum dico, multa tibi ſuccurrunt, quæ nolim litteris committere. Quâ petulantiâ ſolitus eſt ille in Theologorum ordinem debacchari? quàm non caſta erat illius Profeſſio? Neque cuiquam obſcurum erat qualis eſſet vita. Tantum malorum Galli Doctrinæ hominis condonabant, quæ tamen vltra mediocritatem non admodum erat progreſſa, &c. Pariſienſis Academia certè in hoc litterarum genere quod ſibi propoſuit, ſemper primas tenuit, & tamen gaudet vndecunque ſibi contingere litteraturæ politioris acceſſionem. Datus locus quiduis quacunque mercede profitentibus. Videtur tum obijſſe Fauſtus.

Franciſcus Philelphus naſcitur Tolentini anno 1398. Equeſtris Ordinis vir, Orator & Poëta Laureatus, linguæ Græcæ amore captus Conſtantinopolim contendit, vbi Emanuëlis Chryſoloræ Magiſtri ſui filiam duxit vxorem, ibique per nouem annos commoratus eſt: itaque ille Ep. 1. l. 24. gloriatur ſe omnium non modò coætaneorum, ſed & veterum primum poſſe *in omni dicendi genere & verſu pariter & ſoluta oratione, tum Latinè, tum etiam Græcè omnia quæ vellet quamfacillimè & ſcribere & loqui.* Deinde capta vrbe Conſtantinopoli multos præſtantiſſimos Magiſtros exules Ludouico XI. commendauit, & inter alios Georgium Clizin, quam in rem eſt Epiſt. 41. l. 30. Scripſit tam ſoluta quàm ſtricta oratione plurima opera: multa quoque vertit in Latinum idioma; publicè profeſſus eſt primùm apud Venetos, deinde apud Florentinos, tum apud Senenſes & Bononienſes, poſtremò apud Mediolanenſes Græcè, Latinèque ſummo cum applauſu ſub quatuor Ducibus annuis ſtipendijs ſeu penſione conductus. Tandem Bononiam reuerſus, ibi obijt nonagenarius an. 1481. adeóque pauper, vt ad funus efferendum, & cubiculi & culinæ inſtrumenta væ nierint, vt refert autor Indicis Chronologici. Ex filia Chryſoloræ filium genuit Marium Philelphum Equitem quoque Auratum & Poëtam Laureatum, qui Mantuæ publicè quoque profeſſus eſt magno ſtipendio, vbi & ſcribendi & docendi ſimulque vitæ finem fecit an. 1480. Patris & filij Opera commemorantur à Trithemio in lib. de Scriptoribus Eccleſ.

G.

GAVFRIDVS *Bouffardus* Cenomanensis non minùs in Artium quàm in Theologiæ Professione claruit. In Artibus quidem regere incepit an. 1478. cum Francisco Cousinot & Ioan. Godeau. Vniuersitatis Rector electus die 23. Iunij 1487. tunc Societatis Nauarricæ Baccalarius formatus, Domum gubernante M. Ioan. Raulin. Doctor factus sæpè Vniuersitatis nomine perorauit. Scripsit Commentaria in Psalmos Dauidicos, atque ita de se præfatur. *Veni adolescens natus annos 17. Parisiorum Ciuitatem illam inclytam toto vitijs & litteris cantatissimam orbe. Babylon ipsa est. Vbi primum de dono tuo ad insignem illam tuam Nauarræ Domum deduxisti (tuam inquam domum, quippe quæ sancta & sanctè pudica tibi alere non cessat nouellas Plantationes quæ faciunt fructum in tempore suo, & quæ latissimè in orbem diffusæ Orbem totum illustrant.) Litterarum emporium, pudicitiæ domicilium, orationis sacrarium, sanctimoniæ columen, virtutum omnium specimen. Quid dicam? omnium bonarum rerum quas vniuersus habet Orbis, seminarium.* De eo tanquam amico & intimo Raulinus in Epist. ad Pinellam; idem sequente seculo floruit & ad Pisanam Synodum missus, eiusdem Synodi litteras super libello Thomæ de Vio Cajetani ad Vniuersitatem retulit. Assumpto M. Ludouico Pinella Cancellario Parisiensi ad sedem Meldensem, idem de Cancellariatu cum M. Io. de Fossatis (qui an. 1495. Quæstor seu Receptor fuerat Nat. Gall.) tunc Doctore Theologo contendit apud Curiam: quâ lite pendente M. Io. de Maignan Archidiaconus de Passeio in Ecclesia Cenomanensi birretauit Licentiandos. Victor tandem factus cum Cancellario San-Genouefiano litem quoque habuit de Iuribus & finibus suæ Iurisdictionis, quæ duorum Curiæ Senatorum arbitrio extincta est & sopita. De eo sic Michaël Anglicus, referente Hemeræo.

Gaufride Palladiæ spirabilis aura cohortis,
Gaufride Parrisiæ lucida gemma Scholæ.

Gaufridus Normani Nationis Picardicæ Diœcesis Beluacensis Rector fuit primùm creatus 23. Iunij 1445. deinde 24. Martij 1453. tertio 23. Iunij 1465. tum Licentiatus in Theologia: & ille prætermisso Ordine, primum enim locum obtinuerat an. 1461. Doctorale birretum assumere diu distulit. Eius mentio fit in Necrologio San-Catharinensi de Valle Scholarium, vbi de Ioanne Prothi, qui eiusdem Licentiæ quintum locum adeptus est. Sic enim habetur. *Fuit Licentiatus in Theologia quintus in gradu, habito respectu ad primum, qui primus fuit Magister Normani Diœcesis Beluacensis.* Tumque erat Primarius Grammaticorum Collegij Nauarrici: commemoratur enim cum alijs in Litteris Reformationis prædicti Collegij an. 1464. his verbis, *Gaufridus Normani Licentiatus in Theol. & Magister Grammaticorum.*

Gerardus Gehe Parisinus Bursarius Collegij Cardinalitij determinauit in Artibus an. 1410. sub M. Gaufrido Henrici, Nat. Gall. pluries Procurator. 2. Iunij 1425. 10. Octob. 1427. Feb. 1428. Vniuersitatis quoque Rector 10. Octob 1436. tum Baccalarius formatus in Theologia. Cum autem vacauisset Curia SS. Cosmæ & Damiani, hortante Natione Gallic. cuius Procurator erat, Vniuersitas ei Curionatum dedit. Eo autem Rectore & supplicante, statutum à tota Vniuersitate die 29. Nouemb. ne deinceps legeretur in vllis Scholis diebus festis SS. Cosmæ & Damiani & S. Germani veteris, vt retulimus in Historia. Obijt an. 1463. suoque testamento legauit Vniuersitati octoginta scuta aurea, de quorum distributione inter Facultates & Nationes fuit contentio, vt notauimus in Historia ad diem 9. April. & 8. Iunij 1464.

Gerardus Gorron de Ampileyo Diœcesis Æduensis Licentiatus est in Artibus anno 1408. in quarta Auditione S. Genouefæ, incepit eodem anno sub M. Ioan. Pulcri Patris, & Guill. Erardi sub M. Geruasio Clerici. In

Artium Professione diu claruit. Nation. Gallic. Procurator electus die 16. Decemb. 1418. tum Baccalarius in Theologia, deinde 10. Feb. 1421. tum formatus in Th. S. Nicolai de Lupara olim Primarius, sed ob absentiam diuturnam prædictum Primariatum eiurare coactus successorem habuit M.

Gerardus Macheti aliàs *Maketi & Magueti* puer educatus est inter alumnos Regiæ Domus Nauarricæ, demum ad Baccalariatum, Licentiam & Doctoratum in Theologia sese prouexit, an. 1405. 23. Iunij electus est Vniuersitatis Rector. an. 1411. Licentiæ Gradum obtinuit. Hinc Doctoratum. Ad eum extant quædam Epistolæ Nicolai Clemengij, quarum vna est ordine 67. ad ipsummet Magistrum in Theol. & Canonicum Parisiensem. Procancellarius Vniuersitatis factus, anno 1415. Sigismundum Imperatorem eleganti oratione excepit, vt notauimus in Historia. Demum an. 1444. ad Episcopatum Castrensem promotus est tum Regi Carolo VII. à confessionibus. Obijt an. 1448.

Geruasius Clerici Magister in Artibus Diœcesis Paris. Artium Professione celeberrimus in qua consenuit. Nationis Gall. pluries Procurator eiusdemque Receptor, Vniuersitatis quoque Rector electus 23. Iunij 1402. an. 1409. Rectore M. Hugone Fabri ab ead. Natione nuncius electus ad ferendum Rotulum ad Papam. Obijt circa an. 1414. Et quia cum Receptor esset prædictæ Nationis, receperat 100. libras ad inhumationem duorum Scholarium suspensorum conferendas, M. Nicol. de Bellismo tum Procurator in Comitijs 16. Septemb. postulauit ne illa pecunia in alium vsum conuerteretur.

Gilbertus de Crab Scotus Nationis Germanicæ sæpè Procurator, Philosophiæ Professor subtilissimus & acutissimus, suique temporis Philosophorum Primarius scripsit Commentarios in lib. Aristotelis de conuenientia Politicæ & Oeconomicæ. Item Quæstiones Oeconomicas in Vico Straminis disputatas & decisas. Floruit hoc & sequente seculo ad annum vsque 1511:

Gregorius Typhernas Græcus exul post captam Constantinopolim, Ludouico XI. regnante, Lutetiam venit omnium exulum primus, Rectorem adit petitque stipendia sacris Canonibus constituta ad publicè docendum. Interrogatus verò quid docere vellet & posset, respondit se linguam Græcam imprimis professurum. Vniuersitas hunc hominem ad stipendium & Iure Ciuitatis Academicæ donandum arbitrata salarium ei competens assignauit. Quæ benignitas Hermonymum quoque Spartiatem ad eandem Academiam euocauit.

Guillelmus Basin illustris Doctor Medicus, suæ Facultatis Decanus electus mense Nouembri 1471. tunc actu regens: quem honorem per triennium gessit, vt Scholas in Vico Bucerix ædificari curaret. Idem an. 1483. refectus Decanus: item an. 1484. & annis 1488. 89. frater forte aut nepos fuit M. Io. Basin qui an. 1420. in eadem Medicinæ Professione clarebat; & postea in condenda Pictauiensi Academia an. 1432. strenuam operan Carolo VII. nauauit.

Guillelmus Bouylle fit **Nationis Gallic. Procurator 23. Septemb. 1434.** deinde 3. Iunij 1437. tunc Primarius Collegij Beluacensis; tertiùm 18. Nouemb. 1438. Rector Vniuersitatis 16. Decemb. 1439. Deinde ad Theologiam se conferens, eiusdem Facultatis Decanus fuit; Decanus quoque Ecclesiæ Nouiomensis. Commemoratur cum alijs Theologis in Edicto Ludouici XI. lato an. 1473. contra Nominales.

Guillelmus Burgensis Diœcesis Æduensis Magister in Artibus actu Regens fuit primùm Procurator Nationis Gallic. electus die 23. Sept. 1463. quo Procuratore vetitum die 19. Octob. ne vlli præter veros Regentes distributiones Regentibus fieri solitas acciperent, iniunctumque ipsi & Bidellis, quatenùs *se haberent informare de vera & actuali regentia cuiuslibet, & illos solummodò in Rotulo scribere & illis tantummodò distributiones dare.* Ad Theologiam deinde se contulit, in eaque Professione plurimum laudis &

famæ sibi comparauit, & Facultatis Decanus obijt an. 1505. centenarius iacet apud Mathurinenses in Sacello B. V. denominatæ *de Pitié*, sub hoc Epitaphio ad columellam.

Putrida Guillelmi Burgensis membra recondit
  Saxum hoc: Natali terra Eduensis erat.
Theologo sacros hausit de fonte liquores
  Parisius, Thomæ Tetrica scripta legens.
Diuinæ longo factus sudore Professor
  Legis, Doctorum præfuit inde choro.
Longa foret series vitam præclaraque dicti
  Texere facta viri, hæc sit tibi nosse satis.
Pauca habuit, sed non eguit; contempsit honores,
  Paupere sub tecto tempora longa trahens.
Annus post mille & quingentos quintus inibat
  Nonaque post decimum mensis Aprilis erat,
Cum iam centenum canus transiret in annum,
  Cessit ab humanis prouidus ipse pater.
Cum legis, adde preces, animæ succurre benignus,
  Abs te nil aliud puluis & ossa petunt.

Guillelmus Butier Baccalarius formatus in Theologia Societatis Nauarricæ contendit de Rectoratu Vniuersitatis cum M Io. Cordier, Sorbonico, seque à Procuratore Franciæ birretari & in possessionem Rectoriæ mitti, renuente antiquo Rectore, curauit, vt habetur in Registr. Nat. German. ad an. 1477. 16 Decemb. verum prædictus Cordier Prior Sorbonicus dignitatem obtinuit.

Guillelmus Carterius aliàs *Quadrigarius* Gallic. *Chartier* Bajocensis insignis Decretorum legumque Ciuilium Doctor à Carolo VII. ad Pictauiensem Vniuersitatem euocatus an. 1432. primus ibi post Lucalia eiusdem anni docere cœpit, tum Rectore M. Guillelmo *le Breton*. Fit deinde Curio S. Lamberti prope Salmurium, tum Canonicus & Senator Curiæ Parlamentęæ Parisiensis: indeque Episcopus anno 1447. quomodo ab Vniuersitate exceptus fuerit, quomodo illam conuiuio exceperit, dictum est in Historia ad an. 1448. ad Coniuratos Principes Lutetiam obsidentes an. 1465 princeps ipse Legationis missus eorum consilia retulit, & Parisienses induxit ad eos recipiendos. Rex ex Normania reuersus Quadrigarium grauissimè increpat, teste Æmylio, quod cum hostibus armatis ad colloquium congressus esset, eorumque postulata rediens imperitæ multitudini exposuisset. Eoque aliquanto post mortuo incisum in monumento elogium honorificentissimum abradi iussit, veluti Majestatis memoria viri damnata. Tanti tamen viri nomen post obitum, Regis consensu, famæ crimine liberatum, tituluique ac honor suus paxque cineri reddita. Hæc Æmylius. Iacet in Cathedrali sub hoc Epitaphio.

Hic jacet. REVEREND. IN CHRISTO PATER D. GVILL. CHARTIER DE BAJOCIS VTRIVSQVE IVRIS PROFESSOR PER ORBEM FAMOSISSIMVS, QVI VITA, VERBO ET EXEMPLO COMMISSI GREGIS VIGILANS PASTOR, PIVS AD PAVPERES, LARGITOR IN CLERO ET POPVLO MITISSIMVS PACIFICVSQVE. CVI 24. ANNO SVÆ ASSVMPTIONIS AD ECCLESIAM PARIS. PER VIAM SPIRITVS-SANCTI FELICITER IN PACE QVIEVIT 1472. I. MARTII.

Guillelmus de Castro-Forti Diœcesis Bituricensis incepit in Artibus sub M. Guill. Bouylle 17. April. an. 1439. ex Professore Philosopiæ factus socius Nauarricus & Doctor Theologus: anno 1458. eiusdem Collegij magnum Magisterium adeptus est, statimque eiusdem reformationi incubuit.

At

Ac primùm obtentis à Carolo VIII. litteris datis die 29. Octob. 1459. se cum alijs Commissarium & Reformatorem curauit constitui, vt omni professione publicâ Collegio interdiceretur, vtque Extranei nulli, & nulli Conuictores admitterentur cum Bursarijs ; quod multorum animos offendit, nec tamen ei reformationi instare destitit, donec an. dem̃u 1464. peracta est, cum licentia quidem & potestate publicæ professionis, sed Primariorum restrictâ in plurimis capitibus libertate. Quin & eodem anno ipsam Nationem Gallicanam, quæ à centum circiter annis sua sacra in Capella prædicti collegij celebrare solebat ; expulsam inde voluit , idque ita decretum communi Consilio Collegarum credi volebat. Verum contradixerunt M. Petrus Alnequin primus eiusdem domus Capellanus & Guill. aliàs Io. Guyonis Bursarius Theologus , factumque istud à Collegio & Collegiatis, quippe nec conscijs, nec tale quid cogitantibus amoliri conati sunt, & facile persuaserunt id quidẽ iam ante fuisse ipsi magno Magistro propositum in animo ; qua de re in Historia. Hinc Alnequino litem mouit quasi viro contumaci & rebelli, eique per Curiam inhiberi interdicique curauit 11. Ianu. 1464. ne se præsente nonæ Lectionis matutinarum benedictionem præcineret. Idem anno 1473. M. Stephanum Rufi Nat. Gallic. Procuratorem, ne sederet eo loco in quo sedere solent Procuratores cum sacris intersunt, prohibuit, quia M. Iacobo Potier eius Aduersario & Competitori fauebat. Sic enim legitur in Actis dictæ Nationis. *Eadem die quæ erat vigilia S. Katharinæ, habitâ dicta Conclusione dicta Facultatis Artium, Ego tanquam habens potius ius in dicto Officio Procuratoris iui cum Epitogio dictæ Nationis ad Collegium Nauarræ, vbi solitum est, & dicta Natio celebrat sua Officia: & cum sui prope Chorum ad ascendendum locum Procuratoris vt audirem Vesperas dicti festi, venit ad me Magister noster M. Guill. de Castro-Forti supremus dicti Collegij qui me impediuit, & dixit mihi quod non ascenderem Cathedram. Itaque non contentu eo fecit & præcepit Grammaticis suis vt vnusquisque apponeret manum in personam meam, & quod non permitteret me ascendere. Qui quidem Scholares & maximè Grammatici insurrexerunt contra me, & vsi sunt quamplurimis verbis iniuriosis, quidam apponentes manum in gladijs, alij verò in baculis, Ita quod fui coactus descendere à loco illo. Et dixit idem Magister noster quod nullum alium haberet in Procuratorem nisi dictum M. Iacobum Figuli, ob causam quorum excessuum illa die non fuerunt factæ distributiones in dictis Vesperis.*

Ex ijs conijcere licet qui vir iste fuerit, & quàm imperiosus. In rebus autem publicis sæpe strenuam Vniuersitati præstitit operam, legationes obeundo, proponendo & alia negotia fideliter & fortiter exequendo. Obijt an. 1480.

Guillelmus de Cella Diœcesis Trecensis hoc & priori seculo floruit omnibusque defunctus est Nationis Gallicanæ muneribus. Vniuersitatis quoque Rector electus 23. Iunij 1400. deinde ad Theologiam se conferens, in ea anno 1406. Licentiatus est loco secundo. Eiusdem Facultatis Decanus fuit & ab ea ad Curiam S. Germani veteris præsentatus est anno 1429. quo scilicet tempore & anno cœperunt institui præsentationis vices, **alternæ, seu, vt vocant, Turni Facultatum & Nationum** in præsentationibus ad Beneficia quæ sunt in Patronatu Vniuersitatis. Obijt anno 1435.

Guillelmus Charmoluë Parisinus Baccalarius Theologus socius Nauarricus fit Procurator Nationis Gallic. 12. Octob. 1455. iterum 16. Dec. 1458. commemoratur inter Baccalarios Nauarricos in litteris Reformationis anno 1464. In Reg. Facultatis Medicinæ M. Robertus Charmoluë Decanus fuit electus 2. Nouemb. 1415.

Guillelmus Erardi aliàs *Eurardi Lingonensis* determinauit in Artibus anno 1408. in ijsdem incepit seu Magisterij Gradum adeptus est eodem anno sub M. Geruasio Clerici, Procuratore Nationis Gallic. M. Dominico Chaillon, sed bursas soluit aliquanto post, pro Licentia & Magisterio, M. Mathæo Brunaudi Procuratore. Ad Theologiam se conferens Baccalaureique Gradum consecutus inter Collegas Nauarricos, Grammaticorum Proprimarius, deinde Primarius fuit. Nationis Gallicanæ pluries Procurator refectus, pluries quoque Vniuersitatis Rector ; nempe 10. Octob. 1421. 16. Decemb. 1422. 23. Martij 1429. ad diem 24. Septemb. 1425. sic de eo habent acta Nationis Gallic. *elegerunt concorditer* (in Procuratorem) *M. Guill. Erardi Baccalarium formatum in Theologia, Lingonensem, Magistrum Grammaticorum venerab. Collegij Campaniæ, aliàs Nauarræ, qui plura notabilia seruitia tum Vniuersitati in Officio Rectoriæ ad quod bis fuerat electus quàm etiam in Officio Procuratoriæ, quod iteratus vicibus exercuerat, exhibuit. Erat autem Ecclesiarum Laudun. & Beluacens. Canonicus.* Fuit Nicolao Clemangio coniunctissimus, vt patet ex Epist. 136. qua Nicolaus ipsi congaudet ob restitutam valetudinem. Anno 1427. fuit Licentiatus in Theologia, primumque Licentiæ locum obtinuit: qua de re sic legitur in Actis Nat. Gallic. ad diem 13. Ianu. scribente M. Gerardo Gehe Procuratore. *Vlterius narraui quomodo ad requestam & supplicationem Nationis alma Facultas Theologiæ admiserat suum Suppositum scilicet M. Guill. Erardi ad Licentiam Theologiæ & secum dispensarat de aliquo tempore sibi requisito, ac in magnum honorem sui, eum in primo loco Licentiæ collocauerat, ideo videbatur expediens, vt Natio super hoc vellet regratiari dictæ Facultati Theologiæ; quæ ita placuit fieri.* Non statim tamen Lauream Doctoralem assumpsit. Nam anno 1429. eadem Natio eum tunc Magistrum Artistarum Collegij Nauarrici cum M. Petro Maugerio ad Concilium Basileense Legatum elegit die 27. Octob. Idem 23. Martij sequentis 1429. Rector electus fuit. Basileam profectus cum alijs Vniuersitatis Legatis studiose omnia quæ illic gererentur, Nationi suæ præscribit, litteras in Historia passim, retulimus ab anno 1431. Inde reuersus Doctoralem tandem lauream sumpsit, ex Canonico & Cantore Ecclesiæ Rotomag. factus Decanus anno 1438. demum an. 1444. fato proximus Nationi suæ Gallicanæ 40. libras legauit, quæ singulis Magistris qui Missæ pro Defunctis interfuerunt, distributæ sunt, vt legitur in eiusdem Actis, scribente M. Io. Luillier Procuratore. *5. Aug. feci Nationem congregari apud S. Mathurinum super 2. art. Primus fuit ad disponendum de pecunijs legatis eidem Nationi per quondam bonæ memoriæ honorandum Magistrum nostrum M. Guill. Erardi, videlicet 40. lib. Paris. Et quantum ad 1. artic. placuit præfatæ Nationi quod dicta summa distribueretur singulis Magistris eiusdem Nationis qui intererunt in solemni seruitio quod decreuit Natio fieri in Capella Collegij Campaniæ al. Nauarræ pro anima dicti Defuncti.*

Guillelmus Fichetus Gebennensis, socius Sorbonicus, Nationis Gallicanæ olim Procurator, an. 1466. deinde Academiæ Paris. Rector an. 1467. diu docuit Rhetoricam, primusque Eloquentiæ studium & stylum oratorium reuocauit, quasi postliminio: illius enim temporibus nugæ & tricæ Pseudo-Philosophicæ pluris habebantur, quàm facundia Oratorum. Complures habuit discipulos, & inter cæteros gratissimum Robertum Gaguinum, cuius extant Epistolæ complures ad Præceptorem amantissimum, ex quo Romam à Sixto IV. summo Pontifice euocatus est: coactus enim fuerat **ex vrbe Parisiensi discedere, quia Ludouico XI. Academiæ armari Scholasticos imperanti repugnauerat.** Quâ de re diximus in historia. Ad eum verò sic scribit Gaguinus, tum Theologiæ Doctorem Epist. 10.

„ Confectis à me pro tuâ ad Pontificem commendatione litteris, habita
„ est Concio Studij Vniuersitatis nostræ. Vbi cùm expectarem litteras re-
„ citari, post alias multas quæ eadem causa institutæ sunt, nulla de te men-
„ tio introducta est. Miratus propterea rogo confestim obuios quam-
„ obrem nullæ tibi litteræ decretæ essent, dicunt Rectorem nemini de-
„ mandasse curam Epistolam componendi, idque ex sententiâ præteriisse,
„ quod tuorum aduersariorum partes sequeretur. Interea me conuenit
„ Carolus Saccus; orat Epistolam festinanter conficiam, nec opus fuit lon-
„ go intercessu. Erat enim apud me prioris Epistolæ exemplum; quod re-
„ ceptum Carolus ad Rectorem detulit. Est equidem Carolus tui amantis-

simus, & derelictum te fuisse querebatur. Litteras ergo expediri diligen- "
tissime procurauit. Quarum tibi formulam mitto, vt intelligas quàm pro- "
pensus sum gerere tibi morem. Quod tuis detractoribus molestum esse "
non ignoro: Nam quod te Præceptorem appello & sequor, me Fiche- "
tistam vocant multi: & quod à me editum sciunt, mordent: Sed eorum "
latratus facilè contemno. Quippe quorum quæsitæ maledictis gloriolæ "
momento euanescunt. Hinc quosdam ex veteratis tetorculis meas lit- "
teras despuisse crediderim, ne tibi in ea quam diximus, Concione de- "
cernerentur. Id vtcunque est, persuasum tibi hæreat, eum me esse, qui "
siue in cœlum ibis meritis & laude vt dignus es sublimatus, siue te ex sibi- "
latores & inuidi inde dejecerint, Philosophos se & disertos ementiti, te "
diligam, amabo, sequar, atque pro virili parte honestabo. Fac me ames, "
& meis rebus adsis. Vale, Parif. pridie Kal. Octob.

Postquam verò eum audiuit à summo Pontifice ad summum Pœnitentiariatum promotum fuisse, sic ad eum scripsit.

Litteras tuas in Concione nostra nobis redditas libenter recitari audi- "
uimus, ea potissimùm ratione, quod te à Pontifice Max. cumulatum ho- "
nore continerent. Gauisus profectò sum vehementer te ex Academiæ "
nostræ disciplinis talem effectum, cuius præsentia atque obsequijs Pon- "
tifex oblectetur. Tibi verò gratiæ debitor sum, qui fortunarum tuarum "
& expectatæ tibi melioris sortis me consocium fecisti. Age igitur pro "
tua in dies virtute constantius, & in ea quam tibi gratiam comparasti, to- "
tus perseuera; ita vt cum tibi abunde profueris, studeas in alios esse be- "
neficus, in alumnos maximè Parisiensis Academiæ quæ te doctrinis aluit "
suis. Est enim filijs ferè destituta, propterea quod Ecclesiæ Beneficia "
ignorantissimus quisque faciliùs quàm eruditus assequitur. Vale Parif. "
Nonis Febr. "

Idem in Epigrammate reddit rationem, quare Sixtus IV. Pontifex Max.
Fichetum ad se Romam accersiuisset.

Non vana est ratio, cur Sixtus in vrbe receptum
Fichetum voluit. Mystica res agitur.
Robora fert Sixtus, & vitæ pabula glandes
Sobria quem capiat Gens saturanda cibum.
Aggerit his dulces mellitâ ex arbore ficus
Condiat vt Pastor mox alimenta gregi.
Est forti glans querna cibus, est Esca tenellis
Ficus, ab his sat habet vnde cibetur homo.
Ferrea sic fartis secla emollire saginis
Ficubus & glande Clauiger orbis auet.

Ad eundem sic idem scribit: Nouissimas litteras tuas Carolus Saccus "
amicus noster ad me tulit, ab alio nescio quo susceptas; quas vbi seorsum "
legi, eas quoque feci communes. Lætati admodum sumus felicibus tuis "
successibus, non tam profectò propter euictas aduersariorum lites, quàm "
propter nomen quod apud Pontificem & sacri Collegij Patres obtines "
gloriosum: Nam rerum copia tibi deesse non potest virtute & fama il- "
lustri. Quippe tibi minoris semper fuit rerum ista fugacium moles, quàm "
litterarum amor, quàm virtus, quàm amicorum dulcissima consuetudo. "
Perges igitur memor Nasoniani consilij lib. de Fast. Dum licet, & spi- "
rant flamina, nauis eat. Non desunt ex amicis tuis Parisianis, qui te di- "
lectum laudibus tollant, & maiorem in dies futurum vaticinantur. Inter "
quos non de postremo loco contendit Amatus Gōbertus homo in Senatu "
Parlamenti Consulans. Quem hesterna cœna cum Petri Vaufellensis "
piam memoriam retulisset, de te quoque & tuis egregijs studijs animo "
sane & videre videbar amicissimo narrantem, libenter audiebamus: Nam "
causam dedit cura d te nunc scribimus, quod hominem Romam mox dis- "

" cessurum haberet. Si ad eum litteras aliquando dabis, rectè facies, tum
" quod te amat, tum quod scrupulum illi sustuleris oblitæ pristinæ inuicem
" familiaritatis. Sed de te hactenus. De me scribam. Quæsiuit sollicitè
" quas optimus ille Pater Datarius petebat Concordantias, nec præter-
" mitto quærere, vt inuentas demittam optanti. Nusquam crede, Parisijs
" vęnales habentur. Qua de re illum facere certum mens erat, si nos Mon-
" tanus frequens ille Romipeta egressum suum non celasset. Reuerendum
" igitur Patrem admonebis nihil in nobis fuisse socordiæ quominùs voti po-
" tiretur. Ad Pontificem tuas habitas orationes nisi ad nos demittes, frustra
" te deinceps excusabis, surripi tibi ocium frustrà causaberis. Addas præter-
" ea Bessarionis aduersus Platonis calumniatorem defensorium, quod opus
" vehementer propter Autoris summã Doctrinam atque autoritatem con-
" cupisco. Fac amabo, mi Fichete id à te non incassum petam. Et eius loco
Orationes Tullij quas tecum extulisti meas habe. Vale Parisijs 20. Octob.

De Nominalibus quoque quæ gesta essent, scribit quod nos in Historia retulimus ad an. 1473.

Guillelmus Forleon Brito insignis Philosophiæ Professor, deinde Theologiæ Scholasticæ, in qua discipulum habuit inter cæteros Stephanum
Brulefer Gallum, eiusdem Facultatis postea Professorem. Vterque autem ad Minoritas se contulit. Claruit Guillelmus circa an. 1470.

Guillelmus Guyonis inter Artistas Nauarricos enumeratur in litteris Reformationis Collegij an. 1464. Rector fuit Vniuersitatis electus 10. Oct.
1480. tum Baccalarius formatus in Theol.

Guillelmus Houuetus Carnotensis in Gymnasio Parisiensi Grammatices
Professor, Nationis Gall. Procurator mense Decemb. an. 1494. scripsit
micropædiam Epistolarem, hoc est Themata Latino-gallica quæ dictabat an. 1508. in Collegio Narbonensi.

Guillelmus Houppelandus Nationis Picardicæ Boloniensis ad mare, Baccalaureus formatus Theol. Societatis Nauarricæ electus est Rector Vniuersitatis die 23. Iunij 1454. de cuius electione sic legitur in Actis Nat.
Gall. scribente Quarreto Procuratore. *Placuit Nationi associare D. nouum
Rectorem vsque ad Collegium Nauarræ, vbi moram trahebat, & ibi sumere vinum & species secundum quod supplicauerat.* Hinc Doctorali bireto donatus
inter omnes coætaneos emicuit. obijt Curio San-Seuerinus, regnante adhuc Carolo VIII. eius honorificè meminit Gaguinus ep. ad Trithemium, à
quo rogatus fuerat perscribere nomina virorum Illustrium & Scriptorum Academiæ Paris. commemorat autem hos tantum duos Doctores
Theologos, Martinum Magistri Turonensem & Guill. Boloniensem. *Hic*
inquit, *decrepitus interijt Archipresbyter S. Seuerini Parisiensis ; cui nomen
Guillelmus Houppelandus fuit. Vitâ autem functus est imperante apud Francos
Carolo VIII. qui & nunc regnat. Principium verò operis de Animæ immorta-
litate hoc est*, AntiquosPhilosophos floruisse ingenijs.

Guillelmus de Longolio Parisinus Magister in Artibus & Baccalarius in
Medicina fit Procurator Nationis gall. 4. April. 1429. iterum mense Martio an. 1430. hinc Doctor in Medicina factus, eiusdemque Facultatis Decanus electus 3. Nouemb. 1436. quo Decano, & Rectore Vniuersitatis
M. Gaufrido Amici, Baccalariatus in Medicina cœpit haberi pro gradu
quemadmodum & Baccalariatus cæterarum Facultatum. Huiusce cognominis plures fuerunt viri docti & illustres, Mathæus de Longolio,
qui an. 1397. Licentiatus fuit in Theologia cum Io. Fioti, Io. Manchon,
Iacobo Troilleti, &c. Nicolaus, Philippus, Petrus qui Episcopus fuit
Antissiodorensis, & Canonicatum quem ante possidebat, Guillelmo fratri dedit.

Guillelmus de Martigniaco primus Capellanus Collegij Burgundiæ die
26. Aug. 1445. factus est Nationis Gallicanæ Procurator post M. Ioa. de
Hallies, eique 23. Septemb. munus prorogatum, non sine tamen intercessione & oppositione: ad quam dirimendam M. Gaufridus Normani
tunc Rector Facultatem Artium conuocauit. Eo iterum Procuratore,

decreuit Natio, ftatutoque expreſſo cauit ne deinceps Procuratores Rectoris Electores, ſeu Intrantes forent: quod Statutum retulimus in Hiſtoria.

Guillelmus Montjoius terſæ Latinitatis ſupra omnes coætaneos laude illuſtris, eumque Eraſmus cœteris quorum Epiſtolæ prælegebantur in Scholis Grammatices, anteponit, puta Franciſci Nigri, Philephi, Sulpicij, Peroti. Tanto, inquit, Ep. ad Henricum Ep. Cameracenſem, ardore meus Guillelmus ab vniuerſis huius Academiæ alumnis legitur, rapitur, tenetur, vt dictu prope ſit incredibile, iam paſſim in publicis Auditorijs, in Collegiis Guillelmi mei nomen perſtrepit.

Guillelmus Muſnier Nationis Normanicæ ad Medicinam ſe contulit, in qua Facultate Doctoratus apicem conſecutus, eiuſdem factus eſt Decanus die 3. Nouemb anno 1459. quem honorem per triennium geſſit. Ab eadem ſua Facultate vice ſeu turno gaudente nominatus eſt Curio S. Coſmæ, & ab Vniuerſitate præſentatus anno 1461. vide tom. 3. p. 613.

Guillelmus Nicolay Pariſinus, ſeu vt rum loquebantur, de Pariſius, determinauit in Artibus ſub M. Odone Hieronymi anno 1415. M. Ioanne de Gomonte tum Procuratore Nat. Gall. Cuius & ipſe primùm Procurator fuit 18. Decemb. 1445. iterum 21. Octob. 1450. tertiò 10. Feb. 1458. Scriba Vniuerſitatis poſt M. Michaëlem Hebert electus fuit anno 1449. 6. Aug. quod Officium geſſit ad menſem Maium anni 1475. quo è viuis exceſſit; vltima autem Maij celebrata apud Nauarrum pro eo Miſſa defunctorum. Fuerunt huiuſce cognominis plures hoc ſeculo. Heruæus & Natalis Nicolay de Pariſius determinarunt & inceperunt in Artibus anno 1458. M Guill Charmoluë tum Procuratore. Gerardus Nicolay de Pariſius Licentiatus in Artibus anno 1467. Oliuerius Nicolay.

Guillelmus Riueti Biſuntinenſis licentiatus in Decretis actu Regens in art. electus eſt Procurator Nat. 2. Iuin 1449. Rector Vniuerſitatis 19. Martij 1455. habuit cum Mendicantibus colluctamen qui quandam Bullam impetrauerant contra ordinem Hierarchicum. In Actis dicitur magnæ grauitatis vir, moribus & ſcientia perornatus Magiſter Colleg. Burgundiani; de cuius Magiſterio contendebat anno 1440. cum M. Fr. du Carrouge, & ſucceſſit M. Ioan. de Martigniaco, ipſe verò Tornacum ſeeſſit, vbi degebat adhuc anno 1461.

Guillelmus Tardinus alijs Tardiuus, Anicienſis docuit Grammaticam in Collegio Nauarrico. Eum Reuchlinus audiuit in ea Arte. Docuit quoque magna nominis fama Rhetoricam, quam Carolo VIII. tum adhuc Delphino dedicauit. Nec caruit æmulis & inuidis, à quibus laceſſitus eſt, vt & ipſe alios laceſſebat. Inter cæteros verò Hieronymum Balbum inſectatus eſt, & viciſſim Balbus Volumen in eum edidit titulo Rhetoris glorioſi, in quo dialogum inſtituit ſub ſuo, Caroli Fernandi, Petri Cohardi & ipſius Guillelmi nominibus. Floruit ab anno circiter 1470. ad finem vſque ſeculi.

H.

HENRICVS PISTORIS Anglicanæ Nationis, Vniuerſitatis fuit electus Rector 10. Octob. anno 1406. deinde ad San-Victorinos ſe contulit, & plurimas legationes nomine publico obijt, maximè ad Concilium Conſtantienſe, vt patet ex hiſce litteris quæ ſeruantur in Carthophylacio ſub hiſce notis, A a Q.

VNIVERSIS præſentes litteras inſpecturis Rector & Vniuerſitas Studij Parienſis Sal. in Dom. ſempiternam; & ad ea quæ pacem conſpiciunt, totis viribus aſpirare. Cum diuina ſub miſeratione, Mortalium conſeruatrix Pax ſummoperè ſit quærenda, nos, vt moris habemus, pios ad labores concedere volumus vt fructus pacis efficiamur participes. Hinc eſt quod cùm dudum ad S. Conſtantienſem Synodum in qua Ecclesiæ Pax optata tractatur, ex noſtris quoſdam deſtinauerimus ſpe pacis obtinendæ, numerum noſtrorum cupimus ampliare. Attendentes igitur famæ celſitudinem & litterarum copiam quâ inter Nos præfulget vener. & præclaræ Religio-

Tom. V. SSSſſ iiij

" nis vir M. Henricus Pistoris sacræ Theol. Professor Prior Prioratus S. Victoris,
" prope Parisius, eundem nostro communi consensu in Nuncium nostrum & Colle-
" gam nostræ legationis prius destinatæ electum constituimus & adiungimus, ad ea &
" similia nostro nomine tractanda, petenda, defendenda, ac in omnibus
" agenda quæ iuxta tenorem instructionum prædictæ legationis nostris prio-
" ribus Ambassiatoribus iniunximus & eidem iniungimus per præsentes.
" Volumusque eundem honore, gradu, & dignitate eiusdem nostræ Am-
" baxiatæ suo ordine tanquam Theologum gaudere & vti cum cæteris.
" Mandantes nostris prænominatis Ambaxiatoribus qui Constantiæ sunt,
" vt eundem tanquam talem reputent sibique associent, aggregent & ad-
" iungant ad ea quæ tractanda erunt pro bono Ecclesiæ, Regio & nostro
" honoribus, prout in prædictis instructionibus latius continetur: Datum in
" nostra congregatione generali.

Henricus Stachter Vniuersitatis Rector electus fuit die 23. Iunij 1408. iterum 10. Octob. 1410. ad Medicinam se contulit: deinde relicta Vniuersitate Parisiensi, in Flandriam ijt. Vniuersitatis Louaniensis Rector constitutus est anno 1435. hinc Decanus Leodiensis, demum Chorepiscopus Traiectensis.

Henricus de Zomeren Doctor Theologus Louanium se contulit, successitque in præbenda & lectione ordinaria Eimerico de Campo anno 1460. contentio illi fuit cum Petro de Riuo Philosophiæ Professore de futuris contingentibus; causam eius amplectente Vniuersitate, & re ad Papam delata, causam obtinuit anno 1472. dum vero Româ victor rediret, obijt eodem an. 19. Kal. Septemb. scripsit suadente Bessarione Cardinale Nicæno Apostolico in Belgio & Germania legato, Epitomen primæ partis Dialogi Okami.

Hermonymus Spartiates Græcus exul exemplo Gregorij Typhernatis Lutetiam venit, græcasque litteras docuit, & inter alios auditorem habuit Ioannem Capnionem aliàs Reuchlinum, ad quem in Patriam reuersum Hermonymus plures litteras Lutetiæ datas anno 1477. & 78. dedit, quæ inter Epistolas virorum Illustrium leguntur.

Hieronymus Aleander Patauij primum docuit tanta celebritate, vt 10. annos natus Lutetiam euocatus sit ad profitendum Grȩcè & Latinè & Gymnasiarcha fuerit Longobardici Gymnasij. Cum autem ob Scholæ amplitudinem discipulorumque frequentiam vocem altius attollere coactus fuisset, venam pectoris abrupit, regendique prouinciam deponere coactus est & Episcopo Leodiensi Herardo de Marcha Germano adhærescere. Ab eo missus Romam, quo ei à Leone X. Galerum purpureum impetraret, (quem impetrauit in 8. creatione 5. non. August. anno 1521. tit. S. Chrysogoni) à Leone missus in Germaniam ad Carolum V. Imperatorem vt initia hæreseos Lutheranæ opprimeret. Reuersus inde post mortem Leonis & Adriani successoris, à Clemente VII. Archiepiscopatui Brundisino præfectus est, à Paulo III. in Germaniam Legatus remissus paucis post annis in 4. Creatione anno 1536. Cardinalis S. Chrysogoni publicatus est.

Hieronymus Balbus Italus in Artibus Magister celeberrimus, Philosophus clarus, Rhetor facundus, metro excellens & prosâ, ingenio præstans & disertus eloquio, qui docendo, legendo publicè & scribendo, inquit Trithemius, magnam gloriam apud Gallos & Parisienses commeruit. Ab Vniuersitate cum Fausto Andrelino & Cornelio Vitellio admissus est in Comitijs 5. Septemb. 1489. ad lectiones publicas in arte humanitatis, vt legitur in Actis German. Nationis. Composuit inter cætera contra M. Guill. Tardinum seu Tardiuum Rhetorem, opusculum quoddam cui titulum apposuit *Rhetoris gloriosi*, immortale bellum Fausto intulit; Faustus plurimos aduersus eum concitauit, & detectis criminibus, quæ non expiantur nisi flammis, coëgit fugere in Angliam anno 1496. extat Fausti apud Gaguinum Ecloga valde mordax in eius fugam, & in Ep. ad Petrum Coardum primarium Franciæ Præsidem. Excusat sese his verbis. *Scripsi* Ego in *Balbum, & inuitus quidem, vt eum stylo repellerem, qui me prius gladio petierat: si culpa fuit scripsisse, multo maior fuit, vt Hieronymi verbis vtar, prouocasse.* Gaguinus in Ep. ad Fauftum, hominem depingit. qui *Poësim antea*, inquit, *Musasque tantum initio professus fuisset, omnem ferme paruo post tempore disciplinam se interpretaturum iactauit. Quippe qui & Iustinianæi Digesti & nonnullorum ex Iure Pontificio enucleationem audacissimè magis quàm prudenter assumpserit. Nec à sphæræ explanatione fidens sibi Interpres temperauit. Adeo impudentissimus erat ignotarum sibi Artium vsurpator.*

Hieronymus de Praga Bohemus in Vniuersitate Parisiensi Magister Artium factus Patriam repetijt & in Academia Pragensi summa cum laude & famæ celebritate Grammaticam docuit & Rhetoricam: Sed malo suo Ioanni Hussio nimis addictus & iuratæ forsan plus amicitiæ seruus quàm doctrinæ parem sortem in Concilio Constantiensi expertus est. Brachio enim, vt vocant seculari traditus, viuus crematus est: quod quàm molestè grauiterque tulerint Patres, patet ex oratione Iacobi Episcopi Laudensis quam Cochlæus refert l 3. Historiæ Hussitarum. Erat enim Hieronymus vir præclaræ eruditionis, raræ eloquentiæ acrisque ingenij; quibus animi dotibus fretus post abiuratam Hussi hæresim, in eadem postea tuenda se præstitisse dicitur obstinatissimum. Quàm præsidenti autem animo ignem pertulerit, describit Poggius Florentinus testis oculatus Ep. ad Leonardum Aretinum, quanquàm oratoriè forsan magis quàm verè: quam Epistolam Æneas Siluius Historiæ suæ Bohemicæ inseruit. Hoc autem legimus inter cætera illi obiectum à M. Io. Gersone Cancellario Vniuersitatis Parisiensis, *quod olim Lutetiæ diuinam eloquentiam sibi arrogasset multisque Quæstionibus Academiam turbasset. Illum autem respondisse se Lutetiæ Magisterij Gradum assecutum atque pro more declamasse & disputasse vt veritas patesieret; cæterum se, si alicubi deerrauerit, saniori doctrinæ libenter subscripturum.* Ad obiecta intrepidè respondit; demum verò cum errores abiurare iuberetur, dixit se nihil Hæreticum sentire nec errores sapere: quamobrem tentatis omnibus modis reducendi ad saniorem mentem hominis 3. Kal. Iunij anno 1416. exustus est.

Hugo Dorges Æduensis anno 1391. Artium Magister receptus Nicolao Raillardo tunc Vniuersitatis Rectore; in Decretis quoque Licentiatus fuit, postremò Doctor. Is primum Cabilonensis & Belnensis Canonicus, tum Archidiaconus Catalaunensis, & ex Archidiacono electus Episcopus Cabilonensis an. 1416. postremo Archiepiscopus Rotomagensis an. 1430. ad Concilium Basileense profectus obijt 14. Kal. Sept. an. 1436.

Hugo Fabri Rector Vniuersitatis electus fuit 16. Dec. 1409. quo Rectore Vniuersitas Alexandri V. Bullam Hierarchici status turbatiuam & euersiuam quam obtinuerant Mendicantes, reijciendam esse conclusit, vt pote subreptitiam & pacis Ecclesiasticæ ordinisque iam inde ab Apostolis constituti destructiuam. Quà de re nos fusè in Historia.

Hubertus Leonardus post longam in Artibus & Theologia Professionem ad Carmelitas se contulit; & demum Episcopus Dariensis creatus. Hic cum esset Inquisitor hæreticæ prauitatis contra quosdam hæreticos Niuellenses per Diœcesim Leodiensem, S. Spiritus gladio confutauit & vicit, inquit Trithem. Scribebat adhuc anno 1490.

Hugo de Virduno dictus Perrin de oppido Mosomensi Diœcesis Remensis, Socius Nauarricus electus in Procuratorem Natio. Gallic. 2. Iunij an. 1467. iterum 26. Aug. 1468. Rector Vniuersitatis 23. Iunij 1474.

I.

Iacobus de Haerlem Anglicanæ Nationis pluries Procurator, idem 24. Martij 1411. electus Rector Vniuersitatis, de quo nihil habemus præter ea quæ retulimus ad fol. 223. & hæc quæ sequuntur.

VNIVERSIS præsentes litteras inspecturis *Iacobus de Haerlem Rector Vniuersitatis Parisiensis Magistrorum & Scholarium Parisius studentium* « LITTERA SCHOLA- LITAS.

„ sal. in Domino sempiternam. Vt ait Seneca non amicitiæ reddas testi-
„ monium, sed veritati. Et huic consonat verbum Philosophi 1. Eth. dicen-
„ tis quod ambobus excellentibus amicis sanctum est præhonorare verita-
„ tem. Hinc est quod nos non solùm amicitia moti, sed etiam veritati ve-
„ rum testimonium perhibemus quod dilectus noster venerabilis vir D. Ni-
„ colaus Moureti Presbyter Baccalarius in Artibus, Curatus Parochialis Ec-
„ clesiæ de Stannis & Capicerius Ecclesiæ S. Clodoaldi vel de sancto Clo-
„ doaldo Parisiensis Diœces. fuit per maiorem partem Ordinarij anni Do-
„ mini 1411. vltimò præteriti & adhuc est & esse intendit verus & continuus
„ Scholaris Paris. in Facultate Decretorum sub venerabili & circumspe-
„ cto viro M. Iacobo Parui Decretorum Doctore actu Regente Parisius
„ in Facultate prædicta, prout ex eius Doctoris testimonio nobis extitit le-
„ gitimè facta fides. Quod omnibus quorum interest & inter erit in futu-
„ rum tenore præsentium certificamus. Quare nos dictum Scholarem eius-
„ que Parentes, Nuncios & familiares suos ac omnia bona sua quæcunque
„ & vbicunque sint, sub nostra & dictæ Vniuersitatis protectione, tuitione
„ tutela & custodia, ac saluagardia ponimus per præsentes, ipsumque Scho-
„ larem Priuilegijs, franchisijs & libertatibus dictæ Vniuersitatis vti & gau-
„ dere volumus ac defendi, vbicunque se duxerit transferendum. In cuius
„ rei testimonium sigillum Rectoriæ Vniuersitatis præfatæ præsentibus
„ litteris duximus apponendum. Datum Parisius anno Domini 1412. die 17.
„ mensis Iunij sigil. LE FOVRBEVR.

„ VNIVERSIS præsentes litteras inspecturis *Iacobus de Haerlem, &c.* vt
„ supra. Perhibemus quod dilectus noster honestus vir D. Ioannes Mu-
„ reaux Presbyter Curatus Parochialis Ecclesiæ S. Iacobi in villa S. Dio-
„ nysij in Francia ac Canonicus Ecclesiæ S. Pauli in dicta villa S. Dionysij,
„ fuit per maiorem partem Ordinarij an. 1411. prout adhuc est de præsenti
„ ac esse intendit verus & continuus Scholaris Parisius studens in Faculta-
„ te Theologiæ, *sub magnæ scientiæ viro M. Thoma de Cracouia Magistro in*
„ *Theologia actu Regente* Parisius in prædicta Facultate, prout nobis extitit
„ legitimè facta fides. Et hoc omnibus & singulis quorum interest, aut in-
„ teresse potest seu poterit quomodolibet in futurum, tenore præsentium
„ certificamus. Quare nos dictum, &c. Datum Paris. anno Domini 1412.
„ die tertia Iunij.

Iacobus Nouianus, agro Nouiano ex de *Noyan* Diœcesis Remensis
oriundus in Academia Paris. in Colleg. Nauarrico enutritus, litteris inter
cæteros sui temporis eruditus, Professor clarissimus, in re Philosophica
acutissimus, Iuris vtriusque scientissimus; vno verbo vir numeris omnibus
absolutus. Rector Vniuersitatis fuit an. 1401. Licentiatus est in Theologia anno 1408. habuitque Licentiæ socios MM. Guill. Pulcri-Nepotis,
Petrum de Nogento, Reginaldum de Fontanis, Guill. Hotot, &c. Bononiæ obijt anno 1410. cuius viri sibi amicissimi Nicolaus Clemangius obi-
„ tum deflet ep. 69. ad Iacobum de Burreyo. De morte, *inquit*, optimi Ia-
„ cobi nobis ambobus amicissimi, quando primùm nunciata est, vehemen-
„ ter conturbatus sum, lacrymasque non continui, tanti viri casu acerbo
„ percussus, quem etsi vitæ honestate, morum graui maturitate, deuoto
„ ad Deum affectu, pio ad omne bonum zelo in partes sortis electorum
„ censeo verisimiliter adscriptum; grauiter tamen fertanimus tantum lu-
„ men nostris tenebris nostrisque caliginosis temporibus ereptum, qui ve-
„ lut lucerna ardens & lucens (vt de Christi præcursore dictum est) pote-
„ rat amplissimè & saluberrimè in domo Domini radicare, noctisque vm-
„ bram & errorum nebulas à cæcis hominum mentibus doctrinæ suæ iocun-
dissimæ clarissimo fulgore discutere, &c. In eandem mortem præclaram
quoque Elegiam cecinit; quam tu vide & lege si lubet. Apponam hîc
tantummodo duo eiusdem Epitaphia. 1.

Belgica me genuit, docuit Parisia tellus.
Bononis ossa tenet, spiritus astra petat:

2. *Conditur*

Vniuersitatis Parisiensis.

Conditur hic Iacobus Nouiani, Iuris alumnus
Septenis florens artibus ingenuis.
Philosophus summus, præluftris Canonis almi
Scrutator, miro præditus ingenio.
Gallus Gente, ortu Zenius, studioque perenni
Eloquio clarus, Bononis occubuit.

Huiusce eximij viri exequias celebrare quoque voluit Natio Gallica, vt patet ex Actis 28. Feb. an. 1410. & fuerunt selecti nonnulli viri ad deliberandum de modo illas honorificè celebrandi, referente M. Io. de Lothey tum Procuratore. Fuit quoque ijsdem temporibus *Ioannes de Nouiano* Remens. Diœcesis qui determinauit in Artibus anno 1409. Et ad eum extant nonnullæ Clemangij Epistolæ, quæ sunt ordine 33. 34. & 35.

Iacobus de Sommauilla Doctor Theologus Ordinis B. Mariæ de Carmelo, vir moribus & doctrina præcellens è Flandria à Gaillardo Rusé supremæ Curiæ Parlamenti Senatore, Philippo Bourgoin & Ioanne Raulin Monachis Cluniacensibus per Legatum Apostolicum ad reformationem Conuentuum deputatis inuitatus & euocatus fuit in partem huiusce Curæ & Prouinciæ, pro Conuentu Carmelitarum Parisiensium: & ad eum extat Epistola inter Ep. Raulini, in qua sic de Studio Parisiensi. *Vbi, quæso, melius propagare valebis vineam Carmeli quàm in Parisio, vbi ex omni Natione quæ sub cœlo est, confluunt homines eruditi, vbi mellis & lactis vberrima coagula & Doctrinarum fluenta facillimè comparantur. Vbi petra Christus abundè fudit riuos butyri. An tibi deerit gladius verbi ad diuidendos masticandosque ipsius bolos, ne de te dicatur apud Nos illud vulgatum prouerbium. Qui in Flandriam tendit sine gladio, perdit multos morcellos de butyro.*

Ioannes Auis Diœcesis Bajocensis actu Regens in Facultate Medicinæ Decanus eiusdem electus est die 3. Nouemb. 1470. eique altero anno munus prorogatum: quo anno Facultas librum Rasis, cuius rarissima erant exemplaria, transcribendum & in Bibliotheca Regia reponendum (ita petente Ludouico XI.) transmisit, cum hisce litteris quæ habentur in Reg. prædictæ Facultatis.

In Commentario 2. Decanatus Ioannis Auis 1471. Facultas mittit ad Regem Ludouicum XI. librum Rasis cum hac Epistola.

Nostre souuerain Seigneur, tant & si tres-humblement que plus pouuons! nous nous recommandons à vostre bonne grace, & vous plaise sçauoir, Nostre souuerain Seigneur! que le President Messire Iean de la Driesche nous a dit que luy auez rescrit qu'il vous enuoyast totum continens Rasis pour faire escrire, & pour ce qu'il n'en a point, sçachant que nous en auons vn, nous a requis que luy voulussions bailler. SIRE, *combien que tousiours auons gardé tres-precieusement ledit liure, car c'est le plus beau & plus singulier thresor de nostre Faculté & n'en trouue point queres de tel; Neantmoins qui de tout nostre cœur desirons vous complaire & accomplir ce qui vous est agreable, comme tenus sommes, auons deliuré audit President ledit Liure pour le faire escrire, moyennant certains gages de* **vaisselle d'argent & autres cautions qu'il nous a baillé en seureté,** *de le nous rendre, ainsi que selon les Statuts de nostre Faculté faire se doit, lesquels nous auons tous iurez aux saintes Euangiles de Dieu garder & obseruer, ne autrement ne le pourrions auoir pour nos propres affaires. Priant Dieu,* SIRE, &c. *Ce 29. Nouembre 1471. & infrà.* Fuit pignus Facultati statutum 12. Marcarum argenti cum 20. sterlinis, vna cum obligatione.. Malingre, qui constituit se fideiussorem pro 100. scutis auri vltra pignus traditum. Tunc nondum adhuc bene cognitus erat Typographiæ vsus. Eiusdem autem M. Io. Auis sit mentio in Edicto Ludouici an. 1473. contra Nominales, & Guill. Basin tunc Decani, Guill. de Algia, Io. Rosée, & de Bassa Madidi.

Fuit & alius *Ioannes Auis*, qui cum M. Ioan. de Fossatis de Rectoratu contendit an. 1495.

Ioannes Bequin Clericus Bituricensis in Artibus Regens & Baccalarius in Theologia factus est Nationis Gallicanæ Procurator 5. Maij an 1448. iterum 5. Maij an. 1453. tunc in Patriam reuersus est & Vniuersitatis Bituricensis primus Doctor lectiones inchoauit an. 1465. Sic enim legitur in Patriarchio Bituricensi c. 87. *Anno 1465. die 7. Martij præmissa Missa solemni de Spiritu sancto in Ecclesia Metropolitana B. Stephani Bituric. cum Processione generali ad Conuentum FF. Prædicatorum instituta & introducta fuit Vniuersitas eiusdem inclytæ Ciuitatis Bitur. Cuius primam Lecturam solemniter inchoauit in Refectorio memorati Conuentus M. Io. Beguin primus Doctor ipsius almæ Vniuersitatis.*

Ioannes de Bello-monte Diœcesis Carnotensis Procurator Nat. Gallic. factus anno 1408. Artium Professione celeberrimus', sub quo legimus complures & pluribus annis determinasse & incepisse in Artibus, an. 1409. 23. Martij Vniuersitatis Rector electus: Fuit etiam eodem seculo Guill: de Bello-monte Sagiensis eiusdem Nationis Procurator 16. Ianu. 1416. Et Ludouicus de Bello-monte.

Ioannes Blanbaston Doctor Theologus Societatis Nauarricæ, ad quem extant aliquot Raulini Epistolæ quibus eum hortatur ad explendum Religionis seu vitæ Monasticæ votum quod iampridem conceperat. *Vide,* inquit, *ne distractus in seculo curis, anxietatibus, solicitudinibus, periculis, aliorum miserijs & oppressionibus, mentis imaginationibus, varijsque in peccatum occasionibus & lapsibus, vt vix cuique diei sufficiat malitia sua, in tantorum recompensam malorum satis sit tuorum decem denariorum mercenarium lucrum in seculo, vbi superesse poterit duorum fœnus homini recollecto in regionis deserto, &c.* Aliam Ep. inscribit eidem. *Diuinarum Scientiarum acutissimo Professori,* & gratias agit pro beneficijs in nepotes collatis, his verbis. Si gratiam gra-
" tiæ coæquare oporteat, non est, Charissime Frater! quod tuæ beneficentiæ
" impendere valeam; vt enim accipimus à fratre nostro & ab amicis nostris
" qui nos visitando *consolati sunt, in meos nepotulos & affines non cessas tua elargiri beneficia, nostræ pristinæ amicitiæ non immemor.*

Ioannes Boucart (seu Bochard) Normanus dictus Vaucellanus, Coll. San Geruasiani alumnus fit Rector Vniuersitatis die 23. Iunij *1447.* tunc Baccalarius formatus in Theologia, deinde in eadem Facultate Doctoratum adeptus. Fuit Caroli VII. Confessarius, Abbas Beccensis, Cormeriacensis, Archidiaconus Abrincensis, postremo eiusdem Ecclesiæ Episcopus an. *1453.* factus. Ei viro Rex Ludouicus XI. prouinciam dedit componendi dissidia Nominalium & Realium, seu verius reformandæ Vniuersitatis. Ille verò Nominales omnino expellendos suasit. Et in hanc rem à Rege Edictum prodijt Siluanecti an. *1473.* quo omnibus eorum libris interdicitur, tenebrisque & vinculis damnantur; donec restituta libertate & Rege melius consulto redditi ijs quorum erant, & permissa eorundem lectio, vt dictum est in Historia. Obijt autem Boucartus apud S. Laudum die 28. Nouemb. anno *1484.*

Ioannes Bouuet commemoratur in litteris Fundationis Collegij Marchiani; Fratrem habuit maiorem Radulphum Bouueti: nam M. Ioannis Piscis Nationis Gallic. Procurator anno 1385. Sic scribit: *Ego tradidi M. Io. Bouueti vnum Almucium quod fuit Fratris sui Radulphi Bouueti.* Ab eadem Natione præsentatus est Episcopo seu Capitulo Parif. ad Præfecturam Collegij S. Nicolai de Lupara, eamque obtinuit. Determinauerat in Artibus anno 1383. sub M. Nicol. de Vaudemonte & vocatur Io. Bouueti de Chalenis.

Ioannes de Conflans Parisinus Magister in Artibus & Regens in Collegio Nauarrico, ad Theologiam deinde se contulit. Nationis Gallic. Procurator fuit electus 5. Maij *1446.* Vniuersitatis Rector 23. Iunij *1453.* tum Baccalarius formatus in Theologia societatis Nauarricæ; postremo accepto birreto Doctorali, sacris concionibus se applicuit, & inter celeberrimos sui temporis Concionatores euasit.

Ioannes Cordier Parisinus factus est Nationis Gallic. Procurator 16. Decemb. *1472.* post M. Ioannem Raulin: deinde Rector Vniuersitatis 16.

Decemb. *1477.* tum Baccalarius formatus in Theologia & Prior Sorbonicus. Postremo eiusdem Societatis Doctor factus magnam apud omnes famam sibi & Professione publica & sacris Concionibus adeptus est. Fuit Ioanni Raulin coniunctissimus: nam ille Monachus factus apud Cluniacum in Ep. ad M. Lud. Pinellam suum in Magno Colleg. Nauarrici Magisterio successorem tanquam amico & familiari salutem impertitur. *Magistrum etiam nostrum* Cordier, *mea de parte salutabis.*

Ioannes Curtæ-coxæ vulgo Courtecuisse Normanus hoc & priori seculo maximè floruit. De eo diximus in Catalogo Academicorum Illustriorum. Inter Primarios Theologos nomen habuit, plurimis scriptis se se posteritati commendauit, nondum opinor publicè editis. Manuscriptorum verò copiam mihi pro sua benignitate fecit M. Iacobus Mentellius Doctor Medicus. Suntque eiusmodi. *Sermones plurimi.* 1. De Dominica Aduentus ad Populum Cenomanensem. 2. Sermo de 2. Dominica Aduentus ad Papam & Cardinales. 3. De Natiuitate Domini coram Rege. 4. Sermo in Processione Generali facta in Ecclesia Paris. die S. Vincentij ex ordinatione DD. Decani & Capituli Paris. *Collatio de festo Purificationis B. Mariæ.* Alia Collatio de Purificatione B. Mariæ. Sermo de Resurrectione. Sermo de S. Spiritu in die Pentecostes. De S. Trinitate, de Corpore Christi ad Papam & Cardinales. Alius sermo de eodem mysterio. Sermo in Festo omnium Sanctorum. Sermo de B. Ludouico Massiliensi. Sermo de B. Ludouico Rege Franciæ. Alius Sermo de eodem. Collatio de eodem Rege. Duo Sermones ad Prælatos Ecclesiæ. Item Sermo factus in Ecclesia S. Iuliani Cenoman. de qua Ludouicus Rex Siciliæ obtulit eidem locale quod fieri & sibi offerri ordinauerat Domina Regina eius mater. De quadam Collatione facta coram DD. Cardinalibus super electione summi Pontificis. Harenga in Aduentu cuiusdam D. Cardinalis. Exhortatio & propositio facta in præsentia Regis Caroli VI. pro parte Vniuersitatis, Præpositi Paris. & Ciuium Paris. vt certæ ordinationes tunc nouiter factæ seruarentur. Collatio notabilis facta in Capitulo Ecclesiæ Paris. dum immineret electio Pastoris facienda in eadem Ecclesia.

Legitur autem de eo in MS. Victorino quod ante sedes Episcopales Theologicis docebat è Cathedris. Hic an. *1405.* è Latino in Gallicum traduxit Senecæ librum de 4. virtutibus & doctis illustrauit Commentarijs, in quo opere se virum assiduâ Patrum lectione exercitatum prodidit, dicauitque opus suum Ioanni Biturigum & Aruernorum Duci, Pictauorum, Stampensiumque Comiti, quem Mecenatis instar habuisse liquet ex Epistola liminari. Extat opus in Biblioth. Victor. interfuit Concilio Constantiensi, plurimis legationibus Vniuersitatis nomine defunctus, vt ex historia patet. Regem Carolum VI. & Consanguineos Principes qui Guillielmalia Nationis Gall. sua præsentia cohonestarant, die 10. Ian. *1414.* eleganti gratiarum actione cumulauit. Vt scribit Garcilius Mercatoris eiusdem Nationis Procurator. Die 10. mensis Ianu. *fuerunt in Missa D. noster Rex & omnes DD. prænominati,* & etiam D. Bauariæ & multum honorauerunt Nationem. Item fuerunt in Missa 3. Cardinales, scilicet Cardinalis de Barro, Cardinalis Pisanus tunc Legatus à latere in Francia & Cardinalis Remensis. Item fuerunt eadem die plures Prælati & quamplures Milites & Nobiles. *Item D. noster Rex eadem die obtulit in Offertorio Missæ scutum, & in fine Missæ osculatus est Reliquias Nationis, & pro augmentatione earundem dedit nouem scuta aurea.* Item post Missam M. Ioan. Breuis-coxæ regratiatus est D. nostro Regi & omnibus DD. de sanguine suo ibidem existentibus de honore Nationi impenso. Regratiatus est etiam D. Prælato, scilicet Episcopo Cabilonensi qui fecit seruitium, & supplicauit sibi vt vellet prandere in Camera D. Prouisoris Collegij Nauarræ qui contemplatione Nationis annuit supplicationi & pransus est in dicto Collegio & plures Notabiles Doctores & Magistri de Natione. Ad Episcopatum Parisiensem promotus est an. *1420.* & paulo post translatus ad Gebennensem. Obijt circa an. *1422.*

Ioannes du Drac nobilis Parisinus Ioannis du Drac in Senatu Parisf. Præsidis Infulati filius, ex Decano Meldensi factus Episcopus an. *1458*. Conseruationis Apostolicæ competitor fuit an. *1461*. cum Episcopo Siluanectensi quem Rex Ludouicus XI. Vniuersitati commendarat; sed nihilominùs illi prælatus, quia Commendatorias à Rege litteras exhibere nimis distulerat. Ioannes autem Conseruator electus, die 8. April. an. prædicto Rectorem Decanos & Procuratores lautissimo excepit Conuiuio, vt legitur in Actis Nat. Gallic.

Ioannes Andreas Ferrabos celebratur à Roberto Gaguino, nomine Poëtæ Laureati: sic enim in Epigrammate.

> *Magna repromittis cœlesti voce Ioannes*
> *Vnde queant linguæ, Peregre! culta loqui.*
> *Sic potuit siluas duris cum cantibus Orpheus*
> *Infernumque Iouem flectere carminibus.*
> *Ast dicam ingenuè, nullo blandimine verum*
> *Nostrates spernunt Nestoris ore trahi.*
> *Sunt nugæ quæcumque Maro, quæcumque beatus*
> *Dixerit Orator, sit licet Isocrates.*
> *Ingenium fateor est illis, quale per orbem*
> *Non aliud forsan celsius inuenias.*
> *Sed linguæ & verbi tantum modulamina curant.*
> *Quatinus ad Scoti scripta legenda sat est.*
> *Si quis aquas Heliconis amat, vel Numina rident,*
> *Læserit ille fidem quem iuuat illa sequi.*
> *Et quo principio tibi spectas esse fauentes*
> *Protinus ad summum tertia lux abiget.*
> *Difficile ingreditur Regina Oratio mentem.*
> *Vestibulo cuius nulla Thalia sedet.*
> *Hinc probat à mammis lalasse rudimina Rhetor*
> *Quem bene dicturum Gloria celsa manet:*
> *Haud tamen idcirco frustra per pulpita cantas.*
> *Vnus & alter erit quem tua scita trahant.*
> *Et iam post Latio tibi partam carmine famam:*
> *Nominis ipsa tui Gallia testis erit.*
> *Te quoque, ni pudeat Gallo cantarier ore.*
> *Dum vita extabit, versibus ipse canam.*

Ioannes Francisci aliàs *Bourilleti* Decanus Tribus Senonensis in Natione Gallicana, Primarius Collegij Forteteci die 29. Aug. *1440*. supplicauit prædictæ Nationi, *cùm Collegium Forteti sit Collegium Nationis Franciæ & pro dicta Natione secundùm intentionem Fundatorum, quod dicta Natio velit dare D. Procuratorem & aliquos Magistros de singulis prouincijs ad supplicandum DD. Capitularibus de Ecclesia Parisf. ac Decano & singulis Dominis de dicto Capitulo Parisf. quibus videbitur expediens, quatenus ipsum Collegium & dictum Magistrum velint habere recommendatos & procedere ad complementum dicti Collegij sine præiudicio dictæ Nationis & secundùm intentionem Testatoris, &c.* Ita legitur in Actis prædictæ Nationis, cuius Procurator fuerat an. *1408*. Erat quoque Notarius Apostolicus & interfuit Concilio Pisano an. *1409*. tunc Magister in Artibus & in Decretis Licentiatus.

Ioannes Germani Matisconensis Diœcesis de Cluniaco oriundus ex ingenuis parentibus, Lutetiam venit Ducissæ Burgundiæ beneficentia auxiliari, incepit in Artibus sub M. Simone de Bergerijs. Hinc ad Theologiam se conferens, laureamque Doctoralem affecutus ad Curiam Burgundi Ducis ad scitus meruit fieri intimorum consiliorum particeps. Niuernensis primum Episcopus, velleris aurei Cancellariatu honestatus. Synodo Basileensi interfuit & suo Principi post Reges locum primum asseruit. Episcopus deinde Cabilonensis factus nempe an. *1436.* scripsit Commentarios in lib. contra *Alcorannum*, aduersùs Mahumetanos & Infideles opus pregrande quod Philippo Bono Duci dicauit: de regimine Ecclesiasticorum & Laïcorum suæ Diœcesis, de Conceptione B. M. V. libros duos. De Sarracenicæ legis falsitate. Aduersus Hæreses Augustini de Roma: quod opus tempore Concilij Basileensis conscripsit. De animarum purgatione lib. MS. Thesaurum Pauperum MS. Sermones & Instructiones. Orationes duas in Concilio Constantiensi nomine Philippi Boni Ducis habitas. Mappam mundi. Vide si lubet, Episcopos Cabilonenses Sammarthanorum & lib. de claris Scriptoribus Cabilonensibus. Obijt an. *1460.* 11. Feb. in Castello Salæ prope Cabilonem. Iacet in Cathedrali ante Sacellum D. Virginis.

Ioannes Haueron Picardus omnibus Nationis suæ honoribus defunctus Vniuersitatis quoque Rector anno *1430.* 16. Dec. obijt circa an. *1455.* eique ab omnibus Nationibus parentatum, postulante M. Ioan. de Oliua die 6. Maij; item & Rectore die 10. eiusdem mensis vt legitur in Actis Nat. Gallic. quæ concessit supplicationem D. Rectoris, videlicet *quod fiat Anniuersarium ex parte Facultatis Artium pro anima M. Io. Haueron qui longo tempore in hac Facultate rexit.*

Ioannes Huë Stampensis Diœcesis Senonensis Magister in Artibus & Baccal. formatus in Theologia fit Procurator Nationis Gallicanæ die 26. Aug. *1438.* Vniuersitatis Rector 24. Martij *1450.* hinc Doctor Theologus. Multas legationes nomine Vniuersitatis obijt. Eiusdem Facultatis Decanus, Pœnitentiarius Ecclesiæ Parisiensis, de Cancellariatu Vniuersitatis contendit cum M. Ambrosio de Cameraco Decretorum Doctore ab an. *1482.* ad an. *1488.* quo obijt. Eiusdem cognominis floruerunt hoc seculo Cantianus Huë qui Rector electus fuit 10. Octob. an. *1473.* & Guilielmus Huë Doctor Theologus, qui Decanus fuit Ecclesiæ Parisiensis.

Ioannes Lantman vel *Lentement* aut *Lentenent* Natio. Germ. Diœcesis Constantiensis pluries Procurator ab anno *1480.* Rector 23. Iunij an. *1489.* electus, deinde Doctoralem in Theologiâ lauream adeptus, demum Constantiensis Ecclesiæ in Germania Canonicus Lector factus; inter alios discipulos Parisijs habuit M. Ludouicum de Ambasia, qui postea fuit Albigensis Episcopus: in Licentiâ verò Theologali habuit inter cæteros, consortem M. Ludouicum de la Houssaye. Sic enim ad eum scribit Raulinus. *Tuus nuper discipulus M. Ludouicus de Ambasia Episcopus est Albigensis sub illo antiquo Patre D. Albigensi. Eumque dirigit noster Scholaris & tuæ licentiæ Theologalis consors M. Ludouicus de la Houssoye, qui in proximâ Quadragesimâ intendit suscipere Magisterij Theologalis lauream.*

Ioannes Lapidanus seu *de Lapide* Natione Teutonicus, relicta Patria ad Gymnasium Parisiense se contulit, ibique Artium Magister factus litteras humaniores publicè docuit ad Sorbonam, habuitque inter alios discipulos Ioan. Reuchlinum Auditorem. Postea ad Theologiam se conferens, in ea quoque doctoralem lauream obtinuit & inter Doctores commemoratur in L...to Ludouici XI contra Nominales an. *1473.* inde in Patriam reuersu. Realium Parisiensium doctrinam ad Vni...sitatem Basileensem primus transtulit, atque ibidem, scribente Trithemio plantauit, roborauit & auxit. Ex eo loco euocatus Tubingensis Academiæ initia posuit. Illinc Basileam redit, Canonicus fit Ecclesiæ Cathedralis. Demum calcato seculi fastu, reiectisque beneficijs quæ possidebat, Carthusianis Basiliensibus se seadscripsit, vbi castè integréque viuens, quod reliquum fuit vitæ, precibus & studijs appliciut. Scribebat adhuc an. *1494.* Optimos quosque Autores Ciceronem, Aristotelem, Chrysostomum, Ambrosium, Augustinum, diligenter perlegit, multaque in ijs castigauit. Scripsit Commentaria in lib. Physicorum & Logicorum Aristotelis. De Officio Sacerdotis, de Passione & Ascensione Domini.

Ioannes Leporis incepit in Artibus an. 1385. hoc verò seculo magnam sibi famam in Medecinæ Professione comparauit. Extant plurimæ Nicolai Clemangij ad eum Epistolæ, quarum vna quæ est ordine 10. comparat policiæ Gallicanæ ægritudinem cum morbis corporis humani. *Tradunt*, inquit, *vestræ Medicinalis disciplinæ præcepta Corpus humanum, cùm graui infirmitate Corpus laborat, cætera principalia membra partim iam consumpta sunt, partim læsione acerba tabescunt, radicalis quoque humor, quo vitalis calor alitur atque irrigatur, totus pene iam exaruit, celeri necessario oportere interitu dissolui.* Ep. III. eundem consulit super quadam ægritudine quæ sibi acciderat, *inuasit me primum*, inquit, *rheuma satis acerbum, morbus mihi familiaris ac vernaculus, in quo post aliquot dierum emunctiones solitique per nares humoris decursus cœpit ex cerebro humor quidam liquidus non ad nares, sed ad os ipsum vbertim defluere, qui aquæ verius fluidæ speciem haberet quàm saliuæ, tanto quidem frigore gelidus vt dentes stupidos faceret & velut inerti algore torpentes, ipsosque pene vniuersos demptis molaribus, à gingiuis magna ex parte disiunctos ita tremulos redderet ac nutabundos, vt vix aliquid quantumlibet durum, liceret mandere, sed sorbilibus tantùm ac liquabilibus vti necesse esset.*

Ioannes Lullier seu *Luillier* Parisinus Guidonis Balliui Meledunensis filius, & Ioannis Frater, Magister in Artibus & Baccalarius in Theologia Nationis Gallicanæ primùm Procurator fuit 6. Maij 1443. iterum 1. Iunij 1444. eiusdem Nationis Quæstor seu Receptor 8. Ian. 1444. pro quo fideiussit Stephanus Lullier Patruus: sic enim legitur in Actis. 10. Febr. eiusdem anni. *Hac die fideiussit vener. Burgensis & honestus homo Stephanus Lullier pro suo nepote M. Io. Lullier Receptore Nationis Franciæ pro sua receptione, iuxta statuta venerab. Nat. Franc.* Rector Vniuersitatis 10. Octob. 1447. tum Socius Sorbonicus. Fuit & alius Ioannes Luillier qui an. 1461. Licentiatus est in Artibus. Et ille forte est filius Ioannis qui die 2. Feb. 1465. supplicauit licere Patri suo eiurare Officium Consiliarij Vniuersitatis in gratiam Ægidij filij. Sic enim in Actis Nat. Gall. *M. Ioannes Lullier eiusdem Resignantis filius & in sacra pagina Professor, Procurator & nomine* " *Procuratorio* M. *Ioannis Lullier eius patris renunciauit* Officio Consiliarij " Vniuersitatis in vener. Curia Parlamenti in fauorem M. Ægidij Lullier " eius fratris, exponens Vniuersitati quod propter senectutem, eius Pater " in dicto Officio amplius vacare non poterat: qui quidem Procurator gra- " tiarum actiones retulit Vniuersitati pro & nomine Patris sui de honoribus " & bonis per Patrem suum susceptis in huiusmodi Officio, supplicans qua- " tenus dictum Officium sic resignatum in manibus Vniuersitatis, eidem M. " Ægidio Lullier conferre dignaretur. Et tunc lectum fuit publicè Pro- " curatorium, quo lecto Vniuersitas recepit illam resignationem & contu- " lit dictum Officium M. Ægidio Lullier tunc pro eodem Officio suppli- " canti, qui gratiarum actiones retulit Vniuersitati. Idem (si non prior Ioannes) M. Ioannes fuit electus Sorbonæ Prouisor die 29 Octob. 1469. per obitum M. Thomæ de Courcellis Decani Ecclesiæ Parisiensis: de cuius electione dictum in historia. Fuit quoque Ludouici XI. Maior Eleemosynarius & Confessarius; idemque an. 1483. consecratus à Metropolita Senonensi Meldensis Episcopus. Obit. an. 1500.

Fuit etiam ijsdem temporibus M. Iacobus Lullier Magister in Artibus & actu Regens qui an. 1444. electus est mense Maio Nat. Gallic. Procurator. Deinde ad Theologiam se conferens & Baccalarius Nauarricus, Rector Vniuersitatis factus est 23. Martij 1448. idem inceperat in Artibus an. 1437. sub M. Ioanne Panetchair.

Ioannes de Marla Doctor Medicus eiusdemque Facultatis Decanus electus 4. Nouemb. 1396. cum verò se ad Sacerdotalem Ordinem promoueri curasset, nec posset absque licentia & dispensatione regere, obtinuit à Benedicto XIII. Bullam an. 1404. quâ ei in eadem Facultate regere & *libere lateque practicare licuit.* Bullam suo loco retulimus. Nescio an is sit

Ioannes de Marla Henrici Franciæ Cancellarij filius qui à Carolo VI. libellorum supplicum Magister factus, deinde Constantiensis Episcopus electus vnà cum Patre an. 1414. populari factione occisus est.

Ioannes de Marsono (malè apud Clemangium de Morfono Ep. 30. & de Morsomio ep. 53) vir magnæ animi æquabilitatis, vt viderè est in epistolis prædictis Clemangij, cui è Collegio Nauarrico notus erat. Eius sæpe fit mentio in Actis Nat. Gall. nec videtur vltra Magisterij Gradum progressus. Morti proximus legauit Nationi decem libras Regentibus, exequiali sacro interfuturis distribuendas, vt legitur ad 9. Septemb. an. no 1414. Die 9. Septemb. fuerunt vigiliæ celebratæ in Capella Collegij " Nauarræ, & in die sequenti Missa solemnis in eodem loco per Nationem " pro anima defuncti bonæ memoriæ M. Ioan. de Marsonno: in quibus vi- " gilijs & Missa fuerunt distributæ vndecim libræ Parif. cum quatuor solid. " Parif. Magistris & Officiantibus ibidem præsentibus; quas vndecim li- " bras cum 4. solidis Parif. soluerunt Executores dicti M. defuncti, & de " quibus decem libras legauerat idem de Marsonno Nationi pro prædictis " faciendis. Hæc acta tum Procuratore Nationis M. Nicolao de Bellismo " Diœces. Cenoman., in Artibus Magistro & in Theolog. Baccalario. Qui scribit per eundem Ioa. de Marsonno *bonæ memoriæ defunctum Suppositum præfatæ Nationis legata fuisse 30. scuta ad emendum iocale.*

Ioannes de Martigniaco Diœcesis Bisuntinensis primus Capellanus Collegij Burgundici fuit Procuror Nat. Gall. 26. Aug. 1445. iterum 13. Nouemb. 1451. diciturin Actis Nat. Gall. ad diem 10. Octob. 1455. vir eloquentissimus, sed ambitiosissimus ; qui Rectoratum ambiens ea die & turbare volens electionem M. Ioan. Dulcis-Amici Socij Nauarrici, Intrantiam petierat in Tribu Senonensi ; sed ei prælatus est M. Alexander Ladone de Collegio Nauarrico; de eo verò ad marginem, sic scribit M. Antonius Guerry tunc Procurator, *iste homo habuit plures fantasias in Capite, qui quia non obtinuit quod voluit, rabiem cæteris imposuit.* Post M. Guillel. Riueti qui Tornacum secessit, Collegij Burgundici Magisterium adeptus est. Illudque regebat an. 1467. Ille exorto inter Ludouicum XI. & Burgundionem bello, quia huic addictus esse putabatur, exulare coactus, anno vero 1472. reuersus Collegium suum reperit omnino indisciplinatum ; quamobrem ei malo per Rectorem petijt remedium afferi, an. 1473. fuit adhuc Nat. Gallic. Procurator, commemoraturque in Edicto contra Nominales.

Ioannes Maupoint Parisinus, seu vt tum dicebant, de Parisius, Guillelmi ciuis Parisiensis & Accensi Equestris filius Baccalaureus Theologus, Ordinis Vallis-Scholariensis & Domus San-Catharinensis Prior à mense Maio an. 1438. ad Martinalia anni 1476. quo anno successorem habuit Ioannem Neruetium, Capellanum & Eleemosynarium Ludouici XI. Necrologium suæ Domus auxit, nec oblitus est commemorare viros quosdam Illustres sui Ordinis & temporis qui in hac Vniuersitate Doctoralem lauream in Theolog. assumpserant, præsertim verò MM. Ioannem Prothi & Nicolaum du Maret vel des Mares, quorum acta vide suo loco. Porro Domus ista quæ suæ Originis & Institutionis Autores agnoscit quatuor Magistros huiusce Vniuersitatis, coniunctissima semper illi fuit ; nec legimus ad vllam Basilicam Parif. tot Supplicationes seu Processiones Scholasticas celebratas quàm ad San-Catharinensem : in qua fuit etiam olim fundata Capellania de Patronatu Vniuersitatis. Habuit quoque omnibus temporibus viros doctos & Gradibus Academicis insignitos; quorum Catalogum ex Necrologio ad me transmissum lubet hoc loco apponere.

Euerardus de Willenis Burgundio eiusdem domus Prior & Primus Magister in Theologia viuebat adhuc an. 1267. sed affectæ ætatis. In Necrologio fit eius mentio his verbis. *Anniuersarium Fr. Euerardi de Willenis Prioris nostri & primi Magistri nostri in Theologia.* Sermones plurimos habuit & ad Fratres & ad Vniuersitatem & ad Populum, quorum summam composuit, sub hac epigraphe. *Summa de Festis quam fecit Fr. Euerardus quondam Prior B. Catharinæ Vallis-Scholarium, Magister Theol. Facultatis, pro cuius anima, vt citius veniam consequi mereatur de peccatis, vos omnes rogamus, dicite De Profundis.* Iacet in Choro sub lapide & epitaphio cuius nunc exesæ litteræ.

Gregorij de Bugundia eiusdem Domus Prioris mentio fit in eodem Necrologio. *Anniuersarium Fr. Gregorij Prioris nostri & Magistri in Theologia.* Successit Euerardo, subscripsitque anno 1267. cum alijs Magistris Vniuersitatis cuidam Procuratorio Instrumento ad prosequendam in Curia Rom. appellationem à M. Gaufrido Canonico & Officiali Ecclesiæ Parif. qua de re nos in Historia. Obijt Gregorius circa an. 1280. & in Choro sepultus est sub hoc lapide & Epitaphio. *Hic jacet Fr. Gregorius de Burgundia Prior & Professor in Theologia. Orate pro eo vt eius animæ propitietur gloriosæ V. M. filius.* Amen.

Gisso de Monte-mirabili in eodem Necrologio vocatur tertius Magister in Theologia. Obijt autem circa an. 1270.

Laurentius de Pollengio Prior Major Domus Vallis-Scholarium in Bassignejo, nondum in Abbatiam erectæ. Obijt circa an. 1300. & de eo sic habetur in eodem Necrol. *Anniuersarium Fr. Laurentij de Pollengio Magistri in Theologia & Prioris Vallis-Scholarium.*

Ioannes de Braio ex Canonico San-Catharinensi assumptus in Priorem B. Mariæ Leodiensis, quo munere abdicato redijt Parisius & obijt an. 1304. jacet sub hoc epitaphio, &c. *Hic jacet Fr. Ioannes de Braio quondam Prior de Leodio & Magister in Theologia qui obijt anno Domini 1304. die Sabbati ante festum S. Luciæ. Anima eius per misericordiam Dei requiescat in pace.* Amen.

Ioannes de Castellione obijt quoque circa an. 1300. deque eius & Parentum bonis habet prædicta domus 60. libras. Fuit quoque Magister in Theologia.

Guido de Cercellis relicta professione Medicinæ ad San-Catharinenses se contulit an. 1260. eique domui quingentas libras dedit.

Girardus de Trecis Prior eiusdem Domus & Magister in Theologia, vixit post an. 1300. Girardo successit Laurentius de   Drocis etiam in Theologia Magister, cuius fit mentio in eodem Necrologio. *Anniuersarium Parentum, Amicorum, & Benefactorum Fr. Laurentij de Droco Magistri in Theologia & Prioris Domus istius, de quorum bonis habuimus 300. libras quas posuimus in emptione de Fontaneto & de Boissiaco.*

Ioannis de Sedeloos Canonici San-Catharinensis & Magistri in Theologia obitus notatur ad annum 1325. diem que Dominicam ante festum S. Barnabæ.

Petrus de Verberia Canonicus Regularis Professus apud Regalem locum Compendien. deinde Prior Domus Trecensis, cum alijs Magistris in Theologia vocatus à Philippo Valesio ad Vincennas an. 1332. contra Tardam visionem Beatificam quam nonnulli asserere contendebant, dimicauit.

Ioannes de Camberona Prior Domus San-Catharinensis Magister in Theologia obijt anno 1363.

Ioannes de Compendio Parisinus eiusdem Domus Bibliothecarius fuit circa eadem tempora. De eo sic Necrologium. *Anniuersarium Fr. Ioannis dicti de Compendio oriundi Parisius, Licentiati in Artibus & Baccalarij in Theologia, & Parentum suorum. Fecit enim nobis & Ecclesiæ nostræ multa bona, libros scribendo, seruando, edendo & legendo.*

Petrus de Fayaco anno circiter 1350. eiusdem Domus Canonicus & Magister in Theologia.

Philippus de Macy electus Prior San-Catharinensis anno 1363. die 20. Octob. & in possessionem inductus per Ioannem de Creneyo B. Mariæ in Insula Trecensi Priorem, quem suspicari licet illum esse qui inter Artistas Nauarricos in Instrumento an. 1315. Statura Collegij continente commemoratur.

commemoratur. Quem verò gradum in Vniuersitate obtinuerit Philippus, ignoratur. Certè de se ipso scribit habuisse à Rectore litteras Scholaritatis.

Ioannes Mileti Parisinus, Nat. Gallic. Procurator electus 9. Martij 1435. Rector Vniuersitatis 25. Martij 1439. Basilicæ Parisiensis Canonicus & Decanus, deinde Suessionensis Episcopus à Capitulo expetitus consecratur in Collegio Nauarrico anno 1442. post obitum Reginaldi de Fontanis. Quam Diœcesim administrauit ad annum vsque 1502. quo è viuis excessit, ætatis an. 88. vide Sammarthanos in Episc. Suession. Scribit autem ille in Reg. Procuratorum Nationis Gallicanæ se Procuratore mense Aprili *expulsos antiquos Regni inimicos videlicet Anglicos, subingressis vrbem multis viris Nobilibus Franciæ & magno exercitu armatorum.* Successorem habuit in prædicto Officio M. Io. de Oliua.

Ioannes Milonis Trecensis, fuit Nat. Gallic. actu Regens Procurator 27. Aug. 1450. idem iterum 10. Martij 1452. tertiò 8. Nouemb. 1454. his verbis, *Io. Milonis Baccalarius in Theologia & sub-Magister Artistarum.* Vniuersitatis Rector electus fuit 14. Decemb. 1465.

Ioannes de Monte, in Artium professione diu excelluit, deinde ad Theologiam se contulit ; in qua Facultate Doctor factus societatis Sorbonicæ Carmen composuit in honorem M. Roberti de Sorbona ; quod cum communicasset cum M. Roberto Gaguino, ille probauit quidem opus, sed iterum ac tertio prius recudi suasit, quàm illud in vulgus emitteret. Ep. 34. ad ipsummet Ioannem. *De Carmine quod in Roberti Sorbonici laudes scripsisti, sic sentio. Laudo tuam in hominem bene de Orbe Christiano meritum, pietatem, tuum ingenium laudo, nec improbo Charakterem. Sed ne te assentatione palpem, tu meo consilio illud iterum, atque iterum pensiculabis. Aliud enim est posteritati nos perenniter credere ; aliud æqualibus nostris nostra ex tempore condita opera communicare. Illa ad scrupulam quæ acceperit, trutinat omnia ; Hi sicut tumultuariè legunt, ita errati nostri facilè obliuiscuntur. Quædam ergo quæ rudiora, si rectè cogites, sunt, elimabis. Vale 4. id. Iunij.*

Ioannes de Monte-Leonis in Artibus primum claruit, pluries Nat. Gall. Procurator fuit, Rector Vniuersitatis 10. Octob. 1400. Capellanus eiusdem Nationis diu fuit. Ad Theologiam se conferens, Sententias docuit magno cum applausu. Licentiatus est an. 1413. cum M. Eustachio de Mesnillo eiusdem Facultatis postea Decano, Petro Parui, Dominico Chaillon, Guill. Fradeti, Io. de Montenoyson Guill. Tranchenault & alijs.

Ioannes Muneratus Gallic. *le Munerat*, Tribus Bituricensis in Natione Gall. olim Decanus vsque ad an. 1499. Baccal. & Licentiatus Theologus è Societate Nauarrica, aliquandiu etiam Capellæ Regiæ Concentor seu Concapellanus Martyrologiũ concinnauit & edidit in fol. an. 1490. typis Guidonis Mercatoris, dedicauitque Ludouico de Bello-Monte, tum Episcopo Parisiensi, in quo iuxta Vsuardi Martyrologiũ notat ad diem 15 Aug. Dormitionem B. V. non audens asserere fuisse assumptam cum Corpore. Sic enim habet. *18. Kal. Sept. Dormitio S. Dei Genitricis Mariæ. Cuius sacratissimum Corpus etsi non inuenitur super terram, tamen Pia mater Ecclesia venerabilem eius memoriam sic festinam agit, vt pro conditione carnis eam migrasse non dubitet. Quod autem illud venerabile Spiritus sancti templum, nutu & consilio diuino occultatum sit, plus elegit sobrietas Ecclesiæ cum pietate nescire, quàm aliquid friuolum & apocryphum inde tenendo docere.*

Porro Licentiatus ille assumit nomen Concentoris *Capellæ Regiæ Scholæ Franciæ vulgo Nauarræ Parisius.* Licet enim ex Statutis Fundationis nulli Theologo liceat post licentiam, aut assumptum Magisterij, seu Doctoratus Gradum Bursam retinere, dispensatum tamen cum ijs non amplius numero tribus, manere in eodem Collegio, quandiu pinguiorem fortunam non habebunt, si modo cum Capellanis operentur sacris & horas Canonicas concinant, idque etiam cautum in Reformatione anni 1464. *Placet nobis quod sic promoti numerum trium non excedant, qui etiam Gradu Magisterij suscepto, seruire in Capella teneantur, horas Canonicas diebus continuis* decantando, Missasque vice sua celebrando, quemadmodum & Capellani dicti Collegij facere obligantur. Quia verò successu temporis Doctores etiam Beneficiati vt sub aliquo prætextu in Collegio habitarent, Capellaniæ titulo donari affectarunt, vetuit Franciscus I. datis litteris an. 1521. *Edicto perpetuo ordinamus ne Doctor Theol. Beneficiatus Capellaniam in dicta domo imposterùm obtineat, sed conformiter ad æquitatem & intentionem fundatricis ad Beneficium seu Beneficia sua se mox & indilatè transferat. Quod si nullum habeat Beneficium & contingat ei de prædictarum Capellaniarum aliqua prouideri, non gaudeat domicilio præfatæ Capellaniæ affecto, nisi in propria Capella prædicta deseruiat & horis nocturnis & diuinis vt cæteri Capellani tenentur, intersit.*

 Ioannes Nauellus Roberti Gaguini olim condiscipulus in Scholis & contubernalis relictâ Theologali laureâ ob nonnullorum maliciam, vxorem duxit, & ad extremam ferè inopiam redactus est, nullumque miseriæ suæ præsentius solatium habuit, quàm docere. Ad eum sic scribit Gaguinus Epist. 3. „ Iam verò paululum ocij assecutus tanto libentiùs tibi scribo, „ quantò fide atque amicitiâ iucundissimus mihi semper fuisti. Iungunt „ enim nos & quodammodo similes efficiunt consueta olim morum & studiorum contubernia, fortunarumque similitudo, &c. Aduersum autem „ id est contra te, eò plura me habere intelligas quò te Apolline plenum „ proposuisse abrupisse te Schola Theologorum conqueritur. Quid tibi „ cum Testili, Ioannes Charissime, credidisses vtinam Tityro Maronis, „ Dum me Galatæa tenebat, nec spes libertatis erat, nec cura peculi. Sed „ de hoc per Epistolam agere desisto. Pœnitudo facti, si vir es, satis te cruciat. Attingam illud quo aduersam fortunam ad hominum mores refert. „ Conuersari & hominibus conuiuere posse si desperabas, quare paupertatem tuam intolerabili Comite fecisti grauiorem? si parum fuit quod antea possidebas, id ne permodicum erit in duos distributum? Quinimo animum tuum qui tolerandis aduersis totus vix se se intendebat, par„ titus es in alterum cuius inopiæ plus tuæ condoleas, cœcus amor impel„ let. Non sunt tanti omnium hominum mores, vt dum eos vitas, in de„ terius te præcipites. Tu propterea hominum scilicet nequitiam fugis, vt „ fœminæ sis obnoxius? Non æquanimiter fero te ad canos properantem „ ab vera decedere sententiâ. Circumspice, quæso & quem te ipsum facis, „ dum euentus rerum tuarum, temporum atque hominum malicijs adscri„ bis, imbellem profectò atque effœminatum meritò te dixeris, qui pro„ pter paucorum dolos longanimitate te abdicasti iuri tuo cedens. Iustuum „ appello Theologam lauream, cuius optabile Gymnasium fortis Athleta „ intraueras. Te ne homines fefellerunt? Quid ni te fallere veritus ipse „ non es. Discesserunt improbissimi homines à fide, à Iustitia, ab æquita„ te, debuisti ex eorum erratis meliorem efficere vitam tuam & sortem. „ Prudentibus viris boni aliquid ex alienis periculis semper accedit, &c: „ Cœterum quod inopiæ consultum esse voluisti, non reprehendo. Sic enim „ Origenes amisso per Martyrium Licentio Patre, Matrem & Fratres sex „ Grammaticem docens aluit. Ergo si in eodem Ludi-Magister tibi bene „ **est, gaudeo, sed fœminam magis quam inopiam fugias, Lector, &c.**

 Ioannes Normani Parisinus regebat in Artibus an. 1440. competitorem habuit in munere Procuratoris 14. Decemb. 1442. M. Stephanum de Clamengijs, sed obtinuit. Iterum 26. Aug. 1446. tertiò 23. Sept. 1449. Rector Vniuersitatis electus fuit 23. Iunij 1448. tum Baccalarius Theologus, socius Nauarricus Regens in Artibus iterum 23. Martij 1451. deinde fuit Primarius Artistarum commemoraturque in litteris Reformationis prædicti Collegij an. 1464. A Facultate Theologica pro sua vice nominatus Curio SS. Cosmæ & Damiani anno 1466. quam Curiam eiurauit an. 1484. causâ permutationis. Legimus eundem fuisse Decanum Ecclesiæ Siluanectensis anno 1469.

 Ioannes de Oliua clarescere cœpit in Artium professione, an. 1430. Nationis Gallicanæ Procurator primùm fuit 1. Iunij 1436. prælatusque est

Competitori suo M. Io. Droüart, *quia nunquam habuerat Officium in Natione.* Iterum factus Procurator 3. Maij 1438. tum Baccalarius formatus in Theologia & focius Sorbonicus. Tertiùm 16 Decemb. 1440 Quartùm 26. Aug. 1441. Rector Vniuersitatis electus 23. Iunij 1440. iterum 15. Decemb. 1441. hinc Doctoralem in Theologia Gradum assecutus in Academicis rebus vt erat versatus & vir pro ijs temporibus eloquens & disertus, sæpè Vniuersitatis nomine proposuit seu Orator extitit; plurimas quoque legationes obijt. Vnde forsan elatus, an. 1455. minus verecundè se gessit erga M. Nicolaum Dentis tunc Rectorem, quem & pulsasse, percussisseque accusatus est, vt retulimus in Historia. Quo dissidio placato, non parum se strenuum præstitit aduersus Mendicantes qui obtenta quadam Bulla à Nicolao Papa, Academiam & Hierarchiam turbabant. Succentor Ecclesiæ Parisiensis factus Cancellariam quoque obtinuit an. 1459. non sine tamen lite cum M. Dionysio Cytharœdi, quæ tandem composita est relictâ ipsi Succentoriâ. Facultatem Theologicam vexauit, contendens sibi Cancellario deberi præsidentiam in Comitijs, non Decano. Obijt an. 1471. 24. Feb. & jacet in Basilica Parisiensi iuxta ostium rubeum. Ei in Cancellariatu successit idem Dionysius Cytharœdi qui competitor ante muneris fuerat.

Ioannes Pannetchair Diœcesis Suessionensis Magister in Artibus actu Regens electus Procurator Nationis Gallic. 18. Nouemb. 1426. iterùm mense Octob. 1428. ad Theologiam postea se conferens Doctoralem lauream consecutus multis legationibus nomine Vniuersitatis perfunctus fuit, vt in Historia legere est. Sæpè etiam ad Regni Primates eiusdem nomine dixit.

Ioannes Parui Doctor Theologus Nationis Normanicæ, Minorita an. 1400. Licentiatus in Theologia, vir eloquentissimus & magnæ certè famæ, eruditionis & doctrinæ, sed conductitiæ & vænalis, qui cum duobus alijs Doctoribus sustinuit anno 1407. in atrio Basilicæ Parisiensis cædem Aureliani Ducis à Burgundione iure perpetratam fuisse; idque conatus est multis rationibus persuadere. Inter quas hanc proferre ausus est, quod eiusdem Burgundionis sumptibus in Scholis educatus fuisset, eiusdemque stipendijs etiam nunc militaret. Verùm paulò post præualente Aurelianensium factione hæreseos apud Vniuersitatem factus reus, exulare cogitur, & Nosocomio & largis pēsionibus stipendijsque à Burgundione dotatus apud Hesdinum an. 1411. fato functus est, & in Æde Minoritarum sepultus.

Ioannes Pluyette Parisiensis Diœcesis Magister in Artibus & Baccalarius in Theologia Societatis Nauarricæ clarere cœpit an. 1440. Nationis Gallicanæ Procurator factus 7. April. an. 1440. iterum mense Martio anno 1445. tum Collegij Nauarrici Prouisor. Vniuersitatis Rector 24. Martij 1447. electus Capellanus prædictæ Nationis vltima Dec. 1449. item Capellanus Sauoisianus post mortem Iacobi Bernardi die 21. Feb. 1462. commemoratur in Edicto contra Nominales an. 1473. Item relicto Collegio Nauarrico, Primarius Collegij Bonorum Puerorum ad portam S. Victoris: quod munus ciurauit, & per M. Petrum de Braban Canonicum Parisiensem Procuratorem *litteratorie fundatum*, illud Ludouico de Bello-Monte Episcopo ad quem illius collatio pleno iure spectabat, sponte & liberè remisit. Obijt circa finem an. 1479. tunc Curio S. Germani veteris: nam ad 3. Iunij 1480. sic legitur in Actis Germanicæ Nationis *vnum adiunxit Natio Almaniæ quod nemo pro illa Cura (Sancti Germani veteris) præsentaretur, nisi prius etiam discuteretur de quadam Capellania vacante per mortem bonæ memoriæ M. Ioannis Pluyette præfatæ Curæ immediati Rectoris, quoniam Curam & Capellaniam possidebat.* Eiusdem cognominis Adamus Pluyette Nationis Gall. Procurator fuit an. 1486. mense Augusto iterum an. 1489. & sequente seculo Aquilinus Pluyette.

Ioannes Proti aliàs *Prote* Lingonensis Diœcesis determinauit in Artibus an. 1383. sub M. Guill. Loypelli, in Artibus diu rexit felicissimè, & regebat adhuc an. 1405.

Fuit & alius *Ioannes Proti* hoc seculo Prior Major Vallis Scholarium, qui Lutetiam profectus, apud S. Catharinam an. *1449.* Cursum Biblicum confecit, & adepto Baccalarij Gradu an. *1451.* ad Monasterium reuersus est, post obitum verò Petri Seclier, ad Prioris Maioris dignitatem euectus est: qua non contentus Doctoralem quoque Lauream cum ea coniunxit. an. *1461.* cum alijs Vniuersitatis Legatis ad Regem missus tum Turonis commorantem, anno *1463.* Romam contendit vt Domus suæ Priuilegiorum confirmationem obtineret. Reuersus apud S. Medericum Quadragesimales sermones habuit an. *1464.* visendæ quoque Terræ-sanctæ desiderio nonnullos ex Auditoribus suis Comites habuit, an. *1466.* & interalios M. Franciscum Fernebourg S. Genouefæ de ardentibus Curionem. Quo itinere confecto intra 7. mensium spatium Renatum Siciliæ Regem Andiumque Ducem adijt, eique fuit à Confessione auriculari. Demum Massiliæ obijt an. *1474.* Et de eo sic habetur in Necrologio San-Catharinensi, scribente M. Ioan. Maupoint eiusdem Domus olim Priore. *Hic Domus Vallis-Scholarium egregius orator & prædicator circunspectus & prudens, ipsius Illustrissimi Principis Renati nomine, Regis Siciliæ, Ducis Andegauensis & Comitis Prouinciæ Confessor, totius Ordinis Scholarium Clypeus & à 4. summis Pontificibus multùm amatus, etiam & amatus à Regibus & pluribus Magnatibus. Tandem in obsequio ipsius Regis Siciliæ obijt seu decessit in ipsa Dominica die 7. Iulij 1474. apud Marseille en Prouence, & ipso die sepultus & inhumatus fuit in Ecclesia seu Conuentu FF. Augustinensium ipsius loci de Marseille.*

Ex quo decessit, Paradisus ei requies sit.
Viuere da Domine cum Sanctis hunc sine fine.

Ioannes Pulcri-Patris Niuernensis superiori seculo & hoc quoque floruit in Artium Professione; quam per plures annos exercuit. Anno 1408. die Octob. supplicauit Nationi Gallic. matri suæ, vt sibi Deputatos concederet *qui haberent videre Statuta Collegij de Aue Maria*, dicens se habere *jus per fundationem Collegij in illius Magisterio.* Anno 1411. die 23. Iunij assumpto M. Dominico Chaillon in Rectorem tunc Procuratore Nationis Gallic. suffectus est. Collegium Trecorense mense Augusto sequente reformauit, vt retulimus in historia. Iterum Procurator electus fuit, an. 1412. Rector quoque Vniuersitatis 10. Octob. 1412. quo tempore Procurator Nat. Gallic. erat M. Martinus de Arragonia Baccal. formatus in Theologia. Lauream assecutus aliquandiu Cancellariam Ecclesiæ & Vniuersitatis Paris. exercuit, absente M. Ioanne Gersonio, post M. Petrum de Direyo.

Ioannes Raulinus Diœcesis Senonens. Licentiatus est in Artibus an. 1461. Procurator Nation. Gallic. factus 21. Octob. 1472. tunc Regens in Artibus, deinde Theologiæ Doctor & Professor, Protogymnasiarchatum Nauarricum obtinuit, etiam reluctante Ludouico XI. sic enim ille Ep. 5. ad Ioannem Standouк. *Eia frater age, commodè tibi speramus omnia successura. Experto crede mihi. Pro Regalis Collegij Nauarræ Magisterio pugnaui contra fauorem Regis Ludouici, instigante adhuc Narbonensi Archiepiscopo qui omnia condigerebat. Non Ego, sed Dei gratia mecum. Et tunc in solis nudisque intellectibus positus eram, vt pote qui nec Beneficium, nec Officium, imò nec denarium habebam, & nescio vnde omnia superuenerunt abunde.* Iurium Ecclesiasticorum zelator fuit acerrimus, Ioanni Standoux autor fuit persequendæ litis aduersus Cardinalem Maclouiensem, quem ambitiosissimum & ignarissimum fuisse satis indicat in Epistolis; quamobrem illi vehementer succensuit Cardinalis, sed nihilo segnius ille Ecclesiæ causam tutatus est. Cuius cum deprædationes molestè ferret, simulque mundi scelera, clam & nemine monito, Collegium Nauarricum deseruit, seque ad Cluniacenses contulit circa an. 1491. successorē habuit M. Ludouicum Pincllam Theologiæ Professorem, apud quem se quoque per Epistolam excusat, quod furtim discessisset. Alia verò Epistolâ innuit se à fundamentis eduxisse Bibliothecam Nauarricam, Pinellam verò absoluisse & compleuisse. In Epistola autem ad M. Io. Lentement olim Rectorem Vniuersitatis, tunc verò Constantiensis Ecclesiæ in Germania Canonicum Lectorem, sic de se suaque conuersione scribit. *Scis, frater! labores meos, quibus nuper in seculo cum Parisiis regerem, perditus & pernox vacabam, & quamplurima eorum satis elaborato studio per Dei gratiam cognoscis apud nos esse recondita, nec tamen ordinata & disposita vt prodeant in publicum, ac aliquando eorum nonnulla grauissimo furto à me surripuisti, nunc apud Cluniacum famatissimum cœnobium, bene nunc secundùm antiquorum patrum Regulas & Obseruantias institutum, mihi inueni requiem.* Et in Ep. ad Ioa. Standouk de se sic loquitur. *Quamobrem bene faciunt qui tecum sunt, pro tuo denique iure sollicitè ignorantes iam præteritum nostrum viuendi studium. Parisiis enim degens sicut passer solitarius in tecto, non palatia, non tribunalia, non alienas domos rimabar, solam vnam domum intra Parisios muros frequentans, cum nemine alio familiaritatem contrahebam, &c.* Et in Ep. ad Custodem Basileensem suæ fugæ causam scribit his verbis. *Vis scire meam à seculo fugam. Ego enim ipse sum qui nuper in almâ Parisiorum vulgata per orbem & omnium scientiarum Parente Vniuersitate inter cœteros coæuos meos florens amicis & Consanguineis vndique circumuallabar magnorum fauoribus, si fas sit dicere, in cælum vsque sublimatus, opulentus diuitijs, officijs & beneficijs plurimis: quippe qui magni illius Collegij per vniuersam Romanam Ecclesiam celebrati, quod vulgò Nauarræ dicitur, magnus Magister & dicebar & eram quamuis indignus. Quid plura, honoratus inter plurimos delicatè nutritus eram, vt pote qui singulis diebus ad pinguissima Conuiuia euocatus, quandoque attractus, quandoque vi pulsus. Itaque vt more Epulonis Diuitis quotidie epulabar splendide, & his omnibus quasi catena ferrea ligatus eram. Cum verò arrideret mihi mundus, fallerétque plurimum; inter decipiendum videbam plurimorum mortes terribiles, mirabiles, nonnullos quidem doctos quasi stultos Idiotas morientes. Alios in tremore maximo, ac si ad patibulum posies existerent, vi & violentia exeuntes. Alios diuitijs refertos quamprimum post mortem sic pauperes, vt omnia velut in ventum puluis, spargerentur. Et tunc vt verbis vtar Salomonis, laudaui magis mortuos quàm viuentes. Inde vt mortuus & per Dei gratiam fractis catenis ferreis, quibus detinebar, mortis discipulus efficerer quæ multos crudit, quamuis tardè, elongaui fugiens parentes meos distantia quasi ducentorum octoginta milliarium, & Parisios distantia fere 200. & in hac solitudine Cluniaca iam nuper mortuus sum, &c. Qui nutriebar in croceis, nunc cibus aridus dulcis est; qui mollibus vestiebar in domibus Regum & Præsidentium, nunc mihi deliciæ sunt aspera vestis, hirsutus habitus, vilis supellex, vigiliæ longæ, ieiunium multum, silentium assiduum.*

 De Raulino verò rem mirabilem refert Ascensius in commento c. 17. lib. 15 Noct. att. Gellij quam se audiuisse multoties ait à Mecenate & auunculo suo M. Iacobo Molino seu de Molendino in Theol. Doctore nempe Ioan. Raulinum cum in Collegio Cluniacensi Paris. media nocte somnum caperet, repente surrexisse, quósque habebat sodales proximos euocantem iussisse vt preces religiosè & feruentissimè pro fratre Burguino offerrent. (Is autem aberat 40. milliaribus domus negocia procurans, & ipse tunc in agonia luctabatur maximè & laborabat in extremis; & quò vicinior erat Burguini exitus, eò incensiores iubebat preces effundi.) Inde vnumquemque remittendo noctem transegisse: post paucos verò dies Burguini nunciatum fuisse obitum, scitumque ea ipsa horâ expirasse, quâ cessandum Doctor ille, nempe Raulinus præceperat.

 Fuerunt eodem seculo duo alij eiusdem cognominis, Ioannes Rolin Æduus Cardinalis & Episcopus Æduensis, tit. S. Stephani in Celio monte, qui Patrem habuit Nicolaum Philippi Burgundiæ Ducis Cancellarium: Et ille obijt an. 1483. Et Ioannes Rolin eiusdem nepos in Camera Inquisitionum Lutetiæ Præses, Ludouici XII. Consiliarius, idémque ex Decano factus an. 1501. Episcopus Æduensis.

 Ioannes de Rely Atrebatensis Balduini de Rely & Ioannes de Brioys filius in Artibus Magister & in Theologia Baccalaureus formatus 23. Iunij

1471. electus est in Rectorem Vniuersitatis, deductusque est magno comitatu consociorum ad Collegium Nauarricum. Hinc Doctor Theologus, S. Martini Turonensis Decanus, Carolo VIII. à Confessionibus & sacris Concionibus. Die 1. Dec. ib. an. 1491. electus Episcopus Andegauensis, die Dominica 14. Oct. . 1492. solemni ingressu vrbem felicitauit. Regem ad expeditionem Italicam comitatus est, ad Alexandrum VI. Pontificem nomine Regis plurimas legationes obijt, tractandorum causâ negotiorum. Ad eum vt Confessarium Caroli & Nauarræ Gubernatorem, scripsit Ioannes Raulin magnus olim Magister ipsius Regiæ Domus Nauarricæ, *Gaudeo quod Regalis Domus Nauarræ curam geris, spero quod sub alis tuis prosperabitur & meliorabitur. Agnosco zeli tui feruorem quem circa studij agones & agonistas pridem habuisti. Similis enim sibi simile natura optauit semper, nec tui pro ætate refrigescentis in corpore requiescet charitas in mente, propter quod si illam Domum tibi commendauero, non dubito quod benedicta Curiæ aqua me aspergas; sed magis rem tibi gratissimam suggerens, repulsam minimè patiar. Et vt nescias non ficto animo, sed sincerâ zelare amicitiâ, quasi Patrem, quasi Fratrem, quasi amicum tenerrimum, quasi peregrinationis & studij & laboris mei (sicut & spero) præmij futuri consortem amantissimum, si te contingat Domum illam castissimam atque religiosissimam visitare, pro facie mea videbis quos ibi reliqui nepotes meos exhortans eos ad Christum, quem eis solummodo cum permodica supellectili dereliqui.* Ad eundem vt Episcopum Andegauensem scripsit aliam Epistolam quæ incipit. Postquam Lugduni vale dixi tibi. In eaque sui à Collegio & à mundo recessus mentionem facit. Reuocat quoque in memoriam quod cum Collegij curam haberet, eidem optimos quosque commendabat. *Cum Parisius sub tua prudentissima directione militarem, tirones in Schola scientiæ quos noueram optimos optimeque capaces Academiæ solicitè tibi inter cognatos & notos, inter alienigenas & ignotos requirebam. Nunc, &c.* Reuersus denique ex Italia Regi suo satis functo apud Sandionysium parentauit an. 1498. & paulo post ipse decessit Salmurij Apoplexia correptus 27. Martij eiusdem anni, cuius corpus translatum est Andegauum & in Capella Antistitum repositum cum epitaphio quod legitur in Gallia Christiana Sammarthanorum.

Ioannes Capnio (aliàs *Reuchlin*) Teutonicus Phorcensis ex oppido Phorcen Sueuiæ, vt ait Trithemius, seu vt alij, ex oppido Pfortzemij Marchionatus Badensis nascitur die 28. Decemb. an. 1455. Lutetiæ discit linquam Græcam ex discipulis Gregorij Tiphernatis an. 1473. vt ipse scribit. Ep. ad Fabrum Stapulensem. *Quod non ignorarent, inquit, me ante omnes annis citra 40. rursus Alemaniæ Scholam Græca elementa docuisse, quæ ipse Ego quondam in vestra Gallia ex discipulis Gregorij Tiphernatis adulescens Parisijs acceperam anno Domini 1473. quo in tempore illic & Io. Lapidanum Theologiæ Doctorem in Grammaticis ad Sorbonam & Guill. Tardinum Aniciensem in vico S. Genoucfæ & Robertum Gaguinum apud Mathurinos in Rhetoricis Præceptores audiui. Demum post aliquot annos è Sueuia rediens ad Parisios Georgium Hermonymum Spartiatem Græcè assecutus sum.* Quæ verba in præfatione suæ Grammaticæ Hebraicæ & alibi sæpè refert. In Ep. ad Sorbonicos sic quoque loquitur an. 1513. *Sicut Scholaris Vniuersitatis Paris. egregij quondam Theologiæ Doctoris D. N. Ioan. de Lapide discipulus in Sorbona & postea Marchionis Badensis nunc Episcopi Traiectensis (Frederici de Bade) condiscipulus, quondam ad Solem habitans in vico S. Iacobi ante annos si ritè recordor 45. & hactenus almæ matri nostræ Parisiensi Vniuersitati non paruam laudem attuli scribendo, docendo, loquendo, vt nostra opera indicant.* Hic primus litteras Græcas in Germaniam intulit, adlaborante Rodolpho Agricola, magnaque felicitate propagauit. Grammaticam Græcam quam composuerat, publicè prælegit Pictauij an. 1480. & an. 1481. Laureâ Doctorali in Iure Ciuili ibidem donatus est. An. 1506. primus Hebraïcam Grammaticam Latinè vna cum Lexico Hebraïco edidit. Obijt Stutgardij 30. Iunij an. 1522. ætatis 67. & libros quos habebat Hebræos & Græcos, Collegio Phorcensi testamento legauit.

Ioannes Riuole Diœcesis Niuernensis à puero in Collegio Nauarrico educatus incepit in Artibus an. 1472. Nationis Gallicanæ Procurator electus an 1474. Vniuersitatis Rector an. 1493. prædictæ Nationis Quæstor seu Receptor an. 1496. Acceptique & expensi rationes reddidit die 6. April. an. 1497. post Pascha. In suo verò Rationario notat inter cætera ad diem Sabbati 11. Feb. se pro Prandio Regentibus fieri solito dedisse singulis quatuor solidos Paris. *Item, inquit, eadem die Sabbati 11. mens. Feb. debebant DD. Procurator, Decani & Regentes celebrare Prandium, expensis Nationis, vt solitum est, sed visum extitit, vt loco Prandij vnusquisque 4. solidos Paris. haberet. Et ita fuit conclusum. Quare fuit distributa tam pro præsentibus quàm absentibus summa 19. lib. 15. solid. Paris. 3. den.* Turonenses. Subsecuti Receptores idem notant suis temporibus vsurpatum. Idem die 25. Maij 1504. electus fuit Quæstor seu Receptor Vniuersitatis: quod munus an. 1513. eiurauit, in gratiam M. Ioannis Nicolay. Cœterum prædictus Riuole longo tempore fuit Pro-Magister Grammaticorum Nauarricorum, eius mentio fit ad an. 1487. in Instrumento quod inter Nationem Gallicanam & Collegiales conditum est. Multa bona prædicto Collegio contulit: Imprimis Calicem inauratum Floribus liliatis consspersum Capellæ dedit, duos Obitus fundauit: Domum quæ ad Portam Collegij Grassinæi in vico Amigdalarum sita est, legauit. Vestibulum Collegij Nauarrici figuris & statuis insculptum ornatumque quale hodie conspicitur, proprijs sumptibus construi fecit. Obijt Decanus Tribus Senonensis anno 1518. & in Naui iacet ad altare S. Sebastiani.

Ioannes Sautetus Doctor Theologus, idemque Poëta eximius: neque enim ille Doctorali laurea insignitus respuit Parnassi Musas colere: quam laudem ei tribuit Gaguinus.

Garrula cum nuper Sautetum fama referret,
 Se tandem in nostros contulit ampla lares.
Non qualis Bauio, sed maxima quanta Sophocli,
 Versibus excelsis clara perenna velat.
Me pudor inuasit, quod quæ vicina sonabant,
 Vix mihi surdastro noscere musa dabat.
Sed neque Theologum fidei quem feruor adurit,
 Audieram Aonijs velle coire choris.
Ibo, inquam, & plenum venerabor Apolline vatem,
 Gallia quo Ligures vincat & Ausonios.
Gratulor ergo tibi Musis dilecte Poëta,
 Quem numeris clarum Clio sonora facit.
Sed quo semper eas felici carmine maior,
 Dic quæ Mœonidem Patria certa tulit.

Respondet verò Sautetus his versibus.

Scotus Aquinatem non tanto pulsat Achille,
 Sautetum quanto magne Gaguine feris.
Diuinos latices sancto sub Principe Thoma
 Haurio, quos reliquis fundere mente sedet.
Pierius calor ipse meum non contigit vnquam
 Pectus, adest nulla musa vocata mihi.
Sautetum placidus nunquam cognouit Apollo,
 Promere tam villam barbariemque pudet.
Te lepos ipse alius, tibi nupsit summa Poësis,
 Sat mihi sit ferulæ supposuisse manum.

Dum Thomam relego, dum nescio prorsus Homerum
Quàm sit Moeonidis patria certa, petis.
Quod petis, hoc nosti. Varios sibi sors dedit ortus,
Huncque refert Ciuem Græcia tota suum.

Ioannes Standouk, vulgo Standon Meckliniensis, Patris sutoris filius magno labore & rei domesticæ difficultate studiorum cursum confecit, quo tandem confecto & Gradibus assumptis, in Artium & Theologiæ professione inter præcipuos claruit. Vniuersitatis Rector fuit electus 16. Decemb. 1485. tum Baccal. formatus in Theol. Diuini verbi Ecclesiastes indefessus sermone cum Gallico tum vulgari seu Teutonico. Collegij Montis-Acuti seu Capetarum Primarius constitutus, Pauperum Scholarium educationi se totum addixit, iuxta illud conduxit hospitium anno 1491. vt pius exciperet vnde quaque confluentes, quos omnes horâ diei vndecimâ ad Carthusiam mittebat, vt eis panis cum pauculo iure quemadmodum & alijs mendicis erogaretur. Huius viri exemplo & pietate moti Pij aliquot homines, ijsdem Pauperibus celebrem à fundamentis Domum exædificarunt dotaruntque & inter cæteros Ludouicus Granvillæus vir apud Carolum VIII. potentissimus & maris præfectus. Vacante per obitum Roberti Briçonneti-Cancellarij Franciæ & Archiepiscopi Remensis an. 1497. Præsulatu Electorum vnus Deum magis habens præ oculis quàm homines, virum hunc tantæ famæ & pietatis exemplar delegit, cæteris Guillelmo Briçonneto Cardinali Maclouiensi nuncupato suffragantibus. Lis agitata est in Curia Parisiensi, eiusque videtur fuisse Cognitor (Relatorem vocant) Ioannes Picardus Senator integerrimus, ad quem Ioannes Raulinus Magnus antea Collegij Nauarrici Magister, tunc verò Monachus Cluniacensis pro ipso Standouko scripsit, quem cum resciuisset dicere, mirari se quod Standoukus vnius suffragio fultus electionem suam tueri vellet, inducere conatur ad credendum id etiam canonicè factum. *An pluris facis, inquit, hanc electionem quàm Ecclesiæ fidem? quæ tamen aberrantibus omnibus in vna persona permansit intacta, & tu optimus fidei cultor Ecclesiam non dissentis in vno consistere, & Electionem Ministri Ecclesiæ in vno stare posse negas: quod si dixeris, non tibi fore perspicuum quod hic Dei causa peragatur, ex fine quem sibi quisque contendentium vita & moribus constituit, perpendere potes. Oculos habes apertos vt luce clarius videas, vnus animus, alter zelat opes; vnus quæ Dei, alter quæ seculi? An non intelligis illum vnum ab vno electum quicquid habet, quicquid sapit, quicquid loquitur, quicquid operatur, omnia in Dei operas expendere; sed vt super expendat magis, sibi parcum, alijs largum; sibi austerum, alijs mansuetum. Taceo de altero vt nemini succenseam*, &c. denique causa cecidit Standoukus. Fatis verò functo Carolo & Ludouico XII. ad Regni habenas succedente an. 1498. ei suspectus fuit ob linguæ libertatem. Nam imprimis cum Rex Ianam Caroli defuncti sororem inuitus duxisset, ab eaque vt pote ex qua liberos procreare non poterat, diuortium facere cuperet, & Annam viduam ducere, re Prelatis & Theologis per Alexandrum Pontificem commissa ad examinandum, obstitit ille pertinaciter, Regemque corripuisse fertur his verbis; *non licet repudiare vxorem non fornicariam, non licet ea viuente introducere aliam. Non licet habere vxorem fratris.* Deinde, cum Edicto Regio imminuta fuissent Vniuersitatis priuilegia, & ille publicè contra Regni Rectores, imprimis verò contra Guidonem de Ruperforti tunc Cancellarium declamasse diceretur, exulare coactus est. Ergo Cameraci ab Henrico de Bergis Præsule excipitur, nec destitit à prædicatione verbi Diuini, modò Louanij, modo Bruxellis, confluente illuc ingenti hominū multitudine. 4. domos seu Collegia Pauperum Scholarium fundauit, aut reditibus auxit præter Parisiense, Cameraci Standonicum, Louanij, tertium Mechliniæ, quartum Valencennis. De Louaniensi sic Adrianus Barlandus Rhetor olim Louaniensis. *Qui hic aluntur Iuuenes primum Philosophiæ, deinde sacris litteris*

litteris non segnem operam impendunt. Complures in hoc contubernio exolvendis Orthodoxorum voluminibus adeo assiduam operam dederunt, vt doctissimi euaserint; alijque ob egregiam doctrinam vocati ad Ecclesiarum præfecturas; alij ad alios honores dignitatesque per Principes viros assumpti sint. Nihil dico de studio pietatis, vigilijs, ieiuniis, precationibus alijsque consimilibus progymnasmatis, quibus Sacerdotium meditatur hæc iuuentus. Extat inter Epistolas Raulini vna Consolatoria ad Pauperes Scholares Montis-Acuti, absente suo Magistro, quam nos in historia retulimus. Demum Ludouicus Rex pietate motus hominem tantum tamque eximiarum virtutum anno 1500. reuocauit ab exilio, & in integrum restituit. Obijt verò ille 5. Idus Feb. an. 1501. & in Capella Collegij sui sepultus est.

Ioannes de Templis Diœcesis Trecensis, Magister in Artibus & Baccal. formatus in Theologia Societatis Nauarricæ factus est Nationis Gallic. Procurator die 2. Iunij *1414.* illudque munus ad finem vsque Augusti gessit. Quo Procuratore M. Io. Campani Rector iniuriam sibi à M. Vrsino de Tailleuande Doctore Theologo illatam Vniuersitati exposuit. Ad eundem de Templis extat Nicolai Clemengij Ep. 122. qua illum ad seminandum Dei verbum adhortatur, eosque redarguit qui se sibi solis natos esse putabant, Doctorali apice & honore contenti. *Quid*, inquit, *infelices illi dicturi sunt, quando ab eis suæ villicationis ratio reposcetur qui doctrinâ instructi, missione vocati, Magistrali autoritate insigniti, Pastorali præsidentia sublimati fundatam per simplicissimos Piscatores Ecclesiam Dei & totum olim per mundum diffusam in has permiserunt angustias, ruinas, desolationes, calamitates & miserias suis desidiosis moribus, silentioque damnabili recidere.*

Ioannes Trithemius sic dictus à vico natali ad Mosellam fl. sito in Spenheimensi Benedictinorum Cœnobio, 1. lapide à Crucenato Palatinatus Rhenani oppido, Monachum induit an. 1482. hinc Spenheimensis primò Abbas: deinde quorumdam Monachorum inuidia expulsus post 23. & amplius an. regimen, comparatam que 1000. & amplius voluminibus Bibliothecam, Herbipolensis Abbas factus apud S. Iacobum. Habuit vt ipse scribit, duos in litteris Græcis Præceptores sibi inuicem succedentes; quorum primus fuit Conradus Celtis, Protucius Natione Francus, Orator & Poëta Laureatus; à quo Grammatices & prima Græcanicæ institutionis rudimenta percepit: Secundus fuit Ioannes Capnion aliàs Reichlin. Natione Sueuus ex oppido Portzensi oriundus, homo eruditissimus & singularis gratiæ dicendi, à quo in altioribus Græcæ linguæ præceptis, Latinæ & Hebraïcæ meruit edoceri. In Hebraïcis quendam Iudæum baptizatum Pauperem Heildebergæ habuit Præceptorem, quem postea effectus Abbas ad se ad Monasterium Spenheimense accersens, quandiu vixit, propter Deum enutriuit. Habuit & Libanium Gallum S. Quintini Præceptorem in eloquentia quem vnice amauit, & ad quem extant plures Epistolæ. Obijt an. 1511. Eius opera propè infinita sunt.

Ioannes Varembon Diœcesis Æduensis Licentiatus est in Artibus anno *1468.* Procurator Nationis Gallic. factus 16. Decemb. *1474.* cuius quoque & Capellanus fuit. Eiusdem Procurator iterum an. *1478.* Rector Vniuersitatis 10. Octob. *1493.* diu in Artibus rexit in Collegio Nauarrico, ad quem Ioan. Raulini olim eiusdem magni Magistri postea Monachi Cluniacensis extat Epistola Congratulatoria pro beneficijs spiritualibus in nepotes collatis. *Si mutaui vestem, inquit, mutaui statum, mutaui animum, sola manet quæ te amauit caritas, non immutata, sed aucta.... quomodo non amicitia iungerer, quando me absentem in meis nepotulis repræsentas? Quomodo me non amares longè distantem, quando Sanguinem meum sæpenumero visitas, amplecteris, foues, erudis, nutris Parisius derelictum & tibi præsentem? Discunt à te beatarum virtutum ac insignium morum tuorum exercitia, discunt à te D. Iesum & ei ex toto corde famulari. Non eis dum recessi, dereliqui beneficia, non officia, non patrimonia, solum Christum hereditatem meam, omme bonum meum delegaui cum eleemosyna parua quâ substantentur in Scholis.* Erat adhuc Tribus Senonenfis in eadem Natione Decanus an. 1504. cui videtur succeffisse M. Io. Riuole Grammaticorum eiusdem Collegij Proprimarius. Succeffit autem in Decanatu M. Stephano Pacquot an. 1482. eiusque cum Vrfino Pacquot Testamentarius fuit Executor.

Ioannes Varini determinauit in Artibus an. 1384. sub M. Io. de Meillerayo, omnibus Nationis Gall. Officijs muneribusque perfunctus, factus est Vniuersitatis Rector die 15. Decemb. 1408. qui paulò ante fuerat prædictæ Nationis Quæstor seu Receptor. Idem eiusdem Procurator 10. Martij 1421. tum Baccalarius in Medicina, in qua Facultate Doctoralem lauream consecutus, eiusdem fuit electus Decanus 6. Nouemb. 1423. tum nouus Doctor actu Regens; electus, inquam, duobus alijs Magistris munus istud & onus detrectantibus, vt legitur in Actis Medicinæ. *Dati sunt Intrantes qui elegerunt M. Droconem Decani in Decanum, qui recusauit officium, & loco eius elegerunt M. G. Dionysij, qui recusauit allegans, quod paucum temporis erat lapsum quo receperat dictum Officium.* Et ideo Decanus videns has recusationes, nominauit coram Facultate alterum duorum aut M. Ioan. Colini, aut M. Io. Varini, *& quinque Magistri Regentes cum Decano præsente elegerunt & nominarunt in Decanum M. Io. Varini*, qui receptus est Decanus Facultatis illo die, quamuis tres alij dedissent vocem suam M. Eustachio Calculi. *A maiori tamen & saniori parte Magistrorum Regentium* receptus est dictus M. Ioa. Varini Decanus Facultatis, & antiquus Decanus *tradidit illico eidem librum Statutorum Facultatis & sigillum Decanatus argenteum cum catena argentea*, præstito primitùs per nouum Decanum solito coram Facultate iuramento, iuxta tenorem Statutorum dictæ Facultatis.

Ioannes Versoris Normanus Rector Vniuersitatis electus 23. Iunij 1458. diciturque in Actis Nat. Gall. *vir venerabilis & discretus, vtique doctus & bene meritus*. Item conuocata Facultate in S. Iuliano Paupere suppli-
„ cuit magnæ & eminentis scientiæ vir M. Ioa. Versoris tunc Rector almæ
„ Vniuersitatis pro lectura Ethicæ, quæ quidem lectura secundum tur-
„ num erat concedenda alicui de Suppositis vener. Nat. Normanæ, cuius
„ Nationis est præfatus I. Rector.

Ioannes Voignon aliàs *Vignon*, Nationis Gallic. Procurator electus fuit an. 1382. die 13. Martij, Vniuersitatis Rector electus 16. Decemb. 1383. quo die eiusdem Nationis Procurator factus est celeberrimus Artium Professor M. Io. Morame. Idem Voignonius ad Medecinam se contulit, eratque Decanus suæ Facultatis anno 1394. habuitque anno sequenti 6. Nouemb. successorem M. Petrum de Vallibus. Plurimas Legationes suæ Facultatis nomine cum alijs Vniuersitatis legatis obijt, & vnam præsertim ad Ducem Burgundiæ. Cui & MM. Ioanni Courtecuisse & Reginaldo de Fontanis datæ sunt Instructiones quæ sequuntur.

1. Regratiandum est dicto D. super affectione bona quam habet & habuit ad bonum Vniuersitatis & super litteris suis eidem Vniuersitati nuperrimè transmissis.
„ Item respondendum est punctis in eisdem litteris contentis, videlicet
„ **de relatibus quos quidam Dominus scribit Vniuersitati factos fuisse super**
„ priuatione sui Confessoris, narrando eidem Vniuersitatem non fuisse de
„ eo male contentam, neque de hoc aliquid audierat, quæ si ad ipsius Vni-
„ uersitatis notitiam deuenissent, non præbuisset aures credulas nisi prius
„ ab eodem Natio nouisset veritatem purissimam.
„ Item quia postulat sibi fieri narrationem gestorum in facto Ecclesiæ
„ per Ambassiatores aliàs transmissos, apud duos contendentes, informetur.
„ Item etiam informetur de eis quæ circa factum vnionis gesta sunt Pa-
„ risius post reditum eorundem Nunciorum, & tangatur appunctuamentum.
„ Item supplicetur eidem quatenus semper promoueat factum vnionis
„ Ecclesiæ ad intentionem Vniuersitatis, & semper eam habeat in omni-
„ bus suis agendis recommissam.
„ Item petantur ab eo litteræ consensus ipsius in ordinationem Regis

Vniuersitatis Parisiensis.

super facto Neutralitatis cursum habere debentis in festo Ascensionis Domini proximè venturo, si infra diem illam non fuerit vnio Ecclesiæ.

Item supplicetur eidem quod laboret efficaciter, quod fiat reparatio iniuriæ illatæ Ecclesiæ & Vniuersitati per *Præpositum Parisiensem, & aggrauetur factum, quantum fuerit possibile, & quod nisi cita fiat reparatio, Vniuersitas est in periculo dissipationis & exterminationis finalis, quia iamdiu cessauit à lectionibus & sermonibus; & adhuc de facto cessat.* Et hinc oritur murmur in populo valde magnum & hinc scandalizantur Clerus & Ecclesia.

L.

LVDOVICVS DE AMBASIA, Ludouici de Ambasia Episcopi Albiensis ex fratre nepos, Patruo Coadiutor datus, discipulus olim M. Ioannis de Lentement in Artibus Professoris, deinde Doctoris Theologi; vt clarè perscribit Ioannes Raulinus ep. ad ipsum Ioannem data. *Tuus nuper discipulus M. Ludouicus de Ambasia Episcopus est Albigensis sub illo antiquo Patre D. Albigensi. Eumque dirigit noster Scholaris & tuæ Licentiæ Theologalis consors M. Ludouicus* De la Houssaye, *qui in proxima quadragesima intendit suscipere Magisterij Theologalis lauream.* Ad eundem recens factum Episcopum extant plures Io. Raulini Epistolæ, ex quibus intelligitur ipsum quoque habuisse discipulum in Collegio Nauarrico.

Ludouicus Bailly Parisinus Magister in Artibus & in Decretis Baccalarius fuit electus Procurator Nationis Gallicanæ die 27. Aug. 1431. iterùm 5. Maij 1432. tertiò 23. Septemb. 1435. tunc Presbyter, Licentiatus in Iure Canonico & Aduocatus in Curia Ecclesiastica, vt ipse scribit. Quarto Procurator refectus 23. Septemb. 1437. pluries quoque Rector Vniuersitatis fuit, 10. Octob. 1433. iterum 23. Martij 1434. tertiùm 15. Decemb. 1436 quartùm 24 Martij 1437.

Ludouicus de Bellomonte, Ludouici de Bellomonte Pictauiensis, Cenomanensium Proregis filius à Ludouico XI. ad Episcopatum Parisiensem per obitum Guill. Quadrigarij promotus est, & an. 1473. teste Roberto in Gallia Christiana, vna epulatione Curiam, Academiæ Proceres, Cameram Computorum, Officiales, Libellorum supplicum Magistros omnes, Secretarios Regis, Præfectum Mercatorum cum Scabinis & nobilissimas quasque Personas Parisiorum munificentissimè excepit. Vir fuit omnibus doctis acceptissimus, vt pote quos ipse plurimùm diligebat. Eius iussu Martyrologium Ecclesiæ Parisiensis recognitum; quod opus M. Ioannes le Munerat Licentiatus Theologus è societate Nauarrica concinnauit, eique dedicauit. Obijt, die 4. Iulij an. 1492. ætatis 45. in cuius Epitaphio legitur fuisse *Præcipuum litterarum amatorem.*

Ludouicus Pinella Bituricensis incepit in Artibus an. 1480 Procuratore Nat. Gall. M. Petro Mesnart, in Collegio Nauarrico diu rexit in Artibus: hinc socius Collegij Baccalaureus in Theol. & Doctor, tandem post M. Ioannem Raulin magnus Magister, Bibliothecam Collegij quam Raulinus è fundamentis eduxerat, perfecit: quamobrem illi Raulinus per **Epistolam gratulatur his verbis.** *De resarciendis hinc inde ruinis, corporeis videlicet & spiritualibus totam tuam videris texere Epistolam. Regalis Collegij Nauarræ asseris prope reparatam Bibliothecam. Amicos insuper ad id agendum cum immensis muneribus tibi comparas. Super his gaudes, & ego tibi congaudeo. Ego si quidem Regiis munusculis illam à fundamentis plantaui, rigauerunt amici, & Deus te cooperante incrementum imo & complementum dedit.* Eidem alia Ep. commendat nepotes sui Collegij alumnos. Eum quoque hortatur ad defensionem veritatis, eumque videtur arguere quòd doctrinam haberet accommodatitiam. *Audiui,* inquit, *laudari doctrinam tuam, & ad horam exultaui. Sed eam dixerunt te minimè aduersus omnem altitudinem extollere, sed aduersus scientiam Dei applicare. Vnde dolui, iam in ianuis erat, vt grauiter laboranti medela quæreretur Ecclesiæ. Ecce accepi, eos tueris, & apertè laudas & magnificas qui Dei Ecclesiam sermonibus optimis con-*

Tom. V.   XXXxx ij

struunt, patentibus verò factis destruunt & confundunt pro eo optimè ponentes os suum in cœlum, dum lingua cordis eorum transiret in terram quærentes quæ sua sunt non quæ Christi Iesu, non quæ Ecclesiæ sanctæ. Carolum VIII. comitatus est ad expeditionem Italicam & die Iouis in Cœna Domini quo Rex 13. Pauperum pedes lauit, sermonem habuit ad populum & consequentibus diebus Paschalibus an. 1495. Idem an. 1503. factus Cancellarius Ecclesiæ Parisiensis, & Vicarius Generalis Episcopi Poncherij. Demum Ludouici XII. beneficio anno 1510. ad Episcopatum Meldensem promotus est, cuius Ecclesiæ fuerat ante Canonicus. Obijt an 1516.

Ludouicus de Villaribus, ex illustri Gente Villarium insulæ Adæ ad Isaram Iacobi Boloniensis Seneschalli, ac Præturæ Parisi. Præpositi & Ianæ de Nigella filius à puero in Vniuersitate Parisi. educatus, eiusdem Rector electus fuit die 24. Martij 1482. Et ille sui Rectoratus tempore Matrimonium Delphini cum Margareta Austriaca, ita postulante Rege; postulantibus quoque sponsæ parentibus, Vniuersitatis authoritate comprobauit. Demùm post obitum Ioannis de Barro Episcopi Beluacensis, qui accidit 15. Martij anno 1487. vnanimi Capituli electione & suffragio successor nominatus & installatus: deinde Remis feria 2. post Epiphaniam an. 1488. inauguratus, frustra renitente Antonio du Bois Protonotario Apostolico, quanquam Innocentij VIII. immo & Regis commendationem afferente; possessionem tamen obtinere non potuit pacificam ante an. 1497. quo Sacramentum fidelitatis & hominij Regi præstitit. Obijt 24. August. an. 1521. & in choro Cathedralis sepultus jacet.

Ludouicus XI. filius Caroli VII. Præceptorem habuit, vt putat Naudæus in additione ad eius Historiam, Ioannem de Arconuallę; sed malè meo iudicio si tempora spectantur. Græcos exulantes excepit, benignéque tractauit. Extat ad ipsum Francisci Philelphi Epistola 42. l. 30. commendantis ei Georgium Clizim. *Etsi non eram nescius, Rex Ludouice! vt es Princeps Christianissimus, sine vlla etiam mea commendatione ea vsurum in Georgium Clizim benignitate ac munificentia qua semper in illos omnes consuesti, qui ex teterrimo illo naufragio Constantinopolitano, vbi nudi atque inopes euaserunt, per vniuersum Orbem terræ circumquaque iactati miserabiliter mendicare coacti sunt, tamen non potui viro bono atque opifici nequaquam ignobili meum negare officium. Hermonymum Spartiaten, & Tranquillum Andronicum Dalmatam pari benignitate excepit;* sed & complures alios viros doctos & in omni Artium genere excellentes in pretio habuit, Io. Anto. Ferrabos Poëtam Laureatum, Dominicum Mancinum, Hieronymum Bolbum, Guillel. Tardinum, Ioa. Lapidanum, Robertum Gaguinum; è Theologis MM. Io. Boucardum Episcopum Abrincensem, Martinum Magistri Sorbonicum & complures alios. Nominalium & Realium dissidia quæ Vniuersitatem turbabant, compescuit; libros Nominalium ad tempus in vinculis haberi iussit, compositâ verò pace paulo pòst, eorundem copiam fecit, eosque legendi & docendi libertatem concessit. Quanquam verò litteras amare eaumque professores diligere videretur, non defuerunt tamen qui eum carperent, quod filium suum Carolum noluerit plus discere Latinæ linguæ quàm illa quinque verba, *Qui nescit dissimulare, nescit regnare.* Imo Papyrius Massonius lib. 4. Annal. de eo scribit. *Litteras ei nequaquam caras fuisse, educatio filij argumento est, cuius ingenium à liberalibus disciplinis arcuit, affirmans hanc vnam sententiam instar omnium Præceptorum videri, qui nescit dissimulare, nescit regnare.* Idem videtur sentire Gaguinus, quanquam aliam subdit causam, nimirum Ludouicum prouidere voluisse fragilitati Caroli, *cui infantiam non satis firmam esse conspiciebat.* Cæterum eo regnante Vniuersitas sæpè oppugnata & turbata est à Publicanis, priuilegiorumque suorum magnam iacturam fecit, vt fusè demonstratum est in Historia; hinc ruere cœpit eiusque res retro sublapsæ.

Ludouicus Valesius ex Aurelio Duce Rex factus huius nominis XII. regnare incipit an. 1498. Commentarijs Cæsaris & libris de Officijs imprimis delectabatur, virorum quoque doctorum consortio gaudebat. Ianum

Lafcarim in pretio habuit, Longolium ex Italia euocare voluit, vnde Paulum Emylium accerſiuerat. Initio Regni animum admouit ad controuerſiarum forenſium gyros aperiendos, Iudiciorumque breuitatem. Scholaſtica Priuilegia reſtrinxit Edicto lato vltima Aug. 1498. illudque Actis Curiæ Pariſienſis inſeri iuſſit. Cuius promulgationi interceſſit Vniuerſitas quia in ſe latum videbat. Qua de re dictum in Hiſtoria ad annum 1499. Cæterum quis dicat vnde factum vt Regij Magiſtratus ex ſola fama, terrore ſubito correpti conſentientibus litteris Regem certiorem fecerint fremere armis Vniuerſitatem; cum ex rei veritate compertum ſit, nunquam fuiſſe pacatiorem. Notant Hiſtorici illius temporis terrorem iſtum tanquam ſingulare portentum aliquod. Retulimus ex Gaguino ad an 1499. En aliud Chronicon typis Guill. Euſtachij editum Pariſijs regnante ipſomet Ludouico an. 1514. *En ce temps Guy de Rochefort Chancelier de France venu eſtoit à Paris, contre lequel furent mis libelles diffamatoires & opprobrieux dits en pluſieurs places de la Ville, parquoy vint en ſoupçon que les Eſcholiers auoient ce fait; & tantoſt couru le bruit par la Ville que les Eſcholiers s'eſtoient par bandes aſſemblez pour faire quelque mutinerie; par raiſon de quoy par le Preuoſt de Paris furent mis hommes en armes. Et d'autre-part le Cheualier du Guet auec ſa Compagnie, ne fut moins ſoigneux de veiller, car par tres-bonne diligence tournoya les ruës de la Cité, combien que de toute l'Vniuerſité ne fut aucun trouué qui ne ſe tinſiſt paiſiblement en ſa maiſon. Certes c'eſt choſe merueilleuſe comment ſi leger bruit & populaire clameur peut deceuoir ceux que tu euſſes moult priſé entre les Iuges & principaux Miniſtres de Iuſtice. Car aucuns d'eux comme de choſes apparuës eſcriuirent lettres au Roy haſtiuement que les Eſcholiers eſtoient en armes, ſolicitant le Peuple à mutinerie, parquoy eſtoit à craindre que bien toſt toute la Cité ſe mit en rebellion, & partant que le beſoin eſtoit qu'il ſe haſtaſt de venir pour eſteindre le feu.* Porro regnauit Ludouicus vt Rex optimus, vt Pater Patriæ, vt Paſtor Populi. Vnde de eo dictum, Nunquam à Rege populum tam amatum, nunquam à Populo Regem tantopere redamatum. Obijt an. 1515.

M.

Martinvs de Arragonia Magiſter in Artibus & Baccal. formatus in Theol. ſocius Sorbonicus electus eſt Procurator Nat. Gallic. die 23. Septemb. 1411. eique munus prorogatum eſt ad tres menſes. Succeſſit M. Io. Pulcri-Patris, ſucceſſoremque habuit M. Martinum de Bruerijs, de quo infra. Eo Procuratore die 1. Octob. prædicti anni fuit ita ſtatutum à Nat. Gall. de Scholis quæ à Magiſtris retinebantur tam abſentibus quàm præſentibus, vt abſentes haberent Reſpondentes pro eis, ne Natio fraudaretur, qui haberent ſoluere, ſi abſentes non venirent ad regendum per maiorem partem ordinarij, vt moris eſt, & quod remanerent eis Scholæ in quibus conſueuerant regere, & ſpectarentur vſque ad feſtum omnium Sanctorum, aliàs Præſentes poſſent aſcendere ad meliores Scholas, & ius inquilini adquirere, iuxta primogenita ſua & laudabiles conſuetudines Nationis.

Martinus Berruyer Diœceſis Turonenſis Licentiatus eſt & incepit in Artibus an. 1413. eiuſque burſa æſtimata 6. Aſſ. incepit ſub M. Guill. Martini. In Profeſſione Artium claruit, deinde ad Theologiam ſe conferens ſocijs Nauarricis adſcriptus eſt, ſuiſque tandem meritis & virtute Cenomanenſem Præſulatum adeptus an. 1449. quam ſedem tenuit ad annum vſque 1467. vt nonnulli ſcribunt. Huiuſce autem cognominis plures comperimus hoc ſeculo claruiſſe in Academia Pariſienſi. Nicolaum Berruyer Diœceſis Turonenſis qui anno 1451. determinauit in Artibus. Heliam Berruyer eiuſdem Diœceſis & Magiſtrum in Artibus factum an. 1452. eumque adſcriptum in Nationem Gall. pro Tribu Turonenſi Examinatorem electum 4. Decemb. 1456. an. 1461. Baccal. in Theol. Philippum Berruyer ſimiliter Turonenſem qui anno 1457. determinauit in Artibus, tum Procuratore Nat. Gall. M. Gerardo Drouart & Licentiatus eſt anno 1458. Procuratore M. Petro Saliou.

Martinus de Brueryis Diœcesis Parisiensis Baccal. Theol. socius Nauarricus fuit Nat. Gallic. Procurator electus mense Aug. an. 1411. deinde 16. Decemb. 1412. tunc in Collegio Nauarrico morabatur, cum MM. Reginaldus de Fontanis & Radulphus de Porta, de Magno eiusdem Magisterio contendebant: ipseque die 11. April. an. 1412. Radulphi nomine supplicauit Nationi Gall. vt ipsi adesset in prosecutione sui iuris.

Martinus Chaboz Baccalarius formatus in Theologia societatis Nauarricæ de Rectoratu Vniuersitatis contendit cum M. Gaufrido Calui Collegij Beluacensis. Natio quidem Gallicana per suum Intrantem M. Io. Fournelli gratam habuit electionem Martini. Sic enim scribit M. Guill. Nicolay tunc eiusdem Procurator ad diem 18. Dec. 1445. *Illa die fuit electus in Rectorem post multas altercationes hincinde factas venerab. & circunspectus vir M. Martinus Chaboz Baccal. formatus in Theologia de Regali Collegio Nauarræ; cui obtulit tunc Natio & etiam tota Facultas dare auxilium, consilium, fauorem.* Verum in alijs Actis consignatur pro Rectore prædictus Gaufridus.

Martinus Delfus Natione Teutonicus, Rector Vniuersitatis effectus an. 1479. Deinde Doctor Theologus. Scripsit de Arte Oratoria libellum commodissimum & elegantissimum quem maximè probat Gaguinus hac Epist.

" Legi prorsus curiosè libellum tuum, in quem de instituendo fermè ab
" vberibus Oratore, vtilia plurimum ac pernecessaria cumulasti: lætatus
" sum videre numerosissimam materiam quæ per latè patentes eloquentiæ
" campos Ciceronis & Quintiliani non sine conuenientissimo ordine dis-
" persa est, eam sub vno aut altero conspectu à te esse repositam. In quo
" opere ita pressè & cum decore manipulos Præceptorum dicendi adstrin-
" gis, vt libellus quem Collectaneum rectè dixerim, Enchiridion amatori-
" bus Artis esse vtiliter possit. Itaque vellem non accersitum me Iudicem
" laboris tui, de quo non censuram facere, sed laudem proferre mihi opta-
" bilius foret. Tum quia omnis honesti operis laudator potius quàm Arbi-
" ter esse malo: tum quia studiorum quibus beneuoli inuicem sumus con-
" iunctio meum habere potest examen suspectum. Est tamen quamobrem
" omnes Artis Rhetoricæ studiosi tibi gratias habeant, ob id maximè, quod
" ab bene per Artem loquendum, compendium illis parasti. Vnde videri
" potes quodam nominis præsagio Delfus, idest Delphicus appellatus esse
" quod inter Teutones natus Tullianam in dicendo Majestatem, & in præ-
" cipiendo Quintiliani diligentiam referre contendis. Quamobrem si non
" sponte tua ad propositum tibi brauium curreres, hortarer te tota animi
" intensione prosequi pulcherrimam disciplinam, quæ cum Philosophiæ
" pars est, omnibus sapientiæ diuerticulis lucem & splendorem affert.
" Quem cum ipsi sapientiæ nominis Vsurpatores non intueri, sed suspicari
" tantùm possunt, non intellectam à se artem contemnunt, non longe ijs
" dissimiles, qui condimentum & saporem in cibis non discernunt, sed si-
" ne palato & frumine sapida quæque atque insipida æqualiter transmit-
" tunt. At tu haud absterritus plurimorum rusticitate sectare non impigrè
" **præclaram eruditionem dicendi, quæ sola cum veritati superadiecta est,**
" studia litterarum interire non sinit.

Martinus Magistri Diœcesis Turonensis Nationis Gallicanæ Procurator electus fuit die 9. Martij 1457. Quæstor seu Receptor an. 1467. iterum anno 1472. Rector Vniuersitatis 23. Iunij 1460. tum actu Regens in Artibus. Deinde ad Theologiam se conferens societati Nauarricæ nomen dedit, Doctor effectus inter Primarios emicuit: Ludouico XI. fuit ab Eleemosynis, plurimumque apud ipsum institit pro libertate Nominalium anno 1481. Scripsit stylo Scholastico duo volumina in 4. virtutes Cardinales quæ in lucem prodierunt anno 1491. Commentarium super *Salue Regina*. Tractatum consequentiarum *in vera Diuaque Nominalium via*, & alia quædam opuscula magnæ eruditionis. De eo sic Gaguinus Ep. ad Trithemium Abbatem Spanheimensem. *Turonensis ille Martinus Ma-*

giſtri appellatus cum nonnulla de Rhetorice deque Philoſopia ſcripſerit, tam de quatuor virtutibus Cardinalibus egregium opus edidit, commentuſque eſt deuotam admodum interpretationem in orationem D. Bernardi Clareuallenſis, quam ad D. Mariam conceptam atque ſcriptam mater Eccleſia frequenter commemorat & canit. Salue Regina Mater miſericordiæ. Obijt an. 1481.

Eiuſdem cognominis floruerunt hoc ſeculo MM. Ioannes Magiſtri, qui an. 1408. incepit in Artibus ſub M. Alano Poignant; & Ioan. Magiſtri Aduocatus Generalis, ad quem ſcripſit Gaguinus pro cauſa Decretiſtarum; qua de re nos in Hiſtoria.

Mathæus Meſnagÿ Diœceſijs Cenomanenſis ſubdeterminauit in Artibus an. 1408. Publicè regebat in Philoſophia an. 1413. Rector Vniuerſitatis electus 10. Octobr. 1417. ad Concilium Baſileenſe Legatus ijt tunc Baccalarius in Theologia, & à Concilio delegatus ad Eugenium an. 1435. vt quod de Annatis & Cauſarum euocationibus iam ſtatutum fuerat, ſua autoritate confirmaret. Eiuſdem cognominis fuerunt & Prouinciæ Guillelmus Meſnage D. Cenom. qui incepit in Artibus an. 1469. & Ludouicus Meſnage qui determinauit in ijſdem Artibus an. 1495.

Michael de Claro-Monte Doctor Theologus, Patria Aruernus inter Laureæ Doctoralis competitores primum gradum obtinuit & ætate adhuc virenti occubuit: quem ſic in Epitaphio loquentem inducit Gaguinus.

Natus in Aruernis claro de monte Michaël
Integer ætate ſata dolenda tuli.
Nam ſacra Doctorum poſtquam mihi laurea fulſit:
Inter & æquales ſum prior appoſitus.
Protinus & neruos & alentes oſſa medullas
Illapſa introrſum dira Chiragra vorat.
Hacque diu macie ſenſim conſumptus inerti
Soluor, & hoc tumulo conditus incubui.
Spes melior vitæ ſupereſt, cum reddet amicus
Præmiâ ſidereum qui regit Imperium.

Michaël Minclardi ſeu *Miniclardi de Marchia* Diœceſis Tullenſis actu Regens Procurator Nationis Gall. fuit factus 13. Ian. 1449. Idem Collegij Marchiani Primarius, cui ſucceſſiſſe videtur M. Ioan. de Roſerijs Magiſter in Artibus & in Theol. Baccalarius formatus, de cuius electione diximus ad an. 1466. & ille die 14. Decemb. fuit quoque electus Maior Capellanus Nat. Gall. cum Io. Aubertin minore.

Michaël de Colonia actu Regens in Medicina, electus fuit eiuſdem Facultatis Decanus an. 1490. ab Intrantibus 4. MM. Reginero Hanegreue, Gaufrido du Sauſſay, Fran. Charmoluë & Antonio Treuet. Eo Decanatum gerente, prædicta Facultas ſuas Congregationes habere cœpit in Æde S. Iuonis, quas prius habebat apud Mathurinenſes, idque propter **impedimentum à Natione Normanica allatum, vt in Actis legitur.**

N.

NICOLAVS DE BAYA incepit in Artibus ſub M. Dominico Parui die 23. Maij 1384. M. Ioan. Pocheti tum Nationis Gallic. Procuratore; litteris humanioribus apprimè eruditus fuit; ob eamque rem à Curia Parlamentea Pariſienſi in Scribam aſſumptus eſt; quod Officium diu exercuit. Fuit M. Nicolao Clemangio addictiſſimus, cuius ad eum extant Epiſtolæ plurimæ: quarum vna eum hortatur ad ſtudium ſacrarum ſcripturarum; altera ad prædicationem verbi diuini atque ad renunciandum ſeruitio Curiæ ſecularis poſt aſſumptum ſacerdotalem gradum. *Quamuis enim,* inquit, *in Scribatus Officio illi egregiè Curiæ iuſtè, piè, Laudabiliter, diligenter*

& officiosè seruieris, illi tamen seruiendo hominibus seruisti, seculo seruisti, quoniam & Curia illa secularis est, ambitioni denique hominum importunitatique litigatorum seruisti, tempus est vt Sacerdos Dei, Pastor gregis Dominici, tot præbendarum prouentuumque Ecclesiasticorum possessor effectus, priori abiecto iugo, Christi & Ecclesiæ suæ ministerio te omnino mancipes.

 Nicolaus de Clamengis, vulgo *Clemengis*, sic dictus ab oppido *de Clamange* Catalaunensis. Diœcesis in Campania, vir humilis fortunæ, duodennis missus Lutetiam, Collegij Nauarrici Bursarius Grammaticus primùm fuit, deinde Artista & postremo Baccal. Theologus: itaque huiusce Collegij quoad vixit, semper amantissimus fuit. Hisce 3. Præceptoribus potissimum vsus est, Ioanne Gersonio, Petro de Nongento & Gerardo Macheti. Eloquentiæ splendorem reparauit, & eo sæpè Vniuersitas vsa est ad scribendum Regibus, Principibus, Cardinalibus. Bibliothecam comparauit selectissimorum librorum. Galeoto de Petra-mala Cardinali notus & familiaris fuit, & per eum Benedicto XIII à quo Auenionem euocatus est licet inuitus, vt qui nollet se negotijs curialibus implicare. Ibi honoribus completur, sed æmulis ad inuidiam patuit, qui ei inter cætera obiecerunt, quod author fuisset Benedicto Bullæ Excommunicatoriæ in Carolum VI. Regem latæ. Quod crimen à se amoliri conatur Epistola ad Nauarricum Collegium, quæ est ordine 42. sed frustra: vbi enim reuersus est in Galliam, tam multis insidijs & inimicitijs appetitus est, vt coactus fuerit latitare apud Carthusienses in valle profunda, vel apud Fontem in Bosco. Septennio post eius discessum ex Curia Rom. Benedictus per Apostolicum Legatum conatus est eum reuocare, sed redire noluit. Factus est primo Præcentor Ecclesiæ Bajocensis; deinde Archidiaconus eiusdem Ecclesiæ. Lingonæ Thesaurariam & Canonicatum adeptus est. An. 1421. contendebat cum Iacobo de Templeune de Præpositura Normaniæ in Ecclesia Carnotensi, vt legitur in Actis Curiæ, in quibus vocatur *Nicole de Clamenze Chantre de Bayeux*. Lis erat de libertatibus Ecclesiæ Gallicanæ, istamque causam Rex Anglorum Curiæ commendauit, sed illa certas ob causas iudicare abstinuit. Malè ergo eum putant aliqui obiisse anno 1415. Nam præter ea quæ supra dicta sunt, certum est eum Collegij Nauarrici Prouisorem fuisse ad an vsque 1425. In Actis Nat. Gall. legitur. Quod die 8. Ianu. 1424. Episcopum Cabilonensem qui sacris D. Guillelmi operatus fuerat, suis sumptibus excepit, prandioque lautissimo exhilarauit; at anno sequente eundem Episcopum pari die Natio suis sumptibus excepit & Clamengio gratias egit: *quia anno præcedenti dederat ipsi D. Episcopo Cabilonensi prandium suis sumptibus*. Ad diem 8. April. vocatur *Antiquus Prouisor Nauarræ*. Nepotem habuit ex sorore quem Petro de Cancella Confessario Regio suo olim Sodali commendat, vt inter Bursarios Grammaticos adscribat. Quis ille Nepos? fortè is est Petrus de Clamengijs qui an. 1409. sub M. Io. de Bria Magisterij in Artibus gradu donatus est, tum Procuratore Nationis Gall. M. Emardo Karcoerio. Vt vt sit, digna est Epistola quæ hîc locum habeat. Ea est ordine 143. *Est quidam puer ingeniosus*, ac bonæ indolis, Germanæ meæ fi-
"lius quem in illo nostro Alumno Collegio, in quo diutius pariter eruditi
" atque educati fuimus, Parentes maximis optant votis esse collocatum,
" sperantes ex illius Scholasticæ Domus tum laudabili instructione, tum
" probatissimis moribus Nato suo non mediocres tota sua ætate reliqua
" fructus obuenturos. Peto igitur à tua præstantia in maiorem modum quo
" petere valeo, v: *Grammaticas illi Iuuenculo Bursas in memorato Collegio, cuius ad te ex officio Confessionis cum Bursarum collatione dispositio pertinet*, meæ
" huius primæ petitionis intuitu conferre velis.

 Quo anno obierit, incertum est. Iacet autem in Capella ad magnum Altare Collegij Nauarrici; extatque etiamnum hodie eius Epitaphium sub Lampade quæ de tholo Ædis pendet his verbis.

  Belga fui, Catalaunus eram, Clamengius ortu.
   Hic humus ossa tenet, spiritus astra petit.

De

De eius scriptis nihil commemoramus, quoniam ea passim Doctorum manibus teruntur. Hoc verò non debet omitti, quod Eloquentiam Latinam in Academia Parif. reparasse & quasi postliminio reduxisse videatur. Quam operam, quodque beneficium dolet Ep. ad Guntherum Colli non satis fuisse ab Aduersarijs consideratum.

Nicolaus du Maret vel *des Mares* Religiosus Professus Ordinis Vallis-Scholariensis in Coenobio Montium in Hannonia Gradus Academicos consecutus Coenobium repetijt. De eo sic scribit Ioannes Maupoint Prior San-Catharinensis in Necrologio; cuius exemplar ad Historiam nostram pertinens mecum benignè communicatum est. Nicolaus du Maret Religiosus Ecclesiae Montium nostri Ordinis in Scholis Harcuriae respondit de Tentatiua die Veneris 8. mensis Iunij ante festum S. Barnabae Apostoli an. 1459. *Ipse in die Lunae 30. mensis Iulij eodem anno fecit suum secundum cursum Bibliae in Scholis Choletorum. Postea temporibus suis legit librum Sententiarum; respondit de Sorbona, de Magna Ordinaria & de Parua Ordinaria: deinde fuit Licentiatus in Theologia in aula Episcopali D. Parisiensis: & inter 24. tunc Licentiatos datus est ei 22ᵘˢ. locus. Tandem in Schola venerabili Collegij Campaniae, aliàs Nauarrae sub M. Petro de Vaucello Doctore in Theologia in die Martis 25. Septemb. an. 1464. ipse Fr. Nicolaus fecit Vesperias suas.* Et in die Lunae 22. Octob. eodem anno in eadem aula Episcopali D. Parisiensis recepit birretum Doctoratus, & sic effectus est Magister in Theologia. Etiam eo medio, quidquid fuerit de loco in Licentia, nunc habet & tenet locum octauum inter Magistros suae Licentiae. Et sic in ipso die fecit suum festum in Collegio de Bona Curia, & statim post festum omnium Sanctorum sequentem recessit à Parisius iturus ad Hannoniam partes suas.

Nicolaus Syrenis Dioecesis Remensis determinauit in Artibus an. 1383. sub M. Io. de Roncuria, Nat. Gall. Procurator fuit electus 25. April. 1408. iterum an. 1411. Vniuersitatis Rector 23. Martij 1401. in Artium professione diu claruit. Eiusdem cognominis & Dioecesis M. Aegidius Syrenis Licentiatus fuit & incepit in Artibus an. 1437. cum Thoma de Gersono Dioecesis quoque Remensis.

O.

OLIVERIVS DOVJON seu DONJON Dioecesis Treconensis circa an. 1410. Doctor in Decretis Testamento fundauit sex Bursas in gratiam sex Scholarium Trecorensium Prouinciae Turonensis; at quia timebatur ne Executores & Heredes parum fideliter legatum eius executioni demandarent, Natio Gallic. deputatos dedit, qui cum Prouincia Turonensi in id incumberent: sic enim scribit M. Martinus de Bruerijs Procurator ad 20. Nouemb. an. 1412. *Die 20. Nouemb. in Congregatione Vniuersitatis apud S. Mathurinum Natio Franciae fuit etiam conuocata ad audiendam quandam supplicationem ex parte Prouinciae Turonensis quam fecit pro dicta Prouincia M. Guill. Rouxelli: quae supplicatio continebat quod cum bonae memoriae M. Oliuerius Doujon, Doctor in Decretis ordinasset in Testamento suo fundari sex Scholares Dioecesis Trecorensis, & dubitaretur ne Executores & heredes minus essent affecti ad complementum Testamenti, quatinus Natio vellet se adiungere cum praedicta Prouincia ad procurandum complementum legati, & supplicatio fuit concessa, & dati sunt Deputati ad deducendum deliberationem in effectum de quinque Prouincijs, quos Procurator vellet vocare.*

Oliuerius Fabri Dioecesis San-Brioncensis in Artibus Magister actu Regens & in Theol. Baccal. electus est Nat. Gall. Procurator die 24. Septemb. 1458. dicitur etiam *elegantissimus vir, radijs 7. Artium liberalium perlustratus & eruditissimus.*

P.

PAVLVS HEMMERLIN DE ANDELO Diœcesis Argentinensis in Alsatia, die 7. April. an. 1488. electus est Nat. German. Procurator, vir correctæ & emendatæ Latinitatis supra cęteros illius temporis Magistros, vt constat ex ijs quæ in Codice Germanicæ Nationis scripsit. Initio autem metricè Deum inuocat vt Procuratoriæ suæ Dignitatis sarcinam bono omine arripiat faustéque gerat. Carmen tale est.

> Ingredior tenui vastum mare puppe, secunda
>   Dij precor in nostram tendite vela ratem.
> Ne maneant cœptos infausta pericla meatus
>   Trinacrium rabidâ quæ vehit æquor aquâ.
> Prospera ab Æolijs zephyrus flabra ventilet antris,
>   Neptunus placido stagna Tridente regat.
> Scilicet insipidos furiosâ mente Poëtas
>   Insequor, & varios deprecor ipse deos.
> Delius intonsis redimitus crinibus absit
>   Qui det ad Amphrysium pabula crebra boui.
> Non cita Mercurij volucris talaria quæro,
>   Turpis Apollineos inuolat ille greges.
> Polluit hic thalamos Veneris, vetitosque Hymenæos
>   Sæpe sororis adit, nil Deus iste valet.
> Nec mihi Mauortis præsentia Numina posco,
>   Qui cupit humano tela cruore fluant.
> Quique Libistrinis multò est immanior vrsis,
>   Plus habet Hircana Tigride sæuitiæ.
> Fulmina Cunctipotens quatiat licet vsque trisulca
>   Iuppiter, ille tamen notus adulterijs:
> Quandoquidem nullo prorsus qui numine pollent
>   Nec quicquam peterem vota secunda Deis.
> Iccirco verum perquiram Numen Olympi
>   Quod valeat firmo ducere vela gradu.
> Ille velim faueat, mundum qui condidit omnem
>   Quique regit certâ lucida signa vice.
> Adsis immensus Diuum Pater atque hominum Rex
>   Cui cœlum, terræ, cui freta cuncta patent.
> Qui mortale genus pecudum, volucrumque creasti.
>   Quæque sub Oceano squamea turba latet.
> Indelibata voluisti virgine nasci.
>   Candida mellifluo corpore membra tegi.
> Aspera purpureæ maduerunt flagra cruore
>   Cum à styge nos reduces morte redemit acri.
> Dum redit Eoo ter roscidus æquore Titan,
>   Ima peragrauit stagna paludis atræ:
> Tumque & opaca feri Phlegethontis claustra resoluit,
>   Tum tulit insontes ad loca summa patris.
> Hinc pater omnipotens cum Nato, ac matre faueto
>   In mea vos dextram cœpta feratis opem.

Petrus Bechebien Diœcesis Carnotensis in Artibus determinauit anno 1408. sub M. Ioan. de Bria & sub eodem incepit, seu Magisterij Gradum consecutus est an. 1409. hinc ad Medicinam se conferens, Facultatis suæ Decanus fuit electus 6. Nouemb. 1417. tum credo, Reginæ Archiater. A Carolo Delphino donatus est Gratia Exspectatiua Ecclesiæ Laudunensis; sic enim in eius litteris ad Episc. & Capitulum Laudunense habetur. *Intuentes igitur dilectum & fidelem* M. *Petrum Bechebien charissimæ Consortis nostræ Physicum & Commensalem seruitorem, meritaque & virtutes eiusdem* M. *Petri longa cogitatione pensantes, ipsum cupimus ad meliora promoueri, ac eundem* M. *Petrum Regio, ac nomine nostro ad vestram Collationem modo deprecatorio duximus nominandum, vos rogantes quatenus nostris precibus suarum virtutum & seruitij nobis & dictæ Consorti nostræ à longis temporibus impensis intuitu, primas Dignitatem, Præbendam, Administrationem seu Officium in Ecclesia Laudunensi simul, aut successiuè vacantes, aut vacaturas ad Collationem vestram seu alterius vestrum eidem* M. *Petro Bechebien bene merito conferre velitis. Datum apud Montem Argi die* 30. *mensis Martij anno* 1418. Idem deinde Præpositus fuit Normaniæ in Ecclesia Carnotensi anno scilicet 1441. & ex Præposito Præsul eiusdem sedis eligitur anno 1451. Obijt an. 1459. & in Ecclesia S. Ioannis de Valle sepultus est. Fuit & alius Petrus Bechebien etiam Diœcesis Carnotensis qui determinauit in Artibus an. 1457. M. G. Drouart tum Procuratore Nat. Gall.

Petrus de Brena Diœcesis Lingonensis incepit in Artibus sub M. Bernardo de Poully. In Decretis Doctoratum assecutus est, & fuit quoque Proconseruator Priuilegiorum Apostolicorum. Cùm autem munus Conseruatoris vacasset & Beluacensis Episcopus electus fuisset, idem de Brena Nationi Gallic. supplicauit an. 1438. 28. April. vt se ei commendaret, quod illa fecit, proponente M. Ioan. de Oliua tunc Baccalario formato in Theol. Idem habuit Nepotem M. Petrum de Brena Magistrum in Art. & in Iure Canonico Baccal. vt legitur in Actis Martij 1442.

Petrus Burrus aliàs *Burry* Nat. Picardicæ Canonicus Ambianensis, magni nominis Poëta & omnibus doctis notus. Grandicurtorum (forte Gallicurtorum) aut Gaucurtiorum, liberis instituendis præfuit. Bonas Artes cum incredibili sapientia iunxit. Ad eum Gaguinus scripsit Epistolas quasdam & quædam quoque Epigrammata, videturque fuisse charissimus Carolo Gallicurto seu Gaucurtio Equiti aurato, & Regis in vrbe Lutetia legato: sic enim Carolum loquentem inducit Gaguinus Epist. 14. *An ne vidisti quæ de Burgundionis interitu meus Petrus scripsit. Id cum negassem; at,* inquit *Carmina tibi mittam adeo tersa politaque, vt Phœbi Carminibus inferiora non sint.* Scripsit multa eleganter, Extant eius Poëmata, quorum vnum est Heroicum de necessitate Scholasticæ Institutionis ad M. Ioan. de Wisques virum de re Scholastica optimè meritum. Et in fine ita perrorat versibus elegis.

Sic mihi suadebam quantum Schola publica fructus
 Afferret teneris, mobilibusque animis.
Dum vacuas luget Nicolai Iauna sedes,
 Herbosumque virens area præstat iter,
Te spectatorem vir non Indicte Ioannes
 Censoremque pium Carmina que nostra volunt.

Obijt Ambiani an. 1507.

Petrus Caillou Canonicus San-Genouefianus ab an. 1380. dicitur verè Saxeum pectus obtulisse aduersus turbines Regni. Pro eo in Abbatem electo Vniuersitas an. 1433. ad summum Pontificem & ad Concilium Basileense scripsit. Contribuit sumptuum partem in legationem ad prædictum Concilium, item & pro Doctore Theologo misso ad Carolum VII. an. 1437. vt Regni mala subleuaret. Ad eundem Pius II. an. 1464. Bullam direxit, quâ præscribebat locum Ordinemque quem in Comitijs tenere deberent Magistri & Doctores omnium Facultatum Vniuersitatis Parif. Obijt 27. Aug. an. 1467.

Petrus de Candia Natione Cretensis, vir in diuinis scripturis eruditissimus & in Philosophia Scholastica magnificè doctus in Gymnasio Parisiensi olim publicè docuit, & docendo ac scribendo magnas & ingentes laudes acquisiuit, inquit Trithemius. Minoritanæ militiæ nomen dedit, deinde Nouariensis Episcopus factus, tum Mediolanensis Archiepiscopus, postea Cardinalis, postremò summus Pontifex Alexander V. Obijt Bononiæ an. 1410.

Petrus Caros Rector Vniuersitatis electus 10. Octob. 1453. ad lauream Doctoralem promotus Procancellariatum B. Genouefæ gessit. Decanus quoque erat Ecclesiæ Niuernensis, die 23. Ianu. 1468 supplicauit, sibi licere nomine Vniuersitatis proponere in Aduentu D. Comitis Niuernensis.

Petrus Cauchon Diœcesis Remensis, ex Vicedominis Ecclesiæ Remensis ortus, vt nonnulli scribunt, hoc & priori seculo floruit. Tunc aderat in Comitijs Nat. Gall. 4. Martij an. 1410. cum M. Petrus de Dirreyo magnus Magister Colleg. Nauarrici postulauit sibi satisfieri de iniurijs à quodam Clerico illatis. Ad Theologiam se conferens, in ea dicitur Doctoralem lauream consecutus. Vir plurimùm beneficus & munificus, cui se Nicolaus Clemangius profitetur debitorem Epist. 110. *Eniti*, inquit, *pro viribus studebo, ne mea tibi pudori sit amicitia, quam prior ipse expetere voluisti, néue tuis & tam præclaris in me meritis, gratis prorsus impensis te amicum quæsisse inuenisseque pæniteat.* Burgundicæ factionis fautor acerrimus, cuius beneficio Beluacensem Episcopatum adeptus est an. 1420. Et vt eidem factioni Vniuersitatem assereret, an. 1423. curauit se Conseruatorem Priuilegiorum Apostolicorum eligi: quam Prouinciam eiurauit an. 1432. quo ad sedem Lexouiensem translatus est. Obijt an. 1447. Floruit quoque hoc seculo eiusdem cognominis & Diœcesis M. Ioan. Cauchon, Magister in Artibus & Baccal. in Theol. qui 2. Iunij an. 1413. factus est Nat. Gall. Procurator. Anno sequente Præbendam & Canonicatum obtinuit in Ecclesia Remensi iure Regaliæ: quam in rem extant Caroli VI. litteræ cum Senatusconsulto lato 13. Septemb. anno 1415. quod legitur tom. 1. Libert. Eccles. Gall. cap. 16.

Petrus de Credulio Gall. de Creil, Magister in Artibus Baccal. Theol. & socius Nauarricus, Nationis Gallic. Procurator electus fuit die 10. Feb. an. 1420. deinde 23. Septemb. 1422. Rector Vniuersitatis 16. Decemb. 1424. Artium professione diu claruit. Eodem seculo claruit Odo de Credulio prædictæ Nationis Procurator factus die 26. August. 1442. idemque paulò post nempe 24. Martij an. eiusdem electus Rector Vniuersitatis. Tum in Medicina Doctoratum adeptus, eiusdem Facultatis Decanus fuit electus 5. Nouemb. 1446.

Petrus de Dirreyo Magnus Magister Collegij Nauarrici an. 1410. supplicauit Nationi Gallic. die Martij 4. apud FF. Prædicatores congregata *pro auxilio & assistentia in quadam causa iniuriarum sibi in personam cuiusdam sui Clerici illatarum*: quod illi concessum, tum Procuratore M. Ioan. de Lothey, præsentibus vero MM. Petro Cauchon, Io. de Marson, Dominico Chaillou & alijs quamplurimis. Anno sequenti factus Curio S. Andreæ magnum Magisterium eiurauit, de quo contenderunt MM. Radulphus de Porta & Reginaldus de Fontanis. Idem Canonicus erat sacræ Capellæ Palatinæ, eique Rector Vniuersitatis M. Petrus Forger datus est in custodiam an. 1417. mandante Delphino & Senatu, vt ex Actis Curiæ patet, in quibus vocatur Petrus Dierre. Idem Theologicæ Facultatis Decanus fuit, & absente M. Ioan. Gersonio post Dominicum Petit Socium Sorbonicum an. 1427. Cancellariam exercere cœpit, vocaturque in Procuratorio Instrumento, *Procurator seu commissus tam Apostolica autoritate quàm aliàs ad faciendum in prædicta sacræ paginæ Facultate Licen-*

Vniuersitatis Parisiensis. 913

tias & ea quæ debet & potest facere Cancellarius Parisiensis Ecclesiæ, quoad Licentias & Gradus in Vniuerstate Paris. in absentia famosi & eloquentis viri M. Io. de Iarsono dictæ Ecclesiæ Paris. Cancellarij. Eodem Decano Theses Io. Sarrazini de potestate Pontificia supra Concilium damnatæ sunt anno 1424. Eo autem circa an. 1430. è viuis exempto, Cancellariam obijt M. Io. Pulcripatris, donec audita morte Gersonij electus est an. 1433. Ioan. Chuffardus. Vide Catal. seculi prioris.

Petrus Donjan seu *Doujan* Paris. fit Quæstor seu Receptor Nationis Gallicanæ 9. Ian. an. 1474. pro vice Tribus Parisiensis tunc Magister in Artibus & in Iure Canonico Baccalarius eiusdem Nationis Procurator mense Nouemb. *1484.* contendit cum MM. Dionysio Aligret & Eligio de Vaugermes de Curia S. Germani veteris à Natione Gall nominatus an. *1480.* cuius Curiæ possessionem adijt, & tandem, non obstante lite, possedit Fato autem functus est an. *1486.*

Petrus de Longolio Parisinus Ioannis de Longolio Senatoris Parlamentæi filius an. 1391. natus, an. *1413.* determinauit in Artibus M. Galerano Mezwot tum Nat. Gallic. Procuratore : quo tempore determinarunt quoque Siluester de Rohan San Briocensis, Simon de Vlmonte Paris. Stephanus de Brolio Trecensis, Geruasius Martini Cenomanensis. Ille autem primùm Canonicus factus in Ecclesia Paris. deinde in Autissiodorensi Decanus. Postremo 27. Feb. *1449.* fit Præsul Autissiodorensis, Guillelmum fratrem Canonicatu donat magnoque Ecclesiæ Archidiaconatu, eumque suum quoque facit sibi Vicarium. Obijt 16. Feb. an. *1473.* de eo vide in Gallia Christiana.

Nicolaus de Longolio Parisinus Magister in Art. & Baccal. in Theol. societatis Nauarricæ fit Procurator Nat. Gall. 13 Ianu. *1417.*

Philippus de Longolio Magister in Artibus & Baccalarius in Decretis Nat. Gall. factus Procurator 7. April. *1424.* refectus 21. Octob. *1430.* tertiùm 27. Septemb. *1432.* quartùm 27. Aug. *1436.* Vniuersitatis Rector 23. Iunij *1435.* iterum 23. Iunij *1436.* tertiùm 23. Iunij *1438.* fit Canonicus & Archidiaconus in Ecclesia Laudunensi eiusque nomen legitur in Charta.

Antonius de Longolio de Parisius incepit in Artibus an. *1455.* M. Petro Cheron Parisino Procuratore Nat. Gall.

Petrus Maugerij Parisinus Mag. in Art. & Licentiatus in Decretis Nat. Gallic. Procurator factus fuit 5. Maij 1425. deinde 10. Iunij 1427. iterum mense Aprili eiusdem anni. Quartò mense Iunio an. 1430. Quintò 19. Ian. 1432. Sextò 18. Nouemb. 1439. Septimò 23. Septemb. 1439. Vniuersitatis Rector 10. Octob. 1427. iterum 23. Iunij 1431.

Petrus de Mediolano incepit in Artibus seu Gradum Magisterij obtinuit an. 1381. sub M. Ioanne de Roncuria. Nationis Gallic. omnia munera officiaque obijt pluries, suitque adhuc factus eiusdem Procurator an. 1410. an. 1415. incarceratus est ab ijs qui dicebantur Armeniaci, & à Natione sua repetitus.

Petrus Mioti Doctor Medicus (determinauerat in Artibus an. 1384. sub M. Michaële Carpentarij) legauit Nationi Gall. cuius olim Suppositum fuerat, Pannos seu peristromata in vsum Actuum Magistralium, quibus scilicet vsura esset Natio in Scholis suis tunc cum aliqui Actum facerent sui Magisterij, seu birretum Magistrale sumerent. Et de ea re sic legitur in eius Actis ad 21. Iulij an. 1413. scribente M. Io. Cauchon Procuratore. « *Anno Domini 1413. die 21. mensis Iulij fuit Natio multum solemniter conuocata* « *in S. Math. & ibidem M. Petrus Mioti Doctor Medicinæ dedit Nationi Fran-* « *ciæ Pannos quosdam ad vsum Nationis præcisè, sic quod in Actibus Magistra-* « *libus & factis Nationis habeant seruire & non aliter.* Et ibi conclusit Natio. « Ibidem ex parte ipsius dantis supplicauit Procurator, quod Natio vellet « sibi concedere *quod quicunque se iuuabunt in Actibus Magistralibus ipsis pan-* « *nis*, habeant pro ipso dante in remedium & pro salute animæ suæ dicere. « *Vnum Miserere mei Deus.* Et quod hoc *Incipientes* volentes in festis suis ha- « bere vsum dictorum pannorum, iurarent dicere. Et ista supplicatio ne- «

mine contradicente conceſſa eſt. Et ſuper hoc confectum eſt Iuramentum cum alijs. Iterum M. Io. de Templis Procuratore an. 1414. die 28. Iunij decretum vt panni iſti in Arca Nationis reponerentur, *dati Nationi per M.* *Petrum Miote ad parandum & ornandum Scholas in vico Straminum*, de quibus etiam pannis deliberatum fuit quod ad meliorem ipſorum conſeruationem duplaretur tela ſaltem in lateribus, & quod in medio ipſorum poneretur Scutum Franciæ, *nec applicarentur ad alios vſus, vel Actus, niſi duntaxat ad Actus Scholaſticos Nationis pro Gradibus acquirendis, nec alteri Nationi, aut Facultati quacunque occaſione vel prece accommodarentur.*

Petrus de Onuillo Canonicus Parisienſis & Doctor Theologus, vir grauis, Artium profeſſione olim inſignis & Theologicis rebus inſtructiſſimus: ad quem Gaguinus Hiſtoriam Buridani perſcribit. In Epigrammate verò ſic eum compellat.

> *Te Petre Doctorum pars non extrema virorum,*
> *Pro meritis pulchrè nunc Schola Galla colit.*
> *Inſigni ſpecie ſolidaque ætate beatus*
> *Vir bonus vt voce es, ſic grauitate places.*
> *Artibus excultum diffundis in æthera nomen,*
> *Et latè effulges lumine Theologo.*

Petrus de Vaucello Diœceſis Parisienſis Magiſterij in Artibus gradum accepit à M. Ioan. Hocheti an. 1423. tum Nat. Gall. Procuratore M. Io. Archerij, eiusque Burſa nihil fuit æſtimata. Inter Burſarios Regiæ Domus Nauarricæ adſcriptus, gradatim omnes Vniuerſitatis & Collegij honores adeptus eſt. Nat. Gallic. Procurator factus 21. Octob. 1433. tunc Baccalaureus in Theol. ſociuſque Nauarricus; iterum die 26. April. 1435: tertio 17. Decemb. 1436. Vniuerſitatis Rector 10. Octob. 1441. Lauream deinde Doctoralem in Theologia adeptus, an. 1450. factus eſt Domus Nauarricæ magnus Magiſter, quod Magiſterium eiuraſſe videtur in gratiam M. Guill. de Caſtro-Forti. Anno 1464. die 25. Septemb. præſedit Actui Veſperiarum F. Nicolai du Maret Canonici San-Catharinenſis de Valle-Scholarium in Aula Theologorum Colleg. Nauarrici.

Philippus Beroaldus, vt refert Petrus Angelus lib. 3. de Nobil. Profeſſ. Grammat. natus eſt Bononiæ 7. id. Nouemb. an. 1450 puer Marianum deinde Mathæum inſignes eo tempore Grammaticos audiuit. Exacta pueritia, ſub Franciſco Putiolano Parmenſi Poëta inclyto adoleuit & feliciter imitatus atque aſſecutus eſt. Litterariam profeſſionem in Patria primò vix dum annos pubertatis egreſſus, mox Parmæ, *tum in Gymnaſio Pariſienſi* vbi magna nominis celebritate docuit. Denique honorificè reuocatus à Ciuibus publico ſtipendio, ſumma nominis celebritate, incredibili diſcipulorum affluentia perdocuit, externâ præſertim Iuuentute admirante, cum ex multa lectione, felicique memoria abſtruſæ doctrinæ opulentiam venuſto oris geſtu proferret, atque interpretando ab alijs intacta auidè ſectaretur. Quo tempore in ampliſſimo XVI. virorum ordine Senatus conſenſu delectus eſt à Secretis magno cum honore, magno cum emolumento: quo in munere obijt anno ætatis 52. 16. Kal. Auguſt. Imperante Maximiliano 1.

R.

Radulphus Barnesse ſeu Bernasse Diœceſis Remenſis determinauit ſeu Baccalarius factus eſt in Artibus an. 1408. ſub M. Nicolao Syrenis. Incepit eodem anno ſub M. de Vlmonte. Bacalariatum quoque in Decretis obtinuit. Nat. Gall. Procurator electus menſe Majo anno 1418. iterum 13. Feb. 1424. tertio 14. Nouemb. 1425. Rector Vniuerſitatis 24. Martij 1425. Eiuſdem Vniuerſitatis Promotor ſeu fiſci Procurator erat iam anno 1442. idem Decanus Tribus Remenſis, cui an. 1458.

Vniuersitatis Parisiensis. 915

traditæ sunt plures pecuniæ ad extructionem paruarum Scholarum. Sic enim scribit M. Oliuerius Fabri Procurator Nat. Gallic. ad diem 25. Nou. *Extraxi de Coffro Nationis 26. scuta auri quæ fuere reposita in manu M. Radulphi Bernasse Promotoris almæ Vniuersitatis ac Decani Prouinciæ Remensis pro complemento ædificij inchoati in Paruis Scholis Nationis cum quibusdam alijs necessitatibus Nationis eiusdem.* Et ad diem 8. Decemb. fuerunt extracta à Coffro 24. scuta quæ fuere deposita per me, vnà cum Decano Parisiensi M. Iacobo Bernart in manu M. Radulphi Bernasse Decani Remensis; & adhoc fuerunt præsentes etiam alij Decani ad hoc faciendum me requirentes. Obijt an. 1468.

Radulphus Mareschalli Canonicus San-Genouefianus, Licentiatus fuit in Theol. an. 1406. deinde Doctor & Professor Theologiæ celeberrimus. Concilio Pisano interfuit an. 1409. cum Francisco de Nyons Abbate S. Genouefæ, tunc Abbas Conuentus Omnium Sanctorum apud Andegauos, postremò factus Abbas San-Genouefianus. Obijt an. 1416. & in Necrologio habetur de eo. *Obijt bonæ memoriæ D. Rupulphus Mareschalli Doctor in sacra Theologia, Abbas huius Ecclesiæ.*

Radulphus de Porta Nat. Gall. non semel Procurator, socius Nauarricus, virtute sua rei familiaris angustiam leuauit, an. 1401. 23. Martij factus Vniuersitatis Rector. an. 1411. Licentiæ Theologicæ primum locum consecutus est; quo anno Doctorali Laurea donatus de magno Domus Nauarricæ Magisterio cum Consocio suo Reginaldo de Fontanis contendit, de qua contentione in Historia. Extat Nicolai Clemangij ad vtrumque super eâ re Epistola. Extat & eiusdem ad ipsum Ep. 71. qua ei gratulatur Prouisionem Beneficialem eumque ad prædicandum Dei verbum adhortatur. *Hactenus*, inquit, *Scholasticis exercitiis cum nominis ac famæ gloria operam dedisti, in disputationibus subtiliter argumentando acuteque respondendo, magna cum laude versatus es, nunc res, tempus, Gradus exigunt vt ad hauriendas aquas in gaudio de fontibus Saluatoris defluentibus venis vberrimis Scripturarum cælestium tuum studium conferas, quas non solus ipse ingurgites, sed sitienti etiam populo Dei de Petra largiter effundas.* Sequentibus Epistolis eundem, sociofque ad genuinam & non fucatam, adulteratamque verbi diuini prædicationem accendit, Turbam Magistrorum seu Doctorum damnat superficie tenus Theologica disciplina imbutorum, atque in regenda plebe sibi commissa negligentium. Cuius rei duas assignat causas; vnam quod diuinis litteris legendis negligentiùs indulgeant, & curiosa quædam magis sectentur studia, quæ cupiditate ostentationis ventosæque inflationis animos implent, & proptereà ad simplicem humilemque sacrorum voluminum lectionem tanquam insipidam, sua quodam modo refugiant ingenia dimittere. Alteram; quod illa sorte non contenti quam in Ecclesiasticis gradibus consecuti sunt, ad maiorem atque vberiorem iugiter inardescant. Si Parochiam adepti, Præbendam ambiant, si Canonicatu potiti, Dignitatem expetant; si Dignitas obtigit, ad aliam adspirent. *Atque vbi plurimos titulos præbendarum, Officiorum, Personatuum cumulauerunt, iam omnia in vnam massam Episcopalem conflari cupiant.* Vide reliqua si lubet. Cœterum Radulpho Oratore, seu, vt tum loquebantur, *Proponente* sæpe vsa est Vniuersitas. Cum autem an. 1417. diceret ad Delphinum & ad Patres Parlamentæos contra prauam Episcoporum dispensationem, seu Prouisiones Beneficiales, paulò forte studiosiùs feruentiusque, in carcerem compactus est, & Rector qui tum erat M. Petrus Forgetus, in custodiam datus M. Petro de Dirreyo S. Andreæ Curioni & sacræ Capellæ Canonico, vt retulimus in Historia ex Actis Curiæ. Huiusce autem cognominis plures floruerunt Magistri *celebres, Adam de Porta* priori seculo, Magister in Artibus factus an. 1382. *Nicolaus de Porta* Suessionens. an. 1408. factus Magister, *Ioannes de Porta* eiusdem Diœcesis qui eodem anno incepit, id. Magistrali birreto donatus est.

Reginaldus de Fontanis Diœcesis Suessionensis Rector Vniuersitatis fuit electus 10. Octob. 1404. tum Baccalarius formatus in Theologia & socius

Nauarricus. Anno 1408. Licentiæ Theologicæ Gradum obtinuit. Ad eum extant plures Nicolai Clemengij Epistolæ, ex quibus conijcitur, quis vir ille fuerit. Post eiuratum à M. Petro de Dirreyo Domus Nauarricæ Primariatum seu magnum Magisterium, de eo cum consocio *M. Radulpho de Porta* contendit, tandemque in contentione illa superior fuit. De ea diximus ad an. 1412. & à M. Ioanne Gersone absente Cancellariæ Ecclesiæ & Vniuersitatis Parif. præfuit, donec anno 1422. ad Episcopatum Suessionensem promotus est. Anno 1440. fato communi functus est. Fuit quoque eodem seculo M. Ioan. de Fontanis Diœcesis Trecensis, qui incipit in Artibus an. 1437.

Robertus de Canayo seu *Quesnayo* Doctor in Theologia Canonicus Ecclesiæ Rotomagensis testamento legauit Vniuersitati centum Scuta, quæ M. Petro Succurribili Archidiacono eiusdem Ecclesiæ & Facultatis Theol. Decano tradita sunt ab Heredibus, & ab eo Vniuersitati. Quamobrem illa 16. Martij an. 1499. conclusit celebrandum obitum cum Vigilijs in Ecclesia Mathurinensium, & vnicuique Regenti quatuor Facultatum qui interessent, distribuendos *duos duodenarios*; vt legitur in Actis Facultatis Medicinæ.

Robertus Gaguinus Flander Scriptis suis satis notus. De eo sic habet Renatus Choppinus l. 2. Monastic. Cæterum in Religiosa S. Triadis familia
„ præluxit multis Robertus Gaguinus Flander qui à tenellis annis sacram
„ Religionem professus est in Monastica Belgicæ Prouinciæ domo Silua-
„ nepe. Deinde petita Lutetiæ Academia Magistralem Pontificij Iuris lau-
„ ream adeptus legitur Suffragijs Comitialibus Antistes Ordinis sui Ma-
„ thurinorum, extincto Rudolpho maiore Ministro an. 1473. idem à Caro-
„ lo VIII. Rege legatus adijt Rom. Pontificem quique ad Florentinum Se-
„ natum Orator, redijt exorator. Is rursus in Britannia Insula Gallicam obijt
„ legationem vnà cum Wilhelmo de Sains Siluanecti Præside publici fœ-
„ deris ergô, sanciendi inter Gallum & Britannum Reges Sextili mense
„ anno 1489.

Robertus de Horto Doctor Theologus post longam in Artibus & in Theologia Professionem, ad Aulam se contulit, seque Tornacensium Antistiti addidit: fuit amicissimus Gaguini, vt ex ipsius ad eum Epistola conijcere est. *Abeunti tibi*, inquit, *cum Tornacensium antistite gratulabar maximè, quod illum tui promouendi maximè studiosum, & te illi ornamento fore exspectabam: ita vt in vtroque parasse mihi beneuolentiæ & amicitiæ præsidium arbitrarer. Sed iam tertium mensem agis, cum mei non recordatus siluisti: de tua fortuna nihil renuncians. Si Regiæ & Primatus obliuiosos homines reddunt, vellem Scholasticus permansisses. Fruerer tuo contubernio, confabulatione delectarer & doctrina proficerem. Age, oro, amicissimè Roberte! vt vnis tuis toto anno litteris intelligam quàm solidè inter Aulicos viuas, quàm bene tecum agatur, qui ex Schola in Curiam traductus es. Neque posthabeas Martinum Nepotem meum, vt à Præsule cognoscatur, si illum in suam familiam recipiet, meque eidem tuis verbis commendes.* VALE.

Rogerius Barme vel *Barine* Parisiensis Nat. Gallic. Procurator electus mense Iulio an. 1497. quo anno & quo Procuratore prædicta Natio Guillelmi Toupin Parui sui Bidelli filiam nuptui proximam munere 20. aureorum donauit *ob Patris longa & prompta seruitia*; vt legitur in Chartula papyracea sigillata sigillo prædicti Procuratoris.

Robertus de Masengarbe Picardus Vniuersitatis Rector electus die 24. Martij 1461. & paulò post Scriba Conseruationis factus à D. Episcopo Meldensi die 12. April. cui tamen promotioni obstitit M. Ioannes Chambetin vetus Scriba ajens se in Officio Scribæ post obitum Episcopi Beluacensis Conseruatoris à Papa confirmatum. De ea re sic legitur in Actis Nat. Gall. *Die 12. April. congregata est Vniuersitas in S. Math. super 2. art. Primus fuit ad recipiendum juramentum D. Rectoris M. Roberti de Masengarbe, cui quidem D. Rectori D. Episcopus Meldensis nouus Conseruator contulerat Officium Scribæ Conseruationis. Secundus fuit, &c. supplicauit D. Rector quod*
reciperetur

reciperetur ad iuramenta solita præstari per Scribam. Ad oppositum supplicauit M. Io. Chambetin scrib. Conseruationis, dum viueret D. Episcopus Beluacensis. Dicebat etiam dictus Chambetin se confirmatum in dicto Officio per D. nostrum Papam, & offerebat Vniuersitati suam confirmationem, & processum super hoc factum, aut saltem copiam; sed non fuit admissa lectura in plena Vniuersitate. Verum appellauit prædictus Chambetin, immo excommunicatorias litteras ausus est impetrare aduersus eundem Rectorem, Decanos & Procuratores, proindeque petijt Decanus Facultatis Decretorum puniri ipsum Chambetin ob insolentiam. Vide Acta diei vlt. April.

Robertus Rebourcel legebat sententias in Collegio Nauarrico circa an. 1493 eius meminit Raulinus in Epist. ad Ludouicum Pinellam magnum Magistrum eiusdem Collegij. *De M. Roberto Rebourcel scripsi per M. Ioannem, & iterum scribo sibi, non sit filius diffidentiæ; prouidi enim pro anno præsenti vt legat sententias, 40. francos; si non sufficiant, habeat 50. postmodum scio vbi sit prouisio sua.*

S.

SIMON NANQVERIVS aliàs DE GALLO regebat in Grammatica sub finem huius seculi, metro excellens & prosa. Libellum edidit de Lubrico temporis curriculo, deque hominis miseria, ad Carolum de Billy S. Fatonis Abbatem, necnon ad Robertum Gaguinum Decretorum Doctorem & ad Faustum Andrelinum Poëtam Regium. Opus elegiacum, certè non contemnendum; quod & notis illustratum est. Sic autem incipit.

> *Viuere diuerso Mortales more videntur,*
> *Nam ratio cunctos non regit vna viros.*
> *In studia humanæ vertuntur plurima mentes,*
> *Nec parili cursum tramite mundus habet.*

Addidit Bucolicon de funere Caroli VIII. in quo duo Scholastici nomine Pastorum casum deplorant, & fatalem mortis necessitatem.

Stephanus Colart seu *Nicolay* aliàs *de Clamengijs* Diœcesis Catalaunensis determinauit in Artibus sub M. Ioan. Canelli an. 1434. Licentiatus verò an. 1435. M. Ioan. Milet Procuratore Nat. Gallic. incepit 23. Martij 1436. sub M. Roberto Eschin Alemano. Procuratore Nat. M. Hugone Drouiardi. in Collegio Nauarrico educatus est, cuius & Prouisor fuit anno 1438. factus post M. Ægidium de Brena. De eo sic legitur in Actis Nat. Gallic. ad diem 9. Maij 1441. *Legauit M. Franciscus Patrinion Nationi quoddam Suppellicium nouum, qui obijt Pruuini, & illud eodem die recepit Natio per manus discreti viri M. Stephani Nicolay al. de Clamengijs Prouisoris præfati Collegij de Nauarra.* Eiusdem Nationis electus est Procurator die 23. Sept. 1444. sic scribente ipso. *Ego Stephanus Nicolay aliàs de Clamengijs in Artibus Magister, nemine reclamante, ex vnanimi consensu DD. Decanorum cæterorumque Magistrorum in dicta Congregatione existentium fui assumptus & electus in Procuratorem præfatæ Nationis.*

T.

THOMAS *de Corcellis*, seu *de Courcellis* Nat. Picardicæ insignis Doctor Theologus plurimisq; legationibus quas ad Bohemos, ad Germanos, ad Concilium Basileense, ad Bituricense aliaque negotia obijt, commendabilis. In defendendis Galliæ libertatibus acerrimus, Annatarum & aliarum eiusmodi exactionum Curiæ Ro. infensissimus hostis. Scripta plurima edidit, Concilij autoritatem supra Papalem asseruit. Canonicus Ambianensis, Curio S. Andreæ an. 1450. A Facultate Decretorum pro sua vice nominatus. Item Parisiensis Ecclesiæ Decanus factus an. 1450. quo anno profectus est ad Concilium Matuannum quod Pius II. celebrabat, ibique Pragmaticam-Sanctionem acriter defendit. In funere Caroli VII. Laudationem fecit. Sorbonæ Prouisor obijt anno 1469. cui successit M. Ioan. Luillier, vt & in Decanatu Ecclesiæ Parif.

Thomas de Gersono Diœcesis Remensis incepit in Artibus sub M. Guillel. Bouylle an. 1437. Natio. Gallic. Procurator fuit die 10. Ian. 1447.

Tranquillus Andronicus Dalmata Græcus exul regnante adhuc Ludouico XI. Lutetiam venit, & publicè Græcos Autores exposuit.

V.

VVERNERVS BARREY Vices-gerens Episcopi Beluacensis Conseruatoris Priuilegiorum Apostolicorum an. 1416. de quo sic habetur in Reg. Nat. Gallic. *Supplicauit M. Warnerus Barrey Vices-gerens D. Beluacensis Conseruatoris Priuilegiorum Vniuersitatis, quatenus Natio recommendaret eum & supplicaret pro eo apud DD. de Parlamento, vt posset obtinere vnum Officium Magisterij in Parlamento*, quod tunc vacabat. Et concessit ei Natio & obtulit se laboraturam totis viribus pro dicto M. Wernero.

Weselus Grandfortius Groningensis in Phrisia natus & primis litterarum rudimentis imbutus, deinde Lutetiam ad maius Emporium venit, & in Philosophiæ Theologiæque Facultatibus excelluit. Eius opera vsus est Boucardus Episcopus Abrincensis in restituenda dignitate Academiæ Parisiensis quam Philosophorum Theologorumque pro Nominalium & Realium sectis digladiantium Barbaries obscurarat & pene extinxerat. Is vir in Patriam reuersus Rodolphum Agricolam virum suo tempore celeberrimum instituit. Basileæ Artes liberales & Theologiam cum splendore docuit, nonnulla tamen paulò liberiùs contra Purgatorium & Indulgentias. Eundem ibi Ioan. Capnion aliàs Rheuclinus audiuit circa an. 1470. Moguntiæ ab Inquisitoribus hæreticæ Prauitatis damnatus est. Demum Patriam repetijt, vbi ad mortem vsque sacras litteras exposuit.

Vldaricus seu *Vlricus Gering* Germanus regnante Ludouico XI. circa an. 1470. Lutetiam venit cum duobus socijs Martino Crantsio & Michaële Friburgerio, qui in via Iacobæa ad solem aureum Artem Typographicam seu Impressoriam primi exercuerunt; & *Speculum vitæ humanæ Roderici Zamorensis Episcopi* recens excusum Ludouico Regi dedicarunt. Eos alij statim imitati: itaque an. 1473. reperitur noua illa Arte editus *Manipulus Curatorum Guidonis de Monte Rocherij*, per *Venerab. virum Petrum Cæsaris in Artibus Magistrum ac huius Artis industriosum artificem*. Post editionem verò Speculi ijdem Artifices Summam Casuum conscientiæ Bartholomæi Pisani ediderunt, & in fine hosce versus malè tornatos.

> *Heus tu qui famam æternam cupis cumulare,*
> *Summa Bartholomina, aspice ne careas.*
> *Quam nitidè pressam Martinus reddidit, atque*
> *Michaël, Vlricus, moribus vnanimes.*
> *Hos genuit Germania, nunc Lutetia pascit,*
> *Orbis miratur totus eorum opera, &c.*

Cæterum Vlricus partarum hac arte diuitiarum partem alumnis Montis-Acuti, Partem Sorbonæ dedit; finemque tandem vitæ fecit Parisijs & in Ædicula Montis-Acuti sepultus est cum hoc Epitaphio. *Vlricus Gering Natione Germanus, vnus ex primis Typographis, qui adhuc viuus multas eleemosynas huius Domus Pauperibus erogauerat. Tandem suo testamento legauit*, ipsi Pauperum Communitati, *Anno Domini 1510. mediam suorum bonorum partem & debitorum tertiam. Ex qua pecunia empta est villa d' Annet sita iuxta fluuium Matronam. Emptæ sunt quoque Domus de Veseley, quæ pars est huius Collegij protensa à media Area vsque ad Collegium S. Michaëlis & ædificatæ sunt Grammaticorum Classes.*

Vniuerſitatis Parisiensis.

Sorbonæ quoque legauit, vnde alerentur 4. adoleſcentes & duo Lectores Theologi ſtipendio conducerentur, vnus qui mane, alter qui pomeridianis horis ſacras Scripturas interpretaretur. Et iſtud legatum tenui laminæ inciſum olim cernebatur in parte lateris Septentrionalis veteris Sacelli Sorbonici, Gallico idiomate, vt ſequitur.

Ce Collège de Sorbone, pour le grand legs Teſtamentaire qu'il a accepté & receu, à luy fait par feu de bonne mémoire M. Vlric Gering, en ſon viuant Imprimeur de Liures en cette Ville de Paris, où il treſpaſſa le 23. iour d'Aouſt 1510. eſt tenu & obligé de mettre & entretenir audit Collège aux dépens d'iceluy par chacun an à touſiours quatre Bourſes & Bourſiers de la qualité d'autres iadis fondez par M. Robert de Sorbone & outre le nombre d'iceluy. Item plus, de mettre & entretenir audit Collège deux Docteurs ou Licentiez en Théologie qui ſeront tenus chacun iour ordinairement à touſiours lire publiquement, és Eſcholes du Collège, la S. Bible; l'un le matin du Vieil Teſtament, l'autre après midy, du Nouuel. Leſquels Lecteurs auront pour ce dudit Collège le ſalaire & profit chacun par moitié de quatre Bourſes. Le tout ſelon qu'il eſt plus à plain contenu en l'accord & Contract ſur ce fait & paſſé, multiplié audit Collège pardeuant deux Notaires du Chaſtelet de Paris le 10. iour de May 1532. entre les Prieur, Compagnons & Bourſiers dudit Collège, d'vne part & M. Iean Coignet Preſtre, ſeul ſuruiuant Executeur dudit Teſtament d'autre. Laus Deo, Pax viuis, requies Defunctis. Amen.

Vrſinus de Tailleuande Nat. Normanicæ vir Nobilis, Licentiatus eſt in Theologia an 1400. multas legationes obijt Vniuerſitatis nomine, ſed præclarè facta vnico facinore deturpauit, cum an. 1414. M. Ioan. Campani Rectorem percuſſit, eò quod ille noluiſſet adiunctionem Vniuerſitatis decerneread proſecutionem Epiſcopatus Conſtantienſis. Vnde orta eſt in ipſa Vniuerſitate vehemens & grauis ſeditio; vt in hiſtoria retulimus.

NOMENCLATVRA RECTORVM VNIVERSITATIS
qui hoc ſeculo Vniuerſitatem rexerunt.

Gvillelmus de Cella 23. Iunij 1400
Io. de Monte-Leonis 10. Oct. 1400
Ioan. Campani Remenſis 16. Decemb. 1400
Hemardus Karroerij Senon. 23. Martij 1400

Iacobus de Nouiano Remenſis 23. Iunij 1401
Heruæus Eurardi 10. Octob. 1401
Radulphus de Tillia al. de Thalia 16. Decemb. 1401
Nicol. Syrenis Remenſis 23. Mart. 1401

Geruaſius Clerici 23. Iunij 1402
Beuuinus de Vuinuilla Virdun. 10. Octob. 1402
Nicol. de S. Ellario Baccal. in decretis Remenſ. 15. Decemb. 1402
Radulphus de Porta Baccal. Nau. 24. Martij 1402

Guntherus Colli, de quo Clemangius 23. Iunij 1403
Petrus Cauchon Remenſis 10. Octob. 1403
Iacob. de Barreyo 16. Dec. 1403
Ioannes Campani Remenſis 24. Martij 1403

Poncius Simoneti 23. Iunij 1404
Reginaldus de Fontanis Sueſſionenſis 10. Octob. 1404
Io. de Templis Trecenſis 16. Dec. 1404
Dominicus Chaillon 24. Martij 1404

Ioan. de Almania Angl. Nat. 23. Iunij 1405
Io. Pedemontius 10. Oct. 1405
Geruaſius Macheti 16. Dec. 1405
Nicol. Syrenis Remenſis 24. Martij 1405

Ioan. Deſpars poſtea Doctor Medicus 23. Iunij 1406
Henricus Piſtoris, poſtea Canonicus S. Victoris 10. Oct. 1406
Io. de Marſono Regens in Artibus 16. Decemb. 1406
Rolandus Scriptoris, poſtea Doctor Medicus 24. Martij 1406

Mathæus Petri Coriſopitenſis 23. Iunij 1407
Io. de Bellomonte Carnotenſis 10. Oct. 1407
Poncius Simoneti 16. Dec. 1407
Io. de Lothey Coriſopitenſis 24. Martij 1407

Tom. V.   ZZZzz ij

Henricus Stacter Angl. Nat. 23. Iunij. 1408
Io. Archerij   10. Octob. 1408
Ioan. Vvarin postea Decanus Facult. Med.
    15. Decemb. 1408
Ioan. de Bria Carnotensis   24. Martij 1408

Martinus de Arragonia Trib. Bituricens.
    23. Iunij 1409
Guillel. Bardelli Nat. Gall.   10. Oct. 1409
Hugo Fabri   15. Decemb. 1409
Andreas de Vvesalia   24. Martij 1409

Henricus Stacther   23. Iunij 1410
Rolandus Ramier Aurelian.   10. Oct. 1410
Nicol. Amantis   16. Dec. 1410
Andreas de Bauaria Angl. Nat.   23. Martij 1410

Dominicus Chaillon   23. Iunij 1411
Io. de Camera Parisinus   10. Oct. 1411
Guill. Rousselli   16. Dec. 1411
Iacob de Harlem Anglic. Nat.   24. Martij 1411

Ioan. Fabri Baccal Nauarricus   23. Iunij 1412
Io. Pulcripatris N. Gall.   10. Oct. 1412
Andreas de Prussia N. Angl.   16. Dec. 1412
Io. de Courcelles Picardus   24. Martij 1412

Henricus Gorxan Angl. Nat.   23. Iunij 1413
Io. Theuroti N. Gallic.   10. Oct. 1413
Philibertus Agasse Rotomag.   16. Dec. 1413
Guill. Lochamin vel Lochem Nat. Anglic.
    24. Martij 1413

Io. Campani Remensis   23. Iunij 1414
Io. de Templis Trec. Bac. Nau. 10. Oct. 1414
Guill. Blech Nat. Angl.   15. Dec. 1414
Petrus de Credulio Bac. Nauarr. 24. Martij 1414

Reginaldus du Boulay Cenomanensis 23. Iunij 1415
Iac. de Gouda seu de Gonda Angl. 10. Oct. 1415
Ioa. Hochet   16. Dec. 1415
Simon de Bergerijs   24. Martij 1415

Petrus Roodh de Abo Nat. Ang.   23. Iunij 1416
Gaufridus Henrici   10. Octob. 1416
Io. Probi Remensis Bac. Nau.   16. Dec. 1416
Fran. de Brullé Picard.   24. Martij 1416

Ægidius Canniueti Laudunensis   23. Iunij 1417
Mathæus Menagij Cenomanensis   10. Oct. 1417
Petrus Forgeti Cenoman. Baccal. formatus
    in Theol.   16. Dec. 1417
Io. Heruei Nat. Gall. Receptor 24. Martij 1417

Laurentius de Vlmonte Regens in Artib.
    23. Iunij 1418
Nicolaus Midy.   10. Oct. 1418
Io. de Camera Parif.   16. Dec. 1418
Nicol. Amicy Picardus   23. Martij 1418

Ioan. Archerij   23. Iunij 1419
Dionysius de Sabeurois   10. Oct. 1419
Henricus Thiboust Parif.   16. Dec. 1419
Petrus de Mediolano   24. Martij 1419

Io. de Gomonte Remensis   23. Iunij 1420
Martinus Berruyer Turon.   10. Oct. 1420
Nicol. de Bellismo Cenoman. socius Sorbon.
                                16. Dec. 1420
Simon. Oliuerij Cenomanensis   24. Martij 1420

Ioan. Hochet.   23. Iunij 1421
Guill. Eurardi Lingon.   10. Oct. 1421
Io. Ioannis   16. Dec. 1421
Petrus de Credulio   24. Martij 1421

Mich. Carpentarij Normanus   23. Iunij 1422
Guill. Mentrasse Suessionensis 10. Octob. 1422
Guill. Eurardi Lingon.   16. Dec. 1422
Nicol. de Gondricuria Tullensis 24. Martij 1422

Petrus de Longolio de Parisius 23. Iunij 1423
Guillel. Hugueneti Tullens.   10. Oct. 1423
Io. de Capella Cenoman.   26. Dec. 1423
Mathæus le Vasseur de Cussio Picard. 24. Martij 1423

Guillelmus de Fossato   23. Iunij 1424
Nicol. de Longolio de Parisius 10. Octob. 1424
Petrus de Credulio   16. Dec. 1424
Albertus de Vverden. Anglicanæ Nationis
    24. Martij 1424

Radulphus de Pontbriam Venetensis
    23. Iunij 1425
Robertus de Belloforti Suessionensis 10. Oct. 1425
Iacob. de Celerijs Bac. Nau.   16. Dec. 1425
Radulphus Barnesse Remensis   24. Martij 1425

Io. Frogerij Cenomanensis   13. Iunij 1426
Adam de Bragelongne Senon.   10. Oct. 1426
Ioan. de Bena Regens actu in Artibus 16. Decemb. 1426
Ægidius Houdebin Verdunensis   24. Martij 1426

Ægidius de Stanno Philos.   23. Iunij 1427
Io. Maugerij   10. Oct. 1427
Io. Ioannis   16. Dec. 1427
Thomas Fiéne Picardus   24. Martij 1427

Iacobus Galet Picardus   23. Iunij 1428
Ioan. Danchy Picardus   10. Oct. 1428
Petrus Mauricij Normanus   16. Dec. 1428
Io. de Gomonte Remensis   23. Martij 1428

Io. de Ponte Picardus   23. Iunij 1429
Nicol. Amici   9. Oct. 1429
A.... Palene Angl. Nat.   15. Dec. 1429
Guill. Eurardi Lingon.   23. Martij 1429

Rolandus

Vniuerſitatis Pariſienſis.

Rolandus de Capella Picardus 23. Iunij 1430
Thomas de Courcellis Picard. 10. Oct. 1430
Io. Haueron Picardus 16. Dec. 1430
Guill. de Gouea Batauus 24. Martij 1430

Petrus Maugerij Nat. Gall. 23. Iunij 1431
Iacobus Gallet Picard. Nat. 10. Oct. 1431
Io. de Courcellis Picard. 15. Dec. 1431
Albertus Hole Nat. Angl. 24. Martij 1431

Martinus Berech. Angl. Nat. 23. Iunij 1432
Robertus Denyſ. 10. Octob. 1432
Olauus Magni Angl. Nat. 15. Dec. 1432
Ægidius Corderij alias de Riparia Remenſis 24. Martij 1432

Gerardus Gehe Pariſinus 23. Iunij 1433
Lud. Bailly Pariſ. 10. Oct. 1433
Io. Hocheti 16. Dec. 1433
Io. Godart Picardus 24. Martij 1433

Petrus Richerij Normanus 23. Iunij 1434
Philippus de Longolio Pariſinus 10. Oct. 1434
Andreas Pelé Cenomanenſis 16. Dec. 1434
Lud. Bailly Pariſinus 21. Martij 1434

Philippus de Longolio Pariſinus 23. Iunij 1435
Io. de Courcellis Picardus 10. Oct. 1435
Olauus Magnus Angl. Nat. 16. Nou. 1435
Nicol. Danchy 24. Martij 1435

Phil. de Longolio Pariſinus 23. Iunij 1436
Gerardus Gehe Pariſinus 10. Oct. 1436
Lud. Bally Pariſ 15. Dec. 1436
Gaufridus Amici 24. Martij 1436

Ægidius Houdebin 23. Iunij 1437
Robertus Ciboulius Harcur. Collegij 10. Octob. 1437
Iacob. Galet Picardus 15. Dec. 1437
Lud. Bailly Pariſinus 24. Martij 1437

Hugo Droüardi Nat. Gall. 23. Iunij 1439
Mathæus Poterij Pariſ. 10. Oct. 1439
Guill. Bouylle Primarius Coll. Beluacenſ. 15. Decemb. 1439
Io. Mileti Pariſinus 23. Martij 1439

Io. de Oliua Pariſinus 23. Iunij 1440
Io. Dancy ſeu Danchy Normanus 10. Oct. 1440
Guill Aubry 16. Dec. 1440
Ioannes Huë Bacc. in Theol. 24. Martij 1440

Io. Amici Picardus 23. Iunij 1441
Petrus de Vaucello 10. Octob. 1441
Io. de Oliua Pariſ. 15. Decemb. 1441
Nicaſius Biel picardus 24. Martij 1441

Io. Pluyette pariſinus 23. Iunij 1442
Arnoldus de Spira Germanus 10. Oct. 1442
Anſelmus de Cantabrigia Angl. Nat. 16. Decemb. 1442
Odo de Credulio Baccal. in Medic. Nat. Gallic. 24. Martij 1442

Alanus de Bellavilla Normanus 23. Iunij 1443
Chriſtophorus de parma Italus, 10. Oct. 1443
Geruaſius Melloti Cenomanenſis 16. Dec. 1443
Io. Normani de pariſius Baccal. Theol. 24. Martij 1443

Albertus de Haſſia Angl. Nat. 23. Iunij 1444
Guill. de Tholohan Coriſopitenſis 10. Oct. 1444
Maximilianus pauillon Nouiom. 15. Dec. 1444
Firminus Rogerij Senon. 24. Martij 1444

Gaufridus Normani Beluacenſis 23. Iunij 1445
Enguerandus de parenti Baccal. in Medic. 10. Octob. 1445
Gaufridus Calui de Coll. Beluac. Martinus Chaboz Competitores 15. Dec. 1445
Iacobus Luillier de pariſius 24. Martij 1445

Petrus pilatre de pariſ. Baccal. in Medecina 23. Iunij 1446
Berengarius Mercatoris Norm. 10. Oct. 1446
Io. Beguin Bacc. in Theol. 16. Dec. 1446
Thomas de Gerſono Remenſis 24. Martij 1446

Ioa. Boucart Normanus Baccal. formatus in Theol. Geruaſiani Coll. 23. Iunij 1447
Io. Luillier ſocius Sorbonicus 10. Oct. 1447
Albertus Scriptoris Nat. Angl. Bacc. Theol. 16. Decemb. 1447
Io. Pluyette pariſinus 24. Martij 1447

Iacobus Bernardi Decanus Tribus pariſ. 23. Iunij 1448
Io. Daucart 10. Oct. 1448
Io. Charpentier 17. Dec. 1448
Iacob. Luillier pariſ. Bacc. Nauar. 23. Martij 1448

Io. Eſcombart Normanus 23. Iunij 1449
Tilmanus de Gouda Nat. Anglic. Baccal. in Med. 10. Octob. 1449
Gaufridus Calui Tribus Turon. 16. Dec. 1449
Albertus Scriptoris Anglic. Nat. 24. Martij 1449

Robertus Remigij 23. Iunij 1450
Victor Textoris al. de Ceriſerijs Nat. Gallic. 10. Octob. 1450
Nicol. Fraterni 18. Nou. 1450
Petrus de Gonda 23. Martij 1450

Thomas Rouſſelli 23. Iunij 1451
Clemens parmentier 10. Octob. 1451
Thomas Boſſelia 16. Dec. 1451
Io. Normani Baccal. Theol. 23. Martij 1451

Emardus 23. Iunij 1452
Iacob. de Boſco picard. 10. Oct. 1452
Aubertus de S. Simone 16. Dec. 1452
Ægidius Maris 23. Martij 1452

Ioan. de Conflans 23. Iunij 1453
Petrus Caros 10. Octob. 1453
Ioannes Hauede 15. Dec. 1453
Gaufridus Normani picardus 24. Martij 1453

Guillel. Houppelande Baccal. Nauarricus 23. Iunij 1454
Reginaldus du Brule Iunior, picard. socius Sorbonicus 10. Octob. 1454
Nicol. de Furno Bacc. formatus in Theol. 15. Decemb. 1454
Nicol. Dentis picardus Baccal. Theol. 24. Martij 1454

Martinus Enyci de vrbe Valentia 23. Iunij 1455
Ioa. Dulcis-amici Theolog. Nauarricus 10. Octob. 1455
Petrus Mauricij 15. Dec. 1455
Guill. Riueti 23. Martij 1455

Gaufridus Calui Coll. Cornubiensis 23. 1456
Nicol. Bertoul de Colleg. Choletorum 11. Octob. 1456
Lud. Scanulieghe Picard. de Colleg. Nauar. 15. Decemb. 1456
Io. Boulangier picardus 24. Martij 1456

Nicol. Fraterni 23. Iunij 1457
Io. Chambellan 10. Octob. 1457
Io. Bullangarius 16. Decemb. 1457
Iacob. Iunij de Nat. Gall. 24. Martij 1457

Io. Versoris Normanus 23. Iunij 1458
Ioan. peron Bituric. 10 Octob. 1458
Io. Ægidij picardus 16. Decemb. 1458
Gaspar Mileti 24. Martij 1458

Ioan. Mauricij 23. Iunij 1459
Robertus Remigij Norman. 24. Martij 1459
: :
: :

Martinus Magistri Turonensis 23. Iunij 1460
Petrus Marie Remensis 10. Oct. 1460
Ioannes de Vallibus picardus Atrebat. Th. Nauar. 16. Dec. 1460
Ioannes Hirel 24. Martij 1460

Galterus de Vvernia 23. Iunij 1461
Ioan. de Roca 10. Oct. 1461
Ioan. de Bosco seu Busto 16. Dec. 1461
Robertus de Masengarbe picardus 24. Martij 1461

Andreas Vvasselin picardus 23. Iunij 1462
Nicol. Ripault Diœc. Bituric. 10 Oct. 1462
Guill. de Toloham Corisopit. 16. Dec. 1462
Simon Fequierolles 24. Martij 1462

Ioannes perat Remensis 23. Iunij 1463
Carolus Gouaffdour Corisopit. 10. Oct. 1463
Dauid Archas Nat. Germ. 16. Dec. 1463
Quintinus Iustoti D. Æduensis 23. Martij 1463

Antonius de Busto picardus 23. Iunij 1464
Io. Iuratoris Normanus 10. Oct. 1464
Io. parmentier picardus 16. Dec. 1464
Guill. Nicolay parif. 23. Martij 1464

Gaufridus Normani 23. Iunij 1465
Petrus Martini Nat. Norman. 10. Oct. 1465
Ioan. Milonis Senon. Coll. Nau. Baccal. 14. Dec. 1465
Iuo Calui Turon. Baccal. in Theol. 23. Martij 1465

Iacobus Houch 23. Iunij 1466
Patricius Scotus 10. Oct. 1466
Ioan. Blutel Th. Licentiatus 16. Dec. 1466
Nicolaus Baillet de parisius 24. Martij 1466

Guillelmus Fischeti 23. Iunij 1467
Andreas Berguier picardus 10. Oct. 1467
Sigerius le Clerc 16. Dec. 1467
Carolus Sacci & Berëgarius Mercatoris Normanus Reg. Competitor 24. Martij 1467

Ægidius de Alnetis Nat. Gall. Coll. Bajoc. 23. Iunij 1468
Io. Benedicti 10. Oct. 1468
Petrus de Hastseu d'Ast picardus in Theol. Bac. formatus 16. Dec. 1468
Ioan. de Lapide, postea Doctor Theol. 24. Martij 1468

Amator Cherart Baccal. Theol. 23. Iunij 1469
Io. de Hollandia Nat. Germ. Baccal. Theol. 11. Oct. 1469
Thomas Kannedy Nat. Ger. Baccal. 16. Dec. 1469
Ioannes Fanouche de parisius 24. Martij 1469

Ægidius Nectellet in Theol. Bac. formatus 23. unij 1470
Christianus Folliot Normanus 10. Octob. 1470
Mathæus Sauquet Baccal. formatus Colleg. Bajoc. postea Doctor Th. 15. Dec. 1470
Iacobus Mangny Turon. 23. Martij 1470

Io. de Rely Baccal. formatus Colleg. Nauar. 1471
Io. Eschart Nat. Gall. 10. Oct. 1471
Io. Blancbaston Normanus Colleg. Nauarr. 16. Decemb. 1471
Stephanus Grandis Normanus 24. Martij 1471

Reinerus Hanegrant seu Hanegreur Germ. nat. licent. in Med. Coll. Montis-Acuti 23. Iunij 1472
Philippus Languet Bac. formatus 12. Oct. 1472
Martinus Briçonnet in Theol. Baccal. form. 16. Dec. 1472
Io. Mene Nat. Gallic. 24. Martij 1472

Iacobus Houc 23. Iunij 1473
Cantianus Huë 10. Octob. 1473
Io. Fanuche de parisius 16. Dec. 1473
Dionysius de Sabrenois in Theol. Baccal. 24. Martij 1473

Hugo de Virduno baccal. Nauar. 23. Iunij 1474
Petrus Fabri licentiatus in Med. 16. Oct. 1474
Cornelius Houdendich 16. Dec. 1474
Rudulphus de Monfiquet 23. Martij 1474

Ioan. Collin. de Colleg. Beluacenf. 23. Iunij 1475
Guill. le Rendu Picard. in vtroque Iure Licentiatus 10. Octob. 1475
Nicafius Bergelays Picard. 16. Dec. 1475
Io. de Hulandia 23. Martij 1475

Io. Afperi Coll. Caluici. 21. Iunij 1476
Iacobus Batelier Sorbonicus 10. Oct. 1476
Io. Gambier in Theolog. baccal. formatus 16. Dec. 1476
Nicol. de la Harmans de Colleg. Sorbon. 24. Martij 1476

Geruafius Munier Normanus in Theol. Baccal. 23. Iunij 1477
Io. Freilu 10. Octob. 1477
Io. Cordier prior Sorbon. in Theol. formatus & Guillel. Butier Nauar. 16. Dec 1477. *Schifma.*
Guill. de Caris Normanus 24. Martij 1477

Petrus Doujan de Parifius 23. Iunij 1478
Ioan. de Martigniaco 10. Oct. 1478
Nicol. Columbi Normanus 16. Dec. 1478
Cornelius Oudendic Batauus, 24. Martij 1478

Martinus Delf Batauus Nat. Ger. Manens in Coll. Geruaf. 23. Iunij 1479
Radulphus Dorefmeaux Picardus 21. Oct. 1479
Io. Nolant Normanus 16. Dec. 1479
Dionyfius Halligret 24. Martij 1479

Mathias Kolb. Nation. German. 23. Iunij 1480
Guill. Guyonis baccal. formatus in Theol. Nauar. 10. Octob. 1480
Guill. Briffet Picardus Colleg. Laudunenf. 16. Dec. 1480
Nicol. Murdras Archidiaconus Ebroicenf. Bac. formatus Theol. 24. Martij 1480

Ioannes de Monafterio Normanus in Coll. San-Geruafiano 23. Iunij 1481
Eligius de Vaugermes Picardus 10. Octob. 1481
Renatus d'Illiers in Colleg. Bonorum Puer. 17. Dec. 1481
Ioannes Simonis de Parifius 23. Martij 1481

Richardus Murc baccal. Theolog. Scotus 22. Martij 1482
Ioannes Sudoris, procurator Nat. German. an. 1488. 10 Octob. 1482
Io. Bernhardi & Citharoedi. Schifma 17. Decemb. 1482
Lud. de Villiers 24. Martij 1482

Stephanus Bouet primarius San-Barbaranus 23. Iunij 1483
Robertus la Longue Normanus 10. Octob. 1483
Thomas Ruftcher de Gamundia Nat. Germ. 16. Dec. 1483
Petrus Belfar vel Bellefor Nat. Gall. 23. Maij 1483

Petrus Folioth Normanus 23. Iunij 1484
Petrus de Douille Picardus 10. Oct. 1484
Ioan. Guimade Nat. Gallic. Colleg. Caluici 16. Decemb. 1484
Ioan. de Hayll. in Decretis licentiatus 24. Martij 1484

Io. Citharædus Normanus baccal. Theolog. 24. Iunij 1485
Carolus Fernandus Brugenfis Nat. Picardus 10. Octob. 1485
Ioannes Standoux Picardus baccal. formatus in Theol. 16. Dec. 1485
Nicol. Burgenfis Nat. Gall. Colleg. Remenfis 17. Martij 1485

Ioan. Militis Norm. Coll. Harcur. 23. Iunij 1486
Io. Golbe Picardus 10. Octob. 1486
Ægidius Delf Germ. Nat. foepe Procurator 16. Decemb. 1486
Bertrandus Pegus Gymnaf. Cardinal. Nat. Picard. 24. Martij 1486

Gaufridus Bouffard Cenomanenf. 23. Iunij 1487
Stephanus de Refugio Carnotenfis diœcef. 10. Octob. 1487
Stephanus Martini de Bohemia 17. Dec. 1487
Nicolaus Parmantier Picardus Pro-Magifter Artift. Nauar. actu Regens. 23. Martij 1487

Petrus Mefnart, idem poftea fcriba Vniuerfitatis & Notarius Apoftolicus 23. Iunij 1488
Alanus Potier 10. Oct. 1488
Petrus Mercerij 16. Dec. 1488
Robertus Bellefoy vel Belle-Faye de Parifius Nat. Gall. Magifter in Artibus receptus an 1477. 24. Martij 1488

Ioan. Lantman Nat. Germ. Coll. Burgundici 23. Iunij 1489
Philippus Gilbon Picardus Coll. Cholerici 10. Octob. 1489
Io. de Campis 16. Dec. 1489
Io. Paerdo Nat. Gallic. Collega Sorbonicus 24. Martij 1489

Chriftianus Folioth Normanus Colleg. Thefaur. 23. Iunij 1490
Ioannes Godet, Guill. Probi hominis, Anton. Vvorfe. *Schifma.* 10. Oct. 1490
Petrus Tartheret diœc. Laufan. de Nat. Ger. qui Procurator fuerat an. 1480. 15. Dec. 1490
Carolus de Gonda Nat. Gallic. 24. Martij 1490

Guill. Cappel de Parisius de Colleg. Coc-
quererico   23. Iunij 1491
Henricus Probi-hominis Norman. Colleg.
Iustitiani   10. Octob 1491
Claudius de Hangest & Io. Riuole Schism.
15. Decemb. 1491
Simon du Gast Normanus Colleg. Coque-
retici   24. Martij 1491

Bernardus Roillet in Iur. Canon. licentiat.
Primarius Colleg. Burgundici (8. Ian.
1495. fuit Nat. gallic. Receptor electus)
23. Iunij 1492
Carolus.... de Colleg. Atrebatens. de Nat.
Picard.   10. Octob. 1492
Michaël Panige de Colleg. Nauar. 15. Dec.
1492
Petrus de Furno Raulini consanguineus 23.
Martij 1492

Ioan. Riuole Niuernens. Colleg. Nauar.
23. Iunij 1493
Ioan. Varembon Æduensis Colleg. Nauar.
10. Octob. 1493
Fran. de Segouia   16. Dec. 1493
Adam Pluyette Nat. Gall. 23. Martij 1493

Stephanus Martini de Bo[
Pragensis
Simon Doliatoris de Prussia
1494

Io. Auis & Io. de Fossaris 16.
Patricius Lauson Scotus Pro[
Gall. an. 1485

Ruffi & Gerardus Militis
1496. Schisma.
Petrus Mesnart   15.

Ioannes le Munerat Bitur
Nauar. 24. Iunij 1497.
Ioan. Andreas de Bohemia D
10. Octob. 1497

Eligius de Vaugerme & Io. C
1498. Schisma.

Philippus Grinelli
Georgius Krant Scotus S. An[
1499
Patricius Lauson Scotus
Franc. de Segouia

INDEX
RERVM ET VERBORVM
Quæ in hoc Volumine continentur.

A.

DAM Fumæus antiquissimus Magister libellorum supplicum Procancellarius Regni constitutus; quam dignitatem ei Rob. Gaguinus gratulatur. 811
Aduisamenta pro prouisione Beneficiorum. 175
Ægidius de Campis Doctor Theol. e Collegio Harcuriano. Vide Catal. Prioris seculi.
Ægidius Delphus Alemanus diœces. Trajectensis Procurator Nationi Germ. 2. Iunij 1479. cuius hoc extat tetrastichon de sua Germania.

Quis non felices te te Germania cantet,
Cui toto Imperium contulit orbe Deus?
Natio mirificos assueta referre triumphos,
Natio virtutum fama decusque vale.

Ægidius Crusignetus Procurator Nat. Gallic. 4. Maij 1412
Ægidius Houdebin Gymnasiarcha Marchianus in Catalog.
Ægidius Huteloti in Catal.
Alanus de Rosmadec incepit in Artibus an. 1443.
Albinatus ius an noceat Vniuersitati. 713. 715
Alexander V. Papa 193. supplicatio solemnis. ibid.
Alexandri V. Bulla pro Mendicantibus contra Curiones, 196. & seq. turbatio Vniuersitatis. 200
Alexander Ladone Æduensis Procurator nat. Gallic. 16. Dec. 1460
Ambrosius de Cameraco Decretorum Decanus contendit de Cancellariatu Ecclesiæ Paris. 750
Andegauensis Vniuersitatis statuta circa Comitialia suffragia.
Andreas Pelé Senator Curiæ Parisien. & Decanus Tribus Turon. in Catal. 408
Andreas Nechatdy Scotus diœces. Aberdonensis Procurator Nat. Germ. 14. Ian. 1487
Andreas Sibald. Scotus diœces. Aberdonensis Procurator Nat. Ger. 10. Feb. 1486
Andreas Tendal Scotus diœces. S. Andreæ Procurator Nat. Ger. 21. Octob. 1488
Angelus Minorita errores abiurare iubetur 753
Angli ex Aquitania & Normania expulsi. 557
Antonius de Busco seu Busto Receptor Nat. Picard. an 1463. ab ea ad Cappellaniam Dominicus.

Antonius Gnier Bituricensis Procurator nat. Gallic. 18. Nouemb. 1443. iterum 10. Feb. 1444
Antonius Pauli Barcinonensis Procur. Nat. Gall. 18. Nou. 1447
Antonius Treuet Picardus Regens in Medicina an. 1490. eiusdem Facultatis Decanus 5. Nouemb. 1496
Antonius Vvorse Rector electus. 794
Antonius de S. Yon actu Regens Decanus Facul. Med. 6. Nouemb. 1462
Appellatio Vniuersitatis à censuris Pontificijs, 804. 805. appellatio à singulis Facultatibus ad Vniuersitatem. 816. 817
Archiepiscopus Senonensis impetrat Bullam ne deinceps subsit Vniuersitati. 776
Archidiaconus Parisiensis & Promotor ob incarceratum Regentem priuantur. 712. 713
Armaniacorum turba, 217. edictum Regis contra Armaniacos. 218. 234
Artium Facultas reformatur, 621. 703. 711. 732. 743. 771. 809
Atrebatensis Conuentus de Pace inter Reges. 741
Aurelianus Dux à Burgundione occiditur. 147
Aureliana Ducissa conqueritur de cæde mariti. 188
Aureliani Ducis exequiæ. 170. 171
Belli Ciuilis inter Aurelianos & Burgundos origo. 113

B.

Baccalarius simplex, currens, formatus. 377. an Baccalarius formatus arceri possit à Licentia, 377. & seq. cerimoniæ **præsentationis Baccalariorum ad Licentiam**. 378. & seq.
Baccalariatus in Medicina declaratur Gradus Accademicus. 441
Baccalarij in Medicina Officiorum Nationalium olim non capaces. 812
Baccalarius Monachus Facultati Theolog. præsentatur. 522
Bartholomæus de Fago Corisopitensis Bac. in Iure Can. Pro. Nat. Gall. 9. Iunij 1417
Bartholomæus Vvichrant de Columbaria Diœces. Basiliensis Procurator Nat. Ger. 1 Feb. 1495
Benedictus XIII. acquiescit voluntati Regis

BBBbbb

Index Rerum & Verborum.

proque eo spondet Dux Aurelianus, 64. Legati Vniuerſ. ad Benedictum post restitutionem obedientiæ, 71. & ſeq. Rotulum illi offerunt, 80. Benedicti Ludificationes ab Vniuerſitate deteguntur, 120. Benedicti Bulla contra Subſtrahentes ſe ab obedientiâ, 143. & ſeq. 151. & ſeq. Laceratur & comburitur, 158. & ſequ. Concluſiones Vniuerſitatis contra Benedictum 160. quibus tamen non aſſentitur Gerſonius, 161. Benedicti Legati Pariſijs incarcerantur, 169. ibique Proceſſus contra eos inſtitutus, 170. Eius fautores expelluntur, 184. & ſequent. Benedictus Gentiani Doctor Theol. 183. & alibi ſæpe. Beneficiorum & Annatarum Prouiſio contra Benedictum, 127. & ſeq. Beneficiorum diſpoſitio pendente neutralitate, 181. 186. 213. & ſeq. de Beneficiorum diſpoſitione ſententia Vniuerſitatis, 222. 318. pro Beneficijs Vniuerſitatis, 224. quæſtio de Beneficiorum Collationibus, 307. 321. Exactiones Curiæ Rom. e Beneficijs, 319. & ſeq. reprimuntur, 328. item & reſeruationes, 373. & ſequ. Beneficiorum praua adminiſtratio per Prælatos, 309. De Prouiſione Beneficiorum. 769. 775

Turnus Facultatum & Nationum in Beneficiorum Academicorum diſpoſitione inſtituitur. 308. 309. 347

Beneficiorum Rotulus duplex, ad Papam & ad Prælatos. 348

Edictum aduerſus Beneficiatos non reſidentes. 723

Vniuerſitas iubetur legatos ad Papam expedire pro bona diſpenſatione Beneficiorum. 793. 94

Beneficiorum diſpoſitio contra Sanctionem Pragmaticam. 698

Berengarius Mercatoris Picardus an. 1464. præſentatus ad Capellaniam per obitum M. Alberti Scriptoris. Multis legationibus illuſtris, Doctor Theologus, 733. &c. 738. laborat pro libertate Nominalium. 740

Bernardini non præfinito numero ad Theologiam admittuntur. 611

Bernardus de la Venguiere actu Regens Decanus Facult. Medic. 3 Nouemb 1498

Bernardus Niuard Medicus falſi inſimulatus. 387

Bernardus de Miramonte Baccal formatus in Theol. fit Procurator Nat. Gallic. 10. Feb. 1446. 318

Bertrandus Buloa Baccalarius in Decretis petijt an. 1459. ſibi decerni tradique exemplar Priuilegij à Carolo V. dati an. 1366. quo Conſeruator Apoſtolicus Iudex contuitur rei Beneficiariæ.

Beſſationis opera examinantur ab Vniuerſitate priuſquam luce publica donentur. 697

Bidellorum Facultatis Medicinæ & aliorum Iura 4. Bidelli Facultatis Artium, 576. ſolebant in Indictalibus Nundinis accipere à Rectore Fileoſroſeos. 721

Contra Bidellos abutentes ſuis Officijs. 825
Birretantur nonnulli Theol. à Magiſtris abſque Cancellario. 749
Bohemorum reductio ad fidem, 416. 417. A Bohemis victus exercitus Catholicorum. 418
Bonifacius IX. Romæ Indulgentias proponit. 1
Britanniæ Dux malè concordes Vniuerſitatis Oratores acerbè excipit. 297
Burgundionis Ducis fama reſtituitur ab Vniuerſitate, 332. ab Epiſcopo Pariſ. 335. occiditur apud Monſterolium, 343. inſtituitur ad eius memoriam Capellania. 344
Burſæ nouæ impoſitio, 561. Burſa quinta Rectoris. 304
Burſæ Nationis Germanicæ in Sorbona. 730

C.

Cabochiana ſeditio. 235
Cancellarius San Genoueſianus factus Abbas Examinatores præſentare vetatur, 735. præſentat *vt Commiſſus* Curiæ Decreto. *ibid.* Lis de Cancellariatu San-Genouef. 794
Lis cum Cancellatio ob defectus in examine. 556
Lis oritur de Cancellariatu Pariſienſi, 749. Theologi Cancellariatum ſibi vindicant. Vnde lis, 752. Ad Magnum Regis Conſilium euocata remittitur ad Parlamentum. 757
Canonici San-Audomarenſes ſe ſubſtrahunt à Curia Conſeruationis. 760
Cantianus Huë in Catal.
quinque Capellaniarū Sauoiſianarum fundatio. 107. 108
Capellaniæ in Baſilica S. Andreæ, 352. lis inter Vniuerſitatem & San-Germano Pratenſes pro præſentatione. 253
Capellaniarum in Caſtelleto reditus. 354. & ſeq. formula Nominationis & Collationis Capellaniæ. 737. 738
Capellaniæ in Ærario Regio fundatæ, 807. earum reditus. *ibid.*
Capellaniæ Sauoiſianæ. Vide Sauoiſianæ.

Capella Nationis Picardicæ. 778
Theologi non plures Tribus poſſunt eſſe Concapellani in Coll. Nauarrico. 893
Cardinalium exéptio à foro communi. 427
Caroli VI. exequiæ ab Vniuerſitate celebrantur. 358
Caroli VII. ingreſſus in Vrbem Pariſ. 447. ab Vniuerſitate celebratur. *ibid.*
Caroli VIII. mores, ingenium capax litterarum. 761
Carolus iubet ſumi ſupplicium de Oliuerio Dama nouorum vectigalium autore, 762. appellat à Sixto Papa, 763. moritur, 822. eius elogium. *ibid.*
Carolus Ferrandus in Catal. fuit & alius Pariſinus qui determinauit an. 1414.
Carolus de Mauregart Medicus vxoratus, 541. & in Catal.

Index Rerum & Verborum.

Carolus Sauoisius fit reus apud Parlamentum, 96. Fundare cogitur quinque Capellanias. 107
Carmelitæ Bullam obtinent à Nicolao V. turbatiuam status Hierarchici. 601
Appellat Vniuersitas à Censuris Apostolicis, 805. consulitur Facultas Theol. an timendæ sint. 806
Censorum Facultatis Artium institutio. 571
Cessationes lectionum & sermonum, 527. 831. 832. 781. 782
Claudius Hangestus in Catal.
Collegium S. Nicolai de Lupara à Natione Gall. vindicatur, 344. antiquissimum, 345. eius collatio ad Episcopum Parif. pertinet. 346
Collegiorum lustratio & reformatio an ad Nationes, an ad Vniuersitatem pertineant? 550. 679
Collegia de Loris & de Karembert. 351
Collegij Remensis fundatio. 202
Collegij Tornacensis Primarius incarceratus 693
Collegij Trecorensis reformatio. 217
de Magno Magisterio Collegij Nauarrici contenditur, 223. eiusdem reformatio, 854. 673. Natio Gallic. habet ibi sua sacra & organa 779. expelli se posse negat. 673
Collegium Bonorum puerorum S Honorati ex solis Gallicanis constare debet. 540
Colleg ij Matchiani fundatio confirmatur. 360
Collegij Dacici adjunctio ad Laudunense. 390
Colleg. Maclouiense.
In Collegio Sorbonico 16. Bursarij ex qualibet Natione quatuor, 665. in eodem plurimæ Bursæ pro Natione Germanica.
Collegij Sagiensis fundatio. 283
Cœnobium S. Victoris agnoscitur pro Collegio Vniuersitatis. 207. & seq.
Collegia de Chenaco, Retelense, Beluacense, Turonense Primarijs muniuntur à Natione Gallic. 385
Collegiorum Professio publica quando innalescere cœpit. 853
De Collegiorum reditibus caducatio morticinij iure eximendis. 665
Doctores arcentur à Primariatu & præfectura Collegiorum. 770
Comœdiæ & Ludi inhonesti in Collegijs prohibiti. 761. 777
Conceptio immaculata B. V. ab Vniuersitate vindicatur. 621. 811
Conciliorum congregatio ad solum Papam pertinere dicitur, 9. & seq. eorundem ad Reges quoque pertinet. 43. & seq.
Concilij potestas supra Papam. 37. & seq. 440. 467. 492
Conciliorum Generalium necessitas, potestas & autoritas. 450. & seq. 521
Concilium Basileense, 408. multa de Papæ potestate præponit, 446. Felicem Papam creat eiecto Eugenio, 447. Plurima de Concilio Basileensi, 510. eius acta approbantur à Nicolao V. quoad collationes Beneficiorum, 545. contra translationem Concilij Basileensis. 450
Concilium Bituricense, vbi de Sanctione Pragmatica. 443 multa sancit, 449
Concilium Constantiense celebratur, 226. Legati Vniuersitatis ad Concilium expediuntur, 275. Papæ fuga à Concilio, 280. Concilium examinat Doctrinam M. Ioa. Parui. 284
Concilium Mantuanum contra Turcas, 631. ibi de abroganda Pragmatica. 631
Concilium Moguntinum super Schismate. 518
Concilium Pisanum, 191. Legati Vniuersitatis ad illud, 192. Cardinales illud habituri ad vniuersos Christi fideles, ad Reges, ad Vniuersitatem Parif. dant literas. 168
Concilium Senonense. 386
Confessarius Regis Collator Bursarum Colleg. Nauar. 223
Conseruator Apostolicus munus ciurat in gratiam alterius, 422. excommunicat Generales subsidiorum, 636. de Conseruatione contentio inter Episcopos, 653. Conseruatoris receptio, 704. Papa queritur de Conseruatore, 683. consiliarius à Papa excommunicatus recurrit ad Conseruatorem, 722. Curia conseruationis vexatur à Ioanne de Insulis. 544
Conseruator Priuileg. Reg. recipitur & iurat. 734
Conseruator in Curia Subsidiaria constituitur. 644
Contributionis nouum genus. 561
Cornelius Delf Diœces. Trajectensis Procurator Nat. Germ. 16. Aug. 1488
Cornelius de Haga Batauus procurator Nat. Ger. 3. Iunij 1490
Cornelius Hoddendich Batauus in Catal.
Cornelius de veteri aggere, Gallic. de Vieil Monceau, Magister in Artibus & Licentiatus in Theol. actu Regens parisius in Artium Facultate præsentatur ad Capellaniam vacantem per obitum M. Ioan. Rosée, an. 1483
Bulla contra Curatos. 196 & seq.
Curatorum Parochialium ius asseritur. 753. 764

D.

Decanus Facultat Theol. satisfacit Rectori, 589. congregat Vniuersitatem incerto Rectore & diffidentibus procuratoribus Nationum. 745. 746
Decanus Facult. Medicinæ quomodo eligebatur. 860
Decimarum pontificiarum exactio, 210. cui resistitur. 210. 211. 539. 540. 609. 611. 617. 630. 655. 794. 795. multis rationibus probatur esse iniquam. 802. 803
Decretistæ Licentias suas celebrare volentes anno non iubilæo & stato prohibentur, 725. 726. Nominatorum numerum restringere coguntur, 775. statuitur circa Decretistarum Baccalarios, 776. lis cum

BBBbbb ij

Index Rerum & Verborum.

Decretistis, 776. 793. implorant adjunctionem Vniuersitatis ne Doctor extraneus absque licentia sua docere audeat Parisijs, 809. Decretistarum status hoc seculo. 863
Delphinus exheredatur.
Determinantium tempus ordinarium & legitimum, 723. quomodo fiebant determinationes. 858
Dionysius Alligret in Catal.
Dionysius de Boinvilla Decanus tribus Parif. in Nat. Gall. an. 1410
Dionysius de Celario Artium Professor electus procurator Nat. Gallic. 10. Feb. an. 1418. iterum 9. Martij 1419
Dionysius Cytharœdi in Catal.
Dionysius Burgensis procurator Nat. Gall. 20. Octob. 1470
Dionysius Figuli in Catal.
Dionysius de Oliua Parisinus procur. Nat. Gall. 18. Nouemb. 1463
Dionysius de Sabeureto in Catal.
Dionysius de Souslefour actu regens & Decanus Facult. Medic. an. 1454
Doctor nouus in Theol. quid facere tenebatur. 864
Doctor Hispanus admirabilis doctrinæ vir, 534. Doctores arcentur à præfectura Collegiorum Artistarum. 770. 771
Doctor Hispanus à Doctoratu Parisijs suscipiendo arcetur, 724. etiam rogante Rege Castellæ & iubente Rege Ludouico. ibidem
Dominicani restituuntur in integrum & reconciliantur Vniuersitati, 82. vide ibi multa de necessitate huiusmodi reconciliationis.
Dominicus Chaillon procurator Nat. Gall. an. 1410. iterum. 11. Martij 1411
Dominicus du Chaillou presbyter Niuernensis, 5. Maij 1417. idem forte cum Superiore.
Dominicus Francisci procurator Nat. Gall. an. 1411. & 1412. 1. Martij.
Dominicus Mancinus in Catal.
Dominicus de Maisono in Catal.

E.

Ecclesiæ Gallicanæ libertates tuendæ, 312. de illis agitatur quæstio in Parlamento, 317. contra Curiam Rom. defenduntur, 319. Edictum Regis in hanc rem, 328. 329. Contrarium edicitur, 336. procurator Regius intercedit,337. Parlamentum obnunciat, at tandem pro ratione temporum paret,341. Libertates minuuntur sub Henrico Anglo, regente Betfordio, 366. defenduntur à Parlamento, 373. & seq. de ijsdem libertatibus. 659
Schisma in Ecclesia propter translationem Concilij Basiliensis. 442
de Ecclesiæ & Concilij potestate plurimi Tractatus. 450. & seq.
Ecclesiasticorum Reformatores constituti Principes. 368

de bonorum Ecclesiasticorum Collegiorumque redemptione, 419. 424. rationes M. G. Eurardi. ibid.
Ecclesiasticæ immunitates. 795. & seq.
Eligius de Vaugermes Picardus Rector Vniuersitatis renuit insignia reddere Rectoria Electo successori, 743. vide in Catal.
Episcopus Baiocensis supplicat pro adjunctione. 413
Episcopus Carnotensis Decreta legit publicè in vico,634. absoluitur à Conseruatore Apostolico de Censuris Pontificijs. 703
Episcopus Meldensis rogat adiunctionem Vniuersitatis contra Ambrosium de Cameraco Cancellarium. 776
Episcopus Massiliensis Prorex Lutetiæ constitutus ab Vniuersitate honorificè excipitur oratore Rob. Gaguino, 741. ab eoque mirificè laudatur. Queritur de quibusdam scedulis seditiosis. 747
Episcopus Parisiensis legibus Vniuersitatis subditus, 525. dissidium inter Episcopum Parif. & Vniuersitatem ob incarceratos Scholares. 532. 533
Substractio ab Episcopali autoritate. 584 586. 595
Episcopo Parif. tributum Scholaribus imponere volenti resistit Vniuersitas. 761
Eualdus Bolberict Presbyter Diœces. Misnensis & Ecclesiarum S. Petri in Budissen & Sepulchri Dominici in Legenuwic Canonicus procurator Nat. Germ. 5. Maij an. 1487
Euerardus Alferedi diœcesis Trajectensis eiusdem Nat. procurator an. 1478
Euerardus de Vuillenis in Catal. p. 891
Eustachius de Mesnillo in Catal.
contra Exactiones Curiæ Rom. 637. 669
Examinatores Facultatis Artium. 573. 575.
Excommunicantur ab Vniuersitate Generales subsidiorum, 636. 641. Excommunicatio lata in Magistros Vniuersitatis Decimæ impositioni obsistentes irrita esse decernitur. 807
contra gratias Exspectatiuas Curiæ Ro. 671. Rex dat gratiam exspectatiuam Beneficij. Vide Petrum Bechebien in Catal.

F.

Facultas Artium reformatur. 528.703. eius status hoc seculo, 858. Gradus Academici quomodo obtinerentur in ea. 858
oritur lis inter Facultatem Theol. & tres alias ob lecturam Bibliorum apud Iacobitas. 815. & seq.
quomodo singulæ Facultates cognoscunt de litibus suorum Suppositorum absque appellatione, 816. 817. 818. de Gradibus singularum. 858
Faustus Andrelinus Poëta in Catal.
Felix Pontifex in Concilio Basileensi creatur. 447
Festa SS. Cosmæ & Germani veteris instituuntur in Vniuersitate, 439. abusus festorum

Index Rerum & Verborum.

festorum, 560. abrogata quorumdam festorum festiuitas, 782. & sequ. quæ Festa Scholaribus permissa. 857
Francorum clades in agro Azincurtio, 295. Natio Gall. occisis Francis parentat. *ibid.*
Francia oppressa, 420. Francia non vult agnoscere Felicem papam in Concilio Basil. ejecto Eugenio creatum. 447
Franciscus Philelphus in Catal.

G.

Garcilius Mercatoris procurator Nat. Gallic. 16. Decemb. 1413. iterum 19. Martij 1416
Gaufridus Boussardus Doctor Nauarricus in Catal.
Gaufridus Calui Turonensis de Colleg. Beluac. procurator Nat. Gall. an. 1443.
Gaufridus du Saussay Doctor medicus regebat, an. 1490
Gaufridus Normani in Catal.
Georgius Cantius Scotus Diœces. S. Andreæ procurator Nat. Ger. 1492. 1. Iunij
Georgius Crantzius Diœcesis Constantiensis eiusdem Nat. procurator 7. April. 1486. vulgo Doctor Crantz.
Georgius Vvolfhus de Baden Diœcesis Spirensis eiusdem Nat. procurator, an. 1489
Generales Curiæ subsidiariæ restituuntur in integrum & Iure Academiæ redonantur. 792
Gerardus de Bello-Monte Remensis procurator Nat. Gall. an. 1446
Gerardus Cheualier Diœcesis Leodiensis de Vrbe Ruremundensi procurator Nat. Germ. 16. Decemb. 1487
Gerardus Drouart procurator Nat. Gallic. an. 1457
Gerardus Gehe in Catal.
Gerardus Gorron de Ampileyo in Catal.
Gerardus Macheti in Catal.
Gerardus Militis Leodiensis de Vrbe Ruremundensi procurator Nat. Ger. an. 1487
Gerardus Pinoti Capellanus Capellaniæ Vniuersitatis obijt, an. 1457
Germanus le Boulanger Parisinus procurat. Nat. Gall. 4. Maij 1472
Germanus de Ganay Parif. procur. eiusdem Nat. 16. Dec. 1472
Geruasius Clerici in Catal.
Geruasius Genuys magnus Bidellus Nat. Gallic. legauit 10. libras pro missa defunctorum quæ 28. Maij, an. 1477. celebrata est.
Geruasius Meloti Cenoman. Procurator Nat. Gallic. 16. Feb. 1497. obijt an. 1449
Gibertus de Clemancieres Bituricensis incepit in Artibus, an. 1443. tribus Bitur. in Nat. Gall. Decanus erat adhuc an. 1500
Gilbertus de Crab. in Catal.
Gilbertus Dauuergnat Bituricensis actu regens Procurator electus Nation. Gallic. 26. Aug. 1454
Graduati in Facultatibus quomodo obtinent præbendas. 328

Tom. V.

Graduatorum incorporatorú Concilio Basiliensi priuilegium. 433
Gradus Baccalarij, Licentiati & Magistri in Artibus conferri vetantur eodem an. 529
Graduum Scholasticorum consecutio quo ordine fit. 838. & seq.
Græci ad vnionem redeunt. 446
Græci exules docent Lutetiæ. 692
Bessarionis Cardinalis Græci opera distribuuntur Facultatibus & Nationibus examinanda antequam luce publica donentur. 697
Gregorius Typhernas in Catal.
Gregorij XII. creatio, spes vnionis. 132
Gualterus Forester Scotus Diœcesis S. Andreæ procurator Nat. Germ. 10. Martij 1484
Gualterus le Doux Remensis Nat. Gallic. Procurator. 2. Iunij an. 1463
Guido Carpentatoris Philosophiæ professor an. 1410. & seq
Guido Pictauiensis Cardinalis publico Instrumento declarat creationem Clementis VII. fuisse legitimam. 110
S. Guillelmi reliquiæ reponuntur in æde Nauarrica. 394
Guillelmalia Nat. Gall. solemniter celebrantur, quibus Rex & Principes intersunt. 308
Guillel. de Algia actu regens in Medicina, 1437. & Decanus: iterum an. 1449
Guill. Basin in Catal.
Guill. Bragelongue Senonésis determinauit an. 1414. M. Io. de Gomonte procurator Nat. Gallic. Item Adam de Bragelongne an. 147. sub M. Simone Richerij.
Guill. Bouylle in Catal.
Guill. Burgensis in Catal.
Guill. Butier. in Catal.
Guill. de Camera Decanus Facult. Medic. post obitum Roberti Iulienne an. 1448
Guill. de Castro-Forti in Catal.
Guill. de Cella in Catal.
Guill. Chartier in Catal.
Guillelmus des Cures Primarius Artistarum Collegij Nauarrici iussus est Decreto Senatus 8. Octob. 1476. Proprimario suo omnia Officij sui iura relinquere, quæ in prædicto Decreto continentur, *Les Presidens ont ordonné que commandement sera fait par le premier Huissier sur ce requis à M. Guillaume des Cures Grand-Maistre des Artiens de Nauarre & autres Regens & Submoniteur dudit College jqu'ils laissent, souffrent & permettent ledit Sous-Maistre dudit College du Artiens, iouir & vser de son Office de Sous-Maistre, ensemble des Prérogatiues, préeminences d'iceluy, en la forme & maniere qu'ont jouy cy-deuant ses predecesseurs Sous-Maistres dudit College; c'est à sçauoir de seoir à table incontinent aprés le Maistre, iceluy Maistre present, & en l'absence dudit Moistre, le premier auant tous autres Regens & Submoniteurs dudit College; faire la benediction à la table, en l'absence dudit Maistre & auoir la préemi-*

CCCccc

Index Rerum & Verborum.

nence, Autorité, punition, correction & gouvernement du Escholiers d'iceluy College en l'absence dudit Maistre & tout ainsi que seroit ledit Maistre present.

Guillelmus Eurardus in Catal. eius litteræ de Concilio Basileensi ad Nat. Gall. 408. plures eiusdem litteræ de illo Concilio. 415. & seq.

Guill. Fichetus in Catal.

Guill. Gourlay Decanus Tribus Turonen. in in Nat. Gall. an. 1410

Guill. de Fontanges Claromontensis Licentiatur in Artibus sub M. Guidone Carpentatoris an. 1413

Guill. de Fraxino Cenomanensis incipit in Artibus an. 1418

Guill. Forleon in Catal.

Guill. Houppelande in Catal.

Guillelmus Gueret Cenoman. Subdeterminauit an. 1414. M. Ioan. de Gomonte procuratore.

Guill. de Longolio in Catal.

Guill. Martini Regens in Artibus an. 1408

Guill. de Marrigniaco in Catal.

Guill. Montiojus in Catal.

Guill. Musnier in Catal.

Guill. Nicolay scriba Vniuersitatis in Catal.

Guill. de Placentia Senon. actu Regens in Artibus Procurator Nat. Gallic. 7. April. 1448

Guill. Riueti in Catal.

Guill. Rousselli Rector.   222

Guill. Rogerij Bursarius Theolog. Colleg. Nauar. an. 1472

Guillel. Tardinus seu Tardiuus in Catal.

Guill. de Tolohan Corisopitensis Procurator Nat. Gall.   3. Iunij 1461

H.

Hæreseon materia non debet alibi discuti quàm in Vniuersitate.   376

Henricus Alexandri Presbyter in Iure Canonico Baccalarius Notarius Curiæ Conseruationis.   754

Henricus de Alixon Diœcesis Constantiensis procurator Nat. Germ. 21. Oct. 1483

Henricus Angliæ Rex, Franciæ designatus obijt.   358

Henricus Elephantis Procurator Nat. Ger. an. 1483. & sæpe aliàs.

Henricus de Groninghen Diœc. Trajectensis eiusdem Procurator an. 1478

Henricus Hendrison de Scotia Oriundus Diœcesis S. Andreæ Procurator Nat. Ger. 2. Dec. 1485

Henricus Keriner Diœcesis Constantiensis Procurator eiusdem Nat. an. 1482

Henricus Pistoris in Catal.

Henricus Stachter in Catal.

Henricus de Zomeren in Catal.

Herbertus de Vveda aliàs de Vvilsem Trajectensis Procurator Nat. Ger. 22. Oct. 1492. quo Procuratore lis exorta inter Nationes de vice Nominationis ad Curiam S. Cosmæ.

Hermonymus Spartiates in Catal.

Hieronymus Balbus in Catal. contra Tardinum.   770

Hugo Drouardi Procurator Natio. Gallic. 2. Iunij 1434. iterum Martij 1436

Hugo Greynlaw de Scotia Diœcesis S. Andreæ fit Procurator Nat. Germ. 26. Aug. 1486

Hussitarum Doctrina inualescit, 112. proferunt litteras Oxoniensis Vniuersitatis in gratiam Vvicleffi, 113. vid. Io. Hussius.

I.

Iacobus Aubry Decretorum Doctorum Capellanus Capell. Castelleti obijt an. 1489

Iacobus Bernardi prouisor Collegij Nauarrici an. 1417

Iacobus D'Estouteville nouus Conseruator Priuileg. Reg. juramentum præstat Vniuersitati.   784

Iacobus Bernardi presbyter Parif. procurator Nat. Gall. 23. Sept. 1426

Iacobus de Haerlem in Catal.

Iacobus Isambardus Scriba Vniuersitatis. 223

Iacobus Ledel Aberdonensis in Scotia Procurator Nat. Ger. mense Feb. an. 1483

Iacobus de Nouiano in Catal.

Iacobus parui Decretorum Doctor.   95

Iacobus de Sommavilla in Catal.

Iaspar Stregaw. Vratislauiensis Procurator Nationis Germanicæ.   2. Iunij 1486

Immunitates Ecclesiasticorum.   797

Inguerrandus de Parenti Decanus Facultat. Med. an. 1434

Innocentij VII. mores & creatio, 109. ad eum Vniuersitas pro sedando Schilmate, *ibid.* eiusdem ad Vniuersitatem litteræ 114

Innocentij VIII. litteræ ad Vniuersitatem de sua promotione.   767

contra Inquisitorem fidei Vesperias impedientem.   604

Intestatorum bona ab Vniuersitate vindicantur.   713

Intrans in Electione Rectoris ne sit Procurator, 530. ne quis pro Intrantia supplicet.   ibid.

Ioannes XXIII. Beneficiorum venditor,318. statuitur contra ipsum circa Beneficiorum dispensationem.   318. 319. 323

Ioannes Andreæ de Bohemia Pragensis fit procurator Nat. Germ.   24. Sept. 1487

Ioannes Archerij Philosophiæ professor an. 1408. Nat. Gall. Proc.   13. Ianu. 1422

Ioannes Auis in Catal.

Ioannes Babillon electus in Cancellarium San-Genouefianum.   793

Ioannes Beguin in Catal.

Ioannes Baluë Electus Ebroicensis Magnus Prouisor Colleg. Nau.   673

Ioannes de Bellomonte in Catal.

Ioannes Benedicti Nationis Picardicæ Receptor an. 1464

Index Rerum & Verborum.

Ioannes Benedicite Capellanus Sauoisianus an. 1438

Ioannes Beraudi philosophiam profitebatur an. 1408

Ioan. Beson ab Vniuersitate damnatur ob cædem Caroli de Mauregard. 595

Ioannes Blanbaston in Catal.

Ioannes de Boues Picardus de Collegij Becodiani Magisterio contendit an. 1458

Ioannes Boucart in Catal.

Ioannes Bouuet in Catal.

Ioannes de Bria Carnotensis in Artibus regebat an. 1408. Procurator Nat. Gall. 13. Ianu. 1415. iterum 16. Dec. 1417

Ioannes Bracht ex Comitatu Moirsensi Diœcesis Leodiensis Procurator Nat. Germ. an. 1480

Ioannes de Bussy Consiliarius Parlamentęus petit adjunctionem contra Ægidium Can. niueti à quo vocatus fuerat ad Concilium Basileense an. 1438

Ioannes Capreolus Tolosanus Dominicanus florebat Parisijs sub an. 1410

Ioannes Clementis de Marla Doctor Medicus Presbyter Laudunensis. 92

Ioannes Colli Canonicus Parisiensis incipit in Artibus sub M. Ioanne Crassi an. 1408

Ioannes de Conflans in Catal.

Ioannes Curtæ-coxæ in Catal. Eius oratio ad Regem pro factis Ordinationibus, 83. ad Cardinalem Vrsinum. 331

Ioanna Darcia se offert Carolo VII. contra Anglos, 384. Capitur. 394. eius causa discuritur à Theologis & Decretistis, 395 plurimi articuli damnantur, 396. & seq. eiusdem causa retractatur. 600

Ioannes Danchy ad Capellaniam Sauoisianam præsentatur an. 1438. idem procurator Nat. picard.

Ioannes Eschart Redonensis procurator Nat. Gallic. 18. Nou. 1465. idem Rector Vniuersitatis, 1471. tum Baccal. Nauar.

Ioannes Andreas Ferrabos in Catal.

Ioannes Fortin prouisor Collegij Nauarrici. 779

Ioannes Francisci in Catal.

Ioannes Frontdacier Parisinus Baccal. in Theol. proc. Nat. Gall. 21. Oct. 1417

Ioannes Gaudi Cenomanensis incipit in Artibus an. 1418. Gens ista apud Cenomanos etiamnum commendabilis.

Ioannes Gaysser de viridi riuo aliàs Gronembach Augustensis procurator Nat. Germ. an. 1488

Ioannis Gersonis oratio ad Regem pro Ciuitate Parisiensi, 236. eiusdem contra propositiones Ioannis Parui, 247. ab Vniuersitate comprobatur, 254. 257. eiusdem literæ contra Hussitas, 269. in Concilio Constantiensi arguitur eius censura de propositionibus Ioan. Parui, 299. obijt Lugduni. anno 1419

Ioannes de Gonessia Theol. Professor. 95

Ioannes de Gomonte Nobilis Remensis determinauit in Artibus an. 1408. sub M. Nicolao de Syrenis Procurator Nationis Gall. 14. Ian. an. 1414. Rector Vniuersitatis an. 1420. diu Professus est magna nominis fama Philosophiam.

Ioannes de Gorello errores damnati, 189. & seq.

Ioannes Gray Presbyter Doctor Medicus. 92

Ioannes Grimmel de Hagenoua Diœcesis Argentinensis Procurator Nat. German. an. 1478

Ioannes Haueron in Catal.

Ioannes Helle Cameracensis Presbyter Magister in art. & in Iure Can. Licentiatus nominatus à Picardis ad Cappellaniam Sauoisianam an. 1480

Ioannes Heruy Scotus Diœces. Aberdonensis sæpe Procurator Nat. Ger. ab an. 1479

Ioannes de Hirlandia Baccal. Nauarricus Rector an. 1469

Ioannes Hooller Diœcesis Constantiensis Procurator Nat. Germ. an. 1486. 21. Oct.

Ioannes Huctus Regens in Colleg. Beluacensi an. 1416

Ioannes Huë Stampensis in Catal.

Ioannes Iougletus autoritate Apostolica excommunicatus appellat Conseruatorem. 721. 722

Ioannes Lallier Licentiatus in Theol. in actu Vesperiarum impeditus. Vnde lis vehemens orta. 771

Ioannes Lantman in Catal.

Ioannes Lapidanus in Catal.

Ioannes de Leydis Diœcesis Trajectensis Procurator Nat. Germ. an. 1477

Ioannes Lullier in Catal.

Ioannes Magistri Aduocatus Generalis laborat pro pace Decretistarum, 777. ille in Collegio Harcuriano educatus.

Ioannes de Marla in Catal.

Ioannes de Marsono in Catal. Illustris Artium Professor legauit Nationi Gallic. an. 1414. 30. scuta aurea, & 10. lib. Regentibus.

Ioannes de Martigniaco in Catal.

Ioannes Maupoint in Catal.

Ioannes Mileti in Catal.

Ioannes de Monte in Catal.

Ioannes de Monte Leonis in Catal.

Ioannes Morincx de Boëmel ex Ducatu Gueldriæ Diœces. Trajectensis procurator Nat. Germ. an. 1480

Ioannes Muneratus in Catal.

Ioannes Nanterre procurator Regis. 763. 764

Ioannes Nauellus in Catal.

Ioannes Neuman de Penczig Misnensis procurator Nat. Gal. an. 1477

Ioannes Normani in Catal.

Ioannes Olauus de Regno Sueciæ Diœces. Aboensis Procurator Nat. Germ. an. 1487

Ioannes de Vlma Doctor Theol. priuatur ob iniurias illatas Rectori, 599. Vide in Catal.

Ioannes Panetchair in Catal.

Ioannes Parui contra tricas & ludificationes Benedicti, 120. eiusdem propositiones

CCCccc ij

Index Rerum & Verborum.

contra Ducem Aurelianum damnatæ, 215. ab Vniuersitate probantur contrariæ assertiones Io. Gersonis, 247. 254. 257. Eiusdem Parui doctrina Edicto Regio proscribitur. 258. & sequ. in Concilio Constantiensi agitatur, 284. Articuli Paruiani & gersoniani discutiuntur, 285. & seq. condemnatur doctrina de Tyrannicidis, 291. variæ opiniones circa illam doctrinam, 294. rursus doctrina Ioan. Parui damnatur & Iustificatio Burgundionis. 300. & seq.

Ioannes de Pedemontio ad quem extant litteræ Clemangianæ, regebat adhuc in Artibus an. 1405. & deinde etiam rexit.

Ioannes Peronis Bituricens. procurator Nat. Gall. 27. Aug. 1453. iterum 10. Feb. 1455

Ioan. Petri Doctor Medicus. 169

Ioannes Pluyette in Catal.

Ioannes Proti Sanchatarinensis Canonicus in Catal.

Ioannes Pulcri-patris in Catal.

Ioannes Ramier Aurelian. determinauit an. 1442. Nat. Gall. procurator fuit 9. Martij 1447. tunc Socius Nauarricus, eius fit mentio in Reformatione Collegij an. 1464

Ioannes Raulin us in Catal.

Ioannes de Rely in Catal. Collegij Nauarrici gubernator. *ibid.*

Ioannes Reuchlin in Catal.

Ioannes Riuole proprimarius Grammaticorum Nauarricorum contendit de Rectoratu cum M. Claudio de Hangest, 808. Vide in Catal.

Ioan. Rosée Decanus Facultatis Medic. an. 1465. iterum an. 1478

Ioannes de Sallandria Doctor Theologus. 743

Ioannes Sarrazin Theses reuocat de potestate Papæ supra Concilium. 388

Ioannes Sautetus in Catal.

Ioannes Scriptoris Nat. Germ. Bursarius & Prior Sorbonæ Legatus ad Conuentum Aurelianensem pro propugnanda Sanctione-Pragmatica. 732

Ioannes Standoux primarius Montis-Acuti in Catal. & in Histo. fol. 834

Ioannes Tisserant concionatus supplicante Rectore alibi quàm vbi erat supplicatio, punitur, 812.

Ioan. Vvarini Quæstor Nat. gall. an. 1408. Rector, 15. Dec. 1408. Decanus Fac. Med.

Ioannes Verus Dominicanus contra immaculatam Conceptionem concionatus reprimitur: 815

Ioannes Viole Baccal. Theol. socius Nauarricus iussus est Senatusconsulto diei 20. Martij an. 1488. Actus Scholasticos conficere, quos retinendæ diutius Bursæ causa conficere distulerat.

L.

Laudunense Capitulum renunciat priuilegio obtento contra Priuilegia Vniuersitatis. 353

Laurentius Dorn' de Gleybetz Vratislauiensis procurator Nat. Germ. an. 1480

Laurentij Vallæ laudes & epitaphium. 676

Laurentius de Vlmonte Regens in Artibus initio seculi

Legatis Vniuersitatis ad Conuentum Aurelianensem salarium penditur. 733

Legatus Pontificis ab Vniuersitate excipitur. 738

Libertates Ecclesiæ Gall. Vide. Ecclesiæ.

Ludi & Comœdiæ prohibitæ. 777

Ludolphus Petrus de Campis Diœcesis Traiectensis procurator Nat. Germ. electus mense Aug. an. 1477

Ludouicus de Ambasia in Catal.

Ludouicus Harel Doctor Theol. Primarius Collegij Lexouæi iubetur se sistere apud. Vniuersitatem ob malam Regentis tractationem. 770

Ludouicus Ioannis Æduensis, procurator Nat. gall. 17. Dec. 1464

Ludouici XI. motes in Catal.

Ludouici XII. diuortium ab Episcopis & Doctoribus confirmatum, 819. Vide in Catal.

M.

Martialis Galichier Nat. gall. Procurator an. 1493

Martinus V. creatur in Concilio Constantiensi. 307

Martinus Delfus in Catal.

Martinctæ reprimuntur. 658. 704

Matisconensis Cleri causa pro exemptione à reficiendis Muris. agitatur. 3

Mathæus de Capella Parisinus Baccal. in Iure Can. Procur. Nat. gall. 7. April. 1416

Mathæus de Chastillon de Collegio Nauarrico Procurator Nat. gall. 26. Aug. 1457

Mathæus Dolet actu Regens & Decanus Facult. Med. an. 1480

Mathæus Mesnage in Catal.

Mathæus Sauquet Baccal. form. in Theol. Coll. Bajoc. Proc. Nat. gall. 18. Dec. 1469

Mathurinensium Ædes Sportulis Nationum restituuntur. 695

Medici vxorati arcentur à Regentia vt & Presbyteri, 91. admissi tamen ex dispensatione Pontificia. *ibid.* & 92.

de Medicis vxoratis, 541. Item & in Reformatione Vniuersitatis an. 1452. vide ibi reformationem Facultatis Medicinæ. Item p. 860

Medici supplicant pro adiunctione aduersus exactores tributorum & obtinent. 728

contra Mendicantes qui ab Eugenio Bullam impetrarant aduersantem priuilegijs Vniuersitatis, 522. concordia cum Mendicantibus, 523. refertur Bulla Eugenij pro Mendicantibus. *ibid.* Tempus Studij Mendicantium legentium Biblia & sententias, 160. iterum turbatur Vniuersitas à Mendicantibus ob Bullam subreptitiam, 601. Pacis. conditiones proponuntur, 614. rursus turbæ. 617

Michaël

Index Rerum & Verborum.

Michaël Artault Bursarius nequam Colleg. Boissiaci priuatur Iudicio singularum Facultatum & Nationum. 94. 95

Michaël le Boulanger Consiliarius Curiæ restituit libros Nominalium. 747

Michaël de Colonia picardus actu Regens in Fac. Med. eiusdem Decanus fuit electus an. 1490. idem Cantor fuit Ecclesiæ Parisi. talisque Intrans fuit ad prorogandum an. 1406. M. Io. Auis Decanatum.

Michaël de Credulio actu Regens in Medicina an. 1490

Michaël Straton Scotus Diœces. S. Andreæ Procurator Nat. Ger. 6. April. 1484

Minoritæ non observantes Statuta Vniuersitatis arcentur à Magisterio, 300. Minorita concionatus absque Licentia Curionis accusatur, 558. vocatus examinatur & absoluitur, 559. Minoritæ Curatorum Iura violantes reprimuntur. 658

N.

Nationes & Facultates distinctæ ferunt suffragia in Causa Bursarij Boissiaci, 93. 94. item in causa de Electione Rectoris præsentibus & poscentibus duobus Curiæ Consiliarijs, 746. item, 817. 819. 820

Nationes & Facultates dissident ob muneris procuratorij in Parlamento Collationem, 394. Item ob indictam supplicationem solemnem ad D. Maglorij, 525. Item ob cessationes Lectionum, 588. Item ob distributionem pecuniariam ex Legato M. Gerardi Gehe, 664. Item ob legationem mittendam & pecuniam mutuo sumendam. 555

ex singulis Facultatibus & Nationibus nominantur Deputati, 781. tot esse debent Nationum Deputati quot Facultatū, 791. Nationes plus contribuunt ad ærarium publicum quàm Facultates. 808

Nationes Collegiorum suorum Reformatrices, primariorum Institutrices. 385. 527. 528

Natio Anglicana (hodie Germanica) alijs se adiungere denegat in causa Schismatis, 65. declarat se neutrius partis futuram, ibid. eamque Rex suo arbitrio relinquit, ibid. Statuit circa adoptionem Graduum Academicorum. 646. 647

Nationis Gallicanæ Constantia in tuendis Iuribus Regni & honore Vniuersitatis. 375. 376

Pro Episcopatu Bajocensi supplicat in gratiam M. Petri Cauchon, Normanica in gratiam alterius. 418 419

Natio Gall. instituit Missam pro Defunctis postridie Guillelmaliorum, 440. Eadem statuit circa Intrantes pro Electione Rectoris, 530. & sequ. abusus quosdam reformat, 748 824. & sequ. Eadem Organa constituit in Æde Nauartica. 779

Nationis Gallic. procurator cæterorum Decanus, 557 potest concludere pro Facultate Artium nolente Rectore, 557

in Natione Gall. oritur discordia pro Munere procuratorio & ad Curiam defertur. 738. 739

Nationes Normanica & Gallicana contendunt de finibus. 434

Natio Normanica turbatur ob electos duos procuratores, 717. quæ lis in Facultate Artium disceptatur. 718. 719

in Normania spernuntur Vniuersitatis priuilegia. 558. priuilegia Vniuersitatis in Ducatu Normaniæ. 621

Normania sub iugum Regis Franciæ redit. 677

Natio picardica licentiam obtinet construendæ sacræ ædiculæ, 778. antiquitus in San-Iulianensi sua sacra celebrabat & Comitia. ibid.

Nationis picardicæ Nuncius spoliatus adiunctionem Vniuersitatis petit, 807. concluditur ex ærario Vniuersitatis, 808. reluctantibus licet Facultatibus.

Paruæ Nauarræ primatius. Viæ infrà, Petrus Martini.

Neutralitas durante Schismate promulgatur. 151. 162. 165

Nicolaus Bertoul socius Cholet.xus Rector Vniuers. 11. Oct. 1456. obijt mense Nou. 1458. Capellanus Vniuers.

Nicolaus Clamengius apud Vniuersitatem se purgat de excommunicatorijs Benedicti XIII. litteris, 154. & sequ. vide in Catal.

Nicolaus V. vir Doctus & Doctorum amator, 540. Schisma terminat, 544. approbat Concilij Basileensis gesta, 545. eius obitus & Epitaphium. 598

Nicolaus de Longolio parisinus licentiatur in Artibus sub M. Ioan. Loueti an. 1412. procuratore Nat. Gallic. Ægidio Grusigneti. Vide in Cat. Petrus de Longolio.

Nicolaus Malingre Nat. Gallic. procurator reformat ipsam nationem. 748

Nicolaus de Foro Tullensis Diœcesis à parte Regni actu regens in Nauarra fit procurator Nat. Gall. 2. Iunij 1446. iterum 10. Martij 1449

Nicolaus Capel parisinus licentiatur in Artibus initio anni. 1472

Nicolaus de Cocquerel Commissus primarius Collegij Becodianj an. 1478. requirente M. Galesino du ploys Procuratore Collatorum Magisterij & Bursarum dicti Collegij.

Nicolaus Crebel ex Silesia oriundus Vratislauiensis fit procurator Nat. Ger. 5. Maij 1485. iterum mense Nouembri eiusdem anni.

Nicolaus de Bellismo Cenomanensis actu Regens in Artibus, Baccal. in Theol. fit procurator Nat. Gall. an. 1414. Nicolaus Gehe. 186

Nicolaus de Gondricuria Tullensis Magister in Artibus Licentiatus in Decretis Nat. Gallic. procurator. 24. Sept. 1414

Nicolaus parmentier Picardus Regens in

Index Rerum & Verborum.

Colleg. Nau. electus Rector, 778. ibi corrige & loco. *Gramm.* Scribe *Artistarum.*

Nobilitas gallicana coniurat aduersus Regem, 676. colloquitur cum Ciuibus parif. & Vniuersitate, quod molestè fert Ludouicus XI. 677

Nominalium Theses in vico Stramineo propugnatæ remittuntur ad Facultatum Artium examinandæ. 678

Edictum Ludouici XI. contra Nominales, 706. quod Edictum à tota Vniuersitate recipitur & confirmatur. 710

Nominalium libri incatenantur, 709. 710. 711. excatenantur, 712. resurgunt Nominales. 739

Nominalium doctrina extollitur, 740. libri eorum restituuntur. 747

Nominationes non inscriptæ in Regestis Vniuersitatis, an valeant. 823

Nominandorum prouisio qualis esse debeat. 535. 536

Nunciorum Academicorum certus Rotulus conficitur. 723

Nunciorum Sodalitium seu Confratria apud Mathurinenses in honorem Caroli Magni. 734

Nuncij Academici eximuntur ab onere excubiarum & custodia portarum. 769

lis de numero & priuilegijs Nunciorum 776

longa dissertatio de Nuncijs Maioribus & Minoribus. 789. & seq.

Nunciorum Magnorum Catalogus offertur Generalibus. 792

de Nuncio picardicæ Nationis spoliato. 807

O.

Contra substractionem Obedientiæ factam Benedicto XIII. 4. 5. & seq. ibidem mala substractionis enumerantur.

contra restitutionem Obedientiæ, 45. 56. & sequ.

Obedientia Benedicto restituitur. 66. & seq.

Observantini vetantur Domum & Claustrum parisijs habere, 693. 727. recipiuntur tandem certis legibus ab Vniuersitate. 769

Officiarij Vniuersitatis immunes. 785

Officiariorum Catalogus traditur Curiæ Generalium. 792

Rector & Procuratores Officiariorum Institutores. 841

Olauus Magni Rector Vniuersitatis an. 1435

Oliuerius de Rian Briocensis Diœcesis Magister fit in Artibus an. 1408

Oliuerius Dama Chirurgus Ludouici XI. supplicium luit. 762

Organa Collegij Nauarrici ad Nat. Gall. ex Instrumento publico pertinentia. 779

P.

De Papæ & Concilij Generalis potestate longæ dissertationes. 450. & sequ.

Papa Fallibilis, Ecclesia infallibilis. 468

Papæ potestas subest Concilio. 467. 487.

errores de potestate papæ. 754. 387. 388

A Papa Concilium appellatur. 539

Papæ solius est Concilia conuocare. 7. 8. & seq. contrarium asseritur. 43. & seq.

Papa non potest pro libito Decimas Beneficijs imponere. 798

Papa contra parlamenti parif. autoritatem. 866

Papetariorum priuilegia. 178. & seq.

Parlamento parif. commissæ causæ Vniuersitatis. 539

Primos Causarum aditus non cognoscit. 819

Parlamentum pictauiense, 585. ne erigatur, Vniuersitas cum Ciuibus parif. deprecatrix accedit 689

Patricius Lanson Scotus Diœces. Glasquensis fit Procurator Nat. Ger. an. 1487

Patricius Lanson Scotus Diœces. S. Andreæ eiusdem Nat. Procurator. 25. Aug. 1485

Paulus Hemerlin de Andelo in Catal.

Pergameni Indictalis ius Vniuersitati asseritur, 688. Pergamenarij abutentes officijs suis puniuntur, 727. contra Pergamenarios. 734. 738. 746

Pergameni ius contra Abbatem San-Dionysianum vindicatur. 558

Petrus Alnequin Parisinus determinauit in in Artibus mense Feb. an. 1449. incepit an. 1451. Capellanus Colleg. Nauarrici. vide in Catal. Guill. de Castro-Forti.

Petrus de Ascenserijs Trecensis de Regali Colleg. Nauar. electus Procurator Nat. Gall. 22. Oct 1414. iterum 16. Nou. 1416

Petrus Batis Diœces. Cabilonensis fit Baccalarius in Artibus sub finem an. 1449. Primarius seu Principalis Magister Collegij Tornacensis. 693

Petrus Burrus Canonicus Ambianensis in Catal. & 812

Petrus Cauchon Episcopus Beluacensis Conseruator eiurat Munus Conseruationis in gratiam Episcopi Meldensis. 412

Petrus Cheron parisinus actu Regens procurator Nat. Gall. 16. Dec. 1455

Petrus Fremon Minorita incarceratur. 725

Petrus de Hamello Parisinus Regens in Artibus & Baccal. in Medicina fit procurator Nat. Gall. 1. Oct. 1447 deinde Doctor & Decanus Facult. Medic. 3 Nou. 1452. tum actu Regens.

Petrus de Longolio de parisius licentiatur in Artibus à Cancellario parif. anno 1415. M. Michaële pulli procuratore Nat. Gall.

Petrus Marie Remensis actu Regens in Artibus fit procurator Nat. Gall. 26. Aug. 1452. iterum 4. Ian. 1453

Petrus Martini dicitur ad an. 1476. *Principali Collegij Parua Nauarra,* in Actis Nat. Gallic.

Petrus de S. Martino Quæstor Nat. Gallic. an. 1474. pro vice Tribus Bituric.

Petrus de Mediolano incarceratus ab Armaniacis repetitur à Nat. Gall. 160

Petrus de Mesmes Meduntanus incipit in Artibus sub M. Io. Solerij an. 1438. mense Feb.

Index Rerum & Verborum.

Petrus Mesnart rector Vniuersitatis. Idem Scriba & Notarius Apostolicus. 804

Petri portuensis Cardinalis declaratio pro Clemente VII.

Petrus de Rian Bituricensis determinat in Artibus an. 1409. sub M. Guill. Martini.

Petrus Saliou San-Briocensis procurator Nat. Gall. 23. Sept. 1457

Petrus Solerij Vicensis actu Regens in Artibus procurator Nat. Gall. 3. Iulij 1453. iterum 5. Maij 1455

Petrus Succuribilis Normanus diu rexit in Artibus in Coll. Harcur. : at nescio quamobrem M. Stephano Geruasio eiusdem Collegij prouisori, inuisus Regentia dejectus est, ipsiusque Geruasij autoritas Senatus Decreto 9. Feb. 1470. confirmata est. Vide infra. *Stephanus Geruais*, cæterum ad Theologiam se conferens Doctoris Lauream consecutus est, & is Archidiaconus Rotomagensis, obijt anno 1508

Petrus Tartareri Lausanensis fit procurator Nat. Ger. 18. Nou. 1484. anno verò 1489. admissus ad regendum cum M. Io. Lantman tunc rectore Vniuersitatis, Cornelio Oudendick, Ægidio Delf, Cornelio Delf & Io. Gaysser.

Petrus de Villaribus Trecensis Baccal. in Decretis procurator Nat. Gall. 14. Ianu. 1421

Pestis grassatur Lutetiæ, 680. peste Inguinaria de populatur Vniuersitas. In hanc rem petri Burri Carmen. 812

Philippus Roüerij Bituric. in Decretis Bac. Procurator Nat. Gall. 13. Ian. 1452

Philippus Langueti Æduensis Bacc. Theol. Nauarricus procurator Nat. Gallic. 10. Feb. 1466

Pius II. de sua Promotione ad Vniuersitatem, 630. vide in Catal. *Æneas Siluius*.

Quid sit *Placet* Magistrorum. 858

Pragmatica Sanctio in Concilio Bituricensi stabilitur, 445. Declaratio Caroli VII. super ea, 519. oppugnatur ab Eugenio & ab Vniuersitate defenditur, 534. 543. 601.

Item à Pio II. oppugnatur, 631. 648. 649. eius in eum rem litteræ ad Ludouicum XI. referuntur. Rex abrogationi subscribit, 450. eiusdem abrogationi Vniuersitas obsistit, 684. appellat, 685. 686. de eadem in Conuentu Aurelianensi agitur, 732. eiusdem Cursus in Normania, 794. Vniuersitas Legatos suos coram pontificio legato, Pragmaticam abrogante tacentes improbat. 686

Præpositus parisiensis Scholares patibulo affigit, 146. affixos refrigere iubetur. 147

Receptio Præpositi in Vniuersitate. 348

lis contra Præpositum ob clausum vicium stramineum. 733. 903

Pratum Clericorum à Rectore lustratur. 627

Priuilegium exemptionis vinariæ. 633. 686

Priuilegiorum cursus in Normania. 633

Priuilegia Vniuersitatis confirmantur. 54. 164

agitur de confirmatione Priuilegiorum. 760. 763. 767

Priuilegium primum & præcipuum *de non trahit extra*. 656. 684. 693. 703. 738

Contra Infractores priuilegiorum. 733

Priuilegiorum necessitas ad conseruationem Vniuersitatis. 693

Priuilegia sæpe periclitantur, 743. tumultus in Vniuersitate ob imminuta priuilegia. 833

Munus Procuratorium fit bimestre in Nat. Gall. 631

Procuratores conuocant Facultatem Artium nolente rectore. 729

Procuratores vetantur esse Intrantes ad Electionem Rectoris. 530

Q.

Quæstionarij corruptores Latinitatis. 852

Quintinus Iustoti Æduensis Baccal. Nauar. electus Procurator Nat. Gall. 7. Apr. an. 1462. Rector. 23. Martij 1463

Quinquennium in Artibus quomodo complebatur. 859

R.

Radulphus de Refugio parif. determinauit an. 1473

Radulphus de Tillia aliàs de Thalia Rector Vniuersitatis 4. licentiatur in Theologia an. 1403

Radulphus de Porta orator seu proponens Vniuersitatis incarceratus, 309. quamobrem, ibid. & 311. liberatur 312

Indignè fertur quod à Præposito Parif. intentæ fuerint minæ Carceris Rectori, 816

Rector Vniuersitatis Procuratorem Regium Castelleti vocat ad suum Tribunal. 2

Rector Legationis ad Concilium Pisanum. 191

Rectori infertur iniuria, 231. multa infligitur Reo ibid. 381. 599. 611

Rector incarceratur, 309. repetitur, 310. 313. increpatur à Curia parisiensi ob Cessationes. ibid.

Rector primus inscribitur in Rotulo Nominandorum. 360

Rector Defuncti bona recensere volens arcetur. 382

Rector iubet Censura Notari propositiones erroneas. 388

Rectorij Sigilli autoritas, 538. 806. Fictor Rectorij Sigilli punitur. 748

Rectorium ius in pergamenum. 558

Rector in celebri Conuiuio Episcopali quæ sedes inter Episcopos. 543

Rectoria Bursa. 304. & seq.

Turba in Electione Rectoris. 550. 590. 622. & seq. 655. 694. 743. 744. 727. 728. 808. 827

Rector Rectoratu se abdicat. 592. 717

Electio Rectoris ad solam Artium Facultatem pertinet. 592. 593. eius in hac re præ-

DDDddd ij

Index Rerum & Verborum.

rogatiua, 593.594. Facultas male contenta de Rectore. 720

Electio Rectoris non Regnicolæ vetita. 717

Mandatum Rectoris de resecatione Mendicantium. 601

Ordo Religiosorum in supplicationibus Rectorijs. 814

Rector lustrat pratum Clericorum die paschæ. 627

litterarum Regiarum inscriptio ad Rectorem & Vniuersitatem. 755

Rector inexcommunicabilis, 654. Rector Scriba Conseruationis eligitur. 654

Rector queritur de quibusdam thesibus contra se propositis. 743

Rectori iura ab Officiarijs persoluenda. 749

Rector rem Facultatis Artium non debet alijs proponere. 808

Rector vetatur adire Curiam Generalium ne minuatur dignitas. 787

Reformatorum Vniuersitatis numerus & ratio, 541. Reformatio Vniuers. 552

Regaliæ iura Curiæ defendenda committuntur. 657

Regalia Ludouici IX. 659. 660

Pseudo-Regentes arcentur à Sportulæ perceptione. 616

Regentes permittuntur legere ad pennam. 808

Conuiuia Regentium rescisa. 824. 899

Regentibus omnium Facultatum æqua distributio legatæ pecuniæ. 841

Regentes in Artibus per triennium, graduantur, 176. supplicatio pro Regentia & Scholis. 859

Reginaldus de Brule Senior & Iunior ab an. 1450. floruerunt.

Reginaldus Berruyer Diœces. Turonens. incepit in artibus an. 1479

Richardus Goullay actu Regens Decanus Facult. Medecinæ. 6. Nouemb. 1456

Robertus Alligot Cenomanensis incepit in Artibus an. 1418

Robertus du Boulay Cenomanensis determinauit in Artibus an. 1457. M. Gerardo Drouart Nat. Gall. procuratore.

Stephanus du Boulay eiusdem Diœcesis Magister in Artibus an. 1479. Iacobo Fabri procuratore.

Robertus Charloti Cenoman. incepit in Artibus an. 1418

Robertus Gaguinus in Catal. eiusdem oratio ad Theologos pro Domus Mathurinensis instauratione, 695. 696. eiusdem ad Cancellarium Franciæ pro remissa causa de Cancellariatu ad parlamentum. 758

Robertus la Longue præsentatur ab Vnisitate ad Curiam S. Andreæ. 814

Robertus Quelain pro Tribu paris. electus Quæstor Nat. Gall. an. 1484. die 8. Ian.

Robertus Remigij Baccalarius formatus in Theol. Normanus sit Capellanus Vniuersitatis per obitum Nicolai Bertoul socij Choletæi an. 1458. die 8. Nou.

Robertus de Quesneyo Doctor in Decretis. 169. 191

Robertus de Quesneyo Canonicus Rotomagensis legat centum Scuta Vniuersitati. 842

Roberti de Sorbona memoria celebratur apud Mathurinenses. 679

Robertus de Vallibus Syndicus Vniuersitatis. 775

Rotulorum expeditio ad Benedictum XIII. 80

Ad Alexandrum V. 194. 195

Rotulus Berfordianus pro obtentione Beneficiorum à Papa. 366

Rotulus Vniuersitatis in quo Graduatorum Ordo continetur. 379

in Rotulo Nationum procurator primus inscribitur. 307

duplex Rotulus Nominatorum. 348

S.

SAuoisianus tumultus, 95. contra Sauoisium querelæ Vniuersitatis, 96. Sauoisianæ Capellaniæ, 108. eædem Caducario iure exemptæ, 108. Sauoisiani heredes offerunt alios reditus. 705

Scholares discholi plectuntur, 690. Scholares equi cadauer ad Cauponam reuehunt, 235. Scholares eximuntur à pensione tributi, 711. Scholares Ethicæ plectuntur ob tumultum excitatum, 726. statuitur circa Scholares aliarum Vniuersitatum, 529. Formula litterarum Scholaritatis. 810

Scriba Vniuersitatis Officium eiurat. 544

pro Scotica doctrina. 687

Sermones ad populum fieri permittuntur. 598

Siluester de Rohan nobilis San-Briocensis fit Magister in Artibus, 1415. M. Nicolao de Bellismo Nat. Gall. procuratore.

Simon de Bergerijs magni nominis philosophiæ professor circa initia seculi.

Simon Germani de Collegio Nauatrico electus procurator Nat. Gall. an. 1433. die 25. August.

Simon Doelman de Delf procurator Nat. Germ. an. 1480

Simon Doliatoris Vvormaciensis procurat. Nat. Ger. an. 1481

Simon Ioly parisinus actu Regens in Artibus procurator Nat. Ger. 12. Ian. 1451

Simon Palluau procurator Nat. Gall. an. 1486. deinde Doctor Medicus Carnoti residens, an. 1495. supplicauit haberi *Regens honoris.*

Simon Richerij Remensis celeberrimus philerghiæ professor , Nat. Gall. Procurator 10. Feb. 1412

Stephanus Geruais Collegij Harcuriani Prouisor M. Petrum Secourable vnum è Regentibus suis, nescio quam obrem de Regentia dejecit, eique alium substituit. Vnde lite orta & ad Curiam Parisiensem delata, sic decretum 9. Feb. 1470.

M. Pierre Secourable auoit demandé d'estre

remis

Index Rerum & Verborum.

remis & reintegré, comme spolie à la Lecture d'vne Leçon du Arts & à auoir le profit & salaire d'icelle Leçon luy estre attribué & M. Estienne Geruais Prouiseur du Coll ge d'Harcour deffendeur à l'enterinement d'icelle requeste & tendant afin d'absolution d'autre part: Veu par la Cour ladite Requeste, les adueriissemens desdites parties & tout ce qu'ils ont mis & produit par deuers certains Commissaires ordonnex, par icelle pour le oiiir: ouy le rapport desdits Commissaires & tout consideré. Dit a esté que ledit Secourable seroit salarié du temps qu'il auoit exer. ce la lecture & mené ladite Leçon par les Escholiers qui auoient esté sous luy, si fait n'auoit esté, & aussi luy restitueroit celuy qui depuis auoit este Commis à ladite Leçon par ledit Prouiseur ce qui seroit trouué pris & leué desdits Escholiers dudit temps, & au surplus la Cour absout led t Geruais de la demande dudit Secourable.

Stephanus Grandis Doctor Theologus Capellanus Capellaniæ Vniuersitatis obijt an. 1502. & per eius obitum Capellania vacans data est à M. Io. de Campis Baccalario in Theol. per Nationem picardicam nominato.

Stephanus Hennequin Trecensis incepit in Artibus an. 1414. sub M. Michaële Pulli.

Stephanus Minerie Lugdunensis Bacalau. Nauarricus Proc. Nat. Gall. 13. Ian. 1469

Stephanus Martinus de Bohemia Pragensis Procurator Nat. Germ. 17. Decemb. 1487. iterum 1490. mense Augusto.

Stephanus Pacquot Decanus Tribus Senonensis in Nat. Gall. obijt an. 1482. cuius Executores Testamentarij fuerunt Vrsinus Pacquot & Io. Varembon Nauarrici Collegij.

Stephanus de Veterevilla vnus è Legatis ad Conuentum Aurelianensem. 733

Substractio pecuniarum fit Benedicto. 126 agitur de substractione totali, 132. & seq. Vniuersitatis rationes pro substractione, 134. & seq. Conclusiones, 137. Decretum Ecclesiæ Gallicanæ. 137. 141. 148. 151

T.

TEstamenti factio permissa extraneis. 809

Theodoricus Cerarij Suessionensis, Procurator Nat. Gallic. 16. Dec. 1476. deinde Doctor Medicus & Decanus eiusdem Facultatis. 7. Nou. 1495

Theodorus de Dacia præsentatus à Natio. Angl. ad Capellaniam vacantem per obitum Ioan. Postelli an. 14,9

contra Theologos fastuosos, Cancellariam dignitatem sibi vnis arrogantes, 750. ibi plurimæ rationes contra huiusmodi arrogationem. 751

Theologica Facultas Censura notat Theses Fr. Angeli Minoritæ. 752

examen libelli Hæretici remissum ad Theologos. 777

Theologica Facultas Censuras Apostolicas pro Decimæ impositione latas nullius esse roboris respondet. 807

Theologica Facultas fatetur in deliberationibus quæ fiunt in Comitijs Vniuersitatis, quatuor Nationes habere 4. Capita & 4. suffragia. 817

Theologi deliberant super Quæstionibus à Carolo VIII. propositis de Alexandro Papa & Concilij conuocatione. 821

Theologi Sententiarij & Biblici. 863 quomodo Gradus obtineri solerent in Theologica Facultate. 864

Theologicæ Facultatis status qualis hoc seseculo 863

Thomas de Gersono in Catal.

Thomas Ruscher de Gamundia Sueuiæ Prouinciæ Procurator Nat. Ger. 18. Nou. 1479

Thomas Stahel de Estingen Constantiensis, Nat. Germ. Procurator. 16. Dec. 1486

Thomas Waret Doctor Theologus Cameracensis exilio damnatus ob temerarias & prope seditiosas Conciones habitas, an. 1499. contra Lud. XII. Edictum quo priuilegia Vniuersitatis restringebantur.

Tolosana Vniuersitas longam Epistolam Regi porrigit contra substractionem & pro restitutione obedientiæ. 4. 5. & seq.

Tranquillus Andronicus Dalmata, Græcus exul regnante adhuc Ludouico XI. Lutetiam venit & publicè Græcas litteras exponit.

V.

Valentius Stuedel de Zwickania ex Ducatu Misnensi Procur. Nat. Ger. 5. Maij 1477

Vallis-Scholarenses Illustres. Vide Ioan. Maupoint in Catal.

Victor Textor al. de Cerisirijs de Colleg. Nauar. Procurat. Nat. Gallic. 16. Aug. 1440. iterum 11. Feb. 1441. tertio 12. Ian. 1443. Rector 10. Oct. 1450.

Vici Straminei Professio. 857

Vinariæ impositioni obsistit Vniuersitas, 445 510. lis de vino vendibili *ad debitolum.* 655. 656. 733

Viuianus Roboleti insignis Philosophiæ Professor circa initia seculi, & an. 1408. regebat adhuc magna nominis fama.

Vniuersitatis Bituricensis erectio, 674. contra eius erectionem. 678. 689. 715

Vniuersitas Cadomensis erigitur, 846. contra eius erectionem. 556. 554. 426. 418

Vniuersitas Cracouiensis primas lectiones auspicatur an. 1400. 2

Vniuersitas Nannetensis erigitur. 661. 662

Vniuersitatis Parisiensis institutio Carolo-Magno adscribitur. 98. 706. 742. quomodo Parisijs locata, 424. 758. Priuilegia confirmantur à Carolo VI. 54. à Carolo VII. 438. à Lud. XI.

Instructiones pro tuitione priuilegiorum. 631

Vniuersitas per tres Facultates & quatuor

Index Rerum & Verborum.

Nationes priuat Scholarem Collegij de Boissiaco. 39

Vniuersitatis querelæ ad Parlamentum proponente Gersone ob interfectos Scholares à familia Sauoisiana. 95. 96

Vniuersitas ab Aureliano Duce malè habetur. 120

Vniuersitatis ad Cardinales litteræ pro Neutralitate. 163

Vniuersitas à Benedicto XIII. accusata, à Rege vindicatur, 167. à Rege Hungariæ litteras accipit. 169

Bullam ex agitat Alexandri V. Mendicantibus concessam 200. turbatur ob Bullam, *ibid.* quomodo doctrinaliter iudicat de rebus Ecclesiæ, 201. Bullam damnat, *ibid.*

Vniuersitatis est approbare & confirmare Censuras singularum Facultatum *ibid.* & 205. damnat propositiones Ioannis Parui. 257

4. agri Vniuersitatis, multa præclara de Vniuersitate. 78

Vniuersitas obsistit exactionibus Papalibus, 202. 210. 211. 322. 323. Decimæ Pontificiæ, 795. Bullæ Sixti IV. de dispositione Beneficiorum contra Pragmaticam, 701.702

Vniuersitatis Prærogatiuæ in dispensatione Beneficiorum. 219. 223. 264. & seq. 326. & seq. 309

non trahitur extra Vrbem Parisiensem. 226. 426

Vniuersitas legatos Romam mittit quos publico Instrumento indemnes facit, 119. Ad Concilium Pisanum, 191. & seq. ad Sigismundum Imperatorem pro Concilij Constantiensis celebratione, 267. ad ipsum Concilium, 268. 295. Legatos nouos mittit. 296

Ad Papam Concilij desertorem, 280. Ad Fratres Concilij, 282. ad alios, 283. multiplices litteras expedit pro celebratione Concilij Basileensis, 393. contra dissolutionem eiusdem Concilij, 412. 413. contra translationem eiusdem, 450. & seq. item & cæteræ Vniuersitates in eam rem varios edunt Tractatus, 460. & sequent. Ad Concilium Bituricense legatos mittit cum instructionibus. 443. 535

Vniuersitas legatos mittit de Pace cum Instructionibus, 214. Ad Delphinum litteras, 306. hortatur Ciues Rotomagenses ad resistendum Anglis, 334. de Pace legatos mittit. 214. 421. 424. 429

Cogitur reuocare sententiam aduersus Burgundionem latam, 332. ad Regem legatos mittit post cædem Burgundionis. 343

Interest exequijs Caroli VI. 359. Caroli VIII. 322. solenniter supplicat pro reductione vrbis sub legitimo Caroli VII. dominium, 435. Oratoribus suis dat Instructiones ad salutandum Regem, 436. illum excipit vrbem subeuntem, 442. 651. Ducem subaudum, 68. Reginam Angliæ 691. Legatum Pontificium, 738. Episcopum Massiliensm. 742

Vniuersitatis causas Rex cognoscere tenetur vt filiæ & de familia Regia, 538. eas Parlamento committit renitente Vniuersitate, 538. 539. 595. 597. Parlamentum eas in prima Instantia non cognoscit. 819

Vniuersitas sua Collegia reformat, 384. eiusdem reformationes. 540. 541. 512. 555. 562 in Collegijs suis residet. 536

Turbæ in Vniuersitate ob captos & occisos Scholares, 578. & seq. satisfit Vniuersitati, 587. Incarceratos repetit, 422. 314. ob imminuta priuilegia, 830. autoritate minuitur. 315

Turbatur à Magistris Libellorum supplicum, 599. à Secretarijs Regijs, 600. A Generalibus subsidiorum, 634. excommunicat Generales, & latam excommunicationem statim reuocat, 636. iubetur se sistere apud Regem, 639. ibi pugnat pro defensione Priuilegiorum & Pragmaticæ, 641. à Rege mandatum accipit pro re subsidiaria, 642. Pax inter Vniuersitatem & Generales. 645

Turbatur à Mendicantibus ob Bullam Hierarchiæ contrariam, 601. illos à consortio suo resecat, 602. in eam rem scribit ad Prælatos, 603. de Pace agitur, 605. 610. Prælati Normaniæ accedunt ad partes Vniuersitatis. 608. conditiones pacis confirmantur, 618. rursus à Callixto Papa, & à Mendicantibus turbatur. 618

Iterum eos resecat à consortio suo, 610. Aliæ Vniuersitates sese ipsi adiungunt contra Bullam Papalem, 655 reprehenditur à Rege quod ad alias Vniuersitates scripserit. 656

Vniuersitas ad Regaliæ defensionem adhibetur in consilium iussu Regis, 657. ad matrimonium Delphini, 735 super Regni reformatione. 767

Vniuersitas iubetur Fautores Burgundicæ partis expellere, 860. eadem adigit omnes Regi iuramentum præstare, 681. Iubetur armare Scholares ad defensionem vrbis, sed ab hoc onere eximitur, 682. item à mittendis armigeris. 731

Vniuersitas immunis à tributis. 793. 794. 798. 801. 802

Vniuersitas instituit festa SS. Cosmæ & Damiani, 439. instituit preces solennes in singulos hebdomadæ dies. 698

Oratur suppositis ob pestem inguinariam. Hinc deploratio tantæ calamitatis per M. **Petrum Burrum.** 812

Fortuna Vniuersitatis varia fuit hoc seculo, vt varia fuit fortuna Regni, 851. status qualis, 852. regimen quale. 864

In Vniuersitate Pragensi 4. Nationes institutæ vt in Parisiensi. 1. 2 dissidium inter Nationes de numero suffragiorum. 1. 2. ob eam rem dissipatur. 102. 103

Vniuersitas Tolosana contra substractionem, 4. 5. & seq. Vniuersitatis Parisiensis responsio duplex. 30. & seq.

contra Epistol. Tolosanæ Vniuersitatis, 120. & seq. Senatusconsultum contra ipsam. 120. & seq.

Index Rerum & Verborum.

Vniuersitas Tubingensis erigitur. 729
Wezelus Grantfottius Groningensis de Nominalibus & Realibus, 506. euocatur ad

Vniuersitatem Heidelbergensem, 719.
Weseli laudes. *ibidem*
Vrsinus de Tailleuande in Catal.

Omissa ad an. 1456. De Iuribus Rectoris in Incorporatione Officiariorum. ex lib. Rectoris & German. Nationis.

ANo Domini 1456. die vero 22. mensis Maij mater Vniuersitas in S. Mathurino propter nonnulla sua agenda maturè & concorditer ab omnibus Facultatibus & Nationibus Bursam siue Contributionem Capitalem seu generalem esse leuandam ab omnibus Magistris tam Regentibus quàm non Regentibus, etiam à Rectore & à Scholaribus quibuscunque tam iuratis quàm non Iuratis ordinauit. Conclusit præterea mater Vniuersitas præter & vltra iura Rectorum antiqua, quod de cætero & in perpetuo in futurum quicunque, cuiuscunque conditionis existat, incorporabitur seu intitulabitur in Vniuersitate, soluet Rectori, in cuius Rectoria iurabit, 24. solidos Parif. Et si huiusmodi incorporatus fuerit Episcopus vel Abbas aut Prior, vel Nobilis aut Beneficiatus, Officiarius Vniuersitatis puta Promotor, Scriba, Nuncius, Bidellus, Librarius, siue magnus, siue paruus, vel Papietarius, soluet eidem Rectori vnum Scutum auri. Et hanc pecuniam recipiet Rector quilibet durante sua Rectoria. Actum anno, mense & die quibus & vbi supra in Rectoria M. Io. Boulengerij

Ad annum 1482.

ANno Domini 1482. die verò . mensis Aug. Congregata fuit solenniter mater Vniuersitas super nonnulla sua agenda, quæ quidem mater Vniuersitas inter cætera voluit & ordinauit conformiter. Ad statuta suprascripta, quod omnes Officiarij Vniuersitatis, cuiuscunque Facultatis fuerint, primo & immediatè iurabunt Rectori pro tempore existenti fideliter exercere sua Officia & alia quæ obligantur ratione Officij. Et quia Bidellus paruus Facultatibus Medicinæ recusauit præstare Rectori iuramenta ratione sui Officij, ipsa Vniuersitas ordinauit quod omnes Bidelli cuiuscunque Facultatis sub pœna priuationis siue magni, siue parui habeant præstare iuramenta solita & consueta sicut & alij Officiarij.

Anno Domini 1482. die verò mensis Sept. 12. congregata fuit Artium Facultas apud S. Iulianum super conseruatione Priuilegiorum suorum. Quæ quidem inter cætera voluit & ordinauit quod omnes Bidelli tam Magni quàm parui cuiuscunque Facultatis conformiter ad Ordinationem Vniuersitatis præscriptam, iurarent Rectori sub quo primo sua Officia exercerent & quod soluerent Rectori vnum scutum sub pœna priuationis ab illa Facultate si tales fuerint de Facultè Artium. Si verò non fuerint Magistri in eadem, voluit & ordinauit quod Rectores in futurum non darent ipsis sigillum vt ab Impositionibus liberarentur, nisi prius scuto Rectori soluto. Voluit etiam quod tales Bidelli non reciperent distributiones communes, nisi prius soluerent Rectori sua Iura, & in dicta Congregatione priuatus fuit à Facultate sua Bedellus Facultatis Medicinæ, eo quod refutauit pertinaciter soluere Rectori sua Iura.

Ad pag 770. lin. 46. post hoc vocabulum *statutum*, adde, quod legitur in antiquo Libro Rectoris.

ERRATA. CORRECTA.

ERRATA	CORRECTA		
quædam Bursarium	quendam	l. 13.	p. 93.
victus	vectus	l. 30.	p. 96.
dnarum Cap.	quinque	l. 7.	p. 108.
Test monio	testimonium	ad marginem	p. 113.
Et Theol.	E.	l. 17.	p. 141.
directa	directæ	l. 48.	p. 163.
tres renommée	tres renommé	l. 4.	p. 170.
Instrumenta	Instrumento	l. 53.	p. 209.
peruenerunt	peruenerant	l. 44.	p. 277.
toti animo	toto.	l. 35.	p. 280.
Io, Isemb.	Iac.	l. 30.	p. 16.
propositioens	propositiones	l. 18.	p. 315.
Lunæ 14.	13.	l. 19.	ibid.
Martis 15.	14.	l. 16.	p. 321.
d'estre	d'escrire	l. 38.	p. 322.
en icelles	en icelle	l. 14.	p. 324.
De luy	de les	l. 34.	p. 342.
& fairer	faite reparer	l. 13.	p. 344.
Nerbonbonne	Nerbone	l. 21.	p. 351.
vico ferreo	vulgo ferreo	l. 7.	p. 356.
quia	quin	l. 8.	p. 369.
Pro die	pridie	l. 27.	p. 381.
Decani	Decano	l. 16.	p. 16.
Gallicanum	Gallicanam	l. 34.	p. 393.
Præsidentum	Præsidentem	l. 17.	p. 396.
quam	quem	l. 3.	p. 397.
fœminam	fœmineum	l. 58.	p. 398.
eandem	eadem	l. 51.	p. 419.
explendis	expellendis	l. 58.	p. 421.
vices	vires	l. 45.	p. 428.
hæc litteræ	hæ	l. 9.	p. 429.
vndæ	vnde	l. 38.	p. 435.
Hameron	Haueron	l. 36.	p. 450.
Pag.	P.	l. 30.	p. 522.
Carmelitanum	Camelitarum	l. 11.	p. 525.
ne vt	dele vt	l. 28.	p. 554.
relaxatione	relaxationes	l. 54.	p. 556.
Plutitatem	pluralitatem	l. 13.	p. 578.
molestis	molestijs	l. 10.	p. 596.
ex cum	eum ex	l. 38.	p. 607.
magno grauie.	magnæ	l. 15.	p. 609.
Beneficiatijs	Beneficiatis	l. 43.	p. 613.
quæ de re	qua de re	l. 14.	p. 617.
Tabulari	Tabulario	l. 33.	p. 618.
placuerant	placuerunt	l. 14.	p. 678.
ad Facultatum	ad Facultatem	l. 15.	p. 684.
istud cederent	cederet	l. 22.	p. 688.
suæ iura	sua	l. 18.	p. 701.
notabili	notabilis	l. 39.	p. 705.
Confessorem	Confessarium	l. 54.	p. 761.
dictos	doctos	l. 5.	p. 768.
anciennet	ancienneté	l. 4.	p. 776.
causam	caudam	l. 20.	p. 778.
Gramm.	Artik.	l. 4.	p. 783.
infr. gerit	Infregerint	l. 54.	p. 790.
numerum	numero	l. 41.	p. 807.
Persoluendæ	persoluenda	l. 9.	p. 819.
suspicari.	dele punctum	l. 44.	p. 820.
concluserunt	concluserat	l. 2.	p. 875.
ad stipendium	stipendio	l. 35.	p. 876.
Philosopiæ	Philosophiæ	l. 57.	p. 884.
agro N. ex	ex agro	l. 35.	p. 909.
Treconensis	Trecorensis	l. 34.	p. 910.
congregata	Congregatæ	l. 45.	ibid.

Cætera corrige quæ occurrent.

www.ingramcontent.com/pod-product-compliance
Lightning Source LLC
Chambersburg PA
CBHW071227300426
44116CB00008B/936